山西年鉴

2011

方志出版社

图书在版编目（CIP）数据

山西年鉴．2011/《山西年鉴》编辑部编．—北京：方志出版社，2011.12

ISBN 978－7－5144－0361－9

Ⅰ．①山…　Ⅱ．①山…　Ⅲ．①山西省—2011—年鉴　Ⅳ．①Z522.5

中国版本图书馆 CIP 数据核字（2011）第 251419 号

山西年鉴（2011）

编　　者：《山西年鉴》编辑部
责任编辑：何明忠　黄　彦

出 版 者：方 志 出 版 社
（北京市建国门内大街 5 号中国社会科学院科研大楼 12 层）
邮编　100732
发　　行：方志出版社发行部
（010）85195814　85196281
经　　销：新华书店
法律顾问：北京市大禹律师事务所
印　　刷：山西省史志印刷厂

开　　本：889mm×1194mm　1/16
印　　张：46.75
字　　数：1810 千
版　　次：2011 年 12 月第 1 版　2011 年 12 月第 1 次印刷
印　　数：0001—3000 册

ISBN 978—7—5144—0361—9/K·296　　定价：380.00 元

山西省政区图

图例
省级行政中心
市级行政中心
县（市）级行政中心
乡、镇、街办
省级界
市级界
县级界
铁路
高速公路
在建
国道
河流、水库
盐湖
山峰名称及高程
长城
比例尺1:2 850 000

山西省交通旅游图

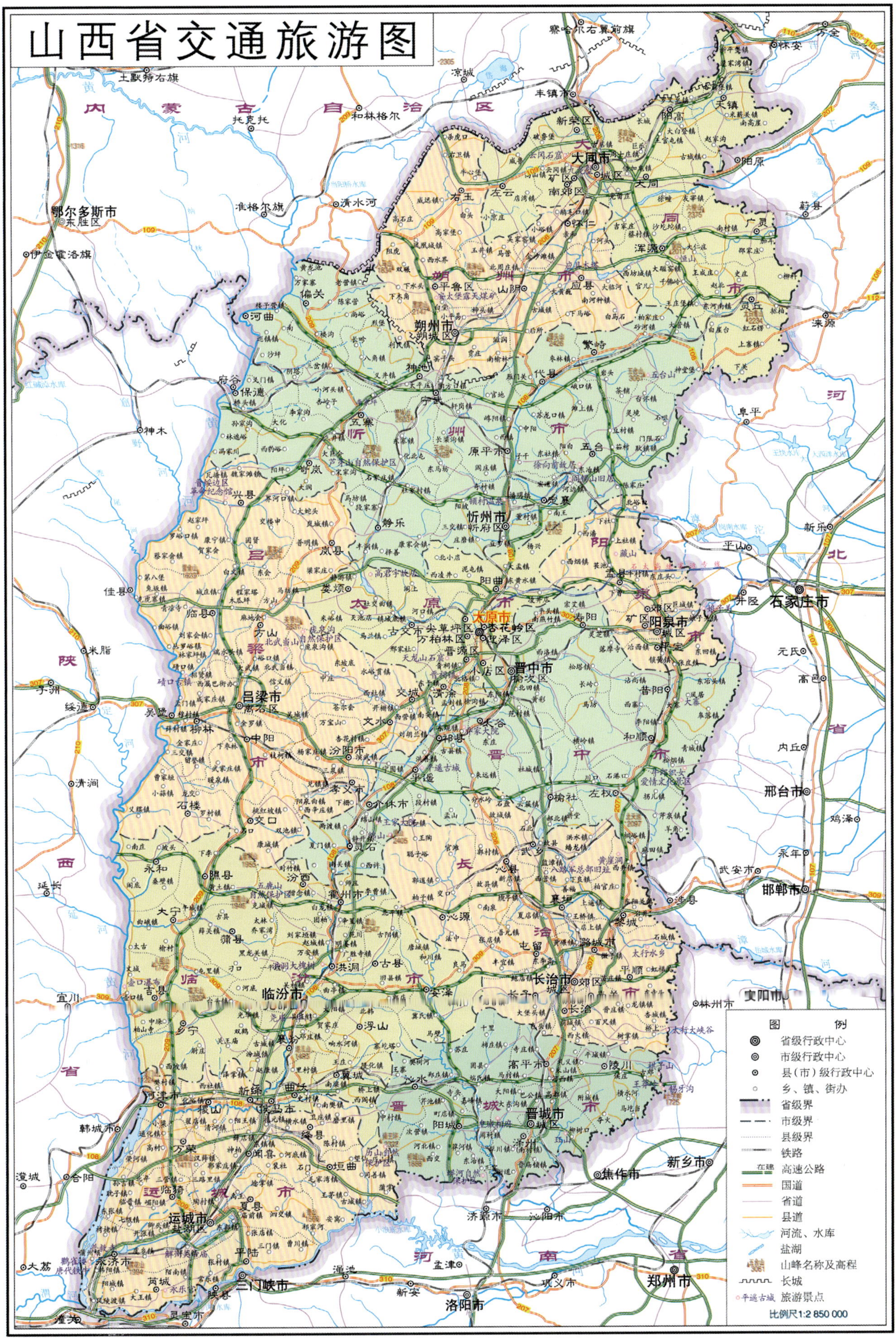
图例
省级行政中心
市级行政中心
县（市）级行政中心
乡、镇、街办
省级界
市级界
县级界
铁路
在建
高速公路
国道
省道
县道
河流、水库
盐湖
山峰名称及高程
长城
旅游景点
平遥古城
比例尺1:2 850 000
内蒙古自治区
陕西省
河北省
河南省
太原市
大同市
朔州市
忻州市
阳泉市
吕梁市
晋中市
长治市
临汾市
晋城市
运城市
石家庄市
邢台市
邯郸市
安阳市
新乡市
焦作市
郑州市
洛阳市
三门峡市
鄂尔多斯市
丰镇市
平遥
五台山
恒山

十件实事全部办好办实

2010年1月26日上午，在省十一届人大三次会议上，王君省长向全省人民郑重承诺：2010年再办10件实事。“我们要尽最大努力，投入足够的财力和精力，大力推进社会事业发展，努力改善民生，让广大人民群众享受到改革发展的成果！”一年过去了，我们欣喜地发现：10件实事已经全部办好办实，很多项目超额完成目标任务，全省百姓获得了更多的实惠。

实事之一：校舍安全改造加固

【承诺】 全面完成中小学校舍安全改造加固任务，将学校建成最安全、学生家长最放心的地方。

【践诺】 2009年，山西省已经开始实施中小学校舍安全工程。2010年，山西省还需改造5833所学校，改造面积达1570万平方米。截至2010年11月底，改造任务全部完成。经过两年的集中建设，山西省已全面完成中小学校舍安全工程建设任务，两年共投入170余亿元，改造学校9483所，改造面积2068.2万平方米，比国家规划的时间提前一年完成。

实事之二：群众医药费用负担

【承诺】 积极落实国家基本药物制度，率先在60%的政府举办的基层医疗卫生机构实行好这一政策。

【践诺】 国家基本药物制度建设有序推进，有效减轻群众医药费用负担。在全省63%的县（市、区）、67%的政府办城市社区卫生服务机构和农村基层医疗卫生机构实施国家基本药物制度，实行基本药物零差率销售。完成了基本药物的集中招标工作，与国家零售指导价相比，药品平均降价幅度达到40.7%。同时，完成国家基本药物目录山西省补充目录的增补工作，启动基本药物监督抽验工作，基本药物抽验合格率达99.8%。

实事之三：新农保就业援助

【承诺】 新农保试点扩大到27个县（市、区），覆盖人数达到400万人；对4万名就业困难人员实施就业援助。

【践诺】 2010年，全省新型农村社会养老保险（简称“新农保”）工作快速推进，新增国家级试点15个，试点范围扩大到42个县（市、区）。截至11月底，“新农保”试点县的平均参保率为85%，高于全国平均水平。参保人数达到492万人，比2009年增加了114万人。全省50%的农业县实现“新农保”制度，100万名60岁以上农村老人领到基础养老金；太原、阳泉、晋城自筹资金，实现“新农保”制度全覆盖。

就业援助方面，省人社厅通过建立就业台账，开展一对一帮扶，对就业困难人员实行动态销“零”，积极开发公益性岗位，2010年共对5.28万名就业困难人员实施就业援助。

实事之四：敬老院康复救助

【承诺】 新建、改扩建农村敬老院120所；并为3000名贫困残疾儿童实施康复救助。

【践诺】 2010年，共投入建设资金1.68亿元，经过各级积极努力，截至2010年11月底，大部分敬老院主体已完工，近6成可以入住。全部建成后，至少新增床位7320张，集中供养能力提高5个百分点，加上各地自建的，全省农村五保对象集中供养率将会大幅提高。

全省各定点康复机构抽调专人深入乡村筛查，确定康复计划付诸实施。各项康复救助任务全面完成，为600名贫困聋儿每人配发2个全数字式助听器，为450名贫困肢体残疾（脑瘫）儿童实施矫治手术救助，对500名贫困聋儿、

800名贫困肢体残疾（脑瘫）儿童、500名贫困智力残疾儿童和150名贫困孤独症儿童康复训练给予救助，平均每人5000元；为130个社区和70个儿童康复机构配备平均每个1万元的康复训练器材。

实事之五：保障性住房

【承诺】 新开工建设保障性住房24万套，并确保全面完成国有重点煤矿棚户区改造任务。

【践诺】 截至2010年12月底，全省保障性住房新开工建设29.2万套、1973万平方米，开工率为133.1%；完成投资290.9亿元，投资完成率为144.9%，超额完成省政府确定的保障性安居工程目标任务。其中，新开工建设廉租住房8.09万套、421.68万平方米，经济适用住房4.09万套、323.9万平方米，城市棚户区改造住房6.74万套、559.43万平方米。特别是开复工建设国有重点煤矿棚户区改造住房3.63万套、242.16万平方米，使全省国有重点煤矿棚户区改造任务全面完成，将有近3万户矿工及其家属彻底告别棚户区，住进新居。此外，山西省还全面启动了国有工矿棚户区改造工作，新开工建设改造住房2.45万套、216.35万平方米；国家当年下达的2.8万户、126万平方米农村危房改造任务也已全部竣工。

实事之六：农村安全饮水

【承诺】 解决好290万农村人口的安全饮水问题。

【践诺】 2010年，全省实际完成316万人的饮水安全任务。据统计，全省两年时间共完成投资30亿元，建成各类饮水工程12301处，解决了15585个村、588万农村人口的饮水安全问题。这样，山西省从2000年开始经过11年的不懈努力，特别是近两年的全力攻坚、强力推进，全省共有48385个自然村、1821万农村群众得到政府饮水专项资金的支持，在全国率先实现农村饮水安全全覆盖。从无水到有水，从苦水到甜水，从挑水到自来水，全省农村饮水状况得到根本性好转。

实事之七：村通水泥（油）路

【承诺】 为930个建制村新建水泥（油）路4600公里。

【践诺】 通过一年的努力，山西省具备条件的建制村通水泥（油）路实现全覆盖：全省除185个建制村不具备条件外，其余27923个建制村全部通了水泥（油）路，同时有97.3%的建制村通了客车。

实事之八：村卫生室建设

【承诺】 全面完成村卫生室建设任务。

【践诺】 在2009年实现空白村卫生室全覆盖的基础上，2010年山西省又在建设标准化、资质合法化、管理一体化、考核制度化、服务规范化上抓提高，各市筹资对3285个不达标的村卫生室进行改建或新建，并在95个县落实村医补助，为1201个乡镇卫生院、28000多个行政村卫生室配备常用医疗设备，为445个中心卫生院装备急救转诊车。县乡村三级卫生服务网络条件得到了明显改善。

实事之九：连锁农家店建设

【承诺】 新建2000家连锁农家店（便民店），建设改造百家放心粮油配送中心、千家示范店和万家经销网点。

【践诺】 2010年，在重点行政村发展2000家连锁农家店，并完成一般连锁农家店5000个。到年底，山西省累计完成便民连锁农家店2.7万个，辐射全省90%的乡镇和70%的行政村。

实事之十：村级组织活动场所

【承诺】 新（改）建7200个村级组织活动场所。

【践诺】 2009年11月开始，山西省开始实施建制村村级组织活动场所建设工程。到2010年实事提出时，山西省还有5659个村级组织无活动场所，有3232个村级组织活动场所急需修缮维护。截至2010年年底，全省共投资12.5亿元，新建扩建了9615个村级组织活动场所，基本实现村级组织活动场所全覆盖。各村普遍利用活动场所这块主阵地，成立便民服务代办点，设立便民服务电话和便民诊所。据统计，这次村级组织活动场所建设，共配套村级文化室3615个、卫生室2246个、体育健身广场3014个、便民服务店1646个。

（刘　宇）

2010年山西十大新闻事件

一、省委提出转型跨越发展新思路

5月31日，山西省委召开全省领导干部大会，袁纯清任山西省委书记。7月29日，山西省委召开全省领导干部大会，提出以转型发展为主线，为实现山西经济社会跨越发展努力奋斗。10月9日至11月4日，省委书记、省人大常委会主任袁纯清，省委副书记、省长王君带队的省观摩检查组分别深入11个市的52个县，实地考察136个工程和项目。此次活动旨在检查近一个阶段以来，各地贯彻落实全省领导干部大会精神，推进转型发展跨越发展的新举措、新成效。

二、王家岭救援创造奇迹

3月28日，中煤集团王家岭项目部在建矿井发生透水事故，153人被困井下。在党中央、国务院、山西省委、省政府的高度重视和统一部署下，有关方面全力营救井下被困人员。从4月5日凌晨起，115位被困人员陆续安全升井。王家岭矿抢险救援在中国事故抢险救援史上创造了两个奇迹：一个是被困工人的生命奇迹，一个是事故救援的奇迹。

三、兴起学习右玉精神新高潮

新中国成立以来的60多年里，右玉人民在历届县委、县政府的带领下，咬定绿化不放松，一张蓝图绘到底，坚持不懈植树造林，坚韧不拔改善生态，坚定不移谋求发展，把一个风沙肆虐的“不毛之地”变成生态良好的“塞上绿洲”，创造令人惊叹的发展奇迹，形成弥足珍贵的右玉精神。

8月28日上午，省委召开兴起学习弘扬右玉精神新高潮大会，要求大力学习弘扬右玉精神，激励和动员广大党员干部，转变作风，顽强拼搏，创先争优。

四、太原国际马拉松赛开赛

9月5日上午8时，2010年太原国际马拉松赛在省城滨河体育中心开赛，总计9539名马拉松选手参赛，沿途赛道两旁50万名观众为来自世界各地的运动员加油助威。经过激烈角逐，来自埃塞俄比亚的选手黑勒・哈加・格米达以2小时13分30秒夺得男子全程冠军，女子全程冠军则被来自肯尼亚的选手艾玛・穆托尼・吉鲁吉以2小时29分52秒收入囊中。这是太原首次举办国际马拉松赛事。

五、重点工程建设强势推进

截至11月底，省市重点工程完成投资4448.41亿元，全省重点工程建设势头强劲。9月30日上午，五台山至忻州高速公路通车仪式在五台山长城岭前举行。至此，京津唐游客经河北阜平到五台山总里程390公里，比经太原到五台山

缩短里程360公里。10月25日，山西省又有两个重点公路工程项目晋城环城高速公路和阳城至翼城高速公路建成通车。截至12月底，全省高速公路通车总里程突破3000公里。

六、重拳整肃工作纪律

8月20日以来，省纪委组织全省纪检监察机关和有关部门，对国家公职人员上班时间在茶社、洗浴、歌厅等休闲娱乐场所玩乐享受的情况进行明察暗访。截至9月11日，查实上班时间在娱乐场所活动的有关人员296名，已处理79名。11月17日，省纪委监察厅召开新闻发布会，通报山西省最近查处61名利用职务之便谋取不正当利益的党政干部。

七、第三届能博会举行

9月16日，备受海内外瞩目的第三届中国（太原）国际能源产业博览会在太原隆重开幕。9月18日上午，第三届中国（太原）国际能源产业博览会在太原举行重点项目签约仪式暨成果发布会。本届博览会共签订合作框架协议12个、各类项目457个，协议和合同总金额超过1.4万亿元，为“十二五”期间山西省加快转型跨越发展注入了强大动力。

八、世博会上展山西魅力

1月18日，世博会山西馆开工仪式在上海世博园区中国国家馆举行。4月8日山西实体馆正式亮相。“魅力山西”系列文艺展演活动5月19日至23日在上海世博园区激情演绎。10月31日晚10时30分，山西馆184天上海世博会展示圆满结束。世博会期间，先后有316万余（人次）走进山西馆，近距离触摸山西，感悟山西。

九、山西成为国家级综合配套改革试验区

国家发改委正式批复设立“山西省国家资源型经济转型综合配套改革试验区”。山西成为全国第九个综合配套改革试验区，也是第一个全省域、全方位、系统性的国家级综合配套改革试验区。12月13日，国务院新闻办公室举行新闻发布会，国家发改委副主任彭森、山西省副省长牛仁亮介绍设立“山西省国家资源型经济转型综合配套改革试验区”的有关情况。

十、“五个全覆盖”全面完成

自2009年初省委、省政府提出用两年时间在全省实现“五个全覆盖”以来，各级各部门先后投入近300亿元资金，使“五个全覆盖”各项任务目标全面完成，省委、省政府的庄严承诺如期兑现：具备条件的建制村通水泥（油）路实现全覆盖，中小学校舍安全改造实现全覆盖，村级卫生室实现全覆盖，村通广播电视实现全覆盖，农村安全饮水实现全覆盖。

（邓伟志）

数字山西

综合

地区生产总值	9200.9亿元
第一产业	554.5亿元
第二产业	5234.0亿元
第三产业	3412.4亿元
人均地区生产总值	26283元
法人单位数	205229个
产业活动单位数	281428个

人口

总户数	1188.84万户
常住人口	3574.11万人
男性	1835.37万人
女性	1738.74万人
出生人口	38.06万人
死亡人口	19.18万人

社会从业人员和劳动报酬

社会从业人员	1685.9万人
第一产业	638.2万人
第二产业	442.8万人
第三产业	604.9万人
在岗职工人数	384.5万人
在岗职工平均工资	33544元

固定资产投资

全社会固定资产投资	6352.6亿元
第一产业	281.3亿元
第二产业	2628.1亿元
第三产业	3443.2亿元
农村农户投资额	217.9亿元
农村非农户投资额	318.6亿元
全社会竣工房屋面积	6140万平方米
#住宅	3981万平方米

对外经济贸易

海关进出口总额	125.8亿美元
出口总额	47.1亿美元
进口总额	78.7亿美元
实际利用外资额	11.7亿美元

能源

一次能源产量	63326.7万吨标准煤
能源消费总量	13820.5万吨标准煤
煤炭消费量	28180万吨
社会用电量	1460.0亿千瓦小时
焦炭外调量	6121.0万吨

物价

居民消费价格总指数	103.0
城镇	103.1
农村	102.8
商品零售价格总指数	102.3
原材料、燃料动力购进价格指数	109.0
工业品出厂价格指数	109.5

人民生活

城镇居民家庭人均可支配收入	15647.7元
城镇居民家庭人均消费性支出	9792.7元
城镇居民人均住房建筑面积	28.0平方米
农民人均纯收入	4736.3元
农村住户人均生活消费支出	3663.9元
农村居民人均住房面积	28.7平方米

农村经济

农作物播种面积	3763.9千公顷
#粮食	3239.2千公顷
粮食产量	1085.1万吨
油料产量	17.6万吨
肉类产量	72.4万吨

工　业

工业企业单位数	4240个
工业总产值	12471.3亿元
原煤产量	74096万吨
发电量	2150.6亿千瓦小时
生铁产量	3402.4万吨
粗钢产量	3048.8万吨
水泥产量	3670.3万吨

建筑业

建筑业企业单位数	1970个
建筑业企业竣工产值	852.3亿元
建筑业企业总产值	2143.5亿元
建筑业企业房屋建筑竣工面积	2585万平方米

住宿　餐饮业和旅游

住宿、餐饮业营业额	1893764万元
国内旅游人数	12497万人次
国际旅游人数	130.3万人次
旅游总收入	1083.5亿元
旅游外汇收入	46460万美元

财政　金融和保险

财政总收入	1810.2亿元
一般预算收入	969.7亿元
一般预算支出	1931.4亿元
城乡居民人民币储蓄存款余额	9223.0亿元
原保险保费收入	365.3亿元

交通运输　邮电通信业

铁路营业里程	3752千米
公路线路里程	131644千米
货物周转量	2332.4亿吨千米
旅客周转量	371.6亿人千米
市话年末数	488.1万户
农话年末数	232.万户
移动电话户数	2225.1万户

批发和零售业

社会消费品零售总额	3318.2亿元
市的零售额	2669.8亿元
县的零售额	648.4亿元

教育　科技

高等学校数	65所
高等学校在校学生数	562924人
高等学校专任教师数	36492人
中等专业学校数	92所
中等专业学校在校学生数	20.73万人
中等专业学校专任教师数	7437人
科学研究机构	154个

文化　体育　卫生　环保

文化馆数	119个
公共图书馆数	126个
体育场地数	10165个
电视台数	8个
医院数	1201个
废水排放总量	49881万吨

（山西省统计局）

山西省成为国家资源型经济转型综合配套改革试验区

这是国家首次以资源型经济转型为主题设立的综改区
也是全国第一个全省域全方位系统性的国家级综改区

2010年12月1日，经国务院同意，国家发改委正式批复设立“山西省国家资源型经济转型综合配套改革试验区”。12月13日，国务院新闻办公室举行新闻发布会，宣布设立“山西省国家资源型经济转型综合配套改革试验区”。山西成为全国第九个综合配套改革试验区，也是我国第一个全省域、全方位、系统性的国家级综合配套改革试验区。

山西作为全国重要的能源和原材料供应基地，为全国经济社会的可持续发展作出了突出贡献。但长期高强度的资源开发，导致支柱产业单一粗放、生态环境破坏严重、资源利用水平偏低、安全生产事故多发、资源枯竭问题逐渐暴露，资源型经济发展的深层次矛盾和问题日益突出，严重地制约着全省经济社会的可持续发展。2009年以来，中财办、国家发改委、山西省委、省政府组织开展实地调研，向中央提出了“将山西作为国家资源型经济转型发展综合试验区”的建议和相关方案。

国务院批准山西为国家资源型经济转型综合配套改革试验区意义重大，影响深远。此举将通过大胆探索，先行先试，率先突破，破解长期制约山西经济社会发展的瓶颈，实现资源型地区的全面协调可持续发展。通过试验区先行先试，可以加快山西产业结构优化调整步伐，加快转变经济发展方式；促进资源开发与生态环境保护相协调，增强经济社会可持续发展能力；进一步提升山西的能源基地战略地位，保障国家能源安全；加快山西转型发展、跨越发展步伐，实现区域经济协调发展；有效地发挥典型示范作用，促进全国资源型地区经济转型。

加快山西资源型经济转型，是确保国家能源安全的必然要求，是促进区域协调发展的重要举措，是山西实现科学发展的根本出路。

（张临山）

省直单位撰稿人名单

（按栏目顺序排列）

王成禹　曾　勇　任兆宇	省委办公厅
李焱平	省委组织部
冯向宇	省委宣传部
王　峰	省委统战部
史竹涛	省委政法委
王小琴　赵夏夏	省编制办
单福光	省直工委
杨玉堂	省委党史办
张大庆	省委党校
杨卫兵	省委信访局
孙俊宁	省委老干部局
何　涛　王玉明	
秦　钟　郭　强	省人大办公厅
李勇枝	省政府办公厅
王俊杰	省人社厅
王文广	省民政厅
王瑞成	省公安厅
马方斌	省公安厅交管局
张　霏	省司法厅
李晋中　张小三	省财政厅
董其文	省国税局
徐　鸿	省地税局
郑钰卿	省审计厅
王天定	省计生委
郭文强	省法制办
张晋丽	省外事办
董晓玲　王立品	省统计局
王合龙	省参事室
吕继常	省对台办
梁正华	省政府发展研究中心
杨建中	省地方志办
赵永强	省档案局
冯翠竹	省发改委
刘忠兵	省国资委
李俊斌	省国土资源厅
靳国琦	省工商局
祁治荣　马润卯	省物价局
郝建玉　崔星梅	省质监局
刘英池	省安监局
高　翔	省药监局
周志清	省政协
牛彦方	省纪检委
马云跃	省高级人民法院
尹桂珍	省人民检察院
王海海	省军区
吴　鹏	省武警总队
刘秀林	省人防办
武　鑫	省公安边防总队
王明德	民革山西省委
梁俊娜	民盟山西省委
郝文杰	民进山西省委
赵洪丽	民建山西省委
胡小龙	农工党山西省委
单小飞　王利波	九三学社山西省委
冯学亮	省工商联
宋海兵	省总工会
张　瑜　陈志刚　师慧蓉	团省委
李　敏	省妇联
王继龙	省科协
王纪山	省社科联
张佳栋	省侨联
谢　恺	三晋文化研究会
侯晓俊　韩　燕	省红十字会
武学亮	省慈善总会
张占祥　靳向阳	省经信委
王崇林	省煤炭工业厅
高一萍	省电力总公司
王剑虎	山西电监办
姚文举	省机电行业办
康建基	省冶金行业办
王乐意	省化工行业办
王　洋	省建材行业办
孙宝明	省纺织行业办
袁　珊	省轻工行业办
赵登斌	省国防科工委
武文华	省食品协会
张软斌　武少东	省农业厅
许云麒	省农垦局

谢　卓　陈晓红	省畜牧局
秦永红	省农机局
梁海萍　王和平	省农科院
谢英杰　贾向前	省林业厅
王秀芳	省水利厅
原晋军	省中小企业局
冯晓东	省城联社
郭玉斌　樊保平　赵志远	省住房和城乡建设厅
黄　斌	省建总公司
任　皓	省重点工程办公室
闫淑铮	万家寨引黄工程管理局
范素军	省环保厅
师国梁	省交通运输厅
孙淑环	太原铁路局
黄荣君	省民航机场管理局
张　琳	省邮政管理局
李　江	省邮政公司
侯安定	运城空港新区
姚洪涛	风陵渡经济开发区
王鹏声	省物资产业集团
韩建国　刘毅博	省物流协会
马庆彪	省无线电管理委员会
武雅明	省通信管理局
赵　苇	省电信公司
黄云霞	省联通公司
原文浩	省展览馆
张红霞	中国煤炭博物馆
田若微	省博物院
宋晓徽	省口岸办
张新年	太原海关
张建龙	出入境检验检疫局
陈艳刚	省商务厅
祝志光	省粮食局
李　岩	省供销社
陈晓勇	省烟草专卖局
李志平	省石油公司
赵未陆	省银监局
褚　文	人行太原支行
赵建伟	建行山西省分行
阎瑞生	交行山西省分行
李文杰	工行山西省分行
李红胜	华夏银行太原分行
康　宁	农行山西省分行
聂宏伟　雷鹏铎	省农信联社
张晓姝	山西邮储银行
王　晶	民生银行山西省分行
张　晶	晋商银行
牛晓辉	农发行山西省分行
李　军　冯培义	中国银行山西省分行
阿　力	省保监局
刘建珍	中国人寿山西省分公司
张　军	省证监局
李宏卿　薛　敏	省教育厅
陈红科	省科技厅
杜永刚	省测绘局
李艳红	省煤炭地质局
梁述杰	省水文水资源勘测局
李国英	省气象局
赵晋红　宋美琴	省地震局
霍春英	省社科院
陈燕萍	省文化厅
李德胜	省图书馆
程书林　谢宾顺	省文物局
李陈华	省文联
郭跃鹏	省新闻出版局
孙　峰　丁　婕	山西日报报业集团
郭文礼	省出版传媒集团
王　斑	省广播电视总局
黄　源	省旅游局
刘　翔	省卫生厅
张晓蕾	省医药行业办
李俊温	省体育局
王泽武	省宗教局
闫　鹏	省老龄委
郝晓波	省残联
杜姗姗	省扶贫办
朱东兵	省移民办
郎少萍	审计署太原特派办
马建林	财政部驻山西财政监察办

市县（区）单位撰稿人名单

（按栏目顺序排列）

张艳民　刘　莎	太原市
陈德善　赵福香	小店区
张国文	迎泽区
王　鹏	杏花岭区
王雪琴	尖草坪区
武超龙	万柏林区
方慧敏	晋源区
杨晓霆	清徐县
王天祥	阳曲县
高铁锁	娄烦县
赵志英	古交市
姚　斌	大同市
徐雅丽	城　区
武新田	矿　区
安　军	南郊区
贺雨顺	新荣区
路福忠　高玉岭	阳高县
高志英　闫　芳	天镇县
姜成晋	广灵县
高晓彬　刘甫花	灵丘县
范颖莲	浑源县
邵明仁	左云县
吉广仁	大同县
任佟苏　阳　文	阳泉市
王世钧	城　区
李荷花　王宏英	矿　区
翟拴富　陈益廉	郊　区
刘　勇　洪晓琴	平定县
郭　玲	盂　县
尚竹英	长治市
李书平　张少蓉	城　区
姜玉罡	郊　区
付小波　武俊英	长治县
万瑞星	襄垣县
段蓓蓓	屯留县
王建斌　张国梅	平顺县
王利芳	黎城县
王林茂	壶关县
王卫星	长子县
魏春洲	武乡县
申文水　郝爱萍	沁　县
郭小红	沁源县
申俊良	潞城市
牛晋军	晋城市
赵同善　周粉香	城　区
张丽霞	沁水县
王家胜	阳城县
焦国锋	陵川县
张　静	泽州县
文战胜	高平市
吴夺魁	朔州市
王鹏邦	朔城区
区政府办	平鲁区
侯志林	山阴县
温晋华	应　县
李志国	右玉县
杨志雁	怀仁县
刘政英　李新文	晋中市
李　敏	榆次区
常彩萍	榆社县
宋　丽	左权县
王　燕	和顺县
赵珍珠　李　斌	昔阳县
李丽萍	寿阳县
杨　扬	太谷县
董艳平	祁　县
梁　晓	平遥县
景茂礼	灵石县
赵俊萍	介休市
石少青	运城市
王英杰	盐湖区
程明清	临猗县
薛勇勤　张东宏　屈月琴	万荣县
樊香叶　孟令燕	闻喜县

程明云　稷山县
许　隽　新绛县
刘　超　绛　县
王建民　垣曲县
孙英杰　夏　县
杨卯翠　平陆县
卫亚敏　芮城县
牛玉芳　王军平　永济市
张丽华　河津市
赵　芳　忻州市
张新华　忻府区
薄振宇　定襄县
裴志华　五台县
卢培青　代　县
冯占军　繁峙县
白瑞萍　宁武县
李青春　静乐县
杨向东　神池县
郭力逢　五寨县
潘明堂　岢岚县
吕文华　河曲县
武延飞　保德县
卢银柱　偏关县
武会文　原平市
李艳洁　临汾市
张洪亮　尧都区
张淑霞　曲沃县
张文会　翼城县
王建刚　襄汾县
王俊平　洪洞县
毛华丽　古　县
尚晓玲　安泽县
李彤新　张明明　浮山县
杨增奎　强培家　吉　县
白　斐　乡宁县
李宏伟　大宁县
张克强　隰　县
马宏伟　永和县
曹立华　蒲　县
牛记明　赵鸿虎　汾西县
耿文静　赵香琴　侯马市
郭秀东　霍州市
李保生　刘翠翠　吕梁市
孙银爱　离石区
徐锦笙　郝卫风　文水县
杨丽萍　交城县
牛小兵　兴　县
张海红　临　县
张景尧　柳林县
郑凤斌　辛　玺　石楼县
郭学明　岚　县
高海龙　方山县
许文彦　中阳县
武允明　交口县
张彩琴　孝义市
陈红艳　汾阳市

编 纂 说 明

一、《山西年鉴》是山西省人民政府组织编纂、山西省地方志办公室编辑出版的大型史册性工具书，是山西省内唯一的综合性年鉴。她全面系统记载山西省自然、政治、经济、文化、社会等各个领域的新思路、新举措、新进展、新成就和新经验，为国内外读者了解山西、认识山西、研究山西、投资山西、建设山西提供基础信息和线索。

二、《山西年鉴(2011)》以邓小平理论和“三个代表”重要思想为指导，贯彻落实科学发展观，坚持为构建社会主义和谐社会，为改革开放和社会主义现代化建设服务。

三、《山西年鉴(2011)》记事时间为2010年1月1日至2010年12月31日。特载栏目选载2011年的内容，意在记录省人大常务委员会、省人民政府及省发改委、省财政厅和两院、省统计局等工作报告中回顾2010年部分，增强年鉴所载资料的时效性。

四、《山西年鉴(2011)》继续采用分类编排法，共分四个层次编排，即栏目、分目、次分目、条目，划分栏目、分目和次分目主要考虑便于读者分部类系统阅读和检索。本版年鉴共设立31个栏目(包括附录和索引)，166分目，208次分目和2722条目，收录统计表格51张，总字数176万字。

五、《山西年鉴(2011)》框架和内容在保持相对稳定的基础上又有适当增加。如山西省政府十件实事全部办好办实、2010年山西十大新闻事件、山西省成为国家资源型经济转型综合配套改革试验区等内容；人物栏目增设“革命烈士”分目。以前没有收录的资料如省委台湾工作办公室、省委党校(省行政学院)、省公安厅交通管理局、省公安边防总队、省电信管理局、省邮政管理局、省万家寨引黄工程管理局以及省政协调研室和专门委员会工作等等尽可能收录记载。

六、《山西年鉴(2011)》继续把本版年鉴内文中依次出现的主要缩略语作了辑录并予以注释附在附录里，备读者查阅。

七、《山西年鉴(2011)》纸质版和电子版同时发行。同时在山西地方志网(www.sxdfz.com)设立《山西年鉴(2011)》专页,读者可以在线阅读和订阅。

八、《山西年鉴(2011)》配备有目录和索引双重检索系统。目录按栏目、分目、次分目、条目四级排列。索引采用主题词编纂,主题词按首字汉语拼音音序排列。

九、《山西年鉴(2011)》统计资料数据均使用法定计量单位,由于行业和地区统计口径方面的原因,个别数字不一致的地方,以山西省统计局发布的统计数字为准。

十、《山西年鉴(2011)》稿件由全省各级党、政、军机关和企事业单位提供。

《山西年鉴》创办以来,得到社会各界的大力支持,我们对关心、支持山西年鉴事业发展的各级各部门领导和认真写作的各位撰稿人表示衷心的感谢!书中若有疏漏差错之处,敬请指正原谅;若有印装质量问题,请与编辑部联系。

《山西年鉴》编辑部

二〇一一年十一月十八日

目 录

特 载

大事记

概 况

中国人民政治协商会议
山西省委员会

中国共产党纪律检查委员会
山西省委员会

两院工作

工 业

交通运输　邮政

高新技术产业 物流业

信息产业 会展业

会展业

贸 易

教育 科技

社会科学

新闻出版 广播电视电影

旅游 服务

卫生 体育

社会生活

附　录

入选本版年鉴彩图专辑单位名录

（单位名称后的数字为彩图页码）

CONTENTS

坚定信心 开拓奋进 为加快转型跨越发展而努力奋斗

——2011年1月24日在山西省十一届人大五次会议闭幕会上的讲话

中共山西省委书记 袁纯清

各位代表、同志们：

经过全体代表和与会同志的共同努力，山西省第十一届人民代表大会第五次会议圆满完成各项议程，就要胜利闭幕了。这次会议全面贯彻党的十七届五中全会精神和省委九届十一次全会精神，总结过去一年和“十一五”时期工作，明确了今年及今后五年的主要任务。会议充分发扬民主，严格依法办事，审议通过了政府工作报告和“十二五”规划纲要，审议通过了省人大常委会和省法院、省检察院工作报告，批准了2011年国民经济和社会发展计划及预算，补选了副省长等人选。会议开得严肃活泼、风清气正，是一次团结民主、求真务实、催人奋进的大会。会议期间，全体代表和列席会议的同志，忠实履行职责，依法行使权利，积极建言献策，展现出较高的政治素质和良好的精神风貌。在此，我代表大会主席团和省十一届人大常委会，向大家表示衷心感谢！

各位代表、同志们，刚刚过去的2010年是我省发展史上很不平凡的一年。面对复杂形势和繁重任务，全省上下以良好精神状态投入转型跨越，巩固和扩大应对国际金融危机冲击成果，推动各项事业取得新成就，圆满完成“十一五”目标任务，迈出全面建设小康社会的新步伐。在保增长上，持续保持近年来少有的投资强度，上马和建成了一批重点工程，有力带动全省经济平稳较快增长，主要指标达到或超过国际金融危机前的水平。在促转型上，传统产业改造升级加快，新兴产业发展壮大，资源深加工出现良好势头，煤炭资源整合和企业兼并重组取得明显成效，安全生产创历史最好水平，特别是我省被确立为国家资源型经济转型综合配套改革试验区，标志着山西进入一个新的发展阶段。在惠民生上，农村“五个全覆盖”圆满完成，城乡群众生产生活得到改善，生态环境明显好转。在增活力上，扎实推进各项改革事业，进一步激活发展潜力，成功举办能博会等重大招商引资活动，民营经济创业活力增强。在造氛围上，推进思想解放，创新发展思路，倡导实干大干，转型跨越成为全省工作的主旋律，形成了干事创业、争上项目、竞相发展的喜人局面。这些来之不易的成绩，是党中央、国务院正确领导、亲切关怀的结果，是省委、省政府加强领导，省四套班子团结奋斗的结果，是全省人民携手共进、顽强拼搏的结果，是驻晋部队和武警官兵支持参与的结果。各级人大及其常委会，围绕中心、服务大局，认真履行职责，积极探索创新，工作水平有新提高，自身建设有新进展，为转型跨越发展作出了重要贡献。

2011年是中国共产党成立90周年，是实施“十二五”规划的开局之年，是全面推动转型跨越发展的关键之年，是国家资源型经济转型综合配套改革试验区的起步之年，也是省市县乡四级党委换届之年。放眼大局，世界经济继续恢复增长，新兴经济体继续较快增长，我国仍处于重要战略机遇期，经济发展长期向好的趋势不会改变，国内外形势总体上对我省转型跨越发展有利。我省发展势能不断积累，发展潜力正在释放，发展环境日益改善，发展信心明显增强，只要全力以赴做好各项工作，就一定能确保“十二五”开好局、起好步。

第一，坚定目标不动摇，最大限度把全省人民的智慧和力量凝聚到转型跨越发展上来

这次会议审议通过的“十二五”规划纲要，突出了再造一个新山西的宏伟目标，展现了山西未来科学发展的蓝图。新山西“新”在哪里？概括起来说，“新”在把转型跨越发展作为山西的重大战略和主旋律，“新”在工业新型化、农业现代化、市域城镇化、城乡生态化的新的发展理念，“新” 在主要经济指标总量翻一番的快速增长，“新” 在把循环经济作为基本路径，“新”在安全发展、清洁发展、绿色发展、低碳发展的新的发展方式，“新”在绿化山西、气化山西、净化山西、健康山西的美好生活，“新”在提高群众社会保障水平、收入水平、健康水平、科技教育水平的惠民举措。“十二五”规划纲要的通过使之成为全省人民的共同意志。要使全省人民都坚定这样的信念，就是“十二五”规划目标宏伟，积极可为。一是符合经济发展规律。从世界和我国近年发展经验来看，增长周期通常为10年左右。上世纪80年代以来，我国基本上是这样一个增长轨迹。尽管国际金融危机造成的经济复苏之路充满不确定性，但从2010年开始又步入新一轮增长周期，这是一个总的趋势，必将增加能源原材料消费，拉动我省经济特别是主导产业的增长。从省域经济来看，1万亿元是发展水平的重要拐点。粤苏鲁浙豫五省在经济总量突破1万亿后，经济进入起飞阶段，到2万亿只用5年左右时间，到3万亿甚至只用3年时间。今年我省经济总量将突破1万亿元，标志着进入一个新的增长区间。我省“十二五”要实现更好更快的发展，既是经济规律使然，也是发展大势所趋。二是符合科学发展观的要求。发展是科学发展观的第一要义，而发展不足是山西最大的省情。我们提出跨越发展，实现主要经济指标翻番，就是致力于破解我省发展不够“快”的问题。山西最突出的省情是经济结构畸重，发展方式粗放，因而实现科学发展，根本上要选择一条全面、协调、可持续的发展路子。

“十二五”规划纲要通篇贯穿加快经济发展方式转变这条主线，把转型作为基本着力点，就是致力于破解我省发展不够“好”的问题。因此说，转型跨越的过程就是我省贯彻和实践科学发展观的过程。三是符合全省人民意愿。我们所做的一切工作都是为了人民，我们推进发展的最终目的是为了增进人民福祉。我省群众收入水平与全国平均水平特别是发达地区还有较大差距，群众对生活质量、幸福指数、健康水平的要求不断提高。我省去年人均GDP预计会超过3870美元，这标志着群众生活由满足基本需求向更高水平、更高质量的转变。全面转型、加快跨越顺应了人民群众提高生活质量、改善生态环境、建设美好家园的要求，是全省人民的共同心愿和最大期盼。正因为如此，我们提出转型跨越发展后，全省上下精神振奋，广大群众备受鼓舞，焕发出了极大的热情和创造性，各地掀起了大干发展、争先发展的良好局面。因此，综合主客观条件，我们完全有理由坚定“十二五”的目标不动摇，完全有把握实现山西由传统到现代的转型，资源经济大省到经济强省的跨越。

第二，树立信心不气馁，始终保持攻坚克难、奋发进取的精神状态

山西是欠发达省份，但是我们认为信心比GDP更重要；山西是资源大省，我们同样认为信心比资源更重要。转型跨越、再造一个新山西，任务十分艰巨、繁重、紧迫，但是我们充满了信心。

为什么我们讲信心？有了信心才能有一种昂扬向上的精神状态。信心是事业成功的基石，是发展的引擎，是在希望和信赖的前提下“奔赴伟大荣誉之路的感情”。发端于美国的这场国际金融危机，与其说是经济危机，不如说是信心危机。一些国家因为丧失了信心，民众不敢消费，企业不敢投资，政府救市资金和措施难以奏效。反观我国，中央强调“信心比黄金更重要”，千方百计提振国人信心，全力以赴采取应对措施，我国经济率先复苏，成为拉动世界经济增长的重要力量。可见，信心不仅关乎一个人的境界、状态和潜能，而且关乎一个国家、一个民族、一个地区的发展格局和前途。我们既要不断增强干部群众的信心，又要切实把这种信心转化成为昂扬向上的精神状态，攻坚克难的精神杠杆，奋发进取的精神动力，进而转化为巨大的物质财富和发展成果。

我们的信心来自哪里？信心来自现实的条件和机遇。山西的传统优势正在转型中逐步放大。以煤为基、多元发展，用资源换资本、换技术、换市场、换项目已经成为新的共识，循环经济正在成为经济发展的基本路径，使产业优化升级、城乡生态环境改善进入快车道。软硬环境不断改善，水利制约得到缓解，土地潜力逐步释放，立体交通体系加速形成。特别需要强调的是，资源型经济转型综合配套改革试验区是全国第一个全省域、全方位、系统性的综合配套改革试验区。作为一个大品牌，我省发展将由资源生产地、能源供应体向转型创新试验区迈进，蕴含着巨大发展空间；作为一个大载体，在转型试验区总体框架内，“十二五” 规划的基本思路、总体目标和主要任务，都可以得到又好又快地推进和落实；作为一个大平台，过去想做而做不成的一些事情，现在可以做了，一切有利于资源型经济转型的成果都可以拿来为我所用。

我们要什么样的信心？我们要的是敢于胜利、志在必胜的信心。信心的力量是无穷的。转型跨越发展事关全面建设小康社会的大局，事关全省人民的利益，事关山西在全国发展格局中的地位。我们没有理由不全力以赴，没有理由不志在必得。这次会议确定今年经济增长12%左右，今后五年年均增长13%，全社会固定资产投资要达到5万亿元，而且这样的速度要建立在质量和效益的基础上。我们要敢于跳起来摘桃子，而且只有跳起来才能摘到大桃子、好桃子，确保今年起好步、开好局，确保“十二五”规划目标全面实现。

第三，鼓足干劲不放松，以更大胆气和魄力开创事业新局面

一个地方的发展，干事创业的力度和氛围是决定性因素。大干大发展，小干小发展，不干不发展。我国一些发展先行区的超常发展，没有别的，都是干出来的，都是源于各级干部忘我的工作。要把宏伟蓝图变成美好现实，除了实打实地干，没有捷径可走。而且，我们在发展，别人也在发展，这就需要我们付出比别人更多的努力。一要瞄准目标艰苦奋斗、真抓实干。山西人民有着艰苦奋斗的优良传统。勇于开拓、不断进取的晋商精神，不畏艰险、敢于胜利的太行精神、吕梁精神，战天斗地、坚忍不拔的纪兰精神、右玉精神，都产生于这块英雄的土地。这是我们的宝贵资源和精神动力。全省上下要大力弘扬艰苦奋斗的光荣传统，不管形势如何变化，无论遇到多大困难，推进转型跨越发展不懈怠，实现主要指标翻番、再造一个新山西不动摇，在中部崛起乃至全国竞相发展的格局中敢争先，既要有拼劲，更要有韧劲，苦干、实干、拼命干、持续干。各地要明确发展定位，把握发展重点，使各项工作有目标、有抓手、有办法。二要抓住机遇积极开拓、大干快干。在竞争日趋激烈、要素流动加快的形势下，机遇稍纵即逝。我们要紧紧抓住后国际金融危机时期新一轮发展机遇，抓住转型跨越蕴含的重大机遇，抓住转型试验区的难得机遇，牢固树立硬道理和第一要务的观念，摒弃安于现状、裹足不前，小打小闹、修修补补，四平八稳、循规蹈矩的心态和做法，敢干而不蛮干，大干而不小干，实干而不虚干，真干而不假干，在“好”的基础上，能发展多快就发展多快，各项指标尽量实现得更好一些。三要着眼突破奋勇争先、超常规干。转型是为了跨越，跨越才有未来。岁月无情，发展时不我待。要增强紧迫感，事事创一流，以超常规的思路、超常规的举措、超常规的干劲，实现超常规的发展。坚持先行先试，大胆探索，在改革体制机制上、在创新政策措施上、在创制新的路径模式上、在拓宽开放半径和承接产业转移上，敢于尝试、敢于突破，走出资源型经济转型发展的新路子。现在各市已经积极行动起来，不少党员干部主动加班加点，体现的就是一种敢较劲、不服输的精神状态。各级领导干部要直面艰苦、乐于吃苦、忍耐清苦、带头苦干，以实际行动凝聚起广大干部群众的智慧和力量。

第四，狠抓落实不懈怠，形成求真务实共谋发展的浓厚氛围

“天下大事必作于细，古今事业必成于实。”落实是成事之基、事业之根。布置工作如果不抓紧落实，再好的设想也只是空中楼阁，再好的规划也只是纸上谈兵。现在目标已经确立，任务已经明确，我们要把抓落实作为责任和意志，把每一项工作都当成事业去做，对工作有激情，对事业有敬畏，对群众有责任，乘势而上、顺势而为，谋实事、出实招、求实效，在层层抓落实、层层解决问题上下功夫。要在产业转型上狠抓落实，以循环经济为基本模式和路径，坚持全循环、抓高端、多联产，加快传统产业改造升级，整合资源优势、政策优势和产业优势，大力发展新兴产业，以大企业支撑大产业，加快绿色、清洁、低碳发展步伐。要在项目建设上狠抓落实，善于把政策、资源、规划、措施变成具体的项目，以项目建设带动产业转型。加大开放引进力度，加快整合和建设一批大的产业园区，走高端化、配套化、集群化发展道路。要在统筹城乡上狠抓落实，按照“一核一圈三群”的战略推进城镇化，把“一村一品”“一县一业”作为农业现代化的重要切入点，扎实推进新农村建设，增强县域经济发展实力。要在改善民生上狠抓落实，以建设绿化、气化、净化、健康山西为抓手，建设生态文明，发展社会事业，让人民群众生活得更有质量、更有保障、更有尊严。要在安全生产上狠抓落实，对山西而言，安全生产同样是第一要务。过去安全生产事故血的教训切不可忘记，今天安全生产形势的明显好转一定要倍加珍视，今后安全生产的要求要落实到每一个企业、每一个生产环节，确保生产安全、人民安康。特别要强调的是，转型跨越是全省人民的共同事业，人人都肩负着一份责任，都要尽一份心力。各级各部门特别是领导干部要把心思和精力用在推动发展上、用在破解难题上、用在为群众办实事上，立说立行，只争朝夕，今日事今日毕，定下来的就要扎扎实实去做，承诺了的就要想方设法完成，不要让宝贵的机遇在按部就班中白白错过，不要让好不容易争来的项目在推诿扯皮中白白丢掉。对利用职权吃拿卡要、不给好处不办事的，要严肃处理。各个企业要把握国家和我省产业政策，做大做强核心主业，积极进军新兴产业，提高自主创新能力，培育特色品牌，加强企业间战略联合和重组，形成国有民营共同发展、大中小企业互为支撑的生动局面。每个社会成员都要把个人事业与转型跨越结合起来，确立奋斗目标、做好具体规划，只要是有利于转型跨越的事情，都要积极去做，努力做好，力争每年有所收获、有所作为、有所进步，建设美好家园，铸造充实人生。干部要勤廉履职，工人要爱岗敬业，农民要勤劳致富，科技人员要勇于攻关，个体户和私营企业要大胆创业，真正做到人人都是软环境，人人都是创业者。

各位代表、同志们，人民代表大会是代表人民行使管理国家和经济社会事务权利的最高权力机关。人大工作在新形势下大有可为，在保证和促进转型跨越发展中具有不可替代的作用。各级人大及其常委会要坚持党的领导、人民当家作主、依法治国的有机统一，抓紧制定促进转型跨越发展和转型试验区建设的地方性法规；围绕发展大局和事关人民群众

政府工作报告

——2011年1月19日在山西省第十一届人民代表大会第五次会议上

山西省省长　王　君

各位代表:

现在,我代表省人民政府向大会作工作报告,并就《山西省国民经济和社会发展第十二个五年规划纲要(草案)》作说明,请予审议,请省政协委员和其他列席会议的人员提出意见。

一、"十一五"时期国民经济和社会发展回顾

"十一五"时期是我省发展史上极不平凡的五年。五年来,面对国际金融危机的严重冲击,面对经济结构深层次矛盾的重重困扰,面对保增长保民生保稳定的繁重任务和安全生产的巨大压力,我们在党中央、国务院的坚强领导下,认真贯彻落实党的十七大和十七届三中、四中、五中全会精神,深入贯彻落实科学发展观,奋力进取、扎实工作,经济社会发展和各项工作都取得了新的成就,圆满完成了"十一五"规划目标任务。

一是认真贯彻落实中央决策部署,全力应对国际金融危机冲击,经济发展跃上了新的台阶。

不断加大投资力度,5年全社会固定资产投资完成2万亿元。特别是应对国际金融危机,全力实施两年投资1万亿元的计划(实际完成1.1万亿元),进一步加大基础设施、民生工程和企业技改等重点工程项目建设,取得明显成效。石太客运专线、太中银铁路建成通车,大西客运专线、中南部出海大通道等一批铁路项目加快建设;高速公路建设掀起新高潮,去年建成1037公里,全省通车总里程已突破3000公里;太原、长治机场改扩建全面完成,运城、大同机场改扩建顺利推进,五台山、吕梁、临汾机场开工建设。35项应急水源工程全面推进,27项建成投入使用,引黄北干工程建设进展顺利。新增发电装机2669万千瓦。省城十大建筑建设取得重要进展。大规模的投资,不仅有效地拉动了经济的快速增长,而且大大地增强了我省的发展后劲。

在全面落实国家"家电下乡"、"农机下乡"等政策的基础上,制定实施了我省扩大消费的一系列政策措施,扩大农机补贴范围、提高补贴标准,实施旅游春季和金秋行动计划,扩大住房、汽车、文化消费,加强流通基础设施建设,建成2.7万个农家店,支持60个大型农产品批发市场和流通企业升级改造,促进了消费快速增长。"十一五"全省社会消费品零售总额年均增长18%。

着力稳定和拓展外需,进出口总额年均增长17.8%。实行社会保险"五缓四减三补"政策,实施促进民营企业发展9项优惠政策,对焦化等企业实行有关费用减免缓缴措施,大幅度减轻企业负担,协调解决企业融资难问题,帮助企业渡过了难关。

通过这些切实有效的措施,保持了经济的平稳较快发展。预计2010年全省生产总值达到8700亿元、比2009年增长13%,财政总收入完成1810亿元、增长17.8%,一般预算收入完成970亿元、增长20.3%,分别是2005年的2.1倍、2.4倍和2.6倍;城镇居民人均可支配收入、农民人均纯收入分别达到15640元、4730元,增长11.8%、11.6%。以上数据说明,我们应对国际金融危机已经取得了决定性的胜利!

二是加快转变经济发展方式,全力推进煤炭资源整合煤矿兼并重组,结构调整迈出新的步伐。

按照巩固加强第一产业、优化提升第二产业、大

切身利益的突出问题,加强法律法规实施情况的监督,依法行使重大事项决定和重要人事任免权。要加强同代表的联系,拓宽代表知政知情渠道,扩大代表对常委会活动的参与,做好代表议案和代表建议的办理工作,为代表履行职责搞好服务。各级党委要积极支持人大及其常委会依法履行职责,为人大及其常委会开展工作创造条件。各级各部门要自觉接受人大及其常委会的监督,积极配合并支持人大及其常委会开展工作。人民代表来自人民,要进一步增强责任意识,坚持勤奋学习,不断提高素质,树立良好形象,把群众的意愿表达好、落实好,把人民赋予的职责履行好。会后,各位代表要深入宣传会议精神,带头落实各项任务,为推动转型跨越发展再立新功。

各位代表、同志们,山西正站在一个新的起点上,转型催人奋进,跨越时不我待。让我们更加紧密地团结在以胡锦涛同志为总书记的党中央周围,高举邓小平理论和"三个代表"重要思想伟大旗帜,深入贯彻落实科学发展观,万众一心、开拓奋进,为胜利完成"十二五"规划目标任务,实现再造一个新山西的宏伟目标努力奋斗,谱写经济发展、社会和谐、人民富裕的新篇章,以优异成绩迎接中国共产党成立90周年!

力发展第三产业的思路，全面推进三次产业结构调整。制定实施十大产业调整振兴规划及28个子行业实施方案，传统产业新型化、新兴产业规模化、支柱产业多元化的步伐加快。煤炭、焦炭、冶金、电力等传统行业在稳步增长的同时，质量效益明显改善，内部结构不断优化；先进装备制造业、现代煤化工、新型材料工业、特色食品工业等新兴产业快速发展，在经济中的比重逐步提高；服务业发展取得新的进展，旅游总收入突破1000亿元。

紧紧抓住国际金融危机蕴涵的机遇，以壮士断腕的决心和勇气启动实施煤炭资源整合煤矿兼并重组，取得重大成果。矿井总数已减少到1053座，办矿主体已减少到130个，70%的矿井生产规模达到90万吨以上，30万吨以下煤矿全部淘汰，保留矿井全部实现机械化开采。去年煤炭产量达到7.4亿吨，是历史最好水平。通过这一轮整合，我省煤炭工业进入了一个全新的发展阶段，产业水平显著提高，安全生产状况明显改善，采矿秩序明显好转，能源基地的地位进一步巩固，为经济社会又好又快发展奠定了坚实的基础，为全省转型跨越发展奠定了坚实的基础！

狠抓节能减排和环境保护。5年共关停小火电机组316万千瓦，淘汰落后钢铁产能5397万吨、焦炭产能4761万吨、水泥产能2586万吨、电石产能142万吨；全面启动生态省建设，深入实施“蓝天碧水工程”、造林绿化工程、生态环境治理修复工程；严格实行节能减排目标责任制，综合运用结构、工程、技术和管理节能减排措施，取得了明显成效。与2005年相比，万元地区生产总值综合能耗下降22%，化学需氧量、二氧化硫排放量分别削减16.3%、13.5%，全部超额完成了国家下达的“十一五”节能减排目标任务；11个省辖市城区空气质量二级以上天数平均达到347天，优良率提高33个百分点；完成营造林2335万亩，森林覆盖率由14%提高到18%，全省生态环境明显改善。

三是毫不放松抓好“三农”工作，不断加大强农惠农力度，“三农”工作取得新的成效。

全面落实国家各项强农惠农政策，结合我省实际，先后出台实施了玉米最低收购保护价等“五项补贴政策”、设施蔬菜大县奖补等“八项惠农政策”、盐碱地改造等“七大强农工程”。加强农业基础设施建设，完成高标准旱作农田、节水灌溉农田、中低产田改造2000万亩，农业综合生产能力稳步提高，五年来粮食产量年均超过百亿公斤，特别是去年达到108.5亿公斤，创历史新高。继续推进雁门关生态畜牧经济区建设，启动运城、晋中、大同三大现代农业示范区建设，大力实施农产品加工龙头企业“513”工程，农业结构调整取得积极进展。

扎实推进新农村建设，完成9098个新农村试点村和重点推进村建设任务。深入开展扶贫工作，105万贫困人口实现脱贫。

四是全面发展社会事业，切实保障和改善民生，广大人民群众得到了实实在在的好处。

制定实施科技、教育、人才中长期发展规划纲要，加快发展科技、教育、文化、卫生、体育等社会事业。尤其是应对国际金融危机冲击两年多来，扎扎实实地办了几件大事。在教育方面，全面实施中小学校舍安全改造，全面实行义务教育阶段教师绩效工资，免除城乡义务教育学杂费，免除中等职业学校农村家庭经济困难学生和涉农专业学生学费，制定出台家庭经济困难学生资助政策，招聘6427名特岗教师到贫困地区和农村任教，启动占地9300亩的高校新区建设，为高校增加3000名教师编制，投资3亿多元对高校危房进行改造，帮助高校解决贷款负担问题。在医疗卫生方面，全面推进医药卫生体制改革，投资30多亿元完善基层医疗卫生基础设施，在公共卫生与基层医疗卫生事业单位实行绩效工资，在67%的政府举办的基层医疗卫生机构实行国家基本药物制度，积极推进基本公共卫生服务均等化，全面实行城乡基本医疗保险制度，在23所市县级公立医院开展改革试点工作。在科技人才方面，投入9000多万元，引导实施19个重大科技专项，一批共性关键技术取得重大突破；大力培养开发本地人才，积极吸引外来人才，5年共引进国内外优秀人才5400多人，特别是近两年每年拿出5000万元，实施引进海外高层次人才“百人计划”，先后引进58人。在文化体育方面，全面加强城乡文化设施建设，有序推进文化体制改革，文艺院团试点单位改革任务全面完成，省出版系统全部转企改制，省级广播电视局台分离，市县文化、广电、新闻出版三局合一，《立秋》《解放》等一批精品剧目和平遥国际摄影展等重大文化活动在国内外产生了广泛影响，五台山成功申遗；我省体育健儿在奥运会、亚运会等重大赛事上取得优异成绩。与此同时，积极做好双拥工作、支持军队建设，做好民族、宗教、外事、侨务、对台工作和政策咨询、参事、史志、人防、气象、地震、测绘、文物、档案工作，发展老龄事业、残疾人事业、慈善救助事业和红十字会事业，取得了新的成绩。

突出抓好保障和改善民生工作。多种渠道扩大就业。5年新增城镇就业225.7万人，转移农村劳动力185万人，城镇登记失业率控制在4%以内。多种形式建设保障性住房。5年共开工建设各类保障性住房90万套、5830万平方米，国有重点煤矿采煤沉陷区治理任务全部完成、棚户区改造任务基本完成，农村危房改造进展顺利。多方筹资建立健全社会保障体系。城镇职工养老、医疗、失业等社会保险综合覆盖率达到87%，5年提高了13.5个百分点；城镇企业职工养老保险实现省级统筹，企业退休人员养老金水平由2005年的每月人均627元提高到1500元；在全国率先启动新型农村社会养老保险试点，已扩大到50%以上的农业县；新型农村合作医疗参保率达到94.3%;219.5万城乡低保对象和14.2万农村五保对象实现应保尽保。多措并举稳定物价。五年来,居民消费价格水平平均涨幅控制在3%。特别是去年认真贯彻国家稳定物价政策措施,及时制定实施了12条具体措施,并投入5亿多元,对大中专院校学生、优抚对象、城乡低保对象、农村五保供养对象发放临时价格补贴,有效地稳定了物价,保障了困难群众的基本生活。

全力推进农村“五个全覆盖”工程。两年共投资300多亿元,新建通村水泥(油)路2.5万公里,改造中小学校舍9483所,建成6971个村级卫生室,建成各类饮水工程1.2万处,完成9638个村的村通广播电视任务。这是近年来我省影响范围最大、受益人数最多的民生工程。农村“五个全覆盖”任务的完成,使昔日的羊肠小道、泥泞土路变成了宽阔通畅的水泥(油)路,狭小昏暗、陈旧破败的危房变成了安全坚固、宽敞明亮的新校舍,苦咸水变成了干净卫生的甘泉水,广大农民实现了“小病不出村”的心愿,封闭落后的偏远山村看上了电视、享受到了现代文明,广大农民从这五大工程中得到了实实在在的好处!

与此同时,全力以赴支援南方地区抗击雨雪冰冻灾害,千方百计确保全国煤炭供应;投入大量人力物力财力,支援四川茂县恢复重建和对口援疆;积极捐款捐物,支援四川汶川、青海玉树、甘肃舟曲抗震救灾,作出了山西人民应有的贡献。

五是坚持不懈抓好安全生产工作,全力扭转被动局面,安全生产形势明显好转。

针对一度时期我省安全生产事故频发的状况,高度重视安全生产工作,切实加大工作力度,在全省范围内深入开展以煤矿为重点、覆盖各行业各领域的安全生产专项整治行动,建立完善十项安全生产制度,出台12个行业118条安全生产规定,进一步强化“两个主体”责任,配备市县长安全助理,组建煤炭工业厅,安监局与煤监局分设,严肃对待事故,严格责任追究,不断强化安全生产的组织、制度、技术、人才、管理、纪律和体制保证,安全生产形势明显好转。全省各类安全生产事故死亡人数在2009年比2008年减少1018人的基础上,2010年又比2009年减少505人,煤炭生产百万吨死亡率由2005年的0.905下降到0.187。安全生产形势的明显好转,不仅保护了人民群众的生命财产安全,保护了大批的干部,也大大地改变了山西的对外形象!

六是不断深化改革,努力扩大开放,发展的动力和活力明显增强。

全面完成省市县三级政府机构改革,取消、下放、调整行政审批事项489项。稳步推进事业单位改革试点,省直事业单位清理规范工作基本完成。深化国有企业改革,省属国有企业改革重组步伐加快。全面推进集体林权制度改革,完成确权面积5907万亩。加快推进财税体制改革,60个县实行财政省直管县体制。扎实推进金融改革,农村信用社改革取得重要进展,晋商银行及一批小额贷款公司、村镇银行等金融机构相继组建,大同煤业等16家企业在境内外成功上市,省金融办开始筹建。实行燃油税改革,政府性收费还贷二级公路收费站全部撤销。扎实推进煤炭工业可持续发展试点、循环经济省试点、生态省试点。积极开展资源型经济转型综合配套改革试验区调研申请工作,获国家正式批复,我省成为唯一的国家级、全省域、全方位、系统性的综改区。进一步扩大对外开放,成功举办能博会、农博会、装备制造业博览会、港洽会、珠洽会和央企、民企山西行等大型招商活动,积极参加世博会、中博会等重大活动,5年共引进各类资金5223亿元。

七是扎实推进民主法制建设,加强精神文明建设,社会保持和谐稳定。

各级政府自觉接受人大的监督和政协的民主监督,积极支持各民主党派、工商联、无党派人士参政议政。5年省政府共办理人大代表建议和政协提案5783件,向省人大常委会提请审议地方性法规草案48件,制定政府规章45件。全面推进“法治山西”建设,“五五”普法成效明显。不断完善基层民主制度,充分发挥群团组织作用,全面落实政府系统廉政建设责任制,切实加强审计和监察工作,深入开展煤焦领域反腐败专项斗争,依法推进治超工作,加强社会治安综合治理,社会保持和谐稳定。哲学社会科学、新闻出版、广播影视和文学艺术进一步繁荣。群众性精神文明创建活动深入开展。

在这里,我向大会郑重报告,我省“十一五”规划目标任务圆满完成,向全省人民承诺的实事全部兑现!

各位代表,回顾这五年,我们深切地感受到,办好山西的事情,必须始终坚持以科学发展观为统领,认真贯彻落实中央决策部署,把中央精神与山西实际紧密结合,创造性地开展工作;必须始终坚持解放思想、与时俱进,不断地完善发展思路、创新工作方法,以思想的大解放推动经济社会的大发展;必须始终坚持以人为本,把保障和改善民生作为一切工作的出发点和落脚点,高度重视发展社会事业和改善民生,让人民群众共享改革发展成果;必须始终坚持统筹兼顾、突出重点,既立足当前、又着眼长远,正确处理改革发展稳定的关系,切实抓好安全生产,推动科学发展、促进社会和谐;必须始终坚持求真务实、真抓实干,出实招、办实事、求实效,以优良作风确保各项政策落到实处,确保各项工作顺利开展;必须始终坚持紧紧依靠广大干部群众,凝聚各方智慧和力量,调动一切积极因素,形成同心同德、共谋发展的强大合力。所有这些,既是过去五年积累的宝贵经验,又是我们今后一个时期必须坚持的重要原则。

各位代表,五年来取得的成绩来之不易,积累的经验弥足珍贵。这是党中央、国务院正确领导、亲切关怀的结果；是中共山西省委统揽全局、科学决策的结果；是省人大、省政协支持配合、有效监督的结果；是全省广大干部群众团结奋斗、辛勤劳动的结果；也是社会各界关心支持、无私奉献的结果。在此，我代表省人民政府，向全省人民，向驻晋部队广大指战员、武警官兵和中央驻晋单位，向各民主党派、人民团体和所有关心支持山西发展的海内外各界朋友们，表示崇高的敬意和衷心的感谢！

在肯定成绩的同时，我们也清醒地认识到，我省经济社会发展还存在不少困难和问题，主要是：产业结构不合理，经济发展方式粗放，城乡区域发展不协调，科技创新能力不强，节能减排和安全生产压力较大，城乡居民收入水平不高，社会事业和民生欠账较多，制约科学发展的深层次矛盾和问题尚未从根本上解决，干部思想解放程度、政府职能转变还不能适应转型跨越发展的要求，等等。对此，我们将积极采取措施，认真加以解决。

二、"十二五"时期经济社会发展的指导思想和目标任务

"十二五"时期，是全面建设小康社会的关键时期，是深化改革开放、加快转变经济发展方式的攻坚时期，也是实现转型跨越发展的重要时期。

根据省委九届十一次全会精神及"十二五"规划《建议》，省政府编制了"十二五"规划《纲要(草案)》，明确提出"十二五"时期要全面贯彻落实党的十七届五中全会精神，深入贯彻落实科学发展观，紧扣科学发展这一主题，紧紧围绕加快转变经济发展方式这一主线，突出转型跨越发展。要以解放思想为先导，以转型跨越发展为目标，以推进国家资源型经济转型综合配套改革试验区建设为重要抓手，以安全生产为重要保障，大力推进工业新型化、农业现代化、市域城镇化、城乡生态化，在建设国家新型能源和工业基地的基础上，建设全国重要的现代制造业基地、中西部现代物流中心和生产性服务业大省、中部地区经济强省和文化强省，再造一个新山西。

"十二五"时期经济社会发展的主要目标是：经济快速健康发展，主要经济指标实现翻番，地区生产总值年均增长13%，达到17000亿元以上；财政总收入、一般预算收入分别达到3640亿元和1950亿元；全社会固定资产投资完成5万亿元。经济结构调整取得重大进展，需求结构、产业结构和要素投入结构更趋合理，城镇化率达到55%左右，城乡区域发展协调性明显增强，自主创新能力不断提高，节能减排取得新的成效，生态环境显著改善，安全生产形势稳定好转。城乡居民收入普遍较快增加，实现居民收入增长和经济发展同步、劳动报酬增长和劳动生产率提高同步，城镇居民人均可支配收入达到3万元，农民人均纯收入超过9000元。社会建设明显加强，覆盖城乡居民的基本公共服务体系逐步完善，社会主义民主法制更加健全，文化事业和文化产业加快发展，社会更加和谐稳定。改革开放不断深化，重点领域和关键环节改革取得明显进展，资源型经济转型的体制机制逐步完善，对外合作水平不断提升。这些目标，体现了中央要求与山西实际的结合，体现了长期目标与短期目标的衔接，体现了转型发展与跨越发展的统一，体现了经济发展与社会事业发展、民生改善的协调，体现了人与自然的和谐。

"十二五"时期经济社会发展的主要任务是：

(一)优化生产力布局，构建转型跨越发展的战略基础

按照优化开发、重点开发、限制开发、禁止开发的不同功能定位和要求，编制和实施主体功能区规划，进一步优化产业布局和空间结构，提高国土资源利用效率，促进区域分工合理化、基本公共服务均等化和区际的良性互动。特别是对大运骨干通道沿线等人口密集、开发强度偏高、资源环境负荷过重的地区，要优化开发；严禁在各类自然文化资源保护区、重要水源地和其他需要特殊保护的区域进行开发。

(二)加快工业新型化、农业现代化、市域城镇化和城乡生态化步伐，推进转型跨越发展

加快工业新型化，坚持以煤为基、多元发展，以循环经济为主要模式，以大项目、大企业、大园区为主要支撑，推进工业化和信息化深度融合，改造提升传统产业，培育壮大新兴产业，加快发展现代服务业，构建具有山西特色的现代产业体系。加快农业现代化，贯彻工业反哺农业、城市支持农村和多予少取放活的方针，进一步加大强农惠农力度，加强基础设施建设，加快农业结构调整，发展现代农业，完善农业社会化服务体系，加快建设社会主义新农村，大力发展县域经济，努力增加农民收入，全面深化农村改革，开创"三农"工作新局面。加快市域城镇化，按照"一核一圈三群"的布局，加快太原都市圈发展，充分发挥区域中心城市和城镇群的辐射带动作用，实施"大县城"战略和百镇建设工程，加强城镇化管理，形成城镇化与工业化、城镇化与新农村建设良性互动的发展格局。加快城乡生态化，着眼于建设绿化山西、气化山西、净化山西和健康山西，坚持"绿色、低碳、洁净、健康"的发展理念，努力构建资源节约型、环境友好型社会，实现经济社会可持续发展。

(三)加快发展社会事业和改善民生，保持社会和谐稳定

深入实施科教兴省和人才强省战略，大力发展科技、教育、文化、卫生、体育等各项社会事业，着力改善民生。积极扩大就业，合理调整收入分配关系，健全社会保障体系，加大保障性住房建设力度，逐步完善符合省情特点、比较完整、覆盖城乡、可持续的基本公共服务体系，努力使发展成果惠及全省人民。推进社会管理创新，加强社会治安综合治理。强化安

全生产工作。发展社会主义民主政治,建设社会主义精神文明,全面落实依法治省基本方略,维护社会和谐稳定。

(四)加快建设国家资源型经济转型综合配套改革试验区,走出资源型经济全面转型的新路子

要抓住并用好这一重大机遇,充分利用试验区这个大品牌、大载体、大平台,大力推动全省转型跨越发展。着力推进产业结构转型,加快发展先进装备制造、现代煤化工、新能源、新材料、节能环保和服务业等接续替代产业,实现支柱产业由单一向多元、产品由低端向高端转变。要大力发展社会事业、创新社会管理,狠抓节能减排和生态环境保护,推进区域创新体系建设,加快资源型城市、地区转型,统筹经济社会、城乡、区域、人与自然和谐发展。坚持先行先试,创新体制机制,强化政策支撑,推进综合配套改革,为资源型经济转型提供有力保障。

(五)深化改革、扩大开放,为推动转型跨越发展提供强大动力和活力

全面推进各项改革,力争在重点领域和关键环节改革上取得新的突破。大力实施开放引进战略,坚持招商引资和招才引智相结合,吸引更多的人才、资金、技术落户山西、服务山西。深化区域合作,强化与国内外大企业的合作,进一步提高对外开放水平,以大开放促进大跨越。

各位代表,转型跨越在全省上下已形成共识,再造一个新山西是三晋人民的强烈愿望。《纲要(草案)》经这次人代会审议通过后,我们将尽全力抓好落实。我们坚信,通过全省人民的共同努力,一个经济更加繁荣、社会更加和谐、人民更加幸福、山川更加秀美的新山西一定会展现在世人面前!

三、2011年工作安排

2011年是中国共产党成立90周年,是"十二五"规划的开局之年,是全面推动转型跨越发展的关键之年,做好今年的工作有着十分重要的意义。

今年我省经济社会发展的主要预期目标是:地区生产总值增长12%左右,全社会固定资产投资增长22%以上,社会消费品零售总额增长16%,进出口总额增长15%,财政总收入和一般预算收入均增长15%,城镇居民人均可支配收入、农民人均纯收入分别增长10%和10%以上,城镇新增就业40万人,城镇登记失业率控制在4.2%以内,居民消费价格总水平涨幅控制在4%左右。

约束性指标是:万元生产总值综合能耗下降3.5%左右,万元生产总值二氧化碳排放量下降3.5%,二氧化硫、化学需氧量排放量分别下降1.5%和2%,氮氧化物、氨氮和烟尘、粉尘排放量分别下降1.5%、1.5%、2%、2%,万元工业增加值用水量下降5%。

实现上述目标,要在全面做好各项工作的同时,重点抓好以下工作:

(一)牢牢把握经济工作的主动权,促进经济快速健康发展

认真贯彻落实国家宏观调控政策,充分发挥投资、消费、出口"三驾马车"的协调拉动作用,促进经济快速增长,地区生产总值突破万亿元大关。

进一步增加投资。在优化投资结构、提高投资质量和效益的前提下,进一步扩大投资规模。加快重大基础设施建设投资。铁路方面,加快推进中南部铁路大通道、大西客运专线等项目建设,力争开工建设大同至张家口、和顺至邢台、运城至三门峡等铁路项目,启动太焦客运专线铁路前期工作。公路方面,重点抓好高速公路31个在建项目建设,再新开工建设11条,确保年内竣工1000公里,为2012年实现高速公路总里程突破5000公里奠定坚实基础;新建改建干线公路、农村公路2500公里。机场方面,加快运城、大同机场改扩建,推进五台山、吕梁和临汾新建机场项目建设。水利方面,全面完成35项应急水源工程建设;加快引黄北干工程建设,确保今年国庆节前大同、朔州用上黄河水;启动大水网建设,实施东山调水工程。电力方面,新增发电装机800万千瓦,完成1000千伏晋东南特高压输变电扩建工程,推进新一轮农村电网升级改造和智能电网建设。加大以结构优化升级为主的产业投资。加快煤炭资源整合重组保留矿井技改步伐,扎实推进其他能源原材料项目建设,积极实施太钢不锈钢管和高强度精密带钢等重大技改项目。高度重视新兴产业投资,在继续支持大运重卡一期5万辆达产的同时,加快推进太重高速列车轮轴等一批先进制造业项目、宏特高功率石墨电极等现代煤化工项目、潞安太阳能光伏产业等新能源新材料项目、吕梁杏花村白酒园区等特色食品工业项目。积极开展潞安540万吨煤制油以及煤制天然气、煤制烯烃等项目的前期工作,支持有关地市引进轿车生产线。加强社会事业和民生投资。继续抓好省城十大建筑建设,确保今年全部建成。加快推进高校新区、职业技术学校、医院、保障性住房等项目建设。与此同时,增加科技创新、生态环保、资源节约领域的投入,加大对"三农"和贫困地区的投资。

大力促进消费。落实国家和我省促进消费的政策措施,着力构建扩大消费的长效机制。努力增加城乡居民特别是低收入群体收入,提高居民消费能力;扩大社会保障覆盖面,完善公共服务体系,改善居民消费预期;深入实施"万村千乡市场工程"、"新网工程"和"双三十"农产品市场工程,扩大城乡商贸网点覆盖面,促进消费便利化;积极发展服务消费和电子商务、网络购物等新型消费业态,促进消费优化升级;采取有效措施,稳定价格水平,加强市场监管,规范市场秩序,强化信用建设,改善消费环境。

积极扩大出口。大力发展对外贸易,巩固传统出口市场,开拓新兴出口市场;提高传统优势出口商品质量和档次，高度重视装备制造等高附加值商品的出口，发展服务外包；落实出口信用保险等政策措施，加大对出口企业的支持力度。扩大高新技术、关键设备的进口，提高经济的外向度。

(二)推进工业新型化，着力构建现代产业体系

改造提升传统产业。继续深入推进煤炭资源整合煤矿兼并重组，在关死关实淘汰小矿井的基础上，加快保留矿井升级改造步伐，建设规模化、集约化、机械化、信息化的现代化矿井；优化煤炭行业内部结构，鼓励煤炭企业大力发展与煤炭紧密相关的煤炭采掘洗选设备、煤矿安全设备、煤矿环保设备、煤基化工、煤炭物流等产业，不断提高非煤产业比重。推进焦化、冶金、电力、建材等行业整合重组，重点推进焦化企业联合重组；充分利用高新技术和先进适用技术改造提升传统产业，促进产能大型化、生产集约化、利用清洁化、发展高端化。

培育壮大新兴产业。大力发展先进装备制造业，重点做大做强煤机、汽车、铁路装备、重型机械等产品；加快发展现代煤化工，力争在煤制油、煤制气、煤制烯烃等方面取得新进展；积极发展新型材料工业，重点发展钕铁硼、铝镁合金、纳米材料等高性能结构材料和功能材料；做大做优汾酒、陈醋、乳品、小杂粮等特色食品工业；鼓励发展新能源、生物医药、新一代信息技术等产业。

加快发展服务业。落实服务业发展的政策措施，促进各类服务业协调发展。大力推进现代物流业发展，以煤炭、焦炭、钢铁等大宗商品为依托，规划建设一批涵盖保税、仓储、加工、集运、商贸、金融服务在内的现代物流枢纽和大型物流园区，支持侯马方略保税物流中心等物流企业做大做强。实施文化强省战略，深化文化体制改革，加快文艺院团的改制，积极稳妥推进五大文化集团的组建，培育发展骨干文化企业，推动文化产业的大发展。大力发展旅游业，以五台山、云冈石窟、平遥古城等旅游景区为重点，建设一批高标准景区，打造一批旅游精品线路，完善服务体系，提高管理水平，积极开发旅游新型业态，推动旅游与文化融合发展。加快发展商贸、餐饮、金融、信息等其他服务业。

大力发展循环经济。全力实施《山西省循环经济总体规划》，进一步加大对循环经济发展的政策支持和投入力度，把循环经济作为改造提升传统产业的主要手段，作为新产业、新项目的准入门槛，作为资源配置的优先领域，推动资源循环式利用、产业循环化发展。

各位代表，在我省推进工业新型化，必须坚持以煤为基、多元发展，做到依托煤而又不完全依赖煤，立足煤而又要超越煤，兴于煤而又不困于煤，让得天独厚的煤炭资源发挥最大的效益，让非煤产业得到更大的发展，使山西的产业结构发生新的变化！

(三)推进农业现代化，加快建设社会主义新农村

完善强农惠农政策。在认真落实好国家和我省出台的一系列强农惠农政策的基础上，今年再投入13亿元，实施灌区建设补贴等“十项惠农政策”，启动高标准粮田创建等“十大强农工程”，促进粮食增产、农民增收。加强农业基础设施建设。加大水利建设投入，抓好小型水利设施建设、病险水库除险加固、中小河流治理、大中型灌区改造，加快西山引黄及抗旱水源工程建设，年内完成1800万亩农田灌溉、200万亩中低产田改造、15万亩高标准农田和10万亩盐碱地改造任务，不断提高农业综合生产能力。大力发展现代农业。加快推进运城、晋中、大同三大现代农业示范区和雁门关生态畜牧经济区建设，深入实施农产品加工龙头企业“513”工程，启动实施“一村一品、一县一业”推进工程。深化农村改革，促进土地流转，发展提升农民专业合作社，抓好科普惠农，加快农技农机推广，健全公共服务体系。落实“菜篮子”市长负责制，抓好百万亩设施蔬菜建设，加强与蔬菜大省的合作，稳定蔬菜等农产品生产供应。加快推进新农村建设。继续抓好2000个新农村重点推进村建设，实施100个新农村集中连片建设工程，提升新农村建设水平。加大扶贫开发力度，再实现20万贫困人口脱贫。壮大县域经济。编制好县域经济发展规划，明确发展路径，选准主导产业，强化政策保障，以农业现代化为基础、工业化为支撑、城镇化为载体，推动县域经济快速健康发展。

各位代表，尽快改变农村落后面貌是广大农民群众的殷切期盼。我们要在进一步完善提升已完成的“五个全覆盖”工程的基础上，启动实施农村新的“五个全覆盖”工程，即再用两年时间，实现农村街巷硬化全覆盖、农村便民连锁商店全覆盖、农村文化体育场所全覆盖、中等职业教育免费全覆盖、新型农村社会养老保险全覆盖，使广大农民群众得到更多的实惠、过上更加美好的生活！

(四)推进市域城镇化，不断拓展新的发展空间

按照“一核一圈三群”的布局，加快构建具有山西特色的现代城镇体系。全力支持太原率先发展。落实好支持太原率先发展的用地保障、园区发展和污染企业搬迁等政策措施，支持加快城中村改造，提升城市综合承载能力和服务功能，切实增强省会城市的带动力。以基础设施建设、项目产业发展、公共服务供给为突破口，以启动共建区建设为切入点，加快太原榆次同城化步伐。积极发展以太原都市区为核心，以太原盆地城镇密集区为主体，以阳泉、忻州、吕梁为腹地的太原都市圈，形成引领我省城镇化发展的龙头。加快发展三大城镇群。统筹区域城镇布局、基础设施建设、经济社会发展和资源环境保护，建设以大同、朔州为核心的晋北城镇群，以临汾、侯马、运城为核心的晋南城镇群，以长治、晋城为核心的晋东南城镇群，培育区域经济新的增长极。大力实施“大县城”战略和百镇建设工程。引导生产要素、优势资源向县城集中,推进县城扩容提质,扶持一批基础条件好、发展潜力大的重点镇快速发展,发挥其连接城乡的纽带作用。要不断创新和完善城镇化推进机制,改革户籍制度,改善公共服务,使稳定就业和居住的进城农民有序转为城镇居民;坚持高起点规划、高质量建设、高水平管理,着力打造现代宜居城市和特色城镇,形成大中小城市和小城镇协调发展的格局。

(五)推进城乡生态化,不断增强可持续发展能力

多方联动狠抓节能降耗。突出抓好工业领域节能,严格产业准入门槛,继续淘汰落后产能,加强新上项目能评工作,全面开展能效对标活动,在电力、冶金等高耗能行业和企业实施千项重点节能示范项目。大力推进建筑领域节能,积极推广应用节能材料和节能技术。扎实推进交通运输等领域节能工作。加强节能服务体系建设,推行合同能源管理。积极倡导绿色消费,推进全社会节能。

多管齐下狠抓污染减排。坚持总量控制的原则,抓好主要污染物减排工作。继续加大重点用煤行业的脱硫力度,启动火电行业脱硝工作。创新县城污水处理厂运行机制,新建一批城镇生活垃圾无害化处理厂。启动实施“蓝天碧水扩容提质工程”。加快太原等重点城市污染企业搬迁改造,扩大集中供热覆盖范围,严禁在城市及近郊区新建燃煤小锅炉,减少工业烟尘、粉尘排放。优化气源布局,加快管网建设,推进煤层气、焦炉煤气、煤制天然气和过境天然气“四气合一”。减少农村面源污染,加强重点流域、饮用水源地和地下水保护。强化环境评估,实行污染者付费、排污权交易等制度,加强对排污企业的监测监管,构建污染减排的长效机制。

多措并举狠抓生态建设。以建设生态省为目标,大力推进造林绿化、森林资源保护和林业产业开发工程,加强生态屏障建设,确保完成营造林400万亩,提高森林覆盖率,增加森林蓄积量,增强固碳能力和生态功能。继续深入推进“2+10”生态环境治理修复工程,促进区域生态环境明显改善。

各位代表,建设资源节约型、环境友好型社会是中央的要求,是全省人民的共同心声。我们一定要举全省之力,采取更加有力的措施,把这件关乎民生的大事抓好,让我们的天更蓝、水更清、空气更清洁、环境更优美,让全省人民生活质量有一个新的提高!

(六)加强以改善民生为重点的社会建设,让人民群众共享改革发展成果

全面发展各项社会事业。要认真贯彻落实国家和我省中长期教育改革发展规划纲要,积极发展学前教育,切实解决幼儿入园难的问题;扎实推进义务教育均衡发展,将农村中小学校生均公用经费补助标准分别由500元、300元提高到600元、400元;大力发展中等职业教育,从今年起用两年时间实现中等职业教育免费全覆盖,让没能进入大学、高中的学生都能够免费接受中等职业教育,学到一技之长;切实解决好制约高等教育发展的突出问题,实施高校危房改造,化解高校债务负担,加快推进高校新区建设,确保明年建成使用。抓好普通高中教育、继续教育和特殊教育。要继续深化医药卫生体制改革,全面推进五项改革任务落实,着力抓好基本药物制度建设,在所有政府举办的基层医疗卫生机构和村卫生室实施国家基本药物制度;推进基本公共卫生服务均等化,将人均基本公共卫生服务经费由15元提高到25元;深入推进公立医院改革试点。探索县域医药卫生一体化综合改革。发展中医药事业。与此同时,要健全疾病预防控制体系,加强食品药品安全监管;做好妇女儿童工作、人口计生工作、老龄工作和红十字会工作;广泛开展全民健身活动,努力提高竞技体育水平。

着力保障和改善民生。积极扩大就业。实施更加积极的就业政策,大力发展服务业和劳动密集型企业、小型微型企业,多渠道开发就业岗位。以高校毕业生、农村转移劳动力和城镇就业困难人员为重点,全面做好各类人员就业工作。采取免费培训、减免税费、提供小额贷款等措施,鼓励自主创业,以创业带动就业。加强劳动执法,落实完善最低工资制度,构建和谐劳动关系。加快完善社会保障体系。提高企业退休人员基本养老金标准,每月人均增加140元;将未参保集体企业退休人员纳入基本养老保险,积极推动非公有制从业人员、灵活就业人员、农民工和被征地农民参加保险,落实基本养老保险关系跨地区转移接续办法。加快新型农村社会养老保险制度建设,两年实现全覆盖任务,今年覆盖率要超过80%。提高新农合和城镇居民基本医保财政补助标准,由人均120元增加到200元。完善社会救助体系,提高城乡居民最低生活保障标准,在国家每月人均分别增加15元、12元的基础上,省里分别再增加10元;提高孤儿养育标准;对3万名贫困残疾人实施康复救助。大力发展社会福利和慈善事业。加大保障性住房建设力度。大力推进各类棚户区改造,加大廉租住房、公共租赁住房、经济适用住房、限价普通商品住房建设和农村危房改造力度,今年再投资240亿元,开工建设保障性住房28万套、1665万平方米,逐步改善居民基本居住条件。

认真贯彻落实房地产市场调控政策,推动房地产业健康发展。

加强和创新社会管理。完善基层管理和服务体系,健全重大工程项目建设和重大政策制定的社会稳定风险评估机制。加强和改进信访工作,畅通诉求表达渠道,完善矛盾调处机制,有效化解社会矛盾。加强应急管理和防灾减灾能力建设,妥善应对各类突发事件。加强社会治安综合治理,严密防范、依法打击各种违法犯罪活动。加强流动人口服务和管理,做好特殊人群帮教管理工作。加强国家安全工作。落实党的民族宗教政策，做好外事、侨务、对台等工作。发展人民防空事业，支持国防和军队建设，做好双拥工作，促进军民融合式发展。

各位代表，为人民群众谋福祉是我们的不懈追求。新的一年，我们要投入更多的人力物力财力，把各项社会事业发展好，把事关群众切身利益的事情办好，让人民群众生活得更富裕、更幸福、更有尊严！

（七）做好安全生产工作，促进安全生产形势由明显好转向稳定好转转变

安全生产是推动转型跨越发展的重要保障，没有安全生产一切都无从谈起。

要充分认识做好安全生产工作的极端重要性，紧绷安全生产这根弦，不懈怠、不放松、不麻痹，切实做到警钟长鸣、常抓不懈。进一步强化安全发展的理念，牢固树立抓好安全生产就是政绩的观念；进一步引深安全生产专项整治行动，全面排查各领域、各行业、各方面的安全隐患；进一步完善十项大的安全生产制度，落实好12个行业118条安全生产规定；进一步强化政府、企业安全生产的“两个主体”责任，突出抓好煤矿、非煤矿山、尾矿库、道路交通、消防、危险化学品、特种设备、易燃易爆物品和公共场所的安全管理，严厉打击私挖滥采和非法违法生产经营活动；进一步转变工作作风，强化现场管理，夯实安全生产基础，把各项措施落到实处。

各位代表，安全生产事关经济社会发展全局，事关人民群众生命财产安全。通过两年的努力，我省安全生产形势已实现明显好转，我们也坚信，山西人民有信心有能力把安全生产搞好，实现安全生产形势的稳定好转，实现安全生产形势的根本好转！

（八）加快改革开放步伐、强化科技人才支撑，为转型跨越发展增添新的动力

深化改革开放。要加快乡镇机构改革，积极稳妥推进事业单位改革试点。深化国有企业改革，加大对资不抵债、扭亏无望国有企业的改革破产力度，以省属国有企业为重点加大企业联合重组力度，推进国有经济战略性调整。继续推进集体企业改革。落实好国家和我省支持民营经济发展的政策措施，着力解决制约民营经济发展的瓶颈问题，促进民营经济快速健康发展。深化财税体制改革，完善省直管县财政管理改革试点。积极推进投融资体制改革，加快组建省金融办，深化晋商银行和农村信用社改革，培育农村新型金融机构，鼓励支持国有大型银行和股份制银行发展，更好地为地方发展服务；大力发展资本市场，提高直接融资比重。全面深化集体林权制度改革，确保完成主体改革任务。实施城乡建设用地增减挂钩政策，创新矿业用地管理机制。启动国家资源型经济转型综合配套改革试验区工作，抓紧制定并落实好各项实施方案，先行先试，大胆探索，力争在相关领域有突破性进展。支持开展晋陕豫黄河金三角区域协调发展综合试验区建设。要不断优化环境、完善政策、创新方式，进一步加大招商引资和招才引智力度，重点吸引国内外大企业、大集团、重点民营企业和高层次人才来晋投资兴业、为山西建设服务。要全力办好第六届中博会。

加强科技和人才工作。实施重大科技专项，力争在煤炭清洁生产利用、现代煤化工、装备制造业、新能源新材料、节能减排以及循环经济等领域取得新的突破。积极推进大学科技园建设，组建山西省工业技术研究院，加快科技成果向现实生产力转化。认真贯彻落实人才发展规划纲要，重点抓好高层次创新型科技人才、新兴产业创业型领军人才、重点领域急需紧缺人才的培养、引进和开发。创新人才发展体制机制，促进优秀人才脱颖而出。

（九）加强社会主义民主法制和精神文明建设，保障和促进转型跨越发展

加强民主法制建设。认真执行人大及其常委会的决议决定，广泛听取各民主党派、工商联、无党派人士的意见和建议，积极做好人大代表建议和政协委员提案办理工作，自觉接受人大、政协和社会各界的监督。支持人民法院、检察院依法履行职责，支持工会、共青团、妇联等群团组织的工作。加强基层民主建设，保障人民群众民主权利。做好第九届村委会换届选举工作。加快依法治省进程，启动“六五”普法工作，提高全民法制意识。

加强精神文明建设。加强文化基础设施建设，扎实推进文化惠民工程，加快构建覆盖城乡的公共文化服务体系，加大文化精品创作和文化遗产保护开发力度，繁荣哲学社会科学，发展新闻出版、广播影视事业。建设社会主义核心价值体系，加强理想信念教育，大力弘扬以改革创新为核心的时代精神和我省长期培育形成的太行精神、右玉精神。加强社会公德、职业道德、家庭美德、个人品德建设，深入开展群众性精神文明创建活动，提高全民文明素质和社会文明程度。

（十）加强政府自身建设，进一步提高推动转型跨越发展的能力和水平

加强学习调研，提高履职能力。广大公务员尤其是领导干部要把加强学习调研作为履行岗位职责的一项基本功和必修课，深入学习中国特色社会主义理论特别是科学发展观，学习中央的大政方针和决策部署，学习履职所需的各种知识，通过学习增长才干、提高本领；要深入调查研究，不断研究新情况、解决新问题、开创新局面。

转变政府职能，提高行政效能。要进一步转变政府职能，深化行政审批制度改革，精简审批事项、减少审批环节、下放审批权限，对那些不该管、管不了、也管不好的审批事项，该下放的下放，该取消的取消。要切实增强服务意识和责任意识，坚决克服形式主义、官僚主义，严格落实首问负责制和限时办结

山西省人民代表大会常务委员会工作报告

——2011年1月21日在山西省第十一届人民代表大会第五次会议上

山西省人大常委会副主任　申联彬

各位代表：

我受省人民代表大会常务委员会的委托，向大会报告工作，请予审议。

过去一年的主要工作

2010年是全面完成“十一五”目标任务、科学制定“十二五”规划、全省各项事业取得新成就的重要一年。一年来，在中共山西省委的领导下，省人大常委会全面贯彻党的十七大和十七届三中、四中、五中全会精神，以邓小平理论和“三个代表”重要思想为指导，深入贯彻落实科学发展观，坚持和完善人民代表大会制度，自觉服从服务于全省工作大局，依法履行职责，较好地完成了省十一届人大三次、四次会议确定的各项任务。一年来，制定、修改和废止地方性法规29件，审查批准太原、大同两市地方性法规42件，清理地方性法规167件，听取和审议省“一府两院”专项工作报告12件，对5部法律法规的实施情况进行检查，就9项重大事项作出决议、决定，任免地方国家机关工作人员105人(次)，有效发挥了地方国家权力机关的职能作用，为促进全省改革发展和社会主义民主法制建设作出了积极贡献。

一、坚持围绕中心、服务大局，着力推动省委重大决策的贯彻落实，全力保障和促进转型跨越发展

加快推进转型跨越发展、实现再造一个新山西的宏伟目标，是省委作出的重大战略决策。常委会把推动转型跨越发展作为依法履职的重要着力点，在八个方面加大工作力度，取得了积极成效。

第一，围绕保障和促进经济平稳较快发展努力发挥作用。保持经济平稳较快发展，始终是经济工作的首要任务。常委会听取和审议省政府9项有关经济工作的专项报告，听取和审议省政府2010年上半年国民经济和社会发展计划执行情况报告、预算执行情况报告和省本级财政决算、审计报告，审查批准了上年省本级决算，督促和支持省政府进一步解决经济发展方式比较粗放、结构性矛盾比较突出、节能减排任务较重等突出问题，努力提高经济运行质量和效益。省政府采取有力措施，巩固和扩大应对国际金融危机冲击成果，全省经济保持平稳较快发展，圆满完成了“十一五”规划目标任务。

第二，围绕加大投资力度、加快重点工程建设努力发挥作用。为充分发挥投资对经济的拉动作用，实施好我省两年投资6500亿元、带动全社会投资1万亿元计划，特别是搞好重点工程建设，常委会听取和审议全省重点工程建设情况报告，就进一步加强组织领导、明确目标责任、强化工程建设全过程监管等提出意见和建议。省政府有关部门进一步加大工作力度，全省基础设施、民生工程和技术改造项目建设取得重大进展和明显成效，有效拉动了经济增长，有力增强了发展后劲。

第三，围绕推进山西煤炭工业可持续发展政策措施试点工作努力发挥作用。煤炭工业是转型跨越发展的产业基础和重要支撑。实施煤矿企业兼并重组整合和征收煤炭可持续发展基金，是煤炭工业可持续发展政策措施试点工作的重要内容，事关山西能源基地地位的巩固和提升，事关全省经济社会发展全局。常委会听取和审议煤矿企业兼并重组整合工作情况报告，在充分肯定取得显著成效的基础上，就建设高标准现代化矿井、加强安全生产、推进煤矿企业循环多元发展等提出意见和建议；听取煤炭可持续发展基金使用情况报告，就进一步加强资金征

制，全面提高行政效能。

增强法治意识，推进依法行政。各级政府要自觉在宪法和法律范围内活动，严格依照法定权限和程序行使权力、履行职责。坚持科学民主决策，完善重大事项公众参与、专家咨询论证和政府集体决策相结合的决策制度。加强政府法制工作，进一步提高立法质量。加强审计和监察工作，实行严格的行政问责制，强化行政监督，规范行政行为，提高政府的公信力和执行力。

坚持廉洁自律，做到为民务实清廉。认真贯彻执行中央和省委关于廉洁从政的各项规定，全面落实政府系统党风廉政建设责任制，加强惩治和预防腐败体系建设。继续深入推进煤焦领域反腐败专项斗争，认真开展重点领域渎职侵权问题专项整治工作。深化政务公开，确保公共权力在阳光下运行。大兴勤俭节约、艰苦朴素之风，坚决反对奢侈挥霍、铺张浪费，把有限的资金更多地用在发展经济、改善民生上。

各位代表，我们告别了辛勤耕耘、硕果累累的“十一五”，迎来了充满希望、大有可为的“十二五”。让我们紧密团结在以胡锦涛同志为总书记的党中央周围，在省委的正确领导下，紧紧依靠全省人民，解放思想、开拓创新，埋头苦干、扎实工作，为推动转型跨越发展、再造一个新山西而努力奋斗！

收、完善计征产量管理制度、规范市县基金使用程序等提出意见和建议。经过这一轮兼并整合重组,全省煤炭工业产业素质大幅提升,安全生产状况明显改善,为以煤为基、多元发展奠定了坚实基础。

第四,围绕推进城乡生态化、加快建设绿化山西努力发挥作用。我省森林覆盖率低于全国平均水平,生态状况整体脆弱,加强林业生态建设任务紧迫而繁重。根据省委实施生态兴省战略、加快推进林业改革发展的《意见》和人大代表联名提出的议案,常委会对造林绿化和林业建设开展视察调研,听取和审议全省林业生态建设情况报告,作出大力推进林业生态建设的《决定》。《决定》明确提出林业生态建设的总体目标,即2015年全省森林覆盖率达到23%、2020年达到26%,要求省政府有关部门科学制定林业生态建设发展规划,加快推进集体林权制度改革,加强森林资源管护,强化林业科技支撑和资金扶持,积极开展林业生态县和森林城市创建活动。在省政府的大力推进下,全省造林绿化、集体林权制度改革、林业产业和生态庄园经济发展等取得明显成效。

第五,围绕推进市域城镇化、加强环境资源保护努力发挥作用。加快市域城镇化是转型跨越发展的重要内容。严格实施建设规划,是推进市域城镇化建设的内在要求和重要保证。常委会对城乡规划法和我省城乡规划条例实施情况开展执法检查,建议省政府坚持规划先行,科学制定和严格实施城镇建设规划,切实解决一些地方城乡规划法制意识淡薄、城中村问题突出、违法建设屡禁不止等问题,努力提高城乡规划法制化、规范化水平。根据我省节能减排、保护环境任务艰巨的实际情况,常委会制定《山西省减少污染物排放条例》,对进一步完善污染减排措施、强化污染物排放监管等作出明确规定。继续开展"三晋环保行"活动,在强化舆论监督、推动解决突出环境问题等方面发挥了重要作用。

第六,围绕培育新的经济增长点、加快发展旅游产业努力发挥作用。发展文化旅游产业,是优化产业结构、推进转型跨越的一条重要路径。常委会听取和审议全省旅游工作情况报告,作出加快发展旅游业的《决定》,要求各级政府和有关部门科学把握旅游产业发展战略定位,充分发挥旅游资源优势,通过大作品展现、大集团运作、大景点支撑、大服务引领、大会展集聚,尽快使旅游业成为我省新兴支柱产业,规模、质量和效益达到全国上游水平。

第七,围绕科学制定"十二五"规划努力发挥作用。常委会紧紧围绕推进工业新型化、农业现代化、市域城镇化、城乡生态化,特别是发展循环经济、加快科技创新、统筹城乡发展等重大问题,选定21个课题开展专题调研,组织部分常委会组成人员和人大代表与省发改委负责同志就制定"十二五"规划进行座谈,形成了一批高质量的调研成果,提出了不少好的意见和建议,为制定"十二五"规划提供了依据和参考。

第八,围绕为转型跨越发展提供组织保证努力发挥作用。常委会始终坚持党管干部和人大依法行使任免权的有机统一,共决定任免、任免和批准任免国家机关工作人员105人(次),圆满实现了中央和省委的人事安排意图。

二、坚持以人为本、惠民利民,着力推进民生持续改善和社会事业快速发展,切实维护人民群众根本利益

保障和改善民生,是贯彻落实科学发展观的内在要求,是发展经济的最终目的。常委会抓住事关民生改善和社会发展的重大问题,认真履行职责,为维护人民群众根本利益,推动社会全面进步,作出了积极努力。

加大民生事业投入,是保障和改善民生的重要前提和基础。常委会对此高度关注,建议省政府进一步整合财政资源,继续增加对社会保障、就业创业、文化教育、公共卫生等方面的投入,加快构建改善民生的财政投入长效机制,尤其要提高中央公益性投资项目的地方配套能力,管好用好2010年51亿元地方政府债券规模,积极落实具体项目,更多地向民生项目倾斜。

防震减灾事关人民生命财产安全和改革发展稳定大局。我省40%的国土面积、60%的人口,处于地震重点监视防御区内,防震减灾任重道远。常委会听取和审议全省防震减灾工作情况报告,建议省政府进一步加大工作力度,抓紧解决城乡建筑和基础设施抗震能力差、应急避难避险场所建设滞后、应急救援体系不健全等突出问题。省政府出台推进应急避难避险场所建设的意见,确定在3至5年内,在全省建设274处避难避险场所。

2008年汶川地震发生后,我省率先在全国实施中小学校舍安全工程。常委会听取和审议全省中小学校舍安全工程实施情况报告,建议省政府进一步完善工程规划,保证资金到位,加大督查力度,确保把这一工程建成"高效工程"和"优质工程"。省政府认真办理常委会审议意见,加强督促检查,确保了工程的顺利实施。

消防安全关系国计民生,是公共安全的重要组成部分。常委会听取和审议全省消防工作情况报告,制定《山西省消防条例》,要求省政府有关部门努力推进应急救援队伍和机制建设,全面改善消防安全环境,不断提高消防执法规范化水平,确保人民群众生命财产安全。

残疾人事业是文明、进步、崇高的事业。常委会制定《山西省残疾人保障条例》,为构建残疾人工作长效机制,保障基本生活,促进劳动就业,推动残疾人充分参与国家和社会事务等,提供了法制保障。

去年是实施"十一五"妇女发展规划的最后一

年。受全国人大常委会委托，常委会对妇女权益保障法和我省实施办法的实施情况进行执法检查，就建立健全妇女权益诉求保障机制、提高妇女参政能力和水平、改善妇女劳动权益保障状况等提出意见和建议，为科学制定“十二五”妇女发展规划奠定了基础。

三、坚持强化责任、多措并举，着力加强“法治山西”建设，加快推进依法治理和维护社会公平正义

常委会全面落实依法治省基本方略，紧紧抓住事关“法治山西”建设的源头性、根本性、基础性问题，加强立法和监督，努力营造有利于经济社会发展的法治环境。

常委会从我省急需出发，继续加强经济社会事务管理方面的立法，全面推进依法治理。道路运输是国民经济的基础性行业。常委会制定了《山西省道路运输条例》，重点就旅游客运、农村客运、运输场（站）建设及源头治理超限超载等作出规范。邮政事业与经济社会发展息息相关。《山西省邮政条例》的制定，对深化邮政企业改革，促进我省邮政业健康发展，起到了重要促进作用。《山西省涉及国家安全事项建设项目管理条例》的制定，为依法开展建设项目涉及国家安全事项管理工作，保障和维护国家安全和利益，提供了法律支持。《山西省体育设施条例》的制定，强化了各级政府在公共体育设施建设和管理方面的责任，强化了体育设施经营管理单位的服务职责，为发展体育事业提供了法律保障。

加强司法监督，维护司法公正，事关人民群众的根本利益和社会公平正义。常委会作出《关于加强人民检察院对诉讼活动法律监督工作的决定》，就全省各级检察机关进一步加强对诉讼活动的法律监督作出专项规定。民事案件的依法公正审理是关系社会稳定的重要因素。常委会全面检查民事诉讼法执行情况，针对民诉法实施中存在的程序性差、执行难等问题提出整改要求。为深入宣传和贯彻《山西省预防职务犯罪工作条例》，常委会会同省检察院和省纪检委等部门，组织开展预防职务犯罪工作行动，对促进领导干部和公职人员廉洁从政产生了积极影响。

为加强我省信访工作法制化建设，依法保障信访群众的合法权益，常委会修订了《山西省信访条例》，对进一步规范信访工作和信访行为作出规定。一年来，常委会接待和受理人民群众来信来访8200余人（件）次，督促解决重要信访诉求196件，为维护社会和谐稳定发挥了积极作用。

四、坚持统筹兼顾、协调推进，着力提高立法质量、增强监督实效，不断提高人大工作整体质量和水平

常委会牢固树立以人为本、立法为民的理念，本着统筹兼顾、突出重点、提高质量和立、改、废相结合的原则，运用法律手段促进经济社会发展。

一是把我省改革开放和转型跨越发展的具体实践作为立法基础，科学选择立法项目，编制立法计划，力求制定的法规有特色、好操作。二是把开展调查研究贯穿于立法工作全过程，掌握真实情况，深入研究问题，协调各种利益关系，确保立法决策有坚实的基础。三是把创新工作方式作为提高立法质量的重要方面，积极推进法规起草主体多元化，加强与省政府及有关部门的联系，切实防止和克服立法中的部门利益倾向。四是把每件法规草案放在全省工作大局中审议和修改，认真听取常委会组成人员和各方面的意见，保证制定的法规符合实际、切实可行。五是把开门立法作为拓展民主立法渠道的有效途径，广泛征求省人大代表和社会各界的意见，使立法更好地体现人民群众的意愿。去年，通过报纸、网络等媒体向全社会公布《山西省消防条例》和《山西省农产品质量安全条例》等法规草案公开征求意见，收到良好效果。六是把法规清理作为立法工作的重要任务，按照全国人大常委会法工委《关于做好地方性法规清理工作的意见》，对我省现行有效的地方性法规进行了清理。

常委会把关系改革发展全局、影响社会和谐稳定、人民群众反映强烈的突出问题作为监督重点，把推动中央和省委重大决策部署的贯彻落实作为重中之重，把监督和支持统一起来，努力营造人大与“一府两院”各自发挥职能作用、共同团结奋进的工作局面。

为深入贯彻监督法，常委会制定了《山西省实施〈中华人民共和国各级人民代表大会常务委员会监督法〉办法》，对垂直管理部门的监督、专项工作报告满意度测评、质询和特定问题调查的运用、监督公开等作出规定，为我省各级人大常委会依法行使监督权提供了法律支持和保障。为推动法规的实施，常委会召开全省电视电话会议，省委书记、省人大常委会主任袁纯清同志对贯彻实施提出明确要求。监督法实施办法的制定，对进一步强化人大监督职能、加大监督力度、增强监督实效，起到了重要推动作用。

五、坚持完善机制、搞好服务，着力加强和改进代表工作，充分发挥人大代表主体作用

常委会始终把做好代表工作作为基础工作来抓，完善制度，强化服务，支持和保障人大代表依法履职、发挥作用，增强人大工作的生机和活力。

第一，把拓宽知情知政渠道作为人大代表依法履职、发挥作用的重要环节。开通省人大代表与省政府负责同志联系的“绿色通道”，进一步完善代表信息库，定期召开政情通报会，通过多种方式及时向人大代表和市、县人大常委会通报省人大常委会重大事项和代表活动情况，确保代表及时掌握经济社会发展情况。邀请部分代表列席省人大常委会会议，组织全国人大代表和省人大代表开展视察和调研，组织部分省人大代表进行跨地区交叉视察，促进了代表对省情的了解和议案建议质量的提高。为充分发挥代表在闭会期间的作用，主任会议通过了《山西省人大及其常委会各工作机构闭会期间组织代表活动办法》，促进了代表活动的有序、高效开展。

第二，把认真办理议案建议作为人大代表依法履职、发挥作用的重要途径。

一是坚持重点办理制度。常委会主任会议选择18件重点建议，由常委会组成人员和有关工作机构对口督办，收到了良好效果。如，通过重点督办“建设应急水源工程”建议，省政府加大推进力度，全省应急水源工程建设取得积极进展和成效；代表提出的“整治网吧”建议，在常委会重点督办下，省政府在全省开展了网吧集中整治行动，取得明显效果。

二是坚持与常委会工作有效结合。常委会决定重大事项积极采纳代表的议案建议，特别是抓住共性问题，组织部分省人大代表专题视察议案建议办理工作，推动政府加大办理力度。如，对“支持加快推进政策性农业保险”的建议，在省政府的重视和努力下，财政部将我省纳入种植业保险保费中央财政补贴范围试点省份；对“将马铃薯种植纳入粮食补贴范围”的建议，省政府专门出台了马铃薯良种补贴政策；对“解决医疗质量和医疗安全问题”的建议，组织部分省人大代表深入多家大型医院专题视察，督促省政府有关部门较好地解决了相关问题。

三是坚持改进办理情况的报告形式。把报告建议办理情况由以往向常委会会议书面报告，改为省“一府两院”负责人到会口头报告。常委会组成人员对办理情况报告认真审议、进行表决，增强了“一府两院”做好办理工作的主动性和责任感。省十一届人大三次会议期间共收到代表议案7件，建议、批评和意见781件。目前，议案和建议已全部办结并答复代表。

第三，把提高人大代表素质作为人大代表依法履职、发挥作用的重要保证。对换届以来未参加过省人大常委会培训的160名省人大代表和设区的市人大常委会代表工作部门同志进行集中培训，组织部分全国人大代表列席全国人大常委会会议，参加全国人大组织的执法检查、建议督办和调研活动，组织我省全国人大代表和部分省人大代表外出学习培训，有效提高了人大代表的履职意识和能力。山西大众书画院组织部分人大代表开展“山西明天更美好”系列书画活动，丰富了人大代表的文化生活，密切了人大代表的联系。

六、坚持求真务实、开拓创新，着力抓好常委会自身建设，更好地发挥常委会的职能作用

常委会始终高度重视自身建设，注重从思想、组织、作风、制度等各个方面打牢基础、强化保证。

一是始终坚持正确的政治方向，把思想政治建设摆在首位。以创建学习型机关为抓手，坚持常委会党组中心组学习、举办常委会组成人员和专委会组成人员专题讲座等集体学习制度，深入学习中国特色社会主义理论体系，学习宪法法律，学习党的十七届五中全会精神和省委九届十一次全会、全省领导干部大会精神，切实增强促进转型跨越发展的自觉性和主动性。二是始终严格依法按程序办事，把制度建设作为基础性工作来抓。以提高常委会议事质量和水平为目标，制定《省人大常委会会议审议意见的处理规程》《省人大常委会会议专项报告满意度测评办法》等制度，进一步提高了常委会工作的科学化、规范化、制度化水平。三是始终加强与人民群众的联系，把作风建设的成效体现在以人为本、履职为民上。以开展创先争优活动为载体，深入学习弘扬右玉精神，全面落实省委改进作风、整肃纪律的规定，特别是抓住事关全局的重大问题，深入开展调查研究，努力发挥人大在体察民情、反映民意、集中民智方面的优势和作用，使常委会各项工作更加符合人民群众的意愿。四是始终保持团结奋进、共谋发展的工作氛围，把提高能力素质作为机关建设的重中之重。以更加有力的措施，努力建设一支忠诚党的事业、忠于宪法法律、忠实服务人民的高素质人大干部队伍，有效发挥机关集体参谋助手和服务保障作用，为做好常委会工作打下了坚实基础。常委会机关连续5年保持“省直机关文明和谐单位标兵”称号。

常委会重视加强和改进人大宣传与理论研究工作。组织人大报刊网站和社会媒体，全方位、深层次、多角度宣传人民代表大会制度的优越性和民主法制建设的新成就，反映各级人大在党的领导下围绕中心、服务大局的新进展，展示人大代表履职尽责、服务人民的新风采。山西省人大工作与理论研究取得一批新成果。《人民代表报》作为全国人大系统唯一公开发行的报纸，不断强化整体服务功能，成功举办全国巡回采风活动，为宣传报道人大工作发挥了重要作用。

常委会积极开展对外交往活动，注重加强与兄弟省(区、市)人大的联系。马里国民议会代表团、日本埼玉县议会妇女代表团、意大利博洛尼亚省政府工会代表团先后来晋访问，有21个省、5个自治区、4个直辖市人大部门的同志来晋参观交流，省人大及其常委会各工作机构积极参加全国人大和兄弟省(区、市)人大组织的活动，交流合作的广度和深度进一步拓展。

一年来，我们深切体会到，做好新形势下的人大工作，必须把坚定不移走中国特色社会主义政治发展道路，作为人大工作的根本原则，更加自觉地坚持党的领导、人民当家作主、依法治国的有机统一，充分发挥人民代表大会制度的优越性；必须把加强社会主义民主法制建设、推动科学发展、促进社会和

谐，作为人大工作的根本任务，更加自觉地围绕中心、服务大局，使人大工作更好地贴近中心、贴近民生；必须把充分发扬民主作为人大工作的基本方式，更加自觉地坚持依法集体行使职权、集体决定问题，有效发挥人大的职能作用；必须把发挥人大代表主体作用作为人大工作的坚实基础，更加自觉地紧紧依靠人大代表和人民群众开展工作，有效推动解决人民群众关心的实际问题；必须把加强常委会自身建设作为人大工作的重要前提，更加自觉地加强学习、解放思想，改进方法、完善机制，不断提高依法履职的能力和水平。

一年来常委会工作取得的进展和成效，是在中共山西省委的坚强领导下，全体省人大代表、常委会组成人员、各专门委员会和常委会办事工作机构辛勤工作的结果，是省人民政府、省高级人民法院、省人民检察院密切配合的结果，是市、县(市、区)人大常委会共同努力的结果，也是各级党委和广大人民群众以及社会各界关心、支持、帮助的结果。在此，我代表省人大常委会，向各位代表和全省人民，向省委和各级党组织，向省"一府两院"和各级国家机关，向所有关心、支持人大工作的同志们、朋友们，表示衷心感谢和崇高敬意！

回顾一年来的工作，我们清醒地认识到，常委会工作还有不少需要改进和加强的地方，主要是：立法工作需要进一步适应我省经济社会发展的要求，努力提高立法质量，突出地方特色，增强法规的针对性、可操作性；监督工作需要按照监督法和我省实施办法的要求，严格监督程序，改进监督方式，增强监督实效；代表工作需要在拓宽知情渠道、充分发挥代表作用方面加强和深化，更加有效地服务全省工作大局；常委会自身建设需要根据新形势新任务的要求不断与时俱进，等等。这些差距和不足，我们将在今后的工作中切实加以改进。

今年的主要任务

今年是实施"十二五"规划的开局之年，是全面推动转型跨越发展的关键之年，也是国家资源型经济转型综合配套改革试验区的起步之年。面对艰巨繁重的任务，省人大常委会要进一步把思想和行动统一到中央精神和省委的决策部署上来，充分发挥地方国家权力机关的作用，努力提高人大工作的质量和水平。总体要求是：在中共山西省委的领导下，坚持以邓小平理论和"三个代表"重要思想为指导，深入贯彻落实科学发展观，认真贯彻党的十七大和十七届五中全会及省委九届十一次全会精神，坚持党的领导、人民当家作主、依法治国的有机统一，围绕中心、服务大局，依法履行职责，奋发有为工作，努力开创人大工作新局面，为保障和促进我省转型跨越发展作出新的贡献。

围绕这一总体要求，要努力探索新时期人大工作的特点和规律，使人大工作更好地适应形势和任务的需要。一要解放思想、奋发进取。就是以科学发展观为指导，登高望远、开阔视野，认清发展形势，把握发展机遇，以强烈的使命感和责任感，真抓实干、勤奋工作，努力在服务、促进和保障转型跨越发展中发挥更大作用。二要服务大局、推动发展。就是以实施转型跨越发展战略和实现"十二五"规划目标为中心任务，立足人大工作的特点和定位，谋全局、议大事，科学谋划和推进立法、监督、决定重大事项等工作。三要关注民生、促进和谐。就是以维护和保障人民群众根本利益为出发点和落脚点，密切联系群众，充分反映民意，着力推动解决涉及人民群众切身利益的问题，为促进转型跨越发展广泛凝聚力量、创造良好环境。四要提高能力、依法履职。就是以加强民主法治建设为根本任务，加强学习，健全制度，创新机制，不断提升依法履职能力素质，为人民履行好法定职责、行使好各项权力，奋力开创人大工作的新局面。

根据这一总体要求，今年要着力做好以下五个方面的工作：

一、立法工作要进一步增强特色、不断提高立法质量

按照中央和全国人大及其常委会确定的立法指导思想和基本原则，着眼于推进转型跨越发展的迫切需要，一手抓法规制定、一手抓法规完善，努力推动解决影响我省科学发展的体制机制问题，以及涉及人民群众合法权益和切身利益的问题，为我省经济平稳较快发展和社会全面进步提供法律保障。今年，常委会围绕推进工业新型化、农业现代化、市域城镇化、城乡生态化，特别是建设国家资源型经济转型综合配套改革试验区，着重就发展循环经济、加强"三农"工作、加强生态建设、促进节能减排、推动科技创新、加强民主法制建设等重点工作，确定了18件立法项目，其中正式项目12件、预备项目6件。12件正式项目中，一方面，要制定循环经济促进条例、突发事件应对条例、抗旱条例、水路交通管理条例、农民专业合作社条例、地方志工作条例等6件法规；另一方面，要修改建筑工程质量和建筑安全生产管理条例、节约能源条例、地质灾害防治条例、会计管理条例、律师执业条例、各级人民代表大会选举实施细则等6件法规。

常委会要把提高立法质量摆在更加突出的位置，坚持科学立法、民主立法，加强立法调研、论证，广泛征求各方面意见，高度重视人民群众的立法需求和人大代表的立法建议，努力扩大人大代表、人民群众对立法工作的有序参与，增强法规的针对性和可操作性。要继续做好法规草案的统一审议，加强对现行法规的修订完善，维护国家法制的统一。

二、监督工作要进一步突出重点、切实增强监督实效

按照"围绕中心、突出重点、讲求实效"的思路，加大对法律法规实施情况的监督力度，加大对中央和省委重大决策部署落实情况的监督力度，加大对常委会审议意见落实情况和审计结果整改情况的监督力度。今年，常委会将安排听取省"一府两院"16项专项工作报告和3项执法检查。一是围绕促进经济平稳较快发展加强监督，听取和审议省政府关于计划执行情况、预算执行情况、财政决算、审计工作等报告，督促和支持省政府继续围绕调整产业结构、转变经济发展方式，建设国家资源型经济转型综合配套改革试验区等做好工作，确保实现"十二五"良好开局。二是围绕经济发展重大事项加强监督，听取和审议省政府关于全省水利工作情况、审计查出问题整改情况、台资企业投资经营情况等报告，开展对水污染防治法、循环经济促进法实施情况的执法检查。三是围绕解决关系人民群众切身利益问题加强监督，听取和审议省政府关于城乡低保和社会救助工作情况、学前教育情况等报告，开展食品安全法实施情况执法检查，推动民生改善和社会事业发展。四是围绕促进公正司法、维护社会稳定加强监督，听取和审议省高院关于民商事执行情况的报告，省检察院关于省人大常委会《关于加强人民检察院对诉讼活动法律监督工作的决定》贯彻执行情况的报告。

常委会要结合贯彻我省的监督法实施办法，积极探索增强监督实效的新机制新方式，深入研究解决跟踪问效和督办的法律约束问题，有重点地尝试听取报告后满意度测评工作。要选择社会关注度高、针对性强、影响面较大的报告，探索开展常委会对政府部门的专题询问。要继续深入开展"三晋环保行"等活动，努力在推动解决问题、扩大实际效果上取得新突破。要通过新闻媒体和人大报刊网站向社会公开常委会的监督工作情况，增强监督工作的透明度，接受人民群众的监督。

三、决定重大事项要进一步抓住关键、更为适时有效

要正确处理省委决策权和人大决定权的关系，抓住关系全省经济社会发展的关键问题、重大问题以及人民群众关注的热点、难点问题，特别是要抓住加快转变经济发展方式、深化产业结构调整、保障和改善民生等重大事项，通过开展专题调研、深入论证，适时作出决议或决定，保障和促进我省经济社会又好又快发展。要认真做好人大及其常委会依法选举、任免干部的工作。

四、代表工作要进一步强化服务、充分发挥代表作用

常委会要在以往工作的基础上，进一步加强和改进代表工作，尊重代表主体地位，加强服务保障工作，充分发挥人大代表的作用，使各项工作和决策更好地体现人民意愿。要健全代表知情知政机制，组织好代表集中视察、专题视察和专题调研等工作，扩大代表对常委会、专门委员会工作的参与。要健全代表闭会期间的活动机制，提高代表闭会期间开展各项活动的组织服务水平，引导、激励代表加强调查研究，积极代民立言，充分发挥人大代表联系人民群众的桥梁作用。要健全代表议案建议的办理机制，加强督办工作，不断提高办理效率和质量，推动代表议案建议的落实。要健全代表学习培训机制，采取多种方式，不断提高代表的政治素质和履职水平。

五、常委会自身建设要进一步狠下功夫、更好地适应转型跨越发展需要

要下功夫抓好自身学习，巩固创建学习型机关成果，抓好常委会党组中心组学习，办好常委会专题讲座，不断提高思想政治素质、法律素养和政策理论水平，提高履职能力特别是把握全局、依法办事、审议决策、服务保障能力。要下功夫抓好制度建设，巩固制度建设成果，严格依法按程序办事，无论是行使立法权、监督权，还是重大事项决定权、人事任免权，都要坚持集体行使职权、集体讨论决定，不断提高常委会的审议质量和水平。要下功夫抓好作风建设，巩固创先争优活动成果，加强调查研究，密切联系群众，自觉接受人大代表和人民群众监督，始终保持为民、务实、清廉的良好形象。

各位代表！山西已经进入一个新的发展阶段。加快转型跨越发展、圆满实现"十二五"奋斗目标，已经成为全省人民的共同意愿和自觉行动。省委和全省人民对省人大及其常委会的工作寄予厚望。让我们紧密团结在以胡锦涛同志为总书记的党中央周围，在中共山西省委的领导下，高举中国特色社会主义伟大旗帜，深入贯彻落实科学发展观，以更加奋发有为的精神状态，更加求真务实的工作作风，更加扎实有效的工作措施，做好今年人大及其常委会的工作，为坚持和完善人民代表大会制度，为服务、促进和保障转型跨越发展作出新的更大贡献！

关于2010年国民经济和社会发展计划执行情况与2011年国民经济和社会发展计划草案的报告(摘要)

——2011年1月19日在山西省第十一届人民代表大会第五次会议上

山西省发展和改革委员会主任　李宝卿

各位代表:

受省人民政府的委托,我向大会报告2010年国民经济和社会发展计划执行情况,以及2011年国民经济和社会发展计划草案,请予审议,并请省政协委员和其他列席人员提出意见。

一、2010年全省经济和社会发展计划执行情况

2010年,是我省应对国际金融危机冲击继续取得显著成绩的一年。全省以科学发展观为指导,推进转型跨越发展,取得了不同寻常的发展成效,年度计划和五年规划主要指标全面完成,实现了"十一五"精彩收官。全年预计全省生产总值增长13%,"十一五"年均(下同)增长11.1%。全社会固定资产投资增长25%,年均增长27%。社会消费品零售总额增长18%,年均增长18%。外贸进出口总额增长46.8%,年均增长17.8%。财政总收入、一般预算收入分别增长17.8%、20.3%,年均分别增长19%、21.4%。城镇居民人均可支配收入、农民人均纯收入分别增长11.8%、11.6%,年均分别增长11.9%、10.4%。居民消费价格总水平涨幅控制在3%,年均控制在3%。城镇新增就业49.6万人,登记失业率控制在3.6%;五年新增就业225.7万人,登记失业率控制在4%以内。万元GDP综合能耗、二氧化硫和化学需氧量排放量分别下降4.6%、2%和3%,五年累计分别下降22%、16.3%和13.5%,完成或超额完成约束性目标任务。

(一)争取国家设立"山西省国家资源型经济转型综合配套改革试验区"工作取得圆满成功。经过一年多的努力争取,这项重大政策获国务院批准,国家发改委12月1日批复,国务院新闻办召开了新闻发布会。我省成为全国第9个国家级综合配套改革试验区,也是全国第一个全省域、全方位、系统性综合配套改革试验区。

(二)集全省之智,高标准编制了"十二五"规划。省委、省政府多次召开会议,开展19个重大专题调研,组织全省观摩检查,举办系列座谈会听取省内外专家意见,为规划编制提供了重要支撑。根据中央十七届五中全会、省委九届十一次全会精神,在征求意见修改完善基础上,形成了提交省人代会审议的规划《纲要》(草案)。与此同时,70多个专项规划、3个区域规划、全省主体功能区规划以及大型企业"双千亿"、"双五百亿"工程规划正在抓紧编制。

(三)坚持扩内需保增长,实现经济平稳较好较快发展。省级重点工程完成投资2142亿元,占到全社会投资的1/3。全省金融机构信贷投放基本维持了上年水平。民间投资止跌回升。第三届能博会签约招商引资项目协议和合同金额1.4万亿元。实际利用外资15.1亿美元。资本市场融资326.5亿元。省级政府投资计划10月底前基本全部下达,全年下达率达98%。城乡消费持续活跃,外贸进出口快速回升。加强改善宏观调控,促进了经济平稳较好较快发展。

(四)着力强农惠农,促进了农业增产和农民增收。出台实施"八项惠农政策"、"七项惠农工程",中央和省两级支持"三农"资金达136亿元,促进了农业增产、农民增收、农村发展。全年粮食产量达到108.5亿公斤,增产15.2%,创历史新高。

(五)突出重点行业领域,推进结构调整取得新进展。煤炭资源整合和煤矿兼并重组向纵深发展,全省煤炭产量7.4亿吨,创历史新高。新增电力装机600万千瓦,总装机达到4700万千瓦,其中新能源机组317万千瓦。煤炭、钢铁、焦化企业间的整合重组取得进展。装备制造业快速发展。潞安、晋煤集团百万吨级煤制油、中海油与同煤集团合作40亿立方米煤制天然气等现代煤化工项目前期工作抓紧完善。食品医药工业快速增长。服务业加快发展,"1+10"重点工程建设全面推进,现代物流业迎来项目建设高潮,旅游文化产业繁荣活跃,文水县列为全国服务业综合改革37个试点区域之一。基础设施建设实现大跨越,太中银铁路建成通车,新增营运里程223公里;10条高速公路建成通车,新增通车里程1037公里;运城、大同机场改扩建、吕梁机场新建快速推进;引黄北干工程加快建设,35项应急水源工程累计完工27项。新修订的《山西省高新技术产业发展条例》正式实施,高新技术企业总数达到201家;省发改委会同20多个部门研究起草了《关于加快培育和发展战略性新兴产业的意见》,规划储备项目库基本建立。

(六)大力发展循环经济,推进节能减排取得明显效果。循环经济发展总体规划全面实施,试点示范企业、园区带动作用突出。出台"四气"产业一体化发

展规划、支持循环经济发展的投融资政策措施实施意见，即将出台煤炭行业循环发展指导意见、煤矸石粉煤灰综合利用实施方案。“四气”产业一体化全面提速。节能减排全方位推进，淘汰落后任务全面完成，城镇污水处理厂实现了县级全覆盖，社会领域节能取得重要进展，生态治理成效显现，全省环境质量持续改善。

（七）着力保障改善民生，各项惠民工程加快推进。加大教育医疗、文化体育、社会福利、保障性住房、扶贫开发、安全生产等民生重点领域投入力度，促进了民生社会事业发展和安全生产形势明显好转。对口援茂援疆扎实开展，援茂规划确定的226个项目已竣工交付213个，实现了“三年任务两年基本完成”的要求；援疆工作扎实起步，试点项目顺利完成，综合规划和专项规划编制完成，2011年援建项目前期工作抓紧落实。

（八）抓住重点领域，推进经济体制改革取得新突破。国有企业改革深入推进，集体林权制度改革扎实开展，“省直管县”财政改革试点扩大，文化体制改革迈出重要步伐，医药卫生体制改革取得初步成效，煤炭工业可持续发展政策试点继续巩固提高，投资体制改革进一步深化，统筹城乡发展一体化综合配套改革试点稳步推进。

（九）争取国家资金和项目支持取得新成效。全年争取中央投资93.89亿元，规范实施了4000多个项目。山阴–灵丘高速公路项目可研、运城–三门峡铁路、五台山机场、临汾机场的项目建议书获国家批复，5个煤炭项目、6个电源项目以及晋东南特高压变电站扩建项目获国家核准或授权核准。

（十）扩大对外合作，推进重大外资项目取得实质进展。与美国西弗吉尼亚州的经济合作深入开展，与德国北威州的经济合作更加广泛，与世行、亚行等国际金融组织的合作继续深入，一批合作示范项目正在抓紧推进和落实。

过去一年全省经济社会发展取得重大成就，但仍存在和面临一些突出的困难和问题，主要是结构性矛盾和发展方式粗放问题仍十分突出，城乡居民收入增长相对滞后，物价上涨压力较大，就业和社会保障等民生领域仍为薄弱环节。因此，务必进一步增强责任意识和紧迫意识，全力以赴推进转型跨越发展。

二、2011年全省经济社会发展总体安排和主要任务

2011年全省发展和改革工作的总体要求是：全面贯彻党的十七届五中全会、省委九届十一次全会、全国发展和改革工作会议、全省经济工作会议精神，以科学发展为主题，以加快转变经济发展方式为主线，以转型跨越发展为主旋律，以“十二五”规划为引领，以推进国家“转型综改试验区”建设为统揽，以投资项目为抓手，大力推进经济结构战略性调整，大力发展循环经济，大力推进文化强省、生态兴省战略，大力保障和改善民生，大力推动产业、城乡、经济社会协调发展，深化改革开放，努力在工业新型化、农业现代化、市域城镇化、城乡生态化上取得重要进展，促进经济又好又快发展和社会事业全面进步，为全面实施“十二五”规划开好局、起好步。

全省经济社会主要指标目标是：全省生产总值增长12%左右；全社会固定资产投资增长22%以上；社会消费品零售总额增长16%；外贸进出口总额增长15%；财政总收入、一般预算收入均增长15%；城镇居民人均可支配收入增长10%，农民人均纯收入增长10%以上；城镇新增就业40万人，登记失业率控制在4.2%以内；居民消费价格总水平涨幅控制在4%左右。万元生产总值综合能耗下降3.5%左右，万元生产总值二氧化碳排放下降3.5%，二氧化硫、化学需氧量排放分别下降1.5%、2%，氨氮、氮氧化物、烟尘（工业）、粉尘（工业）排放分别下降1.5%、1.5%、2%、2%，万元工业增加值用水量下降5%，安全生产严格执行国家下达的指标。

（一）制定总体方案，全力组织实施“转型综改试验区”工作。召开全省动员大会；组建领导组和常设办事机构，建立省部合作机制和考评机制；尽快编制形成高质量的总体方案报国家审批；抓紧编制财税、金融、土地、生态等十多个专项规划；加强与国家部委衔接，争取关键政策、重大项目具体支持；推进重点市县、行业、单位先行先试。

（二）坚持规划引领，深入推进“十二五”各项规划工作。纲要（草案）经审议后，迅速修改完善，配合省人大做好发布工作，同时做好规划宣传。组织完成专项规划、区域规划、主体功能区规划编制，抓紧开展主体功能区相关的财政、投资、产业、土地、环保等政策研究。

（三）努力扩大内需，促进投资消费快速增长。继续大力推进重大基础设施建设。

加快推进在建铁路、高速公路、机场建设，力争开工大同–张家口、和顺–邢台、运城–三门峡等铁路，启动太焦客运专线铁路前期工作；新开工11条高速公路，确保新增高速公路通车里程1000公里。加快引黄北干工程建设，确保国庆节前大同、朔州用上黄河水；实施水战略规划和大水网工程建设。引导产业投资，加大民生投资，加强“三农”、自主创新、市政等薄弱领域投资，抓好“双千亿”、“双五百亿”工程投资，强化招商引资、激活民间投资、调动银行信贷、加快资本市场融资。扩大消费需求，营造便利化消费环境。

（四）大力推进工业新型化，加快产业结构调整和循环经济发展。一是加快推进传统产业优化升级。

煤炭行业重点加快保留矿井和资源整合矿井技术改造,建设现代化矿井,推进循环发展和高端化利用。焦化行业重点推进整合重组,促进集团化、园区化、基地化、集约化发展。冶金行业重点推进钢铁产业布局调整和企业兼并重组取得明显进展。电力工业着力推进整体煤气化联合循环等低碳环保发电项目建设,大力发展煤矸石综合利用电厂,加快外送电通道建设。二是加快培育和发展战略性新兴产业。重点围绕新能源、新材料、节能环保、高端装备制造、现代煤化工、生物、煤层气、新一代信息技术、新能源汽车等9个行业领域,加快项目储备,推进项目试点示范,力求取得突破。三是加快发展服务业。着力壮大现代物流、旅游文化产业,支持山西(侯马)方略保税物流中心做大做强并延伸功能,启动建设三晋综合保税物流港、山西煤炭综合物流配送体系等重大物流项目,推进建设重点景区、特色文化产业集群项目,积极发展社区服务、农村服务、会展商务和公共服务业,抓好文水县全国服务业综合改革试点。四是全面发展循环经济。突出"多联产、全循环、抓高端",改造提升煤焦冶电等传统产业,促进资源节约综合利用,推进三次产业全循环,推进从资源、生产、加工到运输、销售、消费各环节全循环,推进资源、资产、资本全循环。

(五)大力推进农业现代化,加快新农村建设进程。完善强农惠农政策体系,扩大实施强农工程。加快现代农业示范区建设,加强耕地综合生产能力建设。扶持农产品加工龙头企业做大做强。大力发展县域经济。加快新农村建设和扶贫开发。

(六)大力推进市域城镇化,加快"一核一圈三群"建设。抓紧健全完善市域城镇化相关规划体系。加强城市基础设施建设,完善城市功能,提高城市管理水平。着力推进太原都市圈建设,推进太原晋中同城化建设,推进晋北、晋南、晋东南三大城镇群建设。实施"大县城战略"和"百镇建设工程",推动基础设施向农村延伸、社会事业向农村辐射、公共服务和社会保障向农村覆盖。

(七)大力推进城乡生态化,强化节能减排和生态建设。继续推进生态治理、蓝天碧水、造林绿化、城市集中供热等重点工程建设。启动实施五台山风景名胜区及清水河流域生态环境综合治理工程。加快"四气"一体化。扩大农村沼气建设规模。实施地质灾害治理工程。强化节能减排,实施高耗能行业重大节能和清洁生产示范工程,严格限制低水平重复建设,加强社会领域节能。加强应对气候变化能力建设,开展低碳发展试点。

(八)优先保障和改善民生,促进民生社会事业快速发展。继续改善城乡基础教育条件,大力发展职业教育,加强高校教学科研基础建设,推进城乡就业服务体系、医疗卫生服务体系、社会保障服务体系建设,加快保障性住房建设。调整收入分配,努力促进居民收入增长和经济发展同步、劳动报酬增长和劳动生产率提高同步。实施农村新的"五个全覆盖"。促进各项社会事业全面发展、安全生产形势稳定好转。

(九)深化改革开放,激发转型跨越发展的动力和活力。深入推进医药卫生体制、投资管理体制、城乡一体化综合配套改革,协调推进国企、财税、文化科技、地方金融、社会保障、资源性产品价格和环保收费改革。制定实施利用外资、境外投资和开发区发展规划。推进利用外资或国际金融组织贷款项目、友好省州合作备忘录事项尽快落实。加快实施"走出去"战略,推动太钢、太重等境外投资合作项目取得进展。

(十)加强改善宏观调控,促进经济又好又快发展。密切关注经济形势,加强价格监管、房地产市场调控、煤电油气运协调,促进经济又好又快发展。

认真扎实做好对口援疆援茂工作。

各位代表,新的一年全省推进转型跨越发展、建设"转型综改试验区"任务艰巨。让我们在省委、省人大、省政府、省政协的正确领导和监督支持下,深入落实科学发展观,齐心协力,开拓创新,依法行政,提高效率,为开创"转型综改试验区"建设新局面、实现"十二五"良好开局作出新的贡献!

关于2010年全省和省本级预算执行情况与2011年全省和省本级预算草案的报告(摘要)

——2011年1月19日在山西省第十一届人民代表大会第五次会议上

山西省财政厅厅长　郑建国

各位代表:

受省人民政府委托,我向大会提出2010年全省和省本级预算执行情况与2011年全省和省本级预算草案的报告,请予审议。

一、2010年全省和省本级预算执行情况

(一)全省和省本级预算变动情况

2010年全省一般预算收入为853.26亿元,与备案预算一致;因中央转移支付补助增加384.02亿元,各级用当年超收及上年净结余安排支出45.12亿元,发行地方政府债券51亿元,全省一般预算支出由1752.12亿元变动为2232.26亿元。省本级一般预算收入为214.53亿元,与备案预算一致;因中央转移支付补助增加384.02亿元,用上年净结余安排支出3.21亿元,本年超收安排支出17.9亿元,发行地方政府债券10亿元,对各市专款及转移支付补助增加相应减少省级支出253.66亿元,省本级一般预算支出由471.98亿元变动为633.45亿元。

(二)全省和省本级预算执行情况

2010年全省一般预算收入完成970亿元,为预算的113.6%,增收164亿元,增长20.3%;一般预算支出执行1928.38亿元,为变动预算的86.4%,增支366.68亿元,增长23.5%。省本级一般预算收入完成258.14亿元,为预算的120.3%,增收51.32亿元,增长24.8%;一般预算支出执行538.78亿元,为变动预算的85.1%,增支120.59亿元,增长28.8%。初步汇总2010年全省和省本级预算执行情况,全省可实现当年收支基本平衡。

2010年全省政府性基金收入完成630.87亿元,为预算的144.4%,增长55.6%;基金支出执行589.39亿元,为预算的66.1%,增长65.8%。省本级政府性基金收入完成260.96亿元,为预算的115.6%,增长66.4%;支出执行214.03亿元,为预算的64.2%,增长69.4%。

总的来看,2010年全省及省本级预算执行态势良好,各级财税部门为此做了大量卓有成效的工作。

1.认真落实积极的财政政策,财政调控能力不断增强。

省财政多渠道筹集建设资金194亿元,争取地方债券资金51亿元,重点支持了中央扩内需项目实施和我省一大批重点工程建设。落实资金8.9亿元,支持开展家电下乡、汽车、摩托车下乡和家电以旧换新,促进居民消费;紧急筹措资金5亿多元,出台临时价格补贴等政策,缓解了物价上涨对城乡居民特别是大中专院校学生、优抚对象、城乡低保对象、农村五保供养对象的基本生活影响。下达资金28.6亿元,推动国有企业改革进一步深化,支持企业提升科技创新能力,提升中小企业信用担保机构融资担保能力,有力促进了实体经济发展。

2.大力支持经济结构调整和发展方式转变,努力促进我省产业结构优化升级。

扎实推进煤炭资源整合和企业兼并重组。筹措资金8亿元,重点支持先进装备制造业、现代煤化工、新型材料工业、特色食品工业等新兴产业发展。安排专项资金7亿元加快旅游基础设施建设和省级文化产业发展。下达资金10.74亿元,支持实施六大高耗能行业和千家企业重点节能工程,支持重点行业淘汰落后产能2500多万吨。下达资金35亿元,继续推进"蓝天碧水工程"、造林绿化工程和生态环境治理修复工程建设,对右玉等10个县给予财政生态转移支付补助。支持我省举办第三届中国(山西)国际能源产业博览会、中国(山西)装备制造业博览会,我省利用国际金融组织贷款生效项目达4.5亿美元。

3.保障改善民生成效显著,公共财政覆盖面不断拓宽。

全省教育支出执行326.71亿元,增长17.5%,义务教育学校绩效工资改革稳步推进,农村义务教育经费保障水平进一步提高,中小学校舍安全工程建设任务全面完成,高等、中职教育加快发展,大中专院校家庭经济困难学生资助体系进一步完善。全省社会保障和就业支出执行273.98亿元,增长28.9%,"五缓四减三补"政策延期执行,城市居民最低生活保障、企业退休人员基本养老金、优抚对象补助、伤残人员护理费和烈士遗属抚慰金等政策性提标按时兑现,企业离退休职工取暖补贴标准大幅提高,新型农村养老保险试点扩大到50%以上的农业县。全省医疗卫生支出执行113.42亿元,增长11.5%,医药卫生体制五项重点改革稳步推进,新型农村合作医疗和城镇居民基本医疗保险财政补助标准提高到每人每年120元;全省11个市全部建立城镇居民基本医疗保险制度,新型农村合作医疗参合率达94.3%。全省住房保障支出执行53.12亿元,增长67.9%,支持建设廉租住房、公共租赁住房、棚户区改造和农村困

难群众危房改造等29万套。全省文化体育与传媒支出执行31.54亿元,增长12.8%,乡镇文化站、村文化室和农民体育健身工程建设进一步加快,文化体制改革深入推进。下达资金22亿元,支持政法部门提高执法办案能力,有力维护了公共安全。

4.城乡统筹发展步伐加快,财政强农惠农力度不断加大。

全省农林水事务支出执行201.92亿元,增长19.9%。对30个产粮大县进行奖补,对玉米、小麦、水稻、棉花实行良种补贴全覆盖,支持新出台设施蔬菜大县奖补等“八项惠农政策”和实施盐碱地改造等“七大强农工程”。继续支持雁门关生态畜牧经济区等“三大区域”和运城、晋中、大同三个现代农业示范区建设,加强农田水利基本建设和农业技术推广。两年累计筹集资金300多亿元,支持全面完成“五个全覆盖”工程建设任务。村级公益事业建设一事一议财政奖补试点县扩大到31个,支持完成2000个新农村重点村建设任务。

5.深化财政改革、强化财政管理,财政事业发展的基础不断巩固。

《山西省耕地占用税实施办法》颁布实施。省以下财政体制进一步完善,“省直管县”扩大到60个。部门预算改革继续深化,国库集中支付改革扎实推进,全省政府采购规模首次突破100亿元。财政监督检查力度进一步加强,社会团体、国有及国有控股企业“小金库”专项治理稳步推进。注册会计师、注册评估师行业管理工作继续加强。

二、2011年全省和省本级预算草案

2011年全省一般预算收入1112亿元,增长15%;全省一般预算支出1750.5亿元,增长22.7%。全省一般预算支出的主要项目安排情况是:一般公共服务177.64亿元,增长18.7%;公共安全103.57亿元,增长22.4%;教育332.09亿元,增长25.2%;科学技术23.4亿元,增长24.3%;社会保障和就业299.62亿元,增长23.6%;医疗卫生97.78亿元,增长29.4%;节能环保60.98亿元,增长23.2%;城乡社区事务82.5亿元,增长22.8%;农林水事务154.46亿元,增长25.1%;交通运输100.7亿元,增长22.3%;资源勘探电力信息等事务23.83亿元,增长22.4%;国土资源气象等事务78.2亿元,增长22.3%;住房保障支出12.42亿元,增长23.6%;预备费23亿元,增长20%;其他支出110.3亿元,增长13.1%。上述全省预算草案为省代编预算,待市县人代会开过之后,省财政将汇总各级人民代表大会批准的预算,再加上上年结转支出,一并报省十一届人大常委会备案。

省本级一般预算收入268.47亿元,增长14.3%。省本级一般预算支出469.45亿元,增长12%。省本级主要支出项目安排情况是:一般公共服务43.88亿元,增长14.8%;公共安全21.41亿元,增长7%;教育38.38亿元,增长14.4%;科学技术5.03亿元,增长13%;社会保障和就业88.15亿元,增长13.4%;医疗卫生25.44亿元,增长40.4%;农林水事务63.99亿元,增长15.3%;交通运输70.9亿元,增长11.8%;国土资源气象等事务20.19亿元,增长5.9%;预备费4亿元,增长5.3%。

2011年全省政府性基金收入安排652.18亿元,其中:煤炭可持续发展基金收入160亿元;基金支出651.18亿元。省本级政府性基金收入259.45亿元,其中:煤炭可持续发展基金收入102亿元;基金支出258.45亿元。

三、2011年全省财政工作任务

(一)继续落实积极的财政政策,努力保持经济平稳健康运行

在优化结构的基础上加大公共投资力度,重点支持在建项目续建和收尾,扩大以转型项目为主导的产业投资规模。认真落实各项涉农补贴政策,提高城乡居民最低生活保障标准,增加企业退休人员基本养老金,落实最低工资制度,稳步推进事业单位绩效工资改革,提高城乡居民收入。完善家电、摩托车下乡和家电以旧换新政策。大力支持粮油、蔬菜、棉花等基本生活必需品生产,对城市公交、农村道路客运等部分公益性行业给予油价补贴。认真落实结构性减税政策。加强地方性债务管理。

(二)积极推进经济结构战略性调整,着力推动经济发展方式转变

一是大力推进工业新型化。鼓励煤炭资源整合、煤矿兼并重组,煤炭企业转产转型。支持利用高新技术和先进适用技术改造提升传统产业,支持发展新能源、生物医药等战略性新兴产业。加快现代物流业、文化旅游业和特色食品产业发展。创新完善有利于循环经济发展的财税扶持政策。加大节能减排和淘汰落后产能投入力度,对淘汰落后产能企业转产发展给予财政扶持。加快建立省级企业国有资本经营预算制度,健全完善中小企业信用担保体系,支持地方金融企业发展壮大。

二是大力推进农业现代化。加大财政支农投入,做到“三个重点、三个确保”,即:财政支出重点向农业农村倾斜,确保用于农业农村的总量、增量均有提高;基本建设投资重点用于农业农村基础设施建设,确保总量和比重进一步提高;土地出让收益重点投向农业土地开发、农田水利和农村基础设施建设,确保足额提取,定向使用。支持实施灌区建设补贴等“十项惠农政策”和启动高标准粮田创建等“十大强农工程”,大力推进农田水利建设,支持病险水库除

险加固、中小河流治理、大中型灌区改造,加大中低产田、盐碱地改造力度,大力支持农业产业化发展,推进运城、晋中、大同三大现代农业示范区建设。

三是大力推进市域城镇化。认真落实支持太原市率先发展的各项财税优惠政策,加快推进太原榆次同城化步伐。完善促进县域经济和小城镇发展的财政政策,引导社会资金、生产要素和优势资源向小城镇集中,积极利用世行、亚行等国际金融组织贷赠款开展城乡经济社会协调发展示范项目建设,加快城乡一体化进程。积极完善省以下财政体制,加大均衡性转移支付规模,健全县级财力差异调节机制和县级基本财力保障机制,促进区域协调发展。

四是大力推进城乡生态化。继续推进高污染、高耗能行业淘汰落后产能工作,鼓励推广高效照明产品、建筑节能材料和技术。支持启动"蓝天碧水扩容提质工程",重点推进市区污染企业搬迁改造、集中供热锅炉改造和城镇生活垃圾无害化处理。加大对农村沼气建设与推广的财政补助力度,支持煤层气、焦炉煤气、煤制天然气和过境天然气"四气合一"。加大财政生态转移支付力度,进一步完善生态公益林补偿机制,推进"2+10"生态治理修复工程。

(三)全力保障和改善民生,加快建立和健全基本公共服务体系

支持农村社会事业发展,支持新的"五个全覆盖"工程,深入实施"五大扶贫"工程,深化农村综合改革。促进教育事业全面发展,积极巩固城乡义务教育改革成果,大力发展中等职业教育,支持办好高等教育,认真落实家庭经济困难学生资助政策。支持扩大就业,认真落实培训补贴、税费减免、小额贷款担保等措施,继续完善公共就业服务体系,重点做好高校毕业生、农村转移劳动力和城镇就业困难人员就业工作。完善社会保障制度,企业退休人员养老金人均月增加140元,新型农村养老保险覆盖率超过80%,我省城乡居民最低生活保障标准人均每月再分别增加10元。促进医疗卫生事业发展,将新型农村合作医疗和城镇居民基本医疗保险财政补助标准提高到200元,加快健全农村医疗卫生服务网络和城市社区卫生服务体系,稳妥推进公立医院改革,基本公共卫生服务经费标准提高到人均25元。加快推进保障性住房建设,支持我省开工建设保障性住房28万套、1665万平方米,推进廉租住房和公共租赁住房建设,支持煤矿采煤沉陷区治理和棚户区及农村危房改造。支持维护公共安全,深化政法经费保障体制改革,推进防灾救灾体系和突发公共事件应急管理体系建设,支持做好安全生产工作。

(四)大力支持实施文化强省、科教兴省和人才强省战略,促进提升我省转型跨越发展的软实力

支持实施"万村千乡基层文化建设工程"等文化惠民工程,完善城乡公共文化服务体系;推进文化体制改革,支持组建五大文化集团。加大科技投入力度,促进我省加快提升科技创新能力;推进大学科技园和山西省工业技术研究院建设。支持高层次创新型科技人才、新兴产业创业型领军人才、重点领域急需紧缺人才的培养、引进和开发。

(五)全面加强财政科学化精细化管理,进一步夯实财政科学发展基础

积极深化财政改革,国库集中支付改革覆盖省级所有预算外资金和市级所有预算单位,县级全部启动改革试点;将省本级所有执收单位纳入非税收入改革范围,市级全部启动改革试点。强化预算执行管理,落实部门预算支出主体责任,进一步加快财政支出进度。完善部门基础信息数据库,支持基层财政建设。严格财政监督管理,重点对财政支持的民生工程、转型跨越发展重点建设工程进行跟踪问效,深入推进"小金库"专项治理。严格企业财务监管,强化注册会计师和资产评估师行业管理。狠抓增收节支,坚持依法征税,坚决压缩一般性支出。

各位代表:做好2011年的财政经济工作,任务艰巨,责任重大。让我们在省委、省政府的正确领导下,在省人大的监督支持下,深入贯彻落实科学发展观,解放思想、扎实工作,确保2011年预算任务的圆满完成,实现"十二五"规划的良好开局,全力推动我省转型跨越发展迈出新步伐!

山西省高级人民法院工作报告(摘要)

——2011年1月21日在山西省第十一届人民代表大会第五次会议上

山西省高级人民法院院长　左世忠

各位代表:

现在,我代表省高级人民法院向大会报告工作,请予审议,并请省政协委员和各位列席会议的同志提出意见。

2010年的主要工作

过去的一年,全省法院在各级党委的领导、人大及其常委会的监督和政府、政协及社会各界的关心支持下,始终坚持大局为重、民生为大,审判职能得到充分发挥,各项工作取得新的进展。

一、围绕大局能动司法,积极保障转型跨越发展

切实把法院工作融入大局。认真贯彻落实中央关于深入推进社会矛盾化解、社会管理创新、公正廉洁执法的重大部署,着力提升审判质量,力求最佳司法效果。省高院制定下发了《关于为我省转型跨越发展提供司法保障的意见》,指导并要求各级法院更新理念、转变作风,围绕依法平等保护外资企业等"六个重点"、坚持"六个严惩"、加强"四个引导"、完善"五项机制",切实增强审判工作服务大局的针对性和实效性。各地法院普遍建立了与企业、社区、农村联系制度,各级领导带队深入联系点走访座谈和协调案件1500多件次,及时了解司法需求,认真听取意见建议,主动提供法律服务,收到了良好的工作成效。

积极服务经济平稳较快发展。省高院先后召开了商事审判、知识产权审判、涉外审判、行政审判等工作会议,出台相关审判指导意见,加大对重点案件的协调力度,保证了案件的妥善审理。依法审结买卖、借款、担保、金融证券、股权转让等案件26054件,涉及标的金额55.72亿元,促进了资金快速流转和经济有序发展;审理企业破产清算、重组改制等案件395件,协助有关部门安置职工9500余名,通过优胜劣汰促进了产业升级和经济结构调整;审结涉专利权、商标权、著作权、商业秘密等知识产权案件160件,在鼓励自主创新、促进品牌经济发展方面起到了积极作用;审结农村土地承包、土地流转、山林权属、农资供应、农产品销售等涉农纠纷案件1102件,依法保障农村集体利益和农民权益,服务城乡统筹发展;审结涉及自然资源、环境保护的民事、行政案件864件,依法惩处盗砍滥伐林木、污染环境、非法采矿等犯罪案件209件,积极配合了我省"蓝天碧水"工程的推进。

努力营造安全稳定发展环境。全省法院密切关注社会治安动态,继续推进"平安三晋"建设,坚决严惩黑恶势力团伙犯罪、侵财与暴力犯罪、经济犯罪等危害稳定、影响发展的各类犯罪活动。全年共审结一、二审刑事案件22909件(含自诉案件578件),判决有罪23623人,其中判处五年以上有期徒刑、无期徒刑和死刑的占17.44%。由于近年来惩处有力,有效遏制了刑事案件多发的势头,去年受理各类刑事案件总数同比下降4.76个百分点,尤其是过去较为突出的抢劫、抢夺、盗窃以及涉枪、涉爆犯罪和重大安全责任事故犯罪等案件下降明显。

二、认真履行司法职责,全力推进社会矛盾化解和社会管理创新

(一)调判结合,精心维护人民群众合法权益。各基层法院和人民法庭,坚持现场立案、预约开庭、巡回审判等便民利民工作机制,着力提升广大法官做群众工作、化解矛盾的能力。许多山区法院在交通不便的乡村设立了法官便民服务点和司法联络员,一些法院建立了调解案件的跟踪回访制度,及时掌握当事人对调解协议的履行情况,使大量的矛盾纠纷化解在基层、消弭于始发。全省法院全年共审结一审民事案件98989件,同比上升16.16%,通过强化调解,调判结合,在诉至法院的民事案件中,占62.9%的案件以调解或自愿撤诉处理,74%的生效裁判得到自动履行。

(二)宽严相济,积极参与社会治安综合治理。全省法院准确把握宽严相济刑事政策,在深入开展严打整治斗争、严惩严重刑事犯罪活动的同时,坚持宽严适度,以宽促和,减少社会对立面。依法对一批犯罪情节轻微、社会危害不大的初犯、偶犯予以从轻、减轻处理,为符合条件的171名被告人指定辩护人,对自觉接受改造、认真悔过自新和老弱病残的11925名罪犯给予减刑、假释,对67名情节显著轻微不构成犯罪的自诉案件被告人依法宣告无罪。刑事自诉和刑事附带民事案件调解率达到62.5%,使刑事犯罪的被害人及其家属得到应有的经济赔偿和精神抚慰,促进了社会的和谐稳定。

(三)多措并举,化解官民矛盾促进依法行政。去年,共受理一审行政案件2139件,审结2067件,同比分别上升51.59%和54.02%。为切实保护好当事人的诉权,省高院去年初专门下发规定,进一步畅通了人民群众寻求司法保护的渠道。积极探索行政案件处理新机制，加强与行政机关、行政相对人的沟通，实质性化解行政争议，经协调和解的案件占到了审结案件的32.37%。为促进依法行政，多数中院向当地政府及相关执法部门提交行政审判白皮书，有针对性地提出意见建议，大多得到采纳。

（四）清积治源，努力解决涉诉信访突出问题。省高院经对历年来进京越级重复访案件彻底排查甄别，共确定案件501件，采取领导包案督办、带案下访的方式逐案解决，并对因人身损害致伤致残、生活极其困难的当事人进行经济救助。为从源头上减少新的信访案件产生，各级法院抓好初信初访，扎实开展立案信访文明窗口建设，积极畅通申诉渠道，共办理群众来信来访21128人次，同比上升8.63%；大力强化诉讼引导、判后答疑、法律释明、文书说理等工作，97%以上的案件经一、二审后能够服判息诉；对当事人不服生效裁判的4853件申诉和申请再审案件进行认真审查，对申诉无理的依法驳回申请并尽量做好息诉工作，对符合法定条件的339件案件依法提起再审，通过进一步平衡当事人的利益关系，达到了法律效果和社会效果的统一。

（五）创新机制，不断加强改进执行工作。各级法院认真开展“创建无执行积案先进法院”和“委托执行案件专项清理”两项活动，努力破解执行难题。共执结各类案件31023件，标的额达131.07亿元；清理外地委托执行案件704件，清结率达到99.6%。大力推进执行创新，切实规范执行工作，形成了覆盖执行工作各个方面、各个环节的严密制度；积极采取和谐执行方式，执行和解案件占全部执结案件数的23.22%；继续健全执行联动和威慑机制，通过媒体曝光、财产调查、车辆登记、限制高消费、强制执行等方法，促使被执行人履行义务，有效防止了新的执行积案产生。

三、努力强化自身建设，确保公正廉洁司法

（一）抓队伍建设，提升司法能力。坚持以党的建设促进队伍建设，大力创建学习型党组织、学习型法院，着力增强广大法官的政治思想素质。积极组织岗位练兵、办案能手竞赛、审判研讨、经验交流、裁判文书评比等活动，承办首届中国法院文化论坛，召开全省法院文化建设交流会，设立中国政法大学博士后、博士生挂职实践基地，举办侵权责任法、商事审判、量刑规范化、执行业务、人民法庭庭长等培训，促进了广大法官业务能力的提升。继续狠抓司法廉政建设，认真落实省纪委《关于进一步整肃工作纪律狠刹不良风气的通知》要求，定期与不定期对机关工作人员的纪律作风、履行职责情况进行监督检查，突出抓好对审判、执行等重点岗位、重点人员的教育、管理，针对性地制定防控措施，强化岗位自律和约束机制。落实司法巡查制度，对全省法院进行明察暗访，严肃查处违反“五个严禁”等违法违纪行为。

（二）抓审判管理，规范司法行为。抓住关键环节，健全完善了审判流程管理、质量评估、绩效考评、监督指导、责任追究等40多项审判管理制度。规范审委会、合议庭、承办法官及分管院长、庭长的职责，使审判职权配置进一步优化；加强审限管理，推进案件繁简分流，倡导均衡结案，对超审限案件逐案问责，有效提高了审判效率；建立科学的审判绩效量化考评体系，进一步增强了广大法官的责任意识、质量意识、效率意识；强化对下级法院监督管理，督促指导下级法院切实提高审判质量。认真开展了“百万案件评查”活动，各级法院重点对列入评查范围的第一批3143案进行了评查，其中省高院自身评查案件103件，对一些在审判程序、文书说理、案卷装订等方面有瑕疵的案件进行了整改通报，引起了广大法官的充分重视。去年，全省法院在收案总量明显上升的情况下，实现了收结案的总体平衡。

（三）抓法院改革，树立司法公信。按照中央和最高法院的统一部署，积极有序推进司法改革工作，在优化司法职权配置、健全审判管理、落实宽严相济刑事政策、提高司法效率、强化内外部监督、完善司法为民工作机制等方面，均取得了重要进展。全省法院认真落实最高法院、最高检察院等五部门联合作出的《关于办理死刑案件审查判断证据若干问题的规定》和《关于办理刑事案件排除非法证据若干问题的规定》，切实保证了刑事审判、特别是死刑案件的质量。省高院出台的量刑规范化指导实施细则，被最高法院评价为“完全符合改革要求，为人民法院量刑指导意见的未来修订提供了新鲜见解”。始终把“阳光司法”作为确保公正廉洁、提升司法公信力的必由之路，去年10月，集中开展了形式多样的司法公开宣传月活动，增进了社会各界对法院工作的了解。

（四）抓基层基础，强化司法保障。在各级党委、人大、政府的高度重视和有关部门的大力支持下，去年利用新增和空余编制为基层法院招录法官217名、书记员75名；中央拨付的办案专款和政法补助专款，全部用于中院和基层法院，大多数基层法院公用经费、办案经费保障达到规定标准；积极争取资金，为下级法院采购发放了一批囚车、安检、监控、远程提讯等现代化装备，全省审判专网建设全面启动，一批标准化法庭建成，“数字化庭审”在不少法院得以实现，基层司法能力与保障水平不断提高。

四、自觉接受监督，不断改进法院工作

一是不断增强人大意识，主动报告法院重要工作部署和审判职能履行、队伍建设情况，切实落实人大的决议和决定。二是加强与人大代表、政协委员的联系，先后邀请1325名人大代表、政协委员视察法院167次，邀请967名代表、委员旁听了248件案件的审理，省高院人大联络工作得到最高法院充分肯定。三是依法接受检察机关的法律监督，共审结各类抗诉案件354件。四是认真接受新闻媒体和社会各界的监督，民意沟通机制进一步完善。

山西省人民检察院工作报告(摘要)

——2011年1月21日在山西省第十一届人民代表大会第五次会议上

山西省人民检察院检察长　王建明

各位代表:

2010年,全省检察机关在省委和最高人民检察院的正确领导下,认真学习贯彻党的十七大、十七届四中、五中全会、全省领导干部大会和省十一届人大三次、四次会议精神,深入贯彻落实科学发展观,扎实推进三项重点工作,全面实施山西检察工作科学发展五年规划,各项检察工作取得了新进步,为全省经济社会又好又快发展提供了有力的司法保障。

一、坚持检察工作正确方向,积极服务转型跨越发展大局

着力服务企业发展。把服务企业发展作为服务转型跨越发展的切入点和着力点,省检察院出台《服务企业发展意见》,全力保障企业正常经营发展。依法打击危害企业生产经营的犯罪活动,批准逮捕破坏企业生产经营、损害企业利益犯罪436件679人,查办侵害国有企业资产职务犯罪332件415人。着力服务新农村建设。省检察院制定实施《派驻乡镇检察室管理办法》和《开展巡回检察服务农村工作办法》,积极推进检力下沉,派驻乡镇检察室69个,成立巡回检察小组389个,在673个乡村开展巡回检察864次,查办涉农领域职务犯罪216件268人。会同公安机关在全省范围内深入开展打击制售假冒、伪劣农资产品犯罪专项行动。着力服务创优发展环境。批准逮捕破坏市场经济秩序犯罪450件678人,提起公诉554件912人,查办商业贿赂犯罪173件200人,查办工程建设领域职务犯罪109件136人,查办国土资源领域职务犯罪57件63人,批准逮捕破坏环境资源犯罪133件225人,提起公诉189件

2011年的工作任务

2011年,是"十二五"规划的开局之年,也是我省资源型经济转型综合配套改革试验区建设的起步之年。全省法院将以科学发展观为统领,认真贯彻党的十七大、十七届五中全会以及省委九届十一次全会精神,进一步发挥司法能动作用,更好地服务于我省转型跨越发展。

一要在全力服务转型改革试验上有新作为。要深刻认识司法审判工作与促进经济发展方式转变的密切联系,紧密跟踪配套试验改革的动向,积极开展前瞻性研究,提出司法对策建议,突出审判工作重点,监督指导各级法院及时正确审理先行先试中出现的重大复杂新类型案件,妥善处理好与产业结构转型、城乡协调发展、节能减排和生态环境保护、区域创新体系建设等密切相关的案件,依法支持改革,保护创业,制裁侵权,惩罚犯罪,保障各项综合配套改革试验的顺利实施。

二要在维护社会和谐稳定上有新作为。着眼于转型跨越发展中出现的新情况,找准影响社会和谐稳定的源头性、根本性、基础性问题,不断探索化解社会矛盾、推进社会管理、增强审判效果的新举措,以优良的审判质效,全力为经济社会发展营造和谐氛围。要继续坚持宽严相济刑事政策,配合相关部门开展对社会治安重点地区的排查整治,积极参与特殊人群帮教管理、网络虚拟社会管理等工作,有效惩处、预防和减少犯罪;继续完善多元纠纷解决机制,及时把各类矛盾解决在基层、消化在萌芽状态。

三要在保障和改善民生上有新作为。坚持司法关注民生、审判贴近百姓,进一步落实司法为民的各项措施。要密切关注物价上涨及房贷、就业等政策变化对民生的影响,依法妥善审理好消费、住房、医疗、劳动就业、社会保障、农产品买卖等领域的案件,审慎处理在推进城镇化等过程中发生的土地征收、房屋拆迁等行政争议,切实加强对弱势群众的司法救助,着力解决群众反映突出的执行难以及办案效率低等方面的问题,使各类当事人平等地获得司法保护,更加真切地感受到司法的温暖。

四要在改革创新工作机制上有新作为。要进一步推进人民法院"三五"改革纲要确定的各项工作任务,加强审判管理,强化对下监督指导,提升整体审判水平。要进一步健全司法公开、司法民主机制,更加主动地接受人大和社会各界监督,确保司法公正。要进一步完善协调联系机制,在靠前解决矛盾纠纷的同时,及时对审判过程中发现的问题提出风险提示和司法建议,保证司法服务与保障的效果。要进一步抓基层打基础,使基层法院和人民法庭充分发挥好服务经济社会发展的前沿阵地作用。

五要在提高队伍素质上有新作为。继续牢牢把队伍建设抓在手上,认真开展"发扬传统、坚定信念、执法为民"主题教育实践活动,扎实推进创先争优活动,以党的建设带动促进队伍建设。要大力推进学习型法院建设,重点抓好全员培训、岗位练兵和法院文化建设,提升司法能力,改进司法作风,树立良好形象。要以确保公正廉洁司法为目标,毫不松懈地抓好反腐倡廉建设,努力打造一支过硬的人民法官队伍。

334 人。

二、深入推进三项重点工作，全力维护社会和谐稳定

认真贯彻中央和省委关于深入推进三项重点工作的部署要求，着眼解决影响人民群众安全感的突出治安问题，批准逮捕各类刑事犯罪 13602 件 21603 人，提起公诉 18833 件 29992 人。批准逮捕重大恶性暴力犯罪和多发性侵财犯罪 8604 件 13339 人。批准逮捕黑社会性质组织犯罪嫌疑人 19 人，提起公诉 38 人，查处为黑社会性质组织提供保护的职务犯罪 9 件 9 人。全面贯彻宽严相济刑事政策，依法不逮捕 3326 人、不起诉 1581 人。坚持把化解矛盾贯穿执法办案始终，在检察环节促进息诉民商事申诉案件 690 件，对 35 名特别贫困的刑事被害人进行了救助。加大涉检信访案件办理力度，办结涉检信访 2402 件，中央政法委交办我省涉及检察机关的 55 件信访积案全部化解。积极促进社会管理创新，配合有关部门对城中村、城乡结合部等重点区域开展专项排查活动，针对发现的问题发出检察建议 397 件，被有关管理部门采纳 371 件。

三、依法查办和预防职务犯罪，促进反腐倡廉建设

坚决贯彻中央、省委反腐败斗争部署，进一步加强查办和预防职务犯罪工作，共查办职务犯罪 1248 件 1538 人，同比分别上升 1.8%和 8.8%，追缴赃款赃物 1.6 亿元。查办危害严重、影响恶劣的职务犯罪大案要案，查办大案 763 件；查办县处级以上领导干部要案 98 人，同比上升 44.1%，其中厅级干部 4 人。查办煤焦领域职务犯罪 146 件 183 人，查办教育、征地拆迁等民生领域职务犯罪 66 件 81 人。严把立案、逮捕、起诉关，案件有罪判决率达到 99.4%。采取办案工作区准用制、办案安全督察员制度、办案安全责任制和配备专用囚车等四条措施，严防办案事故发生。认真贯彻落实《山西省预防职务犯罪工作条例》，推动省市县党委全部成立了预防职务犯罪工作领导机构，省检察院与省人大内司委共同开展了预防职务犯罪“五个一”宣传活动，积极营造预防职务犯罪的社会氛围。

四、全面强化诉讼监督，努力维护司法公正

认真贯彻省人大常委会《关于加强人民检察院对诉讼活动法律监督工作的决定》，加强刑事立案和侦查活动监督，监督纠正侦查机关应当立案而不立案 968 件，不应当立案而立案 284 件，同比上升 8.8%，提出纠正意见和检察建议 1805 件，依法追捕 651 人，依法追诉 693 人。会同省公安厅对全省公安派出所、刑警队、经侦队 2009 年以来所办案件进行专项检查，监督立案 160 件，监督撤案 106 件。加强审判监督，对认为确有错误的刑事裁判提出抗诉 270 件，同比上升 26.8%，法院已审结 135 件，原审改变率为 63.7%。对认为确有错误的民事行政裁判提出抗诉 241 件，法院已审结 162 件，综合改变率为 83.3%。提出再审建议 228 件，采纳率为 62.3%，同比增加 23.4 个百分点。办理督促起诉、支持起诉等案件 1632 件。加强刑罚执行和监管活动监督。纠正减刑、假释、暂予监外执行不当 222 人，同比上升 7.7%。清理纠正久押不决案件 78 案 128 人。

五、创新自身监督制约机制，确保检察权依法正确行使

自觉接受人大监督，向各级人大常委会报告工作 480 次，办结各级人大及其常委会转办交办案件 350 件，召开人大代表座谈会 380 次，邀请人大代表视察工作 290 次，真诚听取意见，认真改进工作。自觉接受民主监督和社会监督，主动向政协、各民主党派、工商联和无党派人士通报检察工作情况，人民监督员监督“三类案件”和“五种情形”220 件，积极开展“检察开放日”活动，省检察院开通互联网门户网站，主动回应社会关切。切实加强内部监督，建立案件集中管理机制，对案件进行动态管理和实时监督。扎实开展案件评查活动，评查案件 2597 件，提出整改建议 92 件。认真落实逮捕职务犯罪嫌疑人报上一级检察院审查决定制度，审查逮捕职务犯罪嫌疑人 458 人，不捕 47 人，不捕率为 9.3%，同比增加 7.5 个百分点。探索开展职务犯罪线索初查不立案送纪检监察部门备案审查工作，建立健全办案说情报告制度和执法档案制度，加强对执法办案活动的监督。

六、加强检察队伍建设，提高公正廉洁执法水平

大力加强思想政治建设，深入开展“恪守检察职业道德、促进公正廉洁执法”主题实践活动，扎实开展创先争优活动和“建设学习型党组织、创建学习型检察院”活动，全省检察机关有 5 个先进集体、7 名先进个人受到最高人民检察院和国家有关部门的表彰，119 个检察院被评为文明和谐单位，省检察院连续 6 年荣获省直机关文明和谐单位标兵称号。

深入抓好纪律作风和自身反腐倡廉建设，大力弘扬右玉精神，组织开展“治散、治懒、治松、治浮、治庸”的纪律作风整顿活动，积极倡导真抓实干、热爱学习、亲民为民、清廉从俭、艰苦奋斗、创先争优六种良好作风。集中开展“反特权思想、反霸道作风”专项活动，利用反面典型开展警示教育。加大对下级检察院领导班子监督力度，上级院列席下级院领导班子

民主生活会196次，省检察院对1个市级院进行了巡视。坚持从严治检，查处检察人员违纪违法案件17件22人，给予党纪政纪处分18人，其中追究刑事责任1人。

强化队伍专业化建设。省检察院制定了《“351人才选拔培养工程”实施意见》，计划用3年时间在全省检察机关培养出30名业务专家、500名业务尖子和1000名办案能手，首批1093名培养对象已经确定。开展大规模教育培训，省检察院举办各类培训班18期，培训2439人次，同比增加2.7倍。建立检校合作机制，开展检察机关与高等院校双向挂职工作。

扎实推进基层基础建设。加强对基层检察院领导班子的监督和管理，对全省基层检察院检察长和领导班子进行了届中测评。开展基层检察院建设专题调研，针对存在的突出问题，研究提出了解决的措施。统一招录公务员522名，充实到基层检察院，进一步缓解了人员短缺的问题。加大公用经费保障标准落实力度，全省有102个基层检察院年初预算落实了保障标准，落实率达到82.9%，同比增加22.7个百分点。

同时，我们清醒地认识到，全省检察工作还存在不少问题。一是一些检察机关和检察人员思想观念还不适应转型跨越发展的时代要求，执法理念存在偏差，执法方式方法简单机械。二是法律监督职能发挥得还不够充分，不敢监督、不善监督、监督不规范不到位等问题还不同程度地存在。三是检察队伍中专门型、复合型等高素质人才缺乏，贫困地区检察院招不进人、留不住人的现象仍然比较突出。四是少数检察人员包括个别领导干部特权思想、霸道作风严重甚至执法犯法、贪赃枉法，严重影响和损害了检察机关的社会形象和执法公信力。五是基层基础建设还需进一步加强，科技装备和信息化建设还比较滞后。对于这些问题，我们将在今后的工作中认真加以解决。

各位代表，2011年全省检察机关要认真贯彻党的十七大、十七届五中全会、省委九届十一次全会和中央、全省经济工作会议、政法工作会议以及全国检察长会议精神，以邓小平理论和“三个代表”重要思想为指导，深入贯彻落实科学发展观，积极服务转型跨越发展，不断深化三项重点工作，全面落实检察工作五年规划，强化法律监督、强化自身监督、强化队伍建设，真抓实干，锐意进取，不断提高检察工作科学发展水平，为再造一个新山西作出新的更大的贡献。重点抓好以下五个方面的工作。

一是更加自觉地服务转型跨越发展大局。全省检察机关积极转变思想观念，切实增强机遇感、责任感、紧迫感，充分认识检察工作与推进试验区建设、实现转型跨越发展的内在关系，主动服务试验区建设和转型跨越发展。制定服务综合配套改革试验区建设的意见，紧紧围绕试验区的政策措施，深入调查研究，主动跟进服务，为党委政府决策提供法律建议，为企业生产经营提供法律服务，促进先行先试依法有序进行。要加强对新领域、新类型案件的研究，进一步改进执法办案方式方法，慎重对待试验区建设中的案件，严格把握法律政策界限，一时难以定性的，不轻易作犯罪处理，做到打击犯罪者、保护无辜者、支持改革者、挽救失误者，为推进试验区建设、实现转型跨越发展提供强有力的司法保障。

二是更加有力地履行法律监督职责。严厉打击危害人民群众生命财产安全和破坏市场经济秩序的犯罪，保持对严重刑事犯罪的高压态势。深化三项重点工作，建立健全长效工作机制，促进解决影响社会和谐稳定的源头性、基础性和根本性问题。加大查办和预防煤焦、工程建设领域以及危害民生、投资环境、新农村建设的职务犯罪力度。坚决落实中央关于加大惩治和预防渎职侵权违法犯罪工作力度的要求，严肃查办滥用司法权、行政执法权、行政审批权给国家和人民利益造成重大损失等渎职侵权犯罪案件。积极发挥预防职务犯罪领导机制作用，深入推进《山西省预防职务犯罪工作条例》的落实。深入贯彻落实省人大常委会《关于加强人民检察院对诉讼活动法律监督工作的决定》，切实加大诉讼监督力度，维护司法公正。

三是更加积极地推进检察工作改革。建立健全检察机关政务管理、执法管理、后勤管理、队伍管理机制，促进检察管理科学化。深入推进案件集中管理改革，进一步健全案件管理机制，实现案件管理的全程化、精细化、实时化、公开化。积极推进铁路检察院管理体制改革，确保铁检机关顺利移交，工作健康平稳发展。积极推进量刑建议改革，提高量刑监督能力。全面推行人民监督员制度，充分发挥其监督作用。

四是更加严格地抓好检察队伍建设。认真开展“发扬传统、坚定信念、执法为民”主题教育实践活动，着力解决检察人员在理想信念、宗旨意识、执法办案等方面存在的突出问题。全面落实《“351人才选拔培养工程”实施意见》，深入推进大规模教育培训，广泛开展岗位练兵活动。狠抓纪律作风建设，严格目标责任考核，扎实开展创先争优活动，努力营造干事创业的良好氛围。制定实施加强和改进群众工作的意见，深入开展群众观点再教育，提高检察人员掌握群众心理、使用群众语言、疏导群众情绪、处理群众诉求等能力。

五是更加扎实地推进基层基础建设。实施基层检察院执法规范化、队伍专业化、管理科学化、保障现代化建设标准，广泛开展“创先争优在基层”活动，全面推进基层检察院建设。认真做好市、县院检察长换届准备工作，配齐配强基层检察院领导班子。积极稳妥开展派驻乡镇检察室试点工作，全面开展巡回检察工作。建立公用经费正常增长机制，认真落实县级检察院基本业务装备配备指导标准。加快检察信息化建设步伐，逐步实现网上办公办案。

山西省2010年国民经济和社会发展统计公报

山西省统计局 国家统计局山西调查总队

2011年2月24日

2010年，是山西发展进程中极不寻常的一年。面对复杂多变的经济形势，面对经济结构深层次矛盾的困扰，面对保增长保民生保稳定的繁重任务和安全生产的巨大压力，全省上下认真贯彻中央各项决策部署，创新发展思路，加大工作力度，着力推动转型发展和跨越发展，全年全省国民经济总体保持了平稳较快发展，各项社会事业取得新的进步。

一、综合

经济增长：初步核算，全年全省地区生产总值9088.1亿元，比上年增长13.9%。其中，第一产业增加值563.5亿元，增长6.1%；第二产业增加值5161.2亿元，增长18.6%；第三产业增加值3363.4亿元，增长9.1%。第三产业中，金融保险业增加值448.3亿元，增长6.5%；交通运输、仓储和邮政业增加值654.1亿元，增长7.1%；批发和零售业增加值675.5亿元，增长18.4%；房地产业增加值192.0亿元，增长5.5%。

人均地区生产总值26385元，按2010年平均汇率计算达到3900美元。

第一、第二和第三产业增加值占全省生产总值的比重分别为6.2%、56.8%和37.0%，对经济增长的贡献率分别为3.0%、70.3%和26.7%。

价格：居民消费价格比上年上涨3.0%，其中食品价格上涨8.5%。商品零售价格上涨2.3%。固定资产投资价格上涨3.7%。工业品出厂价格上涨9.5%，其中生产资料价格上涨9.7%，生活资料价格上涨4.9%。原材料、燃料、动力购进价格上涨9.0%。农业生产资料价格上涨2.0%。房屋销售价格上涨3.0%，其中新建商品住宅价格上涨2.3%，二手住宅价格上涨4.8%，房屋租赁价格上涨2.4%。

就业：全年全省城镇新增就业49.6万人，完成全年计划40万人的124%；创业就业11.9万人，完成全年计划10万人的119%；城镇下岗失业人员再就业18.3万人，完成全年计划15万人的122%；就业困难人员再就业5.2万人。年末城镇登记失业率3.6%，低于4.2%的年度控制目标。

二、农业

种植面积：全年全省农作物种植面积376.4万公顷，比上年增长1.9%。其中，粮食种植面积323.9万公顷，增长2.9%；油料种植面积15.7万公顷，减少7.6%；棉花种植面积5.9万公顷，减少16.3%。在粮食种植面积中，玉米种植面积154.9万公顷，增长6.7%；小麦种植面积72.9万公顷，增长0.1%。

粮食产量：全年粮食总产量1085.1万吨，比上年增产15.2%。其中，玉米766.0万吨，增产17.1%；小麦232.2万吨，增产10.0%。

畜禽及水产品产量：全年全省猪牛羊肉总产量63.6万吨，比上年增长4.1%。其中，猪肉产量53.1万吨，增长4.8%；牛肉产量4.9万吨，增长1.5%；羊肉产量5.6万吨，增长0.4%。牛奶产量73.2万吨，增长1.0%。禽蛋产量70.5万吨，减少6.4%。水产品产量3.1万吨，与上年持平。

林业生产：年末全省森林面积221.1万公顷，森林覆盖率14.1%。全年木材产量4.8万立方米，比上年减少17.0%。全年完成造林29.1万公顷，比上年减少17.7%。退耕还林工程完成配套荒山荒地造林面积6.4万公顷。全年完成天然林资源保护工程造林面积6.2万公顷，比上年减少18.4%。

农业机械：年末全省农业机械总动力2809.2万千瓦，比上年增长5.8%。机械耕地面积256.0万公顷，机械播种面积218.2万公顷，机械收获面积102.7万公顷，分别比上年增长8.1%、9.6%和19.3%。全省农机化经营总收入97.7亿元，增长11.5%。

三、工业和建筑业

工业：全年全部工业增加值4586.4亿元，比上年增长19.8%，占第二产业比重88.9%，比上年上升0.8个百分点。其中，规模以上工业企业完成增加值4446.3亿元，比上年增长23.2%。

全社会原煤产量7.4亿吨，比上年增长20.4%。规模以上工业企业原煤产量7.3亿吨，比上年增长26.8%；焦炭产量8476.3万吨，比上年增长11.1%；钢材产量2862.0万吨，比上年增长25.0%。

规模以上工业实现主营业务收入12690.9亿元，比上年增长41.2%。其中四大传统支柱产业实现主营业务收入10175.4亿元，增长42.5%，煤炭、焦炭、冶金和电力工业分别实现主营业务收入5038.3亿元、1434.9亿元、2592.6亿元和1109.6亿元，分别增长51.8%、31.8%、43.3%和20.5%；新兴产业中，装备制造业、医药工业和食品工业分别实现主营业务收入1042.4亿元、92.1亿元和392.0亿元，分别增长44.6%、19.5%和40.1%。

规模以上工业实现利税1688.9亿元，比上年增长56.4%；实现利润844.8亿元，增长98.3%。

建筑业：全年全省建筑业实现增加值574.8亿

元,比上年增长9.1%。具有建筑业资质等级的总承包和专业承包建筑业企业实现利润总额35.9亿元,增长17.4%;上缴税金63.4亿元,增长17.1%。

四、固定资产投资

固定资产投资:全年全社会固定资产投资6352.6亿元,比上年增长26.2%。按城乡分,城镇投资5816.0亿元,增长26.4%;农村投资536.6亿元,增长23.7%。按产业分,第一产业投资282.6亿元,增长28.2%;第二产业投资2617.5亿元,增长21.0%;第三产业投资3452.5亿元,增长30.3%。按登记注册类型分,国有投资3190.8亿元,增长28.1%;非国有投资3161.8亿元,增长24.3%。

城镇固定资产投资建成投产项目8187个,项目建成投产率59.9%;新增固定资产2996.0亿元,固定资产交付使用率51.5%。

房地产开发:全年房地产开发投资592.2亿元,比上年增长24.1%。按工程用途分,住宅投资457.5亿元,增长21.1%;商业营业用房投资60.8亿元,增长38.9%。

五、能源

能源生产:全年全省一次能源生产折标准煤6.3亿吨,比上年增长20.6%;二次能源生产折标准煤3.0亿吨,增长11.8%。

能源外调:全年全省向省外运输煤炭5.1亿吨,比上年增长14.8%,外运煤炭占原煤产量比重69.1%;向省外输送电力685.2亿千瓦小时,增长14.0%,外输电量占发电量比重31.9%;向省外运输焦炭6121.0万吨,增长13.1%,外运焦炭占焦炭产量比重72.2%。

能源投资:城镇投资中,能源工业投资完成1512.8亿元,比上年增长24.1%。其中,煤炭工业投资931.2亿元,增长55.5%;焦炭工业投资95.6亿元,下降6.8%;电力工业投资362.9亿元,下降11.2%。

煤炭资源整合:2010年全省煤炭资源整合、煤矿兼并重组工作取得重大阶段性成果。截至2010年底,全省矿井总数已减少到1053座,办矿主体已减少到130个,70%的矿井生产规模达到年产90万吨以上,年产30万吨以下的煤矿全部淘汰,保留矿井全部实现机械化开采。

六、国内贸易

消费品零售:全年全省社会消费品零售总额3207.9亿元,比上年增长18.4%。其中城镇消费品零售额2559.5亿元,增长18.9%;乡村消费品零售额648.3亿元,增长16.7%。

七、对外经济

进出口贸易:全年全省海关进出口总额125.8亿美元,比上年增长46.8%。其中,进口额78.7亿美元,增长37.3%;出口额47.1亿美元,增长66.0%。

全年出口煤炭192.0万吨,比上年增长20.1%,出口金额3.4亿美元,增长69.3%;出口焦炭166.1万吨,增长630.3%,出口金额7.0亿美元,增长637.5%;出口镁及其制品9.8万吨,增长34.5%,出口金额2.8亿美元,增长38.8%;出口机电产品12.1亿美元,增长9.2%。

全年进口铁矿砂及其精矿2435.4万吨,比上年下降8.8%,进口金额28.7亿美元,增长32.1%;进口机电产品20.0亿美元,增长107.9%。

招商引资:全年全省新设立外商直接投资企业52家;按全口径统计实际使用外商直接投资金额15.1亿美元,比上年增长11.5%;其中纳入商务部口径统计的7.1亿美元,增长44.8%。

全年全省对外经济合作新签合同额10.0亿美元,比上年增长49.9%;完成营业额7.2亿美元,下降37.1%。

八、交通、邮电和旅游

交通运输:全省公路线路年末里程13.2万公里,其中高速公路3002.5公里。

年末全省民用汽车保有量304.9万辆(包括三轮汽车和低速货车57.0万辆),比上年末增长15.3%,其中私人汽车213.3万辆,增长20.5%。本年新注册汽车48.4万辆,比上年增长27.7%。年末轿车保有量121.8万辆,比上年末增长25.3%,其中私人轿车103.0万辆,增长28.8%。

邮电:全年全省完成邮电业务总量727.6亿元,比上年增长15.9%。其中,邮政业务总量39.4亿元,增长9.2%;电信业务总量688.2亿元,增长16.3%。局用交换机总容量545.8万门。固定电话用户年末为720.7万户。其中,城市电话用户488.1万户,农村电话用户232.6万户。新增移动电话用户267.3万户,年末达到2225.1万户。年末全省固定及移动电话用户总数2945.8万户,比上年末增加229.2万户。电话普及率85.1部/百人,其中固定电话和移动电话普及率分别为20.8部/百人和64.3部/百人。全省宽带接入用户342.1万户,增长22.2%。

旅游:全年全省接待海外旅游者130.3万人次,接待国内旅游者1.3亿人次,分别增长22.0%和17.8%;旅游外汇收入4.7亿美元,国内旅游收入1052.3亿元,旅游总收入1083.5亿元,分别增长22.9%、21.5%和21.4%。

九、财政、金融、证券和保险

财政:全年全省财政总收入1810.7亿元,比上年增长17.8%。一般预算收入969.7亿元，增长20.3%。税收收入692.7亿元，增长19.1%，国内增值税、营业税、企业所得税、个人所得税、资源税和城建税共计完成税收619.9亿元，增长18.8%。

一般预算支出1928.4亿元，比上年增长23.9%。其中农林水事务支出增长2.1%，教育支出增长17.8%，社会保障和就业支出增长29.2%，医疗卫生支出增长12.1%，环境保护支出增长18.5%，文化体育与传媒支出增长9.0%，公共安全支出增长23.5%。

金融：年末全省金融机构本外币各项存款余额18639.8亿元，比年初增长18.3%。各项贷款余额9728.7亿元，增长22.9%。人民币消费贷款316.3亿元，增长44.4%；其中个人住房贷款255.7亿元，增长51.4%。全年累计现金收入26113.4亿元，累计现金支出26472.2亿元，货币净投放358.9亿元。

年末全省农村金融合作机构（农村信用社、农村合作银行、农村商业银行）人民币贷款余额1799.4亿元，增长21.2%。

证券：全年山西辖区证券市场各类证券成交额10775.8亿元，比上年下降12.2%。其中股票成交额10486.5亿元，下降9.2%；基金成交额78.2亿元，增长9.3%；债券成交额6.7亿元，下降57.7%。年末投资者资金账户累计开户数142.2万户，比上年末增长11.6%。

保险：全年全省保费收入365.3亿元，比上年增长26.3%。其中，寿险业务保费收入253.6亿元，增长23.3%；健康险业务保费收入13.8亿元，增长14.8%；意外伤害险业务保费收入4.9亿元，增长12.3%；财产险业务保费收入92.9亿元，增长38.5%。支付各类赔款及给付79.9亿元，增长1.7%。其中，寿险业务给付32.5亿元，下降19.2%；健康险业务赔款及给付4.7亿元，增长17.3%；意外伤害险业务赔款1.4亿元，增长12.0%；财产险业务赔款41.3亿元，增长24.7%。

十、教育和科学技术

教育：年末全省普通高等学校65所，比上年增加2所，成人高等学校14所，比上年减少1所。全省高等教育毛入学率28.1%，高中阶段毛入学率86.8%。全省独立设置的成人高等学校在校学生1.8万人，成人中等专业学校在校学生5.7万人，成人技术培训学校培训结业职工和农民共计187.4万人次。全年扫盲班结业4513人次。

科学技术：全年全省受理专利申请7927件，比上年增长16.2%。受理发明专利申请3046件，比上年增长25.8%。全年全省授予专利权4752件，比上年增长47.3%。授予发明专利权739件，比上年增长22.4%。全年新登记科技成果440项。获得国家科学技术奖10项，其中通用项目9项，专业项目1项。国家认定企业技术中心18家。省级企业技术中心111家。按照国家新的高新技术企业认定办法，截至2010年底，全省累计认定高新技术企业200家。

全年全省22个省级以上经济技术开发区和高新技术开发区科工贸总收入2667.5亿元，比上年增长24.3%；区内生产总值833.1亿元，增长22.7%；税收收入86.8亿元，增长17.9%；进出口总额24.5亿美元，增长36.0%；引进国内资金471.8亿元，增长141.9%。

年末全省共有省、市、县产品质量监督检验和计量检定技术机构126个，国家检测中心3个，省授权行业建立的检验所(站)35个，监督抽查了1113家企业38类5520种产品和商品。全年完成强制检定计量器具62万台件。

全省有气象台站121个。全省开展12121电话天气自动答询的台站共计121个。全省气象系统开展人工影响天气业务的单位97个，防雹、增雨累计受益面积107万平方公里。全省有天气预报服务Intel网站30个，卫星云图接收站13个。

全省有专业综合地震台站10个，省级测震台网中心1个，省级地震前兆台网中心1个，数字测震台网6个，数字测震子台45个，流动地震台网1个。全年M1.0–M1.9级地震239次，M2.0–M2.9级地震49次，M3.0–M3.9级地震4次，M4.0–M4.9级地震3次，最大震级M4.8级。

全年全省编印专题地图5286幅，电子地图2317幅，地图集30册。

十一、文化、卫生和体育

文化：年末全省共有群众艺术馆12个，文化馆119个，博物馆86个。全省文化系统共有艺术表演团体157个。广播电台7座，电视台9座，广播电视台108座。有线电视用户424.0万户。广播人口覆盖率93.3%，电视人口覆盖率97.5%。全省公共图书馆126个，档案馆131个。全省报纸出版19.5亿份，各类杂志出版200种、3847.8万册，各类图书出版2634种、14080万册。山西电影制片厂全年完成电影故事片6部，电视剧2部32集。

卫生：年末全省共有卫生机构(含诊所)11889个，其中妇幼保健院（所、站）133个。全省卫生机构(含诊所)共有床位15.6万张。全省卫生机构共有卫生技术人员19.1万人。全省共有115个县（市、区）开展了新型农村合作医疗试点工作，2164.6万农民参加了合作医疗。

体育：全年我省运动员在国内外重大比赛中获金牌41枚、银牌77枚、铜牌92枚（包括非奥运项目比赛），破全国纪录2人2次2项，破省纪录8人8次5项，其中青少年破省纪录6人6次3项。全年全省销售中国体育彩票8.2亿元，比上年增长1.9%。

十二、人民生活和社会保障

人民生活:全年城镇居民人均可支配收入15647.7元,比上年增长11.8%;城镇居民人均消费性支出9792.7元,增长4.7%。全年农村居民人均纯收入4736.3元,增长11.6%;农村居民人均生活消费支出3663.9元,增长10.9%。城镇占调查总户数20%的低收入家庭人均可支配收入6975.5元,增长13.3%;农村占人口20%的低收入者收入1616.0元,增长13.6%。城镇居民家庭恩格尔系数(即居民家庭食品消费支出占家庭消费支出的比重)31.2%,农村居民家庭恩格尔系数37.5%。

社会保障:年末参加城镇基本养老保险591.0万人;参加农村社会养老保险491.0万人;参加城镇医疗保险935.1万人;参加失业保险305.7万人;参加工伤保险325.3万人,其中农民工105.1万人;参加生育保险220.8万人。

全年全省纳入城市最低生活保障的居民91.5万人,发放城市低保资金18.2亿元,比上年增加0.7亿元;纳入农村最低生活保障的居民132.1万人,比上年增加11.1万人,发放农村低保资金11.1亿元,比上年增加1.3亿元。

年末全省各类福利院床位数5.6万张,收养3.4万人。城镇建立各种社区服务设施2064个,其中综合性社区服务中心266个。全年销售社会福利彩票16.0亿元,筹集社会福利资金5.3亿元,接收社会捐赠款1.7亿元。

五个全覆盖工程:农村"五个全覆盖工程"深入推进,全年累计完成投资289.3亿元。截至2010年底,两年全覆盖实现程度为139.0%。其中,建制村通水泥(油)路全覆盖率为100.0%,中小学校舍安全改造全覆盖率为269.8%,村级卫生室全覆盖率为100.0%,村通广播电视全覆盖率为104.8%,农村饮水安全全覆盖率为120.5%。

十三、资源、环境和安全生产

资源:全年全省实际建设占用耕地5754.6公顷。土地整理、复垦、开发补充耕地4013.3公顷。当年净减少耕地900公顷。

年末全省7座大型水库蓄水总量5.02亿立方米,比上年末减少0.03亿立方米。当年全省解决农村饮水安全未达标人口316.4万人,全省农村饮水安全人口全部达标。

全省自然保护区总数46个,自然保护区面积115.4万公顷,占全省国土面积的7.4%;全省国家级生态示范区14个。

环境:全年全省11个重点城市空气质量二级以上天数平均为347天,比上年增加0.9%。

黄河、海河流域山西段监测的101个断面中,Ⅰ~Ⅲ类水质断面比例为34.7%,Ⅳ类水质断面比例为7.9%,Ⅴ类水质断面比例为5.9%,劣Ⅴ类水质断面比例为51.5%。全省城市集中式生活饮用水源地水质达标率为74.5%。

年末全省城市污水处理率76%,提高0.8个百分点;城市生活垃圾无害化处理率65%,提高2.1个百分点;集中供热普及率81.8%,提高3.8个百分点。

全年全省各类自然灾害造成直接经济损失123.4亿元,比上年下降18.2%。全年农作物受灾面积198.3万公顷,下降31.5%。其中,绝收34.8万公顷,下降45.5%。全年全省发生森林火灾17起,因森林火灾造成受害森林面积164.3公顷,比上年下降74.2%。

安全生产:全年共发生各类安全生产事故11326起,同比下降9.4%;安全生产事故死亡2635人,下降16.1%;重大以上事故起数和死亡人数分别下降40.0%和52.8%。全年全省煤炭百万吨死亡率为0.188,比控制指标(0.351)低0.163。

治理车辆非法超限超载:全省非法超限超载率控制在0.2%以内,高速公路全部杜绝了非法超限超载车辆,长途运输中的非法超限超载车辆基本消除。全省国省干线公路桥涵受损由2009年的73座下降到2010年的17座,下降了76.7%。全省在运行的137个公路超限检测站全部实现了不停车检测,经政府公示的9750个货运源头企业被全部纳入监管范围。

公报注释:

1.本公报部分数据为初步统计数据。2.地区生产总值、各产业增加值绝对数按现价计算,增长速度按可比价计算。3.部分数据因四舍五入的原因,存在与分项合计不等的情况。4.规模以上工业企业是指年主营业务收入500万元及以上的全部法人工业企业;限额以上批发零售企业是指年销售额2000万元及以上的批发企业和年销售额500万元及以上的零售企业。5.根据国家统计局规定,节能降耗指标单独发布。6.由于第六次人口普查尚未结束,2010年全省人口相关数据延后公布。

大事记

2010年山西省大事记

1月

1日

《山西省实施〈义务教育法〉办法》《山西省城乡规划条例》正式实施。

5日

国家发展和改革委员会、国家能源局和山西省政府在北京举办新闻通气会，就山西煤矿企业兼并重组整合工作情况，向国内60余家媒体做出全面通报。

山西省大学生"村官"通信信息平台正式启动。

6日

上海世博会"文化遗产保护与城乡可持续发展"山西论坛在太原举行。

7日

省委副书记、省长王君主持召开省政府第六次全体(扩大)会议，讨论提交省十一届人大三次会议审议的《政府工作报告》。12日，王君主持召开民主党派和基层代表座谈会，征求对政府工作报告的意见。

罗贯中铜像在太原市清徐县落成。

7~8日

山西联通、山西移动分别与中北大学签署战略合作协议，共建数字化校园。

8日

省委书记、省人大常委会主任张宝顺主持召开省委常委会，学习贯彻中央农村工作会议、全国宣传部长会议、全国统战部长会议和第十八次全国高等学校党的建设工作会议精神，研究山西省贯彻落实意见。

全省组织部部长会议在太原召开。

11日

全国人大执法调研组就道路交通安全管理、妇女权益保障、志愿者工作开展及志愿服务立法等专题在山西调研。

山西省军区党委九届十六次全体(扩大)会议、亚行贷款山西河川流域农业综合开发项目领导组会议在太原召开；全省基层残疾人组织建设现场会在长治市召开。

11~13日

中央学习实践科学发展观活动巡回检查组检查指导全省第三批学习实践活动进展情况。

12日

太原市正式启动集体林权制度改革。

山西第二届新媒体、手机媒体发展高层论坛在太原举行。

13日

王君主持召开省政府第56次常务会议，听取2009年全省财政预算执行和固定资产投资计划执行情况汇报，研究2010年财政收支计划和固定资产投资计划。

全省推进事业单位分类改革试点工作会议、全省电力生产及煤炭供应保障工作会议在太原召开。

岢岚县获中国粮食协会"中华红芸豆之乡"称号。

14日

全省政法工作会议、全省税务工作会议、山西省农村信用联合社第二届社员大会在太原召开。

太原高新区成为全省首家国家科技兴贸创新基地。

14~15日

全省公安工作会议在太原召开。

15日

张宝顺主持召开省委常委会，讨论省政府拟提请省十一届人大三次会议审议的《政府工作报告》，研究召开省十一届人大三次会议、省政协十届三次会议有关事宜。

全省首批大型并网太阳能发电项目——山西国际电力集团右玉小五台一期10兆瓦、平鲁阻虎一期5兆瓦太阳能发电项目正式开工。

国家重大基础研究计划项目——基于光场量子态的量子信息研究在太原启动。

全省中级人民法院院长会议在太原召开。

16日

全省老干部工作会议在太原召开。

16~17日

国家"十二五"规划基本思路中部和东北地区座谈会在太原召开。17日，张宝顺、王君会见与会的国家发展和改革委员会主任张平一行。

17日

全省国土资源管理工作座谈会、全省"实施生态兴省大战略建设山川秀美新山西"高层论坛在太原举办。

17~19日

中央党史研究室副主任李忠杰就新形势下如何进一步加强和改进党史工作在山西省调研。

19日

山西省第六次社科评奖成果揭晓。共评出一等奖21项、二等奖64项、三等奖83项。

全省正式启动革命遗址普查工作。

全省工商行政管理工作会议、全省统战部部长会议在太原召开。

20日

省委农村工作会议在太原召开，研究进一步加大统筹城乡发展力度，夯实农业农村发展基础的政策措施，部署2010年农业农村工作。

全省创业就业工作会议、全省司法行政工作会议在太原召开。

21日

副省长陈川平在太原会见中煤集团总经理王安一行。双方就进一步加强合作进行深入交流。

全省宣传部部长会议、武警山西总队党委二届十三次全体扩大会议、全省财政工作会议、全省农业工作会议在太原召开。

21~22日

省委副书记、省政协主席薛延忠主持召开政协第十届山西省委员会常务委员会第十一次会议，讨论并通过召开省政协十届三次会议等有关事项。

22日

张宝顺主持召开省委常委会议，对做好2010年全省工会、共青团、妇联工作进行研究部署。

全省文化局局长会议、全省法院探索化解行政争议新机制经验交流会、《2010年山西经济社会形势分析与预测》新闻发布会在太原召开。

全国首个"1·22"交通安全宣传日活动在太原举行。

11月23日，经教育部院校设置委员批准阳泉师范高等专科学校揭牌。

23日

王君在太原会见到晋调研的国家工商总局局长周伯华一行。

山西银监局2010年工作会议在太原召开。

23~24日

中共中央政治局委员、中央书记处书记、中组部部长李源潮到山西调研第三批学习实践活动。

24日

10时36分，河津市(北纬35.6度，东经110.7度)发生4.8级地震。

山西省总工会第十一届五次全委(扩大)会、省工商联(总商会)第十届四次执委(扩大)会议在太原召开。

大运公路介休至霍州段一级路改建工程正式竣工通车。

晋城煤业集团"无烟煤煤层气产业化开发利用技术体系与工程示范"项目经专家鉴定委员会认定，已达到国际领先水平。

25日

山西省公务员局正式挂牌成立。

25~29日

中国人民政治协商会议第十届山西省委员会第三次会议在太原召开。

26~31日

山西省第十一届人民代表大会第三次会议在太原召开。王君代表省人民政府向大会作政府工作报告。会议表决通过关于政府工作报告等6个决议、1件地方性法规。申联彬、杜玉林当选为山西省第十一届人民代表大会常务委员会副主任，王建明当选为山西省人民检察院检察长。

27日

全省资本市场发展暨证券期货监管工作会议在太原召开。

28日

张宝顺在太原会见百度公司董事长兼首席执行官李彦宏一行。

29日

先进不锈钢材料国家重点实验室获科技部正式批准立项，实现山西省在企业国家重点实验室领域零的突破。

省政府召开"软科学研究成果整合创新座谈会"，专题研讨山西省软科学研究成果"二次开发、整合创新"工作。

29~30日

中共中央政治局委员、国务委员刘延东深入太原、长治等地就企业生产经营、自主创新、科研成果转化等情况进行考察调研。

31日

省委、省政府召开会议，传达贯彻中共中央政治局委员、国务委员刘延东，中共中央政治局委员、中央书记处书记、中央组织部部长李源潮同志考察山西重要讲话精神。

全省党风廉政建设干部大会暨省纪委五次全会在太原召开。

1月31日~2月2日

中共山西省第九届纪律检查委员会第五次全体会议在太原召开。

2月

1日

2010年度全省教育工作会议、全省国有资产监督管理工作会议在太原召开。

2日

全省高等学校党的建设工作会议在太原召开。

太原市被国家工业和信息化部命名为钢铁(特殊钢)基地，太原经济技术开发区被命名为装备制造(能源装备)基地。

山西省首家外资银行——汇丰银行(中国)有限公司太原分行正式开业。

副省长牛仁亮主持召开资源型经济转型发展综合配套改革座谈会。

全省体育工作会议、全省卫生工作会议在太原召开。

3日

山西省"高效安全短壁机械化开采成套技术与装备"项目通过鉴定，标志着中国在该领域已拥有完全自主知识产权。

省委常委、省纪委书记金道铭在太原会见到晋检查工作的交通运输部党组成员、纪检组长杨利民一行。

全省科技工作会在太原召开。

4日

2010年省直机关党的工作会

议、全省消防工作会议在太原召开。

晋西工业集团公司揭牌成立，成为兵器工业集团公司实施战略重组的第一批子公司。

太原市被国家住房和城乡建设部正式命名为“国家园林城市”。

5日

山西省纪念姬鹏飞同志100周年诞辰座谈会、省妇联十届二次执委（扩大）会、全省保险工作座谈会、全省经济和信息化工作会议、北京市与山西省能源交流座谈会、全省林业局局长暨党风廉政建设工作会议在太原举行。

山煤集团主营业务成功上市暨山煤国际揭牌仪式在太原举行。

9日

山西省“百人计划”首批海外高层次人才座谈会在太原举行。张宝顺出席并向首批选聘的人才颁发“山西特聘专家”证书。

全省旅游局局长座谈会在太原召开。

陈川平会见神华集团总经理张玉卓一行。双方就在山西新兴产业合作空间进行洽谈。

太钢入选“世界著名品牌500强”。

10日

王君宣布太原至台北直航航线开通。

23日

省委召开贯彻落实中央贯彻实施《廉政准则》会议精神电视电话会议。26日，省委下发《关于贯彻落实〈中国共产党党员领导干部廉洁从政若干准则〉的通知》。

省委召开议军会，讨论通过山西省《关于推进军民融合式发展的意见》。

省人大常委会主任会议、全省外事侨务工作座谈会、省对口支援茂县灾后恢复重建工作领导组会议在太原召开。

24日

省委召开全省深入学习实践科学发展观活动总结电视电话会议。

全省信访工作会议、全省第二次经济普查总结表彰暨第六次人口普查动员会议、全省国土资源工作暨党风廉政建设会议在太原召开。

25日

王君主持召开省政府第58次常务会，研究通过《山西省进一步促进消费的若干政策措施》，安排部署2010年全省中小学校舍安全改造工作。

省人大常委会召开机关干部大会、全省非公有制经济组织深入学习实践科学发展观活动指导工作总结会、全省法院反腐倡廉建设工作会议在太原召开。

太原市首次以文件形式规定教师“十条禁令”。

26日

王君主持召开省政府第59次常务会议，研究2010年全省安全生产工作，讨论通过《山西省消防条例（草案）》。

省政府召开全省推进中小学校舍安全工程建设电视电话会议。

全省粮食工作会议、引黄入晋工程北干线攻坚动员大会在太原召开。

首届年俗文化节在吕梁市正式启动。

27日

全省住房和城乡建设工作暨党风廉政精神文明建设工作会议、省煤焦领域反腐败专项斗争领导组办公室会议在太原召开。

本月底，由太原重工自行研发制造的核电站190/20+190吨环形起重机，被中国机械工业联合会、中国机械工程学会联合授予“中国机械工业科学技术奖二等奖”。

本月，武乡县被国家住房和城乡建设部命名为“国家园林县城”。

3月

1日

省政府分别召开安全生产委员会会议、山西省实施国家基本药物制度推进会议。

省政协驻晋全国政协委员座谈会、省工程建设领域突出问题专项治理领导组办公室会议在太原召开。

1日起，全省11个环京交通安全检查服务站正式启动运行。

2日

太原市确定2010年为“反腐倡廉制度建设年”。

3日

第五届北方现代农业装备推广展示会在太原举办。

全省编办主任会议在太原召开。

9日

省政府召开大西铁路建设拆迁工作专项会议，全面启动大西客运专线征地拆迁工作。

太原市举行首次采矿权拍卖会，采矿权实行资源储量一次性出让。

10日

全省物价成本调查监审会议在太原召开。

11日

全省煤焦领域反腐败专项斗争汇报会在大同召开。

12日

张宝顺、王君在北京会见国家开发银行董事长陈元、行长蒋超良。双方就进一步深化合作，共赢发展达成共识和意向。

15日

省政府召开2月份经济形势分析联席会议。

16日

山西省民航机场集团公司与中国移动山西公司在太原签署战略合作框架协议。

17日

柏叶口水库截流合龙。

18日

省委召开传达贯彻十一届全国人大三次会议和全国政协十一届三次会议精神大会。

太原新晋商万企联万户感恩行动动员大会、全省食品药品监督管理工作会议、全省新闻出版工作会议、全省民族宗教工作会议在太原召开。

18~19日

省侨联九届二次全委会在太原召开。

18~20日

省人大常委会召开主任会议、机关干部会议，省政协召开机关干部大会，分别就落实省委传达贯彻全国人大政协“两会”会议精神作出安排部署。

19日

张宝顺主持召开省委依法治省领导组会议,审议《"法治山西"建设实施纲要(讨论稿)》。

王君主持召开省政府第60次常务会议,研究2010年全省固定资产投资和重点工程建设工作。

省委、省政府召开动员大会,部署新一轮省直党政军机关企事业单位定点扶贫工作。

山西出入境检验检疫局与天津出入境检验检疫局在太原签订实施直通放行合作备忘录。

21日

运城—平陆天然气工程开工。

22日

全省国有粮食企业改革现场会在左权召开。

23日

共青团山西省第十三届委员会第四次全体(扩大)会议、省委信访督促检查情况汇报会在太原召开。

据《山西日报》报道,五台县台怀镇、灵石县静升镇、永济市蒲州镇、介休市龙凤镇张壁村、祁县东观镇乔家堡村及阳城县北留镇皇城村被国家住房和城乡建设部、国家旅游局联合列入首批105个"全国特色景观旅游名镇(村)"名单。

23~25日

由国家环保部组织的重点流域水污染防治专项规划2009年度实施情况第六考核组到山西,就全省海河、黄河中上游流域水污染防治规划2009年度实施情况在晋中市、运城市进行考核。26日,省政府在运城市召开专题汇报会。

24日

全省安全生产工作会议、部分省(区、市)纪检监察信访举报工作座谈会、全省文物局局长工作会议在太原召开。

张宝顺在太原会见到山西调研的中纪委副书记张惠新一行。

张宝顺在太原分别会见中国气象局党组书记、局长郑国光一行以及美国伊利诺伊州参议院议长亚裔顾问委员会主席尚摩西一行。

省政府与中国气象局签署共同推进新基地新山西"三个发展"公共气象服务合作协议。

"低碳家庭·时尚生活"主题活动在太原启动。

25日

股指期货中间介绍(IB)业务在山西省正式启动。

26日

全省重点工程建设总结表彰暨动员大会、山西农资集团有限公司揭牌仪式在太原举行。

山西省全民科学素质工作领导小组第二次会议在太原召开,会议审议并通过《关于全省〈全民科学素质纲要〉实施情况的报告》《山西省〈全民科学素质行动计划纲要〉9项重点实施方案》。

省委组织部出台《关于推行县(市、区)委常委会任免干部票决制的意见》。4月13日,临县率先在全省实行常委会任免干部票决制。

27日

山西省社会科学院和商务印书馆联手实施的《新华语典》编纂工程在太原启动;全省"百日科技服务行动"在晋中举行。

全国高级法院司法宣传工作座谈会在忻州召开。

2010年"山西体彩杯"全国女子柔道锦标赛在太原举行。

28日

13时40分,位于乡宁县境内的王家岭矿中煤第一建设公司63处项目部在井下施工过程中发生透水事故。被困井下的153名工人中有115人成功获救,38人遇难。直接经济损失4937万元。国务院对此起事故进行了严肃处理。

太原至阳泉高速公路全面开工仪式在盂县举行。

29日

太原公路主枢纽武宿货运中心项目正式奠基开工。

29~31日

省十一届人大常委会第十五次会议召开。会议通过关于废止《山西省工业固体废物污染防治条例》的决定、关于废止《山西省公路养路费征收管理条例》的决定、关于批准《太原市城市排水管理条例》的决定,关于批准《大同市预防和制止家庭暴力条例》的决定,关于批准《大同市人民代表大会常务委员会关于废止〈大同市燃气管理条例〉的决定》的决定。

31日

全省老龄工作会议、全省对台工作会议、省委统战部座谈会、全省中小企业暨民营经济工作会议在太原召开。

太原重工生产出国内最大铝挤压机,适用于航天航空、化工、核电等行业的型材管材挤压生产。

本月下旬

山西省供销社在全国供销合作总社第五次社员代表大会上被评为全国供销合作社系统综合业绩考核一等奖。

4月

1日

1日起,全省实行新的最低工资标准。

2010中国商业文化创新论坛在太原举行,太原被誉为"晋商文化之都"。

2009年度山西新闻摄影作品年赛在太原评选揭晓,共评出金奖10件、银奖15件、铜奖20件。

4日

省政府安全生产委员会发出通知,决定从4月5日开始,在全省开展安全生产大检查。

21时46分,在大同市阳高县、大同县交界(北纬40.0度,东经113.9度)发生4.5级地震,震源深度8000米。

7日

全国规范性文件备案审查和立法后评估工作研讨会、省农村党风廉政建设第六次联席会议在太原举行。

太原市狄村小学成为全省首家青少年足球训练基地。

8日

省委深入学习实践科学发展观活动领导小组办公室工作总结会议、山西省全民健身工作委员会工作会议、全省扶贫开发领导组会议在太原召开;2010年全省人大城乡建设环境保护工作座谈会在忻州市召开。

“十一五”国家科技支撑计划重大项目——特厚煤层大采高综放开采成套技术与装备地面联合配套试运转在大同获得成功，填补国内同领域空白。

9日

全省传染病防控工作电视电话会议、山西清徐“农超对接”国际研讨会、民进山西省委六届四次全委会议在太原召开；全省春季农机化生产现场会在长治召开。

11日

省委组织部召开全省提高选人用人公信度工作座谈会，提出“强化提高选人用人公信度”等8项措施。

《翰墨丹青世纪行名家书画走进三晋大地》大型书画艺术交流活动在太原启动。

“北武当山杯”全国象棋精英赛在方山县举办。

12日

张宝顺在太原会见武警部队司令员王建平一行。

据《山西日报》报道，长治市老区建设促进会在全省首家被国家民政部授予“全国先进社会组织”称号。

12~13日

中央统战部副部长陈喜庆一行到山西省就党外代表人士队伍建设情况进行调研。12日，薛延忠在太原会见陈喜庆一行。

13日

省政府召开全省中小学校舍安全工程推进会议。

14日

全省扶贫开发工作会议在太原召开。

7时49分，青海省玉树县发生7.1级地震，山西省委、省政府向青海省委省政府致慰问电，并向灾区捐赠500万元。截至8月12日，山西省民政厅公布全省各类捐助机构共接收向玉树灾区的捐款15772.56万元。

15日

省政府在太原召开全省重点工程铁路建设动员大会。

全省行政监察工作会议在太原召开。

恋思水库开工奠基仪式在晋中市和顺县举行。

全省第29届“爱鸟周”活动启动仪式在吕梁市举行。

16日

中央第一地方巡视组巡视山西省工作动员会在太原召开。

国务院、中央军委正式批准五台山飞机场立项建设。

18日

全省防震减灾年度工作会议、股指期货投资者高端论坛在太原召开。

19日

省政府召开全省一季度经济形势分析会。

湖南省文化体制改革和文化产业发展考察团在太原市考察，并举行晋湘文化体制改革和文化产业发展座谈会。

省煤焦领域反腐败专项斗争联络督查工作会议、山西省作家协会五届七次全委会议在太原召开。

20日

2010年全省保护知识产权宣传周活动暨太原理工大学版权工作站揭牌仪式在太原举行。

太原市政府与省引黄工程管理局签订合作协议。

《中国日报》社山西记者站正式成立。19日，张宝顺在太原会见到山西参加揭牌仪式的《中国日报》社总编辑朱灵一行。

21~23日

张宝顺、王君率山西省党政代表团赴新疆就贯彻落实中央决定、开展对口支援新疆工作进行考察调研。

22日

省城综治委全委(扩大)会议、绿色环保建筑技术交流会、省政协提案工作经验交流会在太原召开。

吕梁市政府与汾酒集团签约战略合作，共建“杏花村酒业集中发展区”。

星火科技“12396”农村信息服务热线在太原开通。

河津市在全国有色金属行业资源综合利用现场交流大会上被中国资源综合利用协会授予“全国资源综合利用示范基地”称号。

23日

山西省首家纳税人协会在大同成立。

24日

省委召开全省高校工作座谈会。

26日

省委常委会召开会议传达学习全国宣传部部长座谈会精神，对深化文化体制改革推进文化事业文化产业发展和加强学习型党组织建设作出部署。

山西省在朔州市集会纪念李林牺牲70周年。

第二个“中日友谊林”绿化项目、全国农村电影放映公益宣传活动在太原启动。

27日

王君主持召开省政府第61次常务会议，研究部署进一步深化医药卫生体制改革和对口支援茂县工作，原则通过《关于基层医药卫生体制综合改革的实施意见(试行)》。

省委组织部建立新闻发言人制度。

太原市政府与山西联通签订战略合作协议。

发展中国家可持续发展研修班赴晋考察座谈会、全省劳动人事争议调解仲裁工作座谈会在太原召开；第三届全国中(职)小学德育工作研讨会在长治召开。

28日

王君主持召开省政府第62次常务会议，原则通过《山西省对口支援新疆工作方案》和《山西省大型群众性活动安全管理办法(草案)》。

山西人力资本管理高峰论坛在太原举办。

29日

山西省劳动模范表彰大会在太原举行。

29~30日

全省县级地方党史正本编撰工作正式启动。

30日

山西省启动设施蔬菜建设富民工程。

5月

1日

1日起，全省各家财产保险公司

全面实行资金实名支付。

3日

王君在太原会见到山西省进行工作访问的亚美尼亚共和国总统谢尔日·萨尔基相，双方就进一步加强交流合作进行会谈。

4~5日

山西省纪念五四运动91周年大会暨省青联十届一次全委会、省学联第十次代表大会在太原召开。

5日

第4届全国体育大会电子火炬在山西传递。

6日

太原—大同、太原—长治两条省内航线正式开通。

晋豫鲁铁路通道股份有限公司发起人协议、公司章程签字仪式在太原举行。10月9日，晋豫鲁铁路通道股份有限公司正式挂牌成立。

据《山西日报》报道，"晋遗30号"大豆新品种为全省唯一连续三年被农业部推介为2010年全国推广的农业主导品种。

7日

省政府召开"十二五"规划编制工作会议。

省医改领导组举行2010年第三次会议。会议研究审议并原则通过《山西省基层医药卫生体制综合改革的实施意见(试行)及配套文件征求意见工作方案》及《山西省医药卫生体制五项重点改革2010年度主要工作安排》。

全国晚报体育新闻研讨会暨全国晚报赴南非世界杯采访团成立大会在太原举行。

7~8日

九三学社山西省委八届四次全委(扩大)会议在太原召开。

8日

太原晋商博物馆开馆。

9日

山西省住房和城乡建设厅与农业银行山西省分行签署保障性住房建设合作协议。

山西省留学归国人员商会成立。

全国墙体材料新技术、新工艺、新装备现场交流暨山西墙材网成立大会在长治召开。

晋中市与浙江金华市结为友好城市。

10日

张宝顺在太原会见澳大利亚驻华大使芮捷锐一行，双方就进一步加强经贸合作、友好往来进行交流。

王君主持召开省政府第63次常务会，进一步研究部署节能减排工作和促进房地产市场平稳健康发展工作，讨论《山西省农产品质量安全条例(草案)》。

全省党委系统信息工作会议在朔州市召开。

10~11日

国家文物局局长单霁翔一行到山西省就博物馆免费开放暨国家文物单位消防安全工作进行检查和调研。

10~25日

第九届中国艺术节在广州举行。山西省参演的晋剧《傅山进京》获文华优秀剧目奖，演员谢涛获文华表演奖；太原秧歌剧《农家乐》、孝义碗碗腔《人偶情》等15个剧(节)目获"群星奖"。

11日

省政府安全生产委员会全体会议、省十一届人大常委会主任会议、煤炭工业可持续发展政策措施试点工作会议在太原召开。

山西省召开纪念"5·12"国际护士节暨首届医护标兵表彰大会，100名医德、护理楷模及标兵受到表彰。

全国煤化工标准化技术委员会在太原成立。

12日

中国华电集团公司党组书记、副总经理李庆奎一行在兴县肖家洼就煤炭资源开发、整合进行调研。

省政府4月份经济形势分析联席会议、全省法院工作会议在太原召开；全省信访服务中心建设流动现场会在吕梁召开。

13日

张宝顺会见富士康集团总裁郭台铭。

全省煤焦领域反腐败专项斗争领导组暨工作部署会议在太原召开。

13~15日

国务委员、公安部部长孟建柱到山西省考察。25日，省委、省政府召开会议，传达贯彻孟建柱考察山西重要讲话精神。

14日

全省重点公路工程建设推进会在运城召开。

吕梁市政府与中国建筑股份有限公司签订城市开发建设合作框架协议。

14~17日

山西省展团在第六届中国（深圳）国际文化产业博览会上签约14个项目，融资近40亿元。

15日

山西省钢材商会成立。

《中国古代书法—行书》特种邮票在永济市首发。

16日

省人大常委会副主任、省总工会主席郭海亮在太原会见日本名馆会代表团一行，双方就推动与山西旅游、经贸等有关合作事宜进行交流。

2010年中国钢铁供应链暨中国·太原非公有制经济(钢材行业)高峰论坛在太原举行。

右玉县获"世博中国年·2010中国品牌颁奖盛典"授予的"联合国最佳宜居生态县"称号。

17日

全省节能减排工作电视电话会议在太原召开；全省标准果园建设会议在平陆召开。

太原市被国家科技部确定为全国第二批"国家创新型试点城市"。

19日

内蒙古自治区政协副主席、统战部部长伏来旺带领自治区统一战线考察团莅晋，就山西省文化旅游产业和传统产业品牌发展情况进行考察。

20~22日

纪念傅说诞辰3345周年暨第五届傅圣文化节在平陆县举行。

21日

首届释迦塔国际旅游文化节在应县举办。

山西省在北京召开2010能源博览会推介会，26家世界500强企业高管出席。

省政府正式启动山西省政府重大决策咨询课题研究工作，对外发布

2010年度春季重大决策咨询课题研究目录。

22日

30个山西省第三批历史文化名镇名村授牌仪式在太原举行。同时启动世界银行《山西省古村镇保护利用与减贫方略研究》项目。

23日

张宝顺主持召开省委、省政府会议，传达贯彻中央新疆工作座谈会精神。

纪念毛泽东《在延安文艺座谈会上的讲话》发表68周年山西繁荣文艺创作会议在太原召开。省委宣传部出台关于进一步繁荣文艺创作的意见。

五星级酒店黄河京都海纳国际酒店在永济市挂牌。

24日

2010年华北地区社科联协作会议在太原召开。

国务院安委会安全生产督查组在山西检查。

24~27日

省十一届人大常委会第十六次会议在太原举行。会议表决通过《山西省人民代表大会常务委员会关于加强人民检察院对诉讼活动法律监督工作的决定》《山西省实施〈中华人民共和国各级人民代表大会常务委员会监督法〉办法》《山西省信访条例(修订)》及人事任免名单。

25日

张峰水库输水总干全线通水成功，年可从沁河调水7000万立方米入泽州盆地。

26日

彭真铜像在侯马市廉政文化公园揭幕。

省政府与中国平安保险（集团）股份有限公司就开展金融及经济领域合作等事宜进行会谈并签署会谈纪要。

山西经济出版社举行建社20周年庆典活动。

全省职业健康监督管理现场会在晋城市召开。

省委出台《关于进一步加强新时期科协工作的意见》。

27日

山西省8大类、80余个项目参加在北京召开的第13届中国北京国际科技产业博览会。

第六届山西侯马·晋国古都文化节在侯马举办，共签约20个项目，总投资达31.66亿元。

27~28日

省政协十届十四次常委在太原召开。会议通过《关于促进我省文化产业发展的建议》。

29日

玉璧大战遗址开发座谈会在稷山县召开。

5月31日~6月2日

薛延忠率队赴天津参加“第三届京津冀晋蒙政协区域经济发展论坛”。

6月

1日

山西省委召开全省领导干部大会。中央组织部副部长张纪南受中央委派，在会上宣布中央关于山西省委主要负责同志职务调整的决定。中央决定：袁纯清同志任山西省委委员、常委、书记，张宝顺同志不再担任山西省委书记、常委、委员职务。

晋陕豫蒙共同签署《界河水路交通管理合作协议》。

1日起，太原投币价为1.5元的61条公交线路，票价下调至1元；122条线路刷成人卡和学生卡时，在降价后的票价基础上，分别实行5折和2.5折优惠。

2日

王君主持召开省政府第64次常务会议，研究审议《太原市城市总体规划(2008~2020)》，讨论通过调整山西省失业保险金标准等事项。

据《山西日报》报道，全省最大的粉煤灰综合利用项目——山西鼎正粉煤灰综合利用项目在平定县开工。

3日

省委、省政府颁布《关于加快推进反腐倡廉制度建设的意见》。

全省招商引资工作座谈会在太原召开；山西省第二届城镇化论坛研讨会在古县召开。

世界上单机功率最大、总装机容量为35兆瓦的山西兰花大宁发电公司煤层气发电项目在晋城建成投产。

3~5日

第二届中国(太原)国际卡车暨物流展览会在太原举办。现场销售1.6亿元，签约销售9.8亿元。

4日

冶金节能减排教育部工程研究中心华北中心在太原成立。

5日

“引沁入汾”和川引水枢纽工程正式通水。

20时58分，山西省太原市阳曲县(北纬38.2度，东经112.7度)发生4.6级地震，震源深度5公里。至23时30分，共发生余震19次，最大余震2.7级。

山西保矿运动阳泉矿区研讨会在阳泉市召开。

据《山西日报》报道，山西省“维之王”“粟海及图”等6件被国家工商行政管理总局认定为中国驰名商标。至此，山西省具有中国驰名商标称号达45件，山西省著名商标达1143件。

据《山西日报》报道，由晋城煤业集团与洛阳TCK钢丝绳检测技术有限公司共同协作研发的“钢丝绳芯输送带在线实时自动监测装置”经国家专家鉴定，达到国际领先水平。

8日

袁纯清分别听取省纪委、省委组织部、省委宣传部工作汇报，强调要切实加强党的领导，为经济社会发展提供坚强政治保证。

王君主持召开省政府第65次常务会议，研究决定表彰高技能人才杰出代表，审议通过《山西省建设用地置换暂行办法》等事项。

全国人大常委会副秘书长王庆喜率调研组在山西调研。

全省第三次全国文物普查实地调查阶段总结表彰会在太原召开。截至2010年4月，山西省共登记不可移动文物55466处，其中新发现37737处。

9日

省纪委、监察厅、省煤焦专项办出台十项规定，对煤矿企业整合主体及相关责任人加强监督。

五台山机场建设推进会在忻州市定襄县召开,王君出席并为工程奠基。

全省宣传思想工作座谈会在太原举行。

9~10日

全省农村党风廉政建设工作经验交流会在晋城市泽州县召开。

10日

王君在太原会见武警部队副司令员薛国强少将。

省政府在太原召开全省深化医药卫生体制改革工作会议。

11日

省委在太原召开创先争优活动暨建设学习型党组织动员部署会。

中煤平朔煤业公司与国电华北电力公司签订平朔煤电一体化循环经济项目合作框架协议。

12日

省委常委会召开会议,决定由省委、省政府领导同志牵头,围绕加快转型发展,安排部署对19个重大课题进行调查研究。

省委常委、常务副省长李小鹏在太原会见兆丰票券金融股份有限公司董事长李银柜等台湾金融界人士。

13日

国务院发展研究中心在太原召开"城中村"改造课题成果研讨会,发布《中国城市化进程中的"城中村"改造问题研究》课题成果。课题组认为:太原市的后北屯村"城中村"改造模式具有探索和借鉴意义。

山西(老陈)醋产业技术联盟在太原成立。

17日

袁纯清主持召开座谈会,听取省发改委、省经信委、省科技厅、省财政厅、省国土资源厅、省国资委工作情况和"十二五"发展思路的汇报。

王君在太原会见新疆昌吉州阜康市州市党政代表团。

省政府表彰支持重点公路建设的63个先进单位和199名先进个人。

18日

省委召开深化干部人事制度改革电视电话会议,就贯彻落实中央2010~2020年深化干部人事制度改革《规划纲要》和山西省《实施意见》作出部署。

王君主持召开省政府第66次常务会议,进一步研究部署全省安全生产工作,讨论通过《关于切实加强当前煤矿安全生产工作的若干规定》,制定实施一批新的强农工程项目和强农惠农政策。

省政府5月份经济形势分析会、全国道德模范与身边好人现场交流活动在太原举行。

首届中国农民艺术节"山西活动日暨山西民间艺术风情节"在北京晋商博物馆举行。

19日

台湾新竹县基层代表人士大陆参访团一行20人在山西参观访问。

20日

山西城镇化发展战略高峰论坛在太原召开。

21日

据《山西日报》报道,山西省有7大类、赵氏孤儿传说等15个项目名列第三批国家级非物质文化遗产名录推荐项目。

21~22日

全省造林绿化现场会在晋中召开。

22日

省委常委、宣传部部长胡苏平主持召开全省文化和旅游产业发展专题调研会。

太原—和顺—长治煤层气主干线工程启动。

山西省开通12309职务犯罪举报电话。

省委组织部首批命名的6个山西省党员教育培训示范基地揭牌授牌仪式在阳城县举行。

第四届全国教育教辅类报纸编辑质量工作研讨会、全国二十城市对台工作研讨会第二十三次年会、"山西省第二届百家信用示范企业推荐榜"新闻发布会在太原召开。

22~23日

"中华千秋和谐天下都城隍祈福节暨首届文化旅游节"活动在长治县举办。

23日

省政府召开煤矿兼并重组整合工作推进会和贯彻落实煤矿安全生产若干规定专题会议。

应县在全国生态文明建设发展论坛暨创建全国生态文明经验推荐会上,被评为"全国生态文明先进县"。

24日

全国29市(地、州)人大常委会联席会议第17次会议在朔州召开。

24~28日

中央军委委员、国务委员兼国防部长、国家国防动员委员会主任梁光烈在山西考察国防动员建设。

25日

省委中心组举行新型城镇化建设学习报告会。

省政府召开规章和规范性文件清理工作电视电话会议。

25~29日

全国政协经济委员会专题调研组在山西调研。

26日

袁纯清在太原会见北京大学校长周其凤一行。

6月26日~7月26日

首届中国五台山国际旅游文化节举办。

27日

李政文在太原会见港区省海联会理事山西考察团一行。双方就推动晋港两地合作共赢进行交流。

28日

大型历史文献纪录片《晋商会馆》启动仪式、山西省《流动党员党组织双向共管工作协议书》签字仪式分别在太原举行。

全省治超工作会议在阳泉召开;全国药物临床安全评价专题研讨会在长治召开。

29日

山西与中央企业合作发展座谈会在太原举行。袁纯清会见到晋参加该会的国务院国资委副主任黄丹华和央企负责人一行。

30日

电影《关云长》首次全球媒体见面会在北京举行。

全省污水处理厂建设项目推进会在太原召开。

省政府办公厅发出《关于加强道

路交通事故预防工作的若干规定》的通知。

6月开始，省委组织部用2个月时间，部务会成员与全省119个县(市、区)委书记开展以深入整治用人上不正之风、进一步提高选人用人公信度为主要内容的专题谈心谈话活动。

7月

1日

全国政协副主席、民盟中央第一副主席张梅颖率全国政协教科文卫体委员会和卫生部、教育部组成联合调研组到山西，就“农村卫生人才的培养和配套政策”进行专题调研。

第八届全国人大常委会副委员长王汉斌，袁纯清、王君与彭真同志亲属代表傅彦共同为彭真生平暨中共太原支部旧址纪念馆揭牌。

新版“三晋红e”网运行仪式在太原举行。省委常委、组织部部长汤涛宣布并按下启动按钮。

1~3日

山西省155家企业、246种产品参加在福州市举办的第六届亚太经合组织(APEC)中小企业技术交流暨展览会，共签订87个项目，总金额达24.32亿元。

1~5日

王君连续主持召开5个座谈会，邀请国家有关部委司负责人、省内外专家学者、行业负责人，就山西省“十二五”发展总体思路、转型发展与战略性新兴产业培育、区域发展以及装备制造业发展等专题进行座谈。

2日

全省统一战线树立和践行社会主义核心价值体系座谈会在太原召开。

3日

山西省药品再评价协会正式成立。

5~6日

袁纯清、王君、薛延忠等领导在山西分会场参加西部大开发工作会议第一次全体会议。

中国科协常务副主席、书记处第一书记、党组书记邓楠到山西省调研科协工作，并出席在太原召开的山西省科学技术协会第七次代表大会。

6日

省政府办公厅发出《关于加强危险化学品安全生产工作的若干规定》的通知。

东方航空公司开通由太原经西安至乌鲁木齐空中航线。

据《山西日报》报道，广灵—浑源高速公路开工建设；全国第一套年产30万吨焦炉气制甲醇项目在山西天脊潞安化工有限公司建成。

7日

王君主持召开省政府第67次常务会议，听取山西省申报国家资源型经济型转型综合配套改革试验区情况汇报，讨论《山西减少污染物排放条例(草案)》和《山西省建设项目涉及国家安全事项管理条例(草案)》。

中小企业基金发展集团与兴业银行太原分行签署战略合作协议，共同解决山西省中小企业融资难题。

据《山西日报》报道，山西省经济社会发展重大研究课题《山西推进文化产业发展的路径选择与对策》正式推出。

据《山西日报》报道，太原重工荣获中国机械工程学会颁发“中国机构工程师技术资格认可单位”牌匾，成为全省唯一获得此项认可的企业。

8日

全国政协办公厅2010年度研究室主任暨政协年鉴编辑会议、全省扩大内需及重点工程建设监督检查和工程建设领域突出问题专项治理电视电话会议在太原召开。

省委组织部开通“12380”举报网站。

据《山西日报》报道，在2010年度国家哲学社会科学基金项目评审中，山西省基金项目立项数达22项，资金资助总额达到267万元，立项数目和资助数额均创历史最高纪录。

9日

袁纯清主持召开省委常委会会议，传达学习全国社会治安综合治理工作会议精神，研究山西省贯彻意见。

科技金融与企业创新论坛、强化科技对支柱产业支撑作用调研工作及山西省“十二五”科技发展规划编者编制工作座谈会在太原召开。

9日、12日

省政府办公厅分别发出《关于加强全省冶金、有色行业安全生产工作的若干规定》的通知、《关于加强烟花爆竹经营销售安全生产工作的若干规定》的通知。

12日

全国政协委员、湖南省政协主席胡彪率驻湘全国政协委员考察团在山西就“统筹城乡发展”进行考察。

省政府分别召开《构建山西现代交通体系》调研课题专题会议、申报国家资源型经济转型综合配套改革试验区专题汇报会。

2010山西省艺术创作工作会在晋中市太谷县召开。

12~16日

省第十一届人大常委会第十七次会议在太原召开。会议表决通过《关于召开山西省第十一届人民代表大会第四次会议的决定》《关于大力推进林业生态建设的决定》以及《关于接受张宝顺辞去山西省人民代表大会常务委员会主任职务请求的决定》。

13日

全省年度目标责任考核工作座谈会在太原召开；全省片区扶贫开发工作现场会在临汾市大宁县召开。

13~14日

袁纯清、王君、薛延忠等领导分别在北京和山西分会场参加全国教育工作会议第一次全体会议。

14日

省政府上半年经济形势分析联席会议、全省“创先争优与安全发展”座谈会在太原举行。

亚行贷款山西河川流域农业综合开发项目在临汾市隰县正式启动。

14~16日

中华全国供销合作总社党组书记、理事会主任李成玉在山西省考察新农村现代流通网络工程建设。

15日

省政府与中华全国供销合作总社签署合作备忘录。

省重点工程建设领导小组上半

年调度会、全省干部人事制度改革工作联席会议第一次会议在太原召开。

省政府分别召开“十二五”规划经济发展目标专题讨论会、煤矿企业兼并重组整合工作推进会。

《山西经济日报》创刊25周年庆典仪式在太谷县举行。

16日

袁纯清出席“山西特聘专家”颁证仪式暨引进海外高层次人才座谈会。

王君主持召开“十二五”发展战略专家座谈会,征求对山西省新型煤化工、现代物流和生物产业发展的建议和意见。

省政府召开人口普查工作电视电话会议。

同煤集团轩岗2×66万千瓦坑口电厂双机投产。

18日

首届中国·大同火山黄花文化旅游节在大同县举办。

19日

全国政协常委、社会和法制委员会副主任张俊九率专题调研组在山西就国企改制中的职工权益保护进行调研。

山西省第17届青少年爱国主义读书教育活动在太原举办。

据《山西日报》报道,省委办公厅、省政府办公厅印发《关于坚决制止领导干部大办婚丧喜庆事宜和借机敛财行为的规定(试行)》。

20日

全省无公害绿色有机农产品工作会议、全省农村低保与扶贫开发有效衔接试点工作领导组会议、中国(太原)煤炭交易中心智能化工程签约仪式在太原举办。

全长6555米的西凌井特长隧道贯通。这是山西省已建成通车高速公路中第一特长隧道。

21日

王君主持召开省政府第68次常务会议,研究部署改善民生和社会保障工作。审议通过《山西省耕地占用税实施办法(草案)》,研究建设用地审批等其他事项。

全省农村低保与扶贫开发有效衔接试点工作电视电话会议、全省政法综治宣传工作会议在太原召开。

百万棚设施蔬菜行动计划在山西省启动。

世界第一高7.6米高端液压支架在晋煤集团出产。

22日

山西省政府与交通银行在太原签署战略合作备忘录。

第七届山西大学生绿色营暨首届晋青绿色助学行动启动仪式在太原举行。

23日

袁纯清主持召开省委常委会会议,讨论研究经济形势和经济工作。

23~24日

中组部副部长、中央创先争优活动领导小组成员兼办公室主任王秦丰,在山西省农村、街道社区、国有企业和非公经济组织调研指导创先争优活动。

24日

全省第六次人口普查“百日会战”启动仪式在晋中市举行。

九三学社晋豫合作社务工作经验交流会议在忻州市召开。

25日

农工党省委纪念中国农工民主党建党80周年座谈会在太原举行。

26日

社会治安综合治理工作会议、省社会治安综合治理工作会议、首届中国法院文化论坛在太原举行。

据《山西日报》报道,山西省委组织部和中国人民银行太原中心支行联合下发《关于为大学生村干部创业富民提供金融服务支持的意见》。

全省首家市级水务集团——忻州市水务(集团)有限责任公司成立并揭牌运营。

27日

全省深入学习“右玉精神”加强干部作风建设座谈会在右玉县召开。

28日

省政府办公厅印发《关于加强学校安全管理工作的若干规定》及《关于加强水利安全生产工作的若干规定》。

山西城镇化推进战略研究课题专家研讨会、纪念史纪言同志100周年诞辰座谈会在太原举行。

29日

省十一届人大四次会议在太原召开。袁纯清当选为山西省第十一届人民代表大会常务委员会主任。

王君主持召开全省领导干部大会。袁纯清作重要讲话,明确指出全省要以转型发展为主线,以赶超发展为战略,以跨越发展为目标,以建设国家新型能源和工业基地为基础,为建设全国重要的现代制造业基地、中西部现代物流中心和生产性服务业大省、中部地区经济强省和文化强省,开创富民强省新局面而努力奋斗。

29~31日

中共中央政治局委员、中央书记处书记、中宣部部长刘云山到山西调研。

31日

凌晨2时40分许,位于山西临汾翼城县的阳泉煤业集团刘沟煤矿炸药库发生爆炸,17人死亡,104人受伤。

山西省首家“国家非物质文化遗产太原锣鼓传承培训基地”在太重鼓乐团挂牌。

7月,《2009山西重点工程大事志》出版发行。

8月

1日

山西省党管武装工作述职会议在太原召开,研究部署加强党管武装和国防后备力量建设工作。

省军区军史馆举行开馆仪式。

1~2日

商务部党组书记、部长陈德铭分别到忻州市、大同市,就“万村千乡工程”、市场体系建设等进行考察。

2~3日

袁纯清率山西省党政代表团赴内蒙古自治区学习考察。

3日

山西省——全国知名民营企业招商项目推介会在太原举行。王君会见全国工商联党组副书记、副主席宋北杉率领的参会企业家一行。

海峡两岸气候变迁与能源可持

续发展论坛第六届年会在长治市召开。

山西省"全民健身日"农民健身系列活动启动仪式在太谷县举行。

"全省海事执法船发放仪式"在太原市晋阳湖举行。

4 日

省委、省政府召开统一战线服务转型跨越发展调研成果汇报会。

4~6 日

袁纯清率山西省党政代表团赴天津市学习考察。

5 日

省政府召开关于推进城乡生态化建设工作会议。

5~8 日

山西省首次举办的全国急诊急救学术会议在太原举行。

6 日

省政协"创优发展环境、鼓励和引导民间资本更好地服务山西经济社会发展"专题议政会在太原召开。

国家文物局局长单霁翔到吕梁市碛口古镇就文物保护工作进行调研。

据《山西日报》报道，山西省出台加快兼并重组整合煤矿企业注册登记 9 条意见、严禁领导干部违反规定插手干预工程建设十条纪律。

山西省文化产业投融资公共服务平台正式开通。

6~7 日

第 11 次京津风沙源治理工程省部联席会议暨现场会在太原召开。

8 日

中国（山西）装备制造业博览会在太原召开。7 日，袁纯清、王君在太原会见出席该会的国家工业和信息化部部长李毅中及国家有关部委、省区和部分企业的负责同志。

省政府与工业和信息化部签署《关于加快山西省工业转型发展、推进"两化"融合合作框架协议》，与中国兵器工业集团公司签署战略合作框架协议。

北京市政协副主席、国家大剧院院长陈平一行在太原考察太原市文化发展建设情况。

全省发展改革暨"十二五"规划工作推进座谈会在太原召开。

山西煤机工业园项目在太原经济技术开发区正式签约。太原经济技术开发区成为国内掘进机、采煤机的最大生产基地以及输送机的第二生产基地。

临汾经济开发区（洪洞·甘亭）工业园揭牌。

临县卫生局与山西省中西医结合医院签订新农合异地报销合作协议正式实施。此举首开省级三甲医院新农合异地报销先例。

8~15 日

山西省第十三届运动会在太原举办。太原、大同、长治位列前三位。

9 日

2010 中国（太原）煤机装备产业国际论坛在太原举行，袁纯清会见出席论坛的中外嘉宾。

国家工业和信息化部在太原召开山西农村"三网融合"工作汇报会。

中国（太原）煤炭交易中心交易大楼主体封顶。

全省检察长会议在长治举行。

9~11 日

王君率领山西省党政代表团在山东省考察学习。11~13 日，赴河北省考察学习。

11 日

袁纯清在太原会见富士康集团董事长郭台铭，并考察富士康（太原）科技工业园。

《太原日报》报业集团首期 200 个"蓝海数字发行亭"正式启动。

11~12 日

八路军文化研讨会在革命老区武乡举行。

12 日

财政部副部长王军一行在山西就注册会计师行业创先争优综合评价体系部分内容调研。

省政府中小学校舍安全工程建设专题会、省重点工程建设领导小组 2010 年第四次调度会、各市委创先争优活动领导小组办公室主任会议、公共租赁住房工作电视电话会议在太原召开。

12~13 日

全省纪委书记会议在长治市召开；省市编办主任会议在右玉县召开。

14 日

袁纯清在太原会见上海复星高科技（集团）有限公司董事长、上海市浙江商会会长郭广昌及商会企业家代表团。

河北省委常委、组织部部长梁滨，河北省副省长宋恩华，河北省委秘书长景春华一行在太原考察城市建设管理工作。

16 日

全国人大常委会委员、教科文卫委员会副主任委员宋法棠、任茂东，率全国人大调研组在太原，就山西省医药卫生体制改革进行专题调研，对中央投资教育、卫生方面的民生工程项目进行跟踪调研。

第四届牛郎织女文化旅游节在和顺县举办。

16~17 日

第七届全国师范大学联席会议在山西师范大学召开。

17 日

省委、省政府召开赴津冀蒙鲁学习考察活动总结会议，讨论制定山西"十二五"规划。

全省新闻出版局长座谈会、全省政协经济和人口资源环境委员会第二次工作会议在太原召开。

张建欣主持召开山西煤炭产业循环发展专家座谈会。

18 日

省政府分别召开 7 月份经济形势分析联席会议、"构建山西现代交通体系"课题研究会、全省集体林权制度改革推进会。

中国作协第七届主席团第十次会议在太原召开，中央候补委员、中国作家协会主席铁凝主持会议。

太重大型铸锻件国产化研制项目奠基。

晋陕蒙原生态民歌协会在大同市成立。

19 日

省政府与中国医药集团总公司签署《战略合作框架协议》。

王君主持召开全省编委会议，研究部署全省乡镇机构改革工作。

20 日

袁纯清主持省委常委会会议，传达学习中央有关会议精神，研究部署贯彻落实措施。

省政府安全生产委员会全体会议、全省军转安置工作会议在太原召开。

山西姑娘董钰在首届青奥会女子蹦床决赛中为中国代表团夺得一枚金牌。

山西省总会计师协会2010年年会暨CFO(财务总监)高层论坛在忻州召开,刁金等十人荣获"山西省五一劳动奖章"。

21日

袁纯清、王君在太原会见北京军区政委刘福连。23~24日,刘福连参加省军区在吕梁市召开提高部队党的建设科学化水平研讨交流会。

23日

孝义市与北京大学签订战略合作框架协议。

23~25日

全国政协副主席、民建中央第一副主席张榕明在山西就民建工作进行视察指导。

24日

王君主持召开专题会议,进一步研究部署高校改革发展工作,决定在晋中市建设山西省高校新校区。

省人大常委会副主任杨安和在太原会见日本琦玉县议会议员、前议长奥木信夫率领的日本琦玉县妇女代表团一行。

24~26日

中纪委副书记黄树贤就进一步加强和改进纪检监察机关自身建设,充分发挥乡镇、街道纪检组织职能作用在山西省调研。

25日

省委举办宏观经济形势和山西发展战略思考报告会,邀请著名经济学家厉以宁作报告。

袁纯清在太原会见百度网络在线有限公司董事长李彦宏等省工商联(总商会)兼职副主席(副会长)。

三晋文化研究会在太原举行纪念抗日战争胜利65周年座谈会。

山西省读书援助协会成立。

26日

中共中央文献研究室、中共山西省委、中国中共文献研究会在太原举行纪念抗日战争胜利65周年座谈会暨朱德与山西抗战学术研讨会。

2010年首届山西特色产品博览会新闻发布会在太原举行。

省政府在太原召开煤矿企业兼并重组整合工作推进会

中国石窟艺术(云冈)金银纪念币发行庆祝仪式在云冈石窟景区举行。

26~30日

被誉为山西残疾人竞技体育规模最大的全省第九届残疾人运动会在太原举办。

27日

王君主持召开省政府第69次常务会议,听取第三届能源博览会筹备情况汇报,审议通过《山西省公共租赁住房管理暂行办法》,讨论《山西省科技进步条例》。

第五届山西酒饮食品博览会在太原举办。

《人民政协报》全国部分中心城市宣传工作会议在太原举行。

27~31日

国务院节能减排第六督查组到太原、长治、临汾、吕梁等市对山西省节能减排工作进行督促检查。31日,督查组就督查情况召开意见反馈会。

28日

省委召开兴起学习弘扬右玉精神新高潮大会,袁纯清作重要讲话。

省政府在忻州召开山西省农业技术推广示范行动玉米项目现场观摩及省农科院玉米新品种推广展示会。

29日

太原滨河东路北延、金桥东西街改造、三给街改造、和平北路改造等一批城建重点工程竣工通车,太原滨河东路全线贯通。

"山西省社会科学院重大科研成果新闻发布会"在山西省社科院举行。

定名为"太行山"的八路军将领组雕在位于武乡的八路军太行纪念馆落成揭幕。

全省农业灌溉暨小型农田水利重点县建设现场会在洪洞县召开。

30日

全国建立惩治和预防腐败体系基本框架调研座谈会、全省涉法涉诉信访工作会议、物联网云计算应用技术研讨会在太原召开。

朔州市举行纪念抗战胜利65周年暨塞北革命纪念馆开馆仪式。

山西省文化产业1+10重点工程旗舰项目,山西新华现代出版物连锁有限责任公司正式运营。

省委建设学习型党组织领导组决定在全省开展"读一本好书"征文活动。

五台山国家地质公园开园揭碑。

8月30日~9月1日

中央纪委副书记李玉赋以完善惩治和预防腐败体系、加强反腐倡廉建设为内容在山西省调研。

31日

袁纯清在太原会见知名台商企业家参访团一行。

农村"五个全覆盖"工程检查推进会在太原召开。

8月31日~9月1日

国家审计署审计长刘家义一行在山西省考察调研。31日,王君在太原会见刘家义一行。

31日

省直事业单位清理规范工作基本结束,撤并事业单位74个,核减事业编制2827名。

全省妇女创业就业工作推进会在朔州召开。

9月

1日

袁纯清、王君专程拜会国家发改委主任张平、副主任彭森,就在山西省开展资源型经济转型综合配套改革试验工作进行会谈。

省法学会第四次会员代表大会、"茶路之旅"旅游联盟成立暨成员城市旅游推介会、山西省高速公路精细化管理系列标准新闻发布会暨推进精细化管理成果颁奖仪式在太原举行。

2日

袁纯清、王君看望到山西省参加民进企业家联谊会联席会议的全国政协副主席、民进中央常务副主席罗富和,全国人大常委、民进中央副主席王佐书等一行。

2~3 日

省人大工作与理论研讨会暨研究会 2010 年会在吕梁市召开。

2~4 日

"世界新兴产业（中国·晋城)合作会议"在晋城市举行。

2~6 日

袁纯清、王君分别主持召开省委、省政府重点调研课题研讨会,就事关山西经济社会发展全局的19个重点课题进行研究讨论。

国务院督查组到山西省太原、晋中、晋城等地,就实施《全民科学素质行动计划纲要》落实情况进行督查并反馈意见。

3 日

全国八省市自治区法院刑事审判工作座谈会、2010 新晋商联盟大会暨国际商协会高层峰会在太原举行。

山西省环保厅召开新闻发布会,发布《山西省第一次全国污染源普查公报》。公报显示,全省现有污染源总数 10.4 万个，其中工业污染源 2.02 万个,农业污染源 4.53 万个,生活污染源 3.83 万个,集中式污染治理设施 148 个;全省各类污染源水排放总量 12.04 亿吨，废气排放总量 35308.73 亿立方米。

4 日

全国人大农委主任委员王云龙率领的全国人大常委会贯彻实施《农业技术推广法》和《种子法》执法检查组情况汇报会在太原举行。

2010 新晋商形象展示与产业博览会在太原举办。

5 日

2010 年太原国际马拉松赛在太原举办。

5~7 日

最高人民检察院检察长、中央综治委副主任曹建明就社会治安综合治理工作在山西省调研。

6 日

省政协宗教与和谐社会建设座谈会在晋城召开。

7 日

汤涛主持召开全省人才发展规划纲要审议会,讨论审议《山西省中长期人才发展规划纲要（2010~2020年)》。

省政府召开食品安全整顿工作专题会议。

第八届全国城际间法律援助工作协作会议在太原召开。

8 日

李小鹏率山西代表团携 243 个项目参加第 14 届中国国际投资贸易洽谈会投洽会。

晋中市与越南会安市、晋城市与南非卡卡杜市在上海举办的 2010 中国国际友好城市大会上正式建立国际友好城市关系。至此,山西省已与世界 20 多个国家的 33 个省、市、县建立友好城市关系,与 9 个城市建立合作伙伴关系,与 100 多个国家和地区进行友好交往。

9 日

全省乡镇机构改革试点工作座谈会、《山西省环保产业发展“十二五”规划》编制说明会在太原召开;全省街道社区党建工作座谈会在晋中市榆次区召开。

10 日

袁纯清主持召开省委常委会,研究部署加强非公有制经济组织党的建设和整治干部选任中行贿受贿行为。

王君在太原会见中国电力投资集团公司副总经理、中国电力国际有限公司党组书记、董事长李小琳一行。

朔州市政府和中国电力国际有限公司签署煤电合作协议。

11~12 日

2010 中国矿业循环经济论坛在太原召开。

11~15 日

全国 23 城市思想政治工作网络会第 22 次会议在大同召开。

12 日

中国法学会刑事诉讼法学研究会 2010 年年会、山西第十一届大众科技论坛在太原举办。

第 21 届国际关公文化旅游节在运城市举办，世界最高 80 米关帝圣像落成。

13 日

王君在太原会见香港工商界知名企业家访问团主要成员。该团在山西投资考察团期间,与当地签订了生物组织工程、红色旅游开发等 6 个项目合作协议。

王君主持召开省政府第 70 次常务会议,研究通过《山西省中长期人才发展规划纲要》(2010~2020 年)。

全省干部人事档案工作总结表彰会、2010 年三晋文化研讨会、2010 华夏之源·生命科学与医学论坛、省完善社会保障机制重点课题调研组研究成果宣讲会、谋跨越促转型劳模事迹报告会在太原召开。

14 日

省人大常委会召开全省电视电话会议,就全省贯彻实施《山西省实施〈中华人民共和国各级人民代表大会常务委员会监督法〉办法》进行部署。

北京军区政治部主任董万才中将在山西省军区大会上,宣布中央军委命令：刘云海为山西省军区司令员,免去方文平山西省军区司令员职务。

省政府 8 月份经济形势分析联席会议、山西省煤焦领域反腐倡廉理论研讨会、全省全面推进乡镇机构改革动员部署电视电话会议在太原召开。

首届中国门神文化节在平鲁举行。

14~15 日

袁纯清先后会见前来参加第三届中国(太原)国际能源产业博览会的国家开发投资公司董事长、党组书记王会生等企业负责人。

全国文艺基础资源数字化建设交流座谈会在太原召开。

15 日

科技部与省政府签订《科学技术部山西省人民政府工作会商制度议定书》。

省政府和江苏省签订《关于进一步加强能源合作的框架协议》。并与华润(集团)有限公司、中国海洋石油总公司、中国电力投资集团公司、中国大唐集团公司，就全面加强合作、谋求共赢发展,分别达成战略合作框架协议。

牛仁亮在太原会见德国北威州政府代表团。双方就能源开发利用等进一步交流合作意向。

山西省燃煤电厂烟气脱硝试点工作启动。

纪念《中共中央关于控制我国人口增长问题致全体共产党员、共青团员的公开信》发表30周年大会在太原举行。

第七届中国太行山新闻论坛在五台山举行。

15~18日

山西省代表团有92家中小企业、135种产品参加在广州举办的第七届中国国际中小企业博览会暨中澳中小企业博览会。共签订26个项目,签约总金额达到35.06亿元。

15~21日

首届老牛湾·黄河长城旅游文化节在黄河入晋第一村偏关县老牛湾村举办。

16日

省政府与中国华能集团公司、中国华电集团公司、中国建筑材料集团有限公司、中国电子科技集团公司、中国国电集团公司、中国化工集团就全面加强合作、谋求共赢发展,分别达成战略合作框架协议。

第三届中国(太原)国际能源产业博览会高峰论坛在太原举行。同时举行新兴能源产业国际合作发展论坛、"拓展晋电外送通道、优化能源资源配置"专题论坛、"煤基产业链的绿色发展"专题论坛。18日,在太原举行重点项目签约仪式暨成果发布会。

第二届福寿文化旅游节在寿阳县举行。

国家质检总局局长支树平对太原开建的"国家煤矿安全计量器具产品质量监督检验中心"进行考察调研。

17日

中国电子科技集团公司太原光伏产业园在太原经济技术开发区举行开工奠基仪式。

公安部、司法部就进一步推进道路交通事故民事损害赔偿人民调解工作在吕梁召开全国现场会。

"大美青海——走进山西"文化创意和高端旅游推介会在太原举行。

山西省"全国科普日"暨第七届"科普三晋"系列活动在太原启动。

18日

大同煤矿"万人坑"遗址纪念馆落成开馆。

全省推进非公有制企业职代会制度建设现场会在河津市召开。

长治县成为"全国低碳国土实验区"。

19日

中国兵器工业集团公司第四届职业技能竞赛暨首届创新大赛在太原举办。

第六届环渤海金融合作论坛在大同举行。

祁县与中国华能新能源产业控股有限公司签署风电整体开发建设项目。

19~21日

第八届中国民间艺术节暨第九届中国(大同)云冈文化艺术节在大同举办。大同市被中国民间文艺家协会和全国城市雕塑建设指导委员会艺术委员会共同命名为"中国雕塑之都"。

19~22日

中国古都学会2010年年会暨古都大同城市文化建设学术研讨会在大同举办。

19~25日

第10届中国平遥国际摄影大展在平遥古城举办。19日,全国第一家规模最大的专业漆艺文化博物馆——平遥推光漆器文化博物馆、薛派漆艺研展馆揭牌;"重走晋商茶路"大型商业文明传播活动举行启动仪式。20日,平遥古城招商洽谈会举行签约仪式。

20日

中国证监会发审委正式批准山西证券股份有限公司IPO(首次公开发行新股)申请。

潞安集团1GW/年太阳能垂直一体化项目一期投产剪彩暨二期开工奠基庆典仪式在长治举行。

太原海关开通"12360"服务热线。

21日

袁纯清主持召开省委常委会会议,审议《山西省中长期人才发展规划纲要(2010~2020年)》,审议山西省中长期人才发展规划纲要,研究部署中央巡视组反馈意见整改工作。

22日

2011国际旅游小姐中国·大同赛区花车巡游启动仪式在大同举办。

24日

中国(山西)黄河壶口文化旅游节在吉县举行。

25日

中部论坛南昌会议召开,袁纯清、王君率领有关部门主要负责同志参加。

国务院安委会办公室第十督查组到山西省调研督导安全生产工作。

"庆祝中国政治学学科恢复与中国政治学会成立三十周年"公共管理论坛在太原举行。

国家火炬计划太原经济技术开发区煤机装备特色产业基地正式获批,成为中国首个煤机装备特色产业基地,也是山西省首家国家火炬计划特色产业基地。

25~29日

袁纯清主持省十一届人大常委会第十九次会议,表决通过《山西省涉及国家安全事项建设项目管理条例》《山西省道路运输条例》《山西省减少污染物排放条例》《山西省人民代表大会常务委员会关于加快发展旅游业的决定》等。

王君率队赴美国西弗吉尼亚州访问,签署两省州能源合作备忘录。

山西省纪念新方志工作开展30周年系列活动在太原举行。25日,召开新方志理论与实践研讨会。29日,举办座谈会及书画名家龙田笔会。

26日

中央联席会议办公室和国家信访局在太原召开中南华东部分省(区)信访工作座谈会。

全省生态建设与环境保护调研报告会在太原召开;全省林业种苗现场推进会在太谷县召开。

太原长风西大街正式通车。

26~28日

第五届中国中部投资贸易博览会在南昌举办。山西省签署两份央企能源项目,总投资101亿元。

28日

山西省首次由地方主办的太原—高雄新闻交流论坛在太原举行。

省政府煤矿企业兼并重组整合推进会、全省工会系统创先争优视频会议、重点调研课题研究成果宣讲会、全省现代农业产业技术体系建设启动会议在太原举行。

山西省现代农业产业技术体系建设工程、百强潜力企业培育工程分别在太原市正式启动。

太原理工大学土木工程、信息技术、钢铁材料3个省级研究生教育创新中心正式挂牌成立。

29日

袁纯清在太原会见马里国民议会议长迪翁昆达·特拉奥雷率领的议会代表团一行。

太原市召开全市领导干部大会，汤涛宣布中央和省委的决定：陈川平任山西省委常委，太原市委委员、常委、书记，申维辰不再担任太原市委书记、常委、委员职务。

全国矿山生态环境恢复治理现场会、太重建厂60周年庆祝大会、全省征兵工作电视电话会议、山西省重点公路工程建设创先争优活动表彰大会在太原召开。

“中共山西省非公有制经济组织工作委员会”成立。

29~31日

中共中央政治局委员、中央书记处书记、中宣部部长刘云山在山西考察时赋诗《右玉感怀》，盛赞“右玉精神”。

30日

五台山——忻州高速公路通车仪式在五台山长城岭前举行。

10月

4日

山西代表队在2010年成都·新津首届全国风筝特技表演赛中，获5个单项第一名，并摘得团体金奖。

晋城市煤层气综合利用工程获“2009年中国人居环境范例奖”。

9日

山西移动与中国石油山西销售公司签订战略合作协议。

10月10日~11月5日

袁纯清、王君率领山西省观摩检查组在大同、临汾、运城、晋城、长治、阳泉、晋中、吕梁、太原等地，就贯彻落实十七届五中全会精神和全省领导干部大会精神、推进转型发展跨越发展的重点工作和项目进行观摩检查。11月5日，召开全省观摩检查总结座谈会。

10日

国务院副秘书长兼国管局局长焦焕成、中办副主任兼中直管理局局长张建平一行在大同、朔州进行考察调研。袁纯清、王君在大同会见调研组一行。

12日

全国地方企业财务会计报告布置会在太原市召开；全省企业工会工作观摩会在吕梁召开。

中国公益总会太原市工作委员会正式成立。

13日

袁纯清在太原会见香港《文汇报》董事长、社长王树成一行；牛仁亮会见深圳证券交易所党委书记、理事长陈东征一行。

美国CTC公司首席运营官一行4人到山西与山西国际电力集团、山西通宝新能源集团就ACCC碳纤维复合导线项目合作事宜进行洽谈。令政策出席并会见美方公司代表。

省委召开会议，听取对全省贯彻《中共中央关于加强人民政协工作的意见》和省委《实施意见》督查调研情况汇报。

14日

省委召开巡视工作会；省政府召开乳品质量安全工作会。

以中纪委驻中科院纪检组原组长王庭大为组长的中央扩大内需促进经济增长政策落实暨治理工程建设领域突出问题检查组一行在太原召开工作汇报会。同日，金道铭在太原会见检查组一行。23日，袁纯清在临汾会见检查组一行。

15日

晋城在香港推介项目，共签约12个，总投资额128亿元人民币。

省政府前三季度经济形势分析联席会议、省重点工程建设领导小组第五次调度会、山西女性人才发展高峰论坛、贯彻落实《文物保护法》座谈会在太原举行。

16日

副省长张建欣在太原会见世界银行贷款、英国政府赠款中国农村卫生发展项目第四次联合督导团。

全国器官移植学术会议在太原召开。

18日

山西展团共12个项目、206种“非遗”精品在首届中国非物质文化遗产博览会上，销售总额23万元，签订意向合同1000余万元。清徐老陈醋酿制技艺、广灵染色剪纸获金奖。

省政府安全生产委员会全体会议在太原召开，审议《山西省较大事故查处挂牌督办办法》，安排部署第四季度全省安全生产工作。

19日

袁纯清主持召开省委常委扩大会议，传达学习胡锦涛总书记在十七届五中全会第一、二次全体会议上的重要讲话、温家宝总理关于中央《建议》稿的说明等重要文件，并就贯彻落实全会精神作出部署。

山西蓝顿旭美食品有限公司在第八届中国国际农产品交易会上获“全国农业产业化行业十强龙头企业”称号。

山西省青年作家李骏虎中篇小说《前面就是麦季》获第五届鲁迅文学奖。

全省农村电网改造升级工作会议在太原召开。

宁武冰洞国家地质公园揭碑开园。

山西省民政政策理论宣传学会正式成立。

20日

王君主持召开省政府第71次常务会议，研究审议提高城镇居民个人收入有关政策，讨论通过山西省抗旱条例(草案)、山西省农村五保供养办法(草案)等事项。

20~21日

全省学习弘扬右玉精神工作情况汇报会在朔州召开。

21日

金道铭主持召开省委会议，传达中央巡视组对山西省巡视情况的反馈意见。

省工商联和中国民生银行太原分行签署全面战略合作协议。

2010首届山西省特色产品博览会在太原举行。

22日

《新华日报·华北版——记敌后办报的光辉历程》出版发行。

纪念抗美援朝60周年座谈会在太原召开。

省人力资源和社会保障厅正式为山西省2010年新增的7个博士后科研工作站授牌。至此,全省境内博士后科研流动站和博士后科研工作站已达52个。

22~24日

山西省孝义市、高平市、襄垣县、灵石县在“中国中小城市科学发展评价体系研究成果发布暨第七届中国中小城市科学发展高峰论坛”上,荣获“中国最具区域带动力中小城市百强县市”称号。

24日

中国扶贫开发协会山西扶贫书画院在太原成立。

24~26日

全国政协副主席、中央统战部部长杜青林到山西就统战宗教工作进行调研。

25日

全省文化产业五大集团组建工作正式启动。

晋城环城高速阳翼高速竣工通车。

王君在长治市会见到山西参加黎城万吨多晶硅生产线奠基仪式,并洽谈建设光伏产业园区的江苏无锡尚德电力控股有限公司董事长施正荣一行。

首届黄河金三角区域农业新技术新产品展示展销会暨首届苹果文化节在运城市举办。

26日

全国厂务公开协调小组调研检查汇报会在太原市举行,金道铭在太原会见协调小组副组长、监察部副部长郝明金一行。

兴业银行2010年银银合作论坛暨中国商业银行可持续发展战略研讨会在太原举行。

27日

省委、省政府召开全省第五次民族团结进步表彰大会。同日,国家民族事务委员会党组书记、副主任杨传堂和袁纯清看望山大附中西藏班师生。

第十届中国西部数学奥林匹克赛在太原举办。

省政府与大唐集团公司举行落实战略合作协议座谈会。

28日

王君在太原会见到山西省考察工作、洽谈合作的中国银行总行行长李礼辉一行。双方就进一步加强与山西的合作进行商洽。

省委召开优秀大学生村干部表彰大会。

据《山西日报》报道,右玉县“右玉羊肉”通过国家农产品地理标志地保护登记,成为全省第一个荣获国家地理标志农产品的畜产品。

稷山变电站—吕梁变电站500千伏紧凑型输电线路工程竣工投运,标志着山西电网500千伏主网南北第三通道(西通道)全线贯通,“十一五”规划的500千伏主网建设任务全面完成。

29日

王君主持召开会议进一步研究全省医药卫生体制改革工作。

省检察院机关举行第一个“检察开放日”。

镁合金构件先进制造关键基础研究中青年高层论坛在太原举办。

30日

潞安煤基合成油多联产低碳化技术通过科技鉴定。

11月

1日

省政府重大决策咨询课题2010年第二批题目公开发布。

据《山西日报》报道,“山西八大文化品牌”广灵剪纸珍藏卷在第5届中国民间工艺品博览会上获金奖,摘得第八项全国桂冠。

太重集团研制成功国内首套“TZφ180三辊连轧管机组”。

1日起,正式实施《山西省消防条例》。

1~3日

由全国政协常委、人口资源环境委员会主任张维庆,全国政协人口资源环境委员会副主任刘泽民等组成的全国政协人口资源环境委员会调研组在太原、忻州视察。

1~10日

应加拿大不列颠哥伦比亚省、新西敏斯市及古巴镍业集团邀请,牛仁亮率山西省政府经贸代表团对加拿大、古巴进行访问。

3日

山西省招商引资项目深圳推介会在深圳福田举行。

山西应急救援总队在太原成立。

4~5日

中德慈善立法研讨会在大同举行。

5日

王君主持召开专题会议,安排部署全省打击侵犯知识产权和制售假冒伪劣商品专项行动。

全省新型农村社会养老保险试点工作会在古交市召开。

6日

第二届中德资源型经济转型国际研讨会在太原召开。

电视连续剧《乔家大院》在首届中国国际文化旅游节上获“影响中国旅游的一部电视剧”银奖。

8日

王君签署省人民政府第228号令,公布《山西省农村五保供养办法》。

国内首创的DL垃圾有机复合燃料生产线在榆次鼎泽洲公司成功出厂。

9日

全国首家消防安全数据中心在太原成立。

9~10日

促进山西医药产业转型跨越发展高峰论坛在太原举行;全省反腐倡廉建设创新经验交流大会在运城召开。

10日

袁纯清接见山西省“长江韬奋奖”“中国新闻奖”获奖人员。

国家质检总局副局长蒲长城率国家食品安全整顿工作督导检查组到山西省对食品安全整顿工作进行督导检查。

全省加强农廉网建设工作推进会在太原召开。

11月上旬

山西出入境检验检疫局与民航山西安全监督管理局在太原签署《合作备忘录》。

11日

山西省社会保障"一卡通"建设战略合作协议签约仪式在太原举行。

太原市被中央政法委、中央综治委列为首批全国社会管理创新综合试点城市。

12日

薛延忠主持召开省政协专题议政会，就加快推进人才强省战略实施，促进全省转型跨越发展议政建言。

李小鹏在太原会见湖南省副省长陈肇雄一行,双方就在更广泛的领域进一步加深合作进行会谈。

山西省科技创新颁奖盛典暨高层论坛在太原举行。

14日

袁纯清主持省召开委常委会会议,研究山西省委关于制定国民经济和社会发展第十二个五年规划的《建议》稿。

山西省著名学者常风先生100周年诞辰学术研讨会在太原召开。

15日

全省农家书屋工程建设现场推进会在晋城市召开。

据《山西日报》报道,太钢生产出同机型全球最大口径不锈钢无缝钢管，突破6000吨卧式挤压机生产设计极限。

据《山西日报》报道,阳泉煤雕作品"云龙纹镂空花瓶""凤鸟纹镂空花瓶"获"世界杰出手工艺品徽章"。

15~17日

全国人大常委会副委员长陈至立率全国人大常委会节约能源法执法检查组到山西省进行执法检查。

16日

"五个全覆盖" 推进情况汇报会在太原召开。

17日

胡苏平等会见著名京剧表演艺术家、中国戏剧家协会主席、首位"中国戏剧梅花奖"得主尚长荣先生。

中加政策选择项目——"山西和内蒙古采掘业对矿区居民的生态权益的影响和保护政策研究"项目总结和成果发布会在太原市召开。

18日

山西双良再生能源开发利用有限公司揭牌成立。

晋中市政府与法国开发署签署合作备忘录。

全省首家地情馆在定襄县开馆。

18~20日

中共中央政治局委员、中央政法委副书记、中央综治委副主任王乐泉到太原、晋中等地就政法工作进行调研。

19日

围滩水电站大坝顺利封顶。

山西省医患和谐建设促进会成立。

五台山研究会成立25周年暨今后五年规划会议在五台山召开。

20日

山西省光彩事业促进会第四次会员代表大会在太原召开。

19时10分,榆社化工股份有限公司聚合工段聚合岗位发生爆炸事故。死亡4人,重伤2人,轻伤37人。

平陆凯迪风力发电正式并网发电。

21日

柏叶口水库大坝成功封顶。

民盟华北五省(市、区)盟务工作会议在晋城举行。

23~24日

在全国质检系统检测技能大比武总决赛上,山西省获全国质检系统技能比武团体第一名。

24日

王君主持召开省政府第72次常务会议,研究制定稳定消费价格总水平保障群众基本生活的实施意见,原则通过加快国有企业改革,实施部分省属企业整合重组的方案。

王君在太原会见应邀到山西省洽谈银政合作的国家开发银行股份有限公司党委副书记、监事长姚中民一行。

省政府国家开发银行转型跨越发展座谈会在太原召开。

忻州市、孝义市、潞城市、平顺县和襄垣县通过创建省级环保模范城市的验收。至此,全省已有晋城市、长治市等3个省辖市和侯马市、武乡县等8个市(县)成为省级环保模范城市。

24~25日

国土资源部部长、党组书记、国家土地总督察徐绍史一行在山西省调研。25日,国土资源部和省政府签订《创新矿业用地管理机制合作协议》。

25日

省委常委会召开会议,研究部署深化干部人事制度改革、推进干部选拔任用工作。

牛仁亮主持召开专题会议,进一步落实全省关于稳定消费价格水平保障群众基本生活通知的12条措施。

山西振东制药集团在2010中医药国际科技博览会暨中药行业品牌峰会上被评为"中国中药成长型十强企业"。

山西国际电力集团有限公司与太原理工大学签订长期合作框架协议。

26日

省委中心组举行迈向世界人才强国若干重大问题学习报告会。

中国公益总会太原市工作委员会揭牌。

27日

山西省首届公益事业与企业形象高峰论坛暨十大公益人物颁奖活动在太原举行。

28日

山西省哲学学会第七次会员代表大会暨成立50周年座谈会在太原召开。

28~30日

中共山西省委九届十一次全体会议在太原举行。全会听取和讨论袁纯清受省委常委会委托作的工作报告,审议通过《中共山西省委关于制定国民经济和社会发展第十二个五年规划的建议》。

29 日

国家发改委副主任彭森率国务院物价督查组到山西省督查工作。袁纯清在太原会见督查组一行。12 月 1 日,督查组向省政府通报督查情况。

国家文物局局长单霁翔到太谷县就文物保护工作进行调研。袁纯清在太原会见单霁翔一行。

王君主持召开山西省援疆工作领导组第二次全体会议,审议通过山西省对口支援新疆综合规划。

12 月

1 日

太原航空运动学校易址迁建工程项目开工奠基。

宁夏·山西(太原)经贸合作推介会在太原举行。

全省纪检监察机关案件检查暨案件管理工作会议在太原召开。

2 日

省政府与国家开发银行签署合作备忘录。袁纯清在太原会见国家开发银行董事长陈元一行。

3 日

袁纯清在太原会见中国保利集团党委书记、董事长陈洪生,党委副书记、董事、总经理张振高一行。

山西省煤炭产业发展暨三一集团投资合作座谈会在太原召开。

6 日

环渤海及北京周边九省(区、市)第三届"9+10"区域旅游合作交流会议在太原举行。同日,举办高峰论坛、座谈会,九省市共同签署《区域旅游合作太原宣言》。包括太原、大同在内的 13 个国内热点旅游城市,签署《世界旅游城市联合会(筹备)国内旅游城市合作意向书》。5 日,袁纯清会见了国家旅游局局长邵琪伟及北京市副市长丁向阳等参会代表。

全省学习型党组织建设工作座谈会在太原举行;省侨联为经济建设服务现场会在晋城举行。

7 日

袁纯清主持召开省委常委会会议,研究部署学习型党组织建设、信访工作和年度目标责任考核。

省委依法治省领导组召开全省第二届"十大法治人物"暨法治建设先进集体表彰大会。

中央党史研究室主任欧阳淞参观彭真生平纪念馆。8 日,出席山西省党史工作会议。

8 日

全省反腐倡廉制度建设经验交流会在太原召开。

山西省政策科学研究会成立。

中铁十二局集团承担的广深港铁路客运专线狮子洋隧道盾构机实现江中成功对接,攻克这一世界性难题。

中部六省省会城市暨西安、石家庄、呼和浩特市国资委(办)工作交流会在太原市召开。

9 日

山西省与铁道部举行工作会谈,并签署关于加快山西铁路建设发展的会议纪要。

文水县被列为全国服务业(特色农业)综合改革试点县。

10~12 日

山西省大型民族舞剧《一把酸枣》在肯尼迪艺术中心连演 4 场,成为美国最高艺术殿堂上演的首部中国民族舞剧。

13 日

山西省 2 个镇、10 个村上榜住房和城乡建设部与国家文物局在北京公布的第五批中国历史文化 99 个名镇名村名单。至此,山西省国家级中国历史文化名镇名村的总数量达到 30 个,其中中国历史文化名镇 7 个,中国历史文化名村 23 个,总数位居全国第一。

国务院新闻办公室在北京举行新闻发布会,国务院正式批复设立"山西省国家资源型经济转型综合配套改革试验区"。这是国家首次以资源型经济转型为主题设立的综改区,也是全国第一个全省域全方位系统性的国家级综改区。

17 日

省政府召开 2011 年全省煤炭产运需衔接工作安排会议。

据《山西日报》报道,晋中市被教育部批准为国家教育体制改革试点区。

18 日

第七届"山西省青年科学家奖"暨"山西省青年科技奖"在太原举行颁奖仪式。

20 日

太原高端装备制造产业园举行入园项目奠基仪式。

21 日

袁纯清主持召开省委常委会会议,研究 2011 年经济工作和市县乡领导班子换届等工作。

山西尧都农村商业银行股份有限公司正式挂牌营业,成为山西省首家由中国银监会批准成立的股份制农村商业银行。

22 日

省政府召开煤矿企业兼并重组整合工作推进会。

山西省制定出台《山西省国家级循环经济标准化试点城市建设管理办法》。

24 日

太原—佳县高速公路全线通车。

全省居家养老服务现场会、加快推进城镇化工作座谈会在太原召开。

25 日

山西焦煤原煤产量及销售收入突破"双亿",成为山西第一家产量过亿吨煤炭企业。

长治市成为山西省第五个中国优秀旅游城市。

26 日

原中共山西省委书记(当时设省委第一书记)、山西省第七届人民代表大会常务委员会主任王庭栋同志遗体告别仪式在太原市永安殡仪馆举行。

中煤平朔公司原煤产量首次突破亿吨大关,成为中国首座单一的、露井联采的亿吨级矿区。

27~28 日

全省经济工作会议在太原召开。袁纯清、王君作重要讲话。

(沈　乔)

概　况

自然概貌

【位置　面积】 **位置**　山西省位于北纬34°34′~40°43′，东经110°14′~114°33′，属于内陆省份，在太行山与黄河北干流域峡谷之间，地处华北西部的黄土高原东翼，是首都北京的西部屏障。省境山环水绕，构成与邻省的天然分界。东隔太行山，与河北省毗邻；西、南跨黄河，与陕西、河南两省相望；北越长城，与内蒙古自治区接壤。在国家经济发展布局中，山西紧靠以北京、天津为中心的“环渤海经济圈”，位于由山西、河南、湖北、安徽、湖南、江西组成的“中部六省”的最北端。

面积　山西省域轮廓呈由东北斜向西南的平行四边形，南北长682千米，东西宽385千米，总面积15.68万平方千米，约占全国土地总面积的1.64%，在31个省（市、自治区）中列第19位。

【地质　地貌】 **地质**　山西省位于中朝准地台近中央部位，称山西断隆。北抵内蒙古地轴中部，南连秦岭褶皱系，西接鄂尔多斯台坳，东以太行山大断裂为界同华北地坳分开。山西断隆的中轴上，叠加有“S”型汾渭地堑系。全省境内地层发育较全，除上奥陶系上统、志留系、泥盆系、石炭系下统和中统缺失外，其余时代地层均有分布；尤其前寒武系和上古生界地层，在中国北方具有一定的代表性。境内岩浆岩类型多，分布较广泛，以侵入岩为主，特别是中生代侵入岩反映出多期次特点，与许多内生矿产的形成有关。并有全国罕见的碱性岩类。

地貌　山西省地貌景观大体分为基岩山区、黄土高原山区、断陷盆地3大类型。主干山脉有：太行山、吕梁山、中条山、五台山、恒山、太岳山（即霍山），多呈北东—南西向或近南北向展布。主要盆地由北向南依次为：阳高盆地、大同盆地、忻州盆地、太原盆地、临汾盆地、运城盆地、长治盆地。山地占全省总面积的40%，丘陵占40.3%，平川和河谷面积仅占19.7%。

全省北高南低，由东北向西南倾斜。省内最高点为五台山北台顶叶斗峰，海拔3058米；最低点在垣曲县西阳河与黄河汇流处，海拔180米。

【自然资源】 **土地资源**　山西省山地、高原、丘陵占到全省土地总面积的72%以上。全省现有农用地1005.34万公顷，占总面积的64.16%；建设用地96.62万公顷，占总面积的6.17%；未利用地465.02万公顷，占总面积的29.67%。

在农用地中，耕地406.86万公顷、园地41.53万公顷、林地487.25万公顷、牧草地3.41万公顷、其他农用地66.29万公顷，分别占农用地总面积的40.5%、4.1%、48.5%、0.3%、6.6%。在建设用地中，城镇村

黄土高原　　（宋向阳提供）

矿产资源　（宋向阳提供）

及工矿用地85.4万公顷、交通运输用地(扣除农村道路)7.74万公顷、水域及水利设施建设用地(只包括水库水面和水工建筑用地)3.48万公顷，分别占建设用地总面积的88.39%、8.01%和3.60%。与上年同期相比，建设用地有所增加，农用地和未利用地有所减少。

矿产资源　山西省分布有丰富的矿产资源，是资源开发利用大省，在全国矿业经济中占有重要的地位。全省已发现矿种118种(金属矿产29种，非金属矿产82种，能源矿产4种，水气矿产3种)，其中有探明资源储量的矿产63种，矿产资源储量潜在价值13.6万亿元，居全国第三位。与全国同类矿产相比，资源储量居全国第一位的矿产有煤层气、铝土矿、耐火黏土、含钾岩石等4种。保有资源储量居全国前10位的矿产有34种。主要矿产为煤、煤层气、铝土矿、铁矿、铜矿等。煤炭资源储量丰富，分布广泛，煤质优良，保有资源储量2661.57亿吨，占全国保有储量的1/4；煤层气资源十分丰富，沁水、西山、河东煤田为煤层气高产富集区，保有资源储量946亿立方米，全国首屈一指，具有良好的发展前景；铝土矿资源广泛分布于34个县（市），保有资源储量9.90亿吨(矿石量)，占全国保有资源储量的38%；铁矿类型多，资源储量丰富，分布广泛，保有资源储量37.78亿吨，居全国第五位；金红石379.8万吨，居全国第二位。煤、铝土矿等沉积矿产分布广泛，铁矿、铜矿等重要矿产分布相对集中，但是重要金属矿产贫矿多、富矿少，共伴生矿多、单一矿少。

森林资源　山西森林主要分布在山区，省境西部从五寨、宁武的管涔山起，向南沿吕梁山脊至乡宁、吉县的狭长地带，分布较为集中，面积约占全省森林总面积的19.5%。省境东部、中南部和南部地区的森林，多集中分布在恒山、五台山、太行山、太岳山和中条山等地。初具规模的有管涔山、关帝山、太岳山、中条山、五台山、黑茶山、吕梁山和太行山八大林区以及桑干河杨树丰产林实验区，称九大国有林区，总面积133.02万公顷。近10年来，山西先后启动实施天保工程、京津风沙源治理工程、退耕还林工程等国家重点工程，每年的新造林面积达26.68万公顷~33.35万公顷。

山西的野生牧草资源丰富，种类繁多，主要分布在山区，以亚高山草地、疏林草地最为丰富，山地干草原和白羊草灌草丛草地比较简单。牧草资源中在20.01公顷以上的草地约371.25万公顷，占全省总面积的23.7%，草地植物种类繁多，可供饲用的牧草植物有500余种，其中莜麦、白羊草、鹅冠草、狐茅、兰花棘豆及胡枝子等适口性强，营养价值高。

山西野生经济植物有1000多种，其中树木400多种，药用植物900多种，颜料植物50多种，油脂植物70多种，芳香油植物40多种，淀粉与糖类植物50多种。野生蔬菜植物中食用菌约有80多种，野生果树多达130种，遍布全省的沙棘，是上等保健品，猕猴桃则为上等果品。

山西野生动物以陆栖类为主，已知的有400多种，属于国家保护的珍稀动物有70多种。其中一级保护动物有14种：白鹳、黑鹳、金雕、玉带海雕、白尾海雕、虎头海雕、胡兀鹫、褐马鸡、丹顶鹤、大鸨、金钱豹、虎、梅花鹿。二级保护动物有56种，包括鸟类40种，两栖爬行类2种，兽类14种。此外，还有毛皮动物20多种，名贵的有水獭、石貂、貉、豹猫、黄鼬、獾、狐等；药用动物有70多种。现全省共有森林和野生动物类型、湿地类型自然保护区45处，面积达114.6万公顷，占全省国土面积的7.28%。其中国家级自然保护区5处，面积8.23万公顷，省级自然保护区40处，面积107.5万公顷。

【气象】2010年，山西省年降水量接近常年略偏少；气温接近常年略偏高，年平均气温连续十四年高于常年值；年日照时数总体偏少。

降水　1~12月，年平均降水量为438.8毫米，较常年值(478.6毫米)偏少39.8毫米，较最多年1964年偏少275.7毫米，较2009年偏少40.3毫米。从历年降水量变化来看，年降水量与2000年、2005年较为接近。在近十年来的降水量由少到多排位中处于第五位。

气温　全省年平均气温为10.1℃，较常年值偏高0.7℃，已连续十四年年平均气温高于常年值，较2009年偏低0.1℃，与1994年基本相同。年平均气温空间分布为由北向南逐渐升高，且中部盆地高于同纬度东西两侧山区。大同县、朔州市西部、忻州市少部地区年平均气温较低，基本在7℃以下，右玉最低，为4.8℃；运城市大部以及临汾盆地气温较高，在13℃~15℃之间，永济最高，为14.5℃；其余大部分地区平均气温基本都在7℃~13℃之间。与常年相比，全省除个别地区年平均气温略偏低外，大部分地区年平均气温接近常年略偏高。其中太原、汾阳、临汾、襄汾、万荣等个别县市温度偏高1℃~1.6℃；古县、霍州、寿阳、天镇、阳高等地气温略偏低。

日照　全省日照时数北部多于南部。北部的右玉、广灵、宁武、平鲁年日照时数多于2800小时，最多年日照时数出现在平鲁；南部的黎城、垣曲、侯马、河津、运城、古县及原平、介休年日照时数少于2000小时，最少日照时数出现在南部的黎城，其余大部地区年日照时数介于2000小时~2800小时之间。与常年相比，全省大部分地区日照时数偏少。在统计的108个县(市)中，86个县(市)日照时数偏少，其中22个县(市)偏少300小时以上；43个县市偏少100小时~300小时；只有4个县(市)日照时数较常年偏多100小时以上。　(李国英)

水库蓄水　(宋向阳提供)

【水情】　2010年山西省年平均降水量464.7毫米，比多年平均值少26.7毫米。各县(市)年降水量介于298.2毫米~704.1毫米之间，年降水量北部和南部局部偏多，中、南部大部偏少。北部(大同市、忻州市、朔州市)412.1毫米~490.7毫米，中部(太原市、晋中市、阳泉市、吕梁市)418.6毫米~452.1毫米，南部(临汾市、运城市、长治市、晋城市)425.7毫米~566.8毫米之间。汛前(1~5月)降水量大于多年平均值，降水北部和中部部分多，南部少；汛期(6~9月)降水量小于多年平均值，降水北部大部和南部部分多，中、南部大部少；汛后(10~12月)降水量小于多年平均值，降水北部大部多，中、南部少。年内出现近年来罕见特大暴雨和大暴雨；11月、12月份降水量异常偏少，为2000年以来第一少水年份，干旱较为严重，其他自然灾害也多有发生。

2010年汛期，受局部暴雨和极端天气影响，山西省汾河、浊漳河、偏关河、潇河、松塔河、御河、榆社河、洪安涧河、三川河等河流发生洪水，其中较大的几场洪水是:8月9日6时汾河赵城水文站(洪洞)洪峰流量1400立方米/秒。9月19日8时12分湫水河林家坪水文站(临县)洪峰流量2200立方米/秒、10时6分黄河吴堡水文站(柳林)洪峰流量5050立方米/秒、13时53分三川河后大成水文站(柳林)洪峰流量1140立方米/秒。2010年全省48座大中型水库汛初(6月1日)蓄水总量为7.20亿立方米，汛末(10月1日)蓄水总量为7.99亿立方米，年末(2011年1月1日)蓄水总量为8.03亿立方米。　(梁述杰)

【人口】　根据第六次人口普查，全省2010年底常住人口为3571.2111万人，10年增加了324.0869万人，年平均增长率为0.96%。常住人口中，男性为1833.8768万人，占常住人口的51.35%，性别比为105.56。全省共有家庭户1033.02万户，平均每个家庭户人口为3.24人。

【民族】　山西是少数民族杂居散居的省份。民族构成以汉族为主，汉族人口占全省总人口的99.7%，有54个少数民族，包括：回族、满族、蒙古族、彝族、苗族、土家族等，人口10.32万人，占全省总人口的0.3%，其中回族最多，约占80%。

山西省的少数民族有5个特点：一是人口总数不多，但民族成分多。全省共有54个少数民族成分(仅缺塔塔尔族)。少数民族人口在万人以上的有回族、满族、蒙古族。二是大分散、小聚居。全省11市118个县(市、区)有少数民族。有44个少数民族聚居村，50个少数民族聚居的街道和100多个相对聚居的居民社区。三是回族人数居绝大多数且相对聚居，有较强的民族意识和宗教感情。四是少数民族聚居村有相当一部分处于山区或贫困县区，经济社会发展水平相对落后。

【宗教】　山西省现有信教群众160万余人，占全省总人口的4.67%。其中，佛教信徒72万余人，道教信徒近5万人，伊斯兰教信徒8万余人，天主教信徒22万余人，基督教信徒52万余人。

山西省现有省级宗教团体7个：省佛教协会、省道教协会、省伊斯兰教协会、省天主教爱国会和省天主教教务委员会、省基督教“三自”爱国运动委员会和省基督教协会。全省有宗教教职人员8000多人，依法登记的宗教活动场所2300余处。

【省会】 山西省省会太原市，全市国土总面积6988平方千米。

太原现辖6区(小店区、迎泽区、杏花岭区、尖草坪区、万柏林区、晋源区)、3县(清徐县、阳曲县、娄烦县)、1市(古交市)和2个国家级开发区（太原市经济技术开发区、太原市高新技术开发区)、2个省级开发区(太原工业园区、太原不锈钢生态工业园区)。全市共有51个街道办事处，461个社区居委会，有21个镇33个乡，1013个村委会，1632个自然村。截至2010年底，全市总人口为420.15万人。

(董剑云)

2010年山西省行政区划一览表

市名	城市			市辖区	县	镇	乡	村民委员会
	合计	地级市	县级市					
	22	11	11	23	85	563	633	28135

市名	所辖区、县、市
太原市	小店区 迎泽区 杏花岭区 尖草坪区 万柏林区 晋源区 清徐县 阳曲县 娄烦县 古交市
大同市	城　区 矿　区 南郊区 新荣区 阳高县 天镇县 广灵县 灵丘县 浑源县 左云县 大同县
阳泉市	城　区 矿　区 郊　区 平定县 盂　县
长治市	城　区 郊　区 长治县 襄垣县 屯留县 平顺县 黎城县 壶关县 长子县 武乡县 沁　县 沁源县 潞城市
晋城市	城　区 沁水县 阳城县 陵川县 泽州县 高平市
朔州市	朔城区 平鲁区 山阴县 应　县 右玉县 怀仁县
晋中市	榆次区 榆社县 左权县 和顺县 昔阳县 寿阳县 太谷县 祁　县 平遥县 灵石县 介休市
运城市	盐湖区 临猗县 万荣县 闻喜县 稷山县 新绛县 绛　县 垣曲县 夏　县 平陆县 芮城县 永济市 河津市
忻州市	忻府区 定襄县 五台县 代　县 繁峙县 宁武县 静乐县 神池县 五寨县 岢岚县 河曲县 保德县 偏关县 原平市
临汾市	尧都区 曲沃县 翼城县 襄汾县 洪洞县 古　县 安泽县 浮山县 吉　县 乡宁县 大宁县 隰　县 永和县 蒲　县 汾西县 侯马市 霍州市
吕梁市	离石区 文水县 交城县 兴　县 临　县 柳林县 石楼县 岚　县 方山县 中阳县 交口县 孝义市 汾阳市

(王文广)

机构设置和领导人名录

中共山西省委员会

书　记　张宝顺* 袁纯清*
副书记　王　君　薛延忠*　金道铭(满族)*
常　委　张宝顺*　袁纯清*　王　君　薛延忠*
　　金道铭(满族)　申联彬　申维辰*
　　杜玉林　李小鹏　胡苏平(女)
　　方文平*　高建民　李政文　汤　涛
　　陈川平*　张少华*
委　员　(按姓氏笔画为序)
　　马景龙　丰立祥　王　君　王大高
　　王凤祥　王守祯　王国正　王清宪
　　王淑珍(女)　王雅安　牛仁亮
　　方文平*　左世忠　申维辰*　申联彬
　　田喜荣　白　云(女)　令政策
　　朱先奇　刘　巩　刘银才　刘维佳
　　汤　涛　安焕晓(女)　杜玉林
　　杜创业　杜善学　李小鹏　李天太
　　李东福　李永宏　李旺明
　　李政文　李高山　李悦娥(女)
　　李雁红　李潭生　杨　波　宋广义
　　张　健　张九萍(女)　张少华*　张兵生
　　张茂才　张宝顺*　张建民*　张建欣(女)
　　张崇慧　陈川平　金道铭(满族)
　　郑建国　郝志远　胡苏平(女)
　　洪发科　袁升德　袁纯清*　耿怀英
　　聂春玉　高卫东　高建民　高彦斌
　　郭良孝　郭贵春　郭海亮　梁志祥
　　董洪运　谢　海　靳善忠　潘军峰
　　薛延忠
候补委员　(按得票多少为序)
　　王茂林　毛金明　张高宏　王树新
　　侯晋川　李良森　韩和平　廉毅敏
　　张义平　李平社　孟原生
秘书长　高建民
常务副秘书长　姜新文
副秘书长　李旺明　王铁选　张克强　阎根生
　　张瑞鹏　黄进明*　王进喜　李　理
　　吴保安*

省人大常委会组成人员

主　任　张宝顺*　袁纯清*
常务副主任　杨安和*　申联彬*
副主任　杜玉林*　杨安和　靳善忠　谢克昌*
　　安焕晓　郭海亮　王雅安
秘书长　朱　明
委　员　(按姓氏笔画为序)
　　王大高　王凤祥　王树林　王重一
　　王晓林　王铁锁　王娟玲(女)
　　牛三平　牛西午　亢官文　邓永明
　　石金鸣　卢　捷　邢德川　邢燕芬(女)
　　成继东　吕德功　朱先奇　刘　巩
　　刘润民　孙水生　远勤山　杜复新
　　李中元　李旺明　李战志　李思进
　　李顺通　李俊峰　李留澜　李悦娥(女)
　　杨怀恩　杨竞赛　何　涛　宋新柱
　　张怀文　张　凯　张建豪　陈隆宇
　　武锦福　赵建平　姚二云　姚芝楼
　　袁　进　高志俊　高彦斌　郭　明
　　郭贵仁　郭勇义　郭原林　韩怡卓
　　韩裕峰　傅建荣　樊吉厚　薛凤海
　　魏　武(女,回族)
常委会副秘书长　何　涛　赵建平　王立业
　　李正伦　邬敬文　李　渊

山西省人民政府

省　长　王　君
常务副省长　申联彬*　李小鹏*
副省长　高建民*　牛仁亮　陈川平*
　　张　平　刘维佳　张建欣(女)
秘书长　王清宪
副秘书长　郭慧民　巨宪华　韩和平
　　崔国红　陈永奇　王　成
　　孙跃进　王　纯　余瑞卿

政协山西省委员会

主　席　薛延忠
常务副主席　郭良孝
副主席　韩儒英　周　然　李雁红　李潭生
　　令政策　卫小春　刘滇生
秘书长　阎沁生
常　委　(以姓氏笔画为序)
　　卫克兴　马天荣　马彦和　马德和
　　王云亭　王文娅(女)　王全龙
　　王怀荣　王建国(省政协)
　　王建国(省工商联)　王贵平　王俊忠
　　王艳梅(女)　王晓立　王爱萍(女)
　　王继伟　王维卿(女)　王照光(女)
　　王新义　石盛奎　白世镇(回族)
　　白秀平　冯亚琴(女,蒙古族)　冯建新
　　宁立新　边根棠　邢国明　巩安库
　　成锡峰　庄金洲　关太平　刘占中
　　刘兆林　刘俊谦　关存先　许并社

孙连珠　苏亚君　李廷赫(朝鲜族)　李连琪
李瑞丰　李德志　杨左卿(女)　杨志刚
杨社堂　杨林花(女)　杨临生　杨俊和
杨森林　吴晋安　张文栋　张汉伟
张　吉　张并生　张李锁　张　政
张俊生　张烈珍(女)　武金贵　范小玲(女)
范明远　侯秀娟(女)　姚发兴　姚建民
姚宪华　姚锦城　秦作栋　根　通
柴瑞霭　徐改清(女)　高凤平　高文变(女)
高英武　高　键　高新文　郭勇飞
郭　辉　郭慧民　梅志强　曹改莲(女)
曹惠斌　章勇思　阎美珍(女)　闫润德
梁文海　谌长瑞　葛旭元　董育中
焦惠生　鲁连城　靳道远　慕福明
薛维梁　薛靛民　霍　成　魏　峰
籍振芳

副秘书长　杨临生　程银锁　马　伟　刘文秀　张建豪*

中共山西省纪律检查委员会

书　记　金道铭(满族)
常务副书记　刘　巩
副书记　李正印　杨森林　张晓亚
常　委　金道铭(满族)　刘　巩　李正印　杨森林
张晓亚　邢顺喜　贾毓杰　荀志坚
张秀萍(女)　康建成*　孟　萧*
委　员　(按姓氏笔画为序)
弓　跃　卫建友　王　琦　王水成
王正喜　王虎胜　王铁选　王满春
石正民　卢晓中　史富泉　冯改朵(女)
邢顺喜　刘　巩　刘传旺　刘向东
李正印　李永林　李连琪　李建功
李建刚　李福龙　杨文章　杨有才
杨森林　辛旭光　张　润　张文科
张秀萍(女)　张明亮　张晓亚
张继庆　林玉平　岳盛林　金道铭(满族)
孟　萧*　荀志坚　贾毓杰　高　璋
高国顺　高建国　曹燎原　康有全
康建成*　梁凤书　渠性轩

山西省高级人民法院

院　长　左世忠
常务副院长　梁　权
副院长　刘冀民　李建忠　吴秋霞(女)
王文娅(女)

山西省人民检察院

检察长　王建明
常务副检察长　王满春
副检察长　文晓平　荣　彰　李　勃　曹改莲(女)
严奴国　谢鹏程*

省委工作部门

省委组织部

部　长　汤　涛
常务副部长　朱先奇
副部长　张　健*　张高宏　陈跃钢　张　葆(女)

省委宣传部

部　长　胡苏平(女)
常务副部长　杨　波
副部长　李福明　郭玉福　李海渊*　杜学文

省委统战部

部　长　李政文
常务副部长　马天荣
副部长　边根棠　郭海刚　王建新　李云平(女)

省委政法委员会

书　记　杜玉林
常务副书记　高彦斌
副书记　边晋南　杨有才

省综合治理办公室

主　任　高彦斌
副主任　李增贵

省委政策研究室

主　任　李旺明
副主任　霍甫安　王利波　马文革

省机构编制委员会办公室

主　任　张高宏*　刘传旺*
副主任　陈仲英(女)　郭晋明

省直机关工委

书　记　刘传旺*　李仁和*
副书记　贾明建　郭康锋　冯进成
省直纪工委书记　卫建友

省高校工委

书　记　李东福
副书记　贾坚毅　畅日宝
省高校纪工委书记　史富泉*　赵庆华*

省国资委党委

书　记　张崇慧
副书记　郭玉才(常务)　王靖凯
渠性轩(兼纪委书记)　李天太

省国防科技工业党委

书　记　刘银才
副书记　冯鲁生　田国仁　安雅文

省委巡视组

组　长　马景龙　李锐锋　曹燎原　石正民
陈　森　林富强　常宝童
副组长　林富强*　常宝童*　李努生　武振力　李吉山

省委部门管理机构

省委老干部局
局　长　李仁和* 陈跃钢*
副局长　刘仰良　郭世卿　郑兰珍
省委、省政府信访局
局　长　阎根生
副局长　郭慧民　李月虎*　梁雨润　郭真喜*
　　　　张福祥　王进军*　张建平*
防范和处理邪教问题领导小组办公室
主　任　王铁选
副主任　高国俊　关龙江　武俊平
省委台湾工作(省政府台湾事务)办公室
主　任　黄进明*
副主任　梁淑娟(女)　刘可宏　徐爽志
省接待办公室
主　任　李　理
副主任　史虹光　韩道亮
省委保密办公室(省国家保密局)
主　任(局长)　张　华
副主任(副局长)　王鹤平　李全顺*
省委机要局(省国家密码管理局)
局　长　任兔平*
副局长　杨　忠*　李东强*

省人大常委会工作机构

省人大法制委员会
主任委员　王凤祥
副主任委员　王晓明　蔡汾湘*　邓永明*
省人大内务司法委员会
主任委员　李顺通
副主任委员　武锦福*　郭忠烈　高彦斌*
省人大财政经济委员会
主任委员　赵建平
副主任委员　杜复新*　杨建国　李留澜*
省人大教育科学文化卫生工作委员会
主　任　王树林
副主任　李俊峰*　樊吉厚*　安志辉　冯　睿
　　　　施联秀*　翁小绵*
省人大农村工作委员会
主　任　吕德功
副主任　牛西午*　曹晋芳(女)　祁玉林　李旺明*
　　　　耿怀英*
省人大城乡建设环境保护工作委员会
主　任　王晓林*　张崇慧*
副主任　高志俊　李生茂*　汤俊权　李战志*
　　　　乔锦瑞
省人大人事代表工作委员会
主　任　张　凯*　王大高*
副主任　邢燕芬(女)　杨竞赛　霍晓琴(女)
省人大民族宗教侨务外事工作委员会
主　任　张怀文*　李俊峰*
副主任　李荣先(女)　李　洪(女)　张崇慧*
省人大研究室
主　任　何　涛
副主任　吴临芳(女)　蔡汾湘*　王玉明
省人大信访局
局　长　王联英
副局长　张拯瑜

省政府组成部门

省发展和改革委员会
主　任　李宝卿
副主任　王　赋　李福龙　李永平　段进存*
　　　　刘　锋　程泽业　王晓胜　徐安崇*
省经济和信息化委员会
主　任　洪发科
副主任　郭树峰*　刘致远　刘银才　申瑞涛(女)
　　　　王克建　陈官虎　冀明德*
省教育厅
厅　长　李东福
副厅长　刘惠民　贾坚毅　张卓玉　王李金
省科学技术厅
厅　长　廉毅敏
副厅长　秦作栋　郭春林　常建忠　张新伟*
省公安厅
厅　长　杜玉林*　杨　司*
副厅长　李富林(常务)
副厅长　廉兴有*　成振林　燕和平　苏　浩
省国家安全厅
厅　长　李　洪
副厅长　李玉生　常俊茂(女)　李顺元*
　　　　左淑萍(女)　黄保国
省监察厅
厅　长　杨森林
副厅长　邢顺喜*　刘蓉华(女)　因新中*　刘予强*
省民政厅
厅　长　周明定
副厅长　王卫东(女)　何耀光　何子义　许富昌
省司法厅
厅　长　王水成
副厅长　王华善*　李满胜　刘占中　冯　征　杨凤英*
省财政厅
厅　长　郑建国
副厅长　石常明　胡双明　潘贤掌　张　韬
省人力资源和社会保障厅
厅　长　张　健*

副厅长　王学泽*　杨培岳*　李建刚*　王云龙*　王建文*

省国土资源厅

厅　长　李建功

副厅长　康有全　高　博　王晓立　牛来有

省环境保护厅

厅　长　刘向东

副厅长　刘四龙　张广勇

省住房和城乡建设厅

厅　长　王国正*

副厅长　张立光*　任在刚*　闫晨曦*　郭燕平*

省交通运输厅

厅　长　段建国*

副厅长　张　润*　王志民*　张志川*

省水利厅

厅　长　潘军峰

副厅长　裴　群　郭正义　张　健

省农业厅(省委农村工作领导组办公室)

厅　长(主任)　孙连珠

副厅长(副主任)　董希德　左义河　王高勇*　关建勋　雷郭堂

省林业厅

厅　长　耿怀英*　李永林*

副厅长　霍转业　周　洪　常光明

省商务厅

厅　长　王淑珍(女)

副厅长　李晋峰　张华龙　史贵章　乔亮生　杨来栓　刘　进

省文化厅

厅　长　张明亮

副厅长　贾新田　郭　立

省卫生厅

厅　长　高国顺

副厅长　李书凯　王　峻　赵光国*　刘　星

省人口和计划生育委员会

主　任　杨增武

副主任　梁明虎　王祥瑞　杨建勇　梅志强

省审计厅

厅　长　郝志远

副厅长　郝素珍(女)　高爱平　姚宪华

省外事侨务办公室

主　任　韩和平

副主任　张志仁　武绍忠　高玉厚

省煤炭工业厅

厅　长　王守祯

副厅长　杨茂林*　牛建明　武建森　胡万升　王学军

省政府直属特设机构

省政府国有资产监督管理委员会

主　任　张崇慧*　朱晓明*

副主任　王晓勇　李宝文　朱成基　崔联会　李东洪

省政府直属机构

省地方税务局

局　长　卢晓中

副局长　张跃建　刘建光　张澎涌

省工商行政管理局

局　长　王虎胜

副局长　马联社　薛维栋

省质量技术监督局

局　长　王正喜

副局长　刘　军　盛佃清　武　强*　张岐云*　郑慧敏*

省广播电影电视局

局　长　梁志祥

副局长　董育中　梁丽山　刘英魁*　董晓林　李光明*

省新闻出版(版权)局

局　长　林玉平

副局长　张明旺　梁宝印　王吉敏

省体育局

局　长　苏亚君

副局长　杨凤楼　李振生　郝晓峰　李世杰

省统计局

局　长　杨文章

副局长　翟振新　卢建明　赵占明

省安全生产监督管理局

局　长　张根虎

副局长　杜建荣　刘晋英(女)*　苏保生　唐　晋　霍红义　刘德政*

省旅游局

局　长　籍振芳

副局长　李太阳　王炳武　王文保

省宗教事务局(民族事务委员会)

局　长(主任)　边根棠

副局长(副主任)　郝中树*　卫望军　侯文禄*

省文物管理局

局　长　施联秀

副局长　刘正辉　宁立新

省粮食局

局　长　姚高宽*　杨随亭*

副局长　杨随亭*　牛银虎　张　文　吕苛青(女)

省人民防空办公室

主　任　常高才

副主任　孙　群　刘　涛　张　铭

省政府法制办公室

主　任　崔国红

副主任　王卫星　刘钢柱

省政府机关事务管理局

局　长　任云峰

副局长　王东春　孙富忠　牛柱珍　梁若皓*

省政府部门管理机构

省物价局

局　长　李福龙

副局长　张存登　庞金龙　李建国*

省国防科技工业办公室

主　任　刘银才

副主任　张继庆　温国贵

省中小企业局

局　长　王克建

副局长　陈晓东*　赵志杰　王怀荣　武晨阳*

省食品药品监督管理局

局　长　赵光国

副局长　杨恩健　任晋斌　谢　红

省监狱管理局

局　长　冯　征

副局长　李扁顿　王　伟　高　奇

省扶贫开发办公室

主　任　刘昆明

副主任　吕占川　郎作仕　王汉有

省政府研究室

主　任　陈永奇(兼)

副主任　张小杰　高建军

省政府参事室(文史馆)

主　任　冉金刚*

副主任　张志斌*

省公安厅交管局(省交警总队)

局　长(总队长)　边智慧

副局长(副总队长)　李新生　刘　敏　张顺喜　王丕谟

省政协工作机构

省政协调研室

主　任　杨临生

副主任　王建华　蒋福新

省政协提案委员会

主　任　王俊忠*　郭慧民*

副主任　薛　山*　焦惠生

省政协经济和人口资源环境委员会

主　任　巩安库*　王正喜*

副主任　吴晋安*　薛万明　何令祚　毛金明　刘道友　李润玺　石盛奎*

省政协农村委员会

主　任　刘俊谦*　姚高宽*

副主任　卫克兴*　温福亮　吴潭龙　杨　菲(女)　周维成*

省政协教科文卫体委员会

主　任　杨左卿

副主任　王耀斌*　王建国

省政协社会法制委员会

主　任　徐改清(女)*　李连琪*

副主任　傅银瑜(女)

省政协民族宗教委员会

主　任　根　通

副主任　李廷赫(朝鲜)　白晓军(女)

省政协文史资料委员会

主　任　闫润德

副主任　丁　杰

省政协学习宣传委员会

主　任　章思勇*　王俊辰*

副主任　郭玉玺

省政协港澳台侨和外事委员会

主　任　王新义*　籍振芳*

副主任　崔永柱*　赵茂林　王阳华(女)

省直属事业单位

省委党校(山西行政学院)

校　长　薛延忠

院　长　申联彬*　李小鹏*

常务副校长(副院长)　李高山

副校长(副院长)　高健生　王联辉　郭成文　王永翔*　潘　峰

山西省直机关党校(山西省直机关行政学院)

校(院)长　尹桂郁

副校(院)长　韩晋乐(女)　徐建国

山西日报报业集团

社　长　袁升德

总编辑　王建武

副社长　王建武(常务)　李蜀昌　张　宁　冯爱民

副总编　兰炎平　胡　果　杨小宁

省政府发展研究中心

主　任　张复明

副主任　董宇明　李劲民　王亦兵

省委党史办公室

主　任　张铁锁

副主任　栗金凤(女)　卢海明　牛崇辉*

省地方志办公室

主　任　李茂盛

副主任　赵群虎　刘益龄　张晓光*

省农业科学院

院　长　刘惠民

副院长　陈明昌　戴文斌　邢亚静　聂安全　乔雄梧

省社会科学院

院　长　李中元

副院长　贾桂梓(女)　潘　云　孙丽萍(女)　孟艾芳

山西社会主义学院

院　长　聂向庭

副院长　王宝生(常务)　李祥熙　王解峰

省档案局(档案馆)

局(馆)长　阎默彧

副局(馆)长　张彦杰(女)　王保国　邢利民

省万家寨引黄工程总公司(管理局)

经理(局长)　菅二拴

副经理(副局长)　卫亚林*　朱春耀　张俊杰　樊安顺　贾伟智

煤炭工业太原设计研究院

院　长　贺天才

副院长　耿建平　李树庭

省煤炭地质局

局　长

副局长　潘增武　郑全发　黄苓丽(女)

省地质矿产勘查开发局

局　长　安俊生

副局长　翁金明　李日彪*　韩晋生

省机械设备成套局

局　长

副局长　高保旺*　段治强　王拥军

省民航机场集团公司(管理局)

总经理(局长)　郝孝义

副总经理(副局长)　马　升*　段同良　赵庆斌　张希亮*

山西广播电视台*

台长、总编　李海渊*

副台长　刘英魁*　王树勋*

副总编　张敬民*　邢书良*

省测绘局

局　长　牛来有

副局长　陈　睿*　于建刚　孔令礼*

省公路局

局　长　戴　飞

副局长　蒋　品　陈运生*　胡志勇　惠高峰

省农机局(省农业机械发展中心)

局　长(主　任)　王立伟

副局长(副主任)　戴建功*　姚建忠　许继光　张培增*

省招生考试管理中心

主　任　赵　晶*　王　云*

副主任　张亚平　张金文

山西煤炭基本建设局

局　长　赵国源*　武建森*

副局长　王振海

省投资咨询和发展规划院

院　长　曾宪琪*

副院长　赵新利*　刘付槐

中国煤炭博物馆

馆　长　康明章*

副馆长　张奎元　陈胜军

省城镇集体工业联合社

主　任　李荣钢

副主任　杨晋才

省供销合作社联合社

主　任　王俊辰

副主任　齐玉梅(女)　李亚明　王义升

山西博物院

院　长　石金鸣

山西省省级政府采购中心

主　任　赵建新

副主任　王跃进　穆恩科

禹门口水利工程管理局*

局　长　李润山*

山西老年大学

专职副校长　覃建平

中国(太原)煤炭交易中心

主　任　郭文奇*

省交通运输执法局

局　长　张晋鹏

省高速公路管理局

局　长　董新品

省交通运输管理局

局　长　李华中

山西省国有企业监事会

主　席　陈建鹰　赵子传　王孟传　王义堂　李成业　马　平

省煤炭基金稽查总队(山西省财政厅煤炭基金稽查局)

总队长(局长)　黄　庙

省委前进期刊总社

社　长　边新文

省属地方金融类企业监事会

主　席　高向新

群众团体

省总工会

主　席　郭海亮

副主席　高凤平(常务)

副主席　王兴旺　梁若洁　梁克昌　安　娜*(女)

共青团山西省委员会

书　记　刘润民

副书记　高　键　雷健坤(女)　安　华　任　忠

省妇女联合会

主　席　李悦娥(女)

副主席　张烈珍(女)　郑　红(女)　顾青圻(女)

韩　红(女)

中国作家协会山西省分会

主　席　张　平

副主席　翁小绵(常务)

省科学技术协会

主　席　侯晋川*

副主席　韩裕峰　关原成*　卫小春*　王德贵
　　　　崔　忠*　郝建新*

省文学艺术界联合会

主　席　李才旺*

副主席　宋新柱(常务)　石跃峰

山西省工商业联合会

主　席　韩儒英

副主席　樊秀清　王建华　郎宝山(满族)
　　　　赵淑芊　郭海刚

中国国际贸易促进会山西省分会
(中国国际商会山西商会)

会　长　贾雪峰

副会长　陈铁鹰　靳成福

省残疾人联合会

理事长　郭贵仁

副理事长　郝保平*　郭新志(女)　温万一

省社会科学界联合会

党组书记　侯秀娟

省归国华侨联合会

主　席　许并社

副主席　陈端度　李冠瑶(女)　范安龙
　　　　刘越泽(女,兼)　王　帆(女,兼)
　　　　方敬爱(女,兼)　李　慧(女,兼)
　　　　张三货(女,兼)　黄成胜(兼)

省台湾同胞联谊会

会　长　梁宪英(女)

省红十字会

名誉会长　王　君(兼)

专职副会长　冯晋生

驻外办事处

省政府驻北京办事处

主　任　陈晓东*

副主任　高永光　张建平

省政府驻上海办事处

主　任　曹美玲(女)

副主任　周爱民

省政府驻天津办事处

主　任　赵茂华*

副主任　郜勇智

省政府驻广州办事处

主　任　李　刚*

副主任　田月生

省政府驻沈阳办事处

主　任　田　凯

副主任　邢建国　冯　晋(女)

省政府驻南京办事处

主　任　李希远*

副主任　雷向忠

大专院校

山西大学

校　长　郭贵春

副校长　刘滇生　贾锁堂*　刘维奇　行　龙
　　　　杨　军　梁吉业　高　策

太原理工大学

校　长　张文栋

副校长　侯晋川　郭敏泰　郝建功
　　　　路振光*　许并社　吕　明　李晋平

山西财经大学

校　长　原梅生*　郭泽光*

副校长　郭泽光*　赵国浩　刘中朝　张兔元
　　　　张如山　卢庆山　马培生*

山西医科大学

校　长　段志光

副校长　张　飞　郑建伟　程牛亮*　孙安乐

山西农业大学

校　长　董常生

副校长　岳文斌　崔克勇　王俊东　赵春明　弓永华

山西师范大学

校　长　武海顺

副校长　常乃军　卫建国　原战勇　闫桂琴(女)
　　　　薛耀文　郝勇东

太原科技大学

校　长　郭勇义

副校长　李永堂　曾建潮　董　峰　徐格宁
　　　　黄庆学　柴跃生　李　忱*

中北大学

校　长　贾锁堂

副校长　肖忠良　刘有智　韩　焱　沈兴全
　　　　杨述平　张记龙

山西中医学院

院　长　周　然

副院长　张俊龙(常务)　冯前进　周晓明
　　　　张永德　冀来喜　王晞星*

长治医学院

院　长　王庸晋

副院长　冯向先*　赵中夫　陈忠义　宋晓亮

太原师范学院

院　长　王尚义

副院长　张瑞君　王川龙　张喜明　王卫平(女)
　　　　齐利平　张虎芳(女)

忻州师范学院
院　长　李思殿
副院长　王志连　冯天仓　郭丕斌　韩泽春
山西大同大学
校　长　王守义
副校长　马存根　郭　永　石云龙　赵富玺
冯　锋*　张　策
运城学院
院　长　姚纪欢
副院长　梁晋才　王卓民　张凤琴(女)
梁永平　李慎明
长治学院
院　长　李忠康
副院长　茹文明　武有祯
晋中学院
院　长　孙建中
副院长　吴生彦*　邓　明　杨高才　郭贤成
太原工业学院
院　长　吴俊清
副院长　仉志余　张翠梅(女)　李国臣
山西广播电视大学
校　长
副校长　傅月晟　张耀斌　王瑞芬(女)
山西经济管理干部学院
院　长　丁怀民*
副院长　王克勤　张改娥(女)　秦长江
山西煤炭管理干部学院
院　长　刘发威
副院长　李宏达　李　进　武东升　王凤岗
广播电影电视管理干部学院(山西广播影视职业学院)
院　长　郝本廉
副院长　王建国　王新塘　吴建庭
山西省财政税务专科学校
校　长　申长平
副校长　赵丽生　周巧红(女)　胡忠爱*
山西警官高等专科学校
校　长　张子荣
副校长　胡小平
山西职工医学院
院　长　于明江
副院长　宋有春*　黄跃春　杨建堂　杨优帅
山西青年管理干部学院
院　长　田建安*　李　伟*
副院长　王俊刚*　康万林*
山西省政法管理干部学院
院　长　谭恩惠
副院长　李亚尼　肖峰昌　任树琴*
山西建筑职业技术学院
院　长　于世玮*　成　宏*
副院长　周尚文*

山西生物应用职业技术学院
院　长　李华荣
副院长　尹士优　胡尔雅　张震云
山西交通职业技术学院
院　长　张文才*
副院长　安正明　钟建民
山西艺术职业学院
院　长　李　力
副院长　张俊伟　单红龙*　岳建民*
山西林业职业技术学院
院　长　马宗兆
副院长　段振基　杜庆先
山西水利职业技术学院
院　长　解爱国*　李振兴*
副院长　王连生*　张龙改　仝玉才　景国栋
山西旅游职业学院
院　长　郑子全*　何乔锁*
副院长　赵贤松*　何乔锁*　王碧波　赵　娟(女)*
山西管理职业学院
院　长　杨勇翔
副院长　王震强　马联合　闫建辉
山西体育职业学院
院　长　朱天燕
副院长　何　洋　王志勇
山西警官职业学院
院　长　闫绪安
副院长　景周管*　郝俊安　杜仁义
山西国际商务职业学院
院　长　郝永新
副院长　刘德奇　尹雪峰*
山西戏剧职业学院
院　长　赵银邦
副院长　闻志忠　安亮山*
山西煤炭职业技术学院
院　长　曹允伟
副院长　李俊双　王晓鸣　祁茂荣
山西医科大学汾阳学院
院　长　闫肖卿
阳泉煤炭专科学校
校　长　霍世平*　韩保清*
太原电力高等专科学校
校　长　李　忱*　鲍善冰*
山西工程职业技术学院
院　长　刘　勇
山西职业技术学院
院　长　丁怀民*
山西金融职业学院
院　长　杜明汉
山西财贸职业技术学院
院　长　牛白琳

山西机电职业技术学院
院 长 李和平
山西轻工职业技术学院
院 长 王枝茂
太原大学
校 长 任玉平(女)
吕梁市教育学院
院 长 白荣欣
长治职业技术学院
院 长 郭建华
晋城职业技术学院
院 长 王维平
忻州职业技术学院
院 长 晋原平
晋中职业技术学院
院 长 程太生
山西运城农业职业技术学院
院 长 吴立春
运城幼儿师范高等专科学校
校 长 梁周全
吕梁高等专科学校
校 长 闫保平
太原旅游职业学院
院 长 王春玲
太原城市职业技术学院
院 长 羊脂家

山西省军区

司令员 方文平* 少将
刘云海* 少将
政治委员 张少华 少将
副司令员 何永才 少将
姬亚夫* 少将
副政治委员 谢玉久 少将
司令部
参谋长 姬亚夫* 少将
副参谋长 蒋世欣 大校
政治部
主任 黄献军 少将
副主任 张瑞祥 大校
董 江 大校
后勤部
部长 马彦和 大校
谢新宁 大校
副部长 郑泰山 大校
林保江 大校
于舰钢 大校

武警山西总队

总队长 仲 轩 少将
第一政治委员 杜玉林*(省委常委、省公安厅厅长兼)
杨 司*(省公安厅厅长兼)
政治委员 刘建华 少将
副总队长 吕明录 大校
杨建国 大校
张承聘 大校
周旭光* 大校
夏家亮* 大校
王树海* 大校
副政治委员 胡占林 大校
司令部
参谋长 李善勇 大校
政治部
主任 张喜文 大校
后勤部
部长 周旭光* 大校
穆瑞国* 大校

民主党派

中国国民党革命委员会山西省委员会
主任委员 谢克昌
副主任委员 王照光(女) 谌长瑞 吴菊仙
陈隆宇 刘占中 杨俊和 郭原林
中国民主同盟山西省委员会
主任委员 张 平
副主任委员 亢官文 傅建荣 王全龙 史海涌
梅志强 卢准炜 赵恒寿 卢 莉(女)
中国民主建国会山西省委员会
主任委员 王 宁*
副主任委员 成继东 姚宪华
刘蓉华(女) 薛维梁
中国民主促进会山西省委员会
主任委员 卫小春
副主任委员 张建豪 张 政 成锡锋 陈维毅
任建国 高新文
中国农工民主党山西省委员会
主任委员 周 然
副主任委员 郭新志(女) 王爱萍(女) 李思进
张李锁 牛三平 武金贵
九三学社山西省委员会
主任委员 刘滇生
副主任委员 王毓钟 姚二云 杨社堂 张并生
李青山 张文旺

注:姓名后加*者为2010年度调职

（省委组织部）

中国共产党山西省委员会

重要会议

【深入学习实践科学发展观活动总结电视电话会议】 2月24日在太原召开。张宝顺、虞云耀讲话，王君、申联彬、胡苏平、高建民、汤涛，中央巡回检查组副组长高俊良及其他成员出席会议，薛延忠主持会议。会议指出，要深刻学习领会、认真贯彻落实胡锦涛总书记等中央领导同志在省部级主要领导干部专题研讨班的重要讲话精神，把加快经济发展方式转变作为深入贯彻落实科学发展观的重要目标和战略举措，在进一步推进“三个发展”上下工夫，不断赋予“三个发展”新的内涵和新的要求，在加快经济发展方式转变中开创“三个发展”新局面。第一，更加坚定、更加富有成效地抓好理论武装，不断增强贯彻落实科学发展观的自觉性和坚定性。第二，更加坚定、更加富有成效地建设长效机制，为深入贯彻落实科学发展观提供有力保障。第三，更加坚定、更加富有成效地加快经济发展方式转变，努力使具有山西特点的科学发展之路越走越宽广。第四，更加坚定、更加富有成效地发展社会事业和改善民生，不断取得和谐山西建设的新进步。第五，更加坚定、更加富有成效地落实党要管党、从严治党方针，切实提高党的建设科学化水平。会议指出，要巩固、扩大、深化这次学习实践活动的成果，在新的起点上不断取得科学发展的新成绩。一要坚持善始善终，下大力气继续做好学习实践活动后续工作。二要继续深化认识，进一步增强贯彻落实科学发展观的自觉性和坚定性。三要着眼长远发展，进一步建立和完善保障科学发展的长效机制。四要突出重中之重，把贯彻落实科学发展观的重点放在加快经济发展方式转变上。

【全省领导干部大会】 7月29日在太原召开。袁纯清作重要讲话，王君主持会议，薛延忠、申联彬、申维辰、杜玉林、金道铭、李小鹏、方文平、高建民、李政文、汤涛等出席会议。省委、省人大、省政府、省政协、省军区负责人，省法院院长、省检察院检察长，省武警总队主要负责人，省级老同志，省级各民主党派、工商联主要负责人，各市、县（市、区）党政主要负责人，各市人大、政协主要负责人，开发区党政主要负责人，省直各部门主要负责人，中央驻晋单位主要负责人，大专院校和省管国有骨干企业主要负责人，省人大代表和省政协委员中非公有制经济人士代表，“千人计划”入选人员参加会议。会议充分肯定近年来全省经济社会发展取得的成就，提出存在的问题和困难。指出，转型发展是山西的根本出路，要把转型发展作为全省工作的主题和主线，在发展中促转型，在转型中

全省领导干部大会　　（宋向阳提供）

谋跨越，努力抢占未来发展制高点。以建设国家新型能源和工业基地为基础，努力建设全国重要的现代制造业基地、中西部现代物流中心和生产性服务业大省，早日建成中部地区经济强省和文化强省。"十二五"时期主要经济指标努力实现翻番。会议指出，工业新型化、农业现代化、市域城镇化、城乡生态化是转型发展的根本举措，是跨越发展的主要依托。一要实现工业新型化，二要实现农业现代化，三要实现市域城镇化，四要实现城乡生态化。建设绿化山西、气化山西、净化山西、健康山西。会议强调，实现发展转型，关键是干部要转型。领导干部一要有世界的眼光，二要有战略的思维，三要有"结合"的本领，四要有敢闯的勇气，五要有学习的自觉，六要有高尚的操守。会议指出，一是要大力实施开放引进战略，二是要加快政府职能转变，三是要发挥好国有企业的骨干力量，四是要激发民营经济的活力，五是要深入推进综合配套改革，六是要深化干部人事制度改革。

【兴起学习弘扬右玉精神新高潮大会】 8月28日召开，袁纯清讲话，王君主持，薛延忠、申维辰、杜玉林、金道铭、李小鹏、胡苏平、方文平、高建民、李政文、汤涛等出席会议。袁纯清指出，要通过大力学习弘扬右玉精神，为战胜各种困难和挑战，实现转型发展、跨越发展提供强大动力。袁纯清强调，要坚定信念，牢固树立强省富民的政绩观；要围绕转型、跨越这件大事制订工作举措；要激浊扬清，旗帜鲜明地反对不良风气。各级党组织都要过一次学习弘扬右玉精神、加强作风建设专题组织生活会，开展批评和自我批评，把问题找出来、找准确，针对性地寻根源、作剖析，定措施、搞整改。党员干部和政府工作人员，要严守行为规范和工作纪律，纪检监察和组织部门要加大对不良行为的检查和查处力度，以整肃风气，形成良好的工作秩序。袁纯清指出，要求真务实，努力形成真抓实干的良好氛围。要注重抓关键，围绕推进工业新型化、农业现代化、市域城镇化、城乡生态化，明确重点任务，研究突出问题，制订落实措施；要善于抓项目，创新思路、拓宽视野，积极探索资源换项目、资源换产业的具体思路和办法，千方百计策划、创意、引进项目，形成项目建设的热潮；要致力抓氛围，把干部队伍的精力引导到发展上，大力倡导全民创业，使干事创业成为强劲的主旋律。

【传达贯彻党的十七届五中全会精神会议】 10月19日召开，袁纯清主持会议。会议指出，学习好贯彻好落实好十七届五中全会精神，是当前的首要政治任务。全省各级党组织和领导干部要认真学习、深刻领会全会精神，牢牢把握"十二五"发展的主题和主线，明确奋斗目标和主要任务，认真贯彻重大政策举措，切实把思想和行动统一到中央的部署和要求上来。会议强调，制定"十二五"规划，要以科学发展为主题，围绕转型跨越目标，体现工业新型化、农业现代化、市域城镇化、城乡生态化的思路以及"七条路径"，体现绿化山西、气化山西、净化山西、健康山西的要求，体现建设"中部地区经济强省和文化强省"和再造一个新山西等目标。要处理好转型与跨越的关系，既要落实翻番要求，又要在结构调整上有大的突破；处理好强省与富民的关系，统筹解决发展不足与保障改善民生的问题，既要推动产业升级、财政增收，又要努力增加群众收入；处理好思路与项目的关系，在明确发展思路和规划的基础上，布局一些重大项目，用项目支撑转型跨越，做到虚实结合，增强可操作性。会议要求，扎实做好当前各项工作，进一步加大落实力度，确保全面完成2010年的各项任务；大抓项目，千方百计地策划、引进、新上一批大项目好项目，确保"十二五"开好局、起好步；抓紧资源型经济转型综合配套改革试验区的有关工作；抓紧推进煤炭资源整合和煤炭企业兼并重组，加强安全生产工作，巩固和发展安全生产的好形势；做好群众工作，维护群众利益，理顺群众情绪，特别是要关心困难群众生活，组织好送温暖活动，把党和政府的关怀送到千家万户；深入开展创先争优活动，弘扬右玉精神，进一步改进干部作风，狠抓各项工作的落实。会议决定，近期召开省委九届十一次全会，全面贯彻落实十七届五中全会精神，提出制定山西省"十二五"规划的建议。

【省委九届十一次全体会议】 11月28~30日在太原举行，由省委常委会主持，袁纯清讲话。全会听取和讨论袁纯清受省委常委会委托作的工作报告，审议通过《中共山西省委关于制定国民经济和社会发展第十二个五年规划的建议》。袁

省委九届十一次全体会议 （宋向阳提供）

纯清在全会结束时作重要讲话。省委副书记、省长王君就《建议(草案)》向全会作说明。出席会议的有省委委员64人,候补委员10人。有关方面负责同志和基层党员代表列席会议。全会充分肯定省委常委会一年来的工作,高度评价"十一五"时期山西省经济社会发展取得的新成就,深入分析"十二五"时期山西省经济社会发展面临的形势。全会提出今后五年经济社会发展的主要目标:经济快速健康发展,主要经济指标翻番,经济结构调整取得重大进展,城乡居民收入普遍较快增加,社会建设明显加强,改革开放不断深化。全会提出,"十二五"时期,要大力推进工业新型化、农业现代化、市域城镇化、城乡生态化。全会提出,要以更大的决心和力度,加快社会事业发展,着力改善民生,逐步完善符合省情、比较完整、覆盖城乡、可持续的基本公共服务体系,推进基本公共服务均等化。要积极扩大就业,构建和谐劳动关系;合理调整收入分配关系,努力提高居民收入;加快建设覆盖城乡居民的社会保障体系,建立扩大消费的长效机制,加快保障性住房建设,加强和创新社会管理,加强安全生产工作,促进安全生产形势由明显好转向稳定好转转变。全会提出,要深入实施文化强省战略,推动文化大发展大繁荣。全会强调,推动转型跨越发展,必须加快改革攻坚步伐,深入推进行政体制改革、国有企业改革、财税体制改革、金融改革、资源性产品价格和要素市场改革、社会事业体制改革,增强发展的活力和动力。大力发展民营经济。优化发展环境,加大招商引资力度。实施科教兴省和人才强省战略,提升科技创新能力。全会指出,资源型经济转型综合配套改革试验区,是推动山西省转型跨越发展的重大机遇和重要抓手,必须加强组织领导,确保试验区各项工作顺利推进、取得实效。要充分发挥党的领导核心作用和广大党员干部的先锋模范作用,加强反腐倡廉建设,形成推动转型跨越发展的强大力量;要切实做好新形势下的群众工作,促进社会和谐稳定;要从转型跨越发展全局出发,切实加强干部队伍建设。

【传达贯彻中央经济工作会议精神会议】 12月14日召开,袁纯清主持并提出贯彻意见,王君传达会议精神,薛延忠、申联彬、杜玉林、李小鹏、高建民、汤涛、陈川平、张少华、刘云海、杨安和、靳善忠、安焕晓、郭海亮、王雅安、刘维佳、张建欣、李雁红、李潭生、令政策及省高级人民法院院长左世忠、省人民检察院检察长王建明等出席会议。袁纯清指出,要把全省干部群众的思想和行动统一到中央的分析判断和决策部署上来,把科学发展这一主题和加快转变经济发展方式这一主线,把转型跨越发展和再造一个新山西的发展战略,把资源型经济转型综合配套改革试验区这一国家战略的实施,贯穿到各项工作中,做到在发展中促转型,在转型中谋跨越,努力使"十二五"主要经济指标翻番在第一年有一个良好的开局。具体要抓好四个方面的工作:一是以资源型经济转型综合配套改革试验区为统揽,加快转变经济发展方式。二是以产业优化升级为突破口,加大发展循环经济和培育新兴产业的力度。三是以发展现代农业为重点,提升农业效益、促进农民增收。四是以保障改善民生为落脚点,健全政府公共服务体系。袁纯清指出,要紧密结合创先争优活动,深入推进学习型党组织建设。要紧密结合"十二五"规划的制定和实施,重点围绕转型试验区的政策措施,深入开展调查研究。要紧密结合全省四级党委换届,坚持正确的政绩导向和用人导向。要紧密结合学习弘扬右玉精神,引导广大干部树立良好作风。要紧密结合大力宣传党的十七届五中全会精神和省委九届十一次全会精神,振奋全省人民精神,营造良好发展氛围,形成转型跨越发展的强大合力,以优异成绩迎接中国共产党成立90周年。

【全省经济工作会议】 12月27~28日在太原召开。袁纯清、王君讲话。薛延忠、金道铭、申联彬、杜玉林、李小鹏、胡苏平、高建民、李政文、汤涛、陈川平、杨安和、靳善忠、安焕晓、郭海亮、王雅安、牛仁亮、张平、刘维佳、张建欣、郭良孝、韩儒英、周然、李雁红、李潭生、卫小春、刘滇生、左世忠、王建明等出席会议。会议提出2011年经济工作的总体要求:全面贯彻落实党的十七届五中全会和中央经济工作会议精神,坚持以邓小平理论和"三个代表"重要思想为指导,深入贯彻落实科学发展观,以科学发展为主题,以加快转变经济发展方式为主线,以转型跨越发展为主旋律,以推进国家资源型经济转型综合配套改革试验区建设为统揽,大力推进工业新型化、农业现代化、市域城镇化、城乡生态化,促进全省经济平稳较快发展、社会全面进步和民生进一步改善,在建设国家新型能源和工业基地,全国重要的现代制造业基地、中西部现代物流中心和生产性服务业大省、中部地区经济强省和文化强省上迈出新的步伐。会议指出,做好2011年经济工作,要把握好以下重要问题。一要把建设资源型经济转型综合配套改革试验区作为推动全省发展的重大机遇。二要把循环经济作为转型跨越发展的基本路径。三要把"一村一品"、"一县一业"作为农业现代化的重要切入点,作为发展农村经济的普遍模式加以推进。四要把发展新兴产业作为转型跨越发展的主要增长点。五要把现代物流业作为生产性服务业的重中之重。六要把太原都市圈作为推进市域城镇化的战略突破口。七要把持续扩大投资作为转型跨越发展的重要着力点。八要把招商引资作为山西省较长时期的基本方针。九要把不断提高群众生活质量作为保障改善民生的主攻方向。

(王成禹　曾　勇　任兆宇)

办公厅工作

【服务推进中心工作特别是经济建设】 2010年是“十一五”规划的最后一年。一年来，在党中央、国务院的正确领导下，中共山西省委团结带领四套班子和全省人民，坚持以邓小平理论和“三个代表”重要思想为指导，深入贯彻落实科学发展观，全面贯彻党的十七大和十七届三中、四中、五中全会精神，以开展创先争优活动为契机和动力，把保持经济社会平稳较快发展作为首要任务，解放思想、锐意创新，振奋精神、埋头苦干，努力克服国际金融危机带来的冲击，全力推动转型发展、跨越发展，着力保障改善民生，切实加强党的建设，全面推进文化建设、社会建设和生态文明建设，各项工作取得新进展新成效，“十一五”规划目标任务完成或超额完成。全省地区生产总值完成9088亿元，同比增长13.9%；财政总收入完成1810.7亿元，增长17.8%；一般预算收入完成969.7亿元，增长20.3%；全社会固定资产投资完成6352.6亿元，增长26.2%；城乡居民收入分别为15648元、4736元，分别增长11.8%、11.6%。

1. 有效应对国际金融危机冲击，经济实现平稳较快发展。认真贯彻落实中央决策部署，在经济实现恢复性增长的基础上，继续调结构、扩内需、保增长、惠民生，把落实中央决策部署与推动转型跨越发展统一起来，掀起策划、引进、建设项目的新高潮，两年投资6500亿元、带动全社会投资1万亿元的计划(实际完成1.1万亿元)，经济步入稳定较快增长区间，大多数经济指标达到或超过危机前的水平。一批重点铁路、公路、机场建成并投入使用，石太客运专线、太中银铁路建成通车，大西客运专线、中南部出海大通道等一批铁路项目加快建设；高速公路上年建成1037公里，全省通车总里程突破3000公里；省城十大建筑已建成或完成主体工程9座。引黄北干工程加快推进，35项应急水源工程中有27项相继完工，保障性住房建设和生态环境治理分别完成投资280亿元和270亿元。全面落实国家“家电下乡”“农机下乡”等政策，出台12项扩大消费的政策，全面推进“万村千乡市场工程”“双三十”农产品市场工程、鲜活农产品“农超对接”工程。稳定和拓展外需，全年进出口总额同比增长42%。继续实施企业税费减免缓缴政策，积极促进民营企业发展，千方百计保障企业正常生产经营，全省工业企业利税超过1600亿元，增长50%以上。

2. 加快提升传统产业，全力推进新兴产业较快发展。坚持煤与非煤并重，开发地下资源与开发地上资源并举，坚持以煤为基、以煤兴产、以煤兴业、多元发展，实施十大产业调整振兴规划。坚持全循环、抓高端、多联产理念，加快提升传统产业水平，煤炭、焦炭、冶金、电力四大主导产业保持稳步增长，质量效益明显改善，产业内部结构逐步优化，特别是煤炭产业中非煤产业比重进一步提高，省属五大煤炭集团非煤收入突破1800亿元，占总收入的比重达到55.4%，比上年提高6.1%。同时，加快发展新兴产业，煤炭深加工呈现良好势头，先进装备制造业、现代煤化工、新型材料、特色食品工业四大产业销售收入平均增长30%以上，特别是装备制造业增幅高达46%。大力发展以文化旅游业和现代物流业为重点的现代服务业，旅游总收入突破1000亿元。

3. 提升煤炭产业素质，煤炭资源整合和企业兼并重组取得重要成果。着眼煤炭产业规模化、机械化、信息化、集约化和可持续发展，启动实施煤炭资源整合和企业兼并重组，矿井总数减少到1053座，办矿主体减少到130个，70%的矿井生产规模达到90万吨以上，30万吨以上煤矿全部淘汰，保留矿井全部实现机械化开采。全省形成4个亿吨级、3个5000万吨级的大型煤炭企业集团。经过这轮整合重组，山西省煤炭工业发生质的变化，产业水平显著提高，安全生产状况明显改善，能源基地的地位进一步巩固，为更好地服务和支持国家建设、促进全省经济又好又快发展奠定坚实基础。2010年，全省煤炭产量达到7.4亿吨，外调5.1亿吨，创历史最好水平。煤炭行业占到全省工业增加值的56%；上缴税收占一般预算收入的60%。

4. 加快转变发展方式，节能减排和环境保护取得重要突破。把建设资源节约型、环境友好型社会放在突出位置，加快建设绿化山西、气化山西、净化山西、健康山西，努力提高群众的幸福指数和健康水平。严格实行节能减排目标责任制，大力淘汰落后产能，落实环境保护“一票否决制度”，5年共关停小火电机组316万千瓦，淘汰落后钢铁产能5397万吨、焦炭产能4761万吨、水泥产能2586万吨、电石产能142万吨；全面启动生态省建设，深入实施“蓝天碧水工程”、造林绿化工程、生态环境治理修复工程。化学需氧量、二氧化硫排放量较2005年末分别削减16.3%、13.5%，万元GDP综合能耗下降22%以上，国家下达的“十一五”节能减排目标任务全部完成或超额完成。大力推广清洁能源，深入推进煤层气、天然气、焦炉煤气、煤制气产业一体化发展。11个省辖市城区空气优良率显著提高。全年完成营造林424万亩，森林覆盖率达到18%。

5. 坚持强化责任加强管理，安全生产形势明显好转。严格落实企业安全生产和政府安全监管主体责任，出台12个行业118条安全生产具体规定，深入开展安全生产专项整治，抓好重点行业和领域的安全生产，有效防范和坚决遏制重特大事故，扭转安全生产被动局面，安全生产形势持续明显好转。2010年，全省各类安全生产事故死亡人数在2009年减少1018人的基础上，又减少505人，原煤生产百万吨死亡率下降到0.187,创历史最好水平。

6. 着力优化城镇布局,推动城镇加速发展。以太原都市区为核心、区域性中心城市为节点、大县城和中心镇为基础,构建以太原都市区,太原都市圈,晋北中部、晋南中部、晋东南中部城镇群为标志的“一核一圈三群”城镇体系框架,支持太原率先发展,各市旧城改造和新城建设力度明显加大,区域中心城市及城镇群发展步伐加快,城市基础设施和公共服务体系进一步健全。生态园林城市建设取得新进展,11个设区市新增绿地面积549.25公顷,建成区绿化覆盖率达到37.71%。太原市和4个县级市县被授予国家园林城市(县城)称号。完善城市基础设施,市政公用设施建设投资300亿元,新建成28座污水处理厂,实现污水处理厂县级全覆盖。

7. 切实加大强农惠农力度,着力提高农业现代化水平。全面落实各项强农惠农政策,省级财政投入“三农”资金达136亿元。先后出台实施玉米最低收购保护价等“五项补贴政策”、设施蔬菜大县奖补等“八项惠农政策”、盐碱地改造等“七大强农工程”,农业综合生产能力稳步提高。“十一五”期间粮食产量均超过百亿公斤,创历史新高。围绕“一村一品”“一县一业”,大力推进农业规模化、产业化,扎实推进雁门关生态畜牧经济区建设,重点抓好33个优势农产品示范基地县建设,启动运城、晋中、大同三大现代农业示范区建设,实施农产品加工龙头企业“513”工程,确定481户企业重点扶持。2010年全省农产品加工龙头企业实现销售收入510亿元,比上年增长36%。2010年,安排建设高产示范片100多万亩,规模养殖小区和养殖场达到2000多个,规模化养殖比重达到65%;新发展设施蔬菜21.2万亩。完善农村土地管理制度,分别建成县、乡土地流转服务组织62个和610个,土地流转面积达到480万亩,182万亩实现集中连片规模经营,合同签订率达到80%以上。探索推进土地股份合作社、农村资金互助社和跨区域联合社建设,农民专业合作社达到31658个,连续四年居全国前3位,带动165万农户,占总数的23.6%。加强农业科技创新推广体系、动植物疫病防控体系、农产品质量安全体系、农产品市场营销体系、农业农村信息服务体系和农业综合执法体系建设。把促进农民增收作为“三农”工作的核心任务,“十一五”期间转移农村劳动力185万人。组织1873个企业、机关事业单位与农村结对帮扶,帮建项目6800个。以片区开发为重点推进扶贫工作,“十一五”时期有105万贫困人口实现脱贫。按照千村示范、万村推进的思路,以9098个试点村和重点推进村为抓手,扎实推进新农村建设。实施农村“五个全覆盖工程”,全面完成具备条件的建制村通水泥(油)路全覆盖、中小学校舍安全改造全覆盖、县乡村三级卫生服务体系特别是村级卫生室全覆盖、村通广播电视全覆盖和农村安全饮水全覆盖。村通水泥(油)路里程2万多公里;投资170亿元,在全国率先实现中小学校舍安全改造工程,改造中小学校舍9483所;建成6971个村级卫生室,并配备基本的医疗设备;完成9193个村通广播电视任务;建成各类饮水工程1.2万处,全省农村面貌和农民生活质量有明显改观。

8. 改革开放力度加大。深化国有企业改革,加大国有企业兼并重组力度,充分发挥国有骨干企业在转型跨越发展中的带头示范作用。召开民营经济转型跨越发展大会,将民营经济发展纳入领导任期目标责任制,加大政策、资金、土地、人才等支持力度。巩固和拓展煤炭工业可持续发展政策措施试点成果,推进市县机构改革、事业单位分类改革、乡镇改革和集体林权制度改革。加快推进财税体制改革,60个县实行财政省直管县体制。扎实推进金融改革,农村信用社改革取得重要进展,晋商银行及一批小额贷款公司、村镇银行等金融机构相继组建,大同煤业等16家企业在境内外成功上市,省金融办开始筹建。完成医改五项重点改革任务,实行燃油税改革,扎实推进煤炭工业可持续发展试点、循环经济省试点、生态省试点。进一步加大招商引资力度,成功举办第三届中国(太原)国际能源产业博览会、中国(山西)装备制造业博览会、港洽会、珠洽会和央企、民企山西行等大型招商活动,积极参加世博会、中博会等重大活动,积极推动晋非经贸合作区建设,与德国北威州、美国西弗吉尼亚州交流合作更加深入,全年实际引进资金1462亿元。

【服务推进社会建设和民生改善】 1. 统筹推进社会事业。着力解决高校毕业生、农民工和城镇就业困难人员等重点群体就业问题,5年新增城镇就业255.7万人,大学生就业率年均达到85%,零就业家庭至少有一个人实现就业,城镇登记失业率控制在4%以内。扩大社会保障覆盖范围,提高保障标准,城镇职工养老、医疗、失业等各项社会保险综合覆盖率达到87%,新型农村合作医疗参保率达到94.3%,新型农村养老保险扩大到50%以上的农业县,219.5万城乡低保对象和14.2万农村五保对象实现应保尽保。推动各类教育均衡发展,招聘2611名特岗教师充实扶贫开发工作重点县教师队伍。农村义务教育学校教师平均月工资达2660元,城市义务教育学校教师平均月工资达3020元。加强职业教育,对农村家庭贫困学生免除学费。推动高等教育,启动建设面积9000亩的高校教育园区,建成后可容纳15万师生,投资3亿多元对高校危房进行改造,为高校增加3000名教师编制。鼓励普通高中教育走内涵式发展道路,毛入学率达86.8%,高考录取率超过66.2%。学前教育、特殊教育取得长足进步。加快实施基本药物制度,公立医院改革试点扎实推进。

2. 着力解决重点民生问题。加

强房地产市场调控，制订和完善限购措施，加强房地产市场监管，促进房地产市场健康发展。把保障性住房建设纳入向全省人民承诺办好的实事和省级重点工程，积极推进廉租住房建设、经济适用房建设、棚户区改造和农村困难群众危房改造。5年开工建设各类保障性住房90万套，完成投资约910亿元，2009~2010年开工建设65万套，其中累计开工建设国有重点煤矿棚户区改造安置住房12.25万套，超额完成"十一五"目标任务。力争在"十二五"期间提前2年完成工矿棚户区改造任务，基本解决人均住房建筑面积13平方米以下城市低收入家庭住房问题和农村危房改造问题。认真贯彻国家稳定物价政策措施，及时制订实施12条具体措施；增加市场供应，强化价格监管，畅通鲜活农产品运输"绿色通道"；建立救助保障标准和物价上涨挂钩联动机制，投入5亿多元，对大中专院校学生、城乡低保对象发放临时价格补贴，有效稳定物价水平，保障困难群众和特殊群体的基本生活。2006~2010年，全省经济年均增长11%以上，居民消费价格总水平年均上升3%左右。

3. 推动社会管理创新。严格落实维护稳定责任制，深入推进社会矛盾化解、社会管理创新、公正廉洁执法三项重点工作。加强社会治安综合治理，加强对流动人口、重点人群、重点地区的管理和服务，全面落实校园安全保卫工作。严厉打击各种违法犯罪活动和黑恶势力，群众安全感进一步增强。加强基层基础工作，完善社情民意调查机制，健全应急工作机制。全面加强信访工作，开展涉法涉诉信访积案攻坚大会战，连续两年实现信访总量、个体访、集体访、进京非正常访明显下降。深入开展"送温暖、献爱心"活动。

【服务推进民主法治建设和宣传文化工作】 1. 支持省人大常委会依法履行职能。组织人大代表围绕制定"十二五"规划进行深入调研，提出意见建议。突出立法重点，提高立法质量，清理修订不适应不符合科学发展的地方法规，制定、修改、废止28件，对2009年底前现行有效的167件法规进行清理。加强法律监督和工作监督。加强和改进代表工作，组织人大代表开展专题视察，高质量办理代表议案和建议。加强人大常委会自身建设，充分发挥专门委员会的作用。召开省十一届人大第四次会议，实现省人大常委会主任的交替。

2. 组织政协委员就经济社会发展中的重大问题特别是制定"十二五"规划协商讨论、建言献策。完善同民主党派合作共事机制。深入推进"凝聚力工程"，"新晋商万企联万户感恩行动"列入全国统一战线十大行动之一。召开全省第五次民族团结进步表彰大会，全面贯彻党的宗教政策，坚决抵制境外利用宗教进行渗透破坏的活动。召开全省民营经济转型发展大会。加强和改进新形势下工商联工作。做好党外知识分子和港澳台海外统战工作。

3. 法治政府建设成效明显，司法体制和工作机制改革稳步推进。法律服务和法律援助不断加强。健全基层群众自治机制，完善基层民主管理制度。强化城乡社区建设，推进厂务公开，完善政务公开、村务公开和公共企事业单位办事公开等制度。全面推广"四议两公开"等经验和做法。充分发挥工会、共青团、妇联等人民团体联系群众、服务群众、教育群众、维护群众权益的作用。

4. 支持国防和驻晋部队现代化建设，提高国防动员能力，抓好民兵预备役工作，加强人民防空建设，党政军联合组织指挥、军警民联合遂行任务能力明显提高。军民融合式发展成效显著，军地"双服务"取得新成绩。

5. 扎实推进文化体制改革，全省共有182家经营性文化单位成功转企改制，文艺院团试点改革任务全面完成，省出版系统全部转企改制，省级广播电视局台分离，市县文化、广电、新闻出版三局合一。《解放》《千手观音》等精品剧目和平遥国际摄影展等重大品牌文化活动在全国产生广泛影响。2010年全省文化产业增加值达280多亿元，占GDP的比重达3.1%。

【服务推进党的建设】 1. 扎实开展创先争优活动。以深入学习实践科学发展观，"创先争优我承诺、转型跨越促发展"为主题，在全省广泛深入开展创先争优活动。实行省委常委建立联系点制度。省委要求各级党组织和广大党员干部坚定目标抓转型、坚持经常抓机制、强化载体抓岗位、兑现承诺抓评议、检验效果抓惠民，努力创转型跨越之先，争强省惠民之优。同时，全面加强基层党组织建设，扩大党组织覆盖面，省委成立非公经济组织党工委。完善党员教育培训示范基地，新建村级组织活动场所9615个，实现村级组织活动场所全覆盖。

2. 加强领导班子和干部队伍建设。把提高本领、转变作风，坚强有力、奋发有为作为领导班子和干部队伍建设的重点和目标，加大干部教育培训力度，2010年出台推进干部选拔任用工作的"6条意见"，推出"7个一批"的具体改革措施，加大干部公开选拔的力度，努力提高干部任用的公信度。常委会票决制覆盖所有县(市、区)。健全党政领导干部选拔任用工作责任追究制度，深入整治选人用人上的不正之风。实施新的年度目标责任制考核，对省直部门和各市真正体现奖优罚劣，端正工作导向。出台《山西省中长期人才发展规划纲要(2010~2020年)》，5年共引进国内外优秀人才5400余人，近两年每年拿出5000万元，实施引进海外高层次人才"百人计划"，对引进的海外高层次人才提供100万元工作生活补助资金，先后引进海外高层次人才58人。

3. 整肃干部风气，狠抓工作落实。大力开展学习弘扬右玉精神活动，加强对各级领导干部的政绩观教育。为制定好"十二五"规划纲要，省委、省政府选取事关全省发展全局的19个课题，由省委常委和副省长领题调研。组织省领导和各市各有关部门负责同志，逐市逐地检查重点工程和民生项目。以优化发展环境、加强效能建设为重点，开展纪律作风整顿，规范干部从政行为，严格工作纪律的“四条禁令”，对违反工作纪律和利用职权吃拿卡要的不良风气进行集中整治，对违反工作纪律的516名公职人员分别给予组织纪律处分，对19起典型案件进行公开曝光。

4. 扎实推进反腐倡廉建设。加强党中央、国务院和省委、省政府重大决策部署落实情况的监督检查，及时整改检查中发现的问题。煤焦领域反腐败专项斗争深入推进，累计收缴各类违法违规资金322亿元，健全资源审批等制度。加强农村党风廉政建设，推进国有企业和高校党风廉政建设。加强领导干部廉洁自律，省委常委公开作出带头履廉的8项承诺。建立健全反腐倡廉制度，严格执行党风廉政建设责任制，省委常委带队对各市党风廉政建设情况进行检查。

（王成禹　曾　勇　任兆宇）

组织部工作

【开展创先争优活动】 各级党委和组织部门按照中央和省委部署，组织党的基层组织和党员全面开展创建先进基层党组织、争当优秀共产党员活动。

1. 加强组织领导，创先争优活动健康发展。全省108780个基层党组织开展活动，212.74万名党员参加活动，参与率达96.7%。省委组织部、省委宣传部联合下发《关于在全省基层党组织和党员中深入开展以学习实践科学发展观为主题的创先争优活动的意见》，确立“创先争优我承诺，转型跨越促发展”活动载体。全省11个市委、9个行业主管部门和工青妇组织成立领导机构和工作机构，明确工作责任制，强化督促检查和具体指导，确保创先争优活动高标准启动、高质量开展。全省各级党组织培训基层党组织书记13.14万人次，为创先争优活动培训骨干。

2. 建立领导干部联系点制度，加强分类指导，创先争优活动全面推进。一是省、市、县三级普遍建立领导干部联系点制度。省委常委和省政府党员领导带头建立联系点，省委创先争优活动领导小组建立22个联系点，市级党员领导干部建立450个联系点，县级党员领导干部建立7313个联系点。二是针对行业系统特点，分类指导活动开展。省委创先争优活动领导小组制定下发《关于在行业主管部门成立创先争优活动领导(指导)小组的意见》，各行业党组织和党员、从业人员，围绕规范组织活动、发挥堡垒作用、开展党性教育、争做诚信模范、组织业务竞赛、提升执业水平等创先争优。按照全国党群共建创先争优活动视频会议精神，省委创先争优活动领导小组分别与省总工会、团省委、省妇联联合印发《创先争优活动的实施意见》，召开全省党群共建创先争优座谈会，贯彻中央党群共建创先争优视频会议精神。

3. 把握重点工作，创先争优活动深入开展。全省各级党组织以提高活动满意度为目标，组织开展公开承诺、领导点评、群众评议、选树典型等工作。一是坚持高标准严要求，抓好公开承诺工作。各级党组织把承诺活动与亮身份、树形象紧密结合，把“创先进”“争优秀”标准细化到具体工作中，制定具体实施方案，完善和推进基层党组织和党员公开承诺制。据统计，全省104255个基层党组织和203.87万名党员作出公开承诺，分别占党组织和党员总数95.84%和95.83%。承诺事项分别达36.42万件和393.26万余件，兑现承诺率分别达85.45%和85.13%。二是坚持实事求是原则，抓好领导点评工作。省委创先争优活动领导小组转发中央《关于在创先争优活动中认真做好领导点评工作的指导意见》，下发《关于在春节前普遍开展领导干部点评创先争优工作的通知》。全省各级党组织通过现场点评、会议点评、个别谈话、随机点评等方式，分层分类开展领导点评工作，重点点评党员干部履行职责、兑现承诺、发挥作用情况，活动开展以来，全省县级以上领导干部开展点评17356次。三是坚持评改并重，抓好群众评议工作。全省各级党组织定期组织党员群众开展专题分析评议会议，运用横向比较、纵向对照、上下联系方法，采取党员自评、领导点评、部门互评工作作风等方面存在突出问题，制定改进措施。四是坚持典型示范，树立争创标杆。全省各地各部门注意发现总结创先争优活动先进典型，宣传王元林、张书堂、荆保山等一批先进典型，组织先进事迹报告团作报告52场次，受教育党员5万多人。

4. 围绕群众满意，创先争优活动取得实效。全省各级党组织坚持创先争优活动部署以群众得实惠为目标，活动成效以群众满意为标准，积极为群众办实事、做好事55.4万多件。大力开展下乡住村“六个一”活动：一是创先争优，搭建一个基层组织和党员发挥作用的平台；二是转变观念，开好一个解放思想、促进发展的讨论会；三是理清思路，帮助制定一个切合实际的发展规划；四是突出重点，帮助上一个好致富项目；五是深入农户，解决群众关注实际问题；六是认真总结，形成一个促进作用转变，推进项目建设的调研报告。

5. 加大宣传力度，创先争优活动氛围良好。一是开设专栏，重点宣传。省、市报刊电台及党政机关内部刊物开设“开展创先争优、推动转型跨越发展”等形式多样、各具特色专栏，刊发动态新闻、工作通讯、言论等2380篇，集中宣传创先争优活动。二是形式多样，立体宣传。各地各单位以标语、宣传栏、电子大屏幕、文化墙、板报、户外公益广告、征文、文艺表演、手机短信等形式进行宣传，扩大宣传覆盖面。三是抓住时机，扩大宣传。省委书记袁纯清署名文章《在转型发展跨越发展中建功立业创先争优》在

7 月 20 日，省委常委、组织部部长汤涛在山西省地方志办公室调研　（宋向阳提供）

《人民日报》发表后，省委创先争优活动领导小组要求全省各级党组织和广大党员认真学习领会，认真查找不足，创新发展思路，使创先争优活动围绕全省转型发展、跨越发展主题深入开展。四是抓住重点，适时引导。积极开展理论研讨，《在转型发展跨越发展中建功立业创先争优》《创先争优重在抓基层打基础》《创先争优要创争在理上》等一批理论文章在中央级报刊发表；在省委创先争优《简报》上加按语刊发，强调重点工作，引导活动健康开展。

【干部人事制度改革】 各级党委和组织部门以中央《2010~2020 年深化干部人事制度改革规划纲要》为指导，贯彻落实省委《关于实施<2010~2020 年深化干部人事制度改革规划纲要>的意见》，抓住重点，突破难点，深入推进干部人事制度改革。

1. 加强对干部人事制度改革宏观指导。一是出台《山西省贯彻落实<2010~2020 年深化干部人事制度改革规划纲要>的实施意见》（以下简称《实施意见》）。召开各类座谈会、研讨会、论证会 38 次，广泛征求意见，《实施意见》起草制定过程成为工作部署"预热"过程。二是借鉴外省干部人事制度改革先进经验。省委组织部先后组成七个考察组，赴广东、天津等五省市进行调研考察，向省委常委会作专题汇报，为破解难题、推进改革提供重要依据。三是对全省干部人事制度改革进行全面部署。省委召开全省深化干部人事制度改革电视电话会议。坚持分类指导、重点推进，连续召开市县、省直、高校三个推进干部人事制度改革座谈会，举办市、县组织部长专题研讨班，建立全省推进干部人事制度改革联席会议制度，推动全省各层面、各领域干部人事制度改革深入进行。四是积极开展改革试点。出台《试点工作方案》，把全省 15 个改革试点项目任务分解到 11 个市和有关省直单位，在试点单位建立干部人事制度改革信息员制度。五是加强舆论宣传，形成浓厚氛围。在省委组织部主办"三晋红 E"网上及时发布干部人事制度改革有关信息，省委组织部领导就干部人事制度改革诸多热点问题，与网民互动，并进行解答。编印《干部人事制度改革政策法规文件选编》《山西干部人事制度改革探索与思考》，供各级领导干部和广大组工干部学习使用。

2. 全力实施"6+7"改革举措。省委研究制定《关于深化干部人事制度改革，推进干部选拔任用工作的几点意见》，提出树立和坚持正确用人导向、着力优化领导班子结构、重点加强"一把手"选拔和管理、切实加大干部交流力度、大力推进竞争性选拔干部工作、加强干部宏观管理和完善干部选拔任用机制等六方面指导意见，并明确近期将要推出"七个一批"改革措施。

3. 着力改革干部考核方法。根据省委要求，学习借鉴外省经验，改变过去多头考核、分散考核状况，形成以年度目标责任考核、领导班子和领导干部考核、党风廉政建设考核"三位一体"年度目标责任考核体系。成立以省委书记袁纯清为第一组长、省长王君为组长的省年度目标责任考核领导组，设立考核领导组办公室，出台《山西省年度目标责任考核试行办法》，制定下发 2010 年年度目标责任考核工作的实施方案、细则和考核"加减法规定"，对全省 11 个市和 92 个省直部门（单位）全面实施 2010 年年度目标责任考核，激发全省各级领导班子和干部队伍干事创业积极性。

4. 推行已成熟改革措施。全省各级各部门共举办干部人事制度改革培训班 132 期，培训干部 3.4 万余人；采用竞争性选拔方式选拔干部工作取得新进展，选拔 358 人，其中公开选拔 127 人，竞争上岗 231 人；县（市、区）常委会票决干部全面推行，票决干部 137 批、7065 人次；从基层一线选拔干部工作成效明显，全省从村"两委"主干和大学村干部中定向招录乡镇公务员、事业单位工作人员 1226 名，市以上党政机关从基层选调干部 798 人，其中厅级干部 42 人，处级干部 53 人，科级及以下 703 人；干部交流力度进一步加大，全省干部平职交流 1284 人，其中厅级干部 52 人，处级干部 1232 人；从省、市级机关选派干部到基层任职挂职 182 人，其中处级干部 61 人，科级及以下 121 人。

【干部工作】 各级党委和组织部门围绕全省工作大局，以提高执政能力和领导水平为重点，大力加强领导班子和干部队伍建设。

1. 不断创新干部教育培训工作。一是结合山西省实际，制定出台贯彻中央《2010~2020年干部教育培训改革纲要》实施意见。二是扎实推进干部自主选学试点工作。全年举办65个专题、103期班次培训，试点单位参学人数达8500余人。三是抓好主体班次和各类专题培训。贯彻李源潮考察山西讲话精神，积极开展领导干部城镇化建设培训。四是创新培训机制。与中央"一校五院"（中央党校、国家行政学院、中国浦东干部学院、中国井冈山干部学院、中国延安干部学院、中国大连高级经理学院）及武汉大学、同济大学建立"省校（院）干部培训资源共享机制"，积极筹备建立山西省干部在线学院和干部教育培训信息管理平台。

2. 深入整治选人用人不正之风。一是狠抓"四项监督制度"学习宣传和贯彻落实，加强学习培训，制定实施"四项监督制度"操作规程等制度；二是开展全省组织工作满意度民意调查，对满意度排名靠后县县委书记进行诫勉谈话；三是在党政机关和企事业单位开展"一报告两评议"工作，并注重对评议结果运用；四是组织开展全省干部选拔任用工作集中检查，会同省纪委开展全省严厉整治干部选拔任用工作行贿受贿行为工作，开通省市组织部门"12380"举报网站；五是加强对县（市、区）委书记管理，与全省117名县（市、区）委书记开展"深入整治用人上不正之风"专题谈心谈话活动，对30名县（市、区）委书记进行履行干部选拔任用工作职责离任检查。

【人才工作】 各级党委和组织部门认真贯彻《国家中长期人才发展规划纲要(2010~2020年)》，围绕转型发展、赶超发展、跨越发展，积极实施《山西省中长期人才发展规划纲要(2010~2020年)》，以引进高层次人才和高技能人才为重点，进一步开展人才工作。

1. 完成山西省中长期人才发展规划纲要编制工作。召开全省人才工作会议，向社会发布《山西省中长期人才发展规划纲要（2010~2020年）》，做好任务分解和实施工作，整体推进市、县人才规划和6支人才队伍发展专项规划编制工作，加快实施人才强省、人才强市、人才强企战略。

2. 实施人才加速战略，大力引进海外高层次人才。实施省委人才加速战略，落实"百人计划"，累计引进海外高层次人才58名，其中6名入选国家"千人计划"，确定16个省级人才基地建设单位，引进2个高层次创新创业团队，签订人才技术合作项目6个，建立海外引进人才联络站1个，举办海外学子实业家山西行活动，认真落实"百人计划"和人才基地有关政策待遇，预计2011年完成"百人计划"引进任务。

3. 全面推进省市县乡四级党委联系高级专家和优秀人才工作。召开县乡党委联系专家和优秀人才工作推进会，在总结"1市10县"试点经验基础上，在全省范围内全面铺开。通过"12316三农服务热线"等形式，组织专家和优秀人才自觉投身经济社会发展主战场。

【基层党组织建设】 各级党委和组织部门着眼于推动发展、服务群众、凝聚人心、促进和谐，以农村、街道社区为重点，进一步推进基层党组织建设。

1. 完成第二轮村级组织活动场所建设任务。按照"三个一批"规划要求，全省新建、扩建9615个村级组织活动场所，占全省农村总数34%。有效解决全省一些农村村级组织无活动场所和服务功能不完善问题，基本实现村级组织活动场所"全覆盖"。

2. 抓好基层党组织换届工作。截至12月20日，省直四个工（党）委所属基层党组织换届率达67.9%，市直党（工）委所属基层党组织换届率达84%，县直属党（工）委所属基层党组织换届率达96.9%。

3. 全面推行"四议两公开"工作法。落实中组部郑州会议精神，全省确定1市和10县先行试点，召开现场推进会，在全省农村广泛推行。统筹推进各领域基层党组织建设，依托省、市、县三级工商行政管理部门成立非公有制经济组织党工委，召开全省街道社区党建工作座谈会，推进"三有一化"建设，基层党组织建设得到加强。

4. 做好大学生村干部管理工作。一是鼓励大学生村干部在新农村建设中创业富民。提供金融服务，支持大学生村干部领办、合办、参与农民专业合作社，全省2821名大学生村干部参与创办专业合

省委常委、组织部部长汤涛在省工商局调研　　（靳国琦提供）

作社。开展多种形式的创业培训，首批确定11个省级创业培训基地，建立25个实践基地。二是积极引导有序流动。拓宽流动渠道，通过留任村干部、考录公务员、自主创业、另行择业、继续学习深造等渠道，6971名大学生村干部实现有序流动。三是强化管理。建立全省大学生村干部工作联席会议，开展“五比五争”主题实践活动，评选表彰百名优秀大学生村干部。

【党员教育管理工作】 各级党委和组织部门以保持党的先进性为目标，紧抓发展党员、教育培训、管理服务等方面工作，不断推进党员队伍建设。

1. 积极开展党员教育培训。认真贯彻落实《2009~2013年全国党员教育培训工作规划》，按照《山西省2009~2013年党员教育培训工作实施意见》要求，制定党员教育培训五年规划。建立6个全省党员教育培训示范基地，在晋城市阳城县皇城村举办全省农村党组织书记示范培训班。结合争先创优活动开展，充分发挥农村远程教育网络作用，在农村广大党员干部中进行政治理论、农业实用技术等方面内容的教育学习。

2. 做好发展党员工作。制定《关于进一步做好发展党员工作的意见》，坚持有计划开展发展党员工作。在普遍实行发展党员预审制、公示制、票决制、责任追究制同时，推进以群众推荐为基础的发展党员工作新机制，促进发展党员工作民主化和规范化。各级党组织加大在产业工人、农村致富能手、优秀非党村委会成员、大学生村干部及高知识群体和人才队伍中发展党员工作力度，进一步改善党员队伍结构。据党内年报统计，全年新发展党员7.01万多名，其中发展生产、工作一线党员4.58万多名，占发展党员总数65.26%；发展35岁以下青年党员5.32万多名，占发展党员总数75.79%；发展高中以上文化程度党员6.11万多名，占发展党员总数87.18%；发展女党员2.45万多名，占发展党员总数34.90%。

（李焱平）

宣传部工作

【打牢加快转型跨越发展的思想基础】 2010年，省委宣传部按照中央和省委的要求，坚持以科学发展观统领宣传思想文化工作全局，突出重点，狠抓落实，各方面工作都取得显著成效，为山西省转型跨越发展提供强大的思想保证、精神动力、舆论支持和文化条件。

1. 推进学习型党组织建设，科学发展观不断深入人心。省委高度重视学习型党组织建设工作，专题研究学习型党组织建设的有关问题，下发《关于推进学习型党组织建设的实施意见》，成立由省委书记袁纯清任组长的学习型党组织建设领导组，召开全省学习型党组织建设动员大会，对学习型党组织建设进行全面部署。2010年底，召开全省学习型党组织建设工作座谈会，交流经验，起到示范带动的作用。党的十七届五中全会和省委九届十一次全会后，组织省委宣讲团赴各市进行宣讲，收到良好效果。开展“读一本好书征文”和“好书读讲”等活动，探索推进学习的途径和方法，袁纯清亲自推荐学习书籍，全省上下形成浓厚的学习氛围，学习型党组织建设取得积极成果。

2. 抓好各级党委中心组学习，各级领导干部推进科学发展的能力进一步增强。推进各级党委中心组理论学习的经常化、制度化，充分发挥党委中心组的龙头带动作用。省委中心组围绕山西经济社会发展的重大问题，带头抓学习，坚持学以致用，用以促学，省委常委、副省长，每人一个调研题目，把学习、实践、宣讲、检查紧密结合起来，为山西省“十二五”规划的制定提供科学依据。

3. 深入研究改革发展稳定中的重大问题，为山西又好又快发展提供理论支持。组织全省社科理论工作者深入研究事关全省发展大局的重大理论和实践问题，推出一批有影响、有价值的研究成果。组织编写《袁纯清同志在全省领导干部大会上的讲话学习资料》《山西市县长论转型发展》《高层领导论转变经济发展方式论文集》等书籍，对山西省第六次社会科学研究优秀成果进行表彰。

【营造转型跨越发展氛围】 以战役性、引导性宣传为主要形式，进一步营造加快转型跨越发展的浓厚氛围。按照袁纯清关于新闻宣传工作要坚持思考在前、策划在先的要求，增强工作的超前性、引领性，掌握舆论的主导权，积极应对各种突发性事件，为加快科学发展营造浓厚的氛围，提供舆论支持。

1. 各类媒体联合作战，在服务转型跨越发展上取得新成效。紧紧围绕中央、省委的中心工作，强化中心工作报道和主题性宣传。对中央和省委的重大决策部署、重要实践活动，特别是围绕转型跨越发展的主题，超前谋划，精心组织，统筹安排，以各级主流媒体为主导，调动宣传舆论工具，开展战役性宣传、系列化报道，在全省上下形成深入解放思想、共谋科学发展、勇于开拓创新、推动转型跨越的强大舆论氛围。2010年，组织学习贯彻十七届五中全会精神和省委九届十一次全会精神的宣传战役、学习贯彻袁纯清书记重要讲话精神的宣传战役、学习型党组织建设和创先争优宣传战役等。《山西日报》、电台电视台等主流媒体发挥新闻宣传的主渠道、主阵地作用，《山西日报》在全省领导干部大会前后连续刊发论山西转型跨越发展的十篇评论文章和八篇系列解读文章，在省委九届十一次全会后连续发表八篇评论文章和六篇“十二五”规划《建议》解读文章，省委宣传部和省电视台组织拍摄的电视专题片《转型之路》播出后，产生良好效果。省委中心组观摩检查、能源博览会、装备制造业博览会等重大活动的宣传报道取得良好反响。

2. 科学应对突发事件，在提高新闻应急能力上取得新成效。2010年，山西省经历王家岭在建煤矿透水事故等多起突发性公共事件，迅速启动省市县三级应对突发事件的联动工作机制，做到第一时间深入现场，第一时间发布信息，有效掌控和引导社会舆论。在王家岭煤矿透水事故处置中，山西省主要新闻媒体及时介入，充分报道，全面、准确、快捷地发布出最权威、最真实的信息，成功地将负面事件转化为一次正面的宣传报道，弘扬以人为本、团结协作、不放弃、不抛弃、坚持到底的崇高精神，提升党和政府的亲民形象，舆论引导受到广泛赞誉。舆情、网络部门及网络媒体针对网上舆论热点，深入研究舆情动态，及时报送舆情信息，积极组织正面宣传引导。严格落实全省24小时网上舆情监看值班制度，加强对网络媒体的管理和引导。

3. 建立健全制度机制，加强新闻队伍建设。继续在新闻战线深入开展“三项学习教育”活动，强化对新闻队伍的教育和管理。重视新闻发言人制度建设，形成党委、政府两大系统，省、市、省直部门三个层次的新闻发言人队伍体系，在全国率先设立省直党委新闻发言人。制定新闻发布工作制度，全年举办新闻发布会160余场。建立健全网络发言人、网络媒体评论员、舆情信息员等三支队伍。加强新闻队伍培训，队伍的整体素质明显提高。

【精神文明创建活动】 以群众性精神文明创建活动为载体，形成加快转型跨越发展的价值导向。坚持把社会主义核心价值体系建设融入到人们的日常生活之中，融入到精神文明建设的全过程，使之转化为人民群众的自觉追求，夯实广大人民群众团结奋斗的共同思想基础。

1.大力弘扬右玉精神，凝聚起推进山西科学发展的强大力量。按照省委的要求，在全省范围内掀起学习宣传右玉精神的热潮。全省广大党员干部把学习右玉精神与贯彻落实科学发展观结合起来，与推动转型跨越发展的实际工作结合起来，有力推动工作。对照这一典型，加强对各级领导干部的政绩观教育，在全省上下营造争发展、抓转型、促跨越的氛围。精心打造弘扬民族精神的有效载体，开展以“我们的节日”为主题的民俗文化活动，具有山西特色的节庆文化品牌初步形成，受到中央文明办的充分肯定。

2. 引深群众性文明和谐创建活动，社会文明程度不断提高。扎实推进创建文明和谐城市工作，组织省内主要媒体对太原、长治、晋城等8个省级文明和谐城市进行集中报道。开展“文明和谐单位”和“社会主义新农村建设重点推进村”结对帮扶活动，引导城市的人才、资金、管理等要素向农村流动。开展“文明集市”“百城万店无假货”等创建活动，推动文明和谐创建活动向纵深发展。开展道德模范评选活动，营造崇德向善的良好风尚。贯彻落实全国未成年人思想道德建设视讯会议精神，推进未成年人思想道德建设有效开展。

【文化体制改革】 以文化体制改革为动力，增强转型跨越发展的文化支撑。深入贯彻落实胡锦涛总书记关于文化改革发展的指示精神和省委的工作要求，加快文化改革发展，全省文化体制改革和文化发展呈现新局面。文化产业增加值占GDP的比重达3.1%，超过全国的平均水平。

1.“五大战略”引领，形成发展共识。袁纯清明确提出文化发展的“五大战略”，即实施大作品展现、大集团运作、大景点支撑、大服务引领、大会展集聚。“五大战略”为山西文化体制改革和文化产业发展指明正确方向和实践路径，并取得阶段性成果。在大作品展现方面，创作一批具有鲜明山西地域特色、有较高质量和思想内涵的文艺作品。电影《高君宇与石评梅》、电视剧《红军东征》《荣河镇的男人们》、舞剧《千手观音》、鼓乐剧《杨门女将》等一批文艺作品经过紧张制作陆续推出。电影《赵氏孤儿》、电视连续剧《西口长歌》《天地民心》等相继播映，晋剧《傅山进京》、电视剧《走西口》等一批文艺作品荣获大奖，产生良好社会效应。组织全省精神文明建设“五个一工程”奖的评选工作，推出一批精品力作。在大集团运作方面，做大做强一批骨干文化企业。山西出版集团、语文报、英语周报等文化企业的市场竞争力日益增强，五大文化产业集团的筹建工作正在积极稳妥推进，态势良好。在大景点支撑方面，坚持推动文化与旅游的深度融合，重点打造十大文化旅游景区。在大服务引领方面，认真抓好山西大剧院、山西省图书馆以及各市文化基础设施建设，做好各大景区的文化设施配套和文化休闲娱乐服务。在大会展集聚方面，积极指导、支持，扩大文化旅游节庆、会展节庆的影响。太原晋商文化节、大同云冈文化艺术节、右玉西口风情生态旅游节、五台山国际旅游文化节、平遥国际摄影大展、我们的节日·清明节、太行山红色文化艺术节、黄河壶口文化艺术节、晋国古都文化节、关公国际文化旅游节等十大节庆活动，突出展示山西的文化底蕴和人文风情，为招商引资、文化交流搭建重要平台。

2.“五个一工程”支撑，形成发展亮点。“五个一工程”的提出，充分调动了全省上下发展文化产业的积极性、主动性和创造性，各地积极整合文化资源，大力培育文化品牌，初步形成省市县三级文化发展的新格局。全省11个市已制定发展规划和实施方案，提出重点发展的文化产业项目123个、文化产品96个。省直部门和市一级文化产业“五个一工程”预计投资近170亿元。全省11个市设立文化产业专项资金近2亿元，各级财政全年对文化产业的投资达4亿元以上。在此基础上，经过反复论证、精心比较，确立山西省十大文化产业园区和十大重点文化产品。

3. 公共文化建设全面加强，文化事业日趋繁荣。加快推进省市县乡村五级公共文化服务设施建设，省市县三级大型文化建设工程整体提速。“三馆一站”建设积极推进，乡镇文化站、“两区”农村流动书库、乡村文化信息资源共享工程实现“三个全覆盖”。省城大型标志性文化设施如山西省图书馆新馆、山西大剧院建设已接近完工，正在筹划运营服务工作。全年完成7100个行政村农家书屋的建设任务。市县两级博物馆建设工程、大遗址保护展示园区建设工程、山西南部早期建筑保护工程进展顺利。免费开放博物馆、纪念馆22处。开展“优质放映、服务三农”公益放映活动，全年免费放映电影33.9万场，受益群众1500多万人次。

【对外宣传】 以提升山西对外形象为目标，进一步优化加快转型跨越发展的外部环境。紧紧抓住各种重大活动的契机，加大对外宣传力度，山西的对外形象得到提升。

1. 加强文化交流，扩大山西在国内外的影响。宣传部门全程参与上海世博会的筹备和展示工作，世博会山西活动周上，呈现的文艺节目受到国内外观众的普遍好评，产生良好反响，扩大了山西的文化影响力。组团参加深圳文博会、北京创意文化博览会和山东文博会，在展示山西省文化产业丰硕成果的同时，达成多个投资意向，实现社会效益和经济效益双丰收。组织“平遥国际摄影大展”在澳大利亚、新西兰的新闻发布会，宣传山西厚重的历史文化。启动“魅力山西”国际电视展映年活动。以“走进山西、感知山西”为主题，举办第五届全国网络媒体山西行活动。全年组织16个艺术团体到欧美和香港、台湾等国家和地区进行交流演出，话剧《立秋》、舞剧《一把酸枣》、说唱剧《解放》在全国的巡演，京剧《走西口》的赴台演出，《一把酸枣》在美国、韩国等地的上演，生动地宣传山西，展现了山西的文化形象。

2. 巩固外宣阵地，发挥文化交流平台的作用。中国黄河电视台充分发挥优势，加大汉语教学节目自主开发力度，海外观众不断增长。山西国际卫视覆盖实现新拓展。依托北京国际图书博览会等平台，山西出版“走出去”实现新突破。

【干部队伍建设】 以提高宣传干部队伍综合素质为重点，壮大加快转型跨越发展的宣传力量。重视优化宣传文化系统领导班子和人才队伍建设，强化文化事业和文化产业人才培养和管理力度，为文化改革发展提供有力的组织保证和人才保障。

1. 干部队伍建设稳步推进，文化单位领导班子得到加强。根据中宣部统一部署，对山西省“四个一批”人才工程实施情况进行调研。选调部分同志参加中宣部“四个一批”人才培训。配合组织部门，组建省广播电视台领导班子，成立省委前进总社。按照中宣部部长刘云山在山西视察的指示及中宣部14号文件精神，制定下发《关于加强我省县级和城乡基层宣传文化队伍建设的实施意见》。

2. 干部培训工作深入开展，宣传文化战线队伍素质明显提高。组织全省60余名市、县委宣传部长以及60余名业务部门的同志参加中宣部组织的业务培训。举办两期哲学社会科学教学科研骨干研修班和四期政工干部培训班。

（冯向宇）

统战部工作

【概述】 2010年，省委统战部坚持以邓小平理论和“三个代表”重要思想为指导，全面落实科学发展观，认真贯彻党的十七届四中、五中全会精神和统一战线方针政策，围绕全省转型跨越发展战略和全国统战部长会议部署要求，团结奋进，开拓创新，较好完成全年工作任务。

1. 开展树立和践行社会主义核心价值体系活动，统一战线共同思想政治基础得到进一步巩固。组织各民主党派省委、省工商联领导班子成员和无党派代表人士到右玉参观学习，组织180余名民主党派中青年干部和无党派人士到中央社会主义学院集中培训，并到韶山、井冈山等地接受革命传统教育，组织各民主党派、工商联、统一战线各团体单位负责人和无党派人士围绕“核心价值贵在践行”主题在省内新闻媒体和统一战线网发表学习心得和体会文章，增强统一战线成员坚持和完善中国共产党领导的多党合作制度，走中国特色社会主义政治发展道路的自觉性和坚定性。山西省各民主党派在服务转型跨越发展中努力践行社会主义核心价值体系的经验得到肯定，中央统战部《情况交流》和民主党派中央的《团结报》作了报道。

2. 发挥统一战线优势，为促进全省转型跨越发展作出新贡献。组织民主党派、工商联和无党派人士就转变经济发展方式、实现转型跨越发展进行8个课题的深入调研，形成高质量、有深度、针对性强的意见建议。省委、省政府领导和有关部门负责人专门听取汇报，给予高度评价。组织召开全省民营经济转型跨越发展大会，举办民营经济转型发展成果展览和招商引资项目签约仪式，进一步激发广大非公有制经济人士在转型发展、循环经济、投资山西、经济翻番中发挥率先作用的热情。在太原、深圳举办大型招商引资项目推介活动，46个合作项目成功签约，项目总投资136.2亿元。会同全国工商联组织“全国知名民营企业山西行”活动，并促成兴业银行、民生银行太原分行分别与23家民营企业签订战略合作协议。省委书记袁纯清批示：“这是统战部主动作为之举。”

3. 深入贯彻落实中央5号文件精神，多党合作制度建设迈上新台阶。协助省委制定《关于进一步规范省、市党委同民主党派、无党派人士政治协商的实施意见》，进一步明确政治协商的原则、内容、形式、程序和要求。全年召开各种通报会、协商会、座谈会17次，袁纯清亲自主持座谈会，就省委关于

“十二五”规划的建议征求党外人士意见,协商于决策之前和决策执行之中的原则得到充分体现。各民主党派共提交集体议案143件,个人提案300余件,意见建议861条,调研报告24份,多数被省委、省政府和有关部门采纳,一些重要提案被列为省领导督办事项。与各民主党派省委协商提出做好届中调整工作的意见,并协助有关民主党派省市级组织完成主委和领导班子后备人选的考察调整等工作。协调有关部门重新核定明确各民主党派省委机关领导职数、待遇,省民主党派办公楼和山西社会主义学院异地搬迁前期工作基本到位,同时为各民主党派省委机关分别更换1辆工作用车。

4. 推进“凝聚力工程”九大活动,“新晋商万企联万户感恩行动”掀起新高潮。7月15日,中央统战部召开全国引导非公有制经济人士感恩回报社会电视电话会议,全国政协副主席、中央统战部部长杜青林作重要讲话,总结推广山西等地经验。中央政治局常委、全国政协主席贾庆林和省委书记袁纯清分别作出重要批示,对感恩行动给予充分肯定。省委统战部认真贯彻会议精神和省委要求,进行再研究、再动员、再部署,推动全省掀起学习、宣传、行动、评选的“四个新高潮”。杜青林再次批示,“深化感恩行动的做法很好”。

5. 贯彻民族宗教工作方针政策,统一战线在促进社会和谐稳定中体现新作为。把促进少数民族聚居地区经济社会发展、少数民族干部培养选拔使用、民族工作长效机制建设和城市民族工作作为重点,切实加强民族工作。深入开展民族团结进步创建活动,在国务院召开的第五次全国民族团结进步表彰大会上,山西省7个模范集体和8个模范个人受到表彰;全省第五次民族团结进步表彰大会,有49个模范集体和100个模范个人受到表彰,进一步营造各民族共同团结奋斗、共同繁荣发展的良好氛围。认真贯彻《宗教事务条例》和《山西省宗教事务条例》,积极引导宗教与社会主义社会相适应。在全国创建“和谐寺观教堂”表彰大会上,山西省13个宗教活动场所、5个宗教团体和10名先进个人受到表彰。完成太原、运城天主教自选自圣主教工作,召开省道教协会一届三次理事会,举办全省佛教界代表人士培训班,保证宗教领导权掌握在爱国爱教人士手中。推进伊斯兰教阿语学校、经文学校的治理整顿,抵御“达洼”宣教组织渗透,做好天主教板寺山朝圣、治理基督教“三乱”、打压“临汾家庭教会”、围堵“洛桑会议”参会人员等工作,维护社会和谐与稳定。

6. 加强新社会阶层人士和党外知识分子统战工作,统一战线教育引导功能得到提升。在全省非公有制经济组织中部署开展创先争优活动,在中央社会主义学院举办150余人参加的非公有制经济人士培训班,组织召开省工商联领导班子届中考评工作会议,较好促进非公经济组织健康发展和非公经济人士健康成长。加强高校和国有企业统战工作,做好自由择业知识分子工作,加强欧美同学会·留学人员联谊会组织建设,新社会阶层人士教育引导工作得到不断加强和改进。

7. 着眼促进统一战线长远发展,党外代表人士队伍建设取得新成效。由各位副部长带队赴各市调研,深入研究探讨党外代表人士队伍建设规律,总结经验、研究问题、推动工作。中央统战部副部长陈喜庆对山西省加强党外代表人士队伍建设的做法予以肯定。以民主党派“四个一”、无党派人士“六个一”工作机制为抓手,进一步完善细化有关程序和责任分工,巩固党外干部教育管理成果。12月中旬,深入市厅级党外干部任职的市和部门(单位)进行走访,就党外厅级领导干部的政治表现、履职能力等,征求所在单位党组织意见。12月底,召开民主党派、无党派人士市厅级领导干部履职交流会,取得圆满成功。举办非公经济人士、党外干部、无党派人士、宗教界代表人士、港澳台海外统战工作干部等培训班,统战干部和统一战线成员的素质得到普遍锻炼和提升,统一战线可持续发展能力不断增强。

8. 开展对外联谊交流,对港澳台及海外统战工作实现新突破。以三晋文化为纽带,密切同港澳台同胞及海外华人华侨及社团的联系与交流,先后邀请接待港澳台地区7个团组、近200人到山西参观访问,成功举办2010年台胞青年千人夏令营山西分营、第13届台湾教师山西古文化之旅、香港资助小学校长会赴山西参访等活动,港澳台同胞及海外华人、华侨民族自豪感和文化认同感不断增强。紧紧围绕全省开放引进战略,主动加强与港澳台在经贸、科教、文化等领域的交流与合作,邀请港澳地区50多家商会、社团、公司,参加深圳“山西招商引资项目推介会”。促成澳门名嘉集团在运城投资55亿元、在忻州投资42亿元分别建设大型购物广场的两个项目正式签约。实施香港李兆基基金捐赠150万元资助山西省6个贫困县30所海联新农村卫生室建设项目,截至2010年底,已有17个圆满竣工,13个完成主体工程。

9. 加强统战部门基础建设,调研宣传信息三项工作收获新成果。围绕党外代表人士队伍建设、转变经济发展方式、进一步发挥民间投资在经济社会发展中的作用等课题,全省统一战线共完成论文440篇,省委统战部被中央统战部授予调研工作组织奖。围绕全省统战工作大局,全方位加大统战工作宣传力度,在《中国统一战线》刊发文章53篇,名列全国第三名,刊登信息、简讯106条,名列全国第一。省委统战部获全国省级统战部统战信息工作二等奖,太原、长治同获全国直报点城市统战信息工作一等奖,分别排全国第一、第二名。

10. 加强自身建设,在保障和服务统战工作中取得新进步。积极开展学习型机关建设,每周五下午举行集中学习,传达中央和省委重要文件精神,组织观看有关形势教育录像、电视转播，组织听取专家讲座，年终开展读书笔记展评。全省领导干部大会、省委九届十一次全会之后，组织机关全体人员进行学习讨论，及时把干部职工的思想统一到全省转型跨越发展战略上来。举办统战系统树立和践行社会主义核心价值体系座谈会，组织收看中央统战部“回报社会感恩行动”全国电视电话会议和“社会主义核心价值体系学与行”报告会等，促进机关干部形成正确的世界观、人生观、价值观。响应省委号召，组织党员干部到“右玉”学习考察，进一步坚定理想信念，强化宗旨意识。落实党风廉政建设责任制，深入开展反腐倡廉警示教育。把文明和谐创建活动同“树建”活动结合起来，开展形式多样、参与广泛、寓教于乐的文明和谐创建活动，卫生、消防、保密、财务管理和后勤等工作受到省委办公厅、省政府机关事务管理局等部门表彰。

【全省统战部部长会议】 1月19日，省委统战部在太原市召开全省统战部部长会议，学习贯彻十七届四中全会、全国统战部部长会议和全省经济工作会议精神，总结2009年工作，安排部署2010年任务。省委常委、统战部部长李政文出席会议并讲话，省委统战部常务副部长马天荣主持会议。各市、县（市、区）委统战部部长，省直工委、高校工委、国资委党委和国防科工委统战部部长，团省委统战部部长，以及省委统战部机关全体干部共计180余人参加会议。

【新晋商万企联万户感恩行动】 1月24日，省委统战部、省工商联召开全省“新晋商万企联万户感恩行动”表彰大会，隆重表彰在“新晋商万企联万户感恩行动”中作出突出贡献的企业和企业家。山西海鑫集团董事长李兆会成为唯一的功勋奖获得者，另有37个企业获突出贡献奖，22个统战部门和工商联组织获组织奖。王君发来书面讲话。李政文出席并讲话。会议由省政协副主席、省工商联主席韩儒英主持。

【党外代表人士队伍建设座谈会】 3月31日，省委统战部在太原召开党外代表人士队伍建设座谈会，就加强党外代表人士队伍自身建设，推进党外代表人士队伍健康成长，进一步促进政党关系和谐，巩固中国共产党领导的多党合作制度，听取部分党外代表人士和省委统战部原领导的意见和建议。李政文主持座谈会并讲话。各民主党派、省工商联和省委统战部原领导就党外代表人士的发现、培养、选拔、管理等提出建议和意见。

【袁纯清在统战系统调研】 6月12日，袁纯清赴各民主党派省委、省工商联、省政府参事室（文史馆）机关走访看望。省委常委、秘书长高建民，省委常委、统战部部长李政文，省委副秘书长张瑞鹏，省委统战部常务副部长马天荣等陪同。在随后的座谈会上，李政文主持会议并汇报全省统战工作情况，袁纯清听取汇报并讲话。

【引导非公有制经济人士回报社会感恩行动电视电话会议】 7月15日，中央统战部在北京召开引导非公有制经济人士回报社会感恩行动电视电话会议，传达中共中央政治局常委、全国政协主席贾庆林的重要批示，总结推广山西省“新晋商万企联万户感恩行动”经验，就引导非公有制经济人士回报社会感恩行动作出安排部署。全国政协副主席、中央统战部部长杜青林出席会议并讲话。各民主党派中央和全国工商联负责同志出席会议。会议由中央统战部副部长、全国工商联党组书记全哲洙主持。贾庆林在批示中充分肯定山西省等开展的感恩行动。李政文代表山西省作《创新实践载体，加强引导教育，深入开展“新晋商万企联万户感恩行动”》的发言，山西省84岁的八路军老战士曹忠贵老人介绍革命经历、生活情形和受帮扶后的感受，山西省智海集团董事长冯建新代表参加感恩行动的非公有制企业家介绍帮扶100余名“三老”人员的做法和体会。由山西省开展的感恩行动已在全国推广，并成为中央统战部2010年“十大行动”之一“安康富民回报社会帮扶行动”的重要工作。

【华北五省市党委统战部宗教工作联席会议】 9月8~9日，华北五省市党委统战部宗教工作联席会议在运城市召开。会议贯彻党的宗教方针政策，就加强区域交流与协作，加大打击跨区域宗教非法活动力度，积极抵御境外敌对势力利用宗教渗透，进行深入研究和讨论，进一步明确加强区域协调长效机制建设，积极培养宗教爱国力量，健全省、市、县、乡四级工作网络，发挥代表人士思想政治工作优势等工作措施，对华北五省区市统战、宗教部门统一思想、统一行动、统一步调，共同应对跨区域宗教非法活动起到积极推动作用。中央统战部常务副部长朱维群、二局局长赵学义出席会议，北京、天津、河北、内蒙古、山西五个省（区、市）党委统战部、宗教局的有关负责同志参加会议。李政文主持会议并致辞。

【杜青林视察山西】 10月24~26日，全国政协副主席、中央统战部部长杜青林在山西视察调研。先后在五台山、太原听取统战宗教工作汇报，看望“三老”人员和非公有制经济企业。杜青林充分肯定山西省经济社会发展取得的巨大成就和统一战线围绕中心服务大局作出的积极贡献，并对统一战线学习贯彻十七届五中全会精神进行部署，对推进感恩行动，加强党对宗教工作的领导等重要工作提出明确要求。李政文全程陪同调研并主持座谈会。临汾市委书记谢海，忻州市委书记董洪运，各市委统战部部长，统一战线专家学者代表，以及省委统战部、省宗教局有关领导和有关处室负责同志参加座谈汇报。

【全省民营经济转型跨越发展大会】11月19日，省委、省政府召开全省民营经济转型跨越发展大会，全面贯彻十七届五中全会精神和全省领导干部大会精神，部署加快山西省民营经济发展的思路和措施，对100个优秀民营企业和企业家进行表彰。袁纯清在讲话中强调，全省上下要解放思想、大胆创新，完善政策体系，优化发展环境，进一步形成民营企业关心山西、热爱山西、投资山西、发展山西，全社会关心支持民营企业的良好氛围，为转型跨越发展、再造一个新山西注入强大活力和动力。省委常委、常务副省长李小鹏主持会议并作总结讲话。李政文宣读表彰决定。省领导薛延忠、金道铭、申联彬、高建民、靳善忠、郭良孝、韩儒英等出席会议。会前，袁纯清、薛延忠、金道铭、申联彬、李小鹏、高建民、李政文、靳善忠、郭良孝、韩儒英等观看民营经济转型跨越发展成果展览。

(王　峰)

政法委工作

【化解社会矛盾】一是抓源头。省委政法委、省维稳办起草《关于建立重大社会决策、重大工程项目社会稳定风险评估机制的意见》(省委办公厅、省政府办公厅以晋办发〔2010〕6号文件转发)，坚持“谁决策谁负责”“谁审批谁负责”，在容易引发社会矛盾的重点领域全面推行社会稳定风险评估，初步形成“党委政府总揽全局、主管部门牵头主抓、政法综治管理考核、事项属地组织实施、人民群众全程监督”的社会稳定风险评估体系，努力从源头上消除不稳定因素。二是重调解。坚持抓早抓小抓基层，注重日常排查与集中排查相结合，建立经常性、滚动性的矛盾纠纷排查机制。完善多元调解机制，构建人民调解、行政调解、司法调解“三位一体”的“大调解”工作体系，把调解优先的原则贯穿于执法办案的全过程，确保案结、事了、人和。加强人民调解组织建设，推进行业调解组织建设，建立矛盾纠纷化解奖励机制，为群众提供多元有序的诉求表达渠道。全省建立调委会38649个，发展调解员11万余人，覆盖率达99%。制定《关于加强全省行业性专业性矛盾纠纷调解工作的意见》(省委办公厅以晋办发〔2010〕29号文件转发)，在劳动、建设、卫生、交通等矛盾纠纷高发领域普遍设立调解组织，实行“一站式接访”“全程式督办”，集中调解矛盾、化解纠纷。三是清积案。组织开展涉法涉诉信访积案攻坚大会战和案件评查活动。省委政法委成立“两项活动”领导组，出台实施意见，先后召开4次推进会，研究分析形势，安排部署工作。省政法机关坚持每周一次的领导接访日制度，市、县政法机关保证每个工作日有一名班子成员挂牌接访，各级政法机关“一把手”每月坚持接访一至两次，班子成员定期轮流接访、定期带案下访，力争把案件化解在基层。省委政法委牵头成立4个高规格的巡查组，深入各地开展为期3个月的专项巡查，通过见案卷、见包案领导、见承办人、见上访人，逐案攻坚，下大力气解决信访问题。组成30人的驻京劝返工作组，加强对进京非访人员的劝返工作。引深“争做文明接待窗口，争做文明接待员，争做人民群众贴心人”活动，建立涉法涉诉信访联调窗口，设立专门候访室，公布信访专用电话，为信访群众提供优质、高效、文明的信访服务，推动“两项活动”顺利开展。四是强基层。全省政法机关全面推进基层基础建设，开展“机关服务基层”活动，把警力、经费、装备更多地向基层倾斜。加强综治组织体系建设，市县乡三级综治委主任均由党委书记担任，全省1397个乡镇(街办)全部配备综治办主任。在农村、社区加强治保会、调委会建设。在各企事业单位、“两新”组织、学校普遍设立由主要领导负总责、分管领导具体负责的综治工作机构。加强乡镇(街道)综治工作中心建设，依托社会治安综合治理工作平台，整合吸纳各职能部门参与基层综治维稳工作，建立矛盾联调、治安联防、工作联管、问题联治、平安联创、突发事件联勤的“六联”工作机制，全省乡镇(街道)综治中心建成率达90%。省市县三级综治经费全部按标准列入同级财政预算。建立省市县三级综治信息工作网络，加强信息员队伍建设，扩大信息工作覆盖面。

【推进社会管理创新】1. 推进社会治安打防管控创新。推进打击犯罪新机制建设，坚持“命案必破、挂牌必破”，依法稳准狠地打击各类严重刑事犯罪、黑恶势力犯罪和多发性侵财犯罪；加快街道路面巡逻网、社区农村警务网、治安卡口堵控网、单位内部防范网、现代科技防控网建设，着力构建点线面结合、人防物防技防结合、打防管控结合、网上网下结合、专群结合的社会治安防控体系；开展道路卡口、重点单位、公共复杂场所、社区农村等四项技防工程建设，新建治安视频监控系统3万余套，累计投资5.6亿元；“平安互助”工程继续稳步推进，覆盖率达80%；公安机关和基层综治组织切实加强学校、幼儿园及周边治安管理；强化学校、幼儿园内部管理，明确学校、幼儿园安全管理责任，配强保安力量，加强技防设施建设，强化教育培训，完善警校对接联动制度；强化学校、幼儿园周边治安管理和防范工作，积极推进学校、幼儿园周边警务室和治安岗亭建设，严密巡逻防控，建立安全隐患经常性排查整治工作制度，广泛开展群防群治活动；在“平安校园”创建行动中，全省共排查涉及学校、幼儿园及周边的安全隐患4万余处，集中整治周边各类市场、门店、网吧等治安复杂场所5000余处，化解各类重大矛盾纠纷3000余起。

2. 推进流动人口服务管理创新。省综治办与省计生委、省公安厅联合出台《关于创新乡镇(街道)流动人口服务管理工作的意见》，以乡镇(街道)综治工作中心为平台，发挥3000余名基层流动人口协管员作用，建立“统一组织管理、统一信息采集、统一提供服务、统一考核评估”的服务管理体系，实行“一站式管理、一卡通普查、一条龙服务、一体化考核”的服务管理模式，确保各部门在管理主体不变、管理职能不变的前提下，实现协作配合、优势互补，提高整体效能；加快推进户籍管理制度改革，进一步放宽中小城市和建制镇落户限制，探索建立居住证制度，推动流动人口基本公共服务均等化，切实解决其子女入学、就业、医疗卫生、住房、社会保障等问题。

3. 推进特殊人群管控帮教创新。对可能造成社会治安压力和现实危害的重点人群，坚持分类分级管理，严格落实教育、帮教、衔接、管控责任，确保不漏管失控、不肇事肇祸；积极开展预防青少年违法犯罪活动，组织排查摸底专项行动，在全省社区建立专业化的青少年事务社工队伍，组建社区青少年志愿服务队，完善12355青少年综合服务台，推进“未成年人零犯罪社区”和“为明天工程示范县市创建活动”，加强青少年法制宣传教育，开展创建青少年维权岗活动，营造有利于青少年健康成长的社会氛围；认真贯彻“青岛会议”精神，出台《关于进一步加强刑满释放解除劳教人员安置帮教工作的实施意见》，开展刑释解教人员安置帮教工作，坚持重点访与普遍访相结合、组织接与家属接相结合、静态管与动态控相结合、思想教育与解决困难相结合、重点控制与防范打击相结合，建立必接必送必帮必控机制，截至2010年底，共建立过渡性安置基地146个，安置帮教人员3000余名；全面启动社区矫正工作，全省95个县区、194个街道、884个乡镇已累计接收社区服刑人员1万余人。

4. 推进治安重点地区综治创新。在全省组织开展社会治安重点地区大排查、大整治活动。成立领导小组，出台指导意见，明确整治目标，强化重点整治；通过新闻媒体广泛发动群众，检举揭发违法犯罪行为，举报治安混乱地区和突出治安问题；组织5个督查组，对69个县377个重点部位和基层单位进行暗访督查；对公共复杂场所探索建立治安等级化管理制度，把旅馆业、印刷业、废旧金属收购业、机动车修理业、娱乐场所等行业场所，分为三个等级，采取不同的管理服务措施。

5. 推进民爆物品安全管理创新。坚持多管齐下，综合施治，确保民爆物品“不流失、不炸响”。一是明确责任主体，依靠基层组织进行治爆。把民爆物品的安全管理责任落实到涉爆企业和人员，落实到基层组织和干部，全过程控制、规范化管理。二是完善协作机制，依靠相关部门进行治爆。进一步明确公安、国防工办、煤炭等部门的责任，各司其职，密切配合，形成严管严治的强大合力。三是加大打击力度，依靠法律武器进行治爆。保持高压态势，坚持严查、严控、严堵、严打多管齐下，加强对非法爆炸物品源头治理，坚决消除隐患。四是着眼实战应用，依靠科技手段进行治爆。抓好民爆物品信息管理、民爆库房监控、涉爆重点人员监控三大信息系统建设，提高信息化管理水平。增加投入，配强搜爆、排爆设备，提高管控能力。五是坚持举报重奖。省级每年拿出300万元奖励经费，市、县也拿出一定的奖励经费，重奖举报有功人员和破案有功人员，充分调动和发挥广大人民群众参与治爆的积极性。全省爆炸案件和事故起数、死亡人数在多年大幅下降的基础上，2010年继续保持比较平稳的态势。

【公正廉洁执法】 一是着力加强思想政治建设。注重阵地建设，以党校、警校、政法干部管理学院等为阵地，充分运用多种形式和途径开展思想政治教育，确保广大政法干警始终坚持党的事业至上、人民利益至上、宪法法律至上。二是着力规范执法司法行为。省人大常委会审议通过《关于加强人民检察院对诉讼活动法律监督工作的决定》，从地方立法的层面强化对诉讼活动的全程法律监督；省政法机关细化执法标准，规范执法程序，落实宽严相济的刑事司法政策；抓好岗位培训，在组织好县市区政法各单位一把手轮训的基础上，开始对基层庭科所队长进行集中培训；建立执法信息网上录入、执法流程网上管理、执法活动网上监督、执法质量网上考核的执法办案新机制，实行讯问、拘押、庭审、监管场所全程录音录像，着力解决刑讯逼供、裁判不公等问题。各级政法机关大力推进“阳光执法”，除法律规定保密的情况外，要求执法依据、程序、流程、结果都要公之于众，自觉接受公众监督；严格执行“五条禁令”“五个严禁”“六条警规”等硬性规定，教育监督政法干警守牢“底线”、不踩“红线”、不越“警戒线”；严肃查处违法违纪行为，坚决清除害群之马，纯洁政法队伍。三是着力提高群众工作能力。探索新时期群众工作的新思路新方法，在全体政法干警思想上尊重群众、感情上贴近群众、工作上依靠群众。把走访联系群众制度化、规范化，引深“大走访”爱民实践活动，推广忻州市公安机关“十进家”活动的做法，组织“进万家门、知万家情、解万家难、暖万家心”的“万家行”活动，把执法过程变成做群众工作、为人民服务的过程。（史竹涛）

机构编制工作

【行政管理体制改革】 1. 市县政府机构改革基本完成。省编办加强对市县政府机构改革的指导督促，两次召开推进市县政府机构改革相关会议，分4个组对市县政府机构改革进行督促检查。截至2010年7月底，改革任务基本完成。各市县探索“大部门”体制，机构总数减少，组织结构优化；政府职能转变，原由事业单位承担的行政职能基本划归行政机关，由事业单位和社会中介组织承担的职能基本划转，

全省机构编制工作(座谈)会议　　（王小琴　赵夏夏提供）

由下级政府承担的行政职能下放，由政府承担而未切实履行的职责得到明确和加强；部门职能整合全部到位，加强经济社会事务的统筹协调、社会管理和公共服务等方面职责；部门职责关系理顺，各地按照“三定”规定对行政审批事项进行取消、调整、理顺、下放、转移和加强，食品药品安全监管、文化市场统一执法、安全生产等职责进一步理顺；完善机构编制管理制度，机构编制得到严格控制。

2. 政府机构改革评估工作开展。3月，下发《关于对省政府各部门“三定”规定落实情况进行总结评估的通知》，各部门对其主要职责和内设机构职责落实情况，取消行政审批事项情况，建立和明确部门间协作机制以及职责分工事项情况，建立健全责任追究制度和办法情况，内设机构设置情况，人员定岗、部门领导和处级干部配备情况等进行自查，并形成自查总结报告。同时组织力量采取实地检查、召开座谈会等多种形式对省直部分部门进行个别评估。要求各部门进行自查总结的同时，向进行“三定”的45个部门发放评估问卷。尝试向行政机关的直接服务对象征集机构改革的意见建议，通过向省煤炭厅监管的煤炭企业发放问卷，针对行政管理体制机制、机关效能建设、行政问责制度建立、政务信息公开、办事结果公开等方面的问题广泛听取意见建议。4月，省编办对市级政府机构改革进行评估。

【事业单位改革】 1. 省直事业单位清理规范基本完成。除省人社厅、交通运输厅、广电局三个部门外，其他各部门所属事业单位清理规范全部完成。省编办同省直所有93个事业单位主管部门进行沟通，对90个主管部门的1052个事业单位清理规范方案进行研究审议，撤并事业单位74个，核减事业编制2827名，其中全额编制352名，差额编制1046名，收回政法专项编制72名，核减处级职数182名。结合清理规范，对省直81个副厅级以上事业单位中的37个重新进行“三定”，对16个部门工勤人员编制重新进行核定。

2. 加强对市县事业单位清理规范工作的指导。1月，组织召开关于加快推进政府机构改革和事业单位分类改革电视电话会议，4月，对市县事业单位清理规范和分类工作进行督促检查。部分市清理规范任务基本完成，对一些事业单位进行撤销、合并或转企改革，核销和收回部分事业编制。开展市县副县(处)级以上事业单位认定、市县财政拨款事业编制总量的确认等工作。

3. 机构分类工作展开。按照中央编办《关于事业单位分类的指导意见》，形成《山西省省直事业单位分类目录》。8月10日，李小鹏主持召开省事业单位改革领导组会议，研究通过《山西省省直事业单位分类工作方案》《山西省省直事业单位分类目录》，省直事业单位改革转入分类阶段。省编办配套印发《关于省直事业单位分类工作的补充通知》，设计各类单位的申报表，对分类工作操作层面提出具体要求，正式启动省直事业单位分类工作。各市在清理规范的基础上进行模拟分类，改革较快的市县已转入分类阶段。

【乡镇机构改革】 根据中央精神和省委、省政府部署安排，省编办多次深入市县和部分乡镇进行调研，总结以往试点经验。在此基础上，制定《关于全面推进乡镇机构改革的意见》，8月19日省编委会议研究通过，并以省委、省政府名义下发。9月9日，召开乡镇机构改革座谈会，进一步理清改革思路、措施、方法和要求等。9月14日，以省政府名义组织召开关于全面推进乡镇机构改革动员部署电视电话会议，对改革工作进行部署，要求年底要基本完成改革任务。10月11日，中央召开乡镇机构改革电视电话会议。各市县分别召开会议，结合实际印发乡镇机构改革指导意见，加强对改革工作的指导。同时，抓紧推进经济发达镇行政管理体制改革试点（介休市义安镇）工作。

【体制机制调整】 2010年，各级机构编制部门围绕转型跨越发展、转变经济发展方式，着力健全相关体制机制。为更好促进山西省煤炭工业及产煤地区经济社会可持续发展，实现节能减排目标，切实充实机构力量；为理顺高等教育体制，大力发展教育事业，为24所省属高等院校提供机构编制支持；在加

山西农业大学

——董常生先进事迹

董常生教授在劳模颁奖大会上

董常生，山西农业大学校长、教授、国家级教学名师、博士生导师，享受国务院政府特殊津贴专家，山西省委联系的高级专家，第十一届全国人大代表，第十届山西省人大代表，国家级教学团队学科带头人，国家级教学实验示范中心负责人，国家精品课程《动物解剖学、组织学及胚胎学》首席主讲人，农业部转基因生物产品成分监督检验测试中心（太原）主任；兼任中国畜牧兽医学会副理事长，中国畜牧兽医学会动物解剖学、组织学及胚胎学分会理事长，国务院学位委员会兽医专业学位教育指导委员会委员，教育部高等学校动物医学类教学指导委员会副主任委员，山西省学位委员会委员、学科评议组召集人，山西省现代农业产业技术体系首席专家。

董常生教授从教30余年，始终坚守在三尺讲台上，坚持为本科生授课，矢志不移。董常生教授先后主持国家“863”子课题1项、国家自然科学基金项目2项、国家“948”计划项目2项、省部级项目6项，累计科研经费达千万元。在国外SCI收录及国内核心学术期刊发表论文130余篇，出版专著1部，主编教材5部，参编1部；获省（部）级科研一等奖4项、二等奖5项；获国家发明专利一项。他擅长于动物解剖学、组织学与胚胎学的科研工作，多项研究获奖。1995年“鸡五个内脏器官神经支配及躯体、内脏初级传入向中枢的共同投射”获内蒙古自治区科技进步二等奖，“用酶标法研究实验动物的神经分布”获山西省科技进步二等奖；1997年“碳纤维编织物用于预防和治疗关节僵直的研究”获山西省科技进步二等奖；2000年“产业化规模化养鸡技术”获山西省科技成果一等奖；2002年“南美羊驼的引种及繁育技术”项目达到国内外领先水平；2006年“羊驼的引种及其生物学特性的研究”获山西省科技进步二等奖，2009年“中国羊驼标准化生产体系构建与推广”项目获教育部科技进步二等奖。

董常生教授是中华羊驼第一人

董常生教授被誉为“中华羊驼第一人”，他首次将南美羊驼引入中国，建立起了亚洲最大的羊驼核心群和世界上唯一的羊驼皮肤cDNA文库。2009年，中华羊驼基因库获中国（山西）特色农产品交易博览会最佳科技产品奖。著有专著《羊驼学》。

董常生教授给本科生授课

他扎根基层，贴近师生，认真履职，多项意见或建议被教育部、财政部等部门采纳。2006年被中国畜牧兽医学会评为“感动中国畜牧兽医科技创新领军人物”，被《山西日报》评为2006年度山西省十大新闻人物，2007年被山西省科协授予“山西省十大中青年科技工作者”荣誉称号，并获山西省五一劳动奖章，2009年被中国畜牧兽医学会授予“新中国60年畜牧兽医科技贡献奖（杰出人物）”，2010年荣获山西省特级劳动模范称号。

中共阳泉市委
阳泉市人民政府

市领导陪同省观摩检查组在阳泉视察

坚持结构调整，注重经济转型，资源型城市转型步伐不断加快推进。近年来，阳泉走出了一条以煤为基、多元发展的路子。一条是煤—电—氧化铝—电解铝—铝型材产业链。阳煤集团40万吨氧化铝一期和12.5万吨电解铝扩能项目先后竣工投产，形成了40万吨氧化铝、30万吨电解铝和25万吨铝型材、5万吨再生铝生产能力。一条是煤—肥—醇—烯产业链。10万吨聚氯乙烯、10万吨烧碱项目即将投入生产。总投资230亿元的阳煤集团煤化工项目分三期正在建设，主要产品为年产100万吨尿素、60万吨烯烃、副产品22万吨汽油、4.4万吨液化气、4.3万吨硫磺，项目建成后年转化煤炭700万吨，实现销售收入100亿元。一条是煤—电—气—材产业链。冀东水泥年产400万吨水泥及低温余热发电项目正在抓紧进行。莹玉陶瓷年产300万件锂质砂锅项目年内全面投产。总投资10亿元的阳泉煤运20万吨水雾化粉末冶金及粉末冶金压件项目开工建设。煤炭资源整合取得新成果。整合重组后全市地方煤矿由158座整合到53座，生产能力由3503万吨整合到4760万吨，单井能力由22.2万吨提升到89.8万吨。2009年以来，重点扶持了华越机械、华鑫电器、奥伦胶带等一批煤机制造企业群，初步形成了液压支架、掘进机、皮带机等系列煤机主打产品，以煤机制造为主体的装备制造业已成为全市经济转型最具优势和实力的产业之一。

强城市建设，完善政府公共服务体系，提高现代化管理水平方面做体制保障工作；对金融、医疗、残疾人事业等从体制机制方面给予工作支持；为提高行政效能，方便群众办事，按照不增加内设机构数量、不增加人员编制和科级领导职数的原则，采取更名、合并或加挂牌子的做法，完善服务机构，将行政审批职责向行政审批服务办公室集中。忻州、长治、晋城、运城等市也围绕应急管理、安全生产、重点工程建设、公共服务、民生等领域各有侧重地建立健全相关体制机制，为全省相关领域的改革发展提供有力保障。

【机构编制管理】 1. 不断夯实机构编制管理证制度，完善和规范网证单一体化的监督制度，截至2010年底，机构编制管理证系统包含107万行政事业人员的信息，占全省行政事业人员总数的90%。晋中等市建立“一网一库一卡”的网络化实名制电子管理制度，创新机构编制管理方式和手段；长治市开发“机构编制实名制管理系统”，实现对全市13个县(市、区)机构编制信息数据的统一管理、查询、统计和监控，有效提高管理效率；太原市创建计划用编制度，将全市所有机关、事业单位均纳入计划用编范围。

2. 对省直机关行政事业单位机构编制管理证进行年检更新。对省直45家完成政府机构改革和省直700余家完成事业单位清理规范的单位的机构编制管理证进行及时更新，确保管理证数据的时效性。各市县在政府机构改革结束后，及时对机构编制管理证系统的数据进行调整和变更，使机构编制始终在动态管理之中。

【事业单位登记管理】 2010年，据年检专项检查结果统计，全省131个登记管理机关中，130个已实现登记事项网上办理。1月，事业单位检验，全省11个设区市登记局核准年检合格的3395个单位中，网上办理的3132个，占92.3%；随机抽查的32个县级登记局核准年检合格的5430个单位中，网上办理的4147个，占76.4%，未通过网上办理的，大多以手工录入的方式将有关数据录入网上登记管理系统。截至2010年底，省直事业单位法人保有量1627个，全年新设立登记65个，注销登记9个，接收管辖权移交事业单位6个，向有关市县移交事业单位8个。全年应年检事业单位1425个，年检合格1358个，年检合格率为95.3%；废止67个已超过有效期的《事业单位法人证书》。办理变更登记856件；遗失证书补领5件；证书废止后重新申领证书36件。10月，省事业单位登记管理局制定出台《山西省事业单位登记管理局文件材料归档范围及文书档案保管期限规定》，促进档案的规范管理。

山西省乡镇机构改革试点工作座谈会 （王小琴 赵夏夏提供）

【政务和公益域名注册管理】 11月9日，中央编办电子政务中心在沈阳召开政务和公益域名注册管理工作培训交流会。会议的主要内容是学习《全国机构编制部门电子政务发展规划(2011~2015)》，推动政务和公益专用中文域名注册工作。截至11月底，共完成专用中文域名注册1083个，占全省党政群机关和事业单位网站总数的80%。

（王小琴 赵夏夏）

省直属机关工委工作

【党组织建设】 省直属机关工委(以下简称工委)把学习型党组织建设作为重要工作任务来抓，坚持把理论武装放在首位。在抓省直各单位思想建设时，发挥领导干部表率作用，健全学习制度，注重把学习、实践、宣讲、自主选学、党建课题调研紧密结合；切实加强组织领导，召开动员会、推进会；邀请全国一流专家学者、文化名人，围绕党员干部关注的热点问题，搭建学习平台。全年举办6期领导干部思想讲坛和9期文源讲坛；依托上海静安区委党校举办3期省直机关党务干部培训班，培训党务干部360人；发挥省直党校主阵地作用，培训省直机关处级干部3394人；召开省直机关学习型党组织建设经验交流会，推广省委办公厅等8个单位的经验做法。

【创先争优】 工委坚持把开展创先争优活动摆在突出位置，加强对省直机关开展创先争优活动的部署安排和督查指导。成立省直机关创先争优领导组和办公室，制订实施方案，建立工作联系点；召开动员大会、划片区情况汇报会、现场观摩会、经验交流会；推广省交通运输厅“六比六看”、省教育厅“推动教育科学发展”主题实践活动、省电力公司党员先锋岗等经验做法；指导省直机关完成党员承诺、领导点评阶段的工作任务；召开山西省对口援建四川茂县灾后重建、省城十大重点工程和省重点公路建设先进基层党组织和优秀党员创先争优表彰会。

【基层党组织建设】 1. 重点抓换届工作。省直机关原57个未按期换届的单位，53个完成换届，超期不换届的问题基本得到解决。

2. 新《条例》下发后，工委起草省直机关贯彻《条例》实施意见初稿，进一步落实党建工作责任制。

3. 建立健全党员教育管理和党内激励、关怀、帮扶机制。省直机关共培训入党积极分子3800多人，发展新党员3780人；工委对省直63个厅局1736名特困党员进行慰问，发放慰问金52万多元。

4. 加强对党员领导干部民主生活会的督促、检查和指导。工委领导参加68个单位的民主生活会，陪同省委常委参加13个单位的民主生活会。

5. 开展党务公开试点，省直机关开展党务公开的基层党组织达612个。

【弘扬右玉精神】 按照省委安排，工委下发《关于学习弘扬右玉精神，加强机关作风建设的意见》。省直机关共125个单位、12626名党员干部赴右玉参观学习。其中，省级干部56人，厅级干部839人，厅级主要负责同志124人，处级干部5480人，正处长2409人。在集中开展的“整肃工作纪律、狠刹不良风气”专项行动中，省直机关共有13名党员干部工作时间在娱乐场所娱乐受到严肃处理。对省直机关上下班工作纪律进行4次明察暗访，对59名拟任副厅级干部廉洁自律情况进行审核把关，对吃拿卡要典型案件进行严肃查处。

【反腐倡廉建设】 1. 印发《关于学习贯彻廉政准则的安排意见》，省直机关共有384名厅级干部、4024名处级干部参加《廉政准则》学习培训；242名厅级干部、2600名处级干部参加《廉政准则》专题知识测试。

2. 开展反腐倡廉制度清理工作。省直机关共废止制度53项，修订196项，新制定制度164项。

3. 开展廉政文化进机关活动。印发《关于进一步加强廉政文化建设的实施意见》，开展电子滚动屏播放廉政格言、手机发送廉政短信、收看警示教育片、参观廉政教育基地等形式多样的活动。

4. 加大查办案件惩治腐败的力度。省直纪工委共受理群众举报103件，立案查处18案21人，处分违纪处级党员16人，为国家挽回经济损失1520万元。

【文明和谐创建活动】 强化文明和谐单位常态化管理和动态化监管，严格执行文明和谐单位创建“三大指标”体系的规定，注重新建文明和谐单位档案管理制度建设，加大明察暗访工作力度。强化教育培训，培训文明办主任2期共300人。强化对文明和谐单位创建的考核，严把申报关，对新申报的63个省直单位进行严格考核。召开省直机关文明和谐创建表彰大会，表彰省直文明和谐单位标兵246个、文明和谐单位264个；对在创建工作中出现问题的16个单位，给予取消荣誉称号、降级、黄牌警告、通报批评等处分。

【统战工青妇群团工作】 制定《省直机关统一战线树立和践行社会主义核心价值体系的意见》，培训统战成员205人，建立统战成员档案，完善分类管理制度。召开省直机关劳动模范表彰大会，举办纪念“三八”妇女节100周年庆祝活动，开展慰问困难劳模和职工大病救助活动。在省直院校团组织中开展创先争优、青年文明号、青年志愿者活动。举办省直机关第三届职工运动会，省直100个单位、3152名运动员，参加19个项目的比赛。

（单福光）

党史工作

【概述】 2010年，省委党史办公室围绕《中共中央关于加强和改进新形势下党史工作的意见》（中央10号文件）和全国党史工作会议精神，按照《中共山西省委关于加强和改进新形势下党史工作的实施意见》（省委29号文件）和全省党史工作会议部署要求，以服务大局、资政育人为根本任务，发挥山西党史资源大省优势，搞好党史资料征编，保护好党史遗址，提升党史研究成果影响力，扩大党史宣传教育，推进党史事业新发展。12月8日，省委召开全省党史工作会议，中央党史研究室主任欧阳淞、山西省委书记袁纯清出席会议并讲话。会上以省人力资源和社会保障厅、省委党史办公室名义联合表彰全省党史系统8个先进集体和8名先进工作者，表彰全省党史部门3个先进集体和12名先进工作者。省委党史办公室组织起草两个文件代拟稿，分别是《全省党史资料征集管理办法》和《关于建立山西省党史工作联席会议制度的意见》。

【党史研究】 2010年，组织编写山西地方党史基本著作。充实、修订再版《中国共产党山西历史》3卷本，完成新民主主义革命时期第一卷初改稿67万字，完成社会主义革命和建设时期第二卷初改稿50万字，完成改革开放和社会主义现代化建设新时期第三卷初改稿74万字。4月，召开全省县级党史正本编撰工作阳泉现场会，部署和启动全省市、县党史基本著作的编撰工作。截至年底，全省共启动20部市、县党史基本著作的编撰。

【纪念建党90周年活动】 举办《为了新中国——中共山西历史(1921~1949)》大型图片展和《开国

领袖将帅在山西》大型图片展。参与主办《足迹——山西90年》电视系列片的拍摄。参与主办太行精神研讨会和山西省纪念建党90周年理论研讨会。

【专题史研究】 省、市党史部门合作编撰《为了祖国的安宁——山西抗美援朝运动回顾》，完成送审稿320余万字；《1949：山西干部南下实录》，完成包括“湖南篇”“福建篇”“四川篇”约100万字的初稿；在纪念抗日战争胜利65周年之际，举办学术研讨会，编辑《朱德与山西抗战论文集》30余万字，形成对山西地方党史进行专题研究的新成果。

【资料征集和编纂】 编辑出版《当代山西重要文献选编》第4卷上、下册。完成《赖若愚纪念文集》《陶鲁笳文集》送审稿。推进中央有关部门交付的课题《彭真传》等资料征集和编撰工作。完成《中共山西年鉴》2008年版、2009年版、2010年版的编辑工作，并交付出版。

【革命遗址普查工作】 2010年初召开全省革命遗址普查工作会议，对普查工作进行动员和部署。成立山西省革命遗址普查工作领导组，以省委办公厅名义发出《关于做好全省革命遗址普查工作的通知》。各市、县党委和政府层层召开会议进行部署落实。市、县党史部门具体承担有关普查任务，按要求逐级提交普查成果。截至年底，全省共普查革命遗址3108处，与革命历史相关的其他遗址382处，共3490处，比原掌握的遗址总数翻了一番。全省革命遗址普查成果，经汇总整理，上报中央党史研究室审查验收。

【调研课题】 抗日战争时期山西省人口伤亡和财产损失调研课题，完成上报中央党史研究室成果A卷60万字，并出版发行；出版B卷中的省综合卷、专题卷和太原卷、阳泉卷，共280万字；完成大同卷、晋中卷、晋城卷、临汾卷送审稿。

【党史宣传教育】 一是由省委党史办公室承办，以省委名义先后举办4次党史重大事件和重要人物纪念活动，即纪念姬鹏飞100周年诞辰座谈会、李林烈士牺牲70周年纪念大会、彭真生平暨中共太原支部旧址纪念馆揭牌仪式、纪念抗日战争胜利65周年座谈会暨朱德与山西抗战学术研讨会。根据省委安排，与中国第二次世界大战史研究会共同主办大型文献电视纪录片《忠诚》座谈会。省委、省人大、省政府、省政协、省军区领导同志多次出席活动，袁纯清出席彭真生平暨中共太原支部旧址纪念馆揭牌仪式，出席纪念抗战胜利65周年座谈会暨朱德与山西抗战学术研讨会并发表讲话。二是《党史文汇》期刊进一步提高质量，增强党史宣传的辐射力和影响力，连续第12年被新闻出版局评为山西省一级期刊。省委党史办公室下属的彭真生平暨中共太原支部旧址纪念馆，充分发挥党史宣传教育阵地的作用，全年共接待社会各界参观学习人员6万余人次。纪念馆被省委组织部命名为山西省党员教育培训示范基地。省纪委在纪念馆进行新任省管干部集体廉政谈话。在全国党史工作会议上，纪念馆受到人力资源和社会保障部、中央党史研究室联合表彰，被授予全国党史系统先进集体荣誉称号。

【市县党史工作】 2010年，围绕全省统一部署的党史重点课题和任务，省委党史办公室强化总体协调和具体业务指导工作，对市县党史基本著作的编撰、革命遗址普查和“抗损”课题的研究编撰、山西抗美援朝运动专题的研究编撰、《中共山西年鉴》稿件的组织等，进行具体指导并取得成效。朔州塞北革命纪念馆、隰县晋西革命纪念馆、吉县抗日战争第二战区历史陈列馆、阳泉百团大战纪念馆等相继新建、改建落成，省、市党史部门对陈列形式、布展内容进行及时指导和审查，并参加落成典礼。初步形成省、市、县党史部门同唱一台戏的格局，增强为共同做好党史工作通力协作的凝聚力。 （杨玉堂）

党校工作

【干部教育培训】 1. 完善班次设置，加大培训力度。常规班次调整规范为进修班、培训班、乡镇书记班和正处级公务员班，将省管领导干部进修班调整为学制一个月的专题研讨班，分别举办转变发展方式、应急管理、能力提升、文化产业、五中全会精神专题班，举办两期中青年干部培训班、三期正处级公务员培训班，还举办两期援疆班。对外培训分别与省委组织部、省编办、团省委、省统计局、省公路局、省文物局、省安监局等部门，按专题或按系统举办不同类型的培训班次。积极参与自主选学，在省内外13所培训机构参与竞争的情况下，全省8000多名选学干部有2300多名选报该校院，另有扫尾400人也在本校院接受培训。全年共举办各种班次57期，培训干部9300多人次。

2. 丰富教学内容，服务山西科学发展和干部成长。形成理论武装、山西省情与发展、领导能力、党性修养四大模块。在模块教学中，重点加强山西转型跨越发展及依法行政、应急管理、公共管理、社会管理、面对媒体等新鲜内容，及时把省委书记袁纯清在全省领导干部大会上的讲话、党的十七届五中全会和省委九届十一次全会等精神列入教学内容。按照四大教学模块的布局，编写4本成套公务员系列培训教材，由山西人民出版社出版。

3. 创新教学方式，推进开放办学。大力推行研究式教学，综合运用讲授式、案例式、现场体验式、情景模拟式等新的教学方法，把2+X课堂互动和案例教学作为重点，使研究式教学成为教学的基本方法和教学常态。常规班次1/3课程实

12月1日，省校院召开校院委扩大会议，传达学习省委九届十一次全会精神 （张大庆提供）

行菜单式自主选学。开展项目教学和现场调研，组织小组讨论和学员论坛，使学员在调研交流中收到学用相长的效果。继续加大开放办学的力度，整合扩展培训资源，新聘请50位兼职教授，每月两次以上邀请省领导和省内外专家学者作报告，组织学员去一些厅局、市县、企业和省外考察学习，赴中央党校、浦东干部学院、井冈山干部学院、北京石油管理干部学院进行延伸培训。

4. 加强教学管理，注重制度建设。一是加强学员管理。制定出台《关于加强常规班次学员管理工作的若干规定》，严格进行入学教育，组织学员到八路军纪念馆、中共太原党支部旧址进行理想信念教育，到劳教所、监狱进行警示教育。二是实行教学项目招投标。通过公示招标内容、提交竞标申请、公开招标、考核评估四个环节，确定4个教学项目。三是加强制度建设。出台《关于深化教学改革提高教学质量打造教学品牌的若干意见》，制定关于教学项目招投标、常规班次教师优化配置、教师综合考评和优秀奖项评选等配套办法。继续坚持和改进教师集体备课制度，完善常规班次教学奖项的申报评审工作和教师日常管理与综合考评制度。

【教师队伍建设】 引进2名博士生，支持2名教师分别赴美国和巴西学习进修，3名教师取得博士后学位。提高教学奖励金额，为全体教师配备笔记本电脑。组织教师到市县、企业学习考察，争取到组织部支持，统一安排教师到基层挂职。组织教师集体备课、互相听课、跟班学习，参加学员论坛，开展硕博论坛、读经典学历史活动。举办全省党校行政学院系统师资培训班和教师赛讲活动，数百名教师分别在县、市、省层面上参加赛讲。通过开展这些活动，激发教师开展教学研究、提高教学水平的热情。教师们在学习中达成共识：没有讲不好的课，只有讲不好课的老师；要想给人一碗水，自己要有一桶水；要把每一堂课当作第一堂课去讲；要讲出几句让学员记住的话；要靠水平吃饭，不能靠职称吃饭，“把每一堂课都讲成精品”成为教师的自觉追求。

【重大决策的咨询服务功能】 一是以“三并重、三为主”为转型思路。即研究基础理论与应用理论并重以应用对策为主；研究长、中、短期问题并重以中短期问题为主；研究全国全省问题并重以省上问题为主，多出有用精品，为省委省政府决策咨询服务，为山西转型跨越发展服务，让省委省政府“信得过、靠得住、想得起、用得上”。二是以《决策建议报告》为咨询平台，将学员和教研人员围绕山西经济社会发展问题的研究成果，不定期报送省委省政府及相关部门，服务领导决策，服务山西发展。报送的《关于改革干部工作的几点建议》被省委常委、组织部长汤涛作了批示，省委办公厅、省委组织部印发，中组部《党建研究》内参、中央党校《理论动态》、人民日报内参刊用；《关于制订十二五规划的几点建议》引起省领导重视，应邀参加王君省长召集的座谈会。

【科研工作】 一是以理论研究中心为科研平台，坚持集体攻关，团队作战。紧跟当前最新思想理论动态以及中央省委的重大决策部署，每月在省以上报刊发表1篇有分量的文章，扩大校院的影响。编辑出版《山西省情资料手册》作为领导干部的“口袋书”，成为校院的一个品牌。二是积极参与国家和省部级重点课题研究工作。共获得2项国家课题、3项全国党校系统重点课题，1项国家课题结项成果鉴定为优秀。连续9年申报国家级课题立项成功。在全省社科领域重点课题研究中获得2项省政府重大决策咨询课题、13项省哲学社会科学规划课题、10项软科学课题以及8项省社科联重大课题。三是强化激励，完善机制，推动创新。制定出台《关于科研工作更好地为山西转型跨越发展服务的若干意见》和《激励办法》。校报校刊按照既反映校院工作动态又是领导干部学习资料的要求调整定位，《山西党校报》每期赠阅市、县委书记和常规班次学员，受到好评；《理论探索》被评为2010~2011年中文社会科学引文索引扩展版来源期刊，排在政治学类杂志第一名；《中共山西省委党校学报》连续6年被评为山西省一级刊物。加强学术交流，营造科研氛围，有2人分别参加国家行政学院组织的赴德国培训团和省委组织部组织的赴新加坡培训团，16人赴台湾进行学术交流。多篇论文参加全国性学术会议并获奖。数字化图书馆建设得到加强，实现图书馆网与校园网并网运行。开发使用校院在线学习网站和办公内网。

【行政后勤工作】 行政后勤工作坚持为教学科研服务、让学员教工满意的理念，关注细节狠抓落实，工作作风明显改进，服务和保障水平有新提高，为教学科研工作提供有力保障。2010年共完成维修改造面积近2万平方米，屋顶防水保温面积3000多平方米，主要包括四合院、教学楼、崇学楼的维修改造工程等。崇学楼的改造新增96个房间供学员住宿。住宅区和办公区节能改造工程有序推进。绿化美化校园栽种花卉10000余株，绿篱1700余株，更换部分标识牌。新建垃圾中转站，提高环境卫生管理水平。维修扩建坞城路宿舍区老干部活动室，抢修坞城路宿舍区锅炉，同时新购置一台锅炉，保证及时供暖。经过多方争取，省财政厅把本校院重新列为无收入的事业单位，缓解经费紧张情况。加大安全保卫工作，加强对进出车辆和人员的管理，校园秩序明显改善。

【校风学风建设】 党校应该成为风清气正的殿堂，这是习近平提出的要求和希望。校院努力实践这一要求，坚持党校姓党忠诚于党，遵守党的政治纪律，在思想上、政治上，特别是教学培训工作上，同党中央保持一致。坚持理论联系实际，学理论求管用，办事情求效果，在讲课、讲话、写文章、发文件中，说符合实际的话、有感而发的话、解决问题的话。坚持公道正派地处理重要问题，采用"推荐+考试+基本条件加分"的办法和公开、平等、择优的办法选拔配备干部，采用量化考核办法评定专业技术职称，采用灵活务实办法调节由于宏观体制和工作节奏带来的内部利益关系。坚持规范管理、科学管理、人文管理，

9月15日，省校院常务副校院长李高山等赴右玉县学习考察

（张大庆提供）

不断完善和补充各方面规章制度，使各项工作有章可循。工作问题严格要求，个人问题努力关照。共性问题讲规则、讲公平，个性问题讲灵活、讲宽容。注重思想沟通和情感联系，上下左右保持心灵默契、互敬共进。坚持激励、约束、奖惩分明，工作有创新、有精品、有突出贡献的表彰奖励，无故完不成任务和出现重大差错的通报批评、追究责任，严重违反纪律的严肃处理。坚持加强作风建设和廉政建设，组织校处级干部到右玉参观学习，以"弘扬右玉精神加强作风建设"为主题召开党员领导干部民主生活会和党支部组织生活会，继续克服"懒散僵空慢"的不良作风，实行校务公开、财务公开，加强对工程项目和政府采购的监督检查。坚持加强学员管理，要求学员强化党校意识和学员意识，尽快实现由工作到学习、由家庭到集体、由领导到学员的"三个转变"，服从学校管理，加强自我管理，主动学习，深入思考，争当好学员，体现高素质。

【文明和谐创建工作】 践行社会主义核心价值体系，弘扬"忠诚敬业、求是创新、团结和谐"的校院文化理念。校园净化、绿化、亮化、美化水平提高。充分发挥群团组织作用，组织开展丰富多彩的文化体育活动。机关妇工委被省妇联授予"三八红旗集体"荣誉称号。积极参加校外精神文明建设活动，教研人员撰写的论文在全省反邪教研讨会上获一等奖并做交流发言。广大教职员工踊跃为玉树地震灾区捐款142024元，为"联企帮困"单位太原油漆厂困难职工捐款6000元。校院连续四年获得"省直文明和谐单位"称号。

【指导党校系统业务】 成立地方党校工作处。举行全省党校行政学院常务副校院长座谈会，传达学习中央《2010~2020年干部教育培训改革纲要》，总结交流贯彻落实《党校工作条例》和《行政学院工作条例》情况。举办全省党校行政学院系统教师赛讲活动。参加临汾、太原、晋城党校工作会议和同煤集团党校50周年校庆庆典活动，到部分市县党校和企业党校进行调研。对全省市县党校情况进行统计分析，向省委领导报送情况。配合省委组织部研究制定市县党校办学体制改革方案，向省发改委上报争取贫困县党校扶持资金的专项报告。

（张大庆）

信访工作

【全省信访工作会议】 2月24日，全省信访工作会议在省委多功能会议厅召开。会议由高建民主持，会议对2009年全省信访工作取得成绩给予充分肯定，安排部署2010年信访工作，就做好全国“两会”期间山西省信访工作进行动员。薛延忠出席会议并讲话，省委副秘书长、省信访局局长阎根生，省信访局班子成员，各市信访局局长等参加会议。

【信访督促检查情况汇报会】 3月23日，全省信访督促检查情况汇报会召开，会议听取全国“两会”期间省委派出赴太原等五市信访督促检查组的工作汇报。高建民出席会议并讲话，担任组长的五位副厅级督察专员总结督查工作情况，汇报到省信访局挂职锻炼感受，并对做好信访工作提出积极建议，阎根生对督查组工作给予充分肯定。

【信访联席专题会议】 4月20日，省信访联席会议召开专题会议，安排部署上海世博会期间全省信访工作。高建民主持会议，薛延忠出席会议并讲话，阎根生对全省第一季度信访形势作了分析通报，对下一步工作进行具体安排，省信访局副局长梁雨润宣读《关于开展化解信访突出疑难问题，服务“平安世博”专项活动的实施方案》，省信访局领导班子成员、处级以上干部参加会议。

【全省信访服务中心建设吕梁会议】 5月12日，省信访联席会议召开全省信访服务中心建设吕梁流动现场会。省委常委、秘书长高建民主持会议，省委副书记、省政协主席薛延忠，中央联席会议办公室副主任、国家信访局副局长张恩玺出席会议并讲话。与会人员实地考察吕梁市和孝义、柳林、离石等县(市、区)组建社会工作部、推进信访服务中心建设情况，听取吕梁市经验介绍和忻州市、长治市、运城市交流发言。

【省委召开到信访部门挂职锻炼干部工作会议】 7月20日，省委召开选派优秀年轻干部到省信访局挂职锻炼第二批工作总结暨第三批工作动员会。会议由省委组织部副部长朱先奇主持，省委常委、组织部长汤涛出席会议并讲话，省委副秘书长、省信访局局长阎根生总结第二批干部挂职锻炼工作，四名挂职干部作大会交流发言。第二、第三批30名挂职干部及所在单位分管领导参加会议。

全省信访服务中心建设吕梁流动现场会　(杨卫兵提供)

【省人代会信访工作会议】 7月23日，省人大第十一届四次会议信访工作会议在省人大会议中心召开。会议由省人大信访局局长王联英主持，省委副秘书长、省信访局局长阎根生出席会议并讲话，省信访局副局长梁雨润通报相关情况，省信访局班子成员、信访督促专员、相关处室负责人，省直单位分管信访工作的领导，各市人大分管信访工作副主任，各市信访局局长参加会议。

【袁纯清对信访工作作出批示】 8月12日，省委书记、省人大常委会主任袁纯清在《2010上半年全省信访工作研判报告》上作批示：“上半年信访工作成绩明显，感谢大家为之付出的辛勤努力。对下半年所拟定的工作表示同意，关键是抓好落实，以巩固目前来之不易的成绩，继续造成稳定和谐的局面。”

【中南华东部分省(区)信访工作座谈会】 8月26日，中央联席会议办公室和国家信访局在太原召开中南华东部分省(区)信访工作座谈会。会议由省委常委、秘书长高建民主持，会议交流与会各省在管理使用信访专项资金方面取得的好经验、好做法，分析研究工作中出现的新情况、新问题，就进一步完善专项资金管理机制提出建设性意见。国务院副秘书长、中央联席会议办公室主任、国家信访局局长王学军莅临指导并讲话。省委副书记、省政协主席、省联席会议召集人薛延忠出席会议并致欢迎词。

【中央信访工作督导组到山西调研】 11月29日至12月5日，最高人民法院审判委员会专职委员、立案一庭庭长刘学文任组长的中央信访工作督导组对山西进行为期一周的督导调研。省委书记、省人大常委会主任袁纯清会见督导组成员，省委副书记、省纪委书记金道铭，省委常委、秘书长高建民，副省长张建欣，省高级人民法院院长左世忠等领导亲自汇报、陪同调研、听取反馈意见。省委副秘书长、省信访局局长阎根生等配合督导组开展工作，省信访局处室负责同志、省联席会议成员单位主要领导参加相关座谈会。督导组先后到运城、忻州2市，新绛、绛县、忻府、原平4个县(市、区)及2个乡镇(街道)和2个村实地调研，对山西近年来信访工作开展情况给予充分肯定，认为全省信访工作局面发生很大变化，实现了一次新的、根本性的跨越。

【袁纯清到省信访局调研】 12月6日，省委书记袁纯清到省信访局调研指导工作。省委副书记、省纪委书记金道铭陪同调研。袁纯清深入省信访局有关职能处室和信访接待大厅，了解信访工作流程和信访案件特点，看望慰问信访干部，与上访群众进行亲切交谈。袁纯清对省信访局工作给予充分肯定，并就做好今后信访工作、加强信访部门和信访干部队伍建设提出明确要求。省委常务副秘书长姜新文主持调研会，省委副秘书长、省信访局局长阎根生作工作汇报。省委副秘书长张瑞鹏、省委办公厅相关处室领导、省信访局部分班子成员、处室负责同志、在省信访局挂职锻炼干部参加座谈会。 (杨卫兵)

老干部工作

【服务管理工作】 一是促进离休干部“三个机制”巩固完善和规范运行，保障离休干部“两费”按时足额落实。争取省财政专项资金，落实省属驻并外困难企业离休干部医药费补助375.32万元。二是协调省财政下发通知，及时安排省属企业离休干部生活补贴提标发放工作。落实省属129户困难企事业单位1082名离休干部的生活补贴3316.44万元。三是指导市县健全特殊困难离退休干部帮扶机制。9个市、76个县(市、区)建立特殊困难离退休干部帮扶工作长效机制，对1860名困难离退休干部进行帮扶。四是慰问易地安置在外省市的副厅级以上离休干部。五是省委老干部局机关成立退休干部管理处，负责对全省退休干部服务管理工作进行宏观指导。建立全省市厅级退休干部信息库。

【党组织建设】 一是分别举办全省和省直离退休干部党支部书记培训班、全省首期退休干部理论骨干读书班，共有405名老同志参加学习培训。二是组织部分省级老领导赴大同市、晋城市参观考察，并参观在太原举办的中国装备制造业博览会和中国(山西)国际能源新产业博览会，还组织5次省级老领导情况通报会。袁纯清发表7·29重要讲话后，根据组织部部长汤涛的意见，局领导走访省级老领导，征求他们对推动转型跨越发展的意见和建议。12月底召开省直厅局级老同志情况通报会，通报近年来全省组织工作情况。三是在离退休干部党组织和党员中部署开展以创建“五好党支部”、争当“四好党员”为主要内容的创先争优活动。四是指导市县老干部部门继续推进单建离退休干部党支部工作，协调成立离退休干部党工委(党总支)，进一步扩大离退休干部党建工作覆盖面。

【拓展学习活动和发挥作用空间】 一是继续引深老干部活动中心(室)“达标创优”活动和老年大学“示范校”创建活动。全省新命名45个“先进”、12个“达标”老干部活动中心(室)，评选7所老年大学“示范校”。二是协调省发改委分两期为57个贫困县下拨老干部活动中心建设补助资金1470万元。三是先后召开全省市县老干部活动中心建设吕梁现场会和省直老干部活动中心建设现场会。四是召开座谈会对老年大学公共科目教材统编工作进行研究部署。五是以晋老字〔2010〕54号文件印发《关于组织全省离退休干部开展文体活动的指导意见》，指导各级老干部部门依托活动阵地，组织开展形式多样的文体活动。六是继续引深离退休干部为“三个发展”作贡献活动，9月在吕梁市召开全省离退休干部发挥作用工作推进会。

【督查和调研】 一是3月对全省贯彻落实中组发〔2008〕10号和晋办发〔2009〕6号文件精神情况进行全面督查。二是先后召开5次专题督查会议，深入市县和省直单位就省属企业下放地方管理的遗留问题、退休干部活动经费落实、学习型部门创建和难点信访问题进行31次专项督查。三是省委老干部局省直处更名为综合督察处。四是组织开展5个重点课题调研。五是12月中旬，组成5个调研组，对各市县落实《2006~2010年山西省老干部工作规划》和年度工作完成情况进行全面调研，同时本着问计于基层的原则，征求各地对2011年全省老干部工作的意见和建议。

【学习型、服务型部门建设】 一是制定下发《关于创建学习型老干部部门的意见》(晋老字〔2010〕2号)。二是6月在太原举办两期全省老干部工作人员业务培训班，11月初在平顺县举办全省市县老干部局长培训班，共有344名同志参加培训。三是组织全省近7000名老干部工作人员开展政策业务知识竞赛，并于9月下旬在晋城市举办全省老干部工作政策业务知识竞赛决赛，山西省老干部工作政策业务知识竞赛组织工作被中组部老干部局评为一等奖。四是9月份在晋城市召开学习型老干部部门创建工作推进会。五是指导各级老干部部门开展以服务为实践特色的部门文化建设，完善工作人员日常服务规范，加强干部队伍作风建设。

【全省老干部工作会议】 2月16日，全省老干部工作会议在太原召开。汤涛出席会议并讲话。局长李仁和总结回顾上年全省离退休干部工作，安排部署2010年工作任务。各市委老干部局领导班子成员、办公室主任、省直单位分管离退休干部工作的负责人、离退休人员工作处处长,省局机关干部和局属单位副处以上干部近300人参加会议。

【春节慰问】 2月9日,张宝顺、王君、薛延忠等省领导分8路看望慰问李立功、阮泊生、王庭栋、卢功勋等102名省级老同志及已故老同志遗属。参加慰问的省委、省政府领导还有:申联彬、杜玉林、金道铭、李小鹏、胡苏平、方文平、高建民、李政文、汤涛、陈川平、张平、刘维佳、张建欣等。

【中组部督查组督查调研】 3月11~14日,中组部老干部局副局长赵宝江一行3人,就学习、宣传、贯彻中组发〔2008〕10号文件精神情况到山西督促检查。督查组听取李仁和就山西省贯彻落实中组发〔2008〕10号文件精神的情况和下一步工作打算的汇报,召开太原市、部分县和部分省直单位老干部工作人员座谈会,进行问卷调查,考察太原市老年大学、太原市万柏林区和平社区老干部“四就近”活动点和省计生委、省农科院老干部活动室并观看省计生委老同志的文体表演。在忻州市召开市、县部分离休干部座谈会,考察忻州市老干部活动中心、忻府区老干部活动中心、五台县老干部活动中心。中组部督查组对山西省贯彻落实中组发〔2008〕10号文件精神的情况给予充分肯定。

【省级老领导参观考察】 4月下旬,组织李立功、王庭栋、卢功勋、郭裕怀、郑社奎等39名省级老领导及夫人、部分秘书共93人赴上海参观世博会。9月17日,组织卢功勋、郭裕怀等19名省级老领导参观第三届中国(太原)国际能源新产业博览会,薛延忠、李小鹏陪同参观。9月28~29日,组织郭裕怀、张邦应、魏蕴瑜等17名省级老领导赴大同市参观考察。11月9~10日,组织郭裕怀、李玉明等14名省级老领导赴晋城市参观考察。

【工作汇报】 4月27日,汤涛深入省委老干部局调研离退休干部信访工作,召开座谈会,听取李仁和关于2010年全省离退休干部信访工作的情况汇报和省财政厅副厅长石常明关于落实离退休干部生活待遇特别是生活性补贴的政策说明。汤涛就加强全省离退休干部信访工作讲话。6月7日,袁纯清听取全省组织工作和离退休干部工作情况汇报,李仁和汇报山西省离退休干部工作情况,袁纯清对山西省离退休干部工作给予充分肯定和高度评价,对进一步做好全省离退休干部工作提出新要求。

省委书记袁纯清听取老干部工作汇报 (孙俊宁提供)

【慰问易地安置离休干部】 8月18~28日,副局长郑兰珍一行4人赴黑龙江、山东、河北等省慰问易地安置的离休干部。8月23~27日,副局长郭世卿一行4人赴陕西、四川等省慰问易地安置的离休干部。8月24~30日,局机关4名工作人员赴北京、天津、辽宁等省市慰问易地安置的离休干部。10月7~12日,李仁和带领部分工作人员赴上海、江苏慰问易地安置的离休干部。10月18~28日,副巡视员张建成一行6人赴福建、广东慰问易地安置的离休干部。

【2010中国·山西第四届老年服务用品博览会】 博览会于9月9~12日在太原中国煤炭博物馆举办。来自日本、台湾、北京等地及省内121家知名企、事业单位的产品参展,参展商品达2000余种。博览会期间,还举办首届省城老干部合唱节、首届“我眼中的老年博览会”摄影比赛以及中老年文艺表演。汤涛和李立功、郭裕怀等32名省级老领导参观展览。

【全国老年期刊协会第23届年会】 8月11日,由全国老年期刊协会主办,山西老年杂志社承办的全国老年期刊协会第23届年会在太原召开。部分省、市(区)委老干部局和老年期刊负责人等70余人参加会议。会议围绕如何提高老年期刊的影响力和竞争力等问题进行交流。

【全省老干部工作政策业务知识竞赛决赛】 9月26日,全省老干部工作政策业务知识竞赛决赛在晋城举行。各市和省监狱管理局的12支代表队36名队员参加决赛。太原市委老干部局代表队获一等奖,晋城市、吕梁市委老干部局代表队获二等奖,晋中市、临汾市、大同市委老干部局代表队获三等奖,其他参赛队获组织奖;12名队员获优秀个人奖。 (孙俊宁)

山西省人民代表大会常务委员会

重要会议

【省第十一届人民代表大会第三次会议】 1月26~31日在太原举行。应出席代表549人，实出席509人。会议议程共8项：1.听取和审议山西省省长王君关于政府工作的报告。2.审查和批准省人民政府关于山西省2009年国民经济和社会发展计划执行情况与2010年国民经济和社会发展计划草案的报告；批准山西省2010年国民经济和社会发展计划。3.审查省人民政府关于山西省2009年全省和省本级预算执行情况及2010年全省和省本级预算草案的报告；批准山西省2009年省本级预算执行情况的报告及2010年省本级预算。4.听取和审议山西省人民代表大会常务委员会常务副主任杨安和关于山西省人民代表大会常务委员会工作的报告。5.听取和审议山西省高级人民法院院长左世忠关于山西省高级人民法院工作的报告。6.听取和审议山西省人民检察院代检察长王建明关于山西省人民检察院工作的报告。7.审议山西省人民代表大会常务委员会关于提请审议《山西省人民代表大会代表建议、批评和意见的提出和处理办法(草案)》的议案。8.补选及其他事项。省十一届人大三次会议期间，大会共收到代表十人以上联名提出的议事原案26件，经大会议案审查委员会审查后报大会主席团决定，将其中的8件立为7个议案，其余18件转作代表建议、批评和意见处理。这些议案均为制定或修改地方性法规以及作出决定方面的议案，从内容上划分，农业农村方面的4件，城建环保方面的2件，科教文卫方面的1件，内务司法方面的1件，全部交由省人大常委会和省人大有关专门委员会审议办理。会议共提出建议、批评和意见763件及议案转建议18件，其中，交由省政府系统办理的732件，省人大有关专门委员会和常委会工作机构办理的15件，省高级人民法院办理的12件，省人民检察院办理的1件，省直党群部门办理的21件。会议补选申联彬、杜玉林为山西省人民代表大会常务委员会副主任，补选王建明为山西省人民检察院检察长。参加会议的列席人员有808人。旁听人员有9人。

【省第十一届人民代表大会第四次会议】 7月29日在太原举行。应出席代表545人，实出席529人。会议议程共1项：补选山西省第十一届人民代表大会常务委员会主任。在这次会议上，袁纯清当选为山西省人民代表大会常务委员会主任。

【省第十一届人大常委会第十四次会议】 1月19~20日在太原举行。应出席此次常委会会议的组成人员为63人，实出席62人。

会议共8项议程。1.听取山西省第十一届人民代表大会第三次会议筹备情况的报告。2.听取和审议山西省人民代表大会常务委员会代表资格审查委员会关于山西省第十一届人民代表大会代表出缺情况和补选、选举代表的代表资格审查的报告。3.审议山西省人民代表大会常务委员会向山西省第十一届人民代表大会第三次会议所作的工作报告稿。4.审议山西省第十一届人民代表大会第三次会议议程(草案)。5.审议山西省第十一届人民代表大会第三次会议主席团和秘书长名单(草案)。6.审议山西省第十一届人民代表大会第三次会议议案审查委员会组成人员名单(草案)。7.决定山西省第十一届人民代表大会第三次会议列席人员名单(草案)。8.人事任免及其他事项。

省人大常委会主任张宝顺，常务副主任杨安和，副主任靳善忠、谢克昌、安焕晓、郭海亮、王雅安，秘书长朱明及委员54人出席会议。列席会议的有：副省长李小鹏、张平，省高级人民法院院长左世忠，省人民检察院代检察长王建明，原省人大常委会副主任杜五安，省人大常委会副秘书长，省人大各专门委员会、省人大常委会各工作机构负责人，省政府有关部门的负责人，设区的市人大常委会的负责人。

【省第十一届人大常委会第十五次会议】 3月29~31日在太原举行。应出席此次常委会会议的组成人员为65人，实出席63人。

会议共9项议程。1.审议省人大常委会主任会议关于提请废止《山西省工业固体废物污染防治条例》的议案。2.审议省人大财政经济委员会关于提请废止《山西省公路养路费征收管理条例》的议案。3.审议省人民政府关于提请审议《山西省消防条例(草案)》的议案。4.审议和批准《太原市城市排水管理条例》。5.审议和批准《大同市预防和制止家庭暴力条例》。6.审议和批准《大同市人大常委会关于废止〈大同市燃气管理条例〉的决定》。7.听取和审议省人民政府关于全省消防工作情况的报告。8.听取和审议省人民政府关于全省煤矿企业兼并重组整合工作情况的报告。9.其他事项。

省人大常委会主任张宝顺,副主任申联彬、杜玉林、杨安和、靳善忠、谢克昌、安焕晓、郭海亮、王雅安,秘书长朱明及委员53人出席会议。列席会议的有:副省长李小鹏,省高级人民法院院长左世忠,省人民检察院检察长王建明,原省人大常委会主任王庭栋、卢功勋,原省人大常委会副主任杜五安、张铭、李玉臻,省人大常委会副秘书长,省人大各专门委员会、省人大常委会各工作机构负责人,省政府有关部门的负责人,设区的市人大常委会的负责人,部分全国人大代表、省人大代表,有关新闻单位的负责人。部分院校和社会团体等单位的负责人旁听了会议。

【省第十一届人大常委会第十六次会议】 5月24~27日在太原举行。应出席此次常委会会议的组成人员为65人,实出席64人。

会议共10项议程。1.审议省人大常委会主任会议关于提请审议《山西省人民代表大会常务委员会关于加强人民检察院对诉讼活动法律监督工作的决定(草案)》的议案。2.审议省人民政府关于提请审议《山西省残疾人保障条例(草案)》的议案。3.审议省人民政府关于提请审议《山西省道路运输条例(草案)》的议案。4.审议省人民政府关于提请审议《山西省体育设施条例(草案)》的议案。5.审议省人民政府关于提请审议《山西省农产品质量安全条例(草案)》的议案。6.审议《山西省实施〈中华人民共和国各级人民代表大会常务委员会监督法〉办法(草案)》。7.审议《山西省信访条例(修订草案)》。8.听取和审议省人民政府关于全省重点工程建设情况的报告。9.听取和审议省人大常委会执法检查组关于检查《中华人民共和国妇女权益保障法》《山西省实施〈中华人民共和国妇女权益保障法〉办法》实施情况的报告。10.人事任免及其他事项。

省人大常委会主任张宝顺,副主任申联彬、杜玉林、杨安和、靳善忠、谢克昌、安焕晓、郭海亮、王雅安,秘书长朱明及委员54人出席会议。列席会议的有:副省长李小鹏、牛仁亮、陈川平,省高级人民法院院长左世忠,省人民检察院检察长王建明,原省人大常委会主任王庭栋,原省人大常委会副主任张铭、李玉臻,省委组织部门的负责人,省人大常委会副秘书长,省人大各专门委员会、省人大常委会各工作机构负责人,省政府有关部门的负责人,设区的市人大常委会的负责人,部分全国人大代表、省人大代表,有关新闻单位的负责人。部分院校和社会团体等单位的负责人旁听了会议。

【省第十一届人大常委会第十七次会议】 7月12~16日在太原举行。应出席此次常委会会议的组成人员为65人,实出席62人。

会议共22项议程。1.审议省人大常委会主任会议关于提请审议《山西省人民代表大会常务委员会关于大力推进林业生态建设的决定(草案)》的议案。2.审议省人大常委会主任会议关于提请审议《山西省人民代表大会常务委员会关于召开山西省第十一届人民代表大会第四次会议的决定(草案)》的议案。3.审议《山西省人民代表大会常务委员会关于接受张宝顺辞去山西省人民代表大会常务委员会主任职务请求的决定(草案)》。4.审议省人民政府关于提请审议《山西省建设项目涉及国家安全事项管理条例(草案)》的议案。5.审议省人民政府关于提请审议《山西省邮政条例(草案)》的议案。6.审议省人民政府关于提请审议《山西省减少污染物排放条例(草案)》的议案。7.审议省人民政府关于提请审议《山西省建筑工程质量和安全生产管理条例(修订草案)》的议案。8.审议《山西省消防条例(草案)》。9.审议《山西省残疾人保障条例(草案)》。10.审议和批准《大同市人民代表大会常务委员会关于修改部分地方性法规的决定》。11.听取和审议省人大常委会代表资格审查委员会关于山西省第十一届人民代表大会代表出缺情况和补选代表的代表资格审查的报告。12.听取和审议省人民政府关于2010年上半年全省国民经济和社会发展计划执行情况的报告。13.听取和审议省人民政府关于2009年省本级财政决算和2010年上半年全省预算执行情况的报告。14.听取和审议省人民政府关于2009年度省本级预算执行和其他财政收支的审计工作报告。15.听取和审议省人民政府关于全省中小学校舍安全工程实施情况的报告。16.听取和审议省人民政府关于全省林业生态建设工作情况的报告。17.听取和审议省人民政府关于2010年省本级预算调整方案(草案)。18.听取和审议省人大财政经济委员会关于2009年省本级财政决算的审查报告。19.审议《山西省人民代表大会常务委员会关于批准2009年省本级财政决算的决议(草案)》。20.听取和审议省人大财政经济委员会关于2010年省本级预算调整方案(草案)的审查报告。21.审议《山西省人民代表大会常务委员会关于批准2010年省本级预算调整方案的决议(草案)》。22.人事任免及其他事项。

省人大常委会副主任申联彬、杜玉林、杨安和、靳善忠、谢克昌、安焕晓、郭海亮、王雅安,秘书长朱明及委员53人出席会议。列席会议的有:副省长李小鹏、刘维佳、张平,省高级人民法院院长左世忠,省人民检察院检察长王建明,原省人大常委会主任卢功勋,原省人大常委会副主任杜五安、张铭,省人大常委会副秘书长,省人大各专门委员会、省人大常委会各工作机构负责人,省政府有关部门的负责人,设区的市人大常委会的负责人,部分全国人大代表、省人大代表,有关新闻单位的负责人。部分院校和社会团体单位的负责人旁听了会议。

【省第十一届人大常委会第十八次会议】 7月27日在太原举行。应出席此次常委会会议的组成人员为64人，实出席57人。

会议共3项议程。1.听取关于山西省第十一届人民代表大会第四次会议筹备工作情况的报告。2.审议山西省第十一届人民代表大会第四次会议议程(草案)。3.审议山西省第十一届人民代表大会第四次会议主席团和秘书长名单(草案)。

省人大常委会副主任申联彬、杜玉林、杨安和、靳善忠、谢克昌、安焕晓、郭海亮、王雅安，秘书长朱明及委员48人出席会议。列席会议的有：副省长牛仁亮，省高级人民法院院长左世忠，省人民检察院检察长王建明，省人大常委会副秘书长，省人大各专门委员会、省人大常委会各工作机构负责人，省政府有关部门的负责人，有关新闻单位的负责人。

【省第十一届人大常委会第十九次会议】 9月25~29日在太原举行。应出席此次常委会会议的组成人员为65人，实出席61人。

会议共16项议程。1.审议省人大常委会主任会议关于提请审议《山西省人民代表大会常务委员会关于加快旅游业的决定(草案)》的议案。2.审议《山西省人民代表大会常务委员会关于接受谢克昌辞去山西省人民代表大会常务委员会副主任职务请求的决定(草案)》。3.审议省人民政府关于提请审议《山西省科学技术进步条例(修订草案)》的议案。4.审议《山西省涉及国家安全事项建设项目管理条例(草案)》。5.审议《山西省道路运输条例(草案)》。6.审议《山西省减少污染物排放条例(草案)》。7.审议和批准《太原市人民代表大会常务委员会关于废止部分地方性法规的决定》。8.审议和批准《太原市人民代表大会常务委员会关于修改部分地方性法规的决定》。9.审议和批准《大同市城市供热条例》。10.审议和批准《大同市人民代表大会常务委员会关于废止〈大同市关于集会游行示威的若干规定〉的决定》。11.审议和批准《大同市人民代表大会常务委员会关于废止〈大同市城镇国有土地使用权出让和转让暂行办法〉的决定》。12.听取和审议省人大常委会执法检查组关于检查《中华人民共和国民事诉讼法》实施情况的报告。13.听取和审议省人民政府关于全省煤炭可持续发展基金使用情况的报告。14.听取和审议省人民政府关于全省防震减灾工作情况的报告。15. 听取和审议省人民政府关于全省旅游工作情况的报告。16.人事任免及其他事项。

省人大常委会主任袁纯清，副主任申联彬、杜玉林、杨安和、靳善忠、安焕晓、郭海亮、王雅安，秘书长朱明及委员52人出席会议。列席会议的有：副省长李小鹏、刘维佳、张建欣，省高级人民法院院长左世忠，省人民检察院检察长王建明，原省人大常委会主任卢功勋，原省人大常委会副主任杜五安、李玉臻，省人大常委会副秘书长，省人大各专门委员会、省人大常委会各工作机构负责人，省政府有关部门的负责人，设区的市人大常委会的负责人，部分全国人大代表、省人大代表，有关新闻单位的负责人。部分院校和社会团体单位的负责人旁听了会议。

【省第十一届人大常委会第二十次会议】 11月22~26日在太原举行。应出席此次常委会会议的组成人员为65人，实出席63人。

会议共15项议程。1.审议省人大常委会主任会议关于提请审议《山西省人民代表大会常务委员会关于召开山西省第十一届人民代表大会第五次会议的决定(草案)》的议案。2.审议省人大常委会主任会议关于提请审议《山西省人民代表大会常务委员会关于修改部分地方性法规的决定(草案)》的议案。3.审议省人大常委会主任会议关于提请审议《山西省人民代表大会常务委员会关于废止部分地方性法规的决定(草案)》的议案。4.审议省人民政府关于提请审议《山西省抗旱条例(草案)》的议案。5.审议《山西省科学技术进步条例（修订草案)》。6.审议《山西省邮政条例(草案)》。7.审议《山西省体育设施条例(草案)》。8.审议和批准《太原市科技资源开放共享条例》。9.听取和审议省人大常委会执法检查组关于检查《中华人民共和国城乡规划法》和《山西省城乡规划条例》实施情况的报告。10.听取和审议省人民政府关于2009年省本级预算执行审计查出问题的整改报告。11.审议省人大常委会人事代表工作委员会关于省十一届人大三次会议主席团交付的代表议案办理情况的报告(书面)。12.听取和审议省人民政府关于省十一届人大三次会议代表建议、批评和意见办理情况的报告。13.听取和审议省高级人民法院关于省十一届人大三次会议代表建议、批评和意见办理情况的报告。14. 听取和审议省人民检察院关于省十一届人大三次会议代表建议、批评和意见办理情况的报告。15.人事任免及其他事项。

省人大常委会主任袁纯清，副主任申联彬、杜玉林、杨安和、靳善忠、安焕晓、郭海亮、王雅安，秘书长朱明及委员54人出席会议。列席会议的有：常务副省长李小鹏，副省长张平、张建欣，省高级人民法院院长左世忠，省人民检察院检察长王建明，原省人大常委会主任卢功勋，原省人大常委会副主任杜五安，省人大常委会副秘书长，省人大各专门委员会、省人大常委会各工作机构负责人，省政府有关部门的负责人，设区的市人大常委会的负责人，部分全国人大代表、省人大代表，有关新闻单位的负责人。部分院校和社会团体单位的负责人旁听了会议。

（何　涛　王玉明　秦　钟　郭　强）

立法工作

【概述】 2010年，山西省立法工作体现六个特点。一是把全省改革开放和转型跨越发展的具体实践作为基础，科学选择立法项目，编制立法计划，力求制定的法规有特色、好操作。二是把开展调查研究贯穿于立法工作全过程，掌握真实情况，确保立法决策有坚实的基础。三是把创新工作方式作为提高立法质量的重要方面，积极推进法规起草主体多元化，防止和克服立法中的部门利益倾向。四是把每件法规草案放在全省工作大局中审议和修改，认真听取常委会组成人员和各方面的意见，保证制定的法规符合实际、切实可行。五是把开门立法作为拓展民主立法渠道的有效途径，广泛征求省人大代表和社会各界的意见，使立法更好地体现人民群众的意愿。六是把法规清理作为立法工作的重要任务，按照全国人大常委会法工委《关于做好地方性法规清理工作的意见》，对现行有效的地方性法规进行清理。

省十一届人大及其常委会新制定地方性法规9件，修改15件(包括集中修改14件)，废止9件；审查批准太原和大同两市制定的地方性法规4件、集中修改的地方性法规29件。

新制定的9件法规：《山西省人民代表大会代表建议、批评和意见的提出和处理办法》《山西省实施〈中华人民共和国各级人民代表大会常务委员会监督法〉办法》《山西省消防条例》《山西省残疾人保障条例》《山西省涉及国家安全事项建设项目管理条例》《山西省道路运输条例》《山西省减少污染物排放条例》《山西省体育设施条例》《山西省邮政条例》。

修改的15件法规：《山西省信访条例》《山西省禁止赌博条例》《山西省农村集体经济承包合同管理条例》《山西省农业环境保护条例》《山西省个体经营户和私营企业管理条例》《山西省城市公共客运管理暂行条例》《山西省实施〈中华人民共和国农业技术推广法〉办法》《山西省泉域水资源保护条例》《山西省民兵预备役工作条例》《山西省禁毒条例》《山西省盐业管理条例》《山西省高新技术产业发展条例》《山西省全民健身促进条例》《山西省物业管理条例》《山西省实施〈中华人民共和国道路交通安全法〉办法》。

废止的9件法规：《山西省公路养路费征收管理条例》《山西省工业固体废物污染防治条例》《山西省消防管理条例》《山西省实施〈中华人民共和国残疾人保障法〉办法》《山西省道路运输管理暂行条例》《山西省体育设施管理条例》《山西省劳动监察条例》《山西省食品卫生条例》《山西省桃河流域水污染防治条例》。

【批准太原市、大同市地方性法规】 《太原市城市排水管理条例》《大同市预防和制止家庭暴力条例》《大同市城市供热条例》《太原市科技资源开放共享条例》《太原市森林防火条例》《太原市商业网点管理办法》《太原市殡葬管理办法》《太原市限制养犬的规定》《太原市保护中小学教育环境办法》《太原市汽车维修业管理条例》《太原市城市节约用水条例》《太原市劳动监察条例》《太原市城市环境卫生设施管理办法》《太原市燃气管理条例》《太原市城市供水管理办法》《太原市市容和环境卫生管理办法》《太原市城市绿化条例》《太原市城市房屋拆迁管理办法》《太原市客运出租汽车管理办法》《太原市文物保护和管理办法》《太原市城市规划条例》《太原市劳动就业管理条例》《太原市城市道路管理条例》《大同市人民代表大会常务委员会加强同代表联系充分发挥代表作用的办法》《大同市人民代表大会议事规则》《大同市行政执法责任制条例》《大同市人民代表大会常务委员会人事任免办法》《大同市人民代表大会常务委员会议事规则》《大同市立法条例》《大同市人民代表大会常务委员会监督工作条例》《大同市农村公路养护管理条例》《大同市集市贸易市场管理条例》《大同市户外广告管理规定》。

【省人大常委会决议决定】 关于废止《山西省工业固体废物污染防治条例》的决定；关于废止《山西省公路养路费征收管理条例》的决定；关于批准《大同市人大常委会关于废止〈大同市燃气管理条例〉的决定》的决定；《山西省人民代表大会常务委员会关于加强人民检察院对诉讼活动法律监督工作的决定》；关于批准《大同市人民代表大会常务委员会关于修改部分地方性法规的决定》的决定；关于大力推进林业生态建设的决定；关于接受张宝顺辞去山西省人民代表大会常务委员会主任职务请求的决定；关于召开山西省第十一届人民代表大会第四次会议的决定；关于批准2009年省本级财政决算的决议；关于批准2010年省本级预算调整方案的决议；关于加快发展旅游业的决定；关于接受谢克昌辞去山西省人民代表大会常务委员会副主任职务请求的决定；关于批准《太原市人民代表大会常务委员会关于废止部分地方性法规的决定》的决定；关于批准《太原市人民代表大会常务委员会关于修改部分地方性法规的决定》的决定；关于批准《大同市人民代表大会常务委员会关于废止〈大同市关于集会游行示威的若干规定〉的决定》的决定；关于批准《大同市人民代表大会常务委员会关于废止〈大同市城镇国有土地使用权出让和转让暂行办法〉的决定》的决定；《山西省人民代表大会常务委员会关于修改部分地方性法规的决定》；《山西省人民代表大会常务委员会关于废止部分地方性法规的决定》；《山西省人民代表大会常务委员会关于召开山西省第十一届人民代表大会第五次会议的决定》。

(何　涛　王玉明　秦　钟　郭　强)

政纪监督

【概述】 听取和审议省政府及其部门和"两院"的工作报告15项：省人民政府关于全省消防工作情况的报告；省人民政府关于全省煤矿企业兼并重组整合工作情况的报告；省人民政府关于全省重点工程建设情况的报告；省人民政府关于2010年上半年全省国民经济和社会发展计划执行情况的报告；省人民政府关于2009年省本级财政决

算和2010年上半年全省预算执行情况的报告；省人民政府关于2009年度省本级预算执行和其他财政收支的审计工作报告；省人民政府关于全省中小学校舍安全工程实施情况的报告；省人民政府关于全省林业生态建设工作情况的报告；省人民政府关于全省煤炭可持续发展基金使用情况的报告；省人民政府关于全省防震减灾工作情况的报告；省人民政府关于全省旅游工作情况的报告；省人民政府关于2009年省本级预算执行审计查出问题的整改报告；省人民政府关于省十一届人大三次会议代表建议、批评和意见办理情况的报告；省高级人民法院关于省十一届人大三次会议代表建议、批评和意见办理情况的报告；省人民检察院关于省十一届人大三次会议代表建议、批评和意见办理情况的报告。

听取和审议省人大及其常委会有关工作部门的报告10项：省第十一届人民代表大会第三次会议筹备情况的报告；省人大代表资格审查委员会关于山西省第十一届人民代表大会代表出缺情况和补选、选举代表的代表资格审查的报告；省人大常委会执法检查组关于检查《中华人民共和国妇女权益保障法》《山西省实施〈中华人民共和国妇女权益保障法〉办法》实施情况的报告；省人大代表资格审查委员会关于山西省第十一届人民代表大会代表出缺情况和补选代表的代表资格审查的报告；省人大财政经济委员会关于2009年省本级财政决算的审查报告；省人大财政经济委员会关于2010年省本级预算调整方案（草案）的审查报告；山西省第十一届人民代表大会第四次会议筹备工作情况的报告；省人大常委会执法检查组关于检查《中华人民共和国民事诉讼法》实施情况的报告；省人大常委会执法检查组关于检查《中华人民共和国城乡规划法》和《山西省城乡规划条例》实施情况的报告；省人大常委会人事代表工作委员会关于省十一届人大三次会议主席团交付的代表议案办理情况的报告（书面）。

【关于《中华人民共和国妇女权益保障法》《山西省实施〈中华人民共和国妇女权益保障法〉办法》实施情况的检查】 省人大常委会于1月~4月对全省实施《中华人民共和国妇女权益保障法》《山西省实施〈中华人民共和国妇女权益保障法〉办法》情况进行执法检查。1月，配合全国人大内务司法委员会深入到太原、长治和晋城市开展为期10天的妇女权益保障法执法调研；4月初，组织部分省人大常委会组成人员和省人大代表，由副主任王雅安带队，赴大同、朔州、阳泉、晋中市开展检查。这次检查的重点是妇女政治权利、劳动权益、农村妇女土地权益保障情况和妇女权益保障机制建设情况四个方面。通过检查发现存在以下一些问题：一是对保障妇女权益认识不够；二是培养选拔任用妇女干部工作有待加强；三是妇女劳动权益保障需要落实；四是妇女婚姻、财产、人身权益保护需要高度关注；五是妇女权益保障机制有待完善。对此，提出四方面整改意见：一是要提高认识，进一步加大妇女权益保障法及实施办法的宣传力度、深度和广度，增强男女平等基本国策的责任意识、法制意识。二是要提高妇女参政的能力与水平，采取措施将女性参政议政各项比例指标落实到位。特别是要探索落实“在村民委员会成员中妇女应当有适当名额”的法律规定，提高山西省妇女进入村委会的比率。三是改善妇女劳动权益保障状况。四是要加大监督力度，建议各级人大常委会安排听取审议政府实施相关法律的情况报告，总结“十一五”妇女发展规划落实情况，为科学制定“十二五”妇女发展规划奠定基础。

【关于《中华人民共和国民事诉讼法》实施情况的检查】 省人大常委会于8月至9月开展了民事诉讼法（以下简称民诉法）执法检查。此次检查由内务司法委员会具体组织实施，检查组由部分常委会组成人员、省人大代表、内司委组成人员组成，同时邀请当地市人大常委会负责同志和省人大代表参加，采取听取汇报、召开座谈会、评查案卷、旁听审庭、个别走访、实地考察等方式，对省法院和太原、阳泉、晋中、忻州市及其4个县（市、区）实施民诉法的情况进行抽查。检查发现在民诉法实施中存在着执法不严、审判和检察机关配合不够等问题，并提出整改建议：(1)加强学习培训，强化程序意识；(2)严格依法办案，规范民事审判和执行工作；(3)建立健全制度，加强法检之间的配合；(4)加强能力建设，提高依法办案的能力和水平；(5)全面整改落实，认真组织实施好民诉法。

【关于《中华人民共和国城乡规划法》《山西省城乡规划条例》实施情况的检查】 10月份，省人大常委会组成执法检查组对《中华人民共和国城乡规划法》和《山西省城乡规划条例》（以下简称城乡规划“一法一条例”）实施情况进行检查。检查组赴晋城、运城、吕梁3市，深入10个县（市、区）进行检查，与有关部门和企业进行座谈，现场查阅相关资料，听取各方意见，并与3市就检查情况进行反馈。总的来说，城乡规划“一法一条例”实施情况较好，但还存在一些问题：(1)城乡规划认识不够到位，指导思想存在偏差；(2)城乡规划体系不够完善，编制水平有待提高；(3)违法建设严重，城中村问题突出；(4)历史文化城镇破坏严重，保护工作急待加强；(5)管理机构和体制尚未理顺，队伍建设还需加强。并提出建议：(1)提高对贯彻实施城乡规划法律法规重要性的认识；(2)提高规划编制水平，健全城乡规划体系；(3)严格依法行政，建立多部门联动、遏制违法建设的新机制；(4)完善法规配套内容，加强机构和队伍建设。

（何　涛　王玉明　秦　钟　郭　强）

山西省人民政府

重要会议

【省政府第六次全体(扩大)会议】 1月7日，王君主持召开省政府第六次全体(扩大)会议，讨论即将提交省十一届人大三次会议审议的《政府工作报告》。申联彬、李小鹏、牛仁亮、陈川平、张平、刘维佳、张建欣出席会议。

会议指出，2009年，面对国际金融危机的严重冲击，面对长期积累的经济结构不够合理和矛盾重重的困扰，面对保增长、保民生、保稳定的繁重任务，全省上下认真贯彻落实中央的各项决策部署，把保持经济平稳较快发展作为经济工作的首要任务，坚持扩内需、保增长与调结构、促转型相结合，与保民生、促和谐相结合，与抓安全、保稳定相结合，与抓改革、增活力相结合，全面推进经济社会各项工作，努力推动全省转型发展、安全发展、和谐发展，取得了显著成绩。《政府工作报告》要充分肯定成绩，认真总结经验，指导和推动今后的工作。会议强调，2010年是巩固经济企稳回升良好势头的关键一年；是狠抓各项工作落实，全面完成“十一五”规划目标任务的决战之年；也是开阔视野、创新思路，谋划布局“十二五”经济社会发展的重要一年。要以科学发展观为统领，认真贯彻落实中央的决策部署，从山西省实际出发，谋划好、安排好、落实好全年的工作，加快推进山西省转型发展、安全发展、和谐发展和新基地新山西建设步伐。

【全省安全生产工作会议】 3月24日在太原召开。会议认真贯彻落实全国安全生产工作会议精神，总结2009年全省安全生产工作，部署2010年工作。王君出席并讲话。李小鹏主持会议，陈川平、张建欣出席。会议指出，2009年，全省上下认真贯彻落实党中央、国务院和省委、省政府关于加强安全生产工作的一系列决策部署，深入开展“安全生产年”活动，多措并举抓安全，实现全省安全生产形势的明显好转，各类事故起数和死亡人数大幅下降，完成国家下达的目标任务。会议强调，2010年安全生产工作要重点抓好以下几个方面：一是要着力强化安全发展理念，正确处理好安全生产与经济发展的关系。二是要着力强化事故防范，努力把握安全生产工作的主动权。三是要着力强化安全监管，切实抓好以煤矿为重点的安全生产工作。四是要着力强化治本措施，不断提高安全生产保障水平。五是要着力强化责任落实，严肃对待事故，严格责任追究。六是要着力强化基层基础工作，扎实开展“安全乡村(社区)创建活动”，进一步夯实安全工作基础，促进全省安全生产形势的稳定

2010年度全省安全生产工作会议 (刘英池提供)

好转。

会上，陈川平通报2009年度全省安全生产控制目标考核兑现情况，省有关部门做表态发言。会议还对2009年度安全生产工作先进单位和个人进行表彰奖励。省直各部门负责人，各市市长、分管安全生产工作的副市长，有关中央驻晋单位和省属重点企业负责人，各市市长安全生产助理、市有关部门负责人等参加会议。

【全省重点工程建设总结表彰暨动员大会】 3月26日在太原召开。会议总结2009年重点工程建设工作，安排部署2010年的工作，对2009年度重点工程建设先进单位和个人进行表彰。张宝顺、王君出席大会并讲话，李小鹏主持会议，金道铭、郭海亮、牛仁亮、韩儒英等出席。会议指出，2009年，全省经济社会发展和各项工作都取得新的进展。其中，投资在拉动经济中发挥重要作用，特别是重点工程起到“火车头”的作用。会议强调，保持经济平稳较快发展，全面完成“十一五”规划目标任务，为“十二五”发展奠定良好基础，必须继续扩大投资，优化投资结构，全力抓好以重点工程为主的各项工程建设，主要做好以下几方面工作：一是在投资总量上，要继续保持稳定增长，确保本年度全社会固定资产投资达到6000亿元以上。二是在资金投向上，要不断优化结构，确保国家宏观经济政策和省委、省政府工作部署的贯彻落实。三是在工作安排中，要统筹兼顾、突出重点，首先要确保在建、续建项目早日竣工投产、早日发挥效益。四是在工程建设中，要解放思想、勇于创新，创造条件，确保重点工程建设顺利推进。

会上，太原市、省交通运输厅、省住房和城乡建设厅、太原铁路局分别作表态发言，省政府向11个市颁发2010年重点工程建设目标责任状。省直各部门负责人，各市市长、分管重点工程建设的副市长，有关中央驻晋单位和省属重点企业负责人，各市重点办、省重点工程项目负责人等参加会议。

【全省一季度经济形势分析会议】 于4月19日召开，分析当前经济形势，安排部署下一阶段工作。王君主持会议并讲话。李小鹏、陈川平、刘维佳、张建欣等出席。会议认为，2010年以来，全省经济回升向好势头更加明显，内外需求持续扩大，三次产业协调发展，质量效益同步提高，发展后劲不断增强。预计一季度全省生产总值比2009年同期增长19%以上，主要经济指标都已恢复到国际金融危机前的水平，有的指标达到历史最好水平。但总体看，全省经济处在恢复性增长的阶段，经济社会发展存在不少困难和挑战。

会议要求，当前要重点抓好以下工作：一是加强对经济工作的领导指导和经济运行的调节，保持经济平稳较快运行。二是加大重点工程等各项工程建设的推进力度，千方百计保持投资稳定增长。三是加大力度落实扩大内需各项政策，保持经济发展活力。四是加强市场监管，保障市场供给、价格稳定和质量安全。五是切实做好“三农”工作，抓住春耕春播的黄金时节组织好农业生产，力争全年能有一个好收成。六是加大经济结构调整和经济发展方式转变力度，不断提高经济发展的质量和效益。七是高度重视和切实抓好社会事业发展和改善民生工作，全面完成农村“五个全覆盖”等各项民生工程，切实加强社会管理，提高应对和处置突发事件能力。八是深刻吸取“3·28”王家岭矿透水事故教训，坚决杜绝重特大事故，努力减少一般性事故，实现全省安全生产形势的稳定好转。

会议强调，各级各部门要认真贯彻落实中央经济工作会议精神和全国“两会”精神，按照省委、省政府的工作部署和要求，巩固经济回升向好势头，解决经济运行中的困难和问题，扎扎实实做好年初部署的各项工作，确保上半年时间任务“双过半”，为实现全年目标任务打下良好基础。

各市市长，省直有关部门、部分中央驻晋单位和省属大型企业主要负责人参加会议。

【全省造林绿化晋中现场会】 6月21~22日在晋中市召开。会议总结2009年以来全省造林绿化工作，分析全省造林绿化面临的形势和任务，学习交流晋中等地造林绿化经验，进一步动员全省上下加快造林绿化步伐，全面启动林业生态省建设。袁纯清向会议发来贺信，王君出席会议并讲话，刘维佳主持会议。王雅安、李雁红出席会议。

王君在讲话中指出，2009年以来，经过全省上下的共同努力，山西省林业改革发展取得喜人成绩，被全国绿化委员会、国家林业局授予首个“全国生态建设突出贡献奖”。同时要清醒地看到，山西省森林资源总量小，森林覆盖率低，水土流失严重，缺林少绿、生态环境脆弱仍然是制约科学发展和广大群众反映强烈的突出问题。各级各部门必须充分认识造林绿化的重大意义，切实增强工作紧迫感和责任感，进一步加大造林绿化力度，全面启动林业生态省建设。王君强调，要认真贯彻落实中央林业工作会议精神，大力实施生态兴省战略，切实把中央和省委省政府的决策部署落到实处。要高起点、高标准、高质量编制林业生态建设规划，以汾河两岸为中轴线，以太行山和吕梁山为重点，着力构建“四大生态屏障”，因地制宜建设“五大产业体系”，使宏伟蓝图早日变成现实。要抓住关键环节，狠抓重点地区、重点流域生态环境治理修复，使三晋大地真正“绿起来”；全面推进集体林权制度改革，确保到2013年全部完成改革任务，使造林绿化的体制机制真正“活起来”；大力发展林业产业，努力实现生态效益和经济效益的有机统一，使林区人民真正“富起来”。要将创建林业生态县作为生态省建设的重要抓手，力争到2015年30%的县建成林业生态县，到2020年80%的县建成林业生态县，推动林业生态省建设取得明显成效。

会议表彰全省造林绿化先进市县和单位，授予右玉、祁县、壶关、阳城、夏县5个县“林业生态县”称号。晋中市、壶关县和临县作典型发言。

【全省“十二五”发展战略专家座谈会】 7月1~5日，王君主持连续召开5个座谈会，邀请国家有关部委司局负责人、省内外专家学者、行业企业负责人，就山西省“十二五”发展总体思路、转型发展与战略性新兴产业培育、区域发展与城镇化建设、生态环保、社会发展与民生改善，以及装备制造业发展等专题进行座谈，征求大家的建议和意见。牛仁亮参加座谈会。王君强调，编制“十二五”规划，要坚持以科学发展观为统领，创新规划理念，遵循发展规律，增强规划的前瞻性、指导性和针对性。要坚持科学民主决策，健全专家咨询、群众参与和集体决策相结合的工作机制，开门编制规划，使规划编制过程成为一个集思广益、集中民智的过程，成为一个统一思想、形成共识的过程。要充实规划内容，抓住事关山西省经济社会发展的全局性、战略性问题，深入调研，充分论证，制订切实有效的对策措施。要顺应全省人民加快发展的期盼和全国竞相发展的形势，科学确定奋斗目标、主要任务和重大举措，努力提高规划编制水平，使“十二五”规划成为引领全省经济社会转型发展、绿色发展、跨越发展的行动纲领。

7月16日，王君邀请省内外专家学者、行业企业负责人，就“十二五”时期山西省新型煤化工、现代物流和生物产业等新兴产业发展进行专题座谈，征求大家的建议和意见。牛仁亮参加座谈会。座谈会上，各位专家立足山西实际，放眼国际国内相关产业发展前沿和趋势，围绕“十二五”时期山西省煤化工、现代物流和生物产业等新兴产业的发展思路、发展重点和政策支撑等专题，竭诚尽智，踊跃建言，提出许多建设性的意见和建议。王君要求，要深入调研，科学论证，以国际视野、战略思维，选择和发展市场前景广、资源消耗低、带动系数大、就业机会多、综合效益好的新兴产业。要集思广益，因地制宜，研究制定好发展新兴产业的总体思路，根据不同产业的特点，制定专项规划和实施方案，明确发展布局、技术路线、竞争策略和重大项目，提出相应的保障措施。要适应新兴产业高投入、高风险、高回报、长周期的特点，创新体制机制，扩大对外开放，推进新兴产业跨越式发展。要高度重视，加强领导，强化科技和政策支持，为新兴产业的发展和成长创造良好环境和条件，使新兴产业成为山西省加快转型发展的强大产业支撑，成为推动跨越发展的新经济增长点。

【省政府第七次全体（扩大）会议】 于7月27日召开，贯彻落实省委常委会议精神，总结上半年工作，部署下半年工作。王君主持会议并讲话。李小鹏、牛仁亮、陈川平、张平、刘维佳、张建欣出席会议并讲话。会议认为，2010年以来，全省经济回升向好的势头更加明显，主要经济指标完成情况好于年初预期，绝大部分指标都已达到或超过国际金融危机前的水平。同时，全省安全生产形势继续好转，社会事业全面发展，民生进一步改善，各项重点工作在上年的基础上取得新成绩。各级各部门既要看到当前面临的有利条件和积极因素，又要清醒认识经济运行中存在的困难和问题，进一步增强紧迫感和危机感，努力巩固当前经济发展好势头，全力促进经济社会又好又快发展。

会议强调，下半年要突出重点，狠抓落实，进一步加强以下几方面的工作。一要以超常的措施和办法推进重点工程建设，确保全年全社会固定资产投资达到6000亿元以上。二要认真落实国家和山西省的各项扩大消费政策，多措并举扩大消费需求。三要加强对工业经济运行的指导，千方百计促进工业经济增长。四要继续抓好煤炭资源整合煤矿兼并重组工作，全面实施重点产业调整振兴规划，大力发展民营经济，加快经济发展方式转变和经济结构调整。五要全面落实各项强农惠农政策，认真实施各项强农工程，依靠科技进步，促进农业结构调整，不断提高“三农”工作水平。六要编制好城乡建设规划、土地利用规划和产业发展规划，大力发展高新区、经济开发区和工业园区，加快城中村、棚户区和旧城改造步伐，扎实推进城镇化。七要努力稳定和扩大就业，加大社会保障力度，加快保障性住房建设，着力保障和改善民生。八要认真贯彻落实国务院节能减排工作电视电话会议精神，狠抓节能减排和环境保护工作，确保完成“十一五”节能减排各项目标任务。九要坚持不懈地抓好安全生产工作，促进全省安全生产形势继续由明显好转向稳定好转转变。十要毫不松懈地加强社会管理，保持社会和谐稳定。同时，要坚定不移地深化改革、扩大开放，扎实做好对口援疆、“十二五”规划编制和资源型经济转型综合配套改革试验区申请等各项工作。

会议要求，要进一步加强对经济工作的领导和指导，切实增强工作的前瞻性、预见性和针对性，牢牢把握经济工作的主动权。各级领导干部要身先士卒、勤奋敬业，深入基层、深入实际，及时解决工作中的困难和问题；各职能部门要围绕中心，服务大局，密切配合，形成推动工作的强大合力；各地要解放思想、开动脑筋，结合实际创造性地开展工作；全省上下都要求真务实，真抓实干，狠抓落实，确保各项工作取得实实在在的成效。

省直各部门、各市人民政府、中央驻晋单位和省属有关大型企业负责人等参加会议。

【全省乡镇机构改革工作会议】 8月19日，王君主持召开省编委会议，研究部署全省乡镇机构改革工作。

李小鹏、高建民、汤涛参加会议。会议指出，山西省乡镇机构改革试点工作自开展以来，各级党委政府高度重视，大力推进，在转变职能、理顺关系、服务“三农”、促进和谐、提高效能、巩固和加强党的基层政权建设等方面取得了明显成效，积累了宝贵经验。

会议强调，要按照中央的部署和要求，全面推进乡镇机构改革。一要着力推进乡镇职能转变。二要切实理顺县乡职责关系，明确划分县乡政府之间的事权和各自的职责，完善工作制度，创新工作机制，简化管理层次，规范办事程序，提高工作效能。三要因地制宜设置乡镇内设机构。四要整合乡镇事业站所。五要严格控制乡镇编制和领导职数。六要建立机构编制监督约束机制。对违规设置机构、超职数配备领导干部、超编制进人等问题，要严肃追究主要领导和相关人员的责任。

会议要求，各级党委、政府要深刻认识乡镇机构改革的重大现实意义和深远历史意义，切实加强组织领导，加大工作力度，有计划、有步骤地做好组织实施工作，确保乡镇机构改革工作积极稳妥、有序推进，在2010年底圆满完成全省乡镇机构改革任务。

【全省农村“五个全覆盖”工程检查推进会】 于8月31日召开，总结工作、交流经验、寻找差距，对这项重大民生工程进行再部署、再动员，以确保年底全面完成“五个全覆盖”工程的目标任务。袁纯清主持会议并讲话，王君出席会议并讲话。省领导薛延忠、李小鹏、高建民、汤涛、牛仁亮、陈川平、张平、刘维佳、张建欣等参加会议，各市及省有关部门负责同志做大会发言。会前，省领导分别带队深入全省11个市实地检查工程进展情况。

袁纯清在讲话中指出，“五个全覆盖”工程实施一年多来，省里牵头抓总，各级各部门分头负责，投资力度大，工作抓得紧，推进速度快，工程质量高，受到群众的普遍好评。他要求，在全面完成“五个全覆盖”的基础上，认真总结建设中的宝贵经验，从新的起点和新的高度推动新的民生工程建设。

王君强调，距离完成“五个全覆盖”工程最后期限只有4个月时间，工程已进入攻坚阶段，建设任务十分繁重。各级各部门要认真查找不足，加大力度推进，按时保质保量完成任务，确保年内全面实现“五个全覆盖”目标，兑现省委、省政府向全省人民作出的郑重承诺。王君要求，各地要在实现“五个全覆盖”的基础上，进一步研究做好“三农”工作，让广大农民兄弟共享改革开放成果。

【全省人才工作电视电话会议】 于10月9日召开。袁纯清作重要讲话，省领导薛延忠、金道铭、申联彬、杜玉林、李小鹏、高建民、李政文、汤涛、陈川平、牛仁亮、刘维佳、左世忠等出席会议。

袁纯清指出，近年来山西省人才工作全面加强，人才投入不断加大，人才队伍不断壮大，人才结构不断优化，重才爱才用才的环境逐步形成。但必须清醒地看到，山西省总体上属于“人才资源小省”，人才不足不强是基本省情，也是发展的最大制约因素。要充分认识山西省人才工作存在的问题和面临的挑战，增强做好人才工作的紧迫感，坚持人才资源优先开发、人才结构优先调整、人才投资优先保证、人才制度优先创新，走有山西特色的人才发展之路。第一，培养是基础，要通过多种途径培养人才，增加人才总量，提升人才素质。第二，引进是关键，要以项目为载体和途径加快引进紧缺人才、高端人才。第三，使用是根本，要使人才各得其所、各展所长。

王君在主持会议时强调，要大力实施人才加速发展战略，千方百计培养引进人才，不拘一格选拔使用人才，为推动山西省转型发展、跨越发展提供强有力的人才保证和智力支撑。一要进一步提高对人才和人才工作重要性的认识，进一步增强做好人才工作的紧迫感和责任感。二要切实提高人才工作的科学化水平，统筹各类人才队伍建设，统筹各个层次的人才培养和开发，统筹人才的培养和引进工作，统筹发挥好政府和市场在人才资源配置中的作用。三要进一步创优人才环境，努力创造尊重人才、见贤思齐的社会环境，创造鼓励创新、宽容失败的工作环境，创造保障有力、后顾无忧的生活环境，创造公开平等、竞争择优的制度环境，促进各类人才脱颖而出。全省各级各部门要进一步加大工作力度，细化工作措施，狠抓工作落实，努力开创山西省人才工作的新局面。

【全省医改工作专题会议】 10月29日，王君主持召开会议，进一步研究全省医药卫生体制改革工作。李小鹏出席会议。会议认为，山西省医改工作实施以来，各有关方面做了大量工作，五项重点改革扎实推进，进展顺利，效果明显，有力地促进医药卫生事业的快速发展。会议要求，各地各部门要进一步提高对医改工作重要性的认识，进一步增强责任感、使命感和紧迫感，切实把医改工作抓紧抓好，抓出成效。要强化对医改工作的领导和指导，有关职能部门要深入基层，加强调查研究、工作指导和督促检查，有针对性地解决工作中存在的问题。要结合事业单位的改革，制定完善配套政策措施，加快推进基层医药卫生体制综合改革。

【全省观摩检查总结座谈会】 11月5日，省委、省政府召开全省观摩检查总结座谈会，对观摩检查活动进行总结，对下一段工作进行安排部署。袁纯清主持会议并讲话，王君讲话，省领导薛延忠、金道铭、申联彬、杜玉林、李小鹏、高建民、李政文、汤涛、陈川平、张少华、张建欣出席会议。

袁纯清指出，全省领导干部大会召开以来，各地以实际举措抓思想转型、抓工作推进、抓作风建设，掀起思想解放的热潮,项目建设的热潮,竞相赶超的热潮,干事创业的热潮。各地制定宏伟的发展蓝图,提出令人振奋的发展目标,展现出一种不甘落后、奋力赶超的劲头,转型发展跨越发展已经成为全省上下的广泛共识和积极实践。袁纯清指出,要继续解放思想、转变作风、真抓实干,为转型发展跨越发展提供坚强保证。在转型、跨越压力大、难度大、任务重的情况下,要坚持一切为了群众、一切服务群众,坚持相信群众、深入群众,关心群众、依靠群众,经常问计于民,汲取群众的经验和智慧,使决策更符合群众的要求;要做过细的群众工作,解决好发展中面临的困难和矛盾,形成发展的强大合力;要关心群众的疾苦,增强党和政府的向心力、凝聚力,最大限度地焕发人民群众干事创业的热情。

王君要求,全省各级各部门要以科学发展为主题,以转变经济发展方式为主线,全面推进经济社会各项工作。一要以项目为抓手,进一步加大重点工程建设和推进力度,充分发挥投资拉动转型跨越发展的火车头作用;二要以加快转变经济发展方式为主线,大力推进经济结构调整,构建具有山西特色的现代产业体系,特别是要继续深入推进煤炭资源整合、煤矿兼并重组,把这项打基础、利长远、事关全省大局的大事办好办实;三要以增加农民收入为核心,切实抓好"三农"工作,大力推进农业现代化;四要以"一核一圈三群"为重点,坚持"三规"引领、"三区"支撑、"三改"推动,全面推进市域城镇化进程;五要以建设资源节约型、环境友好型社会为着力点,不断加大节能减排和生态建设力度,加快建设"绿化山西、气化山西、净化山西、健康山西";六要以保障和改善民生为出发点和落脚点,加大社会事业发展和民生改善力度,促进经济社会协调发展;七要以深化改革开放为突破口,创新体制机制,创优发展环境,加大招商引资力度,进一步增强转型跨越发展的动力和活力。王君指出,各级各部门在全面谋划2011年工作的同时,还要着眼长远、科学编制好"十二五"规划,描绘好全省转型跨越发展的蓝图。要处理好转型发展与跨越发展的关系;处理好开创性与连续性的关系;处理好一般与重点的关系;处理好激发内力与开放引进的关系;处理好强省与富民的关系。要突出重点工作,抓住薄弱环节,全力以赴地推进节能减排、重点工程、煤炭资源整合和煤矿兼并重组、"五个全覆盖工程"、安全生产等重点工作,圆满完成2010年和"十一五"各项目标任务。

【全省经济工作会议】 12月27~28日在太原召开。会议全面贯彻落实党的十七届五中全会精神和中央经济工作会议精神,总结2010年以及"十一五"时期经济工作,分析当前形势,安排部署2011年经济工作。袁纯清、王君分别作重要讲话。省委、省人大、省政府、省政协的领导和省法检两长出席会议。

会议认为,2010年,面对复杂形势和繁重任务,省委、省政府团结带领全省人民,认真贯彻中央决策部署,创新发展思路,加大工作力度,着力推动转型发展和跨越发展,实现经济平稳较快发展,主要指标达到或超过国际金融危机前的水平。随着2010年目标任务的完成,"十一五"完满收官,山西省的发展基础更加稳固,发展动力更加强劲,发展环境更加优化,发展空间更加广阔。

会议指出,2011年是中国共产党成立90周年,是实施"十二五"规划的开局之年,是全面推动转型跨越发展的关键之年,是国家资源型经济转型综合配套改革试验区起步之年,也是省市县乡四级党委换届之年。2011年经济工作的总体要求是:全面贯彻落实党的十七届五中全会和中央经济工作会议精神,坚持以邓小平理论和"三个代表"重要思想为指导,深入贯彻落实科学发展观,以科学发展为主题,以加快转变经济发展方式为主线,以转型跨越发展为主旋律,以推进国家资源型经济转型综合配套改革试验区建设为统揽,大力推进工业新型化、农业现代化、市域城镇化、城乡生态化,促进全省经济平稳较快发展、社会全面进步和民生进一步改善,在建设国家新型能源和工业基地、全国重要的现代制造业基地、中西部现代物流中心和生产性服务业大省、中部地区经济强省和文化强省上迈出新的步伐。

会议强调,做好2011年经济工作,要把握好以下重要问题。一要把建设资源型经济转型综合配套改革试验区作为推动全省发展的重大机遇。二要把循环经济作为转型跨越发展的基本路径。三要把"一村一品""一县一业"作为农业现代化的重要切入点,作为发展农村经济的普遍模式加以推进。四要把发展新兴产业作为转型跨越发展的主要增长点。五要把现代物流业作为生产性服务业的重中之重。六要把太原都市圈作为推进市域城镇化的战略突破口。七要把持续扩大投资作为转型跨越发展的重要着力点。八要把招商引资作为山西省较长时期的基本方针。九要把不断提高群众生活质量作为保障改善民生的主攻方向。

会议指出,2011年经济社会发展要抓好八个方面的工作:一是牢牢把握经济工作的主动权,努力促进经济快速健康发展。二是加快推进工业新型化,着力构建现代产业体系。三是大力推进农业现代化,加快建设社会主义新农村。四是加快推进市域城镇化,不断拓展新的发展空间。五是加快推进城乡生态化,不断增强可持续发展能力。六是加强以改善民生为重点的社会建设,让人民群众共享改革发展成果。七是切实抓好安全生产工作,促进安全生产形势由明显好转向稳定好转转变。八是加快改革开放步伐、强化科技人才支撑,为转型跨越发展增添新的动力。

会议强调,要进一步加强对经济工作的领导,牢牢掌握经济工作的主动权。要以换届为契机建设好各级领导班子，营造良好的发展环境，以负责态度和超常力度狠抓工作落实。要集中注意力，始终把工作重心放在推动转型跨越、破解发展难题上，把主要精力放在为人民群众谋福祉上。要强化执行力，加强对重要决策部署的监督检查。要提高创新力，在转型跨越这一创新性实践中创造无愧于时代的业绩。各市市委书记、市长以及综合经济部门主要负责同志，省直各部门和省人大、省政协各工作机构、专门委员会主要负责同志，部分企业主要负责同志参加会议。

【全省人口和计划生育工作会议】12月28日在太原召开。会议表彰全省2010年度人口计生工作先进单位和先进个人，总结“十一五”时期的全省人口计生工作，并对“十二五”时期和明年的人口计生工作进行安排部署。袁纯清出席会议，王君出席会议并讲话，省领导薛延忠、高建民、陈川平、安焕晓等出席会议。副省长张建欣作工作报告。会议认为，“十一五”时期是山西省人口计生工作取得显著成绩的五年，全省人口计生工作得到全面加强。会议要求，“十二五”时期，要紧紧围绕稳定低生育水平、提高人口素质、改善人口结构、增强计生家庭发展能力等四大任务，切实抓好管理服务、宣传教育、优生促进、早期教育、利益导向、生殖健康、家庭发展、信息管理等八大工程，不断加强人口和计划生育基层基础工作，着力推进体制机制创新，促进人口长期均衡发展，努力开创山西省人口与经济社会、资源环境协调发展的新局面。（参见123页）（李勇枝）

办公厅工作

【经济平稳较快增长】1. 增加投资，拉动经济的增长。全力实施两年投资6500亿元、带动全社会投资1万亿元计划，进一步加大基础设施、民生工程和技术改造项目建设，取得明显成效，投资增速分别达到35%、30%、20%。铁路建设完成投资505亿元，太中银铁路即将建成通车，大西客运专线、山西中南部出海大通道等一批铁路项目加快建设。机场建设完成投资5.8亿元，五台山、吕梁、临汾机场开工建设，大同、运城机场改扩建进展顺利。水利建设完成投资135亿元，引黄北干工程加快推进，35项应急水源工程有27项完工。省城十大建筑完成投资42亿元，其中9项建成或完成主体工程。公路建设、保障性住房建设、生态环境治理分别完成投资600亿元、280亿元、270亿元。特别是在高速公路建设方面，全年完成投资500多亿元（居全国第4位），开工建设41条高速公路，在建里程3093千米，新增通车里程1037千米，通车总里程超过3000千米。2.扩大消费，促进经济增长。2010年出台12项扩大消费的政策措施，包括多渠道增加城乡居民收入，鼓励居民加大住房消费，实施季节性扩大旅游消费措施，全面推进万村千乡市场工程、“双三十”农产品市场工程、鲜活农产品“农超对接”工程，增强居民消费能力，培育消费热点，优化消费环境，促进消费快速增长。在扩大内需的同时，进一步稳定和拓展外需，外贸回升势头更加明显，进出口总额同比增长42%；继续对企业实行有关费用减免缓缴政策，大幅度减轻企业负担，协调帮助企业解决融资难问题，实施促进民营企业发展优惠政策，保持企业的正常生产经营，全年工业企业利税超过1600亿元，增长50%以上，有力地推动经济的快速发展。通过切实有效的措施，保持经济的平稳较快发展。2010年，主要经济指标全部超过国际金融危机前的水平，全省生产总值达9088亿元，增长13.9%；规模以上工业增加值达4446亿元，增长23.2%；财政总收入完成1810亿元，增长17.8%；一般预算收入完成970亿元，增长20.3%；城镇居民人均可支配收入、农民人均纯收入分别达15648元、4736元，增长11.8%、11.6%。

【推进结构调整】1. 实施十大产业调整振兴规划，主要行业呈现出速度质量效益同步提高的良好态势。加快改造提升传统产业，煤炭、焦炭、冶金、电力等行业在速度稳步增长的同时，质量效益明显改善，行业内部结构逐步优化，特别是煤炭行业非煤产业比重进一步提高，省属五大煤炭集团非煤收入突破1800亿元，占总收入的比重达55.4%，比上年提高6.1%。加快发展先进装备制造业、现代煤化工、新型材料工业、特色食品工业等新兴产业，四大行业销售收入平均增长30%以上，装备制造业增幅高达46%。大力发展以文化旅游业和现代物流业为重点的现代服务业，取得新的成效，其中旅游总收入突破1000亿元。2.推进煤炭资源整合、煤矿兼并重组，能源基地的地位进一步巩固。2010年重点是关闭小煤矿、对保留矿井进行技术改造和建设高水平现代化矿井。到2010年年底，全省关闭矿井1212座，占到应关闭矿井的80%；保留矿井升级改造完成投资470多亿元，占应投资总额的30%以上；现代化矿井建设步伐加快，煤矿技术管理水平明显提高。全年原煤产量达7.4亿吨，增长20.4%。经过整合重组，山西省煤炭工业发生质的变化，产业水平显著提高，安全生产状况明显改善，采矿秩序明显好转，能源基地地位进一步巩固。3.加强节能减排和环保工作，生态环境持续改善。大力淘汰落后产能，全年共关停小火电机组163万千瓦，淘汰落后钢铁产能1008万吨、水泥832万吨、焦炭532万吨、电石23万吨、电解铝4.2万吨；全面启动生态省建设，深入实施“蓝天碧水工程”、造林绿化工程、生态环境治理修复工程；严格实行节能减排目标责任制，加强对高能耗行业和企业的节能监管，综合实施结构、工程、技术和管理节能减排措施，取得明显成效。所有县都建成污水处理厂并投入运行，化学需氧量、二氧化硫排放量比2005年末分别削减16.3%、13.5%,万元GDP综合能耗下降22%多,全部完成或超额完成国家下达的“十一五”节能减排目标任务。全省11个重点城市空气质量优良天数平均达343天,优良天数比例达95.3%。全年完成营造林28.28万公顷,森林覆盖率达到18%。

【“三农”工作】 (1)全面落实各项强农惠农政策,2010年出台设施蔬菜补贴等“八项惠农政策”,实施盐碱地改造等“七大强农工程”。继续加大对“三农”的投入,省级财政投入高达136亿元。(2)加强农业基础设施建设,完成中低产田改造13.34万公顷,农田实灌面积达113.39万公顷,积极发展旱作农业和节水农业,农业综合生产能力稳步提高。加快推进运城、晋中、大同三大现代农业示范区建设,大力实施农产品加工龙头企业“513”工程,积极发展现代农业,促进农业发展方式的转变。(3)加强农村公共服务体系建设,进一步深化农村改革,扎实推进扶贫工作和新农村建设,全年粮食产量达到108.5亿千克,创历史新高,又有20多万贫困人口实现脱贫,2000个新农村重点推进村建设任务全面完成。(4)扎实推进新农村建设,完成9098个新农村试点村和重点推进村建设任务。深入开展扶贫工作,105万贫困人口实现脱贫,“三农”工作取得新成效。

【安全生产工作】 强化安全发展的理念,深入开展安全生产专项整治活动,完善落实十项大的安全生产制度,并结合山西省安全实际,新出台12个行业118条安全生产规定,强化安全生产“两个主体责任”,严肃对待事故、严格责任追究,不断加强安全生产的组织保证、制度保证、技术保证、人才保证、管理保证、纪律保证和体制保证,使安全生产形势明显好转的局面进一步巩固。全省各类安全生产事故死亡人数比2009年减少505人,煤炭生产百万吨死亡率由2005年的0.905下降到0.187。

【发展社会事业】 (1)制定科技、教育、人才3个中长期发展规划纲要,加快发展科技、教育、文化、卫生、体育等社会事业。在教育改革发展方面,全面落实义务教育阶段教师绩效工资,招聘2611名特岗教师到贫困地区和农村任教,对中等职业教育农村家庭贫困学生和涉农专业学生逐步免除学费;针对长期以来制约山西省高等教育发展的突出问题,启动占地620.31公顷的高校新区建设,为高校增加3000名教师编制,投资3亿多元对高校危房进行改造,通过政府贴息、银行展期等方式解决高校贷款负担问题,促进高等教育的健康发展。(2)重点抓好保障和改善民生工作。一是千方百计扩大就业。开辟多种渠道,着力解决高校毕业生、农民工和城镇就业困难人员等重点群体就业问题,农民工转移就业超过38万人,大学生就业率达到80%以上。二是加大保障性住房建设力度。2010年开工建设29万套新保障性住房,超额完成国家下达的任务,其中国有重点煤矿棚户区改造任务全部开工。三是建立健全社会保障体系。城镇职工养老、医疗、失业等各项社会保险综合覆盖率已达到87%,新型农村合作医疗参保率达到94.3%,新型农村养老保险扩大到50%以上的农业县,219万城乡低保对象实现应保尽保,14.2万农村五保对象集中供养水平进一步提高。四是多措并举稳定物价。认真贯彻国家稳定物价政策措施,及时制定实施山西省稳定物价的12条具体措施,大力发展生产,增加市场供应,强化价格监管,畅通鲜活农产品运输绿色通道,建立救助保障标准和物价上涨挂钩联动机制,共投入资金5亿多元,对大中专院校学生、城乡低保对象发放临时价格补贴。(3)全力推进农村“五个全覆盖”工程,圆满实现全覆盖目标。两年投资300多亿元,全面完成具备条件的建制村通水泥(油)路、中小学校舍安全改造、村级卫生室、村通广播电视和农村安全饮水的全覆盖。全年新建通村水泥(油)路2万多千米;改造中小学校舍9483所;建成6971个村级卫生室,并配备基本的医疗设备;完成9193个村通广播电视任务;建成各类饮水工程1.2万处。

【深化改革扩大开放】 按照中央的统一部署,扎实推进事业单位分类改革和内部人事、用工、分配制度改革;深化国有企业改革,启动实施阳煤集团与太化集团、潞安集团与天脊集团、能源交通投资公司与物产集团、汽运集团等省属国有企业的重组工作;全面推进集体林权制度改革,完成确权面积322.28万公顷,累计完成确权任务的71%;“省直管县”财政改革试点由35个县扩大到60个县;大力推进文化体制改革,省级广播电视局台分离,市县文化、广电、新闻出版三局合一,文艺院团改制逐步推进,山西出版集团等一批文化集团组建运行;扎实推进医药卫生体制改革,超额完成医改五项重点改革任务。进一步加大招商引资力度,成功举办央企民企山西行活动、第三届中国(太原)国际能源产业博览会、中国(山西)装备制造业博览会,全年实际引进资金1462亿元。

【深化发展思路】 在做好经济社会发展各项工作的同时,深入调查研究、认真谋划“十二五”工作。省委、省政府确定19个带有全局性、战略性的重大课题,并由省领导领题进行深入调研、集中研讨,进一步深化对省情的认识;连续召开7个“十二五”发展战略专题座谈会,广泛听取国家有关部委、专家学者的意见和建议,进一步开阔视野、拓宽思路。认真贯彻党的十七届五中全会精神,集中各方面智慧,编制山西省“十二五”规划建议和纲要。积极开展资源型经济转型综合配套改革试验区调研申请工作,已获得国家正式批复。 (李勇枝)

人力资源和社会保障

【创业就业工作】 认真落实各项就业政策，多渠道扩大就业，全省城镇就业49.6万人，完成全年任务123.5%；失业人员再就业18.3万人，完成全年任务118%；城镇登记失业率3.58%，低于4.2%年度控制目标。(1)延长实施“五缓四降三补贴”政策。将帮扶重点向劳动密集型中小企业和服务业倾斜，减轻企业负担33.3亿元，有效稳定就业岗位。(2)坚持把促进高校毕业生就业放在城镇新增就业首位。启动“2010高校毕业生就业推进行动”，通过机关考录、事业单位招聘、就业见习、三支一扶、开发社区管理和公共服务岗位等措施，提供有效就业岗位近8万个，就业率达85%，同比提高4%。(3)建立就业援助长效机制。开展“一对一”帮扶，帮助5.28万名就业困难人员再就业，完成全年任务122.1%。(4)促进农民工转移就业。转移农村富余劳动力37.3万人，推动承接沿海地区产业转移，为富士康集团新项目专项招聘员工5万人。(5)狠抓创业带动就业工作。深入开展创业型城市创建活动，组织实施创业引领“双百”计划，加大创业扶持力度，全省创业带动就业达11.9万人，完成目标任务119%。(6)加强公共就业服务，组织实施特别职业培训计划，免费提供职业介绍、办理就业、失业登记等“一站式”服务，开展各类招聘活动2700余场次，提供岗位信息120万个，达成就业意向60万余人次。

【社会保障体系建设】 城乡养老保险参保人数突破1000万，城乡医疗保险参保人数突破3000万（包括新农合），覆盖城乡全体人民的基本养老保障、基本医疗保障政策框架体系基本建立。(1)五项社会保险全部提前超额完成全年任务。全省城镇养老保险590.4万人，新型农村养老保险491.9万人，城镇医疗保险935.1万人，失业保险305.7万人，工伤保险325.3万人，生育保险220.8万人。(2)社会保障待遇稳步提高。城镇企业职工基本养老保险实现省级统筹。连续六年提高企业退休人员养老金，冬季取暖补贴由700元增到1400元，121万企业退休人员月人均待遇达到1500元，高于全国平均水平。提高医疗保险最高支付限额，达到职工年平均工资和居民可支配收入6倍左右，分别达17.1万元和8.4万元。提高城镇职工和城镇居民参保人员住院费用报销比例，平均达到70%和60%以上，高于全国平均水平。提高工伤保险待遇水平，增幅高于全国平均水平，涉及3.4万人。提高失业保险金待遇标准，四类地区依次调整为600元、550元、500元和450元，平均增长12.9%，涉及6万余人。(3)历史遗留问题妥善解决。解决33万因体制转轨断保人员、“五七家属工”、事业单位非正式人员参加养老保险问题。出台基本养老保险关系流转接续办法，有效解决城乡间、区域间人员流动参保问题。出台流动就业人员医保关系转移接续和参保人员异地结算两个暂行办法，方便参保人员医保关系转移接续和异地就医。(4)新型农村养老保险试点工作扎实推进。国家试点县30个，省试点县12个，太原、阳泉、晋城三市自筹资金实现新农保制度全覆盖，新农保试点县占全省农业县43%以上，100万60岁以上老人领到每年不低于660元基础养老金，占2009年全省农民人均纯收入15.6%。试点县平均参保率为85%，高于全国平均水平，新农保基金征缴9.2亿元。(5)在全国率先启动“社会保障一卡通”工程。成功开发集成各项社会保险业务和就业、培训等公共服务为一体的“社会保障一卡通”管理与应用系统。在省直单位、太原、大同举行首发仪式，民生保障更加方便快捷，“记录一生、跟踪一生、服务一生、保障一生”将成为现实。

【工资调控】 围绕省政府2010年“城镇居民人均可支配收入和农民人均纯收入各增长10%”预期目标，采取一系列积极有效措施，促进各类劳动者增加收入，分享经济社会发展成果。(1)提高最低工资标准。四类地区档次依次为850元、780元、710元、640元，最高增幅达18%，平均增幅为15.5%，使33.2万名低收入群体增加收入10%以上。(2)引导企业合理增长职工工资。颁布2010年企业工资指导线和劳动力市场工资指导价位，涉及企业职工240万人，人均年工资增幅可达15%。(3)保障职工工资分配话语权。组织召开促进企业职工工资合理增长座谈会和全省区域性、行业性工资集体协商现场会，全面推行工资集体协商制度。(4)加强对企业职工工资收入专项执法监督检查。检查用人单位5747户，涉及职工50.3万人，责令不达最低工资标准217户企业进行限期整改。(5)推进事业单位绩效工资实施工作。全省义务教育学校绩效工资落实到位，涉及人员34.9万人，人均月增资460元，增幅为21.7%，收入水平与当地公务员持平。在公共卫生和基层医疗卫生事业单位推行绩效工资制度，分别增长25%和40%，涉及6.9万人。其他事业单位60万职工采取过渡性补贴办法，每人每月增资300元，工资增长10%左右。机关公务员增资4%左右。全年全省城镇居民人均可支配收入达15400元，同比增长10%以上。

【人才队伍建设】 牢固树立人才优先理念，以高层次人才和高技能人才为重点，加大人才培养选拔力度，形成各类人才持续成长、协调发展新局面。(1)加强人才工作宏观指导。配合省委组织部研究编制全省中长期人才发展规划纲要，科学设计符合山西省发展需要和人才队伍建设实际系列重大人才工程和重大人才政策，在全省人才工作会议上作了安排部署。研究起草《山西省专业技术人才中长期发展规划》《山西省高技能人才中长期发展规划》。(2)加大高层次人才选拔培养力度。新增享受政府特殊津贴专家64人,新世纪学术技术带头人省级人选61人。改进人才评价工作,7276人取得高级专业职务任职资格。新批准设立博士后工作站7个,博士后科研资助22项110万元。加大海外留学人才资助力度,科研资助41项300万元。深入推进“5862”知识更新工程,举办和参加高层次人才研讨班20余期,参加各类培训10万余人次。(3)加强高技能人才培养。健全技能人才培养体制,开展职业技能竞赛,完善职业资格证书制度,职业技能鉴定16.8万人,新增技师、高级技师6243人。召开全省高技能人才表彰大会,表彰享受省政府津贴高级技师48名,“三晋技术能手”185名。(4)积极开展人才智力引进工作。建立山西省海外高层次人才服务窗口,建立急需紧缺人才和项目需求数据库。组团赴美国、加拿大招才引智,引进高层次创新创业团队2个,海外高层次人才16名,签订人才技术合作项目6个。举办“海外学子实业家山西行”活动,签订合作协议11个,协议利用资金10.6亿元。积极开展引进国外智力工作,组织实施外国专家项目24项,聘请外国专家680人次,一批国外优秀引智成果得到广泛应用和推广。

【人事管理工作】 (1)完善公务员管理制度。加强公务员日常登记管理,实现公务员队伍进口动态管理。开展公安机关执法勤务机构警员职务套改工作,完成全省高速交警、基层公安、司法干警招录工作和全省行政机关公务员统一考录,招录公务员2218名。深入实施公务员轮训培训工程,举办各类培训班50余期,培训公务员7万余人。推动作人民满意公务员活动深入开展,组织山西省第三届“模范公务员集体”“模范公务员”评选工作。(2)加强事业单位人事管理。事业单位新进人员公开招聘全面推开,全省各级事业单位招聘工作人员15621人。扎实推进全省事业单位岗位设置管理工作和全员聘用制度,岗位设置工作方案核准率达80%,聘用合同签订率达65%。(3)扎实做好军转工作。改进军转安置办法,接收安置军转干部613名,其中计划分配558名,自主择业55名,安置在党政群机关比例达85%。做好企业军转干部解困维稳工作,按时上调生活困难补助标准,出台就业帮扶政策,帮扶困难家庭3595户,落实包保责任制,坚持经常性座谈会制度,全省企业军转干部总体稳定。

【权益维护】 坚持以劳动关系和谐促进社会和谐,不断建章立制,严格监察执法,维护劳动者合法权益。(1)企业劳动合同制度建设不断加强。贯彻实施《山西省劳动合同条例》,开展农民工签订劳动“春暖行动”,全面推进小企业劳动合同制度实施行动计划,劳动合同签订率达98%以上。(2)劳动保障监察执法有力有效。组织开展农民工工资支付、清理整顿人力资源市场秩序、劳动用工秩序、整治非法用工打击违法犯罪等专项行动,检查用人单位5.9万户,涉及职工210万人,责令补签劳动合同28.2万份,为5.1万名劳动者追讨工资等待遇1.6亿元。投诉举报结案率达97.8%。(3)劳动争议调解仲裁和信访维稳工作深入开展。各类劳动矛盾纠纷得到妥善化解。2010年全系统共受理劳动人事仲裁立案6504件,上年末结转714件,合计7218件,结案6651件,结案率达92.2%。接待来信来访27431件次,同比下降35%,深化和谐劳动关系创建取得新进展。 (王俊杰)

民 政

【农村敬老院建设】 2010年,省政府将“新建、改扩建农村敬老院120所”列入为民办实事,省级财政投入资金1.68亿元。各级民政部门认真履行牵头负责部门职责,采取有效措施,克服工期短、时间紧等不利因素,全力推进实事落实。经过共同努力,“新建、改扩建农村敬老院120所”实事圆满完成,新增床位7320张,其中78所具备入住条件的已入住五保供养对象1490人。加上各地自建60所敬老院,全省农村五保对象集中供养能力比上年提高7%。

【城乡社会救助】 进一步完善申请审批程序,加大检查督促力度,深入推进城乡低保规范化建设。组织开展城乡医疗救助示范活动,指导各地推进“一站式”服务管理模式。全年下拨中央和省级财政社会救助资金34.17亿元。截至2010年底,全省共有城市低保对象91.56万人,人均月补助164元;有农村低保对象132.1万人,人均月补助75元;农村五保对象16.9万人,集中和分散供养标准分别达到每人每年2569元和1769元;累计对376.1万名城乡困难群众进行不同形式医疗救助。从7月1日起,将城市低保保障标准每人每月提高10元。为缓解物价上涨对困难群众生活造成影响,全省投入资金3亿元,从2010年11月至2011年3月,按优抚对象、城市低保对象、农村五保对象每人每月30元,农村低保对象每人每月20元标准,为城乡困难群众发放价格临时补贴,有效保障城乡困难群众基本生活。

【救灾减灾工作】 2010年,全省发生连续干旱、风雹和洪涝、低温冷冻、地震等灾害。在各级党委和政府领导下,民政部门认真查灾核灾,组织群众抗灾救灾。中央和省级财政安排救灾资金2.21亿元,灾民生活得到有效保障。省、市、县、乡镇(街道)、村(社区)五级应急预案修订和制定工作全部完成,基本实现有效衔接。认真组织社区防灾应急演练和防灾减灾宣传普及工作,灾害信息网络覆盖到所有村和社区,城乡社区综合减灾能力进一步提高,14个社区被评为全国减灾示范社区。救灾物资仓储设施建设稳步推进,各种救灾物资品种和数量明显增加。

【优抚安置双拥工作】(1)优抚工作稳步推进。全年下拨优待抚恤经费7.9亿元,按时足额发放到优抚对象手中。优抚对象医疗保障制度进一步完善,全省落实优抚对象医疗保障配套资金5841.36万元。98%的1–6级残疾军人(未参保2%享受离休干部医疗待遇)、99%城镇其他优抚对象(1%系所在县、区尚未开通城镇居民医疗保障)和所有农村其他优抚对象分别参加城镇职工、城镇居民医疗保障和新型农村合作医疗。优抚对象基本医疗费用报销比例超过全国优抚对象医疗保障制度要求,方便、快捷"一站式"服务有序推进。从1月1日起,提高一至四级残疾军人护理费标准,提标幅度平均达20%;从10月1日起,再次提高部分优抚对象抚恤和生活标准,这是2000年以来第10次提高优抚对象抚恤和生活标准;烈士家属抚慰金标准由5万元提高到10万元。(2)安置工作进展顺利。2010年全省城镇退役士兵安置任务为6820人,实际安置7797人,其中自谋职业1266人,超额完成目标任务。认真解决退役士兵安置遗留问题,积极做好矛盾纠纷排查化解工作,全年未发生影响社会稳定的退役士兵群体性事件。协调省军地7部门下发《关于切实做好伤病残退役军人安置工作的通知》,伤病残退役军人安置任务基本完成,受到民政部表扬。军休人员接收安置工作进展顺利。军休干部住房制度改革积极推进。(3)双拥工作深入开展。根据新颁布全国《双拥模范城(县)创建命名管理办法》和《考核标准》,结合本省实际情况,制定本省《实施细则》和《评分标准》,并根据省双拥领导组安排,组成考核组深入各地,进行考核验收。以建军83周年为契机,深入开展"双拥活动月"活动。创新双拥工作形式,丰富双拥工作内容,大力推进军民融合式发展。

【村民自治和城乡社区建设】(1)通过加强组织领导、推广先进经验、部门联合行动、突出治理重点、注重分类施治等有效措施,全省593个"难点村"中已有358个得到根本治理,216个初见成效,"难点村"治理工作取得明显成效,得到中组部和民政部肯定,在全国村务公开民主管理难点村治理工作会议上,作为三个省级发言单位之一,常务副省长李小鹏代表山西省作大会经验交流。(2)村务公开民主管理工作继续深化。积极配合组织部门全面推进"四议两公开"工作,总结推广垣曲、平陆等地先进经验,探索新形势下农民利益诉求、矛盾调处和权益维护新机制。深入开展村务公开示范创建活动,村务公开民主管理工作深入推进,全省所有村全部建立村务公开制度,比较规范的达95%以上,规范的达93%以上,圆满完成年初确定目标。(3)城乡社区建设进一步推进。深入推进和谐社区建设,举办5期社区建设工作培训班。社区志愿者注册和志愿服务工作快速推进,三年来已累计注册社区志愿者48.33万人,在全国率先实现社区志愿者注册率占居民人口10%以上目标,连续两年被评为全国社区志愿者注册工作先进单位和志愿者服务工作先进集体。探索在不富裕地区开展农村社区建设成功经验,召开全省农村社区建设实验工作平陆现场推进会,总结推进先进经验,农村社区建设工作稳步推进。

【社会福利和慈善事业】为有效应对人口老龄化,省民政厅组织起草《关于加快发展养老服务业的意见》,明确土地保障、税费减免、资金补贴等多项优惠政策,在广泛征求意见后,已上报省政府审定。督促各地完成14个县级社会福利服务中心项目建设投资,残疾人社区康复示范县培育活动深入开展。为229名具有手术适应症孤残儿童成功实施康复手术,超额完成既定100名任务。成功承办中德慈善立法研讨会,持续开展慈善助医、助学、助困等活动。全年销售福利彩票15.97亿元,筹集公益金5.59亿元,超额完成年度任务。积极组织为玉树地震灾区、舟曲泥石流灾区捐款,接收捐款11190多万元,全部按规定用于救灾济困事业。

【社会组织与专项社会事务管理】2010年,社会组织年检工作全面完成。全年省本级新登记社会组织44个,全部在规定时限内办结。社会组织评估工作全面展开。开展社会团体"小金库"专项治理工作,涉及近6000个社团和公募基金会治理。圆满完成全省社会组织学习实践科学发展观活动,有序推进社会组织创先争优活动。结合山西省"市域城镇化"推进战略,积极开展行政区划调整调研,全面实施地名公共服务工程,22个城市地名规划工作全面完成,84个县政府驻地镇(乡)地名设标工作已经完成。"山西区划地名网"开通试运行,11个地级市地名网站与省厅对接全部完成。协调陕西省完成晋陕两省行政区域界线联检工作。积极推行火葬,改革土葬,深入开展殡葬改革示范单位创建活动。倡导文明祭扫新风尚,不断提高殡葬救助保障水平。婚姻登记规范化水平进一步提高,22个婚姻登记机关被民政部评为"全国婚姻登记规范化建设合格单位"。涉外儿童收养登记依法开展。2010年,共救助城市生活无着流浪乞讨人员5万人次,春节前在全省开展"寒冬送暖"集中救助专项行动。

【自身建设】全面落实党风廉政建设责任制,深入开展反腐倡廉教育活动,扎实进行专项资金执法检查,加快反腐倡廉制度建设步伐,惩防体系建设不断加强。深入开展文明和谐单位创建活动,加强学习型机关建设。以开展"千名民政干部深入基层三问两送"活动和学习"右玉精神"等为载体,加强民政干部队伍作风建设。深入开展行风示范单位创建活动,加强民政部门行风建设。厅市合作共建、共同推进民政事业改革创新工作拉开帷幕,省民政厅与朔州市政府签订关于合作共建民政事业综合改革发展示范区协议。民政政策法规体系进一步健全,民政普法宣传教育活动广泛深入,民政行政执法责任制全面落实,民政部门依法行政水平和能力进一步提升。

【全省民政工作会议】 1月29日在太原召开,会议传达贯彻全省经济工作会议和全国民政工作会议精神,回顾总结2009年全省民政工作,对2010年各项任务进行安排部署。会议提出,2010年全省民政工作要紧紧围绕“重民生、促和谐、保稳定”中心任务,突出抓好六项工作,着力破解六个难题,努力提升六种能力,切实履行好六大职能,推动全省民政事业寻求新突破、实现新发展、开创新局面。一是要突出抓好城乡低保规范化管理,着力破解五保对象集中供养率偏低难题,努力提升城乡社会救助能力,切实履行好保障困难群众基本生活职能;二是要突出抓好救灾应急体系建设,着力破解救灾指挥协调能力差难题,努力提升救灾应急能力,切实履行好救灾减灾综合协调工作职能;三是要突出抓好各项优待抚恤政策落实,着力破解城镇退役士兵安置难难题,努力提升优抚安置和双拥工作能力,切实履行好服务军队和国防建设职能;四是要突出抓好和谐社区建设工作,着力破解城乡结合部、“城中村”社区管理难题,努力提升基层群众自治组织自治能力,切实履行好加强基层政权和社区建设职能;五是要突出抓好养老服务事业发展,着力破解社会福利机构基础设施落后难题,努力提升社会福利服务能力,切实履行好维护特殊群体权益职能;六是要突出抓好社会组织管理、服务工作,着力破解殡葬管理服务方面难题,努力提升公共服务能力,切实履行好有关社会行政事务管理职能。

【全省民政工作座谈会】 1月30日,李小鹏主持召开。李小鹏对2009年全省民政工作给予充分肯定。他要求全省各级民政部门,要围绕保障和改善民生,认真抓好社会救助体系建设、救灾救济工作和优抚安置政策落实;围绕加强和改善社会管理,进一步提高基层民主政治建设和社会组织管理水平;围绕提升公共服务能力,加快发展社会福利事业。各级各有关部门要重视、关心、支持民政工作,进一步深化改革、完善机制,加强基层民政工作力量,为全省转型发展、安全发展、和谐发展作出贡献。

【全省民政工作年中分析会】 7月25日在太原召开。会议部署下半年工作,要着力抓好五方面工作:一是不折不扣完成省政府为民办的“新建、改扩建农村敬老院120所”实事任务;二是统筹推进各项民政业务工作,确保2010年初确定重点民政工作目标任务全面完成;三是加快民政工作改革与创新步伐,加快与朔州市政府签订厅市合作共建协议进程,积极探索新形势下民政工作发展方向和路径;四是强化民政工作制度体系建设,要把制度建设作为2010年民政工作重要内容;五是切实加强民政系统工程项目管理,为做好“十二五”期间民政项目建设和管理工作奠定良好基础。

【厅市合作共建】 11月8日,省民政厅与朔州市人民政府合作共建民政事业综合改革发展示范区协议签字仪式在太原举行,这是山西省签订首个省市民政事业合作共建协议。李小鹏出席签字仪式。省民政厅厅长周明定与朔州市市长冯改朵签署合作协议。根据协议约定,合作双方将围绕朔州市推进“城乡经济社会一体化”建设总体部署,遵循服务大局、先行先试、整合资源、合作共建原则,以保障和改善民生为主线,以体制机制创新为重点,在加强城乡社会区建设、加快社会组织培育发展、完善社会救助体系、加强减灾救灾体系建设、推进优抚安置工作机制创新、发展社会福利事业、建立科学合理行政区划格局、推进殡葬事业改革与发展、加强民政基础设施建设、加强民政工作机构和人才队伍建设、完善民政事业经费保障机制十一个方面开展合作共建,在政策、资金、项目、人员等多方面对朔州市民政事业改革发展提供大力支持,促进朔州市民政事业加快发展,为全省民政事业改革发展提供有益经验。 (王文广)

公 安

【概述】 2010年,全省公安机关围绕转型跨越发展的大局,圆满完成各项目标任务。

1. 完成世博、亚运等重大安保工作。配合北京、上海、广东,坚持以面保点、整体防控,从严落实各项安保维稳工作措施,为实现“平安世博”“平安亚运”的目标做出积极贡献。开展“大走访”爱民实践活动,排查化解各类矛盾纠纷6.1万余件。落实领导接访等公安信访工作长效机制,组织开展信访积案清理和案件评查活动,基本实现“年内办结50%的信访积案,初信初访案件归零”的目标。在“3·28”王家岭矿难抢险救援中,全力做好道路疏通、现场秩序维护、社会面稳控等工作,受到省委、省政府领导的充分肯定和社会各界的普遍赞誉。圆满完成重要会议、重大节庆安全保卫和王乐泉、刘云山、刘延东、李源潮、张德江等中央领导同志在晋视察期间的警卫任务。

2. 开展严打整治斗争。持续不断地开展打黑除恶、命案侦破、打击“两抢一盗”等多发性侵财犯罪、打击拐卖妇女儿童犯罪、打击经济犯罪、禁毒人民战争等各项打击行动,始终保持对各类刑事犯罪活动的高压态势,有力地打击犯罪分子的嚣张气焰,增强人民群众的安全感。全年共破获各类刑事犯罪案件4.4万余起,抓获刑事犯罪成员2.8

万余人，抓获各类逃犯1.3万余人。其中，侦办黑社会性质组织案件10起，打掉恶势力犯罪团伙134个，破获现行命案540起，破案率达94.73%，太原、长治、朔州和100个县实现命案全破，破获命案积案132起。认真组织开展校园安全保卫、治爆缉枪、医疗机构治安秩序整治等工作，取得良好效果。强力推进社会治安防控体系建设，切实加强重点人口、特种行业、娱乐服务场所治安管理和重点单位、要害部位的安全保卫工作，严密社会面巡逻防控，驾驭社会治安局势的能力进一步提高。

3. 加强社会管理工作信息化建设。认真贯彻落实公安部“广东会议”精神，推广信息化建设“临汾经验”和“太原模式”，全面推进公安信息化建设与应用。在公安部组织的平台实测中，山西省取得全国第九名的好成绩。全面推进新版警务综合应用平台应用，建立全警采集、全警应用、全警共享的应用格局。依托警务综合应用平台和“大情报”平台，初步形成对信息资源实时碰撞比对，自动发布预警、一线民警查处的指挥处置扁平化、打防管控精细化、社区警务信息化、协同配合实战化的现代警务机制。积极参与环首都七省区市区域警务合作机制，探索建立与周边省市公安机关的联勤指挥机制、情报信息互通机制、分层警务协作机制、常态沟通交流机制。利用信息化手段推进社会管理创新，积极破解实有人口管理、民爆物品管理、虚拟社会管理等难题。与省综治委、省计生委联合下发《关于创新乡镇（街道）流动人口服务管理工作的意见》，建立完善以房管人、以证管人、以业管人的工作机制。开展第六次全国人口普查户口整顿工作，打牢实有人口管理基础工作。制定《山西公安派出所外国人住宿登记管理工作规范》。全力推进按需申领护照工作，共审批公民出国境35.5万余人次。认真开展公众聚集场所、人员密集场所和古建筑消防安全整治，努力消除火灾隐患，有效遏制重特大火灾特别是群死群伤火灾事故的发生。强力推进应急救援体系建设，依托公安消防队伍，组建山西省应急救援总队、11个市应急救援支队和105个县（市、区）应急救援大队。认真落实省政府《关于进一步加强道路交通安全工作的决定》，大力实施“文明交通行动计划”，广泛开展“重点车、重点驾驶人、重点时段、重点路段、重点违法行为”集中整治，道路交通事故“四项指标”持续下降。建立道路交通事故民事损害赔偿人民调解工作机制，受到公安部、司法部的充分肯定，公安部、司法部在山西省吕梁市汾阳市召开道路交通事故民事损害赔偿人民调解工作现场会，在全国推广山西省的经验和做法。

4. 强化执法规范化建设。省厅制定出台《2010~2012年推进执法规范化建设的意见》，提出六大方面26项具体工作任务。推出晋城市公安局、太原市公安局尖草坪分局等12个标杆单位。制定讯问室、候问室、询问室、物证保管室、档案室、调解室六个执法场所的设置和管理规范。制定《山西省公安机关办理经济案件若干规定》《山西省公安机关办理国家赔偿案件程序规定》《山西省公安机关人民警察执法过错责任追究办法》，进一步规范公安机关和公安民警的执法行为。

5. 全面加强公安队伍思想政治建设。一是强化思想政治教育。召开全省公安机关思想政治工作会议，制定出台《山西省公安机关思想政治工作规范》。二是树立选人用人的良好风气。认真执行《党政领导干部选拔任用工作条例》，按照“公开、平等、竞争、择优”的方针，以扩大民主、引入竞争性选拔、走群众路线为基本要求，以整治拉票贿选、匡正用人风气、提高选人用人公信度为重点，以选出干事创业、群众满意的干部为目标，不断探索和完善干部选拔任用和监督管理机制，进一步理顺干部情绪，激发队伍活力。在全省公安消防部队选拔正团职领导干部工作中，坚持考试、考核、推荐相结合，在公开、公正的前提下，通过竞争方式选拔任用11名领导干部。三是加强纪律作风建设。在全省组织开展为期一个月的队伍管理隐患排查和纪律作风整治专项行动，全省共辞退民警27人，开除14人，318名民警重新返回工作岗位。四是狠抓各级领导班子建设。对厅党委成员进行合理分工，明确党委的工作方法和“三重一大”原则，使厅党委思想更统一，运作更科学，班子更团结。特别强调常务副厅长的工作机制，强调对省城太原公安工作的领导机制，对厅属二级党委的管理机制，进一步增强班子的凝聚力和战斗力。认真落实“下管一级”的领导体制，厅党委加大对各市公安局党委的领导力度，并帮助其树立权威，切实管好管住县级公安机关党委，有效解决个别县公安局长工作不负责任，不作为、乱作为的问题。五是落实党风廉政建设责任制。研究制定《中共山西省公安厅委员会关于2010年全省公安机关党风廉政建设和反腐败工作任务的分解意见》，召开全省公安机关反腐倡廉建设会议、推进廉政文化建设晋中现场会，部署开展警车和涉案车辆、涉案人员非正常死亡、公路“三乱”等群众反映强烈问题的专项治理。副部长刘金国对山西省的警车和涉案车辆专项治理工作三次作出重要批示予以充分肯定，公安部在山西省大同召开现场会，推广大同市公安机关“警车瘦身”的经验做法。严肃查处阳泉市“5·6”案件等严重违法违纪案件，全年共查处民警违法违纪案件332起437人。六是开展“阳光行动”。在全省公安机关部署开展以“争做阳光警察、争创阳光警队、打造阳光警务”为主要内容的“阳光行动”。厅长杨司和厅党委成员先后三次带头参加《政风行风热线》节目，与群众面对面交流，解决群众反映和关注的“热点”问题。狠抓各级公安机关精神文明建设，省厅机关连续五年被评为“省直文明和谐单位标兵”。七

省长王君慰问公安交警　（马方斌提供）

是落实从优待警措施。坚持从政治上关怀民警、工作上关心民警、生活上关爱民警，切实帮助民警解决实际困难，最大限度地落实从优待警的各项措施，维护民警的合法权益。

【节日安保工作】 2月12日，王君在申联彬、杜玉林、李小鹏、方文平、李政文、刘维佳、王清宪等陪同下，到省公安厅检查指导节日安全保卫工作，并代表省委、省政府看望慰问全省公安民警。在机关的厅党委成员和厅直有关部门主要负责同志参加慰问活动。王君通过省公安厅视频系统检查太原、大同、临汾三市的节日安全保卫工作情况，对全省公安工作给予充分肯定。王君要求全省公安机关和广大公安民警，进一步强化工作措施，着力化解社会矛盾，切实加强社会治安防范控制，严厉打击各类严重刑事犯罪活动，为全省人民欢度“两节”创造一个安全祥和的社会治安环境。

【全省公安机关警车和涉案车辆违规问题专项治理工作再动员电视电话会议】 3月12日在太原召开。厅党委副书记、常务副厅长李富林出席并讲话，厅党委委员、纪委书记、督察长任鸿太主持会议。

李富林强调，一要进一步统一思想，提高认识，切实增强专项治理工作的责任感、紧迫感。二要进一步加强领导，精心组织，始终保持专项治理工作的严肃性。专门机构要充分发挥主力军的职能作用，各警种、各部门要齐抓共管，密切配合，通过有效的治理和查处，确保省厅《关于全省公安机关警车和涉案车辆违规问题专项治理工作方案》中明确规定的15类重点违法违规行为得到严查和严处。三要进一步突出重点，强化措施，扎实推动全省专项治理工作健康稳步地进行。重点督察驾驶警车不携带驾驶证、警察证、不着警服、牌照不符、非警务人员驾驶警车等违规问题；纪检监察部门对在警车和涉案车辆管理中发现的违法违纪案件，要按照有关规定进行严肃地处理，决不姑息。各级警务督察部门对警车私用和非因公务将警车停放在餐饮、娱乐场所门口的民警，首先要对行为人停止执行职务，情节恶劣、后果严重的，给予纪律处分并追究单位领导责任。

任鸿太要求各级公安机关交管部门要严格管理，严格执法，要定期将车辆违章情况抄报省厅专项治理领导组办公室，坚决杜绝开“特权车”“霸王车”的行为发生。

【王家岭“3·28”事故维稳工作】 3月28日13时40分，中煤集团山西临汾碟子沟项目部施工的王家岭矿发生透水事故，井下被困153人。杜玉林、李富林带领厅治安总队、维稳办、指挥中心、科技处、信通处等有关人员在第一时间赶赴事故现场，开展事故救援、现场警戒、法医鉴定、通讯保障、社会维稳等工作。临汾、运城公安机关投入警力3000余人，武警290人，全天24小时在第一线执行救援警戒任务。

为确保救援工作顺利进行，省里专门成立了“3·28”事故维护稳定工作领导小组并由杜玉林牵头，杜玉林前后主持召开5次维稳善后工作会议，对事故现场的警戒秩序、善后救助、医疗急救、受困人员家属疏散安置、社会面稳控等工作进行细致具体的分析研究和周密部署。各地各部门密切协作，从严落实，有力推进各项工作有序开展，保障救援工作顺利进行。

【“深入行动”获公安部表彰】 公安部在全国范围内部署开展打击制售假发票的“深入行动”以来，晋中市公安局经侦支队对一起普通出售假发票线索展开长达两个多月的侦察，准确掌握犯罪嫌疑人王文兵等人及假发票大型印制窝点的基本情况。4月21日，晋中市公安局经侦支队和省厅经侦总队联合行动，一举端掉位于太原市万柏林区义井乡南上庄村的假发票大型印制窝点，当场将王文兵等4名犯罪嫌疑人抓获，查获印刷机1台，晒版、制版、裁切设备一套及成品PS版50余块，缴获假发票120余万份。4月23日，公安部经济犯罪侦查局发来贺电表示祝贺。

【全省上海世博会安保工作电视电话会议】 4月26日，杨司主持召开，对全省上海世博会安保工作进行再动员再部署。杨司强调，一要狠抓落实；二要善谋大事；三要确保平安；四要带好队伍；五要勇于承担责任；六要严守纪律。要畅通信息报送渠道，杜绝迟报、漏报现象的发生。全体民警要严格遵守“五条禁令”、“六条警规”，坚决杜绝违反禁令的事件发生。李富林要求全省各级公安机关要重点抓好七项工作：一要严密防范、严厉打击各种渗透破坏活动；二要进一步加大矛盾纠纷排查化解力度，积极预防、妥善处置群体性事件；三要进一步加大重点人员管控力度，严防失控漏管；四要进一步加大严打整治力度，确保治安大局稳定；五要进一步加大治爆缉枪力度，确保“不流失、不打响、不炸响”；六要进一步加大社会面管控力度，有效预防和减少违法犯罪活动；七要进一步加大安全管理整治力度，严防发生火灾和道路交通等重大事故。

【DNA 数据库建设】 2009 年 11 月 16 日，全省公安机关 DNA 数据库建设工作正式启动，截至 2010 年 4 月 22 日，已录入违法犯罪人员数据 7922 条，各类数据总量达到 16225 条，利用数据库共破获各类案件 432 起，串并案 382 起，数据库积累破案效应逐渐明显。

【孟建柱视察山西】 5 月 13~15 日，国务委员、公安部部长孟建柱深入山西省阳泉、晋中、太原等地视察指导工作，考察调研经济社会发展和维护稳定工作。省委、省政府、省公安厅、太原市委的负责同志分别陪同进行考察调研。在检查校园安全保卫工作时，孟建柱指出，要广泛发动群众，坚持专群结合、综合治理，为孩子的学习和健康成长创造安全的校园环境。座谈汇报会上，孟建柱发表重要讲话，强调要把全省公安工作在原来的基础上做得更好，努力走在中西部省份的前列，并争取一些工作走在全国的前列。讲话要求：第一，加强基层基础工作、夯实公安工作根基要走在前列；第二，运用科技手段、打击严重犯罪活动要走在前列；第三，加强执法规范化建设、提高执法水平要走在前列；第四，加强社会管理、推动社会管理创新要走在前列；第五，加强公安队伍建设、构建和谐警民关系要走在前列。张宝顺在汇报座谈会上要求，全省公安机关要认真贯彻落实孟建柱的讲话精神，紧紧围绕“一个目标，五项要求”，把公安工作提高到一个新的水平。

【王君调研指导公安工作】 5 月 28 日，王君在杜玉林、王清宪、李宝卿、郑建国等陪同下，在省公安厅调研指导工作，并代表省委、省政府看望慰问民警。在机关的厅党委成员和厅直有关部门主要负责同志参加汇报座谈。王君对全省公安工作和队伍建设给予充分肯定，并且强调各级公安机关一定要把思想和行动统一到中央和省委、省政府的决策部署上来，进一步增强做好维护社会稳定的使命感和责任感，推动各项工作迈上新台阶，为经济社会发展创造良好的社会治安环境。一是要切实加强对公安工作的领导。二是要深入推进社会管理创新，强化基层基础工作，重点抓好学校周边社会治安环境和民爆物品管理等专项整治，切实加强社会面控制，加强巡逻防控，为学校安全提供良好的环境保障。三是要切实加强矛盾纠纷排查调处工作。四是要切实加强社会治安综合治理。五是要切实加强干部作风建设。六是要继续保持高压态势，严厉打击各种严重刑事犯罪。王君表示，要尽力为公安机关履行职责、开展工作提供保障，加大建设投入，解决公安机关尤其是基层和一线民警的实际困难与问题，关心爱护公安民警，充分调动广大民警的工作积极性，开创公安工作的新局面。

【袁纯清调研晋城公安工作】 7 月 3 日，袁纯清一行在晋城市公安局城区分局泽州路派出所调研指导工作，详细了解晋城市暂住人口、出租房屋管理、群众办户办证等情况。袁纯清指出，面对新形势的挑战，要加大向科技要警的力度，提高信息化装备动作水平，增强发现、研判、解决问题的能力，提高维稳水平。袁纯清对晋城市公安局在坚持向科技要警力、要战斗力，推进扁平化实战指挥体系建设，发挥视频监控在治安防控、侦查破案中发挥的作用表示赞赏；对加强群防群治等传统警务，夯实公安工作根基，实现现代警务和传统警务互为补充的做法给予高度评价；对基层民警的服务态度和办事效率表示满意。调研中，袁纯清还对晋城市公安机关正在认真学习贯彻孟建

公安部部长孟建柱在山西视察交警工作　　（马方斌提供）

柱视察山西重要讲话精神,按照省公安厅党委的要求,扎实开展“全省站前列、全国争先进”创建活动的一系列举措给予充分肯定。

【“三晋黄河行”禁毒宣传活动】 6月24日至7月2日,省禁毒委组织开展“三晋黄河行”大型禁毒宣传活动。活动启动仪式于24日上午在太原举行。杜玉林作动员讲话,杨司为禁毒志愿者宣传队授旗。宣传队从黄河入晋源头偏关县万家寨出发,沿黄河顺流而下,途经沿黄十几个市县,并以偏关、河曲、保德、兴县、临县、吉县、河津、永济等八个县市作为主要宣传地开展宣传活动。期间,向沿途群众发放禁毒宣传海报、招贴画5000份,禁毒宣传购物袋4000个。

【全省公安警用装备发放仪式】 7月9日,省厅在山西警官高等专科学院举行,杨司等出席。此次仪式为全省11个市级公安机关配发警用移动查询终端等16个品种的装备,为119个县级公安机关配发高清晰无线图像传输系统等12个品种的装备,为全省近1/3的刑警配发防弹衣和复合头盔,为12个开发区分局、19个企业改制公安分局及其派出所配发志骏牌警车145辆,为各市公安刑警支队配发刑侦越野车14辆,为各市警犬基地配发运犬车14辆,总价值达1.59亿元。

【执法勤务机构警员职务套改工作会议】 7月17日,省公安厅、省人力资源和社会保障厅、省公务员局在太原召开山西省公安机关执法勤务机构人民警察警员职务套改工作会议,省公安厅党委书记、厅长杨司,省人社厅党组书记、厅长张健,省公安厅党委委员、副厅长兼太原市公安局局长苏浩,省人社厅党组成员、副厅长李建刚,省公安厅党委委员、政治部主任李太平及各市公安局局长、政治部主任、人社局局长参加会议。警员职务套改工作是国家有关部委为深化政府机构改革,实行公务员“分类管理”,在全国公安机关做出的有效尝试。

【《山西省消防条例》实施】 7月16日,《山西省消防条例》经山西省第十一届人民代表大会常务委员会第十七次会议高票表决通过,自2010年11月1日起施行。

【第六次人口普查户口整顿工作】 截至2010年8月31日,全省共核查1173.79万户,3467.3821万人,提供破案线索793条,破获刑事案件318起,查处治安案件2582起,抓获逃犯258人,圆满完成户口整顿工作。

【道路交通事故民事损害赔偿人民调解工作现场会】 9月17日,公安部、司法部在山西省吕梁市汾阳市召开道路交通事故民事损害赔偿人民调解工作现场会,总结推广建立道路交通事故民事损害赔偿人民调解工作机制的经验和做法。全国21个省(市、区)相关负责人及山西省11个市的公安交警和司法行政部门负责人参加会议。山西、湖南、四川、辽宁、江苏、山东、陕西省的公安、司法机关负责人进行大会发言,交流经验做法。与会人员深入孝义市公安局交警大队,实地参观当地开展道路交通事故民事赔偿人民调解工作情况。

【“1+8”五年规划】 省公安厅党委认真学习贯彻国务委员、公安部部长孟建柱视察山西时的重要讲话和省委书记袁纯清“7·29”“8·28”重要讲话精神,制定出台《山西省公安机关贯彻落实“一个目标、五项要求”全面推进公安工作和队伍建设的五年规划(2011年~2015年)》,明确提出“一年打基础、两年上台阶、三年创一流”的总体思路,力争“五年任务三年完成”,尽快实现“在中西部地区当排头兵、在全国创一流”的目标,受到孟建柱、袁纯清和王君的充分肯定。

【规章和文件清理工作】 全面完成对省厅近十年起草制定的政府规章和规范性文件的清理工作。共清理出规章9件,规范性文件37件。9件规章中,拟废止的5件,拟修改的4件。37件规范性文件中,确认有效的22件;有效期满,需要重新发布的3件;拟修改的3件;废止的9件。省厅将对清理结果通过政府网站及有关媒体向社会公布,未列入继续有效文件目录的规章和规范性文件,将自动失效,不再作为行政管理的依据。

【全省派出所长培训班】 2010年,省厅连续举办8期全省公安机关派出所长培训班,来自全省基层公安机关的1478名派出所长参加培训。这次培训是省厅历史上首次对派出所长进行的大规模轮训,安排信息化应用技能、执法规范化、群众工作能力、社会矛盾化解、正确应对媒体、心理行为测评与训练、优秀派出所长论坛和基层先进事迹报告等课程内容。公安部治安局领导、省厅领导、省厅相关业务处室领导和骨干、公安大学治安系教授、省警专三项建设课题组专家、教授等先后来班授课。

【开展“阳光行动”】 11月24日,省公安厅召开全省公安机关电视电话动员会,部署开展为期三年的以“争做阳光警察、争创阳光警队、打造阳光警务”为主要内容的“阳光行动”。杨司出席会议并作讲话。杨司指出,通过“阳光行动”加强队伍管理,激发民警争先创优、干事创业的工作热情,完成厅党委制定的“1+8”规划蓝图和实现山西公安工作“中西部站排头、全国争一流”的奋斗目标,向全社会展示全新的山西公安队伍形象。杨司强调,要力争通过三年的不懈努力,使山西省80%以上的民警成为“阳光警察”,80%以上的警队成为“阳光警队”,全省各级公安机关的业务部门要成为办事公开、执法公正、党委政府信赖、人民群众满意的“阳光警务”部门。到2010年年底,各级公安机关要实现任务过半，要求50%的民警、50%的警队达到“阳光警察”“阳光警队”的标准。

【山西省第二代居民身份证信息管理系统通过验收】 为大力加强治安管理信息化建设，不断深化社会管理创新，厅治安总队和信息中心自主开发山西省第二代居民身份证信息管理系统。系统启用半年以来，彻底解决9万多群众由于种种原因不能正常申领到身份证件的问题。12月16日，由公安部科技信息化局、治安管理局有关专家组成的验收组对山西省第二代居民身份证信息管理系统进行验收评审，专家组对该系统给予高度评价。

【侦破重大案件】 安泽“1·25”特大杀人案。1月25日晚，安泽县公安局接到报案称，该县一小区居民家有人被杀。该局民警立即赶赴现场，经过调查锁定疑凶并上报临汾市局。市局接报后，迅速部署周边县区公安机关设卡堵截，于26日在乡宁县境内将犯罪嫌疑人张宏伟抓获。经审查：犯罪嫌疑人张宏伟在与受害人雷珊因婚姻问题产生矛盾后预谋报复，于1月25日20时许携凶器窜入雷家，将雷珊及她的母亲、外甥刺死，将雷珊的姐姐刺伤。

岢岚“2·23”交通肇事逃逸案。2月23日22时，忻州市岢岚县境内发生一起特大交通肇事逃逸案件，一辆大货车撞倒5名行人，造成4人死亡、1人受伤后逃逸。案发后，省市县三级公安机关迅速成立专案组展开侦破工作。在公安机关的强大侦破攻势下，肇事嫌疑车车主之一田迎科主动投案。2月28日16时许，专案组民警在兴县魏家滩村将肇事时车上人员田静及参与毁灭证据的刘志伟抓获。经查，2月23日22时，犯罪嫌疑人侯建青驾驶晋KA4849自卸车与同车人田静由岢岚返回兴县途处，将五名行人撞倒，致四死一伤，二人驾车逃逸窜回兴县魏家滩。

“陕西5·10”特大杀人案。5月10日，陕西省榆林市吴堡县辛家沟镇宋家坡村发生一起重特大故意杀人案，犯罪嫌疑人宋利荣手持斧头和菜刀，连砍9名村民，其中包括2名儿童，致2人死亡，7人受伤。5月10日晚11时，该局接到陕西榆林警方通报，称犯罪嫌疑人已潜逃至吕梁，请求吕梁警方予以协助。接到通报后，该局迅速组织警力展开抓捕工作。通过缜密侦查，发现犯罪嫌疑人在临县与陕西交界一带活动，民警连夜赶赴临县，于5月11日上午9时，在晋陕交界一处小山中将宋利荣抓获。

“5·17”跨省绑架儿童案。5月17日19时12分，运城市局接省厅《紧急协查通报》，要求协助宁夏警方查破平罗县“5·17”绑架儿童案。接报后，该市公安机关连夜设卡堵截，全面摸排清查，迅速调取高速公路出口监控资料和重点人员信息，5月18日14时50分，专案组民警在空港一小旅店将犯罪嫌疑人谭保国、王某抓获，将被绑架的两岁儿童芦子卿成功解救。随后，民警又迅速抓获另一名犯罪嫌疑人。

（王瑞成）

公安厅交通管理局

【确保交通安全形势】 省公安厅交通管理局制定出台《关于进一步加强道路交通事故预防工作的若干规定》。完善道路交通事故综合预防机制，将省事故预防工作领导组成员单位由18个增至23个。以省事故预防工作领导组及办公室名义下发工作文件20件，联合有关部门召开3次全省视频会议，部署道路交通安全集中整治工作。深入开展交通安全集中整治，共查处各类交通违法477.5万余起。会同有关部门完成对全省公路客运、旅游客车、校车及驾驶人排查摸底，对客运驾驶人进行严格资质审核登记备案。深入开展危险路段排查整治，排查出195处交通事故多发路段，推动有关部门治理144处，治理率为73.85%。对近四年发生过重特大道路交通事故和事故多发的18个县(市、区)进行挂牌督办。

【道路通行秩序管控】 2010年春节前，针对大雪给广大群众出行带来巨大困难，高速交警全员上路，采取警车带路、分段接力放行超强措施，有力保障群众节日安全出行。持续开展公路客货运、机动车涉牌涉证、预防重特大道路交通事故交

副省长张建欣在高速公路滨河收费站口检查春运工作(马方斌提供)

通安全集中整治行动，完成上海世博会、广州亚运会交通安全外围保障任务。大力推进公安部交管局和省公安厅交管局挂牌的39条交通秩序示范公路创建，深入实施“畅通工程”，创建古交、孝义、洪洞、左权、昔阳、沁县、阳城7个部级平安畅通县区，太原、晋中被确定为二等畅通工程城市。从严整治高速公路青银线货车不按规定车道行驶等违法行为，开展校园及幼儿园周边道路交通秩序整治。完成各类等级和等外勤务交通安全保障任务，切实加强交通应急事件处置工作。

省公安厅交管局召开预防事故新闻发布会 （马方斌提供）

【开展“三项建设”】 (1)按照33项年度工作任务，大力加强执法规范化建设工作。全省共举办各类执法培训班251期，组织网上考试6551人次，考试合格率为94.8%；制定修改执法文件114个，树立示范岗、示范中队275个；组织全省公安交警执法大检查，并在晋城召开工作推进会。(2)大力推进信息化建设工作。全省各级公安交警全面启动三级交通管理指挥体系建设、交通管理移动警务平台建设、省级350兆集群通讯系统建设、省级移动警务平台建设、省级数据集中、省际和市际交通治安卡口建设、环太原高速公路监控系统等重大工程，取得明显成效。(3)社会管理创新工作取得实效。积极推进车管业务下放，全省车管业务下放县达85个，占总数85.4%。积极开展残疾驾驶人考试，全省11市车管所全部开通残疾人申领驾驶证绿色窗口。大力推行车驾管业务互联网上办理，进一步完善省内异地缴纳交通违法罚款，推出手机缴纳和网上银行缴纳新措施，将农信社作为本省第4家代缴罚款银行。会同司法、保监等部门，强力推进道路交通事故民事损害赔偿人民调解，全省所有县(市、区)成立机构并成功调解交通事故纠纷1123起，走在全国前列，公安部、司法部在吕梁召开现场会推广交流山西省经验。

【文明交通行动计划】 联合八部门围绕“关爱生命，文明出行”主题，大力实施“文明交通行动计划”，先后召开推进会、工作片会、现场会6次，对全省7个省级文明和谐城市进行多次约谈，创建一批模范农村、社区、学校，培养一批优秀驾驶人、安全标兵，全社会文明交通意识进一步增强。联合省科协等五部门举办科学防灾避险保障生命安全——公众安全避险逃生知识展览；联合省道路交通安全协会等部门举办倡导“关爱生命、文明出行、创优环境、共享和谐”座谈会。在《山西日报》、山西电视台开设专栏，开展交通安全深度宣传报道，播放“文明交通行动计划”公益广告、挂图以及Flash动漫宣传片。开通山西新闻网“三晋文明交通行动”贴吧，与交通参与者展开互动。在山西交通广播电台举办文明交通知识专题讲座。在自办媒体《山西法制报·公安交通》开辟《关爱生命，文明出行》专栏。全省11市都有交通广播或在当地电台有交通安全宣传固定栏目，9市在当地电视台有固定栏目，在当地有报纸专刊专版。2010年，全省各级公安交警共在省级以上新闻媒体发稿2040篇，其中在中央媒体发稿165篇。交管局记者站连续四年被评为“优秀记者站”，在全省45个厅局记者站中名列第二。

【队伍建设】 大力加强教育培训工作，先后举办3期培训班，对全省11市和15个支队支队长、政委、大队长、教导员和局机关部分处级领导干部共400余人进行培训。在全省公安交警系统大力开展“学身边榜样、树队伍正气”争先创优活动、“争做阳光交警、争创阳光警队、打造阳光警务”活动，培养树立并大力宣传高速交警张芮红、繁峙交警姚爱军等一批先进典型，弘扬正气，激励先进。切实加强党风廉政建设和反腐倡廉，认真组织广大民警学习《廉政准则》《人民警察纪律条令》，收看警示教育片，深入学习弘扬“右玉精神”，狠抓党风廉政建设责任制落实，严格队伍教育和管理，严肃查处违法违纪问题。规范交通协管员队伍管理，对各地交通协管员招聘录用、管理使用和经费保障等方面提出明确要求，建立支队招聘交通协管员申报制度。着力解决制约交通管理工作发展保障性问题。2010年，交通管理工作涌现出大批模范集体和先进个人，其中1人被评为全国先进工作者，11个集体、39名个人受到省委、省政府、公安部表彰。 （马方斌）

司法行政

【概述】 2010年，全省各级司法行政机关坚持全面履行职责，充分发挥作用，推进三项重点工作，全面开展“三个年”活动，全省司法行政工作实现“三年提高上台阶”的既定目标，为服务转型跨越发展，维护社会和谐稳定，推进依法治省进程，保障社会公平正义作出应有的贡献。

一、扎实开展“加强基层基础年”活动，基层基础工作不断夯实，日益稳固。

1. 人民调解工作不断强化。组织开展“人民调解化解矛盾纠纷专项攻坚活动”，全省共调处矛盾纠纷22.6万余件，调解成功22.19万件，成功率为98%。加强专业性、行业性人民调解组织建设，成立道路交通事故纠纷人民调解委员会，推进医疗纠纷人民调解委员会建设，进一步拓展人民调解工作领域。与省人社厅、省总工会等6单位联合下发《关于加强劳动人事争议人民调解工作的意见》，部署劳动人事争议纠纷人民调解工作。深化与法院、检察院、公安机关的协调配合，“三联三调”工作机制进一步完善。开展学习宣传人民调解法工作，召开新闻发布会，为全面贯彻实施创造条件。吕梁市道路交通事故民事损害赔偿纠纷人民调解工作扎实开展，全国、全省现场会在该市召开。朔州市政府办制订实施《人民调解办案补贴暂行办法》，调动人民调解员的工作积极性。

2. 社区矫正工作深入推进。省厅组建社区矫正工作管理处，从基层选拔熟悉刑罚执行工作的优秀干部任处长，为推进工作奠定良好的组织基础。出台《关于在全省全面试行社区矫正工作的实施意见》，为全面试行社区矫正工作提供政策依据。召开全省社区矫正工作电视电话会议和全省社区矫正工作座谈会，全面部署社区矫正工作。全省11个市103个县(市、区)的1367个司法所开展工作，其中太原、晋中、运城、长治、朔州、忻州、吕梁等市全面开展。全省累计接收社区服刑人员16167名，解除矫正4280名，重新犯罪率仅为0.33%，有力地维护社会和谐稳定。

3.安置帮教工作有序进行。下发《关于进一步加强刑满释放解除劳教人员安置帮教工作的实施意见》，召开省刑释解教人员安置帮教工作领导组会议，对进一步加强安置帮教工作进行全面部署。与省综治办、省公安厅联合下发《关于开展服刑在教人员基本信息核查的通知》，召开全省服刑在教人员基本信息核查工作会议暨业务培训会议，全面开展信息核查工作，已录入基本信息42627条。下发《关于开展“未成年人维权关爱月”活动的通知》，深入开展“未成年人维权关爱月”活动。

4. 监狱劳教基层基础显著加强。全省监狱、劳教系统扎实开展“加强基层基础年”活动，建立健全各项管理制度，推进“四防一体化”建设，落实三级联动维稳模式，内部管理进一步加强。

二、深入推进“领导班子建设年”活动，领导班子和队伍建设切实加强，成效明显。

1. 干部选拔任用工作顺利实施。在“领导班子建设年”活动中，厅、局两级党委先后对监狱、劳教系统处级干部进行5次大的调整交流，共选任和交流处级干部133名。其中，提拔任用正处级领导干部21名，副处级领导干部23名；提拔任用正副处级非领导职务干部34名；平职交流调整正处级领导干部29名，副处级领导干部12名；平职调整交流正副处级非领导职务干部14名。监狱局党委按照干部管理权限对本系统的副处级领导干部进行调整交流，共提拔46名，交流13名。

2. 执法大培训、岗位大练兵活动成效显著。按照司法部的统一部署，精心组织，加强督导，扎实开展监狱劳教人民警察执法大培训、岗位大练兵活动，全系统共举办培训班806期，组织单项训练1327次，参加培训和训练的干警达10800多名。通过大培训、大练兵活动，广大干警的业务素质、执法水平和实战能力显著增强。

3. 党的建设和创先争优活动整体推进。部署学习型党组织、学习型领导班子建设活动。兴起学习弘扬“右玉精神”新高潮，组织厅机关副处以上干部去右玉、大同参观学习。继续加强律师行业党建工作，善始善终完成律师行业学习实践科学发展观活动，被省新社会组织学习实践活动指导组评为先进单位。下大力气组织律师行业创先争优活动。在律师队伍中深入开展“中国特色社会主义法律工作者”主题教育实践活动和李庄案警示

2010年11月23日，省委依法治省领导组召开专题会议，省委书记、省人大常委会主任、省委依法治省领导组组长袁纯清主持会议并讲话

(张　霏提供)

教育，律师队伍的政治业务素质进一步提高。

4. 党风廉政建设深入开展。以落实党风廉政建设责任制为龙头，以建立健全惩治和预防腐败体系为主线，认真学习贯彻《廉政准则》，扎实开展制度建设，加强对重点工作的监督检查和工程建设领域专项治理工作的重点督查，整体推进教育、制度、监督、纠风、惩治工作，反腐倡廉建设取得明显成效。

5. 监狱劳教系统领导班子全面加强。全省监狱劳教系统在“领导班子建设年”活动中，全面加强思想政治建设、组织建设、作风建设、制度建设和反腐倡廉建设。特别是通过干部调整交流，充实监狱劳教单位领导班子27个，机关内设处室和直属事业单位20个，组织建设的成效凸显。

三、全力推动“整体工作提高年”活动，司法行政工作整体推进，快速发展。

1. 着力促进转型跨越发展，法律服务工作取得新成效。广大法律服务工作者围绕转型跨越发展，继续为全省煤炭资源整合和煤炭企业兼并重组，为省级重点工程项目，为煤焦领域反腐败斗争和服务业发展，提供优质高效的法律服务。全省律师共为600余家新成立的煤炭企业起草股东协议、章程，成立董事会、监事会，完善公司内部治理结构，建立现代企业制度服务，业务涉及企业职工安置、新企业名称核准、章程订立、工商登记、证照变更等环节。佳镜律师事务所办理法律援助案件占立案总数的38%，积极为多家法律顾问企业分析法律风险，制定应对策略，注重采用调解方式结案，民事经济案件调解结案率达到39%。成诚、神明、锋卫等30余家律师事务所为山西体育中心、山西大医院、山西图书馆、太原博物馆等50多项重点工程提供服务。全省共办理各类公证事项11.3万余件。大同市御诚公证处为城市改造拆迁、棚户区改造、居民房屋拆迁安置补偿提供服务。陵川县公证处为环境整治拆迁重点工程提供服务。

2. 着力维护社会和谐稳定，监狱和劳教(戒毒)工作取得新业绩。全省监狱劳教系统，认真贯彻“五个确保”、“五个一定要”、“五个毫不”、“三不”、“三再三更” 成效明显。落实监管工作“首要标准”，把教育改造作为中心任务，强化教育措施，推行职业技能鉴定与培训，教育改造质量进一步提高。加强组织领导，采取超常举措，狠抓关键环节，提高应急能力，开展隐患排查，组织安全检查，健全长效机制，强化责任追究，集中开展“严厉打击罪犯私藏、使用手机”专项治理活动，监管工作得到全面落实。监狱系统准确把握宽严相济的刑事政策，严格减刑、假释、暂予监外执行标准，完善罪犯分类改造和分级处遇制度；劳教系统健全劳教人员“三种管理模式”，促进了罪犯劳教人员的改造。监狱劳教系统重视生活卫生，加大伙食补贴，保证罪犯劳教人员的食物量供应。加强卫生防疫工作，处置传染病、重大疫情和公共卫生突发事件的能力进一步提高。深化安全生产专项整治，加大安全生产投入，杜绝重特大安全生产事故的发生。全省监狱劳教场所实现“四无”目标，有力地保证上海世博、广州亚运等重大节庆活动期间的监管安全。监狱劳教系统进一步树立和贯彻 “一手抓监管，一手抓发展”和“对外改革开放，对内开发利用”的思想，经济工作扎实开展。监狱布局调整和监狱体制改革有序推进。监狱劳教信息化建设继续实施。现代化文明监所创建工作深入开展。劳教戒毒和戒毒康复试点工作不断完善，强制隔离戒毒工作积极推进，劳教场所布局调整和所企适度分离工作有序进行。

3. 着力推进依法治省和“法治山西”建设，普法依法治理工作取得新突破。提请省委、省政府印发《“法治山西”建设实施纲要》，召开学习贯彻新闻发布会，全省上下形成浓厚的学习贯彻氛围。积极开展法治县(市、区)创建活动和第二届“十大法治人物”评选工作，召开第二届“十大法治人物”暨法治建设先进集体表彰大会，促进“法治山西”建设的深入开展。在市、县、乡交界处和城镇建筑明显处设置永久性法治标语的要求得到较好落实。临汾市共制作2200余条(块)，法治标语覆盖城乡。“12·4”全国法制宣传日活动和公职人员 “五五” 普法总结验收考试顺利举行。“五五”普法规划检查验收工作全面完成。

4. 着力营造公平正义的法治环境，法律援助和司法鉴定工作取得新进展。全省进一步深化“法律援助便民主题活动”，推进网络建设，畅通申请渠道，建立服务窗口，降低援助门槛，全面开展业务，共办案17555件，受援人数226104人，超额完成省政府下达的指标。全省司法鉴定工作以质量管理为主线，进一步规范行政许可程序，推进机构规范化建设，认证认可工作取得突破性进展。通过开展执业打假活动，诚信监督机制不断完善。开展转岗培训、案件评查和文书评选，鉴定质量进一步提高。全省三级鉴定网络127家鉴定机构积极开展人身伤害、产品质量、建筑工程、煤矿纠纷、劳动争议、交通事故、中小学校危房排查、教育医疗、征地拆迁、酒驾治理，以及司法机关委托调解案件的鉴定，司法鉴定的功能作用日益彰显。

5. 着力培养高素质法律人才，司法考试和法学教育工作取得新提高。按照“从严治考，热情服务”的原则和“从严、过细、做实”的要求，顺利组织实施国家司法考试。全省报名9111人，参考7990人，1443人达合格分数线，达线率为18.1%。三院校按照“三特”办学思路和“三势”办学要求，增强主观努力，发挥客观优势，深化改革，加强管理，提高教育教学质量，构建和谐安全校园，努力解决突出问题，法学教育工作取得新成绩。山西省政法管理干部学院《学报》被省新闻出版局评为一级期刊，名列专科第一。警官职业学院积极努力，扎实工作，评估顺利通过。司法学校认真研判职业教育发展趋势，确定转型发展的目标和路径。

【周永康对山西律师工作批示】 4月19日，中共中央政治局常委、政法委书记周永康对山西省律师工作作出重要批示，高度评价山西省律师工作，并提出希望和要求。司法部部长吴爱英和副部长陈训秋、赵大程分别作出重要批示。

【王乐泉视察山西司法行政工作】 11月19~20日，中共中央政治局委员、政法委副书记、综治委副主任王乐泉分别在太谷县胡村司法所、太原第一监狱视察指导工作。王乐泉对太原一监坚持“以人为本、依法治监、科学改造”的三大理念，努力建设“平安、绿色、数字、阳光、和谐”的五型监狱，传承三晋历史文明、建设特色文化监狱的做法给予充分肯定。对太谷县胡村司法所人民调解、社区矫正、安置帮教等工作非常满意。并对山西省统一配备社区矫正工作服的做法给予充分肯定。

【“加强基层基础年”活动】 2010年，为进一步激发全省司法行政基层活力、夯实基层基础，省厅开展“加强基层基础年”活动。全省各级司法行政机关，高度重视，周密部署，从基层组织建设、队伍建设、业务建设、保障建设、制度建设等五个方面狠抓落实，司法行政基层组织体系进一步完善，队伍建设进一步加强，业务建设进一步加强，保障水平进一步提高，基层制度建设进一步健全，基本实现队伍正规化、管理规范化、保障标准化的目标。

【“领导班子建设年”活动】 为进一步增强领导班子的战斗力，2010年，省厅开展“领导班子建设年”活动。组织召开班子建设年动员会和安泽现场会，认真进行督促检查，开展经验交流，促进活动的健康发展，认真实施厅党委关于干部选拔任用和调整交流的决策，一年来，共调整交流选拔任用98名厅管处级干部，进一步优化干部知识和年龄结构，实现机关、监狱和劳教单位间干部相互交流使用的历史性突破。在干部选拔任用中，还引入考试、竞争机制，进行差额推荐、差额考察的尝试，进一步提高干部选拔工作的质量和水平。经过积极努力，班子建设年活动成为2010年的一大亮点工作，受到省委组织部的高度肯定。

2010年12月3~4日，司法部副部长赵大程在山西省调研

（张　霏提供）

【“整体工作提高年”活动】 为全面提升司法行政整体工作上台阶，2010年，省厅开展“整体工作提高年”活动。司法厅领导发表署名文章从不同方面阐述加强整体工作的意义、措施和要求，为全系统上下更好地开展、推进活动指明方向、部署任务。“整体工作提高年”活动办公室就进一步引深“整体工作提高年”活动提出具体要求。

【佳镜律师事务所等单位多次在全国介绍经验】 7月30日，佳镜律师事务所在全国律师行业党的基层组织和党员创先争优活动座谈会上介绍经验。8月20日，在全国司法行政系统运用《法制日报》做好新闻宣传工作会议上介绍经验。9月17日，在全国道路交通事故民事损害赔偿纠纷人民调解工作会议上介绍经验。10月13日，省公证协会在中国公证协会宣传工作会议上介绍经验。10月27日，在全国监狱劳教教育改造工作会议上介绍监狱劳教场所职业技能教育经验。11月4日，佳镜律师事务所在全国律师行业基层党组织和党员深入开展创先争优活动推进会上介绍经验。11月22日，在全国律师工作会议上介绍加强律师教育管理的经验。12月20日，在全国司法厅(局)长会议上介绍“全省司法鉴定十个统一”的经验。

【各级领导指导司法行政工作】 2010年，各级领导通过作出批示、出席会议、工作调研、发表讲话等各种形式对司法行政工作给予及时有力的指导。省部领导袁纯清、王君、吴爱英、陈训秋、赵大程、杜玉林、汤涛、张建欣分别对全省司法行政工作和律师工作作出批示，司法部还专门到山西省总结经验。张宝顺、袁纯清、王君、金道铭、申联彬、杜玉林、胡苏平、汤涛、郭海亮、王雅安、张建欣、李雁红、左世忠、王建明、杨司等，分别或集体出席有关会议。4月10日，司法部副部长张苏军听取山西省实施“五五”普法规划、开展依法治省和“法治山西”建设情况汇报，并给予充分肯定。7月15日，汤涛就创先争优活动到省政法管理干部学院调研。8月19日，中国作协主席铁凝率领主席团成员，在胡苏平、张平陪同下到省未成年人管教所赠送书籍。9月30日，张建欣、王建明到太原第三监狱检查工作。11月23日，金道铭、张建欣与省厅班子成员进行座谈。12月3~4日，司法部副部长赵大程到山西省调研并指导创先争优活动联系点佳镜律师事务所的工作。12月4日，袁纯清在《山西日报》发表《深入推进依法治省　服务转型跨越发展》的署名文章。

【司法行政工作获政策支持】 2010年，省委、省政府印发《"法治山西"建设实施纲要》(晋发〔2010〕18号)，强力推进"法治山西"建设，这在山西省民主法治建设史上尚属首次。省委将依法治省确定为年度目标责任考核共性指标的责任部门，普法依法治理工作成为2010年度考核指标。积极协调省高院、省检察院、省公安厅等8部门联合下发《关于在全省全面试行社区矫正工作的实施意见》(晋司发〔2010〕3号)，文件中增加民政、财政、人社、编办等部门，为全面推进此项工作创造良好条件。与省综治办、省高院、省检察院、省教育厅等16个部门联合下发山西省《关于进一步加强刑满释放解除劳教人员安置帮教工作的实施意见》(晋综治办〔2010〕28号)，为加强安置帮教工作营造宽松的外部环境。按照"接近警服、高于制服、司法特色"的原则首次为司法所社区矫正工作干警着装，收到良好效果。

【全省第二届十大法治人物暨法治建设先进集体表彰大会】 12月7日在太原召开。金道铭出席会议并讲话。省领导杜玉林、胡苏平、郭海亮、李雁红、左世忠、王建明出席会议，张建欣主持会议。会议对在"十一五"时期推进依法治省和法治山西建设作出突出贡献的山西省第二届十大法治人物和16名优秀法治人物、11个首批法治县(市、区)创建活动先进集体、10个省级依法治理标兵单位进行表彰，省劳动竞赛委员会为10名荣获第二届十大法治人物称号的同志颁发"山西省五一劳动奖章"，阳城县公安局、安泽县、太原重型机械集团公司分别代表全省十大法治人物、首批法治县(市、区)创建活动先进集体、依法治理标兵单位作大会发言，交流先进经验和做法。

2010年10月20~21日，全省司法行政系统"领导班子建设年"活动现场会在安泽县召开，省司法厅厅长王水成等在安泽县府城镇司法所查阅工作档案　(张　霏提供)

【政风行风建设"三年目标"实现】 根据厅党委提出的政风行风建设工作"一年打基础，跳出下游位置；二年下决心，争取中游水平；三年上台阶，进入一流行列"目标要求，紧紧抓住进入一流行列的关键一年，全系统各单位突出重点，采取措施，认真贯彻省政府《关于深入开展民主评议政风行风活动的实施意见》，强力推进政风行风建设，政风行风评议目标基本实现，推动全系统政风行风评议工作达到一流标准。

【道路交通事故纠纷人民调解工作】 8月27日，由公安厅和司法厅、山西保监局在吕梁市联合召开"全省道路交通事故纠纷人民调解工作现场会"。9月17日，司法部、公安部又在山西省汾阳市召开全国道路交通事故民事损害赔偿人民调解工作现场会。17个省(自治区、直辖市)的司法行政、公安交通管理部门的100余名代表参加会议。司法部基层司司长王钰、公安部交管局局长杨钧、中国保监会财险部副调研员韩庭萍等出席会议并讲话。张建欣出席会议并致辞。11月底，抽调8名机关干部，联合省交管局、山西保监局进行督查。截至2010年底，全省119个县(市、区)全部成立道路交通事故纠纷人民调解委员会，共聘请1025名人民调解员，受理947件，已成功调处854件。

【社区矫正工作管理处成立】 经省编办批准，根据《关于省司法厅调整内设机构的通知》(晋编办字〔2010〕85号)文件，省厅于8月份正式成立"社区矫正工作管理处"，具体负责社区矫正和安置帮教工作。机构的成立，切实加强社区矫正工作的组织建设，为全省全面试行社区矫正工作提供组织保障，并进一步理顺社区矫正领导体制和工作机制。

【特邀执法监督员聘任仪式】 为进一步引深依法治所工作，全面提高执法水平，确保公正文明执法，更加自觉地将执法活动置于人民群众监督之下，省劳教局于9月3日举行特邀执法监督员聘任仪式。局领导、局相关处室负责人参加仪式。省委政法委督察处、省政协社会法制委、省检察院监所处、团省委权益部、省妇联权益部、省公安厅禁毒总队等单位的代表以及新闻媒体代表和学员家属代表应邀出席会议。

【“自强不息　扮靓人生”专场文艺演出】 为支持残疾人事业，弘扬自强不息的奋斗精神，山西省劳教局（戒毒局）与北京舟舟残疾人艺术团于10月29日下午在太原工人文化宫举办“自强不息扮靓人生”专场文艺演出。省局机关、太原地区5个劳教单位的民警职工、部分邀请单位的领导及五个劳教所的近300余名学员，共计950余人观看这场文艺演出。

【“执业打假　飞信传书”活动】 为进一步树立司法鉴定“科学客观,独立公正，廉洁自律，诚实守信”的社会形象,2010年，司法鉴定管理局以“严程序，办铁案，守清廉，促和谐”为主题，开展“执业打假，飞信传书”活动，内容包括“鉴定管理三不假”和“鉴定执业三不假”，即“申报材料不掺假，管理到位不虚假，诚信监督不作假”和“委托受理不掺假，鉴定程序不虚假，鉴定结论不作假”，通过网络平台，向全省各鉴定管理部门和各鉴定机构发送活动资料和相关要求，在组织全体鉴定人学习领会的基础上，由各鉴定机构负责人代表本机构全体执业司法鉴定人签署“忠实履行职责，坚守法治，执业为民，严格遵守职业道德和执业纪律，做一名讲诚信的司法鉴定人，始终坚持鉴定管理三不假和鉴定执业三不假”宣誓承诺书，归入诚信执业档案，纳入司法鉴定机构执业考核体系。（张　霏）

财　政

【概述】 2010年，山西省财政总收入完成1810.18亿元，为年度计划的108.26%，与上年决算收入相比，增长17.7%，增收272.16亿元；其中一般预算收入完成969.67亿元，为年度预算的113.64%，超收116.41亿元，比上年增长20.33%，增收163.84亿元。分预算级次收入完成情况：省级一般预算收入完成258.14亿元，为年度预算的120.33%，超收43.61亿元，增长24.81%，增收51.32亿元；市级一般预算收入完成255.59亿元，为年度预算的103.65%，超收9.01亿元，增长16.14%，增收35.51亿元；县级一般预算收入完成455.94亿元，为年度预算的116.27%，超收63.79亿元，增长20.32%，增收77.01亿元。11个地市增幅最高的运城市为35.27%，最低的长治市为11.97%。

2010年，全省一般预算支出执行1931.36亿元，为年度预算的84.29%，与上年决算数相比，增长23.67%，增支369.66亿元。分预算级次支出情况：2010年省级、市级、县级一般预算支出分别执行538.69亿元、339.89亿元、946.39亿元，较上年增长率分别为28.81%、21.44%、21.9%。2010年省、市、县各占全省总支出的比重分别为28.89%、17.60%、54.51%。

【加强财政对经济发展的支持力度】 (1)认真落实积极的财政政策。省财政筹集建设资金194亿元，争取地方债券资金51亿元，重点支持中央扩内需项目实施和省内一大批重点工程项目建设。落实资金8.9亿元，支持开展家电下乡、汽车、摩托车下乡和家电以旧换新，促进居民消费；紧急筹措资金5亿多元，出台临时物价补贴等政策，缓解物价上涨对城乡居民特别是优抚对象、城乡低保对象、农村五保供养对象和大中专院校学生基本生活的影响。促进外贸发展方式转变，支持企业优化出口产品结构、开拓国际市场，对出口企业信用保险保费给予财政补助；支持举办第三届中国（山西）国际能源产业博览会、中国（山西）装备制造业博览会；加强与世行、亚行等国际金融组织合作，2010年利用国际金融组织贷款生效项目达4.5亿美元。(2)大力支持经济结构调整。扎实推进煤炭资源整合和企业兼并重组，传统产业集中度进一步提升。筹措资金8亿元，通过补助、贴息、风险投资等方式，支持发展先进装备制造业、现代煤化工、节能环保、信息技术、新材料和特色食品等新兴产业，重点推进光伏发电、风电装备、可再生能源等新能源产业发展；对符合条件的新兴产业领域新办企业给予税收政策优惠。支持旅游、文化、金融服务等第三产业发展壮大，安排专项资金7亿元加快旅游基础设施建设和省级文化产业发展，扶持晋商银行发展壮大，支持山西证券成功上市。(3)推动发展方式转变。下达资金10.74亿元，用于支持实施六大高耗能行业和千家企业重点节能工程，鼓励高效节能技术和产品推广，支持重点行业淘汰落后产能2500多万吨，有效抑制高耗能产业的盲目发展。下达资金35亿元，继续推进“蓝天碧水工程”“造林绿化工程”和“生态环境治理修复工程”建设，实施地表水跨界断面水质考核生态补偿机制，对右玉等10个县给予财政生态转移支付补助。山西省正式纳入主要污染物有偿使用和交易试点省份行列。(4)全力帮扶企业加快发展。下达资金21.6亿元，推动国有企业改革进一步深化，支持11户中央下放政策性关闭破产企业解决有关问题，支持太原制药厂等6户省属国有企业实施破产，帮助5户省属国有重点煤炭企业分离办社会。下达资金2.7亿元，支持企业解决关键技术问题，对企业技术中心创建给予奖励扶持，企业科技创新能力明显提升。下达资金3.3亿元，支持中小企业技术改造创新、公共服务平台建设；延长政策性中小企业信用担保机构担保费补贴政策，安排专项资金1亿元支持担保机构提升担保能力,2010年全省各类担保机构实现担保总额103亿元,促进了中小企业发展。(5)积极争取中央资金政策支持。2010年累计争取各类中央扶持资金774亿元,比上年增长15.4%;山西省正式纳入主要污染物有偿使用和交易试点省份行列,中央初步同意提高山西省煤炭可持续发展基金征收标准,以弥补电源基地建设基金和水资源补偿费政策到期形成的资金缺口。特别是在省委、省政府的正确领导和指挥协调下,与相关部门密切配合,成功争取中央将山西省确定为"国家资源型经济转型综合配套改革试验区",为山西省转型跨越发展提供有利政策环境和重大战略机遇。

【保障民生建设】 (1)推动教育优先发展。2010年全省教育支出执行328.55亿元,增长18.17%。义务教育学校绩效工资改革稳步推进,400万农村中小学生享受到免费义务教育。下达农村中小学公用经费、免费提供教科书资金、补助家庭经济困难寄宿生生活费共计19.07亿元,其中,中央资金15.92亿元,省级资金3.15亿。支持招聘2610名特岗教师到贫困农村任教,下达中央及省级"特岗教师"工资性经费共0.8亿元,切实加强山西省农村中小学的师资力量。下达安全工程专项资金9.83亿元,其中,中央资金4.12亿元,省级资金5.71亿元,中小学校舍安全工程建设任务全面完成。扎实推进高等教育强校工程、中职教育实训基地和国家示范性高等职业院校建设,建立普通高中助学金制度,大中专院校家庭经济困难学生资助体系进一步完善。(2)支持做好就业和社会保障工作。全省社会保障和就业支出执行274.97亿元,增长29.09%。重点帮扶"4050"人员等四类就业困难群体就业,支持做好高校毕业生"三支一扶"和到村任职工作,2万多名大学生村干部充实到全省所有村级和社区组织。城市居民最低生活保障、企业退休人员基本养老金、优抚对象补助、伤残人员护理费和烈士遗属抚慰金等政策性提标按时兑现,企业离退休职工取暖补贴标准大幅提高,新型农村社会养老保险试点县扩大到50%以上的农业县,230多万城乡低保对象和农村五保户实现应保尽保。支持新建、改扩建农村敬老院120所,促进社会福利和慈善事业发展。(3)促进医疗卫生事业发展。2010年,全省医疗卫生支出执行113.86亿元,增长11.93%,医药卫生体制五项重点改革稳步推进,新型农村合作医疗和城镇居民基本医疗保险财政补助标准提高到每人每年120元;全省11个市全部建立城镇居民基本医疗保险制度,新型农村合作医疗参合率达94.3%,关闭破产企业和困难企业人员参加医疗保险问题得到妥善解决,医疗保险制度覆盖全省城乡居民和50多万大学生;支持健全基层医疗卫生服务体系,在67%的政府举办的基层医疗卫生机构实行国家基本药物制度,9类基本公共卫生服务项目全面展开,公立医院改革试点扎实推进。(4)推进保障性住房建设。全省住房保障支出执行53.30亿元,增长68.53%。支持建设廉租住房、公共租赁住房、棚户区改造和农村困难群众危房改造等29万套、1921万平方米,促进城乡居民居住条件的逐步改善。(5)支持文化、体育、公共安全事业发展。全省文化体育与传媒支出执行31.24亿元,增长11.69%。乡镇文化站、村文化室和农民体育健身工程建设进一步加快,博物馆、纪念馆免费开放和重点文物保护工作继续加强,文化惠民工程和文艺精品创作成效显著,文化体制改革深入推进,山西省出版集团、山西省歌舞剧院等改革单位人员安置经费落实到位。下达资金22亿元,支持政法部门提高执法办案能力,推进应急体系建设,有力维护公共安全。

【强农惠农政策】 (1)促进农民增收。认真落实粮食直补、综合补贴等中央涉农补贴政策,对30个产粮大县进行奖补,对玉米、小麦、水稻、棉花实行良种补贴全覆盖。继续巩固实施农业灌溉水价补贴等地方惠农补贴政策,追加整合资金6.9亿元,支持新出台设施蔬菜大县奖补等"八项惠农政策",支持实施盐碱地改造等"七大强农工程"。统筹安排劳动力转移培训资金5200万元,在注重提高家庭经营收益的同时,充分发挥劳务在农民增收中的关键作用。(2)促进粮食稳产增产。按照中央"三个优先"的要求,加大农业投入。及时下拨农作物良种补贴资金37987万元。继续支持雁门关生态畜牧经济区等"三大区域"和运城、晋中、大同三个现代农业示范区建设,推进农产品加工龙头企业"513"工程,加快农业产业化发展。加强农田水利基本建设和农业技术推广,中低产田改造、高标准农田示范工程和应急水源工程建设取得新突破,旱作农业和节水农业又有新发展。(3)促进新农村建设。"五个全覆盖"工程建设任务全面完成,各级财政累计筹资300多亿元,支持全省新建通村水泥(油)路2.5万千米,改造中小学校舍9483所,建成6971个村级卫生室,建成各类饮水工程1.2万处,完成9638个村通广播电视任务。村级公益事业建设一事一议财政奖补试点县扩大到31个县,村级组织运转经费保障机制进一步完善。化解农村义务教育债务工作进入实质性阶段。支持完成2000个新农村重点村建设任务,帮助20多万贫困人口实现脱贫,45万大中型水库移民生产生活得到改善。

【强化财政管理水平】 (1)强化法治财政建设。《山西省耕地占用税实施办法》颁布实施,省级依法行政示范单位创建和政府规章规范性文件清理工作成效显著,"五五"普法考核验收顺利完成,财政制度建设和行政执法监督不断强化。(2)深化各项财政改革。根据国家关于"将粮食、油料、棉花、生猪生产大县全部纳入改革范围”的精神和财政部关于推进省直接管理县财政改革的工作部署,4月,省财政厅下发《关于进一步完善省直管县财政体制改革试点的通知》(晋财预〔2010〕25号)和《关于将侯马市纳入省直管县财政管理方式改革试点范围的通知》(晋财预〔2010〕42号),决定从2010年1月1日起,将中央和省确定的24个产粮大县和1个改革试验区纳入省直管县财政管理方式改革试点范围,至此实行省直管县财政管理方式改革的试点县扩大到60个,占全省县级总数(含县级市、不含市辖区)的62.5%。下达资金14.8亿元,对68个县实施基本财力保障奖补。积极研究建立国有资本经营预算制度,社会保险基金预算编制工作圆满完成。部门预算改革继续深化;国库集中支付改革扎实推进,“横向到边、纵向到底”的改革目标基本实现。全省政府采购规模首次突破100亿元。省级行政事业单位新增资产配置预算编报制度有效实施,全省行政事业单位资产管理数据库基本建立。(3)强化财政监督检查。圆满完成扩内需、促增长、稳物价项目和强农惠农资金专项清理检查任务。严格煤炭可持续发展基金稽查,查出欠缴基金21.7亿元,追缴漏缴基金6.1亿元。会计信息质量检查力度进一步加大。各级评审机构审减财政资金70多亿元。省属地方金融类企业国有资产监管进一步加强。扎实开展“小金库”治理工作回头看,社会团体、国有及国有控股企业“小金库”专项治理稳步推进。(4)加强会计行业管理。强化对会计师事务所的行政监督,46家会计师事务所及173名注册会计师受到处罚;提高会计人员执业水平,成功开展大中型民营企业高级财会人员培训,深入开展农村财会人员培训,制定《山西省财政总预算会计基础工作规程》;出台《关于加快发展全省注册会计师行业的实施意见》,开展资产评估机构和会计师事务所涉煤涉焦清理整顿活动。(5)努力抓好财政科研工作。组织科研人员针对财政改革与发展中的热点难点问题,进行调查研究,完成世界银行赠款TCC5子项目《山西经济增长、财政支农政策减贫效应研究》课题研究。该项研究运用实证分析方法,围绕山西财政运行、财政支农和减贫政策变迁、支农资金总量和结构及其减贫效果等问题进行全面深入的调研和分析,提出一系列政策建议,对改进和完善山西及至指导全国的支农和扶贫工作,具有一定的参考价值。完成全国协作课题《财政支农效应分析研究》山西部分,该课题从全新的角度对中国财政支农支出效应进行分析,提出进一步提高财政支农支出效应的政策建议,对实际工作具有较强的指导意义。同时完成几个专题研究:《深化财税体制改革和机制创新研究》《财政支农资金分类管理与综合绩效考评》《煤炭资源整合给财政收支带来的新变化》《化解乡村收益性债务对策研究》等,这些研究报告为领导和决策部门提供了一定的决策依据,对促进经济发展做了一些基础性工作。(6)扎实推进干部队伍建设。2010年,继续狠抓干部队伍建设,强化机关内部管理,着力打造一流队伍、培育一流作风、建设一流机关。一是积极创新干部教育培训模式,成功举办厦门县级财政局长岗位培训班和清华大学处级领导干部培训班;全年举办干部培训56期,培训干部15000余人。二是深入学习右玉精神和沈浩同志先进事迹,组织开展财政系统先进集体和先进工作者评选活动,引导广大党员干部继承和弘扬艰苦奋斗、求真务实、甘于奉献、勤政为民的优良作风。三是积极开展创先争优暨建设学习型党组织活动,不断引深反腐倡廉工作,继续加大精神文明创建和政风行风建设力度,认真抓好目标责任制管理、新闻宣传、老干部、工青妇和机关后勤服务等工作,机关自身建设取得新进展。

(李晋中　张小三)

国家税务

【税收完成情况】 2010年全省国税收入累计完成1014.71亿元,完成年度计划105.26%,比上年增长14.73%,增收130.25亿元,其中:与地方财力挂钩收入完成943.91亿元,完成年度计划104.83%,比上年增长13.64%,增收113.28亿元。分税种看,增值税完成797.06亿元,增长12.32%,增收87.41亿元;消费税完成28.59亿元,增长44.00%,增收8.73亿元;企业所得税完成140.10亿元,增长17.93%,增收21.31亿元;车辆购置税完成47.04亿元,增长54.72%,增收16.64亿元;居民储蓄存款利息个人所得税完成1.93亿元,下降66.53%,减收3.83亿元。

【税收特点】 2010年全省国税收入呈现以下特点:(1)年度税收突破千亿元大关,“十一五”税收实现翻番。2010年入库税收达1014.7亿元,首次突破千亿元大关。(2)收入波动较为明显,月度间收入不够均衡。2010年月度间全省国税收入波动较大,规模最高的6月达108.14亿元,规模最小的8月仅为70.48亿元,月度间规模差距最大达37.66亿元。从月度间增幅看,呈现出类“M”型走势。(3)高耗能行业税收放缓,新兴装备制造业增长强劲。随着国际国内经济形势发展变化,淘汰落后产能、节能降耗等宏观调控政策效果不断显现,全省高耗能行业发展受到明显影响。焦炭行业增值税下降26.36%,减收16.18亿元。新兴装备制造业发展迅猛,机械行业增值税增速达27.74%,增收5.95亿元。(4)公有制经济增长稳健,非公有制经济增速提升较快。2010年全省国有企业税收完成167.4亿元,增长7.91%;集体企业完成22.14亿元,增长6.21%,明显低于全省平均增幅。而股份制企业完成649.35亿元,增长18.07%;私营企业完成78.81亿元，增长10.19%；其他企业完成60.63亿元，增长28.8%。

【税源分析】(1)经济明显回升，促进增值税稳定增长。2010年全省经济总体呈现较好发展势头，工业经济增速加快、投资保持高位运行、消费需求势头旺盛，为国税收入增长奠定坚实基础。全省增值税完成797.06亿元，增长12.32%，增收87.41亿元，占全部增收额67%。煤炭行业在市场转暖、需求增加情况下，煤炭市场再现量增价涨局面，拉动煤炭行业税收增长。全省煤炭行业增值税完成435.60亿元，增长18.17%，增收66.98亿元，占全部增值税增收额76.62%。(2)经济效益明显回升，有力拉动企业所得税较快增长。2010年规模以上工业，实现利润844.8亿元，增长98.3%。全省企业所得税完成140.10亿元，增长17.93%，增收21.31亿元。增收行业主要有4个，房地产业企业所得税完成5.20亿元，增收3.43亿元；电力行业企业所得税完成6.14亿元，增收3.95亿元；化工行业企业所得税完成3.80亿元，增长79.46%，增收1.68亿元；金融保险业企业所得税完成13.57亿元，增长68.52%，增收5.52亿元。(3)受税收政策结构性调整影响，消费税和车购税增长明显，居民储蓄存款利息个人所得税大幅减收。消费税由于2009年5月1日起国家开征卷烟批发环节消费税翘尾影响，净增加4.89亿元。车辆购置税，受优惠政策影响家庭用车呈较快增长，拉动税收收入较快增长，增税4亿元。储蓄存款利息个人所得税，由于停征，仅对2008年10月9日以前滋生利息进行征税，导致其出现政策性翘尾减收，减收3.83亿元。(4)非即期收入和固定资产抵扣制约国税收入进一步增长。2010年全省收入增幅较低，主要是2009年入库非即期收入71.4亿元，抬高同比基数，同时2010年办理批缓延期税款26亿元。剔除非即期收入因素，国税收入同口径实际增长28%。2010年全省共抵扣固定资产69.97亿元，同比增长48.52%，增加22.86亿元，一定程度上影响国税收入增幅。

【领导关怀】1月14日，申联彬出席山西省税务工作会议并讲话。4月起，李小鹏逐月听取全省国税工作及组织收入工作情况汇报。7月12日，李小鹏带领省政府相关人员到省国税局进行调研，观看“奉献与求索——山西国税发展巡视展览”，视察信息中心机房和税收信息化建设情况，了解上半年全省国税工作情况。11月12日，袁纯清听取山西省国税局局长许月刚工作汇报。袁纯清对全省国税工作给予充分肯定，并对国税工作提出要求和希望。12月31日，李小鹏一行到省国税局，看望和慰问国税干部。

【依法治税】一是加强依法行政考核。对各市局依法行政工作进行实地考核，制定省局机关税收规范性文件管理规程，提出贯彻落实新出台税务行政复议规则办法，认真开展重大案件审理工作。二是强化税收执法监督。通过税收执法督察，2010年共发现税收执法7方面22项50类问题，查补入库税款3530万元。通过执法督察和运用税收执法管理信息系统，共追究过错责任2142人次，经济惩戒44679元。三是积极开展“依法行政示范单位”创建活动。加强与省政府法制办沟通、协调和配合，顺利完成全省“依法行政示范单位”申报和考核验收工作。全省国税系统共有36个单位进行申报，16个市、县(市、区)局接受考核验收。

【税收征管】一是继续抓好征管基础管理。坚持开展税收征管状况分析，抓好“四位一体”互动平台应用，做好普通发票票种简并统一式样，普通发票换版后，全省原有工业、商业、修理修配业、收购业及水电业等6大类42种普通发票，统一简并为通用机打发票、通用手工发票和通用定额发票3大类29种通用发票，并推行机打票开票软件和票表比对工作。二是实施信息管税。全省各级国税部门积极获取第三方信息，深入开展税源与征管监控分析一体化工作，纳税评估扎实推进。三是加强货物和劳务税管理。严格一般纳税人认定及增值税抵扣管理，加强总分支机构及关联交易增值税管理，开展成品油经销单位、超市、药店增值税纳税评估，加强卷烟、白酒、成品油消费税管理，推行车辆购置税电子档案系统。四是强化企业所得税管理。大力推进分类管理，加强税前扣除凭证审核，加大企业资产损失审核审批力度，制定下发《企业资产损失税前扣除管理实施办法(试行)》等一系列管理办法。五是加强进出口税收管理，优化出口退税流程，完善出口退税审核系统，推动全省外贸经济发展。六是加大国税收监管力度，2010年共入库非居民企业所得税收入2.1亿元。七是加强大企业税收管理。积极探索大企业税收管理分局专业化管理和定点联系企业制度相结合的大企业税收管理模式。八是抓好煤炭资源整合企业税收管理，保证煤炭税收征收工作正常秩序。

【税务管理信息化建设】一是建立内控机制，完善日常管理制度。以岗责体系建设和日常管理工作制度建设为重点，制定《计算机及相关设备维护和更新管理办法》《计算机类设备安全使用管理办法》《税收信息化工作考核暂行办法》《信息中心机房出入登记管理办法》《机房管理制度》《机房值班制度》《网络与信息安全处置预案》和《网络与信息安全防护体系运行维护管理办法》等多项制度。二是积极开发完善征管软件系统，拓展综合纳税服务平台功能。在全省开通覆盖所有普通发票真伪查询系统，货运发票(公路内河)和机动车销售统一发票网上认证测试和试运行顺利进行，机打发票设备安装和系统上线按时完成。三是完善运维处理平台和运行维护体系，全力保障应用系统正常和高效运行。

【税务稽查】 一是继续开展对房地产及建筑安装业等七个行业税收专项检查工作。二是确定并开展对太原市医药医疗器械经销企业作为省级区域专项整治重点工作。三是在全省范围内组织开展对黄金销售企业和接受黄金销售企业开具的增值税专用发票的非黄金销售企业专项检查工作。四是全面开展全省重点税源检查工作。2010年全省共稽查纳税人3668户，发现有问题企业3385户，组织2392户企业开展自查，实现查补收入总额16.83亿元。

【专项检查】 2010年，在全省范围内组织开展对房地产及建筑安装业、药品经销行业、交通运输业、非居民企业纳税情况、营利性医疗及教育培训机构、煤炭运销行业税收专项检查工作，及对太原市医药医疗器械经销企业省级重点区域税收专项整治工作。全省税收专项检查共检查纳税人2412户，实现查补收入总额6.39亿元。

【打击发票违法犯罪活动】 根据全国打击发票违法犯罪活动工作协调小组和国家税务总局工作部署，继续在全省范围内开展打击发票违法犯罪专项行动，将整治虚假发票"买方市场"作为一项重要内容，把房地产及建筑安装、药品经销、商贸、煤炭运销企业等确定为重点整治行业，集中力量开展专项治理。2010年专项行动共查处各类发票违法案件333件，打掉犯罪团伙9个，捣毁制售假发票窝点15个，收缴172台作案机器等工具，查获假印章1334枚，抓获制售假发票犯罪嫌疑人113人，查获涉案发票1616.61万份(可开发票金额达6.51亿元)。

【纳税服务】 一是制定实施全省国税系统2010~2012年纳税服务工作规划。二是加强组织体系建设，市、县两级增设纳税服务机构，充实纳税服务工作人员。三是稳步推进办税服务厅标准化建设，出台指导意见，积极开展试点，进一步规范办税环境，完善服务功能，提高服务质效。四是大力推行和完善多元化办税方式，纳税人办理涉税事宜更加方便快捷。全省有4.8万户纳税人使用网上申报系统、3.3万户纳税人使用网上发票认证系统、5.5万户纳税人使用财税库银横向联网系统、1.7万户纳税人使用远程抄报税系统，大多数个体双定户实行简并征期、以缴代报和银行批量扣税等方式。开通运行全省普通发票真伪查询系统。五是深入开展第19个"税收宣传月""诚信兴商宣传月"和"12·4"法制宣传日活动，多种渠道、多种形式为纳税人提供税法宣传和纳税咨询服务，认真开展纳税信用等级评定工作，促进纳税人依法诚信纳税。六是各地纳税人学校、"同城通办"、自助办税终端、办税"免填单"等纳税服务新举措受到纳税人欢迎。

【党风廉政建设】 认真学习贯彻《廉政准则》，大力推进反腐倡廉制度建设，初步建立省局机关内控机制，继续开展政风行风评议工作，深入开展煤焦领域反腐败专项斗争和工程建设领域突出问题专项治理。开展全省国税系统社团组织、国有企业"小金库"专项治理及行政事业单位"小金库"治理"回头看"工作。加大案件办案力度，全省国税系统纪检监察机构全年共初核14件，立案14件，17名国税人员受到党纪、政纪处分。2010年，在省政府组织行风评议活动中，全省国税系统获得执法类第一名好成绩，受到省政府通报表扬。

(董其文)

地方税务

【税收完成情况】 2010年，全省地税系统累计完成各项收入825.22亿元，比上年增长16.69%，增收118.02亿元。其中，各项税收累计完成597.17元，增长21.38%，增收105.17亿元，完成年初计划的113.42%；地方各项税收589.23亿元(不包括大秦铁路中央级营业税7.94亿元)，完成省委考核指标553.56亿元的106.44%；其他规费收入累计完成228.06亿元，增长5.97%，增收12.84亿元。其他收入中，煤炭可持续发展基金完成163.36亿元，增长1.75%，增收2.8亿元，完成年计划的102.1%。

分税种看，多数税种呈现增长，营业税仍为最大税种。13个税种中12个保持增长，土地使用税受定额调整增收翘尾影响呈现负增长。营业税完成199.84亿元，增长31.26%，增收47.6亿元，占增收总额的45.26%，对各项税收的拉动力接近一成。两个所得税分别完成166.48亿元和77.95亿元，分别增长13.81%和26.07%，合计增收36.31亿元，占增收总额的34.53%。营业税和两个所得税对各项税收增收的贡献达80%。土地增值税和车船税规模虽小但增幅最高，合计完成11.61亿元，增量达6.06亿元，是增长潜力最大的税种。

分级次看，各级次收入均现增长，省级收入增幅最高。省级收入完成107.11亿元，增长23.42%，分别高于中央级和市县级5.67和0.95%，增收20.33亿元。省级收入中，省级固定金融业营业税完成14.57亿元，增长18.28%，占到省级收入的13.61%；两个所得税贡献省级收入29.33亿元，增长23.81%；营业税(除金融业固定收入外)、资源税贡献省级收入63.2亿元，增长27.7%。中央级和市县级收入分别完成154.6亿元和335.46亿元，分别增长17.75%和22.47%，合计增收84.85亿元，占整体增收额的80.67%。

分单位看，进度和增幅差距明显，阳泉进度领先、增幅居首。从进度看，全省14个征收单位全部完成年初计划。从增幅看，超过全省平均增长水平的有6个单位：阳泉增长46.72%，经济区增长45.19%，运城增长43.14%，晋中增长42.16%，高新区增长31.57%，太原增长23.37%。

分重点税源企业看，省局监控的13000户重点税源企业实缴税款431.3亿元，占全省税收收入的近80%,监控比重提高20%。亿元以上的企业实缴税款152.08亿元，增长38.53%,5000万至1亿元的企业实缴税款49.96亿元,增长36.35%,增幅高于其他规模的企业。

【税收特点】 (1)收入规模新突破。2010年，全省地税各项税收规模突破500亿大关,直逼600亿元关口。(2)税收收入增幅在全国处于后位。2010年，全省完成税收收入582.79亿元(包括大秦铁路中央级营业税，不包括耕契两税)，增长21.04%,增收101.29亿元。规模在全国地税中位列第14位，在中部6省中列第3位;税收增幅比全国地税平均增幅低4.5%，在全国地税系统30个省(市、自治区)中位列第27位,中部六省中居于末位。(3)一般预算收入比重略有提高。2010年，全省财政一般预算收入完成969.67亿元,增长20.34%,增加163.7亿元;全省地税部门组织的一般预算收入为472.62亿元，增长26.85%，增加88.22亿元;地税部门组织的一般预算收入占全省财政一般预算收入的48.74%，比重提高1.04%，增长贡献率为53.86%,拉动力为10.95%。(4)月度收入渐趋均衡。从当月收入额度看，前6个月收入波动较为明显，后6个月较为稳定均衡。从全年看,3月份完成66.7亿元，为收入规模最高的一个月,11月份完成34.4亿元,为收入规模最低的一个月,两者差额低于上年。(5)税种结构变化明显。营业税受增幅较高、规模扩大的带动,比重提高2.5%。企业所得税比重下降1.85%,个人所得税比重上升0.48%。耕契两税比重提高0.28%,其他各税的比重均有所下降，特别是房土两税,比重下降1.235%。(6)煤炭行业收入仍占主导地位。煤炭行业共完成204.58亿元，占各项税收的34.26%,比重虽略有下降，但仍占据各行业中的主导地位；焦炭、冶金、电力等其他3个传统行业占各项税收的4.18%，比重下降0.91%；比重明显提高的是建筑业和房地产业，分别完成税收79.73亿元和53.47亿元，比重分别为13.35%和8.95%，分别提高1%和2.15%,合计增收38.88亿元,占各项税收增收总额的36.97%，贡献率超过煤炭行业5.87%,成为各项税收增长的主要拉力。

【税源分析】 (1)全省经济整体回复良好,为各项税收可持续增长提供保证。(2)煤炭行业量增价稳,煤炭行业税收保持稳定增长。2010年，全省生产原煤7.41亿吨，同比增长20.37%,增加1.26亿吨;出省销量7.08亿吨,增长19.04%。动力煤价格全年保持高位运行,煤炭行业税收稳定运行。各级地税部门严密监控整合过程中发生的不动产、采矿权、其他无形资产转让等应税行为，实现营业税2.08亿元，增长121.98%,增收1.14亿元。(3)房地产投资销售两旺,房地产业税收成为增收龙头。2010年,全省完成房地产开发投资592.24亿元，增长24.1%；商品住房施工面积和销售面积分别增长38.8%和12.5%。(4)现代服务业长足发展,营业税规模接近200亿大关。批发零售业实现销售额2884.3亿元，增长21.7%;餐饮业实现销售额280.02亿元，增长14.6%;旅游业实现入境创汇收入4.65亿美元，增长22.9%,国内旅游收入1052.3亿元，增长21.5%；金融机构本外币贷款余额9728.7亿元，比年初增加1816.4亿元;交通运输业稳健运行,公路客运量3.26亿人,增长4.8%,公路货运量6.08亿吨,增长11%,高速公路通行费收入90.2亿元，增长22.26%，铁路货物运输量6.08亿吨,增长14.9%。

【科学管理】 2010年,省地税局全面推进"信息管税",在征收、管理、考核等方面进行探索创新:层层开展征管状况监控分析和税收管理员考核,推进纳税评估试点;开展"依法治税示范单位"创建活动,推进省市两级地税部门法律顾问工作机构的组建工作;运用信息化手段提升科学管理水平,在11个市、省局3个直属分局全面运行财税库银横向联网电子缴税系统,在太原、长治、晋城、直属一分局等四个单位开展网上申报试点,在太原市开展房地产交易环节计税价格核定试点;争取并落实金税三期试点建设资金,完成省级数据处理中心的选址工作,编制金税三期工程第一阶段山西地税实施方案;加强发票管理,严厉打击制售假发票和违法代开发票行为。

【税收服务】 省地税局党组将2010年确定为"纳税(费)服务年",出台纳税服务工作规范,推进纳税服务工作机制、服务标准、服务手段的改革创新;采取委托统计部门面访调查、办税服务厅问卷调查、省局门户网站在线调查三种方式,在全省范围内同步进行"纳税服务满意度调查"；各市局全部开通地税网站，全省选择62个办税服务厅采取省市县三级共同投资的办法进行建设。2010年共为各类企业和纳税人审批减免各项税收18.6亿元。

【干部管理】 引深大教育和"读书年"活动,邀请专家教授作专题讲座,全系统干部职工通过视频聆听讲座；与高校联合组织在职MPA学位教育，共有134名干部在读；各级地税部门开展业务培训和岗位练兵，截至2010年底,全系统举办各类培训班908期，培训干部3.71万人次。省地税局党组始终坚持党管干部的原则，健全竞争上岗、民主推荐考察任命等多种方式并举的选人用人机制,推进干部交流轮岗和挂职锻炼,严格执行述职述廉、诫勉谈话、离任审计等制度。

【党建工作】 (1)深化党风廉政建设。学习宣传《廉政准则》,在省直厅局率先开展廉政风险防控机制建设，对税收“两权”的权力事项进行排查，初步梳理出389个廉政风险点，针对性研究制定防控制度和措施831条，对税收权力运行风险进行系统控制，省地税局在全省廉政风险排查防控试点工作部署现场会上作经验介绍。(2)推进党建工作科学化。始终坚持“围绕税收抓党建、抓好党建促税收”的主题，出台《关于推进地税系统学习型党组织建设的实施意见》，开展知识竞赛、专门培训、高端讲座、支部书记讲党课等多种活动。落实党组抓党建工作责任制和“一岗两责”制度，夯实基层党组织建设。全系统文明和谐创建工作和创先争优活动成果显著，山西地税合唱团在第四届世界汉语合唱大会上荣获银奖，全系统4个集体和2名个人获人力资源和社会保障部与国家税务总局联合表彰，6个单位荣获“山西省模范单位”称号，2名同志荣获“山西省特级劳动模范”称号，18名同志荣获“山西省劳动模范”称号。（徐　鸿）

审　计

【审计成果】 2010年，全省审计机关共审计和审计调查单位4900个，查出违规金额193.46亿元，损失浪费金额3.98亿元，损益不实金额43.81亿元，为各级财政增加收入60.28亿元。移交司法、纪检监察机关及主管部门查处案件363件，涉及185人，涉及金额3576万元。审计建议得到各级政府和有关部门采纳3885条，审计专题报告、综合报告和信息简报得到各级领导批示采用2495次，其中得到省委、省政府领导批示85次。

【预算执行审计】 2010年，省审计厅开展对省财政厅、国土厅、发改委等17个部门及所属预算单位的审计，共查出违规金额41.81亿元，发现财政资金征收、管理、使用等17个方面的问题，移交司法、纪检监察机关及主管部门查处案件105件，涉及102人，涉及金额3359万元。针对审计发现的问题，从完善体制、健全制度、改进管理的治本高度向省政府提出加强和改进预算管理，增强预算的完整性，细化预算，提高预算执行效率；完善建设项目决策机制，加强调研论证，增强计划的可行性，提高投资效益；加强政府债务管理；加强税费征管，强化基础工作；建立和完善财政资金向民营企业投入的管理制度；规范行政机关与所属企业事业单位等经济实体的关系等6个方面的建议，全部得到省政府采纳。7月14日，厅长郝志远受省人民政府委托向省十一届人大常委会第十七次会议作《关于2009年省本级预算执行和其他财政收支的审计工作报告》，省人大常委会对审计工作报告给予高度评价。省审计厅依法积极履行职责，对各有关地方和部门的整改工作开展督促检查。截至12月底，省人民政府及各有关部门单位已制定30项相关的管理制度和办法，补征补缴预算内外收入39.43亿元，下达应拨未拨的财政资金9961.38万元，促进配套资金到位2.12亿元，归还原渠道资金或调整账务3669.68万元，移交处理的案件已结案处理30件23人。省人民政府领导向省人大常委会作关于审计发现问题整改情况的报告，省人大常委会对整改情况表示满意。

【财政决算审计】 2010年，省审计厅直接对大同、朔州、忻州、长治、晋城、运城6个市和部分县（市、区）2008、2009年财政决算进行审计。审计查出未按规定征收、缴纳财政收入34.65亿元，隐瞒转移截留财政收入20.04亿元，财政核算不实6.51亿元，违规改变资金用途10.5亿元等问题，通过审计促缴财政收入21.39亿元。

【投资项目审计】 2010年，省审计厅统一组织各级审计机关完成对扩大内需新增321个投资项目、2488个中小学校舍安全工程审计和联合检查。开展对山西大剧院、山西省科技馆等8大工程，对口援建四川省茂县灾后恢复重建项目，玉树、舟曲救灾和灾后重建资金物资进行跟踪审计调查以及忻州至阜平高速公路等3条高速公路在建审计，省博物院等两个重点工程的竣工决算审计。审计及检查发现工程审批程序和建设管理方面存在问题涉及762个项目，违规金额13.2亿元，资金管理和投资控制方面存在的问题涉及122个项目，违规金额10.84亿元。针对发现问题从体制、机制上分析问题原因，提出严格履行各项建设程序，规范招投标制度，建立健全政府投资项目监督管理长效机制等6方面的建议。组织全省各级审计机关对11个市119个县9363个行政村村级组织活动场所建设项目进行跟踪审计。

【重点专项资金审计】 2010年，省审计厅结合预算执行审计，开展对煤炭可持续发展基金、煤矿安全改造资金、全省节能和淘汰落后产能专项资金、土地开发整理专项资金、环保专项资金、全省应急水源工程专项资金、卫生专项资金、保障性住房建设资金、城市和农村最低生活保障资金、11所高等学校建设情况等15项专项资金的审计和审计调查，跟踪检查资金的筹集、管理、使用和绩效状况，发现和查处省市两级欠缴保险基金、闲置或挤占挪用专项资金1.43亿元，水源工程、保障性住房、新农合建设项目省市县配套资金不到位、项目建设进度慢及侵占群众利益等问题，有针对性地提出审计建议。开展对全省2008、2009年度水资费征缴管理情况的审计，共审计省、市、县三级征收单位131个、水资源费缴费单位1311个，查出违纪金额94325.45万元，在审计期间督促征缴水资源费6546.07万元。提出完善水资源费征收管理法规、统一全省水资源费上缴渠道等建议。

【企业和金融审计】 2010年，省审计厅开展对中央和省属国有企业自办学校和公安机构移交地方补助资金及山西煤炭运销集团公司等4家企业的审计和审计调查。发现违规经营、隐瞒转移收入等问题金额11.23亿元，督促上缴财政2295万元，挽回损失3110万元。组织全省审计机关开展对省信用联社财务收支审计、全省113户农村信用联社2008年、2009年资产负债损益审计。发现少计收入、损益不实、投资论证不够、投资决策程序不规范等问题。

【外资和政府债务审计】 根据国家审计署授权，省审计厅开展对11个国外贷援款项目公证审计和审计署统一安排的省级主权外债情况审计。统一组织对2009年全省县级以上136个融资平台单位及财政、交通、城建等8个部门的政府性债务情况进行审计调查。摸清地方政府性债务余额的总体情况、债务构成、债务资金部门和领域使用分布情况。揭示和反映政府性债务规模、管理监督方面应引起重视的一些问题，提出加强政府债务管理、防范财政潜在风险等建议。

【经济责任审计】 根据省经济责任审计领导组安排，省审计厅开展对31名党政领导干部和企业事业单位领导人员的任期经济责任审计(其中：市长6名、厅局长16名、事业单位负责人5名、企业领导人员4名)，任中审计占87%。在审计工作安排上，把6名市长经济责任审计与市级财政决算审计相结合，8名省直部门领导干部经济责任审计与部门预算执行审计相结合，通过创新审计组织方式和方法，有效整合审计资源，实现"一次进点，两个报告"，增强审计成果的时效性，促进加强干部监督管理和党风廉政建设。

【参与其他审计清理工作】 组织力量参加全省煤焦领域反腐败专项工作，省纪委、省监察厅牵头组织的全省工程建设领域突出问题专项治理检查和中小学校舍安全改造工程专项检查，与财政、纪检监察等有关部门密切配合开展清理"小金库"工作，参与省财政厅牵头的强农惠农资金专项清查、省纪检委安排的全省农村基层党风廉政建设工作。根据安排，选派审计人员参加审计署对联合国维和行动、非盟驻索马里维和特派团资助项目、联合国日内瓦办事处、联合国西亚经济社会委员会项目的审计，按时圆满完成审计任务。

(郑钰卿)

人口和计划生育

【概述】 1. 保持和稳定低生育水平。坚持把农村、人口大县和工作基础薄弱地区作为计划生育管理重点，加强工作督查，加大管理力度，推动工作落实。把落实长效节育措施作为稳定低生育水平重要手段，加强孕前管理和服务，开展利益引导和服务关怀，全年落实长效节育措施43.04万例。2010年，全省总人口控制在3450万左右，总人口生育率保持在1.8左右，完成省政府年初确定目标任务。

2. 实施"优生促进工程"。在全省28个县(市、区)开展孕前免费健康检查试点，建立规范标准实验室，提高孕前优生健康检查水平。自主研发"山西省孕前优生咨询指导系统"并投入使用，为全省广大育龄群众提供专业孕前风险评估、优生健康知识、预防出生缺陷方法等孕前优生咨询指导服务，受到国家人口计生委肯定。各级人口计生部门充分发挥网络覆盖面广的优势，大力宣传普及优生优育、预防出生缺陷科学知识，引导待孕、已孕夫妇改变不良生活方式，培养健康行为。继续推进"健苗"工程、免费增补叶酸以及接种风疹疫苗干预出生缺陷项目，取得明显成效，出生缺陷率明显下降。在全省25个县(市、区)开展儿童早期发展教育试点，探索提高人口素质有效途径。

3. 促进人口计生工作转型发展。加强人口计生服务体系建设，规划39个县乡服务中心(站)建设项目全部完工，并投入使用。开展优质服务先进单位创建活动，2010年，全省共创建国优县7个，省优县17个。开展优质服务年、科技大练兵、"十旗百佳"创建、流动服务车下乡和免费普查服务活动，不断提高群众生殖健康水平。推进婚育新风到家、优质服务到家、奖励扶助到家、人文关怀到家和科技致富到家"五到家"活动，全年为育龄妇女进行免费生殖健康检查380余万人次，开展咨询服务401.4万人次，为20万户计生家庭发放全家福照片。

4. 推进人口计生信息化建设。建成以全员人口个案数据库为基础，以省市县局域网、乡级广域网、村级手机直报网和公众互联网为架构的人口信息化体系。全省3400多万常住人口个案信息实现集中管理、动态更新和网络化运行。为全省35000个村级(社区)计生信息员配备手机信息直报终端，将人口信息采集网络延伸到村级，全国首家基层人口信息直报系统在山西正式建成。开展人口信息基础数据核查工作，提高全员人口数据质量。

5. 建设专业化、职业化人口计生队伍。制定全省年度职业化教育培训计划，组织市、县人口计生局长进行专门业务培训，完成全省基层计生人员职业化培训。生殖健康(助理)咨询员职业考试考前培训6期1704人次，574名优秀基层工作人员获得国家首批生殖健康咨询师(助理)执业资格。组织各类行政管理人员参加公务员四类培训210余人次，专业技术人员参加培训、进修、学术交流等活动1826人次。注重村级(社区)人口计生队伍建设，全省已建成一支33885名村计生服务员和3685名社区计生人员基层专职队伍。

6. 推进流动人口"一盘棋"形

成。重点抓好非公有制经济组织、城市社区和城乡结合部流动人口计生工作，开展环太原经济圈、晋南晋东南、晋北区域及环渤海区域协作。加强部门协作和综合治理，在全省乡镇(街办)推行流动人口综合服务管理模式，实行“一站式”办公，建立“一卡通”信息调查制度，健全“一条龙”服务体系，实行“一体化”考核评估的“四个一”工作机制。

7. 构建计生利益导向机制。落实“4+2”计划生育家庭奖励扶助政策，提高群众实行计划生育自觉性。做好民生普惠政策与计生政策衔接，在新农合、新农保、林权改革、城市低保、升学加分、集体收益分配、扶贫移民搬迁、义务教育寄宿生活补助等方面，出台政策，优先优惠计划生育家庭。2010 年，全省 8469 名农村计生家庭子女享受到中考加分优待；20236 户农村计生家庭增加 1 人份林地承包面积。开展党员干部和国家工作人员计划生育情况专项检查，全省查处 2003 年 5 月 1 日以来，违法生育或收养人员 6286 人，1281 人受到党纪处分，2847 人受到政纪处分，征收社会抚养费 3769.374 万元。

8. 推动人口计生工作改革创新。完善目标管理责任制，精简指标，简化程序，分类考核。在全国首创运用“人口计生系统考核评估上报平台”网上考核，实现对基层经常性工作日常监管和过程评估，提高考核评估效能。积极开展综合改革示范市、县(市、区)创建活动，全省 28 个县(市、区)被确定为省级示范县，晋中、长治和朔州被国家确定为人口计生综合改革示范市。

【考核结果与表彰】 2010 年，全省各地均较好地完成与省政府签订的人口和计划生育目标管理责任制，根据考核结果，山西省政府决定：(1)A 类：阳泉市、晋城市、太原市，B 类：朔州市、临汾市、运城市获 2010 年人口和计划生育工作目标责任制考核综合先进奖。(2)长治市、晋中市、吕梁市、大同市、忻州市获 2010 年人口和计划生育工作目标责任制考核先进奖。(3)晋中市获人口计生综合改革奖，忻州市获城镇社区人口计生队伍建设奖。(4)娄烦县、灵丘县、应县、五寨县、柳林县、榆次区、阳泉市城区、长治县、晋城市城区、侯马市为全省 2010 年人口和计划生育工作目标责任制考核先进县(市、区)。(5)古交市、浑源县、广灵县、朔城区、山阴县、右玉县、岢岚县、柳林县、岚县、平遥县、襄垣县、沁源县、泽州县、尧都区、蒲县、芮城县、河津市为全省计划生育优质服务先进单位。

表彰落实计划生育国策好书记、好县(区)长。2010 年 12 月 23 日，山西省人口与计划生育工作领导小组决定，授予古交市委书记郭建发、杏花岭区委书记魏民、大同县委书记杨人毅、朔城区委书记郭连厚、静乐县委书记杨存虎、汾阳市委书记王志强、介休市委书记秦太明、盂县县委书记吕昌政、潞城市委书记桂正平、阳城县委书记冯志亮、古县县委书记李菲落实计划生育国策好书记称号；授予平陆县县长任秀红、夏县县长李晋学落实计划生育国策好县长称号。

【全省人口和计划生育工作会议】 12 月 28~29 日在太原召开。袁纯清出席会议，王君出席会议并讲话，省领导薛延忠、高建民、陈川平、安焕晓等出席会议。张建欣作工作报告，省人口计生委主任杨增武作总结讲话。会议要求，各级党委、政府要切实加强对人口计生工作领导，确保人口计生工作各项政策措施落到实处。一要提高思想认识，始终把稳定低生育水平、统筹解决人口问题、促进人的全面发展作为经济和社会发展重要问题去谋划、去推动、去落实。二要强化责任落实，坚持党政“一把手”亲自抓、负总责，进一步完善齐抓共管、综合治理工作机制，做好人口计生工作。三要严格目标管理，实事求是、科学合理地确定目标任务，并层层分解落实，严格考核奖惩。四要不断完善推进人口计生工作统筹协调机制、科学管理机制、优质服务机制、利益导向机制和群众自治机制，促进人口计生工作机制化、规范化。五要加强人口计生工作队伍建设，充分调动基层人口计生工作者积极性，不断提高人口计生工作水平。会上，王君与各市市长及省人口计生工作领导小组成员单位代表签订 2011 年人口和计划生育工作目标管理责任书。

【国家督评组对山西“十一五”人口工作进行督查】 11 月 26~28 日，国家人口发展“十一五”规划终期督评组对山西人口发展“十一五”规划贯彻执行情况进行评估和督查，督评组先后到临汾市洪洞县、长治市长治县实地调研，并在太原召开省级座谈会。督评组认为，山西在“十一五”期间人口发展成就主要表现在：低生育水平保持稳定、人口素质不断提高、性别比升高势头得到遏制、城镇化水平进一步提高、贫困人口比例明显下降、人口与经济协调发展能力提高等六个方面，初步建立统筹协调、科学管理、优质服务、利益导向、群众自治和人才保障等六个方面机制。

【长治市“好娃娃”工程】 由长治市委、市政府统一组织领导，以好夫妻养育好娃娃，好娃娃承载好家庭，好家庭成就好人才，好人才造福全社会为目标，以稳定低生育水平、提高出生人口素质、治理出生人口性别比、完善流动人口管理服务、应对老龄化为主要工作内容，以促进全市经济社会资源环境协调可持续发展为根本目的，是新形势下促进人口长期均衡发展的创新实践。2010 年，为 3 万多新婚夫妇送去《新婚指南》，为近 2 万怀孕夫妇送去《孕期保健优育知识》，为 3 万多计生家庭制作全家福，为 66 万计生家庭发放宣传资料，为 6 万多独生子女、双女家庭落实奖励扶助政策。该工程已成为长治市推进人口计生工作龙头工程，有力地提升全市整体工作水平。

【和顺县构建人口计生工作新机制】(1)统筹协调机制。坚持人口与发展综合决策,研究经济社会发展问题、制定区域规划时吸纳人口计生部门参与,公共福利政策向计生家庭倾斜,形成政府主导、部门协同、社会参与的统筹解决人口问题政策体系和工作格局。(2)科学管理机制。确立“分片划区、人房结合、宜人服务、统筹协调”工作思路,将城区划分为东、南、西、北及滨河五个社区居委会,将五个社区居委会又划分为130个居民小组,并由小组长负责本小组居民人口计生、医保、工会、廉租房、低保等民生事宜,实现人口服务管理工作社区化全覆盖。(3)优质服务机制。围绕新婚、生育全过程,应用全员人口信息管理与服务平台,了解需求,开展赠送新婚大礼包、孕前优生筛查、孕中科学指导、孕后生殖保健全过程跟踪服务。(4)信息引导机制。开通人口计生系统全程一体化办公系统,工作人员登录可以接受新的工作任务,群众登录可以实现在线证件办理事宜、保健知识咨询、获取科技致富信息和查询审批事项等。

【长治县城乡人口计生服务实现“五个全覆盖”】(1)奖励扶助全覆盖。农村和城镇计生家庭奖扶政策兑现率达100%。(2)优质服务全覆盖。县人口计生服务中心先后建立怡心室、妈咪音乐室、亲子活动室、电子阅览室、早期教育室等特色服务科室,使人口计生服务进一步向“婚、孕、育、教、健”一条龙服务拓展。2010年,对重点年龄段29312名育龄妇女免费进行生殖健康检查,检查率占本年龄段人数95%以上,对4350名孕期妇女进行出生缺陷干预和优生监测,检查率95%以上。(3)数字计生全覆盖。人口信息系统覆盖县、乡、村三级,农村人口信息手机直报率100%。(4)计生关怀全覆盖。为县乡村三级人口计生干部全部办理意外伤害保险,为农村独女户家庭及60周岁以上独女户家庭成员全部进行新农合医保补贴。(5)早期教育,“好娃娃”工程全覆盖。县乡村成立实施“好娃娃”工程暨早期教育领导组,每个乡镇都组建一支人口文化宣传队,村村配有一个早期教育指导员,建起一个早期教育室,开展早期教育普及和人口文化宣传工作。

(王天定)

法制工作

【政府立法工作】 2010年,政府立法工作坚持统筹兼顾、突出重点原则,加强节能减排、防灾减灾、改善民生、保障安全等方面的立法。全年省人民政府共组织制定并提请省人大常委会审议地方性法规草案11件,组织制定省人民政府规章3件。

1. 为加强消防管理,预防和减少火灾危害,保障公民人身、财产安全和公共财产安全,省人民政府组织起草《山西省消防条例(草案)》。2月25日,省长王君签署晋政函〔2010〕33号议案,提请省人大常委会审议。

2. 为维护残疾人的合法权益,发展残疾人事业,保障残疾人平等、充分参与社会生活,共享社会物质文化成果,省人民政府组织起草《山西省残疾人保障条例(草案)》。5月8日,省长王君签署晋政函〔2010〕52号议案,提请省人大常委会审议。

3. 为促进体育设施建设,加强体育设施管理和维护,充分发挥体育设施的作用,满足公众开展体育活动的需求,省人民政府组织起草《山西省体育设施条例(草案)》。5月8日,省长王君签署晋政函〔2010〕53号议案,提请省人大常委会审议。

4. 为保障道路运输和人民生命财产安全,保护道路运输各方当事人的合法权益,维护道路运输市场秩序,省人民政府组织起草《山西省道路运输条例(草案)》。5月8日,省长王君签署晋政函〔2010〕54号议案,提请省人大常委会审议。

5. 为规范涉及国家安全事项的建设项目管理活动,维护国家安全和利益,省人民政府组织起草《山西省涉及国家安全事项建设项目管理条例(草案)》。5月8日,省长王君签署晋政函〔2010〕55号议案,提请省人大常委会审议。

6. 为保障农产品质量安全,维护公众身体健康,促进农业和农村经济发展,省人民政府组织起草《山西省农产品质量安全条例(草案)》。5月8日,省长王君签署晋政函〔2010〕56号议案,提请省人大常委会审议。

7. 为加强对建筑工程质量和建筑安全生产的管理,维护公众和从事建筑活动各方的合法权益,省人民政府组织起草《山西省建筑工程质量和建筑安全生产管理条例(草案)》。6月30日,省长王君签署晋政函〔2010〕72号议案,提请省人大常委会审议。

8. 为减少污染物排放,保护和改善环境,促进经济社会全面协调可持续发展,省人民政府组织起草《山西省减少污染物排放条例(草案)》。7月8日,省长王君签署晋政函〔2010〕76号议案,提请省人大常委会审议。

9. 为保障邮政普遍服务,规范邮政市场秩序,维护邮政通信畅通和安全,促进邮政业健康发展,省人民政府组织起草《山西省邮政条例(草案)》。7月11日,省长王君签署晋政函〔2010〕77号议案,并提请省人大常委会审议。

10. 为贯彻落实科学发展观,实施科教兴晋战略,增强自主创新能力,促进科学技术进步,省人民政府组织起草《山西省科学技术进步条例(草案)》。9月7日,省长王君签署晋政函〔2010〕93号议案,提请省人大常委会审议。

11. 为预防和减轻干旱灾害造成的损失,保障城乡生产、生活和生态用水安全,省人民政府组织起草《山西省抗旱条例(草案)》。10月20日,省长王君签署晋政函

全省规章和规范性文件清理工作电视电话会议 （郭文强提供）

〔2010〕113号议案，提请省人大常委会审议。

12. 为维护社会秩序，保障公民人身、财产安全和公共财产安全，4月28日，省人民政府第62次常务会议审议通过《山西省大型群众活动安全管理办法》（山西省人民政府令第227号），自2010年7月1日起施行。

13. 为保障农村五保供养对象的正常生活，规范农村五保供养工作，促进农村社会保障事业的发展，10月20日，山西省人民政府第71次常务会议审议通过《山西省农村五保户供养办法》（山西省人民政府令第228号）。

14. 为合理利用土地资源，加强土地管理，保护耕地，7月21日，省人民政府第68次常务会议审议通过《山西省耕地占用税实施办法》（省人民政府令第229号），自公布之日起施行。

【地方立法培训班】 3月25~26日，省政府法制办公室在太原举办地方立法培训班。省直部门法制机构、各市政府法制机构、省总工会、省妇联、共青团山西省委、有关院校、律师事务所相关人员共70余人参加培训。省政府法制办副巡视员傅平参加开班仪式，并作题为《规范政府立法行为提高制度建设质量》的讲话。培训班邀请省人大法制委员会副主任委员邓永明和省政府法制机构有关处室负责同志为参训人员授课。

【政府规章清理】 根据《国务院办公厅关于做好规章清理工作有关问题的通知》，省人民政府办公厅下发《山西省人民政府办公厅关于政府规章和规范性文件清理工作有关问题的通知》（晋政办发〔2010〕43号），成立山西省规章和规范性文件清理工作领导组及其办公室。领导组由李小鹏担任组长；王清宪、韩和平、崔国红、王纯担任副组长；成员包括16位相关厅局的分管领导。办公室设在省政府法制办，由崔国红兼任办公室主任。规章清理工作从6月20日开始到12月31日结束，共清理省人民政府规章140件，决定废止27件，集中修改49件，拟列入立法计划适时修改23件，继续保留41件，并以政府令形式公布现行有效规章113件。

【规章和规范性文件清理工作电视电话会议】 6月25日，省政府召开全省规章和规范性文件清理工作电视电话会议。会议由省政府副秘书长韩和平主持，各市政府、省政府各委、厅、各直属机构有关负责人出席，各市政府相关人员在分会场参加会议。崔国红对全省规章和规范性文件清理工作方案作说明，省人力资源和社会保障厅、省工商行政管理局和太原市政府有关负责人结合实际清理工作发言。

【规范性文件审查备案】 按照《山西省规范性文件制定与备案规定》（山西省人民政府令第168号）和《山西省行政机关规范性文件制定程序暂行办法》（山西省人民政府令第190号），省政府法制机构坚持"统一登记、归口审查、集中备案"的原则，严格规范性文件审查备案工作，确保政令合法、统一、有效。对省人民政府及其办公厅、省直有关部门印发的《山西省人民政府关于进一步加强疾病预防控制工作的意见》《山西省人民政府办公厅关于印发进一步做实做强煤炭主体企业有关事项的通知》《省人力资源和社会保障厅基本医疗保险定点机构分级管理实施办法》等165件规范性文件进行前置审查。对设区的市人民政府报送的《太原市人民政府关于加快科技服务业发展的意见》《晋城市城镇居民大额医疗保险实施意见》等62件规范性文件进行备案审查。对审查过程中发现的问题及时提出意见进行纠正，规范政府及有关部分的抽象行政行为，提高规范性文件质量。

【依法行政示范县示范单位创建活动】 2010年，省政府法制机构积极推进和指导省级依法行政示范县示范单位创建活动，着力对申报开展示范创建活动的县级政府和省、市、县三级政府有关部门进行调研指导，研究制定《省级依法行政示范县考核验收标准》和《省级依法行政示范单位考核验收标准》，与各市政府和省直有关部门共同确定考核验收对象，制定考核验收方案。8月至11月，在全省集中组织开展考核验收工作。在自荐和推荐开展创建活动的42个县级政府和省、市、县189个部门中，对

山西省统计执法检查　　　　（郭文强提供）

积极开展创建活动并取得良好成效的20个县级政府和省、市、县73个部门进行考核验收，确定省级依法行政示范县17个，示范单位54个。

【落实《国务院关于加强法治政府建设的意见》】　11月9日，《国务院关于加强法治政府建设的意见》发布，省长王君作出批示，11月11日，省政府法制机构向各市人民政府、省人民政府各委、厅、各直属机构印发《山西省人民政府法制办公室关于认真学习贯彻<国务院关于加强法治政府建设的意见>和王君省长重要批示精神的通知》；11月17日，印发省长王君8月27日《在贯彻全国依法行政工作电视电话会议精神上的讲话》。省政府法制机构组织起草《山西省人民政府关于加强法治政府建设的实施意见（草案）》，广泛征求各市人民政府和省直各部门意见。

【行政执法责任制抽查】　7月，省政府法制机构向有关市人民政府和省煤炭厅印发《关于对市县两级煤炭部门推行行政执法责任制情况进行抽查检查的通知》（晋政法字〔2010〕49号），从8月份开始，同省煤炭厅共同组成检查组，先后对吕梁、临汾、大同、晋中、长治等5市10县（市、区）煤炭部门2008年以来推行行政执法责任制的情况进行抽查检查。对基层行政执法单位的800多份行政处罚案卷、600多份行政许可案卷进行现场评查，当场指出存在的问题，提出具体整改建议，并进行跟踪督促整改。

【统计执法大检查】　6月至10月，省统计局、省监察厅、省司法厅、省政府法制办联合组织开展全省统计执法大检查。检查对象为组织领导统计工作的市、县（市、区）乡（镇）人民政府及其统计机构和有关部门、依法负有提供统计资料义务的单位。对1000多张不规范报表进行订正，规范统计执法行为；对全省6290名统计执法人员进行培训考试，提高统计执法人员素质；大检查中，共发现违法行为944起，立案285件，已结案241件。省统计局适时将国家统计局通报的六起严重违法案件及相关人员处理情况及时转发各地，抄送到市、县（市、区）政府主要负责人，起警示作用。

【行政复议】　8月31日，省政府法制机构制定印发《山西省人民政府法制办公室行政复议案件办理程序规定》（晋政法字〔2010〕59号）。10月10~13日，省政府法制机构配合国务院法制办对晋城市、晋中市、泽州县、阳城县、太谷县和祁县的行政复议工作进行检查指导。全年共收到行政复议申请40件，依法受理33件，决定维持11件，撤销3件，调解3件，驳回3件，中止1件，其他方式9件，正在办理3件。

【行政应诉】　2010年，共办理涉及省人民政府行政应诉案件3件。一是临汾市叶成家、叶天穴等村民不服省政府作出的不予受理行政复议决定，诉省政府案。4月，太原市中级人民法院作出维持省政府不予受理决定，8月，山西省高级人民法院作出维持省政府不予受理的终审判决。二是临汾市村民任洪记不服省政府行政复议决定，向国务院申请裁决案。11月，国务院作出维持省政府行政行为的裁定。三是吕梁市村民刘云虎不服省政府颁发《林权证》的行为，向太原市中级人民法院提起8个行政诉讼。太原市中级人民法院均已立案。

【仲裁工作座谈会】　10月29日，省政府法制办在太原组织召开全省仲裁工作座谈会。大同、运城、长治、阳泉、晋城、晋中仲裁委和省工商联法律部负责人参加会议。会议传达4月份在北京召开的全国仲裁工作座谈会精神，交流各仲裁机构的工作经验，研究山西今后仲裁工作的思路和打算。

【省政府法律顾问座谈会】　10月30日在太原召开。省政府法律顾问王继军、汪渊智、陈晋胜、彭云业、薛荣、孙智、周威敏应邀参会，崔国红等参加会议。省政府法律顾问对两年来参与省政府法律顾问工作的情况进行总结，并对今后如何开展好省政府法律顾问工作提出建议。

【政府法制理论研究与研讨会】　11月2日在省政府法制办召开会议围绕“提高政府法制建设工作效率和质量，为山西实现‘转型发展、跨越发展’提供法制保障”的主题展

省政府法律顾问座谈会　　　　（郭文强提供）

开。25篇涉及政府法制理论、政府立法、行政执法、依法行政、行政复议、法制培训、法制宣传等工作的论文研究和探讨政府法制工作在经济转型中的作用、有关社会热点问题研究的现状、发展对策和趋势，省政府法制办的领导作简要点评。会上宣读《关于表彰2010年政府法制理论研究及研讨会优秀论文的决定》（晋政法字〔2010〕68号），对获得一、二、三等奖的论文作者进行表彰。　（郭文强）

外事侨务

【概述】 2010年，省外事侨务办围绕"开放、创新、服务、安全"主题，着力拓展对外交流与合作，不断提高开放水平；加强外事管理，不断提高外事统筹协调能力；推进"外事为民"和"为侨服务"，不断加强工作机制和队伍建设，努力推进全省外事侨务事业科学发展。亚美尼亚总统访晋、世博会、能博会、首届中韩签证工作座谈会等重大活动外事工作，收到亚美尼亚总统和外交部四次感谢信；友城工作荣获全国友协、中国国际友城联合会"国际友好城市特别贡献奖"等四个奖项，省外侨办被评为"2009年度省政府目标任务完成先进单位""省直机关文明和谐单位标兵""2010年度国家安全人民防线工作先进单位"。

1. 因公出国（境）管理。起草《关于进一步重申领导干部因公出国（境）的有关规定》，以省委、省政府两办名义下发执行。进一步贯彻中办发〔2008〕9号、〔2009〕12号文件精神，保证确有实质内容，与山西省对外工作密切相关，以及友城往来，出席重要双边、多边或区域合作机制性会议等团组出访。坚决遏制公款出国旅游、干部持因私护照出国办理公务等行为。制定省级领导出访计划，精心做好出访相关工作。2010年，全省全年审批办理因公出国、赴港澳人员3537人次。

2. 礼宾工作。2010年，全省共接待来自亚美尼亚、美国、英国、日本等47国84批团组3227人次，其中元首级团组2批，部级团组25批，安排省领导参加外事活动64次。做好世博会山西馆外事礼宾接待工作；参与组织举办第三届能博会，重点抓礼宾接待和重大活动组织，取得圆满成功；全省各级外事部门指导相关服务部门完成世界遗产中心亚太地区第二轮定期报告研讨会、第十届平遥国际摄影大展等10多个国际会议会展活动外事礼宾工作。

3. 侨务工作。扩大与海外华侨华人、侨团侨社联系与交往，全年共接待华侨华人300余人次；组织召开以"围绕转型跨越促进对外开放，着力引智引资引技合作共赢"为主题的山西省第二届海外华侨华人联谊会，举办海外华侨华人看山西论坛、招商合作洽谈会，签约资金达5亿元；组织美国亚特兰大现代中文学校和美国山西同乡会30位华裔青少年团队，参加北京"中国寻根之旅"夏令营以及山西营活动，使海外华裔青少年更多认识祖国和祖籍；做好海外侨胞捐赠工作，美国欣欣教育基金会、美国亚特兰大现代中文学校、香港惩教社教育基金会等在山西省开展系列捐赠活动；深入开展侨务法制宣传活动，坚持依法护侨，为侨服务；深入各市慰问救济贫困归侨侨眷，送去慰问救济金近20万，帮助困难归侨重新走上工作岗位，为10多位中考、高考华侨子女学生和归侨子女学生出具身份证明。

4. 涉外管理。建立全省联动涉外管理机制，确保敏感节点社会安全稳定。召开全省涉外安全和邀请外国人到山西工作会议，对山西省涉外管理工作做了安排和部署，对省直有关厅局、各市外侨办、大专院校和重点企业外事干部进行培训，提高外事干部涉外应急处置能力和水平。妥善处置涉外案（事）件8起，取得满意效果。加强外国记者管理，不断加强应对外国记者采访引导工作。认真做好涉外领事业务工作，全年办理邀请外国人来华签证通知表221份，代办领事认证445份。加强境外记者管理服务工作，全年受理外国记者采访34批次，涉及27家外国媒体。

5. 友好城市交往。通过中法市长圆桌会议、中韩地方政府交流研讨会、中国驻外使领馆、侨团侨领等各种渠道，积极发展友好城市。深化与日本埼玉县、美国西弗吉尼亚州、德国北威州等友好州县交流与合作。晋中市与越南会安市，晋城市与美国罗马市、南非卡卡杜市正式结好，山西省友好城市数量已达33对。

6. 港澳工作。推进与港澳特

区间交流合作。通过拜会、接待等方式，与国务院港澳办联络司、交流司，中央驻澳门联络办，香港、澳门驻京办，香港公务员局、内地事务局，香港中华总商会等建立稳定关系。组织阳泉、运城港澳事务干部赴香港考察交流。

【自身建设】 全省外事侨务部门组织开展“创先争优”活动，进一步转变工作作风，优化办事程序，提升干部职工服务意识和业务能力。加强业务培训，组织开展外事侨务业务知识学习，组织人员参加外交部第18期地方外办主任培训班、外交部地方外办处级干部和新干部培训班。推进山西外事网(多语种版)项目建设、因公电子护照系统建设，推进《山西省志·外事侨务志》编撰工作。队伍建设各项工作取得阶段性成果，外事侨务工作职能作用得到有效发挥，对外形象有大的提升。

【外事活动综录】 1月16日，忻州市人民政府外事侨务办公室举行挂牌仪式。

1月28日，省侨办、省侨联共同举办省直侨界迎春联谊会。

2月23日，全省外事侨务办公室主任座谈会在太原举行。省委常委、副省长李小鹏出席会议并讲话。

2月25日，日本政府利民工程无偿援助武乡县北社学校校舍建设项目签字仪式在太原举行。省政府副秘书长、省外侨办主任韩和平和受助单位代表出席捐助仪式。

4月1日，韩和平会见奥地利驻华使馆商务参赞奥斯卡·安思来一行。

4月25日，中日合作“中国黄土高原植被恢复山西示范林营造项目”启动仪式在方山县峪口镇峪口村举行。

5月3日，亚美尼亚共和国总统萨尔基相对山西进行工作访问。

6月2日，西班牙坎塔布里亚地区发展协会首席代表哈维尔·鲍特一行到太原。

6月10~11日，山西省代表团在北京参加“中国与美国南部合作论坛”，论坛结束后，省外侨办领导会见田纳西州经济社会发展署署长马修·基斯博。

7月19~24日，“2010年海外华裔青少年‘中国寻根之旅’夏令营——山西营”活动在晋举行。24~28日，全体营员参加由国侨办举办“中国寻根之旅”大型活动。

8月13日，太原市与法国留尼旺省圣但尼市举行建立友好关系意向书签约仪式。圣但尼市副市长埃瑞卡·巴蕾丝一行7人，中国驻法国留尼旺总领馆总领事张国斌，申维辰等出席签约仪式。

亚美尼亚共和国总统萨尔基相访晋　　（张晋丽提供）

8月24日，杨安和在太原会见日本埼玉县议员、前议长奥木信夫率领的埼玉县妇女代表团一行。

9月3~4日，韩和平在晋城会见法国前总理德维尔潘、亚太总裁协会全球副主席克里斯蒂安·盖斯诺，并出席世界新兴产业(中国·晋城)合作会议。

9月7~19日，日本内阁派出由22名化学武器处置专家、技术人员组成的工作组到山西省，对2006年4月在太原市中涧河村发现的227枚日军侵华时期遗留化学炮弹进行处置。

9月8~10日，2010中国国际友好城市大会在上海召开。山西省获得国际友好城市特别贡献奖。大同市获得国际友好城市交流合作奖。晋中市与越南会安市、晋城市与南非卡卡杜市签署缔结友好城市关系协议书，正式建立国际友好城市关系。

9月16~18日，第三届中国(太原)国际能源产业博览会在太原举行。本届能源博览会协议和合同引进资金总金额达1.4万亿元，共签订12个合作框架协议、457个相关项目，涉及14个国家和地区及国内24个省(市、区)，横跨交通基础设施、材料工业、机械电子、装备制造、食品加工、医药、旅游等多个行业领域。

9月25~29日，王君率山西省代表团一行6人对美国西弗吉尼亚州进行友好访问，并签署两省州能源合作备忘录。

9月28~30日，马里国民议会议长迪翁昆达·特拉奥雷率领议会代表团对山西进行访问。

10月11日，山西省第二届海外华侨华人联谊会在太原召开，李政文出席会议并讲话。联谊会期间，举办“海外华侨华人看山西”论坛，并在太原、大同、临汾市举办合作洽谈活动，达成合作意向11项。

10月20日，美国欣欣教育基金会会长一行在天镇县、阳高县回访考察该会2004年、2005年分别捐资助建的两所学校及捐资购置的教学设备、文体用品、电脑图书

全省外事侨务办公室主任座谈会　　（张晋丽提供）

等使用保管情况。

11月3~6日，爱国华侨陈嘉庚长孙、香港集友银行股东、香港鸿域石油集团董事陈立人带领集美学校委员会成员和陈嘉庚纪念馆一行5人在山西省看望慰问在晋南侨机工及遗孀。

11月19日，由外交部主办、山西省外侨办承办的中韩签证工作座谈会在太原召开。

12月8日，全省邀请外国人来华管理工作会议在太原召开。会议由省外事侨务办公室牵头，省商务厅、科技厅、旅游局、太原市外侨办、太钢集团等6家被授权办理外国人来华邀请手续的单位参加会议。（张晋丽）

统　计

【杨文章专访】 1月28日，全国统计工作会议在北京召开。山西省统计局局长杨文章参加了会议，并在会前接受了大会信息中心的专访。国家统计局视频会议和网络视频同时对访谈实况进行了现场直播。

【获“先进集体”称号】 1月30日，全国第二次经济普查总结表彰会议在北京召开。国务院经普领导小组向山西等16个获得第二次全国经济普查最高荣誉的“先进集体”颁奖授牌。山西省在16个先进集体中名列前茅。

【首届山西省青年统计业务能手大赛】 3月29日至4月2日在太原举行，比赛项目包括：统计报表、统计分析、计算机应用、新闻写作4大类。此次青年统计业务能手大赛受到省总工会领导关注和指导。

【全省统计青年代表大会】 4月27~28日，山西省统计局召开全省统计青年代表大会，来自省、市、县三级统计局的青年代表和青年统计业务能手300余人出席会议。国家统计局机关党委常务副书记曹志刚、省直工委副书记郭康峰、团省委副书记安华到会祝贺并发表讲话；省统计局党组书记、局长杨文章做了题为《志存高远脚踏实地让统计青年在科学发展中成长成才》的报告。

【全国循环经济统计评价试点报表汇报座谈会】 6月6日在太原召开，参加会议的有国家统计局能源司、国家发改委环资司以及清华大学著名教授张天柱、胡山鹰、朱兵，中国人民大学高敏学教授等一行14人组成的国家循环经济统计评价课题组，省统计局、发改委、经信委及有关市能源科长及选中的25户企业统计人员共60余人。

【全省第六次人口普查电视电话会议】 7月16日在太原召开。山西省第六次人口普查领导小组副组长、省政府副秘书长崔国红代表第六次人口普查领导小组和副省长牛仁亮就深入贯彻落实国务院第六次全国人口普查电视电话会议精神，认真开展好全省人口普查工作提出明确要求；山西省第六次人口普查领导小组副组长、省统计局局长杨文章通报了全省人普工作进展情况，并对下一步人普工作作了安排部署。人口普查领导小组副组长成员单位省公安厅、省人口计生委、省财政厅参加了会议。

【“世界统计日”暨“统计开放日”座谈会】 10月20日，山西省统计局分别召开庆祝“世界统计日”暨“统计开放日”部门、媒体座谈会。省委办公厅、省经信委等20多家省直厅局的领导、省统计局有关处室人员与人民日报山西分社、山西日报、香港文汇报、香港大公报等30多家新闻媒体负责人及记者共聚一堂，共同庆祝“世界统计日”的到来。（董晓玲　王立品）

参事(文史)

【文史馆员工作】 1.按时完成《中国地域文化通览·山西卷》(以下简称《山西卷》)初稿的上报工作。《山西卷》从年初开始正式编撰，9月召开《通览》第十次编撰工作会议之后，成立以周敬飞为主编，卫广来、景占魁、王振芳为副主编的编委会，按《山西卷》十五章、52万字、12月底交稿、学术著作、传世精品的要求，进行阶段性工作安排。10月20日，赵仁珪等一行3人受中央文史研究馆的指派，到山西指导《中国地域文化通览·山西卷》的编撰工作，在迎泽宾馆召开专题会议，介绍《通览》编撰的整体情况和中央馆的要求，并就《山西卷》三个章节的编撰情况进行详细的解剖点评。《山西卷》主编副主编、各章作者、特邀的专家学者,以及工作人员共20余人参加会议。

2. 馆员活动。室(馆)组织文史馆员收看北京电视台“春节文化论坛特别节目”,学习国务委员兼国务院秘书长马凯的重要讲话,听取国务院参事室主任陈进玉,国务院参事冯骥才、张抗抗,中央文史馆馆员王蒙、舒乙等学者的发言。省政府参事薄生荣、刘建民,文史馆员黄克毅、李夜冰、王木兰等,元宵节期间深入蒲县、汾西县进行春节文化考察调研。6月,组织书画馆员为省政府办公厅、省委统战部创作书画作品10余幅。8月,组织书画馆员赴河北省白洋淀进行艺术采风。10月,组织文史馆员参加内蒙古文史馆馆员若希桑布在忻州市的画展。12月,与印刷厂合作,推出部分书画馆员作品的新年挂历。老馆员邱文选《史坛耕耘集》学术研讨会在襄汾县举行,室(馆)组织馆员前往参加。12月15日,中央电视台四频道《中华医药》洪涛信箱播出馆员李廷俊治疗股骨头坏死的专题节目。馆员李夜冰在山西大学美术馆再次举行“李夜冰写生画展”,共展出作品149幅,并在山西大学进行题为《继承·借鉴·生活之我见》的学术讲座。馆员王如何为山西省委常委会议室创作大型中国画《五台圣境》,与馆员张连瑞参加《情满神州》《江山如画》中国画名家作品展,同时获得文化部第七届中国文化艺术政府奖“文华奖”最佳创作奖。馆员周敬飞出任《山西卷》主编并执笔绪论,工作得到中央馆赵仁珪的肯定。馆员卫广来主讲的“中国古代史”课,被评为山西省普通高等学校精品课程。并在省图书馆举办的《文源讲坛》进行大型公益性讲座,其“诸葛亮与隆中对”专题,受到社会各界的一致好评。馆员景占魁撰写多篇论文,其《阎锡山与辛亥革命》获中央馆通过,将参加2011年在广州举行的纪念辛亥革命100周年论坛。

【馆际交流】 2010年,室(馆)接待陕西省参事室副主任秦向东一行8人、贵州省文史馆副馆长程鹏飞一行2人的交流考察;接待河南省政府参事邓庆洲、孙洪臣、阎英地等一行5人就山西竞技体育发展情况的专题调研;接待湖南省文史馆副馆长阳盛海一行10人的考察。

【宣传工作】 2010年编印《晋参简讯》6期;在《山西日报》等新闻媒体登载参事调研、建议文章、活动信息累计15篇;向国务院参事室网站投送、推荐、年度国务院参事室网站登载、转载参事、馆员建议和文章24篇。 (王合龙)

台湾事务

【概述】 1. 晋台经济合作取得新的进展。2010年引进长治“LED外延芯片”合作项目、万荣镁都铝业有限公司两个大型台资项目,富士康集团增加投资项目,三项合计总投资3.52亿美元,合同利用台资2.46亿美元。同时,还达成一些台胞到晋投资和扩大投资的意向。全年晋台贸易总额达38882万美元,同比增长100%,其中,晋台贸易出口额24054万美元,增长133%,晋台贸易进口额14828万美元,增长63.6%。

2. 服务台资企业再上新台阶。一方面深入企业调研,搞好跟踪服务,为企业排忧解难,帮助解决太原聚美瑞五金机电城项目和侯马旺旺集团在项目建设、生产经营中遇到的困难,保障企业的正常运营,真正起到为台资企业保驾护航的作用。另一方面认真协调解决涉台经济投诉,保障台商合法权益,为企业的有序生产创造条件。全年台湾工作办公室办结山西鑫茂公司拖欠台资企业北京莲禾房地产公司销售款案、河南诚耐能源公司与大同连翔公司的合同纠纷案、赵磐维诈骗台商设备案等8件纠纷案件,结案率为100%,帮助台商挽回近亿元的经济损失,改善山西省的投资环境。

3. 晋台各项交流进一步深化。全年实现晋台交流130项、1420人次,其中,全省居民赴台交流111项、914人次;台胞到晋交流19项、506人次。主要交流活动可概括为以下三个方面:一是以传统文化为媒介,大力开展晋台文化教育交流。到晋交流方面,举办“海峡两岸中学校长教书育人研讨会”“台湾国际洪门总会晋文化参访团来晋参访”等大型交流活动,增加了解与互信,为深化交流打下基础;赴台交流方面,指导协助文化部门与台湾方面积极联系,促成山西京剧院的新京剧《走西口》赴台公演、太原杂技团的杂技表演和小百灵艺术中心的少儿文艺表演等赴台交流,在岛内掀起一股“晋文化”热潮。二是积极推动科技、教育、卫生、宗教、出版等部门及工会、青年、妇女、红十字会等界别,发挥自身特点,开展与台交流,初步形成晋台各界大交流的格局。三是以做好台湾、特别是台湾中南部地区媒体工作为目标,把宣传山西与争取台湾民心相结合,推动晋台新闻交流取得较大突破和进展。台湾记者到晋交流方面,相继组织和接待台湾艺术电视台、亚洲旅游卫视、三立电视台和年代电视台等到晋采访拍摄,运用岛内媒体的宣传,扩大山西在岛内影响;山西省媒体入岛交流方面,主动组织新闻工作者赴台交流,在台湾中南部地区搭建起入岛宣传的新平台,达成节目互换、联合报道、开设专栏等多个合作意向,使山西省在入岛新闻交流方面走在全国各省市的前列,真正实现晋台新闻的双向交流。另外,年内成功举办“太原-高雄新闻交流论坛”,为大陆与台湾中南部特别是高雄地区的新闻交流搭建全新的平台。

4. 对台宣传工作取得好的成效。一是网络对台宣传工作形成优势。2010年新建成涉台网站3个,累计建站达8个,全省网络对台宣传格局初具规模。注重网站特色建设，加大涉台重要专题的报道力度和多媒体手段的运用，建成山西实名博客群，网络对台宣传的主要指标继续保持在全国前列，被评为2009~2010年度全国地方台办网络对台宣传先进单位。二是对台宣传品入岛宣传取得显著成效。先后完成电视专题片《晋商大院》《山西票号》《木塔缘》等对台宣传品的制作，并成功实现入岛播出；与台湾艺术电视台形成策划、制作、播出一条龙的合作模式，在岛内建立起宣传品入岛宣传平台。三是报纸专版、特色杂志入岛宣传影响逐步扩大。太原、临汾、阳泉、朔州四个开发区在台湾《联合报》《联合晚报》《经济日报》等媒体累计进行11个整版的宣传报道，《寿阳家》杂志等对台宣传品增加入岛数量，使山西在岛内的影响逐步扩大。

5. 做好涉台事务管理工作。全省全年公民赴台人数达13431人次，其中，因公赴台交流914人次，赴台旅游12321人次，探亲150人次，其他46人次。全省全年共接待台胞155079人次，其中，到晋旅游台胞154603人次，从事经贸文化交流活动的台胞476人次。全省全年共接受台胞捐赠22项，共计1482万元。重新修订涉台突发事件应急预案，调整充实涉台突发事件应急管理工作领导小组及其办公室人员，健全应急工作机制，明确各自职责；日常工作中注意加强对重点项目、重要时段、重点工作的管理，全年没有发生涉台突发事件。

【太原至台北直航航线开通】 2月10日，太原至台北直航首航仪式在太原武宿机场举行。省领导王君、李小鹏、王清宪、黄进明、韩和平，省直有关部门领导及太原市政府有关领导出席仪式。

【小百灵艺术团赴台交流】 2月20~26日，应台湾基隆市表演艺术协会、基隆市枫香舞蹈团的邀请，山西省小百灵艺术团一行赴台参加2010海峡两岸少儿艺术潜能开发交流活动。两岸的小演员们在学习交流中增进了解，融洽感情，提高艺术素养。

【全省对台工作会议】 3月31日在太原召开。会议传达中央精神，部署2010年全省对台工作。高建民出席会议并讲话，黄进明主持会议。省委对台工作领导小组成员，各市委分管领导、台办主任，省直部门负责同志近200人参加会议。

【海峡两岸经贸文化交流协会参访团到山西考察】 4月15~18日，台湾海基会副董事长、海峡两岸经贸文化交流协会会长许胜雄先生率领海峡两岸经贸文化交流协会参访团到晋进行为期4天的参访及经贸考察。省政府在晋祠宾馆举办山西省产业政策及招商项目说明会，向台胞介绍山西的投资发展环境和产业优惠政策。李小鹏宴请许胜雄一行。

【留美台湾企业家到晋访问】 4月26~28日，以美国矽谷美华科技商会会长黄劲彻为团长的留美台湾企业家山西参访团到晋访问，先后在太原、大同等地进行考察。李小鹏会见并宴请黄劲彻一行。

【环渤海及东北地区台办主任联席会议】 5月5~9日，在太原召开。会议就贯彻中央精神，加强区域合作，推进各项对台工作进行座谈，交流经验。北京、天津、河北、山西、内蒙古、山东、辽宁、吉林、黑龙江和大连、青岛等省市（自治区）、计划单列市台办负责同志参加会议，国台办秘书局副局长王刚出席会议。高建民宴请与会代表。

【运城制版集团在台设立公司】 5月，山西运城制版集团股份有限公司经过赴台考察商洽，在台中市购置0.5公顷左右工业用地，投资20万美元在台设立公司，并拟依据该公司建设制版项目，利用先进技术设备占领台湾市场。该公司的设立，使山西省赴台投资实现零的突破。

【对台工作研讨会】 6月，全国二十城市对台工作研讨会第二十三次年会在太原市召开。研讨会邀请原国台办副主任、现任海协会副会长王在希作台海形势报告，包括武汉、南昌、成都等省会城市在内的二十余个城市的对台干部到太原参加研讨。

【涉台宣传干部培训班】 7月2~3日在太原举办。黄进明出席并讲话，国台办综合局局长马晓光、国台办宣传局宣传处处长罗英春、华夏经纬网信息中心总编辑谢克、人民日报海外版台港澳部主任连锦添分别授课。各市台办及省直机关负责对台宣传的同志共109人参加培训。

【台湾中华关公交流协会、台北县新庄武圣庙组团到山西参访】 7月4~11日，应省旅游局的邀请，台湾中华关公交流协会、台北县新庄武圣庙共同组织100余人的交流团到运城解州关帝庙进行拜谒、祭典。

【海峡两岸中学校长教书育人研讨会】 7月25日至8月1日在太原市举办。来自台湾中南部地区30位中学校长与山西省40余位中学校长就中华文化传承、教育优质化管理、教育课程改革等议题进行深入探讨。黄进明等会见并宴请参会团一行。

【海峡两岸气候变迁与能源可持续发展论坛第六届年会】 8月3日，太原理工大学与台湾永续发展基金在长治市共同举办。全国政协副主席厉无畏，省领导薛延忠、谢克昌、张平、李谭生、黄进明等出席开幕式。包括45位台湾专家在内的海峡两岸200余位科技专家、学者进行研讨交流，推动晋台间的科技交流。

【台湾国际洪门总会到山西参访】 9

月17日，薛延忠会见并宴请到晋参访的台湾国际洪门总会晋文化参访团一行，黄进明等出席宴会。

【太原—高雄新闻交流论坛】 9月27日至10月4日，在太原市举办。国台办新闻发言人、新闻局局长杨毅，省领导高建民、黄进明出席论坛开幕式并致辞。来自台湾高雄市及山西省50余家新闻媒体的120余人参加论坛。论坛围绕“交流、合作、发展”的主题，进行广泛、深入的交流研讨，并分别签署“太原—高雄新闻交流与合作四点共识”、山西日报报业集团所属《三晋都市报》和台湾旺旺中时集团《旺报》全面合作协议、山西省海峡两岸文化经济交流协会和高雄市新闻记者公会合作意向、太原电视台与台湾艺术电视台合作协议等4项晋台新闻合作协议。

【长治“LED外延芯片”合作项目投产】 长治市引进“LED外延芯片”合作项目,2010年底已具备工艺设备进场安装调试和试生产条件并顺利投产。项目由长治高科产业投资有限公司和台湾华上光电股份有限公司共同投资，总投资9亿元人民币，引进国际最前沿的LED生产技术，缩短中国在该领域与世界先进水平的差距。

【省红十字会赴台交流】 10月18~25日，省人大常委会原副主任、省红十字会会长王昕率团赴台访问交流，就组织募捐、筹资、救护培训、义工服务，与台湾红十字会同仁进行探讨交流。

【京剧《走西口》赴台公演】 10月17~22日，应台湾多元文化艺术事业有限公司的邀请，由山西省文化厅厅长张明亮率领的京剧《走西口》演出团赴台湾参加“中国国家京剧院名角名剧大汇演”。这是山西省第一支阵容超过百人的赴台演出团队，包括全国著名京剧表演艺术家于魁智、李胜素和山西省著名京剧演员朱丽、张巍、安晓强等。

【“山西省涉台突发事件应急预案”评审】 12月24日，在迎泽宾馆召开。评审会邀请国台办综合局有关负责人及国家行政学院、省委党校、省法制办有关专家以及省应急办领导、省涉台突发事件应急指挥部成员单位负责同志评审，通过“山西省涉台突发事件应急预案”。

（吕继常）

发展研究中心

【人才队伍】 2010年，山西省人民政府发展研究中心（简称“中心”）在职职工68人，其中博士2名、博士在读2名、硕士研究生14名、在职研究生5名、硕士学位2名；高级职称13名，其中正高4名，副高9名；享受国务院政府特殊津贴专家6人；新世纪百千万人才工程国家级人选1人；国家社科基金经济学科评审组专家1人；中共山西省委联系的高级专家2名；山西省政府参事1人。

【科研项目】 2010年，“中心”按省委、省政府安排，组织开展重大调研活动25项，围绕国家转型综改试验区开展重大调研4项。“中心”主要领导带队赴长株潭城市群、武汉都市圈、成都和重庆专题调研；与财政厅联合开展上海浦东综改区综合情况专题调研。“中心”积极组织人力，参与民营经济、生态环保、物流业发展、煤炭产业循环发展、县域经济、科技创新6项重大课题调研活动。按省政府安排，开展“加快我省城镇化发展”专题调研活动，参加“全省各地市观摩检查活动”“河北、山东学习考察活动”，开展山西蓝天集团煤粉锅炉项目、山西省农村养老保险情况、“江苏、浙江城镇化发展情况”“四川、广西职教攻坚发展情况”、山西战略性新兴产业发展情况、山西省煤焦办创新经验等专题调研活动，参与“我省煤炭循环经济园区发展情况”专题调研活动。参与煤炭工业可持续发展试点经验总结、战略性新兴产业发展情况、山西装备制造业专题调研活动。应邀开展晋中市“十二五”发展思路、朔州市城镇化发展思路等专题调研活动。

2010年，“中心”撰写调研报告33份，其中有影响、有价值调研报告13份，围绕国家转型综改试验区完成调研报告8份。“关于推进我省转型综改试验区的建议”“综合配套改革试验区改革探索动态”“长株潭‘两型社会’试验区的实践与启示”等5篇调研报告省政府主要领导均作大段批示。此外，完成“国家综合配套改革试验区有关情况汇总”“成渝统筹城乡综改试验的经验与启示”“上海浦东综合配套改革试验区经验与启示”3篇调研报告。主笔完成“进一步发挥民间投资在经济社会发展中的作用调研报告”“山西省生态建设与环境保护调研报告”“推进山西煤炭产业循环发展调研报告”等。在民间投资课题基础上，召开全省民营经济转型跨域发展大会，“中心”主笔省委主要领导大会讲话。此外，参与执笔完成《以“三农”为重点的县域经济研究》《关于山西省科技创新对支柱产业发展支撑能力的调研报告》。完成“加快我省城镇化发展的对策建议”“2011年山西省经济运行趋势分析”“山西蓝天集团煤粉锅炉项目调研报告”3篇报告，省委、省政府主要领导作出批示。此外，完成“关于我省2011年实现新型农村社会养老保险全覆盖的建议”“2010年省政府亮点工作建议”“煤炭工业可持续发展试点经验总结”“关于战略性新兴产业发展情况的调研报告——对我省新能源、新材料和先进制造业的考察”“省煤焦办创新经验调研报告”“浙江省推进城镇化的调研报告”“浙江和江苏推进城镇化的调研报告”“四川、广西‘职教攻坚’的经验与启示”“河北、内蒙古、陕西、江苏四省与山西近十年经济社会发展综合对比分析”等报告。完成其他调研报告4份。主要包括“资源型城市转型的困惑与出路”“山西省煤矿兼并重组的情况及启示和建议”“做大做强旗舰企业集团是山西加快振兴装备制造业的现实抓手”“赴德资源型地区转型发展的经验调研考察报告”。

2010年,《省长专阅》出刊15期,其中“全国综改区改革探索”“长株潭城市群综改经验及启示”“关于推进我省资源型综改区的建议”“提升科技支撑转型发展能力的借鉴与建议”4篇受到省政府肯定性批示,相关建议为省政府领导工作决策起到重要支撑作用。

2010年,“中心”承担国家级课题研究2项,“资源型区域破解经济发展与环境约束难题对策研究”获得立项,并被批准为2010年度国家社科基金重点项目;在完成国家发改委“十二五”重大问题前期研究课题基础上,出版《矿业开发的资源生态环境补偿机制研究》专著,主要内容被国家发展改革委员会规划司“‘十二五’规划研究”收录。举办国际学术会议1次。与国务院发展研究中心共同邀请26位德国专家,近百位国内专家学者举办“第二届中德资源型经济转型国际研讨会”,会议综述得到省政府主要领导批示,并在《中国社会科学报》和《山西日报》刊发。承担省级委托研究课题14项,结题10项。主要有“山西省科技创新与经济增长研究”“山西省人口发展分析研究”“山西煤炭工业可持续发展系列研究”“山西新能源产业发展战略研究”“山西高新技术产业发展报告(2010年)”“‘十二五’山西循环经济发展思路研究”、“山西省治理非法超限超载长效机制研究”“山西城乡建设用地管理创新研究”“山西‘两区’开发现状与区域经济发展的调查研究”“山西省‘十二五’科技发展总体思路研究”等。

2010年,“中心”研究人员发表学术论文20多篇,大部分发表在《经济学动态》《城市发展研究》《中国经济时报》《山西日报》等重要刊物和报纸,其中《新华文摘》全文转载“矿产开发负效应与资源生态环境补偿机制研究”。

2010年,“中心”完成专著2部,遴选上年“中心”研究成果和决策咨询建议,组织出版《2009山西发展报告》。辑录十多年来有关资源型经济问题学术研究成果,完成《资源型经济及转型发展的研究与思考》一书。

2010年,为充分发挥学术思想和研究成果对转型发展促进作用,“中心”与山西电视台合作,编撰和摄制完成六集大型电视专题片“转型之路”,并在山西卫视两次播出,解说词和光盘即将出版。牵头负责“资源型经济转型发展试验区体制改革组”有关工作,组织起草“转型发展试验区体制机制改革建议”,王君与牛仁亮作出重要批示。参与起草“国家资源型经济转型发展综合配套改革试验区框架方案”和省政府主要领导向国家发改委专题汇报材料,为争取获批国家资源型经济转型综合配套改革试验区作出贡献。积极参与煤炭工业可持续发展试点工作总结报告起草工作,报告得到政府主要领导肯定,已上报国家相关部门。

2010年,“中心”三次组织咨询委委员专家及中心骨干召开“‘2010年政府工作报告’意见征询座谈会”,向省政府提交相关材料,王君三次作出重要批示,指示起草组吸收相关意见。围绕山西省“十二五”时期经济社会发展重大问题,与省发改委共同承办“山西‘十二五’时期发展战略专家座谈会”,组织起草九份专家观点综述刊登于省政府《内部情况通报》。召开“2011年全省经济工作思路研讨会”,为即将召开全省经济工作会议文件起草工作提供重要参考。组织举办新晋商建言和“实施生态兴省大战略,建设山川秀美新山西”高层论坛,产生重要反响。

2010年,“中心”组织实施“山西省政府重大决策咨询课题计划”,已完成第一批课题中期成果评估工作,初步确定第二批课题承担单位,部分成果已经发挥决策咨询作用。

2010年,“中心”编辑《山西省人民政府发展研究中心1983~2009年科研成果档案》。编辑印刷山西发展研究报告9期。组织召开“全省发展研究中心系统数据库建设座谈会”,初步建立与地市共享数据库资料机制。开设“重大社会决策公众意见栏”,为畅通重大社会决策民意调研开辟新路径。

(梁正华)

地方志

【全省市级地方志办主任会议】 6月30日,全省各市地方志办主任会议在太原召开,传达全国省级方志工作机构主任会议精神;推荐确定山西省参加全国方志系统先进集体和先进工作者表彰的单位和个人;回顾半年来工作,研究推动全省二轮修志又好又快发展。党组书记、主任李茂盛参加会议并作重要讲话,各市地方志办公室主任、省地方志办公室处级以上干部参加会议。

【纪念山西省新方志工作开展30周年系列活动】 山西是社会主义新方志发祥地。十一届三中全会后,山西首倡开展社会主义新方志编纂,1980年率先成立省地方志办。30年来,各级地方志编研人员征集大量地情资料,编纂、整理出版几千种志书和地情书,对传承中华文明,发挥资政教化,发展地域文化,作出重要贡献。省地方志办公室于9月下旬召开纪念山西省新方志工作30周年系列活动。

9月25日,“新方志理论与实践研讨会”召开。来自全国各省市及山西省40余位专家、学者参加会议,对30年来方志理论与实践进行广泛而深入的研讨。会后,整理出版了论文汇编。

9月29日,“纪念山西省新方志工作30周年座谈会”隆重召开,各市分管副市长、省志承修厅局分管领导、各市地方志办公室主任70余人出席会议。省委副书记、省

山西省新方志工作开展三十周年座谈会　　（宋向阳提供）

长王君对座谈会作出重要批示，中国地方志指导小组秘书长田嘉出席会议，省委常委、常务副省长李小鹏出席会议并作讲话，省级老领导卢功勋、郭裕怀、李玉明，省地方志办公室党组书记、主任李茂盛分别讲话。

王君省长在批示中指出：“地方志是传承中华文明、彰显区域文化的重要载体。我省新方志工作开展30年来，在省委、省政府的正确领导下，广大方志工作者辛勤耕耘，默默奉献，编纂出版了省、市、县三级志书和各类地情书等一大批珍贵书籍，浓缩历史，承载现状，弘扬了三晋文化，展示了山西巨变，为促进我省经济社会发展发挥了积极作用。当前，我省正处于转型跨越发展的关键时期，发展好地方志书资政育人、宣传山西的作用，对于我省扩大开放、促进发展具有重要意义。希望各级政府和有关部门高度重视修志工作，为方志工作创造条件和环境。也希望广大方志工作者坚持围绕中心、服务大局，扎实推进第二轮修志工作，编纂出版更多的佳作良志，为促进经济社会发展作出新的更大贡献。”

李小鹏就地方志工作的发展作重要讲话。他指出，要充分肯定30年来山西地方志工作取得的显著成就，深刻总结山西地方志工作30年积累的宝贵经验。在当前及今后一个时期，地方志工作要坚持领导重视、机构独立、队伍稳定、修志为用、机制完善等已经形成的好做法。紧紧抓住省地方志办公室恢复独立建制，全省地方志事业蓬勃发展的重要战略机遇，不断探索新方志工作的发展规律，促进全省地方志事业的全面振兴，充分发挥地方志工作在推进全省实现转型发展、跨越发展，加快建设新基地新山西中的重要作用。

李茂盛主任回顾了全省新方志工作30年的发展历程，传达了全国地方志机构主任会议精神，描绘了全面振兴全省地方志工作的宏伟蓝图。他说，山西作为大规模启动修志工作的首倡者、作为第一轮修志的首善之区，为新方志在全国的蓬勃兴起和广泛开展作出了巨大的贡献。并表示：要以这次纪念活动为契机，全面提升年鉴期刊、地情资料、旧志整理、理论研究、制度建设、队伍建设、方志馆信息化建设等各项工作水平，努力实现“修志、编鉴、建馆、上网、开发服务”五业并举，确保到2015年基本完成省、市、县三级志书续修任务，使山西省地方志事业发展的总体水平进入全国先进行列。

田嘉秘书长对山西省地方志工作给予充分肯定，并对今后工作提出建议和要求。

同日下午，“纪念山西省新方志工作30周年书画名家龙田笔会”在迎泽宾馆召开。省委常委、统战部长李政文，省人大常委会副主任王雅安，原副省长杜五安，中国民族书画院院长、国家一级美术师周智慧，世界华人书画家联合会主席刘月忠，董寿平研究会副会长吕书庆等参加笔会。参加笔会的省领导、著名书法家、画家挥毫泼墨，为山西方志事业留下祝福，为新山西文化建设添光增彩。

【朱佳木到省志办视察工作】 12月3日下午，中国社会科学院副院长、中国地方志指导小组常务副组长朱佳木在山西省人民政府秘书长王清宪的陪同下，莅临省地方志办公室检查指导工作，并与处级以上干部座谈。

朱佳木听取了党组书记、主任李茂盛的工作汇报。李茂盛介绍了省地方志办公室的基本情况，并着重说明自2009年7月省地方志办公室恢复独立建制一年多以来所开展的13项重点工作。朱佳木对山西省地方志办公室的工作给予充分肯定。他指出，山西省地方志办公室的工作成绩是令人振奋的，开展工作一年多以来所取得的成就反映出工作思路正确，领导重视，内部团结，成绩显著。同时，他对山西地方志工作提出四点建议：第一，在大力开展二轮修志的过程中，一定要重视志书质量，将志书质量视为编修志书的生命和核心，确保二轮修志的质量。第二，要加强地方志理论的研究和学习。新编地方志与古代不同，众手成志，因此，需要一个好主编，实行主编负责制。同时，要加强方志理论研究。第三，要重视地方志的开发利用工作。地方志开发利用工作目前最重要的手段和方式就是建设地方志网络和方志馆。要积极推动地方志文献的数字化、电子化，一方面便于地方志资源的保存，另一方面便于地方志资源的利用。对于方志馆，要解放思想，转换思维、重新认识、重新定位。方志馆是拓展地方志工作的最佳载体，通过方志馆这种大众喜闻乐见的形式全面展示国情、省情，达到对广大人民群众特别是青少年进行国情、省情教育和爱国爱家乡教育的目的。第四，要加强地方志办公室的自身建设，要遵循建设学习型、研究型、创新型、服务型部门的指导思想，开拓创新，不断取得新的成绩，为山西的经济社会发展服务，为地方志事业的发展服务。

【全省地方志主任会议暨地方志系统表彰大会】 12月30日，全省地方志主任会议暨方志系统表彰大会在太原召开。省人大常委会副主任安焕晓、省政府副秘书长韩和平出席并讲话。各市地方志办公室主任、受中国地方志指导小组表彰的全国方志系统先进集体、先进工作者，省地方志办公室处级以上干部及新闻单位共70余人出席。会议传达刘延东、朱佳木在全国方志系统表彰会议上的讲话精神，对晋城市地方志办公室等11个集体、王俊山等19名个人进行表彰，会上还总结了2010年工作，安排部署了2011年方志工作。

安焕晓在讲话中指出，编修地方志为弘扬三晋文化，建设文化强省做了大量基础性工作，为全省经济社会的发展提供了精神和智力支持。全省地方志系统认真贯彻落实国务院《地方志工作条例》的精神要求，着力营造依法修志的良好社会氛围，确保地方志工作顺利推进。同时，要积极推动《山西地方志条例》的立法完善工作，在立法工作上赶上全国步伐。

韩和平代表省政府充分肯定一年来地方志工作取得的可喜成绩，以及在资政育人、推动当地文化建设和经济社会发展等方面发挥的重要作用。他指出，“十二五”期间山西省的地方志工作应做到以下几点：第一，要提高认识，进一步增强做好地方志工作的责任感和使命感。第二，要发扬成绩，不断开拓创新，把二轮修志工作推向高潮。第三，充分利用发展机遇，调动各方面力量，推进地方志工作向前发展，为实现山西省“十二五”经济和社会发展服务。

李茂盛主任作了题为《总结经验，明确任务，为实现“十二五”规划的良好开局扎实工作》的讲话。他总结一年来山西省地方志办公室的工作，并对新一年全省地方志的工作进行安排部署，提出要做好以下几方面：第一，要把三级志书编纂始终作为全部工作的重中之重。第二，要把筹建方志馆作为方志事业科学发展的基础平台。第三，要把方志的数字化网络化作为引领全省文化建设的战略高地。第四，要把发挥志书资政功能作为服务社会工作的基本任务。第五，要把启动系列志书作为实现地方志事业转型发展跨越发展的重要抓手。第六，要把机制创新作为山西地方志事业转型跨越的新动力。全省地方志同仁只要统一思想、深化认识、振奋精神、埋头苦干，必将推动山西省地方志事业全面振兴，在“十二五”期间取得更加辉煌的成绩。

全省地方志主任会议暨地方志系统表彰大会　（宋向阳提供）

【志书编纂】 (1)省志编纂工作有了新突破。省地方志办公室将省志编纂工作作为重中之重，通过会议发动、签订责任书、组织协调、深度指导等多方面努力，长期徘徊不前的《山西省志》编纂出版工作有了突破性进展，大部分承修单位发动起来。全年编纂出版《山西省志·交通志》，完成《山西省志·人事志》《山西省志·社会科学志》《山西省志·供销合作社志》三部初稿；启动《山西省志·民主党派和工商联志》《山西省志·发展改革志》等数十部志书的编纂工作。(2)陆续完成部分市县志书。《晋中市志》正式出版发行，12月23日召开首发座谈会，《晋城市志》付印在即，《长治市志》基本完稿，《阳泉市志》编纂进度明显加快，太原市在完成八卷市志的基础上出版《太原图志》。全省县志出版了《临猗县志》，审核完成《平陆县志》《襄汾县志》，评审完成《乡宁县志》《稷山县志》《闻喜县志》《夏县志》，还有10部县志完成初稿撰写。(3)旧志整理不断推进，完成清康熙版《山西通志》的点校整理工作和明万历版《山西通志》的排版及初校工作。

【《2009山西重点工程大事志》出版】 7月，由省长王君主修，常务副省长李小鹏任编审委员会主任，省地方志办公室主任李茂盛创意、策划、主持，省地方志办公室开发利用处与省重点工程领导小组办公室联合编纂的大型史册性志书——《2009山西重点工程大事志》出版发行。该书收入山西省2009年全面启动的105项重点工程：在建工程44项、续建工程48项、竣工工程13项。分十大类，50余万字，500余幅图，全景式地描绘2009山西重点工程建设的过程;再现作为山西省经济社会发展的先导工程、主体工程、骨干工程的宏伟蓝图。

【筹建地方志网站】 5月,重资筹建山西地方志门户网站。地方志工作要得长足发展,必须关注网络,拥有网站,把浩如烟海的纸质载体推向容量宏大的电子载体、网络载体。省地方志网站已经投入40多万资金,组成精干队伍,初步搭起门户网站的框架。(杨建中)

档案

【概述】 1. 档案馆库建设。2010年,省档案局积极开展山西省县级综合档案馆建设规划。10月,国家发改委下达2010年山西省11个县级综合档案馆建设项目中央预算内投资计划,省档案局审查其中5家县级档案馆设计平面图,并对晋城市档案馆建筑设计提出具体指导意见。依据《档案馆建设标准》和《档案馆建筑设计规范》,与省发改委联合拟定《关于县级国家综合档案馆馆舍建设的指导意见》。全省各级档案部门积极开展档案资源建设,省档案馆接收平遥国际摄影节、中国(山西)制造业博览会、中国(山西)能源博览会有关档案资料,收集到名人书画和省级领导题词30余幅。

2. 档案业务工作。2010年,省档案局加强经济领域档案工作。一方面,依法加强对重大建设项目档案工作管理,开展监督检查和业务指导,按要求对全省在建33个煤矿建设项目档案工作进行专项检查,促进建设项目档案管理工作依法有序开展;另一方面,加强档案规章、制度修订完善工作,从法规和制度上促进有关部门档案管理工作。省档案局与省林业厅联合印发《关于进一步做好集体林权制度改革档案管理工作的通知》《山西省集体林权制度改革档案检查验收方案》,促进山西省林权制度改革工作顺利推进。省档案局重视民生档案工作,指导山西企业养老管理中心、机关事业单位养老保险管理中心出台《山西省企业养老保险档案管理办法》和《山西省机关事业单位养老保险档案管理办法》;与省民政厅联合转发《关于印发伤残抚恤人员档案管理办法的通知》,并对有关市民政部门宣传贯彻《收养登记档案管理暂行办法》和《婚姻登记档案管理办法》情况进行专项检查;与省卫生厅联合出台《山西省新型农村合作医疗档案管理办法(试行)》。

3. 档案信息资源开发。2010年,省档案馆与有关单位合作,分别编辑、出版《阎锡山日记》(影印本)、《当代山西重要文献选编》(第四卷)、《为了共和国的安宁——山西省抗美援朝运动回顾》档案资料汇编;独立编辑、出版《兰台耕耘集》《档案鉴证历史》等著作文集。省档案馆与山西电视台《一方水土》栏目组合作,利用档案历史文献研究成果,制作并播出揭露侵华日军残害山西人民历史纪实片。在山西省档案馆成立50周年纪念活动前后,召开建馆50周年座谈会、举办《山西档案珍品展》和《山西日报》社在全省11个地级城市举办《"礼赞山西"——档案珍品巡展》大型宣传活动。

【"保晋公司档案"入选《中国档案文献遗产名录》】 2月22日,"中国档案文献遗产工程"国家咨询委员会按"中国档案文献遗产"入选标准,评定通过全国30件(组)档案文献入选第三批《中国档案文献遗产名录》。山西省阳泉市档案馆馆藏"山西商办全省保晋矿务有限总公司档案文献"入选。阳泉市档案馆馆藏该公司档案17种3981卷,详细记录保晋公司创立及其经营管理活动,对于记录和反映中国民族工业初期发展具有重要价值。为充分体现"保晋公司档案"历史价值,阳泉市档案局(馆)经过5年潜心筹措和艰辛准备,最终取得申报成功。

【农民创建家庭档案馆】 闻喜县东镇东姚村农民王安顺创建家庭档案馆。69岁农民王安顺收集、保存1960年以来三大类家庭档案共计500余卷,既方便家庭生产生活,又从家庭视角反映社会发展变化。运城市委书记高卫东于2010年2月初专程参观农民家庭档案馆,高卫东认为,家庭档案是档案资源组成部分,是传承文明、记录历史载体,更是家庭幸福、邻里和睦黏合剂,对建设社会主义新农村,构建和谐社会很有意义。

【浮山县电子档案建设】 为推进全县农村党风廉政建设,浮山县对农

山西档案珍品陈列展启动仪式 (赵永强提供)

村“三资”即资金、资产、资源管理情况建立电子档案，实行动态化管理。在9个乡镇挂牌成立农村集体“三资”管理监督领导组和代理服务中心，严格做到“三管”，把好“三个源头”。即：管住资金，从源头上防范农村干部在用钱上出问题；管紧资产，从源头上防范农村干部在管物上出问题；管好资源，从源头上防范农村干部在用权上出问题。各村成立由村干部、大学生村官、村民代表、村务监督组各一人的“三资”领导组。通过登记造册、“三榜”公示、核实整改、台账备案四个阶段，将台账上报乡镇“三资”代理服务中心统一备案。乡镇中心全部实现电算化，建立电子档案备案，实现动态管理。做到村财乡监、资产入账、资源造册，确保农廉工作。

【太谷县建立“名人档案”库】 3月15日起，太谷县档案馆收集和建立“名人档案”库。主要收集新中国成立以来市级以上劳动模范、先进工作者及太谷县知名人士个人简历、评优评先推荐报奖材料、科研成果、获奖项目、荣誉证书、奖章、奖牌、照片等原件或复制件。“名人档案”库采用按行业、系统初审推荐，县档案局复审，县委县政府领导审核，县电视台、太谷报社公示、社会监督办法开展。

【赵雨亭档案史料捐赠省档案馆】 7月20日，山西省档案馆举行“赵雨亭档案史料”捐赠仪式，曾担任中共山西省委书记（时设第一书记）、省政协副主席、省顾问委员会副主任，原省级老领导赵雨亭在不同历史时期工作笔记、手稿及其他资料1853册（件）入藏省馆，永久保留。主要有：赵雨亭1952~1996年工作笔记（本）209册，1944~2007年所存文稿1544份，1983~2008年贺电、贺信55件，书信29封；《赵玉婷文稿汇编》《赵雨亭生平纪实》《赵雨亭革命生涯》《赵雨亭画册》等出版物若干。

【省档案馆举办50周年馆庆】 2010年是山西省档案馆成立50周年，山西省档案局（馆）举办系列活动予以纪念。(1)“山西档案珍品陈列展”于9月13日在太原市举行启动仪式，省人大常委会副主任靳善忠、省政协副主席周然、省政府秘书长王清宪、省档案局（馆）局（馆）长阎默或出席启动仪式。此次展览包括明清档案、民国档案、革命历史档案、新中国成立后档案四个阶段，共计600余件，是山西省省、市、县三级国家综合档案馆档案珍品集中展现。9月19日后，此次展览全部展品移至山西省档案馆陈列室长期展出。(2)9月29日，省档案馆举行50周年馆庆座谈会，省档案馆全体员工及省馆老领导、老同志、各市档案局领导参加。国家档案局、中央档案馆发来贺信祝贺。(3)省档案馆编辑、出版馆庆纪念文集《档苑耕耘集》《档案鉴证历史》，纪念山西省档案馆成立50周年。《档苑耕耘集》70余万字，主要收录档案学及档案工作业务建设方面研究论文；《档案鉴证历史》40万字，体现出档案工作者对山西地域文化和历史文明研究心得。

【忻府区举办纪念抗美援朝60周年图片展】 10月25日，由忻府区档案局承办、忻府区老干部局、忻州市数码摄影协会协办的《忻府区纪念抗美援朝60周年大型图片展》，在忻州市忻府区举行开展仪式。此次图片展主要包括组织关怀、战事简介、英雄赞歌、忻府英模、传统友谊、实物览要、后勤保障、档案记事、停战谈判、凯旋归国、英灵永存、金秋岁月等12方面内容，用50块图版进行展出，将忻府区人民在抗美援朝运动中积极支援前线、保家卫国奉献精神充分展示出来。

【“礼赞山西”档案珍品巡展】 10月26日，由山西省档案局（馆）、山西日报报业集团、星河湾集团联合主办的“礼赞山西”档案珍品巡展在太原举行启动仪式。此次巡展自北向南经大同、朔州、忻州、阳泉、长治、晋城、运城、临汾、吕梁等市，于11月7日在太原举行“品鉴专场”。巡展历时13天，走遍全省11市，各市分管档案工作领导出席当地巡展仪式并讲话。巡展共展出明清、中华民国、新民主主义革命及新中国成立后山西档案珍品数百件，显示山西档案文化底蕴，以独特方式引领社会公众进入山西历史记忆。

【举办档案工作服务转型发展、跨越发展研讨班】 11月16日，市级档案局（馆）长研讨班在太原开班，主题为“档案工作如何为山西经济转

赵雨亭档案史料捐赠仪式会场　　（赵永强提供）

型发展、跨越发展服务”。此次研讨班是全省档案系统加强队伍建设一项重要措施,是山西首次举办以市级档案局(馆)长为培训对象的研讨班。研讨班围绕“低碳经济与社会发展”“山西转型发展背景与策略”“应对变化,寻求发展”等主题,就如何创新档案工作机制进一步提高服务水平,充分发挥档案工作社会服务功能,进行有益探索与交流,为全省档案事业转型发展、跨越发展提供理论支持。

【岚县规范“村官”档案】 12月,岚县档案局采取措施,规范管理大学生“村官”人事档案。县档案局配合县委组织部,临时成立档案审查小组,对全县138名大学生“村官”人事档案进行审查和规范,同时,建立实绩档案,全程跟踪记录大学生“村官”工作情况。统一制作民主评议登记表,由所在村党支部每半年评议一次;统一制作年度考核登记表,由所在乡镇党委每年评议一次;聘任期满后由县委组织部进行全面考核。档案工作跟进和服务,对于大学生“村官”规范性管理和考核,起到良好保证作用。

【民营企业档案工作受表彰】 2010年年底,山西省档案局为中国房地产开发集团太原公司太原中和房地产开发有限公司颁发“山西省民营企业档案工作示范单位”牌匾。该公司是山西省首家获此荣誉的民营企业。2006年,该公司通过山西省档案工作规范化管理AAA级认证,2009年获得太原市民营企业档案工作规范化管理示范单位称号。 (赵永强)

发展和改革

【概述】 2010年,全省生产总值完成9088.1亿元,比上年增长13.9%。全社会固定资产投资完成6352.6亿元,增长26.2%。社会消费品零售总额完成3207.9亿元,增长18.4%。外贸进出口总额完成125.8亿美元,增长46.8%。财政总收入完成1810.7亿元,增长17.8%。一般预算收入完成969.7亿元,增长20.3%。城镇居民人均可支配收入15647.7元,增长11.8%;农民人均纯收入4736.3元,增长11.6%。

【“三农”工作】 继续加大对“三农”的投入,省级财政投入136亿元。加强农业基础设施建设,完成中低产田改造13.14万公顷,农田实灌面积达113.39万公顷,发展旱作农业和节水农业,农业综合生产能力提高。加快推进运城、晋中、大同三大现代农业示范区建设,实施农产品加工龙头企业工程,发展现代农业,促进农业发展方式转变。深化农村改革,推进扶贫工作和新农村建设,全年粮食产量达108.5亿千克,新增20万贫困人口实现脱贫,2000个新农村推进村建设任务全面完成。

【十大产业调整振兴规划】 2010年,加快改造提升传统产业,煤炭、焦炭、冶金、电力等行业质量效益改善,行业内部结构优化,特别是煤炭行业非煤产业比重达55%,比上年提高6.1%。加快发展先进装备制造业、现代煤化工、新型材料工业、特色食品工业等新兴产业。大力发展以文化旅游业和现代物流业为重点的现代服务业,旅游业总收入突破1000亿元,达1083.5亿元,增长21.4%。

【煤炭资源整合煤矿兼并重组工作】 2010年,重点关闭小煤矿、对保留矿井进行技术改造和建设高水平现代化矿井。矿井总数减少到1053座,办矿主体减少到130个,70%的矿井生产规模达90万吨以上,30万吨以下煤矿全部淘汰,保留矿井全部实现机械化开采。煤矿安全生产水平提高,煤炭生产百万吨死亡率下降到0.188。经济效益提高,全省煤炭产量达7.4亿吨。通过整合,山西省煤炭工业产业水平提高,安全生产状况改善,采矿秩序好转,能源基地的地位进一步巩固。

【循环经济】 2010年,全面组织实施《山西省循环经济发展总体规划》。编制《关于推进煤炭行业循环发展的指导意见》《煤矸石综合利用实施方案》。研究出台《山西省“四气”产业一体化发展规划》以及实施意见、项目建设管理办法等配套文件。太钢、潞安、西山煤电、同煤塔山等试点示范企业或园区发展良好;日处理能力达1000吨的大同富乔垃圾无害化焚烧发电项目竣工投产,为全国垃圾发电示范项目。“四气”产业一体化进程提速,气源、管网、加气站项目建设启动,以国新能源、国际电力、国际能源三大省级管输企业为主体,中石油、中石化、中海油等央企和城市输配企业共同参与、良性互动、有序竞争格局基本形成。

【重点领域改革】 2010年,按照中央统一部署,推进事业单位分类改革和内部人事、用工、分配制度改革。深化国有企业改革,启动实施省属国有企业重组工作。深化投资体制改革,政府投资管理制度体系不断完善,审批效率提高。推进集体林权制度改革,完成确权面积322.23万公顷,累计完成394万公顷。“省直管县”财政改革试点由35个扩大到60个县。推进文化体制改革,省级广播电视局台分离,市县文化、广电、新闻出版集团等一批文化集团组建运行。推进医药卫生体制改革,五项重点改革进展顺利。

【对外合作】 2010年,加大招商引资力度,先后举办央企、民企山西行活动,第三届中国(太原)国际能源产业博览会,中国(山西)装备制造业博览会。与世行、亚行等国际金融组织的合作继续深入,山西省列入国家利用国际金融组织或双边政府贷款规划的项目贷款规模6亿美元,比上年翻了一番。与德国北威州的经济合作更加广泛,组织双方在太原共同举办矿山与能源高效利用论坛及合作洽谈会，签署合作备忘录，并就推进生态城市和城市可持续发展试点项目、深化煤层气综合利用合作以及深化研修生项目合作等重要内容签署合作框架协议。与美国西弗吉尼亚州的经济合作深入开展，双方签署能源合作备忘录，西弗吉尼亚州将在二氧化碳捕捉封存利用、洁净煤、煤层气利用、环境保护、老矿区改造等方面向山西提供技术支持。

【节能减排和生态建设】 加强节能减排工作，淘汰落后产能，2010年共关停小火电机组163万千瓦，淘汰落后钢铁产能1008万吨、焦炭532万吨、水泥832万吨、电石铁合金28.1万吨。启动生态省建设，实施“蓝天碧水工程”、造林绿化工程、生态治理修复工程；加强项目投资的节能评估，严格实现节能减排目标责任制，重点加强对高耗能行业和企业的节能监管，综合实施结构、工程、技术和管理节能减排措施。各县建成污水处理厂并投入运行。万元GDP综合能耗下降5.36%，二氧化硫和化学需氧量排放量分别下降1.51%和3.28%。省辖11个城市中，10个城市环境空气质量达国家二级标准，太原市达国家三级标准。全省地表水水质总体好转，在实际监测的101个地表水断面中，地表水符合Ⅰ~Ⅲ类水质标准的断面比上年增加5个。

【安全生产】 强化安全生产发展理念，开展安全生产专项整治活动，完善落实十项大的安全生产制度，2010年新出台12个行业118条安全生产规定，强化安全生产“两个主体责任”，严肃对待事故、严格追究责任，加强安全生产的组织保证、制度保证、技术保证、人才保证、纪律保证、体制保证，使安全生产形势好转。全省各类安全生产事故死亡人数比上年减少505人。

【社会事业】 2010年，制定实施科技、教育、人才中长期发展规划纲要，加快发展科技、教育、文化、卫生、体育等社会事业。教育方面，实施中小学校舍安全改造，实行义务教育阶段教师绩效工资，免除城乡义务教育学杂费，免除中等职业学校农村家庭经济困难学生和涉农专业学生学费；启动占地620.31公顷的高校新区建设，为高校增加3000名教师编制，投资3亿多元对高校危房进行改造，通过政府贴息、银行展期等方式帮助高校解决贷款负担问题。医疗卫生方面，推进医药卫生体制改革，投资30多亿元完善基层医疗卫生基础设施，在公共卫生与基层医疗卫生事业单位实行绩效工资，在67%的政府举办的基层医疗卫生机构实行国家基本药物制度，推进基本公共卫生服务均等化，实行城乡基本医疗保险制度，在23所市县级公立医院开展改革试点工作。

【改善民生】 一是扩大就业，开辟多种渠道，着力解决高校毕业生、农民工和城镇就业困难人员等重点群体就业问题，农民工转移超38万人，大学生就业率达80%以上。加大保障性住房力度，在上年完成30多万套各类保障性住房的基础上，2010年又开工建设29万套，其中国有重点煤矿棚户区改造任务全部开工。二是建立健全社会保障体系，2010年城镇职工养老、医疗、失业等社会保险综合覆盖率达87%，新型农村社会养老保险试点扩大到50%以上的农业县；新型农村合作医疗参保率达94.3%；219.5万城乡低保对象和14.2万农村五保对象实现应保尽保。三是稳定物价，制定实施山西稳定物价的12条具体措施，发展生产供应，强化价格监管，畅通农产品运输“绿色通道”，建立救助保障标准和物价上涨挂钩联动机制，2010年共投入资金5亿多元，对大中专院校学生、城乡低保对象发放临时价格补贴。

【农村“五个全覆盖”工程】 2009~2010年共投资300多亿元，完成具备条件的建制村通水泥（油）路全覆盖、中小学校舍安全改造全覆盖、县乡村三级卫生服务体系特别是村级卫生室全覆盖、村通广播电视全覆盖和农村安全饮水全覆盖。其中，新建通村水泥（油）路2.5万千米，改造中小学校舍9483所，建成6971个村级卫生室，建成各类饮水工程1.2万处，完成9638个村的村通广播电视任务。广大农民从这五大工程中得到实实在在的好处。

【转型综改试验区政策获批】 《山西省国家资源型经济转型综合配套改革试验区框架方案》于2010年11月8日成功获批，山西省成为全国第9个国家级综合配套改革试验区，也是全国第一个全省域、全方位、系统性综合配套改革试验区，赋予山西各项重大改革政策的先行先试权。山西转型发展上升为国家战略，纳入国家“十二五”规划，对促进全省乃至全国资源型地区转型发展具有重大现实意义和深远战略意义。

【中央投资和项目支持】 2010年共争取中央投资93.89亿元，实施4000多个中央投资项目。争取国家批复运城—三门峡铁路、和顺—邢台铁路、五台山机场、临汾机场的项目建议书和山阴—灵丘高速公路的项目可研。核准或授权核准5个煤炭项目，核准6个电源项目，核准晋东南特高压变电站扩建项目，同意3个煤炭项目、两个“上大压小”电源项目、同德铝业年产100万吨氧化铝项目开展前期工作。13个清洁发展机制（CDM）项目获国家批准，累计获批项目达105个，居全国第8位，为全省经济社会发展提供重要支撑。

（冯翠竹）

国有资产监督管理

【概述】 2010年，全省国资系统推动国有经济平稳快速发展，经济规模和效益再创历史新高。截至年底，省属企业资产总额达8968亿元，同比增长22%；所有者权益2916亿元，增长19%。全年完成增加值1752亿元，增长36%，对全省经济增长的贡献率约为40%；实现营业收入7408亿元，增长42%；实现利润306亿元，增长34%；实现利税829亿元，增长15%。各项指标均超额完成省委、省政府年度考核任务，在全国31个省区市中位居前列，排名第三至第五位。各市属企业发展能力持续增强。

【省属企业规模效益】 省属企业中，继太钢之后，焦煤和煤销集团营业收入晋级“千亿俱乐部”，山西省已形成3个千亿规模的特大型企业集团。潞安营业收入突破700亿元，晋煤、同煤、阳煤突破600亿元，山煤集团突破400亿元。焦煤、同煤煤炭产量突破亿吨大关，加上煤销集团煤炭销售量2亿多吨，以及中煤集团平朔公司1亿吨煤炭产能，在省内已形成4个亿吨级煤业集团。2010年，七大煤业集团的原煤产量达4.1亿吨，约占全省的57%，煤炭产业集中度显著提高，竞争能力和话语权进一步增强。太重集团运行态势良好，各项指标稳步增长。电力、化工企业运行状况显著改善。汾酒集团实现利润大幅提升。省属企业全年净资产收益率6.9%，同比提高1.3%。

【市场营销】 2010年，省属企业创新商业模式，转变经营策略，市场开拓力度进一步加大。煤炭企业科学统筹不同煤种销量和售价，市场份额和销售效益持续提升。煤气化深化与大型国企的战略合作，积极拓展营销渠道。天脊、中条山集团调整产品结构，开发适销对路新产品。汾酒集团全年推出6款新产品，销售渠道逐步布网全国。太重首台套订货、出口订货、成套订货均取得突破性成果。建工集团成功开拓海外市场，中标喀麦隆项目。

【管理创新】 省属企业创新管理理念，完善管理机制，集团管控能力进一步增强。煤销集团确立“两级架构，三级管理”的管理体制。阳煤深化成本管理，全年四项费用单位成本降低5%。潞安不断引深内部市场化管理，晋煤大力开展立标对标工作，国际电力全面推行平衡计分卡管理和风险量化管理，同煤、太重强化招投标管理，节约大量资金。焦煤、煤销、国际电力、国际能源、汽运集团加强信息化建设，管理的精细化、标准化、信息化水平明显提升。

【安全生产】 省属企业安全管理的力度空前加大，安全生产专项整治活动深入开展，安全生产形势实现持续稳定好转，2010年发生安全生产事故80起，死亡70人，死亡人数为省政府年度控制指标的47%。特别是七大煤业集团在推动煤炭资源整合、安全生产压力加大的情况下，全年实现煤炭生产百万吨死亡率控制在0.092，同比下降0.272，达到全国先进水平，为扭转被动局面、推动全省安全生产形势好转作出贡献。

【煤炭资源整合】 七大煤业集团创新整合方式，加快推进速度，截至2010年底，正式协议签订率99.8%，采矿证换领率97.4%，接管到位率88.8%，复产、关闭、改扩建工作全面推进。其中，潞安采取以矿带矿、以队带队、以专业带专业和融资租赁的办法创造性开展工作，走在全省前列；同煤在整合资源的基础上，整合人才、体制和文化，使小矿井具备大矿水准；焦煤坚持稳中求快，把整合矿井安全监管工作放在第一位；煤销、山煤集团通过外引内培，短期内组建一支过硬的技术人才队伍。各市国资委也采取措施，强力推进，忻州市专门组建市级整合主体企业，晋城市鼓励企业走出去收购整合，取得显著成效。

【联合重组】 2010年，省国资委打破体制与行业壁垒，优化资源配置，加快推动省属企业联合重组，着力构建大集团格局。阳煤、太化等企业主动参与，由能源交通投资公司重组汽运集团、物产集团、能源集团、地铁集团，阳煤重组太化，潞安重组天脊，煤销集团重组焦炭集团，以及8户资产公司之间的重组已经进入实施阶段。省属企业数量从34户调整到22户。与中央企业深化合作，中国医药集团重组省医药集团正在积极运作。与市属企业加强联合，阳煤和阳泉铝业、煤销集团和忻州通用的联合重组顺利推进。与民营企业联手共赢，太钢重组省内钢厂的谈判取得积极进展。

【重点项目建设】 省属企业加大融资和重点项目建设力度，2010年全面发行债券和中期票据可融资203.44亿元；全年签约项目53个，共引资243.8亿元；2010年完成项目共投资1050亿元，同比增长23%。潞安21万吨煤基合成油示范项目实现长周期稳定运行。潞安10亿瓦光伏太阳能项目一期、同煤轩岗2×66万千瓦机组、国际电力生物质发电站等一批转型项目建成投产。此外，太原市完成实施10大重点项目，晋城市17个重点项目全年完成投资5亿多元，阳泉市16个重点项目完成投资3.3亿元。

【国有企业改革】 2010年，省国资委推动16户企业进入破产法律程序，并会同有关部门做好国有关闭破产企业和省属特困企业职工医保补助工作，涉及企业1100余户、20余万人。积极协调解决企业分离办社会的遗留问题，移交企业广电网络、林场，提出省属煤炭企业分离办社会实施意见及方案。国资有限公司全力推进所属企业改革解困，破产改制平稳推进，解困项目顺利实施。各市国资委结合实际，集中精力推进一批破产、改制项目。大同、阳泉市解决40余户企业的拆迁、安置、破产问题。太原、临汾、晋中市18户企业完成破产终结。长治和运城市企业改制工作取得较好成效。

【新兴产业】 潞安多晶硅、煤制油等新能源产业快速崛起；晋煤传统煤化工和煤层气产业领跑全国；阳煤精细化工和铝业深加工加快发展；同煤煤电产业链加快延伸；山煤高铁轮对的发展前景广阔；各煤炭企业的转型坚持“以煤为基，多元发展”。2010年，五大煤炭生产企业非煤产业实现营业收入1870亿元，同比增长60%，非煤收入比重超过52%，同比提高4.7%。能源交通投资公司资金筹措和铁路装车点布局同步展开，大物流集团建设初具形态；太钢工程技术和新材料产业加快发展；国际电力、国际能源在新能源、金融等领域渐成规模；焦炭集团、物产集团等企业做实货源、做强销售；资产管理类企业加快发展实体产业。

【传统产业】 2010年，传统产业继续得到高效发展。同煤塔山矿塑造千万吨级矿井建设和管理的“六个典范”；焦煤推广“一井一面”生产模式，大力实施精煤战略；焦煤、潞安、阳煤集团大力推进采掘核心技术装备升级，实现复杂地质条件下的高效开采。太钢绿色发展水平行业领先。国际能源、国际电力大力发展超临界机组，产业水平迅速提高。汾酒集团依托传统工艺构建现代化园区，在提质扩能上取得新的突破。煤销集团、焦炭集团、国新能源、能源集团等企业的煤炭运销产业迅速向现代物流转变。

【气化山西】 省国资委提出“气化山西”的政策建议，配合省发改委制定《山西省“四气”产业一体化发展规划》。晋煤、阳煤、焦煤、国新能源、国际电力、能源集团等省属企业发挥主力军作用，按照“以煤层气为龙头，气源多元、管网互通、战略互供、应急保障”的思路，跨区域、跨领域合作联动，“气化山西”建设取得重大进展。截至2010年底，已经落实气源145亿立方米，建成高压长输管网1800千米，输气能力超过65亿立方米/年，覆盖全省11市的67个县（市、区），惠及400万人口。

【技术进步和节能减排工作】 2010年，省属企业技术进步和节能减排工作取得大发展。太钢、太重、天脊技术中心在全国国家级企业技术中心中排名前50位。建工集团技术中心升级为国家级。汾酒、焦煤、汾西、建工集团4家企业获准设立博士后科研工作站。潞安环能成为全国煤炭行业唯一一家国家级高新技术企业。太重新产品产值率超过45%，达到行业先进水平。省属企业加快节能减排项目建设，淘汰落后产能，强化“三废”治理，圆满完成省政府下达的“十一五”节能减排约束性指标。

【构建和谐企业】 省国资委党委认真抓好信访稳定工作，建立信访形势分析例会制度，2010年接待群众来访209批1105人次，转办国家信访局重点信访案件10件并全部结案，参与处置8起影响较大的群体性事件。焦煤、同煤、物产和国资有限公司等企业努力为职工争取和落实政策，及时化解矛盾，保持职工队伍稳定。2010年，省属企业人均工资49200元，同比增长18%。全年新增就业岗位24000个，安置职工子女10000余人。棚户区改造、采煤沉陷区治理和保障性安居工程建设步伐加快，8万余户职工家庭喜迁新居。省国资委加强产权登记工作和资产评估管理工作，办理产权登记73户，完成监管企业资产评估核准项目62项，备案项目31项。积极推进全省产权交易市场建设，深度整合交易资源，丰富交易品种，实现交易规模稳定增长。

【国资监管】 省国资委完善国资监管体系，制定16项行政效能建设制度，促进依法治企、优质服务。深入推进煤焦领域反腐败专项斗争和工程领域专项治理，加强对中介机构和工程招投标的监管，2010年开展效能监察1793项，为企业增加效益、节约金额约20亿元，共查结案件356件，给予党纪政纪处分1022人，其中县处级以上158人，刑事处理21人。加快企业财务管理信息化建设，规范对外捐赠管理，加强对金融衍生业务的监管，推动财务管理由核算型向管理型转变。加强监事会监督检查和审计工作，2010年完成11份监督检查报告和6份专项报告，下发10份整改意见书、警示函和关注函，有效促进企业规避风险、减少损失。加强业绩考核和薪酬管理，启动企业领导人员薪酬管理办法的修订工作，提出监管企业试行企业年金制度的指导意见。规范产权管理与产权交易，全年完成产权项目40宗，成交额25.8亿元，实现平均增值率15.2%。开展国有资本经营预算前期工作，出台《关于规范上市公司国有股权管理的若干意见》。省市国资机构加强自身建设，探索监管模式，履行监管职责，国资监管和服务企业发展的水平迈上新的台阶。 （刘忠兵）

国土资源管理

【重点项目用地报批和资源配置】 1.切实加强耕地保护工作。严格落实耕地目标保护责任制，省、市、县、乡各级政府逐级签订耕地保护目标责任书，层层分解落实保护责任；严格落实基本农田保护“五不准”制度，严禁各种非农建设擅自占用基本农田、擅自改变基本农田区位；加大土地开发整理力度，安排2009年度土地开发整理续建项目42个，下达项目资金3.24亿元，总建设规模25739.53公顷，可新增耕地4035.35公顷；安排2010年土地开发整理项目9个，下达项目资金1.90亿元，总建设规模5989.66公顷，可新增耕地613.64公顷；坚持建设占用耕地“占一补一、先补后占”审批制度，全省耕地总量连续十一年实现动态平衡。2010年，全省实有耕地4072635.3公顷,其中基本农田为3404061.2公顷,顺利完成耕地保护目标任务。

2.全力提高用地保障能力。按"新增指标保重点,一般项目靠挖潜"思路和"有保、有压、有控"原则,对2010年度用地计划指标实行切块管理,60%预留省里,主要用于省级175项重点工程用地;40%分解下达到各市,由各市统筹安排民生工程、城镇村建设和其他重点项目用地。合理留出一部分用地指标用于奖励土地管理工作突出市,以提高其工作积极性。对重点工程建设项目,实行提前介入、跟踪服务、开通绿色审批通道、简化办事流程等措施,进一步提高行政审批效率和服务水平。2010年,国家给山西省下达9978.32公顷年度用地计划,其中农用地6970.15公顷(耕地5369.35公顷),未利用地3008.17公顷,农用地和耕地指标全部执行完毕,未利用地略有剩余;全年报批各类建设用地232宗(批),报批面积9838.25公顷;全年供应土地2403宗、7103.55公顷,成交总价款264.42亿元。

3.积极争取国家对山西省用地方面政策支持。山西省与国土资源部签订创新矿业用地管理新机制合作协议;被国土资源部列为城乡建设用地增减挂钩试点省,争取到667公顷周转用地指标。这两方面政策支持,在很大程度上缓解山西省用地紧张矛盾。

4.强化地质找矿和矿产资源配置。深入开展"地质找矿大讨论",加大资金投入,突出煤、铁、铝等优势矿产和金、银、铜、铅、锌等战略性矿产勘查,为山西省"资源换资本、换技术、换市场、换项目"提供充足矿产资源储备,全年共安排68个地质找矿项目,落实资金4.07亿元。为解决省属国有大集团资源接替问题,通过招标方式,为中铝山西分公司、太钢等重点企业配置6宗矿产资源,收取价款4.85亿元。

【资源整合工作】 2010年,突出"促转型"主题,全力推进资源开发整合工作。一是扎实推进煤矿企业兼并重组整合后续工作。继续开展兼并重组整合煤矿换发采矿许可证工作,为1053个整合保留煤矿中1039个换发采矿许可证,换证率达98.67%;以省政府名义下发《关于进一步完善全省煤矿企业兼并重组整合采矿登记有关工作的通知》(晋政办〔2010〕66号),积极推进资源储量核查、矿产资源开发利用方案、矿山地质环境保护与恢复治理方案、采矿权价款处置、矿山土地复垦等后续工作,整体工作按省政府部署将于2011年底完成。二是全面推开非煤资源进一步整合工作。根据有关规定,省厅会同有关部门开展非煤资源进一步整合工作,确定铁、铝土矿、耐火粘土等12个参与整合矿种,将全省非煤矿山数压减到2917座,压减比例为30%,全省非煤矿山产业集中度进一步提高,开发利用水平显著增强。

【地质灾害防治工作】 以省政府名义下发《山西省2010年度地质灾害防治方案》和《山西省突发性地质灾害应急预案》;按"预防为主、防治结合"原则,进一步建立健全地质灾害群测群防体系,加强汛期地质灾害气象预警预报、隐患排查和汛前督查,全省全年未因地质灾害发生重大人员伤亡事故,并成功避让两起地质灾害,避免37人伤亡;针对山西省2010年冬季气温冷暖变化幅度较大特点,制定下发《关于做好降雪和强降温条件下地质灾害防范工作的通知》,对冬季地质灾害防治工作进行重点安排部署。

【国土资源执法检查】 为巩固土地和矿产资源治理整顿成果,促进土地和矿产资源合理开发利用,在加强日常巡查排查同时,重点开展打击非法采矿全省交叉大检查、铁腕打非专项行动、2009年度土地卫片执法检查和打击非法采矿百日行动等专项工作,联合省公安厅开展警用直升机打击私挖乱采航测工作。全年全省立案查处土地违法案件1613件、矿产资源违法案件252件,拆除构建物124.22万平方米,没收构建物164.07万平方米,收回土地65.366公顷,收缴罚没款4054.58万元,给予党纪政纪处分82人,移送司法机关12人。

【提升国土资源管理水平】 2010年,第二次土地调查预期任务基本完成,按要求向国家上报调查成果;省级土地规划已获批复,市、县、乡级规划修编正同步进行,2011年一季度可基本完成;矿产资源"三项核查"进展顺利,矿业权实地核查工作8月通过国家验收,储量利用现状调查、资源潜力评价工作全面完成,工作成果上报国土资源部审查,为进一步摸清全省矿产资源家底打下扎实基础。

【规范征收"两权"价款】 根据《山西省煤炭资源整合和有偿使用办法》(省人民政府第187号令)和《省人民政府办公厅转发省国土资源厅关于煤矿企业兼并重组所涉及资源采矿权价款处置办法的通知》(晋政办〔2008〕83号)规定,代省政府起草《关于煤矿企业兼并重组中采矿权价款收取有关问题的通知》,经过多方征求意见已报省政府审查。

(李俊斌)

工商行政管理

【法制建设】 全面开展依法行政示范单位创建活动,省工商局和两个市局被省政府命名为首批"省级依法行政示范单位"。落实执法责任制,把服务打成品牌,把案件办成案例,各级案件评审委员会集体评审大要案1958件,省工商局法制处被评为"全国工商系统行政复议工作先进单位"。制定《全面推进行政指导实施意见》,出台九项"实施细则",实施行政指导,规范企业行为,提升服务水平。连续四年开展

"办案能手"评选活动,共评选400名"办案能手",22名"维权能手"。

【市场主体注册登记】 截至2010年底,全省私营企业增到15.9万户,比上年增长13.9%,"十一五"期间翻一番;个体工商户增到84.3万户,增长9.3%,"十一五"期间翻一番。加上6.23万户内资企业,3665户外资企业和分支机构,3.17万户农民专业合作组织,市场主体总量突破100万户。农民专业合作组织达31658户,占全国36.57万户的8.7%,增长33.1%,总量连续四年位居全国第一。

【市场主体监督管理】 2010年,省工商系统规范市场主体行为,制定《山西省社会治安综合治理查处取缔无照经营考核实施细则》和《山西省社会治安综合治理查处取缔无照经营考核评分表》,查处取缔无照经营案件12477件,罚没款3519万元;开展规范自然人投资一人有限责任公司登记管理工作、整治企业登记代理违法违规行动和"两虚一逃"专项检查,查处"两虚一逃"案件194件,其他违法案件11319件。

【消费者权益保护】 2010年,启动12315短信投诉平台,推进"一会两站"建设,12315维权站覆盖面进一步扩大,城市社区和农村分别达82.2%、57.7%。全系统共受理消费者咨询、申诉、举报107835件,查处侵权案件3409件,使大量消费纠纷解决在基层、解决在商户、解决在萌芽状态,促进社会和谐稳定。

【市场规范管理】 2010年,开展严厉打击合同欺诈行为,查办合同违法案件1410件。开展房地产市场秩序整顿,查处各类案件542件,为消费者挽回经济损失854万元。认定2009年度省级守合同重信用企业219家,进一步推进企业信用自律,营造信用环境。配合有关部门开展社会治安综合治理工作,继续巩固治理超限超载成果,及时出台加强市场监管、稳定市场价格八条措施,查处各类违法案件4213件。省工商局经检总队与有关市县局联手,连续查处多起大要案件,查处假冒防冻液、润滑油大案,中央电视台等新闻媒体进行广泛报道;查处标值105万元淫秽图书、光盘大案被列为全国限期侦办15件大要案之一。

【食品流通监督管理】 2010年,加大整治力度,推进监管创新,实现辖区内流通环节食品市场安全稳定。一是监督食品经营市场主体严格落实食品质量准入制度,出台食品经营企业实行"一票通"制度、食品批发经营企业实行电子台账管理制度。二是加强食品经营市场主体准入管理,发放流通环节食品经营许可证67949户,实现许可证审批由卫生部门向工商部门平稳过渡。三是深入开展乳制品、食品添加剂、地沟油、农村市场、节日市场等专项执法检查,查处假冒伪劣食品案件2625件。

【推进品牌兴省战略】 2010年,以"品牌战略与产业振兴"为主题,举办第四届"山西品牌节",进一步营造"品牌兴省"浓厚氛围。深入开展"一企一件注册商标"活动,商标注册量与申请量为历年最多,达14274件,总数达4.2万件;国家工商总局认定山西省中国驰名商标为历年最多,达10件,总数达49件;新认定山西省著名商标377件,有效量达1143件。注册商标、著名商标、驰名商标分别超额完成"十一五"规划4万件、1000件、30件目标。

【广告监督管理】 2010年,全面提升监管水平,大力整顿广告市场秩序,持续开展虚假广告专项整治行动,始终把直接关系人民群众健康安全的医疗、药品、保健食品作为整治重点;加大广告监测力度,把监测重点放在传播范围广、社会影响大的大众传媒上,增加对违法广告社会公告频次,及时发布提示公告,定期通报各媒体广告违法率情况,做到广告监测与案件查处有效衔接,确保违法广告得到有效制止。全年检查广告27.68万条次,发现涉嫌违法广告4315条次,收缴违法印刷品广告67.27万份,行政告诫1143条,查处违法广告案件3172件,罚没款共770.35万元。

【反不正当竞争与反垄断执法】 (1)反不正当竞争执法。主要是集中力量查处一批涉及面广、影响范围大的"傍名牌"案件,如假服装、假手机、假烟、假酒、假润滑油等。2010

全省工商行政管理工作会议 (新国琦提供)

年,查处案件752起,收缴罚没款401.81万元。(2)反垄断执法。主要查处与人民群众生活密切相关的垄断性行业滥用垄断地位强制交易、强制服务等行为。2010年,查处垄断案件43起,收缴罚没款222.2万元。(3)加大对商业零售、工程建设、医药购销、餐饮等行业商业贿赂查处力度。2010年,立案查处案件246起,案值1550万元,收缴罚没款785.86万元。(4)继续在全省开展以治理工程建设领域商业贿赂为重点的专项行动。全年查处工程建设领域商业贿赂案件29起,收缴罚没款226.53万元。

【直销监督管理】 全省工商系统始终保持高压态势,严厉打击传销行为,本着早发现、早安排、早行动、严执法原则,加强巡查、检查和查处力度,狠抓综合治理。进一步修订《山西省创建"无传销社区(村镇、院校)"活动验收标准》,健全打击传销长效机制,积极探索区域间协作执法机制,有效打击传销活动猖獗势头。2010年,查处传销案件93起,取缔传销窝点229个,遣散传销人员9000余人,移送司法机关54人。

【开展帮扶大行动】 通过股权出质融资、动产抵押融资、商标出质融资、信用贷款融资及民间资本投资平台等"五大融资平台"。2010年,共帮助中小企业和个体工商户融资290.63亿元。与邮政储蓄银行联合开展"创建信用市场、评定信用商户"活动,依托信用体系建设成果,无抵押、无担保、凭信用为中小企业发放信用贷款7.5亿元。

【信息化建设】 2010年,省工商局认真履行牵头推进"信用山西"建设重要职责,在建立省、市两级数据中心,实现省、市、县三级联网和48个政府部门之间互联互通,建成开通"信用山西"网站基础上,继续加大信用信息归集力度,集中全省各类市场主体信用信息1000余万条,信用体系建设步入成果应用阶段;实现信息平台向监管平台转变,通过连续三年开展信息化推广应用年活动,扎实推进"网上审批,网上年检,网上办案,网上办公";实施信用分类监管,锁定信息49.92万条;组织开展数据质量检查,全省工商系统市场主体登记、年检、案件信息全部入网入库;完成省纪检委交办工程建设领域项目信息公开和诚信体系建设试点工作,建立公开专栏13个,公布各类信息50012条。牵头承办涉煤涉焦中介机构清理整顿工作,制订工作方案,召开联席会议,开展摸底培训,整顿工作全面展开。

【学习型机关党组织建设】 以开展"创先争优"活动为载体,讨论推进思想解放,整顿强化作风建设,开展教育培训,促进班子队伍建设,为促进转型跨越发展提供思想保证、组织保证、作风保证。2010年,省工商局制订指导意见,推进市县局科级干部交流轮岗,对部分市局副处级干部空缺职位进行调整配备,进一步配齐配强市局班子。制订实施《市局领导班子和领导干部综合绩效考评办法》,进一步形成"一级抓一级、层层抓落实"工作机制。各级工商机关按照省工商局"工商形象、十事十办"和"作风建设、十查十看"要求,细化具体标准,严格考核管理,进一步形成作风建设长效机制。大力推进精神文明创建,全省工商系统国家级文明单位达3个,省级文明和谐单位达40个,占全省各级工商机关总量1/3。

【中共山西省非公经济组织工作委员会成立】 9月29日,中共山西省委决定,在山西省工商局举行"中共山西省非公有制经济组织工作委员会"挂牌仪式,汤涛宣布成立并揭牌。9月30日,中共中央政治局委员、书记处书记、中组部部长李源潮作出重要批示:"山西成立非公有制经济组织工作委员会,很好。这使非公有经济的党建和组织工作有一个统一负责的指导部门,有利于实现党建工作和组织工作对非公经济组织的全覆盖。"

(靳国琦)

物价管理

【价格走势】 2010年,山西省CPI上涨3.0%,CPI涨幅低于全国平均水平0.3%,在全国居第23位。上半年价格运行平稳,下半年价格涨幅呈逐步扩大态势。

【消费价格总水平基本稳定】 2010年,全省物价部门把管理好通胀预期放在重要位置,多方位采取政策措施,全力做好各项工作。

1. 制定稳定价格的政策。针对2009年下半年价格总水平逐月攀升的情况,根据牛仁亮的安排,经过深入调研,提出稳定价格的措施建议。省政府印发《关于稳定消费价格总水平保障群众基本生活的紧急通知》(晋政发电〔2010〕10号),明确提出稳定价格的12条措施。11月23日,物价局印发《关于做好稳定消费价格总水平有关工作的通知》(晋价办字〔2010〕327号),要求全省各级物价部门全力做好稳定消费价格总水平相关工作。12月31日,省人民政府下发《关于认真做好2011年保障市场供应稳定消费价格总水平有关工作的通知》(晋政发电〔2010〕12号),出台稳定价格的17条措施。

2. 开展稳定价格的工作。全省动用价格调节基金5.13亿元,发放低收入群体补贴。太原市向市场投放90万千克储备土豆,市场批发价格及其他蔬菜价格相应回落;太原河西农副产品批发市场、北大街农副产品批发市场相继取消向客户收取的车位费,降低摊位费、设立菜农直销摊位,减少中间环节;太原、大同、忻州、长治等市物价部门向各大超市商场、绿色通道相关单位、学生食堂等发放提醒告诫函,要求经营者保持价格稳定;美特好、华联等超市实行农超对接,减少中间环节;晋中市召集18

国家工商行政管理总局局长周伯华在山西视察指导工作

（新国琦提供）

家副食品生产、销售企业召开产销对接洽谈会；吕梁市动用约1000万元，重点扶持农副食品生产、储备基地；运城市召开稳定物价动员会，要求价调基金扶持的企业在春节期间调配一定数量的猪肉、鸡蛋、蔬菜，以低于市场15%~20%的价格供应市场，切实稳定市场价格；临汾市安排市级价调基金1500万元，支持30多个农副产品生产、储备企业；晋城市动用500万元稳定市场价格；朔州市运用价格调节基金2610万元，支持农副产品生产基地；阳泉市投入价格调节基金370万元，确保节日市场价格稳定。全省物价系统三级联动，对各地市场进行市场价格检查巡查。各地安排专人值守“12358”价格举报电话，认真受理群众举报，及时化解价格矛盾。

【实施惠民价格政策】 1. 开展清费治乱工作，促进经济平稳较快发展。⑴做好清理整顿行政事业性收费工作。会同省财政厅清理整顿行政事业收费，取消和停止省定项目34项，减轻社会负担3300万元。⑵治理规范经营服务性收费。2010年取消9项，降低8项经营服务性收费，减轻企业负担14767.6万元。

2. 加强药品价格管理，完善药品公示制度。⑴核定公布2010年度基本药物招标采购价格和中标零售价格，涉及280个品种6000余个规格。通过集中招标，使实施基本药物制度的基层医疗卫生机构基本药物价格与零售指导价相比，平均降幅31%。⑵根据国家发改委的相关规定，降低部分单独定价药品的最高零售价格，涉及抗生素、心脑血管药品等17大类，平均降幅约19%。⑶实行医药价格公示制度，公示范围是列入国家、省两级定价药品目录的药品，涉及1300余家制药企业、近20000个品种规格。

3. 加强住房价格及相关服务收费管理，抑制住房价格过快上涨。继续实施经济适用住房和廉租住房建设、棚户区改造项目价格优惠政策，减免城市基础设施配套费等行政事业性收费和政府基金，每平方米保障性住房成本降低200元左右；全面推广和实施“一房一标价”制度，规范商品住房价格行为；降低部分涉房建设经营服务性收费标准，减轻企业负担4450万元。

4. 降低太原市公共交通票价，收到好的效果。据测算，平均乘车费用由原来的1.26元/人次降为0.72元/人次，平均降幅43%，年减轻居民负担2.56亿元。

【推进资源价格改革】 1. 贯彻落实差别电价和惩罚性电价政策。山西省累计甄别明确执行差别电价的高耗能企业1259家，其中允许类349家，限制类54家，淘汰类856家（其中已关停、转产的企业740家）；对能源消耗超过国家和山西省规定的单位产品能耗(电耗)限额标准的企业和产品，实行惩罚性电价。通过两项政策的实施，淘汰类企业户数及电量明显下降，对促进全省经济、环境与资源的协调发展起到积极作用。

2. 实施电厂脱硫电价政策，促进环境治理。2010年，对200万千瓦机组实施脱硫电价，累计执行脱硫电价的装机容量达到2548.6万千瓦，为改善山西省环境质量作出积极贡献。

3. 继续深化水价改革，基本理顺各类用水比价关系。随着水价改革力度的不断加大，水资源费和污水处理费管理手段不断增强，各类用水价格比价关系已基本趋于合理，初步实现地下水价格高于地表水，地表水价格高于中水，中水价格高于污水处理费征收标准，为科学利用水资源提供正确的价格导向。

4. 积极争取国家政策支持，实施对燃煤电厂脱硝加价，减少污染排放，保护环境。2010年，在认真调研的基础上，大力争取国家政策支持，率先开展电厂脱硝试点工作。截至2010年底，漳山电厂（120万千瓦）脱硝设施在国电太原第一热电厂等5家电厂部分机组开展燃煤电厂脱硝试点工作。

5. 积极参与排污权有偿使用和交易有关工作。国网能源开发有限公司与山西国际能源集团有限公司等3家发电企业签订“SO_2排污交易合同”，涉及SO_2排放量1.4万余吨，最高交易单价为6315元/吨，总交易额达9000万元，是2010年全国最大的一笔SO_2排污交易。

【强化价格执法检查】 2010年，全省物价部门开展涉农价费、成品油、电价和脱硫加价、涉企收费、行业协会、教育收费等专项价格检查。同时强化日常市场价格巡查，为稳定市场价格发挥重要作用。全省查处价格违法案件3376件，实施经济制裁21604.2万元，其中：退还用户12336.5万元，上缴财政9267.7万元。上缴财政中，省局上缴4955.1万元；追缴水资源补偿费和水资源管理费1.05亿元。全省受理价格举报案件14184件，办结14161件，办结率99.8%。

【价格认证工作】 在全国率先出台《山西省涉税财物价格认定管理办法》。价格鉴证、认证数量及金额均有大幅提高。2010年全省办理涉案物品价格鉴定案件10418件，鉴定金额8.61亿元，认证案件1915件，认证金额达36.42亿元。

（祁治荣　马润卯）

质量技术监督管理

【名牌兴晋战略】 2006年，山西省政府办公厅转发山西省质监局制订《关于"十一五"期间加强中国名牌产品培育工作的意见》（以下简称《意见》）。截至2010年底，全省质监部门按《意见》部署，积极宣传发动，大力扶优扶强，培育形成由16个中国名牌产品、11个国家地理标志保护产品和360个山西名牌产品组成的名优企业和产品队伍。

【质量兴市（县）质量兴企活动】 "十一五"期间，全省116个市、县（区）开展质量兴市（县）活动，太原、晋城等地出台《质量立市实施方案（意见）》，晋中市出台《质量立市工作考核办法》和《晋中市市长质量奖评定管理办法》，晋城市启动质量兴乡活动，其他各地也都开展形式不同的质量振兴活动。以普查质量状况、建立质量档案为基础，深入推进质量兴企活动，大力加强企业质量诚信建设，截至2010年底，全省有1167家企业获得A级以上质量信誉。

【宏观质量状况分析】 省质监局起草《山西省宏观质量状况分析报告实施办法》，并于2009年10月由省政府办公厅印发实施。2010年，质量立省各成员单位和全省各地认真落实《山西省宏观质量状况分析报告实施办法》要求，紧密结合行业特点和地区实际，以涉及人身健康、生命财产安全和关系国计民生行业和领域为重点，深入开展宏观质量状况分析工作，长治、吕梁市政府办公厅印发《关于开展宏观质量状况分析工作的通知》，省通信管理局、太原电监办和长治、太原、晋中、阳泉等市形成本行业和本地区《质量状况分析报告》，为政府宏观决策提供依据。

【食品质量安全监管】 严格生产许可制度，积极推进食品生产许可证管理，2010年，全省大中型食品生产企业全部实现持证生产。认真贯彻落实《食品安全法》，全面实施食品分类、企业分等、监管分级工作机制和区域监管责任制，严格督促企业落实食品安全第一责任人法定责任，获证企业基本构建并完善质量管理链条和出厂检验制度，质量保证能力明显增强。突出重点区域、重点产品和重点企业，深入开展各类食品质量安全专项整治，将洪洞腐竹、稷山蜜枣、闻喜和临猗果脯、寿阳和阳曲豆腐干、黄陵粉条以及文水白酒8个重点产品和区域确定为整顿重点，着力解决"行业潜规则"问题。按照党中央、国务院和山西省委、省政府、国家质检总局部署要求，于2009~2010年组织开展食品生产加工环节质量安全整顿，通过推行"一承诺两台账"、自查核查等措施，重点治理超标准、超范围滥用食品添加剂问题。扎实开展食品安全风险监测，研究制定《山西省食品生产加工环节风险监测工作规范》，针对全省26大类2225个企业生产安全风险大、社会关注度高和曾发生质量安全问题产品，开展风险监测，项目和产品覆盖率达70%以上，其中白酒、乳制品等重点食品覆盖率达100%。在做好各项食品质量安全监管工作同时，全省质监部门按照省委、省政府和国家质检总局部署要求，全力应对、处置"三鹿"奶粉事件，2010年，对2008年"问题乳粉"进行集中清查和销毁，并妥善处置阳泉郊区和太谷、昔阳4家企业涉嫌生产、销售、藏匿三聚氰胺超标奶粉事件。

【特种设备安全监察】 全面建立动态监察体系，不断完善安全协管员制度，加强重大危险源监控，强化薄弱环节治理，严格落实特种设备企业主体责任、技术机构检验把关责任和监察机构依法监管责任。大力开展气瓶、起重机械、压力容器、压力管道等8个专项整治，并按照省政府安排部署，于2009年和2010年组织开展两次大规模全省特种设备安全专项整治，检查生产使用单位8808家。开展以落实企业特种设备安全承诺制为重点的大检查，全省606家生产企业和6639家使用单位法定代表签订《特种设备安全承诺书》，得到国家质检总局高度评价。加强特种设备安全知识宣传，组织开展以特种设备知识进企业、进社区、进校园为主题的"三进"活动和"安全生产月"宣传活动，印制发放各类宣传资料20万份。大力加强应急救援体系建设，每年组织开展数十次应急演练，全省特种设备安全应急救援能力进一步提升，太原市质监局创新电梯监管方式，通过信息化平台实现对电梯动态监管，有效提高应急处置能力。

【产品质量监督检查】 2010年，省质监局以食品、农资、建材、成品油、煤炭和涉及人身健康安全产品为重点，深入开展产品质量和食品安全专项整治、新一轮十类重点产品质量专项整治、"质量和安全年"活动、质量提升活动、区域性产品质量问题集中整治以及打击侵犯知识产权和制售假冒伪劣产品专项行动。

【标准化战略】 2007年6月，山西省质监局出台《关于实施标准化战略的意见》，明确实施标准化战略指导思想、基本原则和总体目标，并将农业、循环经济、节能减排和服务标准化作为全省实施标准化战略主攻方向。制定完善《山西省重点领域标准化建设项目支持与管理办法》，建立实施重点地方标准立项审查制度。为推动全省经济社会又好又快发展提供强有力标准支撑，特别是节能减排领域地方标准制修订实现突破性进展，为促进全省节能减排任务圆满完成发挥重要作用。如：《山西省工业锅炉经济运行与管理》地方标准发布实施后，全省工业锅炉平均运行效率提高20%，每年节约标准煤900万吨。大力加强国家标准化项目建设，6个国家标准化专业技术委员会全部成立并正常运转；长治市被国标委确定为首批两个全国农业标准化综合示范市之一，全省累计建设国家级和省级农业标准化示范区208个；太原、长治、晋城、运城被发改委和国标委一次性批准为国家循环经济标准化试点城市；晋中市旅游、长治市始祖百草堂旅游、晋城市煤层气贮运物流和太原物流园区被国标委确定为国家服务标准试点项目。大力加强企业标准化，认真开展标准化良好行为企业试点，不断加大企业采用国际标准和国外先进标准工作力度，严厉打击无标生产行为，企业标准化工作迈上新台阶。为大力宣传标准化战略成效，2010年组织多家国家和省级媒体以“标准化助推山西经济发展”为主题，对山西省实施标准化战略进行集中宣传报道，进一步营造标准化战略实施氛围。

【计量基础】 (1)计量标准建标数量从2005年1125项增到2010年1488项，增加363项，资金投入、建标总数和新增标准均处于全国领先水平。其中投入500余万元建立200毫米大口径热能表检定装置填补国内空白，有力支持全国供热体制改革；全省25吨以上大型检衡车由11台增加到50台，检定砝码由506吨增加到2534吨，大衡器受检率达95%以上，山西省大衡器检定工作走上规范化发展轨道，为服务全省治超和高速公路计重收费发挥作用。(2)大力加强民生计量，组织开展以“诚信计量进市场、健康计量进医院、光明计量进镜店、服务计量进社区”为主题的“关注民生、计量惠民”专项行动，依法对集贸市场、医疗卫生单位和眼镜店等进行监督检查，在用计量器具受检率达95%以上。(3)强化能源计量管理，深入开展能源计量专项监督检查，全省千家重点能耗企业计量器具配备率和受检率均达97%以上，国家质检总局在山西省召开全国能源计量工作现场会。(4)加强对“四表”及垄断行业计量监管，通过对省电力公司、省地方电力公司专项计量授权和建立实施监督抽查制度，规范全省电能计量工作，全省电表受检率达100%，煤气表、水表工作得到加强，热量表全部在质监系统建标。(5)积极创新煤矿安全计量器具监管方式，采取授权检定和联合建站等措施，使其受检率始终保持在95%以上。全面实施计量年度考核和证后监督制度，积极推广《山西省计量检定测试校准系统》，山西省计量综合管理水平走在全国前列。

【认证认可工作】 大力推广各类认证体系，截至2010年末，全省3119家单位通过质量管理体系认证，542家单位通过环境管理体系认证，410家单位通过职业健康安全管理体系认证，420余家企业通过强制性产品认证，500余家实验室获得资质认定。大力强化实验室资质认定监管，坚持开展全省获得资质认定实验室专项检查和以涉及人身健康产品项目为重点的全省实验室能力验证活动，有效提升检测机构管理水平和技术能力。研发《山西省资质认定实验室管理系统》，并在机动车安检机构试运行，基本遏制机动车安检机构出具虚假报告、篡改数据以及代检、替检等违法违规行为。在全国率先探索开展循环经济认证试点工作，成立循环经济认证项目工作组，编制完成《山西省循环经济认证标准体系编制工作方案》，研究起草企业循环经济评价准则和部分行业循环经济评价实施指南，园区和区域等相关评价标准正在制定。不断加强强制性认证产品监管，健全生产企业质量档案，严格推行区域监管责任制，初步形成“统一管理、层级负责、区域监管、责任到人”监管机制。深入开展各类强制性认证产品专项检查，2010年首次在流通领域开展强制性认证产品质量状况抽查，全省强制性认证产品质量稳步提高。积极落实全国认证执法监管试点任务，大力推行试点经验做法，认证监管执法工作深入持续开展。

【科技兴检战略】 积极承担国家和山西省科技项目，高质量完成“山西能源计量与节能对策研究”“用高效液相色谱仪检测食品中防腐剂含量”等一批科研项目。截至2010年底，山西省形成以9个国家和省级技术机构为龙头、21个市级技术机构为骨干、96个县级技术机构为基础的质监技术机构体系。

【财务管理和基础建设】 制定出台《关于进一步加强全省质监系统财务管理的实施意见》《关于进一步加强系统内部审计工作的实施意见》等财务管理规章制度，严格执行“收支两条线”制度，初步形成事前有章可循、事中有效控制、事后监督检查财务管理运行体系。扎实开展“小金库”专项治理，接受省治理“小金库”工作领导组对全系统所有行政机关、事业单位和所属企业、协会重点检查，2010年，接受省审计厅财务审计，审计组对全系统财务管理运行体制机制建设给予充分肯定。针对全省质监部门办公条件简陋、实验室面积严重不足等突出问题,积极争取政府基本建设资金,大力加强以改善办公和实验室条件为重点的基础设施建设。全省市县局41个总面积6.1万平方米实验室建设项目顺利立项建设,部分市县局无实验室用房问题得到彻底解决。不断加大信息化建设力度,加快完善门户网站、办公自动化及各类业务管理系统,全系统信息化工作水平得到进一步提高。（郝建玉　崔星梅）

安全生产监督管理

【概述】 2010年,全省各级、各部门和各单位认真贯彻党中央、国务院和省委、省政府关于加强安全生产工作的一系列决策部署,多措并举抓安全,全省安全生产实现“两个双下降”和“一个良好”的态势:一是事故起数和死亡人数同比呈现双下降。全年共发生各类安全生产事故11326起,死亡2635人,同比事故起数减少1173起,死亡人数减少505人,分别下降9.38%和16.08%。其中,发生道路交通事故6705起,死亡2288人;工矿商贸企业发生事故171起,死亡304人;建筑行业发生事故25起,死亡41人;铁路运输发生事故18起,死亡18人。煤矿百万吨死亡率0.19左右,同比减少0.138,分别下降10.71%和8.89%。二是较大以上事故起数和死亡人数同比呈现双下降。全年共发生一次死亡3人以上事故70起,死亡314人,同比分别下降9.09%和17.59%。三是安全生产指标控制情况良好。全年各类安全生产事故死亡人数是国家下达年度控制指标(3061人)的86.08%,比控制指标少426人。各类事故死亡人数有所减少,特别是“9·8”事故以后,全省各级、各部门和各单位加大安全生产工作力度,连续两年事故死亡人数分别减少1018人和505人,累计下降40.7%。煤矿百万吨死亡率从0.47减少到0.19左右,下降59%。

【强化目标责任考核】 一是省委、省政府始终高度重视安全生产工作。袁纯清、王君多次强调要牢固树立在山西抓好安全生产就是政绩的理念。省政府下发1号文件,对全年安全生产年工作做出全面安排部署。二是加强安全生产目标考核体系建设。各级各部门层层签订安全目标责任书,各位副省长按照分工分别与11个市政府和省直各部门签订安全目标责任书,严格目标责任考核,2010年省政府安排专项资金2985万元,对安全生产先进单位和先进个人给予重奖,对未完成目标责任的单位实行“一票否决”。

【细化安全生产制度措施】 一是加强学习宣传。国发23号文件下发后,各级、各部门和各单位及时组织学习宣传,采取多种形式进行贯彻落实。按照省长王君要求,对市长、县长、乡长和部门主要负责人以及分管安全负责人层层进行学习考试。二是积极制定配套制度和实施意见。在十项制度的基础上,出台贯彻实施意见和12个行业领域118条安全生产规定,下发《全省贯彻落实国发23号文件重点工作分工方案》。各级、各部门和各单位也及时制定配套制度和实施意见。

【落实企业主体责任】 一是在煤矿等重点行业(领域)开展“法定代表人安全生产承诺制”活动。全省117670家重点行业企业的法定代表人签订安全生产承诺书,占重点行业企业总数的96.4%,并层层进行公示。二是落实企业安全生产主体责任,强化企业生产技术管理。全省煤矿配齐“六大员”,金属非金属地下矿山配齐“五大员”,其他行业企业也按照规定配齐相应的安全管理人员和专业技术人员。三是积极推进企业安全生产标准化工作。全省煤矿共建成243座省级标准化矿井、54座国家级标准化矿井和105座安全高效矿井,27家非煤矿山企业、237家危险化学品企业、52家烟花爆竹经营企业、37家冶金机械企业通过国家三级以上标准化验收评定。

【强化安全监管】 2010年,全省各级各部门按照国发23号文件精神,认真履行职责,推动企业安全生产主体责任落实。一是严格责任落实。全省348216家企业的监管责任落实到监管部门、分管领导、具体监管责任人,“三落实”率达到99.33%。强化安全监管检查包保责

全省安全监管工作会议　（刘英池提供）

任制，全省建立安全监管检查小组1194个。煤炭部门对兼并重组过渡期间的547座矿井和480座建设矿井，逐一明确安全监管责任。省安监局对直接监管的129家企业监管责任全部落实，并在《山西日报》进行公告。二是大力开展安全执法行动。全省共查处各类非法违法行为25万多起，安全生产秩序得到进一步规范。三是严格安全准入，简化和规范审批程序，推动全省经济发展。全省颁发煤矿安全生产许可证227个、非煤矿山安全生产许可证984个、危险化学品和烟花爆竹安全生产和经营许可证1026个。

【深化安全生产专项整治】 一是对2009年未开展安全生产专项整治的冶金、有色、建材行业企业及烟花爆竹生产经营单位（共计6185个）进行三级联动检查和整治，取缔关闭一类企业和非法窝点417个。二是对2009年已开展专项整治的行业和领域，按照深化、巩固、提高的要求进一步深化整治。煤矿按照“六条标准”，对527座矿井实施关闭并进行公告。强力推进兼并重组工作，全省重组改造建设的583座矿井正在扎实稳步推进。非煤矿山和尾矿库突出以地下矿山、尾矿库和石油天然气管道输送为整治重点，强化复工复产、防治水、汛期防洪、节假日等特殊时段的监管。省政府投入资金1亿元，带动市县和企业共投入5.57亿元，对1054座尾矿库进行闭库治理、100余座危险病库进行隐患整治。通过闭库工程新栽树木86.4万株，绿化237.45公顷，复垦土地760.38公顷。危险化学品加快淘汰落后产能，对不符合产业政策和不具备安全生产条件的763家企业依法注销安全生产许可证。道路交通方面，以客运、危险品货物运输和危险路段治理为重点，开展预防重特大道路交通事故集中整治行动，2010年共查处各类交通违法477.5万余起，行政拘留6373人。建筑施工方面，加大在建项目安全监管，对存在重大问题和隐患的15个项目33家企业和单位，进行通报并限期整改。消防开展方面，“个十百千万”大行动，加大排查整治力度，消除火灾隐患。三是扎实开展打非专项行动。2010年，全省共查处非法违法行为159284条，停产整顿3549家，关闭取缔2380家，经济处罚5696万元，追究行政责任336人，追究刑事责任278人。四是把隐患治理行动与专项整治结合起来，对2010年排查出的78523条一般隐患和212条重大隐患，按照隐患治理“五到位”的要求进行治理，对存在重大隐患未能整改的企业一律停产整顿，对49个存在重大隐患的企业由各市政府进行挂牌督办。

【安全生产宣传教育】 一是组织开展形式多样的宣传活动，特别是“安全生产月”期间，省政府安全生产委员会办公室组织咨询日活动、职工文艺汇演、“三晋安全行”、播发安全生产公益短片等活动，营造良好的社会氛围。二是加强安全生产培训，2010年培训高危行业企业负责人、安全管理人员、特种作业人员5万余人，培训“六大员”5000余人。

【基层基础工作】一是基层安全监管机构进一步健全完善。全省有86.8%的乡镇建有安全监管机构，对1400余名安监人员进行培训。二是不断加大安全生产投入。2010年投入安全生产资金230亿元，比上年增长35%以上。三是技术支撑体系进一步健全完善。完成省危险化学品登记中心组建工作，建成省安全生产技术支撑中心和省矿山安全实验室。

【应急救援管理】 一是大力推进应急救援体系建设。加强应急机构和应急救援基地建设，省政府批准组建省安全生产应急指挥中心，组织开展应急演练300余次，普查登记重大危险源7954个，发布各类预警信息6次。二是严格事故事前、事中和事后责任追究。2010年共查处各类事故177起，截至2010年底，批复结案158起，查处各类责任人员220人，追究刑事责任40人，罚款15305万元。三是各级都建立和实行事故查处挂牌督办制度，省政府安委办对59起较大生产安全事故进行挂牌督办。

【党风廉政建设】 2010年，全局深入开展“创先争优”活动和“争做安全发展忠诚卫士，创建为民务实清廉安监机构”主题活动，组织开展向玉树灾区、舟曲灾区和山西省受灾地区的“送温暖、献爱心”活动。特别是对事关全省安全生产发展的长远规划、年度计划、大额财务支出和干部任用等事项，都坚持做到民主讨论、集体决断。同时，全面落实党风廉政建设责任制，充实完善党风廉政建设和反腐败制度体系，组织开展廉政教育活动月活动，会同有关部门稳步推进工程建设领域突出问题专项治理，促进工程建设市场的健康发展。

【重大以上安全事故】 2010年3月14日，一辆由内蒙古乌兰察布开往太原的大客车在大同市绕城高速公路7000米+600米处发生重大交通事故，造成11人死亡，19人受伤。

3月28日，华晋焦煤有限责任公司王家岭矿发生透水事故，造成38人死亡。

5月18日，山西盂县辰通煤业有限公司发生瓦斯爆炸事故，造成11人死亡。 （刘英池）

食品药品监督管理

【概述】 2010年，山西省食品药品监管系统认真贯彻省委、省政府和国家食品药品监督管理局的工作部署，按照“四个一”工作思路（坚持一个理念，即科学监管理念；围绕一个中心，即保障公众饮食用药安全；突出一个主题，即推动食品药品产业健康发展；形成一个机制,即新体制下食品药品监管工作运行机制),在深化改革,强化监管,促进医药产业转型跨越发展上取得新成绩。山西省食品药品监督管理局被国家食品药品监督管理局评为执法监督工作先进单位;政风行风建设再次受到山西省政风行风评考组的高度评价;山西省食品药品监督管理局机关连续第四年被评为山西省直属文明和谐单位标兵;5个直属事业单位进入文明单位行列。

【食品药品监管体制改革】 2010年,山西省食品药品监督管理局按照全省"一盘棋"的思路,在完成本局机构改革的基础上,积极谋划新的食品药品监管体制框架,加强沟通协调,指导和推动市县食品药品监管机构改革,取得重大进展。太原、晋城、晋中、长治、忻州等8个市新增设制餐饮服务、保健食品、化妆品监督机构和药品不良反应监测机构,新增编制333名。明确太原、晋城、长治、运城市共10个市辖区监管机构仍作为市局派出机构单独设置,为强化基层夯实基础提供有效的组织保障。山西省食品药品监督管理局积极构建"地方政府负总责、监管部门各负其职、企业是第一责任人"的食品药品安全责任体系,努力建立职责明确、上下衔接、运行顺畅、适应体制的系统工作机制。综合考察各市政府负总责情况,各市食品药品监督管理局组织对县级政府的考评工作,推动落实地方政府负总责。在系统内部,按职责和能力明确监管重点,山西省食品药品监督管理局重点抓风险管理,各市食品药品监督管理局着力强化重点企业监管,县食品药品监督管理局加强日常监管。山西省食品药品监督管理局通过制定和落实《2010年重点工作考核办法》,对各市食品药品监督管理局重点工作先后开展两次考核。

【食品化妆品监管】 2010年,山西省食品药品监管系统以影响安全的突出问题为重点,全面加强餐饮服务食品、保健食品、化妆品监管工作。全系统开展非法添加非食用物质和滥用食品添加剂、"地沟油"和不合格一次性筷子等专项检查;分别与山西省教育厅、建设厅联合开展学校食堂、建筑工地食堂专项检查,共查处违法违规案件279起,罚没款110多万元。首次对全省餐饮服务单位高风险食品、餐饮具、原料等21个品种进行专项监督抽验。山西省餐饮监管的做法在全国餐饮监管工作会议上作经验交流。保健食品和化妆品监管方面,从建章立制入手,重点针对群众反映的非法添加、保健食品冒充药品等违法行为进行专项检查,共查处违法保健食品317批次。

【药品医疗器械安全监管】 山西省食品药品监督管理局加强药品、医疗器械重点环节和重点品种的监管。(1)药品注册环节。加强对再注册品种的安全性审查,完成6817个品种的药品再注册工作,建立全省药品批准文号数据库,实现药品数据共享。(2)药品生产环节。完成药品GMP现场检查33家,跟踪检查药品生产企业17家,促进药品生产企业规范化。(3)药品流通环节。以药品经营企业换证为契机,提高市场准入门槛,建立健全进出有序的动态监管机制,依法注销、吊销药品经营许可证960张。(4)加强基本药物质量监管。制定《基本药物质量监督管理办法》和《基层医疗卫生机构基本药物使用管理办法》,实施对基本药物全过程监管和全覆盖抽检。同时,建立配送企业管理档案,对基本药物实行电子监管,开展药品不良反应监测、报告和评价工作,严格落实驻厂监督员、质量受权人制度,加大跟踪检查和飞行检查频次,2010年共监督检查基本药物生产经营企业138家次,完成基本药物968个品种规格的生产工艺和处方核查工作,保证基本药物质量安全可控。(5)医疗器械监管。开展医用分子筛制氧设备、医疗器械生产企业质量管理体系、高风险产品及体验类治疗器械专项检查。

【药品安全专项整治】 山西省食品药品监管系统推进药品安全专项整治,重点打击和查处制售假劣药品、非药品冒充药品、利用互联网等媒体发布虚假广告、通过寄递等渠道销售假药,以及严重违反药品质量管理规范的违法违规行为。针对疫苗环节反映出来的安全问题,与省卫生厅制定出台《山西省第二类疫苗监督管理办法》,组织开展疫苗专项检查,2010年共检查疫苗批发企业9家、疾病控制机构129家、接种单位5765家。组织开展肽类激素、特殊药品专项检查,对1000多家药品生产经营企业进行蛋白同化制剂和肽类激素、含麻黄碱类复方制剂专项检查,防止含麻制剂出现流弊。2010年,全省共出动执法人员11868人次,检查药品生产、经营、使用单位5295家,查处各类药品违法案件3583起,其中查处5万元以上大案10起,罚没款1070.8万元,比上年增加71%。

【药品医疗器械检验】 2010年,山西省食品药品监督管理局共完成药品检验任务4372批次,完成医疗器械监督抽验356批次,药品评价性抽样工作和药典标准提高工作完成率均名列全国第一。全年收集上报药品不良反应监测病例报告26797份,医疗器械不良事件报告1191例,药物滥用监测报告4689例。

【创新监管方式】 山西省食品药品监督管理局不断创新监管方式方法,提高监管针对性和有效性。(1)启动诚信体系和信息化建设。把诚信体系建设作为落实"企业是第一责任人"的抓手,组织制定《山西省食品药品企业质量诚信体系建设工作指导意见》。山西省食品药品监督管理局管理平台、信息发布平台建立并试运行,企业管理平台试点工作深入推进,力争两年内覆盖全省诚信体系和信息平台。(2)实施点对点、面对面培训。将内部培训与对企业的培训同步规划、同步实施,使双方掌握的法律法规、监管政策、业务知识和信息资源相对称相一致,2010年共完成15项培训,培训人数达2000多人。(3)建立"监检结合"工作机制。制定出台《加强行政监督与技术监督衔接管理制度》,建立行政监督与技术监督协同机制,提高监管的针对性和有效性。把药品广告品种列为重点抽样品种,共抽验17个品种,撤销1个批准文号。对基本药物抽验中发现的复方利血平片处方标准问题,责令5家生产企业停产整顿,及时消除安全隐患。(4)开展执法案卷评查。以行政执法案卷为载体,以案卷评查为主要手段,采用全面检查和专项检查相结合、交叉检查和抽查巡查相结合的方法,对行政许可案卷和行政处罚案卷进行评查,紧抓行政许可、行政处罚两个关键环节,及时发现执法中存在的共性问题和典型问题,集中评议,实施整改。

【基础设施建设】 2010年,山西省食品药品监督管理局全系统143个基础设施建设项目启动率达99.6%。山西省食品药品监督管理局、山西省药品检验所、太原市食品药品监督管理局基础建设项目已拿到《土地使用证》,并完成地质灾害评估、地震安全评价、环境影响评估等前期工作。

【医药产业发展】 2010年,山西省食品药品监督管理局鼓励引导医药企业联合、兼并、重组,推动医药产业转型跨越发展。11月,山西省食品药品监督管理局举办"加快实施'晋药战略',促进山西医药产业转型跨越发展"高峰论坛。邀请国内知名专家和省内业界精英,对实施"晋药战略"的总体思路、发展方向、产业布局和发展目标达成共识。全省16家骨干企业兼并重组取得重大进展。亚宝药业继兼并四川光泰药业后,又收购中国中医药大学实验药厂,发展成为集科研、生产、销售为一体的大型上市公司;振东制药集团先后兼并大同泰盛制药、长治开元药业、太原晨东药业,并成功上市,年销售额超10亿元;大同威奇达与国药集团联合,引入资金20亿元,组建国药集团威奇达药业,核心竞争力提升。

(高　翔)

中国人民政治协商会议山西省委员会

重要会议

【省政协十届三次会议】 1月25~29日在太原举行。省委副书记、省政协主席薛延忠代表省政协常委会向大会报告工作,副主席李雁红代表省政协常委会向大会报告省政协十届二次会议以来提案工作情况。与会委员列席了省十一届人大三次会议,认真听取了省长王君代表省政府所作的政府工作报告,听取了省高院院长左世忠所作的省高院工作报告和省检察院代检察长王建明所作的省检察院工作报告;通过提案、大会发言、社情民意信息、小组讨论等方式对关系全省改革发展稳定大局和人民群众切身利益的重要问题提出意见和建议,并就进一步做好政协的各项工作发表见解。省委书记、省人大常委会主任张宝顺,省委副书记、省长王君等省领导分别出席联组会议,听取大会发言和参加分组讨论。会议对以上报告表示赞同;审议通过了政协第十届山西省委员会第三次会议的各项决议。薛延忠在闭幕会上讲话。

会议认为,省政协常委会工作报告总结2009年工作客观全面,安排2010年任务切实可行,坚持了科学发展观的根本要求,体现了围绕中心、服务大局的基本原则,体现了务实创新的精神,对做好2010年政协工作具有很强的指导意义。

会议指出,2010年是山西省巩固经济回升向好势头、全面完成"十一五"规划、为"十二五"规划启动实施奠定良好基础的重要一年。全省政协各级组织、各参加单位和广大委员,要切实把思想和行动统一到省委、省政府的决策部署上来,认真履行职能、充分发挥作用,为实现2010年经济社会发展和"十一五"规划各项目标任务,凝聚智慧力量,作出积极贡献。

会议要求,全省政协各级组织、各参加单位和广大委员,按照本次会议"四个坚持、四个着力"的部署要求,坚持把理论武装放在首位,着力创建学习型政协组织;坚持把推动科学发展作为第一要务,着力为全省经济社会又好又快发展献智出力;坚持团结和民主的主题,着力为加快和谐山西建设凝心聚力;坚持以务实创新精神推进自身建设,着力提升政协工作科学化水平。

【十届第十一次常委会议】1月21~22日在太原召开。副省长牛仁亮作关于政府工作报告(征求意见稿)的说明;常务副主席郭良孝作关于政协山西省委员会常务委员会工作报告(讨论稿)的说明;副主席李雁红作关于政协山西省委员会常务委员会关于省政协十届二次会议以来提案工作情况的报告(讨论稿)的说明;副主席李潭生作关于省政协常委会授权主席会议对违纪违法政协委员及时作出处理的决定(草案)的说明;副主席令政策作关于人事事项的说明;省委办公厅、省政府办公厅作关于提案办

省政协十届十六次常委会议 (周志清提供)

理情况的通报。会议审议通过了关于召开省政协十届三次会议的有关事项；审议通过了省政协常委会工作报告和提案工作情况报告；审议通过了省政协常委会关于授权主席会议对违纪违法政协委员及时作出处理的决定；通过了人事事项：蒋福新任省政协调研室副主任；毛金明任省政协经济和人口资源环境委员会副主任；免去章勇思省政协学习宣传委员会主任、赵茂林省政协港澳台侨和外事委员会副主任职务；撤销高靖海、王晓荣政协第十届山西省委员会委员资格；同意杨诚元辞去第十届山西省政协委员会委员的请求。薛延忠主持开幕会议并在闭幕会上讲话。全国政协人口资源环境委员会副主任、原省政协主席刘泽民应邀出席。郭良孝主持闭幕会议。

【十届第十四次常委会议】 5月27~28日在太原召开，围绕促进全省文化产业发展问题建言献策。刘维佳作关于全省文化产业发展情况通报；令政策作《关于促进我省文化产业发展的建议(讨论稿)》的说明；李雁红作关于人事事项的说明。刘滇生主持专题报告会，湖南省政协副主席、中国电视艺术家协会副主席、中华文促会副主席魏文彬应邀作《关于文化产业的思考》专题报告。会议围绕主题进行分组讨论和大会发言，审议并原则通过了《关于促进我省文化产业发展的建议》；审议通过了有关人事事项，决定任命张建豪为省政协副秘书长，免去崔永柱省政协港澳台侨和外事委员会副主任职务，撤销刘太平政协第十届山西省委员会委员、常委资格。薛延忠主持开幕会议并在闭幕会上讲话。郭良孝主持闭幕会议。

【十届第十六次常委会议】 12月2~3日在太原召开。高建民作关于制定山西省国民经济和社会发展第十二个五年规划的报告；周然作《关于加强和创新城乡基层社会管理、促进社会和谐稳定的建议(讨论稿)》的说明；李潭生作关于人事事项的说明。会议认真贯彻落实中共山西省委九届十一次全会精神，对省委九届十次

省委政协工作督查调研座谈会　(周志清提供)

全会以来省委常委会的工作予以充分肯定，完全赞同和拥护《中共山西省委关于制定国民经济和社会发展第十二个五年规划的建议》和省委领导的重要讲话，同时就制定实施"十二五"规划，做好新形势下群众工作、强化社会管理，促进全省转型跨越、科学发展提出了意见建议。审议通过了《关于加强和创新城乡基层社会管理，促进社会和谐稳定的建议》；决定省政协十届四次会议于2011年1月18日在太原召开；决定任命周维成为省政协农村委员会副主任。薛延忠主持开幕会议并在闭幕会上讲话。刘泽民应邀出席。郭良孝主持闭幕会议。

【十届第二十二次主席会议】 1月18日举行。薛延忠主持。郭良孝、韩儒英、周然、李雁红、李潭生、令政策、卫小春、刘滇生、阎沁生出席。会议审议通过了省政协十届十一次常委会议议程(草案)和日程；审议通过了关于召开省政协十届三次会议的决定(草案)，建议2010年1月25日召开省政协十届三次会议；审议通过了政协山西省委员会常务委员会工作报告(草案)和省政协十届二次会议以来提案工作情况的报告(草案)；审议通过了省政协十届三次会议议程(草案)和日程(草案)；审议通过了省政协十届三次会议列席人员范围和名额(草案)、分组办法和召集人名单(草案)、全体会议执行主席名单(草案)、全体会议主持人名单(草案)和大会秘书长、副秘书长名单(草案)；审议通过了关于常委会授权主席会议对违纪违法政协委员及时作出处理的决定(草案)；审议通过了关于蒋福新等同志职务任免的决定(草案)、关于撤销高靖海、王晓荣省政协委员资格的决定(草案)和关于同意杨诚元辞去省政协委员请求的决定(草案)。

会议决定将以上有关草案提请政协十届十一次常委会议审议。省政协十届十一次常委会议于2010年1月21~22日在太原举行。

会议审议通过了关于表彰省政协十届一次会议以来优秀提案、办理政协提案先进单位、先进个人的决定和关于表彰2009年度社情民意信息工作先进单位、先进个人的决定；会议决定，对提案工作和社情民意信息工作先进单位、先进个人在省政协十届三次会议上予以表彰。

【十届第二十五次主席会议】 2月24日举行。薛延忠主持。郭良孝、韩儒英、周然、李雁红、李潭生、令政策、卫小春、刘滇生、阎沁生出席。会议认真学习胡锦涛等中央领导同志在省部级主要领导干部深入贯彻落实科学发展观、加快经济发展方式转变专题研讨班上的重要讲话精神。审议通过政协山西省委员会常务委员会2010年主要工作责任制。通报刘太平涉嫌

犯罪的有关情况。议定，根据省委决定，依据政协章程和有关规定，作出相应处理。

【十届第三十次主席会议】12月15~16日举行。薛延忠主持，郭良孝、韩儒英、周然、李雁红、李潭生、令政策、刘滇生、阎沁生出席会议。

会议听取各专委会及办公厅、调研室2010年工作总结和2011年工作计划的汇报，研究省政协2011年重点工作。审议并原则通过《政协山西省委员会关于主席、副主席督办重点提案的暂行办法》《政协山西省委员会关于进一步加强委员学习培训的意见》《政协山西省委员会关于进一步发挥界别作用的意见》《政协山西省委员会办公厅关于委员履行职责情况的统计办法》《政协山西省委员会办公厅关于加强与市县政协工作联系的意见》，会后根据会议讨论意见修改后印发执行。

【省政协理论研究会第三次会员代表大会】12月14日在太原举行，选举产生新一届领导机构，研究部署全省政协理论研究工作。薛延忠出席并讲话。郭良孝、韩儒英、周然、李雁红、李潭生、阎沁生出席。会议邀请薛延忠、李政文为山西省人民政协理论研究会名誉会长，选举郭良孝为会长，韩儒英、周然、李雁红、李潭生、令政策、卫小春、刘滇生、阎沁生为顾问。选举杨临生为山西省人民政协理论研究会常务副会长，选举马伟等6人为副会长，选举蒋福新为秘书长，选举产生了48名常务理事和126名理事。

（周志清）

会议活动

【省政协系统学习培训班】由省政协办公厅、学宣委主办，2010年7月5~10日在北戴河全国政协干部培训中心举行。副主席李潭生出席开班仪式和结业典礼并讲话。全国政协等相关单位的专家学者进行专题辅导，来自大同、忻州、吕梁、晋中、晋城、临汾、运城等市县政协领导和部分省、市政协委员150人参加了培训。

【晋台港两岸三地名家书画展】由省政协办公厅、省台湾事务办公室和香港两岸文化艺术交流中心共同主办，8月2日在省民俗博物馆开幕。薛延忠出席开幕式并宣布开幕。胡苏平、杨安和、张平出席。令政策致辞，刘滇生主持。中国国民党荣誉主席吴伯雄为本次书画展题词“弘扬中华文化，促进两岸交流”。来自晋台港两岸三地著名书画家的数百幅书画作品参加了展览。

【省政协统筹城乡发展论坛】9月27日在太原举行。论坛共收到文稿153篇，评出获奖文章45篇。王怀荣等8位委员就统筹城乡发展建言献策。会议对论坛获奖论文作者和优秀组织单位进行了表彰。薛延忠出席并颁奖，周然、李雁红出席并讲话。国家行政学院汪玉凯教授对论坛发言作了点评，对统筹城乡发展中的许多理论问题、现实问题和前瞻性问题进行了阐述。

（周志清）

调研室和专门委员会工作

【调研室工作】省政协调研室围绕转型跨越发展的总体要求，创新工作思路，加大工作力度，不断提升社情民意信息的质量和实效，信息工作保持了良好发展势头。《建议重视农村基督教自由势力发展过快的问题》《加快水利工程确权定界工作》《进一步完善稳定生猪价格政策体系》等11条重要信息得到党中央、国务院领导同志的高度重视，回良玉等分别作出重要批示。《我省煤层气开发、利用方面存在的突出问题亟待引起高度重视》《当前农村基层干部存在的问题及解决对策》《关于加快我省林业改革的几点建议》《建议整合太原都市区核心的空间布局》《应重视解决贫困地区农村教育失衡问题》等18条重要信息，引起王君、汤涛、刘维佳、张平、郭良孝、李雁红等省领导的高度重视，分别批示有关部门认真研究采纳；中央和省有关部门对《关于改进结核病防治的几点建议》《对我省煤炭资源整合的几点建议》《建议加强农村寄宿制学校的建设和管理》《应高度重视太行山地区高氟砷中毒地方病的防治》等26条事关百姓切身利益的信息进行了认真调查，进一步核实情况，有关问题已经解决或正在解决之中。据不完全统计，2010年共收集社情民意信息9000余篇，编报专刊131期，其中中央和省委、省政府领导同志批办55件，中央和省有关部门反馈信息26篇，为党和政府制定方针政策提供了重要的咨政参考和智力支持。信息工作继续保持了全国政协系统领先水平。

【提案委员会工作】（1）省政协十届三次会议以来，共征集提案825件，其中，各民主党派、有关人民团体、政协各专门委员会、各市政协集体提案173件，占20.97%；委员提案652件，占79.03%。经提案委员会审查，立案720件，占提案总数87.27%，转为来信处理105件，占提案总数12.73%。以上提案按照分口交办的原则分别交予有关单位、部门办理。截至2010年12月底已全部办复完毕。根据《提案答复征询意见表》统计，满意和基本满意率均在98%以上。（2）认真选题，抓住事关国计民生的重大问题，深入开展调查研究，提出高质量提案。主动与各民主党派、团体协商确定调研课题，支持各民主党派省委和省工商联把提案作为履行自身职能重要途径，使党派、团体提案的质量进一步提高。坚持省领导领办督办重点提案制度，制订《关于省政协主席、副主席督办重点提案的暂行办法》。加大督办力度，提高提案办理实效。组织委员参与提案督办和调研活动，为委员知情明政做好服务，促进“提”、“办”互动。召开全省政协提案工作经验交流会，对本届以来全省各市提案工作的经验和做法进行了总结交流，对省内各民主党派、团体提案工作先进单位和个人进行了表彰奖励。

【经济和人口资源环境委员会工作】筹备并出席第三届京津冀晋蒙政协

省政协举办"红云红河杯"统筹城乡发展论坛　（周志清提供）

区域经济发展论坛，和四省市区政协联合签署《关于推进区域经济统筹发展的联合建议案》。配合全国政协经济委员会就"着力扩大内需促进经济发展方式转变，发展战略性新兴产业"进行专题调研。完成省政协十届十五次常委会关于加快全省市域城镇化议题的专题调研，向会议提交建议案讨论稿、调研报告集和大会发言材料。"关于加快我省市域城镇化的建议案"通过常委会讨论修改报山西省委。筹备并举办"创优发展环境，鼓励和引导民间资本为山西经济社会发展服务"专题议政会。会后将议政会的大会发言进行归纳整理，通过主席会议向省委提交"关于创优发展环境，积极鼓励和引导民间投资的建议"。注重发挥委员主体作用，指导委员积极撰写社情民意。加强内部建设，制订和实施省市政协经环委工作联系制度。探索实施委员会主要工作主任分工负责制。

【农村委员会工作】　围绕全省粮食安全和粮食流通情况进行视察，形成《关于提高粮食流通水平，增强我省粮食安全的建议案》并报省委、省政府。袁纯清、刘维佳分别作出重要批示。就煤炭转型发展旅游进行专题调研，形成《关于推广晋城煤炭转型促进旅游发展经验的建议案》，报省委、省政府。为巩固"农村饮水全覆盖"成果进行专题调研，形成《关于建立农村饮水安全长效机制的建议》，报省委、省政府，袁纯清、刘维佳作出重要批示。就大力发展乡村旅游，促进农民增收进行专题调研，形成《关于大力发展乡村旅游促进农民增收的建议》，报省委、省政府。配合经环委完成第十五次常委会城镇建设调研。就气象服务全省农业生产工作进行调研。参加全国政协"协调推进城镇化与新农村建设"专题调研交流总结会议，提交的"积极发展县域经济，夯实转型跨越发展基础—寿阳县城乡一体化的经验与启示"调研报告，受到全国政协副主席阿不来提、张梅颖的好评。

【教科文卫体委员会工作】　围绕全省文化产业进行专题调研，形成《关于促进我省文化产业发展的建议》，经省政协第十届十四次常委会审议通过后报送省委、省政府。协同全国政协教科文卫体委员会开展关于"农村卫生人才培养和配套政策"专题调研，并在全国政协于宁波举行的专题研讨会上作《关于农村卫生人才政策的建议》发言。筹备召开"加快推进人才强省战略实施"专题议政会，就科技创新、企业家队伍、农业、教育、金融、文化旅游业、社会科学等方面人才培养和队伍建设工作提出意见和建议。组织医药卫生界委员，就《山西省基层医疗制度的改革方案》举办了两次座谈会。组织委员参加在长治举办的海峡两岸"能源论坛"。组织委员听取省教育厅关于高中课程改革的情况通报，积极建言献策。召开全省高等教育发展专题研讨会。

【社会法制委员会工作】　召开由20个省直单位负责人参加的对口联系工作座谈会，协商通过《对口联系试行办法》。在临汾市召开有各市政协分管主席和社法委主任参加的省市政协社会法制委员会联动工作座谈会。讨论通过《省市政协社会法制委员会联动工作暂行办法》。筹备举办"红云红河杯统筹城乡发展论坛"，6位同志进行主题发言，国家行政学院教授汪玉凯分别进行点评。这种全新的论坛模式博得与会人员的赞誉。征稿152篇，邀请有关专家学者评出一等奖10篇、二等奖15篇、三等奖20篇。编辑出版《统筹城乡发展论坛文集》。围绕加强社会管理进行专题调研，形成《关于加强和创新城乡基层社会管理、促进社会和谐稳定的建议》，经省政协十届十六次常委会议审议通过后报送省委、省政府。积极参与政风行风评议，拓展民主监督渠道。组织委员撰写提案、反映社情民意，积极履职。社法委委员反映的"建议重视农村基督教自由势力发展过快的问题"受到中央领导的高度重视，并作出重要批示。

【民族宗教委员会工作】　组织召开"宗教与和谐社会建设"座谈会，深入探讨新时期宗教与和谐社会建设的思路与对策。围绕"少数民族流动人口管理和清真食品问题"进行专题调研，撰写"关于山西省城市民族工作及少数民族流动人口管理服务"调研报告，以提案形式上报省政府、省政协有关部门。并在2010年北方九省（区、市）政协民族和宗教工作研讨会上进行大会发言。围绕加强对进城务工经商的少数民族群众服务管理问题进行重点调研，提出5条经验和5条建议，上报全国政协民宗委和省政府有关部门，并在全国政协民宗委召开的加强对进城务工经商的少数民

省政协提案工作经验交流会　　（周志清提供）

族群众服务管理问题经验交流座谈会上进行发言。

【文史资料委员会工作】　完成《民国早期山西村政史料选编》的征编出版，共征集史料230万字，记录阎锡山任山西省长期间于1917~1927年间进行的乡村建设运动。《选编》分呈文、法规、办法、须知、纲要、附录六部分，重点是法规部分，具有较高的史料价值。配合全国政协，完成了“5·12”汶川大地震口述史料的征稿项目，共征集史料近30万字，图片几十幅。全面清理库存图书资料，为筹建山西省政协文史资料馆作准备。举办全省政协文史资料工作培训班，促进全省政协文史资料工作全面发展。进一步提高《文史月刊》质量，按期完成12期144万字的编辑出版任务。在本年度龙源期刊网发行排行榜中，《文史月刊》位列国内第5名，海外第4名。

【学习宣传委员会工作】　举办山西省政协系统北戴河学习培训班，邀请全国政协等相关单位的专家学者进行专题辅导，150名委员参加了学习。精编《学习资料》12期，80余万字。代办公厅起草《政协山西省委员会关于进一步加强委员学习培训的意见》(讨论稿)、《山西省政协新闻发布制度》(讨论稿)和《政协山西省委员会关于进一步建立和完善政协新闻宣传工作机制的意见》(讨论稿)等文件。进一步建立和完善与省直相关部门的对口联系制度。在《山西日报》上重新开辟《建睿智之言，献务实之策》专栏，刊发稿件5期约5000字。

【港澳台侨和外事委员会工作】　组织召开山西省政协港澳台侨外事委员会和各市政协加强工作联系座谈会，促进形成上下联动的工作机制。开展全省“三资”企业调研活动，了解全省各市县区“三资”企业发展的新情况、新问题，以及各市县区解决问题的新办法和新措施。　（周志清）

中国共产党纪律检查委员会山西省委员会

【概述】 2010年,全省各级纪检监察机关,在积极推进经济社会各项事业发展的同时,认真贯彻中央和省委关于反腐倡廉建设的部署要求,始终把反腐倡廉建设放在更加突出的位置,严格执行党风廉政建设责任制,加快推进具有山西特色的惩治和预防腐败体系建设,服务、保障和促进发展的能力不断增强,全省党风廉政建设和反腐败斗争取得新的阶段性明显成效。党中央、国务院和中央纪委领导多次对山西反腐倡廉工作作出重要指示,省委常委会多次专题研究反腐倡廉工作,省委常委带队考核党风廉政建设责任制落实和惩防体系建设情况,有力促进了反腐倡廉各项任务的落实。在推进全省反腐倡廉建设的实践中,省纪委常委会坚持全面履行党章赋予的职责,把维护党章、维护党的团结统一、维护党的政治纪律,作为纪检监察工作的首要任务;坚持围绕中心、服务大局,把纪检监察工作纳入党和政府工作大局中来思考、把握和推进,正确处理反腐倡廉与改革发展稳定的关系,正确处理严肃惩处腐败分子与维护党的形象、创造良好环境的关系;坚持全面贯彻中央反腐倡廉战略方针,把惩防体系建设六项要求贯穿于重点工作全过程中,加快构建具有山西特色的惩治和预防腐败体系;坚持实事求是,一切从实际出发,抓住主要矛盾,解决突出问题,以重点工作的成效带动全局工作的发展、以关键环节的突破带动整体建设的推进;坚持深入实际,深入群众,认真开展调查研究,使各项决策更加符合工作实际和群众愿望;坚持高度重视常委会自身建设,加强政治理论学习,注重提高履职能力,认真贯彻民主集中制,严格执行廉洁自律各项规定,自觉接受各方面监督。要充分认识和准确把握当前反腐败斗争的总体态势。即:成效明显和问题突出并存、防治力度加大和腐败现象易发多发并存、群众对反腐败期望值不断上升和腐败现象短期内难以根治并存,反腐败斗争形势依然严峻、任务依然艰巨。既要看到反腐倡廉建设取得的明显成效,树立坚定信心,又要看到反腐败斗争的长期性、复杂性、艰巨性,居安思危,增强忧患意识和责任意识,以更加坚定的决心和更加有力的举措,坚决惩治腐败、有效预防腐败,不断取得反腐倡廉建设新成效。

【对中央和省委重大决策部署的监督检查工作】 开展4轮关于扩大内需促进经济增长政策措施落实及重点工程推进情况的监督检查,共派出各种检查组186个,检查项目7213个,发现、整改问题3654个。全省前四批中央新增投资项目地方配套资金到位率99.8%,开工率100%;省重点工程完成投资2142亿元,同比增长39.7%。加强对"五个全覆盖"等重点民生工程的监督检查,确保民生工程真正惠及于民。加强对淘汰落后产能、节能减排、环境保护和植树造林工程等政策措施落实情况的监督检查。开展重点行业安全生产违纪问题的专项整治,查处安全生产责任事故122起,责任追究353人。切实加强对口支援四川地震灾区重建情况监督检查,援建任务基本完成。对全省6346所中小学校舍安全工程项目实施专项监督检查。健全和完善了定期检查、专项督查制度,构建了覆盖各地区各领域的监督网络。一年来,全省行政效能监察机构共受理来人、来电、来函投诉1477件,查处行政效能案件565件,责任追究2436人,其中给予党纪处分320人,给予政纪处分429人,组织处理1687人。

【煤焦领域反腐败专项斗争】 全年清缴违法违规违纪资金176.64亿元,已累计达322.46亿元。针对煤炭资源整合主体及关键环节、重点岗位负责人,组织5期岗位廉政教育培训班,增强其廉洁从政意识。制订实施"十严禁"、"十严格"两个规定,重点加强监督检查,促进煤矿兼并重组整合工作健康有序、依法依规进行。加强煤焦领域教育、监督、预防和惩治制度建设,全省新建立制度1808项。同时,集中开展了涉煤资金拨付使用、涉煤涉焦中介组织、煤焦运销票据管理使用和公路煤焦营业站点等三个突出问题的专项治理工作。特别是积极推进煤销站点权力制约监督和管理机制改革,在不到一年的时间里,省煤销集团系统公路运销主营收入增加357.59亿元,同比增长70%。加大查办案件工作力度,立查案件818

件,处分违纪党员干部1135人。严厉打击私挖滥采及其背后的腐败问题。

【工程建设领域专项治理工作】 全省共排查投资额500万元以上项目9036个,发现各类问题12888个,整改问题11322个。认真开展违规招标投标、房地产开发中违规变更规划调整容积率、闲置土地清理的专项整治。严格按照法律法规和相关政策,清缴违纪违法资金75.9亿元。以规范工程建设为目的,以查办案件为突破口,建立健全案件查处协调机制,不断加大查办案件工作力度。共查办违纪违法案件926件,党政纪处分1087人,组织处理62人。同时,举办3期工程建设领域领导干部廉政教育培训班,制订974项相关制度,出台《关于严禁领导干部违反规定插手干预工程建设的若干纪律》。着力整治土地和矿业权交易市场,深化国土资源管理制度改革,国土资源领域腐败问题治理工作有序推进。

【基层党风廉政建设工作】 继续坚持以城中村、矿产资源型农村、矛盾突出村为重点,着力解决农民群众反映强烈的突出问题。对赴省进京集体访和重复信访问题严重的村进行重点督办,对矛盾突出村党支部书记及县乡包村责任领导进行集中教育培训,一批突出问题得到有效解决,赴省进京集体访同比下降19%和16%。制订出台《关于加强农村集体资金资产资源监督管理的指导意见》,普遍推行"农村集体经济组织财务支出审批单"和村级会计委托代理制。严肃查处损害农民利益的典型案件2631件,党政纪处分2673人,移送司法机关58人,责任追究701人。加强农村监督组织建设,全省98.7%的村级党组织设立纪检委员和纪检监督小组。全面推进"阳光农廉网"建设,不断提升农廉工作的科技含量,有效推进村务公开、党务公开、政务公开和各项强农惠农政策的贯彻落实。加大农村"勤廉双优"先进典型宣传力度。认真落实国有企业领导人员廉洁从业以及"三重一大"决策制度的规定。积极探索加强高等学校反腐倡廉建设的有效途径。

【案件查办工作】 全省纪检监察系统共受理群众举报26952件(次),立案8020件,结案8020件,处分违纪党员干部9211人,其中地厅级干部11人,县处级干部348人,为国家挽回经济损失4.5亿元。省纪委严肃查处大同市原市委常委王雁峰和市公安局原局长申公元、省政协经济和人口资源委员会原主任巩安库、山西焦煤集团原总经理高玉斌、晋城无烟煤集团原副总经理李海明等一批重要案件。同时,严肃查处运城市交通局运管处原副处长仝霄、阳泉市城区公安分局巡警大队原大队长关建军、保德县建设局原副局长李志强、太原市水务局原局长都洁等一批发生在基层的严重违纪违法典型案件。对61名利用审批权、执法权吃拿卡要、索贿受贿的党员干部进行严肃处理。全省立查商业贿赂案件544件,涉案金额4.2亿元。

【领导干部作风建设工作】 全省11个市、118个县、125个省直单位的24387名党员干部赴右玉县进行考察学习,各级党组织普遍召开专题民主生活会,对照"右玉精神"找差距、抓整改。中央领导贺国强、刘云山对"右玉精神"给予高度评价,国内外20多家主流媒体重点刊发系列报道和评论70多次50余万字,引起社会各界和国内外强烈反响。及时出台"五个不准",集中开展"整肃工作纪律,狠刹不良风气"专项行动。对工作时间在休闲娱乐场所活动的565名国家公职人员进行了严肃处理,对19起典型案件进行公开曝光。在全省9次刹风整纪专项行动中,派出检查组499个次,纪检监察干部1581人次,协调出动公安干警2103人次,摄像记者419人次。共检查休闲娱乐场所4253个次,检查涉及全省11个市和119个县(市、区),实现省、市、县全覆盖。

【领导干部教育和监督工作】 全省共组织岗位廉政教育160期,培训党员干部近10万人次;省纪委分15批对4365名重点领域、重点岗位、重点环节的公职人员进行岗位廉政教育。全省已建立170个廉政教育基地。八路军太行纪念馆、平顺县西沟展览馆成为全国第一批廉政教育基地。山西省党纪教育基地建成投入使用。制订出台《山西省坚决制止领导干部大办婚丧喜庆事宜和借机敛财行为的规定(试行)》,及时制止136起大操大办行为,严肃查处19起顶风违纪的典型案件。"小金库"专项治理初见成效。各级纪委负责人同下级党政主要领导谈话、任前廉政谈话、诫勉谈话、述职述廉、领导干部报告个人有关事项、函询等党内监督制度得到较好落实。公务用车、公务接待等费用比上年同期减少4.48亿元;因公出国(境)团组数、人数和经费支出比2006~2008年3年平均基数下降了39%、82%和60%。巡视力量和巡视工作得到进一步加强,对8个市、12个县和7个省属国有企业、3个高校进行了巡视,发现、整改一批问题,促进改革发展稳定。派驻纪检监察机关进一步改进工作,提高监督质量。

【纠正损害群众利益不正之风工作】 开展对涉农资金管理使用情况的专项检查,发现违纪违规资金2.3亿元。严肃纠正和查处损害农民土地权益、哄抬农资价格、制售假劣农资等坑农害农行为,对97人进行责任追究。全省废止违规或不合理涉企行政事业性收费文件17个,取消涉企行政事业性收费项目141个,涉及金额4410.4万元;查处涉企乱收费、乱罚款和各种摊派问题涉及金额3963.8万元,23人受到责任追究。全省取消庆典、论坛活动56个,节约经费158.7万元,查处违规开展庆典、论坛活动问题4件,4人受到责任追究。全省二级以上医疗机构药品集中招标采购55.7亿元,占医院用药总量的96.3%,降价幅度31.4%;67%的政府举办的乡镇卫生院和社区卫生服务机构实现基本药物集中招标采购,降价幅度达40.7%。查处各级各类学校乱收费问题涉及金额3644.5万元,处分责任人员118人。严肃查处"问题奶粉"案件,40人受到责任追究。查处公路“三乱”问题245件,631人受到严肃处理。对社保基金、住房公积金的监管力度进一步加大。民主评议政风行风工作进一步深化。全省各级行评办和各参评单位共开展督查调研3082次，提出意见和建议8658条，已落实8160条。

【执法监察工作】 在全省煤矿、非煤矿山、化工、冶金有色、道路交通、机械、烟花爆竹等重点行业和领域,继续深入开展安全生产专项整治行动。在安全生产执法监察工作中,全省各级纪检监察机关查处违纪违法案件33件,给予党政纪处分30人,提出监察建议40条。组织安监、煤监、公安、检察、法院等部门成立5个检查组,联合开展对全省2006年以来发生的27起特大事故、10起重大事故责任追究落实情况专项检查,加大对重大安全生产事故责任追究的力度,依纪依法严肃处理事故责任人员,严厉打击事故涉及的刑事犯罪和瞒报、逃匿等违法行为。开展严肃查处未报即用违法用地专项行动、国有建设用地使用权出让合同专项清理工作和国土资源领域腐败问题治理工作。会同省环保厅在全省汾河、丹河、滹沱河、涑水河、桑干河五大流域45个重点县(市、区)开展流域环境综合整治行动。积极配合有关部门和行业认真开展大中专学校招生、征兵、统计执法、企业职工工资支付、打击侵犯知识产权和制售假冒伪劣商品、行政执法机关移送涉嫌犯罪案件等涉及人民群众切身利益的热点问题的执法监察工作和专项监督检查行动。

【全省反腐倡廉建设创新经验交流会】 于11月9~10日在运城召开。会议对全省近年来反腐倡廉建设创新实践进行系统总结、深入思考和对本省反腐倡廉建设创新工作进行再部署再动员。会议期间,运城市纪委等11个单位的负责同志作大会经验交流,41个单位作书面交流；分组研讨全省《关于大力推进反腐倡廉建设创新的意见(征求意见稿)》;中纪委研究室副局级纪律检查员、监察专员崔庆录作了讲话;金道铭作题为《坚持以改革创新精神推进反腐倡廉建设创新,为转型跨越发展提供坚强保证》的讲话。省纪委监察厅的领导成员,各市纪委书记和市纪委研究室主任,省直纪工委书记、省高校纪工委书记、省国资委纪委书记和省国防科技工业纪委书记,省纪委各派驻单位纪检组长,部分国有大型企业纪委书记和部分县(区)纪委书记,省纪委机关各有关部门负责人，山西省委党校、山西大学和山西省社科院的部分专家学者共131名代表参加会议。中央纪委监察部办公厅、监察综合室、研究室马志刚、崔庆录、段立东3名领导专程到会指导工作。 (牛彦方)

两 院 工 作

法院工作

【概述】2010年，全省法院共受理各类案件200190件，办结182330件，审限内结案率为99.2%，收结案数分别比上年上升6.72%和8.07%。其中，省高院审执结各类重大案件3097件，同比上升26.00%。

1. 宽严相济，积极参与社会治安综合治理。全省法院全年共审结一审刑事案件19208件，判处罪犯22885人，同比分别下降4.88%和3.91%。全年四季度呈连续下降趋势，分别下降7.09%、1.90%、3.95%和8.37%。其中判处5年以上有期徒刑、无期徒刑直至死刑的罪犯占判处案犯总数17.44%；审结二审刑事案件3701件，同比下降1.75%。刑事犯罪得到有效遏制，社会治安状况明显改善。一是坚持宽严相济刑事政策，依法严厉打击各种危害社会稳定和转型跨越发展犯罪活动。依法审结黑恶势力犯罪、团伙犯罪案件481件1121人；审结故意杀人、抢劫、盗窃等严重暴力犯罪和多发性侵财犯罪案件5839件10797人；审结制售伪劣食品药品、偷税漏税、商业贿赂等破坏社会主义市场经济秩序犯罪案件521件841人；审结贪污、贿赂、挪用公款、渎职等案件824件1050人。配合全省安全生产专项整治工作，坚决严惩重大安全责任事故犯罪案件64件154人，严肃处理涉爆案件447件857人，有效遏制刑事犯罪，使人民群众安全感大大增强。二是统一裁判尺度，确保刑事案件审判质量。在刑事审判工作中，全省法院通过全面推广规范化量刑，进一步规范法官自由裁量权，统一刑事审判量刑尺度，保证依法准确惩处各类刑事犯罪；严格执行《关于办理死刑案件审查判断证据若干问题的规定》和《关于办理刑事案件排除非法证据若干问题的规定》，对案件事实、证据、程序问题进行严格审查，依法独立作出判断，充分保证案件质量；积极开展刑事和解工作，采取多种形式做好附带民事赔偿工作，有效缓解被害人一方与被告人对立；充分运用科技手段，对被告人进行异地远程视频提讯，提高审判效率。三是充分发挥自身优势，积极参与社会治安综合治理。认真作好罪犯教育、改造、挽救工作，对罪行较轻、确实不致再危害社会6466名被告人依法适用缓刑并辅之以社区矫正，对11925名服刑人员依法予以减刑假释，减少社会对抗，营造和谐稳定社会环境；面对涉及未成年人案件高发态势，全省法院依法适用有关未成年人保护法律法规，积极探索适合未成年人身心特点审判方式，对1076名未成年被告人依法予以从轻、减轻或

首届中国法院文化论坛 （马云跃提供）

免除处罚；各级法院十分重视作好刑满释放、解除劳教人员安置帮教工作，省高院、省检察院、省公安厅联合出台安置帮教工作意见，使刑满解教人员回到社会有人管、有人帮、有事做。

2. 能动司法，维护人民群众合法权益。全省法院全年共审结一审民商事案件 98989 件，标的金额 252.71 亿元，同比分别上升 16.16%和 12.42%；审结二审民商事案件 11895 件，同比上升 5.16%；审结一审行政案件 2067 件，同比上升 54.02%，审结二审行政案件 638 件，同比上升 11.15%。大量社会矛盾通过诉讼渠道得到化解，转型跨越发展环境得到优化。一是能动司法服务大局，积极保障转型跨越发展。全省法院把法院工作融入党和国家工作大局，制定下发《关于为我省转型跨越发展提供司法保障的意见》，先后召开商事审判、知识产权审判、涉外审判、行政审判等工作会议，出台相关审判指导意见，加大重点案件协调力度，切实增强审判工作服务大局针对性和实效性。全年依法审结买卖、借款、担保、金融证券、股权转让等案件 26054 件，涉及标的金额 55.72 亿元，促进资金快速流转和经济有序发展；审理企业破产清算、重组改制等案件 395 件，协助有关部门安置职工 9500 余名，通过优胜劣汰促进产业升级和经济结构调整；审结涉专利权、商标权、著作权、商业秘密等知识产权案件 160 件，加强对山西省驰名商标、著名商标依法保护，制裁不正当竞争行为，在鼓励自主创新、促进品牌经济发展方面起到积极作用；审结农村土地承包、土地流转、山林权属、农资供应、农产品销售等涉农纠纷案件 1102 件，依法保障农村集体利益和农民权益，服务城乡统筹发展；审结涉及自然资源、环境保护民事、行政案件 864 件，依法惩处盗砍滥伐林木、污染环境、非法采矿等犯罪案件 209 件，积极配合山西省“蓝天碧水”工程推进。二是为民司法保障民生，深入推进

全省法院第三次知识产权审判工作会议　　（马云跃提供）

社会矛盾化解。各基层法院坚持现场立案、预约开庭、巡回审判等便民、利民工作机制，着力提升广大法官做群众工作、化解矛盾能力。构建多元化矛盾纠纷解决机制，积极指导人民调解、行政调解组织开展工作，并与司法调解相对接。山区法院在交通不便乡村设立法官便民服务点和司法联络员，一些法院建立调解案件跟踪回访制度，及时掌握当事人对调解协议的履行情况，使大量矛盾纠纷化解在基层。全年共审结婚姻、赡养、继承等纠纷案件 36243 件，劳动争议、人身损害、相邻关系等案件 14017 件，医疗、住房、消费者权益保护以及涉军人军属权益保护案件 1422 件。通过强化调解，调判结合，在诉至法院民事案件中，62.9%案件以调解或自愿撤诉处理，74%生效裁判得到自动履行。三是多措并举，化解官民矛盾促进依法行政。随着公民维权意识增强和依法治省工作推进，全省法院受理行政案件呈增多趋势。全年共受理一审行政案件 2139 件，审结 2067 件，同比分别上升 51.59%和 54.02%；受理二审行政案件 671 件，审结 638 件，同比分别上升 9.11%和 11.15%。为切实保护当事人诉权，省高院上年初下发规定，纠正一些法院行政案件应当受理而不受理，或不及时受理问题，进一步畅通人民群众寻求司法保护渠道。积极探索行政案件处理新机制，加强与行政机关、行政相对人沟通，促使双方互相理解，实质性化解行政争议，经协调和解案件占审结案件 32.37%。为促进依法行政，多数中院向当地政府及相关执法部门提交行政审判白皮书，分析行政机关败诉情况及原因，有针对性地提出意见建议，大多得到采纳。认真受理审查非诉行政执行案件 3368 件，裁定准予执行 2823 件；作好国家赔偿工作，办理国家赔偿案件 30 件。

3. 清积治源，努力化解涉诉信访突出问题。2010 年，全省法院一手抓积案清理，一手抓源头治理，着力构建“全员全方位参与、综合化解涉诉信访”工作格局。省高院经对历年进京越级重复访案件彻底排查甄别，共确定案件 501 件，采取领导包案督办、带案下访方式逐案解决，并对因人身损害致伤致残、生活极其困难当事人进行经济救助，其中省高院救助 13 人、金额达 80 余万元。从源头上减少新信访案件产生，各级法院抓好初信初访，开展立案信访文明窗口建设，积极畅通申诉渠道，共办理群众来信来访 21128 人次，同比上升 8.63%；大力强化诉讼引导、判后答疑、法律释明、文书说理等工作，

97%以上案件经一审、二审能够服判息诉；各级法院对当事人不服生效裁判的4853件申诉和申请再审案件进行审查，对申诉无理的依法驳回申请并作好息诉工作，对符合法定条件的339件案件依法提起再审，其中调整变更原裁判210件，占生效裁判0.18%。

4. 创新机制，不断加强改进执行工作。各级法院开展创建"无执行积案先进法院"和"委托执行案件专项清理"两项活动，努力破解执行难题。共执结各类案件31023件，标的额达131.07亿元，结案率为81.28%，实际执行到位率为75.93%；清理外地委托执行案件704件，清结率达99.6%。大力推进执行创新，切实规范执行工作，形成覆盖执行工作各个方面、各个环节严密制度；积极采取和谐执行方式，特别是对涉及企业发展、民生利益和社会稳定案件，多作和解工作，执行和解案件占全部执结案件数23.22%；健全执行联动和威慑机制，加强与检察、公安、工商、税务、银行等部门联系，通过媒体曝光、财产调查、车辆登记、限制高消费、强制执行等方法，促使被执行人履行义务，有效防止新的执行积案产生。

【探索化解行政争议新机制经验交流会】 1月22日在太原召开。省高院党组书记、院长左世忠出席会议并讲话。常务副院长梁权主持会议。副院长王文娅作专题工作报告，省高院政治部主任张学俊宣读表彰决定。全省各中院分管领导、行政庭庭长及受表彰先进集体、先进个人代表共70余人参加会议。太原、吕梁中院、太原市政府法制办、临猗县法院四家单位作经验介绍。

【全省法院反腐倡廉建设工作电视电话会议】 2月25日在太原召开。左世忠出席会议并讲话。梁权主持会议，赵有珍代表院党组作《加强制度建设围绕重点突破努力使全省法院反腐倡廉建设再上新台阶》工作报告。省高院副厅级以上领导、机关全体干警、各中院纪检组长、监察室主任在省高院主会场，全省各市、县两级法院部门副职以上领导在分会场参加会议。

【最高法院司法巡查组在省高院巡查指导工作】 4月7日，由最高人民法院咨询委员会委员、天津市高级人民法院原院长张柏峰任组长的最高人民法院司法巡查组莅临省高院开展巡查工作。左世忠就山西高院及所辖法院领导班子建设情况、司法业务建设情况、司法队伍建设情况进行汇报。省高院副厅级以上领导干部和各部门主要负责同志参加汇报会。会上就省院领导班子成员廉洁从业情况、领导班子成员及专委各项工作情况以及省院各项工作情况进行民主测评。

【首届中国法院文化论坛会议】 7月26~27日在太原举行。最高院党组书记、院长王胜俊为论坛题写"人民法官的品格与追求"主题会标。杜玉林、左世忠、李俊明出席会议并致辞。法院文化分会名誉会长，原最高院副院长谢安山、唐德华、李国光、刘家琛，原纪检组长刘法合等出席会议。最高院咨询委员会副主任、中国法官协会法院文化分会会长李玉成主持开幕式并讲话。

【《百姓法官》首映式】 8月6日，反映全国模范法官、沁县法院原院长王天祥先进事迹电影《百姓法官》首映式在太原举行。首映式上，最高法院政治部副主任宋建朝宣读《最高人民法院追授王天祥同志"全国模范法官"荣誉称号的决定》，并为王天祥亲属颁发"全国模范法官"荣誉证书和因公牺牲特别补助金。省领导薛延忠、杨安和、周然和省高院党组书记、院长左世忠及省高院党组成员和全体干警，长治市委书记杜善学等领导参加首映式。

【全省法院系统文化建设（书画）交流会】 8月24日在晋城市召开。省法院副院长、省法官协会书画研究专业委员会名誉会长吴秋霞参加会议并讲话。省书协、省美协领导、专家，全省各级法院优秀书画作者代表共60余人参加会议。

【全省基层法院人民法庭庭长集中培训】 8月30日至9月4日，省高院政治部教育处和法官学院共同组织实施全省各基层法院人民法庭庭长（含主持工作副庭长）集中培训，共计有330名基层庭长和副庭长参加。集中培训采取领导授课与先进典型介绍经验相结合、课堂教学与专题讨论和实地考察相结合、专家讲解与"法官教法官"相结

全省法院商事审判工作会议　　（马云跃提供）

合方法。梁权出席培训动员大会并讲话。

【八省、自治区、直辖市高级人民法院刑事审判工作座谈会】 9月2~3日在太原举行。最高人民法院副院长张军、审判委员会专职委员黄尔梅及省领导王雅安、周然、左世忠出席会议。最高人民法院刑一庭庭长、副庭长、审判长和北京、天津、辽宁、内蒙古、河南、湖北、湖南及山西八省、直辖市、自治区高级人民法院分管刑事副院长、刑庭庭长参加会议。会上,最高人民法院刑一庭庭长周峰对八省、直辖市、自治区死刑案件审判工作中具体问题进行总结分析,对如何进一步确保案件质量、效率和效果提出要求。各高级人民法院代表发言,汇报2010年开展死刑案件审理工作情况、存在问题和工作安排。

【全省法院商事审判工作会议】 10月31日至11月2日在忻州举行。左世忠对全省商事审判工作作出批示,刘冀民出席会议并讲话,忻州市委常委、政法委书记杨绪全出席会议并致辞,省法院民二庭庭长方剑锋主持会议并进行工作部署。会议邀请最高人民法院民二庭法官刘敏讲授公司法与破产法相关司法解释的理解和适用,省委党校副教授冯锦彩讲授和谐社会视野下的纠纷化解机制。全省各中院分管副院长、从事商事审判法官及省法院有关部门同志参加会议。省委政法委、省政府法制办、省政协社会法制委、省国资委、省中小企业局等单位应邀参加会议。

【《关于为我省转型跨越发展提供司法保障的意见》出台】 省高院于11月1日研究出台《关于为我省转型跨越发展提供司法保障的意见》。意见从四方面提出全省法院要围绕工业新型化、农业现代化、市域城镇化、城乡生态化建设,充分发挥审判职能,全力推进能动司法,切实为山西省实现转型跨越发展提供司法保障和服务。

【全省法院知识产权审判工作会议】 10月28~29日在临汾市召开。最高法院知识产权审判庭副庭长金克胜介绍全国法院知识产权审判形势和情况,对全省知识产权审判工作取得成绩,尤其是驰名商标整改、关联案件妥善应对给予充分肯定。省高院副院长吴秋霞作《宽严适度,平衡保护,能动司法,服务大局,全面开创全省法院知识产权审判工作新局面》工作报告。省知识产权局、省版权局、省工商局等相关部门代表就其知识产权保护状况作介绍发言并进行分组讨论。各中院介绍其知识产权审判工作情况和经验,对具体适用法律等问题进行深入交流和探讨。会议采取以会代训方式,由最高法院秦元明就知识产权审判实务及前沿问题进行辅导。全省各中级法院知识产权审判庭庭长、业务骨干及分管院领导,省法院民三庭全体法官参加会议。

（马云跃）

检察工作

【概述】 2010年,山西省检察机关各项检察工作取得新进步,为全省经济社会又好又快发展提供有力的司法保障。

1. 坚持检察工作正确方向,服务转型跨越发展大局。(1)服务企业发展。山西省人民检察院(以下简称省院)出台《服务企业发展意见》,提出20条具体措施,保障企业正常经营发展。依法打击危害企业生产经营的犯罪活动,批准逮捕破坏企业生产经营、损害企业利益犯罪436件679人,查办侵害国有企业资产职务犯罪332件415人。(2)服务新农村建设。省院制订实施《派驻乡镇检察室管理办法》和《开展巡回检察服务农村工作办法》,全省检察机关派驻乡镇检察室69个,成立巡回检察小组389个,在673个乡村开展巡回检察864次。查办涉农领域职务犯罪,查办发生在征地补偿、粮食直补、退耕还林和农村基础设施建设等环节的职务犯罪216件268人。会同公安机关在全省开展打击制售假冒、伪劣农资产品犯罪专项行动,批准逮捕此类犯罪50件105人,提起公诉48件101人。(3)服务创优发展环境。2010年,全省检察机关批准逮捕破坏市场经济秩序犯罪450件678人,提起公诉554件912人,查办商业贿赂犯罪173件200人。推进工程建设领域突出问题专项治理工作,查办该领域职务犯罪109件136人。开展国土资源领域腐败问题专项治理,查办该领域职务犯罪57件63人;依法严厉打击破坏环境资源犯罪,批准逮捕重大环境污染事故、非法采矿、盗伐滥伐林木等犯罪133件225人,提起公诉189件334人。

2. 推进三项重点工作,维护社会和谐稳定。(1)严厉打击严重刑事犯罪。全省检察机关共批准逮捕各类刑事犯罪13602件21603人,提起公诉18833件29992人。突出打击重大恶性暴力犯罪和多发性侵财犯罪,批准逮捕此类犯罪8604件13339人,提起公诉10892件16782人。深化打黑除恶专项斗争,批准逮捕黑社会性质组织犯罪嫌疑人19人,提起公诉38人,查处为黑社会性质组织提供保护的职务犯罪9件9人。(2)妥善处理轻微刑事案件。贯彻宽严相济刑事政策,落实中央提出的"两减少、两扩大"原则,依法不逮捕3326人、不起诉1581人。(3)化解社会矛盾。山西省检察机关在检察环节促进息诉民商事申诉案件690件。开展刑事被害人救助工作,对35名特别贫困的刑事被害人进行救助。办结涉检信访2402件,中央政法委交办山西省涉及检察机关的55件信访积案全部化解。(4)促进社会管理创新。配合有关部门对城中村、城乡结合部等重点区域开展专项排查活动,针对发现的问题发出检察建议397件,被有关管理部门采纳371件。

3. 依法查办和预防职务犯罪,促进反腐倡廉建设。(1)依法严肃查

2010 年 9 月 6 日，最高人民检察院检察长曹建明到山西省人民检察院视察工作 （尹桂珍提供）

办职务犯罪。全检察机关共查办职务犯罪 1248 件 1538 人，同比分别上升 1.8%和 8.8%，追缴赃款赃物 1.6 亿元。针对人民群众反映强烈的突出问题，重点查办危害严重、影响恶劣的职务犯罪大案要案，查办大案 763 件；查办县处级以上领导干部要案 98 人，上升 44.1%，其中厅级干部 4 人。积极参与煤焦领域反腐败斗争，查办该领域职务犯罪 146 件 183 人。着力服务和保障民生，严肃查办教育、就业、医疗卫生、征地拆迁等领域的职务犯罪 66 件 81 人。(2)提高侦查水平和办案质量。完善职务犯罪线索管理办法，开通 12309 举报电话，健全与执法执纪部门的情况通报、案件移送机制，与金融管理部门建立工作协作机制，不断增强发现犯罪、侦破案件的能力。完善侦查办案机制，加强对侦查工作的统一指挥协调，省院组织下级检察院查办 5 起重大职务犯罪案件。建立职务犯罪立案、撤案、不起诉报备报批等制度，严把立案、逮捕、起诉关，案件有罪判决率达 99.4%。(3)加强办案安全防范。省院对达标的 103 个办案工作区准予使用。建立办案安全督察员制度，专门负责检查办案安全工作。严格实行办案安全责任制，层层签订《办案安全责任状》。为市、县两级检察院配备 134 辆办案专用囚车，消除犯罪嫌疑人押解过程中的安全隐患。(4)预防职务犯罪工作。省院与省人大内司委共同开展预防职务犯罪“五个一”宣传活动，营造预防职务犯罪的社会氛围。完善行贿犯罪档案查询系统，将查询范围从工程建设、政府采购等 5 个领域扩大到所有领域，向工程招标单位等提供查询 8992 件次。

4. 强化诉讼监督。(1)加强刑事立案和侦查活动监督。省院共监督纠正侦查机关应当立案而不立案的案件 968 件，不应当立案而立案的案件 284 件，同比上升 8.8%；对侦查活动中的违法行为提出书面纠正意见和检察建议 1805 件；对应当逮捕而未提请逮捕的，依法追捕 651 人；对应当起诉而未移送起诉的，依法追诉 693 人。会同省公安厅对全省公安派出所、刑警队、经侦队 2009 年以来所办案件进行专项检查，监督立案 160 件，监督撤案 106 件。(2)加强审判监督。山西省检察机关对认为确有错误的刑事裁判提出抗诉 270 件，上升 26.8%，法院已审结 135 件，原审改变率为 63.7%。在民事行政检察工作中，对认为确有错误的民事行政裁判提出抗诉 241 件，法院已审结 162 件，综合改变率为 83.3%。提出再审建议 228 件，采纳率为 62.3%，增加 23.4%。对侵害国家利益、社会公共利益和弱势群体利益案件的监督，共办理此类案件 1632 件。同时做好息诉服判工作，有效维护司法权威。(3)加强刑罚执行和监管活动监督。重点监督纠正违法减刑、假释、暂予监外执行等问题，建立刑罚变更执行同步监督机制，纠正减刑、假释、暂予监外执行不当 222 人，上升 7.7%。开展保外就医专项检察活动，对处于保外就医期间的人员进行全面清查。注重保障被监管人合法权益，开展清理久押不决专项工作，清理纠正久押不决案件 78 案 128 人。

5. 创新自身监督制约机制，确保检察权依法正确行使。(1)自觉接受人大监督。全省检察机关坚持重大工作部署、重大工作情况向人大及其常委会报告，2010 年，共向各级人大常委会报告工作 480 次，办结各级人大及其常委会转办交办案件 350 件。召开人大代表座谈会 380 次，邀请人大代表视察工作 290 次，主动邀请 1600 余名各级人大代表视察反渎职侵权工作。(2)自觉接受民主监督和社会监督。监督“三类案件”和“五种情形”220 件。开展“检察开放日”活动，省院开通互联网门户网站，建立涉检舆情收集、研判机制。(3)加强内部监督。全省检察机关建立案件集中管理机制，省院成立案件管理中心，出台案件管理改革决定，并在 5 个市级检察院和 10 个县级检察院开展试点工作。扎实开展案件评查活动，对 2004 年以来诉讼程序终结的职务犯罪案件等五类案件进行评查，评查案件 2597 件，提出整改建议 92 件。落实逮捕职务犯罪嫌疑人报上一级检察院审查决定制度，审查逮捕职务犯罪嫌疑人 458 人，不捕 47 人，不捕率为 9.3%，同比增加 7.5%。

6. 加强检察队伍建设，提高公正廉洁执法水平。(1)加强思想政治建设。省检察机关有 5 个先进集体、7 名先进个人受到最高人民检察院和国家有关部门的表彰，119 个检察院被评为文明和谐单位，省院连续六年荣获省直机关文明和谐单位标兵称号。(2)抓好纪律作风和自身反腐倡廉建设。加大对下级检察院领导班子监督力度，上级院列席下级院领导班子民主生活会196次，省检察院对1个市级院进行巡视。坚持从严治检，查处检察人员违纪违法案件17件22人，给予党纪政纪处分18人，其中追究刑事责任1人。(3)强化队伍专业化建设。省院制订《“351人才选拔培养工程”实施意见》，计划用3年时间在全省检察机关培养出30名业务专家、500名业务尖子和1000名办案能手，首批1093名培养对象已经确定；举办各类培训班18期，培训2439人次，增加2.7倍。加大司法考试培训力度，全省有181名检察人员通过国家司法考试。建立检校合作机制，开展检察机关与高等院校双向挂职工作，选聘4名法学专家、教授到省检察院业务部门挂职，选派13名检察业务专家到高校担任兼职教师或实践导师。(4)推进基层基础建设。开展基层检察院建设专题调研，针对存在的问题提出解决措施。统一招录公务员522名，充实到基层检察院。加大公用经费保障标准落实力度，全省有102个基层检察院年初预算落实保障标准，落实率达82.9%，增加22.7%。省院争取财政支持，为基层检察院集中采购发放现代科技装备。加强检察信息化建设，制定《信息化建设总体规划》，购置部分网络基础设备，启动检察专线网建设。

【刑事申诉检察工作】 省院刑事申诉检察处自6月成立以来，深入推进“社会矛盾化解、社会管理创新、公正廉洁执法”三项重点工作，完成《山西检察工作科学发展五年规划》2010年主要任务分解方案的要求，各项工作收到良好效果。一是狠抓办案，带动三项业务工作全面开展。(1)加大办案力度，化解涉检涉诉积案。经过清理排查，确认属于省院管辖的涉检信访积案共41件，其中，中政委交办3件，高检院交办4件，省院管辖申诉积案34件；不服法院生效判决的9件，不服检察机关不起诉决定和刑事复查决定的22件，不服扣押财产7件，其他3件。制定《关于集中处理省院管辖涉检信访积案工作实施方案》，于7月29日召开全省控告申诉检察处长座谈会安排部署，将41件积案中的22件疑难复杂案件，由省院领导包案办理，截至12月25日，22件领导包案全部办结，由省院申诉处办理的19件案件办结18件，案件办结率达98%。(2)做好新国家赔偿法实施前的准备工作。对全省检察机关刑事赔偿案件进行全面排查。11月21~24日，省院举办由各市院分管控申工作的170多人参加国家赔偿法培训班。(3)刑事被害人救助工作。一是起草《山西省刑事被害人救助实施办法》，经省院检委会讨论通过，并报至省委政法委审批。二是积极探索开展个案救助。全省已有临汾、长治、晋中、阳泉、朔州等5个市县开展了刑事被害人救助工作，救助刑事被害人17人。二是狠抓制度建设和队伍建设。狠抓规范化和制度化建设，建立工作长效机制。制定《山西省人民检察院刑事申诉检察处办案流程规则(试行)》《刑事申诉检察处人员岗位职责》。狠抓队伍建设。为全省控告申诉骨干发放《刑事申诉业务教程》，并进行为期三天的培训，提高全省刑事申诉工作人员的业务素质和执法能力。

【案件管理中心工作】 3月1日，经编制管理部门批准，省院侦查指挥中心更名为案件管理中心，担负起10项检察业务管理职能。4月1日，举行案件管理中心受案大厅揭牌仪式，案件统一受理业务启动运行。2010年，共审查受理、建档分流、监控各类案件446件，管理办结案件490件。其中因不符合受案条件作出不予受理案件决定12件，发出执法程序监督意见15次，通过严格受理登记手续，及时督促警示，促进了程序公正。统一交办案件9件、审结9件，督办案件8件、审结3件，转办案件及职务犯罪线索6件、审结3件、立案侦查1件，规范了案件交办督办工作。通过对全省职务犯罪和刑事申诉立案复查积存案件进行专项梳理分析督查，截至12月底，未侦结职务犯罪案件59件；115件刑事申诉积存案件已处理110件；10件长期中止侦查案件恢复侦查并已结案，提升了办案效率。对可能存在质量隐患和证据容易发生变化的13件重点案件进行跟踪监督；制订《全省检察机关案件评查实施

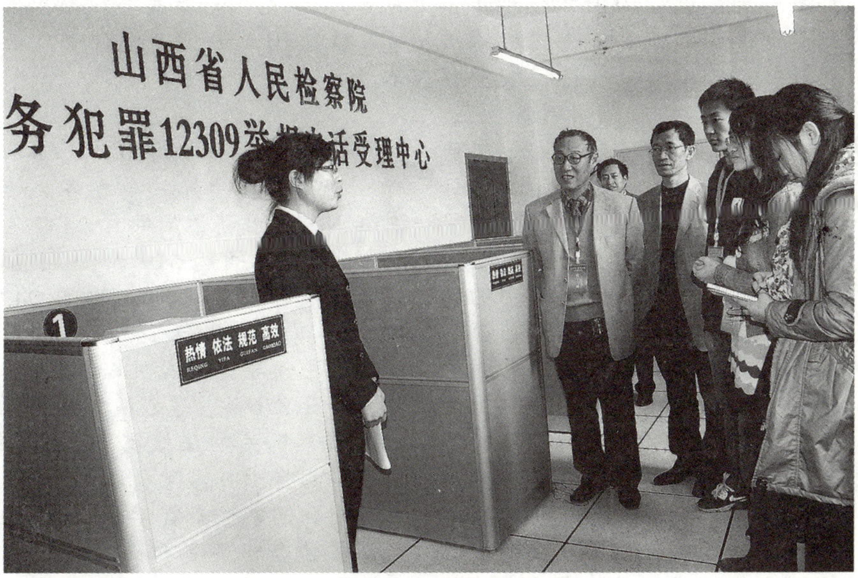

2010年10月29日群众代表到山西省人民检察院参观交流

（尹桂珍提供）

2010年12月4日,山西省各级检察机关的检察官走上街头进行法制宣传 (尹桂珍提供)

办法》,确定20起重点案件进行质量评查,共评查案件2597件,提出整改建议92件。(1)起草制订案件集中管理和检察业务考评两个实施办法。起草制订《山西省人民检察院案件管理工作实施办法(试行)》,并派人深入多个市县院对统计数据进行核实检查,纠正错误。全年检察业务统计工作质量被最高检察院考评为全国第二。适用高检院新的考评标准,先后对2008年度全省查办职务犯罪工作情况、2009年度全省各市分院检察业务工作开展情况及2010年上半年山西省检察业务工作在全国的排名和在中部六省的位次进行模拟评价和分析解读,提出针对性意见。(2)建立检察业务运行定期分析研判机制,服务检察长决策指挥,保障执法办案力度、质量、效率、效果的统一。制定下发《关于建立检察业务运行定期分析研判机制的通知》,前三季度检察业务运行分析会9次,有针对性地提出工作措施60余条。通过每月案卡审核,发现纠正程序不当案件67起,纠正不规范行使监督权86起,进一步提升统筹管理全省检察业务的能力。(3)出台《关于实施案件集中管理的决定》。省院案件管理中心采取先行试点、总结经验、全面推开的工作方法,全力推进全省检察机关案件管理改革工作。截至12月底,全省11个市院全部经编制管理部门批准同意设立正式编制的案件管理中心,55个县(市、区)院,经编制管理部门批准同意,成立正式编制的案件管理机构,另有37个县区院在报批机构的同时组建工作队伍;全省检察机关已配备案管工作人员507名,76个检察院已展开案件集中管理相关业务工作。(4)9月,山西案件管理改革的实践成效,受到最高检察院检察长曹建明充分肯定,全国检察长会议做出部署,在全国大力推进案件管理改革。

【检察官培训工作】2010年,山西省检察官培训学院共举办各类培训班18期,培训学员共计2439人次,培训总时间达519天,其中学院自办培训班7期,培训学员943人,培训时间461天;举办三期市县两级院领导班子成员培训班,共培训人员376人。一是举办第一期全省检察机关初任检察官资格培训班,共有100名学员参加培训。二是配合国家检察官学院,举办两期全省检察机关晋升高级检察官资格网络教育培训班。全省有267名学员参加培训,培训时间共计242日,经考试考核,参加考试的学员全部取得高检院颁发的合格资格证书,具备晋升高级检察官的资格。三是加强专项培训,举办第五期国家司法考试考前辅导班。广泛征求学员参训的200名学员有60人通过考试,省院7人通过考试。四是与省院有关处室密切配合,先后举办全省检察机关监所检察培训班、涉密信息系统分级保护培训班、死刑案件办理和监督工作培训班、民行检察业务培训班、检察理论研究骨干和检委会工作人员培训班、侦查监督业务培训班、司法警察第五期晋(授)衔培训班、纪检监察培训班、预防职务犯罪工作业务培训班、控告申诉业务培训班、反贪局长培训班等11期业务培训班,参训人员1496人,培训时间58天。 (尹桂珍)

重大案件

【太原高新技术产业开发总公司房地产转让合同纠纷抗诉案】2003年5月16日,太原高新技术产业开发总公司(以下简称开发公司)在第五次党政联席会议上审议通过《关于转让科技公寓的意见》,提出转让科技公寓的意见,确定转让一事由靳增辉等3人继续操作,靳增辉时任开发公司常务副总经理。2003年5月19日,开发公司与山西科祥市政工程开发有限公司(以下简称科祥公司,该公司系靳增辉任开发公司总经理助理兼工程部经理时设立的民营企业,其占88%股份)达成科技公寓转让的《房地产转让合同》。2003年7月1日,科祥公司向开发公司支付科技公寓产权转让款300万元。2003年7月3日,双方盖章确认移交清单,签订工程移交书,后因开发公司承诺的手续变更不能实现,双方未就此协议达成一致意见。科祥公司于2004年9月20日起诉至太原市中级人民法院,要求开发公司返还300万元及利息,偿付约定迟延履行违约金50.7万元,赔偿可得利益120万元。开发公司提出反诉，请求确认《房地产转让合同》及《土地使用权转让合同》无效，请求返还所涉工程有关资料，赔偿损失82万元，返还工程质量保证金17万元。2005年3月20日，太原市中级人民法院作出〔2004〕并民初字第345号民事判决，认为原、被告之间所签订的《房地产转让合同》依法成立，合法有效，开发公司主张合同无效的抗辩理由不能成立，予以驳回。判后，开发公司不服，上诉至山西省高级人民法院。2005年9月6日，山西省高级人民法院作出〔2005〕晋民终字第205号判决，维持原判。开发公司不服，由全国人大代表杨梅喜反映至最高人民检察院办公厅，最高人民检察院将该案交山西省人民检察院办理。

山西省人民检察院经审查认为：山西省高级人民法院〔2005〕晋民终字第205号民事判决认定《房地产转让合同》《土地使用权转让合同》有效系适用法律错误。山西省人民检察院于2009年7月1日以晋检民行提抗字〔2009〕1号向最高人民检察院提请抗诉。最高人民检察院采纳了提抗意见，于2010年2月25日以高检民抗〔2009〕78号向最高人民法院提出抗诉。最高人民法院于2010年8月4日作出〔2010〕民抗字第32号判决认为开发公司与科祥公司转让国有资产，由于没有履行审批与评估程序，合同应当认定无效。开发公司转让科技公寓是因为无力承建，开发公司申诉认为靳增辉与开发公司有关领导通过转让科技公寓恶意串通侵占国有资产证据不足，不予支持。双方当事人因无效合同所取得的财产应当返还，并对实际占用对方的资金支付补偿费。太原高新技术产业开发总公司在本判决生效之日起十日内退还山西科祥市政工程开发有限公司300万元，并支付相应补偿费(补偿费计算自2003年7月1日起至实际给付之日止按中国人民银行同期贷款利率计付)。山西科祥市政工程开发有限公司在本判决生效之日起十日内退还太原高新技术产业开发总公司质保金17万元，且支付相应补偿费(补偿费计算自2003年7月1日起至实际给付之日止按中国人民银行同期贷款利率计付)，并将从太原高新技术产业开发总公司处取得的科技公寓有关证照、手续等资料(以双方原交接单为准)返还太原高新技术产业开发总公司。

【史双生受贿案】 史双生，男，1968年9月23日出生，汉族，大学文化，原系晋中市灵石县公安局副局长。2009年2月23日因涉嫌受贿罪被晋中市人民检察院反贪局立案侦查。2009年6月27日以史双生涉嫌受贿罪依法逮捕，同年9月23日该案侦查终结，2010年1月5日晋中市人民检察院向晋中市人民法院提起公诉。经法院审理查明，史双生涉嫌以下犯罪事实：(1)1999年4月至2009年2月，被告人史双生在先后担任灵石县公安局段纯派出所所长、刑侦大队大队长、副局长期间，利用职务上的便利，多次为灵石县苗家庄煤矿联系，违规购买大量火工品。在此期间，史双生分别以“入股分红”、“借款”、买车、活动费用、过节期间的礼金等名义，非法收受苗家庄煤矿实际经营者刘泽文人民币1639.5万元及1万美金和2500英镑。史双生将上述款项均用于偿还赌债及个人消费。(2)2003年3月底，史双生利用职权之便，帮助灵石县人徐文强从他人手中取得灵石县徐家庄煤矿的经营权，并在徐文强经营期间帮助其违规购买大量火工品。徐文强在史双生未实际出资的情况下，通过“入股分红”的方式送给史双生共计1360万元好处费。史双生悉数收受并将该款用于购房、投资、储蓄等。

2010年5月19日，晋中市中级人民法院以〔2010〕晋中中法刑初字第10号刑事判决书作出一审判决，认定被告人史双生受贿2999.5万元、1万美元、2500英镑。判决被告人史双生犯受贿罪，判处死刑，缓期二年执行，剥夺政治权利终身，并处没收个人全部财产。一审判决后，被告人史双生没有提出上诉。2010年9月29日，山西省高级人民法院以〔2010〕晋刑二核字第14号刑事裁定书核准晋中市中级人民法院对史双生的刑事判决。

(尹桂珍)

【段磊黑社会性质组织犯罪案】 2006年以来，被告人段磊纠集社会闲散人员和负案在逃人员，对内制定组织制度，通过分层管理，直接或间接控制下层人员，逐步形成以其为组织者、领导者，被告人李益民等为骨干成员，被告人杜展朋等参加的黑社会性质组织。该组织成员实施故意杀人、故意伤害、抢劫、敲诈勒索、组织卖淫、强奸、赌博等各种违法犯罪活动50余起，故意杀死2人，致多人受伤，严重破坏社会经济和社会生活秩序。

运城市中级人民法院经审理认为，被告人段磊组织、领导具有黑社会性质的组织，大肆进行违法犯罪活动，严重破坏经济、社会生活秩序，其行为构成组织、领导黑社会性质组织罪，且系组织、领导黑社会性质组织的首要分子，应对该组织的全部罪行承担刑事责任，以其犯组织、领导黑社会性质组织罪、故意杀人罪、抢劫罪等，判处死刑。被告人刘飞犯参加黑社会性质组织罪、故意杀人罪、敲诈勒索罪、破坏电力设备罪、寻衅滋事罪，判处死刑。被告人李益民犯参加黑社会性质组织罪、故意杀人罪、抢劫罪、敲诈勒索罪、故意伤害罪、赌博罪、组织卖淫罪等，被判处死刑，缓期二年执行。其余12名被告分别以故意杀人罪、敲诈勒索罪、故意伤害罪、参加黑社会性质组织罪等，分别被判处无期至八年有期徒刑不等。

【郑三孝故意杀人案】 郑三孝，男，1969年11月生于山西壶关县，住壶关县黄山乡长井头村。与同村村民郑某有不正当两性关系。2008

年11月21日19时，郑三孝到郑某家中与其发生争执，郑三孝遂持砖块猛击郑某头部，正在睡觉的被害人郑某长女(9岁)、次女(7岁)、三子(5岁)被惊醒，郑三孝恐罪行败露，遂持刀猛砍四被害人头部等处，致郑某因闭合性颅脑损伤合并颈部静脉断裂大失血死亡，致郑某三名子女因严重颅脑损伤死亡。郑三孝拿走在郑某家中找到的现金4100元后逃离现场。

长治市中级法院经审理认为，郑三孝非法剥夺他人生命，致四人死亡，其中三人系无辜儿童，其行为已构成故意杀人罪，手段特别残忍，情节特别恶劣，后果特别严重；致人死亡后又秘密窃取被害人财物，数额较大，其行为又构成盗窃罪。遂以故意杀人罪判处其死刑，剥夺政治权利终身，以盗窃罪判处有期徒刑一年，并处罚金3000元。决定执行死刑，剥夺政治权利终身，并处罚金3000元。

【王水生等特大团伙盗窃案】 王水生等41人特大团伙采取预先踩点、乘隙撬锁等手段，先后在平遥、太原、孝义、文水、灵石等地抢劫、抢夺、盗窃、销赃作案88起，赃款、赃物折合人民币700余万元，盗抢财物涉及机动车、家用三轮车、摩托车、电动自行车、电机、牲畜等。

晋中市中级法院经审理认为：王水生等犯罪团伙成员多次单独或结伙大肆盗窃、抢劫、抢夺他人车辆等物品，明知是犯罪所得赃物予以收购、销售或改变车辆发动机号、大架号、颜色，其行为分别构成盗窃罪、抢劫罪、抢夺罪、掩饰、隐瞒犯罪所得罪。犯罪团伙主要成员王水生、梁汝全因犯盗窃罪、掩饰、隐瞒犯罪所得罪被判处无期徒刑，并处罚金43万、35.1万。郝治国等人因犯盗窃罪等被判处合并执行有期徒刑十七年、十六年不等。

【查海涛贪污低保金案】 查海涛，男，1973年10月27日出生，原任大同市城区城市居民最低生活保障管理中心微机操作员。2005年2月至2009年12月间，被告人查海涛利用其担任大同市城区城市居民最低生活保障管理中心微机操作员，负责低保数据微机录入、汇总，数据整理、传送银行数据的职务便利，编造18户低保户资料并办理18张低保户银行卡，冒领低保金。将2008~2009年度本已复核取消的261户低保户资料粘贴到由其管理的低保金发放电脑数据库中，并将该261户的低保金以一卡多户形式转存至上述18张银行卡内，继续骗领低保金。共骗取低保金3355511.00元，全部非法占有。案发后追回赃款、赃物共计3114693元。

大同市中级人民法院经审理认为，被告人查海涛身为国家工作人员，利用其职务便利，编造虚假低保户资料套取低保金3355511.00元，其行为已构成贪污罪，且数额特别巨大。被告人查海涛在审计署审计出其贪污35万元的情况下，主动供述司法机关尚未掌握其他贪污事实，系同种罪行中较重部分，依法应当对其从轻处罚。本案大部分赃款在被告人查海涛的主动退赃或侦察机关根据被告人查海涛的供述追回，对被告人查海涛可酌情从轻处罚。遂依法判处其有期徒刑十三年，并处没收个人财产十万元。

【蒲县成南岭煤业公司逃税案、非法买卖爆炸物案】 蒲县成南岭煤业有限公司成立于2000年，该公司由郝鹏俊(原蒲县煤炭局党总支书记)出资并负责全面工作，其妻于香婷(原蒲县民政局副局长)负责原煤销售和财务，而公司法定代表人注册为于香婷弟弟于小红。2003年至2008年，该公司在与蒲县远中洗煤厂等22家企业业务往来中，销售原煤直接收取差价而不进行申报，逃税18718537.4元，逃税额最高占应纳税额82.24%。2006年8月至2008年1月，郝鹏俊先后安排冯记明、于小红采用虚构、夸大、骗取等手段，两次超限额购买炸药共63.5吨、雷管199600枚。2003年5月，时任蒲县安全监察局局长的郝鹏俊借蒲县部分煤矿安装瓦斯监控设备之际，指使杨某从煤炭科学院重庆研究院销售二公司购得13万元矿用监控电缆，供成南岭煤矿使用，此笔13万元电缆款经他本人签字后由煤炭局垫付。2003年11月16日，郝鹏俊代表成南岭煤矿与江苏省徐州矿务局孟煤项目部签订《蒲县成南岭煤矿合作开采合同书》。同年12月23日，郝鹏俊在蒲县煤炭局财务账户上，支付给孟煤项目部10万元设计费。此笔费用挂在煤炭局财务帐应收款中。

蒲县人民法院经审理认为，被告单位蒲县成南岭煤业有限公司、该单位实际控制人郝鹏俊、于香婷，法定代表人于小红作为直接负责主管人员，在原煤销售过程中为企业和个人获取非法利益，违反国家税收法律法规规定，采取不申报差价款手段逃避缴纳税款，且数额巨大，其行为已构成逃税罪；被告单位和被告人郝鹏俊、于香婷，法定代表人被告人于小红、矿长冯记明分别为该矿实际控制人和直接责任人，违反国家关于爆炸物管理的法律法规规定，在2007年足额供应和2008年六证不全情况下，虚构申请理由，夸大火工品用量，骗取相关部门批准，超限额非法买卖爆炸物品，其行为构成非法买卖爆炸物罪；被告人郝鹏俊在任煤炭局局长期间，利用职务上便利，挪用公款23万元进行营利活动，数额巨大且拒不退还，其行为构成挪用公款罪。据此法院判决：成南岭煤业有限公司因犯逃税罪、非法买卖爆炸物罪，分别被判处罚金9360万元和500万元；郝鹏俊因犯逃税罪、非法买卖爆炸物罪、挪用公款罪，数罪并罚判处有期徒刑二十年，并处罚金8500万元；于香婷因犯逃税罪、非法买卖爆炸物罪，数罪并罚判处有期徒刑十三年，并处罚金8500万元；于小红因犯逃税罪、非法买卖爆炸物罪，数罪并罚判处有期徒刑十二年，并处罚金5600万元；追缴被告单位成南岭煤业有限公司逃税18718537.4元，上缴国库；追缴被告人郝鹏俊赃款48万元，上缴国库。

【孙廷容挪用公款、受贿、贪污案】孙廷容，男，1964年12月生，中共党员，原任山西省水利厅党组成员、副厅长。2003年4月，时任山西省水电公司经理的孙廷容与西南证券公司副总裁范某商量后，个人决定将山西省水电自供区农网建设与改造专项资金3000万元质押给某银行，从该行贷款3000万元。并安排人将其中2000万元转入某证券公司进行委托理财。另外1000万元由范某安排转入另一证券公司，由其秘书谢某具体操作进行炒股。在上述3000万元贷款到期未能归还后，孙再次安排用山西省水电自供区农网建设与改造专项资金3500万元做质押，从另一银行贷款3150万元，归还前面3000万元贷款本息。两次银行贷款本息还清后，结余141910元由孙廷容个人占有。孙廷容两次挪用公款行为牟利591910元。2001~2005年期间，时任山西省水电公司经理孙廷容接受邢台市电力集团电力电线厂业务员王某存有934470.42元的银行卡，先后接受某公司法定代表人李某现金175万元和价值268979元白色本田CR–V轿车一辆和某机械厂任某现金10万元。2005年1月12日，孙廷容授意某公司经理李某将其公司代管的山西省水电自供区农网建设与改造工程中“九座变电站”工程款中的40万元转往大河管业有限公司，最终转往孙廷容妻子王某控股的宏程泰业（北京）投资有限公司，用于该公司注册。

阳泉市中级人民法院经审理认为，被告人孙廷容身为国家工作人员，利用职务之便，个人决定将3500万元公款质押贷款借给他人进行营利性活动，谋取个人利益591910元；利用职务便利，为他人谋取利益，收受贿赂3053449.42元；利用职务便利，贪污公款40万元。孙廷容上述行为已构成挪用公款罪、受贿罪和贪污罪。据此，以挪用公款罪判处孙廷容有期徒刑6年；以受贿罪判处其有期徒刑12年；以贪污罪判处其有期徒刑10年，数罪并罚决定执行有期徒刑16年；受贿所得人民币3053449.42元及挪用公款所得利益人民币591910元予以没收，上缴国库。

（马云跃）

军　　事

山西省军区

【梁光烈视察山西】 6月24~28日，中央军委委员、国务委员、国防部长、国家国防动员委员会副主任梁光烈上将，对山西省大同市、忻州市、太原市的国防动员工作进行视察调研。省领导袁纯清、王君、李小鹏分别陪同；方文平、张少华全程随首长进行调研。视察调研期间，梁光烈分别听取山西省和大同市、忻州市国防动员工作情况汇报，点验大同市战略物资道路运输保障总队，实地视察大运高速公路飞机跑道、雁门关隧道掩蔽工程，以及晋西机器工业集团、北方风雷工业集团有限公司、科泰微技术有限公司、通泽重工有限公司等军工企业，与军地领导及国动委专业办公室的同志面对面座谈，听取各级对国防动员建设的意见建议。梁光烈对山西省"十一五"期间国防动员建设取得的成绩给予充分肯定，对山西省连续四年组织党政军和军警民应对多种安全威胁联合实兵演练，大力推进交通战备基础设施建设，积极探索研究军民融合式发展路子等工作给予高度评价。

【创先争优和"三争"活动】 根据总部和军区关于创先争优活动的有关要求，专门成立省军区创先争优活动领导小组，对全区开展创先争优活动实施科学指导，下发《在基层党组织和党员中深入开展创先争优活动的通知》，对全区创先争优活动进行安排部署，保证全区创先争优活动开展的扎实有效。同时，按照省军区党委扩大会部署，以省军区党委名义制订出台《关于在全区广泛开展"争创学习型党组织、争建学习型机关、争当学习型干部"活动的决定》，从指导思想、主要原则、主要内容、基本标准、制度机制、组织领导等方面，对全区部队理论武装工作进行明确规范，有力推进学习型党组织建设，全区理论武装工作形成常态、步入正轨，热爱学习、勤于学习、善于学习的良好风气逐步形成。

【培育当代革命军人核心价值观活动】 根据中央军委、总部的指示精神和北京军区党委统一部署，在全区部队广泛开展以"崇尚学习强素质，爱军精武立新功"为主要内容的深化培育当代革命军人核心价值观主题教育活动。在晋城军分区和预备役步兵第83师抓试点先行，探索出推动培育工作常态化、规范化发展的路子，被北京军区《政治工作通讯》、政工网转发。积极运用抗旱救灾、玉树地震、王家岭煤矿透水事故救援等生动实践深化主题教育，针对"谷歌事件"、韩国"天安舰"事件、钓鱼岛撞船事件等，及时下发宣传教育提纲，第一时间抢占舆论主动权，打牢了官兵高举旗帜、听党指挥、履行使命的思想基础。12月28日，北京军区举行践行当代革命军人核心价值观

1月11日，山西省军区党委九届十六次全体(扩大)会议在太原召开
(王海海提供)

新闻人物颁奖暨第13届“多彩的军营”业余文艺会演晚会，山西省军区吴永亮最终获选，成为唯一来自省军区系统的获奖人物，极大地激发全区官兵学习典型、崇尚荣誉、争当先进的高昂热情。

【举办师团职领导干部理论集训】 5月26日~6月2日，围绕推进学习型党组织建设、提高领导部队科学发展能力这个主题，在省军区教导大队组织第一期师团职领导干部理论集训；9月25~29日，围绕“提高领导部队建设科学发展和带领部队完成任务能力，建设坚强的党委班子和高素质干部队伍”的主题，组织第二期师团职领导干部理论（网上）集训。通过二期集训，全体党员干部深化对建设马克思主义学习型政党、提高党的建设科学化水平重大战略任务的认识理解，进一步增强建设坚强党委班子和高素质干部队伍的责任感、紧迫性，为在新的起点上推动省军区部队科学发展上水平提供坚强的思想和政治保证。

【成立山西省军民融合式发展领导组】 省委、省政府、省军区认真贯彻胡锦涛总书记军民融合式发展重大思想，切实加强对融合发展的组织领导，依托国防动员委员会成立了由省委书记张宝顺、袁纯清、省长王君挂帅，省委、省政府、省军区分管领导主抓，军地40多个职能部门和驻晋部队、武警等单位领导参加的军民融合式发展领导组，主要负责军民融合式发展的组织领导，把握建设方向，制定发展规划，出台法规政策，研究解决重大问题。领导组下设办公室，以省委、省政府办公厅和省国防动员委员会综合办公室为主组成，负责组织计划、综合协调、监督管理、检查评估和具体事务的办理。省委、省政府、省军区认真总结实践经验，科学把握发展方向，联合出台山西省《关于推进军民融合式发展的意见》，确保军民融合式发展有力、有序、有效推进。

【开展风气建设成果专题教育】 1月18~21日，在全区党员干部中集中开展“进一步端正人生价值追求，巩固深化风气建设成果”专题教育活动，通过集中动员辅导、强化理论武装、地方专家授课、典型激励警示、个人对照检查，引导广大党员干部深入查找和着力解决“学风不够纯正、作风不够扎实、精神不够振奋、不按规矩办事、过分计较个人得失、奉行好人主义、自律标准不高、滥用民主权利、自由主义突出”等九个方面的问题，大力倡导“六讲六兴”（讲政治，大兴刻苦学习之风；讲责任，大兴勤奋敬业之风；讲实干，大兴求真务实之风；讲规矩，大兴秉公用权之风；讲奉献，大兴淡泊名利之风；讲操守，大兴严格自律之风）的良好风气；2099名现役干部党员向所在党组织，就如何做单位风气建设的积极实践者、忠实维护者和坚定推动者，特别是正确对待职务提升和个人走留问题写出了保证书，为新年度工作开好局、起好步，实现在新的起点上推动省军区部队建设科学发展上水平的奋斗目标，奠定坚实的思想基础。

8月1日，山西省党管武装工作述职会议在省军区举行

（王海海提供）

【基础训练比武竞赛】 6月底，省军区精选48名参赛选手，参加北京军区全能尖子、参谋军官、通信、军交、财务、军需和预备役团首长机关等7个专业的比武竞赛，代号“尖兵-2010”。比武竞赛中，省军区参赛选手严格训练、精益求精、顽强拼搏，取得参谋军官第1、3、10名，全能尖子第8名，财务出纳专业第2名的优异成绩。通过比武竞赛，全区部队大抓军事训练的中心意识明显强化，发现培养了一批训练典型，锻造了一支具有较高水平的教练员队伍，部队战斗力基础更加稳固，全面建设得到根本加强。

【全省党管武装述职会】 8月1日，山西省军区召开了全省国动委主任述职会议，省四大班子领导、省军区部门以上领导，省国动委各成员单位领导，各市市委书记、市长，各师旅级单位军政主官和省军区机关处长，共131人参加会议。11个市的市长进行大会述职，会议由张少华主持，薛延忠宣读省委、省政府、省军区表彰党管武装工作先进个人的通报，方文平总结一年来全省党管武装的工作情况，安排下一步的工作任务，袁纯清就加强党管武装问题讲话。

【全省规范国防后备力量队伍组建秩序观摩暨整组工作部署会】 2月1日在阳泉军分区组织召开。总参谋部动员部民兵局副局长向国祥、综合局参谋王永凯，省军区领导方文平、张少华、姬亚夫和部门有关领导、机关有关处长，各军分区（警备区）、预备役师（旅）军事主官、参谋长，省人防办、交战办有关领导,阳泉军分区和预备役248团有关人员共100人参加会议。会议听取阳泉市规范后备力量组建秩序经验介绍,观看盂县常备民兵应急分队建设、预备役248团编组规范化建设以及阳泉市国防交通运输专业保障队伍跨区机动演练录像片,现场观摩民兵连和阳泉市人防专业队伍建设成果。方文平、张少华围绕规范后备力量组建秩序、高标准抓好后备力量建设和整组工作落实作重要指示,姬亚夫对抓好年度整组工作进行安排部署。

【省军区军史馆开馆】 根据省军区党委部署安排,"八一"建军节举行了省军区军史馆开馆仪式,胡苏平出席并讲话,省军区全体常委、胡苏平与原省军区司令员董云海共同为军史馆剪彩揭牌。仪式结束后,军地领导、省军区老首长代表及全体机关干部、战士参观新馆。山西电视台、山西人民广播电台、《山西日报》《山西青年报》等媒体进行了报道。

【完成王家岭矿难救援保障任务】 4月9~16日,省军区统一派出保障组,由副参谋长车瑞金带领23名保障人员,赴王家岭矿难现场完成饮食保障,历时7天7夜。期间,全体保障人员发扬不怕困难、不怕疲劳,科学调剂伙食,确保足量供应,累计保障6000余人次,圆满完成省军区首长赋予的保障任务,救援人员专门赠送"解放军万岁"、"解放军来了苦变甜"的横幅,中央电视台、山西电视台和《山西晚报》等媒体多次对保障行动进行了报道,总结梳理的保障行动报告建议,得到省军区首长的肯定。

【回收处理日本遗弃化学武器】 9月中旬,省军区协调中方协助团和日方作业团共计97人,在晋中市寿阳县对中方托管的日本遗弃化学武器进行了X光鉴定和再包装作业,并对鉴别过程中产生的污染物进行密封处理。此次作业在外交部日遗化武办公室、总参外办、总参履约局、总后履约局、北京军区机关的指导下,由防化指挥学院、081基地、27集团军防化分队协助日本作业人员完成。省军区首长高度重视,组织协调到位,准备工作充分,各项保障有力确保整个作业进行的安全顺利。

【开展安全管理工作"十项治理"】 根据北京军区统一部署,6~8月份,全区部队集中开展"十项治理"活动,重点围绕政治性问题防范、重点人员管控、手机网络使用管理、安全保密工作、官兵心理疾患、车辆运行管理、枪支弹药管控、伤病残官兵移交、官兵及家庭涉法涉诉、重要目标安全警卫等十个方面内容,进行深入排查,大力解决重难点问题和薄弱环节。活动期间,先后对全区155名要害部位、重要岗位涉密人员进行严格的政治审查考核,审批使用连接综合军事信息网计算机1241台,清退涉密文件资料747份,集中销毁废旧资料1326份,拆除私自安装的警灯警报器12部,累计投入120余万元,进一步完善重要目标安全警卫物防设施。在军区"十项治理"领导小组第二次会议上,本区作为北京军区唯一连续三年保持先进的大单位,受到军区首长的表扬。

【全省双拥模范城县评比验收】 12月13~26日,省双拥办、省民政厅、省军区政治部抽调17人组成3个考核验收组,对34个市、县(区、市)申报新一届省级双拥模范城(县、区)进行全面考核验收。这次考核验收工作,以《山西省双拥模范城(县)创建命名管理办法》和《山西省双拥模范城(县)考核验收评分标准》为依据,采取听取汇报,观看录像片,与军地相关单位负责人和优抚安置对象座谈,检查工作机构建设和文件资料,走访驻军单位、企业、学校、优抚医院、双拥宣传教育场所等方式进行,全面详实地了解掌握申报单位的双拥工作开展情况,为做好全国和省级双拥模范城县评选工作奠定良好基础。

【纪念抗战胜利65周年活动】 按照北京军区政治部和省委宣传部的安排部署,组织开展一系列抗战胜利纪念活动。9月8~12日,北京军区战友文工团《长征组歌》剧组100人在山西进行党政军民慰问演出,先后在大同、朔州、太原巡演四场,受到各级领导干部和人民群众的广泛赞誉;组织参加中央文献研究室、山西省委举办的纪念抗日战争胜利65周年座谈会暨朱德与山西抗战学术研讨会,省军区司令员方文平、10名老八路代表、30名直属队官兵参加了活动;与省委宣传部、省文联、太原市委宣传部共同举办"翰墨长锋书法展",省军区政治部主任黄献军出席活动;在《山西日报》刊发方文平纪念抗战胜利65周年的理论文章。

【后勤建设"三项治理"整顿】 按照省军区党委决策部署,在全区深入开展以财经、营房、车辆管理为重点的"三项治理"整顿,下大力解决在财经管理、工程建设、土地转让、空余房地产租赁和车辆管理等方面存在的问题,重点划分动员部署、自查整改、检查验收、小结讲评四个阶段,狠抓遗留棘手问题的整改纠治,进一步加大部队管控力度,规范部队建设秩序。组织全区召开三次电视电话会议,动员部署、小结讲评,整改汇报。制订下发实施方案和检查细则,汇编印发23项政策法规文件,汇总175份自查报表,组织两次对下督导检查,并转发大同军分区经验做法,向北京军区联勤部专题报告治理整顿开展情况,《后勤》杂志、《北京军区后勤工作简报》作了报道。各级认真对照通报的问题,立足本级解决,逐一纠治整改,对省军区没有检查到的部团,各单位按要求全面组织自查自纠,专题汇报整改落实情况,治理整顿取得阶段性成效。

【完成军人保障卡扩试任务】 按照总部和军区统一部署,专题召开保障卡应用工作任务部署会,先后组织四次保障卡专业培训,41个保障卡节点单位拿到了北京军区新系统应用考核结业证书。邀请总后科研所、中电集团15所和数据通信所专家现场指导,规范硬件系统安装,确保系统安全可靠。全年更新维护6000余人、2万余条信息数据,达到了数据横向和

8 月 1 日，省军区举行军史馆开馆仪式　　（王海海提供）

纵向统一，实现了依卡发薪、依卡就医。以新版系统升级为契机，集中组织各级中心、终端进行培训，配发安装了机要加密芯版，深入学习贯彻三总部《军人保障卡管理规定》和北京军区《军人保障卡安全管理办法》，提高管理人员的业务技能，增强保密意识和安全管理水平。协调组织军务、干部、财务、军需、卫生、营房等各业务口进行保障卡实力联审，总部和军区联勤部在检查调研后给予了充分肯定。

【开展军服专项整治活动】 为深入贯彻《军服管理条例》，省公安厅、省工商局、省广电局、武警山西省总队和省军区司令部、政治部等部门联合组成 50 人的执法队伍，在太原市区开展以打击非法销售和穿着、使用军服为重点的军地联合执法行动，共罚没仿 07 式军服、07 数码图案制品、武警和公安服装 12 个品种、600 余件套，发放宣传单 300 份，进一步规范军服管理秩序，切实维护军服的专用性和严肃性。省广播电视台卫视频道、《山西日报》《解放军报》《战友报》等新闻媒体报导此次行动。

（王海海）

武警山西总队

【概述】 2010 年，武警山西总队认真贯彻武警党委决策部署，坚持以科学发展观为指导，紧紧围绕建设现代化武警目标，全面加强部队建设，忠实履行职责使命，圆满完成以执勤处突为中心的各项任务，部队建设呈现出稳步发展良好势头。

1. 坚持用中国特色社会主义理论体系武装官兵，大力加强部队思想政治建设。牢牢把握“三个确保”时代课题，按照“三个紧贴”要求，有力推动思想政治建设。下大力抓好党的创新理论武装，认真组织两级党委机关中心组学习，采取课题牵引、调研深化、工作带动等方法，推动学习成果向实践转化。高度关注意识形态领域斗争，加强形势政策教育、隐蔽战线舆情监控稳控和“四反”工作。通过强有力的思想政治建设，打牢官兵高举旗帜、听党指挥、履行使命思想政治基础，确保部队建设正确方向。

2. 坚持职责使命牵引，提高执勤处突能力。坚持执勤工作抓正规、战备工作抓体系、军事训练抓质量，实现“执勤确保安全、处突确有把握、反恐确保制胜、维稳确保平安、救援确保有效”目标。狠抓正规化执勤，认真学习贯彻执勤法规，积极开展“三共”“三个一遍”和正规化执勤等级评定活动，加快推进警卫、守卫、守护目标“四防一体化”建设步伐。加强战备体系建设，健全警地应急协同指挥机制，优化处突力量编成，修订完善战备方案，规范战备库室、战备设施和战备资料，抓好省、市、县三级反恐力量建设和以直属支队工化中队、总队医院救护分队、地市支队抢险排为主体的专业救援力量建设。

3. 坚持狠抓正规化建设，确保部队安全稳定。坚持从严治警，全面落实总部辽宁会议和高岭集训精神，扎实开展条令学习月、作风纪律整顿、士官教育整训活动，突出治理“三松”和兵员管理不严格问题，强化各级依法建设、依法指导、依法办事意识。认真开展正规化建设达标活动，加强机关和直属队正规化管理。按照“六个确保”要求，认真贯彻《安全条例》《预防犯罪工作条例》和《隐患排查治理规定》，加大对外出零散人员、小散远直差单位、节假日敏感期和重点环节、要害部位管控，抓好“四不”和擅离部队问题集中整治，加大安全隐患排查治理力度，有效防范重大安全问题发生。积极推进管理理论和手段创新，及时总结推广安全管理经验，形成人人抓管理、事事保安全局面。

4. 坚持服务中心服务基层服务官兵，不断提高后勤综合保障能力。认真落实总部遂行多样化任务、处置突发事件和应急保障有关要求，加快完善总队、支队和中队三级储备体系，抓好应急战备物资购买配置，加大战备物资储备力度。严格工程项目预决算审计。大力提高精细化管理水平，深入开展治理“小金库”和打击假发票违法犯罪活动，执行预算外经费“收支两条线”管理办法，加强枪弹、车辆和油料储备库安全管理。突出后勤人才队伍建设，不断提高后勤队伍专业技能和服务保障水平。

5. 坚持把工作重心放在基层，进一步夯实部队建设基础。认真贯彻《纲要》和《三十条》，着力提高“三个一线”按纲抓建能力素质，一季度总队组织基层大、中队主官《纲要》培训，继续深入开展大练基本功活动。坚持把经常性、基础性工作“当日子过”，突出“四个基本”，抓实“四个经常”，打牢“五个基础”，全面提高八项经常性基础性工作落实质量。加大帮建指导力度，支队重点抓好小散远直和连续五年后进单位帮建。制定典型培育计划，充分挖掘标兵中队、先进个人典型经验和事迹，使部队建设各个方面都有典型、各个层次都有标杆，扩大宣传辐射效应，不断引领基层建设创新发展。

6. 坚持以建强党委(支部)班子为重点，努力提高党的建设科学化水平。以能力建设和先进性建设为主线，以创建学习型党组织为载体，以创先争优活动为抓手，以思想作风建设为切入点，全面加强党的思想、组织、作风、制度和反腐倡廉建设。按照建设学习型党组织、争当学习型党员干部要求，完善集体学习、调查研究、成果转化、检查考核等制度，不断推动创建学习型党组织向深度发展。在两级党委机关开展“强党性纯洁人品官德，严党纪纯正党风军风”为主题的反腐倡廉教育，严格落实党风廉政建设各项规定，加强对权力运行监督监察，纠治官兵反映强烈问题。开展创先争优活动，严格落实组织生活制度，加强分类指导、跟进督导、典型引导，确保实效。修订完善干部教育管理规定，不断改进干部考核和选拔任用办法，加大年轻干部培养力度，提高干部队伍素质，增强发展活力。加大对转业干部择业安置工作关注和支持。

【“卫士-10”演习】 9月17~21日，山西总队圆满完成“卫士-10”演习。总队所属机动部(分)队、执勤分队应急力量全员额、全装备参加演练。这是总队组建以来参演单位最多、机动距离最远、持续时间最长、规模最大一次演习。演习按“用什么，练什么”原则，设置处置民生诉求诱发大规模闹事事件、任务部队防袭击、公共场所反爆炸、旅游巴士反劫持、山地搜剿战斗行动等10余项课题。

【临汾“3·28”透水事故抢险救援】 3月28日13时，山西省王家岭煤矿发生严重透水事故，153名工人被困井下。总队主动向省委、省政府请战，担负现场指挥部警卫、事发坑口核心区警戒和协助运送获救人员等任务。任务中，提出“保秩序就是保畅通、保畅通就是保生命”口号。部队共处置工人家属冲闯指挥部事件4起，围攻电视台转播车辆和醉酒人员闹事事件各1起，协助公安排查、劝离化装混入核心区记者30余名，协助运送伤员100余人，受到党中央、国务院、中央军委充分肯定。4月12日23时，153名被困人员中115人成功获救，35人不幸遇难，3人下落不明。总队临汾支队230名官兵连续奋战15个昼夜，圆满完成王家岭煤矿“3·28”透水事故抢险救援任务。

【晋城“8·19”刘家川地区抗洪抢险阶段性救援】 8月19日，晋城地区出现强降雨过程，城区北石店镇刘家川地区降雨量达309毫米。强降雨造成北石店镇刘家川村受灾严重，通往村内道路严重受损，村庄被洪水包围，2000余名群众被困，灾情十分紧急。总队晋城支队紧急出动110人，车辆5台，担负刘家川地区抗洪抢险救援任务。19日18时，成功营救14名被困车内群众，打通通往村内道路，并成功营救村内被困群众3人，圆满完成抗洪抢险任务。

【灭火救灾】 4月5日10时，晋中市太谷县范村镇庄头村发生山林火灾，火线长达6千米，着火点达15处。总队晋中支队紧急出动兵力200名，于6日凌晨赶赴事发地域，经过近12小时奋力扑救，于12时将大火成功扑灭。

4月5日11时，阳泉市平定县冶西、药林寺和郊区大南沟地区相继发生3起山林火灾，过火总面积超过18.009公顷。总队阳泉支队紧急出动兵力150名，分赴3个火场参与扑救。经过近8小时奋战，共扑灭明火点15处，清理余火10余处，于22时将3起山林火灾成功扑灭。

4月5日14时，长治市武乡县分水岭镇窑儿头村发生山林火灾，火线长达5千米，着火点达10余处。总队长治支队出动兵力100名紧急增援，经过18小时奋力扑救，于6日10时将山林火灾成功扑灭。

6月17日23时，临汾市安泽县杜村乡苏村一带发生山林火灾，因火场植被以油松林和灌木丛为主，共形成4个主要着火区。18~22日，总队前指率直属、临汾支队兵力830名，连续奋战60小时，圆满完成山林火灾扑救任务。

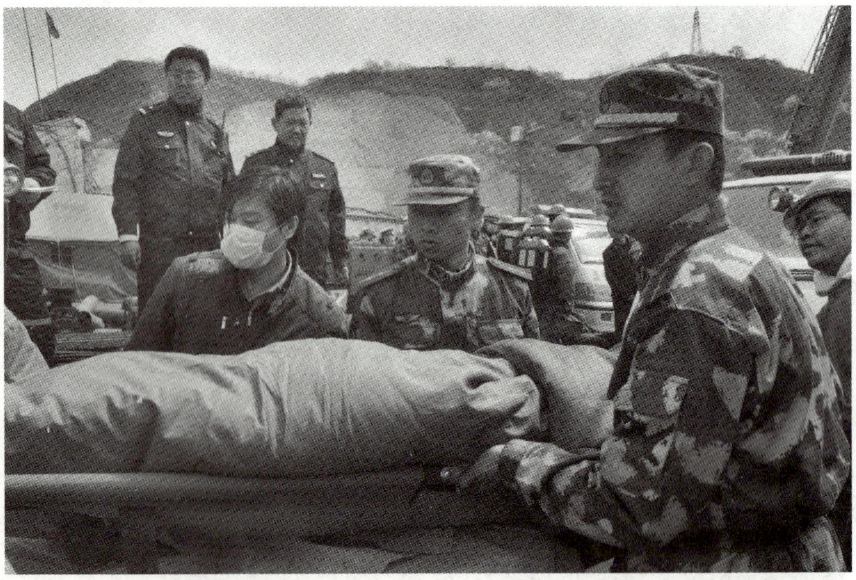

临汾“3·28”透水事故救援现场运送伤员　　(吴　鹏提供)

临汾支队"6·17"安泽救火现场　（吴　鹏提供）

7月30日19时，太原古交市原相乡上白泉村一带发生森林火灾，总队前指带领直属支队兵力200名于次日2时22分机动到位，将3处大的明火点扑灭，控制火势。于17时撤离火场，圆满完成任务。

【警卫勤务】 5月3日，亚美尼亚总统萨尔基相一行在出席世博会后顺访大同市，任务代号"外101团"，警卫规格"一级"。总队出动兵力49名，圆满完成"外101团"在大同市访问期间随队和专机警卫任务。5月13~15日，总队前指和太原支队共出动兵力64名，圆满完成"1005团"首长住地二级临时警卫勤务。6月24~28日，国务委员兼国防部部长梁光烈一行赴山西大同、忻州、太原等地进行国防动员调研。任务代号"1006"团，警卫规格为"二级"。总队前指和大同、太原支队出动兵力111人，担负首长住地和专机警卫勤务。7月21~22日，总队大同支队出动兵力113人，车辆8台，圆满完成"1009团"首长住地及活动期间二级临时警卫勤务。8月2~5日，海峡两岸气候变化与能源可持续发展论坛第六届年会在山西省长治市召开，代号"1010团"。总队长治支队出动兵力15人，车辆2台，完成首长住地三级警卫任务。9月15~16日，全国人大常委会副委员长陈昌智一行赴太原市参加山西省国际能源博览会，任务代号"1019"团，警卫规格为"二级"。总队前指和太原支队共出动66名兵力，担负首长住地警卫勤务。圆满完成"1021"团三级临时警卫勤务。11月10~13日，全国政协副主席、农工党中央常务副主席陈宗兴一行赴山西太原、大同考察工作，任务代号"1021"团，警卫规格为"三级"。总队前指、太原、大同支队共出动兵力60人，担负首长住地临时警卫勤务。11月15~17日，全国人大常委会副委员长陈至立一行赴山西太原、晋中、阳泉、长治考察工作，任务代号"1022"团，警卫规格为"二级"。总队前指、太原、阳泉支队共出动兵力77人，完成首长临时住地警卫任务。11月18~20日，中央政治局委员、中央政法委副书记王乐泉一行赴山西太原、晋中视察工作，任务代号"1023"团，警卫规格为"二级"。总队前指、太原支队共出动兵力72人，担负首长住地临时警卫勤务。　（吴　鹏）

人民防空

【人民防空60周年座谈会】 10月22日，山西省纪念新中国人民防空60周年座谈会在太原举行。省委常委、省人大常委会副主任申联彬，省军区副司令员何永才，省政协副主席周然，省国动委、省直有关厅局、省军区有关部门负责人共100余人参加。与会人员回顾山西省人民防空60年的发展历程，展望、探讨人民防空事业的发展之路，对人民防空工作提出了新的希望和要求。

60年来，全省人民防空事业在防护工程、指挥通讯、宣传教育、法律法规、科研设计等方面都取得较大成绩。特别是近10年来，全省人防事业突飞猛进，工程数量为前50年的2.5倍，开发利用人防工程面积逐年增加，组建人防作战指挥信息网，重点城市防空警报覆盖率达90%以上，所有县城都安装防空警报器，防空防灾教育进机关、进社区、进企业、进学校、进网络，民众的人防意识和防护技能进一步提高，群众防空组织组、训、练、战都取得很好成效，法律法规更加健全，人民防空的战备效益、社会效益、经济效益充分体现，已经成为国防建设和经济建设的重要力量。

【纪念人民防空60周年知识竞赛】 10月20日，在山西电视台举行，全省人防系统6支代表队参加比赛。大同市代表队获得一等奖，太原市、阳泉市代表队获得二等奖，晋城市、运城市、晋中市代表队获得三等奖。省军区副司令员何永才、省国动委综合办主任杨少华、省人防办主任常高才、纪检组长裴鸿涛等出席观看了知识竞赛并给获奖单位颁奖。

【省人防办等单位及个人获表彰】 2010年10月国家人民防空办公室下发决定，表彰"十一五"以来全国人民防空先进单位和先进个人。决定指出，为鼓励先进，树立榜样，进一步调动全国人防系统各单位和广大干部职工的积极性、创造性，推进人民防空事业科学发展，国家人民防空办公室决定对全国221个"全国人民防空先进单位"和354名"全国人民防空先进个人"予以表彰。全省荣获"全国人民防空先进单位"荣誉称号的有：山西省人民防空办公室、山西省大同市人民防空办公室、山西省太谷

山西省纪念新中国人民防空60周年座谈会　（刘秀林提供）

县人民防空办公室、山西省侯马市人民防空办公室、山西省河津市人民防空办公室、山西省忻州市西河头人防教育基地;全省荣获“全国人民防空先进个人”荣誉称号的有:常高才（山西省人民防空办公室主任)、冀克平(太原市人民防空办公室主任)、冯改朵(朔州市人民政府市长)、刘旺(朔州市人民防空办公室主任)、郝忠亮(吕梁市人民防空办公室副主任)、孙成竹(晋中市人民防空办公室主任)、郭文忠(长治市人民防空办公室主任)、王英俊(晋城市人民防空办公室主任)、张清龙（临汾市人民防空办公室指挥通信科科长)、张秀霞(运城市人民防空办公室副调研员)。另外,在第六次全国人民防空会议上，国家国防动员委员会对71个“全国人民防空先进城市”予以通报表彰,山西省太原市、阳泉市榜上有名。人力资源和社会保障部、总参谋部授予山西省晋城市人民防空办公室“全国人民防空先进集体”荣誉称号。阳泉市人民防空办公室主任王立宾被授予“全国人民防空先进工作者”荣誉称号。（刘秀林)

省公安边防总队

【概述】 2010年,山西省公安边防总队(以下简称省边防总队)大力提高边检服务水平，努力实施精细化管理,圆满完成以边防检查为中心的各项工作。全年共检查出入境人员39901人次,比2009年增长42.04%;出入境航班389架次,增长34.60%;完成8架次备降航班监护任务,验放数量创历史新高。

【提升边检服务水平】 2010年,省边防总队注重在打基础上下功夫,在执勤实战上做文章。组织检查员系统开展伪假证件识别、边检法律法规、边检业务用语、计算机操作等专业基础知识培训,细化完善各个执勤岗位的服务流程及任务分工。深入开展边检走访活动,广泛听取地方政府、经营企业和出入境旅客的意见建议,召开提高边检服务水平暨“网上报检”工作协调座谈会,使“报检免排队”措施得到进一步完善和落实。圆满完成太原至香港、台湾航班和太原至韩国、日本、泰国等临时包机,及节假日期间各类航班的勤务工作。先后为亚美尼亚总统专机、台湾著名企业家郭台铭等知名人士公务机、俄罗斯脑瘫患儿治疗包机等提供优质通关服务。

【完成上海世博会和广州亚运会期间边检安保任务】 2010年,省边防总队采取多项措施加强口岸管控,确保上海世博会和广州亚运会期间太原口岸和部队内部的高度安全稳定。总队应用奥运和国庆60周年安保工作中的成功做法,认真查找管控措施中存在的问题和漏洞,重新梳理勤务岗位工作流程和运行机制,制定专项勤务方案。进一步完善处突预案,明确岗位职责,反复演练,保证每次勤务工作预案准备到位、处置措施得当有力。加大对台外哨和机组工作的检查力度，确保口岸限定区域安全有序。充分发挥入境旅客信息预报系统功能,加大查验力度,加强口岸管控。全年查获在逃人员1名,查处外国人逾期居留1起1人次,有力维护口岸安全稳定。

【执勤执法正规化建设】 2010年,省边防总队制定印发总队执法规范化建设三年规划、执法标准化管理手册、常见行政案件处理流程图。开展执法规范化征文活动。同时,对执勤现场标牌标识及监控设施进行整合改造，实现所有执勤执法过程均可全程录音录像的工作目标。为执勤现场购置双屏台式电脑、手持金属探测仪、电子温度计等执勤执法装备。坚持把查控工作作为执勤执法工作的核心环节，层层落实责任制,查控名单随到随录,每日检查边检系统设备，及时认真审核、录入、登记边控名单,保证布控数据绝对准确,未出现任何漏控、失控现象,全年未发生行政复议、诉讼等情况,执法水平不断提高。

【政治建警　文化育警】 2010年,省边防总队先后组织开展“大力弘扬海地维和精神,培育当代革命军人核心价值观”主题教育、反腐倡廉集中警示教育。组织官兵到国家可持续发展示范区右玉县和山西省看守所参观学习,增强官兵为民、务实、清廉的自觉性。4月至5月,开展“心贴心、送温暖、促和谐、保稳定”谈心走访活动,进一步加强对官兵队伍的管理,调动官兵工作热情和积极性。开展五四运动91周年、建党89周年系列纪念活动、优秀共产党员评选活动和“博爱一日捐”活动,活跃警营文化生活,使官兵在活动中受到教育。组队参加公安部边防局“边防卫士杯”乒乓球赛和山西省公安厅举办的广播体操比赛，促进警营文化建设工作不断提升。2010年,总队被山西省政府授予“山西省省直文明和谐单位”。

（武　鑫)

民主党派和工商联

民革山西省委员会

【概述】 2010年，民革省委加强参政能力建设，建设学习型、高素质参政党；继承和发扬孙中山先生爱国、革命、不断进步精神，保持民革基本特色；坚持以参政议政为第一要务，服从中共山西省委、省政府工作大局，服务山西转型跨越发展，维护社会稳定、社会和谐。全省发展党员186人（其中，大学以上学历76%，民革特色24%，中上层人士45%），外转及自然减员32人，增长4.76%。截至2010年底，山西省民革党员总数为3384人。

【思想建设】 （1）民革省委思想建设以开展学习践行社会主义核心价值体系活动为重要内容。1月，省委会成立学习践行活动领导机构，主委谢克昌担任领导组组长，各部门负责人为成员；并推出阶段性活动方案，建立领导组成员定点联系制度。4月，省委会召开学习践行活动书面交流汇报会议，进行检查。11月，省委会召开学习践行活动阶段性总结汇报会议，进行落实。11月21日，全国政协常委、副秘书长、民革中央副主席、民革中央"学习和践行社会主义核心价值体系"活动领导组组长修福金莅晋，作学习践行社会主义核心价值体系活动专题讲座，至此，民革省委学习践行活动达到阶段性高潮。（2）5月17日，民革省委召开学习继承孙中山精神座谈会，探讨新形势下如何做好孙中山研究工作思路，全力以赴编撰《孙中山与山西》一书，开辟"民革中央网站辛亥革命与山西专题"，开辟《山西民革》期刊学习研究孙中山先生和介绍山西辛亥革命人物事迹专栏。同时，还把学习践行活动与民革省委机关精神文明建设以及实行标准化管理统一起来。建立达山西省一级标准档案室，连续三年创建成功省直文明和谐单位。（3）全年在中共中央统战部网站、民革中央网站、《团结报》等媒体刊载有关民革省委文章100多篇。其中，省委会机关建设经验总结性论文《学习践行社会主义核心价值体系，构建和谐民革机关》在《团结》杂志刊登，并收录于《中国思想政治工作与文化建设大全》。《团结报》山西记者站，荣获2009~2010年度《团结报》先进记者站三等奖。

【组织建设】 民革省委组织建设贯彻落实中共中央两个5号文件（中发〔2005〕5号、中发〔2006〕5号）和中共山西省委31号文件（晋发〔2005〕31号）精神、民革中央组织发展五年规划和2010年组织工作要点。省委会领导班子建设、基层组织建设、后备干部队伍建设以及组织发展、干部培训等为参政议政提供人才支持和智力保障。民革朔州市委、民革吕梁市委先后于1月13日、7月27日正式成立。省委会于7月6日下发《关于省直总支、支部换届若干问题的决定》文件，于11月9日召集省直支部主委开会，确定换届时间进度为2011年二季度以前完成。省委会按照民革中央《2010~2013民革全国党员、干部教育培训工作规划》要求，全年对各市委主委、副主委和秘书长、各级机关干部、各基层组织主委、新社会阶层代表人士中青年党员和新党员等进行分类培训。6月，民革中央副秘书长、组织部部长叶莉君一行赴晋就组织建设调研，对省委会组织建设给予肯定。2010年民革全国先进基层组织、基层工作先进个人表彰大会授予民革太原市杏花岭二支部、民革朔州市朔城区支部、民革长治市潞城支部、民革晋城市阳城县支部、民革省直属山西大学总支为"民革全国先进基层组织"，授予王美霞等10人为"民革全国基层工作先进个人"。民革山西省委十届五次全会授予民革太原市杏花岭二支部等42个基层组织为"民革全省先进基层组织"，授予代政等130人为"民革全省基层工作先进个人"。省委会全年共推荐党员干部200余人。在2010年仅有的两位党外人士新任国务院部委领导职务中，省委会主委谢克昌担任中国工程院副院长。

【参政议政】(1)民革省委重视参加省委、省政府、省政协召开的各种通报会、座谈会和征求意见会，并作为民革参政议政重要途径，每次会议都认真准备，提出合理化建议。省委会积极参与省人大、省政协组织的各种视察、调研以及省政协主席提案督办等活动，掌握第一手资料，提出合理建议。(2)省委会认真选题，自主调研，提出合理化意见。2010年初，省委会赴太原就贯彻落实省委书记袁纯清提出的“建设太原成为具有国际影响力的区域性大都市”课题、赴长治就全省城乡统筹发展、农村义务教育、社会主义新农村文化建设、农村教师队伍建设等课题进行调研，写出调研报告。11月，省委会参加省政府第二批重大决策咨询课题公开招标，竞标取得成功。2010年，省委会向省政协大会提交集体提案40件。(3)2010年，省委会向民革中央报送社情民意79篇，向省政协报送社情民意138篇，向全国政协报送社情民意6篇。(4)省委会建立省、市、支部三级联动和共同参与的参政议政工作机制。建立健全参政议政管理和奖励制度。编辑出版《民革山西省委社情民意信息工作手册》。省委会利用特约检察员、特约监察员、特约审计员、行风评议员等身份和平台，积极参与民主监督活动。省委会六个专委会积极召开会议，制定工作制度，并举办多种活动，做到年初有计划、年终有总结、定期有奖励。(5)2010年，全省民革组织中的政协委员和人大代表向各级人大和政协分别提交个人议案建议328件、个人提案245件。

【社会服务】民革全省各级组织获悉青海玉树强烈地震、甘肃舟曲特大泥石流灾害以后，积极动员，捐款捐物，表达爱心。省委会坚持把朔州市平鲁区儿童福利院200多名孤儿作为关爱对象，与民革朔州市委联合开展“爱心基地献爱心接力活动”。省委会与各市委会联合协助中国医学基金会开展“基层卫生发展阳光绿道济困行动”，向运城基层医疗单位援助3台新型全数字三维彩超仪器。民革基层组织社会服务各具特色：民革太原市委长期帮扶阳曲县洛阴村脱贫致富；民革大同市委长期开展教育扶贫和支教活动；民革阳泉市委创新工作载体为新农村建设解决水利资金短缺问题；民革长治市委、民革晋中市委开展新农村定点结对帮扶活动；民革忻州市委筹备“山西省忻州市万亩绿色农业生态园”；民革晋城市委建设生态农业阳城示范基地；民革朔州市委与省直煤化所支部开展生态林基地建设；民革临汾市委襄汾总支积极开展新农村文化广场设计；民革运城市委陆立星参加运城“援茂医疗卫生队”，在川对口援建长达半年之久；民革吕梁市委积极开展社会文化服务，组织孝义皮影剧团深入工矿企业和中小学校义务演出188场；民革党员李鸿祥创办晋中协和口腔医院并为500多名残疾人免费治疗。

【两岸交流交往】(1)民革省委多次举办座谈会、研讨会和台情报告会，并邀请民革中央联络部副部长杨海燕作《民革是如何做祖统工作的》报告。11月20日，民革十一届中央委员会祖统委员会第三次全体委员会议在太原召开。(2)5月，省委会接待台湾著名实业家、出版家徐宝寿和建筑学家《中国时报》著名报人党象莱。6月，民革晋城市委党员王昊赴台参加由台湾圆桌教育基金会主办的课程班学习。8月，“海峡两岸气候变迁与能源可持续发展论坛”第六届年会在长治举行，民革中央常务副主席厉无畏到会，主委谢克昌为本届年会主席，并以《发展低碳能源技术，创造美好未来》为题进行大会交流。9月，省委会、民革太原市委、民革大同市委、民革临汾市委分别会见中国国民党中央候补委员邓治平；省委副主委吴菊仙代表民革运城市委接待原国民党中央立法委员、“总统府”顾问、台北紫南宫董事长高中信一行；民革临汾市委接待台湾中国民主青年党主席曹俊煜、台湾三立电视台新闻记者团和台湾中学校长参访团。(3)各级组织涉台参政议政工作不断加强。民革太原市委提交的《关于对太原市孙中山纪念馆进行彻底翻修的建议》提案，各级组织提交的《我省应尽快建立山西台商会馆》《以纪念辛亥革命一百周年为契机两岸四地应发行同图邮票促进祖国统一》等社情民意信息均受到有关部门重视。

（王明德）

民盟山西省委员会

【学习和践行社会主义核心价值体系】2010年，全省各级盟组织以学习和践行社会主义核心价值体系为主线，以“搞好一个活动，抓好两个重点，做到三个结合”为思路，引导广大盟员牢固树立中国特色社会主义共同理想。《山西盟讯》和民盟山西省委（以下简称盟省委）网站开辟学习和践行社会主义核心价值体系专栏，《山西盟讯》出版专辑，刊登系列理论文章，宣传报道先进典型。全省各级盟组织开展征文、演讲、报告、座谈和学习宣讲等主题活动。广大盟员通过学习和交流，在思想上形成广泛共识。

【参政议政】2010年，在省人大十一届三次会议上，傅建荣提交的《关于大力推进我省义务教育均衡发展的建议》，王君做了重要批示。在省政协十届三次会议上，盟省委共提交集体提案14件，大会发言1件，书面发言2件，内容涉及科技、教育、文化、旅游、“三农”及生态建设等。其中《保障农业产业安全，协同开展信息分析预警》《开展我省旅游资源普查刻不容缓》等提案被《山西政协报》和省内其他几家报纸全文刊登。在会议期间召开的提案工作表彰会上，《关于加快山西现代农业发展的建议》《关于大力发展山西环保产业的建议》被省政协评为优秀提案，刘本旺等7

民盟山西省委理论研究会成立大会　（梁俊娜提供）

名盟内省政协委员获先进提案个人奖。

【社会调研】 2010年4~6月，围绕省政府促进山西省高碳产业低碳发展的工作目标，盟省委组织盟内有关专家学者就节能减排、循环经济进行为期两个月的调研，形成两万多字的调研材料。在此基础上，以《深化发展循环经济，促进我省高碳产业低碳发展》为题向省委、省政府做专题汇报。9月，向盟中央提供《减排全球化趋势下的中国战略》和《关于我国发展低碳经济的意见和建议》。10月，参加民盟中央在浙江召开的基础教育研讨会，向大会提交《课堂流程的改革》《农村教师队伍的现状、问题与对策》两篇论文。盟省委不断完善反映社情民意信息报送工作机制，加强对有关信息人员的培训。全年共采编社情民意信息412条，其中74条被民盟中央采用，5条被全国政协采用，52条被省政协采用。《完善兽药残留检测体系，多手段引导"无抗畜禽产品"生产》被全国政协领导批示。

【社会服务】 2010年，盟省委各级盟组织和广大盟员继续开展"农村教育烛光行动"。为改善农村学校基础设施，盟省委联系引进和落实援建资金，联系民盟上海市委援建的吕梁市离石区结绳焉希望小学烛光楼和民盟中央、汇光石油集团援建的大同市天镇县上吾其希望小学竣工并投入使用。8月，盟省委组织40名农村盟员教师参加由盟中央和新东方集团联合举办的农村骨干英语教师培训班。盟省委在山西省未成年人犯罪管教所、山西省榆次女子监狱开展一系列帮教工作，与省未成年犯罪管理所达成把省未管所确定为"民盟山西省委定点帮教单位"的共识，共同研究制定帮教方案。各专委会活动形式多样、内容丰富。科技委员会举行多次座谈，围绕山西省低碳发展所面临的难点、对策等进行研讨；老龄委员会就如何完善社区居家养老服务进行调研；文化工作委员会举办"春之约"朗诵音乐会；农村工作委员会围绕如何提高现代农业的综合生产能力、促进农民增产增收进行调研。

【自身建设】 2010年，盟省委共有省直属组织47个，其中有11个地级市委会，36个盟省委直属基层组织。全省盟员分布在30余个市县，共建有基层组织232个。截至12月底，全省共有盟员7290人，共发展新盟员389人。在职盟员比例逐年上升，全省盟员平均年龄有所下降。通过公开招考录用公务员3名，充实机关干部队伍。制定并实行《民盟山西省委软件资产管理制度》《计划生育管理制度》，修订完善《民盟山西省委机关考勤制度》，完善机关规章制度。盟省委机关连续第四年被评为山西省直机关"文明和谐单位"，连续第二年被太原市双拥办评为太原市双拥先进工作单位。

【盟省委理论研究会】 盟省委统一战线和多党合作理论研究会于5月15日成立。盟省委主委张平任名誉会长，副主委亢官文任会长，梁丽萍、徐佩雄、孙熔任副会长。会议讨论通过《民盟山西省委统一战线和多党合作理论研究会工作条例》，对研究会指导思想、组织、职责、工作制度等进行规定。安排并讨论《2010年民盟山西省委统一战线和多党合作理论课题》。

【信息员通讯员工作会议】 8月25日召开。亢官文等出席会议，各市委会、省直属基层组织的信息员、通讯员共70余人参加会议。会议对在信息工作中作出突出成绩的15名信息员和在宣传报道工作中表现突出的12名通讯员进行表彰。参政议政部召集信息员对如何编写好信息，提高报送信息的质量和采用率进行座谈，邀请原平市政协常委、专委会主任、民盟忻州市委宣传部部长王如阳作《我做社情民意工作的体会和打算》的发言，与在座的信息员进行经验交流。

（梁俊娜）

民进山西省委员会

【重要会议】 4月9~10日，民进山西省六届四次全委会议在太原召开。省政协副主席、省委会主委卫小春，省政协原副主席、省委会原主委秦国栋、张正明，副主委张建豪、张政、成锡锋、陈维毅、任建国，副主委兼秘书长高新文，原副主委张恒、马大华出席会议开幕式。省委统战部常务副部长马天荣应邀出席开幕式。高新文主持开幕式。会议审议通过卫小春代表六届常委会所作《工作报告》，通过《民进山西省委监督委员会工作条例(试行)》及民进山西省委监督委员会组成人员名单。

5月27~28日，省政协十届十四次常委会议在太原召开。会议决定任命张建豪为省政协副秘书长。

9月21日，民进山西省六届八次常委(扩大)会议在太原召开。省政协副主席、省委会主委卫小春，省政协原副主席、省委会原主委秦国栋、张正明，省政协副秘书长、省委会副主委张建豪，省委会副主委张政、成锡锋、陈维毅、任建国，副主委兼秘书长高新文及省委会常委出席会议。省委统战部一处处长梁旺礼应邀到会。会议由卫小春主持。会上，以无记名方式对领导班子及成员进行民主评议。会议通过人事事项，决定任命贺安黎为省委会秘书长，高新文不再兼任秘书长职务。

10月16日，民进临汾市委二届五次全体(扩大)会议在临汾市召开。省政协副主席、省委会主委卫小春，副主委高新文，组织部部长张文元应邀出席会议。会议同意方熔辞去民进临汾市委主委请求，选举王金珍为民进临汾市委主委。

12月12日，民进运城市委二届五次全委(扩大)会议在运城市召开。省政协副主席、省委会主委卫小春，省政协副秘书长、省委会副主委张建豪，组织部部长张文元应邀出席会议。会议同意王正选辞去民进运城市主委请求，并全票选举翟冬鸿为民进运城市委主委。

12月18日，中国民主促进会山西农业大学支部委员会成立大会在山西农大召开。省政协副主席、省委会主委卫小春，省政协副秘书长、省委会副主委张建豪，山西农大党委书记石杨令，党委副书记、校长董常生，党委副书记滑云龙等领导应邀参加会议。会议选举郝利平、霍乃蕊、段永红、牛铁荃、王瑞云为民进农大支部第一届委员会委员，郝利平为主委，霍乃蕊、段永红为副主委。

【参政议政】 1月12日，省委副书记、省长王君主持召开座谈会，征求各民主党派和基层代表对即将提请省十一届人大三次会议审议的《政府工作报告》(征求意见稿)意见。省政协副主席、省委会主委卫小春，副主委张建豪参加会议。卫小春代表民进山西省委发言。

1月16日，由山西民进艺术团主办的民进山西省委关于文化体制改革专题座谈会在省委会机关会议室召开。省政协副主席、省委会主委卫小春，副主委张建豪，副主委兼秘书长高新文，常委、山西民进艺术团团长朱丽等20余人参加会议。会议由高新文主持。

1月25~29日和1月26~31日，省政协十届三次会议和省十一届人大三次会议在太原举行。出席"两会"山西民进会员共34人，其中政协委员23人，人大代表11人，作为全国人大代表列席人大会议1人。"两会"期间，来自民进界别的省人大代表和政协委员围绕"三个发展"战略目标和"五个着力"工作重点，把推进经济结构调整和发展方式转变作为首要任务，把促进民生改善与社会和谐作为重要职责，为推进全省经济社会又好又快发展凝心聚力、建言献策。

4月6~14日，由省政协副主席、省委会主委卫小春带队的民进山西省委关于加快全省文化旅游发展课题组分别到省旅游局和省文化厅进行调研。并针对具体问题，分别和省旅游局、省文化厅及有关部门领导进行座谈讨论。

4月21日，由省政协副主席、省委会主委卫小春带队的民进山西省委关于加快全省文化旅游发展课题组到介休市进行调研。课题组一行在张壁古堡村进行考察调研，认真听取晋中市旅游局、介休市旅游局、绵山风景区、张壁古堡村、石膏山风景名胜区情况通报，并针对具体问题进行座谈交流。

5月5~8日，由省政协副主席、省委会主委卫小春带队的民进山西省委关于加快全省文化旅游发展课题组到晋城市进行调研。课题组一行先后深入珏山、王莽岭、锡崖沟和皇城相府等景区进行实地调研，并针对具体问题进行座谈交流。

8月4日，省委、省政府召开山西统一战线服务转型发展、跨越发展调研成果汇报会，分别听取各民主党派、工商联和无党派代表人士围绕事关山西省发展大局和民生课题调研形成的调研报告和建议。会上，卫小春作《解放思想，创新机制，推动我省文化旅游产业跨越发展》大会发言。

11月26日，山西省委召开党外人士座谈会，就《中共山西省委关于制定国民经济和社会发展第十二个五年规划的建议》(征求意见稿)听取各民主党派省委、省工商联负责人和无党派人士意见和建议。省委书记、省人大常委会主任袁纯清主持座谈会并讲话。省委副书记、省长王君介绍《中共山西省委关于制定国民经济和社会发展第十二个五年规划的建议》(征求意见稿)形成过程及主要内容。省委常委、常务副省长李小鹏，省委常委、统战部部长李政文出席会议。省政协副主席、省委会主委卫小春，副主委高新文参加会议。

【社会服务】 2月2日，省委会在太原市与迎泽区双拥办、新南二社区联合召开"双拥"民情民意座谈会。省委会副主委兼秘书长高新文，社会服务部部长米效东参加会议。社区书记柳志和做社区工作汇报。社区主任许乃平主持会议。参会人员还有军属、烈属、优抚对象、伤残军人、居民代表等30余人。

3月5日，民进中央社会服务部李红一行在临汾就社会服务工作进行调研。省委会副主委兼秘书长高新文，社会服务部部长米效东陪同调研。临汾市政协副主席、民进临汾市委主委方熔汇报民进临汾市委社会服务工作情况。调研组考察由会员薛云生创办的临汾向阳高级学校。

3月17~19日，针对吉县苹果树腐烂病高发紧急情况，省委会农林工作委员会主任、国家农业部果树病虫害防治协作组专家组首席植保专家马恩正深入吉县文城乡、王家垣乡、柏山寺乡、城关镇举办为期3天科技下乡活动。

4月10日，民进山西省委社会服务工作表彰大会在太原召开。会议表彰民进太原市委等5个“社会服务先进集体”、民进大同市委等11个“社会服务专项工作先进集体”、马恩正等53名“社会服务先进个人”。

9月2日，由民进山西省委承办，以“为转变经济发展方式做贡献”为主题的2010年民进企业家联谊会联席会议在山西太原召开。全国人大常委会副委员长、民进中央主席严隽琪向大会发来贺词。全国政协副主席、民进中央常务副主席罗富和出席会议并讲话。会议由全国人大常委、民进中央副主席王佐书主持。

9月3日，山西省民进企业家重点招商项目推介会暨签约仪式在太原举行。全国政协副主席、民进中央常务副主席罗富和，全国人大常委、民进中央副主席王佐书，山西省委副书记、山西省人民政府省长王君，山西省委常委、山西省人民政府常务副省长李小鹏等出席会议。推介会暨签约仪式由山西省委常委、统战部部长李政文主持。来自山西运城、大同、晋城、太原等地区的企业家，签署20个重大招商引资项目，拟引资43.11亿元，项目总投资58.21亿元。项目涉及农产品深加工、风电项目、LED系列产品项目、现代服务业、旅游文化业、建材业等。（郝文杰）

民建山西省委员会

【概述】 2010年，全省发展会员198人，大专以上学历72.2%，截至年底，山西省民建会员总数为3444人，基层组织24个，其中有11个地级市委会，13个省委会直属基层组织。民建各级组织通过开展大走访活动，深入了解会员思想动态，研究思想建设面临的问题。民建太原市委会组织开展服务新农村建设、赴重庆学习考察、支部主任专题学习会等活动。民建长治市委会主办“中华千秋和谐天下都城隍祈福节”祭典活动，弘扬拓展城隍与农耕文化内涵。民建忻州市委会举办民建北京市朝阳区委、民建天津市南开区委、民建山西省忻州市委三地组织交流座谈研讨会，加强民建京津冀晋蒙地方组织的横向联系。民建阳泉市委会会员企业与广州番禺超市签订合作协议，阳泉会员还参加“创建国家园林城市”“百姓关注”等专题议政会。民建临汾市委会行风监督员参加警民和谐公益活动和“政风行风‘930’热线”活动，提出建设性意见。民建运城会员参加“全市统一战线树立和践行社会主义核心价值体系优秀事迹报告会”和“学习右玉精神，服务跨越发展”演讲比赛。

【队伍建设】 各委会和省直支部组织开展新会员和骨干会员培训，将民建会史和社会主义政党理论作为重要内容，邀请专业人士进行授课。省委会通过举办书画笔会、征文比赛，组织会员参加中央社会主义学院、省社会主义学院的学习，参加民建中原地区六省十二市联谊会，组织会员参加苏州统战信息培训班，参观薄一波纪念馆、忻口战役纪念园、白求恩纪念馆等。

【组织建设】 一是注重调研。多次深入基层开展调研，掌握基层组织建设情况，走访慰问新老会员和贫困会员，推行“互帮互带”活动。二是注重后备队伍建设。省委会率先建立民建山西省人才信息库，选派会内优秀干部参加山西省各民主党派领导班子成员培训和山西省优秀党外青年干部培训，选派基层支部主任参加省委统战部举办的基层支部主任培训。会员在各级政府机关、司法机关担任副处级以上职务和企业家代表人士增加。三是注重教育培训。各级组织开展多层次的培训工作。四是注重组织发展。坚持“三高”原则发展会员，以建立高素质队伍为目标，改善会员结构，新会员文化程度提高，年龄结构优化。五是加强基层组织建设。成立吕梁市委会，实现全省各市建立民建组织这一目标。对全省基层组织开展摸底，对支部老化、人员减退、活动难开展的支部进行重组合并，对新支部出现的人员拥挤、人才密集、发挥作用不平衡的情况进行整合。特别是对会员人数达119人的省直供销支部进行重组调整，分别成立新的省直供销支部和省直五、六、七支部。调整一部分骨干会员到需要充实的基层支部，按照组织原则配齐配强调整后的支部领导班子。同时，完善基层组织活动、理论学习、调研议政等工作制度，安排基层组织的专项活动经费，基层组织在区域设置、领导班子成员年龄结构等方面更加合理。

【参政议政】 一是在省政协十届三次会议上，以省委会名义提交多件提案，得到省委、省政府主要领导批示，《关于进一步调整经济结构，转变经济发展方式》《我省社会保障工作中存在的问题不容忽视》《关于电力产业节能减排的建议》《关于我省由超采地下水引起的地面沉降和地裂缝问题及建议的提案》《关于大力发展高新技术产业实现我省资源型城市可持续发展的建议》《关于煤矿企业兼并重组后续监管的几个问题》《关于山西省投资保障性住房存在的问题和建议》等提案被列为省级领导督办提案。二是围绕2010年确定的重点调研课题，开展调查研究。3月，主委王宁带队到阳泉西回小杂粮基地调研，为产品的销售和宣传作指导性意见，推动和激励山西省会员企业发展。8月，民建中央第一副主席张榕明、民建中央副主席张少琴率团到晋城、长治和太原，就县域经济转型、山西老年公寓发展和会员企业中池联华等项目进行考察调研。按照省委、省政府有关推进绿色转型的要求，围绕转型发展、结构优化、产业升级等主题，开展调查研究，组织会内专家学者开展“山西装备制造业的发展思路与对策建议”“新农村背景下山西农村社会保障问题研究”“加快我省社会化养老事业发展的思路和对策”三个重点课题的调研。三是各市级组织根据当地政府的工作重点，加大调研工作力度，先后确定实施“太原装备制造业的发展思路与对策措施”“2010年太原经济发展形势与2011年经济发展趋势”“长治县经济转型发展的现状、困难及对策”“朔州市加快实施外向带动战略问题的调研”“推进忻州市特色玉米产业基地的建议”等调研课题,并就新农村建设、现代农业产业发展、企业转型、旅游业发展等问题进行调研。四是调动全体会员的积极性,积极反映社情民意。组建覆盖全省各级组织的信息工作网,拓宽信息来源,提升信息采集量。健全完善信息激励机制,对社情民意先进集体和先进个人进行表彰,2010年被民建中央评为反映社情民意工作先进单位,荣获二等奖,被省政协评为社情民意信息工作先进单位。根据民建中央有关部门统计,民建山西省委的参政议政和社情民意稿件被民建中央采用率,跃居民建各省市前10位。

【社会服务】 2010,年省各级组织社会服务工作取得长足发展。一是扶危助困,全省民建各级组织开展下乡义诊、捐资助学、为玉树灾区献爱心等社会服务活动。太原市委会资助古交国岱小学10名品学兼优特困生完成学业;朔州市委会通过“春雨行动”捐款达8.9万余元;临汾尧都区委非公经济会员与尧都区19户生活困难的老红军、老八路、建国前的老党员结对帮扶;忻州市委会开展“三下乡”活动,深入村庄工业园区开展义诊、普法活动;吕梁市筹委会参加“支持东区、关爱教育”活动,向田家会小学捐资捐物。二是与山西省中小企业服务中心共同发起成立山西省中小企业发展促进会。第二届会员代表大会选举产生促进会新一届理事会和领导班子,37名副会长人选中,民建会员企业家占18位。在维权工作和管理咨询、培训、招商引资、信息化建设、山西省最具社会责任中小企业排序活动、为银行与企业之间牵线搭桥等服务工作中,取得好成绩。举办两次关于政策、工商、税务、会计等免费培训,两次本省内的企业信息交流会;开展山西最具社会责任中小企业排序表彰活动、山西省中小企业产品市场开发调研、筹建山西省中小企业市场开拓平台;开展创业辅导工作和中国中小企业协会相关活动;考察在会企业并登报宣布最具社会责任的企业;注重企业家回报社会,组织企业家参加由中小企业发展促进会组织的下乡活动。三是进行法律维权和服务创新为主要内容的工作。围绕“维护中小企业合法权益,提高中小企业法律意识”这一宗旨,创建“法律服务三晋行”服务平台,组织各律师事务所举办法律培训与宣讲活动,通过各种形式宣传讲解《中小企业促进法》《公司法》《仲裁法》和《劳动合同法》《劳动争议调解仲裁法》《物权法》等与中小企业相关的各项法律、法规和政策,与中小企业共同协同律师事务所为300余家企业提供法律知识和维权服务。接受法律知识培训的企业主要有煤焦生产企业、建筑企业、商贸企业、各兄弟商会,共800多人次。推荐山西省6家企业获得“2010年中国中小企业创新成果(项目)征集活动”称号,还获得中国中小企业协会“中国中小企业创新服务先进机构”表彰。四是为扶贫济困等社会公益活动捐款。青海省玉树地震后,省民建各级组织、广大会员和机关干部捐款捐物达200余万元;在新绛县横桥乡兰村扶贫济困活动中捐款10万元;组织机关同志参加省城“慈善一日捐”活动和其他捐款救助活动。

(赵洪丽)

农工党山西省委员会

【思想建设】 围绕树立和践行社会主义核心价值体系活动开展思想建设。(1)省委成立学习教育活动领导小组,负责对全省农工党组织的学习教育活动,把“树立和践行活动”作为全年工作的主线。(2)组织省委机关处以上干部参加“身边的榜样——树立和践行社会主义核心价值体系先进人物事迹报告会”。(3)开展社会主义核心价值体系征文活动,收到学习心得26篇。(4)省委机关6个部门的负责人轮流做树立和践行社会主义核心价值体系专题讲座。(5)组织省委机关工作人员到农工党上海一干会址参观,到南京拜谒农工党创始人邓演达墓,缅怀邓演达先生爱国民主、追求真理、英勇无畏、献身革命的高尚情操。

【纪念农工党建党80周年系列活动】 (1)省委成立活动领导小组,主任委员周然任组长。(2)组织全省7个市委会开展纪念农工党建党80周年“五个一”系列活动。即开好一个纪念大会,编好一本书,开展一次征文活动,搞好一场图片展览,举办一场书画展览。(3)在省城太原召开“纪念中国农工民主党建党80周年座谈会”,省委副书记、省政协主席薛延忠,省委常委、省统战部部长李政文,农工党中央原副主席宋金升,省直工委和省城各大医院、各高校统战部门的负责人,全体省委委员、担任省人大代表、省政协委员的农工党党员、部分老同志、省直基层组负责人以及省委机关部门负责人出席了座谈会。(4)举办“纪念农工党成立80周年”图片展,收集、整理展示反映农工党成立80年来走过的光辉历程和农工党山西省地方组织成立以来的200余幅新老照片。(5)举办征文活动,收集回忆、考证文稿50余篇,并编辑成册。(6)举办纪念建党80周年笔会暨书画展。(7)为邓演达纪念园捐款1万元。(8)副主委张李锁带队赴长治、晋中等地开展党史巡回讲座。

【社会宣传工作】 一是省委网站扩容改版,增加栏目和内容,加快更新节奏。二是省委网站全年编辑刊登文稿600多篇,照片570幅。三是省委网站连续第五年获得农工党中央“全党党务网站工作先进集体”荣誉称号。四是全省《前进论坛》的订阅工作受到农工党中央表扬。五是全省各级组织进一步加强与中央和省内主要媒体的联系,活动报道数量明显上升。

【组织建设】 2010年共发展新党员113人，全省党员人数为2584人。领导班子建设。一是农工党山西省五届四次全委(扩大)会议上增选4名省委委员、2名省委常委，为2012年换届工作打下基础。二是根据《各民主党派中央关于进一步加强地方组织领导班子制度建设座谈会的纪要》要求，省委制订《山西省关于开展领导班子谈心会活动的实施方案》，为举办述职会和主委班子谈心会做好准备工作。三是12月，召开农工党山西省委届中述职会和主委班子谈心会，农工党中央组织部副部长曲凤宏出席。

【后备干部队伍建设】 一是从省级组织领导班子、市级组织领导班子等7个方面进行重新分类汇总，并建立个人登记表。二是5位担任市厅级领导的党员参加"民主党派和无党派市厅级领导干部履职交流会"。三是加强与在人大、政府、政协担任领导职务党员的联系，充分发挥他们在参政议政和党务工作中的重要作用。四是推荐1名省政协委员人选，推荐6名党员为特约参政人员的建议人选。五是推荐2人参加中央统战部举办的"民主党派进修班"的学习。六是推荐5人参加省委统战部举办的"中青年干部培训班"的学习。七是创造条件，积极鼓励符合条件的党员参与各级各类党政机关干部的公选活动。

【参政议政】 一年来，省委领导20次参加省委、省政府、省委统战部举行的协商会、座谈会和情况通报会，就落实科学发展观、"十二五"规划、省政府工作报告、省人大、省政府、省政协人事安排、加强和改进省检察院、省法院工作等议题发表看法和意见。

【调研工作】 一是根据省委、省政府提出的生态兴省、建设绿色低碳能源基地的重要战略决策，按照"省委出题目、党派搞调研、政府用成果"的工作思路，省委承接并开展"推进生态兴省战略，实现绿色转型发展"的调研课题。调研组先后走访省环保厅、林业厅、发改委等有关部门，赴忻州市和宁武县进行实地考察，形成的调研报告得到省委、省政府有关部门的高度重视，并得到副省长牛仁亮的批示。二是举办"推进生态兴省建设、实现绿色转型发展" 调研课题研讨会，全国政协副主席、农工党中央常务副主席陈宗兴出席会议并提出重要指导意见。三是陈宗兴赴大同就城市规划改造、采煤沉陷区综合治理和棚户区改造工程进行考察调研。

【提案工作】 (1)2010年，向全国政协会议提交委员提案5件。(2)向农工党中央推荐2件全国政协会议提案并立案，即:《关于妥善解决征用集体土地时引发矛盾的提案》《关于完善国家食品安全监管体系的建议》。(3)向全国人大提交代表建议25件。(4)向山西省政协会议提交大会发言3件，提案76件，意见7件；向山西省人大会议提交代表建议20件。(5)《推进节能减排，倡导低碳经济，实现山西可持续发展的战略决策》提案被列为省重点提案；《关于用仲裁解决医患纠纷的建议》《关于实现我省农村居民人人享有社会养老的建议》《关于重视中青年健康教育的建议》《食品安全监管应从治标迈向治本》等4件提案被评为十届三次政协会议以来优秀提案。

【社情民意信息工作】 (1)2010年共收到信息362篇，报送有关部门127篇。全国政协采用9篇；农工党中央采用28篇；省政协采用29篇。(2)"关于进一步推进与完善农业保险制度的建议"和"加强农村金融体制建设迫在眉睫"等两篇受到国家领导人的批示；大同市委提交的"关于大同市村卫生室人才队伍现状的调研报告"荣获农工党中央2010年优秀调研报告三等奖。(3)2010年山西省社情民意信息工作在全国30个省级组织中位列第五，荣获2010年度全党社情民意信息工作先进集体荣誉称号。(4)李继红、李胜利、郭宝优等6人荣获2010年度全党社情民意信息工作先进个人荣誉称号；李继红等2人荣获2010年度省政协政协工作先进个人称号。

【社会服务】 一是2010年农工党山西省委先后组织开展第3届"中国环境与健康宣传周"、第22届"国际科学与和平周"和赴代县大型联合扶贫义诊等系列活动，累计为5.8万人提供医疗诊治咨询服务，培训基层医务人员220余人，发放健康宣传资料4.7万份，免费发放药品价值13万余元。太原、大同、忻州、阳泉、晋中、长治、晋城等市委继续开展义诊、扶贫等活动，突出发挥基层组织的优势和特色。二是2010年省委协助中国初级卫生保健基金会在山西省落实2000万元项目。 (胡小龙)

九三学社山西省委员会

【调研有色工业发展状况】 4月29~30日，社省委主委刘滇生率队就有色工业发展状况在孝义市进行调研，并举行煤化工产业经济发展论坛。刘滇生听取孝义市副市长邵富贵及相关企业的情况介绍，并实地考察调研孝义市的东义集团、兴安化工厂，指出现阶段有色工业的发展在体制、资金和技术支持等层面存在的问题，找出解决办法，为省委、省政府决策提供参考。4月30日举行的吕梁九三煤化工产业经济发展论坛上，刘滇生和太原理工大学教授张永发分别作报告。刘滇生在报告中指出吕梁市加快建立与煤电能源工业规模相适应的煤化工产业体系，可做大煤炭产业链，促进经济结构调整，应着力打造化学工业园区，使吕梁经济发展更具规模性、统筹协调性、可持续发展性。

【"晋豫合作"协议】 5月13日，九三学社"晋豫合作"签字仪式在唐山举行，九三学社中央主席韩启德出席签字仪式并讲话。九三学社中央副主席冯培恩、邵鸿、张桃林、赖明等出席。"晋豫合作"充分发挥晋豫两省地域优势,整合和实现社内资源共享,促进自身建设和“九地合作”工作向深层次发展,更好地服务两地经济社会发展,双方将在农业产业化和新农村建设等方面,开展发展战略论证、人才培训、科技成果转化和科技普及等合作。社省委主委刘滇生、社河南省委主委张亚忠签署合作协议。

【“亚宝集团—山西大学—山西九三”战略合作论坛】 5月27日在山西大学举行。社省委主委、山西大学副校长刘滇生,亚宝集团董事长任武贤出席会议。社内专家及亚宝集团、山西大学的相关负责人和专家参加会议。山西大学8位医药专家就各自研究项目的内容、进展、应用、产权等做详细介绍。

【全国社会服务工作会议】 7月6~8日,九三学社全国社会服务工作会议在江西省井冈山举行。社中央副主席贺铿作题为《开阔思路 不断探索推动社会服务工作向深层次发展》的工作报告。社中央社会服务部部长苟红旗、副部长王金茹和全国30个省级组织社会服务工作负责人及部分特邀代表共80余人出席会议。13个省级组织代表作典型发言,社省委副秘书长、社会服务部长刘海伦作题为《九三学社山西省委开展九地合作的若干模式、特点和做法》的大会发言。社中央表彰2006~2010年社会服务工作中做出突出贡献的85个地方组织、基层组织先进集体和118名社员先进个人。社省委、社阳泉市委、社忻州师范学院委员会和常明昌、王梦亮、马捷、关毅、张爱萍和赵明根等六位社员受到表彰,分别获得全国社会服务工作先进集体和先进个人荣誉称号。

【社史研讨暨宣传工作会议】 7月13日召开。社省委主委刘滇生,原社省委主委吴博威等出席会议。刘滇生、姚二云分别讲话。山西大学教授牛贵琥作国学讲座,山西大学教授张培富作《核心价值体系和典型人物》讲座。社省委布置社史撰写工作,进行征文颁奖。征文活动共收到各级组织选送的征文126篇,采用115篇。《山西政协报》采用19篇;《风雨同舟继往开来》画册采用31篇;《风雨春秋》采用27篇;《山西社讯》采用38篇。共评出获奖征文37篇。其中,姚二云撰写的《我与父亲》等6篇征文获一等奖;吴博威撰写的《建设和谐在于从我做起》等7篇征文获二等奖;刘波撰写的《党指引我勇往直前》等7篇征文获三等奖;马国英等17位同志获征文优秀奖。

【姚奠中荣膺中国书法“兰亭奖”终身成就奖】 8月23日,原省政协副主席、社省委第四届主委姚奠中获中国书法“兰亭奖”终身成就奖表彰会在省文艺大厦举行。袁纯清发来贺信。胡苏平、省人大常委会副主任王雅安出席表彰会,胡苏平致贺词。省委宣传部和省文联为姚奠中先生献“德艺弘通”的牌匾。山西大学学生代表向姚奠中先生献鲜花。姚奠中先生为山西省即将落成的山西体育中心题名。

【山西省姚奠中国学教育基金会成立】 12月26日成立大会在山西大学举行。省委书记、省人大常委会主任袁纯清,中宣部副部长申维辰发来贺信。省委常委、省委宣传部部长胡苏平,省委常委、副省长、省委秘书长高建民到会,并为基金会成立揭牌。省委常委、省委统战部部长李政文,省人大常委会副主任王雅安,省政协副主席李雁红,省政协副主席、社省委主委刘滇生,三晋文化研究会会长李玉明等出席大会。中国教育部关工委、国际儒学联合会、中国书法家协会、北京大学、章太炎先生纪念馆、日本东京大学、韩国全南大学人文大学、香港浸会大学中文系等39个海内外单位和多位著名专家学者发来贺信、贺件。省教育厅厅长李东福,山西大学党委书记秦良玉,省文联、省作协党组书记李才旺,省统战部常务副部长马天荣,省社科院院长李中元等各有关负责人,来自省内外的姚奠中先生弟子,学术界、书画界的专家学者和山西大学师生400余人出席大会。姚奠中先生率先捐出100万元,发起设立“山西省姚奠中国学教育基金会”,社会各界纷纷响应,基金会已收到捐款400余万元。基金会旨在支持扶助国学研究和教育的重大项目,奖励为国学研究和教育作出贡献的学者、教师和学生,加强与国内外各界的联系和合作,开展弘扬国学的各类活动。 (单小飞 王利波)

山西省工商联合会(总商会)

【概述】 2010年,山西省工商联合会(简称省工商联)围绕全省经济转型跨越发展的中心工作,把握促进非公有制经济健康发展和引导非公有制经济人士健康成长的工作主线,认真履行职能,创新发展思路,圆满完成全年工作任务。

1. 组织招商引资活动。8月3日,协助省政府组织全国知名民营企业家山西行招商活动,达成项目合作意向19个,项目总投资额25.76亿元,拟引资金18.78亿元;10月21日,组织山西省民营企业招商项目推介活动;11月3日,与省委统战部共同赴深圳举办山西省招商引资项目深圳推介会,270余名粤港澳企业家参加推介会,取得丰硕成果,省委书记袁纯清批示:“这是主动作为之举”,省长王君批示:“统战部的工作,工商联的工作,围绕中心,服务大局,抓得紧、抓得实、有成绩。望在省委提出的转型跨越发展中作出新贡献”;11月19日,举办民营经济转型跨越发展招商引资项目签约仪式,46个合作项目成功签约,项目总投资136.2亿元,拟引进资金119.2亿元。

2. 搭建民营企业融资服务平台。与民生银行太原分行、兴业银行太原分行签订战略合作协议,两家银行分别与23家民营企业签约，并承诺未来三年各投放500亿元支持山西省民营企业。

3. 协助省委、省政府召开全省民营经济转型跨越发展大会。11月19日，协助省委、省政府召开山西省民营经济转型跨越发展大会，省委书记袁纯清在大会上发表重要讲话，省四大班子主要领导出席大会，省、市、县三级党政领导、有关部门负责人和民营企业家代表700余人参加大会，表彰100个优秀民营企业。会议期间，与省委统战部共同举办山西省民营经济转型跨越发展成果展览，11市200多家民营企业参展。这次大会是2005年之后山西省召开的第一次推动民营经济发展的大会，推动了全省上下鼓励民间投资、服务转型跨越发展、激发创业激情的良好环境和氛围的形成。

4. 推进"新晋商万企联万户感恩行动"。1月24日，召开全省感恩行动表彰大会。5月20日，组织近70名非公经济代表人士参加统一战线光彩事业"左权行"，捐资500万元设立光彩助学基金，捐资333万元结对帮扶左权县全部的185名"三老"人员，为麻田八路军纪念馆捐资130万元。截至2010年底，全省参加活动的非公企业达6524个，结对帮扶"三老"人员12538人，投入帮扶资金8053万元。开展"新晋商万企联万户感恩行动"的做法，得到中央政治局常委、全国政协主席贾庆林的批示和肯定。他指出："山西等地开展的感恩行动，引导非公有制经济人士结对帮扶老革命、老党员、老模范，体现了社会主义荣辱观的本质要求，激发了非公有制经济人士的爱国情怀和社会责任感，对于在统一战线乃至全社会形成感恩党、感恩国家、感恩人民的良好风尚，具有重要意义，值得普遍推广。"全国政协副主席、中央统战部部长杜青林也多次作出重要批示。7月15日，中央统战部召开全国引导非公有制经济人士感恩回报社会电视电话会议，山西省介绍了经验。省委书记袁纯清对这项活动作出重要批示："感恩行动主题好、内容好、效果也好。"

5. 组织省工商联领导班子成员进行届中考评。8月25日，召开省工商联（总商会）领导班子届中考评工作会议，通报2007年换届以来36名兼职副主席履职情况，兼职副主席在分组会上进行述职并作大会交流，兼职副主席和市工商联主席、书记对省工商联驻会领导干部进行工作满意度测评。通过双向考评、双向交流，有效地增强专兼职副主席履职的责任感。

6. 开展非公有制经济人士教育培训。4月下旬，省工商联与省委统战部联合在中央社会主义学院举办"山西省非公有制经济代表人士培训班"，对担任省级以上人大代表、政协委员和省联常委共150余人进行政治培训。国家发改委副主任彭森，全国工商联副主席庄聪生，国务院宏观经济研究中心主任余斌，中央社会主义学院副院长张峰，全国工商联副秘书长、中国民（私）营经济研究会常务副会长兼秘书长王忠明等领导、专家和学者分别作关于加快转变经济发展方式、当前宏观经济形势分析、努力做合格的中国特色社会主义事业建设者和推动科学发展、促进社会和谐及中国民营经济发展若干问题等五个专题的讲座。

7. 引导树立新晋商新形象。组织开展"民营企业招聘周"和民营企业吸纳高校毕业生就业见习活动，3449户民营企业向社会提供空岗信息6.2万个，签订就业意向3.6万人次，签订职业培训意向8000余人次，全省民营企业接收高校毕业生就业见习人数7214人。大力宣传先进典型，在《中华工商时报》设四个专版，对山西省四家民营企业转型发展的典型事迹、"新晋商万企联万户感恩行动"和光彩事业工作进行特别报道；在山西卫视山西新闻联播栏目开设民营企业转型发展专题报道，宣传一批典型企业的转型发展事迹。对受到省委、省政府表彰的100家优秀民营企业，获省光彩事业、"感恩行动"突出贡献奖的80余名民营企业家进行集中宣传报道，树立一批非公有制经济人士的社会新形象。

8. 履行参政议政职能。围绕全省民营经济转型发展中面临的难点、热点问题，有针对性地组织三次大规模调研，形成一批优秀调研报告。承担并完成省政府重大决策咨询课题《充分发挥民间投资和民营经济在我省经济社会发展中的作用》的研究报告，参与省委常委、统战部部长李政文领题的《进一步发挥民间资本在山西经济社会中的作用》课题调研工作。《山西省加强非公有制经济代表人士队伍建设的调研报告》获中央统战部理论研究成果奖。为省委、省政府了解和掌握民营经济发展状况、制定相关政策措施，提供有较高价值的决策参考。

9. 狠抓机关自身建设。把"风清气正、高效有序、团结和谐"作为机关建设的目标，开展"学习型、业务型"机关建设，开辟图书室，购进近百册经济类书籍；开展树立和践行社会主义核心价值体系学习教育活动，举办机关人员经济知识专题培训和法律知识考试，召开青年干部业务学习专题座谈会、学习效果评议会和处长业务学习交流研讨会，形成学业务、钻业务的浓厚氛围。组织学习"右玉精神"活动，全体机关干部赴右玉参观学习，开短会、务实效、重服务、深入企业调研、帮助企业反映和解决问题的工作作风成为机关主流，机关连续四年被省直工委评为精神文明单位。

【全省民营经济发展大会】 11月19日，全省民营经济大会在太原市举行，山西省四大班子领导出席大会，袁纯清作讲话，各市工商联主席、党组书记，政府分管副市长，各县委书记，民营企业家代表共700余人参加大会。会议表彰100个优秀民营企业。会议期间在南宫广场举办全省民营经济转型跨越发展成果展览，11市200多户民营企业参展，共制作展板136块，81家企业带实物参展，王君等省领导出

山西省民营经济转型跨越发展大会　（宋向阳提供）

席开展仪式。

【光彩事业"左权行"活动】 5月24日,组织担任省人大代表、政协委员、工商联副主席和常委的非公经济代表人士到山西省革命老区左权县,深入到以老红军、老八路、建国前老党员为主体的"三老"人员家庭走访慰问、接受革命传统教育。61名非公经济人士和4家商会共为左权县捐资1160万元,其中为当地185户老红军、老八路和建国前入党的老党员提供为期三年的结对帮扶款333万元,捐助价值100万元的药品;为困难"三老"人员家庭的后代子女,建立500万元"光彩助学基金";为麻田八路军总部纪念馆捐资30万元。在资金帮扶的同时,采取吸纳其子女就业、提供实用技术、资助小型致富项目等形式,帮助"三老"家庭发展生产,改善生活,增强造血功能。截至2010年底,全省参与活动的企业家达6524人,结对帮扶在乡的"三老"12538人,投入8053万元,落实帮扶项目500多个,建立光彩助学基金1500万元。这项活动在全省乃至全国产生很大反响,中共中央政治局常委、全国政协主席贾庆林,全国政协副主席、中央统战部部长杜青林给予充分肯定和高度评价。7月15日,中央统战部召开全国引导非公有制经济人士回报社会感恩行动电视电话会议,中共山西省委常委、统战部部长李政文在大会上作《创新实践载体,加强引导教育,深入开展"新晋商万企联万户感恩行动"》的发言,详细介绍山西省感恩行动的做法和经验。受帮扶的八路军老战士曹忠贵老人谈了感受,省工商联副主席、山西智海集团董事长冯建新代表山西省非公人士发言。11月20日,山西省光彩事业促进会第四次会员代表大会对这一活动进行总结表彰,海鑫集团董事长李兆会等一批非公经济代表人士受到表彰。

【招商引资活动】 8月3日,组织全国知名民营企业家山西行活动,北京恒基伟业电子产品有限公司、力帆实业(集团)股份有限公司等46家全国知名民营企业,与山西省太钢集团、同煤集团等40余家企业实现项目对接,达成项目合作意向19个,项目总投资额25.76亿元,拟引资金18.78亿元。10月21日,举办加快民营经济转型跨越发展招商引资项目推介会,向省内民营企业推介1083个项目,达成合作项目10个。11月3日,赴深圳市举办山西省招商引资项目深圳推介会。香港中华总商会、香港台湾商会、香港经贸商会、香港新界总商会、旅港福建商会等六大商会负责人和深圳总商会、深圳投资商会、深圳温州商会以及粤港澳知名企业家270余人参加推介交流。推介会广泛宣传山西新型产业的优势和安商、亲商、富商发展良好环境,推出1083个项目,总投资额9221.7亿元,拟引资额7429.4亿元,经过对接30个项目达成合作意向。另外,还组织民营企业家参加在辽宁省举办的第十二届环渤海地区民营经济经贸洽谈会和在江西省举办的第五届中博会等商贸考察招商引资活动。11月19日,在太原举办民营经济转型跨越发展招商引资项目签约仪式,46个合作项目成功签约,项目总投资136.2亿元,拟引资金119.2亿元。

(冯学亮)

群众团体

山西省总工会

【概述】 2010年山西省总工会全面履行工会各项职能，各级工会组织围绕转型跨越发展，大力开展党工共建创先争优活动，广泛开展谋跨越促转型立功竞赛活动，普遍开展为职工群众办十件实事活动，团结动员广大职工充分发挥工人阶级主力军作用，在新的起点上实现工会工作的创新发展，为再造一个新山西作出积极贡献。一是开展“百千万立功竞赛活动”。全省劳动模范表彰大会评选表彰了100名省特级劳模、820名省劳模、212个省模范单位和83个省模范集体。举办“山西省劳模创新成果展”、“谋跨越促转型劳模事迹报告会”等系列活动，在全社会营造学先进、赶先进的浓厚氛围。出台《关于弘扬中国工人阶级伟大品格，掀起全省社会主义劳动竞赛新高潮的意见》，以创建“工人先锋号”为载体，在全省各类企业中深入开展谋跨越、促转型“百千万立功竞赛活动”。省、市、县工会层层组织“心系重点工程，情暖一线职工”慰问演出，省总慰问演出团在10个重点工程工地进行演出，充分调动广大建设者的积极性、主动性、创造性。二是全面加强维权机制建设，在维护职工合法权益、构建和谐劳动关系中取得新突破。全省国有、集体及其控股企业职代会建制率、厂务公开实施率达到99%；200人以上的非公企业职代会建制率达到94.3%；通过多种方式实行厂务公开的非公企业达到80.5%。全省签订集体合同的企业达到30309个，签订女职工专项集体合同12846份。全省签订工资专项集体合同14291份，覆盖各类企业31004家、职工324万人，基本消除工资连年不增长的现象。参与最低工资标准制定，推动最低工资标准提高。强化工会法律援助工作，建立一批职工法律援助定点单位，对30多起劳动争议案件给予法律援助。以创建“安全班组”为重点，不断引深“安康杯”竞赛活动，特别是在煤炭系统开展“争创优秀安全班组、优秀班组长和优秀特聘煤矿安全群众监督员”活动，落实煤矿职工“安全生产十项权利”。与省煤炭厅、煤监局联合下发《关于建立和完善煤矿井口群众安全工作站的意见》和《关于进一步做好特聘煤矿安全生产群众监督员工作的通知》，加强煤炭资源整合矿井安全生产群众监督工作。全省“安康杯”竞赛参赛企业达到10063家，参赛职工403万人，参赛班组12万个，特聘煤矿群众监督员8000名，并落实每人每班不低于8元的津贴待遇。全省开展市、县及基层工会承诺全年为职工办十件实事活动。全省县以上工会共举办就业招聘会582次，帮助6.09万人找到了就业岗位。全年培训农民工40035人，介绍就业38037人，帮助15204名患大病职工支付医疗费5773.3万元，资

4月29日，山西省劳动模范表彰大会在太原召开　（宋海兵提供）

助困难职工、困难农民工子女14199人入学深造。全省11个市、119个县(市、区)及大型企业全部建成帮扶中心,乡镇(街道)和中小企业建有帮扶工作站。全面建成困难职工数据库,对全省191934户困难职工实现动态管理,跟踪帮扶。全年筹集资金10686.97万元,慰问困难企业2860户,慰问困难职工188616户、劳模1334户。全省建立工会劳动争议调解组织11205个。各级工会开展职工队伍稳定情况和职工关心的热点、难点问题摸底排查,省总处以上干部带头深入基层,写出84份调研报告。三是深入实施职工素质提升工程。广泛开展技术培训、技术比武、岗位练兵、岗位创新、技能大赛、"我为节能减排献一策"、女职工节能减排"三个一"等活动。全省参加技能提升、技术比武的职工达400多万人,职工提合理化建议75万余条,采纳实施7.3万条,创造价值11.7亿元。在全省各类企业建立100个职工思想动态联系点,深入开展"创建学习型组织、争做知识型职工"活动,营造转型发展跨越发展的良好氛围。召开全省职工文化活动阵地建设现场推进会,争取用3年至5年时间,实现全省市、县和基层单位职工文化活动阵地全覆盖。在非公企业、建设工地加强"职工书屋"建设,全年新建"职工书屋"342个。全省"职工书屋"藏书量达到2105万册。四是强力推进各类企业依法普遍建立工会组织。6~9月,在全省开展以煤矿兼并重组企业、非公企业建会和农民工入会为重点的"工会组建月"活动,提前完成全年组建任务。大力推进"双措并举、二次覆盖"工作,全省建立区域性、行业性基层工会联合会和联合基层工会3121个,实现对小企业和包括农民工在内的广大职工的全覆盖。截至9月底,全省基层工会组织发展到56785个,覆盖法人单位13.2万户,工会会员达到745.5万人,职工入会率在动态中保持在90%以上。省总被全国总工会评为"全国'双措并举、二次覆盖'工作先进单位"。下拨经费1437.6万元,对1406个乡镇(街道)工会、728个工会联合会(联合基层工会)、17341家村工会、1191家社区工会进行补助。在全省市、县、乡统一开展工会法人资格登记基本信息录入工作,基本实现法人资格登记信息化管理。以"星级工会"竞赛为载体,贯彻落实"一条例五规范"。截至2010年底,全省101个乡镇(街道)工会、105个基层工会达到五星级标准,478个乡镇(街道)工会、4526个基层工会达到四星级标准。以健全产业工会为抓手,进一步完善工会组织体制。2010年,制定出台了《山西省产业工会工作规范》。15个省级产业工会紧紧围绕全会中心,结合产业实际,深入推进本系统工会组建和会员发展工作,广泛开展具有产业特色的活动,使产业组织体系、工作关系更加顺畅,活力显著增强,作用更加明显。

【全省企业工会工作大观摩】 于5月、10月,分两个阶段进行。大观摩活动是全省企业工会工作的一次大交流、大检阅。观摩团由省总领导班子成员、各市总工会常务副主席或分管副主席、部分省级产业工会负责人、各观摩企业和部分大中型企业的工会主席和副主席共62人组成,历时19天,深入11个市及5个产业工会的32家不同类型企业学习观摩,解剖麻雀,推广典型,推动工会干部解放思想,推动工会各项工作在企业落实,推动工会工作方法、载体等创新,营造全省各级工会你追我赶的良好氛围,收到了很好的效果。组织观摩活动也成为市、县工会推动工作的好范式。

【维权维稳工作】 一是全省各级工会建立主要领导为维稳工作第一责任人、分管领导具体负责的维稳工作领导体制。二是省总明确要求全省各级工会干部,深入基层,对全省企业进行全面排查、摸底,及时掌握劳动关系动态和不稳定因素。三是省总领导带队分赴各市和重点企业进行检查调研,并对存在的问题逐一进行分析研判,提出有针对性的指导意见和对策建议。四是源头参与,尽快推进工资相关法律法规出台。8月开展工资集体协商"百日攻坚行动",力求通过促进企业职工特别是生产一线职工工资收入合理有序提高,从而调动和保护广大职工群众的积极性、主动性和创造性。五是各级工会充分发挥工会组织的群众优势,以"咱们工人有力量,咱们工会有作为"为主题,开展职工读书、演讲比赛、岗位练兵、业务技能竞赛等各种活动。在山西工会网开设"我和省总有话说"专栏,搭建工会与职工的互动交流平台。发挥工会大学校作用,加强职工宣传教育阵地建设,牢牢把握正确的舆论导向。六是健全完善省总工会干部联系县工会制度。省总机关处级以上干部实现对全省119个县工会定点联系的全覆盖,全方位对职工队伍状况进行跟踪,确保不稳定状况被控制在萌芽状态。健全完善维护职工队伍稳定的信息日报制度,重大问题第一时间向同级党委和上级工会报告。健全完善工会突发事件应急预案,做到积极防范、调解为先和有效处置。继续加大职工舆情监测力度,特别是加大网上舆情的监测。省总积极做好维权维稳工作,得到了省委和全总的肯定。省委书记袁纯清作出重要批示:"工会对此事工作积极,新形势下工会工作面临着新的挑战,也完全可以大有可为。"省总也在全国工会有关会议上作典型发言。

【工会干部下基层】 全省工会组织围绕"多做基层希望做的事",以服务基层、服务职工、服务发展为目标,广泛开展"工会干部下基层"活动。进一步完善省总领导、处级干部联系市、县工会制度,对全省119个县工会实现全覆盖。联系人到联系点工作全年不能少于30天;每次深入基层调研不少于3个单位,全年写出专题调研报告不少于2篇;联系人在联系点的工作表现要作为提拔任用干部和表彰先进的重要依据。下半年,省总进一步丰富活动内容,实施省总机关处级以上干部"五联系"制度,即每名处级以上干部联系一个县工会、一个先进基层工会、一名劳模、一户困难职工、一个创先争优单位,并建立联系台账。以此为窗口,进一步密切联系职工群众,努力做到人对人、面对面、

3月29日,“弘扬中国工人伟大品格,掀起全省劳动竞赛新高潮”启动仪式 （宋海兵提供）

手拉手、心连心,做好群众工作,推动工作落实。各级工会和广大工会干部积极响应省总“工会干部下基层”活动,深入企业、深入职工,调查研究,面对面指导工作,帮助职工解决困难和问题,受到职工的欢迎。

【信访工作】 一是领导到位,把信访工作摆在重要位置。省总常委会每年都专题研究、统筹信访工作。信访工作列入省总机关和各市工会工作绩效考核管理体系。坚持领导干部受理职工来信来访制度,省总领导班子成员批阅职工来信和网上投诉,接待职工来访,并建立“督办卡”督促办理。省总要求机关处级以上干部带头做到“五联系”,面对面开展工作,实打实解决问题。二是措施到位,建立工会信访有效机制。建立机构,使信访工作有牵头部门抓、有专人负责管。规范运作,先后制订省总参与处置职工群体性突发事件的工作预案和流程、关于进一步加强工会应急值班的意见和工会信息报送、办理、考评、培训、评选、奖惩办法。畅通渠道,在坚持日常工会信访制度的同时,还建立敏感时期重要信息日报告、维稳信息零报告制度。三是落实到位,加大疑难重大信访案件落实力度。(1)分析研判,提前介入。组织全省范围的专题调研,积极反映职工诉求,提出工会的意见和建议。(2)三方联合,协作办案。省总与省信访局和省人社厅联合召开会议研究三方办理信访疑难事项的具体事宜。(3)借助三力,强化落实。借助新闻媒体的舆论监督力,借助社会律师事务所的援助力,借助人大、政协的推动力,反映职工呼声,促使问题尽快解决。

【督查工作】 坚持把督查工作摆在重要位置,突出重点,务实创新,在推动决策落实、促进全会工作创新发展中发挥较好作用。省总连续四年名列山西省直机关督查工作评比考核第一名,获得督查工作先进单位、优秀督查工作组织者、优秀督查工作者等荣誉。主要做法是:(1)加强领导,着力构建督查工作长效机制。一是领导重视到位。省总主席郭海亮强调,抓督查就是抓落实,并要求定期将工作贯彻落实情况向他汇报。省总常务副主席高凤平经常听取督查工作汇报,亲自部署安排督查任务。二是制度建设到位。先后出台《督查工作考核办法》等8个配套制度,从督促检查的内容、方式、程序、载体、考核、自身建设等方面作出明确规定。三是工作保障到位。多数市总都成立督查室。督查人员可优先阅读文件,参加重要会议,特别是在督查经费、办公设备等方面,给予优先考虑。(2)创新思路,着力整合督查工作资源手段。把被动督查与主动督查、纵向督查与横向联合督查、常规督查和网络督查、搞好督查和当好参谋有效结合起来。(3)注重实效,着力提高督查工作服务水平。一是紧扣中心工作,推动决策落实。二是紧扣专项查办,放大辐射效应。三是紧扣典型带动,作实督查调研。四是紧扣反馈质量,办好督查刊物。五是紧扣绩效考核,实现工作规范。省总绩效管理体系被省委组织部评为全省组织工作服务“三个发展”十大创新成果之一,是省直厅局单位中唯一入选项目。

【企业工会建设】 以配齐配强工会主席为关键,切实加强企业工会建设。省总把工作重点放在基层、放在企业,专门召开加强企业工会建设、发挥企业工会作用电视电话会议,组织全省企业工会工作大观摩活动,开展乡镇(街道)工会建设情况、企业工会主席配备情况调研,基本摸清企业工会主席配备状况和工作开展情况。与省国资委联合下发了《关于坚决纠正在国有企业改革改制中撤销工会组织、合并工会工作机构问题的意见》,进一步加强改制企业工会主席专职化配备工作。建立完善工会干部教育培训工作机制,省总一级培训基层工会干部2900人。省总加强企业工会工作的做法得到全总肯定,省总在全总十五届四次执委会上介绍经验。 （宋海兵）

共青团山西省委员会

【概述】 2010年,全省各级共青团组织深入推进“一条主线、两项重点”工作布局,各项工作取得明显成效。(1)围绕“转型跨越、青年争先”主题,开展“我与祖国共奋进、我与山西同发展”“五四青年月”“红色传递”等主题教育实践活动,把社会主义核心价值体系融入青少年思想教育全过程。推进青年马克思主义者培养工程,建立右玉县和平顺县两个教育基地,组织200多名优秀大学生和高校团干部参加理论学习、素质拓展、社会实践和红色教育活动。举行中华优秀传统文化教育宣讲活动1000余场。(2)基层组织和基层工作活力增强。全省县、乡、村三级团委完成换届任务,启动实施高校团干部到县区挂职工作(包括浙江21名高校团干部),继续为各县(市、区)团委派遣1名志愿者,组织1600余名乡镇(街道)团干部在省委党校培训,组织187名团干部赴京沪培训,选派13名市县团委书记赴境外学习考察,联合中国电信为3101名团干部和12844名大学生村(社区)干部配备手机,为基层团组织赠送《山西共青团》刊物。(3)全团促进青年创业就业取得突破。举办共青团劳务输出大篷车就业招聘会313场,实现转移就业33176人。建立见习基地983家,提供见习岗位11087个,5653名青年通过见习实现就业。建立62个市、县级青年创业就业服务中心。培训农村青年和青年农民工68696人。举办山西青年创业大讲堂和《我要创业》节目213场次,"高校通"就业信息网覆盖全省大中专院校。(4)全团代表和维护青少年合法权益工作机制完善。宣传贯彻《山西省未成年人保护条例》,发放单行本3万册。《山西省志愿服务条例》(草案)初稿完成。《山西省青少年发展"十二五"规划》组织调研论证并开始编制。全省11个市和36个县(市、区)开展"共青团与人大代表、政协委员面对面"活动40余次,形成省级提案建议8份。太原团市委"贴心直通车"活动成效显著。(5)全省少先队工作亮点纷呈。以争当"四好少年"为牵动,300余万少先队员参加"流动的少先队"《漂流册》"开学主题日"等活动。"红色传递"牵动万余所学校近100万少年儿童及学生家长参加统一规范的入队仪式。各县级少工委建立完善学校联系点制度、辅导员例会制度、团教少联合聘任制度,搭建覆盖全省11189名大队辅导员的信息化平台。(6)全团品牌工作扎实推进。青年志愿者服务上海世博会、广州亚运会35人次,参加西部计划和"三支一扶"志愿服务845人次,青年群众性志愿服务活动蓬勃开展。青年文明号、青年安全生产示范岗、青年突击队、青工技能大比武、大学生社会实践活动、"兴晋挑战杯"、保护母亲河、青年对外交流等工作扎实推进。

【三级团组织换届工作】 编印《全省三级团组织换届工作资料汇编》和《全省三级团组织换届工作指导手册》,下发到全省119个县(市、区)和1196个乡镇。截至9月21日,全省28782个行政村团组织全部完成换届,18630余名大学生村干部兼任村团支部书记;截至10月底,全省1196个乡镇全部完成换届;截至12月底,全省119个县(市、区)全部完成换届任务。为巩固换届成果,团省委与省委组织部共同举办培训班,从11月29日开始在省委党校,对全省1196个乡镇、193个街道办事处团委书记共计1500人,分9期进行集中培训。

【非公经济组织和新社会组织团建】 联合省委组织部等7部门下发《关于进一步加强非公有制经济组织和新社会组织团建工作的意见》,要求全省各级团组织依托行业主管部门或行业协会推动团建,鼓励和支持行业协会建立团工委。晋中团市委采取"四轮驱动、五步联动、六字拉动"的模式,忻州团市委以"665"团建标准化建设入手,阳泉团市委坚持"数量与质量并举、生产率和存活率并重"的创建思路,吕梁团市委坚持"五个优先"的原则,太原、大同、长治、朔州、临汾、运城等团市委采取"灵活设置、重点突破、分类指导"的建团方法,有力推进非公有制经济组织和新社会组织团建。

【信息化建设】 召开全省共青团信息化建设推进会议,明确全省信息化工作的目标和任务。山西青少年门户网站的初步设计、共青团管理服务信息化综合应用平台的软件研发完成,机房建设基本完成。"共青团基本信息管理系统"经过分级部署培训、基层数据采集和汇总统计三个阶段,已完成任务。截至12月29日,全省实际录入团员1849330人,团干部87612人。团员比上年增加17829人。

【维权工作】 开展"未成年人维权关爱月"活动,协调省未保委20多成员单位、各级优秀"青少年维权岗"、100多名青年卫士和200多名志愿律师,开展"两发一条例"宣教、社会实践主题教育、维权超市巡回宣传、整治校园周边环境、帮扶特殊青少年群体等活动。对新申报的39家"青少年维权岗"单位进行考察和审核,组织公安、法院等各级各类优秀"青少年维权岗"深入社区、农村开展巡回服务,全省各类优秀"青少年维权岗"已达1200余个,累计开展服务活动300余场次,为青少年提供各类服务近2万人。在山西省12355青少年公共服务平台网站开设"共青团与人大代表、政协委员面对面"活动专栏,开通"12355新生代农民工专线",利用QQ平台设立"新生代农民工专席",聘请"山西12355权保(义务)信息员",团中央组织相关人员观摩太原团市委举办的"贴心直通车"面对面活动。各市均完成12355青少年公共服务平台的基础建设。

【青年创业】 2010年,发放小额贷款21.03亿元,服务青年创业30937人,和太原青创投资担保公司、大同华北星投资担保公司共帮助解决小额贷款3.6亿元。团省委与省银监局在全省集中开展"送金融知识下乡活动月"活动,共开展金融知识专题培训370场,培训农村青年21560人,组织金融专家讲师团宣讲420场,组织534支宣传队深入农村宣传653场,共发放各类金融知识读本等宣传材料20万余份。

【青年志愿者工作】 为推动志愿服

2010 年 9 月，全省“两新组织”团建现场会　　（张　瑜提供）

务立法工作，起草《山西省志愿服务条例（征求意见稿）》。10 月，形成《山西省志愿服务条例（草案初稿）》共七章 45 条。完成上海世博会志愿者相关工作，山西省世博办、山西省青年志愿者协会选派 23 名优秀青年志愿者（其中包括 3 名管理人员）和 2 名随队记者于 5 月 15 日赴上海，在世博园山西馆开展为期 20 天的志愿服务。

【希望工程】 省青基会和省儿童医院共同推出“希望工程——心希望”项目，帮助全省 18 周岁以下身患先天性心脏病的青少年解决部分治疗费用，每位患儿可享受 5000 元的资助，同时可享受由省儿童医院推出的“六免六减半”政策（免除费用：挂号、诊疗费、注射、换药、尿、便常规检查；减半费用：急诊床位、住院普护、住院普床、普通透视、常规心电图、B 超常规检查）。8 月 30 日，山西省希望工程圆梦行动助学金发放仪式在太原举行。全年共为 186 名贫困大学新生发放 66.9 万元助学金，希望工程共筹到善款 1479 万元，支援青海玉树震区和贵州旱区，资助贫困青少年求学就医，立项新建希望小学 15 所。

·山西省青年联合会·

【概述】 2010 年，山西省青年联合会（以下简称省青联）团结全省各族各界青年，各项工作取得长足进步。组织全省团属新社会组织开展“加强党团建设、吸引凝聚青年”的主题实践活动。组织来自全省各界 4000 余名青年参与“以青春的名义，与山西同发展，与祖国共奋进”大型文艺演出活动。深化“山西青年大讲堂”活动，先后邀请著名学者韩毓海、百家讲坛著名主讲人钱文忠等主讲《中国政治发展史》和《国学与国运》。组织优秀团干部、青年代表参加全国少数民族团干部培训班、无党派人士培训班。组织委员开展服务“三个发展”大讨论，录制“第一访谈”省青联特别节目《山西转型下的新机遇》。组织省青联委员学习十二五规划建言献策座谈会。开展慰问大学生村官活动。组织省青联委员赴省未教所与未教学员共度“五四”青年节，为学员带去生活用品、体育用品及励志类书籍，并签订帮教协议。组织省青联委员赴临汾慰问看望参加抗美援朝的老战士、军烈属。邀请中国社科院团员青年到山西省进行学习交流。组织晋城市、长治市青联负责人赴郑州参加服务构建中原经济区座谈会。选派优秀青年代表赴广西壮族自治区，参加由中联办、外交部和共青团中央主办的中越青年大联欢活动。选派优秀青年代表赴上海参加中国 2010 年上海世博会青年高峰论坛。

【省青联第十次代表大会】 5 月 5 日在太原召开。会议选举产生省青联新一届领导机构，团省委副书记高键当选省青联主席，雷健坤、安华、李兆会、谭晶、王成、刘英魁、陈旭忠、郭万金、王绍恒等 9 人当选省青联副主席。在十届一次全委会“青春的聚会”联欢晚会上，委员们捐出爱心款计 155 万元。

【服务大学生村官创业】 2 月 6 日，省青联部分委员赴侯马参加服务大学生村官创业启动仪式，共为侯马市 8 个乡的团支部和 99 名大学生村干部捐赠 107 辆自行车和工作经费等价值 6 万元的物资，改善基层团组织设施及慰问大学生村干部。

【情系吕梁山——走进临县公益活动】 团省委、省青联组织“情系吕梁山——走进临县公益活动”，赴临县玉坪乡开展慰问。省中西医结合医院为当地群众进行义诊，并捐赠 41036 元的药品。省青联常委、山西宏泰能源投资有限公司陈德伟捐资 36 万元开展“一袋牛奶”工程。省青联委员“爱心助学、携手同行”活动筹集助学金 22.5 万元，在省青少年基金会成立专项资金，对 104 名玉坪乡贫困家庭大、中、小学生进行资助。山西音乐广播、得一文化产业集团分别为玉坪寄宿制小学捐赠音乐教室一所和价值 3 万元的小学课外读物。

【青少年交流工作】 邀请日本本巢市市长藤原勉率团来访，开展纪念两地友好交流 25 周年纪念活动。派遣山西省青年日本友好交流访问团、山西省青年台湾友好访问团赴日本、台湾交流考察。组织第二次山西省学生友好交流访日团和 2010 牛津英国国际夏令营，派遣 66 名中小学生出访。接待日本本巢市青少年之翼访中团、日本加须市中日日友好小使者代表团、日本青少年友好使者代表团山西分团共计144人来访。9月派遣山西青年朝鲜访问团一行37人赴朝鲜进行友好交流。10月德国勃兰登堡州体育青年联合会一行10人来访,签订长期友好交流协议。选派代表参加香港青年联会第18届会庆,组织第三次山西青年人才香港高级培训班,在香港理工大学进行企业管理、世界经济等方面的学习,与香港青年联会和省青联港区委员进行交流。选派优秀青年代表赴广西壮族自治区,参加由中联办、外交部和共青团中央主办的中越青年大联欢活动,与3000名越南青年共同庆祝中越建交60周年和中越友好年。选派优秀青年代表赴上海参加中国2010年上海世博会青年高峰论坛,与来自世界各地的青年精英进行交流。

·山西省学生联合会·

【概述】 2010年,山西省学生联合会(以下简称省学联)组织有关高校参与省政协主持的大学生创业就业专题调研工作,形成调研报告。组织各高校就寒假开学后学生思想动态、高校食堂状况、六月份高校安全稳定研判、秋季开学后大学生思想动态和大学生宗教信仰等问题开展五次专题团情调研。依托各级各类学生社团大力开展理想信念教育,利用主题团日、讲座、研讨会、宣讲团、社会实践等方式,引导全省青年学生坚定理想信念。省学联向全省300万学生发出主题为"大爱无疆,情系灾区"的倡议书,共收到49.6万元募捐善款。开展"青马工程"大学生骨干培养工作,与团省委举办山西省大学生青年马克思主义者培训班,从全省选拔200名优秀大学生和部分高校基层团干为培训对象,分别在汾阳贾家庄、平顺县、右玉县开展为期10天的理论学习、素质拓展、社会实践和红色传统教育等活动。将服务大学生创业就业工作与开展暑期社会实践活动结合起来,与中国移动集团山西有限公司合作组建"动感地带高校志愿者服务队"。组织全省30余所高校的3000余名在校大学生到移动营业厅开展为期1~3个月的带薪见习服务。已建立"青年就业创业见习基地"625个,其中团中央授牌见习基地38家,省级授牌见习基地37家,校级见习基地540家,提供大学生实习岗位827类,通过见习直接就业1025人,其中包括已毕业未就业参加过见习的706人。与团省委、省教育厅、省文联联合举办山西省第六届大学生校园歌手大赛。以"低碳环保,从我做起,建设绿色山西"为主题的2010年山西省大中学生暑期社会实践活动,共有100支重点实践团队,10万余名大学生参加。举办山西省第四届"兴晋挑战杯"大学生创业计划竞赛终审决赛,同时与中国移动集团山西有限公司联合开展"MM百万青年创业计划"专项竞赛。在全省高校发起建立服务困难大学生的爱心自立社团,组织各高校积极组织学生参与2010年"大学生自强论坛"暨"中国大学生自强之星"评选活动。在学生会设立意见箱、在校园网设立维权专栏,依法维护学生正当权益;启动高校维稳应急预案,及时上报舆情动态。从全省70余所大中专院校选拔94名专职团干前往基层团县委进行为期一年的挂职锻炼。推进中职中学团学组织建设,加强对中职中学团干的培训。召开中职中学共青团工作座谈会。

山西青年大讲堂　　(张　瑜提供)

【省学联第十次代表大会】 5月4日在太原举行。张宝顺、王君、薛延忠、申联彬、胡苏平、高建民、李政文、张平、郭良孝等领导出席大会,383名学联代表参加大会。大会听取并讨论赵瑞政代表省学联第九届委员会所作《牢记使命,刻苦学习,在服务山西"三个发展"的火热实践中发奋成才》的工作报告,审议并通过《关于修改<山西省学生联合会章程>的决议》;选举产生省学联第十届委员会和主席团成员。

【高校学生就业创业工作】 2010年,各高校团学组织围绕大学生创业就业举办大量主题活动和专题讲座,山西大学举办"创新·创意·创业"讲座和挑战职场大赛,中北大学开展"成功就业始于正确观念"系列讲座和"ERP沙盘模拟大赛",长治学院与长治团市委联合开展SIYB创业培训及在高职高专院校开展模拟招聘和职业技能大赛等活动。在全省推进百人百场山西青年大讲堂进高校、进社区、进农村活动。其中进高校活动安排在36所直属院校进行,全省高校开展青年大讲堂活动累计已达200余场。

·山西省少工委·

【概述】 (1)省少工委完成参加第六次全国少代会的各项组织工作。(2)省少工委统一规范全面推行创新少先队入队仪式。将入队时间统一为10月13日少先队建队节，将队前教育统一为三节普及党团队基本知识的标准化课程，将入队仪式统一为16项议程，并将"红色传递"及新队员与家长在队旗下合影两大内容融入其中，入队后统一开展中小队竞选教育和就职仪式。全省近100万名一年级新生及家长参加规范创新的少先队入队仪式。团中央和全国少工委对山西的做法充分肯定，将入队仪式视频挂载于中国共青团、中国少年先锋队网站向全国推广。(3)全省各级少先队组织万余所学校的少先队员通过"四好少年"主题队会、书画作品展示、传唱"四好少年"歌曲、寻找身边的"四好少年"等形式，积极参与到争当"四好少年"开学主题日活动中。联合山西综合广播、《山西青年报》《小学生》等媒体，开设"四好少年"宣传专题、专栏和专刊；联合山西电视台少儿频道，推出"四好少年"系列节目；举办争当"四好少年"大型文艺晚会。(4)在县级少工委建设方面，建立完善县级少工委年度全会、建立学校联系点、团教少联合聘任辅导员、辅导员月例会等制度。(5)在信息化建设方面，建立完善辅导员信息库、手机信息平台和QQ群，与省联通公司共同推动少先队信息终端建设。扩大基层一线委员的比例，增补一批县级少先队工作者、学校大队辅导员、中小学校长代表作为省少工委委员，加强省少工委与基层的工作对接与有效沟通。对年度工作突出的5个市级少工委给予经费奖励、11个县级少工委给予物质奖励，并免费为县级少工委订阅《少先队研究》等刊物。推荐11名优秀少先队工作者加入省青联，推荐2名优秀少先队辅导员赴日本出访交流，初步达成"内地香港少年手拉手体验交流营"合作意向。

【少先队漂流册活动】 活动以"流动的少先队"教育为形式，以"漂流册"为载体，结合"漂流"形式，使各级少先队组织实现组织、教育、引导互动。从5月份开始，搭载着争当"四好少年"、节能环保十小事、"红色传递"爱国主义教育活动及"十个一"、规范创新入队仪式、阳光体育运动等少先队员应知应会知识的《少先队漂流册》，历时半年，漂过全省11市、119县（市、区）的万余所中小学校，各地各学校以中队为单位，让全省广大少先队员在"流动的少先队"中体验和分享少先队组织教育。

12355关爱行动走进红丝带小学 （张 瑜提供）

【"小手拉大手 绿色促和谐"活动】 以宣传践行"节能环保十小事"为主题，全省百余所学校举行节能环保专题论坛，并组织少年儿童开展自制环保用品、义务植树、争当环保小卫士等活动；以阳光体育运动为主题，全省各级少先队组织开展阳光体育展示、家庭亲子运动会等活动；以少年儿童平安行动为主题，全省各级少先队组织举行安全进校园和地震、消防等安全技能演练，普及安全知识和技能。全省119个县(市、区)的百余所学校以论坛为契机，通过少先队员观看环保宣传片、宣传并持续践行节能环保十小事、现场讨论和互动、手工制作环保用品展示、义务植树等形式，增强节能环保意识，培养低碳生活行为习惯。"手拉手抗旱救灾"活动，以"奉献一瓶水、真情润西南"为主题，全省各级团队组织为灾区捐款捐水共计387万元。

【青少年成长激励计划】 1月18日，与团省委、太原团市委、市少工委联合光大银行太原分行共同举办的山西省"青少年成长激励计划"新春关爱行动在太原市阳曲县西凌井小学举行，为太原市尖草坪区的宇文小学、岗北小学、上薛小学和阳曲县的西凌井小学、北小店小学、海子湾小学、西庄小学七个学校的400名家庭贫困的少年儿童带去防寒服、课外书籍、米面油等生活必需品和新春祝福。晋中市少工委联合团市委、中国光大银行太原分行共同举办的"光大爱心·共享阳光"晋中市"青少年成长激励计划"主题活动，为首批申报评选出的部分家庭贫困的50名优秀少先队员和少先队小干部颁发激励成长证书，捐赠学习用品、体育用品和文化书籍。阳泉市少工委联合中国光大银行阳泉支行举办的“青少年成长激励计划”新春关爱行动——阳泉市“红领巾送温暖、献爱心促和谐”活动启动仪式在平定县冠山镇中社小学举行，为来自全市两县三区的100名家庭生活困难的优秀少年儿童捐赠学习及生活用品。“青少年成长激励计划”新春关爱行动，共捐赠羽绒服、书包等价值7万元的生活学习用品，太原、阳泉、晋中3市68所学校550名孩子直接受益。为山西省5所农村小学争取到由全国少工委和长江商学院捐赠的“手拉手红领巾书屋”，每个书屋获赠价值2万元的精品图书。

【少先队辅导员培训】 8月19~20日，全省11市119县（市、区）的200多名基层一线小学少先队辅导员参加培训。省少工委将新学期全省少先队重点工作进行安排：广泛学习第六次全国少代会精神；各市县少工委通过培训班、主题队会、国旗下讲话、红领巾广播、学唱“四好少年”歌曲等形式，将第六次全国少代会精神传达到基层一线少先队组织；实施推进“小手拉大手、绿色促和谐”百校百场论坛；各市县以确定的119所学校少先队大队辅导员为主，开展节能环保论坛；普及推进少先队入队仪式。省市县三级少工委全年分层培训辅导员近3000名。

（张　瑜　陈志刚　师慧蓉）

山西省妇女联合会

【概述】 2010年，省妇联以建设“坚强阵地”和“温暖之家”为目标，以党群共建创先争优为动力，以抓工作创新、服务创新和组织创新为重点，在推动山西经济社会转型跨越发展中作出新的贡献。

1. 妇女创业就业行动再创佳绩。一是加强组织引导。召开全省妇女创业就业工作推进会，全面总结、进一步部署妇女创业就业工作，表彰115名优秀创业女性，分别授予“山西省巾帼创业功勋奖”和“山西省巾帼创业明星奖”。组织实施“女大学生创业导师行动”，在高校举办女大学生创业就业专场报告会和现场招聘会，女大学生创业导师行动进入民营大学。全省创建女大学生创业指导和实践基地167个，提供实习岗位3693个，创业导师队伍达1123人。开展“春风送岗位”活动，全省组织各类女性招聘会301场，提供就业岗位114655个，帮助妇女实现就业40114人。全国妇联对山西省妇女创业就业工作给予了高度肯定和赞誉。二是加强教育培训。分层分类举办科技致富、就业技能、政策理论、经济法律、文明礼仪等各种类型的培训。全省共培训农村妇女23万人次，城市妇女21万人次。三是加强资金支持。启动“红玫瑰行动计划”，由政、银、企合作向中小女企业家快速发展提供一揽子金融服务。2010年为12家企业贷款1.47亿元，带动新增就业岗位近500个。全力推动落实妇女小额担保贷款财政贴息政策，下发《山西省妇女小额担保贷款实施办法》，举办妇女小额担保贷款工作培训班，组织学习考察活动，全省妇女小额担保贷款工作更加规范高效。共发放妇女小额担保贷款1.9075亿元，获贷妇女2245人，落实贴息资金228.07万元。四是加强服务助推。组织省内女企业家参加在福建举办的全国妇女创业创新成果博览会、在义乌举办的妇女“市场带千村”项目成果展示展洽会，促进项目对接、劳务对接、市场对接，帮助部分企业产品成功打入南方市场。通过香港回归扶贫等项目的实施，引导妇女积极参与种植养殖、食品加工、家政服务、餐饮、现代物流、生物制药等产业发展，为本省产业结构调整和转型发展作出积极贡献。

2. 维护妇女合法权益工作有成效。一是积极参与全省《妇女权益保障法》和本省《实施办法》的执法大检查以及《婚姻法》司法解释等法律法规的制定修改。召开省政府妇儿工委成员单位会议，推动11个政府部门制订保障妇女儿童权益的整改措施。就维护女农民工权益、留守儿童教育、家庭暴力等问题向人大、政协两会提出建议、提案。深入6市12县区进行调研，广泛征求意见，协调组织31个厅局、200余名专家进行充分论证，将一批针对性强、带动性强、累积效应强的实事项目纳入新“两规”。组织开展第三期中国妇女社会地位调查工作。二是坚持法制教育与普法宣传相结合，“三八”维权周期间，举行了以“关注服务妇女民生，促进社会稳定和谐”为主题的大型法律宣传、免费咨询活动，发放法律法规知识宣传资料5000余份。全面总结“五五”普法工作，组织“五五”普法考试，着手制定妇联系统“六五”普法规划。三是出台《关于进一步加强12338妇女维权公益服务热线工作的意见》，全省热线接访占到上访总量的73.1%。妇联系统全年接待信访群众32875人次，结案率达98.4%。四是以制度化、规范化、社会化为目标，出台《山西省妇联加强矛盾纠纷调解工作的实施方案》，与省综治办联合下发《关于加强基层妇女维权站建设的意见》，在全省90%的乡镇街道、村庄社区建立妇女维权工作站点，构建覆盖全省城乡的基层妇女维权工作网络。

3. 妇女儿童思想道德建设亮点纷呈。一是举办百年“三八”和省妇联建会60周年纪念活动。组织开展征文活动、演讲比赛、书画作品展、“十佳百优”妇女典型评选、女性新闻人物颁奖等丰富多彩、寓教于乐的宣传教育活动。二是平安家庭、绿色家庭、学习型家庭、廉洁家庭等特色家庭创建活动深入开展，省妇联召开全省廉政文化进家庭工作总结表彰大会，开展“恩爱夫妻.和美家庭”评选活动。在学习型家庭创建活动中，全省涌现出全国学习型城市3个、学习型家庭示范社区25个。在全省开展千区万户“低碳家庭·时尚生活”示范行动，21户家庭、14名个人分别获全国低碳生活创新明星家庭称号和创新明星个人称号。

4. 妇女儿童民生工程扎实深入。一是有效推进农村妇女“两癌”免费检查项目。完成宫颈癌检查176388例，完成乳腺癌检查14119例。同时对“两癌”检查中患病妇女情况进行摸底调查，项目已惠及16个县25万名妇女群众，并推动成立山西省宫颈癌筛查远程诊治中心。二是在全省10个市、43个县实施“母亲健康快车”、“母亲安馨工程”项目。发放45辆流动医疗救护车，捐赠医疗急救箱、医疗手册、全自动肿瘤细胞筛查分析系统等，总价值696万元。两个项目的实施，惠及到10余万农村妇女儿童。三是开展“关爱妇女儿童健康，促进家庭幸福”医疗援助行动。开办健康教育大讲坛、妇女儿童健康教育流动课堂和流动医院，举办妇女健康教育专题讲座、妇女儿童健康教育培训班和义诊活动，慰问省脑瘫康复医院患儿，与中国妇女发展基金会举行“为爱成长——走进中国第一乳娘村”公益活动，发放慰问金和生活物资16万元。四是深化“春蕾计划”与“恒爱行动”。“春蕾计划”内容不断丰富延伸，新增春蕾班5个、安康图书馆3个、留守儿童“儿童之家”示范项目1个，项目总金额达62万元。“春蕾桥”智海爱心捐资助学活动全年资助孤残贫困儿童1321名，资助总额32.7万元。“恒爱行动”持续实施，2010年爱心父母为孤残儿童编织毛衣2721件，其中向非洲贫困儿童捐赠爱心毛衣500件，山西“爱心妈妈”的温暖走向世界。

5. 妇联组织自身建设工作成果喜人。一是全面开展党群共建创先争优活动。在太原、晋城、阳泉等7市举办创先争优先进事迹报告会，向全省妇女发出向“刘胡兰小组”学习的号召，编发创先争优活动简报，指导推动各地妇联开展特色鲜明的争创活动，妇联组织创先进、广大妇女争优秀蔚然成风。抢抓新一轮村级组织活动场所建设和创先争优活动的有利时机，在全省28214个行政村、1666个社区全面启动“妇女之家”建设，从建设模式、阵地设置、运作方式等方面进行探索创新，为进一步建设“坚强阵地”和“温暖之家”奠定实体基础。二是大力推进基层组织建设。与省委政研室联合，对妇联基层基础工作特别是工作经费和农村妇代会主任报酬问题进行专题调研，形成《关于进一步加强妇联基层基础工作的调研报告》，为省委、省政府提供决策依据。着眼2011年村两委换届工作，全省培训2万余名村妇代会主任和妇女致富带头人，有力推进农村妇代会主任进两委工作。三是着力加强妇女干部队伍建设。制定完成《山西女性人才发展规划》，加强对女性高端人才的信息储备，进一步完善女性人才库建设。举办山西女性人才发展高峰论坛，搭建起全省女性人才高端交流平台。在清华大学举办全省妇女干部理论培训班，在美国举办了妇女与教育培训班，让本省妇女干部培训工作走向高端、走出国门。

【纪念“三八”妇女节100周年大会】 3月1日在太原举行。胡苏平出席并讲话。张建欣及原省级女领导曹馨仪、吴慧琴、阎爱英等应邀出席。胡苏平向全省各条战线的妇女同志致以节日的问候和衷心的祝愿，高度评价全省广大妇女和各级妇联组织为山西经济发展和社会进步作出的重大贡献。会议表彰10名省三八红旗手标兵、300名省三八红旗手、293个省三八红旗集体、100名省巾帼建功标兵、195个省巾帼文明岗。

【红玫瑰行动计划】 3月25日在太原举行启动仪式，中国妇女发展基金会理事长黄晴宜出席，全国妇联副主席、书记处书记甄砚，省政协副主席韩儒英出席并讲话。“红玫瑰行动计划”是由省妇联、省工商联、山西银监局、省财政厅共同主办，通过政、银、企合作，共同推动妇女创业就业的重要举措。具体目标是：5年内信贷投放余额达到20亿元，累计信贷投放达到50亿元；扶持10家中小企业发展成为大中型企业，且力争一两家企业达到上市条件；支持服务企业户数达到100户，通过信贷支持新增就业岗位2万个。启动仪式上六味斋、双合成、太师冶金、山西方略物流等83家企业到会，其中16家与有关银行、担保公司等达成战略合作意向，并签订合作协议。

【开通12338妇女维权服务热线】 5月14日，山西省119个县（市、区）全部开通12338妇女维权服务热线。该热线的开通，使妇联的维权服务的触角得到有效延伸，是妇联工作着力点深入到基层的具体体现，将对维护妇女群众合法权益、维护社会稳定发挥积极作用。

【省家庭教育指导委员会成立暨山西省网上家长学校开通】 5月28日，省家庭教育指导委员会成立大会暨网上家长学校揭牌仪式在太原举行。胡苏平出席会议并讲话。原省领导王昕、曹馨仪、吴慧琴、阎爱英出席会议。会上，胡苏平为授牌的顾问和专家颁发聘书，并为山西省网上家长学校（www.jiazhang.org）揭牌。

省家庭教育指导委员会主任由胡苏平担任，王昕、曹馨仪、吴慧琴、阎爱英为委员会顾问，由27个成员单位及30多位家庭教育专家组成。山西省网上家长学校是在省家庭教育指导委员会直接领导下开办的家庭教育专业性网站，由省妇联和太原东方天逸文化传媒有限公司合作举办。网站设有在线找办法、个性化咨询、图书漂流、教育新闻等七大板块。

【陈至立莅晋调研妇女工作】 11月16日，全国人大常委会副委员长、全国妇联主席陈至立与本省妇女代表座谈。袁纯清出席并讲话，金道铭主持座谈会。陈至立在座谈中指出，要充分认识做好占人口半数的妇女群众工作对于巩固党的执政基础和推进事业发展的重要意义，进一步增强责任感和使命感；要旗帜鲜明地维护妇女群众的合法权益，特别是要推动提高女性参政比例、生育保险制度的建立和完善、改进女性高层知识分子退休制度、女大学毕业生就业、纠正村规民约中歧视和侵害妇女土地承包权益等问题的解决；要全面落实女性健康保障措施、扎实做好农村妇女进“两委”工作、有效促进女性高层次人才的成长和创业。座谈会后，陈至立一行在袁纯清等省领导陪同下，深入太重集团煤机有限公司进行考察，并看望了刘胡兰小组的全体成员。

【省妇联纪念建会60周年】 12月17日，省妇联建会60周年纪念大会在太原召开。全国妇联，袁纯清，王君向省妇联发来贺信。省领导薛延忠、金道铭、胡苏平、王雅安、张建欣及原省级领导曹馨仪、吴慧琴、阎爱英等出席会议。胡苏平在会上做了讲话，省妇联主席李悦娥代表妇联讲话。会议表彰关心妇女工作、勇于为妇女事业奉献的先进集体和先进个人。分别授予730个单位、998名个人、“妇女之友”“先进妇联组织”“优秀妇联干部”“支持妇女工作特别贡献奖”“从事妇女工作30年奉献奖”“支持妇女工作优质服务奖”。会后，与会领导和代表参观省妇联建会60周年女书画家作品展。（李 敏）

山西省科学技术协会

【概述】 1. 以“国办”督查为契机，推进全民科学素质工作新跨越。根据《国务院办公厅关于对全民科学素质行动计划纲要落实情况进行督促检查的通知》精神，从5月开始，通过自查、互查、实地督查三个阶段在全省开展纲要落实情况督促检查。9月2~6日，国务院督查组到山西实地督查，充分肯定山西省在近年来实施纲要工作中取得的成绩。

2. 实施“科普惠农计划”。加大“一站一栏一员”建设力度，在已建成17100余个的基础上，又新增科普惠农服务站2294个，实现覆盖全省60%以上行政村的目标。实施“科普惠农兴村计划”，投入国家奖补资金1535万元、省级奖补资金209万元，发挥先进农技协、农村科普示范基地和农村科普带头人的科普示范辐射作用。“农科110”五级服务指挥系统初步建成，全省“农科110”服务站1000多家，开通涉农科技手机报16种，全年电话、视频解决农民难题2.5余万人次，科普惠农服务队下乡服务32次150多天。解放军264医院被吸纳为科普惠农定点医院，为科普惠农绿色通道会员提供多项医疗服务，同时医院的科普惠农医疗服务队定期赴基层巡回义诊。开创科技、统战两条战线合作实施科普惠农的“中阳模式”，推动“科普惠农计划”的创新发展。

3. 面向重点人群，开展科普活动。省科协和省委党校签署关于联合开展领导干部和公务员科学素质行动工程的协议，在省委党校建立“山西领导干部和公务员科学素质教育基地”。9月，省科协围绕“节约能源资源、保护生态环境、保障安全健康”的主题，组织开展“山西省2010年‘全国科普日’暨第七届‘科普三晋’系列活动”。全省共举办科普讲座164场(次)，培训班150场（次)，科普咨询活动5762场(次)，科普巡展98场(次)，制播电视电台科普节目120多期，分发科普资料63万余份，活动受众70余万人次。此外省科协会同省科技厅、省委宣传部在全省范围开展“山西省科技活动周”。通过科普作品展播展示、科研机构和高校向社会开放等形式，集中宣传山西省科技政策和科技事业发展的最新成果。省科协联合省教育厅等单位于3月举办第25届山西省青少年科技创新大赛。山西省选手共获得一等奖5项、二等奖5项、三等奖7项，15名学生获高校保送资格，金牌总数名列全国前茅。在第十届中国青少年机器人竞赛上，山西省荣获一等奖1项、二等奖3项、三等奖10项和全国十佳优秀组织单位。省青少年科学工作室作为校外科技教育活动示范基地，共接待学生5000余名。省科协还先后举办纪念华罗庚院士百年诞辰座谈会、“青少年玩世博”科普网络游戏活动。

4. 科技传媒建设工作取得新成绩。科技报刊总社自主编创100套科普挂图，13套入选中国科普资源库；与解放军264医院合作编印10万册《农村健康科普知识33问》及1万套科普挂图；科普惠农挂图每期17000多套，已印10万多套80多万张；山西科普网年上传新闻信息5.5万余条，总访问量突破650万人次；将17种手机报扩展到35种，订阅总量近20万份，同时打造山西省首份科技生活类电子杂志《i尚i》；在山西电视总台制作播出各类科普节目120多部，创作的动漫作品《走进低碳新生活》荣获“科蕾奖”自然环境类一等奖。

【学术交流】 7月12~15日，省科协联合太原理工大学主办“第五届矩阵与算子理论国际学术研讨会”，海内外160多位数学界专家学者参加会议。会议的举办，为数学相关领域的专家学者搭建高端学术交流平台，对进一步活跃学术

2010年促进资源型城市转型发展论坛 （王继龙提供）

思想，增进交流合作，提高矩阵与算子理论前沿研究和应用水平，产生积极作用。针对绿色经济、循环经济、低碳技术、安全生产、农业等问题，举办各类“学术茶座”33场，超额完成原定30场的目标考核任务，为有关部门进行决策提供大量建设性的意见和建议。

【学会管理】 省科协通过谈话、走访、行文等措施，与省内燃机学会、省微量元素研究会等学会进行沟通，提出整改要求；对105个省级学会进行年检，进一步加强管理和引导；推动省林学会、省制冷学会等8家学会完成换届工作；新接纳省新世纪专家学者协会入会；对于一些超期不换届、长期无活动的学会向省民政厅提出注销建议。实施《山西省科协精品学术活动管理办法》，以项目资助的形式，对基层科协组织开展的高端学术交流活动、精品学术交流活动、学术交流平台基础建设等进行择优支持，打造高层次、宽领域、重实效的学术交流平台。在全省科协系统涌现出“太行杯”土木工程大奖、大同市科协学术年会、注册科技咨询师认证、医学会系列学术活动等学会工作十大品牌。

【优秀学术论文评选】 山西省优秀学术论文评选表彰是省科协的品牌活动之一。省科协联合省人社厅、省科技厅等单位开展山西省第十五届优秀学术论文评选工作，共征集30多个学科610篇论文，申报篇数与历届相比呈上升趋势。经过各学科评委的严格评选，遴选出特等奖2篇，一等奖54篇，二等奖246篇，三等奖203篇，其中一等奖以上论文多是在国际SCI、SCII源期刊收录的刊物上发表的学术论文。

【科技服务活动】 在省科协积极争取下，山西被中国科协、科技部等单位确定为“2010全国实施知识产权战略巡讲活动”主要站点。活动在太原、大同两地展开，先后深入太原高新区与太重、同煤、大齿等企业，举行报告会6场、专家座谈会2场、企业调研5次，中国科协书记张勤作主题报告。为推动“讲、比”活动的深入进行，省科协开展企业工程技术人员“讲、比”活动表彰奖励工作，调动企业工程技术人员开展技术创新、节能减排竞赛的积极性。省科协联合省发改委等单位进一步加强“金桥工程”的领导和实施工作，出台《关于加强组织实施“金桥工程”的意见》，全年申报立项“金桥工程”项目27项。

【自身建设】 (1)5月21日，省委常委会召开会议，听取省科协工作汇报并作出安排部署，出台《关于进一步加强新时期科协工作的意见》。对各级党委、政府就加强和改善对科协工作的领导，保障科协依法办会和民主办会、经费落实、科普设施建设等方面作出明确规定。(2)按时召开省科协常委会议，定期组织召开“山西省优秀科技工作者座谈会”，倾听科技工作者的意见、建议和呼声，为进一步贴近基层，省科协把常委会议开到基层，组织常委调研。坚持对常委、委员和科技工作者进行走访慰问等工作。(3)省科协开展“第四届山西省十佳中青年优秀科技工作者”的评选表彰工作，评选出10名“山西省十佳中青年优秀科技工作者”，对获奖人员各奖励1万元。省劳动竞赛委员会对“十佳”授予“山西省五一劳动奖章”。省科协会同省人社厅等单位联合开展山西省“科技奉献奖”评选活动，评选出先进集体120个和先进个人308名。省科协认真做好“全国优秀科技工作者”推荐工作，推选一批具有代表性的优秀科技人员参选。经中国科协评选，山西有18位同志被评为“全国优秀科技工作者”。其中1名同志荣获“十佳全国优秀科技工作者提名奖”。(4)省科技馆新馆建设项目是山西省十大社会公益事业重点工程之一，省科协配合省工务局开展大量工作。新馆土建工程主体已经封顶，常设展览的初步设计方案已通过专家评审，进入深化设计和展项展品制作及布展的招标阶段。省科协科技扶贫中心与江苏雨润集团实施战略合作，签署多项农业产业化合作项目。省科协软件评测服务中心通过国家CNAS认证，标志着山西省软件测试、网络测试、信息安全等级保护测评领域进入国家先进行列。

【山西省科协第七次代表大会】 7月5~7日在太原召开。中国科协常务副主席、书记处第一书记、党组书记邓楠和省领导袁纯清、王君、薛延忠、申联彬、李政文、安焕晓、张平、令政策、卫小春莅会。来自全省科技系统500多名代表参会。大会开幕前，邓楠、袁纯清等领导亲切看望与会代表并合影。大会的中心任务是：深入贯彻落实科学发展观，团结动员全省广大科技工作者，进一步激发科技工作者的创新热情和创造活力，为实施全省赶超战略，实现山西经济社会跨越发展而奋斗。会议选出145名省科协第七届委员会委员、46名常务委员，选举侯晋川为省科协主席，韩裕峰等14人为省科协副主席。

【第七届宋庆龄少年儿童发明奖】 “宋庆龄少年儿童发明奖”是由中国宋庆龄基金会、中国发明协会和中国教育学会主办，旨在进一步贯彻“科教兴国”战略，激励少年儿童讲科学、爱科学、学科学、用科学，推动少年儿童发明创造活动蓬勃发展而设立的奖项。2010年，经主办单位批准，“第七届宋庆龄少年儿童发明奖”由山西省科协具体承办。整个评选活动历时9个月，收到参赛作品1845件。7月28~30日，全国29个省、直辖市、自治区及香港、台湾地区的参赛学生、辅导老师及组织单位代表460余人，带着终评入围作品在山西省实验中学高新校区进行展示和答辩。最终评出金奖10名、银奖30名、铜奖161名和创意奖12名、标识设计奖6名、园丁奖25名。中国发明协会理事长、原国家科技部部长朱丽兰，中国宋庆龄基金会副主席鲍培德和李政文、安焕晓、刘滇生等领导出席颁奖典礼并为获奖少年儿童颁奖。

【促进资源型城市转型发展论坛】 11月23日，以“产业创新转型，城市持续发展”为主题的2010年促进资源型城市转型发展论坛在太原举行。论坛由中国科协、山西省人民政府主办，山西省科协、太原市人民政府承办。中国科协副主席、书记处书记齐让，山西省委常委、统战部部长李政文，中国工程院副院长、中国科协副主席谢克昌，山西省副省长张平等领导，以及来自全国的16位院士、300余位专家学者参加论坛，并就资源型城市转型发展进行交流。山西省太原市、河北省唐山市、邢台市、辽宁省阜新市、黑龙江省大庆市、鹤岗市、安徽省淮南市、河南省焦作市、湖南省娄底市、贵州省六盘水市十个资源型城市集体发出《市长倡议书》。论坛收到各类报告、论文190多篇，出版《促进资源型城市转型发展论坛市长专家报告论文精选》《促进资源型城市转型发展论坛论文集》，形成《关于促进资源型城市转型发展的建议》，由中国科协报送国务院，供决策部门参考。

（王继龙）

社会科学界联合会

【概述】 2010年，省社科联年度确定的六项目标任务已完成，有的超额完成，五项共性指标任务全面落实。省社科联先后在全国社科联工作会、全国社科普及会、华北地区协作会上交流工作经验，所属的政治学会、老年学会等学会获得全国学会工作先进集体，省社科联获得全省调研工作先进单位、交通安全先进单位，受到省委宣传部、省政府管理局的表彰。3项研究成果分别获省政协一等奖和省委宣传部“五个一工程”奖。在2010年度全省目标责任考核中取得优异成绩，被省委、省政府授予“2010年度目标责任考核优秀单位”荣誉称号。

1. 坚持马克思主义在意识形态领域的指导地位不动摇。面对近年来思想理论界出现的宣扬新自由主义、民主社会主义、历史虚无主义等错误观点，以及否定改革开放、否定中国特色社会主义道路等错误思潮，党组一班人旗帜鲜明地反对新自由主义、民主社会主义、历史虚无主义等错误思想，明确提出山西省社科界要“力求在多元多样中立主导、在交流交融中谋共识、在变化变动中一以贯之，始终坚持马克思主义在意识形态的指导地位，用社会主义核心价值体系引领社会思潮”。在新成立学会审批时，按照有关规定严格审核，把好准入关，特别是注意抓好学会“举旗人”的问题；学术活动实行申报制，根据中央精神加强对各种讲座、研讨会、报告会的监督管理；评审成果时注意严把政治关，对涉及民族问题、宗教问题、敏感问题的个别成果慎之又慎，执行“研究无禁区宣传有纪律”。党组领导以高度的政治觉悟、政治敏锐性和政治责任感，保证山西省社科界始终坚持正确的政治方向，真正发挥社科联管理、指导的职能。

2. 为山西转型跨越发展献计献策。适时提出“高举旗帜，围绕中心，服务大局，抓好‘四个一批’，发挥思想库作用”的总体工作思路。围绕山西转型跨越发展的重大问题，组织专家学者开展理论研讨和课题研究。省委书记袁纯清“7·29”讲话后，及时向省属学会（研究会）、各市社科联，各高等院校、科研院所下发《学习贯彻省委书记袁纯清同志“7·29”讲话精神的意见》。同时党组书记和领导班子成员亲自领题，带头调研，围绕山西省工业新型化、农业现代化、市域城镇化、城乡生态化问题开展专题研究。如省社科联课题组完成的《山西推进新型城镇化建设步伐加快统筹城乡发展研究》，在省政协会上进行交流，参加省政协统筹城乡发展论坛，荣获一等奖。党组成员及机关干部积极开展课题研究，完成《山西矿业安全发展机制研究》《山西提升文化软实力的对策研究》《中部五省省会城市“十一五”期间工业和信息化建设启示研究》等课题，推出一批有价值的研究成果，为山西的转型跨越发展发挥智力优势。根据宣传文化系统的这一重点任务，省社科联承担并完成省软科学课题《全球化背景下山西文化产业竞争力研究》，以世界眼光分析山西发展文化产业的比较优势，及山西具有的静态文化资源比较优势和动态需求比较优势，

山西省第六次社会科学优秀成果获奖名单

荣誉奖(2项)

证书号	成果名称	申报人	单位
06001	山西历史文化丛书·分类卷(编著)	李玉明	三晋文化研究会
06002	科学发展观在山西的实践系列丛书(编著)	高建民	中共山西省委

一等奖(21项)

证书号	成果名称	申报人	单位
06003	数学实在论的语义分析及其意义(论文)	康仕慧	山西大学
06004	构建地方公共财政体系(编著)	郑建国 申长平等	省财政厅 省财税专科学校
06005	跨国公司R&D国际化及在华R&D投资研究——跨国公司在华R&D投资研究(专著)	樊增强	山西师范大学
06006	煤炭资源开发与区域经济发展中的与“祸”:基于山西的实证分析(论文)	景普秋等	山西财经大学
06007	山西典商研究(专著)	刘建生 燕红忠等	山西大学
06008	农村经济发展与经营管理丛书(编著)	崔富春等	山西农业大学
06009	建立干部公开选拔量化指标的探讨(论文)	李高山	省委党校
06010	Regulating mine land reclamation in developing countries: the case of China(发展中国家矿地复垦的法律规制:以中国为例(论文)	曹　霞	山西财经大学
06011	中国近代大学创立和发展的路径——从山西大学堂到山西大学的考察(专著)	王李金	山西大学 教育部省部 共建工作研究中心
06012	理科教师教学行为发展研究(专著)	梁永平	山西师范大学
06013	元代辞赋研究(专著)	李新宇	山西师范大学
06014	当代文学观念与批评论(专著)	侯文宜	山西大学
06015	走向田野与社会(专著)	行　龙	山西大学
06016	战争·革命与乡村社会:晋西北租佃制度与借贷关系之研究(专著)	张　玮	山西师范大学
06017	在自主创新中建设和发展先进文化(论文)	艾　斐	省文化创新研究中心
06018	科技项目完成情况的模糊综合评价研究(论文)	梁吉业等	山西大学
06019	人才资源的经济学分析(专著)	李志江	吕梁市委组织部
06020	会计理论研究(专著)	李端生	山西财经大学
06021	纵论出版产业的科学发展(专著)	齐　峰	山西出版集团
06022	元杂剧通论(上下)(专著)	田同旭	山西大学
06023	晋方言语音史研究(专著)	乔全生	山西大学

二等奖(64项)

证书号	成 果 名 称	申报人	单位
06024	论邓小平的政治监督思想(论文)	郭学旺	山西师范大学
06025	丹尼尔·丹尼特的意向战略及其理论意义(论文)	王姝彦	山西大学
06026	建设社会主义核心价值体系通论(编著)	师　谦 吴俊清等	中北大学 太原工业学院
06027	马克思主义中国化研究的三个维度(论文)	赵宇霞	山西大学
06028	关于现阶段我国非公有制企业劳动者地位的若干思考(论文)	邸敏学	山西大学
06029	典型悖论之统一消解原理：证伪预设——悖论研究的误区与爱因斯坦的启示(论文)	张铁声	省社科院
06030	矿产资源有偿取得法律问题研究——以山西煤炭资源有偿使用为例（论文）	王继军	山西大学
06031	我国社区矫正实施中的问题及对策(论文)	谭恩惠	省法管理干部学院
06032	地理标志的法律保护研究(专著)	赵小平	山西大学
06033	分配·权利与和谐社会(编著)	王满春 原玉廷	省人民检察院 太原师范学院
06034	统筹城乡发展的税收法律制度研究(专著)	薛建兰	山西财经大学
06035	我国科技旅游的发展现状及对策研究(论文)	朱丽君	山西大学
06036	马克思主义利息理论与西方现代利息理论的比较：继承与借鉴(论文)	闫素仙	山西财经大学
06037	我国二元经济转化的理论与模式——一个有别于西方古典经济论的二元经济结构转化模型(论文)	杨俊青	山西财经大学
06038	从技术引进导向技术创新的一段跋涉——1960 年代前半期中国在引进技术基础上的技术创新(论文)	林　柏	山西大学
06039	中国中小企业融资:理论·借鉴·融资体系的构建(专著)	武巧珍 刘扭霞	山西财经大学
06040	晋商研究当代文库(系列丛书)	崔满红	山西财经大学
06041	中国高校大学生医疗保险透视(论文)	张青枝	山西财经大学
06042	中国区域金融协调发展研究(专著)	尹优平	人行太原中心支行
06043	服务贸易自由化与竞争力(专著)	郭根龙	山西师范大学
06044	价格指数的理论与方法(专著)	高艳云	山西财经大学
06045	习惯形成下的缓冲储备行为(论文)	杭　斌	山西财经大学
06046	中国商业银行全面风险管理体系研究(论文)	沈沛龙	山西财经大学

续表

证书号	成 果 名 称	申报人	单位
06047	山西可再生能源开发利用研究(论文)	王宏英 苏星海 曹海霞 刘立新	省社科院 太原科技大学 省社科院 山西焦煤集团
06048	由我国个人所得税免征额调整引发的思考(论文)	彭月兰	山西财经大学
06049	山西装备制造业发展战略研究(论文)	李劲民	省政府发展研究中心
06050	资源型企业国际化战略研究(编著)	白原平	山西焦煤集团
06051	数学启发式教学研究(专著)	韩龙淑	太原师范学院
06052	生命哲学视野下的终身教育价值观(论文)	薛勇民	山西大学
06053	我国优势项目高水平运动员参赛风险的识别评估与应对(专著)	石　岩	山西大学
06054	语文课程标准"发展思维"目标与实施的科学性探讨(论文)	武永明	山西师范大学
06055	探索 创新 发展 ——科学教育专业建设与人才培养的研究与实践(编著)	张虎芳 王尚义 阎元红	太原师范学院
06056	明清晋商巨贾的人格结构研究(论文)	杨继平	山西大学
06057	黄河中下游家族村落民俗与社会现代化(专著)	段友文	山西大学
06058	清末民初汉译法国文学研究(1897~1916)(专著)	韩一宇	太原师范学院
06059	台阁体新论(论文)	郭万金	山西大学
06060	从"山药蛋派"到"晋军后"——山西三次小说创作高潮再审视(论文)	傅书华	太原师范学院
06061	挑战与应战 冲突与融合 ——伊斯坦布尔城市现代化历程(论文)	车效梅	山西师范大学
06062	《白虎通义》思想的历史研究(专著)	向晋卫	山西大学
06063	山西洪洞大槐树移民问题研究的回顾与思考(论文)	乔新华	山西大学
06064	逝去的繁荣:晋蒙粮油故道研究(专著)	张世满	山西大学
06065	循环经济发展各阶段仿真研究(论文)	薛耀文	太原科技大学
06066	资源管理系统工程理论与实践(专著)	赵国浩	山西财经大学
06067	硅谷与中关村人才聚集效应及环境比较研究(论文)	牛冲槐	太原理工大学
06068	企业知识转移中的机制设计研究——以汾酒股份"细节管理"的推行为例(论文)	李景峰	山西大学
06069	基于共同治理的管理者财务激励模型研究(论文)	油晓峰	山西财经大学

续表

证书号	成果名称	申报人	单位
06070	诺贝尔生理学或医学奖获得者学术研究环境分析(论文)	段志光	山西医科大学
06071	不动产静态与动态评估方法(专著)	张所地	山西财经大学
06072	煤矿安全心理测评技术与应用(专著)	栗继祖	太原理工大学
06073	论科技型中小企业实现自主创新的动因与有效组织(论文)	王文昌 秦作栋	山西农业大学 省科技厅
06074	符号运用策略对女性主义传播效应的影响(论文)	畅引婷	山西师范大学
06075	新型农村合作医疗理论与实践研究(专著)	谭克俭	省社科院
06076	大同历史文化名城保护与发展战略规划研究(专著)	曹昌智	省城市科学研究会
06077	我国农村剩余劳动力转移问题研究(论文)	王国霞	山西大学
06078	歌唱从心开始(专著)	王　珣	山西艺术职业学院
06079	繁峙岩山寺壁画中的建筑及其特征(论文)	徐岩红	山西财经大学
06080	汪立三钢琴音乐创作中的传统因素(论文)	张瑞蓉	山西大学
06081	实用普通话教程(专著)	邓　明	晋中学院
06082	万荣方言两字组连读变调和轻声——兼谈山西方言重轻式两字组轻声调值的类型(论文)	吴建生	省社科院
06083	晋源方言研究(专著)	王文卿	太原师范学院
06084	英国公司法精要(译著)	樊云慧	山西财经大学
06085	会话分析(编著)	于国栋	山西大学
06086	任务型英语课堂教学模式的探索(论文)	李广凤	山西大学
06087	艺术英语(专著)	郭燕玲	广播电影电视 管理干部学院

优秀奖(86项)

证书号	成果名称	申报人	单位
06171	世界共产党现状及发展趋势(编著)	冯建平	晋城市委组织部
06172	从性别视角看战争伤害与和平的实现(论文)	胥　莉	太原师范学院
06173	伦理学初探(专著)	王引兰	忻州师范学院
06174	准确理解社会主义和谐社会的基本内涵(论文)	苏果云	山西医科大学
06175	创造性思维系统特征初探(论文)	柴建芳	太原电力 高等专科学校

续表

证书号	成 果 名 称	申报人	单位
06176	马克思主义中国化过程是价值追求 与科学追求的统一(论文)	刘潇滨	省财税专科学校
06177	见证 1978——2008·晋城(编著)	郭治琛	晋城市统计局
06178	推进农村基础设施建设的思路探讨——以山西省为例(论文)	刘武华	省发展和改革委员会宏观研究院
06179	职业经理人进入家族企业的障碍及对策(论文)	刘晓芸	晋中学院
06180	城乡统筹发展视角下的农村劳动力转移问题分析(论文)	王云珠	省社科院
06181	中国对外贸易发展战略研究(专著)	周新生	山西财经大学
06182	山西民营经济发展研究(专著)	王香花 姚　萱	中北大学
06183	树立和落实科学发展观努力提高税收职能服务能力(论文)	卢晓中	省地税局
06184	机遇与挑战——当前审计工作亟待解决的几个问题(论文)	郝志远	省审计厅
06185	从地方级收入比重下降看山西税收与税源背离(论文)	王久瑾	省地税局
06186	推进产业结构调整 抑制焦炭产能过剩(论文)	刘　晔	省社科院
06187	特困人口医疗救助供需分析(论文)	赵　怡	山西财经大学
06188	资源约束对我国焦炭总量规模的影响(论文)	陈新凤	省社科院
06189	国际贸易保护问题新探(论文)	郝美彦	省财税专科学校
06190	法的溯及力问题研究(专著)	孙晓红	山西财经大学
06191	市场经济运行中的法理问题研究(专著)	赵肖筠	山西大学
06192	山西文化产业发展的法律环境研究(论文)	赵云海	晋中学院
06193	从国际"防止利益冲突原则"看我国的煤矿安全监管体制改革(论文)	常　瑞	省社科院
06194	《法学方法论》与法学方法教育(论文)	王丽霞	山西医科大学
06195	教育法律问题研究(专著)	张　丽	太原师范学院
06196	行政复议和解制度探讨(论文)	赵银翠	山西大学
06197	规制与调控:五国经济法历史研究(专著)	王霄燕	山西大学
06198	明清晋商与传统法律文化(专著)	张　钧	山西大学
06199	试论我国行政复议制度的改革(论文)	王卫星	省政府法制办公室
06200	心理素质训练改善大学生情绪健康水平的近期效果评价(论文)	薛朝霞	山西医科大学

续表

证书号	成 果 名 称	申报人	单位
06201	中世纪大学对科学研究活动的贡献(论文)	郎永杰	山西大学
06202	阅读学习方法指导学(专著)	乔桂英	太原师范学院
06203	对全面恢复师范生免费教育制度的经济学思考 ——教师教育产品属性的视角(论文)	闫建璋	山西师范大学
06204	职业教育价值的本质问题初论(论文)	南　海	山西大学
06205	大学交互性教学理论与实践的研究(论文)	李长萍 张力跃 何云峰 郭晓丽 赵志红	山西农业大学
06206	公开课与教师专业发展关系的调查研究(论文)	朱晓民	山西师范大学
06207	大学道德教育"人本回归"的价值维度解读(论文)	李　进	吕梁高专 离石师范分校
06208	传入与吸收:西方教育平等观念在中国(论文)	丰向日	山西师范大学
06209	调查作文的比较、分析与反思——小学语文教材的中日比较研究(论文)	张荣华	山西师范大学
06210	《阅微草堂笔记》中的复生故事分析(论文)	魏晓虹	山西大学
06211	山西戏曲剧种文化地理研究(专著)	柴国珍	太原师范学院
06212	图像时代文学经典的命运与美育意义(论文)	凌建英	大同大学
06213	乡土文学的现代性观照(专著)	宋　洁	运城学院
06214	山西革命根据地红色出版的历史价值(论文)	李雪枫	山西大学
06215	涵化与归化 ——论延安时期解放区的"民间文学"(专著)	毛巧晖	山西师范大学
06216	论沈从文的生活心态与创作心态(论文)	林　红	中北大学
06217	北朝散论(专著)	管芙蓉	大同煤炭职业 技术学院
06218	前近代华北乡村社会水权的表达与实践 ——山西滦池的历史水权个案研究(论文)	张俊峰	山西大学
06219	试论 1949-1959 年中苏关系中的美国因素(论文)	宋晓芹	山西大学
06220	"丁戊奇荒"时期的山西粮价(论文)	郝　平	山西大学
06221	山西历史与文化(专著)	杨秋梅	山西师范大学
06222	一神教,还是单一主神教? ——也谈古代埃及阿吞崇拜的性质(论文)	李　模	山西大学

续表

证书号	成 果 名 称	申报人	单位
06223	上党文化研究(专著)	张 利	山西机电职业技术学院
06224	山西军事工业工人运动史通览(编著)	《山西军事工业工人运动史通览》	山西省国防编撰委员会科技工业工会
06225	1912—1928 山西乡村生活研究(专著)	赵新平	忻州师范学院
06226	密切党群干群关系的历史经验(论文)	李建权	太原科技大学
06227	医疗卫生系统核心员工管理策略研究(论文)	陈 红	中北大学
06228	关于建立农村高龄老人津贴制度的构想(论文)	王晓晨	山西大学
06229	企业知识创造能力理论与实证研究(专著)	吴翠花	太原科技大学
06230	公共关系理论与实务(编著)	王 玫	太原科技大学
06231	股份公司内部会计监管模式之国际比较及启示(论文)	茹家团	省财税专科学校
06232	山西土地节约集约利用潜力评价与对策(论文)	马巨革	省国土资源调查规划院
06233	会计综合实训教程(编著)	王剑英 许香兰 高慧芸	省财税专科学校
06234	大型施工企业的项目合股经营承包管理(论文)	刘建亭	中化二建集团有限公司
06235	从国际战略性大宗商品交易方式演变看中国石油市场改革(论文)	黄解宇	运城学院
06236	打造中国特色公共服务型政府的基本思路(论文)	张志芳	省委党校
06237	“四个支撑”:现代农业发展的助推动力(论文)	王玉琴	省农村经济研究所
06238	当前我国农村的贫困状况、成因及战略选择(论文)	赵俊超	省产业扶贫工作站
06239	绿色税收与山西生态文明建设(论文)	权立枝	太原理工大学
06240	《文件与档案概念范畴刍议》《再论文件与档案的概念范畴》《文件与档案的概念范畴》系列论文(论文)	张小慰	太原大学
06241	加强城市文明社区建设思考(论文)	林 洁	省委党校
06242	农业信息化:21 世纪农业现代化的重要标志(论文)	晋鹏程	省农村调查办公室
06243	夫妻离婚时债权人利益的保护(论文)	张翼杰	山西大学商务学院
06244	加速发展山西省县域电子政务的思考(论文)	徐艳霞	省委党校
06245	对舞剧《一把酸枣》音乐的作曲技术分析及艺术风格探讨(论文)	王 晖	山西艺术职业学院

续表

证书号	成果名称	申报人	单位
06246	“竹竿子”与“前行色”考论(论文)	霍建瑜	山西大学
06247	论音乐在美育中的特殊作用(论文)	郑 红	山西艺术职业学院
06248	论历史街区的动态保护(论文)	张惠新	山西大学
06249	浅析中国油画的东方意象(论文)	沈 康	运城学院
06250	山阴方言祈使词“好”的使用特点及其来源(论文)	温振兴	山西大学
06251	山西长治方言“来”字的句法、语义、语用分析(论文)	史素芬	长治学院
06252	山西方言四字格的语义特点及其认知研究(论文)	李淑珍	省社科院
06253	山西方言影疑母字的演变及分合(论文)	白静茹	山西大学
06254	元杂剧词汇方言证释(论文)	岳海燕	山西大学
06255	英语语言学概论(专著)	张晋林 樊俊艳	山西警官 高等专科学校
06256	翻译主体性的界定问题研究(论文)	张艳丰	山西大学

2009年度“百部(篇)工程”获奖成果名录

荣誉奖(1项)

序号	题目	成果形式	作者	字数(千)	出版(发表)单位	时间
1	晋国和三晋国家改革的先进历史经验	论文	李玉明 杨子荣	12	《学术论丛》	2009年03月

一等奖(25项)

序号	题目	成果形式	作者	字数(千)	出版(发表)单位	时间
1	我国居民财产性收入分析及增加对策	论文	刘兆征	17.5	《经济问题探索》	2009年7月
2	阳泉市推进城乡一体化实践研究	专著	山西省城市经济学会课题组	250	山西出版集团 山西经济出版社	2009年3月
3	“财产性收入”属性研究——基于“社会主义资本”理论的解释	论文	靳共元 丁丽芬	18	《华南理工大学学报》	2009年10月
4	山西清洁发展机制项目实施现状分析	论文	刘 晔	5	《中国能源》	2009年7月
5	中国劳动力市场转型中的个人收入分配研究	专著	申丹虹	220	经济科学出版社	2009年4月
6	2008年：山西经济金融运行分析与预测	编著	毛金明	620	山西经济出版社	2009年5月

续表

序号	题　目	成果形式	作者	字数（千）	出版(发表)单位	时间
7	程昆仑先生诗文集	编著	李雪梅 李　豫	450	三晋出版社	2008 年 11 月
8	汉语语汇研究史	专著	温朔彬 温端政	198	商务印书馆	2009 年 10 月
9	农村养老保障体系构建研究	专著	谭克俭	350	中国社会出版社	2009 年 5 月
10	我国警务模式选择与实现路径探讨	论文	张子荣	9.5	《中国行政管理》	2009 年 3 月
11	关于低收入群体稳定度的指标体系建构	论文	潘　峰	14.5	《理论探索》	2009 年 5 月
12	政治社会学	专著	梁丽萍	340	中央编译出版社	2009 年 7 月
13	郭林宗传——汉末名士的历史世界	专著	范兆飞	200	山西人民出版社	2009 年 8 月
14	晋商学	专著	高春平	625	山西出版集团 山西经济出版社	2009 年 4 月
15	清代商人组织的概念分析	论文	陈亚平	12	《清史研究 》	2009 年 2 月
16	“洞问题”与当代时空实在论	论文	程　瑞	10	《科学技术与辩证法》	2009 年 2 期
17	感恩与责任：慈善事业的伦理困境解析	论文	刘美玲	6.641	《郑州大学学报》	2009 年 5 月
18	会计模型使用质量的实验比较研究	专著	孙　凡	200	经济科学出版社	2009 年 6 月
19	产业集群协同演化模型及案例分析——以中山小榄镇五金集群为例	论文	芦彩梅 梁嘉骅	10	《中国软科学 》	2009 年 2 月
20	沪、深股票市场与香港股票市场的溢出效应——基于发布“港股直通车”方案前后的比较分析	论文	张信东 赵　芳	15.5	《南开管理评论》	2009 年 8 月
21	人力资源生态与人力资源投资风险规避	论文	吕书梅 王永芳	4.1	《理论探索》	2009 年 7 月
22	医疗器械管理手册	编著	张　锦	344	人民卫生出版社	2009 年 9 月
23	山西省体育旅游资源分析及开发策略研究	论文	石晓峰 李建英 王　飞	11	《中国体育科技》	2009 年 3 期
24	课程改革的重要问题：关注人的整体性发展	论文	王爱玲	9	《教育研究》	2009 年 7 月
25	Catchwords as Markers of Change in China	论文	侯金香	4.0	English Today	2007 年 第 3/4 期

二等奖(48项)

序号	题目	成果形式	作者	字数(千)	出版(发表)单位	时间
1	金融创新与山西经济发展研究	论文	课题组	33	《学术论丛》	2009年3期
2	休闲农业产业化发展的组织创新研究	论文	弓志刚 原梅生	7	《财贸经济》	2009年01月
3	利率平价关系不稳定条件下短期资本流动机制的运行	论文	李惠芬	12.5	《经济问题》	2009年8月
4	中国经济发展中的超额货币：原因、度量与政策选择	专著	王书华	180	中国财政经济出版社	2008年12月
5	推进国有林区步入现代林业建设快车道	论文	张文英 赵　富	3.8	《光明日报》	2009年10月
6	贸易自由化对中国环境的影响分析	论文	孙秀玲	6	《经济问题》	2008年11月
7	应对金融危机的财政货币政策研究	论文	杜凤华	7.6	《财政研究》	2009年7月
8	中国股票市场发展问题研究	专著	王劲松 闫果棠	317	山西经济出版社	2009年7月
9	研习民艺 家母为师	论文	张淮水	5.5	《装饰》	2009年2期
10	林语堂论中西戏剧	论文	赵怀俊	13	《中华戏曲》第39辑	2009年06月
11	山西地名中“家”的弱化音变	论文	王文卿	7.5	《方言》	2009年5月
12	文水方言百年来的元音高化	论文	乔全生 余跃龙	4	《山西大学学报》	2009年5月
13	山西方言语汇的特点	论文	吴建生	9	《山西师大学报》(社会科学版)	2009年1期
14	晋中改革之声	编著	刘志宏	1113	山西出版集团 三晋出版社	2008年12月
15	山西建国60年若干重大的恒久与思考	专著	杨茂林 高春平	500	山西人民出版社	2009年10月
16	中西部地区农村女性人口流动的进程、特征及发展趋势	论文	刘　宁	7	《中共山西省委党校学报》	2009年2期
17	新农村建设与村民自治制度	论文	董江爱	9.6	《政治学研究》	2008年12月
18	新型农村合作医疗的规范化与立法研究	专著	孙淑云 柴志凯 等	430	法律出版社	2009年9月
19	马克思的实践价值论与政治“普世价值”问题	论文	张守夫	9.5	《政治学研究》	2009年6月
20	公共安全活动中的利益冲突及其控制	论文	苏玉娟 魏屹东	13	《山东大学学报》	2009年09月
21	可持续发展视野下中国小矿的法律规制	专著	曹　霞	216	中国财政经济出版社	2008年12月

市委书记白云在公路建设工地视察

市长李栋梁在基层调研

坚持统筹谋划，注重城市转型，率先全面城镇化目标得到有效落实。首先，统筹城乡发展，加快推进城乡经济发展、规划建设、基础设施、社会事业、社会保障、生态建设和管理体制等七个“一体化”，明确“十六项重点工程”，深化“六项改革”，在全省率先实现了城乡水务一体化管理。其次，进一步完善城市功能，义白路、307国道复线、新城大道等一批重点道路工程相继通车。漾泉大道、平阳路、广阳路等9条城市主干道路全面推进，阳五高速（阳泉—盂县段）、太阳（太原—阳泉）高速正在加紧建设。同时，启动了桃河流域综合治理二期、“北水南调”龙华口水电站、娘子关水源地保护和二期提水等重点工程。第三，实施“三城同创”，两年来，先后投入资金3.5亿元，大力开展荒山荒坡绿化和植树造林，打造了翠枫山、狮脑山等10个森林公园，完成“五环四道”绿化9.63万亩，建成区绿化覆盖率达到38.64%，绿地率达到34.95%，人均公共绿地面积达到8.83平方米，各项指标基本达到了住建部标准。环境保护工作取得显著成绩，全市592家重点工业污染源治理全面达标，完成了市区26座矸山综合治理。2009年，市区二级以上天数达到353天，在全国113个重点城市空气质量排名中，由2006年倒数第8位前进到2009年的第35位。国家卫生城市创建有序推进。累计投资2亿元，实施了垃圾处理中转站、垃圾处理厂等重大项目，城乡卫生状况一步改善。

中共第一城

矿工新居

农民新居

阳泉中源均质耐火材料公司

山西兆丰铝冶有限公司

煤矸石合理应用

阳煤集团聚氯乙烯项目：该项目的正式试产运行，标志着阳泉市化工产业建设进入一个新的历史时期

坚持改善民生，注重社会转型，平安和谐阳泉建设取得明显成效。首先，基本完成农村“五个全覆盖”。“村通硬化路”、“村通广播电视”、“县乡村三级卫生服务体系”三个全覆盖已经完成。“新型农民养老保险60岁以上老人基本养老金发放”、“乡镇文化站”、“万村千乡市场工程”三项也实现了全覆盖。其次，扎实开展和谐阳泉建设。2009年城镇登记失业率为3.79%,低于省定4.2%的控制目标，全市养老保险、医疗保险、失业保险覆盖率分别达到了88%、90.3%、84.3%。

阳泉市吉天利电池生产线：不仅是环保项目，而且具有核心竞争力，是国家政策扶持和倡导的产业，具有广阔的市场前景

大棚蔬菜

山西阳光发电有限公司

蔬菜种植日光温室

山西京宇磁源材料有限公司生产车间

阳泉昌鑫农业科技有限公司

建设中的太阳高速公路

2009年，全市生产总值完成348.7亿元，同比增长7.1%；财政总收入完成78.1亿元，同比增长14.6%；一般预算收入完成29.8亿元，同比增长13.8%；全社会固定资产投资完成242.5亿元，同比增长55%；城镇居民人均可支配收入14240元，农民人均纯收入5801元，同比分别增长7.0%和6.9%，多数指标在全省排位前移。2009年，在全省地区经济社会发展情况考核中，阳泉市经济社会发展指数排第四，发展水平排第五，被评为全省“和谐社会建设先进市”，全省公众安全感民意调查满意度名列第一，连续三年被省评为“综治工作先进市”。

藏山全景

桃河公园

翠枫山

娘子关宿将楼

大同市人民政府

省观摩检查组在大同视察

大同是国务院首批公布的24座历史文化名城之一，是全国13个较大城市之一，也是山西省第二大城市。近年来，大同市以建设文化名城、旅游名都、生态名邑、经济强市“三名一强”为目标，以“打好文化牌，走出转型路，创造特色城”为路径，在经济转型、城市建设、文化建设、生态建设和社会事业建设等方面都取得了令人瞩目的成就。

文化大同

全面实施了历史文化名城整体保护工程，目前已完成全部工程的40%。华严寺、善化寺、城墙、法华寺、文庙、清真寺、纯阳宫、关帝庙等标志性工程，以其独特的风貌和宏大的气势有节奏地矗立在连片的传统四合院中间，形成了中国古建的无限神韵。大同荣膺中国大古都、中国雕塑之都荣誉称号。

新大同 新桥梁

保障性住房

冀东水泥全面投产仪式

制药生产项目

大齿集团生产车间

旅游大同

中国历史文化名城气势恢宏，世界遗产云冈石窟、国家名胜风景区北岳恒山闻名遐迩，名城古都文化、魏辽佛教文化、边塞卫戍文化、影视基地文化、艺术会展文化、夏都休闲文化令人流连忘返。中国民间艺术精彩荟萃，地方戏剧特色浓郁，文化旅游大产业发展蒸蒸日上。

生态大同

新增城市绿化面积1280万平方米，集中供热面积3040万平方米，新建污水配套管网357公里，城市供气气化率95%，供水普及率98%，城市道路机扫率80%，生活垃圾无害化处理率90%，实现了“八个全覆盖”，市区二级以上天气增加到346天。大同荣膺省级园林城市。富乔垃圾电厂获国家级人居环境范例奖。

实力大同

装备制造、新医药、新材料、清洁能源、光伏产业、循环经济、冶金管材等总规划占地140平方公里的七大园区强势起步，目前已有中国重汽、中国医药、中国蓝星、富士康等31家企业入驻，煤矿产能达1.5亿吨，发电装机容量720万千瓦。空间集中开发、资源集约利用、产业集群发展、服务集聚配套的大格局基本形成。

特色大同

突出“一轴双城”大模式，御河西面完整保护修复古城，御河东面建设现代化新区，传统与现代交相辉映，人文与生态比翼齐飞。目前，新区道路框架基本形成，一批教育卫生重点工程竣工，6平方公里的文瀛湖大环境风貌初步显现，博物馆、图书馆、大剧院、飞机场、美术馆、体育中心等标志性工程开工建设，御东、御西26个城中村改造大楼拔地而起。

大同一中新校区

大同新农村建设

大同市保障性住房一角

善化寺

古都大同东城墙

幸福大同

高标准建设安置房582万平方米，生活在低矮破旧的棚户区居民全部住上了新楼房。新建改造城市道路300公里、桥梁38座。财政累计投入67亿元用于教育卫生事业，一大批优质教育资源建成。医疗保险制度实现全覆盖。累计投入36亿元，彻底解决了市属关闭破产企业近8万下岗职工的安置和善后问题。总长393公里的大呼、荣乌、天大、同源、广源5条高速公路全部开工，市区一小时经济圈正在形成。

云冈礼佛大道

智家堡公园

一座饱经千年沧桑的完整古城，延续着曾经的辉煌，传递着历史的回响；一座充满创造活力的现代新区，熔铸着时代的精神，塑造着城市的品格。中国古都，天下大同，一个充满文化自信、阔步走向未来的理想城市。

华严寺

长治市人民政府

长治市位于山西省东南部，与河南、河北两省接壤，现辖13个县（市、区）和1个高新技术开发区，总面积13955平方公里，总人口333万。由于地处太行山之巅，地势较高，平均海拔1000米，有“与天为党”之说，历史上称这里为“上党”。

市委书记：杜善学

长治是华夏文明重要发祥地 炎黄子孙始祖炎帝神农氏曾在该市老顶山“尝百草、得五谷、教民耕种”，实现了人类从游牧到定居、从渔猎到农耕的重大转折，揭开了华夏农耕文明的历史。华夏典籍所载的精卫填海、女娲补天、后羿射日、愚公移山等传说均发端于长治，长治也因此被誉为“中国神话的故乡”。

长治是历史文化古城 长治迄今已有2300余年建城历史，历朝历代一直是郡、州、府所在地。秦置上党郡，南北朝始称潞州，明朝嘉靖年间潞州升格为潞安府，增设长治、平顺两县，取“长治久安、平平顺顺”之意，长治之名由此而来。全国宋元之前古建筑70%在山西，而山西50%在长治。全市现有33个国家级文物保护单位和潞安大鼓、上党八音会等14个国家级非物质文化遗产，被称为“古文化和古建筑博物馆”。

长治是著名革命老区 抗日战争时期，八路军总部和中共中央北方局长期在长治驻扎；解放战争时期，闻名中外的“上党战役”在长治打响。朱德、彭德怀、刘伯承、邓小平等老一辈无产阶级革命家都曾在这里长期战斗和生活。八年抗战，长治有12万人参加八路军，46万人随军参战，17万人为国捐躯，长治人民为民族解放事业作出极大贡献。全国解放后，长治涌现出李顺达、申纪兰等全国著名劳模，长治也因此成为太行精神孕育之地。

杜善学（右四）检查机场安全工作

长治是山西省新能源和工业基地的重要组成部分 目前全市已探明矿藏40多种，其中煤炭储量274亿吨，占全省的12%。境内河流分属海河、黄河流域，全市水资源总量19亿立方米，地均占有量和人均占有量分别为全省的1.9倍和1.6倍，是华北地区的相对富水区。现全市已形成以煤炭、焦炭、冶金、电力、化工、机械装备、光电子、太阳能光伏、新能源、新材料、医药食品为主的、门类较为齐全的工业体系。

杜善学（左三）在襄垣就煤矿安全生产调研

杜善学（中）调研LED项目

杜善学（左三）在首钢长钢有限公司调研

杜善学（右三）在壶关常平集团调研

长治是旅游资源丰富的城市　境内名胜古迹和自然景观星罗棋布，传统文化与现代文化交相辉映，是古色、红色、绿色旅游资源大市。有法兴寺、观音堂等33个国家级文物保护单位；有被称为“稀世珍宝”的2.5亿年前的树化石等自然遗产；有八路军太行纪念馆、王家峪八路军总部、“百团大战”砖壁指挥部和黄崖洞革命兵工厂等著名红色革命纪念地，2005年被国家确定为30个红色旅游精品线路之一；有太行山大峡谷、虹霓大峡谷、太行水乡、太行龙洞、天脊山、灵空山等以喀斯特地貌、丹霞地貌为特征的众多自然风景区。

长治是全国第一个农业综合标准化示范市　长治素有山西“米粮川”之称，现有耕地541万亩，主要农作物综合机械化水平达60%。“沁州黄”小米、潞麻、潞党参、核桃、花椒等特色农产品闻名全国。全市有127个绿色农产品通过国家认证，有58个无公害农产品品种，数量均居全国地级市之首。

长治是天蓝水碧、生态较好的城市　全市地处被誉为“黄金人居带”的北纬36-37度之间，森林覆盖率30.9%，城市绿化覆盖率48%，冬无严寒、夏无酷暑，年平均气温9.5摄氏度，有“清凉之都、高山盆景”之美誉。市区东有50平方公里的老顶山国家森林公园，西有46平方公里的长治湿地。市区空气质量二级以上天数2010年达356天，连续7年为全省空气质量最好的城市,连续3年名列华北地区第一。

长治是拥有品牌较多的城市　近年来，先后获得了中国十大魅力城市、国家园林城市、国家卫生城市、全国创建文明城市工作先进市、全国社区建设示范市、全国科技进步先进市、全国质量兴市先进市、全国无偿献血先进市、全国双拥模范城、全国社会治安综合治理优秀城市、全国绿化模范城市、全国优秀旅游城市、全国民族团结进步模范集体、国家可持续发展实验区等荣誉称号，是全国唯一的创建本质安全型城市试点市。近年来，长治市委、市政府带领全市广大干部群众深入贯彻落实科学发展观，加快经济结构调整，推进转型发展，全市呈现出经济协调发展、社会和谐稳定、人民安居乐业的良好局面。2010年，全市地区生产总值完成920.2亿元，财政总收入198亿元，一般预算收入77.9亿元，分别是2005年的2.3倍、2.8倍和3.3倍，经济综合实力在全省排第二位。

煤机化机装备制造产业——华越机械公司

煤机化机装备制造产业

现有华越机械、华鑫电气、华越创力采掘机械、华越八达电气、奥伦胶带、永济化机、正元塔器等7家公司，产品有采煤机、掘进机、乳化液泵、煤矿运输设备、高低压电气设备、高效节能永磁电机变频器一体机、运输输送带、18·30化肥装置、化工塔器等10个系列产品，具备煤矿采掘、运输机械电气设备成套制造、煤炭化工装置成套制造和输送带系列产品制造能力，销售规模25亿元左右。

贸易服务产业

主要是煤矿勘探设计、岩土工程和定向爆破、瓦斯治理技术服务、宾馆旅游、国际国内物资贸易、工矿社区医疗服务、城市水暖电气、客货运输、物业和中小企业集群等企业，销售营业规模240亿元左右。

建筑建材地产产业——太行国际新城项目

贸易服务产业——药林会议中心

“十二五”期间，阳煤集团将紧紧围绕山西省委、省政府转型跨越发展战略，大力实施“强煤强化，五年双千亿”战略，五年完成固定资产投资1000亿元以上。建成亿吨煤炭集团和中国最大的无烟煤生产基地；建成山西最大、中国五强煤炭化工集团；建成山西产业链条最完整、规模最大的建筑建材地产企业；建成山西第一大煤机化机成套制造基地；建成以现代服务业为核心的山西第一大综合商社；建成晋东百万吨全循环铝工业基地；确保营业规模超过2000亿元，进入世界企业500强。

煤炭产业——现代化矿井风貌

晋城煤业集团

晋城煤业集团始建于 1958 年，是由山西省国资委控股，国家开发银行、中国信达、中国建行多元股东持股的有限责任公司，是国家规划的 13 个大型煤炭基地中晋东煤炭基地的重要组成部分，是 19 个首批煤炭国家规划矿区之一，是我国优质无烟煤重要的生产企业。现有 53 个子公司、12 个分公司、2 家托管企业。位列 2010 全国煤炭企业 100 强第 9 名、中国能源集团 500 强第 26 名。截至 2011 年 7 月底，企业总资产 1332.8 亿元，省内外员工 13 万余人。

晋煤集团坚持按照循环经济的路径改造与提升传统产业，逐步形成了煤炭、煤层气、煤化工、特色电力、煤机制造、新兴产业等六大产业板块优势互补、协调推进的崭新格局，成为我国重要的优质无烟煤生产基地、全国最大的煤层气开发利用集团、全国最大的煤化工企业集团、全国最大的绿色发电集团、山西最具活力的煤机制造集团之一。

在煤炭主业上，晋煤集团坚定不移加速推进煤炭主业做强做大，统筹运用大采高工艺、二代连掘工艺、采煤采气一体化等核心技术和工艺，使现有主力生产矿井安全生产保障能力稳定保持在 5000 万吨以上。同时，晋煤集团加快推进一批大型矿井建设，"十二五"末，集团公司煤炭产能将由目前的 5000 万吨提升至 1 亿吨。

在煤化工产业上，坚持煤化联动战略，充分发挥"蓝焰"牌优质无烟煤作为化工精品原料的优势，大举进入煤化工领域。已在全国 10 个省市控股拥有 19 家煤化工公司，1200 万吨的总氨产能、1000 万吨的尿素产能，分别约占全国的 14%、15%，形成部分精细化工和 10 万吨 / 年煤基制油品规模，已经能够生产 30 多种化工产品。其中，基础化工产品中的合成氨、甲醇、尿素、硝酸铵生产规模为国内第一，精细化工产品中的吗啉生产规模为亚洲第一，油品有炼油和煤基合成油，天溪煤制油分公司 10 万吨 / 年煤基合成油工厂是世界第一座煤基甲醇合成油示范工厂。同时，晋煤集团还拥有具有自主知识产权的"双低压氨醇联产新工艺"、"航天炉粉煤加压气化技术"、"加压灰熔聚气化技术"，为下一步的转型跨越发展奠定了扎实基础。

在煤层气产业上，晋煤集团创造性地探索矿井瓦斯治理与煤层气开发利用的科学模式，建成了世界最大瓦斯发电厂、全国最大的煤层气液化厂、全国规模最大的地面煤层气开发示范工程、全国最大的井下瓦斯抽采工程、全国最大的煤层气燃料供应系统，年煤层气抽采能力达 20 亿立方米、利用能力达 15 亿立方米。目前，全公司累计施工地面煤层气钻井 3000 余口，矿井瓦斯抽采率最高达到了 75%，井上、下形成了 20 亿立方米 / 年的抽采能力。

在煤机制造产业上，晋煤集团在上海昆山控股了专门从事煤机制造的晋桦豹公司。在晋城建成了集煤机制造与检修、矿井建设与安装、资源整合与煤炭生产、物资装备与物流联动发展于一身的金鼎公司。金鼎公司拥有专利技术 100 余项，是国家高新技术企业、国家重大技术装备企业、全国煤炭机械工业优秀企业、山西省煤炭装备制造十佳企业。煤机板块具备了煤机产品研发、设计、制造、检修、销售、租赁、服务为一体的煤矿成套装备制造能力；自主设计制造了适合于中小煤矿使用的短壁采煤机成套装备，5.5 米、6.2 米、7.6 米高端液压支架，全系列刮板运输机、

巩固煤炭基础产业地位，打造全国重要的优质无烟煤生产基地

转载机、破碎机“三机”装备，固定、移动式带式输送机，矿用绞车、窄轨运输、井下防爆辅助运输车辆，瓦斯抽放钻机，矿用湿式喷浆机等煤矿专用设备；拥有六项采掘装备技术和工艺，具备开拓、准备、掘进、长短壁回采、“三下”采煤等一体化工程解决能力。

在电力产业和其他新兴产业上，晋煤集团积极发展独具特色的产业项目，国内很多煤炭企业都在推行煤电一体化经营，用烧煤来发电，而晋煤集团的主要特色是井下低浓度瓦斯发电，“产煤不烧煤、发电不用煤”。集团拥有 18.9 万千瓦瓦斯发电装机容量，并着手构建世界最大的瓦斯发电集群。公司还有煤矸石、劣质煤、煤泥发电，装机容量 5 万千瓦。晋煤集团的新兴产业主要包括矿建土建、汽运物流、生物制药、矿用材料、房地产、电缆、港口集散等产业。其中，汽运物流的规模在全国煤炭企业中排名靠前，生物制药产业 2010 年销售收入 1 亿多元，港口集散在徐州控股了徐州港务集团，拥有 4 个内河港口、1000 多万吨煤炭仓储能力、2000 多万吨煤炭中转能力。

积极探索煤层气抽采利用新术，推进煤层气产业化建设

晋煤集团以规划项目落地为根本，通过参与山西省各类招商引资活动，成功与 12 家企业签定 10 个对外合作项目。晋煤集团 2011 年预计企业生产经营总额将突破 1000 亿元大关，实现利润 55 亿元。

“十二五”期间，晋煤集团将规划投资 1500 亿元、重点建设 122 个项目，加快实施“固煤夯基、稳肥扩化、保安增气、特色兴电、强机发展、育新突破”六大工程，突出强化“煤气化、煤焦化、煤气电”三条产业链建设，做强做优“六大板块”，积极转变发展方式，构建循环经济体系，力争到 2015 年实现“51·52”目标，形成原煤

加强矿区自营铁路建设，为煤炭基地建设提供外运通道

大力发展壮大煤层气产业，争做“气化山西”的排头兵和主力军

高起点，瞄高端，建设特色煤机制造基地

构建循环经济工业园区，深入推进节能减排工作

产量1亿吨、煤层气抽采量100亿立方米、合成油100万吨、在岗员工年人均收入10万元，进入中国企业500强前100名；原煤生产百万吨死亡率0.2以下，煤化工总氨产能2000万吨，电力装机容量2000兆瓦，实现经营总额2000亿元，利润200亿元，努力建设极具核心竞争力的现代化新型能源集团。

依托煤炭及关联产业的发展，培育现代物流贸易、LED等新兴产业

阳泉市煤气公司

——王鲜义先进事迹

总经理、党委副书记：王鲜义

王鲜义，阳泉市煤气公司总经理、党委副书记，中国燃气协会常务理事，山西省燃气协会副理事长，山西省企业联合会、企业家协会副会长，阳泉市企业联合会、企业家协会副会长，高级政工师，经济师。

阳泉市煤气公司是阳泉市燃气输配供应的龙头单位，承担着保证全市安全正常供气，服务地方经济社会发展的重任。王鲜义作为企业的主要领导，始终把党和政府的利益、人民群众的利益、企业的利益放在首位，2004年担任公司经理后，即提出了“以企业发展为主题，‘三个效益’（经济、社会、环保效益）为根本，创新机制为动力，建立高效运营、可持续发展的具有公用特色的现代企业”的总体发展目标，确立了“十讲六创新”的工作方针。7年来，在他的带领下，阳泉市煤气公司积极发挥当地得天独厚的煤层气资源优势，强化气源开发利用，竞争扩大用气市场，着力推进以煤层气为能源的低碳产业经济发展，通过大力发展骨干工业企业和重大项目用气，加快推进商业、营业、居民用气，企业经营规模连年高速增长，综合实力不断增强。从2003~2010年，年供气量增长了6倍，相当于7年再造了6个煤气公司，年销售收入增长了4倍，市区居民气化率达到91.65%，实现了社会效益、环境效益、经济效益的同步增长。他着眼长远发展，致力推进企业文化建设，夯实企业可持续发展基础，通过实施以“五精”为核心的精细化企业文化战略，开展“学习型组织”建设，推进学习型职工、学习型班组、学习型单位创建活动，形成了团结务实、人心思进、积极向上的发展氛围。他着力推进企业改革，通过理顺管理机构，创新用人机制，推进精细化管理，强化激励引导，形成了崇尚实干、注重实绩、创先争优的发展环境。他坚持和谐发展，注重服务管理，带领员工努力践行“尽职尽责，优质供气，让政府放心，让人民满意”的服务承诺，公司的“蓝焰”品牌服务得到了社会各界的肯定，在服务社会、品牌强企的发展道路上一年迈上一个新台阶，实现了良好的社会效益。几年的励精图治，几年的拼搏实干，阳泉市煤气公司从一个负债累累、内外交困、举步维艰的困难企业，一跃成为全市的先进单位、优秀企业。

几年来，公司先后被市委、市政府授予“模范单位”、“企业文化建设先进单位”、“政风行风建设先进单位”、“创建国家园林城市示范单位”等荣誉称号；被省、市授予“山西省优秀企业”、“阳泉市优秀企业”称号。王鲜义同志多次受到国家和省、市表彰，连续获得“阳泉市优秀企业家”、“山西省优秀企业家”、“山西省功勋企业家”、全国“优秀职业经理人”称号；被市委、市政府授予“百项工程建设先进个人”称号，并荣获“山西省五一劳动奖章”。

山西焦煤汾西矿业集团

——翟红先进事迹

董事长、党委书记：翟 红

奋进中的汾西矿业（集团）有限责任公司

翟红，现任山西焦煤董事、汾西矿业集团董事长、党委书记。在翟红的带领下，汾西矿业经济运行快速提高，主要指标连年创新。2010年，在岗职工人均收入67752元，实现了企业发展、职工增收的“双赢”目标。

抓好安全生产是煤矿的根本 翟红把抓好安全发展当成自己的第一要务，提出并推行“只有全安，才有安全”的理念，严格执行领导干部带班下井制度，突出抓好瓦斯、防治水、防灭火、提升运输等重点工作，2010年煤炭百万吨死亡率控制在0.033。

坚持大投入大治理，实现瓦斯彻底整治 翟红把瓦斯彻底治理作为保证矿井安全工作的“头号”重点工程。制定和完善了《安全综合整治方案》，坚持定期开展以“一通三防”为主的拉网式隐患排查专项整治活动。连续三年每季度组织一次覆盖率100%的安全大检查。严格落实山西焦煤专家技术会诊报告提出的瓦斯治理和防治水各项治理方案和措施，全力保证治理工作所需资金、装备、人力的投入，做到了“应投尽投、应抽尽抽”，瓦斯超限次数同比降低33%以上。

资源整合工作是近年的一项重头戏 翟红紧紧围绕做强做大煤炭主业目标，依靠科技进步和管理创新，已成功在全省5市8县整合矿井44个煤矿，整合形成24座，新增井田面积211.9平方公里，地质储量19.73亿吨，规划产能2910万吨，单井平均生产能力达120万吨以上。

创新是一个企业发展进步的灵魂 近两年在全公司逐步形成了以集团公司技术创新领导组和专家

技术委员会为核心的决策层；以技术中心及各基层单位生产技术部门为核心的管理层；以科研项目为纽带、聚集企业优良技术资源为依托的研发推广层；以煤炭科学研究院所、各煤炭大专院校资深专家学者为支撑的咨询服务层的“四级”技术创新体系。集团公司科技贡献率达到60%以上，科技成果转化率达到80%以上，煤矿机械化水平达到100%，百万吨死亡率达到历史最好水平；高瓦斯矿井瓦斯抽放率达到70%以上。翟红同志研制的井下安全装置获得多项国家专利，被山西省评为煤炭学科带头人。

2010年底，汾西矿业实现了原煤产量、精煤产量双双突破“三千万吨”的历史性跨越。

翟红倡导推行“孝”文化，严格要求自己“以德补智、以勤补拙、以明补公、以廉补威、以义补志”。领导班子成员带头签订“廉政承诺书”，执行《领导干部转变工作作风和廉洁从业二十条禁令》。开展对基层行政“一把手”、“三重一大”执行情况巡视督查和“吃拿卡要”专项整治。他自觉接受监督，从严要求自己，在住房分配、招生招工等一些热点问题或敏感问题上，严格按制度办事，坚持原则、公道正派，并严格要求家里人和身边人不徇私舞弊，不任人唯亲，不与民争利，始终把自己置于组织管理之中、群众监督之下，认真履行岗位责任，保持着清正廉洁的良好形象。

翟红努力为汾西百姓办实事，解难事，连续4年，在岗职工人均收入以两位数递增；加快推进采煤沉陷区治理和棚户区改造，“两区”改造累计投资23亿元，竣工住宅159万平方米，安置18205户，基本实现“居者有其屋”目标，被山西省人民政府荣记集体一等功。他认真履行国有企业的社会责任，在南方冰雪灾害期间，增产增运保电煤做贡献，受到党中央、国务院和省委、省政府的表彰；2010年“3.28”华晋焦煤王家岭透水事故发生后，翟红同志迅速组织精干力量赶赴事故现场，周密部署、科学施救、设计排水方案并提出了“四通一联”不间断排水法，为抢险115名矿工兄弟的生命赢得了宝贵的时间，创造了矿井救援史上的奇迹。

翟红秉承“安全第一、生产第二；责任第一、能力第二；民生第一、政绩第二”的治企理念，带领汾西矿业16万职工家属，为把汾西矿业打造成全国最大的优质炼焦煤生产加工示范基地而努力！

深入井下一线调研

公司第五届职工技能运动会

公司夜景

保障性职工住房

大同煤矿集团电力能源公司

——胡耀飞先进事迹

胡耀飞，现任同煤集团电力能源公司董事长（兼同华发电公司董事长、书记）。

董事长：胡耀飞

胡耀飞近年来被省、市多个部门多次授予"劳动模范"和"先进工作者"称号。2008年，被省重点工程领导组授予"重点工程建设优秀管理者"称号；2009年，作为项目主要负责人受到省重点工程建设领导组表彰；2010年，被山西省授予"省劳动模范"；2011年，被山西省劳动竞赛委员会授予"十佳重点工程建设标兵"；2011年，被大同市委、市政府评为"2008~2009年度精神文明建设工作优秀工作者"；2011年，被忻州市人民政府评为"2010年度获节能目标考核先进企业个人"。

胡耀飞于2004年2月被任命为同煤集团轩岗电厂筹建处处长，担负起项目建设的重任。在项目前期筹备工作中，他带领几名同志克服了重重困难，付出了常人难以想象的代价，用不到一年的时间，完成了同类项目三、四年才能完成的工作进度。通过努力，项目被列入国家"十一五"电力发展规划，2007年、2011年被列为山西省重点工程。

2007~2010年工程建设期间，在胡耀飞董事长的带领下，同华发电公司轩岗电厂一班人和广大工程建设者一道，经过近3年的艰苦奋斗，先后克服了股权变更、管理经验和技术支撑不足以及新机组面临的技术难题等问题，两台机组于2010年7月按期实现双机投产。

轩岗电厂在高标准投产的同时，工程亮点纷呈，得到了各级领导和专家的高度评价。一是设计优：项目因地制宜，大胆设计采用了高位煤场布置、GIS户外布置、两缸两排汽汽轮机、国产500KV电缆等众多新技术、新工艺，成功解决了场地条件极为复杂的自然环境难题。二是安全好：整个工程施工期间实现了"六个零"目标。三是质量高：#1、#2机组均一次通过168小时试运，多项技术参数优良，创造了国内同类机组的一流水平。四是创新多：项目采用了生产运行、维护分别委托，后勤服务市场化运作的管理模式，有效解决了专业化分工问题，极大地提高了企业管理效率，降低了运营成本。项目首家采用了国产超临界660MW两缸两排汽直接空冷汽轮机组和国产500KV电缆及附件设备，两项技术均填补了国内技术空白。五是能耗低：项目选用660MW超临界新型机组，设计发电机煤耗289克/KWH，比国内火电机组平均值340克 / KWH低50克 / KWH，是典型的节能电厂。项目采用直接空冷技术，设计用水量比普通机组节水三分之二以上。六是污染小：项目采用除尘效率高达99.5%的静电除尘器，还采用了先进的废水处理系统，实现工业废水零排放。

公司领导班子研究公司规划

轩岗电厂2010年7月投产发电后，胡耀飞审时度势，有效应对电煤价格居高不下、企业经营困难的难题，在全公司提出了"两稳一提高"工作思路，带领公司上下，深入进行设备消缺，强化安全生产管理，确保了机组安全稳定和高效运行，保持了安全生产稳定局面。

在管理体制方面，轩岗电厂借鉴电力行业新建电厂通行的管理模式，采用了生产运行、维护分别委托的管理模式，公司后勤服务则全部实行市场化运作。此举有效解决了专业化分工问题，一定程度上降低公司运营成本，提高了管理效率。在用人制度方面，轩岗电厂实行兼容并蓄政策，一方面面向全国电力行业广纳人才，另一方面积极培育自己的人才。

在企业文化建设过程中，轩岗电厂始终把“制度管企，文化管人”作为主线贯彻始终。2008年，工程建设进入攻坚克难的关键时期，胡耀飞适时提出了“传承同煤精神，塑造同华品牌”、“打造绿色电厂，构建和谐同华”的核心理念。2009年，随着工程建设的顺利推进，他又提出了“生产安全、生活安康、资源节约、环境友好、诚信友爱、充满活力”的绿色电厂目标和“与同华同行、与同华同心、与同华同信”的文化理念。

在胡耀飞的领导下，2007~2010年，轩岗电厂被山西省列为省重点工程；2010年，被省委、省政府评为“山西省模范单位”；2010年，被山西省电力建设工程质量监督中心站评为先进集体；2010年，被山西省重点工程建设领导小组进行表彰；2011年，被山西省劳动竞赛委员会授予“集体一等功”荣誉；2011年，被山西省人民政府国有资产监督管理委员会授予“优秀建设项目”荣誉；2011年，被山西省省属企业精神文明建设指导委员会授予“2009~2010年度省属企业文明单位”；2011年，被省总工会授予“工人先锋号”荣誉称号，被共青团省国资委授予“五四青年奖状”。

为做大做强电力产业，实现“统一领导、专业化管理”，2010年10月同煤集团成立了电力能源有限公司，胡耀飞被任命为公司董事长。在胡耀飞董事长领导下，电力能源公司按照省委、省政府“十二五”转型发展的目标和同煤集团“转型跨越十二五，再造一个新同煤”，建设综合能源大集团的思路，以“四大任务，五大目标”为战略，建设具有“企业经营有活力，科技兴起有潜力，综合经济有实力，上市竞争有能力，持续发展有动力”的电力板块。力争到“十二五”末实现装机总容量1000万千瓦以上，总资产450亿元以上，将电力能源公司打造成同煤集团非煤产业的龙头产业。

省观摩检查组莅临同华发电公司调研

同华电厂#1汽轮发电机组

同华电厂双机投产仪式

晋城市委书记张茂才、高平市委书记谢克敏在矿调研

高平市市长杨晓波、政协主席梁沁高在矿检查指导

山西高平科兴新庄煤业有限公司

——明科栋先进事迹

矿长：明科栋

明科栋，男，1963年出生，中共党员。中国矿业大学工学硕士，采煤高级工程师，现任山西高平科兴新庄煤业有限公司（下辖新庄煤业、南阳煤业）矿长。明科栋怀着对矿山的满腔热血，一片真情，扎根煤海三十载，奉献才智，奋进超越，为企业安全发展、持续发展、科学发展作出了突出贡献。

他牢固树立科学发展观，本着“安全优先、民生优先、效益优先、环保优先”的经营原则，团结带领全矿干部职工强势推进，2008～2010年，企业累计生产原煤311.57万吨，实现销售收入18.21亿元，利润7.49亿元，上缴税金5.09亿元，经济效益逐年上升。

他建立了“责任落实、现场管理、质量达标”的安全管理机制，通过全方位的安全质量标准化动态管理体系，实现了人、机、环境的和谐统一。南阳煤矿成为全国首批“安全质量标准化建设目标一级矿井”，新庄煤矿、南阳煤矿于2009年、2010年双双入选“全国连续实现安全生产1000天以上煤矿名单”。

明科栋在井下检查工作

明科栋多年的辛勤耕耘，终结出丰硕果实。企业先后被评为安全质量标准化国标一级矿井、全国煤炭工业行业安全高效矿井、国家级安全质量标准化煤矿、全国安康杯竞赛优胜企业、全国先进煤矿、山西省优秀企业、晋城市安全生产先进单位、高平市纳税亿元以上红旗单位等称号。明科栋本人先后荣获全国煤炭工业优秀矿长、全国环保优秀企业家、山西省煤炭系统优秀调度者、山西省煤炭科技创新优秀矿长、山西省优秀企业家、山西省五一劳动奖章、山西省功勋企业家和晋城市五一劳动奖章、劳动模范、优秀矿长、安全生产先进工作者等多项荣誉。

他坚持打造诚信经营品牌，实行全员全过程煤炭质量保证体系，为用户提供优质的售前、售中、售后服务，形成一批长期合作伙伴，在化工、钢铁、洗煤等诸多用户中，该企业产品成为名副其实的免检品牌。2010年11月单月销售收入达1.27亿元，大、中炭最高售价分别达1520元／吨、1500元／吨。

他热情关注社会公益事业。近年来，累计出资1亿余元倾力支援社会主义新农村建设，完成市政府每年下达的冬季供煤任务，援助中小学校舍安全工程；帮助老区群众解决行路难、烧煤难、吃水难、就业难等生活难题。企业承办的生态绿化工程、丹河治理工程等被树为样板，连续数年荣获“特殊贡献”奖。

他坚持发展成果职工共享，不断提高职工生活幸福指数。全矿在岗职工增资幅度24.84%，人均月增收430元；为职工全年上缴“五险两金”3019.62万元；为职工发放夏季防暑、夏秋服装、端午节、中秋节和年终福利等人均4300元；启动企业年金制度，提高职工退休后的养老金待遇，使职工退休后的生活水平得到保障。另外，为全矿职工宿舍安装数字电视；为接触尘肺、噪声的500余名职工进行职业健康体检；为400余名女职工进行专项体检；为300余名离退休职工发放福利金15.2万元；为17名考入二本以上院校的职工子女发放奖学金12.6万元。

现代化的安全生产指挥调度中心

环境优美的职工公寓

团结奋进的领导班子

山西焦炭集团国内贸易有限公司

2011年5月，山西焦炭集团国内贸易有限公司（以下称国内公司）荣获“山西省五一劳动奖状”、“谋跨越促转型立功竞赛先进企业”称号并记集体一等功一次以及“‘转型跨越’山西青年五四（特别）奖状”。

董事长：常卫东

这个成立仅7年的公司注册资金5000万元、员工45名，是集焦炭、焦化产品的运输、销售、进出口、仓储、电子商务等于一体的综合性贸易公司。公司在转型中发展，在跨越中壮大，各项经营指标不断刷新历史记录。

2008年，金融危机席卷全球，下半年焦化市场持续低迷，焦炭贸易严重受阻。在此形势下，国内公司在集团公司的正确领导下，上下团结一心，努力拓展业务模式，扩大经营范围，尝试多种形式的合作方式，完成焦炭贸易量155.75万吨，比上年增长了7.64倍；实现销售收入30.85亿元，比上年增长了18.28倍；实现利润总额722万元，比上年增长了12.24倍。

公司2011年度客户座谈会现场

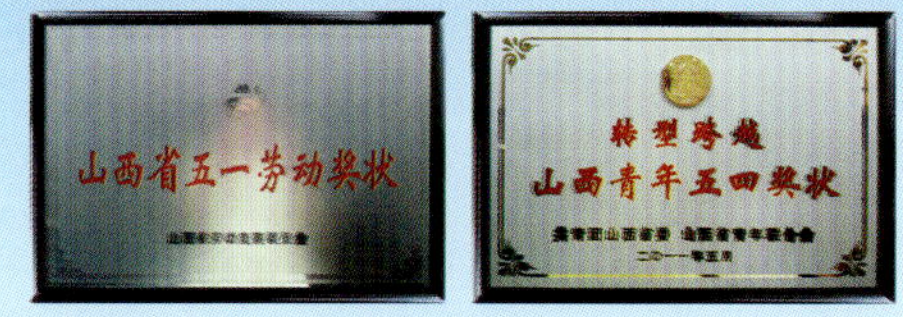

公司董事及股东代表合影

2009年完成焦炭贸易量190.32万吨；实现销售收入26.56亿元；实现利润总额1006万元，突破千万元大关，上缴各种税费近600万元。

2010年完成年初下达的目标任务的基础上追加11、12月份任务，年末完成焦炭贸易量249.79万吨；实现销售收入38.26亿元；实现利润总额1301.74万元。

2008年以来，国内贸易公司连续被集团公司评为“先进单位”、荣获“效能监察优秀成果二等奖”；2009~2010年连续被集团公司授予“突出贡献单位”、“党风建设目标责任制优秀单位”等荣誉称号。

“十一五”期间，国内公司在省焦炭集团公司的带领下，把“拓展业务模式，实现企业转型”放在推进国内公司实现转型发展的突出位置。

国内公司建立直接的营销网络，在省内与41家企业建立了合作伙伴关系，实现优势互补，合作共赢；与多家焦化企业签订包销协议，为今后双方的进一步合作奠定了基础；通过天津、日照、连云港等仓储式基地的港口贸易通道，继续培养直接客户，达到利润最大化。

2010年，国内公司扩建营销队伍，拓展业务模式，扩大经营范围，尝试多种形式的合作方式，经营人员跑市场、访用户，根据客户需求寻找货源，与下游企业建立稳定的合作伙伴关系，扩大市场占有率。在做好以焦炭贸易为主营业务的同时，开发其他贸易品种，如炼焦煤、喷吹煤等的购销业务，并积极开展转港和汽运焦炭等方式来增加贸易量，都收到了很好的效果。

公司主动为股东及合作企业服务，“以服务带业务、以服务促经营”，使这些企业主动向国内公司靠拢，实现利益共享，互惠双赢。

坚持“以人为本”的理念，积极营造互相理解、互相信任，共同提高的良好企业文化氛围。注意深入一线调研了解和掌握职工的思想动态，关心职工生活，帮助职工解决工作和生活中的困难，改善职工工作及生活条件。从公司到个人，自上而下形成了“争第一、创一流，唯旗必夺、敢为人先”的良好氛围。

国内公司建立具有自身特色的企业文化模式。2010年，国内公司继续建立健全各项规章制度、岗位责任制及民主管理网络体系，构建精细化管理格局，各部门实行了科学度量、公开评价，做到了事事有标准、处处有考核，使制度执行力增强;强化公司员工工作责任感、无私奉献、报效祖国、发展公司的核心理念，为公司改革的发展稳定提供了精神支柱；开展廉洁文化教育，筑牢员工思想道德防线，强化监督制约机制，健全反腐倡廉制度。在抓好经济效益的同时，国内公司在实际工作中严格执行上级党委、纪委对企业领导人员的各项要求，自觉规范个人行为。公司把领导班子建设摆在重要位置，明确分工，责权统一，进一步明确了班子成员、中层干部各自的职责范围，力求责权统一，由此调动每一位班子成员和中层干部的积极性。坚持民主管理，认真贯彻落实“三重一大”决策程序。在贯彻落实党风廉政建设责任制工作中，国内公司坚持党支部书记负总责，实行党政统一领导，齐抓共管，部门各负其责的工作格局。十二五期间，国内公司将紧紧抓住“主营焦炭”和“延伸贸易链”两条线，全面提高企业品牌知名度，不断开拓新的市场，切实抓好各项管理，奋力实现新的跨越。

常卫东为股东企业颁发《股权证书》

各位董事在董事会决议上签字

红歌演唱大赛

全体员工参加“毕业墙”项目

副省长陈川平（左四）在兴县矿区调研

省委常委、省纪委书记李兆前（左一）一行查看斜沟矿远景发展图板

吕梁市委副书记、代市长张九萍（左三）到山晋兴能源公司斜沟煤矿及选煤厂视察

山西西山晋兴能源有限责任公司

——于长龙先进事迹

于长龙，山西西山晋兴能源有限责任公司董事长。担任山西省两项重点工程斜沟煤矿及选煤厂、岢瓦铁路项目总负责，同时担任西山晋兴能源公司项目组长。在他的带领下，煤矿、电厂、煤化工、水泥厂、岢瓦铁路扩能改造项目强力推进。

董事长：于长龙

公司仅用2年就建成年产1500万吨原煤的斜沟煤矿，比设计提前半年；与斜沟煤矿配套的1500万吨选煤厂仅用10个月就建成投产，800多台设备联合试运转一次成功。优质高效地完成岢瓦铁路的建设，创造了山西省企业投资兴建铁路专用线长度、等级、投资规模、桥隧比例、施工难度、工程质量6项第一。

他在工作中从大局着眼，着力于公司规范运作。斜沟煤矿连续多年实现安全生产，2010年原煤产量突破1000万吨大关，达到1240万吨，实现利润10.28亿元，同比增加6.98亿元，增幅211.51%。刷新西山煤电（集团）公司和山西焦煤集团公司多项纪录，公司荣获太原市“五一劳动奖状”。

于长龙陪同西山煤电（集团）公司领导在井下检查指导工作

他从公司8年的创业实践中，总结出“艰苦创业、埋头苦干、拼搏奉献、敢为人先”的晋兴精神。他明确提出争创“四个一流”（一流的素质、一流的管理、一流的效率、一流的环境），打造“四高”（安全可靠性高、生产经营目标高、职工收入水平高、职业道德水准高）企业的奋斗目标。投资千亿元建设兴县循环经济综合开发示范基地，向煤炭深加工、多元发展转型，致力于打造“煤电铝化材路”循环经济产业链。

于长龙获2010年“山西省五一劳动奖章”

优异的工作业绩为于长龙赢得多项荣誉：2001年在西山集团上市工作中荣立“个人特等功”；2008年荣获中国煤炭工业协会、中国煤炭学会“中国煤炭工业科学技术二等奖”，太原市“优秀企业家”；被山西省煤炭学会评为“2008年度山西省煤炭科技创新十大杰出人物”；2009年荣获“山西省科技进步三等奖”；2010年荣获“山西省五一劳动奖章”，被评为太原市“杰出企业家”。

晋中市林业局

局长韩文茂（右一）陪同省市领导在左权县检查森林防火工作

局长韩文茂（左一）在太谷县红枣基地调研

2010年以来，晋中市林业局以创建省级林业生态市为目标，坚持增绿增收并重、造林造景并举、绿化美化同步，先后承办全省造林绿化现场会、全省军民义务植树暨碳汇造林启动仪式等4次全省会议，并召开了6次全市大型会议，有力地推进了晋中市林业生态建设。

造林绿化快速推进，晋中市先后铺开造林绿化工程180余项，投入绿化资金16亿元以上，完成造林61万亩，植树1600万株以上，全市林木绿化率增加2.5个百分点以上。全市初步形成了“高山远山水保林、低山丘陵干果林、沟川河滩丰产林、通道乡村景观林”的绿化布局。林果产业加速富民，确立了“生态建设产业化、产业发展生态化”的思路，把“干果经济林发展和集约化经营管理、种苗花卉、滩涂丰产林”作为林业产业开发的突破口，完成干果经济林17万亩，培育种苗、花卉6.8万亩，“双调”技术示范辐射达到25万亩以上。组织培训林农群众14.5万人，全市林业年产值达到11.8亿元，为全市农民提供人均纯收入390元。加强资源管护，投资1700余万元在全省率先建成森林防火远程监控系统，组建11支防火应急分队，市政府拿出专项资金实行以奖代补加强新造林地管护，巩固绿化成果，集体林权制度主体改革任务全面完成。

2010年底，“晋中造林经验引领全省生态建设”被《晋中日报》评为全市2010年度十大新闻之一。晋中市林业局2010年被省政府表彰为全省唯一的造林绿化先进市；被省林业厅表彰为“全省林木种苗先进市”、“林业资金稽查工作先进单位”、“林业信息采用第一名”、全省集体林权制度改革阶段进展综合排名第一、“2007~2009年度全省森林防火工作先进单位”；被市委、市政府表彰为“市级文明和谐单位标兵”、“造林绿化优秀单位”、“下乡扶贫工作先进单位”、“政风行风建设优秀单位”、“依法行政优秀单位”、“2009年度目标责任制考核先进单位”、“三星级党组织”、“五好支部”、“三星级职工之家”。2011年被省委、省政府荣记“集体一等功”，获得“山西省五一劳动奖状”。

祁县新发展的速生丰产林

政协朔州市委员会主席：高 厚

近年来，特别是市政协五届一次会议以来，朔州市政协调研视察、提案催办、反映社情民意，委员活动等各项工作全面创新，全市各级政协组织和广大政协委员自加压力、争创一流工作业绩的氛围已经形成。突出表现在以下几个方面：

围绕中心、服务大局。政协履行职能的质量和水平进一步提高 朔州市政协围绕市委、市政府工作重点，有针对性地就加快雁门关生态畜牧经济区建设步伐、推进全市生态畜牧经济可持续发展；推进新农村建设；提高城市品位，推进资源型城市转型；加大安全生产发展等方面进行了认真的调查研究，形成了近10万字的调查报告和建言材料，得到市委、市政府和社会各界的充分肯定。2009年换届后，五届市政协把提高参政议政质量和水平作为政协

政协山西省朔州市委员会

首要任务。先后就中小企业应对金融危机，金融服务三农；煤化工产业经济发展；大力发展低碳经济；加快城市建设等方面进行了深入调研，提出了大量有价值的意见和建议，为推进朔州经济社会协调可持续发展作出了积极贡献。市委书记田喜荣和市长冯改朵对政协报送的每份调研报告都认真审阅并分别进行了批示，要求政府有关部门切实采纳政协的意见、建议。目前，围绕贯彻落实省委袁纯清书记讲话精神，市政协正积极开展“政协委员百题大调研”活动，力争为制定好朔州市“十二五”规划建好言、献好策。

发挥优势、关注民生。为促和谐、保稳定作出积极贡献 几年来，市政协坚持把维护好、保护好、发展好人民群众的根本利益作为政协工作的出发点和落脚点，自觉把事关民生的问题与履行职能紧密结合。积极创新提案办理工作，促进民生问题的解决。为更好地发挥提案在朔州市经济社会中的重要作用，市政协常委会审议通过了《政协朔州市委员会关于加强和改进提案工作的意见》，从加强对提案工作的领导、提高提案质量、规范提案办理程序、创新提案办理工作机制等方面提出了加强和改进提案工作的意见。进一步优化提案的办理程序，与市人大、市政府联合召开提案交办会，对提案的办理和答复提出明确要求，对重点提案实行领导督办和跟踪办案，提高了提案办理实效。创新提案办理方法，在市政协五届二次会议期间，举办了“提案面对面”活动，提案委员和办理提案单位直接见面，相互交流，市委书记、市长现场点评提要求，提案办理取得了切实成效。近5年市政协共征集提案1100件，经审查立案并送交市委、市政府有关部门办理的800多件，这些提案反映了人民群众的呼声和要求，在关注民生、体现民意、维护民利方面发挥了积极作用。

高厚带领机关全体人员赴右玉学习调研

积极开展委员活动，努力扩大人民政协的社会影响 组织政协委员开展活动一直是朔州政协工作的一大特色和亮点。换届后，新一届政协通过开展形式多样的活动，大胆开拓创新，不断激发政协委员的荣誉感和责任感，为政协事业增添了新的活力，注入了新的生机。市政协先后举办了“政协艺苑”书画展，参展作品300余幅，充分展示了全市政协系统和广大委员的书画艺术，陶冶了委员情操；举办了“活力朔州”篮球邀请赛，特邀国内高水平职业篮球队来朔比赛，为建市20周年增添了喜庆的氛围；举办了“歌唱祖国、同舟共济”大型文艺晚会，层次高、规模大、气势恢宏，充分反映了建市20年来在中共朔州市委的领导下，全市经济社会发展取得的新成就，反映了市政协成立20年来围绕两大主题，履行政治协商、民主监督、参政议政职能取得的显著成绩，展示了市政协昂扬向上的精神风貌。

高厚陪同省政协领导视察

切实加强自身建设，不断增强人民政协的凝聚力和创造力 自身建设是政协提高履职能力的基础和保障。面对新形势、新任务，市政协不断采取有效措施，切实把自身建设抓实抓好。

高厚带队赴内蒙古学习调研

一、加大学习培训力度，着力提高委员的参政议政水平。近几年每年都举办一期大规模的培训班，提高委员的自身素质和参政议政能力。2010年针对五届市政协新委员占绝大多数，委员参政议政能力和建言献策水平有待进一步提高的情况，举办了“五届市政协新委员培训班”，特邀省委党校、省政协、市委党校的教授、专家就“多党合作及人民政协的有关理论”、“六个为什么重大问题的思考”、“应对金融危机，保持经济平稳较快发展”、“加强提案、信息工作，提高参政议政能力”等课题对委员进行了培训，进一步提高了委员的综合素质和参政议政水平。2011年上半年，又举办了“全市政协信息工作专题培训班”，对部分委员和市县区政协机关信息骨干进行了培训。

高厚带队赴阳泉考察城市建设

二、健全完善规章制度，强化政协的“三化”建设。市政协制定了《关于委员履行职能的考核办法》，从参加会议情况、视察调研情况、学习培训情况、撰写提案、反映社情民意等方面进一步规范委员履职行为，极大地调动了委员履职的积极性，激发了委员主体作用的发挥。

三、加强机关效能建设，激发机关工作的生机活力。把塑造“学习型政协”放在机关建设的首位，坚持不懈抓好机关学习，不断拓宽机关工作人员知识结构，努力提高服务能力和水平。大力弘扬学习“右玉精神”，切实加强机关作风建设，组织引导大家经常深入基层、深入实际、深入群众，了解倾听群众的疾苦和呼声。大力加强机关干部队伍建设，培养机关人员的工作能力、组织能力和综合协调能力。同时十分注重培养活跃干部职工的文化生活，努力营造风正、气顺、心齐、和谐的机关良好氛围。

山西省环境监测中心站

“十一五”以来，山西省环境监测中心站（以下简称“省站”）深入贯彻落实科学发展观，忠实履行职责使命，先行和引领探索环保新道路，大力实施“重创新”、“强素质”、“再提升”、“全覆盖”、“急先锋”、“创先争优”六大工程，不断增强“说清环境质量现状及其变化趋势、说清污染源状况、说清潜在的环境风险”的能力，各项工作取得了历史性突破，为重现三晋蓝天碧水作出了重要贡献。

省委副书记金道铭在省站视察工作

“重创新”，改革体制机制

为适应新形势和新任务的需要，省站全面加强改革创新。优化内设机构，全站工作运转更加顺畅、高效；建立了每季一次的全省站长工作例会制度，为及时交流思想、统一认识、推进工作发挥了积极作用；在全国率先建立了全省监测工作联动监测机制，有效整合了全省环境监测资源，强化了省站对各级监测工作的技术指导作用；在全国率先组织开展了公共场所环境空气质量监督性监测，促进了公共场所环境空气质量的持续改善；制定实施了监测报告责任风险教育制度，增强了全站员工廉洁从业的自觉性。

省环保厅厅长刘向东在省站视察工作

中国环境监测总站站长罗毅在省站视察工作

“强素质”，促进人才兴站

省站不断加强人才队伍建设，先后引进30余名硕士以上学历研究生，采取“走出去、请进来”等形式狠抓岗位培训，组织开展内部互学、业务培训、业务考核、省际间技术交流、环境监测技术大比武、应急监测演练等累计达180余期（次），参加人员3600余人次，“学技术、钻业务、强素质”蔚然成风，省站自身及全省监测系统技术水平和业务能力全面提升，先后涌现出333工程、环境监测技术专家等一大批先进人物。

“再提升”，强化硬件水平

从现场采样到实验室分析，从应急快速监测到后勤服务保障，监测“硬件”一应俱全、功能先进，各类资产总额由2005年末的2500多万元跃升至2010年末的7800多万元，环境监测分析能力由2005年末的190项增加到目前的水和废水、环境空气和废气、土壤、生物、噪声、振动、室内空气共七大类292项。建成全省环境质量自动监控中心，进一步提升了环境监管的自动化水平。

“全覆盖”，完善监测网络

领全国之先建成了覆盖全省所有县（市、区）的环境空气质量自动监测网络，建成12个地表水水质自动监测站。顺利完成了中央减排项目——山西省国家大气背景监测站、农村空气质量自动监测站、温室气体自动监测站的建设并投入使用，进一步完善了国家和山西省环境质量监测网络。15.6万平方公里一山一水、一草一木的变化情况“尽收眼底”。

“急先锋”，应战污染事故

快速反应，冲锋在前，圆满完成奥运期间山西省相关城市环境空气质量预警以及近30起突发性环境污染事件应急监测工作，为污染事件的及时妥善处置提供了技术支持，为保障人民生命财产安全和环境安全作出了突出贡献。

“创先争优”，促进全面发展

深入开展创先争优活动，积极创建“文明和谐单位”和“青年文明号集体”，营造了风清气正、干事创业、文明和谐、积极向上的良好氛围，有力促进了单位的全面发展进步。

省监测站站长裴永强深入企业调研

5年来，省站圆满完成了各项环境监测工作任务以及对全省环境监测系统进行业务管理和指导等重要任务，承担完成了全省污染源普查和土壤污染调查的技术工作，为各级政府和环保部门及时掌握环境质量状况、科学实施环境管理和决策、考核评价各级环保工作提供了坚强有力的技术支持和及时周到的技术服务。完成了全省地表水监测网络优化和环境监测服务收费标准的调整工作，对科学准确评价环境质量状况、保障监测工作任务的完成和监测事业的健康发展产生积极、长远的影响。

岁月流金，天道酬勤。近年来，省站多次被国家环保部评为“全国先进监测站”，并荣获“十一五”全国环境保护系统先进集体、“全国青年文明号集体”、“省直文明和谐单位”、“十佳文明窗口”等称号。鉴于工作业绩突出，站长裴永强先后荣获“山西省科技奉献个人二等奖”、“山西省五一劳动奖章”、“山西省劳动模范”、“全国五一劳动奖章”和“省十佳节能减排标兵”等称号。站在新的历史起点上，省站将全力推进环境监测事业转型跨越发展，力争“十二五”建成全国一流环境监测站，为三晋大地的天更蓝、山更绿、水更清做出新的更大的贡献！

建设项目竣工环保验收监测现场

河流污染应急监测现场

监测人员进行高空大气监测

县委书记：李丁夫

县长：杨红旗

沁源县人民政府

沁源县地处太岳山东麓、长治市西北部，总面积2548平方公里，辖5镇9乡254个行政村，总人口16万，是全省重点产煤基地县、畜牧大县、林业大县。“十一五”期间全县生产总值由2005年的19.86亿元增加到2010年的72.42亿元，年均增长29.5%；财政总收入由2005年的5.02亿元增加到2010年的17.67亿元，年均增长28.7%；城镇居民人均可支配收入由2005年的8348元增加到2010年的16869元，年均增长15.1%；农民人均纯收入由2005年的2830元增加到2010年的6250元，年均增长17.2%。生产总值、财政总收入、农民人均纯收入等十多项主要经济指标增速连续多年位居长治市前列，县域经济综合竞争力在全省的位次稳步前移。“十一五”时期，在全省119个县市区中，沁源县经济社会发展水平排名31位，发展指数排名21位，被山西省委、省政府表彰为经济社会发展先进县、增加农民收入先进县。

长治市委书记田喜荣在沁新集团北园区实地调研

经济发展实现新跨越 扩大各领域的投资，确保全社会固定资产投资年均增长20%。到2015年确保全县生产总值、全社会固定资产投资、财政总收入、城镇居民人均可支配收入、农民人均纯收入五个指标“翻一番”，力争“翻两番”，跻身全省十强县、全国百强县行列。

产业转型实现新突破 坚持以煤为基，做强做大煤产业。突出循环发展，延伸煤，转化煤。着力打造李元、灵空山、聪子峪、王和四大循环工业园区。推进多元发展，突破煤，超越煤。培育壮大铝镁阻燃剂、镁合金冶炼、新型材料、精密铸造等非煤优势产业，高端引进风力发电、太阳能热利用、高效节能环保产品等新兴接续产业，力争到2015年全县煤与非煤的产值比例达到7：3，新兴产业在工业经济中的比重上升到30%以上。以“一村一品，一乡一业”为重点，大力发展设施农业、绿色农业、有机农业，优化优势农产品布局，规划建设无公害农产品、绿色食品、有机农产品生产基地18.5万亩。加快发展现代服务业，挖掘沁源丰富的历史文化底蕴

璀璨的太岳山城之夜

和独特的山水旅游资源。通过文化旅游产业的大突破，促进物流、商贸、娱乐、金融、信息服务等第三产业的大发展，成为新的经济增长点。

富民惠民再上新台阶 实施农民收入和城镇居民收入五年倍增计划，逐步扩大中低收入者的比重，确保2015年农民人均纯收入超过1.25万元，实现全县1.89万贫困人口稳定脱贫。

建设宜居新沁源 以大县城建设为中心，辐射郭道、王和、李元、灵空山四个重点镇，带动50个中心村。到2015年全县城镇人口达到9万人以上，城镇化率达到55%；县城人口达到7万人，城镇供水普及率达到95%以上，县城集中供热普及率达到80%，生活污水集中处理率、生活垃圾无害处理率和气化率均达到90%以上，街道清扫保洁率达到100%，县城空气质量优良天数达到360天以上，县城绿化覆盖率达到60%，全县森林覆盖率提升到62%。

建设和谐新沁源 加强和创新社会管理，探索资源开发与环境保护协调发展的新路子，解决有煤乡镇与农区乡镇发展不平衡、经济社会发展一条腿长一条腿短的问题。切实维护社会稳定，深入开展平安沁源创建活动，人民群众对社会治安的满意度达到90%以上。

建设幸福新沁源 优先发展教育，率先普及高中教育和学前教育，推进初中向集中化、优质化、均衡化的方向迈进，逐步实现由幼儿到高中各阶段全部免费教育。提高健康水平，加强医疗卫生事业发展，高标准建设新的人民医院、中医院，14个乡镇卫生院全部达到一级标准，每千人拥有医生数和床位数达到全市平均水平，到2015年城镇基本医疗保险参保率达到100%，新型农村合作医疗参合率达到100%，基本药物覆盖率、公共卫生监督覆盖率达到100%，实现农村孕前生育免费检查全覆盖，真正解决好人民群众看病难看病贵的问题。

拓宽就业渠道，鼓励劳动者自主创业、自谋职业和灵活就业，开发公益性岗位，完善农民进城务工的政策措施。力争5年全县新增城镇就业1万人，转移农村劳动力3.5万人以上，城镇登记失业率控制在4.3%以内。

强化社会保障，建立健全广覆盖、保基本、多层次、可持续的社会保障体系。到2012年，新型农村社会养老保险覆盖率达到100%，到2015年，社会保险覆盖率达到90%以上，全县职工参加企业养老保险率达到95%。

农村敬老院

灵空山绿色食品有限公司非油炸苦荞麦方便面生产线

沁源一中

设施农业

清洁型企业通洲集团焦化厂

孝义市国土资源局

——张咸泽先进事迹

张咸泽，2008年9月担任孝义市国土资源局局长，两年多来，开拓创新、扎实工作，为全市的经济发展做出了显著的贡献。2010年孝义市国土资源局被国土资源部表彰为“全国土地信访工作先进单位”，他本人也于2009年被国家十部委联合表彰为“全国整顿和规范矿产资源开发秩序工作先进个人”。工作中他着力搞好“五抓”，取得显著成绩。

局长：张咸泽

一、力抓耕地保护，勇担国土卫士

连续两年开展了“走百村进万户送法进乡村”活动，先后组建12支宣传队伍，深入17个乡镇及街道办事处计260余个村庄，进行耕地保护宣传，设置政策法规咨询点96处，散发各类传单32套计26万份，宣传车辆行程计一万二千余公里。张咸泽倡导群众积极举报违法行为，大胆同破坏耕地的行为作斗争。他一方面在全市落实预防为主、防查结合的方针。另一方面他不循私情、铁腕打非，抓重点案、拔钉子户，先后组织“百日严打行动”、“铁腕打非行动”等整治工作，对违法占地行为逐一立案、严格查处。仅2010年该局就对200个重点村查处违法占地42件，查处面积727亩；现场及时制止违法占地11件，退出耕地20亩，对非法审批土地和非法转让土地的19名村干部，建议有关部门给予了行政处分。

二、力抓民生工程，当好人民公仆

孝义市是全省重点产煤、产矿市，历年的矿产开采给该市造成了严重的地质灾害隐患，成为制约该市经济健康发展和社会稳定的因素，也严重威胁着人民生命财产的安全。张咸泽下决心治理地质灾害隐患，一是深入基层搞调研，掌握第一手资料。他多次到灾情最严重的西辛庄镇进行调研，了解到该镇煤矿采空区面积6.3万亩土地，竟然有4.4万亩土地存在塌陷裂缝，涉及到33个村庄，大量地表崩塌、滑坡、沉降，造成了近5000间民房受损，水生态环境几尽毁灭，人民生活环境十分恶劣，下堡镇、阳泉曲镇等产煤乡镇的情况大同小异，这令他十分震惊，为此，他积极向上反映情况，同时提出自己的建议，引起全市上下对地质灾害治理的关注。二是积极争取项目，实施民生工程。他带着现状资料，数百次往返奔波省、市主管部门，甚至赴国土部反映情况。在他的不懈努力下，一批批上级部门官员和专家到孝义进行实地调研，最终确定了两个国家级矿山地质环境治理项目在孝义实施，项目涉及4个乡镇、70多平方公里，国家投资近两亿元。

三、力抓工作实效，推动经济发展

两年内他积极为企业及项目办理用地手续，先后审批土地4600亩，确保了一批大项目、好项目顺利上马。

他狠抓土地开发复垦整理，两年里铺开省级项目4个，市级项目5个，自立项目50余个，铺开工程70余处，复垦并经验收的新增耕地达到5000余亩，满足了占补平衡的需要。

张咸泽陪同土地规划司领导调研

张咸泽陪同国土资源部的领导在孝义市调研

他实施土地“招拍挂”，两年来将62宗土地推向市场，所涉面积262公顷，实现土地交易成交收入9.6亿元。

他勇于创新，主导出台了《孝义市开展城乡建设用地增减挂钩试点暂行办法》，制定了科学的实施规划和详细的拆迁安置补偿方案。目前已确定了8个增减挂钩项目区，涉11个乡镇44村，折旧区规模为459公顷，可复垦耕地406公顷，可节余建设用地指标288公顷。

在煤矿兼并重组工作中，积极为保留的12座煤矿申报办理采矿登记手续。截至目前已有11座煤矿领取了采矿许可证，办结率达92%；为6户新型建材企业办理了粘土矿采矿登记手续；为7个非煤矿山企业申报采矿许可证；同时上报了8个矿区的探矿权。

张咸泽陪同省委常委、常务副省长李小鹏进行地质灾害治理工作调研

四、力抓安全生产，坚决打击私挖滥采

他认真巩固以往集中打击非法违法采矿行为成果，对取缔的私开矿井一一造册登记，存档备案，作为监管重点。对全市几十年来形成的私开铝铁矿全部进行排查，共整顿私开矿达6252个，抓捕拘留非法采矿人员27人，保护了国家矿产资源和人民生命财产的安全。

团结奋进的局班子

五、力抓队伍建设，提高整体合力

他把抓班子、带队伍作为根本措施来抓，在工作中严格落实集体决策制度。在牵涉全局重大问题的决策上，他总是广泛征求意见，发挥集体智慧，确保决策的民主科学。在干部任用上，坚持科学合理的选人用人机制，坚持公开选拔、择优录取、双向选择的方针，干部选拔只论才干，不论关系；只论水平，不论人情。全局工作人员实现了全面整合和优化组合，整体工作呈现出勃勃生机。

深入基层指导工作

王安芹（左一）陪同集团公司领导视察

王安芹（左二）陪同集团公司领导视察

王安芹（右）参加全国扶残、助残日活动宣传

潞安集团公司中小企业改革发展部

部长：王安芹

王安芹，现任潞安集团公司副总经济师、中小企业改革发展部部长。从2000年至今，他一直负责集团公司所属中小企业的经营管理。任职以来，王安芹着力提升中小企业自身经济利益和社会效益，取得了较好成绩。突出表现为五个跨越：

一、逆势而上，持续攀升，主要经济指标实现了新跨越

2009年，潞安中小企业销售收入全年完成26.5亿元，同比增加2.86亿元，增长10.8%，相当于2000年的9.5倍；实现利润1347.8万元，同比增盈239.3万元，增幅21.6%；利税总额1.6亿元，同比增加4143万元，增幅34.9%；资本保值增值率大于100%；职工人均收入35878 元，同比净增5421元，增幅17.8%，相当于2000年的7.2倍；职工养老、医疗、工伤、失业保险、住房公积金全部按期足额上缴；安全生产实现全年无事故。

二、立足优势，战略发展，企业经营规模实现了新跨越

重点依托潞安煤炭产业优势，发展与煤炭生产相配套的装备制造。潞安中小企业从十年前的资产不足2亿元、产品700多个，发展到2009年底，资产总额达到近20亿元，产品3000余种，从业人员6160人。所属子公司中有6个实现经营规模超亿元，3个超5000万元。

新世纪公司洗煤厂

益民公司发展规划图

劳保车间

先锋切割床

三、从土变洋，科技领先，技术创新实现了新跨越

坚持“科技创新”为先导，走“现代化、规范化、集约化”发展之路。到2009年，人均产值达到46.5万元，是2000年的12.6倍；人均创造利税2.6万元，是2000年的39倍。

培育出一大批高新拳头产品。设计生产出具有自主知识产权的KL2.5M（T）新型矿灯，性能国内领先；自主设计的智能充电管理系统成为目前国内最先进的矿灯房管理系统；自主研发生产的KCS系列矿用掘进离心式除尘装置、割煤机机头除尘装置、HS90-1型移动式升降过桥装置、井下电缆单轨吊推移装置等。开发生产了让压锚杆以及国内先进的加固剂产品。

四、创新机制，科学经营，企业发展活力实现了新跨越

完善制订了《潞安集团中小企业系统企业管理考评标准》《领导岗位责任制》《安全生产责任制》《技术创新条例》和“工程承包责任制”、“劳动工资考核制度”等系列规章制度。

五、以人为本，全面推进，和谐发展实现了新跨越

关注残疾人等弱势群体，使发展成果普惠全体员工。成功创办益民福利公司，集中安置残疾人333名，使矿区年满18周岁以上残疾人全部得到了安置；2009年集团公司被中央残工委表彰为“全国助残扶残先进集体”荣誉称号。

努力创建和谐劳动关系，大力推进和谐矿区建设。确保工资分配公平公正；人均收入连年增长，生产生活环境不断改善；足额收缴“六金一费”，职工住房、养老、医疗等得到有力保障。

党建和文明创建工作取得新成效，为中小企业改革发展提供了有力的政治保证。

着力推进本质安全型企业创建，实现安全发展。一是强化激励约束，实行安全一票否决；二是强化标准化生产，严格执行中小企业安全考评标准，考评结果与公司安全风险抵押挂钩；三是突出抓好特种设备安全管理，10年来，所属公司厂点没有发生一起重伤以上安全事故。

矿用风筒车间

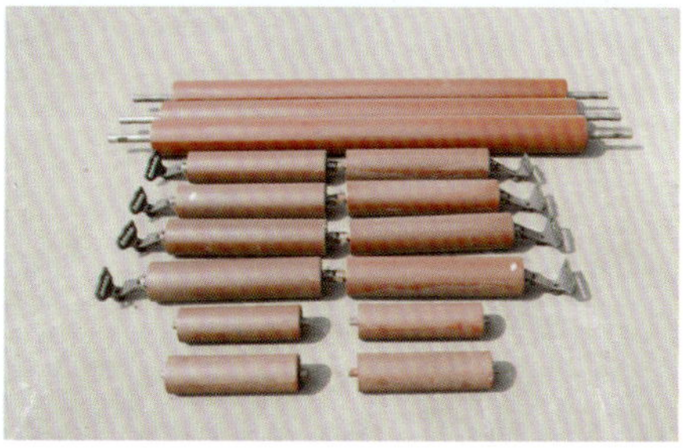

矿用带式输送机系列托辊

JDGS+PVC4000VS钢塑复合网

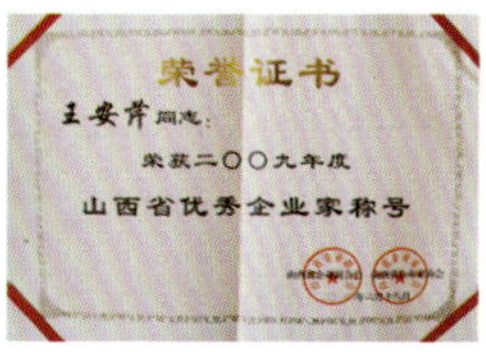

矿用托辊

山西兰花集团东峰煤矿有限公司

——张锦生先进事迹

山西兰花集团东峰煤矿有限公司，位于山西省高平市原村乡下董峰村，始建于1992年。原是望云煤矿的接替井，由于资金、体制等方面的原因，一直未能正式投产。2001年12月，晋城市政府决定把东峰煤矿交给北岩煤矿管理，2008年5月60万吨/年正式投产。2009年底，张锦生任董事长之时，适逢山西省煤矿资源整合，一上任，他就和他的班子成员，认真研究探讨了当时生产经营、职工队伍等方面的状况，充分考虑了企业面临的形势和产业政策的变化趋向，站在企业跨越发展的高度，联系实际，开始了东峰煤矿60–120万吨／年扩能工作。经过一年的不懈努力，于2010年底，东峰煤矿60~120万吨/年扩能工作全面完成。与此同时，借资源整合之机，他又开始着手整合阳城柏山等四矿，为实现东峰煤矿跨越发展奠定了坚实的基础。

董事长：张锦生

张锦生深入一线指导工作

为了确保煤矿安全生产，张锦生始终坚持继承发扬、借鉴吸取、自我创新的原则，不断加强安全管理的探索与创新。他一方面联系煤炭安全生产的实际，深刻解读煤炭产业政策的变化，总结制定东峰煤矿安全生产的策略与方法，不断提升安全理念，狠抓安全培训，创新安全文化，加强现场管理，强化安全责任；另一方面，不断创新安全管理的制度与载体，安全隐患排查、公示、闭合管理制度，安全生产“学、评、谈”制度，安全信息市场化制度等等，有力地促进了广大员工落实安全目标责任的自觉性，改变了安全管理的被动局面，得到了兰花集团和煤炭主管部门的广泛赞誉。东峰煤矿相继获得国家级安全质量标准化矿井、行业二级安全高效矿井称号，截至2010年底，东峰煤矿安全生产长周期已达5697天。

在环保方面，张锦生始终要求把环保工程放到和安全、生产同等重要的地位，把环保工程作为企业的生存工程。持续加大环境保护、节能降耗的投入，完成了深度水处理系统、锅炉改造、变频改造、照明改造，加强了对污水处理、锅炉、热风炉、筛分楼等重要设施的监测与监控，处置率、达标率为100%，对主要塌陷区进行了治理，加大绿化投入，绿化率达到了36%，加强矿区环境整治，矿山面貌焕然一新。东峰煤矿各项环保设施正常运行，先后获得国家级“三标一体”认证、环境保护优秀企业数据库入选单位、山西省生态示范矿井、晋城市环境保护先进企业等称号，企业环境行为评价为“绿色”。他本人也获得了环境保护优秀企业家的称号。

为了进一步提升企业的经营效益和质量，张锦生不断强化企业内部管理，全面预算化管理、内部市场化管理、信息化管理、精细化管理进一步深化和实施，执行力得到进一步提高，各项制度体系逐步趋向科学化、规范化、标准化，生产经营成效显著。2010年在煤炭产业政策紧缩，60~120万吨/年扩能任务艰巨等不利条件下，东峰煤矿生产原煤91万吨，销售90.8万吨，实现利润34802.1万元。东峰煤矿在原煤生产、商品煤发运量、销售收入、实现利润、职工收入等方面创造了多项历史记录，东峰煤矿实现利润占到了集团公司的一半以上，东峰煤矿成为集团公司的一面旗帜，获得了山西省优秀企业、晋城市模范单位、晋城市纳税突出贡献单位称号，他本人也获得了晋城市安全生产效益优秀矿长、山西省优秀企业家称号。

在推进企业科学发展的同时，张锦生始终把员工的利益放到重要的位置。他常常说:一定要让东峰的员工有尊严地生活，体面地劳动。近年来东峰实施的“八大惠民工程”、“八大实事”全部兑现，员工最关心、最关注的热点、焦点问题基本得到解决，公司员工在企业发展同时得到了实惠。

对于未来，张锦生充满信心。在他的带领下，东峰煤矿将朝着科学发展、安全发展、和谐发展、跨越发展的目标乘风破浪，续写更加辉煌的篇章。

签订目标责任书

选煤系统

职工文化活动中心

山西煤炭运销集团装备产业有限公司

——段明峰先进事迹

执行董事、总经理：段明峰

段明峰，现任山西煤炭运销集团装备产业有限公司执行董事、总经理，山西美华电气有限公司董事长，中航美运兰田装备制造有限公司副董事长。

山西煤炭运销集团装备产业有限公司代表山西煤炭运销集团对集团控股参股装备制造企业行使出资人权利，代表集团与合作方进行谈判，签署合作协议，对控参股企业进行投资，考核，核算收益，是集团装备制造业的投资公司。

段明峰于2010年8月从基层煤炭企业董事长的位置抽调回集团，主要负责组建煤机生产制造公司。他用了不到两个月的时间，于11月18日成功注册了拥有2亿元资金的“山西煤炭运销集团装备产业有限公司”。

在新公司注册成功后短短的4个月时间里，通过反复比较、筛选，先后与国内外的十多家煤机制造企业接触，完成了与佳木斯煤机公司、美国艾尔吉公司的谈判、签约，在太原合资成立生产煤矿掘进设备的美佳公司，生产洗煤设备的艾尔吉公司，这两家公司现已落户于山西煤炭运销集团太原装备制造园内，并已完成前期设计工作，正处于施工阶段。完成了与中国航空工业集团的合作签约，组建了中航美运兰田装备制造有限公司和中航国际汽车展销有限公司，计划在晋中占地1500亩，投资50亿元开展特种汽车产业制造。与山西忻州经济技术开发区管委会达成了协议，在忻州经济技术开发区建设山西煤销集团忻州通用煤机工业园。采取灵活多样的合作方式将与沈阳煤科院合作生产煤矿井下救生舱。抓住机遇，乘势发展，进军电气生产、施工、总承包领域，与华仪集团合作成立山西美华电气有限公司。正着手兼并行业领先企业向明机械公司等。

段明峰于2009、2010年连续两年获得“山西省优秀企业家”荣誉称号，于2011年获得“转型跨越”山西青年五四奖章。他将一如既往地搏浪潮头、勇于探索，为实现山西煤炭运销集团装备产业公司在“十二五”期间收入超80亿元、利税超10亿元的目标，为山西煤炭运销集团的做大做强贡献自己的力量，为山西省的转型跨越发展作出贡献！

山西煤销集团装备产业有限公司与佳木斯煤机公司投资合作签字仪式

山西煤销集团忻州通用煤机建设项目开工奠基仪式

续表

序号	题　目	成果形式	作者	字数（千）	出版（发表）单位	时间
22	抗战时期中共领导下的米脂地主经济	论文	岳谦厚 郝东升	18.5	《中共党史研究》	2009年6期
23	古代埃及神庙祭司考略	论文	李　模	13	《世界宗教研究》	2009年2期
24	五台山佛教壁画	论文	崔玉卿	14	《佛教文化》	2009年1月
25	《光耀满乾坤·李峪青铜器解读》	专著	李跃山	170	山西出版集团·三晋出版社	2009年7月
26	高等院校马克思主义理论教育原则研究	论文	柴晓霞 张二芳	7	《马克思主义研究》	2009年6期
27	数学真理困境的自然主义实在论求解	论文	刘　杰	10	《科学技术哲学研究》	2009年8月
28	科学发展观的人学思想探析	论文	张　莉	6.4	《新视野》	2009年5月
29	柯亨平等观的实质及其对自由主义的批判	论文	李华荣 乔瑞金	10	《哲学研究》	2008年11期
30	公司治理中经理管理防御及壁垒效应研究	专著	袁春生	180	中国财政经济出版社	2008年12月
31	社会公共危机管理组织系统研究	专著	闫绪娴	190	中国财政经济出版社	2008年12月
32	破解产业集群发展困局——来自洪合羊毛衫产业集群的启示	论文	赵建英	9	《山西大学学报》	2009年7月
33	智力资本对战略联盟企业价值的影响分析	论文	李常洪 谢元元 李建邦 等	13	《Alfred University Press》	2009年5月
34	基于邻域粗糙集的企业财务危机预警指标选择	论文	宋　鹏 梁吉业 曹付元	10	《经济管理》	2009年8月
35	高校辅导员工作方法论	专著	冯瑞明	300	中国商业出版社	2009年4月
36	音乐健身学	专著	焦春梅	230	中国社会出版社	2009年5月
37	贫困大学生创业脱贫模式研究	论文	乔中国 张　艳 张　岩	9.5	《中国青年研究》	2009年03月
38	山西高等教育改革与发展三十年回顾	研究报告	郎永杰 李培凤	38.8	山西出版集团 山西教育出版社	2009年2月
39	省部共建高校绩效评价方法探析	论文	贾锁堂 吴文清 郎永杰	6.8	《山西大学学报》（哲学社会科学版）	2009年4期
40	球场观众不合理认知观念的理论研究	论文	石　岩 胡丹婧	15	《体育科学》	2009年7期
41	翻译协调理论研究	专著	张慧琴	32.0	山西人民出版社	2009年4月

续表

序号	题　目	成果形式	作者	字数(千)	出版(发表)单位	时间
42	世界共产党现状及发展趋势	编著	冯建平	400	山西出版集团 山西人民出版社	2008 年 11 月
43	关于加强领导干部学习的几个问题	论文	李高山	1.4	《理论探期索》	2009 年 3 月
44	河东民间说唱研究	专著	卫　凌	300	中国社会出版社	2009 年 4 月
45	《老一辈革命家诗词鉴赏辞典》	编著	秦建华	800	山西人民出版社	2009 年 8 月
46	人生镜子——读曾国藩文集感悟	专著	王振海	550	中国文化出版社	2009 年 7 月
47	九态三步——人生的自导成长	专著	李晓红	230	中国商业出版社	2009 年 5 月
48	逻辑与走向:当代教师教育道路的演变	论文	樊香兰 孟　旭	7	《教育研究》	2009 年 10 月

三等奖(65项)

序号	题　目	成果形式	作者	字数(千)	出版(发表)单位	时间
1	米道斯拼音方案对威妥玛拼音方案的影响	论文	王为民	9	《语言教学与研究》	2009 年 2 期
2	论汉语方言成语的性质	论文	李小平	18	《语文研究》	2009 年 1 期
3	安史之乱对唐代经济发展影响研究	专著	张晋光	199	中国财政经济出版社	2008 年 12 月
4	金融结构视角下的金融稳定研究	专著	张润林	180	中国财政经济出版社	2008 年 12 月
5	财政历史惊心动魄 财政改革付出代价	论文	谭建立	13	《财政史研究》	2009 年 6 月
6	科学的煤炭资源价格机制:富煤省份发展循环经济的基本前提——以山西省为例	论文	王保忠 黄解宇 王保庆	17.486	《资源科学》	2009 年 6 月
7	中国农户谨慎性消费策略的形成机制	论文	郃秀军 李树茁 李　聪 黎　洁	10.5	《管理世界》	2009 年 07 月
8	山西消费需求分析与对策研究	论文	韩　英 徐仲安	8	《经济师》	2009 年 4 月
9	新农村建设中农村公共财政体制建设探讨	专著	武小惠 刘俊鹏	7	《经济问题》	2008 年 12 期
10	解决环境污染和生态危机的深层次问题	专著	张秀冰 白桂梅	5.6	《中国城市经济》	2009 年 5 期
11	焦化生态工业园区建设探索	论文	王建秀 容和平 李常红	6.7	《山西大学学报》	2009 年 1 月

续表

序号	题　目	成果形式	作者	字数（千）	出版（发表）单位	时间
12	PE对推动民间投资的战略意义	论文	杨　郁	2.5	《中国经济时报》	2009年6月
13	党员意愿表达问题探讨	论文	原　方 崔建周	7.5	《理论探索》	2009年6期
14	山西书院	专著	王欣欣	200	三晋出版社	2009年10月
15	慈善事业面临的难题与出路——以山西为例	论文	丁润萍	12.1	《生产力研究》	2009年3期
16	加快推进山西生态文明建设	论文	李江利	4.5	《前进》	2009年5期
17	女性学	专著	刘翠兰 冯爱红 李凤华	280	中国妇女出版社	2009年2月
18	山西青龙寺腰殿壁画的绘画语言特征	论文	伊　宝 史宏蕾	3.390	《文艺研究》	2008年11月
19	牧溪水墨画的东传对日本文化的影响	论文	史宏云	5	《文艺研究》	2008年12月
20	中国重新崛起现象研究——兼谈“中国威胁论”	论文	张　晓 药朝诚	8	《晋阳学刊》	2009年1月
21	清代驳审制度考论——以《驳案新编》所载案例为中心的考察	论文	王志林	12.5	《政法论坛》	2009年4期
22	山西票号习惯法初探	论文	周子良	20	《政法论坛》	2009年3期
23	宏观调控目标转变与企业所得税征收问题研究	论文	董玉明	10	台湾：月旦财经法杂志/元照出版有限公司	2009年4月
24	社会主义经济条件下公共服务伦理规范与廉政建设问题研究	论文	尤晋鸣	30	《学术论丛》	2009年5期
25	把密切党群关系作为党建的着力点	论文	李伟杰	6	《理论探索》	2009年6期
26	我国主体性哲学的兴起及发展趋势	论文	毛建儒	12	《山西大学学报》	2009年3月
27	深入探索实践科学发展观的具体途径——试论“三个发展”战略思路的实践意义	论文	杨企玉 崔建周	3.5	《山西日报》	2009年6月
28	试析科学发展观的科学性	论文	樊爱霞	6	《山西高等学校社会科学学报》	2009年5期
29	似与不似——“三”的哲学智慧	专著	田　茂	250	中国社会出版社	2009年7月
30	化学哲学研究的新走向	论文	邢如萍 桂起权	8.5	《哲学动态》	2008年12期
31	论谚语的语义特征	论文	寇福明	6.3	《内蒙古民族大学学报》	2009年1月
32	山西民间歌舞小戏——左权小花戏研究	专著	樊淑敏	180	中国戏剧出版社	2009年4月
33	世华文韵	专著	周　萍	172	中国文联出版社	2009年9月

续表

序号	题　目	成果形式	作者	字数(千)	出版(发表)单位	时间
34	欠发达地区创新系统研究	专著	郭淑芬	250	经济科学出版社	2009年6月
35	人力资本对非农就业及其收入的影响	专著	杨金凤	228	中国财政经济出版社	2008年12月
36	本体评估指标体系的构建研究	论文	贾君枝 刘艳玲	7.445	《图书情报工作》	2009年6月
37	企业内部控制探索	专著	杨瑞平	240	中国市场出版社	2009年4月
38	流程型组织的构建研究	专著	岳　澎	250	北京大学出版社	2009年01月
39	基于专利现状的山西企业自主创新问题	论文	石薛桥	4.5	《中北大学学报》(社会科学版)	2009年3期
40	山西省国内旅游客源市场分析	论文	张建忠 孙根年	7	《山西师范大学学报》	2009年3月
41	系统论视野下优秀教学团队建设的反思	论文	尚连山	3	《教育视野》	2008年11月
42	炎帝汇典	编著	马志生	1500	北京华艺出版社	2009年8月
43	沁水县志三种	编著	田同旭 马　艳	1800	山西人民出版社	2009年1月
44	阎锡山“亚洲同盟与对日策略”思想研究	论文	课题组	5	《山西社科联》	2009年3期
45	朔州通史	编著	总主编 王耀斌	2080	山西出版集团·三晋出版社	2009年8月
46	中国传统文化之解读：特征与弊端的初析	论文	柴建芳	8.82	《山西高等学校社会科学学报》	2009年1月
47	高校开展团体心理辅导的思考	论文	王卫平	8	《教育理论与实践》	2009年6期
48	大学新生生活应激调查研究	论文	薛朝霞 卢　莉 梁执群	8	《中国健康心理学杂志》	2009年1期
49	高校科研档案与大学生养成教育	论文	李　莹	5.1	《思想教育研究》	2009年4期
50	山西省中外合作办学可持续发展研究	编著	赵满华	120	山西出版集团、山西经济出版社	2009年3月
51	贫困山区教师教学行为调查与分析——以山西省忻州市为例	论文	张淑清	5.6	《中国教育学刊》	2009年1月
52	试论思想政治理论课教育教学中的人文意蕴	论文	段晓红	4.6	《山西高等学校社会科学学报》	2009年8月
53	论成人教育对职业教育的历史贡献	论文	桑宁霞	8	《山西大学学报》	2009年10月
54	首要标准视野下教育改造工作思路的调整	论文	焦宁亚	6	《监狱矫正论坛》	2009年10月
55	翻译与形而上学批判：在西方哲学的转折点上	论文	郝　琳	1.0	《外国语》	2009年3期

续表

序号	题　目	成果形式	作者	字数（千）	出版（发表）单位	时间
56	基于马克思生态环境理论对建设生态文明的思考——以山西为例	论文	张志芳	7.4	《经济问题》	2009 年 5 月
57	见证 1978—2008·晋城	编著	郭治琛	361	山西出版集团·山西经济出版社	2008 年 11 月
58	中小企业分析与保护制度建设	论文	王新光	4	《经济师》	2009 年 7 月
59	对外贸易中“贫困化增长”问题及对策分析——基于贸易条件变动趋势的角度	论文	刘志永	8.037	《国际经济合作》	2009 年 02 月
60	存在与实践：马克思的本体论思想研究	专著	李　鹏	218	中国社会科学出版社	2009 年 9 月
61	国家公务员所需加强的现代意识	论文	秦志敏 何海明	3	《理论前沿》	2008 年 12 月
62	阎锡山与山西义务教育的兴办及其发展	专著	杨优帅 段彪瑞	4	《教育理论与实践》	2009 年 8 月
63	广告规制法律制度研究	专著	药恩情	193	中国广播电视出版社	
64	低收入群体稳定问题的预警指标建构思路	论文	杨　珺	5.5	《中共太原市委党校学报》	2009 年 5 期
65	太原旅游区旅游流空间结构研究	论文	韩一武	3.8	《太原城市职业技术学院学报》	2009 年 4 月

（王纪山）

分析山西文化产业发展中存在的问题，提出山西文化产业“三步走”战略。在此基础上，参与全省文化产业发展规划纲要的研究和制定。深入各高校科研院所等高层次人才集中的地方进行调研，完成省委人才领导组、省委组织部下达的2010~2020 年人才发展规划课题《加强人才队伍社会环境建设研究》，并积极参与山西省人才发展中长期规划的研究制定。根据中央在“十二五”规划建议中加强和创新社会管理的意见，对非政府组织在和谐社会中的作用进行专题研究，提出对策建议。并以自身的努力积极探索非政府组织在国家转型时期、在协调利益冲突、缓解社会矛盾等方面的作用，增强为和谐社会建设服务的能力。与此同时，组织省属学会、研究会围绕山西省的转型跨越发展及“十二五”规划的制定，开展一系列学术研讨、课题研究、规划制定的活动。与省政治学会就“收入分配制度改革”召开理论研讨会；与省哲学学会就“社会转型与马克思主义哲学”进行理论研讨；与省城市经济学会举办“山西城镇化发展战略高峰论坛”；与省世界经济学会召开忻州市经济转型发展方式研讨会；省未来研究会、省决策咨询委、省发改委联合召开 12 场（次）“山西‘十二五’规划建议座谈会”，省经济学会承担阳泉市、朔州市、运城市等地市的“十二五”规划的制定等。

3. 成功主办华北地区社科联协作会，积极推动文化产业发展。5 月 24~27 日华北五省市社科联领导带着职能部门负责人及专家齐聚山西召开题为“传承历史文化，促进文化繁荣发展”的华北地区社科联协作会，山西省省委常委、宣传部部长胡苏平和党组书记侯秀娟分别介绍山西省打造文化品牌，发展文化旅游产业的做法和经验，与会代表就如何发挥社科联优势推动文化产业发展进行交流探讨并实地考察。

4. 举行山西省第六次社会科学研究优秀成果表彰大会，推出一批高质量的优秀成果。省社科联受省委省政府委托开展第六次社会科学研究优秀成果评审工作，组织 135 名评审专家，分 9 个学科组，进行三级评审（初评、学科评审、高评委审定），网上公示、领导组确认。最后评出 256 项优秀成果，其中荣誉奖 2 项，一等奖 21 项，二等奖 64 项，三等奖 83 项，优秀奖 86 项。3 月 24 日，召开表彰大会，省委、省人大、省政府、省政协四大班子主要领导出席会议并颁奖，获奖的专家学者、各高校和科研单位代表、学会（研究会）领导 400 余人出席表彰会议。表彰的优秀成果既有理论上的重大突破，又有较强的实际应用价值。如《煤炭资源开发与区域经济发展中的福与祸:基于山西的实证分析》(国家社科基金重点项目)一文,通过对丰富的煤炭资源与山西经济增长、结构演进、区域差异等方面的关系研究,论证煤炭资源开发给山西经济发展带来的利与弊,对推动资源型区域转型发展提供有益思路。《山西可再生能源开发利用研究》一文对山西省不同资源的总体产能、新能源开发与重点项目合理规划布局提出对策建议,已被有关部门采纳。编辑出版山西省第六次社会科学研究优秀成果评奖资料,通过新闻媒体进行广泛的宣传报道,《山西日报》以"为科学发展提供有力的理论支持"为题,专版刊登优秀成果集萃。

5. 组织社科专家开展重点课题研究。完成2009~2010年度重点课题76项,原计划完成50项,超额完成任务;确立2010~2011年度重点课题143项。重点组织《山西转型发展途径及对策研究》《山西战略性新兴产业发展的若干问题研究》《山西农业产业化发展研究》《山西城乡生态化建设研究》等重大课题研究,组织专家学者积极参与"十二五"规划战略研究,参与山西省人才发展规划、文化产业发展规划的研究制定,为推动山西省转型跨越发展建言献策,推出一批有决策参考价值的研究成果。有些研究成果被省委省政府领导和有关部门采纳,有的成果获奖。

6. 提升学会管理水平。学会管理是社科联的一项基本职责。社科联管理的学会123个,团体会员3900个、会员5万人,涵盖社会科学的各个学科,涉及各个领域。根据中央和国务院有关文件精神,要求各学会、研究会严格执行省社科联学术活动申报制度,建立健全学会联系人制度、学会年检制度。按照社团管理的有关规定,从4月份开始对全省学会组织建设、学术活动、课题研究、财务审计以及遵纪守法等方面的情况进行严格审查,对一些不合格的学会进行整顿注销。并根据财政部对新社会组织小金库专项治理的要求,对各学会、研究会小金库情况进行全面清理整顿。开展优秀学会、先进学会工作者评选活动。对学会从思想建设、组织机构建设、学术活动建设、规章制度建设等4个方面23个环节进行考核,评选出优秀学会(包括市社科联)33个,先进学会工作者38名。

7. 开展社科优秀成果"百部(篇)工程"评审工作。共评出获奖成果139项,其中:荣誉奖1项,一等奖25项,二等奖48项,三等奖65项,同时评出组织奖8个。与大评奖相比,"百部篇工程"不仅具有专业水平,更体现了群众性学术活动的特点,使一大批青年社科人才脱颖而出,逐渐成为学术骨干和理论创新人才。

8. 办好"一网两刊",为社科工作者提供良好的信息平台。一是办好网站。山西社科网为社科工作者提供方便快捷的服务。先后开发社科成果网上申报系统、"百部(篇)工程"网上申报系统、重点课题申报系统、学会管理平台,还建立局域网,既有内网又有外网,运用现代管理手段来提高工作效率,提升工作水平。二是办好《学术论丛》。全年高标准完成6期、120余万字的编辑出版发行任务。这一刊物以其较高的学术水准得到学术界的重视与认可。三是办好《山西社科联》。围绕山西转型跨越发展进行宣传,同时及时反映社科界和学会的信息,高质量完成30多万字编辑发行工作,深受学会工作者的欢迎。

(王纪山)

侨联工作

【九届二次全委会议】 3月18~19日在太原召开。中国侨联副主席乔卫作专题辅导报告,李政文出席会议并讲话。省侨联委员,部分市侨联党组书记70余人参加会议。李政文要求全省各级侨联组织要树立和践行社会主义核心价值体系,为促进祖国和平统一提供精神力量;要认真贯彻中央及全省经济工作会议精神,为促进经济发展方式转变作贡献;要全面落实党的侨务政策,努力实现好、维护好、发展好侨界群众根本利益;要加强侨联组织自身建设,不断提高侨联工作科学化水平。

【2010介休·清明(寒食)文化节】 应省侨联邀请,来自美国、日本、澳大利亚、加拿大的海外山西同乡会等团体及代表人士30余人,于4月3~6日参加由中国文联、山西省人民政府主办,省委宣传部、省侨联等单位承办的"2010山西介休·中国清明(寒食)文化节"及省侨联举办的相关活动。4~5日,应邀参加"2010山西介休·中国清明(寒食)文化节"的海外嘉宾出席公祭介子推大典、品寒食宴、文化节开幕式暨清明节邮票首发式、栽植清明柳、挂祥铃祈平安及绵山观光游览、体验清明文化等系列活动。整个活动主题凝练、内容丰富。

【社会主义核心价值体系学习教育活动】 省侨联2010年下半年组织全省侨联系统开展"山西省侨联系统学习贯彻袁纯清重要讲话精神、树立和践行社会主义核心价值体系学习教育"活动。活动期间,省侨联组织开展三项学习教育活动和三项主题实践活动。根据不同群体思想状况,开展三项学习教育活动。一是领导干部和领导机关,重点学习马克思主义指导思想,提高领导干部和机关人员思想政治理论水平;二是广大归侨侨眷,学习中国特色社会主义共同理想,激发他们热爱本职、发奋进取工作热情;三是海外侨胞,加强以爱国主义为核心的民族精神学习,加深对"一国两制"方针与基本法理解,增强向心力和凝聚力,共同致力于祖国统一和民族振兴。分阶段开展三项主题实践活动。一是以"海外华裔青少年(山西)夏令营"为契机,举办一系列专题讲座,在华裔青少年中开展"感言"交流活动，进一步增强华裔青少年民族自信心和自豪感。二是借省侨青委换届之际，对邀请的省侨青委港澳委员、海外委员进行国情、省情培训，引导他们在祖（籍）国社会政治生活中发挥积极作用。三是把践行社会主义核心价值体系与服务省委、省政府中心工作有机结合起来，大力开展招商引资、招贤引智、引进人才、服务新农村建设等活动，为山西省在转型发展中实现新跨越提供力量支持。

【海外华裔青少年"中国寻根之旅"夏令营活动】 7月19日，由国务院侨务办公室、中国海外交流协会、山西省人民政府侨务办公室、山西省海外交流协会合作举办，山西省归国华侨联合会协办的2010年"海外华裔青少年'中国寻根之旅'夏令营"——山西营开营仪式在太原举行。省外侨办副主任田亦军、省侨联副主席李慧出席开营仪式并致辞。此次活动以传承中华文化，增强中华民族凝聚力为目的，以感受历史文化，认识山西为主要内容，在为期五天的夏令营活动中，安排营员们前往常家庄园、尧庙、洪洞大槐树、黄河、关帝庙、鹳雀楼、平遥古城等地参观，从中感受中国悠久历史和灿烂文化。

【经济建设服务现场会】 12月6~7日在泽州县举行，中国侨联副秘书长高景远、经济科技部部长陈桦，省委统战部副部长王建新等150余人参加会议。省侨联党组书记李体柱强调：一是要发挥优势，突出重点，在为经济建设服务中体现侨联组织优势和作用；二是要围绕中心，服务大局，在实现山西转型跨越发展中作出新贡献；三是要开拓创新，锐意进取，不断提高为经济建设服务能力和水平。会议认真总结和交流近年全省各级侨联开展为经济建设服务的工作经验和成果，进一步激发和调动全省侨联系统和广大归侨侨眷为经济建设服务积极性，为推动全省经济社会转型发展、跨越发展作出积极贡献。

【省侨联青委二届一次全委会】 12月9日在太原召开，全省各地和海外、港澳地区102名侨界青年委员参加会议。中国侨联青年委员会副理事长杨嘉明、秘书长时艺，省委统战部副部长王建新等到会祝贺。会议选举李慧为省侨联青年委员会第二届委员会主席，田芳（女）、田永健、邢俊林、庄华清、庄志刚、刘利平（女）、李静（女）、张凯博、张静涵（女）、陈宏（女）、陈蕾（女）、范亚飞、段晋琦、董学良、曾宏建、谢刚为副主席，陈蕾兼秘书长，选举产生46名山西省侨联青年委员会常委。聘请姚志胜、董良达为山西省侨联青年委员会名誉主席，徐本宁、章杏娟为山西省侨联青年委员会名誉副主席。

【省侨联法律顾问委员会成立】 12月21日成立大会在太原召开。中国侨联权益保障部部长姜凤岩，省侨联党组书记李体柱、副主席范安龙，各市侨联分管维权工作负责人及省内知名法律专家、学者及律师40余人出席会议。大会聘请原省高院常务副院长王耀斌为省侨联法律顾问委员会主任；原朔州市委常委、政法委书记韩胜利，阳泉市法学会会长、党组书记段永章，原省高院民庭庭长姜昭选，黄河律师事务所律师段凡生，省侨联常年法律顾问秦天才为副主任，省侨联权益保障部负责人李海潮为秘书长，委员会由21人组成。大会通过《山西省归国华侨联合会法律顾问委员会章程》。

【人才工作】 响应国家"千人计划"和省"百人计划"，加强对新侨和留学人员工作力度，主动联系侨界高科技人才，使为侨服务领域不断扩大，内容不断丰富。省侨联常委、晋城市侨联副主席伍永安入选国家"千人计划"和省"百人计划"；忻州市侨联常委银小龙入选省"百人计划"；来自新加坡王鹏和德国马森源入选省"百人计划"。省侨联主席、太原理工大学副校长许并社科研团队承担的"抗菌纤维材料功能化过程的界面物理与化学研究"项目喜获国家技术发明二等奖。8月，在"第十届海外高新技术人才为国服务暨第三届新侨创新成果交流会"上，省侨联推荐的许并社、方敬爱、伍永安、史沁卫四人荣获"中国侨界贡献（创新人才）奖"。

【组织建设】 省侨联加强侨联党组织建设，积极开展争先创优活动，充分发挥各级侨联党组织领导核心作用、党支部战斗堡垒作用和共产党员先锋模范作用，通过党建带动侨建，侨建服务党建，全面加强侨联自身建设。积极推进侨联组织"网络工程"建设，制定侨联基层组织建设三年规划，着力解决县级侨联组织发展不平衡问题；组织力量在新侨集中机关、科研院所、高校、创业园区和大中企业进行调研，并就成立侨联组织工作，与有关部门进行交流。不断探索符合侨联特点组织模式和工作机制。长治市侨联结合自身特点建立"4+1"（即"党委领导、政府支持、人大监督、政协参与"和"侨联运作"）为经济建设工作模式和"一成熟、二突破、三级联网"基层组织建设工作法。

（张佳栋）

三晋文化研究会

【概述】 8月18日，忻州市忻府区三晋文化研究会成立，会长梁和琴在讲话中介绍忻府区三晋文化研究会成立的经过和今后的工作计划并提出建议。9月10日，太原市三晋文化研究会主办2010年"太原文化之旅"现场会。省政协原主席刘泽民，省人大常委会原副主任李玉明，太原市委副书记、市长张兵生等领导出席会议。山西大学教授魏宗禹、省博物院研究员渠传福、省社科院副所长高春平、太原市委党校教授郑学诗分别作《傅山总结古学创立新学之思简论》《魏晋北朝晋阳略论》《晋商之都与晋商兴盛》《高君宇的全球视野》的学术报告。9月13日,“2010年三晋文化研讨会”在太原召开。省政协原主席、省三晋文化研究会名誉会长郭裕怀、省人大常委会原副主任、省三晋文化研究会常务会长李玉明、省三晋文化研究会副会长罗广德等出席会议。省内外30余名专家学者提交论文并参加研讨会。10月26日,汾阳市三晋文化研究会召开成立大会。汾阳市委书记、代市长王志强,市委副书记马林巨、赵茂维、方和荣等出席会议。汾阳市三晋文化研究会会长武登云作筹备工作报告,审议并通过章程,选举产生会长、副会长、常务理事等,并举行揭牌仪式。11月29日,襄垣县三晋文化研究会召开成立大会。

【《山西古今地名词典》出版】 1月8日,召开《山西古今地名词典》出版座谈会。该词典由省三晋文化研究会组织专家学者和地方志工作者历时五年编纂完成,全书共收录5000余词条、省及11个市的行政区划图,计100余万字,是一部记录山西省历史变迁的工具书。

【《三晋石刻大全》分卷出版】 3月3日,《三晋石刻大全·大同市灵丘县卷》出版座谈会在灵丘县召开。该卷的编纂工作,从2008年4月开始,到2009年7月结束,是继洪洞县卷出版发行后,全省正式出版发行的第二卷,也是灵丘县第一部全面反映本县区域内古今石刻资料的作品,对于传承、研究、丰富和完善灵丘历史文化资料,具有重要意义。7月20日,《三晋石刻大全·忻州市宁武县卷》出版座谈会在宁武县召开。该书是宁武县第一部全面反映本县区域内古今石刻资料的作品。11月16日,《三晋石刻大全·阳泉市盂县卷》出版座谈会在盂县召开。其出版发行对于弘扬优秀传统文化,推进“文化盂县”建设,具有重要作用。12月24日,《三晋石刻大全·运城市盐湖区卷》出版座谈会在运城市盐湖区召开。

【《敦煌〈五台山图〉研究》出版】 3月16日,召开《敦煌〈五台山图〉研究》出版座谈会。省人大常委会原副主任李玉明,省社科院院长李中元,中国佛教协会副会长、五台山佛教协会会长妙江法师等50余人参加会议。《敦煌〈五台山图〉研究》一书搜集敦煌莫高窟61窟中有关五台山文殊信仰的大量资料,结合五台山历史与现实的情况,对其中莫高窟61窟的五代《五台山图》进行细致的研究与考证,同时提出许多新观点。 (谢 恺)

红十字会

【组织建设】 6月,组织召开全省红十字会组织建设工作会议,对近年来全省各级红十字会组织建设工作进行总结、探索和交流。7月,省红十字会在晋城市举办2010年专职干部培训班,来自全省各级红十字会的专职干部60余人参加培训。截至2010年底,全省119个县(市、区)全部成立红十字会组织,56个县(市、区)理顺了管理体制,占全省县级总数的47%。全省有基层组织1801个,专职工作人员384人,兼职工作人员255人,团体会员单位1895个,会员692205人,志愿者112466人。

【救灾救助】 2010年,全省各级红十字会积极开展“博爱一日捐”活动,共募集资金1333.4万元,为玉树灾区募捐款3783万元,为舟曲灾区募捐款物590万元,与山西醋产业发展有限责任公司联合开展每销售一瓶醋即向省红十字会捐赠2分钱的附捐活动,接收贝因美集团捐赠价值100万元的婴儿奶粉。通过“红十字博爱送万家”活动为2万多个困难家庭提供价值500余万元的慰问物资,6万多人受益。投入资金2万元,积极开展联企帮困送温暖活动。全年为147名贫困先天性心脏病患者实施救治手术,对75名因大病致困的省直单位职工给予救助,为700名白内障患者以及436名唇腭裂患者实施救治手术,为救助51名贫困白血病患儿,发放中国红十字基金会资助款153万元,对临汾市“绿色港湾”的艾滋病人进行慰问,捐助救治费10万元。援建“红十字博爱卫生(院)站”8所,并完成宋庆龄基金会通过省红十字会对“非典”去世人员子女的年度救助工作。

【捐献造血干细胞及遗体器官工作】 2010年,山西省分库全年新增志愿者资料5000人份,有6名志愿者成功捐献造血干细胞,累计已有41名志愿者捐献造血干细胞。9月,省红十字会举行主题为“与爱同行”造血干细胞捐献者联谊会。11月,省分库在山西职工医学院等高校对大学生志愿者进行红十字运动及造血干细胞相关知识的培训。全年有100多位志愿者登记捐献器官、遗体或角膜,累计全省已有23人实现捐献遗体或角膜。

【红十字知识宣传】 2010年,省红十字会利用“5·8”世界红十字日、红十字会法纪念日、世界急救日、“12·1”世界艾滋病宣传日等多种形式,充分利用媒体作用,广泛宣传和传播红十字运动基本知识,进一步弘扬红十字“人道、博爱、奉献”的精神。全年通过电视台、报纸、街头大屏幕、高速公路广告等载体播发红十字公益广告达2万余次,其中,山西广播电视总台、黄河电视台无偿播发中华骨髓库公益广告达半年之久;编印《山西红十字通讯》6期、《健康生活报》红十字专版12期;设计制作集知识性、趣味性于一体的红十字知识台历,制作明信片2000份,收到较好的宣传效果。

【志愿者规范管理】 为扩大志愿者服务队伍,广泛开展群众性救护培训工作,对7000余名红十字志愿者进行登记注册,实施电子化管理。建立3支红十字志愿者应急救援队,并对应急救援队的红十字志愿者进行培训。2010年累计参与各项活动的红十字青少年和志愿者300余人次，志愿服务时间达2000余小时。

【对外交流与合作】 2010年，随中国红十字会总会参加在奥地利维也纳召开的第十八届亚太地区艾滋病大会，组团对台湾红十字组织进行考察，接待澳门红十字会冬季义务教学交流团在大同市浑源县上韩村红十字博爱小学的义务教学交流活动。顺利完成挪威红十字会在晋中榆社县开展的改水、改厕援建项目。 （侯晓俊 韩 燕）

慈善总会

【概述】 2010年，面对青海玉树地震、甘肃舟曲泥石流两大自然灾害，省慈善组织积极响应中华慈善总会的号召，开展赈灾筹募工作，筹集款物总计3474.54万元。同时，省慈善会开展助医、助学、助困等工作，全年共筹集善款（物）3849.55万元，支出善款（物）3952.92万元，救助困难群众万余人。

【山西慈善总会首届理事会】 8月17日，山西省慈善总会首届理事会第六次会议暨山西省慈善事业突出贡献奖颁奖仪式在太原召开。大会对近年来为山西省慈善事业的发展，特别是在四川汶川特大地震和青海玉树地震的救灾活动中，作出突出贡献的爱心企业、个人进行表彰。大会授予丁玉萍等124名个人"山西慈善突出贡献人物奖"，授予太原钢铁(集团)有限公司等143家单位(企业)"山西慈善突出突献单位(企业)奖"，授予22个项目"山西慈善突出贡献项目奖"，授予太原市慈善总会等32家机构"山西慈善先进机构奖"，授予马春生等81名慈善工作者"山西慈善优秀工作者奖"，授予赵海明等55名志愿者"山西慈善优秀志愿者奖"。省政协副主席周然，省人大常委会原副主任、省慈善总会名誉会长范堆相、曹馨仪，原省政协副主席、省慈善总会名誉会长边鸣涛等出席会议并为获奖代表颁奖。

【助医赠药】 2010年，省慈善总会继续开展"微笑列车""格列卫""易瑞沙""多吉美""达希纳""特罗凯""亲情工程""心新工程"等助医项目。"微笑列车"项目全年救助贫困唇腭裂患者747人，免费手术金额214.12万元；"格列卫"项目全年共救助贫困慢性粒细胞白血病、胃肠道间质瘤患者294人，救助药品价值8221.2万元；"易瑞沙"项目全年共救助非小细胞肺癌患者104人，救助药品价值982.025万元；"多吉美"项目全年共救助肾癌、肝癌患者49人，救助药品价值856.528万元；"达希纳"项目共救助慢性粒细胞患者中对格列卫耐药或不能耐受的患者13人，救助药品价值167.4万元；"特罗凯"项目全年共救助原发性非小细胞肺癌患者143人次，药品援助价值186.26万元。全年共对500多名患者援助中华慈善总会药品价值总计10413.41万元。"亲情工程"项目全年共救助贫困精神病患者377人，减免医疗费80.39万元；"心新工程"项目全年共救助贫困心脏病患者223人，减免医疗费用156.28万元。

【助学项目】 "慈爱阳光班"是省慈善总会联合各市县慈善组织开展的品牌助学项目，其宗旨是救助家庭贫困且品学兼优的高中生，使其能顺利完成高中学业并考入大学继续接受深造，每位"慈爱阳光班"的学生，每年将得到2000元的资助，连续资助三年。省慈善总会与各市慈善总会合作在大同、临汾、晋城等市的七所重点中学成立7个"慈爱阳光班"，使356名家庭贫困并品学兼优的高中生得到救助，省慈善总会出资142.7万元。8月15日，省慈善总会与太原顺宝行宝马4S店联合开展"葵花助学"活动，共资助10名贫困大学生，资助金额共计20万元。

【"慈善情暖万家"活动】 山西省2010~2011年度"慈善情暖万家"活动于2010年12月22日在太原市晋源区启动。12月29日，临汾市吉县举行"慈善情暖万家"活动，省慈善总会副会长兼秘书长杨润旺、临汾市慈善总会秘书长郭栋梁、吉县县政府相关领导出席活动，现场200名困难群众每户获得救助金200元和价值150元的毛毯。12月30日，临汾市安泽县举行"慈善情暖万家"活动，为200户困难群众发放价值7万元的款物。截至2010年底，全省各级慈善会共发放善款、物4000余万元，救助贫困家庭10万余户，惠及困难群众20多万人。

【《慈善在太行》公益画册】 1月8日，长治市慈善总会和长治市邮政局举行首届长治市"十大慈善人物""十大慈善企业"个性化纪念邮票《慈善在太行》公益画册发行仪式。这部大型公益彩色邮票画册以个性邮票和公益画册为载体，介绍首届"十大慈善人物""十大慈善企业"和长治市慈善总会成立以来组织的多项大型慈善活动。画册从2009年5月开始，经过宣传发动、方案策划、资料收集、图片整理、样册设计、初审复审、组织申报、印刷制作等环节，最后由国家邮政总局批准，制印成册，面向全国发行。

【太原市慈善职业技术学校】 1月13日，太原慈善职业技术学校开学奠基仪式举行。学校位于太原市龙城大街以北，唐槐路以西，占地9.18公顷，建筑面积约6万平方米，投资1.99亿元，工期两年，建设项目包括教学楼、图书馆、实训楼、学生公寓等。学校建成后，可容纳2000名学生就读，为全市生活困难家庭子女提供免费学习场所。学校招生对象为全市城乡低保户、残疾特困户、重点优抚对象、困难家庭子女与孤儿。学校为全日制学历教育，分二年制和三年制,学生毕业成绩合格颁发山西省人力资源和社会保障厅验印的学历毕业证书和全国通用职业资格证书。学生上学期间涉及的学杂费、资料费、食宿费等一切学习生活费用全部由太原市慈善总会面向社会筹集。

【"慈善促和谐温暖送万家"活动】 1月19日,太原市"慈善一日捐"表彰暨"慈善促和谐,温暖送万家"活动启动仪式在太原举行。2010年,全市有3561个机关企业事业单位,61万余人捐款2263.73万元。太原市对在"慈善一日捐"活动中作出突出贡献的太原钢铁集团有限公司等198家先进单位和白仲玉等95名先进个人进行表彰。此次活动有14000户贫困家庭获得慈善救助。

【晋城市慈善总会成立】 2月27日,晋城市慈善总会成立大会暨首届会员代表大会召开。晋城市市委书记张茂才,市委副书记、市长王茂设出席会议并讲话。全省11个市中,已有8个市成立慈善会。会上讨论通过《晋城市慈善总会章程》,选举产生晋城市慈善总会首届理事会理事、常务理事、会长、副会长、秘书长。晋城市委常委、副市长赵学梅当选为首届理事会会长。

【福彩大奖得主捐善款】 3月2日,山西省最新"三晋彩票王"——独中两注双色球一等奖以及若干小奖,奖金总金额达1777.9644万元的王先生向山西省慈善总会捐赠善款30万元。他不仅是山西省彩票事业有史以来单人中奖最高的彩民,也是捐款最高的彩民。根据王先生的意愿,这笔捐款将用于慈善助学。2001年至2010年,已有118位获奖彩民向山西省慈善总会捐款293.41万元。

【慈善系环卫】 3月8日,太原市慈善总会举行"慈善系环卫、关爱送真情"捐赠仪式,向全市环卫工人捐赠价值50万元的慈善物资。太原市委常委、常务副市长李俊明,副市长吉久昌,太原市慈善总会会长袁高锁等出席捐赠仪式,并现场向环卫职工代表发放毛毯、裤子、慈善医疗卡等物资。

【慈善康明行动(二期)白内障复明工程启动】 3月17日,太原市慈善总会和太原康明眼科医院启动"慈善康明行动(二期)"白内障患者慈善复明工程,1000名贫困白内障患者将得到免费慈善救助。太原市人大常委会副主任郝小军、太原市慈善总会会长袁高锁出席仪式。太原康明眼科医院再次向太原市慈善总会捐款100万元。三类白内障患者可获得慈善救助:一是贫困残疾人、五保户、孤寡老人及享受低保的贫困白内障患者,全额免除检查及手术费用;二是非低保家庭但生活确实困难的无医保、非农合白内障患者,减免部分费用,每例减免1200元;三是已参加市农合的非低保家庭白内障患者每例收取500元,参加市医保的非低保户家庭白内障患者每例收取600元(不含居民医保)。

【医疗设备援助】 长治市慈善总会自2004年12月成立以来,积极参与中华慈善总会开展的"阳光慈善医疗济困行动",截至2010年底,累计引进国内外知名企业捐赠的医疗设备265台(套),市场总价值达6000多万元,为基层医疗单位减免费用4600多万元,有力改善长治贫困地区医疗单位的医疗条件,缓解困难群众看病难、看病贵的问题。长治市慈善总会和各相关医疗单位及时签订慈善救助协议,要求各医疗单位在获得捐赠设备后,不仅保证捐赠医疗设备运转良好,而且要求医疗单位对城乡低保户、老红军、老八路、五保户和贫困家庭患者在费用上给予减免。同时,大力开展"康复助医"项目,将使长治市10万困难群众受益。

【"亲情工程"项目实施五周年座谈会】 12月10日,"亲情工程"项目实施五周年座谈会在山西省荣军精神康宁医院召开。座谈会上,参会人员观看"亲情工程"实施五周年视频汇报片;"亲情工程"项目办公室主任武克文向参会人员就"亲情工程"实施五年来的工作作汇报,患者家属代表对"亲情工程"的实施谈切身体会;对原有的"亲情工程"救助管理办法进行讨论修改,形成新的《慈善救助项目"亲情工程"实施办法》;省福彩中心、省捐助中心、康宁医院全体职工及相关医药企业向省慈善总会"亲情工程"项目捐款60多万元。 (武学亮)

2010年8月17日,山西省慈善总会首届理事会第六次会议暨山西慈善突出贡献表彰大会在太原召开 (武学亮提供)

工　业

经济和信息化

【工业经济运行特点】 1. 工业增加值总量连创新高，增速稳中趋升。2010年一季度延续上年四季度以来的快速增长趋势，二季度增速有所回落，三季度后增速趋稳回升，10月至11月工业增加值总量连续突破400亿元，分别达416亿元和446亿元，12月全省规模以上工业增加值完成475.3亿元，同比增长18%。2010年，规模以上工业完成工业增加值4446.3亿元，同比增长23.2%，高于全国水平7.5%；全部工业完成工业增加值4584.4亿元，同比增长19.8%。

2. 工业用电、铁路运量保持快速增长。2010年，全省发电量完成2150.6亿千瓦时，同比增长14.8%，用电量为1460.1亿千瓦时，增长15.2%，其中，工业用电量为1190亿千瓦时，增长15.8%。分行业情况看，煤炭用电量同比增长14.2%，黑色冶金用电量增长19.7%，有色冶金用电量增长20.2%，化工行业用电量增长5.2%。2010年，全年累计日均装车19359车，同比增加2842车，全省铁路货运量53307.3万吨，比上年同期多运7701.7万吨，同比增长16.9%，其中，煤炭运量为44839.5万吨，比上年同期多运7138.4万吨，同比增长18.9%，其他货物运量为8467.8万吨，比上年同期多运563.3万吨，同比增长7.1%。

3. 工业产品出口和企业效益增长较快。2010年实现出口交货值259.1亿元，同比增长30.4%，其中，煤炭增长0.2%，装备制造业增长1.3%，黑色金属冶炼及压延加工业增长122.8%。全省工业企业实现主营业务收入突破万亿元大关，达12692亿元，增长42.1%，实现利税1689亿元，增长56.4%。全省规模以上亏损企业数为1437户，亏损面为34%，亏损企业亏损总额166.6亿元，同比减亏19.2%。

4. 工业固定资产投资实现较大增长。2010年，全省规模以上工业完成投资2509亿元，增长22.8%，占全社会固定资产投资的38.4%，占全省城镇投资的比重比全国平均水平高2.2%。焦炭、化学和电力工业投资呈下降趋势，分别完成投资95.6亿元、129.8亿元和362.9亿元，同比分别下降6.8%、4.4%和11.2%；食品、建材和机械工业分别完成投资84.5亿元、182.6亿元和231.5亿元，同比分别增长32.3%、35.2%和26.8%。

5. 节能和淘汰落后产能目标全面完成。2010年，全省单位GDP能耗降至2.235吨标煤/万元，能源消费弹性系数降至0.57，全省单位GDP能耗下降5.36%。从单位产品能耗上看，2010年，火电供电煤耗降至344克标煤/千瓦时，吨钢能耗降至612千克标煤，主要高耗能产品能耗有较大的降幅。淘汰落后产能全面完成2010年度目标任务，6个行业实现超额完成。煤矿矿井关闭907座，完成任务的181.6%；电力关停163.4万千瓦，完成任务的100.4%；炼铁关停淘汰1039万吨，完成任务的260%；炼钢淘汰20万吨，完成任务的100%；水泥淘汰844.8万吨，完成任务的212.3%；焦炭淘汰548万吨，完成任务的109%；电解铝关停淘汰4.2万吨，完成任务的100%；锌冶炼淘汰1万吨，完成任务的100%；电视淘汰23万吨，完成任务的115%；造纸淘汰9.59万吨，完成任务的100%；酒精淘汰0.3万吨，完成任务的100%；化纤淘汰3万吨，完成任务的100%；柠檬酸淘汰1.2万吨，完成任务的100%；铁合金淘汰5.1万吨。

【主要工业行业运行情况】 1. 煤炭行业：2010年，全省煤炭行业产量逐月提高，价格高位趋稳，总体保持稳定运行，成为拉动全省工业经济增长的主力。全年共生产煤炭7.4亿吨，70%的煤炭销往省外。煤炭资源整合、煤矿兼并重组工作取得重大阶段性成果，全省矿井总数由2600座减少到1053座，30万吨以下小煤矿全部淘汰，70%以上保留矿井达90万吨以上，培育形成4个亿吨级、3个五千万吨级、11个千万吨级的大型煤炭企业集团。以煤为基、多元发展迈出坚实步伐,同煤塔山、焦煤古交、潞安屯留、晋煤寺河等14个煤炭循环经济园区建设取得积极进展。2010年,全省煤炭行业完成销售收入5038.3亿元,占全省工业的39.7%;实现利税1303.2亿元,实现利润744.1亿元;应收账款净额414.6亿元;产成品占用资金152.8亿元。

2. 冶金行业:2010年,全省规模以上冶金企业472户,其中,钢铁企业200多家。全省不锈钢产量272万吨、金属镁产量30.1万吨、生铁产量3355.4万吨、粗钢产量3048.7万吨、钢材产量2862万吨、原铝80.6万吨、氧化铝358.9万吨,全省形成以钢铁、铝、镁、铜为主体的冶金产业体系,并培育壮大太钢集团、海鑫钢铁、中铝山西分公司、鲁能晋北铝业、银光镁业、中条山集团等一批在全国具有重要影响的大型骨干企业,为山西省冶金产业的长远发展奠定雄厚基础。2010年,全省冶金行业完成产品销售收入2592.6亿元,占全省工业的20.4%;实现利税128.6亿元,实现利润60.8亿元,实现扭亏为盈;应收账款净额74.5亿元;产成品占用资金128.3亿元。

3. 焦化行业:2010年,全省焦化行业产能过剩矛盾依然存在,且市场需求受下游钢铁行业影响,原料供应受上游煤炭行业价格上涨制约,虽焦炭产量保持稳定增长,但经济效益不容乐观。2010年,全省焦炭总产能1.5亿吨,规模以上焦炭企业226户,布局在60多个县市,产能达200万吨以上的企业有10户;全省机焦炉290余座,其中,炭化室高度4.3米及以上的机焦产量比重达90%左右。全年生产焦炭8340万吨,同比增长10%,产量居全国第一。2010年,全省焦炭行业完成销售收入1434.9亿元,占全省工业的11.3%;实现利税54.6亿元,实现利润-13.3亿元;应收账款净额137亿元;产成品占用资金131.3亿元。

4. 电力行业:2010年,全省规模以上电力工业企业106户,电力装机容量达4563万千瓦。全年电力总体供需总体平衡,但四季度,由于省内部分发电企业停机限产,加之冬季电力需求增加,省内电力供应出现紧张情况。自10月底开始,全省电力负荷出现缺口,11月间,电力供应紧张情况更加明显,11月11日,省调电厂停机容量达741万千瓦,其中,未开机容量达259.5万千瓦,缺煤停机容量达134万千瓦,非计划检修容量达144.5万千瓦,四季度全省电力供应较紧张。2010年,全省电力行业完成产品销售收入1109.6亿元,占全省工业的8.7%;实现利税23.4亿元;实现利润-30.3亿元。

5. 装备制造业:2010年,全省装备制造业订货金额和经济效益得到明显提高。从重点企业太重集团订货情况看,全年新增订货184.9亿元,完成年计划的123.3%,同比增长50%,累计订货255.6亿元,增长30.6%。2010年,全省装备制造行业拥有规模以上企业747家,从业人员29万人;拥有国家级企业技术中心5户,省级技术中心31户,行业技术中心5户;形成太重集团、太原南方重汽、经纬纺机、晋西机器、富士康等一批骨干企业。山西省生产的大型起重机、减速机、油膜轴承、大功率电牵引采煤机、高技术液压系统、火车轴等30多种产品已在国内具有较大的市场占有率和较高的知名度。太重集团生产的TZ牌油膜轴承产品已在国际市场上形成同美国摩根公司、德国西马克公司三足鼎立的竞争局面;经纬纺机榆次分公司生产的环锭细纱机国内市场占有率达50%以上;晋西机器公司生产的车轴,其规模和水平国内领先,远销欧美等十多个国家,成为亚洲地区车轴生产规模最大的企业。2010年,全省汽车产量7500辆,同比增长390%;采矿专用设备产量32.5万吨,增长29.1%;液压元件62.2万件,增长51.3%。全省机电行业完成产品销售收入1042.4亿元,占全省工业的8.2%;实现利税60.4亿元;实现利润30.9亿元;应收账款净额294.9亿元;产成品占用资金95.8亿元。

6. 煤化工行业:近年来,全省煤化工围绕"肥、醇、炔、苯、油"五条特色发展主线,总量规模进一步增加,质量效益进一步提升。2010年,全省煤化工产业规模以上企业344户,就业人数达15万人。形成天脊集团、太化集团、山焦集团、三维集团、丰喜肥业、兰花集团、榆社化工、南风集团等一批骨干企业。全行业总资产927亿元,工业总产值536.8亿元。尿素、甲醇、PVC、粗苯加工、煤焦油加工年生产能力分别达548万吨、104万吨、87万吨、67万吨、210万吨,有力地支撑和带动山西省相关产业的发展。2010年,全省化工行业完成产品销售收入585.3亿元,占全省工业的4.6%;实现利税21.1亿元;实现利润8.3亿元;应收账款净额50.2亿元;产成品占用资金44.7亿元。

7. 轻工行业:2010年,全省拥有规模以上轻工企业433户,企业实力有所提升,形成汾酒集团、亚华制盖、水塔老陈醋、厦普赛尔、粟海集团、金泽生物、古城乳业、澳瑞特健身器材等一批骨干企业。集聚效应初步显现,相继形成汾阳、文水清香型白酒集中发展区,临猗苹果浓缩汁聚集区,祁县国家出口玻璃器皿集中发展区,雁门乳制品生产集中区域,长治塑料型材制品产业集群,怀仁、应县、阳城日用玻璃陶瓷生产基地等。品牌建设得以加强,形成一批在全国乃至国际上有影响的名牌产品:杏花村、竹叶青、水塔、紫林、古城、厦普赛尔、福润、双合成、六味斋等中国驰名商标、省著名商标和中华老字号等。2010年,全省白酒产量达11.2万千升,同比增长12.1%;软饮料63.7万吨,增长10.4%;机制纸及纸板21万吨,同比增长21.8%。全省轻工行业完成产品销售收入434亿元,占全省工业的3.42%;实现利税57.2亿元;实现利润25.3亿元;应收账款净额29.6亿元;产成品占用资金38.6亿元。

8. 新型材料行业:2010年,全

省拥有规模以上建材企业501户，新型材料工业形成产业规模的行业主要有新型建筑材料、镁合金及型材、耐火材料、陶瓷材料、钕铁硼磁性材料、纳米材料、煤系高岭土材料、新型纤维材料等。总体上，山西省新型材料工业仍处于培育阶段，主要门类大都以本地矿产资源和能源为依托，具有明显的资源和区位优势，发展潜力巨大。从各行业看，山西省发展新型墙体材料的煤矸石、粉煤灰和炉渣等可再生资源丰富，金属镁产能及镁合金研发有一定基础，钕铁硼磁体产量占全国的1/3，纳米材料工业化走在全国前列，硬质高岭土的技术研发和加工规模居国内领先水平，煤系煅烧高岭土是世界知名产品。2010年，全省建材行业完成产品销售收入258.4亿元，占全省工业的2.0%；实现利税16.2亿元；实现利润4.5亿元，实现扭亏为盈；应收账款净额46亿元；产成品占用资金29亿元。

9. 医药行业：2010年，全省省拥有医药生产企业110户，医药流通批发企业420余户，形成化学药品、中药材种植、中成药、生物制药、医疗器械、中药饮片、卫生材料、药用包装等门类比较齐全的医药生产体系和流通体系。全省医药工业民营化达90%，培育了亚宝、威奇达、振东、康宝、普德、安特、太行、博康等20多户制药优势企业和山西双鹤药业、国药山西公司等15户医药流通优势企业；清开灵注射液、维脑路通、丁桂儿脐贴、复方苦参注射剂等近30种拳头产品和黄芪、党参、柴胡、远志等30种道地中药材具有较强的市场竞争力；形成大同、太原、晋中、运城、长治、晋城等以医药工业园为核心的医药工业产业集群。2010年，全省医药行业完成产品销售收入92.1亿元，占全省工业的0.7%；实现利税15.6亿元；实现利润9.7亿元；应收账款净额13.7亿元；产成品占用资金14.5亿元。

10. 纺织行业：2010年，全省拥有规模以上纺织企业61户。骨干企业实力有所增强，山西省纺织骨干生产企业绿洲纺织、吉利尔、兵娟制衣、华雄纺织等企业发展潜力逐步显现，成为“山西省工业转型发展百强潜力企业”。集聚辐射带动效应明显，形成翼城棉纺集中发展区、临猗纺织印染集中发展区、以绿洲大麻为核心的阳城麻纺及大麻种植区，形成朔州–晋中–运城麻棉纺产业发展带。棉纺服装成行业中坚，截至2010年底，山西省棉纺生产能力达100万锭，在建规模30万锭，全年规模以上棉纱产量达4.3万吨，服装产量达2000万件。棉纺服装对纺织工业经济的贡献率达70%，棉纺服装行业形成山西省纺织工业的重要支撑。2010年，全省布产量达5130万米，同比增长53.1%，全省纺织行业完成产品销售收入41.1亿元，占全省工业的0.3%；实现利税2.1亿元；实现利润1亿元；应收账款净额4.1亿元；产成品占用资金5.1亿元。

【工业经济形势分析】 2010年，在国内外宏观经济形势的持续向好的拉动下，山西省工业经济总体上延续2009下半年回升向好的运行态势，全省工业经济总体呈现出总量不断扩大、效益状况改善、出口加快恢复、节能减排取得积极进展的良好发展势头，工业经济运行由回升向好向稳定增长转变的态势基本确立。但同时，市场需求尚未发生根本好转，全省工业经济结构性矛盾依然比较突出，经济社会发展中长期存在的深层次矛盾和短期问题交织在一起，除煤炭企业外，大部分企业生产经营仍比较困难，还没有完全摆脱金融危机的影响，步入正常的发展轨道，特别是2010年下半年以来，随着淘汰落后、节能减排等政策措施力度逐步加大，持续稳定增长和节能降耗的两难问题日益突出，实现全省工业经济转型跨越发展的难度依然较大。一是扩大市场存在制约。2010年下半年以来，钢材、焦炭、化肥等主导产品价格出现普遍上涨，企业生产经营情况有所好转，但主导产品价格上涨主要是由于企业停产、限产导致市场有效供应减少，是受政策性因素影响，具有一定的暂时性。从全国来看，钢铁、焦炭、化肥等行业仍处于严重的产能过剩、供大于求的市场状况，市场需求尚未根本好转，产品价格上涨缺乏有效支撑，经济增长内生动力不足。二是主要工业行业发展不平衡。2010年，全省煤炭行业总体运行稳定，产量稳步提高，价格高位运行，有力拉动了全省工业经济增长和经济效益的回升，而冶金、化工、建材等行业则尚未完全走出金融危机影响，特别是焦炭企业生产经营仍比较困难。全年全省规模以上工业企业实现利润845亿元，其中，煤炭行业实现利润达744亿元，占全省的88%，冶金实现利润虽然扭亏为盈，但只占全省的7%，化工、机电、轻工行业利润分别占全省的0.1%、3.6%和3.0%，焦炭行业实现利润盈亏相抵仍净亏损13.3亿元。三是产业结构调整任务依然艰巨。山西省工业经济具有明显的超重型结构特征，经济增长主要依靠高耗能产业的拉动，外向度特别明显，主要产品销往省外，全国经济形势的变化对山西工业的影响非常明显，抵御风险能力差，极易导致经济大起大落。同时产业结构不合理，产品竞争力不强，许多处于产业链分工中低端。高新技术产业比重低，新兴产业发展总体滞后。

在当前不稳固的经济形势下，全省工业经济系统要继续密切关注宏观经济形势，加强经济运行调研，正确把握工业经济发展趋势，实施目标调控管理，进一步加大跟踪监控、监督检查和综合考评力度。继续完善经济运行监测监控制度，做好经济运行月报、主要产品价格月报、电力生产、铁路运输月报等报表监控工作，及时掌握主要产品生产、市场需求、价格变化情况，加强预测预警，有针对性地提出政策措施。加强煤、电、油、运的综合协调，高度关注煤、电、油、运的变化情况，及时掌握省内电厂等主要用煤企业的原料供应、电厂电煤库存情况,加强督促检查,搞好协调服务,确保企业生产要素供给。加强对大企业、大集团重点项目的指导、监控、服务,密切跟踪重点项目进展情况,及时协调解决项目实施中存在的困难和问题,促进投产项目的达产达效,努力培育新的经济增长点,促进全省工业经济平稳较快发展。(张占祥　靳向阳)

煤炭工业

【概述】 2010年,全省煤炭经济发展方式加快转变,"十一五"各项主要规划目标提前实现,为支撑国家经济建设和本省经济社会又好又快发展作出了重大贡献。(1)煤炭产销量持续稳定增长。2010年山西煤炭产量7.41亿吨,比2009年增加1.25亿吨,增长20.37%。"十一五"期间全省累计生产煤炭32.24亿吨,年均增长6.32%,占全国同期煤炭生产总量约23%。2010年山西煤炭出省销量5.13亿吨,比2009年增加6786万吨,增长15.23%。"十一五"期间全省累计出省煤炭销量24.9亿吨,年均增长4.2%,占同期全国省际间煤炭净调出量的70%以上。(2)煤炭销售收入大幅增长。2010年实现5441亿元,比2009年增长44.48%,"十一五"期间全省累计实现煤炭销售收入17017亿元,年均增长26.73%。(3)煤炭工业增加值大幅增长。2010年实现2400亿元,比2009年增长45.28%。煤炭工业增加值占全省工业增加值的比重达55.8%。"十一五"期间全省煤炭行业累计实现工业增加值6983亿元,年均增长29.86%。(4)实现和上缴利税大幅增长。2010年山西煤炭行业实现利税1136亿元,比2009年增长35.24%。"十一五"期间累计实现利税3705亿元,年均增长26.58%;2010年上缴税费816亿元,比2009年增加224亿元,增长37.84%。上缴税费占全省财政收入的比重达45.08%,比2005年增加20%。

【煤矿企业兼并重组整合】 "十一五"期间,山西煤炭行业按照省委、省政府的决策部署,坚决关闭淘汰落后矿井,全面推进资源资产化管理、企业股份化改造、区域集团化重组,不断推进矿井由"多、小、散、乱"向集约化、规模化、信息化、现代化转变。2005年,山西在全国率先实行了煤炭资源整合和有偿使用,淘汰了9万吨及以下的小煤矿。2008年,在全国率先实施煤炭资源整合和煤矿企业兼并重组。到2010年底,全省重组整合煤矿企业正式协议签订、主体接管到位、采矿许可证变更工作基本到位,资金补偿到位率按协议进度到位率为103.3%,按全部资金总额到位率为80.88%,全部完成了名称预核准,取得重大成果。全省矿井数量由2005年的4278座减少到1053座,压减75%;30万吨以下的小煤矿全部淘汰,保留矿井全部实现机械化,单井平均规模达到120万吨/年以上,比2005年的16.8万吨/年提升了6倍多。办矿主体由2200多个减少到130个左右,形成4个亿吨级、3个5000万吨级、11个千万吨级以上的大型煤炭集团和72个300万吨左右的煤炭企业。另外,超额完成国家下达的关井任务。国家下达山西"十一五"后3年关闭矿井任务为500座,通过煤矿企业兼并重组整合将关闭矿井1520座,除列入过渡期生产和少数实施专项行动的矿井外,关闭到位1397座,占到全部应整合关闭矿井的90%以上,是国家下达关闭任务的2倍多,淘汰落后产能2亿多吨。全省重组整合有583处矿井需改造建设,2009年批准开工建设的有293座,实现了2009年初省政府提出争取一半开工建设的目标。

山西煤炭行业通过实施煤矿企业兼并重组整合,煤矿"多、小、散、乱"的产业格局发生根本性转变,形成大基地、大集团、大煤矿新型煤炭工业格局,产业水平、产业集中度、安全保障能力明显提高,采矿秩序明显好转,能源基地的地位进一步巩固,对全省经济结构调整起到主导带动作用和基础支撑作用。

【煤炭产业多元循环发展】 2010年,山西煤炭行业实现非煤产品销售收入2139亿元,比2009年增长66.98%,比2005年增加1936亿元,增长10倍。其中,国有重点煤炭企业实现非煤产品销售收入2046亿元,占其总收入的比重为56.77%,比2009年提高了7.42%,比2005年增长9倍多。"十一五"期间,山西煤炭行业非煤产业固定资产投资925亿元,比"十五"增长9.23倍,非煤产品销售收入5284亿元,年均增长61.12%,煤与非煤产业齐头并进的发展新格局已经形成。(1)煤炭循环经济园区布局建设扎实推进。"十一五"山西煤炭行业投资640亿元建设了20个循环经济园区。其中,国有重点煤炭企业布局的14个园区初具规模,成为全省煤炭工业新的经济增长点。(2)资源综合利用水平进一步提升。"十一五"期间山西煤炭行业建成煤矸石、中煤和煤层气(瓦斯)电厂67座,装机规模587万千瓦,分别比"十五"期间增加56座和497万千瓦,增长5倍和6.5倍。年消耗煤矸石等低热值燃料1061万吨,发电利用瓦斯4.15亿立方米。建成煤矸石、粉煤灰水泥厂7座,形成产能350万吨/年,年利用煤矸石、粉煤灰88万吨;建成煤矸石砖厂48座,全年产砖35.5亿标块,年利用煤矸石900万吨;粉煤灰砌块厂11座,2010年产砖12亿标块,年利用粉煤灰236万吨。高岭土、铝矾土等与煤伴生资源的开发利用初具规模。(3)煤化工产业迈向新型化。"十一五"期间山西煤炭行业初步形成以肥、醇、炔、苯、焦油为主的煤化工产业链,煤制甲醇、煤制烯烃和煤制油等现代煤化工产品研制和开发已经起步。截至2010年底,山西煤炭企业控股焦炭产能5000万吨,合成氨和尿素、甲醇、二甲醚产能突破1500万吨/年;潞安、晋城2座煤基合成油示范项目建成投产,形成油品产能26万吨。2010年,全省煤炭企业建设的煤制醇醚等煤化工项目6个,总投资约15亿元。(4)煤层气开发利用初具规模。"十一五"期间,煤层气(瓦斯)抽采总量达131亿立方米,利用量达44亿立方米,形成地面年抽采能力18亿立方米。2010年抽采量37亿立方米,利用量16亿立方米。晋城煤业集团建成全国最大的高浓度煤层气抽采利用基地和世界最大的煤层气发电厂。潞安集团建成全国首家低浓度瓦斯发电站。(5)非煤产业异军突起。“十一五”期间山西煤炭行业通过并购、投资等途径,积极发展装备制造、汽车、交通运输、生物制药、房地产、现代物流、金融保险、旅游服务、生态农业等产业。近3年,煤机装备制造产值以年均30%的速度递增,2010年达到140亿元。潞安环能集团与太矿集团合作,2009年成功研制出2500千瓦世界最大功率采煤机,列入中国名牌行列。930千瓦、1800千瓦电牵引采煤机分别获全国煤炭十大科技新产品、国家重点新产品奖。山西煤炭进出口集团动车轮对生产线已经投产,成为煤炭企业结构调整、实现转型的范例。

【煤矿安全生产】 “十一五”以来,山西煤炭行业始终坚持“安全第一、预防为主、综合治理”方针不动摇,安全生产观念和责任明显增强,促进煤矿安全生产形势持续稳定好转。一是事故起数大幅下降。由“十五”的877起减少到552起,减少37%。2010年减少到63起,比上年减少8起,下降11%。比2005年减少102起,下降61.8%。二是重特大事故大幅下降。由“十五”的43起减少到26起,减少40%。2010年减少到2起,比上年减少2起,比2005年减少8起;死亡人数大幅减少。由“十五”的2462人减少到1565人,减少36%;2010年减少到139人,比上年减少63人,下降31%。比2005年减少351人,下降71.6%。三是煤炭百万吨死亡率大幅下降。由2005年的0.905下降到0.1876,比上年减少0.1407,下降42.86%,比国家下达的0.351指标低0.1634,比全国的0.749低0.5614。截至2010年12月31日,全省有84座煤矿实现安全生产1000天以上,改变了本省的对外形象。

【煤矿安全生产制度建设】 “十一五”以来,山西煤炭行业全面贯彻落实省政府安全生产10项制度,实施隐患排查治理、专项督查、事故约谈、领导干部井下带班、复工复产等一系列安全专项制度,实行煤矿通风区(队)长兼任矿长助理制度,建立煤矿安全工作联系制度,全面推行煤矿安全生产承诺制,用制度管人、管事、管安全,实行制度保障、重典治安,推进安全管理工作制度化、标准化和规范化。(1)全省11个市和重点产煤县(市、区)选派市、县长安全助理,建立健全煤矿安全“一岗双责”责任制,推进安全包保责任制,11个市共组建206个5人小组。省属五大煤炭集团公司组建73个5人小组,分别对所属煤矿实行包保责任制。(2)全面推行业务保安制度,建立“业务保安、环环相扣”的煤矿安全共管机制,各煤炭企业均签订安全生产承诺书;严格安全生产责任考核,积极推广个人安全技能账户制度,严格安全问责和安全生产“一票否决”。(3)加强班组建设,2010年有36个矿长和50个班组长、群监员受到国家表彰,有180个班组长、群监员受到省里表彰。

【煤矿安全生产专项整治】 开展“安全生产年”和“隐患治理年”活动,推进瓦斯防治、水害防治、基层基础建设、应急救援、落实主体责任等27项重点工作,实施安全执法督察、专项督查、巡查突查,现场纠察处罚。2010年,省级督查检查企业3355个(次),排查隐患28万条,下达执法文书4004份,隐患整改率达到98%以上;实施“三项行动”,开展“瓦斯会诊”活动,确定瓦斯治理6个示范县和59个示范矿井,全面实现煤矿安全网络监测监控。全省生产煤矿建立和完善安全监测监控、产量监控和井下人员管理“三大系统”。矿井瓦斯实现全省“矿、县、市、省”四级在线监控,煤炭产量实现联网,超能力、超强度生产得到遏制,超定员用工得到改观,矿井安全保障能力明显增强。

【煤炭经济运行】 2010年在煤矿重组整合大面积改造建设期间,组织大集团公司和保留的骨干生产矿井,在保证安全的前提下,挖掘潜力、增加生产,既保证国家经济恢复期对煤炭的需求,又实现煤矿安全生产。特别是在支援抗击冰雪灾害和保障奥运会期间,一方面顾全大局,克服困难,加班加点增加生产,一方面开展“保生产、保发运、保安全”活动。国有重点煤炭集团公司牺牲洗精煤、喷吹煤等高效益煤种,努力增加电煤生产和发运,得到国家和灾区人民的赞誉。在2011年度煤炭产运需衔接中,山西煤炭行业坚决执行国家物价政策,牺牲约200多亿元的价格收益,完成全年产运需衔接。

【煤炭市场化改革】 “十一五”期间,积极推动煤炭市场化改革,传统的年度订货会改为国家出台框架意见,企业自主衔接,协商定价,组织汇总衔接运量,市场配置资源的基础作用和企业是市场主体的作用得到发挥,价格不断理顺和合理提升,市场供求决定价格的机制基本形成。2010年,山西国有重点煤炭企业吨煤综合平均售价比2005年提高81.4%。

【科技创新和培训教育】 “十一五”期间,山西煤炭行业科技投入共计288.36亿元,比“十五”增加153.8亿元,增长114%。建成21个技术中心,省属五大集团全部建立国家级技术中心,有3个博士后工作站投运;获省部级科技成果奖268项,比“十五”增加81%。晋城煤业集团寺河矿千万吨矿井建设研究项目获中国煤炭工业科技进步一等奖。潞安矿业集团煤炭间接液化核心技术和高纯度多晶硅提纯技术达到国际先进水平;“喷吹煤”被认定为国家高新技术产品;“矿用救生舱”填补国内空白;“特厚煤层安全开采关键装备及自动化技术”获国家科学技术进步二等奖,潞安集团被命名为“国家创新型试点企业”。

培训教育全面推进。“十一五”期间,组织培训煤矿主要负责人和安全生产管理人员2.2万余人,班组长2.9万余人,特种作业人员21.9万余人。与省教育厅联合开展“送教下矿”活动,全省27个教学单位在400余家煤矿一线设立92个教学点,培养大专层次以上在职人员1.2万余人,中专人员3.4万余人,有900多名专业教师、工程技术人员成为“双师型”教师；组织煤炭高校对口单招“三校生”和煤企青年3047人；组织开展专业知识更新、素质提升培训9700余人。全省煤矿安全生产管理人员专业知识水平有了较大提升。到2010年底，煤矿“六长”大专以上学历达91%，科区队长中专以上学历达82%，班组长中专学历达56%，特种作业人员中专学历达45%；山西煤炭学院正在筹备，省煤炭职业技术学院被国家批准为职业教育示范基地。

【煤矿用工管理】“十一五”以来，山西煤炭行业适应高危行业安全生产的需要，严格煤矿用工“劳动合同签订率、劳动合同备案率、职工培训率、参加社会保险率”四个百分之百。积极推广长治县统一发布用工信息、组织报名和资格审查，统一培训，统一签订劳动合同和煤矿用工备案，统一参加社会保险和派遣，统一管理的“五个统一”煤矿用工管理制度，推行劳动用工年检制度，促进全省煤矿用工规范化。2009年，省政府授权省煤炭厅负责煤炭行业劳动用工管理，组织实施行业劳动合同和集体合同制度规范，承担煤炭企业职工劳动保障和劳动保护工作，负责煤矿企业劳动定员、定额标准，负责煤炭企业的劳动组织管理等工作，理顺和强化煤炭行业用工管理；推行“变招工为招生”制度，启动煤矿井下使用劳务派遣人员的清理，开展煤矿劳动用工执法大检查。补签劳动合同4208人，补办社会保险3460人，补缴社会保险费394万元，促进企业劳动关系步入和谐之轨。

【职工生活】“十一五”以来，山西煤炭行业坚持“矿工为本、安康和谐”的方针，广大矿工享受到改革发展后实实在在的好处。一是职工收入大幅提高。2010年，省属国有重点煤炭企业在岗职工人均收入突破6万元，比2005年增加3.3万元，增长1.8倍，普遍建立工资集体协商制度；棚户区改造累计新建住房715.61万平方米，有9.53万户矿工喜迁新居。二是社会保障体系建成并发挥重要作用。率先在全国启动省属国有重点煤矿工伤保险统筹，参保人数从2006年的41.6万人增加到2010年底的53.93万人，参保率100%；率先在全国建立煤矿井下意外伤害保险，25万人参加了保险；率先在全国建立煤矿井下工亡职工子女就学救济基金制度，有2325名学生享受到此项待遇，就学救济金和互助金总额达1000多万元；率先在全国开展尘肺病专业防治工作，建成4个尘肺病治疗中心，对井下采掘一线的12.7万名职工进行尘肺病普查和健康检查，对230余名患者进行临床灌洗治疗；率先在全国实行困难职工家庭“就业帮扶”制度，帮扶困难家庭3100多户；率先在全国组建煤矿专业保险公司。三是矿区环境综合整治成果显著。全面落实环保“三同时”制度，国有重点煤炭企业均完成当地政府下达的节能量和二氧化硫、化学需氧量减排任务。“十一五”期间，累计完成植树造林68034万平方米，比“十五”增加57362万平方米。矿区绿化面积10869万平方米，比“十五”增加9635万平方米。2010年完成造林3024.78万平方米，完成矿区绿化面积627万平方米，全部超额完成全年目标任务。近百个单位绿化达标，同煤集团被评为“全国绿化模范单位”，阳煤、平朔和晋城寺河矿被评为省级“造林绿化先进单位”。矸石无害化处理率达80%以上，矿井水利用率达60%以上。（王崇林）

电力工业

【概述】山西省电力公司（简称公司）是国家电网公司全资子公司，属国有特大型企业。2010年底，公司职工总数41097人，所属单位45个，县级供电企业101个。供电营业区覆盖太原、大同、朔州、忻州、吕梁、晋中、阳泉、临汾、运城、长治、晋城11个市，直接服务客户782万户。全年110千伏及以上变电容量增加407万千伏安，线路增加1439.50千米；完成售电量1297.23亿千瓦时。其中：省内售电量1080.93亿千瓦时，外送电量完成216.30亿千瓦时；电费回收率100%。在国家电网公司同业对标中，公司有28项指标排名第一。

“十一五”期间，公司深化电网发展方式和公司发展方式的转变。110千伏及以上输电线路增加7836千米，变电容量增加4499万千伏安，分别是2005年的1.48倍和2.25倍，相当于再造一个山西电网。特别是1000千伏晋东南-南阳-荆门特高压交流试验示范工程建成投运，为优化能源资源配置、推动经济社会发展发挥积极作用。公司实力不断壮大，售电量、资产总额、主营业务连年增长，确保国有资产的保值增值。推进理念、管理和技术创新，把国家电网公司发展总战略细化为“三思三晋”工作方式和发展战略，初步形成现代企业管理体系。坚持安全第一，确保电网安全稳定运行，认真落实节能减排政策，爱心捐助超过7000万元，国家电网品牌形象显著提升。坚持以人为本，加强党的建设、企业文化和队伍建设，人才密度及高技能人才比例分别提高15.9%和23.5%。完成电网电价上调、大同一电厂等单位人员资产移交华电集团公司等重要工作，公司进入以集团化为重要特征、全面推进精益管理新时期。

【电网建设与发展】2010年，公司促成国家电网公司和新一届省委领导班子举行“加快电网发展”会谈，为电网发展营造新环境。省政府专报提请国务院加快特高压建设，110千伏及以上电网工程全部纳入2010年山西省重点工程建设项目，省纪检监察部门协助破解多处工程受阻难题，国土资源厅推动解决142个变电站用地遗留问题。“十二五”电网发展规划编制完成。超前储备土地资源，完成阳城北、榆次北输变电工程土地预审。晋中特高压变电站取得相关协议，完成吕梁、兴县等6项省内500千伏输变电工程前期工作，7项220千伏和110千伏储备项目获取可研批复，110千伏及以下农网改造升级工程可研批复全部下达。

2010年，公司竣工投产110千伏~500千伏输电线路1439.5千米，完成年计划121%；变电容量407万千伏安，完成年计划104%。1000千伏长治（晋东南）变电站扩建工程开工建设，贯穿南北第三通道的500千伏稷山–吕梁输电线路竣工投产。启动691项新一轮农网改造升级工程。智能电网试点项目全面建设，输变电设备状态监测系统等6个项目顺利完成，用电信息采集系统等8个项目正点推进，忻州五台山、太原迎西电动汽车充换电站开工建设，智能电网与山西经济社会发展研究获得国家电网公司好评。深入推进基建标准化建设，公司参与建设的1000千伏晋东南–南阳–荆门特高压试验示范工程获国家优质工程金质奖，±660千伏宁东–山东直流输电线路工程（山西段）首次夺得国家电网公司工程质量管理竞赛流动红旗，省供电承装公司西藏高海拔输变电工程施工经验在"青藏联网"工程建设中推广，110千伏及以上新建输变电工程达标投产率100%，10项工程获2010年度国家电网公司输变电优质工程奖，220千伏及以上优质工程率同比提高10.4%，创历史新高。

【经营管理】 2010年，公司建成规划库、储备库、物资库、标准作业库、价格库"五库合一"的管理与信息平台。强化工资总额计划管理与预算管理，实行表彰奖励归口管理，以太原供电分公司为试点，推行以岗位薪点工资为基础的岗位绩效工资及全员绩效管理系统。加快财务集约化建设，财务管控系统全部覆盖公司系统，402个会计主体，资金归集率99.73%，财务集约化管理体系通过国家电网公司验收。实施全面物资计划管理，规范组织招标采购，物资合同服务大厅和仓储网络基本建成，"大物资、全口径"管理模式进一步深化。220千伏及以上输变电工程竣工决算完成率100%。施工、设计、修造等辅业单位加强内部管理，积极开拓市场，营业收入同比增长6.09%。

优化整合多经资源，晋能公司与华电集团煤电项目转让基本完成，三亚豪门山庄移交鲁能集团管理，晋缘网络公司回归主业，晋盛达物业公司管理进一步规范。健全省市两级集体资产管理机构，对县支公司集体企业进行集约化整合。加强内控机制建设，新建和修订规章制度61项，推行薪酬分配"双控"（控制工资总额、控制人均水平）机制，建立财务稽核、审计监督、营销稽查、纪检监察等专业联动长效机制，全面风险管理体系进一步健全。"审计案例特色务实培训机制"荣获国家电网公司和中国电力行业"企业管理创新成果"一等奖。通过电价大检查和农网扩大内需项目检查等，促进管理规范化。开展"小金库"、业扩"三指定"、工程建设领域等专项治理，实施分包工程管理等专项效能监察109项，完成"五五"普法任务，公司依法治企水平进一步提升。

【安全生产】 坚持安全第一，严格落实各级安全责任制，强化生产现场和事故现场到岗到位管理。突出"九个一"原则，深入开展"三个不发生"（不发生大面积停电事故、人身死亡和恶性误操作事故、重特大设备损坏事故）百日安全等专项活动，进行现场安全质量状态评价，打造继电保护专业标杆，安全管理水平稳步提高。强化调度指挥权威，开展优秀省调电厂（机组）评选，建成"山西电网和谐调度支持系统"和"山西电网安全稳定实时预警协调防御系统"，驾驭大电网能力明显提升。强化应急管理，投运智能化备用调度系统，开展"保安全、促和谐"山西电网2010年迎峰度夏联合应急演练、信息系统反事故联合应急演练和首次"黑启动"试验等，有效应对极端自然灾害。克服电煤短缺等不利影响，确保特高压和大电网安全，1000千伏晋东南–荆门–南阳特高压交流试验示范工程投运两年保持安全稳定运行，累计输送电量127.84亿千瓦时。应用"高危及重要客户供用电安全管理信息系统"，建立应急"一户一案"，高危及重要客户供用电安全管理进入国家电网公司典型经验库。全面推行"大检修+状态检修"，持续开展输变电标准化作业，强化"一停多用"检修计划管理，推广红外成像诊断等先进技术，全省输电线路带电作业累计6000小时以上，停电时间同比减少29%，实现"两个减少"（减少电网非正常停电时间和人员现场作业时间）。开展变压器、开关柜、输电线路专项隐患排查治理，发现严重缺陷132项，消缺率100%，进一步提高设备健康水平。2010年，综合电压合格率99.49%，同比提高0.05%。首次开展省内110千伏及以上输变电工程安全质量管理流动红旗竞赛，建立施工企业分包安全管理长效机制，基建安全连续十二年实现"四个零"（无人身死亡事故、无重大机械设备损坏事故、无重大火灾事故、无重大交通责任事故）目标，信息网络、交通、治安和消防安全保持平稳态势，公司获得"山西省安全生产先进单位"称号。

【农电工作】 2010年，以忻州、阳泉供电分公司为试点单位，在全国率先推行农网状态检修。全面应用"现场标准化作业辅助系统"，规范农电现场作业管理。推广配电自动化等新技术，开展县支公司营调控一体化模式试点。持续开展农网红旗站线创建活动，全年有25座35千伏变电站、77条10千伏~35千伏线路通过公司红旗站线验收，创建2个（阳城、曲沃）国家电网公司一流和6个省公司一流县支公司，建设4个国家电网公司级、350个省级标准化供电所。开展农网隐患排查，消除严重缺陷166项，消缺率100%。农网综合电压合格率97.53%，同比提高0.191%。对农网1846户高危客户供电安全实行隐患排查、定性、整治等闭环管理。公司农电部和财资部联合开展全省农电资产清查，建立完善农村集体电力资产、农维费形成资产台账，制订《山西省电力公司农维费成本标准（试行）》，加强对农维费的管控。培养农电工培训师，1.36万名农电工取得"电工进网作业许可证"。

实施新一轮农网改造升级工程，重点解决县域电网薄弱、农网供电设施超载、供电"低电压"等问题。制订《山西省电力公司新一轮农村电网改造升级工程管理办法》等15项管理制度，加强工程管理，规范资金使用。98个县供电支公司与当地政府签订《共同推进新一轮农网改造升级工程战略合作协议》,创建阳泉平定、吕梁汾阳、忻州代县3个示范县(市)。2010年完成投资30.05亿元,完成6.88万户"低电压"整改,建成2个电气化县(汾阳、平定)、30个电气化乡和600个电气化村。

【营销工作】 配合电力监管部门开展业扩"三指定"(为客户工程指定工程设计、施工和设备供货单位)问题专项治理,实现公司系统业扩"三指定"案例零报告。全省净增用电容量479.1万千伏安,市场占有率同比升高0.60%。多渠道争取电价政策,理顺山西电网与华北电网年度电能交易价格,完成山西电网新建机组调试期间差额资金分配专项整改。完善营业工作质量管理监控体系,逐月对标通报"量、价、费、损、率"等营销指标,持续提升营销管理和服务水平。2010年,公司售电量完成1297.23亿千瓦时,同比增长14.33%。其中:省内售电量1080.93亿千瓦时,同比增长16.56%;综合线损率完成7.02%,同比升高0.12%。推进多元化收费模式,开通银行实时批扣电费业务,建立电费回收高风险用户台账,对特殊重点客户驻场催收,电费回收保持"双结零"(当年和陈欠电费全部结零)。

开展"全覆盖、全采集、全费控"的用电信息采集系统工程建设,当年完成全省用户用电采集主站系统建设。完成国家电网统一标准化设计的营销管理信息系统建设,实现营销分析与辅助决策的实用化应用。推进集约化"大营销"体系建设,率先投运全国首家省级"95598"供电服务中心,实现供电服务监控和投诉举报集中受理。完成营销系统与财务应用系统对接,实现营销、财务一体化管理。"山西电网电力市场交易运营系统"实现纵向数据贯通和报表自动上传功能。

【科技与信息化】 2010年,公司编制的科技和信息化"十二五"规划提交国家电网公司审查。组建3个科技攻关团队,建成投运山西电科院试验中心,"电力冲击负荷特性研究实验室"被命名为国家电网公司实验室。制订"1000千伏特高压交流非接触式验电器预防性试验规程"等4项国家电网公司技术标准,编制"1000千伏交流特高压输电线路带电作业现场操作规程"等10多项省公司企业技术标准。"特高压交流输电关键技术研究、设备研制及工程应用"等5个项目获国家电网公司及以上科技进步奖,44项科技成果获国家专利。500千伏线路防冰、防风偏、差异化改造等新技术推广应用。

加快信息化建设,完成"套装软件深化应用"、"财务集约化系统升级"等19个项目建设。ERP系统在公司本部、12个分公司、104个支公司、10个直属单位实现100%全覆盖和全应用。协同办公、人资管控等5个系统通过国家电网公司实用化评价验收。规范IT运维体系,形成省市两级运维模式,并将SG186所有信息系统纳入其中。强化信息安全,实现信息管理、监督和运行三分离。编制《山西省电力公司信息系统实用化评价实施方案》,开展信息系统实用化自评价工作。组织"送教下基层"ERP实用化巡讲和调考,共培训1569人次,提升信息系统实用化水平。 (高一萍)

电力监管

【概述】 2010年,山西电监办全面完成国家电监会和地方党委政府部署的年度工作任务,电力监管事业取得新成绩。2010年,山西电监办被评为"山西省安全生产工作先进单位",获得"文明和谐单位"和"党风廉政建设先进集体"荣誉称号,获得"山西希望工程20年贡献奖"。

1. 全省全年电力安全生产形势总体平稳。组织召开3次全省电力安全生产委员会会议;深入开展安全生产和煤矿供电专项督查,全年共督查36次;加强电力应急管理工作,建成山西电力应急信息平台,开展"保电网,促和谐"应急演练,成功进行山西电网首次"黑启动"试验,配合处置了"3·28"王家岭煤矿透水等事故;规范完善并网安全性评价工作,成立安全性评价监督管理评审委员会。

2. 全省电力市场建设稳步推进,在以下方面均有所突破:辅助服务市场化正式启动,山西省"两个细则"开始试运行;筹备建设用户受电工程监管系统,用户受电工程市场化有序推进,不断规范用户受电工程"三指定"行为,促进电力建设市场公平开放;开展电力交易与市场秩序情况检查,加强发电权交易、跨省区电能交易和抽水蓄能容量电费交易监管,电能交易市场化不断规范。

3. 不断规范电力市场秩序,有效维护市场主体的合法权益。在全省建立购售电合同及并网调度协议备案制度等制度,努力构建和谐厂网关系;推行供电服务常态监管,全面贯彻落实《供电监管办法》;积极开展输电监管,专题研讨风电、光伏发电并网接入的规范,研析省内550千伏~220千伏电网运营情况,大力提高电网运行质量;推进标准化良好行为试点确认工作,申报省内第一批5家电力企业;开展新机调试差额资金专项治理活动,对2007年以来遗留的差额资金进行了分配。

4. 电力监测预警不断加强。2010年,全省电煤趋紧,通过应急信息平台,坚持按日统计电煤储运,健全调度日报制度,完善月度专报制度,掌握全省电力行业比较全面的数据。向国家电监会和省委、省政府报送《山西主力发电企业经营困难的情况报告》《关于山西部分地区有关部门为完成节能降耗目标任务要求百万电厂停产情况的紧急报告》《关于协调地方政府有关要求发电企业停机的情况汇报》,反映生产经营中面临的突出问题。上级领导对此多次做出重要批示,为上述问题的解决起到一定作用。

5. 2010年,山西电监办行政许可工作从重事前审核向重事后监管转变,从重行政审批向重高效服务转变:突出许可评审制度,全年召开12次许可评审会;将许可日常管理与5项许可准入专项检查相结合,重点加强许可后续监督检查工作,全年现场核查企业63家;深化发电许可试点工作,研究探索高效核准制度,促进企业分期取证;推行电工考试常态管理，实施考试远程监控，全面推行电工计算机考试。

6. 把加大行政执法力度作为推进电力监管工作的重要抓手，切实维护各市场主体的合法权益。一是行政执法有力度。历时2个月，开展价财行政执法专项行动，共查出6大类21个问题。二是专项治理有深度。完成对工程建设治理范围内电力项目的摸底排查，发现未批先建、合同签订不规范等问题共计432项。三是争议调解有实效。有效化解电力市场各方矛盾，较好地履行了职责。

7. 不断加大脱硫和烟气在线监测工作力度，圆满完成电力行业节能减排任务。省调发电企业平均煤耗350克每千瓦时，省内火电企业脱硫设施投运率达到98%以上，全年关停小火电机组163.41万千瓦，电网企业综合线损7.02%。

2010年山西电力监管工作会议 （王剑虎提供）

【安全监管】 3月29日，对大同等重点产煤地区的煤矿安全供电工作进行检查。4月6日，下发《关于"3·28"王家岭透水事故抢险应急保电工作的通报》。4月23日，举行山西电力安全生产工作目标责任制签字仪式。5月10日，山西电力应急信息平台（山西电力应急指挥中心）进入试运行。5月17日，成立安全性评价监督管理评审委员会。5月31日，印发通知，要求各电力企业结合深入开展安全生产年的重点任务，切实做好"安全生产月"各项工作。6月7~10日，抽调水电系统专家对黄河山西段万家寨、龙口、天桥3座水电站进行安全生产专项整治和防洪防汛督查。7月6~9日，与省安监局组成联合检查组对大同等地有关电力生产企业应急管理工作进行检查。8月5日，"保电网，促和谐"吕梁西部电网迎峰度夏联合应急演练在吕梁举行。9月7~10日，配合国家电监会对全省电力行业继续深入开展"安全生产年"活动情况进行督查。9月26日，山西电网成功举行首次"黑启动"试验。10月8日至11月5日，就电力企业实施"安全生产年"活动暨电力安全生产专项整治情况对太原等4个地区306家电力企业进行督查。12月6~10日，对省内9大集团公司和部分主力发电企业2010年安全生产目标责任进行考核。

【市场监管】 2月25日，协助国家电监会输电部在山西省召开电力市场交易秩序座谈会。3月30日，在临汾市举办《供电企业信息公开实施办法（试行）》培训班。4月7~9日，在晋中、忻州等地进行2009年度供电综合整改检查。6月6~14日，由华北电监局和兰州电监办组成的供电检查组到山西省进行2010年度供电交叉检查。7月6~8日，协助国家电监会输电部在山西省召开《电力调度监管办法》研讨会。8月25~27日，召集省电力公司所属5个供电分公司就山西省违规机组并网有关情况进行监管约谈。9月13日，向国家电监会供电部报送《关于山西省2010年供电检查第二阶段检查报告》。10月下旬，决定在山西推行电力用户工程监管系统，下发《加快推进山西省用户工程与监管信息系统建设工作的通知》，成立由办主要负责人担任组长的领导组及项目推进小组。11月25日，下发《关于确保居民生活用电和正常发用电秩序的紧急通知》。

【资质管理】 全年召开12次许可评审会，累计颁发发电证38家、承装（修、试）许可证43家、电工证24670个。2月21日，下发《关于报送2010年度并网发电机组情况的通知》。3月25日，制定《2010年山西省发电类电力业务许可证监督管理试点工作实施方案》。4月6日，印发《关于承装（修、试）电力设施许可证2009年度定期检查情况通报》，通报2009年度定期检查情况。4月19~20日，在忻州举办《承装（修、试）电力设施许可证管理办法》宣传贯彻培训会议。5月10日，下发《关于开展全省2010年许可准入制度执行情况检查的通知》，在全省范围内开展5项许可制度执行情况的专项检查。5月27日，对324家被许可电力企业主要负责人资质情况进行摸底汇总，形成《不具备资质条件的人员情况汇总表》。6月21日，下发《关于开展全省2010年许可准入制度执行情况现场检查的通知》，对全省5项许可准入制度执行情况进行全面检查。6月30日，召开《电力业务许可证监督管理办法（发电类）》征求意见座谈会。8月27日，召开承装（修、试）电力设施许可2009年度定期检查未整改企业座谈会，督促企业完善自身的资质条件，提高生产经营和安全管理水平。10月，在全省12家电工考点推广电工机考。12月24日，向国家电监会资质管理中心报送《电力业务许可证（发电类）监督管理办法（试行）》建议修改意见。

【价财（稽查）】 3月28~30日，配合

山西省冬季电煤储运、供热及安全生产保障工作座谈会

（王剑虎提供）

国家电监会稽查局对长治某用户反映的受电工程“三指定”情况进行现场调查。4月初，出台《关于进一步加强稽查工作的实施意见》和《关于成立山西电力行业行政处罚审查委员会的通知》两个文件，完善稽查工作机制。4月14日，向国家电监会上报《关于山西省2009年电价执行情况的汇报》。4月19日，组织召开山西省用户受电工程“三指定”和差额资金分配治理活动启动会，安排部署专项治理工作。5月，调查处理群众举报长治武乡供电支公司未全额收取韩北乡四通煤业公司等3家企业基本电费一案。5月，调查处理忻州市北曹村村民刘云实名投诉省电力公司超高压输变电分公司砍伐其祖坟大树而不予赔偿一案。6月7日，转发《关于立即组织开展全国电力价格大检查的通知》，对全省电价检查工作进行安排部署。6月9日，下发《关于对山西省新建机组调试差额资金分配结果等相关事项的批复》，对新机调试差额资金分配结果进行确认批复。8月25日，联合省经信委等部门公布本省第一批超耗能限额标准的产品名单，对超产品能耗限额的企业的产品用电实行惩罚性电价。9~10月，组织开展对山西省电力公司和地方电力股份公司所属8个分公司及10个支公司的电力价格与稽查行政执法检查，对电价政策执行及厂网电费结算情况、“三指定” 自查自纠情况等4个方面进行了检查，共查出6大类21个问题，涉及违纪金额1.37亿元。随后组织召开执法检查情况通报及后续处置意见座谈会，并下发监管意见书，要求被检单位限期整改落实。10月14日，公布山西省第二批超耗能限额标准的产品名单。11月17日，调查古交市群众举报某洗煤厂私接电源的违规事项。11月19日，就长治市平顺水电站线路改造有关问题投诉事项约谈长治供电分公司和平顺供电支公司主管人员。11月22日，对山西地方电力股份有限公司朔州分公司涉嫌将电力设施业务发包给无证企业山西鹏跃送变电工程有限公司一案予以正式立案。12月25日，调查处理忻州市静乐县某小区用户反映物业停电的投诉事项。12月30日，调查处理太原市小店区柏林风情小区用户反映物业停电的投诉事项。

（王剑虎）

机械电子工业

【概述】 2010年末，山西省机电工业全行业共有规模以上企业747家，资产总计1385.7亿元，从业人员30.2万人。拥有5个国家级技术中心，39个省级企业技术中心，5个行业技术中心；拥有3个中国名牌产品（TZ牌油膜轴承、TZ牌桥门式起重机、TZ牌减速机）；拥有5个中国驰名商标（TZ牌、津成牌、双嶷山牌、太矿牌、信凯牌）；拥有5个国家级企业技术中心，39个省级技术中心，5个行业技术中心。

2010年，全省机电工业实现工业总产值1084.1亿元，同比增长45.8%；实现工业增加值259亿元，增长42%；实现主营业务收入1044亿元，增长44.8%；实现利税60.4亿元，增长59.4%；实现利润31亿元，增长74.7%；完成出口交货值91.2亿元，增长1.3%。机电工业主营业务收入占全省工业的比重为8.23%，超额完成《山西省装备制造业发展第十一个五年规划》制定的1000亿元目标，利税总额、利润总额、出口交货值均再创历史新高。

【科技成果及新产品】 （1）重型机械设备研发。3月29日，由太重集团公司研发制造的国内首台110兆牛顿卧式双动正向铝挤压机问世。该产品是为吉林麦达斯铝业有限公司生产的，采用双动短行程前上料、预应力组合框架等多项新技术，不仅是目前国内最大，同时也是技术水准最先进的铝挤压机。12月26日，由太原通泽重工有限公司自主研发、拥有自主知识产权的直径366毫米三辊限动连轧管成套设备生产线在巴州西姆莱斯公司试车成功。该设备实现三辊纵连轧管机组的国产化。（2）LED白光光源研发。3月，山西乐百利特科技有限公司研制的1瓦LED白光光源输出突破160流明，成为全球首家实现此级别光源的生产企业，标志着中国在绿色照明领域的自主创新能力达到世界领先水平。10月，山西乐百利特科技有限公司研制的白光源显示指数达98以上，实现LED历史性的新突破——使LED显示性达到白炽灯的效果，解决LED灯珠显色性相对较差的历史难题，为LED白光光源全面取代白炽灯和荧光灯扫清最后的障碍。(3)机车研发。5月23日，中国新型大功率交流传动电力机车——和谐2B型、2C型机车，在中国北车集团大同电力机车有限责任公司并肩下线，成为中国铁路和谐型系列机车新成员。和谐2B型电力机车集成当今世界大功率交流传动电力机车先进技术，成为中国铁路重载货运主型机车，其总功率9600千瓦，最高运行120千米/时。和谐2C型电力机车是同车公司自主创新的最新成果，机车总功率7200千瓦，运行120千米/时。两种新型大功率电力机车牵引货物量大幅度提升，其推广使用将有效缓解铁路货运压力。12月3日，由智奇铁路设备有限公司研制的CRH2型高速铁路组轮对在京沪高铁上线运行，以最高运行486.1千米/时，创造客运列车运行速度的世界纪录，该轮对产品为中国未来高速动车组提供稳定的轮对来源，为山西省高铁装备产业链快速发展提供新的动力。12月，中国首批具有自主知识产权的大功率绝缘栅双极型晶体管(IGBT)产品，在山西北车永济新时速电机电器公司研发成功，打破国外对该项技术的长期垄断。具有自主知识产权的“6500伏/600安”IGBT产品的成功问世，标志着中国北车永济电机公司成为世界第四个、中国第一个能够封装6500以上电压等级IGBT的厂家，为以中国机车、动车组为代表的轨道交通装备及其他相关产品提供强劲的技术支持。(4)科技成果鉴定。10月31日，由中国煤炭科工集团太原研究院研究完成的“半煤岩及岩巷快速掘进技术与装备”“CMM4-20煤矿用锚杆钻车”“WJ-4FB防爆柴油铲运机”“轻型防爆胶轮车全液压制动系统的研制”四个项目顺利通过山西省科学技术厅组织的鉴定委员会的鉴定，其中“半煤岩及岩巷快速掘进技术与装备”达到国际领先水平。11月1日，由太重集团自主研发制造的直径180TCM三辊连轧管机组成套设备在山东墨龙石油机械股份有限公司通过国家有关部门的鉴定。该机组是生产直径60毫米~180毫米、高质量无缝钢管的关键设备，太重集团成为世界上掌握此项技术的第三家公司。12月18日，由中国煤炭科工集团太原研究院研制的“WC55Y支架搬运车”顺利通过由中国煤炭学会组织的科技成果鉴定，达到国际领先水平。

【重点项目建设】 (1)LED封装项目竣工。1月7日，长治高科产业投资有限公司实施的总投资3亿元的10亿只LTCC LED封装项目正式竣工投产，该项目以大尺寸液晶电视背光源为主要突破口，打造了一条包括衬底材料、外延、芯片、封装、电视背光模组等在内的完整的LED产业链，年可生产电视背光模组用LED发光管10亿支，装配100万台电视机，年产值达12亿元。与此同时，山西长治高科华上光电有限公司LED外延芯片项目和300万片LED蓝宝石衬底项目奠基。长治高科产业投资有限公司将以核心技术为依托、现代化的管理制度为保障、以大尺寸液晶电视背光源为突破口，“点、线、面”相结合，用3年至5年时间，继续投资80亿元，完善LED产业链：衬底材料-外延-芯片-封装-电视背光，并在此基础上适度发展照明产品，届时可实现年产值500亿元以上。(2)太重大型铸锻件研制项目动工。8月19日，太原重型机器集团有限公司投资15亿元的大型铸锻件国产化研制项目破土动工。该项目计划总投资15亿元，建设总面积近11.5万平方米，新增125兆牛顿双柱快速锻造液压机及与之匹配的大型关键设备。项目建成后，年新增钢水12.5万吨、铸件2.5万吨、锻件4万吨；可一次提供830吨精炼钢水、400吨钢锭，实现500吨铸钢件浇铸能力、240吨锻件锻造能力。(3)纳克光伏幕墙综合示范楼启动。9月5日，山西纳克光伏幕墙综合示范楼在太原经济技术开发区启动，总投资2.55亿元，预计建成后年产值可达6亿元，可实现利税1700万元。项目投产后，年节约标准煤7665吨，减少二氧化碳排放20082吨，减少二氧化硫排放65吨，减少氮氧化合物排放49吨。(4)太原光伏产业园项目落成。9月17日，中国电子科技集团有限公司投资建设的太原光伏产业园项目正式落户太原经济技术开发区。太原光伏产业园项目占地6.67公顷，总投资12亿元，设计产能为年产300兆瓦多晶硅片和成套设备，以及100兆瓦电池片及组件，预计“十二五”期间产值可达40亿元。(5)潞安光伏太阳能项目投产。9月20日，潞安集团10亿瓦/年太阳能垂直一体化项目一期投产剪彩暨二期开工奠基庆典仪式在长治市举行。潞安集团10亿瓦/年光伏太阳能项目，以规划园区为载体，由德国森特塞姆公司设计和提供生产技术，产品有晶体硅棒和硅碇、硅片、电池片、光伏组件等，生产的太阳能光伏电池平均转换率达20%以上，达到国际领先水平。按照项目的总体规划，项目全部投产后，预计销售收入可达80亿元，实现利润12亿元，安排就业6000余人。(6)三晋光伏产业园奠基。10月25日，三晋光伏产业园暨黎城万吨多晶硅首期工程奠基。首期建设3500吨太阳能多晶硅生产线，并将逐步形成覆盖包括多晶硅生产、单晶拉制、硅锭制造、硅片切割、光伏电池生产、光伏组件封装以及光伏发电系统集成的整个光伏产业链。多晶硅项目作为黎城三晋光伏产业园的龙头项目，规划年产1万吨，分三期建设，总投资约40亿元人民币。(7)太重高速列车零部件国产化项目。12月17日，太原重型机器集团有限公司高速列车关键零部件国产化项目在太原经济技术开发区奠基。该项目是适应中国高速列车技术发展需要，按照省委、省政府提出的转型跨越发展要求，完成太原重型机器集团有限公司“十二五”末达500亿元目标而建设的重大项目。项目园区占地面积50.56公项,产品包括车轮、车轴、齿轮箱等。其中,高速车轮生产线投资16亿元,建设周期15个月,项目建成后,可以满足年产30万片高品质车轮的需要。

【对外合作】 (1)3月25日,中国北车集团大同电力机车有限责任公司与白俄罗斯铁路联盟正式签署“中白货运Ⅰ型”大功率交流传动电力机车合同,合同额近7亿元人民币。这是中国铁路机车、车辆及动车组等重大铁路技术装备首次出口到欧洲国家,具有里程碑式的重大意义。(2)6月8日,长治高科华上光电有限公司MOCVD采购合同签约仪式在长治举行。与德国爱士强、美国维易科公司签订涉及15台MOCVD设备的合作协议,获得世界最先进的高亮度LED外延片及芯片制造的核心设备。(3)10月18日,太重集团公司出口俄罗斯的WK-35矿用挖掘机部件由14辆大型发运车发运。(4)大运重卡在全球100余个国家注册商标的品牌。2010年已与埃及卜拉辛马哈穆德易卜拉辛公司签订10000辆的合同,与厄瓜多尔明成进出口公司达成6000辆贸易合同,与香港达胜国际公司达成600辆贸易合同,贸易额达42亿元。

【2010中国(山西)装备制造业博览会】 8月8~10日,由工业和信息化部、山西省人民政府和中国机械工业联合会在太原共同主办2010中国(山西)装备制造业博览会。展区面积达2.5万平方米,上海、辽宁、河北等12个省市组团参展,省外参展企业152家,省内参展企业358家。展品包括煤矿机械、载重汽车、重型机械、铁路机械、纺织机械、液压机械、节能环保装备、新能源装备等类别的1200余种。观展人数突破3.5万人次。“制博会”上共签订投资项目39项,项目总投资137亿元,其中,引进国外省外资金93亿元,占总投资的68%;贸易类项目达成设备交易金额172亿元,其中,出口交易74亿元,占贸易类项目的43.2%。投资类项目中,引资额在1亿元以上的项目有10个,占总引资额的85%;超过10亿元的项目2个,占总引资额的66%。贸易类项目中,合同金额在5亿元以上的占到全部成交金额的36%,在10亿元以上的占到全部成交金额的24%。在这批签约项目中,有中航工业集团、山西兰田集团和晋中市政府达成协议的专用车(晋中)科技产业基地项目,总投资50亿元,全部由中航工业集团投资;有落户太原经济技术开发区的三一重工投资10亿元的项目。大运汽车制造公司出口埃及和厄瓜多尔重型卡车合同金额达40亿元;太重集团为锡林郭勒盟泓元海水淡化公司总承包350万吨褐煤成型设备配套项目,合同总金额达5.3亿元。“制博会”期间,太重煤机、大运汽车、经纬纺机、汤荣汽配、腾飞钻具等20多个企业与埃及、乌克兰、美国、英国、法国、西班牙等20个国家和地区签订产品出口协议,展会还签订4项技术引进或转让项目。8月8日、9日,分别举办“现代装备制造业发展论坛”和“煤机装备产业国际论坛”,一批国内外知名业内专家、学者和企业家参加论坛演讲。“制博会”上,山西省还分别与工业和信息化部、中国兵器工业集团签署战略合作框架协议。　(姚文举)

冶金工业

【概述】 2010年,山西省有规模以上冶金企业474个,从业人员26.92万人。年末形成生铁产能5158万吨、粗钢产能4298万吨、钢材产能3960万吨,氧化铝、铜、电解铝、金属镁产能分别为630万吨、10万吨、120万吨、70万吨。

2010年,粗钢完成3048.73万吨,同比增长15.11%;生铁完成3355.36万吨,增长5.95%;钢材完成2866.35万吨,增长25.22%;铁合金完成151.57万吨,增长60.49%。十种有色金属完成118.79万吨,增长12.22%,其中,铜8.06万吨,增长20.12%;铝80.57万吨,增长5.46%;镁30.12万吨,增长32.75%;氧化铝358.84万吨,增长38.12%。

2010年,山西省规模以上冶金企业完成主营业务收入2592.57亿元,同比增长36.70%;实现利税128.60亿元,增长129.52%;实现利润60.83亿元,净增74.92万元。

【产业结构优化升级】 冶金行业落实山西省调整振兴实施方案重点项目推进计划。2010年,太钢年产5万吨不锈钢管项目建成投产,太钢不锈钢管有限公司在大口径不锈钢无缝钢管、小口径长管和精密钢管方面形成明显优势。关系太钢长远发展的袁家村铁矿顺利推进;年产2万吨的高强度不锈钢精密带钢工程和型材径锻机项目建成投产,1549毫米热连轧技改工程按计划推进。首钢长钢公司、中阳钢厂、海鑫钢铁、晋城福盛、安泰集团等企业重点推进填平补齐项目的建设,为淘汰落后产能、提升产品结构调整能力、实现节能减排和安全生产提供有力支撑。

铝镁行业重点推进鲁能晋北铝业二期100万吨建成投产;山西同德铝业100万吨氧化铝项目完成前期工作;武圣、肥美各30万吨、中铝山西分公司兴县80万吨、山西兆丰铝冶二期40万吨氧化铝工程进展顺利。

【淘汰落后产能与节能减排】 2010年,全省淘汰落后炼铁产能657万吨、炼钢产能20万吨、铁合金产能3万吨、电解铝4.2万吨。进一步优化山西省冶金工业的装备基础,提升山西省冶金工业的产业水平。

各冶金企业加大节能资金投入,全力推进节能重点工程;推进节能技术进步,建立完善节能新机制;推广实行新机制,节能降耗工作取得明显成效。太钢深入推进绿色发展战略。系统规划低碳发展路线图,超前建立碳排放指标体系,加强对低碳制造技术的研究开发，力争用更低碳的工艺，生产更绿色的产品。树立环境经营理念，加快与城市绿色融合步伐，建立对城市废弃物的消纳循环利用体系。切实提高指标水平，太钢主要能耗指标保持行业领先，余能、余热利用达到或保持行业先进水平。首钢长治钢铁公司为提高能源利用效率，制定“峰、谷、平”分时计量计费用电方案，吨钢电耗443千瓦时，比计划降低40千瓦时，同比降低48千瓦时；强化二次能源回收利用，高炉煤气利用率74.87%，焦炉煤气利用率99.23%，转炉煤气回收利用量37.12立方米/吨钢。

【资源整合】 (1)2010年6月，海威钢铁与中阳钢铁签订框架协议，组建新公司，并整合吕梁市的全部钢铁产能。(2)7月26日，太钢集团与中国有色集团在北京正式签署合作协议，共同投资开发缅甸达贡山镍资源。这是太钢继2009年成功实施土耳其CVK铬矿资源项目后，海外资源战略取得的又一重大成果。10月31日，太钢与美锦钢铁签订战略合作框架协议；12月23日，签署《委托经营管理合同》。太钢组建管理团队进驻美锦，完善管理机制，编制复产方案，完成多项检修，解决由企业停产导致的一系列问题。(3)为向上游延伸产业链，提升企业综合竞争力，首钢长治钢铁公司在资源获取方面开展大量工作。长沁煤业合作项目，公司注册及组织机构设置等工作完成，正在进行各矿井的复工改造工程。8月18日，与三元煤业正式签署战略合作协议。繁峙中兴矿业项目有序推进。

【科技成果与技术创新】 2010年，太钢铬系不锈钢连铸板坯质量及控制获山西省科技进步类一等奖，IF热轧钢带工艺及产品开发、高质量022CrZZNiMo3N双相不锈钢板材产品的开发、层流冷却低温工艺控制技术的研发及应用、高强韧超级马氏体不锈钢S-135中厚板开发与技术创新四项成果获山西省科技进步类二等奖。

太钢注重提升自主创新能力，加快中间试验基地投运，增强不锈钢技术研发能力。通过中间实验基地为新工艺、新品种开发提供大量基础实验数据，以便指导生产，降低新产品开发成本，缩短研发周期，满足市场对产品品种和质量的要求，提高公司竞争力。

2010年，太钢新开发出应用于石化、运输、核电、能源、重型装备制造等领域的11大类共42个新品种。其中，双相不锈钢、货车用不锈钢、耐热不锈钢、高强韧热轧卷板、低温压力容器钢等高端品种快速在各行业占据主导地位。

双相不锈钢新开发2205无缝管和螺纹钢、经济型2101和超级2906不锈钢中厚板，品种和规格实现系列化，开发量创历史新高。在已有应用领域石化、水利、造船、造纸等基础上，继续在建筑幕墙、轨道交通、核电领域取得突破，全面替代进口。铁路货车用T4003不锈钢再创佳绩，产品开发和工艺技术保持领先，产品板形、表面、性能等实物质量达到国际先进水平，国内市场占有率达95%以上。汽车排气管用铁素体不锈钢新开发出429热端材料，形成覆盖汽车排气系统冷、热端用全部材料的10个系列化品种，实现批量稳定供货，年度市场占有率预计达70%。完善核电用钢质保体系和制造能力，全年供货比上年增加4倍，产品已应用在国内所有在建核电项目，是国内唯一可向二代半核电项目成套提供核级奥氏体不锈钢板材的企业。加强TTS443的推广应用技术研究，解决腐蚀、成型、焊接等问题，在电梯、家电、制品行业应用的基础上，开拓在太阳能热水器、食品加工等领域的应用。奥氏体不锈钢焊带、奥氏体不锈钢中板等一批高性能、高功能型不锈钢相继面世，替代进口，满足高端行业使用要求。拓展高牌号冷轧硅钢在高端领域的应用，国内4台百万千瓦核电机组采用的厚涂层硅钢片，全部由太钢供货，质量达到国际先进水平；成功开发用于冰箱高效压缩机用冷轧硅钢；35TW300冷轧硅钢在直流变频空调压缩机上应用成功。低温容器用9Ni钢形成一整套生产专有技术，申报9项发明专利，已授权3项，制造技术和产品实物质量达到国际先进水平，在中石油江苏如东、辽宁大连LNG接收站4个16万立方米储罐项目中成为唯一供货商。高强热轧卷板实物质量达到国际先进水平，产品进入国内工程机械行业三大龙头企业和国际知名企业。坚持管线钢产品高端化，全力满足国内外客户的个性化需求，产品应用于中石油重点管线建设项目，保持市场竞争优势；耐酸管线钢生产技术进一步成熟，出口产品质量受到外商的好评；成功开发K55高强度石油套管用钢，形成H40、J55、K55、N80等焊接套管用热轧系列化产品。

（康建基）

化学工业

【概述】 2010年，全省化工行业规模以上企业290户，资产合计近927亿元，全行业经济运行继续保持良好发展态势，全年完成工业产值547亿元，同比增长26%。2010年，山西化工主要产品围绕“肥、醇、炔、苯、油”五条特色发展主线，合成氨、尿素、甲醇、烧碱、聚氯乙烯、粗苯加工、煤焦油加工等产能产量均大幅提升。2010年，合成氨产量419万吨，列全国第三；尿素产量548万吨，列全国第二；甲醇产量104万吨，列全国第五。

【化工企业争赶上市】 2010年，山西化工企业呈现谋上市、争上市局面。继山西同德化工股份有限公司成功上市后，山西振东实业集团有限公司等3家企业向证监会递交上市申请，山西阳光焦化集团有限公司等8家企业向证监局备案并进入上市辅导期。全省上市资源储备库入库企业达100家以上，其中一半以上是化工和煤焦化企业，已形成合理上市企业梯队。

【煤炭化工企业重组】 12月29日，山西潞安矿业集团整合重组山西天脊煤化工集团会议召开，天脊集团重组，标志着山西大型独立化工企业经过改革改制、兼并重组已全部“销号”。12月29日，太原化学工业（集团）有限公司宣布阳泉煤业（集团）有限责任公司托管太化集团公司。12月30日，山西煤炭运销集团正式整合重组山西焦炭集团，山西省属企业间整合重组工作再次取得突破性进展。

2010年，焦炭集团与沁县华安焦化有限公司、沁源黄土坡煤焦有限公司签订控股收购拥有5.5米捣固焦炉年产60万吨焦炭项目意向书，组建山西省焦炭集团沁县华安焦化有限公司；与山西新禹焦化厂签订合作意向，拟共同出资2.6亿元设立有限责任公司，在焦化生产、铁路运营等方面进行合作；与山西焦煤集团公司签订战略合作框架协议，焦煤集团以收购焦炭集团部分股权方式，对该公司2个煤矿、3个焦化项目进行资产重组；与日照钢铁公司和承德钢铁公司签订长期战略合作协议，争取其较大比例参股公司焦化企业，以资产为纽带，实现资源合理有效配置，为实现煤、焦、钢联合发展打下基础。

2010年山西省化工主要产品产量对照表

单位：万吨

产品名称	2005年	2008年	2009年	2010年	较“十五”末增长
合成氨	342	486	484	419	23%
化肥（折纯）	283	413	375	332	17%
尿素（实物）	341	670	663	548	61%
甲醇	26	70	52	104	300%
粗苯加工	18	40	65	70	288%
焦油加工	50	162	173	200	300%
PVC	26	45	37	44	69%
烧碱	40	50	34	48	20%
电石	105	72	57	32	-70%
子午线轮胎（万条）	0	23	65.6	127	—

【重点项目】 全国唯一完整硝基产业链项目开工。11月25日，山西天脊煤化工集团举行年产13万吨苯胺和25万吨硝酸铵钙两大项目开工仪式。两大优势转型项目总投资6.7亿元，2012年上半年建成投产后，将新增产值20亿元，实现利润3亿元。

煤炭原位气化项目落户山西。壶关县与山西三元煤业有限公司签署协议，建设总投资240亿元、年产40亿立方米煤制气煤炭原位气化项目。植物油抽提溶剂装置投料生产。山西煤化所3万吨/年植物油抽提溶剂装置分别在新疆克拉玛依康佳投资股份有限公司和洛阳金达石化有限责任公司投料，生产出合格植物抽提溶剂、正乙烷、异乙烷等产品。

山西争取煤层气采矿权获突破。经国土资源部批准，山西兰花煤炭实业集团有限公司成功获取沁水煤田伯方区块25.458平方千米煤层气探矿权许可证，成为获得煤层气探矿许可证第一家地方国有企业。阳煤集团减排项目2010年碳交易首获592万欧元。山西阳煤集团煤层气发电CDM（清洁发展机制）减排项目2010年初分别在联合国执行理事会网站签发的阳煤集团煤层气发电CDM项目第四、五监测期共获739044吨减排量，阳煤集团获得592万欧元瓦斯减排收益。

【节能减排】 与2005年相比，2010年全省万元地区生产总值综合能耗下降22%，化学需氧量、二氧化硫排放量分别削减16.3%、13.5%，全部超额完成“十一五”节能减排目标任务。化工行业大力发展循环经济，积极推广环保技术，主要污染物约束性指标基本完成，全省5年共淘汰落后焦炭产能4761万吨、电石产能142万吨。全省焦油回收率达96%以上，粗苯等化产回收率达80%以上，焦炉剩余煤气利用率达50%以上，化工行业为全省节能减排作出贡献。

2010年阳煤丰喜夯实环保基础工作，注资1.9亿元用于节能减排。其中投资6647.56万元用于新绛、平陆、稷山3公司污水处理厂和烟气脱硫工程，以及华瑞公司中水回用设施等7项环保设施改造建设。投资4300万元，先后完成新绛公司脱硫改造、平陆公司合成配套改造、脱硫改造和造气改造、临猗公司脱硫改造等项目。公司全年共节能 1.68 万吨标准煤，减排氨氮 89.43 吨、化学需氧量 68.5 吨、二氧化硫 465 吨。

山西天脊煤化工集团有限公司上年实施合成氨装置扩能改造，单套年产能提高到 45 万吨，能耗降低 11%,引入先进技术提升环保能力,每天可处理废水 8000 吨,节约大量新鲜水。

太原化学工业集团有限公司上年投资 3510 万元，对原料气烤胶脱硫酸工程、造气系统余热回收工程、筛焦楼系统改造工程、工业污水零排放及环保应急系统工程进行改造,使筛焦楼系统实现减排工业粉尘 150 吨,工业废水实现零排放。合成氨分公司气化节能改造及环境治理工程减排废气 5 万立方米/时，减排二氧化硫 62.4 吨/年,减排烟尘 30.4 吨/年,减排废水 16 立方米/时。集团水厂全年可处理污水 1680 万吨，超过年计划 5.5%。

山西晋丰煤化工有限责任公司先后投资 3400 余万元,完成 31 项废水处理、回用技改项目建设,采取清污分流方式，将工艺废水、生活污水集中处理，处理后废水 85%以上循环再利用。该公司已稳定实现生产废水零排放各项技术目标。

山西安泰集团引入北京乐普四方科技有限公司节电新技术,对企业电机进行节电改造,节电率在 40%以上,取得明显效果。山西合成橡胶集团有限公司采用中介方出资、节能效益还款方法,对老旧蒸汽锅炉进行技改，工程投入 1000 多万元，获得吨蒸汽煤耗下降 10 千克节能效果。长治市节能监测中心与北京乐普四方科技公司共同出资组建长治市贝尔节能有限公司，与金通焦化等 12 家企业签订能源服务合同,编制节能改造方案,总投资近 2 亿元,解决企业技改资金筹措难题。

【环保榜样】 2010 年,全省推广晋城 9 家化工企业废水零排放做法，带动化工、电力、焦化等行业实施废水零排放工程,使全省 4.1 亿吨工业废水得到有效处理。

9 家晋城化工企业分别是:山西晋丰煤化工有限责任公司、山西兰花科技创业股份有限公司化肥分公司、山西兰花阳城化肥有限公司、山西兰花煤化工有限责任公司、山西兰花科创田悦化肥有限责任公司、山西兰花化工分公司、山西天泽永丰化肥有限责任公司、山西天泽煤化工集团股份公司化工厂和山西天脊中化高平化工有限公司。

【能源巨头竞逐山西煤化工】 2010 年，山西省与中国海洋石油总公司、中国中煤能源集团有限公司、中国大唐集团、华润集团、中国化工集团、中国石油化工集团公司、陕西煤业化工集团等签订“十二五”期间战略合作协议,投资金额总计近 8000 亿元。中国化工集团拟投资 150 亿元在大同市建设蓝星山西化工新材料园区。在山西阳高龙泉工业园区再建年产 5 万吨氯丁橡胶、18 万吨 TDI、20 万吨 MDI、1.5 万吨 ADI 和 30 万吨多孔硝铵五大主要产品生产基地,形成煤化工、新材料和特种化工产品相结合、上下游一体化循环经济体。

中国中煤能源集团有限公司与临汾市就投资建设能源化工循环经济绿色园区项目签订战略合作协议,拟在“十二五”“十三五”期间投资 1010 亿元,建设吉县、蒲县“煤—电—化”工业园区和襄汾县“煤—焦—气—油—化”工业园区,涉及煤矿、IGCC(整体煤气化联合循环发电系统)发电、甲醇、聚乙烯、聚丙烯、焦化、苯加氢精制、煤焦油深加工、干熄焦发电、成品油等领域。

陕西煤业化工集团和山西焦煤集团将在岚县投资 260 亿元,兴建现代新型煤化工产业园区,在“十二五”期间发展新材料和精细化工,转化煤炭 470 万吨,建成年产 300 万吨煤制甲醇、100 万吨烯烃项目。

中国海洋石油公司计划投资建设年产 100 亿立方米煤制天然气项目，一期项目与同煤集团合作，在大同市建设年产 40 亿立方米煤制天然气、配套建设 2000 万吨煤矿、30 万吨液化天然气、IGCC 发电及综合利用发电项目,并拟建年产 200 万吨尿素生产项目等。

华润集团“十二五”期间将投资 1500 亿元，用于煤矿、坑口电厂、煤层气、煤化工项目等基地建设。中国大唐集团“十二五”期间将在山西投资 1000 亿元，按照规划投资建设临汾浮山煤气电化运循环产业园、城市集团供热供电联产项目、山西朔州煤制天然气一体化项目。兰花集团与中联煤层气有限责任公司签订煤层气项目战略合作框架协议,与中石化签约,拟投资 170 亿元合作建设年产 180 万吨甲醇、60 万吨烯烃项目。

【科技创新】 山西潞安集团 16 万吨/年煤基合成油示范项目是中国煤间接液化自主技术产业化第一个项目。10 月 30 日,由山西潞安集团、中科院山西煤化所、中科合成油有限公司合作开发的煤基合成油多联产低碳化技术通过鉴定。潞安集团形成一系列国际领先、具有自主知识产权的煤炭间接液化核心技术,获得 40 多项国家专利。12 月山西煤化所开发的二氧化碳经尿素醇解法合成碳酸二甲酯示范装置一次投料开车成功,并实现平稳运行。该技术使碳酸二甲酯生产成本大幅度降低,该合成路线基本无“三废”产生,是一条绿色合成路线。

具有中国自主知识产权的煤矸石生产 LN-4A 沸石技术、产能为 5 万吨生产线于 2 月 28 日在运城市奥新纳米新技术有限公司投产。该技术解决多年来添加 4A 沸石助剂洗涤产品因成本过高难以推广难题,为废弃煤矸石资源找到有效利用新途径,将助推国家禁磷政策实施。

2 月 3 日,太原重工集团煤化工分公司生产的压力容器产品实现与国际接轨,通过 ASME 美国机械工程师协会压力容器联检取证。标志着太原重工可以设计和生产制造压力容器规范产品,并实现与国际接轨。

榆社化工实施年产15万吨离子膜烧碱技改项目,生产工艺由现有隔膜法生产工艺改造为离子膜法。该项目建成后,榆化化工将具备40万吨离子膜烧碱产能规模,成为国内一流离子膜烧碱制造商。该项目采取一系列节能减排先进技术,使吨烧碱节电400千瓦时、节汽3吨,年节能4.5万吨标准煤,年增加销售收入15亿元。

【全国煤化工技术委员会成立】 全国煤化工标准化技术委员会及煤化工产品检测方法分技术委员会5月10日在太原成立,由中国工程院院士谢克昌担任主任委员。委员会主要负责煤化工转化技术用原料及工艺、煤炭为原料化学品、炼焦及煤焦化产品、煤化工产品检测方法等领域(不含醇醚燃料领域)国家标准修订工作;主要任务是按照国家标准化政策,提出煤化工标准化工作思路和技术措施建议,承担煤化工领域国家标准起草、审查等工作,负责全国煤化工标准化技术归口工作,开展煤化工标准化科技创新和专项课题研究。建立全国煤化工标准化技术委员会对山西省建设全国绿色煤化工产业基地有重要意义。

【监督检查】 2010年,山西省质量技术监督局对粗苯、煤焦油、钢丝绳、电饭锅、针织内衣等产品质量进行监督抽查,共抽查80批次产品,合格61批次,合格率为76.25%。其中针织内衣产品质量比较稳定,合格率为100%。煤焦油合格率仅40%,问题突出。对15个批次粗苯产品进行监督抽查,合格11个批次,抽查合格率为73.3%,不合格4个批次,不合格项目主要是馏程。对15个批次煤焦油产品进行监督抽查,合格6个批次,合格率40%,不合格9个批次,存在主要质量问题是甲苯不溶物、灰分和水分超标。

【存在问题】 (1)产业结构初级化,资产回报率偏低。尿素、甲醇、氯碱等传统产业占山西省化工行业销售收入70%以上,生产技术装置相对落后,具有领先水平大装置比例偏低。粗苯、焦油加工产品深度加工不足,精细化工、化工新材料等产业发展力度不大,产业结构初级化特征明显。2010年,全省化工行业资产占全国化工行业2.3%,列第12位,利润仅占全国化工行业利润0.28%,列第27位,资产回报率仅为0.81%,全行业资产回报率明显偏低。(2)产学研结合不紧,技术优势未发挥。山西省拥有国内一流煤化工技术研发机构,但焦炉气部分氧化、煤制天然气等由山西省科研单位研发或具有成套技术的新型煤化工技术均未在省内率先应用。同时山西省煤化工产业引进新技术力度不足,国家确定煤制烯烃等新型煤化工示范工程未能在山西省落户,煤化工技术优势未得到发挥。(3)园区化水平不高,配套性管理欠缺。山西省已经形成数个集中连片发展产业集群,建立一批工业园区,但产业简单集聚,没有真正形成一体化,园区公用工程、辅助设施不完备,规模及产品结构雷同,合作少、竞争多。政府在政策引导、园区建设和管理等综合配套制度方面还需进行大量工作。(4)引资机制不灵活,行业吸引力较差。相对于内蒙古、陕西、宁夏、新疆等煤炭资源大省,山西省未形成促进煤化工产业大力发展机制,在以资源换项目、换技术、换资金、换市场等方面存在相当差距。(5)煤炭资源储量大,煤质土地制约多。全省煤炭资源丰富,但炼焦煤、无烟煤居多,其他大多数煤灰熔点高、灰分高,对大型先进煤气化技术适应性较差。且省内多为丘陵和山地地形,可供发展大型化、一体化、基地化新型煤化工园区的土地资源不足。

(王乐意)

建材工业

【概述】 2010年,山西省建材行业主要工作:一是把招商引资作为推进建材工业结构调整的突破口认真来抓;二是把淘汰落后、技术进步作为节能减排的关键点主动出击;三是把企业联合重组作为提升企业市场竞争力的潜在力积极推进;四是把行业协会作为实现市场经济的集结点积极培育。截至2010年底,全省规模以上建材工业实现增加值97.46亿元,增长51.46%,高于全省工业水平28.49%;实现销售收入258.37亿元,增长34.13%;实现利税16.22亿元,增长195.15%;利润总额4.47亿元,增长196.54%,实现扭亏目标。

全省统计的24种主要建材产品产量,有18种保持不同程度的增长:水泥累计完成3568.5万吨,同比增长32.1%;水泥熟料完成2378万吨,增长49%,其中,窑外分解窑水泥熟料1649.5万吨,占总产量的69.36%,增长58.65%。平板玻璃累计产量1673.4万重量箱,增长30.9%。同比保持较高增长的主要建材产品还有商品混凝土、水泥混凝土电杆、石膏板、钢化玻璃、夹层玻璃、耐火材料制品、石墨及碳素制品等。同比出现下降的建材产品主要为建筑涂料、塑料型材、砖、建筑陶瓷、天然花岗石板材、玻璃纤维增强塑料制品等。各地市相比较,水泥产量除长治、朔州市出现下降外,其余各地市均保持不同程度增长,尤其大同市增幅最高,达153.42%,运城市增长也达50.94%。

【固定资产投资】 全省建材工业固定资产投资完成135.5亿元,同比增长26.08%,高于全省工业3.1%。其中,水泥工业完成64亿元,增长19.2%。

【主要能耗指标下降】 2010年,全省建材工业规模以上企业万元增加值综合能耗7.05吨标煤/万元，同比下降4.9%。2010年，全省主要耗能建材产品单位综合能耗呈现大幅下降：可比水泥综合能耗107.5千克标准煤/吨，比2009年下降6.2%；可比水泥熟料综合能耗为126.8千克标准煤/吨，同比下降5.65%；浮法玻璃综合能耗和建筑陶瓷砖单位综合能耗分别比上年同期降低10.85%和5.26%。建材行业利用固体废弃物达1400万吨，主要利用物：高炉矿渣、粉煤灰、煤矸石、电石渣、金属镁渣、脱硫石膏、硫酸渣、铝厂赤泥等。

【产业结构调整和优化升级】（1）深入开展调研，认真编写"十二五"规划。参与山西省新材料产业发展调研工作，提交《山西省新型建筑材料产业发展研究专题报告》。为编写山西省建材行业节能"十二五"专项规划以及新型墙体材料、水泥、玻璃、耐火材料、高岭土等几个专项规划做大量的准备工作。（2）积极引导和推进重点工程项目的建设。2010年顺利建成大同冀东等14条新型干法水泥生产线，新增产能2000万吨，全省新型干法水泥产能达5000万吨。（3）努力促进优势企业兼并重组步伐，推动大企业大集团的建设。按照山西省建材工业发展的实际情况，对玻璃工业极力支持利虎玻璃集团做大做强；水泥工业按照山东山水、浙江金圆、河北冀东等大集团到山西省发展战略，中国建材集团、华润集团已与省政府签订战略框架合作协议构想，以及中联和北京金隅已开始布局的意图。（4）继续加大落后产能的淘汰力度。全年共淘汰落后水泥产能831.8万吨，涉及水泥企业97户。上半年淘汰落后水泥产能202万吨，下半年淘汰落后水泥产能629.8万吨。

【节能减排】（1）努力提高企业节能意识和能源管理水平。2010年召开两次山西省建材工业协会会长办公会议，召集全省重点水泥企业，围绕节能减排、资源综合利用的新技术和实现途径等中心议题，开展广泛学习交流，提高企业领导者的节能意识和责任意识，降低企业生产成本，实现利润最大化；举办全省水泥企业能源管理培训班，以提高企业能源管理工作者的知识水平和对能源管理工作的重要性和紧迫性的认识以及能耗统计方法、节能统计分析。（2）推广应用节能新技术、新装备取得实效。宣传和引导鼓励企业广泛推广应用节能新技术、新设备，扶持重点企业加快技术改造发展速度。截至2010年底，水泥行业采用纯低温余热发电技术的企业已有10户企业，总装机容量达66兆瓦，全年可发电4.3亿千瓦时，节约标煤15万吨，减少CO2排放量27万吨。（3）积极开展技术咨询服务工作。开展新建和技改固定资产投资项目的节能评估工作，2010年对广灵县富成水泥有限公司等10户企业的固定资产投资项目进行节能评估。

2010年山西省新型干法水泥熟料生产线投产情况表

企业名称	生产线规模（吨/日）	熟料产能（万吨）	水泥产能（万吨）	建成投产情况
山西双良水泥有限公司	2500	77.5	100.8	2010年1月投产
太原金圆水泥有限公司	3200	99.2	129	2010年3月投产
同煤集团有限公司	5000	155	201.5	2010年9月投产
大同冀东水泥有限责任公司	5000	155	201.5	2010年9月投产
山西神固水泥有限公司	2500	77.5	100.8	2010年9月投产
山西福龙水泥有限公司	5000	155	201.5	2010年9月投产

【行业质量管理】（1）开展水泥企业化验室监督检查。针对截至2010年底全省水泥企业化验室合格证有效期均到期的实际情况，及时抽调人员深入各地市企业进行重点监督抽查，完成对近50户企业的抽查工作，同时，督促各地市组织完成所辖企业的监督检查及交叉互检。对部分检查不合格的水泥企业注销其化验室合格证和检验报告专用章，并在《山西日报》等媒体上对全社会予以公告；对全省水泥企业化验室管理优秀单位和优秀工作者按照相关评比条件进行择优表彰奖励。（2）加强建材产品质量监督检查。一是加强对建材产品的监督检验。受省质监局授权委托，省建材质检中心完成对100多户水泥企业的定期监督检测任务；完成对部分新型墙体材料产品的市场监督抽样检测任务。二是做好水泥对比验证检验。根据国家有关规定及《山西省水泥企业产品质量对比验证管理办法》规定，省建材质检中心与242户水泥企业进行对比验证检验，与230户企业进行水泥性能检测与化学分析大对比，检测结果有明显的提高。

【职工培训】（1）加强企业各类人员的培训和职业技能鉴定工作。对全省50名水泥熟料煅烧工和水泥中央控制室操作员进行理论知识和操作技能培训，经考试合格取得岗位操作上岗证书。组织开展四批建材行业特有工种职业技能鉴定工作，共有熟料煅烧工、中央控制室操作员、化学分析工等五个工种46人经过理论知识和技能操作考核合格，获得职业技能等级证书。(2)组织行业岗位职业技能竞赛活动。举办山西省建材行业“吉港杯”建材质量控制岗位职业技能竞赛，决出6名优秀选手，评选出5个优秀组织奖单位，进行表彰。山西晋投夏工水泥有限公司尹丽琴荣获“山西省五一劳动奖章”和“山西省三晋技术能手”称号。有5人破格获得高级工职业技能等级证书。

【协会与学会工作】 (1)组织召开华北地区硅酸盐学会第十届学术交流会议。该会议由山西省硅酸盐学会筹备组织和具体承办，在太原召开，有60多位各省市硅酸盐学界专家、学者及科技工作者到会。会议围绕低碳、节能、环保、可持续发展主题，进行讨论交流和演讲交流。(2)组织开展QC成果经验交流活动。山西省建材工业协会、山西省硅酸盐学会和山西省质量协会建材工业分会组织开展群众性的质量管理活动。组织国家级和省级QC小组诊断师，对企业上报的优秀QC小组集体和个人材料进行评审，完成全国建材行业及山西省优秀QC小组和个人的推荐上报工作，有8家集体分获全国建材行业及山西省优秀QC小组荣誉称号。(3)编纂《山西省志·建材工业卷》。经过两年多的深入各地市企业调研、资料素材的收集整理及分工编写，截至2010年底，该志书第二轮的编纂已完成初稿，进入修改、完善和研讨、论证阶段。(4)做好网站建设和会讯出版工作。2010年，山西省建材工业协会出刊《山西省建材工业协会会讯》5期，并通过山西建材网及时将国家及省有关的方针、政策和行业动态、科技发展动态等各种信息予以发布、刊登，为各级领导和广大会员单位提供行业信息，搞好信息服务。

【国家建材行业职业技能鉴定会】 8月18日，国家建材行业职业技能鉴定工作会议在大同市召开，来自全国各地建材行业的40多名代表参加会议。中国建材联合会党组书记、副会长孙向远，国家建材行业职业技能鉴定指导中心主任李薇，山西省建筑材料工业行业管理办公室主任郭世刚参加会议。山西亚美建筑工程材料有限责任公司荣获全国建材行业技能人才培育突出贡献奖，贾彬丽荣获先进个人称号。

【重点工程项目】 (1)4月20日，山西省潞安集团、晋水集团与山东省山水水泥集团合作建设水泥生产线项目签字仪式在太原举行。双方的合作对山西省的水泥工业结构调整和建材工业发展具有重要意义。(2)8月10日，山西省国新能源发展集团有限公司与华润水泥控股有限公司在太原举行山西1200万吨水泥战略合作框架协议签约仪式。这是国新能源与华润集团继城市燃气、电力和煤炭销售后的第四次合作，双方将开展以循环经济为主题的水泥(生产)合作，涉及全省六个地区，产能达1200万吨，总投资68亿元。此次合作的新型水泥(生产)项目每年可综合利用400万吨粉煤灰、120万吨煤矸石和70万吨石膏粉，应合山西省发展循环经济的战略要求。10月，两家企业投资15亿元方山县大武镇分期建设两条5000吨/日新型干法水泥熟料生产线，投资8亿元在霍州市建设日产5000吨新型干法水泥熟料生产线。(3)10月19日，同煤集团4500吨/日新型干法水泥熟料生产线建成投产，进行庆典仪式。该生产线是山西省“十一五”规划重点项目，是同煤集团经济转型、调整产业结构、发展循环经济的重点工程。项目建成投产后，每年可生产优质、低碱、高标号水泥240万吨，综合利用粉煤灰60多万吨、脱硫石膏10万吨，工业废渣120多万吨。(4)10月20日，大同冀东水泥有限责任公司2×4500吨/日水泥熟料生产线全面投产。该生产线由冀东发展集团自行设计、制造、安装，国产化率达95%以上，项目总投资15亿元。投产后可年产熟料350万吨，实现产值16亿元，创利税2.34亿元。(5)12月29日，朔州金圆水泥有限公司200万吨新型干法水泥熟料生产线正式点火试生产。

【水泥企业人员技术培训】 11月13日，山西省建材工业协会在太原市举办“山西水泥企业能源管理培训班”，全省水泥行业多家生产企业的技术负责人70多名参加培训班。授课专家分析并介绍水泥企业节能减排工作现状、形势和任务；讲授能源基础知识、管理体系、管理制度；企业能效对标、节能措施、能源审计、节能统计、计量分析等，目的在于有效地推动山西省水泥工业低碳发展。

12月27~29日，山西省建筑材料工业行业管理办公室在忻州市举办“山西省水泥企业化验室主任培训班”，旨在宣贯国家工信部新颁布的《水泥企业质量管理规程》，培训内容主要是水泥产品质量管理基本理论、水泥企业化验室质量控制及管理工作要求规范以及《水泥行业准入条件》《建材行业淘汰落后生产工艺装备和产品指导目录》等水泥工业产业政策。同时，对培训考试合格者颁发“水泥企业化验室主任资格证书”。

(王　洋)

纺织工业

【概述】 2010年，山西省纺织工业经济运行态势呈现以下特点：

1. 生产稳定增长，产销衔接较好。2010年1~11月，山西规模以上纺织服装企业累计实现工业总产值66.28亿元，比上年同期增长75.72%；工业销售产值61.26亿元，增长77.61%。从主要大类产品产量看，2010年，化学纤维、纱、布、服装产量的增长幅度都在两位数以上，其中：化学纤维10023吨，增长12.90%；纱45092吨，增长16.15%；布5130万米，增长

2010年山西省纺织工业主要大类产品产量表

产品名称	单位	2010年	比上年增减(±%)
化学纤维	吨	10023	12.90
纱	吨	45092	16.15
其中:棉纱	吨	42461	17.17
混纺纱	吨	2631	1.82
布	万米	5130	53.06
其中:棉布	万米	4428	59.61
棉混纺布	万米	702	21.62
印染布	万米	10622	−19.34
绒线(俗称毛线)	吨	116	−8.26
丝	吨	82	−31.40
丝织品	万米	1	−98.27
棉被	万条	5	2.23
蚕丝被	万条	1	−11.11
服装	万件	1119	14.52
其中:梭织服装	万件	86	12.10
针织服装	万件	1033	14.73

53.06%；服装1119万件，增长14.52%。

2. 市场环境改善，出口增速加快。全省规模以上纺织服装企业统计，2010年1月~11月出口交货值达40919万元，比上年同期增长102.88%。山西省全年纺织品出口5800万美元，服装出口2400万美元，分别增长33.77%和47.59%；纺织品和服装进口700万美元，下降1.5%。

3. 运行质量提高，减亏成效明显。2010年，纺织行业产品结构调整和产业升级步伐继续加快，促进行业运行质量稳步提升。1月~11月统计，全省规模以上纺织服装企业实现新产品产值4.54亿元，比上年同期增长66.94%，产品开发对行业发展起到重要的作用。1月~11月规模以上企业人均工业总产值22.43万元，提高83.7%，行业生产效率加速提升；三项费用占主营业务收入的比例为9.05%，下降3.22%，行业管理水平继续提高；产成品周转率为8.63次/年，比2009年同期加快12倍以上，企业的市场应变能力和运转效率继续改善。运行质量的提高带动纺织企业盈利能力的有所增强，主营业务收入68.01亿元，增长81.23%；全行业亏损企业亏损额减少1.23亿元，减亏47.45%。

4. 原料价格大涨，成本压力突出。2010年，国内棉花价格呈现出一路上涨的趋势。山西省棉纺织企业采购的棉花到厂价一度突破30000元/吨，到年底，国内328级棉花现货价格超过27500元/吨，比年初提高80%多，全年均价同比涨幅超过50%。与此同时，燃料动力、用工等生产要素价格也持续上涨，使整个纺织产业的成本压力更加突出。

【科技创新】 2010年，山西省纺织行业科技创新取得新突破，主要表现在两方面：一是成立山西纺织行业丝麻技术中心。11月26日，“山西纺织行业丝麻技术中心”在山西梅花丝麻集团有限公司正式挂牌。该中心是在山西梅花丝麻集团公司技术中心的基础上，经山西省经信委和山西省纺织工业行业管理办公室批准成立的，业务上受山西新新纺织行业技术中心指导，并向全省丝麻企业提供技术支持和技术服务。二是企业科技创新取得明显成效。7月6日，际华三五三四制衣有限公司召开首届科技创新大会。会议宣布关于科技创新项目奖励的决定，并为4个先进集体和15名获奖项目发明人颁发荣誉证书和奖金。从2009年以来，公司共申报25项专利，全部获得国家知识产权局专利申请受理通知书。截至2010年10月，自动冲尼龙搭扣圆片机、针送料平缝机用吃褶装置、半自动捆包机、扦衬帽机护针装置、刮线头装置等13项实用新型科技创新项目已获得国家知识产权局认定专利资质证书，为公司实现科技进步奠定良好基础。

【国有企业破产】 2010年，全省纺织行业国有企业的改革特别是破产工作取得突破性进展。山西锦纶集团有限责任公司、晋华纺织一厂、襄汾纺织厂、临汾纺织厂等作为国家最后一批政策性破产的国有企业，狠抓以下工作：一是认真制定破产方案和职工安置方案，精心组织职代会讨论通过方案；二是积极稳定职工情绪，做好信访工作和物业管理，妥善解决职工思想问题，保障职工生活；三是鼓励职工自谋职业，多渠道联系就业；四是加大清欠追款力度，解决资金困扰；五是加强制度建设和安全保卫工作，保护国有资产安全；六是依法进行破产申报，全力配合清算组做好破产工作和职工安置工作，使破产工作顺利进行。

【著名商标认定】 6月5日，在第四届山西品牌节暨全省实施商标战略表彰会议上，全省纺织服装企业的“3534”“格芙兰”“佶利迩”“SenE”“绿洲”等16件注册商标被山西省工商行政管理局认定为山西省著名商标，其中，新认定5件，重新认定11件。新认定的著名商标为：际华三五三四制衣有限公司的3534牌服装，山西特别特制衣有限公司的兴华特别特牌裤子，山西斯嘉丽针织有限公司的斯嘉丽牌内衣裤、睡衣裤、汗衫，晋城市实业有限公司的晋氏实业牌针织品、丝绸品，平遥县利经袜厂的晋陶马牌袜。重新认定的著名商标为：山西格芙兰纺织有限公司的格芙兰牌纺织纤维织物、棉织品，山西绿洲纺织有限责任公司的绿洲牌大麻织物，山西省吉利尔丝绸股份有限公司的佶利迩牌服装，山西森鹅服装有限公司的SenE牌服装，大同市三金制衣有限责任公司的来馨儿牌针织内衣，山西暖神绒毛精品有限责任公司的铱星牌绒毛被，山西新绛纺织有限责任公司的三林牌棉布，山西临猗雪云棉机有限公司的雪云牌吸尘弹花机，山西三维集团股份有限公司的SANWEI牌聚乙烯醇树脂、聚醋酸乙酯烯乳液，山西平遥县三爱针织厂的红石榴牌袜子，山西洁神洗浴用品有限公司的洁神牌洗澡巾。

【参加国际纺机展】 经纬纺织机械股份有限公司榆次分公司、山西鸿基科技股份有限公司、山西沪晋纺织机械有限公司等企业参加6月22~26日在上海举办的“2010年中国国际纺织机械展览会”。这次纺织机械展是由中国国际贸易促进委员会纺织行业分会、中国纺织机械器材工业协会、中国国际展览中心集团公司等单位联合主办的，展会是全球纺织机械制造商展示最新技术及设备的平台，得到全球各纺织机械专业协会的鼎力支持，已成为业界公认的亚洲地区规模最大、参展企业最多、专业观众最多、技术水平最高、专业性最强的国际性纺织机械展览会。经纬纺织机械股份有限公司榆次分公司展出JWF1561/2新型环锭细纱机、JWF1275高速化新型精梳机、JWF1612新型转杯纺纱机、JWG1728高速剑杆织机和引进意大利RPR技术生产的3SDYP-1型锦纶加弹机等5大系列新产品。山西鸿基科技股份有限公司参展的有细纱机、精梳机、粗纱机等多款新机型。山西沪晋纺织机械有限公司参展的是HJ538环锭细纱机和HJ800转杯纺纱机。

【全国纺织劳模】 根据人力资源和社会保障部、中国纺织工业协会的通知精神，从2010年7月开始，山西省人力资源和社会保障厅、山西省经信委部署山西省纺织行业自2006年以来的第二次全国纺织工业劳动模范评选推荐活动，山西省纺织工业行业管理办公室承担评选推荐工作领导小组办公室的日常工作。根据评选推荐名额、条件和程序，并经全国纺织工业劳模评选工作领导组审定，山西兵娟制衣有限公司获得全国纺织工业先进集体称号，有5人获得全国纺织工业劳动模范称号，分别是：郭长胜、周素霞、丁新尧、宋政华、王建强。

【产业用纺织品形势与发展趋势报告会】 10月8日，由山西省纺织工业行业管理办公室主办、山西新新纺织行业技术中心承办，在太原理工大学轻纺工程与美术学院举行，报告会由山西省纺织工业行业管理办公室主任李锦旺主持，中国产业用纺织品行业协会专家华用士作主题报告。山西省棉纺行业协会会长张引强、太原理工大学轻纺工程与美术学院院长戴晋明、山西省经信委投资处张福、山西新新纺织行业技术中心主任赵根生等出席，省内有10多家企业及院校代表30多人参加。产业用纺织品是纺织行业最具有发展潜力和高附加值的技术性纺织品，应用范围广泛，涵盖高温过滤、医卫防护、特殊装饰、农业、交通运输、建筑等20多个工业领域。会上省内企业代表就发展困惑、如何摆脱省内市场被省外企业占领的局面与专家进行交流。

【职业技能鉴定考评员培训】 7月26~29日，山西省服装协会、山西新新纺织行业技术中心在太原联合承办“纺织行业职业技能鉴定考评员(山西)培训班”。培训课程由国家纺织行业职业技能鉴定指导中心高级工程师周晓朴讲授。学员分别来自深圳、浙江、山西的纺织服装院校和企业，所申报的考评职业主要为纺织面料设计师、服装设计与定制、针纺织品检验、印染后整理、纺织染色、横机工等。培训的主要内容有国家职业技能鉴定的法律、法规、政策、制度和基本理论，考评人员的职业道德以及相应的规章制度，本职业的职业标准、鉴定要素细目表和考评技术等方面。培训结束后，国家纺织行业职业技能鉴定指导中心按照《职业资格鉴定考评人员考核大纲》的要求，统一对参训学员进行考评人员资格考核。学员经考核合格后，将获得由国家人力资源和社会保障部统一颁发的国家职业技能鉴定考评员证卡，并可承担初、中、高级职业技能的考核与评审工作。

(孙宝明)

轻工业

【主要指标完成情况】 2010年全省轻工业销售收入370亿元，同比增长8.8%；主要产品产量，白酒10.8万吨，与上年同期持平；软饮料61万吨，增长10%；液体乳39万吨，比上年同期略有下降；机制纸及纸板20万吨，增长17%；塑料制品23万吨，增长17%；合成洗涤剂11万吨，下降9%；玻璃制品30万吨，增长28%；陶瓷制品7.7亿件，增长30%。

【各市动态】 晋中市轻工业实现主营业务收入同比增长20%以上。

大同市农业生产企业制造的400桶90余吨番茄酱经检验合格，成功出口智利。填补大同市深加工食品出口空白。

忻州市在谋划“十二五”发展

蓝图时提出，建设绿色农牧产品加工基地，主要依托山西丰园食品、定襄纪元酒精、忻府区红鑫淀粉等龙头企业，大力实施“337”工程，按照特色产品规模化、规模开发绿色化、绿色产品系列化、系列产品品牌化方向，开发一批具有中国地理标志有机绿色认证农产品。规划项目49个，投资390亿元。到“十二五”末，农牧产品加工业年销售收入达100亿元，实现增加值40亿元，农牧产品加工转化量增加到85万吨以上。

阳泉市提出拟通过LED光源等低碳产品打造高端制造示范产业基地。

运城市农副产品加工产业集群在“粟海”“维之王”等5家国家级龙头企业带动下，规模以上企业发展到114家。

【企业动态】 汾酒集团在做好产品同时，努力承担着社会责任。质量是立足之本。质量指标有严格控制标准，每升白酒甲醇含量国家规定不得超过0.4克，汾酒0.064克；铅含量不得超过0.001克，汾酒0.000043克，达到国际先进水平；有益物质总脂含量，国家标准中每升不少于2克，汾酒达4.4克。诚信是经营之道。把诚信理念诉诸于产品，把企业诚信文化建设提升到战略高度。公司打假机构参加国家政府部门、行业协会、新闻媒介等组成的打假联盟，在全省推进“放心酒”工程建设，受到消费者好评，取得良好社会效益。

太原市汉波食品工业有限公司生产的10箱60千克、货值800美元红枣浓浆出口英国，实现山西省红枣浓浆制品出口“零”突破。公司采取“品牌企业+基地+农户”形式，在柳林、临县、石楼、阳曲等地合作开发优质果蔬基地2001公顷，其中，阳曲千亩枣园建设成为有机GAP红枣基地。提高“汉波”品牌知名度。

8月28日，大同绿苑饮品有限公司与承德露露集团举行项目签约仪式，公司在技术支撑、市场开拓、先进经营理念引入等方面获得承德露露集团帮助，公司产品进入承德露露集团西北销售网络市场，逐步进入鲁、豫、陕三省市场，销售额将突破10亿元，年产量达24万吨。露露集团与绿苑饮品有限公司签约，合资建设大同杏仁饮品基地。首期投资3.6亿元，建设年产30万吨脱苦杏仁、杏仁油、软包装杏仁饮料项目。

11月，山西特色农产品北京展销会上，山西青玉油脂有限公司出品的低温压榨纯天然黑豆油和大豆卵磷脂，被展会组委会及有关部门评为金奖，并在推介项目签约仪式上一次性成功签订贸易金额3000万元采购订单。

【醋业发展】 山西老陈醋国家标准进行重新修订，新标准主要对老陈醋总酸、氨基酸态氮、总黄酮、食盐等理化指标进行修订。这些指标建立，提高对生产者质量行为制约力和识别特色产品鉴别力。该标准实施，将进一步规范山西老陈醋质量要求和生产技术，保护山西老陈醋品牌，推动这一地方特色产业持续、健康和有序发展。山西老陈醋地理标志产品保护范围是：太原市清徐县、杏花岭区、万柏林区、小店区、迎泽区、晋源区、尖草坪区；晋中市榆次区、太谷县、祁县。

【县域轻工】 稷山县稷山味全果脯公司投资980万元新上一条年产1万吨蜜枣生产线，全县有味全、怡林、后稷、蜜林等为代表的蜜枣加工企业达91家，年加工转化青枣、桃、杏等各类水果近10万吨，实现利润8500万元。集中连片一体化区域特色、不断壮大农产品加工企业成为稷山县特色农业发展主旋律。

稷山县翟店纸包装文化产业发展到纸包装系列生产企业108家，年产2.5亿平方米纸箱、5万吨瓦楞纸，年产值8亿元，成为黄河金三角地区远近闻名“纸箱城”。稷山县委、县政府审时度势，提出“733”经济转型发展战略，把如何破解翟店纸包装文化产业转型升级难题，如何突破这一传统产业发展中遇到的“瓶颈”，寻求可持续发展良策，作为稷山经济社会发展首要任务之一，做出建设翟店纸包装文化产业功能区决定。

黎城县委、县政府将项目建设作为黎城县翻身工程，飞鹤乳业在黎城落户后，拟将飞鹤三泰农副产品综合加工项目打造成全省领先。

中阳县2010年核桃产量1800吨，建成慧仁核桃深加工项目。全县过半数农村尝到核桃发展带来的实惠。

文水县以贤美食业公司、胡兰食品有限公司、汇丰源食品有限公司为龙头的肉牛养殖、加工产业，年加工牛肉3000吨，带动区域及周边近万户农民养殖肉牛10万头，户均增收8000元；以仙塔食品公司为龙头的干鲜果加工产业，实现年产值近亿元，带动近万户农民从事长山药和蔬菜种植，户均收入13000元；以白玉酒厂为龙头的35户白酒酿造企业，年生产白酒10万吨，副产品酒糟做养牛饲料，带动种植、养殖、加工产业发展。文水县重视、引导和支持企业搞好品牌经营，创立名牌产品，组织部分农业产业化龙头企业参加美国有机食品交易博览会和北京农博会。

“山西老陈醋基地”成为晋中市榆次区“十二五”规划建设重点项目，列为五大产业集群之一。以山西金醋生物科技有限公司为龙头企业与北京东方睿银投资管理公司签署投资合作框架协议、与中山大学医学院签署技术合作协议、与榆次区怀仁村农户代表签署“公司+农户”生产合作协议，打造全国最大山西老陈醋生产基地，力求“十二五”末醋产业产值超过100亿元。山西醋产业公司启动位于榆次区怀仁村山西老陈醋生产基地，在山西、北京、天津、浙江、河南、吉林等省市开设山西老陈醋专卖店，计划3年内在全国开店1000家以上。

【重点项目建设】 2010年重点推进

475个项目建设，总投资完成453亿元。其中，2010年完成投资50亿元，有141个项目建成投产或部分投产，71个项目完成工程量60%以上。紫林醋业食醋工业园建设已开工，汉波食品年产12000吨山西特色农产品深加工等重点技改项目基本完成。列入省技术创新项目资金计划轻工项目有太原酒厂3项，总投资536万元；太原双合成食品有限公司3项，总投资391万元；太原金大豆食品有限公司4项，总投资520万元。

【存在问题】 (1)从产品结构上看，劳动密集型产业生产能力低，出现低水平扩张，形成产品结构同构化，造成产品低价格恶性竞争，企业经济效益普遍较差。(2)从产业结构上看，劳动密集型产业结构仍处于低级化。主要表现为：一是产业发展基本停留在初级产品加工阶段，在对外贸易中，其竞争优势主要局限在技术要求不高、增值潜力有限的加工组装和一般零部件制造等产业低端环节上；二是产业中制造业处于产业价值链最低端，缺少自主品牌；三是从劳动密集型产业内部看，劳动密集型产业产品加工深度不足，附加价值低。(3)在技术结构上，劳动密集型产业表现为设备陈旧、工艺水平低、技术开发和技术水平低，产业升级换代难以适应市场快速变化需要。主要表现为：一是设备落后，生产工艺水平低，在很大程度上影响传统劳动密集型产业产品质量和档次提升；二是劳动密集型企业技术水平、技术创新能力低，缺乏自主研发基础，企业抗风险能力差，竞争力弱；三是劳动力创新技能不强，劳动密集型产业出现“技工荒”，产品技术含量不高等问题。(4)在产业组织结构上，劳动密集型产业普遍存在不合理状况。与东部地区依赖大量外来投资不同，山西劳动密集型产业主要是在当地传统知名产品、特色产品等传统工艺技术上发展起来的，部分是依托原有乡镇企业、国有中小企业改制发展起来的，企业规模小，组织分散，个体经营、家庭经营等生产方式仍占很大比重。

（袁　珊）

国防科技工业

【概述】 2010年，山西省国防科技工业全年完成总产出242亿元，同比增长17.26%；增加值52.46亿元，增长21.88%；实现利润5.73亿元，增长58.16%；出口交货值17.36亿元，增长12%；职工年平均工资增长16.26%，达31330元。晋西机器工业集团整合重组、太原太航科技有限公司成立、晋西春雷铜材奠基、民爆企业同德化工上市等，形成军工企业新的竞争优势。

1. 武器装备科研生产取得新突破。全省军工行业承担高新技术武器装备研制生产任务单位和项目，均高质量按节点顺利进行，全行业未发生重大质量问题。大力推进科技进步，企业自主创新能力不断增强。2010年，有2项武器装备科研新成果获国家科学技术奖、国防专项奖，29项荣获年度国防科学技术奖。全省民口配套单位积极参加军品科研生产，民口配套单位成为山西军工崛起的生力军。

2. 军民融合取得新进展。2010年，山西军工完成民品工业产值125亿元，同比增长20.19%。以提升装备制造业为重点，不断加快产业和产品结构调整，努力提高产品研发和制造水平，着力提升核心竞争力。推行民品工作责任制，加强民品工作考核，大项目建设取得新进展。加强集团公司与省政府合作，协调省政府与中国船舶重工集团公司战略合作框架协议有关项目落实。与兵器工业集团公司、中国电子科技集团公司联系沟通，促成省政府与两个集团签署项目战略合作框架协议，5万吨高精度铜带铂生产线、太阳能多晶硅切片、铁路动车轴、新能源装备及专用车、民爆混装车、石油无磁钻铤及钻具稳定器等重点民品项目建设进展顺利。8月，组织全省军工系统19个单位200多个产品参加2010中国(山西)装备制造业博览会，成功完成国防展区工作。山西省国防科工办荣获“优秀组织奖”和“优秀布展奖”，11个产品获得“优秀展品奖”。推进重点军工民品项目落实，进一步补充和完善项目库，优选、推荐7个项目报省发改委和经信委，争取省煤炭可持续发展基金支持1000万元。协调省政府及相关部门，帮助企业解决项目建设和环保工作中的困难，保障项目落实。编制行业“十二五”发展规划(草案)，明确新的发展目标、工作措施。山西北方惠丰机电有限公司人工心脏项目正式进入兵器集团“十二五”规划，中国电子科技集团公司第三十三所全息光盘项目研发有重大突破。中国船舶重工集团公司、中国兵器工业集团公司、中国电子科技集团公司与省政府签署战略合作框架协议，安排一批项目，为加快山西军工民品发展奠定基础。

3. 安全生产工作全面加强。针对军工高危行业特殊性，牢固树立安全发展理念，狠抓安全生产工作，深入开展军工安全生产专项整治。一是定期召开安全生产委员会专题会议，每季度召开全系统安全生产工作例会，研究部署安全生产工作。二是坚持安全生产目标责任制，与各单位签订年度安全生产目标责任书，推行企业法定代表人安全生产承诺制度，加强目标考核管理。三是继续深化安全生产专项整治及安全生产年各项工作。认真落实《国务院关于进一步加强企业安全生产工作的通知》《山西省人民政府关于进一步加强企业安全生产工作的意见》文件精神，加强安全监管。组织全系统范围安全大检查3次，累计排查隐患725项，整改率达100%。四是制订《关于加强全省国防科技工业安全生产工作的若干规定》，并由省人民政府印发。重新修订《山西省国防科技工业生产安全事故应急预案》，编制《山西省国防科技工业安全生产“十二五”规划》。2010年，全系统共发生死亡事故4起，死亡4人，杜绝一次死亡3人以上事故和重大爆炸事故，全年重伤率控制在0.03%以下，连续五年完成省考核安全指标。

【民品发展】 2010年，山西军工加大民品开发力度，调整产品产业结构，一批新开发产品研制成功、新民品项目陆续建成投产，为军工民品发展提供新动力。晋西机器工业集团有限公司加大民品开发力度，调整产品产业结构，开发KM70煤炭漏斗车（快装接头）、C70C焦炭专用敞车和NX70A共用平车等产品，并通过铁道部鉴定。围绕铁路产品，利用企业资源优势，大力开发二级民品，通过开发高速铁路预埋件新产品及13米煤气环形炉、轮轴动态测试台、预压装涂油翻转机等非标产品，为民品总量增加与职工收入增加起到促进作用。中国电子科技集团第二研究所发挥装备制造优势，向光伏产业方向拓展。9月，在省委、省政府大力支持下，集团公司与省政府达成战略合作框架协议，举行太原光伏产业园开园奠基仪式，“100兆瓦太阳能光伏电池多晶硅片及成套关键装备产业化”项目，被授予太原市第一批“绿色百强示范项目”。技术研究和产品生产方面，8月，实现156×156毫米硅片产品生产工艺贯通，产品质量合格稳定，转换效率达到每片4瓦以上行业较高水平，已完全掌握整线生产工艺技术，形成批量生产能力。山西平阳重工机械有限责任公司通过液压支架扩产技改，公司初步形成年产液压支架5000架~6000架生产能力，具备批量生产高端支架和出口架型能力，在生产能力、适应开拓市场方面有质的提高。公司液压支架自主设计和自主创新取得新成绩，形成较完善设计体系，先后承担国家发改委、国家科技部、煤炭工业局等部委多项国家千万吨级矿井科研生产项目。

【民爆安全生产专项整治】 2010年，认真贯彻工信部《2010年民爆行业安全生产工作要点》和省政府《关于在全省继续深入开展安全生产专项整治的通知》精神，不断深化民爆专项整治。结合民爆行业安全生产工作实际，组织各民爆企业签订安全生产承诺书，开展3次大规模安全生产专项整治检查，共查出问题113条，整改率达100%。按照《民用爆破器材生产企业报废生产线销爆处理安全管理规程》规定，监督5家民爆生产企业完成9条报废生产线销爆处理，并予以验收。积极引导企业根据国家产业政策及时调整产业结构，着力向现场混装作业和爆破服务一条龙发展模式转变，全省民爆产业结构得到进一步优化。根据国家《民用爆炸物品安全管理条例》规定，完成全省民爆生产企业生产许可和安全许可年检和换证工作。坚持调查研究，及时发现问题，起草《关于加强民用爆炸物品生产销售安全管理的若干规定》，报请省政府安委会下发，进一步规范全省民爆行业安全管理和经营秩序。

2010年，全省民爆行业实现生产总值18.03亿元，同比增长22.04%；工业炸药生产29.07万吨，增长22.54%；工业雷管生产1.14亿发，增长7.97%；实现利税1.49亿元，增长118.2%。（赵登斌）

食品工业

【概述】 2010年，全省食品工业围绕省委、省政府转型发展、跨越发展的战略决策，开拓创新，努力实施《山西省食品产业调整和振兴规划（2009~2011）》《促进山西醋产业加快发展若干意见》等政策措施，继续做大做强三大传统食品产业（酒类制造、食醋制造、乳品制造）；做精做细五大特色食品产业（小杂粮加工、肉类加工、特色食用油加工、干鲜果蔬加工、功能食品）；培育壮大三大现代食品产业（饮料制造、淀粉制品、方便食品），使山西食品工业在“十一五”最后一年继续保持快速发展的好势头。2010年，本省食品工业规模以上企业335家，其中农副产品加工业162家；食品制造业108家；饮料制造业64家；烟草制品业1家。完成食品工业总产值384.03亿元，比2009年增长33.55%，较2005年增长181.96%，“十一五”期间食品工业产值年均增长23.03%。食品工业占全省工业的比重为3.03%，排在煤炭、冶金、焦化、电力、化工、装备之后，位列第七位。2010年全省食品工业完成利税56.96亿元，比2009年增长32.8%。较2005年增长180.73%，“十一五”期间食品工业利税年均增长22.93%，基本完成“十一五”规划目标。

【行业大事录】 促进山西醋产业加快发展领导组及办公室于2010年1月正式成立。其主要职责：研究提出促进山西醋产业加快发展各项任务分工；协调解决在促进山西醋产业加快发展过程中的问题；建立联席会议制度，定期或不定期召集领导组成员单位召开会议，听取相关部门承担工作任务的进展情况，及时总结经验推进醋产业发展。领导组组长、副组长由省财政厅、省经信委、省商务厅、省文化厅、省卫生厅、省药监局、省质监局、省旅游局、清徐县有关领导担任。成员由上述单位相关处室及省食品办、晋中经委等部门组成。

4月22日，吕梁市政府与汾酒集团战略合作签约仪式举行，标志着本省转型发展重点项目工程——杏花村酒业集中发展区正式启动。省人大常委会副主任靳善忠、副省长陈川平出席仪式。《杏花村酒业集中发展区战略规划》制定了“35311”目标。即用3年时间投资50亿元，新建酒业集中发展区，安排3万人就业，带动酿酒高粱产区10万户农民致富，增加销售收入100亿元以上。工期为：1年建设，2年达产，3年明显见效。

5月9日，山西省醋产业协会成立大会在太原召开，原山西省酿醋行业协会正式更名为山西省醋产业协会。

6月13日，山西（老陈）醋产业技术联盟在太原成立。联盟的主要任务是：建立成员间的技术交流平台和合作平台,解决老陈醋生产中的关键共性技术,提升山西老陈醋的品牌价值和产品品质,共同研发新产品、新技术、新工艺。联盟的成立也是山西省产、学、研合作的又一重要举措,对促进山西省由产醋大省向醋业强省转变具有积极的推动作用。

6月18日,汾酒集团在北京人民大会堂召开纪念大会,庆祝山西汾酒荣获1915年巴拿马万国博览会中国白酒品牌唯一甲等大奖95周年。会上,汾酒集团董事长、总经理李秋喜表示,到2015年巴拿马万国博览会100周年时,汾酒的销售收入将达到100亿元,2020年翻一番,达到200亿元。

7月5日,由省商务厅牵头制订的《散装白酒经营管理办法》正式出台,其核心是对散装白酒经营实行“加封密闭包装、固定店铺零售”管理。该办法的出台完善了山西省酒类管理制度,弥补了山西省散装白酒管理的空白。

9月26日,中国食品工业协会第六届会员代表大会在北京召开。山西省食品工业办公室主任崔元斌、汾酒集团董事长李秋喜当选为中国食品工业协会第六届理事会常务理事。太原市双合成食品有限公司董事长赵光晋、山西水塔老陈醋股份有限公司董事长武峥兴当选为中国食品工业协会第六届理事会理事。

9月28日,省经信委在太原召开全省工业转型发展百强潜力企业培育工程启动大会,为评选确定的百强潜力企业授牌。授牌的百强企业在经营规模、技术实力和管理水平等方面都在同行业中有较强影响力,具有进一步做大、做强、做精、做专的巨大潜力,为关联产业和区域经济发展具有较强带动作用的骨干企业。百强中有8家食品企业入围:山西省杏花村汾酒集团有限责任公司、山西水塔老陈醋股份有限公司、山西紫林食品有限公司、太原双合成食品有限公司、山西古城乳业集团有限公司、长治市金泽生物工程有限公司、山西厦普赛尔食品饮料股份有限公司、山西戎子酒庄有限公司。

10月,山西老陈醋专卖店全国连锁开业暨“携手人道,与爱同行”公益活动在山西省太原市启动。该活动由省红十字会、省财政厅、省经信委、省商务厅、省质监局、省促进山西醋产业加快发展领导组、省醋产业协会共同主办,由山西醋产业发展有限责任公司、山西金醋生物科技有限公司承办。省内相关领导及来自新晋商联合会、投资机构、加盟机构的300多位代表出席启动仪式。山西老陈醋全国连锁专卖店是由山西省醋产业协会牵头,以驰名中外的山西老陈醋为龙头,集山西百年老字号产品为一体,捆绑山西传统美食和绿色特产小杂粮,以特许加盟的方式在全国各大城市和中心社区建立多家“专卖山西纯粮酿造,专营山西绿色土特产”的连锁店,实行统一物流配送和电子商务管理,形成山西特产全国连锁的销售网络。据介绍,山西老陈醋全国连锁店启动了主题为“携手人道,与爱同行”的公益活动,每销售一瓶山西老陈醋,即向红十字事业捐赠2分钱,并将通过产品附捐的销售形式不断募集资金,持续支持公益事业发展。

12月7日,为贯彻落实国务院食品安全委员会部署和工业和信息化部(工信部消费〔2010〕549号)文件精神,进一步推进山西食品工业企业诚信体系建设,山西省经信委以晋经信合作字〔2010〕763号文件会同有关部门(单位)建立了山西省食品工业企业诚信体系建设工作部门联席会议制度,研究制订了山西省食品工业企业诚信体系建设工作实施方案。

(武文华)

农林水利

种植业

【概述】 2010年，山西省先后战胜前期低温冻害、中后期持续高温、病虫害频发重发、局部风雹及早霜等自然灾害，全省粮食生产保持稳定发展的好势头，粮食总产量创历史新高。2010年全省粮食总产量108.5亿千克，比上年增产15.2%。全省粮食播种面积324.8万公顷，增加2.9%。其中，小麦面积稳定在72.88万公顷，以小麦为主的夏粮总产达23.4亿千克，增产一成；玉米面积达154.97万公顷，产量76.6亿千克，分别增长6.3%和17%，面积和产量均创历史最高水平。杂粮播种面积为98.72万公顷，比上年增加3.34万公顷，增幅3.4%；总产18.2亿千克，增加1.9亿千克，增幅11.7%；其中谷子面积和产量居全国第一位，燕麦、荞麦面积和产量居全国前列。

【经济作物生产】 2010年，全省蔬菜面积达23.72万公顷，总产量90.9亿千克，分别增长7.5%和2%。其中，设施蔬菜迅猛发展，面积达10.03万公顷，比上年增加1.41万公顷。水果面积稳定，受低温霜冻影响产量有所减少，但人均果品收入大幅度增加，占到农民人均纯收入的11%。棉花面积略增，产量6.9万吨，因气候因素减产，但减产不减收。油料面积略减，产量17.1万吨，与上年持平。食用菌生产持续快速发展，蚕桑、中药材实现恢复性增长。

【强农惠农政策】 2010年，全省三项补贴达23.9531亿元，其中，粮食直补达28686万元，生产资料综合补贴达172858万元，良种补贴达37987万元。三项补贴资金继续采取“一卡通”的形式，直接发放到农民手中。针对春季持续低温对小麦的影响，山西省及时下达中央弱苗补助3400万元。省财政继续安排小麦良种繁育补助500万元，对1.11万公顷小麦良繁基地给予每公顷2元的补贴；安排马铃薯良种繁育专项补贴2000万元，对原原种、原种和一级种薯进行补贴。利用中央财政安排的农资综合补贴增量资金3000万元对638个种粮面积在20公顷以上的种粮大户实行奖补。2010年，山西省专门针对设施蔬菜发展出台扶持政策，安排设施蔬菜大县奖补资金2000万元，省市县三级财政对新发展的日光温室给予贷款贴息。正式启动政策性农业保险工作，省财政安排6030万元，在全省30个产粮大县对小麦、玉米开展种植业保险保费补贴。从2010年起，对17个省级粮食生产大县实行动态管理，每县奖励300万元。

【粮棉高产创建活动】 2010年，山西省整合中央财政现代农业、农业部粮棉油高产创建和全省优势农产品示范基地县建设项目资金，深入开展粮棉高产创建活动，取得明显的增产增收效果。全年在65个县安排103个万亩粮棉高产创建示范片，每个示范片补助20万元，其中承担部级示范片93个；在闻喜等9个县建设9个渠田林路配套的高标准万亩高产创建示范片。工程建设取得显著效果，103个粮棉高产创建示范片共产出粮食63.59万吨，产出皮棉3534.6吨，分别增产粮食30.65万吨、皮棉653.1吨，增加产值7.27亿元，为示范片农民人均增收927.8元。

【玉米丰产方建设】 2010年，全省利用中央现代农业资金1.5亿元，共安排现代农业玉米丰产方建设任务33.35万公顷，每项技术每公顷补贴2元，不重复补贴。其中，春季在7个市20个县安排地膜覆盖项目10.01万公顷；秋季在11个市59个县安排秸秆还田、机深耕（松）、增施有机肥项目23.35万公顷。5月、10月两次对项目实施情况进行检查，各项目县领导重视、组织严密、措施得力、效果明显，涌现出许多好经验好做法。经调查测产，玉米丰产方地膜覆盖项目区平均亩增产玉米50千克，增产粮食7.5万吨；连年实施的秸秆还田、增施有机肥项目，对改善土壤结构，提高土壤有机质含量起到积极作用,为全省粮食增产增收发挥重要作用。

【防灾减灾】 2010年,全省先后遭受春季低温冻害、夏季持续高温、局部风雹、早霜及病虫害等自然灾害,农业生产遭受损失。全省各级农业部门牢固树立抗灾夺丰收的思想,坚定不移地加大防灾减灾工作力度,积极采取措施,最大限度减少灾害损失。一是做好应急预防工作。针对4月低温冻害,7、8月的夏季旱灾以及9月下旬的霜冻天气,农业部门加强组织领导,紧急安排部署灾害性天气应对工作,同时通过网络、电视台、广播、手机短信等方式将天气变化情况及技术措施广泛宣传到户。二是开展抗灾救灾。及时组织有关专业技术人员制订并下发农作物受灾田间管理技术措施。组织农业干部和技术人员深入受灾地区查看灾情,指导农民补种其他作物,开展生产自救,最大限度减少灾害损失。同时,积极组织调运种子、农药、化肥等农业生产资料,满足农民救灾需求。及时下达中央弱苗补贴3400万元,用于开展小麦"一喷三防"工作,有力促进小麦苗情由弱转壮,确保全省夏粮获得较好收成。

【设施蔬菜百万棚行动计划】 2010年,山西省正式启动"设施蔬菜百万棚行动计划",重点在晋南、上党、晋中、忻定和大同五大盆地,选择具有蔬菜产业优势的板块,强力推进设施蔬菜发展。按照规划,到"十二五"末期,山西省将新增设施蔬菜面积6.67万公顷,建成蔬菜标准园200个,总面积达16.01万公顷;设施蔬菜集约化育苗推广面积10.01万公顷,达到设施蔬菜总面积的60%;建设200个蔬菜标准园区,新建30个蔬菜产地批发市场,形成完备的信息、检测、物流系统。截至2010年底,全省设施蔬菜面积累计达10.03万公顷,比上年增加1.41万公顷,超额完成全年任务。

【中低产田改造工程】 2010年,全省各级土肥部门共完成中低产田改造13.91万公顷,其中,实施坡耕地综合治理4.74万公顷、旱平地土壤培肥5.28万公顷、沟坝地整治与培肥1.50万公顷、沟川地补灌与培肥1.22万公顷、盐碱地综合治理1.17万公顷。工程田平均亩增粮43.99千克、亩增收81.13元、亩节本8.08元、亩增纯收益89.21元;总增粮8665.84万千克、增产蔬菜859.38万千克、增产经济作物85.32万千克,总增收益1.94亿元。阳高县在北徐屯乡王庄村建设盐碱地综合治理示范田0.07万公顷,其中,中重度盐碱地246.79公顷。通过采取重施硫酸亚铁、脱硫石膏和DS-1997,增施畜禽肥与磷肥,实施抗盐耕作等化学、农艺综合改良措施,项目区玉米平均亩产达455千克,比对照增产67千克,增产率19.8%。

【作物集成新技术试验示范】 2010年,山西省组织开展旱地小麦地膜覆盖技术试验示范、小麦宽幅精播技术试点、杂交谷子试验示范、种植燕麦治理荒漠地试验示范和冬油菜北移试验示范等一系列新品种、新技术的试验示范工作,增产增收效果显著。洪洞县小麦地膜覆盖试验示范面积达133.40公顷,示范田平均亩产比对照田增产30%左右。引进河北省的杂交谷子新品种"张杂五号",在忻州、大同、晋中等十几个县进行多点试验示范。全省示范的约0.67万公顷杂交谷子平均亩产达400千克,比对照品种晋谷21号增产幅度超过100%。在北部三市的11个县(区)开展种植燕麦治理荒漠地试验233.45公顷,取得积极的生态和经济效益。

【品种审定管理】 组织召开品种审定会议,共审(认)定32种作物106个品种,审议通过外省审定在山西省同一适宜生态区引种的3种作物28个品种。开展审定品种和试验品种的转基因成分检测和品种真实性DNA指纹检测,对玉米、大豆、棉花等3种作物99个新品种进行转基因成分检测,对134个玉米参试品种进行品种真实性DNA检测。开展9种主要农作物参试品种和审定品种的标准样品征集保存工作,征集到标准样品259份。坚持农作物品种退出制度,起草《山西省主要农作物审定品种退出办法》,退出玉米、棉花、小麦等8种主要农作物118个生产不适宜品种。对山西省玉米、小麦等9种主要农作物审定标准及其他作物的认定标准进行修改。

【种子质量监督检验】 2010年,省农业厅加大种子质量监督抽查力度,开展质量田间种植鉴定,提升种子质量监管能力,确保农业用种安全。一是加强种子质量监督抽查。先后完成抽检甘肃、陕西23家企业18个样品,涉及14个品种,代表种子40.83万千克及抽检济南市、德州市23家企业40个样品,涉及4种作物25个品种,代表种子5.2万千克。抽检省内42家企业71个样品,涉及品种38个,代表种子248.3万千克。同时认真开展全省春季、秋季种子质量专项抽查和全省良种补贴小麦种子监督抽查。二是加大田间种植鉴定力度。对山西省质量监督抽查的玉米、小麦种子样品全部进行田间种植鉴定,在海南种植鉴定玉米种子样品71个,在屯留原种场种植鉴定玉米种子样品52个,在盐湖区良种场种植鉴定小麦种子样品43个。在长治国家区试站安排农业部全国春季种子市场抽查玉米种子种植鉴定田3.87公顷,鉴定品种371个。

【推广绿色防控技术】 2010年,山西省积极推进病虫绿色防控技术的集成创新与推广应用。全省共建立果树、蔬菜、马铃薯、小麦、玉米、棉花、蝗虫、草地螟等各种示范区225个,较上年增加13个;防控示范面积达13.72万公顷,增加1.77万公顷,辐射带动面积达74.76万公顷，增加8.34万公顷。其中，国家和省级示范区43个，示范面积3.48万公顷；市县级示范区182个，示范面积13.24万公顷。示范区共应用频振式杀虫灯4500余盏，性诱芯8.9万余枚，黄、蓝板12万块，生物农药46.2吨。结合示范区工作的开展，2010年山西省在国家级和省级示范区安排15项病虫害防控新技术试验，其中承担农技中心试验6项。

【旱作节水农业工程】 一是积极开展农田节水示范活动。以灌区节水和旱区蓄水为主攻方向，采取部省共建与省市县联建等措施，建设高标准农田节水示范区20个，建设旱作节水工程田13.24万公顷，推广膜下滴灌和水肥一体化0.56万公顷、W膜盖集雨补灌高效种植技术1.53万公顷、少耕穴灌聚肥节水技术1.20万公顷。项目区自然降水利用率提高5%~10%以上。二是认真组织实施农业部膜下滴灌技术示范项目。完成在曲沃和临猗实施的膜下滴灌技术示范项目，并通过农业部验收；全面落实2010年度永济和夏县的示范项目，共落实示范面积373.52公顷。三是全力抓好旱作农业示范基地建设。浑源、广灵等12个县实施的第四批扩大内需旱作农业示范基地建设项目，示范面积0.77万公顷，按照项目建设的总体要求，完成田间工程0.73万公顷，占到总示范面积的94.4%。

【测土配方施肥行动】 2010年，山西省以村级示范方建设、施肥建议卡上墙、配方施肥应用为主要内容，在全省范围内开展测土配方施肥普及行动，广泛开展测土配方施肥技术服务。全省在玉米、小麦、棉花、果树、小杂粮等作物上共推广测土配方施肥面积239.62万公顷，其中，配方施肥施用面积71.92万公顷，项目建设任务全面完成。全省共采集测试土壤和植株样品10.28万个，设立田间试验3157个，初步建立全省不同区域、不同作物的施肥指标体系。在春秋两季及时推荐区域施肥配方326个，建设不同规模示范区9863个，发放测土配方施肥建议卡418.7万份，免费为620多万户农民提供测土配方施肥技术服务。项目总增产粮食6.1亿千克、棉花356.7万千克、水果和蔬菜1.3亿千克，总减少不合理施肥17853吨，总增收节支14.3亿元。

【肥料市场监督管理】 一是不断规范肥料登记和省外肥料注册备案工作。2010年，全省共受理29个企业的39个产品，登记发证的28个企业，38个肥料产品。共注册备案外省肥料企业315个，1258个肥料产品。二是扎实开展肥料市场专项治理工作。积极组织依法开展肥料市场监管工作和送放心肥料下乡进村活动，确保农民用肥安全。全年全省各级农业部门共出动执法人员8510人次，车辆720辆次，发放宣传资料19.5万份，共检查肥料经营单位1820个，占全省经营单位63%；检查生产企业115个，占全省生产企业55%；检查市场10个，占全省市场50%；共检查市、县75个，占全省65%；抽检配方肥定点企业肥料样品20个，销售网点肥料样品10个，合格率均达88%。查处外省肥料未经山西省注册备案产品74个，查封伪劣肥料1700吨，为农民挽回损失119万元。

【农产品质量安全检验监测】 2010年，山西省进一步加强农产品检验监测工作，确保农产品质量安全。一是进行蔬菜农残例行监测。全省全年进行四次蔬菜农药残留例行监测，监测范围覆盖全省11个市的蔬菜生产基地、批发市场、超市，抽检品种包括油菜、韭菜、蒜苔等近30个品种，共抽取样品1760多个进行检测，农药超标率仅为2.8%。二是加强重点产品的专项监督抽查工作。5月，对全省11个市的蔬菜生产基地、批发市场、超市的芹菜和韭菜进行专项监测，共抽取样品217个进行检测，农药超标率比2009年同期有所下降。9月，开展对省城太原市的食用菌荧光增白剂专项检测，抽取样品20个，合格率100%。10月，对全省11个市的生产基地和批发市场的苹果进行农残、重金属以及鸡蛋中三聚氰胺的专项监测，均未检出。开展“海南毒豇豆”的专项检测，对太原市蔬菜批发市场和超市进行拉网式排查和抽样，共抽取豆类蔬菜样品4个，其中豇豆样品3个，并对不合格产品进行查封和销毁。三是开展供沪、供粤农产品的监督抽检工作。对晋中市寿阳县的甘蓝、忻州市神池县的南瓜、大同市广灵县的洋葱等生产基地样品进行抽取和专项监测，未检出农药残留。

（张钦斌　武少东）

农　垦

【概述】 2010年，山西农垦系统共有企业29个，分布在全省9个市、26个县（区）内，其中，省属企业8个，市属企业10个，县属企业11个。垦区总人口23305人，土地总面积23306公顷，耕地6440公顷。截至年底，以农牧业为主的企业25个，工业企业1个，商业企业3个。全省垦区总资产70182.4万元，总负债59580.1万元，所有者权益10602.3万元，资产负债率为84.89%。全省农垦企业完成国民生产总值37678万元，同比增长16.51%，其中，第一产业产值12235万元，增长113.79%；第二产业产值13221万元，减少14.18%；第三产业完成12222万元，增长9.03%。人均纯收入4830元，增长15%。

【国有农场土地确权工作】 一是农业、国土两厅联合下发《贯彻落实<国土资源部、农业部关于加强国有农场土地使用管理的意见>的实施意见》（晋农办发〔2010〕11号），为土地确权工作提供政策依据。二是组织召开全省农垦土地确权专题会议，研究部署土地确权工作。会同省国土资源厅，深入农场比较集中、确权任务相对难度较大的太原市、朔州市，对国有农场土地确权情况进行联合检查，现场办公。三是定期对国有农场土地确权进展情况进行通报，促进各国有农场土地确权、登记、发证等工作。截至2010年底，山西垦区已确权土地面积为16554.94公顷，比上年增加3795.23公顷。

【农网改造】 2010年，组织对全省农垦系统国有农场农村电网改造情况进行调查，并将调查情况报部农垦局。向省发改委争取农网改造升级工程项目并上报全省国有农场农网改造升级工程项目申请报告，垦区被纳入全省农网改造规划。

【安全生产】 一是与8个省直农垦企业签订安全生产目标责任书。二是在森林火灾的高发时期，多次对农垦企业森林防火工作进行督查指导。6月，在全省农垦企业开展“安全生产宣传月”活动，局领导深入农场，重点对企业的森林防火、防汛抗旱、矿山安全和农牧业生产安全等进行监督检查。三是组织召开山西农垦系统安全生产会议，对安全生产工作进行全面部署。

【项目监管】 一是与财政厅和综合开发处沟通协调，报送《关于将山西农垦国有农场纳入全省农业综合开发计划的申请》，希望将农垦农业综合开发工作做为一项常规性的工作给予列项支持。二是对竣工的贫困农场扶贫项目进行验收。三是组织召开重点贫困农场扶贫工作会，对2011年的扶贫项目进行安排部署。四是山阴农牧场奶牛原种场和优质饲料基地建设项目两个项目通过农业部验收。五是农牧场卫生院建设项目23个，总投资657万元，中央资金575万元全部到位。地方配套资金多数已由农场自筹基本到位。23个国有农场卫生院基础建设项目基本完成。

【学生饮用奶推广工作】 一是组织山西古城乳业进行学生饮用奶定点生产企业的申报，获得国家学奶办的批复和备案。二是组织山阴县九根畜牧专业合作社作申报第四批学生奶奶源示范基地。三是和省教育厅体卫处联合举办山西省“利乐杯”学生饮用奶废包手工创意大赛，征集参赛作品28个，报国家学奶办参加全国创意大赛。四是组织召开山西省学生饮用奶计划实施十周年纪念活动暨厅际协调小组会议。

【文化宣传】 在山西农业信息网、《山西农民报》《山西农垦情况》等媒介宣传山西农垦经济发展动态，取得良好效果。一是《山西农垦情况》自2010改版以来，信息量增加，内容和形式有所创新，全年共发18期。省直各场踊跃投稿，加强各场之间的沟通和垦区之间的工作交流。二是邀请《山西日报》记者到农场采风，宣传垦区和企业。三是在厅举办以“解放思想抓转型，焕发精神谋跨越”为主题的学习省委书记袁纯清讲话、弘扬右玉精神演讲比赛，许云麒演讲的《开垦出一片人生绿洲》获一等奖，局机关获最佳组织奖。四是农垦信息多次在山西农业信息网和厅《党建信息》上刊登。五是举办山西农垦系统宣传信息员培训班，为提高农垦系统信息宣传水平打基础。

【存在问题】 一是体制机制改革步伐缓慢。农垦主管部门对企业的管理仍然停留在行政层面的指导和监督。从社会负担方面看，公路、饮水安全、职工危房改造、农网改造等社会职能仍然由农场承担。二是农业生产受规模较小、基础条件落后等因素影响，优势并不明显，牧业生产以职工个人散养为主，难以满足规模化生产的需要，急需进行规模化养殖小区建设。三是生产、生活设施落后。由于无力投入足够的资金来改造恶劣的生产、生活条件，导致农场危房严重、土地盐碱化程度较高、饮水安全得不到有效保障、交通设施相对落后等问题。

（许云麒）

畜牧业

【概述】 2010年，山西省畜牧兽医工作取得显著成效，为全面完成“十一五”确定目标划上圆满句号。

1. 畜牧业政策框架体系不断完善，综合生产能力持续提升。“十一五”期间，各级政府强化对畜牧业发展政策导向，出台生猪调出大县奖励、能繁母猪补贴、奶牛良种补贴、新建奶站补助和奶牛政策性保险、蛋鸡规模养殖以奖代补、封山禁牧发展舍饲养殖、标准化养殖小区建设等一系列政策，畜牧业产业扶持政策框架体系不断完善。针对奶农卖奶难、低温冰冻雨雪灾害和突发高致病性禽流感、生猪蓝耳病等重大动物疫情，迅速出台困难奶农临时紧急救助、死亡畜禽补贴、倒塌圈舍贴息贷款、疫病扑杀补助等应急政策，有效稳定畜牧业生产。市、县各级政府在资金投入、建设用地、贷款使用、技术支撑方面出台优惠政策，对畜牧业发展起到推动作用。2010年，全省肉、蛋、奶产量分别达128万吨、86万吨、110万吨，分别比2005年增长41%、51%和48%，保障畜产品有效供给。

2. 规模健康养殖工程扎实推进，畜牧业发展方式明显转变。一是大力推进养殖方式转变。统筹雁门关生态畜牧经济区建设、中央现代农业建设、京津风沙源治理、汾河流域治理、退耕还林发展后续产业等资金，在全省重点建设一批畜禽标准化养殖小区和规模养殖场，截至2010年底达2000多个，规模化养殖比重达65%，传统养殖向现代养殖转变进程明显加快。二是大力推进生产方式转变。加快畜禽品种改良步伐，建设各类种畜禽场200多个，对良繁母猪和奶牛冻精改良实行全覆盖补贴，生猪良种化水平达85%、奶牛平均单产水平达4500千克；积极引导群众发展舍饲养殖，大力推广优质饲草饲料作物种植、秸秆青贮、配合饲料应用等技术，畜牧业初步实现从数量型增长向质量型增长转变。三是大力推进管理方式转变。出台标准化养殖技术规范，以统一标准规范各类项目建设，指导小区建设与规模相适应的青贮窖、粪污池、无害化处理设施，配备铡草机、收割机等加工设备，健全养殖档案，建立兽药、饲料、生产等记录，促使规模养殖步入标准化、规范化管理轨道，推动畜牧业转型升级。

3. 疫病防控能力稳步提升，重大动物疫病防控成效显著。各级畜牧兽医部门深入贯彻“加强领导、密切配合，依靠科学、依法防治，群防群控、果断处置”工作方针，加强组织领导，加大工作力度，认真落实以免疫为重点的综合防控措施，扎实开展重大动物疫病防控专项整治行动，取得连续四年未发生禽流感和牲畜口蹄疫疫情，疫情连年下降好成绩。强化动物卫生监督执法工作，加强产地检疫、屠宰检疫和公路检查站监督检查，产地检疫和屠宰检疫率逐年上升。积极推进动物标识和疫病可追溯体系建设，完成二维码动物标识申请、采购、发放、佩戴工作，加大对未佩戴二维码标识动物执法力度，进入流通环节牲畜二维码标识佩戴率达100%。深入推进兽医管理体制改革，全省建立2270个乡镇兽医站，投资2亿多元对基层站办公场所、实验室、防疫设施等进行改造。督促各市县解决人员工资待遇，全省108个县全额解决乡镇站人员工资、113个县落实村级防疫员工资补贴。加快以官方兽医和执业兽医为主体的新型兽医制度建设，完成2010年全省首次执业兽医资格考试工作。

4. 质量安全监管措施有力有效，畜产品质量安全水平逐步提升。一是加强对生鲜乳质量安全监管。“三聚氰胺”奶粉事件后，全省深入开展奶站清理整顿工作，严格规范奶站经营主体资格，严格发放奶站经营许可证，在全省规范建设生鲜乳收购站610个。加强生鲜乳生产和收购环节监管，加大生鲜乳质量安全抽检批次，依法查处各种违法行为，全省生鲜乳质量稳步提高。二是加强对饲料及饲料添加剂监管。加强对饲料生产、经营企业资质审查，全面规范养殖户自配饲料行为，加大对三聚氰胺、瘦肉精等违禁药品检测力度，不定期对饲料企业、营销企业和养殖户饲料产品进行抽查，坚决查处不合格企业和产品，有效震慑各种违法行为，净化饲料产品市场。三是加强对兽药行业监管。积极推进兽药企业GMP认证工作、兽药经营质量管理规范GSP实施工作，严厉打击制售假劣兽药行为。强化药物残留监管，严厉打击超剂量、超范围和不执行休药期等滥用兽药行为，动物产品兽药残留抽检合格率始终保持98%以上。

5. 龙头企业快速发展，产业化经营水平明显提高。各地坚持用产业化理念经营畜牧业，按“龙头+基地+农户”模式，积极建设畜产品基地和龙头企业，畜牧产业链条得到有效延伸，已进入“品牌”规模扩张阶段。在龙头企业建设上，通过外引内联等多种方式，从政策、技术、资金上积极扶持畜产品、饲料加工企业发展，蒙牛、伊利、雅士利、雨润等省外著名企业纷纷进驻山西，古城、龙海、大象、粟海等省内企业通过技术改造，带动能力明显增强，推动全省畜牧产业发展。在畜产品基地建设上，全省在推进雁门关生态畜牧经济区建设同时，重点扶持建设15个优势畜产品示范基地县和一批重点县，涌现出高平市生猪、山阴县奶牛、稷山县蛋鸡等规模大、水平高专业化畜牧基地县，为龙头企业发展提供充足、优质原料保障。在专业合作组织建设上，把发展畜牧合作经济作为提高农民组织化程度、提升畜牧业发展水平有效途径，积极扶持农民经济合作组织、专业技术协会、流通协会和经济人队伍发展，并优先对合作组织负责建设的标准化养殖小区、规模场进行扶持，全省各类畜牧业经济组织达1万多个。

【《山西省草原火灾应急预案》出台】 1月11日，《山西省草原火灾应急预案》出台。按照预案，山西省草原火灾将实行四级标准：特别重大（Ⅰ级）、重大（Ⅱ级）、较大（Ⅲ级）、一般（Ⅳ级）四个级别，并相应四级应急响应级别。其中Ⅰ级响应为：当火场持续72小时尚未得到有效控制，或严重威胁居民地及重要设施，或在省交界处和重点风景名胜区时，将启动特别重大应急预案。

【沁县2万养殖户受益惠农卡】 沁县畜牧兽医中心在县委、县政府和长治市畜牧兽医局领导下，紧牵农行手，开展“服务三农、为养殖户办理惠农卡”专项活动。沁县畜牧兽医中心为农行提供养殖重点村名单，农行工作人员上门为养殖户办理“惠农卡”。

【亿元养猪大项目】 阳高县与北京顺鑫公司合作的生猪繁育养殖合作项目在大同市签约，该项目总投资1.8亿元，标志着京晋农业区域合作取得实质成果。项目投产后，对加快大同市现代农业示范区、优质农畜产品基地建设，促进京晋农产品产销合作具有重要意义。

【侯马市养殖协会挂牌成立】 侯马市养殖协会正式成立，使侯马市养殖业步入标准化、规范化、集约化发展轨道，对提升养殖户组织化程度、抵御市场风险能力、增加农民收入等都将发挥积极作用。

【奶站统计监测软件应用培训班】 8月16~18日，省畜牧兽医局畜牧处在运城市举办。举办培训班对强化全省奶站监测体系，确保生鲜乳市场平稳供给和质量安全起到强有力支撑作用。

【全省生猪良繁体系建设推进（平定）现场会】 9月30日召开。会议提出巩固全省生猪良繁工作取得成绩，全面推广平定县生猪良繁体系建设经验，并就进一步“扩大战果”作出具体要求。到2015年，全省将力争实现储备原种猪3.5万头，生产二元种猪20万头，提供优秀种公猪2万头，良种猪覆盖率达95%，人工授精普及率达70%，年出栏生猪1500万头目标，初步实现种猪与商品猪自给自足。

【荣膺全国养猪行业评比大奖】 高平市正易农牧科技发展有限公司获得“第一届全国养猪行业百强优秀企业”荣誉称号，这是山西省唯一一家获此殊荣畜牧企业。

【山西省27个养殖场入围第一批全国畜禽标准化示范场名单】 11月4~5日，农业部在湖北宜昌市召开全国畜禽养殖标准化示范创建现场会。农业部公布第一批全国畜禽标准化示范场名单，全国1276家畜禽养殖场入围，其中山西省有6个生猪、9个蛋鸡、9个奶牛、1个肉鸡、1个肉牛、1个肉羊共27个规模养殖场名列其中。

【大同高速为农畜产品运输开“绿灯”】 大同高速公路公司各收费站为运输鲜活农产品车辆开设“绿色通道”。据统计，仅11月15~21日，该公司所辖环城高速和得大高速9个收费站共免费放行运输鲜活农产品车辆862辆，减免通行费959790元，平均每日放行车辆123辆，减免通行费13.5万元。

【浮山县养殖协会荣膺“全国科普惠农兴村先进单位”称号】 浮山县养殖协会通过中国科协、财政部“科普惠农兴村计划”专家组评审，被授予“全国科普惠农兴村先进单位”称号。 (谢　卓　陈晓红)

农业机械化

【概述】 一是农机装备水平显著提高。截至2010年底，全省农机总动力达2787.2万千瓦，比上年增长4.9%；农业机械原值达172.77亿元，比上年增长12.9%。共新增大中型拖拉机7280台，保有量达7.32万台；新增玉米联合收割机2439台，保有量达3896台；马铃薯播种收获机械新增890台，保有量达2509台。大中型拖拉机及玉米、马铃薯收获机械的大量增加，有效地优化了农机结构，强化了粮食综合生产能力。二是全省农机化作业水平稳步提升。2010年全省机耕、机播、机收水平分别达67.5%、56.3%、24%。主要作物机械化综合水平达51.1%，比上年提高4%。玉米机收水平达17%，取得重大突破；保护性耕作实施面积达64.43万公顷；机械秸秆还田面积增加到88.8万公顷；精量半精量播种面积增加到93.5万公顷。农机化作业在更大范围替代了人畜力劳动，为农村劳动力继续转移创造了条件。三是农机作业服务领域进一步拓展。2010年，全省畜牧机械发展到6.77万台，设施农业温室发展到3.4亿平方米，田园管理机械发展到3.7万台，农副产品产后处理及初加工机械发展到42.5万台。农机服务有力地推动了农业生产和农村经济向深度和广度扩展。四是农机服务组织蓬勃发展。2010年，全省各类农机服务组织达83.2万个，其中农机专业合作社数量新增451个，达875个，入社人数达9311人；农机大户新增1263个；农机服务“S”店建设各市上报完成48个，其中省级考核验收挂牌38个，委托市级验收挂牌10个；农机维修示范点建设达22个。农机专业合作社建设工作走在全国前列。农机服务“S”店建设属全国首创，首家出台了《关于创建农机服务“S”店的实施意见》；农机维修示范点建设，农业部农机鉴定总站给予“工作成绩突出、工作成效显著、居全国前列”的评价。五是农机化经营效益大幅增长。2010年，全省农机化经营总收入达97.69亿元，比上年增加10.05亿元，增幅11.47%。农机化经营纯收入达52.18亿元，比上年增加5.58亿元，增幅11.97%。农机户纯收入达48.7亿元，比上年增加4.95亿元，增幅11.31%。六是农机安全生产形势持续向好。全省农机安全生产事故起数、伤亡人数均低于省政府对农机安全生产的总体控制考核指标，农机安全生产形势继续保持稳定。

【落实农机购置补贴政策】 2010年，全省共落实农机购置补贴资金5.95亿元，比上年增加1.5亿元，增长33.7%。共补贴9.9万户农民购买各类农业机械11.8万台(套)，引导农民投入13亿元，带动全省农机经销企业销售额达20余亿元，比上年增加27%，取得“农民得实惠、企业得效益、政府得民心”的良好效果。在补贴机具目录确定方面，首先向社会公布确定目录的办法、程序，让农机生产企业心中有数，准备充分；二是对原来已进入补贴目录、质量服务可靠、农民反映良好的机具，可以直接进入下一年度的补贴目录；三是2010年开发了生产企业网上申报软件，实行网上申报，减少企业往返，有效减轻了生产企业营销成本。在补贴机具供应及经销商管理方面，严格执行农业部由生产企业推荐经销商、省级农机主管部门向社会公布的规定，制订《经销商管理办法》。2010年农机补贴机具定点经销企业为142个，保证每个县都有2个以上的经销企业，供购机农民选择，基本实现“三个自主”：生产企业自主选择经销企业、农民自主选择农机产品、自主选择经销企业，促进农机补贴机具市场的良性竞争，也为广大农民充分享受生产、经销企业良好的售前、售中、售后服务建立了科学机制。在资金兑付结算方面，农民实行差价购机，经销企业先行垫付补贴资金，然后根据企业需要，随时提出结算，经审核符合条件后，由省财政将补贴资金直接拨付经销企业，保证中央财政农机补贴资金运行安全。在审批公示方面，将农机补贴审批权下放，由原来的省市县三级审批，变为县级直接审批，省市农机部门网上远程监控，降低了补贴管理成本，提高了工作效率。审批时间由2周缩短为3~7天。更为重要的是省市县三级农机主管部门实施农机补贴职能划分更为合理，使省市两级从繁重的审批环节中解脱出来，有更多的精力作好监管工作，保证农机补贴工作健康有序发展。

【组织季节机械化生产】 2010年春季，山西省分别完成机耕、机械化秸秆还田和机播面积77.33万公顷、20.66万公顷和150万公顷，分别比上年提高了5%、6%和8%。“三夏”期间，投入各类农业机械40多万台件，其中联合收割机9000多台，精量半精量播种机1.7万台，完成机收小麦面积63.49万公顷，占小麦种植面积的88%；完成机械复播33.53万公顷，占全省复播任务的81.2%，作业时间比上年缩短了7天。在“三秋”机械化作业中，完成小麦机播面积63.2万公顷，机播率达90.7%，比上年提高了3.7%；完成秸秆还田面积74.2万公顷，完成玉米机收面积26.66万公顷，作业面积比上年翻了一番，玉米机收水平达17%，比上年提高了7.33%；完成马铃薯机收面积4.93万公顷，作业面积比上年增长了三分之一，机收率达24%。

【加快农业机械化重点工程建设】 2010年，全省组织428个农机专业合作社、977个农机大户实施农机深松整地作业面积10.12万公顷，涉及全省11个市97个县的552个乡、2008个村，受益农户24万户，受益人口90万人；新增保护性耕作实施面积7.19万公顷，累计达64.43万公顷，覆盖全省11个市100个县，受益农民近1100万人，为全省增产粮食6.5亿公斤，节约生产成本3.3亿元，总节本增效16.2亿元。

【加快农机化公共服务体系建设】 2010年，全省选择培育了16个农机推广旗帜县，并在每个县建设了3~5个区域性农机推广示范基地，初步探索出省、市、县、区四级联动农机技术推广网络基本框架。投入450万元为55个县配备移动检测线55条，14个市县配备红外线桩考仪14套，25个县补助购置25台监理专用车。在《山西日报》等省级媒体刊登农机化宣传报道100余篇，省电视台播放农机化新闻28次；与气象、通信部门联合建立了机收作业信息发布平台，发布跨区作业信息2万余条。积极扩大阳光工程农机培训规模，首次安排了农机操作手培训资金，完成农机操作手培训3.8万人；实施农机“送教下乡”，10980名农民走进了中等职业教育课堂。与省财政厅等5个厅局联合下发了《关于加快扶持农机专业合作社发展的意见》，与省工商局联合下发了《关于加强农机维修市场管理工作的实施意见》，省级投入资金1700万元，新发展农机大户1120个、农机专业合作社268个，创建农机服务“S”店31个，培育“星级”农机维修网点22个，改扩建农机维修网点189个。

【加大农机科研和农机化技术推广力度】 2010年，全省共举办各类现场演示会213次，推广各类机具6.5万台，开展技术培训280次，累计推广示范作业面积达453.34万公顷。全年投入农机科研项目资金280万元，完成11项科技开发项目。其中“小麦玉米一年两作保护性耕作技术”首次获得山西省农村技术承包一等奖。飞象集团“玉米收获机”被列入2010山西省科技创新计划项目，柠条饲料产业化技术示范项目列入科技部“十二五”项目库。同时，围绕省委、省政府现代农业示范区建设部署，在全省建成5个现代农业机械化示范区，小麦、玉米和薯类三大作物基本实现了全过程机械化生产。

【拓展农机作业领域】 2010年，全省在三大现代农业示范区25个县实施了大棚骨架补贴试点，投入补贴资金5000余万元，补贴农民购买大棚骨架7492套，带动发展卷帘机1.7万台、二氧化碳发生器357台、微耕机9675台、加温炉2300台。在全省实施了低温冷榨油加工、小麦小杂粮加工、红枣烘干去核、果蔬加工、饲草加工及肉类加工等25个农产品处理初加工技术示范项目，建立示范点296个，推动农机服务延伸到全省农村农产品加工的主要领域。

【农机安全监理】 2010年，全省新注册登记各类机车20265台，新训新考驾驶员13070名，检验各类机车61596台。在全省开展了“档案规范年”活动，整理规范监理文书档案30多万份；深入开展了农机安全生产专项整治行动，组织执法检查10万余台次，排查一般隐患2072项，纠正各类违章21869次；建成“平安农机”示范县11个，示范乡123个，示范村1000个，示范户10000个，原平、平遥、平定、大同等4县被评为全国“平安农机”示范县。

【农机质量监管】 2010年，全省组织了“3·15”农机“质量与服务”宣传咨询活动；联合工商、质监等部门，查处无证、假冒劣质农机及零配件1980台；对162台玉米收获机进行了质量调查；对31个播种机生产企业质量保障能力、140个定点销售企业服务质量进行了督导；抽查、定期检验农机产品239项；组织开展了农机维修网点大检查、大整顿；受理农机质量投诉案件24起，为农民挽回经济损失约12万元；完成农机产品定型鉴定119项、推广鉴定217项；增补147个企业14类512个品种进入山西省政府支持推广的农机产品目录，推荐7个企业10种农机产品列入国家支持的农机产品目录；制定实施了《塑料薄膜日光温室建造规范》地方标准。

（秦永红）

农业科技

【概述】 2010年山西省农业科学院共开展科研课题1038个，其中国家级课题210个，省级课题377个，院级课题431个，地市课题16个，其他横向课题4个。2010年新开课题274个，国家级课题39个，其中：国家自然科学基金课题3个，国家农业科技成果转化资金课题8个，国家国际合作课题4个，国家星火课题3个，农业部公益性行业课题7个，林业部公益行业课题1个，农业部转基因专项课题3个，农业部引进计划课题2个，农业部药检所课题3个，农业部资源研究课题4个，农业部重点实验室课题1个；省级课题138个，院级课题99个，地市级课题9个，横向课题4个。全院共鉴定(评审、验收)科研新成果41项；获国家科技进

2010 年 6 月 22 日，省长王君（左四）、副省长刘维佳（右二）视察山西省农业科学院东阳渗水地膜试验基地　　（梁海萍提供）

步二等奖 1 项，获山西省科技进步一等奖 2 项，二等奖 8 项，三等奖 12 项。获山西省农村技术承包一等奖 6 项，二等奖 16 项，三等奖 1 项。13 个农作物新品种通过国家品种审定委员会审（鉴）定，8 个农作物新品种获得植物新品种保护权；65 个农作物新品种通过省级审定委员会审（认）定。获国家授权专利 16 件（其中发明专利 5 件、实用新型专利 11 件）。在省级以上刊物发表科技论文 500 篇，其中国家级期刊 195 篇，分别较上年增长 450%和 53.5%。出版科技著作 24 部，其中 SCI 收录 8 篇论文。山西省农业科学院 300 余名科技人员在全省 80 个县实施 40 个农业技术推广示范项目，示范推广农作物畜禽优良新品种 186 个，组装集成配套 105 项先进适用技术，示范总面积 4335.5 公顷，累计推广 13.95 公顷，为实现全省粮食增产、农民增收提供技术支撑。

【国际水平成果】 (1)山西省农业科学院植物保护研究所完成的“山西蝶类资源及重要有害类群综合治理研究与应用”成果。(2)山西省农业科学院旱地农业研究中心完成的“山西旱作农业高产高效技术体系及配套农机具的研究与示范”成果。(3)山西省农业科学院农产品贮藏保鲜研究所完成的“红富士苹果冰温贮藏保鲜新技术”。(4)山西省农业科学院食用菌研究所完成的“白灵菇优质高产成套栽培技术研究及推广应用”项目。(5)山西省农业科学院农业资源与环境研究所完成的“山西省数字化土壤资源信息平台关键技术研究与应用”成果。(6)山西省农业科学院畜牧兽医研究所完成的“犊牛全混合日粮营养调控及膨化技术研究”成果。(7)山西省农业科学院农业科技信息研究所完成的“阳城红山茱萸优质高产栽培关键技术研究”成果。(8)山西省农业科学院植物保护研究所完成的“中国蛱蝶科物种遗传多样性与系统进化研究”成果。(9)山西省农业科学院农业资源与环境研究所完成的“褐土质量演变规律与持续利用技术研究”成果。(10)山西省农业科学院农业资源与环境研究所完成的“山西省小麦—玉米轮作体系养分资源综合管理技术研究”成果。(11)山西省农业科学院经济作物研究所完成的“晋产远志优质高效栽培模式研究”成果。(12)山西省农业科学院高粱研究所和太谷县嘉禾农业科技开发有限公司合作完成的“利用沼肥生产无公害甜瓜综合栽培技术的研究与应用”成果。

【获奖成果】 国家科技进步类二等奖：山西省农业科学院果树研究所参与完成的“枣林高效生态调控关键技术的研究与示范”。山西省科技进步类一等奖：(1)高产适应性强玉米新品种强盛 1 号选育与应用（完成单位：山西强盛种业有限公司、山西省农业科学院食用菌研究所）。(2)高产优质多抗广适玉米新品种长单 46 号及育种技术创新（完成单位：山西省农业科学院谷子研究所）。山西省科技进步类二等奖：(1)粮饲兼用高淀粉玉米新品种大丰 5 号选育与推广（完成单位：山西大丰种业有限公司）。(2)山西旱作农业高产高效技术体系及配套机具研究与示范（完成单位：山西省农业科学院旱地农业研究中心、山西省农业科学院小麦研究所、山西省农业科学院谷子研究所）。(3)国鉴优质高产多抗番茄晋番茄 4 号的选育及应用（完成单位：山西省农业科学院蔬菜研究所）。(4)猪主要繁殖障碍性疾病检测诊断及防治技术研究（完成单位：山西省农业科学院畜牧兽医研究所）。(5)高产、优质高淀粉玉米新品种晋单 54 号的选育与应用（完成单位：山西省农业科学院玉米研究所）。(6)优质高效谷子新品种长农 36 号的选育及应用（完成单位：山西省农业科学院谷子研究所）。(7)山西杂谷螟虫分布区划及综合治理技术推广（完成单位：山西省农业科学院植物保护研究所）。(8)优质、高产春油菜新品种高油 9 号的选育与应用（完成单位：山西省农业科学院高寒区作物研究所）。山西省科技进步类三等奖：(1)早脆王枣的引选及推广应用（完成单位：山西省农业科学院园艺研究所）。(2)营养对猪肉品质影响及专用添加剂研究（完成单位：山西省农业科学院农业科技情报所）。(3)优质谷晋谷 40 号的选育及其应用（完成单位：山西省农业科学院经济作物研究所）。(4)中熟油桃新品种“艳霞”的选育研究及示范推广

2010年山西省通过国家审定新品种目录

品种名称	选育单位	主要完成人
高粱“晋糯1号”	山西省农业科学院高粱研究所	李团银等
高粱“晋甜杂1号”	山西省农业科学院高粱研究所	张福耀等
大豆“汾豆78”	山西省农业科学院经济作物研究所	刘学义等
谷子“汾选8号”	山西省农业科学院经济作物研究所	赵海云等
食用向日葵“H7107和H7108”	山西省农业科学院棉花作物研究所	黄增强等
苦荞“晋荞麦(苦)2号”	山西省农业科学院作物科学研究所	李秀莲
谷子“晋谷48号”	山西省农业科学院作物科学研究所	马建萍等
黍子“晋黍8号”	山西省农业科学院高寒区作物研究所	李　海等
甘蓝“惠丰6号、惠丰7号”	山西省农业科学院蔬菜研究所	武永慧等
大白菜“惠白88”	山西省农业科学院蔬菜研究所	武永慧等
小麦“运旱618”	山西省农业科学院棉花研究所	李秀绒等

2010年山西省获国家植物新品种保护权目录

品种名称	选育单位	主要完成人
强盛16号玉米	山西省强盛种业有限公司	尚春树
强2837玉米	山西省强盛种业有限公司	尚春树
强盛28号玉米	山西省强盛种业有限公司	尚春树
晋单青贮42号玉米	山西省强盛种业有限公司	尚春树
晋豆34号大豆	山西省农业科学院经济作物研究所	刘学义等
临旱6号普通小麦	山西省农业科学院小麦研究所	卫云宗等
晋麦79号普通小麦	山西省农业科学院小麦研究所	卫云宗等
长玉19号玉米	山西省农业科学院谷子研究所	宋殿珍等

2010年通过山西省审定的新品种目录

品种名称	选育单位	主要完成人
品糯1号玉米	山西省农业科学院农作物品种资源研究所	周建萍等
品玉598玉米	山西省农业科学院农作物品种资源研究所	田齐建等
品燕1号莜麦	山西省农业科学院农作物品种资源研究所	崔　林等
品协豌1号豌豆	山西省农业科学院农作物品种资源研究所	乔治军等
品金红3号红小豆	山西省农业科学院农作物品种资源研究所	畅建武等
品糜1号糜子	山西省农业科学院农作物品种资源研究所	王　纶等
晋品谷2号谷子	山西省农业科学院农作物品种资源研究所	温琪汾等
雪甜宝1号甜瓜	山西省农业科学院生物技术研究中心	王果萍等
少刺1号黄瓜	山西省农业科学院蔬菜研究所	马蓉丽等
矮红宝番茄	山西省农业科学院蔬菜研究所	王永珍等
惠丰90白菜	山西省农业科学院蔬菜研究所	武永慧等
晋茄早1号茄子	山西省农业科学院蔬菜研究所	张继宁等
晋菜豆2号菜豆	山西省农业科学院蔬菜研究所	张京社
晋早蜜2号西瓜	山西省农业科学院蔬菜研究所	郭尚等
盛玉366玉米	山西省强盛种业有限公司	尚春树等
苏玉26玉米	山西强盛种业有限公司	武岩军等
大丰青贮1号玉米	山西大丰种业有限公司	郭国亮等
特红1号红小豆	山西省农业科学院高粱研究所	张振刚等
晋谷50号谷子	山西省农业科学院高粱研究所	张福耀等
晋单70号玉米	山西省农业科学院玉米研究所	郑联寿等
晋单71号玉米	山西省农业科学院玉米研究所	卢保红等
晋单72号玉米	山西省农业科学院玉米研究所	王文彦等
晋单74号玉米	山西省农业科学院玉米研究所	王建军等

续表

品种名称	选育单位	主要完成人
晋单75号玉米	山西省农业科学院玉米研究所	程　宏等
晋扁豆1号小扁豆	山西省农业科学院玉米研究所	高克昌等
苹果矮化砧木SH1,苹果中间矮化砧木	山西省农业科学院果树研究所	苹果砧木课题组
友谊甜樱桃	山西省农业科学院果树研究所	陈秋芳等
吉塞拉5号酸樱桃×灰毛叶樱桃	山西省农业科学院果树研究所	陈秋芳等
晋赞大枣	山西省农业科学院果树研究所	李登科等
金谷大枣	山西省农业科学院果树研究所	李登科等
海尔特兹树莓	山西省农业科学院果树研究所	陈双建等
秋黑宝葡萄	山西省农业科学院果树研究所	陈　俊等
丽红宝葡萄	山西省农业科学院果树研究所	陈　俊等
晋霞苹果	山西省农业科学院果树研究所	田建保等
晋18短枝红富士苹果	山西省农业科学院果树研究所	田建保等
金薄丰1号核桃	山西省农业科学院果树研究所	田建保等
长麦6135小麦	山西省农业科学院谷子研究所	常云龙等
长单506玉米	山西省农业科学院谷子研究所	李　洪等
长单525玉米	山西省农业科学院谷子研究所	李中青等
长豆18号大豆	山西省农业科学院谷子研究所	刘永忠等
YZ-2棉花	山西省农业科学院棉花研究所	杨六六等
YK511向日葵	山西省农业科学院棉花研究所	黄增强等
晋油9号油菜	山西省农业科学院棉花研究所	杜春芳等
牧玉2号玉米	山西省农业科学院畜牧兽医研究所	王运琦等
晋单69号玉米	山西省农业科学院现代农业研究中心	白琪林等
晋单77号玉米	山西省农业科学院现代农业研究中心	任志强等
晋豆42号大豆	山西省农业科学院现代农业研究中心	张小虎等

续表

品种名称	选育单位	主要完成人
晋麻 1 号大麻	山西省农业科学院经济作物研究所	康红梅等
晋花 7 号花生	山西省农业科学院经济作物研究所	王国桐等
晋谷 49 号谷子	山西省农业科学院经济作物研究所	陈 瑛等
L-6 大豆	山西省农业科学院作物科学研究所	张海生等
并单 16 号玉米	山西省农业科学院作物科学研究所	段运平等
并单 17 号玉米	山西省农业科学院作物科学研究所	段运平等
晋谷 51 号谷子	山西省农业科学院作物科学研究所	马建萍等
太 22A 棉花	山西省农业科学院作物科学研究所	杨 芬等
晋阳 2 号玉米	山西省农业科学院作物科学研究所	岳 青等
蜜丰南瓜	山西省农业科学院园艺研究所	马海龙等
官枣	山西省农业科学院园艺研究所	马光跃等
晋糜 1 号糜子	山西省农业科学院右玉试验站	刘根科等
晋豌豆 4 号豌豆	山西省农业科学院右玉试验站	靳建刚等
晋燕 13 号莜麦	山西省农业科学院右玉试验站	薛志强等
晋油 8 号油菜	山西省农业科学院高寒区作物研究所	王瑞霞等
晋亚 11 号胡麻	山西省农业科学院高寒区作物研究所	杨建春等
晋薯 19 号马铃薯	山西省农业科学院高寒区作物研究所	范向斌等
晋薯 20 号马铃薯	山西省农业科学院高寒区作物研究所	杜 珍等
晋薯 21 号马铃薯	山西省农业科学院高寒区作物研究所	王春珍等
晋豆 43 号大豆	山西省农业科学院高寒区作物研究所	郭新文等
晋芝 6 号芝麻	山西省农业科学院小麦研究所	杨三维等
临草 2 号黑小麦	山西省农业科学院小麦研究所	杨 峰等
临远 8 号小麦	山西省农业科学院小麦研究所	李国强等
春燕 [illegible] 号燕	山西省农业科学院小麦研究所	贾强生等

（完成单位：山西省农业科学院果树研究所）。(5)棉花杂交种“杂208”的选育及应用（完成单位：山西省农业科学院棉花研究所）。(6)保护地果菜蜜蜂授粉技术推广（完成单位：山西省农业科学院园艺研究所）。(7)抗旱、早熟玉米“咏丰1号”的选育及推广（完成单位：山西省农业科学院高粱研究所）。(8)高档盆花营养诊断指标及质量控制技术研究（完成单位：山西省农业科学院园艺研究所）。(9)高产优质抗病高粱品种晋杂20号的选育与推广（完成单位：山西省农业科学院农作物品种资源研究所）。(10)早熟优质抗逆“晋棉49号”选育与应用（完成单位：山西省农业科学院棉花研究所）。(11)优质高产抗蚜虫小麦品种“临选2035”选育及推广应用（完成单位：山西省农业科学院小麦研究所）。(12)利用西改牛选育红白花奶牛研究（完成单位：山西省农业科学院畜牧兽医研究所）。农村技术承包奖一等奖：(1)规模化猪场母猪高效饲养技术（完成单位：山西省农科院畜牧兽医研究所）。(2)“玉露香梨”优质丰产栽培技术（完成单位：山西省农科院果树研究所）。(3)“金钟梨”新品种稳产优质高效生产技术（完成单位：山西省农科院果树研究所）。(4)甜糯玉米高优配套栽培技术（完成单位：山西省农科院高粱研究所）。(5)旱地玉米少耕增密集成高产高效技术（完成单位：山西省农科院谷子研究所）。(6)大同32号谷子示范及高产栽培技术推广（完成单位：山西农科院高寒所谷子课题组）。山西省农村技术承包奖二等奖：(1)露地无公害蔬菜高效生产综合示范（完成单位：山西省农科院蔬菜所）。(2)资源转型区设施农业标准化栽培技术推广（完成单位：山西省农科院农业环境与资源研究所）。(3)丰禾96丰产栽培技术推广（完成单位：山西丰禾种业有限公司）。(4)中耕保墒追肥机及农艺关键技术的推广（完成单位：山西省农科院小麦研究所）。(5)复播玉米丰产方（完成单位：山西省农科院小麦研究所）。(6)蔬菜高效多样栽培技术及新品种示范推广（完成单位：山西省农科院蔬菜所）。(7)马铃薯机械化高垄密植栽培技术推广（完成单位：山西省农科院高寒区作物研究所）。(8)蛋鸡高产营养调控及饲养技术（完成单位：山西省农科院畜牧兽医研究所）。(9)规模化种猪场养殖配套技术（完成单位：山西省农科院畜牧兽医研究所）。(10)胡麻新品种示范及综合高产配套技术（完成单位：山西省农业科学院高寒区作物研究所）。(11)旱地玉米高产综合栽培技术（完成单位：山西省农科院作物科学研究所）。(12)马铃薯新品种及高产高效栽培技术推广（完成单位：山西省农科院高寒区作物研究所）。(13)玉米高产高效种植技术推广应用（完成单位：山西省农科院农业环境与资源研究所）。(14)高寒山区玉米高产栽培技术（完成单位：山西省农业科学院玉米研究所）。(15)谷子优质高产综合栽培技术（完成单位：山西省农科院品种资源研究所）。(16)微生物肥料“元气宝”的应用技术推广（完成单位：山西省农科院农业环境与资源研究所）。山西省农村技术承包奖三等奖：蔬菜高产高效栽培技术（完成单位：山西省农科院小麦研究所）。

【国家授权专利】(1)一种转基因棉花再生株移植器（完成单位：山西省农业科学院棉花研究所）。(2)高取代度水溶性磷酸酯淀粉的制备方法（完成单位：山西省农业科学院绿康无公害农产品发展中心）。(3)一种人工中耕除草施肥机（完成单位：山西省农业科学院植物保护研究所）。(4)一种多功能害虫诱捕器（完成单位：山西省农业科学院植物保护研究所）。(5)一种防虫果袋（完成单位：山西省农业科学院植物保护研究所）。(6)农杆菌介导木本植物叶芽原位基因转化方法（完成单位：山西省农业科学院生物技术研究中心）。(7)杂粮保鲜湿面的制造方法（完成单位：山西省农业科学院农产品加工研究所）。(8)一种苦荞抗氧化保健酒（完成单位：山西省农业科学院农产品加工研究所）。(9)一种从苦荞麸皮中提取黄酮的方法（完成单位：山西省农业科学院农产品加工研究所）。(10)农用微孔地膜打孔器（完成单位：山西省农业科学院旱地农业研究中心）。(11)农作物出苗板结表土破解器（完成单位：山西省农业科学院旱地农业研究中心）。(12)轻便

大豆专家盖钧镒院士（右四）对山西省农业科学院品种资源研究所国家“863”重大专项的子课题“杂交大豆高效制种技术的创制与应用”进行现场考察和指导

（梁海萍提供）

山西省农业科学院棉花研究所小麦新品种“舜麦 1718”示范田

（古兆明摄　梁海萍提供）

农田土壤悬虚镇压器（完成单位：山西省农业科学院旱地农业研究中心）。⒀小麦覆膜施肥播种镇压一体机（完成单位：山西省农业科学院旱地农业研究中心）。⒁旱地玉米探墒施肥播种机（完成单位：山西省农业科学院旱地农业研究中心）。⒂防秸秆堵塞的土壤深松施肥机（完成单位：山西省农业科学院玉米研究所）。⒃地下微灌设备（完成单位：山西省农业科学院棉花研究所）。

【新注册商标】 (1)“果缘高”（山西省农业科学院棉花研究所）。(2)“喷缘红”（山西省农业科学院棉花研究所）。(3)“绿色沃能”（山西省农业科学院棉花研究所）。(4)“蜜蜂露”（山西省农业科学院棉花研究所）。(5)“花果露”（山西省农业科学院棉花研究所）。(6)“白叮”（山西省农业科学院生物技术研究中心）。(7)“生力源”（山西省农业科学院生物技术研究中心）。(8)“洪图”（山西省农业科学院植物保护研究所）。(9)“方乐”（山西省农业科学院植物保护研究所）。

【农民科技培训】 针对农业生产的关键技术和急需技术，山西省农业科学院加强农业科技培训工作，通过组织科技大篷车下乡，在农村建设“科技辐射园”，成立农民技术夜校，现场培训指导，实地操作和请进来、送出去等形式，使先进的科学技术普及到千家万户，普及到示范点周围的县、市，使从业劳动者素质大幅度提高。全年 600 余人次科技人员深入到农村生产第一线，共开展培训活动 586 次、观摩活动 68 次，发放技术资料 56 万份，制作宣传版面 300 余块，培训农民 105 万人(次)。

【人才培养与对外交流】 2010 年全面实施“133 人才素质工程”，全院有 7 人取得博士学位，21 人取得硕士学位。选派 59 名青年科技骨干到国内一流科研院所或高校培训和访问。通过公开招聘，新进博士生 4 人，硕士生 34 人。经过多年努力，全院现有硕士 347 人，博士 72 人。2010 年接待来访外国专家 59 名。与乌克兰农科院达成科研合作意向，与俄罗斯农科院和东北科技中心鉴定生物技术合作和农业种质资源研究合作协议，引进农作物种质资源 160 份。与摩洛哥塞塔特农业研究中心签订农业合作谅解备忘录。举办“非洲干旱预警机制及适应性技术示范”培训班。中澳合作“山西省农业主产区最佳水氮管理措施研究与开发”项目通过验收。

【单位更名】 按照未来山西农业发展的需要和山西省农科院学科发展的要求，省农科系统 9 个单位更名如下：山西省农业科学院土壤肥料研究所更名为山西省农业科学院农业环境与资源研究所，山西省农业科学院作物遗传研究所更名为山西省农业科学院作物科学研究所，山西省农业科学院情报研究所更名为山西省农业科学院农业科技信息研究所，山西省农业科学院农产品综合利用研究所更名为山西省农业科学院农产品加工研究所，山西省农业科学院农业资源综合考察研究所更名为山西省农业科学院农业资源与经济研究所，山西省农业科学院农业资源贮存研究中心更名为山西省农业科学院农产品质量安全与检测研究所、山西省农业科学院鱼类研究所更名为山西省农业科学院试验研究中心，院印刷厂更名为山西省农科院文印中心，院招待所更名为山西省农科院科技培训中心。

（梁海萍　王和平）

林　业

【造林绿化】 2010 年，山西省坚持山上治本与身边增绿共同推进发展思路，以创建林业生态县为抓手，扎实推进国家林业重点工程和省级造林绿化工程建设。全年完成营造林 32.82 万公顷，其中人工造林 19.39 万公顷，飞播造林 0.27 万公顷，封山育林 13.16 万公顷。天然林保护、退耕还林、京津风沙源治理、三北防护林和太行山绿化等国家林业重点工程完成 23.49 万公顷；以汾河流域绿化、交通沿线荒山绿化、石太高速铁路绿化为重点的省级造林绿化工程完成 5.04 万公顷。四旁植树 11098 万株，其中义务植树 5181 万株。

【集体林权制度改革】 集体林权制

度改革全面铺开。省政府在右玉县召开林改现场推进会，省林业厅先后举办5期林改培训班，5次通报林改进展情况。“林改信息采集系统”全面推广，走出“参与式林改、数字化确权、信息化应用”路子。全省完成确权面积393.8万公顷，其中家庭承包经营294.6万公顷，均山到户率74.8%。同时配套改革取得进展，灵石、沁源等县启动县级生态公益林补偿机制，每公顷每年给予150元补偿。

【森林资源保护】 全省112个市县和国有林场组建森林公安机构，新招录公安民警489名，填补山西没有市县森林公安机构空白。省政府与各市签订森林防火责任书，强化“一把手”森林防火责任。发挥森林远程视频监控系统作用，开展实时监控；加快森林专业消防专业队组建，新组建49支；加大对森林火灾发生问责力度，处理相关责任人员141人。全年未发生一起重特大森林火灾和人员伤亡事故，过火面积、受害面积等指标比上年大幅下降。林业有害生物防治不断加强，创办山西网络森林医院，建成省级天敌繁育中心，林业有害生物防治面积15.01万公顷，占发生面积63.8%，无公害防治率达80.6%，成灾率控制在1.3‰。组织开展“绿锋一号”“春季行动”等专项行动，查处各类案件1538起。加强重点林区、自然保护区建设，黑茶山自然保护区晋升为国家级自然保护区，国家级自然保护区增至6个；新建宁武县马营海、中阳县陈家湾、柳林县三川河、离石区东川河、屯留县绛河、平顺县太行水乡、襄汾县双龙湖、关帝林局梅洞沟、太岳林局七里峪9个湿地公园。

【林业产业】 组织开展全省经济林发展情况普查，编制和修订干果经济林、森林旅游、种苗花卉等专项规划。干果经济林快速发展，全年新发展核桃、红枣、仁用杏等干果经济林6.67万公顷。林木种苗加快发展，全年新育苗1.92万公顷，育苗总面积达4.0万公顷。森林旅游加快推进，全年接待游客达620多万人次，门票收入达5957万元。

【林业科技】 林业科研机制不断创新，与山西大学、山西农业大学合作，建立产学研创新联盟体系。加大科研攻关力度，乡土树种振兴计划进入优树扩繁阶段。《半干旱风沙盐碱地抗盐碱树种选择利用》《核桃良种规范高效育苗技术示范与推广》等6项应用研究成果通过鉴定。加快推进科技成果转化，集中推广林业生态、干果经济林等30项成果、16个品种，建成科技示范工程1300公顷。林业标准化建设步伐进一步加快，颁布《红脂大小蠹综合管理技术规程》，审定《杨树伐桩嫁接更新造林技术规程》《太行山石灰岩区仁用杏栽培技术规程》《山西省生态公益林营造质量管理规程》，编制《枣树品种选育技术规程》国家行业标准和《煤矿废弃地造林及质量管理技术规程》地方标准。

【对外开放】 中日林业合作不断加强，继续实施中国黄土高原造林技术普及培训项目、山西省五台山绿化项目，启动实施中日绿化交流基金中国黄土高原植被恢复山西示范林营造项目，中日合作中国黄土高原林业新技术及管理方法推广普及项目，完成造林66.7公顷，修建林道1.5千米。

【林业投资】 2010年，山西省林业投资68.28亿元，其中国家投资19.96亿元，省级投资14.15亿元，市县及社会投资34.17亿元。在中央投资中，财政投资14.22亿元；在省级投资中，省财政投资6.60亿元，省发改委投资7.55亿元；在市县及社会投资中，市县两级财政投资26.42亿元。

【实施生态兴省大战略】 1月17日，省绿化委员会、省林业厅、省委宣传部、省委党校、省社科院、省政府发展研究中心、《山西日报》社在太原市联合举办“实施生态兴省大战略，建设山川秀美新山西高层论坛”。围绕“绿色转型、林业崛起、生态兴省”主题，深入研究和探讨如何推进林业生态省建设。副省长刘维佳出席论坛并讲话，省政协原副主席、省改革创新研究会会长吕日周，中国科学院院士、中国林科院首席科学家蒋有绪等出席会议并发表演讲。论坛达到集专家之智、献兴省之策、借舆论先导、凝广泛共识之目的。

【创建林业生态县活动】 2月10日，省政府办公厅转发省林业厅制订《山西省创建林业生态县实施方案（试行）》（以下简称《方案》）。《方案》明确创建林业生态县指导思想、建设目标、创建标准、申报与审批、保障措施等，力争2015年全省30%县（市、区）达林业生态县标准，2020年80%县（市、区）达林业生态县标准。各地纷纷出台相应实施方案和措施，大力开展林业生态县创建活动。在全省造林绿化现场会上，省政府授予右玉县、祁县、壶关县、阳城县、夏县“山西省林业生态县”。

【造林绿化现场会】 6月21~22日，省政府在晋中市召开全省造林绿化现场会。王君出席会议并讲话，刘维佳主持会议。会议要求，各级党委政府要以强烈使命感和责任感，坚定不移实施生态兴省战略，切实把造林绿化作为加快经济发展方式转变重要内容来抓。一要认真贯彻落实中央和山西省关于造林绿化决策部署，切实把省委、省政府《关于实施生态兴省战略加快推进林业改革发展的意见》落到实处。二要编制好林业生态建设总体规划纲要。以汾河两岸为中轴线，以太行山和吕梁山为重点，集中建设防沙治沙、涵养水源、治理水土流失、农田保护和美化城乡“四大”屏障。围绕农民致富目标，建设干果经济林、工业用材林、种苗花卉、森林生态旅游、林下经济和森林食品“五大”产业体系。三要突出工作重点。坚持山上治本和身边增绿同步推进思路，加快造林绿化步伐，让三晋大地真正“绿起来”；全面推进集体林权制度改革，确保全年完成200万公顷集体林地确权任务；大力实施以干果经济林为重点的富民工程，全年新发展干果经济林66.7万公顷，力争2015年总面积达120万公顷，基本实现全省农民人均0.07公顷干果经济林目标。四要以创建林业生态县为抓手，扎实推进林业生态省建设。五要加强组织领导，为加快造林绿化步伐、推进林业生态省建设提供强有力保证。

【全省造林绿化先进集体】 6月20日，省政府下发《关于表彰全省造林绿化先进集体的通报》(晋政函〔2010〕68号)，对2009年全省造林绿化先进集体进行命名表彰:授予晋中市“全省造林绿化先进市”称号，奖励50万元；右玉县等5个县“山西省林业生态县”称号，各奖励30万元；临县等10个县(市、区)“全省经济林建设十强县”称号，各奖励10万元；娄烦县等30个单位“全省造林绿化先进单位”称号，各奖励5万元；长治市等5个单位“全省捐赠碳汇造林先进单位”称号。

【京津风沙源治理工程现场会】 8月6~7日，全国京津风沙源治理工程第十一次省部联席会议暨现场会在朔州市召开。国家发改委副主任杜鹰，国家林业局党组副书记、副局长祝列克出席会议并讲话。农业部、水利部、财政部、国土资源部、环境保护部等部委和北京、天津、河北、内蒙古等省市区领导出席会议交流经验。会议指出，目前京津风沙源治理工程正处于攻坚克难和巩固成果关键阶段。要求各地加大协调推进力度，进一步建立健全推进工程建设体制和机制，将前一阶段积累经验规范化、制度化、法律化，为一期工程后期和二期工程展开提供制度保障，如期完成各项目标任务。要坚持探索生态建设客观规律，从单纯推进工程建设转为推进建设和巩固成果并重，做好已取得生态建设成果巩固工作，尽快着手谋划二期工程建设。

【《山西省林业生态建设总体规划纲要》印发】 11月9日，省政府办公厅印发《山西省林业生态建设总体规划纲要(2011~2020年)》(以下简称《纲要》)。《纲要》提出要加快“绿化山西”建设，实现“两步走、翻一番”目标。即：第一步，到2015年，全省森林覆盖率达23%以上，力争达24%，超过全国规划平均水平；第二步，到2020年，全省森林覆盖率达26%以上，力争达28%，超过国际通用生态良好指标最低线，全省森林覆盖率在14.12%基础上实现翻一番。森林面积2015年达376.67万公顷，2020年达433.33万公顷。森林蓄积量2015年达13390万立方米，2020年达15400万立方米。林业产业总产值2015年翻一番，达250亿元；2020年翻两番，达500亿元。总体布局：以汾河两岸为中轴线，以太行山和吕梁山为重点，集中建设四大生态屏障，发展五大产业集群。

(谢英杰　贯向前)

水　利

【概述】 2010年，全省建成大型水库7座，中型水库58座，现有大中型水库库容39.54亿立方米；新增有效灌溉面积1.91万公顷，新增节水灌溉面积2.37万公顷，实际灌溉面积达114.1万公顷；小型水利设施新增44处，累计达14246处，小型水利灌溉面积9.63万公顷；累计除涝面积8.91万公顷；万亩以上灌区109处，万亩以上机电灌站68处，防渗长度60357千米；累计堤防长度4302.63千米；水利工程总供水量42.52亿立方米，其中向农业供水32.50亿立方米，向工业供水4.44亿立方米，向城镇生活供水1.43亿立方米，向乡村生活供水3.54亿立方米，为生态环境供水0.28亿立方米，其他供水0.33亿立方米；此外，水电供水28.75亿立方米；全年地下水开采量28.11亿立方米；水土流失累计治理面积535.25万公顷，全年新增水土流失治理面积28.75万公顷；全年解决农村饮水安全人316.40万人。农村人畜饮水工程年供水量4.98亿立方米，农村自来水人口1750.14万人。全省小水电全年发电量2.03亿千瓦时；水产品总量达3.17万吨。

【水政工作】 (1)加快立法进程，地方水法规体系逐步健全。《山西省抗旱条例》列入省人大2010年立法计划，拟定2011年1月上省人大常委会进行审议。开展《山西省节约用水条例》(草案)修改工作，争取列入省人大常委会2011年立法计划。配合省人大常委会开展《山西省泉域水资源保护条例》修改工作，并于2010年11月26日由山西省第十一届人民代表大会常务委员会第二十次会议通过修改。组织编制《山西省水生态系统保护与修复工作大纲》通过水利部审查，并积极申报全国试点。(2)加大执法力度，水行政执法取得实效。水资源管理方面，2009年以来，全省查处水资源案件124件，下达各类处罚通知87份，对强化水资源管理保护起到重要作用，有效保证水资源费征收。河道管理方面，全省开展河道执法900余次，查处河道各类案件300余件，下达停止违法处罚、限期整改通知及清障令280余份，有效维护河道正常秩序，确保河道行洪安全及河道内水工程建设。防洪保安执法方面，全省共查处各类影响行洪安全建设行为及案件230余起，下达停止违法行为、限期整改及清障令180余份，并多次采取强制手段进行清障。水土保持执法监督方面，全省各级水利部门开展水土保持监督检查三百余次，下达处罚、限期整改等通知70余份，有效查处各类水土保持违法行为。水事纠纷调处方面，省厅配合水利部、黄委、海委相继协调处理河曲县违规修建堤防侵占黄河河道、保德堤防工程侵占黄河河道、临县第八堡村侵占黄河河道、阳高镇大沟上游河道堵塞问题等省际及涉及流域管理范围的水事纠纷。

【水资源工作】（1）水资源管理与保护工作全力推进。积极组织各级水行政主管部门开展取水许可和水资源论证管理现场调研和监督检查工作，并通过严格取水许可审批把关，引导和规范工业企业用水，有效控制地下水开采，取得良好效果；严格水资源论证和泉域水环境影响评价报告审查工作，内容覆盖城市供水、电力、煤炭、化工等多个行业，为保障建设项目合理用水要求，有效促进全社会水资源优化配置和永续利用发挥重要作用；切实加强计划用水、计量用水管理，并组织各市、县对无证、无计划、无计量违法取水行为实施严厉查处，促进全省计划用水工作；对全省所有工业和生活取水、井取水远程监控和自动监测系统进行摸排和检查工作，出现问题及时修复，全省4000余套取水自动监控系统运行正常，已形成较为完善监控网络体系；配合黄委和海委积极开展城市饮用水源地安全保障工作。组织阳泉、长治、运城盐湖区相关城市饮用水源地安全调查工作，针对经济社会发展需求和不安全水源地状况，提出解决方案和措施。（2）节水型社会建设。充分利用经济杠杆来促进节水，自备水源一般用途取用水，地表水和地下水分别为每立方米1元和2元（地下水超采区每立方米3元）；城镇公共供水和水利工程供工业、商业、经营服务业，地表水、地下水分别为每立方米0.50元和1元（地下水超采区每立方米1.5元）；采矿排水水资源费征收标准，规定排水量每立方米征收1.2元水资源费，对未安装排水计量设施采矿企业，按开采吨矿石或原煤3.00元计征水资源费。不断加大水资源费征收力度，在提高水资源节约程度同时也为节水型社会建设提供经费保障。继续推进节水型社会建设试点工作，按水利部要求，认真抓好太原、晋城、侯马等市全国节水型社会建设试点，成功争取阳泉市列为全省新节水型社会建设试点。

【水利前期工作】（1）各项水利规划编制工作进展顺利。编制完成《山西省水利发展"十二五"规划》《山西大水网规划》及《山西省中小河流治理专项规划》《山西省山洪地质灾害防治规划》《山西省易灾地区生态环境综合治理规划》三项专项规划。（2）前期成果审查取得较好成果。2010年共完成项目审查工作211项，其中可行性研究29项；初步设计和实施方案164项；设计变更与补充设计19项。（3）做好山西省第一次全国水利普查工作，并完成机构组建工作；分解落实各项水利普查任务，于10月初下发《山西省第一次全国水利普查工作任务分工方案》；组织相关人员分12批参加国家级水利普查培训班，举办13个水利普查省级培训班；全面宣传报道山西省水利普查各项前期工作。在山西水利网专设"山西省第一次全国水利普查"专栏，报道全省水利普查进展情况。编制印发19期水利普查工作简报；完成水利普查经费预算编制工作；制定《山西省第一次全国水利普查工作实施方案》；完成普查员和普查指导员选聘工作。

【基本建设】（1）应急水源工程取得决定性胜利。2010年，全省在建应急水源工程共19项。截至12月底，应急水源工程主体工程完工或基本完工项目共14项。主体工程完工13项，分别是北赵引黄灌溉工程、柏叶口水库工程、泽城西安水电站工程、唐河水电站工程、孤山水库工程、海子湾水库工程、东石湖水库工程、龙华口水电站工程、文瀛湖水库工程、围滩水电站工程、西冶水电站工程、西梁水库工程、五马水库工程；主体工程基本完工1项，为河曲引黄灌溉工程。（2）水库除险加固任务全面完成。列入《全国病险水库除险加固专项规划》101座病险水库到2010年底全部竣工验收。

【防汛抗旱】 1. 汛情。1月至11月全省平均降水量455.1毫米，比历年同期偏少33.1毫米。其中，1月至2月全省平均降水量6.1毫米，比历年同期偏少近40%；3月至5月全省平均降水量58.3毫米，比历年同期偏少26%；6月至7月全省平均降水量114毫米，比历年同期偏少68毫米，偏少37%；8月至9月，全省降水量较往年增多，平均达229.2毫米，比历年同期偏多58毫米，偏多30%；10月至11月，全省平均降水量仅22.6毫米，比历年同期偏少23.5毫米，偏少50%，11月，全省基本未出现有效降水过程，旱象露头。

2010年，全省极端性天气频发，暴雨、洪水呈现早发、突发和多发特点，表现为局地性、强烈性和成灾性。据统计，全省汛期日降雨量超过50毫米暴雨达200余次。5月5日，桑干河支流御河发生188立方米/秒洪水。8月7日，汾河赵城站发生1993年以来最大洪峰，达1500立方米/秒。8月9日、19日全省先后经历两次大范围、高强度降雨过程，其中8月19日，晋城城区北石店镇刘家川村发生特大暴雨，24小时降雨量达319毫米。9月19日，吕梁市离石区、临县、方山等县区降强暴雨，两小时雨量高达185毫米，湫水河发生2200立方米/秒洪水，三川河发生1080立方米/秒洪水。受暴雨洪水影响，全省除阳泉市外，其余10市、62县、293乡（镇）、66.9万人受灾，紧急转移12000余人，死亡8人，直接经济损失17.2亿元。

2. 防汛。入汛以来，各级领导多次深入防汛一线检查和指导防汛工作，其中省、市领导共计50余人次，县级领导共计150余人次，保证防汛抗洪工作有序、有力、有效进行；3月由基层部门逐级开展防汛检查工作；5月5日全省各级防汛部门提前执行汛期24小时值班制度；狠抓防汛隐患整改落实，隐患处理率达80%；注重防汛实战演练，全省汛前共组织“防、撤、抢”演练120余次，参加演练人员达3万多人；加强河道疏浚和管理，全省清淤除障500余处800万立方米，疏浚河道200千米；加强河道采砂管理，开展非法河道采砂专项整治工作，有效遏制非法采砂活动；全省对700多座水库、206座重点淤地坝、1200多条边山峪口和重点河流进行责任落实和分工，保证守坝、巡堤、报汛、抢险、撤避组织和群众安置各环节有序进行；预报预警及时准确，省、市县、气象部门多次发出预警，最密时一日三次，水文部门雨量报汛实现每小时一次，为准确把握汛情变化趋势提供科学依据。

3. 旱情灾情。全省气候1月至7月降水量严重偏少，春旱和夏伏旱较为严重，8月至9月降水量增加，旱情得到缓解，10月至年底出现少雨天气。2月至3月干旱高峰期间，全省受旱面积达113万公顷，其中严重受旱面积45.8万公顷，干枯0.5万公顷。4月以来，全省受旱面积增到161万公顷，严重受旱面积50.4万公顷。造成85.63万人、18.99万头大畜发生临时性吃水困难。11月基本无降雨，全省受旱面积29.7万公顷，其中作物受旱面积17.5万公顷。人畜饮水矛盾随之发生，有22万人、12万头大畜发生临时性饮水困难。

4. 抗旱。全省抗旱服务队大力开展水利设施维修配套、应急人畜饮水工程建设、抗旱机具租赁、流动扩浇和送水解困等工作，据统计，全省115支抗旱服务队共投入抗旱设备累计4270(台/套)，维修设备5977(台/套)，新打机井337眼，维修机井1662眼，出动拉运水车辆1.2万余台次，送水8万立方米，及时缓解50.87万人次、9.67万头次大畜吃水困难。各级抗旱服务组织利用小白龙、流动机泵等各类抗旱机具扩浇耕地面积5.77万公顷，挽回粮食损失1366万千克，增产各类水果1240.32万千克，挽回经济作物损失1508万元，抗旱工作成效显著。

【**农村水利**】 1. 农业灌溉。(1)基础设施建设扎实推进。2010年，按照“建设一批新灌区、改造和修复老灌区”总体思路，重点实施大中型灌区和大型泵站改造、小型农田水利重点县建设、西山提黄工程建设、省级农水配套工程建设及牧区水利、现代农业示范园区、产粮核心区水利建设。全年新增、恢复灌溉面积4.73万公顷，改善灌溉面积12.33万公顷。(2)全年实灌面积再创历史新高。全力开展农业灌溉工作，截至12月底，全省共完成实灌面积114.2万公顷，占全年目标任务107%，超额完成目标任务。(3)贯彻落实电价水价补贴政策。全年下达水价补贴资金3000万元，采取严厉措施，确保各大中型泵站享受优惠电价，并按政策降低水价，把省政府惠民政策落到实处。

2. 城乡节水。(1)扎实推进地下水位监测。全省32个平川县监测设备安装工程全面启动，完成540眼井监测设备安装任务，占总井数86%。(2)扎实推进节水型社会建设。9月底清徐县完成数字水利中心升级改造，与省数字水利中心实现对接，新增完成水权分配、实行阶梯水价、成立用水户协会村15个，发放水权证6000册，完成80千米渠防建设任务；盐湖区节水型社会建设设备采购项目招标公告已发布，预计12月上旬可完成招标工作；侯马、应县、泽州、长子、阳高、太谷、平遥等7县节水型社会建设规划、初始水权分配、阶梯水价制定、视频对接等工作按计划推进。(3)全面推进节水园区建设向可持续化方向发展。在节水园区立项上，主要鼓励两大类：一是对沿黄大中小灌区和井灌区节水项目，优先支持与兴水战略所需科研、示范、推广等技术紧密结合项目，优先支持以地表水为灌溉水源的管灌、渠道防渗项目，优先支持种植结构调整、市县配套资金落实、群众建设积极性高、相对集中连片项目，做到“园区跟着灌区走”；二是对位于沁河流域晋城市的县及位于漳河流域晋中市和顺、左权、榆社和长治市城区、长治县、潞城、屯留、长子、襄垣、黎城、平顺、武乡、沁县，优先支持新建以低压管道输水为重点的节水园区。

【**水土保持**】 (1)重点水保工程项目进展顺利。2010年，全省实施国家水土保持重点项目8个，省级投资水土保持重点项目6个，全省全年共完成水土流失治理面积22万公顷，实施生态修复面积43.3万公顷，建设淤地坝300多座，完成2010年初制定各项目标任务。(2)2010年，全省全年共开展执法检查397次，检查项目300多个，审批开发建设项目水土保持方案198个，征收水土保持“两费”3448万元。全省水土保持方案编报率达90%以上，人为水土流失防治工作取得初步成效。(3)封育保护工作在全省推进。2010年，全省11市、120县当中，有9市、110县出台封禁政策，封育保护范围覆盖全省大部分水土流失区，重点水保项目区全面实现封育保护。(4)民营大户蓬勃发展。在民营水保大户扶持政策推动下，全省民营水保大户发展到5000余户，累计投入资金20多亿元，治理“四荒”面积80万公顷。

【**城乡供水**】 2010年，全省共建成各类饮水安全工程7301处，完成投资16.15亿元，解决9009个村、316万农村人口饮水安全问题。另根据中央安排解决677所学校、20万农村学生饮水安全问题。全省农村饮水状况得到根本性改善，并在全国率先实现全覆盖。

【**地方水电**】 2010年，完成泽州拴驴泉等3个项目，并通过省级验收，其余6个项目正在建设。全省在建小水电代燃料试点项目7个，定襄南庄、陵川夺火、阳城东冶项口区基本完成，并实现0.22元/千瓦时代燃料电价。左权苏公等项目电源工程和项目区正在建设，预计2011年底投产验收。按水利部要求，完成全省农村水电增效扩容工程规划编制任务，5月进行审查修改并上报水利部。2010年省财政安排小水电补助用于农村水电站技术更新改造，新增水电装机850千瓦，并恢复部分水电装机，确保水电站安全运行。

【渔业建设】 (1)水产健康养殖不断深化。确定27家养殖单位参与省级水产健康养殖示范场创建活动，向农业部推荐6家养殖单位参与农业部第五批水产健康养殖示范场创建活动。经省厅考核验收，有14家创建单位获得“山西省水产健康养殖示范场”称号，有4家创建单位获得“农业部水产健康养殖示范场”称号。以永济千亩连片池塘标准化改造为主抓手，开展示范场亮点工程建设试点，试点面积83.3公顷，进一步提升示范场创建质量，扩大示范场示范、辐射和带动作用。深入推进无公害水产品产地认定和产品认证。全年新认定无公害水产品产地15个，新认定面积37.1公顷，新认证无公害水产品21个，认证产量329吨。(2)水产品质量安全管理进一步加强。对全省20家苗种场进行专项整治，全省水产苗种药残抽检合格率达97.1%，苗种生产许可证持证率达78.9%。对全省11市进行产地水产品质量安全抽检和市场水产品质量安全抽检，年抽检样品392个，抽检品种20个，产地水产品药残抽检合格率达99.3%，市场水产品质量安全抽检合格率达94.8%。(3)渔业资源养护工作扎实推进。全年共放流各种经济鱼类1540万尾，投入各类资金425万元，有效带动水管单位效益增长和沿河、沿库农民增收。

【水利科技】 完成两个“948”项目成果验收和7个省级科研成果评审鉴定工作。省厅数字中心和航天仿真联合完成《基于整体模式的数字水利系统》项目鉴定结论居国内领先、国际先进水平。省水科院和西安理工大学联合完成《水库溃坝洪水演进模拟与灾害损失评估研究与应用》、省防汛抗旱指挥部办公室完成《山西省主要农作物产量型旱情评价体系研究与应用》项目鉴定结论为国际先进水平。省水文局完成《JDZ-1型雨量数据采集设备技术改造与应用》项目和省水工局完成《碾压混凝土筑坝施工工艺的研究与应用》《PMCQ650型混凝土衬砌机的改造与应用》《三重管高压摆喷防渗墙施工技术的推广应用》居国内、省内领先水平。

【水利改革】 (1)水利投融资改革取得重大突破。按现代企业制度要求，山西水务投资集团有限公司正式组建，形成政府投资和市场融资“两条腿走路”新格局。公司成立以来，累计取得银行授信68亿元，贷款28亿元，为全省应急水源工程建设提供资金保障。(2)水利体制机制进一步创新。“基建+农建”水利建设新模式全面推广，在夹马口北扩、北赵引黄等大型灌区建设中发挥重要作用。忻州市组建市级水投公司，阳泉市整体推进水务一体化，在全省起到示范作用。 (王秀芳)

中小(乡镇)企业

【概述】 2010年，全省乡镇企业完成增加值2106.9亿元，同比增长21.70%，占全省经济总量的23.18%。其中一产完成16.8亿元，占全省0.8%；二产完成1826亿元，占全省86.70%，比2009年上升1%，其中工业1726亿元，同比增长30.26%，占全省81.92%；规模及以上工业完成1252亿元，同比增长8.97%，占全部工业的72.54%；三产完成263亿元，同比增长14.58%，占全省12.49%。全省7.1万户乡镇企业中，工业、批发零售、交通运输业最为集中，分别为3.2万户、1.4万户、0.8万户，占全省百分比分别为45.07%、19.71%、11.27%。完成营业收入7905亿元，同比增长21.30%；其中工业5326亿元，同比增长29.68%，占全省67.37%，比2009年下降10%。完成总产值7018亿元，同比增长23.60%，其中工业5737亿元，同比增长28.46%，占全省81.74%，比2009年上升3%。实现利润总额616亿元，同比增长23.20%，其中工业491亿元，同比增长49.24%，占全省79.72%，比2009年上升6%。上交税金398亿元，同比增长19.20%，其中工业341亿元，同比增长21.78%，占全省85.68%，比2009年上升23%。

【政策环境】 认真贯彻落实《国务院关于进一步促进中小企业发展的若干意见》和《国务院关于鼓励和引导民间投资健康发展的若干意见》，制订出台山西省《关于促进民间投资进入我省鼓励类投资领域的意见》。省委、省政府高度重视，针对中小企业发展情况，组织“进一步发挥民间投资在经济社会发展中的作用”等多个重要课题的考察调研。各市县积极研究制定扶持中小企业发展的相关政策措施。以乡镇企业为主体的中小企业发展方面，省、市、县三级，法律与政策相互衔接配套的政策、法律支持体系基本形成。11月19日，全省民营经济转型跨越发展大会召开，100家优秀民营企业受到表彰。民营经济转型发展成果展览及民营经济宣传月活动成功举办，电视、广播、报刊、网络等多种媒体不间断宣传造势，中小企业发展的社会舆论环境进一步改善，全省以乡镇企业为主的中小企业发展氛围日渐浓厚，政策环境日趋宽松，发展局面日益向好。

【经营管理】 2010年，全省乡镇企业在技术装备、管理水平、规模档次、科技含量、产品质量、自主创新能力等方面都有了明显进步。大多数乡镇企业在引进技术、人才上有新突破，在体制、机制和现代管理上有新进展，在发展潜力、承担社会责任等方面有新变化。一批为大企业协作配套的产业正在形成，晋城、临汾、晋中、太原、忻州等地的机械加工制造业和铸造业，优势越来越明显。从企业产品价格方面看,主导产品市场价格大幅波动,产量回升。省统计考核的44种主要产品中,有35种产品继续保持增长,同比增长增幅最大的依次为:罐头食品增长451.69%、干果系列增长200.40%、铁矿石增长113.99%、精铁矿粉增长86.50%、啤酒增长83.47%、汽摩铸件增长74.98%。有9种产品出现负增长。传统主导产品中原煤产量15631万吨,同比增长38.31%;生铁产量2797万吨,同比增长14.67%;焦炭产量7033万吨,同比增长6%;成品钢材产量1646万吨,同比增长38.46%。从运行态势看,全省主要产品价格随市场变化呈现“马鞍型”波动。

主焦煤:2009年四季度均价为450元/吨,2010年年初受资源整合多数煤矿停产的影响,1月份上涨到980元/吨,到2、3、4月份,持续上涨到1000~1200元;5、6月份,一些煤矿开始复产,产量增加,价格又回落到5月份的900元/吨,6月份的800元/吨;10月份受市场需求旺盛影响,价格又上涨到1260元/吨;截至12月份,价格持平。

焦炭:2009年四季度开始走出市场低迷的状态,价格由10月份的1500元/吨上涨到年底的1750元/吨,到2010年初又随着煤炭价格持续推高,价格由1月份的1750元/吨上涨到2、3月份的1900元/吨,4月份曾一度达2000元/吨,到三季度月份市场需求减少,10月份价格又小幅回落到1950元~1850元/吨,截至12月份,价格又上涨至1950元/吨。

钢材:2009年四季度价格基本稳定在3350~3400元/吨,到2010年初,受市场需求刺激和原材料价格的持续攀升,钢材价格一路飘红。1月份上涨到3700元/吨,3月份上涨到3950元/吨,4月份升至4500元/吨。进入三季度,随市场萎缩和原料价格下降的双重影响,钢材价格出现较大幅度回落,价格下降到1月份3700元/吨的水平,截至12月份,价格又上涨至4800元/吨。

【产业结构】 2010年,全省乡镇企业数量增加,骨干企业规模壮大。全省乡镇企业总数达7.1万户,比2009年增加6000户;亿元企业达570个,10亿元以上企业达81个,20亿元以上企业达30个,50亿元以上企业8个,100亿元以上企业2个。纳税亿元以上企业54户,纳税最多的是沁和能源有限公司和山西中阳钢铁有限公司,分别纳税5.2亿元、4.5亿元。2010年全省乡镇企业从业人员246.5万人,新增12.7万人,同比增长5.40%。全省科技型中小企业达1500多家;全省中小企业技术研发中心达500多个,技术研发人员达7000多人。新兴产业方面:初步形成乳制品、食用醋、小杂粮、粮油、饮料、果蔬、畜禽、枣系列产品等八大农副产品加工企业集群;初步形成生物制药、精细化工、磁性材料、新型建材、信息科技五大高新技术企业群体;初步形成餐饮服务、商贸流通、交通运输、文化娱乐、信息服务和旅游等六大第三产业发展重点。

【招商引资】 全年组织或组团参加的大型招商洽谈活动共10余次。其中,7月1~3日,组团参加第六届APEC中小企业技术交流暨展览会:共组织155家企业参展,组织展位25个,参展产品包括医药、食品、化工、建材等行业共246种,共签订87个项目,总金额达24.32亿元。签订项目包括投资类项目23个,总投资额18.51亿元,引进资金11.66亿元(其中引进境外资金1.44亿元,引进省外资金10.22亿元);销售项目64个,销售额为5.81亿元。9月15~18日组团参加第七届中国国际中小企业博览会暨中澳中小企业博览会:共组织92家企业参展,申购国际标准展位24个,包括食品医药、电子、机械装备、生物科技、新能源、陶瓷、建材等行业135种产品,共签约项目26个,总金额达35.06亿元。签订项目包括投资类项目19个,引进资金32.31亿元(其中引进境外资金2.34亿元,引进省外资金29.97亿元);贸易类项目7个,销售金额为2.75亿元。11月,全省民营经济转型跨越发展大会期间,组织山西省民营经济转型跨越发展招商引资项目签约仪式。共有46个合作项目成功签约,其中外资项目7个,内资项目39个,总投资136.2亿元,拟引资119.2亿元,涉及农业、工业、交通基础设施、服务业、旅游业等行业领域。同时还签订合作协议47份,山西省工商联与兴业银行签署了战略合作协议,兴业银行与23家民营企业签订了银企合作协议,民生银行太原分行与23家民营企业签订了战略合作协议。

【外经外贸】 全年完成出口交货值139.1亿元,同比增长17.22%。对外贸易恢复增长,国际市场逐步恢复。如晋城市民营企业完成出口交货值18.12亿元,同比增长58.46%,是金融危机以来增幅最大的一年。其中,晋城市富士康着力打造全球最大的光通讯连接器产业基地,乐百利特成为世界LED冷光源研发和生产中心。运城市出口企业比上年增加7家,订单增加,出口交货值同比增长84.1%,尤其是芦笋罐头出口同比增长140%。

【资金投入】 全省全年完成投资总额941.9亿元,同比增长22.71%,其中新建完成447.5亿元,同比增长18.32%,占全部投资的47.51%,同比下降2%。在资金来源上,中小企业主管部门积极与金融部门合作,建立企业客户推介机制,加强信用担保体系建设,积极争取国家支持,努力探索开展股权融资、创投基金等多种新型融资方式。2010年,国家及有关部门扶持资金15.7亿元,同比下降3.08%;金融机构贷款144.7亿元,同比增加28.96%。引进资金131.4亿元,同比增长23.26%;其中外资9.4亿元,占引进资金的2.05%,同比减少71.28%;其中1亿元以上项目、5000万元以上项目、1000万元以上项目分别引进资金67.7亿元、91.6亿元、127.9亿元,分别占引进资金的46.78%、63.30%、88.39%。企业融资难的状况略有缓解,自有资金率下降3%。

【服务体系】 2010年,全省以乡镇企业为主的中小企业社会化服务体系建设进一步加强。中国中小企业信息网山西分网扩容增量，中小企业信息化公共服务平台建成开通，走在全国上游。搭建山西省第一家"远程网络培训平台——中小企业直通车网络商务学院"。组建山西省非公有制企业工会工作委员会，积极为非公企业培育组建企业工会组织，推动非公企业和谐劳动关系的发展。开展中小企业负担监督专项治理工作，对首批2000多家企业发放《缴费监督手册》和《中小企业权益保护手册》。在省中小企业法律维权服务网络开通专家工作室，开展"法律服务三晋行"活动。设立法律维权"绿色通道"，为1500余家企业提供了法律咨询及援助服务。组织建设"山西中小企业技术创新服务专家数据库"，累计为创业者提供创业咨询服务1500余人次。举办首届全省中小企业职业技能大赛。组织开展山西省2009年度最具社会责任中小企业评价排序活动，63家企业入选。组织开展"银河培训"工程，培训企业中高层管理人员1500余人。组织开展乡镇企业高级专业(职业)技术培训，培训人数累计达到500人。省、市、县三级累计开展"蓝色证书"培训1万多人，累计组织中小企业"金桥行动"、开展企业诊断和管理咨询服务近百场(次)，为近千家企业提供了管理培训及企划设计。（原晋军）

城镇集体经济

【概述】 山西省城镇集体工业联合社(简称省城联社)全系统现有11个市级城联社，107个县级城联社，1021户成员企业，14万职工。省城联社有直属单位18户，职工5000余人。其中生产企业5户，商贸服务性企业7户，事业单位6户。2010年全系统完成工业总产值109.77亿元，比上年78亿元增长40.73%；工业增加值49.56亿元，比上年29.96亿元增长65.42%；利税28.42亿元，比上年14.93亿元增长90.35%。销售收入500万元规模以上的企业达142户。省城联社机关财政预算内收入达

省长王君在山西省工艺美术馆调研考察 （冯晓东提供）

800万元，预算外收入达761万元，自营收入达720万元，剥离不良资产2.2亿元。(1)2009年在全省煤矿企业整合重组中，省城联社系统52家集体企业性质的煤炭企业大部分被兼并重组，在生产上出现暂时波动(52户煤炭企业主要集中在长治市和晋城市，总产能为655万吨)。截至2010年底只存19户，其中有4个煤矿是兼并主体（长治红山煤矿和雄山煤矿；晋城天户煤矿和苏村煤矿）这样造成2010年同期基数较低的现象。通过整合，长治雄山煤矿和红山煤矿进行矿井改造产能均达到90万吨，雄山煤矿还兼并了5个乡镇煤矿；泽州县天户煤矿产能从60万吨提升至90万吨，售价也有所提高。(2)全系统分布在煤焦、化工、印刷、汽车及工矿配件、工艺美术等行业的136家规模企业，根据政策导向进行技术革新、产品升级、转型转产，实现多赢，在全省城联社系统经济快速发展中起到决定性作用。(3)转型发展初见成效。一是以工艺美术转型发展为突破口，用足用活传统工艺美术保护资金，全省工艺美术规模企业数量大幅增加。2010年完成全省工艺美术普查工作，搭建的国际、国内、省内3个平台建设成效显著。省政府将14名获得中国工艺美术"百花杯""金凤凰杯"金奖获得者列入山西省高技能人才杰出代表进行表彰。省城联社为提升全系统干部的领导水平和工艺美术人员的专业技能，先后在中央党校、清华美院举办3期培训班。遴选的30件山西工艺美术精品在2010年上海世博会山西馆进行展示；参加中韩文化交流周——山西文化精品展示活动，受到韩国观众的赞誉。2010年山西省工艺美术馆通过展销山西省国家级、省级工艺美术大师，民间工艺美术师、民间艺人的精品杰作和获奖作品，成为促进山西省工艺美术产品向文化旅游纪念品规模化、产业化发展的重要平台，目前，山西省工艺美术馆二期改扩建工程正在进行中。二是新上废旧家电拆解生产线。2010年3月，省城联社经过调研、考察，提出在直属企业山西省太行锯条厂(该厂位于长治市郊，占地530亩。1965年从天津内迁，现有职工3000多人)新上废旧家电拆解生产线，主动向省商务厅、省环保厅汇报争取此项目，在中国轻工业联合会、全国总社、中国家电协会、中国家电研究院、中国轻工设计总院及有关专家支持下，项目立项，并引进浙江台州企业投资。现一期工程废旧家电拆解线厂房改造完毕，设备安装调试，正进行员工培训和投产前的各项准备工作，一期年拆解旧家电能力40万台。二期工程拟增加拆解废旧汽车及轮胎等。三是因地制宜谋发展。平定县城联社积极从社会服务入手探索转型发展，因

地制宜整合资源。举办东方驾校、老年公寓、清算事务所、参加公交营运等，还组建编织社带动农民就业，探索城乡合创走出新路子。壶关县城联社结合本地“三农”发展需要，组建九牛寨乳品公司，投资引进世界最大的牛奶设备制造商瑞典利乐公司日处理鲜奶100吨的乳制品生产线，带动奶牛养殖户2000余户。四是关注职工基本权益，确保职工合同期内老有所养、病有所医、失而有救、最低工资、最低生活费五项基本要求和经营中的“不欠息、不欠税”和“依法治企、以德兴业”的原则理念，维护职工的基本权益和生活保障。

【存在主要问题】 一是国家和省政府关于城镇集体经济改革和发展的具体政策、意见尚未出台；国务院1991年颁布的《中华人民共和国城镇集体所有制企业条例》亟待修订；集体(合作)经济理论体系有待健全和完善。政策的缺失导致各项工作及改革进程滞后。二是当地党委和政府陆续出台有关扶持城镇集体经济的相关政策，但在实际工作中存在着宣传不够、贯彻不力、落实不到位的问题。三是城镇集体资产的产权界定、资产评估、清产核资工作的监管、认定、审批、备案等制度还未有效建立。四是截至2010年底，全省107个县级城联社中已有77个县的经费是财政全额或差额列支，11个贫困县城联社中有8个县列入财政。但还有29个城联社处于自收自支、经费窘迫的困难境地；有12个县(区、市)未建立城联社。五是全省城联系统发展不平衡。从各市看，长治市、晋城市、运城市等城联社完成工业总产值总数占11个市总产值的90.32%。阳泉市、吕梁市、大同市城联社县区部分企业不景气。从行业看，优势企业主要集中在煤焦、化工、机械制造和工艺美术行业等。其他传统行业诸如皮革、家具、塑料、五金工具等依旧不景气。此外，原材料价格大幅增长，流动资金严重短缺。六是行业和产品结构不合理。全系统重化工行业占比重较大，传统行业多，高新技术行业少，需要大力发展循环经济、低碳经济。研发与新能源、新材料有关的高科技、高附加值的产品。

【全国总工会、全国总社莅晋调研】 5月24~28日，由全总、总社组成的全国城镇集体企业职工医疗、养老保险调查组莅晋对山西省城镇集体企业职工医疗、养老保险情况进行专题调研。调查组先后在太原市、吕梁市、临县、长治市、壶关县联社及壶关化工集团、省太行锯条厂对未参保职工社保问题进行调研，并召开省、市、县三级联社及企业座谈会。省城联社选取有代表性的市县联社及企业进行汇报。大家在座谈时实事求是地介绍了当前山西省城镇集体经济系统的医疗、养老保险现状及存在的问题，强烈要求与国企职工享受平等的政治经济待遇，共享改革发展的成果。调查组结合调研课题认真进行实地考察，听取大家的意见，表示一定要把大家的意见原原本本地带回去，综合各地情况，提出具有可操作性的政策建议，妥善解决城镇集体企业的职工养老和医保问题。

【山西省工艺美术馆被命名为教育基地】 共青团山西省委、山西省少工委决定命名山西省工艺美术馆为“山西省青少年特色文化教育基地”，并希望山西省工艺美术馆不断丰富馆内资源，完善硬件设施，坚持公益原则，面向广大青少年，有针对性地开展各项教育活动，给予青少年知识的普及、精神的激励，为提高广大青少年传承意识和传统文化素养，推动实现经济社会又好又快发展做出切实努力。

【《山西省志·城镇集体工业志》召开篇目研讨会】 8月16日，山西省地方志办公室党组书记、主任李茂盛，副主任张晓光等一行5人到省城联社，与省城联社党组书记、主任李荣钢，副主任杨晋才及全体编纂人员就《山西省志·城镇集体工业志》篇目的设置进行了交流座谈。会上，李荣钢介绍了省城联社50多年的发展历程，表示这次省政府第二轮修志是对全省城镇集体所有制工业企业改革、改制、发展全过程的一次极其重要的真实记录。李茂盛在会上表示：集体经济、城镇集体工业为新中国的经济建设作出了杰出贡献，作用显现，地位不可缺失。通过此次修志，要全面、客观、详实的记载集体工业经济改革发展的历程，这是对历史负责。同时说明，此次修志与第一轮修志在主要篇幅上有所侧重和加强，要扩大和加强对历届人物的记载。与会人员对《山西省志·城镇集体工业志》的篇目设置给予充分肯定。认为《山西省志·城镇集体工业志》总体上继承了首轮修志的可取之处，并在借鉴编纂体例

中韩文化交流山西文化产业精品展示周在韩国首尔举行

(冯晓东提供)

彭真同志铜像在其故乡侯马市落成　　（冯晓东提供）

和方法的基础上，结合山西省城镇集体工业经济的发展情况有新的拓展和充实。表示要认真编写这部“功在当代，利在千秋”的史书，全面、客观、真实地记录山西城镇集体工业经济在各个时期的改革发展及经济演变过程。

【举办工艺美术高级人才研修班】 山西省城联社在继中央党校举办全省城联社系统领导干部轮训班后，又在清华大学美术学院举办山西省工艺美术高级人才研修班。培训通知发出后，在山西省工艺美术界乃至全国工艺美术行业引起强烈反响，报名十分踊跃。经过筛选，山西省工艺美术大师、非物质文化遗产手工技艺传承人、传统工艺美术保护项目负责人、全国工艺美术“百花奖”“金凤凰”奖获得者等近百人参加了首期培训。通过研修学习，旨在打造山西省工艺美术行业领军人才，提升山西省工艺美术艺人文化艺术素养。

【参加首届中国农民文化艺术节】 6月16~21日，由农业部、文化部、中国文联共同主办的首届中国农民艺术节在北京举行。山西省由省农业厅牵头，省工艺美术协会协助组织20多个厂家参展。

山西省通过“一村一品”等展览、展演、展映和丰富多彩的文艺活动，全面反映新世纪、新阶段山西省农业、农村、农民工作取得的新成就，充分展示当代山西省农民创造新生活的新形象、新风貌。

此次展会，参观山西省“一村一品”展示的人流量为10.53万人次，其中：党和国家领导人、国家部委负责人到展位参观的有76人。现场销售金额近10万元，签约意向近百万元。

本次艺术节山西省农业厅获最佳组织奖；“一村一品”、“农风·农情·农乐——端午大型广场乡土艺术文艺汇演”获最佳设计奖；“威风锣鼓”获精粹奖。

【彭真同志铜像落成】 5月26日，伟大的无产阶级革命家、政治家，杰出的国务活动家、坚定的马克思主义者、我国社会主义法制的主要奠基人、党和国家的卓越领导人彭真同志铜像在侯马市落成。省领导胡苏平、安焕晓、李潭生及彭真家属亲友傅彦、傅亮等出席揭幕仪式。

彭真同志原名傅懋恭，1902年出生于侯马市垤上村。彭真铜像由主体、基座、背景环境三部分组成，铜像主体高5米，加基座7.5米，象征着彭真同志投身革命，为祖国建设和改革开放事业75年的奋斗历程。基座的台基长度为9.5米，台座高度为1.9米，分别代表彭真同志95年的人生历程和19年的故乡成长经历。铜像原稿来自彭真生平照片及中共太原支部旧址纪念馆。铜像由太原市雕塑院雕塑，由国家文化产业示范基地山西宇达集团制造安装。

【《山西八大文化品牌》珍藏卷获国家专利】 2010年8月18日，国家知识产权局发布公告：授予中国广灵剪纸《山西八大文化品牌》《古都大同》《天下晋商》珍藏卷和《魅力山西》《山西风光》5大系列作品设计专利证书。从此，这5大广灵剪纸艺术品获得国家专利法的保护。该品牌艺术品是广灵剪纸第四代、第五代传人——中国广灵剪纸文化产业园区主任张多堂、中国广灵剪纸文化艺术发展有限公司总经理张栋联手设计。其中剪纸艺术作品《魅力山西》百米长卷，已申报吉尼斯世界记录。

【山西文化产业精品展示周在韩国举行】 中国山西文化产业精品展示周于8月18日在韩国首尔拉开帷幕。多姿多彩的工艺美术品和民间艺术，向韩国民众展示了山西悠久的历史文化底蕴。中国驻韩国大使张鑫森以及来自韩国文化界、新闻界等百余人出席了开幕式。此次展出的作品有青铜器、剪纸、刻花瓷、皮影、堆锦、晋绣、布老虎、脸谱、葫芦、砖雕、平遥推光漆器、绛州澄泥砚和云雕工艺品等十多个种类、百余件民间工艺美术精品。此外，还有独具地方特色的民间舞蹈红灯笼、山西花鼓、唢呐等民间器乐演奏，集中展现了山西独具特色的风土人情和民间文化艺术，让更多的韩国民众领略山西文化的魅力。

【广灵剪纸获世界“非遗”证书】 8月19日，中国入选联合国教科文组织非物质文化遗产名录项目颁证仪式在北京人民大会堂举行。山西省广灵剪纸作为中国剪纸项目的一部分，入选联合国教科文组织非物质文化遗产名录。广灵剪纸作为中国民间剪纸三大流派之一，以其生动的构图、传神的表现力、细腻的刀法、考究的用料与染色、精细的包装制作工艺，独树一帜，被誉为“中华民间艺术一绝”，在中国剪纸中占有重要地位。　（冯晓东）

住房和城乡建设 环境保护

住房和城乡建设

·城乡规划与建设管理·

【城镇化与规划编制】 会同省直30多个部门和单位组成联合调研组，在省内外就城镇化工作进行专题调研，完成由省委书记袁纯清亲自领导和主持的"山西城镇化推进战略研究"课题，形成"山西城镇化推进战略研究"主报告、综合报告和20个专题报告，提出的"一核一圈三群"（"一核"即太原都市区、"一圈"即太原都市圈，"三群"即晋北、晋南、晋东南城镇群）城镇空间体系，被确定为山西省城镇化发展的战略目标，纳入"十二五"规划。编制完成《太原经济圈规划》《介孝汾城镇组群规划纲要》，开展长治上党"1+6"城镇群规划和太原、大同、晋城、临汾、运城等市的城市总体规划修编工作。全省22个设市城市和84个县城到2020年的总体规划全部完成，控规覆盖率达70%以上；53个县编制完成县域村镇体系规划，占应编总数的62%；646个小城镇编制完成总体规划，占应编总数的54%；9098个村编制完成村庄规划，占应编总数的32%，为城镇化健康快速推进提供保障。

【高校新校区规划编制】 制定《晋中高教园区工作方案》，成立山西省高校新校区规划设计领导组，会同省教育厅等单位对上海松江大学城、南昌大学城、广州大学城进行考察调研，委托华南理工大学、山西省城乡规划设计研究院共同承担山西省高校新校区的总体规划编制任务。

【规划实施管理和监督检查】 配合省人大常委会开展城乡规划执法检查，重点对晋城、运城、吕梁三市进行检查。会同省监察厅开展房地产开发中违规变更规划、调整容积率问题专项治理工作，对2007年1月1日至2009年3月31日期间领取规划许可的所有房地产项目进行清理。全省各地共自查项目3505个，自查用地面积14063.44万平方米，其中，调整容积率项目123个，补交规费收入8075.92万元，罚款4658.42万元。在此基础上，研究起草《山西省违反城乡规划行政处分暂行办法》和《山西省城乡规划公开暂行规定》。

【历史文化遗产保护】 认真贯彻实施《历史文化名城名镇名村保护条例》，加强城镇历史文化遗产保护工作。报请省政府公布太谷、孝义、介休、左云等4个山西省历史文化名城（第二批），太原市南华门、曲沃县西城巷、翼城县南十字街、柳林县明清街等14个山西省历史文

2010年6月29日，省委书记袁纯清调研重点工程建设情况

（樊保平提供）

化街区(第一批)。阳城县润城镇、天镇县新平堡镇、太原市晋源区晋源镇店头村等30个村镇被命名为中国历史文化名镇名村,灵石县静升镇、五台县台怀镇、永济市蒲州镇等6个村镇被命名为国家特色景观旅游名镇名村。指导太原市制作国家历史文化名城申报材料上报住房和城乡建设部。7月,住房城乡建设部和国家文物局组织有关领导和专家对太原申报国家历史文化名城的情况进行考察。

【基础设施建设】 2010年,山西省完成城镇市政公用设施建设投资302亿元,同比增长5.96%。建成污水处理厂28座,全省城镇污水处理厂达132座,实现县县建成污水处理厂并投入运营的目标。建成垃圾处理厂20座,全省垃圾无害化处理厂达49座,比“十五”末增加45座。城镇各项市政指标显著提高,全省城市污水处理率达76%,生活垃圾无害化处理率达65%,集中供热普及率达81.8%,燃气普及率达88%,用水普及率达95.5%,建成区绿化覆盖率达37%,人均城市道路面积达10.1平方米,分别比“十五”末提高19.77%、48.38%、35.2%、17.31%、3.27%、6.79%和1.89平方米。

【宜居城市创建】 组织专家对《山西省创建宜居城市考核评比标准(试行)》进行修订,完善创建工作的考核体系。晋城市荣获国家人居环境范例奖,孝义市、侯马市的“环境友好型”和“功能完善型”两个单项宜居城市创建成果顺利通过专家组考核验收,大同市富乔焚烧发电和临汾市城市公厕项目获“中国人居环境范例奖”,晋城市煤层气综合利用项目获“迪拜国际改善居住环境最佳范例奖”全球百佳范例。

【城市绿化】 深入开展“园林城市”创建活动,城市生态和人居环境质量明显改善。全省11个设区城市新增绿地面积549.25公顷,建成区绿化覆盖率同比提高0.86%,达37.29%。修订印发《山西省园林城市(县城)申报与评审办法》,委托省遥感中心对申报城市进行遥感测试,为创建评审工作提供科学依据。太原市、侯马市、潞城市、武乡县、怀仁县等5个市、县被住房和城乡建设部授予国家园林城市(县城)称号。指导长治市、晋城市向住房和城乡建设部正式申报创建国家生态园林城市,朔州、阳泉、孝义、介休、襄垣、屯留、平顺和长子等8个市、县申报国家园林城市(县城)。大同、晋中、灵石、黎城、阳城、沁源、洪洞、阳曲、沁县和高平等10个市、县的省级园林城市(县城)创建工作取得阶段性成果。制定《山西省城市(县城)星级公园申报与考核办法》《山西省城市园林单位、园林社区和园林道路申报与考核办法》,完善城市园林绿化工作的指标体系,组织对太原、大同、晋中、长治、晋城、运城等城市申报的一批星级公园、城市园林单位、园林社区、园林道路进行考核初审。

【城市供水节水】 对全省城市的供水水质和公共供水应急预案编制、落实情况进行督查,完成国家水质抽查、自查查验、消毒剂检查和供水监测能力调研工作;按照《山西省城市公共供水企业(单位)运行考核暂行标准》,对全省86个城市公共供水企业的运行情况进行年度考核,对现场检查发现的问题要求及时整改,保障供水安全。下发《关于进一步搞好城市供水应急管理确保供水安全的通知》,切实强化城市供水应急管理工作。印发《山西省城市节水型企业(单位、校园、小区)考核管理办法》,在全省组织开展国家、省级节水型城市的创建工作。大同市创建国家节水型城市通过省级初审。太原市评选产生首批20家节水型企业(单位、校园)。加强洗浴行业节约用水,开展洗浴行业用水、节水专项整治活动。

【城市污水和垃圾处理】 对全省已投入运行的79座污水处理厂、18座生活垃圾无害化处理场进行运营考核,加大污水、垃圾处理设施关键岗位的培训工作力度,累计培训技术人员1000余人。会同省财政厅下发《关于建立城镇污水处理费和垃圾处理费征收台账的通知》《关于省财政对县城镇污水处理运行实行以奖代补政策的通知》,下达年度污水处理以奖代补资金951万元。会同省发改委、经信委、物价局出台《关于进一步加快推进城镇污水再生利用工作的通知》,对城镇污水再生利用的规划建设、推进措施、价格机制、优惠政策提出具体要求。全省共有太原北郊、大同西郊等32座城镇污水处理厂实现中水回用,实际总回用能力达28.2万吨/日。加强城市排水许可工作,下发《关于进一步搞好城市排水许可工作的通知》,就建立完善城市排水许可制度、推进城市排水许可工作、保障污水处理设施安全稳定运行提出具体要求。

【市政设施运营安全】 制定市政公用设施安全运营专项整治方案,对山西省11个设区城市的市政公用企业进行实地检查,有效改善全行业安全生产运营状况。下发《关于加强市政公用行业安全工作的紧急通知》等一系列文件,对加强全省市政公用行业的安全生产工作进行安排部署和指导,确保市政公用行业安全稳定运营。指导各地科学建立应急抢险体系,完善法人安全生产承诺制,强化应急抢险队伍建设。全省11个设区市全部成立应急抢险专家库,并建立应急抢险专业队伍。全省有782家市政公用企业(单位)的法人代表与当地政府签订《安全生产承诺书》,强化法人安全生产责任制的落实。制定《山西省城镇燃气管网安全评估报告编制提纲》,召开全省燃气管网安全评估工作专题会议,全面启动燃气管网的安全评估工作,并将其纳入评选园林城市、宜居城市的考核体系。加强城市防汛工作,完善城市防汛抢险预案和度汛措施，组织各市开展市政公用行业的汛前自查和整改工作，开展清淤疏浚、物资储备、抢险排涝等各项基础工作，确保城市安全度汛。

【风景名胜区管理】 承办联合国教科文组织《世界遗产公约》实施情况第二轮定期报告亚太地区研讨会、中国世界遗产保护管理研讨会，举办山西省遗产资源保护专题发布会、全省风景名胜工作座谈会等各类专项会议，为推动山西省世界遗产保护和风景名胜区工作起到积极作用。认真落实《山西省风景名胜区体系规划》，完成全省风景名胜资源价值评价。

2010年6月11日，省住房和城乡建设厅党组书记、厅长王国正在浑源县调研农村危房解困工作 （樊保平提供）

·村镇建设·

【村镇规划】 编制完成县域村镇体系规划22个，小城镇总体规划65个，村庄规划2000个。左云县县域村镇体系规划、阳城县北留镇控制性详细规划、沁水县窦庄历史文化名村保护规划等3项村镇规划获全国优秀规划奖。太原、大同、朔州和阳泉等4市全部完成所辖县域村镇体系规划，大同、太原全部完成建制镇总体规划。强化村镇规划实施监管，严格管理村镇范围内规划"一书一证""一书两证"发放，初步建立以规划研究为前瞻指引，以法定规划编制为落实平台，以县域重大产业项目选址为保障手段的村镇规划体系。创新编制理念，针对晋城等市发展速度较快的小城镇，提出"全域北留""全域马村"的镇域城乡统筹编制理念，取得较好效果。

【特色小城镇创建】 深入开展历史文化、园林、景观旅游等特色小城镇创建活动。加强历史文化资源的科学保护和永续利用，开展全国第二批特色景观旅游名镇名村申报工作，对第一批特色景观旅游村镇进行现场考核和监督指导。对襄垣县下良镇、曲沃县曲村镇、稷山县翟店镇、柳林县孟门镇等4个镇，安排绿化工程专项资金，支持、奖励建制镇绿化工作。深入开展园林城镇创建活动，晋城市泽州县巴公镇、阳泉市平定县娘子关镇、运城市河津市樊村镇、运城市稷山县西社镇、吕梁市柳林县孟门镇、长治市壶关县百尺镇等6个镇被省政府命名为山西省园林城镇。全省建制镇绿化覆盖率比上年增加1%，达到22.9%。

【城镇基础设施建设】 完成重点镇基础设施建设投资85亿元，供水普及率、燃气普及率、生活垃圾简易处理率、绿化覆盖率及人均道路面积分别比"十五"末提高5.1%、6.3%、10%、5.7%和3平方米，人居环境不断改善。启动武乡县统筹城乡规划建设试点工作，指导、督促武乡县抓紧制定县域村镇规划体系，加快县城和重点镇建设，实施村镇道路、供水、垃圾治理、园林绿化等市政公用设施重点工程，建立城乡统筹的规划建设体系，为全省加快推进城镇化创造经验。

【古村镇保护】 编制完成历史文化名镇名村保护规划12个，为山西省第三批历史文化名镇名村进行授牌。邀请国内知名古村镇保护专家举办古村镇保护利用讲座，提高管理人员和古村镇负责同志推进古村镇保护利用工作的能力。开展世行赠款古村镇减贫研究，完成《山西古村镇测绘图集》《山西古村镇保护技术导则》《山西古村镇非物质文化研究》《山西古村镇发展现状、成因分析与减贫模式》等子项目初步研究成果。

·建筑节能与城镇减排·

【建筑节能】 开展新建建筑"双百工程"，制定规划阶段建筑节能审查制度。全省设计阶段节能标准执行率基本达100%，施工阶段节能标准执行率设区城市基本达100%，县(市)达96.1%。争取国家和省级既有居住建筑节能改造补贴资金，全年共争取到中央财政补助资金13329万元，省级财政配套资金7557万元。全省完成既有居住建筑节能改造项目126个，共计467万平方米；太原理工大学长风小区被住房城乡建设部列为中德合作改造示范项目；继续实施省直机关办公建筑和大型公共建筑节能改造工作。启动省委办公楼等6个改造项目，共计10余万平方米。全省新建建筑可再生能源应用比例达26%，超过国家指标任务1%。太原市被列为国家可再生能源建筑应用示范市，临猗县、平定县、侯马市被评为国家可再生能源建筑应用示范县（市），中北大学太阳能光电建筑应用示范项目和吕梁市柳林、方山太阳能光电建筑应用项目工程被评为2010年国家级太阳能光电建筑应用示范项目，太原经济技术开发区屋顶太阳能光电建筑应用项目、山西物流港、吕梁离石新区3个项目被评为国家用户测光伏发电集中连片示范项目。初步搭建起省级能效监管平台，确定能效监测试点建筑单位14家，并通过政府采购确定具体实施单位，能效试点监测工作全面实施；确定省机关事务管理局和太原、长治、忻州等4个单位（市）为试点，明确具体的实施机构。中北大学、山西财经大学申报国家节约型校园建设示范项目已获批准，补助资金拨付到位。

【生活COD减排】 报请省政府给各市下达2010年城镇污水处理厂新增生活COD减排指标任务，出台对在运行污水处理厂实施以奖代补资金等政策，全力推进生活COD减排，取得显著成效。经国家环保部污染减排核查组核定，全年全省完成新增生活COD减排量1.885万吨。扣除因人口增长因素增加的新增生活COD排放量0.968万吨，完成生活COD净减排量0.917万吧，超出国家下达山西省全部目标任务（0.84万吨）0.077万吨。

·建筑业管理与工程建设·

【建筑业概述】 坚持以市场需求为导向，构建等级合理、专业配套、以施工为主体，勘察设计、监理、招标代理等中介咨询为辅助的建筑业结构体系。依法核准升级、增项、延续、换证的建设类企业545家，其中，施工企业132家，勘察设计企业297家，监理企业60家，招标代理机构47家，设计与施工一体化9家。向住房城乡建设部申报升级、延续企业118家，专业涵盖房屋建筑、市政、公路、铁路、钢结构。对全省378家二级以上建筑施工企业、444家勘察设计、130家监理、133家招标代理、31家设计施工企业进行动态考核。全省共有建筑业资质企业2791家，其中，总承包企业986家，专业承包企业1614家，劳务分包企业191家。工程勘察设计企业444家，工程监理企业230家，工程招标代理机构146家。全省完成建筑业产值2083亿元，同比增长14.1%；实现增加值574.8亿元，同比增长22%，占全省GDP的6.3%。从业人员82万人，劳动生产率24.9万元/人。

【建筑市场管理】 起草《山西省人民政府关于加快建筑业发展的意见》，下发《关于继续实行建设监理服务收费专户管理的指导意见》，与省财政厅、工商局、地税局联合下发《关于加强省外入晋建筑业企业备案管理工作的通知》。完成对《山西省房屋建筑和市政基础设施工程施工招标投标管理实施细则（试行）》《山西省建设工程量清单招标评标办法（试行）》两个文件的修订，完善建筑市场监管机制。开展山西省建筑工程实施和质量安全大检查，对在检查中发现的工程建设实施过程中挂靠资质、违法分包、施工现场管理人员同投标承诺严重不符等市场不规范的河南红旗渠建设集团有限公司等6家单位和8名个人实施行政处罚并记不良行为记录，对市场行为不规范的长治市诚联建设监理有限公司等10家单位和1名个人记不良行为记录。

【建筑安全生产】 报请省人大启动《山西省建设工程质量和安全生产管理条例》修订工作，报请省政府印发《关于加强建筑工程及市政运营安全生产工作的若干规定》，起草《房屋建筑工程和市政工程施工现场生产安全事故及重大隐患处理规定》，启动《建筑工程安全技术资料管理标准》《建筑安全标准化工地管理规定》的编制工作，组织对《建筑工程安全防护、文明施工措施费用管理规定》进行修订。印发《山西省住房和城乡建设系统2010年“安全生产月”活动方案》，开展安全宣传咨询日、应急演练周和宣传教育行动等各项活动。在山西大医院项目工地开展省城建筑工地应急演练观摩会，对火灾事故救护、高空坠落事故救护、触电事故救护等三项内容进行演练。

开展安全生产专项整治和大检查，在全省范围内共开展春节和两会期间安全生产大检查、全省住房城乡建设系统安全生产隐患排

棚户区改造　（樊保平提供）

汾河公园　（樊保平提供）

查治理专项行动和安全生产大检查、全省建筑工程质量安全大检查等3次大范围的检查，累计排查安全隐患13533项，下达执法建议书18份，责令整改通知书6份，对15个项目33家企业和单位进行通报和处罚，暂扣9家施工企业的安全生产许可证，向事发外省企业注册地的省住房城乡建设部门发函建议暂扣8家外省施工企业的安全生产许可证，并记入企业不良行为记录。全年共发生建筑生产安全事故16起，死亡23人，同比减少6起11人。

【工程质量监管和施工图审查】（1）继续深入推行工程质量巡查制度，共查出违反强制性条文10万余条次，全省建筑工程质量监督覆盖率达100%，竣工验收合格率达100%。起草《评价标准实施办法（初稿）》。全省共有35项工程被评为省优良工程。（2）开展全省施工图审查工作质量检查，全省上网审查合格的项目9743项。其中，房屋建筑工程9419项，建筑面积5524万平方米，市政工程324项。纠正违反强制性条文22479条次，消除安全隐患5563条次。

【工程招投标管理】　全省全年房屋建筑和市政基础设施工程招标2519项，中标金额838亿元，投资额大幅增加，单个工程投资额呈上升趋势。应公开招标项目的公开招标率达100%，通过招标的项目节资率超过2%。整合全省11个市评标专家库，形成全省统一的房屋建筑和市政基础设施工程评标专家库。对库内专家进行调整与补充，建立包括7大类、66个专业，共3100名专家的房屋建筑和市政工程评标专家库，专家数量和质量不断提高。

【建设工程劳保基金和保证担保】（1）全省共收缴劳保基金10.84亿元，同比增长102%；向全省施工企业拨付劳保基金6.66亿元，同比提高106%；向全省近200家特困施工企业补贴劳保基金8250万元，同比提高74%。（2）全年承担担保项目979项，担保总额达11.45亿元。其中，投标担保项目706个，担保额66936.4万元；业主支付担保项目101个，担保额18698.28万元；合同履约担保项目172个，担保额为28878.676万元。

【工程建设标准造价管理和无障碍城市创建】　编制并审定发布山西省地方标准《建筑幕墙工程质量验收标准》和《预拌砂浆生产与应用技术规程》。承担《屋面工程质量验收规范》和《地下防水工程质量验收规范》两项国家标准的编制任务，并通过标准审查委员会的审查。制定并印发《山西省建设工程工程量清单计价实施细则》。牵头会同省民政厅、省残联和省老龄办及相关专家对太原、大同、长治、晋城和运城等5个全国无障碍建设城市创建市进行全面验收前的初步审查，12月接受住房城乡建设部等四部委组成的考核验收组的考核验收。

【建筑科技】　组织专家对2009年240项工法进行评审，其中197项被评为省级工法，申报《在泡沫混凝土中加入保温颗粒等材料的研究》等9个科技计划项目，确定山西交通政务大厅及数控中心等48项工程为建筑业新技术应用示范工程立项项目。认定3批、共计393项建筑节能新技术（产品）。开展建筑节能专项检查，检查在建及竣工项目71个，下发责令整改通知书44份，并将检查结果在全省通报。

·住房保障与房地产业·

【保障性住房】　各级住房城乡建设部门紧抓这项民生工程。一方面不断加大政策支持力度，报请省政府出台《关于加快保障性住房建设的若干意见》《山西省公共租赁住房管理暂行办法》等规范性文件，印发《关于加强廉租住房建设管理的通知》等规范性文件，提出并实施推进保障性住房建设的一系列政策措施，有效指导和推动保障性住房建设；另一方面加大资金支持力度，共争取国家各类保障性住房和棚户区改造补助38.23亿元，省财政配套补助3.745亿元，为保障性住房建设提供资金保障。全省保障性住房新开工建设29.2万套，为年度计划的133.1%；完成投资290.9亿元，为年度计划的144.9%；通过实物配租和货币化补贴两种方式，对符合廉租住房保障条件的申请家庭实现应保尽保；截

2010 年山西省各类保障性住房和棚户区改造完成情况表

住房类型	山西省政府年初计划(套)	实际完成(套)	完成比例	与国家签订责任目标(套)	实际完成(套)	完成比例
廉租住房	70000	80860	115.5%	78800	80860	102.6%
经济适用住房	40000	40882	102.2%	40000	40882	102.2%
公共租赁住房	——	13391	——	——	13391	——
城市棚户区改造	66000	67365	102.1%	76500	80762	105.6%
国有工矿棚户区改造	400	24504	6126.0%	8000	11107	138.8%
国有重点煤矿棚户区改造	27900	36316	130.2%	——	36316	——
林区棚户区改造	——	585	——	4000	585	14.6%
农村危房改造	15000	28000	186.7%	28000	28000	100.0%
合　计	219300	291903	133.1%	235300	291903	124.1%

至 2010 年底，全省累计开工建设国有重点煤矿棚户区改造安置住房 12.25 万套，超额完成山西省“十一五”计划提出的国有重点煤矿棚户区改造的目标任务。

【房地产开发】 报请省政府印发《关于促进房地产市场平稳健康发展的通知》等规范性文件，与省国土、监察、税务等部门联合下发《关于进一步加强房地产市场宏观调控促进住房保障与房地产市场健康发展的通知》，促进房地产业平稳健康发展，商品住房供应结构日趋合理，销售价格保持基本稳定。2010 年，全省完成房地产开发投资 603 亿元，同比增长 26.3%。房地产开发投资占全省城镇固定资产投资的比重达 10.4%；占全国房地产开发投资的比重达 1.4%，比上年提高 0.1%。完成城镇住宅投资 730 亿元，同比增长 19.4%。城镇人均住房建筑面积达 30.25 平方米，同比增加 0.52 平方米。农村人均住宅面积达 26.82 平方米，同比增加 0.35 平方米。全省商品住房平均销售价格为 3326 元/平方米，比全国平均价格低 1398 元/平方米，在全国排第 20 位。

【房地产市场监管】 指导各市加强房地产交易与权属登记管理，依法简化房地产交易与权属登记程序，提高办事效率，推行房地产交易与权属登记一体化管理。太原、大同等 9 个城市建成房地产市场信息系统，实现商品房交易网上备案。加强房地产统计工作，提高房地产市场监测分析水平。建立存量房屋交易和房地产开发月报、分析制度，逐月对存量房屋交易、房地产开发情况进行统计分析。开展房地产市场秩序整治、房地产开发企业经营行为大检查、商品房销(预)售检查和整治“楼霸”等一系列专项活动，对 916 家房地产企业、1182 个房地产项目进行检查，对存在违规经营行为的 253 家企业、236 个项目进行查处，对存在非法吊装、搬运和买卖装潢材料的 22 个住宅小区进行整治，城市房屋拆迁上访量逐年下降，房地产市场秩序日趋规范。

【物业管理】 积极开展国家康居示范工程创建活动。大同凯德世家和阳泉山水林语两个项目通过住房和城乡建设部住宅产业化促进中心组织的国家康居示范工程规划设计方案和可行性研究报告评审，列入国家康居示范工程项目。开展物业服务创优年系列活动，全省物业管理覆盖率达 46%，比上年提高 1%。晋中田森佳苑住宅小区等 4 个项目被评为全国物业管理示范项目，太原新领地住宅小区等 19 个项目被评为全省物业管理示范项目。

【住房制度改革】 全省公有旧住房出售和住房分配货币化工作顺利进行。截至 2010 年底，全省累计出售公房 7867.42 万平方米，公房出售率达 86%以上，略高于全国平均水平。全省共有 36381 名职工领取住房补贴，发放住房货币化补贴 43543.84 万元。加强住房制度改革的政策指导和咨询服务，共接待群众来访数十人次，提供电话政策咨询百余次，参加政风行风热线 3 次，认真解答住房改革政策问题。

【住房公积金管理】 2010年，山西省住房公积金新增归集额达129.24亿元，同比增长21.94%，完成年度目标任务的140.02%。发放公积金个人贷款2.72万笔，共计33.96亿元，贷款额同比增长52.10%，完成年度目标任务的181.12%。清理回收逾期项目贷款和挤占挪用资金本金232.1万元；实现住房公积金增值收益4.08亿元。指导运城市利用5亿元住房公积金建设经济适用住房试点工作，发放保障性住房建设贷款1亿元。

·建设法制工作·

【建设立法】 加快建设立法步伐，起草的《山西省建设工程质量和安全生产管理条例》通过省人大常务委员会一审。根据《山西省人民政府办公厅关于政府规章和规范性文件清理工作有关问题的通知》要求，对全省住房城乡建设类地方政府规章和规范性文件进行清理，共清理地方政府规章8件，规范性文件196件。

【建设普法】 顺利通过山西省“五五”普法工作检查组的检查验收。根据省委依法治省领导组要求，组织住房和城乡建设厅135名公职人员参加“五五”普法总结验收考试，全部合格。组织《山西省城乡规划条例》宣贯培训班，全省住房城乡建设系统城乡规划专业相关执法人员380多人参加培训。

【建设执法】 在全省住房城乡建设系统开展《行政复议法》《行政诉讼法》《行政处罚法》执法情况专项检查，对《山西省建设执法文书格式》作全面修订，印发全省住房城乡建设系统实施。结合中央和省工程建设领域突出问题专项治理工作，集中组织开展一系列执法检查活动，妥善处理一批举报案件，全年共下达行政处罚告知书66份，执法建议书12份，责令改正通知书23份，处罚决定书46份。

【建设行政复议和行政诉讼】 全年共收到行政复议申请12件，接待申请43人次。经审查不予受理的1件，建议到有受理权限的行政主管部门申请复议的1件，因原具体行政行为主体不合法予以撤销的3件，终止的3件，维持的2件，采取调解等其他方式处理的2件，复议后未引发行政诉讼案件。

（郭玉斌　樊保平　赵志远）

建筑工程

【概述】 山西建筑工程集团是山西规模最大的综合性建筑集团。山西建筑工程（集团）总公司具有国家建设部批准的房屋建筑工程总承包特级资质和多项总承包与专业承包一级资质，并具有国家商务部批准的对外工程承包和对外贸易经营权，是国家建设部重点支持的全国33家大型建筑企业之一。

集团总公司的主营业务为：建筑业、房地产业和海外经营。以集团总公司为母体的山西建筑工程集团，具有建筑科研设计、建筑施工、设备安装、建筑装饰、道桥施工、工程机械制造、建筑构件生产、房地产开发、工程监理、机具租赁、建筑技术开发和教育培训等综合经营能力，独立承包国内外大型工业项目和高级高层民用工程等。

集团总公司长期坚持“立足山西、面向全国、开拓海外”的经营方针和“实施名牌战略，营造时代精品”的质量方针，创建近60年来，承建一大批国家和省、市重点工程及海外工程项目，创建优质工程万余项。近十余年，先后获得“鲁班奖”24项，“汾水杯”157项，在全省同行业占绝对优势。集团总公司2010年进入中国企业500强，排名第486位。荣获“2010年山西省百强企业称号”，比上年前进3位，排名第12位。集团企业连续七年进入“中国承包商60强”，2010年排名第36位。

【经济指标完成情况】 （1）市场开发：全集团承揽任务277.5亿元，同比增长21.12%。（2）经营总额：全集团综合经营额159.25亿元，同比增长26.8%。（3）竣工面积：完成492.6万平方米，与2009年持平。（4）实现利税：6.11亿元，同比增长24.44%。（5）安全生产：创省级及以上安全标准化工地54项，其中国家级1项，中建协AAA级9项。（6）职工收入：人均年工资26713元，同比增长22.74%，超额完成“增长幅度不低于15%”的目标。

【海外业务】 2010年，集团的海外业务取得较好成绩，有两大亮点。一是集团承接海外项目2.6亿元，同比有较大幅度的增长，特别是中标18498.33万元的喀麦隆雅温得一号政府部委楼精装修工程，是集团取得的第一个EPC(设计–采购–施工)项目，为提升集团总公司的经营层次创造条件。二是国际公司的进出口贸易新签合同额同比大幅增长，达2600万多美元。进出口业务尝试新的合作方式，将进出口代理业务发展为自营业务，利润率提高10余倍。进出口业务的市场已拓宽至泰国、韩国、英国、巴西、美国、南非等国家和地区。

【国有资产保值增值】 截至2010年底，山西建筑工程（集团）总公司的资产总额为121.03亿元，国有资本及权益总额期初数为30191.46万元，剔除影响国有资本增减变动的客观因素后，集团总公司2010年底国有资本及权益总额为32443.36万元，资本保值增值率为107.46%，国有资本实现增值。

【推进科技进步】 2010年，集团确定的年度科技项目198项，总投入为8051.85万元。其中，总公司投入2564.08万元，带动各单位投入5487.77万元。总公司承担并完成《地下防水工程质量验收规范》《屋面工程质量验收规范》等国家规范的修编工作。参加编制的行业标准

《建筑外墙防水防护技术规程》通过专家审查，达到国内领先水平。集团系统申报的68项省级工法，评审通过53项，通过率为80%，占全省的30%，其中12项被推荐为国家级工法。2010年，集团系统获得山西省科技进步奖2项；通过省科技厅科技成果鉴定2项；通过建筑业科技示范工程验收12项，其中省级11项，国家级1项，即三公司承建的太原市残疾人中心项目获得“全国新技术应用示范工程”。

【质量管理】 2010年，总公司先后组织全面质量管理理论知识、施工企业质量管理规范和GB/T19001-2008标准的培训。在省建协组织的QC成果发布会上，集团系统获一等奖24项、二等奖2项、优秀奖53项，其中，获国家级成果一、二等奖7个，优秀奖15个。总公司牵头完成住建部“先进适用技术对保证工程质量作用的研究”课题任务，完成《建筑工程施工细部做法》出版工作，对重点工程、特殊工程和关键部位工程实施重点质量督查。2010年，集团系统创“鲁班奖”工程2项，占全省的100%；创“汾水杯”工程14项，占全省的40%；创“太行杯”工程14项、省优工程20项；“广厦奖”、结构“长城杯”金奖各1项，“天府杯”4项，全国建筑工程装饰奖和“三晋杯”装饰奖各1项。全年单位工程竣工交付合格率100%，未发生较大质量事故。2010年，由集团所属山西四建集团有限公司承建的丁陶国际大酒店和山西八建集团有限公司承建的中国人民银行太原支行附属楼工程获得“鲁班奖”。同时，集团总公司荣获“创国家优质工程特别荣誉企业”称号。

【集团技术中心获认定】 2010年11月，经国家发改委综合审查，山西建工集团技术中心成为山西省唯一认定的第十七批国家认定企业技术中心。全国共有国家级技术中心729家，其中建筑施工企业仅有5家，分别是上海建工集团、中建总公司、北京城建、山西建工和青岛建工。

9月，集团总公司与太原理工大学签订长期合作协议，并联合设立山西省土木工程研究生教育创新中心。10月，集团总公司获国家人力资源与社会保障部批准设立博士后科研工作站。（黄　斌）

重点工程

【概述】 2010年，省市两级重点工程累计完成投资5067.35亿元，完成年度投资计划的128.3%，占全省全年城镇固定资产投资总额的87.1%。其中，省重点工程累计完成投资2142.36亿元，比上年增加608.68亿元，同比增长39.7%；完成年度投资计划的106.9%，投资完成率比上年增加4.5%；累计到位资金1893.76亿元，为年度计划的94.5%。市级重点工程累计完成投资2924.99亿元，比上年增加116.91亿元，同比增长4.2%。

【省重点工程建设】 2010年，175项省重点工程建设项目中，有171项重点工程开工建设，开工率达97.7%，高于上年年末水平15%。省重点工程全年有轩岗电厂、太中银铁路、忻州至五台山高速公路等27个重点工程项目竣工投产，另有4个项目基本建成，全省重点工程基本实现年初计划投产31项重点工程的目标任务。

1. 保障性安居工程5项，年度计划投资211.48亿元，完成投资293.91亿元，为计划的139.0%。全省保障性住房开工建设29.2万套，建设面积1973万平方米，超额完成年度计划目标，有效解决城乡低收入家庭的住房困难问题。

2. 农业水利基础设施项目10项，年度计划投资59.08亿元，完成投资65.49亿元，为计划的110.9%。全省农业示范园工程进展顺利；引黄北干线控制性工程全部贯通，PCCP管道安装顺利；北赵引黄、禹门口提水工程提前实现引水灌溉目标；龙华口水库成功封顶。

3. 铁路项目17项，年度计划投资503.39亿元，完成投资523.61亿元，为计划的104.0%。太中银铁路全线通车，打通连接西北各省的交通大动脉，改善路网结构；南同蒲榆次至侯马北电气化改造、北同蒲韩家岭至应县增建四线工程建成投运，进一步增强了全省铁路运力。新开工建设的大同至运城至西安客运专线、山西中南部铁路通道、太原枢纽西南环线、太原至兴县铁路、吕梁至临县铁路、侯马至禹门口扩能改造等工程进展顺利，为实现到2012年全省铁路营运总里程由现在的3000多千米

华岭坡大桥　（任　皓提供）

配电装置区 (任 皓提供)

增加到5300千米，路网密度达到全国平均水平的两倍以上奠定坚实基础。

4. 高速公路项目45项，年度计划投资502.90亿元，完成投资505.81亿元，为计划的100.6%。全年计划新建高速公路项目全部开工建设，实现新开工高速公路项目总里程达1000千米。截至2010年末，全省新增高速公路投运里程达1000千米，高速公路运营总里程增加到3000千米。

5. 机场项目3项，年度计划投资4.80亿元，完成投资4.82亿元，为计划的100.2%。大同、运城机场改扩建工程进展顺利；吕梁、五台山机场开工建设。

6. 医疗卫生、文化教育项目13项，年度计划投资163.73亿元，完成投资218.12亿元，为计划的133.2%。校舍安全工程共改造学校6346所，完成建设面积1711.01万平方米以上，超额完成年度任务。

7. 节能减排和生态建设项目12项，年度计划投资49.43亿元，完成投资45.28亿元，为计划的91.6%。先后启动太原西山地区改造和十市生态环境治理工程，打通太原市长风西大街，实现全省县县至少建成一座污水处理厂的目标。同时大力实施“气化山西”工程，煤层气液化、煤层气管道运输工程建设全面开展。

8. 产业结构调整项目16项，年度计划投资88.27亿元，完成投资80.01亿元，为计划的90.6%。建成太钢5万吨不锈钢钢管和精密带钢技术改造工程，启动袁家山铁矿石项目；太重集团振兴装备制造业项目、中国北车太原轨道交通装备公司万辆铁路货车造修基地项目顺利开工建设；太原长安重型汽车有限公司搬迁改造二期、山西成功淮海发动机有限公司年产10万台新型微车发动机项目全部完成。

9. 电力项目29项，年度计划投资234.56亿元，完成投资240.57亿元，为计划的102.6%。建成轩岗电厂、古交电厂二期、大同煤矸石电厂等一批大型坑口电站，投产大唐临汾热电厂等一批热电联产项目，年内投产火电机组装机容量达580万千瓦。改造完成10千伏以上电网线路5000千米，完成第三批农网改造项目，建成宁东至山东660千伏直流输电项目。风力发电、太阳能发电等新能源项目得到大力发展，建设广灵甸顶山、宁武东马坊、右玉曹家山风电项目，并建成全省第一个光伏(太阳能发电)发电站。

10. 煤炭能源项目15项，年度计划投资149.26亿元，完成投资124.42亿元，为计划的83.4%。开工建设潞安李村煤矿、保德王家岭煤矿、兰花玉溪煤矿等多项现代化矿井，基本建成山西焦煤斜沟煤矿、阳煤寺家庄煤矿等2座现代化煤矿，投产矿井规模达2000万吨/年。

11. 省城十大建筑年度计划投资37.66亿元，完成投资40.32亿元，为计划的107.0%。太原飞机场扩建工程顺利竣工，其他9项建筑均已完成主体建设。其中，山西科技馆、山西图书馆即将完工，长风商务区其他项目按计划推进。

【重点工程分市建设】 各市投资完成情况按省市两级完成投资额排名如下：(1)太原市省市两级重点工程累计完成投资693.80亿元，其中省重点工程完成328.06亿元，为年度投资计划的100.2%；(2)运城市省市两级重点工程累计完成投资561.23亿元，其中省重点工程完成186.85亿元，为年度投资计划的115.4%；(3)临汾市省市两级重点工程累计完成投资557.05亿元，其中省重点工程完成235.88亿元，为年度投资计划的108.7%；(4)晋中市省市两级重点工程累计完成投资515.08亿元，其中省重点工程完成182.54亿元，为年度投资计划的120.2%；(5)长治市省市两级重点工程累计完成投资510.11亿元，其中省重点工程完成119.40亿元，为年度投资计划的99.1%；(6)大同市省市两级重点工程累计完成投资489.24亿元，其中省重点工程完成304.38亿元，为年度投资计划的100.1%；(7)吕梁市省市两级重点工程累计完成投资402.88亿元，其中省重点工程完成194.05亿元，为年度投资计划的100.9%；(8)忻州市省市两级重点工程累计完成投资380.14亿元，其中省重点工程完成180.24亿元，为年度投资计划的126.7%；(9)朔州市省市两级重点工程累计完成投资377.09亿元，其中省重点工程完成217.96亿元，为年度投资计划的122.4%；(10)晋城市省市两级重点工程累计完成投资 313.73 亿元，其中省重点工程完成 112.37 亿元，为年度投资计划的 120.2%；(11) 阳泉市省市两级重点工程累计完成投资 267.00 亿元，其中省重点工程完成 80.63 亿元，为年度投资计划的 104.8%。

【其他工作完成情况】 (1)分项目的投资完成率:全省 175 项省重点工程项目,有 110 个项目完成投资额达到或超过 100%，占项目总数的 62.9%;有 8 个项目接近完成年度投资计划,且形象进度达到目标要求。(2)行政审批中心运行情况:2010 年，省重点工程行政审批中心共受理 115 项审批事项,在规定期内办结 96 项,无一项超时办理,接受项目单位咨询 800 多人次,为保证重点工程顺利建设提供有力支持。(3)调度会、专题协调会情况:全年省重点工程建设领导小组共召开调度会 7 次，召开专题会、协调会、推进会 30 余次。对大西客专、山西中南铁路通道等建设周期长、占地面积大、压覆矿产多的项目,多次召开协调会、现场会,研究解决问题,确保按期施工;针对省城十大建筑拆迁难、配套难的问题,集中攻坚,确保满足 2011 年中博会的使用。 (任　皓)

万家寨引黄入晋工程

【引黄南干线运营】 2010 年，引黄南干线供水运营总体呈良好态势。总干线、南干线双机运行为主、单机运行为辅，稳定运行 115 天,全年供水总量 1.73 亿立方米，达到已形成供水能力 55%。其中:向工业和城市生活供水 9125 万立方米；向汾河中下游补充生态水 8212 万立方米。生产运行系统积极推进供水运行体制机制创新,加大维修、改造投入力度,提高生产管理、隐患排查消除和应急处置能力，整个生产运行体系向规范化、精细化管理目标迈进,确保供水运行安全稳定。实现稳定供水和安全生产无重大责任事故目标,取得供水运营效益稳中有升好成绩。

【引黄北干线建设】 2010 年，引黄北干线进入施工高峰期,全年建设任务圆满完成：全长 43.67 千米 1 号隧洞于 11 月 11 日全线贯通;全长 115 千米 PCCP 输水管道生产成品管 110.79 千米；大梁、耿庄、金沙滩、墙框堡四座调节水库土建主体工程完成 90%以上;北干线机电设备招标采购全部完成。围绕北干线建设,机电安装、自动化施工、投资、设计、施工、质量监督、征地移民、招标、资金拨付、物资供应等同步跟进;安全管理、水质监测、水补费征收、设备检修维护等工作到位。与北干主体工程同步建设的配套水厂有序推进,截至 2010 年底,大同水厂土建主体工程基本完工,正在进行设备安装;朔州神头水厂管线建设完工,所需设备进入招标采购阶段;平鲁水厂正进行施工标书编制;怀仁水厂可行性研究报告经省发改委审查通过;金海洋黄河供水公司正式挂牌成立。

【引黄工程管理】 一是党的建设取得新成效。引黄管理局以健全完善党委会、办公会、民主生活会等制度为基础，不断推进党内民主;深化干部人事制度改革、反腐倡廉建设、干部队伍作风建设、推进学习型机关建设、开展创先争优活动等各方面工作，不断取得新成效。8 月 28 日，引黄管理局召开首届党代会,选举产生新一届党委和纪委领导班子,明确提出下阶段党的建设目标、任务和工作重点,党的建设与时俱进,取得新进展。2010 年底干部选拔任用公信度测评显示连续两年高于省直单位平均水平。2010 年引黄工程管理局连续第九年荣获“省直文明和谐单位标兵”称号。二是构建引水与供水一体化运营管理体制。引黄管理局以北干线开工建设为契机,在建设之初就同步组建面向终端用户的供水企业。通过积极协调,在保证引黄入晋主体工程建设资金需求前提下,将水资源补偿费结余资金优先使用于引黄主体工程配套水处理厂、供水主干管网建设。经省政府批准，引黄管理局利用 14.5 亿元水补费以 49%股份参股组建大同黄河供水公司，朔州受水区内平鲁、神头(朔城区)、金海洋(山阴县)、怀仁等供水公司正按股份经营模式进行组建。利用 8.67 亿元水补费参股太原市黄河供水公司、自来水公司，投资建设太原市供水管网、加压站及呼延水厂二期工程。引入股份制经营模式,实现引水工程与配水工程有效对接,构建引水与配水一体化经营体制,为适时组建黄河供水集团创造条件。三是深

省委书记袁纯清在大梁水库调研　(闫淑铮提供)

南干线头马营出水口——黄河水与汾河水在此交汇

(闫淑铮提供)

化机制体制改革。着眼于理顺关系、优化结构、提高效能,按照管养分离、用采分离、管办分离原则,2008年5月起,引黄管理局有计划对运营管理体制、行政后勤体制、财务管理体制和建设管理体制进行改革。初步形成权责一致、分工合理、执行顺畅、监督有力管理体制。生产与经营分开,实现生产、技术归口统一管理;生产宏观管理与微观管理分开,生产一线管理、维修力量得到加强;承担建设与运行两大机构整合,实现就近现场组织生产。行政管理与后勤服务分离,增强全系统服务保障功能。财务实行预算管理,集中支付,提高资金使用安全性与有效性。根据工程建设及生产运行所需,适时成立质量监督管理处和安全监督管理处等部门,为提升工程建设质量和建设运行安全管理水平提供组织保障。四是规范各项规章制度。针对生产运营和工程建设中突出矛盾,先后研究制定议事决策制、行政问责制、安全管理制度等40多项规章制度。用制度管权、用制度管事、用制度规范行为约束机制得到强化。五是提升干部综合素质。出台2007~2010年教育培训大纲,分三批组织处级干部到北京大学、复旦大学、浙江大学进行脱产培训,通过开展大规模教育培训,广大干部理论水平、政治素质和业务能力得到提高。

【引黄入晋北干线攻坚动员大会】 2月26日在太原召开。刘维佳出席大会并讲话,引黄局局长菅二拴就北干线建设情况作通报,参建单位、配套水厂及沿线政府代表作表态发言。会议对2009年度北干线建设先进集体、先进个人进行表彰。引黄局领导及各处室、局属单位负责人,省发改委、财政厅、国土厅、环保厅等有关单位负责人,大同、朔州两市以及平鲁区、山阴县、朔城区、怀仁县、大同南郊区政府及相关部门负责人,设计、施工、监理单位负责人和项目经理参加会议。刘维佳强调,引黄工程建设要搞阳光工程、廉洁工程、放心工程。各参建单位要在保证质量和安全前提下,狠抓进度,确保工期;各级各部门要按照职责分工,各司其职,为工程建设营造良好环境;要加快由抓引水工程为主向构建大型供水集团转变进度,谋划引黄发展未来。

【袁纯清调研大梁水库】 7月6日,省委书记袁纯清在引黄工程北干线大梁水库工地调研指导工作,省委常委、秘书长高建民及相关省直单位领导参加调研。菅二拴就引黄一期工程运营及北干线建设情况作汇报。

袁纯清强调:"引黄工程是山西省最大的水源工程,要坚持百年大计,质量为本,把引黄工程这项发展工程、利民工程、德政工程建设好。"

【控制性工程项目领导联系制度】 7月19日,菅二拴主持局办公会,决定引黄局实行控制性工程项目领导联系制度。8位局领导分别重点联系10项控制性项目。主要任务,一是强化对控制性项目领导,深入现场调查研究,协调解决质量、进度、资金结算、征地、拆迁等重大问题,又好又快推进工程建设。二是督促局内职能部门,协调外部有关方面,加强协调配合,及时有效解决工程建设中难题,形成服务和推进北干线建设合力。三是健全完善联系制度,定期不定期现场办公,对联系项目建设存在问题,及时主动进行协调。四是每个项目确定一名固定日常工作联络员,以确保项目信息畅通,协调及时,问题得到有效解决。五是落实目标责任制,按计划完成日期,采取倒排工期、抓关键抓节点等措施,有序推进工程建设,确保联系项目按计划完成目标任务。六是根据工程建设总体安排,分别提出阶段性目标,在严管严控工程质量前提下,确保工程进度。七是检查项目资金、质量、安全等方面管理制度落实情况,确保工程质量和干部廉洁。

【北干线工程阶段性质量检查评估】 8月1~6日,省引黄入晋工程领导组办公室组织国内隧洞、土石坝、PCCP制作和安装、土工膜防渗施工等方面专家,对北干线工程施工质量进行阶段性检查评估。副省长刘维佳,省水利厅原厅长许四复出席在朔州召开的总结汇报会并讲话。会议由省政府副秘书长王纯主持。局领导菅二拴、朱春耀、崔富春等参加会议。专家组分成综合与调蓄水库、隧洞施工、PCCP制作与安装、复合土工膜四个检查小组，分别在北干线工程各个工地现场召开汇报会议，了解施工情况，对所有在建工程项目施工质量进行实地检查，形成检查评估报告。报告认为：北干线工程质量管理、控制及保证措施有力，工程质量处于全面受控状态，工程整体质量满足合同要求，符合国家有关规程、规范、标准，资料整编规范、齐全，施工质量良好，总体评价达到优良标准。

【北干线工程现场促进会】 8月12日，在大同召开，对工程建设进行再组织、再动员、再部署。局各处室、单位负责人，施工、设计、监理代表参加会议。菅二拴就工程质量、安全、进度和干部队伍作风建设等事项作出严格要求。

工程质量：必须高度重视，应摆在各项工作首位，切实抓好。严把原材料进场使用关，严格工序控制，严格进行检测检验和评定验收。各方要密切协作，形成齐抓共管局面。施工单位和建设分局要按会议要求全面展开排查整改工作，把工程建成经得起通水考验和历史检验工程。工程安全：要采取有效措施，防止汛期发生安全事故。北干线工程点多、面广、线长，关键要提高安全认识，强化安全危机意识，抓好各项安全措施落实，及时排查处理潜在安全隐患。工程进度：工程总体进展顺利，个别工程项目滞后。参建各方要统一思想，增强紧迫感、责任感和使命感，坚决完成年度攻坚任务，为2011年通水目标实现赢得主动。工程滞后施工单位要立即对施工方案重新审视，采取相应措施，迎头赶上。干部队伍作风建设：各级领导干部必须增强政治责任感，进一步转变工作作风。局党委成员要严格要求自己，按照联系重点项目制度，深入一线，带头做表率，协调解决问题。

【引黄工程北干线1号隧洞全线贯通】 11月11日，引黄工程北干线1号隧洞全线贯通，标志着引黄工程北干线建设取得阶段性重大成果。1号隧洞是北干线控制性工程，总长43.67千米，设计流量22.2立方米/秒，属无压隧洞，自下土寨分水闸起至PCCP输水管线进口止。隧洞上游采用钻爆法施工，长18.08千米，下游即1号隧洞IV标采用TBM掘进机施工，长25.59千米。1号隧洞IV标施工创造TBM掘进机单头掘进世界纪录。专家认为，引黄北干线工程1号隧洞是国内质量最好引水隧洞之一。

（闫淑铮）

总干线三级泵站　（闫淑铮提供）

环境保护

【政务信息与环境信访】 2010年，山西政务信息工作利用环保信息网络系统，积极发挥各级各部门联络员作用。严格落实目标责任制、分级审核制、考核通报制三项制度，全年收到各级各部门报道信息1500余篇，经省厅办公室严格筛选、编辑，共报送环保信息71期，合计121条。其中被环保部采用28条，被省委、省政府采用42条，并被省政府评为“信息上报红旗单位”。

2010年，全省环保系统收到信访案件8045件（其中环境保护部信访办转办31件，山西省信访办转办1件），接待群众来访320批473人（次）。来访批次同比增长31%，来访人（次）增长18%。结案率达95%，反馈率达87%。

【投资与规划】 2010年，全省环保投入288.1亿元，其中工业污染源治理和建成投产“三同时”项目环保投资66.2亿元，用于城市污水处理工程建设、燃气工程建设、供热工程建设、垃圾处理工程建设等城市环境基础设施建设完成投资182.5亿元。全省环保能力建设省级投入1.73亿元，主要用于环保系统监察执法能力、环境监测标准化建设、汾河流域市界断面水质自动监测站等方面。省环保厅组织省环境规划院、省环科院等有关单位开展山西省“十二五”环保规划编制实施与体系创新研究、“十二五”环境保护目标与指标体系设计研究等6个课题研究。确定“十二五”规划框架，开展规划编制工作，形成包括一个总体规划和9个专项规划的山西省“十二五”规划征求意见稿。完成国家级规划征求意见反馈，在征求有关单位基础上起草关于对国家环境保护“十一五”规划考核方案（征求意见稿）和国家环境保护“十二五”规划意见。

【污染物减排】 2010年,省人大颁布《山西省减少污染物排放条例》,将减排纳入法制化轨道。全省各级各部门上下总动员、全力促减排,全面落实工程减排、结构减排、管理减排措施,削存量,控增量。县县建成城镇污水处理厂,焦化废水实现闭路循环,关停炼钢和炼铁产能1059万吨,电力163.41万千瓦、水泥832万吨、焦炭522万吨、造纸9.59万吨、柠檬酸1.2万吨。国家下达山西省2010年及"十一五"污染减排目标全面完成。据环保部核定,2010年山西省二氧化硫排放量124.92万吨,比上年净削减1.51%;比2005年削减17.6%,超额3.6%;完成"十一五"14%二氧化硫减排目标。化学需氧量排放量33.31万吨,比上年削减3.29%,比2005年削减13.93%,超额0.93%;完成"十一五"13%化学需氧量减排目标。

【环境影响评价】 2010年,认真落实省人大《环评法》执行情况报告和审议意见,进一步从源头加强污染防治,促进全省经济社会与环境保护协调发展。在全省开展贯彻《环评法》专项检查行动。积极推动全省规划环评,起草并由省政府下发《关于贯彻实施<规划环境影响评价条例>的意见》。为推进煤矿企业兼并重组整合环评工作,顺利完成省政府2010底全部完成整合工作目标,起草并由省政府下发《关于加快推进煤矿企业环境影响评价和关闭矿井生态恢复工作的通知》和《关于进一步加快推进煤矿企业兼并重组整合矿井环境影响评价工作的通知》。积极贯彻落实国务院、环保部和省政府关于抑制部分行业产能过剩和重复建设相关文件精神,在环评审批中严格控制产能过剩行业以及高污染、高能耗、资源型项目上马,鼓励扶持高技术、高水平、高附加值、低消耗、低污染、低排放等科技进步项目及节能减排、延伸产业链和可再生能源开发利用项目,以环境准入促进产业结构调整和产业升级。2010年,山西省组织完成9个规划环评项目审查。全省环保部门共审批建设项目4023个,其中审批环境影响报告书536个,环境影响报告表2390个,环境影响登记表1097个。

【污染防治】 2010年,全省11个省辖城市环境空气质量除太原市外,均达到国家二级标准,空气优良率达95.1%。84个县(市、区)环境空气质量达国家二级标准,空气优良率达95.9%。与2005年相比,11个省辖市平均空气综合污染指数下降61.9%,可吸入颗粒物年均浓度下降47.2%,二氧化硫年均浓度下降73.2%。对60余家具有机动车环保委托检测资格的机动车环保检测机构进行年度考评。全省地表水重污染断面首次下降到51.5%,国家考核9个断面全部达标。实施地表水断面考核生态补偿机制,全年共扣缴跨界断面水质考核资金19672万元,奖励资金11000万元,重点流域水污染防治专项规划275个项目中完成268个。对浪费资源、污染严重62家企业202台(套)设施实施末位淘汰。对重点流域项目完成情况进行现场督查,对流域水质污染严重文水县、清徐县进行明察暗访,对22家土小企业进行关停取缔。

【自然生态保护】 2010年,组织编制《山西生态省建设规划纲要》,开展生态市、生态县、生态乡(镇)、生态村系列生态省细胞工程建设。实行"以奖代补"政策,下达"以奖代补"奖金1010万,鼓励生态乡镇、生态村创建工作。完成全省土壤污染状况调查报告、全省土壤样品库和土壤污染调查数据库建设。成立土壤环境监管工作领导组,有序推进土壤环境监管试点工作。编制完成《土壤环境功能区划》《土壤环境保护规划》,开展全省自然保护区专项执法检查,对各种违法案件进行查处,促进自然保护区依法管理。组织编制以县为单位生物多样性指标数据集和生物多样性评价研究报告,4月通过环保部验收。组织编制《山西省生物物种保护和利用规划》,继续推动全省开展各市、县、区生态功能区划和生态经济区划编制工作。依据《山西省生态功能区划》,监督对生态环境有影响的自然资源开发利用活动,推进煤炭工业对持续发展试点工作。组织矿山企业和相关编制单位培训,修订下发矿山生态环境恢复治理方案技术编制导则。

【农村环境保护】 2010年,山西省所有市及80%县皆编制《农村环境综合整治规划》,明确农村环境整治内容、重点治理流域和着重解决的突出问题。落实"以奖促治"政策,组织申报中央农村环保"以奖促治""以奖代补"资金项目32个,资金2090万元,受益村庄37个。省级污染治理资金安排2215万元用于农村环境保护,受益村庄45个。各市环保局积极安排农村环保资金,实行"以奖促治""以奖代补",受益村庄430个。

【辐射与危险废物安全监管】 2010年,全省共出动核与辐射安全执法检查人员528余人次,对176家核技术利用单位进行现场检查,清查出未申报登记单位9家、27枚放射源,对68家单位下达限期整改通知书。核发和补办辐射安全许可证98家。办理放射性同位素转让审批128家、433枚放射源。办理放射性同位素与射线装置异地使用备案20家、46枚放射源。举办6期辐射工作人员上岗培训,经考核为1588人颁发"辐射工作人员上岗证"。对76家新产生191枚废源进行收贮。对国家辐射环境监测网第一批国控点山西部分14个点位进行监测。完成核技术应用建设项目环保设施三同时验收监测项目192项和"十二五"辐射环保规划编制工作。截至12月31日,全省809家核技术利用单位经审定领取"辐射安全许可证"。

【环境监察与排污收费】 2010年，省环境监察执法围绕环保中心工作，扎实开展环保专项行动、严查企业环境违法行为等环境监察执法活动，推动环境监察执法实现“三个转变”，取得明显成效。按国务院、环保部有关通知要求，先后组织开展重金属排放企业专项整治工作；畜禽养殖业专项环境执法检查工作；沿江沿河化工石化企业环境污染隐患排查整治工作；耐火粘土萤石开采和加工生产专项检查工作。出动执法人员10万多人（次），对117家涉铅、铬、汞、镉及类金属污染排放企业，48家重金属企业和77家城镇生活污水处理厂，983家规模化畜禽养殖场和养殖大户，591家沿河化工石化企业，危险化学品生产使用单位，70家碳素企业，322家耐火粘土萤石开采和加工生产企业进行摸底排查。对全省160家存在环境违法行为企业进行立案处罚，108家企业完成环境违法行为整改和执行行政处罚决定，执行罚款3600万元。联合国土、公安等部门开展生态环境监察、严查环境违法行为专项行动、碳素行业环境执法检查、水利工程建设项目环境执法检查、典型环境违法案件挂牌督办、重点环境违法案件后督察等执法活动，进一步提高政府及企业环境保护意识，区域环境质量得到明显改善。2010年全省12369环境举报热线开通率上升为90%，对全省32个中央、省级环保专项资金项目开展绩效评价，完成绩效评价报告16个，过程评价报告16个，完成率100%。发现违规使用环保专项资金2个项目，对5家环境违法企业进行查处。2010年，山西省首次使用《排污费征收管理系统》软件进行排污费数据汇总，污水、废气污染物收费因子分别为25个和30个，数据质量大幅提高。全省387家国控重点企业全部实现排污费核定、公告、开单、征缴入库计算机管理，排污收费信息网上公告。全年征收排污费15.94亿元，其中焦炭生产排污费7.53亿元，其他排污费8.41亿元。继续加大排污费清理欠缴工作，全省全年共清缴排污费近2亿余元。

【环境宣传教育】 2010年，山西省环境宣传教育活动围绕全省环境保护中心工作，为环境质量改善大造舆论氛围，为环境执法营造宣传强势，环境新闻宣传和环境文化教育工作实现新突破。出台《山西省环境保护新闻发布制度》，进一步加强环境新闻发布规范化、制度化建设。牵头组织污染减排新闻采访和生态汾河新闻舆论监督活动，有效促进山西河流水环境质量改善。联合省委宣传部开展“对太原及周边地区空气污染问题进行集中宣传报道”采访活动，促进太原市早日解决大气污染问题。全年组织召开8次新闻发布会，接待记者100余次，向省内外30多家新闻媒体发布环境新闻通稿123条，新闻媒体依此宣传山西环保的新闻报道达1000多篇（次），中央媒体报道300多篇（次），各大网站发布评论信息100余万字，形成强大环保舆论风暴。在2010年中国环境报全国工作会议上，山西记者站记者发表稿件获得5个一等奖，其成功经验和做法被《中国环境报》在全国推广。（范素军）

交通运输　邮政

交通运输

【概述】1. 交通建设投资再创历史新高。全省公路建设完成投资618亿元，为年计划112.4%，同比增长10%。其中高速公路建设完成506亿元，干线公路建设完成60亿元，农村公路建设完成50亿元，汽车站场建设完成2亿元。公路成为全省巩固应对金融危机成果、促进经济平稳较快增长最重要的力量之一。

2. 高速公路建设保持强劲势头。在2009年开工建设27个项目2000多千米基础上，2010年新开工建设太原至阳泉、山阴至平鲁等14个项目1000多千米，使在建高速公路达到41个项目3069千米，并胜利建成阳城至翼城、闻喜至垣曲、大同至右玉、汾阳至平遥、太原至佳县东段、太原至佳县西段、晋城环城、五台山至忻州、闻喜东镇至临猗孙吉、阳泉至盂县10个项目，另有长治至平顺、忻州至保德、灵丘至山阴、陵川至高平4个项目部分路段建成，共新增里程1037千米，使全省高速公路突破3000千米，在全国位次由17位前移至11位，全省88个县通高速公路，太原大都市圈基本实现高速公路一小时通达。

3. 国省干线公路基本消灭差等路。全年完成国省干线公路路网(路面)改建工程1040千米。其中，完成干线新改建工程726.4千米，路面改造工程313.8千米。国道93.5%、省道81.7%达到二级及以上公路标准，薄弱路段基本得到治理，干线公路路况达到历史最好水平。

4. 实现具备条件建制村通水泥(油)路"全覆盖"。全年新改建农村公路11688千米。其中，完成具备条件建制村通水泥(油)路4627千米，"通未连通"工程5000千米，新增通水泥(油)路建制村944个。全省28108个建制村中，除183个不具备条件外，其余27925个具备条件建制村全部通水泥(油)路，实现"全覆盖"。

5. 运输结构调整迈出新步伐。大力推进运输结构调整，完善综合运输体系，提高运输保障能力。基本实现地级市为一级站、县(市)为二级站、一半左右乡镇有等级站，并开工建设太原公路主枢纽武宿货运中心，为促进各种运输方式有效衔接创造条件。全省营运客车达到15431辆，其中高级客车3300辆，较"十五"末增长20.3%；客运经营户户均车辆由"十五"末6.7辆增加到23辆，增长2倍多。农村客运实现具备条件建制村通客车"全覆盖"。营运货车达到39万辆，增长49%，其中重型货车、专用货车15.1万辆，增长173%。物流企业发展到200家，农村物流网络进一步完善，年吞吐量达到2亿吨。城市公交车辆达到8245辆，增长70.4%；城市出租汽车达到38423辆，增长23%。水上交通运输消灭低质量船舶，监管船舶达到3000艘，经营企业发展到39家。2010年全省营业性道路运输完成客运量3.26亿人次、旅客周转量215.7亿人千米、货运量6.1亿吨、货物周转量970亿吨千米，比上年分别增长4.8%、2.6%、11%、7%。全省高速公路通行费收入91.9亿元，同比增长31.4%，并为94.8万辆鲜活农产品运输车辆减免通行费3.29亿元。

6. 公路管养与公共服务迈上新台阶。进一步加大公路养护投入，组织实施公路安保、灾害预防和危桥改造工程，挖掘公路潜力，提高公路通行能力。高速公路安排资金13亿元，对太旧、太长等10条高速公路进行路面整治，实施收费站扩容与安保工程，对晋祠特大桥、武宿立交、风陵渡黄河大桥等桥梁进行加固，并在禹门口黄河特大桥安装实时监控系统，完成高速公路网命名和编号及相关标志更换，建成并开通不停车收费系统(ETC)。高速公路养护质量指数MQI值达95.7，优等路率达99.5%；大力加强国省干线预防性养护，完成危桥改造72座，桥梁维修加固307座，完成安保工程565千米，灾害防治与应急抢修工程212千米，优良路率年平均达到83%。深化农村公路管理养护体制改革，完善以县为主的管理体制和以公共财政为主的养护经费来源渠道，组织开展全省农村公路养护大检查，农村公路基本做到有路必养，县乡及农村公路优良路率年平均达到72%。加强经营性公路监管，依法督促经营管理单位加强养护，坚决杜绝只收费不养护。

7. 治理车辆超限超载工作不断深入。坚持依法治超、源头治超、科技治超，综合运用行政、法律、经济手段和各种技术措施，全年共检测货运车辆6000多万辆，查处违法超限超载车辆2万余辆，卸载货物4000余吨。进驻源头企业327个，巡查货运源头企业9423家，车辆维修企业470家，查处违反政府令案件100件，抄告、移送案件56件。在已经运行的137个公路超限检测站和145个高速公路入口全部安装不停车检测系统，覆盖全省的治超监控网络基本形成。全省货运车辆超限超载率连续三年稳定控制在0.2%以内，2010年下降到0.1%。高速公路和干线公路基本消除非法超限超载车辆。

8. 质量管理和安全生产得到有效控制。建立高速公路建设项目厅领导分片包干制，8位厅领导每人包1–2个市，用行政手段推进项目建设，加强项目监管。定期召开重点公路建设调度会，了解工程进展情况和质量检查情况，督查落实整改措施。省交通质监站代表省厅实施质量监督，全年对在建高速公路工程质量先后进行79次监督抽检，并对通车路段进行交工检测，共获取检测数据30多万个，重点项目工程质量实体抽查合格率93.1%，关键指标检测合格率95.1%。受到交通运输部等有关部门好评。坚持“安全第一、预防为主、综合治理”的方针，深入开展水上交通、道路运输及交通运输基础设施建设安全专项整治，在加大隐患排查整治力度同时，加快完善安全生产、制度体系、责任体系和监控手段，夯实基层基础工作，行业安全生产形势继续好转。2010年，全省交通运输行业共发生各类安全生产事故17起，死亡41人，与上年同期相比，事故起数减少6起，下降26%；死亡人数减少34人，下降45.3%。全年没有发生群死群伤特大事故，较大以上事故起数减少5起，下降50%。营业性运输车辆万车死亡率下降58.8%；水上交通连续六年保持零事故；公路建设领域安全生产形势总体平稳。

9. 行业改革取得新的突破。在高速公路建设体制方面，认真贯彻落实省政府高速公路建设体制改革意见，探索实施省投市建、市投市建、省市共建、BOT、BT等多种建设模式。在天镇至大同等12个高速公路项目实行省投市建模式，榆次至祁县高速公路实行市投市建模式，晋城环城高速公路实行省市共建模式，平遥至汾阳等4个高速公路项目实行BOT模式，盂县至五台山、霍州至永和关西段实行BT模式，有效调动政府、行业、社会各方面积极性，增强建设合力。在投融资创新方面，积极争取国家投资、引进社会资本的同时，加强金融合作，运用金融新产品盘活现有高速公路通行费未来收益，使全年在建41个项目3000多千米高速公路2000亿元投资基本落实。在企事业单位改革方面，完成厅属事业单位摸底调查和分类改革方案上报，组建交通运输执法机构，对省交通开发投资总公司实施改制，组建交通投资集团有限公司。

10. 交通运输发展支持保障体系不断加强。在依法行政方面。《山西省道路运输条例》经省人大通过，于2011年1月1日起施行。在全省首家制定实施行政处罚自由裁量权基准制度，为规范执法行为提供依据。启动《山西省水路交通管理条例（草案）》《山西省公路管理条例》等立法工作，开展地方性法规、规章及规范性文件的废、改、立工作，对清理范围内的政府规章5件、规范性文件183件逐件、逐条进行全面、认真清理。组织对厅属单位、各市交通运输局等104个执法单位进行专项检查，圆满完成“五五”普法工作。在科技与创新方面，依托全省重大工程建设项目，全年共开展科研项目82项，取得科技攻关成果33项，10项初审入围三等奖以上省科技进步奖。依托交通运输部科技示范工程忻阜高速公路，开发和推广机制砂混凝土技术、聚合物混凝土路面技术等20余项科技成果，全行业科技成果转化率达到70%以上。加快推进行业信息化改造，完成交通运输信息化“1166”工程一期工程。组织56家运输企业参加全国车船路港千家企业低碳交通运输专项行动。组织申报的《雁门关隧道半导体照明改造工程》被国家发改委、住房建设部和交通运输部评为全国15个公路隧道半导体照明应用示范项目之一。投资3661万元在大运高速公路实施蓝天碧水工程，每年减排烟尘95吨、二氧化硫460吨和COD65吨。在加强党建和行业文明建设方面，深入开展创先争优活动和创建学习型党组织活动，突出抓好重点公路工程建设系统创先争优，在工程建设一线开展“八比八看”创建活动，得到省直工委高度肯定。在厅机关开展“学基层学业务”联学共建活动，机关党支部与基层党支部互结对子，互相学习，共同提高。大力弘扬右玉精神，深入推进纠风工作和行政效能建设，从严整治行政不作为、乱作为行为。强化内部审计监督，严肃财经纪律，杜绝屡查屡犯，开展领导干部经济责任审计、重点工程专项审计、农村公路与专项资金使用管理审计调查、绩效评价等。深入开展交通运输文化建设实践活动，发掘、培养和树立一批先进典型，推进交通运输行业核心价值体系建设。在维护稳定方面，积极扶持16个省属路桥企业，承揽省内工程300亿元，加快进入高速公路养护市场步伐，企业进入自主发展良性轨道，1.3万名路桥职工生活得到保障。成品油价格和税费改革、撤销二级路收费涉及的3.6万名收费人员基本得到安置，1万余名干线公路养路协议工养老保险基本解决，20多万名重点工程农民工工资得到保障，长期影响行业稳定的突出问题逐步得到解决，信访总量大幅下降，全年没有发生影响较大的集体上访、越级上访事件。

截至2010年底，全省公路通车总里程达到131644千米，公路密度为84千米/百平方千米。其中，有国道4881千米，省道10190千米，县道19631千米，乡道46703千米，专用公路577千米，村道49662千米；有高速公路3002千米，一级公路1939千米，二级公路14163千米，三级公路16859千米，四级公路91701千米，等外公路3980千米；有二级以上高等级公路19104千米；有铺装路面和简单铺装路面（高级、次高级路面）里程109388千米，未铺装路面里程22256千米。全省有公交车辆8245辆、营运里程11904千米，有出租汽车38423辆，客运总量分别为11亿人次、10亿人次；有农村客运班车6526辆，客运班线2927条。

【全省交通运输工作会议】 1月22日在太原召开。会议总结2009年交通运输工作，分析面临的形势和任务，安排部署2010年工作。副省长牛仁亮出席会议并讲话。省政府副秘书长崔国红出席会议。省交通运输厅党组书记、厅长段建国作题为《坚定信心，乘势前进，为实现“十一五”规划目标而努力奋斗》的工作报告。会议确定2010年全省交通运输工作的总体要求、发展目标和要重点抓好的10项工作。会上，段建国与系统各单位签订2010年目标责任书。会议对人力资源和社会保障部、交通运输部表彰的全国交通运输系统先进集体、劳动模范和先进工作者，省交通运输厅表彰的2009年度完成工作目标责任制优秀单位和先进单位，全省村通水泥（油）路“全覆盖”工程优秀单位进行表彰，并为先进单位和先进个人颁发奖状、证书。

【大运公路介休至霍州段一级路改建工程竣工通车】 1月24日大运公路介休至霍州段一级公路改建工程竣工通车。牛仁亮、崔国红、段建国等为工程竣工通车剪彩。

改建工程全长64.339千米（其中：介休境内9.5千米，灵石境内44.95千米，霍州境内9.889千米），总投资15.6亿元。工程北起介休市义棠镇，与祁介一级公路相接，终点至霍州市白龙镇，与霍侯一级公路相接，是连接介休、灵石、霍州三地的南北大通道，是迄今为止晋中乃至全省一级国省干线公路平均造价最低、地形条件最为复杂、施工难度最大的工程项目，是交通运输部国省干线公路勘察设计典型示范工程，也是省公路局确定的创建文化公路建设项目。

【杨利民在晋检查指导工作】 2月3~5日，交通运输部党组成员、纪检组长杨利民等一行8人对山西省公路交通春运工作进行检查指导，先后对太旧高速公路阳泉服务区、寿阳抢通保通中心、太原高速公路小店治超站、晋中公路分局东观道班、太谷汽车站、省高速公路监控指挥中心及太原客运总站、客运东站等春运工作进行检查，亲切慰问奋战在繁忙的春运工作一线的广大干部职工，并听取全省交通运输发展、春运工作情况以及党风廉政建设工作汇报。段建国等陪同检查。

【牛仁亮检查太原春运工作】 2月11日上午，牛仁亮在崔国红、段建国等陪同下，先后到太原汽车客运总站、太原高速公路滨河收费站和108国道太茅路段检查指导春运工作，慰问连日来战斗在保畅通、保春运一线的广大交通运输系统的干部职工，并与他们一道除雪。

【金道铭在太佳（太原段）、太古高速公路建设工地调研】 3月4日下午，省委常委、省纪委书记金道铭率省纪委有关部门负责人在太佳高速公路（太原段）、太古高速公路工地一线检查指导工作并慰问筑路员工。段建国等陪同。金道铭一行首先来到太佳高速公路（太原段）西凌井隧道入口处，听取工程建设情况汇报。随后，金道铭一行到太古高速公路西山特长隧道建设工地，听取项目负责人汇报，查看工程建设现场的组织实施情况。

【全省交通运输专项治理领导组会议】 3月16日，省交通运输厅召开工程建设领域突出问题专项治理工作领导组会议，回顾前一阶段专项治理工作情况，梳理排查中查找的突出问题，对加强整改工作、组织监督检查提出要求。会议认为，半年来排查工作做到了开局良好，进展顺利，初见成效。经核查，厅属单位专项治理工程项目194项、投资额共计1687亿元。其中：中央投资项目16项约15亿元，重点工程项目34项约1500亿元，其他工程项目144项约172亿元。包括新建设项目、改建项目、公路养护项目和物流中心建设项目。经过反复排查，在5000万元以上的85个项目中，重点排查了履行基本建设程序、招标投标活动、工程监督管理、诚信体系建设等四个方面的突出问题。会议对排查出的突出问题提出整改意见和措施。

【全省交通战备工作会议】 3月27日在太原召开。会议总结2009年交通战备工作，安排2010年交通战备工作任务，对2009年度先进单位和先进个人进行表彰。省国防动员委员会常务副主任、省军区司令员方文平，北京军区联勤部军交运输部部长、北京军区交战办副主任任庄联营，省军区后勤部部长谢新宁，省国防动员委员会综合办公室主任杨少华，省交通运输厅厅长、省交战办第一主任段建国等出席会议，省交战办专职副主任尹新平作工作报告。方文平、庄联营分别在会上作了讲话。

【太原至阳泉高速公路开工建设仪式】 3月28日上午，全省继太旧高速公路之后，通往京津冀地区的又一条快速通道，第一条规范的六车道高速公路太原至阳泉高速公路开工建设。开工仪式在阳泉盂县举行。王君出席并宣布开工，李小鹏主持开工仪式，方文平、牛仁亮出席仪式。

项目是全省高速公路网“三纵十一横十一环”主骨架第五横的重要组成部分，是全省第一条规范的六车道高速公路，也是省委、省政府确定的“十一五”后两年扩内需、保增长的重点项目，更是全省经济承东启西发展推进的重要战略平台。项目途经尖草坪、阳曲、盂县、阳泉市郊区、平定五县区，东与石太高速公路北线河北段相连，西接正在建设中的太佳高速公路，全长123千米，是全省高速公路网“三纵十一横十一环”的重要组成部分，也是山西省国防战略重要通道。全线共设大中小桥53座，隧道12座，互通式立交7处，服务区2处，收费站6处，概算总投资143.7亿元，建设工期3年。

【武宿货运中心建设项目开工】 3月29日上午，太原国家公路主枢纽武宿货运中心建设项目开工。项目是交通运输部规划的179个国家公路运输枢纽之一，是全省“十一五”重点工程，也是太原无水港口岸工程。占地500亩，总投资8亿元，其中政府投资3.5亿元，社会融资4.5亿元。主要分为四个功能区，即国际物流公路港暨集装箱运输区、区域整车零担货运配载区、城市仓储物流配送区和综合管理服务区，对称布局在龙城大街南北两侧建设工期两年。

【全省交通运输系统安全生产大检查安排部署会议】 4月8日上午在太原召开。会议决定，从4月8日起至5月底，在全省交通运输系统开展一次安全生产大检查活动，要求全系统各单位统一思想，加强领导，精心组织，做好迎接大检查准备工作，各检查组要高度重视，突出重点，加大隐患排查治理力度，确保安全生产大检查取得实效。厅党组书记、厅长段建国出席会议并讲话。

【申维辰在太原公路主枢纽武宿货运中心调研】 4月9日下午，省委常委、太原市委书记申维辰在太原公路主枢纽武宿货运中心进行调研。中心是全省规划的第一个现代物流平台，是交通运输部规划的179个国家公路运输枢纽之一，是全省“十一五”重点工程，也是太原市无水港口岸工程。项目占地500亩，总投资8亿元，其中政府投资3.5亿元，社会融资4.5亿元，主要分为四个功能区。即国际物流公路港暨集装箱运输区、区域整车零担货运配载区、城市仓储物流配送区和综合管理服务区。建设工期两年。段建国介绍相关情况。太原市领导姬和平、李俊明、吉久昌一同调研。

【杨文明在晋检查指导工作】 4月18日下午，中央扩大内需促进经济增长政策落实暨治理工程建设领域突出问题检查组组长、国家行政学院纪委书记杨文明，在省城迎泽宾馆召集段建国以及厅重点办、厅机关相关处室负责人召开座谈会，针对加强交通工程建设和专项治理工作进行专题研讨，并对采取扎实有效措施防范交通建设中的各项风险提出要求。

【方文平在太古高速公路调研】 4月22日上午，方文平到正在建设中的全省重点公路工程建设项目太古高速调研。方文平在项目控制性工程、西山特长隧道内，慰问一线施工人员，了解工程建设情况。在随后召开的座谈会上，方文平听取西山特长隧道和太古高速全线建设情况汇报，听取省交战办关于太古高速增加国防功能和国防设施相关情况的设想。省军区参谋长张韧和段建国等陪同调研。方文平一行还考察华北国防交通培训基地。

【交通运输部交通运输安全生产和应急专题研讨会】 4月22~23日在晋召开。来自交通运输规划研究院、长江海事局等18个部属单位及部分省市交通运输管理部门的30余位代表参加。交通运输部安监司司长王金付和段建国等出席。会议就《交通运输安全生产和应急体系建设“十二五”发展规划方案》与《交通运输安全生产和应急“双基”建设活动方案》进行讨论、交流和征求意见。

【全省重点公路建设推进会】 5月14日在运城召开。牛仁亮出席会议并讲话，段建国等参加会议。会议由崔国红主持。会议宣读《关于2009年度全省重点公路工程建设完成目标责任制和绩效考核的通报》。段建国与各高速公路项目负责人签订目标责任书。

【牛仁亮在晋中市调研】 5月20~21日，牛仁亮在崔国红、段建国和晋中市市长张璞等陪同下，在晋中市就国省主干线整治改造、县乡公路建设、村村通工程及部分高速公路重点工程进行调研。牛仁亮先后到国道108线介休义棠田村通道绿化及通道环境整治现场、左权竹宁至马家庄村村通工程、榆次东阳镇过村镇路段整治现场和榆次龙白至祁县城赵高速公路建设工地等项目实地调研。

【全省运输枢纽规划全部通过评(预)审】 5月26~27日，省交通运输厅与阳泉、忻州、朔州、运城、晋中、晋城市政府在太原共同组织进行区域性公路枢纽总体规划评审会。

2007年4月，交通运输部编制《国家公路运输枢纽规划》，确定179个国家公路运输枢纽，太原、大同、临汾、长治、吕梁5市列入其中，省交通运输厅于2007年10月全面启动公路运输枢纽规划编制，要求除5个国家公路运输枢纽外，其余市也要比照国家公路运输枢纽规划编制办法，根据实际情况编制本地区枢纽规划。2010年3月，5个国家公路运输枢纽全部顺利通过省内预审。

【交通运输部公路工程质量安全检查组在晋督察】 6月3~8日，交通运输部公路工程质量安全检查组一行11人莅晋，对全省重点公路和农村公路进行综合督察。督察组由交通运输部质监总站副巡视员彭思义带队，由部质监总站、部公路院及北京、贵州、吉林、陕西、甘肃、安徽、浙江等地11位专家组成，分综合、桥隧、路基路面、内业、安全、检测及监理多个组。重点检查忻阜、灵山高速公路以及五台县农村公路。6月7日，交通运输部公路工程质量安全综合督察通报会在大同召开。

【全省交通重点工程建设新闻采访活动启动仪式】 6月10日上午，由省委宣传部和省交通运输厅共同组织的"全省交通重点工程建设新闻采访活动"启动仪式在省交通运输厅机关举行。新华社山西分社、人民日报驻山西记者站、经济日报驻山西记者站等6家中央驻晋单位和山西日报、山西经济日报、山西人民广播电台、山西电视台卫视频道等16家省级新闻媒体共30多名记者参加这次采访活动。这次采访活动分批展开，第一批采访重点为阳城至翼城、闻喜至垣曲、临汾至吉县三条高速公路。

【李刚在晋检查指导工作】 6月10~12日，交通运输部道路运输司司长李刚率调研组在晋就源头科技治超、道路运输安全与应急等问题进行调研。李刚一行先后在省运管局政务大厅、太原清徐亚鑫焦化厂以及晋中市治超监控平台、太原长途汽车站、山西汽运集团晋龙捷泰公司进行实地调研。随后，到忻州市参加忻州市战略物资道路运输保障总队、中国人民解放军预备役某团汽车连二排在顿村靶场举行的2010年度实战应急演练启动仪式。

【李华在忻阜高速公路建设工地检查指导工作】 6月19日，李华一行在忻阜高速公路施工总承包S合同段凤凰岭隧道碉研，查看科技示范工程的机制砂加工现场，对隧道弃渣循环利用、节约资源、保护环境等工作进行检查指导。

【袁纯清视察忻阜高速公路施工现场】 6月20日上午，袁纯清在段建国等陪同下，专程到正在建设的忻阜高速公路路基五标段古峪沟高架桥施工现场视察。在施工现场，袁纯清听取有关负责人关于建设情况汇报，了解工程施工质量、进度、工期、概算情况，并戴上安全帽，走到桥梁工地与施工人员亲切交谈，并询问工资发放与生活情况，工作生活环境是否满意。他同时嘱咐施工人员一定要保证工程质量，确保施工安全，加快建设进度，为山西公路建设作出更大贡献。

【申联彬在太阳高速公路建设工地调研】 6月24日，申联彬在太原至阳泉高速公路建设工地调研指导工作。申联彬先后察看太原枢纽工程、大南山隧道工程等施工建设现场，听取工程建设进展情况汇报，对进一步搞好工程建设提出明确要求。段建国等陪同调研。

【梁光烈在晋调研指导工作】 6月24~28日，中央军委委员、国务委员兼国防部长、国家国防动员委员会副主任梁光烈上将，率国家国动委各办公室及军地有关部门负责同志在大同、忻州、太原等地，先后视察大同战略物资运输保障车队、大运高速公路康庄服务区和雁门关隧道，观看省交通战备办公室制作的《构筑国防交通大道》和《军民融合谱新篇》录像片，调研国防动员建设情况。北京军区政委刘福连中将一同考察。梁光烈在晋调研期间，由王君、方文平等领导陪同。

【全省治超工作会议】 6月28日在阳泉市召开。省领导郭海亮、牛仁亮、李雁红、吕日周等出席会议。会议由崔国红主持。省治超办主任李顺通作工作报告。会议表彰2009年度治超工作优秀(先进)市、县和治超工作先进集体，阳泉、忻州、吕梁3市作典型发言，省交通运输厅与省公安厅、省监察厅、省财政厅、省工商局、省质监局、省安监局等治超成员单位负责人作表态发言。

会议总结全省新一轮无缝隙拉网式治超总行动启动以来主要取得6个方面的成绩。一是全省超限超载率保持在较低水平，始终控制在0.2%以下。高速公路杜绝了非法超限超载，长途运输中的非法超限超载车辆得到控制，短途非法超限超载车辆得到有效遏制，55吨以上的非法超限超载车辆基本消除。二是交通事故持续下降。2009年至2010年5月，全省交通事故同比减少3061起，下降21.4%；死亡人数减少790人，下降16.5%；受伤人数减少3367人，下降20.6%。三是公路设施得到有效保护。2009年与2007年相比，全省公路养护投资节约10.2亿元，下降55.5%；危桥数量由827座减少到73座。近一年多来，全省没有新增一座危桥。四是公路通行状况明显改善。客车正点率保持在90%以上，货车行驶速度由治超前30千米/小时，提高到70千米/小时左右，长时间大面积堵车现象基本消除。2010年1月至5月与上年同期相比，货物运输量增长24.2%，货运周转量增长11.2%。公路畅通和货物运输量增加，为全省经济复苏作出贡献。五是运输市场秩序持续好转。截至2010年底，全省煤炭等大宗货物运输价格与治超前相比，提高31%，彻底扭转过去"不超不赚钱"的局面。随着运输秩序规范，与治超前相比，全省新增货车13.2万辆、新增从业人员18.8万人，治超在增加就业、拉动内需中发挥作用。六是公路"三乱"得到有效治理。2010年上半年，公路"三乱"举报比治超前下降38%，其中涉及治超的举报下降66%，执法人员素质得到提高，进一步提高政府公信力和执行力。

【张建欣在汾阳至平遥高速公路建设工地调研】 7月2日，张建欣在段建国等陪同下，在在建的汾阳至平遥高速公路建设工地调研，了解工程建设情况，并出席工程建设推进会。会议由段建国主持。

【高建民在长平高速公路建设工地调研】 7月4日，高建民在联系点长治至平顺高速公路建设工地调研指导。段建国和长治市委书记杜善学等陪同调研。高建民先后察看长平高速路基11标水稳摊铺、虹梯关特长隧道等施工现场，听取工程建设进展、当前存在的主要困难和问题等情况汇报，并在路基6标中国铁建项目部主持召开长平高速公路建设推进会，对进一步搞好工程建设提出明确要求。

【张平在长临高速公路建设工地调研】 7月6日，张平在长临与大运高速公路连接处襄汾县南辛店，就长治至临汾高速公路有关情况进行调研。段建国陪同调研。

长治至临汾高速公路是国家“7918”高速公路网青岛至兰州高速公路的重要组成部分，也是全省“三纵十一横十一环”高速公路规划的重要组成部分。项目建设里程166.46千米，概算总金额91.24亿元。起点位于长治市屯留县崔邵村，与已建成的太长、长邯高速公路相接，途经长治市屯留县、长子县和临汾市安泽县、古县、洪洞县、尧都区、襄汾县，终点位于临汾市襄汾县北陈，与已建成的大运高速公路和在建的临吉高速公路相接。

【全省交通运输系统工程建设领域突出问题专项治理工作推进会】 7月7日在省交通运输厅召开。会议回顾前一阶段排查工作，通报排查出的问题，对开展工程专项治理工作进行安排部署。会议认为，排查阶段已经基本结束，这次检查中发现工程建设项目基本建设程序滞后的问题比较普遍，检查的27个重点工程项目中，基本建设程序比较齐备的项目只有4个。其中土地补批、压覆矿产、环评等手续办理滞后，尤其是土地审批手续，截至2010年底只有闻垣、忻阜、阳翼和晋城环城4个建管处完成审批任务，有些项目招投标还不够规范，工程质量管理存在不少薄弱环节，部分施工监理单位履约能力和诚信意识差，资金管理存在不少漏洞。会议要求各单位要迅速转入整改阶段，抓好排查中发现问题的整改工作，督促有关部门制定切实可行的整改方案和措施，尽快整改到位，已检查过的单位整改报告要在7月20日前报省厅专项办。厅党组书记、厅长段建国出席会议并讲话。

【交通运输部规划院专家在晋调研】 7月7~9日，交通运输部规划研究院战略研究所所长徐丽等一行4人在晋对《山西省交通运输“十二五”发展规划实施保障政策研究》开展专题调研。

【李小鹏在临吉高速公路建设工地调研】 7月8日，李小鹏在韩和平、段建国等陪同下，在联系点临吉高速公路调研并慰问一线筑路员工。李小鹏一行先后实地察看临吉高速公路七郎庙特大桥、进师岭隧道、黄河特大桥等施工建设现场，慰问一线筑路员工。并听取临吉高速公路建管处和项目部负责人有关工程建设情况汇报，了解工程建设难度、全线控制性工程、工期及截至2010年底工程建设进展情况，询问工程建设中存在的问题及参与工程建设单位的情况，了解驻地监理单位安全质量监督管理情况。

临吉高速公路2009年8月开工建设，截至2010年底，累计完成投资35.24亿元，占概算投资37%。

【全省综合运输厅(局)际第一次联席会议】 7月9日，由省交通运输厅牵头，联系太原铁路局、省民航机场管理局、省邮政管理局、山西地方铁路集团有限公司等单位，共同建立和联合启动综合运输厅（局）际联席会议制度，制定《综合运输厅(局)际联席会议制度》，搭建综合运输厅(局)际联系平台，同时召开综合运输厅(局)际联席会议第一次会议。会议由省交通运输厅承办，段建国主持。省民航机场管理局党委书记、局长郝孝义，太原铁路局总工程师王启铭，省邮政管理局党组成员、副局长李志明，山西地方铁路集团有限公司副总经理杜振国等5单位领导参加会议并讲话，分别介绍本部门、本行业的基本情况和发展规划，提出建设性的意见和合理化建议。

【方文平在山阴至平鲁高速公路建设工地调研】 7月15日，方文平在重点工程联系点国家高速公路网荣成至乌海高速公路山阴至平鲁段建设工地调研指导工作。方文平首先抵达位于朔州市山阴县合盛堡乡陈家岭村的山平高速公路与灵(丘)山(阴)高速公路连接线跨大运高速公路互通处，之后，经大运高速公路，自朔州收费站下高速，经朔平线，抵达位于朔州市平鲁区向阳堡乡铺上村的铺上枢纽，听取工程情况介绍，对搞好工程建设提出明确要求。

【省人大常委会组成人员对全省道路运输管理工作进行调研】 为做好《山西省道路运输管理暂行条例》修订工作，8月24日下午，部分驻并省人大常委会组成人员一行23人，对全省道路运输管理工作进行调研。调研组听取段建国关于2008年以来全省交通运输系统改革发展稳定一系列工作情况汇报、省运管局局长李华中关于全省道路运输管理工作和《暂行条例》修订有关情况汇报，并在太原长途汽车客运总站、山西迎泽物流有限公司阳旭仓储基地、山西晋龙捷泰汽车贸易有限公司实地考察。

【全国交通运输信访干部培训班在晋举办】 9月9日，交通运输部在晋举办全国交通运输信访干部培训班。交通运输部办公厅主任杨咏在开班仪式上讲话，段建国致辞。来自全国各省、市、自治区交通运输部门的信访干部100余人参加培训。培训班邀请国家信访局来访接待司副司长沈湘玉、办信二司副司长金艳丽讲解《中央新时期信访工作精神》和《接访工作实践和突发情况处置》。

【牛仁亮在运城市、临汾市调研】 9月13日上午，牛仁亮先后在运城市闻喜至合阳高速公路万荣段建设工地，在临汾市省道临午公路改建工程进行调研。崔国红、段建国等陪同调研。

【国家发改委项目全过程专项检查组在晋检查】 9月25日，国家发改委公路项目全过程监管检查组一行6人，由国家发改委稽查办特派员孙波带领，在晋检查忻阜、忻保两个高速公路建设项目全过程监管情况。检查涉及行业主管部门两个层面。针对行业主管部门的检查内容为：监督制度是否完备健全；项目投资过程中的成功经验及现行制度措施存在的漏洞；党风廉政建设方面所采取的措施和取得的效果，投诉和举报受理情况；加强行业监管的措施及建议。针对项目建设单位的检查内容为：项目建设主要程序审批落实情况；项目建设内容是否符合审批内容、国家规定，规模有无出入；"四项制度"建设情况；资金到位、使用、完成情况；工程施工的安全制度、责任建设落实情况；已完工项目的所有手续是否完备；建设过程中是否存在损害群众利益等等。

【太原环城高速公路长风西互通竣工通车暨太原武宿国际机场快速路开工仪式】 9月26日9时30分，太原环城高速公路长风西互通全线竣工通车。申维辰、段建国出席竣工通车仪式并讲话，牛仁亮宣布竣工通车，竣工仪式由太原市副市长王建生主持。

太原环城高速公路长风西互通工程由省交通运输厅投资建设，是全省高速公路网与太原城市干道网相互联结和有序转换的枢纽工程，也是交通运输部门服务和支持省城太原率先发展的重大项目。

11时，太原武宿国际机场快速路开工仪式举行，申维辰出席，牛仁亮宣布工程正式开工，段建国出席并讲话，董新品主持。

太原武宿国际机场快速路工程全长3.16千米，概算总金额4.55亿元，由省交通运输厅投资建设。其中，机场范围内的拆迁、安置和相关补偿费用3305万元由省机场民航管理局负责，太原市境内征地和安置补助费用1.05亿元由太原市政府负责。机场快速路工程建设主线高架桥采用左、右线分幅设计，整桥上部跨越高速路部分为钢箱梁，其余全部采用预应力现浇箱梁，下部为花瓶式桥墩，灌注桩基础，墩柱最高为17米，最深桩长达65米；上部施工中全部采用满堂式支架施工。

【临汾至午城一级公路改建工程竣工通车仪式】 9月27日，全省国省道公路网的重要组成部分，临汾市区通往西部山区的交通要道，临汾至午城一级公路改建工程竣工通车仪式举行。牛仁亮宣布竣工通车，段建国讲话。

改建工程起自临汾马务桥西，经蒲县、隰县午城，止于大宁县城，全长104.546千米，2009年6月开工建设。其中，马务桥西至蒲县县城72千米按一级公路标准建设，蒲县县城至大宁县城33千米按二级公路标准建设。工程概算投资24.26亿元，建设工期16个月。

【全省交通运输行业第五届特有职业技能竞赛暨全国"卡尔拉得杯"机动车检测维修山西选拔赛】 9月28~29日在山西交通技师学院举行。段建国出席开幕式并讲话。职业技能竞赛由省交通运输厅、省人力资源和社会保障厅共同主办，由省运管局和山西交通技师学院承办，35个单位的147名选手参加公路收费员、空调维修、钣金、机电维修4个工种的技能竞赛。比赛开始后，段建国等领导分别到收费员实操、机动车检测维修实操等比赛现场进行观摩指导。大赛组委会授予山西交通技师学院"特别贡献奖"和"优秀组织奖"，学院汽车专业的学生荣获空调维修、钣金和机电维修3个单项比赛的个人前两名。

【五台山至忻州高速公路建成通车仪式】 9月30日，五台山至忻州高速公路全线建成通车，仪式在省界主线收费站石咀收费站广场举行。袁纯清宣布通车，王君致辞，中国人民武装警察部队交通指挥部主任孟洪喜少将和省领导李小鹏、高建民、靳善忠、郭良孝及原省级老领导杜五安出席通车仪式。牛仁亮主持通车仪式。

五台山至忻州高速公路，西起忻州市忻府区秦城乡部落村，东至晋冀交界五台山长城岭，出省后与河北保定至阜平高速公路相接，全长124千米，是国家发改委、交通运输部批准建设的促进中部崛起项目、网络信息动态稽查项目、科技示范项目和勘察设计典型示范工程，也是继太旧高速公路之后，山西东出长城，直抵冀中大平原、融入环渤海经济圈的重要通道。全线共动用土石方1083万立方米，建设特大桥、大中桥49座16千米，隧道5座12千米，桥梁和隧道里程占到总里程的28%。交通运输部批准概算61.6亿元，2009年1月开工建设。

【交通运输部公路建设市场督察组对灵山、平阳高速公路进行督察】 10月9~12日，以重庆市交通委员会总工程师张太雄为组长的交通运输部公路建设市场督察组一行10人在晋重点对在建的灵山和平阳高速公路进行综合督察。督察组分综合组、质量安全环保组、检测组，采取听汇报、看现场、抽检询问和内业资料检查等方式进行。10月12日，督察组在太原召开情况通报会。

【郭海亮在太原高速公路公司检查指导工作】 10月12日，由省总工会组织的全省企业工会工作观摩团在郭海亮带领下，深入太原高速公路有限公司，围绕企业工会如何在转型跨越发展中再作新贡献、再展新作为进行观摩、调研。郭海亮一行在太原高速公路公司小店收费站实地观摩展板、内业资料、职工才艺作品展、职工宿舍，并听取公司总经理刘玉柱情况介绍。在太原高速运营指挥中心监控大厅，观摩团一行观摩运营状况及突发事件应急预案。

【华北东北片区交通建设工程质量安全监督网会在晋召开】 10月14日上午在太原召开，研讨新时期交通建设工程质量安全监督工作的新思路、新方法、新实践，全面提升工程质量安全监督工作水平。省交通运输厅以及来自华北东北片区8个省(市、自治区)质监站(局)和其他部分兄弟省(市、自治区)质监站(局)的会议代表共计60余人参加。省交通运输厅党组成员、厅总工程师郜玉兰致欢迎词。省交通质监站站长李新喜介绍全省交通建设工程质量安全监督工作经验。其他华北东北片区7个省(市、自治区)质监站(局)也分别作经验交流。

【晋城环城、阳城至翼城高速公路通车仪式】 10月25日，晋城环城、阳城至翼城高速公路通车仪式在晋城环城高速南村服务区隆重举行。袁纯清、王君启动通车按钮，金道铭、高建民、张建欣出席通车仪式，李小鹏讲话，牛仁亮主持通车仪式，段建国介绍工程建设情况。

晋城环城高速公路是全省高速公路规划“三纵十一横十一环”的重要组成部分，是继太原、大同、运城之后建成的第四条环城高速公路，也是关系到晋城市城市建设规划和经济社会发展的一项具有战略意义的民心工程。项目建设对完善晋城市高速公路网络，提升晋城市的中心城市功能和城市品位，促进城乡一体化和新农村建设具有重要意义。建设里程30.8千米，概算投资14.137亿元。全线采用双向四车道标准修建，路基宽24.5米，设计时速80千米。全线设互通立交枢纽6处，天桥12座，收费站4处，服务区(含监控)1处。

晋城至侯马高速公路阳城至翼城段是全省高速公路网规划“三纵十一横十一环”第十横中的重要组成部分，连接晋城、临汾两市，起点与晋阳高速公路相接，途经阳城、沁水、翼城三县，终点与翼侯高速公路相通，全长64.8千米，是全省南部承东启西的一条重要黄金通道。全线设计标准为山岭区双向四车道高速公路，整体式路基宽度为23米，设计时速80千米。全线设大中型桥梁32座，隧道13座，互通式立交5处，停车区1处，服务区1处，隧道管理站1处。批复概算投资41.66亿元。

【省道340汾阳至柳林段一级公路改建工程建成通车仪式】 10月29日，省道340汾阳至柳林段一级公路改建工程通车仪式举行，段建国宣布正式通车。

项目是全省西部出省的主干通道，也是晋煤外运的主要出口。公路东西横贯吕梁市，起点位于汾阳市河北村接国道307线，终点止于柳林县庙湾与国道307线相接，沿线经过汾阳、孝义、中阳、离石、柳林五县（市、区），建设总里程123千米，改建工程于2009年8月正式开工，批准概算15.3亿元。

【全省首届“交通运输杯”汽车驾驶员、文秘资料员技能大赛】 10月30~31日，由省人力资源和社会保障厅、省交通运输厅、省总工会、团省委、省文联等联合主办的在山西交通职业技术学院举办。来自11个市及省直机关12支代表队的230名参赛选手参加决赛。忻州代表队选手王耀宏获得汽车驾驶员技能竞赛一等奖；运城代表队、省直代表队选手获得二等奖；省直代表队、吕梁代表队、运城代表队选手获得三等奖。忻州代表队选手杨献国获得文秘资料员技能大赛一等奖；运城代表队、晋城代表队选手获得二等奖；运城代表队、晋城代表队获得三等奖。其他代表队的28名参赛选手分别获得汽车技能竞赛和文秘资料员大赛的优秀奖。忻州、运城、晋城、长治、省直、吕梁代表队获得优秀组织奖。

【援建四川茂县公路项目竣工交接仪式】 11月11日，段建国等赴川参加援建茂县的第二个项目——渭(门)永(和)通乡油路竣工交接仪式。段建国向茂县人民政府县长高加军交“钥匙”，表明山西省公路援建项目全面完成。

渭门至永和通乡公路是山西省交通援建的第二个项目，起点位于国道213公路平交处，是渭门乡通往永和乡的唯一通道。该公路地震之前是一条机耕道，大型车辆无法进出，震后多处塌方几近掩埋、损坏严重，农产品更是无法运出，生活、重建物资无法运进，通行安全受到严重威胁。工程2009年4月12日开工建设，为四级公路双车道，路基宽6.5米，路面宽4.5米，公路全长11.7932千米，2010年9月26日完工。

【治安综合治理工作座谈会暨“宣传月”活动启动会议】 11月23日在省交通运输厅召开，决定从11月25日起至12月25日，厅直单位和驻并厅属单位集中开展主题为“大力开展综治宣传，共同创建平安交通”的综合治理宣传月活动。会议对2010年以来的综治工作进行回顾总结，并就下一步综治工作作出安排部署。会议宣读省交通运输厅《关于开展社会治安综合治理宣传月活动的通知》，省高管局、山西交通职业技术学院和省交通干部学校3个单位作典型发言。段建国出席会议并讲话。

【全省交通运输执法系统11个市局全部挂牌】 11月23日，山西省太原交通运输执法局正式挂牌成立，标志着全省自成品油改革实施后，省交通运输执法机构组建工作基本完成，11个市级交通运输执法局全部挂牌成立。交通运输执法机构肩负执法监督的重任，具体包括交通执法监督、公路收费监督、治理超限超载监督和安全生产监督，监督对象基本涵盖全省交通运输系统各级执法单位，并实际承担审计职能和所辖收费站通行费征管职能。

【省道陵沁线晋城至阳城一级公路开工奠基仪式】 12月3日，省道陵沁线晋城至阳城一级公路开工奠基仪式在城区西上庄村举行。晋城市委书记张茂才出席奠基仪式并宣布工程开工。

项目是2010年省交通运输厅、省公路局和晋城市重点工程建设项目之一，也是全省干线公路“6+1”建设规划中开工建设的第二条一级公路项目，是晋城市中西部地区的主要经济通道之一。路线起于城区西上庄(与陵沁一级公路相接)，向西北经山口、西洼，穿越西岭头隧道，在贺坡村西折向西南经东沟、川底，在马尧头上跨晋阳高速，之后折向西经周村、北留，穿越西神头隧道后跨沁河，往西北穿越卫家庄、何家庄隧道，上跨晋阳高速，经阳高泉、赵庄、张村、孙沟，到达终点阳城县西河镇阳邑村，与省道陵沁线相接。路线全长54.434千米，采用一级公路技术标准，双向四车道，路基宽度20米，设计时速60千米，概算投资22.513亿元，建设工期2年。

【全省重点公路建设项目工程质量专题会议】 12月3日在省交通运输厅召开。会议在听取28个重点工程项目的工程质量情况汇报及省交通质监站关于全省高速公路建设工程质量检查情况报告。段建国出席会议并讲话。

【《山西省公路水路交通运输“十二五”发展规划》征求意见会】 12月10日在省交通运输厅。2009年下半年，省交通运输厅成立规划编制领导组，全面启动“十二五”发展规划的编制工作。2010年，在完成《“十二五”期间交通运输服务与管理突出问题研究》《“十二五”综合运输体系规划研究》等四项基础研究和旅游公路、城市过境公路等专项规划的基础上，编制完成《山西省公路水路交通运输“十二五”发展规划》初稿，并先后征求厅机关各处室、厅直各单位和各市交通运输局的意见。

【省交通开发投资集团公司正式组建】 12月15日上午，山西省交通开发投资集团有限公司领导班子任命大会在交通投资大厦召开，会议宣读省政府《关于同意改制组建山西省交通开发投资集团有限公司的批复》和提请省人民政府任命山西省交通开发投资集团公司领导班子成员的批复意见，宣布集团公司领导班子成员的任职决定。厅党组书记、厅长段建国出席并讲话。新任常务副董事长魏庆飞，集团公司副董事长、常务副总经理刘宏武作表态发言。

【全省高速公路总里程突破3000千米庆祝仪式】 12月24日，全长214千米的太原至佳县高速公路建成通车，至此，全省高速公路总里程达到3002千米，山西高速公路网初步形成。在全国的位次也由17位移至11位，进入全国先进行列。当日上午，省委、省政府在太佳高速公路太原段泥屯收费站举行庆祝仪式。袁纯清、王君为全省高速公路突破3000千米暨太佳高速公路启动通车操作杆。省领导薛延忠、申联彬、张少华、牛仁亮出席庆祝仪式。庆祝仪式由李小鹏主持。

【太佳高速公路通车】 12月24日，太佳高速公路通车。太原至陕西佳县高速公路，是全省“三纵十一横十一环”高速公路网的重要组成部分，是山西北中部地区西通陕、甘、宁，东达京、津、冀的战略通道，也是2010年建成最长的一条高速公路。起于太原北环高速公路向阳店互通，经太原、忻州、吕梁3市7县区，终点位于临县克虎镇晋陕交界黄河大桥，出省后与陕西在建的榆佳高速公路相接，全长214千米，概算投资153.5亿元，2009年初开工建设。

【金道铭、陈川平在太原汽车客运西站检查指导工作】 12月31日，金道铭和陈川平到刚刚投入营运的太原汽车客运西站视察，检查指导道路运输工作并慰问交通运输系统干部职工。金道铭、陈川平一行先后到汽车站售票大厅、候车大厅察看售票情况、行包安检情况、母婴候车室服务情况、旅客候车情况，了解客流情况、班线情况、发车情况等。

【《中国交通报·山西交通》创刊】 山西省交通运输厅与交通运输部合作创办《中国交通报·山西交通》，顺应山西省新时期交通运输的发展建设需要。通过客观记录、全面报道、综合分析，更加多元地展现山西省交通运输的发展经验和成果，更加充分地展示山西省交通运输的勃勃生机。也是服务全行业，服务读者和客户这一服务宗旨的具体实践。

2010年山西省交通运输厅主要会议一览表

日期	会议名称	地点	会议主题
1月8日	全省交通运输系统办公室主任会议	太原	总结2009年全省交通系统信访和政务信息报送工作,就厅属各单位2009年目标责任制完成情况和2010年目标责任制编制报送工作作详细安排
1月8日	全省交通运输系统财务管理工作座谈会	太原	会议围绕交通财务工作如何创新投融资体制,加强财务管理,强化资金监管等5个方面进行座谈
1月13日	省交通运输厅安委会2010年首次扩大会议	太原	听取省公路局、省高管局、省运管局、省地方海事局、省征稽局、省交通质监站、省交通运输厅重点办2009年安全生产工作情况和2010年工作安排及建议的汇报,并对全省交通运输系统当前及今后一段时间的安全生产工作进行安排部署
1月22日	全省交通运输工作会议	太原	总结2009年交通运输工作,分析面临的形势和任务,安排部署2010年工作
1月22日	全省交通运输安全生产暨党风廉政建设工作会议	太原	总结2009年全省交通运输系统安全和党风廉政建设工作,安排部署2010年党风廉政建设和反腐败工作的主要任务,对2009年度全省交通运输安全生产工作先进单位和先进个人进行表彰,与厅属各单位签订2010年度安全生产工作目标责任书
1月23日	全省地方海事工作会议	太原	全面总结2009年全省海事工作,安排部署2010年海事工作,表彰2009年度全省海事暨水上交通安全专项整治先进单位和先进个人,签订2010年工作目标责任书
1月25日	全省交通运输行业春运工作视频会议	太原	贯彻落实国务院领导重要指示和省部有关要求,安排部署全省2010年交通运输行业春运工作
1月27日	全省道路运输工作会议	太原	回顾总结全省道路运输系统2009年取得的成绩,对2010年工作进行安排部署。对2009年度先进单位和个人进行表彰
2月1日	省交通科研院2010年工作会议	太原	对2009年工作进行回顾总结,对2010年工作进行安排部署,对2009年度先进集体和个人进行表彰
2月2日	全省交通设计院2010年度工作会议	太原	总结省交通设计院工作,安排部署2010年工作
2月2日	省交通运输厅新闻宣传中心2010年工作会议	太原	总结2009年交通新闻宣传中心工作,安排部署2010年交通新闻宣传工作,对先进集体和个人进行表彰
2月3日	全省公路工作2010年工作会议	太原	总结2009年公路工作,对2009年先进集体和先进个人进行表彰
2月5日	省交通建设开发投资总公司2010年工作会议	太原	传达贯彻全省交通运输工作会议精神,总结2009年工作,表彰先进集体和先进个人,安排部署全年工作任务,举行《山西省交通建设开发投资总公司志》首发启封仪式
2月10日	省交通运输厅对口援建四川茂县灾后重建交通组座谈会	太原	回顾总结全省援建茂县交通建设情况和前段所做的主要工作,并就争取在2010年5月12日完成渭永公路建设任务进行安排
2月21日	省交通运输厅贯彻全国农村公路工作电视电话会议精神大会	太原	贯彻交通运输部领导的重要讲话精神,学习借鉴兄弟省市先进经验,安排部署2010年农村公路建设任务

续表

日期	会议名称	地点	会议主题
2月22日	全省高速公路管理工作会议	太原	确立2010年全省高速公路管理发展的总体思路，确定2010年主要工作目标，对"双百佳"、"五比五看"竞赛活动和抗击冰雪灾害工作先进集体、先进个人进行表彰，并签订2010年工作目标责任书和安全生产工作目标责任书
2月22日	省交通运输厅贯彻落实全国交通运输信访工作会议精神大会	太原	分析全省交通运输系统面临的新形势、新情况，并就如何贯彻落实全国交通运输信访工作电视电话会议精神，做好2010年省厅信访工作进行安排部署
3月3日	省交通运输厅公路交通工程定额站2010年工作会议	太原	总结2009年工作，确立2010年工作总体要求，对2009年度优秀、先进工作者进行表彰，并与各科室签订工作目标责任书
3月3日	全省交通运输系统安全生产工作春季部署会议	太原	传达2010年省政府第59次常务会议和省政府安委会第一次会议精神，研究、部署春季安全生产工作
3月8日	全省交通运输"十二五"规划编制工作部署会议	太原	对全省交通运输"十二五"规划编制工作进行部署
3月9日	全省交通史志年鉴工作会议	太原	会议总结2009年工作，安排部署2010年工作任务，表彰在《山西交通志》、2009年版《山西交通年鉴》编撰工作中涌现出的先进集体和先进个人
3月11日	山西交通技师学院2010年工作会议	太原	总结2009年工作，安排部署2010年任务，表彰2009年度先进集体和先进个人，签订工作目标责任书
3月16日	全省交通运输专项治理领导组会议	太原	回顾前一阶段专项治理工作情况，梳理排查中查找的突出问题，对加强整改工作、组织监督检查提出要求
3月27日	全省交通战备工作会议	太原	总结2009年交通战备工作，安排2010年交通战备工作任务，对2009年度先进单位和先进个人进行表彰
3月29~30日	省交通运输厅第一次党员代表大会	太原	总结近年来厅直系统党的工作，提出今后的目标任务，选举产生山西省交通运输厅第一届直属机关党委、纪委
4月8日	全省交通运输系统安全生产大检查安排部署会议	太原	安排部署全系统安全生产大检查工作。会议决定，从当日起至5月底，在全省交通运输系统开展一次安全生产大检查活动
4月8日	全省在建高速公路项目财务负责人座谈会	太原	各建设管理处就本单位资金管理情况、内控制度建设、存在的主要问题及工程进度等作详细汇报。厅财务处就加强财务管理等问题提出建议
4月9日	省交通运输厅首届人事人才工作会议	太原	回顾总结本届厅党组组建以来的人事人才工作，对今后一个时期的人事人才工作进行研究部署，对交通运输部授予的10名"全国交通技术能手"和近年来在交通战线上涌现出的人事人才工作先进集体与先进个人进行表彰
4月22~23日	交通运输部交通运输安全生产和应急专题研讨会	太原	会议就《交通运输安全生产和应急体系建设"十二五"发展规划方案》与《交通运输安全生产和应急"双基"建设活动方案》进行讨论、交流和征求意见，总结交通运输安全生产和应急体系建设工作，分析存在的问题和"十二五"面临的形势，提出措施和建议
4月30日	全省交通运输系统劳动模范座谈会	太原	历届劳动模范集体及个人代表出席座谈会，2010年全国劳动模范张建忠代表全体劳模宣读倡议书，劳动模范个人代表做表态发言

续表

日期	会议名称	地点	会议主题
5月7日	“平安文明工地”创建活动实施方案研讨会	太原	研讨制定部署“平安文明工地”创建活动实施方案。决定从2010年在全省公路工程建设项目中开展为期两年的“平安文明工地”创建活动
5月7日	全省交通运输防震减灾专题会议	太原	传达贯彻全省防震减灾工作会议精神，并就省厅如何贯彻会议精神进行安排部署
5月9日	全省交通运输建设项目审计工作布置会	忻州	通报2010年全省交通运输审计工作计划，传达2010年国家审计署及省审计厅工作会议精神，安排部署全省交通运输建设项目跟踪审计工作
5月14日	全省重点公路建设推进会	运城	介绍全省高速公路建设情况和存在的困难和压力。会议与各高速公路项目负责人签订目标责任书，宣读《关于2009年度全省重点公路工程建设完成目标责任制和绩效考核的通报》
5月27日	全省村通水泥（油）路“全覆盖”2010年目标责任书签订大会	太原	部署全年村通水泥(油)路“全覆盖”建设工作
6月1日	晋、陕、豫、蒙四省(区)界河水路交通管理联席会议	太原	交流水路交通管理经验，本着“相互配合、协调一致、相互尊重、取长补短，共保界河水上交通安全”的原则，签署《界河水路交通管理合作协议》
6月17日	全省重点公路工程建设表彰大会	太原	举行文艺晚会《大路通天》慰问演出，对支持全省重点公路工程建设先进单位和先进个人进行表彰颁奖
6月23日	省交通运输厅厅属单位“中华魂”主题教育活动总结表彰暨关心下一代工作会议	太原	对当前及今后一段时间的关心下一代工作进行安排部署，对厅属单位“中华魂”(祖国在我心中)主题教育活动先进集体和先进个人进行表彰
6月28日	全省治超工作会议	阳泉	表彰2009年度治超工作优秀(先进)市、县和治超工作先进集体，总结全省新一轮无缝隙拉网式治超总行动启动以来成绩
6月30日	纪念“七一”暨深入开展创先争优活动和推进学习型党组织建设动员大会	太原	表彰一年来厅直系统党的工作中涌现出的“先进基层党组织”“优秀共产党员”和“优秀党务工作者”；同时，动员部署厅直系统深入开展创先争优活动和推进学习型党组织建设
7月7日	全省交通运输系统工程建设领域突出问题专项治理工作推进会	太原	回顾前一阶排查工作，通报排查出的问题，对深入开展工程专项治理工作进行安排部署
7月9日	全省综合运输厅（局）际第一次联席会议	太原	省交通运输厅联系太原铁路局、省民航机场管理局、省邮政管理局、山西地方铁路集团有限公司等单位，制定《综合运输厅(局)际联席会议制度》
7月9日	第一次全省重点公路工程建设项目调度会	太原	年内全线通车和年内部分路段通车的15个建管处分别就工程进展情况及存在问题进行汇报，并针对各建管处所提出的问题进行协商、制定措施解决
7月29日	2010年上半年交通运输工作汇报会	太原	传达袁纯清书记和王君省长的重要讲话精神，总结上半年工作，分析当前面临的形势，部署下半年工作
7月30日	省交通运输厅贯彻全省领导干部大会精神会议	太原	传达袁纯清书记在全省领导干部大会上的重要讲话精神，总结上半年工作，安排部署下半年工作

续表

日期	会议名称	地点	会议主题
8月2日	省交通运输厅新闻发布会	太原	就当前部分国省干线和高速公路交通拥堵情况及采取措施、全省高速公路(国家高速公路网)命名编号和相关标志更换工作、交通大发展等向26家中央驻晋媒体和省城主流媒体记者进行通报
8月6日	全省村通水泥(油)路“全覆盖”现场推进会	忻州	通报上半年全省农村公路建设质量、安全及进度情况,对下阶段全省村通水泥(油)路“全覆盖”建设工作进行安排部署
9月1日	《全省高速公路精细化管理工作系列标准》新闻发布会	太原	发布全国交通运输行业第一个高速公路精细化管理地方标准——《全省高速公路精细化管理工作系列标准》,并决定于2010年9月17日实施,举行推进精细化管理成果颁奖仪式,对获得全国用户满意服务明星班组、服务明星、全国交通行业质量管理活动优秀单位等称号的单位和个人进行表彰
9月7日	加强作风建设动员会	太原	邀请右玉县原政协主席王德功作右玉精神专题报告
9月26日	全省“十一”黄金周道路水路运输工作视频会议	太原	对“十一”黄金周期间道路水路运输行业安全稳定工作提出要求并作安排部署
9月29日	国庆“黄金周”安全生产工作会议	太原	传达《交通运输部关于做好节日期间安全生产工作的通知》精神和《国务院安委办关于做好节日期间安全生产工作的通知》精神,通报2010年以来交通运输安全事故情况,安排部署国庆“黄金周”期间全省交通运输安全生产工作
10月8日	第二次全省重点公路工程建设项目调度会	太原	对2010年建成通车的9条高速公路和4条部分路段通车的项目,2011年、2012年建成通车的14条续建项目和17条拟开工建设项目工程进展情况进行研究
10月9日	宣传贯彻落实《山西省道路运输条例》暨加强超限超载源头治理新闻发布会	太原	安排有关部门对所有货运源头单位进行一次排查,对未公示的合法货运源头单位进行公示,对非法货运源头单位坚决取缔;运管部门要对源头单位进行全面督导检查,对不按规定为非法超限超载车辆装载货物的源头单位,严格依法查处
10月14日	省交通运输厅高速公路建设项目前期工作汇报会	太原	传达贯彻袁纯清书记7·29重要讲话精神,研究部署全年高速公路开工建设项目有关事宜
10月14日	华北东北片区交通建设工程质量安全监督网会	太原	研讨新时期交通建设工程质量安全监督工作的新思路、新方法、新实践,华北东北片区7个省(市、自治区)质监站(局)分别作经验交流。
10月25日	全省道路客运文明班线创建工作推进会	太原	就长治至太原文明班线创建情况进行经验交流
10月27日	《山西省村村通水泥(油)路工程建设志》编撰工作启动会	太原	启动《山西省村村通水泥(油)路工程建设志》编撰工作
11月1日	学习弘扬右玉精神深入开展创先争优活动推进会	太原	对前段创先争优活动工作进行回顾,对下一步工作进行安排,并传达贯彻10月21日省委召开全省兴起学习弘扬右玉精神新高潮工作汇报会精神
11月11日	全省城市客运管理工作座谈会	太原	个市交通运输局分管城市客运工作领导关于城市客运发展及管理和城市客运管理机构设置及职能交接管情况的汇报,并就当前全省城市客运管理工作中存在的问题、如何规范和发展城市客运行业工作等进行座谈讨论

续表

日期	会议名称	地点	会议主题
11月16日	省交通运输厅党组中心组专题理论学习会	太原	学习《中共中央关于制定国民经济和社会发展第十二个五年规划的建议》《中国共产党党员领导干部廉洁从政若干准则》以及袁纯清书记在全省领导干部大会和全省兴起学习弘扬右玉精神新高潮大会上的讲话精神
11月23日	第三次全省重点公路工程建设调度会	忻州	就年内将建成通车项目、续建项目和拟开工建设项目工程进展情况进行研究，对冬季施工进行部署
11月24日	省交通运输厅党组2010年度民主生活会	太原	分别围绕贯彻执行《廉政准则》，弘扬"右玉精神"，加强作风建设主题，结合自己一年来工作实际进行认真剖析，总结经验，查找问题，开展批评与自我批评
11月26日	全省交通运输系统冬季安全生产工作部署电视电话会议	太原	贯彻落实国务院、交通运输部、省政府关于进一步加强企业安全生产工作的通知精神和省政府召开的全省今冬明春预防道路交通事故工作部署会议及冬季防火工作电视电话会议精神，安排部署安全生产专项治理和打击非法违法专项行动
12月21日	全省农村公路年终检查情况汇报会	太原	省公路局组织5个检查组，于11月22日至12月7日分别对全省11个市70个县(市、区)的农村公路建养工作情况进行年终检查。会议听取各检查组情况汇报
12月23日	省交通运输厅机关廉政风险防控试点工作推进会	太原	回顾前一时期廉政风险点排查和防控措施制定情况，对深入开展廉政风险防控工作进行安排部署
12月24日	省交通运输厅重要新闻发布会	太原	全省2010年新建成1000千米高速公路有关情况、全省交通运输"十一五"经济运行及"十二五"发展规划有关情况和"十一五"公路养护管理及行业改革稳定情况

（师国梁）

铁　路

【概述】 太原铁路局(以下简称"路局")主要担负着山西新型能源和工业基地的客货运输任务，煤运量占总运量的80%以上，除供应全国26个省、市、自治区的部分工业、民用煤炭和外贸出口煤炭任务外，还承担着华北、东北、华中、华东、南方五大电网，秦皇岛、天津、京唐、连云港、锦州、青岛、日照、南京八大港口，鞍钢、武钢、宝钢、本钢、首钢、包钢、太钢、邯钢、湘钢、涟钢、唐钢、济钢、莱钢、沙钢、马钢、新余钢十六大钢铁企业的部分煤炭运输任务。2010年，大秦线提前5天实现4亿吨年运量目标，全局各项运输任务全面超额完成，生产效率效益大幅提升，提前32天完成换算周转量任务，提前25天完成运输总收入和货物发送量，8项主要运输指标创新纪录。

路局管内有干线11条，支线10条和5.813千米石太客运专线。主要干线营业里程有：南同蒲线478.7千米，北同蒲线335.5千米，石太线123.9千米，京原线184.6千米，太焦线190.8千米，侯西线76.1千米，大秦线652千米，侯月线150.6千米、京包线155.5千米，迁曹线137.3千米，太中线215.8千米。全局线路总延长8479.9千米（含合资铁路1052.6千米)，其中，正线5557.2千米，站线2484.5千米，其他线路438.3千米。无缝线路4707.4千米，线路最高允许速度250千米/小时，高速铁路5.813千米，重载铁路753.5千米。道岔9088组，道口193处。桥梁3094座、273903延长米，隧道295座、280227延长米，明洞18座、2181延长米。配属机车1306台，客车1971辆、CRH5型动车组4组。路局有30个运输生产站段，其中，车务段7个，直属站4个，机务段3个，工务段6个，工务机械段1个，电务段2个，车辆段3个，供电段2个，客运段1个，通信段1个。车站234个，其中，特等站2个，一等站15个，二等站42个，三等站65个。2010年末，太原铁路系统职工总数118167人，其中，路局职工117575人，控股公司职工592人。

【经营管理】 全年各系统、各单位坚持以"一高十抓"为统领，以动车、客车、重载安全为重点，推进"三项工程"建设，推行安全法制化管理，创新监督检查方法，规范安全管理制度，认真开展安全大检查，确保春运、汛期、世博、亚运等非常时期和客车、重载绝对安全。全年设备故障同比减少11.2%。11月5日，大秦公司增发18.9亿A股股票在上海证券交易所上市流通，标志着路局运输主业整体改制上市顺利完成，铁路投融资体制改革取得新的重大突破。以改制上市为契机，全局经营管理更趋规范，经营成效更加明显。全年盈亏总额目标超额完成28%，运输总支出控制在有权支出之内。全年多元经济预计完成营业收入154亿元，实现利润2.25亿元。12月31日，路局顺利实现安全365天。

路局党委细化落实“三重一大”集体决策制度，严格站段党政正职半年度履职考核，加大干部选拔任用和培养交流力度，加快复合型干部培养步伐，激发干部队伍活力。全年调整任免干部520人，其中提拔220人，交流230人次。着力提升实战能力，坚持在大秦增量、集中修会战、太中银开通等主战场上锻炼干部，严格包保责任，强化作风督查，追究失职失责干部96人次，引导两级班子在实践中增长才干。着力提升创新能力，以思维创新推动管理创新，优化大秦4亿吨运输组织，超过200项创新性措施破解重载运输难题。

【客货运输】(1)货运任务。2010年，货运保价预期值8200万元，奋斗目标8600万元，实际完成9058万元，完成预期值的110%；装卸总工作量完成4547万吨，路工工作量完成2171万吨，路工全员劳动生产率达2044.8吨/人月，收入完成1.66亿元，奋斗目标1.38亿，为奋斗指标的120%，利润完成462.8万元，为计划指标的154.2%。(2)客运任务。全局年度客运任务指标超计划完成。旅客发送量为5445万人，日均完成14.9万人，比铁道部年度计划5440万人任务多完成5万人；客票收入完成229372.3万元，比铁道部年度计划198000万元多完成31372.3万元；年客收率完成42.1元/人。(3)施工任务。历时122天，覆盖全局主要干线，累计更换钢轨478千米、轨枕36万根、道岔383组，清筛419千米、捣固2570千米，钢轨打磨1863千米，开通微机连锁车站43个，接触网大修60.6条千米，电力线路大修102.8亘长千米。

【铁路建设】7月7日，路局成立太中银铁路开通介入工作领导组，工电、供电、建设等部门和单位，克服困难，加强协调，整治线路设备质量，推进引入枢纽建设，严把工程建设、验收、联调联试等各种关口，确保太中银铁路的开通。12月30日，南同蒲电气化扩能改造工程开通，南同蒲榆次至侯马北段的运输能力进一步提升。新建曹妃甸站、大秦线4亿吨G网补强、大秦线4亿吨配套茶坞至高各庄应急改造、朔州站房、丰沙大自闭改造、路局调度指挥中心等8项工程全面完工。太原南站、准朔铁路及新建的太兴、吕临、侯西等项目按计划推进。全年路局建设投资完成452.9亿元。

路局结合既有通道设备状况，启动29个“短平快”扩能改造项目，2010年完成10项。宁岢、岢瓦线通过扩能改造，输送能力由2300万吨/年提高到6000万吨/年，年增收入40亿元；曹妃甸地区扩能改造后，不仅可以为大秦线4.5亿吨车流疏散提供保障，还可以满足张唐（张家口至唐山曹妃甸）铁路建成后2亿吨蒙煤东运下海需求。

【多元经营】(1)资产重组。按照“做强一级、做实二级、减少三级、消灭四级”的思路，大力压缩企业法人，由209家整合为100家，下降52%。积极构建以总分公司为主、母子公司为辅的企业结构，将44家企业法人改设为分公司，撤并33家分公司，调整优化二级企业，大幅减少三级企业，彻底撤并注销四级企业，提高产业集中度，优化资产、资金和人力等资源的配置。(2)任务完成。强化市场营销和经营管理，多元经营走出低谷，实现预期经营目标。全年完成营业收入154亿元，完成铁道部年度计划130亿元的118%，同比增收31.15亿元，增长25%；实现利润2.39亿元，完成铁道部年度计划8000万元的299%。(3)分流安置。将分流安置运输业富余人员作为多元经营重要职责，全年分三批接收、安置运输业分流人员7393人，完成铁道部下达7297人的101%。房建系统市场化改革取得突破性进展，组建房建总公司，4043人划入多元经营系统。

【科技职教】6月18日，大秦线CTC系统开通，这是CTC系统首次在全国重载煤运干线上运用，大秦线16个车站，迁曹、京唐港线3个车站，太中银线9个车站将全面取消车站值班员、助理值班员、信号员岗位，运输效率、劳动生产率将大幅提高。全年全局科研成果丰硕，97项质量管理科研项目获得国家和省部级奖励，35项科研成果在第十届中国国际现代化铁路技术装备展览会上公开展示。调度指挥信息化、数字化水平突飞猛进，两个月时间内迈入全路先进行列。

制定《人才队伍建设实施规划》，编制人才专业目录，16名大师级专家、343名技术拔尖人才、3271名现场技术骨干纳入人才库重点培养。针对职业性格差异和专业工种特点，构建重点人才深度培养、紧缺人才加快培养、青年人才早期培养、“个十”人才重点培养、“百千”人才精选培养的整体格局。全年培训32000人次，“百名工程硕士”培养计划已完成123人。13人荣获铁路青年科技拔尖人才称号。突出岗位管理，编写岗位进阶教材，建立专业考试题库，分系统组织1289名专业干部进行考试，推行岗位管理试点，激发人才成长活力。突出实践锻炼，实施厂学研联合培养，促进人才队伍的知识扩充、素质更新和能力提升。

【党建工作】以争创“四强四优”活

动为载体，各级组织的攻坚力明显提升。局党委严格落实"紧扣中心、分层展开、突出实效"的总体要求和"四个规定动作"，致力于党支部优化设置，运输一线班组党支部由823个增加到2504个，通过落实班组党支部建设指导意见、车间重要问题集体讨论制度、领导干部联系制度，夯实党支部的基础建设；致力于战斗堡垒作用发挥，深化党支部立项攻关活动，全年完成攻关课题1283个，9项成果列入路局科研及示范推广计划；致力于党员队伍提素，推行"技术党课"，深化"双学"技能大赛和"双培双带"活动，全局巡回展播《信念》《大秦魂》等党课电教片，党员队伍"两个素质"明显提升；致力于打造先锋品牌，分系统推广"改梅助困室"、李斌作业法等"党字号"先锋品牌，深入开展"星级主人翁保安全竞赛""青字号"工程等特色活动，创先争优整体推进；致力于解决实际问题，两级班子公开承诺314件，破解安全发展难点1199个，投入4129万元解决职工生产生活问题6009个，群众评议满意率达98.8%。（孙淑环）

民用航空

【概述】2010年，山西省民航机场集团公司（山西省民航机场管理局）收入3.5亿元，同比增加5629万元，同比增长19%，其中航空性业务收入1.7亿元，非航空性业务收入1.8亿元。亏损3702万元。2010年，国内16家航空公司在山西省4个机场运营106条航线，通航城市71个，其中新增航线35条，加密航线19条。太原武宿国际机场除石家庄、拉萨外，实现与各省会通航；以包机形式开通太原至长治、大同省内支线航班，实现省会机场与省内3个支线机场通航，初步实现干支结合的航线运营网络；全年开通国内航线86条，地区航线2条，通航城市49个，共保障运输起降5.4万架次，旅客吞吐量525.3万人次，货邮吞吐量4.1万吨，同比分别增长7.95%、13.40%、19.51%，在全国175个民航机场中排名29、30、33；长治王村机场开通航线6条，通航城市6个，共保障运输起降4982架次，旅客吞吐量39.0万人次，货邮吞吐量769.7吨，同比分别增长8.47%、14.61%、65.07%，在全国175个民航机场中排名83、74、95；运城张孝机场开通国内航线8条，通航城市11个，共保障运输起降6820架次，旅客吞吐量61.8万人次，货邮吞吐量1677.8吨，同比分别增长11.51%、22.07%、63.82%，在全国175个民航机场中排名70、62、76；大同倍加皂机场开通国内航线4条，通航城市5个，共保障运输起降2278架次，旅客吞吐量16.6万人次，货邮吞吐量1193.5吨，同比分别增长37.73%、47.48%、146.18%，在全国175个民航机场中排名112、106、83。

【航空安全】2010年，山西省民航机场集团公司把"持续安全"和"没有安全，一切归零"理念贯穿于安全生产全过程，开展安全生产专项整治、安康杯竞赛、"安全生产年"和"安全生产月"活动，圆满完成各项安全生产保障工作，保证全年飞行安全、空防安全和航空地面安全。

1．加强全省民用机场安全管理监督检查工作，进一步细化检查内容，量化检查标准。全年共排查全省机场各类安全隐患246项，并及时跟踪整改情况，推进SMS体系建设，建立安全生产风险评估制度；完善安全信息通报制度，利用办公网平台，及时发布各类安全信息，安全信息在安全管理中的作用得到发挥；完善安全目标考核制度，强化过程控制，完成集团公司各二级单位安全生产年度目标考核。

2．完善机场飞行区不停航施工安全档案管理，进一步加强不停航施工监管力度；加强机场净空保护工作，及时协调清除省内各机场周边超高树木，强化飞行区外来物防范工作；积极推进山西省机场净空及电磁环境保护立法工作，全年共审批净空高度申请61件。成立太原武宿国际机场航空安全保卫委员会，加强人员密集区和重点防护目标安全保卫工作，严格执行民航局上海世博会和广州亚运会安全保卫工作总体部署和空防安全分级响应，圆满完成上海世博会包机保障任务和广州亚运会安全保卫任务。

3．成立应急办公室，规范应急管理基础工作，完成省级专项应急预案制定任务，《山西省处置民用航空器飞行事故应急预案》于2月25日正式印发；全年共开展各级各类应急演练120余次，机场应急响应和处置水平进一步提高；圆满完成国家国动办、民航局国动办"太原武宿国际机场国防交通专业保障队伍综合演练"任务；组织开展应急知识宣传周活动；加强所属机场机坪运行监管和飞行区维护工作；太原机场实行安全运行日讲评制度；太原机场和长治机场顺利通过民航保安审计。

【企业管理】山西省民航机场集团公司聘请专业咨询公司开展战略规划项目，对集团公司发展战略进行分析、评估，共同编制完成集团公司战略发展规划、集团公司"十二五"发展规划；积极履行机场管理局行业规划及管理职能，编制完成山西省"十二五"民航机场布局建设规划和全省机场一体化改革实施方案初稿工作；配合省委、省政府开展《构建山西现代交通体系》课题研究，完成《构建山西民航现代交通体系》子课题调研编制工作。根据管理工作需要和生产运行实际，进一步优化集团公司组织机构；推行三级干部竞聘制度，172名三级干部竞聘上岗，提升选人用人公信力，管理人员年龄结构和学历层次得到优化；加强班组建设，配备102名班组长，基层管理工作得到有效加强；进一步对组织机构和主要职责进行完善，开展各岗位

太原—台北直航航线首航仪式　　（黄荣君提供）

缺编人员招聘工作，重点对一线生产岗位进行人员补充，开展定岗、定编、定员工作；积极探索用工制度改革，实现长、短期合同工统一管理模式，消除因身份差别造成的发展限制，建立富有特色的太原机场实习基地；为强化薪酬的公正性和激励作用，开展薪酬分配制度理顺工作；完成与员工的劳动合同签订工作；参加省级医疗、生育、工伤保险工作通过主管部门审核；制定节假日加班工资制度，进一步调动广大员工的工作积极性；实施太原机场和长治机场间的轮岗工作制度；完成人事档案整理工作；结合生产和管理实际，积极组织各类培训活动，强化干部培训和新员工入职培训，编制新员工入职手册，增加职工安全培训档案，加强培训师队伍建设，进一步完善培训体系。

打破传统办公模式，实现无纸化办公和手机办公，督察机制逐步完善，共网上办理公文5200余件，网上督办工作245项，已落实211项，剩余工作已列入落实计划，工作效率得到提高。对基础性规章制度进行完善，共修订集团层面规章制度26项，进一步完善各岗位流程和岗位检查单；修订并启用企业新VI系统；建立网上合同管理系统，共审核办理各类合同430份；完成集团公司（管理局）网站改建，进一步推进政务信息公开和厂务公开工作。

【服务工作】 2010年4月，太原机场新货运楼正式启用，货运服务环境大幅改善，航站楼设施设备维护、能耗管理和保洁工作进一步加强；完成机务维修延伸至长治机场申办工作；长治机场实现航空器在机坪顶推滑出模式的转变，有效提升机场保障能力；与山西移动、山西联通和山西电信签订长期战略合作协议，并编制完成“乘机方便行”合作方案，以信息化建设为平台，着力打造机场服务品牌；对太原机场贵宾服务流程进行改造，进一步满足高端客户服务需求；进一步强化窗口人员服务规范和服务技巧，重点加强航班不正常情况下服务和保障工作；圆满完成两会代表运输、世博会山西活动周代表团包机、省委省政府考察团包机、新能源博览会、制造业博览会及各类专机保障任务。

【基本建设】 太原机场1号航站楼改造项目进入收尾阶段，2010年底全面竣工；运城机场改、扩建站坪工程通过民航华北局行业验收，航站区主体工程2010年底完工；大同机场改、扩建飞行区工程完工并投入使用，航站区土建部分和配套工程全部完工；吕梁机场新建工程初步设计及概算获得省发改委和民航华北局批复，全面开工建设；临汾机场复航改造预可研报告获得国家发改委批复，并开工奠基；五台山军民合用机场改扩建获得国务院、中央军委批准立项，并开工奠基。

加大投资计划项目申报及资金申请力度。2010年，通过太原机场航空物流基地建设、整体品牌形象升级改造、山西省机场一体化管理信息系统和长治机场飞行区扩建工程等投资项目，共争取到地方政府和民航局各类资金支持1.47亿元；为满足太原机场、长治机场安全生产、服务保障和经营发展需求，集团公司共安排投资计划项目158项，总投资7583万元，各项基础设施建设工作进展顺利；按期完成太原机场高架桥工程进场路管线迁移、太原机场航站楼景观升级改造一期工程；完成特种车库建设、警卫连营房建设、飞行区岗楼新建、飞行区三角地硬化改造、小区物业一期改造及单身公寓楼装修改造等工程项目。

【战略合作协议】 3月16日，山西省民航机场集团公司与中国移动通信集团山西有限公司于太原签署战略合作框架协议，集团公司将依托山西移动资源，从机场运行、票务、值机到应急保障、延伸服务等各个方面，为旅客和货主提供个性化服务。包括五个方面：建设热线服务平台，提供机场问讯、旅客投诉、订票送票、电话值机、航班延误查询、商务贵宾服务预订等服务内容；利用二维码技术，通过发短信、打电话或手机上网，可实现手机值机；实现候机楼无线网络全覆盖，保证旅客上网需求；建立应急通讯平台，保证应急保障和救援；实现手机视频会议和移动视频监控。4月6日，山西省民航集团公司与中国联合网络通信有限公司山西省分公司在太原签署战略合作框架协议，省民航集团总经理郝孝义、山西联通公司总经理苏强出席会议并签字。双方将逐步签订热线服务平台、手机值机、候机楼无线网络全覆盖、应急通讯平台、手机移动办公、手机视频会议和移动视频监控等项目具体合作协议。4月23日，郝孝义与中国电信山西分公司总经理李洪波在太原签订战略合作协议。双方就拨打118114查询太原机场航班信息、预订机票及集团公司门户网站、办公网、移动办公等方面进行合作。

【EMB-190飞机廊桥对接】 4月14日起，太原武宿国际机场206、207机位可按标准实现EMB-190飞机廊桥对接。从而结束该机型飞机只能停靠远机位的历史。

【太原武宿国际机场年旅客吞吐量突破500万人次】 12月9日，在太原武宿国际机场2号航站楼出港大厅举行太原武宿国际机场年旅客吞吐量突破500万人次暨山西省书画名家"魅力山西的窗口，繁荣安全的空港"笔会。高建民及省发改委、财政厅、交通厅、旅游局等厅局领导和航空公司、旅行社代表参加庆祝仪式。太原武宿国际机场年旅客吞吐量突破500万人次，标志该机场迈入大型机场行列，山西民航事业进入快速发展阶段。

【民航华北地区管理局工会三届七次全委会】 7月9日在太原召开。会议总结管理局工会2009年工作，对2010年工作进行部署；增补3名委员；选举马振富为管理局工会主席。会议进行颁奖仪式，机场公安局获得"全国民航五一劳动奖状"。

【新开航线】 2月10日，太原—台北直航首航仪式在太原武宿国际机场举行。高建民主持仪式，王君出席并宣布航线开通，李小鹏和中国东方航空集团党组书记李军分别致词，中国民航局港澳台办主任浦照洲，省政府有关部门、太原市政府主要负责同志及驻机场各单位领导出席首航仪式。9点，满载147名乘客的MU5011航班由太原起飞飞往台北。

太原—榆林—银川航线首航成功。3月1日18时25分，从银川、榆林飞来的幸福航空JR1518航班平稳降落太原武宿国际机场，标志该航线首航成功。这是太原武宿国际机场2010年新开航线，是集团公司积极采取有效措施取得的初步成果。

长春—太原航班成功首航。3月29日11时30分，CZ6459航班平稳降落太原机场，标志长春—太原航班首航成功。南航吉林分公司副总经理张卫东一行随机到太原，用两天时间对太原机场综合保障能力和山西航空运输市场情况进行考察。

太原—大同和太原—长治两条省内航线首航。5月6日15时，3049号飞机降落太原机场，该飞机圆满完成太原往返大同、太原往返长治两条山西省内新开航线首航任务。　（黄荣君）

邮　政

·邮政管理·

【概述】 2010年，《山西邮政条例》颁布实施，村邮户箱工程取得突破，行政许可工作有序开展，行业监管力度不断加强，全行业呈现平稳较快发展态势。2010年，全省邮政行业业务总量完成39.42亿元，同比增长9.2%；业务收入完成22.58亿元，增长18.11%。快递业务量完成1538.68万件，增长23.22%；快递业务收入完成3.69亿元，增长20.02%。

【《山西省邮政条例》颁布实施】《山西省邮政条例》(以下简称《条例》)于11月26日经省人大十一届常委会第二十次会议表决通过，2011年1月1日正式实施。《条例》增加保障邮政普遍服务制度和措施，进一步明确全省快递业务经营许可制度，细化快递市场监管措施，完善寄递渠道安全监管制度和措施，明确规定邮政管理机构监督管理职责并建立相关制度。它的颁布实施，是全省邮政业发展历程中重要里程碑，填补山西省邮政地方立法空白，促使全省邮政行业走向法制化、规范化和科学化管理轨道。

【普遍服务基础设施建设】 省邮政管理局高度重视邮政普遍服务基础设施建设，针对终端能力建设薄弱问题，主动配合、积极协调、重点

太原武宿国际机场年旅客吞吐量突破500万人次庆祝仪式
（黄荣君提供）

推进,促使普遍服务基础设施建设取得突破。(1)启动空白乡镇局所补建工作。认真落实全国空白乡镇邮政局所补建工作会议精神,对省邮政企业报送409个空白乡镇局所补建数量等基础资料进行审核。计划用三年时间、分三批完成建设任务,第一批123个空白乡镇局所于2010年已开工建设。(2)集中开展新农村村邮站试点建设工作。9月,省局联合省新农办、省财政厅、省农业厅出台《山西省新农村村邮站建设试点工作方案》,建立"新农办牵头、财政支持、邮政协调、企业实施"工作机制,明确由村集体按照公益性岗位给予村邮员工作补助保障机制。(3)深入推进信报箱建设。以协调建设部门加强验收环节监管为重点,联合建设部门持续推进信报箱建设。积极协调,促使省住建厅将信报箱纳入住宅工程质量分户验收内容,将信报箱分户验收纳入地方建设监管制度环节。联合建设部门开展竣工住宅信报箱验收抽样调查,完成居民住宅信报箱建设抽样调查工作。

【快递业务经营许可工作】 省邮政管理局严格按照"优质、高效、规范、廉洁"原则积极有序开展快递业务经营许可工作。一是及时通过省局网站和新闻媒体做好许可申请流程的发布和宣传咨询工作;二是采取召开会议、集中培训、印发手册等方式对快递企业就申请方法、申报事项、填写内容和申报要求,进行认真解答和详细指导;三是成立职业技能鉴定中心,指导快递企业做好职业技能鉴定工作,先后组织三批共计1400多人次参加快递业务员职业技能资格考试,72%业务员通过初级资格认证;四是深入快递企业对快递许可情况进行调研和督导,规范企业快递许可申报工作;五是与工商局进行联系沟通,就快递企业延期年检、年检办理、分支机构登记、营业执照经营范围等许可事项达成共识,做好许可工作衔接;六是通过服务内容、办事程序、申报材料、办理时限"四公开",确保许可工作公开透明,高效便捷。全年共接待、接听企业咨询申请1000余次(家),受理申请办理许可的企业97家,颁发快递业务经营许可证96家,国际货贷企业山西分公司办理备案手续5家。

【普遍服务监督】 一是按国家邮政局安排部署,认真开展邮政普遍服务和特殊服务监督检查。全年监督普服网点1381个次,对省会机要服务场所和重要用户进行144人次监督,按纪特邮票发行计划对全省13个网点服务情况监督394人次,走访用户2475人次,填写监督报告书1879份;提出建议(反馈问题)486条,向企业发整改意见书12份,整改率100%。二是认真做好时限监测工作。完成平常信函、印刷品、机要函件和包裹时限监测工作。三是认真落实《邮政企业撤销提供邮政普遍服务营业场所审批办法(暂行)》和《邮政企业停止办理或者限制办理邮政普遍服务和特殊服务业务审批办法(暂行)》,积极督促邮政企业做好承担普遍服务网点统登工作,依法开展行政审批工作。四是注重邮政特邀监督员日常管理工作,完成2010年邮政特邀监督员续聘和更换工作。全省社会监督员共有77人,覆盖全省56个市(地)、县,覆盖率为58.33%,充分发挥社会监督作用。

【邮政市场监督】 继续强化快递、集邮、用品用具三大市场监督检查。快递市场监督检查以提升服务、规范秩序、促进发展为重点有力推进。10月份开展"规范市场秩序、维护用户权益"专项执法检查。以查处制售假邮资凭证行为为重点,采取多种手段,加强集邮市场监管力度。为落实《邮政用品用具监督管理办法》规定,受理4家信报箱生产企业和透明窗口信封、快递封套、国际邮件包装箱及机要信封生产企业的申请审查和发证(换证)工作,及时查堵使用假冒机要信封事件2起,邮政用品用具生产企业管理水平和产品质量进一步提高,市场秩序得到有效规范。全年共检查单位254个次,下达整改通知书50份,其中涉及检查快递企业165个次,经营集邮票品的公司32个次,邮政用品用具生产企业和邮政网点57个次,有效规范邮政市场秩序。认真做好邮政业消费者申诉受理工作,全年共处理申诉139件,其中国家局转办96件,本省处理43件,用户申诉处理满意率96%。

【行业安全监管】 2010年,省邮政管理局突出抓好世博会和亚运会期间邮路安保工作。省局及时召开安保工作动员会,对世博会和亚运会期间全省邮政行业安保工作作了部署,同与会企业负责人签订安保责任书。以落实收寄验视制度为重点,加大安全检查工作力度。会同省安全部门对太原地区规模以上快递企业世博会和亚运会安保工作进行现场检查,确保大会期间寄递渠道安全。认真开展日常安全生产大检查工作,加大督促检查和整改落实力度,保障邮政业安全平稳运行。

【职能建设】 不断加强行业管理,注重制定规划、政策,完善发展环境,严格依法履职,依法行政不断推进。一是"十二五"规划编制工作扎实推进。联系省发改委宏观研究院编制山西省邮政业"十二五"发展规划,重点研究如何将邮政业做大做强,如何将快递业做大规模问题,已完成初稿;二是出台文件解决快递车辆通行问题。与省交通运输部门沟通协调,省交通运输厅下发文件,就快递车辆客车载货事宜作出具体规定,解决全省快递车辆通行问题,为快递发展创造良好市场环境;三是邮政行业统计执法检查工作总体完成。按国家邮政局安排部署,省局与省统计局组成联合检查组,于7月至9月对行业统计工作开展检查,对于检查中发现的问题,相关企业进行整改,促进行业统计水平提高。

【党组织建设】 省邮政管理局根据国家邮政局和省委安排部署，认真开展学习型党组织建设和创先争优活动。与“讲党性、重品行、作表率”主题实践活动、与“发扬井冈山、长征、延安精神”革命传统教育活动，与“做党的忠诚卫士、当群众的贴心人”活动，以及“定位、状态、能力”大讨论活动成果应用、深化拓展等活动紧密结合起来，通过深入开展“五个一”活动，全面提升队伍能力，进一步促进省局各项管理工作科学发展，提升管理效能。在9月国家邮政局组织的创先争优和学习型党组织建设活动演讲比赛中，省局获得优秀组织奖，选派两名选手中一名获得二等奖。

（张　琳）

·邮政业务·

【概述】 1. 体制机制改革取得进展。一是建立干部“赛马”机制。突出专业领军人才队伍建设，以能力和贡献为导向，以“德能勤绩”为标准，开展全省邮政最大规模干部竞聘上岗，各市局党委班子成员和一批优秀干部通过“赛马”走上专业领导岗位，专业经营力量明显加强。建立能者上、庸者下优胜劣汰机制，连续两年完不成履职目标降职不平调。二是突出关键绩效考核。加大收入、收支差、劳产率和业务结构调整等关键绩效指标考核力度，引导各局各专业更加关注发展质量和效益。三是创新内部分配机制。统一全省薪酬项目，实行“基本工资+绩效工资”“底薪+提成”和营销积分计奖等分配办法，面向一线员工推出“人单合一”政策，基本改变全员营销下指标、完不成扣罚工资奖金简单营销模式，在基层一线建立保障和激励相结合、重在鼓励多劳多得激励考核机制。四是拓宽营销队伍建设渠道。提出组建专职、兼职、委代办和岗前见习等四支营销队伍新思路，明确不同人员身份转换条件和晋升通道，全省已经组建1061人专职队伍、107人岗前见习队伍和326人社会代办队伍。通过晨夕会、龙虎榜和PK赛等形式，进一步提高营销队伍实战能力。全省邮政干部职工参加各项营销活动人数占比达95%以上。经统计，2010年，全省168名专职营销员达到晋级标准，劳务工营销人员中34人达到身份转换所要求营销业绩标准。

2. 经营发展态势持续向好。全省邮政业务总收入同比增长17.68%，增幅排名全国第七，高于全国2.69%；完成自定预算105.11%，完成集团预算108.76%。完成集团下达收支差指标，货币资金存量稳定增加，财务状况得到改善。各市局和七大专业均呈现齐头并进发展局面。11市局全部完成收入和收支差预算，其中阳泉、大同、忻州收入预算完成比例和增幅均列全省前三位；储汇、函件、发行、集邮、电子商务和分销六专业完成收入和收支差预算，保险专业收入完成预算95%，增幅达35.78%，居各专业之首。

全省大项目运作和重点业务开发力度加大，有效促进发展方式转变和业务结构调整。全年累计策划实施项目304个，实现收入3.25亿元，占业务总收入（剔除储蓄专业）47.9%，较上年提高6.9%，卡商联盟、金融账单、教辅类报刊、定向邮品、世博门票、思乡月等营销项目取得成效，项目拉动业务发展作用愈加明显。银行账单发展到工农中建四家，解决制约账单发展“瓶颈”问题，组建164人账单营投队伍。着力提升储蓄、保险等重点业务发展质量和效益，净增平均余额达39.05亿元；活期比例达34.76%，较2010年初提高1.48%。忻州、运城、阳泉、吕梁和临汾等局分别完成年度和跨年度余额发展相关指标。保险业务整体收益率达3.91%，较上年提高0.8%。树立邮政传媒产业理念，举办首届直邮传媒高峰论坛，召开畅销报刊恳谈会，进一步加强与新华社战略合作。三大重点营销战役，实现规模和效益新突破。新邮预订提前完成任务，实现收入3482万元。报刊大收订流转额完成4.97亿元、同比增长13.69%，一次性回款率达72.45%、增长7.97%。贺卡收入突破亿元大关，其中定制型收入占77.79%，增长9.61%。忻州局借助政府之力，开发校园市场，一次性征订《童话大王》10600份、《小读者》12800份，分别占全国发行量1/5和1/10；阳泉、长治等局小批量贺卡开发在农村取得突破，值得全省借鉴和推广。

3. 企业管理水平稳步提升。财务管理方面，通过强化预算管理，控制成本投向，使成本费用对收入贡献率提高0.38%，百元收入业务费降低2%；加强资金资产管理，开展固定资产和在建工程清理、债权债务清查、用户欠费专项清收、集邮库存压库等专项工作，全省清理在建工程6195万元，清收用户欠费3503万元，压缩集邮库存861万元；加大集中采购力度，全年共安排集中采购项目15个，节约采购成本509万元。按照专业化经营改革要求，建立省、市专业核算体系，明确成本定额和标杆，为专业结构调整、发展方式转变，起到促进作用；配合审计部门开展2009年度财务收支专项审计，为规范全省邮政财务管理打下基础；完成“十二五”规划编制工作。人力资源管理方面，认真贯彻落实集团公司机构改革和“双定”工作精神，完成市、县机构改革方案和“双定”工作标准测定和编制工作，其中减员增效工作取得较大突破，全年共减少从业人员538人，盘活500余人，劳产率达8.6万元，同比增长19.11%。其中，临汾局减员223人，为全省减员作出贡献。太原局大胆进行区域整合，将12个分局整合为6个区局，增强区域竞争能力。网运管理方面，全面启动中心局进口邮件分拣前置工作，召开流程优化运城现场会，全面推进市、县局大班组交叉作业，提高内部处理人员工时利用率，全省共盘活分流人员261人；

实施普邮封发无纸化改革,进一步调整普邮省际出口封发功能,大网结算收益不断显现,全年节约网运成本675万元;实施单车费用核算,全年共节约燃油、维修、保险等费用845万元;实施新普邮综合作业计划,确保普邮全程时限控制在标准范围内。服务质量管理方面,进一步健全服务质量监督体系,开展窗口服务、信息系统业务运行管理集中整治、邮件全程时限达标、平常函件妥投、账单专投和早报早投等一系列专项活动,整治服务热点、难点问题,全面完成集团公司15项通信服务质量考核指标,用户有理由投诉同比下降67.31%。集团公司测评全省用户满意度88.2分,排在全国前列。安全和风险管理方面,把金融资金安全作为重中之重,加强邮银合作,开展案件防控攻坚年活动,资金安全形势得到好转;实施高频次、全方位综合治理和安全检查,省、市两层面共实施明察暗访65次,发现问题3700余个,及时进行整改;加强设备和信息网维护管理,确保邮政网络安全畅通;通过审计监督和效能监察,有效防范各种风险。基础管理方面,将各单位、各部门及各岗位日常履职情况和各项制度办法落实情况列入事项考核,对14个责任单位(部门)、172人次进行经济处罚,提升企业执行力。改进贯标方法,强化内训内审,促进质量管理体系有效运行。

4. 基础能力建设得到加强。全年购置城市网点10处、面积5404平方米,改造网点65个、面积16000平方米,大同等局抓住城市改造机遇,跟进网点改造建设,有力支撑业务发展。全省更新各类营业终端设备3300余台,新增ATM机35台,总数达603台,更新各类邮政生产车辆89辆,配置网点移动金库34套,更新网点视频监控768路。完成省集邮公司票品库及省商函制作场地装修改造、太原速递邮件处理中心改扩建、太原仓储中心及晋城陵川,忻州静乐、繁峙,晋中介休、安宁,太原不锈钢园区支局等场地建设,并陆续投入使用。太原邮区中心局交叉带分拣机上线试运行,每小时处理邮件达2600余件,超过全国平均水平。加强终端渠道建设,成立"双建办",启动空白乡镇局所补建工作和便民服务站建设项目,150个空白乡镇局所已完成土地选址工作,2416个邮政便民服务站具备开办条件。强化信息网建设,完成邮政储蓄省处理中心扩容改造、综合网骨干网络改造、邮政个人网银系统等30项信息建设项目,研发航空票务网站、名址信息管理系统及邮储积分回馈系统等6个科技项目。2010年,在集团公司组织信息网安全大检查中名列华北区第一名,在全国邮政安全运行年竞赛活动中排名前列。

5. 和谐企业建设深入推进。将维护员工合法权益、增加员工收入列入重要议事日程,专业化经营改革为员工搭建创收平台,2010年员工人均收入实现较大幅度增长。畅通身份转换通道,全年23名优秀劳务工转为合同用工,100余名劳模、优秀支局长和营销业绩突出优秀劳务工达到身份转换基本条件。安排专项费用开展"送温暖"活动,各级邮政单位共慰问职工1243人次,累计发放各项送温暖资金240余万元。加大员工教育培训力度,启动内训师队伍建设,有序推进自主培训和职业技能鉴定工作,省级内训师达48人,员工培训率达60%,参与技能鉴定人数达5100人。提高年度"三杯""三先""四优"和"十佳"奖励额度,召开山西省邮政系统劳动模范和模范集体表彰大会,认真组织开展"创先争优"活动,在全省营造踊跃争先浓厚氛围。各级党组织、工会、共青团、协会和新闻宣传等部门充分发挥作用,围绕企业改革发展稳定中心工作,在统一思想、凝聚人心等方面做工作,确保企业改革发展顺利推进。省公司努力优化外部发展环境,促成《山西省邮政条例》出台,争取邮政普遍服务、邮政基础设施建设相关政策,为全省邮政长远发展提供法制环境。

【全省邮政工作会议】 2月5~6日在太原召开。省邮政管理局局长张勤学发表讲话,省公司总经理关荣顺作工作报告,党组书记张晓宪主持会议并讲话。省邮政速递物流公司总经理沈润生出席会议,邮储银行省分行行长孙明旺出席会议并讲话,省公司副总经理冯红旗就专业化经营改革总体思路进行说明。省公司各部门、直属各单位负责人;各市邮政局领导班子成员、在岗助理调研员、金融等专业负责人;各县(市)邮政局局长;各市邮政速递物流公司分管经营工作副总经理,纳入速递物流一体化36县(市)速递物流分公司(营业部)负责人共计300余人参加会议。

【荣誉奖励】 3月4日,在省总工会纪念"三八"国际劳动妇女节100周年暨表彰大会上,山西邮政3个集体、5名个人获得表彰。太原市邮政局广场收投分局及代理保险公司均获"山西省五一巾帼奖"荣誉称号,临汾市邮政局工会女职工委员会获"先进女职工委员会"荣誉称号,右玉县储汇局局长王鹏梅获"山西省十大杰出女职工"(同时获"山西省五一劳动奖章")荣誉称号,太原邮区中心局李志润、保德县邮政局高瑞荣获"山西省五一巾帼奖"荣誉称号,太原市邮政局工会主席张烈华获"山西省维护女职工权益贡献奖",晋城市邮政局工会任薇获"山西省先进女职工工作者"荣誉称号。

【《清明节》邮票首发式】 4月5日,由中国文联、山西省人民政府主办,中国民协、山西省委宣传部、省文明办、省文联、省侨联及省邮政公司等承办2010山西介休·中国清明(寒食)文化节启动暨《清明节》特种邮票首发仪式在介休绵山举行。省委常委、宣传部部长胡苏平,中国文联副主席、中国民协主席冯骥才,中国邮政集团公司副总经理刘明光,山西省政协原副主席阎爱英，中国邮政集团公司邮票发行部总经理邓惠国，山西省委宣传部副部长李海渊，晋中市市委书记李永宏、市长张濮，介休市人民政府代市长王怀民及省邮政公司总经理关荣顺等领导莅临活动现场。胡苏平宣布活动开幕，刘明光、邓惠国、阎爱英、关荣顺、张濮、王怀民为《清明节》特种邮票揭幕。

【《中国古代书法——行书》邮票首发式】 5月15日，《中国古代书法——行书》特种邮票首发式在永济市举办。《中国古代书法——行书》特种邮票采用宣纸印制，实现世界邮票史上印刷材质一次重大突破。《中国古代书法——行书》特种邮票共计1套6枚，其中第5枚、第6枚设计原稿为唐代著名书法家颜真卿《祭侄文稿》。

【《文彦博灌水浮球》邮票首发式】 6月1日，《文彦博灌水浮球》特种邮票首发式在介休市举办。邮票设计者阎柄武、姜伟杰、李群及来自全省集邮协会嘉宾和千余名集邮爱好者参加邮票首发式。《文彦博灌水浮球》特种邮票1套2枚，小本票1本。

【"人单合一"考核模式】 6月1日起，山西邮政全面推行"人单合一"考核模式，各营业网点和各专业营销人员工作业绩直观体现在"员工工资发放单"和"员工营销业绩计奖单"上。为适应"人单合一"考核模式，省公司对营销积分计奖政策进行调整，增加营销积分计奖业务种类，提高部分业务积分计奖标准，扩大营业窗口人员积分计奖业务范围，计奖标准实行全省统一。"员工工资发放单"包含员工基本工资和绩效工资两部分；"员工营销业绩计奖单"有员工完成本岗位业务内容及营销其他业务项目。

【"爱心包裹"】 4月12日，"爱心包裹"项目启动，山西邮政积极响应，迅速组织实施。在CCTV6、新浪网、《三晋都市报》、山西卫视等主流媒体大力宣传基础上，各邮政网点通过悬挂宣传横幅、摆放展板、张贴宣传海报等形式进行宣传，并现场受理业务。各级邮政部门联合扶贫办和社会媒体单位参加，及时对捐赠活动进行跟踪采访、报道，营造浓厚舆论氛围。各市局积极联合慈善总会、扶贫基金会等单位，收集本区域内捐赠单位、个人名址信息；摸底排查区域内党政机关、大中型企业等重点客户，确定目标客户，分区、划片、定点、定人进行上门劝募。截至6月3日，全省共受理学生包裹15423个，学校包裹52个，募集捐赠总额159.43万元，全国排名第六。

【获"山西省优秀企业"称号】 6月18日，在山西省企业联合会、企业家协会召开第五届会议代表大会暨"双优"表彰大会上，省公司荣获"山西省优秀企业"荣誉称号；省公司总经理关荣顺被授予"山西省功勋企业家"荣誉称号。

【2010年(山西)直邮传媒高峰论坛暨直邮媒体推介会】 9月12日，由省公司联合省广告协会、山西大学文学院共同主办，在太原举办。此次论坛旨在搭建高端合作交流平台，促进山西广告企业加强沟通与协商、深化交流与合作，在全省构建政、产、学、研、媒共同推动，实现共赢强大直邮传媒产业链。省公司总经理关荣顺出席论坛并致辞。省城保险、银行、通信、房地产、商业、餐饮、食品等行业领导和广告公司负责人100余位代表参加论坛。活动中，有6家广告公司与太原市邮政局签订合作协议，并签订6万元合作项目。由山西直邮协会与山西大学文学院共同组建"山西直邮传媒研究中心"、太原市函件广告局与山西邮政广告公司设立"山西大学文学院广告系实践基地"揭牌成立。

【中国邮政集团公司设备巡检组到山西邮政检查指导工作】 10月15~17日，中国邮政集团公司设备巡检组对山西邮政网运设备、车辆及信息系统使用、管理情况进行巡视检查。巡检组从6方面对邮政车辆、设备管理给予好评，希望山西邮政应用信息系统，对邮运时限、质量等内容进行全方位管理和控制。

【财务集中管理】 10月，省公司进一步规范相关制度，将所有直属单位纳入财务集中管理范围，采取报账制和会计人员委派制两种模式。省公司坚持精细化管理，提高管理效益原则，通过科学编制各项预算，实现预算额度控制，实时监控成本费用执行情况，对执行结果进行考核等措施，实现对直属单位财务工作全过程管理，为各专业快速发展提供保障服务。

【获"全国厂务公开民主管理先进单位"称号】 11月，在全国厂务公开民主管理工作经验交流暨先进单位表彰电视电话会议上，省邮政公司、吕梁市邮政局荣获"全国厂务公开民主管理先进单位"称号。

【山西邮政物流信息平台与网运信息系统实现互联互通】 12月1日，山西邮政物流信息平台与网运信息系统互联互通工程成功切换上线，成为全国第四个实现互联互通省份。物流信息平台与网运系统互联互通后，有效解决物流邮件重复操作问题，实现物流邮件轨迹全程、实时、动态查询，提高物流邮件作业效率，保证速递物流邮件利用大网邮路运输关联交易结算数据准确，减轻运输产品量统计工作。

（李　江）

高新技术产业

【概述】2010年，山西省有省级以上开发区24个，其中国家级开发区3个。太原经济技术开发区，科工贸总收入360.66亿元，区内生产总值58.89亿元，工业总产值210.40亿元，财政总收入11.95亿元，实现进出口9.64亿美元；太原高新技术产业开发区，科工贸总收入1060.00亿元，区内生产总值322.00亿元，工业总产值940.00亿元，财政总收入8.38亿元，实现进出口2.90亿美元；12月30日，大同经济技术开发区经国务院批准升级为国家级经济技术开发区，科工贸总收入161.50亿元，区内生产总值26.07亿元，工业总产值75.60亿元，财政总收入6.19亿元，实现进出口0.90亿美元。省级开发区21个。实现科工贸总收入1085.33亿元，区内生产总值426.17亿元，工业总产值701.01亿元，税收收入61.8亿元，进出口总额11.05亿美元，引进国内资金404.6亿元，实际引进国内资金203.65亿元。

【开发区示范聚集作用增强】(1)功能作用提升。大同开发区被国务院正式批准为国家级经济技术开发区，临汾开发区甘亭工业园被确认为全省首家产业转移示范区，朔州开发区被确认为全省首家静脉产业示范区。召开全省开发区工作座谈会，提出全省开发区跨越式发展的意见。启动太原经济区扩区工作。印发《省级开发区扩区、调区审批原则和审批程序》，参与土地规划调整工作。(2)项目建设迈上新台阶。跟踪落实山西省与富士康合作备忘录中的十个项目，引导大项目向太原经济区、晋城开发区、晋中开发区集中发展。向省政府申请就业奖励资金，支持太原富士康机构扩大投资30亿元，新增就业3.8万人。合理安排使用开发区基础设施贷款贴息资金。协调建立开发区用地指标单列和大项目用地直报制度，改善开发区发展环境。(3)考评机制渐趋完善。同省考核办协调，将开发区发展纳入对各市的考核范围。同省委组织部和省编办共同开展调研，研究制订全省开发区目标绩效考核办法，把招商引资、大项目集聚作为考核重点。推广

2010年山西省高新经济技术开发区综合情况表

单位：亿元

指 标	2009	2010
当年地区生产总值	676.8	833.1
当年工业总产值	1546.4	1927.0
当年进出口总额(万美元)	180047	244939
出口总额(万美元)	109418	145559
进口总额(万美元)	70628	99372
当年财政收入	74.6	92.4
# 税收收入	73.6	87.0
全区从业人员(万人)	40.4	498.5
当年入区企业数(个)	1194	1268
当年引进国内资金	194.2	471.8
# 引进省外资金	59.5	203.3
科工贸总收入	2143.5	2667.0

2010年山西省各开发区综合发展情况表

单位:亿元

开发区	科工贸收入	工业总产值	税收收入	进出口总额(万美元)	区内生产总值	引进国内资金	实际引进国内资金	合同外资金额(万美元)	实际使用外资金额(万美元)
总　计	2667.5	1927.0	86.8	244939.3	833.1	471.8	264.2	7561	21222.9
大同经济开发区	161.5	75.6	6.1	8978.7	26.1	6.7	—	-2737	1557.0
长治高新开发区	211.0	184.0	24.7	175.0	129.0	5.1	6.4	—	37.5
太原高新开发区	1060.0	940.0	8.1	29000.0	322.0	33.1	33.1	-153	2352.5
太原经济开发区	360.7	210.4	10.8	96446.0	58.9	27.4	27.4	9768	11200.0
阳泉经济开发区	30.0	16.1	1.6	5969.7	8.1	31.5	12.6	—	—
临汾经济开发区	116.4	7.8	2.0	186.5	17.9	11.5	10.7	—	142.6
侯马经济开发区	57.9	8.7	1.6	16577.0	15.2	15.5	7.8	—	—
晋城经济开发区	70.5	37.8	3.2	63182.0	18.4	15.6	15.6	646	5933.3
太原工业园区	74.4	3.6	3.8	3520.0	15.9	11.5	11.5	—	—
风陵渡经济开发区	44.8	38.1	2.6	894.0	13.1	5.3	5.3	—	—
绛县经济开发区	15.3	16.6	0.8	3755.0	5.2	4.3	4.3	—	—
朔州经济开发区	34.1	14.0	1.5	192.3	10.8	35.3	35.3	—	—
忻州经济开发区	32.3	17.7	1.5	188.8	9.7	56.2	14.3	—	—
晋中经济开发区	11.0	27.7	4.7	755.0	16.8	18.1	18.1	—	—
运城经济开发区	252.7	16.3	1.6	1412.3	45.7	18.3	18.3	37	—
文水经济开发区	31.3	30.1	1.8	—	18.5	—	—	—	—
榆次工业园区	68.3	56.9	2.5	3500.0	8.5	173.1	40.2	—	—
祁县经济开发区	4.7	4.5	0.1	—	4.3	0.9	0.9	—	—
壶关经济开发区	—	37.9	0.7	—	45.0	—	—	—	—
运城盐湖工业园区	30.6	29.5	—	3532.0	29.5	2.6	2.6	—	—
交城经济开发区	—	121.2	4.8	6675.0	—	—	—	—	—
清徐经济开发区	—	32.6	2.3	—	14.7	—	—	—	—

ISO9000管理认证,开展开发区投资环境综合评价工作,对太原经济区,晋城、朔州、运城开发区,太原民营区给予表彰。

【保税区】 山西方略保税物流中心,是全国唯一一家由政府搭台、民企经营的保税物流中心,2009年6月正式封关运营。截至2010年底,以中心为基地、太原为B区的“方略保税功能延伸工程”规划、政策等到位,太原项目启动;以中心为基础扩展的山西国际陆港综合保税区项目,被临汾市列为“十二五”重点建设项目。　(陈艳刚)

·运城经济开发区·

【概述】 2010年,运城经济开发区各项事业取得显著成效。全年开发区科工贸总收入完成252.7亿元,同比增长48.7%;区内生产总值45.7亿元,增长28.4%;财政收入总计完成3.5亿元,增长49.8%;固定资产投资20.2亿元,增长41.9%;工业增加值7.2亿元,增长29.8%;进出口完成1412.3万美元,增长94.3%;引进资金18.3亿元,增长22.9%。

全市整治规范禹都市场店外经营896户,拆除违章临建406间11097平方米,修补损毁路面401平方米;对市场经营户进行拉网式排查,地税补办个体登记356家,国税补办个体登记588家。整治活动中,严格执行省纪委“五不准”,坚决以“四严”推动“四宽”的落实。针对查找出的10种影响和损害开发区经济发展环境的突出问题,严格整改。共受理群众来信来访22件,立案调查5件,给予党纪政纪处分15人。

【招商引资和重点工程】 2010年,围绕做强做大“三大经济板块”,和居然之家、红星美凯龙、南京华舜轮毂、台湾光鼎集团等行业龙头企业达成投资意向,全年开发区共招商项目14个,意向投资55亿元。招商引资实际到位资金7.35亿元。新型工业园,已引进9个工业项目,总投资16.45亿元。金博雅壁纸、蒲津工贸PVC管材项目建成投产,天能科技、镁合金型材等项目正在抓紧建设;南京华舜轮毂有限公司、台湾光鼎集团已确定投资意向。区域总部基地,丰喜总部建成运营,入驻6家企业;运城移动通信研发生产楼封顶;海鑫钢铁集团结算中心、山西煤运集团运城公司即将入区建设。现代商贸物流园区,采取多项措施加快繁荣豪德贸易广场;北京居然之家投资控股集团已确定投资意向。

【社会事业】 加强土地报批和统征出让工作,保障项目建设用地。强化安全生产监管,各类安全事故年度绝对控制指标均为零。加大治安防范和刑事案件侦破力度,打击违法犯罪,有效地维护社会稳定。加强市场秩序监管力度,对区内企业商户进行全面普查,进一步规范经营行为。逐步建立劳动保障守法诚信档案;开展农民免费技能培训;加大农民工工资的监管力度;进一步扩大社保覆盖面。加大环境绿化工作力度,全年新增绿化面积45584平方米,超额完成市政府下达的目标任务。抓紧完成110千伏变电站立项审批工作。大力实施节能减排和"蓝天碧水工程",进一步改善环境质量。以食品卫生安全为重点,全面强化卫生监督管理工作;加强文化管理,净化开发区文化市场。加大人口普查和计生工作力度,圆满完成人口普查工作。各项工作的扎实开展,进一步优化了开发区的整体环境,在全省22个开发区投资环境综合评价中,运城开发区名列第4位,受到了表彰,并被评为全市商务工作先进开发区,全市党风廉政先进单位,全市安全生产先进单位。

【机构设置与管委会领导】 运城经济开发区管理委员会和中共运城经济开发区工作委员会分别是运城市人民政府和中共运城市委的派出机构,副厅级建制,拥有市级经济管理权限和部分行政管理权限,负责行使开发区的管理职责。管委会内设机构:管委会办公室(政务服务中心)、人劳局、财政局、经贸局、建设局、社会局、安监局、综治办、土地办、招商局、文教卫生局、环保局、计生局、园林环卫局、市场管理服务中心。党工委设置机构:党工委办公室(工会、团委、妇联)、纪检委办公室。派驻单位:公安分局、土地分局、规划分局、工商分局、国税分局、地税分局、质监分局。

·运城空港新区·

【概述】 运城空港新区位于运城市东郊,总规划面积近60平方千米。截至2010年底,开发城市框架13平方千米,实施固定资产投资近200亿元,招引大小企业300余家,其中建成投产企业50余家。新区内厂房栉比,高楼林立,绿化美化,设施一流,得到各级领导和广大群众的充分肯定和广泛赞誉。2010年主任李明造荣获争先创优"十面旗帜";2010年10月空港新区代表运城市迎接全省大观摩并取得成功,得到省委书记袁纯清的高度肯定。

【拉开13平方千米的城市框架】 截至2010年底,空港新区五纵五横、38千米长、80米宽的城市道路全部完工,横跨南同蒲铁路的3座立交桥已建成两座,13平方千米的城市框架已经拉开,水电通讯、供热供气、学校医院、商住酒店、绿化亮化等基础设施和服务功能全部到位,标准一流,空港新区成为周边群众宜居宜业的现代城市,为运城一道靓丽的风景线。

【投资建厂】 由于机场的窗口效应、园区建设的大气靓丽以及优惠政策和优质服务,赢得广大客商的广泛青睐。截至2010年底,入驻园区的大小企业达300余家,其中投资3亿元以上的大型企业20余家。大运重卡,填补了山西汽车制造业自主创新的空白,受到省、市领导的高度重视。自2009年10月投产以来,优良品质得到社会的广泛认可。2010年完成产量7000多辆;"雪花啤酒"是全国啤酒生产销售行业的龙头老大,2010年投产后,产销两旺、供不应求;"华雄纺织"是全省煤炭产业转型发展的领头羊,也是山西省纺织行业高新技术的引领者,所生产的80~160支高梳精纱享誉沿海,供不应求,急待扩产增能。2010年已开建二期工程。中鑫洋麻、卓里挂车、中远机械、恒运制衣、华龙方便面、康师傅制水等大型企业正在建设试产之中。

【建造4大商贸市场】 截至2010年底,空港管委会逐步规划建造了4个分工各异的商贸市场:空港新区钢材水暖市场、北部商贸城、北部建材城和鼎元金海岸步行街系列市场等。总建筑面积约68万平方米,拥有各类商铺12000余套,其中3个市场已全部或部分开业营运。特别是市人社局创办的创业孵化园2010年入驻该区以来,促进鼎元金海岸步行街系列市场完成商铺招商1800余套,入驻商户300余家,初步形成运城最大最全的土特产集散中心。

【建造400余幢高楼大厦】 截至2010年底,空港新区一直按照城市化观念,科学合理地规划建设了400余幢住宅楼,共约300余万平方米,可承载居民3万余户10万余人。为区内产业的发展和人口的骤增提供了很好的承接条件。

【建造五星五叶级空港度假村】 位于空港北区机场航站楼旁边的空港度假村投资亿元,占地10.54公顷,建筑面积5万平方米,设有客房、洗浴中心、游泳池、娱乐房、垂钓园、鲍翅酒楼等一应设施。酒店内绿化美化、环境优美,2010年成功荣膺"五星""五叶"双重称号,成为全市唯一一家"双五"级别酒店,成为运城餐饮业的一个招牌酒店,成为拉动空港商贸业的支柱企业。

【建造华北地区最大的森林公园】 省市水利部门经过充分考察论证,将苦池水库降为苦池蓄滞洪区,允许在保持一定蓄滞洪功能的同时在内建设二、三产业,以充分发挥这一万多亩土地的应有价值。先后投资1亿余元,栽植各种花草树木20多种10万余株，开发水面14.67公顷，建成以美天游乐园、动物园、水上游艇等为龙头的一系列休闲娱乐设施，形成了如今林荫蔽日、花草茂盛、水波荡漾、游人如云的华北地区最大的森林公园，被人们誉为运城的“颐和园”。

（侯安定）

·风陵渡经济开发区·

【概述】 2010年，风陵渡经济开发区科工贸总收入44.76亿元，同比增长21.14%；国内生产总值13.06亿元，增长19.38%；工业总产值38.08亿元，增长22.56%；工业增加值9.72亿元，增长7.88%；财政总收入2.64亿元，增长3.13%；出口总额894万美元，增长15.20%。

【基础设施建设】 2010年，风陵渡经济开发区以道路建设为重点，千方百计加大基础设施建设力度，城市面貌正在逐步得到改观。风陵西街及高速公路西侧辅道拓宽改造工程已建成通车，西南外环路基本完成50%的工程量，污水处理厂建成通水试营，客运汽车站主体工程已经完工，天然气主管线已由永济接入开发区，风陵西街1500米分输管道已铺设完毕，集中供热工程开工建设，黄河南路建材家居市场一期工程已经封顶，混凝土搅拌站正加紧建设。

【招商引资】 2010年，风陵渡经济开发区坚持把招商引资作为开发建设的重中之重来抓，紧紧扭住项目建设这个龙头，创新举措，全力推进。出台了《招商引资优惠政策》《招商引资奖励办法》《关于对重大工程建设项目审批实行集中办理的规定》。2010年开发区招商引资引进项目10余个，投资总额近30亿元，到位资金6.28亿元。亚宝药业集团缓控释制剂项目已竣工试产，欧亚多伦铁马新能源汽车科技有限公司电动汽车产业化、德山化工有限公司复合肥、嘉生医药化工有限公司双乙系列下游产品深加工、福沃德电材工贸有限公司新能源绝缘材料等项目都已落地并开工建设。创富建材粉煤灰综合利用、风力发电、高科木塑制品、博睿机械机车配件等一批项目即将动工建设。黄河金三角浙商聚集区、雨润集团物流中心、林纸一体化等一批项目取得实质性进展，正在洽谈之中。

【产业发展】 2010年，风陵渡开发区初步形成绿色食品、医药化工、新型材料、电子材料等4大产业，正在培育包括电动汽车、风力发电等在内的新能源产业。风陵渡开发区共有工商企业287户，2010年新增规模以上企业5户，规模以上企业达到13户。大唐国际、亚宝药业、嘉生药化、海泰电子材料、义诺电子材料、金水河金属材料等规模以上企业成为经济发展的重要支柱。

【优化投资环境】 2010年，风陵渡开发区出台《关于进一步优化投资环境的若干规定》和《关于对重点企业实行封闭式管理的通知》，向辖区规模以上企业颁发封闭式管理企业牌匾，向重点企业（工程）单位颁发车辆绿色通行证，聘请重点企业（工程）负责人担任优化环境监督员，对入区重点项目审批实行集中办理，全程督察制度。

（姚洪涛）

物流业

·物资产业·

【主要经济指标】 截至2010年底，山西省物资产业集团有限责任公司（以下简称“集团公司”）经营规模达44.84亿元，同比增长66.56%；省国资委考核企业主营业务实现收入29.12亿元，同比增长107.23%，实现利润总额1831万元，同比增长43.50%，超额完成全年任务。主要经营产品市场占有率进一步提高。全年销售煤炭141.5万吨、塑料原料1.5万吨、化工产品4万吨，回收报废汽车1608辆，实现物流综合收入2.36亿元。新型业务规模逐步扩大。集团物流一体化业务和仓单质押业务收入达1630.8万元，仓单质押规模月均达1.21亿元，同比月均增加6100万元。

【企业发展】 2010年，集团公司及各所属企业认真分析市场走势，及时调整经营策略，倾力开拓上下游客户，产业结构和经营结构调整效果初步显现，主营业务经营规模和经济效益大幅提升。

1. 狠抓两个基地建设，贸易类企业盈利能力持续增长。进出口公司抓住煤炭需求增大机遇，积极拓展资源基地，相继开拓介休、灵石等地新供应商，确保货源供应；销售基地方面，把目标客户锁定在大型企业上，全年销售煤炭同比增长1.7倍。民丰公司抓住山西省大力发展化工产业机遇，开发山西省及山东、河北等地新用户，工业萘、粗苯等化工产品经营规模进一步扩大。全年化工产品销售额达2.5亿元，同比增长66.67%。民生塑料有限公司坚持传统产品抢市场和新产品高附加值两手抓，进行技术创新，增加“渗水地膜”、窄幅包装膜等产品，工业包装膜销售量增长60%。物产金属公司积极开辟新营销渠道和经营品种，增加铁矿粉、生铁等业务，取得明显成效。物产再生公司在机制上充分调动全体员工积极性，实行全员收车；在经营范围上抓住报废汽车以旧换新机遇，加大私家车辆回收比例；在经营模式上针对再生资源税收政策改革致使购进物资无法抵扣进项税问题，深入矿山、铁路部门，承揽报废设备拆解工程，探索废钢经营新模式，全年回收报废车数量同比增长5.6%。三晋汽贸公司随着全省宏观经济好转，一举扭转低迷局面，全年销售汽车23087辆。

2. 立足整体长远发展，物流业务结构得到有效调整。长风物流公司采用品牌输出办法，将业务化整为零，租赁社会闲置库房，充分利用现有管理系统进行经营，既确保企业规模不减、维护原有业务连续性、为将来新物流基地保留客户,又确保职工收入不降、稳定职工队伍,仅汽车物流业务一项,全年接卸、配送商品车3万辆。现代物流公司积极转变经营模式,由过去单一收取库房租赁收入走向综合物流服务,承接入住新物流库海尔、美的电器全部装卸业务,并学习厂家库房管理,为承揽库管业务奠定基础;进一步扩大质押监管规模,新取得晋商银行、民生银行质押监管资质,全年共监管6个质押项目,监管金额累计达14.5亿元。民丰储运分公司积极开发新客户,确保库房不空、业务不丢,全年仓储总收入同比增长15%。山西省物流与采购联合会充分发挥中介组织平台,广泛征求会员单位意见,参与物流行业专题座谈会,向省政府有关部门提出全省物流业发展建议,为山西省“十二五”现代物流业发展规划制订起到建言献策作用。

3. 全力推进战略合作,房地产开发有序推进。集团公司明确与万科集团太原分公司合作开发长风街南区土地思路,并于3月签订合作意向书,8月签订正式协议,9月项目公司——太原宝佳万科房地产开发有限公司正式注册,战略合作步入快车道。项目地质勘探工作和一期工程地面拆迁工作全部完成。宝佳房地产公司积极开展宝佳公寓和再生公司住宅前期工作,宝佳公寓所占地块出让及转让手续基本完成。

4. 抓好项目争取与建设,促进物流企业逐步转型。集团公司向省发改委申报的山西塑料物流中心建设项目二期、家电下乡物流配送体系建设项目、综合性区域物流配送中心三期三个项目和向工信部及市科委申报的信息化建设项目,共计获得批准支持资金1300万元。向国家工信部申报的物流信息化项目已列入扶持项目,向省发改委申报的综合性区域物流配送中心地震应急物资储备设施建设项目已经立项。项目建设取得一定成绩。继上年综合性物流配送中心一期工程完工后,现代物流公司建成简易库2500平方米,山西塑料物流中心建设项目一期工程完成投资建设,新建库房、安全监控设备等全部投入使用。

【企业改革改制】 为提高企业经营实力、实现长远发展,集团公司控股的进出口公司在与鞍钢集团长期业务合作基础上,积极探索更紧密业务合作,8月集团公司领导亲赴鞍钢实地考察,并与鞍钢签订战略合作协议,在吸收鞍钢作为进出口公司参股单位同时,注册资本由5000万元增资到1亿元,为进出口公司规范公司制运作、巩固和延长产业链条、实现跨越发展打下坚实基础。改制搞活类企业认真落实改制思路。木材公司认真落实“合作开发现有土地、盘活存量资产、赚取改制成本”改制思路,抓紧办理相关手续,合作开发积极稳妥向前推进。困难企业关闭破产工作取得新成绩。2010年分流、安置破产终结7户企业人员176人,解决保险缴费等有关遗留问题,离退休人员全部移交集团破产企业离退休人员服务中心管理。在省国有企业改革领导组办公室大力支持下,宇航公司破产进入法律程序,其余4户拟破产企业破产工作也在进行。

【企业管理】 集团公司及所属企业从规范工作流程、加强内部管理入手,进一步强化各项制度执行力度,努力提升企业管理“软实力”,使企业管理更加适应发展需要。

1. 拓宽融资渠道,流动资金短缺矛盾得到缓解。集团公司及各企业协调与银行关系,扎实推进多种方式融资,贷款规模不断扩大,新增融资3.87亿元,缓解发展类企业流动资金紧张矛盾。

2. 严格落实制度,积极防范风险。加强担保风险控制,认真执行《担保管理办法》规定程序,全年共核准贷款担保6笔。进一步压缩改制参股企业贷款担保规模。加大项目资金监管力度,通过有效监管,未发现违规挪用现象和担保连带风险。

3. 强化各项基础管理。一是按企业国有资产产权登记管理有关规定,收集、整理14户企业产权管理基础资料,初步建立集团企业产权档案。二是加强企业民主管理。按程序组织召开集团公司一届三次职工代表大会。充分发挥工会组织平台,整理完善帮扶系统,将集团公司特困职工档案全部录入全国工会网络管理系统。三是进一步完善责任制体系。除层层签订经营管理目标责任书和党建工作目标责任书外,集团公司与19家二级法人企业签订《综合治理目标责任书》和《安全生产目标责任书》,与71位涉密人员签订《保密承诺书》,并按规定对所有涉密人员手机使用情况进行登记备案,从各个方面强化责任制管理。四是开展“小金库”专项治理工作。制定专项治理活动实施方案,利用《山西物流》报等积极宣传,设立举报箱、举报电话和举报邮箱,对所有企业进行全面检查。通过检查,未发现所属企业存在“小金库”现象,未接到“小金库”举报电话或信件。

4. 加强信息化建设,提高信息化管理水平。集团公司始终以实现全面信息化管理为目标,加强信息化建设。主要成员企业都建成局域网,其业务全部实现网上运行;编写集团公司信息化推进方案;集团局域网与各主要成员企业局域网实现VPN联网;完成集团物流园区视频管控系统及集团中心机房改造升级;“区域物流配送中心物流与电子商务信息系统”项目从2009年7月开始进行需求分析,已完成主要模块开发设计,将上线试运行;拟订并落实财务信息化实施方案,对集团公司所属企业财务软件及硬件设施进行全面摸底。

5. 关注民生,确保企业稳定。各发展类企业不同程度增加职工工资,提高保险基数,部分清缴拖欠养老保险。解决拟破产企业职工无法正常看病、欠费不能记账、不能正常办理退休问题,落实所属企业退改离人员生活待遇和医疗待遇。主动争取太原市节能减排资金,为部分宿舍楼加装保暖层,更换塑钢门窗，改善职工居住环境。积极争取困难企业职工取暖费补助、企业离休干部医疗补助和统筹外生活补贴，组织慰问特困职工、困难军转干部和困难党员，使职工感受到温暖。突出责任意识，完善工作机制，稳定工作取得实效。集团公司制订《关于开展矛盾纠纷大调研、大排查、大化解活动实施方案》，积极开展矛盾纠纷排查化解工作。采取各种会议经常谈、召开专题会议专门讲办法，时时强调做好细节工作，确保企业和谐稳定。全年共接待上访人员130多人次，其中集体访11批次82人次，集体来访数量大幅下降。

【党建工作】 以“创科学发展先锋队、当二次创业排头兵、实现物产发展新跨越”为主题，集团公司扎实推进创先争优活动，开展“创四强四优先进、建二次创业新功”系列活动和“三抓”“三比”“三促进”主题实践活动，集团党委建立联系点18个，领导班子成员下基层调研162人次。通过组织“大调研、大讨论”，充实“十二五”发展思路。稳步推进学习型党组织建设，组织各直属党组织书记赴潞安学习党建工作绩效管理经验，安排部署全年党建工作；广泛开展“大力学习弘扬右玉精神、推进集团转型跨越发展”、学习贯彻十七届五中全会精神和读书月活动，不断提高广大党员干部素质；坚持中心组学习制度；组织全体职工参加“五五”普法考试；组织直属党组织书记赴福建古田召开主题为“继承发扬古田会议精神，深入推进创先争优活动，加强集团公司党的建设”党建例会，总结党建工作，坚定领导干部转型跨越发展信心。集团公司深化“四好”领导班子创建活动，坚持把“四好”领导班子创建与“四强”党组织、“四优”共产党员创建相对接，以“四好”领导班子创建活动带动基层党组织创先争优，坚持推行领导班子成员“一岗双责”，促进班子团结，有效发挥班子整体合力。

【党风廉政建设】 集团公司党委与16个基层党组织签订党风廉政目标责任书。组织集团中层以上领导干部学习《国有企业领导人员廉洁从业若干规定》《中国共产党领导干部廉洁从政若干准则》及《关于进一步加大工程建设领域违纪违法案件查处力度的通知》《关于煤焦领域反腐败专项斗争工作的贯彻意见》；充分利用各种会议、局域网、《山西物流》报、手机短信等进行宣传教育，正确引导广大党员干部提高廉洁自律自觉性；制订下发并严格执行《“三重一大”决策制度实施办法》，进一步规范“三重一大”决策制度程序；开展效能监察，全年共立项5个，涉及投资金额501.5万元，节约成本25万元，避免损失30万元。

【精神文明建设】 编制完成《集团公司企业文化手册》样稿。组织开展精神文明创建活动，集团公司副总经理郭进科获得山西省劳动模范称号，进出口公司煤炭部获得“工人先锋号”、民生塑料公司获得“模范职工小家”等荣誉称号。借“三八国际妇女节”100周年之机，组织集团中层以上女干部开展“扬奥运精神、展巾帼风采”主题活动。先后组织开展“情系玉树”“情系舟曲”“慈善一日捐”和“送温暖、献爱心”活动，共计捐款18.38万元。组织扶贫队参加省委帮扶项目工程，筹集扶贫款共计28万元，向扶贫点赠送部分图书，慰问扶贫点特困户、老党员和参加抗日战争老同志，发放慰问金7.5万元。举办老干部座谈会、集团迎春晚会和团拜会。开展乒乓球比赛等文化娱乐活动，丰富职工业余文化，增强企业凝聚力。

（王鹏声）

·物流业·

【物流网站】 以中国物流信息联盟网和太原为达电子技术发展有限公司为代表的物流公共信息平台建设走在全国前列。山西迎泽物流有限公司创建物流网站，定位于山西省物流行业门户型网站，整个网站的建设全方位的服务于物流企事业单位和个体应用和互动交流，极大地满足了客户的需求与物流信息的流通。完善公司物流业务信息系统并在全省物流企业加以推广，通过信息网络开展业务，实现收发货物、调度车辆、结算货款、统计汇总的网络化操作，提升物流企业的信息化水平。

【物流企业的发展】 山西省具有天然的“浅内陆、近沿海”区位优势，而且是国家工业化以及煤炭工业建设的重点地区，周边省份经济快速发展，促进本省物流业的发展，涌现出一批物流骨干企业：迎泽物流、盛唐物流和朝阳物流等。其中，迎泽物流在太原、北京、兰州、西安、郑州建立5个食品冷链配送基地，为山西、北京、内蒙古、宁夏、青海、陕西、甘肃、河南等8个省市自治区的近200家单位提供配送服务；干仓面积达6500平方米，冻库面积达1200平方米，为包材、食材、冻品等300余家经销商提供仓储服务。公司积极拓展货源基地建设，以迎泽物流园区为中心，建立4个卫星仓储基地，仓储面积达21500平方米，成为海尔电器、东芝电器、三洋彩电、皇明太阳能、亿家能太阳能、惠科电脑在山西省内的仓储、配送服务商，成为天津百事可乐集运输、仓储、配送于一体的物流服务商。同时，公司以物流供应链为重点，发展物流供应链镶嵌式服务，拓展物流供应链的延伸服务。为通讯行业提供基站配送业务，成为中兴通讯、爱立信通讯山西省内的仓储配送服务商，实现了由物流园区型企业向第三方物流外包服务型企业的发展转型。

【山西省物流中心及太原公路主枢纽武宿货运中心项目】 山西省物流中心成立于2003年6月，主要负责全省的物流网络平台的搭建及信息平台的搭建，该中心为山西省交通运输厅直属省级事业单位，负责太原、大同、侯马项目的规划投资与建设。

太原公路主枢纽武宿货运中心是交通部规划的全国公路枢纽城市重要的交通基础设施之一，是山西省“十一五”现代物流发展规划确定的重点工程，是山西省规划建设最大的综合型物流基地和物流示范工程，也是山西省建设太原经济圈和太原市建设中西部经济强市必备的公益性交通基础设施项目，是铁路、公路、航空陆港型综合物流基地，是太原、晋中的城市物流配送中心，直接服务于太原市高新区、经济技术开发区和榆次工业园区3大高新技术集群及山西中部产业区，对于推进山西省经济结构的调整和增长方式的转变具有积极作用。

项目位于小店区黄陵村，具有公路、铁路、航空交通运输综合体系的优势，区位优势明显。该项目2007~2010年连续四年被山西省政府确定为省重点建设工程，占地面积33.35公顷，按功能设计为国际物流公路港暨集装箱运输区、区域整车零担货运配载区、城市仓储物流配送区和综合管理服务区四大部分。

【山西省物流协会】 山西省物流协会是由从事货物运输、物流仓储、加工、配送、信息服务、运输管理等物流活动的44个企事业单位和83个自然人自愿组成的，具有法人资格的跨行业、跨部门、跨地区、跨所有制的物流行业社会团体。协会的主要职能是，协助政府全面推进山西现代物流业发展和传统物流企业转机建制。

协会一直积极参与政府相关部门的调研、统计工作，与全国20多个省市地区协会保持合作关系。在物流企业评估上，山西物流企业评估地方委员会根据国家《物流企业分类与评估指标》，在全省范围内广泛宣传《物流企业分类与评估指标》，认真做好物流企业的综合评估工作，扩大A级物流企业的覆盖范围，截至2010年底，协会共推荐评估盛唐物流、太铁联合物流、太原钢运物流、山西同元集团和山西宝特国际物流公司5家企业为国家级A级物流企业。部分企业享受国家税收试改单位的优惠政策，通过A级物流企业的评审，给全省物流业树立了榜样。

（韩建国　刘毅博）

信息产业　会展业

信息产业

·无线电管理·

【概述】 截至2010年底，全省各类无线电设备总数达1692.08万部，无线电台（站）总数达62280部，其中：广播电视台237个，短波电台218个，超短波电台15185个，集群通信台站369个，卫星地球站105个，微波站510个，业余电台452个，无线接入台站7408个，公众移动通信基站26392个，公众移动通信用户达1639.6万，无线市话基站11320个，无线市话用户达76.2万。排查各类无线电干扰56起，检测无线电发射设备2600多部，无线电监测监听37800多小时，累计存储监测数据7750小时。

【创先争优活动】 山西省无线电管理机关成立创先争优活动领导小组，制订实施方案，召开动员会进行部署。一是要求大家结合全省无线电管理工作中的热点问题加强学习，总结和推广工作中的好经验、好做法。二是要求转变工作作风，形成一种比学赶超、争先创优的浓厚氛围。三是强化政治素质、理论素养、岗位技能、职业操守和人格修养的培养，打造头脑清醒、政治坚定、作风务实的无线电管理队伍。

全省无线电管理机关争先创优、文明和谐单位建设活动取得成效。2010年，省无线电管理局（以下简称省局）被国家无线电办公室授予上海世博会无线电管理保障贡献奖，上海市无线电管理局、上海世博会无线电保障工作部发来感谢信。为感谢对亚运会、亚残运会无线电安全保障工作的支持，广东省无线电管理办公室发来感谢信。省局再次被省直文明委授予精神文明和谐单位，被省政府森林防火指挥部、省林业厅评为森林防火先进单位，大同市管理处被市委命名为市级精神文明和谐单位及防范处理邪教工作先进集体，晋城市管理处分别被市委、市政府、市直工委授予模范集体、文明和谐单位，晋中市管理处被市直工委授予文明和谐单位，忻州市管理处荣获“兴武–2010阅兵式分列式优秀方队”和“兴武–2010防空作战演练优秀科目”的称号。继续以工作目标责任制为抓手，充分调动广大干部职工的积极性，促进各项工作的全面进步。通过考核，2010年工作目标责任制达标率为100%，长治市管理处、阳泉市管理处、晋中市管理处、省无线电监测站被评为优秀单位。

【频率台站管理】 全省无线电管理机关建立和完善相关制度，实现网上行政审批、电子监察，行政审批

省委常委、副省长李小鹏为山西省军事电磁频谱管理大队授旗

（马庆彪提供）

省无线电管理局局长高云为目标责任制考核先进单位颁奖

（马庆彪提供）

公开透明，办事程序科学合理，“一站式”服务质量不断提高。根据国家关于150兆赫、400兆赫频段专用对讲机频率规划使用的新规定，省局编制山西省150兆赫、400兆赫频段专用对讲机频率调整使用规划方案。省市无线电管理机关及时召集省民航管理局、民航山西空管分局、省广电局、太原市文化广电新闻出版局等单位举行保护民航专用频率协调会，全面保障春运期间民航通信导航无线电专用频率安全使用。省局组织民航山西空管分局、中北大学、省军区、省广电局等单位的专家，对山西人民广播电台在太原庙前山228台新增90.4兆赫调频广播电台进行技术论证。支持对于全省气象系统的气象雷达建设项目，各市管理处对森林防火、防汛无线电通信电台进行主动检查服务，保障森林防火、防汛无线通信畅通。开展保护铁路无线电专用频率安全使用工作，加强对三大电信运营公司基站设置使用的管理。

2010年，全省无线电管理机关做好频率指配和台站审批，依据频谱监测情况指配频率，优化用频方案，提高频谱利用率，审核无线电组网方案和台站建设布局，做好无线电发射设备模转数工作。全年共核发电台执照1828份，指配频率43个，审批台站1502个，报停台站173个，查封暂扣台站28个，收回频率27个。

【无线电监测工作】 省、市无线电监测站认真开展日常监测和专项任务监测，发挥监测设备作用，提高监测工作水平，在党和国家的重要活动和重大任务期间，坚持实行24小时监测值班，完成国家下达的专项监测，开展对广播电视频段的监测。全年全省共完成无线电监测监听37800多小时，累计存储监测数据7750小时。省局领导高度重视无线电频谱监测统计报告工作，各市管理处、省无线电监测站认真负责，全省月报在上报时效、文字质量、数据的统计分析等方面都有明显提高。截至12月底的国家月报评审中，山西省的12期月报都被评为“较好完成”的最高等级。

【无线电干扰排查和电磁环境测试】 2010年，全省共排查各类无线电干扰56起，其中：民航无线电干扰12起、军航无线电干扰3起、公众通信无线电干扰14起、广播电视无线电干扰14起、国际电联卫星移动业务干扰1起，其他12起。全省无线电管理机关继续把保护民航无线电专用频率使用安全放到重要位置，下发加强保护航空无线电专用频率的通知，在全省范围开展对广播电视频段的专项监测工作。省无线电监测站深入太原、长治、吕梁、晋中等市，行程2000多千米，对70余台广播电视发射机进行检查监测，责令关停3台，消除对航空导航通信的干扰隐患。长治市、吕梁市管理处对辖区内的各个广播发射台站进行检测，对民航航线经过区域的电磁环境进行监测，对设台手续不全、发射技术指标不符合国家标准的调频广播发射机下达关停整改的通知。忻州市管理处及时排查干扰，保障驻忻某部机场卫星通信正常工作，受到国家无线电办公室的称赞。

省局高度重视重点工程项目的电磁环境评估工作，狠抓电磁环境评估工作的正规化建设，制定重大项目电磁环境评估方案，对测试数据的采集、保存、理论分析、评估做出详细的规定。完成太原航校迁址、临汾机场建设、神华铁路无线通信网建设等项目的电磁环境评估工作。全年全省共提供电磁环境测试、评估服务9次，出具报告9份。省、市无线电监测站积极开展无线电发射设备检测工作，全年共检测无线电发射设备2609部。

【防范和打击无线电作弊】 2010年，在高考、研究生考试、公务员招考、会计师考试、医师考试、建造师考试等近20次考试中，全省无线电管理机关共派出人员1400多人次、车辆400多辆次，监测发现作弊信号近480起，查处作弊信号103起，配合公安部门查出涉案人员130人，查获涉案无线电设备近120台(套)，实施技术阻断330多起，作弊分子逃逸或被迫中断近50起，有效防范和打击考试中利用无线电手段作弊的行为。

【业务技术培训】 省局重视人才培训工作，制定业务培训计划，加大投入，采取集中培训、研讨交流、参观见习等方式，加强对政策规定、业务技术的培训学习，多次组织干部职工参加国家无线电办公室和无线电监测中心举办的150兆赫、400兆赫专用对讲机频率规划及频率划分规定和无线电管制规定的宣贯学习、TD-LTE业务和无线电管理业务的培训学习、监测技术和信息化应用的培训学习。省无线电监测站在业务培训方面做了大量工作。针对各市管理处在B级站操作和维护方面存在的问题，在晋中市举办全省无线电监测技术培训班。邀请国家无线电监测中心专家李明，在长治市举办全省无线电监测技术培训。在忻州市举行新配置移动监测车操作培训，并进行全省无线电监测技术理论和实际操作考核。省无线电监测站对市管理处技术人员进行业务指导、联合开展干扰排查、电磁环境测试等工作，取得良好的效果。

【军事电磁频谱管理】 2010年，省委、省政府、省军区增补省无线电管理委员会为省国防动员委员会的成员单位，并设立省国动委电磁频谱管理动员办公室，组建山西省军事电磁频谱管理大队。依托地方无线电管理机关的人员、技术和装备优势，组建军事电磁频谱管理队伍，在全国范围内起到示范和带动作用，得到总部和北京军区首长的高度评价。省无线电监测网接入省军区信息一体化指挥平台，实现无线电监测网和军网的融合，这在全国属于首创。国务委员、国防部长梁光烈上将在山西进行国防动员调研期间，频管大队部分队员和监测车辆列队参加装备展示，接受检阅。

【无线电管理宣传】 全省在无线电管理宣传工作中，注重实效，坚持宣传与行政执法相结合、宣传与频率台站审批相结合、宣传与干扰排查相结合、宣传与设备检测相结合，取得良好效果。2010年，全省无线电管理机关在国家、省、市报刊以及广播电视台、网站发表文章100多篇。9月，全省无线电管理机关围绕管好频率、管好台站、管好秩序，在全省范围内开展无线电管理宣传月活动。在局网站开设无线电管理宣传月活动专栏，全省无线电管理机关共举办广场街头等专题活动6场，印发宣传资料10万多份，播发宣传短信260多万条（次），悬挂横幅60多条，在广播电视台以专题报道或播报宣传标语的形式宣传无线电管理法律法规，在《无线电管理》《通信产业报》《中国电子信息产业网》等国家级报刊和网站介绍山西省无线电管理工作的做法和成绩。

【技术设施建设与设备管理】 2010年底，省局启动全省无线电监测车建设项目。制定项目实施计划，经过严格的设备验收测试、技术方案评审、系统试运行、技术人员操作培训后，完成10辆移动监测车项目的验收评审工作，并移交各市管理处运行。开展全省技术设备使用管理情况大检查，并对检查情况进行通报。明确提出进一步提高监测覆盖率，加强机动监测建设，提升设备检测能力，推进频率台站数据库、地理信息库、监测数据库的升级融合，实现数据共享，着力解决市管理处监测技术机房、办公用房短缺问题。

（马庆彪）

·通信行业监管·

【概述】 2010年，全省电信业务总量完成688.2亿元，增长16.2%，电信业务收入完成215.6亿元，增长4.24%，固定资产投资完成67亿元。全年新增电话用户229.3万户，全省电话用户总数达2945.8万户，其中固定电话用户720.7万户，移动电话用户2225.1万户。固定电话普及率、移动电话普及率分别达21.36部/百人和65.94部/百人。互联网用户达346.5万户，全年新增已备案网站13799个，累计达46039个，同比增加43%。

截至2010年底，全省有联通、移动、电信、铁通4家基础电信运营企业，从事信息服务等增值电信业务服务商有801家（其中省内132家，跨省669家），具备通信施工、设计、监理等资质通信建设单位有126家，注册备案互联网站43970个。省内有同煤集团、太钢集团等70多家电信专用网单位。电信行业从业职工12万余人。

【市场监管】 省通信管理局全面贯彻落实科学发展观，按照“服务、协调、监管”工作方针，不断调整监管理念，关注民生和社会管理，严格规范市场竞争行为，不断加强增值业务运营监督管理，深入开展垃圾短信治理工作。关闭电话回拨业务，开展打击非法互联网协议电话工作，查处异网拆机优惠、发展终端固定移动电话、违规收购SIM卡套利、使用无进网许可通信终端等违法违规行为。全年受理用户举报16万件，拦截垃圾短信息23亿条，拦截发送垃圾短信息手机号码5147万个，关闭违规企信通端口1个。对违反电信服务规范、设备进网、网站接入、网站备案及通信建设等相关规定的企业给予行政处罚。电话用户实名登记工作有序进行，电信市场秩序明显好转。全年受理用户申诉总量下降到768件，同比下降29.15%；用户满意度调查和服务质量发布制度不断完善，年度电信用户满意度达86.49分。

【电信资费与资源管理】 电信资费管理改革取得实效，资费市场化得到推进，资费审批报备管理得到落实，先后建立资费方案执行情况预评估和后评价机制。严格规范代理收费行为，全年梳理关闭电信资费套餐145档，在售资费套餐同比减少5.94%，资费水平比上年下降9.10%。省通信管理局修订、完善移动通信网码号资源管理办法，实现码号规划、统计、申请、受理、备案、年报、缴费等环节系统化管理，提高工作效率。

【农村信息化建设】 实现20户以上已通电自然村100%通电话，成为全国第16个完成自然村通电话省份，农村通信实现历史性跨越。实现100%建制村通光缆和90%建制村通宽带。全年新推进100个农村信息化示范村和100个信息下乡试点，示范村、信息下乡试点乡镇总数分别达300个和200个。积极利用信息化手段服务“三农”，100%乡镇建有农党网，100%建制村建有农村网络文化站，100%乡镇、建制村建有门户网站或网页。农村信息化建设向纵深发展，推出“移动农信通”“联通新时空”“农技114”等适农信息平台，许多土特产品通过网上找到销路，一大批地处偏僻的山区农户通过信息实现脱贫致富。

【农村三网融合】 山西移动在实施“村通电话工程”过程中，创新思路，率先建设完成IPTV数字电视平台，实现真正意义上一线入户、三网融合。在各级地方政府组织下，在忻州静乐、朔州应县、晋中榆社、长治武乡等10个偏远县区，与当地广电合作实施有线电视(CATV)推广应用，截至2010年上半年，山西移动电视用户达13.2万户。山西联通着手IPTV与农村党员教育网两种不同模式三网融合试点应用。8月9日，工信部在太原召开山西农村三网融合工作汇报会，部长李毅中指出：“山西通信业和广电部门合作，在三网融合推进和服务农村信息化建设方面进行积极探索，体现出融合带来的经济和社会效益，对全国有启发借鉴意义。”

【电信基础设施共建共享】 在省通信管理局指导、协调下，全行业全面落实科学发展观，大力推进电信基础设施共建共享，共建共享范围从铁塔、杆路扩大到管道、电源、机房、室内分布系统，领域从电信企业间扩大到电信企业与市政、广电、电力、交通等部门之间，提高电信基础设施利用率，节约建设投资。2010年，全省进一步健全组织机构和工作制度，加强对重点领域工程共建共享，完成全省第一个室内分布系统（太原市锦江之星酒店）共建共享试点，在山西省大剧院等十大建筑群室内分布系统全面实施共建共享。全省新开工建设29条高速公路、铁路中，共建铁塔170个，占新建铁塔92%。全年实现共建共享目标5326个。共建铁塔1942个，共享3278个，共建共享率分别达84.31%、74.08%；共建杆路1547杆千米，共享8099杆千米，共建共享率分别达52.24%、82.17%；共建管道1548孔千米，共享402孔千米，共建共享率分别达86.33%、74.33%；基站、传输线路、室内分布共建率分别达42.96%、67.36%、40%，共享率分别达74.57%、82.31%、100%，超额完成工信部各项指标，节约建设投资金额12.1亿元。

【网络与信息安全】 省局组织签订全省公用电信网间应急转接互联及结算协议，强化企业对口联络机制和三级例会制度，全省11个本地网全部建成第二关口局，97个企业间已建立第二物理路由，用户互联互通问题投诉比上年同期降低93%。全年完成398项定级对象网络安全防护定级备案调整工作，会同公安部门开展信息安全等级保护专项监督检查。如期完成全省企业侧网站备案系统建设、测评、系统对接联调等工作，升级启用全省网站备案系统。落实信息安全责任管理办法，深入开展督查检查活动，对违规互联网接入企业给予行政处罚。多举措开展网站备案信息真实性核验工作，清理关闭未备案网站207个，网站备案率达99.94%。深入开展整治互联网和手机涉黄专项行动，组织企业从业务推广渠道、网站接入、接入资源转租等方面进行清理整治，配合关闭非法网站23个。2010年山西省通信管理局荣获全省“扫黄打非”先进集体荣誉。

【应急通信保障】 2月，《山西省通信保障应急预案》颁布实施，为保证全省应急通信指挥调度迅速、高效、有序进行奠定法制基础。在省通信管理局带领下，全省战备应急通信组织领导、装备管理、队伍建设、重点保障目标、战备物资储备、信息报告机制进一步完善，应急装备水平得到提升，初步形成以公用通信网为基础，以移动手机、海事卫星、全球星手机为补充的战备应急通信保障网。2010年，联合省委宣传部、地震局建立地震信息快速发布机制，提高群众对突发公共事件知晓率和防范应对意识，规范公益应急短信息发送程序。举办应急通信演练活动，提高应急响应处置能力，全年完成防汛抗旱、暴雪灾害、王家岭煤矿透水事故、阳曲地震等各项应急通信保障任务。

【依法监管】 贯彻落实国务院《全面推进依法行政实施纲要》及行政执法责任制相关规定，顺利完成“五五”普法考核验收工作，推进政务信息公开工作，认真办理人民群众政务信息公开申请和信访案件，在市场准入、网站备案、资费资源及通信建设市场管理等方面逐步扩大电子政务范围，电信业务申报流程更加便捷透明，行政审批效率进一步提高。为加强激励与约束，运用行政管理手段对电信运营企业贯彻执行法规政策情况进行评价，全省建立依法经营年度考核体系，对各电信企业省级公司及市级分公司依法经营情况，分网络、市场、服务、建设、互联网、安全生产和综合管理7大类40小项进行量化考核评价，总评结果对全省进行通报，同时上报工信部，抄送各集团公司总部。综合考核评价体系进一步完善，极大提高行业监管能力和监管实效。

【行业管理】 完成“十二五”通信行业发展规划编制任务，为全省通信行业健康、稳定、持续发展提供科学指导。安全分中心技术与业务持续拓展，服务与支撑能力不断提高。专用通信局基础管理进一步务实，服务能力进一步提升，队伍建设进一步加强，网络建设取得突破性进展。通信行业职业技能鉴定中心启动通信行业线务员高级技师考评工作，与有关部门合作开展890人工程师任职资格认证考评工作，完成261人参加的通信电力机务员、线务员职业技能鉴定工作。通信工程定额质监中心强化工程质量监督申报制度，先后抽查通信工程项目85项，通信工程实体75项，解决安全隐患等问题6项。对7家施工单位进行通报批评，对1家施工企业进行行政处罚。全省检测在用通信局（站）防雷系统823个，协调解决拖欠农民工工资问题12起，追回拖欠农民工工资161余万元。省通信学会组织开展评先创优、学术交流、培训教育活动。通信行业协会举办形式多样文体活动，增进企业间友谊，为构建和谐环境发挥积极作用。

（武雅明）

·山西电信·

【概述】 2010年，中国电信山西分公司实现全业务经营收入13亿元，比上年增长30.55%；年底总资产达43亿元，拥有用户300万户。⑴打造省内质量领先的精品3G网络和宽带互联网络。推进固网转型升级，实施移动网优化升级，形成覆盖全省的骨干光网；加快实施宽带大提速，推进光纤入户，基本实现接入光缆网在11个地市中心城市的大部分覆盖，宽带网络容量近百万端，全省城区接入速率普遍达20M；加快3G移动网络建设，实现全省所有地级市、县级市城区、旅游景点、主要公路的3G网络全覆盖。⑵推进行政监察电子化和行政监督实时化。在工商管理、质量监督管理、税务监督管理、司法社区保外人员监管方面为相关部门提供执法应用。协助工商部门一线执法人员及时核查注册商户，查处违法流通商品；推进质量监督行业信息化建设，与工商、卫生监督监理部门信息共享，实现企业、商品的统一信息档案管理和联合执法能力；“3G警务通”将公安网内部信息资源实时便捷地提供给一线干警，实现综合查询、交警现场执法、基层民警取证等各项应用；利用CDMA网络保密性优势，向中国人民解放军提供移动通信能力，成为军队专业通信网络的延伸。与共青团山西省委、山西省委组织部合作建立山西省大学生村（社区）干部通信信息服务平台，为山西省1.6万名团组织管理人员和大学生村（社区）干部提供通信信息服务；助力省委省政府应急通信调度指挥系统建设，为政府行业、专项部门、企事业单位搭建的应急管理工作平台；全面推进应急体系建设，提供集有线、3G无线、卫星为一体的“天、地、空”整体通信保障解决方案。⑶加强战略合作，与省发改委、团省委等多家政务及企事业单位建立合作伙伴关系。协助传统企业升级改造，开发基于“商务领航”的物流e通、企业总机、酒店完美联盟等行业信息化解决方案，帮助传统企业提升生产、经营、管理与服务的信息化水平；加强中小企业信息化应用普及，协助近万家中小企业加速推进语音、短信、传真、会议电视、企业总机等基础通信应用与网络存储、财务管理、店铺管理等服务的有机融合。⑷推进新农村信息化建设，促进城乡信息服务均等化。加大农村网络设施建设，累计投入专项资金3800万元，对电话普及率较低的地区进一步加强CDMA、固网语音和数据业务的提供能力，全省农村CDMA用户达30万户，宽带达18万户；推行惠农资费政策，针对农村用户的消费特点，推出针对性的资费政策，资费相对城市用户下调25%；开展农村信息化特色应用，“号码百事通”语音门户和“商务领航”企业信息化平台两大信息服务平台初步形成对农业信息发布和查询的全面支持，为农村企业提供一站式信息化服务。⑸投资800余万元完成3项保障系统和工程建设，完成两会等重要保障任务20余次，实现无中断、无故障、用户零申告的佳绩。在历次应急通信保障任务中，紧急调派150多人、拨款50多万元，率先恢复灾区通信。⑹设立“希望工程爱心天翼”奖学金和圆梦基金，5年内资助贫困学生1000万元。投入180.3万元对岚县东村镇进行帮扶脱贫，切实解决村办学校和部分贫困户的实际困难。⑺推动“阳光绿色网络工程”主题活动，协同公安机关持续推进“扫黄打非”工作，协助监管部门进行网吧流量清洗、封堵非法网站，向用户提供“绿色上网”应用服务，打造安全健康的网络环境。⑻加强与社会各类资源的合作，打造和延伸新的电信产业链条，使1万多社会人员直接或间接从事电信产业，拉动地方经济、再就业工程和相关产业的繁荣。

【信息安全管理工作】 成立专项行动领导组和11个信息安全工作小组，新建并完善各项信息安全管理办法，使各项工作有据可循。一是落实用户资质和信息的审核工作，对专线用户、主机托管用户的资料进行审验；对接入协议进行修改完善，增加信息安全责任条款和承诺书。二是严格按照“先备案、后接入”的指导原则，对开办网站的专线、主机托管、虚拟主机用户进行备案告知和代为备案的协助工作；对未按照要求进行备案而开办的网站，责令关停网站，补办备案手续，备案申请审核通过后方可开通。三是实行零报告制度，依靠省地两级工作联动机制，对有疑似含淫秽色情或含有低俗内容的业务进行下线处理；及时跟踪已备案网站清查工作进展情况，对清查出的网站进行真实性核验工作，对包括自营网站在内的网站内容定期拨测。四是落实信息安全管理责任和管理工作人员问责制，对管理工作中的薄弱环节进行重点完善，加强网络建设、业务开办、配合监管和突发信息安全事件处置等各环节的信息安全责任。

【增强服务竞争能力】 2010年,中国电信山西分公司在推动客户满意度提升上下工夫,构建电话回访、一线服务人员反馈等多维度的客户感知收集渠道,不断增强服务竞争能力。一是制定年度服务接触点回访作业计划和测评方案,对上门预约履约、上门服务规范、营业业务办理、业务咨询解释等几个影响客户感知的关键指标进行实时监控,提升客户感知。每月下发服务接触点测评通报,对不满意用户进行逐条点评,认真分析并限期整改。二是采取跟踪家访、访问、座谈等多种方式倾听客户对改进服务的期望和建议,并对客户意见进行分析,总结存在的问题,对客户提出的宽带到期提醒、分月返还到账提醒、停机前提醒等具体需求及时解决。三是与省政风行风办公室协作,组织面向全社会的行风现场评议活动;与省电台经济频道"政风行风热线"节目合作,组织4次专题节目,现场解决客户问题。

【创新型业务】 中国电信山西分公司关注特殊需求用户,推出有针对性的产品,取得良好的社会经济效益。一是关注单身年轻群体,开通花好月圆婚介平台。以天翼手机为主要媒介,为未婚人士提供网络、语音、短信、手机WAP四大平台的婚介服务。中国电信山西分公司对所有加入花好月圆婚介平台的会员资料进行层层审核并录入网络平台,供会员选择;不定期举办"天翼传情、花好月圆"大型公益相亲活动,增加双方接触的机会;为会员提供手机小号,可用小号互相拨打电话、发短信,避免不必要的资料泄露。截至2010年底,花好月圆注册会员5017人,翼佳缘会员726人。花好月圆网站流量达64.34万次,独立访客达52988人。二是关注老年市场,开通寸草心热线。中国电信山西分公司以定制的低辐射老年专用手机为载体、以信息平台(寸草心热线)为支撑,全面满足老年客户在打电话和生活健康指导方面的个性需求。每位寸草心客户可设置9个常用号码,老人可以通过快捷键一键拨通寸草心热线,说出要通话人的称谓即可转接到相应号码,还可拨打寸草心热线登记每日或每月需进行提醒的事宜及时间,保姆服务会定时以短信的方式提醒用户该项事宜,并为用户定时发送保健、饮食、起居等老年生活健康信息。截至2010年底,全省寸草心用户数8031户,用户累计呼叫量为81163次,累计发送健康短信661620条次。

山西省电信分公司与太原工业学院、北京联动原创公司战略合作签字仪式

(赵 苇提供)

【"四小建设"】 中国电信山西分公司2010年"四小建设"共得到行政投入300余万元,覆盖面达全省11个市分公司、97个县公司和20个城区中心分局,覆盖员工5000余人。截至年底,全省共建成小食堂61家,小活动室58家,小浴室24家,小卫生间达到100%覆盖。此外,全省统一集采冰箱、彩电、乒乓球桌、跑步机、健身车等多类器材设备,进一步改善基层员工的工作和生活条件。 (赵 苇)

·山西联通·

【概述】 山西联通是中国联通在山西省设立的分支机构,下辖11个市分公司、97个县分公司。截至2010年底,山西联通通信服务收入同比增长3.58%,移动用户增长23.62%,移动业务收入增长18.9%;固网业务收入降幅为3.59%,宽带业务收入增幅达22.81%;业务结构调整初见成效,3G、2G和宽带互联网业务收入占比达59.7%,提升7.7%,其中宽带增量超过固话下滑量,增幅贡献达6%。

【市场营销】 2010年,山西联通着力抓重点业务、重点客户群的发展工作,为全面提升市场营销能力奠定基础。主要措施:(1)发挥融合优势,注重推广以共享时长、共享余额、统一账户为内容的融合业务,在2G用户中的渗透率达9.89%;调整佣金发放原则,提高话费分成占比,社会渠道出账用户占比达60%;净增出账用户9月已完成联通集团公司年度预算。(2)发挥"光速城市"优势,按照"竣工一片、改装一片、发展一片"的三位一体营销方式,开展宽带用户集中改装、提速宣传、融合发展,农村地区以"电脑+宽带"捆绑销售、"固话+宽带+手机"的融合业务开发市场,全年农村宽带渗透率达26.3%。(3)快速提升集团客户行业应用营销能力,开展"行业应用百天攻坚会

战”，组织12场商务楼宇实战大赛，实施山西证券3G手机炒股等项目，国内首家实现全省范围3G车险远程定损理赔；全年签约行业应用项目近140项，发展行业应用用户近7万户；与政府单位、龙头企业签署13项战略合作协议，新签合同当年收入贡献1.89亿元。(4)全面完成增值业务产品规划，梳理6个产品线、28个产品系列，对81个产品的收入目标、发展策略、支撑保障等进行明确定位，积极开发本地特色增值产品；信息导航类业务快速发展，收入绝对值居中国联通北十省第三。(5)打好校园营销大会战，开展火车站、校门口、促销现场“无缝隙”营销，推出“宽带+2G”统一账号深度融合产品、校园一卡通和WLAN区域卡等新业务，建立校园市场维系经理制和校园用户档案，在“沃在校园、WO领先锋”校园会战中，新势力净增出账用户完成比例居中国联通北十省第二。(6)狠抓电子渠道建设，全年网上商城发展3G用户近6万户，完成全年目标的118.4%；电子渠道交易额达5亿元，完成全年目标的99.8%。自助缴费终端投入运营后，8个月收费突破1.2亿元，单月缴费突破3000万元，在客服热线办理的180万件各类业务中，渠道占比超1.5%。

【3G业务】　山西联通发挥战略终端和直销队伍优势，推进iPhone、普及型智能战略终端等5大类合约计划销售工作，建立3G直销队伍，开展体验式营销和邀约式营销，针对异网和换机用户采取精确营销方式。截至年底，3G用户出账率居中国联通北十省第二，有效发展率达54%，ARPU值稳步上升，户均流量明显提高。

【精品网络工程】　为给用户提供高品质的通信服务，山西联通以建设精品网络为目标，从网络的承载能力、建设精品移动网、提升基础网络能力三方面入手，采取“进线一栋、割接一栋、营销一栋、服务一栋、退铜一栋”为方式的“光速城市”行动。全年宽带接入新增106.7万线，其中FTTB/H新增81.42万线，“光速城市”覆盖楼宇新增1.83万栋，4M以上速率占比达86.4%，FTTX占比83.96%；全年覆盖竞争楼宇8600栋，新增2G基站939个，达8638个；新增3G基站2374个，达4488个；新增室内分布593个，达2344个。3G网络市区覆盖率达96%，县城覆盖率达95.7%。2G网络实现市区、县城、乡镇全覆盖。三期WLAN建设覆盖热点1162个，完成69个县(市)传输网的全面融合，本地传输网承载能力较上年底提升1.35倍。

【全业务服务体系】　山西联通采取有效措施，初步建立“标准+等级+特色”的全业务服务体系。(1)开展“精彩在沃、服务有我”主题活动。落实3G服务领先计划，实现3G VIP客户经理专属服务。(2)建立服务责任体系，强化全业务、全过程服务质量管控。(3)推出12项全业务经营服务新举措，落实服务短板改善工程，通过强行定制的3项措施，使移动网络质量、宽带修障和增值业务服务短板问题得到改善。率先实现全网全业务客服热线集中化、规模化运营管理。

【三项改革】　为不断提高公司综合竞争力，山西联通通过三项改革不断激发员工活力。(1)开展机构和人员双优化工作。选聘一批营销骨干充实到各级集团客户部门；开展省公司本部机构和人员优化，对新设立的3个中心总经理、3个市分公司总经理岗位实行带指标竞聘，使省公司管理岗位明显压缩，市场前端力量增强。(2)推进末梢维护体制和营销体制改革。完成全部县级分公司接入网末梢维护体系调整，实现营维分设，加强面向全业务的专业化维护力量。(3)推进公众客户营销体系、中小企业网格化营销体系调整优化，在太原、吕梁试点基础上，在全省组织开展基层营销单元经营责任制改革，着力提升基层单位销售能力。

【“光速城市”建设】　山西联通作为拥有省内固网优势的综合运营商，加快以FTTB为主的“光速城市”建设步伐，在对全省11个分公司的城市区域楼宇进行摸底排查的基础上，有计划、分步骤的快速实现楼宇光纤覆盖，实现城市宽带接入突破性提速。

【“3·15”主题活动】　一是3月14日举办“消费与服务”主题座谈会，邀请省工商管理局、省消费者协会、省政风行风评议办公室、省通信管理局、各大新闻媒体、部分客户代表和社会监督员参加座谈会，介绍一年来公司的发展及对消费者提供的服务，并对与会人员提出的问题进行解答，各级领导和客户代表为公司的发展献计献策。二是3月15日，组织全省联通56个市县营业厅开展“服务广大消费者，服务经济发展，服务社会和谐”活动，解答客户咨询问题，受理并处理客户投诉，开通“0351-3150000”消费者权益保护热线，在WWW.10010.com门户网站上开通“3·15”专区，在线答复客户提出的问题。

【保障王家岭煤矿透水事故救灾现场通信畅通】　3月28日14:30分，华晋焦煤有限责任公司王家岭煤矿发生透水事故。山西联通第一时间启动省、市、县三级联动应急通信保障方案，安排临汾市分公司派出3台应急通信车、18台发电机、固定电话8部、并开通数据业务，利用移动基站车增加移动基站载频18个，2部海事卫星通信车以及载有抢险人员和相关物资的16辆应急通信保障车赶赴矿难现场。公司利用语音光端机和移动基站车为抢险现场搭建集固定电话、移动通信、宽带上网、海事卫星于一体的综合通信服务网络。第一批9名矿工获救后，运城市公司为指定救护医院免费开通“亲情热线”，为每个病房各赠送一部3G手机，便于获救矿工与其家属进行视频通话。公司累计出动抢修人员近500人次,调度通信保障车辆超过130辆次,消耗相关物资110余万元。

【自助终端】 山西联通在各市营业厅布放具有银行卡和现金支付功能的自助缴费终端247台,向客户提供针对手机、固话、宽带的查询、缴费及账单明细类服务,实现用户自助交费、充值、查询服务。在3月试运营期缴费额达395万元,4月前半个月缴费额达513万元。截至8月,自助缴费平台为超过400万人次的客户提供自助服务。

【114折扣联盟】 4月10日,山西联通省新国信分公司正式开通启用114折扣联盟业务。该业务整合全省优质餐饮、生活服务、休闲娱乐等行业资源,拥有太原市300余家主流餐饮酒店资源,用户通过拨打114订购饭店服务,不但可以迅速寻找到合适的饭店,同时还可享受折扣优惠,有效提高114的实用性。

【新客服系统】 4月,新客服系统顺利上线,实现客服系统的全面整合和座席的集中运营。新客服业务系统在原有功能上增加IVR自助系统业务办理,缩减通过人工预受理的办理时限;报表方面增加个性化定制报表的模块及子菜单,满足客服运营工作对数据的需求;新系统与112故障系统、BSS系统开通接口,缓解客服代表业务操作时登陆多个界面的问题;涵盖知识库系统、故障申告工作流程、运营分析报表系统、运营管理系统、坐席桌面展示系统等功能。

【"5·17"主题营销活动】 "5·17"期间,山西联通围绕2010年世界电信日主题——"信息技术让城市生活更美好"组织系列营销活动。公司采取"走出去"与"请进来"相结合的营销方式,组织营销人员进社区、进企业、进学校、进商业繁华地带、进机关,与用户面对面,开展一户一案的营销方式,并把用户请进体验区实现通信产品与用户的零距离接触。

【全省100%自然村通电话】 2010年,山西联通克服自然村地处边远自然条件差、施工难度大、网点分散等困难,新建固网接入点331个、GSM基站55个;新建铁塔29座,增高架26个;新建语音和宽带设备2.8万线,解决剩余420个自然村通电话问题,实现全省100%自然村通电话。 (黄云霞)

会展业

·展洽会·

【第十四届中国东西部合作与投资贸易洽谈会】 4月8~12日,在西安举行。省商务厅和10个市42家企业共400余人参加活动。山西省有11家企业签订合同,总投资73881万元,其中外地投资额45881万元;4家企业有合作意向,总投资4050万元;内贸成交额3254.85万元。

【第107届广交会】 4月15日开幕,山西省交易团共组织122家企业参展。第一期于4月19日结束。山西省共有参展企业62家,展位168个,其中品牌展位16个,成交金额共计12369.57万美元,同比增长2763万美元,增幅22.35%。第二期于4月23~27日举行。山西省共有展位165个,其中品牌展位42个,参展企业62家,成交金额9410.75万美元,同比增长40.1%。一、二期累计成交金额21780.32万美元,比上届增长31%。

【第二届中国(太原)国际卡车暨物流展览会】 6月3~5日,在山西闭幕。展会共接待20个省市客商、专业观众9万余人,28家卡车和30家乘用车企业以及70家汽车配件企业参展,现场销售及签约金额16.61亿元。其中,重型卡车现场销售407辆,交易额1.60亿元,签约销售2855辆,签约额11.28亿元;乘用车现场销售1497辆,交易额3.74亿元。

【山西商品大集暨老陈醋中华行(北京站)】 5月29日至6月6日在北京举办。活动结束。通过产品展示、现场展卖、洽谈签约等方式,实现零售额708万元,签约金额1.56亿元。

【第18届昆明进出口商品交易会(简称"昆交会")暨第三届南亚国家商品展】 6月6~10日在昆明举行。山西省交易团由山西华宝焊接设备有限公司、山西三益强磁业有限公司、山西壶化集团金星化工有限公司、山西亿佳美食品有限公司等4家企业组成,累计成交90多万美元。

【第二十一届中国哈尔滨国际经济贸易洽谈会】 6月15~19日在哈尔滨举行。山西省参展企业被哈洽会执委会评为优秀布展奖和优秀组织奖。其中,运城市签约7个项目,总投资14.32亿元,拟引资9.25亿元。太原信宇休闲用品有限公司与俄罗斯客商达成220万元的销售合同,运城山里红食品有限公司与俄罗斯客商签订160万元的销售合同。山西广誉远国药有限公司和太原正大医药保健品有限公司与东北三省5家经销商签订销售合同。

【第八届中国国际软件和信息服务交易会(简称软交会)】 6月22~25日,在大连举行。山西省组织20家软件企业参会,并获得优秀组织奖。山西华维人力资源服务有限公司和日本、新加坡、加拿大等国家的公司达成BPO数据外包方面的合作意向;山西同昌信息技术实业有限公司与无锡物联网产业研究院、大连无常科技发展有限公司就物联网领域产品达成初步合作意向;山西汇众动漫科技开发有限公司与大连海事大学仿真技术研究所就“煤矿井下虚拟现实安全体系项目”达成初步合作意向。

【第三届中国(太原)国际能源产业博览会】 9月16~18日在太原举行，439家企业参展，包括境外18个国家和地区的87家企业，共签约457个项目，协议合同总金额达1.4万亿元。山西省先后签订12个合作框架协议，协议总金额约8162亿元。与科技部签订部省会商制度议定书，与江苏省政府签订经济合作协议；与中国电子科技集团公司、中国海洋石油总公司、中国华能集团公司、中国大唐集团公司、中国华电集团公司、中国国电集团公司、中国电力投资集团公司、华润(集团)有限公司、中国化工集团公司、中国建材集团公司10家中央企业签订战略合作框架协议。太原市与中国华能集团公司、中国电子科技集团公司分别签署合作协议；大同市、朔州市、吕梁市分别与中国建材集团、大唐集团、陕西煤业化工集团有限责任公司签署合作协议。

【第四届中国国际汽车零部件博览会】 9月25~27日在北京举行。山西省组织长治九鼎汽车配件有限公司、晋城路宝汽车铝部件制造有限公司、山西淮海机电有限公司机械分公司、山西华纳机械加工有限公司等多家企业参会。华纳公司与美国Pilot公司和Keystone公司签订出口意向220多万美元，落实60万美元。

【中国(宁夏)投资贸易洽谈会暨首届中国·阿拉伯国家经贸论坛】 9月26~30日在银川举行。山西省代表团由6个市13家企业共100余人组成，参展主题是“山西老陈醋中华行(宁夏站)”。山西源源醋业有限公司与银川互赢商贸有限公司签订100万元的销售合同，山西兰花酿造有限公司与陕西企业签订100万元合作意向协议，32家外省企业与老陈醋企业签订合作意向协议，内贸成交金额30多万元。

【第108届广交会】 10月15日至11月5日在广州举行。山西省共有展位数419个，参展企业128家，累计成交24859.49万美元，其中：第一期成交12689.74万美元，比上届增长2.59%；第二期成交9810.75万美元，比上届增长1.04%；第三期成交2359.03万美元，比上届减少0.8%。

【第七届中国东盟博览会】 10月20~24日在广西南宁举办。山西省组织太原、阳泉、运城、吕梁等7市18家企业参展，共签订投资合作项目5个，总投资额14.36亿元，商品贸易成交5400万元。

【2010中国食品博览会（简称食博会）】 11月5~8日，在宁波市举行。山西省参展团以“山西老陈醋中华行(宁波站)”作为主题，重点宣传推介山西老陈醋。太原汉波食品公司、山西醋产业公司、太航集团公司分别携山西特产和食品行业用计量衡器参展。老陈醋企业还参加山西老陈醋专场采购对接洽谈会，最终达成销售及代理意向15个，确定代理商6家，销售协议额7020万元。

（陈艳刚）

·山西省展览馆·

【概述】 2010年，山西省展览馆先后举办展览4月22~24日，第九届2010(太原)煤炭工业技术展览会；5月22~29日，太原市第十二届房展会；6月1~5日，中国(太原)国际卡车暨物流展览会；5月28日至6月8日，山西品牌北京推介会；8月8~10日，中国(山西)装备制造业博览会；9月16~18日，第三届中国(太原)国际能源产业博览会；9月24~30日，2010年宁洽会暨首届中国—阿拉伯国家经贸论坛山西展区(宁夏)；10月21~25日，2010年首届山西省特色产品博览会；11月5~8日，2010年中国食品博览会山西展区(宁波)等展览。

【第九届2010(太原)煤炭工业技术展览会】 4月22~24日，由山西省煤炭工业厅、山西煤矿安全监察局、山西省煤炭工业协会主办的第九届2010(太原)煤炭工业技术展览会在省展览馆举办。此次展会以“推广应用先进技术装备，巩固兼并重组整合成果”为主题，旨在展示煤炭工业技术装备最新成就，积极促进煤炭工业技术提升。共有300多家中外厂商展出煤炭技术装备、设备及配件近3000余套(件)。

【太原市第十二届房展会】 5月25~29日，以“绿色龙城·和谐家园”为主题的2010太原市第十二届大型房地产交易展示会在省展览馆召开。此次展会由太原市房产管理局主办，太原市工商局、太原市物价局、太原市旅游局、太原日报报业集团和太原市文广集团协办。此次参会共有45家开发企业、7家中介公司、10家银行及部分建材、装饰装修企业参展，展位320个。此次展销商品房和二手房总建筑面积达435万平方米，其中商品房380万平方米、3.2万余套，包括商品住房339万平方米、3万套；非住宅41万平方米、2100套；二手房55万平方米、6000套，其中包括二手住房45万平方米，5300套。

【中国(太原)国际卡车暨物流展览会】 6月1~5日，中国(太原)国际卡车暨物流展览会在省展览馆召开。此次展会在第一届基础上更加完善，规模更大，品种更多，共有中国重汽、一汽、东风、福田、陕汽、华菱、广汽日野、徐工、江铃、郑州日产等21家整车厂商参展，展示各自新品或主打产品。此届展会在上届基础上增加汽车配件、后市场展区及专用车展区。参展企业及产品数量、规模和技术水平等都高于上届。

【中国(山西)装备制造业博览会】 8月8~10日,中国(山西)装备制造业博览会(以下简称“制博会”)在省展览馆举办。此届“制博会”充分展示山西装备制造业发展成就,以“科技引领、交流合作、跨越发展”为主题,以“展示、交流、合作”为主线,着力提升山西装备制造业与国内外同行间交流合作的质量和水平,加快推进装备制造业成为山西新支柱产业,实现经济跨越式发展。“制博会”总规模25000平方米,其中室内展区面积17000平方米,室外展区8000平方米,主要包括序厅、重点装备制造企业展区、技术创新与产学研合作展区、节能环保技术展区、工业化与信息化融合展区、国防工业企业展区、新能源汽车装备展区、省外展区、各市展区、室外展区等10大板块。此次“制博会”参展、参会企业涉及13个省(市、自治区),其中,省外参展企业152家,省内参展企业358家,邀请客商人数达4000人以上,省内外展品共计1200余种。

【第三届中国(太原)国际能源产业博览会】 9月16~18日,由山西省政府、商务部、科技部和国家能源局联合主办的第三届中国(太原)国际能源产业博览会在省展览馆举办。此届博览会展示内容更加丰富,涵盖各类能源、新能源新技术、新设备、新产品等领域。此届能源博览会主题是“绿色能源、循环经济、转型发展”,共有18个国家和地区的企业及政府代表团627家参展参会。展馆展场总面积为4万平方米,设2000个国际标准展位,世界500强及国内外能源产业领域的行业领军企业、商界精英、科研院所和行业协会等受邀参展参会,规模约3万人。其中国际企业有123家、世界500强企业有27家、中央企业28家。此届展会共设7个展区,分别为煤炭及煤层气展区,发电与输电能源展区,石油和天然气展区,新能源与可再生能源展区,循环经济、节能环保和转型发展展区,大型设备展区,新能源汽车展区。

【2010年首届山西省特色产品博览会】 2010年首届山西省特色产品博览会由省商务厅和省特产贸易促进会共同主办,山西电视台经济资讯频道协办,于10月21~25日在省展览馆举行。此次博览会共有200余家特色产品企业前来参展,1500余种名优土特产品集中亮相。博览会以“物华天宝,丰腴山西”为主题,旨在以博览会为载体,弘扬山西文化,助推山西转型,塑造山西品牌,推广山西特产展品。博览会展区面积达15000平方米,设标准展位700个。参展对象包括农副产品类、酒类、饮品类、特色食品类、工艺美术类、特色化工类、特色食品加工机械类等。重点展示全省名牌产品、土特产品、手工艺品及有三晋特色的工农业产品等。

(原文浩)

·中国煤炭博物馆·

【基本陈列】中国煤炭博物馆的基本陈列“煤海探秘”总体规划为“七馆一井”:煤的生成馆、煤炭与人类馆、煤炭开发技术馆、当代中国煤炭工业馆、煤炭艺术馆、煤炭文献馆、中外交流馆和模拟矿井。截至2010年,对外开放有煤的生成馆、煤炭与人类馆、煤炭艺术馆、煤炭文献馆和模拟矿井、山西古代壁画艺术博物馆和煤矿安全教育馆。

【“品鉴山西”联盟会议】 10月27日,“品鉴山西”联盟会议在东湖醋园召开。“品鉴山西”联盟由中国煤炭博物馆“煤海探秘游”、晋祠、东湖醋园、常家庄园等十余家山西著名景点、酒店共同组成。会上,各成员代表就当前旅游产业的环境形势、各景区建设、联盟成员间的互动等方面进行分析,并对下一步的工作进行研究。

【参加中国国际旅游交易会】 11月21日,2010中国国际旅游交易会在上海新国际博览中心闭幕。本次旅交会由中国国家旅游局、上海市人民政府和中国民用航空局联合主办,煤博馆“煤海探秘游”作为山西展团的一员,派员参加交易会。

【展览展销】 中国煤炭博物馆的展览展销,采取走出去、请进来等多种形式,2010年承接展会20个,参展企业3000余家,参观人数120万人次,会展规模达4000多个标准展位。举办“第四届新材料暨家具用品展览会”“2010第三届太阳能产品(太原)展示交易会”“第六届太原社会公共安全防范产品暨消防设施展览会”“中华美食

中国煤炭博物馆学术委员会成立大会暨2010年年会(张红霞提供)

节”“山西首届婚庆博览会”“2010第五届酒饮食品博览会”“晋商文化周”“金融系统反腐倡廉建设成果展”等展览。

【考察台湾煤矿博物馆】5月16~23日，中国煤炭博物馆考察团一行五人应邀对台湾煤矿博物馆等单位进行考察。考察团团长、中国煤炭博物馆馆长康明章向台湾同行介绍煤博馆“煤海探秘游”基本概况，并与台湾煤矿博物馆馆长龚咏沦，台湾煤矿业经济文化促进会理事赖克福就两岸煤炭博物馆煤炭文化现状与发展进行交流，并就煤博馆古代壁画项目赴台展示达成推广意向。

【访问英格兰国家煤矿博物馆】9月30日至10月2日，应英格兰国家煤矿博物馆邀请，煤博馆代表团对其进行为期3天的回访与交流。双方商谈进一步合作的有关事宜。一是聘请英格兰国家煤矿博物馆馆长福勒博士为煤博馆学术委员会客座研究员。二是煤博馆创办的《煤炭博览》杂志，拟从2011年开始专门设置“英国煤炭”专栏，分期介绍英国煤炭工业的发展现状、历史、基本陈列、学术研究等方面的内容，英格兰国家煤矿博物馆提供相关资料和图片。三是双方商讨共同举办煤炭展览的意向。四是双方对壁画的巡展进行初步探讨。

【参加国际博物馆协会第22届大会】11月7~13日，煤博馆应邀参加在上海世博中心举行的中国首次承办的国际博物馆协会第22届大会暨25届全体会议。来自全球近3600名博物馆界专业人士代表122个国家、地区和国际组织参加会议。中共中央政治局委员、国务委员刘延东出席开幕式并讲话。大会的主题是“博物馆致力于社会和谐”。煤博馆自办刊物《煤炭博览》杂志(2010年第1、2期)，作为专业博物馆的学术刊物，在大会及专业委员会上进行交流。国家文物局、中国博物馆协会主编出版发行的《中国博物馆》，利用两个版面详细介绍中国煤炭博物馆的基本陈列及其行业特征，作为大会重要交流图书，是中国向全世界介绍中国博物馆概况的文献性图书。

【参观接待】4月26日，中国银监会副书记、副主席蒋定之一行10人到中国煤炭博物馆参观指导。6月5日，中央巡视组组长周声涛、副组长张秀明一行到煤博馆参观指导。6月29日，中国科协发展研究中心主任李士、研究员侯波、国务院发展研究中心研究员田修、山西省科协副主席王德贵一行4人到煤博馆考察调研。6月29日，7位景德镇陶瓷艺术家在煤博馆向中国煤炭博物馆捐赠陶瓷艺术作品。捐赠的陶瓷作品有兰花瓷、釉里红、粉彩、釉下青花五彩、书法刻瓷。中国煤炭博物馆馆长康明章、副馆长张奎元、副总经理兼办公室主任胡高伟等出席捐赠仪式，并向陶瓷艺术家们颁发收藏证书。10月12日，省委组织部副部长张葆到煤博馆视察。10月18日，中国海洋博物馆(筹)一行6人在董事长于立群的带领下到煤博馆参观考察。煤博馆就建馆过程、经历、场馆面积与日常经费等情况作介绍，海洋博物馆对煤博馆“事业单位企业管理”的运行模式表现出极大兴趣。12月3日，太原市委副书记吴清海一行5人到煤博馆考察。

【国家一级博物馆运行评估试点】国家文物局委托中国博物馆学会于3月至9月开展一级博物馆运行评估试点工作。煤博馆作为国家文物局首批确定的国家一级博物馆，积极参与此项工作，并对馆藏文物、标本进行全面、有序、规范的整理，取得预期效果，基本达到《国家一级博物馆运行评估规则（试行)》的要求。（张红霞）

·文博展览·

【梦幻古蜀——三星堆和金沙遗址出土文物精华展】2月9日，在山西博物院开展。此次展览由山西博物院、四川广汉三星堆博物馆、成都博物院金沙遗址博物馆共同举办。展览荟萃三星堆和金沙遗址出土文物精品，展示面积近900平方米，共展出文物156件，其中一级文物74件，集中展示神秘辉煌的古蜀文明。

【晋国春秋——山西出土两周时期文物精华展】4月28日，在重庆中国三峡博物馆开展。此次展览由重庆市文化广播电视局、重庆中国三峡博物馆、山西博物院、山西省考古研究所主办，是“山西出土两周时期文物精华展”巡展第五站。展品主要来自山西省曲沃县北赵村晋侯墓地、曲沃县羊舌墓地、闻喜县上郭村、绛县横水墓地、侯马晋国墓地及太原市金胜村赵卿墓地，共计116组，172件，其中一级文物达34件，展示晋国发展辉煌与荣耀，体现山西历史文化丰富与深厚。

【烟雨扬州梦——扬州八怪书画精品展】5月7日，在山西博物院开展。此次展览由山西博物院与南京博物院联合举办，共展出明末清初著名“四僧”之一石涛及“扬州八怪”（汪士慎、李鱓、黄慎、金农、高翔、郑燮、李方膺和罗聘)书画作品68件，其中南京博物院藏品58件，山西博物院藏品10件，甄选作品具有极高艺术价值。

【华彩滇韵——云南民族风情展】6月11日，在山西博物院开展。展览由山西博物院与云南民族博物馆共同举办，分为“华衣盛彩——传统服饰”“艺趣天成——手工技艺”“信仰之花——宗教美术”“云岭欢歌——节庆乐舞”四个部分，展示面积近1000平方米，共展出400件云南民族博物馆收藏民族文物。展览用独具地域色彩陈列语言展示出云南26个民族丰富而独特的精神世界。

【百年风雨画沧桑——辽宁省博物馆藏20世纪名家绘画精品展】 7月13日,在山西博物院开展。展览由山西博物院与辽宁省博物馆共同举办,共展出齐白石、黄宾虹、徐悲鸿、潘天寿、李苦禅、张大千、傅抱石、李可染等57位名家绘画作品102件(组),勾勒出20世纪中国画基本轮廓和发展历程,具有极高艺术价值。

【晋国霸业——山西出土两周时期文物精华展】 8月27日,在吉林省博物院开展。展览由吉林省博物院、山西博物院及山西省考古研究所共同举办。整个展览分为"河汾骄子""春秋热土""青铜华彩"三个单元,共展出珍贵文物152件(组),均为山西省历年来出土两周时期文物精华。

【海上清芬——浙江省博物馆藏海派大师吴昌硕书画精品展】 9月15日,在山西博物院开展。展览由山西博物院与浙江省博物馆共同举办。此次展览是吴昌硕作品首次大规模在晋展出。展览精选吴昌硕书画珍品近百幅,展厅面积800余平方米,内容涵盖吴昌硕各个艺术发展阶段和书、画、印等多个品类,对吴昌硕艺术世界进行全面而系统展示。

【范正锡美 巧夺天工——侯马陶范艺术展】 9月16日,在大钟寺古钟博物馆开幕。展览由大钟寺古钟博物馆、山西博物院及山西省考古研究所共同举办。展览选取规模最为庞大古代冶铸遗址之一——山西侯马晋国冶铸遗址出土精美陶范汇集展示,展品类型包括:乐器范、礼器范、兵器范、车马器范、生活用具范等,共计106件(组),集中展现中国古代铸造技术的精湛。

【大夏遗珍——西夏文物精品展】 9月28日,在山西博物院开展。展览由山西博物院与宁夏博物馆共同举办,展厅面积为900平方米,共展出130余件精品文物,其中一级文物38件,从文字、工艺、佛教、建筑四个方面反映西夏独特历史文化面貌,再现西夏王朝神秘和繁荣。

【江山多娇——刘人岛艺术展】 10月23日,在山西省博物院会展中心开展。展览由中共山西省委宣传部、中华文化促进会、中国文物学会书画雕塑专业委员会主办,山西省博物院承办,山西同元实业集团有限公司特别支持。所展出200多件艺术精品,以熟练的绘画技巧、饱满的构图、淋漓尽致的水墨神韵,展示中华大地的秀美山河。其中伴随"神舟六号"遨游太空的《浮云山霭莽苍苍》、被故宫博物院收藏的《粉黛神韵》等作品均在展出之列。

【草原华章——契丹文物精品展】 12月28日,在山西博物院开展。此次展览由山西博物院与内蒙古博物院共同举办。展览以陈国公主墓、耶律羽之墓、吐尔基山辽墓三大辽代贵族墓葬出土文物精品为主体,以900平方米展示空间,110余件精品文物,展示出契丹贵族奢华闲适生活,精制马具、华贵金银器具是此次展览最大特色。

(田若微)

贸　　易

口岸管理

【口岸运营情况】 2010年，太原航空口岸共出入境飞机421架次，出入境人员39898人次。其中太原—香港航线飞行206架次，出入境人员19653人次；太原—台北航线飞行94架次，出入境人员12657人次；临时客包机及公务机共飞行121架次，航线主要为太原—韩国、太原—日本、太原—泰国，出入境人员7588人次。太原航空口岸进出口总值7958万美元，进出口集装箱69箱次，集装箱载货量853吨。2010年，太原航空口岸出入境飞机架次及出入境旅客人数均创口岸开通以来的新高，同比增长46%和42%。

【航空口岸建设】 ⑴实现新航线(太原—台北)的正式开通。1月6日，山西省政府召集有关部门就国台办同意增加太原—台北直航点召开会议并就通航前的准备工作进行安排部署。会议决定由东航山西分公司承担首航飞行任务，太原武宿国际机场提供地面保障服务，驻场口岸联检单位做好查验通关工作。2月10日，载有130余名乘客的飞机从太原武宿国际机场起飞，太原—台北直航航线正式开通。⑵完成《山西省第十二个五年航空口岸发展规划》的报送工作。4月组织召开《山西省"十二五"航空口岸发展规划》研讨会，9月以山西省政府名义报国家海关总署。

【电子口岸建设】 ⑴寻求合作。2010年初，山西省政府口岸办组织相关人员赴天津电子口岸调研，1月18日，与天津市政府口岸办签署《山西与天津电子口岸合作备忘录》，为山西省电子口岸建设提供技术保障和政策支持。⑵确定山西电子口岸(一期)建设项目。3月23~25日，省政府口岸办组织召开山西电子口岸(一期)建设应用平台开发项目研讨会议，就将要选定使用项目的开发、应用、基本功能以及本地化操作等问题进行探讨。6月4日，山西电子口岸建设工作小组召开第七次全体会议，对拟定的山西电子口岸(一期)建设项目进行审核，最终确定适合山西电子口岸(一期)建设的软、硬件项目。⑶山西电子口岸(一期)建设项目招标工作完成。8月底，山西电子口岸(一期)建设应用平台系统需求及硬件设备需求通过政府采购招标预公告。并分别于9月26日和10月9日通过竞争性谈判招标和公开招标方式，最终确定中标单位。10月21日，山西省政府口岸办与中标单位签订《山西电子口岸(一期)建设项目政府采购合同》。⑷山西电子口岸(一期)项目建设工作稳步推进。主控机房装修工程全部完成，计算机设备安装并调试到位，互联网专线开通使用，门户网站及各应用平台系统的设计和开发工作初步完成。

【无水港建设】 山西省无水港建设利用天津滨海新区作为国家口岸综合改革试验区先行先试的优惠政策，坚持政府推动、部门支持、企业运作的发展思路，打造"以太原为中心，大同、侯马为两翼"的口岸发展新格局。太原"无水港"—"公路区"则拟定于太原公路主枢纽武宿货运中心，是公路、铁路、航空陆港型综合物流基地。11月，国际物流公路港—太原陆路口岸区完全封闭并开始建设。 （宋晓徽）

太原海关

【业务运行】 全年完成税收40.86亿元，同比增长26.7%；监管货运量1503万吨，增长30.3%。关区风险布控率达15.5%，风险布控有效率达35.3%；进出口查验率8.9%、查获率19.9%，均超过全国海关平均水平；旅检业务量增长迅速，监管进出境航班389架次，增长36.5%；监管出入境人员40259人次，增长43.9%；整体执法水平显著提升，归类补税2102.3万元、审价补税1374.2万元、稽查补税884.1万元，90天内舱单核注率及转关申报单核销率达100%，加工贸易手册报核率、核销率达100%。

【大监管体系建设】 按海关总署统一部署,太原海关把大监管体系建设作为全部工作重中之重,坚持“整合创新、稳步推进、统筹优化”思路,积极落实相关工作,取得明显成效。一是完善“两个中心”运行。4月正式组建集中审核中心和风险分析防控中心,9月将集中审核中心更名为审单中心。在总结试运行经验基础上,进一步理顺工作机制,完善相关制度,提升工作质量。“两个中心”成功运行,有效促进风险式管理理念落实,推动内控机制不断完善,提高实际监管水平。二是积极推进出口分类通关改革。将出口分类通关改革作为大监管体系建设重要载体,7月将机场海关确定为改革试点,并于10月底在所有业务现场推广出口分类通关模式,共办理出口分类通关货物129票,进一步提高通关效率。三是做好总体规划设计工作。在积极探索实践和认真调查研究基础上,拟订《太原海关推进大监管体系建设实施方案(试行)》,明确推进大监管体系建设主要内容和计划步骤。四是启动第二步整合工作。按照“三步走”思路,2010年底启动太原海关大监管体系建设第二步整合工作。对各业务现场实施内外勤分离作业模式;推行“三查合一”,将企业稽查、减免税核查和保税中后期核查职责归口稽查部门管理。积极落实职能部门剥离具体审批业务要求,将必须由总关承担之外的审批事项下放到业务现场。

【服务经济建设】 认真做好海关总署与山西省政府签订《署省合作备忘录》前期准备工作,多次向省政府分管领导汇报情况,拟定备忘录文本,努力为地方经济发展争取更大支持。就建设综合保税区事宜主动到西安参观学习,积极向省委、省政府建言献策。关领导全年走访多个地市,认真听取各市党委、政府对海关工作的意见和建议,随时解决存在问题。在全国海关系统第三家开通“12360”海关统一服务热线,进一步增进与服务对象的沟通与联系。继续落实大客户服务制度,指定专人服务重点企业,及时解决通关过程中的问题。加强统计预警分析和信息报送,及时提供海关统计数据和情况分析,为领导决策提供参考。

【打击走私】 为净化山西进出口环境,维护国家经济安全,太原海关保持打击走私高压态势。2010年侦破“5·31”低报价格出口走私焦炭系列案件,对3家企业10名主要犯罪嫌疑人采取强制措施。该案案值16亿元,涉嫌偷逃税款3600万元,被海关总署缉私局列为一级挂牌督办案件。太原海关连破多起重大案件,有力震慑走私违法犯罪活动,堵塞税款流失漏洞,挽回国家经济损失,展现内陆小关忠于职守、严格执法、为国把关、小关也有大作为形象。2010年,太原海关办理行政案件29起,案值3700.84万元,上缴罚没收入19.218万元,补税48.635万元。

【创先争优活动】 以创建“五个好”先进基层党支部、争当“五带头”优秀共产党员为主要内容,深入开展创先争优活动,进一步加强和改进党建工作。坚持典型引路,大力弘扬获得“全国海关先进集体”称号的指挥中心和获得“全国青年文明号”荣誉的机场海关先进事迹,积极发挥示范带头和辐射带动作用。党员亮明身份,在业务现场设置党员示范岗、先锋岗。组织各党支部和全体党员公开承诺,并在政务信息网公布,接受群众监督。建党89周年之际,对一批表现优秀的党支部、共产党员和党务工作者进行表彰,9月对各项工作中取得优异成绩的集体和个人进行奖励,切实鼓舞士气。组织党员干部深入右玉县参观学习,种植“海关林”,并将右玉确定为太原海关艰苦奋斗教育基地。结合年终总结考核、领导下基层调研等活动,认真做好领导点评工作,以评促建、以评促改,不断激发基层支部和党员干部内在动力,推动创先争优活动深入开展。

【干部队伍建设】 党组成员带头践行学习型党组织要求,严格执行民主集中制,认真开好党组民主生活会,在执行纪律等方面为全关作表率,形成坚强团结领导核心。认真开展“加强班子建设、构建和谐海关”“加强内部管理和队伍建设”“队伍管理专项检查月”等主题教育活动,增强队伍凝聚力、战斗力,提高垂直领导意识、团结和谐意识,为各项事业健康发展提供保障。组织副科、正科、副处三个层级领导干部竞争上岗工作,提拔处科级领导干部18人,选拔任用缉私局副局长1人,增强选人用人公信度,优化领导干部年龄、知识结构。切实加强教育培训工作,全年组织各级干部外出参训127人次。组织干部职工向西南旱区、青海玉树震区、甘肃舟曲泥石流灾区捐款79620元,充分展示海关关员社会责任感。认真组织党组中心组学习、在职培训、业务讲座等学习培训活动,干部综合素质明显提高,领导决策和创新能力得到增强。2010年,太原海关连续第九年蝉联“省直精神文明和谐标兵单位”称号,指挥中心荣获省直机关“十佳文明窗口”荣誉。

【反腐倡廉建设】 认真落实“标本兼治、综合治理、惩防并举、注重预防”工作方针,不断推进反腐倡廉建设深入开展。经海关总署批复同意,正式设立监察审计室,进一步加强反腐倡廉工作组织领导。修订《纪检监察特派员工作实施细则》,实行纪检监察特派员统一管理、定点派驻、集中办公相结合工作模式,有效发挥特派员作用。全关认真落实党风廉政建设责任制,组织关处科三个层面逐级签订党风廉政建设责任书,有效强化领导干部“一岗双责”意识。健全反腐倡廉任务分解和督促落实,定期召开党风廉政工作例会,研究关区廉政形势。严格落实《廉政准则》,认真执行“三项谈话”制度,关领导与部门负责人谈话80人次，开展领导干部任职前廉政谈话19人次，做到教育在前、防范在先。组织科级以上领导干部报告个人廉洁从政情况及配偶、子女从业情况，并在关区公示，接受群众监督。加大非执法领域监督检查力度，有效防控廉政风险。切实加强廉政文化建设，通过大屏幕播放廉政格言、发送手机廉政短信及组织关员学习典型反腐案例等方式，教育全关同志自省自警，时刻遵守海关人员“六项禁令”和公安部“五条禁令”。组织开展对大同海关关长的任期经济责任审计和管理审计，对业务现场开展交叉检查，积极促进隶属海关提升业务和管理水平。加强推广应用海关廉政风险预警处置系统(HL2008)力度，不断完善内控机制，努力强化业务运行监督制约。

【综合保障能力】 积极做好基础性工作，为各项事业有序推进提供坚实保障。围绕党组中心工作开展新闻宣传，在各类媒体刊发稿件130余篇，有效扩大社会影响。积极推进政务信息化建设，政务办公和互联网门户网站综合效益进一步显现。档案工作被授予“海关档案综合管理复查评估特级单位”称号。认真做好海关学会工作，组织召开第三届会员代表大会，产生新一届领导班子，积极开展论文征集和交流活动，工作主动、主题鲜明、成果显著，促进理论研讨氛围形成。大同、侯马和机场海关认真加强基层基础建设，硬件设施进一步改进，海关警员办公生活设施逐步完善，整体工作质量不断提升。各部门和单位认真履职，全关工作整体效能进一步提高。 (张新年)

出入境检验检疫

【概述】 2010年，按照国家质检总局和山西省委、省政府的部署，把维护产品质量和食品安全作为履行职责的重中之重，把促进经济平稳较快发展作为工作的出发点和

2010年太原海关主要业务数据统计表

序号	业务类别	累　计	与上年同比(%)
1	监管货运量(万吨)	1503	30.3
	出口	3	-2.5
	进口	1500	30.4
2	进出口总值(万美元)	484396	61.3
	出口	17906	-10.5
	进口	466490	66.4
3	进出口报关单(张)	4911	14.1
	出口	824	-25.5
	进口	4087	27.8
4	进出口报关单记录(条)	9060	2.9
5	集装箱标准数量(箱次)	15238	42.2
	出口	1186	-29.8
	进口	14052	55.6
	集装箱载货量(吨)	286676	20.2
	出口	26387	2.8
	进口	260289	22.3
6	税收入库(万元)	408553	26.7
	关税	29158	68.1
	进口环节税	379395	24.4
	出口税(万元)	4782	47.8
7	实际减免税(万元)	27653	6.2
8	加工贸易合同备案(份)	137	-3.5
	—其中:金额(万美元)	85293	2.5倍
	实有加工经营企业(家)	45	40.6
	实有加工生产企业(家)	44	33.3
9	企业注册累计(家)	1946	-26.1
	—其中:合资企业	156	-21.2
	合作企业	8	-38.5
	独资企业	58	-30.1
	国有企业	208	-22.7
	私营企业	1452	-26.2
	实际进出口企业(家)	1075	1.8
10	监管进出境飞机(架次)	389	36.5
11	监管进出人员(人次)	40259	43.9
12	采取强制措施(人次)	15	-78.3
13	罚没入库(万元)	24	-86.9

落脚点,以深入开展“质量提升”活动为平台和抓手,扎实开展检测工作整顿、窗口建设和证单质量提升、质量月等活动;围绕推进大质量工作机制建设和大质检文化建设,创新机关内部管理模式、着力加强自身建设。全年共检验检疫进出境货物1.6万批次、货值21.6亿美元,与上年同比分别增长1.7%、8.2%。其中,入境货物2383批次、货值79935万美元,同比分别增长10.5%、39.9%;出境货物13808批、货值135952万美元,同比批次增长0.4%、货值下降4.5%。检疫查验出入境飞机380架次、出入境人员3.9万人次,同比增长34.3%、42.2%;签发各类产地证书1万余份,签证金额达7亿美元。

【产品质量与疫情截获】 2010年,山西省检验检疫局(以下简称省局)共检出不合格出入境货物66批、不合格货值579万美元,批次不合格率0.4%,货值不合格率0.26%;不合格批次、金额同比下降35.3%、50%。其中,检出不合格出境产品29批、不合格金额78万美元,主要产品有芦笋罐头、全棉染色布、无烟煤滤料、草酸、不锈钢焊管、阀门、交流电动机、瓷餐具、法兰等。不合格原因有:与合同不符、品质缺陷、材质不合格等。检出不合格入境产品37批,不合格金额501万美元,主要产品有水果蔬菜加工机、铁道机车零件、成套设备、医疗仪器、工程机械等。不合格原因是规格不符、数重量短缺、电源线和插头不合格。疫情截获情况:2010年,省局从入境山西的旅客行李中截获禁止进境水果59批、60公斤。从入境旅客携带的禁止进境的水果中,检出单蜕盾蚧属、糠片盾蚧、白盾蚧属、红肾圆盾蚧有害生物4种次,检出南瓜实蝇1种次,按规定进行了处理。在对2批美国进口大豆实施检疫监管中,检出检疫性杂草籽—假高粱、三裂叶豚草以及其他一般性杂草十余种。在山西省出境人员传染病检测体检中,检出艾滋病3例(首次在山西省在校大学生出国留学人员中检出1例艾滋病毒感染者)、其他传染病65例、澳抗阳性122例。

【“质量提升”活动】 省局按照国家质检总局要求扎实开展“质量提升”活动,坚持高起点筹划、高标准组织、高质量实施,成立专门组织机构,召开动员大会,对全局20项重要活动、56项重点工作进行分解细化,责任落实到人,围绕提升监管质量、服务质量和技术保障能力,圆满完成活动的各项任务。1.提升科学监管水平,严格履行把关职责。一是加强对出口食品的安全监管,在继续加强对出口食品企业“四查、四建、四落实”的同时,按照“两抓一推进”的要求,深入开展食品质量安全整顿工作,重点对山西省供港鲜鸡蛋、活牛活猪、冻肉、蔬菜水果等高风险出口食品农产品生产企业进行清查整顿,健全食品农产品等重点产品的质量安全风险监控体系和产品质量追溯监管体系。二是加快完善进出口商品质量安全风险监测、风险研判、风险预警和快速处置机制,提高应急能力。加强对进口危险化学品、建筑装修材料、儿童用品、日用消费品等产品以及进境集装箱的监管;落实对非洲和中东等地区出口商品的检验监管措施;加大对非法检商品特别是与消费者健康安全相关产品的监督抽查,全年完成687批次、货值5860万美元的对非检验业务。三是加强对山西省出口煤炭生产企业的分级管理调研,采取多种有效的监管模式,强化源头控制和过程监管,不断完善与口岸的协调配合机制,全年累计监管出口煤炭976批、469万吨,监管中清除雷管1948枚、铁器58.4吨、木屑58吨、其他杂物2077吨,确保山西出口煤炭质量安全。四是召集全省所有代理报检企业召开专门会议,进一步规范代理报检工作,全面开展打击伪造、贩卖和使用检验检疫假证书专项行动。五是加强口岸卫生检疫工作。在巩固甲型流感防控成效基础上,大力推进太原航空口岸核心能力建设,切实提高口岸传染病疫情防控水平,加强对口岸食品生产企业的监管,主办召开中部六省航空口岸工作研讨会,对口岸传染病查验与防控新模式进行有益的探索。六是加强进出境动植物及其产品的检验检疫,全面展开2010年度外来有害生物监测工作,加强进口种子、苗木及花卉的疫情调查和监测。通过对所辖出口动物及其产品生产企业及备案养殖场全面清查,取消5家存在质量隐患的出口动物产品企业、6家不合格备案养殖企业的资格;七是全面铺开以风险分析、风险监控为主要内容的出口工业产品分类管理工作,完成对所有出口工矿产品生产企业的一、二、三、四等级的企业分类以及通过风险分析对出口工矿产品的高风险、较高风险、一般风险等级的产品分级;完善“企业分类+产品风险分级”二维监管模式,对61家出口工业产品生产企业进行分类评定,确定一类企业9家、二类企业30家,三类企业22家。2.提升服务水平,服务地方经济发展。一是及时向国家质检总局、地方政府报送质量分析报告。山西省委常委、常务副省长李小鹏对山西检验检疫局报送的《关于2009年检验检疫进口产(食)品质量分析情况的报告》作批示,要求省商务厅等部门“高度重视进出口产(食)品质量问题,督促相关企业加强管理,抓好进出口产品的质量”。二是建立定期向地方政府报告工作制度。在健全和完善进出口商品质量分析制度的基础上,每季度以专报形式向地方政府报送山西省检验检疫工作情况,为促进地方政府发挥质量安全工作的主导作用提供决策参考信息。三是从提高检验检疫内部工作质量着手,积极开展“窗口建设和证单质量提升”活动,进一步加快以电子申报、电子监管、电子放行为主要内容的电子检验检疫建设,提高验放效率。四是促进外贸便利化方面,加强检验检疫监管模式的探索和改革,进一步规范检验检疫业务流程，完善通关单联网核查制度，打击逃漏检，优化通关环境，帮扶企业获得原产地、地理标志产品保护等优惠措施。五是加大实施分类管理、直通放行、绿色通道的工作力度。按照国家质检总局“加强口岸直通建设，服务外贸经济发展”现场会的要求，山西检验检疫局在全系统率先开展内陆局和口岸局直通放行的合作，3月，省局与天津检验检疫局在太原举行《关于津晋两地实施直通放行合作备忘录》签字仪式，对首批纳入直通范围的山西省14家企业实行直通放行模式，为企业节省通关成本。六是加强认证、检测、信息等方面为企业服务的力度，增强应对技术性贸易工作的主动性、灵活性和有效性，帮助企业有效规避出口风险。省局成功帮扶山西省运城地区、晋中地区的水果获准向加拿大等国际高端市场出口，拉动地方农业经济发展，带动农民增收；对全省28家出口企业开展技术贸易壁垒调查，与企业共同研究应对全球金融危机和贸易壁垒的措施。七是加大帮扶企业力度、减轻企业负担，建立健全面向企业的产品质量检测服务平台，积极为企业提供检测技术服务，继续落实出口食品、农产品等产品的减免收费政策；推行企业联系制度，积极与企业互动。3.提升基础保障水平，开展检测工作整顿。一是加强行政执法法制教育，全面落实行政执法责任制，组织开展执法专项监督检查，提高依法监管和行政执法水平。二是加强认证认可工作。加强对指定实验室的管理；开展GAP(良好农业规范)认证试点工作，推动更多企业实施HACCP和食品安全防护计划。三是增强检验检测技术保障能力，提高仪器设备使用效能；开展煤炭、蚧虫两个国家重点实验室的筹建工作，食品检测国家重点实验室顺利通过总局专家组的考核验收。四是积极参加国家质检总局“金质工程”(一期)建设业务应用系统推广活动，加强出口煤炭产地监管视频监控系统建设和应用；加强对门户网站的功能维护和升级管理。五是加强基层基础建设，加大对基层的投入，开展在晋城、运城和朔州市设立检验检疫机构的筹建准备工作并取得进展。六是深入开展检测工作整顿。全国质检系统检测工作整顿视频会议召开后，山西检验检疫局党组专门召开会议研究并审议通过《山西检验检疫局开展检测工作整顿的活动方案》，在局“质量提升”活动领导小组设立“检测工作整顿工作组”，负责检测工作整顿的综合协调和工作指导，使检测工作整顿活动在全省系统内有计划、有步骤、有目标、有重点地开展起来。在启动阶段，针对《方案》中确定的22项重点工作，各单位均成立“检测工作整顿工作组”，制定本单位的细化方案。各分支局和事业单位分别召开检测工作动员会，确保整顿工作的扎实有序开展。在自查自纠阶段，对全局近三年来制度建设情况进行自查，梳理、修订、补充和完善39项相关制度，健全检测工作管理的制度体系。其中，技术中心从总体要求和工作目标、具体内容应采取的措施等3个方面开展自查自纠工作，保健中心对各个工作环节共14个大项、80个小项逐一进行排查，对人员、环境、设备等方面存在的问题提出解决措施，修订完善《实验室技术岗位人员工作职责》等多项检测工作管理规章制度。全面开展检测机构检查工作，对全局系统整顿活动自查、委托检验、专项检查、计量检查、技术能力核准、食品检验机构委托检验等方面进行检查督导，通过开展检测技术大比武，在全局系统掀起学习检测知识和提高技能的新高潮，通过开展实验室开放月活动，提高检验检疫的社会知名度和公信度。对山西检验检疫局14家指定实验室的技术能力进行调查和核准工作，组织对永济新时速电机电器有限责任公司技术中心试验基地等4家新申请的指定实验室进行考核验收。

【大质量工作机制和大质检文化建设】 2010年，国家质检总局党组对“两大”建设工作做出部署以后，山西检验检疫局始终把“两大”建设工作摆在突出位置，召开的动员大会，分别成立领导组，由两位分管局领导分别担任组长，制订方案，确定“两大”总共33项重点工作，“两大”建设顺利开局并取得初步成效。

1. 大质量工作机制。省局按照“依靠地方、联合部门、抓住企业、监管产品”的要求，一是积极推进以质取胜，在加强进出口商品质量安全监管水平、增强服务地方经济的有效性、改善检验检测环境等方面，取得新的成效。二是着力建立和完善与相关部门的质量联控合作机制。上半年与天津检验检疫局签订直通放行协议，与山西省商务厅、山西省质量技术监督局签署合作备忘录；下半年与新亚欧大陆桥沿桥9个直属检验检疫局建立合作机制、与民航山西安全监督管理局就航空口岸建设、与深圳检验检疫局就农产品质量安全建立合作机制；出口农产品食品安全示范区建设工作中，与山西省农业厅、运城市、忻州市等主管部门和地方政府多次召开联席会议，合作推进山西省出口芦笋、苹果、红芸豆等质量安全示范区建设，出口产品的质量安全水平和经济社会效益明显提高，地方政府对检验检疫工作明显重视，检验检疫服务地方经济发展的有效性明显增强。三是充分发挥企业产品质量安全的主体作用，引导企业牢固树立质量第一的理念，严格遵守质量安全法律法规，自觉做到诚信自律、守法生产。所属各分支局主动出击，结合地方实际，采取措施，取得很好的成效。四是加强对产品的监管。结合出口产品实际，采取多种监管措施，加强对涉及安全、卫生、环保、健康等产品的检验检疫监管，确保山西省出口产品的质量和安全。

2. 大质检文化建设。一是与山西省质量技术监督局新修订双方的合作备忘录，确定在质量振兴、科技兴检、保障食品质量安全、建立联合执法机制、建设质检文化等5个领域、15个方面开展合作。二是主动联系山西省质量技术监督局召开座谈会，明确双方合作的“四个统一”、确定13项阶段性重点工作。三是围绕“质量提升”活动，联合质量技术监督局，邀请地方人大、政协以及新闻媒体，开展“质检邀您看企业，食品安全大家行”活动，共同对山西食醋、枣制品、饮料、果汁等企业进行联合检查。四是两局建立出口非法检产品生产企业质量监管信息交流制度，成立食品生产加工和进出口食品安全监管协调工作小组；针对全省资质认定实验室技术能力的监管和评价，积极参加质监系统组织的铜、铅等元素测定能力验证；五是加强两局人才交流，商定干部交流方案，着手开展局、处两个层面的干部交流。六是两局组队联合参加国家质检总局组织的质量提升检测技术大比武，并获得全国第一的成绩。七是积极开展文化建设活动。在全系统组织大质检文化演讲、征文等活动，国庆期间，联合质量技术监督局以“质检一家人、携手谋发展”为主题，举办文艺汇演，增进双方的了解和友谊，展示山西质检两局的精神风貌。

【班子队伍与作风建设】 2010年，省局党组坚持把班子和队伍建设摆在全局发展的首要位置，坚持从严管理干部，制定下发《关于进一步从严管理干部的实施意见》和《关于贯彻干部选拔任用四项监督制度的实施意见》，并通过调配各级领导班子、加强干部队伍思想作风建设、提高干部职工素质，不断增强全局干部职工的凝聚力和战斗力。针对省局中层班子建设情况，按照《党政领导干部选拔任用工作条例》规定和领导干部交流暂行办法，在全系统交流和轮岗8名处级领导干部、提任14名处级领导干部和2名处级非领导干部，通过选拔、交流，改善班子结构，有效调动干部职工的积极性，增强干部队伍活力，工作呈现新的气象；共举办各种培训班、专题讲座20期，培训人员达到1290人次，提高干部队伍的综合素质；通过开展行风教育、纪律教育月等活动，增强各级班子的工作能力和水平，为做好各项工作提供组织保障。 (张建龙)

商务发展

【概述】 1. 消费保持平稳较快增长。(1)促消费举措。“家电下乡”改进补贴领取方式。家电以旧换新启动，汽车以旧换新结束。设立山西商品大集销售区，在展会上推介山西名优特新商品，开展山西老陈醋中华行系列活动。(2)完善城乡流通体系。推进“万村千乡”“双三十”“农超对接”等工程。(3)扩大便民服务网络。实施早餐工程，加强城市社区菜市场标准化改造，开展再生资源回收体系建设。(4)稳定供应。成立市场保供领导小组，建立蔬菜日监测制度。落实省、市两级重要商品的储备制度。加强对农村市场的动态监测，开通县级“商务预报”试点。为企业安装信息泵，提高数据报送自动化水平。协调中石油、中石化、中航油等6家大型成品油批发企业，全省成品油销售增长10.7%。(5)消费环境便利安全。开展打击侵犯知识产权和制售假冒伪劣商品专项行动，实施“放心酒”工程，出台散装白酒流通管理办法。开展生猪屠宰市场专项治理和药品流通市场调研。加强典当、拍卖、旧货流通、特许经营等行业管理。加强商务综合执法，建立12312商务举报投诉平台，10个市建立商务综合执法机构，将右玉、阳曲县等12个县级商务主管部门列为全国试点单位。

2. 对外贸易快速增长。(1)政策扶持。利用科技兴贸出口创新基地、加工贸易转型承接地等政策，全年新批外商投资服务性企业4家，全省服务外包企业7家，外包出口额达420万美元，同比增长20%。太钢引进德国1.3亿美元不锈钢无缝管技术改造项目，阳煤丰喜肥业集团引进韩国、日本国际一流聚甲醛工艺技术，推动进口增长。(2)基地建设。各市商务局选择30多个技术含量高的出口基地企业项目，省商务厅(以下简称省厅)组织专家对上报的基地建设企业进行评审，拟定《出口商品基地建设中长期发展规划》。利用国家区域协调发展资金，加大对出口基地企业的支持。(3)帮扶企业。帮助企业开拓市场，组织企业参加国内外品牌展会，山西企业(美国)营销中心筹备工作基本完成。应对贸易摩擦，对印度亚硝酸钠反补贴应诉成功，适时发起反倾销调查和采取贸易救济措施。与中信保山西分公司落实国家出台的出口信用保险政策，加大对投保企业的保费支持。完善外贸发展联席会议制度，与省外管局共同举办对外贸易转型发展政策协调会，与省出入境检验检疫局签订合作协议。

3. 利用外资水平提高。山西省调整和振兴十大产业重点项目推介会签约2个能源项目，总投资额101亿元，各市签约85个项目，总投资额449.31亿元，拟引资额432.20亿元。省厅与香港贸易发展局签署促进双方经贸交流合作协议，组织参加广交会、高交会、昆交会、东盟博览会等展会。研究制定《关于进一步鼓励来晋投资的若干规定》，完成《关于进一步改善投资环境扩大招商引资工作的调研报告》。外资投向趋于合理。全年新批外商投资企业中，投资总额在1000万美元以上的项目占46.2%，投向第一、三产业项目比例达53.8%。外资投向装备制造、现代煤化工、新型材料、现代农业、现代服务业等领域的到位资金占48.1%。外资企业全年实现营业收入1021.1亿元；利润总额99.7亿元，同比增长140.8%；纳税总额59.4亿元，同比增长12.7%。

4. 实施“走出去”战略。对外投资大项目增多。较大项目有朔州东日煤业公司在加拿大投资5000万加元的酒店、公寓项目。晋非经济贸易合作区进展顺利。基础设施建设全面开工，商务中心等其他项目开始前期规划和设计工作。毛里求斯政府配套的供水、供电、污水处理、电信等设施工程同步进行。联系有意向在园区投资的企业，例如与香港华懋集团签署的合作协议，投资额2亿元。外经合作服务加强。完成山西省对外劳务合作服务平台建设方案和项目计划书。举办"走出去"综合培训班，对100多人进行政策、境外安全风险知识等培训。

【涉外活动】 省厅邀请伊朗、阿联酋、巴基斯坦、德国、孟加拉、格鲁吉亚、尼日利亚、沙特阿拉伯、韩国、马来西亚、美国、印度、印尼、菲律宾、土耳其、日本、葡萄牙、南非、澳大利亚、意大利、阿富汗、俄罗斯、丹麦、英国、荷兰、泰国、叙利亚、法国、芬兰、加拿大、白俄罗斯31个国家和地区客商333人到山西进行经贸活动。派往印度、哈萨克斯坦、日本、韩国、阿联酋、香港、澳门、英国、荷兰、德国、法国、西班牙、希腊、瑞士、比利时、美国、加拿大、墨西哥、巴西、智利20个国家和地区50人次进行考察、推销和经贸洽谈。

【国内贸易】 1. 社会消费品零售总额。2010年，全省社会消费品零售总额3207.85亿元，比上年增长18.40%。按地域分，城镇2559.55亿元，乡村648.30亿元。按行业分，批发业181.80亿元，零售贸易业2702.50亿元，住宿业43.53亿元，餐饮业280.02亿元。

2. 批发和零售贸易业企业商品销售总额。批发和零售贸易业企业商品销售总额2884.30亿元，比上年增长21.67%。其中，限额以上企业1078.30亿元，限额以下企业1806.00亿元。

3. 市场物价。商品零售价格指数为102.3（以上年价格为100），其中城市102.5，农村102.0；居民消费价格指数为103.0（以上年价格为100），其中城市103.1，农村102.8。

4. 市场秩序建设。推进综合执法工作，全省8个市、6个县列入试点范围，8个市落实商务综合执法机构和编制，建立内部管理制度，开通12312举报投诉热线，下拨专项资金1000万元。完善信用信息库建设，省厅涉及的2项审批内容进入商务部信用信息库。加强信用担保工作，为中小商贸企业解决融资难问题，协调20余家担保公司为500多个中小商贸企业解决贷款担保26亿元左右，给担保公司争取补贴1092万元，为中国出口信用保险公司争取保险补贴67.7万元。开展打击非法传销、扫黄打非、防止甲型H1N1流感等活动，先后出动执法人员10余万人次。

5. 市场体系建设。推进"万村千乡"市场工程，2010年，全省建成7000个农家店，建设与改造60个配送中心，累计建成2.7万个农家店，辐射全省90%的乡镇和70%的行政村。全省初步建成120多个商品配送中心，面积达30万平方米。推进"双三十"农产品市场工程，重点支持16个农产品批发市场和26个农产品流通企业建设与改造项目，项目总投资11.2亿元，承办企业新增年销售（交易）额51.6亿元，新增带动就业3.1万人，新增带动农户14.1万户。落实"家电下乡"各项政策措施，提高家电下乡产品最高限价，将国有农场、林场职工纳入家电下乡补贴范围，将电动自行车纳入新增家电下乡品种。销售家电下乡产品184.88万台（部），销售额43.98亿元，分别比上年增长217%和260.2%。共回收拆解报废汽车19457辆，补贴符合汽车以旧换新政策6550辆车8565.1万元，直接拉动汽车消费7.08亿元。依法加强典当、拍卖、直销等行业监管。

6. 商贸服务管理。加强早餐工程建设，支持和培育六味斋、广东酒家等13家早餐主食加工配送中心，发展早餐网点800多个。加强城市社区菜市场标准化改造，对太原市40个菜市场和大同、晋中等10市20个菜市场进行标准化改造。加强再生资源回收体系建设，推动太原、大同两个试点城市再生资源回收体系建设工作，重点建设再生资源回收网点、交易市场、分拣中心及信息系统，开展人员培训，给予资金支持。加强家政服务网络平台建设，完善太原、大同、长治3市4个家政服务网络平台，支持龙头家政企业连锁门店建设，加强家政服务基础设施建设及家政服务人员培训工作。加强成品油市场管理，完成55个新（迁）建加油站的规划确认，加强成品油市场监测，缓解柴油供应紧张局面。开展家电以旧换新工作，成立领导机构，制定《山西省家电以旧换新实施细则》《山西省家电以旧换新凭证管理办法》，确定14个销售、回收双中标企业，全年家电以旧换新销售65218台，销售额2.68亿元。

7. 市场运行调节。加强对生活必需品市场运行状况的监测，全省各类监测样本增加到近500家，开展县级商务预报试点工作。生活必需品市场应急和调控工作取得新进展，猪肉储备增加到12095吨，启动二级响应机制，建立应急商品数据库。推进"放心酒"工程建设，推出100家"放心酒工程示范店"，举办第五届山西酒饮食品博览会。推进畜禽屠宰工作，为330个生猪定点屠宰场点换发"生猪定点屠宰证书"，出动生猪屠宰执法人员85330人次，检查市场和屠宰场2000多次，取缔私屠滥宰点261个，发放病害猪无害化处理补贴939万元。审核换发鲜茧收购资格证与缫丝（绢纺）生产准产证，做好全省桑蚕种、桑蚕茧、桑蚕丝的生产指导性计划与蚕茧收购的相关工作。

【出口贸易】 2010年，山西省进出口总额125.78亿美元，比上年增长46.93%。

1. 出口总额。全省出口总额47.09亿美元，比上年增长65.97%，占全省GDP的3.61%；占

2010年山西省主要出口市场情况表

国家(地区)	出口金额(万美元)	占出口总额比重(%)
韩国	84424	17.93
美国	46601	9.89
日本	36802	7.81
印度	35879	7.62
中国台湾	24054	5.11
香港	23350	4.96
巴西	19507	4.14
意大利	16352	3.47
比利时	14473	3.07
荷兰	13985	2.97
德国	10480	2.23
合计	325907	69.20

全国出口额的0.34%。

2. 出口商品品种。全省出口商品1066种，出口额在100万美元以上的商品247种，金额44.37亿美元，占出口总额94.22%。其中出口额在500万美元以上的商品99种，金额40.95亿美元，占出口总额86.95%。

出口额在300万~500万美元的商品44种，主要是无可锻性铸铁管子附件，其他以石墨等碳为主的糊状、板块状制品，鲜鸡蛋，陶瓷制绝缘零件，非电热的铸铁制集中供暖用散热器及其零件，滚动轴承的其他零件，锻轧镁，核桃仁，其他电力控制或分配盘、板、台等，初级形状的聚乙烯醇，糠醇及四氢糠醇，柴油机的零件，头孢三嗪(头孢曲松)及其盐，核桃仁罐头，未列名的调制胶及其他调制粘合剂，棉制其他男裤，棕刚玉，炉用碳电极，棉制女裤，其他电视摄像机的零件，稀土永磁体，不锈钢制法兰，碳，其他铁圆形截面焊缝管，未锻轧锰，棉细纱机，人造石墨，非电气的灯具及照明装置，凿井机械的零件，液体泵零件，其他石油或天然气管道管，其他耐火砖、块、瓦及类似耐火陶瓷建材制品，1-萘胺、2-萘胺及其衍生物以及它们的盐，喀什米尔山羊细毛制，明胶制装药用胶囊等。金额为1.65亿美元，占出口总额的3.51%。

出口额在100万~300万美元的商品104种，主要有冻兔肉，其他绿豆，内径在500毫米及以上的圆型截面铸铁管，其他车身覆盖件，二氧化硅，轻型柴油及汽油货车用装差速器驱动桥及零件，其他芳香多胺及其衍生物以及它们的盐，热轧，其他金属酸盐及过金属酸盐，其他结构上含有一个嘧啶环或哌嗪环的化合物，其他棉制盥洗及厨房用织物制品，电极用碳糊及炉衬用的类似糊，棉制，其他电缆，烟花、爆竹，客车或货运机动车辆用新的充气橡胶轮胎，化纤制刺绣的餐桌用织物制品，其他金属永磁铁及磁化后准备制永磁铁的物品，其他鲜梨，盐渍绵羊肠衣，其他乙酸盐，其他烟煤，山羊肉，棉制针织或钩编的T恤衫、汗衫、背心，肥料用硝酸钾，铝合金空心异型材，苦杏仁，其他金属家具，其他钢石油天然气无缝管道管，钨丝，直流电动机及直流发电机，钾的磷酸盐，未列名混合或非混合产品构成的药品，锰铁，未列名钢铁制品，其他木制的画框、相框、镜框及类似品，其他餐桌或厨房用玻璃器皿，其他内酯，金属轧机用轧辊，装在蹄片上的制动摩擦片，化纤制其他非针织或钩编餐桌用织物制品，太阳能电池，亚硝酸盐，木碎料或木纤维板挤压机等木材、软木处理机，乙酸钠，未列名木制品，车身(包括驾驶室)的其他零件、附件，其他聚乙烯、聚丙烯扁条等材料制货物包装袋，飞轮及滑轮，活动房屋，锶或钡的氧化物、氢氧化物(及其过氧化物)，抛光机床，未列名切成形的纸、纸板等纸及纸(桨)制品，机械密封件，钻探石油及天然气用无缝钢铁套管及导管，其他木螺钉，板材冷轧机，硫酸钡，木制门及其框架和门槛，含有头孢他啶的药品，其他钢铁制对焊件，切成一定尺寸或形状的滤纸及纸板，棉制割绒的灯芯绒等。金额为1.77亿美元，占出口总额的3.76%。

出口额在100万美元以下的商品819种，金额为2.72亿美元，占出口总额的5.78%。

3. 出口商品市场。出口商品销往158个国家和地区。出口额在100万美元以上的国家和地区97个，出口金额46.95亿美元，占出口金额的99.70%。其中，出口额在2亿美元以上的国家和地区6个，主要是韩国、美国、日本、印度、中国台湾和香港，出口金额25.11亿美元，占出口总额的53.32%。出口额在1亿~2亿美元的国家和地区5个，主要是巴西、意大利、比利时、荷兰、德国，出口金额为7.48亿美元，占出口总额的15.88%。

出口额在1000万~1亿美元的市场32个，主要有俄罗斯、巴林、加拿大、澳大利亚、伊朗、土耳其、英国、泰国、印度尼西亚、西班牙、阿联酋、南非等，出口金额为

2010年山西省出口额500万美元以上商品情况表

金额分类	商品名称	出口金额(万美元)	占出口总额比重(%)
1亿美元以上(8种)	焦炭及半焦炭,无烟煤,冷轧不锈钢板材,含镁量至少为99.8%的未锻轧镁,手持式无线电话机的零件(天线除外),耐火粘土,非特种用途的其他类型电视摄像机,热轧不锈钢卷材等	198510	42.15
1000万~1亿美元(56种)	其他未酸洗热轧不锈钢卷材,其他钢铁制法兰,炼焦煤,其他合金钢热轧卷材,硅铁,冷轧不锈钢板材,其他未锻轧镁,其他酸洗热轧不锈钢卷材,未列名陶制品,其他铸铁管及空心异型材,手持(包括车载)式无线电话机,可锻性铸铁及铸钢管子附件,热轧不锈钢非卷材,其他玻璃杯,其他无可锻性铸铁制品,其他碳电极,其他玻璃盥洗室、办公室、室内装饰等器皿,其他仅热轧,6氨基青霉烷酸(6APA),未列名一般体育活动、体操或竞技用品及设备,热轧不锈钢卷材,锰铁,沥青,其他玻璃高脚杯,7氨基头孢烷酸、7氨基脱乙酰氧基头孢烷酸,未列名硝酸盐,健身及康复器械,马来酐,石油或天然气钻机的零件,其他硅,硝酸铵,光导纤维、光导纤维束或光缆用连接器,不论是否煅烧的高岭土,其他苹果汁,铁道及电车道机车或车辆的轮及上述货品零件,用作荧光增白剂的有机合成产品,镁粉,钢结构体用部件及加工钢材,普通钢铁板材,钢铁制钉、平头钉、图钉、波纹钉、U形钉,其他电气设备用石墨或碳精制品,不规则盘卷的不锈钢热轧条、杆,其他合金钢热轧非卷材,未列名含有其他抗菌素的药品,矿用电铲,其他固定支架的高架移动式起重机,硝酸钙和硝酸铵的复盐及混合物,环已基氨基磺酸钠(甜蜜素),未列名机动车辆用其他制动器及其零件,冷轧不锈钢板材,其他钢铁制石油或天然气管道管,阀门零件,碳化硅,由每根被覆光纤组成的光缆,富铝红柱石等	183910	39.05
500万~1000万美元(35种)	其他干芸豆,草酸,经酸洗热轧不锈钢卷材,未列名化学工业及相关工业化学产品及配制品,镁制品,冷轧不锈钢板材,氧化铝或氧化硅等>50%的耐火砖、瓦,聚酯短纤<85%棉混印花平纹布,变像管及图像增强管,未列名电灯及照明装置,未列名钢铁制管子附件,硫化黑(硫化青)及以其为基本成分的制品,铁道及电车道机车等车辆的轴,棉≥85%染色三或四线斜纹布,乙内酰脲及其衍生物,热轧管机,非肥料用硝酸钾,未列名车辆用车轮及其零件、附件,制成的饲料添加剂,钙,其他金属轧机零件,硫酸二钠,其他棉≥85%染色布,芦笋罐头,增炭剂,未煅烧石油焦,直接从铁矿还原的块、团、团粒等形状铁产品,尿素,其他自推进采油机械,镀或涂锌的普通钢铁丝,其他电力控制或分配盘、板、台,热轧并经除包镀涂外加工宽≥600毫米钢铁板材,热轧不锈钢非卷材,玻璃陶瓷器皿,瓷餐具等	27096	5.75
合 计	99种	409516	86.95

12.13 亿美元，占出口总额的25.77%。

出口额在 500 万~1000 万美元的市场 21 个，主要有叙利亚、阿尔及利亚、新西兰、苏丹、乌克兰、捷克共和国、蒙古、巴拿马、希腊、斯里兰卡等，出口金额 1.39 亿美元，占出口总额的 2.95%。

出口额在 100 万~500 万美元的市场 33 个，主要有尼日利亚、斯洛文尼亚、黎巴嫩、斯洛伐克、塞浦路斯、罗马尼亚、保加利亚、厄瓜多尔、多米尼亚、丹麦等，出口金额为 0.84 亿美元，占出口总额的 1.78%。

【进口贸易】2010 年，山西省进口总额 78.69 亿美元，比上年增长37.49%。

1. 进口商品品种。山西省进口商品 762 种，进口额在 100 万美元以上的商品 246 种，金额 75.98 亿美元，占进口总额的 96.56%。其中进口额在 500 万美元以上的商品 97 种，金额 72.91 亿美元，占进口总额的 92.65%。

进口额在 300 万~500 万美元的商品 33 种，主要有核磁共振成像装置、液压马达、吹塑机、铜制绕组电线、未去壳核桃、数控切齿机、齿轮磨床或齿轮精加工机床、无衬背铜镍合金或铜镍锌合金箔、非家用型气体的净化机器及装置、化学木浆、人造石墨、其他包装或打包机器(包括热缩包装机器)、数控外圆磨床、初级形状的聚乙烯、喷枪及类似器具、其他精炼铜管、链(铰接链除外)的零件、其他液压动力装置、油压传动阀、其他初级形状的聚酯、未列名叉车等装有升降或搬运装置的工作车、使用光学射线的其他仪器及装置、含石油或从沥青矿物提取油类的润滑油添加剂、未列名物镜、未列名具有独立功能的电气设备及装置等，金额为 1.47 亿美元，占进口总额的 1.88%。

进口额在 100 万~300 万美元的商品 116 种，主要有硫化橡胶制机器及仪器垫片密封垫、其他工业或实验室用炉及烘、其他未硫化的初级形状复合橡胶、其他铲运机、放大器、直线作用(液压缸)的液压动力装置、其他电感器、乙酸乙烯酯、钢坯连铸机用振动装置、止回阀、焊剂涂面或做芯贱金属条或丝、钎焊或气焊用、气压升降机及输送机、用于电压不超过 1000 伏线路的其他数控装置、其他以合成聚合物或化学改性天然聚合物为基本成分的油漆及清漆、未列名的反应引发剂、离心通风机、锌矿砂及其精矿、液相色谱仪、初级形状的聚碳酸酯、饮料及液体食品灌装设备、深沟球滚珠轴承、其他焊接链、锂离子蓄电池、其他硅电钢平板轧材、其他测量或检验用光学仪器及器具、以环氧树脂为基本成分的粘合剂、抛光机床、其他用途的干燥器、非特种用途的其他类型电视摄像机、多相交流电动机、其他载体催化剂、其他诊断或实验用配制试剂、真空泵、多相交流电动机、工业用旋风式除尘器、气相色谱仪、零售包装每件净重≤1 千克的胶、硼酸、滚动轴承的其他零件、以丙烯酸聚合物为基本成分的油漆及清漆(包括瓷漆及大漆)、系统形式的分散型工业过程控制设备、其他液压往复式排液泵、其他回转式排液泵、阴离子型有机表面活性剂、固体矿物质的其他混合或搅拌机器、数控卧式车床、工业用温度计及高温计、其他工业用钢铁制品、其他初级形状的烯烃聚合物、仅用金属加强的硫化橡胶制输送带及带料、锯床或切断机、液压往复式柱塞泵、片式多层瓷介电容器、其他气压动力装置、非公路用自卸车用装有差速器的驱动桥及零件、鼓形滚子轴承、转速在 10000 转/分以下的其他离心泵、乙二胺、其他不锈钢半制成品、钢轨、未列名制冷设备、销及开尾销、阀门零件、未录制固态非易失性存储器件(闪速存储器)、天然粗硼酸、其他滚珠轴承、加热电阻器、电缆、其他检测液体或气体变化量的仪器及装置、其他滚动轴承、除漆剂、斗式连续运送货物的升降机及输送机、其他螺钉及螺栓、塑料或橡胶用注模或压模、激光器、已装配的压电晶体、多喇叭音箱、以环氧树脂为基本成分油漆及清漆、减压阀、未列名塑料制品、其他柴油电力铁道机车、不论是否煅烧的高岭土、非公路用自卸车用变速箱等，金额为 1.60 亿美元，占进口金额的 2.03%。

进口额在 100 万美元以下的商品 516 种，金额为 2.71 亿美元，占进口金额的 3.44%。

2. 进口商品市场。进口商品来自 77 个国家和地区，进口额在 100 万美元以上的国家和地区 54 个，进口额 78.62 亿美元，占进口总额的 99.91%，其中进口额在 2 亿美元以上的国家和地区 11 个，主要是澳大利亚、巴西、德国、印度、古巴、日本、哈萨克斯坦、法国、加拿大、美国、印度尼西亚，进口额 57.76 亿美元，占进口总额的 73.40%。进口额在 1 亿~2 亿美元的市场 7 个，主要有土耳其、南非、意大利、中国台湾、奥地利、哥伦比亚、菲律宾，金额为 10.42 亿美元，占进口总额的 13.24%。进口额在 1000 万~1 亿美元的市场 22 个，主要有韩国、中国、秘鲁、蒙古、前南马其顿、乌克兰、俄罗斯、英国、墨西哥、伊朗等，金额为 9.82 亿美元，占进口总额的 12.48%。进口额在 100 万~1000 万美元的市场有 14 个，主要有新加坡、阿根廷、加纳、芬兰、荷兰、丹麦、阿曼、香港、洪都拉斯、比利时等，金额为 0.62 亿美元，占进口总额的 0.79%。

3. 技术进出口。2010 年，山西省技术进出口总额 18589.11 万美元，比上年增长 179.30%。签订引进技术和进口设备合同项目 41 个，比上年增加 9 个；合同金额 18515.11 万美元，比上年增长 183.13%；签订技术出口合同项目 1 个，合同金额 74 万美元，比上年下降 36.37%。

4. 服务贸易。2010 年，山西省服务贸易进出口总额 13.25 亿美元，比上年增长 15.00%。其中，出口额 8.60 亿美元，进口额 4.64 亿美元，主要行业有旅游、建筑服务、计算机和信息服务、专有权利使用费和特许费等，主要贸易伙伴是中国台湾、日本和德国。

【外资利用】外商直接投资项目中生产型项目 21 个，占 40.38%；非生产型项目 31 个，占 59.62%。外商直接投资主要来自香港、英属维尔京群岛、新加坡、美国、日本、萨摩亚、加拿大等国家和地区。参加年检的外商投资企业营业收入 1021.13 亿元，利润 49.78 亿元，外商投资企业从业人员 18 万人。

【对外经济合作】(1)对外投资。2010 年在海外举办企业项目 28 个，投资总额 61763.37 万美元，中方投资 11393.13 万美元，主要投资在美国、加拿大、哈萨克斯坦、蒙古、泰国、香港、阿联酋、安哥拉、南美、伊朗、埃及、摩洛哥、斯里兰卡、孟加拉国、中国台湾、新加坡、澳大利亚、新西兰、坦桑尼亚、缅甸、印尼等 21 个国家和地区。(2)承包工程和劳务合作。签订对外承包工程和劳务合作合同项目 8 个，金额 48179 万美元，比上年下降 2.85%；完成营业额 72228 万美元，下降 37.15%；派出劳务人员 1224 人，年末在外人数 5967 人，派往主要国家和地区：阿尔及利亚、安哥拉、喀麦隆、贝宁、尼日利亚、毛里求斯、中非、多哥、利比亚、莫桑比克、加纳、埃塞俄比亚、巴基斯坦、土耳其、摩洛哥、多米尼克等，承包工程项目：山西六建集团有限公司承建的利比亚那鲁特房建项目、中非利比亚酒店工程和援中非医院项目，中铁十七局集团承建的多米尼克公路修复项目，中铁十二局集团承建的安哥拉首都 FUTUNGO 小区和安哥拉总统小区基础桩工程，晋铝建设有限公司承建的越南林同综合管网Ⅰ标段和细种子沉降子项水电工程。(3)对外经济技术援助。承担援外项目 8 个，受援国家和地区是厄里特亚、利比亚、中非、斯里兰卡、喀麦隆等国，涉及的行业是房屋建筑、技术合作，正在施工的项目 5 个，已完工项目 3 个。

2010 年山西省主要进口市场情况表

国家(地区)	进口金额(万美元)	占进口总额比重(%)
澳大利亚	205799	26.15
巴　西	59459	7.56
德　国	57240	7.27
印　度	40872	5.19
古　巴	37311	4.74
日　本	35464	4.52
哈萨克斯坦	32847	4.17
法　国	29282	3.72
加拿大	27242	3.46
美　国	26604	3.38
印度尼西亚	25437	3.23
土耳其	18645	2.38
南　非	17594	2.21
意大利	17322	2.20
中国台湾	14828	1.89
奥地利	13299	1.69
哥伦比亚	11892	1.52
菲律宾	10643	1.36
合　计	681780	86.64

2010 年山西省服务贸易进出口情况表

行业	进出口		出口		进口	
	金额(万美元)	同比(%)	金额(万美元)	同比(%)	金额(万美元)	同比(%)
旅游	46459	22.93	—	—	46459	22.93
建筑服务	67028	-10.63	67028	-10.63	—	—
计算机和信息服务	420	20.00	420	20.00	—	—
专有权利使用费和特许费	18589	180.00	18589	180.00	—	—
合　计	132496	15.00	86037	5.06	46459	22.93

2010年山西省进口额500万美元以上商品情况表

金额分类	商品名称	出口金额(万美元)	占出口总额比重(%)
1亿美元以上(12种)	其他未锻轧非合金镍,镍湿法冶炼中间产品,铬矿砂及其精矿,铬铁,炼焦煤,铜矿砂及其精矿,其他烟煤,镍铁,锰矿砂及其精矿,其他工业或实验室用电阻加热炉及烘箱,褐煤,处理器及控制器等	555393	70.58
1000万~1亿美元(54种)	其他自动调节或控制仪器及装置,具有变流功能的半导体模块,冷轧不锈钢平板轧材,未列名连续运送货物的升降机及输送机,交流电机驱动的铁道电力机车,其他煤,不锈钢废碎料,卧式加工中心,建筑业或工业搬运车辆及机器用,金属轧机用轧辊,镍矿砂及其精矿,其他铁道及电车道机车零件,铁道及电车道机车或车辆的轮及上述货品零件,润滑油基础油,其他金属轧机零件,未列名处理金属的机械,用于电压不超过1000伏线路的可编程序控制器,立式加工中心,自推进的截煤机、凿岩机及隧道掘进机,四层及以下的印刷电路,辊式连续运送货物或材料的升降机及输送机,行星齿轮减速器,其他圆柱形滚子轴承,手持式无线电话机的零件(天线除外),铜铳,固体矿物质的分类、筛选、分离或洗涤机器,热交换装置,其他机动叉车其他装有升降或搬运装置工作车,多相交流电动机,铁道及电车道机车等车辆的轴,炉用碳电极,未列名利用温度变化处理材料的机器、装置及类似的实验室设备,未煅烧石油焦,其他变压器的零件,非自推进的截煤机、凿岩机及隧道掘进机,无烟煤,已烧结的铁矿砂及其精矿,链式连续运送货物或材料的升降机及输送机,齿轮及其他变速、传动装置,其他未煅烧石油焦,齿辊式固体矿物质的破碎或磨粉机器,其他传动轴及曲柄,未列名具有独立功能的机器及机械器具,冶炼钢铁所产生的熔渣、浮渣、氧化皮等废料,其他固体矿物质的破碎或磨粉机器,其他数控车床,数控弯曲、折叠或矫平机床,其他集成电路,离合器及联轴器(包括万向节),其他电动机,未列名风机、风扇,锥形滚子轴承,数控矫直机床等	148705	18.89
500万~1000万美元(31种)	其他电力控制,未列名钢铁链,注塑机,热喷金属或硬质合金的电气机器,其他空气泵,其他制半导体器件或集成电路用的机器及装置,其他自推进的钻机,脱水机,分度头及其他专用于机床的附件,超声波探伤检测仪,矿用电铲用零件,未列名化学工业及相关工业化学产品及配制品,带式连续运送货物的升降机及输送机,其他冲孔或开槽机床,制造单晶柱或晶圆用的切割设备,喷汽机、喷砂机及类似的喷射机器,未列名数控铣床,未列名未装配的光学元件,其他四硼酸钠,其他开关、保护或连接用电气装置,核桃仁,初级形状的丙烯共聚物,存储器,四层以上的印刷电路,其他未列名离心机,未列名液体过滤、净化机器及装置,恒温器,铜镍、铜镍锌合金板、片及带,医疗、外科或兽医用X射线应用设备,其他未列名测量或检验仪器、器具及机器,其他未涂布牛皮纸,回收(废碎)的未漂白牛皮纸及纸板等	24990	3.18
合 计	97种	729088	92.65

2010年山西省利用外资情况表

利用外资方式	批准签订的合同			实际利用外资	
	项目数（个）	外资金额（万美元）	金额比上年增加（%）	金额（万美元）	金额比上年增加（%）
外商直接投资	52	100301	49.94	150960.10	11.53
合资企业	28	56198	149.24	70527.61	–18.83
合作企业	6	7436	–66.23	5382.34	–11.26
外资企业	15	32528	45.70	75050.15	77.12
股份有限公司	3	4139	—	—	—
合 计	52	100301	49.94	150960.10	11.53

2010年山西省外商直接投资来源情况表

国家(地区)	项目数(个)	合同外资(万美元)	实际外资(万美元)
香 港	26	–27790	102888.72
英属维尔京群岛	4	47600	15102.14
新加坡	4	1420	1312.44
美 国	4	125	1068.77
日 本	2	778	1070.27
萨摩亚	2	1306	1129.80
加拿大	1	37	1907.98
投资型公司投资	4	29224	3197.77
合 计	47	52700	127677.89

2010 年山西省外商直接投资行业情况表

行　业	外商直接投资合计		
	项目数(个)	合同外资(万美元)	实际外资(万美元)
农、林、牧、渔业	7	1313	1977.04
采矿业	—	2069	16085.63
制造业	21	21855	86675.01
炼焦业	—	—	15975.00
冶金业	—	—	544.06
电力、燃气及水的生产和供应业	2	35792	8601.00
建筑业	1	3880	—
交通运输、仓储和邮政业	1	42	—
信息传输、计算机服务和软件业	2	18	3368.36
批发和零售业	6	1494	1058.33
住宿和餐饮业	1	53	415.63
房地产业	1	15643	4498.32
租赁和商务服务业	6	10141	3197.75
科学研究、技术服务和地质勘查业	3	8754	2813.17
水利、环境和公共设施管理业	1	-753	2000.80
卫生、社会保障和社会福利业	—	—	3750.01
合　计	52	100301	150960.10

派出援外人员 206 人，年末在外人数 231 人。(4)接受经济援助。接受国际组织及双边项目 6 个，金额 400 万欧元。

【《山西省畜禽定点屠宰企业设置规划》出台】 为贯彻落实《山西省畜禽屠宰管理条例》和国务院《生猪屠宰管理条例》，山西省人民政府办公厅印发《山西省畜禽定点屠宰企业设置规划》。鼓励发展大型现代化屠宰加工企业，鼓励社会资金进入屠宰行业，通过竞争推动发展。

【药品流通企业座谈会】 5 月 17 日，省厅组织召开全省部分药品流通企业座谈会，全省 11 个市的 20 余家从事药品批发和零售企业的代表参加会议。会上讨论省厅起草的《建立国家基本药物制度对我省医药流通行业可能造成的影响及预案》，通报药品流通行业工作动态，与会代表就医药流通企业参与国家基本药物招标及配送过程中遇到的问题进行讨论。

【牛羊驴和鸡鸭鹅屠宰厂（场）设置规定出台】 为贯彻落实《山西省畜禽管理条例》，保证畜禽产品质量，打造安全放心的食品工程，省厅制定出台《山西省牛羊驴屠宰厂（场）设置规定》（试行）和《山西省鸡鸭鹅屠宰厂（场）设置规定》（试行）。对屠宰厂（场）的选址、环境卫生、待宰间、屠宰间建筑设计、屠宰加工工艺、肉品卫生检验等统一要求。

【全省成品油市场管理工作会议】 5月14日在太原召开，各市商务局、中石化山西分公司、中石油山西分公司、成品油社会批发与仓储企业、省石油成品油流通行业协会、省直有关部门、省厅等单位相关负责人参加会议。会议总结并部署2010年工作任务。一是编制全省成品油流通行业“十二五”发展规划；二是全省成品油经营企业换证工作；三是完善全省成品油市场监测体系；四是促进加油站非油品业务的发展；五是强化市场监管，严格市场准入；六是开展全省成品油市场违法违规建设加油站专项整治工作；七是做好全省石油成品油流通行业协会的换届工作。

【《散装白酒经营管理办法》出台】 省厅制定出台《散装白酒经营管理办法》，核心是对散装白酒经营实行“加封密闭包装、固定店铺零售”管理。明确销售主体必须是取得《山西省酒类批发许可证》或在酒类管理部门进行过备案登记的批发、零售企业，且必须纳入《酒类流通随附单》管理范畴；禁止使用开放式方式销售散白酒，必须使用由厂家统一灌装的出口铅封的不可回灌的容器存储和销售，售毕由厂家回收；固定地点，禁止流动销售。

【家电以旧换新】 7月31日，山西省家电以旧换新启动仪式在太原举行。常务副省长李小鹏，商务部副部长姜增伟出席，有关部门的分管领导以及首批中标的14家家电销售、回收企业参加启动仪式。家电以旧换新工作实施时间为2010年6月1日至2011年12月31日。补贴产品包括电视机、电冰箱（含冰柜）、洗衣机、空调、电脑等五类，补贴项目包括家电补贴、运费补贴、拆解补贴三种。14家企业的4000多个网点在县级商务部门备案后开展家电以旧换新业务。

【商务部进出口业务相关知识培训班】 8月5~6日，商务部人事司、贸发局在太原举办。全省9个地市商务部门负责人、107家外贸企业的业务主管以及6个相关单位的工作人员，共200余人参加培训。

【六项措施保障成品油市场供应】 11月29日，省厅研究下发《关于加强当前我省成品油市场供应保障工作的紧急通知》，明确采取六项措施确保全省成品油供应。一是重视成品油市场供应工作。二是建立健全成品油市场应急预案。三是中石化、中石油两大集团山西分公司加大外采力度，增加市场投放量；各社会批发企业组织货源。四是各级商务主管部门协调当地成品油经营企业，强化加油站和油库的现场管理。五是各级商务主管部门依法打击非法囤油、乘机抬价等扰乱市场秩序的违法行为。六是加强正面宣传教育工作，保障成品油市场正常秩序。　　（陈艳刚）

粮食工作

【概述】 2010年，山西农作物种植面积376.4万公顷，比上年增加1.9%。其中，粮食种植面积323.9万公顷，增长2.9%；油料种植面积15.7万公顷，减少7.6%；棉花种植面积5.9万公顷，减少16.3%。在粮食种植面积中，玉米种植面积154.9万公顷，增长6.7%；小麦种植面积72.9万公顷，增长0.1%。2010年，全省粮食总产量1085.1万吨，增产15.2%。其中，玉米766.0万吨，增产17.1%；小麦232.2万吨，增产10.0%。夏粮总产234.1万吨，增加10.0%；秋粮总产851.0万吨，增产16.7%。山西国有粮食企业总仓容820.1万吨，有效仓容709.9万吨。

【调控粮食市场】 2010年省粮食局落实国家和省粮食流通政策，按照国务院、省政府部署，制定并出台山西省粮食流通措施，顺利实现粮食保供稳价目标。一是加大收购力度，超额完成粮食收购任务。重点抓好对夏粮、秋粮收购工作安排，积极协调解决收购中存在困难，全年收购粮食546.65万吨，比省目标责任制考核领导组确定目标多收购166.65万吨，超额43.86%。二是粮食销售目标超额完成，有力保证全省居民消费需要。全年销售粮食809.35万吨，比380万吨目标多销429.35万吨，超额1.13倍。三是粮食产销衔接任务超额完成，保证全省粮食供求平衡。全年通过产销合作调入小麦、大米178.4万吨，比考核目标多调入53.4万吨，超额42.72%。四是加强市场监测，及时掌握粮价变化情况。2010年，全省建立68个价格监测点，5月开始，指定专人对面粉、大米、食油销售数量和价格实行周报制度。10月起，实行日报制度。五是采取有效措施，稳定市场粮价。11月起向市场投放调控粮油，稳定市场粮价。安排山西古船面粉有限公司加工4万吨小麦，以每公斤低于市场价0.06元价格在全省销售。安排省直属阳曲库加工11176吨小麦，以每公斤低于市场价0.7元价格向忻州市部分贫困人口定向供应。组织运城、忻州等市粮食部门以低于市场价格向市场投放面粉、食用油等。六是制定稳定粮油市场价格预案，充实储备，保障应急。先后制定《关于稳定当前粮油市场价格的应急预案》《山西省粮食经营者最低最高库存量标准》，经省人民政府同意印发执行。各市根据要求，进一步充实储备，增强应急能力。全省省、市地方储备粮和县级政府调控粮储备充足。

【"放心粮油"工程建设】 2010年，山西省政府将"建设改造100个放心粮油配送中心、1000个骨干示范店和10000个经销网点"列入为全省人民办的十件实事之一。省粮食局先后制定出台《关于加快推进放心粮油"三个一"工程建设的实施意见》《区域性和县级放心粮油配送中心验收方案》，以及千家骨干示范店与万家经销店考核验收办法，明确目标任务和验收标准。加强对"放心粮油"工程建设安排部署和督促检查，2010年初作详细安排。8月和11月组织开展专项督查和全面验收。积极争取省政府资金2240万元，支持"放心粮油"工程建设。截至2010年底，全省超额完成全年目标任务，实际建设改造"放心粮油"配送中心147个，为目标任务147%，其中市级区域性配送中心14个，县级配送中心133个；完善提升骨干示范店1258个，为目标任务125.8%；建设完善经销网点11971个，为目标任务119.71%。"放心粮油"网络覆盖全省84%乡(镇、街办)、38%行政村和71%城市社区，覆盖人口占全省总人口三分之二。"放心粮油"工程社会效益和经济效益日益明显。2010年建设的万家经销店销售成品粮油88.5万吨，销售收入28.5亿元，实现利润1.36亿元。建成"放心粮油"配送中心全年共配送64万吨粮油，销售额达20.7亿元，实现利润3100万元。全省"放心粮油"工程从业人员共计36316人，其中安置国有粮食企业下岗职工4434人。

【现代粮食物流体系建设】 省粮食局在《山西省粮食现代物流发展规划》等文件基础上，进一步提出全省现代粮食物流发展布局、目标、内容、措施等。开工建设1个物流节点项目，拟开工3个节点项目。太原国家粮食交易中心累计实现网上交易粮食138万吨，为调控、稳定市场价格发挥积极作用。省粮食局成立山西粮食物流中心建设领导组，为物流中心争取机构编制，并招聘18名工作人员。针对山西粮食物流中心建设资金严重缺乏现实，省粮食局创新思路，通过走招商引资路子，使山西粮食物流中心项目建设迈出实质性步伐，取得突破性进展。截至2010年底，山西粮食物流中心项目土地征用工作完成，全部土地价款付清。

【提升仓储管理水平 确保粮油储存安全】 仓储管理方面，省粮食局突出四项工作：一是实施并完善库存管理制度；二是进行春秋两季储粮安全大检查；三是狠抓现代化粮库建设和粮油仓储企业规范化管理；四是组织省级储备粮动态轮换管理等工作。2010年，省粮食局制定《山西省粮油仓储企业规范化管理水平评价暂行办法》《山西省省级储备油库存与轮换管理补充办法（试行)》，并下发全省执行，粮油库存管理制度完善，对进一步规范仓储企业管理行为起到积极促进作用。通过考核验收，2010年全省15个粮食仓储企业达到粮食储备库现代化建设标准，超额完成省政府下达14个建设任务。全系统安全储粮"一符六无"粮仓率达98.9%以上，超额完成4.9%。全年未发生一起安全储粮事故，确保储粮安全。

副省长牛仁亮考察放心粮油工程（祝志光提供）

【推进国有粮食企业战略性改革重组】 一是周密安排部署。4月，组织召开全省国有粮食企业改革左权现场会，随后召开运城、长治、大同分片国有粮食企业改革汇报会，推广交流部分市、县粮食局和企业改革经验，掌握各地改革进度和存在问题。二是完善政策措施。省粮食局与省财政厅、省农发行联合发文，就政策性亏损挂账中企业反映强烈几个问题明确政策，有力支持企业改革和发展。三是加强督促指导。8月、11月，省粮食局分别组织人员对各市企业改革进展情况进行督查，研究解决改革中存在困难和问题。2010年全省国有粮食购销企业通过兼并重组、改制、破产等多种形式减少企业170个，完成减少任务目标103.7%；保留企业292个，超额完成保留目标任务。国有粮食购销企业经济效益显著好转，2010年较上年减亏幅度达50%以上；购销企业统算不亏损或盈利市增至5个。

【粮食流通市场监管】 一是健全监督检查内设机构和执法队伍。截至2010年底，省、市两级监督检查内设机构和执法队伍全部建立。114个县级粮食部门全部成立监督检查内设机构，103个县经编制部门批准组建粮食流通管理稽查队，粮食部门内部组建11个。二是完善监督检查规章制度。针对山西省粮食收购市场现状，制定《粮食个体收购者规范化管理暂行办法》和《"放心粮油"经销网络经营杂粮及制成品质量监管办法》等政策文件，经省政府法制办审核批准，以规范性文件形式下发各地执行。三是精心组织全省粮食库存检查工作。对全省粮食库存实物及账务情

长治市商业银行

支持地方经济，深入企业调研

作为地方性银行，长治市商业银行始终以支持地方经济发展为己任，牢固树立“地方银行、中小企业银行、市民银行”的市场定位，在支持地方经济建设上做出了不懈努力。成立以来，累计投放贷款500余亿元，上缴税金4亿元，支持了一大批中小企业的快速发展，为推动地方经济转型跨越发展做出了积极贡献。

长期以来，长治市商业银行深入开展多元化、特色化的金融服务活动，重点从文明服务、便民服务、贴心服务等方面强化服务意识、提高服务质量，力求为广大客户提供更周到、更优良的服务体验。经过坚持不懈的实施，共有4家支行获得了省级“青年文明号”称号，有3家支行被评为“山西省银行业文明规范服务百佳示范单位”，商行的社会形象得以大幅提升。

反假币宣传

在大力促进地方经济发展、全面提高经营管理水平的同时，长治市商业银行还积极履行社会责任，组织和参加了各种形式的社会捐助活动，成立以来向社会捐款100余万元；努力推进下岗失业人员小额担保贷款，累计发放下岗失业人员小额担保贷款70多笔，共计400万元，扶持了下岗失业人员自主创业。

同时，长治市商业银行还通过组织多种形式的文体活动来丰富职工精神文化生活，增强集体观念和企业凝聚力，组织开展了“假如我是行长”主题演讲赛、庆祝建党九十周年红歌赛等活动，在长治市2010年迎新春“工会杯”登山比赛中荣获男子A组团体第一名、女子A组团体第二名的好成绩，在长治市金融系统第一届职工乒乓球比赛中荣获男子团体冠军，向社会各界展现了长治商行健康向上、勇于进取的精神风貌。

微笑服务

今后，长治市商业银行将贯彻各项经济金融方针政策，充分发挥地方银行的主力军作用，加快建设现代城市商业银行步伐，积极为地方经济的发展做出新的更大的贡献！

大同市商业银行

——李桦先进事迹

李桦，研究生学历，经济师，中共党员，现任大同市商业银行行长、副董事长、党委委员。

行长：李 桦

大同市商业银行成立于2001年1月,是大同市唯一的一家地方性股份制商业银行。2009年初，从基层一步步走过来的李桦担任了大同市商业银行行长。3年来，李桦作为全行经营管理工作的排头兵，锐意进取，勇于开拓，凭着丰富的银行基层工作经验，带领大同商行干部职工紧紧围绕全行中心任务和发展大局，加大改革力度，探索企业经营管理的新路径。在全行各项经营管理中做了大量的工作，并取得了显著成绩。截至2010年末，全行资产总额为198.68亿元，较年初增长10.57%；各项存款余额为189.16亿元，较年初增长16.89%；各项贷款余额为79.3 亿元，较年初增长17.23%；全年实现拨备前利润1.89亿元，均创建行以来的最好水平。

宽敞明亮的营业大厅

坚持从严治行 李桦不断探索严格管理和科学管理相结合的新路子。他始终把风险防范作为各项工作的重中之重。不断加强信贷、财务及现金管理工作，在他的领导下，全行各项内控制度不断完善，逐步形成了“横向到边、纵向到底”的内部管理体系；与此同时，在他的带领下，全行大力开展合规建设活动，通过举办形式多样的教育活动，全行逐步形成了“人人合规”的良好合规文化。

坚持特色立行 李桦高度重视创新工作，不断加大创新力度。全面加强和改进服务工作，多次研究和部署改进服务的有效措施，通过形式多样的活动，加强了全行文明优质服务的观念，使全行的整体服务水平又有新的提高。与此同时，高度重视科技创新，在他的指导下，全行自主创新工作有序开展。先后自主开发并上线了云冈卡收费、小额账户管理费收费等模块。

坚持人才兴行 “用事业凝聚人才，用实践造就人才，用机制激励人才”一直是李桦恪守的用人原则。他长期以识才的慧眼、用才的气魄、爱才的感情、聚才的方法，发现人才、培养人才、吸引人才、用好人才，为人才的发展创造了良好的环境并全面提高了职工队伍的整体素质；另一方面他不断改革激励机制。在他的主导下，大同商行推行了“行员等级制”改革，为全行质量、管理、效益协调发展起到了积极的推动作用。

近年来，大同市商业银行多次获得“全国支持中小企业发展十佳商业银行”、“中国现代服务业十佳优质服务金融机构”、“全国中小企业最信赖的商业银行”、“全国支持民营企业发展十佳商业银行”等多项荣誉称号。被山西省精神文明建设指导委员会授予“2008-2009”文明和谐单位称号。李桦个人获得“银行业金融机构改革开放优秀高管人员”、“全国支持民营企业发展风云人物”、“山西青年五四奖章”、“山西省优秀企业家”等荣誉称号。

忻州公路分局

——张利民先进事迹

局长：张利民

张利民，忻州公路分局局长。2010年，忻州公路分局围绕“全面养护、建设提升、适应发展、服务社会”的发展目标，突出精细管理，狠抓标准质量，干线公路路网结构和路况水平得到有效提升，公路综合服务水平大幅提高，为忻州经济社会的加速发展、转型发展提供了有力的公路支撑。

公路建设立足提升路网水平，项目建设与项目储备统筹推进。圆满完成了国道108线繁峙砂河—原平城北、省道忻黑线K39—K97、省道崞五线及国道209线三项路面改造工程、国道208线城上—阳明堡“三改二”等级提升项目主体工程，全年建设里程220.472公里，完成投资4.16亿元。

张利民向上级领导介绍忻州公路发展前景

公路养护立足安全保畅，道路通行能力稳步提高。对急弯陡坡、路侧险要、视距不良、涉校路段和事故易发生点等危桥险路，全面开展了排查整治，完善、增设警告、限速及禁令等安全提示标志638套；对韩河线11处安全隐患及其他严重排水不良、路基防护短缺的路段进行了彻底整治；加强对危桥险路、翻浆路段等薄弱环节的重点防范，全年抢修水毁干线公路16条360处，恢复费用389万元，确保了道路安全畅通。年末优良路率达81.94%，评定结果达85.15。

路政管理立足依法规范，执法能力有效增强。认真落实《公路法》，依靠地方政府、沿线群众，坚持有奖举报等措施，形成了政府、部门、群众多元化的管理格局。超限率控制在0.01%以内，受到国家交通运输部、省治超办的充分肯定。

积极做好路桥公司的改革扶持和监督工作。将稳定人心、化解矛盾、解决问题作为工作重点，着力推动新三、远大两个路桥公司发展增效，积极推进路桥企业内部建设，确保了企业和谐稳定发展。路桥公司职工全部得到了妥善安置，职工工资及“三险一金”全部得到解决。2010年，分局保持“全国精神文明建设工作先进单位”，创建保持省级文明和谐单位标兵1个；被省总工会和省安监局联合授予“安康杯竞赛活动优秀组织单位”。为玉树灾区捐款7.6万元；爱心助残捐款活动捐款1.2万元。分局工会被市总工会、省总工会授予“基层工会标兵单位”、五星级职代会和五星级工会。

扫除积雪保畅通

大同公路分局

——胡权先进事迹

党委书记：胡　权

胡权于2009年8月担任大同公路分局党委书记以来，团结带领党委一班人，把握方向、锤炼队伍、围绕中心、服务大局，为圆满完成公路养建管各项任务、营造分局和谐稳定发展局面提供了坚强的政治组织保障。

抓好党建引领方向注重发挥党委的政治核心作用　胡权切实抓好党建基础工作，加强各级领导班子建设，完善党建工作制度，坚持民主集中制原则，注重干部队伍素质建设，充分提高党员干部服务意识和奉献精神。加强文明创建工作，全局文明单位在数量和级别上有很大提升。加强公路文化建设，道路行车环境和品位进一步提高。围绕公路养建管实际开展“创先争优”活动，有效推进学习型党组织建设工作，在养建管实践中强化了党组织的战斗堡垒作用和党员的先锋模范作用。

严于律己加强监管狠抓党风廉政建设　胡权认真学习贯彻执行党风廉政各项规定，做到严于律己、自身过硬。从党风廉政建设目标责任制的落实入手，抓党风廉政监督、行风建设、治理公路“三乱”，加大案件查处力度，规范“三重一大”决策议事程序，并把工程建设领域作为廉政建设的重点。全局廉政建设形势良好。

强化责任立足发展积极配合局长抓好养护路政超限和其他各项工作　作为党委书记，胡权不仅要在政治上引好路，还在分局发展上负起责；不仅要抓好党组织和职工队伍建设，还协助局长做好各项行政工作。主抓了马走线天镇至赵家沟段全长34.316公里的改建工程项目。在项目管理中，建立健全各项规章制度和管理办法；履行基本建设程序，实行精细管理；充分调动项目部各级各类人员积极性，明确各级职责分工，严格工作纪律，严禁吃拿卡要，强化服务意识；创造施工环境，认真安排阶段性施工组织计划，组织开展标段劳动竞赛活动；积极协调地方政府和当地群众关系，努力化解各种矛盾；严格执行工程建设“四项制度”，认真落实四级质量监督管理体系，工程按期竣工，质量自检为优质工程。

胡权在工作中与行政领导团结协作、密切配合，党委班子成员互相支持，共谋发展，成为公路事业和谐发展的保证。

分局办公大楼

公路养护

吕梁市新华书店

——高清平先进事迹

总经理、党总支书记：高清平

高清平，现任吕梁市新华书店总经理、党总支书记。

敢立潮头勇为先，搏击市场创业绩。在新华书店多年来赖以生存的教材教辅发行市场陷入困境之时，高清平带领全系统广大职工，迎难而上，始终将学校和学生、政府和社会对教材发行的满意度放在首位；克服一切困难，保障免费教材的及时规范供应，送书到校，确保“课前到书，人手一册”，使吕梁市两教征订满足率、配套率达到了全省先进水平。2008～2010年实现销售收入33337万元，实现利税1892万元，连续三年被山西新华书店评为“教材教辅发行优胜店”。围绕“做大做强主业，让吕梁新华书店的经营水平再上新台阶，实现新跨越”这一主题，高清平把责任与激励有机结合起来，把绩效与薪酬挂起钩来，坚持了公开、公平、合理的原则，体现了以效益最大化为核心的指导思想，使企业管理逐步走上规范化、科学化的轨道。他以高度的责任感服务教育、服务社会，以优秀的图书、优质的服务扩大和占领图书市场，努力做好农家书屋、职工书屋等惠民文化工程，圆满完成了吕梁市全区540个行政村的农村书屋配送工作。他在工作中注重以情感人，以德服人，想群众之所想，急群众之所急，解群众之所难，一些职工家庭及子女就业、就学等出现困难，他都使出浑身解数，全力以赴，直到解决满意为止。

高清平积极带头并号召全系统广大干部职工踊跃参加社会公益捐助活动。2008年全系统为四川汶川灾区共捐款捐物44250元，2010年为青海玉树地震灾区捐款捐物21850元，他本人多次捐助达5000多元。吕梁市新华书店多次被评为省级“先进基层党组织”和“先进单位”。2008～2009年被吕梁市直文明委评为“市直文明和谐单位”。高清平连续四年被山西新华书店评为“先进工作者”，连续二年被山西新华书店集团党委评为“优秀党务工作者”，2008年评为“山西新华书店系统年度十大人物”，2010年被吕梁市委、市政府评为“劳动模范”，2011年荣获“山西省五一劳动奖章”。

国家人口计生委副主任江帆在榆次北田镇西双村视察

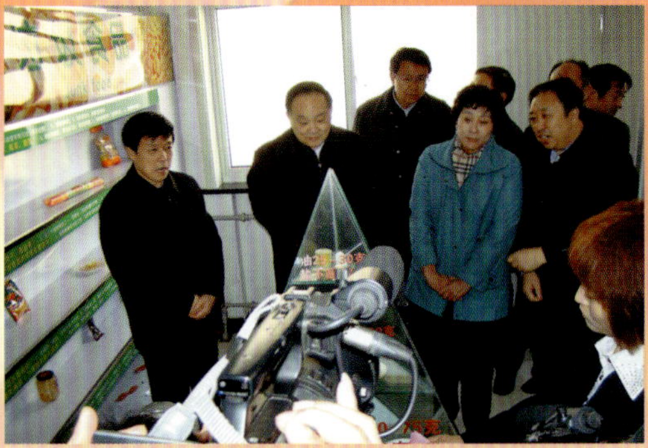

国家人口计生委纪检组长勾清明在榆次视察

中国计生协会党组书记杨玉学在榆次聂店村视察

榆次区人口和计划生育局

局长：石山爱

榆次区人口和计划生育局紧紧围绕工作大局，认真履行第一责任，主动服务第一要务，坚持计划生育基本国策，努力稳定低生育水平，着力提高人口素质，统筹解决人口问题，从整体上提升了人口和计划生育工作水平，2009年～2010年被山西省委、省政府授予“全省人口计划生育目标责任制考核先进”荣誉称号,1997年～2011年晋中市人口目标责任制考核名列第一。2010年，在榆次区委、政府综合考核中，区人口计生局名列100余个部门之首。2011年4月，作为晋中市唯一、山西省人口计生系统唯一的部门，被省委、省政府授予“模范公务员先进集体”荣誉称号。

制定了坚持多方联动，落实奖励扶助政策，使计生家庭优先享受改革发展的成果 在落实国家、省计生家庭奖扶政策的基础上，对农村独生子女在报考本区高中和职业高中时享受加10分的政策，使1558名计生家庭的子女受益；对农村独生子女本人在新农合筹资时给予了10元的补助，使3 .1万人得到实惠，减免资金达到39.3万元。同时，各有关单位和部门制定出台了对计生家庭的优先优惠政策共9大类260条。实行奖励扶助制度以来，全区累计有30265人（户）符合奖励政策的计划生育家庭领到了计划生育奖励金，国家、省、市、区累计投入资金达4000万元。

突出人本理念，加大工作力度，促进优质服务提质提速 在加强基层基础建设的基础上，从细微处提高群众健康水平。为促进农村妇女养成良好的卫生习惯，全区投资15万元制作了6万个生殖健康保健盆，免费发放给全区农村已婚育龄妇女。为了限制食盐的摄入量，降低高血压、高血脂等疾病的发生，全区投资 4万余元，定制了20万个6克标准（每人每天用量）“控盐勺”发放到全区18万户家庭中，达到“有病食疗，无病预防”的目的。

加强科学管理，注重建章立制，公共管理水平显著提高 全区累计投入260多万元，为10个乡镇、9个街道办事处和乡镇服务所全部配备了计算机、打印机、移动硬盘、U盘等。为61个社区、30个试点村配备了计算机。依托政务内网、政务外网、互联网和移动网络4个平台，全区构建了以省、市、区局域网、乡级广域网、村级手机直报网和公众互联网为基本架构的信息网络框架体系，实现了全员人口信息数据集中管理、动态更新和网络化运转，提高了工作效率，提升了管理服务水平，被国家人口计生委授予“全国人口信息化建设先进单位”。

团结奋进的局领导班子

注重宣传教育，打造工作亮点，人口文化建设再谱新篇 人口文化大院发展到133个，人口文化宣传队215支，图书室356个，新农家示范户200户，营造了浓厚的宣传氛围。与张庆乡党委政府及红马营村共同筹资40万元，建立和谐之窗亲之园和山西省第一个农村人口早教中心。与北田镇联合，投资15万元，在西双村建起人口文化广场，均属全省首创。

闻喜县财政局

——许群狮先进事迹

局长：许群狮

许群狮，男，中共党员，50岁，山西省闻喜县人。他于1982年参加工作，在县政府办任职，后到闻喜县侯村乡、凹底镇、东镇等几个乡镇担任党委书记，2007年7月，担任闻喜县财政局党总支书记、局长。在财政局工作几年来，他带领机关全体人员，认真学习实践科学发展观，创新工作思路，坚持依法理财，尤其是全球经济危机后，面对闻喜县财政工作的空前严峻形势，他与财税系统广大人员一道，迎难而上，审时度势，奋力开拓，顺利实现了“保工资、保运转、保民生”奋斗目标，向全县人民上交了一份满意的答卷，彰显了新时期财政人守土有责、守土尽责的全新风貌。

2010年初，他先后20余次深入海鑫、银光等骨干企业开展调研，帮助企业制定经营对策，充分发挥财政职能，为企业担保贷款2160万元，解决企业流资不足问题。为了加快税收入库进度，他与税务部门同志一道，连续几个月在企业蹲点，确保应收尽收。通过努力，当年闻喜财政收入终于实现了恢复性增长，并达到了75352万元，比上年的49636万元增加了51.8%，增幅居运城市第一，圆满完成了市、县确定的收入任务。

许群狮胸怀大爱，心系民生。他常说：民生是公共财政体系建设的核心，财政支出如果不以惠及民生为着力点，那收入再多也没有用。2010年闻喜县财政总支出为90717万元，其中民生支出就达43870万元，占总支出的48.4%，民生支出总量和倾斜比例均创历史新高。

许群狮带领大家参加义务植树活动

团结奋进的局领导班子

工作中，许群狮同志能够严格按照政策法规和纪律要求办事，以身作则，率先垂范。他坚持原则，公平公正，恪守廉洁，以独有的个人魅力赢得大家充分信任，带出了一支创新、廉洁、高效的财政队伍。2010年在全县纪律作风整顿评优评差和政风行风评议活动中，财政局均取得了第一名的好成绩。

辛勤的付出终有回报。许群狮同志出色的工作得到了上级部门和全县广大群众的广泛认可，他本人也多次获得市、县多次表彰。其中2010年，被运城市委、市政府授予“农村党风廉政建设先进工作者”，被闻喜县委、县政府评为“优秀领导干部”。

晋城宏圣建筑工程有限公司

——张晋峤先进事迹

董事长、总经理：张晋峤

张晋峤，现任晋城宏圣建筑工程有限公司董事长。2008年3月担任宏圣公司董事长兼总经理以来，他率领广大干部职工谋转型、促发展，以晋煤集团“育新突破”工程为目标，紧紧围绕“归核化”发展思路，积极探索“靠上去、闯出来、走出去”战略路径，做优支柱产业，增强发展实力，突出育新创造，积蓄领先优势，力做晋煤集团新型产业、新兴产业的擎旗领军“承载体”，以“谦逊、务实、勤奋”的精神赢得了上级领导和单位职工的广泛认可。

登高望远谋转型 张晋峤秉承“用超前的思维预见问题、用发展的眼光看待问题，用创新的手段解决问题”理念，一是注重发展转型。坚持“有所为有所不为”原则，树立“以项目为支撑，提升传统产业，实现现代化规模经营，推动企业全面、协调、可持续发展”目标，积蓄企业发展后劲。二是注重产业转型。进行子分公司兼并重组，形成“建筑安装、汽运物流、矿用材料生产、煤炭综合服务”四大板块竞相发展新格局。三是注重管理转型。精简主要职能部门，提高工作效率；开展薪酬和人事制度改革，初步实现了专业分工明确，职能完整清晰，人员科学配置，运作精简高效的目标。

脚踏实地促发展 张晋峤“登高望远思考，脚踏实地落实”，一是牢筑生产堤坝，突出安全发展。创造性引入专家咨询机制，确保了安全生产的万无一失。二是夯实人才基础，突出创新发展。实施“全员素质提升”计划和“健脑、壮腰、强腿脚”工程，开办“江科大工商管理培训班”和“管理创新大讲堂”，推动“一企一校”战略，开展“一企一标”活动。与科研院校合作成立“五大基地”。全国首台锚固剂自动化生产线的研制、注浆“锚注法”新工艺的引进和信息化管理平台的运用，为企业发展注入了创新动力。三是提升幸福指数，突出和谐发展。构建“大后勤”服务体系，改善项目一线职工苦、脏、累工作、生活环境，丰富职工业余文化生活，建立弱势群体帮扶机制，对困难职工进行走访、慰问，让职工家属感受到了企业的关怀和温暖，为企业发展注入了和谐元素。

张晋峤（中）在基层调研指导工作

3年来，张晋峤带领全体干部职工，累计完成营业收入总额91.21亿元、利润2.6516亿元；公司荣获中国建筑业领先企业、全国安全生产优秀施工企业等称号，他本人也先后被评为煤炭行业施工企业优秀企业家、2010年中国建筑业100位杰出贡献企业家，省五一劳动奖章等荣誉称号。

张晋峤在（左二）深情慰问老党员

2010 年 2 月 26 日，山西省粮食工作会议在太原召开（祝志光提供）

况、库存粮食质量、原粮卫生及储粮安全情况等进行全面自查和复查。四是强化收购市场监管职能。根据粮食市场化后收购主体多元化、收购活动常年化特点，采取“把好一道关口，强化两季检查”方法，维护正常粮食收购市场秩序，确保国家粮食收购政策落到实处。五是开展节日粮油市场监督检查。据不完全统计，2010 年重大节日期间全省共出动监督检查人员 1204 人（次），检查各类粮食经营企业 2041 个，下达责令改正通知书 10 余份。六是加大政策性粮食销售检查力度。通过安排部署，制定检查方案，进行实地督查，公布举报电话等措施，保证全省政策性粮食销售出库工作顺利进行。七是组织开展“放心粮油”经销网络专项监督检查。重点对经销网络各种证照、规章制度、服务承诺、购销台账、质量、价格等情况进行监督检查。

【自身建设】 2010 年，全省粮食系统扎实开展学习实践科学发展观活动，狠抓党风廉政建设，把党风廉政建设和反腐败工作任务细化分解，落实到人，把反腐倡廉建设工作纳入领导班子和领导干部考核范围。深入推进惩防体系建设，制定省粮食局严肃工作纪律，改进工作作风“十个严禁”，驻局纪检监察室制定《全省粮食系统纪检监察重大事项报告制度》《关于开展党风廉政建设巡视工作的实施方案》等。组织廉政教育，为全系统党员购买《廉政准则》，就《廉政准则》组织 80 多名副处以上干部进行知识测试。严格执行党风廉政建设责任制，部署全年反腐倡廉工作，下发党风廉政建设和反腐败实施意见以及责任制分解意见，与 15 个单位签订党风廉政建设责任制。提出精神文明建设工作五年建设规划，并把创建工作纳入日常工作。加强党风建设，组织局机关干部、局直单位领导等人赴右玉县参观学习，积极营造和谐发展环境，干部职工队伍整体素质得到提升。

【荣誉奖励】 截至 2010 年底，省局机关和 7 个局属单位、9 个市粮食局、48 个县粮食局被评为文明和谐单位或标兵单位。在 2011 年全国粮食局长会议上，太原市粮食局、乡宁县粮食服务中心、山西晋粮植物油库等 3 个单位和李应祥等 4 名同志，分别荣获全国粮食系统先进集体和劳动模范（先进工作者）称号。晋中市军粮供应服务中心、大同市军粮供应站等 2 个单位和张原晋等 3 名同志，分别荣获全国军粮供应管理工作先进单位和先进个人称号。省总工会与省粮食局联合表彰“放心粮油”工程建设 50 个先进集体和 100 名先进个人。　　（祝志光）

供销合作工作

【概述】 2010 年，全省供销合作社围绕加快供销社改革发展目标任务，以积极参与新农村建设为重点，大力推进“新网工程”建设，努力开拓农村市场，稳步调整经营结构，全省供销社经济运行继续保持强劲增长势头，主要财务指标与上年同期相比均保持平稳较快增长，超额完成省政府年度目标责任考核指标。2010 年，全系统购进总额、农副产品收购、销售总额、消费品零售、农业生产资料、实现利润 6 项指标分别比 2009 年增长 19.1%、24.8%、20.2%、20.5%、17.7%和 19%。2010 年，省政府下达发展完善农村日用消费品连锁经营网络、农资商品配送服务网络、农副产品购销服务网络、再生资源回收利用网络情况 4 项指标，其中便民店建设任务是 600 个，实际完成 1500 个，其他 3 项任务 100%完成考核指标。

【新网工程】 以“新网工程”为载体的农村流通服务体系建设由量到质全面提升。2010 年，“新网工程”从量到质转变幅度明显加大，参与新农村建设水平全面提升。全系统建设改造配送中心 75 个，连锁配送网点 1980 个，有效降低运营成本，提高配送效率和服务水平。

【基层社转型改造】 基层社转型改造全面启动。各市、县供销社把基层社转型改造列入重点工作内容，薄弱空白县供销社网络振兴是重中之重，任务指标以全国总社确定 6 个薄弱空白县为准，按照项目计划工期，原平、阳城、河津、榆社、平遥、山阴等 6 县均如期完成任务。

【党建工作】 省供销社高度重视党的建设和党风廉政建设，在 2010

年初与各单位签订《省供销社机关及直属单位党的工作责任制落实目标责任书》和《党风廉政建设目标责任书》。坚持党组中心组学习和民主生活会，领导班子成员牢固树立科学发展和转型跨越发展指导思想，在工作中求真务实、团结协作，充分发挥核心带动作用。在精神文明创建方面，省社党组和机关党委高度重视、扎实推进，积极参加省直工委、省体育局等单位举办的乒乓球、羽毛球、健身操等赛事活动；不断加强党内关怀帮扶机制，全年共资助困难企业100多万元，为困难企业干部职工解决取暖和医保劳保等生活困难。省社筹措70万元为武乡县丰洲镇姜村兴建供销希望小学，向玉树和舟曲灾区分别捐款17万元和11万元，省供销社连续六年被评为“文明和谐单位标兵”称号。（李　岩）

烟草专卖

【概述】 截至2010年底，山西省烟草公司下辖11个地市级烟草专卖局（公司），拥有总资产102.37亿元，其中，固定资产19.95亿元、流动资产75.68亿元，资产负债率为7.45%。全行业共有从业人员7080人，其中聘用员工2846人。2010年，省局（公司）被山西省直机关精神文明建设委员会授予“文明和谐单位标兵”称号。

【卷烟打假打私】 2010年，全省共查处各类涉烟违法案件1.25万起，其中，查处假烟案件6358起（5万元以上假烟案件176起），查获假冒卷烟1.58亿支，标值4956万元，依法公开销毁7457万支，打掉制假窝点4个、贩藏假烟窝点274个，查获制假烟机6台；查处非渠道真品卷烟案件6030起，查获卷烟6932万支。全省共查处符合国家局标准的网络案件22起，11个地市级局均完成年度打击制售假烟网络案件任务，其中，晋中市局“1·23”网络案件被列为公安部、国家局挂牌督办案件。全年共向公安机关移送案件113起，公安、司法机关依法拘留132人、逮捕114人、判刑100人。

【生产经营】 2010年，全省烟草商业系统销售卷烟726.54亿支（145.31万箱），同比增长3.31%。本辖区销量居前三位的品牌为“红河”“红旗渠”“云烟”，其中，销售“红河”120.55亿支（24.11万箱），同比增长20.25%；“红旗渠”83.22亿支（16.64万箱），同比下降3.25%；“云烟”76.17亿支（15.23万箱），同比增长37.13%。截至2010年末，卷烟库存39.72亿支（7.94万箱）。全年实现卷烟销售收入215.58亿元，同比增长16.92%。实现卷烟税利50.54亿元，增长21.55%，其中，实现卷烟利润28.17亿元，增长5.2%。公司卷烟三项费用率为7.38%。

【烟叶生产】 2010年，按照“烟农申请、资格审核、签订合同、建立档案”的要求，实行“以烟苗定株数、以株数定亩数、以计划控烟苗”办法，与烟农逐村逐户签订合同，确保计划落到实处，有效遏制烟叶过热苗头。全省签订烟叶种植收购合同2457份，同比减少20.5%；合同约定和实际移栽面积0.32万公顷，同比下降10%；实际收购0.84万吨（16.8万担），其中，上等烟叶0.19万吨（3.74万担），中等烟叶0.59万吨（11.74万担），下低等烟叶0.07万吨（1.32万担）；全省烟叶均价12.48元/千克，同比提高0.18元/千克；全省调出烟叶16.87万担，完成年度计划的100%，连续三年保持烟叶产销平衡。优化烟田布局，全省烟叶集中连片种植较往年有大幅度提高，全省33.35~66.7公顷连片区域9个，共计363.05公顷；6.67~33.35公顷连片区域101个，共计1087.01公顷；6.67公顷以下连片区域17个，共计460.83公顷。随着布局调整，全省烟农户均种烟面积达1.30公顷，机械化作业面积有所提高，机械化深耕2616.12公顷，机械起垄1902.42公顷。

【卷烟销售网络建设】 烟草行业重新修订《山西省烟草行业全国性重点骨干品牌培育三年规划》，按照“准确定位、有机对接、突出品牌、全面提升”的要求，加强工商战略协作，先后与上海烟草集团和福建、安徽、江苏、湖北等工业公司举办协同营销座谈会。2010年工业企业对山西烟草综合满意度达到98%以上。积极开展电子商务建设。全省网上订货率由上年的30%提高到56.18%，完善网上配货平台功能，初步搭建第三方网上结算平台。2010年，全国销量规模前15位品牌在山西省销售484.45亿支（96.89万箱），同比增长17.48%，有10个品牌位居山西省销量前15位；全国销售收入前15位品牌在山西省实现197.22亿元，同比增长30.12%，有11个品牌位居全省销售收入前15位。

【“中华”精准营销】 在全国率先实施“中华”品牌精准营销试点工作，突出“四个强化”：(1)强化合作对接。坚持以上海烟草集团为主导，逐月与上海烟草集团进行市场营销数据对接。(2)强化机制运作。以建立健全信息资源管理机制和精准营销管理机制为基础保障，以制定客户入网标准和货源投放标准为关键，制定《中华品牌精准营销工作手册》，搭建“两机制、两标准”运行平台。(3)强化分级管理。省公司重点加强工商沟通协调，全面指导精准营销工作；各市公司以经营管控为核心，加强零售客户指导服务、区域市场管理净化、消费群体研究；县级营销部细化市场单元，注重提升市场监管、客户服务、品牌培育、信息采集等能力。(4)强化环节管理。重点抓好需求把握、市场细分、目标定位、消费研究、投放调控等关键环节，实现摆得住、销得好、不断档、不积压、价格稳、销量增的目标。

【企业管理】 继续以预算管理、贯标、对标、基层创优四项工作为抓手，加强管理框架的信息化支撑，积极推进“管理年”工作。(1)预算管理。出台《中国烟草总公司山西省公司全面预算管理暂行规定》，据此开展预算编制和审核，对计算机配置、软件开发、电子设备制定定额标准，对资本性支出和业务招待费、会议费按项目定额审批。在晋城召开全省行业预算管理现场会，推广晋城市公司预算管理“编制细、控制严、调整实、分析准、考核公”的工作经验。(2)质量管理体系建设。长治、晋城市局(公司)通过省内行审，第二批启动的八家单位进入试运行阶段，省局(公司)机关贯标工作正式启动。太原市局(公司)顺利通过国家局组织的36个重点城市交叉检查，并在全国烟草行业质量管理体系建设工作现场会上进行交流。(3)对标工作。按照“对比标杆、改进短板、总体提升、争创一流”的要求，完善对标工作体系，开展“抓典型、树标杆”活动，部分指标水平明显提升。人均劳动效率199.5箱，同比提高4.97%；人均卷烟销售收入296万元，提高20.42%；总资产贡献率53.5%，提高1.15%；加权焦油量平均值11.7毫克/支，降低0.1毫克/支；单箱物流费用145元，降低1.76%；物流费用占销售收入比重0.98%，降低0.16%。(4)基层创优活动。对2009年度首批23个县级局创建工作进行验收，全部达标。把40个县级局确定为2010年度创建单位，宣传推广部分县级局创建工作经验，全省创建工作受到国家局专卖监督管理司的表扬。全省首批22家县级营销部创建试点单位均达到创建标准并通过国家局验收。召开全省行业企业管理现场会，对忻州市局(公司)的工作经验进行推广。

【内部管理监督】 (1)两项工作。落实“工程投资、物资采购、宣传促销”项目管理程序规定，2010年，省局(公司)出台相关指导意见，对关键节点加强管控，对县级局工程投资项目开展专项检查。确定太原、大同、忻州、临汾市局为全省行业办事公开民主管理试点单位，出台《关于进一步推进办事公开全面加强民主管理的实施意见》，规定涵盖卷烟经营、专卖管理、财务管理、工程投资、人事任免、廉政建设等公开内容及公开的主体、时限、方法和流程等。召开全省行业“办事公开民主管理”观摩会，推广大同市局的做法和经验。(2)内部审计监督。进一步完善审计委派制，拓宽审计领域，开展经济责任、财务收支、工程项目投资、物资采购、合同签订等专项审计共计534项，涉及资金76.41亿元，提出审计意见和建议797条，充分发挥审计的监督、评价和服务作用。(3)督查考评。正式启动省局(公司)督查考评工作，明确省局(公司)督查考评中心的客户服务、监控监管、督查督办、绩效考评四项职能，建立系统的工作流程。对“十大流程体系”运行、全省行业车辆、物流中心、办公楼进行实时监控，对经济运行、营销物流、专卖监管、客户管理、大宗物资采购、绩效考评等系统运行开展督查，督查考评工作步入轨道。

【人力资源管理】 (1)用工分配制度改革。赴湖南、贵州省局(公司)考察学习，出台《山西省烟草专卖局(公司)机关深化推进用工分配制度改革实施方案》《薪酬改革实施方案》和《绩效考核方案》，完成省局(公司)机关用工分配制度改革阶段性任务。(2)深化干部人事制度改革。省局(公司)党组出台《关于深化干部人事制度改革试行意见》，从3月开始，陆续对临汾、运城、吕梁、长治、晋城、阳泉等市局(公司)的主要领导进行调整或充实，在省局(公司)与市局(公司)之间进行领导干部双向交流任职，完成2009年度各市局(公司)领导班子及班子成员全面考核评价工作。制定《贯彻落实深化干部人事制度改革规划纲要的实施办法》等5个相关文件，进一步规范干部人事管理工作，健全干部选拔任用工作机制。重新修订《山西烟草市级局(公司)领导班子和领导干部年度考核评价办法(试行)》，使领导干部考核评价工作更趋科学化、制度化、规范化。加强后备人才队伍建设，面向社会公开招聘2名博士研究生、37名硕士研究生和32名本科生。(3)员工教育培训。省局(公司)举办6期县级局局长和各市局(公司)科级干部“卷烟上水平”专题培训班，共组织各类业务培训班36期，培训人员3800余人次，组织专卖、营销人员技能鉴定7批次、1573人次。举办全省行业首届营销职业技能竞赛，选派选手参加全国首届营销职业技能竞赛并获优异成绩。

【特事要辑】 1月1日，山西省局(公司)与上海烟草集团有限责任公司联手启动“中华”品牌精准营销。

1月27日，陈川平到山西省局(公司)调研现代企业管理、现代物流管理、信息化建设。

2月26日，汤涛到山西省局(公司)调研。

9月3日，省局(公司)党组召开全省行业“卷烟上水平”建功立业动员大会，助推烟草行业知名品牌发展新格局。

9月15日，中央驻晋单位党建工作经验交流会在山西省局(公司)召开，32家中央驻晋单位代表参加会议，省直工委书记刘传旺出席会议并讲话，省局(公司)机关党委作党建工作经验介绍。

10月26~30日在第八届全国烟草行业职业技能竞赛暨第一届全国烟草行业卷烟商品营销职业技能竞赛中，省公司选派的曹丽娟荣获第一名，并被国家烟草专卖局、中国烟草总公司授予“全国烟草技术能手”荣誉称号。

10月27~28日，华中和东北片“卷烟上水平”与服务品牌建设专题研讨会在太原召开，国家烟草

专卖局副局长张保振出席会议并讲话。 (陈晓勇)

石油供销

【概述】 2010年,中国石油化工股份有限公司山西石油分公司(以下简称山西石油分公司)有正式职工4407人,资产总额67.26亿元,在用油库14座,在营加油站1706座。山西石油分公司经营量达442.85万吨,同比增长9.1%,完成销售收入291.32亿元,实现利税7.43亿元。

【经营创新高】 山西石油分公司充分调动全员积极性,资源上,配置、外采两手抓;调运上,克服铁路、管输转储双重困难,优化流向,辅之以及时公路配送,努力保供拓市;经营上,对内建标考核、兑现奖惩,激发各市分公司的工作动力,对外"油非互动"让利顾客,刺激消费;零售方面,努力提高加油站在营率,开展"优质服务月"、全员销售管理竞赛、国省道专项营销、重点客户营销、亲情营销等活动,加大IC卡宣传与发行力度,主打国企品牌,巩固发展忠诚客户,积极主导市场;直销方面,巩固老用户,紧盯重点工程、重点项目和重点用户,新开发大西高铁等580多个客户,量价互动,灵活经营,进一步扩大市场占有。润滑油销售通过主打品牌,专营店、经销商、加油站全方位扩销,辅以区域推介、轻润组合营销等措施,市场份额实现稳步增长。2010年,成品油经营量414.5万吨,完成计划的108.2%,同比增长8.7%。其中,零售297.7万吨,完成计划的110.7%;直销批发116.8万吨,完成计划的102.5%。润滑油经营量3.56万吨,完成计划的101.8%,增长28.2%。燃料油经营量24.8万吨,完成计划的103.5%,增长14.3%。三项合计经营总量442.85万吨,完成计划的107.9%,增长9.1%。

【非油业务新跨越】 2010年,山西石油分公司自上而下充实人员,细化职责,明确分工,完善内控流程和考评细则,举办业务流程系统师资培训,实行分级采购结算办法,简化供应商采购结算流程,提高工作效率;购买箱式货车,构建非油品物流配送体系;在租赁太原江凯物流公司仓库作为过渡仓使用的同时,筹建太原省级中央仓和长治、临汾市级分仓;层层细化分解任务,推行全员、全网络销售,大力开发省外市场,做大业务量;8月在晋城组织召开非油品业务工作会议,强化各单位对非油业务的认识,明确目标与具体措施;总结推广晋城公司燃油宝营销经验,促进燃油宝销售保持月均3万余瓶的成绩。2010年,以汾酒、香烟、燃油宝、地方名优特绿产品为重点的内外团购市场得到大力拓展,加之"比学赶帮超"活动的开展,促进非油业务取得跨越式发展。截至年底,便利店增加到487座,营业额达1.24亿元,完成计划的118.9%,同比增长189.7%。

【安全经营无事故】 2010年,山西石油分公司进一步深化"我要安全"主题活动,各级、各岗位结合自身工作特点,组织开展"安全生产月""应急预案演练周""双主题"自驾游等活动,推进安全文化建设,强化全员主动安全意识;贯彻国家、中国石化集团公司及山西省安全问责精神,层层落实"谁主管,谁负责"的安全生产责任制,严格执行中国石化《安全生产禁令》;强化对承包商、承运商的安全监督,加强安全预案的完善、培训和推演,提高员工的应急处置能力;不断完善HSE管理体系,及时开展安全检查监督与培训,积极治理隐患。2010年,实现安全经营无事故,被中国石化集团公司评为安全生产先进单位。

【强化油品数质量管理】 2010年,省、市两级公司均成立数质量管理委员会,市分公司设立安全数质量科,数质量工作纳入各单位年度工作考核范围;在原有1个A级质检中心、11个B级质检室、3个C级质检室的基础上,着手筹建晋北、晋南、晋东南及太原4个准A级质检室,加强油品质量检验;组织力量对市分公司的数质量工作进行严格检查,先后两次开展加油机铅封和计量准确度拉网式检查,确保加油机铅封完好有效;贯彻中国石化总部油品外采管理精神,修订《山西石油分公司外采成品油资源管理办法》《外采供应商管理实施细则》,制定《外采供应商月度考

山西石油送油到田间,全力服务三夏 (李志平提供)

核办法》;举办数质量管理培训班,明确岗位职责,细化各环节油品交接管理。2010年,在国家质检总局组织开展的油品质量抽检中,太原、长治、晋城、临汾、运城5个市分公司的油品100%合格。

【提升零售管理】2010年,恢复县级公司称谓,配备片区经理助理55人、专职零售客户经理57人,强化县级市场的开拓力度;积极运作,确保高速公路市场优势;建立立体式、全方位的督查体系,两级督查队员增加到45人,累计督查加油站6615座(次);聘请"神秘顾客"每月暗访系统内300余座加油站,占在营站的20%以上,访问结果纳入对各单位的绩效考核和"比学赶帮超"活动评比中;与《中国质量万里行》合作,将公司加油站列为质量万里行计量跟踪单位,大范围开展暗访检查,从各县片区选一座最佳加油站,授予"中国质量万里行计量跟踪信誉单位"牌匾,主动接受监督,提高品牌信誉,扩大市场影响;制定《山西石油分公司加油站分类标准和考核细则》,向基层一线公布违规举报电话和信箱,及时发现问题并核实查处。先后对9名片区经理、36名加油站长给予免职处理和经济处罚,开除9名加油站长、23名加油员,零售管理整体水平得到提升。

山西长治石油分公司举办"和谐2010"职工文艺汇演(李志平提供)

【队伍建设】 山西石油分公司以打好竞赛比武收官之战为重点,以赛促学,学赛结合,进一步提升队伍整体素质。决赛中夺得团体第2名,12名选手在各专业线条决赛中获得金银铜牌及表彰奖励。以改善后备人才队伍知识结构为主线,加强员工培训和职业技能鉴定工作,继续推进"百站百人"工程。2010年选拔引进107名应届大学毕业生,为基层一线注入新活力。以抓思想、抓作风、抓能力、抓制度、抓监督为主线,进一步加强"四好"班子建设。

【张海潮在晋检查指导】 8月23~29日,中国石化股份公司副总裁、油品销售事业部主任张海潮一行,深入山西石油分公司就"强化经营管理年"活动开展情况进行检查指导。走访了山西石油分公司大客户太原钢铁集团公司,并到华北公司石家庄输油管理处晋中分输站和榆次油库看望一线员工。

【王君调研成品油市场】 12月31日,省长王君率省商务、环保、公安等有关部门负责人,在山西石油分公司党委书记徐建春等人陪同下,深入太原石油分公司调研成品油市场供应情况,并到滨河加油站慰问一线员工。 (李志平)

金　融

·山西银监局·

【落实宏观调控政策】 2010年，山西省银监局系统加强领导、组织、协调和督促，把支持发展方式转变和经济结构调整作为主线，统筹兼顾、灵活审慎，宏观调控政策得到较好落实。

1. 有保有控，加快经济发展方式转变。(1)保障信贷平稳运行。督促银行业机构以审慎监管指标为底线，以满足实体经济有效需求为目标，科学合理安排信贷投放。截至2010年12月末，全省银行业机构贷款余额9636亿元，较年初增加1745亿元，较年初增长22.12%，信贷投放总量、节奏、结构调控均实现预期目标。(2)加快经济结构调整。组织召开银行业促进山西经济转型发展座谈会。出台打造低碳金融区支持经济转型发展的若干意见，制定促进银行业支持文化产业振兴和发展繁荣的思路和措施。与山西省旅游局等主办"晋旅卡"启动仪式。(3)支持经济转型发展。引导银行业机构以资源型经济转型综合配套改革试验区为统揽，集中金融产业优势，大力支持煤炭资源整合、十大产业调整振兴、文化旅游产业发展等，为地方经济转型发展提供引擎动力。

2. 突出重点，加大薄弱环节支持力度。(1)扶持中小企业发展。与省妇联联合开展"红玫瑰行动计划"，全年妇女创业贷款达382亿元。与省科技厅联合开展科技型中小企业贷款评审专家选拔工作。2010年12月末，全省银行业机构中小企业贷款余额2878亿元，占全省贷款总量的29.87%；较年初增加647亿元，占全省新增贷款总量的37.1%；较年初增长28.98%，高出全省贷款平均增幅6.88%。(2)提升"三农"服务水平。起草山西银行业切实做好"三农"服务工作指导意见。实施"空白乡镇金融机构覆盖工程"，提前1年7个月实现金融机构空白乡镇全覆盖，并积极探索延伸乡镇以下金融便民服务，设立便民服务点12个、金融服务中心270个。推动开展农村青年和大学生村官创业小额贷款业务，发放青年创业贷款14亿元，支持2.26万名农村青年创业。建立106家"送金融知识下乡"宣传服务站。(3)大力发展消费信贷。支持保障性安居工程建设，向符合条件的城市和国有工矿棚户区改造项目提供贷款。引导银行业加大对科、教、文、卫等民生领域的贷款投放，贷款增速30%以上。

3. 深入调研，提高科学决策服务水平。(1)加大调研力度，重点反映中小企业、"三农"等薄弱领域的融资难题，关注农村金融改革新政

2010年2月21日，山西银监局组织召开银行业促进山西经济转型发展座谈会

（赵未陆提供）

的贯彻落实，对系统性、倾向性、苗头性问题进行深入分析研究。（2）召开现场会推广落实案件防控、监管文化建设方面的丰富经验。以评选“十佳监管办”为契机，广泛宣传监管办在队伍建设、内部管理、监管工作中的有益探索。（3）全年编发各类信息刊物420余期，被省委、省政府采用信息80余篇，多篇调研报告被银监会或省政府领导批示肯定。国内动态清样、经济日报、金融时报、新华网、人民网等宣传报道省银监局工作150余篇。

【完善金融服务体系】 2010年，全局系统强化监管引领，推动银行业改革发展，银行业整体竞争实力和服务经济社会发展潜能得到提升。（1）以健全体系挖掘服务深度。将2010年确定为“服务提升年”，广泛开展《职业操守指引》宣传月、“2010年银行业公众教育服务日”、2009年银行业文明规范服务“双十佳”和“特色银行”评选活动，完成山西银行业履行企业社会责任专题报告。（2）以优化布局扩展服务广度。支持银行业机构在优化布局前提下延伸辐射，13家异地机构挂牌营业或正在筹建；推动邮政储蓄银行县支行全覆盖，农发行设立县域支行9家。新型农村金融机构组建进度明显加快，9家村镇银行、1家资金互助社开业。出台设立银行业金融机构简易服务网点的指导意见。（3）以制度变革破解服务难度。通过考察、征求意见、综合论证等工作，在太原市银行业机构推行“早九晚五”工作作息时间制。针对磨合期出现的问题，专题召开会议，研究解决对策。

【推进银行业改革发展】（1）引领银行业科学发展。推进省内城市商业银行达标计划的顺利完成。制定农村合作金融机构2010~2012年主要风险控制指标规划，出台加强村镇银行监管指导意见。开展“三新杯”山西银行业贷款新规知识大奖赛。召开严厉打击银行业违规揽储行为会议。举办3期“银行业科学发展之路”讲坛及全省企业集团财务公司培训。推动晋城市商业银行引进1名海外高层次人才。（2）力促银行业深化改革。关注资产管理公司体制转型和新业务拓展情况。引导辖内中小银行业机构强化风险防控。督促晋商银行加快流程银行建设步伐，就进一步加强和完善晋商银行业务发展向省政府专题报告。召开全省农村信用社体制改革推进会，繁峙县农村合作银行、尧都农村商业银行先后挂牌成立。（3）制定银行业发展规划。研究制定《山西省银行业2011~2015年发展规划》，明确全省银行业“十二五”期间的战略任务和发展方向，增强银行业机构风险管理能力、持续发展能力和综合竞争力，更好地支持全省经济社会转型跨越发展。

【加强监管　防范金融风险】 2010年，全局系统始终注重审慎监管、有效监管，注重提高监管的前瞻性和主动性，注重风险防范长效机制建设，银行业运行更趋稳健。（1）坚决遏制不良贷款反弹。关注大额不良贷款变化、关注类贷款迁徙变化、新增贷款资金流向，坚持“月通报、季考核”制度。2010年12月末，银行业机构不良贷款余额513.97亿元，较年初减少105.77亿元，比例5.33%，较年初下降2.52%。（2）努力转变案防被动局面。深入开展“案防攻坚年”活动，组织银行业基层网点负责人案防和主要业务风险知识大测试，召开加强案防攻坚活动暨接管式稽查交流推动会、基层主要负责人日常案防工作评价现场会。对已发的19起案件进行集中审核，查处责任人238名，共处罚金164.1万元。2010年，各银行业机构成功堵截196起案件，涉及金额1.26亿元。（3）有效缓释平台贷款风险。多次召开专题会议研究部署，积极向政府汇报沟通，形成工作合力。认真完成“六个环节”的工作，银行业机构将全省融资平台贷款整改为公司类贷款涉及25家，余额1478.32亿元；保全分离为公司类贷款涉及10家，余额81亿元；清理收回类贷款涉及4家，余额4.18亿元；仍按平台贷款处理的贷款涉及144家，余额499.5亿元。（4）严密管控住房贷款风险。采取下发通知、预警提示、召开会议、开展检查等方式，将有关土地储备贷款、房地产开发贷款、个人住房贷款等风险防范要求落到实处，银行业房贷风险防控得到加强。（5）加大处非工作力度。召开处置非法集资工作座谈会，印制《防范非法集资违法犯罪活动社会宣传小册子》广泛宣传。加强对临汾“段东炎案件”督

2010年11月28日，山西银监局举办山西2010年银行业公众教育服务日活动启动仪式（赵未陆提供）

办,2起非法集资案件完成资金清退。向省政府提交《关于将处置非法集资工作纳入省以下各级政府经济社会综合评价体系和领导干部综合考核评价体系的建议》并得到采纳。

【提升监管能力】 2010年,全局系统始终坚持在提高监管履职能力、提升内部管理水平上下功夫,健全工作机制,加强人本治理,监管有效性进一步提升,内部管理进一步优化。(1)发挥合力,把好闸门关。把握市场准入进度,确保机构、业务扩张速度和幅度与监管对象的风险管控能力相适应。探索准入监管角度的案防措施,加强高管人员履职行为管理办法。建立拟任董事、高级管理人员任职资格“三考三承诺”制度。高管人员任职资格机助考试系统成功上线并推广至各分局。(2)精确制导,提高前瞻性。推广运用风险早期监测预警系统和银码平台系统。加强非现场监管信息资料日常监测分析。完成法人机构2009年度监管评级和风险评价审核。督促指导城商行开展信贷集中度达标工作。制定山西银监局信息科技工作发展规划(2010~2012年)。开展“建设防风险信息体系促进银行业稳健发展”竞赛活动。(3)准确打击,提升有效性。重点对信贷资金流入股市和楼市、贷款分类偏离度、贷记卡和个人理财业务、企业社保基金(资金)账户风险排查、农发行商业性中长期贷款业务、股份制银行票据业务、非银行金融机构银信和信政业务、全省农村中小金融机构新增贷款和票据业务等进行现场检查。开展现场检查综合能力实战大比拼活动,建立现场检查专业人才库。2010年,现场检查累计派出检查组940个,投入工作量9万余个,检查各类机构3267家(次),发现违规问题4439项,提出整改意见4758条,查出违规金额352亿元。

(赵未陆)

·中国人民银行太原中心支行·

【概述】 2010年,山西省金融业积极贯彻落实宏观调控政策,围绕山西经济转型跨越发展,银行业合理增加信贷支持、优化信贷结构,不断提高金融服务和风险管理能力,金融改革稳步推进,新型农村金融机构和准金融机构发展迅速;证券公司网点布局优化、业务范围扩大,期货公司和上市公司规模继续增加,融资融券业务试点和股指期货推进工作稳步运行;保险业快速发展,赔款和给付支出相对平稳,保险覆盖面继续拓展。

【金融运行特点】 1.各项存款增速回落,活期化程度明显。截至2010年底,全省本外币各项存款较年初增加2879.97亿元,同比增长18.27%,增幅较上年同期下降4.59%。其中,人民币各项存款增加2877.19亿元,同比增长18.33%。从结构上看,存量定期存款和活期存款占比分别为39.17%和39.19%,而新增定期存款和活期存款占比分别为33.38%和45.42%,两者差距扩大至12.04%,各项存款活期化程度明显。储蓄存款较年初增加1123.54亿元,同比增长13.87%,增速较上年同期下降1.04%;企业存款较年初增加1143.75亿元,同比增长25.83%,增速较上年同期下降3.63%。

2.信贷投放保持快速增长的势头。截至2010年底,全省本外币各项贷款比年初增加1816.39亿元,同比增长22.91%,增速较上年同期下降8.1%。其中,人民币各项贷款同比增长23.28%,增速高于全国3.39%(全国19.85%)。表现为以下特点:(1)贷款投放节奏和速度较为均衡。全年贷款月环比平均增速为1.74%,各季度新增额分别为598.9亿元、412.2亿元、449.9亿元和353.9亿元。(2)贷款投放重点突出。银行业坚持区别对待、有保有压的信贷投放原则,大力支持产业结构优化、薄弱环节和改善国计民生,促进经济转型跨越发展。截至2010年底,教育、科学、文体、卫生、水利与环境和公共设施管理业等民生领域贷款增长较快,增速分别为95.83%、32.6%、33.97%、30.51%、15.68%;中小企业新增贷款为上年增量的1.38倍,占全省新增贷款总量和新增企业贷款总量的37.1%和51.99%,比年初增长28.98%。(3)票据融资下降明显。全省人民币票据融资比年初减少159.86亿元,同比下降29.9%。(4)贷款长期化趋势增强。截至2010年底,中长期贷款存量和增量占比分别达56.15%和82.88%,比上年底上升6.09%和19.05%,中长期贷款与短期贷款同比增速之差高达26.02%。

3.金融市场运行良好。(1)银行间市场参与主体增多,交易量大幅攀升。截至2010年底,全省加入全国银行间同业拆借、债券市场的金融机构数分别新增5家和9家。全年市场累计成交30592亿元,同比上升181.5%。(2)货币市场直接融资增势迅猛。截至2010年底,全省共有21家企业发行短期融资券和中期票据,共募集资金809.6亿元,募集资金总量在全国排名第7位。其中,发行短期融资券485.6亿元,中期票据324亿元。全年募集资金226亿元,其中,短期融资券114亿元,中期票据112亿元。(3)票据市场交易量稳步提高。全年累计签发银行承兑汇票1592亿元,同比增加240亿元,年底余额854亿元,同比增加308亿元;累计贴现1949亿元,同比增加54亿元,年底余额359亿元,同比减少10亿元;再贴现余额35亿元,同比增加34亿元。(4)国际收支恢复性增长,逆差态势持续。全年全省国际收支总额144.47亿美元,逆差17.04亿美元,同比下降35.98%。其中,经常账户逆差23.13亿美元,下降18.48%;资本和金融账户顺差6.09亿美元,上升245.84%。山西省银行结售汇总额119.83亿美元,上升32.95%,其中，结汇收入50.07亿美元，上升46.69%，售汇支出69.76亿美元，上升24.58%，累计逆差19.7亿美元，下降9.92%。(5)资本市场活跃度上升。截至2010年底，全省共有40家上市公司（其中境外9家），上市公司家数在全国各省市排第20位。上市公司总市值已达6249.15亿元，在全国排第9位。经济证券化率(即市值/全省GDP)为68.76%。2010年，全省上市公司股权融资237.01亿元，债券融资40亿元，中期票据73亿元，共从资本市场筹集资金350.01亿元，占全国资本市场筹资总量10275.2亿元的3.41%。这一年有3家企业实现IPO融资，共募集资金48.65亿元。(6)保险市场发展迅速。全年全省实现保费收入365.3亿元，同比增长26.29%，高于上年同期15.42%。其中，产险公司累计实现保费收入95.7亿元，增长37.53%，高于上年同期25.89%；寿险公司累计实现保费收入269.6亿元，增长22.73%，高于上年同期12.1%。产、寿险保费规模比例为26.2:73.8。共计发生赔付支出79.85亿元，增长1.67%，比上年年底下降5.08%。保险深度达4.02%，比上年提高0.09%，保险密度为1065.6元，比上年增加222.31元。保险公司资产总额较2010年初增长27.66%，达678.01亿元，行业实力进一步增强。

【金融服务与创新】 1. 大力实施“138”金融工程，切实增强执行货币政策的有效性。

人民银行太原中心支行结合辖区实际，认真贯彻适度宽松的货币政策，启动金融支持山西经济发展的“138”金融工程。出台“一个实施意见”——《关于金融支持山西资源型经济转型发展实施意见》；制订“三个指导意见”——《关于金融促进消费需求的信贷指导意见》《金融支持山西薄弱环节发展指导意见》《金融加大支持“三农”发展指导意见》；实施“八个重点推动”，即推动中小企业发展、妇女创业就业、棚户区改造、农村金融产品创新和大学生村官创业、文化和旅游产业发展、下岗再就业、国家助学贷款和生源地贷款、工业园区和高新技术项目建设。并以此为抓手，以支持山西经济转型发展和服务社会民生为重点，组织协调辖区各金融机构合理增加信贷投入，优化信贷结构，拓宽融资渠道，促进山西经济平稳较快增长。

2. 农村金融服务水平进一步提高。一是农村金融服务体系逐步完善。农业银行山西省分行“三农”事业部机构架设顺利完成；农村信用社改革继续深化，服务“三农”能力日益增强；尧都农村商业银行挂牌成立；2010年，6家村镇银行、1家农村资金互助社和138家小额贷款公司相继成立。二是进一步改善农村支付服务环境。大力推广农民工特色卡、惠农卡、商易通等非现金支付工具，农村支付服务环境实现全省“三覆盖”。即支付系统、账户管理系统、公民身份联网核查系统在农村地区覆盖率达100%。农村小额支付结算转账电话“村村通”工程已覆盖全省17个县(市)，农民足不出村，就可以享受消费、看病、转账、小额提现等支付便利。三是支农服务持续给力。山西省农村信用社围绕省委、省政府确定的“工业新型化、农业现代化、市域城镇化、城乡生态化”工作重点，以持续引深“农信社支农惠民行动计划”为载体，加大对“513”龙头企业的支持力度，共支持244个“513”工程龙头企业，包括29个省级梯次企业、56个市级梯次企业和159个县级梯次企业，贷款余额为18.3亿元；采取“信用社+龙头企业+农户”“信用社+农民专业合作社+农户”等多种模式，累计发放贷款20余亿元，支持农户、农民专业合作社、农业产业化龙头企业等主体发展设施蔬菜种植、流通，保障省政府“百万棚设施蔬菜行动计划”的顺利实施；发放贷款13.9亿元扶持26120名农村青年创业，累计发放大学生村官创业贷款1279万元，支持大学生村官发挥自身优势，带动农村经济发展。

3. 支持微小企业，推动中小企业发展。2010年初，人民银行太原中心支行组织辖区12家金融机构30人赴包头商业银行考察微小企业贷款管理的成功经验，并结合山西省实际，确定在晋城、长治、吕梁开展试点工作，以点带面推动全省微贷业务发展。5月、7月先后组织召开“全省金融机构支持中小企业发展推动会”和“全省中小企业集合票据推进会”，会上银行和10家企业现场签约，总授信额度1.84亿元。试点地区通过引进消化支持微小企业贷款的新模式，效果初步显现。建行山西省分行在晋中、运城分行进行小企业经营管理试点，并在全省范围内推行“速贷通”和“成长之路”及供应链融资产品。2010年，两个试点机构发展小企业客户56个，新增表内外信贷业务3.5亿，中间业务收入均过百万。该行所扶持的中小企业为全省下岗职工提供14000多个再就业机会。

（褚　文）

·中国建设银行山西省分行·

【各项业务持续发展】 2010年，建行山西省分行全口径存款突破两千亿，仅用三年时间实现第二个千亿；全口径存款、一般性存款、企业存款新增首次位居同业第一；个人存款余额突破千亿元，新增全年一半时间领先同业，网均新增及发展速度继续保持四行第一；一般性存款余额2004亿元，新增342亿元，余额四行占比22.63%，提升1.64%，新增占比36.44%，提升10.64%；企业存款余额975亿元，新增207亿元，余额四行占比24.4%，提高2.79%，新增占比46.7%，提高23.06%；个人存款余额1029亿元，新增135亿元，余额四行占比21.2%，提高0.69%，新增占比27.2%，继续保持第二；贷款业务平稳有序，个贷业务超常发展，各项贷款余额达880亿元，新增110亿元，其中个人贷款新增创

2010 年 5 月 28 日，建行山西分行举办个人住房贷款业务宣传

（赵建伟提供）

历史最高；中间业务强劲增长，增量增速四行第一，实现收入 9.42 亿元，增长 3.15 亿元，增幅 50.2%，四行占比 28.8%，保持第二，提升 3.75%，四行中惟一保持正增长，增量、增速均居第一；资产质量持续向好，不良贷款保持双降，不良贷款余额 14.45 亿元，比 2010 年初减少 2.47 亿元，不良贷款率 1.64%，比 2010 年初下降 0.55%。经营效益稳步提高，利润指标继续提升，实现考核利润 19.6 亿元，同比增盈 1.4 亿元。

【服务地方经济建设】 认真研判市场、把握机遇，结合地方经济快速发展和投资旺盛局面，瞄准全省重点客户、重点行业，把业务做到实处，进一步做大资产业务，努力服务于地方经济发展。支持地方小企业发展，从经营模式、管理体制方面逐步推进，小企业经营管理架构基本形成，业务逐渐壮大。在晋中、运城分行先行试点，并在全省范围内推行“速贷通”和“成长之路”及供应链融资产品。推动个贷业务超常发展，全年投放 27.5 亿元，新增 18.5 亿元，创出历史新高，四行占比 29.5%，排名第二；贷款余额 57 亿元，四行占比 28.6%，排名第二。住房公积金贷款投放 15.7 亿元，新增 11.9 亿元，四行占比 59.8%，排名第一；贷款余额 32.2 亿元，四行占比 46%，排名第一。发挥贴现业务调节作用，贴现业务日均余额 61.6 亿元，贴现余额最高达 78 亿元，创历史新高，贴现新增 6.99 亿元，四行排名第一。

【负债规模迅速扩展】 狠抓基础，加强账户营销。对公方面，全行开展“大干三百天、新增 10000 户”对公客户账户营销竞赛活动，通过抓源头客户、挖掘存量客户、上下游潜力客户等手段，对公客户账户数量进一步增加。对私方面，实行市场细分，对于高端、中端、大众等客户采取不同营销模式及考核方式，个人高端客户群体不断扩大。狠抓重点，提高竞争优势。结合各阶段业务发展重点，对全年负债业务拓展整体规划，开展针对不同时段、不同客户、不同产品策划及组织不同系列营销活动。旺季营销阶段以“建行贺岁，龙腾虎跃”活动为基础，淡季期间持续开展个人金融业务“争市场，比贡献，盯短板，促销售”营销活动，全年以零售网点转型和红梅理财示范点建设为契机，扎实推进网点软硬件建设，提升网点客户满意度和同业竞争力，挖掘客户资源、拓展客户群体，确保同业竞争中优势地位。

【各项业务齐头并进】 中间业务进一步完善和规范“买单制”激励政策，夯实客户基础，发展重点产品，有效促进业务快速发展。收入同比增量 3.15 亿元，四行排名第一；增量占比 40%，同比增幅 50.2%；收入总量保持同业第二，市场占比 28.66%，较上年末提升 3.6%。国际业务积极把握地方外贸经济全面回升机遇，完善业务功能，加强市场开拓，主要业务均实现大幅增长。全年累计完成国际结算量 24.8 亿美元，同比增加 6.9 亿美元，同比增幅 38.5%；四行占比 20.15%，比 2010 年初提升 1.51%，市场位次首次上升为四行第三。完成结售汇量 19 亿美元，同比增加 7.34 亿美元，同比增幅 62.9%；四行占比 25.2%，比 2010 年初提升 4.94%，位居第三。电子银行业务在开展营销活动基础上，一方面努力创新，新增特色缴费业务，拓展电子银行网上商户，丰富渠道应用，全年新增电子商务商户 34 户，交易额 810 万元，客户规模保持同业第一；另一方面夯实基础，搭建服务平台，在全国首创建立“e 路通”电子银行实训室，为员工和客户搭建良好服务平台。全年电子银行客户新增 158 万户，同比增长 55%。机构业务积极开展“社保营销年”“民本通达”等系列活动，效果明显。代理保险业务实现收入 6824 万元，四行占比 27%，同业中从第四上升到第二；代理中央级、省级财政集中支付市场占比分别为 35.3%、29.6%，均列同业第一。“鑫存管”业务收入增长 40.6%，客户量和手续费收入均居同业第二。投资银行业务紧抓市场机遇，新型财务顾问业务、承销短期融资券等多项产品取得突破，全年实现收入 1.67 亿元，增幅 49%。信用卡业务充分发挥网点发卡主渠道作用，通过网点预审批成功发卡 4.9 万张，全年累计发卡 35.2 万张，新增发卡 10.3 万张，累计发卡和新增发卡同业位居第二，账户活动率 51.8%，创历史新高。

【提高经营水平和发展质量】 健全操作风险管控体系。加大各业务条线基层机构检查频率，对重要业务、重要环节、重要部位、重要时段进行监控检查，进一步强化基层机构内控管理，持续加强关键风险点监控检查力度。全面推进集中经营改革。实现对全辖公司类不良贷款集中经营。设立对私业务团队，有效利用专业资源，对太原城区部分不良个贷项目实行集中经营。突出不良大项目处置。以千万元以上大项目为突破口，重点落实处置方案和专家诊断意见，通过多种途径，处置工作取得进展。处置1000万元以上公司类不良贷款26户，处置金额3.6亿元，占公司类不良贷款处置额63%。全年处置十大不良客户1.08亿元，且全部为现金回收。自2006年风险管理体制改革以来，建行山西省分行连续五年不良实现双降，不良率降到1.64%，同业中位列第二。

【业务发展健康保障】 开展“严格履职、防控案件，坚决打击违规操作行为风暴”活动。全系统通过召开专题民主生活会方式广泛征求意见，开展自查评议，将“履职是根本，较真是灵魂，能力是保障”观念渗透到全行。组织开展各项履职检查，全行共检查出各类问题2604个，全部得到整改。完善案件防控体系，实行案件防控工作与领导人员年度绩效考核、职务聘任晋升等“六挂钩”制度，建立案件防控工作月报制度。制定《关于从严规范员工行为，切实防范案件风险的禁止性规定》，明确16条员工从业禁区和职业操守底线，从制度上进一步完善案防机制，提高全行案防能力。加强技防建设，全辖网点全部实现语音、视频、报警同步一体化。成功堵截22起金融诈骗犯罪活动，实现全年无案件和无重大事故目标，确保世博会、亚运会等重大活动期间安全稳定。突出信息技术支持，完成10个合作开发项目测试和上线；自主开发14个小项目优化，进一步提高业务竞争能力。加大整改力度，基层机构和营业网点检查覆盖面达100%，二级行对公存款滚动现场检查面达50%。积极配合内外部审计检查，全年内部审计项目32个，发现问题464个，整改完成率100%。提高培训管理能力，抓特色培训项目，继续加强红梅跟岗培训；加强基层机构负责人离岗培训派驻制；重视一线员工培训倾斜，形成一套新型综合性培训体系。弘扬先进企业文化，党、政、工、团齐心合力，积极宣扬各类先进典型，突出抓好服务文化和合规文化建设，强化建行事业价值理念认知认同，逐步将文化和理念融入到业务中去，成为业务发展的动力。

【以机遇为抓手 开创崭新工作局面】 一是适应地方发展形势，抢抓机遇，推进各项业务快速发展。国家制订《促进中部地区崛起规划实施意见》、山西新一届省委确立“转型跨越发展、经济指标翻番、再造一个新山西”奋斗目标及获批全国最大“综改区”，外部环境有利变化是建行山西省分行发展新机遇。二是抓住发展核心要点，强化管理、夯实基础，创造持续发展有利条件。全行开展“强化管理年”活动，从思想观念转变、基础业务开拓等方面入手，全方位加强精细化管理，为建行山西省分行快速发展提供良好环境。三是结合厚重文化底蕴，积极推进特色企业文化建设。继续强化核心经营理念和企业文化内涵，加大先进经验推广，营造具有建行山西省分行特色的企业文化氛围，以文化凝聚人心，从整体上促进服务能力提高、企业文化推进和整体竞争力增强，带动和促进全行业务发展。四是放宽发展眼界思路，在比学赶超中提升竞争能力。系统内以华北片区五家分行、中部六省分行、业务标杆组分行为比较目标，同业中以四行为比较竞争对手，奋力拼搏，着力提升主要业务指标在系统内的排名和同业中的市场份额，逐步缩小系统内和同业之间差距。五是着眼效益提升幅度，推动产品渠道创新。积极应对国家经济走向和银监会政策调整，从差距中找不足，在做好传统业务和现有客户服务基础上，认真分析市场，不断开发业务新产品，扩大业务新渠道，通过挖掘潜力弥补政策影响。六是加大业务调整策略，提高竞争能力。全面调整资产负债结构，提高活期存款比例，降低资本无效占用，将有限资源应用到风险收益匹配、综合贡献度高的客户和产品上来。七是加强

2010年5月26日，建行山西省分行电子银行业务拓展——“E路通”进校园活动
（赵建伟提供）

客户发展战略，奠定长远发展基础。结合山西发展环境，认真做好市场与客户调研分析，理清思路、突出重点，扩大数量、提高质量，保持大客户市场占比，扩大中型客户群体，加快发展小型客户，加强公私联动，调整客户服务策略，提高自身盈利能力。八是奠定持续发展基础，促进资产质量持续优化。充分发挥考核的正向激励和方向引导作用，鼓励压缩存量不良贷款，提高新发放贷款质量，严控不良贷款新增，加大对大额不良贷款客户风险监管，加快不良贷款压缩进度，确保资产质量持续优化。九是完善考核激励制度，提供人力资源保障。将绩效分配与考核结果相结合，加大分类别、分层次考核力度；建立以岗位为核心的工资分配体系；提高培训针对性和有效性，加大全行员工培训力度。（赵建伟）

·交通银行山西省分行·

【概述】 截至2010年底，交通银行山西省分行全行人民币各项存款余额较年初增长23.8%，其中，对公存款较年初增长23.5%；储蓄存款余额增长24.6%；人民币同业存款余额增长24.6%；人民币贷款余额较年初增长22.1%；外币存款余额增长54%；外币贷款增长33.4%。不良贷款余额占比实现双下降，中间业务有新进展。全年实现经营利润增长33%，人均利润突破100万元。全辖安全营运实现无新发生案件、无重大事故、无重大差错。总行对全国36家省直分行服务质量综合考评中，交通银行山西省分行综合得分名列第一。中国银行业协会组织的“2010年度中国银行业文明规范服务千佳示范单位”评比中，交行太原河西支行、开发区支行，晋城泽州路支行等3家支行成功入选。山西省银行业协会组织的“2010年度山西省银行业文明规范服务百佳示范单位”评比中，交通银行山西省分行营业部，交行太原河西支行、开发区支行、五一路支行、建北支行、桃南支行，晋城泽州路支行等7家支行榜上有名。山西省银行业协会开展的“山西省银行业特色银行”评比中，并西支行荣获贵宾服务特色银行荣誉。

【体制机制改革】 一是落实交总行“管理提升年”的各项要求，加强精细化管理，成立发展研究部，提高对分行决策的参谋作用；成立机构办，筹备大同分行、高平支行；成立投行部，开辟中间业务新来源；成立零贷拓展部，推动零贷业务发展，各项零贷指标首次超额完成任务；成立私人银行会所，差异化发展跨上新台阶，私人银行客户数量成功翻番；组建督查组，确保业务合法合规发展。二是打破发展界限，将现有支行按规模划分为大、中、小型支行，鼓励支行做大做强；落实总行精品网点计划要求，率先在营业部、河西支行试点架构调整，强化业务拓展力量，打造精品网点；按照“做专业、做特色”的精神，成立大客户五部、六部、公司拓展二部，初步形成对煤炭、财政、交通等行业和拟新设机构城市大客户的专业化营销格局。

【干部管理】 (1)召开全行首届干部工作大会。(2)严格按制度、按程序选用干部，将优秀人才选拔到干部岗位，将交行干部培养为人才。(3)健全干部交流制度，部门高管、支行行长任职超过5年，原则上必须交流。(4)落实问责制度，支行成立满三年存款必须达到5亿元、满五年达到10亿元，否则对主要负责人进行问责。(5)对现有部分干部进行交流调整。

【文化建设】 一是抓好党风带行风。加强基层党组织建设，选强配齐支部班子，规范党的基层工作；开展创先争优活动，强化支部的堡垒作用和党员的旗帜作用；将党风廉政建设与业务工作同安排、同部署，把廉政建设变成全行的自觉行动。二是打造勇于营销的氛围。引进狼性文化，培养员工的单兵作战能力和团队协作意识；强化发展责任。三是营造发展氛围。先后创建分行动态、营销周刊、督办通报等刊物，健全经营单位、客户经理业务通报制度、业务促进制度等，营造合力发展的氛围。

【队伍建设】 一是理顺员工成长体制。根据业务发展充实销售人员，2010年全行一线销售人员占比超过总行要求的5%；继续完善客户经理管理办法，全年共有10名客户经理成功晋级。二是实施全员销售激励，扩大营销渠道，让员工分享发展成果。三是加强员工教育培训。全年累计举办各类专题培训班134个，全行干部员工接受培训95.7学时。

【风险管理】 通过开展教育培训，案例分析，全行干部员工对于风险管理和案件防控的重要性有深刻的认识，2010年全行进一步强化信用等风险管理，落实贷款新规，探索建立贷后管理长效机制，加强对政府融资平台贷款、房地产贷款、“两高一剩”行业贷款等的风险排查，贷后管理水平持续提升，被总行评为“贷后管理示范行”；抓好操作风险管理，做好总行操作风险管理系统上线工作，坚持以往操作风险管理的有效做法，引进新的理念和工具，按照“精细、宽幅、高频”的要求，加强风险隐患排查，严密防范操作风险，分行车站支行被评为总行级“会计示范行”；继续深化案件专项治理，加强“主动”防控，关注好重点部门、重点业务和重点岗位，内防舞弊，外防欺诈，严防内外勾结，串通作案；保持“威慑”力量，坚持违规即问责，全年因管理缺位被追究责任的助理以上干部12人次，因客户投诉被追究责任的干部员工4人次，因违规操作被追究责任的员工15人次。

【优化信贷结构】 2010年，重点支持焦炭、冶金、电力、建材等传统产业的发展，加大力度支持节能环保、生物医药、信息网络、研发设计、新能源等新兴产业，扶助山西省培育新兴经济增长点；支持山西民生和社会事业；在农业现代化领域，支持农业产业化建设、支持农业产业化龙头企业；在城乡生态化领域，支持"气化山西"工程、"净化山西"的节能减排和生态保护工程，全面参与"健康山西"的建设。截至年底，全行资产总额较年初增长24.4%；本外币存款增长23.9%；人民币贷款增长22.1%；外币贷款增长33.4%。

【业务发展】 一是主体业务较快增长。各项存款增长高出山西同业8%，高出交行平均水平2%，其中，储蓄存款增长高出山西同业11%，高出交行9%。二是任务指标完成较好。在总行下达的52项主体指标和加扣分指标中，42项指标超额完成任务，其中，16项指标获得总行考核最高分。三是市场份额稳步提升。各项存款在山西的市场占比较年初提高25个基点，在交行系统的市场占比提高3个基点。其中，储蓄存款在山西的市场占比提高21个基点，在交行系统的市场占比提高11个基点。四是转型业务新发展。个金业务发展又好又快，AUM任务完成率系统排名第7，储蓄存款任务完成率系统第9；国际业务指标超额完成任务，其中，国际中间业务收入任务完成率系统排名第1，两次受到总行贺信表彰；零贷业务指标首次全面完成任务，其中，零贷净增排名位列系统第9；中间业务快速发展，全年中间业务收入较上年增长45.5%，完成总行任务119.7%，增幅系统排名第7，任务完成率系统排名第9；电银业务各项指标超额完成任务，其中，电银业务分流率完成任务139.4%，电子银行业务收入完成任务124.4%。五是结构调整取得新成绩。加大对山西转型、跨越发展的支持力度。新增授信346亿元，贷款余额361亿元，全部为实质性贷款。新增贷款主要投向符合总行信贷政策和山西经济运行的优势行业，如煤炭、交通、电力、铁路、煤化工、装备制造等行业，获得山西省政府颁发的"支持地方经济发展贡献奖"，获得人行太原中支颁发的"山西省保增长、调结构投向奖"。在大力支持山西经济建设中，全行信贷结构得以有效调整，截至2010年底，全行1~8级客户贷款占比较年初提升80个基点。7~12级客户贷款抵质押占比提高18%。"两高行业"贷款占比下降357个基点。支持类行业贷款占比上升20.3%，管控类行业贷款占比下降16.3%。中长期贷款占比上升9.3%。在各项业务发展的同时，全行的不良贷款占比实现双下降，经营利润提高，全年实现经营利润较上年增长33%。全年清收处置存量不良资产完成总行下达任务106.4%。现金清收率高于交总行平均水平24%。新增不良贷款控制在总行要求范围之内，逾期贷款较上年下降22.8%，存量对公监察名单现金化解率高于交行平均水平3.4%。不良贷款占比下降41个基点。信贷成本较年初下降32个基点，利息收入同比增加4.3亿元。成本收入比下降26个基点，人均利润增长18.5%。 （阎瑞生）

·中国工商银行山西省分行·

【业务指标完成情况】 全辖实现拨备前利润53.84亿元，同比增加10.8亿元，增幅25%；实现拨备后利润52.89亿元、净利润39.63亿元。经济增加值实现28.4亿元，增加3.01亿元。人民币各项贷款余额达1306亿元，较年初增加327亿元（剔除票据贴现），同比多增120亿元，增幅57.97%。其中，公司贷款较年初增加296亿元，增加98亿元，增幅49.5%；个人贷款较年初增加30亿元，增加21亿元，增幅233.33%。人民币各项存款余额为2989亿元，较年初增加176亿元，增幅为6.31%。其中，储蓄存款增加148.15亿元，对公存款增加28.01亿元。实现中间业务收入13.4亿元，增加2.95亿元，增幅为27.57%，同比提高1.96%；全辖重点产品继续保持同业领先地位，在同业可统计的54项产品指标中，有44项产品同业占比排名首位。累计清收处置不良贷款5.15亿元，其中现金清收1.98亿元，完成总行年度计划的132%；账销案存资产现金清收4182万元，完成总行年度计划的384%。不良贷款余额11.25亿元，不良贷款率为0.85%，分别较年初下降2071万元和0.15%，资产质量在省内同业属最好水平。

【提升竞争能力】 一是拓展优质信贷市场。加大对交通、能源、城建等行业重点项目的支持力度，全年累计发放各类贷款420亿元。密切跟踪煤炭资源整合煤矿兼并重组工作，保持在重组并购领域的同业领先地位，为五大煤业及华润联盛、宏盛能源等提供并购贷款31.05亿元、固定资产融资贷款18.75亿元。以全国重点房地产集团企业为支持重点，实现高质量住房开发贷款业务的快速增长，发放住房开发贷款23.13亿元，打造了星河湾、绿地、水泉湾龙园等一批优质房地产项目。坚持"持票升息和交易获利并重"的票据业务经营思路，对重点客户开设优惠利率通道，票据融资业务实现收入3.83亿元，累计办理贴现362亿元，系统内排名第六，保持同业第一。

二是加大稳存增存工作力度。高度重视存款对业务发展和竞争客户的基础支撑作用，召开全辖存款业务视频会、座谈会和问责会议，加大督导问责和考核激励力度，实施存款"赶超计划"，强化关键时点考核，促进各项存款的稳定增长。延伸公司业务营销链条，拓展大客户上下游供应链企业，增加派生存款，保持了对公存款的稳定增长；牢固树立"抓账户就是抓客户、抓存款、抓收入"的发展理念，以对公账户拓展带动公司存款增长，公司无贷户存款净增13亿元；推动机构客户差别化管理，机构存款较年初增加101.51亿元，同比多增30.98亿元；转变储蓄存款业务经营思路，在公私联动的基础上拓宽存款增长渠道，实现储蓄和代理国债、基金、理财业务的有效对接，在与建行、农行在储蓄存款市场的拉锯争夺中，重新夺回同业第一的位置，成为系统内仅有的四家分行之一。

三是提升中间业务效益。强化中间业务精细化管理，组织开展中间业务创收活动，2010年工行中间业务增量、增幅、计划完成率均创近三年新高。大力发展资产管理业务，累计创造收入2.45亿元，占全部中间业务收入的19.23%。加快提升投行业务贡献，全力突破债券承销业务，推动财务顾问、股权私募、信托融资等业务收入的快速增长，全年投行业务收入达2.52亿元，同比增加4622万元。持续巩固贵金属业务领先地位，贵金属实物销售8019千克，居系统内首位；开通品牌金回购渠道，推广代销银条、品牌金积存、贵金属递延交易等新型业务，贵金属业务实现收入4136万元，增加2410万元。大力发展信贷资产托管业务，年末资产托管规模达1346.48亿元，实现收入3021万元，增加2081万元。优化养老金业务管理模式，实施签约客户二次营销、重点客户持续营销等“五大营销工程”，新增账户托管规模13万户，实现业务收入1438万元，增加548万元。强力推动国际业务发展，对公外汇业务全面超过中行，国际结算量达40亿美元，结售汇量突破20亿美元，国际贸易融资突破6亿元，创历史最好水平。

四是全面做强零售业务市场。坚持零售银行优先发展策略，推行重点产品整合营销，全年个人中间业务收入占比达46.7%，较年初提高1.85%。加强零售业务为主的支行网点管理，突出重点营销，加大基金、保险、理财、结算、灵通卡等重点产品的营销力度，推动重点业务的持续增长和产品结构的不断优化。加快信用卡市场扩张步伐，全年新增发卡33.8万张，实现信用卡消费额147.5亿元，分期付款交易额10亿元，信用卡发卡量、消费额和业务收入四大行占比均达60%以上，持续巩固了“省内第一发卡银行”地位。

【加快转型发展】 一是优化信贷结构。扩大个人经营贷款准入范围，加大消费贷款、经营贷款、委托贷款的营销力度，个人贷款在全部贷款中的占比达5.5%，同比提高1.8%。根据山西区域经济发展情况，精选14家支行作为小企业信贷专营机构，配备800多人的专职人员，实施小企业信贷产品审查要素标准化，组织举办30余场小企业信贷业务推荐会和洽谈会，小企业贷款净增31.2亿元，增长了6倍。加大对水利、旅游文化等新兴行业的营销力度，发放水利行业贷款4亿元、旅游行业贷款1.68亿元。以商品融资为龙头产品，稳步扩大国内贸易融资业务领先优势，国内贸易融资较年初净增18.7亿元，在流动资金贷款中的占比达26.4%，同比上升12%。高度重视商用房开发项目和土地储备贷款项目，及时高效完成首笔10亿元商业房贷款项目的调查报批工作，发放土地储备贷款2亿元，实现了该项业务零的突破。

二是优化客户结构。以产业链、供应链、资金链为纽带，加快形成链融资模式，整体推进贸易融资项下的各类产品，拓展核心客户上下游市场，新增公司信贷客户382户。以财税库银横向联网实施为契机，扎实推进向工商管理部门派驻专职营销人员、“一行一项目”等营销活动，全年净增结算账户8244户；积极为新增客户提供收付款、账户管理类现金管理服务，新增客户现金管理签约率达98%。建立个人金融、信用卡、电子银行专业的一体化运行机制，强化对私和对公专业联动营销，通过“以私带公”“以公促私”，提高各类产品在中高端客户中的应用面和覆盖率，拓展优质客户市场，全年净增财富客户1.87万户，增加2841户；私人银行达886户，增加228户。

三是优化渠道结构。紧跟经济形态和城市建设发展变化趋势，坚持购置与租赁并举，财富中心、理财中心和一般网点同步推进的策略，加快网点升级改造和区域布局调整，全年新建网点62个，装修改造网点118个，完成4家财富管理中心、44家贵宾理财中心的建设工作。加大自助设备投入力度，完善多渠道的业务发展体系，全年组织投产ATM等各类自助机具617台，在繁华街区、商场、写字楼等增设离行式自助网点45个。着力把电子银行打造成综合性金融服务平台，全面推行项目带动、联动营销和捆绑营销的工作机制，电子银行业务占比达52.7%，同比提高6.3%。

【深化机制改革】 集中精力实施了省分行营业部提升竞争力改革，组建5个管辖支行，整合精简了24个原一级支行，形成省分行—营业部—管辖行—支行(网点)的新型组织架构；在营业部本部构建了有贷户、无贷户、机构客户3大营销平台，配备了直营客户经理，初步构建了分层营销体系。继续深化机构扁平化改革，对省、市、支行3个层面的经营职能进行了重新定位。深入推进重点支行变革试点工作，从政策制度、人力财力、资源配置、激励机制等方面加大扶持力度，着力解决影响重点支行竞争发展的实际问题，推动了重点支行的升级发展。进一步深化远程授权改革、监督体系改革、会计凭证档案影像管理改革等工作，继续推进业务集中改革，着力构建集中、高效、安全的业务运营体系和风险管理模式。成立了养老金业务部、风险监控中心、业务处理中心，升格电子银行部为一级部，推行了信息报表集中、制卡集中改革，进一步提高了专业化管理水平。改进审批模式，积极推行信贷业务调查审查标准化管理，贷款工作效率明显提升。

着力完善绩效考核和薪酬管

理机制，积极推行产品定价指导，推出《产品计价激励机制实施指导意见》《重点产品计价指导目录》和《展业费实施方案》等办法，实现由业务指标型考核向效益贡献型考核的转变。修订了工资总额管理办法，提出重点产品挂钩费用及重点支行奖励费用，确保工行在主要业务领域的竞争优势。完善以绩效合约为主体，劳动竞赛、行长特别奖励基金等为重要补充的考核激励体系，细化各级各类人员管理办法，加大对管理人员履职尽责的考核力度，启动管理人员退出机制。

结合总行"改进100个服务细节"要求，组成服务调研工作小组深入支行网点广泛听取改进意见，研究出台《关于优化业务流程的实施意见》，开展服务管理工作培训，促进服务效率和质量的提升。借助运营改革、报表集中改革、集中监控、人员跨区域流动等措施，调整优化人员布局，增加充实一线营销服务力量，通过落实大堂经理配备、加强客户经理队伍建设、加大营销人员培训力度，提高整体服务水平。从改进机关部室作风建设入手，规范内部服务标准，倡导各级管理干部深入网点进行客户体验，从体验中总结经验、发现问题、寻找差距，提出切实可行的措施加以改进。完善服务考评机制，采取现场服务管理与远程监控管理相结合、内部检查和外部监测相结合的方式，加强对服务质量的全过程监督管理，实施服务投诉专项治理工程，形成服务改进的长效督导机制。

【加强风险管理】 实施主动风险管理，不断完善全面风险管理体系，建立信息共享和监测预警机制，进一步增强了风险掌控能力。加强信贷资产"强基固本"工作，对省内政府融资平台进行重新评审和风险排查，加快遗留不良贷款清收处置，确保了信贷资产质量的持续改善。按照银监会"三个办法一个指引"监管要求，积极完善和优化监督支付流程，有效提高贷款发放环节的管理水平和业务办理效率。深入开展"内控文化建设深化年""案防攻坚年"和"内控案防制度执行年"等系列活动，召开全员大会部署内控外防工作，出台《经营管理十条禁令》，借助违规积分管理系统，有效防范和抵制各类违规违章行为。积极开展内部评级工作，结合西安、上海内审分局等单位检查情况，组织对现有规章制度进行全面梳理和整合，加大问题整改和责任追究力度。创新案件防控管理新模式，开展网点整体突击接管试点，对113个基层网点实施了突击接管，及时发现和消除了风险隐患。充分利用集中监控系统和运行风险监督平台，在规范网点业务操作、增强安全防范能力、强化非现场内控监督等方面取得明显成效。建立风险事件报告审议制度和重大风险事件"换手核查"机制，健全系统生产管理制度和安全生产应急预案，认真落实安全保卫工作责任制，确保全辖安全稳定运营。

【实施人才兴行战略】 坚持把以人为本的管理理念贯穿到加强党建工作、推进队伍建设、深化民主管理、传导企业文化等各项工作中，积极构建全辖和谐共进发展氛围。组织召开了全辖党建工作会议，明确了新时期加强党建工作的思路和措施。深入开展了争优创先活动，认真落实民主生活会制度，增强了基层党组织的核心竞争力和经营活力。以强化考核激励为导向，通过完善计价考核体系、对核心岗位人员进行奖励晋升、对高管人员实施远期激励等措施，激发各级管理人员的工作积极性。进一步加强了领导干部的培养使用，实施了后备干部实践锻炼计划，推进了各层干部之间的纵横交流，增强了各级领导班子的整体合力。优化人力资源配置，尝试以网点整体接管、柜员跨网点交流和网点整体对接等形式开展柜员交流和岗位培训工作，柜员动迁率达到25.15%，有效提升了营业网点的风险防控能力和服务水平。加强客户经理队伍建设，率先启动了对公客户经理队伍建设工作，在总行对公客户经理建设座谈会上作了经验交流，2010年末，全辖销售类人员占比达18.21%，同比提高13.46%。研究制定员工职业发展实施意见和高级经理、资深经理职务层级管理规定，从严明确高级经理选拔机制，初步建立起规范有序的员工职业发展运行新机制。以提高员工岗位胜任能力为目标，深入推进对全行员工的分类分层次培训，举办了两期管理人员"深港联动"培训，对中年员工和转岗分流人员进行专门的岗位培训，累计举办各类脱产集中培训779期、31160人次。根据各行2009年末工资总额情况，适当调高了薪点值，员工固定收入稳步提升，全辖保障性与激励性工资比例进一步优化。研究制定《改进绩效考核和员工福利的指导意见》，较好地解决了薪酬发放公平合理问题。完成全辖补充医疗保险续保及内退、提前退休、离退休人员待遇落实工作，切实承担起社会责任，协助协解人员解决遗留问题，确保了全辖的和谐稳定发展。

（李文杰）

·华夏银行太原分行·

【概述】 截至2010年底，华夏银行太原分行资产总额422.7亿元，负债总额419.05亿元，实现拨备前利润6.19亿元。现有同城机构10家，异地机构2家，员工总人数400余人。截至年末，一般性存款余额为393.3亿元，较年初增长77亿元，增幅25%。储蓄存款余额64.3亿元，计划完成率112.81%。完成中间业务收入7053万元，计划完成率102.22%。累积完成供应链金融业务量8.78亿元，计划完成率109.78%。完成国际结售汇业务量64829万美元，计划完成率144.06%。

【业务工作】 1. 存款组织工作再次取得历史性突破。2010年，尽管受

华夏银行十年行庆之公益活动　　（李红胜提供）

宏观经济金融政策趋紧、信贷新规出台、四大煤炭集团相继成立财务公司以及大客户集中走款等不利因素影响，可是仍于年末超额完成计划。截至2010年底，太原分行一般性存款余额393.3亿元，较年初增长77亿元。

2. 利润指标圆满完成总行计划，收入结构进一步改善。华夏银行太原分行通过严控新增不良，加大压缩存量不良，提高贷款综合回报，不断加强增收节支管理，圆满完成利润计划指标，人均利润和存款付息率位居系统内前列。中间业务收入占比有所提高，收入结构改善，财务实力增强。

3. 资产质量状况大幅改善，资产质量基础进一步夯实。2010年，华夏银行太原分行狠抓资产质量长效管理机制建设，多法并举化解存量不良贷款并采取严格的考核手段，严控新增不良贷款，实现资产质量状况的好转，资产质量基础更为夯实。全年对五级后四类贷款实现现金清收合计2.87亿元。对正常贷款中的预警或风险客户现金清收和退出合计1.65亿元。通过借新还旧方式转化违约贷款共计14户，金额合计21501万元。经总行批准核销本金7015.6万元，利息5808.8万元，多元化处置手段得到运用。

4. 案件防范常抓不懈，实现全年零案件工作目标。华夏银行太原分行将深入"执行年"活动与"案防攻坚年"活动紧密结合，实现案件防控与业务发展的良性互动。完善案防联防联控机制，综合运用纪检监察、党建、合规、企业文化建设、思想道德教育、岗位履责教育、绩效考核、信息技术、岗位轮换等多种手段实现对案件的防治。借银监会通报违规揽储问题之际，召开全体干部大会进行通报并对自身营销工作提出严格要求。建立华夏银行太原分行警示教育基地，组织全行员工赴太原市第一监狱参观，听取服刑人员现身说法，取得较好效果。

5. 各项基础管理工作安全合规高效运转。按照"制度严密、执行严格、管理严肃、作风严谨、检查细致"的要求，华夏银行太原分行全体员工努力工作、严格管理，各项基础管理水平得到极大提升。会计服务水平得到进一步提高。在华夏银行总行组织的"青春华夏我先行、会计能手勇争先"活动中，太原分行取得理论测试全国第一、团体综合竞赛全国第三的优异成绩。全面保障"世博""亚运"期间对系统的高标准要求。全行合规体系建设进一步加强，外聘专家协助法律审查工作，牵头组织包括存款风险滚动排查工作等多个检查，加强市场与操作风险管理工作。继续开展廉政监督活动，深化廉政教育和警示教育活动。强化保安队伍建设，提高人防技防能力，加强"三防一保"工作，保障全行人财物的安全。圆满完成银监会统一组织的"银行业公众教育日"活动。

6. 加快机构建设步伐。2010年，华夏银行太原分行加快机构建设步伐，年内完成运城支行的各项筹备工作并取得监管部门的开业批复，取得长治分行批筹批复。

7. 扎实开展"创先争优暨创建四强四优"活动。根据总行《华夏银行深入开展创先争优活动暨争创"四强四优"活动的实施方案》和《华夏银行深入开展创先争优活动的推进意见》，太原分行充分借鉴深入学习科学发展观活动的成功经验，精心设计载体，丰富活动内容，采取措施，在全行基层党组织和共产党员中积极开展"创先争优"活动，活动中涌现出一批先进党支部和优秀共产党员，取得一定成效。

8. 积极履行社会责任，树立良好形象。华夏银行太原分行坚持履行社会责任，树立良好社会公民形象。一是贯彻实施绿色信贷，加大对山西省经济转型发展的支持力度。2010年累积投放信贷资金超过315亿元，主要投向20余个"政府主导新一轮基础建设重点项目和市重点骨干企业""新能源行业、现代装备制造业、现代服务业、高新技术产业等新兴市场"及符合地区经济发展特点的行业和市场。支持涉及到城市供电、供水、供热、供气等涉及千家万户民生工程、公用事业企业。二是坚持"服务社会、反哺社会"的信念，开展参与多项社会公益活动。连续两年在太原市开展"真情助困进社区"活动。累计为社会其他团体、事项捐助百万余元，累计为本行困难员工捐助近50万元。

【荣誉称号】 2010年，华夏银行太原分行取得良好的经营业绩，并得到来自省市各级部门的高度认可。12月，在山西省2010年经济工作会议上，山西省政府为华夏银行太原分行颁发“山西省金融系统支持地方经济发展贡献奖”荣誉证书，授予华夏银行太原分行“支持山西转型发展信贷评估先进单位”。山西省企业家联合会授予华夏银行太原分行“2010年度山西省优秀企业”荣誉称号。在12月由山西省劳动竞赛委员会和山西省金融工委联合召开的全省金融系统表彰大会上，山西省金融工委授予华夏银行太原分行“山西省金融系统优质服务竞赛先进集体”称号，山西省劳动竞赛委员会为太原分行荣记“集体一等功”一次。滨西支行荣获“山西省金融系统工人先锋号”和“山西省工人先锋号”称号。姚玲玉荣获“山西省金融系统优质服务竞赛先进个人”称号并荣立“个人一等功”一次。华夏银行太原分行是山西省金融系统中唯一一家囊括全部奖项的单位。　　（李红胜）

·中国农业银行山西省分行·

【概述】 2010年，山西农行各项存款余额2313亿元，比年初增加250亿元，增量、存量市场份额均居四行第二位。各项贷款净增157.5亿元，余额687.6亿元，净增额和余额均创历史新高；增量市场份额29.85%，存量份额比年初提高1.86%；人均贷款上升至近500万元。山西农行大力支持重点工程及重要行业，为山西省化解国际金融危机影响、扩大内需作出积极贡献。一是在国家调控趋紧的情况下，优化贷款结构。新增贷款重点投向省重点工程建设、公路铁路基础设施建设以及煤炭资源整合，全年实体贷款净增220亿元。二是全年共完成十条高速公路的项目立项至审批出贷的工作，新增交通行业贷款34亿元，取得神河高速银团贷款的牵头行资格并开展公路融资租赁业务。三是重点支持大秦铁路、准朔铁路、大西铁路和中南铁路等国家中长期规划铁路项目，全年铁路行业出贷28.8亿元。四是大力支持全省煤炭资源整合，煤炭并购贷款市场份额同业第一。五是积极支持全省保障性住房建设，与省建设厅签署50亿元保障性住房建设合作协议。

【“三农”业务】 2010年，山西农行新增县域贷款49亿元，增速38.3%，高出山西农行贷款平均增速8.5%；新增小额农贷25779万元，余额达4.6亿元。一是实施支持产业化龙头企业发展的“龙腾计划”。围绕山西省政府“三农”工作重点，支持山西农产品加工龙头企业“513”工程、三大现代农业示范区建设和“百万棚设施蔬菜行动计划”等。二是实施支持县域中小企业发展的“虎跃计划”。从全省96个县域中，精选50家左右优质中小企业，积极营销支持。三是认真做好农户金融服务。推进惠农卡覆盖，新增发卡突破百万张。15家支行代理新农保项目，28家支行代理新农合项目。自主研发惠农卡及农户小额贷款管理系统，完善农户多户联保贷款管理办法，提高农户金融基础管理水平。四是实施覆盖金融机构空白乡镇的“金融普惠计划”。2010年又选择4个市的7个金融机构空白乡镇设立自助服务机构，在全省41家空白乡镇中设点比例达22%。

【“村村通”工程】 为解决农村地区支付结算难的问题，山西农行加大投入，加快以布放转账电话为主的农村支付结算渠道电子化建设进程。从9月开始，以“机到村、卡到户、钱到账”为标准，在全省首先选择14家支行试点实施农村小额支付“村村通”工程，并计划在2011年实现全省覆盖。农村小额支付“村村通”工程是通过向农户发放惠农卡以及在全省县域乡镇、村便利店、小超市、医疗服务点等农户经济活动较集中的地方布放以转账电话为主的自助设备，解决农村地区小额支付结算难题；以惠农卡为载体，通过营销新农保、新农合、涉农财政补贴等代理业务夯实惠农卡功能，促进卡的使用。截至2010年底，在14个试点支行所在县域农村地区布放转账电话4303部，发放惠农卡990027张，实现转账电话对14个县151个乡镇2833个村的全覆盖，占具备装机条件行政村数2833的100%；已发惠农卡户数达897103张，占具备发卡条件农户总数1016436的98.61%。　　（康　宁）

·农村信用社联合社·

【概述】 截至2010年末，全省农村信用社各项存款余额3088.18亿元，比年初净增579.61亿元，各项贷款余额1799.41亿元，比年初净增314.95亿元，存款总额、贷款总额、农业贷款市场份额均居全省银行业金融机构之首；不良贷款余额、占比持续实现“双降”目标；收入水平和经营利润不断提升。

2010年，全省农村信用社坚持以创先争优活动和“比学习、比作风、比技能、创优业绩”主题竞赛活动为抓手，以全面打赢山西信合乘势发展攻坚战为目标，以实现全系统转型跨越发展为主线，改革发展喜获新突破，业务发展实现新跨越，内部管理迈出新步伐，支农服务取得新成效，在全省经济社会建设中发挥重要的金融保障作用。一是各项存款余额在2010年9月末突破3000亿元，跃居全省金融机构之首；二是实现近3000个营业网点综合业务系统的全面上线，在电子化、科技化、信息化道路上迈出坚实的步伐；三是开通全国个人账户通存通兑业务，与全国8万个农村信用社网点实现通存通兑；四是发行统一品牌的“信合通”银联卡，有效解决全省农户结算渠道不畅、手段单一的难题；五是实现全年“零发案率”。

【体制机制改革】 根据全国农村中小金融机构监管工作会议精神，进一步引深体制机制改革，加快向区域性现代金融企业迈进，取得显著成效。8月，繁峙农村合作银行顺利筹建并开业;12月21日全省第一家农村商业银行——尧都农村商业银行挂牌开业;另有24家县级联社经省联社批复组建农村商业银行。全省农村信用社积极构建“结构简捷、形式灵活、运行科学、治理有效”的分类法人治理模式和法人治理运作机制,加快向区域性现代金融企业迈进。

【支持“三农”发展】全省农村信用社以引深推进“农信社支农惠民行动计划”为载体,大力支持县域经济发展,全力推进农业产业化和现代化,有效解决空白乡镇金融服务问题,充分发挥农村金融主力军作用。截至2010年末,累放支农贷款1027.3亿元,为443万农户提供金融服务。(1)加大对“513”龙头企业的支持力度。全省农村信用社共支持“513”工程龙头企业244个,包括29个省级梯次企业、56个市级梯次企业和159个县级梯次企业,贷款余额为18.3亿元。(2)支持全省设施蔬菜产业发展。采取“信用社+龙头企业+农户”“信用社+农民专业合作社+农户”等各种模式,大力支持农户、农民专业合作社、农业产业化龙头企业等主体发展设施蔬菜种植、流通,贷款余额达到20多亿元,全力保障省政府“百万棚设施蔬菜行动计划”的顺利实施。(3)大力扶持农村青年和大学生村干部创业。发放贷款13亿元,支持24000余名农村青年创业。其中累计发放贷款1279万元,支持250个大学生村干部发挥自身优势,带动农村经济发展。(4)积极服务县域经济发展。净投放245亿元贷款,支持符合国家产业政策、符合节能环保低碳要求、符合全省产业结构调整和转型发展要求的县域中小企业,有效解决中小企业技改、流资等方面的需求,促进县域经济发展。(5)全面实现农村金融服务全覆盖。通过设立简易营业网点、开展定时定点服务、布设物理机具等多种方式,积极推进机构网点、金融服务产品、客户对象、信用环境建设领域全覆盖,全省农村信用社共设立金融服务便利网点27家,有效解决金融机构网点空白问题,实现基础金融服务全覆盖。

【业务管理】结合全省农村信用社业务发展实际,提出业务发展要实现“三个转变”(即由抓时点向抓经常转变,由单项抓向综合抓转变,由领导抓向全员抓转变)的工作思路,并以此为统领,加强业务指导,确保规范运行,积极推动,实现各项业务稳健、快速发展。(1)在信贷管理方面,认真贯彻落实银行业“三个办法、一个指引”贷款新规,编写《山西省农村信用社固定资产贷款管理办法》《山西省农村信用社法人客户评级管理办法》等7个信贷管理制度,在全省“三新杯”贷款新规知识大奖赛中夺冠;积极开展信贷达标活动,编印《信贷管理手册》和《规范化操作流程文本表单》,在介休市召开全省农村信用社信贷管理工作达标现场会,为实现信贷业务操作流程化、标准化和规范化奠定基础;全面推行法人客户内部评级授信,评定法人客户信用等级29330户,评级率达100%;加强大额贷款咨询管理,充实省联社信贷咨询委员会队伍,制定信贷业务初审流程和审查标准,建立大额贷款风险监测机制。(2)在清降不良贷款方面,由省委、省政府牵头开展国家公职人员逾期拖欠农村信用社贷款集中清理;开展清收内部员工不良贷款,对员工不良贷款逐笔登记造册建立台账,全面进行清收;成立省联社风险资产管理委员会,出台《山西省农村信用社联合社风险资产管理委员会议事规则》,详细制定风险信贷资产处置咨询流程,不良贷款保持余额、占比“双降”的良好势头。(3)在财务管理方面,全面启动“流程再造”工程,完成34项会计操作规程的修订工作,编写完成《会计业务操作培训手册(上册)》,对全省380余名财会人员进行培训;重点组织异地存款业务、现金管理、财会管理等多次规模较大的检查和督察,及时发现问题,积极督导落实;不断提高经营风险控制水平,制定《山西省农村合作金融机构2010~2012年主要风险控制指标规划》,提高全省农村信用社风险控制水平;扩大收入渠道,严控费用开支,有效提高盈利水平和经营效益。

【提升内控管理水平】(1)科技手段到位。以全省农村信用社综合业务系统上线为平台,开发电子化操作、服务、监督的系统和流程,确保各业务条线、部门岗位全覆盖、全控制,不断加大技防力度,遏制违规违纪。(2)制度办法到位。坚持及时制定、完善制度,加强制度执行力建设。截至2010年末,累计出台实施288项规范性文件,基本涵盖农村信用社经营管理的各个层面,为实现各项工作规范化、制度化、程序化奠定基础。(3)人力资源管理到位。积极探索、建立科学干部选拔、任用、交流机制,坚决执行“四项制度”,广泛推行“五人联保”“风险保证金”制度,加强员工之间的相互监督和相互管理。(4)内控组织体系建设到位。按照“统一领导、分级管理、上挂下查、精干高效、规范运行、权责分明”的原则,组建省、市、县三级稽核队伍;110家县级联社全部成立风险合规部门、风险资产管理部门、纪检监察部门,强化内控管理,防范风险。(5)安全保卫工作到位。以强化安全管理和安防设施建设为重点,抓住重点环节和关键部门,采取人防、物防和技防相结合的方式,坚决防范“四类案件”;组织开展全省农村信用社安全专业培训,提升保卫人员素质;修订完善安全保卫9项制度,安全保卫制度建设进一步规范;组织全省260余名安全保卫人员参加安全专业培训,提高安保人员的整体素质;先后组织8次安全检查,有效遏制各类治安案件和消防及自然灾害事故的发生。(6)稽核检查和责任追究到位。借助“案防攻坚年”活动,全省农村信用社累计出动23071人次，采取按月开展合规性稽核、按季开展真实性检查、存款风险滚动式检查、随机突击检查、有针对性地"接管式"稽核等多种方式，加大检查频次和强度，加大责任追究和案件惩处力度，实现2010年以来"零发案率"，得到中国银监会的肯定。

【深化改革员工队伍】（1）在全面完成省、县两级联社"三定"工作的基础上，按照"科学合理、精简高效，因事设岗、以岗定人，以人为本、稳步推进"的原则，明确办事处（市联社）职能、内设机构、编制、档案及费用管理等事项，全面完成办事处，市联社"三定"。通过深化劳动用工制度改革，真正达到减员增效、优胜劣汰、推动发展的目的。（2）按照"发展与质量""客户与市场""组织和管理""学习与成长"等四大模块，对市、县两级机构和领导班子进行考评，调动各级机构和班子成员的工作积极性。（3）面向社会招聘高学历、高素质员工1437名，为信合队伍补充新生力量。（4）成立教育培训中心，全方位推进教育培训，组织各业务条线、各层次员工进行培训。全年累计举办信贷管理制度、非现场监管报表、银行卡业务知识、客户经理等各业务条线培训33期次，达4600余人次；组织4个市46家县级联社下乡式客户经理属地培训，人员达3000余人次；各办事处（市联社）组织培训人员达29000余人次，县级联社组织培训人员52000余人次，有效提高员工整体素质。同时，全面启动养老保险移交地方工作，全系统养老保险纳入省级统筹。

【科技信息化建设】 针对长期以来制约农村信用社经营与发展的瓶颈问题，省联社采取强力举措，加大工作力度，积极推进，取得显著成效。（1）在信息化建设方面，省联社强力推进综合业务网络系统建设，改进金融服务手段，提升综合服务水平，于3月21日实现与人民银行支付系统的成功对接，7月3日完成与农信银支付清算系统的成功对接，8月末全省农村信用社11个市、110个县、2832个营业网点综合业务系统全面上线，在科技化、信息化、电子化建设方面迈出坚实步伐。（2）在银行卡发行方面，省联社多次召开会议，进行专题研究，快速推进实施，于8月21日面向社会全面发行"信合通"银联卡，2010年累计发卡131.6万张，卡存款余额89.7亿元，填补山西信合金融电子化产品的空白，解决全省广大农户结算渠道不畅、手段单一的难题。（3）在金融产品创新方面，开通"农民工银行卡特色服务"受理方、发卡方业务；代理保险业务、代理全省大中型水库移民直补资金、代理全省"新农保"业务、代收交警罚没收入、社保"一卡通"等业务；创新担保方式，根据县域经济特点，推出中小企业"融资通"、仓单质押贷款、应收账款质押贷款等不同类型的信贷新产品；积极参与银行间债券市场和拆借市场，扩大资金运用渠道，拓展效益增长空间，促进各项业务的发展。

【加强形象宣传】 围绕树立全省一体新形象、百姓银行新形象、与时俱进新形象，创办内部"一报一刊一网站"，不断加大形象宣传强度和力度；印发《山西省农村信用社企业文化大纲》，制定《山西省农村信用社员工守则》，完成《山西省农村信用社VI视觉形象识别系统》设计；10月16日，全省信合系统举办存款突破3000亿元暨发展成就集中宣传活动，提高社会认知度，扩大社会影响。

（聂宏伟　雷鹏铎）

·中国邮政储蓄银行山西省分行·

【概述】 2010年，中国邮政储蓄银行山西省分行坚持以效益为核心的经营理念，加快转型步伐，全力拓展公司、信贷等新业务，以强化执行能力，提高营销能力、服务能力和风险管控能力为着力点，促进经营管理水平和市场竞争能力的稳步提高。经营规模和收入实现双增长，各项存贷款业务、理财业务、中间业务、对公业务较上年同期都有较大幅度的增长，全年邮政金融业务收入达23.08亿元，同比增长27.53%。市场竞争能力得到有效提升，自助设备、电子银行和客户经理四大分销渠道初步成形，辖内各级分支机构和代理网点达1220个，遍布全省所有县区和主要乡镇。邮储银行山西省分行加强全面风险管理体系建设，采取风险经理派驻、综柜上收、人员排查、违规积分、会计基础规范达标等措施，通过开展"案件防控攻坚年"和"业务行为规范年"活动，扩大风险管理的覆盖面，增强风险管理的独立性和实效性，风险控制能力得到提升。

【"业务行为规范年"活动】 为引导各类业务的规范运行，切实防范业务风险，邮储银行山西省分行于2010年在全行范围内开展"业务行为规范年"活动，以经营管理实际需要为基本出发点，以促进新业务健康发展为根本目的，以"按章操作，规范行为"为基本主题，重点围绕信贷业务、对公会计结算业务和法律事务的规范，全面开展法规制度学习、风险点梳理、业务自评估、业务行为规范性评价、业务行为优化等活动，督促全行员工进一步熟悉业务流程和制度，业务行为得到极大的规范。

【实施风险经理派驻】 4月，作为中国邮政储蓄银行全国第一批试点省之一，邮储银行山西省分行在实践基础上，实施风险经理派驻，全省全年共派驻风险经理46名。由委派机构向网点统一派驻风险经理，承担具体内控管理，直接对委派机构负责。充分发挥风险经理在授权管理、风险信息传递、防范资金风险方面的作用，使其成为风险合规管理深入支行的抓手。

【个人网银业务】 6月1日，邮储银行山西省分行正式对社会公众开办个人网上银行业务，主要业务种类有：账户和产品查询、转账汇款、代理基金、代理国债、人民币理财产品查询、外币业务、个人贷款、信用卡业务、网上支付业务，丰富服务渠道，缓解窗口压力，提高邮储银行品牌形象和市场竞争能力。

【票据贴现业务】 8月末，邮储银行山西省分行商业票据系统上线，并在太原、晋中、吕梁三个市分行率先开办票据直贴业务，进一步丰富业务产品线。

【小企业贷款业务】 9月，邮储银行山西省分行开办小企业贷款业务，贷款种类包括小企业流动资金贷款和小企业固定资产贷款，贷款授信总额不超过人民币500万元(含)，用于解决借款企业商品生产及流通性经营或其他服务性经营所需周转、临时性、季节性资金需要，或用于与其主营业务有关的固定资产投资，对于解决山西中小企业融资难问题作出积极贡献。

【"示范网点"推广活动】 10月，邮储银行山西省分行分阶段实施示范网点推广项目，计划用2~3年时间逐步将示范网点建设推向城市地区所有网点和发达县域网点。旨在通过建立规范高效的网点经营管理模型，实现网点从"经营产品"向"经营客户"转变，打造邮储银行营业网点全新的服务形象，提高营业网点软服务能力和经营管理能力，完成邮储银行网点向商业化银行网点的转型，为山西广大城乡居民和企业提供更加优质的服务。

【集团客户现金管理业务】 10月末，邮储银行山西省分行试点开办集团客户现金管理业务。该业务是以集团客户为对象、以流动性管理为核心、以多种产品组合为内容、以协助客户科学合理地管理资金为目的的银行综合产品和服务。服务项目主要包含账户管理、收付款管理、流动性管理、投融资管理及信息服务等。 (张晓妹)

·中国民生银行太原分行·

【概述】 截至2010年底，中国民生银行太原分行在吕梁、大同设有两家二级分行，在太原设有16家支行、78家自助银行，分行总资产618亿元，各项贷款余额522亿元，全年贷款新增133亿元，比年初增长33.6%；对全省400余户企业累计投放信贷资金近5000亿元；各项存款余额578亿元，各支行网均储蓄存款达10亿元，不良贷款率为0.25%，累计缴纳各类税金近20亿元，市场份额连续第8年保持民生银行系统和太原股份制同业首位。

【荣誉奖励】 中国民生银行太原分行荣获"企业文化建设百家重诚信单位"、连续第三届被中国银监会评为"银监会系统文明单位"，被山西省劳动竞赛委员会第三次授予"山西省五一劳动奖状"，被山西省政府授予"山西省创业就业工作先进单位"。5月，在《当代金融家》杂志主办，新华社、金融时报、中国金融等多家主流财经媒体参与的第二届中国银行业"好分行"评选活动中，中国民生银行太原分行荣获"好分行——风险控制奖"，是山西省银行业唯一获此殊荣的商业银行。

【高尔夫贵宾服务会所】 7月，中国民生银行太原分行高尔夫贵宾服务会所正式启用，并分别与中保集团、山西新兆基担保公司共同签署高尔夫战略合作三方协议，同时向10家"商贷通"诚信商户授牌。太原市林业局、体育局、中保集团、新兆基集团担保公司、新世纪集团、信联集团等数十家单位近百人参加。

【推动区域中小企业发展】 7月，中国民生银行太原分行与太原市青年企业家协会、山西青创投资担保有限公司签署三方战略合作签约仪式。落实与太原市政府战略合作协议，惠及协会下近百家会员单位，使其在商贷业务咨询、企业融资、信用卡、贵宾服务等方面得到民生银行优质的金融服务和帮助，缓解企业融资难问题，共同推动区域中小企业加速健康发展。

【支持民营企业发展】 强化银政企合作，先后与省工商联、省经信委签署战略合作协议，搭建银政合作平台，与山西工业转型发展百强潜力企业中30家优质企业签约；在全省民营经济转型跨越发展大会上，与省内23家优秀民营企业签订合作协议；借助银企对接平台，整合资源全力支持省内民营企业发展，为民营企业和民营企业家提供全方位、多层次和个性化的金融服务。

【履行社会责任】 2010年，组织全员向西南旱灾、青海玉树地震灾区和甘肃舟曲等捐款50多万元；举行"民生圆梦基金"第三批助学金发放仪式，资助大同33名贫困学子；与青海省青少年发展基金会协议援建青海希望工程希望图书室；组织全员开展"慈善一日捐"活动。 (王　晶)

·晋商银行·

【概述】 截至2010年底，晋商银行全行资产总额达535.06亿元，较年初增加214.32亿元，增幅66.82%；各项存款余额426.52亿元，增加140.5亿元，增幅49.12%；各项贷款余额226.07亿元，增加48.55亿元，增幅27.35%；不良贷款余额为2.93亿元，减少371万元；不良贷款率为1.30%，下降0.37%，实现"双降"目标；全年实现税后利润2.65亿元，同比增加1.17亿元，增长79.86%；资本利润率8.84%，较年初增加3.05%；资产利润率0.61%，增加0.16%；资本充足率达13.81%，核心资本充足率达12.28%，均超过监管部门的监管要求；拨备覆盖率达182.11%，提高18.37%；贷款损失准备充足率达175.13%，较年初提高59.01%。

【公司治理】 1月7日，晋商银行股份有限公司第二届董事会2010年度第一次会议召开，会议审议通过《关于晋商银行股份有限公司2010年机构发展规划的议案》。3月22日，第二次会议召开，审议通过《关于设立晋商银行股份有限公司天津分行的议案》《关于晋商银行股份有限公司总行高级管理人员绩效考核兑现的议案》等三项议案。3月24日，第三次会议召开，审议通过《关于晋商银行股份有限公司第二届董事会2009年度工作报告的议案》《关于晋商银行股份有限公司高级管理层2009年度工作报告的议案》等十七项议案。8月21日，第四次会议召开，审议通过《关于晋商银行股份有限公司审议重大关联交易授信业务的议案》《关于晋商银行股份有限公司2009年度风险管理报告的议案》等七项议案。12月3日，第五次会议召开，审议通过《关于晋商银行股份有限公司2011年机构设置的议案》《关于晋商银行股份有限公司设立村镇银行的议案》等十四项议案。12月23日，第六次会议召开，审议通过《关于晋商银行与太原市财融资产管理有限责任公司签订〈不良资产转让协议之补充协议〉的决议》。12月26日，第七次会议召开，审议通过《关于协议转让太原贵都百货有限公司不良贷款的议案》。

3月24日，晋商银行股份有限公司第二届监事会2010年度第一次会议召开，会议审议通过《关于监事会2009年工作报告及2010年工作计划(草案)的议案》《关于监事会2009年监事履职评价报告的议案》等十二项议案。8月20日，第二次会议召开，审议通过《关于晋商银行2010年上半年经营工作报告的议案》《关于对晋商银行龙城支直属行调研情况的报告》等六项议案。12月3日，第三次会议召开，审议通过《关于晋商银行设立村镇银行的议案》《关于晋商银行增资扩股实施方案的议案》等十二项议案。12月24日，第四次会议召开，审议通过《关于修订监事会关于董事、高级管理人员履职监督管理办法的议案》和《关于监事2010年度履职评价工作安排的议案》等两项议案。

4月27日，晋商银行股份有限公司2009年度股东大会召开，会议审议通过《关于晋商银行股份有限公司第二届董事会2009年度工作报告的议案》《关于晋商银行股份有限公司第二届监事会2009年度工作报告的议案》等十三项议案。12月24日，晋商银行股份有限公司2010年度临时股东大会召开，会议通过《于晋商银行股份有限公司发起设立村镇银行》和《修订晋商银行股份有限公司章程》等两项议案。

2010年共召开行长办公会34次，审议并通过《晋商银行法人客户营销业绩分配暂行办法》《晋商银行内控合规考核办法（试行)》《晋商银行房立贷品牌业务管理办法（试行)》《晋商银行网上银行管理暂行办法》等142项议题。

【金融创新】 3月12日，晋商银行发行法人理财产品，丰富产品种类，拓宽收入渠道，展现其“服务市民，服务地方经济”的经营特色；4月13日，信贷风险管理系统上线，实现了业务流程管理电子化，进一步提高工作效率；4月24日，网上银行系统上线，为提升晋商银行金融服务水平，实现快速健康发展奠定基础；6月12日，发行借记卡金卡、白金卡，推动晋商银行卡业务的快速发展，促进各项业务全面发展；6月28日，电子商业汇票系统上线，提高晋商银行的金融服务水平和工作效率；7月30日，举办首次客户理财沙龙活动；9月10日，发行品牌金，标志着晋商银行在向高端金融服务的道路上迈出崭新的一步；10月11日，受让首笔信托计划受益权之收益权；11月5日，举办晋商银行“商立贷”产品推介会，对“商立贷”新产品进行详细介绍，推进晋商银行与合作各方的战略合作；11月9日，首次召开视频贷审会；11月10日，举办微小企业首笔贷款签约仪式，标志着晋商银行与微小企业合作关系的正式确立，为晋商银行实现特色化发展奠定坚实的基础。

【李小鹏出席座谈会】 4月11日，李小鹏出席晋商银行发展战略座谈会，就晋商银行发展战略和发展方向与晋商银行独立董事、外部监事进行座谈。

【获得殊荣】 4月25日，晋商银行党委书记、董事长上官永清被评为“2009中国银行业年度人物”。4月29日，上官永清被授予“山西省劳动模范”荣誉称号。8月15日，晋商银行被授予“中国城商行最具竞争力民族品牌”荣誉称号，上官永清被评为“中国金融业改革创新十大杰出巾帼”。8月26日，首届全国银行行长大会授予晋商银行“中国十大最具影响力商业银行”荣誉称号，授予晋商银行党委副书记、行长阎俊生“中国十大最具社会责任银行家”荣誉称号。

【对外合作】 4月27日，晋商银行参加运城市人民政府主办的2010年银保企洽谈会；5月7日，晋商银行与华润集团公司举行银企合作洽谈会；6月3日，与山西省钢材商会举行战略合作推进恳洽会；6月1~3日，参加大同市人民政府主办的银证企座谈会；10月26日，与兴业银行总行成功签署全面战略合作协议；11月1日，与太原市住房公积金管理中心签订战略合作协议；6月7日，与山西省中小企业信用担保有限公司签订《中小企业信用担保合作协议》。

【重要活动】 10月15日，第七届

中国国际金融论坛在上海举行，上官永清出席论坛，作题为“发挥品牌优势激活民营资本推动山西经济转型跨越发展”的讲话；10月29~31日，崛起中原新晋商大会暨世界晋商共建中原经济区高层峰会在河南省郑州市召开，上官永清出席会议讲话；11月3日，新浪网邀请上官永清做客新浪聊天室，就区域银行的发展之道进行深入探讨。（张　晶）

·中国农业发展银行山西省分行·

【概述】 2010年，中国农业发展银行山西省分行围绕省分行党委提出的“五新”总体要求和五项重点工作、三大攻坚战任务目标，狠抓信贷支农、风险防控、基础管理、不良贷款清控、班子队伍建设等重点工作，统筹安排，全面推进，各项工作取得明显成效。一是信贷支农力度不断加大。全年累计发放各类贷款107.82亿元，累计收回各类贷款96.15亿元，各项贷款余额达294.07亿元，较2010年初增加11.67亿元，增长4.13%。二是信贷结构进一步优化。政策性中长期贷款余额80.5亿元，占各项贷款余额27.4%，较上年增加4.6%；准政策性贷款余额14.5亿元，占各项贷款余额4.9%，较上年下降4.1%；商业性短期贷款余额42.9亿元，占各项贷款余额14.6%，较上年增加1.9%；商业性中长期贷款余额4.4亿元，占各项贷款余额1.5%，略低于上年。三是经营效益显著提升。2010年综合利息收回率达89.39%，比上年提高11.46%。全年全行实现账面利润4.01亿元，比上年增加1.7亿元；资产利润率0.29%，比上年提高1.98%；收入成本率38.78%，比上年提高15.36%；各项存款余额72.75亿元，人均存款224.92万元，比上年增加71.39万元；人均中间业务收入0.42万元，比上年增加0.02万元。四是基础管理不断强化。二级分行基础管理平台建设扎实推进，各项内部管理制度和业务操作规程不断完善，内部考核体系与激励约束机制进一步强化，党建、企业文化和队伍建设水平得到提高，全行案防工作实现“零案件”目标。

【实施大项目营销战略】 制定《2010年贷款业务发展指引》，成立大项目营销工作领导组推进项目营销工作，向刘维佳汇报省分行支持新农村建设信贷政策，先后与5市主要领导进行沟通，宣传省分行信贷政策，推介信贷产品，协商、解决贷款项目办理中的问题。10月15日，省分行与长治市签订《农业政策性金融支持新农村建设合作备忘录》，拟定对该市“十二五”期间农村土地整理整治和农民集中住房建设项目、生态环境综合治理项目、城乡一体化农村基础设施、县域城镇建设、农业综合开发项目进行支持。大同市分行营销的御东新区农民集中安置房建设23.3亿元项目贷款，2010年底前已经出贷7亿多元，未发放贷款正陆续投放，实现全行大项目营销战略良好开局；晋中市分行营销的晋中公路分局11.8亿元农村基础设施（经营性）贷款项目已经总行审批，现正落实贷前条件；运城市分行营销的该市城区东郊35亿元农村土地整治项目，总行已完成调查程序；吕梁市分行营销的离石区亿元道路改造项目进入手续完善阶段。

【粮油收购贷款管理】 粮油收购贷款投放与管理，省分行党委在严格执行收购贷款管理“八个环节”“十条底线”信贷政策基础上，结合山西分行实际编印《粮油准政策性贷款管理和操作要领》，提出“七个三”操作管理要求，对引导基层行做好工作提供政策支撑。2010年，全省粮油收购环节累计投放贷款23.72亿元，支持各类企业收购粮食14.45亿千克，收购油脂245万千克。

【优化信贷结构和质量】 一是各级行根据省分行出台的支持农产品加工“513”工程实施意见，对照符合国家政策和区域发展政策，把23个国家级和188个省级农业产业化龙头企业作为支持重点。二是根据全系统贷款客户风险排查情况，针对各类贷款客户在经营管理和贷款营运方面风险底数，按省分行“区别对待、有保有压、择优扶持、严控风险”原则，稳步退出一些规模小、抗风险能力差的加工企业、小企业，使信贷结构得到调整，信贷资源合理配置，贷款客户进一

中国农业银行山西省分行发放贷款支持晋中市松塔水电站建设项目
（牛晓辉提供）

步优化。

【风险防控工作】 2010年，把风险防控作为全行工作重中之重，客观准确反映贷款形态，严控增量贷款风险，精心组织存量不良贷款清控攻坚，加大不良贷款清收处置力度，努力提高信贷风险管理水平。

1. 有效控制新增贷款风险。一是严格信贷授权管理，根据各二级分行管理水平和风险状况实行差别授权。二是严格贷款准入条件，对不符合认定条件企业坚决予以退出。三是严格客户信用等级审查，省分行对上报的167户AA(含)级以上客户，组织专人审查，保证评级授信结果合规准确。四是加大对信贷项目行业风险、市场风险、财务风险及关联企业风险审查力度。五是在全省系统确立贷款调查从细、审查从紧、审议从实、审批从严导向和机制。

2. 全力清收处置存量不良贷款。制定不良贷款年内"双降"目标，坚持不良贷款清收处置定期汇报制度。按照"四落实""三明确"要求，分企业制定清收方案和落实清收责任。为进一步强化管理、落实责任，在全省系统建立不良贷款清收管理卡，直观显示贷款发放、清收、督导等各环节责任人，有效推动不良贷款清控工作。

【案件防控工作】 省分行党委提出建立"不愿为"自律机制、"不能为"约束机制、"不敢为"惩戒机制，全面组织开展案防攻坚战，全行始终保持案件防控高压态势，形成多管齐下、综合整治的案防工作格局。

1. 精心谋划案防工作，全面安排部署落实。省分行党委全面部署和加强案件防控工作，在全行组织开展"案防攻坚年"和"制度执行年"活动，建立按季度召开案件防控汇报分析会制度，加强对案防工作的督导落实。

2. 广泛开展思想教育，着力提升整体素质。一是完善党委理论学习中心组学习制度，制定党委理论学习中心组学习计划，定期学习中央和总行反腐倡廉文件和会议精神。二是开展学习《廉政准则》为主要内容的廉洁自律教育，进一步增强党员干部廉洁自律意识。三是开展学习银监会贷款新规、总行信贷管理十六项制度为主要内容的制度教育，增强干部职工合规经营意识；学习《银行业金融机构从业人员职业操守指引》《农发行从业人员行为规范》为主要内容的职业道德教育，增强员工尽职履责意识。

3. 落实各项廉政制度，有效增强案防力度。一是按总行要求，落实银企廉政共建机制，营造银企共同遵纪守法，促进业务健康发展氛围。二是制定《员工承诺保证书》，与全省系统1710名员工签订《员工廉政承诺保证书》，将中纪委、总行的各项廉政规定编印《山西省分行廉政手册》，全行每名员工人手一册。三是各级行认真执行领导干部三项谈话及重大事项报告制度。

4. 完善案件防控措施，加大责任追究力度。一是组织开展案防工作专项检查。二是按银监会、总行专项治理"小金库"有关要求，组织开展"小金库"自查，对存在问题及时进行整改。三是与省分行机关各处室和各市分行负责人签定党风廉政建设、"四无"创建和安全保卫责任书，全面加强全行党风廉政建设工作，有效防范各类案件发生。

【经营管理】 1. 加强平台建设。根据总行《关于加强二级分行经营管理基础平台建设的指导意见》，结合山西分行实际，下发《关于加强二级分行经营管理基础平台建设的实施意见》，对全省二级分行经营管理基础平台建设工作作出全面部署。

2. 加强基础管理。一是制定下发《中国农业发展银行山西省分行客户资金支付监管实施细则(试行)》，强化对贷款客户资金支付环节的风险防控。二是各职能部门加大对基层行的检查力度，通过检查、监督推动工作落实。

3. 加强考核管理。一是完善各二级分行考评机制，研究制定对二级分行的《业务经营与管理综合考核挂钩兑现办法》。二是完善省分行机关考评机制，修订完善《省分行机关岗位绩效考核办法》。通过完善考核机制，提高各职能处室工作主动性和自觉性，对各项工作开展起到激励作用。 (牛晓辉)

·中国银行山西省分行·

【概述】 截至2010年底，全行人民币各项存款增加133.32亿元，四大行余额市场份额提高0.08%。其中，公司存款增加82.07亿元，储蓄存款增加84.26亿元。外币各项存款增加4509万美元。人民币各项贷款增长91.7亿元。其中，公司贷款增加119.51亿元，零售贷款增加3.97亿元。全行本外币不良授信资产余额减少37.4亿元，不良率下降6.1%。实现中间业务净收入4.58亿元，考核利润20.87亿元。

【扩大业务规模】 1. 扩大核心存款规模。(1)公司存款方面，一是继续以行政事业单位存款为重点，实现烟草行业存款营销的重大突破。截至2010年底，全辖财政社保基金存款较年初新增30亿元，市场份额较年初提升5%，烟草行业存款市场份额由零提升到近32%。二是以贷款新规实施为契机，狠抓授信客户上下游企业支付环节，促进资金体内循环，增加资金沉淀。三是以重点企业拓展为契机，带动存款新增近65亿元。四是以现金管理产品销售为平台，实现省内煤业集团资金归集50亿元。(2)储蓄存款方面，以客户拓展为基础，重视社保、医保、军保项目等源头性业务的营销拓展，取得省人社厅社保卡首批发卡行资格；以客户关系管理为重点，加大中高端客户专属理财产品推广力度，通过举办各类金融服务增值活动，维护和稳定客户关

开展“银行业公众教育服务日”宣传活动 (李 军 冯培义提供)

系；坚持跟踪、分析、通报、考评机制，加大营销奖励和资源配置力度。截至2010年底，人民币储蓄存款四大行余额市场份额较年初上升0.2%。(3)金融机构存款方面，灵活运用价格手段，提高客户需求响应速度，提升市场份额；把握新股发行、“大小非”解禁、创业板启动及国内金融市场进一步开放等契机，不断扩大第三方存管客户基础，拓宽吸存渠道。截至2010年底，金融机构存款较年初增加28亿元，四大行余额市场份额较年初上升13.83%。

2. 优化授信业务结构。(1)公司贷款方面，紧抓山西重点工程项目集中开工建设的重要机遇，新增贷款主要投向铁路、公路、煤炭、电力等省内重点支持行业的龙头企业，提高中国银行在山西主流经济中的业务占比，授信行业拓宽，授信结构改善；建立煤炭行业授信业务清单式管理模式，拓展并购及配套贷款，为省内煤炭整合主体量身定制金融服务方案，累计发放煤炭资源整合并购贷款34.72亿元。(2)零售贷款方面，强化与公司板块的联动，从源头挖掘业务合作潜力，提前介入目标项目，通过创新产品包装组合、提高审批效率，营销叙做一批优质零售贷款项目。(3)促进中间业务发展。国际结算条线加大新产品创新推广力度，在省内首推国内融信达、订单融资和外汇掉期汇利达等新产品；公司业务条线通过为客户量身定做综合服务方案，培育一批高成长的产品项目，推动全行非资产业务的快速增长，实现银企双赢；个金业务条线强化中银品牌建设，加大基金、理财、银行卡、第三方存管和网银业务的交叉销售力度，提升客户持有中国银行金融产品数量，全年全辖周末和非周末理财产品销售分别完成总行计划的383.37%和385.85%；国内结算条线加快新产品推广步伐，开办现金管理、民口重大支付、结税通、旅保通、电子商业汇票等新业务，全年基础客户新增同比增长233.83%；金融机构条线拓展存放同业业务；银行卡条线发卡新增完成总行计划116.8%，商户收单交易额同比增长54.69%；资金业务条线争揽中期票据承销业务30亿元，实现超远期结售汇和"汇利达"项下利率掉期业务零的突破，全年条线收入完成总行计划的173.55%；电子银行条线加强渠道建设，实现客户数量和交易规模双跨越。

【强化授信管理】 (1)提高审批效率，重点支持优质授信。向总行争取因客授权、因项目授权政策，建立重点客户快速审查通道，实施差异化审批流程；提高项目市场反应速度，多次刷新最短审批纪录。截至2010年底，累计获得煤炭行业授信项目批复金额400多亿元，在全部公司授信中，煤炭行业余额占比超1/4。(2)落实监管要求，做好风险管控。一是落实贷款新规。组织全辖员工学习银监会颁布的“三个办法一个指引”贷款新规，制订完善相关操作流程和业务指引，开展新规执行情况专项检查和整改落实回头看，确保授信业务合规开展。二是做好政府融资平台、房地产和产能过剩行业的风险管控。按照要求对贷款逐包打开、逐笔核对，提升中国银行对政府融资平台贷款风险的把控能力；加大对房地产行业的动态监控，根据市场变化情况和管理需要，开展房地产贷款压力测试；梳理产能过剩行业授信，在授信审查、监控预警、贷后管理等方面采取针对性防范措施，全年主动退出潜在风险授信10亿元。(3)强化预警监测，控制不良新增。一是构建全方位风险管理能力考核评价体系。以总行风险管理能力评价指标为核心，配套制定并出台二级分支行风险管理能力评价考核指标、授信业务清单式营销管理办法、风险管理条线工作执行力督办管理办法，完善授信基础管理奖惩办法，引导全辖提升风险管理精细化水平。二是加强资产质量预警和监测管理。出台授信资产预警实施办法、建立监控分级管理数据库，完善重大风险事项报告制度，推广资产质量监控系统，防范授信项目技术性逾期。三是继续对新发生公司类不良贷款采取“一冒就清、即时督办、限期清收、严格考核”的管理方式，逐户制定清收措施并跟踪督办。四是促进二维内部评级体系的推广和应用，开展十三级风险分类，降低分类偏离度，真实反映资产质量。(4)多头并进，加快不良处置进程。坚持“立足清收、多管齐下、积极创新”的工作思路，严格落实“四个到位”和“五定”工作要求，加大不良清收化解力度，按照清收、诉讼、调级、减免息、以物抵债、呆账核销等不同方式进行分类督导，加快处置进程，实现不良余额和不良率的大幅下降。同时，制订已核销呆账清收化解奖励实施细则，全年累计收回已核销呆账项目本息170.1万元；对上年已核销呆账进行后评价，保证呆账核销工作的连续性。推进零售不良贷款清收化解，组织开展零贷不良清收会战。截至2010年底，零贷不良率较年初下降11.41%。

【蓝图项目】　中国银行蓝图项目是该行最大规模的系统改造工程。山西省分行先后完成三轮数据迁移、两轮切换演练、三轮并行演练和一轮投产预演，累计采集客户信息407万余条，清理无效账户326.79万户，A类例外由数据迁移初期的59.48万条收敛为零。同时加强与地方政府主管部门及重点媒体的沟通，防止投产期间的媒体负面炒作。6月16日，正式进入外部营业阶段，IT蓝图项目投产工作取得成功，实现"成功切换、正常营业、风险可控"的投产工作目标。投产后，针对业务操作系统的变化，结合新线运行情况及特点，先后组织开展新系统风险点排查活动和业务调研，及时改进风险控制措施，防范蓝图上线后由于系统不熟悉、操作不规范、人员经验不足、监控措施不到位等引发的各类隐患。及时完善相关制度、细化操作流程，确保管理操作在新旧线间的平稳过渡。

【机制建设】　(1)内控机制建设。强化内控管理专业化运作，统筹协调和督导条线内控工作，通过内控工作座谈会、案防工作分析会以及二道防线沟通协调会等渠道，加强信息沟通和工作协调；梳理汇总456项规章制度，下发全辖指导操作与管理；完善内控合规考核指标体系，采取正、负向评分机制，加大对案件、重大违规事件的警戒处罚力度；在各业务条线推行操作风险管理三大工具运用，促进操作风险管理科学化、规范化。(2)案件专项治理。落实总行和山西银监局"内控和案防制度执行年""案防攻坚年"有关安排，先后在全辖开展存款风险滚动式检查、外部客户对账专项检查、案件风险排查、防范和打击银行卡犯罪专项行动、员工行为失范排查、新版"双十禁"制度落实检查；明确基层经营性机构负责人日常防案十必做，试点开展基层机构负责人履职情况效能监察工作；落实监控录像查看、业务经理派驻、事后监督、营业网点安全管理等工作，构建立体交叉式的全方位案防体系。全年成功堵截各类案件51起，涉及金额603.96万元，奖励有功人员118人。(3)提升稽核检查质效。三道防线稽核部门结合全行内控形势，针对性制定各项检查计划和工作进度，利用总行稽核管理系统和内控评价标准测试系统，加强二三道防线之间的信息沟通和成果共享，实现内控评价与稽核检查的紧密结合。先后开展18个重点业务项目现场稽核，重点针对IT蓝图上线前后风险控制、三率定价机制、二道防线履职情况、印章管理、基层机构业务、贷后管理等进行专项检查和调研，并对检查发现问题的后续整改落实情况进行跟踪督办。

【管理工作】　(1)改进绩效管理。强化差异化目标管理和标杆超越机制，从机构、板块、部门、网点、员工等多维角度出发，细化二级分支行考核指标，完善条块结合的绩效管理体系；建立公司、个金、内控等五大板块考核体系，加强统筹规划和整体考核；规范对山西省分行机关部门的绩效管理，建立以客户为中心的考核模式，将部门考核与重点地区和关键绩效指标完成情况挂钩；强化基层网点的绩效管理，开展全辖争先进位竞赛，与网点绩效考核双管齐下，激发网点活力；推进分层分类的员工考核评价机制建设，探索差异化考核，落实全员营销奖励，调动员工积极性。(2)推进流程架构整合。一是加快板块架构建设。年初顺利实现运营板块和个金板块的整合落地，将山西省分行内控法律合规部分设为内控合规部和法律事务部，将票据客服部的事后监督和业务经理管理职能划归内控合规部，强化内控职能；中小企业业务部确定组织架构和业务流程，业务新模式复制工作通过总行验收。二是规范机构管理，出台县域机构设立管理实施办法；优化网点布局，提高机构综合竞争力，迁址24家，9家分理处升级为

中国银行在山西农业大学举办"诚信、文明"进校园活动

（李　军　冯培义提供）

支行。三是启动业务流程再造工作。针对蓝图上线对业务带来的影响,以新旧系统功能差异为切入点,推进业务流程再造工作。山西省分行成立相关组织架构,初步确定工作重点及整合原则、范围、流程、步骤等内容,并制定实施计划。四是深化网点战略转型。推进网点公司金融业务转型,制定相关管理办法,引导网点加强对公渠道建设;推动网点营销服务转型,以服务销售流程为核心,出台网点转型达标标准;分阶段制定达标计划,并在全辖开展达标验收,推动网点由交易操作型向营销服务型转变;探索网点分级管理模式,制定出台网点等级管理办法,根据价值贡献度,对全辖网点在资源投入、薪酬管理和绩效考核等方面实行差异化管理。

【基础建设】(1)强化队伍建设。通过校园招聘,录用应届大学生充实到各业务岗位;配合网点战略转型,加快大堂经理、财富从业人员等专业队伍建设,牵头制定下发相关管理办法。全年共举办各类培训班1835期,培训员工87541人次。(2)优化财务管理。改进固定资产配置,清理处置闲置固定资产1705.56万元;发挥集中采购和采购评审作用,为全行节约采购成本1564余万元;合理摆布资金,人民币流动资金管理获得总行奖励284万元。(3)推进科技建设。推广办公桌面管理系统,提高办公桌面终端的安全和自动化管理水平;完成网络服务管理系统的投产和实施,加强网络监控,保证网络服务质量;提前完成一类网建设和IT蓝图上线前端环境搭建,为核心银行系统切换演练及相关培训提供技术支持。(4)构建良好企业文化。围绕"追求卓越"的核心价值观和"诚信、绩效、责任、创新、和谐"五方面内容,对内提升凝聚力、向心力、战斗力,对外提升市场竞争力和品牌形象。 (李 军 冯培义)

保 险

·山西保监局·

【概述】2010年,山西省保险业全年累计实现保费收入365.3亿元,同比增长26.29%,其中,财产险公司实现保费95.7亿元,增长37.53%;人身险公司实现保费269.6亿元,增长22.73%。保险深度达4.2%,比上年提高0.27%,保险密度为1065.6元,比上年增加222.31元。保险公司资产总额较2010年初增长27.66%,达678.01亿元。截至2010年末,全省法人保险公司1家,省级公司30家,其中财产险公司16家,寿险公司12家,专业健康险和养老险公司各1家。安诚保险等7家省级分公司正在筹建,地市级保险机构达176家。中介市场进一步完善,共有代理法人机构69家,公估法人机构3家,保险经纪分支机构7家,兼业代理机构3108家,保险营销员10.65万人。

【李小鹏参加保险工作座谈会】2月5日,李小鹏参加保险工作座谈会,听取山西保监局局长慕福明关于山西保险工作情况汇报,对山西保险业服务经济社会发展取得成绩给予充分肯定,结合山西当前宏观经济形势和社会发展需求,希望保险业围绕经济平稳较快发展这一首要任务,切实搞好保险服务;围绕实现安全发展,大力发展责任保险;围绕统筹城乡发展,进一步扩大"三农"保险覆盖面;围绕建立健全社会保障体系,发挥好商业保险补充作用。各保险公司总经理参加座谈会,人保、国寿、大地、国寿财等公司就保险业参与经济建设和社会发展提出相关建议。

【保监会第二巡视组在山西巡视】6月25日,中国保监会第二巡视组进驻省局开展巡视工作。对省局在探索实践科学监管理念、防范风险、加强机制建设、引领行业服务经济社会发展等方面成绩给予肯定,并就科学依法监管和队伍建设提出具体意见。

【信息公开】9月,山西保监局制订《山西保监局政府信息公开工作实施规程》及《政府信息公开目录》《政府信息公开指南》等相关配套制度,明确政府信息公开层级审批程序。政府信息公开各项制度逐步建立完善,进一步提高保险监管工作透明度,强化社会公众对保险监管行政权力运行监督,畅通与人民群众沟通渠道。

【《山西保险业突发事件应急预案》评审会】11月,省政府应急办在省局组织召开。省政府副秘书长孙跃进出席会议并提出指导意见;国家行政学院、保监会办公厅、省政府应急办、省委党校等单位相关专家出席会议并提出评审意见;省委宣传部、省公安厅、省财政厅、省交通运输厅等12家成员单位相关负责人参与评审工作。该预案修订将进一步促进保险业风险预警和处置工作体系完善,提高行业风险防范能力。

【协会建设】4月,山西保监局制定《保险行业协会秘书处工作考核及薪酬发放指导意见》(以下简称《指导意见》),一是加强保监局对协会工作指导和管理,定期对秘书处工作进行评价和指导;二是深化常务理事会职责,强化常务理事会对秘书处的工作考核与监督;三是要求各协会建立健全考核和激励机制,对秘书处完善奖优罚劣。《指导意见》出台,对推进各协会职业化、专业化和规范化建设有重要意义。

【财产险监管】3月,山西保监局下发《关于加强财产保险公司资金支付管理的通知》,在手续费支付、退保、理赔等主要环节推行网银支付方式,提高资金支付真实性,使支付流程有迹可循,支付数据更加真实。5月,山西保监局指导省行业协会重新修订并组织会员单位签署《山西省非车险行业自律公约》。约定非车险条款费率最低限额和手续费率最高标准，该公约对全省非车险业务市场恶性竞争起到"急刹车"作用。6月，山西保监局指导省协会推动全省车险信息平台顺利上线。该平台建设，将全行业交强险和商业车险主要承保理赔信息纳入平台管理，实现信息共享。通过平台出具车险保单，统一商业车险主要费率浮动系数，遏制非理性价格竞争，提高车险费率优惠透明度。9月，山西保监局制订《关于山西省财产保险公司非车险业务"见费出单"管理制度暂行办法的实施方案》，在非车险领域进一步推行"见费出单"管理制度。山西财产险领域除个别责任险和极短期意外伤害险外，全部实现"见费出单"。

【人身险监管】 4月，山西保监局完成对辖内13家寿险公司2009年度分类监管评估，制订《山西保监局人身保险公司分支机构分类监管监测指标》，并对辖内开业一年以上人身险公司进行测算，对指导现场检查和提高非现场分析准确性具有重要意义。10月，山西保监局、山西银监局联合下发《关于进一步规范银邮代理保险业务的通知》，明确以下内容：辖内银行代理保险业务今后取消保险公司驻点销售，销售由银行销售人员独立完成；手续费方面重点关注支付真实性和合法性，首次规定手续费比例由市场自动调节；引导公司在产品设计、销售培训及代理协议签署等方面进行探索。11月，山西保监局下发《关于规范人身保险产品说明会管理的通知》，要求各公司对产品说明会实行审批管理；所使用宣传材料和讲义课件内容不得出现虚假陈述和误导性内容；应由专职讲师负责产品说明会讲解工作；不得采取欺骗方式组织客户参加产品说明会，不得以赠送礼品或保险等方式诱导客户购买保险产品等。

【中介监管】 1. 5月，山西保监局对专业中介机构风险情况进行分类评价，实行"三个结合"，一是与日常监管相结合，将日常监管具体情况纳入分类评价指标体系，提高分类评价科学性；二是与外部审计相结合，将《外部审计报告》作为保险专业中介机构业务资格年检重要硬件和分类评价重要环节；三是与非现场监管相结合，将数据分析结果作为合规风险指标评估重要依据。

2. 山西保监局与银监、工商、税务等行政执法部门沟通协调，构建多部门联合执法机制。一是针对银保市场销售误导、商业贿赂等问题，7月与银监局联合组成调研组进行专项调研；二是8月联合工商部门加强对保险专业、兼业代理机构资格管理，并就保险中介机构主体买卖频繁、抽逃资本现象严重等问题，共同研究解决对策；三是10月联合税务部门建立信息共享机制和案件稽查联动机制，对虚开《保险中介服务统一发票》行为加大监管力度。

【统计研究】 1月，山西保监局启动山西保险业"十二五"规划编制工作，制定规划编制工作方案、拟定"十二五"期间重点研究课题，组织辖内各省级保险公司和省保险行业协会分步推进规划编制工作。4月，山西保监局修订《山西省保险监管统计分析报告考核管理暂行办法》，对保险公司统计分析报告时效性、准确性、完整性、规范性、深刻性等作明确要求，并对考核评分标准作细化和规范。5月，初步拟定《山西保险业"十二五"发展目标与政策措施》。11月，完成《山西保险业"十二五"规划》初稿。

【法制监管】 4月，山西保监局制订《高级管理人员电子化测试实施方案》，在全国率先推行高管人员电子化测试。5月1日系统顺利上线运行。高管电子化测试实施，增强高管人员不断提高依法合规经营意识。7月，山西保监局推行政务公开，强化政务大厅建设。一是公开行政许可审批事项流程，印制行政许可审批事项流程图，对审批事项从申请、受理到审核、归档等各个环节具体要求和时限予以公示；二是提供政策法规查询服务。开发"行政许可电子指南"，将行政许可相关法律法规、规范性文件、监管要求等内容设置其中，便于申请人浏览其所申请事项相关政策、要求；三是公示所有行政许可审批事项。开辟"行政许可审批事项公示栏"，行政许可申请事项办理全程进行公示，并以公示栏为载体，向保险机构传达最新监管政策和要求。

【廉政建设】 1. 3月19日，制定《贯彻落实〈建立健全惩治和预防腐败体系2008~2012年工作规划〉实施办法》和《实施办法分工方案》，下发《贯彻落实实施方案3年工作规划和2010年工作任务分解表》，对牵头单位和协办单位提出具体操作要求，明确工作进度，落实承办责任人，形成惩防体系建设工作全体参与、一级抓一级、层层抓落实工作局面。

2. 贯彻落实"两项准则"扎实有效。一是3月将《监管人员行为准则》内容写入干部《廉洁从政承诺书》和《工作人员表现监督卡》，要求党员领导干部按"一岗双责"要求，带头落实好相关规定。二是4月协调山西省保险行业协会，在《山西省保险业优秀营销员表彰荣誉册》上加印《保险从业人员行为准则》内容，进一步树立全行业诚信意识。三是5月组织全局干部和辖内保险中介机构共748人参加由保监会监察局和中国保险行业协会举办的"贯彻落实两个准则知识竞赛"活动。省局有关做法在5月21日《中国保险报》刊发，知识竞赛活动获"优秀组织奖"。

3. 5月，组织全体干部在晋中监狱开展"反腐倡廉，警钟长鸣"警示教育，号召全体党员干部、特别是领导干部要清醒履职、清廉尽职，为实现科学监管提供坚强保障。7月，组织全省31家保险公司有关人员和省局干部共1900余人参观“金融系统反腐倡廉建设巡展”，进一步增强干部廉洁从政意识，提高拒腐防变和抵御风险能力。 （阿 力）

·中国人寿保险股份有限公司山西省分公司·

【概述】 总保费持续增长：总保险收入达125亿元。其中，股份公司保费收入121.12亿元，同比增长10%。业务总量连续第四年保持全国系统第10位。

【总体业务平稳发展】 市场地位优势明显。总体市场份额48%。其中，个险首年期交市场份额42.8%，较上年提高2个百分点；银保首年期交市场份额40.7%，在占领主导地位的情况下，保费收入超出主要竞争对手2.7亿元，牢牢占据绝对优势地位。个险与银保的期交新单和续期合计保费67.17亿元，占到总规模保费125个亿的53.7%。在山西寿险业规模大公司、期交大公司、内涵大公司、品牌大公司、实力大公司的地位更加坚实、更加强大、更加牢固。

内涵价值全国领先。首年期交保费收入17.8亿元，同比增长45.07%；总量排全国系统第10位，增长率高于全国系统平均值15个百分点。高内涵的首年10年期保费收入6.72亿元，同比增长8.53%；总量升至全国系统第10位，增长率排全国系统20个大省第1位。

省会公司率先发展。太原分公司总保费收入16.55亿元，同比增长12.13%；首年期交保费收入3.8亿元，同比增长111.8%；两项主要业务的增长率均排全省系统第1位；较好地完成大中城市专项推动任务，取得明显的成效。

【强化公司的市场主导地位】 一年来，根据市场形势的变化，在科学统筹城乡发展的前提下，把战略重点锁定在城区市场，全面强化公司的市场主导地位。一是大力推行“三个发展”的战略。专门召开首届城区业务发展工作会议，制定《2010-2012年城区业务与队伍发展纲要》。在省会城市率先开展“点燃火炬”活动，赢得“争霸龙城”的辉煌胜利。二、三季度，专项推动期间，省会公司个险首年期交保费收入1.32亿元，同比增长80%；银保首年期交保费收入1.21亿元，同比增加11倍。截至年底，省会公司总保费、首年保费、首年期交市场份额，分别保持在29.2%、32.3%、32.6%，牢牢占据全省市场竞争的桥头堡。二是积极展开“四线作战”。58家8000万以上的县级城区公司，在总体业务平稳增长的同时，个险首年期交保费收入7.57亿元，同比增长30.23%；个险首年10年期保费收入3.94亿元，同比增长7.76%；两项关键业务的增长率，分别较全省系统平均值高6.52和1.25个百分点，城区公司的持续发展能力明显增强。三是牢牢锁定“五个第一”的目标。全省系统包括全辖11个市级公司，总保费、有效人力、续期业务、长期期交、首年期交的市场份额均位居当地第一。其中，9家市级公司总体市场份额在50%以上。尤其是全省系统的有效人力和首年期交份额分别占到行业的39%和42%，确立对主要竞争对手的绝对领先优势。此外，坚定不移推进县域和“三农”保险发展，隆重表彰县域先进单位和个人。特别是农村小额保险，新承保170万人次，保费收入3041万元，统保行政村1212个，再创发展的新辉煌。

【推动均衡发展】 一是注重公司间的均衡发展。强化省会公司的率先发展，大公司的全面发展，落后公司赶队发展的督导，全年召开各项业务督导会32次，现场重点督导50余次，确保公司间的均衡发展。全辖11家市公司，9家总体业务实现8%以上的平稳增长，9家首年期交实现25%以上的较快增长。太原、晋中、忻州3家公司两项业务增长均高于全省系统平均水平。二是注重高内涵价值业务的均衡发展。个险首年期交保费收入12.18亿元，增长率23.71%，高于全国平均值15个百分点；银保首年期交保费收入5.62亿元，增长率131.77%。高于全国平均值35个百分点。个险和银保首年期交的标保分别完成全年预算的101.76%和111.69%，完成率均排在全国系统前列。太原、晋中、阳泉、吕梁、运城5家公司，个险首年期交增长率排全省系统前列；太原、忻州、长治、晋城、临汾5家公司，银保首年期交增长率排全省系统前列。三是注重渠道间的均衡发展。继续坚持“分阶段实施、分难点攻坚、分险种突破”的策略，强化企划推动。个险方面，开展了“点燃火炬、称雄三晋”活动，强力实施“万人工程、万元工程、举绩工程、亿元工程”，创造全国领先的优异业绩。特别是在火炬活动中，涌现出金牌火炬手130名，月举绩人力历史性突破12000人。吕梁分公司以21名金牌火炬手的业绩，走在全省排头。太原公司的杨士虎、王京旭、邱芳，运城公司的王春娥，临汾公司的宋海珍，创造全省领先、全国一流的骄人业绩。银保方面，深入开展511寻宝大赛和理财经理星光大道冠军赛，银保趸交和期交业务均跻身全国系统前10强。团险方面，强势发动春季、夏季和秋季攻坚战，学生险收入9768万元，同比增长10%；小额信贷险收入1918万元，增长52%；再创历史新高。与此同时，高度重视互动业务的发展。互动产险业务1.9亿元，同比增长64.3%。代理企业年金5.42亿元，同比增长62.1%。

【提升综合经营管理能力】 2010年，适应转变发展方式的要求，着力提升综合经营管理能力。一是提高持续经营能力。总体业务的续期占比较上年提高6.88个百分点；银保趸交的6年期业务占比达到56.17%。创费总量增长11.5%，较业务总量增长高出2.5个百分点；个险续费率达96.87%，银保续费率达96.42%。费用控制率96.82%，精算退保率2.66%，死亡重疾指数0.47，短期险赔付率52.68%，均保持良好水平。特别是团补业务经过赔付率较上年下降了7.6个百分点；太原分公司团补业务全年消化经营亏损2477万元。二是提高风险管控能力。严格执行保监会人身意外险经营标准；推行内控执行标准和承诺制度，深入开展县支公司内控评估和关键岗位检查;加强反洗钱日常监控,被省人行评为保险系统对标单位。进一步强化单证风险在线监督,举办"单证管理大讲堂"200余场,全面清理废旧印章1347枚。实现批量代收代付省级集中,城区新单转账率达到100%。销售人员预警回访成功率达95.8%。"诚信我为先"活动风险教育面达80%。开展保单借款催还和风险排查专项活动,保单借款余额由10.1亿元降到7.9亿元。三是提高运营服务能力。开展运营条线的"对标考核、升级进位"活动。严格施行保单基本服务标准,在柜面100%推广保全免填单服务。开展"助飞"、两核"1对N"服务销售活动。全面完成历史业务档案影像化工作。个险新单客户电话资料收集率达100%。顺利完成生产系统数据迁移工作,数据上传合格率达99.99%。95519热线接通率达92.73%。客户资源分析项目利用成果达到8项。开展特色客户服务活动121次。

【班子队伍建设】 2010年,把班子队伍建设作为战略性和基础性的工作常抓不懈。一是强化党建工作。深入开展创先争优活动,不断掀起学先进、赶先进、当先进的热潮,为公司又好又快科学发展提供强大动力。二是加强党风廉政建设。严格落实党风廉政建设责任制。认真施行《党员领导干部廉洁从政若干准则》。省公司对4个市公司进行了巡视检查。三是注重领导班子建设。省公司坚持以作风、能力和业绩为导向,选拔使用干部,调整总助以上干部62人,审查县支公司负责人37名。对158名县支经理进行轮训。通过严格的组织程序选定10名优秀大学生员工,交流到县域30强公司担任经理助理。四是加强员工队伍建设。严格加强员工队伍总量管理,总量控制率下降了6个百分点。省公司在全辖选聘9名优秀银保管理人员支持太原分公司发展。在成本可控的情况下,总体实现全省工资总额增长5%的目标,为3000多名员工办理企业年金,调动员工的工作积极性。五是销售队伍建设再上台阶。个险营销人力达30400人,收展人力达2500人,季均举绩人力达19998人,排全国系统前列。银保销售总人力达2200人,客户经理主管超过200人,理财经理主管达68人,精品团队达65个。团险队伍保持稳定,人均销售业绩提升3万元。六是教育培训工作开新局。所有市公司都增设教育培训部。省公司召开分业以来首届教育培训工作会议。全省系统共开办各级各类培训班646期;评聘专职讲师42人,兼职讲师703人。与此同时,各级公司积极做好工会、共青团和老干部工作,大力加强职代会建设,努力营造和谐的工作环境。全面加强和关心离退休老干部的政治生活、精神生活和物质生活,提高老干部管理工作水平。 (刘建珍)

证 券

【概述】 截至2010年底,山西省共有A股上市公司32家(其中,主板29家,中小板2家,创业板1家),位列全国第20位。A股总市值6249.2亿元,位列全国第9位,占全省GDP的68.76%。全省上市公司股权融资237.01亿元,债券融资40亿元,中期票据73亿元,共从资本市场筹集资金350.01亿元,占全国资本市场筹资总量的3.41%。辖区共有2家证券公司,100家证券营业部。2家公司资产总额205.51亿元,净资产67.97亿元,实现营业收入15.8亿元,实现净利润5.78亿元。证券投资者开户数256.14万户,客户交易结算资金169.16亿元,指定与托管证券市值2075.91亿元,累计交易金额10779.77亿元。

2010年,山西辖区共有5家期货公司,17家期货营业部。5家公司资产总额19.78亿元,净资产3.13亿元,投资者开户数3.26万户,代理交易量9978.15万手,代理交易金额7.2万亿元。辖区具有证券期货从业资格的律师事务所3家、资产评估机构3家、会计师事务所分支机构6家。

【证券市场直接融资】 2010年,同德化工、山西证券、振东制药发行上市,通过IPO累计实现融资48.75亿元。大秦铁路通过公开增发实现融资165亿元,太原重工、永泰能源通过非公开发行实现融资23.26亿元。煤气化通过发行公司债券实现融资10亿元。

【培育上市后备资源】 深入吕梁、晋城、太原高新区、清徐等地组织9场2000余人次动员、宣讲和培训;推动上交所、深交所与省政府联合举办两期企业上市大型培训会;推动上交所与省政府签订长期全面战略合作协议;加强对重点企业改制的政策指导,挖掘、培育优质上市资源。截至2010年底,进入上市资源储备库的近百家,在山西证监局报备的拟上市公司14家,在证监会审核待批2家。

【并购重组】 2010年,大秦铁路通过资产收购,实现太原铁路局主业资产的整体上市;通宝能源重大资产重组方案被中国证监会正式受理;山煤国际通过资产收购有序推进整体上市。

【上市公司日常监管】 (1)开展上市公司现场检查工作。对5家上市公司进行全面现场检查,尤其注重对上市公司分、子公司的现场检查,有效揭示并要求整改70项问题。约见高管谈话16次,出具监管意见8份;现场旁听董事会、股东大会63次;跟踪关注S*ST生化股改遗留问题和长期停牌等重组后续事项,督促控股股东履行重组承诺,尽快恢复上市;充分认识ST大水面临的复杂形势,多次协调省、市政府相关部门,推动重组和风险化解工作;加强监管,指导太工天成重组后续工作有序开展;对并购重组项目财务顾问进行持续督导。(2)开展解决同业竞争和减少关联交易专项工作,提高上市公司独立性。对安泰集团、美锦能源、大秦铁路、国阳新能等4家公司,实行一司一策,持续跟踪,督导推进。大秦铁路通过公开增发收购太原铁路局运输主业资产和股权，同业竞争问题得到有效解决，关联交易大幅下降。继续推进公司治理活动整改收尾工作，持续督促4家公司完成未整改事项。(3)加强信息披露监管，提高上市公司透明度。制定《山西证监局网络信息监控工作规程》，专人专职对13次股价异动和媒体报道进行及时处置。加大年报审计计划和审计策略的审阅力度，加强年报审计事中现场监管，旁听审计师与独立董事、审计委员会沟通会28次。与年审会计师沟通62次，完成3家公司和1家会计事务所年报现场专项核查。(4)推动建立内幕信息知情人登记制度，并就内幕信息知情人登记制度的执行情况进行专项核查。(5)探索培训方式，开展“登门培训”。将培训人员范围延伸至控股股东、实际控制人及子公司高管，全年共开展两期70余人参加的“登门培训班”。

【证券公司规范发展】(1)推动山西证券成功上市，成为中西部地区首家通过IPO上市的证券公司。支持山西证券成功推出汇通启富1号集合资产管理计划，设立直投子公司。支持大同证券公司树立区域特色品牌，成为全国经纪业务公司特色经营的样板。研究制定融资融券业务试点的审核工作流程，扎实做好营销管理、风险揭示和投资者适当性管理等各项准备工作。省内共有7家证券营业部开展融资融券试点业务，总体运行平稳。完成48家证券服务部规范工作，引进申银万国、招商等10家国内优质券商在辖区完成证券营业网点布局，提升证券业整体服务水平。(2)推动基础性制度建设。强化证券公司合规管理和分类监管，督促证券公司建立信息隔离制度、完善风控指标动态监控机制，健全资产管理业务和融资融券业务风险监控机制，完善敏感性分析和压力测试工作流程，推动山西证券参加证监会网上交易动态口令和数字证书双因素试点，提升网上交易安全性能。(3)强化常规监管，促进规范发展。对2家证券公司、64家证券营业部进行全面或专项现场检查。督促山西证券提前完成“参一控一”规范工作，彻底清理不规范营销人员，规范不正当竞争行为。出台《山西辖区证券营业部负责人合规经营考核办法》，对10家证券营业部负责人进行扣分考核。加强投资者教育，制定整非工作方案，深入开展整治非法证券投资咨询活动。

【发展期货市场】(1)强化净资本监管，建立期货公司信息公示制度，促进期货公司规范发展。完善期货公司分类监管指标体系，督促公司完善法人治理和内控制度建设。实施重心前移，坚持“抓早、抓小、抓苗头”，防控期货市场风险。(2)坚持以风险控制为核心，平稳推出股指期货业务。先后组织召开240余人的股指期货专项培训和沟通分析会，保证股指期货业务顺利推出。采用“审制度、核数据、看现场、过流程”的方式，对证券营业部IB业务资格申请进行审核和现场检查验收。辖区1家证券公司、23家证券营业部获得IB业务资格，股指期货客户开户数达1178户。(3)坚持监管与服务并举，促进期货市场稳定发展。与省委政研室合作完成《山西省应重视煤焦期货市场建设》的课题研究。加强期货队伍建设，与大连商品交易所联合举办大连商品交易所期货学院太原分院期货分析师提高班，对期货从业人员进行为期一个月的专业培训。联合中国期货业协会举办IB业务（太原）培训班。推进市场主体建设，新设5家期货营业部。推动实体企业利用期货市场指导生产经营、进行风险管理。

【维护市场正常秩序】(1)加强源头防范，构建内幕交易综合防控体系。认真落实国务院办公厅转发的五部委《关于依法打击和防控资本市场内幕交易的意见》，对内幕交易防控工作制定具体的贯彻计划，从源头上防范内幕交易发生。建立《上市公司股价异动和相关信息监控制度》，指定专人对辖区上市公司股价异动情况及相关信息进行收集整理，建立日常监管、信访与稽查执法间的有效信息反馈机制，提高及时发现能力。邀请证监会专家举行内幕交易防控专题讲座，以案说法，对政府相关部门、上市公司及其控股股东高管200余人进行警示教育。与公安机关加强执法协作，对稽查执法过程中不协助、不配合现象建立快速处理机制，提高办案效率。2010年，依法对5起涉嫌内幕交易案件进行非正式调查和移交，对1起涉嫌虚假陈述和2起涉嫌内幕交易案件进行协查，维护辖区市场正常秩序。(2)落实辖区资本市场舆论引导责任制，及时处置非法不良信息。在局外网增设打非工作专栏，上传法律法规、典型案例和打非工作动态等内容。“3·15”期间，围绕“投资与服务”主题，组织开展打击非法证券、维护投资者权益专项宣传活动。与省公安厅联合进行打击非法证券活动专项调研，完善打非执法协作机制。2010年，实现零投诉。

【政务信息公开】(1)完善审核工作规程，制定行政许可公示办法，行政许可审核的透明度和公信力增强。2010年，作出行政许可事项决定104件，未发生投诉事件。(2)加大监管信息公开力度，自觉接受社会监督。2010年，公开信息400余条，未出现因公开监管信息引发申请行政复议、提起行政诉讼的情形。

（张　军）

教育 科技

教 育

【教育经费收入与支出】 2010年全省教育经费收入448.38亿元，比上年增长17.71%，具体来源渠道为预算内教育经费拨款(不含教育费附加)319.48亿元，增长18.55%。各级政府征收用于教育的税费收入达28.12亿元，增长23.39%。企业办学教育经费2.38亿元，增长95.08%。民办学校中举办者投入经费2.6亿元，增长25.26%。社会捐集资办学经费0.93亿元，增长13.99%。事业收入85.49亿元,增长13.77%,其中：学杂费收入69.99亿元，增长16.17%。其他收入8.9亿元，增长73.13%。全省地方教育和其他部门教育经费总支出402.22亿元，增长16.2%。教育部门教育经费总支出376.94亿元，增长15.20%。

教育部门事业性经费总支出365.56亿元，比上年增长14.92%。其中：个人部分支出227.94亿元，增长13.50%；公用部分支出137.62亿元，增长17.35%。普通高校事业性支出57.54亿元，其中：个人部分支出30.52亿元，占事业性支出的53.04%；公用部分支出27.02亿元，占事业性支出的46.96%。普通高中支出50亿元，其中：个人部分支出26.27亿元，占事业性支出的52.54%；公用部分支出23.73亿元，占事业性支出的47.46%。普通初中支出80.97亿元，其中：个人部分支出52.47亿元，占事业性支出的64.8%；公用部分支出28.5亿元,占事业性支出的35.2%。中等职业学校支出23亿元，其中：个人部分支出12.11亿元，占事业性支出的52.65%；公用部分支出10.89亿元，占事业性支出的47.35%。小学支出126.88亿元，其中：个人部分支出92.96亿元，占事业性支出的73.27%；公用部分支出33.91亿元，占事业性支出的26.73%。

教育部门预算内事业性经费总支出282.07亿元，比上年增长19.01%。其中个人部分支出199.64亿元，增长14.16%；公用部分支出73亿元，增长17.48%。普通高校预算内事业性支出28.41亿元，其中个人部分支出20.53亿元，占事业性支出的72.26%；公用部分支出7.88亿元，占事业性支出的27.74%。普通高中预算内事业性支出28.76亿元，其中个人部分支出21.29亿元，占事业性支出的74.03%；公用部分支出7.47亿元，占事业性支出的25.97%。普通初中预算内事业性支出70.36亿元，其中个人部分支出49.38亿元，占事业性支出的70.18%；公用部分支出20.98亿元，占事业性支出的29.82%。中等职业学校预算内事业性支出13.61亿元，其中个人部分支出10.45亿元，占事业性支出的76.78%；公用部分支出3.16亿元，占事业性支出的23.22%。小学预算内事业性支出112.72亿元，其中个人部分支出86.14亿元，占事业性支出的76.42%；公用部分支出26.59亿元，占事业性支出的23.58%。

落实《教育法》规定的“三个增长”的情况。(1)全省各级人民政府预算内教育拨款增长速度与财政经常性收入的增长速度比较(由于2010年全省财政经常性收入数据尚未计算出来，所以此处采用一般预算收入计算)，2010年全省各级人民政府预算内教育拨款(不包括城市教育费附加)为319.31亿元，比上年增长18.49%。同年全省财政一般预算收入完成970亿元，增长20.38%，全省预算内教育拨款增长速度低于财政一般预算收入的增长速度1.89%。(2)各类教育生均预算内教育事业费支出增长情况。2010年全省普通小学、普通初中、普通高中、中等职业学校、普通高等学校生均预算内教育事业费支出情况是：全省普通小学生均预算内教育事业费支出4049.34元，增长18.03%，其中：农村普通小学生均预算内教育事业费支出为4569.58元，增长18.65%。全省普通初中生均预算内教育事业费4739.37元，增长17.43%，其中：农村普通初中生均预算内教育事业费支出5529.01元，增长12.42%。全省普通高中生均预算内教育事业费支出 4245.34 元，增长 20.05%。全省中等职业学校生均预算内教育事业费支出 4278.06 元，增长 0.44%。全省普通高等学校生均预算内教育事业费支出 6681.89 元，增长 13.60%。(3)各类教育生均预算内公用经费支出增长情况。2010 年全省普通小学、普通初中、普通高中、中等职业学校、普通高等学校生均预算内公用经费增长情况是：全省普通小学生均预算内公用经费支出 954.85 元，增长 14.74%，其中：农村小学生均预算内公用经费支出 1020.91 元，增长 12.41%。全省普通初中生均预算内公用经费支出 1415.17 元，增长 17.11%，其中：农村普通初中生均预算内公用经费支出 1826.86 元，增长 5.47%。全省普通高中生均预算内公用经费支出 1119.31 元，增长 28.95%。全省中等职业学校生均预算内公用经费支出 1103.43 元，增长 25.55%。全省普通高校生均预算内公用经费支出 1850.42 元，增长 10.77%。

【创先争优活动】 全省教育系统共有 81 所高校（其中普通高校 67 所、成人高校 14 所）、17682 所中小学、588 所中等职业学校的基层党组织和共产党员开展创先争优活动。省教育厅专门成立全省教育系统创先争优活动领导小组及其办公室，同时成立 4 个指导小组，分别对高校、中小学校、中职学校、成人学校和民办学校进行分类指导。通过对全省 67 所普通高校和 14 所成人高校的基层党组织和党员队伍状况进行摸底调研，掌握第一手的素材。研究制定印发《关于在全省教育系统党的基层组织和党员中深入开展创先争优活动的实施意见》，全面部署全省教育系统创先争优活动。坚持分类指导、整体推进创先争优活动。先后召开中小学、各市、各高校创先争优活动座谈会和推进会，督察推进创先争优活动。针对各级各类学校和群体之间的差异性，对争创要求进行细化、量化、具体化。组织公开承诺，全省教育系统 90%以上的党员做出具体承诺。全省教育系统创先争优活动成效显著。一是在推进重点工作中见成效。完成中小学校舍安全改造任务，基础教育水平提升，义务教育均衡发展得到加强。职业教育发展加快，在县级职教中心、示范性职业院校、实习实训基地和职教师资队伍四项建设上取得新成效。二是在推动解决实际问题上见成效。落实好困难学生资助政策，稳定学生食堂饭菜价格，加强校园安全管理，实现开展创先争优与推动日常工作的有机结合。在推动校安工程建设、治理教育乱收费、加强教师队伍建设、推进基础教育课程改革、构建和谐校园、加强基层组织建设等方面找准结合点和切入点，调动广大党员的参与热情，推动教育事业科学发展。三是在发挥学科优势，服务地方经济社会发展中见成效。全省高校加强内涵建设，把创先争优活动落实到服务人民群众、促进经济社会发展中。四是在服务师生员工，促进社会和谐中见成效。各市和各高校把创先争优活动与巩固扩大学习实践科学发展观活动紧密结合起来，继续做好学习实践活动整改落实阶段的后续工作。五是在加强基层党组织建设中见成效。各地和各学校抓好组织体系、骨干队伍、工作制度、场所阵地建设，扩大覆盖面，强化组织功能，提高学校党组织推动发展、服务师生、凝聚人心、促进和谐的能力。各高校及时调整基层党组织设置，调整人员、充实队伍，为创先争优活动顺利开展提供保障。

【高校党建工作】 一是经省委批准，省委组织部、省委宣传部、省高校工委联合召开全省高校党建工作会议。省委副书记、省政协主席薛延忠出席会议并讲话。会议传达第十八次全国高校党建工作会议精神，提出山西省贯彻落实的意见，部署高校党建的重点工作和任务。各高校党委贯彻落实高校党建工作任务，促进高等教育事业快速发展。二是加强领导班子建设。高校工委协助省委组织部，完成高校领导干部的调整补充等工作。组织选派 12 名新任的高校领导干部赴外省重点高校进行为期半年的挂职学习锻炼；4 月，协助省委组织部，对 2009 年以来新调整的 67 名全省高校校级领导干部进行为期 5 天的集中培训；协助省委组织部，做好高校领导干部的组织选调工作。三是加强高校党员队伍建设。指导高校做好流动党员的管理工作。对高校的流动党员进行摸底，各高校完善流动党员管理台账、信息库和党员基本情况信息管理系统，构建党员动态管理机制，夯实党员管理基础工作。推进高校党员发展工作，加大对青年知识分子的培养力度，重点进行在青年教师和优秀大学生中发展党员的工作，把高学历、高职称的青年骨干教师和学科带头人吸收到党员队伍中。四是开展干部自主选学试点工作。隶属高校工委的 33 所高校中，有 11 所高校被选定为山西省干部自主选学第一批试点单位，山西大学等 6 所院校被选定为山西省首批干部教育培训高校基地。全年共组织选派 1921 名高校处级以上干部三批次参加省内外自主选学。山西大学等 6 所培训基地共选配 200 余名理论水平高、学术水平高、在相关业务领域内有影响的专家教授担任主讲教师，培训干部 2846 名。五是组织指导各学校开展民主评议党员工作。隶属高校工委的 37 所学校共有 52265 名党员参加民主评议。督察指导各高校认真组织召开"贯彻落实《党员领导干部廉洁从政若干准则》切实加强领导干部作风建设"为主题的各级领导干部民主生活会，开展批评和自我批评，落实整改措施和责任。

【中小学校舍安全工程】 全面完成改造任务，共涉及项目学校 6346 所。其中：加固 2874 所，占总项目学校的 45.29%；加固和重建 1199 所，占总项目学校的 18.89%；原址重建 1941 所，占总项目学校的

30.59%；异地迁建332所，占总项目学校的5.23%。规划建设面积1711.01万平方米，其中加固876.21万平方米，占计划总面积的51.21%；原址重建557.45万平方米，占计划总面积的32.58%；异地迁建277.35万平方米，占计划总面积的16.21%。鉴于工程任务重、时间紧、资金需求量大，省政府高度重视，年初省长王君主持召开政府常务会议专题研究校舍安全工作，决定在落实各级政府投入20余亿元资金的基础上，向国家开发银行贷款100亿元用于校安工程建设。省政府对校安工程领导组进行调整充实，由省委常委、常务副省长李小鹏任组长，副省长牛仁亮、副省长张平任副组长。2月26日，省政府召开全省电视电话会议进行安排部署，并下发推进意见，对工程任务、资金筹措、保障措施等作明确规定。李小鹏、张平分别于4月13日、6月1日召开两次调度会议，听取各地工程进展情况汇报，协调解决工程实施中存在的困难和问题，督促各地加快工程进度，推动工程实施。全省共计加固改造中小学校6079所，改造面积1718万平方米，超额完成年初确定的任务。经过两年的集中建设，全面完成中小学校舍安全工程建设任务，比国家提出的目标提前一年，得到全国校安办的肯定。

【大学生思想政治教育工作】 (1)加强高校思想政治理论课主渠道建设。总结全省高校思想政治理论课“05方案”实施以来的情况，推动课程改革。选派优秀骨干教师参加中宣部、教育部等部门组织的骨干研修。(2)推进高校辅导员队伍建设。组织开展全省首届“十佳辅导员”评选工作，在全省高校党建工作会议上表彰，并组织他们在部分高校进行巡回报告。选拔优秀班主任赴东北师范大学、国家教育行政学院参加骨干培训。协调有关部门，调研起草《山西省普通高等学校辅导员队伍建设实施办法》，广泛征求各方意见。(3)加强高校精神文明建设和校园文化建设。组织全省大学生参与“2009中国大学生年度人物评选”，两名大学生入围百强。与省委宣传部等部门联合开展“太行精神进高校”系列活动，弘扬爱国主义精神。在全省高校开展“身边的感动”事迹、第三届山西省道德模范、“我推荐我评议身边好人”推荐活动。选拔高校优秀女知识分子参加省妇联“第六届山西省十大女杰”评选活动。在全省高校开展优秀校园文化建设成果选拔活动。召开全省高校网络思想政治教育工作会议，划拨专项经费75万元，在高校扶持建设12个大学生心理健康教育与咨询中心和13个高校思想政治教育主题网站。49家高校建立规范的心理健康教育与咨询中心，28所高校建立高校思想政治教育主题网站，多数高校有思想政治教育主题网页。

【未成年人思想道德建设】 (1)加强中小学校德育工作。下发《关于教育引导学生文明过12岁生日的通知》，引导学生形成良好行为习惯。与晋城市人民政府共同承办全国区域整体推进习惯养成——素质教育高级研讨暨山西晋城现场会。组织开展山西省二期德育工程省级德育示范学校复查工作。(2)加强德育工作队伍建设。组织各市教育局政教干部和部分中小学校长、班主任参加新时期班主任专业化发展论坛。依托北京师范大学，免费培训200名中学心理健康教育骨干教师。组织开展全省第五届中小学班主任素质展示活动，表彰一批优秀班主任。配合厅人事处制定下发《山西省义务教育学校班主任绩效考核要素》。(3)做好青少年校外教育工作。组织开展2010年中央专项彩票公益金支持青少年校外活动场所建设项目申报工作，获国家新批准项目5个，全省国家彩票公益金扶持校外活动场所项目总数达111个。召开全省青少年学生校外活动场所建设和管理工作会议，对2009年度青少年校外活动场所先进单位和优秀活动项目进行表彰。在各青少年校外活动场所开展自查工作基础上，组织开展2010年度青少年活动中心评估工作，评选出21个优秀单位和4个良好单位，分别由省财政以奖代补40万元和30万元。

【教师队伍建设】 为省属普通高校一次性增加人员编制3000名。推进义务教育绩效工资改革，出台《关于进一步推进义务教育学校教师绩效考核和奖励性绩效工资发放工作的通知》和《义务教育学校班主任考核要素》，要求各市、县教育行政部门结合本地区实际，制订好本地具体实施办法，并指导学校制订好教师绩效考核实施方案。为46个“国贫县”和“省贫县”招聘特岗教师2611名（其中国贫县招聘2113人，省贫县招聘498人）。组织实施农村学校教育硕士师资培养计划。根据教育部下达的培养计划，组织贫困县义务教育学校申报需求计划，10月在山西师范大学举办2011年山西省农村学校教育硕士师资与贫困县双向选择签约会，参加双选会的2011年山西大学、山西师范大学应届大学毕业生350人，签约人数达78名。推进山西省首届免费师范毕业生就业工作。贯彻国家免费教育实施意见，根据国家出台的免费师范毕业生就业实施办法，制定《山西省免费师范毕业生就业实施办法》，并报经省政府转发全省贯彻执行。落实山西生源2011届免费师范毕业生就业岗位，掌握山西生源情况，组织各地各校申报免费师范毕业生需求计划，在教育厅网、山西毕业生网、全国新职业网以及部属师范大学大学生就业网进行公示。年底组织各市和省属中学分赴6所部属师范大学招聘山西生源免费师范毕业生。通过各种有效措施，确保首届302名免费师范毕业生全部就业，解决农村师资总量不足和结构不合理等问题，提高农村学校教师队伍整体素质。加强教师继续教育，采用集中培训、远程培训、送培下乡等形式，基本完成本年度中小学幼儿教师全员培训工作。全省共有292487名中小学幼儿教师参加继续教育规定课程的培训和考试。中、小、幼三个中心举办省级培训班21期，培训一线辅导教师1981人。推进骨干教师队伍建设。完成对任期届满的1727名省级中小学学科带头人、骨干教师的追踪考评；完成对2009年新当选的1065名省级中小学学科带头人、骨干教师跟踪培训。完成“国培计划”的各项任务。

【语言文字工作】推进二、三类城市语言文字工作评估达标工作，相继完成对长治市二类城市和阳城县、怀仁县、平遥县、应县、平鲁区、古交市、右玉县、五寨县、神池县、沁水县、河曲县11个三类城市的评估工作。验收确认22所学校为省级语言文字规范化示范校。组织举办有31万人参与的第二届全国学生规范汉字书写大赛，有15万人参加的首届教育系统师生规范汉字书写大赛，有1万多人参加的中华诵·2010经典诗文诵读大赛，有1000余人参加的山西省“魅之声”朗诵大赛，有近9000人参加的第五届全国规范汉字书写大赛。

【学校安全稳定工作】4月，下发《关于切实加强高等学校安全教育与应急演练工作的通知》。4月6日，印发《关于山西省学校安全隐患大检查专项行动实施方案》，提出12项重点检查内容，成立专项行动领导组，开展安全隐患大检查专项行动。5月，印发《2010年全省教育系统“安全宣传月”活动方案》，6月，在全省各级教育行政部门和各级各类学校开展以“安全法制，预防为主”为主题，以“加强监管、落实责任”为重点的“安全宣传月”活动。7月，印发《山西省高等学校“安全教育周”活动实施方案的通知》，从新学期开学后第一周在全省各高等学院开展以“安全教育进课堂，应急演练全覆盖”为主题的安全教育周。7月28日，起草并经省政府办公厅印发《关于加强学校安全管理工作的若干规定》，针对学校安全工作责任和工作制度、安全教育、应急演练和完善应急预案、安全隐患排查和整治、学校巡逻和值班、门卫管理、学校食品卫生管理、学生交通安全、校园周边综合整治、安全信息报送等10个方面做详细的规定和解读。加强中小学(幼儿园)安全管理工作。督促各地和学校继续大力加强安全管理工作，落实和完善《山西省学校安全管理日志》制度。组织全省中小学(幼儿园)进行专题性、规范化的安全应急演练，规范安全管理工作各项制度。

【完善贫困家庭学生政策资助体系】2010年获得教育部表彰的“高校学生资助工作先进单位”荣誉称号，下拨“以奖代补”资金2100万元。根据教育部开展生源地助学贷款的要求，山西省提出以“生源地贷款为主渠道，高校贷款为补充”新的贷款模式。扩大生源地信用助学贷款对全省学生的覆盖范围，生源地信用助学贷款惠及全省范围所有高校，特别是不论公办、民办高校的家庭经济困难新生和在校生。全年共发放生源地信用助学贷款2.3177亿元，惠及43209名学生，实现“全覆盖”和“应贷尽贷”的目标。高校贷款作为生源地助学贷款的补充，主要面向考入山西省高校的未开展生源地贷款省份的学生。申请贷款学生888人，贷款金额430万元。根据《中等职业学校学生管理信息系统》数据，下拨2010年中职国家助学金70%的资金3.8391亿元，资助困难学生36.6万余人次，下拨2010年春季免学费资金2857.12万元，资助困难学生30.7万余人次。全省全年共给2009年应征入伍服义务兵役的高等学校812名毕业生学费补偿或贷款代偿1008万元。根据《财政部教育部关于建立普通高中家庭经济困难学生国家资助制度的意见》等相关政策文件，起草《山西省普通高中国家助学金工作实施细则》。

【教育法制建设】完成“五五”普法总结验收工作。4月，对全省教育系统公职人员进行法律知识考试。参加考试人员为全省各级各类大中小学及中等职业学校教师和学校的其他公职人员、教育厅机关及厅直属单位全体公职人员、各高校和各省直中等专业学校的校级以上领导，共计43万人。11月，组织全厅公务员参加依法治省办组织的“五五”普法总结验收考试。对依法治校示范校进行复查和培训。5月，组织有关专家对省厅命名的第一批依法治校示范校进行复查验收，对其中不合格的学校取消示范校资格，对复查验收情况进行通报。9月，对第二、三批示范校进行培训。印发《关于开展2010年“12·4”全国法制宣传日宣传活动的通知》，对各地各高校的宣传日活动进行安排，组织各地各高校开展12·4法治宣传日活动。

【毕业生就业工作】根据省人社、教育、财政、工商、税务等七部门《关于实施2010年高校毕业生推进行动的通知》精神，采取各种措施为毕业生拓展就业岗位。围绕增加就业岗位，教育厅出台促进高校毕业生就业的8项政策措施：全省共招聘2643名特岗教师；“三支一扶”完成502人的招考计划；到各类企业见习人数达3172人；国有大中型企业、中小企业接收毕业生超2万人；开发城乡基层社会服务和公共管理类公益岗位，安置1万名就业困难的高校毕业生；招募政法干警489人；组织实施各级事业单位公开招聘工作，全省下达事业单位增人计划2万余名；鼓励高校毕业生应征入伍服义务兵役，高校毕业生预征人数为3千人以上。这些措施共提供毕业生就业岗位8万余个，占全部毕业生人数的47%。同时，省高校毕业生就业指导中心自3月11日起，每周四举办专场招聘会，省内各本科高校和绝大部分的高职高专学校举办各类校园招聘会和专场招聘活动，截至6月底，全省各学校累计举办招聘会1700余场，参会单位3800多家，提供岗位47300多个。全省高校毕业生就业率达80%以上。

【规范办学行为】加大规范办学工作力度。5月，下发《关于2010年规范中小学办学行为有关工作的通知》，就2010年度中小学招生、考试、收费、班容量、作息时间、教师从教行为、高考成绩宣传等再次做出规定。对临汾市平阳中学违规组织小升初考试、浮山县教师体罚学生、吕梁孝义市教育局和柳林联盛中学违规进行高考宣传进行全省通报。建立中职学校办学资质清查制度，组织进行第二次中等职业学校办学资质清查，新增具备中职学历教育资格的院校26所，取消13所学校的办学资质，对39所学校提出限期整改意见，对4所存在严重问题的普通中专学校提出整改意见。

【教育交流与合作】2010年，山西省共受理、上报国家公派留学申请28份，录取9人；受理省筹资金出国留学申请108份，择优上报61份，录取28人，另有单位合作项目录取10人，共38人；落实赴新加坡南洋理工大学高校英语教师进修项目，录取3人，于7月派出；落实中小学教师高级研修项目，录取1人，于12月派出；山西医科大学汾阳学院32名学生获新加坡护理专科文凭全额奖学金，赴新加坡义安理工学院和南阳理工学院学习；山西医科大学5名学生经由省政府派出赴琦玉县立大学进行为期一年的交流学习。根据学科分类，聘请专家评审省筹资金资助留学回国人员科研项目，择优上报102项计590万元，其中，重大项目6项计180万元；获准92项计275万。2010年，山西省7家自费出国留学中介服务机构为427名学生办理出国留学申请及派出工作，其中127人赴外攻读硕士及以上学位。落实外国文教专家聘请专项经费100万元；累计聘请、延聘长短期外国文教专家、外籍教师287人次。累计接受、延期留学生165人次，其中长期生101人次，短期生64人次；30人次为国家汉办孔子学院奖学金生；在读学士学位学历生7人；在读硕士学位学历生3人；1人已取得学士学位。共计审核、批准教育系统短期出国合作研究、参加国际学术会议、短期出国考察及赴港、澳、台进行学习或学术交流百余人次；接待来自英国、美国、日本、俄罗斯、澳大利亚、新西兰、意大利、阿富汗、亚美尼亚等国家的教育代表团30余次。在各学校公开遴选的基础上，推荐94名教师、中学生分两批参加中日政府高中生交流项目；遴选4名高中生参加2010年度中国高中生访问日本（长期）项目，录取1人。截至2010年底，山西省共有中外合作办学机构3个，项目12个。9月，太原理工大学与牙买加西印度大学莫纳分校联合建立的孔子学院挂牌，山西省运行中的孔子学院达4家。

·基础教育·

【概述】2010年，全省有小学12776所（其中单人校1687所），比上年减少1946所；在校学生291.06万人，减少13.63万人；招生45.14万人，增加2.06万人；毕业生57.24万人，减少1.14万人。其中：民办小学229所，在校生20.25万人，分别占小学校数和在校生数的1.79%和6.96%，均比上年有所增加。小学学龄儿童净入学率99.93%，提高0.05%。小学毕业生升学率为99.94%。小学教职工有206423人，减少3592人，其中专任教师190538人，减少3119人；小学专任教师学历合格率为99.71%，提高0.03%。全省小学校舍建筑面积1761.68万平方米，减少52.06万平方米，生均校舍建筑面积6.05平方米，增加0.15平方米。初中阶段教育（包括普通初中、职业初中）共有学校2221所，减少135所；招生57.20万人，减少1.14万人；在校生数171.50万人，减少2.77万人；毕业生数57.83万人，减少4.30万人。普通初中校数2213所（含九年一贯制学校406所），减少103所；招生57.17万人，减少0.79万人；在校生171.38万人，减少1.3万人；普通初中毕业生57.54万人，减少4万人。普通初中专任教师119221人，减少680人。普通初中校舍建筑总面积1293.29万平方米，增加5万平方米。职业初中校数8所，减少32所；招生339人，减少3474人；在校生1192人，减少14688人；毕业生2852人，减少3042人。职业初中专任教师94人，增加85人，专任教师学历合格率96.81%，降低0.03%。

【农村义务教育经费保障机制】一是完善义务教育经费保障机制的落实，保证基层学校的正常运转。二是提高家庭经济困难寄宿学生生活补助标准和农村中小学校生均公用经费标准，将农村小学生均公用经费补助标准从上年每生329元提高到450元，农村初中从上年每生530元提高到650元。三是解决学校冬季取暖经费问题。

【义务教育水平均衡发展】3月，上报省政府《关于进一步推进义务教育均衡发展的意见》，5月11日，省政府下发《关于进一步推进义务教育均衡发展的意见》，将推进义务教育均衡发展作为新时期义务教育工作的主要任务，并制订26条具体政策措施。4月，召开义务教育标准化建设工作会议，安排部署2010年义务教育标准化建设评估验收工作，并对万荣等8个县进行评估验收。10月开始，对沁源等15个县（区）进行评估验收，对3个县进行复查和复评。制订《山西省义务教育均衡发展评估标准及办法》，建立对各县（市、区）推进义务教育均衡发展评估检查机制。4月底，召开全省农村中小学现代远程教育工程总结大会暨教育信息化工作会议,全面总结山西省农村中小学现代远程教育工程建设和教学应用工作,对下一阶段推进中小学教育信息化工作进行安排部署。

【普通高中教育】 2010年,全省普通高中学校有(含初高中合设)534所,比上年减少10所;招生280984人,增加3102人,增长1.12%;在校生822925人,增加17266人,增长2.14%;毕业生259381人,增加7947人,增长3.16%。其中:民办普通高中学校数170所,在校生167382人,分别占普通高中总校数和在校生数的31.84%和20.34%。普通高中专任教师53572人,增加2125人。普通高中校舍建筑总面积1356.83万平方米,增加62.99万平方米。完成《2011年山西省普通高等学校招生考试改革方案》(简称《方案》)研制工作。12月,《方案》通过教育部审核。

【素质教育】 推进普通高中新课程实验工作,制定下发《山西省普通高中新课程实验工作要点》。完善普通高中学生综合发展报告制度,规范纸质手册填写工作,更新完善电子管理系统运行功能,保证电子管理系统正常、规范、及时、有效地运行。全面实施学生综合发展报告电子管理系统与高考报名系统的数据对接工作。青少年校外活动中心建设项目达111个。组织开展山西省第四届阳光体育冬季长跑活动。

【特殊教育和学前教育】 2010年,全省有幼儿园4352所,比上年减少2所,在园幼儿(包括学前班)71.03万人,增加6.74万人。其中:民办幼儿园1466所,占全省幼儿园总数的33.69%;在园幼儿数为24.75万人,占在园幼儿总数的34.84%,均有所增加。学前三年毛入园率为60.66%。全省有特殊教育学校45所,招生1088人,减少168人;在校生8167人,减少642人;毕业生895人,增加288人;专任教师1214人,增加51人。贯彻落实国务院下发的《关于当前发展学前教育的若干意见》精神,组织召开学前教育工作座谈会,制订《山西省学前教育三年行动计划(2011~2013)》(草稿)。指导各市做好"普三县"评估验收和乡镇中心幼儿园建设工作。在市、县工作的基础上,对广灵县等7个基本满足学前三年教育的县(市、区)进行评估验收,使通过验收的县达88个。加大特教教师培训力度。4月,组织安排全省特教学校校长50余人在华东师大进行5天的专业培训。7月,安排全省特教学校盲聋专业青年教师约300余人进行提高专业素质的培训。11月,承办教育部委托举办的香港内地培智教育研讨会,来自香港、国内的100余位代表参加为期一周的交流培训。12月,举办全省特殊教育学校中青年教师教学基本功大赛。

·职业教育·

【概述】 2010年,中等职业教育(包括普通中等技术学校、职业高中、技工学校和成人中专)共有学校576所,比上年减少12所;共计招生273810人,增加1936人;在校学生686491人,减少115人;毕业生234836人,增加50211人。普通中等技术学校92所,其中民办学校15所。普通中专共计招生90505人,增加25521人;在校生207329人,增加41112人;毕业生54669人,增加6559人。教职工有11913人,其中专任教师7437人,增加290人,师生比为1:27.88。学校占地面积519.59万平方米,增加16.14万平方米;校舍建筑总面积为271.73万平方米,增加14.27万平方米。职业高中有251所,减少7所;招生89884人,减少24296人;在校生245302人,减少13435人;毕业生75516人,增加14613人,增长12.81%。专任教师12367人,增加39人;专任教师学历合格率77.66%,提高2.98%。校舍建筑总面积为242.42万平方米,增加3.25万平方米。成人中等专业学校有123所,招生35734人(其中:普通中专450人,成人中专29634人,职业高中5650人),增加2816人;在校生56902人,增加7406人;毕业生22385人,增加15981人;教职工4668人,专任教师3138人。

【中职招生工作】 2010年,教育部下达山西省中职招生计划27万人。截至11月底,全省中等职业教育共招生27.3万人,其中普通中专招生7.2万人、职业高中13.4万人(含"送教下乡"班3.6万人)、成人中专3万人(含"送教下矿"班1.5万人)、技工学校3.7万人,全省中等职业学校在校学生达到72.5万人的历史最高水平。

【基础能力建设】 (1)申报中央财政支持的职业教育实训基地建设项目,15所中等职业学校和7所高等职业学校获得通过,同时继续支持省级实训基地建设项目,10所学校建设省级实训基地,每个项目由省财政支持100万元。(2)推动县级职教中心建设,按照省政府下发的县级职教中心建设督导验收规划,完成对9个县市的督导验收和复查验收工作,6个县级职教中心达到验收标准,3个县级职教中心通过复查验收。(3)骨干示范性职业学校建设,开展国家级中等职业教育改革示范校的申报工作,山西省上报的8所学校全部通过教育部复核和公示。(4)国家级重点中等职业学校复评工作,7所学校通过省级复评。开展省级重点中等职业学校评估,省政府批复同意12所中职学校为省级重点中等职业学校。(5)配合发改部门做好优质特色学校年度建设项目申报和后五年建设规划工作,9所学校获得每个项目1000万元的支持,100所学校列入后五年建设规划。

【学生技能大赛】 举办全省第四届职业院校技能大赛，并组织选手参加全国职业院校技能大赛。6月举行的全国职业院校技能大赛中，山西省147名选手赛，共获得2个一等奖、8个二等奖、28个三等奖。在全国中职学校学生技能作品展洽会上，获得2项优秀作品一等奖，1个优秀作品二等奖，山西省教育厅获得最佳组织奖。12月4~6日在广州举办的全国职业院校汽车运用与维修专业“创新杯”教师学习任务设计及说课比赛中，山西省教师获得1个一等奖，1个二等奖，1个三等奖，山西省获得优秀组织奖。12月11~13日在沈阳举办的全国中等职业学校信息化教学大赛中，山西省10名参赛教师获得2个二等奖，5个三等奖，并赢得最佳组织奖。

【德育工作】 5~6月，平遥现代工程技术学校、山西省贸易学校、华北机电学校、高平市中等专业学校、长治县职业高级中学校、芮城县第一职业学校、山西交通技师学院等7所学校被评为全国德育工作先进集体，张富礼、宋兵虎等9人被评为全国德育工作先进个人，受到教育部和人力资源社会保障部的联合表彰。

5~7月，组织全省中等职业学校师生参加第七届全国中等职业学校“文明风采”竞赛活动，全省千余名学生参加5个类别的竞赛，收到参赛作品997件。评选出优秀组织奖5个、一等奖201件、二等奖285件、三等奖138件。并推荐一等奖作品参加全国“文明风采”决赛，其中160件作品获全国的各类奖项。8月2日，与山西省人力资源和社会保障厅联合转发《教育部人力资源社会保障部关于加强中等职业学校校园文化建设的意见》。

·成人教育·

【概述】 成人高等教育继续以学历教育为基础，重点放在岗位培训、技术教育、短期培训、专业证书教育和大学后的继续教育上。2010年，成人高等学校共有14所，比上年减少1所。教职工3330人，减少35人，其中专任教师2013人，增加13人，其中副高级以上职称的占专任教师总数的38.4%，下降0.3%。具有研究生及以上学历学位的教师占专任教师总数的18.53%，增加3.58%。成人高校占地面积95.02万平方米，校舍建筑面积85.54万平方米，教学行政用房建筑面积39.34万平方米，学生宿舍建筑面积18.68万平方米，图书资料218.57万册，固定资产值64125.05万元，教学仪器设备值16893.01万元。成人高等教育非学历教育中资格证书培训12198人结业，岗位培训17044人结业，进修及培训结业45650人，注册学生14809人，自考助学班招生1770人，在校生4697人，结业生1630人。成人技术培训学校4806所，其中职工技术培训学校（机构）100所（其中民办8所），农村成人文化技术培训学校4155所（其中民办3所），其他培训机构（含社会培训机构）551所（其中民办528所）。2010年共培训结业职工、农民187.44万人次，其中结业职工72.75万人次，农民99.35万人次。注册学生209.06万人。成人技术培训学校共有教职工21685人，专任教师9436人。成人初等学校1196所，注册学生数61081人次，结业生数32755人次，其中扫盲班结业生数4513人次。共有教职工1766人，专任教师1060人；其中扫盲班教职工671人，专任教师576人。

【农村教育改革】 制定下发《山西省创建学习型乡镇（街道）先进单位评估指标体系》（试行）。组成三个评估验收工作小组于10月14日至11月16日对经各市审核上报的35个乡镇（街道）进行评估验收，31个乡镇（街道）通过评估验收。各市继续实施科教兴乡兴县工程，7个县区、82个乡镇通过省定的评估验收标准。全省共有64个县（市、区）、786个乡镇达到省定的创建标准。开展扫盲后继续教育工作。向教育部申请2010年扫盲经费，并下拨到各市。结合当地实际，开展多种形式的农村劳动力实用技术培训工作，使全省年培训率达农村劳动力总数的35%以上，使每家农户有一名劳动力掌握1~2项实用技术。实施“一村一名大学生”计划。

【成人高等教育】 以提高煤炭类和医学类专业教学质量为重心，对山西省成人高等教育教学质量进行检查。重点检查上年要求其进行整改的学校（函授站），发现各院（校）学生到课率提高，教学效果显著。全面实现成人高等教育毕业生“即时注册”工作。

【民办教育】 加大对民办教育的扶持力度。贯彻落实《民办教育促进法》及《实施条例》，完成26所在山西省境内招生的民办学校招生简章和广告备案工作。下发《关于对全省民办学校进行年度检查的通知》，从2010年起，对全省民办学校进行年度检查。全省共有60所省属非学历民办学校，申请年检50所，其中年检合格学校17所，基本合格学校26所，限期整改学校7所，不合格学校10所。年检合格和基本合格的学校换发新办学许可证，年检不合格学校不予换发许可证，2010年不得招生。

·高等教育·

【概述】 2010年，全省有普通高等学校65所，比上年增加2所。招生184399人（其中：高中起点本科79009人，专科起点本科6152人，高中起点专科84610人，对口招收中职生10977人，五年制高职转入3651人），增加8087人，增长4.59%。在校生562924人（其中：高中起点本科280666人，专科起点本科11941人，高中起点专科226500人，对口招收中职生29167人，五年制高职转入14650人)，增加15533人，增长2.84%。毕业生165545人，增加25157人，增长7.9%。普通高校有教职工56909人，增加105人，其中专任教师36492人，增加629人。普通高校占地面积2667.74万平方米。校舍建筑面积1541.41万平方米，生均校舍建筑面积25.94平方米，减少1.18平方米。学生宿舍面积363.61万平方米，生均学生宿舍面积6.12平方米，减少0.06平方米。

【高等教育质量工程】 (1)推进高等教育强校工程。新增一批质量工程项目，遴选省级教学名师61名、优秀教学团队22个、精品课程75门、本科实验教学示范中心21个、本科人才培养创新实验区11个、大学生创新性实验计划项目104项；共有4门精品课程、1门双语教学示范课程、1个教学团队和17个特色专业列入国家质量工程建设项目。(2)加强示范性高职院校建设。山西煤炭职业技术学院、山西建筑职业技术学院、山西职业技术学院3所院校通过教育部组织的答辩，成为“国家示范性高等职业院校建设计划”骨干高职院校立项建设单位。(3)加强教学成果奖励工作。根据山西省教学成果奖励办法的有关规定，组织专家完成2010年普通高等学校教学成果奖评审工作，共评选出省级教学成果奖197项，其中一等奖45项，二等奖106项，三等奖46项。

【高职高专人才培养工作评估】 建立教学评估检查的长效机制，促进教学水平和教学质量提高。根据《山西省高等职业院校人才培养工作评估实施规划》，完成对山西管理职业学院等8所高职院校的人才培养工作评估，全省高职院校首轮评估工作顺利结束，为进一步提高教育质量奠定基础。

【高层次人才队伍建设】 遴选2010年度山西省高等学校优秀创新团队3个、优秀创新团队重点培育对象1个、中青年拔尖创新人才6人、优秀青年学术带头人34人，资助经费495万元。组织专家对2006年度山西省高校教育部“新世纪优秀人才支持计划”的6名入选者以及2007年入选高等教育强校工程人才支持计划的2个团队、7名中青年拔尖创新人才和20名优秀青年学术带头人进行结题验收，1名优秀青年学术带头人申请延缓结题。推进海外高层次人才引进工作。全省高校有16人入选第二批“百人计划”、13人入选第三批“百人计划”，3批共引进38名海外高层次人才，2名进入国家“千人计划”。山西农业大学、山西医科大学2所大学成为第二批“山西省海外高层次人才创新创业基地”，使全省高校的创业基地达5所。组织评审2010年“新世纪学术技术带头人333人才工程省级人选”评选工作，推荐省级人选19人。经省人社厅批准，14人入选333人才工程省级人选，占全省61人的22.95%，全省高校的333人才工程省级人选总数达85人。省厅推荐的高校5人入选2009年“新世纪百千万人才工程国家级人选”，使山西省高校的百千万国家级人选总数达16人。

【高校科技创新】 新增2个省部共建国家重点实验室培育基地：太原理工大学“煤科学与技术”实验室、太原科技大学“冶金设备设计理论及技术”实验室；1个教育部重点实验室：山西师范大学“结构无机和磁信息材料”实验室；1个省部共建教育部重点实验室：太原理工大学“原位改性采矿”实验室。新增2个山西省重点实验室：山西医科大学“法医学”实验室、山西农业大学“旱作农业机械关键技术及装备”实验室。新增1个山西省工程技术研究中心：中北大学“深孔加工”工程技术研究中心。新增2个山西省高校人文社科重点研究基地：太原师范学院“汾河流域科学发展”研究中心、长治学院太行山生态与旅游研究中心。2010年，全省高校共承担国家自然基金项目146项，比上年增长21.67%，占全省总数的91.25%；项目经费达4974万元，增长27.70%，占全省总数的93.88%，其中，重点项目3项：山西大学梁吉业、太原理工大学陈维毅、山西师范大学武海顺；杰出青年基金项目1项：山西师范大学许晓红，实现山西省高校承担国家杰出青年基金连续4年不间断。承担国家973课题2项：山西大学张靖、山西师范大学武海顺；承担科技部国际科技合作计划项目“煤炭资源综合利用过程中污染控制的关键技术问题研究”1项：山西大学程芳琴，项目经费200万元；承担国家科技基础性工作专项项目1项：山西大学刘滇生。在哲学社会科学方面，全省高校共承担国家社科基金项目20项，占全省承担该类项目总数的80%，增长33.3%；项目经费322万元，占全省的81.93%，比上年增加1.2倍；其中重大项目2项：山西大学刘毓庆、乔全生，实现山西省国家社科基金重大项目零的突破；重点项目1项：山西财经大学李宝瑜。承担教育部人文社科研究项目44项，增长18.9%。承担1项全国百篇优秀博士论文资助项目：山西大学郭万金，项目经费30万元，1项全国清史编撰项目：山西大学郝平，项目经费20万元。遴选出山西省高校科技研究开发项目31项，资助经费100万元；山西省高校高新技术产业化项目21项，资助经费100万元，重点支持与山西产业结构调整紧密结合的项目；山西省高校哲学社会科学研究一般项目52项，资助经费100万元。山西省高校哲学社会科学重点研究基地项目20项，资助经费100万元。

【重大成果奖励】 2010年，共有3项成果获得国家科学技术奖，其中国家技术发明二等奖2项：太原理工大学寇子明、中北大学张文栋。国家科技进步二等奖1项：太原科技大学黄庆学。共申请发明专利463件，获得发明专利授权270件。评选出山西省高等学校科学技术奖75项，其中一等奖41项，并向省科技厅推荐参加省科学技术奖的评选。

【高等教育信息化建设】 “中国下一代互联网无线校园实验网”一期建设完成，开始投入试运行。承担的教育部“教育科研基础设施IPv6技术升级和应用示范”项目“校园网IPv6技术升级”子项目进展顺利。省网中心核心机房和网络运行监控中心顺利通过验收，投入正常运行。进行省网中心电源改造和独立电缆敷设，建立电源应急响应制度和措施，并制订多种应急预案，确保高考网上录取、研究生网上报名、录取等工作的顺利进行。举办省网中心成立15周年庆祝大会，召开山西省教育科研计算机网和高校信息化建设会议，举办两期“山西省高校信息化建设学术论坛”。

【研究生教育】 2010年，全省共有培养研究生单位12个，其中：普通高校9个，科研机构3个。全省共计招生8074人（其中博士生442人、硕士生7632人），比上年增加43人，增长0.54%；在学研究生23555人（其中博士生1839人、硕士生21716人），增加1999人，增长9.27%；毕业生5929人（其中博士生251人、硕士生5678人），增加431人，增长7.84%。山西大学等8个学位授予单位新增应用统计等32个硕士专业学位授权点，山西大学等3个学位授予单位新增食品工程等9个工程硕士领域。

【研究生创新计划】 组织专家评选立项建设研究生教育优秀创新项目136项。确定山西大学等6所高校承担教育部研究生教育创新计划18个子课题的研究。开展研究生教育精品课程评选工作，评选出山西大学《人工智能》等16门精品课程。评选出优秀博士学位论文12篇、优秀硕士学位论文11篇。山西大学胡英泽撰写的《流动的土地——明清以来黄河小北干流区域社会研究》、山西医科大学张勤丽撰写的《铝致神经母细胞瘤细胞死亡方式及其干预研究》两篇博士论文获2010年全国优秀博士学位论文提名。

【研究生教育创新中心管理】 为推动山西省研究生教育创新中心建设，更好地为创新型人才培养和企业技术创新服务，教育厅与省经委联合批准成立山西省土木工程、信息技术、钢铁材料3个研究生教育创新中心，涉及3个行业的9个企业。积极申报教育部研究生教育创新计划综合改革试点单位。

（李宏卿 薛 敏）

科 技

【科技创新体系建设】 在建设新的创新资源方面，新获批“煤科学与技术山西省重点实验室”和“冶金设备设计理论与技术山西省重点实验室”2个省部共建国家重点实验室培育基地；新培育山西焦煤集团有限责任公司、太原合创自动化有限公司2家国家级创新型试点企业。新认定中国日用化学研究院等5家省级国际科技合作基地；太原经济技术开发区获批国家火炬计划煤机装备特色产业基地。在科技基础条件平台建设方面，完成全省135个煤炭矿区基础数据的采集分析，更新文献数据200余万篇，特色文献资源数据库达159个，大型科学仪器共享服务平台10万元以上入库仪器设备达1100余台，大型仪器“600兆赫兹超导核磁共振波谱仪”建设完成，共享服务范围、频率、成果正在继续扩大。为了进一步优化政策环境，修订起草了《山西省科学技术进步条例》，编制完成了《山西省“十二五”科技发展规划》和《山西省知识产权战略纲要》等。

【企业自主创新工作】 省级科技计划超过55%的研发资金投入到企业，产学研合作项目占到项目总数80%以上，企业研究与开发经费投入占全省研究与开发经费投入总额比例近80%，研究与开发人员投入超过70%。围绕提高企业创新能力，新建设深孔加工、内燃机增压、环境监测、光伏材料与器件等4家省级工程技术研究中心。新建中药现代化、聚氨酯工程技术、矿山机械CAE等10个技术转移服务平台和专业技术创新服务平台。在发展高新技术产业方面，新认定54家高新技术企业。高新技术企业总数达到199家，落实减免税收12.79亿元。全省已有国家级创新型试点企业12家，省级创新型试点企业70家，认定57家企业为民营科技企业。专利申请量和授权量分别达到7927件和4752件。新争取包括973计划在内的国家各类科技计划项目302项，资金20237万元。全省有10个项目获得国家科技奖。新登记科技成果300多项，新评选省科学技术奖197项。

【科技创新机制建设】 2010年，省科技厅正式确立与科技部的工作会商制度。9月15日，举办部省合作第一次正式会商。省委书记袁纯清，省长王君和科技部领导出席签字仪式。在国际科技合作和人才引进上取得新的进展。“中日技术合作山西省雁门关地区生态恢复及扶贫项目”完成，示范村人工草地面积增加53%，畜牧业人均收入增加84%，中日专家国际终期评估团给予高度肯定。中美合作“二氧化碳地质封存”合作项目已开展CO_2主要排放源、排放量分布等4项研究。省科技厅推荐的5名海外高层次创新创业人才入选山西省“百人计划”。在科技金融合作上，中信、浦发等4家银行为科技型中小企业提供贷款7.66亿元，为高新技术企业授信160亿元。

【产业共性技术建设】 省科技厅强化对传统产业转型和新兴产业培育的科技先导作用。启动“高速铁路装备制造”“新能源技术及关键设备”“环境保护节能减排专项”“食品工程与安全”等科技专项。国内风电领域功率最大的3兆瓦永磁半直驱风力发电机、码头电动卡车研发等项目取得效果。"年产千万吨级矿井大采高综采成套装备及关键技术"课题开发的装备,在西山煤电集团斜沟矿进行井下工业性试验,最高日产达到4万多吨。中电二所太阳能多晶硅铸锭炉研发成功;银光镁业和中北大学联合开发出的镁合金汽车轮毂,达到国标要求。

【科技惠农工作】 围绕省政府的"五个全覆盖工程"、"农产品加工龙头企业'513'工程",开展新品种选育与种质资源创新项目22个,示范和推广小麦长4738、玉米大丰26号、玉露香梨等新品种13个。有33个县(市、区)列入科技富民强县专项行动计划。引进推广新技术100余项,建立各类科技示范基地200个,技术合作组织300多个,培养乡土人才2.8万人,项目区农民人均增收800余元。农村科技服务和技术推广面继续扩大。启动了"12396"科技服务热线,与省委组织部联合实施的34项大学生科技特派员创业服务项目和200项农村技术承包项目,畅通加快科技信息进村入户的渠道。

【国家创新型试点城市工作】 经过山西省科技厅和太原市政府积极申报,2010年4月,科技部正式批准太原市成为国家创新型城市试点,太原市政府高度重视,成立以分管市长为组长、市直有关部门负责人为成员的《方案》起草领导小组,制定出台《太原市建设国家创新型城市试点工作方案》(并发〔2010〕31号),成立太原市国家创新型城市试点工作领导组,积极开展各项工作。一是实施绿色转型科技创新项目。太原市安排促进绿色转型专项资金1.4亿元,扶持35个重点绿色转型项目;二是培育战略性新兴产业。围绕节能环保、生物医药、现代物流、现代农业等战略性新兴产业,安排财政科技经费2200余万元支持一批新兴产业项目;三是推进装备制造业自主创新。以煤机装备、铁路装备、重型汽车、起重机械等装备制造业技术开发和研发基地建设为重点,安排科技经费1000余万元支持一批装备制造业自主创新项目,装备制造业新产品产值率达到了30%以上;四是加快中小企业信息化改造。围绕提高中小企业生产自动化、控制智能化和管理信息化水平,安排科技经费825万元,重点支持30个中小企业信息化改造项目和中小企业信息化公共平台建设项目。

【科技活动周】 由山西省科技厅、山西省委宣传部、山西省科协联合举办,以"携手建设创新型山西——实现转型发展、安全发展、和谐发展"为主题的第十届科技活动周开幕式于5月15日在山西省太原市南宫广场举行,省政协副主席周然出席开幕式并宣布开幕,省委副秘书长张瑞鹏、省人大常委会教科文卫工委副主任樊吉厚、省政协副秘书长马伟等领导出席,省科技厅厅长廉毅敏代表科技活动周组委会讲话,省科协、省教育厅、省文化厅、省卫生厅、省计生委、省粮食局、省地震局、省农科院等有关部门领导和省城各大医院、有关企事业单位的负责人、科技人员、科普志愿者、学生代表以及新闻媒体的记者出席了开幕式,开幕式由省科技厅副厅长秦作栋主持。在开幕式上,省直各单位根据自身工作特点集中开展科普宣传;企业集中展示新技术新成就新产品,将自己的创新产品和成果荟萃一堂,以科普图片、实物展和发放宣传资料相结合的形式,通过生动的文字、鲜活的图片、绚丽的色彩开展节能、环保、地震、气象、医学等科普宣传活动;大专院校、科研院所等单位以科技模型、发放宣传资料、环保宣传等形式进行科普宣传,为广大群众宣传计算机应用等多项咨询活动;省卫生厅组织省人民医院、山大一院、山大二院、省眼科医院、省肿瘤医院、省中医研究院等十几家医疗单位为省城群众进行免费义诊,深受广大群众的欢迎。省科协重点宣传以科普形式让青少年自己动手,体验"科技带来的乐趣",引导广大青少年树立科学精神,培育创新意识,激发青少年的科学兴趣,开发智力,锻炼动手动脑能力。据不完全统计,整个开幕式现场发放各类科普宣传资料近70万份。

【科技农业卫生"三下乡"行动】 5月16日,由省科技厅牵头组织的科技、农业、卫生"三下乡"行动在长治市平顺县西沟村举行。来自省科技厅、省人民医院、山大一院、山大二院、省眼科医院、省儿童医院、省肿瘤医院、省中医研究院以及省农科院高寒所、蔬菜所、果树所、畜牧所等科技、农业、卫生方面的近20名专家参加这次行动。开展科技咨询、农业讲座、医疗义诊等一系列形式多样的活动,将各类科学技术普及知识、生产生活知识、和农民相关的科技、农业、卫生、安全等实用技术读本分发给前来咨询的每一位群众并解答他们提出的问题;农业方面的专家分赴四个乡村就蔬菜种植、果树栽培、马铃薯种植和畜牧养殖进行专题授课讲座;医疗方面的专家为群众检查、治疗。活动期间,全国人大代表申纪兰看望下乡服务的全体同志并带领他们参观西沟展览馆,讲解了西沟人的奋斗历史和"西沟精神"的精髓。 (陈红科)

测 绘

【发展战略研究】 3月16日,全省测绘工作会议召开,贯彻落实全国测绘局长会议精神。省政府副秘书长韩和平、省国土资源厅厅长李建功出席会议并讲话。省国土资源厅副厅长、测绘局局长牛来有作题为《举旗亮剑、奋力争先,扎实推进我省测绘事业更好更快发展》的工作报告,省测绘局与各市和局属各单位签订2010年测绘工作目标责任书。同时开展测绘发展战略研究,围绕管理体制、人才工作、科技创新、数字城市与公共服务平台建设、信息化测绘体系和测绘文化建设等内容进行专题研究。召开促进山西测绘转型跨越发展研讨会。在北京召开推进山西测绘事业新跨越恳谈会,请国家测绘局领导和有关专家为山西测绘事业发展建言献策。完成"十二五"测绘发展规划和基础测绘、科技、人才、装备等4个专项规划的初稿草拟工作。

【“三五一”工程】 (1)30个项目提档升级。实际完成42个,包括基础测绘项目22个,非基础测绘项目12个,地图制作项目6个,应急服务项目2个。其中千万元以上的大项目4个。省测绘局直属事业单位的测绘服务值达1.585亿元,同比增长25.19%,在全国排名第九,中部第一。(2)五大成果较好推广。省级数据库提供省政府应急办、森林防火指挥部和住建、交通、水利、环保、林业、地震等部门使用;省高精度三维大地基准和似大地水准面精化成果广泛应用于测量工程、交通建设和航空摄影测量等方面,如高速公路、高速铁路、天然气管道等工程项目的选线;省GPS连续运行基准网及综合服务系统为全省100多用户、300多套设备提供实时定位服务;省地理信息公共服务平台(公众版)通过互联网运行,为省公共突发事件信息发布系统、山西区划地名网建设提供地理信息服务。(3)一件实事落到实处。市级数据库建设,2010年应完成的1个,前期工作基本就绪。

【重点项目建设】 5月26日,投资2003万元的省公众版地理信息服务平台调试上线,与国家测绘局“天地图”网并列试运行。同时召开地理信息公共服务平台建设座谈会,就平台建设及推广应用进行专题研讨。研建的“省煤炭资源执法监察遥感动态监测系统”通过验收。建成的“太原市警用地理信息系统空间地理信息数据库”,促进太原市公安系统信息化建设。组织市、县级地图的编制工作,9月完成太原、阳泉、长治、晋中4个市39个县(市、区)的地图编制工作,9月28日举行地图移交仪式,正式移交使用。完成集仪器检定与科普教育为一体《山西省测绘基线检定场》项目,10月13日举行揭碑仪式,国家测绘局总工程师胥燕婴、国家测绘产品质量检验测试中心主任王权、太原市副市长吉久昌和省测绘局领导班子成员为基线检定场剪彩、揭碑。省高精度数字高程模型、国土资源生态环境地质灾害卫星遥感动态监测系统、汾河流域生态地理环境影像信息系统、测绘成果及档案快速提供、地图专题数据库等一批重点项目扎实推进。

【基础测绘工作】 (1)2010年,省财政投入1780万元,省发改委投入1000万元,用于省级基础测绘,争取到国土测绘项目经费4725万元、二调经费1234万元,全年共投入基础测绘和国土测绘经费8739万元。在市级数据库基本建成的基础上,县级数据库试点已经启动。省测绘局与省财政厅联合发文,对贫困县基础测绘和数字城市建设实行“以奖代补”政策,对完成基础测绘工作的贫困县奖励30万元,对完成数字城市地理空间框架建设的地级市奖励150万元、县级市奖励90万元,以此来加快贫困县基础测绘和数字城市建设步伐。(2)数字城市建设成效突出。太原市政府印发《数字太原地理信息公共平台推广应用实施方案》,就推广应用提出明确要求。数字太原地理空间框架的数据更新、系统完善等工作有序开展,数字太原物联网应用示范项目开局良好,为“智能太原”建设迈出第一步。“数字城市中国行”太原站的大型宣传报道活动收到良好效果。数字晋中、数字阳泉项目设计书通过专家评审,项目建设全面启动。数字长治项目已申报。

【科技创新工作】 数字太原地理空间框架建设项目获中国GIS协会科技进步二等奖,省河道管理保护信息系统获中国GIS协会优秀工程奖,太原城区地图和省可持续发展地图集获中国测绘学会裴秀奖银奖。省测绘工程院获玉树抗震救灾特殊贡献奖。省遥感中心的樊贵平、省综合地理信息中心的卫东分别获2010年度山西省“科技奉献奖”先进个人一、二等奖。

【技术装备实力】 购置无人机航测系统、刘先林研制的数码航测仪和张祖勋研制的全数字摄影测量处理系统等先进技术装备。购置拓扑康IP-S2移动测量系统,建成亚洲第一个移动测量系统示范基地,加上引进的ADS40、ADS80数字航空摄影测量系统、“像素工厂”软件、ALS60机载激光扫描系统等设备,山西省的测绘技术装备实力达全国第一,形成从天上到地下,从数据快速获取到加工处理,从软件开发到地理信息综合应用的现代化生产服务体系。

【服务保障工作】 (1)省测绘局成立测绘应急保障领导小组,办公室设在局地图编制与测绘成果处,局直属事业单位为测绘应急保障主要工作机构,承担重大测绘应急保障任务。(2)制定应急测绘保障预案,从应急范围、组织机构、应急响应、保障措施和监督管理等方面做详细安排部署,在突发事件面前做到快速反应、高效服务。编制的甘肃省甘南藏族自治州地图,在舟曲发生地质灾害时,为中央领导了解灾情提供服务。玉树地震灾害发生后,省测绘局连夜派人送去ADS80数字航摄仪,用12个小时完成玉树县222平方千米正射影像图和数字高程模型制作并送到国土资源部和国家测绘局,6月用1个月时间完成玉树灾区10169平方千米1:10000影像地图测制任务。省测绘工程院、综合地理信息中心被国家测绘局授予“测绘应急保障先进集体”称号,省测绘工程院杨庚印、何丽敏和综合地理信息中心卫东、临汾市测绘院王鹏被授予“测绘应急保障先进个人”称号。(3)多次为国家领导人、省领导考察调研提供工作用图。无偿提供五台山地区地图成果,配合省委办公厅对五台山森林植被破坏的调查处理工作。完成中国移动山西分公司电子地图数据处理、大同市城市绿地遥感动态监测信息系统建设和一批高速公路测量。(4)新版《山西省地图集》和一批方便百姓生活的地图出版,提高百姓生活质量。

【测绘监管工作】 各市下达国土资源局"三定"方案,明确测绘管理工作的职责。完成测绘政府规章和规范性文件清理工作,依法修订《测绘项目登记办法》《测绘资质管理实施细则》等规范性文件。完善成果保密和档案管理制度,规范测绘成果提供使用的管理和审批程序。印发《关于建立测绘单位信用信息档案的通知》,明确适用范围、工作目标、主要内容和具体要求。组织涉密测绘成果管理岗位人员培训,强化安全保密意识。完成2010年度测绘资质年度注册工作,对全省测绘资质持证单位进行抽查,及时查处和通报违法从事测绘活动的行为,形成动态管理机制。晋城、太原、晋中、临汾等市开展房产测绘检查,规范市场行为。根据全国国家版图意识宣传教育和地图市场监管协调小组《关于认真做好政府部门网站地图自查工作的通知》和《关于做好互联网地图和地理信息服务违法违规专项治理自查阶段有关工作的通知》的要求,开展互联网地图和地理信息服务网站自查工作。组织专人对服务器在山西省行政区域内的互联网地图和地理信息服务网站进行搜索检查,向存在问题的8家网站下达责令限期整改通知书,并跟踪调查处理。将测量标志保护职责落实到市县级测绘主管部门,列入年度考核。建设的测量标志保护管理数据库已在各市县运行。召开全省测量标志管理工作会议,总结推广"沁水经验"取得的成效,表彰先进集体和先进个人。受理并核准3件共4座测量标志迁建事项,完成晋城市225座测量标志警示牌埋设工作,完成晋中市、临汾市31座测量标志维修和大同市21个GPS E级点补测。长治市积极推进测量标志有偿保管,所属各县开展测量标志管理系统升级换代。将成果归档纳入生产计划,健全测绘成果档案管理制度。完成6000余幅历史存档地图的数字化,启动《测绘成果及档案快速提供》项目。组织"8·29"全国测绘法宣传日活动。以"弘扬法治精神、服务科学发展"为主题,利用省测绘局政府网站平台组织测绘法律法规知识竞赛,参赛人员涉及山西、河南、福建、浙江、山东等省和20多个行业2200多人。

【人才队伍建设】 2010年,入选山西省委联系的高级专家1人(同时享受国务院特殊津贴),入选山西省"跨世纪学术技术带头人333人才工程省级人选"2人。安排党政人才、专业技术人才、经营管理人员和技能人员参加各种培训20批次,300多人。完成两批总计219人的职业技能鉴定。印发《局机关目标管理责任制》和《局机关工作目标考核细则》,完善机关考核、考勤等相关制度。

【测绘宣传工作】 2月3日,省测绘宣传中心正式揭牌。向省四大班子领导和省直有关部门、各市主要领导赠送并为省测绘局处级以上离退休人员订阅《中国测绘报》。配合国家测绘局组织"数字城市中国行"太原站的大型宣传报道活动。完善局政府网站内容保障机制,在各市县和主要测绘单位设立260多名信息员,初步建成覆盖全省的信息员队伍。组织网站信息员培训班,培训人员220名。投资50余万元完成局政府网站的升级改版,日均点击量达400多人,4月14日达702人。以"弘扬测绘精神,构建和谐行业"为主题,利用省测绘局政府网站平台组织山西测绘文化作品展,征集到各类作品634件。在10月26日召开的全国测绘宣传工作会议上,国家测绘局授予省测绘局"全国测绘宣传工作先进集体"称号,授予杜永刚"全国测绘宣传工作先进个人"称号。

【荣誉奖励】 2010年获得国家和省多项奖励。国家测绘局授予省测绘局"全国省级测绘行政管理部门贯彻落实科学发展观年度测绘工作考评优秀单位",排名第七;国家测绘局、人力资源和社会保障部授予晋城市国土资源局"全国测绘系统先进集体"称号,授予省测绘工程院胡文元"全国测绘系统先进工作者"称号,授予太原市基础地理信息中心卫启云、沁水县国土资源局张建军"测绘奖章";省测绘局被省节能办评为"公共节能工作先进单位";省测绘学会被省科协评为"省级先进学会";省基础测绘设施保障中心被省总工会、妇联、共青团山西省委、机关事务管理局四部门评为"山西省机关后勤工作先进集体";省遥感中心韩兆双、省基础测绘设施保障中心姜云波被省直工委和省直机关劳动竞赛委员会授予"2010年山西省直机关劳动模范"称号;省测绘局与省人力资源和社会保障厅联合召开全省测绘行业先进集体、先进工作者表彰大会,表彰"十一五"期间在提供测绘保障、推进全省测绘事业发展等方面作出突出贡献的24个先进集体和30名先进工作者。

(杜永刚)

煤炭地质

【经济发展】 2010年,山西省煤炭地质局对外创收实现10.7亿元,比上年增长41.8%。其中延伸产业完成2.1亿元,比上年增长233%;在职职工年人均收入比上年增长了29.4%,绝对数增加1.03万元;全局开动钻机290台,比上年增加126台。钻探进尺75万米,比上年增长70.7%;提交煤炭资源储量170亿吨,其中新发现资源量141亿吨和提高储量级别30亿吨。

【转型发展】 3月,出台了《关于推进煤炭地质事业转型发展的指导意见》(晋煤地党发〔2010〕9号),提出转型发展的"六个通道"和"五个抓手"。深化内部改革,确立山西省煤炭地质局是"戴事业单位帽子"的主体,局属单位是"走市场化路子"的主体,形成推进事业发展的良性机制。在经济增长点、潜力点、合作点上全面推开现代企业制度。2010年局属各院所办实体改革、改制、兼并重组工作取得重大进展，整体改革面已经过半。初步建立与岗位绩效挂钩的内部分配激励机制；积极扩大对外合作，与17家大型企业(集团)签订战略合作协议，与省直7个厅局建立合作关系，与一些高等院校、科研机构展开合作，50%以上的勘查收入来自于战略合作单位项目，引进社会资金7000万元。

【科研攻关】 针对山西经济发展的重点难题，省煤炭地质局依托勘探技术优势，开展“矿山地质垂直救援”、“部分地区露头煤层自燃治理”、“采空区积水治理”、“煤矿瓦斯预警系统”、“数字煤田” 等多项重大课题研究。这些科研课题不仅对山西安全发展、生态化建设、环境治理、灾害治理、资源型地区经济转型意义重大，而且为省煤炭地质局转型跨越开辟了广阔的发展空间。“矿山地质垂直救援”项目列入省政府议事日程，“部分地区露头煤层自燃治理”、“采空区积水治理”被省发改委列入“十二五”重点项目。

【王家岭抢险救援】 3月28日王家岭煤矿特大透水事故发生后，省煤炭地质局主动请缨，坚决执行省政府命令，快速、准确完成两个垂直救援孔的钻进任务，其中2号孔被省委、省政府领导赞誉为“信息通道、通风通道、生命通道”，为创造“世界矿山抢险救援奇迹”和“115名职工成功获救”发挥十分关键的作用。煤炭地质局“矿山垂直救援课题”研究成果在这次抢险救援中得到充分应用和验证。

【党建和精神文明建设】 省煤炭地质局党委提出“两个最大化”的工作要求，即“最大限度凝聚全局实现科学发展的合力，最广泛地建立促进科学发展的统一战线”。进一步组织动员全局干部职工同心协力，共同担当发展重任，共同享有发展荣誉，共同分享发展成果，有力地促进了事业发展。

一是全面提升局院两级领导班子的综合素质能力。通过调整充实班子成员、优化专业年龄结构、异地交流任职、考察培训学习、对照检查述职等一系列措施，有效地提升局院两级领导班子的综合素质和领导能力。二是进一步完善领导干部考核评价制度。提出“绝不允许以牺牲事业发展为代价，迁就领导干部自身的问题”。坚持和完善对所属单位领导班子、领导干部的年度考核评价工作。三是在干部培养使用上改“纵向排队等”为“横向排开赛”，开辟创先争优大舞台，最大限度地为优秀人才、青年干部提供施展才华、干事业的舞台。四是努力发挥基层组织和党员的模范带头作用。开展学习型党组织建设、创先争优等一系列活动，积极创建文明和谐单位。2010年，下属物测院进入省级“文明和谐单位”行列并荣获2010年山西省模范单位称号，局机关和水勘院继续保持省直“文明和谐单位标兵”称号，其他下属7个单位多年保持所在地的“文明单位”称号。五是坚持把党建工作、反腐倡廉工作与促进发展、保障发展紧密结合起来。建立党风廉政建设责任制，加强预防和惩治腐败的体系建设，加大从源头治理和预防腐败力度，弘扬了正气，优化了发展环境。

（李艳红）

水文水资源勘测

【降雨情况】 2010年全省年降水量464.7毫米，比多年平均值少26.7毫米。比上年降水量少7.8毫米，为2000年以来第二少水年(2001年422.1毫米)。年内1月、3月、6月、7月、10月、11月和12月为干旱少雨时段；2月、4月、8月和9月为多雨时段；5月与多年平均值持平。与2000年以来各年情况相比较：1月降水量为第三偏少年份；2月降水量为第二偏多年份；4月降水量为第三偏多年份；3月、9月、10月份降水量与上年接近；5月降水量与2008年接近；6月、7月降水量为第二少水年份；8月降水量异常偏多，为第一多水年份；11月、12月降水量异常偏少为第一少水年份。

2010年各市年平均降水量与多年平均值比较：大同市430.0毫米，比多年平均值多28.4毫米；朔州市412.1毫米，比多年平均值多34.4毫米；忻州市490.7毫米，比多年平均值多53.5毫米；太原市434.4毫米，比多年平均值少22.2毫米；晋中市418.6毫米，比多年平均值少84.3毫米；阳泉市425.4毫米，比多年平均值少76.5毫米；吕梁市452.1毫米，比多年平均值少34.8毫米；临汾市425.7毫米，比多年平均值少91.9毫米；运城市566.8毫米，比多年平均值多25.8毫米；长治市484.2毫米，比多年平均值少75.2毫米；晋城市561.6毫米，比多年平均值少14.2毫米。

2010年山西省汛前降水量占年降水总量的19.5%，汛期降水量占年降水总量的75.5%，汛后降水量占年降水总量的5.0%。

1. 汛前降水。汛前(1~5月)，降水量介于54.1毫米(保德县)至156.4毫米(榆次区)之间，降水北部、中部大部多，南部少，全省平均降水量90.6毫米，比多年平均值多1.8毫米，占年降水量的19.5%。统计2000年以来情况，与2007年的同期降水量94.2毫米相接近。

2. 汛期降水。汛期(6~9月)，山西省除北部大部和南部部分地区降水量偏多外，其余地区降水量偏少，降水量介于179.5毫米至599.2毫米之间，全省平均降水量351.0毫米，比多年平均值少2.0毫米，占年降水总量的75.5%。统计2000年以来情况，与2002年的353.0毫米接近。

3. 汛后降水。汛后(10~12月)，山西省除北部(大同市、朔州市)偏多外，其余地区降水量均偏少，降水量介于6.1毫米(阳泉矿区)至54.4毫米(临猗县)之间，全省平均降水量23.1毫米，比多年同期平均值少26.5毫米，占年降水总量的5%。为2000年以来第一少水年，与2008年(24.4毫米)相接近。

【暴雨】 2010年，山西省在5月26日至9月20日的时间段内，部分地区暴雨频繁发生，出现近年来罕见的特大暴雨和大暴雨。全省较大范围的强降雨过程主要发生在，6月30日至7月1日、7月22~24日、7月31日、8月8~13日、8月18~21日、8月31日至9月4日、9月17~20日。

【雹情】 2010年全省有5个县遭受不同程度的冰雹袭击，导致部分地区房屋、农作物和牲畜受灾，造成一定程度的经济损失。据统计，冰雹粒径在5毫米至30毫米之间，降雹历时在5分钟至20分钟之间。

【河道水情】 2010年山西省各水文站年平均流量与多年均值相比，除汾河干流宁化堡站(宁武)、静乐站、汾河支流涧河娄烦站、龙华河会里站(盂县)和白沙河大庙站(夏县)偏多以外，其余站点均偏少。

1. 汛前河道水情。2010年各水文站汛前平均流量与多年同期平均相比均偏少。其中部分站点出现河道断流的现象，如壶流河广灵站、桃河旧街站(阳泉)、鄂河乡宁站、冶峪沟河董茹站(太原)、静升河灵石站、续鲁峪河大交(续)站(绛县)、洪安涧河东庄站(洪洞)。

2. 汛期河道水情。(1)汛期各主要河流控制站来水量。2010年汛期，山西省各主要河流控制性水文站流域总面积为91499平方千米，径流总量44795万立方米。其中，海河流域面积40443平方千米，占总控制面积的44.2%，汛期径流量16862万立方米，占汛期径流总量的37.6%；黄河流域面积51056平方千米，占总控制面积的55.8%，汛期径流量27933万立方米，占汛期径流总量的62.4%。(2)汛期各主要河道水文站平均流量。2010年各站汛期平均流量与多年同期平均相比均偏少。其中部分站点出现河流断流的现象，如：壶流河广灵站、冶峪沟河董茹站(太原)、静升河灵石站和续鲁峪河大交(绛县)站。

3. 洪水。受局部暴雨和极端气候影响，汾河、浊漳河、偏关河、潇河、松塔河、御河、榆社河、洪安涧河、三川河等河流发生洪水，其他河流未发生较大洪水。

4.汛后河道水情。2010年各水文站汛后平均流量与多年同期平均值相比，除汾河干流宁化堡站(宁武)偏多以外，其余站点均偏少。部分水文站出现河道断流现象，如南洋河天镇站、浑河镇子梁站(浑源)、壶流河广灵站、滹沱河上永兴站(繁峙)、桃河旧街站(阳泉)、偏关河偏关站、冶峪沟河董茹站(太原)、静升河灵石站、洪安涧河东庄站(洪洞)和续鲁峪河大交(绛县)站。

2010年山西省各县(市)雹情统计表

县(市)	站　名	时　间			冰雹粒径	降雹历时
		月	日	时:分	(毫米)	(分钟)
灵丘县	南水芦	6	13	20:00	8	20
潞城市	石　梁	6	22	14:06	5	5
沁　县	南　头	6	22	15:00	10	10
平顺县	龙　镇	6	22	15:20	30	10
偏关县	偏　关	7	10	18:10	25	6
沁　县	里　庄	8	31	17:20	5	5

【大中型水库蓄水情况】 1. 汛初大中型水库蓄水情况。据全省48座大中型水库汛初蓄水量统计，2010年汛初(6月1日)蓄水总量为7.20亿立方米，比2010年年初(1月1日)少蓄0.63亿立方米，比上年同期多蓄0.68亿立方米，比多年同期平均值多蓄2.41亿立方米。

据全省8座大型水库汛初蓄水量统计，2010年汛初(6月1日)蓄水总量为5.37亿立方米，占所有大中型水库汛初蓄水量的75%，比2010年年初(1月1日)少蓄0.49亿立方米，比上年同期多蓄0.68亿立方米。

2. 汛末大中型水库蓄水情况。据全省48座大中型水库统计，2010年汛末(10月1日)蓄水总量为7.99亿立方米，比2010年汛初(6月1日)多蓄0.80亿立方米，比上年同期多蓄0.75亿立方米，比多年同期平均值多蓄0.52亿立方米。

据全省8座大型水库汛末蓄水量统计，2010年汛末(10月1日)蓄水总量为6.03亿立方米，占所有大中型水库汛末蓄水量的76%；比2010年汛初(6月1日)多蓄水0.66亿立方米，比上年同期多蓄水0.68亿立方米。

3. 年末大中型水库蓄水情况。据全省48座大中型水库统计，2010年年末(2011年1月1日)蓄水总量为8.03亿立方米，比2010年汛末(10月1日)多蓄水0.03亿立方米，比上年同期多蓄水0.19亿立方米，比多年同期平均多蓄水0.06亿立方米。

据全省8座大型水库年末蓄

水量统计，2010年年末（2011年1月1日）蓄水总量为6.06亿立方米，占所有大中型水库年末蓄水量的76%，比2010年汛末（10月1日）多蓄水0.03亿立方米，比上年同期多蓄水0.20亿立方米。

【墒情】 山西省共有墒情观测站点70个。1.春季干旱分析。2010年1月全省降水量较多年同期平均值显著偏少，全省平均降水量0.6毫米，比多年同期平均值少84.2%；2月份的降水量较多年同期明显偏多，全省平均降水量11.5毫米，比多年同期平均值多91.7%；3月份降水量较多年同期仍显著偏少，全省平均降水量10.9毫米，较多年同期平均值少28.3%；总体来看，1~3月全省总的降水量较多年同期偏少。

受1月份降水较少影响，根据降水量距平百分比旱情等级划分标准，1月份大同市没有旱情，朔州市和长治市中度干旱，其余各市均发生特大干旱；2月份降水量明显增加，各市旱情得到明显缓解；3月份降水量又有所偏少，临汾市、运城市、晋城市发生轻度干旱，其余各市没有明显旱情，给雨养农业区播种带来有利条件。

2.秋季干旱分析。2010年8月至9月份全省降水量较多年同期偏多37.3%，8月份全省降水量较多年同期偏多40.6%，9月份全省降水量较多年同期偏多31.3%。根据降水量距平百分比旱情等级划分标准，8月份和9月份全省没有旱情，土壤较为适宜。

【灾情】 2010年，受局部暴雨影响，山西省部分地区遭受洪涝灾害，给人民财产造成重大损失。全省除阳泉市外的其余10个市、62个县（运城市最多，达14个）、293个乡（镇）（运城市91个、吕梁市72个），66.9万人受灾，紧急转移12000余人，死亡6人，失踪2人，倒塌房屋6426间，受淹城市7个。农作物受灾面积31.22千公顷，成灾面积19.91千公顷，绝收面积

2010年山西省汛期各主要河流来水量情况统计表

序号	河名	水文站名	流域面积（平方千米）	月平均流量（立方米/秒）				6~9月	
				6月	7月	8月	9月	平均流量（立方米/秒）	累计水量（万立方米）
海河流域									
1	桑干河	固定桥	15803	0.530	0.030	0.162	2.02	0.686	723
2	滹沱河	南庄	11936	5.00	2.950	8.20	9.00	6.29	6630
3	龙华	会里	475	0.390	0.300	0.820	1.10	0.653	688
4	松溪河	泉口	1627	0.295	0.238	0.335	0.972	0.460	485
5	桃河	阳泉	490	0.187	0.370	0.632	0.310	0.375	395
6	浊漳河	石梁	9652	1.50	1.60	11.2	12.2	6.63	6983
7	清漳东支	蔡家庄	460	0.320	0.361	1.22	1.73	0.908	957
各控制站累计水量（万立方米）			40443	2131	1516	5850	7084	14.8	16862
黄河流域									
1	偏关河	偏关	1896	0.000	0.000	0.026	3.42	0.862	908
2	东川河	岢岚	476	0.410	0.480	0.580	0.698	0.542	571
3	三川河	后大成	4075	3.61	3.50	5.28	17.4	7.45	7850
4	汾河	河津	38650	12.7	0.831	32.3	33.3	19.78	20853
5	涑水河	蒲州	5545	0.292	0.425	0.570	0.560	0.462	487
6	沁河	油房	414	0.102	0.265	0.680	0.625	0.418	441
各控制站累计水量（万立方米）			51056	4436	1426	10222	14516	26.5	27933
全省合计			91499	7656	2942	16072	21600	41.3	44795

2010年汛期部分河流洪峰流量统计表

序号	站名	地址	河名	日期	时分	流量
1	龙门	河津市	黄河	6月3日	14时48分	1340
2	府谷	府谷县	黄河	6月13日	12时54分	1620
3	独堆	寿阳县	松塔河	6月22日	19时50分	100
4	独堆	寿阳县	松塔河	7月31日	20时42分	101
5	榆社	榆社县	榆社河	7月31日	22时24分	105
6	芦家庄	寿阳县	潇河	7月31日	23时54分	125
7	东庄	古县	洪安涧河	8月9日	04时12分	113
8	赵城	洪洞县	汾河	8月9日	06时00分	1400
9	石梁	潞城市	浊漳河	8月9日	12时30分	368
10	柴庄	襄汾县	汾河	8月10日	05时00分	450
11	静乐	静乐县	汾河	8月11日	12时30分	52.0
12	河岔	娄烦县	汾河	8月11日	17时00分	61.6
13	榆社	榆社县	榆社河	8月12日	02时54分	420
14	府谷	府谷县	黄河	8月15日	22时00分	2060
15	吴堡	吴堡县	黄河	8月17日	00时00分	2440
16	乡宁	乡宁县	鄂河	8月18日	22时54分	54.0
17	汾河二坝	清徐县	汾河	8月19日	16时30分	51.5
18	义棠	介休市	汾河	8月20日	18时25分	70.0
19	卫寨	安泽县	沁河	8月21日	06时00分	56.7
20	赵城	洪洞县	汾河	8月21日	14时00分	137
21	石梁	潞城市	浊漳河	8月21日	22时30分	411

续表

序号	站名	地址	河名	日期	时分	流量
22	柴庄	襄汾县	汾河	8月22日	14时00分	128
23	河津	河津市	汾河	8月24日	02时24分	105
24	潼关	潼关县	黄河	8月26日	08时12分	2980
25	榆社	榆社县	榆社河	9月3日	23时00分	96.1
26	赵城	洪洞县	汾河	9月4日	18时00分	176
27	柴庄	襄汾县	汾河	9月5日	20时00分	125
28	孤山	南郊区	御河	9月17日	22时00分	100
29	观音堂	矿区	十里河	9月17日	23时45分	75.0
30	榆社	榆社县	榆社河	9月19日	00时24分	90.0
31	杨家坡	临县	清凉寺沟	9月19日	05时12分	150
32	林家坪	临县	湫水河	9月19日	08时12分	2200
33	吴堡	吴堡县	黄河	9月19日	10时06分	5050
34	后大成	柳林县	三川河	9月19日	13时53分	1140
35	偏关	偏关县	偏关河	9月21日	02时54分	400
36	潼关	潼关县	黄河	9月21日	04时30分	3320
37	义棠	介休市	汾河	9月21日	08时00分	82.3
38	府谷	府谷县	黄河	9月22日	08时00分	1520

3.2千公顷，减产粮食6.91万吨，死亡牲畜2307头(只)。铁路中断2次，公路中断303次，供电中断29次。全省水利设施损毁情况：损坏小型水库16座，损坏堤防246处，总长度60千米，堤防决口42处，总长度3.17千米。损坏护岸195处，损坏水闸1座，冲毁塘坝285座，损坏灌溉设施210处。损坏机电井530眼，损坏机电泵站13座，损坏水电站2座，损毁的水利设施直接经济损失达2.4亿元。

【地下水动态】 地下水是主要的供水水源。据统计，2010年山西省地下水开采总量为32.7亿立方米，占总用水量的53.3%，2010年全省盆地平原区降水量427.8毫米，地下水位平均下降0.23米。

1.汛期地下水动态。汛末全省平原区地下水平均埋深14.26米，比2009年同期上升0.12米，与汛前相比较，地下水位平均下降0.20米。汛末与汛前比较，全省地下水位上升区面积4318.1平方千米，平均上升1.63米；地下水位下降区面积6046.8平方千米，平均下降1.23米；地下水位相对稳定区面积12932.1平方千米，平均下降0.04米。上升区、下降区、稳定区分别占计算面积的18.5%、26.0%和55.5%。

2.年度地下水动态。(1)地下水埋深情况。2010年末，全省平原区地下水位平均埋深为18.46米，各盆地地下水埋深大部分大于10米。天(镇)阳(高)盆地平均埋深13.86米；埋深2米至6米的面积最大，为355.6平方千米，占盆地面积的34.5%；小于2米的面积为0平方千米。太原盆地平均埋深19.82米；大于20米的面积最大，为1804.9平方千米，占盆地面积的38.1%；小于2米的面积最小，为232.7平方千米，占盆地面积的4.9%。运城盆地平均埋深28.04米；大于20米的面积最大，为1634.2平方千米，占盆地面积的51.7%；小于2米的面积最小，为100.0平方千米，占盆地面积的3.2%。峨嵋台地地下水平均埋深为118.17米。

海河流域地下水埋深较浅，统计区地下水位平均埋深为13.74米；埋深小于10米的面积6254.1平方千米，占流域统计面积的56.7%；以2米至6米分布面积最大，占31.1%。黄河流域地下水平均埋深22.7米，埋深大于10米的面积为8671.8平方千米，占流域内统计面积的70.7%；以大于20米分布面积最大，占51.0%。

(2)地下水位变化情况。2010年末与上年末相比较，全省地下水位平均下降0.23米。其中：下降区面积4528.5平方千米，占统计面积的17.5%，下降区水位平均下降1.62米，太原盆地下降面积所占比重最大，为32.2%；上升区面积2456.3平方千米，占统计面积的9.5%，水位平均上升0.87米，运城盆地上升区面积所占比重最大，为37.5%。

全省地下水位降幅最大的为峨嵋台地，下降区面积773.8平方千米，占台地统计面积的30.6%，下降区内的地下水位平均下降4.08米，台地整体地下水位平均下降1.25米；其次为长治盆地，下降区面积592.1平方千米，占盆地面积的50.7%，下降区内的地下水位平均下降1.30米，盆地地下水位平均下降0.79米；运城盆地地下水位2010年呈上升趋势，平均上升0.08米。

(3)地下水蓄变量。2010年全省平原区地下水蓄变量减少25411万立方米。按盆地统计，除运城盆地地下水蓄变量增加1282万立方米，其他各盆地地下水蓄变量均为减少状态。天阳盆地、大同盆地、忻定盆地、长治盆地、太原盆地、临汾盆地、峨嵋台地地下水蓄变量分别为-138万立方米、-1180万立方米、-3270万立方米、-3893万立方米、-4807万立方米、-1458万立方米、-11947万立方米。

【水资源量】 1.降水量。2010年山西省降水量731.1182亿立方米，平均雨深467.9毫米，相应频率61%，属偏枯水年。与上年相比，偏少6.2%，与多年(1956~2000年平均值，下同)平均值相比，偏少8.1%。

(1)降水量的时空分布。2010年山西省年降水量地区分布总体走势由南向北递减。北部大部分地区在350毫米至450毫米之间，洋河区(天镇)出现小于300毫米的低值区；中部地区大多在450毫米至550毫米之间，中部汾河、清水河等河流源头地区及浊漳河以北太行山地区出现大于700毫米的高值区；南部涑水河以南中条山上出现大于800毫米的高值区，南部的卫河、沁河、丹河降水量较大，降水量多在500毫米以上，南部的中条山一带降雨量大多在600毫米以上。盆地区相对较小，在350毫米至500毫米之间。全省实测最大点雨量882.6毫米，出现在夏县的泗交；实测最小点雨量255.2毫米，出现在永和县交口。

汛前(1~5月)降水量大于多年平均值，降水呈北部和中部部分多、南部少的特点；汛期(6~9月)降水量小于多年平均值，降水呈北部大部和南部部分多，中、南部大部少的特点；汛后(10~12月)降水量小于多年平均值，降水呈北部大部多，中、南部少的特点。11月、12月份降水量异常偏少，为2000年以来第一少水年份，干旱较为严重。

(2)分区降水量。按照流域分区，2010年平均降水量最大值出现在黄河流域三门峡—沁河分区，降水量为625.1毫米，最小的是永定河分区为415.8毫米。与2009年相比较，海河流域增加5.1%，黄河流域减少11.8%。其中海河流域大清河水系（灵丘）增加最大为21%，三门峡—沁河分区增加14.7%；黄河流域汾河水系减幅最大，减少20.2%，其次为河口—龙门分区，减少12.6%；海河流域卫河分区减少11.2%。与多年平均值相比较，除黄河流域龙门—三门峡分区增加3.0%、海河流域永定河分区增加1.9%以外，其余各分区均表现为偏少，减幅在5.7%~16.9%之间。各分区丰枯等级划分：永定河、滹沱河、河口—龙门、龙门—三门峡分区为"平水年"，其余分区均为"偏枯水年"。从黄河、海河两大流域来看，海河流域为"平水年"，黄河流域为"偏枯水年"。

行政分区中，全省11个市2010年降水量与上年相比较，太原、阳泉、吕梁、晋中、临汾分别减少32.1%、28.3%、26.4%、19.2%和16.0%，其余各市都不同程度增加，增幅在0.7%~37.2%之间，增幅最大的为大同市，增加37.2%。与多年平均值相比较，忻州、大同、朔州分别偏多3.3%、1.3%和0.9%，其余各市都不同程度偏少，偏少幅度在1.8%~17.4%之间。分析各分区丰枯等级：大同市、朔州市、忻州市、运城市为"平水年"，其余各市均为"偏枯水年"。

2. 河川径流量。2010年山西省天然径流量48.8609亿立方米，平均径流深31.3毫米，相应频率95%，属于"枯水年"。与上年相比较，天然年径流量增加2.5%，与多年平均值相比较，相对偏少43.7%。

(1)主要河流天然年径流量。海河流域主要河流桑干河、滹沱河、浊漳河，按其控制水文站册田水库(大同)、南庄(定襄)、石梁(潞城)统计，2010年天然年径流量分别为3.2449亿立方米、4.7443亿立方米和3.2393亿立方米，较多年平均值，都不同程度偏少，偏少幅度分别为43.4%、35.6%和37.9%；黄河流域主要河流汾河柴庄控制站（襄汾)，2010年天然年径流量为11.4779亿立方米，较多平年均值偏少37.7%。

(2)分区天然径流量。流域分区，海河流域天然年径流量为20.8444亿立方米，黄河流域为28.0165亿立方米。与上年相比较，海河流域的漳河分区增幅最大为12.0%，其次是永定河分区，增加1.8%，其余各分区均有不同程度减少，减幅在0.4%~17.6%之间；黄河流域除汾河分区较上年减少8.2%外，其他各分区均不同程度增加，增幅在11.4%~18.7%之间。与多年平均值相比较，各分区都呈现不同程度偏少，偏少幅度在27.9%~52.8%之间。各区丰枯等级划分，卫河、漳河、龙门—三门峡、三门峡—沁河分区为"偏枯水年"，其余各分区均为"枯水年"。

行政分区中，忻州市天然径流量最大，为8.0495亿立方米，太原市最小，为0.3319亿立方米。与上年相比较，长治、临汾、晋城、忻州、运城和大同分别增加21.3%、18.6%、11.7%、10.6%、4.5%和1.0%，其他分区都有不同程度减少，减幅在2.6%~69.7%之间，其中太原市减幅最大。与多年平均值相比较，各市都不同程度偏少，偏少幅度在31.8%~81.9%之间。长治、吕梁、晋中、运城市为"偏枯水年"，其他各市均为"枯水年"。

3. 水资源量。2010年山西省水资源总量为86.1532亿立方米，比上年增加2.6024亿立方米，其中地表水资源量48.8609亿立方米，比上年增加2.2816亿立方米，扣除地表水资源的降雨入渗补给量37.2923亿立方米，比上年增加1.9608亿立方米。全省平均产水系数为0.12，产水模数为5.51万立方米/平方千米。

海河流域和黄河流域水资源总量分别为33.7046亿立方米和52.4486亿立方米，产水系数分别是0.12和0.11，产水模数分别为每平方千米5.70万立方米和每平方千米5.40万立方米；各分区产水系数在0.07~0.19之间，产水模数介于每平方千米3.22万立方米~10.3万立方米之间。

忻州市水资源总量最多，为15.1315亿立方米，占全省水资源总量的17.6%；运城市次之，为11.5147亿立方米，占全省总量的13.4%；阳泉市水资源总量最少，仅2.7756亿立方米，占全省总量的3.2%。产水系数和产水模数均以晋城市最大，分别为0.17和每平方千米9.35万立方米。

4. 蓄水动态。(1)大中型水库蓄水动态。统计全省7座大型水库和59座中型水库，2010年末总蓄水量7.0290亿立方米，较上年末少蓄0.7317亿立方米。7座大型水库年末蓄水量4.6151亿立方米，较上年末少蓄0.4327亿立方米，其中汾河水库减少0.3951亿立方米。59座中型水库年末蓄水量2.4139亿立方米，其中，朔州市、晋中市和晋城市的中型水库蓄水量较上年末有所增加，其余各市水库蓄水量均有不同程度减少。

(2)地下水动态。2010年全省7个盆地平均地下水位下降0.12米，其中仅运城盆地平均地下水位上升0.08米，其他盆地平均水位均有不同程度下降，长治盆地降幅最大，下降0.79米。全省地下水总蓄水变量为-1.3464亿立方米，与平均水位变化相对应，除运城盆地蓄变量为正值外，其他盆地均为负值，其中天阳盆地蓄水变量最小，为-0.0138亿立方米。

【供用水量】 1. 供水量。2010年全省实际供水量61.3832亿立方米，较上年增加1.0380亿立方米，其中：地表水源供水量24.2521亿立方米，占总供水量的39.5%；地下水开采量32.6585亿立方米，占总供水量的53.2%；中水供水量为4.4726亿立方米，占总供水量的7.3%。

海河流域大清河、卫河区，黄河流域三门峡—沁河区以地表水源供水为主，占到各自供水总量的2/3以上，海河流域永定河区和黄河流域龙门—三门峡、汾河、沁河区均以地下水源供水为主，占各自供水总量的一半以上；其他分区两种水源供水比例基本持平。中水供水量以汾河区1.6141亿立方米为最大，占全区总供水量的6.8%。

朔州市和吕梁市以地表水供水为主，占供水总量的一半以上，长治市、临汾市两种水源供水量基本相近，大同市、晋城市、晋中市和运城市以地下水供水为主，占供水总量的一半以上。中水供水量以太原市 1.2193 亿立方米为最大，占全市总供水量的 18.7%。

2. 用水量。2010 年全省总用水量(含中水利用量)61.3832 亿立方米，新鲜水总用水量 56.9106 亿立方米，其中：居民生活用水量 6.3642 亿立方米，占总用水量的 10.4%；第一产业用水量 36.3626 亿立方米，占总用水量的 59.2%；第二产业用水量 11.5298 亿立方米，占总用水量的 18.8%；第三产业与城市环境用水量共 2.6540 亿立方米，占总用水量的 4.3%。全省中水利用量 4.4726 亿立方米，占总用水量的 7.3%。

海河流域总用水量 22.4844 亿立方米，其中永定河区、滹沱河区用水量最大，为 9.4729 亿立方米和 7.2368 亿立方米，分别占海河流域总用水量的 42.1% 和 32.2%；黄河流域总用水量 38.8989 亿立方米，其中汾河区用水量 23.8170 亿立方米，为全省最大，占黄河流域用水总量的 61.2%，占全省用水总量的 38.8%。

由于各市自然地理条件和经济发展水平以及产业结构的差异，其用水结构亦不尽相同。大同、长治、朔州、忻州、吕梁、晋中、临汾、运城以一产用水为主，一产用水占到各自用水量的 60%以上；阳泉市和晋城市以二产用水为主，二产用水量分别占该市用水量 65.9%、51.0%，其余各市用水量各有侧重，太原市生活用水量最大，占全省生活用水量 18.0%。

【废污水排放量】 2010 年全省废污水排放量为 6.7784 亿吨，其中城镇生活污水 2.5915 亿吨，第二产业污水 3.2026 亿吨，第三产业污水 0.9843 亿吨。

卫河区水资源开发利用程度较低，基本无废污水排放；汾河区以城镇生活废污水排放为主；漳河区城镇生活废污水排放量与第二产业废污水排放量基本持平；其他分区均以第二产业废污水排放为主；汾河区废污水排放量高达 2.8066 亿吨，占全省废污水排放总量的 41.4%，居全省各区之首，次之为永定河区，2010 年排污量 1.0297 亿吨。

太原市废污水排放量最多，为 1.5979 亿吨，占全省废污水排放总量的 23.6%；其次为运城市，废污水排放量 0.7588 亿吨，占全省总排放量的 11.2%。太原市以城镇生活废污水排放量为主，占全市废污水排放总量的 43.4%。

【水质状况】 1. 河流水质。全省主要河流评价河段中，各河段均受到不同程度的污染，无Ⅰ类水，Ⅱ类水河长占评价总河长的 12.8%，Ⅲ类水河长占评价河长的 17.6%，69.6%的河段被污染，严重污染河段占 58.6%，河流污染形势非常严峻。河流主要超标项目为氨氮、化学需氧量、石油类、溶解氧、挥发酚等。

2. 水库水质。2010 年全省共监测汾河水库、汾河二库、文峪河水库、册田水库、关河水库、后湾水库、漳泽水库 7 座大型水库水质。册田水库水质为劣Ⅴ类水，主要超标项目为化学需氧量、五日生化需氧量、氨氮；其余 6 座水库水质较好，漳泽水库、关河水库、文峪河水库为Ⅲ类水，后湾水库、汾河水库、汾河二库为Ⅱ类水。7 座大型水库 4~9 月富营养化程度评价：册田水库、漳泽水库、汾河二库为"中度富营养"，后湾水库为"中营养"，其余 3 座水库为"轻度富营养"。

【《山西省泉域水资源保护条例》修改实施】 11 月 26 日，山西省第十一届人民代表大会常务委员会第 20 次会议通过修改《山西省泉域水资源保护条例》(以下简称《条例》)的决定，该决定自公布之日起实施。此次修改保留《条例》立法宗旨、法律原则和制度等基本条款。重点结合山西省岩溶泉域分布较广的特点，突出泉域水资源节约和保护内容。一是根据《水法》和《山西省水资源管理条例》的相关规定，对《条例》有关泉域水资源综合和专业规划编制和审批程序规定进行细化和明确；二是结合近年来山西省实施兴水战略为严格保护泉域水资源创造的有利条件，在《条例》中增加要求各级人民政府实施关井压采，限制地下水超采的法律条款；三是为加强泉域水资源开发利用的管理，在《条例》中增加由省级水行政主管部门统一负责全省泉域水资源统一配置的条款；四是结合《行政复议法》等相关上位法的规定，对《条例》的部分法律文字和内容进行相应修改。修改后的《条例》分为 33 条。

【《山西省农业用水定额编制报告》通过验收】 4 月 2 日，省水利厅在太原主持召开《山西省农业用水定额编制报告》(以下简称《报告》)审查验收会。专家组认为，《报告》分析研究方法正确，编制的农业灌溉、农村居民、牲畜、渔业用水定额基本符合水利部的要求，具有一定的科学性、实用性和可操作性，同意《报告》通过审查验收。

【省水资源保护协会成立大会暨第一届会员代表大会】 7 月 5 日召开。协会团体会员单位负责人及个人会员代表 60 余人参加会议。会议通过《山西省水资源保护协会章程》《山西省水资源保护协会会费收支管理办法》；选举产生第一届协会组织机构成员。

【"JDZ-1 型雨量数据采集设备技术改造与应用项目"通过验收】 6 月 12 日，专家对省水文水资源勘测局"JDZ-1 型雨量数据采集设备技术改造与应用项目"进行评审。专家认为改进后的 JDZ-1 型雨量数据采集设备与原设备(固态存储雨量器)相比，雨情报汛时效性、准确性大为提高，自动报汛减小误差，减轻劳动强度，设备的时效性、准确性、稳定性达到国内同期主流产品性能。该成果减少投资、节约经费，具有较好的社会效益和经济效益。

【《山西省水文计算手册》通过审查】 11月29日，省水利厅在太原召开《山西省水文计算手册》(以下简称《手册》)审查会议，来自国内水利科研单位、高等院校、生产和使用部门的院士、教授、专家对《手册》进行认真审查。《手册》修编是山西省实施兴水战略3年多来水利系统唯一的科技项目，是山西省涉水工程地方性技术法规。专家认为，《手册》内容全面、丰富，包括年降水、年径流、泥沙、暴雨、洪水分析方法，河道流量演算方法，水利、水保措施对设计洪水影响和泥石流估算等，并配套开发水文下垫面分类图件和软件包，满足山西省中小型涉水工程规划设计、工程改造水文分析计算的要求。

【太原市6月份干旱创纪录】 6月份，太原市持续晴热少雨，5月27日至7月8日连续42天全市平均降水量不足9毫米，创太原市自1916年有降水记录以来同期雨量之最少。6月中旬以后，35℃以上极端高温天气频现，高温少雨致使土壤失墒加快，旱情扩展蔓延迅速。据统计，太原市作物受旱面积达82708公顷，其中重旱20010公顷，因旱造成1.51万人和0.53万头大牲畜饮水困难。

【省防汛抗旱指挥部全体成员会议】 7月2日在太原召开。总指挥、副省长刘维佳出席会议并讲话。常务副总指挥、省水利厅厅长潘军峰就2010年的防汛工作进行动员和部署。省防汛抗旱指挥部成员单位的领导在主会场参加会议，各市防汛抗旱指挥部的全体成员在各市分会场参加会议。刘维佳指出，自入汛以来，防汛形势严峻，各有关部门领导干部要切实做好各项防汛工作。一是要进一步加强防汛检查和隐患整改。各地各部门各单位要再次检查防汛措施的落实情况，排查隐患，不留死角，尤其要把水库、河道、在建水利工程、尾矿库、淤地坝、边山峪口、工矿区和学校作为检查的重点。二是强化防汛工作的领导责任。要强化主要领导责任，市长、县长、乡长是防汛工作的第一责任人；要强化分管领导的防汛责任；要强化各有关部门的责任。三是必须形成通力协作、团结防汛的合力。各有关单位要各施其责，各尽其职，加强协调沟通，确保安全度汛。

【《山西省抗旱条例》立法论证会】 7月21日，省政府法制办组织召开《山西省抗旱条例》(以下简称《条例》)立法论证会。省政府法制办、省人大农工委、太原理工大学、山西大学、山西财经大学、财政厅、民政厅、农业厅、气象局、电力公司、水利厅等单位近20名专家参加论证会。会议听取省政府防汛抗旱指挥部《山西省抗旱条例(草案)》编制情况的简要汇报，针对《条例》草案中的具体条款进行专业论证。《条例》出台，将为山西省抗旱减灾工作提供法律依据，进一步推动防旱抗旱工作有序开展。

【首批国家防汛抢险物资入储省防汛物资储备库】 8月27日，两辆满载防汛抢险物资的大型货车驶入位于太原市北营地区的山西省防汛物资储备总库，标志着省防汛物资储备总库正式成为国家防汛物资储备定点仓库。根据国汛办电《关于调整防汛物资采购数量和地点的通知》，首批防汛物资包括1287件覆膜编织布。省防汛应急抢险总队领导人到仓库布置防汛物资的接收工作，并对防汛物资的管理工作提出严格要求，要高度认识防汛抢险物资储备的重要性，加强物资的安全管理，要确保防汛抢险物资"备得足、存得好、运得出、用得上"。

【《山洪灾害防治县级非工程措施建设实施方案》审查会】 10月23~24日，省防汛抗旱指挥部办公室组织召开《山洪灾害防治县级非工程措施建设实施方案》审查会。国家防总、海河水利委员会、中国水科院、省国土厅、省气象局、省水利厅等单位的防汛、水文、计算机、水工和概算专家参加评审。会议对吕梁市离石区、兴县，运城市垣曲县，阳泉市区，忻州市保德县、五寨县，临汾市乡宁县、吉县8个山西省第一批山洪灾害防治县和忻州市原平，太原市古交，运城市绛县、平陆县、夏县5个预备项目的非工程措施建设实施方案进行审查。（梁述杰）

气 象

【主要天气气候事件】 全年主要气象灾害及气候事件有干旱、强降雪、暴雨、冰雹、连阴雨、大风、寒潮、低温霜冻、高温等，灾害性天气给工农业生产及人民生活造成一定的影响，其中低温冻害、干旱、暴雨、冰雹、大风等造成的影响较为严重。

1. 干旱。5月上、中旬，全省降水量持续偏少，运城、临汾、晋城等地土壤墒情下降明显，南部部分县(市)出现严重或中度干旱，其中万荣、泽州的土壤干土层厚度分别为6厘米和10厘米，旱情对冬小麦抽穗灌浆有不利影响。5月22~25日，运城市大部分县市日最高气温在30℃以上，23~29日，河津、稷山、绛县、万荣、临猗和垣曲出现干热风天气，对小麦灌浆不利。6、7月大部分地区降水量偏少加之气温持续偏高，致使部分地区发生严重干旱。其中太原市娄烦、阳曲、清徐表层土壤出现4厘米~10厘米的干土层。10月份以后，山西省因持续降水偏少、气温偏高，旱情不断发展，全省大部分地区均发生不同程度的气象干旱。森林火险等级趋高，加大森林防火的难度。

2. 强降雪。1月2日08时~3日08时，大同市出现暴雪，过程降雪量达到0.2毫米~12.9毫米之间，其中阳高3日降雪量为12.9毫米，积雪深度25厘米，达到暴雪标准。2月10~11日，运城市普降中到大雪，全市平均降水量为7.0毫米，新绛和垣曲降暴雪，降水量分别为15.4毫米和10.0毫米，稷山、平陆、垣曲、新绛等县43个温室、342个大棚受损、10余个小拱棚垮塌，直接经济损失175万余元。晋中、阳泉、吕梁等市普降小到中雪，灵石、和顺达到大雪量级，最大积雪深度7厘米~8厘米；28日出现大雪，最大积雪深度5厘米。9~10日，阳泉还出现雨凇(冻雨)，厚度2毫米；9~11日，平定出现雨凇，厚度4毫米。2月28日~3月2日，晋中、太原市普降中到大雪。太谷、平遥、昔阳3县达到大雪量级，降水量分别为5.7毫米、5.1毫米、6.5毫米。除榆次外，其他7县市达中雪量级。受较强冷空气影响，3月7~9日，吕梁、阳泉市出现强降雪天气，8日，大部分地区出现中到大雪，积雪深度9厘米~12厘米。

3. 暴雨、冰雹。夏季，山西省降水偏少，但部分地区仍然出现暴雨、冰雹等强对流天气。6月3日15时25分~18时45分，运城市万荣县、临猗县以及永济市、河津市出现冰雹，持续时长2分钟~5分钟不等。此次冰雹使临猗县的孙吉、耽子等八乡镇不同程度受灾，经济损失共计4.2亿元。永济受灾中心主要在永济市卿头镇胥村一带。受灾作物有棉花、小麦、玉米、西瓜、果树，受灾面积10240公顷，成灾面积1393公顷，经济损失9300万元。6月20日14时~16时，阳城县的北留、驾岭等7个乡镇的39个村遭遇特大冰雹袭击；泽州县的周村和李寨两乡镇也遭受冰雹的袭击。由于冰雹持续时间长，对未收获的小麦和正在生长的农作物造成巨大损失，小麦、蔬菜、西瓜、薯类作物近乎绝收，暴雨冲毁道路3000米；4个砖厂严重受灾，冲毁砖坯180余万块；房屋受损73间；家用电器遭雷电损坏50余台。直接经济损失达5079余万元。6月22日，吕梁、晋中市汾阳境内出现冰雹，冰雹直径1厘米~2厘米，玉米受灾明显。6月25日14时40分至47分，太谷县遭受雷雨冰雹大风袭击，冰雹最大直径约7毫米，瞬时风速达20.7米/秒。

7月23日晚~24日08:00，运城市出现中到大雨，平陆和芮城出现暴雨，降水量分别为73.7毫米、50.2毫米，其余县市降水量在14.7毫米~38.9毫米之间。垣曲县普降大到暴雨，24日降水量达88.2毫米，至25日过程总降水量105.2毫米，毛家镇过程总降水量达191.3毫米。芮城县倒塌损坏房屋283间，冲毁道路8.1千米，冲毁水坝1座。淹没庄稼41.4公顷、受灾大棚10家，经济损失10万元。平陆县11个乡镇228个村全部遭暴雨袭击，直接经济损失500万元。8月8日，榆社县社城镇西崖底、社城等7个村均遭暴雨侵袭，造成经济损失169万元。8月9日凌晨5时，洪洞县山头乡、堤村乡出现特大暴雨，6小时雨量达124.0毫米，全县受灾人口涉及9个乡镇11.3万人，直接损失1352余万元。

4. 连阴雨。9月，山西省降水偏多，受高空槽和副热带高压的共同影响，全省多地出现大范围的连阴雨天气。9月中、下旬，大同市多阴雨天气，尤其是9月16~21日，连续6天阴雨连绵，过程降水量全市平均达93.6毫米，降水多、时间长，是1971年以来同期最大值。从9月17~20日，太原市出现连续阴雨天气，各县(市、区)气象局测站过程降水量为22.8毫米~69.5毫米。阳泉市在9月2~8日、18~22日出现两次连阴雨天气过程。9月2~8日，晋中市出现全市范围的连续阴雨天气，全市平均过程降水量49.1毫米。9月1~9日，运城市持续阴雨天气，全市平均降水量为44.7毫米，期间温度偏低、光照明显不足，此时正值棉花裂铃吐絮时期，需要充足的光照，阴雨寡照给棉花等的生长带来不利，引起贪青晚熟。

5. 高温。夏季，山西省多次出现高温天气。6月中下旬，山西多地出现高温天气，7月下旬，高温天气尤为明显。持续出现的高温天气，使得部分地区用电量大增，电线、变压器等电力器材负载过大。6月14~23日，运城市出现35℃以上高温天气，其中18~22日连续5天持续37℃以上高温天气，且22日有11个县（市、区）最高气温在37℃以上，其中盐湖区和稷山县日最高温度分别达39.2℃和39.3℃；27~30日，再次出现35℃高温，其中29日全市13个县(市、区)日最高温度全部在35℃以上，并有9个县(市、区)达到37℃以上高温。太原地区20~22日连续三天最高气温都在30℃以上，其中21日出现大于35℃高温天气；28~29日，连续出现大于35℃高温天气，极端最高气温38.0℃。此外，吕梁、阳泉、晋中、晋城、长治、大同等市持续出现高热天气。

气象科普进校园活动 （李国英提供）

6. 大风、沙尘。春季，山西省大风、沙尘天气较多，给人们出行及交通造成一定的影响。3月冷空气活动频繁，全省各地均有大风、沙尘天气出现。大风造成广告牌倒塌、大棚设施损坏、人员伤亡等灾害。1月12日，晋中市有3个县市出现大风天气，最大风速分别为：昔阳18.1米/秒、和顺17.6米/秒、左权18米/秒。同日，晋城市极大风速达到21.5米/秒。3月19日20时~20日9时49分，阳高县境内持续出现大风、扬沙天气，极大风速达27.1米/秒。养殖圈舍顶棚被大风掀翻、部分墙体倒塌，设施严重受损。全县受灾群众20830人，其中，严重受灾群众16830人。此次灾害累计造成直接经济损失10831万元，其中，农业损失5672万元。3月，太原市大风日数较多。其中，尖草坪、古交、娄烦各出现3次大风日数，其余各站各出现1次大风日数。大风引起沙尘天气偏多。3月12日、22日全市出现浮尘天气；3月19日全市出现大风沙尘暴天气，平均风力6级以上，瞬时风力8级~10级，桃南、城坊街、义井等地区的38条供电线路受损，全线停电，近万户居民受影响。20日凌晨1时许，北营新村一个彩钢板搭建的三层工棚被大风吹倒。

7. 强降温、寒潮。1月3~5日，大同、吕梁、晋中全市出现强降雪和寒潮天气，48小时降温幅度达到11.4℃~24.1℃；5日气温降到最低，尤其是天镇-37.4℃、阳高-31.8℃，均突破该站历史最低气温极值。1月20~22日，运城、晋城市出现降温天气，除万荣、芮城和垣曲外，其余各地72小时日最低气温下降5℃以上，其中，夏县下降10.9℃，绛县、河津和闻喜下降幅度在8℃以上。4月13日，全省大部分县（市）最低气温降至0℃以下，其中，五台山、右玉、大同县、左云、平鲁、神池、宁武、朔州市城区、五寨、交口等10个县（市）的最低气温降至-10℃以下；北部的其余大部分县（市）、太原市北部、吕梁市西部、晋中市平川北部和东部山区、临汾市山区、长治市大部、晋城市北部及夏县共51个县（市）的最低气温在-5.0℃~-10℃之间。此次降温对山西省部分县市已拔节的冬小麦、果树和设施农业影响较大。

8. 低温、霜冻。低温是山西省2010年春季较为突出的异常气候事件之一。4月13日晨，运城全市出现霜冻；14日，全市出现雨夹雪，平均降水量为5.6毫米，积雪深度3厘米，这次低温冻害涉及全市13个县（市、区），给农作物造成巨大损失，全省直接损失达45.03亿元。

【气候影响评价】 1. 气候对农作物影响。2010年，全省冬小麦生育期内虽然出现暴雪低温、霜冻、阶段性干旱及高温等不利气象条件，但关键生育期内降雨及时有效，春季气温偏低，冬小麦生育期延长，成穗率及穗粒数较去年明显增加，收晒顺利，小麦产量较上年明显提高。玉米生育期内，热量条件较好，水分条件基本满足需求，光照略有不足，生育期略有延长；抽雄吐丝期北中部部分发生伏旱，旱地玉米受旱较重。总的来说气象条件有利于玉米产量形成。

2. 气候对水资源影响。2010年，全省年平均降水量为438.8毫米，折合降水资源量为684.5亿立方米，较累年值偏少58.2亿立方米，较上年偏少62.9亿立方米。降水资源总量基本属正常年份。北部各市降水资源较中南部丰沛，北部各地市均属于正常年份，中南部的8个市中仅吕梁、晋中、运城市属于正常年份，其余地市属于枯水年份。

3. 气候对交通运输影响。2010年，影响山西省交通的气象因素主要是大雾、强降雪和暴雨。1月，全省各地出现的大雾天气较多，给交通带来一定的影响。1月19~21日，晋城市共出现7站（次）大雾天气，由于持续时间比较长，致使晋济、晋阳等几条高速公路全线关闭。1月19日，长治到太原高速公路因大雾引发车辆追尾事故，共造成9人死亡、28人受伤。8月18日夜间到19日，晋城市出现分布不均的雷阵雨，最大雨量出现在泽州县城，为193.6毫米，受其影响，一辆公交车上的16名乘客被困水中。由于铁路被淹，一列经过晋城的列车被迫停下，旅客滞留。

【省部合作共建】 3月25日，山西省人民政府与中国气象局在太原举行共同推进新基地新山西建设公共气象服务合作协议签署仪式。山西省省长王君和中国气象局局长郑国光分别代表双方签字，省政府有关厅局和中国气象局有关职能司负责人参加签约仪式。根据协议，中国气象局与山西省人民政府将共同加快建设公共气象服务体系、气象预报预测体系、综合气象观测体系，构筑全国一流的气象现代化体系。

【"国家突发事件预警信息发布中心"建设】 总投资达2.5亿元（省级投资3258万元），承担全省81个省级部门预案和31个专项预案所涉及的自然灾害、事故灾难、公共卫生等三类突发公共事件预警信息授权发布工作的"山西省国家突发事件预警信息发布中心"硬件建设基本完成，软件开发有序进行，地方正处级全额事业编制已经省编委会研究，同意由省气象局主管。预计该中心将于2011年6月全部建成，成为全国第一家投入业务运行的省级中心。

推进"山洪地质灾害防治"气象监测预警工程建设。按照国务院国发〔2010〕31号文件和中国气象局有关文件要求，省气象局主动向省领导作汇报，联系发改委、水利、国土等相关部门，着手开始"山洪地质灾害防治"气象监测预警工程建设规划编制和实施方案制定工作。

【气象防灾减灾】 针对"3·28华晋焦煤王家岭矿透水事故"，省、市、县三级气象部门组成的应急气象

为王家岭矿难开展气象服务（李国英提供）

服务分队当天赶赴事故现场，及时开展现场救援气象保障服务。气象应急分队在救援现场坚守15天，对可能影响现场救援工作开展及影响救援人员安全的各类天气要素做出准确预报，共制作完成各类预报服务材料、服务建议100余期，有力保障救援工作开展和救援人员的健康与安全。

针对低温冻害、沙尘暴、局地性暴雨、霜冻、阶段性严重干旱等严重气象灾害，全省各级气象部门加强监测预警预报服务工作，先后4次启动气象灾害应急响应，共组织召开新闻发布会107次，向政府及各部门决策人员发送预警短信21万多条，利用多种媒体，及时发布各类气象预警信号3085次，发送手机气象短信信息8100多万人次，在防御重大气象灾害中发挥重要作用。汛期，省、市气象台共发布暴雨蓝色、黄色、橙色预警信号30期，联合国土部门发布气象地质灾害预警9期，向有关部门报告雨情信息70余期(次)，免费发送手机短信近1000万条。

【"三农"气象服务】 制定实施《现代农业气象业务发展专项规划实施方案》《农业气象业务体系建设实施方案》《农用天气预报技术规范细则》等一系列农业气象服务的方案和规范。加强信息员队伍建设，全省有专兼职气象信息员28598人，行政村覆盖率达100%；村气象信息服务站256个；可用大喇叭系统3352套，显示屏489个；第一批10个气象服务信息全覆盖示范县建设基本完成。开展和加强粮食产量监测预报、农田土壤墒情预报、作物物候期预报、农用天气预报和农业年景预报等涉农预报。适时发布26种农业气象服务产品。

【人工影响天气】 3架人工影响作业飞机全年投入人工影响天气业务、森林火险监测和大气云物理科学研究。共组织实施飞机增雨作业153架次，飞行时间293小时，作业覆盖影响面积117万平方千米。各市县局共组织人工影响作业246次，发射增炮弹2640发，发射火箭弹1267枚。全年人工增雨总量突破30亿立方米，为抗旱保墒、降低森林火险、生态环境建设作出贡献。

【专业气象服务】 与28个部门、单位签署合作协议或联合发文，提供防汛抗旱、道路交通安全、森林防火、地质灾害预警、环境空气质量、建筑防雷及施工安全、旅游景点环境监测预报、城市集中供热等气象保障服务，开发专业气象服务产品109种。开展输电线路气象灾害监测预警，布设2个点对电线覆冰进行24小时可视在线监测。利用人工增雨飞机开展气象灾害航空遥感监测试验，为今后逐步开展农作物长势监测、植被识别与提取、突发性重大灾害实时监测、森林资源调查和矿产勘查打下良好基础。

【现代气象业务体系建设】 实现中国气象频道在全省11个市全覆盖。完成中国天气网(山西站)和中国气象信息员网站(山西站)建设工作，其中天气网(山西站)日平均点击率10万次左右，最高达20万次。手机短信移动气象通、农信通用户数大幅度增长。研发11大类55项气象指数产品。完成气象服务400热线电话的建设并上线运行。开展政策性农业保险气象服务。编制完成《山西省气象局服务产品手册》，共计8大类426种服务产品，为社会各界了解气象、气象更好服务社会提供更为直观便捷的窗口。制定《山西省气象局现代天气业务体系建设实施方案》。引进中国气象科学研究院"气象要素精细化客观预报系统"。建立乡镇天气预报业务系统。组织开发气象实时与历史资料数据库、GPS水汽监测数据库、农业气象数据库业务平台、山西省遥感数据信息库、大气成分与沙尘暴观测资料以及各种气象服务指导产品共享业务平台。短时临近预报系统(SWAN)在全省进行业务应用。"省级综合干旱监测预警评估系统"通过中国气象局验收，并且在赞比亚、摩洛哥等非洲国家推广应用。建成区域自动站964个，其中529个区域站观测资料实现全国共享。建成由41个固定水分监测仪和12个便携式土壤水分仪组成的自动土壤水分监测网，自动化观测水平不断提高。长治多普勒雷达投入业务试运行。启动空间天气项目五寨中频雷达、岢岚大气光学干涉成像仪建设。全省63个GPS/MET水汽站效益明显，监测资料得到业务应用。

太原高空站L波段探空雷达安装完成投入业务试运行。完成全省自动观测与人工观测资料对比评估，各类观测资料传输质量均保持较好水平。完成气象记录档案保管体制调整任务。省市高清晰度电视会商系统投入业务运行。

【科技创新体系和人才体系建设】 2010年，省气象局先后出台和修订《山西省气象科学研究管理办法》《开放式研究基金管理办法》《青年科技基金管理办法》等一系列办法措施。组建精细化预报团队、中尺度数值模式研发团队和应对气候变化研发团队等三个科研团队，在科技创新方面发挥主力军作用。主持和参与中国气象局、山西省各类科技项目9个，年内科技创新支持经费共540多万元。“山西省中短期气象灾害预警系统”获山西省科学技术进步二等奖。投资近300万元，着手建设大气成分理化分析实验室，开展温室气体、碳排放监测以及森林碳汇研究和评估等工作。开展国际合作和科技交流，邀请美国数所著名大学的教授和中央气象台专家作学术报告；参与的国际气象科技合作项目“区域气候模式和其他模式耦合研究”取得阶段性成果；选派预报骨干赴美国马里兰大学进修中尺度模式优化关键技术。科技业务人员年内在国家核心期刊发表论文33篇。

实施人才“梧桐计划”。共组织开展各类技能竞赛15次，400多人次参加。与省人社厅、省总工会联合举办山西省第五届气象行业职业技能竞赛。年内全省气象部门所有处级干部、所有县局正副局长参加综合素质培训。全年组织参加中国气象局、省局各类培训1400多人次，其中业务培训500多人次。一名同志入选中国第27次南极科考队；两名同志分别被中组部选拔认定为第十一批“博士服务团”成员和高级技术人员援藏团干部。截至2010年底，全省正研级高工、博士共10名，副研级高工230名；本科以上学历人数首次超过50%。

【规划编制】 “十二五”规划编制工作进展顺利。省发改委正式批复72个专项、区域规划，其中明确由省气象局牵头编制《山西省气象事业发展“十二五”规划》和《山西省气象灾害防御规划（2011~2020）》，这是山西气象事业发展规划首次被独立纳入省政府五年专项规划体系。截至2010年底，省级和11个市级、31个县级气象灾害防御规划初稿编制完成，10个县由当地政府发文颁布实施。完成《山西省新增10亿公斤粮食生产能力建设规划》的对接工作，“农业气象保障体系建设”总投资7600万元。完成《地震应急物资储备补充计划和地震应急物资储备基础设施项目建设计划》的对接工作，气象相关内容建设投资3200万元。有效衔接《山西省应对气候变化“十二五”规划》《山西省应急体系建设“十二五”规划》和《山西省信息化“十二五”规划》等15个山西省专项规划。初步落实《山西省高速公路气象监测服务系统（一期）》，二期、三期建设计划也已编制完成，预计总投资8100万元。

【气象法制建设】 气象探测环境与设施保护立法取得进展，政府规章和规范性文件清理工作完成。《山西省气象条例》修订列入省人大立法计划。《山西省气候资源开发利用条例》纳入省人大立法调研计划。第一部地方气象标准《山西省增雨防雹火箭年检技术规范》发布实施。依法履行社会管理职能，在全省开展施放气球安全专项整治行动。全省各级气象部门受理行政许可2245件，气象行政执法1247次。气象灾害应急准备认证工作有效开展，有9个县（市）政府发文对气象灾害应急准备认证工作进行管理，制定下发实施细则。全省气象科技服务创收上账1.25亿元，比上年增长16%。 （李国英）

地　震

【概述】 2010年，山西震情形势复杂。发生3级以上地震7次，其中4级以上地震3次。山西省地震局加强地震监测预报，强化各项措施落实，提高社会应对地震灾害能力。

1. 完善制度，强化监测管理。2010年，制订《实验仪器管理办法》《山西地震前兆台网运行管理规定与细则》；完善《质量监控管理办法》《观测质量管理办法（试行）》《山西地震信息网站应急工作流程》《山西地震信息系统大震应急方案》等制度，做到科学管理、规范管理。为提高监测系统应急联动能力，制定强震监测预报应对预案，并于2月8日组织监测预报体系24个单位进行地震应急演练。模拟12个中强地震，设置不同演练情境，包括：交通瘫痪、电力破坏、移动阻塞、固话中断、网络不通等。各单位充分准备，完成预案规定任务。

2. 紧盯震情，科学会商。2010年，山西发生多起显著异常事件和中强地震。中国地震局先后派遣专家163人次到山西落实情况。中国地震局监测预报司在山西召开2次紧急会商会，省地震局组织召开周、月会商会93次，临时或紧急会商会39次及三省一市震情联合会商会1次。2010年底，召开全省年度地震趋势会商会，研究山西2011年度地震趋势，提出山西地区2011年度地震危险区划定意见。积极探索会商形式，建立远程会商模式。建立山西各地地质情况、历史地震情况等基础信息库，为震后第一时间进行远程资料汇集研讨，提高震后趋势判定速度提供基础资料。

3. 规范运行，提高观测质量。坚持质量监控、停测审批等制度，全省监测台网运行率达99%以上，观测质量再上新台阶。2010年，山西数字测震台网全年平均实时运行率为96.80%；山西地震前兆台网观测仪器84台套，共计225个测项，平均运行率达100%，连续率99.65%，完整率99.54%；山西地震信息网络系统运行区域中心至国家中心运行率为99.08%，省区域中心局域网运行率为99.79%，区域中心至台站信息节点运行率为99.02%、区域中心至市县信息节点运行率为98.86%。

4. 严格停测审批制度。2010年，处理设备报停21次，及时报批定襄模拟金属摆倾斜仪、"九五"测震台网、太原武家寨地震台质子磁力仪、介休模拟水位观测停测报批手续。确保全省地震监测系统正常运行。

5. 提高地震速报水平。2010年初安装速报软件，并进行调试、培训。从根本上解决速报速度慢问题，地震初报速度提高到5分钟左右，极大减少速报出错率。

【观测环境保护】 2010年，处理多起观测环境保护事件，主要有：太原滨河西路南延工程干扰太原武家寨磁电台观测环境，经过协调，达成330万元赔偿协议；武家寨村建移动基站，干扰磁电观测环境，经协调，已制止该工程；为蒙西—晋中1000千伏特高压输电线路建设选线提供需按国标要求避让的相关台点坐标。

【科研工作】 2010年，组织申报省局科研项目48项，批准资助科研项目24项，共计经费6万元。争取山西省科技计划项目7项、中国地震局合同制项目1项、中国地震局"三结合"项目2项，共计经费73.8万元。与中国地震局直属研究所合作科研项目9项。组织申报2011年度中国地震局"三结合"项目8项，推荐2011年度山西省科技计划项目6项，中国地震局星火计划项目3项，中国地震局防震减灾优秀成果奖项目5项，山西省科技进步奖项目2项。推进"太原大陆裂谷动力学国家野外观测科学研究站"工作，"太原野外观测科学研究站"网站建设项目已立项，在《地球物理学报》发表论文一篇，并被SCI收录。

【台网建设项目】 2010年，山西地震局承担陆态网络项目灵丘、长治、临汾和夏县四个基准站建设工作按期完成，进入试运行阶段。完成全省9个基准站（含其他部委5个基准站）网络接入工作。离石地震台迁建完成北武当山观测山洞建设。中国地震局背景场探测项目完成勘选，开始进行部分台站土地预审工作。昔阳地震台优化改造项目全部完成并通过验收。太原武家寨地震台优化改造项目接近尾声。五台山地震台建设土建主体工程基本完成，开始进行装修、观测山洞、技术系统等建设。灵丘地震台改造工程正在进行，长治地震台优化改造项目已申报并编制实施方案。完成JOPENS软件和PARA台网监控和处理软件升级。

【抗震设防要求管理】 一是通过省政府目标责任书要求各市将抗震设防要求管理纳入基本建设程序。全省11市均将抗震设防要求管理纳入基本建设管理程序或行政审批事项，并加大管理和执法力度。二是加大对学校、医院等人群密集场所抗震设防管理。配合各级政府做好中小学校舍安全工程抗震设防要求审批和技术服务工作。利用中国动参数区划图、震害预测和地震安全性评价等地震科技成果，加强对校舍选址、场地地震安全性评估指导和监督检查等。省、市、县三级地震部门共对190多所学校和医院进行抗震设防要求审批，提供其他技术服务32项。三是加强建设工程抗震设防监管和服务，省、市、县三级地震部门审批建设工程抗震设防要求2940项。地震安评服务取得较好社会效益。

【农村民居抗震性能普查】 在上年完成重防区21县农村民居抗震性能普查基础上，省财政厅于2010年批复148万元对全省地震重点监视防御区剩余部分开展农村民居抗震性能普查。8月18日，省地震局组织全省11个市级地震部门分管领导、47个县（市、区）地震部门负责人和技术员进行农村民居抗震性能普查培训。2010年底，全省47个县（市、区）基本完成普查工作，开始进行数据最后汇总统计。

【活断层探测工作】 2010年，开展临汾市活断层探测和长治市晋获断裂（长治段）活断层探测工作立项及项目招标工作。临汾市活断层探测工作一期工作基本完成6个分项分析工作及报告编写，分别为：1:25万区域地震构造图编制及说明书编写，1:5万目标区主要断层分布图编制及说明书编写，控制性浅层地震勘探，目标区三维速度结构、区域中小震精确定位与应力–应变环境分析，罗云山山前断裂地震地质调查及探槽开挖（开挖探槽2个），标准性钻孔勘探、地球物理测井及样品测试。二期深部探测开展前期准备工作，正准备前期方案论证，年底开始野外测试。2010年，长治市投资100万元用于晋获断裂带（长治段）活断层探测，项目招标工作已完成，并与中标单位山西省地震工程勘察研究院签订施工合同，晋获断裂带（长治段）活断层探测项目正式进入全面实施阶段。

【防震减灾宣传教育工作】 (1)省地震局与省委宣传部联合印制发放5万套《防震减灾宣传挂图》；(2)5名专家在山西电视台做防震减灾知识宣传专访；(3)山西省地震信息网开辟"5·12""7·28"防震减灾专辑；(4)7月28日定为防震减灾开放日，将太原地震台，省地震局监测信息中心和应急指挥中心对社会开放；(5)安排省级新闻媒体和省局专家进行座谈，让媒体朋友更加了解防震减灾工作、支持防震减灾工作；(6)与省邮政总公司共同制作邮寄宣传折页，共向社会邮寄20余万份宣传折页；(7)在省防震减灾领导组成员单位开展“三个一”活动，即观看一部电影、举办一场讲座、开展一次演练；(8)先后在太原市市直机关、太原市中心医院、太原市桃园南路一社区、文庙办事处、中影国际影城（太原新影都）、山姆士超市、临汾市电业局、祁县实验小学等单位进行演练等。

2010年，全省地震系统共散发各类宣传品近500万份，其中，宣传挂图5万套（与宣传部门联合发放），各类书籍、小册子200余万册，宣传单（页）500余万张，展出展板3000余块，光盘5000盘。此外共悬挂条幅2695条，组织或参与指导各级各类应急演练800余次，举办知识讲座600余场。

【地震应急指挥技术系统建设】 在2009年成立山西省地震应急中心基础上，进一步加强中心管理工作，核定岗位工作职责，完善应急指挥技术系统功能。以省防震减灾领导组办公室文件形式，印发实施《山西省地震应急基础数据库报送与管理办法》，建立应急基础数据收集、补充与完善长效工作机制。每月开展一次应急指挥中心和现场技术系统演练，每季度与周边省份共同进行联动演练。2010年8月，参加“全国地震应急指挥中心年度演练”，现场技术系统成功实现演练现场与中国地震局、省地震局应急指挥大厅间音视频互通。在市级地震应急指挥技术系统建设方面：全省11个市均建成指挥中心，完善系统功能，做到编制、人员和任务落到实处，为高效应对地震灾害奠定坚实基础。在地震应急基础数据库建设方面：全省11个市、119个县和省直各部门基本完成2006~2009年各类地震应急基础数据收集、汇总和上报工作，各类基础数据得到补充和更新工作。

【地震应急救援准备工作】 一是重新修订《山西省地震应急预案》。在组织机构、工作机制、应急响应、应急保障四方面进行补充和完善，将成员单位扩充为59个，增加8个成员单位副总指挥名额，增补地震谣传事件应急处置组织和内容。省抗震救灾指挥部9个工作组均分别制订各组地震应急行动方案，健全组内各成员单位间协同应对机制。各市县修订其辖区地震应急预案。截至2010年底，全省11个市、119个县、268个市（县）直部门、90%乡（镇）、70%国有大中型企业均编制预案，基本形成横向到边、纵向到底预案体系。二是开展地震应急专项检查工作。全年先后开展2次地震应急专项检查。1月，由省应急办会同省防震减灾领导组办公室组成5个地震应急预案检查组，对全省57个防震减灾领导组成员单位、11个市和省抗震救灾指挥部九大工作组地震应急预案落实情况进行专项检查。7月，由省应急办和地震局组成5个专项检查组，对全省11个市、11个县、22个市直部门地震应急避险场所建设进行检查或抽查，掌握预案落实实际情况。三是积极开展地震应急演练活动。2010年，全省共计组织各级各类地震应急演练12000余次。其中，省抗震救灾指挥部演练1次、救援队实兵拉练1次、市级指挥部演练2次（朔州市、大同市）、县级演练12次。全省90%中小学校均举办地震应急避险和疏散演练活动。多数市地震局组织大型超市、影剧院等人员密集场所进行地震应急与避险逃生演练。部分省防震减灾领导组成员单位组织进行抢险救援演练。四是推进地震应急避难场所建设。全省规划274处应急避难场所，其中朔州、晋城两市进展较快。7月，省政府大力推进应急避险场所建设，作为应急避难场所有效补充。截至2010年底，全省共设立应急避险场所1235处，计3317万平方米，储备有应急物资3649万吨、3497.06万件（套），基本达到应对6级地震灾害要求，有力提高救灾备灾能力。

【应急与救援队伍建设】 2010年，省政府先后印发实施《山西省应对地震灾害应急救援队伍管理办法》和《山西省地震灾害紧急救援队管理办法》，进一步健全地震专业救援队伍调用和协同联动工作机制。各市相继印发相应管理办法。截至2010年底，全省共有2支、320人的省级地震灾害紧急救援队伍，10支、1030人的市级地震灾害救援队伍，80支、7402人的县级地震灾害救援队伍。

【应急救援条件保障建设】 截至2010年底，全省地震系统先后为各级地震现场工作队配备用于现场应急笔记本电脑、传真机、打印

2010年山西省M≥3.0级地震目录

序号	发震时间	纬度（°′）	经度（°′）	震级（M）	深度（km）	地点
1	2010-01-24	3534	11046	4.8	8	河津县
2	2010-02-08	3903	11146	3.2	4	五寨县
3	2010-04-04	3954	11349	4.5	9	大同县
4	2010-04-07	3619	11142	3.7	5	洪洞县
5	2010-06-05	3810	11237	4.6	6	阳曲县
6	2010-06-10	3746	11128	3.0	6	交城县
7	2010-12-14	3524	11104	3.2	6	闻喜县

机、通讯设备等办公设施，为工作队员配置包括应急包、冬夏应急服装、照明手电、睡袋、防潮垫、应急手册等必要应急个人用品，基本达到野外应急工作的需求。据统计，2010年在装备费投入方面，省市财政共计投入2670多万元，其中：省财政400万元、太原市1300万元、晋中市500万元、忻州市70万元、朔州市400万元。截至2010年8月底，省级地震救援一队、二队共配备有包括破拆、顶升、个人防护、应急通信、应急车辆等五大类4000余套救援装备、设备及器材。

【防震减灾工作会议】 4月18日在太原召开。会议对2009年全省防震减灾工作进行总结，对2010年工作进行安排部署。省防震减灾领导组成员、防震减灾领导组成员单位联络员、各市地震局局长、各地震台长、省地震局副处级以上干部约170余人参加会议。会议邀请中国地震局台网中心主任张晓东作《全国震情形势》报告。李小鹏出席会议并讲话。李小鹏要求，各级各部门要认真贯彻全国防震减灾工作会议精神，进一步加强组织领导，建立健全防震减灾领导机制；要继续做好地震监测预报工作，落实《山西省地震应急预案》，有效提升应急保障和指挥救援能力；要强化建筑物设防监管，严格开展建筑物普查鉴定及加固工作，全力推进实施中小学校舍安全等工程建设，切实提高建筑物抗震设防能力；要结合“5·12”全国防灾减灾日和“7·28”山西省防震减灾宣传周，积极开展防震减灾知识宣传教育，不断提高公众防震减灾意识和综合素质。

【地震活动】 2010年，山西地区发生M≥1.0级地震285次，其中1.0~1.9级地震236次，2.0~2.9级地震42次，3.0~3.9级地震4次，4.0~4.9级3次，最大地震是1月24日河津–万荣4.8级地震。其中3级以上地震大同盆地1次，太原盆地1次，临汾盆地3次，西部山区2次。地震活动具有以下特点：(1)M≥2.3级出现活跃–平静、平静–活跃交替现象。山西忻定盆地–大同盆地南缘一带2007~2009年M≥2.3级地震异常活跃，形成2.3级地震集中区，2009年7月之后转入平静。而中部太原盆地则是2008年12月16日之后M≥2.3级地震持续平静，2010年1月27日汾阳2.4级地震打破平静后，在5个月连续发生6次M≥2.3级地震。在活跃转平静异常区、平静转活跃异常区两头分别发生4月4日大同阳高4.5级地震、4月7日洪洞3.7地震、6月5日阳曲4.6级地震。(2)M≥2.3级频次高、强度大，2010年连续发生3次M≥4.5级地震，为1970年以来首次。山西地区2007~2009年3级地震年频次均低于多年平均值18次，2010年发生M≥2.3级地震27次，高于年平均值18次。2009年3月28日以来，山西地区M≥3.4级地震频繁发生，累计发生5次，高于年平均1.8次水平。(3)M≥4级地震出现升级爬坡现象。2009年3月28日原平4.0级地震打破山西带长达3年5个月4级平静后，山西地震带连续发生2009年11月5日陕西高陵4.2级、2010年1月24日山西河津4.8级、2010年4月4日山西大同–阳高4.5级地震、2010年6月5日山西阳曲4.6级地震，表明山西已经进入第五活跃时段。（赵晋红　宋美琴）

社会科学

社会科学研究

【关于中国特色社会主义理论体系和科学发展观的研究】 李中元的《走新型特色城镇化发展之路》(《前进》2010年第8期),中国正在经历空前绝后的城镇化进程。对于山西这样一个资源丰富和历史文化积淀深厚的资源型欠发达省份来说,城镇化是又一次难得的历史机遇,也是一次严峻的挑战。抓住机遇,赢得挑战,必须以科学发展观为指导,树立新型特色城镇化理念,走新型特色城镇化发展之路。贾桂梓的《转型发展:山西走上科学发展之路的必然选择》(《中共山西省委党校学报》2010年第1期)和《紧紧抓住重要战略机遇期》(《山西日报》2010年11月15日),张建武的《文化资源的产业跃升及战略定位》(《科技创新与生产力》2010年第5期,获2009年度宣传调研优秀成果一等奖)和《战略转型:实现山西跨越发展的新路径》(《太原日报》2010年8月26日),王志刚、杨国玉的《建立"综合试验区"与推动区域经济社会发展探析》(《经济问题》2010年第11期),贾桂梓、丁润萍的《人民和谐论》和庞丽峰的《和谐视角下推进社会主义核心价值体系建设的重要性》与程淑兰的《发展理念转向与社会公正观重构》及郭秀兰的《当代中国发展道路的特色探略》以及吴润楠的《浅谈如何构建民族地区和谐社会》(均被收入《全国社会科学院系统中国特色社会主义理论体系研究中心第十五届年会暨理论研讨会论文集》青海人民出版社2010年),丁润萍的《论科学发展与转型性发展》和庞丽峰的《社会主义核心价值体系视阈下的高校思想政治教育路径探析》与程淑兰的《科学社会公正视域下的和谐社会构建》以及郭秀兰的《以科学发展的视角进行生态文明建设》(均被收入《科学发展造福人民——全国社科院邓小平理论研究中心年会论文集》新疆人民出版社2010年),马燕萍的《金融危机根源解析——从政治经济学角度出发》(《中共山西省委党校学报》2010年学习实践科学发展观专辑),武小惠的《新晋商与山西转型发展》(山西省统战理论课题2010年,获全省统战理论研究优秀成果二等奖),杨珺的《低收入群体稳定的自然背景指标探讨》(《云南行政学院学报》2010年第1期),马燕萍的《市场经济条件下的道德状况分析》(《中共山西省委党校学报》2010年学习党的十七届五中全会精神专辑),李玉萍、张曾祥、马春如的《中国特色社会主义理论体系的理论特征、发展历程及未来建构》(《黑龙江史志》2010年第19期),为"山西省哲学社会科学'十一五'2009年度课题:'中国特色社会主义理论体系'的历史起点与理论视域"的研究成果。在全省"反腐倡廉建设与'三个发展'"研讨活动中,省社科院有四篇论文获奖,其中,贾桂芝的《转型发展时期惩治和预防腐败需要贯彻权力制衡原则》获一等奖;孟艾芳的《牢牢把握反腐倡廉建设的主动权保障和促进山西"三个发展"》获二等奖;李书琴、侯玉花的《农村党风廉政建设中存在的问题及对策》和陈素兰的《以权利制约权力增强群众监督的反腐力度》获三等奖。孟艾芳的《加强领导干部党性修养牢牢把握反腐倡廉建设的主动权》(收入《新中国成立60年来党的建设主要成就与经验研讨会论文集》中央文献出版社2010年)和《完善反腐倡廉配套机制建设的思路》(《领导科学》〈中〉2010年3月)。

【哲学与思维科学研究】 高专诚主编的《国学与时代精神:2009年度全国社科系统"哲学大会"论文集》(山西人民出版社2010年),高专诚的《孔子与山西》(《山西社会主义学院学报》2010年第3期),李玉萍的《论教育范式的后现代转换》(《教育理论与实践》2010年第11期)和《论后现代语境下的教师角色转换》(《山西青年管理干部学院学报》2010年第3期),温朔彬的《歇后语词典编纂中的创新思维》(《辞书研究》2010年第3期)和《创新思维在语典编写中的运用》(《编辑之友》2010年第6期),马敏的《中国传统文化对创造力发展的影响》和徐宏伟的《自然界与人类社会思维相似性的认知基本规律分析》与张雪莲的《试析西方文化下的创造力》及马君的《浅论隐喻认知与创造性思维的关系》以及石桂秀的《在相似中升华——创造性思维最基本的方法之一》(均载《晋阳学刊》2010年增刊),周祝英《五台山汉藏僧尼生活》(《五台山研究》2010年第1期)。

【经济学研究】 李中元、杨茂林的《论"生态人"假设及其经济、社会和生态的意义》(《经济问题》2010年第7期),着重指出"生态人"假设是经济学对人性认识的一个根本性变化和新的发展,揭示生态、经济和社会协调发展的基本内容、要求和规律,是经济学理论发展的新基础和经济、社会、生态协调发展的主导思想。韩克勇的《我国银行业税收制度研究》(《湖北经济学院学报》2010年第6期)和《以伦理为基础的银行业体系重构设想——基于对伊斯兰银行业的思考》(《山东经济》2010年第3期),周芳玲的《略论企业组织中知识的积累与利用》(《经济问题》2010年第9期),李永清的《值得借鉴的欧盟创业政策》和《节水农业的建设取向》(载《山西财经大学学报》2010年第1、2期)。(1)关于能源经济的研究。连璞、黄桦的《关于中国煤炭价格市场化形成机制第一周期的思考》(《中国煤炭》2010年第4期),黄桦的《新形势下山西煤炭安全发展研究》(《山西煤炭》2010年第2期),张晓红的《世界可再生能源发展现状及趋势》(《科学导报》2010年9月22日),王文亮的《洁净煤技术的发展现状与存在问题》(《山西科技报》2010年10月14日),由王宏英主持,葛维奇、曹海霞、卫明师完成的《我国煤炭工业可持续供应能力有关重大问题研究》课题,于2010年获国家能源局2008~2009年度软科学研究优秀成果三等奖,是此次31项获奖成果中唯一的地方科研机构。(2)关于山西经济的研究。李中元、潘云主编的《2011年:山西经济社会形势分析与预测》和王昕主编的《2011年:山西煤炭工业发展报告》(均由山西经济出版社2010年出版)。董继斌主编的《山西煤炭大典》(山西人民出版社2010年)。杨志勇、王宏英主编的《山西煤炭运销集团公司考察》(经济管理出版社2010年),陈新凤专著《经济转型期山西省可持续发展研究》(山西人民出版社2010年),赵旭强的《城乡统筹与县域经济发展——山西县域推进城乡一体化发展的模式及其启示》(入选《第五届全国社科农经研究网络大会论文集》黑龙江人民出版社2010年),王云珠、刘晔的《金融危机后山西民营经济发展的对策思考》和王云珠的《山西城乡一体化发展与城乡差距继续拉大的矛盾如何化解》(载《科技创新与生产力》2010年第4、10期),王文亮的《山西战略性新兴产业成长路径》(《山西经济日报》2010年9月30日),陈新凤的《山西工业循经济企业集聚区和园区生态化建设》(《经济师》2010年第11期),武小惠、刘晓生、黄桦的《推进新型特色城镇化发展的思考——以山西为例》(《经济问题》增刊2010期),张婷的《山西财政运行分析与预测》和《山西省社会主义新农村建设途径浅探》(《晋阳学刊》2010年增刊)。

【社会学研究】 谭克俭等专著《农民工发展问题研究——基于山西的调查》(山西经济出版社2010年),该书共四部分,内容包括:农民工权益保障问题研究、农民工社会保障制度安排研究、农民工教育培训机制及其优化研究等。李小伟专著《农村社区服务体系建设研究》(光明日报出版社2010年),李小伟的《由政府主导到政府引导:农村社区建设的路径选择》(《社会科学家》2010年第9期)和《刍议农村社区建设》(《经济问题》2010年第9期),丁润萍的《农村惠老政策的缺陷与发展思路》(2010年获山西省第十二次老年学学术讨论会优秀论文一等奖)。

【法学研究】 李中元主编《和谐社会构建中的农民工权益保护》(山西人民出版社2010年),从改革开放以来农民工流动就业政策演变、金融危机对农民工流动就业的影响、农民工流动就业问题、农民工法律援助问题、农民工养老问题、农民工社会保险问题、农民工子女义务教育问题等八个方面进行较深入的探讨。马友、孟艾芳主编的

山西省社会科学院重大科研成果新闻发布会　　(霍春英提供)

《和谐社区建设典型案例研究》(党建读物出版社2010年)。王华梅的《司法如何正确对待民意》(《人民日报》2010年6月21日),王宏纲的《中国海外投资监管刍议》(《改革与开放》2010年8月)和《论中国企业海外收购知识产权》(《科技创新与生产力》2010年9月),孟艾芳编著《社会主义新农村建设典型案例研究》(获2010年度"百部(篇)工程"一等奖)。

【语言学研究】 吴建生的《再论惯用语的界定及惯用语类工具书的立目——以〈新华语典〉惯用语选条为例》(《山西大学学报》2010年第2期),文章在以往研究的基础上,对常见惯用语工具书的收目做分析比较,并结合《新华语典》惯用语的编写实践,给出惯用语工具书收条的可操作性标准。巫建英的《〈现代汉语小语典〉的两个特点》和马启红的《反义聚合体在成语、惯用语中的语用变异》与王海静的《浅析英语谚语语义的特点和结构》及刘嵚的《人体词语的认知探究——从'眉、眼、目'的隐喻化管窥人体词语的认知特点》(均载《晋阳学刊》2010年增刊),李淑珍的《山西方言体词性三字格詈词的归属及认知解法》(《忻州师范学院学报》2010年第6期)。

【文学研究】张志江编著《中国古代书信名篇选读》和《中国古代题记名篇选读》(中国社会出版社2010年),周萍的《性别意识重构新探》和陈坪的《茶道上的空谷足音——评成一的长篇小说〈茶道青红〉》(均载《晋阳学刊》2010年增刊),赵树婷的《〈红楼梦〉中的"石头意象"考察》(《明清小说研究》2010年第2期),刘炜的《赵树理乡土文学创作的核心特质》(《山西财经大学学报》2010年第1期)。

【历史学研究】 张正明、张舒专著《晋商兴衰史》(增订本)(山西经济出版社2010年),雒春普主编《阎锡山的贴心高干》和高春平主编《晋商劲旅——泽潞帮》(《山西历史文化丛书》三晋出版社2010年),杨茂林的《法显西行求法及其现代价值》、董永刚的《法显对汉地戒律的贡献及其对现世的社会影响》、郭永琴的《法显与中国古代中西交通》与王勇红的《再论高僧法显的生卒年和籍贯及其时代背景》、秦艳的《法显与佛教在中国的传播》以及冯素梅的《近三十年来法显研究简述》(均载《五台山研究》2010年第3期),对魏晋南北时期的高僧法显进行深入的研究,该研究对于传承山西历史文化和弘扬民族精神有着很强的现实意义。张志江的《介子推与寒食》(《晋阳学刊》2010年增刊),降大任的《元遗山金亡后社会交游考论》(《晋阳文化研究》第四辑,三晋出版社2010年)和《论元遗山多方面的历史文化贡献》(《五台山》2010年第10期),张正明、张舒的《罗贯中的籍贯问题》(《明长陵营建600周年学术研讨会论文集》,社会科学文献出版社2010年),孙丽萍的《晋商大院与晋商文化》(收入《文源讲坛》〈精选之二〉山西人民出版社2010年),陕劲松的《慈禧西逃晋商得利》(《文史月刊》2010年第5期),孙丽萍的《河东盐春秋》(《中国文化遗产》2010年第3期),孙丽萍和王勇红的《清代河东盐课归地丁改革的新制度经济学分析》(《盐文化研究论丛》第四辑,四川出版集团、巴蜀书社2010年)。李小平、曹瑞芳校注《民国六年〈临县志〉校注》(山西人民出版社2010年),陕劲松的《60年来我国婚恋观的变迁》(《理论探索》2010年第1期),赵俊明的《右玉明代烽火台、堡子现存状况简析》(收入《西口文化论衡》论文集,中国社会出版社2010年)。

【其他方面研究】 贾克勤专著《创意文化经济论》(三晋出版社2010年),贾克勤的《浅谈创意文化经济的发展》(《中国现代化研究论坛》科学出版社2010年)和《浅析创意文化经济的基本特征》(《经济问题》2010年第8期),刘炜的《创意文化经济发展研究的几点思考》(《经济师》2010年第1期)。王岳红主编的《谱牒学论丛》第四辑(北京燕山出版社2010年)。韩身智的《信任与发展——社会科学发展与学术评价若干问题思考》(《社会科学论坛》2010年第7期),孙丽萍、宋丽莉、张舒的《口述生命的轨迹——20世纪三、四十年代山西女性生存状况调查研究》(《山西大学学报》2010年第6期),被《新华文摘》以论点摘编形式转载。刘晓丽、秦艳的《解放前碛口镇女性的工作与生活——对碛口镇女性缠足情况的思考》(《沧桑》2010年第6期),庞丽峰的《拓展青年女性成才与发展空间的路径探析》(获2010年全国青年人才开发研讨会二等奖)。

【社科专业技术职务的评审工作】 10月31日,经山西省社会科学研究系列高级职务评审委员会评审通过,报山西省人力资源和社会保障厅批准,山西省社科研究系列有李中元、贾克勤、周萍、马巨革、师建祺5人取得研究员任职资格,张建武等7人取得副研究员任职资格。

【山西省社科院2010年度科研精品奖励名单】

一、国家社科基金项目2项

1.重点项目,吴建生主持的:山西汉语方言俗语语料库建设研究;

2.一般项目,谭克俭主持的:农村养老需求与养老模式创新模式研究。

二、中宣部委托课题1项

关于当前社会思想状况及宣传思想文化工作评价意见的专题报告。

三、省部级领导批示的调研报告6项

1.《咨政览要》试刊号《特色城镇化建设专集》获省长王君肯定性批示;

2.《尽快完善我省煤矿兼并重

组整合政策》调研报告获省长王君批示;

3.《安全发展固本开新——创造生命价值彰显科学发展》获国务院副总理张德江批示;

4.《以改革创新精神推进惩治和预防腐败体系建设研究》获省委副书记金道铭批示;

5.《关于实施农村信息化战略,全力推进社会主义新农村建设的构想》获副省长刘维佳肯定性批示;

6.《关于举办生态兴省战略高层专题论坛的建议》获副省长刘维佳批示。

四、论文、专著 19 项

1.人民日报理论版 1 项

王华梅:《司法如何正确对待民意》2010.06.21;

2.山西日报理论版 3 项

(1)贾桂梓:《紧紧抓住大有作为的重要战略机遇期》2010.11.15;

(2)张建武:《发展文化产业推动转型跨越》2010.11.1;

(3)王华梅:《加快社区服务的社会化改革》2010.6.7;

3.CSSCI 来源期刊论文 7 篇

(1)孙丽萍等:《口述生命的轨迹——20 世纪三、四十年代山西女性生存状况调究》(《山西大学学报》哲学社会科学版 2010 年第 6 期);

(2)杨茂林:《以公共服务为中心推进县政建设》(《中国行政管理》2010 年第 5 期);

(3)吴建生:《再论惯用语的界定及惯用语类工具书的立目——以〈新华语典〉惯用语选条为例》(《山西大学学报》哲学社会科学版 2010 年第 3 期);

(4)李小伟:《由政府主导到政府引导——农村社区建设的路径选择》(《社会科学家》2010 年第 9 期);

(5)赵树婷:《〈红楼梦〉"石头意像"考察》(《明清小说研究》2010 年第 2 期);

(6)张寒:《新农村建设中农民环境权益保护问题研究》(《中国行政管理》2010 年第 1 期);

(7)温朔彬:《创新思维在语典编写中的运用》(《编辑之友》2010 年第 6 期);

4. 获山西省第六届社会科学研究优秀成果奖二等奖专著论文 3 项

(1)王宏英:《山西可再生能源开发利用研究》(论文);

(2)谭克俭:《新型农村合作医疗理论与实践研究》(专著)中国社会出版社 2007 年 6 月;

(3)吴建生:《万荣方言两字组连续变调和轻声——兼谈山西方言重轻式两字组轻声调值的类型》(论文)《方言》2008 年第 4 期;

5. 获山西省第六届社会科学研究优秀成果奖三等奖专著论文 5 项

(1)武小惠:《完善公共财政制度推进公共服务均等化》(论文)《福建行政学院福建经济管理干部学院学报》2007 年第 4 期;

(2)郅润明:《山西旅游业发展研究》(专著) 山西人民出版社 2008 年 9 月;

(3)李小平:《〈现代汉语词典〉"词""语"观献疑》(论文)中国人民大学复印报刊资料《语言文字学》2009 年第 3 期;

(4)马启红:《太谷方言"圪"字研究》(论文)《语文研究》2008 年第 4 期;

(5)曹瑞芳:《山西方言"洋"族词语文化信息解读》(论文)《语文研究》2007 年第 3 期。

五、特别奖 2 项

1. 乔林晓:《灯》 人民日报文艺版 2010 年 12 月 15 日;

2.王云:《Technlogy-Economic Evaluation of 02/C02 Recycle Combustion Power Plant Based on Life-Cycle》《SCIENCE CHINA technology science》2010 年 12 月 。

2010 年山西省社科院重点课题立项评议会 (霍春英提供)

【2010 年"山西经济社会发展重大课题研究"成果介绍】

1.《山西转型跨越发展战略研究》山西转型跨越发展要在解决驱动力、经济结构、体制机制三个"一般问题"的同时,着力解决"快""好"并举、传统支柱产业内部结构扭曲、能源技术变革与资源密集型产业严重脱节、企业格局与产业集聚偏离市场准则、公共管理错位和落后并存五个"核心问题"。为破解上述问题,促进转型跨越发展,课题组提出要推动实施"巩固一轴、拓展两翼、优化三层"的发展战略。

2.《山西煤矿兼并重组整合跟踪研究》山西省煤矿兼并重组整合中出现的新情况、新问题主要是:兼并重组整合标准不统一、补偿议价问题普遍存在,兼并主体经营风险加大,矿区生态环境随着责任主体灭失将成为巨大的社会负担,以及矿区就业矛盾突出等。为此,对策建议是:尽快建立采矿权二级市场和进行采矿权的整体议价,明确生态环境保护责任主体,构建产煤地区矿村(镇)统筹发展新模式,完善煤矿兼并重组整合补偿新办法。

3.《高碳产业地区发展低碳经济的途径与机制》着重探讨山西省降低碳排放、实现低碳经济发展的问题,提出要以技术创新为核心动力,重点调整产业结构、能源结构和消费结构,建设以低排放为特征的低碳能源、低碳工业、低碳农业、低碳交通和低碳消费体系,推动全省实现绿色转型和科学发展。政策建议是:大力培育低碳产业,促进能源产业结构新型化;倡导低碳消费,改善生活模式;建设低碳城市,加强建筑节能;开发碳汇潜力,推进生态固碳;推进低碳制度创新,加强法律体系建设。

4.《山西城镇化发展与比较研究》针对山西省城镇化发展水平相对滞后的状况,提出在未来五年,全省要树立新型特色城镇化发展理念,按照"一核一圈三群"的总体要求科学规划,构筑布局合理的城镇化发展体系,统筹城乡发展,做到"五规合一",实施多元化资本运营,推进土地集约化利用,对于有条件的农村实行"三置换三集中",加快城镇化建设步伐。

5.《欠发达地区构建社会主义和谐社会路径与对策研究》着重探讨山西作为欠发达地区构建和谐社会的评价指标体系、主要制约因素和主要目标任务,提出推进政治文明建设,加强社会建设和社会管理、和谐文化建设、生态文明建设等方面的对策建议。

6.《提高党的基层组织建设科学化水平》研究针对基层党组织领导核心作用削弱、党组织在党员和群众中威信下降、基层党组织运行存在的体制机制障碍等问题,提出要从农村、城市社区、国有企业、机关、高校、新社会组织、非公企业的具体实际出发,强化基层党组织的核心作用、优化基层党组织的组织设置、改革基层党组织的运行机制、提高基层党组织解决具体问题的能力、突出基层负责人领导能力建设、强化党员队伍的教育管理等对策建议。

7.《以改革创新精神推进惩治和预防腐败体系建设研究》山西以煤焦领域为切入点,推进惩治和预防腐败体系建设,理论有创新,实践有特色,效果显著,应科学总结。进一步推进惩防体系建设,应注重"完善体系内+激活体系外",在实践工作中应加大改革创新力度,在煤焦领域中率先尝试建立财产申报制度;削减"一把手"权力;健全社会监督;建立和完善制度执行的考核、追究机制;探索设置反腐败预警指标体系。

8.《山西推进文化产业发展路径及对策研究》山西文化产业发展要进一步树立"大文化产业"理念,加快实施"五大战略",推动文化与旅游及相关产业融合,形成具有中国风格、山西特色、资源优势的"山西模式";要选择山西文化产业基础性、瓶颈性的环节作为发展文化产业的突破口,通过大项目带动等方式加快发展步伐,提升产品和品牌竞争力;实施山西文化"走出去"战略,通过扩大文化产品市场规模带动产业规模,扩大山西文化的号召力和影响力。报告针对性地提出对策建议。

9.《山西城乡生态化建设研究》山西省城乡生态化现阶段存在的主要问题是,生态环境问题仍未根本好转、城乡生态化建设进展不平衡和城乡生态化建设缺乏统筹规划。报告提出:一方面要建立城乡生态化建设的运行机制,包括建立城乡综合协调的管理机制、城乡生态化建设的投入机制、城乡生态化建设补偿机制;另一方面要制定城乡生态化建设的制度,完善城乡生态化建设管理制度、建立生态资产产权制度、实施政府采购生态公益林制度、探讨县域生态建设配额交易制度、实施不同功能区差别的考核制度等。

10.《安全发展长效机制研究》在分析总结山西省安全发展实践经验的基础上,着重探讨建立落实安全发展长效机制的问题。报告提出,要以创造人的生命价值、保障和改善民生为根本,以健全完善安全责任体系和监督机制为重点,把安全发展纳入社会化、制度化、法制化的轨道,为加速转型跨越发展、再造一个新山西提供安全保障。(霍春英)

社科活动

【"山西经济社会发展重大研究课题"发布仪式】 由山西省社会科学院主办于4月15日举行。会议由院党组书记、院长李中元主持。省委常委、宣传部长胡苏平出席会议并讲话。省委政研室、省统计局、省政府发展研究中心、省委宣传部、省发改委、省社科院的领导和代表以及省城社科界部分理论研究工作者出席会议。胡苏平指出:"山西经济社会发展重大研究课题"是全省深入贯彻落实科学发展观,转变发展方式,实现"三个发展"中亟需解决的重大理论和现实问题,其作用和意义重大。并希望省社科院及有关单位精心组织、科学安排,充分发挥科研成果的智力支持作用,为山西省重大决策提供理论支撑,为全省经济社会又好又快发展提供智力服务。

【李中元一行到中国社科院参观学习】 10月28日,李中元一行参观中国社科院网络中心、中国社科院成果展览等。中国社科院党组成员、副院长武寅,中国社科院党组成员、中纪委驻中国社科院纪检组长李秋芳分别会见李中元一行,并进行座谈。李中元还拜会了国务院学位委员会委员、中国社科院原副院长汝信先生。10月29日,全国政协副主席、中国社会科学院党组书记、院长陈奎元接见李中元一行。李中元向陈奎元汇报山西省社科院围绕省委、省政府中心工作,以科研为抓手,推进十大工程建设,坚持"三个服务",在短时间内科研水平有所提升,院容院风有较大改观的情况，陈奎元对省社科院工作给予充分肯定。他指出：社会科学研究必须坚持马克思主义指导思想，必须坚持正确的舆论导向，在和谐社会建设的进程中，积极探索新形势下的理论问题和现实问题；立足当代，立足实际，为重大现实服务，是各级社科院的主要任务。地方社科院要在转型发展中发挥智库作用，推动区域经济社会的和谐发展。陈奎元从社科研究的方向性问题谈到地方社科院建设。

【山西省社科院运城分院成立】 11月19日在运城市举行成立和授牌仪式。李中元等出席仪式。副院长潘云主持仪式，宣读院党组《关于成立山西省社会科学院运城分院的决定》《关于聘任运城分院院长、常务副院长的决定》。李中元向运城市市长王安庞、副市长武宏文授牌。运城分院院长由副市长武宏文兼任，常务副院长由运城市发改委主任张玉忠兼任，李中元向他们颁发聘书。武宏文代表运城市委、市政府向山西省社科院对运城工作的支持表示感谢。李中元向运城市市委书记高卫东、市长王安庞、副书记董鹏翔、副市长武宏文、发改委主任张玉忠颁发特聘研究员聘书。

【山西省社科院平遥古城研究基地成立】 12月15日挂牌及颁授特约研究员聘书仪式在平遥县举行。挂牌仪式上，省社科院副院长潘云和平遥县委常委、纪委书记王润明分别讲话，并向平遥县政府副县长雷新平、县旅游局局长李宏正、县发改局局长段兆义颁发特约研究员聘书。潘云在讲话中对平遥古城研究基地下一步运作提出三点建议：一是社科院与平遥县委、县政府要共同努力，为平遥古城研究基地开展工作创造便利条件和良好环境；二是要紧密结合平遥古城文化旅游产业发展实际，共同研究制定社科院与平遥古城的重大合作项目，进行实质性的项目合作；三是要加强友好交流互动，增进相互了解和友好交往，共同为促进平遥古城文化旅游业的发展、平遥国际旅游目的地的打造作出更大的贡献。王润明感谢省社科院对平遥古城旅游业的高度关注和大力支持，并表示双方要加强合作，共同为平遥古城的保护、开发以及打造更具国际知名度、最具国内影响力的晋商文化旅游中心城市作出贡献。

【山西省国家资源型经济转型综合配套改革研究中心成立】 12月21日在省社科院正式成立。中心主任由院党组书记、院长李中元担任，副主任由院党组成员、副院长潘云担任，成员由院所中心负责人组成，聘请省委省政府领导担任顾问，根据研究需要聘请省委省政府有关部门、高校研究人员组成研究团队，整合资源，突出重点，跟进服务，力争形成高质量的研究成果。中心主要职能是：开展“综改区”重大课题研究，创办《综改研究》，开展理论研讨，举办高层论坛，充分发挥思想库、智囊团、参谋部作用。

（霍春英）

著作选介

【《2011年：山西经济社会形势分析与预测》简介】 李中元、潘云主编，山西经济出版社2010年版。这是省社科院编辑出版的第十本“蓝皮书”，该书力求具有综合性、前瞻性、权威性，为决策机关、管理部门、研发机构提供重要的参考依据。该书紧紧围绕山西省深入贯彻落实科学发展观，推动经济社会又好又快发展、实现资源型经济转型跨越发展的重大课题展开研究。全书共分综合篇、专题篇、调查报告篇、主要经济指标统计资料四大部分。在综合篇中，不仅对2010~2011年山西经济形势进行深入的分析与预测，还重点介绍中部五省“十二五”经济社会发展思路，更考虑到全省地方特点，请一些市（县）委书记、市长谈转型跨越发展。在专题篇中，细划出12个专题，特别注意到新的角度和发展亮点。如山西生态建设现状及发展思路研究、山西低碳经济发展的路径和机制研究、山西战略型新兴产业发展分析、山西文化体制改革研究等。在调查报告篇中，分别对山西社会和谐状况和山西职工收入差别状况进行调查分析。

【《敦煌石窟〈五台山图〉研究》简介】 崔正森主编，山西科学技术出版社2010年版。该书是崔正森先生继其《五台山佛教史》《正说五台山》等十余部五台山研究专著之后，经十余年潜心研究取得的又一重要学术成果。敦煌石窟第61窟所珍存的《五台山图》壁画，绘制于五代后汉时期，是一幅翔实细致地展现历史地理、佛教史迹、山水人物的大图，在敦煌学和五台山研究领域都具有十分重要的学术价值。全书收集敦煌莫高窟中有关五台山文殊信仰的大量文献资料，结合五台山的历史与现实，对第61窟的《五台山图》进行深入细致地研究考证，提出许多新的观点，阐明印度和西域佛教与五台山佛教文化的交流、渗透、融合、互补及创新、发展，对于推动五台山佛教文化研究的纵深发展大有裨益。3月17日，五台山研究会、山西省社科院、三晋文化研究会在太原联合召开该书出版座谈会。

【《和谐社区建设典型案例研究》简介】 马友、孟艾芳主编，党建读物出版社2010年版。全书分为九个篇目，共44.7万字。所阐述的重要观点是：社区建设是中国城市体制改革的产物，是中国社会变革中的一大创造；构建和谐社区是构建社会主义和谐社会的基础性工程，也是建设有中国特色社会主义的目标和方向。该书通过大量的调研与实地访谈，如实地描述80多个社区典型个案的社情民意、发展历程及其建设亮点。课题组特别听取有关领导和专家意见和建议，增加绪论以及各篇目的导论，使这项研究成果既保持个案中概括抽象具有启迪性的思考与教益，又具备较为深刻的理论色彩。

【《三晋俗语研究》简介】 吴建生、李淑珍著，书海出版社2010年版。全书分为六章，共38万字。该书是吴建生承担的山西省哲学社会科学“十一五”规划课题“山西方言语汇研究”的最终成果。该书运用汉语语汇学和认知语言学的理论，对所收集到的大量方言语汇资料，从结构、语义、内部比较、认知研究等多方面进行科学分析，既有语汇的概括研究，又有对语汇的组成部分包括谚语、惯用语、歇后语和俗成语等的重点深入研究，从中发现规律，建立起比较完整的方言语汇系统。书中还较为详细地探讨“山药蛋派”作家作品中运用俗语的情况，分析语言大师赵树理运用民间语言的高超技巧，有助于帮助读者学习和提高运用语言的能力。

【《民国六年〈临县志〉校注》简介】 李小平、曹瑞芳校注，山西人民出版社2010年版。该书针对民国六年(1917)《临县志》(民国六年晋省大国民印刷厂代印、县长胡宗虞任总裁(修)、进士吴命新任总纂的二十卷铅印本)做了四方面的校注工作：第一，对原志的版本问题、用字问题(“脱、衍、倒、讹”)、行文体例问题等进行全面校勘；第二，对原志全文标注现代汉语书面语标点；第三，对原志中的难解词语进行注解；第四，对原志中的生僻字加注现代汉语通语读音。民国六年《临县志》为史志界公认的地方志精品。此次校注，对该志的流传和利用将起到相应的促进作用。

（霍春英）

文化

文化工作

【概述】 1. 五大亮点:(1)舞台艺术繁荣。推出晋剧《大红灯笼》《武则天与狄仁杰》、京剧《五台圣境》《剑胆琴心》、笑剧《爱你一次有多难》、舞剧《粉墨春秋》等10个舞台新剧目。(2)群众文化活跃。组织开展各项群众文化活动近20项,参加全国性群众文艺展演、展示活动12项,参与人数达1500多人,获奖30多项。(3)品牌效应明显。话剧《立秋》、舞剧《一把酸枣》、京剧《走西口》、说唱剧《解放》四大精品剧目持续产生影响,《文源讲坛》、文化"双十"评选命名活动得到社会认可,"三晋文化"品牌优势得到显现。(4)山西文化在上海世博会精彩亮相。一个主题、三大板块、38项绝活、3000余人,全程参与上海世博会,进一步提升三晋文化的影响力。(5)文化"走出去"渠道不断拓展。2010年有18个团、380多人赴10多个国家和地区进行文化交流,接待文化来访团7个170多人。舞剧《一把酸枣》进入西方艺术殿堂,开启山西走出去新时代。

2. 八大进展:(1)文化体制改革取得进展。截至2010年底,全省文化体制改革出台"两个方案",即《山西省国有文艺演出院团体制改革总体实施意见》和《山西省演艺集团有限责任公司组建方案》,并报省文化体制改革领导组审批;实现"两到位",即省、市、县三级文化行政改革基本到位,市、县两级文化市场综合执法改革基本到位;完成"两铺开",即省直文化事业单位分类改革全面铺开,省直文艺院团改革全面铺开,基本完成年度改革任务。(2)文化产业发展进入新阶段。落实文化产业项目200多个,与工商银行签订100亿支持文化产业发展战略协议,42个项目落实贷款30亿元,有效解决中小型文化企业融资难的问题,启动晋中生态文化保护实验区资源转型项目,下发《文化产业指导目录》,搭建平台,组织文化招商活动,通过深圳文博会、北京文博会两大平台,成功招商180亿元。推选和命名全省首批16家省级文化产业示范基地。(3)文化基础设施建设取得新成就。山西大剧院、山西省图书馆一批标志性文化工程建成,并陆续投入使用;市县"三馆"建设取得进展,66个县建成135个项目;实现三个全覆盖,全年完成新建乡镇文化站339个,新建文化信息资源共享工程县级标准化中心47个、农村基层站点10973个,新建"两区"村级图书室4922个,实现全省乡镇文化站(新建1390个)、"两区"村级文化活动室(新建15265个)和文化信息资源共享工程村级站点(28199个)三个全覆盖。(4)省级重点工程建设取得新进展。省图书馆新馆和山西大剧院省级两大重点文化工程建设进展顺利。(5)非物质文化遗产保护取得新成果。完成全省非物质文化遗产普查工作,建立10万条信息的山西省非物质文化遗产数据库,初步建立山西省非物质文化遗产普查资源名录清单;完成第三批国家级和省级非物质文化遗产保护名录项目申报工作,全省非物质文化遗产保护项目达2074项(国家级96项、省级300项、市级557项、县级1121项);晋中文化生态保护试验区获得文化部正式批准,关公信俗和晋剧申报世界非物质文化遗产工作正式启动。(6)文化人才培养迈出新步伐。实施"人才培养工程",制定10年人才培养规划,与中国戏曲学院、上海戏剧学院开展联合办学,高级人才培养达300人,艺术创作、导演人才、管理人才、营销人才等奇缺人才的培养和引进迈出新步伐。(7)文化政策法规建设迈上新台阶。《山西省非物质文化遗产保护条例》《山西省图书馆条例》列入立法程序,出台《山西省文化产业投融资指导目录》《山西省鼓励和扶持动漫产业发展的实施意见》《山西省关于金融支持文化产业发展的实施意见》等相关文化产业政策,制定完善58项内部规章制度。(8)"十二五"规划布局取得新成绩。编制《"十二五"时期文化发展规划纲要》,实现与省委宣传部、省发改委成功对接,新十大文化设施建设工程、百县强基工程、万村千乡文化工程进入规划，文化惠民工程、文化精品创作工程、文化遗产保护工程列入“十二五”文化建设重点。

【全省文化局长会议】 1月22日在太原召开，省文化厅党组成员、各市文化局局长、厅属单位领导班子成员和机关公务员共120余人参加会议。副省长张平出席会议并讲话。会议明确2010年文化工作的基本布局为：推进“七大工程”(艺术精品生产工程、公共文化服务体系建设工程、文化产业发展工程、文化惠民工程、非物质文化遗产保护工程、山西形象提升工程和人才培养工程)，抓好五方面工作(文化体制改革、文艺精品创作、文化产业振兴、基础设施建设、文化人才培养)。要求完成省直试点院团转企改制、繁荣艺术创作、编制山西文化产业振兴规划和项目规划、推进十件文化建设大事。

【王君对文化工作进行调研】 5月5~7日，省委副书记、省长王君就全省文化体制改革、文化事业和文化产业发展进行专题调研，深入山西艺术职业学院、山西戏剧职业学院、省话剧院、省京剧院、省歌舞剧院、省晋剧院等单位进行调研并主持召开全省文化发展座谈会。申维辰、胡苏平、张平参加调研。

【“山西活动周”】 5月19~23日，“山西活动周”在上海世博园亮相。开周仪式于5月19日在世博园宝钢大舞台举行，中共中央政治局委员、上海市委书记俞正声出席，山西省委书记、省人大常委会主任张宝顺宣布活动周开幕，张宝顺代表山西省向上海世博会组委会赠送巨幅手工剪纸作品。山西省5个国家级非物质文化遗产项目《古风晋韵》、传习区16个国家级非物质文化遗产项目全天现场制作展示、《火热山西》系列演出活动在世博园巡游。活动期间共有38支文艺队伍、1200余演职人员，演出70余场。

【全省文化体制改革和文化产业发展现场会】 12月2~3日在晋城召开。会议学习中央关于文化体制改革和文化产业发展的指示精神，总结部署全省文化产业和文化体制改革的主要任务。胡苏平出席会议并讲话。晋城市、太原市、山西三佳新能源科技集团、皇城相府集团、山西榆次常家庄园旅游股份有限公司、山西宇达集团、山西问天科技有限公司、定襄晟龙木雕模型艺术有限公司等市县、文化产业园区、文化旅游景区代表进行发言。

·戏　剧·

【第十二届山西省“杏花奖”】 1月19日，第十二届山西省“杏花奖”评比演出活动结束。此届“杏花奖”共历时39天，演出58台剧（节）目，入围决赛的选手有近300人，3名演员获“二度杏”，81名演员摘得“杏花奖”，6台优秀剧目荣获“杏花新剧目奖”。

【三台戏在全国第九届艺术节获奖】 5月8~25日，全国第九届艺术节在广州举行，山西省晋剧《傅山进京》获文华优秀剧目奖，大型说唱剧《解放》、梅花版晋剧《打金枝》获第九届艺术节优秀剧目参演奖。

【《龙兴晋阳》获奖】 6月26~27日，山西嫦娥文化艺术有限公司《龙兴晋阳》参加文化部首届全国民营艺术院团优秀剧目展演，在北京长安大戏院演出获得成功，荣获优秀剧目奖。

【获“小梅花”奖】 7月14日，在全国第十四届少儿戏曲小梅花比赛中，山西省报送的16名小选手有9人获戏曲“小梅花”奖。分别为：晋中艺校贺莉莉，演出晋剧《打神告庙》；临汾艺校武宏娟，演出蒲剧《阴阳河》；临汾艺校贺雨轩，演出蒲剧《红灯记》；太原艺校曹华宇，演出晋剧《空城计》；太原艺校张苗，演出晋剧《拾玉镯》；运城艺校张晓惠，演出蒲剧《教子》；运城艺校张明，演出蒲剧《盗御马》；运城青年蒲剧团吴敏丽，演出蒲剧《宇宙锋》；长治艺校张江丽，演出襄垣秧歌《小二黑结婚》。

【《五台圣境》获第二届全国少数民族戏剧汇演银奖】 7月18日，京剧《五台圣境》赴宁夏银川参加第二届全国少数民族戏剧汇演，获得银奖，另收获10余个单项奖。

【《红肚兜》获首届全国戏剧文化奖】 7月31日，吕梁市青年晋剧院创排的大型黄河风情晋剧音乐剧《红肚兜》参加首届全国戏剧文化奖并获得“首届全国戏剧文化奖表演大奖”等11项殊荣。

【《立秋》赴藏慰问演出】 8月21~23日，话剧《立秋》作为文化部首批优秀保留剧目第一次赴藏慰问演出，在拉萨市西藏人民会堂进行3场慰问演出，完成内地大型演出团队整台剧目首次在藏区的亮相，也是国家舞台艺术精品工程剧目第一次赴藏献演。

【《山西省2010~2015年艺术创作规划》等三部规划出台】 8月30日，由省文化厅主持编写的《山西省2010~2015年艺术创作规划》《关于促进山西省艺术事业传承与发展的若干办法》《关于建立山西省文化艺术事业激励机制的若干意见》出台，对于山西省艺术事业的发展和繁荣有重要意义。

【全国现代戏移植剧目座谈会】 9月6日在太原召开，由中国现代戏研究会和山西省文化厅联合举办，来自全国各地的戏剧界代表共30余人参加会议，文化部原副部长、全国现代戏研究会名誉会长潘震宙出席会议，省文化厅厅长张明亮致欢迎词。会议指出，对知名剧目特别是精品剧目的移植，可以丰富基层剧团演出剧目，使基层的观众在家门前看到国家级水平的好戏，是繁荣戏曲艺术有效之路。

【《申纪兰》制作完成】 2010年,由省文化厅拍摄的6集电视纪录片《申纪兰》制作完成并在山西电视台播出。《申纪兰》记录了全国劳模、全国唯一的第一届至十一届人大代表申纪兰带领西沟群众,把贫穷落后的山村建设成和谐新西沟的故事。

【《南瓜情》获得优秀剧目奖】 10月23日,在由文化部社会文化司、天津市文化广播影视局联合主办的"天穆杯"全国第二届小品展中,山西省曲艺团、山西省群众艺术馆表演的二人台《南瓜情》获得优秀剧目奖。

【第十届"和平杯"中国京剧票友邀请赛中获奖】 10月24日,由文化部社文司、天津市委宣传部、中央电视台戏曲音乐频道、天津市文化广播影视局、天津市和平区人民政府主办,和平区人民政府承办的第十届"和平杯"中国京剧票友邀请赛在中国大戏院落幕。山西省选送的刘秋华、申东征获"优秀票友奖",大同市京剧戏迷票友协会获"优秀组织奖",徐震岭、张杰获"个人优秀组织工作奖"。此届大奖赛在全国特设10名"杰出贡献奖",山西省张杰获此殊荣。

【《爱有多难》首演】 11月28日,大型笑剧《爱有多难》在太原首次演出。该剧由省曲艺团创作出品,以轻松幽默的格调,跌宕起伏的剧情,通过母女之间的爱、朋友之间的爱、城里人与乡下人之间的爱,诠释创建和谐社会的真谛。

【《走西口》入选文化部全国京剧优秀剧目展演】 12月9~10日,山西省京剧院京剧《走西口》入选文化部2010年全国京剧优秀剧目展演,在北京长安大戏院演出两场。

【《杏花酒翁》首演】 12月20日,由山西省吕梁市青年晋剧院创排的新编现代剧《杏花酒翁》在吕梁剧院首演。该剧由山西剧作家梁镇川创作,全国"梅花奖"获得者梁桂星和年轻演员刘敦杰领衔主演,以一代汾酒宗师"酒香翁"杨德龄为原型,展现汾酒创业风云。剧中穿插山西民歌、汾孝秧歌等山西地方特色的元素,是国内第一部反映山西杏花村汾酒历史题材的戏曲作品。

·音乐　舞蹈·

【"省歌之夜·相约周末"文化惠民演出】 4月10日,山西省歌舞剧院有限责任公司"省歌之夜·相约周末"文化惠民演出正式启动。此项活动为省歌转制改企后推出的第一项大型公益性惠民工程,于每周六的晚上演出。演出通过政府采购与市场运作相结合的方式,低票价惠民,丰富人民文化娱乐生活。

【第五届"三晋之春"合唱比赛】 4月22~23日,由省文化厅、省总工会与省合唱协会联合主办、焦煤西山煤电集团公司工会承办的山西省第五届"三晋之春"合唱比赛在太原举行。24支合唱团队参加比赛,13支合唱团进入决赛。西山煤电集团公司太阳石合唱团与汾西矿业集团公司合唱团、山西离柳煤焦集团合唱团、太钢老年爱乐合唱团、霍州煤电集团阳光合唱团5支队伍获得"春花奖"金奖,太原市煤气化集团公司黄河合唱团等3支合唱团获得"春花奖"银奖。

【世界合唱比赛中获奖】 7月15~26日,由德国国际文化交流基金会组织的第六届世界合唱比赛在浙江绍兴举行,中国、美国、俄罗斯、澳大利亚、印度尼西亚等83个国家和地区的472支合唱艺术团体共2万余名选手参加比赛。山西焦煤汾西矿业集团的矿工合唱团队获公开赛混声合唱组银奖,吕梁群众艺术馆女子合唱团获女子室内合唱组银奖。

【《大河风歌》首播】 9月17日,"原生态音乐电视连续剧《大河风歌》首播式暨山西省2010年原生态民歌盛典"文艺演出在省演艺中心举行。28集原生态音乐电视连续剧《大河风歌》由省委宣传部、省文化厅、山西电影制片厂联合摄制,是一部真人真唱的原生态音乐剧,也是全国第一部关注非物质文化保护的电视作品。山西省首次为电视剧举行首播式,山西著名的原生态歌手高保利、石占明、刘改鱼、辛礼生等登台献唱。

【《杨门女将》在北京人民大会堂上演】 9月18日,由省委宣传部、省文化厅及运城市委市政府共同主办,山西绛州鼓乐团创排的鼓乐剧《杨门女将》在北京人民大会堂上演。该剧用鼓乐的形式对杨门女将这一历史传统故事进行全新演绎。

【太谷秧歌交响音乐会首演】 12月3日,由省文化厅、晋中市委、晋中市人民政府、太谷县委、太谷县人民政府主办的太谷秧歌交响音乐会在北京中山公园音乐堂首演,此次音乐会传统秧歌韵味十足,艺术表现形式独特,是对传统文化内容展示上的创新。

【《关公》首演】 12月28日,由省文化厅主办、省歌舞剧院有限公司民族乐团演出的大型民族交响音诗《关公》在省歌剧场上演,该剧是为关公诞辰1850年献礼,也是中国第一部以颂扬关公为主要内容的舞台音乐作品。

·社会文化·

【省群众艺术馆馆长会议】 4月10日在忻州举行。会议围绕2010年的群文工作提出具体要求。11个市的群众艺术馆馆长结合各自的工作经验及工作中存在的问题分别发言,就如何创新公共文化服务模式、如何提高队伍素质等方面进行探讨和交流。省群艺馆馆长郭彦新向全省11市群众艺术馆馆长发出倡议,希望各市能在条件允许的情况下，选择一所特校开展免费艺术教育培训。

【全国第十五届群星奖评比中获奖】 4月25日至5月24日，全国第十五届“群星奖”在广东举行。山西省太原秧歌剧《农家乐》、孝义碗碗腔《人偶情》、临县道情《掏鸦窝》、曲沃碗碗腔《人约黄昏后》；鼓乐二重奏《牛斗虎》、器乐合奏《蒲州梆子腔》；舞蹈《原平凤秧歌》《做军鞋》《亲圪蛋下河洗衣服》《布老虎》《浑身板》；大同数来宝《防不胜防》、相声《家有醋妻》、京东大鼓《鼓曲神韵》、快板剧《相女婿》等十五个剧节目和运城国际关公文化节、山西省广场文化艺术节、“手牵手，让梦想成真”公益系列培训等项目分别荣获中国社会文化最高奖——“群星奖”。郭彦新、李文刚、王秦安、史三宝、郑淑玲等在群众文化工作中作出突出贡献的个人被授予“群文之星”称号。

【锣鼓节目获奖】 6月16日，由农业部、文化部、中国文联共同主办的首届中国农民艺术节在北京开幕。山西省威风锣鼓作为开场节目赢得高度评价并获得精粹奖，绛州鼓乐《杨门女将》获得优秀奖。

【省群众文化学会第三届会员代表大会】 7月29日在太原召开。中国群众文化学会会长郭沫勤、省文化厅、省社会科学界联合会、省民政厅民间组织管理局领导出席会议，全省各市、县文化馆、文艺演出团体及企业工会代表共110余人参加会议。会议选举产生山西省群众文化学会新一届理事会和学会新的领导机构：郭彦新为新一届会长，王秦安、亢平、向阳、刘宇宁、刘殿春、杨卫华、李克、张安国、常峰、阎星明、董雯为副会长，杨卫华兼任秘书长，刘宇宁、常峰为副秘书长。大会通过新的《山西省群众文化学会章程》和《山西省群众文化学会会费收缴标准及管理办法》。

【中国·太原晋商文化艺术周】 9月1~7日，太原市举行2010中国·太原晋商文化艺术周。此次活动包括优秀舞台剧展演、民间文艺表演暨非物质文化遗产展示活动、书画摄影及国际小版画藏书票展览、新晋商联盟大会、茶路之旅旅游联盟成立大会、电影惠民周等。省歌舞剧院的歌舞《九曲黄河》、省戏曲职业学院的说唱剧《解放》、市实验晋剧院的《傅山进京》、山西清徐嫦娥文化艺术有限公司的《龙兴晋阳》、市话剧团的话剧《饭·局》、市歌舞杂技团的大型歌舞杂技秀《我们追梦》；安徽省黄梅剧院的黄梅戏《天仙配》、上海越剧院的越剧《梁山伯与祝英台》、石家庄市河北梆子剧团的河北梆子《女人九香》、呼和浩特市二人台剧团的二人台《花落花开》参加演出。

【“信合杯——魅力之声”朗诵大赛】 9月17日，由省文化厅、山西省语言文字工作委员会、山西广播电视台联合主办，太原文广集团、山西广播电视台综合广播、山西省诗歌朗诵学会承办的山西省“信合杯——魅力之声”朗诵大赛结束，李婉琴、张涛、郭韬三人获专业组一等奖，杨光、王明炜、常高获三人获业余组一等奖；山西焦煤西山煤电集团公司文联、山西工商管理学院、山西职业技术学院、华北电视广播学院、山西戏曲职业学院、山西艺术职业学院荣获优秀组织奖，同时成为山西省诗歌朗诵学会的会员单位。

【第九届中国(大同)云冈文化艺术节】 9月19日，由中国文联、山西省人民政府和中国民间文艺家协会主办，大同市政府承办的第八届中国民间艺术节暨第九届中国（大同）云冈文化艺术节开幕。活动以“弘扬、传承、发展、繁荣”和“中国古都，天下大同”为主题。中国文联党组副书记、副主席李牧，中国民间文艺家协会主席冯骥才，副省长张平分别致辞。来自全国22个省、市、自治区的民间文艺演出队上千名演艺人员表演广场歌舞，与山西省11个市的文艺表演队联合进行大型巡游活动。艺术节还举行中国民间文艺“山花奖”评比演出和大型民俗歌舞《想亲亲》文艺晚会。

【中国(山西)黄河壶口文化旅游节】 9月24日，以“展黄河风采，扬壶口精神”为主题的中国(山西)黄河壶口文化旅游节在山西黄河壶口风景名胜区开幕。省人大常委会副主任安焕晓出席开幕式。活动内容主要有：9月24日，举办“魅力吉州”开幕式大型文艺演出活动；9月24~30日，举办“璀璨壶口”文化精品暨特色农产品展销会；9月24~26日，举办“浓浓乡情”地方戏曲精品大展演；9月25日，举办全国书画名家邀请展暨“壶口神韵”摄影展；9月26日，举行“抗日民族统一战线”克难坡纪念馆开馆仪式，举办山西师大老三届克难坡抗战文化研讨会，举办“共赢明天”山西吉县经济合作洽谈会；9月27日，举办“秦晋之好”晋陕两省民间文艺大联欢；9月28日，举办黄河流域九省区老年书画家壶口笔会。文化艺术节于9月30日闭幕。

【8个基层文化单位获中宣部等单位表彰】 12月，中宣部、文化部、广电总局、新闻出版总署表彰服务农民、服务基层文化建设先进集体。山西省8个基层文化单位受到表彰。阳泉市盂县梁家寨乡文化站、汾阳市图书馆分别被评为先进基层文化站、图书馆；清徐嫦娥文化艺术有限公司被评为民营文艺表演团体先进单位；临汾市翼城县文化市场执法队被评为基层文化市场管理和执法先进集体；阳泉市新兴农村数字电影院线有限公司、太原惠泽农村数字电影院线有限公司阳曲县大盂镇电影放映队，分别被评为农村电影放映工作先进集体和优秀放映队；吕梁市兴县广播电视台被评为全国广播电视“村村通”工作先进集体；晋城市高平新华书店被评为全国基层出版发行先进单位。

·文化产业·

【文化部文化产业调研组调研】 6月23~26日，文化部文化产业司调研组一行10人，在太原市、晋中市、临汾市、晋城市，就山西省文化产业发展整体情况、文化与旅游产业联动发展情况、文化产业统计工作情况、文化产业示范基地发展情况进行专题调研。对太原市山西会馆、晋中市翔龙黑陶、临汾市土圪塔手工布艺、侯马市晋博园、襄汾县唐人居晋式家具、晋城市皇城相府6个文化产业基地、企业和产业项目进行实地考察。

【签署《支持文化产业发展战略合作协议》】 8月5日，省文化厅与工行山西省分行共同签署《支持文化产业发展战略合作协议》。省文化厅根据国家及山西省产业政策和产业布局调整思路，向工行提供文化产业重点扶持企业和项目，工行山西省分行围绕这一布局，提供存贷款、理财、结算、投资银行、财务顾问等服务，满足文化产业发展中多方位的金融需要。

【启动文化产业投融资公共服务平台】 8月5日，副省长张平，省委宣传部常务副部长杨波、中国人民银行太原中心支行行长赵志华、省文化厅厅长张明亮、中国工商银行山西省分行行长林明，在太原共同启动山西文化产业投融资公共服务平台。平台主要功能是发布最新资讯、政策法规、项目及产品、行业资料等信息，在线受理信贷申请、产权交易、补贴申报等业务，开展项目推介、上市推荐、产品发布、业务咨询等服务。平台开通"文化企业信贷申报评审系统"，为符合条件的文化企业提供在线申请银行贷款服务。首批进入"文化企业信贷申报评审系统"的银行机构，包括中国进出口银行、中国银行、中国工商银行、国家开发银行和北京银行。

【中国山西文化产业精品展示周】 8月18~24日，中国山西文化产业精品展示周在韩国首尔举行。展出的产品有山西夏县宇达青铜工艺品、广灵剪纸、平定刻花瓷、孝义皮影、上党堆锦、平遥推光漆、稷山螺钿、绛州澄泥砚和云雕工艺品等10多个种类100余件工艺美术精品，其中大多为国家和省级非物质文化遗产。除此之外，山西的演员在首尔中国文化中心小剧场，为韩国民众献上具有山西地方特色的民间舞蹈《红灯笼》《鼓舞吉祥》《核桃熟了》和唢呐、笛子、二胡等民间器乐演奏等演出，集中展现山西独具特色的风土人情和民间文化艺术。

【文化产业投融资业务(山西)培训班】 9月5~7日，由文化部、省文化厅和中国工商银行山西省分行共同举办太原开班授课。来自省直和全省市、县文化系统、工商银行系统的文化产业管理部门领导、业务经理、项目经理以及有贷款需求的文化企事业单位代表共110人参加培训学习。文化部文化产业司、中国证监会、中国进出口银行、北京银行、中国北京文化产权交易所、北京东方雍和国际版权交易中心、中信建投证券、中国工商银行山西省分行等单位的专家应邀参会，并就文化与金融合作发展、文化产业投融资政策、文化产业金融服务与产品的创新及金融支持文化企业实践案例等方面进行专题讲授。

·对外交流·

【小百灵艺术团赴台交流】 2月20~26日，应台湾基隆市表演艺术协会、基隆市枫香舞蹈团邀请，山西省小百灵艺术团一行28人赴台湾参加"2010海峡两岸少儿艺术潜能开发交流活动"，互相学习，增进了解，增加双方的文化认同感。

【吕梁民间艺术团赴美开展"欢乐春节"活动】 2月19日至3月1日，由省文化厅组派的山西吕梁民间艺术团应邀赴美开展"欢乐春节"活动。该团先后在旧金山亚洲艺术博物馆、旧金山伽利略中学、旧金山刘氏小学演出，与斯坦福大学交响乐团鼓乐队交流，在华人企业家尹集成先生的尹式庄园与当地政要、名流和中学生联欢，在硅谷佛利蒙市"欢乐春节"虎年庙会上表演，参加旧金山春节花车大巡游。在旧金山中国城元宵节会上连续演出4次，观众逾2万人次。

【澳门文化遗产保护和管理研修班到晋考察】 6月22日，澳门特区文化遗产保护和管理高级研修班一行在平遥、乔家大院、王家大院和省博物院等地进行考察，中联办驻澳门文化教育部副部长张晓光陪同。省文化厅厅长张明亮会见并宴请研修班全体学员。

【《黄河情韵》剧组赴港演出】 9月24~29日，应香港荃湾各界庆祝国庆筹委会的邀请，山西省歌舞剧院《黄河情韵》剧组赴港参加香港荃湾各界欢度国庆的演出活动。

【日本学书院书法精品展】 10月10日，日本学书院书法精品展在山西省民俗博物馆开幕，共展出日本学书院200位作者的300多幅作品。

【京剧《走西口》赴台交流】 10月17~22日，应台湾多元化艺术事业有限公司邀请，新编历史京剧《走西口》剧组一行140人赴台湾进行文化交流演出。

【孟加拉国家文化代表团到晋考察】 12月22~25日，应文化部邀请，孟加拉国家艺术院院长卡玛尔·罗哈尼率领的文化代表团一行4人，在文化部外联局亚洲处处级参赞魏宏胜陪同下，对中国的剧场设施进行考察，学习文化场所建设经验。代表团在山西省期间，参观考察省晋剧院演艺中心、省歌舞剧院小剧场，观看省歌交响乐团和民族乐团排练，并在太原市文化艺术学校观看市艺校学生的表演，参观省博物院。

•文化市场•

【行政管理和综合执法培训】 7月6日，全省文化市场行政管理和综合执法培训会在省人大培训中心召开。文化部市场司副司长陈通、综合执法处处长李晓勇对山西省开展文化市场综合执法改革作出具体指导。各市主管文化市场管理工作的副局长、文化市场科长及执法队长50余人参加会议。培训会后，文化部、文化厅有关领导赴太原、朔州、大同等地调研检查文化市场综合执法改革完成情况。

【综合执法大检查】 9月6日，省文化厅开展全省文化市场综合执法交叉大检查，抽调参加执法交叉检查及普查工作的人员为11个市文化市场综合执法负责人。此次检查工作的重点是各门类文化市场经营管理情况；相关重要规范性文件的贯彻落实情况；全省网吧集中整治行动及其他专项行动和日常管理工作情况；举报处理、案件查处及执法案卷办理情况；综合执法改革落实情况。普查的重点是全面清查文化经营单位证照发放和经营状况。

【集中整治网吧】 7月25日至9月15日，省文化厅对全省网吧进行集中整治行动，坚决取缔黑网吧，网吧一次接纳3名或3名以上未成年人，吊销《网络文化经营许可证》。停止山西省网吧连锁企业特许加盟连锁。

【护蕾行动】 7月10日至9月30日，晋城市文化广电新闻出版局联合各县区文体广电新闻出版局等单位，召开2010暑期网吧集中整治“护蕾行动”会议，下发《关于开展暑期网吧集中整治“护蕾行动”的通知》，遏制网吧违规接纳未成年人上网现象，保护未成年人身心健康。行动的主要内容有：对全市所有网吧继续实施“零点断线”，即从每天的零点开始到次日的清晨八点，不准开门营业；严格实行实名登记制，禁止未成年人进入网吧；严把安全生产关，杜绝各类安全事故发生；坚决取缔无证、非法经营的各类黑网吧，净化校园周边及文化市场环境。

•非物质文化遗产保护•

【社会文化和非物质文化遗产保护工作会议】 3月25日在省文化厅召开。各市文化局分管领导、社文科科长、非物质文化遗产保护中心负责人、省群众艺术馆和省非物质文化遗产保护中心主要领导参加会议。会议对2010年重点工作进行部署。截至2010年，全省共有国家级保护名录项目96项，国家级代表性传承人72名，省级保护名录项目300项，省级代表性传承人228名。

【“文化遗产日”非物质文化遗产系列活动】 6月12日，“文化遗产日”非物质文化遗产系列活动启动仪式在太原举行。省领导申维辰、胡苏平、李潭生、张明亮等以及各市文化局领导，各专题博物馆负责人和部分非物质文化遗产名录项目代表和汇报演出队伍参加活动。开幕式宣布文化部《关于设立晋中文化生态保护实验区的批复》；举行山西省国家级非物质文化遗产保护园开工奠基仪式；为10个山西省非物质文化遗产专题博物馆命名、授牌；宣布28集非物质文化遗产保护主题电视连续剧《大河风歌》首播；“关公信俗”申报联合国教科文组织人类非物质文化遗产代表作名录启动；清徐背棍、太原锣鼓、吕梁鼓舞飞翎、孝义木偶、吉县壶口唢呐、翼城花鼓等举行巡游表演。

【非物质文化遗产珍稀剧种展演】 6月12~13日，省文化厅在南宫剧场举办山西省非物质文化遗产珍稀剧种展演活动，共上演13个剧种13个剧目，包括：雁北耍孩儿《扇坟》、灵丘罗罗腔《柜中缘》、祁太秧歌《接亲家》、左权小花戏《打樱桃》、襄垣秧歌《小二黑结婚》(选段)、壶关秧歌《打酸枣》、上党二簧《打金枝》(选段)、锣鼓杂戏《千里驹》(选段)、线腔《七斤三两》(选段)、二人台《打金钱》、神池道情《神池颂》、繁峙秧歌戏《花厅》、右玉道情《右玉精神颂》。

【晋中设立文化生态保护试验区】 6月12日，晋中文化生态保护试验区得到文化部正式批复。文化生态保护试验区包括晋中11个县区、太原市阳曲、清徐、晋源、小店4县区和吕梁市的离石、汾阳、孝义、交城、文水、柳林、临县7县市；拥有乔家大院、王家大院、双林寺、晋祠、平遥古城等114个文物保护单位；非物质文化遗产包括民间文学牛郎织女传说、晋祠水母娘娘传说，传统音乐锣鼓艺术、左权开花调、唢呐艺术，传统舞蹈汾阳地秧歌、临县伞头秧歌，传统戏剧晋剧、孝义木偶戏、临县道情戏等，曲艺太原莲花落、平遥弦子戏，游艺杂技风火流星、心意拳，传统美术山西民居砖雕、清徐彩门，传统技艺民居建造技艺、平遥推光漆技艺，传统医药药膳八珍汤、龟龄集制作技艺，民俗清徐背棍、孝义婚俗等；当地根植于传统农耕文化的有农业习俗节日、醋文化、酒文化等。

【文化部非物质文化遗产扶持政策研究调研工作座谈会】 8月23日在省文化厅召开。来自山西省非遗保护专家委员会的专家代表、非遗企业代表、部分国家级非物质文化遗产名录项目保护单位负责人、传承人以及省、市、县各级非物质文化遗产保护工作人员40余人和文化部非物质文化遗产扶持政策调研组专家进行座谈。此次会议主要以传统技艺类项目当前的生存现状和未来传承保护中存在的问题和困难、思路与建议、生产性保护为主要内容。会议发放《中国非物质文化遗产生产性保护相关扶持对策研究——地方非遗机构访谈调查表》和《中国非物质文化遗产生产性保护相关扶持对策研究——国家级非物质文化遗产名录手工技艺类项目调查表》。专家组实地参观中医药传统制作技艺和老陈醋酿制技艺两个项目的保护、传承、利用、发展状况。

·艺术科教·

【全省文化艺术科研工作会议】 6月7日在太原召开。省文化厅厅长张明亮，省委宣传部副部长杜学文，省文化厅党组成员、纪检组长李春荣，省科技厅副厅长郭春林等出席会议并讲话。李春荣作工作报告，张明亮、杜学文和郭春林分别讲话。与会代表对各自文化艺术科研工作进行总结和展望。会后，代表们赴江苏艺术研究所参观学习。

【全国文艺基础资源数字化建设交流座谈会】 9月14~15日在太原召开，由文化部文化科技司主办、文化部民族民间文艺发展中心与省文化厅承办。全国27个省、自治区、直辖市文化厅局艺术科研管理职能处室及文化艺术研究院所负责人资料技术负责人共计70多位参加座谈会。文化部文化科技司副司长王丰、文化部民族民间文艺发展中心主任李松、省文化厅厅长张明亮等领导出席会议。会议通过交流工作经验，探讨下一步全国艺术资源数据库的建设工作，在数字化工作方面形成符合全国艺术研究院所特点的工作模式。会上，山西省文化系统领导和有关专家学者进行重点交流发言和数字化现场演示。文化部民族民间文艺发展中心、山西、甘肃、新疆和河南的艺术研究所所长介绍各自的文化艺术资源状况及数字化工作的经验。

【《金色世界：佛教智慧与中国文化》出版发行】 张云、王义华、李星红编著的《金色世界：佛教智慧与中国文化》一书由国家宗教局宗教文化出版社出版发行。书中反映两千多年来，佛学与中国文化水乳交融，在政治、哲学、伦理、文学、艺术、医学、建筑等领域取得的辉煌成果。

【《农村文化丛书》出版发行】 省文化厅主编的《农村文化丛书》于2010年9月出版发行。该书由《山西四大梆子唱本》《山西民间小戏》《山西戏曲名角》《山西民间曲艺》《山西民间舞蹈》《山西民间歌曲》《山西民间艺术》《山西民间工艺》《山西民俗》《山西面食》《山西民间故事》《山西民间笑话》12册书组成，送到全省5000多个农家书屋，方便农民阅读。

【省艺术院校第八届戏剧教学剧目汇演】 11月15~23日，省文化厅、省教育厅共同主办的山西省艺术院校第八届戏剧教学剧目汇演在全省进行。评比采用巡回评比的方式进行，全省有10个艺术院校的68台剧目参加汇演。评比内容有戏曲武功基本功和唱念基本功展示、教学剧目展示、课堂教学检查。最终评出戏曲教学质量优秀奖、优秀教学剧目奖、优秀学生表演奖等。12月24日，山西省艺术院校第八届戏剧教学剧目汇报演出在山西省演艺中心举行。张平、曲润海、杜学文、张明亮等领导和600多名观众观看汇报演出。

·美 术·

【《山西古代壁画艺术》入选文化部“全国画院优秀创作研究扶持计划”】 12月，山西画院的研究项目《山西古代壁画艺术》入选“国家美术发展工程”组成部分“全国画院优秀创作研究扶持计划”，获得8万元文化部奖励性扶持资金。

【四画家作品入选全国美展】 5月10~25日，由文化部和第九届中国艺术节组委会主办的“中国风格·时代丹青——全国优秀美术作品展览”在广州举行。山西省韩植墨的油画《枯之韵2》、周毅的油画《塞外雪》、李新铭的油画《红色之旅》、张顺青的版画《山寨故事多》入选画展并入编画集。

【甘肃画院作品展】 5月20~24日，“艺道同行”——甘肃画院作品展在山西文艺大厦展出。展览由甘肃画院与山西画院主办，共展出29位作者的65件中国画、书法及油画作品。20日下午，在山西画院艺术沙龙召开“艺道同行”——甘肃画院作品展座谈会。会后，两院画家进行交流笔会。

【中国画作品邀请展】 6月23日，由山西省美术家协会、山西画院主办，山西美协山水画艺委会、山西美协花鸟画艺委会、山西美协人物画艺委会承办的“山西省中国画作品邀请展”在山西文艺大厦开幕。展览展出120位画家的240幅中国画作品，其中，山水、花鸟、人物各40位画家，每人两幅作品参展。

【晋·港·台两岸三地名家书画展】 8月2日，由省政协办公厅、省政府台湾事务办公室和香港海峡两岸文化艺术交流协会共同举办的晋·港·台两岸三地名家书画展在省民俗博物馆开幕。中国国民党荣誉主席吴伯雄为此次画展题词“弘扬中华文化，促进两岸交流”。画展展出香港、台湾书画家作品30余幅，山西书画家作品70余幅。

【第二届工笔画大展】 10月9日，山西省第二届工笔画大展在山西文艺大厦开幕。此次大展由省文化厅、省文联、省美术家协会主办，由古冶集团赞助。省人大常委会副主任安焕晓，省级老领导李立功等出席开幕式，并为新成立的山西省当代工笔画艺术研究院揭牌。展出的254件工笔画作品，出自全省各地近200名工笔画作者之手。

【女书画家作品展】 12月17日，为庆祝山西省妇女联合会成立60周年，省妇女联合会、女书画家协会联合举办“庆祝山西省妇女联合会建会60周年女书画家作品展”。展览汇集全省各地60多位优秀女书画家的作品100余幅，展示三晋妇女的精神风貌和文化素养。（陈燕萍）

【郭诚文书法展】 9月25日，在省城民俗博物馆(太原文庙)举行开展仪式。这次共展出郭诚文近年来创作的书法作品144幅。

这次书展由山西省地方志办公室、山西省书法家协会、太原市文联等6家单位主办。省级老领导李玉明、杜五安等600余人出席开展仪式。（诚 文）

图书馆

【概述】 2010年是十一五规划的收尾之年，山西省图书馆在公益服务、文化共享工程、古籍保护工程、全省业务总分馆建设、农村流动书库工程、流动服务、基础保障、学术研究、培训工作、党建工作、新馆建设等方面均圆满完成任务。全年接待读者90余万人次，流通文献130余万册次，举办“文源讲坛”系列讲座138期，大型专题展览24期，共享工程电影晚会97场，大型读者活动40余次，在全省范围新增34个业务分馆。2010年，山西省图书馆荣获中共山西省直属机关工作委员会、山西省直机关劳动竞赛委员会颁发的“省直模范单位”和“精神文明标兵单位”；山西省人民政府办公厅颁发的“全省政府系统信息工作先进单位”；中国图书馆学会颁发的“全民阅读”优秀组织奖；山西省文化厅颁发的“山西省第十五届群星奖项目类群星奖”；山西省科协颁发的“支持学会工作先进集体”等荣誉。

【“唐风琴韵”新年古琴音乐会】 1月1日，山西省图书馆举办的“唐风琴韵”新年古琴音乐会在古琴演奏基础上添加成古琴与民乐合奏、诗词朗诵、茶艺表演、瑜伽展示合为一体的音乐盛宴，为省城百姓送上新年的祝福。山西省图书馆党委书记石焕发向读者致新年贺词。音乐会行云流水的古曲演奏、激情澎湃的诗词朗诵、精湛的茶艺表演、舒缓和谐的瑜伽展示，让现场观众沉醉于传统文化的无限魅力中。

【山西省首批珍贵古籍名录暨重点保护单位颁证授牌】 1月18日，在山西省图书馆报告厅举行，省古籍保护工作厅际联席会议代表为各申报单位颁发了证书及牌匾，来自全省各系统的十二家申报单位领取了证书，八家单位领取了牌匾。省古籍保护中心为每个重点保护单位奖励了笔记本电脑一台。

同日，山西省古籍保护工作厅际联席会议、山西省古籍保护工作专家委员会先后召开。省古籍保护中心主任李小强向厅际联席会议代表汇报山西省古籍保护工作在古籍普查、申报、培训、展览、宣传、出版、编目等方面取得的成绩，提出全省古籍保护工作的思路。专家委员会对全省各古籍收藏单位申报的“第二批山西省珍贵古籍名录”申报书和“第二批山西省古籍重点保护单位”申报书进行了评审。

【举办春节系列读者活动】 2月6日~28日，从农历腊月二十三(传统的小年日)到元宵节，山西省图书馆连续举办了一系列春节读者活动，有小读者和家长朋友参加的“写春联话民俗”主题活动，有家长和小朋友欢聚的大年初一小读者庆新春游艺会，有别开生面的少儿棋艺比拼活动，有“欢闹元宵乐猜谜语——山西省图书馆灯谜会”，营造了温馨和谐的春节氛围，进一步弘扬传统文化，活跃市民的文化生活。

【青年馆员荐书会暨赠书活动】 3月17日，为了增强青年馆员奋发向上的理想和意识，引导青年馆员树立正确的人生观、价值观，营造关心和支持青年读书求知、成长成才的良好氛围，山西省图书馆举办了青年馆员荐书会暨赠书活动。省图领导向每位青年馆员赠送一本《海鸥乔纳森》，并讲解了《海鸥乔纳森》的涵义，勉励青年馆员要热爱图书馆，有理想、有信念，为图书馆的繁荣和发展贡献聪明才智。

【2010年读者座谈会暨2009年度优秀读者表彰大会】 3月18日在省图书馆举办。省图馆长李小强作工作总结和前景展望。书记石焕发宣读优秀读者表彰决定。馆领导为2009年度优秀读者、百年馆庆“我与图书馆”征文获奖读者、百年馆庆优秀成果展获奖读者颁发了证书及奖品。读者代表、媒体代表在会上提出了积极的建设性建议。

【“读书好、好读书、读好书”座谈会】 4月21日，在世界读书日即将到来之时，山西省图书馆、三晋文化研究会联合举办了以“读书好、好读书、读好书”为主题的2010年世界读书日读者座谈会，座谈会充分彰显了读书学习的重要性。座谈会由李小强主持，三晋文化研究会副会长兼秘书长罗广德、山西省图书馆党委书记石焕发分别致辞。三晋文化研究会、希望出版社、生活晨报、山西日报、山西电视台等单位代表、媒体代表以及社区代表、热心读者等参加座谈会，进行了交流与互动。座谈会为文化界、图书馆界、出版界、新闻界和读者朋友更好地沟通、合作搭建了良好的平台。

【王君到省图视察调研】 5月7日上午，王君、胡苏平、张平等省领导，莅临山西省图书馆视察调研。王君等一行先后参观了山西省图书馆技术部门和对外业务部门。随后王君主持召开座谈会，广泛听取省直文化系统各单位对推进文化体制改革、加快文化事业和文化产业发展等方面提出的意见和建议。李小强就省图书馆新馆建设有关问题作了汇报。

【举办“世博会知识趣味问答比赛”】 5月18日，为了活跃盲人朋友的文化生活，普及世博会基本常识，弘扬“理解、沟通、欢聚、合作”的世博会精神，省图书馆在太原市盲童学校举办以“我参与 我奉献 我快乐”为主题的“世博会知识趣味问答比赛”活动。在问答比赛中，还穿插了一些挑战盲文读写能力、盲人学生节目、盲人生活经验与技巧互相交流等趣味活动，让残疾人朋友在体味世博会魅力的同时，丰富生活内容，提高生活质量。

【全省总分馆系统培训班】 6月6日~9日，山西省图书馆举办了全省总分馆Interlib系统第二期培训班，来自全省42个图书馆的馆长和分编业务骨干共98人参加了培训。

公共图书馆以外的科研、高校、宗教等系统的山西省电力科学研究院工会图书馆、山西老区职业学院图书馆、晋城市科技图书馆、五台山普寿寺图书馆也参加了培训。几个专业图书馆纳入总分馆系统运行，扩大了山西省总分馆建设的范围，打破了图书馆系统间条块分割，使馆藏文献资源不局限于为本单位、本系统的读者服务，树立了资源共享的新观念，使山西省各系统各类型图书馆之间的融合变为现实，使各行业图书馆为更广大的读者提供服务，探索出了更多形式、更广范围的资源共享。

【省图66016部队分馆揭牌】 6月24日，山西省图书馆与中国人民解放军66016部队军民共建签字暨山西省图书馆66016部队分馆揭牌仪式在66016部队驻地举行。山西省图书馆在66016部队建设分馆，同时赠送新书、合订本期刊，配送分馆流动图书，发挥图书馆文化使者的作用，满足部队官兵的精神文化需求，对加强军民团结、推进部队文化建设、构建学习型社会，有重要而深远的意义。

【召开新馆信息系统建设需求论证会 新馆功能与设施设备布局论证会】 7月9日~10日，山西省图书馆邀请国家图书馆、南京图书馆、广西壮族自治区图书馆以及太原理工大学等单位的专家，组织召开《山西省图书馆新馆信息系统建设需求说明书》(以下简称《说明书》)专家论证会。与会专家听取山西省图书馆《说明书》撰写组的汇报，审阅《说明书》的报告，并对相关问题进行询问。经认真讨论，与会专家一致认为《说明书》从建设“国内先进，省内一流”的现代化图书馆的高度构架了新馆自动化、网络化、数字化的发展，建设目标、建设内容明确，可行性强，可以满足新馆信息系统建设的要求。山西省图书馆根据专家意见修订《说明书》，并同论证会评审结果一起上报有关部门。

9月17日~20日，山西省图书馆对新馆功能与设施设备布局进行论证，来自上海社科院、河北省图书馆、内蒙古图书馆、宁夏图书馆、福建省图书馆、文化部文华图书馆发展公司、山西省建筑设计院等单位的专家参加了论证。与会专家在听取汇报、审阅报告、咨询问题、认真讨论后肯定了山西省图书馆新馆功能与设施设备布局，同时也提出了合理的建议。山西省图书馆根据专家意见进一步完善新馆的功能与设施设备布局。

【山西省人大向省图捐赠图书两万余册】 8月16日，山西省人大向山西省图书馆捐赠图书两万余册，赠书仪式在山西省图书馆主楼多功能厅举行。省人大常委会和省文化厅有关处室的领导及省图书馆干部职工代表及媒体记者80余人参加了赠书仪式。省人大领导表示省人大将会继续支持和帮助省文化厅、省图书馆的文化事业和文化产业，加强合作和资源共享。

【李小强会见日本学者】 8月30日，日本明治大学石刻文物研究所所长气贺泽保规博士、江川式部博士、札幌大学文化学部准教授高濑奈津子三人在太原市文物考古研究所所长李非等人的陪同下到山西省图书馆进行山西省石刻文献调研。李小强、王开学等人接待来访客人。宾主之间就山西省石刻文献以及山西省图书馆的馆藏情况进行交流。

【关爱农民工活动】 9月22日，中秋佳节，山西省图书馆邀请山西十大建筑工地之一太原火车南站的农民工兄弟们来省馆“共享文化资源、共度中秋佳节”。山西省图书馆为农民工兄弟精心准备了月饼、水果和茶水，他们观看了文化共享工程电影，欣赏了省图书馆油画作品展，通过文化共享工程远程视频技术让部分山西籍农民工同远在家乡的亲人进行了节日的问候。山西省图书馆还向农民工兄弟们赠送了阅览年证和图书，鼓励他们在辛勤工作之余，走进图书馆学习知识、提高文化素养，为美化太原的建设贡献力量。

中秋节前一日，山西省图书馆带着图书、月饼等节日礼物以及中秋诗词诵读暨知识竞赛等活动走进外来务工人员子弟定点学校——太原市并州路小学，为他们送上真挚的祝福，带去节日的欢乐。石焕发向并州路小学授“山西省图书馆图书流通站”站牌，送去少儿流动图书，赠送200余册语文新课标必读经典名著和畅销少儿读物，表达对孩子们真诚的关注和关爱。

【山西省摄影家协会图书馆分会正式成立】 10月24日在山西省图书馆举行。山西省摄影家协会副主席郭宗敏、王东风以及国家图书馆工会摄影俱乐部对分会的成立表示热烈的祝贺。为凝聚图书馆界广大摄影爱好者的热情，提高图书馆工作人员艺术鉴赏力和创作水平，拓展图书馆宣传渠道，经山西省摄影家协会批准，由山西省图书馆发起成立了山西省摄影家协会图书馆分会。李小强为会长，袁长江为副会长，石焕发为秘书长。

【罗伯特摄影展】 11月10日，“美国摄影家罗伯特·帕尔汉姆摄影展”开幕式在山西省图书馆举行。张平、李潭生、张明亮等领导及山西省图书馆李小强、石焕发，美国爱世界总裁卡尔·当莱珀和夫人琳达，美国摄影家罗伯特·帕尔汉姆和夫人凯茜，美国爱世界组织中国地区负责人何钢及随行10人一起出席了展览开幕式，摄影界40余人参加了活动。展览展出作品80余幅，皆出自美国摄影家罗伯特先生之手。展览活动使展览资源跨越了国界进行共建共享，并进一步达成了东西方文化交流与深入合作的意向。

【山西省“基于公共文化服务体系的图书馆共建共享”研讨会】 11月16日在省图书馆举行，由山西省图书馆学会学术工作委员会、资源共建共享委员会首次联合举办，李小强、李景峰、刘永胜、石焕发、李明出席会议，各系统图书馆代表200余人参会。会议由山西省图书馆学会资源共建共享委员会主任袁长江主持。

研讨会收到论文100篇，含学术报告、大会发言、小组讨论等多种形式。代表们听取《晋图学刊》主编裴成发所做的《图书馆学研究进展》学术报告，并就研讨会主题以及公共图书馆服务体系建设、文化共享工程建设、全省文献资源保障体系、总分馆建设实践研究、全省古籍普查与保护工作、人才培养培训机制等分主题展开讨论，为提升图书馆工作水平献计献策。

【盲人手工艺作品展】 12月3日，第十九个“世界残疾人日”，山西省图书馆举办了别开生面的盲人手工艺作品展，在木质展柜中陈列展示盲人读者亲手制作的毛衣、围巾、帽子、手包及装饰工艺品等30多件。展览向社会呈现盲人群体特殊的精彩和美丽，灵巧和坚毅，展示盲人积极的生活态度和昂扬的精神风貌。 （李德胜）

文 物

【全省文物局长会议】 3月24日在太原召开。全省11市和119县(市、区)文物局局长、省局机关及直属单位班子成员等近200人参加会议。国家文物局副局长顾玉才，副省长张平出席会议并讲话。省文物局局长施联秀作《明确任务，狠抓落实，全力开创文物事业新局面》工作报告。会议对2009年全省文物工作进行回顾总结，对2010年工作做出全面部署，表彰奖励2009年文物工作先进单位。施联秀指出2010年工作，要着重抓好九方面工作：深研发展战略，做好“十二五”规划编制；鼓足决胜勇气，完成“三普”攻坚任务；树牢大局意识，服务全省重点工程建设；狠抓南部工程，加快文物建筑修缮进程；加大管理力度，优化世界遗产和文保单位环境；着力惠及民众，推进博物馆建设与管理；力推行政执法，构建文物安全长效机制；夯实工作基础，提升文博行业管理水平；强化宣传效应，营造文物保护社会氛围。

【南部早期建筑保护工程】 列入国家文物局“十一五”期间重点项目的山西省南部早期建筑保护工程进展顺利，完成平顺夏禹神祠等13个维修项目修缮方案编制和审批工作，完成晋城玉皇庙等15个项目保护规划编制和报审工作。完成南部工程12个新开工项目招投标工作。安排部署万荣东岳庙等38个项目开工准备工作。南部工程105个项目中，76个项目保护规划编制完成，占总量72%；86个项目修缮设计方案完成，占总量82%。2010年，新开工12个项目，完成修缮工程22处。安排环境整治21个项目均完成环境整治方案。

【南部修缮工程检查】 4月1~2日，国家文物局副局长童明康及省文物局副局长刘正辉等赴长治市检查南部工程在建工程项目工地，长治市及相关县(区)政府领导陪同检查。童明康一行查看武乡会仙观、长子崇庆寺、长治潞安府城隍庙、屯留宝峰寺施工工地及2010年将新开工的襄垣灵泽王庙，急需抢险维修的周成王庙等文物保护单位，重点审阅武乡会仙观工地施工中工程变更、技术洽商、工序记录等技术资料。针对南部工程下一步工作，童明康指出，南部工程要进一步加强对整个工程的统筹协调，一方面要继续推进工程管理，翔实记录施工资料档案，确保工程质量；另一方面要继续推进维修完工的文物保护单位机构建设，争取把南部工程做成经得起历史检验的优质工程、民生工程。

4月19~24日，国家文物局文物保护与考古司副司长许言等在长治、晋城、临汾、运城四市，对山西南部早期建筑保护工程已开工的武乡会仙观、屯留宝峰寺、长子崇庆寺等18处施工工地进行现场检查及资料核查。检查组认为山西南部早期建筑保护工程总体状况良好，工程质量基本合格，颓败、残毁等建筑险情得到及时抢救和整治，成效明显。

11月27日至12月1日，国家文物局文物保护与考古司袁毓杰带领南部工程专家在赴长治、晋城、临汾三市，对山西南部早期建筑保护工程已开工的武乡会仙观、屯留宝峰寺、平顺佛头寺等12处施工工地进行现场检查及资料核查。检查组建议，各参建单位要继续提高文物保护意识，切实加强施工管理，及时对工程实施中的工程变更、技术洽商等进行会签，完善档案资料，保障工程进度。

【省重点工程建设中文物保护工作】 省文物局按照“全力以赴、服务大局、低限取费、确保工期”要求，密切配合、积极支持全省重点工程建设，文物保护工作与工程建设同步协调、进展顺利。省政府确定175项重点工程项目，已报省文物局和国家文物局进行行政审批85个重点项目，行政许可和考古调查工作全部完成。需要实施考古勘探和发掘工作22个项目全部完成，勘探总面积138.43万平方米，发掘总面积34050平方米，发掘清理古遗址51处、古墓葬178座、其他遗迹现象100余处，出土各类文物3586件(套)。

【云冈石窟工程建设】 国家文物局批复《云冈石窟保护总体规划》，云冈防水保护工程前期工作全面展开，窟顶大面积勘探工作正在进行，西部窟顶试验区3000多平方米考古发掘完成，并召开发掘成果论证会。11–13窟崖壁抢险加固治理工程勘察方案经国家文物局立项。洞窟内泥塑及壁画抢救性保护修复方案委托中国文化遗产研究院着手编制。云冈石窟周边环境综合治理工程按国家文物局批复意见完成整改。

【长城资源调查】 明代长城资源调查报告编制完成,明长城重点地段保护范围和建设控制地带划定工作正在进行,雁门关段、平型关段明长城修缮设计方案经国家文物局批复,平型关段明长城修缮工程经国家文物局批准立项。8市36县、区境内明代以前早期长城资源田野调查任务全部完成。

【山西"文化遗产日"活动】 4月,围绕"文化遗产,在我身边"主题,以第三次全国文物普查和重点工程建设文物保护为宣传重点,评选山西省"三普"先进集体和先进个人及"山西省第三次全国文物普查十大新发现",出版《山西省第三次全国普查重要新发现》《寻找湮没的历史》和《寻找·见证》三本文化遗产书籍。

6月8日,省委书记袁纯清到八路军太行纪念馆视察工作。袁纯清强调要把八路军太行纪念馆建设好,维护好,把它建成挖掘与弘扬伟大太行精神的重要阵地。

6月10日,副省长张平在世界文化遗产地平遥古城进行视察调研,对平遥古城及全省文化遗产保护工作作重要指示。

6月11日,"华彩滇韵——云南民族风情展"在山西博物院开展。胡苏平、张平出席并为展览剪彩。

6月12日,省文物局和山西大学联合举办"文化遗产进校园"大型宣传活动,向山西大学赠送文化遗产图书,展出《厚重山西——山西省第三次全国文物普查重要新发现》及《八路军总部在太行》图片展。

【山西博物院14部古籍入选第三批《国家珍贵古籍名录》】 6月11日,国务院正式公布全国第三批《国家珍贵古籍名录》及"全国古籍重点保护单位"名单。山西博物院傅增湘旧藏明影宋《史记一百三十卷》等14部古籍入选《国家珍贵古籍名录》。

【八路军太行纪念馆被命名为首批"山西省党员教育培训示范基地"】 6月22日,山西省首批党员教育培训示范基地揭牌仪式在阳城县皇城村举行,八路军太行纪念馆被授予"山西省党员教育培训示范基地"称号。

6月8日,省委书记、省人大常委会主任袁纯清视察八路军太行纪念馆 (谢宾顺提供)

【国家历史文化名城评估专家组实地踏勘太原】 7月27日,由国家住房和城乡建设部、国家文物局组成的专家组开始对申报国家历史文化名城的太原市实地踏勘。在太原期间,专家组听取太原市名城保护工作及城市总体规划、名城保护规划等方面汇报,现场踏勘永祚寺、车马坑、王家峰徐显秀墓、崇善寺、南华门历史文化街区、晋祠、明太原县城等数十处文物保护单位、历史文化街区和历史文化风貌区。专家组认为,太原具备申报国家历史文化名城的条件,专家组组长、全国历史文化名城保护专家委员会委员汪志明给出太原具备申报国家历史文化名城条件评估结论:太原历史悠久、历史文化积淀丰厚,历史文化脉络清晰,具有北方多民族融合和多种文化特色,一直是北方军事重镇,在历史中发挥重要作用,保护太原历史文化名城有十分重要的意义。

【"太行精神进高校"主题教育活动】 10月11日,由省委宣传部、省教育厅、省文物局、共青团山西省委联合主办的"太行精神进高校"大型巡展巡演活动在山西大学启动。巡展巡演活动分别在太原理工大学、山西农业大学、山西医科大学等12所高校举行。此次活动是山西省纪念抗战胜利65周年重要活动之一,由两部分组成:一是举办《八路军抗战文化掠影》巡回展览,二是"八路军颂"文艺演出。

【山西池神庙修复工程获"国家传统建筑文化保护示范工程"奖】 11月20日,中国文物保护基金会、中国建筑文化研究会在北京召开新闻发布会,公布在全国各地甄选出的"国家传统建筑文化保护示范工程",山西运城池神庙修复工程获此荣誉奖项。该工程负责人张定中获得"国家传统建筑文化保护功勋人物"称号。"国家传统建筑文化保护示范工程"评审组组长罗哲文评到:在池神庙修复工作中,河津园林古建公司遵循文物建筑修复基本要求,注重建筑及其附属建筑文物保护,修复工艺上尽可能采取传统手法,很好的恢复了文物建筑原有风貌,在工程工作过程中主动发掘并保护大批文物资料。

【晋、秦、豫三省四市文物行政执法研讨会】 11月18~21日,太原市、晋中市、西安市、郑州市文物行政执法机构在太原市召开文物行政执法研讨会,四市文物局分管行政执法副局长、文物稽查队队长、执法督察处处长,及文物、计财、人事等相关部门负责人约30人参会。研讨会围绕文物行政执法工作中执行难问题和如何维护地下文物安全两个主题展开讨论。与会者认为随着经济建设发展,涉及地上地下文物被破坏案件有逐年增加趋势,这需要文物部门进一步加大文物执法力度,重点查处法人违法案件;加强文物保护法规宣传,为文物行政执法营造良好社会氛围;进一步加强文物法制培训,提高文物行政执法水平;加强执法队伍建设,狠抓规范化管理,不断提高文物执法能力和水平。

【《抗战纪念建筑》首发式】 11月30日,由国家文物局、省政府共同主办,省文物局承办的《抗战纪念建筑》首发式在八路军太行纪念馆举行。国家文物局局长单霁翔、副省长张平、国家文物局博物馆与社会文物司副司长张建新、省文物局局长施联秀等领导及中国工程院院士马国馨、《建筑创作》杂志社主编金磊等专家学者出席仪式,八路军太行纪念馆百余名职工参加首发式。《抗战纪念建筑》由建筑文化考察组编著,《建筑创作》杂志社承编,主编金磊、韩振平,国家文物局局长单霁翔作序,天津大学出版社出版。该书收集数百件现存抗战史迹建筑和战后建造的历史照片、设计图纸、最新摄影图片、相关历史文献,从文化史、建筑史的新视角,客观阐释珍贵建筑文化遗产在世界反法西斯战争中所具有的文化内涵与价值。

·考古发掘·

【田野考古成果】 1. 翼城大河口西周墓地考古发掘。墓地分6个发掘区,发掘面积16000平方米,发现墓葬615座。其中大型墓葬7座,中型墓葬40座,小型墓葬568座,车马坑21座,圆形灰坑31座。根据墓地发掘计划,先期发掘大中型墓葬,目前已完成大中型墓葬发掘,开始小型墓葬发掘,共清理墓葬近300座。9月邀请敦煌研究院文物保护研究所,运用全国第一台出土文物现场保护移动试验室,开展对墓地出土文物的现场保护和多学科检测研究。11月与社科院考古研究所合作,对M1017、M5010、M6043三座墓葬椁室套箱提取,运回室内清理保护和研究。

2. 陶寺遗址群宏观聚落形态局域调查。2009年10月至2010年8月5日,社科院考古所山西队、山西省考古研究所、临汾市文物局、襄汾县文物局,根据国家科技支撑项目“中华文明探源工程”第三阶段第四课题“公元前3500年至公元前1500年黄河、长江流域都邑性聚落综合研究”所规定“陶寺遗址专项”2009~2010年度任务,完成襄汾、临汾尧都区北至山根、曲沃县南至滏河的调查工作,对遗址所跨翼城县部分进行调查,另在翼城调查一处怀疑与陶寺文化有关的冶铸遗址。调查总面积约1300平方千米,遗址总数128处,其中陶寺文化遗址48处。陶寺遗址群分布宏观态势为,以陶寺城址为中心的核心地区,陶寺文化遗址偏少,似有向陶寺城址向心聚合趋势。

3. 吉县柿子滩遗址群新发现。2010年田野工作主要集中在S29、S5和S13地点。

S29地点继续2009年发掘,发掘面积800平方米,发掘厚度近7米。清理第六、第七和第八文化层,出露用火遗迹50余处,文化遗物1万余件。其中第六文化层与前五个文化层属于河相沉积,第七和第八文化层属于黄土沉积。S5地点与S29地点隔河相望,发掘面积900平方米,4米厚的河相沉积中发现3个文化层和两个用火遗迹。主要遗物为围绕用火遗迹分布的动物化石和石制品。同时清理新石器时代和战国时期的墓葬7座。

S13地点进行约300平方米、厚8.5米发掘。整个地层分上下两部分,上部为离石黄土,下部为砾石层,化石埋藏丰富,几乎每层都有出土,共计400多件,但多破碎且经过搬运,能鉴定的动物种属包括犀牛科、鹿科、马科、牛科(羊)和啮齿类动物。石制品共计14件,所有的石制品均出土于底砾层中,石料包括石英岩、燧石和石英质,其中有2件尖状器,1件刮削器。

4. 云冈石窟窟顶北魏寺庙遗址考古发掘。2010年8月至10月,配合云冈石窟窟顶防渗水工程,山西省考古研究所、大同市考古研究所、云冈研究院对工程一区做了考古调查、钻探和发掘,在云冈石窟窟顶发现并发掘一处北魏寺庙遗址,发掘面积达3600平方米。发掘出土北廊房、东廊房、西廊房、南廊房、塔基和砖瓦窑等遗迹。北廊房遗迹长61.5米,方向南偏西,由15间房组成,其中北魏时期13间,辽金时期两间。北廊房为前廊后室的廊房式建筑,发现有土炕、灶坑和烟道等遗迹。房墙为夯筑,正房前面有柱础和散水,现存柱础12个,砂岩质地,覆盆素面,直径基本相同。在北廊房建筑遗迹中部,发现有两间辽金建筑遗迹,叠压于北魏房遗迹上。西廊房南北长13.5米,东西为5.9米,有房两间。房前发现柱础,布局与北廊房相同。东廊房位于北廊房东端南部,长约18米,宽约4.4米,有房三间。这组建筑西南有“』”形房基遗迹,破坏严重。东西廊房中间靠南残留一方形塔基,四周有夯土,南面正中有一斜坡踏道。台基表面不规则散布着40多个直径约25

厘米的柱洞。台基东西两侧各有一大柱础。砖瓦窑遗迹位于这组建筑群遗迹西南角，共有两个，内并列三个三角形口的烟道，窑内尚有烧扭曲的瓦当和板瓦。寺庙遗址出土大量建筑材料，北魏时期板瓦、筒瓦 20 余万件，出土“传祚无穷”文字瓦当，有少量北魏陶片，一片北魏陶器上有“四窟”戳印。此外，辽金建筑遗址中有辽金瓦和瓷片，还有许多煤渣。在北魏建筑遗迹中，另外发现一些石质佛像和供养人残片。

【“我与考古·山西考古文化周”活动】 11 月 19 日，省考古研究所联合山西大学历史文化学院、山西大学文物爱好者协会举办“我与考古·山西考古文化周”活动。活动分“考古学是什么”“我身边的考古发现”“我与考古”三个主题，内容包括举办考古类公益讲座、播放考古类电影和纪录片、图书首发式、邀请山西考古志愿者参观考古遗址及沙龙座谈等。活动邀请中国社会科学院考古研究所研究员、安阳殷墟考古队队长唐际根作《究竟什么是考古学》公益讲座；省考古研究所历史考古室主任吉琨璋作《风雨兼程累累硕果——山西考古之路》讲座；北京大学公众考古与艺术中心主任、考古文博学院徐天进作《商周青铜器所见之动物——从神的世界到世俗世界》讲座；省考古所书记张庆捷作《入华中亚人——解读虞弘墓》讲座；中国社会科学院考古研究所研究员、二里头工作队队长许宏作《最早的中国》讲座。举办考古科普图书《胡商胡腾舞与入华中亚人——解读虞弘墓》首发仪式等。

·第三次全国文物普查·

【山西文物资源基本情况】 “十一五”期间，经过第三次全国文物普查，全省文物家底进一步摸清。全省文物资源基本情况是：不可移动文物 5 万余处，其中全国重点文物保护单位 271 处，占全国国保单位总数 11.5%，位居全国第一；省保单位 428 处，市、县保单位 9000 余处；世界文化遗产 3 处；中国历史文化名城 5 个；中国历史文化名镇、名村 30 个，其中名镇 7 个、名村 23 个，位居全国第一；山西省历史文化名镇 21 个、名村 51 个；博物馆、纪念馆 142 座，其中文博系统 90 座，非文博系统国有博物馆 22 座，非国有博物馆 30 座；国有博物馆馆藏文物 1212017 件，其中三级以上珍贵文物 61007 件。

全省第三次文物普查实地调查阶段总结表彰大会在太原召开

(谢宾顺提供)

【山西省“三普”电子数据移交国家文物局数据中心】 6 月 10 日，省“三普”电子数据移交仪式在太原举行，国家文物局“三普”办公室数据接收组和省“三普”办有关领导和技术人员共 14 人参加移交仪式。省“三普”办汇报山西省“三普”电子数据验收准备情况，国家数据接收组介绍验收工作情况，宣布结果如下：山西省向数据接收组提供普查数据包 119 个，与普查基本单元个数相符。数据包所占空间为 1011GB，共有电子文件 463195 个，其中文本文件数 58163 个，照片等附件文件数 405032 个。此次提交数据不包含长城调查数据。数据接收组利用《第三次全国文物普查数据汇总管理系统》对各普查基本单元的数据包进行导入和验证，并与自检报告进行对照。经核对，各普查基本单元数据必填指标项均已填写，GPS 点未超出省界和县界，海拔高程、单体文物数、面积均填写规范。共登记不可移动文物 55575 处，其中新发现 37824 处，复查 17751 处；从文物类别上看，古遗址 11205 处，古墓葬 4249 处，古建筑 28640 处，石窟寺及石刻 3365 处，近现代重要史迹及代表性建筑 7640 处，其他 476 处；登记消失文物 2588 处；与山西省（区、市)自查报告数量相符。

【“寻找湮没的历史”优秀稿件评奖活动】 6 月 10 日，省“三普”办组织的“寻找湮没的历史”专栏优秀稿件评奖活动揭晓。山西省“三普”工作启动以来，省“三普”领导小组办公室与《山西晚报》联合开辟“寻找湮没的历史”专栏，对全省文物实地调查工作进行系列跟踪报导的稿件进行评比。活动评出获奖作品 17 个，其中特等奖 1 个，一等奖 3 个，二等奖 5 个，三等奖 8 个。

【山西文物“十大新发现”】 6 月 12 日，省文物局从“三普”活动新发现文物中评选出山西省文物“十大新发现”。主要包括工业遗产、乡土建筑、20世纪遗产等新型文化遗产，分别为：大寨、阳泉火车站旧址、柴家坡传统民居群、大益成纺纱厂旧址、太原工人文化宫、晋华纺织厂、太谷祥记货栈旧址及中储粮库建筑群、槐荫两级学校、锡崖沟挂壁公路、潞城县人民大礼堂。

【第三次全国文物普查领导小组（扩大）会议】 8月5日，省“三普”领导小组第三次(扩大)会议在省政府梅山会议厅召开。副省长、省“三普”领导小组组长张平出席会议并讲话；省“三普”领导小组全体成员、各市“三普”领导小组组长和办公室主任、省“三普”领导组办公室有关同志参加会议。会议由省政府副秘书长郭慧民主持。此次会议主要是贯彻国务院第三次全国文物普查领导小组第三次(扩大)会议精神，通报全省“三普”实地调查阶段工作情况，安排部署全省“三普”第三阶段工作。省文物局局长、“三普”领导小组副组长施联秀作汇报。施联秀指出，山西省实地调查工作主要做法和特点：一是文物普查得到各级党委、政府重视和各成员单位支持；二是各级普查机构和普查人员付出艰辛努力；三是实施严格质量控制措施，确保普查资料规范标准；四是广泛宣传营造良好文物普查社会氛围。对下一步全省“三普”工作提出要求：一是要进一步整理完善普查文本。二是要完成长城调查数据汇总整理。三是要科学建档，严格管理。四是要加强数据库建设，确保电子信息安全。五是要形成并公布普查成果。六是深入宣传普查成果，加强保护与应用。

·博物馆·

【博物馆建设】 全省11个市中，除长治、晋城、吕梁三市有博物馆外，6个市正在建造新博物馆。太原市博物馆，总投资8.4亿元，占地面积124900平方米，建筑面积76186平方米，完成投资额3亿元，占总投资40%。大同市博物馆，总投资3亿元，新馆选址市政府文化广场，占地面积46690平方米，建筑面积31000平方米，预计年底主体建筑封顶。运城市博物馆，总投资1.48亿元，建筑面积25000平方米，已完成投资5000万元，包括征地1700万。主体工程即将封顶，年内开始内外装修。临汾市博物馆，总投资1.2亿元，建筑面积25000平方米，馆址选在临汾市滨河西路高速公路出口处。规划设计方案正在编制。朔州市博物馆，总投资1.5亿元，建筑面积15000平方米，主体建筑已竣工，内外装修10月底完工。阳泉市博物馆，总投资4365万元，建筑面积6000平方米，展厅面积2900平方米，陈展内容文本已报市政府，预计年内进行陈列设计招标。

【晋商博物馆开馆】 5月8日，太原晋商博物馆正式开馆。该馆是以晋商历史以及晋商文化为主要展示内容的专题博物馆。占地面积7980平方米，建筑总面积为4989平方米，主馆区建筑面积为4315平方米。该馆集展览、议事、招待、外联等多种功能为一体，由接待区、展示区、会客区及附属功能区组成。

【八路军将领组雕揭幕仪式】 8月29日，由省委宣传部、省文物局联合主办，八路军太行纪念馆、武乡县委、县政府共同承办的八路军将领组雕《太行山》揭幕仪式，在武乡八路军纪念馆广场举行。此次活动是山西省纪念抗战胜利65周年系列活动之一，省委宣传部副部长李福明主持揭幕仪式。省文物局局长施联秀致开幕词。革命老区武乡县学生代表韩雪作发言；罗荣桓元帅之子、第二炮兵原副政委罗东进中将代表抗日战争亲历者和将帅子女讲话；省委常委、宣传部部长胡苏平作重要讲话。10时30分，八路军将领组雕正式揭幕。

·执法监督与安全保卫·

【单霁翔检查太原市文物单位消防安全工作】 5月11日，国家文物局局长单霁翔带领国家文物局、公安部消防局有关负责人，对太原市文物单位消防安全工作进行检查，并对重点文物单位双塔寺文管所、晋祠博物馆消防安全状况进行抽查。申维辰、张平、李俊明、施联秀等陪同检查。单霁翔提出三点要求：一是要加强对文物消防安全工作的组织领导，高度重视体制、机制建设，增强责任

八路军将领组雕“太行山”于8月29在八路军太行纪念馆揭幕

（谢宾顺提供）

感,落实责任制,切实做好各种应急预案,不断提高防范火灾能力和水平;二是要认真开展文物消防安全巡查工作,做到文物安全状况清、火灾隐患清、整改落实结果清,确保文物景区消防安全;三是要加大对火灾隐患治理力度,增强火灾事故应急处置能力,加强消防安全基础设施建设,坚持预防为主、防消结合,防患未然。

【单霁翔调研碛口古镇文保工作】 8月6日,单霁翔深入吕梁市碛口古镇就文物保护工作进行调研。单霁翔强调,各级各部门要充分调动各方面积极性,发动、组织广大老百姓参与到文物保护工作中,发挥社会力量,严格依法办事,努力促进文物保护与经济建设协调发展。针对碛口风景区保护,单霁翔要求市、县两级尽快成立专门机构,从列入"国宝"的文物入手,请专家论证,尽快出台修缮方案。

【省人大文物保护执法调研组在朔州等市调研】 11月,省人大常委会副主任安焕晓带领文物保护法执法调研组成员,就贯彻落实《中华人民共和国文物保护法》和《山西省实施〈中华人民共和国文物保护法〉办法》情况先后在朔州、运城、晋城三市进行调研。执法调研组听取朔州、运城、晋城三市及所辖六县(区)的情况汇报,实地察看当地文物管理场所及全国重点文物保护单位。安焕晓指出,各市要进一步宣传"一法一办法"力度;要加大文物保护资金投入,出台政策吸纳社会资金投入;要加强机构建设,充实人员力量,加大文物保护、研究与开发力度;在经济发展中要注意保护文物,在城镇化进程中把保护文物纳入规划;整合现有文物资源,运用多种手段挖掘文物内涵,推动文化旅游产业科学发展。

【晋中市文物行政处罚案卷荣获全国二等奖】 12月22日,国家文物局组织开展的第三届全国文物行政处罚案卷评比活动揭晓。晋中市参评的《山西省寿阳县朝阳广场商铺开发项目擅自拆除市级文物保护单位文昌阁配殿案》案卷荣获全国二等奖。 (程书林 谢宾顺)

文学艺术

·文 联·

【文联要事】 1月8日,在山西省人大常委、省文联党组书记、常务副主席宋新柱,省文联主席李才旺的带领下,由山西文联组织的戏剧、音乐、书法、摄影等艺术门类的艺术家,在榆社县北寨乡青峪村进行"送欢乐、下基层"慰问活动。

4月,组织国内部分书画艺术家在榆次、汾阳等地采风。

5月23日,纪念毛泽东《在延安文艺座谈会上的讲话》发表68周年暨山西繁荣文艺创作会议在太原召开。同时,对第二批全省"德艺双馨"文艺工作者进行表彰。胡苏平、张平出席会议并讲话。省人大常委、省文联党组书记、常务副主席宋新柱宣读表彰决定。

6月16日,组织承办由中国文联、农业部、文化部主办的"中国首届农民艺术节"农民画展活动。在中国农展馆举行开幕式,中共中央政治局委员、国务院副总理回良玉,全国人大常委会副委员长、民进中央主席严隽琪,全国政协副主席、中国文联主席孙家正,以及农业部、文化部、中国文联主要领导和来自全国各省、区、市的有关领导出席开幕式。山西省组织9位书画家参加农民画精品展,安和的《老家》、靳临生的《唐尧闹春图》、徐茂旺的《牡丹图》获优秀作品奖,张俊、郑平安、成勇、郭存魁、刘鸿滨、范四货等人的作品入展。

8月,与俄罗斯华人艺术家协会共同主办的"俄罗斯当代著名油画大师精品展"在省文联大厦开展。

由山西省文联、辽宁省美协主办的辽宁省著名国画家黄文丽女士画展在省文联大厦开幕。

9月,组织山西省部分书画艺术家在清徐葡峰山庄参加葡萄文化节采风活动。

与中俄艺术交流中心在山西晋商博物馆共同主办"俄罗斯杰出油画家作品展"。

10月,组织承办潞安五阳煤矿举办的建矿55周年全国著名书画家作品邀请展。

11月,组织承办由山西省文联、山西省公路局主办的首届"金潞苑杯"全国书画名家作品邀请展。

省文联"送欢乐下基层"慰问活动 (省文联组联部提供)

11月30日，由山西省文联、山西省作家协会、山西省诗词学会共同主办的“李才旺诗词研讨会”在太原召开。

·书法家协会·

【书法家协会要事】 2月10日，山西省书法家协会组织省城书法家在武警山西总队开展“送书法、进警营”慰问活动。书法慰问团由近年来在全国、全省获奖的书法家等30余人组成。书法家们为武警官兵书写300余幅春联，并现场为官兵创作书法作品200余幅，篆刻家还为官兵现场篆刻。

2月12日，山西省委书记、省人大常委会主任张宝顺到山西焦煤西山煤电集团，看望慰问一线职工和棚户区改造住户，送上春节的祝福。省领导申维辰、胡苏平、高建民、郭海亮、陈川平一同看望慰问。省城书法艺术家以写春联的方式表达对矿工们的敬意与祝福。

2月8日，山西省文联主席、书协主席李才旺，省书协秘书长韩清波代表书协看望书协名誉主席姚奠中、张颔、林鹏、赵望进以及原副主席王治国、袁旭临、赵承楷等，为他们带去节日的祝福。

4月10日，由山西省书协主办的“山西省全国获奖作者书法创作系列讲座”在省民俗博物馆举行。来自全省各地150余名书法爱好者参加学习。

4月16~18日，在山西省书法家协会的指导下，第十四届田英章书法面授特训班在太原举行，来自北京、湖北、河南、内蒙、山东、广东、河北、深圳、山西等省市共51名学员参加此次特训班。

5月1~3日，中国文联研究室主任、研究员董耀鹏，中国书协分党组书记、驻会副主席兼秘书长赵长青与副秘书长白煦带队的中国书协考察团在山西运城，考察验收芮城县创建“中国书法之乡”的实施情况。

5月8日，由山西省书协主办的第二期“山西省全国获奖作者书法创作系列讲座”在省民俗博物馆举行。

6月19日，由山西省书协组织主办的第三期“山西省全国获奖作者书法创作系列讲座”在省民俗博物馆举行。山西省文联主席、书协主席李才旺出席活动并讲话。

7月8日，中国书法家协会学术委员会委员、山西省书法家协会副主席、太原师范学院教授“姚国瑾书法展”在省文艺大厦开幕。共展出姚国瑾近作120件。

7月17日，由山西省书协组织主办的第四期“山西省全国获奖作者书法创作系列讲座”在省民俗博物馆举行。

省文联举办的第七届山西省文联文艺评论奖，全部评选工作结束。评奖共收到参评文章124篇。省书法家协会共10篇文章获奖。其中，一等奖3名，二等奖4名，三等奖3名。

8月12日，省书协协办的“大美和顺”——中国和顺第四届牛郎织女文化旅游节书法美术摄影展在太原开幕。展览共展出来自北京、太原、晋中、长治等地书画家和摄影家的优秀作品共185幅。

8月19日，由山西省书法家协会、韩国济州特别自治道书艺学会共同主办的“2010年中国山西省—韩国济州岛书法交流展”在省民俗博物馆开幕。展览汇聚中国山西和韩国济州岛具有相当成就和重要影响的书法名家的近80幅书法精品。

8月21日，由山西省书协主办的第五期“山西省全国获奖作者书法创作系列讲座”在省民俗博物馆举行。

8月23日，“姚奠中荣获第三届中国书法兰亭终身成就奖”表彰大会在山西文艺大厦举行。袁纯清发来贺信，胡苏平出席并讲话。中国书法兰亭奖由中宣部批准，中国文联、中国书法家协会主办并评定，是中国书法艺术的最高专业奖，姚奠中先生是第一位获得此荣誉的山西书法家。

8月28日，“董耀章诗词书法双艺展”在山西文艺大厦开幕。

10月5日，庆建国61周年李克仁61米大字狂草《山西赋》长卷现场创作活动暨捐赠仪式在省体育馆举办。

10月14日，山西省第二届书法新人展评审工作在山西省民俗博物馆举行，最终有20件作品获奖。

10月16日，由山西省书法家协会主办的第七期“山西省全国获奖作者书法创作系列讲座”在省民俗博物馆举行。

10月22日，山西省书协理事(扩大)会议在太原召开。会议研究通过《山西省书法家协会换届工作方案》，选举产生新一届书协主席团推荐人选。

第三届晋阳五人书画友情展在太原晋商博物馆开展。晋阳五人为赵国柱、李钢、裴希敏、乔亚丁、徐晋平五位省内实力派书画家。

10月29日，山西省书法家协会第五次会员代表大会在太原召开，大会完成书协换届工作的各项议程，选举产生省书协新一届的领导机构。山西省文联党组副书记石跃峰当选为新一届山西省书法家协会主席，张铁锁当选为第一副主席。

11月1日，王凤云书法作品展在省文联大厦举办。共展出作品200余幅，其中有学生作品30余幅，作品以楷、行、草为主，隶、篆为辅。

11月6日，“中煤杯”大同市大中小学师生书法作品展暨大同大学艺术隧道书法精品展在大同大学展览厅开幕。展出作品共有148件，其中，特邀作品38件，参展作品110件。

由大同市书法家协会主办的《王守义书法作品集》首发式在大同举行，共展出王守义近年来创作的部分作品16件。

11月13日，由陕西师范大学和太原师范学院主办的两校师生书法交流展在山西民俗博物馆开幕。

祝贺姚奠中先生荣获中国书法兰亭奖·终身成就奖

（省文联组联部提供）

11月20日，由山西省书法家协会主办的第八期“山西省全国获奖作者书法创作系列讲座”在省民俗博物馆举行。

12月18日，由山西省书法家协会主办的第九期“山西省全国获奖作者书法创作系列讲座”在省民俗博物馆举行。

·美术家协会·

【美术家协会要事】 4月10日，由山西省文联、山西省美术家协会、山西省油画学会主办，右玉县政府承办的“塞上绿洲”油画写生展在山西大学展出，展出作品100余幅。此次展出的是山西省油画学会成员在右玉写生中的油画作品。

4月25日，由中国文史研究馆书画院、中国美术家协会艺术委员会和山西省美术家协会在中国美术馆共同主办山西省画家王秦生“古韵新风——王秦生艺术作品展”。省文联党组书记宋新柱、省美协主席王学辉、副秘书长李桂平参加开幕式及研讨会。

4月26日，由中国美术家协会藏书票研究会、山西省美术家协会、山西大学美术学院、山西省版画学会、今日美术馆版画艺术中心主办，零点设计协办的“吴膑水镜台系列MINI版画AND国际名家作品展”在山西大学美术学院举行，共展出国内、国外画家藏书票作品300件。

5月9日，山西省著名画家赵球先生“欧美印象作品展”在太原开展。

5月19日，由山西省美术家协会、山西省油画学会承办的“生活百态·油画人物艺术展”在山西太原视觉空间美术馆展出。此次展览共展出油画作品100余幅，都是画家近期创作的优秀作品。

6月11日，由山西省美术家协会、山西大学美术学院主办，太原市美术家协会承办的“山西当代九人水墨作品展”在山西大学美术学院展厅举行，展出画家作品90幅。画家分别是崔俊恒、王玉玺、郭俊生、王爱忠、刘彩军、任晓军、吴膑、高雪涛、郝雪山。

6月23日，由山西省美术家协会、山西画院主办，山西美协山水画艺委会、山西美协花鸟画艺委会、山西美协人物画艺委会联合承办的“山西省中国画作品邀请展”在山西文艺大厦举行，展出山西省120位画家的作品共计240幅，并出版作品集。

6月26日，由山西省美术家协会主办，北京荣宝斋承办的“潭兴渠中国画彩墨艺术展”在太原荣宝斋展厅举办，此次展览展出老艺术家多年来创作的彩墨优秀作品150件。

7月3日，由山西省文联、山西省美术家协会主办，山西清峰书画院、太原市美术家协会、汾阳市美术家协会承办的“高润虎画展”在山西文艺大厦展出，展出花鸟、山水作品155件。

7月19日，“聚焦火山群·中国画名家六人展”在大同举行。共展出作品60件，画家分别是徐晋平、孙海青、赵际滦、梁屹、高雪涛、郝雪山。

8月12日，由山西省政协办公厅、山西省人民政府台湾事务办公室、香港海峡两岸艺术交流协会主办，山西省美术家协会协办的“晋、港、台海峡两岸暨香港名家书画联展”在山西省民俗博物馆开幕。薛延忠、胡苏平、李才旺等出席开幕式。中国国民党名誉主席吴伯雄为此次画展题词“弘扬中华文化、促进两岸交流”。

9月15日，由山西省美术家协会、山西山水画艺委会组织全省优秀山水画家40人赴河曲进行为期一周的采风(写生)活动，为山西省第三届山水画展做准备。采风期间举行山水画写生基地的挂牌仪式。

9月25日，由中国建筑学会设计分会、山西建筑装饰协会、山西省美术家协会联合主办的2010年第二届山西室内设计大奖赛暨高峰论坛在太原举行。

10月9日，山西省第二届工笔绘画大展在山西文联大厦展览厅开幕，此次大展由省文化厅、省文联、省美术家协会主办。共展出的254件工笔画作品，出自全省各地近200名工笔画作者之手。

11月10日，由山西省美术家协会、山西省油画学会、中共襄垣县委、襄垣县人民政府联合主办，中共襄垣县委宣传部、襄垣县文体广电新闻出版局承办的“青山碧水·襄垣”油画名家写生作品展在襄垣县开幕。此次展览共展出142

幅作品。

11月18日，由山西省美术家协会、山西省油画学会共同主办的山西省第七届油画写生作品展在山西省博物馆开幕，展出300余件作品。

11月19日，由山西省文联、山西省美术家协会主办的“津门二JI”纪振民、姬俊尧山水画邀请展在山西文联大厦开幕。共展出二位画家的山水画66幅。

·摄影家协会·

【摄影家协会要事】 1月25日举办山西省摄影年会和“千人摄影看山西”摄影展览。

4月17日，为迎接第二十三届全国摄影艺术展览，山西省摄影家协会在龙城国际饭店举行选送参加第二十三届国展作品观摩会。中国摄协党组成员、副秘书长顾立群，中国摄影艺术年鉴主编高健生，著名摄影家、中国金像奖获得者、国展金奖获得者石广智，山西省摄影家协会主席王悦，山西省摄影家协会秘书长武勇出席会议。山西省选送作品近万幅，为历年最多，最终有23名作者的26幅作品获得优秀奖，为历年最多；省摄影家协会获组织工作奖。

《中国摄影艺术年鉴·2009山西卷》首发式在太原举行。

6月19日，“柬埔寨掠影”摄影展在太原龙城国际大酒店举行。此次展览共展出68幅体现柬埔寨文化与生活的摄影作品。

6月23日，上海第十届国际摄影展在上海展览中心揭幕，山西省刘伟作品《跑鼓车》获铜奖，这是山西省在上海国际摄影展中所获最高奖项。

6月26日，与《人民摄影》报、《山西画报》社、中国五台山国际旅游节组委会共同举办的“五台山国际摄影展”开展。

10月19日，第23届中国华北摄影艺术展在北京开幕。山西省组织各地市、各专业摄影协会主席的40幅作品参加展览。

山西省人大常委、省文联党组书记、常务副主席宋新柱摄影诗文集《行色如歌》由中国摄影出版社出版。全集分为“赋百花”“赏世博”“走青海”“问山水”“读缠绵”“看世界”“望玉树”7个篇章。

11月19~21日，2010年第十八届山西省摄影艺术展评选会在忻州举行。此次评选共分为纪录类、艺术类和商业类三大项，共有来自全省各地专业摄影工作者及业余摄影爱好者拍摄的近6000余件作品。会上评出获奖作品240幅（组），其中金奖14幅（组），银奖26幅（组），铜奖50幅（组），优秀奖150幅（组）。

12月17日，与省林业厅等单位主办的“绿化山西生态兴省”大型摄影展在太原开展。申联彬、胡苏平、刘维佳、周然等参观展览。

·民间文艺家协会·

【民间文艺家协会要事】 6月，中国民协在北京人民大会堂浙江厅举行“中国民间文学三套集成”表彰大会。山西省刘琦、张余、杨进升、常嗣新等十四人获贡献奖，省民协获优秀组织奖。

6月23~25日，中国民协、广东省文明办、广东省文联、广东省民协、中共东莞市委宣传部、东莞市中堂镇人民政府等单位举办的第二届中国（东莞·中堂）龙舟文化节在广东省东莞市中堂镇举行。山西省民协组织沁县龙舟队参加比赛，参赛节目《端午节闹龙舟》获银奖。

8月，由中国民协主办的“首届中国剪纸艺术节暨第十届山花奖·民间工艺美术奖（剪纸类）”活动在河北省蔚县举行。省民协组织山西省五名剪纸艺术家参加，其中杨毅获金奖，李斌杰获银奖，辛润才、侯彩英获铜奖，任跃获优秀奖，省民协获优秀组织奖。

中国民协主办的“首届中国（东莞·望牛墩）七夕风情文化节”在广东省东莞市望牛墩镇举行。省民协选派民间手工艺者王玉梅参加，其十字绣作品《琴棋书画》获铜奖。

9月，由中国文联、中国民协、山西省人民政府联合主办，大同市人民政府承办的第八届中国民间艺术节在大同市举行。共有全国42支表演队参加比赛，山西省共有15支队伍参赛，榆社霸王鞭艺术团的节目《娶亲》获金奖。

12月7~11日，中国民协、福建省文联等单位主办的中国四大名石雕刻大赛活动在福建省福州市举行，山西省微雕艺术家阴春野携作品参赛。

·戏剧家协会·

【戏剧家协会要事】 5月27~29日，山西梅花奖艺术团赴上海参加世博会演出，在上海艺海剧场演出两场梅花版《打金枝》。

5月29日，推荐山西省曲艺团池银寿创作、主演的小品《路遇》参加中国常熟沙家浜小戏小品节，并获小品三等奖。

7月6日，省剧协联合晋城市委宣传部等单位，在晋城举办上党梆子名家张爱珍专场演唱会。

8月5~7日，第十四届中国戏曲少儿梅花奖在深圳举行，山西省报送的十四名小选手，经过激烈比赛，其中有十二名选手获金花奖。

10月18~22日，在山东广饶举办的第五届中国红梅荟萃活动中，山西省晋城上党梆子剧团的赵德红、高平人民剧团的宋晋梅、高平上党梆子剧团的宋军亮、临汾眉户团的刘慧超（器乐组）四名演员获得“红梅金花”称号，另外，张蕾、申秀丽获“红梅花”称号，山西省剧协获优秀组织奖。

10月19~22日，第三届中国戏剧奖·理论评论奖颁奖仪式在北京举行。贾粉桃的论文《唱腔的创新与声腔的发展》获优秀评论奖。这是山西省首次获得该奖优秀论文奖。

10月28日，第三届中国戏剧奖·曹禺剧本奖在曹禺故乡湖北潜江颁奖。山西省由梁波、孟恭才、孙国强创作的历史剧《龙兴晋阳》获该奖入围奖。

·影视家协会·

【影视家协会要事】 4月8日，一部以大学生就业、投身农村建设为题材的电影《大学生小村官》在太原理工大学举行首映仪式。

4月13日，与省名人联合会、省朗诵艺术学会、天一宫名人会馆联合主办，山西晚报、民盟山西省委文化工作委员会协办的2010“春之约”朗诵音乐会在太原天一宫名人会馆举行。

4月17~23日，会同中共榆次区委、榆次区人民政府主办，太原新晋商联盟文化传播集团、常家庄园旅游股份有限公司承办的主题为“老电影的邀请”常家庄园中国老电影文化周暨第二届中国老电影收藏品交易博览会在山西榆次常家庄园举行。

5月，举办山西省第十八届电视文艺评奖活动。评出一等奖23个，二等奖31个，三等奖36个。

6月26日，省影视家协会组织牵头拍摄的中国首部聚焦当代煤矿班组长形象、多角度反映新时代矿工班组建设的主旋律影片《金牌班长》在山西省盂县跃进煤业有限公司开机。影片是根据全国煤炭系统先进典型白国周及其班组管理法为原型创作而成。

6月，省影视家协会为第二十五届中国电视金鹰奖推荐优秀作品。电视剧《江阴要塞》《西口长歌》入围，获三等奖。

7月27日，省影视家协会主办的“山西省第十八届电视文艺评奖”颁奖晚会在省城太原举行。

9月，在第八届中国金鹰电视艺术节上，省影视家协会选送的电视艺术论文中有四篇获奖。

11月8日，组织参加中国农村小康电视节目工程表彰活动。省影视家协会选送的节目中，太原电视台的《黄河滩的启示》获一等奖，太原电视台的《网店收货郎》和临汾电视台的《深山里的打井人》获三等奖。

·曲艺家协会·

【曲艺家协会要事】 2010年初，组织参加“中国宝丰——全国曲艺擂台赛”，省曲艺家协会选送的节目山东快书《各就各位》获金奖，相声《学方言》获银奖。

2月，由省委宣传部、省文联、文化厅共同主办，省曲协、省曲艺团、黄河电视台承办的“送欢笑、到矿山”慰问演出活动，在省委书记张宝顺的带领下，深入到西山煤电集团、官地矿等煤矿企业慰问矿工和家属。

4~5月，组织编纂《中国曲艺曲种非物质文化遗产名录》，山西部分襄垣鼓书、沁县三弦书、潞安大鼓入册。

5月，第三届山东国际大众艺术节“第三届全国幽默曲艺邀请赛颁奖晚会”在济南明湖居举办。山西省柴京云、柴京海表演的大同数来宝《婆媳之间》获邀请赛金奖。

6月，第六届中国曲艺牡丹奖曲艺大赛(鼓曲唱曲)在长治举办。山西省潞安大鼓《割肉还娘》获第六届中国曲艺牡丹奖，王海燕获第六届中国曲艺牡丹奖表演奖。

6月，组织选手赴京参加第六届“天桥杯”国家非物质文化遗产鼓曲邀请赛，山西省崔嫦娟的潞安大鼓《千秋万代怀邓公》、董海兰的襄垣鼓书《鸿雁传书》均获金奖。山西省曲艺家协会获组织奖。

7月，“第四届全国少儿曲艺大赛山西总决赛暨第二届山西少儿曲艺工作研讨会”在临汾市举行。中国文联副主席、中国曲协主席刘兰芳，省文联党组副书记石跃峰等出席活动并为获奖选手颁奖。全省有15支代表队，45名选手入围。

8月，长治推荐的山东快书《大公鸡》和省曲艺团推荐的相声《小大人》参加全国少儿曲艺大赛均获奖，李鸿民、刘松龄获指导教师奖，山西省曲协获组织奖；李晋平创作的小品《欢送会》获文化部《中华颂》全国小戏小品作品大赛一等奖。

12月，第三届中部六省(湘鄂赣晋豫皖)曲艺大赛在湖南湘潭举办，山西省组织选送的四个节目全部获奖，其中潞安大鼓《新编〈珍珠倒卷帘〉》获得特等奖，另外有2个节目获一等奖，1个节目获二等奖，山西曲协获优秀组织工作奖。

·杂技家协会·

【杂技家协会要事】 两节期间组织太原、长治的杂技团体到基层进行慰问演出，策划并参与组织长治市、晋城市等地的“闹元宵，送温暖”演出活动。

选送论文参加中国文联理论评奖和山西文艺评奖，其中论文《文化性与戏剧性：打造杂技经典的神奇之手》和《华灯大道长》分别获山西省第七届文艺评论二等奖、三等奖；报送论文《试论杂技节目技与艺的统一》参加在黑龙江举办的第四届东北三省杂技论坛；报送论文《建立现代杂技理念》，参加2010年度“当代文艺论坛”。

4月28日，在山西大学文学院举办《杂技应该带给我们什么》的专题讲座，讲座以山西杂技为例，讲解杂技发展的历史、现状、走向，特别讲解了现代杂技应该是什么。

6月25日，由山西省文联、山西省杂技家协会主办的山西杂技界领军人物金恒杰先生的收徒仪式在太原举行。金恒杰曾任山西省文联副主席、山西省杂技家协会主席。金恒杰的三位徒弟文铭、张涛、康浩分别毕业于中央戏曲学院、小香玉艺术学校、中央音乐学院，是山西省杂技家协会的会员。这是山西杂技界首次举办的收徒仪式。

参与编撰《山西文化概论》，将

山西杂技辟为一节，从理论及文化的高度对山西杂技进行总结与宣传。

·音乐家协会·

【音乐家协会要事】 3月，山西省音乐家协会、山西省小提琴学会、山西大学音乐学院共同举办留法小提琴博士范辰君小提琴独奏音乐会。

4月，山西省音乐家协会、山西师大音乐学院共同举办原丽红独唱音乐会。

5月，山西省音乐家协会、山西省音乐舞蹈曲艺研究所、山西大学音乐学院联合举办德国钢琴家和教育家克劳斯贝斯勒先生钢琴大师班。

山西省音乐家协会、中北大学体育与艺术学院、中北大学信息商务学院共同举办翟超钢琴毕业音乐会。

山西省音乐家协会、山西大学音乐学院共同举办焦春梅研究生胡香、高美英毕业音乐会。

6月，山西省音乐家协会、中北大学体育与艺术学院音乐系共同举办小号独奏、重奏音乐会。

山西省音乐家协会、忻州师范学院共同举办王鑫个人独唱音乐会。

山西省音乐家协会、山西戏剧职业学院共同举办汪俊芳独唱音乐会。

山西省音乐家协会主办焦春梅学生张乐怡独唱音乐会。

山西省音乐家协会、长治学院音乐舞蹈系共同举办牛□钢琴独奏音乐会。

山西省音乐家协会、长治学院音乐舞蹈系共同举办张军二胡独奏音乐会。

山西省音乐家协会、山西艺术职业学院共同举办薛颖强钢琴独奏音乐会。

山西省音乐家协会、山西大学音乐学院共同举办王燕丽毕业独唱音乐会。

山西省音乐家协会、山西大学音乐学院共同举办韩瑞芳毕业音乐会。

7月，山西省音乐家协会二胡学会举行换届会议。白虎文再次当选为学会会长。

8月，山西省音乐家协会、太原市广播电视台、太原市音乐家协会共同举办省城首届二胡大赛。

9月，山西省音乐家协会承办由中共山西省委宣传部、省直机关工委主办的山西省庆祝中华人民共和国成立61周年合唱音乐会。

10月，山西省音乐家协会主办山西省第三届“音特杯”小提琴演奏比赛。

11月，山西省音乐家协会、山西戏剧职业学院共同举办韩晓霞独唱音乐会。

山西省音乐家协会主办中国民族音乐经典赏析音乐会。

12月，山西省音乐家协会主办第四届星畅打击乐艺术节。

山西省音乐家协会和山西大学音乐学院共同举办乔欣、杨丽君独唱音乐会。

·舞蹈家协会·

【舞蹈家协会要事】 3月和5月，举办两期中国舞蹈家协会中国舞蹈教师培训班。

4月，举办首期中国舞蹈家协会百姓健康舞教师培训班。

与太原市教育局联合举办以“颂祖国、展才艺、创和谐、共成长”为主题的太原市第二十届学校艺术教育活动月学生舞蹈比赛。

5月1~3日，省舞协举办第五届华北五省市区舞蹈比赛山西选拔赛，全省各地有100余支队伍参加此次选拔赛。

6月，省舞协推荐四个节目参加第七届中国舞蹈“荷花奖”校园舞蹈大赛的初评，太原师范学院舞蹈系群舞《大山支教》入围半决赛。

7月21~25日，由中国文联、中国舞蹈家协会在青岛举办的第七届中国舞蹈“荷花奖”校园舞蹈大赛中，省舞协推荐的太原师范学院舞蹈系群舞《大山支教》获得作品铜奖，省舞协获优秀组织奖。

8月1~8日，省舞协组织全省700余人、50余件参赛作品参加第五届华北五省市区舞蹈比赛，参赛节目全部获奖，省舞协获优秀组织奖。

9月11~16日，由中国文联、中国舞蹈家协会在内蒙鄂尔多斯市举办的第七届中国舞蹈“荷花奖”当代舞、现代舞比赛中，省舞协推荐的长治市歌舞剧团的群舞《花开时节》获作品铜奖，双人舞《红雨伞》获十佳作品奖，省舞协获优秀组织奖。

9月13~17日，省舞协举办全省第二期百姓健康舞培训班。

10月25~29日，在太原市举办第二期中国舞协《中国舞蹈》教师培训班。共有来自全省的120余名舞蹈教师参加培训。培训期间邀请中国舞协南方舞校校长陈军就中国舞蹈的改革与发展进行专题讲座。

11月30日至12月4日，中国舞协在北京召开第九次全国代表大会，山西省舞蹈家协会主席付汉生等5人代表山西参会。

（省文联组联部）

新闻出版

【"加速发展"工作主线】 2010年年初，基于建设新闻出版强国和山西文化强省的迫切要求，经认真调研，山西省新闻出版局做出了山西省新闻出版业最大的问题是"发展不足"的判断，在此基础上有针对性地提出了"加速发展"的工作主线，并具体化为"五年争三、十年争五"的奋斗目标，得到了省委省政府领导的肯定，在全省新闻出版部门引起了共鸣；在8月份召开的全省新闻出版局长座谈会上，基于全省上下在"7·29干部大会"后形成的争相转型发展、跨越发展的热潮，省新闻出版局审时度势，提出山西新闻出版业要"勇做山西转型发展、跨越发展的生力军"的行业定位，使得"加速发展"的主线更加突出，在与会者中引起强烈反响，得到全行业的普遍认同。对于行业发展宏观形势的准确判断和把握，"加速发展"主线的提出，"生力军"定位的确定，有力推动全省新闻出版各项工作，也高度契合省委、省政府关于转型发展、跨越发展的战略部署，成为全行业的最大共识，为推进"十二五"时期乃至更为长远时期全省新闻出版业的发展奠定坚实的思想和理论基础。

【新闻出版宣传】 2010年，省内各新闻媒体和出版单位密切配合，通过多种形式，围绕上海世博会、广州亚运会等中心工作和山西省转型跨越发展的战略思路，开展形式多样的主题宣传和出版发行工作，营造良好的舆论氛围。加大工作力度，有力配合突发事件应对处置，在王家岭透水事故救援结束不到10天就推出了《王家岭大救援》图书。完善出版导向引领机制，推动"山西出版政府奖"和"省级政府出版基金(专项资金)"的设立工作，取得明显进展。各类报刊突出品牌特色，《小学生拼音报》《语文报·低幼版》《小学生》《童话大王》被国家出版总署列入向全国少年儿童推荐的优秀少儿报刊名单。晋版图书精品迭出，《中国著名儿童文学作家评传丛书》《中国话剧艺术通史》《与农村党员谈心》获"第三届中华优秀出版物奖"，《学生探索动物百科》《讲给孩子的中国名城》《新版卡米的故事》《流动的花朵》入选"向全国青少年推荐的百种优秀图书"，《宋代刻工名录》《中国书画史籍丛典》入选"国家古籍出版资助项目"。特别是山西教育出版社和央视合作推出的《公司的力量》一书，得到省委书记袁纯清的高度评价，称这是一本可以培养领导干部"世界眼光"的好书，并向全省推荐研读，连续多周蝉联国内图书畅销榜榜首，发行量近30万册，有效提升山西出版形象，实现社会效益和经济效益的双丰收。

【"农家书屋"工程】 "农家书屋"是新闻出版公共服务体系的"一号工程"。山西省"农家书屋"工程自2008年正式实施以来，已连续两年列入省政府工作报告内容和全省新农村建设规划，2010年更以重点工作形式列入省目标责任制考核体系。2010年农家书屋建设取得了明显推进：一是完成2009年度5000家书屋的建设任务。认真组织实施书屋选址、书目论证、资金落实、招标采购和图书配送等工作，保证书屋建设的进度和质量。集中检查2009年度农家书屋建设情况，所抽验的222个农家书屋全部达标。组织开展2008年度已建农家书屋的信息系统填报工作，已完成填报2090家，填报率达99.5%；2010年度7000余家书屋的选点、申报、配套计划等也按期完成。二是充分发挥农家书屋的文化阵地作用。开展"我的书屋，我的家"等丰富多彩、各具特色的书屋活动，农家书屋在丰富基层群众生活、提升农民科学文化素质、改变村容村貌村风的基层阵地作用凸显。三是积极推进农家书屋建设全覆盖。10月份，在晋城召开全省农家书屋工程建设现场推进会，全面总结各地行之有效的工作经验和方法，展示建设成果，明确全省在2012年28339个行政村实现农家书屋全覆盖的目标，有力地推动下一阶段的农家书屋工作。

【全民阅读工程】 依托农家书屋、新华书店网点等阅读平台，引领形成全民阅读的良好风尚。全民阅读工程、全民阅读报刊行、山西省青少年爱国主义读书教育活动、"我的书屋我的家”阅读讲演活动等主题阅读活动，4·23世界读书日、5·4青年节等重大节日期间的优秀图书展示展销活动，有效激发三晋人民的阅读兴趣和读书热情。组织开展丰富多彩、各具特色的书屋活动，组织参加全国“我的书屋我的家”阅读征文和阅读讲演比赛，山西省有4篇作品获奖。晋城、大同等市也依托春节、元宵等传统节庆举办书市活动，将图书交易和全民阅读活动有机结合，通过开展名家签售、赛诗会、阅读改变生活等主题活动，拓展节日文化内涵，营造良好的全民阅读氛围。构建全民阅读活动体系，山西省以城市为主体，以公务员、未成年人、农民朋友为重点人群，以农家书屋、新华书店网点为载体的全面覆盖延伸的全面阅读活动体系正在逐步形成。

【新闻出版体制改革】 全省经营性图书、音像电子出版单位转企工作全面完成，8家图书出版社、3家音像电子出版社通过上级验收，6项指标全部完成。时政类和非时政类报刊分类改革工作有序推进，太原日报、大同日报、长治日报、朔州日报推进采编与经营“两分开”，引领带动全省市级党报党刊出版发行改革；语文报社、英语周报社等15家报刊顺利完成转企改制试点任务，为全面推开报刊改革积累了经验。

【新闻出版产业发展】 一是首次开展新闻出版产业调查。通过调查，基本摸清行业底数。据统计，2009年，全省新闻出版业总产出86.97亿元，资产总额89.74亿元，营业收入80.09亿元，较上一年度同比增幅达15%左右。2010年全省新闻出版产业总产出首次突破百亿元。二是申报全国文化产业发展资金等项目57项次，已到位资金支持近3000万元，山西新华物流中心（一期）、山西日报印报基地、太原日报报业园区建成并投入使用，大同报业园区、临汾印刷园区等工程建设进展顺利，重大新闻出版项目的示范带动作用正逐步显现。三是编制规划。完成全省新闻出版业“十一五”规划终期评估，编制起草全省新闻出版业“十二五”发展规划，并初步建立起涵盖产业发展和内容建设的全省新闻出版业发展项目库。四是新兴出版业态发展。山西问天科技有限公司主导网游产品《苍穹》入选新闻出版总署第五批“民族网游出版工程”，《仙》获得2010年度金翎奖“玩家最期待的十大网络游戏”，《梦幻问情》和《问情OL》也已上线公测，前景良好。省内7家出版单位获得互联网出版资质，开展互联网出版业务，手机出版、动漫出版等新兴业态发展逐步启动。大同广灵蕙花和同煤集团印刷厂实行优势互补，蕙花印刷厂研究创新的中国新写实多层剪纸系列作品《风雨同舟》、美国总统奥巴马、国防部长盖茨肖像、《黄河之水天上来》等1000多幅作品入选上海世博会，形成了“剪纸—印刷—包装”相互促进，带动发展的产业链条。同煤集团印刷厂把宣纸印刷成精美工艺品，已经作为国礼在国际上交流。

【新闻出版“走出去”】 依托第二十届全国图书交易博览会、第十七届北京国际图书博览会、2010年越南印尼中国图书展销会、第三届海峡两岸图书交易会等展会平台，进一步开拓晋版出版物的海外市场，向国内外出版商及广大读者展示山西特色出版物。第十七届北京国际图书博览会上，山西省达成版权输出意向57个、引进意向16个，山西科技出版社现场签约向台湾地区输出《太极拳图画讲义》等图书28种，版权输出贸易连续四年实现顺差增长。

【新闻出版法制建设】 开展山西省新闻出版行政执法证年度执法登记、核验、注册以及新闻出版系统的法制宣传和“五五”普法教育总结验收工作。规范行政审批程序，统一审批流程，下放、取消、合并、划归7项审批权项，重新确定审批项目，对梳理出来的34个行政许可项目进行规范化操作，确保行政审批工作的规范、透明、高效运转，搭建形成“服务窗口统一受理、各业务处室分别审批、服务窗口统一送达”的“一站式”服务平台。

【新闻出版行政管理】 相继建立《山西省图书效益突出奖评奖办法》《优秀晋版新书发布制度》《山西省报刊审读实施细则》等制度。严格图书选题审批制、重大选题备案和出版物“三审”制，全年共审批图书选题3649种，确定重点出版物选题84种（图书选题68种，音像电子出版物选题16种）；重点审读报纸44种、期刊24种，编写《审读快报》43期。开展行业检查，在全国率先开展养生类图书专项检查，组织第十五轮编校质量检查工作；与22家报刊社签订《山西省报刊广告发布自律公约》，规范报刊广告秩序；查处歪歪书吧刊登淫秽色情网络小说等网络新型违规案件；开展“五项制度严格管理年活动”、“3·15质检活动”，对印刷企业、教材教辅、报纸期刊等进行检查，提升出版物质量。

【“扫黄打非”工作】 以查办大案要案为突破口，持续加大市场监管力度，出版物市场环境和社会文化环境得到有效净化。保持“扫黄打非”高压态势，组织开展迎世博、迎亚运、打击互联网和手机淫秽色情信息等专项行动，截至11月底，全省共收缴非法出版物总数为101万余件，其中，违禁类出版物14577件，淫秽色情出版物47195件，侵权盗版出版物近92万件，非法报刊近33790件，没收假记者证、假媒体工作证276件，及时妥善地处理忻州“假记者村”事件、《火花》增刊“大迁徙”事件等。

【版权管理】 加大对侵权盗版的清查力度，全年共出动执法人员2193人次，取缔非法窝点14个，收缴盗版音像制品76843张，组织调查《语文报》被盗版案件。“剑网行动”以及打击侵犯知识产权和制售假冒伪劣商品专项行动，也都开展得有声有色。实施版权宣传“五进”活动，开展版权法律法规宣传教育，提供版权服务。企业软件正版化在全省285家大中型煤矿、冶金、文化新闻出版企业全面推进，全省版权保护环境进一步优化。

（郭跃鹏）

报 纸

【宣传工作】 2010年,《山西日报》强化“中心工作”报道,围绕全国、全省“两会”、省委书记袁纯清调研活动、“7·29”全省干部大会、结构调整经济发展方式转变、煤炭资源整合、“十一五”成就“十二五”规划制定等重要会议、重要活动、重大决策部署,坚持第一时间采访报道,发挥党报新闻宣传的主渠道、主阵地作用。⑴积极应对突发事件,正确引导社会舆论。面对山西省王家岭在建煤矿透水事故和“问题疫苗”等突发事件,《山西日报》及时响应、充分报道,正确、高效、有力地引导社会舆论,山西新闻网第一时间派出记者,新闻发布后进行实时滚动报道。⑵宣传文化强省,提升山西文化形象。一是宣传山西省深化文化体制改革,推进文化产业发展,实施重大项目带动战略的新举措、新成效、新典型;二是连续推出4篇山西省推进文化体制改革系列述评,总结推进文化体制改革的经验做法,为深化改革营造舆论氛围;三是推出《大家·名作》《名家·名作》品鉴系列专版。⑶组织世博会、世界杯、亚运会报道。⑷根据省委书记袁纯清的讲话,《山西日报》撰写推出的1篇社论、10篇系列评论、8篇系列解读文章被省委宣传部、省学习型党组织建设领导组办公室编印成册,供全省党员干部学习。

【媒体活动】 ⑴3月4日,“2010CCTV财经频道媒体合作年会暨《第一时间》‘封面·真情2009’评选揭晓”活动在北京举行,《山西晚报》与全国29家主流媒体成为央视财经频道正式签约的地区战略合作伙伴。6月10日,全国主流媒体教育联盟第二届年会在西安举行,《山西晚报》受邀参会,并正式成为全国主流媒体教育联盟成员单位。11月,由国家工商行政管理总局商标局审查核准的“山西晚报”商标注册证正式签发,注册证号为第5747346,核定使用商品为“报纸、杂志、新闻刊物、期刊”。6月底,太原市2040辆公交车的车载电视和534台写字楼楼宇电视开始试播《山西晚报》新闻。⑵1月20日,《山西农民报》被列入新闻出版总署农家书屋向全国推荐目录。12月17日,由集团主办《山西农民报》承办的“五个覆盖惠民生,记者基层百日行”大型采访活动在集团启动,省长王君发来寄语。⑶《三晋都市报》以4月18日创刊10周年为契机,进行新一轮改版,办报宗旨由原来的“特色就是品味”升华为“全球视野、地域特色”。并在国内外新闻版上增设“热辣编评”专栏,力图把报纸办成“思想报”“观点报”。9月28日,在“太原——高雄新闻交流论坛”上,《三晋都市报》与台湾旺旺中时集团《旺报》签署全面合作协议,搭建长期合作平台。6月27日,第二届中国品牌与传播大会暨“品牌贡献奖”年度颁奖盛典在北京举行。《三晋都市报》被评为“品牌贡献奖·影响中国最具品牌传播价值晚报都市报”,是山西省唯一获此殊荣的媒体。⑷9月25日,中国经济报刊协会携《山西经济日报》等近百家经济媒体联合在北京人民大会堂举办以“辉煌10年、10年人物”为主题的“2010中国十大(系列)经济新闻人物”评选。《山西经济日报》推荐的右玉历届县委书记群体荣获“2010营造秀美山河特别奖”;《山西经济日报》记者郑亦工采写的报道《为什么能按蓝图干到底》,荣获2010中国经济新闻大赛一等奖。4月22日,在中国经济报刊协会第五届四次理事会上,《山西经济日报》孟庆伟荣获“中国经济报刊十佳编辑”称号。⑸5月7日,山西法制报社与华东政法大学人文学院签署基地成立协议,报社将作为该学院学生社会实践单位,参与学生的调研、实习、培训等事宜,该学院也将定期组织有关专家学者为报社编采人员进行理论授课。华东政法大学人文学院新闻学专业(法制新闻方向)首次面向山西招生。6月30日至7月1日,在全国省级法治报业发展年会上,山西法制报社获“全国省级法治报业发展创新奖”,关启获“先锋人物奖”。⑹4月,《青少年日记》和相关部门联合举办“选择行动,节能从小做起”——2010年山西省青少年节能行动。⑺5月18日,山西新闻网12周年庆典暨新版上线仪式在集团多功能厅举行。山西新闻网成为一家覆盖互联网新闻、数字报刊、手机报、电子杂志、互动社区、互联网技术服务等多个领域的省级门户网站,被中国互联网协会列为全国百强网站之一。

【广告经营】 12月,山西广告市场调查数据从市场份额来看,广告总公司三报(《山西日报》《山西晚报》《三晋都市报》)广告营业额占总量的48.8%,继续保持山西报纸媒体广告经营最佳纸媒的地位。1月12日,广告总公司再次被中国广告协会授予“全国广告行业文明单位”的荣誉称号,是山西省内唯一连续6年获此殊荣的媒体单位。1月15日,广告总公司在中国广告协会报刊分会组织的2009年度全国报刊广告工作年会上荣获“2009全国报刊广告年度经营管理优秀团队”荣誉称号,公司总经理李伟荣获“2009全国报刊广告年度卓越贡献奖”。

【党报流动阅报栏】 4月23日,推出党报流动阅报栏售报车,此举是集团文化体制改革和发行体制改革的重要举措,是在全国首家推出流动售报车与党报阅报栏一体化的运作模式。这种运作模式不仅是展示党报形象的窗口,传播大政方针的阵地,同时使读者在第一时间购买和阅读党报,了解党的路线、方针和政策,扩大《山西日报》在太原的影响。5月6日,王君一行在集团调研时参观党报流动阅报栏售报车,并给予肯定。6月,发行总公司荣获中国报业协会“发行工作先进集体”和“第17届全国省级党报发行先进集体”的称号。

【闻兴印务公司搬迁】 闻兴印务公司作为山西省重点建设的文化产业项目，建成投产山西省规模最大，智能化程度最高的印报基地，占地6.01公顷，建筑面积2.2万平方米。公司从集团院内搬迁至开发区新厂并投入生产，在经济效益、市场开拓、安全生产、团队建设等方面均取得成绩，基本完成全年的各项指标任务，被评为“全省文化体制改革先进单位”。

【集团基层党组织换届】 4月1日至5月18日，集团机关党委完成基层党组织换届工作，换届前共有党支部30个，换届后基层党支部达35个。换届前各党支部共有支部委员129人，换届后增至147人，其中，新当选的支部委员73人，占支部委员总数的50%；40岁以下的35人，占全体支委总数的23%，支部委员中年轻化的比例逐步提升。在35名党支部书记中，继续连任的有15人，占总数的43%；新当选的20人，占总数的57%。在职部门的党支部书记31人，其中行政部门党员负责人（正职）担任党支部书记的20人，占在职支部书记总数的65%，由部门其他领导（副职）担任党支部书记的11人，占总数的35%。

【荣誉表彰】 1月21日，在全省宣传部长会议上，集团被授予“2009年度宣传文化工作突出贡献奖”。4月28日，省直机关劳动模范表彰大会举行。山西日报社、山西闻兴印务有限责任公司、良友周报社被授予“省直机关模范单位”；集团编委、山西晚报社社长丁伟跃，集团财务管理中心主任侯忠泉被授予“省直机关劳动模范”，集团广告总公司总经理李伟被授予“省特级劳动模范”。4月29日，第十九届山西新闻奖评选揭晓，《山西日报》等10家集团所属媒体的66件作品获奖。6月17日，省政府表彰在新一轮公路建设高潮中大力支持重点公路建设并作出突出贡献的63个优秀单位和199名先进个人。集团被省政府授予“支持重点公路建设优秀单位”。《山西日报》记者辛义生、《山西晚报》记者张勇、《三晋都市报》记者杜文毅等被授予“支持重点公路建设先进个人”。10月27日，由中华全国新闻工作者协会主办的第二十届中国新闻奖、第十一届长江韬奋奖评选结果揭晓。《山西日报》理论评论部主任席殿晋获韬奋奖，《人民摄影报》编辑王华获中国新闻奖二等奖。12月15日，在全省政府系统政务信息工作会议上，集团荣膺“2009年度信息工作先进单位”，张邦邦被授予“2009年度优秀信息工作者”。

（孙　峰　丁　婕）

出版传媒

【社会经济效益】 2010年，集团共有45种图书获得全国各类奖项。在第三届中华优秀出版物奖评选中，有3种图书获正式奖，在该奖50种获奖图书中，获奖数量仅次于安徽出版集团，与江苏凤凰出版集团、湖南出版集团并列第二位。集团所属各出版社在打造畅销书方面进行探索，7家出版单位有36种图书冲上全国各类排行榜。其中《中间地带的革命》《天崩地解：1644大变局》《国家记忆》《历史：何以至此》《赵俪生高昭一夫妇回忆录》《大投资家：牛股基因》等13种图书21次登上全国畅销图书排行榜；《低碳阴谋》《陈志武说中国经济》《唐骏：我的商业逻辑》等3种图书登上全国畅销图书排行榜；《公司的力量》长期雄踞各大书城财经类图书销售排行榜，创造集团年度发行近30万册的单品种图书新纪录。在《中国新闻出版报》发布的2010年度“全国优秀畅销书排行榜”上，总榜10种图书集团占1种；经管分榜10种图书集团占两种；社科分榜10种图书集团占两种。在《光明日报》发布的2010年度“光明书榜”上，10本上榜书集团占3种。在香港《亚洲周刊》评出的年度十大华文好书（非小说类）中，《国家记忆》榜上有名。集团实现营业总收入47.4亿元，是年度计划的135.8%，比上年增长31%。完成利润总额3.01亿元，增长1.18亿元，增幅为65%；实现税后净利润2.75亿元，增长1.06亿元，增幅为63%；综合货款回收率为90%；国有资产保值增值率为147%，各项经济指标均呈现出跨越发展的良好态势。与集团成立之初营业总收入22亿元的规模相比，资产总额和销售收入都翻了一番。

山西出版传媒产业园区运营仪式　　（郭文礼提供）

【版权贸易】 集团始终将版贸工作作为重点工程来抓,推动晋版图书与国际市场接轨,使山西出版的影响力增强。2010年,集团实现图书版权贸易68项。其中引进图书27种,输出图书41种,输出版权比上年增加10种,引进和输出比为1:1.52,连续三年保持顺差。少儿、文化、中医养生、武术成为集团"走出去"的特色板块,并呈逐年增长的态势。2010年,中国版协评出"第九届输出版、引进版优秀图书",在50种引进版科技类获奖图书中,《游戏中的科学》占据一席;在100种引进版社科类获奖图书中,《22条商规》榜上有名;在99种输出版获奖图书中,《杨氏太极拳、剑、刀》入围。

【文明创建】 2010年,山西教育出版社被新闻出版总署评为"首届新闻出版行业文明单位"。山西教育出版社、山西新华书店集团、山西省新闻出版纸张公司、山西人民印刷有限公司4家单位蝉联省直文明和谐单位标兵称号,集团本部、山西人民出版社、希望出版社、山西省印刷物资总公司、山西新华印业公司、山西省美术印务有限公司6家单位获得省直文明和谐单位称号。高平市新华书店被中宣部等授予"全国服务农民服务基层文化建设先进集体"称号。《学习报》理综版编辑部、新华书店集团计算机中心被共青团山西省委授予"青年文明号"称号。袁纯清先后两次对集团工作作出亲笔批示,鼓励集团做大做强。王君、胡苏平、周然、令政策、李潭生等领导,先后来集团调研指导工作,对集团的发展成就给予充分的肯定。全国各大媒体也从不同角度对集团的改革发展进行宣传报道。

【转企改制经验】 山西出版传媒集团转企改制正式运营一年。集团的总资产和销售收入均增长10亿元,均突破46亿元;出版规模扩大,年出书品种达3318种,比成立之初的1738种增长近1倍;获奖图书、品牌图书和畅销图书数量均创历史最高水平。

省长王君调研山西人民出版社　　(郭文礼提供)

1. 机制转变。按照中央深化文化体制改革的要求,山西出版传媒集团于上年年底将原事业编制的山西人民出版社、山西古籍出版社和山西画报社整体打包,16家事业单位全部转为企业,成为山西省率先全面完成转企任务的大型文化企业。对此,山西出版传媒集团制定"三步走"的改革路线图,即转企改制、股份制改造和融资上市,同时完成思想观念、经营方式、管理模式的转变。

2. 分类管理。2010年,山西出版集团在全国出版行业率先探索成员单位分类管理制度。集团以各成员单位上年度所经营和所占用的国有经营资产、年度销售收入、利润总额、净利润以及自主产品销售规模、自主产品利润规模等指标为主要依据,按不同权重比率计算分值,按所得总分从高到低排序,依序分作若干等级进行区别管理。处于级别较高的一级子公司,所得到集团母公司的授权较多。试行分类管理,目的就是要加大对优秀经营单位的扶持力度,同时加大对发展效益显著的成员单位的奖励力度,鼓励其在短期内快速做强,以带动集团整体产业的发展。在集团整体发展中处于相对弱势地位的北岳文艺出版社,改变持续亏损的历史。被列为集团A类企业的山西教育出版社,2010年销售码洋达6亿元,创历史最高水平。

3. 战略营销。集团将营销提升到整体战略层面,打破传统营销模式的职能疆界,整合企业内外所有资源,调动一切可能的积极因素,有机融入企业的整体竞争战略之中。希望出版社与辽宁龙图文化公司联营组建的希望东北出版中心2010年挂牌,即创出3000万元的出版规模。外向优质资源与自身特色资源的互补、外围发行优势与自身成熟渠道的联手,使山西出版传媒集团在品牌建设方面实现稳扎稳打,原创产品与畅销品种猛增。《与农村党员谈心》《中国话剧艺术通史》《中国著名儿童文学作家评传》丛书、《构筑和谐》4种精品图书和两篇论文,荣获第三届中华优秀出版物奖和优秀论文奖,获奖数量创历史新高。众多优秀图书登上各类图书销售排行榜。《公司的力量》上市6个月,单本发行量突破25万册。《中间地带的革命》获国家图书馆"文津奖"。集团在社科文史、少儿、教育类细分市场方面进入全国前列,在晋商文化、旅游系列、外语类、中医武术类、围棋类、书法美术类等出版领域初步形成强势板块。

4. 产业升级。8月,山西新华物流中心建成并投入使用,实现年流转图书音像制品30万种,年流转包件370万件,年经营规模达30亿元,成为覆盖全省乃至辐射周边省区的现代化出版物仓储和集散中心。连锁公司信息平台搭建基本完成,公司网站开通,自动化生产线投入运行。集团现代化印制平台——山西新华印业园区紧张施工,"绿色出版"理念投入试验。现代编辑出版平台——数字出版大厦完成立项。确立数字出版五大工程。数字出版中试基地在集团所属山西春秋电子音像出版社落成,近万种晋版图书被纳入数字出版数据库,新课程杂志社与山西春秋电子音像出版社合作开发的《新课程多媒体教学课件》是市场上科目最全、版本最多的中小学教学课件,以《山西画报》为基础资源的图片新闻网和图片数据中心在建设中。《学习报》《名作欣赏》《编辑之友》《山西画报》等集团所属13家报刊社于年底注册为有限责任公司,提前完成转企改制任务。

(郭文礼)

广播　电视　电影

【宣传工作】 2010年,省市推出《转型发展、跨越发展》《聚焦重点工程》《全覆盖惠民生》《我们的企业在转型》等30多个专栏和《转型之路》等系列专题报道,推动全省重点工程建设、安全生产、煤炭资源整合、五个全覆盖、节能减排及转型跨越发展的各项工作;完成王家岭事故救援、问题疫苗事件、玉树地震救援、世博会、能博会等重大事件和活动的宣传报道任务,其中王家岭事故救援37个小时的直播报道创历史之最;组织策划"世博山西周""魅力山西国际电视展映年""晋中社火节""洪洞大槐树祭祖"等21项活动,打造百集短片《魅力中国》、大型文献纪录片《晋商会馆》等精品文化节目;SCOLA台汉语教学节目实现英汉双语播出;国际频道在欧洲、澳大利亚成功落地;山西卫视新增全国覆盖人口550万人;山西视听网的点击率保持全国省级广电网的领先地位,荣获2009~2010年度"全国地方网站最具人气活力品牌奖"和"中国广电新媒体示范品牌"荣誉;省台在央视发稿1010条,其中在《新闻联播》发稿182条;太原台在央视发稿151条。

【农村全覆盖】 2010年,广电部门层层建立目标责任制,筹措资金12078.85万元,组织开展"千人百日大会战",完成9638个20~49户自然村的村村通任务。比原计划提前7个月,比既定目标超额445个村,比原定收看标准增加40套数字广播电视节目。建立用户查询、服务、管理等标准化体系,对村村通设备和用户的信息采集率达98.1%。同时,落实并下拨农村电影公益放映补贴资金2252万元,全年免费为28199个行政村放映电影338388场,超额38388场完成全年农村电影放映任务。

【影视精品创作】 2010年,共拍摄电影10部、电视剧5部115集。2009年度国内外影视剧大奖评比中,山西省共获14项奖,其中,国际奖3个(电影《儿子、媳妇和老娘》获平壤电影节组委会奖,《乌龟也上网》获洛杉矶国际家庭电影节奖,《黄河喜事》获第13届上海国际电影节大奖);国家级奖4个(电影《徐海东喋血町店》获百合奖、电影《黄河喜事》获长春电影节金穗奖,电视连续剧《在那遥远的地方》《西口长歌》获金鹰奖);省级奖7个(7部影视剧获省五个一工程奖)。省广播电影电视局荣获"省精神文明建设五个一工程组织工作奖"。通过实施品牌战略,全省共改版创新和推出30多个栏目,打造《山西新闻联播》《黄河新闻》《新闻快车》《上党时空》《有啥谝啥》等一批深受百姓欢迎的优秀节目。全省共获得国家级奖80多项,其中省台获奖33项,中国新闻奖3项。特别是省台科教频道的《都市110》荣获"全国电视观众最喜爱的栏目"称号、《小郭跑腿》荣获"全国地面频道20强栏目"称号、频道被评为"中国最具影响力十佳省级地面频道"。

【产业开发】 按照国家广电总局的要求,对山西省建设下一代广播电视网(NGB)进行技术论证,提出初步方案;制定上报全省广播电视有线网络整合方案和山西广播电视信息网络(集团)股份有限公司组建方案;推进有线网络数字化、双向化改造;完成省级IPTV运营平台技术、业务方案的制订和节目集成平台的设备招标及安装工作,为三网融合各项新业务的开展奠定基础;山西中广传播有限公司正式揭牌,手持电视、手机电视正式开播,CMMB信号已覆盖全省11个地市;全省新建影院6座、新增银幕34块,城市影院票房收入突破1.05亿元,同比增长150%;制定《山西广播电视台重组方案》并得到国家广电总局的批准;启动重组山西广播电视信息网络(集团)股份有限公司、山西电广传媒有限公司、山西影视集团三大产业主体工作,制定整合重组和业务发展方案;市、县两级文化、广电、新闻出版"三局合一"改革基本完成职能确定和内设机构及人员的配置。

【管理工作】 (1)围绕加强安全管理,健全组织机构、监测和调度指挥系统及应急预案;通过强化学习培训、明确岗位责任、加强技术防范,形成全省安全播出的长效机制,完成"两会"、世博会、能博会等重要保障期的安全播出任务;地球站以98分的成绩通过总局的检查验收。(2)围绕加强宣传管理,下发《广播电视宣传管理手册》,强化宣传管理职能和程序;从健全机构和完善制度入手加强收听收看工作,重点开展医药卫生类、情感故事类、婚恋交友类及世界杯转播的整治,处理违规播出事项10起。(3)围绕加强法规管理,整理汇编50余万字的《山西省广播影视管理实用手册》,为各级广电管理机构依法履行管理职责提供依据;委托国家广电总局培训中心举办省广播电影电视局处长、各市文广新局长和部分县局长培训班;完成"五五"普法工作,以满分通过省和广电总局的考核验收;省广播电影电视局获得全国广电系统学法用法论文大赛优秀组织奖。(4)围绕加强机构管理,完成112家播出机构、71家企事业有线广播电视站和50家有线电视网络机构的检查换证;审核颁发13家节目制作许可证、2家电视剧制作许可证、1家企事业有线广播电视站许可证;集中开展整治违规广播电视节目、整治违规广告、整治境外卫星传播秩序、整治电视购物节目等专项行动,共查处违规播出频道10个、违规广告35条,收缴非法卫星接收机1769台、卫星天线2944面、高频头2448个,拆除非法卫星接收设施1610座,取缔非法销售安装点54个。(5)围绕加强电影电视剧管理,制定电影备案、审查、发行放映等管理制度;审核颁发26家电影发行许可证、67家电影放映许可证、5家电视剧发行许可证,完成电影备案34部、电视剧备案14部;加快全省农村数字监管平台建设,给各农村院线和放映队发放数字放映设备550套、流动放映车5辆。(6)围绕加强新媒体管理,建立手机电视、网络视频、IPTV等新媒体内容监管系统,开展整治互联网淫秽及低俗信息专项行动,查处关停9个网站视频栏目。总局转发省广播电影电视局《关于建立互联网视听节目监控系统的通知》,向全国推荐省广播电影电视局制定的监管互联网视听节目的技术标准和程序模式。(7)围绕加强协会工作,组织开展节目研讨、节目评选、行业教育、行业维权等系列活动,促进广播电视节目质量的提升和品牌打造。

【队伍建设】 一是加强思想政治建设。制定《省广播影视系统推进学习型党组织建设的实施意见》,集中学习18次。二是加强作风建设。开展学习右玉精神、转变工作作风活动,各级机关普遍建立首问负责、公开承诺等系列制度,促进作风转变和工作效率的提高。省广播电影电视局各种行政许可的审批时间平均缩短20%;政务信息公开率和咨询答复率达100%;通过听证对话会、行风热线和面对面节目,受理群众反映的热点、难点问题2600多个,解决率达90%以上。三是加强党风廉政建设。省广播电影电视局下发《2010年党风廉政建设和反腐败工作任务分解意见》及《实施办法》,制定《廉政档案管理办法》《廉政承诺和任前廉政谈话制度》等7项制度,将党风廉政建设的各项任务落到实处。通过集中学习、专题讲座、巡回辅导等多种方式,增强广大党员干部的廉政意识;通过围绕各个时期的中心和村村通工程、采编播资格考试、干部任用、设备采购等工作重点实施重点监督,推进预防职务犯罪工作;通过节日编发廉政短信、明察暗访、抽查监察等多项措施,做到防患未然。四是加强人才队伍建设。制定《全省广播影视"十二五"人才发展规划》,完成总局组织的各类人才培训77人次,组织300多人次参加全省机务员技师和业务等级培训考核,904人参加国家采编播资格考试,32人参加公务员培训考核,65人参加全省有线电视、供配电系统技术竞赛,120多人参加会计继续教育培训,700多人参加发射、转播、微波、供电等7个专业的安全播出知识考试,提高队伍的业务素质和专业技能。

(王 珽)

旅游 服务

旅 游

【概述】 2010年，全省旅游行业认真贯彻落实科学发展观、《国务院关于加快发展旅游业的意见》和省委省政府转型发展、跨越发展的战略，围绕中心，服务全局，积极应对金融危机余波对旅游业造成的冲击和影响，深入推进区域旅游合作，继续实施一系列扩大旅游消费的措施；充分利用上海世博会的契机，积极开拓国内外市场；高度重视旅游安全工作，旅游经济实现连续、稳定、快速增长，旅游整体形象显著提升，产业地位进一步提高。2010年，旅游总收入达1083.46亿元人民币，同比增长21.39%。

【贯彻落实国务院《关于加快发展旅游业的意见》】 国务院下发《关于加快发展旅游业的意见》后，省旅游局先后召开党组扩大会、专题讨论会、专家学者座谈会、局务会进行学习领会，对《意见》进行详细的解读，并向各市下发学习贯彻《意见》的通知。省十一届人大常委会第十九次会议听取省旅游局代表省政府所做的全省旅游工作情况报告，对2004年以来的全省旅游产业发展情况给予充分肯定，并出台《山西省人民代表大会常务委员会关于加快发展旅游业的决定》。全省11个市也以多种形式贯彻落实国务院的《意见》。朔州市召开市政府常务会研究出台了《朔州市旅游产业发展规划（2010—2015年）》和《朔州市旅游产业发展和振兴工作考核（评价）奖惩办法》；临汾市出台《关于加快旅游产业发展的意见》；晋城市召开市政府常务会学习讨论了《意见》，在全省率先全面总结全市煤炭产业转型发展旅游业的情况。

【世博旅游宣传】 根据全省世博旅游宣传工作方案，设计制作《精彩山西》《山西旅游指南》等世博旅游宣传资料和纪念品；举办以太原为主会场、其他各市为分会场的"全省世博旅游宣传推广周山西活动"，推出7条具有山西特色的"世博之旅"线路；在上海举办山西旅游推介会，并在上海火车站电视墙、南京路LED屏幕、上世博线路公交车、浦东机场咨询台等公众媒体播放山西旅游形象广告；建立上海—山西两地旅游信息共享体系。省旅游局被世博组委会表彰为模范单位。

【区域旅游合作】 为进一步促进环渤海及北京周边9省、区、市区域旅游一体化及国内旅游热点城市共同发展与繁荣，实现旅游资源、产品、市场、信息、客源和利益共享的战略目标，由国家旅游局、山西省政府和北京市政府共同举办的第三届"9+10"区域旅游合作会议于12月6日在太原召开。会议有全国10位省区市领导、40位地厅级领导参加；会议得到省委省政府的高度重视和大力支持，袁纯清、李小鹏、胡苏平、高建民莅会并讲话。大会受到与会代表的高度赞扬，获得圆满成功，签署《区域旅游合作太原宣言》《环渤海及北京周边九省（区、市）联合开发推广专项旅游产品战略协议》《世界旅游城市联合会（筹备）国内旅游城市合作意向书》，标志着继长三角、珠三角之后的第三大旅游经济合作圈的形成。经大力协调，太原和大同进入全国主要旅游热点城市行列。

【扩大旅游消费措施】 省旅游局与河北、陕西、河南省级旅游部门联合推出四省八市百家景区旅游"一证游"活动，晋、冀、陕、豫八个城市的居民凭借有效证件就可在上百家景区享受半价门票优惠，惠及百姓3000余万人；与省财政厅、物价局、交通厅推出了"暂缓收取省外旅行社组团入晋旅游客运车辆高速公路通行费"的优惠政策；推出"晋旅卡"。

·旅游行业管理·

【旅游市场监督管理】 全省各级旅游行政管理部门会同质监执法部门全面贯彻落实《旅行社条例》及其实施细则，通过企业自查自纠，市（县）重点检查和省局抽查等方式，共开展检查次数636次，出动检查人次2243次；检查旅行社1533家。其中，查处违规社95家，黑社12家，吊销旅行社7家，累计处罚521500元；受理旅游投诉96件，结案96件，结案率100%,有效地规范旅行社经营行为和旅游市场秩序,优化旅游环境。在"十一"黄金周期间,国家旅游局副局长杜江一行对山西省《旅行社条例》贯彻实施情况、黄金周准备工作及五台山规范燃香情况进行专项检查,对山西省行业管理工作给予充分肯定。进一步加强赴台旅游监管工作,取消4家赴台游组团社不能在太原、大同、晋城跨市交叉组团的限制。全年全省共组织赴台游512个团队,11552人次,游客满意度较高,未发生赴台游服务质量投诉、安全事故和滞留不归的情况。

【旅游安全管理】 省旅游局在全省旅游行业深入开展"旅游服务质量提升年"、"安全生产年"活动,多次召开旅游行业管理和旅游安全工作会议,全面部署旅游服务质量提升年各项活动。与11个市旅游局签订旅游安全目标责任书,全省100多个县级旅游管理部门与1000多家旅游企业签订旅游安全目标责任书。完成《山西省旅游突发事件应急预案》,旅游突发事件应急预案由部门预案提升为省级专项预案。全省各级旅游部门对旅游企业的安全检查达1700余次,下达整改通知420余份,增强全省旅游行业的安全责任感,提高全省旅游安全监管水平。省旅游局连续7年被省政府评为安全生产先进单位。

【旅游保险管理】 召开全省旅游保险工作会议,部署2010年度全省旅行社责任险统保工作,并于1月起在全省旅行社行业实施旅行社责任保险统保示范产品。自统保示范项目运行以来,全省总体情况良好,投保率在全国名列前茅。在7月份国家旅游局召开的旅行社责任保险统保示范项目座谈会上,省旅游局代表做经验发言。截至2010年底,全省共有693家旅行社参加旅行社责任险统保示范项目,投保率达91.55%。

【旅行社管理】 召集各市局相关负责人举行旅行社统计调查培训,安排部署全省旅行社统计调查工作,为全面掌握全省旅行社行业的规模和经营状况提供依据;组织各市旅游局及质监所人员参加旅行社委托代理招徕旅游业务及新版合同示范文本培训班,并与省工商局联合下发推广使用新版旅游合同的相关要求,新版旅游合同自2010年7月1日起开始实施。

【导游员管理】 共有6327人参加导游人员资格考试,2230人考试合格取得资格证书,其中中文2157人,英语45人,日语5人,法语16人,德语4人,朝鲜语3人,及格率为36.77%。对全省10270名导游人员进行年审。全年共检查导游人员1157人次,并对40名违规导游进行扣分处罚,有效地规范旅游市场秩序,优化旅游环境。

【星级饭店管理】 对全省369家星级饭店进行年度复核。取消星级饭店8家,限期整改6家,因维修改造未参加复核10家,警告处理3家;表彰最佳四星级饭店15家,最佳三星级饭店32家,最佳二星级饭店25家。

·旅游区(点)与基础设施建设·

【旅游规划】 完成《山西省"十二五"旅游产业发展规划》(初稿)和《旅游援疆规划》的编制工作;《山西省旅游规划实施评估办法》通过专家评审,填补国内旅游规划实施评估管理的空白;出台《关于规范全省旅游景区标准化建设的意见》;与省统计局联合完成《山西旅游产业发展统计监测报表制度》(试行)的编制工作,并得到国家统计局批准(国统制2010〔78〕号)。指导朔州市、吕梁市、长治市、平鲁区等市区的旅游规划编制工作。对《天镇县旅游发展总体规划》《古县旅游发展规划》《娘子关景区总体规划》等20多个县和景区的旅游规划进行评审。

【旅游基础设施建设】 2010年,省旅游局按照国家旅游局颁发的《旅游区点质量等级的划分与评定标准》,组织力量深入各市和重点旅游区,进行检查督促,促使一批旅游景区完善停车场、旅游厕所、游客中心、标识系统等旅游配套设施。2010年,全省成功创建8家4A级景区,1家3A级景区;皇城相府5A级景区创建通过国家旅游局的验收。

【旅游招商引资】 按照省委、省政府扩大对外开放的战略举措,山西省继续对外旅游招商引资,组织参加第二届义乌国际旅游商品博览会,在博览会期间的旅游商品大赛中,山西省的参赛商品获得一项铜奖,省旅游局获得本届博览会优秀组织奖和最佳展台奖;组织参加在天津举行的第二届中国旅游产业节,省旅游局获得本届产业节的最佳组织奖和最佳展台奖。

·精神文明建设与教育培训·

【旅游行业精神文明建设】 2010年,全省旅游行业新创建省级青年文明号3家。截至年底,全省旅游行业共有全国青年文明号14家,省级青年文明号24家。为积极响应团中央"向干旱灾区人民每天捐献一瓶水,奉献一份爱"的号召,旅游行业为西南受旱灾区捐款3.8万余元。于世博期间组织开展"迎世博、讲文明、树新风"志愿服务活动,发放和组织学习《中国2010年上海世博会文明观博手册》1000册。

【旅游行风建设】 积极发挥纪检监察职能,全过程、全方位参与监督导游人员资格考试、导游人员等级考试等重大业务活动。积极组织参加"政风行风热线",通过媒体公开承诺,组织召开民主评议旅游政风行风对话会等,及时解决群众反映强烈的热点难点问题。召开全省旅游纪检监察暨政风行风建设工作会议,下发《关于加强基层站所政风行风建设提升旅游服务质量的意见》,对旅游政风行风建设和评议工作先进单位进行表彰。其中,山西旅游质量监督管理所受到省政府表彰,太原市旅游局、大同市旅游局等七个地市的旅游局受到省旅游局的表彰。

【旅游教育培训】 全年共组织举办饭店总经理培训班、旅行社经理培训班、一线服务人员培训班10余期，培训5000人次；导游人员年审培训班9期，培训人次3728人；导游岗前培训班4期，培训人次1132人。继续推行星级饭店英语等级考试工作，2010年共有82人报名，53人考核通过取得初级等级证书，有效提升了高星级饭店从业人员的外语水平和服务质量。

【旅游科研管理】 组织参加由省科技厅组织的“2010年科技活动周”，展示全省旅游产业的科技成果。结合2003年以来全省旅游产业发展经验，重点做好《旅游应用理论研究》的出版工作。为保证研究质量，组织省内部分旅游专家、学者进行研讨、修改，并于2011年1月1日出版。该书共有14个旅游新理论调研题目，30余万字。

【旅游大事记综录】 2月10日，东航在太原武宿国际机场候机大厅内举行太原至台北直航航班首航仪式。王君、李小鹏、高建民等参加首航仪式，太原—台北直航的正式开通。全年共有近6000名游客乘坐直航航班赴台湾旅游，台湾游也逐渐向深度转化。

4月份，太原市旅游局、阳泉市旅游局、临汾市旅游局、运城市旅游局、石家庄市旅游局、渭南市旅游局、咸阳市旅游局、三门峡市旅游局共同推出晋、冀、陕、豫四省八市百家景区旅游“一证游”活动。晋、冀、陕、豫八个城市的居民凭借有效证件就可在上百家景区享受半价门票优惠，惠及百姓3000余万人。

4月3日，举办以太原为主会场、其他各市为分会场的“全省世博旅游宣传推广周山西活动”，推出7条具有山西特色的“世博之旅”线路；包括三大世界遗产游（平遥古城、云冈石窟、五台山）、古建宗教游、晋商文化游、寻根觅祖游、太行山水游、黄河文明游和红色经典游。

5月1日至10月31日上海世博会期间，省旅游局在上海举办山西旅游推介会，并在上海火车站电视墙、南京路LED屏幕、上世博线路公交车、浦东机场咨询台等公众媒体播放山西旅游形象广告，建立上海—山西两地旅游信息共享体系。省旅游局被世博组委会表彰为模范单位。

5月19日至7月，省旅游局检查调研组与省人大民侨委先后在运城、晋中、阳泉、朔州、忻州、石家庄等地进行检查调研。

6月1日，“阳煤药林杯”山西省第五届旅游星级饭店服务技能大赛在阳煤集团药林会议中心开幕。山西省旅游局局长籍振芳，阳泉市市委书记白云等出席开幕式。本次比赛设有中式宴会摆台，西式宴会摆台，中式铺床，调治鸡尾酒四个类别的比赛工种和外语考评项目，共有98名选手参加。经过激烈的角逐，最终有24名选手获一、二、三等奖。

9月13日，经省政府批准，山西省旅游局、人民银行太原中心支行、山西省银监局、中国银联山西分公司联合下发《关于发行晋旅卡的通知》，并于11月10日举行“晋旅卡”启动仪式，李小鹏与中国银联股份有限公司董事长苏宁出席启动仪式。

9月29日，省十一届人大常委会第十九次会议表决通过《山西省人民代表大会常务委员会关于加快发展旅游业的决定》，指出到2020年，旅游业要成为山西省新兴支柱产业，规模、质量、效益达到全国上游水平的目标。

10月9日，省财政厅、物价局、交通厅联合下发《关于暂缓收取省外旅行社组团入晋旅游客运车辆高速公路通行费的通知》，决定对外省旅行社所有旅游车辆暂缓收取山西高速公路通行费。根据《通知》，省旅游局与省交通厅联合制定《外省旅行社组团入晋旅游客运车辆暂缓收取高速公路通行费实施办法》。《办法》适用时间为2010年10月9日至2011年4月9日，试行期半年。在此期间内，凡外省旅行社组织16人以上旅游团队来山西旅游，租用具有合法旅游客运资质的外省旅游车辆，凭山西省旅游局和山西省交通厅联合核发的《入晋旅游客运车辆通行证》，在山西境内可以享受免收高速公路通行费的优惠政策。

11月2日，由省旅游局、省总工会、团省委、省妇联联合举办的“皇城相府杯”山西省第四届导游员大赛在晋城市皇城相府开幕。经过激烈角逐，3名导游员被授予“山西省五一劳动奖章”和“山西青年‘五四’奖章”，2名女性导游员获得“山西省三八红旗手”称号；5名导游员荣记“一等功”，8名导游员荣记“二等功”；18名导游员被授予“青年岗位能手”称号，12名女导游员获得“山西省巾帼建功标兵”称号”。

12月7日~9日，山西省选手在全国导游大赛决赛上，通过精彩的表现获得二等奖和三等奖的好成绩，均分在全国名列第十一名。（黄　源）

服　务

【山西省烹饪餐饮饭店行业协会成立】 山西省烹饪餐饮饭店行业协会是经山西省商务厅同意，山西省人民政府批准的烹饪餐饮饭店业行业协会。2010年由山西省烹饪协会和山西省饭店协会实质性合并。山西省烹饪餐饮饭店行业协会是由从事饭店业（包括饭店、宾馆、酒店、休闲、娱乐等）、餐饮业（包括中餐、西餐、咖啡、酒吧、茶餐等）经营管理与服务、饮食文化教学研究与传播、烹饪业（烹饪技艺与管理、烹饪教学、烹饪理论与食品营养研究等）的企事业单位、相关产品企业、各级行业组织、社会团体和投资人、行政管理工作者、经营管理者、专家、学者、厨师、从业人员自愿组成的全省性跨部门、跨所有制的行业性组织。协会在省政府部门、广大会员和各市烹饪餐饮饭店行业协会的支持配合下，树立科学发展观，坚定不移地走可持续发展道路，积极打造绿色餐饮、绿色饭店，为创建和谐社会、开展行业规范坚持不懈努力，对促进行业进步和发展起到了积极作用。

【晋城市餐饮住宿行业协会成立】 4月18日上午，晋城市餐饮住宿行业协会成立大会在太平洋大酒店召开。

会议宣读并通过《晋城市餐饮住宿行业协会章程》，选举出协会组织机构名单，市委常委、常务副市长郭长青当选名誉会长，原市人大常务副主任鄢科武当选会长并为协会揭牌。市人大常委会副主任秦红星出席大会并讲话。秦红星指出，晋城市餐饮协会的成立标志着晋城市餐饮服务业开始走向规范化、标准化、营养化、品牌化的发展道路。特别是对于挖掘和整理晋城名菜和地方小吃，培育晋城菜系，推动和提升餐饮业有着重要意义。将有助于进一步提高晋城市餐饮住宿行业的经营档次、服务质量和管理水平，加强企业间的联系与沟通，加强行业自律。协会成立后将搭建一个政府与企业之间沟通与交流的平台，为促进晋城市餐饮住宿业快速健康发展，挖掘晋城饮食文化提供强有力的组织保障。金辇大酒店、晋城大酒店、阳光大酒店、太平洋大酒店等50余家餐饮住宿企业参加大会。

【中国饭店协会首届华北地区饭店餐饮工作会】 为了贯彻商务部《关于加快住宿业发展的指导意见》和《关于进一步做好餐饮业有关工作的通知》精神，搭建华北各省、市区域性地方行业协会的交流平台，相互借鉴工作经验，促进地方饭店餐饮行业健康发展，中国饭店协会于5月22~23日在太原黄河京都大酒店，召开首届华北地区饭店餐饮行业工作会议。来自北京、天津、河北、内蒙、山西五省、市区的行业协会会长、秘书长和所在区的中国饭店协会副会长、理事及相关的企业代表近80人出席了会议。山西省商务厅副厅长王来平到会祝贺并介绍山西经济发展状况。中国饭店协会会长韩明作工作报告，就目前全国饭店餐饮业发展情况提出工作意见。各省市协会也根据各自的情况介绍工作经验，部分企业针对协会工作提出一些积极建议。会议期间还组织代表考察了地方著名的餐饮企业"晋韵楼"和中国五叶级绿色饭店"晋祠宾馆"。

【山西省绿色饭店工作委员会成立】 1月13日，山西省商务厅、发改委、环保厅、质监局及山西烹饪餐饮饭店行业协会共同组成"山西绿色饭店工作委员会"。15日，在太原召开首批"中国绿色饭店"座谈会。大会总结各自创建绿色饭店的经验、体会，围绕"安全、健康、节能、环保"四大理念，拟定具有可操作性、借鉴性的60条经验。同时建议成立山西"中国绿色饭店"企业联谊会。

【山西省首批绿色饭店评审认定企业】 由山西省饭店协会推荐、受全国绿色饭店工作委员会委托，国家级评审员现场评审，全国绿色饭店工作委员会最终审核认定。山西省首批五叶绿色饭店企业是：晋祠宾馆、丽华大酒店、山西迎泽宾馆、龙城国际饭店、国贸大饭店、花园国际大酒店、运城空港度假村、金都花园大饭店。四叶绿色饭店企业是：康庄森林度假村、太航大酒店。三叶绿色饭店企业是：金华苑宾馆、夏县瑶池温泉山庄。

【三市三省烹饪餐饮协作会议】 三省三市(京、津、沪、冀、晋、琼)烹饪餐饮协作会议，于5月26~28日在河北省石家庄市召开。山西省烹饪餐饮饭店行业协会常务副会长、秘书长冯守瑞等4人参加会议。会议就如何在新形势下有效开展协会工作等方面进行讨论和交流。

【山西省第二批绿色饭店评审认定企业和首个国家级绿色餐饮企业】 山西省第二批五叶级绿色饭店企业是：大同花园大饭店、大同云冈国际大酒店、雁北宾馆、大同浩海国际大酒店、忻州五台山五峰宾馆、太原黄河京都大酒店。四叶级绿色饭店是：山西华苑宾馆、太重宾馆、中铁十二局铁道大厦、忻州市五台山大酒店、忻州市冠力大酒店。三叶级绿色饭店是：原平市龙都宾馆。国家绿色餐饮企业是：忻州市老北京餐饮有限公司。

【2010山西饭店与餐饮十佳企业家】

王　洪　山西世茂商务中心花园国际大酒店　总经理
赵伟华　山西天星海外海餐饮集团总经理
史玉龙　山西中城宾馆　董事长
雷俊德　太原市味道园餐饮有限公司　董事长
李春勋　临汾市金都花园酒店有限公司　董事长
李生祥　山西省五台山五峰宾馆董事长
王锐钢　五台山大酒店　总经理
周　亮　阳煤集团药林会议中心总经理
邢尚新　中铁十二局铁道大厦总经理
魏　勇　太原太重宾馆　总经理
安東易　凯撒世纪汾阳宾馆董事长
孙　森　汾阳市丰泰苑酒店董事长
宋恩森　不夜城大酒店　总经理
高绍华　山西会馆餐饮文化有限公司　出品总监
梁秀明　朔州圣厚源餐饮有限公司董事长
张海勇　山西吉县壶口大酒店总经理
郭起宏　太原市曼陀罗酒店管理公司　董事长
张贵明　晋中榆次面乡情　总经理
马　新　阳泉市王朝海鲜大酒店总经理
王益茂　汾阳市新弘太宾馆总经理
马海滨　夏县瑶池温泉山庄总经理
王晓华　文水总经理
李军伟　山西省左权县东盛苑饭店总经理

【2010山西饭店与餐饮十佳经理】

王双凤　忻州市冠力大酒店总经理
岳俊海　五台山大酒店　副总经理
何宏刚　红旗大饭店新荣宾馆总经理
徐步业　朔州万通源大酒店总经理
陈记莲　晋中田森全盛园酒店总经理
韩志英　太原市海世界餐饮有限公司　总经理
冯　波　汾阳宾馆　总经理
郭有清　中铁十二局山西铁道大厦

副总经理
王晓红 山西华苑宾馆 副总经理
刘海泳 大同天贵国际酒店 餐饮总监
胡 彬 山西太航大酒店 总经理
龙春梅 海天海世界 店总经理
刘水玲 海外海 餐饮经理
管彩霞 孝义东兴大酒店 总经理
李贤良 孝义能源大酒店 经 理
韩艳军 文水金涌世纪大酒店 经 理
白云峰 山西志宏钱江国际大酒店 副总经理
王 强 阳泉市华通餐饮有限公司 总经理
马琳娜 太原市云水国际大酒店 常务副总
林 涛 大同市丞鑫外婆桥 餐饮总监
陶蓉夏 大同贵宾楼假日酒店 副总经理
刘 波 汾阳市泰宝宾馆 总经理

【2010山西饭店与餐饮十佳总监】

董 欣 太原并州饭店 主 管
王大强 临汾市金升鑫酒店有限公司 总经理
王晓刚 太原市海世界餐饮有限公司 总监
贾鸿祥 太原太重宾馆 总 监
陈彦怀 原平市原平家家乐大酒店 总经理
李元凤 五台山大酒店 行政总厨
赵元平 山西会馆 人事总监
李红星 朔州圣厚源大酒店 副总经理
李宏霞 朔州市万通源大酒店 餐饮总监
王梓良 太原南江大酒店 总经理
常艳丽 大同天贵国际酒店 销售总监
雷建国 太航大酒店西楼 总监
刘姝汉 山西天星海外海餐饮集团有限公司 行政总监
郭月林 吕梁国贸大饭店 副总经理
杨大为 太原市康庄园生态旅游有限公司 房务总监
耿景辉 山西夏县瑶池温泉山庄 经理
赵贵廷 大同宾馆 副总经理
万彦斌 大同市丞鑫外婆桥 总监

【2010山西饭店与餐饮十佳餐饮服务经理】

刘 媛 太原并州饭店 主管
王君艳 晋城大酒店 餐饮经理
贾金环 汾阳市丰泰苑酒店 餐厅经理
牛会武 忻州宾馆 餐饮经理
梁 丽 山西会馆 楼层经理
高朝辉 朔州亿隆大酒店 餐饮总监
张 蕾 大同市凤临阁实业公司 餐饮经理
刘润叶 大同市城区金凤凰大酒店 前厅经理
辛 花 太航大酒店 餐厅经理
贾宝春 朔州锦江阳光大酒店 营销经理
贾永爱 山西饭店 餐饮经理
魏丽娜 大同市丞鑫外婆桥 店经理
张桂霞 山西饭店 餐饮经理

【2010山西饭店十佳房务服务经理】

颜端阳 太原并州饭店 主管
刘冬令 晋城大酒店 客服经理
李 岚 山西忻州宾馆 前厅经理
于 慧 朔州市光华大酒店 副总经理
宋彩霞 中铁十二局铁道大厦 客房经理
王宏钧 山西华苑宾馆 客房经理
庞善平 大同雁北宾馆 客房部经理
吕海燕 太航大酒店 客房部经理
张继莲 汾阳市丰泰苑酒店 客房经理

【2010山西饭店与餐饮连锁企业十佳职业经理】

王 丽 唐宫面来香餐饮连锁有限公司 经理
李军伟 山西省左权县东盛苑饭店 总经理
陈 斌 忻州市老北京餐饮有限公司 副总经理
赵 红 太原外滩风尚餐饮服务有限公司 店总经理
张 力 山西会馆 前厅经理
宁凯泽 太原市曼陀罗酒店管理公司 公司总监
秦海恋 晋中榆次面乡情 副总经理
雷 栋 平遥亲圪垯餐饮文化传播公司 总经理
辛永红 晋韵楼大酒店 店经理
王建昌 闻喜黄河京都大酒店 总经理
闫相军 忻州市老北京餐饮有限公司 总经理

【2010创建“中国绿色饭店”杰出人物】

魏 勇 太原太重宾馆 总经理
张秀文 忻州市忻府区饮食公司 经理
赵补林 原平市龙都宾馆 董事长
李 政 大同市云冈国际酒店 副总经理
魏向东 中煤集团平朔煤业有限集团 工会主席
解海渊 山西黄河京都大酒店 总经理
朱树军 大同市浩海国际酒店 餐饮总监
刘 东 大同市花园大饭店 总经理
黄清芬 山西临汾金都花园酒店有限公司 副总经理
李雪梅 大同市雁北宾馆 总经理
赵 伟 太航大酒店东楼 总经理
王伦虎 太钢花园国际大酒店 行政总监

【2010山西饭店与餐饮行业发展十佳杰出人物】

曲 勇 晋韵楼大酒店 总监
李先明 太原市海世界餐饮有限公司 副总经理
高绍军 山西会馆 董事长
谭明武 朔州市商务局 商务局长
王贵明 朔州餐饮协会 秘书长
郝 斐 忻州市餐饮协会 副会长
刘文礼 代县饮食服务公司 经理
刘文海 繁峙县饮食服务公司 经理
石泽红 定襄县饮食服务公司 经理
柴渝雨 大同市餐饮饭店业协会 秘书长
郭靖民 原阳泉宾馆 总经理
赵永淳 孝义市嘉隆大酒店 总经理

2010年山西省旅游四星级以上饭店基本情况

名　称	星　级	地　址
山西国贸大饭店	☆☆☆☆☆	太原市府西街69号
万狮京华大酒店	☆☆☆☆☆	太原平阳路126号
晋祠宾馆	☆☆☆☆☆	太原晋祠路中段669号
山西迎泽宾馆西楼	☆☆☆☆☆	太原迎泽大街189号
丽华大酒店	☆☆☆☆☆	太原长风街1号
云冈国际酒店	☆☆☆☆☆	大同大西街38号
天贵国际酒店	☆☆☆☆☆	大同市新开南路133号
五台山五峰宾馆	☆☆☆☆☆	五台县台怀镇龙泉寺
药林会议中心	☆☆☆☆☆	阳泉平定县张庄镇南后峪村
金辇大酒店	☆☆☆☆☆	晋城泽州南路888号
金鑫大酒店	☆☆☆☆☆	运城槐东南路88号
海纳温泉国际酒店	☆☆☆☆☆	运城永济河东大道南段
运城空港大酒店	☆☆☆☆☆	运城空港新区关公东街9号
山西大酒店	☆☆☆☆	太原新建南路5号
山西愉园大酒店	☆☆☆☆	太原开化寺街148号
三晋国际饭店	☆☆☆☆	太原迎泽大街30号
黄河京都大酒店	☆☆☆☆	太原平阳路17号
山西阳光大酒店	☆☆☆☆	太原北大街47号
山西晋协宾馆	☆☆☆☆	太原东缉虎营35号
世纪王朝·商务会馆	☆☆☆☆	太原长治路88号
山西滨河饭店	☆☆☆☆	太原府西街103号
月亮湾国际商务酒店	☆☆☆☆	太原市北大街107号
西山大厦	☆☆☆☆	太原西矿街318号
泰瑞国际商务酒店	☆☆☆☆	太原长风街7号
宏安国际酒店	☆☆☆☆	大同迎宾西路28号
京原迎宾馆	☆☆☆☆	大同拥军南路甲3号
大同宾馆	☆☆☆☆	大同迎宾西路37号
五洲大酒店	☆☆☆☆	大同迎宾西路宾西街88号
花园大饭店	☆☆☆☆	大同市大南街59号
浩海国际酒店	☆☆☆☆	大同市新建南路46号
雁北宾馆	☆☆☆☆	大同市御河北路甲1号
悦龙休闲商务酒店	☆☆☆☆	大同市操场城街5号
阳光海悦大酒店	☆☆☆☆	大同市大庆路3号
晨光国际酒店	☆☆☆☆	大同市迎宾东路68号
北冰洋大酒店	☆☆☆☆	阳泉市北大街80号
泉美国际酒店	☆☆☆☆	阳泉南大西街
鹏宇国际大酒店	☆☆☆☆	长治市长兴中路509号
财苑大厦	☆☆☆☆	长治市长兴中路305号
富景国际饭店	☆☆☆☆	晋城新市东街81号

续表

名　　称	星　级	地　　址
晋城大酒店	☆☆☆☆	晋城凤台西街2号
太平洋大厦	☆☆☆☆	晋城凤台西街59号
颐宾大酒店	☆☆☆☆	晋城前西街58号
晋城高都大酒店	☆☆☆☆	晋城新市东街8号
晋城阳光大酒店	☆☆☆☆	晋城市泽州路76号
棋源山庄	☆☆☆☆	陵川县棋子山风景区
兰花大酒店	☆☆☆☆	晋城凤台东街2288号
金缘大酒店	☆☆☆☆	晋城黄花街218号
万通源大酒店	☆☆☆☆	朔州市开发北路68号
平朔宾馆	☆☆☆☆	平朔生活区
圣厚源大酒店	☆☆☆☆	朔州开发北路安泰街2号
百乐泰度假城	☆☆☆☆	介休市义安镇安泰工业区
颐景国际大酒店	☆☆☆☆	榆次区西顺城街71号
通宝国际酒店	☆☆☆☆	运城禹都经济技术开发区大运路北
运城宾馆	☆☆☆☆	运城市红旗东街84号
运城大酒店	☆☆☆☆	运城红旗东街376号
新耿大酒店	☆☆☆☆	河津市新耿北街
天都大酒店	☆☆☆☆	河津市振兴东路
桃源国际酒店	☆☆☆☆	运城市圣慧北路2号
芮城惠阳大酒店	☆☆☆☆	芮城县洞宾东街8号
山西邮电忻州培训中心	☆☆☆☆	顿村度假路4号
五台山银海山庄	☆☆☆☆	五台山台怀镇
原平市宾馆	☆☆☆☆	原平前进西街57号
花卉山庄	☆☆☆☆	五台山大车沟
瑞龙大酒店	☆☆☆☆	忻府区公园路
侯马华翔大酒店	☆☆☆☆	侯马市火车站南侧
唐尧大酒店	☆☆☆☆	临汾经济开发区中大街
金海湾大酒店	☆☆☆☆	临汾市向阳西路西段
吕梁国际宾馆	☆☆☆☆	离石区滨河南东路2号
吕梁国贸大酒店	☆☆☆☆	离石区新建沟口43号

（省餐饮饭店协会）

卫生 体育

卫 生

【概述】 2010年，全省医疗卫生机构11889个，床位数155973张，拥有三级医院（综合和专科）38所，全省医疗卫生人员发展到227900人，其中卫生技术人员达190917人，全省千人口床位数、执业医师数、执业护士数均超过全国平均水平。公共卫生服务体系进一步完善，在全国首家以省政府文件出台《关于进一步加强疾病预防控制工作的意见》，全面实施九类国家基本公共卫生服务项目和六项国家重大公共卫生项目。推进“县提高、乡达标、村覆盖”工作，全省84.8%的县综合医院达到二级乙等以上水平，60%的乡村医疗卫生机构开展“五统一”一体化管理，全省社区卫生服务机构发展到768个，覆盖城市人口807万。67%的政府办基层医疗卫生机构实施国家基本药物制度。新农合实现全覆盖，参合率达94.28%。全省人民健康状况明显改善，全省住院分娩率提高到98.89%，孕产妇死亡率、婴儿死亡率分别下降为14.8/10万和10.2‰，好于全国平均水平；人均期望寿命上升到73.49岁。

【村卫生室“五化”创建】 2010年，在村卫生室全覆盖的基础上，省卫生厅印发《关于进一步加强村卫生室建设的通知》，提出依托乡镇卫生院，逐步对村卫生室的行政、业务、人员、药品、财产实行“五统一”的一体化管理和村卫生室“五化”建设，即建设标准化、资质合法化、管理一体化、考核制度化、服务规范化。截至2010年底，全省60%的县开展“五统一”的一体化管理，完成3865个符合业务用房标准的村卫生室建设任务，对22081名村医进行国家基本公共卫生服务培训，全省27155个村卫生室中，共有40926名村医取得合法资质，实现每村至少有1名具备合法资质村医的目标。

【新型农村合作医疗制度建设】 2010年，全省115个涉农县（市、区）参合人数达2164.56万，参合率达94.28%。2008年山西首批7个县（市、区）开展门诊统筹试点，2009年增加1个，2010年又增加92个，累计100个县（市、区）开展门诊统筹，占涉农县（市、区）的86.96%。其中大同、阳泉、长治、临汾、运城5个市实现全覆盖。全省新农合人均筹资标准由100元提高到150元，最高支付限额由3万元提高到4万元。省卫生厅对市级以上医院补偿比例作进一步提高，在4个县开展提高农村儿童重大疾病医疗保障水平试点；所有新农合统筹地区都实现医疗费用即时结报。

【提升医疗服务能力】 (1)2010年，在全省105所医院开展常见病临床路径管理试点工作(3所部试点医院、27所省试点医院、75所市县试点医院)。共有17927例病例进入临床路径。通过实施临床路径管理，推动病种规范化治疗和单病种费用控制，切实规范医疗行为，缩短平均住院时间，落实合理检查、合理治疗和合理用药，从而有效降低医疗成本，减轻群众经济负担。(2)启动实施“城市三级医院对口支援县级医院”项目，共确定39所三级医院对口支援88所县级医院、2所市级医院和2所乡镇卫生院，力争通过3年支援，争取受援医院达标上等，医疗服务能力持续改进和提高。继续实施“万名医师支援农村卫生工程”，派出34所三级医院285名技术骨干支援57所贫困县级医院。省卫生厅和各市卫生局、支援医院、受援医院共同签订项目责任书，保证工作落到实处。(3)在全省范围内开展以“夯实基础护理，提供满意服务”为主题，以“政府满意、社会满意、患者满意”为目标的“优质护理服务示范工程”活动。截至2010年底，山西开展“示范工程”活动的医院达到104所(试点病区401个)。

【公共卫生和疾病防控工作】 全省全年共发现新涂阳肺结核病人11661例，治愈10613例。开展消除麻疹、控制乙肝和保持无脊灰免疫规划三大工作，共计接种近570万人次；同时，继续落实扩大免疫规划项目，规范开展常规免疫接种，利用4·25预防接种宣传日，开展宣教活动，普及预防接种常识，严格开展疑似预防接种异常反应监测，规范开展调查诊断，妥善处置。免疫规划疫苗报告接种率以乡为单位达99.69%。2010年，全省完成宫颈癌检查176388人，完成率116.04%，发现生殖道感染66257例，子宫肌瘤2152例，其他良性疾病31567例。9月，卫生部医改公共卫生服务项目督导专家在介休市对重大妇幼专项进行督导，对项目实施取得的成绩给予肯定，并于10月在山西召开全国重大公共卫生项目妇幼专项现场会。

【公立医院改革试点工作】 抓好高平市和平鲁区公立医院改革试点工作。召开全省公立医院改革试点推进会。高平市和平鲁区公立医院改革试点在补偿机制和运行机制的改革等方面进行积极探索。高平市设立医疗卫生事业发展基金，每年拿出1000万元用于公立医院医疗设备配置、人员培训等，投资近亿元建设市医院综合住院楼，将市医院、市中医院在编人员基本工资全部列入财政预算，实现全市公立医疗卫生机构基本药物零差率销售全覆盖。平鲁区投资1.4亿元新建区人民医院，在岗人员的工资由财政全额保障。由省人民医院对区医院实施托管，在短时间内提升整体医疗水平。结合医改工作要求，修订二级和三级综合医院评审标准，进一步完善医院评审评价制度体系，推动评审评价工作科学、规范开展。截至2010年底，全省112所县级综合医院中，有95所通过评审达到二级乙等以上水平，占总数的84.82%。

【提升卫生应急处置能力】 全省11个市卫生局全部经编办批准成立卫生应急办公室，县级卫生行政部门及各级医疗卫生机构均指定专门机构和专人负责辖区内卫生应急组织协调工作。所有市级卫生行政部门均成立应急专家咨询委员会，省、市两级应急专家咨询委员会专家达794人。完成市级心理危机干预队伍建设，省、市两级心理危机干预队伍达14支181人。全省各级卫生行政部门组织制订、修订300余部各类卫生应急预案和技术方案，91.2%的县级卫生行政部门颁布实施两部卫生应急专项预案，卫生应急预案体系初步形成；调整充实各类卫生应急队伍，全省各级各类卫生应急队伍达990支，共计12427人；从实战出发，为省级卫生应急队伍配备现场工作设备及后勤保障装备，为各市配备现场办公设备。为依法科学规范开展卫生应急工作提供坚实的人力、智力和物力支持。

【处理突发公共卫生事件】 2010年先后出动省级专家131人次、医护人员2812人次、车辆362台次，参与事故的现场救援工作，圆满完成“3·28”王家岭煤矿特大透水事故、“1·19”太长高速重大交通事故、“6·3”晋煤集团天安郊南煤矿透水事故、“7·31”阳煤集团刘沟煤业地面爆炸事故、“11·20”榆社化工厂爆炸事故等22起突发事件医疗卫生救援任务，成功救治伤病员518名。(1)“3·28”王家岭煤矿特大透水事故发生后，迅速组织省、市、县9所医院的21辆救护车、114名专家和医护人员赶赴事故现场。救护期间，组建“山西名医巡诊团”，对115名获救工人逐一巡诊，实施规范化、个性化、人性化救治，仅用39天，115名获救工人全部治愈康复出院。(2)“4·14”青海玉树地震发生后，山西省第一时间派出324名医护人员、63辆救护及保障车辆，组成抗震救灾医疗卫生救援队赶赴灾区，共接诊和转运伤病4391人次，实施手术101台，圆满完成卫生部、省委、省政府赋予的抗震救灾任务。

【健康教育与促进工程】 2010年，在全省11个市和100个县（市、区）启动全民健康生活方式行动。结合全国高血压日、联合国糖尿病日等健康日主题，开展现场宣传活动。开展《健康66条》巡讲活动，省、市巡讲百余场次。继续与黄河电视台合作开办《健康讲坛》电视栏目两百余期，开展《健康生活报》进农村活动，全民健康素养得到提升。全省建立居民健康档案621.6万份，建档率达70%以上。其中，规范化建档444.5万份，规范化建档率达55.1%。在全省确定12个县（市）为首批农村居民健康档案试点县，各试点县采取整体推进的方法，将建立农村居民健康档案工作覆盖县域内所有乡（镇）、村和农村居民。截至2010年底，为全省2332.3万农村居民中的958.8万人规范建立健康档案，建档率为41.1%。

【创卫活动稳步发展】 2010年，山西以建立和完善城乡环境卫生长效管理机制为重点，继续加大环境卫生整治力度，逐步建立和完善县、乡、村三级环卫管理机构，在严格清扫保洁制度的同时，大力推广村收集、乡（镇）清运、县处理的垃圾管理模式，加快城乡环卫一体化建设的进程。1月12日，2009年全省卫生城市、卫生县城等检查评比结果揭晓，长治市获评“国家卫生城市”称号，黎城县、壶关县、平顺县、武乡县、古县五个县城被评为“国家卫生县城”。12月21日，2010年全省卫生城市、卫生县城等检查评比结果揭晓，长治县、襄垣县、屯留县、长子县、繁峙县和古县北平镇荣获“国家卫生县城（镇）”称号，长治市通过国家卫生城市复查。截至2010年底，全省共配备城乡环卫管理和保洁人员12万人。全省有2/3的城市、1/2的县城达到省级卫生城市、卫生县城标准。

【保障农民工健康权益工作】 为保障农民工健康权益，2010年省卫生厅积极做好农民工参加新型农村合作医疗工作和农民工基本医疗保障关系的转移接续管理服务工作，出台政策方便农民工报销。以职业卫生示范企业创建活动为抓手，不断完善职业健康服务网络，开展基本职业卫生服务试点，探索职业健康服务均等化，保障农民工职业健康权益。各级疾病预防控制机构对农民工中的可疑肺结核症状者和疑似肺结核病人进行免费胸部X光检查和痰涂片检查，对发现的所有涂阳和初始涂阴肺结核病人实施免费抗结核治疗，2010年为3万余名农民工进行免费检查，发现31例活动性肺结核病人，均得到免费抗结核治疗。为消除免疫空白人群，与教育部门密切配合落实对农民工子女入托入学查验接种证、补证、补种工作。会同人力资源和社会保障厅、科技厅等部门将艾滋病防治知识作为农村转移劳动力和农民工岗前培训重要内容，使全省农民工艾滋病基本知识知晓率达到85%。为农民工孕产妇提供孕产期保健服务，做好孕产妇住院分娩补助工作，全年共补助735例，补助金额达22.05万元。（刘　翔）

医药行业

【《全省医药行业调整振兴实施方案》】 为加快医药行业结构调整，实现产业升级，推进山西省医药行业调整和振兴，培育形成山西省新型支柱产业，山西省经济和信息化委员会制定《全省医药行业调整振兴实施方案》，并于1月29日正式下发。该方案围绕资源型经济转型发展这个核心，以项目为抓手，围绕“发展化学原料药、促进中药现代化、开发非专利药、加快新药研发”四条发展主线，突出特色、仿研结合、创优品牌、做强园区，推进企业集团化、产业规模化、品牌国际化，不断提升行业风险控制能力。具体发展目标为：到2011年，山西省医药工业销售收入达到180亿元，医药商业销售收入达到120亿元。打造形成1户销售收入30亿元、2户销售收入20亿元、4户销售收入10亿元和10户销售收入5亿元以上的龙头企业，推进大同、太原、晋中、运城、晋东南、侯马六大医药产业集群建设，以技术改造为支撑，强化工业行业结构、企业组织结构、产品结构、区域结构的调整，实现医药产业由潜力产业向新兴支柱产业的跨越发展。

【山西振东制药创业板首发】 10月22日，山西振东制药创业板首发获得通过，实现山西省企业在创业板上零的突破，成为山西省首家创业板上市企业，也为创业板中药行业注入新力量。振东制药主要从事中药制剂、化药制剂的研发、生产和销售，是长治市首家获批的国家级高新技术企业。

【山西省基本医疗保险、工伤保险和生育保险药品目录(2010年版)印发实施】 由省人力资源和社会保障厅牵头，省发改委、省经信委医药行办、省监察厅、省财政厅、省物价局、省药监局等部门配合，完成山西省基本医疗保险和生育保险乙类目录调整工作，并于6月25日正式下发2010年版《药品目录》。《药品目录》分西药、中成药和中药饮片3部分。其中，西药和中成药部分用准入法，规定基金准予支付费用的药品，基本医疗保险支付时区分甲、乙类，工伤保险和生育保险支付时不分甲、乙类；中药饮片部分用排除法，规定基金不予支付费用的药品。参保人员使用目录内西药、中成药和目录外中药饮片所发生的费用，具体给付标准按统筹地区基本医疗保险、工伤保险和生育保险的有关规定执行。同时，对该《药品目录》的使用和管理、医院制剂制定和药品名称的对应工作、完善用药分类支付管理、强化定点医疗机构和零售药店使用《药品目录》的管理、加强《药品目录》使用情况的监测与管理以及做好《药品目录》与医疗服务项目和费用结算管理的衔接工作等都进行详细规定。各统筹地区原则上从2010年7月起执行《药品目录》(2010年版)，原《山西省基本医疗保险和工伤保险药品目录》(2005年版)在完成过渡后停止使用。

【百强潜力企业培育工程】 按照省委、省政府提出的“转型发展、安全发展、和谐发展”总体部署和“淘汰落后一批、改造提升一批、培育壮大一批、做大做强一批”的工作思路，省经信委在全省范围内优选100家具有较强成长潜力的工业企业实施“百强潜力企业培育工程”。实施“百强潜力企业培育工程”，就是要引导企业新建或改造一批战略带动能力强的重大项目，培育一批大企业，以此带动区域经济的振兴和山西省经济结构的调整和优化。主要是通过以企业为主体，以市场为导向，以体制创新、制度创新和技术创新为动力，以重大项目为载体，进一步加强政策引导和优化发展环境，推进兼并重组、鼓励强强联合、探索资本运作，着力培育一百户规模优势明显、带动作用大、市场竞争力强的优势企业。通过申报和严格筛选，医药行业有亚宝、威奇达、振东、普德、康宝、安特六户企业入选“百强潜力企业培育工程”。入选的百强企业按照批复的企业发展规划确定发展目标，与省经信委签订目标责任书。省经信委将加大对百强企业的支持力度，并组织力量对百强潜力企业目标完成情况进行追踪考核，对于目标完成情况较好的企业和法人给予重奖。

【药品生产企业实行安全标准化管理】 为了指导和推动山西省药品生产企业按照安全标准化的要求，建立健全各项安全生产规章制度，提升企业的整体安全生产水平，山西省安监局会同山西省医药行业管理办公室依据《企业安全生产标准化基本规范》，针对山西省药品生产企业的基本情况，共同制定《企业安全生产标准化基本规范》。该《规范》对安全生产目标、组织机构职责、安全生产投入、法律法规与安全管理制度、教育培训、生产设备设施、作业安全、隐患排查和治理、重大危险源管理、职业健康、应急救援、事故管理等都提出了明确要求。对一些重要的法定条款和不合格可能导致重大事故发生的项目，根据其影响和重要程度，分别设定否决项或重大项。山西省是全国首个对药品生产企业实行标准化管理的省份。

【医药行业兼并重组】 全省有16家骨干企业兼并重组取得重大进展。亚宝药业继兼并四川光泰药业后,又收购中国医药大学实验药厂,发展成为集科研、生产、销售为一体的大型上市公司;振东制药集团先后兼并大同泰盛制药、长治开元药业、太原晨东药业,年销售额超过10亿元;大同威奇达与国药集团联合,引进资金20亿元,组建国药集团威奇达药业,核心竞争力明显提升。国药以威奇达为核心企业,以头孢菌素和青霉素抗生素为龙头产品建设,打造抗生素生产基地。山西医药集团与中国医药集团共同出资组建"中国医药集团山西有限责任公司",双方将在医药流通、医药工业、医药研发、中药材种植、中成药生产、综合服务等领域全面合作,力争把新公司打造成集科工贸于一体、拥有现代医药物流、覆盖山西全省、影响华北地区、在全国有话语权的医药产业集团。全省龙头企业按照各自发展需求,与省内、国内医药企业通过优势互补、结构优化和产业升级,使企业效益全面提升,产业集中度不断增强,对山西省医药实现历史性跨越具有重要意义。 (张晓蕾)

体　育

【概述】 2010年是全面完成山西体育事业"十一五"规划目标任务的收官之年。省体育局紧紧围绕中心工作,加强领导,科学规划,强化措施,扎实工作,体育事业得到进一步发展,并取得新的突破。

1. 开展全民健身活动。(1)全民参与健身活动热情高涨。一年来,全省各地群众体育活动层出不断,高潮迭起,省、市级举办健身活动超过400项,取得良好的社会效益。特别是元旦、春节期间的全省全民健身系列活动,11市、3000多个乡镇、10000多个村,共计400多万人次参与,产生巨大的社会影响。第十三届省运会特别增设职工组、老年人组和大学生组3个群众体育组别、17个大项、52个小项的比赛项目,全省249支参赛队、3100名不同年龄、不同职业的群众体育爱好者参加比赛,广大群众踊跃报名。山西参加第四届全国体育大会取得优异成绩,共获得5个一等奖、27个二等奖、34个三等奖、4个参与奖,并获体育道德风尚奖。山西省体育局与省直工委共同举办第三届省直运动会取得圆满成功。在2010年中国业余篮球公开赛(CBO)全国总决赛中,山西煤销集团获得俱乐部组冠军,山西水工局获得公开组冠军,创造CBO全国总决赛举办以来一个省获得二个组别冠军的历史。(2)群众体育组织建设得到加强。继续推进先进体育乡镇、先进体育社区创建工作,强化体育传统项目学校动态管理,命名省级体育传统项目学校50所,培训审批各级社会体育指导员10000余名,使全省各级社会体育指导员总人数达到26000人。全省体育系统积极宣传贯彻《全民健身条例》,组建国民体质监测队伍13支,启动第三次国民体质监测工作。积极开展青少年体育,开展以"快乐运动科学健身"为主题的阳光体育展示活动;开展足球、篮球、排球、三项棋、航模等青少年传统项目比赛。在全国大学生CUBA篮球联赛上,太原理工大学获2010年度总冠军。

2. 提高竞技体育水平。(1)参加第十六届亚运会取得历史突破。山西共有9个项目的15名运动员获得决赛资格,共夺得金牌3枚、银牌6枚、铜牌1枚,参赛项目数、参赛人数、个人单项金牌总数均实现历史性突破。(2)成功举办第十三届省运会。于5月至8月举行,除群众体育项目外,青少年组设15个大项、18个单项,近3000名运动员参加比赛,5名运动员打破3个大项6个小项全省最高纪录。(3)承办一系列高水平赛事。成功举办2010太原国际马拉松赛这一山西历史上规模最大、参赛人数最多的国际性体育赛事,引起强烈社会反响。圆满完成全国女子柔道锦标赛、全国女子自由式摔跤锦标赛承办工作。全国男子篮球CBA职业联赛太原赛区比赛组织有序。大同云冈·金地矿业队在全国乒乓球超级联赛中脱颖而出,获得女团亚军的历史最好成绩。(4)参加国际赛事取得新突破。山西运动员赵瑾在阿联酋迪拜举行的世界游泳锦标赛上获4×100米混合泳接力赛冠军,并打破赛会纪录,这是山西获得的首枚世界级游泳比赛金牌。此次比赛中赵瑾还以29秒96的好成绩打破罗雪娟保持8年的蛙泳亚洲纪录,决赛中又以29秒90的成绩将自己创造的亚洲纪录提高0.06秒,此次比赛赵瑾打破一

2010年9月5日,太原举办首届马拉松比赛　(李俊温提供)

项亚洲纪录、一次赛会纪录，取得山西游泳项目的重大突破。张兰在南京举行的2010年女子摔跤世界杯比赛上，获女子摔跤团体第一名；在莫斯科举行的2010年摔跤世界杯锦标赛上，获女子摔跤自由式59公斤级第二名。董栋在法国梅兹举行的2010年蹦床世界杯锦标赛上获男子蹦床个人第一名。

3. 加强村级体育活动场所建设。坚持因地制宜、分类指导的原则，推进以农民体育健身工程为重点的全民健身场地设施建设，在2006~2009年完成农民体育健身工程19030个的基础上，2010年新建农民体育健身工程3805个，第二轮村级组织建设所有行政村实现农民体育健身工程全覆盖；新建农村乡镇型全民健身活动广场128个，全民健身路径工程95条；争取国家援建项目建设，创建“全民健身活动中心”2个、“雪炭工程”3个、“全民健身户外活动基地”1个，群众健身条件得到进一步改善。

4. 推进省级体育设施建设。山西体育中心主体育场钢结构如期合龙，四馆钢结构均全部完成安装，总体工程进展顺利；山西体育训练基地列入省重点工程；太原航校迁建工程开工建设；省体育场改建为全民健身中心工作取得新的进展。

5. 抓好体育彩票销售工作。加大改革创新力度，积极调动各方面工作积极性，进一步理顺管理体制，完善机制，在体彩工作健康、安全、可持续发展上下功夫，2010年完成全省体育彩票销售8.23亿元，超额完成与省政府签订的7亿元目标任务。

6. 加大发展航空服务业等体育产业的工作力度。在完成各项飞行训练任务的同时，山西省体育局航空学校完成全省人工增雨、航空摄影等大量飞行任务，为经济社会发展作出积极贡献。

7. 基础保障工作。坚持以法治体，深入贯彻《体育法》，认真落实《全面推行依法行政实施纲要》，加快配套立法，提请省人大审议《山西省体育设施条例（试行）》，2011年1月1日《山西省体育设施条例》正式实施。加强党风、政风、行风和干部队伍建设，严肃工作纪律，规范从政行为。解决事关干部群众切身利益的热点、难点问题，加强督办，狠抓落实；多方筹措资金，克服种种困难，建成老干部活动中心。此外，体育科技、教育、宣传、财务、人事、外事、安全、老干部、史志、后勤服务、综合治理、扶贫等各方面的工作都能够围绕中心，服务大局，取得了新成绩。

2010年8月8日，山西省第十三届运动会开幕　（李俊温提供）

【2010年山西体育十大新闻】 (1)在广州亚运会上，山西运动员实现参赛项目、参赛人数、金牌数和奖牌数四项历史性突破。15名运动员参加9个项目的比赛，获得3金6银1铜，其中武术运动员袁晓超获得亚运首金。(2)经亚洲田联批准，首届太原国际马拉松赛于9月5日举行，参赛人数近万人，是山西历史上规模最大、参赛人数最多的国际体育赛事。(3)第十三届省运会首次增设大学生、老年人、职工组别比赛，涵盖全民健身与竞技体育，省运会历时近百天，赛区覆盖全省11个市，近6000名运动员参加比赛。(4)山西运动员参加国际赛事取得重大突破，其中赵瑾成为山西首位游泳世界冠军。在第十届国际泳联短池游泳世锦赛上，赵瑾与队友合作夺得女子4×100米混合泳接力冠军；她本人还打破罗雪娟保持八年之久的50米蛙泳亚洲纪录。(5)“山西省跤王争霸赛”荣列第二届山西十大文化品牌。“神州行，我看行”山西第三届跤王争霸赛历时四个月，赛场遍及全省21个县（市、区）、30个乡镇，参赛3378人次，观众30万人次。(6)推进省级体育设施建设，新建山西体育中心、迁建太原航校、改建山西省全民健身中心。6月19日，山西体育中心主体育场钢结构合龙；12月1日，太原航空运动学校尧城机场开工奠基；12月28日，山西省全民健身中心揭牌。(7)在非奥项目竞争中，山西取得历史最好成绩。第四届全国体育大会上，山西代表团荣获5个一等奖，27个二等奖，34个三等奖。(8)首届青奥会，山西选手夺两金。在第一届夏季青少年奥运会上，董钰、刘斌斌分获女子蹦床和男子链球金牌。省委书记袁纯清和省长王君致信祝贺。(9)全省农民体育健身工程成效显著，2010年新建农民健身工程3815块。全省累计建成农民健身工程22845块，人均体育场地面积达1.4平方米，超额完成“十一五”人均1平方米的目标任务。

(10)2010年山西体育彩票销售8.23亿元,筹集公益金2.34亿元,圆满完成本年度7亿元的销售任务。"十一五"期间,山西体育彩票销售36.2亿元,超额完成30亿元的原定目标。

【冬泳爱好者迎新年】　1月1日,2010年山西省冬泳公开赛暨省城第五届新年冬泳入水仪式在太原理工大学游泳馆举行。省体育局局长苏亚君宣布仪式开始。副局长李振生致辞。全省各地冬泳协会和冬泳俱乐部长年坚持各种形式的冬泳活动,省城冬泳入水仪式活动也已成功举办四届。

【省体育局命名传统项目学校】　1月10日,2009~2012年度体育传统项目学校命名表彰会在太原举行。李振生出席会议。会议通报2009年省级传统校的评定工作。6月8~24日,省体育局与教育厅共同组织专家奔赴10市34县(市、区)对58所省级体育传统项目申报学校进行检查验收,并代国家体育总局和教育部检查4市6所国家级传统校,同时为6市8所"学校体育场馆向社会开放试点学校"挂牌。经过严格的审核评定,太原市进山中学、大同市五中、阳泉市城区新华小学、介休市一中、长治市梅辉坡小学、晋城市一中、临汾市第二小学、文水县东南街小学、新绛县二中、忻州师院附中等50家学校被评为2009~2012年度山西省级体育传统项目学校。

【全省体育工作会议】　2月2日在太原召开,张平出席会议并颁奖。苏亚君作《抢抓机遇,奋发进取,进一步开创山西体育事业又好又快发展新局面》大会报告。报告总结2009年工作,分析建设体育强国进程中山西体育面临的新任务,部署2010年工作。张平要求:(1)把工作思路统一到建设体育强国战略目标上来。各级政府要围绕建设体育强国的奋斗目标,形成各级政府重视,相关部门支持,全社会共同参与的开展体育工作良好局面。(2)以科学发展观为统领,扎实推进体育事业全面协调可持续发展。一要不断强化政府公共服务职能,推动全民健身的进一步开展。二要努力提高竞技体育综合实力,不断巩固和提高现有重点项目总体实力基础上,加强对田径、游泳以及球类项目的发展研究和投入力度,力争取得新突破,积极承办国内外体育赛事,加强体育对外交流,促进竞技体育水平提高。三要进一步加快体育产业发展,拓展体育发展空间,逐步壮大全省体育产业规模和整体实力。四要加强体育软实力建设,全面提升体育综合竞争力。

【全省群众体育工作会议】　3月3日在太原召开。苏亚君、李振生、王荣出席会议并颁奖。会议从全力推进全省农村体育场地设施建设、促进全民健身活动深入开展、完善和加强群众体育组织与队伍建设、加强群众体育宣传工作、群众体育科研、推动学校体育工作、群体工作先进典型等八个方面详细阐述2009年全省群众体育工作情况。会议要求2010年全省主要工作为:抓好《全民健身条例》贯彻落实;加强群众体育规章制度建设,研究和制定好新一周期《全民健身计划》;加大全民健身场地建设的力度;加强群众体育组织和队伍建设;以举办第十三届省运会和第二个"全民健身日"庆祝活动为主线,广泛开展全民健身活动;认真完成第三次国民体质监测工作;继续加强学校体育工作;开展全民健身志愿服务活动,建立全民健身志愿服务长效化机制;加强表彰和激励机制,发挥典型示范作用;加强群众体育宣传工作;加强群众体育科研工作。

【山西乒羽单项大奖赛】　3月6日,2010年山西省"美的杯"乒乓球、羽毛球单项大奖赛在太原奥利乒羽俱乐部开幕。苏亚君宣布比赛开幕,李振生致开幕词。此次大奖赛是全面贯彻实施《全民健身计划纲要》和《奥运争光计划》,积极推进球类运动项目发展的一项体育赛事。羽毛球首站比赛于3月6日进行,4月24日、6月26日、8月28日、10月30日进行第二站、第三站、第四站、第五站,总决赛于12月25日举行。

【全国女子柔道锦标赛】　3月27日,2010年"山西体彩杯"全国女子柔道锦标赛在山西财经大学体育馆开赛。全国47支代表队近400名运动员参加比赛。29日,锦标赛结束,解放军、河北获得团体第一、二名,山东和辽宁并列团体第三名,四川、湖南、江苏和上海并

山西省全民健身工程左权现场会　　　　(李俊温提供)

列团体第五名。吴树根(解放军)、何红梅(湖南)、王永护(内蒙古)、徐丽丽(山东)、王千初(解放军)、张美玲(内蒙古)、秦茜(天津)和沙令梅(解放军)分获个人赛各级别第一名。山西代表队获得“体育道德风尚奖”,李宁获–52公斤级亚军,薛源、王雅林分获无差别级和–57公斤级第三名、第五名。

【全国女子自由式摔跤锦标赛】 4月6日,2010年全国女子自由式摔跤锦标赛在山西财经大学体育馆开赛。全国40支代表队近300名运动员参赛。全部赛事于8日结束。山西2支代表队共12名参赛运动员参加全部7个公斤级比赛。辽宁、解放军、广西分获团体前三名。苏贵北、李绘、杨森莲、李会、许海燕、王佳伟、许晴分获个人赛各组别第一名。山西获得“体育道德风尚奖”,张兰获得59公斤级季军,霍娟获得72公斤级第七名。白虎明、马冲、马凯、谭发芳、满达、金平等裁判员和张兰、许海燕、李绘等32名运动员获体育道德风尚奖。

【山西全民健身工作委员会工作会议】 4月8日在省政府召开。张平到会并讲话。郭慧民主持会议。苏亚君代表省全民健身工作委员会作《开拓进取奋发有为进一步推动山西省全民健身事业又好又快发展》工作报告。张平指出,要突出工作重点,广泛开展全民健身活动,继续打造具有山西特色的群众体育品牌赛事和活动,继续推动公共体育设施建设,扎实推进农民体育健身工程、青少年学生“阳光体育运动”等。张平要求,健全工作机制,为人民群众提供多元化体育服务;各级政府要强化政府责任和部门职能,建立全民健身长效机制,全力推动“三列入”:即将全民健身事业特别是公共体育设施建设纳入国民经济和社会发展规划,将全民健身工作写入《政府工作报告》,将全民健身所需经费等列入地方财政预算;要为群众锻炼提高提供科学指导,开发适合省情的群众体育活动,满足人民群众日益增长的体育需求,带动体育文化产业发展;推动全民健身工作又好又快发展,努力开创全民健身工作新局面。

【参加第四届全国体育大会】 第四届全国体育大会,山西代表团由运动员、教练员、团部工作人员和随团记者共198人组成,参加中国式摔跤、体育舞蹈、无线电测向、定向、跳伞、毽球、健美、地掷球、航空模型、健身气功、室内五人制足球、桥牌、象棋、围棋、高尔夫球、轮滑、门球、救生等18个大项、81个小项的比赛,是山西省参加历届体育大会规模最大的一次,获得一等奖5个、二等奖27个、三等奖34个和4个参与奖。此外,山西代表团还获得体育道德风尚代表团奖。

【祝珊珊获射箭世界杯团体冠军】 6月10日,在土耳其安塔利亚进行的射箭世界杯土耳其站女子团体比赛中,代表中国参赛的山西运动员祝珊珊和另外两名运动员程明、郭发萍击败俄罗斯队,获世界杯女子团体桂冠。

【太原理工获CUBA冠军】 6月10日,第十二届CUBA篮球联赛总决赛第二场落下帷幕。主场作战的太原理工大学以98比88战胜卫冕冠军中国矿业大学,以两回合全胜的成绩战胜对手,在本赛季14连胜的同时获得第一个CUBA的冠军。

【蹦床世界杯赛山西摘金揽铜】 6月13日,蹦床世界杯瑞士站比赛结束,中国队包揽男女网上个人冠军。山西省选手董栋、涂潇分别以预赛第一、第二的成绩进入决赛。决赛中,董栋发挥出色,获男子网上个人冠军。涂潇获男子网上个人第三名。董栋、涂潇获得男子双人同步第七名。

【太原国际青少年乒乓球公开赛】 6月15日,2010年太原国际青少年乒乓球公开赛暨国际乒联青少年巡回赛开幕式在太原举行。来自奥地利、日本、俄罗斯等8个国家和地区的100余名运动员参加为期五天、八个项目的角逐。太原国际青少年乒乓球公开赛暨国际乒联青少年巡回赛已连续举办了九届,成为国际青少年乒乓球运动的一项重要传统赛事。

【山西健美操队夺得世界亚军】 6月18日,第十一届健美操世界锦标赛在法国罗德兹开赛,代表中国参赛的临汾三中健美操队获六人操项目亚军。

【华北地区老年网球邀请赛】 7月10日,华北地区第二十届老年网球邀请赛在山西省老年网球馆开幕。出席开幕式的领导有副省长张平,原省领导李立功、梁国英、李布德、阎元锁、薛荣哲,省体育局副局长李振生等。本届比赛参赛人员近200名,选手中年龄最大的82岁。比赛项目为团体赛,设领导组、女子组、男子甲组、男子乙组、男子丙组等五个级别。为庆祝华北地区邀请赛20周年,大会组委会还举办书法、绘画展览,共收到各界、各队书法、绘画、篆刻作品35幅。

【第十九届中国大学生围棋赛】 7月12日,第十九届“应氏杯”中国大学生围棋赛在山西大学商务学院开幕,来自国内外的32支代表队的140多名选手角逐职业组、业余组和女子组三个组别的冠军。这次比赛是山西高校首次承办的全国性大型围棋赛事,参赛的32支代表队除内地知名大学外,还有香港、澳门的代表队,以及来自韩国的5支队伍。比赛为期7天,期间还举办中国围棋和山西围棋的发展高端论坛、百名棋手车轮战及围棋文化节等活动。

【世界毽球锦标赛山西选手夺冠】 7月13日,第六届世界毽球锦标赛男子单打决赛结束,代表中国队出战的山西省选手麦宇添战胜国际劲旅越南选手夺得冠军,这是中国

山西省“体育三下乡”代县新高村健身行活动 （李俊温提供）

取得的首枚世界毽球锦标赛男子单打金牌，也是山西2010年获得的第一个非奥运项目世界冠军。

【张兰获世界摔跤青年锦标赛冠军】 7月23日，在世界摔跤青年锦标赛女子59公斤级的比赛中，张兰四战四胜夺得冠军。这是山西摔跤选手首次获得世界青年冠军，也是张兰首次夺得个人项目的世界冠军。此次比赛在匈牙利首都布达佩斯举行，设男女24个项目。

【“丝绸之路”长跑活动跑进山西】 8月3~9日，2010法国“丝绸之路”长跑活动分别在山西省平遥、榆次、五台山和大同进行。8月3日，来自法国、西班牙、意大利等国家的70多名长跑爱好者再次齐聚平遥古城参加比赛。8月6日，“丝绸之路长跑团”在佛教圣地五台山南台起跑。8日、9日活动分别在大同县昊天寺和堡子湾古长城进行。“丝绸之路长跑”活动旨在组织欧洲的长跑爱好者到中国领略“丝绸之路”和东方文化风情。本届活动精心挑选最能体现山西深厚文化底蕴和历史积淀的代表性景点，包括平遥、五台山、昊天寺、长城古堡等，以期推广山西省旅游资源及推动长跑运动发展。

【第十三届省运会体育摄影集邮展】 8月7日，“体彩杯”山西省第十三届运动会体育摄影展和体育集邮展在省体育彩票管理中心开幕。此次展览由山西省第十三届运动会组委会主办，省体育彩票管理中心和省体育局宣传中心承办，旨在庆祝省运会召开，营造良好的体育文化氛围，进一步扩大省运会影响。40多位作者的200余幅（组）优秀摄影作品和40多位集邮爱好者的100框邮集近万枚邮票、邮品等参加展出。参展的体育摄影作品是反映山西省第十二届运动会以来全省群众体育、竞技体育、体育产业及体育设施发展状况的优秀摄影图片，以及改革开放以来全省体育摄影精品，具有较高的艺术观赏性。

【山西省第十三届运动会揭幕】 8月8日20:00，山西省第十三届运动会在太原滨河体育中心揭幕。省领导袁纯清、王君、薛延忠、申联彬、申维辰、张平、郭良孝、曾广超、刘建华、梁国英出席开幕式。开幕式由苏亚君主持。开幕式后，进行《三晋体育之光》大型文体表演。第十三届省运会共设青少年组、职工组、老年人组和大学生组等4个组别。

【全国武术套路冠军赛山西获佳绩】 8月11~14日，2010年全国武术套路冠军赛在上海举行，山西派出6名选手参赛，共获得两枚金牌、一枚银牌、一枚铜牌和一个第六名。其中，袁晓超赢得男子长拳、棍术两项桂冠和刀术亚军，何晓倩夺得女子刀术季军，杨洪获得女子长拳第六名。

【太原国际马拉松赛】 9月5日，2010太原国际马拉松赛在滨河体育中心开赛。国家体育总局副局长段世杰，省政府副秘书长郭慧民，省体育局局长苏亚君，国家体育总局田径运动管理中心副主任王大卫，省体育局副局长李振生及太原市党政军领导出席开幕式。比赛设男女全程马拉松、半程马拉松和迷你小马拉松健身跑等项目。此次比赛是山西首次举办的国际马拉松比赛，605人参加全程马拉松赛，692人参加半程马拉松赛，7991人参加迷你马拉松，参赛总人数近万人。参赛运动员中年龄最大的79岁，最小的13岁。参赛的外籍运动员21人，国内专业运动员50人。

【山西八篇作品获全国全民健身好新闻奖】 9月6日，2009年全民健身好新闻评选结果揭晓，山西省体育局获得优秀组织奖，山西选送的作品共获得一等奖2个、二等奖3个、三等奖3个。获奖情况如下：省体育局宣传中心李俊温、王宏德的《阔步向前的山西群众体育蓬勃兴盛》和太原日报社白伟的《由全民健身日引发的思考系列报道三篇》获得文字作品三等奖；王宏德的《毽舞翻飞》、长治日报社司敏的《雏鹰试飞》分获图片作品一等奖、三等奖；山西广播电台李夫丁的《2009年我省将完成5066个农村体育健身设施建设任务》获得广播作品二等奖；忻州广电台、忻州体育局制作的《建体育场地促全民健身》与阳泉广电总台的《俺们的运动会》、太原电视台的《激情在冰河里燃烧》分获电视新闻一等奖和二等奖。

【亚洲攀岩锦标赛】 9月16日，2010中国·长治"潞安环能杯"第十九届亚洲攀岩锦标赛在长治市体育中心开幕。本届锦标赛系列活动由攀岩锦标赛、《攀向巅峰》晚会、长治市定向赛等5项活动组成，"核心赛事、体育活动、文化商旅"是本届活动的最大特点。来自伊朗、哈萨克斯坦、韩国、新加坡、马来西亚等12个国家的87名攀岩运动员参赛。

【"体育三下乡"健身行活动启动】 10月20日，2010年山西省"体育三下乡"健身行活动在代县新高村举行。郭慧民副秘书长宣布活动启动，并代表省体育局向代县体育中心捐赠体育器材。省国民体质监测队免费为农民群众进行体质测试，提供科学健身指导服务。代县太极拳协会、武术协会、舞蹈队表演49式太极拳、第三套健身秧歌、腰鼓等精彩的健身项目。启动仪式后，大家还参观了代县韩街镇、上官镇五里村农民体育建设工程。

【山西创亚运会参赛历史最好成绩】 11月26日，第十六届亚运会山西15名运动员的比赛全部结束，共获得3金6银1铜的优异成绩，金牌数和奖牌数均为历届之最，创自1974年第七届新德里亚运会以来历史最好成绩。开赛首日，袁晓超为中国代表团夺取本届亚运会第一枚金牌。随后，赵瑾夺得女子50米蛙泳亚军，郑义夺得跆拳道男子87公斤以上级银牌，祝珊珊摘取女子射箭团体银牌，董栋、涂潇赢得蹦床男子网上个人冠亚军，梁磊夺得男子自由式摔跤120公斤级铜牌，冯兰兰获得亚运会空手道金牌，张兰夺得女子自由跤55公斤级银牌。

【山西省全民健身中心揭牌】 12月28日，山西省全民健身中心揭牌仪式暨迎新年全民健身长跑活动在太原举行。全民健身中心将承担起省城群众性的体育活动和比赛服务工作。活动现场，山西省全民健身中心首次组织迎新年全民健身跑活动与省城第一届冰雪嘉年华活动。

【《山西省体育设施条例》颁布】 12月30日，省人大常委会和省政府在省人大常委会会议厅联合召开《山西省体育设施条例》颁布实施新闻发布会。省人大常委会副主任安焕晓，副省长张平出席会议并讲话。山西省第十一届人民代表大会常务委员会第二十次会议于2010年11月26日表决通过《山西省体育设施条例》，并将于2011年1月1日起施行。《条例》分为五个章节，共计29条。《条例》主要在四个方面做出规定：一是明确各级政府在公共体育设施规划、建设、运营等方面的职责；二是加大体育设施开放力度；三是明确体育设施管理单位的职责；四是明确执法主体和法律责任。

山西省运动员参加第十六届亚运会成绩

选　手	参赛项目	成绩	名次
袁晓超	武术男子长拳	9.78分	1
董　栋	蹦床男子网上个人	44.50分	1
冯兰兰	空手道女子-68公斤级	—	1
赵　瑾	游泳女子50米蛙泳	31秒13	2
薛瑞鹏	游泳男子200米蛙泳	2分12秒25	2(破全国纪录)
郑　义	跆拳道男子+84公斤级	—	2
祝珊珊	射箭女子团体	—	2
涂　潇	蹦床男子网上个人	43.80分	2
张　兰	摔跤女子55公斤级	—	2
梁　磊	国际式摔跤男子120公斤级	—	3
张盛国	举重男子94公斤级	380公斤	4
董明明	空手道男子-60公斤级	—	5
赵志阳	男子小轮车	33秒125	6
常永祥	国际式男子74公斤级	—	—
杨建平	射箭女子	—	—

第四届全国体育大会山西代表团成绩
（一等奖 5 个 二等奖 27 个 三等奖 34 个 参与奖 4 个）

项目	小项	运动员	成绩
跳 伞	女子个人定点跳伞	裴 昱	一等奖
	女子个人全能跳伞	叶晓莉	一等奖
	女子集体定点跳伞	何宇峰 戴寒月 裴 昱 彭 佳 叶晓莉	一等奖
健身气功	五禽戏女子个人	康任侠	一等奖
无线电测向	成年男子标准距离	武永胜	一等奖
跳 伞	女子个人特技跳伞	叶晓莉	二等奖
	女子个人特技跳伞	代寒月	二等奖
	女子个人特技跳伞	何宇峰	二等奖
	女子个人定点跳伞	叶晓莉	二等奖
	女子个人定点跳伞	何宇峰	二等奖
	女子个人定点跳伞	代寒月	二等奖
	自选花样跳伞	何宇峰 戴寒月 裴 昱 彭 佳 叶晓丽 亢丽平 程 彬	二等奖
定 向	短距离–青年男子组	郑 顺	二等奖
	短距离–成年男子组	莫景雄	二等奖
	短距离–成年男子组	莫景雄	二等奖
	男子百米定向	莫景雄	二等奖
体育舞蹈	团体拉丁舞	张凯等 18 人	二等奖
航 空 模 型	遥控空投模型飞机(P3K)	裘治波	二等奖
	遥控空投模型飞机(P3K)	张 杰	二等奖
无线电 测 向	青年男子短距离	李 鹏	二等奖
	青年男子短距离	宋泽兵	二等奖
	成年男子标准距离	郭恩强	二等奖

续表

项目	小项	运动员	成绩
桥　牌	男子个人	林亚夫	二等奖
健　美	健身小姐A组	韩李美萱	二等奖
象　棋	业余团体	周　军　李小芳	二等奖
中国式摔　跤	男子56公斤级	周志鑫	二等奖
	男子70公斤级	图古斯吉日嘎拉	二等奖
	男子75公斤级	浩如乐	二等奖
	男子82公斤级	斯琴格日勒	二等奖
	男子100公斤级	嘎拉曾阿拉希	二等奖
毽　球	男子双人	武　强　麦宇添	二等奖
	男子三人	郭凯龙　陷　骞　梁智毅　魏　来	二等奖
跳　伞	男子个人特技跳伞	亢丽平	三等奖
	女子个人特技跳伞	彭　佳	三等奖
	女子个人定点跳伞	何宇峰	三等奖
	女子个人定点跳伞	代寒月	三等奖
	男子青年个人定点跳伞	范　亮	三等奖
	女子个人全能跳伞	裴　昱	三等奖
	女子个人全能跳伞	彭　佳	三等奖
	男子集体定点跳伞	程　彬　陈宏宇　亢丽平　郭晓东　范　亮	三等奖
	四人造型跳伞	彭　佳　叶晓莉　裴　昱　何宇峰　代寒月	三等奖
定　向	短距离-青年男子组	梁杰昌	三等奖
	短距离-成年男子组	程子浩	三等奖
	短距离-成年女子组	李　娟	三等奖
	短距离-成年女子组	刘丽红	三等奖
	男子百米	郑　顺	三等奖

续表

项目	小项	运动员	成绩
体育舞蹈	桑巴舞单项	王　帅　马　阳	三等奖
	斗牛舞单项	张　凯　刘洋子	三等奖
	牛仔舞单项	田　磊　杨红叶	三等奖
门　球	门　球	李明等6人	三等奖
地掷球	塑质球男子团体	黄长清　郑肖飞　任晓波　袁世鹏	三等奖
	塑质球男子双人	郑肖飞 任晓波	三等奖
	大金属—男子单人准确抛击	任晓波	三等奖
	小金属—男子双人	黄长清　郑肖飞	三等奖
	小金属—女子双人	王晓冉　宋秀峰	三等奖
无线电测向	青年女子短距离	赵转转	三等奖
	成年女子标准距离	马彩霞	三等奖
	成年女子标准距离	刘丽红	三等奖
桥　牌	女子团体	陆雅嫔　郑弈莉　张艳梅 柳　伟　郭爱玲　张凤莲	三等奖
	混合团体	陆雅嫔　郑弈莉　张艳梅	三等奖
	女子个人	陆雅嫔	三等奖
轮　滑	速度轮滑—女子500米公开计时	卞丽雪	三等奖
健　美	健身—健身小姐B组（1.64米以上）	武　宁	三等奖
中国式摔　跤	男子65公斤级	武　俊	三等奖
	男子70公斤级	朝鲁门格日勒	三等奖
	男子115公斤级	乌云巴图	三等奖
中国式摔　跤	男子90公斤级	阿拉腾嘎日迪	参与奖
	男子56公斤级	图门巴雅尔	参与奖
围　棋	业余团体	王　楚　郑　磊	参与奖
五人制足球	五人制足球	周存信等16人	参与奖

2010年太原国际马拉松赛成绩

一、男子全程马拉松比赛成绩

名　次	姓　名	国家或单位	成　绩
1	Haile Haja Gemeda	埃塞俄比亚	2:13:30
2	Charles Kibiwot	肯尼亚	2:14:03
3	David Kemboi Murkomen	肯尼亚	2:14:36
4	Julius Kipruto Kuto	肯尼亚	2:15:08
5	Norman Senkie Dlomo	南　非	2:16:02
6	Sambu Andre Sipe	坦桑尼亚	2:18:29
7	James Cheboi	肯尼亚	2:18:45
8	尹顺金	青　海	2:20:14

二、女子全程马拉松比赛成绩

名　次	姓　名	国家或单位	成　绩
1	Emmah Muthoni Kiruki	肯尼亚	2:29:52
2	Goitetom Haftu Tesema	埃塞俄比亚	2:30:55
3	Marta Markos Ayele	埃塞俄比亚	2:31:48
4	Yeshi Esayias Tesemma	埃塞俄比亚	2:32:09
5	王晓姝	辽　宁	2:42:48
6	魏亚楠	北　京	2:46:41
7	杨　蒙	北　京	2:54:12
8	何引丽	北　京	2:54:49

三、半程马拉松比赛成绩

名次	男子			女子		
	姓名	单位	成绩	姓名	单位	成绩
1	张振龙	北京	1:05:53	罗川	江西	1:17:46
2	关思杨	北京	1:06:00	许丽红	北京	1:25:40
3	边岐	内蒙古	1:06:13	房广霞	北京	1:26:27
4	杨帅	北京	1:09:28	冯晓琪	榆次	1:42:09
5	王彦发	兰州	1:10:15	刘思赟	太原	1:50:07
6	赵宗孝	兰州	1:10:45	池素珍	太原	1:50:11
7	李少壮	临沂	1:12:05	任慧莲	阳泉	1:50:56
8	聂文龙	北京	1:14:28	侯彩丽	林州	1:55:27

四、山西选手全程马拉松比赛成绩

名次	男子			女子		
	姓名	单位	成绩	姓名	单位	成绩
1	周斌进	榆次	2:51:43	孙世怡	临汾	3:43:34
2	张凤玉	阳泉	2:54:32	周建华	阳泉	3:48:20
3	梁徐通	阳泉	2:56:33	王焕萍	阳泉	3:54:22
4	王建文	晋城	3:08:49	冯秀平	阳泉	3:54:57
5	王伟伟	太原	3:12:22	武林瑞	阳泉	3:58:26
6	周厚平	太原	3:14:52	李宝兰	阳泉	4:00:49
7	张寿骥	介休	3:17:27	张素英	晋城	4:04:11
8	王华庭	阳泉	3:18:31	赵金梅	阳泉	4:13:35

五、山西选手半程马拉松比赛成绩

	男　子			女　子		
1	张海峰	太　原	1:14:44	冯晓琪	榆　次	1:42:09
2	王晓飞	榆　次	1:15:04	刘思赟	太　原	1:50:07
3	闫　军	太　原	1:20:45	池素珍	太　原	1:50:11
4	柳明明	太　原	1:21:51	任慧莲	阳　泉	1:50:56
5	高　珲	交　城	1:26:22	戎爱芝	阳　泉	1:58:49
6	李光慧	太　原	1:26:55	孟亚美	大　同	1:59:41
7	张玉庆	阳　泉	1:27:07	原凌燕	太　原	2:00:01
8	宋奎清	太　原	1:29:04	常铭铭	榆　次	2:00:10

2010 年山西省运动员参加世界大赛录取名次

比赛名称	姓名	性别	项目	成绩	名次	时间	地点
第十六届亚运会蹦床比赛	董　栋	男	网上个人	—	1	11.21	广　州
第一届青奥会蹦床比赛	董　钰	女	网上个人	—	1	8 月	新加坡
蹦床世界杯系列赛俄罗斯站	董　栋	男	网上个人	42.4	1	9.18	俄罗斯
蹦床世界杯系列赛葡萄牙站	董　栋	男	网上个人	43.2	1	9.24	葡萄牙
蹦床世界杯系列赛瑞士站	董　栋	男	网上个人	41.9	1	10.6–17	瑞　士
蹦床世界杯系列赛西班牙站	董　栋	男	网上个人	41.8	1	9 月	西班牙
世界蹦床锦标赛	董　栋	男	网上个人	—	1	11.8	法　国
世界蹦床锦标赛	董　栋 涂　潇	男	网上同步	—	1	11.8	法　国
世界蹦床锦标赛年龄组比赛 13—14 岁	贾宇洁	女	网上个人	—	1	11.17–21	法　国
亚洲青年蹦床锦标赛	董　钰	女	网上个人	—	1	3 月	日　本
第十六届亚运会空手道比赛	冯兰兰	女	女子 68 公斤	—	1	11.26	广　州
世界大学生空手道锦标赛	李津津	女	女子 61 公斤	—	1	10.28–31	黑　山

续表

比赛名称	姓名	性别	项目	成绩	名次	时间	地点
第50届德国世界射击锦标赛（青年组）	张鑫 张彬 何启民	男	男子10米气手枪团体	1727环	1	2010.8.3	德国
女子摔跤世界杯	张兰	女	59公斤	—	1	3.27—28	南京
世界青年摔跤锦标赛	张兰	女	59公斤	—	1	7.18–27	匈牙利
亚洲青年摔跤锦标赛	王路敏	男	55公斤	—	1	6.10	黄山
第十六届亚运会武术比赛	袁晓超	男	长拳	—	1	11月	广州
青年奥运会田径比赛	刘斌斌	男	链球	—	1	—	新加坡
第十六届亚运会蹦床比赛	涂潇	男	网上个人	—	2	11.21	广州
蹦床世界杯系列赛俄罗斯站	涂潇	男	网上同步	42.3	2	9.18	俄罗斯
蹦床世界杯系列赛葡萄牙站	涂潇	男	网上个人	42.1	2	9.24	葡萄牙
蹦床世界杯系列赛俄罗斯站	董栋 涂潇	男	双人同步	49.1	2	9.18	俄罗斯
法国女子空手道公开赛	冯兰兰	女	女子 68公斤	—	2	—	巴黎
世界大学生空手道锦标赛	冯兰兰	女	女子 68公斤	—	2	10.28–31	黑山
第十六届亚运会摔跤比赛	梁磊	男	120公斤	—	3	11.25	广州
第十六届亚运会摔跤比赛	张兰	女	55公斤	—	2	11.26	广州
国际摔跤A级赛及训练营	梁磊	男	120公斤	—	2	1.24	美国
世界摔跤锦标赛	张兰	女	59公斤	—	2	9.2 –14	俄罗斯
第十六届亚运会跆拳道比赛	郑义	男	87公斤	—	2	11.18	广州
蹦床世界杯系列赛瑞士站	涂潇	男	网上个人	41.6	3	10.6–17	瑞士
武博会空手道比赛	冯兰兰	女	—	—	3	—	北京
亚洲摔跤锦标赛	闫鹏飞	男	66公斤	—	3	5.8–18	印度
第十六届亚运会举重比赛	张盛国	男	94公斤 总成绩	—	4	11月	东莞
蹦床世界杯系列赛瑞士站	董栋 涂潇	男	双人同步	36.4	5	10.6–17	瑞士
第十六届亚运会空手道比赛	董明明	男	男子 60公斤	—	5	11.23	广州
蹦床世界杯系列赛葡萄牙站	董栋 涂潇	男	双人同步	35.5	7	9.24	葡萄牙

2010年山西运动员参加全国锦标赛和冠军赛录取名次

比赛名称	姓名	性别	项目	成绩	名次	时间	地点
全国蹦床锦标赛	涂潇	男	男子 网上单人	40.95	1	5.12–19	温州
全国蹦床系列赛	涂潇	男	网上个人	41.1	1	5.12–19	温州
全国蹦床冠军赛	涂潇 董栋	男	男子 双人同步	50.4	1	8.19–25	泉州
全国蹦床冠军赛	董栋	男	男子 网上单人	42.65	1	8.19–25	泉州
全国蹦床冠军赛	张媛媛 郭蒨	女	女子 双人同步	45.5	1	8.19–25	泉州
全国空手道冠军赛	李津津	女	女甲 61公斤	—	1	12.17–19	温州
全国空手道冠军赛	师建玲	女	女甲 50公斤	—	1	12.17–19	温州
全国空手道冠军赛	侯艳琴 王晓红 师建玲 李津津	女	女子 甲组团体	—	1	12.17–19	温州
全国空手道锦标赛	李鹏	男	成年甲组 +84公斤	—	1	5.20–22	广州
全国空手道锦标赛	王晓红	女	成年甲组 55公斤	—	1	5.20–22	广州
全国空手道锦标赛	冯兰兰	女	成年甲组 61公斤	—	1	5.20–22	广州
全国空手道锦标赛	冯兰兰 侯艳琴 李津津 王晓红	女	成年甲组 女子团体	—	1	5.20–22	广州
全国拳击冠军赛	袁少武	男	64公斤	—	1	12.21–24	鹤壁
全国自行车BMX锦标赛暨全国青年锦标赛	马越 荆静 高雪娇	女	团体	—	1	9.18	江苏宿迁
全国射击锦标赛	于炜 刘毅 王智伟	男	男子10米 气手枪团体	1734环	1	6月	昆明
全国射箭奥项锦标赛	祝珊珊	女	奥林匹克轮 排名赛	666环	1	6月	德清
全国射箭冠军赛	祝珊珊	女	个人淘汰赛	得6分	1	4月	漳州
全国射箭冠军赛	祝珊珊 杨建平 方玉婷	女	女子团体 淘汰赛	214环	1	4月	漳州
全国射箭室外锦标赛	方玉婷	女	30米排名赛	354环	1	10月	江苏

续表

比赛名称	姓名	性别	项目	成绩	名次	时间	地点
全国古典式摔跤锦标赛	常永祥	男	84 公斤	—	1	4.20—23	哈尔滨
全国古典式摔跤锦标赛	王路敏	男	55 公斤	—	1	4.20—23	哈尔滨
全国武术套路冠军赛	袁晓超	男	长拳	—	1	2010.8	上海
全国武术套路冠军赛	袁晓超	男	棍术	—	1	2010.8	上海
全国武术套路冠军赛(传统项目)	张琦雪	女	形意拳	—	1	2010.11	江西新余
全国武术套路冠军赛(传统项目)	王武剑	男	形意拳	—	1	2010.11	江西新余
全国武术套路锦标赛	赵诗	女	长拳	—	1	2010.4	杭州
全国春季游泳锦标赛	曹玥	女	100 米仰泳	01:04.7	1	1.28—31	唐山
全国春季游泳锦标赛	曹玥	女	200 米仰泳	02:18.3	1	1.28—31	唐山
全国游泳冠军赛暨亚运会预选赛	薛瑞鹏	男	200 米蛙泳	02:12.7	1	4.21—26	绍兴
全国自行车 BMX 冠军赛(第二站)	赵志阳 韦江斌 冯思哲	男	团体	12 分	1	3.26	浙江 安吉
全国自行车 BMX 冠军赛(第三站)	赵志阳 韦江斌 冯思哲	男	团体	17 分	1	3.27	浙江 安吉
全国自行车 BMX 冠军赛(第四站)	赵志阳	男	BMX	—	1	4.27	江苏宿迁
全国自行车 BMX 冠军赛(第四站)	赵志阳 韦江斌 冯思哲	男	团体	8 分	1	4.27	江苏宿迁
全国自行车 BMX 冠军赛(第四站)	马越 荆静 高雪娇	女	团体	17 分	1	4.27	江苏宿迁
全国自行车 BMX 冠军赛(第五站)	赵志阳	男	BMX	—	1	4.28	江苏宿迁
全国自行车 BMX 冠军赛(第五站)	赵志阳 韦江斌 王宝玉	男	团体	14 分	1	4.28	江苏宿迁
全国自行车 BMX 冠军赛(第一站)	马越 荆静 高雪娇	女	团体	15 分	1	3.25	浙江 安吉
全国自行车 BMX 冠军赛(第一站)	赵志阳 韦江斌 冯思哲	男	团体	13 分	1	3.25	浙江 安吉
全国蹦床锦标赛	董栋	男	网上单人	40.8	2	5.12–19	浙江 温州
2010“名乐杯”蹦床系列赛	董栋	—	网上个人	40.95	2	5.12–19	浙江 温州

续表

比赛名称	姓名	性别	项目	成绩	名次	时间	地点
全国蹦床冠军赛	李振球	男	单跳个人	74.3	2	8.19–25	泉州
全国男子举重冠军赛	殴波	男	56公斤抓举	—	2	2010.1	火车头
全国男子举重锦标赛	张盛国	男	94公斤 总成绩	—	2	2010.4	郑州
全国空手道冠军赛	王晓红	女	女甲 68公斤	—	2	12.17–19	温州
全国空手道冠军赛	刘哲	男	男甲 +84公斤	—	2	12.17–19	温州
全国空手道锦标赛	孙敬超	男	成年甲组 55公斤	—	2	5.20–22	广州
全国空手道锦标赛	李津津	女	成年甲组 55公斤	—	2	5.20–22	广州
全国空手道锦标赛	寇赢 李鹏 司增宝 孙敬超 张强	男	成年甲组 男子团体	—	2	5.20–22	广州
全国乒乓球俱乐部超级联赛	武杨 李晓丹 冯天薇 刘娟	女	女子团体	—	2	—	—
全国拳击锦标赛	袁少武	男	64公斤	—	2	3.20–24	海南
全国女子柔道锦标赛	李宁	女	–52公斤	—	2	03.27–29	太原
(咸宁)亚洲沙滩排球巡回赛	陈春霞 马圆圆	—	—	—	2	10.14–18	湖北咸宁
武汉“车都”全国沙滩排球巡回赛总决赛	孙冰 魏兆辰	—	—	—	2	9.16–19	武汉
全国山地自行车冠军赛(第五站)	白月	女	越野赛	1:43:35.00	2	4.10–11	成都
全国山地自行车冠军赛(第一站)	白月	女	越野赛	1:54:09	2	3.13–14	海南屯昌
全国自行车BMX锦标赛暨全国青年锦标赛	赵志阳 韦江斌 王宝玉	男	团体	—	2	9.18	江苏宿迁
全国射击锦标赛	沈超	男	10米气手枪	683.9	2	2010.6	昆明
全国射击锦标赛	于炜 刘毅 王智伟	男	50米手枪 团体	1661环	2	2010.6	昆明
全国奥项锦标赛	杨建平	女	奥林匹克	轮排名赛 657环	2	2010.6	德清
全国奥项锦标赛	祝珊珊 杨建平 方玉婷	女	团体 淘汰赛	200环	2	2010.6	德清

续表

比赛名称	姓名	性别	项目	成绩	名次	时间	地点
全国室外锦标赛	方玉婷	女	个人 单轮全能	1344 环	2	2010.10	江　苏
全国室外锦标赛	方玉婷	女	个人 50 米 排名赛	330 环	2	2010.10	江　苏
全国男子自由式摔跤冠军赛	单　栋	男	60 公斤	—	2	10.20—23	许　昌
全国跆拳道锦标赛	郑　义	男	+87 公斤	—	2	4.22–25	广东清远
全国武术套路冠军赛	袁晓超	男	刀　术	—	2	2010.8	上　海
全国武术套路锦标赛	袁晓超	男	刀　术	—	2	2010.4	杭　州
全国武术套路锦标赛	袁晓超	男	棍　术	—	2	2010.4	杭　州
全国春季游泳锦标赛	郝　雪	女	100 米蛙泳	01:14.1	2	1.28—31	唐　山
全国游泳锦标赛暨中国水上运动会	薛瑞鹏	男	200 米蛙泳	02:13.4	2	8.29—9.3	日　照
全国自行车 BMX 冠军赛(第二站)	赵志阳	男	BMX	—	2	3.26	浙江安吉
全国自行车 BMX 冠军赛(第三站)	马　越 荆　静 高雪娇	女	团　体	22 分	2	3.27	浙江安吉
全国自行车 BMX 冠军赛(第四站)	冯思哲	男	BMX	—	2	4.27	江苏宿迁
全国自行车 BMX 冠军赛(第五站)	王宝玉	男	BMX	—	2	4.28	江苏宿迁
全国自行车 BMX 冠军赛(第五站)	马　越 荆　静 高雪娇	女	团　体	24 分	2	4.28	江苏宿迁
全国自行车 BMX 冠军赛(第一站)	赵志阳	男	BMX	—	2	3.25	浙江安吉
全国蹦床锦标赛	张　雒	男	单跳个人	70.7	3	5.12–19	浙江温州
全国蹦床锦标赛	张媛媛 郭　苒 董　钰 王　晓	女	女子团体	131.2	3	5.12–19	浙江温州
全国蹦床锦标赛	张媛媛 郭　苒	女	双人同步	44.6	3	5.12–19	浙江温州
全国蹦床冠军赛	涂　潇	男	网上单人	42	3	8.19–25	泉　州
全国男子举重锦标赛	张盛国	男	94 公斤抓举	—	3	2010.4	郑　州
全国男子举重锦标赛	张盛国	男	94 公斤挺举	—	3	2010.4	郑　州
全国空手道冠军赛	寇　赢	男	男甲 55 公斤	—	3	12.17–19	温　州

续表

比赛名称	姓名	性别	项目	成绩	名次	时间	地点
全国空手道冠军赛	孙敬超	男	男甲 60公斤	—	3	12.17-19	温州
全国空手道锦标赛	寇赢	男	成年甲组 55公斤	—	3	5.20-22	广州
全国空手道锦标赛	张强	男	成年甲组 84公斤	—	3	5.20-22	广州
全国空手道锦标赛	张晓琳	女	成年甲组 +68公斤	—	3	5.20-22	广州
全国空手道锦标赛	蒙娜	女	成年甲组 61公斤	—	3	5.20-22	广州
全国乒乓球锦标赛混双	李晓丹 邱贻可	—	—	—	3	—	—
全国拳击冠军赛	夏文杰	男	64公斤	—	3	12.21-24	鹤壁
全国拳击冠军赛	徐政飞	男	81公斤	—	3	12.21-24	鹤壁
全国拳击锦标赛	夏文杰	男	64公斤	—	3	3.20-24	海南
全国沙滩排球巡回赛广州站	陈春霞 魏兆辰	—	—	—	3	8.25-28	广州
全国山地自行车冠军赛(第三站)	白月	女	越野赛	1:49:24.70	3	3.27-28	贵州福泉
全国场地自行车冠军赛(第一站)	贾伟伟 王磊 闯振强	男	团体 竞速赛	1:05.531	3	6.29-7.2	秦皇岛
全国山地自行车冠军赛(第二站)	山西队	女	团体	6:01:16	3	3.18-19	海南屯昌
全国山地自行车冠军赛(第六站)	张淑峰 常智 王腾 杜宇	男	团体	6:41:52.705	3	4.15-16	成都
全国山地自行车冠军赛(第四站)	白月	女	计时赛	0:22:48.24	3	4.3-4	贵州 百里杜鹃
全国山地自行车冠军赛(第五站)	白月	女	计时赛	18:49.280	3	4.10-11	成都
全国山地自行车冠军赛(第一站)	白月	女	计时赛	0:14:40:26	3	3.13-14	海南屯昌
全国山地自行车冠军赛(第一站)	山西队	女	团体	7:27:28	3	3.13-14	海南屯昌
全国自行车BMX锦标赛暨全国青年锦标赛	赵志阳	男	BMX	—	3	9.18	江苏宿迁
全国射击冠军赛	于炜	男	50米手枪	657.5环	3	5月	郑州
全国射击锦标赛	于炜	男	50米手枪	661.1	3	6月	昆明
全国射箭奥项锦标赛	祝珊珊	女	个人 淘汰赛	得6分	3	6月	德清

续表

比赛名称	姓名	性别	项目	成绩	名次	时间	地点
全国射箭室内锦标赛	孙泽民	男	个人淘汰赛	得6分	3	5月	多巴
全国射箭室内锦标赛	马利 孙泽民 武玥	男	团体淘汰赛	229环	3	5月	多巴
全国古典式摔跤冠军赛	赵敬顺	男	60公斤	—	3	10.27–30	海口
全国古典式摔跤冠军赛	徐龙生	男	120公斤	—	3	10.27–30	海口
全国古典式摔跤锦标赛	张祥龙	男	74公斤	—	3	4.20–23	哈尔滨
全国古典式摔跤锦标赛	张绪松	男	84公斤	—	3	4.20–23	哈尔滨
全国女子自由式摔跤锦标赛	张兰	女	59公斤	—	3	4.6–9	太原
全国跆拳道冠军赛	管镇	男	68公斤	—	3	12.5–8	江西鹰潭
全国武术套路冠军赛	何晓倩	女	刀术	—	3	8月	上海
全国武术套路冠军赛(传统项目)	王禹涵	男	形意拳	—	3	11月	江西新余
全国武术套路冠军赛(传统项目)	张乃水	男	查拳	—	3	11月	江西新余
全国武术套路锦标赛	赵诗	女	剑术	—	3	4月	浙江杭州
全国田径大奖系列赛	尹安娜	女	3000米障碍	10:18.9	3	5.15	昆山
全国田径大奖系列赛	尹安娜	女	3000米障碍	10:13.3	3	6.13	合肥
全国游泳锦标赛暨中国水上运动会	赵瑾	女	50米蛙泳	00:31.3	3	8.29–9.3	日照
全国自行车BMX冠军赛(第二站)	冯思哲	男	BMX	—	3	3.26	浙江安吉
全国自行车BMX冠军赛(第二站)	马越 荆静 高雪娇	女	团体	20分	3	3.26	浙江安吉
全国自行车BMX冠军赛(第三站)	赵志阳	男	BMX	—	3	3.27	浙江安吉
全国自行车BMX冠军赛(第四站)	高雪娇	女	BMX	—	3	4.27	江苏宿迁

2010年山西运动员参加全国协作区青少年比赛录取名次

比赛名称	姓名	性别	项目	成绩	名次	时间	地点
全国青少年蹦床锦标赛	刘昌鑫 周　杰 廉时栋 王　振 李成想	男	甲组团体	138.2	1	12.4–8	北　京
全国青少年蹦床锦标赛	梁曦文 胡译乘 许晴晴 张惠荣 陈凯华	女	乙组团体	127.75	1	12.4–8	北　京
全国青少年蹦床锦标赛	方璐鹭	女	甲组 单跳个人	59.4	1	12.4–8	北　京
全国青少年蹦床锦标赛	王　毅	男	乙组 单跳个人	60.1	1	12.4–8	北　京
全国青少年蹦床锦标赛	胡译乘	女	乙组 网上个人	35.45	1	12.4–8	北　京
全国青年拳击锦标赛	史昊天	男	69公斤	—	1	7.13–15	许　昌
全国大学生男女柔道锦标赛(中学生组)	胡　杨	男	–60公斤	—	1	8.10–12	北　京 石景山
全国青年U21沙滩排球锦标赛	陈春霞 魏兆辰	—	—	—	1	8.23–24	广东广州
全国自行车BMX锦标赛暨 全国青年锦标赛	郜文彬	男	BMX 青年组	—	1	9.18	江苏宿迁
全国自行车BMX锦标赛暨 全国青年锦标赛	郝文丽	女	BMX 青年组	—	1	9.18	江苏宿迁
全国自行车BMX锦标赛暨 全国青年锦标赛	郜文彬 陈　斌 杨伟青	男	团　体	—	1	9.18	江苏宿迁
全国自行车BMX锦标赛暨 全国青年锦标赛	郝雯丽 刘　丹 赵江涛	女	团　体	—	1	9.18	江苏宿迁
全国青少年武术套路锦标赛	孟婉银	女	枪　术	—	1	2010.6	武　汉
全国青少年武术套路锦标赛	孟婉银	女	长　拳	—	1	2010.6	武　汉
全国青少年武术套路锦标赛	崔泽亮	男	长　拳	—	1	2010.6	武　汉
全国青少年武术套路锦标赛	任典帅	男	长　拳	—	1	2010.6	武　汉
全国青少年武术套路锦标赛	任典帅	男	剑　术	—	1	2010.6	武　汉
全国青少年武术套路锦标赛	任典帅	男	枪　术	—	1	2010.6	武　汉
全国青年体操锦标赛	姚建杉	男	甲组 自由操	13.9	1	9.12	云南文山

续表

比 赛 名 称	姓 名	性别	项 目	成 绩	名次	时 间	地 点
全国青年游泳锦标赛	赵　瑾	女	100 米蛙泳	01:09.5	1	6.17–22	济　南
全国青少年蹦床锦标赛	段豪媚 贾宇洁 罗叶婷 方璐鹭	女	甲组团体	127.7	2	12.4–8	北　京
全国青少年蹦床锦标赛	刘　新 杨颜伟 郭家伦 王　毅	男	乙组团体	118.05	2	12.4–8	北　京
全国青少年蹦床锦标赛	张惠荣	女	乙组 单跳个人	54.6	2	12.4–8	北　京
全国青少年蹦床锦标赛	王　振	男	男组 单跳个人	60.5	2	12.4–8	北　京
全国公路自行车锦标赛暨全国青年公路自行车锦标赛	杨琦峰	男	计时赛	40:41.397	2	9.26–30	河南信阳
全国大学生男女柔道锦标赛(中学生组)	高亨锐	男	–66 公斤	—	2	08.10–12	北京 石景山
全国青年古典式摔跤锦标赛	张绪松	男	84 公斤	—	2	6.30–7.3	潍　坊
全国青年男子自由式摔跤锦标赛	赵　帅	男	60 公斤	—	2	6.16–19	赤　峰
全国青少年武术套路锦标赛	崔泽亮	男	剑　术	—	2	2010.6	武　汉
全国青年体操锦标赛	杨　飘	女	乙组跳马	13.18	2	9.12	云南文山
全国青年体操锦标赛	温明蕊	女	乙组 平衡木	12.675	2	9.12	云南文山
全国青年田径锦标赛	尹安娜	女	3000米障碍	10:33.6	2	4.18	石家庄
全国青少年蹦床锦标赛	梁曦文	女	网上个人	34.8	3	12.4–8	北　京
全国青少年蹦床锦标赛	刘昌鑫	男	男组 网上个人	36.2	3	12.4–8	北　京
全国公路自行车锦标赛暨 全国青年公路自行车锦标赛	陈敏	女	个人赛	1:48:45	3	9.26–30	河南信阳
国际少年乒乓球巡回赛(太原站)	王鹏程 孙　鹏 刘　畅 李光森 陈嘉鹏 董博文	男	乙组 男子团体	—	3	—	太　原
全国青年拳击锦标赛	徐政飞	男	81 公斤	—	3	7.13–15	许　昌
全国大学生男女柔道锦标赛	赵晓龙	男	–66 公斤	—	3	8.7–9	北京科技大

续表

比赛名称	姓名	性别	项目	成绩	名次	时间	地点
全国大学生男女柔道锦标赛	杨　五	男	-73公斤	—	3	8.7-9	北京科技大
全国大学生男女柔道锦标赛	任强强	男	+100公斤	—	3	8.7-9	北京科技大
全国大学生男女柔道锦标赛	高　燕	女	-66公斤	—	3	8.7-9	北京科技大
全国大学生男女柔道锦标赛	邢慧娟	女	-78公斤	—	3	8.7-9	北京科技大
全国青年柔道锦标赛	赵晓龙	男	-66公斤	—	3	6.24-27	广东广州
全国青年柔道锦标赛	郭少飞	男	+100公斤	—	3	6.24-27	广东广州
全国青年柔道锦标赛	胡敏霞	女	+78公斤	—	3	6.24-27	广东广州
全国场地自行车锦标赛暨 全国青年场地自行车锦标赛	王志敏 郭波则 卢耀辉	男	青年团体 竞速赛	49.262	3	9.6-9	北京老山
全国自行车BMX锦标赛暨 全国青年锦标赛	陈　斌	男	BMX 青年组	—	3	9.18	江苏宿迁
全国青年女子自由式摔跤锦标赛	张　玲	女	67公斤	—	3	6.16-19	赤　峰
全国青年体操锦标赛	霍　岱	男	乙组 自由操	13.35	3	9.12	云南文山
全国青年田径锦标赛	于　漫	女	1500米	04:23.6	3	4.17	石家庄
全国青年游泳锦标赛成绩	赵　瑾	女	200米蛙泳	02:34.2	3	6.17-22	济　南

（李俊温）

社会生活

宗　教

【概述】 1. 民族宗教调研工作。省宗教局(省民委)确立2010年为民族宗教工作调研年,围绕民族关系出现的新情况新问题和宗教领域热点难点问题,就条例贯彻落实、创建活动及民族宗教界基本情况进行调研。10月开展农村宗教工作的调研,就农村宗教基本情况、农村宗教工作依法管理方面的做法和存在的问题进行分析。此外,在全省范围内开展少数民族基本情况调查,重点开展对少数民族流动人口服务管理情况摸底。

2. 民族团结进步创建活动。8月,省委统战部、省民委联合下发《山西省民族团结进步创建活动实施方案》,对全省33家国有大型企业和最具基础性的全省各级各类学校,提出宣传教育和创建活动要求,受到国家民委的充分肯定。在全省确定首批民族团结教育试点学校。引导企业为民族团结作贡献,为山大附中西藏班建立民族团结图书馆,建造"民族团结进步林"。

3. 少数民族经济和社会事业。9月民委委员单位专题会议召开,初步形成由省民委主抓、相关部门配合、全社会参与的民族工作格局。与省财政厅沟通,在国家下拨少数民族发展资金的基础上设立山西省少数民族发展资金。深入全省少数民族聚居村实地调研,确定少数民族发展资金扶持项目。向财政部争取民族特需商品生产补助资金和技改贷款贴息资金。召开全省清真食品监督管理工作座谈会,培养扶持全省清真食品发展的龙头企业。对教育援藏单位山大附中西藏班给予关心支持,为有效改善办学条件做出努力。与省文化厅联合选送京剧《五台圣境》获戏剧会演银奖。对山西省参加第九届全国少数民族传统体育运动会项目调研确定。调动全省民族宗教系统为对口支援单位新疆昌吉州民委筹集资金20余万元,迈出对口援疆工作的第一步。

4. 民族宗教工作法制化。在3月的学习宣传活动月中,开展《宗教事务条例》《山西省宗教事务条例》和《山西省清真食品监督管理条例》的宣传。10月举办宗教工作干部培训班,邀请国家宗教局、省社会科学院等领导学者专题授课。11月组织参加山西省"五五"普法总结验收考试。完善民族宗教《行政执法责任制》《行政执法公示制度》《行政审批服务窗口管理制度》等配套制度,建立一整套权责相统一、事前审批与事后监管相统一的民族宗教行政许可制度体系。为深入贯彻《宗教事务条例》,全面启动宗教教职人员认定备案和宗教活动场所财务监督管理工作,确定5个市为宗教教职人员备案工作试点市,55个宗教活动场所为财务

山西省第五次民族团结进步表彰大会　　（王泽武提供）

监督管理工作试点场所。

5. 民族宗教领域维稳工作。按照省委、省政府的部署,在工作中把维护民族宗教领域的稳定作为重要工作来抓,多次召开专题会议进行工作部署。

6. 宗教团体自身建设。推选出席中国佛协第八次大会代表人选,妙江、如瑞法师当选为中国佛教协会副会长;指导省道协召开理事会,对领导班子进行调整增补,推选出参加中国道教协会代表人选;指导省佛教协会召开第八次代表大会,选举产生释妙江为会长的新一届省佛协领导班子,实现领导班子平稳交替。举办全省佛教教职人员培训班,举办全省天主教中青年骨干培训班,选拔15名天主教骨干参加国宗局培训,提高宗教界中青年教职人员的综合素质。

7. 创建和谐寺观教堂活动。12月29日,中央统战部、国家宗教局在北京人民大会堂召开首届全国创建和谐寺观教堂先进集体和个人表彰大会,中央政治局常委、全国政协主席贾庆林,中央政治局委员、国务院副总理回良玉,全国政协副主席、中央统战部部长杜青林接见与会代表。全省天主教太原教区总堂等13个宗教活动场所,省伊协等5个宗教团体以及省佛协副会长、五台山黛螺顶住持昌善法师等10人受到表彰。创建活动引导宗教界参加社会公益事业,省佛协、五台山佛教功德慈善总会每年捐赠50万元援助贫困老区,全省宗教界向青海玉树和甘肃舟曲灾区捐款达1000余万元。

8. 教职人员社会保障工作。按照国家五部委下发的《关于妥善解决宗教教职人员社会保障问题的意见》,协调人社、财政、卫生、民政部门联合下发《关于妥善解决我省宗教教职人员社会保障的实施意见》,就教职人员的适用范围、组织实施和保障办法等提出明确要求,有序地推动解决教职人员社会保障问题。

【李政文调研道教工作】 1月20日,省委常委、省委统战部部长李政文到运城市芮城县调研道教工作。省委统战部副部长、省宗教事务局局长边根棠,运城市委书记高卫东,省宗教事务局副局长卫望军,运城市委常委、市委统战部部长于波等一同前往。李政文听取芮城县委、县政府领导关于芮城县道教工作和重建道教纯阳宫情况的专题汇报,实地察看规划用地。芮城纯阳宫的重建工作由山西、香港、台湾道教界投资,对于凝聚台湾、香港中华传统文化,促进文化交流具有重要意义。

【真宗大谷派日中友好访华团】 2月24~26日,日本佛教真宗大谷派日中友好访华团一行由日本东京浅草运行寺(枣寺)住持菅原侍带队,在山西进行友好访问,参拜净土古刹玄中寺,为举行日本净土真宗大谷派宗祖亲鸾上人圆寂750周年系列纪念活动进行实地考察。访华团受到省宗教局、省佛教协会的热情接待,双方就中日佛教的友好交流和玄中寺的发展建设进行探讨,并详细商谈次年的访华活动。访华团还考察介休绵山、平遥古城、大同云冈石窟等地。

【全省民族宗教工作会议】 3月18日在太原召开。李政文、刘维佳、卫小春出席会议,李政文和刘维佳发表讲话。各市分管民族宗教工作的领导,省、市、县民族宗教工作系统共计260人参加会议。会议总结上年山西省民族宗教工作,部署2010年的工作,5个市县就做好民族宗教工作的经验做法发言,并表彰上年信息宣传工作先进单位。

【陈喜庆考察盂县永清寺】 4月13日,中央统战部副部长陈喜庆一行在盂县永清寺,就宗教活动场所规范化管理、和谐寺庙的创建活动进行实地调研。李政文、马天荣和阳泉市委书记白云以及盂县四大班子领导陪同。盂县永清寺方丈一度法师,向各级领导介绍寺院活动的开展情况,并陪同参观寺院建设、山门前永和广场、斋堂以及"为南方旱灾祈求甘露水陆法会"道场。陈喜庆、李政文对永清寺规范化管理和和谐寺庙创建活动以及为南方旱灾地区捐款的善举给予高度评价。

【清真食品监督管理工作座谈会】 为贯彻落实《山西省清真食品监督管理条例》,加强对清真食品的监管力度,5月7日,省民委在省政协宾馆召开山西省清真食品监督管理工作座谈会。会议的主要任务是:交流各市开展清真食品监督管

国家民委党组书记、副主任杨传堂,省委书记、省人大常委会主任袁纯清和杨素珍校长一起与西藏班学生亲切交谈 (王泽武提供)

理工作的经验，通报全省清真食品的基本情况及存在的突出问题，分析有关典型案例，规范和推动清真食品行业健康发展，为全省民族团结、社会稳定提供有力保证。各市民族宗教事务局有关领导和相关处室的负责人参加会议。

【《加强新形势下高校和企业宗教工作的意见》出台】 针对新形势下高校和企业宗教工作面临的新情况、新问题，结合山西省实际，省委办公厅、省政府办公厅下发《关于加强新形势下高校和企业宗教工作的意见》（晋办发〔2010〕16号文件），分析当前山西省高校和企业宗教工作面临的形势和存在的问题，强调做好新形势下高校和企业宗教工作的重要意义。《意见》的制定，以中央有关精神和国家宗教法律法规为依据，在内容上充分体现三个特点，即：疏堵结合、内外结合、条块结合。

【看望山大附中西藏班师生】 10月27日，国家民族事务委员会党组书记、副主任杨传堂和省委书记、省人大常委会主任袁纯清到山西大学附属中学，亲切看望西藏班师生，勉励藏族学生好好学习，掌握知识，提高本领，成长为建设伟大祖国和美丽西藏的合格人才。1985年起，山大附中承担党中央、国务院教育援藏任务。25年来，学校共培养初、高中毕业生1700余名，学校多次获得"民族团结进步模范先进集体""教育援藏先进集体"等荣誉。

【杜青林视察五台山宗教工作】 10月24日，全国政协副主席、中央统战部长杜青林在五台山视察调研忻州市宗教工作，看望慰问僧众，送上慰问金，并举行忻州市宗教工作调研座谈会。省、市、县的各级领导、专家学者及佛教界代表人士参加座谈。中国佛教协会副会长、碧山寺方丈妙江法师就五台山佛教协会作为党和政府联系信教群众的桥梁和纽带，就如何发挥其积极作用作汇报发言；中国佛教协会副会长、普寿寺住持如瑞法师就五台山普寿寺秉持爱国爱教宗旨，二十年间持续探索"三加一"僧伽教育工程模式作汇报发言（"三加一"即三个机构：五台山普寿寺为修行道场、榆次大乘寺为教育场所、菩提爱心协会为慈善机构；一个清泰安养园）；忻州市佛教协会副会长兼秘书长、五台山佛母洞住持悲月法师就五台山佛教界如何贯彻《宗教事务条例》、加强制度建设作汇报；省社会科学院研究员崔正森作《正确认识把握宗教自身发展规律》的发言。杜青林最后就忻州市今后的统战、宗教工作和深入学习十七届五中全会精神提出指导性意见。

【全省第五次民族团结进步表彰大会】 10月27日，省委、省政府召开全省第五次民族团结进步表彰大会。袁纯清讲话，强调要深入贯彻第五次全国民族团结进步表彰大会精神，创优全省民族工作。国家民族事务委员会党组书记、副主任杨传堂作讲话，肯定山西省的民族工作，对推进新形势下的民族团结进步事业提出要求。副省长刘维佳宣读《山西省人民政府关于表彰全省民族团结进步模范集体和模范个人的决定》，授予山西大学附属中学等49个集体"山西省民族团结进步模范集体"称号；授予韩长安等100人"山西省民族团结进步模范个人"称号。模范集体代表杨素珍和模范个人代表韩长安作大会发言。 （王泽武）

老龄工作

【概述】 2010年，全省各级老龄组织和广大老龄工作者科学谋划老龄工作，不断深化基层老龄工作，全力保障老年人合法权益，充分发挥老年人作用，各项工作取得新的发展。

1.实施五年发展规划，推进老龄事业发展。11月29日至12月2日，由全国政协、国务院办公厅、教育部、商务部、全国老龄办等五部门组成的全国老龄事业发展"十一五"规划联合检查评估组对大同、太原、晋城3市进行检查，对山西省老龄事业发展"十一五"规划执行情况给予充分肯定。⑴老年社会保障体系建设不断加强。覆盖城乡的社会保障政策框架体系基本建立。截至2010年底，全省城乡养老保险参保人数达1080万，全省国家和省级新型农村养老保险试点县达42个，104万农村老年人每月领取不低于55元养老金。城镇企业职工基本养老保险实现省级统筹，离退休人员养老金全部按时足额发放，并连续六年养老金水平保持增长。全省基本医疗保险实现城乡全覆盖，参保人数达3100多万。"三无""五保"老人全部实现应保尽保、按标施保，有力保障和改善"老有所养"。⑵老龄事业基础设施建设不断发展。各地把老龄事业基础设施建设列入政府为民办实事民生工程，列入新农村建设重要内容，不断加大投入，老年福利服务基础设施数量大幅增加，条件明显改善。截至2010年底，全省已建成敬老院、养老院等养老机构1154所，床位45579张，全省爱心护理工程建设基地12家，老年活动中心（站、室）19728个，参加活动老年人达83万多人，全省有老年大学（学校）1269所，在校老年人102578人。⑶养老补贴金制度范围不断扩大。全省各地积极建立老年人养老补贴金制度，补贴标准不断提高，覆盖范围不断扩大。截至2010年底，太原、阳泉、朔州、晋城、长治实现养老补贴金全覆盖，全省有80多个县（市、区）建立养老补贴金制度。⑷特困救助制度不断健全。太原、晋城、长治、晋中等市及所辖各县区均设立老年特困救助资金。阳泉市特困救助资金在2009年基础上有所增加，形成救助贫困老年人长效机制。省老龄办与中国人寿保险股份有限公司山西分公司联合开展"关爱银龄、助老御险"活动，提高老年人抵御风险能力。

金秋风韵文艺晚会 (闫 鹏提供)

2. 突出工作重点,深化基层工作。2010年,省老龄办坚持"抓基层、打基础、树品牌、创一流"指导思想,以老龄工作示范县(市、区)为抓手,扎实推进社区、农村老龄工作规范化建设,使基层老龄工作不断深化。(1)以示范县(市、区)为抓手,不断加强基层老龄工作规范化建设。省老龄办不断建立健全全省老龄工作示范县(市、区)申报、检查、验收、评选、授牌等制度,对创建工作实行动态、规范、制度化管理。截至2010年底,全省老龄工作示范县(市、区)达20个。太原、晋城、运城、晋中、大同、忻州、吕梁等市确定老龄工作示范县(市、区)、示范乡(镇)、示范村,不断完善老龄工作规范化建设标准,建立健全检查验收制度,推动基层老龄工作深入开展。6月23~24日,省老龄办组织召开全省老龄工作示范县(市、区)建设壶关现场推进会,对推动全省示范县(市、区)老龄工作深入发展起到积极作用。(2)以居家养老服务为重点,不断推进基层老龄工作。省老龄办把居家养老服务工作作为重点,引导各地积极开展试点。太原市出台《关于推进居家养老社会化服务工作的意见》,长治市成立居家养老服务中心,晋城市在各乡镇建立居家养老服务中心,阳泉市在社区开展志愿者服务和家政服务。12月24日,省老龄办召开全省居家养老服务太原现场会,通过参观、经验交流,推进居家养老服务工作深入开展。

3. 落实老年人优待政策,保障老年人合法权益。(1)老年优待政策全面落实。《中华人民共和国老年人权益保障法》《山西省实施<老年法>办法》及《关于切实加强老年人优待工作的实施意见》精神得到全面贯彻和落实。老年人凭《老年优待证》可免费进入公园、纪念馆、乘坐市内公共汽车、进入旅游景点,车站、机场、医疗等单位设立老年人优待服务窗口,明示优待服务内容。全省县级以上老龄组织充分发挥监督、检查职能,2010年全省各优待服务组织和单位没有发生一起不良投诉。各地积极为老年人办理《山西省老年优待证》,全年共办理11.1万本。(2)老年维权工作进一步加强。省老龄办不断完善老年维权工作体系。各级老龄部门不断加强与司法、公安、法院等部门协调配合,逐步完善老年维权工作机制,建立健全老年权益维护和法律服务工作体系。省、市及多数县老龄办成立老年法律援助站,对符合法律援助条件老年人提供法律咨询、代拟法律文书、进行诉讼调解等服务。各地法院对老年案件实行优先立案、优先审理、优先执行制度,对家庭侵权案件选择非诉讼方式和回访制度。

4. 整合宣传资源,提高宣传效果。(1)建立和延伸老龄工作宣传阵地。各级老龄办定期办有老龄工作刊物或简报,及时反映老龄工作动态。省、太原、晋城、广灵等老龄办建立老龄网站,《山西晚报》《太原晚报》,晋中、晋城、长治等市日报设有老年专版,太原、晋中、晋城、平遥、祁县等市县电视台设有老年专栏,太原、祁县广播电台设有老年之声栏目等,形成宣传工作网络,扩大宣传覆盖面。(2)开展评选活动,增强宣传效果。省老龄办组织参加全国老龄办与全国新闻工作者协会组织的"十大老龄新闻""十大老龄新闻人物""老龄新闻宣传好作品"评选活动。参加全国敬老爱老助老主题教育活动组委会组织的"中华孝亲敬老楷模""孝亲敬老之星""敬老模范单位"评选活动。开展第二届"十大杰出老人"等十个类型先进单位和个人评选活动。太原、晋城、阳泉、清徐、闻喜、阳城、壶关等市县开展各种类型评选表彰活动,树立典型,促进工作。

5. 结合工作实际,深入开展调研。2010年省老龄办深入实际、深入基层,认真组织开展调查研究,取得重要调研成果。(1)人口老龄化战略研究取得阶段性研究成果。2009年8月,省老龄办与省社科院联合启动《山西省人口老龄化战略研究(2010~2050年)》。深入6个市、18个县(市、区)、48个乡镇(街道)、120个村进行调研和按1‰老年人口抽样调查,完成入户调查问卷4080份。在此基础上,2010年完成调研资料和问卷数据整理汇总工作,并制定研究项目实施方案、课题框架、课题管理办法等。省老龄办与省社科院承担课题研究任务14位研究人员,签订课题协议书。经过到太原、晋城、长治三市补充调研和召开多次课题研讨会,截至2010年底,13个分课题结稿,并取得初步研究成果。(2)完成全国老龄办山西省调研任务。按全国老龄办安排,省老龄办先后组织开展失能老年人基本生活状况调查,基层老龄工作机构状况抽

大同煤矿集团公司四台矿

——剧通达先进事迹

矿长：剧通达

剧通达，高级工程师，现任大同煤矿集团四台矿矿长。曾获中国优秀企业家，全国企业文化建设先进工作者、山西省煤炭科技专家等荣誉。

敢为人先 战略兴企 四台矿地质构造复杂多变，历来被业界人士称作“侏罗纪煤炭地质博物馆”。近年来，由于矿井煤炭产量的高位运行和周边小窑的严重破坏，矿井产能锐减，采掘衔接不畅的问题日益严重。面对严峻的生产形势，剧通达带领全矿干部员工迎难而上，果断提出并实施了矿井发展“三步走”战略，2010年矿井煤炭产量再次完成500万吨，实现了连续5年完成500万吨的骄人成绩。

立足岗位 锐意创新 剧通达带领全矿技术人员大力开展科技创新活动。针对402辅助盘区12#和14#煤层层间距较薄的现状，他带领技术人员经过现场蹲点、反复论证，设计了12#、14#层煤联合开采的盘区巷道布置方案，使得掘进顺槽巷道少掘1000多米，不仅降低了回采巷道的消耗率，而且多布出2个工作面，安全高效地多采出了煤炭55万吨。2010年，四台矿被国家安全生产监督管理总局、国家煤矿安全监察局评为“安全质量标准化煤矿”。

员工军事化训练

着眼长远 强化培训 剧通达大力践行“成功企业重视培训，优秀员工终身学习”的企业培训理念，把员工成长成才做为企业人性化管理的最高体现。在内部培训上坚持“两手抓”：一方面，依托矿职业培训基地，分期分批对各个系统的特殊工种、班组长进行常年不断的轮训；另一方面，充分发挥区队、班组两级实地培训的优势，强化现场执行标准、操作标准的培训。在外部培训上，坚持“两不误”：合理岗位调剂“走出去学”，合理工时调配“请进来学”。

安全文化基地

励精图治 文化强企 剧通达上任伊始，就在全矿提出了“同煤文化看四台、四台文化在今朝”的文化发展战略，并努力践行实施。他组织相关部门先后整合提炼出了“务实、高效、敬业、奉献”、“技术先行、技术服务生产”等多个切入安全生产管理实际的企业理念，使企业文化理念体系更加科学、规范、完整。他创造性地提出“靠企业文化打造文化企业”这一企业发展理念，全力打造“文化四台、魅力四台、和谐四台、永恒四台”，使该矿在文化强企的道路上焕发出勃勃生机，彰显出承接未来的希望！

山西煤炭运销集团晋中有限公司

山西煤炭运销集团晋中有限公司是山西煤销集团在晋中设立的子公司。主要投资管理11座资源整合煤矿；负责对晋中地方煤矿、洗煤厂生产的原煤、洗精煤的统一销售和行业管理，查验补征煤炭可持续发展基金；围绕现代化的煤炭生产业、专业化的物流经销业拓展多元化的非煤产业项目。

经理：路万民

书记：王志坚

2010年，公司扎实开展各项重点工作，为企业的转型跨越发展奠定了良好的基础。主要绩效考核指标实现“九增八超”。营业收入实现154.8亿元，利润总额1.3亿元，自产煤炭115.5万吨，煤炭经销量3010万吨。煤炭生产业全面起步。整合重组了紫金煤业，重组建设矿井达到11座，井田面积120平方公里，保有储量7亿吨，产能1005万吨/年，初步形成千万吨煤炭产能的规模。物流经销业拓展新路。在山西煤销集团和晋中市委市政府的大力支持下，市域煤炭统一销售工作全面启动。主要产煤县公司全部组建了物流配送公司。公路站点“三权制衡”和网络微机开票工作运行良好。与华能、华润等电厂实现了点对点运输销售。与北京路局达成战略合作，开通了三个战略装车点。非煤经营业开始启动。狠抓项目的可研论证，稳妥推进非煤项目开发，与山西压缩天然气集团合作发展LNG、CNG相关项目。企业运行管理明显提升。企业运行管理、绩效考核、人才引进和培养、财务管控、工程管理、信息化建设等方面显著提升。企业党建工作保障有力。深入开展创先争优、学习型党组织建设、解放思想大讨论活动。多措并举强化党建基础工程。公司继续保持“全国文明单位”称号，荣获“山西省五一劳动奖状”、“山西省职工思想道德建设标兵单位”、“全国模范职工之家”等光荣称号。

路万民在基层单位检查工作

王志坚在基层单位调研

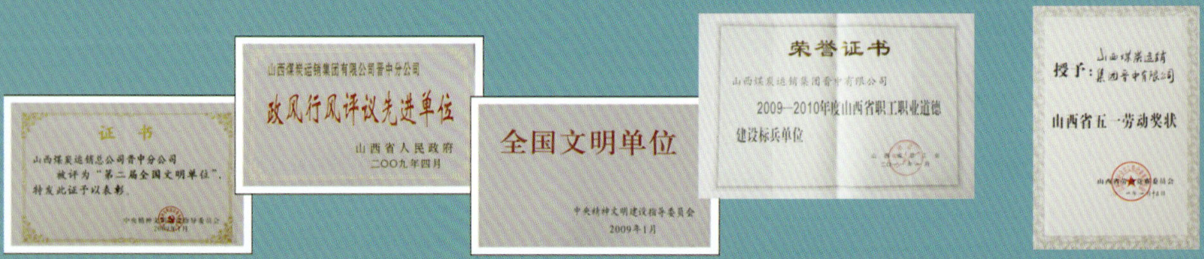

同煤国电同忻煤矿有限公司

同煤国电同忻煤矿有限公司（简称同忻矿），由同煤集团和国电电力公司共同出资兴办，同煤集团占72%股份，国电电力公司占28%股份。整个项目包括年产1000万吨的矿井、洗选能力为1000万吨/年的洗煤厂和装车能力为2万吨/列的铁路专用线，投资概算29.1亿元。

同忻矿从建矿之初就瞄准国内外采矿业发展前沿，矿井完全按照建设高产高效现代化矿井的模式进行设计。其主要设备全部由国外引进，矿井采煤综合机械化程度达100%。同忻煤矿从原煤的开采、运输、洗选等各个环节都体现了节能环保的理念。以大型煤矿和配套的洗煤厂为依托，实现动力煤洁净生产，大大提高了资源利用率。配套洗煤厂，形成封闭的煤留系统，实现原煤全部入选，减少了产品中的杂物、灰分、硫分、含矸量，为社会提供精品煤炭、洁净能源。通过延长和拓宽产业链，对生产过程中产生的废旧产品进行技术处理，重复利用，最大限度利用不可再生资源。配套污水处理厂，利用先进技术加大污水处理力度，使矿井水处理率达到90%以上，净化后的污水复用于井下生产、洗煤厂洗煤，利用率达到95%以上。对煤矸石进行开发利用，除了发电以外，利用煤矸石拓展建材业，新建煤矸石砖厂。

同忻矿自2007年7月项目开工建设以来，始终坚持“高标准谋划、高起点定位、高水平建设、高速度发展”的原则，取得了“建设速度快，经济效益好，工程质量优，安全有保障，科技创新多”的好成绩。仅用26个月就建成并实现试生产，比设计工期提前8个月，并创同煤集团建井最快记录。主副斜井井筒、主斜井胶带机及配电安装工程荣获煤炭行业工程质量“太阳杯”奖项。变频启动技术在全长4600米的主斜井运输皮带上的成功应用，不仅添补了行业空白，而且由此每年节约电费近3000多万元。

2010年3月1日试生产以来，六个月月产突破100万吨。全年生产原煤1006万吨，实现了“当年投产、当年达产”的目标，仅用10个月就创出了“一井——一面—1000万”的全国煤炭系统新纪录；全年外运煤炭650万吨，实现利润10.5亿元，全年上缴利税9.16亿元。公司先后获得了中国矿业大会国际合作“最佳科技创新奖”、山西省五一劳动奖状、山西省颁发的科技创新节能奖。

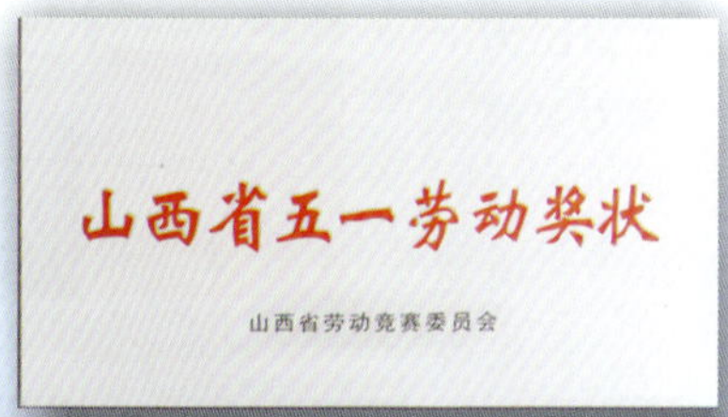

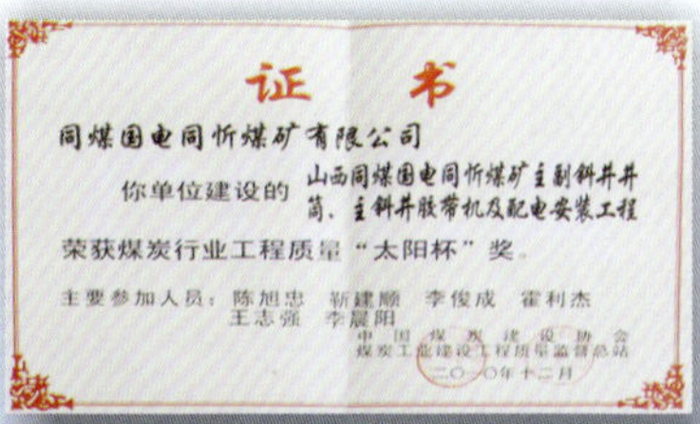

长治清华机械厂

——张志平先进事迹

厂长：张志平

长治清华机械厂是山西省唯一的大型航天装备制造企业。主要承担国家航天高科技产品的研制和生产，从事专用改装车、环卫设备、停车设备、钢结构件、矿用液压支护设备、工程油缸等产品的研发和生产。企业荣获“全国五一劳动奖状”、首批“全国文明单位”、“全国先进基层党组织”等荣誉称号。2011年在中国机械500强排名中由第256位上升至252位。

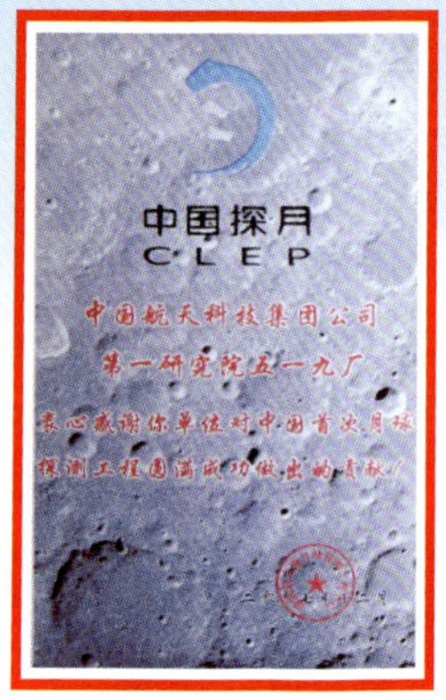

张志平，2007年任长治清华机械厂厂长。他是省委联系的高级专家，任省国防科协副主席，荣获“山西省五一劳动奖章”，连续三年荣获省功勋企业家称号，被评为国庆六十周年阅兵装备工作先进个人。

他组织完成了多种国家重点型号航天装备的研制生产、飞行、试验任务，统筹推进了企业承担的载人航天工程、探月工程等国家重大专项相关任务实施，实现了型号保成功、保交付工作目标。

他按照国家“军民融合、寓军于民、协调发展”的战略要求，大胆探索企业转型发展的新途径。他带领班子成员转变经济发展方式，积极应对市场挑战，防范风险，实施产业结构调整和资源重组，推进了技术与管理的创新，完成了企业内部组织体制、激励机制、研发机制等系统建设。使企业形成了“主业突出、以军为本、以民强企、寓军于民、协调发展”的格局，为国家航天事业和企业健康发展做出突出的贡献。

长治清华机械厂荣获“五一劳动奖状”

在张志平的带领下，清华厂将牢牢把握发展第一要务，以科学发展为主题，以转型发展为主线，用好“综改区”政策，先行先试，大胆探索，倾力打造航天先进制造企业。

环境优美整洁的厂区

样调查和中国城乡老年人口状况追踪调查，并圆满完成任务。(3)积极开展调查研究，取得重要调研成果。晋城、长治、泽州、小店、临猗、寿阳、愉社、灵石等市县积极开展调查研究工作，并写出调研报告。调研课题和内容涉及农村老年人生活状况、贫困老年人调查、社区为老服务调研、农村老年志愿者“双服”活动站调研、百名村官孝敬父母调研、居家养老服务调研、老年人长期照护现状与对策调研、千人问卷大调查等。

6. 广泛组织发动，“敬老文明号”活动稳步推进。在省老龄办安排部署下，全省“敬老文明号”活动取得阶段性成果。太原、晋城、大同、长治、忻州、晋中等市及部分县(市、区)成立创建活动组委会，建立督察制度，形成党政部门领导重视，机关部门支持，行业系统参与，老龄组织协调督察工作机制。省直机关、忻州等市制定医疗卫生、公交公司、旅游景点等具体创建标准。太原、晋城等地基层公共服务窗口单位对老年人服务项目公开进行承诺，并以一定方式公示承诺内容，接受群众监督。

7. 以“敬老月”活动为载体，努力为老年人办实事做好事。全国老龄委《关于开展“敬老月”活动的通知》下发后，省老龄办积极响应，开展以“关爱老人，构建和谐”为主题的尊老敬老活动。(1)营造尊老敬老社会环境。在“敬老月”活动中，各级老龄委、成员单位、涉老部门协调配合，凝聚社会力量努力为老年人办实事、做好事、解难事。“敬老月”期间，全省各地组织慰问老年人30多万人次，组织各类为老志愿服务行动300多万人次，救助特困老人10万人次，老年优待、法律援助、文化活动和为老服务等惠及290多万老年人。(2)强化尊老敬老道德意识。各地加强对“敬老月”活动宣传报道，省文明办、省老龄办等部门联合开展敬老爱老“六个一”志愿服务活动，并组织敬老模范作巡回演讲报告。省老龄办、运城市盐湖区与有关部门联合举办“中国·盐湖舜帝德孝文化节”，灵丘等县在新闻媒体开辟“孝道故事”“美德在家庭”等固定专栏，县乡文艺团体自编自演《蜜月风波》等节目，宣传孝文化，宣传老年法，营造浓厚宣传氛围，收到较好宣传效果。(3)营造健康文明文化氛围。老年节期间，省老龄办连续第七年举办山西省“金秋风韵”老年文艺晚会，为省城老年人送上节日文化大餐。全省老年文艺体育健身活动、书画展览等活动此起彼伏、精彩纷呈，丰富老年人精神文化生活，推动基层老年文化活动开展。

【全省老龄工作会议】 3月31日，省老龄办召开全省老龄工作会议。省老龄委副主任、委员，各市和省直老龄办负责人，全省老龄工作示范县(市、区)负责人，全省老龄工作先进单位和先进个人代表等150多人参加会议。会议传达全国老龄委第十二次全体会议和全国老龄办主任会议精神，全面总结2009年全省老龄工作，安排部署2010年全省老龄工作任务，并对全省老龄工作先进单位和先进个人进行表彰。省委常委、常务副省长、省老龄委主任李小鹏出席会议并讲话，对2009年全省老龄工作给予充分肯定，并强调2010年工作要突出三个重点，即加快建立健全城乡养老社会保障体系，加快建立健全养老服务体系，抓紧搞好老龄工作中长期规划研究。

【市级老龄办主任会议】 4月1日召开。各市和省直老龄办负责人，全省老龄工作示范县(市、区)、先进县(市、区)负责人等40多人参加会议。会议就省老龄委全体会议和全省老龄工作会议精神贯彻落实和全国老龄办安排具体工作进行部署，表彰全省老年信访工作先进集体和先进工作者。省老龄委专职副主任王进龙作讲话。

【全省老龄干部行政执法培训班】 5月19~20日，在山阴县举办。省统计局副局长卢建明、山西大学党委宣传部部长王世杰和省法制办主任助理马春生分别就《统计工作概览》《关于低碳经济发展的思考》《浅谈新形势下的宣传工作》和《行政执法概述》等专题作讲授，来自全省各市、县(市、区)130多名老龄干部参加培训。培训期间，省老龄办组织参训人员赴右玉县参观学习，使广大老龄干部实地体验到“执政为民、尊重科学、百折不挠、艰苦奋斗”为核心的“右玉精神”。

【全省老龄工作示范县(市、区)建设壶关现场推进会】 6月23~24日，省老龄办组织召开。各市老龄办主任、全省老龄工作示范县(市、区)

全省老龄工作会议　　(闫　鹏提供)

山西省老龄干部行政执法培训班 (闫 鹏提供)

老龄办主任及长治市各县区老龄办主任等60余人参加会议。

与会代表参观壶关县常平老年公寓、龙泉镇南关村等示范点。壶关县,壶关县百尺镇、常平经济开发区、龙泉镇南关村,以及晋城市、晋中市、清徐县等市县作大会经验发言,太原市杏花岭区、阳城县等15个示范县(市、区)进行书面经验交流。省老龄委专职副主任王进龙和全国老龄办宣传部副主任刘增瑞出席会议并讲话。

【全省居家养老服务太原现场会】 12月24日召开。与会代表参观太原市万柏林和平社区、杏花岭桃北东社区、晋源区新村、太原市社区管理服务平台和太原市企业养老保险管理服务中心、医疗保险服务中心。太原市政府、市民政局、市文明办、万柏林区、杏花岭区、尖草坪区江阳社区共6个单位作大会经验发言,小店区、古交市等20个单位进行书面经验交流。全国老龄办常务副主任陈传书和省委常委、常务副省长、省老龄委主任李小鹏出席会议并讲话。

【"关爱银龄、助老御险"活动】 省老龄办与中国人寿保险股份有限公司山西分公司联合开展"关爱银龄、助老御险"活动。凡80周岁以下老年人,每年只需交纳10元保费,便可得到最高5000元意外伤害身故及残疾保险和最高2000元意外伤害医疗保险。省老龄办于7月13日举行"关爱银龄、助老御险"活动启动仪式。通过这项活动,提高老年人抵御风险能力,较好地解决广大老年人多年来保险难问题,更好地维护老年人合法权益。

【"银龄行动"】 2010年,省老龄办组织开展两次大规模"银龄行动"。8月25日至9月4日,省老龄办组织山西医科大学第二附属医院、山西省中医学院针灸研究所等省城各大医院10多名医疗专家赴革命老区偏关县和怀仁县,开展为期9天医疗义诊和为困难老年人免费送药活动。活动期间,专家们共义诊老年人1500多人次,并免费发放价值1万多元的药品。11月17~24日,省老龄办与太原市老龄办联合组织山西省医科大学第二附属医院、太原市中心医院、人民医院、第四人民医院四家单位的内科、外科、骨科、心血管、中医、呼吸、药剂7个科室10名医疗专家深入革命老区娄烦县、古交市开展义诊活动。8天时间共义诊1000余人次,诊断疑难杂症30余例,免费发放药品1万余元,为贫困老年人发放慰问金1万余元。(闫 鹏)

残疾人工作

【概述】 2010年,全省各级残联以科学发展观为统领,积极推进残疾人社会保障体系和服务体系建设,全省残疾人事业保持又好又快的发展势头。

1. 积极推进立法修订工作。省委将《山西省残疾人保障条例》批准为2010年省人大正式立法项目。省长王君高度重视,常务副省长李小鹏多次听取汇报了解进展情况。7月16日,《条例》获省人大常委会表决通过。《条例》在进一步细化《残疾人保障法》的基础上,多方面作出创新性规定,更具地方特色。同时,加紧制定山西省加快推进残疾人社会保障体系和服务体系建设的实施意见。省残联在充分调研的基础上起草山西省实施意见初稿,就14个重大事项与有关部门进行协商和修改。筹划起草山西省残疾人事业十二五规划。省残联早筹划、早准备,与省社科院专家组成课题组,专题研究,并按照省发改委的要求,呈报规划立项申请报告。

2. 2010年,省政府将"对3000名贫困残疾儿童实施康复救助、为200个社区配备康复训练器材和对2400户农村贫困残疾人危房进行改造"列入为民办实事项目之中。

省残联对全省0~6岁残疾儿童进行筛查,并在"爱耳日"利用公益短信对2300万手机用户进行宣传。各定点康复机构抽调专人深入乡村筛查,确定康复计划付诸实施。各项康复救助任务全面完成,为600名贫困聋儿每人配发2个全数字式助听器,为450名贫困肢体残疾(脑瘫)儿童实施矫治手术救助,对500名贫困聋儿、800名贫困肢体残疾(脑瘫)儿童、500名贫困智力残疾儿童和150名贫困孤独症儿童康复训练给予救助,平均每人5000元;为130个社区和70个儿童康复机构配备平均每个1万元的康复训练器材。危房改造项目在11个市的46个县实施。省财政在国家要求户均补助3000元的基础上,每户增加1125元,共安排补助资金990万元。市、县按户均3000元安排补助资金，严把对象选择和建设质量关，共改造危房2412户。

3. 实施保障政策，残疾人的生存状况得到改善。城镇符合低保条件的6万多名贫困残疾人享受低保，基本做到应保尽保。农村23万多名贫困残疾人享受最低生活保障，每年有10万多名特困残疾人得到社会救助。为10283名重度残疾人提供托养服务。74.7万多名农村残疾人参加新型农村合作医疗；27个新型农村养老保险试点县政府为3万多名重度残疾人缴纳养老保险费，有7.7万名残疾人领取养老保险金；每年对2300名城镇贫困残疾人个体户参加养老保险给予补贴。培育13个全国残疾人社区康复示范县和12个全省残疾人社区康复示范县。创建2个全国白内障无障碍市、24个全国白内障无障碍县。为82.2万名残疾人提供社区康复服务，为106150名白内障患者实施复明手术，为残疾人供应各类辅助器具13万余件，对8796名残疾儿童进行康复训练和救助，对5446名残疾儿童家长进行培训。对9686名贫困残疾大学生、贫困残疾人子女大学生和32所特教学校的中小学贫困残疾学生给予资助，并对长治、大同、晋中等3所特教学校给予90万元教学设备资助。符合条件的708名残疾学生全部被普通高等学校和特殊高等院校录取。12.1万名残疾人参加各种类型的职业技能培训，安排残疾人就业7.9万人，征收残疾人就业保障金8.58亿元，其中省本级征收1.13亿元。

【脱贫工作】 在11个市97个县实施农村贫困残疾人危房改造，四级投入资金13420万元，对12360户农村贫困残疾人的危房实施改造，建筑面积62.5万平方米，14832名残疾人受益；累计在57个贫困县投入财政扶贫项目资金1000万元，扶持120多个残疾人扶贫基地，12000多名贫困残疾人从中受益。落实残疾人康复扶贫项目贷款15396万元，贴息558.5万元，扶持和辐射带动贫困残疾人44090多名；"帮、包、带、扶"贫困残疾人活动普遍开展，全省党员干部包扶42215户、59245名贫困残疾人，608825名残疾人享受税费减免照顾，对82808名残疾人进行农村生产实用技术培训。累计对57.5万名农村贫困残疾人进行扶持。

【文体工作】 5年间全省各级媒体发表残疾人事业相关报道近2万条(篇)。建立特艺人才培训基地11个，基层残疾人文化体育站点100个，特奥运动示范社区500个。完成北京残奥会开、闭幕式大型文艺演出《星星你好》和山西鼓乐节目《沸腾的节日》的组织筹备演出任务。山西省3名运动员、1名教练员、1名工作人员入选中国残奥代表团参加残奥会，取得1银、1铜和1个第五名的好成绩。太原市聋人学校表演的《亲圪蛋下河洗衣裳》节目获第七届全国残疾人艺术汇演舞蹈类一等奖。山西省选手孙昊、陈思在"2009年国际轮椅舞蹈大赛"上获得拉丁舞三项比赛第一名。在广州亚残运会上，山西省3名运动员取得1金2铜的好成绩。

【组织建设】 全省残联换届任务全面完成，省残联领导班子中配备45岁以下的干部，11个市级残联领导班子均配备残疾人，大多数县级残联配备残疾人干部，省、市、县三级残联全部建立健全残疾人各专门协会。全省1397个乡(镇、街道)残联，1287个选聘残疾人专职委员。1684个社区和26122个行政村全部成立残协，选配残疾人专职委员25501人。全省核发第二代残疾人证工作全面展开，119个县(市、区)残联全部进入网络登记审批管理系统，录入换证数据504316条，制发证件451154个。

【设施建设】 2007~2010年，省发改委为省残疾人综合康复中心建设投资1000万元，为省残疾人劳动就业服务大厅投资1000万元，为57个市、县补贴5010万元煤炭可持续发展基金。截至2010年底，国家累计投入455万元，省级累计投入7010万元，对全省各级残联的基础设施建设进行补贴。

【全省基层残疾人组织建设现场会】 1月11日在长治市召开，申联彬出席并讲话。他强调，全省各级各有关部门要深入贯彻落实全国农村基层残疾人组织建设会议精神，积极推广长治市的先进经验，按照"机构健全规范、队伍稳定实干、服务功能完善"的要求，努力提高基层残疾人组织建设的规范化水平，为推进全省残疾人事业又好又快发展提供组织保障。会议期间，与会代表先后参观长治城区长兴社区、长子县等基层残疾人工作先进典型，同时参观长治市残疾人特殊技能培训基地。

【"生命阳光世博展示山西周"】 5月19~23日，"生命阳光世博展示山西周"活动在上海世博会生命阳光馆举行。开馆第一天，薛延忠、汤涛等领导观看"生命阳光世博展示山西周"的山西省5名残疾人艺术家——吴耀文、马小旦、胡栋、陈蓓、陈蕾等人的国画、剪纸和葫芦烫画现场表演，并对他们自强不息、顽强拼搏的精神和精湛技艺给予充分肯定和高度评价。活动周期间约4万名观众目睹了他们的高超技艺，特别是他们自强不息、顽强拼搏的精神，吸引了世界的目光。

【山西省第九届残疾人运动会】 8月26~30日在太原举行。省领导高建民、郭海亮、张平、周然等领导出席开幕式。高建民宣布本届全省残疾人运动会开幕，张平致开幕词。开幕式由省残联党组书记、理事长郭贵仁主持，中国残疾人体育运动管理中心副主任张超英专程从北京前来祝贺。经过4天的激烈角逐，来自全省11个市的350名残疾人运动员参加田径、游泳、乒乓球、羽毛球、举重、象棋、飞镖、盲人柔道、盲人门球、聋人篮球等10个大项的比赛，共决出金牌152枚，银牌81枚，铜牌46枚。 (郝晓波)

扶贫开发

【概述】 2010年是扶贫开发承上启下的关键一年，也是实施整村推进

"三个确保"任务、启动片区扶贫开发重大举措的重要一年。一年来,紧紧抓住对农村低收入人口全面实施扶贫政策和推动全省经济社会实现转型跨越发展的重大机遇,以促进贫困地区加快发展为主线,以帮助贫困群众增加收入、提高自我发展能力为目标,以各项扶贫重点工程为抓手,加大力度、完善政策、创新机制、强化举措,保质保量完成扶贫开发各项年度目标任务。根据贫困村住户抽样调查监测结果:2010年,57个贫困县农民人均纯收入达到3125.4元,比上年增加412.4元,增长15.2%,其中35个国家扶贫开发工作重点县农民人均纯收入达到2594元,比上年增加356元,增长16%。两项增幅分别高出全省平均水平3.6和4.4个百分点,均为"十一五"以来最大增幅。全年有20.53万人口实现脱贫。

【片区扶贫开发】 2010年,全面启动实施以产业开发为核心的片区扶贫开发重大举措,采取"以片规划、分县实施、突出产业、集中投入、整体推进"的办法,组织完成晋北片、太行山片、太岳山片、沿黄北片、沿黄中片和沿黄南片等六大片区和57个贫困县县级片区扶贫开发规划的编制工作,并在当年安排15个县启动实施15个片区扶贫开发项目。这15个项目规划总投资7.03亿元,其中省级计划安排财政扶贫资金2.9亿元;建设内容覆盖682个行政村、近24万人,其中贫困村516个、受益贫困人口17万。为确保片区开发效益,采取签订责任书和省级财政扶贫资金分两次下达的项目绩效保证金制度,当年安排下达2.1亿元,15个项目全部启动,进展顺利。此外,还争取国务院扶贫办支持,新增阳高、偏关、临县、吉县等4个革命老区贫困县为国家"连片开发"试点县,当年准备工作全部完成,部分项目开工建设,全省国家"连片开发"试点县达到9个。

【整村推进"三个确保"】 2010年,继续把整村推进"三个确保"作为全年扶贫开发的突出重点,采取"一次规划、集中投入、两年实施"的办法,扶持35个国家扶贫开发工作重点县剩余1654个"三个确保"贫困村实施整村推进。省级安排财政扶贫资金4.3亿元,村均投入26万元,比上年有较大幅度增加,加上县级财政配套、整合行业部门资金和群众自筹,全年整村推进"三个确保"投入达到9.89亿元,村均59.8万元。按照国家的安排部署,如期实现了对整村推进"三个确保"贫困村全部扶持一遍的目标。

【移民扶贫】 2010年共安排47个县、559个村、10176户、4万人的移民扶贫任务,下达补助资金16952万元(包括当年建房补助资金1.36亿元、上年基础设施建设补助资金3352万元)。人均补助标准4200元,其中移民户建房补助资金3400元、基础设施建设补助资金800元。到2010年底,当年新建住房主体完工和实现分散搬迁34096人,占到全年移民扶贫任务的85.2%;上年移民工程已经入住或实现分散搬迁的有33477人,入住率达到83.7%。按照移民扶贫工程"一年建成、两年入住、三年扫尾"的要求,两项指标均超出80%的年度目标任务要求。

【产业扶贫】 为更加有效地支持扶贫龙头企业带动群众生产增收,2010年改革贷款贴息办法,提前下达贴息计划,对22个国家扶贫龙头企业的4.16亿元贷款下达财政贴息资金1184万元,做到贴息资金早下达、龙头企业早受益;对35个国家扶贫开发工作重点县的4.6亿元到户贷款下达贴息资金1600万元,扶持1.3万贫困农户生产增收。

在创新产业扶贫机制,强化产业扶贫举措方面:一是建立扶贫龙头企业考核机制。根据带动贫困户生产增收和吸纳贫困劳动力就业情况,采取"总量控制、考核评价、动态管理"的办法,完成对32个国家扶贫龙头企业的考核评价,对排名后三位企业全省通报,最后一名淘汰退出。二是组织全省57个贫困县的202个企业完成省级扶贫龙头企业申报准备工作,力争今后培育更多扶贫龙头企业发展壮大。三是开展扶持扶贫专业合作社前期调研,为2011年在片区开发县启动扶持扶贫专业合作社试点工作做好准备。

【劳动力转移培训】 各级扶贫部门按照提高培训质量、实现稳定转移就业的要求,对57个贫困县的贫困家庭初、高中毕业后未升学的学生,依托112个贫困地区劳动力转移培训基地,组织开展转移培训工作。同时搭建输出平台,加强就业跟踪服务。全年安排贫困地区劳动力转移培训资金2000万元,完成转移培训60471人,占年度目标任务的

全省定点扶贫工作动员大会 (杜姗姗提供)

100.8%；其中转移就业48900人，占年度目标任务的108.6%；转移就业率81%，超出年度目标任务6个百分点。

【科技扶贫培训】 全年安排科技扶贫培训资金1000万元。各级扶贫部门围绕全省扶贫开发重点工作，以提高扶贫系统干部和贫困地区群众科技素质为重点，对扶贫系统干部和机关定点扶贫干部、整村推进乡镇干部、大学生村官和贫困村干部群众有针对性地组织开展扶贫政策培训、产业开发实用技术培训、农业科技示范推广和送科技下乡等活动，共完成科技培训13.12万人次，占年度计划目标任务的109.3%。

【教育扶贫】 2010年共安排教育扶贫专项资金1000万元，比上年增加500万元。新扶助贫困学生3515名，其中：扶持考入公办本科高等学校计划内招收全日制一、二本贫困大学生300名，考入中专、中技学校贫困生1715名，考入普通高中的贫困生1500名。教育扶贫资助贫困生累计达到6396名。

【外资扶贫】 总投资15.6亿元，其中利用亚行贷款1亿美元的山西河川流域农业综合开发项目完成国内和对外签约、法律程序审批工作并正式启动建设。该项目覆盖5市、26县、625个村，覆盖12778个农户，受益人口184万，其中贫困县12个，受益人口90万。项目内容包括畜禽良种养殖、特色高效优势农业和节水高效设施农业三大类生产基地。当年各项工程实施标准高、进度快、质量好，共完成总投资2.73亿元，超出年度目标任务143.8%，实现项目建设的良好开局。此外还争取到使用亚行资金85.5万美元的"地下水资源管理"和"妇女赋权"两个赠款项目。

【定点扶贫工作】 按照"调整布局、创新机制、完善政策"的思路，对全省定点扶贫工作做出新的安排部署，新增29家省管大中型国有骨干企业和15家中央驻晋单位，以及省军区、武警部队参与定点扶贫，使省直定点扶贫工作队达到170支，驻点帮扶县扩大到39个，实现省直定点扶贫工作队帮扶国家扶贫开发工作重点县的全覆盖。各级工作队适应扶贫开发新的形势和任务要求，将帮扶重点从基础设施建设转向产业开发，实行包乡包片帮扶，目标责任量化管理，全年共投入帮扶资金8.71亿元，帮助贫困村新上项目846个。其中省直工作队投入帮扶资金2.63亿元，新上项目352个，做到每支工作队都在当年至少启动实施一个帮扶项目。

片区扶贫开发项目实施方案编制安排会 （杜姗姗提供）

【社会力量扶贫】 对全省规模以上企业进行调查摸底，起草开展"千企帮千村"扶贫工程实施意见，为组织动员更大范围的企业力量结对帮扶贫困村做好了前期准备。此外，还争取新加坡慈援组织资金360万元，在阳高等4个县实施人畜饮水等4项社会扶贫工程，并就援助闻喜、沁县的合作项目达成初步协议；争取中国扶贫开发协会捐赠价值1600万元的医疗设备和价值100万元的奶粉，分别在贫困地区实施癌症普查健康工程和帮助500个贫困家庭解决婴幼儿奶粉问题；与中国扶贫基金会合作开展爱心包裹捐赠活动，为岚县等4个县的两万余名贫困学生捐赠价值200万元的爱心包裹；与农工民主党山西省委合作，组织专家开展扶贫义诊活动，全社会力量大扶贫的格局进一步形成。

【扶贫开发新机制】 为深入落实对农村低收入人口全面扶贫政策，一是根据中央精神，在国家统计局山西调查总队支持配合下，对全省农业人口人均收入分布情况进行详细测算并报经省政府批准，将全省扶贫标准提高到1550元，确定全省低于该标准的农村低收入贫困人口规模为276万，为下一步扩大扶贫工作范围，实现扶贫开发政策对全省农村低收入人口的全覆盖奠定基础。二是与民政等有关部门合作，在57个贫困县开展扶贫开发和农村低保"两项制度"有效衔接试点工作，完成605个乡镇、10862个贫困村、246.74万1550元以下贫困人口的识别确认和建档立卡，为瞄准对象、分类落实帮扶措施，建立"基本生活靠最低保障、脱贫致富靠扶贫开发"的新机制奠定坚实基础。

【扶贫宣传工作】 围绕扶贫开发中心任务，拓宽渠道，加大力度，集中举办扶贫宣传专题活动，为全省上下参与支持扶贫开发营造良好氛围。2010年，中央电视台经济半小时栏目、新华网、人民网、农民日报、《中国扶贫》等国家级主要媒体多次对山西省扶贫工作进行宣传报道；山西电视台、山西日报等省内主要新闻媒体刊发扶贫工作报道110多条(篇)；全省扶贫系统在各级各类媒体宣传报道扶贫工作近1000条(篇)。特别是与山西人民广播电台合作,就山西省启动实施片区扶贫开发重大举措组织的新闻访谈;与《山西日报》合作,就全省出台1550元新扶贫标准组织的新闻专访;就全面总结2000年~2009年扶贫工作,组织省、市两级扶贫专版的系列报道,对推动全省扶贫开发产生了广泛的社会影响,提供了有力的舆论支持。

【扶贫队伍建设】 省扶贫办增设项目指导站,安排专门力量集中抓好片区扶贫开发等重点工作;忻州、临汾、吕梁等扶贫开发任务重的市都在扶贫机构的领导班子和内部科室设置等方面得到新的加强。省扶贫办创办并印发《扶贫文摘》,既为各级领导关注了解和组织指导扶贫工作提供决策参考,又为全系统学习扶贫业务、交流扶贫经验提供新的平台。全年组织扶贫系统骨干参加国务院扶贫办举办的各类业务培训300多人次;省扶贫办在上海静安区委党校举办三期业务培训班,全省扶贫系统200多人参加培训;对新上任的市、县两级扶贫办主任、副主任开展扶贫政策理论和业务培训。省扶贫办连续第五年组织开展班子成员领题指导、干部职工广泛参与的扶贫开发调研月活动,为推进扶贫开发献计献策。全省领导干部大会召开后,主动适应转型跨越发展要求,集思广益提出今后一段时期扶贫开发奋斗目标和主要措施,全省扶贫系统干部职工展现出奋发有为干事创业,齐心协力推进转型跨越的良好风貌。(杜姗姗)

移民工作

【移民搬迁安置】 1. 沁水县张峰水库移民搬迁安置工作。在2010年年初,省移民办就制定目标责任制,分别与沁水、安泽县签订张峰水库移民工作目标责任书,层层落实责任制,同时不定期进行督导检查,确保移民工作按照责任书要求向前推进。截至2010年12月,已经完成沁水县及安泽县移民1500余人搬迁任务。

2. 泽城西安水电站移民工程(二期)移民搬迁工作。在当地政府和有关单位支持配合下,省移民办按照国家移民政策的程序和要求,做好移民实物指标及补偿张榜公布、移民资金发放、移民实施搬迁及注意事项、移民购房协议拟定等工作,在7月底前将下交漳村456人移民全部搬出库区,随后对下交漳村进行拆迁清理工作,8月底基本完成清理任务。

3.按照国务院471号令要求,对新水源工程柏叶口水库、和川引水工程、松塔水电站等工程移民安置规划大纲报告进行审查。

【移民后期扶持】 1. 直补资金发放工作。在移民后期扶持资金发放过程中,全省超出国家核定人数部分需省里解决资金。为妥善解决好这一问题,省直相关部门对周边省份进行多次考察和交流,对超出人口的原因和省、市、县各级的财政支付能力进行认真分析,明确缺口资金的解决办法,即:国家扶贫开发重点县的资金缺口全部由省财政负担,其余县的资金缺口由省级财政和相关市级财政各承担50%。

2. 后期扶持项目实施工作。根据库区和移民安置区的实际情况,2010年5月份山西省下达第一批大中型水库移民后期扶持项目计划,截至2010年12月,项目实施已接近尾声,项目涉及全省11个市,60个县(市、区),363个村,总投资5155万元。并对第二批项目计划进行审核、汇总和上报。

3. 小型水库移民后期扶持工作。通过做好全省小型水库移民及受影响村情况调查工作得出数据,共涉及11个市95个县(市、区)711座水库,375个移民村,640个受影响村,原迁移民人口73237人,受影响人口755281人。在2010年完成《小型水库移民规划》审查、审批工作,加快项目实施进度。

【移民监测评估】 监测评估是贯彻落实国务院17号文件的一项基础性工作,也是加强后期扶持政策实施监督管理的重要手段。2010年,举办2次全省移民干部监测评估培训班,就监测评估工作的目的意义、基本内容、工作程序、组织实施等内容,对全省11个市以及60个重点县移民管理机构的负责人和业务骨干共150余人进行了培训。在10月~11月,组织监测评估业务干部行程5000千余千米,走进移民区下村入户调查了解,并对移民监测评估专业人员进行示范指导。

【移民管理机构建设】 2010年7月,省移民办配合省编办出台《关于规范市县水工程移民工作机构编制的意见》(晋编办字〔2010〕147号)文件。于11月16日在临汾召开机构建设推进会,督促有移民任务的市、县尽快成立专门机构。截至2010年11月,在全省11个市中,经编制部门批准成立正式机构的有8个市,全省有移民任务的113个县(市、区)中,已经成立专门机构的有37个县(市、区)。

【宣传培训】 1. 贯彻落实各项移民政策、做好全省移民工作,高素质的各级移民干部是重要保证。2010年对全省各级移民干部在移民后期扶持、移民搬迁安置、监测评估、移民信访等工作进行多次培训,提高综合素质。

2. 加大对提高移民群众的生产技能的培训。2010年,省移民办在永济、芮城等县培训移民群众5000余人次,有力地提高致富能力水平。

【移民信访】 2010年省移民办把信访和稳定工作作为一项重要工作来抓,畅通各级信访渠道,妥善化解矛盾和纠纷,努力把问题解决在基层和萌芽状态,维护库区和移民安置区社会和谐稳定。全年接待移民信访群众来信来访300余人次,调查处理上级批转信访事件3件。(朱东兵)

人 物

逝世人物

【王庭栋】 中国共产党优秀党员、忠诚的共产主义战士，山西省第七届人民代表大会常务委员会主任王庭栋因病医治无效，于2010年12月21日9时50分逝世，享年88岁。

王庭栋，1923年6月出生于山西省平定县城东门街。1937年12月参加革命工作。1938年4月加入中国共产党。历任平定县路西抗日政府教育科、路西县委机关事务员、秘书，冀西特委(地委)秘书，邢西县委宣传部长；1943年12月后分别担任邢西、武安、博爱、沁阳县委书记、独立营、独立团政委，地委委员；1949年11月后任新乡地委委员、秘书长，平原省委政研室副主任、办公厅主任，河南省委副秘书长，省委候补委员，代理秘书长；1958年8月被错误定为右倾机会主义分子、下放劳动；1961年12月平反后任河南省委农工部副部长；1962年5月后任新乡地委第二书记、省委委员；1967年“文革”中受冲击、被关押；1968年1月任河南省革委会常委；1970年4月后任山西省革委会副主任，省委常委，省委副书记；1977年3月任山西省委书记、省革委会副主任；1983年3月任省委常委、农村政策研究室主任；1985年5月任省人大常委会副主任兼农村工委主任；1988年1月任省人大常委会主任、党组书记。1995年12月离职休养。

王庭栋是中共十一大、十四大代表，第七届、八届全国人大代表，中国农经学会第三、四、五届副理事长，第六、七、八届顾问。

抗日战争爆发之际，王庭栋在平定初级中学读书，受抗日救亡思想的影响，于1937年初加入牺盟会，参加宣传、募捐、游行等抗日活动。县城沦陷之后，主动找到平西抗日县政府参加革命。

在县政府、牺盟工作团、县委工作期间，他光荣加入中国共产党。在担任县委宣传部长、县委书记、地委委员期间，深入宣传党的政策，开办训练班，发展党员，充分调动广大农民群众的革命积极性，为建立和保卫根据地发挥了重要作用。作为独立营、独立团政委，大力发展地方武装，带领基干民兵积极参加“百团大战”。解放战争时期，他与农民同吃住、同劳动，积极开展保家乡、度灾荒，减租清债、反恶霸运动，得到广大农民群众的拥护。他不畏艰险，不怕牺牲，坚持斗争，为民族独立和人民解放作出积极贡献。

新中国成立后，王庭栋在担任新乡地委委员兼秘书长，平原省委政研室副主任、办公厅主任，河南省委副秘书长期间，深入基层开展调查研究工作，充分发挥参谋助手作用，起草、阅批了大量的文件、电报等材料和来信来访，切实加强机关干部作风建设，形成了讲政治、钻业务的良好风气。在抢先公社化、大刮浮夸风中，他坚持真理、敢讲真话，被错误定为右倾机会主义分子和反党集团成员，下放生产队劳动。平反后担任河南省委农工部副部长、新乡地委第二书记期间，他坚持社会主义方向，纠正不利于巩固社会主义集体经济的错误观点和做法，狠抓生产队劳动管理、技术管理和财务管理，狠抓高产稳产农田基本建设和集体多种经营基本建设，努力改善农业生产条件，有效克服了连续自然灾害造成的困难局面，受到省委的好评。

调回山西工作后，王庭栋在党的领导下做了大量的群众工作和干部思想工作，在短时间内解放了大批干部，促进军民团结，社会生产、生活秩序逐步稳定，有力促进了工农业生产。

党的十一届三中全会之后，王庭栋坚决拥护党的政治路线和思想路线，全面落实党的政策，平反冤假错案、复查纠正了大量的历史遗留问题。关心支持知识分子和科技人员，培养选拔优秀干部，撰写调研报告。大力支持农村改革的先进典型，加强基层政权建设，推进农业产业化经营，提高农民组织化程度，努力解决人畜饮水问题，扎实推进“三北”防护林建设，全力扶持发展乡镇企业，组织开展扶贫开发,加大科技兴农力度,为建立富有山西特色的生态与经济协调发展新格局作出了重要贡献。

在担任省人大常委会副主任、主任期间,王庭栋坚持人大工作为稳定大局服务,服从和服务经济建设中心,不断完善人民代表大会制度,正确行使立法权、决定权、监督权和任免权,主持审议了《关于建设万家寨引黄工程的决议》《山西省国防教育条例》等地方性条例,促进山西省的民主法制建设。组织创办《人民代表报》,成为人大工作的宣传阵地和学习交流阵地,加强了地方人大之间的横向联系,得到全国人大的充分肯定。

退出领导岗位后,他坚持学习,关心党的事业和国家建设,关注全省改革开放和现代化建设,积极参加中国农经学会、省农业合作化史编辑委员会等社会活动和力所能及的工作,受到中央有关部门和省委的肯定。

在七十多年的革命生涯中,积极献身共产主义事业,为实现国家富强、人民富裕和民族复兴不懈奋斗。他具有较高的政策理论水平和丰富的领导经验,求真务实,作风深入,平易近人,全省各地都留下了他的足迹。他牢记全心全意为人民服务的宗旨,处处以群众利益为重,事事为基层百姓着想,廉洁奉公,勤政为民,一身正气,两袖清风。王庭栋的一生,是忠诚革命事业的一生,是全心全意为人民服务的一生,是为共产主义事业鞠躬尽瘁的一生。

【薛　军】 中国共产党优秀党员,山西省第十届人民代表大会常务委员会副主任、党组副书记薛军,因病医治无效,于2010年2月19日9时38分在太原逝世,享年68岁。

薛军,1942年11月出生于山西省柳林县王家沟乡兴隆湾村。1966年1月加入中国共产党。1962年10月在离石县李家湾高等小学参加工作,1969年9月毕业于山西省委党校政治系党政管理专业,高级统计师。历任离石铁厂革委会副主任、吕梁地区计委干事、地区统计局副局长、局长;1983年9月任吕梁地委委员、组织部部长;1985年7月任省统计局副局长(主持工作);1986年10月任省统计局局长、党组书记;1992年4月任朔州市委副书记;同年7月任朔州市委书记;1995年12月任山西省副省长;2000年1月任山西省委常委、副省长、省政府党组副书记;2001年10月不再担任省委常委职务;2003年1月任山西省人大常委会副主任、党组副书记;2008年1月退出领导岗位;2009年5月退休。

薛军是中共十六大代表,第八届全国人大代表,七、八届省委委员,省六至九次党代会代表,省九至十一届人大代表。

薛军对党和人民的事业满腔热情,积极上进。担任离石铁厂和吕梁地区统计局领导职务期间,勤奋敬业,作风务实,取得较好成绩。担任吕梁地委组织部长期间,认真贯彻党的组织路线和干部路线,平反了大量冤假错案。坚持党性,任人唯贤,积极推行干部队伍“四化”建设,选拔了一大批德才兼备的领导干部,为吕梁经济社会发展提供了坚强组织保证。

主持省统计局工作期间,薛军积极推进全省统计工作改革,提出并实施“提供决策依据、参与宏观调控、实施监测预警”等工作思路,充分发挥统计整体功能,所主持的山西投入和产出法研究和应用达到全国创新水平。山西在全国率先颁布了地方统计法规,统计年报连续四年全国综合评比第一名,省统计局先后获得了多项国家级表彰奖励。

担任朔州市委书记期间,薛军团结带领市委一班人,抢抓机遇,深化改革,扩大开放,制定“确立大思路,实施大动作,实现大突破”的发展战略。加强和改善党的领导,大力推进政府机构改革,坚持正确的干部导向,积极推行组织工作“双层双向”目标管理,激发了广大干部干事创业的热情,形成了推进改革发展的整体合力。抓住煤炭、电力、建材三大支柱产业,积极推进工业企业改革。在农村改革上,在全省率先实施土地拍卖,有效促进农业产业化、产品商品化、要素市场化,积极探索举龙头、建基地、联农户的农业产业化模式。城市建设加快推进,地区生产总值翻了两番,促进了朔州经济社会的全面发展。

担任副省长和常务副省长期间,薛军主持制定了山西省21世纪议程、山西经济发展战略,在推进经济结构调整、国有企业改组、民营经济发展、投融资体制改革、对外贸易发展等方面提出了对策措施,为省委、省政府决策提供了重要依据。组织领导了数十项重大建设项目,促进全省能源产业和基础设施建设的快速发展。组织实施政府采购、会计集中核算和国库集中支付改革,充分发挥财政的调控和保障作用,形成了公开透明、操作规范、高效快捷的财政审批新模式。组织企业上市融资,推动资本市场发展,取得明显成效。加强环保工作,突出整顿和治理,大力取缔污染严重的土、小企业,推进重点区域污染治理,使全省生态环境得到较大改善。组织行政执法部门查处假冒伪劣产品,整顿经济秩序,净化市场环境。大力推进旅游产业快速发展,形成了以五台山为龙头、太原为中心的旅游发展格局,全省旅游业总收入有很大增长。分管的其他工作也都有新的发展,为山西经济社会发展作出了重要贡献。

担任省人大常委会副主任期间,薛军紧紧围绕新型能源和工业基地建设以及全省经济社会发展的需要,积极推进地方立法工作,主持制定了规范焦炭产业发展的地方法规。有计划、有重点地组织开展执法检查活动,使全省立法、监督等工作取得较大进展。他经常听取人大代表的意见和建议,积极协调有关部门解决人大代表关注的热点难点问题。

退出领导岗位后，薛军担任了一些社会职务，经常深入基层调查研究，主动为推进山西的各项工作建言献策，奉献余热。薛军具有坚定的共产主义信念，忠于党和人民，忠诚于中国特色社会主义事业。他政治立场坚定，政治敏锐性和政治鉴别力强，在大是大非面前头脑清醒，自觉与党中央保持一致。他熟悉宏观经济，思想解放，实事求是，有较强的理论功底和较高的政策水平。他兢兢业业，敢于负责，为人正派，办事公道。他平易近人，联系群众，克己奉公，赢得广大干部群众的尊敬和好评。薛军的一生是革命的一生，奋斗的一生，全心全意为人民服务的一生！

【冯素陶】中国共产党优秀党员、中国民主同盟老一辈代表人之一，山西省人大常委会原副主任、山西省政协原副主席、民盟山西省委原主委、全国政协原常委、民盟中央原顾问冯素陶因病医治无效，于2010年4月7日零时45分在太原逝世，享年105岁。

冯素陶曾任中国陶行知研究会顾问、山西省教育基金会名誉理事长、山西省陶行知研究会名誉会长。

冯素陶，1906年2月8日出生于云南省楚雄州禄丰县。1920年考入云南省立第一中学，曾担任学生自治会负责职务并主编进步刊物《滇潮》。1924年远赴上海，考入南京大学，同年参加由中国共产党人张伯简发起成立的“新云南社”。自此，他开始接触中国共产党，了解马克思主义。

冯素陶积极投入中国共产党领导的“五卅”运动，并参加党领导的“新滇社”工作。1926年经中共党员王德三、李鑫介绍，加入了中国共产党。广州起义失败后，他前往上海，参加了“中国社会科学家联盟”，为他的马克思主义理论修养打下了坚实的基础。1933年经上海地下党安排，任“中国领土保障大同盟”(亦称反帝大同盟)秘书长，利用公开身份从事反帝爱国运动。1935年在河南开封北仓女中任教期间，巧妙地把共产主义理论、苏联革命文学同教学工作结合起来，在许多青少年学子的心里播下了理想的火种，从而为延安输送了大批革命知识青年。1937年8月他在上海任“抗战干部训练班”学员队队长，为抗战培养了一批优秀骨干。1937年秋出任云南大学及附中教员，并主编《战时知识》。1938年任云南文化界抗敌协会主席；1940年任昆明文化界宪政联合会理事会召集人；1942年在昆明参加中共领导的西南学术研究会和中国农村经济研究会。在抗战的艰苦岁月里，他在大后方激情澎湃地宣传抗战、传播民主，为坚定抗战信念和后来云南的民主运动作出了积极贡献。

1944年7月，经地下党员周新民介绍，冯素陶在昆明加入中国民主同盟。1945年任民盟中央委员、云南省支部常委、组织部长。后由于国民党当局的迫害，被迫流亡香港。

1949年，中华人民共和国成立前夕，他随民盟总部回到北京，满怀热情地投入到建设新中国的事业中。1950年，他担任西南军政委员会文教部视导处长。1953年返京就任北京农业大学政治经济学教授，同时担任民盟中央文教委员会常务副主任；1957年，任中央社会主义学院副教务长；1958年10月，受中央统战部和民盟中央委派，他来到山西担任民盟山西省委主任委员；1959年任山西省政协副主席。从此，他把自己的全部心血倾注在三晋大地。在山西的岁月里，他心系人民，勤奋工作，为山西各项事业的发展作出重要贡献，虽遭遇十年浩劫，但始终坚定理想信念，矢志不渝。

1979年11月，冯素陶当选为山西省人大常委会副主任，分管教育、科学、文化、卫生工作。为改变山西乡村教育落后面貌，他多次深入乡村学校调查研究，倡导成立山西陶行知研究会，以中国乡村教育的先行者陶行知的教育理念、道德情操指导山西的乡村教育改革。他关心政府决策的民主化、科学化进程，提议成立了“山西省科技决策咨询委员会”，对山西省的科技教育、文化卫生、公共决策的发展进步产生了重要影响。

冯素陶对党始终满怀深情，对党的正确领导坚信不移。1988年春，经过组织同意，他第二次向党旗宣誓，光荣加入中国共产党。

1995年离休后，冯素陶仍坚持学习，关心国家大事，深入学习实践邓小平理论、“三个代表”重要思想和科学发展观。他关心机关建设，积极捐资助学，撰写历史资料和革命回忆录。始终坚持参加人大机关和党支部组织的各项活动，政治立场坚定，党性观念强，多次被省直机关工委、省人大机关评为优秀党员。

冯素陶对党和人民的事业忠心耿耿、兢兢业业、鞠躬尽瘁。他一生作风民主、坚持原则，为人正派、克己奉公。他的高尚品德、革命精神和优良作风，赢得广大党员、干部群众的尊敬和好评。冯素陶在盟内享有很高的声誉。他热心盟务、投身盟务、无私奉献，善于和党内外、盟内外的各方面人士通力合作，通过党派工作的实践和探索，为全国统一战线和多党合作事业作出突出贡献。冯素陶的一生，是全心全意为人民服务的一生，是光明磊落、襟怀坦荡的一生，是任劳任怨、清正廉洁的一生。

【刘砚青】中国共产党优秀党员，山西省第七届人民代表大会常务委员会副主任刘砚青因病医治无效，于2010年5月19日23时05分在太原逝世，享年87岁。

刘砚青(原名刘俊田)，1923年12月出生于山西省平定县河底村。1940年8月参加革命工作，1941年2月加入中国共产党。参加工作后任晋察冀边区平定县公安局、冀晋行署公安局、二专署公安处干事、秘书；1947年7月后任盂县公安局副局长、局长，县委社会部部长，忻县专署公安处秘书科科长;1952年8月后任省公安厅秘书,省检察院人事处处长、研究室主任,省直总党委讲师团副主任、宣传部部长、党委常委;1971年10月后任山西人民出版社编辑部负责人、副总编;1975年1月任省出版局副局长;1983年4月任省人民检察院检察长、党组书记;1988年1月任省人大常委会副主任。1993年1月不再担任省人大常委会副主任职务;1995年12月离职休养,2004年1月中央批准享受省长级医疗待遇。

刘砚青是五届省委委员,省五、六次党代表大会代表,七次党代表大会特邀代表,省六至八届人大代表。

抗日战争时期,刘砚青坚持战斗在公安一线,负责侦察、搜集辖区沿线敌伪军情报、铲除特务汉奸的工作,与敌斗智斗勇,多次遇险,处变不惊,义无反顾,为抗日战争胜利和民族解放作出贡献。

解放战争时期,刘砚青积极组织干部群众参加取缔反动组织等斗争。在担任忻县地区取缔一贯道反动组织副总指挥期间,认真贯彻省委有关政策,彻底摧毁了该地区的反动组织,维护了社会稳定,并编写了《反动组织一贯道的滔天罪行》一书,受到忻县地委、专署公安处的赞扬和肯定。

新中国成立后,刘砚青在省公安厅、省检察院、省直总党委任职期间,为维护社会稳定和加强党的建设做了大量富有成效的工作。他与其他同志一道编写《学习中共八届八中全会文件讲座》等理论书籍,对宣传指导全省的社会主义建设发挥重要作用。在担任出版系统领导职务期间,认真规划全省的出版印刷布局,组织筹建和改造了山西省美术印刷厂、新华印刷厂,使全省的图书印刷能力和水平大幅提高,出版事业上了一个新台阶。在担任省检察院检察长、党组书记期间,认真贯彻党的十一届三中全会以来的路线方针政策,配合公安、法院、司法部门,直接参与和指挥依法从重从快打击严重刑事犯罪活动,为遏制犯罪分子的嚣张气焰、推动全省社会治安稳定好转作出突出贡献。同时加强社会治安综合治理,对免诉人员进行回访考察,建立帮教组织,为预防和减少犯罪做了大量工作。在打击经济犯罪活动中,他深入一线调查研究、解决问题,总结概括出了符合实际的工作经验。按照最高人民检察院和省委的要求,提议并发布通告,督促一大批经济犯罪人员投案自首。在担任省人大常委会副主任期间,他组织并积极参加人大代表评议"一府两院"工作,是山西省人大评议工作的主要发起者和组织者之一。高度重视群众来信来访工作,亲自接待、受理了大量来信来访。他总结推广了浮山县人大开展的"代表向选民述职,选民评议代表"的经验,产生了广泛影响。他勤于思考,笔耕不辍,组织编写或亲自撰写了大量理论文章和专题调研报告。主编的《法律工作者丛书》《法官手册》《检察官手册》《警官手册》等书,推动了全省的普法工作。撰写的《坚持和完善人民代表大会制度的理论和实践》《严格执法是加强法制建设关键》等文章在全国性刊物上发表。

退出领导岗位后,刘砚青始终以一个共产党员的标准严格要求自己,积极参加党的组织活动,仍担任一些社会职务,继续奉献余热。他经常深入基层,调查研究,撰写了多篇调查报告,为最高人民检察院及省人大工作提供参考。

刘砚青具有坚定的共产主义信念,忠于党,忠于人民,忠于党的事业。在战争年代不畏艰险,不怕牺牲,经受了严峻考验。在领导岗位上讲党性、顾大局,讲原则、守纪律,坚决贯彻执行党的路线方针政策,实事求是,公道正派,有强烈的革命事业心和高度的政治责任感。他统揽全局,虑事周全,胸怀坦荡,作风民主。他继承和发扬党的优良传统,生活俭朴,平易近人,严格要求家属、子女和身边工作人员,始终保持共产党人的政治本色。他尊重知识、尊重人才,关心同志、爱护干部,严以律己,宽以待人,赢得了广大干部群众的拥护和爱戴。刘砚青的一生是革命的一生,奋斗的一生,全心全意为人民服务的一生!(省老干部局)

革命烈士

张树基 男,汉族,山西牺牲救国同盟会会员。抗战期间为揭露日军暴行,积极宣传抗日救国主张,被日寇暗杀牺牲,根据国务院《革命烈士褒扬条例》第三条(四)项的规定,省政府于二〇一〇年一月五日追认张树基同志为革命烈士。

赵良卿 男,1883年生,祖籍山西省灵丘县古河一村,自幼家贫,后流落至太谷县南杨家庄村落户。1937年太谷沦陷后,在抗日县政府领导下,积极为游击队采购物资、提供情报、掩护伤员,深得太谷县民主政府的肯定。1947年11月27日,被阎匪自白转生大会主席白贵生等人乱棍打死于南沙河村。根据国务院《革命烈士褒扬条例》第三条(四)项的规定,省政府于二〇一〇年十一月十八日追认赵良卿同志为革命烈士。

赵思九 男,1908年生于太谷县南杨家庄村。1937年太谷沦陷后,与父亲赵良卿一起,在抗日县政府领导下,积极为游击队采购物资、提供情报、掩护伤员,深得太谷县民主政府的肯定。1946年10月初因叛徒告密被捕,17日被杀害于太谷县石象村。根据国务院《革命烈士褒扬条例》第三条(四)项的规定,省政府于二〇一〇年十一月十八日追认赵思九同志为革命烈士。

曾绍信 字忠甫,男,1888年出生,原籍山西省原平市中央乡峙峪村。1904年从军,抗日战争前所在部队改编为正太护路军。抗战爆发后,曾任国民党第33军(孙楚部)独立第8旅1营营长。1937年9月23日平型关战役中,曾绍信率领1营在灵丘与繁峙交界处和日军展开激烈交战，随后因追敌深入，途中遇敌增援，被日军机枪击中胸部壮烈牺牲。根据国务院《革命烈士褒扬条例》第三条(四)项，省政府于二〇一〇年一月五日追认曾绍信同志为革命烈士。

闫绪奴 男，1926年出生，山西省武乡县分水岭乡官地村人，民兵情报员，1943年5月11日被日军抓获，同年6月13日在南关惨案中被杀害，根据国务院《革命烈士褒扬条例》第三条(四)项，省政府于二〇一〇年十一月十八日追认闫绪奴同志为革命烈士。

（省民政厅）

劳模人物

2010年山西省全国劳动模范和先进工作者名单(82名)

伏　军　西山煤电集团公司杜儿坪矿一采区机电队电钳班班长

王学平　太原市煤气化股份有限公司嘉乐泉煤矿掘进队队长

安建香(女)　太原公共交通控股(集团)公司第四汽车分公司4车队820路驾驶员

范春燕(女)　太原供电分公司保护自动化工区专工

郭生龙　太原矿山机器集团有限公司设计院采煤研究所所长

王　宏　中国北车集团大同电力机车有限责任公司车体车间底架一组组长

刘　奇　中国重汽集团大齿公司总装配车间装配三线线长

孙秀兰(女)　大同市城区环境卫生管理处清洁一分公司清洁工

李国栋　阳泉煤业集团二矿丈八区综采一队副队长

时素枝(女)　长治金威商贸集团金威名店经理

李　红(女)　阳城国际发电有限责任公司计算机班系统管理员

乔　宇　中煤集团平朔露天设备维修中心钻机车间副主任

贾向东　山西省电力公司电力建设二公司高压焊工

康文忠　中国电力投资集团公司神头电力检修分公司大别山项目部磨煤机班班长

张华滨　山西汾西矿业集团公司洗煤厂钳工

王正前　祁县乔家大院旅游公司博物馆馆长

赵巧云(女)　运城供电分公司变电运行工区站长

张峰杰　中国北车集团永济新时速电机电器有限责任公司工模具分厂钳工

薛金良　中国北车集团永济新时速电机电器有限责任公司工模具分厂钳工

吕全林　忻州市环卫处清运中心主任

胡红华　霍州煤电集团公司辛置煤矿综采一队队长

沙永玲(女)　临汾市环境卫生管理局东城环卫所清扫工

武胜耀　汾阳市肖家庄供销社主任

乔建平　吕梁市中阳乔氏新生林场场长

金长福　山西柴油机有限公司电气维修工

周建民　山西北方惠丰机电公司钳工

刘变英(女)　山西煤炭中心医院消化科主任

张建忠　山西省公路局祁县段东观道班班长

程利甫　太原铁路局湖东电力机务段湖东运用车间副主任

郭文斌　大同供电分公司变电运行工区主任

卫红光　太原市邮政局收投服务局乡邮员

刘复兴　太钢不锈钢股份有限公司总经理

王建军　山西省煤炭运销集团阳泉有限公司总经理

任润厚　山西潞安矿业集团有限公司董事长

贺贵元　山西兰花煤炭实业集团有限公司董事长

郭兴银　山西平遥煤化工集团有限公司董事长

马达卡　中国铝业股份有限公司山西分公司总经理

马长江　山西蒲县宏源煤业集团有限公司董事长

李秋喜　山西汾酒集团有限责任公司董事长

李建荣　国电电力大同第二发电厂检修公司副总经理

赵秀莲(女)　山西煤炭运销集团莲盛煤业股份公司副董事长

洪福生　临汾市尧都农村商业银行筹备工作小组办公室主任

崔　靖　交城县农村信用合作社联社主任

蔚　明　山西金桃园煤焦化集团有限公司节能减排办公室主任

董中华　中国农业银行阳泉矿区支行行长

赵建庆　太原市尖草坪区向阳镇南翟村村委会主任

陈万荣　太原市清徐县徐沟镇西怀远村农民

郭占君　大同市南郊区杨家窑村党支部书记

李乃珠　阳泉市郊区平坦镇桃林沟村党支部书记

卢保国　泽州县巴公镇巴公村党支部书记

冯立康　沁水县嘉峰镇五里庙村村委会主任

蔡兆锁　灵石县椒仲村党支部书记

苏　海　永济市卿头镇许家营村党支部书记

王志忠　夏县庙前镇西村党支部书记

张有根　忻州市忻府区新建路办事处逯家庄村党支部

书记

刘小平　洪洞县大槐树镇秦壁村村委会主任

程建红　古县古阳镇安吉村党支部书记

赵成书　孝义市古城镇楼东村村委会主任

郭德明　太原矿山机器集团有限公司技术员

樊正强　五寨县凯源工贸有限公司董事长

李生祥　山西省五台山五峰宾馆总经理

董　林　西山煤电集团公司杜儿坪矿掘进一队综掘机司机

赵贵廷　大同宾馆行政总厨

牛惠芬（女）　太原市清徐县实验小学校校长

曹晓斌　太原市小店区北格镇总工会主席

谢　涛（女）　太原市实验晋剧院演员

温圣哲（女）　大同市第二中学校教师

罗艳梅（女）　盂县西潘乡均才中心小学校教师

张素珍（女）　长治市第一职业高级中学校校长

刘桂芝（女）　长治市妇幼保健院妇产科主任

赵万科　太谷县第二中学校校长

景雪变（女）　运城市蒲剧青年实验演出团团长

严耀国　临猗县孙吉镇卫生院院长

曹国刚　临汾市公安局治安支队副支队长

李永旺　中科院山西煤炭化学研究所煤转化国家重点实验室副主任

宋建成　太原理工大学电气与动力工程学院院长

李　保　山西省心血管疾病医院院长

张振国　山西省农机化技术推广站总工程师

宋柳红(女)　沁水县统计局局长

巩红中　和顺县交通局局长

苏建庭　山西省实验中学校校长

张芮红　山西省公安厅交通管理局高速公路管理处四支队二大队大队长　（宋海兵）

2010年山西省全国三八红旗手名单（10人）

韩雅琴　山西省太原市英辉建筑安装公司经理

张双娥　山西省太原市房产管理局党组书记、局长

蔡懿霞　山西省朔州市应县天美瓷业有限责任公司董事长

赵凯琴　山西省晋中市妇联主席

张富梅　山西省长治市机构编制委员会办公室主任

乔香平　山西省晋城市阳城县乔枫瓷业有限公司董事长

任秀红　山西省运城市平陆县人民政府县长

祝珊珊　山西省射击射箭运动管理中心射击运动员

张红健　晋美工商管理专修学院院长

沈建军　山西新华化工有限责任公司输送带公司党委书记

（李　敏）

中央驻晋监督机关

国家审计监督

【概述】 2010年,太原办共实施审计项目26个,其中17个审计项目按审计署规定时间完成并上报审计报告,其余9个跨年度审计项目正在按计划组织实施。查出违规金额91794万元,其中应上缴财政470万元,应归还原渠道资金32061万元,应调账处理金额21362万元;已上缴财政470万元,已归还原渠道资金32061万元,已调账处理金额21362万元。移送司法机关、纪检监察部门处理事项3件,建议有关部门处理事项3件。提交审计报告、审计调查报告、信息155篇,被采用75篇。

【财政审计】 审计查出违规金额3679万元,管理不规范金额1787484万元。其中预算编报不真实1200万元,未按规定征收、缴纳预算收入949万元,超预算列支1202万元,预算结余不实1783971万元等。审计发现的当前土地管理中存在的三个问题,以及应尽快研究规范价格调节基金管理等问题,以《重要信息要目》上报国务院后,均被中办、国办采用,得到中央领导同志的重要批示。审计查出的某企业大肆倒卖氧化铁皮等进口固体废物,部分物资流向停产整治重污染企业问题,被审计署转送有关部委。

【金融审计】 审计查出违规金额654万元,管理不规范金额901492万元。重要问题有:五大商业银行1月份信贷投放仍呈集中度高、期限长的特点,一季度信贷投放还有三个值得关注的问题,农村信用社改革试点与经营中存在的几个问题,寿险机构违规经营团体年金保险问题突出存在较大社会稳定隐患,项目贷款发放中的三个突出问题等等。这些问题以《重要信息要目》上报国务院后,均被中办或国办采用,得到中央领导同志的重要批示。

【行政事业审计】 审计查出违规金额813万元,管理不规范金额9469万元。重要问题有:我国海域船舶溢油污染应急能力亟待加强,中央部门及所属单位使用或接受虚假发票问题较为普遍,中等职业教育发展中存在的三方面问题,部分中西部农村初中学校校舍改造后仍未实现工作目标等等。这些问题以《重要信息要目》上报国务院后,均被中办或国办采用,得到中央领导同志的重要批示。

【资源环保审计】 审计查出违规金额2944万元,管理不规范金额165841万元。重要问题有:部分地区执行电厂脱硫电价补助政策存在较大偏差,北方既有居住建筑节能改造项目进展缓慢预期节能目标难如期

2010年12月3日,太原办审计组在某热电有限公司核实新增贷款投向时,现场视察热电项目工程的进展情况 (郎少萍提供)

2010年7月7日，在某集团公司法人代表经济责任审计项目现场 (郎少萍提供)

实现,两大制度性障碍制约生物柴油产业健康发展,一些地方和企业违规扩大钢铁产能的问题依然突出,污水处理厂产生的污泥六成多处置不当存在二次污染隐患等等。这些问题以《重要信息要目》上报国务院后,均被中办或国办采用,得到中央领导同志的重要批示。

【固定资产投资审计】 审计查出违规金额9875万元,管理不规范金额46579万元。重要问题有:从溪洛渡向家坝看我国跨界大型水电工程移民安置工作中亟待解决的两个问题,已投入运营的支线机场普遍存在经营亏损空管水平落后和安保能力不足等问题。这些问题以《重要信息要目》上报国务院后,均被中办或国办采用,得到中央领导同志的重要批示。

【企业审计】 审计查出违规金额51900万元,管理不规范金额1757400万元。重要问题有:中央国有资本收益管理中存在的三个突出问题,预算资金注入企业后国有资本权益未落实,中央企业公务用车管理亟待规范,通信设备市场不正当竞争行为亟待整治,两大电信运营企业小灵通清频退网工作落实不到位反又违规新发展小灵通用户,应严格规范以办节庆论坛等形式向企业收取捐赠和赞助的行为,部分中央企业私设"小金库"问题仍较突出,5户中央企业虚增销售收入所属上市公司面临潜在处罚和诉讼风险等问题。这些问题以《重要信息要目》上报国务院后,均被中办或国办采用,得到中央领导同志的重要批示。

【专项资金审计与审计调查】 审计查出违规金额21290万元,管理不规范金额5126万元,发现侵害人民群众利益5122万元。重要问题有:农业综合开发农民筹资投劳规定亟待调整,从土地出让净收益中安排廉租住房保障资金的相关规定应研究完善,一些地方不符合低保条件的家庭领取城市低保金带来的社会不良影响应予关注,城市低保资金保障范围逐步扩大现象值得关注,县级城市低保资金结余快速增长影响低保政策实施效果,新老农保制度衔接问题需尽快研究解决等等。这些问题以《重要信息要目》上报国务院后,均被中办或国办采用,得到中央领导同志的重要批示。

【队伍建设】 按照审计署队伍建设的要求,结合太原办实际,主抓了以下五个方面的工作:一是以创建学习型审计机关和学习型党支部为抓手,加强党员干部队伍建设。以加强党组中心组学习为重点,全面提高处以上干部的政治、业务素质和领导能力。建设学习型处室和学习型党支部,着重加强对青年干部和青年党员的培养;二是加强业务培训,努力提高审计能力。主要是利用年中培训等方式,有针对性地进行强化培训;三是认真开展创先争优活动,推动各项工作全面发展。把创先争优活动作为推动太原办整体发展的抓手和推动力,扎实开展"四手"活动,将"立足本职建功立业、争当'四手'奋发有为"主题活动融入中心工作;四是深入开展精神文明创建活动,构建文明和谐机关。充分发挥群团组织的作用,开展丰富多彩、健康向上的精神文明建设活动。太原办连续十一年获得"山西省直文明单位标兵"称号,连续九年获得"山西省文明和谐单位"称号;五是完善廉政措施,强化廉政监督。补充修订了《审计人员廉政提示》等廉政制度和规定,进一步明确了全办各项管理工作制度。 (郎少萍)

国家财政监督

【收入监管】 税收监管和非税收入征缴工作。审核6个行业6批次253户退税资料,审核472户次,审核资金24186万元,剔除147万元,核准24039万元。征收中央非税收入225778万元。监缴中央非税收入46204万元。

对截至2008年底山西省政府收费还贷二级公路债务余额及里程审计认定的数据进行核查,共审核289个项目,认定里程11258.05公里,债务认定310.18亿元,净核减32.29亿元。

对山西煤矿安全监察局及所属的4个分局和太原海关及其所属2个海关2009年度和2010年上半年预算、资产、财务等财政管理事项及2011年预算编制情况开展专项检查,共检查出有问题金额8424.27万元。

对山西省财政厅、山西省国土资源厅、山西省国家金库和太原市、大同市两个地级市本级以及太原经济开发区、太原民营经济开发区、太原市清徐县、大同市南郊区、大同市经济开发区等一县四区土地出让收支管理情况进行调查，被调查单位2007年~2009年土地出让收入为207.73亿元，占全省同期土地出让总收入的56.36%，土地出让支出174.92亿元，占全省土地出让总支出的56.04%。

【支出监管】 对2009年中央政府公共投资预算执行情况进行专项抽查。抽查2个市的市本级、6县(区)以及部分车购税投资项目共107个项目，发现财政部门预算分解下达不及时、配套资金不能完全落实到位等各类型问题11个，涉及有问题资金量23亿元。

关闭破产国有企业退休职工参加医疗保险中央财政补助资金核查。对1198户关闭破产国有企业退休人员(总人数101881人)参加医疗保险中央财政补助资金基础资料进行核查，共申请中央财政补助资金9926.39万元，并对晋中等四个地市158户企业开展重点核查，共上报退休总人数213432人，核减59279人，核实人数154153人。

对山西省11个地市136个县(市、区)上报的城镇居民医疗保险资金筹集和使用情况进行了审核，剔除不符合参保要求26898人，剔除不符合参保要求人数涉及金额108万元，核定上报金额11433万元。

中央管理企业特定政策补助资金审核工作。核定10户中央管理企业符合申报条件的“4050”人员累计共1855人。有24189人次享受特定政策补助资金，共缴纳三项保险费金额1265.8万元。

中央廉租住房保障专项补助资金审核。对山西省11个地市的136个县(市、区)2009年度上报的中央廉租住房保障情况进行资料审核。山西省2009年度廉租住房保障资金申报租赁补贴户数168499户，金额39005.93万元；实物配租4503户，实物配租实际支出金额463291.6万元。实地核查3个地市44个县(市、区)核减发放补助金额3197万元，核减实物配租实际支出金额141988万元。

新型农村社会养老保险资金审核。对国务院批准的新型农村社会养老保险制度15个试点县有关基础数据和资料进行审核，并对柳林、灵石、沁水、长治4县进行实地抽审，15个试点县2009年底申报60周岁以上(含60周岁)并已经领取基础养老金人数348155人，审核人数330262人，核减17893人。

太原高新区基础建设贷款和太原市经济技术开发区基础设施项目贷款2个中央财政贴息资金审核。太原高新技术开发区2009年9月21日至2010年6月20日实施供热工程和创意产业街两个基础设施建设项目，审核合同贷款总额12600万元，确认支付利息147万元。太原经济技术开发区2009年9月21日至2010年6月20日实施5条道路和学校共6项基础设施建设项目，审核合同贷款总额36300万元，实际到位27700万元，确认利息777万元。

加强对县乡财政基础工作的监督工作。与财政部确定的山西省三个乡镇财政点（襄垣县古韩镇财政所、介休市义安镇财政所、应县下社镇财政所)建立日常工作联系机制，督促指导涉农补助资金监管和专项资金监督工作，发现存在乡镇财政监管资金涉及部门多、范围广，监管难度大、乡镇财政所人员编制少，变化频繁，缺乏稳定性等问题。

其他审核审查工作。东北粳稻(大米)入关运费补贴审核、新型农村合作医疗补助资金核查、军休干部住房补贴资金审核、中央政策性粮油数量和成本费用专项核查、企业破产费用预案审核、军口军品生产线维持维护费审核。

【会计监督】 对天健正信会计师事务所实施执业质量检查，发现存在出具审计报告意见不恰当等问题。对贵州瓮福集团所属十个单位和四川宏达所属七个单位进行延伸检查，检查发现违规问题金额总计690636.21万元。

受理山西焦煤集团白龙煤矿有限责任公司、山西焦煤集团曹村煤矿有限责任公司、长治八一水泥厂、经纬(集团)山西纺织机械有限公司共4户企业的破产费用预案审核，企业申报金额共计57067.17万元，专员办审核核准金额为60635.36万元，核增3568.19万元。

【金融监管】 对山西银监局、证监局、保监局、人民银行太原中心支行2009年度决算和2011年度预算进行审核。受理决算申报金额83687万元，审核报部金额82921万元，剔除766万元。受理预算申报金额96441.61万元，审核报部金额94973.7万元，核减1467.91万元。

对2010年外国政府贷款（澳大利亚)山西省农话局通信传输项目进行绩效评价，根据山西省农话局通信传输项目绩效评分表，进行项目基础数据和信息采集，案卷研究及预评价，实地调研综合分析与绩效评价。

对大同市商业银行股份有限公司2009年会计信息质量进行实地检查，实地抽查14个二级分支机构，并延伸对60户贷款企业的信贷报表、纳税报表资料进行抽查。检查发现有问题金额283354万元。 （马建林）

市县概览

太原市

中共市委书记 申维辰* 陈川平
副　书　记 张兵生 李永林*
吴清海 郐天敏
市人大常委会主任 郭振中
副　主　任 田玉宝 刘明珠
赵彩英(女) 傅建荣
张丁山 李敏玲(女)
市　　长 张兵生
副　市　长 李俊明 荣 彤
张 政 吉久昌
王建生 毋青松
市政协主席 姬和平(女)
副　主　席 袁 实 赵关顺
王爱萍(女) 王志强
张玉兰(女) 张友君
陈远新 刘文旺
薛维梁

【概述】 太原市位于北纬37°27′~38°25′，东经111°30′~113°09′之间，总面积6988平方千米，建成区面积198平方千米。全市共有52个街道办事处，553个社区居民委员会；52个乡镇，1552个自然村，951个村民委员会。2010年末，全市户籍总数104.67万户，户籍总人口365.50万人，其中，农业人口102.48万人；全市男性人口186.80万人，男女性别比(以女性为100)为104.53。

2010年，全市实现地区生产总值(GDP)1778.05亿元，比上年增长11.0%(绝对值为现行价格，增长速度以可比价格计算)。其中，第一产业增加值31.37亿元，增长4.9%；第二产业增加值798.49亿元，增长12.0%；第三产业增加值948.19亿元，增长10.5%。全市第一、二、三产业比重依次为1.8%、44.9%、53.3%，对经济增长的贡献率分别为0.1%、5.0%、5.9%。

【农业经济】 2010年，全市农林牧渔业总产值57.29亿元，比上年增长4.9%。其中：农业产值34.04亿元，增长2.6%；林业产值4.70亿元，增长5.5%；牧业产值16.27亿元，增长6.9%；渔业产值0.36亿元，增长19.7%；农林牧渔服务业产值1.92亿元，增长27.0%。全年农作物总播种面积11.35万公顷，减少0.17万公顷。粮食8.48万公顷，减少0.07万公顷。蔬菜2.29万公顷，药材0.13万公顷。年末大牲畜存栏5.39万头，猪出栏49.63万头，肉类产量5.00万吨，增长7.8%。禽蛋产量3.64万吨，下降5.6%。牛奶产量9.76万吨，增长0.2%。全年造林面积1.90万公顷。零星植树1000.78万株。新增育苗面积0.08万公顷。2010年末全市拥有农业机械总动力120.29万千瓦。全年农用化肥施用量（折纯）26470吨。

【工业经济】 2010年，全市工业增加值596.88亿元，比上年增长12.50%，增速高于全国增长(12.1%)低于全省增长(19.8%)平均水平。全市年主营业务收入500万元及以上的全部法人工业企业（简称规模以上企业）实现工业增加值577.65亿元，增长15.4%。其中，中央企业增加值81.40亿元，增长13.7%；省属企业增加值327.24亿元，增长8.0%；市属企业增加值22.12亿元，增长31.3%；县属及以下企业（含无主管企业）增加值146.89亿元，增长32.7%。

规模以上工业增加值在全市10个主要行业中实现情况和增幅分别为：黑色金属冶炼及压延加工业131.51亿元，增长1.4%；煤炭开采和洗选业180.16亿元，增长14.3%；石油加工、炼焦及核燃料加工业63.09亿元，增长25.0%；通信设备、计算机及其他电子设备制造业22.68亿元，增长4.7%；通用设备制造业22.26亿元，增长28.3%；专用设备制造业20.50亿元，增长28.2%；烟草制品业20.27亿元，增长13.0%；交通运输设备制造业15.41亿元，增长55.1%；化学原料及化学制造业13.69亿元，下降4.1%；非金属矿物制品业12.45亿元，增长40.9%。

【固定资产投资】 2010年，全市全社会固定资产投资916.48亿元，增长17.2%；其中，城镇固定资产投资852.29亿元，增长16.7%；农村固定资产投资64.19亿元，增长24.8%。全市全年房地产开发投资241.09亿元，增长46.1%。年内城镇新开工项目885个，比上年减少193个，其中亿元以上项目268个，增加36个。城镇以上固定资产投资建成投产项目883个，项目建成投产率为49.7%；新增固定资产325.28亿元，固定资产交付使用率为53.2%。全年商品房竣工面积129.58万平方米，商品房销售额186.37亿元。。

全年全市建筑业增加值201.60亿元，增长10.4%。具有建筑业资质等级的总承包和专业承包建筑业企业总产值1289.61亿元，增长11.6%；利税总额53.89亿元，增长14.9%；利润总额16.61亿元，增长14.8%；上缴税金37.28亿元，增长15.0%。全市房屋建筑施工面积3329.78万平方米。房屋建筑竣工面积616.07万平方米，房屋面积竣工率为18.5%。

【国内贸易】 2010年，全市社会消费品零售总额825.85亿元，比上年增长18.0%。全市年销售额2000万元及以上批发企业和年销售额500万元及以上零售企业(简称限额以上批发零售业)主要零售额为：汽车类零售额157.46亿元，增长19.0%；粮油类43.10亿元，增长24.8%；服装类28.87亿元，增长34.5%；日用品类8.57亿元，增长49.7%；化妆品类4.35亿元，增长31.6%；药品类19.62亿元，增长28.8%；石油及制品类58.30亿元，增长52.7%；文化办公用品类2.46亿元，增长52.0%；通讯器材类2.84亿元，增长18.5%；家用电器和音像器材类25.75亿元，增长20.1%；家具类0.19亿元，增长30.0%；金银珠宝类9.53亿元，增长25.1%；建筑及装潢材料类0.36亿元，下降37.9%。限额以上贸易企业零售额394.06亿元，增长26.8%，在全市社会消品零售总额中所占比重为47.7%。

【对外经济】 2010年，全市外贸进出口总额79.12亿美元，增长33.6%，其中，出口额31.38亿美元，增长61.4%；进口额47.74亿美元，增长20.0%。全市有贸易往来的国家和地区达154个。全年新设立外商及港澳台商直接投资企业19家。外商及港澳台商直接投资新签合同(协议)39项，项目总投资11.19亿美元。合同外资额6.90亿美元，增长149.5%。直接到位外资2.83亿美元，增长8.3%。

【财政　金融　保险】 2010年，全市财政收入321.89亿元，增长15.1%；全市一般预算收入138.48亿元，增长17.8%；一般预算支出189.64亿元，增长18.6%。截至2010年底，全市金融机构本外币各项存款余额7008.28亿元，比年初增长18.1%；本外币各项贷款余额5125.10亿元，增长21.3%。人民币各项存款余额6965.19亿元，增长18.2%；各项贷款余额5054.75亿元，增长21.7%。全年金融机构现金收入6052.05亿元，现金支出5871.16亿元，净回笼货币180.89亿元。全年保险保费收入85.80亿元，增长23.8%。支付各类赔款及给付16.94亿元，下降3.2%。

【交通　邮电　旅游】 2010年，全市公路线路里程6181千米。全市各种运输方式实现货运量1.39亿吨，比上年增长2.2%。全市实现货物周转量45284百万吨千米，增长3.5%。全市客运量4800万人次，增长3.7%。全市游客周转量10768百万人千米，增长3.9%。截至2010年末，全市民用汽车保有量60.53万辆(包括三轮汽车和低速货车8598辆)，比上年末增长18.5%。年末轿车保有量30.93万辆，增长23.9%。

全年完成邮电业务总量145.29亿元，增长11.2%；其中邮政业务总量5.87亿元，下降15.8%；电信业务总量139.42亿元，增长12.7%。年末市话达151.30万户。移动电话用户486.02万户，增加76.18万户。全市固定及移动电话用户总数达644.20万户。每百人拥有电话176部。计算机互联网用户102.96万户，净增加18.76万户。

2010年，全市有国家级重点文物保护单位5处，省级15处，市级40处，旅游景点67处。其中晋祠博物馆为国家AAAA级，碑林公园为AA级旅游景区，煤炭博物馆、东湖醋园为全国工业旅游示范点。全市全年接待海内外游客2022.85万人次，增长7.2%。全年旅游总收入230.40亿元，增长18.0%；国内旅游收入219.27亿元，增长17.8%；旅游外汇收入1.64亿美元，增长22.4%。

【教育　科技】 截至2010年底，全市共有高等院校36所（其中高职院校24所)，中等专业学校30所，技工学校（包括技工部)46所，普通中学230所，职业中学22所，小学607所，幼儿园784所。全市幼儿园入园率保持在94%以上，城区达98%；小学学龄儿童入学率达100%，巩固率达101.5%；初中生入学率达94.7%，巩固率保持达96.6%。高中阶段毛入学率为96.0%。2010年，全市“百校兴学”工程项目学校(含校校有标准操场工程)577所。已竣工项目学校528所，建筑面积168.98万平方米；在建项目学校49所，建筑面积18.87万平方米。全市确定的390所中小学校舍安全工程项目全部竣工并交付使用。

截至2010年底，有独立科研机构107所，工作人员1.39万人。全年安排科技发展项目283项，技术市场共登记技术合同577项，成交金额7.65亿元。全年研究与试验发展(R&D)经费支出53.52亿元，比上年增长15.1%，占地区生产总值的比重为3.0%。国家认定企业技术中心达3家，省级企业技术中心达29家，全市累计认定高新技术企业达128家。全年共鉴定422项科技成果，获得国家科技奖励5项，科技成果转化率达50.4%。全年共申请专利5019件。

每10万人专利申请数达143项，增加28项。高新技术产业增加值占地区生产总值的比重为7.6%。截至2010年底，高新区、经济区、民营区共有入区企业3988家。全年实现科工贸总收入1495亿元，增长23.5%。

【文化 卫生 体育】 2010年，全市共有艺术表演团体14个，演职人员1,448人。群艺文化馆12个，博物馆12个。公共图书馆馆藏图书398万册。国家综合档案馆11个，馆藏档案资料64.55万卷(件、册)。广播电视台3座，广播节目12套，中、短波广播发射台和转播台1座。电视节目22套，一千瓦以上电视发射和转播台10座。全市广播人口覆盖率为99.2%，电视人口覆盖率为99.6%。2010年，晋剧《傅山进京》入选国家十大舞台艺术精品工程剧目并荣获第九届中国艺术节"文华优秀剧目奖"；晋剧《龙兴晋阳》荣获第三届中国戏剧节曹禺剧本奖提名奖；话剧《饭局》荣获第七届全国戏剧文化奖及话剧"金狮奖"和优秀剧目奖；太重鼓乐团在首届全国"韩城杯"锣鼓大赛中，荣获"金鼓王"奖，在第二届中国(莱芜)长勺鼓乐大赛中，独揽一鼓作气击鼓奖、最佳编导奖、最佳领鼓奖3项大奖。非物质文化遗产保护力度加大，共列入国家级保护项目15项、省级保护项目33项。继续实施农村电影放映工程，全年放映1.2万场次，放映数字化达100%，实现了一村一月放映一场电影的目标。

至2010年底，全市共有卫生机构2527个（不含村卫生室)，医疗床位27771张。每千人拥有医疗床位7.6张。各类卫生技术人员39930人，其中：执业(助理)医师16066人，注册护士16469人。每千人拥有医生4.4人。社区卫生服务网络覆盖率达99.3%。县乡两级医疗卫生机构基础设施达标率为83.9%。新型农村合作医疗覆盖全市所有行政村，实际参加合作医疗的农民99.71万人，参合率达98.0%。

2010年，在国内外各项体育比赛中，太原选手共获得金牌22枚、银牌23枚、铜牌20枚。全市50%以上的乡镇建成文体活动广场，87%的行政村建设了体育活动场地。全市共安装620余条全民健身路径。

【环境 能源 安全生产】2010年，全市市区二级以上空气质量天数为304天。全年减排SO_2 5029吨、COD1239吨。全市饮用水源地水质达标率保持100%。

2010年，全市一次能源生产折标准煤2696.33万吨，比上年增长7.8%；二次能源生产折标准煤4604.28万吨，增长11.7%。全社会能源工业投资98.94亿元，增长15.8%。全年全社会用电量217.31亿千瓦时，增长14.9%。。万元GDP电耗1493.66千瓦时。

2010年，亿元GDP生产安全事故死亡率为0.15人，下降11.8%。全年共发生火灾1497起，道路交通事故1617起，分别下降35.0%和11.1%。

【社会生活】 2010年，全市城市居民人均可支配收入为17258元，比上年增长10.6%；农村居民人均纯收入为7611元，增长11.5%。城市居民人均消费支出12,106元，增长3.4%；农民人均生活消费支出3879元，增长5.2%。城市居民与农村居民收入比为2.27:1。城市居民家庭恩格尔系数(即居民家庭食品消费支出占消费总支出的比重)为30.6%，农村居民家庭恩格尔系数为33.8%。

2010年，居民消费价格(CPI)比上年上涨3.0%；其中食品价格上涨8.4%；非食品价格上涨0.4%。服务项目价格上涨2.4%。商品零售价格上涨2.6%。工业品出厂价格(PPI)上涨12.0%。原材料、燃料、动力购进价格上涨9.2%。

2010年，全市开工重点建设项目118项，改造小街小巷70条。实施城市配套工程77项，部分工程建成投用。实施2项防洪治污工程、2项节能减排工程。

2010年，全市共完成天然气置换工程36万户，新增天然气用户4万户。集中供热扩网1106万平方米，集中供热普及率达8.2%。燃气普及率达98.6%。城市污水处理率达83.9%，提高13.9%。完成城市公共供水1.9亿立方米。年末公交运营线路网长度635.50千米，年客运量4.15亿人次。城镇住宅施工面积2727.80万平方米，增长32.6%，住宅竣工面积348.13万平方米。城镇居民人均住房建筑面积为27.46平方米，增加1.62平方米。农村新建住宅建筑面积168.62万平方米，农村人均住房面积为35.14平方米。

2010年，城乡居民储蓄存款余额2386.79亿元，比年初增长14.5%；其中：城镇居民储蓄存款余额2225.97亿元，增长13.8%；农村居民储蓄存款余额160.82亿元，增长24.2%。

全市全年建成区共实施园林绿化工程39项，晋商博物馆、陶园、滨河东路北延绿化、长风西大街道路绿化等24项工程全面竣工。创建省级园林化单位3个，省级园林化小区2个，创建市级园林化单位13个，市级园林绿化先进单位25个。全市共有综合性公园26个，专类园11个，带状公园3个，街头游园59个，社区游园43个，街旁绿地46块。建成区绿化覆盖面积8759公顷，园林绿地面积7611公顷，公园绿地面积2576公顷。绿化覆盖率36.8%，绿地率32.0%，人均公共绿地面积9.59平方米。

2010年，城镇基本社会保障覆盖率达91.1%，比上年提高0.4%。全市企业职工参加养老保险的人数为73.30万人；参加基本医疗保险196.80万人；参加失业保险75.71万人；参加工伤保险63.00万人；参加生育保险63.00万人。城市低保覆盖人口达7.13万人；农村低保覆盖人口达6.92万人。全市共有各类收养类单位

41 个，床位 4642 张，收养 3991 人。救济农村五保户 4491 户，农村临时救济人员 11342 人次。

年末全市从业人员 176.05 万人，乡村从业人员 49.12 万人，城镇新增就业 10.82 万人。4.60 万名下岗失业人员实现再就业，其中困难人员再就业 1.34 万人。年末城镇登记失业率为 3.4%。

（张艳民　刘　莎）

·小店区·

中共区委书记	张金旺
区人大常委会主任	陈其武
区　　长	陈向阳
区政协主席	王　健

【概述】 2010 年，小店地区 GDP 完成 332.4 亿元，其中小店区完成 223 亿元，年均增长 9.1%；财政总收入完成 38.7 亿元，其中小店区 18.4 亿元，年均增长 24.7%；一般预算收入完成 17.6 亿元，其中小店区 9.7 亿元，年均增长 25.6%；城镇居民可支配收入达 17258 元，年均增长 10.5%；农民人均纯收入达 10323 元，年均增长 12.3%。小店地区"十一五"经济社会发展水平已跃居全省 119 个县（市、区）首位，发展指数居全省第三，被授予全省"十一五"时期经济社会发展先进区称号。

【产业基地与都市新区建设】 小店地区带动全省产业结构战略性调整的国家级装备制造业基地、国家级新材料基地、省级信息产业基地、省级食品及农产品加工基地、生物制药产业基地、现代农业基地、现代服务业基地、自主创新基地八大产业基地正在形成，被国家批准为国家级装备制造（能源装备）新型工业化产业示范基地、国家煤机装备特色产业基地、国家镁及镁合金产业基地、国家级新材料高新技术产业化基地。

按照太原市委、市政府建设南部新城的战略部署，围绕国家省市重点工程建设，小店区重点推进 60 项重大重点项目、杨家堡整村改造、真武路建设等 12 项工作。龙城大街、太小线拓宽改造等一大批城市建设工程建成完工。

【新农村建设】 2010 年，小店区在完成山西省五个全覆盖的基础上，又基本完成全区确定的新农村主干道路建设、农村绿色循环、城乡环卫一体化管理、农村安全饮水、科技信息服务、新型农村合作医疗、健身休闲娱乐、农村公共服务、农村制度管理、知法守法护法等十个方面的覆盖，新农村建设水平居全省前列。连获全省新农村建设先进区、全省增加农民收入先进区称号。

【社会事业】 2010 年，小店区全力推进和谐标准化社区建设，打造和谐标准化社区 44 个，占全区社区总数的 62%。建立起覆盖城乡的社会保障体系，国有、集体企业和职工基本养老保险实现全覆盖，城镇居民基本医疗保险、农村养老保险、机关事业单位养老保险全面推行，全区"五保"老人全部实现统一供养。创业就业保障更加有力，城镇登记失业率控制在 3.6%以内。创建省、市星级社区卫生服务站 29 个，所有农村卫生所全部达标，新型农村合作医疗参合率达 98.36%。人口和计划生育工作进一步加强，人口自然增长率控制在 3.23‰以内。统战工作荣获中央统战部中国统一战线宣传先进单位。区老促会荣获全国先进老促会称号。民族、宗教、对台、人防、地震、档案、史志、审计、粮食、物价、气象等各项工作也取得新的成绩。

【干部队伍和党组建设】 加强干部队伍建设。一是创新干部教育培训模式。全区 500 余名科级干部全部建立培训档案。二是创新干部选拔任用机制。率先在全省实行干部选拔任用区委常委会票决制，先后票决任免干部 5 次、47 人。加大干部公开选拔力度，在全区公开选拔 11 名副科级领导干部，形成良好的用人导向。三是落实干部选拔任用四项监督制度。四是加强干部作风建设。狠抓区委班子自身建设，全年共组织学习 16 次，邀请专家、学者专题讲座、召开区委中心组学习扩大会议 6 次。

加强基层党组织建设。组织全区 443 个基层党组织和 11114 名党员开展"创先争优"活动。整顿党组织 8 个，党员公开承诺事项 13392 项，落实 13208 项，为群众办好事 1542 件，落实帮扶资金 643.8 万元。率先在全市完成社区居委会换届。

加大对腐败案件的查处力度，全年查处各类腐败案件 43 件，党纪政纪处分 57 人。全面推行农村工作九项制度，农村财务审批"两笔会签"率达 96%，每月召开"两委"联席会议率达 97.7%，"两委"村干坐班率达 98%，村务公开和重大问题集体决策率达 100%，荣获全省农村党风廉政建设工作先进集体称号。（陈德善　赵福香）

·迎泽区·

中共区委书记	卫　国
区人大常委会主任	韩桂梅
区　　长	阴国平
区政协主席	宋国庆

【概述】 2010 年，迎泽区地区生产总值完成 320.52 亿元，同比增长 8.5%；规模以上工业增加值完成 24.1 亿元，增长 11.5%；社会消费品零售总额增幅达 15%，全社会固定资产投资完成 66.14 亿元，增长 26%；财政总收入完成 15.7 亿元，增长 9%；一般预算收入完成 7.5 亿元，增长 13%；农民人均纯收入完成 9455 元，增长 10.1%。

【重点项目】 围绕城东民营现代物流园区确定的 10 个重点工程项目，总投资 51 亿元，全年完成投资 16.5 亿元。百圆物流信息化建设项目完成 35%的开发量；国际数码城项目商业楼主体建设完成2/3;松庄商住综合配套项目、丽华东景苑商住综合配套项目和南内环东街商住综合配套项目进展顺利,完成投资3.39亿元;枣园新区商住综合配套项目一期工程主体完工,完成投资11.9亿元;湖滨国际广场工程正在进行地基处理,完成投资3900万元。

【市政建设】完成南内环街东延和并州东街拆迁扫尾工作,拆迁面积达7万余平方米;朝阳街北一巷棚户区改造工程拆迁工作完成,拆迁面积3000平方米;确定9条小街小巷改造项目,完工2条,完成前期准备工作7条。对示范街道沿街建筑和门头牌匾进行全方位综合整饰,共清理户外广告27.6万平方米、立面整饰9.1万平方米;开展城乡清洁工程,对城中村和农村环卫作业进行市场化运作,村民生活环境得到改善;开展创建达标街道活动,推行街道分类管理制度,取缔、整治、规范各类摊点1.2万余处,同时采取疏堵结合的方法,新建劲松社区等3处便民市场;开展城市管理体制改革,组建街办(镇)一级的城市管理中心。完成解放路、青年路等35条街道补植补种工作,栽植各类乔灌木9万余株;实施并州东西街绿化配套工作,完成新泽巷等7处小绿地建设和郝家沟游园续建工程。全年全区绿化面积达1.2万平方米,绿化覆盖率达36.3%,绿地率31.44%,人均公共绿地达6.67平方米。

【城乡一体化】不断完善县乡公路建设,实施松小线——大窑垴县乡公路配套工程,新建成乡村公路6千米,完成捐子、沟北等5个村1.27万平方米的街巷硬化工程;实施东太堡饮水工程,解决1600余人饮水安全问题;完成捐子村淤地坝工程,改善和保护耕地6.67公顷;开展南沙河河道清洁整治工程,完成南沙河水库和马庄水库应急除险工程。开展集体林权制度改革,完成调查摸底3829.58公顷。大力发展特色种植养殖业,在捐子、沟北、柳沟等村规划种植小杂粮示范田15.34公顷,发展中草药种植基地14.67公顷,新建捐子村生态观光温室大棚,东祁家山肉驴养殖场初见规模。新成立农业合作社3个,全区农业合作社总量达28个。在董家庄、外麻、张家河3个村实施村庄绿化工程,栽植各类树木、花卉9000余株。稳步推进“城中村”改造,完成东太堡、马庄等4个村的清产核资和资产评估工作。新建22个农家书屋和2处村级文化活动广场,完成23所村卫生室用房达标建设;开展新型农村合作医疗工作,全年有20586名农民参合,参合率达96.09%。

【民生事业】推进校舍安全改造工程,实施21所学校的新建、改扩建工程,改造面积11.36万平方米。为区属所有中小学、幼儿园配备专职保安,安装监控设备。开展“暖春”就业援助活动,截至10月底,城镇新增就业18076人,创业就业4139人,下岗失业人员再就业7708人,其中,就业困难人员再就业2163人,城镇登记失业率控制在2.9%以内。积极完善社会保险体系,共有23470名职工参加企业养老保险,2055名职工参加机关事业养老保险,10730名职工参加工伤生育保险,13000名职工参加失业保险,77004名城镇居民参加城镇居民医疗保险。全面启动新型农村社会养老保险工作,参保人数达11650人,为市下达任务的670%。加快推进医药卫生体制改革,完成市中心医院和市第三人民医院对区中心医院和区产科医院委托管理工作;在全区27所基层医疗卫生机构实施国家基本药物制度,全部配备使用基本药物并实行零差价销售;不断强化社区卫生服务体系建设,对老军营等10个社区卫生服务站进行改造,用房面积全部达到标准。出台《进一步做好困难群体社会救助工作的实施意见》,在全市率先对未纳入城市低保的低收入家庭等3类困难群体实施临时救助;不断创新医疗救助工作机制,逐步实现由大病救助向常见病救助的转变;爱心超市累计为各类困难群众发放价值37.7万元的救助物品;顺利完成第四届社区两委换届选举工作,83个社区全部实现社区书记、主任“一肩挑”。

【公共卫生应急用车发放仪式】1月12日,迎泽区委、区政府举行迎泽区公共卫生应急用车发车仪式。此次迎泽区共拨付140余万专款购置6辆救护车、3辆商务车和5辆微型面包车,分别发放到区卫生局、卫生监督所、疾病预防控制中心、5个社区卫生服务中心和郝庄镇中心卫生院,用于社区卫生服务中心的医疗救护,提高监督、监测和应急反应能力。

【城乡清洁工程】政府对3000余家商业门店的垃圾进行定点、定时的清运,新配备4000个垃圾桶,主要街道每个保洁员保洁的面积由3800平方米缩小到900平方米;投入70多万元,雇用151人进行定时、定片清扫保洁无物业院落,并将其纳入环卫管理范围;开通城市管理监督平台24小时热线电话,开展专项社区环境卫生整治,全部院落配齐配备1300多个垃圾桶,由专业队伍直接入院收集、清运,坚持做到日产日清;与18家施工单位签订责任书,90%的工地达到文明施工标准;投资55万元对7000米的河道进行市场化运作,清理河道垃圾2.6万余吨;对全区所有交易市场进行集中治理,共下发整改通知书36000份,整改问题26711个,取缔一批无证的废品收购站。

(张国文)

·杏花岭区·

中共区委书记	魏 民
区人大常委会主任	李树结
区　　　　长	韦和平
区政协主席	潘保杰

【概述】 杏花岭区总面积170.2平方千米,常住人口63.4万人,辖10个街道办事处、2个乡,有108个社区居委会、38个行政村。

2010年,全区地区生产总值达271.2亿元,年均增长12.8%;财政总收入达15.67亿元,年均增长20.9%;一般预算收入达8.06亿元,年均增长25.5%;社会固定资产投资达96.3亿元,年均增长21.3%;社会消费品零售总额达86.6亿元,年均增长16%。规模以上工业增加值达18.2亿元,年均增长12.8%;农民人均纯收入达8787元,年均增长10.3%。2010年,杏花岭区在全省119个县(市、区)综合考核评价中,经济社会发展水平排名第二。

【产业结构调整】 现代服务业较快发展。引进万达、富力城、沃尔玛、希尔顿等国际国内品牌项目。注重发展楼宇经济、总部经济,扶持国贸、王府、华宇精品等现代商务楼宇。加快城东民营现代物流区建设,扎实做好基础工作。扶持东湖醋园、山西机器局旧址、曦岭滑雪场等项目。深入推进工业经济绿色转型,关闭淘汰一批高污染、高能耗企业,培育扶持双良水泥、新型炉业、勤强新型建材等循环经济示范企业。现代都市农业稳步发展。新建杨家峪花卉种养基地、长沟生态农业园等示范项目。2010年,全区第三产业占GDP比重达77.3%,以服务业为主导的产业结构逐步确立。

【新农村建设】 大规模推进生态建设,推进东山环线道路、重点区域的高标准绿化,共栽植苗木17余万株,义务植树3.8万株。截至2010年底,累计绿化1334公顷,荣获"全省造林绿化先进县"称号。全区新农村建设规划编制全部完成。村村通水泥(油)路、中小学校舍安全改造、村级卫生室、村村通广播电视和安全饮水"五个全覆盖"提前实现。

【城乡建设】 加大旧城改造力度,积极推进万达广场、胜利广场、府东街东延、胜利街东延、石太高铁等重点项目建设。城市居民棚户区改造稳步实施,基本完成柏杨树、机床厂、马道坡等改造项目。城中村改造工作有序推进。深入开展"城乡清洁工程",高标准抓好城乡环境综合整治。实施了国师街等小街巷连片综合整治工程,优化了人居环境。推进数字城管平台建设,城市管理水平进一步提高。截至2010年底,建成区累计植树90万株,新增公共绿地13公顷,城市绿化覆盖率达33.91%,人均公共绿地达5.53平方米,全面完成国家园林城市创建的各项任务。

【教育 文化 卫生】 2010年,全区有大专院校4所,中学11所,小学78所、幼儿园79所,特教学校1所。文化宫、青年宫、影剧院、歌舞厅等现代娱乐设施遍布全区,社区文化、广场文化、校园文化、农村文化活动丰富多彩。医疗保健网络覆盖全区,有山医二院、省肿瘤医院、省儿童医院、市中心医院、市第一人民医院、市第二人民医院等三级甲等医院。

【社会事业】 新增城镇就业人数23167人,其中困难群体再就业人数2533人。城镇登记失业率控制在2.96%以内。城镇居民基本医疗保险参保人数113058人。发放各类社会保障救助资金3.8亿元,困难群体基本生活得到有效保障。全面提升社区管理和服务水平,精心打造五龙湾、桃北东、同煦苑等10个精品社区建设。投入科技经费1000余万元,扶持科技发展项目。改造校舍46所,消除危房13.83万平方米。打造区二中、六中、虹桥小学等北部名校,促进教育均衡发展。加快推进农村、社区卫生站(所)建设,在15个村实施了标准化村卫生所建设,新建和改建16个社区卫生服务站。农村医疗急救站建成并投入运行。人口和计生工作得到加强,人口自然增长率控制在1.08‰。扎实推进法治政府建设,荣获"全省依法行政示范区"称号。强化社会治安综合治理,荣获全省首批平安县(区)称号。扎实开展安全生产工作,连续五年被评为全市"安全生产先进单位"。

(王　鹏)

·尖草坪区·

中共区委书记	陈河才
区人大常委会主任	杨根寿
区长	白玉明
区政协主席	张银喜

【概述】 尖草坪区土地总面积285.6平方千米,辖5个乡镇,9个街道办事处,90个行政村和53个社区。

2010年,全区地区生产总值完成42.95亿元,工业总产值完成103.5亿元,财政总收入完成8.72亿元,一般预算收入完成4.24亿元。社会消费品零售总额完成41.5亿元,农民人均纯收入完成7286元,固定资产投资完成24.8亿元。

【项目建设】 2010年,尖草坪区确定33个重点项目,到位投资额22.08亿元。其中华北太阳能专业市场、现代家俱综合馆、广立机械加工园二期和唐风大剧院4个项目建成,投资30亿元的太原铁路装备园项目、投资7.8亿元的晋西春雷年产5万吨高精度铜材等18个项目开工建设,小商品市场建设、七平房棚户区改造等11个项目前期工作基本完成。同时,积极开展招商引资活动,全年引进新改(扩)建项目68项,引进资金到位24.78亿元。

【工业经济】 2010年,全区投入技改资金7100万元,完成技改项目10项。东方物流入选山西省潜力百强企业,"金大豆"食品等3家企业的项目入选为太原市绿色转型重点项目,山西鼎荣冷弯型钢有限公司的超厚度高强度冷弯钢板桩等15个企业的项目被列入2010年山西省科技厅科技发展计划。全区工业总产值比上年同期提高了4.7%。区属52家规模工业企业完成现价总产值30亿元，其中太原鑫宏不锈钢有限公司、太原日得泰精密有限公司等企业同比增长达50%以上。以金属延压加工为主导产业的机械加工业完成产值19.5亿元，占规模工业总产值的65%，成为区规模工业的引领企业。

不锈钢园区(以下简称:园区)是尖草坪区工业项目集聚发展的平台。2010年,完成了园区三期片区213.44公顷的土地征收和38000平方米的配套生活区建设工程。山西创奇、源众力及泰元铜业等10个项目落户园区，晋西春雷铜材项目、国际物流中心、信联集团农机装备制造园等项目开工建设。园区工业生产总值完成22.8亿元。

【农业经济】 优化种植结构，中药材、小杂粮种植面积占粮食播种面积的43%;粮食、蔬菜和果品产量分别达1.35万吨、7.2万吨和1.85万吨,小杂粮新品种和优良品种推广率达95%。发展各类养殖大户420个、农业专业合作社10个。畜牧业总产值1.52亿元。“宇文”黄粉虫鸡蛋、“金大豆”“老智”食品等农业企业规模和市场份额扩大。

2010年，建立了马头水庄头特色农家乐、岗北农业观光园、宇文农家乐庄园、南翟金滩农业生态园等农业观光项目，年接待能力17万人(次),营业收入730余万元。集特色种植、生态养殖和废弃物处理为一体的山西众成有机农业生态观光园，完成投资4200余万元。

2010年,编制完成新村、西流和大东流村的城中村建设规划方案,启动西张村、西焉村和杨家村的新农村建设规划编制工作,完成12.3千米的县乡公路建设和18个村41千米的农村街巷硬化工程，治理水保面积673.67公顷，完成西留庄等7村5000人的饮用水安全工程。启动集体林权制度改革，完成3335公顷林地确权。至2010年底全区累计确定省、市、区新农村建设重点村54个，占全区总数的60%。“五个全覆盖”全面实现，60%的村完成“五个一”工程。

【第三产业】 2010年,区委、区政府把做大、做强、做优第三产业作为发展经济的重要内容。太原滨西商务中心一期红星美凯龙建材家居太原奥特莱斯店、华北太阳能专业市场、尖草坪立交桥商城等项目相继开业,启动了太原滨西商务中心二期、太原市旧机动车交易中心建设,完成现代家居综合馆项目的主体建设。兴华综合集贸市场改造项目进入收尾阶段。小商品市场群改造项目顺利推进。完善城乡流通服务网络,对列入商务部“万村千乡”工程的品牌百合盛旗下的营业网点进行升级整合,整合的743个网点覆盖全区乡村。

【城市建设】 金桥街、和平北路、滨河东路北延等工程全部实现了通车,新建、改造里程23.34千米。实施城乡清洁工程，清理垃圾12万立方米,新建、改建公厕5座,拆除各类广告1079块,粉刷立面35万平方米,城乡面貌明显改善。全面实施环保治理，对全区11条交通主干线两侧的污染源进行整治,取缔土小企业70家、非法采石和采砂企业23家，关停违法型煤企业12家，道路超限超载率控制在0.01%以内,城市绿地率、绿化覆盖率分别达37.85%、44.2%。

【社会事业】 全年完成各项社会保险参保216903人(次),基金征缴总额为23406万元,城市低保实现应保尽保。落实就业扶持政策,创建再就业基地10个，新增就业人数9590人,下岗人员再就业5092人，城镇登记失业率控制在3.6%以内。全区农村卫生服务网络基本健全,被评为全省“村级卫生所全覆盖”先进集体。8个村卫生所通过了规范化评审,全区标准化建设达标率达94.9%。农村和社区居民健康档案建档率分别达57.9%和80%。新型农村合作医疗参合率达99.35%。人口自然增长率控制在1.74‰。开展“科教创新促进转型发展”活动,共申报市级科技项目71项，下拨科技研发经费610万元。专利申请总量860件,发明专利占到申报总量的40%以上。规模企业拥有自主知识产权率36%。全区5家企业实施信息化技术改造。对全区39所校舍危房进行新建和改造,为全区148所中小学、幼儿园设立警务室122个、配备保安人员241人，安装监控探头339个。为山区、半山区学校选聘83名大学生教师,被授予“山西省农村小学现代远程教育工程建设先进县(区)”荣誉称号。完善三级公共文化服务网络体系,新建成的区文化活动中心投入使用,建设全国文化艺术之乡1处,市级特色文化广场5处,50个村被列入山西省农民健身工程建设试点村。为42个村级农家书屋配备图书和光盘。全面推进文化下乡和农村电影“2131”放映工程,为农村送戏、送电影1200余场。开展“扫黄打非”集中整治行动。开展文物保护,实施呼延村关帝庙和镇城村圣母庙的保护维修工程。 (王雪琴)

·万柏林区·

中共区委书记	赵伟东
区人大常委会主任	郝爱生
区长	张齐山
区政协主席	陈绍卿

【概述】 万柏林区总面积304.8平方千米,辖1个乡、14个街道办事处、53个行政村、99个社区，年末常住人口563843人,男、女性别比113.3:100,人口自然增长率1.91‰,非农业人口495622人。

2010年，全区地区生产总值292.6亿元,同比增长10.7%;规模以上工业增加值164.6亿元,增长11.8%;全社会固定资产投资123.1

亿元，增长24.4%；社会消费品零售总额120.9亿元，增长17.5%；财政总收入10.6亿元，增长21.3%，其中，一般预算收入5.4亿元，增长20%；农民人均纯收入10671元，增长11%。

【项目建设】 列入市功能区建设的10个重点项目，全年累计完成投资额约19.6亿元。其中，万柏林区文化馆已完工；居然之家万柏林店、坤成广场一期、当代万国城一期、区中心医院新建等6个项目主体完工；狼坡狮子崖原生态恢复项目、中小学校舍安全工程和摩天石项目一期均完成全年投资目标。总投资约130余亿元的20个区级重点新建、续建项目完成投资90余亿元。全年利用省外境内资金达23亿元。

【转型发展】 大力推进结构性转型，现代服务业等第三产业持续发展，三产增加值同比增长5.7%，三次产业比重为0.3:75.7:24。严格按期淘汰落后产能，对辖区130余户区属涉污工业企业核查建档；发展新型工业，北车集团一期工程投资5.9亿元，九州环保、德汇钢管、福源机械、旭东氮化等10余个绿色企业项目完成投资3.9亿元；完成太原钢锹厂、伟业消防公司2家企业改制。从源头控制污染，环评执行率、"三同时"执行率均达100%，实现城中村集中供热4.9万平方米，拆除改造各类燃煤设施419台，关闭淘汰西山地区45家型煤厂等。区域SO_2、烟粉尘分别减排231吨、102吨。

【生态治理】 以万柏林生态园、西山生态恢复、"三河"综合治理3大工程为重点，实施西山地区生态治理。按照园林建设理念，开展万柏林生态园三期建设，中心公园扩展到66.67公顷；向西延伸，桃杏支路两侧高标准造林133.34公顷；完善生态园的景观效果，建设香水沟蓄水美化工程，实施"启春阁"阁楼、"清风苑"廉政教育基地等设施建设。围绕山上治本、身边增绿，西山生态恢复工程三期建设继续向北延伸。化冀路两侧实施集中连片造景工程333.5公顷，完成西山地区企业绿化任务200.1公顷；实施采煤破坏面生态治理，对关闭煤矿和私挖乱采点绿化66.67公顷，实施大虎峪四达沟关闭煤矿生态治理示范园工程；完成三北防护林封山育林、汾河流域荒山造林等933.8公顷，义务植树81万株。启动实施九院沙河、虎峪河、玉门河综合治理，已全面完成堤防工程；在三河上游开展水土保持生态治理56.03公顷；完成小虎峪照石沟小型淤地坝工程。截至2010年底，全区森林覆盖率达16.7%。

【城乡建设】 千峰北路打通工程全部完工，南屯安居街改造工程、南屯路改造工程完工通车，众纺路北段大修道路排水工程、桥梁工程完工。科学编制彭西四巷、双拥路等10条小街巷集中连片改造计划。7条总里程11.8千米的乡村公路全覆盖工程完工。两个城中村改造重点推进村前北屯社区安置回迁高层住宅楼主体封顶，下元社区7栋村民回迁楼完成安置；拆除窊流、下元、小王等7个旧村约17万余平方米；闫家沟整体改造工程全部竣工，村民全部安置；小王、大王、南寒等8个村的回迁安置小区建设形成滚动发展态势。确定西铭村等12个2010年省新农村建设重点推进村并完成规划编制；圪僚沟、河涝湾、白家庄3个村通过规划评审。解决14266人的饮水安全问题，农村地区"五个全覆盖"工程提前实现。

对小区内脏乱差进行集中清理，13个城中村实现"村清扫清运、区集中转运"环卫管理模式，清理河道面积16万平方米，新开扫街道11条、机扫面积增加到50%。实施太佳线环境综合整治；集中整治，取缔无证摊点1344个、占道经营3500处等；强化治土，查处无准运证车辆230余辆、清理垃圾17万余立方米等。利用数字城管监督跟踪全程管理，受理13万余件，结案率99.2%。高标准完成西矿街绿地、东社中学游园等22项城市园林绿化工程。绿地率、覆盖率分别达30.7%、36.8%，人均公共绿地面积达7.95平方米。

【安全稳定】 累计检查各类企业776个次，下达各类行政处罚253份，查处事故隐患818条。完善食品安全风险监测等安全应急工作体系建设，特别是健全安全生产规章制度、建设安全生产信息管理系统、全面推行安全生产信息员制度等安全生产8项创新工作取得成效。全年未发生重大安全事故，全区安全生产长效机制体系基本形成。加强维护稳定领导，严格落实"四包一"责任。专款拨付600余万元信访救助资金解决信访疑难问题。开展大接访201案332人次，区主要领导接访率达100%，办结率达95%。

【民生保障】 全面落实社保待遇，新型农村养老保险参保率超过80%。城镇登记失业率控制在3.9%，全区城镇新增就业人数21139人、下岗失业人员再就业8774人，建立55个创业载体和3个创业孵化基地，带动1万多人就业。发放城乡低保金4153万元，医疗救助344万余元，采煤沉陷区困难家庭取暖煤补188万余元，救灾粮、自然灾害补助、慈善救助等计183万余元，低收入群体临时价格补贴46万元等。

【社会事业】 全力推进38所中小学校舍安全工程，总投资2.55亿元、总建筑面积16余万平方米、可消除危房13.4万平方米；全面推进素质教育，实行8所"联盟校"试点等工作，教育教学质量整体提升。区中心医院改扩建工程主体完工，启动南寒、万柏林等3所社区卫生服务中心建设，社区逐步实施国家基本药物制度，农村合作医疗参合率100%。区文体中心、区文化馆全面完工，建成社区健身路径

155条、农村健身工程29处。采煤沉陷区综合治理九院小区一期工程全面完成，二期工程24栋住宅楼主体全部封顶。（武超龙）

·晋源区·

中共区委书记	张新伟
区人大常委会主任	张连生
区长	冯霞(女)
区政协主席	王海

【概述】 2010年，晋源区完成地区生产总值53.06亿元，比上年增长10.8%；规模以上工业增加值26.48亿元，增长17.1%；全社会固定资产投资48.40亿元，增长34.7%；社会消费品零售总额15.34亿元，增长18.4%；财政总收入（不含“两权”收入）3.69亿元，增长17.5%；一般预算收入（不含“两权”收入）1.67亿元，增长32.3%；农民人均纯收入7209元，增长11%。

【工业经济】 深入实施绿色百强工程，初步形成了医药、机械装备、环保应用、绿色食品、新能源新材料、包装彩印等6大绿色产业集群。北方重工等5家企业列入市首批绿色示范项目。工业企业整体素质不断提升，25家规模以上工业企业中9家年产值达亿元。全面完成煤矿关闭和兼并重组任务，煤矿总数由2006年的64座整合为3座。工业新型化进程加快，总投资3.95亿元的山西煤销集团艾尔吉（中国）矿业装备制造项目、山西美佳矿业装备制造项目开工建设，全国规模最大的年产22亿支小容量注射剂生产线在太原药业有限公司建成投产，园区集聚效应逐步增强。

【农村经济】 农林牧渔业总产值达5.13亿元。建成4个万间节能温室群，全区日光节能温室达13.9万间。无公害蔬菜、苗木花卉、干鲜果经济林面积达2134.4公顷，特色农业效益大幅提升。同创果蔬合作社成为全省最大的食用菌生产基地，康培公司成为全省最大的园林绿化企业，东关地区成为全省最大的花卉集散中心。指导发展农村合作经济组织129个，集生产性、观赏性、效益性为一体的都市农业体系初步形成。

【节能减排】 大力发展循环经济，加大对传统行业的技术改造力度，关停、取缔、淘汰160余家高耗能、高污染的土小企业和落后产能，资源综合利用水平大幅提高。2010年，万元地区生产总值综合能耗、万元规模以上工业增加值能耗、万元地区生产总值实际用水量比“十五”末分别下降27.5%、28.7%、33.1%。

【生态环保】 大规模进行生态环境建设，西山生态恢复、通道绿化、环城林带等生态建设工程全面完成。全区森林覆盖率达18.05%，建成区绿化覆盖率达35.32%，绿地率达33.65%，人均公共绿地达20.98平方米。五年治理水土流失面积3335万平方米，封山育林2201.1万平方米，创建园林绿化示范村54个。

深入开展储（售）煤场整治、型煤企业整合等工作，清理煤堆370多万吨。全区无燃煤区和高污染燃料禁燃区达6.6平方千米。大气污染治理成效明显，SO_2、烟粉尘、COD排放量分别比“十五”末下降20%、30%、25%。

【城乡建设】 加快推进基础设施建设，迎宾路、新旧晋祠路、化工路改造工程，龙山大街、古城大街西延等工程竣工通车，义井南四巷等小街小巷改造工程全面完工，滨河西路等主干路网建设稳步实施，西山旅游及防火循环路项目前期准备工作有序推进。累计新建、改建县乡公路83.8千米、村级公路103.3千米。积极服务好长风商务区、奥体片区等省市重点工程建设。城市供水、供热、燃气管网等配套设施建设逐步推进，建成区面积达到30平方千米。打击违法用地违法建设、治理超限超载、数字化城管等工作取得突出成绩。吴家堡等6个城中村的撤村建居和集体经济转制工作扎实推进。太原涤纶厂棚户区改造项目一期工程顺利完工。编制和实施区新农村建设总体规划，编制完成26个省级重点推进村建设规划。

【民生保障】 想方设法促进创业就业，五年累计新增就业40531人，安置下岗失业人员16501人，“零就业家庭”动态为零，城镇登记失业率始终控制在4%以内。医疗、养老、工伤等各类社会保险覆盖面不断扩大。晋源区成为国家级新型农村养老保险试点区，参保人数达到71433人。连续五年为低收入群体发放廉租住房补贴1293.9万元。扩大城乡救助范围，农村“五保户”全部集中供养，累计保障城市低保对象1.9万人次、农村低保对象2.9万人次，实现应保尽保。

【文化旅游】 集中力量开发建设蒙山大佛景区，2008年10月开园以来已累计接待游客近百万人次，成为太原市“由黑转绿”的典范。店头村入选第五批“中国历史文化名村”，晋阳古城开发被确定为省文化产业“五个一”工程重点项目，古太原县城保护开发顺利启动，明秀寺整体修缮方案编制完成。乡村旅游发展势头喜人，天泉庄园被确定为全省工农业旅游示范点，举办“晋之源”文化旅游推介活动，有效提升了晋源区的知名度和影响力。

【社会事业】 加快提升科技创新能力，全区农村科技特派员覆盖率达100%，科技对经济增长的贡献率逐年提高。全面实施“百校兴学”和校舍安全工程，累计新建维修加固13.2万平方米。加强师资队伍建设，公开招聘教师311名。完善医疗服务体系，医疗机构达标率89%，新农合参合率97.79%。建立健全三级公共文化网络，村基层文化站室达34个。晋祠庙会、晋源风火流星列入国家级非物质文化遗产名录。人口自然增长率4.89‰，平均符合政策生育率96.72%，荣获国家级“计生优质服务先进区”称号。圆满完成第三次文物普查、第六次人口普查工作。（方慧敏）

·清徐县·

中共县委书记 车建华
县人大常委会主任 王艳春
县　　长 张　强
县政协主席 杨栓保

【概述】 清徐县位于北纬37°28′~37°47′，东经112°10′~112°38′。

2010年，清徐县地区生产总值完成92.2亿元，比上年增长18.3%；固定资产投资56.5亿元，增长42.2%；规模以上工业增加值49.7亿元，增长45.9%；社会消费品零售总额25.5亿元，增长15.2%；农民人均纯收入8792元，增长11.8%；城镇居民人均可支配收入16248元，增长11.2%。

【科技工作】 1月11日，在国家科学技术奖励大会上，清徐县荣获“全国科技进步先进县”称号。县委书记车建华，县委副书记、县长张强，副县长龙万青被评为“全国科技进步先进个人”，并获得了表彰。

【重点项目】 10月11日上午，太原市城市报警与监控系统清徐示范区项目正式竣工，标志着清徐县以“民警+群众+科技”为主要内容的“1+2+3”治安防控模式全面建成。7月底，清徐县采取“移动公司建设、公安机关租用”的模式，依托3G通信技术建设具有联网、高清、移动、智能等特点的“天眼”，全力打造“城市报警与监控系统”项目，并紧锣密鼓组建起了“1+2+3”的立体、动态、综合打防控新模式。

12月2日上午，阳煤集团南岭煤业有限公司兼并重组整合项目举行开工庆典仪式，标志着阳煤集团投资清徐煤炭产业进入实质性阶段。

12月23日上午，太钢集团临汾钢铁有限公司与美锦钢铁集团公司委托签约仪式在美锦钢铁公司举行。太钢集团临钢公司对美锦钢铁公司的资产量及资金等进行生产运营管理。

【城乡公交一体化】 11月17日上午，清徐县二级汽车站暨城市公交试运营剪彩仪式在新落成的县汽车站举行，标志着清徐县实现城乡公交一体化。清徐县在全省率先实现村村通客车，城乡公路密度达到每百平方千米196千米，实现村村通油路全覆盖，实现县内出租车专业化运营。新建成的县二级客运汽车站占地5.51公顷，建筑总面积3900多平方米。截至2010年底，清徐县公交车现56辆，每辆公交车可运载近50名乘客。新开通的5条公交线路，设有54个公交站点。

【“徐沟背铁棍”入选上海世博会巡演节目】 4月，经过省有关部门推荐和上海世博会相关评选专家的严格评审，“徐沟背铁棍”被选为上海世博会巡演节目之一。该节目以神话故事、民间传说、戏曲情节为选材内容，以雕塑造型、立体组合、凌空起舞为表演形式，以巧妙构思、精工制彩、道具连贯为设计轴心，被誉为“无言的戏剧”“空中的舞蹈”“流动的杂技”“活动的雕塑”，并入选第二批国家级非物质文化遗产保护名录。此次入选上海世博会巡演节目，让徐沟背铁棍艺术在世博会这样的大舞台上一展其艺术魅力，加深其世界知名度。

【清徐彩门楼成为国家级非遗项目】 6月，清徐彩门楼正式入选第三批国家级非物质文化遗产名录，成为清徐继清徐老陈醋传统酿造工艺、徐沟背铁棍、砖雕之后的第四个国家级“非遗”项目。

【嫦娥文化艺术公司成为国家文化产业示范基地】 12月9日，第四批国家文化产业示范基地在天津授牌，清徐县嫦娥文化艺术有限公司榜上有名，成为全省仅有的5个国家文化产业示范基地之一。

嫦娥文化艺术公司是由著名晋剧表演艺术家、梅花奖得主胡嫦娥于2004年创办的一家民营剧团，是全省29个文化体制改革试点之一。公司成立6年来，始终坚持“弘扬民族先进文化，培养优秀艺术人才，精心打造戏剧精品，竭诚服务广大人民”的理念，将服务基层群众和占领市场有机结合起来，足迹遍及晋、陕、蒙、冀等省区，累计演出6000余场，观众人数1000余万人（次），在激烈的市场竞争中，走出了一条完全依靠演出经营实现自负盈亏的创业之路和民营剧团繁荣发展之路。6年来，嫦娥文化艺术公司培养了200余名优秀晋剧演员，而且向兄弟院团输送了大量人才；推出《龙兴晋阳》《杨门女将》《宫变》等一批精品剧目，荣获国家级奖项19项、省级奖项27项。截至2010年底，嫦娥文化艺术公司已发展成为拥有“两院一基地”（梅花晋剧院、杏花晋剧院、戏曲人才培训基地）240名演职人员、年演出1500余场次的文化产业基地和全省民营剧团的“领军者”，成为山西省文化体制改革的一个成功范例。（杨晓霆）

·阳曲县·

中共县委书记 冯晋生
县人大常委会主任 侯拴龙
县　　长 薛东晓
县政协主席 白海林

【概述】 阳曲县位于北纬37°56′~38°25′，东经112°12′~113°09′，辖4镇6乡，总人口145729人。全年全县财政收入62438万元，财政支出61311万元。社会总产出642060万元，社会总消费85090万元。

【城乡建设】 2010年县委、县政府印发《市容环卫手册》，创办《市容动态》，促进提高居民的环卫意识，树立共建共管意识。添置充实环卫机具1065台件，为125个村委配置了垃圾清运车。全县10个乡镇设立环卫所,125个村委成立环卫队。县城达到省级卫生县城,并接受省级园林县城的检查验收,成为太原市唯一申报省级园林县城的县区。北白村、城晋驿村、六固村、东郭湫村4村通过省级生态文明村验收。西凌井、北小店、凌井店3个乡,通过省级环境优美乡镇验收。全年县城二级以上空气质量天数达357天。

【畜牧业】 2010年,全县出栏生猪7万头,肉牛600头,羊3.9万只,奶牛460头,家禽39万只,肉产量6700吨,蛋产量6900吨,奶产量14850吨,人均牧业收入达670元。畜牧业成了农民增收,新农村建设的主导产业之一。伴随畜牧业的发展,全县注册规模经营养殖公司、园区124个。其中:200头以上的奶牛场(园区、合作社)有8个,500只以上的养羊场有6个,1000头以上的猪场有8个,10000只以上的鸡场有10个。

【设施蔬菜发展】 2010年县委、县政府开展"双千"建设工程,即改扩建千亩设施蔬菜和发展千亩旱地蔬菜示范基地。全年全县蔬菜播种面积4335.5公顷,蔬菜产量达0.55亿千克。缓解了市民吃菜难买菜贵的问题。有效发展4大设施蔬菜基地(吉家岗村、河上嘴村、柏井村、思西村),拓展3个区10个示范基地。成立6个蔬菜专业合作社。外销蔬菜4000万千克,旱地豆角、甘蓝等蔬菜打入江苏、华东等10多个域外市场。设施蔬菜已渐成农业产业的新支柱。太原市政府在阳曲县召开现场会推进全市的发展。农业部对所产蔬菜进行抽检,达到无公害标准。

【旅游产业】 截至2010年底,查明全县有不可移动文物579处,其中:古遗址70处、古墓葬16处、古建筑331处、石窟寺及石刻34处、近现代重要史迹及代表性建筑16处、革命遗址23处。2010年县委、县政府向国家文物局申报8处重要文物,并通过验收。为《三晋石刻大全·太原卷》拓片157份。青草坡、龙池山庄、悬泉寺、青龙古镇成为旅游招商项目,19个旅游项目被太原市外宣办《太原指南》刊登。阳曲新阳楼、龙池山庄被太原电视台《发现》栏目评为龙城创意先锋。青龙古镇、龙池山庄、青草坡被太原市委对外宣传小组授予《太原市对外宣传基地》。太原市文化广播新闻出版局授予《太原市文化产业示范基地》。太原市农委、太原市经信局通过严格考察将青草坡、龙池山庄列入太原市首批工农业旅游点。阳曲县进入全国66个传统文化旅游大县行列。全年全县接待游客达26万余人次。

【天然气进入县城民居】 2010年,县委、县政府高度重视清洁能源天然气的引进利用,协调各方资金,投资3000万元,建门站47座,铺设管网20千米,安装完成了博雅都园、安镇街2000户设备。使300户居民率先用上了清洁能源天然气。

(王天祥)

·娄烦县·

中共县委书记	薛东晓
县人大常委会主任	段生贵
县　　长	张　磊
县政协主席	康变兰

【概述】 娄烦县位于北纬37°51′~38°13′,东经111°31′~112°02′。全县人口12.4万人,其中城镇人口2.83万余人,全县人口自然增长率控制在4.6‰。

2010年全县财政总收入完成63862万元,同比增长24.8%;一般预算收入完成33351万元,增长34.96%。全县地区生产总值完成10.5亿元,增长17.4%;规模以上工业增加值完成4.22亿元,增长120%;全社会固定资产投资总额完成3.5亿元,增长88.6%;社会消费品零售总额达2.21亿元,增长15.2%;城镇居民家庭人均可支配收入达10566元,增长10.1%;农民人均纯收入达3089元,增长10.5%。

【主导产业】 通过整合重组,企业安全生产技术大幅提升,原煤产能提升到690万吨,精矿粉生产能力提高到500万吨。与山西国际能源集团签署"1+5"全面战略合作协议,合同投资50亿元。随着太兴铁路、太原煤气化龙泉能源发展有限公司年产500万吨原煤的大型煤矿的建设以及太佳高速公路的建成通车,成功引进风电、煤矸石发电、燃气等一批项目。围绕优质小杂粮、中药材、有机瓜菜种植和种草舍饲养殖4大特色产业,不断提高农业产业化程度。农作物播种面积达13540.1公顷,粮食种植面积达9738.2公顷,总产1.05万吨。完成小杂粮种植6667公顷、瓜菜800.4公顷、中药材400.2公顷、内蒙"克新1号"脱毒马铃薯73.37公顷、引进玉米新品种示范种植33.35公顷、红花9.34公顷、钙果14000株、钢三白桃树6000株,发展订单苦荞种植200.1公顷。以绿色瓜菜、绿色优质干鲜果核、绿色优质小杂粮为特色的县域农业得到巩固,初步形成以花果山、云顶山、康庄、大地林牧为主的4大农业龙头公司,建设2个农业循环经济示范区,有效增加农民收入。建设生态山庄和生态农庄旅游景点,重点发展"农家乐"旅游。启动实施高君宇故居修复与完善工程。高君宇故居2010年被中宣部命名为第四批全国爱国主义教育示范基地。

【基础设施建设】 编制《县域城镇体系规划》《县城总体规划》和《"十二五"建设规划》。投资1753万元,完成娄烦新村15条小巷硬化工程、县城排洪渠整治工程、县城北大街东段改造维护工程和自来水管网改造工程。投资2816万元,开工建设库区移民搬迁二期工程。投资1209万元,实施县文体活动中心内装饰完善工程。投资1560万元，完成涧河大桥改建工程。投资2170万元，完成龙龙线、塔米线新改建工程和太克线至富足村、京家岔至方山界4条公路新建工程，建设总里程31.4千米。改建加固了岚马线下静游桥、宁白线汾河水库桥和岚马线龙泉桥。

【生态建设】 推进造林绿化，投资6799万元，完成12项生态建设工程。完成国家级退耕还林工程560.28公顷、三北防护林工程1534.1公顷、天保工程封山育林933.8公顷；省级汾河流域绿化工程1534.1公顷、汾河干流护坝林工程21.34公顷、碳汇造林94.31公顷、煤炭系统造林66.67公顷；县级北山重点绿化工程1000.17公顷、岚县出口至龙尾头出口工程160.41公顷、古岚线二期绿化工程21千米，太克线、娄梭线、静上线公路美化绿化工程共96千米、北山采摘园二期工程126.73公顷。全县绿化率提高到45%，森林覆盖率达15.7%，城镇绿化率达37%。集体林权制度改革工作顺利推进，完成33350公顷的确权到户任务。狠抓护林防火工作，新增42名护林员，实现全年无森林火灾。全年环境空气质量二级以上天数达360天。

【民生保障】 年初承诺10件实事全部兑现完成。全年共开发就业岗位2425个，购买1000个公益性岗位，安排下岗失业人员再就业602人。为县城集中供热户补贴30000吨煤折价1500万元，受益人群近40000人。全面启动新型农村养老保险，覆盖30029人。培训农村劳动力500人，劳动力输出转移14951人，实现劳务收入6728万元。1072名五保户实现应保尽保，发放城乡低保金2122万元、医疗救助金90万元，救灾救济困难群众4560户，为全县90岁以上高龄老人发放津贴52150元，为全县60岁以上老人每人发放补助金600元。完成1000户农村危房改造工程。完成25户农村贫困残疾人危房改造。实施饮水安全工程30处，30个自然村14772人全部饮用上安全卫生水，实现农村安全饮水全覆盖。投资416万元，实施5个乡镇15个重点村整村推进项目。投资208万元，实施6个村600人移民搬迁。大力发展慈善事业，筹集善款3100万元，资助37名贫困大学生，建成独石河慈善爱心学校。继续实施“放心粮油工程”和“万村千乡市场工程”，共建设农家店110个，农资店84个，放心粮油经销点13个。

【社会事业】 投资5556万元，实施32项校舍安全工程和一幼、二幼、教师培训大楼、实验二小操场建设等6项教育资源整合工程，21项校安工程投入使用。建成教师培训大楼、完成第一幼儿园改扩建工程、高标准新建第二幼儿园和两个体育场。高考本科上线人数达121人。中考生均提高32.5分。强化校园安全建设，落实人防、物防、技防措施，为全县中小学、幼儿园配备120个校园保安、77个校园保卫、30套电子监控系统、122个报警系统。出资300万元，新农合实现“人口全覆盖、筹资全免费”。开展村卫生室全覆盖后续工作，35个空白村卫生室全部投入使用。米峪镇乡卫生院业务用房改建项目、县医院医疗垃圾储存站和医疗污水处理项目建成使用。实施县医院数字化建设和新农合信息化建设工程。完成3个乡镇文化站建设，建成农家书屋30个，发放图书4.5万册。组织文化下乡10次，广场文化活动60次。138个村实施完成农民健身工程，基本实现全覆盖。成功申报了“打岗”“禳瘟”“莜面栲栳”3项市级非物质文化遗产保护项目。县计生指导站服务大楼主体完工，为全县21107名育龄妇女免费体检。建立健全安全生产各项规章制度，对全县非煤矿山、尾矿库、危险化学品、道路交通等14个行业和领域的安全工作加强监管。全年未发生一起重特大事故。全年刑事案件和治安案件发案率比上年同期分别下降34.9%和33.3%。

（高铁锁）

·古交市·

中共市委书记	郭建发
市人大常委会主任	耿安亮
市长	韩良会
市政协主席	段永生

【概述】 古交市位于北纬37°40′~38°10′，东经111°43′~112°21′，总面积1551平方千米，辖7乡3镇、4个街道。全市总人口247230人，其中城市居民145643人，农村居民101587人，流动人口27474人。人口出生率7.95‰，死亡率2.85‰。

全年完成地区生产总值29.51亿元，增长12%；规模以上工业增加值13.18亿元，增长22.3%；固定资产投资37.27亿元，增长20.1%；财政总收入13.81亿元，增长12.9%；一般预算收入7.18亿元，增长34.9%；社会消费品零售总额26.22亿元，增长16.8%；城镇居民人均可支配收入15671元，增长11%；农民人均纯收入7481元，增长10.6%。

【工业经济】 完成煤矿资源兼并重组，煤矿由84座压减为25座，产能由1365万吨提升为1665万吨；推进10大重点工业项目，陆源鑫煤矸石制砖、华润原相煤矿提升改造、西山煤气化焦化气源、古交电厂二期、一一公司粉煤灰水泥、屯兰矿瓦斯发电等项目全面完工；镁合金深加工、特种陶瓷——赛隆、中海能源集运站、海天天宇洁净型煤等项目完成年度目标任务，累计完成投资31.2亿元。

【农业经济】 全市注册登记的养殖专业合作社和有关公司达237个，新发展梅花鹿、鸵鸟、野鹅、野猪等一批特种养殖示范户。建立蔬菜农药残留检测体系，在古交蔬菜批发市场和龙子村、白岸村设立3个检测点,每天检测样本150个。完成集体林地改革面积38072.36公顷,完成太原市下达总任务的71.4%,完成年计划的143%。启动建设金牛森林公园,公园规划总面积5736.2公顷,总投资4.2亿元,其中绿化投资3亿元。

【城乡建设】 修编完成《城市总体规划》《土地利用总体规划》。大川西路一期拓宽改造工程完工;完成中心污水处理厂扩建,日污水处理能力提升到4万吨;完成城区集中供热二期延伸及变电站建设,集中供热面积扩大到320万平方米;建成西山煤气化60万吨焦化气源项目,解决了居民用气不足的问题。继续推进新农村建设,打造康家社等6个示范村,巩固永树曲等18个重点村。完成34个村级活动场所建设工程。建成农村客运候车厅和招呼站294个。实施城乡清洁工程,开展村庄社区、山体河道、通道、交通秩序、占道经营、广告牌匾等专项整治。

【教育 文化 卫生】 完成53所中小学13万平方米校舍安全改造加固任务;在全市中小学及幼儿园建立校园警务室,配备126名专职保安。出台《关于实行义务教育阶段"联盟校"试点的实施意见》,从2010年秋季开学起,从全市义务教育阶段的29所小学和16所初中学校中选定10所小学和4所初中作为"联盟校"试点。

完成晋绥八分区旧址修缮保护。武四新撕纸等民间文化被确定为太原市级非物质文化遗产保护项目。《太原晋阳文化研究丛书》系列《古交史略》出版。在太原举办《影像方志——山西省古交市地理景观与人文遗存的影像调查》主题摄影展。

妇幼院放射检验楼建成投入使用;中心医院住院楼主体工程完工;实施药品统一配送和"零差价"销售;改造183个村居计生服务室。

【环境保护】 淘汰300立方米以下的炼铁炉和2.8米以下的机焦炉,全部取缔粘土砖厂,创建13个示范洗煤企业。拆除市区燃煤锅炉21台,爆破烟囱33根。完成环城北山和太古高速公路古交段绿化,新造林4295.48公顷,森林覆盖率达17.24%。实施道路、公园、单位、庭院绿化,人均公园绿地面积提高到8.31平方米。市区大气质量二级以上天数达358天。

【民生事业】 新农保参保率达92%,新农合筹资标准由50元提高到240元,报销封顶线由3万元提高到6万元,城乡大病救助比例由30%提高到40%。农村低保标准由每人每月90元提高到190元,城镇低保由每人每月198元提高到326元。新增就业岗位11000余个,城镇登记失业率3.1%。新建敬老院特护室,办理城市孤寡老人集中供养。古交市慈善会共资助残病人4名、孤老1名、困难户1户、贫困学生82名,资助金额达34万余元。1月起为103名90周岁以上的老人每人每月发放50元高龄津贴。

【社会管理】 建成市(指挥中心)、乡(应急中心)、村(监测中心)地质灾害群防群治三级网络。6月13日起集中组织开展的"2010严打整治行动",破获有社会影响的命案两起及系列侵财案件122起,其中2002年"6·4"特大杀人案告破,抓获在逃8年的犯罪嫌疑人。

(赵志英)

大同市

中共市委书记 丰立祥
副书记 耿彦波 高 玮 柴树彬
市人大常委会主任 梁凤书
副主任 董变英(女) 马维平 孙日兵 刘 美 董 斌 邵 奎 张志伟
市长 耿彦波
副市长 李世杰(女) 冀明德 李武章 郝月生 马 斌 郜向华
市政协主席 马福山
副主席 田云生 刘俊雍 白世镇 陈昌辉 韩美山 武保洲 程延龙 许进娥(女) 郭俊岗

【概述】 2010年大同市实现地区生产总值(GDP)694.3亿元,按可比价格计算,比上年增长14.1%。三次产业结构比为5.1:48.8:46.1。居民消费价格总水平上涨2.9%。全市商品零售价格总水平上涨2.2%,工业品出厂价格总水平上涨4.4%。全年全市城镇新增就业岗位51932个,下岗失业人员再就业27736人,就业困难对象再就业7746人,创业带动就业人数13927人,转移农村劳动力24104人。城镇登记失业率为3.5%,低于4.2%的控制目标。

【农业经济】 全年全市农作物总播种面积319.13千公顷,较上年增加2.57千公顷。其中粮食作物275.60千公顷,增加7.83千公顷。全市油料作物17.68千公顷,蔬菜15.26千公顷,饲草作物种植面积2.42千公顷。全年全市粮食总产量为83.57万吨,增长65.01%。油料1.07万吨,甜菜0.84万吨;蔬菜57.53万吨,水果9.33万吨。全市共完成造林面积21608公顷,其中人工造林完成13875公顷,飞播造林完成2668公顷,年末实有封山(沙)育林面积5065公顷。

畜禽产品全年全市生猪出栏99.12万头,牛出栏6.76万头,羊出栏106.62万只,家禽出栏268.83万只。全市肉类总产量11.5万吨。年末大牲畜存栏31.83万头,猪存栏67.89万头,羊存栏140.64万只。农业机械总动力160.55万千瓦,增长5.35%。农村用电量29587万千瓦小时,化肥施用量29.05万吨。全市有效灌溉面积124.55千公顷，新增节水灌溉面积6.35千公顷，增长26.75%。

【工业 建筑业】 全年全市完成全部工业增加值298.8亿元，比上年增长20.0%。其中，规模以上工业企业完成工业增加值285.1亿元，增长25.7%，实现销售产值637.5亿元，增长29.7%，工业产品销售率为为87.1%，下降5.7%。2010年主要工业产品：原煤9403万吨，增长31.95%；发电量348.3亿千瓦小时，增长32%；机车、合成橡胶、烧碱、水泥、生铁、粗钢、煤气、白酒等都有较大增长。全年规模以上工业企业实现产品销售收入803.9亿元，增长51.59%。实现利税93.2亿元，增长49.51%。全年全市建筑业实现增加值40.02亿元，增长7.3%。全市具有建筑业资质等级的总承包和专业承包建筑业企业完成建筑业总产值96.6亿元，增长4.57%。房屋建筑施工面积539万平方米；竣工面积221万平方米。

【固定资产投资】 全年全社会固定资产投资完成576.7亿元，增长21.4%。其中，国有经济单位投资完成392亿元，增长33.1%；非国有经济单位投资完成184.7亿元，增长2.3%。按产业分，第三产业完成投资达404.1亿元，增长29.4%。全年房地产投资完成90.6亿元，增长8.3%。其中住宅投资69.7亿元。房地产开发投资占固定资产投资的比重为15.7%。全年房地产开发施工面积1108.7万平方米。其中，住宅施工面积960.6万平方米，竣工面积101.5万平方米。

【能源经济】 全年全市一次能源生产折标准煤6734万吨，增长32.0%；二次能源生产折标准煤496万吨，增长24.0%。全年铁路外运煤炭7044万吨，增长31.54%，外运煤炭占原煤产量的比重为74.91%。全年外输电力258.24亿千瓦时，增长90.83%，外输电量占发电量比重为74.59%。

【国内贸易】 全年全市实现社会消费品零售总额303.02亿元，比上年增长18.44%。其中，城镇消费品零售额246.66亿元，增长17.3%；农村消费品零售额56.36亿元，增长23.72%。从消费结构看，服装、鞋帽、针纺织品类增长24.7%；石油及制品类增长54.37%；金银珠宝类增长32.07%；书报杂志类增长1.04%；汽车类增长22.81%。

【对外经贸】 全年全市海关进出口总额完成56767万美元，比上年增长191.1%。其中，出口完成12493万美元，增长9.6%；进口完成44274万美元，增长446.6%。全年新批外商投资企业3家，追加注册资金1家。全年合同利用外资1.5亿美元，增长145.0%。实际到位外资1.57亿美元，增长71%。

【交通 邮电 旅游】 全市全年通车里程达11969.4千米。其中，高速公路达230.3千米。全市通油路的乡镇98个，通公路的行政村1948个；通油路的行政村1939个。全市公路密度84.88千米/百平方千米。全年旅客运输总量2794.72万人次；货物运输总量6631.20万吨。年末全市民用汽车保有量达24.84万辆，比上年增长17.50%。其中私人汽车19.74万辆，增长20.22%。全年全市完成邮电业务总量62.29亿元，增长12.74%。其中，电信业务总量59.74亿元，增长14.47%；邮电业务总量2.55亿元，增长0.30亿元，增长11.75%。全市固定及移动电话用户总数达288.17万户。计算机互联网用户达27.93万户。全市有邮政局(所)116个，全年订销报纸3469万份；杂志183万份。拥有邮政储蓄78家，年末邮政储蓄余额达81.8亿元。全年旅游业总收入118.2亿元，增长21.55%。其中，国内旅游业务收入113.24亿元，增长21.05%，国际旅游创汇7310.18万美元，增长18.07%。全年共接待国内外游客1390万人次，增长15.0%。其中，接待海外游客20.2万人次，增长15.01%。

【财政 金融 保险】 全年财政总收入完成138.42亿元，比上年增长14.49%。一般预算收入完成55.18亿元，增长15.88%。其中增值税、个人所得税分别增长10.83%、23.69%；企业所得税、营业税分别增长12.07%和39.41%。一般预算支出执行132.75亿元，增长19.32%。全市金融机构各项存款余额达1658.5亿元，比年初增加176.5亿元，增长11.9%。其中城乡居民储蓄存款余额945.4亿元，增长12.2%。全市共有保险机构23家，保费累计收入32.37亿元，增长24.55%。全年累计支付各类保险赔款及给付10.39亿元，增长1.96%。

【科技 教育】 全市共组织实施国家、省各类科技计划43项。其中国家重点新产品2项，省成果推广计划项目10项，省科技攻关计划项目12项，省星火计划项目7项，省国际科技合作项目2项。全市共获省科技奖12项，完成专利申请244件。

全市普通高校招生9822人，在校生34186人。普通、成人中等专业学校19所，在校生16020人。职业高中24所，在校人数2.34万人。普通中学259所，招生7.31万人，在校生人数达22.79万人，普通小学1050所，在校生27.75万人。学前教育114所，在园生2.31万人。

全市共有市、县产品质量监督检验所5个，有法定计量技术机构14个，有气象台站8个。开展人工影响天气业务单位8个，防雹、增雨累计受益面积1.4万平方千米，增雨量5300万立方米。全市有天气预报网站2个，卫星云图接收站9个。

【文化 体育 卫生】 大同市举办第八届中国民间艺术节暨第九届中国(大同)云冈文化艺术节。歌舞剧院完成大型歌舞组画《想亲亲》。

市要孩剧团移植剧目《墙头记》《还魂传》《程婴救孤》的创作和排演。全市有艺术表演团体14个，文化馆12个，公共图书馆13个，广播电台1座，电视台8座，电视发射、转播台23座，有线电视网16个，广播人口覆盖率达93.22%，电视人口覆盖率达96.95%，有线电视用户36万户，数字电视用户26.4万户。

在第十六届广州亚运会上，全市共有7名选手参加，蹦床运动员董栋、空手道运动员冯兰兰各获金牌。蛙泳运动员赵瑾夺得女子50米亚军，男子蛙泳运动员薛瑞鹏斩获200米银牌并打破全国纪录，空手道运动员董明明获得第五名，小轮车运动员赵志阳获第六名。广州亚运会上取得2金2银好成绩，实现了大同市参加亚运会零的突破。年末人均公共体育场占地面积达1.01平方米。

全市共有卫生机构（含诊所、村卫生室）2905个，床位14828张。其中，医院112个，卫生院145个。年末全市卫生机构共有卫生技术人员19143人。其中，执业医师和助理医师8399人，注册护士6682人。

【环境保护】 全年空气质量二级以上天数达346天。全市创建11个省级生态村，1个省级生态乡镇，2个省级生态示范矿井和1个省级规范化畜禽养殖污染防治示范工程。全市天然气用户24.2万户，城市气化率达95%以上。全市累计供热面积达3734万平方米，其中，热电联产集中供热面积3640万平方米。城市集中供热率为87%。污水处理率为78.2%，中水回用率41.3%，城市供水普及率达98%以上，水质合格率100%。

【社会生活】 全市城镇居民人均可支配收入16103元，比上年增长10.4%。城镇居民人均消费性支出10133元，比上年增长8.01%。全年农民人均纯收入4063元，比上年增长13.2%；农民人均生活消费支出2472元，比上年增长21.92%。

年末全市城镇拥有各种社区服务设施171处，社区服务中心6个，福利院床位数8574张、福利院收养人数6133人，国家抚恤、补助各类优抚对象6073人，全年支出福利彩票公益金1055万元，接受社会捐赠629.1万元。全市共有19.89万人得到政府最低生活保障救济，发放低保资金3.39亿元。参加企业养老保险社会统筹的在职职工32.4万人，全市共征缴养老保险费15亿元。农村养老保险参保人数33.1万人，养老保险基金征缴收入7431万元。机关事业养老保险参保人数6.72万人，基金征缴收入24105万元。全市共为离退休人员发放养老金18.9亿元。城镇医疗保险参保人数122.6万人，城镇基本医疗保险基金征缴收入7.3亿元，拨付医疗保险待遇6.5亿元。失业保险参保人数43.47万人，失业保险基金征缴2.32亿元。全市合作医疗参合农民达151.61万人，参合率为91.6%，共筹集新型农村合作医疗基金2.3亿元，拨付补偿支出1.8亿元。

【创建园林城市】 2010年，全市建成区绿化覆盖面积为3411万平方米，新增绿化面积345万平方米。绿化覆盖率、绿地率、人均公共绿地面积分别达37.46%、32.64%和7.72平方米/人。城市道路绿化及林带建设共种植油松、国槐、新疆杨等乔木26.5万株，花灌木10万株。全市森林覆盖率达20.11%。城市道路建设总投资约60亿元，新建改造城市道路71条、大型桥梁2座，总长146.1千米，当年完工42条79.7千米，续建的平城桥、南环桥、兴云桥3座跨御河大桥竣工通车。旧城道路改造基本完成，御东道路框架拉开。总长393千米、总投资203亿元的荣乌、大呼、大天、同源、广源5条高速公路全部开工。投资3亿元的大同机场改扩建工程正加紧建设。博物馆、图书馆、大剧院、体育中心等御东新区标志性建筑均已开工建设。古城保护修复工程——东城墙、华严寺、善化寺等10项名城保护工程竣工。南城墙、明堂公园接近完成。古城东南隅92处传统四合院修缮已完成工程量的80%。投资17亿元的云冈大景区全面开放。北岳恒山景区整治建设初具规模。2010年全市开展公园及景点建设，总面积140万平方米。开工建设东城墙带状公园、文瀛湖生态公园、十里河综合公园等5大公园和30多处景点建设。城市绿化及林带建设总面积达140万平方米。

【招商引资】 2010年，共签约项目40个，总投资1676.92亿元，拟引资1670.08亿元。其中重点项目7个，包括国内500强企业——中国医药集团大同百亿元抗生素基地、汽车文化园林广场等多个重大项目，总投资131.6亿元，拟引资161亿元。在第五届中博会上签约项目15个，总投资101亿元，拟引资97亿元。签约项目涉及煤炭、煤化工、电力、医药、冶金、机械制造、建材、服务业等多个领域。至年底签约项目有12个开工建设。

【惠民工程】 2010年，大同市继续本着“拆迁谁、改变谁、造福谁”的原则，着力改善民生的1号工程，投巨资建设保障性住房。开工面积为556.3万平方米，61000套房，共53个项目，均已开工建设，并已陆续交付使用。大同市开展了校舍安全工程。至年底全市工程建设资金已到位17.8亿元，开工项目学校424所，有218所项目学校的403个单项工程竣工并交付使用。一中新校投入使用，三中、五中、十二中、十六中、实验小学、北岳中学以及高级技校、卫生学校建设正在紧张进行。投资17亿元新建市一医院、五医院、中医院、六医院等项目。2010年全市城镇新增就业51932个，下岗失业人员再就业27736人。落实了停产企业职工到龄退休和破产企业职工提前退休政策，批复关闭破产企业191户，在册职工2.5万人。农村“五个全覆盖”工程，全力推进，村通水泥（油）路全覆盖；村级卫生室建设全覆盖；村通广播电视全覆盖；农村安全饮水全覆盖；农村中小学校舍安全改造全覆盖，各项工程已基本完成。

【大同国际文化旅游节】 2010年9月19日，中国大同国际文化艺术旅游节开幕。这一文化盛会主题是“弘扬、传承、发展、繁荣”和“中国古都，天下大同”。包括全国选送的21支民间文艺演出队广场歌舞展演，民间文艺表演大型巡游活动，“五寺一宫”修复重光庆典；中国雕塑之都、华严寺研究基地命名挂牌仪式；大型画册《中国大同雕塑全集》首发式；中国古都学会大同年会，环渤海金融合作论坛，中国书画名家创作大同诗、词、赋作品捐赠及展览，晋冀内蒙古三地书画作品联展等学术交流活动。在“中国古都学会2010年年会”上，大同以其在中国历史发展中的重要地位以及在历史文化遗产保护和利用所取得的成果，赢得与会专家学者的认可，成功跻身中国大古都之列。

【云冈石窟环境治理】 投资17亿元，治理区域220万平方米。其中核心景区建设面积67万平方米。辐射景区建设面积160万平方米。工程包括拆迁、339省道改线、云冈峪绿化、十里河治理、石窟防水工程、山顶危岩体加固及景区基础建设20余项。13对“骑象四棱神柱”矗立在礼佛大道两侧。大道西是两面相对扇形浮雕墙，展示了北魏皇家盛大的礼佛场面。500个车位占地32万平方米的停车场，巧妙地掩映在鲜花绿树丛中。整个大景区展示出昔日“山堂水殿，烟寺相望，林渊锦镜，缀目新眺”的壮美景象。（姚　斌）

·城　区·

中共区委书记　　祁学峰
区人大常委会主任　　马　力
区　　长　　薛明耀
区政协主席　　崔建中

【概述】 大同市城区位于北纬40°00′~40°08′，东经113°00′~113°19′。2010年，全区完成地区生产总值99.84亿元，同比增长18.6%；全年完成社会消费品零售总额121.97亿元，增长18.5%；财政总收入21.04亿元，增长4.9%；一般预算收入2.07亿元，增长8.69%；居民人均可支配收入1.6万元，增长10%。

2010年，全区非公经济税收达4.6亿元，占地方本级税收比例的84%，非公经济中税收超过500万元以上的企业达12家。全区财税体制调整后，工业经济成为全区税收增长的重要支撑。随着工业经济的有力补充和非公经济的不断壮大，全区经济综合实力显著提升。

【城市管理】 累计购置大型扫尘车、洒水车、垃圾挤压车等特种车辆300多辆，实现辖区内410万平方米道路机械化清扫，新建主干道机扫率达100%。城市管理实现万平方米单元网格化、精细化、数字化管理。圆满完成“30条道路、12处文物景点和11个安置区”周边共18218户、233.4万平方米的房屋征收任务，安置房屋征收住户12720户，确保大同历史文化名城复兴工程的顺利推进。

【民生事业】 在实行城镇职工医疗保险的基础上，全面启动城镇居民医疗保险，为全区15.7万居民办理基本医疗保险，参保率达72%。失业保险、工伤保险覆盖面进一步扩大。居民生活水平不断提高。全区干部职工住房公积金提高3%。“平安城区”创建稳步推进，公众对社会治安满意率逐年上升。应急机制逐步完善，反应能力更加快速。免费义务教育全面覆盖，全区适龄儿童的入学率、普及率、巩固率一直保持100%，合格率保持在99%以上，在校生辍学率为零。社区卫生服务网络实现全覆盖，社区医疗卫生服务水平明显提高。文化事业日益繁荣。网吧专项治理工作受到全国人大检查组好评，社区艺术团在全国社区才艺大赛中屡获嘉奖。把社区建设作为社会管理的基础工程，创建安全文明小区447个，新建社区体育活动站25个、文化站45个、职工之家60个、图书阅览室40个。（徐雅丽）

·矿　区·

中共区委书记　　门开发
区人大常委会主任　　王宝林
区　　长　　刘勇军
区政协主席　　郭巨金

【概述】 大同市矿区位于北纬39°55′~40°08′，东经112°53′~113°12′，辖26个街道办事处，102个社区，6个代管区。总人口484077人，人口自然增长率控制在5.5‰之内。2010年，区委、区政府及工作部门受到国家、省各类表彰50项，其中国家及各部委表彰12项，省委、省政府及省直部门表彰38项。

2010年，全区实现生产总值130366万元，比上年增长18.9%。其中，第二产业完成16874万元，增长24.1%；第三产业完成113492万元，增长18.2%。实现财政总收入达142816万元。一般预算收入达9571万元，增长7.42%。其中国税税收74746万元，下降5.72%；地税税收67093万元，增长7.14%。年末全区从业人员共12239人，其中在岗职工11134人，其他从业人员1105人。单位从业人员劳动报酬32459.6万元，其中在岗职工工资31242.7万元，其他从业人员劳动报酬1216.9万元。

【工业　建筑业】 全年实现工业总产值7502万元，增长101.3%，增加值10804万元。其中，规模以上工业增加值完成2555万元，增长

80.2%;规模以下增加值完成8249万元,增长18.2%。全年实现建筑业总产值5600.1万元,增长18.5%。其中,区建筑安装工程处完成总产值720万元,区建筑工程公司完成总产值1900万元,大同煤矿集团四老沟矿兴旺建筑安装公司完成总产值2980.1万元。

【国内贸易】 全年社会消费品零售总额达47.09亿元,完成年计划的101.84%,增长18.15%。按行业划分,批发零售额186482万元,净增25819万元,零售业零售额207140万元,净增25501万元;住宿零售额625万元,减少43万元,餐饮营业零售额79237万元,净增19045万元。

【固定资产投资】 全年固定资产累计投资13348万元,增长182.8%。其项目主要为:大同口泉水泥厂水泥粉磨站累计投资2200万元,完成预计投资的88%;区小学校舍安全工程累计投资6146万元,完成计划投资额的96.35%;区中学校舍安全工程累计投资3782万元,完成计划投资额的95%。区房地产开发公司累计投资1220万元,完成计划投资额的101.67%。从产业看,第二产业累计投资2200万元,占总投资额的16.5%;第三产业累计投资11148万元,占总投资额的83.5%。

【科技 教育 卫生】 全年科技3项费用投入273万元,比上年增长3%。辰日实业有限责任公司的"玻璃炉窑节能新工艺新技术的推广应用"项目已被省科技厅确立为2010年省级成果推广项目;园林管理处的《绿化废弃物资源开发与利用》项目被列为2011年山西省科技计划项目。新建恒安二中、和顺二小,解决搬迁居民子弟上学难问题;投资240万元,新建矿区青少年校外活动中心;出资220万元,对优秀教师和办学质量优胜学校进行表彰奖励;累计为60名大学生申请助学贷款32万元。完善社区服务网络,投资600万元,新建和顺、和瑞、和瑞泰昌里3个社区卫生服务中心,启动实施新胜社区卫生服务中心改扩建项目。

【环境治理】 完成新泉路改造项目、南三环西延路建设项目、同煤云城安置区建设项目的拆迁任务,实现和谐拆迁;加强生态景观建设,口泉植物园、绕城高速矿区段重点绿化工程项目进展顺利。

【社会保障】 全年城镇居民可支配收入16102.6元,比上年增长1517.6元。年末城镇新增就业人数7003人,城镇职工基本养老保险净增人数1075人,城镇登记失业率为3.8%,与上年持平。全年共征缴养老金3202万元,发放9111万元,社会化发放率达100%;全区共有27376户65548人享受最低生活保障待遇,共发放低保金10740万元。

【获全国《流动人口计划生育工作条例》知识竞赛三等奖】 4月12~15日,在北京举办的全国《流动人口计划生育工作条例》知识竞赛总决赛中,矿区代表队代表全省与来自全国41个参赛队角逐,获得三等奖。

(武新田)

·南郊区·

中共区委书记	张建平
区人大常委会主任	李明杰
区长	赵志坚
区政协主席	陈凤兰

【概述】 南郊区位于北纬39°53′~40°17′,东经112°53′~113°24′,全区总面积1068平方千米,辖3镇7乡、190个行政村,总人口29.78万人,人口出生率5.59‰,自然增长率3.54‰,生育政策符合率达92.80%,是全省首批达小康县区,是晋北地区最大的商品集散地,也是全省重点产煤县区之一。

2010年,全区地区生产总值完成120.11亿元;财政总收入完成62.81亿元,连续三年位居全省(县、区)之首;一般预算收入完成5.12亿元;农林牧渔业总产值完成84201万元;粮食总产量57563吨;农民人均纯收入完成6774元;全社会固定资产投资额完成125.62亿元。

【工业经济】 2010年,全区新上、续建重点工程项目44项,总投资231.5亿元,其中投资亿元以上的有23项,投资5000万以上的有10项。总投资13.4亿元的国投电厂2×13.5万千瓦项目一号机组调试完毕,二号机组9月中旬具备发电条件,总投资1.2亿元扩建大同市康圆果蔬综合市场项目已完成全部配套工程并试营业;冀东水泥日产4500吨水泥熟料生产线二期项目已完工生产,初步形成年产500万吨水泥的建材龙头企业。全区全年共生产原煤268.04万吨,百万吨死亡率为0.33。2010年,全区民营经济共上缴税收14.82亿元,占到全区本级财政收入的50%以上,民营经济已成为推动全区经济发展的中坚力量。

【"三农"工作】 全年共新建温室大棚1027栋,设施蔬菜种植面积687.01公顷,全区温室大棚栋数达6606栋;围绕"品牌兴农"战略,发展特色种植,截至2010年底,全区特色农业产值达1.5亿元,占到整个农业总产值的17%,现代农业园区建设步伐加快,累计投资达8.39亿元,建成现代农业示范区13个,规划总面积1000.5公顷,新兴葡萄采摘锤钓园被确定为山西省科普示范基地;畜牧业发展势头强劲,重点新建了大同四方高科农牧有限公司、新世纪奶牛养殖有限责任公司等10个规模养殖场(小区),农民人均畜牧业纯收入达1250元,畜牧业已成为农民增收的主要渠道。农业产业化龙头企业不断壮大,全区共发展农业龙头企业15家,年可实现销售收入4亿元,安排就业1.3万人,农民从产业化经营中增加的收入达4.6亿元，户均增收820元，华晟果蔬、夏进乳业被列为“513”工程省级龙头企业。2010年，全区共完成国家工程京津风沙源治理飞播造林86.71公顷，封山育林333.5公顷；共投资8000万元，完成省级六大造林绿化工程新农村建设村庄绿化15个、交通沿线荒山造林667公顷，高标准完成了大同绕城高速公路通道绿化11.6千米；集体林权制度改革全面推进。农业基础设施建设不断加强，新打机井31眼，新增水浇地473.57公顷，改造中低产田606.97公顷，解决饮水不安全人口1.179万人；新转移农村劳动力6450人。

【城乡一体化】 全年累计完成拆迁任务109.13万平方米，清运建筑垃圾163万立方米，共完成了太和路等41条道路，云中商城新址等9宗项目建设，5个安置区，6项绿化工程，2项古城保护的拆迁任务。此外，还拆除违章建筑约1万平方米，迁坟4611座，伐移树253000株，涉及侵占农作物88.88公顷；重点实施完成了五里店、智家堡、十里店、房子村等村的城中村改造拆迁任务3205户、45.8万平方米。加快推进城中村改造工程，已开工的8个村的城中村建设项目，年内建成面积达45.8万平方米；已建成安置小区5个，建筑面积13.98万平方米；安置住户3876户、住房5613套；建成经济适用房1920平方米，解决了低收入家庭和困难家庭320户的住房问题。

【治安综合治理】 2010年，全区共立各类刑事案件1047起，破获各类刑事案件绝对数693起（现案614起、积案34起、隐漏案34起、协外11起），其中重大案件立232起破78起，特大案件立95起破52起。1~11月份共刑拘154人，批捕76案96人，起诉88案118人，取保候审42人，监视居住11人；打掉各类犯罪团伙15个61人，其中盗窃团伙10个36人、抢劫团伙5个25人；共抓获各类网上逃犯167名(命案逃犯23名)，其中本地逃犯54名、本省外市逃犯62名，外省逃犯51名。

2010年，南郊区连续开展了“云安六号”“云安七号”和打击“两抢一盗”多发性犯罪等一系列严打专项斗争和校园整治、重点地区、农村、废品收购站点、网吧和市场等专项整治，取得了明显的战果和成效。

【社会事业】 大力实施中小学校舍安全改造工程，总投资3.2亿元、规划改造学校项目67所、面积24万平方米，已完工54所、面积19.9万平方米，完工率83%。其中，总投资9700万元，开工建设5.9万平方米的8轨制小学、14轨制初中的西韩岭学校，撤并了山区采煤深陷区内14所农村中小学，教育资源得到整合利用，大大提升了全区中小学校义务教育标准化建设水平。农村社会救助体系不断完善，城乡低保实现了应保尽保，五保老人年人均供养标准不断提高，分散供养达到1500元/年，集中供养达2000元/年。全区失业率控制在3.9%以内，社会保障能力不断增强，工伤、失业、养老、医疗四险完成年度目标任务，特别是农村养老保险工作进展顺利，全年共征缴32.98万元，参保人数达3万人。治超工作成绩显著，超载率稳定地控制在0.2%以下，其中55吨以上非法超载车辆为零。 （安　军）

·新荣区·

中共区委书记	董志刚
区人大常委会主任	王　勇
区　长	王东升
区政协主席	李　成

【概述】 新荣区位于北纬39°54′~40°25′，东经112°53′~113°31′。辖1镇6乡，140个村民委员会，173个自然村，3个居民委员会。总人口为105718人。

2010年，全区地区生产总值完成178077万元，比上年增长19.7%；其中一、二、三产业分别占地区生产总值的14.6%、59.5%、25.9%；规模以上工业总产值完成212301万元，增长73.10%；财政总收入实现52398万元，增长13.91%；社会消费品零售总额完成51294万元，增长18.04%；农民人均纯收入实现4570元，增长11.2%。

【农业经济】 2010年，全区财政投入“三农”资金5000多万元，农作物播种面积达23725.19公顷，全年生产粮食1655万千克，比上年下降52%；生产油料73万千克，下降77.47%；生产蔬菜1657万千克，下降9.6%；生产瓜果类483万千克，下降27.58%。全区拥有农业机械化总动力162691千瓦，增长2.68%。完成胡麻、高粱等13个新品种的试验、推广，农作物良种使用率提高。建成9个标准化养殖小区、2个生鲜乳收购站，并建成区兽医实验诊断室。全区口蹄疫免疫猪32376头次，免疫牛23910头次，免疫羊188536只次；蓝耳病免疫猪31845头次；禽流感免疫鸡351732只次。年末全区牛饲养量达27499头，增长9.47%，其中：奶牛2640头，猪饲养量67760头，增长11.9%，羊饲养量192100只，增长13.7%。全区肉类总产量6884吨，下降12.6%；禽蛋产量2834吨，增长9%；奶业产量7182吨，增长14.2%。全区畜牧业收入30657万元，增长10.04%，畜牧业人均所得1113元，增长13.7%。全年完成造林面积29214.6公顷，完成京津风沙源水利项目工程63眼（处），小流域治理400.2公顷。全区全年农林牧渔业总产值完成45251万元，增长15.14%；农民人均纯收入实现4570元，增长11.2%。

【工业经济】 2010年，全区5座整合煤矿的《采矿许可证》办理完毕，唐山沟煤矿已开工建设，甘庄煤矿生产能力核定已获批复,3个技改煤矿开工正在招标。全年签约项目11个,到位资金4.4亿元。桥南工业园区全部建成,实现了专线供电等“五通”。联合多邦绿色建材装饰有限公司纳米多彩微晶石生产线已建成。普瑞奇科贸有限公司铁路车辆配件加工、机械加工生产线一期工程已建成投产。凯翔凯宇科技有限公司光伏太阳能照明系列生产线的LED主体车间已竣工。完成方山永固陵遗址的外部勘查、文物收集和围栏保护工作。全年完成全部工业增加值106000万元,增长49.9%;其中规模以上工业增加值完成9.5032亿元,增长63.60%;乡镇企业工业增加值完成14042万元,增长16%;规模以上工业实现利税45112万元,增长92.6%。主要工业产品产量:原煤278.6万吨,增长76.6%;洗煤48.09万吨,增长87.5%;石墨及碳素制品6.95万吨,增长65.1%。

【新农村建设】 2010年,累计投资26108万元,完成村村通水泥(油)路工程879.7千米,全区140个行政村全部实现村村通水泥(油)路。投资12217万元,新建、维修中小学校舍38所,新建面积70227平方米、改造面积46351平方米。全区所有农村卫生室配置基本的医疗设备,并选聘乡村医生和执业(助理)医师57名,为全区行政村全部配备了乡村医生。投资1609.4万元,完成139个村庄(包括因旱重建的村庄)的安全饮水工程,实现全区安全饮水工程全覆盖。村村通广播电视工程在巩固完善9个试点村和34个重点推进村的基础上,又推进11个省定重点推进村、2个市定样板村和3个环境整治村建设。

【基础设施建设】 2010年,全区基础设施建设5项重点工程全部竣工。得胜大道按照城市一级主干道的标准设计,道路中央设置绿化隔离带,安装路灯,铺设人行道。污水处理厂建成并试运行,共减排COD128吨,处理污水46.2万吨。处理后的水质达到城镇污水处理污染物排放标准中的一级A类标准。古长城森林公园投资4300万元,完成造林667公顷,预整地1133.9公顷,栽植大规格苗木55万株。新荣宾馆的投入运营,提升接待能力和服务业水平。对迎宾路两侧、立交桥周围等进行绿化,对淤泥河道进行了整治美化,区址新增绿化面积2.03公顷。全区交通基础设施建设完成投资13293.94万元,到2010年底,全区公路通车里程达954.71千米,公路网密度达101.8千米/百平方千米。其中:高级、次高级路面里程达578.2千米,全区87%的行政村通客车。

【招商引资】 2010年,全区共签约项目11个,拟引进区外资金66640万元,到位资金44080万元。签约项目:山西国际能源集团公司投资3亿元新建1万千瓦太阳能发电项目。珠海鸿恺电子科技有限公司投资5000万元玻璃钢落水管项目。山西新能燃料研究所投资5300万元的汽车电喷发动机双燃料转换装置项目。大同市联合多邦绿色建材装饰有限公司投资580万元的纳米多彩微晶石生产线项目。大同市普瑞奇科贸有限公司投资2000万元的铁路车辆配件加工、机械加工生产线项目。山西德华瑞贸易有限公司投资1500万元的西村有机食品加工项目。大同凯翔有限责任公司投资500万元的太阳能发电应用项目。山西新成特碳有限公司投资12000万元的1万吨太阳能热发电石墨蓄热材料项目。大同新大科技有限责任公司投资5000万元的石墨化加工负极材料项目。大同振华砖厂投资3160万元的粉煤灰煤矸石烧结环保空心砖项目。大同唯实机电设备有限公司投资3600万元的矿用设备制造项目。

【旅游产业】 2010年,选拔组建9人的讲解员队伍进行培训,为景区(点)资源宣传打好基础。设计制作红石崖景区宣传画册5000份,得胜堡景区(点)宣传画册3000份,《新荣旅游交通图》1万份。投资160万元,实施方山永固陵遗址围护和核心区围护工程,安装框架护栏网总长16068米。抢救性发掘郭家窑乡东渠村北魏墓葬1处,出土文物多件(枚),为研究当地北魏时期民俗民风、考古等提供了实物资料。以得胜堡村为重点,进村入户征集文物,共清查有价值的文物55件。投资4000多万元,建设古长城森林公园,完成造林933.8公顷,生态环线道路硬化3000米。

(贺雨顺)

·阳高县·

中共县委书记	曹世平
县人大常委会主任	巩　才
县　　长	姚振华
县政协主席	王秀清

【概述】 阳高县位于北纬39°49′~40°31′,东经113°28′~114°06′。

2010年,全县地区生产总值达15.61亿元,比上年增长23.7%,超目标任务18%;全社会固定资产投资17.4亿元,增长58.6%,超任务46.8%;财政总收入完成1.38亿元,增长10.2%,超任务0.83%;一般预算收入完成5964万元,增长17.3%,超任务9.6%;农民人均纯收入达3416元,增长15.2%,超任务5.7%。

【工业经济】 加大对龙泉工业园区基础设施建设的投入,在2009年投入5900万元的基础上,又多方筹措资金1.01亿元,对道路、管网、林网进行大规模的配套。经过近8个月的奋战,新建30米宽的主干道24.5千米、铺设各类管线31.3千米、造林104公顷,基础设施得到极大改善。2010年,总投资16亿元年产3万吨氯丁橡胶项目正式竣工投产;总投资1.2亿元的云华制药项目完成一期工程并正式投产;总投资2300万元的甲苯回收项目基本建成;总投资3311

万元的片碱、编织袋项目当年开工；总投资1000万元的云冈酒业整体搬迁项目基本竣工；总投资3个亿的金光公司整体搬迁项目已经启动；总投资9850万元的驭龙药业新建药用辅料项目、总投资10亿元的华润集团长城风力发电项目相继开工建设。

【招商引资】争取到中国蓝星集团投资的化工新材料产业园区建设项目，项目总投资150亿元，年可实现销售收入120亿元。引进总投资2.7亿元的大唐集团山西分公司生物质发电项目，总投资5亿元的润广集团六棱山风力发电项目。引进总投资1.8亿元的北京顺鑫公司建设年出栏50万头优质商品猪繁育项目，促成阳高绿苑饮品公司与承德露露集团达成总投资3.6亿元的杏产品加工合作协议，这两个项目的签约为阳高县做大做强养猪和杏树两大产业奠定很好的基础。

【设施农业建设】全年建成日光温室和移动大棚8000栋。铺开现代农业观光园、古城镇特色现代农业基础等规模片区17个，发展规模相当于过去总量一倍。设施蔬菜种植总面积达1547.44公顷，其中百亩以上规模片区总量达23个，总面积占到全市一半以上。北京顺鑫公司建设一期工程鹏程小店种猪繁育项目全部完成并投入使用。全年新建养殖小区23个，规模养殖小区累计达63个，棚圈总面积达18.24万平方米，发展万头规模养殖企业5家、千头规模以上奶牛养殖小区8个，建设伊利、蒙牛标准化奶站39家，建设神泉生物等饲料加工企业4家。全县生猪、奶牛、羊饲养量分别达60万头、1.21万头、31.5万头，同比分别增长10.9%、29.5%、6.1%。

【城乡一体化建设】旧城改造，启动大北街、政府街、辕门街、云林寺控制地带拆迁改造工程，总投资达3.3亿元，规划占地24.75万平方米，拆迁建筑14.77万平方米。其中大北街拆改造工程涉及拆迁户288户，拆迁总面积3万多平方米，云林寺周边、辕门街道路拓宽改造工程，涉及拆迁户720户，拆迁总面积9.1万平方米，截至2010年底已完成拆迁任务。新区建设，围绕改道张同路，南延新城区，重新修编县城总体规划和控制性详规，按照总体规划县城发展重点由东移调整为向南移，建成区范围南侧向南延伸2.3千米，县城新区建设规划面积1200万平方米，全力打造绿色生态、人与自然和谐发展的新型县城。

【民生事业】投资1.5亿元异址新建阳高一中，新校区已经基本建成；投资1.2亿元实施校舍安全工程；投资8000万元异址新建县人民医院，截至2010年底，主体工程已经完工；对2个乡镇卫生院和14个村卫生室进行标准化建设，群众就医环境明显改善；投资2.9亿元实施城市集中供热供气工程；投资1.2亿元开工建设10万平方米的廉租房工程；完成2条县城道路和12条街巷硬化工程；投资994万元实施新和堡三期移民工程，共搬迁安置7个乡镇24个边山峪口贫困村130户600口人；全县城市低保补贴人口均增长12.8%，农村低保补贴人均增长37.3%，五保对象集中供养率同比增长19%。

【党建工作】全县共创建各类“党员示范岗”和“敬业岗”300多个；组建电力抢险、地震应急、医务救助等各类党员自愿服务队120多支，党员自愿者人数达850多人，共开展服务活动280多次；全县包括2100多名非党机关干部、非党村委公成员、大学生村干部和入党积极分子在内，共有7500多名农村党员干部采取设岗定责、结对帮扶、志愿服务等形式确定了公开承诺事项，共承诺办实事好事15000余件，300多名乡镇党员干部驻村开展工作，已有4000多名农村党员分别与贫困户结对帮扶，解决就学、就医、就业等实际问题5800多件次。全县共调整干部95人，其中提拔21人，平调47人，免职27人。全年正式立查各类违纪案件65件，其中贪污贿赂类9件，违反财经纪律类3件，失职渎职的15件。共处分违纪党员干部65人，其中乡科级党员干部7人。

（路福忠　高玉岭）

·天镇县·

中共县委书记	徐尚红
县人大常委会主任	刘世清
县长	赵惠民
县政协主席	原振武

【概述】天镇县位于北纬40°09′~40°44′，东经113°53′~114°32′。辖5镇6乡，12个社区居民委员会，221个建制村。有85745户，总人口218613人，其中男性110969人。全县农业人口181796人。全县共有基层党组织428个。

地区生产总值完成11.5亿元，同比增长16.75%；规模以上工业增加值完成1.44亿元，增长100%；固定资产完成投资11.8亿元，增长8%；社会消费品零售总额完成4.78亿元，增长16.1%；财政总收入完成8388万元，增长9.42%；一般预算收入完成3678万元，增长7.54%；农村经济总收入达10.58万元，增长10.3%；城镇居民人均可支配收入完成10293元，增长12%；农民人均纯收入为3059元，增长15.6%。

【农业经济】2010年，天镇县主要发展粮油、蔬菜、杏果、土豆、色素、食用菌、肉食畜和特色养殖为主的8大产业化基地。全县总播种45156公顷，发展优质玉米24679公顷，无公害蔬菜3802公顷，优种土豆6670公顷，杂粮9338公顷。其中，连片种万寿菊253.46公顷、糯玉米240.12公顷、玉米制种113.39公顷。建日光温室、移动大棚、拱棚10861

栋。设施养殖小区累计172个,其中标准化养殖小区144个。

全县猪、牛、羊饲养量分别达25.3万头、3.9万头、19.8万只。肉、蛋、奶产量分别达8120吨、1505吨和4640吨。全县形成农贸、同兴源、神山食用油、绿泽园QS认证公司4个,无公害认证蔬菜品种16个,列入全省“513”工程农产品加工企业9家。新增注册农民专业合作社39家,新入社373人,注册资金2967万元。累计完成生态治理面积5603公顷;现代农业园区经济林建设200公顷;盘山景区春季造林绿化133.4公顷,新平堡旅游通道绿化14千米,农田林网486.9公顷;马走线天镇段绿化植树1.28万株,村庄绿化19个。全县农业基础设施加强,全年新打机井125眼,修复旧井110眼,更新或配套机泵142台,架设高低压线路51千米,新增和改善灌溉农田1800.9公顷,实施节水灌溉农田3801.9公顷,改造盐碱地206.77公顷。

【工业经济】 引进风力发电项目,华能、华润两个公司分别启动武家山4.95万千瓦风力发电一期建设。完成大唐、洁能两个光电项目前期准备工作。引进宏兴实业有限公司年产1万吨精密铸造件项目,总投资3000万元,全年完成250万元,总产钢球、钢锻8000吨、压铸件2000吨。完成晋田电极有限公司石墨电极焙烧生产线改造,生产能力由原5000吨提升到1万吨;完成裕旺商贸公司技改投资80万元;新裕隆金属镁公司生产线技改2900万元,年产镁锭能力达1万吨。县酒厂改制为边城酒业有限责任公司,已生产2个品牌、9个系列白酒1000吨,销售收入1600万元。协助省煤运集团公司兼并天兴煤矿,形成年产45万吨的机械化综合煤矿。

【城乡建设】 投资1393万元,对旧城进行改造,完成7.5千米污水管网建设,道路硬化1.65万平方米,拓宽4大街道路2100平方米;安装东环路、迎宾路火车站延伸段路灯220盏;硬化西园市场2000平方米。拆除12处违章建筑;新置垃圾清运车4部、装载机1部、垃圾箱31个,增设垃圾转运站2处。编制《天镇县城市总体规划》《新平镇总体规划》等10多种规划编制。国家住建部和国家文物局联合公布了第五批中国历史文化名镇,天镇县新平镇是大同市唯一入选名镇。全县完成10个村20千米村通水泥路工程;完成13个村未连通工程14.7千米;硬化13个新农村整体推进村街巷19千米;硬化现代农业园区道路5.5千米;改造危桥4座;养护农村公路1240千米,总投资达1907万元。工业园区道路建设工程排水及路桥基础工程全部完工,汽车客运站二期工程完工。

全县列入省、市村级组织活动场所建设项目村191个,包括新建140个,维修改扩建51个;建筑面积120平方米的147个,90平方米的26个,50平方米的18个。总投资1643.6万元,包括基础设施建设投资1452.6万元,办公用品配套191万元,其中中央、省补助投资825.78万元,市配套投资408.91万元,县配套投资408.91万元。截至2010年底,中央和省、市、县共到位资金1437.08万元,拨付1108.869万元。

【社会事业】 优化教师队伍,招聘高中级教师20名,派出38名教师到师范院校学习培训,对72名小学英语教师进行培训,参加省市教学观摩32人次。投资1.28亿元对69所学校进行维修及重建。全县高考二本以上达线人数457人。大力发展职业技术教育,成立天镇县环球劳动技工学校,共开设4个专业,有在校生1714人。全年卡介苗、乙肝疫苗等7苗接种9642人,接种率达98%。免费治疗结核病等190人。建成新城医院一座,新建和改造2个乡镇卫生院、15个村级卫生室,投资达1355万元。开通县广播电台对农村无线数字电视覆盖工程,配置知识共享的设备一套,投资达775万元。发展农家书屋40家,配套篮球架30副。新建罗家山村扶贫移民住房25套50间,有40个村实施扶贫开发整村推进项目。社会保障保险共争取保障资金3568万元,救灾资金140万元。全县新农保参保人数61354人,参保率80.5%;征缴养老保险费786.69万元,缴费率76.5%;为22609人足额发放基础养老金1564万元,发放率100%。

(高志英　闫　芳)

·广灵县·

中共县委书记　刘振国
县人大常委会主任　魏一德
县　　　　长　郭占宝
县政协主席　李　满

【概述】 2010年全县地区生产总值完成11.9亿元;规模以上工业增加值完成3.02亿元;财政总收入首次突破亿元大关;一般预算收入完成3856.3万元;农村经济总收入完成近10亿元;农民人均纯收入3299元;粮食总产量11.35万吨;全社会固定资产投资累计25.6亿元。

【农村经济】 绿色农业健康发展,“东菇西耳”战略深入推进,以优质杂粮、绿色蔬菜、食用菌、农畜产品为主的4大特色产业不断壮大。广灵县成为国家绿色农业示范区建设单位、中国绿色名县、国家级食品安全示范县、全国食用菌行业优秀基地县、山西省粮食生产先进县、山西省设施蔬菜建设先进县和山西省农产品加工“513”工程先进县。甸顶山林牧公司和县菌办被列入山西省现代农业综合技术实验站,北野、森普、凯龙等5家企业被列入现代农业示范区项目单位。生态畜牧经济成效显著,湿地保护和恢复得到加强。强力推进以生态农建为重点的农业基础设施建设,解决了8.51万人和1.19万头大牲畜的饮水安全问题，完成7个村1030人的扶贫移民搬迁和91个村的整村推进工作。涉及9乡（镇)75个行政村，投资2000万元的片区扶贫开发食用菌产业建设项目正式实施。

【环保工业】 重点发展绿色能源、冶炼制造、建材、化工、特色食品等产业。完成华电风电一期、生物质能发电机组改造和煤炭资源整合,基本完成富成日产4000吨熟料新型干法水泥生产线、绿川镁渣熟料新型干法水泥生产线后段粉磨系统、广通生石灰建材项目；新建产能2000吨的聚氨酯合成项目和6万吨再生铅项目;改造提升化工、金属镁等传统优势产业；先后关闭淘汰生产工艺落后、高耗能、高污染、环保不达标企业。“十一五”期间圆满完成污染物控制指标,饮用水水源地水质达标率100%,成为国家首批绿色能源示范县。

【项目建设】 积极争取上级资金,大力抓好中央投资项目的实施。全力推进重大项目建设,列入市考核的重点工程建设及前期项目连续三年投资完成率位居全市第二。先后引进风力发电、生猪养殖、城市天然气、旅游风景区开发等上亿元的大型项目落地建设,促成凯龙科技、东方物华、荞宝科技、广龙化工、广通建材等投资达数千万元的开发本地优势资源项目,累计引进签约落地项目32个，投资总额达145亿元,为县域经济转型跨越发展增添新的活力。

【城乡建设】 开发改造了影剧院、粮食局、宾馆等老城区,建成了千福山庄、阳光花园等住宅小区,集中供热容量不断增加,木槽涧河综合整治工程扎实推进,城镇硬化、绿化、净化、美化取得较大进展,人居环境进一步改善。污水处理、垃圾处理工程投入使用，城乡环境卫生工作得到加强，荣获山西省十佳卫生县城和省级卫生县城称号。全县公路通车里程达到829.2千米,村通水泥路657.7千米,通车行政村180个。新农村建设完成55个村的村级规划、村内道路硬化、村庄绿化、环境净化和主街道亮化;新改扩建村级组织活动场所154个,新建村卫生室159个。广播电视、电力、通讯等各项基础设施都有明显改善,实现农村教育、卫生、交通、通讯、饮水安全“五个全覆盖”,被省政府表彰为全省中小学校舍安全改造全覆盖先进县、全省村级卫生室全覆盖先进县和全省村通广播电视全覆盖先进县。

【社会事业】 投入近3亿元,在每个乡镇新建成一所高标准寄宿制学校,实现校舍安全工程全覆盖,被省政府表彰为实施校舍安全工程先进单位。全县义务教育阶段中小学实现“上学不缴费”。建成县医院住院楼、门诊楼和中医院综合楼，改扩建了加斗、作疃等5个中心卫生院,成为全国农村中医工作先进县。先后被省政府表彰为全省人口计生目标责任制考核先进县、全省人口和计划生育优质服务先进单位。文物旅游工作再上新台阶,被评为全省第三次全国文物普查工作先进县、全省文物安全先进县和全省旅游政风行风建设工作先进县。全面完成《广灵县志(1991~2010)》续修工作,启动《广灵年鉴》编纂工作。

【文化产业】 大力发展剪纸文化产业,广灵剪纸文化产业园区被国家文化部命名为第三批国家文化产业示范园区,广灵县获得国际剪纸艺术之乡、中国民间文化艺术之乡、山西省文化建设示范县等荣誉称号。广灵剪纸被列入联合国教科文组织《人类非物质文化遗产代表作名录》，并被评为“山西省十大文化品牌”,广灵剪纸艺术博物馆被命名为中国剪纸艺术博物馆。“广灵秧歌”和“广灵大号”分别列入省级、市级非物质文化遗产保护名录。与北京银河梦数字影像科技有限公司成功拍摄以张海迪为原型的彩色故事影片《我的少女时代》,并在广州2010年亚残运会上为志愿者专场放映。

【社会生活】 累计新增就业4035人，下岗失业人员实现再就业1599人,农村剩余劳动力转移就业44835人。广灵县被确定为新型农村养老保险国家级试点县,19157名60岁以上农村老人享受到了养老保险待遇。发放低保、五保、大病救助、救灾、教育救助、优抚等各项资金1.26亿元,城镇和农村低保覆盖率分别达20%和10%。新建2所县级中心敬老院、16所村级康乐院,维修改建望狐乡敬老院，农村五保集中供养率达25%。发放廉租住房补贴1488.7万元,实物配租520套,实施农村新改建住房安居工程1600户。 （姜成晋）

·灵丘县·

中共县委书记	张小立
县人大常委会主任	张　枢
县　　　　长	赵亚雄
县政协主席	王寿山

【概述】 灵丘县位于北纬39°03′~39°38′，东经113°53′~114°38′，辖3镇9乡,254个行政村，总面积2732平方千米。总人口241994人,男125287人,人口自然增长率为5.47‰。

2010年全县地区生产总值预计完成26.15亿元,完成目标任务的156.5%,同比增长47.9%;社会消费品零售总额14.84亿元,增长18.1%；规模以上工业增加值预计11.5亿元，完成目标任务的159.2%,增长80.2%;固定资产投资总额11.17亿元,完成目标任务的103.4%,增长24.1%;财政总收入5.12亿元，完成目标任务的100.6%,增长16.07%;一般预算收入2.1亿元，完成目标任务的109.5%,增长19.22%;农村经济总收入12.7亿元,增长19%;农民人均纯收入达3505元,增长16%;城乡居民储蓄存款余额37.8亿元,比年初净增8.7亿元。

【“三农”工作】 2010年,灵丘县被评为全省农廉工作先进县。全县全年硬化街巷45.8千米，安装路灯315盏,四旁栽树11万株,建便民桥4座,沼气池500座,中心街公园及农民休闲健身场所20处,村级科技文化室20个,便民超市20个,完成村级组织场所建设158处。全年完成涉及12个乡镇的20个重点推进村的规划编制工作。杂粮种植面积达14940.8公顷,重点推广张杂三号、张杂五号谷子和黑丰一号苦荞等高产优质杂粮品种。筹建1000栋日光温室,已完成725栋的土建工程。在农业示范园区示范推广7大类54个蔬菜新品种。投入资金2400多万元,新、改、扩建畜禽标准化养殖小区24处。宝鑫肉牛场、龙泉牧业奶牛场和武灵奶站相继建成并投产运营;雨润万头种猪场建设项目完成土建工程。全县5头以上的养牛户达50户,50只以上的养羊户达1980户,100头以上的养猪户达50户,500只以上的养鸡户达25户。完成黄牛改良2万头,草地建设8204.1公顷,青贮微贮7万立方米,全县猪、牛、羊、禽良种覆盖率达90%以上。截至2010年底,全县牛、羊、猪、禽饲养量分别达5.1万头、52.3万只、9.8万头、76.1万只,肉、蛋、奶总产分别达9080吨、3810吨、3815吨,全部完成年度目标任务。

全年完成造林任务2267.8公顷,通道绿化11.1千米,干道补植127.7千米。完成核桃、仁用杏基地建设1267.3公顷。集体林权制度改革完成确权面积120060公顷。申报森林公园2处。全县投资1.6亿元,铺开各类农建工程146处,新增节水灌溉面积1334公顷,改田造地2001公顷,新打护村护地坝56千米。解决103个自然村2.87万人、7053头大牲畜的饮水安全问题。县城空气质量Ⅱ级以上天数达320天。

【项目建设】2010年,全县确定16个重点推进项目,其中省重点项目2个,市重点项目9个,县重点项目5个,完成投资11.02亿元,占年度计划投资的113.8%。全县全年争取到5批中央新增投资1.47亿元,可直接拉动地方资金1.7亿元。截至12月底,173个中央扩大内需投资项目累计完成投资2.1亿元,占投资计划的68%;已完工项目154个,其余19个项目正在加紧建设中。组织多家企业参加“渝洽会”“西洽会”“厦洽会”“能博会”“中博会”等招商引资洽谈会,整合论证各类招商项目56个,成功签约项目4个,拟引资32.6亿元。

【城乡建设】2010年,社会福利中心、交警指挥中心和残疾人综合服务中心完工并交付使用;廉租住房一期工程完工;廉租住房二期工程和公安指挥中心完成主体工程。完成兴民路道路建设工程,振华西街道路工程完成工程总量的80%。完成新华街至振华街的排水工程、学府路道路和振华东街延伸道路绿化工程。政务大厅前后院硬化工程和中医院、档案馆、计生服务楼场地硬化工程全部完成。武灵王公园土建工程和唐河公园扩建工程通过竣工验收。迎宾北路棚户区与沙河南路棚户区改造工程的房屋拆迁协议签订工作基本完成,具备开工条件。沙河南路唐河绿洲工程项目有5幢楼完成主体工程,总建筑面积6.2万平方米。投资1355万元对部分路段返砂的通村水泥路进行改造,共计31条,总长54.2千米。通客运班车的行政村增加到241个,通达率达95%。

【社会保障】2010年,灵丘县被确定为国家新型农村社会养老保险试点县。全县有2.4万60岁以上老人,陆续领取每月55元的基础养老金。全县新农保参保人数达11.67万人,参保率达91%。农村低保对象达11713户14235人,覆盖面提高11.4%,年人均补助标准达1084元,全年发放低保金1251万元。城市低保户达2654户5173人,低保标准提高到月人均245元,全年发放低保金1065万元。农村五保供养对象达2275人,供养标准年人均1200元,发放临时价格补贴34.1万元。为404人发放城乡医疗救助金331万元,为5.63万农村灾民发放救灾款189.9万元。企业职工基本养老保险参保单位达65家7357人,为2370名离退休人员发放养老保险金3150万元;事业职工养老保险参保单位达146家2380人,发放养老金246万元。城镇职工基本医疗保险参保单位达217家19370人;城镇居民医疗保险参保人数达1.3万人;工伤保险参保单位达67家6248人,支出基金560万元。失业保险参保单位达151家8870人,发放失业金、医疗补助金59万元。启动机关事业单位生育保险,参保人数达5900人。白崖台、落水河两乡镇敬老院相继落成。完成1000户农村特困户住房改造工程并通过验收。

【教育 卫生】2010年,投资9136万元,实施中小学校舍安全工程。投资800万元为百人以上的完全小学装备32个微机室,23个科学实验室,45套多媒体专用课桌凳。全县高考本科达线470人,本科达线率22.1%。参加新型合作医疗的农民18.6万人,参合率达91.49%。实施基本药物制度方面,各乡镇卫生院全年购入国家基本药物295万元,零差价销售补偿款111.9万元。新建成标准化村级卫生所20个;在建的武灵卫生院,建筑面积3300平方米。招聘4名执业医师,充实到乡镇卫生院。2010年,灵丘县获得“全省2010年人口和计划生育工作目标责任制考核先进县”“全省十佳卫生县城”荣誉称号。

【民生事业】完成99个行政村的农民体育健身工程和42个农家书屋的扫尾工作。举办2010年361°中国乒乓球俱乐部超级联赛和灵丘县“灵源杯”男子篮球赛,促进全民健身活动的蓬勃发展。完成县城数字电视网络改造4500户;实施20~49户自然村“村村通”广播电视工程,为180个自然村3600户村民安装直播卫星接收套站。实施国家文化信息资源共享工程,2010

年为全县村级站点配置投影仪、投影幕、音箱等设备163套。全年送戏下乡210场，放映电影2913场。全年共有6项非物质文化遗产进入市级项目保护名录，有3项进入省级评审范围。完成全县158个村级组织活动场所建设任务，其中新建104个，改扩建54个，实现村级组织活动场所全覆盖。

【安全生产】 2010年，开展严打整治行动，打掉盗抢团伙7个。为94家宾馆、旅店安装信息管理系统；清理规范娱乐场所63家，对7家网吧的电脑安装管理系统。清查涉爆单位42家，改建不合格火工品库房12座。获省级“依法行政示范县”荣誉称号。全年共排查企业532家，发现隐患1146条，整改1096条，整改率为95.6%。取缔非法选厂63家，整顿关闭尾矿库6个。切实加强安全培训，共培训人员1870名。全年共检查车辆12万辆，查处超限超载车辆138辆，卸载超载货物1500多吨，处罚源头企业17家，整治车辆维修点38处，查处案件11起。2010年，灵丘县被省治超工作领导组评为全省“源头治超先进单位”，被全国普法办表彰为“全国法治县(市区)创建活动先进单位”。

(高晓彬　刘甫花)

·浑源县·

中共县委书记	李根田
县人大常委会主任	睢润清
县长	张秉善
县政协主席	陈新华

【概述】 2010年，全县完成地区生产总值27.3亿元，比上年增长23.9%。其中：第一产业完成7.5亿元，增长5.2%；第二产业完成10.8亿元，增长22.5%；第三产业完成9亿元，增长12.1%。三次产业结构从“十五”期末的30:36:34优化为2010年的23:40:37，三次产业经济结构更趋合理。完成各社会固定资产投资10.24亿元，增长42%；财政总收入4.05亿元，增长30.2%；一般预算收入完成1.51亿元，增长39.2%；实现社会消费品零售总额15.73亿元，增长19.9%；城镇居民人均可支配收入达11254元，增长17.7%；农民人均纯收入达3063元，增长21.62%。

【“三农”工作】 2010年，全县财政部门用于“三农”方面的投入达14742万元，增长44.74%。其中县级财政投入2181万元，支持恒山停旨岭搬迁工程、村级组织活动场所建设和新农村基础设施建设。全年发放粮食直补资金255万元、农资综合直补资金1698万元、良种补贴资金430万元、退耕还林粮食现金补助3619万元。全年发放家电下乡补贴资金160万元；发放汽车、摩托车下乡补贴资金250万元。2010年全县农村经济总收入完成22亿元，同比增长9.7%；全年完成农业总产值1.22亿元，增长7.8%。全县粮食总产达12.55万吨，发展标准化养殖园区5个，新建蔬菜大棚1317栋。新增恢复改善水浇地3000公顷，新开发经济林2000公顷，完成生态治理面积4920公顷，农业综合生产能力明显提高。投入新农村建设资金8178万元，完成21个样板村和重点推进村的建设任务。

【工业经济】 重组后的5座煤矿核定产能达600万吨，煤炭工业实现历史性跨越。石材产业在挖潜改造中逐步升级，正朝着高度集中、深度开发、综合利用的方面加速迈进。煤电、风电、光电、煤化工、医药、新型材料等一批调产项目有序铺开，传统产业新型化、新型产业规模化的格局初步显现。2010年全年完成规模以上工业总产值19.7亿元，增长13.6%，规模以上工业增加值达9亿元，增长16.6%。

【城市建设】 2010年，浑源县投资4500万元实施文庙、古州衙、麻家大院、圆觉寺等4大古建群落整体修复工程，古城魅力逐步显现。投资1.4亿元的集中供热一期工程如期竣工，供热面积达110万平方米。投资2900万元的城市集中供气项目管道铺设任务基本完成；投资5480万元的城市集中供水项目前期工作基本就绪；投资3594万元的垃圾处理厂项目已完成总工程量的70%。硬化城内小街小巷5条，新建岳丽园、东方花园两个住宅小区，启动国际绿州和世纪龙鼎高档住宅小区建设工程，对主干街道、公共休闲场所、城乡结合部进行大规模绿化、美化和亮化。

【交通建设】 2010年，浑源县争取并实施总投资133亿元的荣乌、同源、广源、王城4大高速公路建设工程，荣乌高速浑源至山阴段已全线通车，实现浑源到大运的高速连接，打通浑源到太原、朔州、忻州的快速通道。同源、广源两条高速完成总工程量的27.7%、12.5%。

【旅游产业】 2010年，浑源县实施投资1.87亿元的岳门湾景区建设工程，牌楼、前殿、南北配殿、白衣殿、游客服务中心等18项古建筑群修复工程主体基本竣工；投资4000万元的岳门湾至魁星阁索道工程开工建设；投资2241万元的恒山古建筑群文物保护修缮、悬空寺入口美化等7项工程全部竣工。停旨岭村整体搬迁工程接近尾声；唐家村迁建工程前期工作基本完成；五岳联合申遗前期工作基本就绪；北岳恒山成功列入国家自然文化遗产名录和世界自然文化遗产预备名录。2010年，参加五岳年会等8个大型旅游促销盛会，并在中央电视台《都市新体验》等多个栏目制作恒山悬空寺专题宣传片。全年接待中外游客突破100万人次，门票收入3500万元，增幅达25%；综合收入突破2亿元。

【人民生活】 2010年，全县城镇居民人均可支配收入达11254元，农民人均纯收入达3063元，连续五年刷新历史纪录。年内发放低保补助资金1829万元，医疗救助资金17.9万元，廉租住房补贴599.5万元；改造农村危旧房1500户，建成“一池三改”户用沼气300户，新建人畜饮水工程71处，解决2.8万人口、4903头大牲畜的饮水安全问题。人口自然增长率控制在4.5‰以内，城镇登记失业率基本控制在3%以下。

【社会事业】 优化教育布局，投资1.3亿元，实施35所学校校舍维护、加固和改造工程。投资1740万元，完成三中综合教学楼和服务楼建设并投入使用；新建寄宿制小学3所，中小学教育基础设施进一步改善。投资5000万元，完成县医院新建工程并投入使用；投资330万元，建成村级卫生室261个，全面完成村级卫生室覆盖任务。新型农村合作医疗参合率达99%。投资1718.2万元，完成233个村级组织活动场所建设；投资200万元新建5个乡镇文化站、24个农家书屋和170个农村流动书库项目，文化下乡等惠民工程全面推进。2010年9月2日，大同供电分公司、浑源县人民政府共同推进浑源电网改造升级工程框架协议座谈会和签字仪式举行。浑源县电网“十二五”规划建设思路是：规划扩建220千伏浑源变电站2#主变，容量150兆伏安，并建成大同第一座智能化变电站；新建输电线路约110千米，实施三年农网改造等级工程，规划投资规模约2.5亿元。 (范颖莲)

·左云县·

中共县委书记	王伟国
县人大常委会主任	吕　祥
县　　　　长	王凤瑞
县政协主席	闫　荣

【概述】 2010年，全县共完成地区生产总值258330万元，同比增长13.2%。其中，第一产业增加值19735万元，第二产业增加值107097万元，第三产业增加值131498万元，分别增长14.1%、12.3%和13.7%，三次产业比重为7.6:41.5:50.9。年末全县社会从业人员63027人。其中，城镇从业人员16496人，农村从业人员46531人。全县城镇完成新增就业1201人，创业就业完成356人，下岗失业人员就业203人，城镇登记失业率控制在4%以内。

【农业经济】 2010年，全县拥有农业机械总动力9.8万千瓦，化肥使用量(折纯)2176吨，农药使用量25吨，有效灌溉面积1471公顷。全县农作物总播种面积27327公顷，粮食总产量达29042吨，增长45.17%，油料总产量达1962吨，下降10.47%。全县牛饲养量为11879头，羊饲养量为239502只，猪饲养量为65299头，均比上年下降。全县肉类总产量6350吨，比上年增长0.03%，奶类产量5002吨，增长6.47%。禽蛋产量2014吨，增长11.83%。全年完成造林1131公顷，年末实有封山育林面积11999公顷，四旁植树43万株，幼林抚育233公顷，新增育苗140公顷。全县乡镇企业实现总产值24267万元，增加值8200万元，营业收入19922万元，上交税金1828万元。全县农林牧渔业总产值完成38029万元，增长21.83%，增加值完成19721万元，增长24.43%；农村经济总收入317023万元，增长15.23%；农民人均纯收入达5426元，增长15.76%。

【工业经济】 2010年生产原煤190万吨，风力发电20374万千瓦时。全县规模以上工业总产值共完成110447万元，同比增长143.80%，全年营业收入完成105679万元，增长164.68%，实现利税37084万元，增长145.96%，工业增加值完成49941万元，增长102.8%。

【交通 邮电】 2010年，全县公路通车里程达1321千米，公路密度为100.5千米/百平方千米。建设完成省下达村通水泥路58.65千米，实现行政村通水泥路全覆盖目标。协调、配合大同至呼和浩特(大同段)高速公路工程，完成2.16千米一级连接线建设。完成109国道——管家堡厂矿建设6.2千米；高家窑煤矿矿区专用线1.07千米；高级中学环校公路1.5千米；县公路好路率年末达81%以上，综合值达78%以上。二级汽车客运站投入使用，全县228个行政村通达客运班车，符合通车条件的自然村和已建农民规划居住点客运班车通达率达100%。

2010年，邮政业务总量803万元，业务收入438万元。电信业务全年新建机站20个，机站数达85个，向3G发展，实现手机可视调整上网，开始光速城市建设，为全县3000用户提供光纤入户，上网速率最高可达8兆。全年各电信企业业务总收入4155万元，全县电话交换机总容量达2万门以上，固定电话达10500户，移动电话年末用户5.4万户，宽带业务发展到5700户。全县移动电话普及率达每百人36部。

【固定资产投资】 2010年共完成固定资产投资300521万元，同比增长34.93%。其中，第一产业完成12340万元，第二产业完成205150万元，第三产业完成83031万元，分别增长25.96%、15.01%和140.29%。全年房屋施工面积316094平方米，房屋竣工面积173878平方米。全年施工项目31个。其中新开工项目9个，全部建成投产项目22个，新增固定资产202398万元。

【财政 金融 保险】 2010年，全县财政总收入完成80038万元，同比增长13.92%。其中，国税完成税收44437万元，增长0.30%，地税完成税收27085万元，增长54.74%。一般预算收入完成29598万元，增长27.86%。其中，税收收入完成19434万元，增长34.6%；专项收入4353万元，行政事业性收费完成2574万元，罚没收入完成1031万元。全县一般预算支出执行65362万元，增长7.07%。

年末全县金融机构各项存款余额达905431万元，比上年增加97247万元，增长10.7%，其中，企业存款余额259449万元，城乡储蓄存款余额530224万元。各项贷款年末余额118085万元,比年初增加9673万元。存贷比例为13.0%。

2010年，全县纳入统计单位的保费收入合计9593万元，比上年增长2.92%。支付各类赔款4058万元，增长134.30%。保险公司发展到6家，险种有人身险、健康险、意外伤害险、财产险等130多种。

2010年，全县共完成社会消费品零售总额116489万元，比上年增长18.19%。

【科教文体卫】 2010年,科技工作重点扶持八大特色农业项目区建设,科学养殖推动畜牧业发展,新建标准化养殖小区12个,肉羊改良3万只,肉牛4000头，畜牧免疫密度达100%。推荐科技含量高的项目21个，其中国家级1项、省级3项、市级7项、县级10项。

年末全县拥有普通中小学38所，其中高级中学1所,12年一贯制学校1所,初级中学4所,9年制学校7所,小学25所。其他学校有职业高中1所,成人中专1所,幼儿园2所。全县教职工总数2431人，专任教师2026人。全县在校学生26463人,其中,高中3824人,初中8259人,小学14337人,职中43人。全县小学适龄儿童入学率为100%，在校生巩固率为99.56%；初中适龄少年入学率为100%,在校生巩固率为99.58%;中考600分以上达线率为8.9%,高考二本以上达线人数908人，达线率为10%。

"两节"期间共举办彩灯展、街头文艺、旺火、焰火晚会、体育比赛等15项群众文化活动，参与单位100多家,参与人员8000余人,观众达5.5万人次。7~8月期间在东山公园举办6场文艺晚会，楞严寺乐和平安灯会进行非物质文化遗产申报。全民健身运动取得实效,有健身晨练点15处。

2010年，全县完善新农合参合农民98684人,参合率达91.7%。各种疫苗接种率达99%以上。住院分娩率达100%,5岁以下儿童死亡率为6.97‰。年末全县拥有县级医疗机构5家,乡镇卫生院9家,社区卫生服务站1家,村卫生室193家,为每个村卫生室配备基本医疗设备,县、乡、村三级医疗卫生达标率为86%。

【社会生活】 2010年,全县总人口为149049人,比上年增长0.23%。其中,女性人口为73018人，占总人口的48.99%。年末非农业人口41466人,占总人口27.82%；农业人口107583人,占全县人口72.18%。据第六次全国人口普查资料显示:全县人口出生率为11.61‰,自然增长率为6.48‰。

全县职工平均工资达21890元,同比增长1.18%；城镇居民人均可支配收入13009元,增长13.71%;农民人均纯收入达5426元，增长15.76%。年末城镇居民人均住宅建筑面积达28平方米，农村居民人均住宅建筑面积达29.13平方米以上,农村彩电普及率达92%以上,电脑普及率达1.6%。

全县企业养老保险参保人数7943人，完成基金征收2959万元；机关事业养老保险参保人数1286人；城镇职工医疗保险参保人数16000人；生育保险参保人数2690人;失业保险参保人数8520人;工伤保险参保人数3439人；全县新型农村社会养老保险参保农民51613人。全年为2578名离退休人员发放养老金3762万元。全县享受城市低保待遇5752人，农村低保待遇9647人,资金全部兑现。全县共有五保对象1239人,分散供养1189人,供养费150万元。全年发放伤残军人抚恤费62.7万元，下拨各乡救灾款107万元，兑现农村大病医疗救助资金90.89万元。

(邵明仁)

·大同县·

中共县委书记	杨人毅
县人大常委会主任	武　明
县　　　　长	孙永胜
县政协主席	薛守清

【概述】 大同县位于北纬39°43′~40°16′，东经113°20′~113°55′,辖7乡3镇175个行政村,3个街道办事处，总人口180575人，男性94321人,农业人口140347人。

2010年,全县生产总值(GDP)完成148978万元，比上年增长18.8%。人均地区生产总值为8513元,增长34.5%。万元GDP综合能耗下降为2.44吨标准煤，下降7.58%。

【农业经济】 2010年,全县农作物播种面积为41663公顷，增长2.07%。粮食作物产量达91899吨,增长107.95%。油料291吨,增长34.1%。蔬菜44550吨，增长8.47%。瓜类36141吨，下降0.59%。水果产量1216吨，增长61.27%。全县完成造林面积1409公顷。四旁零星植树571000株,年末实有封山(沙)育林面积10667公顷,全年苗木产量1500万株,育苗面积147公顷,木材产量276立方米。全县大牲畜存栏36026头,增长4.11%;出栏24641头,增长11.54%。全县农村经济总收入176656万元,增长15.9%。农林牧渔业总产值96966万元，增长28.19%。农业机械总动力为160532千瓦,增长5.86%。

【工业经济】 全县完成规模以上工业总产值69299万元，增长72%。实现销售产值63235万元，增长69.25%。销售率为91.25%，增长3.74%。实现工业增加值25062万元,增长61.10%。全县规模以上工业增加值完成25062万元。固定资产投资完成124193万元，增长58.64%。社会消费品零售总额80640万元,增长18.04%。

【"三农"工作】 2010年,全年新增黄花种植面积400.2公顷,黄花种植总面积达3668.5公顷。绿豆、土豆、瓜类、大葱等4种作物的种植面积分别达5336公顷、1667.5公顷、1867.6公顷和233.45公顷。投资2.7亿元的金森生态有机猪项目完成投资6000万元；投资8000万元的鼎胜肉牛养殖项目完成投资2000万元，养殖区主体工程完工。投资1.03亿元，新建大棚3000栋，其中日光节能温室1456栋，移动大棚1544栋，全县设施蔬菜总面积达301.8公顷。总投资3.97亿元的生态庄园项目完成投资2.3325亿元，建成14个。全县农业产业化龙头企业累计投资达7600多万元。全县4家农产品“513”工程龙头企业2010年全年销售收入达11980万元。投资1360万元，在杜庄乡落阵营、周家堡、下泉实施高标准农田建设示范工程，建设规模667公顷；投资1360万元，实施中低产田改造项目；投资344万元，在瓜园、许堡两个乡，实施旱坡地提水灌溉工程；投资200万元，实施倍加造节水园区工程，发展节水面积200.1公顷；全年共铺开农建工程685处，新打机井配套59眼，新增和改善水浇地1067.2公顷，新增节水面积1000.5公顷，完成治理水土流失面积1607.47公顷，总投资达3.1亿元。投资1047万元，完成饮水安全工程29处，解决2.3万人（其中在校学生3000人），4346头大畜的饮水安全问题；投资1.232亿元的学校危房改造工程全面开工，完成投资3800万元；投资250万元新建51个农村卫生室；投资408万元实施村村通水泥路工程；数字电视延伸到全县10个乡镇驻地，发展农村有线电视用户1130户。投资2637万元新建和扩建村级组织活动场所85个。编制20个新农村建设重点推进村村级规划，并在20个村建起便民店、健身场、文化室。抽调机关事业单位98家，与这20村进行结对帮扶，帮扶资金达161万元。

【财政　金融　保险】 2010年，全县完成财政总收入28175万元，增长14.43%，其中：国税系统完成16113万元，增长15.3%；地税系统完成8816万元，增长39.23%；财政部门完成3246万元，下降24.77%；一般预算收入完成11303万元，增长13.17%。全县一般预算支出执行65954万元，增长20.66%。

2010年年末，全县金融机构存款余额为298400万元，增长33.49%；各项贷款余额为85315万元，增长68.17%；现金收入为530828万元，增长54.89%；现金支出527816万元，增长51.06%；收支相抵，净回笼货币3012万元。

全县全年城镇人均可支配收入9913元，增长13.19%，农民人均纯收入4361元，增长15.19%，城乡居民储蓄存款余额达175908万元，增长28.49%。为城镇低保对象3308户6665人发放低保金1247.8万元，为农村低保对象11829户12729人发放低保金1074.7万元。供养五保户1806人，支出供养资金232.05万元。参加养老保险人数为7832人，征缴养老保险基金2825万元，各类职工参加医疗保险人数20240人，征缴医疗保险基金1365万元，参加工伤保险人数为4890人，征缴工伤保险基金45万元。新型农村养老保险参保人数为75643人，征缴养老基金700万元，失业保险参保人数为21815人，征缴失业保险基金1702.2万元，为参加新型农村合作医疗的住院农民支付医疗费1545万元。

【工业园区建设】 2010年，大同县5大产业园区快速发展。装备制造园区：入驻园区的企业达6家，总投资18.2亿元。医药工业园区：投资27.9亿元的第一医药园区已有国药集团威奇达药业、普德药业两大企业入驻，完成投资23亿元，主体工程基本完工；第二医药园区完成规划、选址和外围主干公路建设。食品工业园区：投资3亿元的华润20万千升啤酒酿造项目已完成前期工作。电力工业园区：投资70亿元的国电大同湖东2×1000兆瓦、投资28亿元的大同热电公司2×300兆瓦关小上大项目、投资26亿元的大唐云冈热电公司2×300兆瓦热电联产项目和投资20亿元的大唐云冈热电公司20万千瓦风力发电4大电厂项目，已有3个项目报国家发改委审批，1个项目签订框架协议。生态休闲旅游区：大同火山群国家级地质公园项目积极推进；福建隆德集团投资30亿元的中国大同论坛会址项目落户大同县。

【城市建设】 2010年，实施和完善10项城市建设重点工程：投资1.2亿元的新建县一中工程完成投资9900万元，主体全部完工；投资2200万元的县二中、三小安全工程投入使用；投资1.2亿元的黄土坡煤矿棚户区改造安居工程交付使用；投资1.2亿元的永业西街安居工程主体工程已完工；投资8028万元的茂和苑、茂祥苑、昊天佳苑3个住宅小区已交付使用；投资5000万元的天然气工程完成投资3000万元，新竣工小区全部接入通气；投资4400万元完成县城集中供热二期工程，供热面积达89万平方米；投资2500万元的县医院改扩建工程建成并投入使用；投资2260万元完成县城西街延伸路、北环路绿化、路灯等配套工程；投资400万元的青少年活动中心投入使用。全县全年空气质量二级以上天数达307天，空气污染指数为1.92，下降0.03。

【教育　卫生】 2010年，全县有高中2所，初中16所，小学124所。在校学生人数，高中3688人，初中8981人，小学16854人。有专任教师2102人。全年教育投资达2亿元。选派10名中小学校长外出考察学习，选派4名校长分别赴浙江、山东知名学校挂职锻炼；年底对各乡镇联校校长进行集中考核；招聘教师47名。全县高考达二本线人数244人。

全县有医疗卫生机构（含诊所、村卫生室）190个，床位数332张，其中县级医院2个(县医院、中医院)，卫生院16个；卫生技术人员740人，其中执业医师和助理执业医师346人，执业护士102人。疾病防治卫生技术人员50人，妇幼保健技术人员45人，农村乡镇卫生院卫生技术人员264人。

【交通 通讯】 2010年，全县公路通车里程达1533.7千米，其中：国道通车里程为46千米，省道127千米，县级路281.5千米，乡级路723千米，村级路356.2千米。全县10个乡镇175个行政村全部通了水泥（油）路，公路密度为101.37千米/百平方千米。2010年年末，全县拥有固定电话用户10291户，下降18.18%。

【社会事业】 2010年，大同县追加投资6000万元实施生态绿化“10大工程”，全县森林覆盖率达23.6%，林草覆盖度达51.2%。投资2.6亿元的集古典风格与现代装饰为一体的自然家园项目完成投资2.2亿元，50套四合院主体完成；投资3000万元的乌龙峡旅游区项目完成投资1818万元；投资30亿元的福建隆德集团中国大同论坛会址项目正在规划。土林影视基地、李王涧温泉渡假村等项目正进行前期筹划。举办杏花摄影节、杏果采摘节、中国·大同首届火山黄花文化旅游节、乌龙峡生态旅游文化节等活动。

全县全年新增就业人数1105人，下岗失业再就业人数225人，创业带动就业385人，培训下岗失业人数316人，劳动预备培训340人，在岗农民工培训800人，创业培训60人，困难群体就业97人，向京、津、蒙等外地转移剩余劳动力2293人，城镇登记失业率为3.2%。 （吉广仁）

阳泉市

中共市委书记	白　云(女)
副书记	李栋梁　郜爱国
市人大常委会主任	孙水生
副主任	张　清*　荆东生　吴学斌　段存寿　吴丽萍(女)　王振国
市长	李栋梁
副市长	王旭明　王敬瑞　刘兆林　王湜洲
市政协主席	刘高官
副主席	李裕厚　马文建　王振国*　许文珍　赵永红(女)　李天祥　任衍钢

【概述】 阳泉市位于北纬37°40′~38°31′，东经112°54′~114°04′，辖3区2县，面积4570平方千米，常住人口136.85万人，人口密度299人/平方千米。2010年，全市生产总值达429.4亿元；财政总收入100.2亿元，其中一般预算收入37.7亿元；规模以上工业增加值226.8亿元；固定资产投资298.4亿元；社会消费品零售总额160.5亿元；城镇居民人均可支配收入17084元，农民人均纯收入6560元。

【农村经济】 2010年，全市农村经济总收入达314亿元。全市蔬菜产值达2.2亿元；新增核桃种植面积9137.9公顷，总面积达15341公顷，盂县被命名为“中国核桃之乡”；全市畜牧业总收入达7亿元。

【城乡发展】 全市实施“十六项工程”和“六项改革”，高标准完成村通硬化路、村通广播电视、县乡村三级卫生服务、中小学校舍安全改造、农村安全饮水、新型农村养老保险、乡镇文化站建设、万村千乡市场工程“8个全覆盖”。307复线、新城大道、阳五高速市区到盂县段等批城乡基础设施重点工程建成并投入使用，城市集中供热率达90.33%、燃气普及率达91.65%，城镇化水平达63.7%。

【生态环境】 截至2010年底，全市共完成各类造林37552.1公顷，全市森林覆盖率达25.94%，建成区绿化覆盖率达39.75%，各项指标基本达到国家园林城市创建标准。城市污水处理率达82%，生活垃圾无害化处理率达100%，市区二级以上天数达348天，空气污染指数下降到1.88，率先在全省实现县级空气质量达二级的目标。

【改革开放】 截至2010年底，全市共引进外来投资项目459个，到位资金373亿元；全市对外贸易额达7.35亿美元。沃尔玛、德国西格里、华润集团、国开投、中电投等一批国内外知名大企业、大集团落户阳泉。充分发挥科技、人才在经济社会发展中的作用，共实施市级科技计划322项，国家、省科技项目276项，取得各类科技成果194项，专利申请量达1193件。

【社会事业】 社会保障体系进一步健全，社会保险综合覆盖率达90%。城镇居民医疗保险、农村新型合作医疗保险参保率分别达82.5%和91%。城乡低保实现应保尽保。城镇登记失业率保持在4%以下。人口自然增长率保持在5‰以内。基础教育均衡发展，在全省率先实现义务教育标准化建设整体达标，率先基本普及高中阶段教育。

【阳煤集团庆祝建企60周年】 1月7日，阳泉煤业（集团）有限责任公司隆重举行建企60周年庆祝大会，国家有关部委和省委省政府部分领导出席大会。截至2010年1月，阳煤集团辖有地跨晋冀鲁京渝5省市15个地、市、区的148个分(子)公司，年产原煤超过5000万吨，并拥有建筑建材、机械电器磁材、贸易服务地产、中小企业集团等多个经营规模达到20亿元至70亿元的公司群体，职工总数超过13万人，总资产超过800亿元，年主营业务收入超过450亿元、利税超过70亿元。阳煤集团先后荣获“首届中国煤炭工业优秀企业奖”“煤炭工业金石奖”“全国五一劳动奖状”等奖项。

【“家长教育工程”行动研究课题结题】 “十一五”期间，由市妇联牵头在全市实施的“家长教育工程”项目被增补为全国家庭教育“十一五”研究立项课题，成为山西省唯一一个入选的国家级研究课题。截至2010年底，项目顺利结题。阳泉市家庭教育工作在机构建设、阵地建设、宣传方式、服务模式、理论应运等方面形成大量成果，促进了全市家庭教育工作的快速健康发展。

【"数字阳泉"建设】 2010年,在国家测绘局、山西省测绘局和阳泉市政府的大力支持下,阳泉市在全省率先完成覆盖全市4570平方千米1:2000基础测绘项目工程的基础上,启动"数字阳泉"地理空间框架建设工程。此成果作为"数字中国""数字山西"地理空间框架的组成部分,纳入国家级、省级基础地理信息系统,用于政府宏观决策和公共服务,实现项目成果国家、省、市共享。

【刘慈欣获"首届全球华语科幻星云奖"】 2010年8月8日,在世界华人科幻协会组织开展的首届"全球华语科幻星云奖"评选活动中,阳泉市作家协会会员、中国内地科幻作家刘慈欣获得最佳作家奖。此次被提名的科幻、奇幻作品共600余篇,涵盖全球华语科幻奇幻界主要作家、编辑、期刊、小说、影视剧目、美术作品、评论文章、网站、团体等,共设最佳作家奖、最佳编辑奖、最佳翻译奖、最佳社团奖、最佳长篇小说奖、最佳短篇小说奖、最佳剧目奖、最佳期刊奖、最佳美术作品奖等11个奖项,最后产生16名星云奖得主。

【参加全国家政服务大赛】 12月19日,经阳泉市妇联推荐,由平定县家乐下岗职工家政有限公司高华丽、郝巍、张晓华、朱成卫组成的"晋嫂家政服务队"代表山西家政服务行业参加由全国妇联和国务院家服办(发展家庭服务业促进就业部际联席会议办公室)共同举办的"首届全国家政服务职业风采大赛",这是全省唯一一支参赛代表队。高华丽获得单项第二名的成绩,其余3名选手全部获得"全国优秀家政服务员"称号。

【狮脑山公园改扩建工程】 2010年是百团大战胜利70周年,市委、市政府启动狮脑山公园改扩建工程。工程分红色景区建设、红色旅游开发和生态修复3部分,概算总投资1.9亿元,计划分3年实施。2010年实施的一期工程主要为建设百团大战纪念馆新馆和红色景区改扩建两部分,工程于4月30日开工奠基。12月29日,百团大战纪念馆新馆落成。至年底,红色景区改扩建工程基本完工。

(任佟苏　阳　文)

·城　区·

中共区委书记　李春泽
区人大常委会主任　李忠祥
区　　长　曹凯民
区政协主席　杨柱英

【概述】 阳泉市城区位于北纬37°50′~37°52′,东经113°30′~113°33′之间。辖6个街道办事处、44个社区居民委员会,面积16平方千米,常住人口19.31万人。

2010年,城区生产总值完成90.3亿元,比上年增长16%。财政总收入4.2亿元,增长11.29%;一般预算收入完成2.24亿元,增长11.38%。全社会固定资产投资完成60亿元,增长22.5%。社会消费品零售总额实现87.3亿元,增长18.1%。城镇居民人均可支配收入17401元,增长16.4%。

【工程项目】 年初确定的46个固定资产投资项目实际完成投资19.18亿元,为年计划的110.1%。其中10项重点工程项目被列入市"百项工程"项目,总投资47.67亿元,全年完成投资12亿元,为年计划的164.3%。实施借力发展战略,全年共签订各类外来投资项目16个。

【城区建设】 城区完成了256个居民小区楼院补植增绿、提档升级和维修改造任务,种植乔灌木92万余株,新增绿地2.6万平方米,接管市园林局移交15块二级游园绿地5.4万平方米,完成14处屋顶绿化和57处垂直绿化任务,建成23个国家级园林小区和46个省级园林小区,全区绿化覆盖率、绿地率分别达36.13%和32.7%,人均公共绿地面积达16.27平方米。新建、改造、规范便民小市场32个,拆除临建违建8700余平方米。开展"三城同创"文明经商达标创建活动,规范整治了1100余家经营户的店容店貌。完成河边街及下站片区风貌整治规划设计工作。连续十五年获得省级"卫生城区"称号。噪声达标区覆盖率、烟尘控制区覆盖率、工业企业全面达标率均达100%,空气质量稳定达到国家二级标准。

【民生事业】 全年区级财力用于民生的支出达1.66亿元,占整个区级财力的57.83%,用于教育、医疗卫生、社保与就业、文化体育传媒的支出分别比上年增长17.04%、9.8%、3.48%和17.96%。全力实施中小学校舍安全工程,消除危房面积6.2万平方米。全年新增就业人数5083人,创业带动就业236人,下岗失业人员再就业814人,城镇登记失业率控制在3.5%以内。共补缴养老保险费1531万元,城镇职工基本养老保险净增人数587人,城镇基本社会保障覆盖率达92.66%。提高社区专职工作人员报酬,每人每月分别由750元、730元和700元提高到1000元、950元和900元。全年共发放低保金1438.46万元,其中为低保对象发放一次性生活困难补贴122万余元。全年共发放医疗救助金197.6万元。加大残疾人康复救助力度,0~6岁残疾儿童康复救助率达100%。

【全省县级党史正本编撰工作阳泉现场会】 4月29~30日,由山西省委党史办公室、阳泉市委市政府主办,城区区委区政府承办的全省县级党史正本编撰工作阳泉现场会在阳泉市召开。会议推广了阳泉市和阳泉市城区开展党史工作的经验和做法,启动了全省县级党史正本编撰工作。

中央党史研究室第一研究部副巡视员刘宋斌,山西省委副秘书长张瑞鹏出席会议并讲话。山西省委党史办公室主任张铁锁、阳泉市委书记白云在会上致词。阳泉市委常委、市委秘书长樊盛武介绍了阳泉市党史工作的经验,阳泉市城区区委书记李春泽介绍了城区党史工作的经验。全省党史系统的200余名代表参加了会议,就做好党史工作进行了座谈、交流。

【小阳泉南社区被评为首批国家就业示范社区】 2010年,城区上站街道小阳泉南社区被评为首批国家级充分就业示范社区。年内,小阳泉南社区有针对性地开展电脑培训,向大型超市输送20人从事收银工作;举办家政服务员培训班,参加培训的36人全部实现再就业;开展美容美发培训,安排28人上岗;举办残疾人手工编织培训班,邀请手工串珠老师教授残疾人工艺编织技术,帮助25人实现了就业。同时,社区还组织有创业愿望并具备创业条件的人员参加创业培训,为自身的创业就业奠定技术技能基础。此外,社区还自筹资金2万余元购置了锣鼓、彩虹门等,组建“心连心”礼仪服务中心,安置80名下岗失业人员就业;投资5万余元,建起绿矾沟汽车存车场,安置2户“零就业家庭”上岗就业;自筹资金7万余元建起阳泉市首个国家级“爱心书屋”,免费向居民开放,安置2名下岗失业人员;争取驻地单位的资源优势和上级领导的支持,投资近10万元,开办社区阳光服务中心,面向社区居民服务,安置20人上岗;建立全市首家“邮政进社区服务厅”,安置10人上岗就业。

【获“全国白内障无障碍区”称号】 全国残疾人康复工作办公室授予城区“全国白内障无障碍区”称号。2008年以来,城区残联组织开展“白内障无障碍工程”创建工作,使辖区内的白内障患者从中受益,特别是贫困白内障患者得到及时的治疗和康复。截至2010年底,城区共完成白内障手术396例,脱盲率达100%,脱残率达98.3%,达到“全国白内障无障碍区”建设标准。 (王世钧)

·矿 区·

中共区委书记 董仙桃(女)
区人大常委会主任 孙彦增
区 长 张清河
区政协主席 苏满晓

【概述】 阳泉市矿区位于北纬37°51′~37°55′,东经113°29′~113°33′之间。辖6个街道办事处、40个社区居民委员会,面积10平方千米,常住人口24.3万人。

2010年,矿区完成生产总值125.8亿元,增长14.6%;工业总产值完成282.4亿元,增长50.1%;工业增加值完成109.8亿元,增长16.1%;财政总收入4.2亿元,增长25.1%;社会消费品零售总额12.88亿元,增长17%;社会固定资产投资完成85.5亿元,增长27.6%。一般预算收入2.11亿元,增长23%。居民人均可支配收入达到17815元,增长27.6%,增速全省第一。矿区经济社会发展水平位列全省119个县(区)的第16位,经济社会发展指数位列第19位。第三产业增加值完成13.3亿元,增长11.3%。

矿区佰益粮贸物流中心项目一期工程全部完工,晋特商贸项目正式营业。煤矿双向闭墙泄压器、双风机安全排放系统等8个重点调产项目开始生产或试生产;中小学校舍安全工程、社会福利中心等7个重点工程完成全年任务。进出口总额完成1.3亿美元,比上年增长413.6%。全年新增2家民营科技企业,1家高新技术企业完成重新认定。民营经济营业总收入达21.2亿元,增长13.3%。全年机械配件制造业实现产值21.3亿元,增长33.5%。

【生态建设】 2010年,全区绿化投资达5500余万元,新增绿化面积52万平方米,更新绿化面积30余万平方米,绿化覆盖率达41.4%,建成区绿地率达32.9%,人均公共绿地达8.01平方米。26个小区(单位)通过国家级园林小区达标验收。拆除主支干道沿路2万多平方米违章建筑;完成桃北西路大修、27条街巷5.8万平方米的硬化、15万平方米美化任务。全年大气污染平均指数1.88,比上年下降4.8%,空气质量稳定在国家二级标准。

【社会事业】 2010年,矿区新增就业5160人,城镇登记失业率3.8%。全年安置“零就业家庭”18户、“4050”等困难人员243名。全年累计发放各类救助金4500万元,受益群众9.2万人次。投资8896万元,开工新建、改造中小学校舍5.75万平方米;专利申请受理92项;人口自然增长率控制良好,荣获“全国计划生育协会先进集体”称号。完成2个地震应急避难所和5个避险场地建设,新增13个达标社区。圆满完成第四届社区换届工作。

【全国科普教育基地】 5月21日,矿区赛鱼小学学校科学官被确定为全国科技教育活动示范基地、山西省首批科普教育基地。科学官占地面积近750平方米,分10个展区。年可接待校内外学生参观人数6万人次。

【赵泉祥当选第三届山西道德模范】 9月17日,在山西省第三届道德模范评选活动中,矿区环境卫生管理处清掏组组长赵泉祥荣获第三届山西省道德模范“敬业奉献模范”称号。

【《矿山汉子》获首届全国戏剧文化奖小型剧目一等奖】 12月,在首届全国戏剧文化奖评奖活动中,由阳泉市矿区文化馆选送的独幕话剧《矿山汉子》荣获首届中国戏剧文化奖小型剧目一等奖。 (李荷花 王宏英)

·郊 区·

中共区委书记 赵 峰
区人大常委会主任 王梦贺
区 长 杨 勇
区政协主席 要宜为

【概述】 阳泉市郊区北纬37°47′~38°05′,东经113°19′~113°43′之间。辖4乡4镇、184个村民委员和2个居民委员会,面积626平方千米(含阳泉市经济技术开发区),常住人口28.6万人。

2010年,全区生产总值53.83亿元,比上年增长11.8%。其中,第一、第二、第三产业增加值分别为1.72亿元、34.21亿元、17.89亿元,分别增长2.2%、11%和14%。人均地区生产总值

22617元，财政总收入完成8.01亿元,增长20.39%。全社会固定资产投资33.3亿元,增长24.9%。金融机构人民币各项存款余额105.97亿元,增长16.8%，其中城乡居民储蓄存款余额56.46亿元,增长14.2%。人民币各项贷款余额51.29亿元,增长15%。社会消费品零售总额8.73亿元，增长15.7%。

【农业经济】 全年全区新增日光温室和大棚蔬菜67.13公顷，果品216公顷,核桃518.67公顷,建成高标准规模养殖小区16个。全区农作物种植面积7498公顷,下降0.2%。粮食总产量15646吨,减产28.3%。主要经济作物中,蔬菜产量52769吨,下降15.8%;水果产量6063吨,增长9.1%。肉类总产量3579吨,增长18.6%。牛奶产量4167吨,增长20.9%。禽蛋产量7735吨,增长24.2吨。年末农业机械总动力18.99万千瓦，增长0.1%;农机化经营总收入6299万元，增长4%。2010年郊区被列为全市唯一的“山西省现代农业示范区”。

【工业经济】 全年全区新引进百万元以上合作项目42项，实际到位资金33.2亿元,综合考核连续七年名列全市第一。全部工业增加值27.63亿元,比上年增长6.1%,其中规模以上企业完成增加值24.01亿元，增长7.3%。规模以上企业实现销售收入48.57亿元，增长15.5%；实现利润5.36亿元，增长19.2%；亏损企业8个，亏损额达3128.3万元，净减少197.2万元。全年实现地方煤矿百万吨零死亡人数。

【“三城同创”工作】 全年开展了整治马路市场、治理广告牌匾、规范交通秩序的环境治理,全区城乡环境变得规范整洁。以道路绿化为重点,完成拆迁7.7万平方米，完善通道绿化30千米，完成荒山绿化2200公顷，新增景点50万平方米。全区完成造林面积2452公顷，年末森林覆盖率达14.5%。郊区企业天然气改造工程启动,截至2010年底,拆除煤气发生炉104座,改造窑炉75座,签订用气合同80余户，年替代煤量达30787吨。全年环境空气质量二级以上天数达356天,空气质量稳定达到国家二级标准，空气综合污染指数1.69,比上年下降0.30。COD浓度达到地表水四类水质标准。单位GDP综合能耗比上年降低5.5%。

【城乡建设】 2010年,郊区加快了城乡一体化发展步伐。路网建设上,开工建设新城大道、李家庄大桥互通工程、漾泉大道一期等一批重点工程;累计投资11亿元，实现了村村通水泥(油)路,总里程达842千米。供水方面,铺开温河引水、净水、污水处理工程，解决了11万人口的安全饮水问题。全区150多个村用上自来水,城乡供水普及率达97%。用气方面,天然气用户达6700多户，普及率达43%。供暖方面,全区供热面积达54万平方米,普及率达50%。民生方面,投资8000多万元的校舍安全改造工程完工;乡村文化站(室)、三级卫生网络实现全覆盖;8个新建改建的乡镇敬老院全部投入使用。城镇新增就业岗位2648个，转移农村剩余劳力2010人;下岗再就业825人,其中就业困难对象再就业210人。年末就业人员11.04万人，其中城镇就业人员2.25万人。城镇登记失业率3.97%。75%的行政村实现了有线电视数字化,广播、电视人口覆盖率100%。完成邮电业务总量6258万元，增长3.7%。固定及移动电话用户12.01万户;宽带接入1.39万户,增长18.8%。全年接待游客19.4万人次,门票收入447.71万元,分别增长1.2%和3.2%。到年末,全区城镇化率达70%。

【社会事业】 以“四免一补”(全部免除农村义务教育阶段学生学杂费,免费提供农村义务教育学生教科书,免除义务教育阶段寄宿学生住宿费,免除义务教育阶段学生作业本费;补助寄宿学生生活费)为重点的教育惠民政策全面落实，受益学生率达到30%。农村劳动力转移培训700人,农民实用技术培训1.3万人次。科技申报专利112件,有两项获“2010年中国国际专利技术与产品交易会”金奖。8个乡镇卫生院和37个村级卫生所的改造任务全部完成,有卫生机构257个,床位958张,卫生技术人员847人。共有11.73万人参加了新型农村合作医疗,参合率达86.53%。年末,参加养老保险、医疗保险、失业保险、工伤保险、生育保险的人数分别为6220人、41757人、5800人、18756人、3310人。纳入城市和农村最低生活保障的居民分别为8375人和6055人,共发放低保金2159.8万元。人寿保险、健康保险、意外伤害保险、财产保险等业务保费收入10665万元,增长18.6%,支付各类赔款及给付986万元,增长37.1%。城镇居民人均可支配收入和消费支出分别为14216.6元和10092.7元，分别增长4.7%和5.8%。农村居民人均纯收入和生活消费支出分别为6837元和4546.8元,分别增长13.5%和12.3%。城镇居民和农村居民家庭恩格尔系数分别为28.6%和35.6%。城镇单位在岗职工平均工资为36665元,增长5.7%。

【桃林沟村被评为“省级新农村建设示范村”】 2月3日，山西省新农村建设领导组命名350个村为全省社会主义新农村建设示范村。郊区桃林沟村荣登榜首。

桃林沟村地处阳泉市城郊结合部,全村总面积1.86平方千米,耕地66.67公顷,农业人口700人。全村经济总收入由1993年的107万元提高到2010年的1.35亿元。农民人均纯收入从90年代初的不到500元提高到2010年的13000元。全村十星级文明户达98%，连续15年无刑事案件,先后荣获全国精神文明创建工作先进集体、全国尊老敬老先进单位、省综合治理先进集体、省十佳卫生村、省法制宣传教育先进集体、省十佳魅力新农村、全国文明村等称号。村容环境有新面貌,全村绿化覆盖率达80%。

【新城大道建成通车】 9月6日,省级重点工程暨市级百项工程之一的新城大道建成通车。工程南起李家庄村,北至荫营镇白毛梁,途径7个行政村，横跨307复线和白荫铁路专线，高架互通荫营镇的南大街和江正大街，全长8.6千米，路基宽92米，设计时速每小时80千米，路面为双向8车道，配套桥梁3座，涵洞4道，总投资5亿元。 （翟拴富　陈益廉）

·平定县·

中共县委书记　马　骥
县人大常委会主任　李建恩
县　　长　王银旺
县政协主席　李维澜

【概述】 平定县位于北纬37°39′~38°07′，东经113°25′~114°02′之间，辖8镇2乡、318个村民委员会和居民委员会，面积1395平方千米，常住人口33.53万人。

2010年，全县完成生产总值51.38亿元，比上年增长15.83%；全年财政总收入7.54亿元，增长21.28%。当年农民人均纯收入6137元，增长13.5%；城镇居民人均可支配收入14294元，增长12.19%。年内固定资产总投资51.91亿元，增长27.5%；实现社会消费品零售总额18.23亿元，增长18.6%。全县金融机构年末存款余额97.96亿元，比年初增长13.89%；年末贷款余额43.28亿元，比年初增长50.26%。

【工业经济】 全县30个重点工业项目共计完成投资16.16亿元，为年计划的103.2%。完成规模企业总产值51.78亿元、规模以上工业增加值18.07亿元，分别比上年增长34%和26.7%；实现产品销售收入48.94亿元，增长29.2%。突出重点工业项目建设，益鑫盛有限公司200万吨洗煤生产、天虹有限公司6万吨陶粒砂生产、平定永安化工厂2万吨钛铁粉生产等项目先后建成投产；阳泉昌鑫农业科技有限公司40万吨生物有机复合肥生产、山西汇能煤业和平定古州煤业的矿井改造提升等项目正在建设。

【“三农”工作】 全年兑现落实各级各类支农惠农资金6000万元，新发展设施蔬菜33.33公顷、核桃基地1113.33公顷、优质小杂粮666.67公顷。冠庄余康养殖公司、移穰远鹏双万头猪标准化养殖基地、东回—柏井百万只蛋鸡养殖园区等饲养规模不断扩大；全县猪、鸡、兔饲养量分别达到22.3万头、152万只和13.4万只。平定县被省政府授予“全省动物防疫工作先进县”称号。晋东华通农贸市场二期工程竣工运营，雨润集团3000万只肉鸡屠宰加工生产项目开工建设，阳泉万和公司1700吨油脂生产线扩建进展顺利。全县10个示范村和99个推进村生产生活条件得到改善。

【基础设施建设】 全年县城开发建设面积33.23万平方米、小城镇开发建设面积3万平方米。县城集中供热工程，覆盖率达到75%；全年新增煤气用户5971户，阳泉郊区上白泉至平定县张庄天然气输气工程建成投入运行；实施城乡供水管网建设，县城交通广场至庙沟供水主管路改造完工，全年完成40个村2.69万人的农村安全饮水工程。平定路东升段硬化改造工程竣工，广阳路平定段全面开工建设，全年完成农村公路硬化79.5千米，平定县被省政府授予“支持重点公路建设优秀县”称号。农村“万村千乡市场工程”“放心粮油配送工程”建设成效明显，年内建成县级配送中心3个、乡级配送站21个，全县农家店、便民店达到387个。

【生态建设】 全面推进，县城建成区绿化覆盖率达到38%。全年完成国家太行山绿化示范工程800公顷，黄土高原绿化治理200公顷，桃河流域绿化266.67公顷，退耕还林工程及巩固成果1660公顷。加大污染源治理力度，县城污水处理厂正常运行，水源地保护工作稳步推进，县城空气质量二级以上天数达到341天。

【民生保障】 推进中小学校舍安全建设工程，全县列入计划的62所学校、98个项目全部完成。加快城乡医疗卫生基础设施建设，县医院病房综合大楼落成，县、乡、村三级医疗机构达标率96%。新型农村合作医疗工作健康运行，城镇职工基本养老、工伤以及农村特困人口低保、“五保户”集中供养和农村养老保险制度不断巩固完善，平定县被确认为“全国新农保试点县”，参保人数达11万人。全年城镇新增就业2730人，转移农村剩余劳动力3310人。实施城乡特困居民安居工程，发放住房租赁补贴158.9万元，完成农村特困居民危房改造59户。全年县财政用于教育、医疗卫生、社会保障方面的支出比上年分别增长了34.67%、13.2%和19.42%。

【社会事业】 全年申报国家专利26项，先后实施省、市、县三级科技项目56项。教育教学质量不断提升，平定县被省教育厅授予“山西省农村中小学现代远程教育工程先进县”称号。阳泉高等师范专科学校挂牌成立，填补平定县境内无高等院校的空白。加大非物质文化遗产保护开发力度，平定博物馆建成对外开放。平定刻花瓷被省文化厅评为“山西省十大文化品牌”之一，刻花瓷文化园被省政府授予“山西省文化产业示范基地”称号。推进农村村级活动场所建设，全年共计完成99个村级活动场所的新建和改造任务。开展“双拥”工作，平定县被省民政厅授予“全省优抚工作标兵县”称号。发展旅游产业，《娘子关旅游景区发展规划》编制完成，冠山文化旅游园建设稳步实施。

【平定刻花瓷亮相上海世博会】 5月，平定刻花瓷“祥和世博”亮相上海世界博览会。“祥和世博”典雅大方，传统经典，工艺精湛，寓意深刻，世博会会标翔于云际，吉祥物“海宝”连绵环绕，与传统牡丹装饰辉映成趣，彰显富贵吉祥喜庆。此外，平定古窑陶艺有限公司超过30个品种的刻花瓷系列产品在上海世博会中华艺萃馆陈列展销。

【西回村综合信息服务站获全国先进】 7月，平定县东回镇西回村综合信息服务站被工业和信息化部、科学技术部、农业部、商务部和文化部评为“全国农村先进综合信息服务站”；同时，西回村信息员张怀军被评为“全国农村优秀信息员”。

(刘 勇 洪晓琴)

·盂 县·

中共县委书记 吕昌政
县人大常委会主任 张存福
县 长 刘德跃
县政协主席 史和斌

【概述】 盂县位于北纬37°57′~38°30′，东经112°55′~113°49′，总面积2442平方千米。全县辖8镇6乡453个村民委员会、12个社区居民委员会，总人口299497人。

2010年，全县生产总值完成96.4亿元，比上年增长16.2%。财政总收入完成17.1亿元，增长13.3%，其中一般预算收入完成6.4亿元，增长11.5%；规模以上工业增加值完成55.2亿元，增长27%。全社会固定资产投资完成53亿元，增长28.3%。进出口总额达到2710万美元，增长13.8倍。粮食总产量达到10.15万吨。农民人均纯收入达到6723元，增长12.1%；城镇居民人均可支配收入达16054元，增长11.1%。

【“三农”工作】 2010年，县财政支出2.5亿元用于农业农村发展。新增优质核桃种植面积667公顷、日光温室33.35公顷。在阳泉北站周边发展采摘园30.02公顷，在西部地区推广种植万寿菊1000.5公顷，核桃露和小杂粮加工能力稳步提高。新农村推进村累计达到115个，新建高标准农民住房25万平方米，新增沼气、秸秆气化炉和吊炕用户共计5640户，有线电视3995户，新增改善农田灌溉面积280.14公顷，实施移民搬迁3村516人。集体林权制度改革基本完成，116058公顷集体林地确权到户。农村市场服务体系进一步健全，全县农民专业合作社发展到446个，农家店累计达到424个，全年转移培训农村富余劳力2680人，农村经济总收入达79亿元。

【工业经济】 2010年，完成牛村煤电化工、南娄煤焦建材、西小坪新型耐材、苌池镇循环经济和西烟煤电化建材循环经济等产业集聚区的规划，吉天利循环经济园和鑫磊煤电化循环经济园列入全省重点工程。年初确定的“10大项目”完成投资8.3亿元。煤矿企业兼并重组整合正式协议签订率、采矿证换证率、接管到位率均达100%。关闭矿井23座，启动实施5座保留矿井机械化升级改造，东坪煤业120万吨改造提升工程完成。对外开放不断引深，全年引进项目35个，到位资金20.3亿元，成功与华夏空能、中广核签约空能发电和风力发电项目。中岚国际物流园奠基开工。

【基础设施建设】 2010年，“10大基础设施工程”完成投资4.8亿元。龙华口水电站大坝封顶，阳泉北站站前广场和盂县汽车站主体完工，高城山路完成一期路基土方工程，城镇垃圾填埋场基础工程完工，阳(阳泉)五(五台)高速公路牛村出口至县城改扩建工程、太阳高速中兰出口至县城连接线工程和新建文化新闻中心工程完成前期工作，214省道交通局至原水泥厂段改扩建工程启动实施，阳五高速公路阳盂段建成通车。“三城同创”全力推进，拆除阳石线榆林垴村至东坪段、双阳线元吉村段、交通局至原水泥厂段公路两侧建筑物10.3万平方米。“二路、三山、六园”绿化工程全部开工，藏山游园、水泉公园和学府公园基本建成。完成石太高铁通道绿化11千米，交通沿线荒山和环城绿化333.5公顷，县城新增绿地26万平方米。县城集中供热剥离、优化和改造工程顺利完成，供热状况明显好转。加大了环境污染治理和节能减排力度，与山西国际能源集团签署污水处理项目合作协议，SO_2减排1300余吨，COD减排1500吨，县城空气质量二级以上天数达到353天。

【社会事业】 国家新型农村养老保险试点工作全面启动，为全县3.2万60岁以上农民按时发放了每月60元养老金，新农保参保人数达到12.5万人，县乡村三级医疗机构达标率和新农合参合率分别达到92.6%、91.7%。新建农村安全饮水工程86处，解决了2.6万农民安全饮水问题。3个乡镇文化站、208个村级文化室、352个村级组织活动场所新改扩建工程完工；70所中小学校舍安全工程全部开工，14所已投入使用；2所乡镇卫生院、123个村卫生室新改扩建工程完工，县人民医院门诊住院大楼完成内部装修，即将投入使用。120户农村困难群众住房解困工程全部完工，廉租房完成70%以上的工程量。社会保障和劳动就业稳步推进，城镇职工登记失业率控制在3.4%，城镇基本社会保障覆盖率达到98%，城乡低保、五保实现应保尽保。修复“通返不通”入村公路123.4千米。科技创新步伐加快，吉天利和西小坪耐材公司被认定为省级高新技术企业，中信焦化等11家民营企业被认定为省级民营科技企业。行政审批制度改革扎实推进，集中办理各种行政审批和服务事项39万余件。新编《盂县志》初稿完成。全面落实“家电下乡”和“汽车下乡”补贴政策，发放家电、汽车、摩托车等补贴748.6万元。落实优抚安置政策，建成水泉烈士陵园，卫冕“省级双拥模范县”。

【精神文明建设】 认真贯彻执行《廉政准则》，深入推进煤焦领域和工程建设领域专项治理，党风廉政建设全面加强。《赵氏孤儿》电影在全球上映，《高长虹文集》和《三晋石刻大全·阳泉盂县卷》出版，《赵氏孤儿传说》国家级非物质文化遗产名录申报成功，盂县阳光合唱团在“中国首届民歌合唱汇演”获得银奖。

【太阳高速公路在盂县东梁乡奠基】 3月28日，山西省第一条标准的山区重载交通双向六车道高速公路——太阳高速公路在盂县东梁乡奠基开工。山西太阳高速公路是国家高速公路网北京至昆明的重要路段，也是山西省高速公路规划网“三纵十一横十一环”主骨架第五横的重要组成部分。起点位于阳泉市平定县岔口乡神水泉村，终点位于太原市尖草坪区阳曲镇新兴村，全长123.466千米，设计速度100千米/小时，路基宽度33.5米，全线大中小桥53座，隧道12座，互通式立交7处，服务区2处，收费站6处，投资概算143.745亿元。公路建设将历时三年，于2012年建成通车。（郭　玲）

长治市

中共市委书记	杜善学
副书记	张　保　席小军
市人大常委会主任	王进卯
副主任	申纪兰　王忠义　李国峰　师义昌　程计则*　张振芳　李进军　张书庆
市长	张　保
副市长	董　岩　李国隆　曹惠斌　尚宪芳　许　霞
市政协主席	王云亭　师建平
副主席	秦跃晋　赵春英　杜保和　靳道远　马志旺　闫建国　魏　武

【概述】　长治市位于北纬35°49′~37°08′，东经111°58′~112°44′，辖区总面积13955平方千米，占全省总面积的8.89%。建成区面积4530万平方米。2010年末全市总人口为333.46万人，其中男性1710680人，男女性别比(女性为100)为105.34。年末人口自然增长率为3.71‰。城镇人口135.41万人，城镇人口比重达41.04%。

全年生产总值920.2亿元，比上年增长13.7%。其中，第一产业增加值40.2亿元，增长8%；第二产业增加值601.7亿元，增长16.7%；第三产业增加值278.3亿元，增长9.8%。三次产业比例为4.4:65.4:30.2。全年居民消费价格上涨2.4%，其中食品类价格上涨7.9%。工业品出厂价格上涨8%；原材料、燃料、动力购进价格上涨8.3%。财政总收入198亿元，增长11.3%；其中一般预算收入77.9亿元，增长12.0%。一般预算支出135.9亿元，增长20.7%，其中社会保障和就业支出增长3.4%，医疗卫生支出增长24.9%，科技、教育、农业支出分别增长22.3%、17.3%、28.4%。

【农业经济】　2010年，粮食种植面积255.5千公顷，减少0.4%；油料2千公顷，减少16.1%；蔬菜18.2千公顷，增长0.3%。全年粮食产量143万吨，增长22.7%；其中夏粮4.9万吨，下降30.7%；秋粮138.1万吨，增长26.1%；油料0.3万吨，减产14%；蔬菜81.3万吨，增长2.2%。全年肉类总产量6.62万吨，增长10.6%，其中猪牛羊肉5.96万吨，增长11.1%；禽蛋产量7.33万吨，增长0.6%，奶产量1.38万吨，增长0.7%。全年农林牧渔业总产值68.6亿元，增长11.3%。其中，农业总产值45.2亿元，增长17.3%；林业总产值4.1亿元，下降16%；牧业总产值17亿元，增长5.7%；渔业总产值0.28亿元，增长1.4%。

【工业经济】　2010年，规模以上工业增加值572.87亿元，增长19.2%，其中轻工业增加值增长59.1%，重工业增长18.7%；产品销售率96.4%。主要工业产品产量中，原煤比上年增长17.19%，发电量增长1.45%，生铁增长26.7%，焦炭下降3.8%，钢材增长18.7%。全年工业经济效益综合指数为242.28，提高17.43%。规模以上工业企业主营业务收入1349.25亿元，增长35.3%。实现利税208.45亿元，增长44.2%，其中实现利润121.14亿元，增长62.1%。亏损企业亏损额37.25亿元，增长56.5%。

【建筑业】　2010年，全社会建筑业实现增加值25.3亿元，比上年增长19%。全市具有资质等级的总承包和专业承包建筑业企业实现利润1.61亿元，增长198.15%；上缴税金2.14亿元，增长40.79%。

【城市建设】　至2010年末，全市城市建成区面积5930万平方米。建成区绿化覆盖率48.01%，比上年提高0.2%。城市交通运营车辆621辆，出租汽车1800辆。市区有公园4座，总面积127公顷。

【劳动就业】　至2010年末，全社会从业人员158.41万人，比上年增加2.91万人。其中第一产业从业人员64.47万人，减少0.54万人；第二产业从业人员43.53万人，增加1.74万人；第三产业从业人员50.41万人，增加1.71万人。全年新增城镇就业岗位5.2万个，年末城镇登记失业率为1.77%，比上年下降0.39%。

【人民生活】　2010年，农村居民人均纯收入5960元，比上年增长11.7%；城镇居民人均可支配收入17122.7元，增长10.5%。全年全市在岗职工平均工资33418元，增加4645元，增长16.14%。年末全市城镇居民人均住宅建筑面积达33.5平方米，农村居民人均住宅建筑面积达36.5平方米。

【社会保障】　2010年，城镇参加基本养老保险人数为40.25万人，比上年增加6.84万人。其中职工30.87万人，离退休人员9.38万人。参加基本医疗保险职工人数为46.6万人，增加1.64万人。参加失业保险职工人数为25.45万人，全年领取失业保险金9210人。年末全市各类收养性社会福利单位162所，床位11340张，收养各类人员6494人。城镇建立各种社区服务设施262处。全年销售奖券12816.4万元，直接接受社会捐赠款1185.2万元。全年城市最低生活保障人数54776人，农村最低生活保障人数125903人。

【固定资产投资】　2010年，全社会固定资产投资561.1亿元，比上年增长26.5%。其中，城镇投资534亿元，增长25.7%。其中国有投资250.9亿元，增长4.4%，非国有投资283.1亿元，增长53.3%；农村投资27亿元，增长44.5%。分产业看，第一产业投资26.8亿元，增长94.2%；第二产业投资325.1亿元，增长31.5%，其中钢铁投资23.24亿元，增长18.5%；第三产业投资182.2亿元，增长11.1%。其中教育投资增长89.8%。全年房地产开发投资完成32.76亿元，增长23.6%，其中住宅投资 25.99 亿元，增长 17.23%。商品房销售额 32.17 亿元，增长 9.72%；其中，住宅销售额为 27.89 亿元，增长 9.97%。

【贸易】 2010 年，社会消费品零售总额 272.6 亿元，比上年增长 18.4%。分城乡看，城镇消费品零售额 230.2 亿元，增长 18%；乡村消费品零售额 42.4 亿元，增长 20.3%。分行业看，批发和零售业零售额 242.5 亿元，增长 19.1%，其中限额以上批发和零售业零售额 71.9 亿元，增长 20.9%；其中，汽车类零售额增长 9.6%，服装类增长 10.1%，粮油、食品、饮料和烟酒类增长 11.2%，家用电器和音像器材类增长 33.4%，家具类增长 35.3%，石油及制品类增长 35.5%。住宿和餐饮业零售额 30.1 亿元，增长 13%。全年进出口总额 37208 万美元，增长 33.2%。其中，出口 4297 万美元，增长 77.8%；进口 32911 万美元，增长 29%。全年新批外商直接投资企业 8 家；合同利用外商投资 10612.1 万美元，增长 257%；实际利用外商直接投资 13892.6 万美元，增长 27%。

【交通运输】 2010 年，民航客运量 39.1 万人，比上年增长 15%，旅客周转量 34877 万人千米；货邮运输量 2100 吨，货邮周转量 187.32 万吨千米，运输总周转量 437.92 万吨千米。公路客运量 3431.5 万人，增长 4.6%，旅客周转量 22.75 亿人千米；货运量 5437.37 万吨，增长 4.2%，货物周转量 76.56 亿吨千米。年末全市民用汽车保有量达到 24.24 万辆（包括三轮汽车和低速货车 4.23 万辆），增长 12.3%，其中私人汽车保有量 19.12 万辆，增长 16.5%。民用轿车保有量 10.05 万辆，增长 28.7%，其中私人轿车 8.4 万辆，增长 33.5%。

【邮电　通讯】 全年完成邮电业务总量 56.91 亿元，比上年增长 12.8%。其中，邮政业务总量 18446 万元，下降 13.7%；电信业务总量 55.07 亿元，增长 14%。年末固定电话用户达 61.55 万户，其中，城市电话用户 40.93 万户，农村电话用户 20.62 万户。年末移动电话用户达 195.07 万户。年末全市固定电话、移动电话及小灵通用户总数达到 260.11 万户。年末全市互联网用户累计达 29.95 万户，增长 24.9%。

【旅游业】 2010 年，共接待国内外游客 1058.98 万人次，增长 18.1%；国内旅游总收入 88.77 亿元，增长 19.1%。全年入境人数 8.43 万人次，增长 17.1%。其中，外国人 4.89 万人次，增长 18.8%；香港、澳门和台湾同胞 3.54 万人次，增长 14.8%。旅游外汇收入 1644.75 万美元，增长 20.2%。

【金融　保险】 2010 年，全市金融机构本外币各项存款余额 1367.63 亿元，比年初增长 20.9%，其中居民储蓄存款 726.88 亿元，增长 14.1%。全市金融机构本外币各项贷款余额 631.17 亿元，增长 32.7%，其中个人消费贷款 14.79 亿元，增长 51.2%。年末全市共有保险公司 14 家。全年保险公司保费收入 27.48 亿元，其中寿险业务保费收入 19.47 亿元；健康险和意外伤害险业务保费收入 0.99 亿元；财产险业务保费收入 7.02 亿元。支付各类赔款及给付 4.89 亿元，其中寿险业务给付 1.63 亿元；健康险和意外伤害险业务给付 0.24 亿元；财产险业务赔款 3.02 亿元。

【科教文体卫】 2010 年，全市共受理各项专利申请 770 件，比上年增长 15.4%。科学技术成果 118 项，其中有 46 项技术获得省部级以上科学技术成果奖，增加 8 项。全年签订技术合同 225 项，增长 2.3%；成交金额 22936 万元，增长 10.4%。全市共有产品质量检验机构 11 家，对 13 种产品进行监督抽查。38 户企业完成产品认证。全市共有法定计量技术机构 12 个，全年强制检定计量器具 7.6 万台件。

全市有独立招生的高等院校 6 所，全年招收普通高等教育本、专科学生 12596 人，在校大学生 37218 人，毕业学生 11499 人。各类中等职业教育学校 47 所，全年招生 15285 人，在校学生 46842 人，毕业学生 12777 人。普通中学 232 所，其中完全中学 37 所，普通高中 13 所，普通初中 147 所，九年一贯制学校 35 所。高中招生 28719 人，在校学生 82393 人，毕业学生 25989 人。初中招生 50813 人，在校学生 151518 人，毕业学生 53740 人。普通小学 1471 所，全年招生 40284 人，在校学生 247069 人，毕业学生 50900 人。特殊教育在校学生 734 人。幼儿园在园幼儿 72074 人。

全市共有艺术表演团体 20 个，文化馆 14 个，博物馆 1 个，公共图书馆 14 个，公共图书馆藏书量 128 万册，档案馆 6 个，已开放各类档案 5954 卷。全市广播电台 11 座，电视台 12 座，广播、电视综合人口覆盖率分别达 94.31%和 97.18%，年末全市有线电视用户达 40.26 万户，其中接收数字信号用户 12.22 万户。由长治市歌舞团编排的舞蹈《花开时节》荣获全国舞蹈“荷花奖”铜奖；潞安大鼓《割肉还娘》荣获全国曲艺“牡丹奖”演员奖。

全市运动员在各类体育比赛中获得世界冠军 2 项，创亚洲纪录 1 项，全国冠军 12 个，全省冠军 67 个。

全市共有医疗卫生机构 5009 个，其中医院、卫生院 243 个，妇幼保健机构 14 个，疾病预防控制中心(防疫站)14 个。病床位 12831 张，其中医院、卫生院 12741 张。卫生技术人员 13418 人，其中执业医师和执业助理医师 5587 人，注册护士 4847 人，药剂人员 680 人。乡镇卫生院 142 个，床位 2587 张，卫生技术人员 1879 人。全市县乡村三级卫生机构达标率 93.65%，全市新型农村合作医疗参合率 93.82%。

【资源能源】 2010 年城市供水总量 8108.5 万吨，人均日生活用水量 154.9 升。全年液化气供气总量 5557 吨，天然气供应量 1855.9 万立方米，煤气供气总量 1.15 亿立方米，其中生活用煤气 4407.2 万立方米。燃气普及率 83%，比上年提高 0.2%。市区集中供热面积提高到 2555 万平方米，其中住宅供热面积 1788 万平方米，增加 307 万平方米。市区污水处理能力 22.5 万吨/日，全年污水处理量 5520

万吨。生活垃圾年清运量18.8万吨，无害化处理率达到100%。全市检查验收合格造林面积18.1千公顷，其中退耕还林配套荒山荒地造林面积5.7千公顷。义务植树609万株。全市有自然保护区2个，面积46.8千公顷，占全市总面积的3.37%。全市大中型水库蓄水总量2.35亿立方米，下降1000万立方米。全年总用水量3.78亿立方米。其中生活用水增长2.3%，工业用水下降7.7%。

2010年，长治市城镇能源工业投资中，煤炭投资144.21亿元，增长154.97%；电力工业投资24.09亿元，下降26.53%。全年共向省外运输煤炭3156.97万吨，比上年增长13.53%；向省外运输焦炭843.65万吨，增长2.75%。全市采区煤炭资源回采率达到80.3%。

【环境质量】 2010年，全市空气质量Ⅱ级以上天数达356天，比上年增加2天，占全年天数的97.5%。全市达Ⅲ类水质标准的断面比例47.8%。城市集中式饮用水源地辛安泉水质达标率达100%。

【安全生产】 2010年，全市亿元GDP生产安全事故死亡人数为0.28人，比上年下降3.4%；煤矿百万吨死亡人数为0.025人，下降93.24%。全年发生火灾事故119件，上升75%，直接损失468.4万元。全年共发生道路交通事故450起，下降6.44%，造成240人死亡、404人受伤，直接财产损失116.7万元。

【双十工程】 4月30日，长治市2010年"双十工程"116个项目集中开工仪式在山西康宝公司生物医药(新型疫苗)项目建设基地举行。工程总投资75.5亿元，涉及医药、冶金、机械、建材、煤化工、农业产业化、生态环境治理等项目。

【海峡两岸气候变迁与能源可持续发展论坛第六届年会】 8月2~4日，由太原理工大学主办，中共长治市委、市政府承办的海峡两岸气候变迁与能源可持续发展论坛第六届年会在长治举行。全国政协副主席厉无畏，山西省委副书记、省政协主席薛延忠，全国人大常委、中国工程院副院长、山西省人大常委会副主任谢克昌，台湾永续能源基金会董事长简又新，长治市委书记杜善学，太原理工大学党委书记姚芝楼分别致辞讲话。出席年会的大陆专家学者111位，包括杜祥琬、黄其励、倪维斗、陶文铨、徐大懋、徐建中、谢克昌7位中国科学院院士、中国工程院院士，台湾地区专家学者37位。专家学者围绕"绿色低碳，持续发展"主题，作25场学术演讲。特邀代表英国的Rafael Kandiyoti教授和美国的宋春山教授作精彩演讲。

【第三届中国(太原)国际能源产业博览会】 9月16日，第三届中国（太原)国际能源产业博览会开幕。长治市准备257个招商项目与拟签约项目，总投资92.6亿美元，涉及工业、农业、服务、旅游和交通基础设施及城市公用设施建设多个行业。17日，长治市签44个项目合作协议，总投资605.1亿元。

【"中国·潞安环能杯"第十九届亚洲攀岩锦标赛】 9月18日，2010"中国·潞安环能杯"第十九届亚洲攀岩锦标赛闭幕。亚洲攀岩联合会主席、国家体育总局登山运动管理中心主任李致新，国家体育总局登山运动管理中心副主任张江援，亚洲攀岩联合会秘书长安东尼，市领导张保、王玉圣、师义昌、李国隆、秦跃晋出席闭幕式并为获奖运动员颁奖。

【袁晓超获亚运会首枚金牌】 11月13日，在2010年第16届广州亚运会上，长治市22岁的武术运动员袁晓超在男子长拳比赛中，以9.78分的成绩夺得广州亚运会首枚金牌。袁纯清、王君致信祝贺。张平观看比赛并接见袁晓超。（尚竹英）

·城　区·

中共区委书记　　王进军
区人大常委会主任　　杨黎峰
区　　长　　唐立浩
区政协主席　　杨栖莺

【概述】 长治市城区位于北纬36°08′~36°12′，东经113°04′~113°08′，总面积55.6平方千米，辖10个街道，28个村(菜场)，50个社区居委会。总人口41.82万人，男女性别比(女=100)为100.27。全年人口出生率6.37‰，自然增长率4.72‰，城镇人口比重达100%。

2010年全区生产总值121.04亿元，比上年增长12.2%。其中，第一产业生产总值0.54亿元，第二产业生产总值29.61亿元，第三产业生产总值90.89亿元。全年全区财政总收入15.01亿元，增长1.2%。一般预算支出4.90亿元，增长13.55%。

【农业经济】 2010年全区农林牧增加值5400万元，比上年增长1.5%。其中，农业总产值1.48亿元；林业总产值4190万元；牧业总产值3500万元；全年粮食种植面积427.87公顷，蔬菜种植面积328.67公顷。粮食总产量1835.3吨，平均亩产379.4千克。蔬菜总产量31267.6吨。全年肉类总产量1079吨，其中猪牛羊肉1011吨；禽蛋产量965吨；奶产量1890吨。

【工业经济】 全年规模以上工业增加值16.31亿元，比上年增长21.9%，其中轻工业产值增长81.9%，重工业产值增长8.5%，工业产品销售率92.51%。中德集团公司10万吨型材暨5万吨管材项目举行奠基仪式，总投资达1.6亿元，一期工程投资9800万元。城区两家企业参加第三届中国（太原）国际能源产业博览会，签约5个项目，签约总额达52.7亿元，共引资4.8亿元。

【投资贸易】 2010年全区城镇固定资产投资额70.71亿元，增长36.64%，其中国有投资31.06亿元，非国有投资39.65亿元。分产业看,第一产业投资8500万元;第二产业投资17.79亿元;第三产业投资52.08亿元,增长16.26%。全年房地产开发投资20.98亿元。2010年全区社会消费品零售总额156.95亿元,增长17.1%。

【科教文体卫】 2010年全区申报专利268项。全区有普通中学4所,小学29所(含九年一贯制学校康园中学)。高中在校学生1100余人,初中在校学生5100余人,小学在校学生26100余人。全区幼儿园68所,在园幼儿10226人。

年末全区有艺术表演团体2个,文化馆1个,档案馆1个。全区广播、电视综合人口覆盖率分别达100%和100%。建成农民文化广场28个,群众舞台28个,乡镇文化站2个,农民书屋28个。年末全区人均体育场地面积达1.1平方米。共有医疗卫生机构354个,其中医院、卫生院3个,妇幼保健院1个,疾病预防控制中心1个。床位5368张。卫生技术人员7145人,全区新型农村合作医疗覆盖率99.6%。

【社会生活】 2010年农村居民人均现金收入6814元,比上年增长10.3%;城镇居民人均可支配收入17122.74元,增长10.5%。全年全区在岗职工平均工资27046元,增长14.0%。年末机关参加基本养老保险人数为2806人,企业参加基本养老保险人数为8029人,城镇居民参加基本医疗保险职工人数为70900人。参加失业保险职工人数为5041人。全年城镇最低生活保障人数2219户,4403人。

【民生事业】 3月15日,城区组织区工商分局、消费者协会的工作人员在潞州剧院开展以“消费与服务”为主题的宣传咨询以及伪劣商品焚烧活动。共收缴17大类,280个品种,价值103万余元的黑心棉被,假劣汾酒、劣质油漆、劣质种子、假冒农药、假冒服装等伪劣商品。城区涉及校舍安全改造工程的29所中小学校中,除淮海小学全部拆除重建外,其余28所中小学加固工程全部竣工。整个工程投入资金9949万元,加固改造面积达80300平方米,拆除新建面积达41300平方米。2010年全区城市建成区面积55.6平方千米。年末全区建成区森林覆盖率11.6%。城区人均公共绿地面积为12.1平方米。全年全区空气质量二级以上天数为356天。

【年度获奖】 1月25日,城区政府被省政府表彰为2009年度“全省创业就业工作先进集体”。1月29日,山西五专署被省委、省政府命名为第二批省级爱国主义教育基地。

2月1日,城区被民政部表彰为全国和谐社区建设示范单位。城区是全市唯一一家获此殊荣的县(市、区)。6月16日,城区农村党风廉政建设工作荣获省级“先进集体”称号。10月27日,在山西省第五次民族团结进步表彰大会上,城区人民政府、西街铜锅社区、南洋大药房、恒超汽贸荣膺“山西省民族团结进步模范集体”;中德塑钢型材有限公司董事长程田青等10人被表彰为“山西省民族团结进步模范个人”。 (李书平 张少蓉)

·郊　区·

中共区委书记	孙宏波
区人大常委会主任	陈世和
区长	张治云
区政协主席	崔子庆

【概述】 长治郊区位于北纬36°07′~36°26′,东经112°59′~113°12′,总面积290平方千米,辖1乡5镇2个办事处,1个开发区,122个行政村。总人口28.45万人,比上年增加0.29万人,男女性别比(女=100)为106.7。全年人口出生率13.32‰,自然增长率7.95‰,人口密度每平方千米988人。2010年,郊区被命名为“全国计划生育优质服务先进单位”。

2010年,全区生产总值116.06亿元,比上年增长18.2%。其中,第一产业增加值2.08亿元,第二产业增加值84.63亿元,第三产业增加值29.34亿元。全年全区财政收入21.41亿元,增长11.1%,增收2.14亿元,全区一般预算支出6.24亿元,增长38.2%。年末全区金融机构各项存款余额65.45亿元,比年初增长4.0%,全区金融机构各项贷款余额45.88亿元,比年初增长29.2%。

【农业经济】 2010年全区农林牧渔业总产值3.70亿元,比上年增长11.7%。其中,农业总产值2.06亿元,增长17.2%;林业总产值743.9万元,下降34.7%;牧业总产值1.41亿元,增长7.6%;渔业总产值193万元,增长7.1%;全年粮食种植面积8802公顷,减少0.62%,蔬菜种植面740公顷,下降2.92%。粮食总产量56021吨,增长75.4%,平均亩产424千克。蔬菜总产量52459吨。2010年肉类总产量8382吨,增长3.9%,其中猪牛羊肉7567吨,下降0.6%;禽蛋产量8761吨,增长28.1%;奶产6390吨,下降16.7%。

【工业经济】 全年规模以上工业增加值80.56亿元,比上年增长23.0%,其中轻工业增加值下降37.0%,重工业增长23.0%,产品销售率100.6%。主要工业产品产量中,原煤增长6.0%,发电量下降5.0%,生铁增长25.0%,焦炭下降11.3%,钢材增长7.7%。规模以上工业企业主营业务收入298.60亿元,增长40.5%。实现利税19.25亿元,增长3.3%,其中实现利润8.97亿元,下降9.0%。

2010年全区确定各类项目103个,总投资500亿元。其中投资在10亿元以上的项目7个,投资在5000万元以上的重点项目21个。

【建设环保】 2010年全区全社会

建筑业实现产值4.53亿元，比上年增长110.7%，重点建设项目有32个。全区具有资质等级总承包和专业承包的建筑企业10家，实现利润434万元，上缴税金14万元。年末全区城市建成区面积651万平方米，年末城镇房屋施工面积53.6万平方米，比上年末增长65.9%，其中住宅建筑面积2.6万平方米。年末全区建成区绿化覆盖率85%，比上年提高46.8%，生活垃圾无害化处理率为100%。全年全区空气质量二级以上天数为352天。

【投资贸易】 2010年全区全社会固定资产投资64.50亿元，比上年增长20.1%，其中国有投资22.0亿元，增长20.6%，非国有投资42.5亿元，增长19.9%。分产业看，第一产业投资2.15亿元，增长57.0%；第二产业投资51.59亿元，增长6.6%；第三产业投资10.76亿元，增长175.6%。全年房地产开发投资1.05亿元。2010年全区社会消费品零售总额22.98亿元，增长16.1%。2010年，全年新建、续建项目71个，到位资金64.8亿元。其中引进资金58.8亿元，同比增长81%。

【科教文卫】 2010年，全区申报专利92项，增长76.5%。全年全区普通中学18所，小学66所，全年高中在校学生1653人，初中在校学生9165人，小学在校学生20784人。全区幼儿园43所，在园幼儿6737人。年末全区共有艺术表演团体1个，文化馆10个，博物馆1个，公共图书馆1个，公共图书馆藏书量5.13万册，档案馆1个。全区广播电台1座，电视台1座，广播、电视综合人口覆盖率分别达100%和100%。年末全区有线电视用户达到40000户，其中数字信号用户7500户。乡镇文化站10个，年末全区共有医疗卫生机构364个，其中医院、卫生院25个，妇幼保健院1个，疾病预防控制中心1个。床位1305张。卫生技术人员2148人，全区新型农村合作医疗覆盖率95.1%。

【社会生活】 2010年农村居民人均纯收入7820元，比上年增长12.9%；城镇居民人均可支配收入19531元，增长12.0%。全年全区在岗职工平均工资28966元，增长15.2%。年末全区城镇居民人均住宅建筑面积达33.6平方米，农村居民人均住宅面积达40.2平方米。年末城镇参加基本养老保险人数为4959人。参加基本医疗保险职工人数为17646人。参加失业保险职工人数为2450人。年末全区各类收养性社会福利单位7所，床位438张。全年城镇最低生活保障人数5397人，农村最低生活保障人数4151人。

【民生事业】 截至2010年底，全区村卫生室覆盖建设任务全面完成，实现村村享有医疗卫生服务的总体目标；中小学校舍安全改造工程进展顺利，73所改造学校全面完工；实现无线电视户户通，有线电视村村通，数字电视城镇通的目标；村村通水泥（油）路全覆盖任务在全省率先实现；解决14个行政村，2.2万人的饮水安全问题。全力实施林业生态建设“十大工程”，总投资9779.3万元，建设完成1176.32公顷造林任务，全区林木覆盖率提高2%；大力实施“文化低保”工程，让文化真正走进农民们的生活；高标准建成故南、富村、下秦、关村4所敬老院，为全区155名五保对象集中供养创造条件；农村销售服务网络覆盖全区80%的行政村；26个新建改扩建村级组织活动场所全部完工并投入使用。

【非公有制企业党建工作】 2010年1月21日在北京召开的全国加强非公有制经济组织党建工作研讨会上，区委书记孙宏波作为全国唯一在大会上发言的县区委代表，作了题为《适应形势勇于创新积极探索非公有制企业党建工作新路子》的大会发言，受到与会领导的肯定。

【公务接待进“农家”】 2010年5月，由区纪委、监察局撰写的工作信息《山西省长治市郊区选定16家“农家乐”为公务接待定点单位，助推厉行节约》被中纪委、监察部采用，并在中纪委网站《两北（华北、东北）视窗》板块《两北动态》专栏发布。对郊区实行的公务接待进“农家”廉政新规给予充分肯定。

【村民代表节】 从2010年开始，每年的1月10日，郊区122个行政村的村民代表都要过自己的节日——“村民代表节”。这在郊区是第一次，在全国也属首创。此节日是由区委组织部与区民政局共同提议设立的。村民代表节是村民代表会议制度的延伸和补充，它的设立进一步推动郊区农村基层民主政治建设，是村民自治的好形式，受到上级领导的肯定和基层干部群众的欢迎。 （姜玉罡）

·长治县·

中共县委书记	裴少飞
县人大常委会主任	任文琳
县长	裴少飞
县政协主席	傅永祥

【概述】 长治县位于北纬35°51′~36°10′，东经112°57′~113°11′，总面积483平方千米，辖6乡5镇254个行政村。全县112557户335517人，非农人口为45975人。全县人口出生率为9.68‰，自然增长率为3.75‰。

2010年，全县生产总值964013万元，比上年增长14.2%；人均国内生产总值达28417元，增长21.39%。全年完成固定资产投资437963万元，增长31.5%。全年完成地方财政收入303369万元，增长25.63%。

【农业经济】 2010年，全县农业总产值完成62240万元，同比增长26.4%；实现农业增加值36043万元，增长21%。粮食作物播种面积2.009

万公顷，下降0.1%。全年粮食总产量129552吨，增长53%，粮食亩产430千克，增长53%；油料作物总产量为87吨；蔬菜总产量为79920吨。截至年底，全县大牲畜（除牛外）存栏为292头；猪、牛、羊的存栏分别为129559头、2280头、40166头。全年全县肉类总产量达12981吨。

【工业经济】 2010年，全县工业总产值1289258万元，同比增长39.6%，其中规模以上工业总产值完成1265454万元，增长41.03%。全部工业增加值完成665410万元，增长15.5%，工业增加值占地区生产总值的69.03%。规模以上工业增加值完成661306万元，增长22.3%。产销衔接正常，全年规模以上工业企业产品销售率达96.4%。

【交通 邮电】 2010年，全县邮电通信业务总量12475万元，增长6.3%。其中，邮政业务量1015万元，移动公司7019万元，联通公司3941万元，北方电信500万元。全县固定电话用户21864部，同比下降2.3%。全县拥有移动电话用户158900户，其中，联通公司39617户，移动公司117283户，北方电信2000户。年末，电话普及率达52.6部/百人，互联网用户达21578户。

2010年，交通运输和仓储业实现增加值68973万元，比上年增长9.8%。全年货运总量262万吨，增长4.3%；客运量达208万人，增长3.5%。

【金融 保险】 全年批发零售贸易和餐饮业实现增加值52989万元，增长12.63%；社会消费品零售总额138718万元，增长19.3%；限额以上批发零售贸易企业销售总额10826.9万元，比上年增长21.2%。

金融机构各项存款余额1076937万元，同比增长14.7%。其中，居民储蓄521241万元；金融机构各项贷款余额292679万元，增长48.3%；全年金融保险业增加值18313万元，增长14.7%。保险业保费收入12249万元，增长10.7%。其中，财产险保费收入3249万元，增长29.03%；人身险保费收入9000万元，增长5.3%。

房地产开发投资5277万元，下降8.1%。全年实现增加值10456万元，增长8.3%。

【社会生活】 2010年，全县共有194所学校。全年招生数15514人，毕业学生9920人，年末在校学生55883，专任职教师3751人。

2010年，全县实有城镇登记失业1040人，城镇登记失业率1.6%。全县农民人均纯收入达7693元，增长14.01%。城镇居民人均可支配收入达16177元，增长11.4%。城镇在岗职工年平均工资达39972元，增长31.42%，城镇单位从业人员达20325人。

【领导调研指导工作】 3月12日，副省长陈川平就产业转型工作到长治县成功集团调研。

4月14日，省政协副主席令政策在长治县就进一步促进文化产业发展进行专题调研。

6月3日，中纪委调研组对长治县党风廉政建设及反腐败工作进行调研。

6月9日，省委书记袁纯清莅临长治县成功集团考察汽车制造项目，并对长治县转型发展提出指导意见。

6月22日，省委常委、组织部长汤涛就基层党组织建设和推进干部人事制度改革深入长治县调研。

8月12日，省委常委、纪委书记金道铭深入长治县就重点工程项目推进和廉政风险防控机制建设进行调研。

10月25日，省委书记、省人大常委会主任袁纯清，省委副书记、省长王君带领全省重点工作和项目观摩检查组莅临长治县检查指导工作。

（付小波 武俊英）

·襄垣县·

中共县委书记 张红星
县人大常委会主任 刘春雷
县长 冯俊义
县政协主席 杨飞华

【概述】 襄垣县位于北纬36°23′~36°44′，东经112°42′~113°14′。全县总面积1160平方千米，辖3乡8镇4个园区323个行政村。

2010年，全县生产总值完成200.5712亿元，比上年增长15.6%。其中，第一产业增加值4.22亿元，第二产业增加值171.3176亿元，第三产业增加值25.0336亿元。全年全县财政收入30.0069亿元，增长12.68%，增收3.3792亿元。全县一般预算支出11.9503亿元，增长19.21%。2010年末，全县金融机构各项存款余额137.4189亿元，比年初增长13.1%；各项贷款余额84.7588亿元，增长56.51%。

【农业经济】 2010年，全县农林牧渔业总产值7.5104亿元，比上年增长6.7%。其中，农业总产值5.7963亿元，增长7.6%；林业总产值0.1158亿元，增长25.3%；牧业总产值1.2143亿元，增长2.4%；渔业总产值0.0207亿元，下降50%；全年粮食种植面积32241公顷，减少821公顷；油料种植面积380公顷，减少432公顷；蔬菜种植面积1345公顷，增加126公顷。粮食总产量163884吨，增长13.94%。蔬菜总产量72465吨。2010年底，全县猪、牛、羊存栏头数分别为48069头、8753头、39766头。2010年肉类总产量6258吨；禽蛋产量5300吨；奶产量1014吨。

【工业经济】 2010年，全县规模以上工业企业完成工业总产值322.6504亿元；完成工业销售产值315.5764万元，产品销售率97.81%。全年完成工业增加值168.4242亿元，比上年增长19.01%，其中大中型工业企业140.5005亿元。分经济类型看：国有企业完成14.7017亿元，增长27.64%；集体企业9.85883亿元，增长28.36%；股份合作企业5.47447亿元，增长1.04%；股份制企业131.19538亿元，增长17.65%；其他类型企业7.1938亿元，增长55.66%。主要工业产品产量中，原煤比上年增长 8.87%,发电量增长 22.04%,焦炭增长 17.23%。规模以上工业企业产品销售收入 307.95038 亿元,增长 36.14%。实现利税 63.53275 亿元,增长 26.44%;实现利润 38.00173 亿元,增长 34.86%。

【建设环保】 2010 年,全县建筑业实现产值 0.44061 亿元,具有总承包和专业承包资质等级的建筑企业 3 家,实现利润 0.02234 亿元,实现利税 0.04161 亿元。全年全县共完成绿化面积 20306 万平方米,栽植苗木 462.2 万株。全年农田有效灌溉面积 4996 万平方米。全县有公园 16 座,总面积 103.08 万平方米。2010 年,全县空气质量二级以上天数 346 天,比上年增加 27 天。

【交通 邮电】 截至 2010 年末,全县公路通车里程 1015 千米,城市交通运营车辆 134 辆,出租汽车 120 辆,民用车辆达 3.5 万辆。全年全县完成邮电业务总量 1.326502 亿元。其中,邮政业务总量 0.17197 亿元,电信业务总量 1.154532 亿元。年末固定电话用户达 33576 户,移动电话用户达 151096 户,互联网用户累计 18218 户。

【投资贸易】 全年固定资产投资施工开工项目 255 个,全年投产项目 224 个。全年全社会固定资产投资完成 92.6393 亿元,比上年增长 22.92%。其中,城镇以上投资 83.6875 亿元,增长 13.87%;农村投资 8.9518 亿元,增长 379.55%。全社会固定资产投资中,工业投资 54.0253 亿元,其中煤炭、电力等能源工业投资 46.2451 亿元,增长 60.27%;房地产开发投资 4.5338 亿元,增长 29.41%,其中住宅投资 4.2838 亿元。商品房销售面积 21.9 万平方米,销售额为 4.7598 亿元。2010 年,全县社会消费品零售总额 12.99902 亿元,增长 24.64%,全县居民消费价格总水平为 101.9%。

【教育科技】 2010 年,全县各类学校共 151 所,在校学生 40268 人,专任教师 2587 人。全县幼儿入园率 77.67%,适龄儿童入学率、巩固率、毕业率保持 100%,初中入学率、巩固率和毕业率保持 100%。2010 年,全县招聘教师 247 人,其中高中教师 98 人,初中教师 80 人,小学教师 69 人。2010 年,全县共申报高新技术企业 1 家,申报省级民营科技企业 1 家,申报省级科技项目 5 项。全县完成专利 80 件,其中发明专利达 47 件,职务发明 71 件。

【文化 体育 卫生】 2010 年,全县馆藏图书达 12 万册,放映电影 50 余部,达 3876 场,举办歌舞戏曲文艺晚会 30 次,观众达 20 余万人。广播、电视综合人口覆盖率均达 100%。电视台自主播出固定栏目达 20 个,播出时间 3000 小时。全县全年举办体育赛事 22 次,向大专院校输送举重运动员 2 名,向市体校输送运动员 19 名。全县共有医疗卫生机构 464 个,其中医院、卫生院 28 个,妇幼保健院 1 个,疾病预防控制中心 1 个,床位 1077 张,卫生技术人员 1805 人。全年全县共有 179475 名农民参加新农村合作医疗,新农合覆盖率 96.73%。

【社会生活】 2010 年,全县农村居民人均纯收入 6976 元,比上年增长 13.5%;城镇居民人均可支配收入 17427 元,增长 12.12%。全年全县在岗职工平均工资 59310 元,增长 12.35%。全县城镇居民人均住宅面积达 31.5 平方米,农村居民人均住宅面积达 41.37 平方米。城镇参加基本养老保险人数 11642 人,参加基本医疗保险职工人数 42104 人,参加失业保险职工人数 5623 人。全年城镇最低生活保障人数 3232 人,农村最低生活保障人数 7901 人。2010 年,全县国有和城镇单位从业人员达 65497 人。其中,国有单位从业人员为 61848 人,城镇集体单位从业人员为 2524 人。

【年度获奖】 6 月 28 日,全国生态文明建设发展论坛暨创建全国生态文明经验推荐会在北京召开,襄垣县被评为"全国生态文明先进县"。在 2010 年中国区域经济与金融品牌颁奖盛典暨中国区域战略合作和经济发展高峰论坛、第三届中国国际金融品牌创新峰会上,襄垣县被评为"2010 联合国宜居生态城市"和"'十一五'规划中国最具影响力县"称号。10 月 23~24 日,在中国中小城市科学发展评价体系研究成果发布暨第七届中国中小城市科学发展高峰论坛会上,襄垣县荣获"中国最具区域带动力中小城市百强县"称号,这是襄垣县连续两年夺得此项殊荣。在全国第九届中部地区县域经济基本竞争力评比中,襄垣县名列第 40 位,进入"中国中小城市科学发展百强县"和"最具区域带动力中小城市百强县"行列,先后荣获"全国文明县城""全国卫生县城""中国绿色名县""全省文明和谐县城""省级园林县城"等称号。

【山西省农民健身秧歌大赛】 9 月 16~17 日,2010 年山西省"襄子老粗布杯"农民健身秧歌大赛在襄垣县举行,比赛由省农业厅、省体育局、省农民体协主办,长治市农业局、长治市体育局、长治市农民体协、襄垣县人民政府承办。共有长治、临汾、忻州等地市 21 个代表队参加。通过比赛,第四套秧歌一等奖由襄垣代表队、长子代表队等七个代表队获得;第三套一等奖由潞城、屯留、王桥镇西山底村代表队获得;第二套一等奖由襄垣、夏店镇和屯留代表队获得。(*万瑞星*)

屯留县·

中共县委书记	王辅刚
县人大常委会主任	王国志
县长	黄福喜
县政协主席	倪建中

【概述】 屯留县位于北纬 36°13′~36°30′,东经 112°28′~113°03′,总面积 1142 平方千米,辖 4 乡 7 镇 3 个开发区,294 个行政村。总人口 26.4 万人,男性 135881 人,人口自然增长率 5.53‰。人口密度每平方千米 232 人。

2010 年全县生产总值 64.8 亿元,比上年增长 15.1%,其中,第一产业增加值4.9亿元,第二产业增加值47.95亿元,第三产业增加值12.07亿元。全年全县财政收入12.3亿元,增长14.24%。其中全县一般预算收入4.1亿元,增长11.3%;支出8.47亿元,增长24.7%。年末全县金融机构各项存款余额33.8亿元,比年初增长23.23%,各项贷款余额12.8亿元,增长30.62%。

【农业经济】 2010年全县农林牧渔业总产值7.97亿元,比上年增长7.58%。其中,农业总产值5.71亿元,增长13.95%;林业总产值0.17亿元,下降14.63%;牧业总产值1.92亿元,增长0.6%;渔业总产值0.03亿元,与上年持平;全县粮食种植面积34770.2公顷,减少95.8公顷;油料23公顷,增长1.2%;蔬菜1780.1公顷,增长0.2%。粮食总产量22.7万吨,增长7.6%。蔬菜总产量8.9万吨。2010年肉类总产量8517吨,增长15%;禽蛋产量6531吨,增长3%;牛奶产量444吨,增长270%。

【工业经济】 全年规模以上工业增加值49.46亿元,增长18.08%,其中轻工业增加值增长25.65%,重工业增长16.15%。主要工业产品产量中,原煤比上年增长18.48%,发电量增长34.66%,焦炭增长4.82%。全年工业经济效益综合指数为285.27,增长39.35%。实现利税18.1亿元,增长76.04%,实现利润11.13亿元,增长134.69%。

【项目建设】 全年总投资700多亿元实施100个重点项目,初步形成绿色工业、高新技术、现代农业、绿色服务业、基础设施、生态环境、社会事业7大项目集群,为推动经济社会转型跨越发展奠定基础。实施工业项目34个,总投资690亿元,构建起以10大优势产业、5大经济板块和6大循环链条为主导的新型工业化格局。实施农业产业化项目5个,总投资9.6亿元,形成以5大主导产业、5大科技生态园和30多个龙头企业为主导的农业产业化格局。共铺开城镇特色化项目21个,总投资11.2亿元,职业中学一期、常黑线改造等一大批民心工程、德政工程投入使用,被授予"全省环保模范县城",成功创建全国卫生县城。全方位实施"开放引进"战略,共引进项目24个,总投资526.6亿元,截至2010年底,落实项目4个,引进资金7.5亿元,掀起扶企攻坚和招商引资的新热潮。

【建设环保】 2010年全县具有资质等级总承包和专业承包的建筑企业有两家。年末全县城市建成区面积4.5万平方米,城市房屋建筑面积184.29万平方米,其中住宅建筑面积129万平方米。全县建成区绿化覆盖率42.6%,县城人均公共绿地面积为9.5平方米。全县集中供热面积102万平方米。全县污水处理率为72.78%,生活垃圾无害化处理率为21.75%。全县森林覆盖率达到29.5%,空气质量二级以上天数为358天。2010年3月,屯留县被中国绿色名县推介委员会、中国县镇绿色发展论坛组委会授予"中国绿色名县"称号。6月22~23日,在北京召开的"创建生态文明先进县"成果发布会上,屯留县被表彰为"全国生态文明先进县"。

【交通　邮电】 2010年全县公路客运量131万人次,增长5.8%;旅客周转量5502万人千米;货运量6117万吨;货运周转量6347万吨千米。邮政业务总量7792.9万元;电信业务总量7883.4万元,增长14%。年末固定电话用户达3.34万户,移动用户电话发展到40349户。全县互联网用户累计达11213户,增长25.8%。

【投资贸易】 2010年全县全社会固定资产投资48.43亿元,增长2.14%。其中国有投资31.3亿元,下降3.9%;非国有投资17.1亿元,增长15.4%。分产业看,第一产业投资5.5亿元,增长107%;第二产业投资33.93亿元,下降2.1%;第三产业投资8.9亿元,下降11.5%。

【科教文卫】 2010年,全县科技总投入719.8万元,申报专利93项,增长24%。全县普通中学14所。全年高中在校学生5210人,初中在校学生13184人。小学126所,在校学生19050人。全县幼儿园67所,在园幼儿6702人。文化馆、博物馆、图书馆、剧团剧院、体育活动场所共5处。老干部活动室1处。建成农民文化广场、群众舞台230多个,农民体育健身场所200多个。建成新型卫生所、高标准卫生所60余所,新农合实现全覆盖。

【社会生活】 2010年新增就业1736人,城镇登记失业率控制在2.1%。农村居民人均纯收入6948元,增长14%;城镇居民人均可支配收入13796.59元,增长11.02%。全县在岗职工平均工资24712元,增长16.7%。年末全县城镇居民人均住宅建筑面积达44平方米,农村居民人均住宅面积达25平方米。全县有7132名职工参加失业保险,14344名职工参加基本医疗保险。2.4万名60岁以上的老人按月领取养老金。

【2010年中国羽毛球俱乐部超级联赛】 5月23日下午,2010年中国羽毛球俱乐部超级联赛在屯留县青少年活动中心体育馆举办。此次国家级重点体育比赛由县委、县政府主办,由体育中心和山西瑞星乒乓球俱乐部共同承办。来自上海兹韦克·府谷和湖北索德士羽毛球俱乐部的两支知名球队进行5场精彩激烈的角逐。

【实施"五分工作法"】 屯留县委制定下发"五分工作法"的实施意见,即分类实施、分段培训、分片竞争、分线督察、分段负责,积极创新运行机制、工作思路和活动内容,把"创先争优"活动落到实处。有14个乡(镇、区),294个行政村,24个基层党委，20个党总支部，561个党支部，12608名党员参加了创先争优活动，并取得实效。

【第一次归侨侨眷代表大会召开】 6月4日上午，屯留县在县委党校会议室召开第一次归侨侨眷代表大会。会议听取和审议县侨联工作报告，通过工作报告的决议，选举产生县侨联第一届委员会，王李平当选县侨联主席。县领导王辅刚、李伟民、王国志、倪建中、冯贵兴、罗俊保出席会议。县直各系统、乡镇、人民团体的相关负责人及县26名归侨侨眷代表参加会议。

【香港工商界知名企业家投资考察团到屯留县考察】 9月11日上午，由中国和平统一促进会香港总会、香港中华文化总会、香港与内地投资商务促进会组织的"香港工商界知名企业家赴晋投资考察团"一行80余人在屯留县进行考察访问，并深入了解屯留县投资环境和生物工程、项目建设情况，寻求双方合作交流商机。市、县领导杜善学、张保、席小军、李东峰、曹惠斌、许霞、王辅刚、于川及席卫建等陪同。

（段蓓蓓）

·平顺县·

中共县委书记	陈鹏飞
县人大常委会主任	苏和平
县长	吴小华
县政协主席	杨显斌

【概述】 平顺县位于北纬33°36′~36°27′，东经113°11′~113°44′，总面积1550平方千米。辖7乡5镇262个行政村。2010年末全县总人口15.51万人，男性7.96万人，男女性别比（女=100）为105.07%。人口出生率8.21‰，自然增长率2.8‰，城镇人口比重达12.3%，比上年提高0.6%。人口密度每平方千米100人。

2010年全县生产总值实现14.7989亿元，比上年增长13.5%；固定资产投资完成13.0651亿元，增长41.16%；规模以上工业增加值达6.0234亿元，增长22.03%；城镇居民人均可支配收入达11496元，增长7.4%；农民人均纯收入达2807元，增长3.2%；财政收入完成1.389亿元，增长24%。全年全县财政收入13890万元，增长24%；一般预算支出5678万元，增长4.11%。年末全县金融机构存款余额21亿元，比年初增长25.5%，全县金融机构贷款余额9.1亿元，增长33.9%。

【农业经济】 2010年全县农林牧渔业总产值37318.9万元，比上年增长16.67%。全年粮食种植面积10673.3公顷，增长3.9%，油料81.7公顷，增长10.9%，蔬菜821.8公顷，下降25.1%。粮食总产量57638.9吨，增长91.3%，平均亩产360千克；蔬菜总产量18251.6吨。全年肉类总产量3252.28吨，下降1.4%，其中猪牛羊肉2989.4吨；禽蛋产量2298吨。

【工业经济】 全年规模以上工业增加值60234万元，比上年增长22.03%，其中产品销售率54.93%。规模以上工业企业主营业务收入86469.6万元，实现利税8614万元，增长70.59%，其中实现利润2853万元，增长138%。

【建设环保】 2010年全县重点建设项目有58个。具有资质等级总承包和专业承包的建筑企业1家，实现利润8.5万元，上缴税金3.7万元。年末全县建成区绿化覆盖率52.8%，比上年提高2%，县城人均公共绿地面积为16.5平方米。交通运营车辆800辆，出租汽车20辆。全县有公园2座。城市供水总量62万立方米，人均生活用水量20立方米。污水处理率为90%。生活垃圾无害化处理率为100%。空气质量二级以上天数为355天。全年共完成荒山绿化面积3701.85公顷，通道提档270千米，通村道路绿化617千米，完成乡村绿化180个，新建省级园林村16个，开发林下经济133.4公顷，建成青苗线、李东线2个万亩荒山绿化精品工程，李东线通道绿化精品工程；集体林权制度改革进行中，林地确权完成总任务的88.1%。

【交通 邮电 旅游】 2010年全县公路客运量145万人次；旅客周转量7700万人千米；货运量128万吨；货运周转量9000万吨千米。年末全县民用汽车保有量达8364辆，其中年末私人汽车保有量7664辆，民用轿车保有量399辆。全年全县完成邮电业务总量1130万元。其中，邮政业务总量410万元，增长17%；电信业务总量720万元。年末全县固定电话用户达16869户，其中城市用户达5909户，农村用户达10960户；移动电话用户达48000户；互联网用户累计达3000户。塔山集团、三元煤业投资开发的通天峡景区、太行水乡景区顺利推进；长治纪兰潞秀发展有限公司开发生产的粗布旅游纪念品销路看好；引进通天峡大酒店、休闲度假产权酒店等6大主题酒店；举办第四届全国新闻记者漂流邀请赛暨首届低碳旅游文化节。全年接待游客125万人次，旅游综合收入达3.7811亿元。

【投资贸易】 2010年全县全社会固定资产投资130651万元，比上年增长41.16%。分产业看，第一产业投资23135万元，增长64.22%；第二产业投资53524万元，增长40.91%；第三产业投资53992万元，增长33.36%。全县社会消费品零售总额42194.1万元，增长18.4%。

【科教文体卫】 2010年全县申报专利14项。全县有普通中小学161所，其中小学155所，普通高中1所，普通初中13所。全年高中招生715人，在校学生2145人。全年初中招生1929人，在校学生7160人。全年小学招生1507人，在校学生9880人。全县幼儿园12

所，在园幼儿1959人。开工建设“四校”工程，高考二本以上达线164人。年末全县有艺术表演团体1个，文化馆1个，博物馆1个，公共图书馆1个，公共图书馆藏书量5000册，档案馆1个。电视台1座，广播、电视综合人口覆盖率96%。年末全县有线电视用户达15300户。年末全县共建成农民文化广场123个，群众舞台105个，乡镇文化站12个，农民书屋166个。实施农村“文化低保”工程，电视剧《乡村大爷》开机拍摄，新编现代戏《山村支书》搬上舞台。年末全县人均体育场地面积达0.6平方米。有医疗卫生机构286个，其中医院、卫生院14所，妇幼保健院1所，疾病预防控制中心1个。床位415张。卫生技术人员429人，全县新型农村合作医疗覆盖率92.8%。

【社会生活】 2010年农村居民人均纯收入2807元，比上年增长3.2%；城镇居民人均可支配收入11496元，增长7.4%。全年全县在岗职工平均工资21475元，增长7.65%。年末城镇参加基本养老保险人数为5285人，基本医疗保险职工人数为8597人，失业保险职工人数为182人。年末全县各类收养性社会福利单位10所，床位800张。全年城镇最低生活保障人数2805人，农村最低生活保障人数9793人。全县98名60岁以上的老人按月领取养老金。

城镇登记失业率控制在2.7%以内；新农合参合率达93.18%，居民健康档案已建档11.5万人。粮食直补工作中全县13.5万人直接受益；全年累计培训农民10万人次，建立科技示范户1000户，辐射带动2万户；全年共移民搬迁330户1250人，新转移农村劳动力1.2万余人；19个省级重点推进村和25个市级整治村全部完成规划编制。

【年度获奖】 2010年，平顺县多项工作受到中央及省市领导和社会各界的关注，获得“中国最具投资潜力特色示范县”“中国低碳旅游示范区”“全国绿化模范县”“全国生态文明先进县”“中国绿色名县”等荣誉称号，西沟展览馆被评为全国廉政教育基地，平顺县被省政府命名为“依法行政示范县”。“国家级园林城”2010年申报，并获得通过；“省级环保模范城市”一次创建成功。 （王建斌　张国梅）

·黎城县·

中共县委书记	崔建泰
县人大常委会主任	郭俊芳
县长	郜双庆
县政协主席	路小玲

【概述】 黎城县位于北纬36°23′~36°53′，东经113°15′~113°35′，总面积1101平方千米。辖4乡5镇5个居委会，250个行政村。总人口16.3万人，人口出生率9.09‰，自然增长率3.55‰，人口密度每平方千米148人。2010年全县实现生产总产值21.13亿元，比上年增长13.0%；财政收入3.29亿元，增长8.3%，支出5.54亿元，增长38.2%。各项贷款余额11.9亿元。

【农业经济】 2010年全县农业总产值1.71亿元，比上年增长15.92%。农作物总面积1.88万公顷。粮食作物面积1.74万公顷，增长2.38%；粮食总产量6.31万吨，增长25.08%。经济作物面积0.14万公顷。蔬菜瓜类总产量9288吨。果园面积500公顷，总产量6100吨。林业总产值1.16亿元，增长9.55%。全年造林3306.13公顷，增长9.2%。新增经济林133.3公顷，降低40%。牧业总产值0.92亿元，增长5.92%。牛存栏5576头，猪存栏43239头，羊存栏53634只，兔存栏7000只。肉类总产量3873.2吨，蛋类总产量2295.65吨，牛奶总产量395.17吨。渔业总产值0.014亿元，增长1.1%。

【工业经济】 规模以上工业企业完成总产值36.7亿元，比上年增长22.3%；规模以上工业企业完成增加值9.31亿元，增长19.9%。其中集体企业完成增加值790万元，下降6.8%；股份企业完成增加值8.95亿元，增长22.2%，外资及港澳台企业完成增加值2900万元，增长76%。完成利税2.098亿元，增长722.4%。实现利润1.05亿元。规模以上企业16个，职工8000人。

【建设环保】 全年完成基本建设投资8.50亿元，比上年增长25.4%。重点建设项目有30个。全县资质以上建筑企业1家，完成建筑业总产值1440万元，增长270.4%。全年房屋建筑竣工面积6600平方米。环境保护总投资6500万元，增长110%，占同期全县生产总值的3.1%。全县建成区面积4.45平方千米，县城绿地率达35.2%，人均公共绿地面积33.08平方米。2010年，黎侯镇城南村引资2000余万元修建西顶山女娲森林公园。中国县镇绿色发展论坛组委会授予黎城县“中国绿色名县”荣誉称号，并获“全省经济林建设十强县”称号。

【交通　邮电】 全年全县公路通车总里程1012.48千米，其中县乡村公路918.48千米，县乡202.5千米。全县营运车拥有量达1120辆，有营运公交汽车15辆，出租汽车70辆。全年完成邮电业务总量0.63亿元，其中邮政业务总量0.11亿元，电信业务总量0.52亿元。全县市话交换机总容量5084门，农话交换机总容量17664门。年末本地电话用户1.73万户，下降14%，其中城市电话用户4594户，下降10.7%；乡村电话用户12704户，下降5.32%。年末全县移动电话用户达10万户，新增用户1.88万户，增长18%。

【商业　旅游】 2010年全县社会消费品零售总额6.64亿元，比上年增长19.0%。市场面积68万平方米。商业从业人员1.48万人，完成销售收入9.12亿元。全年接待国内游客69万人次，年收入69100万元，增长67854万元，其中门票收入1151.67万元，上升131.9%。全年全县进出口总额突破560万美元，批准进出口经营企业5个。派出国外考察8人，接待外商26人次。黎城红石民间工艺公司承制的1万只黎侯虎入驻上海世博会山西馆，成为代表山西的形象展示品和向中外游客的赠品。

【科教文体卫】 2010年全县获4项科技成果，科技人员320万人。普通高中1所，高级职业学校1所，中等专业学校2所，初中11所，小学133所，全县幼儿园24所(其中县直幼儿园2所)，在校学生分别为2793人、1054人、300人、7213人、14338人、5406人，特殊教育学校1所70人，民办高中1所300人，民办幼儿园3所。其中义务教育学段在校学生17131人。教职工1749人。适龄儿童入学率100%，高中入学率80%。黎城县城关小学教师张慧丽撰写的《“教来”的儿女》在“全国教师师德故事”征文活动中喜获全国一等奖。

文化馆、博物馆、体育活动场所等26处。儿童乐园3处，老干部活动室2处12室。有医疗卫生机构49处，其中有医院20家，床位545张，卫技人员538人，其中医生252人，注册护士128人，药剂人员41人。乡镇卫生院病床位266张，卫技人员167人。

【社会生活】 2010年城镇最低生活保障金发放人数3059人。农村最低生活保障金发放人数8331人。全县有9355名职工参加失业保险，农村合作医疗参合率99.52%，机关养老保险参保人数2210名，企业职工基本养老保险参保人数4836人，城镇居民医疗保险参保人数21740人，城镇职工医疗保险参保人数13521人，生育保险参保人数4904人，失业保险参保人数9355人，工伤保险参保人数10283人，农村社会养老保险参保人数14004人。2010年各项储蓄存款余额32.6亿元。实现社会商业保费收入6121.8万元，赔款支出732.6万元。城镇居民人均可支配收入9599.1元，增长8.1%。农民人均纯收入4263元，增长3.3%。城镇居民人均住房面积32.4平方米，农村居民人均住房26.96平方米。百户拥有电话95部、电视机110台。

【中华黎氏寻根黎城研讨会】 7月18~20日，黎城县举行“中华黎氏寻根黎城研讨会”，来自全国“五省一地”(广东、广西、江西、湖南、贵州及香港地区)的黎氏宗亲会、研究会、联谊会，共出席代表68人，因故未能参加会议的台湾、海南、山东等代表分别发来贺电贺信。“中华黎氏寻根黎城研讨会”是具有里程碑意义的一次重大黎氏寻根盛会。 (王利芳)

·壶关县·

中共县委书记	李全心
县人大常委会主任	张占雄
县长	段树新
县政协主席	李彦忠

【概述】 壶关县位于北纬35°50′~36°12′，东经113°10′~113°40′，全县总面积1013平方千米。辖7乡5个镇1个开发区，390个行政村。2010年末全县总人口29.1672万人，男女性别比(女=100)为100.5。全年人口出生率10.90‰，自然增长率5.38‰。

全年全县生产总值26.9948亿元，比上年增长7.9%。其中，第一产业增加值2.54亿元，增长15.0%；第二产业增加值16.10亿元，增长9.8%；第三产业增加值8.36亿元，增长2.8%。第一、第二和第三产业增加值对经济增长的贡献率分别为11.5%、77.1%、11.4%。全年居民消费价格上涨2.5%，其中食品类价格上涨6.6%。年末全社会从业人员14.34万人。城镇新增就业人数2101人，城镇登记失业率为2.82%。

全年实现财政总收入2.88亿元，比上年增长10.5%。其中国税收入1.52亿元，增长14.1%；地税收入9765万元，增长8.5%；财政收入3774万元，增长2.1%。一般预算收入1.13亿元，增长19.4%；一般预算支出8.33亿元，增长28.5%。年末全县金融机构各项存款余额44.9317亿元，增长25.6%；其中居民储蓄存款29.51亿元，增长15.3%。全县金融机构各项贷款余额20.43亿元，增长8.5%。

【农业经济】 全年农林牧渔业总产值4.54521亿元，增长41.9%。其中，农业总产值2.58284亿元，增长154.4%；林业总产值0.17052亿元，下降68.8%；牧业总产值1.73649亿元，增长9.4%；渔业总产值3.6万元，下降40.0%；农林牧渔服务业总产值550万元，增长1.9%。

全年农作物总播种面积16902.7公顷，增长1.0%，其中，粮食16176公顷，减少0.4%；油料58.2公顷，减少9.5%；蔬菜645.8公顷，增长60.4%。全年粮食产量10.8010万吨，增长144.5%，其中，夏粮736.2吨，下降12.5%，秋粮107273.8吨，增长147.5%；油料65吨，增长24.0%；蔬菜18916.9吨，增长122.9%。全年肉类总产量8888.4吨，增长19.5%，其中猪牛羊肉8284.8吨，增长19.8%；禽蛋4340吨，下降27.8%，奶435.3吨，增长23.0%。

【工业经济】 全年规模以上工业增加值15.34709亿元，比上年增长11.2%，其中，轻工业增加值9835.5万元，增长116.0%，重工业增加值14.36354亿元，增长9.1%；产品销售率96.2%。主要工业产品产量中，原煤下降7.1%，钢材增长52.2%，焦炭下降1.8%，生铁增长19.5%。

规模以上工业企业主营业务收入63.28137亿元，比上年增长

38.2%。实现利税1.34428万元,增长517.9%,其中实现利润850.4万元。亏损企业亏损额8050万元,比上年下降51.5%。

【建设环保】 全年全社会建筑业实现总产值5180万元,比上年增长93.9%。建筑业企业实现利润203万元,下降60.5%。全年完成县城规划区内路街、通道绿化、公共绿地建设和出入口绿化等11个绿化工程,对神山公园、奋进大街等16个绿地进行绿化建设,共栽植各类树木20多万株,绿化面积2万余平方米,县城规划区绿化覆盖面积达208.26万平方米,绿地面积达120.5万平方米,人均公共绿地面积达23.5平方米,县城规划区绿化覆盖率达26.7%,绿地率达20.3%。

全年县城供水总量206万立方米,其中工业供水11.32万立方米,生活供水180万立方米,人均日生活用水量98.01升。县区集中供热面积达103.5万平方米,其中住宅供热面积72万平方米。县城受热覆盖面积达70%以上。日均处理生活污水达4200立方米,城市污水处理率达84%以上,城市生活垃圾无害化处理率达100%,工业废水、烟尘排放量达标率分别达99%和100%。COD去除率达91%。全年全县空气质量Ⅱ级以上天数达341天。

【资源 贸易】 年末全县耕地总资源27547.1公顷,年内减少耕地面积27.77公顷。全年总用水量774.14万立方米。全年检查验收合格造林面积1476公顷,其中退耕还林配套荒山荒地造林面积614公顷,人工造林面积742公顷,义务植树42万株。

全年全社会固定资产投资17.62亿元,比上年增长71.6%。全年房地产开发投资完成2.12亿元,增长45.3%。全年社会消费品零售总额8.93亿元,增长21.0%。全年进出口总额203.8万美元。2010年,全县年初投资31.2亿元上马建设的30项县级重点项目,截至年底有9项完工,5项接近完工,其余项目进展顺利。

【交通 邮电 旅游】 全县388个村通水泥路,通达里程达1501千米,通达率达100%。全县公路通车里程达1123.5千米,其中高等级公路137.7千米。绿化里程达225千米。年末全县民用汽车拥有量达1.2575万辆,其中年末个人汽车拥有量1.1283万辆。

全年邮电业务总量2.0205亿元,其中邮政业务总量0.1272亿元,电信业务总量1.8933亿元。年末固定电话用户达34752户,其中住宅电话用户3.3613万户;年末移动电话用户7.6368万户;年末全县互联网用户累计达1.0458万户。

全县共有名胜风景区和文物保护区13个,全年共接待游客79.35万人次,增长15.0%;实现门票收入1200万元,增长26.3%;旅游收入9.92亿元。

【项目建设】 2010年,全县共洽谈合作项目15个,总额达300多亿元。其中,国电电力发展股份有限公司投资20亿元的风力发电项目,在壶关县建起3座测风塔,进行前期测风工作。三元煤业投资240亿元的煤制气项目,长治燃气有限公司全资建设的壶关县燃气管网和汽车加气项目,投资20亿元人民币由山西紫利伦有限公司实施年产100万吨炭化型煤项目成功签约。

【科教文体卫】 全县有普通中学25所,小学214所;普通中学专任教师数972人,小学专任教师数1571人;普通中学在校学生数19871人,其中普通高中在校学生数5956人,职业高中在校学生数2194人;小学在校学生数21520人;学龄儿童入学率100%,初中升学率99.9%,高中升学率62%。

全年全县培训科技人才15000人次,其中科技能手100名、星火带头人50人、科技计生100户;申报国家、省、市级项目25项,其中国家级1项,省级计划项目3项,市级21项;组织引导企业申请专利22项,新建2个专利试点企业。

全县有艺术表演团体1个,文化馆1个,博物馆1个,公共图书馆1个,公共图书馆图书总藏量99千册;剧场、影剧院数1个,放映单位18个,放映场次4580场,观众人数达229万人次;全县有乡镇广播电视站12个,电台1座,电视台1座;广播、电视通乡镇13个;广播、电视覆盖率分别达83.54%和95.41%;年末有线广播电视用户达39362户,接收数字信号用户4157户。

年末有县级体育场馆数2个,全县体育场地面积28.0100万平方米,新增场地面积1.7500万平方米,人均体育面积达1.1平方米。

年末全县共有医院、卫生院15个,妇幼保健机构1个,疾病预防控制中心(防疫站)1个。医院卫生院病床位588张。医院卫生院技术人员439人,其中执业医师162人、执业助理医师43人。全县乡村三级卫生机构达标率87.8%,新型农村合作医疗人数达232168人,新型农村合作医疗参合率达94.5%。

【社会生活】 全年农村居民人均纯收入2598元,比上年增长11.6%;城镇居民人均可支配收入11287元,增长7.5%;全年全县在岗职工平均工资19315元,增长6.8%。年末全县城镇居民人均住宅建筑面积达29.4平方米,农村居民人均住宅面积达26.1平方米。年末城镇参加基本养老保险职工8324人;参加基本医疗保险职工人数26311人;参加失业保险职工人数5800人;城镇基本社会保障覆盖率91.4%;参加农村社会养老保险数25257人。年末全县各类收养性社会福利单位27个,床位1831张。全年城镇最低生活保障人数3513人;农村居民最低生活保障人数16676人;农村五保供养人数

1824人。

【民生事业】2010年,壶关县总投入2.3亿元用于民生事业。投资1.1亿多元,对壶关一中、常平中学等58所中小学校舍安全改造;投资1000多万元,实施干部职工住房公积金、农村特困户危房改造、1000户城镇特困户廉租房等补助;投资320万元,抓好乡村卫生(院)所建设工作,改善乡村医疗卫生条件;投资400万元,抓好23所农村敬老院配套建设;投资150万元,新建新农村便民店20个;投资976万元,新建村级组织活动场所138个;投资680多万元,全面实施孕产妇儿童保健,离休老干部医药费、城镇居民医疗、重点优抚对象医疗等补助;城镇居民基本医疗保险覆盖达1万人,参保率达90%以上;投资478万元,完成自然村"村村通"广播电视工程和行政村"村村通"有线电视工程。全县亿元GDP生产安全事故死亡人数为0.7人,比上年下降22.2%。全年共发生道路交通事故17起,造成19人死亡、34人受伤。　(王林茂)

·长子县·

中共县委书记	张　圣
县人大常委会主任	花俊富
县　　长	卢展明
县政协主席	杨旭根

【概述】长子县位于北纬35°53′~36°15′,东经112°27′~113°00′,总面积1029平方千米,辖5乡7镇2个办事处,399个行政村。总人口9.20万户35.4万人,男女性别比(女=100)约为103:100,全年人口出生率19.8‰,自然增长率0.8‰,城镇人口比重达10.43%,比上年提高3%。

2010年全县生产总值54.93亿元,比上年增长16.1%。人均生产总值15583元,增长27.5%。其中,第一产业增加值7.96亿元,增长4%。第二产业增加值32.76亿元,增长31.3%。第三产业增加值14.22亿元,增长10.8%。全年全县财政收入达10.02亿元,增长25.22%。一般预算收入为3.45亿元,增长27.64%。一般预算支出8.74亿元,增长18.11%。2010年末全县金融机构各项存款余额57.28亿元,比年初增长17.2%;各项贷款余额27.2亿元,增长45.3%。2010年,全县规划引进各类项目102个,总投资420亿元。其中,上亿元的项目48个,新型高科技项目14个,农业项目21个。

【农业经济】2010年全县农林牧渔业总产值12.94亿元,比上年增长9.10%。其中,农业总产值9.52亿元,增长9.05%;林业总产值0.19亿元,增长18.75%;牧业总产值3.1亿元,增长10.7%;渔业总产值0.04亿元,增长33.3%;全年粮食种植面积30110公顷,减少17%,蔬菜种植面积0.58万公顷,增长8.52%。粮食总产量211620吨,增长5.8%。蔬菜总产量332410吨。全年肉类总产量19173吨,增长3.2%,禽蛋产量23030吨,增长5.5%;奶产量265.7吨,增长32.9%。

【工业经济】2010年,全县工业总产值完成60.7亿元,增长45.6%。规模以上工业增加值31.5亿元,增长51.93%。主要工业产品产量中,原煤生产1012.7万吨,增长24.9%,规模以上工业企业主营业务收入57.92亿元,增长55.7%。实现利税13.92亿元,实现利润6.10亿元。全年全县工业用电量30958.5万千瓦时,增长24.9%。

【建设环保】2010年全县全社会建筑业实现产值0.43亿元,增长10.9%,市级重点建设项目有25个。全县具有资质等级总承包和专业承包的建筑企业29家,实现利润0.06亿元,增长100%,上缴税金158.2万元。年末城市房屋建筑面积266.49万平方米,比上年末增长2.8%,其中住宅建筑面积153.48万平方米。年末全县建成区绿化覆盖率47.56%,比上年提高23%,县城人均公共绿地面积为12.1平方米。年末全县交通运营车辆1458辆,出租汽车119辆。全县有公园8座,总面积43万平方米。全年全县硬化改造背街小巷835条。全年城市供水总量214.99万吨,人均生活用水量100升/日。全县集中供热面积169万平方米。全县污水处理率为83%。生活垃圾无害化处理率为75.8%。全年全县空气质量二级以上天数为365天。

【交通　邮电】2010年全县公路客运量128万人次,增长18%;旅客周转量11258万人千米,增长4.4%;货运量4936万吨,增长14.9%;货运周转量34350万吨千米,增长13.5%。年末全县民用汽车保有量达1518辆,比上年末增长20.8%,其中年末私人汽车保有量1209辆,增长30.3%。全年全县完成邮电业务总量8254万元,增长-23.8%。其中,邮政业务总量1495万元,增长2.9%;电信业务总量0.68亿元,增长-27.7%。年末固定电话用户达35803户,移动电话用户达11.45万户。电话普及率达42.5部/百人,年末全县互联网用户累计达9390户。全县全年用电量68885万千瓦时,增长26%。

【投资贸易】2010年全县全社会固定资产投资45.2亿元,增长23.41%,其中国有投资19.2亿元,增长18%,非国有投资26亿元,增长22%。全年房地产开发投资0.73亿元,增长285%。2010年全县社会消费品零售总额8.68亿元,增长20.3%。

【教育事业】2010年全县幼儿园54所,普通中学27所,小学107所。全年高中在校学生7097人,初中在校学生12587人,小学在校学生21019人,在园幼儿8384人。全年全县申报专利37项,增长12%。

【文化　体育　卫生】2010年全县

共有艺术表演团体18个，文化馆2个，博物馆1个，公共图书馆4个，公共图书馆藏书量25万册，档案馆1个，广播电台1座，电视台1座，广播、电视综合人口覆盖率分别达30%和93%。年末全县有线电视用户达3.2万户。建成农民文化广场150余个，群众舞台308个，乡镇文化站12个。全县有医疗卫生机构26个，其中医院、卫生院24个，妇幼保健院1个，疾病预防控制中心1个。床位649张。卫生技术人员461人，全县新型农村合作医疗覆盖率96.3%。

【社会生活】 2010年农村居民人均纯收入6250元，比上年增长10%；城镇居民人均可支配收入14133元，增长8.7%。全年全县在岗职工平均工资39913元，增长45.9%。年末全县城镇居民人均住宅建筑面积达27.8平方米，农村居民人均住宅面积达30.2平方米。年末城镇参加基本养老保险人数为10134人，基本医疗保险职工23073人，失业保险职工9533人，农村新型合作医疗295148人。年末全县各类收养性社会福利单位2所，床位23张。全年城镇最低生活保障人数1559户2924人，农村最低生活保障人数1324人。全县40062名60岁以上的老人按月领取55元养老金。全年全县共支出救助金额285余万元。

【获“全国科技进步先进县”称号】 2010年3月，在山西省科技工作会议上，长子县获“全国科技进步先进县”称号。

长子县全力实施“科技兴县”战略，2008~2010年，共实施国家及省市科技项目59项，争取上级科技项目投资850余万元，组织实施各级科技项目95项，科技研发资金投入达2200余万元，有6项技术创新获得省、市科技进步奖，申报国家专利60余项，科技工作实现阶段性跨越和历史性突破。

【获“全国生态文明先进县”称号】 7月，在全国生态文明先进县成果发布会上，长子县因良好的环境体系和优质的生态文明建设被授予“全国生态文明先进县”荣誉称号。

（王卫星）

·武乡县·

中共县委书记　周　涛
县人大常委会主任　袁俊山
县　　长　阎新平
县政协主席　王建华

【概述】 武乡县位于北纬36°39′~37°08′，东经112°26′~113°22′，总面积1610平方千米，辖9乡5镇1个开发区，377个行政村。总人口20.5万人，男女性别比(女=100)为107.2:100。全年人口出生率7‰，死亡率6‰。

2010年全县生产总值39.9亿元，比上年增长13.5%。其中，第一产业增加值2.4亿元，第二产业增加值25.2亿元，第三产业增加值12.3亿元。全年全县财政收入10.6亿元，增长12%。全县一般预算支出3.66亿元，增长14%。年末全县金融机构各项存款余额46.2亿元，比年初增长16%，全县金融机构各项贷款余额35.7亿元，增长1.3%。

【农业经济】 2010年全县农林牧渔业总产值3.8亿元，比上年增长16.9%。其中，农业总产值2.7亿元，增长16.9%；林业总产值0.1亿元，增长37.6%；牧业总产值0.8亿元，增长18.9%；渔业总产值500万元，增长11.4%；全年粮食种植面积27292公顷，减少1.6%，油料488公顷，增长17.1%，蔬菜1201公顷，增长29.6%。粮食总产量91913吨，增长10.3%，平均亩产224.5千克。蔬菜总产量21052吨。2010年肉类总产量2966.49吨，其中猪牛羊肉2418吨；禽蛋产量4065吨；奶产量1045吨。

【工业经济】 全年规模以上工业增加值24.5亿元，比上年增长18.6%，其中重工业增长18.6%，产品销售率97.4%。主要工业产品产量中，原煤增长23%，发电量增长0.8%，焦炭增长-20%，规模以上工业企业主营业务收入47.13亿元，增长18%。实现利税9.6亿元，增长211%，其中实现利润5.5亿元。

【建设环保】 2010年全县全社会建筑业实现产值133万元，重点建设项目有65个。全县具有资质等级总承包和专业承包的建筑企业1家，年末全县交通运营车辆856辆，出租汽车60辆。全年城市供水总量130万吨。全县集中供热面积140万平方米。全县污水处理率为70%。全年全县空气质量二级以上天数为350天。

【交通　邮电】 年末固定电话用户达到25182户，其中，县城电话用户6900户，农村电话用户18282户，年末全县移动电话用户达89469户。年末全县互联网用户累计达7125户。

【投资贸易】 2010年全县全社会固定资产投资25.1亿元，比上年增长34.4%，其中国有投资20.2亿元，增长76.5%，非国有投资4.8亿元，下降32.4%。分产业看，第一产业投资1.3亿元，下降37.5%；第二产业投资16.8亿元，增长127%；第三产业投资6.9亿元，下降23.3%。全县社会消费品零售总额7.8亿元，增长15%。

【教文体卫】 2010年全县普通中学21所，其中普通高中1所，普通初中20所。全年高中在校学生2933人，初中在校学生8853人。小学172所，全年小学在校学生15417人。全县幼儿园23所，在园幼儿3153人。文化馆1个，公共图书馆1个，公共图书馆藏书量6.5万册，档案馆1个。电视台1座，广播、电视综合人口覆盖率分别达95%和95%。年末全县有线电视用户达13500户，其中数字信号用户

6000户。乡镇文化站15个。

年末全县人均体育场地面积达1.4平方米。武乡县新世纪文武学校董事长崔俊宏率9名学生赴香港参加"獅豸杯"第八届香港国际武术大赛，共获得6金5银奖。8月4日，武乡县丰州镇姜村供销希望小学落成，山西省副省长刘维佳出席剪彩仪式。

全县有医疗卫生机构406个，其中医院2个、卫生院14个，妇幼保健院1个，疾病预防控制中心1个。床位316张。卫生技术人员868人，全县新型农村合作医疗覆盖率100%。

【人民生活】 2010年农村居民人均纯收入2884元，比上年增长2%；城镇居民人均可支配收入11698元，增9.3%。年末全县城镇居民人均住宅建筑面积达140万平方米。年末城镇参加基本养老保险人数为15000人，基本医疗保险职工7600人，失业保险职工人数为8500人。全年城镇最低生活保障人数3339人，农村最低生活保障人数13621人。全县116名60岁以上的老人按月领取养老金。

【社会活动】 10月30日，中国扶贫开发协会副会长、北京六合兴济困助学基金会理事长薄熙成为武乡一中300名贫困高中生颁发助学金。

10月31日，由国家发展改革委环资司发起的"光爱之行"10万只节能灯情系武乡捐赠活动仪式在八路军太行纪念馆举行。

11月8日，国家人力资源社会保障部工资司司长朱建平一行在武乡就义务教育学校事业单位全面实施绩效工作进行调研。

11月12日，国务院扶贫办规划财务司党支部与武乡县与韩北乡桥南村党支部开展的"情系太行、携手共创"党建主题活动启动仪式在桥南村举行。

11月30日，由国家文物局、山西省人民政府共同主办的《抗战纪念建筑》首发仪式在武乡八路军太行纪念馆举行。国家文物局单霁翔、山西省副省长张平出席。

12月28日，国家林业局原局长、中国绿色碳汇基金会理事长刘于鹤一行到武乡县调研。

12月30日，武乡县与山西鑫四海集团有限公司举行百万头生猪生态养殖加工基地项目签约仪式。 （魏春洲）

·沁　县·

中共县委书记　田志明
县人大常委会主任　杜汉如
县　　长　张　斌
县政协主席　王元英

【概述】 沁县位于北纬36°25′~36°57′，东经112°29′~112°53′，总面积1297平方千米，辖7乡6镇6办事处3个开发区306个行政村。总人口17.45万人，男女性别比(女=100)为107。人口出生率7.3‰，自然增长率0.65‰；城镇人口比重达25.49%，比上年提高0.27%。人口密度每平方千米135人。

2010年全县生产总值10.63亿元，比上年增长14%。其中，第一产业增加值3.16亿元，第二产业增加值0.9亿元，第三产业增加值6.5亿元。全年全县财政收入1.1171亿元，增长9.95%，增收1011万元。全县一般预算支出5.64亿元，增长27.1%。年末全县金融机构各项存款22.2亿元，比年初增长16%，全县金融机构贷款余额11.2亿元，增长20.7%。

【农业经济】 2010年全县农林牧渔业总产值5.26亿元，比上年增长17.1%。其中，农业总产值3.79亿元；林业总产值2524万元；牧业总产值1.1036亿元；渔业总产值550万元。全年粮食种植面积24.3公顷，减少1.1%，油料种植面积24公顷，下降61%，蔬菜种植面积683公顷，增长22.8%。粮食总产量141988吨，增长6.8%，平均亩产389.6千克。蔬菜总产量19817吨。2010年肉类总产量2491吨，下降7.3%，其中猪牛羊肉2218吨，下降5.1%；禽蛋产量1740吨，增长45%；奶产量426吨，增长70.4%。

【工业经济】 全年规模以上工业增加值3000万元，增长36.6%，其中，轻工业增加值增长0.3%，重工业减少35%，产品销售率95.5%。规模以上工业企业主营业务收入1.13亿元，增长40.3%。实现利税1100万元，增长2.5%，其中实现利润500万元，增长39.9%。

【重点项目】 220千伏变电站联网在沁县启动。在召开的招商引资洽谈暨重大项目签约仪式上，沁县一次签约6亿元以上6大项目，即莱茵河畔旅游综合开发、沁州黄农业示范园区、北海生态旅游休闲度假村、天然气管网、300万瓶水果维他命项目、海河源头生态农业综合开发项目，总投资50多亿元。

【建设环保】 2010年全县全社会建筑业实现产值1389.8万元，重点建设项目有14个。具有资质等级总承包和专业承包的建筑企业1家。年末全县城市建成区面积5.71平方米，年末城市房屋建筑面积210万平方米，比上年末增长0.5%，其中住宅建筑面积162.64万平方米。年末全县建成区绿化覆盖率38%，提高1%，县城人均公共绿地面积为8.8平方米。年末全县交通运营车辆100辆，出租汽车113辆。全县有公园8座。全年硬化改造背街小巷9条。全年城市供水总量150万吨，人均生活用水量21万升。全县污水处理率77.09%。全年全县空气质量二级以上天数为365天。

【交通　邮电】 2010年全县公路客运量18万人；旅客周转量703万人千米；货运周转量3558万吨千米。年末全县民用汽车保有量达593辆，比上年末增长20%，其中年末私人汽车保有量487辆，增长

18%。民用轿车保有量287辆,增长26%,其中私人轿车247辆。

全年全县完成邮电业务总量1620万元,增长95.6%。其中,邮政业务总量900万元,增长4.2%;电信业务总量720万元。年末固定电话用户达2.4万户,其中,城市电话用户0.8万户,农村电话用户1.6万户,年末全县移动电话用户达3.8万户。电话普及率达90部/百人,年末全县互联网用户累计达4000户。

【投资贸易】 2010年全县全社会固定资产投资15.47亿元,比上年增长35.1%,其中国有投资7.5637亿元。分产业看,第一产业投资5.7817亿元;第二产业投资5.4866亿元;第三产业投资4.1360亿元。全年房地产开发投资1651万元。2010年全县社会消费品零售总额4.86亿元,增长20.7%。

【科教文体卫】 2010年,全县申报专利16项。全县有小学113所,普通高中3所,普通初中13所。全年高中在校学生4578人。全年初中在校学生10210人。全年小学在校学生13886人。全县幼儿园25所,在园幼儿2980人。年底全县共有艺术表演团体1个,文化馆1个,博物馆1个,公共图书馆1个,公共图书馆藏书量5000册,档案馆1个。全县广播电台1座,电视台1座,广播、电视综合人口覆盖率分别达81.24%和96%。年末全县有线电视用户达2.8万户。共建成农民文化广场64个,群众舞台13个,乡镇文化站13个,农民书屋65个。年末全县人均体育场地面积达1.47平方米。年末全县共有医疗卫生机构359个,其中医院、卫生院16个,妇幼保健院1个,疾病预防控制中心1个。床位458张。卫生技术人员382人,全县新型农村合作医疗覆盖率88.2%。

【社会生活】 2010年农村居民人均纯收入2746元,比上年增长3.6%;城镇居民人均可支配收入9460.1元,增长7.88%。全年全县在岗职工平均工资23955元,增长12.2%。年末全县城镇居民人均住宅建筑面积达31.07平方米,农村居民人均住宅面积达20.8平方米。年末城镇参加基本养老保险人数为5598人,基本医疗保险职工8000人,失业保险职工5181人。年末全县各类收养性社会福利单位13所,床位857张。全年城镇最低生活保障人数4666人,农村最低生活保障人数11708人。全县1350名60岁以上的老人按月领取养老金。

【300家旅行社考察沁县旅游资源】 6月17~19日,太原、榆次、长治、晋城4地300家旅行社在沁县考察,重点围绕沁县的5大旅游品牌即海河第一源、民间石刻第一馆、华北第一钓、中华象棋发源地、中国小米之乡等景点,打造北方水城精品一日游。截至2010年底,有100余家旅行社和沁县政府达成合作意向,标志着沁县开发旅游迈出实质性步伐。 (申文水 郝爱萍)

·沁源县·

中共县委书记	王玉圣
县人大常委会主任	赵海军
县长	杨红旗
县政协主席	杜天云

【概述】 沁源县位于北纬39°22′~39°52′,东经113°23′~113°58′。财政收入累计完成17.67亿元,同比增长10.08%。

【项目建设】 铺开项目166项,其中千万元以上重点续建、新建和前期项目54个,总投资179亿元。全县民营企业累计参加招商引资洽谈会5次,签订合作项目7个,签约资金35.8亿元,是上年的8倍。在第三届能博会上,灵空山绿色食品有限公司与天津(香港)圣达机械有限公司签订6000吨大豆蛋白开发项目,引进资金2985万元。沁源县房地产开发公司与河南盛达建筑有限公司签约滨河源小区“A区”建设项目,引进资金5305万元。引进中国500强民营企业杭州锦江集团全资子公司浙江康瑞投资有限公司,投资20亿元新上沁源县老凹沟40万吨铝镁阻燃剂和40万吨莫来石项目。

【城乡建设】 沁源三中、县职业中学、信用联社办公大楼、公安大楼投入使用,法院审判厅主体完工,太岳大酒店、体育馆开始室内装修,县实验小学正式开工。县城集中供热三期工程新增供热面积50万平方米,累计达130万平方米;县城集中供气工程完成主管网铺设、供气站及配套设施建设;垃圾处理场开工建设。

完成南石至石板庙、王凤至小箭杆等6个共31.1千米村通水泥(油)路项目;投资757万元实施农村饮水安全工程43处,解决62个自然村15218口人569头大畜的饮水安全问题;全县村通水泥(油)路、村村通广播电视、农村饮水安全实现全覆盖;投资1000余万元,完成韩洪、柏子2个变电站部分设备更新,投资2.11亿元的沁源县220千伏变电站进入施工阶段;网络建设3G信号覆盖全县所有乡镇,新增宽带端口2128个,新增宽带能力240线;新农村建设完成1308户“美好家园”改造任务。

【生态建设】 造林绿化2725.36公顷,超额完成省市下达的生态建设任务。实施南沁线、汾屯线、花坡旅游线共48.7千米通道绿化,以及46.69公顷经济林、40.02公顷通道育苗、200.1公顷通道荒山低效林改造,圆满完成县级造林绿化“十大工程”。推进“蓝天碧水”工程,全县所有焦化、电力、污水厂全部实施污染物在线监控,企业焦炉煤气全部脱硫和综合利用、废水全部处理达标不外排。环境空气质量全部为二级以上天气,万元地区生产总值能耗降幅5.6%,超过年度目标0.8%;加强环境综合整治,通过省级卫生县城验收。

【教育　文化　卫生】 投资1.13亿元实施79所学校的“校安”工程；沁源三中9月份正式投入使用；一中教学楼动工新建；投资22.66万元为2.83万名中小学生购买平安保险；全县中小学生全部实现免费教育；筹资56.76万元资助贫困大学生306人；高考二本以上达线人数112人。投资100余万元，新建乡镇文化中心2个，改造乡村文化大院104个，文化低保下乡送戏79场次。县图书馆被评为国家二级图书馆。在山西省第十五届群星奖比赛中，沁源县选送的文艺节目《串门门》荣获一等奖。投资350万元，提标上档新建29个活动场所，被省委表彰为“村级组织活动场所建设工作先进县”。县人民医院“二甲”达标；对115所卫生所进行标准化建设，新建改建卫生室57个；成立沁河、郭道、灵空山、王陶4个中心卫生监督站，强化医疗卫生监督管理。

【社会事业】 养老保险参保人数达8050人，城镇居民、职工医疗保险参保率分别达70%、98%，失业、工伤、生育等保险参保率均达90%以上。建成15所农村敬老院，对所有中小学校、敬老院及8000余户困难群众发放燃煤补助资金226万元。投资600余万元，改造农村困难居民住房500户；廉租房建设一期工程两栋6250平方米125套主体完工，二期工程2335平方米46套4层已经封顶(共6层)，建成后可解决170户城镇低收入居民住房。

推进“新网工程”，建成农资、日消费用品两大流通网络，经营服务范围覆盖全县90%以上的行政村；加快放心便民粮店建设，创建省级骨干示范店10个、市级骨干示范店8个、“放心粮油”经销网点54个。推进“六个一”下乡住村活动，为群众解决问题、办实事2200余件，提供致富信息1万余条，引进转型项目50个，引进资金2000余万元，制定发展规划15项。

加强学习型党组织建设，搭建太岳大讲堂、基层党校(分校)、基层宣讲、网络交流4个讲学平台，被评为全国生态文明先进县，省委、省政府授予增加农民收入先进县。统计工作受到国务院经济普查小组表彰，妇女、工会和环境卫生等工作受到省级表彰。 (郭小红)

·潞城市·

中共市委书记	桂正平
市人大常委会主任	申新红
市　　长	孙刘琳(女)
市政协主席	张书平

【概述】 潞城市位于北纬36°14′~36°29′，东经112°59′~113°25′，总面积615平方千米，辖3乡4镇2个办事处202个行政村。

2010年全市生产总值72.1亿元，比上年增长14.3%。其中，第一产业增加值2.6亿元，第二产业增加值53.7亿元，第三产业增加值15.7亿元。全年全市财政收入11.088亿元，增长10%。全市一般预算支出6.8492亿元，增长14.6%。年末全市金融机构各项存款余额62.03亿元，比年初增长15.5%；全市金融机构各项贷款余额34.3亿元，下降6.35%。

【农业经济】 2010年全市农林牧渔业总产值4.6659亿元，比上年增长10.1%。其中，农业总产值3.1676亿元，增长19.4%；林业总产值0.3436亿元，增长10%；牧业总产值1.0551亿元，增长1.2%；渔业总产值0.0216亿元，增长16%；全年粮食种植面积18486公顷，增长0.5%，油料208公顷，增长4%，蔬菜1676公顷，下降9.9%。粮食总产量110092吨，增长29.4%。蔬菜总产量61978吨。肉类总产量4748吨，增长13.5%，其中，猪牛羊肉4199吨，增长11%；禽蛋产量3100吨，下降25.2%；奶产量1680吨，增长16%。

【工业经济】 2010年全年规模以上工业增加值52.3亿元，比上年增长18.05%，其中，轻工业增加值1.12亿元，增长751%，重工业增长18.7%，产品销售率97.9%。主要工业产品产量中，原煤下降36.6%，发电量与上年持平，焦炭下降26.9%，钢材增长6.2倍。全年规模以上工业企业主营业务收入292亿元，增长22.2%。实现利税-3.95亿元，下降146.2%，其中实现利润-8.5亿元，下降178.5%。

【建设环保】 2010年全市全社会建筑业实现产值0.8921亿元，比上年增长21.8%。全市具有资质等级总承包和专业承包的建筑企业4家。年末全市城市建成区8平方千米。全年城市供水总量241万吨，人均日生活用水量87.8升。全市集中供热面积136.5万平方米。全年污水处理量246万吨，生活垃圾无害化处理率为99%。全年全市空气质量二级以上天数为336天，比上年增加14天。

【交通　邮电】 2010年全市公路客运量129万人次，与上年持平；旅客周转量5536万人千米，比上年增长2.5%；货运量712.5万吨，增长7.6%；货运周转量46589万吨千米，增长12.8%。全年全市完成邮电业务总量8606万元，增长3.5%。其中邮政业务总量680万元，增长6.4%；电信业务总量7926万元，增长3.3%。年末固定电话用户达2.69万户，年末全市移动电话用户达14.79万户，年末全市互联网用户累计达2.06万户，增长53.7%。

【投资贸易】 2010年全市全社会固定资产投资45.6406亿元，比上年增长18.7%，其中城镇投资42.7117亿元，增长17%，农村投资2.9287亿元，增长50.5%。分产业看，第一产业投资1.7953亿元，增长77.8%；第二产业投资29.5691亿元，增长5.5%；第三产业投资11.3473亿元，增长20.7%。全年房地产开发投资8234万元。2010年全市社会消费品零售总额7.4479亿元,比上年增长20.4%。

【科教文体卫】2010年,全市申报专利60项。共有学校103所,其中小学90所,普通高中2所,普通初中10所。全年高中招生3994人,初中招生9002人,小学招生17266人。全市幼儿园55所,在园幼儿4863人。年末全市有文化事业机构5个,公共图书馆1个,公共图书馆藏书量4.3万册,档案馆1个。全市广播电台1座,电视台1座,广播、电视综合人口覆盖率达90%。有线电视用户达200户,其中数字信号用户9500户。年末全市人均体育场地面积达1.57平方米。有医疗卫生机构318个,其中医院、卫生院9个,妇幼保健院1个,疾病预防控制中心1个。床位561张。卫生技术人员702人。全市新型农村合作医疗覆盖率达91.2%。

【社会生活】2010年农村居民人均纯收入6141元,比上年增长11.2%;城镇居民人均可支配收入14277元,增长10%。全年全市在岗职工平均工资24286元,增长17.3%。年末全市城镇居民人均住宅建筑面积达32.9平方米,农村居民人均住宅面积达26平方米。年末城镇参加基本养老保险人数为18690人,基本医疗保险职工42674人,失业保险职工16220人,城镇最低生活保障10810人。

【获"国家园林城市"称号】围绕建设最佳宜居环境、推进城乡生态化的目标,潞城市实施10大绿化重点工程,2010年末全市建成区绿化覆盖率达40%,市区人均公共绿地面积9.2平方米。在苏州举行的第47届国际风景园林师联合会会议上,潞城市被国家住房和城市建设部授予"国家园林城市"称号。

(申俊良)

晋城市

中共市委书记	张茂才
副书记	王茂设 冯建平
市人大常委会主任	孟福贵
副主任	段伟祥 秦红星 张满祥 廖军 任建宏
市长	王茂设
副市长	郭长青 赵学梅* 贾联亭 李章宏 王树新 焦光善
市政协主席	殷理田* 师建平
副主席	申会 郭一峰 贺贵元* 王陆升 金德祥 马德和 陈政玲 王克平

【概述】晋城市位于北纬35°11′~36°04′,东经111°55′~113°37′。

2010年全市生产总值730.5亿元,比上年增长13.7%。其中,第一产业增加值30.7亿元,增长13.7%;第二产业增加值464.6亿元,增长15.6%;第三产业增加值235.2亿元,增长10.5%。居民消费价格比上年上涨2.5%,其中,食品价格上涨8.7%;商品零售价格上涨1.8%;工业品出厂价格上涨6.4%(生产资料价格上涨6.4%,生活资料价格上涨6.8%)。原材料、燃料、动力购进价格上涨11.1%。

年末全市新增城镇就业岗位4.25万个。农村剩余劳动力输出与就地转移2.15万人。下岗失业人员再就业5775人,其中就业困难人员再就业1677人。组织开展各类技能培训4.05万人次。完成创业培训3870人。举办各类大中专毕业生和劳动力专场招聘会150余场,提供就业岗位5万多个,接待各类求职人员近20万人次,通过洽谈会求职成功2.8万人,通过网络应聘就业5600余人。年末城镇登记失业率2.4%。

【农业经济】全年全市农作物种植面积21.82万公顷,比上年增长2.9%。其中,粮食种植面积20.75万公顷,增长2.9%;油料种植面积3900公顷,增长8.3%;棉花种植面积300公顷,减少6.7%。在粮食种植面积中,玉米种植面积8.45万公顷,增长1.4%;小麦种植面积6.67万公顷,增长4.5%。全年粮食总产量91.5万吨,比上年增产30.7%。其中,玉米53.1万吨,增产36.9%;小麦24.6万吨,增产11.8%。

全年全市猪牛羊肉总产量9.5万吨,比上年增长12.0%。其中,猪肉产量8.8万吨,增长10.9%;牛肉产量1000吨,下降17.9%;羊肉产量5000吨,增长56.7%。牛奶产量3000吨,下降34.1%。禽蛋产量3.5万吨,减少26.2%。水产品产量1000吨,增长7.4%。

年末全市森林面积33.63万公顷,森林覆盖率达35.7%。全年木材产量3000立方米,比上年减少42.8%。全年完成造林7200公顷,增长21.6%。退耕还林工程完成配套荒山荒地造林面积2200公顷。全年完成天然林资源保护工程造林面积700公顷,下降37.6%。年末全市农业机械总动力225.3万千瓦,比上年末增长6.1%。机械耕地面积15.58万公顷,机械播种面积12.17万公顷,机械收获面积8.34万公顷,分别比上年增长8.0%、11.6%和22.8%。全市农机化经营总收入达13.7亿元,增长11.1%。

【工业　建筑业】全年全部工业增加值443.9亿元,比上年增长15.6%。其中,规模以上工业企业完成工业增加值435.7亿元,增长19.3%。规模以上工业企业原煤产量8434万吨,增长14.6%;焦炭产量84.15万吨,增长10.5%;钢材151.74万吨,增长23.2%。

规模以上工业主营业务收入1000.1亿元,比上年增长39.1%。其中,四大传统支柱产业实现主营业务收入869.2亿元,增长36.7%,

煤、化、冶、电分别实现主营业务收入625.7亿元、90.6亿元、86.8亿元和66.2亿元，分别增长55.0%、-4.5%、20.9%和1.4%。新兴产业中，装备制造业实现主营业务收入63.7亿元，增长79.9%；石油和天然气开采业实现25.1亿元，增长64.3%；石油加工、炼焦及核燃料加工业实现14.3亿元，增长25.3%；食品饮料及加工业实现10.3亿元，增长52.4%。规模以上工业实现利税218.9亿元，增长22.0%；实现利润141.6亿元，增长24.7%；亏损企业亏损额12.4亿元，增长33.9%。

全年全市建筑业实现增加值20.8亿元，比上年增长15.2%。年末全市具有资质等级的总承包和专业承包建筑业企业共有71家，完成总产值34.0亿元，增长9.8%；房屋建筑施工面积181.5万平方米，增长5.4%；签订的合同额为47.8亿元，增长28.5%；实现利润总额1.6亿元，增长21.1%；上缴税金1.1亿元，增长12.4%。全年固定资产投资432.6亿元，增长22.2%。城镇固定资产投资建成投产项目779个，项目建成投产率为59.9%，新增固定资产217.4亿元。全年房地产开发投资32.4亿元，增长21.9%。

【能源经济】 全年全市一次能源生产折标准煤6139.1万吨，比上年增长6.2%；二次能源生产折标准煤331.9万吨，增长2.9%。全年向省外运输煤炭6293万吨，下降0.8%，外运煤炭占原煤产量的比重为74.1%；向省外输送电力177.9亿千瓦小时，下降0.3%，外输电量占发电量的比重为87.4%；向省外运输焦炭28.8万吨，增长32.3%，外运焦炭占焦炭产量的比重为37.8%。固定资产投资中，能源工业投资完成126.1亿元，下降7.6%。其中煤炭工业投资80.1亿元，下降14.6%；石油和天然气开采业投资11.0亿元，下降10.8%；石油加工、炼焦及核燃料加工业投资7325万元，下降81.5%；电力、热力的生产和供应业投资34.3亿元，增长29.2%。

【对外经济】 全年全市海关进出口总额5.32亿美元，比上年增长122%。其中，进口额3.2亿美元，增长168.5%；出口额2.12亿美元，增长76%。全年进口集成电路8901万美元，增长125.4%；进口机械设备10516万美元，增长175.7%；进口电器及电子产品15044万美元，增长152.6%；进口电子技术产品12147万美元，增长134.3%；进口计算机集成制造技术产品5898万美元，增长561.9%。全年出口煤炭763吨，下降81.9%，出口金额32万美元，下降54.6%；出口钢材3.8万吨，增长20.2%，出口金额2677万美元，增长12.0%；出口电器及电子产品15454万美元，增长100.8%；出口计算机与通信技术产品11638万美元，增长118.0%。全年全市新设立外商直接投资企业1家；按全口径统计实际使用外商直接投资金额1.31亿美元，比上年下降32.6%，其中纳入商务部口径统计的为5933万美元，增长1001.37%。

【交通　邮电　旅游】 全市公路线路年末里程8447千米，其中高速公路287千米。年末全市民用汽车保有量达19.4万辆（包括三轮汽车和低速货车3.1万辆），比上年末增长16.7%，其中私人汽车15.1万辆，增长19.3%。全年新注册汽车4.1万辆，增长20.3%。年末轿车保有量8.9万辆，增长28.1%，其中私人轿车7.6万辆，增长31.4%。

全年全市完成邮电业务总量39.4亿元，比上年增长10.7%。其中，邮政业务总量1.5亿元，下降26.7%；电信业务总量37.9亿元，增长13.0%。固定电话用户年末达43.3万户。新增移动电话用户42.3万户，年末达167.4万户。年末全市固定及移动电话用户总数达210.6万户，比上年末增加40.6万户。全市宽带接入用户达18.0万户，增长37.3%。

年末全市共有成规模的旅游景区（点）49处，其中有皇城相府1个国家级5A级景区，王莽岭、珏山青莲寺、蟒河和柳氏民居4个国家级4A级景区，7个2A级景区，7个国家级工农业旅游示范点。共有星级饭店25家。全年全市接待海外游客5.1万人次，接待国内游客1047万人次，分别增长20.2%和19.5%；旅游外汇收入1658万美元，国内旅游收入75.5亿元，旅游总收入76.4亿元，分别增长3.4%、19.9%和20.0%。

【金融经济】 全年全市财政总收入153.2亿元，比上年增长12.6%。一般预算收入55.5亿元，增长15.4%。其中，税收收入43.2亿元，增长15.0%，国内增值税、营业税、企业所得税、个人所得税、资源税和城建税共计完成税收37.9亿元。一般预算支出执行89.5亿元，增长17.0%。其中农林水事务支出增长25.4%，教育支出增长15.8%，社会保障和就业支出增长0.7%，医疗卫生支出增长23.4%，环境保护支出增长30.8%，文化体育与传媒支出增长2.9%，公共安全支出增长20.9%。

年末全市金融机构本外币各项存款余额1326.7亿元，比年初增长19.7%；各项贷款余额526.2亿元，增长23.0%。人民币各项存款余额1324.9亿元，增长19.7%；各项贷款余额522.9亿元，增长22.4%，其中个人消费贷款11.1亿元，增长45.5%。全年累计现金收入1458.9亿元，累计现金支出1493.1亿元，货币净投放34.2亿元。年末全市农村金融合作机构（农村信用社、陵川县太行村镇银行、泽州浦发村镇银行）人民币贷款余额126.4亿元，增长20.6%。

全年全市保费收入28.0亿元，比上年增长21.9%。其中，寿险业务保费收入20.6亿元，增长19.4%；财产险业务保费收入7.4亿元，增长29.8%。财产险赔案共计11万件，其中9.9万件为已决赔案，赔付金额为3.06亿元，赔付率达41.4%。寿险累计给付保险金2.3亿元。

全市有证券营业部3家,从业人员52人。年末开户数29458户,累计存入资金40.3亿元,比上年增长3.5%,入市资金32.0亿元,下降9.1%。全年营业收入8547万元,下降26.9%,利润总额5470万元,下降35.2%。

【科教文体卫】 全年全市组织实施各类科技项目279项(其中国家级7项、省级35项、市级237项)。在国家级项目中,列入国家级火炬计划1项,国家中小创业创新基金项目1项、成果计划3项,星火计划2项;在省级项目中,列入省级火炬计划3项,星火计划10项,农业攻关与社会发展6项,成果推广10项,工业攻关4项,软科学及基础平台建设2项。全年共受理专利申请660件,比上年增长6%。受理发明专利申请135件,下降60%。全年全市授予专利权283件,增长43%。授予发明专利权18件,增长13%。全年取得28项科技成果。国家认定企业技术中心1家。省级企业技术中心及工程技术研究中心达9家。截至2010年底,全市累计认定高新技术企业达7家。

年末全市有学校1506所,其中,高等学校2所,中专2所,普通中学160所,职业中学20所,小学828所,特殊教育学校4所,幼儿园484所,教师进修学校6所。在校学生43.04万人,当年招生11.62万人,毕业11.56万人。全市独立设置的成人高等学校在校学生4071人,成人技术培训学校培训结业职工和农民共计39.12万人次。小学学龄儿童入学率100%,初中三年巩固率99.9%,高中阶段毛入学率92.07%。

年末全市有艺术表演团体11个,新创作首演剧目4个;演出场次2325场,演出收入818万元;全市共有艺术表演场馆5个,群众艺术馆、文化馆7个,公共图书馆6个,总藏量27.6万册。博物馆8个,广播电台1座,电视台2座。广播综合人口覆盖率97.5%,电视人口综合覆盖率达98.6%。

年末全市拥有体育场馆1613个,体育锻炼标准达标人数达33.66万人。全年全市运动员在国内外重大比赛中获金牌42枚、银牌35枚、铜牌27枚(包括非奥运项目比赛),破省纪录2人2次2项,其中青少年破省纪录2人2次2项。全市销售中国体育彩票5043万元,比上年下降11.5%。

年末全市有各级医疗卫生机构2704个,医院和卫生院床位8418张,卫生专业技术人员14338人,每千人拥有病床3.66张,每千人拥有医生数4.11人。全市6个县(市、区)开展新型农村合作医疗试点工作,合作医疗参合率95.46%。村卫生室覆盖率100%、县乡村三级医疗机构达标率97.1%。全年各县(市、区)的儿童“五苗”全程接种率以乡镇为单位均达95%以上。碘盐覆盖率、合格碘盐食用率分别达99%和97%以上,各种地方病得到有效控制。全市乡镇卫生监督站覆盖率达100%。

【社会生活】 全年全市社会消费品零售总额191.1亿元,比上年增长18.5%。其中,城镇消费品零售额178.3亿元,增长19.0%;乡村消费品零售额12.8亿元,增长12.7%。全年城镇居民人均可支配收入为17353元,增长14.5%;城镇居民人均消费性支出10586元,增长11.8%。农村居民人均纯收入5899元,增长12.2%;农村居民人均生活消费支出3853元,增长5.5%。城镇占调查总户数20%的低收入家庭人均可支配收入6379元,增长9.8%;农村占人口20%的低收入者收入3122元,增长12.8%。城镇居民家庭恩格尔系数27.5%,农村居民家庭恩格尔系数38.8%。城镇单位在岗职工平均工资40029元,增长17.0%。

年末全市企业养老保险参保15.79万人,比上年增长6.7%。企业退休人员纳入社区管理人数达3.2万人,纳入社区管理服务率达70.3%。机关事业养老保险参保5.6万人;医疗保险参保50.7万人;失业保险参保20.5万人;工伤保险参保20.4万人;女工生育保险参保14.6万人;农村养老保险参保78.33万人。

年末城镇低保人数31244人,减少644人;农村低保人数79095人,增加1126人;农村集中供养五保户1544户1549人;农村医疗救助84363人。优抚对象13479人,享受定期抚恤2276人,享受定期补助7700人。全市收养性单位59个,增加6个,床位数4462张,收养人数2255人。社区服务中心1个,社区服务站61个。全市福利企业48个,残疾职工数813人。福利彩票发行单位1个,收入总计238.3万元。全年直接接收捐赠款1208万元,受益25356人。

【资源环境　安全生产】 全市自然保护区总数5个,自然保护区面积达15.6万公顷,占全市土地面积的16.5%;全市国家级生态示范区2个。全年市区环境空气质量二级以上天数达354天,其中一级天数达104天。空气综合污染指数控制在1.76,下降0.08,降幅为8.5%。SO_2排放量9.81万吨,下降4.8%。COD为1.64万吨,下降0.7%。全市集中式饮用水源地水质达标率达100%。城市污水处理率达95%;城市生活垃圾无害化处理率达94.5%;集中供热普及率达81%;建成区绿化覆盖率达45.8%。全年全市发生生产安全事故838起,减少44起,下降5%;事故死亡218人,减少42人,下降16.2%。

【首家公墓建成开园】 3月28日,晋城市首家经营性公墓——弘德园正式开园。弘德园位于泽州县大箕镇泉头村东南伏龙山下,距晋城市区8千米,占地面积近40.02公顷,集墓葬、壁葬、树葬、花葬、草坪葬于一体,是墓区园林化、墓碑艺术化、葬式多样化、管理现代化的一级人文生态陵园。

【北石店城市化改造启动】 4月29日，晋城市城区北石店区城市化改造——畅安路和回迁楼工程奠基仪式在北石店镇举行。北石店区改造范围主要包括畅安路和畅安路两侧各75米范围内的街道、棚户区、工矿企业等进行拆迁改造和对沿线4个村实施“城中村”改造。工程总投资约28亿元，其中畅安路建设2.2亿元，两侧棚户区改造7.8亿元，“城中村”改造18亿元，建设周期3~5年。

【煤层气综合利用工程获奖】 10月4日，在上海举行的2010年“世界人居日”庆典活动上，晋城市煤层气综合利用工程获得“2009年中国人居环境范例奖”，是山西省唯一获奖的项目，也是晋城市继两河治理工程和市区东南出入口生态修复工程之后，第三次获得此奖。

（牛晋军）

·城 区·

中共区委书记	焦光善*
	张玉宏
区人大常委会主任	王新喜
区长	张玉宏
区政协主席	张迎社

【概述】 2010年，全区生产总值完成39.81亿元，同比增长13.1%；全社会固定资产投资完成30.5亿元，增长28.32%；财政总收入完成6.43亿元，增长13.28%；社会消费品零售总额完成57.7亿元，增长18.04%；农民人均纯收入完成6655元，增长11.51%；城镇居民人均可支配收入完成17353元，增长14.46%；人口自然增长率控制在6.02‰以内；城市空气质量二级以上天数达354天，一级以上天数达104天，环境空气质量稳定达到国家二级标准。

【农业工作】 2010年，全区农业发展以5大农业园区建设为切入点，总投资1200万元，新上年产4000吨食用菌研究中心及产品深加工项目，可带动农户500户，实现产值2400万元；强民乳业跻身省级农业重点龙头企业，新上年产5万吨乳、果、蔬饮料加工项目，带动全市奶牛养殖业的发展，促进农民增收；全年全区共累计发放粮食直补、综合补贴298.9万元；争取上级资金91万元，重点扶持了7个省级重点推进村基础设施建设；为凤凰岭肉牛专业合作社、西掩村露天蔬菜基地两个贫困村产业发展争取扶持资金33万元；全区共有农业专业合作社30家，其中3个获得省农业厅“省级示范社”称号，牧鹤鹌鹑、北街青脚麻鸡、凤凰岭肉牛等一批特色专业合作社，带动周边地区种养殖业的发展；完成郭山、东田石等村土地复垦及平田整地18.01公顷，完成水保治理266.8公顷、节水工程66.7公顷，新建3处农村饮水安全工程，征收水资源费6320万元。全年全区粮食总产量完成11782吨，小麦6261吨，秋粮5521吨，蔬菜55078吨，肉类1806吨，禽蛋总产量1732吨，牛奶总产量783吨。肉、蛋、奶、蔬等农副产品产量稳定增长。

【工业经济】 全年全区工业总产值完成152082.2万元，规模以上工业总产值完成47578.8万元，规模以上工业增加值完成15923.3万元，规模以上工业销售产值完成48922.3万元。乡镇企业总产值完成1167812万元，同比增长19.48%；乡镇企业增加值完成315123万元，增长22.87%；乡镇企业利税总额达96641万元，增长20.29%；乡镇企业营业收入完成936365万元，增长20.94%。

【第三产业】 2010年，全区三产总投资30.51亿元的20大商贸中心建设形成格局。总投资700万元完成水泉坡、万德福、金国、晋红4家标准化菜市场建设；新建农家店21个，区级配送中心2个；家电下乡拥有销售网点45家，全年销售家电4.25万台，销售总额1.12亿元，财政补贴1277万元，补贴兑付率90.92%。2010年，区委、区政府组织参加能博会、中博会等，引进重大项目10个，投资总额46.53亿元，吸引外来直接投资8.96亿元，进出口总额达2880万美元。

【城乡建设】 全年扩建烟尘控制区6.3平方千米、噪声达标区5.3平方千米，市区周边环境质量提升。新增区级和谐社区15个，市级以上和谐社区达22个，国家级和谐社区1个。全年完成投资7170.8万元，新增绿化总面积4376667平方米，绿化覆盖率45.8%，人均公共绿地面积15.5平方米。建成1个省级环境优美乡镇、9个省级生态文明村、3个省级绿色学校，完成洞头国家级生态村的申报工作。同时组织开展节能减排进家庭活动，倡导居民节约每一滴水、每一度电，评选出50户环保模范家庭。集中开展重点企业日常环境监管、饮用水源地等专项检查，恒光热电、健牛工贸等国控、省控重点企业排污许可证持证率为100%；对全区107眼饮用水井进行专项检查，完成北石店和西上庄集中饮用水源地保护区划定，水质安全达标率100%。全年共开工楼座77个，完成投资6.75亿元，完成建筑面积30万平方米，65个楼座如期封顶，11万平方米住宅楼投入使用，900余户居民顺利回迁。10万平方米回迁楼工程正在施工。

【新农村建设】 建成洞头污水处理示范工程；总投资80万元完成500座农村无害化厕所改造；全区90%以上农村建有环卫队伍，80%的农村有专职清扫人员和清运车辆；累计投资500万元对部分农村进行道路硬化和亮化；9个村的新建住宅小区，共2402户居民实现集中供热；10个村共3153户接通晋煤集团煤层气管网；总投资120万元新改建饮水工程7处，解决9个村4500余人的饮水安全问题。全区67个农村实现村级卫生所全覆盖;各镇(办)建有综合文化活动场所,95%的农村建立文化活动室;配送中心对农村便民店、加盟连锁店的商品配送率达50%以上。全区农村实现健身地、就医点、便民店全覆盖,涌现出大张村、大车渠村等省级先进文明村,农村人均居住面积达31.94平方米。

【社会事业】 2010年,下拨1000万元劳动就业专项扶持资金,2840人次参加各类专业技能培训,举办“就业援助月”“春风行动”等大中型公共职介活动,全年新增就业岗位9800人,农村劳动力输出与转移3226人,下岗失业人员再就业980人,城镇登记失业率控制在2.0%以内。2010年,五大社会保险总计征缴13172.2万元,支出7768.77万元。城乡低保制度,共保障城市低保对象3675户10180人,发放城市低保金1969万元;农村低保对象965户2886人,发放低保金223万元。2009年分配的2712套经济适用房全部分配到户;对429户廉租房申报困难家庭进行了审核。针对8月19日刘家川村、东后河社区遭受特大洪涝灾情,调拨救灾棉被、粮油等救灾物品,帮助群众进行清淤、维修受损房物等,共下拨救灾款209万元。

【科教文体卫】 组织申报各级科技项目30个,本级投入、争取上级科研资金共998万元。总投资2.89亿元新建城区职业中学和华洋职业中学,南田石等8个校舍安全工程全部竣工使用,安全监控覆盖全部公办学校和70%的民办学校,全部免除农村义务教育阶段10118名中小学生学杂费,义务教育阶段教师绩效工资全面兑现,高考本科达线率提高到57.8%。2010年,区图书馆经改造后达到国家二级标准;争取各级资金80万元新建40个村(社区)体育场地;新建农家书屋95个,成为全省首家实现农家书屋全覆盖的县区,获得省农家书屋领导组表彰;确定全区首批非物质文化遗产保护项目13个,白马脱缰传说和上党二簧成功申报为国家非物质文化遗产保护项目;新增文艺表演队伍12支,文艺团队总量达191支,全区80%以上村(社区)成立八音会、锣鼓队、秧歌队等各种群众艺术团体,多次参加市、区文化活动并取得成功。全年参合农民达6.08万人,参合率96.82%,共筹集基金911.4万元,5.16万人次享受到减免补偿共566.4万元。市二院住院楼项目即将开工,各级筹资86万元新改扩建26家标准化村卫生所,利用省、市、区补助为17家标准化村卫生所配备医疗设备,基层医药卫生体制综合改革试点工作正式启动。强化食品卫生监管,与全区1223家餐饮单位签订食品安全承诺书,食品卫生监督覆盖率100%,1267户餐饮单位全部实施量化分级管理。

(赵同善　周粉香)

·沁水县·

中共县委书记	常国荣
县人大常委会主任	潘庆云
县　　长	常广智
县政协主席	马刘勤

【概述】 沁水县位于北纬35°24′~35°04′,东经111°55′~112°47′。2010年,全县地区生产总值达100.1亿元,比上年增长14.2%;财政总收入完成22.2亿元,增长14.01%;一般预算收入6.2亿元,增长18.18%;城镇居民人均可支配收入达13365元,增长12.83%;农村居民人均纯收入达5059元,增长15.73%;社会消费品零售总额达11亿元,增长23.04%;全社会固定资产投资总额56.9亿元,增长23.18%;全县新增就业岗位4000个;规模以上工业增加值32.7亿元,增长36.4%;民营经济增加值35亿元,增长17.04%;居民消费价格总水平涨幅为2.2%;人口自然增长率为0.09‰。2010年跨入县域经济基本竞争力“中部百强县”。

【重点工程】 2010年,全县共铺开重点工程50项,完成投资38.36亿元,其中:基础设施建设重点工程25项,完成投资10.66亿元。梅杏大道、滨河南路、碧峰公园、阳翼高速互通连接线、坪曲线道路改造、文化长廊及环境整治、绿化、士敏公园8项工程完成建设并投入使用。县社会福利中心、湾则水库、郑村煤矿沉陷区肖庄移民点、农产品批发市场、限价房、教育园区、清洁能源工业园区、嘉峰煤电工业园区、中下路、县城垃圾处理场、中小学校舍安全、县城集中供暖、树理文化广场、公安业务用房、县医院综合住院楼、北坛幼儿园、土沃110千伏输变电17项工程完成年度目标任务;生产性建设项目25项,完成投资27.7亿元。易高二期、顺泰技改、和瑞瓦斯发电、兰金瓦斯发电、顺世达铸业、亿豪铸业、丰田食品、佳诚建材、和盛建材9个项目完成目标任务,达到试生产条件。沁城煤矿、平山煤矿、山西能源、靓豹服饰、三都古城、柳氏民居、历山旅游、中电明秀8个项目进展顺利,完成年度计划。中村、坪上、胡底、郑庄4座煤矿,华凯、五里庙、南京中油恒然煤层气液化以及欣荣合成油8个项目完成前期工作。

【产业结构调整】 全年完成工业增加值32亿元,同比增长36.8%。全力做大做优煤层气产业,落地企业达30多家,年抽采量达18亿立方米,加工转化5亿立方米,瓦斯发电装机容量16.6万千瓦。发展旅游产业,举办柳氏民居文化旅游节,柳氏民居被评为4A级景区,张峰水库卧龙湾景区、湾则水库秀水湾公园控制性详规基本完成。

【新农村建设】 全年粮食产量达13.14万吨。畜牧、蚕桑、蔬菜、林果4大农业特色产业稳步发展,畜牧业重点完善100个养羊园区的设施配套建设,全年羊群存栏量20.2万只;蚕桑业以新技术、新品种推广为重点,建设温控大棚120栋,全年产茧量达130万千克;申报认证无公害农产品产地面积达22411.2万平方米;村通水泥(油)路实现全覆盖,通车里程达1226千米;全年新建学校7所,改扩建学校21所，建设总面积达11.4万平方米;建成农村饮水安全工程164处,解决2.6万人的饮水安全问题。

【招商引资】 全年共签约项目11个，项目投资额50.11亿元，引资额48.79亿元。积极发展壮大民营经济,建立工业技术进步和转型发展基金,举办民营企业人才招聘会,以奖代补发放民营企业发展基金320万元。

【生态环境】 投资8000万元，完成环县城绿化408.14公顷，荒山绿化667公顷,园林村绿化20.01公顷,宽带林建设117千米,植树造林1467.4公顷,全县森林覆盖率达48.4%,林木绿化率达57.3%，县城绿化覆盖率达46.1%。对全县11家重点耗能工业企业加强节能监测和目标考核,全县万元GDP综合能耗、工业增加值能耗、SO_2排放量、COD排放量4项约束性指标,实现逐年下降。全年县城空气质量二级以上天数达356天。

【社会保障】 全年新增城镇就业岗位3785个，转移输出农村剩余劳动力9100余人，城镇登记失业率控制在1.9%以内。进一步完善城镇职工社会保险制度,解决1291名国有、集体困难企业职工的保险长期拖欠问题。全面推行新型农村社会养老保险,为2.26万农村老年人争取到国家、省级农保资金1372.7万元,实现城乡养老保险、医疗保险全覆盖。城乡建设建成县城规划和端氏嘉峰特色城镇规划两个展馆,组织相关人员先后赴天津、大同、长治等地参观学习城镇建设与管理经验,启动实施梅杏大道续建工程、碧峰公园、滨河南路、阳翼高速两条连接线、县城南街通道等城镇重点工程建设。大力开展城乡环境综合治理,进行县城街景改造，拆除沿街临时建筑和低矮破旧房屋7100平方米,规范整治沿街商店门铺1714家。

【民生事业】 投资2.56亿元的校舍安全改造工程进展顺利,义务教育阶段公用经费"城乡同标准"全面实现,2010年高考二本以上达线263人，比上年增加84人。努力提高全县语言文字规范化水平和普及率,顺利通过国家三类城市语言文字工作评估验收。全年科技投入达716万元,科技信息网络建设步伐加快,科技成果转化和知识产权保护工作取得新成效。全年全县无重大生产安全事故发生。组织全县628个基层党组织、1.2万余名党员开展"凝心聚力促发展,真抓实干当先锋"主题实践活动,加强农村基层党组织建设。全县新、改建村级组织活动场所102个,实现村级组织活动场所全覆盖。全面推行"四议两公开"(党支部会提议、"两委"会商议、党员大会审议、村民代表会议或村民会议决议;决议公开、实施结果公开)工作法,有效改善农村基层民主政治建设。 （张丽霞）

·阳城县·

中共县委书记	冯志亮
县人大常委会主任	郑瑞俊
县长	冯志亮
县政协主席	张星社

【概述】 阳城县位于北纬35°12′~35°41′,东经112°01′~112°37′,辖10镇7乡1个办事处,户籍160327户,总人口382474人，非农业人口71995人，年末全县耕地保有量38800公顷。

2010年，全县实现生产总值138.6亿元,比上年增长15.1%。其中,第一产业实现增加值6.0亿元，增长19.1%；第二产业实现增加值93.3亿元,增长18.1%;第三产业实现增加值39.3亿元,增长8.5%。三次产业比重为4.3:67.3:28.4。人均生产总值33332元,增加5653元。

年末城镇单位从业人员34181人,其中,在岗职工人数33274人。年末城镇登记失业率控制在1%以内。全县城镇单位在岗职工年平均工资30851元,比上年增长16.9%。城镇居民人均可支配收入14602元，增长12.2%；人均消费性支出8539元,增长7.5%;人均住宅面积31.4平方米。农村居民人均纯收入5920元，增长12.5%；人均生活消费支出4075元,增长0.89%。;人均住宅面积32.5平方米。年末城镇基本社会保障覆盖率92.05%,比上年提高4.01%。其中,养老保险覆盖率91%,提高0.9%;医疗保险覆盖率93%,提高9%;失业保险覆盖率90.6%,提高0.6%。征缴各项社会保险基金22599万元。新农保参保率达92%,4万多农村居民领取养老金2640万元。城镇居民医疗保险参保27157人。

大气污染综合指数为1.58。县城空气质量二级以上天数达354天。城市建成区绿化覆盖率达43%,比上年增加2.2%。全年SO_2排放量4.07万吨,下降8.61%。COD排放量0.24万吨,与上年持平。

【农业经济】 全年实现农业增加值6.0亿元,比上年增长19.1%。全县完成农林牧渔业总产值10.4亿元,增长18.7%。其中,种植业产值4.8亿元,增长40.4%。粮食总产量183453吨,增长47.1%。其中,夏粮59495吨,增长23.5%;秋粮123958吨,增长62.0%。油料总产量851吨,增长18.2%。蔬菜总产量46906吨,增长16.0%。棉花总产量35吨,增长0.5%。水果总产量5509吨,增长10.7%。新解决4.6万人饮水安全问题,新发展沼气、煤层气用户1.1万户。

全年完成林业总产值0.79亿元,完成造林面积837公顷,比上年增长2.4%。封山育林面积333公顷,减少28.7%。植树157万株,增长16.3%。核桃产量1046吨,增长10.1%。花椒产量495吨,减少23.8%。山茱萸产量1867吨,增长24.5%。全县林木绿化率达56.6%。

全年完成畜牧业总产值4.6亿元,比上年增长5.4%。畜牧业总产值占农业总产值的43.7%。年末牛存栏10326头，减少13.6%；猪存栏140713头，增长3.6%；羊存栏74042只，增长17.6%；鸡存栏2053570只,增长5.7%。全年肉类总产量15990吨,增长6.1%;禽蛋产量20986吨,增长9.3%;牛奶产量224吨,减少10.4%。年末桑园面积5717公顷，减少2.1%。全年蚕茧总产量3377.1吨,增长62.67%。

年末全县有效灌溉面积8917公顷。全年化肥施用量50701吨,比上年增长2.5%。农用薄膜使用量49吨,增长2.1%。农业机械总动力39.2万千瓦。全年机耕面积32491公顷,增长7.8%。

【工业经济】 全年全部工业增加值88.8亿元,比上年增长18.7%。其中,规模以上工业企业完成工业增加值86.8亿元,增长24.37%。全年规模以上工业企业实现销售收入1465977万元,增长12.69%;利税总额412712万元,增长11.45%;实现利润267820万元,增长3.75%。工业经济效益综合指数为329.85%,同比提高20.99%。企业总资产贡献率14.86%,下降4.9%;资产负债率48.84%,下降3.08%;资本保值增值率104.69%,下降22.51%;流动资产周转率2.25次,下降0.09次;成本费用利润率22.98%,下降1.9%;全员劳动生产率279373元/人,提高52925元/人;产销率94.26%,下降3.69%。

全年生产原煤1370.54万吨,比上年增长4.1%。发电量1779064万千瓦时,减少0.3%。生铁产量9.47万吨,增长467.1%。水泥产量59.36万吨,增长7.61%。日用陶瓷10195万件,增长18.3%。建筑陶瓷8000万平方米,增长137.93%。铸铁件29621吨,增长17.93%。全社会用电量288245万千瓦时,其中城乡居民生活用电8353万千瓦时。

全县乡镇企业完成增加值425393万元,比上年增长22.43%。实现营业收入982678万元,增长15.59%。实际缴纳税金63477万元,增长25.44%。乡镇企业总产值1117682万元,增长15.84%。

【固定资产投资】 全年批发零售贸易业实现增加值9.26亿元,比上年增长13.8%。住宿和餐饮业实现增加值3.2亿元,增长17.2%。全县社会消费品零售总额215962万元,增长20.04%。全年全社会固定资产投资总额572953万元,比上年增长23.1%。其中,城镇投资完成524145万元;农村投资完成48802万元。分产业看:第一产业投资4807万元,减少56.7%;第二产业投资363594万元,增长48.9%;第三产业投资204552万元,减少2.6%。

【交通 邮电 旅游】 全年交通运输、仓储和邮政业实现增加值8.54亿元,比上年增长5.8%。年末全县公路密度108.1千米/百平方千米。全县行政村道路通畅率达100%,通班车的行政村达97%。年末全县公共汽车运营线路96条。境内铁路全长73千米,有货运专线6条。全年完成公路货运量1505万吨,公路货物周转量47700万吨千米,公路客运量708万人,公路旅客周转量26350万人千米。全年完成邮政业务总量2698万元,比上年减少9.95%。订销报纸713万份,订销杂志18万份,收寄特快专递2万件,发送信件10.79万件。年末全县固定电话用户79400户;移动电话用户25万部;计算机互联网用户31736户。皇城相府景区晋级"5A",蟒河生态园完成景区配套建设。全年各景区共接待游客197.2万人次,直接门票收入5100万元,实现旅游总收入143956万元。

【科教文体卫】 (1)全县投入科学技术研究与开发专项资金834万元。组织申报市级科技计划项目22项,争取资金257万元;组织实施县级科技计划项目35项。全县共申报各类专利80项。(2)完成4所县城中学提升改造和60所中小学校舍加固,新建校舍面积27万平方米。年末全县普通中学27所,职业高级中学5所,小学校93所,幼儿园185所,成人中等专业学校1所,成人技术培训学校459所。6~11周岁适龄儿童入学率、巩固率保持100%。(3)年末全县共有文化馆1个,公共图书馆1个,文物博物馆1个,档案馆1个,电视台1座。建成15个乡镇文化站。建立380个村级文化活动室。建成农家书屋241个,获赠图书总价值400多万元。完成农村电影放映5616场(次),完成农村演出剧目400多场(次),承办晋城市首届"爱我晋城"民间艺术书画邀请展。全县有线电视用户达9.2万户,无线覆盖用户达4000余户,广播电视普及率达95%以上。(4)组织举办大型体育赛事13次,举办"霞光杯"第五届武术运动会,参加晋城市第四届农民运动会。建成村级体育配套设施144个,拥有各类健身组织5个,体育单项协会7个,全县体育人口达18万人。(5)新改扩建407个村卫生所。年末县乡村共有医疗卫生机构616个,医生1783人,床位1556张。村级卫生所达标率99.1%。完善新型农村合作医疗制度,参合率达97.1%。

【财政 金融 保险】 全年完成财政总收入250918万元,比上年增长13.03%;完成地方财政一般预算收入64698万元,增长17.42%;地方财政一般预算支出119401万元,增长13.22%。财政对科技的支出1341万元,增长32.5%;对教育的支出28759万元,增长12.74%;对农业的支出14339万元。全年金融保险业实现增加值2.92亿元,增长9.7%。年末全县金融机构各项存款余额1261859万元,比年初增加116066万元;各项贷款余额495742万元,增加66442万元。全年保费收入26610万元;支付各类赔款及给付7360万元。

(王家胜)

·陵川县·

中共县委书记	马四清
县人大常委会主任	李晓玲
县长	茹栋梅*
	陈家富
县政协主席	常振华

【概述】 陵川县位于北纬35°25′~35°53′,东经113°01′~113°37′,2010年,辖7镇5乡,7个居民社区,371个行政村,1149个自然村。总面积1751平方千米,总人口254994人。人口出生率为14.3‰,自然增长率为-3.5‰。

2010年,全县地区生产总值23.4亿元,比上年增长14%。其中:第一产业增加值3.1亿元,增长9.2%;第二产业增加值8.5亿元,增长17%;第三产业增加值11.8亿元,增长

13.2%。第一产业增加值占生产总值的比重为13%,第二产业增加值比重为36.4%，第三产业增加值比重为50.6%。“十一五”期间地区生产总值年均增长9.6%。2010年社会消费品零售总额90763.6万元,增长17.7%。

全年全县从业人员126435人，比上年增加5343人。其中,城镇从业人员12760人，农村从业人员113675人。城镇新增就业岗位2350个;农村剩余劳动力输出与就地转移11500人。下岗失业人员实现再就业702人;实施就业困难人员就业援助321人。完成创业培训12期360人,创业带动就业968人;城镇登记失业人员780人，城镇登记失业率为2.6%。

【农业经济】 2010年粮食种植面积21570公顷；油料种植面积250公顷;药材种植面积520公顷;蔬菜种植面积480公顷,与上年持平;果园面积287.61公顷。油料产量836吨;药材产量1362吨。蔬菜产量22274吨；水果产量3477吨。肉类总产量5969吨,增产32.4%。全年奶类总产量614吨;禽蛋总产量4216吨;蚕茧总产量168吨。全年粮食总产量11.72万吨,增产6.3%。

2010年全县森林面积88711公顷,森林覆盖率达52.07%。全年木材产量947立方米,比上年减少32.3%。全年完成造林面积2770公顷，增长28.2%；四旁植树117万株，增长17%;退耕还林工程完成配套荒山荒地造林面积870公顷；育苗面积246.7公顷,与上年持平;核桃产量达1150吨,增长4.5%。2010年全县农业机械总动力287875千瓦，增长6.5%。机械耕地面积20870公顷,机械播种面积11400公顷,机械收获面积4067公顷，分别增长9.7%、23.4%和240.9%。全县农机化经营总收入达5612万元,增长9.9%。

【工业 建筑业】 2010年全部工业增加值71994万元,增长15%。规模以上工业企业实现主营业务收入100874.8万元,增长38.8%。规模以上工业企业实现利税33212.9万元,增长93.2%;实现利润23101.8万元,增长146.6%;亏损企业亏损额711.1万元,下降23.8%。全年全县乡镇及民营经济增加值16.7亿元，增长12.1%;总产值50.9亿元,增长12%;营业收入43.3亿元,增长21.3%。

全年全县建筑业实现增加值1.33亿元,增长29.4%。具有资质等级的总承包和专业承包建筑业企业共有3家，完成总产值4608.4万元,增长22.1%；竣工产值5007.8万元,增长58%。

【固定资产投资】 2010年全社会固定资产投资138158万元，增长24.9%。从城乡看,城镇投资127097万元，增长24.2%；农村非农户投资11061万元,增长3.4%。从产业看,第一产业投资15767万元，增长97%;第二产业投资58154万元,增长4%;第三产业投资64239万元，增长37.7%。

【交通 邮电 旅游】 2010年交通运输、仓储和邮政业增加值2.84亿元，增长11.8%。全县公路通车里程1481千米。全县民用汽车保有量达21470辆(包括三轮汽车和低速货车2936辆),增长14.4%,其中私人汽车18363辆，增长9.2%。新注册汽车573辆。全年轿车保有量1230辆,增长87.2%。

2010年全县完成邮电业务总量10214.2万元,下降3.2%。其中,邮政业务总量1539元,下降33.2%;电信业务总量2105万元,下降12.5%;移动业务总量6570.2万元，增长12.5%。固定电话用户达45148户,移动电话用户达123831户，宽带接入户达9986户。全年全县旅游企业有17个,共接待游客55万人次,实现旅游总收入24500万元。

【财政 金融 保险】 2010年全县财政总收入27747万元,增长9.3%。一般预算收入10339.3万元，增长14.1%。一般预算支出执行75034万元,增长15.7%。其中农林水事务支出增长14.8%，教育支出增长7.6%,环境保护支出增长196.5%,科学技术支出增长11.6%，医疗卫生支出增长30.4%，文化体育与传媒支出下降8.4%，社会保障和就业支出增长7.6%。

2010年全县金融机构各项存款余额510012万元，比年初增长14.3%。其中:城乡居民储蓄存款余额306081万元,增长10.8%。各项贷款余额130619万元,增长21.1%。

2010年全县保险费收入4753.2万元,增长1.6%。其中,财产险保费收入239.4万元,下降22.7%;人身险保费收入3220.5万元,下降1.7%。全年支付各类赔款及给付1063.5万元,下降2.1%。其中,人身险给付支出350.2万元，下降32.7%；财产险赔款支出45.1万元,下降78.6%。

【科教文卫】 2010年全县科技三项经费支出350.15万元，比上年增长13%。全年组织实施各类科技项目55项(其中省级1项,市级11项,县级43项)。

全年全县有学校214所，其中:中学17所,小学151所,幼儿园和其他46所。全县有在校学生人数39885人,下降2.24%;全县教职工人数2951人,下降4%;专任教师2518人,下降2.89%;小学学龄儿童入学率100%,小学升学率100%。

全年全县有艺术表演团体1个;群众艺术馆、文化馆1个,公共图书馆1个,总藏量3.12万册;博物馆1个。广播电台1座,电视台1座。广播综合人口覆盖率95%,电视人口综合覆盖率达100%。全县广播电视传输网络干线总长700千米。

全年全县有卫生机构(含诊所)473个,其中医院床位549张,每千人拥有病床3.19张；妇幼保健院1个,专科疾病防治院1个。卫生技术人员1312人，其中执业医师和执业助理医师336人，注册护士159人。疾病预防控制中心(防疫站)1个,卫生技术人员18人；卫生监督所1个,卫生技术人员18人;乡镇卫生院12个,床位252张。全县新型农村合作医疗参合率93.24%,提高1.24%。村卫生室覆盖率100%，县乡村三级医疗机构达标率95%。

【社会保障】 2010年城镇居民人均可支配收入为10318元,比上年增长11%;城镇居民人均消费性支出6187元,增长10.5%。农村居民人均纯收入4017元,增长11%;农村居民人均生活消费支出2495元,增长0.2%。城镇居民家庭恩格尔系数(即居民家庭食品消费支出占家庭消费支出的比重)34.3%,农村居民家庭恩格尔系数41.36%。

全年全县企业养老保险参保6318人,比上年增长2%。机关事业养老保险参保7609人,增长4%。为2057名机关事业离退休人员发放养老金5668万元,按时足额发放率为100%;城镇职工医疗保险参保人数达15002人,城镇居民医疗保险参保人数达11003人,农村医疗保险参保人数达211035人;失业保险参保10180人。为39名失业人员发放失业保险金26.7万元;工伤保险参保8530人。为93名工伤职工支付工伤保险待遇161万元、为300名遗属人员发放抚恤金38万元、为53名工亡职工发放丧葬费35万元;女工生育保险参保8260人;农村养老保险参保40078人。城镇基本社会保障覆盖率为91%;新型农村合作医疗参合率为96.12%。城镇低保人数4817人;农村低保人数15996人;农村集中供养五保户228人;农村定期救济1986人。全年全县各类收养性社会福利单位9个,床位290张。收养各类人员138人。享受伤残抚恤金人数502人。优待优抚对象户数241户,优待总金额58.5万元。

【生态环境】 2010年耕地保有量为32069.36公顷,比上年下降0.06%。完成造林合格面积2774.72公顷。自然保护区面积21440公顷。城市集中供热普及率达50%;建成区绿化覆盖率达32%。全年县区环境空气质量二级以上天数达359天。空气综合污染控制在1.833,SO_2排放量0.488万吨,增长5.6%。COD排放量0.1275万吨,增长6.87%。

【安全生产】 2010年共发生各类生产安全事故58起,上升1.02%;事故死亡25人,下降4.1%。万元GDP安全生产死亡1.02人,下降0.51%。全县地方煤矿无安全生产事故发生。全年共发生道路交通事故58起,造成25人死亡、83人受伤,直接财产损失8.51万元。 (焦国锋)

·泽州县·

中共县委书记	崔守安
县人大常委会主任	王立宪
县长	茹栋梅
县政协主席	樊秋宝

【概述】 泽州县位于北纬35°12′~35°42′,东经112°32′~113°14′,总面积2023平方千米。辖14镇3乡,632个行政村,1136个自然村。全县煤炭地质储量为44亿吨,铁矿石储量5亿吨。全县水资源总量为2.814亿立方米。全县年末耕地保有量为49117.88公顷。封山育林面积5402.7公顷。野生动植物属国家二、三类保护的珍稀动物有猕猴、大壁虎;属国家保护的植物有青檀木等。

2010年,泽州县生产总值完成156.11亿元,同比增长13%;财政总收入达29.66亿元,增长13.92%;农民人均纯收入完成6646元,增长11.4%。县域经济基本竞争力跻身中部地区50强,名列第45位。年末全社会从业人员246905人,比上年末增加3209人。年末农村从业人员216456人,城镇单位从业人员30449人。

【农业经济】 2010年,全县粮食种植面积68185公顷,比上年增加1858公顷;全年粮食产量246882吨,增长19.71%;棉花产量44.7吨,增长71.92%;油料产量2930吨,增长25.66%;药材产量1067吨,增长27.14%;蔬菜产量62250吨,增长29.67%;水果产量183491吨,增长39.12%。泽州县被农业部评为"全国粮食生产先进县"。

全年肉类总产量22673吨,比上年增长24.34%。其中,猪、牛、羊肉分别增长24.94%、231.98%和50.6%;奶类总产量1281吨,下降17.57%;禽蛋总产量9861吨,下降6.65%;蚕茧产量63吨,增长4.3%。水产品产量486吨,增长1.25%。全县林木绿化覆盖率达45.25%。森林覆盖率达32.88%。年末城镇绿化覆盖率达31.62%。

2010年,泽州县农业龙头企业发展到23家,农民专业合作社达447个,彤康食品、泽地萃食用菌等农业品牌效应增强,荣获"全国无公害农产品标志推广与监管示范县"称号。全年新创办企业118家,总投资25亿元,新增就业岗位1万个。全县民营企业增加值完成113.6亿元,产值50亿元以上民营企业1家,亿元以上15家,5000万元企业达30家,名列全省民营经济十强县。

【工业经济】 2010年,全部工业增加值完成104.77亿元,比上年增长13%,全年规模以上工业主营业务收入172.81亿元,增长18.57%,工业企业实现利润12.47亿元,增长36.75%。全年实现利税20.85亿元,增长36.98%。主要产品产量:原煤产量完成910万吨,下降2.13%;化肥产量(实物量)完成140万吨,下降21.26%;生铁产量完成217万吨,下降11.94%;粗钢产量完成169万吨,下降12.19%;钢材产量完成151万吨,增长23.07%;水泥产量完成15万吨,下降4.5%;铸件产量完成118万吨,增长47.36%;发电量完成4444万度,下降36.68%。

【财政 金融 保险】 全县社会消费品零售总额196474万元,比上年增长19.49%。其中,批发业完成12710万元,增长13.73%;零售业完成151151万元,增长22.69%;住宿业完成10305万元,增长17.28%;餐饮业完成22308万元,增长4.93%。国税系统收入169996万元,比上年增长11.66%;地税系统收入104777万元,增长18.7%。全县进出口总额1505万美元,同比增长78.92%。其中，出口1495万美元；进口10万美元。年末全县金融机构存款余额1007963万元，增长10.14%。各项贷款余额379272万元，下降27.29%。

全年保费收入14244万元，同比增长15.35%。其中，财产险保费收入4268万元，同比增长78.73%；人寿险保费收入9976万元，增长5.01%。全年支付赔款及给付7711万元，增长4.12%。

【教育　文化　卫生】年末全县有学校302所，比上年末减少22所。在校学生人数65612人；毕业生数18803人；教职工人数7112人。小学学龄儿童入学率100%；小学和初中升学率均达100%。有艺术表演团体2个，公共文化馆1座，公共图书馆1座，乡镇文化站17个，村级农家书屋232个，共藏书40余万册。广播电台1座，电视台1座。有线电视用户达10.8万户，入户率达70%，其中接受数字信号用户3000户，互联网已进入580个行政村，入村率达95%，入户数达34053户。

共有卫生机构（含诊所)817个，其中县医院1所，县妇幼保健院1所，疾病预防控制中心(防疫站)1所，卫生监督所1个，乡镇卫生院26所，村级卫生所632个，个体诊所152个。共有床位数1480张，卫生技术人员1943人，其中执业医师和执业助理医师991人，注册护士526人。乡村三级医疗机构达标率为98%，新型农村合作医疗参合率达97%。

【交通　邮电】年末全县公路线路里程2209千米。公路密度109千米/百平方千米。全年完成货运周转量65500万吨千米，比上年增长7.38%。完成邮电业务总量13227万元。其中，邮政业务总量111万元；电信业务总量13116万元。农村固定电话用户57936户。移动电话用户年末达197802户。全年共接待游客226.43万人次，实现旅游总收入16.53亿元。

【社会生活】年末全县城镇基本社会保障覆盖率达92%，其中，养老保险覆盖率达94%；医疗保险覆盖率达93.6%；失业保险覆盖率达88.4%。全年有1809户2512个城镇居民得到最低生活保障；10387户18896个农村居民得到最低生活保障。新型农村社会养老保险全面启动，参保人数27.5万人，参保覆盖率达92%。校安工程完成投资3.8亿元。全县38.2%的农户用上煤层气、沼气和秸秆气等新能源，部分新型居民小区实现集中供热。全县1镇1村入选国家级历史文化名镇(村)，2镇6村入选省级历史文化名镇(村)。泽州县总工会荣获“山西省十佳县工会”，计生工作跨入省级优质服务先进县行列。县武装部被省政府、省军区表彰为全市唯一的“先进人武部标兵”。

【与中国铸造协会签订合作协议】5月11日，泽州县金工集团、路宝汽车铝部件公司、清慧制造等近20家冶铸加企业及200多件产品，参加由中国铸造协会主办的2010年中国国际铸造博览会暨第十届中国国际铸造、锻造及工业炉展览会。12日与中国铸造协会在北京达成铸造产业集群发展长期战略合作协议，并签订协议书。

【在中国(太原)国际能源产业博览会上签约】9月17日，泽州县委副书记、代县长茹栋梅带领县招商、经贸、科技等负责人参加了在太原举行的第三届中国(太原)国际能源产业博览会。在晋城招商项目推介暨签约仪式上，泽州县共签约项目5个，包括年产350兆瓦太阳能电池组项目、晨康经贸惠民农产品配送交易市场项目、10万吨汽车配件项目、年产9000吨杏鲍菇建设项目、年产3000台电子衡器项目，涉及装备制造、能源、现代服务业、基础设施等多个行业，总投资约13.52亿元，拟引资7.28亿元。

（张　静）

·高平市·

中共市委书记	谢克敏
市人大常委会主任	李晓富
市　　长	秦建孝
市政协主席	梁沁高

【概述】高平市位于北纬35°39′~35°59′，东经112°42′~113°09′之间。全市地区生产总值完成163.1亿元，比上年增长15.8%；财政总收入32.6亿元，增长13%；一般预算收入8.6亿元，增长15%；城镇居民可支配收入15853元，增长12.5%；农民人均纯收入6340元，增长12.6%。全市县域经济综合竞争力位居中部百强31位；在中国全面小康成长型百佳县市评比中位居中西部50强第8位。先后获“全国中小城市科学发展百强”“全国最具投资潜力中小城市百强”“全国最具区域带动力中小城市百强”“全国科普示范县”“全国农业执法先进单位”“省级文明和谐城市”“全省文化强县”“全省文化建设示范县”“全省造林绿化先进单位”和“全省民族团结进步模范市”等称号，创建省级生态园林城市和省级平安和谐城市工作通过省政府验收。

【项目建设】全年共铺开重点工业技改项目22个，维高水泥、福鑫铸管、天坤特材、山西采源等10大产业转型项目顺利竣工，唐一新能源、福川制铁等重大项目稳步实施。

【新农村建设】全年粮食总产达2.23亿千克。全年出栏生猪130万头，新建大棚2000栋，发展桑园80.04公顷，被省政府列为现代农业示范区。新胜肉类、厦普赛尔、宇腩钙尔等技改项目建成投产，吉利尔服饰、上海杰隆等项目进展顺利，农产品加工企业带动能力增强。全面提升“五个全覆盖”工程，完成375个村的户通水泥路，通沼气达4万户，消除校舍危房29万平方米，建成甲级卫生所365个，解决了4.9万人的饮水安全问题，投资3000余万元，对石河线、礼夺线进行改造，顺利完成张峰水库引水和米山、章庄水库除险加固工程。

【城镇化建设】 大力推进以“一城五镇双百村”为重点的特色城镇化战略,铺开城建重点工程34项。城市集中供暖供气一期工程顺利完工,实现供暖100万平方米、供气6000户的目标。火车站改造、职工文体活动中心、环境监测中心、迎宾路延伸、世纪大道南延等城乡建设12大工程竣工剪彩,市民文化活动中心、坪曲线桥北段拓宽改造等工程顺利推进。城市绿化取得进展,开工建设南湖公园、长平苑、神农园3个公园,新增城市绿地50万平方米。

【改革开放】 制定出台国有和城镇集体企业改制的配套文件,对84户企业进行改制。全省医药卫生体制改革试点工作进展顺利,长治医学院附属和平医院对口支援市人民医院取得明显成效,基本医疗保障和公立医疗机构基本药物零差率销售实现全覆盖。完成集体林权制度改革各项任务,受到省、市的肯定。开展招商引资,组团参加“能博会”“中博会”“农博会”等大型招商活动,共签约8个项目,拟引资22万元,增强经济发展活力。

【生态建设】 累计投资1.2亿元,新增绿地面积1334公顷。扎实推进节能降耗工作,完成天脊中化电机系统、泫氏铸业高炉尾气等节能改造项目;新上一批新型墙体材料企业,完成建筑节能改造3.1万平方米。进一步加强环境保护工作,持续实施“蓝天碧水”工程,市区空气质量二级以上天数达354天,比上年增加4天。

【社会事业】 大力实施“科技兴市”战略,获得省级以上科技计划项目5项,申请专利42件,培训农民2万余人次。教育事业蓬勃发展,实验高中、河西二职、王报二职、高平六中等建设稳步推进。高考本科达线人数达1113人。城镇新增就业5900人。启动实施了国家新型农村社会养老保险试点工作,累计参保人数达14.6万人。人民医院综合住院楼和南城、北城社区卫生服务中心主体工程完工。人口出生率控制在8.12‰。组织举办中国“中部崛起杯”六省象棋精英赛、市直机关职工运动会等文体活动,山西日报、山西电视台等8家省级媒体对高平市创建文明和谐城市的做法和经验进行集中宣传报道。开展“百名孝子”“十大孝星”评选活动,在全市营造尊老爱老的浓厚氛围。组建市文物旅游局,完成非物质文化遗产生产展示园规划,全省文化体制改革及文化产业发展现场会召开。坚持党管武装原则,军民融合式发展成效显著,市人民武装部被北京军区授予“先进旅团单位”荣誉称号。干部教育培训工作卓有成效,共举办各类培训50余期,培训党员干部2万余人次。创新街道社区领导体制,完成3个街道党委改设党工委和273个基层党组织的换届工作。

【获“中国全面小康成长型百佳市”称号】 2010年,高平市在新农村建设“八大工程”中,累计投资15亿多元,率先在全省实现“五个全覆盖”,使广大农民群众越来越多地享受到改革发展成果。高平市在2010年第五届中国全面小康论坛上获“中国全面小康成长型百佳市”称号,并位列中西部50强第八位。 (文战胜)

朔州市

中共市委书记	田喜荣
副书记	冯改朵 杨伟民
市人大常委会主任	李彪
副主任	张丁成 白俊禄 温日平 刘海清 李玉兰
市长	冯改朵
副市长	韩忠荣 雷建国 靳瑞林 王贵平 侯新生
市政协主席	高厚
副主席	李翠 谭建国 韩文让 阎美珍 支立新 安宪(秘书长)

【概述】 朔州位于北纬39°05′~40°17′,东经111°53′~113°34′,总面积1.06万平方千米,辖2区4县,总人口171万。

2010年,全市地区生产总值达670.15亿元;财政总收入达132.5亿元;一般预算收入达55.8亿元;工业增加值达360亿元;社会消费品零售总额达139.6亿元;城镇居民人均可支配收入达17558元,农民人均纯收入达5903元。“十一五”期间,全社会固定资产投资累计完成1145.4亿元,是“十五”时期的4.7倍。

【工业经济】 截至2010年底,煤矿整合为66座;平均单井生产规模达129万吨;保留矿井全部达90万吨以上规模,全部实现机械化开采,资源回收率达75%。全市原煤生产能力、洗选能力、发运能力均达2亿吨。2010年,全市煤炭产量达1.6亿吨;煤矿百万吨死亡率0.03。大力发展煤矸石发电、热电联供、风电、太阳能光伏发电项目,5年新增电力装机容量109.45万千瓦。陶瓷、乳制品、建材、医药、化工等非煤产业得到扩张。日用瓷生产能力达11.5亿件,乳制品加工能力达61万吨,干法水泥生产能力达500万吨,合成氨生产能力达15万吨。中煤金海洋工业园区成为全省十大循环经济示范园区之一。现代物流业迅速扩张,机电设备维修业形成规模,旅游业日益兴旺,应县木塔和右玉县成为国家4A级旅游景区。招商引资成效突出,在历届“中博会”“能博会”等大型招商活动中,朔州市签约项目数、拟引资额、总投资额位居全省第一。

【“三农”工作】 在认真落实中央和省各项强农惠农政策的同时,出台扶持种粮大户、养殖园区、设施农业、玉米和甜菜种植等惠农政策。“十一五”期间,全市财政“三农”投入达33.9亿元,是“十五”时期的3.5倍。农田水利建设得到加强,完成节水灌溉农田、高标准旱作农田、中低产田改造66700公顷,新修改造10座水库，水地面积达到120060公顷。2010年，粮食产量达8.98亿千克。2010年新增日光温室和移动大棚2668公顷。全市建成奶牛养殖园区203个，存栏奶牛达到15.8万头，年出栏肉羊达100万只。40家企业进入全省农产品加工龙头企业“513”工程。520个试点村和重点推进村完成新农村建设任务。特别是下大力气推进农村“五个全覆盖”工程，两年投资20亿元，所有建制村实现村通水泥路（油路）、中小学校舍安全改造、广播电视、村卫生室和饮水安全全覆盖。深入开展扶贫工作，1.1万农村贫困人口实现脱贫。

【基础设施建设】 新建改建10余条主干道，实现城市外环成型、路街贯通，城市建成区面积达30平方千米，形成158平方千米的城市大框架，为城市长远发展打下良好基础。图书馆、博物馆、体育馆、文化艺术中心、火车站新站房、人民公园等一批重要公共设施投入使用，城市功能得到完善。大力实施绿化、亮化、净化工程，建成区绿化覆盖率达44.82%，荣获“山西省园林城市”称号，城市形象得到提升。

【生态环境】 大力推进造林绿化，坚持“挖一吨煤栽一棵树”，5年营造林110321.8公顷，森林覆盖率由“十五”末的13.1%提高到18.02%。强力推进节能减排，SO_2和COD排放量、万元地区生产总值综合能耗均超额完成“十一五”任务，城市空气质量稳定提高。

【社会事业】 “十一五”时期，全市财政在教育、卫生、就业、社会保障4大领域累计投入100.5亿元，是“十五”时期的4.7倍。新改扩建农村寄宿制学校235所，实施寄宿制学校营养餐工程和校车工程。朔州市在全国教育工作会议上介绍发展义务教育的经验，平鲁区荣获全国义务教育均衡发展先进地区称号。全市兴建10所高中(新校区)，高中阶段毛入学率大幅提升。朔州师专和职业技术学院建成使用，高等教育发展进入新阶段。市中心医院、急救中心、疾控中心相继建成。县级医院建设全面加强，6县区县级医院新建7座住院楼。乡镇卫生院得到全面改造，村卫生室实现全覆盖。医药卫生体制改革全面推进，基层医疗卫生机构实行基本药物制度。人口和计划生育工作在连续三年获得省政府综合先进奖的基础上，2010年获得全省二类市综合考核第一名。5年新增城镇就业12.8万人。城镇居民基本医疗保险制度、新型农村合作医疗制度全面建立，群众看病难、看病贵问题得到有效缓解。最低生活保障制度实现全覆盖，城乡社会救助体系基本建立。新型农村社会养老保险试点工作稳步推进，并在全国首家推出65岁以上农村居民生活补贴制度。全市社会保障基金积累24.5亿元，比5年前增加20亿元。全市5年共投资90亿元，建设各类保障性住房73638套、612.77万平方米，其中市区拆迁棚户区300万平方米。改造4390户农村特困群众和农村贫困残疾人危房。

地方财政科技投入逐年增长，科技研发取得一系列重要成果，获得国内专利654项，国际专利2项，特别是粉煤灰综合利用研究成果全国领先。朔州秧歌、晋北道情、梨花春酿造工艺成功申报国家非物质文化遗产保护项目。右卫镇和旧广武村被列为山西省历史文化名镇名村。

【民主法制建设】 市政府自觉接受人大监督和政协的民主监督，积极支持各民主党派、工商联、人民团体和无党派人士参政议政。组织办理市长办公会议和常务会议85次。办理市人大代表建议、批评和意见66件，办理市政协委员提案172件，办理省政府交办的省人大代表建议5件、省政协委员提案6件，全部办结。深入开展廉政建设，扎实推进煤焦领域反腐败斗争和工程建设领域突出问题治理。多项重要工作走在全省前列。在全省目标责任考核中，2010年夺得全省第一。同时，还获得中国最具创新力城市、中国低碳贡献城市、中国经济转型示范城市等多项荣誉。

（吴夺魁）

·朔城区·

中共区委书记	郭连厚
区人大常委会主任	刘来宽
区长	郭连厚
区政协主席	齐翠英

【概述】 朔城区位于北纬39°07′~39°28′，东经112°00′~112°44′，全区国土总面积1793平方千米，辖15个乡镇、街道办事处（包括9乡、2镇、4个街道办事处），299个行政村，26个居委会。

2010年，全年地区生产总值完成200亿元，比上年增长20.5%；财政总收入完成15.3亿元，增长21.3%；一般预算收入完成7.38亿元，增长17.3%；城镇居民人均可支配收入达17030元，增长11.2%；农民人均纯收入达6796元，增长14%。荣获全省“十一五”时期经济社会发展先进区、全省粮食生产先进区、全省设施蔬菜建设先进区、全省义务教育学校标准化建设先进区、全省造林绿化先进单位等多项殊荣。

【“三农”工作】 全区总播种面积达64699公顷，农业机械化综合作业水平达60%以上，粮食总产达2.69亿千克，连续7年保持稳定增产。全年新增设施蔬菜面积533.6公顷，总面积达1107公顷。新建、改造25个标准化人畜分离小区，大畜饲养量达11.5万头，规模养殖率达60%以上，畜牧业总收入达10.7亿元。

【项目建设】 2010年共续建、新建、筹建工业项目45个。其中总投资29亿元的东坡、杨涧等6座煤矿综采改造、东方长宏1000万吨发运站、浙江金圆水泥等20个项目建成投产。总投资53亿元的中煤平朔粉煤灰提取氧化铝、大唐20兆瓦风力发电、金风风机装备制造等12个项目正在建设，筹建占地400.2公顷的粉煤灰工业园区。总投资60亿元的国能神州粉煤灰提取氧化铝、歇马关—神西运煤通道、中煤销售公司洗选发运站、同煤、省煤运合资新建的两个双万吨级快速发运站、中煤杨涧500万吨新洗煤厂、葫芦堂300万吨洗煤厂等8个项目即将开工。逐步形成煤电、冶金、化工、建材多元产业体系，支撑经济转型，助推跨越发展。

【第三产业】 豪德光彩贸易广场一期工程建成22万平方米1700多个摊位，商铺平稳运营，总投资1亿元，建筑面积8万平方米的二期工程开工建设。引进北京居然之家、香港联丰投资公司，开工建设总投资6.6亿元，建筑面积16万平方米的居然金地工程。上海红星美凯龙、沃尔玛超市、台湾大润发超市都达成投资意向，准备落户朔城区。以这几个大的项目为龙头，逐步建设总投资25亿元、占地133.4公顷、建筑面积120万平方米的晋西北大型物流园区。全区消费品零售总额达36亿元，服务业增加占GDP的比重达56.3%。

【城市建设】 全年铺开工程110多项，总投资近80亿元。重点实施老城、南垣街西延线两侧、西关片区、纸板厂周边、贺家河村东等20个地段35个片区的拆迁改造，完成拆迁面积150万平方米。棚户区改造被确定为全省三个试点县区之一。开工建设南垣街西延、恢东路、恢西路等9条道路和恢家苑、迎宾苑、家和苑等15个保障性住房小区，总投资近40亿元。完善城西供热站，新增供热面积80万平方米，城市居民人均居住面积达38.6平方米，建成区面积扩大到40平方千米。

【生态治理】 全年生态治理总投资达10亿多元，治理面积6667公顷。完成西山森林公园四期工程、金沙植物园一期工程和恢河四期工程主体建设，推开西山3335公顷的五期工程治理和城西1334公顷苗木良种繁育基地建设，高标准绿化20多条城市道路，增加绿地面积20万平方米。成功接受国家七部委、五省市京津风沙源治理现场会的观摩检查。全区生态治理总面积达86710公顷，林草覆盖率为46%，城市绿化覆盖率达38%，人均绿地面积10.6平方米。市区空气质量二级以上天数达280天。

【民生事业】 投资2.5亿元，启动一中敬德校区，实施三中、四中等17所城乡中小学校新建、改扩建工程，加大布局调整，促进均衡发展。完成20所乡镇卫生院标准化建设，新建4.1万平方米的区一、二医院住院大楼，城乡群众上学难、看病难问题得到有效缓解。社会保障日趋完善，全区各类参保人数达37.7万人，基金滚存结余达2.6亿元，实现应保尽保。全面完成农村“五个全覆盖工程”，社会和谐程度和群众幸福指数不断增强。

（王鹏邦）

·平鲁区·

中共区委书记　李　俊
区人大常委会主任　周　亮
区　　长　李　俊
区政协主席　王　秀

【概述】 平鲁区位于北纬39°22′~39°58′，东经111°52′~112°41′。

2010年，完成地区生产总值176亿元(含露矿)，增长17.3%；财政总收入完成19.2044亿元，增长32.29%；一般预算收入完成8.4722亿元，增长33.64%；社会消费品零售总额完成20亿元，增长17.3%；城镇居民人均可支配收入为12600元，增长10.4%；农民人均纯收入达4516元，增长16.1%；全社会固定资产投资完成92亿元（含露矿），增长23.5%。

【重点项目】 2010年，兼并重组后保留的24座矿井，17座办结生产、建设相关手续，其中13座建成安全质量标准化矿井；其余11座正在建设和升级改造。自上年始，在平鲁区开工建设的省、市、区重点工程建设项目有43项，总投资260.25亿元。其中：省级重点工程10项，总投资160.39亿元，2010年完成投资26.85亿元，占年度计划的90%。市级重点工程15项，总投资37.8亿元，2010年完成投资13.78亿元。市区捆绑及区级重点工程18项，总投资52.46亿元，2010年完成投资18.12亿元。其中，“润百村林油一体化”项目，总投资10.9亿元，计划利用3~5年时间完成。2010年底已经育苗233.45公顷，亩产达300多千克，为扩大种植面积提供籽种。全年招商引资共签约项目15个，总投资69.62亿元，拟引资额44.36亿元。2010年落地建设的项目有8个，到位资金11.25亿元。其中：泉子坡仓储物流中心、5万吨超细煅烧高岭土、年产7000万块煤矸石多孔烧结砖、年加工5000吨鲜肉、亚麻系列产品深加工二期等项目建成使用。

【生态建设】 2010年投资2.5亿元，完成大片造林7337公顷，完成通道绿化100千米，完成新育苗200.1公顷，林木绿化率增长2%。

【旅游产业】 经中国民间文艺家协会实地考察和权威论证，平鲁区被正式命名为“中国门神文化之乡”，并建立“中国门神文化研究基地”。9月份，平鲁区举办规模盛大的“首届中国门神文化节”和“中国平鲁国际旅游新闻发布会”，与CCTV-7联手打造主题文艺晚会。在古城恢复建设尉迟恭祠堂、牌楼、雕塑和门神文化展厅，恢复城墙景观、街道、民居和商铺，建设“民俗风情一条街”，申请注册和集中开发展示以“尉迟故里”为品牌的系列产品、传统工艺和传统戏曲，全面提升平鲁的文化品位和知名度。投资3亿元的乌龙洞、北固山、明海湖3个生态旅游区建设工程,2010年完成投资近亿元,配套的餐饮、住宿、购物、娱乐等设施建设和绿化、亮化工程也在稳步推进;投资1.2亿元的明海四星级大酒店、新平鲁宾馆和井榆文化娱乐城投入使用;投资5000万元的融文昌塔景区、战国秦汉墓遗址保护区、文化活动中心、四季植物公园、博物馆和碑艺园为一体的南山公园全部完工;投资5000万元的融餐饮、住宿、休闲娱乐、汽车修配等多种功能于一体的汽车城正在加紧建设;投资2500万元的集城墙保护、城墙带绿化、广场硬化、景观亮化、现代雕塑于一体的城墙景观带即将完工;投资1亿元的溪泉河水街、环大梁水库休闲旅游景区正在进行前期规划;投资2000万元的李林烈士陵园迁建工程即将完工;投资3500万元的胜利商贸城全部竣工。这些项目的建成将有力地促进平鲁旅游文化产业的蓬勃兴起,进一步提升平鲁的文化内涵和知名度。

【民生事业】 开工建设敬德学校新建和二小、二中、世纪学校改造工程,开展12年义务教育试点工作,调整优化中小学校布局,促进教育均衡发展。2010年高考本科达线416人,比上年净增37人。完善区乡村三级医疗卫生服务体系,推行区综合医院"管办分离"运行机制,投资5000万元,装备先进的医疗设备,2010年10月份已正式挂牌运营;投资1100万元改造区中医院。规划建设井坪社区服务中心和安东、安南、馨晨等6个社区服务站,配备专业的设备人员;加快乡村两级医疗基础设施建设。投资1000万元,新建和改造井坪镇、下水头、阻虎等5个乡镇中心卫生院,完成212个空白村卫生室建设,完成40个甲级村卫生室建设,实现医疗卫生网络全覆盖。总投资2754万元,涉及13乡镇73个村、2.3万人的饮水安全工程全部竣工并交付使用。总投资1.31亿元,涉及54个村328千米的工程已全部完成。从2009年开始,对全区106个新农村进行免费数字电视升级改造工作,工程总投资4300万元,2010年底全部安装完毕。

(区政府办)

·山阴县·

中共县委书记	侯　元
县人大常委会主任	李国胜
县　　　长	侯　元
县政协主席	袁林生

【概述】 2010年,全县地区生产总值完成116.4亿元,同比增长14.3%;财政总收入完成20.13亿元,增长10.7%,连续四年总量保持全市第一,年均增长31%;一般预算收入10.05亿元,同比增长27.5%;连续五年总量保持全市第一;规模以上工业增加值52.2亿元,增长6.8%。全社会固定资产投资完成46.1亿元,增长38.8%,增幅跃居全市第二;社会消费品零售总额19.8亿元,增长18.9%。城镇居民人均可支配收入达17374元,增长12.1%;农民人均纯收入7532.2元,增长15.8%;城镇居民人均可支配收入、农民人均纯收入两项指标总量居全市第一,增幅居全市第二。全县年节电6000多万度;年净削减$SO_2$359吨、COD196.03吨;二级以上天数达347天。全年在建招商引资项目和调产项目达38个,总引资105亿元,到位18.75亿元。

【工业经济】 2010年山阴县重点推进煤矿兼并重组和标准化矿井建设,全面提升煤电、冶化、乳品、新型建材、农副产品加工、生态旅游6大板块经济发展水平。兼并重组协议签订率达100%,主体到位接管率达100%,采矿许可证换发率达90.5%,资金补偿到位率达95.2%,兼并重组取得重大突破。全县投资17.5亿元,完成机械化升级改造矿井8座。煤炭产业的规模化、机械化、现代化水平大为提升,全县具备原煤生产2640万吨,洗选2000万吨、发运4000万吨的能力和优势。电力产业完成投资19.6亿元,2×300兆瓦矸石发电项目建成亚洲第一间接空冷塔,完成工程量的60%,其"三塔合一"技术世界领先;110千伏下石井变电站建成投入运营。非煤非电产业快速发展,形成年产石灰氮13万吨、合成氨12万吨、甲醇2万吨、煤矸石烧结砖2亿块、活性石灰160万吨、铁合金10万吨、系列乳品45万吨、农产品加工65万吨等产能优势,实现主导产业多元化、新型化。

【"三农"工作】 全面落实惠农措施,农民人均享受政策性补贴近260元;补贴农机具50.4万元。全县粮食总产1.83亿千克,增长24.1%。县政府沿应广线两侧规划建设设施蔬菜基地,整合专项资金989万元,兑现奖补资金1500多万元,注入贷款担保资金2000多万元,配套电力设施300万元,道路建设投入400多万元,建成各类大棚3320座435.22公顷,年实现销售收入6000多万元。县财政补贴1300多万元,新建29个奶牛小区、2个肉羊小区。全县畜禽规模健康养殖园区达161个,其中奶牛83个,奶牛规模健康养殖量占到奶牛总量的40%。全县大牲畜存栏8.8万头,其中奶牛7.5万头、总产鲜奶21.1万吨。古城集团、天鹏农牧公司被评为全省农产品加工"513"工程先进企业。古城集团生产系列乳制品5.42万吨,实现销售收入4.1亿元,引领奶牛乳品业健康发展;天鹏公司出栏生猪3.5万头,产销熟肉制品2万吨,实现销售收入1.6亿元。全县完成投资2.87亿元,为54个村修通371.9公里水泥路(油路),为27个偏远村安装775套广播电视卫星接收设备,为41个村建起卫生室,为68个村3.1万口人解决饮水不安全问题,完成17所学校共10.06万平方米的校舍建设和改造,农村生产生活环境大为改善。全县新增重点推进村17个。

【基础设施建设】 全县基建投入2.3亿元，其中融资贷款1.15亿元，在全省首家开工建设了县城热电联供项目，年内新增供热60万平方米；年内改造管网15千米，实现智能化分户管理800多户，县城垃圾处理厂完成一多半工程量；新铺设污水收集管网12千米；新硬化小街小巷6条。

【社会事业】 山阴一中建设，主体工程封顶，完成投资1.55亿元。规划改造的17所校安工程全部开工、竣工12所，完成投资1.2亿元。开展"圆梦大学"捐助活动，资助88名贫困大学生圆大学梦。县、乡、村三级医疗卫生机构达标率达91.57%；13个乡镇卫生院全部实施国家基本药物制度；新农合参合人数15.3万人，参加率达90.15%；公共卫生服务水平全面提升，为5.4万名居民建立健康档案，预防接种、传染病防治工作扎实有效。综合节育率92.1%。长效节育度91.8%。全县新增就业2134人，创业带动就业552人，转移农村剩余劳动力2830人。社会保险基金全年总收入达1.1亿元，累计滚存结余基金2.04亿元。新建占地4300多平方米的敬老院，建成救灾物资仓储中心。城乡化公共文化服务体系建设取得新成效。启动11个乡镇综合文化站建设，竣工4个；建成50个村农家书屋；新建农村篮球场20个；为100个文化信息资源共享工程村级服务点配套了相关设施。廉租住房一期工程年内全部竣工，启动二期工程，发放廉租住房补贴1670户301万元。结合闫家巷改造，新建经济适用住房144套1万平方米，完成棚户区改造922套9.5万平方米。全县农业科技支出892万元，成功申报市级科技项目16个，争取上级科技引导资金161万元。

【年度获奖】 2010年，全县荣获全国农村社区实验示范县、全省"十一五"时期经济社会发展先进县、全省造林绿化、规模健康养殖、设施蔬菜建设、农产品加工"513"工程、计划生育优质服务、新型农村合作医疗、治超工作先进县等殊荣。赢得中央党校组织的"资源型地区科学发展与转变发展方式路径探索研讨会"、全省京津风沙源治理工程第十一次省部联席会暨朔州现场会、全省林权改革现场会、全省中低产田改造现场会、全省盐碱地治理现场会、全市关闭矿井现场促进会、全市司法行政系统加强基层基础年活动暨规范化司法所建设现场促进会等在山阴县召开。 (侯志林)

·应　县·

中共县委书记	王守林
县人大常委会主任	贺　诚
县　　　长	王守林
县政协主席	马成云

【概述】 应县位于北纬39°20′~39°42′，东经112°58′~113°28′，辖12个乡镇298个行政村32万人。总面积1708平方千米，耕地77372公顷，基本农田53360公顷，水浇地36695公顷，是全国、全省粮食生产先进县、全省现代农业示范区、绿色无公害蔬菜生产基地县、奶牛养殖基地县。

2010年，全县完成地区生产总值348200万元，同比增长11.8%；固定资产投资231900万元，增长21.4%；限额以上工业总产值208046万元，增长28.18%；工业增加值72770万元，增长22.65%；工业企业利税总额14004万元，增长9.57%；社会消费品零售总额170001万元，增长26.06%；农村经济总收入288500万元，增长12.17%；农民人均纯收入5017元，增长22.07%。城镇居民人均可支配收入12490元，增长11.11%；财政总收入达22980万元，增长24.49%。

【农业经济】 完成土地流转433.55公顷，完善日光温室2686个，新建日光温室、移动大棚3908个，新铺开6大"千亩园区"、39个"百亩园区"，名列全市前茅，进入全省20强。完善、新建养殖小区59个，发展奶牛专业村19个、专业乡2个，肉羊专业村30个、专业乡3个。全县林草覆盖率达27.8%，其中，新发展以金瓶枣为主的特色经济林800.4公顷。2010年，粮食总产量达22.5万吨，获"全国粮食生产先进县"殊荣；甜菜产量7万多吨；蔬菜面积17342公顷，收入突破12亿元；奶牛存栏3.4万头，日产鲜奶180多吨，成为全国300个奶牛养殖重点县之一；肉羊存栏19.4万只，出栏20.3万只。无公害蔬菜面积达10005公顷，"应县紫皮大蒜"注册为"中国地理标志"商标，成为"全省无公害农产品整体推进县""全国蔬菜重点区域发展规划基地县"。全县高效节水园区面积达20010公顷，农机总动力达39.5万千瓦，成为"省级现代农业示范区"。2010年被省委、省政府表彰为"增加农民收入先进县"和"规模养殖先进县"。

【工业经济】 全年引进、签约重大工业项目13个，投资规模130多亿元。其中，生物胶囊、绵羊皮加工、太阳能单晶硅一期、橡塑助剂、草酸5大项目，全部建成试产，完成投资8亿多元。雅士利乳业全年上缴税金3655万元，成为全县工业企业的纳税大户和农业产业化龙头企业。梨花春集团，上缴税金2065万元，比上年增长12.42%。中粮糖业，产销两旺，完成税收708.3万元，增长35.9%。明禾骨瓷，被指定为"人民大会堂专用产品"。

【旅游产业】 境内文物古迹历史遗存440多处，其中全国重点文物保护单位有两处：佛宫寺释迦塔，为世界现存最高大、最古老的纯木结构建筑；精雕藻井净土寺。特别是国宝佛牙舍利，佛教界认定为释迦牟尼真身舍利。上述文物旅游资源,与五台山、恒山、云冈石窟共同构成了四位一体的晋北佛教古建文化黄金旅游圈。

着眼木塔申报世界文化遗产,投资12亿元推进城市建设改造;启动总投资9800万元的木塔基础设施建设工程;实施总投资8000万元的塔北万亩生态园建设工程,木塔周边环境得到改善,木塔申报世界文化遗产工作正式启动。编制完成7个旅游规划、4个文化产业规划。与中央和港台媒体合作,拍摄10多部宣传木塔的影视作品,启动投资1.5亿元的旅游文化产业园建设工程,启动龙首山、跑马梁、石柱山景区建设工程。投资3亿元,启动两个四星级宾馆建设工程。举办"首届释迦塔国际旅游文化节",旅游产业收入6.64亿元。

【社会事业】 实施民办公助教师分年退出机制,首批撤出45名充实回公办学校。重新聘任县一中校长,配齐中层干部,筹资1500多万元给予支持,完成南校区改造,并收回私人承包经营的公寓楼、食堂,顺利通过省级示范中学复评。撤销原有14个乡镇教办,实行中心校长负责制;公开招聘试岗教师200名,从县城学校选拔25名优秀教师下乡支教,加强农村师资力量。投资1.62亿元,完成职教中心建设,实施30所中小学校舍改造,办学条件明显改善。

投资近亿元,完成"五个全覆盖"工程。投资3000多万元,完成县乡公路建设112千米、路基工程50千米;投资1630万元,完成121项村级公益事业一事一议财政奖补项目;投资190万元,完成19个新增省级新农村重点村道路硬化工程;完成户用沼气整村推进工程1500个,新建乡镇文化站6个,装备农家书屋160家,新建全民健身广场12个,安装广电卫星设施1160台。投资1.1亿元完成县城集中供热二期工程。投资300多万元,完成千户供气扩网工程。投资3900万元完成垃圾处理厂主体工程。续建完成总投资3600万元的廉租房建设工程。启动投资2654万元的县城供水扩建工程;启动投资9487万元的县医院迁建工程;启动投资1820万元的敬老院建设工程;启动投资1070万元的农林服务中心建设工程;启动投资3000万元的"两馆一中心"(文化馆、图书馆、青少年活动中心)建设工程。配合推进荣乌高速、北同蒲复线过境段建设。获得"全国生态文明先进县"殊荣。养老、失业、医疗、工伤、生育等社会保险参保85696人,农村65岁以上老人享受生活补贴28225人;城乡低保、五保33085人;新农合参保238283人;城镇低收入家庭住房补贴3000人,职工医疗大病救助6000多人。人口与经济社会协调发展,在全省目标责任状年度考核验收中,综合得分居全市第一,被省委、省政府表彰为"全省人口与计划生育工作先进县",被国家计生委授予"全国计生科技服务先进县",被省计生委确定为"婚育新风进万家示范县"。 (温晋华)

·右玉县·

中共县委书记	陈小洪
县人大常委会主任	贺朝善
县长	苏连根
县政协主席	黄凤莲

【概述】 右玉县位于北纬39°41′~40°17′,东经112°07′~112°38′。

2010年,全县地区生产总值完成27.21亿元,同比增长22.2%;财政总收入完成3.94亿元,一般预算收入完成1.49亿元,分别增长41.2%、41.4%;固定资产投资完成32.87亿元,增长113.4%;城镇居民人均可支配收入达11795元,增长14%;农民人均纯收入达3223元,增长15%。右玉县荣获中国低碳旅游示范地、山西省模范集体等20多项国家和省级荣誉,许多工作受到省、市表彰。

【工业经济】 全县规模以上工业总产值完成19亿元,增长59.4%,规模以上工业增加值完成8.49亿元,增长44.6%。煤矿兼并重组后保留的4座矿井取得《地质报告》《初设》《安全专篇》《环评报告》《开工申请》批复手续。京玉2×300兆瓦矸石电厂宿舍、公寓楼主体完工。国电山西洁能一期4.95万千瓦风电项目已并网发电,二期工程33台机组正在安装。玉龙集团牛心堡4.95万千瓦风电项目升压站主体完工。国电山西新能源高家堡4.95万千瓦风电项目办公楼、控制楼主体工程完工。国际电力公司小五台10兆瓦光伏发电项目支架工程和控制室主体完工,正在安装光伏组件。京能集团2×660兆瓦火电项目,初可研以及相关文本资料完成。神固水泥公司年产75万吨熟料项目进入试产阶段。泉鑫公司年产1.5万吨单晶莫来石项目完工。朔玉公司年产60万吨水泥粉磨站项目土建工程主体完工,开始调试磨机、烘干机。内外石材公司厂房建设工程正在办理土地审批手续。全盛公司12000吨乳化生产线安全许可得到工信部受理,8000吨生产线正在办理"三同时"手续。臣丰食业公司苦荞系列产品加工项目,一期生产线开始试产,二期工程立项、环评、初可研完成,正在办理土地审批手续。汇源公司PET无菌冷灌装生产线项目动力车间、辅助车间、成品库主体工程完工,设备已订购。中大科技公司年产500吨营养全粉、300吨软胶囊、100公斤木酚素亚麻系列产品项目,主厂房土建工程完工,部分设备到位。

【"三农"经济】 建设马铃薯、莜麦、胡麻、玉米等种植园区42个,优质马铃薯种植园区18个,面积达600.3公顷,优种繁育基地3处366.85公顷。优质燕麦种植基地4000.2公顷,优种胡麻园区12个306.82公顷。重点推广玉米、马铃薯等作物8个优良品种,推广玉米覆盖增密高产栽培、脱毒马铃薯高产栽培等4大主推技术,良种推广率、技术普及率、病虫害专业化防治率达100%。建立马铃薯良种示范田达333.5公顷,科技示范户700户;建立集中连片优质胡麻高产示范区293.48公顷;建立生物有机肥示范田133.4公顷,推广面积667公顷;甜菜种植342.84公顷;建设设施温室大棚580座。完成无公害农产品产地认定16048.02公顷,无公害农产品认证4个。实施测土配方工程,实施面积10005公顷,完成配方肥面积4002公顷,改善土壤肥力。机械作业完成机耕、播、收地74037公顷,出动各类机具7000台。全县粮食直补和综合直补以“一折通”方式发放1423万元,2.28万户农民受益。

全县累计建成肉羊标准化小区23处、种羊繁育和肉羊育肥基地各1处、特色养殖园区3个、奶牛养殖园区4个,高标准奶站5座。实施优种繁育改良,设立5个绵羊改良点,改良本地羊5.5万只,完成黄牛改良和奶牛冷配1.5万头。种植多年生牧草400.2公顷,全年生草玉米10672公顷。

全年共铺开24个清理整治村任务,整治废弃建筑240余处,破房弃院380余间,残垣断壁6400平方米,清理生产生活垃圾1.8万多吨,配备垃圾车16辆、垃圾箱或垃圾池74个,建设排水渠760多米,建设公共卫生厕所8座,粉刷美化墙壁1.6万平方米;村庄绿化60个村。新建和改建40多个村级组织活动场所,建筑总面积5600多平方米。注册成立农民专业合作社29个。全县各类农业产业化龙头企业达12家。新建15处单村供水工程,实现自来水入户;采取机井、人工井的办法,新建50处打井工程。

【第三产业】 全年完成社会消费品零售总额8.5亿元,同比增长19%。恢复右卫城北城门瓮城。平集堡仿古建筑工程完工16座。苍头河景区实施步道修复平整工程。举办首届西口风情生态旅游文化节和第四届西口文化论坛。荣获“最值得向世界推荐的旅游县”“联合国最佳宜居生态县”和“中国生态文明示范县”称号。全年接待参观考察团415批次2.5万人次,各地游客60多万人次,旅游业产值达4亿多元。

建设完成便民店16个、1个配送中心,新建5个废品回收中转站1个再生资源中心回收站已选址并租赁房屋,购买运货车辆。全年销售下乡产品4129台(件),销售金额达818.14万元。生猪定点屠宰迁建工程完工,加大畜禽定点屠宰管理,全县生猪定点屠宰率达98%,成为全市唯一被商务部列入2010年流通领域市场监管与“放心肉”服务体系项目重点推进单位。全年共出动执法车辆近300辆次,出动执法人员450人次,查获各类违法违规商品300余件,有力地规范市场秩序。

【招商引资】 全年共引进项目12个,总投资达36亿元,截至2010年底,落地开工9个,开工率达75%。其中第三届“能博会”引进项目8个,资金30亿元,7个开工,1个具备开工条件;第五届“中博会”引进项目4个,2个项目开工建设。在太原市贸促会举办的“新晋商西口行”推荐活动上,签订合作意向项目5个,投资额达5亿元。与江苏雨润集团、深圳金科海公司分别签订年加工300万只肉羊和沙棘系列产品深加工的合作协议,总投资达6亿元。

【基础设施建设】 县城供热管网改造增容工程和供水管网改造工程完工。主要街巷和北环路重新铺油硬化20万平方米。新区南北纵向道路综合管沟和排污管道各修1000多米。县城污水处理出水管道建设通过验收。污水处理工程正式投入运行,全年减排COD187吨。大呼高速公路右玉段工程已通车运行。大呼高速县城连接线目前已完成全线工程量的60%,完成投资3500万元。荣乌高速公路连接线工程,正在进行设计。朔右高速公路、朔右扶贫公路,项目可研报告上报,待立项批复。虎山线南段改建工程、109国道右玉段改线工程,现正在编制可研报告。大准朔黄铁路连接线,取得国家发改委核准,国土部通过建设用地预审。投资85万元改造危桥3座,待批复文件下达后即可实施。县城北出口2.3千米公路改造工程,现正在协调征地。建设完成其他道路工程20多千米。对1150千米县乡公路进行全方位养护,对9条228千米县道进行重点养护,完成右卫镇西门外反帝大桥建设改造,在全省农村公路养护验收考核中获得第三名。全年共清洗粉刷县城临街建筑物墙体1.5万平方米,清除卫生死角400余处、清运垃圾3000余立方米。投资510万元对南出口道路两侧、四大街两侧花坛进行绿化补植,共栽植各类苗木1.1万棵,花卉14万株,全县建成区绿化覆盖率达42%。

【生态建设】 春季完成7类16项重点工程,通道绿化407千米,村庄绿化补植60个村,城市绿化18万株,小流域治理667公顷,生态道路建设59千米,七彩山等大片造林5669.5公顷,栽植各类苗木880余万株,全部实施围栏封育。秋季完成大呼高速路两侧护栏外30米、109国道29千米通道两侧和杀虎口西山、鹰台山和国道沿线造林预整地工程,大片整地4669公顷,通道整地71千米,开挖树坑180多万个,打埂200余千米。集体林权制度改革稳步推进,完成321个村8.6万人78192.41公顷集体林地调查摸底任务,勘界确权面积48064.02公顷,召开全省林权制度改革现场推进会。右玉县被授予山西省首批林业生态县;右玉造林人集体获“2010低碳中国领军人物”;十八任县委书记群体荣获“2010中国十大经济新闻人物——营造秀美山河特别奖”。

【社会事业】 全年在社会事业方面的投入达26207万元。完成校舍安全改造工程。启动实施“问题解决”新型教学模式,外出学习550人次,一、二本达线率比上年提高2.17%和6.42%。招录特岗教师86名,缓减师资短缺情况。新农合参合率达91%,全年报销补偿46133人次847.83万元。中大科技公司科技创新项目得到省科技厅150万元的专项扶持;两名大学生村官获得省科技厅“大学生村官科技创业行动”专项补助10万元;风力发热设施农业技术的研究开发,列入省重大科技专项;组织申报科技发明专利6项。全年完成演出和放映电影500场;为50多个农村文化广场、6个中小学操场、51个农家书屋安装篮球架和健身路径、配备图书设备,被省新闻出版局评为全省农家书屋工程建设先进县。

全县五保集中供养率比上年提高10%。全年征缴各类社会保险费6457万元,基金达16899万元。发放养老金、失业救济金、65周岁以上居民生活补贴、工伤保险基金、医疗费3184.6万元。启动城镇职工生育保险,吸纳5100人参保,征缴基金21万元。培训各类劳动力3000人次。完成农村危房改造1792户,搬迁工作接近尾声。县城集中供水厂完成改造,更换自来水主输水管道560米,新铺设县城北线供水管网3700米。县财苑供热公司新增一台40吨锅炉投入使用,县城新增供热面积近4万平方米。投入近亿元完成加固、改造校舍38249平方米,校舍安全改造工作连续三年受到省政府表彰;安装村通广播电视接收设备2200套,被评为全省"村村通"广播电视建设工作先进县;修筑36个村村通水泥路371.3千米,市交通局全部验收合格;解决65个村1.67万农村人口饮水安全问题;311个村卫生室全部正常运行。完成数字电视平移5000户。

【安全稳定】 全年共接待上访群众57批221人次,所有接待的信访问题都已转办责任单位并限期办结。全年发生各类安全生产事故107起、死亡3人(低于市定9人的控制指标)、受伤49人,同比分别下降39.5%、57%、65%,直接经济损失96.68万元。

(李志国)

·怀仁县·

中共县委书记	牛志忠
县人大常委会主任	韩效毕
县长	王智杰
县政协主席	周志强

【概述】 怀仁县位于北纬39°37′~39°57′,东经112°46′~113°26′。

2010年,全县完成地区生产总值108.27亿元,比上年增长12.43%;财政总收入16.05亿元,增长23%;城镇居民人均可支配收入17351元,增长10%;农民人均纯收入7276元,增长14%;社会消费品零售总额35.4亿元,增长16.7%;固定资产投资53.95亿元,增长27.6%。

【工业经济】 全县煤矿完成兼并重组任务,原煤产量达1000万吨以上,发运原煤1400多万吨。非煤产业方面,共铺开重点工程43项,累计完成投资56.72亿元。全县民营资本投向非煤产业达47亿元。全年共引进项目23项,引资总额141亿元。

【"三农"工作】 全县粮食总产量1.34亿千克,比上年增长67.9%。农村经济总收入75亿元,增长15.7%。新建日光节能大棚305栋。无公害蔬菜认证品种有绿豆、黍子、茄子、青椒、黄瓜、大葱,认证面积6667公顷。全县大棚总数达3358座,设施蔬菜销售量2000万千克。新建羊舍19.88万平方米,新增养羊20万只,完成标准化人畜分离小区建设24个,全县大型养羊园区达60个,羊舍面积达50多万平方米,育肥羊大户达360户,肉羊存栏量达120万只。投资1500万元,新建屠宰肉羊40万只的畜产品加工企业2家,建成投产。全县大牲畜饲养量达3.65万头。集中开展土地卫片执法行动,全县共拆除违法占地建筑面积11.65万平方米,围墙4275米,退出土地27.97公顷,土地管理逐步制度化、规范化。

【城市建设】 投资1亿多元的新建南路、新兴南路、新华路3条城市主干道的改造工程全部完工。投资2.35亿元,铺开迎宾高架立交桥建设工程。投资6800万元的生活垃圾处理厂工程投入使用。投资1.6亿元的热源厂二期工程完成工程量70%。完成连接线、人民公园、通泰路的绿化改造工程,城市公共绿地面积达28.7万平方米。

【政治建设】 2010年,县人大常委会共任免国家机关工作人员60人(次)。听取和审议"一府两院"专题报告19个。接待人民来信来访24件次,有效化解社会矛盾。政协委员共交提案69件,其中立案62件,已全部办结。

【法治建设】 全年受理各类法律援助案件38件,解答法律咨询2000多人次。接收移交社区服刑人员140人,接收新判缓刑社区服刑人员16人。严厉打击各类刑事犯罪活动,共组织专项打击8次、治安大清查2次,侦破各类刑事案件457起,社会治安形势明显好转。检察工作扎实有效,批捕准确率和起诉案件有罪判决率均达100%。坚持能动司法,法院共受理各类案件680件,结案率97%。

【生态建设】 以西山坡8004公顷生态景观型建设区工程为龙头,全面实施大片造林、道路绿化、企业绿化、新农村绿化等重点建设工程。累计完成造林4235.45公顷,超市政府下达任务56%。2010年全县COD排放量控制在2600吨以内,SO_2排放量控制在6014吨以内,提前完成上级考核的减排任务。扎实开展饮用水源地保护工作,集中饮用水水质达标率为100%。推进天然气改造和集中供热工程,天然气年用气量达885.9万立方米,集中供热率达76%。县城大气二级以上天数达351天,比上年增加13天。

【社会事业】 全面加强校园安全工作,投资300多万元,为60多所学校增设视频监控系统。完成一中云东校区北校区建设工程。对二中办学体制进行改革。公开招聘100名中小学教师,切实解决教师队伍老化问题。2010年全县高考二本以上达线人数3590人,其中考入清华、北大5人,达线率40.6%,连续19年蝉联全市第一。全县共投入3亿多元改善安全生产设施,全年未发生一起重特大安全事故。养老、医疗、失业、工伤、生育保险五大保险基金收入达1.2亿元,累计结余2.1亿元。新型农村合作医疗制度参合农民15.17万人,参合率93.49%。人口自然增长率为3.96‰。重点建设19个村的饮水安全工程,完成3600户农村有线电视入户工程、35个村级卫生室的达标建设和18所中小学校安全改造工程,建设48千米公路。全县登记注册的农民专业合作社总数达316个,实现农民专业合作社全覆盖。(杨志雁)

晋中市

中共市委书记	李永宏	
副书记	张璞	张春生
市人大常委会主任	张文科	
副主任	郝秀珍*	郭邵华
	史景怡	王纪萍
	杨建林	高增光
	尚金华*	
市长	张璞	
副市长	杨随亭*	刘志宏*
	畅志仁	程锡景*
	郭勇飞	李年善*
	王建林*	黄耀春*
市政协主席	李儒敏*	张春生*
副主席	胡俊来	邓明
	常学斌	卢润生
	辛琰	杨定旺
	王书红	

【概述】晋中市位于北纬36°40′~38°06′,东经111°25′~114°05′。2010年,常驻总人口为324.94万人,男性人口169.49万人。

全年全市地区生产总值完成763.8亿元,比上年增长14.0%。其中,第一、第二和第三产业增加值分别为65.0亿元、419.6亿元、279.2亿元,分别增长9.0%、18.0%、9.7%。第一、第二和第三产业增加值占全市生产总值的比重分别为8.5%、54.9%和36.6%,对经济增长的贡献率分别为4.6%、68.1%和27.3%。人均地区生产总值24275元。全年城镇居民人均可支配收入达16379元,增长12.0%,其中市区城镇居民人均可支配收入为17393.7元,增长13.1%。农村居民人均纯收入为5808.7元,增长11.8%。年末全市就业人员161.62万人。城镇新增就业人员4.63万人。全年全市纳入城市最低生活保障的居民为5.6万人,发放最低生活保障补助金11102万元。其中,纳入农村最低生活保障的居民9.08万人,减少1.14万人,发放农村低保资金7635万元,增加561万元。

【农业经济】全年全市农作物种植面积334.54千公顷,比上年减少1.2%。其中,粮食288.69千公顷,减少0.3%;油料3.98千公顷,减少19.6%;棉花0.23千公顷,减少17.9%。在粮食种植面积中,玉米209.73千公顷,增长2.9%;小麦24.62千公顷,减少6.1%。全年粮食总产量161.7万吨,增产16.9%,再创历史新高。其中,玉米138.2万吨,增产21.1%;小麦9.1万吨,减产6.9%。油料8614吨,减产18.4%。棉花181万吨,减产20.6%。2010年,全市各类设施蔬菜产量223.4万吨,增加1.0%;园林水果25.6万吨,减产2.3%。全年全市耕地保有量363.1千公顷。全市森林面积达253.6千公顷,当年造林29882千公顷,其中退耕造林面积9.1千公顷。全年全市肉蛋奶总产量41.6万吨,增长1.5%。年末全市农业机械总动力321.1万千瓦,比上年末增长6.0%。机械耕地面积28.3万公顷,机械播种面积23.1万公顷,机械收获面积8.9万公顷,分别比上年增长5.2%、5.0%和23.6%。全市农机化经营总收入达15.6亿元,同比增长11.0%。2009~2010年两年共建各类饮水工程1235处,解决1373个自然村、48个农村学校、70.29万人的农村饮水安全问题,完成投资3.42亿元,全面实现饮水安全全覆盖目标任务。平遥、介休、太谷、祁县、寿阳、昔阳、榆次被列为国立农业综合开发项目县,灵石、榆社为省立农业综合开发项目县,农业综合开发受益项目县范围占全省81.8%。山西晋中现代农业示范区启动实施各类项目96个,完成投资19.1亿元,建成万亩玉米丰产方57个,新发展设施蔬菜3735.2公顷,新发展水果2134.4公顷。2010年,太谷被农业部确定为“全国现代农业示范区”,榆次被国家科技部批准为国家农业科技园区。全市销售收入亿元以上农业加工龙头企业达13个,晋中德御农贸公司在美国成功上市,成为山西省首家农产品加工上市公司。

【工业经济】纺织、液压、玻璃器皿、玛钢铸造、汽车改装等产业集群初步形成,产值超过150亿元。全市销售收入亿元以上企业达175个。服务业“3+7”战略积极推进,商贸物流业,太原都市圈进站综合物流园区规划和一期工程启动,山西能源工业国际分销物流港等项目快速推进;三晋国际商贸物流城一期、山西新华图书物流中心一期投入运营。2月晋中市最大的地方煤炭企业集团——灵石县永吉能源有限公司正式挂牌成立,控股煤矿26座,年产能1650万吨,为煤炭企业兼并重组后控股煤矿最多、总产能最大的地方煤炭企业。

全市全年工业总产值1022.81亿元。规模以上工业企业完成工业增加值369.3亿元,增长23.0%。其中:轻工业完成工业增加值18.34亿元,增长17.1%;重工业完成工业增加值350.9亿元,增长29.1%。在全市八大主导行业中,原煤产量8032.2万吨,增长26.2%,焦炭产量869.5万吨,下降1.2%,钢材48.4万吨,增长236.5%,水泥247.8万吨,增长10.1%,中成药1580万吨,增长25.4%。

2010年,规模以上工业主营业务收入1021.0亿元,比上年增长41.7%。其中,煤炭、焦炭、冶金和电力工业4大传统支柱产业实现主营业务收入804.7亿元,增长41.3%,分别实现主营业务收入为煤炭491.1亿元、焦炭198.9亿元、冶金83.9亿元和电力30.9亿元，分别增长50.2%、21.6%、43.9%和50.0%；装备制造业、医药工业和食品工业等新兴产业分别实现主营业务收入93.8亿元、7.9亿元和36.4亿元，分别增长53.0%、22.4%和24.6%。同时，推进传统产业改造和国有、集体企业制度改革。晋华、锦纶、轻机3个政策性破产企业法律程序如期终结，药材公司、格芙兰公司等企业的改制工作全面启动。左权220千伏输变电项目投产，榆次东郊110千伏增容扩建工程完工。

【固定资产投资】 2010年，全市全社会固定资产投资495.0亿元，比上年增长25.0%。按城乡分，城镇投资465.8亿元，增长24.4%；农村投资29.2亿元，增长35.8%。按产业分，第一产业投资37.8亿元，增长111.8%；第二产业投资263.2亿元，增长15.5%；第三产业投资194.0亿元，增长29.2%。全社会新增固定资产302.4亿元，增长2.4%。全年房地产开发投资29.8亿元，增长43.2%。全年全市新签外商投资项目5个，投资总额9721.2万美元。全市安排的538项重点工程，开工建设的531项，完成投资456.1亿元。其中，市级72项重点工程，开工68项，完成投资190.1亿元。

【国内外贸易】 2010年全市建设改造便民店228个、门店560个、放心粮油配送中心14个，拉动市场消费。全市社会消费品零售总额277.6亿元，增长18.5%。其中，城镇消费品零售额189.4亿元，增长18.2%；乡村消费品零售额88.2亿元，增长19.3%。加大农村消费品补贴力度，全年累计发放农机、家电、汽车、摩托车下乡等购置补贴1.6亿元。

全年全市外贸进出口总额23000万美元，比上年增长43.7%。其中，进口总额738万美元，下降26.7%；出口总额22272万美元，增长48.3%。全年出口焦炭6734万美元，增长300.8%；出口玛钢管件3362万美元，下降12.0%；出口钉丝976.0万美元，增长38.2%；出口机电产品8375.8万美元，增长31.3%；出口玻璃器皿3135万美元，增长1.6%。全年全市向省外运输煤炭3985.3万吨，增长37.4%。外运煤炭占原煤产量的49.6%。向省外运输焦炭644.4万吨，增长9.7%。外运焦炭占焦炭产量的比重为74.1%。

在2010年中国(山西)装备制造业博览会签约仪式上，晋中市政府、山西兰田集团公司与中国航空工业集团公司签订新能源专用车及装备科技产业基地项目合作协议，项目总投资50亿元。到11月初，全市共签约项目143项，总投资1532亿元，协议引进市外资金1385亿元。

【交通　邮电】 全市2738个村实现村村通水泥路工程，完成建设任务的322项924.8千米，除应通未通的9个村63.2千米外，重点完成“通未连通”工程。通达率达99.7%。全市公路线路年末里程14562千米，比上年增加245千米，增长1.7%；全市高速公路292千米，增加18千米。公路密度达88.8千米/百平方千米。全年完成旅客运输量3070万人次，旅客运输周转量134418万人千米，货物运输量6542万吨，货物运输周转量1303581万吨千米。年末，市区共有运营公交汽车502辆，出租汽车902辆。全市民用汽车保有量达27.86万辆（包括三轮汽车和低速货车2.93万辆），比上年末增长21.0%，其中私人汽车23.16万辆，增长23.1%。全年新注册汽车5.59万辆，比上年增长27.7%。年末轿车保有量12.15万辆，比上年末增长30.4%，其中私人轿车10.9万辆，增长32.8%。

全年全市完成邮电业务总量65.9亿元，比上年增长24.3%。其中，邮政业务总量2.6亿元；电信业务总量63.3亿元，增长28.7%。固定电话用户年末达77.1万户。其中，城市电话用户43.5万户，农村电话用户33.6万户。新增移动电话用户22.1万户，年末达190.9万户。年末全市固定及移动电话用户总数达268.0万户，比上年末增加17.5万户。电话普及率达83.8部/百人，其中固定电话和移动电话普及率分别达24.1部/百人和59.7部/百人。全市宽带接入用户达29.7万户，增长21.2%。

【旅游产业】 2000年至2010年累计投入40亿元资金开发旅游业，建成以平遥古城和晋商大院为主的晋商文化旅游和以大寨、麻田为主的太行自然风光、红色传统教育旅游两条特色旅游线。2010年，全市加大旅游基础设施建设力度。介休绵山景区换乘站工程完工，大寨农业生态旅游示范区、榆次庆城村黄土生态度假公园、太谷梅园山庄生态园等生态休闲项目稳步推进。在上海举办的“TOR102010十大海外最佳旅游目的地暨十大中国最佳旅游目的地”评选活动中，平遥入选“十大中国最佳旅游目的地”。全年全市旅游总收入达113.7亿元，同比增长26.3%。接待国外游客21.5万人次，接待国内游客1349.7万人次，分别增长26.3%和20.7%；旅游外汇收入6382.8万美元，国内旅游收入109.4亿元，分别增长38.8%和25.5%。

【财政　金融　保险】 全年全市财政总收入147.1亿元，比上年增长17.2%。一般预算收入64.8亿元，增长12.1%。其中，税收收入42.6亿元，增长29.0%，国内增值税、营业税、企业所得税、个人所得税、资源税和城建税共计完成税收36.1亿元。一般预算支出执行120.1亿元，增长16.5%。2010年新组建村镇银行4家；农村信用联社改制农村商业银行工作取得实质性成效；中国工商银行、中国农业发展银行、中国银行在全市新设立县级分支机构6处；发展小额贷款公司37家，注册资本

24.08亿元。年末,全市金融机构人民币各项存款余额1245.6亿元,比年初增长17.0%。各项贷款余额469.6亿元,增长29.6%。2010年全市农村小额保险累计承保79万人次,保费1350万元。全市保费收入30.8亿元,比上年增长18.9%。其中,寿险业务保费收入22.4亿元,增长12.6%;健康险和意外伤害险业务保费收入1.2亿元,增长71.4%;财产险业务保费收入7.1亿元,增长34.0%。支付各类赔款及给付6.9亿元,增长1.5%。其中,寿险业务给付2.3亿元,减少32.4%;健康险和意外伤害险业务赔款及给付0.4亿元,增长100.0%;财产险业务赔款及给付4.1亿元,增长28.1%。

【科教文体卫】 2010年,全市受理专利申请618件,比上年增长28.5%。受理发明专利申请160件,增长63.3%。全年全市授予专利权324件。截至2010年底,全市累计认定高新技术企业达11个,创造高技术产业总产值32.0亿元。组织实施市级产学研项目38项。全市形成农业科技"110"信息服务平台、手机农情预报系统、12396农村科技信息服务热线、电视、电影、广播全覆盖的农村科技信息服务体系。

2010年,全市义务教育学校整合为985所,形成3所市属高校、30所普通高中、20所职中、1000所左右义务教育阶段学校的"3321"学校分布格局,教育均衡发展的"晋中模式"受到教育部肯定并在全国推广。12月,晋中市被国务院确定为山西省唯一的国家教育体制改革统筹推进义务教育均衡发展的实验区。全年"校舍安全工程"总投资16亿元,新建、改扩建和加固学校451所,建筑面积131万多平方米。年末,全市有普通高等院校8所,普通中等专业学校8所,成人中专学校8所;普通中学242所,在校生195993人;小学883所,在校生237159人。幼儿园465所,在园幼儿94737人。特殊教育学校3所,在校生846人,全市小学六年巩固率99.71%;初中三年巩固率101.31%。有10个县(区、市)成为义务教育标准化建设合格县(区、市)。

5月全市806个村完成村通广播电视工程。年末全市共有艺术表演团体18个,群众艺术馆、文化馆12个,艺术表演场所11个。电视台11座,广播电台节目10套。有线电视用户39.6万户。广播人口覆盖率92.9%,电视人口覆盖率98.87%。全市共有公共图书馆11个,公共图书馆图书总藏量达1057万册。全年建立文化站72个,其中投入使用45个;11个县(区、市)全部建成文化信息资源共享工程基层分中心,建成基层服务点行政村2750个。

全市拥有各级体育机关12个,体育场馆27个,全市共有运动员960人,其中二级运动员106人;有二级裁判员112人。举办县级以上综合运动会55次,单项比赛243次,全民健身活动182次,参加人数达18.7万人次。

全市11个县(市、区)开展新型农村合作医疗试点工作,参合农民达214.1万元,参合率95.94%。2010年村卫生室服务功能覆盖403个空白行政村的农村居民。同年,晋中卫校被评为"国家级教改示范学校"。2010年全市共有卫生机构(含诊所)1069个,其中妇幼保健院(所、站)12个。全市卫生机构(含诊所)共有床位12268张,其中医院床位7881张,卫生院床位3556张。卫生技术人员15170人。

【经纬机械(集团)有限公司完成主辅业分离改制】 11月,经纬机械(集团)有限公司所有改制资料得到国务院国资委备案认可。12月,公司召开改制后第一次股东大会,并向工商部门申请登记。至此,经纬机械(集团)有限公司完成改制和新公司成立的全部程序。12月8日,经纬机械(集团)有限公司正式挂牌成立。市委副书记、市长张璞,中国恒天集团董事杨永元,经纬股份有限公司董事长叶茂新等出席新公司成立大会并为之揭牌。至此经纬集团公司不再顶有"国"字号头衔,而是以独立的企业形式出现在市场中。 (刘改英　李新文)

·榆次区·

中共区委书记	王建林*
	孙光堂*
区人大常委会主任	梁五福
区　　长	王继堂*
区政协主席	张增翔*

【概述】 榆次区位于北纬37°23′~37°53′,东经112°34′~113°07′。2010年,全区财政收入、固定资产投资、社会消费品零售总额分别完成17.1亿元、93.9亿元、87.9亿元,年均同口径分别增长16%、25.3%和23%;地区生产总值、规模工业增加值分别完成144.5亿元、46.3亿元,年均分别增长12.5%和15.6%。

【农业经济】 粮食总产量达18.5万吨,实施"百日万亩设施蔬菜攻坚行动",完成新建任务920.46公顷,蔬菜总产全省十八连冠;果品总产突破11万吨,被省政府表彰为"全省干果经济林建设十强县(区)";新建养殖园区5.6万平方米,肉蛋奶总产突破7万吨;德御农贸成为全省唯一的农产品加工上市企业。全市唯一的蔬菜出口企业将军红集团落户榆次区。

【工业经济】 三产比为8.8:36.5:54.7;规模企业达119户;千万元纳税大户达20户;115户国有集体企业完成二次改制,新增民营企业和个体工商户1.1万户,总量达2.3万户。榆次工业园区征地入园企业达137户,完成投资110亿元,累计实现工业产值160亿元。园区工业总产值、增加值、销售收入增幅均超过50%,其中电气、机械、煤焦行业增速分别达142.7%、70.4%、63%。

【第三产业】 全区商业营业面积突破70万平方米，文化产业经营户达527户，营业额达4.3亿元。乌金山国家森林公园续建完成投资8100万元，后沟古村被评为“全省休闲农业与乡村旅游示范点”。全区旅游综合收入达28.2亿元，增长22%，榆次区被推荐为“全国休闲农业与旅游示范县(区)”。“万村千乡市场工程”“新网工程”有效实施，城乡商贸体系不断完善，三产提供税收占财政总收入比重达52%。

【项目建设】 争取并有效实施32个新增中央扩大内需项目、47个2010年中央预算内投资项目，项目开工率、竣工率分别达88.6%和72.2%。9个省市重点建设项目完成投资29.4亿元，完成投资率100%。确定的2010年投资60.1亿元的5大类76项区级重点工程，完成投资62亿元，完成投资率103%。主攻新型工业项目，完成投资49亿元，占76项重点工程项目完成投资额的79%，经纬纺织和调产设备、高行液压元件以及9项煤矿矿井升级改造项目完成投资进度；加快推进现代农业项目，万亩设施蔬菜、万亩优质水果、万亩优质干果、10个万亩玉米丰产方、现代农机装备等项目全面完成；有效实施现代服务业项目，省粮食物流中心、美特好农产品交易市场等项目均超额完成投资计划；加快推进社会事业项目，乡镇综合文化站续建、乡镇卫生院新建等工程全部完工；扎实抓好城乡基础设施项目，完成道路建设130千米。招商引资签约项目40项，总投资189亿元，占市下达任务的290%；40个项目中亿元项目20项，10亿元项目2项。

【社会事业】 全区民生支出占财政一般预算支出的78%。2010年，维护、加固和改造中小学校舍22万平方米，小学、初中入学率达100%；新增就业9466人。对664名就业困难人员实施就业援助，城镇登记失业率控制在2%以内；新农合参合率达95.76%，城乡低保、农村五保应保尽保，城镇基本社会保障覆盖率达98%；对300名残疾人提供康复救助，对50户农村困难群体实施危房改造；新建农家书屋192个，送电影下乡3920场次；公共卫生服务综合大楼投入运行。52.6%的村卫生室实现政府搭建、村医无偿使用；人口计生工作目标责任制考核全市十五连冠，被省政府授予“目标责任制考核先进区”称号。新建园林村25个，解决1.7万人安全饮水问题，新改扩建农村体育场所108个；推进“蓝天碧水工程”，新增集中供热437万平方米，新造林2868.1万平方米；二级天数达360天，万元GDP综合能耗下降8.24%，SO_2、COD分别减排2540吨和3732吨；严格落实安全生产“一岗双责”制度，煤矿百万吨死亡率为零，安全形势稳定好转；加强社会治安综合治理，破获刑事案件616起，查处行政治安案件1563起。

【全国首家廉政主题旅游景区落成】 10月10日，全国首家廉政主题旅游景区——山西清正园正式落成。清正园教育基地位于榆次乌金山国家森林公园内，占地5000平方米，建筑面积3336平方米。全园总投资240万元。通过古建文化、园林文化、雕刻文化、石刻文化，体现了清官文化与修身文化的结合，努力营造“以廉为荣，以贪为耻”的浓厚氛围，为山西转型发展、跨越发展提供良好的社会环境。

【田家湾水库及上游滩涂被命名为第一批省级湿地公园】 3月22日榆次区田家湾水库及上游滩涂被山西省林业厅批准命名为榆次区田家湾省级湿地公园，它是山西省首批17处湿地公园之一，共100公顷。坚持“生态优先、科学修复、适度开发、持续利用”的原则进行建设，从而大力保护和恢复湿地植被，为湿地生态功能的发挥和野生动植物生息繁衍创造良好的自然环境，切实发挥湿地公园的生态效益、社会效益、经济效益。

（李　敏）

·榆社县·

中共县委书记	曹　煜
县人大常委会主任	赵向平
县　　　　长	卫明喜
县政协主席	王建华

【概述】 榆社县位于北纬36°51′~37°24′，东经112°38′~113°12′。2010年全县共52927户141800人，其中：非农业人口27453人。

2010年，全县地区生产总值完成19.7亿元，同比增长7.7%；规模以上工业增加值完成10亿元，增长8.9%；财政总收入完成2.51亿元，降幅回落7%，其中一般预算收入1.08亿元；社会固定资产投资6.17亿元，增长7.8%；社会消费品零售总额5.98亿元，增长18.6%；城镇居民人均可支配收入11745元，增长11.5%；农民人均纯收入2527元，增长10%。

【农业经济】 全年发放粮食直补和综合补贴资金1193万元，都市型现代农业建设积极推进，18个重点产业格局初步形成，全县农作物播种面积18320公顷。畜牧、蔬菜、林果和小杂粮4大主导产业稳步发展。加大笨鸡养殖，笨鸡养殖达138.6万只。新发展设施蔬菜81.04公顷，累计达121.06公顷，露地蔬菜发展到1400.7公顷，绿化造林3274.97公顷，其中新发展核桃经济林533.6公顷、酥梨33.35公顷。以河峪小米、豆类、荞麦为主的小杂粮种植面积达5095.88公顷。云竹水库2个鱼产品通过农业部无公害产地产品认证，大豆、玉米等系列产品完成有机食品认证，河峪小米、榆社洋槐蜜通过农业部地理标志登记，榆社笨鸡蛋通过国家工商总局地理商标登记，“河峪小米”“然晶蜂蜜”“主力阿胶”“箕城白酱油”4个商标荣获山西省著名商标。全县粮食总产量达5136万千克,增长11.9%。农林牧渔业总产值完成3.88亿元,增长13.7%。

【工业经济】 华能榆社电厂完成产值12.88亿元,同比增长14%;榆化公司完成产值17.2亿元,增长20%;15万吨离子膜烧碱技改项目投产达效,工艺水准达到国际先进水平;广生公司完成产值2.43亿元,增长29%,70亿粒高端植物胶囊和单产1500吨铝塑复合膜包装项目顺利投产,实现利税同比增长35.4%,企业规模稳居世界第三,产品覆盖全国市场的1/4。美岳、永泰等中小企业实现扩规稳步发展。万元GDP能耗降幅10.39%。工业经济呈现回升向好的趋势。全县规模以上工业企业实现工业产值32.9亿元。

【社会事业】 总投资3.1亿元实施6大类26项城镇基础工程。文峰苑住宅小区投入使用,廉租房一期完工,二期工程开工建设,南北向阳搬迁安置新区新建工程启动,533户农村危房改造如期完成。更新改造城北供水水源地管网,城区新增供热面积8万平方米。启动集中供气管网工程,完成主管道铺设7.6千米。全面改造华榆路、北泉沟路,硬化改造城区4条小街小巷。新建村通水泥(油)路68.7千米,南河底桥主体完工,云竹湖渡口和箕城、社城客运站点建成投用,城乡交通条件明显改善。

榆社中学通过升级示范高中验收,高考达线374人,中考成绩名列晋中市第一。全县32所中小学校舍安全工程全部竣工,新建、改建、扩建校舍面积95265平方米。被评为晋中市知识产权先进县。晋绣、美术雕塑、小麻油制作工艺被列为市级"非物质遗产"名录,九曲黄河阵、美术雕塑工艺列为省"非物质遗产"领导组评审项目,化石博物馆向社会免费开放。

新改扩建3所乡镇卫生院和21所村卫生室,新农村合作医疗参合率达94.62%,补偿医疗费用1500万元。全县筛选确定招商引资重点项目97个,签约千万元以上重大项目8个,签约资金27.69亿元,到位资金2.6亿元。投资15亿元的北京天行创美公司云竹湖航空主题公园项目规划编制完成,投资1.5亿元的国新能源集团榆社城区天然气项目管网铺设正在进行,投资10亿元的华能新能源风力发电项目完成测风塔建设。总投资8亿多元的34项重点工程已有32项建成投用,完成投资5.48亿元,增长33%。榆社荣获"中国低碳旅游示范县"称号。

【化石博物馆获国家二级馆揭牌并免费开放】 5月18日,山西省纪念"5·18国际博物馆日"活动以及榆社县化石博物馆获国家二级馆揭牌和免费开放启动仪式在榆社县举行。省财政厅、省文物局以及市县有关领导参加仪式。由县长卫明喜主持。省财政厅副巡视员祝晋英与省文物局副局长刘正辉共同为二级博物馆揭牌,并宣布博物馆免费开放正式启动。

【《娶亲》获全国民间歌舞展演金奖】 9月19日,第八届中国民间艺术节第九届中国大同云冈文化艺术节开幕式上,榆社县霸王鞭艺术团的节目《娶亲》参加开幕式及踩街巡游表演,荣获金奖。9月21日,在大同市工人文化活动中心举行颁奖仪式。 (常彩萍)

·左权县·

中共县委书记	孙光堂*
	王　兵
县人大常委会主任	巨树民
县　　　　长	王　兵
县政协主席	韩卫平

【概述】 左权县位于北纬36°45′~37°17′,东经113°06′~113°48′,总面积2028.1平方千米,辖5镇5乡,1个城区管理委员会,204个行政村,8个居民委员会。2010年全县总人口162977人,其中:男性84596人。全年出生人口1804人,死亡人口1108人。

全年全县耕地保有量17101.88公顷,检查验收合格造林面积2567.95公顷,全年新增封山育林面积867公顷,退耕还林配套荒山造林面积767公顷。2010年全县总用水量1550万立方米,万元地区生产总值平均耗水量61.8立方米,比上年下降41.7%,万元工业增加值耗水量25立方米,下降40.5%。

2010年全县生产总值完成251330万元,比上年增长12.3%。其中,第一产业实现增加值21266万元,增长8.5%;第二产业实现增加值128009万元,增长12.4%,工业增加值为95832万元,增长1.1%;第三产业实现增加值102055万元,增长12.9%。三次产业构成为8.5:50.9:40.6。人均地区生产总值15648元。

【农业经济】 2010年全县农作物播种面积为12955公顷,其中:粮食播种面积为12112公顷,在粮食播种面积中,玉米8234公顷,比上年减少276公顷。在其他作物播种面积中,油料309公顷,减少38公顷;蔬菜532公顷,减少14公顷。全年粮食总产量43462吨,减少6165吨,其中:夏粮产量470吨,减少150吨,秋粮产量42992吨,减少6015吨。农林牧渔总产值完成35386万元,其中:农业产值12448万元,林业产值14612万元,牧业产值7419万元。

全年肉类总产量2296吨,减少16.39%。其中猪肉产量1252吨,牛肉产量392吨,羊肉产量361吨,禽肉产量94吨。全年禽蛋产量3602吨。年末大牲畜存栏5106头,下降0.49%;猪存栏14680头,下降2.5%;羊存栏35816只,增长4.32%;鸡存栏34.7万只,增长55.6%。

全年植树造林面积2562公顷,新增育苗266.7公顷。小型水利设施新增29处,累计达407处。

新增水保持治理面积3328.33公顷。实际灌溉面积达2034.35公顷;新增节水防渗渠道28千米,累计达125千米。

【工业经济】 2010年,全县规模以上工业企业实现产品销售收入207259.2万元,增长13.4%;完成工业增加值83831.9万元,增长5.5%;实现利税34324万元,增长168.4%;利润总额3886万元。具有资质等级的建筑企业完成建筑业总产值53369万元,增长1221.9%。全县规模以上工业企业实现工业总产值221942万元,同口径工业企业综合能源消费量为200889.55吨标准煤;规模以上企业万元产值能耗为0.91吨标准煤,下降0.79吨标准煤。

【固定资产投资】 全年全社会固定资产投资完成364695万元,比上年增长56.4%。其中,城镇投资完成364019万元,增长60.7%;农村投资完成676万元,下降90.0%。在全部投资中,按注册类型分,国有企业完成投资279313万元,增长122.7%;集体企业完成投资300万元,下降97.7%;其他有限责任公司完成投资62020万元,下降25.5%;股份有限公司完成投资14947万元,增长95.6%;私营企业完成投资8115万元,增长122.9%。按产业分,第一产业完成投资20686万元,增长111.9%;第二产业完成投资316083万元,增长71.1%,占全部投资比重的86.7%,增加7.5%,继续占据主导地位;第三产业完成投资27926万元,下降27.8%。按项目建设性质分,新建项目完成投资209873万元,增长45.2%;扩建项目完成投资20280万元,增长39.0%;改建和技术改造项目完成投资131542万元,增长108.1%;其他项目完成投资3000万元。

全年房地产开发投资9129万元,住房施工面积47092平方米。全部固定资产投资项目个数52个,下降47.5%,其中500万元以下项目11个,下降45.0%;全年新开工项目22个,下降57.7%;新增固定资产71289万元,下降59.2%。

【第三产业】 2010年全县实现社会消费品零售总额70100万元,增长18.4%。按区域分,县的零售额实现38733.9万元,县以下零售额实现31366.1万元,分别增长18.9%、17.9%。按销售行业分,批发零售贸易业总额实现56605.3万元,增长17.9%;住宿和餐饮业实现零售额13494.7万元,增长20.7%。全县全年共接待旅客达29万人次,门票收入30万元。

【重点工程】 全年确定重点工程21项,总投资146.5亿元。开工21项,开工率100%,完成投资33.86亿元,完成全年目标的109.9%。

华能左权电厂项目,总体规划装机容量为4×600兆瓦机组,分两期实施,一期建设两台600兆瓦超临界间接冷却燃煤机组。工程静态投资48.3亿元,动态投资50.5亿元。2010年完成投资19.88亿元,正进行厂房建设和设备安装。泽城西安水电站二期工程项目总投资11.8亿元,建设规模为0.97亿立方米,水电站装机容量5000千瓦,全年完成投资6.25亿元,大坝已封顶。煤炭扩产项目11项,全县煤矿由2009年的21座重组为12座,完成投资12.8亿元。将军广场建设项目总投资5200万元,全年完成投资2200万元,累计完成投资4400万元,地下物流商城、地下停车场主体完工,地上广场完工并投入使用。城市垃圾处理项目总投资2104万元,建设规模为日处理城市垃圾80吨,2010年完成投资1800万元,土建完工。中小学校舍安全工程,项目总投资7779.7万元,建设规模为19所中小学、57778平方米。完成投资5800万元,项目全部开工,17个项目主体完工。

【交通 邮电】 2010年,全县境内公路通车里程达1316.1千米。公路货物运输量完成135万吨,增长11.6%;货物周转量为7475万吨千米,增长3.7%;公路客运量完成155万人次,旅客周转量为7731万人千米。全县民用汽车拥有量为32667辆,增加1225辆,其中:载客汽车6999辆,减少207辆;载货汽车2010辆,增加986辆;其他汽车6369辆,增加404辆。

2010年,全县邮电业务总量完成9317万元,增长1.4%,其中:邮政业务总量1432万元,减少30.7%,电信业务总量7885万元,增长10.8%。电话用户总数达126134户,增长13.0%,其中:固定电话用户37134户,增长0.46%;移动电话用户89000户,增长19.3%。全县宽带接入用户达15163户。

【财政 金融 保险】 2010年,全县财政总收入完成78188万元,增长30.3%,其中:一般预算收入完成32296万元,增长34.4%。一般预算支出执行70196万元,增长18.5%;教育支出13167万元,增支1469万元;社会保障与就业支出7861万元;医疗卫生支出3834万元;环境保护支出2531万元;农林水事务支出8093万元。2010年,全县金融机构存款余额614461万元,增长16.4%;年末金融机构各项贷款余额163409万元,增长20.6%。2010年,全县保费收入9850万元,增长27.5%。全年全县支出赔款给付1706万元,增长14.5%。

【科教文卫】 2010年科技引资39万元,共申请专利24件,其中:发明专利12件,实用新型6件,外观设计6件。民营科技企业工业增加值占到全县GDP的6.45%。全县各类学校在校学生人数28560人(包括幼儿),其中:普通高中在校学生2565人,职业高中在校学生2696人,初中在校学生6420人,小学在校学生11809人,幼儿园26所5070人,小学适龄儿童入学率达 100%,高考达线 475 人。

左权县小花戏享誉国内外,文艺表演团体 1 个。全社会馆藏图书达 68295 册,电视综合人口覆盖率达 98%,有线电视用户达 2.8 万户。2010 年,县级医疗卫生机构 6 个,乡镇卫生院 10 所,农村卫生所达 204 个。县乡村三级医疗机构达标率分别为 100%、100%、95.1%。病床位 418 张,卫生技术人员 491 人。全县农民有 121963 人参加新型农村合作医疗,参合率 97.14%,覆盖率达 100%。

【社会生活】 2010 年,全县城镇居民人均可支配收入为 12930.3 元,增长 12.1%;城镇居民人均消费性支出 7242.2 元,增长 4.9%;农民人均纯收入达 2368 元,增长 1.8%,农村居民人均现金支出为 2458.9 元,增长 2.5%。全县参加基本养老保险人数为 12540 人,失业保险人数为 7820 人,城镇登记失业人数 179 人,全县共有城镇居民 3403 人和农村居民 4760 人得到政府最低社会保障。

【安全生产】 2010 年全年全县二级以上天气 356 天,SO_2 排放量 4396 吨,增长 1.5%;COD 排放量 1123 吨,增长 7.9%。全年全县生产安全事故死亡 30 人(全是交通事故),煤炭生产百万吨死亡率为零。亿元 GDP 生产安全事故死亡率为 1.09 人。全县煤炭资源回采率达 75%。 (宋 丽)

•和顺县

中共县委书记	侯文禄
县人大常委会主任	白世培
县长	杨建平
县政协主席	范乃文

【概述】 和顺县位于北纬 37°03′~37°36′,东经 113°05′~113°56′。

2010 年,全县地区生产总值完成 25 亿元,同比增长 28.3%;规模以上工业增加值完成 11.03 亿元,增长 65.6%;财政总收入完成 7.0558 亿元,增长 40.87%;固定资产投资总额完成 24.6 亿元,增长 32.7%;社会消费品零售总额完成 6.94 亿元,增长 18.3%;全县城镇居民人均可支配收入达 12003 元,增长 14.95%;农民人均纯收入达 2862.3 元,增长 10.09%。

【农业经济】 2010 年,县财政投入“三农”资金 2.17 亿元,同比增长 56.2%。“三联五帮”为农村投入发展资金 3716 万元。以德牧、龙旺、新马杂粮、阳光酒业、吉运、一缘禽业为代表的一批农业产业化龙头企业迅速成长壮大,完成项目建设投资 2.6 亿元。设施蔬菜面积达 219.84 公顷。建设各种试验、示范生产基地 11 个,粮食总产 6252.9 万千克。发展订单种植 5069.2 公顷,带动 1.8 万农户进行标准化生产,年增收 800 多万元,基本形成“公司+基地+农户”的产业化生产格局。农产品认证品种达到 32 个,认定产品基地面积达 8397.53 公顷。新建改建千头育肥牛场 6 个、标准化养殖小区 24 个,“五头母牛”繁育户达 1326 个,供港澳肉牛 1500 头,人均养牛收入 1085 元。举办“中国优质肉牛产业可持续发展战略峰会”,“和顺牛”品牌享誉全国。新建标准化、现代化农民磨坊 32 个。年加工转化粮油产品 1000 多万千克,带动 1 万多个农户增收 3000 余万元,吸纳农村富余劳动力 1750 人就业。新增农民专业合作社 193 个。建设沼气 540 户,节能吊炕 354 铺。

【工业经济】 2010 年,10 个基建矿井完成机械化升级改造投资 9.2 亿元。全年生产原煤 675 万吨。硅钢镁项目两条生产线建成投产。总投资 13 亿元的阳煤集团百万吨尿素项目一期工程完成投资 5.1 亿元。全县 SO_2 排放控制在 2024 吨以内,COD 排放控制在 864 吨以内,县城空气质量二级以上天数达 354 天。

【项目建设】 2010 年,全县总投资 84 亿元的 86 个重点项目,开工 71 个,开工率 88.75%;完成投资 26.5 亿元;竣工 41 个,竣工率 57.7%。举办首届招商引资洽谈会,包装 40 个招商项目,总投资约 105.1 亿元。与山西华能集团、中国大唐集团等 10 个大企业大集团达成投资意向 13 个,签约资金 32.97 亿元,年内有 3 个项目开工建设,7 个项目进入前期准备阶段。

【旅游产业】 以打造文化旅游品牌、培育市场主体为目标,牛郎织女文化、合山圣母、阳曲山、太行龙口、云龙山“五朵金花”景区建设完成投资 8500 万元,农家乐经营户增至 100 户,接待游客 12 万人次,实现旅游综合收入 3800 万元。

【基础设施建设】 投资 1.17 亿元的垃圾处理厂竣工试运行,新增集中供热面积 40 万平方米,供水管网改造、污水管网建设工程竣工投运。集中供气完成投资 1500 万元。阳左高速、汾邢高速全县境内路段施工作业单位全部进入工地,即将全面开工建设;董榆线一级路改造初步设计通过评审;和邢铁路路线定测工作完成;圪范线铺油配套工程全面完成,界麻公路全县境内路段全部贯通。对 9 个村实施路灯亮化工程,建成 2 个电气化村。完成刘家窑 35 千伏开闭站工程。总投资 6152 万元,植树造林折合株数 700 万株以上。

【安全生产】 2010 年,4 次共销毁过期炸药 16208.2 千克、过期雷管 37273 枚、非法储存炸药 7 千克,导火线 30 米、电雷管 2 枚、发爆器 1 个、烟花爆竹 231 件。全县 27 家大中型旅店业全部完成安装旅馆业信息管理系统,8 家大中型机动车修理业安装治安管理信息系统,4 个文化大院、18 个网吧全部安装实名制上网登记管理系统,治安大队特行中队的民警实行一天 24 小时不定时的检查制度。投资 410 万元安装数字化监控系统。成立由

19名“零就业”家庭的大学毕业生组成的巡逻防暴队。全年共立各类刑事案件301起，破获各类刑事案件208起；受理治安案件777起，查处治安案件580起。累计抓获犯罪嫌疑人155名，逮捕92人，移送起诉160人。查处各类违法人员1019人，其中行政拘留159人。打掉各类犯罪团伙7个，挽回经济损失200余万元，累计抓获逃犯137名，解救被拐卖妇女2名。

【社会事业】 2010年，县财政用于民生支出3.12亿元，同比增加3136万元。新增城镇就业2196人，创业带动就业1050人，安置困难人员就业243人。新农合参合率达96.8%，医疗补偿9.2万人次，报销金额1630万元。救助农村和城市大病困难群众904人。城镇职工基本医疗保险覆盖率达90%，并首次将城镇非职工群体纳入基本医疗保险范围。改建3所敬老院，新建7所敬老院，五保户集中供养率达35%。为1717名80周岁以上老年人发放长寿优待金60余万元。70周岁以上老年人、残疾人凭老年优待证和残疾证在县内免费乘坐公交车、免费旅游。新建廉租住房390套、1.95万平方米、经济适用房8000平方米。全总、省、市、县各级扶贫工作队投入各类扶贫资金3406.8万元。完成42个贫困村、10217口人的整村推进任务。完成村通水泥路49千米，街道硬化36千米。解决了66个自然村、11702口人、6523头大牲畜的饮水安全问题。完成73个村级组织活动场所建设。新建37个便民店和70个农家店。完成31粮油配送中心、7个“放心粮油”示范中心店和120个“放心粮油”经销店的建设和规范。安装广播电视直播卫星接收设备780套。省市级学科带头人特殊津贴和边远山区教师10%的津贴全部落实。县财政对寄宿生生活补助资金达159.5万元。一中高考本科达线305人。县职业中学高考和对口高考达本科线86人。村卫生所达标率达90%以上。获得省民营科技企业认定4个，专利申请15件。新建1个乡镇文化站和50个“农家书屋”，建成牛郎织女文化博物馆和电子图书馆。2010年8月15~16日，中国优质肉牛产业可持续发展战略峰会在和顺县举行。

【老龄办获荣誉称号】 2010年重阳节，和顺县在全省率先举办“煤销情注夕阳节·崇贤敬老传孝风”系列活动。11月，和顺县老龄办被国家民政部授予“第三批全国养老服务示范活动示范单位”，12月被全国老龄工作委员会授予“全国老龄工作先进单位”。

【“全国科普示范县创建单位”】 和顺县科学技术协会在全县174个村完善“一站一栏一员”建设，实施“科普惠农兴村计划”，培育和发展农村专业技术组织220个，科普示范基地20个和科技带头人20个。组织和联合相关部门在未成年人、农民、城镇劳动力、领导干部和公务员4类人群中开展科学素质培训达6000人次，深入农村培训新型农民3万人次。开展各种科普活动，科普受益面达90%，公众受益率达95%。2010年，和顺县被列为2011~2015年度“全国科普示范县创建单位”。

【恋思水库工程动工建设】 恋思水库是全国中型水库建设规划项目，是山西省重点建设的35个应急水源工程之一。工程《可行性研究报告》于2009年10月19日经省发改委以晋发改农经发〔2009〕1531号文件批复，正式立项。2010年4月15日举行奠基仪式，7月28日《恋思水库初步设计》得到省发改委(晋发改设计发〔2010〕950号)批复。12月16日全面动工建设。工程总投资17633万元，施工期4年。

(王　燕)

·昔阳县·

中共县委书记　孟希雄
县人大常委会主任　郭爱生
县　　长　丁雪钦
县政协主席　王录文

【概述】 昔阳县位于北纬37°20′~37°43′，东经113°20′~114°08′，总面积1954平方千米，辖12个乡镇，335个行政村，总人口23.4万，其中农业人口20万人。

2010年，全县地区生产总值完成31.76亿元，比上年增长16.6%；财政总收入完成8.055亿元，增长25.9%；全社会固定资产投资完成33.03亿元，增长22.1%；工业增加值完成12.2亿元，增长43.7%；社会消费品零售总额完成12.17亿元，增长18.4%；城镇居民人均可支配收入完成12627元，增长11.6%；农民人均纯收入完成4052元，增长10.1%。

【农业生产】 2010年，综合治理坡耕地800.4公顷，改造中低产田400.2公顷，连片建设旱地玉米高产示范区1334公顷，示范区平均每亩增产218千克。全县粮食产量达1.23亿千克，玉米亩产达389.5千克。全县规模化猪场达200个，猪饲养量达40.6万头，比上年增加9万头，初步形成“猪—沼—粮”循环农业产业链。规模发展无公害绿色蔬菜和核桃经济林，种植面积分别达1534.1公顷和9471.4公顷。全县农民专业合作社新增95个，累计达245个。13473.4公顷集体林业用地完成确权勘界。

【城乡建设】 投资6955万元实施校舍危房改造工程，共消除中小学校危房54997平方米。投资1679万元实施农村人畜饮水安全工程，解决78个自然村、3.4万人、4225头大牲畜的饮水安全问题。投资1400万元实施农村广播电视无线覆盖工程，新入网农村用户6000

户。投资55万元,完成40个自然村1100户村村通广播电视任务。投资4238万元,铺设水泥路146千米,全县所有行政村实现通水泥(油)路。投资260万元建成69个村级卫生室,实现所有行政村"村村有卫生室"的目标。投资3000万元,拓宽路面,统一铺设地下管网,新建公厕和垃圾地坑;投资1000万元进行绿化、美化、亮化,使县城功能更加完善,环境更加优美。投资1.15亿元,解决7000余户居民120万平方米的冬季取暖问题。投资6000万元,利用蓝焰公司煤层气开发项目,铺设12千米的输气管道,实现"双气源"供气,居民用户达4500户,成为全国第一个使用煤层气的县城。

【项目建设】 2010年全县加大实施重点项目工程,总投资118.8亿元。省级重点工程阳煤寺家庄500万吨规模矿井建设项目,完成投资26.07亿元,投产试运良好,成为全县标准化、规模化最高的现代化示范矿井。国投白羊岭、阳煤坪上和运裕3个90万吨规模矿井改扩工程进展顺利,完成投资11.2亿元。市级重点工程蓝焰煤层气开发项目完成投资3亿元,钻井200余口,日产气5万立方米,开始向太原等地输送商品气。阳煤集团40万吨电石项目开工建设。中央32项扩大内需项目全部开工建设,完工19项,完成投资8672.4万元。

【煤炭资源整合】 2010年,全县保留矿井12座,整合关闭矿井15座。县财政投资3000万元成立山西昔阳乐平煤业有限责任公司,下属丰汇煤业有限责任公司和安顺煤业有限公司两个子公司。按照"二拖五"兼并方略,对10座保留矿井实施兼并重组,形成以国投昔阳能源有限责任公司和乐平煤业有限责任公司两大集团公司为主体的煤炭产业新格局,整合资源,提升产能。全县煤矿产能年增加162万吨。对8座被整合矿井实施关闭。

【旅游开发】 投资700万元开发狼窝掌,进行梯田整修,在虎头山上重新维修牧场,在水池上面开发50条好汉雕塑等。对大寨公社旧址和礼堂等体现大寨精神和还原大寨旧面貌的景点进行开发。投资1500万元,整修反映学大寨时期风貌的"红旗一条街",进一步丰实大寨红色旅游内涵。同时,重点建设石马寺、黄庵垴、龙岩大峡谷和水磨头鱼乡4大景区。2010年,全县旅游接待总人数超过30万人次,综合收入达3000多万元。昔阳县发展旅游的总体构想是构建以大寨旅游为龙头,其他旅游景点为补充的大旅游格局,变以往的大寨一日游为二日游、三日游,不断提升旅游级次,并带动第三产业的健康发展。

【生态建设】 实施10大类40项重点绿化工程,总投资过亿元。其中,完成造林2001公顷,植树500万株,通道绿化370千米,发展苗木907.12公顷。重点完成驼燕岭、老岭山、奥垴山等环城绿化工程,建设市政广场、松溪河湿地、颐民公园等城市绿化工程,铺开沿207国道、317省道的骨干道路、通道绿化和园林村建设,全县的森林覆盖率达23.5%,荣获全省造林绿化先进县称号。 (赵珍珠 李 斌)

·寿阳县·

中共县委书记	黄耀春*
	王继堂
县人大常委会主任	陈振明
县长	郝鹏鸿
县政协主席	郭培纲

【概述】 寿阳县位于北纬37°32′~38°05′,东经112°46′~113°28′。

2010年全县地区生产总值完成64.6亿元,同比增长26.9%;规模以上工业增加值完成36.6亿元,增长46.1%;固定资产投资完成43亿元,增长33.1%;社会消费品零售总额完成12.9亿元,增长18.7%;财政总收入完成20.03亿元,增长33%,城镇居民人均可支配收入和农民人均纯收入分别完成16980元、5851元,增长13.4%、13.8%;外贸进出口总额完成25.03万美元。

【工业经济】 2010年,列入关闭的9座矿井全部关闭,煤炭产业规模化、现代化和本质安全化水平明显提升,全年煤炭产量达1760万吨。加快地面工业发展,强伟纸业30万吨建材特种纸项目投入试运行,金牛、奥泰、恒特煤机全线运营。展开全方位招商,并组团参加煤博会、中博会等大型节会,共引进项目13个,总投资380亿元,签约12个,开工6个,完成投资4亿元。年初确定的43个重点项目全部开工,8个省市重点项目完成投资20.7亿元,雨润生猪屠宰项目主体封顶,松塔水电站主体建设过半。奥泰煤机、鑫世泰秸秆发电、煤矸石砖厂、风光互补发电等项目成为新亮点,国新能源煤层气工业园区、中煤集团300亿元"煤—气—电—化"能源化工循环经济绿色园区正式签约。

【农业经济】 2010年,寿阳县委、县政府实施"四个二"工程,健全土地流转机制,促使土地向种养大户、龙头企业、农民专业合作社集中,把土地优势发挥到最大程度。全年全县粮食产量突破3亿千克,达3.45亿千克。继续扩大"寿绿"品牌效应,全县蔬菜种植面积稳定在26680公顷,大力发展设施蔬菜,新增设施蔬菜面积238.79公顷,全年蔬菜总产达80万吨,圆满完成世博蔬菜供应。抓住雨润集团落地发展的契机,以养殖小区建设为重点,新发展标准化健康养殖小区30个、养殖大户298户。大力推进干果经济林工程建设,新建羊头崖万亩核桃示范基地,全县新增干果经济林1000.5公顷。以培养龙头加工企业为重点,不断扩大晋荞米业、民生粮油等加工企业规模,全县农副产品加工企业发展到

300家，全年加工转化农产品3万吨。农业综合开发项目和南燕竹玉米丰产方建设成效显著，省级6670公顷粮食示范项目正在加紧建设。

【基础设施建设】 全面铺开“一区四河八园”环城大景区建设，滨河新区73栋30万平方米的回迁安置楼全部进入扫尾阶段；完成曹河清淤4000米，扎实推进滨河公园、四季园、灵芝公园二期、森林公园、生态植物园等公园建设，滨河公园已基本完工，四河穿城、八园围城的格局初步形成；完成新开南路、石门河东路、南外环广场路等8条4900米城市道路新、续建工程，垃圾处理场投入试运行，集中供热累计达到120万平方米，城市承载能力得到提升。完成农村公路改造和村村通工程，新、改建县乡公路6项90千米；完成村村通水泥（油）路20项87.5千米，城乡交通条件明显改善；新、改建羊头崖、马首、段王等10项水利工程，完成水保治理面积5002.5公顷，新增和改善灌溉面积233.45公顷，完成石门水库除险加固，农业生产条件得到改善。

【城乡建设】 实施环城绿化、通道绿化、经济林开发和滩涂造林4大类工程，投资3.5亿元完成造林4735.7公顷。特别是投资2亿元打造的万亩环城绿化工程，为城区构筑起一道绿色生态屏障，形成“九区十二景”的美丽景观。开展城乡环境卫生综合整治，在“全省十佳卫生县城”评比中名列第一。全年万元GDP能耗完成1.59吨标准煤，同比下降5.85%；SO_2和COD排放量分别完成3376吨和888吨，城区空气质量二级以上天数达357天，全面达到国家二级标准。

【社会事业】 完成标准化学校建设任务；在全市率先启动高中阶段普及教育，全县高中阶段毛入学率达95.7%。电视剧《天地民心》成功播映，帝师故里和寿星之乡成为文化品牌；新、改扩建村级组织活动场所126个。完成第二人民医院新建，全县村卫生室达标率达97.97%。全力扩大养老、失业、医疗、农村大病医疗等保险统筹覆盖面，新农保参保人数达98108人，覆盖率达88.5%；全县城镇新增就业人数完成4201人，其中困难人员再就业完成198人；完成保障性住房建设38万平方米，全年发放“两保一优”帮扶资金2483.1万元，解决困难群体的就医、就业、住房问题。完成景尚乡敬老院、上湖常村敬老院新建及宗艾沟西敬老院的改扩建工程，完成扶贫移民1007个，校舍安全改造83924平方米；完成饮水安全工程171处，解决177个自然村20227人的饮水安全问题，完成“万村千乡工程”农家店60个、“新网工程”便利店22个。

【碳汇造林示范项目启动】 4月10日，全省军民义务植树活动暨碳汇造林示范项目启动仪式在寿阳县举行。副省长刘维佳，省政协副主席李雁红，省军区副司令员何永才等领导出席仪式。会上，省市领导为寿阳碳汇造林基地和全省碳汇造林示范项目揭牌，寿阳县党政机关、企业为寿阳碳汇造林基地建设捐资1000万元。会议号召，让全社会都来关心自已的生存环境，参与碳补偿，消除碳足迹，为实施生态兴省战略负一份责任、尽一份义务。

【校舍安全工程】 全县有学校64所，包括普通高中3所，中等职业学校3所，初中13所，小学44所，一贯制学校1所；教职工2230名，在校学生25054人。

2010年，全县校舍安全工程涉及31所学校，62个改扩建和加固项目（其中29个加固项目、33个改扩建项目），改造建设总面积为83924平方米，总投资1.1亿元。截至2010年底，62个项目全部开工，29个加固项目全部落成并交付使用，33个改扩建项目中，9个项目已竣工，24个项目的主体工程已完工。

【“寿绿”牌茴子白成为世博会特供蔬菜】 4月，山西省著名商标“寿绿牌”牌茴子白被选定为上海世博会的特供蔬菜，“寿绿”蔬菜再次与国际大型活动结缘。寿阳县这次被列入上海世博会特供蔬菜的品种为茴子白，全县确定生产基地面积为2668公顷，产品供应量20万吨，供应时间从6月20日开始至10月31日结束。 （李丽萍）

·太谷县·

中共县委书记	王建忠
县人大常委会主任	武浩青
县长	郝向明
县政协主席	李德仁

【概述】 太谷县位于北纬37°12′~37°32′，东经112°28′~113°01′。

2010年，太谷县主要经济指标实现两位数增长。其中：生产总值、城镇人均可支配收入、农民人均纯收入增速均超过10%，分别达到47亿元、15006元、8008元；财政收入、工业增加值、固定资产投资、社会消费品零售总额接近或超过20%，分别达到5.03亿元、9.3亿元、20.7亿元、17.4亿元。

【“三农”工作】 2010年，太谷县继续大力实施农业“四个一”工程。新增设施蔬菜667公顷、苗木花卉达到6667公顷，猪、鸡年饲养量达100万头、1000万只。政府出资2000万元，带动农业投资7亿元，新增设施蔬菜706.7公顷，苗木花卉667公顷，总量分别达3800.19公顷、6667公顷；新建10个标准养殖园区，总量达55个，猪、鸡年饲养量分别达到115万头、2372万只。蔬菜、养殖分别为农民提供年人均纯收入4093元、2000元，增幅均超过20%；苗木、红枣、水果，增幅也在10%以上。2010年，太谷县农业企业技改、扩规投资突破1亿元，新增省级龙头企业2家，全县市级以上龙头企业达26家，年加工转化农副产品1.6亿千克，收入突破10亿元。农业由低层次、分散式向高标准、园区化方向整体跨越，被国家农业部确定为全国50个、全省唯一的现代农业示范区。

【项目建设】 2010年，太谷县争取到69个扩大内需项目，完成投资2.1亿元。争取的46个国家扶持项目，获得补助资金近1亿元。实施的36个重点项目，完成投资15亿元，开工率、年度投资计划率一直位居晋中市前列。县财政出资500万元，引导工业企业投资27亿元，实施21项技改，17项当年竣工投产。110户铸造企业停产整顿，改造98台冲天炉、新上21条自动化生产线。全县156家重点企业实现污染物达标排放，9家实施末位淘汰，COD和SO_2减排、城区二级以上天数全部超额完成任务，分别达521.6吨、160吨、355天，城区空气质量稳定达到三级标准。恒达余热发电、锅炉改造、高碳铬铁、醋酸乙烯4个项目部分投产。飞象农机玉米收割机、金贝管业新型矿用管件建成投产。中远威溶栓片、通宝醋业果蔬加工等项目进入试产阶段。水秀工贸园中轴线——太太路建成通车，山西大禾新农业科技有限公司投资18.3亿元，占地80.04公顷的山西大禾国际建材交易仓储中心项目，现已完成选址并入驻园区。4月由浙江绍兴正大集团与山西农业大学合作建设，占地66.67公顷，投资8亿元的信息学院完成一期工程1.7万平方米，招收新生3200人。

【城乡建设】 2010年，太谷县投资1.09亿元改造金谷大道等主干路7条6.58千米，小街巷10条3.1千米，新建乌马河跨河大桥和北汪公铁立交桥各1处。投资2000万元实施4条主干路绿化，金谷大道、箕城街、南山路，通过路面拓宽、管线入地、绿化亮化、立面整修，成为全县3条标志性、高等级的精品道路。城区绿地覆盖率达26.4%，人均公共绿地7.78平方米。2010年，投资8530万元实施4项城市功能配套工程：改造污水处理管网10.6千米，污水处理厂正式运行，污水处理率达85%；完成垃圾处理主体工程和70%的管理区建设工程；铺设集中供热、供气管网11千米，新增供热42万平方米、累计267万平方米，普及率达82.4%；新增天然气用户4000户，集中供气用户达8000余户，普及率达28.6%。全年投资5610万元完成8.5万平方米的保障性住房建设，完成棚户区改造210套2.4万平方米，廉租房98套5000平方米；开工经济适用住房2.2万平方米，让普通居民、中低收入者都能够买得起房、住得上房。全年商品房开发面积达21.4万平方米。规范县城主要街道名称，设置城乡地名标志。对108国道过境段、南循环线、孟王线沿线村庄及城区主干道两侧60万平方米墙面进行整饰粉刷，对108国道过境段两侧进行硬化、绿化、美化改造。完成通道绿化68千米、荒山绿化666.7公顷、农田林网2001公顷，园林村建设36个。林地绿化率、森林覆盖率分别提高1%。

【社会事业】 2010年，太谷县五大保险征收基金1.36亿元，实现了按时足额发放。创作《太谷秧歌交响乐》，举办太谷秧歌音乐会，为首都北京送上传统与现代、民族与世界互相辉映的音乐大餐。实施32所校舍安全改造，完成120千米村通水泥路、40千米街道硬化，解决3万群众饮水安全问题，启动9大类公共卫生服务，开通无线数字电视，群众的生产生活条件明显改善；建成县福利中心、1个乡镇敬老院、9个乡镇文化站、25个便民店、93个农民健身工程、123个村级组织活动场所，群众文体活动丰富多彩；推行“网格化”安全监管制度，落实重点领域、重点行业安全责任，妥善处理两起“问题乳品”案件；大力推进“平安太谷”建设，实行县级领导信访接待日制度，严厉打击各类违法犯罪活动，社会秩序明显好转。 （杨　扬）

·祁　县·

中共县委书记	尚金华*
	段燕翔
县人大常委会主任	张俊慧
县　长	李丁夫
县政协主席	孔襄中

【概述】 祁县位于北纬37°04′~37°28′，东经112°12′~112°39′。2010年祁县完成地区生产总值41.3亿元，增长14%；固定资产投资21.6亿元，增长23.6%；财政总收入3.6亿元，增长16%；规模以上工业增加值8.2亿元，增长26.2%；社会消费品零售总额19.9亿元，增长18.4%；城镇居民人均可支配收入16414.7元，增长11.6%；农民人均纯收入7189.3元，增长14.1%。

【项目建设】 工业转型步伐加快。实施重点项目49项，完成投资14.6亿元。开展“大招商、大引资”工作，签约华能风电、今麦郎饮品等10个投资亿元以上项目，总引资额31.94亿元。大华机制器皿生产线建成投产，玻璃器皿产品质量检测中心项目完成主体建设，新上玻璃工艺品、新型装饰材料生产线。丹源新型阴极、石墨化电极生产线建成投产，有效带动了玻璃器皿、碳素等传统产业的上档升级。燕京啤酒、明升无缝钢管、聚源电子级硅粉等项目投产，食品、新材料等新兴产业快速扩张，成为工业经济新的增长点。

【农业经济】 投资2.3亿元的37个示范区项目全部完成。粮食总产22.45万吨，增长24.5%，荣获“全国粮食生产先进县”；蔬菜播种面积9017.84公顷，总产42.36万吨，流转土地733.7公顷，新发展设施蔬菜346.24公顷；大力推进“双万亩”经济林工程，新发展酥梨400.2公顷，苹果

333.5公顷，核桃干果经济林400.2公顷；各类养殖小区达155个，规模养殖率达87%。省、市农产品加工龙头企业达29个，销售收入突破11亿元，卫明禽蛋公司跻身“513”工程市级建设梯队。新发展农民专业合作社66个，规范化合作社发展到182个，辐射带动1万余农户。投资1404.73万元，实施一事一议财政奖补项目153个。总投资5781万元的子洪水库东、西线集中供水工程等10项水利重点工程顺利完工。

【服务业】 总投资2500万元的乔家大院景区“三堂一园”工程全面竣工，古城保护开发扎实推进，“梨花苑”项目全面完工，形成以乔家大院、晋商老街、梨花苑为龙头的旅游发展格局。大力实施“万村千乡市场工程”和“新网工程”，改造农家店120户、便民店25户，所有行政村实现全覆盖，基本形成“以中心店为龙头、乡镇店为骨干、村级店为基础”的农村现代流通网络体系。

【基础设施建设】 完成《祁县县城总体规划》修编和《历史文化名城保护规划》及城市基础设施建设规划等一系列建设规划，以总规为龙头，详规、专项规划为骨架的县域规划体系初步形成。总投资3.9亿元，实施东环路二期、昌源南路立交桥、垃圾处理厂、污水处理配套管网等重点工程13项。深入开展城乡环境综合整治，不断加大投入，完善长效机制，城乡面貌进一步改善。

【新农村建设】 大力推进农村公路建设，完成丰西线二级公路改造15.5千米，完成“村村通公路”“通达通畅”等道路建设工程171.8千米，祁县公路通车里程突破1200千米。城赵庄、乔家堡等中心村新农村建设进展顺利，祁县村镇新增住宅面积3.5万平方米，人均住宅面积达26.61平方米。“四化四改”和“五清五规范”工作全面推进，建设丰泽、东观、武乡等一批高标准园林示范村，东观镇和谷恋村分别被命名为省级历史文化名镇、名村。

【生态建设】 全面实施“蓝天碧水”工程，“十一五”总量减排目标圆满完成，城区环境空气质量明显改善，二级以上天数达358天，一级天数达116天，环境空气质量稳定达到国家三级标准。大力推进造林绿化，完成重点工程造林1933.43公顷，四旁植树200万株，森林覆盖率达27.22%，荣获全省第一批“林业生态县”称号。

【社会事业】 投资1.29亿元，完成75所学校、27.02万平方米的校舍危房改造、加固工程；完成20户以上自然村村村通广播电视全覆盖工程；投资2668万元，完成安全饮水工程47处，解决5.3万人的饮水安全问题；祁县中学新校区破土动工；省级义务教育标准化学校建设顺利通过验收，47所学校达到标准化建设水平；高考增长率连续三年名列全市前茅。总投资1.2亿元的人民医院新建工程全面竣工；新农合参合率达96.23%；城镇居民医疗保险参保率达91.65%。完成14个农家书屋建设，新发展数字电视用户2500余户，完成61个农村体育场地的建设。越级上访逐年下降，2010年实现零上访。祁县养老保险参保12512人，失业保险参保11096人，城镇基本社会保障覆盖率达96%；全年累计发放城市低保51468人次、610万元，农村低保58581人次、272万元，实现了应保尽保；全年共发放各类抚恤补助款434.4万元；大力实施充分就业计划，新增就业4039人，城镇登记失业率控制在0.96%；加大保障性住房建设力度，新开工保障性住房81套、5487.83平方米，新配建廉租房60套。

【新建人民医院竣工】 2010年12月1日，祁县新建人民医院竣工。新建工程占地36018平方米，总建筑面积34832平方米，总投资约1.2亿元。建设标准为二级甲等综合医院，总床位数达351床，全部配备中心供给系统，消防、网络、通信、监控、医用、电梯、通风、空调等设施齐备，医院基础设施建设得到提高，新增的中心制氧、高压氧仓、血液透析室等医疗设施使其医疗功能进一步完善。

【乔家大院景区“三堂一园”复建完工】 2010年12月5日，祁县乔家大院景区“三堂一园”复建工程完工。总投资2500万元，占地面积1.34万平方米，建筑面积7004.64平方米。“三堂一园”的竣工扩张了乔家大院景区容量，丰富景区内涵，成为祁县旅游业发展的新亮点。 （董艳平）

·平遥县·

中共县委书记	李非忠
县人大常委会主任	杨登文
县长	李非忠
县政协主席	张文渊

【概述】 平遥县位于北纬37°12′~37°21′，东经112°12′~112°31′。

2010年，全县生产总值完成68.1亿元，同比增长17.2%；财政总收入9.05亿元，增长22.73%，其中一般预算收入3.52亿元，增长20.64%；规模以上工业增加值完成23.4亿元，增长44.7%；固定资产投资33.13亿元，增长9.4%；社会消费品零售总额28.8亿元，增长18.6%；外贸进出口总额5671.7万美元，增长193.7%；城镇居民人均可支配收入15604.8元，增长11.7%；农民人均纯收入5615元，增长13.40%；居民消费价格指数总水平上涨36%；万元地区生产总值综合能耗预计达2.609吨标准煤，下降2.58%；SO_2、COD排放总量分别控制在8951吨和2899吨，超额完成“十一五”减排任务；全县城镇新增就业人数4900人，城镇登记失业率为3.38%，人口自然增长率为4.23‰。

【农业经济】 2010年，全县粮食播种面积36685公顷，粮食总产量达到2.38亿千克；设施蔬菜面积达413.54公顷；标准化养殖小区达165个，畜禽饲养量1273万头（只），肉、蛋、奶总产达11.5万吨，养殖业为农民提供人均纯收入1710元；新发展酥梨、苹果767.05公顷，发展以核桃为主的干果953.81公顷；累计发放农机具购置补贴1.9亿元，实施机械化保护耕作项目6003公顷;全县涌现出80余户农业龙头企业,带动农户10万余户,提供就业岗位近万个；牛肉集团、龙海公司入选第四批国家级农业产业化龙头企业,跻身全省“513”工程省级梯次;国青公司蛋鸡养殖实现现代化跨越发展,成为山西省蛋鸡养殖排头兵。完成41354公顷集体林权制度改革任务,通过了省级林改验收。

【工业经济】 工业经济逐步由粗放、高耗发展向集约、低碳发展转变,形成煤化、峰岩两大循环经济龙头,工业新区、南政和中都装备制造、朱坑新能源和新材料、卜宜和段村重化工、南政农副产品精深加工五大工业区块状集聚。2010年,原煤产量217万吨,同比增长17.93%;铸造行业改变低端、低级、低效生产模式,减速器厂“信凯”商标被认定为中国驰名商标,涌现出中冶重工、思瑞沃重型机械、同妙机车等外向型装备制造企业。煤矿兼并重组改革全部完成,开工率全市第一;实施招商引资项目25项,新签约项目总投资43.21亿元。

【旅游业】 2010年游客人数达115.3万人，同比增长2.4%，门票收入1.0016亿元,增长13.5%,旅游及相关产业收入11.5亿元,增长36.1%。

【社会事业】 上报省级科技创新项目6项,1个项目被定为农业成果推广项目,2个项目被定为火炬计划项目,其中高速重载液压安全连轴器项目成为国家级创新基金项目。投资1.1亿元对90所学校14.6万平方米校舍实施安全改造；新改扩建学校154所,实现中小学校舍安全全覆盖;城市居民医保覆盖率达78%,新型农村合作医疗参合率达95.89%,完成中医院住院楼和3所乡镇卫生院改扩建工程，县乡村三级医疗机构100%达标;开发270个公益岗位,全县城镇新增就业4931人，下岗失业人员再就业1873人，城镇登记失业率控制在3.38%;拨付再就业资金708万元,低保资金2311.7万元,医疗救助资金572万元,新型农村合作医疗补助5852.3万元，五保户补助资金456.9万元；在全市率先启动经济适用房建设,铺开康宁苑、火柴小区、东升小区3个保障性住房建设,新增保障性住房面积15.3万平方米,配建廉租住房3.96万平方米；新建14个乡镇文化站和50个农家书屋，率先在全省县级城区和农村全部实现农村数字电视整体转换;全年发生各类事故126起,死亡人数51人,未突破市政府下达的控制指标。

【城乡建设】 启动修编《县城总体规划》，聘请省规划设计研究院对县域新农村建设总体规划进行编制;总投资2800万元的平遥古城数字旅游信息化项目全部完工；投资1000多万元改造中都路3.3千米排水系统，曙光东西路等7条道路贯通;新增城市供热面积20万平方米，普及率达72%;新增天然气用户6000户,燃气普及率达80%,城市生活垃圾处理厂一期工程竣工并投入试运行,初步具备150吨的日处理能力,污水处理厂完善管网建设，污水处理率达81%;实施集中供水扩建、中小河流整治、小型水利重点县等10大水源工程，建设115处饮水工程，解决了12万人饮水安全问题,基本实现农村安全饮水全覆盖;改造二级路21.28千米,完成“通返不通和通未连通”工程98.2千米;榆济天然气管道平遥段工程全部完工；大西客运专线开工建设;2010年,投资1.2亿元,全面铺开8项造林绿化重点工程，新造林2261.13公顷，补植补造1767.55公顷，植树276万株，造林面积达3001.5公顷。筹备召开全省造林绿化现场会，新增城区绿化面积16.84公顷,全县森林覆盖率达18.1%,城市绿化覆盖率达44.48%,超额完成“十一五”规划目标,被省委省政府表彰为“全省造林绿化先进县”。

【纪录片《票号》在平遥开机拍摄】 4月23日,由山西省金融学会、中央电视台和北京世纪东润文化传播有限公司联合制作的大型文献纪录片《票号》在平遥开机拍摄。山西省委常委、省人大常委会副主任申联彬,晋中市市长张璞,平遥县领导李非忠、杨登文、张文渊、王润明、刘国宏等以及省市金融部门和摄制组有关负责人共同参加开机仪式,并共同为《票号》主摄像机揭幕。申联彬代表省委、省人大对《票号》开机表示热烈祝贺。希望《票号》主办方和晋中市平遥县要精心组织,搞好配合,确保各项拍摄工作的顺利进行。

【2010平遥国际摄影大展】 9月19日,以“信心·力量”为主题的2010第十届中国平遥国际摄影大展开展仪式在县衙亲民堂前举行。晋中市委书记李永宏主持开展仪式。省委常委、宣传部长、大展组委会主任胡苏平致开展辞,县委书记、县长李非忠致欢迎词,澳大利亚国际摄影中心总裁阿拉斯戴尔·福斯特致辞。来自45个国家和地区的近2200名摄影师参展,展出图片2万余幅,共举办活动近60个，参观展览人数达43.4万余人次，同比增长51.65%，驻会媒体100多家、记者180余名,古城门票收入约249.8万元,增长17.2%。

【举行《日升昌票号》筹拍启动仪式】 9月20日,电视连续剧《日升昌票号》筹拍启动仪式在日升昌票号举行。平遥县县委书记、县长李非忠,县政协主席张文渊,县委副书记张冬明等出席仪式。李非忠和制片人孟凡耀共同为《日升昌票号》摄像机揭幕,筹拍工作正式启动。《日升昌票号》剧本以反映当年平遥日升昌票号创办、鼎盛、衰败的发展历程为题材,对票号成为“中国银行业鼻祖”进行全面诠释。整个剧本贯穿晋商时代别具特色的中国文化精神和文化思考的线索,热情讴歌诚信为本的晋商经营理念。

【弓村发现仰韶文化晚期遗址】 由省考古研究所、晋中市文物局、平遥县文物局组成的考古队对山西境内平榆高速公路拟建范围内的地下文物进行保护性发掘,在平遥县弓村发现仰韶文化晚期遗址。 (梁 晓)

·灵石县·

中共县委书记	郭燕平
县人大常委会主任	王建国
县长	杨洪
县政协主席	蔺计爱(女)

【概述】 灵石县位于北纬36°40′~37°00′，东经111°20′~112°00′，总面积1206平方千米，辖6镇6乡3城区，14个居委会和291个行政村、533个自然村，总人口261402万人。

2010年，全县生产总值完成130.1亿元，增长13□；财政收入完成27.01亿元，增长7.5%，总量位居全省第八、全市第一；规模以上工业企业增加值完成81.6亿元，增长15.5%；固定资产投资完成82.5亿元，增长16.9%；社会消费品零售总额完成34.1亿元，增长18.5%；城镇居民人均可支配收入达19675元，增长13.1%；农民人均纯收入达7563元，增长11.6%。

【转型发展】 61项重点调产项目总投资112.3亿元，累计完成投资61.7亿元，竣工35项。加快推进传统产业新型化，总投资780亿元的聚源10万吨甲醇、中煤"1830"化肥、宏峰建材500万吨水泥等项目正在实施。核桃林面积发展到13413.37公顷，1400.7公顷挂果，被命名为"中国核桃之乡"；新建温室大棚蔬菜72.90公顷；绿宝生态养殖、强隆核桃深加工等农业项目辐射带动能力进一步增强。静升古镇、红崖沟、石膏山风景区、崇宁堡旅游文化产业基地等三产建设项目快速推进，服务业占GDP的比重达29.7%。新引进项目12个，达成引资意向168.9亿元。

【城乡建设】 全年实施总投资15.7亿元的42项基础设施建设工程，22项竣工。静升河水上广场投入使用，文化艺术中心、汽车客运站主体完工，大西高铁建设、天石新城二期改造、热电联供扩面、煤气管网延伸等工程快速推进。静升新区路网开始启动，夏木路全线贯通，两渡工业园道路基本建成。投资1.5亿元实施12项重点水利工程，9项完工，石膏山水库、饮用水源地建设和汾河治理加快推进。农业基础得到加强，土地整理1267.3公顷，机械化秸秆还田2334.5公顷，平田整地1667.5公顷。加快电网改造，弓家庄110千伏变电站、段纯35千伏变电站主变增容全部完成。

【生态治理】 县财政投资2600万元完成18户污染企业的搬迁治理，列入全省重点监控的194户工业企业达标治理完成率达100%，新改扩建项目"三同时"执行率达100%。投入2000余万元进行城乡环境综合整治，城市集中供热、供气、污水处理、垃圾无害化处理和烟尘控制区覆盖面均达90%以上。全县万元GDP综合能耗下降3.63%，SO_2、COD完成年度减排目标。大规模开展造林绿化，投资3.4亿元实现新造林5202.6公顷。高标准推进汾河流域沿线综合治理，共投资1.6亿元。完成主林带绿化46千米、荒山绿化2227.78公顷、护岸林220.11公顷。县城区二级以上天数达357天，一级天数达89天，空气质量稳定达到国家二级标准。

【民生工作】 2010年，县财政用于民生方面的投资达2.76亿元，占到一般预算支出的21.8%。"五个全覆盖"工程全面完成，其中：新建改造中小学校舍65所、14.3万平方米；实施村通水泥(油)路76个村、223.3千米；建成饮水安全工程103处，解决114个村32580人的饮水安全问题。投资200万元在全县12个乡镇卫生院实行基本药物"零差价"销售，药品价格平均下降24%。城镇职工养老、医疗、失业等各项社会保险综合覆盖率达95.3%，城镇居民医疗保险、新农合、新农保参保率均达95%以上，上年在全省率先启动城镇居民养老保险，参保率达61.7%。农民科技培训3.86万人，转移农村劳动力4500人，城镇新增就业岗位3930个，安置下岗失业人员和困难人员再就业894人，城镇登记失业率1.04%。全县6265户13572名城乡低保户实现应保尽保，全年发放救助金2012万元；投入4200万元新建县级社会福利中心和改扩建6所农村敬老院，全县953名五保户实现集中供养。新建、改建村级组织活动场所72个，3个乡镇文化站主体完工。1月，在中共晋中市委二届五次全体会议上，被授予"2008年度和谐社会建设先进县(区市)"荣誉称号。3月，在山西省召开的2009年创业就业工作会议上，灵石县分获"全省创业就业工作先进集体"和"全省创业就业贡献奖"两项殊荣。

【安全生产】 在全市开展网格化监管试点工作，加强安全监管的科学性和有效性，"3人驻矿小组"24小时驻矿蹲守，"5人监管小组"定期开展巡查，12名专家一轮接一轮地全面细致排查会诊，为系统发现隐患、有效消除隐患提供人力保障和技术支撑。全县共查出安全隐患5672条，整改5505条，整改率达97.1%。全县全年亿元GDP安全事故死亡率为0.26，比上年下降13%。

【大运公路介休至霍州段改建工程竣工通车】 1月24日，大运公路介休至霍州段一级路改建工程竣工通车仪式在灵石举行。副省长牛仁亮，晋中市委书记李永宏，晋中市委副书记、市长张璞，市政协主席李儒敏，市人大副主任郭绍华，市政府秘书长温毓诚，灵石县委书记郭燕平等以及省市县交通部门和相关部门主要负责人参加通车仪式，晋中市副市长李年善主持仪式。

【新版《西游记》举行关机仪式】 5月

17日,新版电视剧《西游记》关机仪式在灵石县石膏山举行,总制片人张纪中率剧组以角色造型亮相,并为当地老百姓献上精彩的表演。晋中市委宣传部常务副部长郭润生,灵石县委常委、宣传部部长王世强,灵石县人大副主任任志茂,副县长张学东,政协副主席张学斌等领导和央视、新浪、搜狐等全国近百家媒体记者出席关机仪式。

【举行首届文化旅游月开幕暨介林主体修复工程竣工仪式】 9月25日,灵石县首届文化旅游月开幕暨介林主体修复工程竣工仪式在灵石介林举行,省旅游局、省文化厅和晋中市领导出席仪式。人民日报社、新华社、山西日报社、山西电视台等20余家新闻媒体的记者也参加活动。 (景茂礼)

·介休市·

中共市委书记	秦太明
市人大常委会主任	李怀珠
市长	王怀民*
市政协主席	吴定元

【概述】 介休市位于北纬36°50′~37°11′,东经111°44′~112°10′,辖7镇3乡231个自然村,5个街道办事处,总人口406517,其中男性209320人。总面积744平方千米。全年生产总值完成166.5亿元,规模以上工业增加值122.3亿元,财政收入26.29亿元,全社会固定资产投资71.3亿元,社会消费品零售总额44.5亿元,城镇居民人均可支配收入17233元,农民人均纯收入6319元。

【工业经济】 开展招商引资工作,在能博会、中博会上共有总投资106.7亿元的9个项目签约。投资500万元以上重点企业项目有36项,总投资182.2亿元,累计完成投资68亿元。安泰集团80万吨优质高线、三佳公司6万吨有机硅单体、晋铝兴业2万吨低碳刚玉及1万吨氮化硅、维群生物工程公司5万吨谷氨酸和益达化工30万吨甲醇等项目相继投产。全市煤焦产能整合提升到1500万吨,形成250万吨钢、220万吨铁、70万吨煤化工加工、6万吨有机硅单体材料的生产能力,成为全省最具影响力的新型煤化工基地、新材料基地和特种钢基地。国企改制向纵深推进,山印、介纺等基本完成改制任务。

【农业经济】 大力推进设施蔬菜产业,总面积突破667公顷,形成以维群现代新农业园、铁巩循环农业园、张村蔬菜基地等15个百棚温室精品园区;推进畜牧产业发展,规模化、标准化,安全型万头猪厂达20个,生猪饲养量达30万头。与江苏雨润集团正式签订的200万头生猪屠宰加工冷鲜肉项目正进行前期准备。新发展优质核桃干果经济林1000.5公顷,总面积达4669公顷,新鲜核桃仁加工能力达2500吨,年销售产值突破3亿元。2010年粮食总面积为28114.05公顷,总产量为9762.36万千克,小麦收获面积7790.56公顷,亩产214千克,总产量2520.08万千克。全市秋粮面积20210.1公顷,产量7242.28万千克。带动妇女就业5000余名,成为全国最大的新鲜核桃仁加工基地。春季新植树420万株,造林2801.4公顷。

【服务业】 2010年,举办第三届中国清明寒食文化节系列活动,《清明节》《文彦博灌水取球》两套介休题材邮票在全国发行。张壁古堡旅游开发总体规划制定完成,历史文化名城保护和天峻山风景区开发规划加快制定,张兰古玩市场具备开工条件。益通公司、天泽公司铁路专用线建设有序推进,规划一批新的大型煤焦、汽贸等重点物流项目。在全省县级城市中首家引进美特好超市落户经营,新增商业面积20万平方米,绵建大厦等一批五星级酒店建设快速推进。嘉禾园、绿都名苑等精品住宅小区开工建设,新增城市住房面积50万平方米。

【城市建设】 2010年,完成城区四个控制性详细规划编制,完成军民路、史公路等"五路一桥"的建设改造,完成17千米汾河林带路、1.6千米绵山风景区接灵石永吉大道一级路等12条农村公路5座桥的新建续建工程。天然气综合利用工程开始向城区送气,新铺设城区至义安循环经济区管网9千米;城市生活污水处理厂、垃圾焚烧电厂稳定运行,城市生活污水处理率达80%;城市生活垃圾无害化处理率达到100%;城市集中供热总面积达到510万平方米,集中供热普及率达81%;南河沿35千伏变电站主体完工。正式启动国家园林城市创建,建成西外环"丁香路"、北坛路"樱花路"、三贤大道"碧桃路"特色景观道路。汾河湿地森林公园完成投资7000余万元,成为市民观光休闲好去处。城区面积拓展到50平方千米,森林覆盖率达36%,人均公共绿地面积达9.26平方米,成功创建为省级园林城市;二级以上天气达359天。

【安全生产】 市财政投资300余万元聘请省煤炭建设监理公司的专家,定期深入企业查找隐患、提出对策,招录引进21名高素质专业技术人才,最大限度地发挥好技术权威作用。2月7日召开安全生产委员会扩大会议,成立由20多人组成的市煤炭安全生产执法稽查大队,不断深入各个煤矿巡查安全隐患,严厉打击私挖滥采和非法采矿,保障全市的安全生产。

【社会事业】 总投资7260万元,建筑面积5.6万平方米的经济适用住房、廉租住房一期全面完工,720户困难家庭住上保障房。新建介休四中、实验小学、朝阳小学、宋古中心小学全面开工建设,新城教育发展集聚区已具雏形;加强爱国卫生工作,成功创建省级卫生城市;政府出资申报公益性岗位600个,新型农村合作医疗参合率达94.3%,

惠及群众25.6万人，组织实施一批建筑节能项目，发展供热计量面积50万平方米。

【王赣江一行检查指导工作】 3月12日，国家环保部华北督察中心副主任王赣江在省环保厅监察总队、晋中市环保局相关负责人的陪同下，带领督察组到介休市检查指导建设项目环境管理工作。督察组一行深入三佳煤化有限公司、茂胜集团有限公司、山西诚宏福得一化工有限公司、山西焦炭集团益达化工股份有限公司、汾西矿业集团公司等企业，查看《环境影响报告书》《环评报告书批复》等相关审批手续，讲解项目管理的规范程序和规范档案管理等问题，为进一步规范环境管理提出意见和建议。

【第三届中国清明(寒食)文化节系列活动】 4月4日上午9时30分，第三届中国清明(寒食)文化节系列活动之一的“庚寅年寒食清明朝拜介公大典”在绵山介神庙举行。下午14时30分，系列活动之一的“中国清明(寒食)文化论坛”在绵山水涛沟宾馆举行，文化论坛的主题是“走近清明发源地，研讨介子古文化”。

第三届中国清明(寒食)文化节开幕式暨《清明节》邮票首发式于4月5日在绵山风景区水涛沟广场举行。邮票首发式上，发行《清明节》特种邮票一套共3枚，分别以“祭祖”“踏青”“插柳”为主题，还有纪念封、首日封等相关邮品。清明(寒食)文化节系列主题活动持续到4月15日。

【全国人口计生目标管理改革调研组在介休市调研】 4月14日上午，由国家人口计生委发展规划与信息司副司长宋晨阳等一行5人组成的全国人口计生目标管理改革调研组在介休市调研。省人口计生委副主任李跃珍，介休市市委副书记、代市长王怀民，市委常委、政法委书记刘士忠，副市长云晋平等陪同调研。 (赵俊萍)

运城市

中共市委书记	高卫东	
副书记	王安庞	
	董鹏翔	
市人大常委会主任	张建合	
副主任	刘冠生	张道中
	柴瑞霭	梁天管
	荆青莲	李景发
	苏安乐	
市长	王安庞	
副市长	王殿民	张建喜
	武宏文	王健康
市政协主席	柴林山	
副主席	杨泽生	王七庚
	史海涌	王正选
	薛靛民	潘和平
	谢爱玲	

【概述】 运城市位于北纬34°35′~35°50′，东经110°15′~112°04′，总面积13968平方千米。

2010年，全年全市地区生产总值827.0亿元，比上年增长15.6%。其中，第一产业增加值135.5亿元，增长10.0%；第二产业增加值370.9亿元，增长21.2%；第三产业增加值320.6亿元，增长9.6%。第三产业中，金融业增加值22.9亿元，增长9.7%；交通运输、仓储和邮政业增加值80.3亿元，增长12.3%；批发和零售业增加值62.9亿元，增长11.5%；房地产业增加值21.4亿元，增长5.1%。人均地区生产总值16168元。第一、第二和第三产业增加值对经济增长的贡献率分别为7.9%、69.7%和22.4%。

【农业经济】 2010年全市农作物种植面积789.7千公顷，比上年增长2.3%。其中，粮食652.5千公顷，增长4.4%；棉花57.3千公顷，下降13.4%；油料12.3千公顷，下降3.1%。在粮食种植面积中，小麦339.4千公顷，增长3.0%；玉米253.6千公顷，增长7.5%。水果126.0千公顷，增长9.9%。全年粮食总产量266.6万吨，增产20.0%。其中，小麦108.4万吨，增产20.2%；玉米146.8万吨，增产23.1%。全年全市肉类总产量93076吨，增长11.1%。其中，猪肉产量64561吨，增长3.4%；牛肉产量6375吨，增长55.2%；羊肉产量5831吨，增长70.1%。牛奶产量47289吨，增长44.9%。禽蛋产量15.9万吨，增长24.7%。水产品产量11250吨，增长0.1%。

全年全市完成造林23623公顷，造林合格21470公顷，增长23.9%。全市退耕还林工程完成配套荒山荒地造林面积4607公顷。完成天然林资源保护工程造林面积5334公顷，增长17.6%。年末实有封山育林面积37339公顷，零星(四旁)植树1320万株。

全年末全市农业机械总动力605.3万千瓦，增长6.0%。机械耕地面积51.4万公顷，机械播种面积46.8万公顷，机械收获面积34.1万公顷，分别增长7.8%、11.4%和14.0%。全市农机化经营总收入达9.5亿元，增长14.5%。

【工业 建筑业】 全年全部工业增加值318.9亿元，比上年增长21.6%。其中，规模以上工业企业完成工业增加值294.1亿元，增长36.5%。产品销售率93.3%，下降2.7%。规模以上工业企业焦炭产量1170.7万吨，增长30.4%；水泥797.8万吨，增长53.4%；钢材403.2万吨，增长21.2%；发电量211.2亿千瓦时，增长2.8%；氧化铝179.1万吨，增长38.5%。全年全市规模以上工业主营业务收入1179.1万元，增长48.1%。其中，五大支柱行业实现主营业务收入841.0亿元，增长52.6%，有色金属冶炼及压延加工业、黑色金属冶炼及压延加工业、炼焦业、化学原料及化学制品制造业、电力热力生产和供应业分别实现主营业务收入256.5亿元、256.7亿元、185.9亿元、100.0亿元和41.9亿元，分别增长48.8%、72.4%、50.5%、51.3%和4.3%。新兴产业中，机电装备制造业、医药制造业、食品制造业分别实现主营业务收入121.1亿元、21.4亿元、62.3亿元，分别增长55.0%、-2.8%、38.8%。规模以上工业企业实现利税53.1亿元，增长489.0%；实现利润14.0亿元，增长155.9%。

全年全市具有资质等级的建筑企业140个，具有建筑业资质等级的总承包和专业承包建筑企业实现利润总额2.4亿元，增长34.8%；上缴税金2.5亿元，增长39.9%。

【固定资产投资】 2010年全社会固定资产投资596.6亿元，比上年增长23.9%。按城乡分，城镇投资549.9亿元，增长23.2%；农村投资46.7亿元，增长33.1%。按产业分，第一产业投资48.5亿元，增长74.7%；第二产业投资313.7亿元，增长23.1%；第三产业投资234.4亿元，增长17.9%。按登记注册类型分，国有投资190.9亿元，增长19.8%；非国有投资405.7亿元，增长25.9%。全市全社会固定资产投资施工项目1819个，增长41.6%；其中城镇施工项目1469个，增长49.7%。城镇固定资产投资建成投产项目1036个，增长42.1%，项目建成投产率为70.5%；城镇新增固定资产523.5亿元，增长75.6%，固定资产交付使用率为95.2%。全年房地产开发投资33.2亿元，下降17.3%。

【能源经济】 全年全市二次能源生产折标准煤2392.7万吨，比上年增长26.9%。全年全市工业生产消费原煤2747.0万吨，增长2.8%；洗精煤1598.1万吨，增长30.2%；焦炭271.0万吨，增长27.1%；电力226.5亿千瓦时，增长9.2%。城镇投资中，2010年能源工业投资完成50.5亿元，比上年增长62.1%。其中，煤炭工业投资22.5亿元，增长116.1%；焦炭工业投资19.5亿元，增长36.2%；电力工业投资5.5亿元，增长17.8%。截至2010年底，全市矿井总数由53座减少到18座，产能由925万吨/年扩大为1200万吨/年。年产30万吨以下的煤矿全部淘汰。

【国内贸易】 2010年全市社会消费品零售总额354.7亿元，比上年增长18.4%。其中，城镇消费品零售额237.0亿元，增长19.2%，乡村消费品零售额117.7亿元，增长16.9%。

【对外经济】 全年全市海关进出口总额104482万美元，增长26.8%。其中，出口额28327万美元，增长80.4%；进口额76155万美元，增长14.2%。

全年出口焦炭17.5万吨，增长32764.6%，出口金额7043万美元，增长35451.4%；出口金属镁2.0万吨，下降2.7%，出口金额5761万美元，增长2.3%；出口机电产品2148万美元，下降2.4%；出口高新技术产品94万美元，增长144.7%；出口纺织品3809万美元，增长55.4%；出口玻璃制品1802万美元，增长17.1%；出口农产品2550万美元，增长89.1%。

全年全市新设立外商直接投资企业9家；按全口径统计实际使用外商直接投资金额15545.1万美元，比上年下降12.2%；其中纳入商务部口径统计的为5545.1万美元，增长32.0%。全年全市对外经济合作新签合同额2756.3万美元，下降5.0%。

【交通 邮电 旅游】 2010年，全市公路线路年末里程15109千米，其中，国道、省道1749千米(包括高速公路490千米)，县道、乡道、村道及专用道13360千米。公路密度达106.5千米/百平方千米。全市公路客运量5662万人次，增长19.2%；公路货运量4932万吨，增长8.7%。公路旅客运输周转量21.4亿人千米，增长9.1%；公路货物运输周转量130.1亿吨千米，增长6.1%。2010年，运城机场共开通运城至北京、上海等15条航线。全年客运量61.9万人次，增长23.6%；货运量1950吨，增长69.6%。飞机起降6820架次，增长11.2%。

2010年末全市民用车辆保有量79.4万辆，比上年末增长17.5%。民用汽车保有量达31.3万辆（包括三轮汽车和低速货车4.4万辆），增长22.3%，其中，私人汽车24.9万辆，增长24.5%。

全年全市完成邮电业务总量66.9亿元，增长11.6%。其中，邮政业务总量2.3亿元，增长2.1%。电信业务总量64.6亿元，增长13.9%。年末全市固定及移动电话用户总数达383.1万户，比上年末增加20.9万户。其中，固定电话80.2万户，移动电话302.9万户。电话普及率达75.0部/百人，其中固定电话和移动电话普及率分别达15.6部/百人和59.4部/百人。全市宽带接入用户达39.8万户，增长9.6%。

全年全市接待海外游客12万人次，接待国内游客1570.2万人次，分别增长16.2%和24.1%；旅游外汇收入2768.4万美元，国内旅游收入101.2亿元，旅游总收入103.0亿元，分别增长19.0%、18.5%和18.3%。

【金融经济】 全年全市财政总收入80.3亿元，比上年增长26.1%。一般预算收入35.5亿元，增长35.3%。其中，税收收入71.0亿元，增长23.7%，国内增值税、营业税、企业所得税、个人所得税、资源税和城建税共计完成税收63.0亿元，分别增长14.2%、57.8%、41.0%、-7.1%、25.7%和17.5%。一般预算支出134.5亿元，增长30.2%。其中，农林水事务支出增长38.6%，教育支出增长14.3%，社会保障和就业支出增长7.3%，医疗卫生支出增长25.2%，环境保护支出增长49.7%，文化体育与传媒支出增长52.4%，公共安全支出增长27.1%。

2010年年末全市金融机构本外币各项存款余额953.2亿元，比年初增长14.8%。各项贷款余额

501.5 亿元，增长 3.9%。人民币各项存款余额 951.6 亿元，增长 14.9%；各项贷款余额 499.9 亿元，增长 4.2%。人民币个人消费贷款 28.8 亿元，增长 40.0%。全年累计现金收入 2201.2 亿元，累计现金支出 2206.8 亿元，货币净投放 5.6 亿元，下降 27.9%。年末全市农村金融合作机构（农村信用社、农村合作银行）人民币贷款余额 194.7 亿元，增长 16.3%。

全市共有保险公司 23 家，全年保费收入 36.4 亿元，比上年增长 31.2%。其中，人身险保费收入 27.7 亿元，增长 27.1%；财产险业务保费收入 8.7 亿元，增长 47.6%。支付各类赔款及给付 6.8 亿元，增长 18.0%。

全年运城辖区证券市场各类证券成交额 551.4 亿元，比上年增长 27.3%。其中股票成交额 549.1 亿元，增长 27.4%；基金成交额 2.3 亿元，增长 5.9%；债券成交额 433.9 万元，下降 56.6%。年末投资者资金账户累计开户数 8.2 万户，比上年末增长 30.8%。

【教育　科技】 全市拥有高等院校 4 所，在校学生 20424 人。教职工 1805 人，其中，专任教师 1203 人。中等职业学校在校学生 70797 人，普通中学在校学生 39.7 万人，小学在校学生 41.1 万人。全市中小学专任教师 5.6 万人。高中阶段毛入学率 96.0%。

全市全年授予专利权 395 件，授予发明专利权 52 件。有 57 个项目列入国家科技计划，获得国家资助 1918 万元。共取得 21 项科技成果，获得省级科技奖励 7 项，其中省级科技进步二等奖 3 项，三等奖 4 项。累计认定省级企业（集团）技术中心达 16 家，比上年增长 33.0%。运城、风陵渡、绛县 3 个省级经济技术开发区全年实现科工贸总收入 312.8 亿元，增长 40.5%；税收收入 5.0 亿元，增长 27.2%；进出口总额 6061.3 万美元，增长 20.4%。年末全市共有产品质量监督检验所 14 个，有法定计量技术机构 13 个。全年完成强制检定计量器具 43877 台件。

全市有气象台站 14 个，天气预报服务 Intel 网站 14 个，卫星云图接收站 14 个，市级地震台网中心 1 个，数字测震台网 1 个，数字测震子台 5 个，县级地震监测台（站）13 个。全年小震活动 201 次，其中 3 级以上地震 4 次。

【文化　卫生　体育】 全市共有艺术表演团体 16 个，群众艺术馆 1 个，文化馆 13 个。公共图书馆 13 个，馆藏图书 116.4 万册。博物馆 19 个，档案馆 14 个。市级以上重点文物保护单位 173 处，其中国家级 44 处，省级 92 处，市级 37 处。拥有广播电视台 13 座，有线电视用户 39.2 万户。广播人口覆盖率 95.2%，电视人口覆盖率 97.2%。在全国第十五届“群星奖”评比活动中，运城市选送的绛州鼓乐《牛斗虎》获音乐类“群星奖”。稷山高台花鼓荣膺第二届中国秧歌节“最佳风采”称号。在全国小戏、小品、曲艺大赛中，小品《闷娃村长》获剧本二等奖，《刘胡兰》《妈妈的手擀面》等 8 个节目在山西省第十五届“群星奖”评比中获二等奖，《河东风情》等 3 个节目获三等奖。

全市共有卫生机构（含诊所）1870 个，其中妇幼保健院（所、站）14 个。全市卫生机构（含诊所）共有床位 25648 张，卫生技术人员 25528 人。全市 13 个县（市、区）开展新型农村合作医疗试点工作，农民参加新型农村合作医疗参合率达 95.8%。

全年全市运动员在省级重大比赛中获金牌 22 枚、银牌 18 枚、铜牌 22 枚。全年全市销售中国体育彩票 9977 万元，比上年下降 14.0%。

【社会生活】 全年城镇居民人均可支配收入 14203.6 元，比上年增长 12.2%；城镇居民人均消费性支出 8422.8 元，增长 4.5%；城镇占调查总户数 20%的低收入家庭人均可支配收入 7277.7 元，增长 12.6%；城镇居民家庭恩格尔系数（即居民家庭食品消费支出占家庭消费支出的比重）31.0%。中心城市（盐湖区）城镇居民人均可支配收入 14951.6 元，增长 11.4%；城镇居民人均消费性支出 9050.2 元，增长 0.9%；城镇占调查总户数 20%的低收入家庭人均可支配收入 5955.3 元，增长 17.1%；城镇居民家庭恩格尔系数 29.2%。农村居民人均纯收入 4684.7 元，增长 14.0%；农村居民人均生活消费支出 3053.8 元，增长 3.8%。农村占人口 20%的低收入者收入 1900.0 元，增长 11.2%。农村居民家庭恩格尔系数 37.6%。全市城镇单位在岗职工平均工资 23690.0 元，增长 11.8%。2010 年全年全市城镇新增就业人员 5.42 万人。城镇下岗失业人员再就业 1.45 万人，就业困难人员再就业 0.42 万人。年末城镇登记失业率 2.03%。

2010 年年末参加城镇基本养老保险 43.4 万人，参加农村社会养老保险 87.1 万人，参加城镇基本医疗保险 73.6 万人，参加失业保险 24.6 万人。参加工伤保险 21.8 万人，其中，农民工 6.8 万人。参加生育保险 12.5 万人。全年全市纳入城市最低生活保障的居民 8.8 万人，发放城市低保资金 1.8 亿元。纳入农村最低生活保障的居民 16.5 万人，发放农村低保资金 1.3 亿元。

2010 年年末全市各类福利院床位数 4254 张，收养 2033 人。城镇建立各种社区服务设施 94 个。全年销售社会福利彩票 18959 万元，筹集社会福利资金 1728 万元，接收社会捐赠 592.3 万元。

【资源　环境　安全生产】 全年全市实际建设占用耕地 384.3 公顷。土地整理、复垦、开发补充耕地 600.4 公顷，当年净增耕地 216.1 公顷。2010 年年末全市 4 座中型水库库容量 9055 万立方米。全年解决农村饮水安全人口 53.8 万人。全市拥有省级自然保护区 1 个，自然保护区面积达 86861 公顷。

全年市区空气质量二级以上优良天数达360天。综合污染指数1.53,同比下降0.14%。全市污染物SO_2、COD排放总量分别完成省定12.9万吨和7.5万吨目标。2010年全市城市污水处理率达90.0%,提高5.0%;城市生活垃圾无害化处理率达95.0%,提高10.0%;集中供热普及率达88.0%,提高2.0%。全年全市各类自然灾害造成直接经济损失51.2亿元。农作物受灾面积46.2万公顷。

全年全市发生安全生产事故719起,下降26.0%;死亡217人,下降14.2%。发生道路交通事故507起,下降33.2%,造成219人死亡、576人受伤,直接经济损失164.0万元。（石少青）

·盐湖区·

中共区委书记 李润山
区人大常委会主任 李 治
区　　　　长 王致峰
区政协主席 柴存喜

【概述】 盐湖区位于北纬34°48′~35°22′,东经110°41′~111°12′。

2010年,全区生产总值为118.1亿元;规模以上工业企业总产值61.6亿元;全社会固定资产投资143.3亿元;财政总收入16.58亿元;社会消费品零售总额113.5亿元;城镇居民人均可支配收入14952元;农民人均纯收入5334元。

【"三农"工作】 盐湖区大力推进农业产业结构调整,形成以粮、棉、果、蔬、畜为主的产业格局。2010年,粮食产量突破20万吨,水果种植面积达16675公顷,蔬菜播种面积达8004公顷,各类畜牧业养殖专业户761户。大力培育"一村一品",形成路家庄苹果、刘村庄韭菜、杨家门鸡腿菇、郭村乌鸡等148个特色产业村;注册"路露红""泰山凤""三波"等20多个农产品商标;绿色认证、无公害认证品种达12个,无公害基地认证达36685公顷;成立农民专业合作社384个。特别是城郊型观光农业规划建设的集观光、采摘、休闲、生产一体的农业示范园区初具规模,为农民增加收入两亿元。新农村建设扎实推进,投资3.2亿元,完成村通油路、中小学校舍安全改造、村级卫生室、农村安全饮水、农村图书室、农村全民健身工程"六个全覆盖"。整体推进农村厕所改造、农村绿化亮化、园林卫生村达标和城中村改造,全区农村生产生活条件和村容村貌发生显著变化。

【工业经济】 2010年,盐湖区初步形成以农副产品加工、机械制造、化工建材、包装印刷、生物制药等为主的产业体系。全区规模以上工业企业56家,总产值96.3亿元。天海泵业、骏达木业、关铝碳素等年产值过亿元的企业达17家。大力推进全民创业,中小企业达3362家。盐湖工业园区入驻企业72家,总投资45亿元以上,正成为带动经济发展的重要引擎。

【第三产业】 盐湖区充分发挥中心城市的区位优势,至2010年,改扩建购物中心、百货大楼,新建二郎庙商业金街、华联购物广场、东星时代广场、鑫源福瑞特超市、蔬菜批发市场等一批商业设施和网点。全力推进"万村千乡"市场工程,以连锁经营、物流配送为主体的流通新业态迅猛发展。加快盐湖文化产业园区建设步伐,道路、供水等基础设施不断完善;运城学院、寰烁科技、感恩商业文化广场等项目加紧建设;文化创意园、老年用品产业园、国际商贸物流城等项目开始招商。充分挖掘文化旅游资源,着力打造舜帝陵、九龙山等旅游景点,积极开发绒绣、石雕、青铜器、老粗布等旅游产品,2010年全区旅游收入1.38亿元。举办首届中国运城德孝文化节,弘扬传统文化,提升盐湖区的知名度。

【民主法治】 "一站式"网上行政审批不断完善,2010年网上行政审批事项办结率99%。积极推进政务公开和村务公开,创新民主理财管理机制,基层民主政治建设进一步加强。扎实开展"五五"普法教育,加强社会治安综合治理,开展创建"平安盐湖"活动,严厉打击"两抢一盗"及各类犯罪行为,社会治安稳定好转。深入开展安全文明小区、文明村镇、文明单位、文明家庭评选表彰活动,进一步弘扬健康文明新风尚。

【社会事业】 2010年民生投入超过11亿元。社会保险覆盖面不断扩大,养老、失业、工伤等保险参保人数持续增加,城镇医疗保险参合率达90%以上,新农合参合率稳定在99%以上,新型农村养老保险积极实施,城乡低保对象实现应保尽保。每年新增城镇就业岗位3000个以上,转移农村劳动力1.5万人以上,城镇失业率控制在2.27%以内。促进教育均衡发展,优化中小学布局,提高教学质量,中高考成绩在全市连年领先。区、乡、村三级医疗服务网络不断完善,硬件设施和服务水平得到提升。计划生育奖励扶助政策全面兑现,低生育水平得到巩固,全区人口自然增长率控制在6‰以内。节能减排全面推进,环境质量不断改善,2010年中心城市空气质量二级以上天数达360天。切实加强安全生产监督检查,各类生产事故得到有效遏制。

（王英杰）

·临猗县·

中共县委书记 胡 宝
县人大常委会主任 路香芳
县　　　　长 史 凯
县政协主席 孙正来

【概述】 临猗县位于北纬34°58′~35°18′,东经110°17′~110°54′,总面积为1339.32平方千米。全县辖8镇5乡3区,375个行政村,550个自然村,总人口570856人。

2010年,全县生产总值完成73.9亿元,增长12.5%;规模以上工业增加值完成10.5亿元,增长19%;固定资产投资完成39.8亿元,增长23.6%;社会消费品零售总额完成27亿元,增长18.8%;外贸进出口总额完成7297万美元,增长63.9%;财政收入完成2.83亿元,增长21.2%;城镇居民可支配收入13514元,增长14.6%;农民人均纯收入5680元,增长13.2%。

【农业工作】 粮棉生产上,粮食总产达2.7亿千克,同比增长14.4%;棉花总产2100万千克,减产25%,但籽棉每斤价格上涨到4.8元,最高达6.8元,效益好于上年。果业生产上,苹果总产15.73亿千克,减产15%。全县套袋10.2亿个,果品品质和商品率明显提高,市场需求旺盛,果价较上年增长30%以上,实现减产不减收。继上年苹果、梨之后,又有枣、桃、杏、李子、甜柿等5种水果获得出口认证。先后出口水果5000吨,其中直接出口俄罗斯500吨。现代农业示范区建设,共实施32个项目,建成粮食、棉花、水果核心示范区1867.6公顷。新发展农民专业合作社175个,累计达533个,覆盖率达81%,居全市第一。8家企业被列入全省农产品加工“513”和全市“151”工程。新发展养殖小区30个。为11万户农民拨付粮食直补、良种补贴、退耕还林补贴资金4676万元;为6877个农机购买户发放农机补贴资金2301万元;开展家电、汽车、摩托车下乡活动,兑现补贴资金2466万元。新增绿化园林村45个,累计达187个;完成干果经济林333.5公顷,被省政府表彰为“全省经济林建设十强县”。

【工业经济】 2010年,全县新增7家规模企业,总数达49家。新增1个中国驰名商标,3个省著名商标,全县驰名商标累计达4个,省著名商标累计达11个。2010年,华恩机械上交税金2554万元,增长85.2%,东睦华晟上交税金1390万元,增长64.2%;卓里集团上交税金1016万元,增长44.5%。

【重点工程】 全县确定重点工程35项,计划投资34.9亿元,实际完成投资28.8亿元。完工和基本完工26项,在建7项;18项跨年度工程基本完成年度任务。农业10大工程中,水利基础设施建设、新农村建设、果业提质增效、乡村绿化及干果经济林建设等9项工程按期完工,城乡一体化供水工程正在推进中。工业10大工程中,青山化工年产1000吨CBS-X荧光增白剂生产线、澳迩药业年产2000万袋软包装大容量注射剂生产线、华晋纺织年产2500万米100%全棉弹力面料、恒晟纺织年产7200吨色纱生产线、阳煤丰喜临猗分公司7万吨已二酸等8项工程已完工或完成投资计划。翔宇化工年产4万吨4020橡胶防老化剂和临猗县变压器厂220万千伏安节能低噪音大型变压器技术改造两项跨年度工程,正在加紧施工。15项社会工程中,峨嵋公园续建、城市生活垃圾处理场续建、县乡道路改造、中小学校舍安全改造、县城街道建设、五一路立交桥建设、经济适用房等9项工程完工或完成投资计划;县城集中供热、两馆建设、县医院综合楼建设、临晋县衙环境整治等4项跨年度工程正在按计划推进。

【招商引资】 在深圳举办“山西临猗招商引资项目推介会”,签订35.3亿元的合作意向,成立临猗县驻深圳招商办事处,架起临猗与深圳、香港等发达地区的桥梁。年初,深圳诺亚信投资有限公司与临猗县漆器工艺公司合作,签订拟投资3亿元新上一个高密度纤维板项目协议,3月份开工建设。全年共引进各类项目26个,到位资金20.09亿元。山西广瑞达集团改写临猗县无锻造企业的空白。

【城乡建设】 完成县城2010~2020年总体规划修编以及8个乡镇所在地和33个新农村推进村规划编制。先后实施县城道路改造、垃圾处理场、经济适用房、峨嵋公园、两馆建设(文化馆、图书馆)、县医院综合楼等工程,增强城市的承载力、带动力和辐射力。大力实施“四化四改”“五个一”“六个全覆盖”工程,全县全年新增33个重点推进村,共投资1500万元,硬化巷道55千米,栽植树木花卉37万株,建立填埋式垃圾场51个,拆除户外厕所980个,被省委、省政府表彰为“全省新农村建设先进县”。为每个村配备保洁车,并增加卫生经费。全县城乡面貌得到改善,在全市城乡环境卫生评比中名列第一,连续两年被省爱卫会表彰为“全省十佳卫生县城”。

【民生事业】 与首创股份合作投资2亿元实施城乡一体化供水工程。投入704万元用于县级新合基金配套,农民参合率达96.2%;投资262万元用于基本药物补贴;筹资225万元为每个村级卫生室配备计算机和价值5000元的常用医疗设施;为每位乡村医生每月补贴400元,累计支付180万元;投资3000万元建设县医院综合大楼。投资2.2亿元,实施中小学校舍安全改造工程,改造面积30万平方米;截至年底加固工程全部通过竣工验收,原址重建和6所异地迁建学校主体工程全部完工并投入使用。投入840万元,带动投资4200余万元,完成150千米乡村道路改造任务,解决“通反不通”问题。解决152名困难大学生就业问题,公开选拔47名公安巡警,转移农村劳动力9358人,被人社部表彰为“全国劳务输出示范县”。为全县176座果库办理土地手续;恢复人行临猗支行发行库业务,方便了果商和果农;打造公平公正、规范有序的农产品营销市场,为农产品运输敞开绿色通道。投资2.3亿元,启动实施盛世绿苑经济适用房建设工程,解决1500余户低收入人群住房难问题;为2067人发放廉租住房补贴122万元,49户困难群众入住廉租房。县财政多方筹措资金3100万元,用于行政和事业单位人员津贴补助,人均200元以上,补发月数和额度均为全市第一。

(程明清)

·万荣县·

中共县委书记 卫孺牛
县人大常委会主任 王崇智
县长 张汪尤
县政协主席 高彩青

【概述】 2010年,万荣县位于北纬35°13′~35°31′,东经110°25′~110°59′。全县常住人口为44.2万人。

全年地区生产总值完成33.3亿元,同比增长12.6%;规模以上工业增加值完成6.3亿元,增长31.1%;财政总收入完成24559万元,增长13.1%;全社会固定资产投资完成29.29亿元,增长65.8%;社会消费品零售总额达14.7亿元,增长18.8%;城镇居民人均可支配收入达12018元,增长16.4%;农民人均纯收入达4087元,增长15.2%。

【"三农"工作】 2010年,全县粮食总产量1.45亿千克,增幅11.6%。其中,小麦总产量6360万千克,增幅12.1%。苹果总产量5.4亿千克,减产10%,但价格上升,果业总产值达13.5亿元,增长26%,果业人均纯收入2487元,增长21.7%。投资3299万元,实施29个新农村重点推进村的建设工作,完成"四化四改"和"五个一"工程。全县完成土地流转3881.94公顷,新发展专业合作社86个,发展万只鸡场10个,50头养牛场10个,千头猪场3个,发放粮食直补、良种补贴及农资综合补贴资金4857万元,发放农机县购置补贴1388万元,种植各类蔬菜3668.5公顷,大葱、药材、芦笋、三白瓜、小杂粮等特色农业全面发展,农民收入稳步增长。

【工业经济】 2010年,恒磁公司产值和销售收入大幅提升;汇源、中鲁两家公司加工各类水果15万吨,为果农增收1.8亿元;黄腾、凯迪等化工建材企业的产品广泛用于西康线、兰渝线等国家重点铁路工程;华康公司打造的拳头产品"大山楂丸"效益初步显现,三九公司小容量注射剂生产线技术改造全面完成;山西联合镁业获得TCL集团注资,着力打造镁及镁合金生产研发基地。共为化工企业清收回拖欠贷款1000多万元,化工企业生产秩序走向规范。金属镁循环经济示范园、汇源农副产品加工园的规划工作全面完成。城东恒磁工业园和荣河化工园的整体规划正进行。

【第三产业】 2010年,李家大院4A级景区成功创建,西滩景区三星级宾馆通过验收,飞云楼景区改造完成。全年接待游客75万人次,旅游直接收入800万元。笑话博览园入选山西省首批"非物质文化遗产专题博物馆"。电影《李家大院》、电视连续剧《荣河镇的男人们》拍摄完成。笑话手表等一批工艺品上市,取得良好的经济效益和社会效益。"家电下乡"备案登记销售网点90家,实现销售额6625万元,完成全年任务137%。"万村千乡市场工程"新发展1个物流配送中心和70个农家庄。

【重点项目】 全年全县共引进项目173个,到位资金16.24亿元,占全年任务的180%,特别是引进投资5亿元的汇源PET生产工厂建设项目和投资4.9亿元的山西联合镁业与TCL集团合作项目。完成中低产田改造933.8万平方米;实施安全饮水工程24处,解决61个自然村2.3万人的安全饮水问题;西范电灌站更新改造土建工程基本完成,北赵引黄渠系建设完成土方工程59.3千米。新城区集中供暖比上年增加7万多平方米,集中供热总面积达25.3万平方米;经济适用房一期5幢住宅楼主体工程建设过半;人民公园正式向游人开放;飞云楼及高潮池周边改造土建施工结束;垃圾场开工建设,污水处理厂投入使用。闻合高速公路基本完工,河运高速正在进行路基和桥涵施工,李家大院至后土祠、李家大院至孤峰山两条旅游路完成80%工程量。县城至河津、七庄至刘和、皇甫至三文3条道路改造工程顺利通车。

【节能减排】 2010年,全县建成日处理2万吨的污水处理厂,减排COD350吨;建设汇源公司污水处理设施,减排COD168吨;对新星造纸厂、万凯公司等高耗能企业实施关停,减排COD1350吨,$SO_2$100吨。全年万元GDP综合能耗降至1.46吨标准煤,减排COD1868吨,减排$SO_2$100吨,实现"十一五"规划的控制目标。造林绿化完成6.67公顷。城郊森林公园建设,完成80.04公顷的核桃种植,对20个新农村进行绿化,恢复汾河植被13.34公顷,恢复湿地333.5公顷。县城二级以上天数达359天,空气质量好转。

【民生工作】 2010年,对解店、汉薛153户600人实施搬迁。扶贫培训农民2370人。县城图书馆大楼建成使用,新建7个乡镇综合文化站,新建农村文化活动中心,文体广场20个,新建农家书屋25个。共有20万人享受新农合政策补偿,支付基金4378万元。"国家新型农村养老保险"项目顺利实施,为全县60周岁以上农民发放养老金2924万元,发放比例达100%。城市低保人均月补差150元,农村低保12837人,人均月补差66元。城乡大病医疗救助458人,救助资金164.3万元。

【专项整治】 2010年,在全县采石企业全面推行中深孔爆破技术和液压锤二次破碎技术,并对所有非煤矿山企业进行安全评估,将全县危险化学企业"两个主体责任"落实情况向全社会公示。查扣销毁非法经营的烟花爆竹100多件。整顿规范有色建材企业5家。组织开展"安全生产月""安全生产咨询日"等宣传教育活动。全年培训安全从业人员3300人。

【社会事业】 全县高考学生达线431人。集体林权制度改革扎实推进，52693公顷林改任务全部确权到户。政务中心全年受理各类事件10852件，其中便民服务项目9884件，办结率100%。全年破获各类刑事案件215起，查处治安案件784起，抓获各类违法犯罪人员2453人。（薛勇勤 张东宏 屈月琴）

·闻喜县·

中共县委书记	裴良杰
县人大常委会主任	张英生
县长	李尧林
县政协主席	王延平

【概述】 闻喜县位于北纬35°09′~35°34′，东经110°59′~110°37′之间。2010年，全县地区生产总值(GDP)完成81.57亿元，同比增长19.6%。财政总收入完成7.54亿元，增长51.8%；一般预算收入完成2.63亿元，增长76.8%。城镇居民人均可支配收入完成13564元，增长14.7%。农民人均纯收入完成4355元，增长14.7%。社会固定资产投资完成50.96亿元，增长25.5%。社会消费品零售总额完成20亿元，增长19%。工业企业总产值完成181亿元，增长27.35%。全县粮食总产量完成2.1亿千克，增长21.7%。人口总数402969人，人口出生率8.18‰，自然增长率4.65‰。

【工业经济】 2010年，全县工业企业总产值完成181亿元，同比增长27.35%；全年完成工业增加值43.2亿元，增长22.6%。规模以上企业由40家发展到50家；工业总产值完成168亿元，增长31.3%；规模以上工业企业实现增加值41亿元，增长29.8%；实现利税9.7亿元，增长28.51%；实现利润1.9亿元，增长21.44%；应交增值税7.4亿元，增长28.7%。海鑫公司钢铁产量突破310万吨，增长39%；完成产值117亿元，增长36.1%。金属镁行业生产镁锭12万吨、镁合金2.2万吨，分别增长29.5%、36%；完成产值26.4亿元，增长37.3%。玻璃器皿总产量16万吨，增长31%；完成产值3.8亿元，增长48.8%。建材行业水泥生产量286万吨，增长122.5%；完成产值7.2亿元，增长121.1%。机械行业完成产值4.5亿元，增长18.1%。化工行业完成产值9.95亿元，增长11.4%。陶瓷行业完成产值5900万元，增长49.3%。

全县确定招商引资项目28个，总投资54亿元，引资15.6亿元。共确定14个重点建设项目，完成并投产的有冀东海天年产60万吨矿渣细粉生产线、瑞格镁业年产1万吨镁合金生产线、际华3534制衣有限公司中高档服装生产线、中信燎原机械制造有限公司汽车刹车间隙自动调整臂生产线和阀门总装产品生产线、白玉镁业金属镁冶炼节能技改项目一期工程、振鑫镁业和宏富镁业双蓄热式还原炉建设项目、新达玻璃公司日产30吨玻璃器皿燃气窑炉技改项目(后更改为海丰玻璃3条玻璃器皿机制生产线)等7个，新增产值14.3亿元、利税1.65亿元。在建的2个项目是海鑫集团220万吨热轧板卷生产线后续工程和宏业玻璃公司蓄热式天然气玻璃制品生产项目。

【农业生产】 全县粮食播种面积69434.7公顷，总产量2.1亿千克。全县果树种植面积5342.67公顷，总产量4060万千克。蔬菜8004公顷，总产量36000万千克。中药材4335.5公顷，总产量862.1万千克。棉花1000.5公顷，总产皮棉93.6万千克。油料1640.82公顷，总产150.9万千克。桑蚕43.36公顷，产蚕茧36000千克。年内猪、牛、羊出栏数分别为56096头、2505头和41228头，肉类总产量7984.7吨。年底有标准化养殖场125个、农民专业合作社281家，农村土地流转面积增加1420.71公顷。完成基本农田整理2668公顷，东镇集中供水工程竣工投运，石门引水和涑水河河道整治工程正在实施。新农村建设总投资1241万元，完成“四化四改”和“五个一工程”项目114个，建成农村沼气池588座、农村体育场地45个。

全年共建成农田林网1334公顷，完成大运高速路两侧绿化133.4公顷，新建园林厂矿10个、园林村20个、园林学校30所、园林机关30个。建成核桃岭万亩森林公园，启动涑水河公园建设工程，县城城区绿化覆盖率29.5%。

【基础设施建设】 闻喜县福利中心、污水处理厂、残疾人职业技能培训中心和托养中心、检察院技侦大楼竣工并投入使用。完成乡村道路破损改造50条76千米、茨凹桥危桥改造主体工程，县城至东镇一级路拓宽改造工程竣工通车。完成西七线(西官庄至七里店)电网和西官庄变电站增容改造工程，对部分10千伏城市电网线路进行改造。

【社会事业】 全县有艺术表演团体2个、图书馆1座、青少年校外活动中心1个，有高级中学4所、初级中学25所、小学146所、职业中学3所、教师进修学校1所；小学五年巩固率、初中三年保留率和高中阶段毛入学率分别为100%、100%和98.21%。有卫生机构55个（不含个体诊所)，其中乡(镇)卫生院28所；医院和卫生院床位1782张，专业卫生技术人员2300人，其中，医生1550人。

民生、“三农”投入7.7亿元，同比增长37.5%。全县参加基本养老保险职工人数25290人，增长2.7%；参加失业保险职工人数16900人；参加基本医疗保险人数57447人，增长75.8%；参加农村社会养老保险39069人，保险基金累计679万元。年底在岗职工21115人，增长1.1%；在岗职工人均年工资20602元，增长10.2%。新转移农村劳动力10480人，新增城镇就业人数4651人。

大力实施文化强县工程，投资3.7亿元建成中华宰相村一期工程“裴氏宗祠”；先后开发汤王山景区狩猎场和垂钓园、“豢龙”文化、郭璞祖居、龙王庙、文庙等一批旅游景点，挖掘开发后稷传说、名相赵鼎、杨深秀墓等历史文化资源和陈家庄村、下丁村等红色文化资源，形成具有特色的旅游产业。以惠通文化创意有限公司为平台，打造民间民俗文化产业基地,大力发展剪纸、儿童布鞋、千层底布鞋、编结、十字绣、刺绣等民间手工艺品,加快民间民俗文化产业开发步伐。

【残疾人职业技能培训中心和托养中心】 2009年6月开始兴建,2010年10月竣工并投入使用，总投资1200万元,占地1.4公顷,由综合大楼、残疾人宿舍、多功能餐厅3部分组成,是一所集残疾人托养、康复、技能培训等多项功能于一体的综合性服务机构。

【福利中心】 位于城南大街，占地9.47公顷,建筑面积9600平方米,绿化面积5.07公顷，设计床位400张,投资1795万元,2008年开始兴建,2010年10月投入运营,是一所集养老居住、医疗康复、休闲娱乐及特孤儿童救助为一体的综合性社会福利服务机构,也是全省县级福利机构中投资规模最大、建设标准最高、设计功能最全、综合性能最强的福利服务中心。中心可集中供养“五保”老人200名、特孤儿童200名。

（樊香叶　孟令燕）

·稷山县·

中共县委书记	乔登州
县人大常委会主任	郭崇学
县　　长	李亚丽
县政协主席	马卯录

【概述】 2010年,稷山县实现生产总值455013万元,按可比价格计算,增长13.9%。其中,第一产业实现增加值83424万元,增长15.6%;第二产业实现增加值211380万元,增长15.8%,第三产业实现增加值160209万元,增长10.0%。三次产业结构比重为18.3:46.5:35.2。与上年相比第一产业提高3%,第二产业下降4.1%,第三产业提高1.1%。对GDP增长的贡献率分别为19.2%、57.4%、23.4%。2010年全县人均地区生产总值1.3万元。

【农业经济】 2010年,全县农林牧渔业完成总产值157084万元，同比增长45.1%。其中,农业产值90872万元,增长12.0%;林业产值2532万元,增长100.1%;牧业产值53656万元,增长200.3%。全年粮食种植面积48025.07公顷,下降0.33%;总产量202981吨,增长18.8%。全县肉类总产量12774吨,增长16.2%。

【工业　建筑业】 2010年，全县完成工业总产值657208万元,同比增长32.4%。38家规模以上工业企业实现产值595272万元，增长39.1%；实现工业增加值172131万元，增长22.5%(按可比价计算);规模以上工业企业实现利税37496万元，增长62.1%。其中，实现利润15711万元,增长553.4%。全县规模以上工业企业二次能源生产折标准煤3542876.6吨,增长36.4%。工业生产消费原煤2962017.8吨，增长35.2%；洗精煤2013114吨，增长29.0%;焦炭183471吨,增长24.6%;电力42945.5万千瓦时，增长36.9%。规模以上工业企业综合能源消费量806476吨标煤，增长17.7%,现价产值能耗为1.3855吨标煤/万元,下降13.2%;全县建筑业实现总产值15078万元,增长36.3%。

【固定资产投资】 2010年,全县共完成固定资产投资375931万元，同比增长23.4%。其中,城镇固定资产投资完成354883万元,增长20.1%;农村固定资产投资完成16060万元,增长124.1%;房地产投资完成4988万元,增长170.6%。全县投资结构继续改善。其中,制造业完成投资196730万元,增长34.9%;水利、环境和公共设施完成投资16348万元，增长118.4%;交通运输、仓储和邮政业完成投资34846万元,增长248.3%;批发零售业完成投资7100万元，增长666.7%;卫生、社会保障和社会福利完成投资2499万元，增长152.4%;教育投资7000万元，增长497%;文化体育和娱乐业完成投资5068万元。投资上亿元的主要项目有:永祥煤焦总投资7.2亿元的置换建设130万吨捣鼓型焦化工程已完成投资1.2亿元;丰海纳米投资3亿元的3万吨纳米氧化锌一期工程;永东化工投资2.2亿元的30万吨煤焦加工及炭黑联产项目;阳煤丰喜纯碱投资1.25亿元的30万吨纯碱氧化胺改造。

【批零贸易】 2010年,全县实现社会消费品零售总额130278万元，同比增长19.2%。全县外贸进出口总额2083万美元,增长18.5%。全县居民消费价格指数为102.8%。八大类居民消费价格指数分别为:食品类107%;衣着类99.6%；烟酒及用品类100.6%；家庭设备用品及服务类98.6%；医疗保健及个人用品类108.9%;交通和通讯类101.3%;娱乐教育文化用品及服务类100.3%;居住类105.7%。

【交通　通信】 2010年,新增公路通车里程25.1千米。管裴线太阳至翟店段公路改造工程、宁仁线坑东至闻苍线改造工程、管裴线五干渠至清河段公路改造工程等全面竣工。2010年末全县交通运输业完成客运量172.2万人，同比下降9.8%；完成货运量157.3万吨,下降11.6%。年末全县固定电话26530部，手机用户208362部,增长8.8%,宽带用户32347户,增长16.2%。

【财政　金融】 2010年,全年财政总收入完成41361万元，同比增长21.1%。其中,国税完成26618万元,增长10.9%;地税完成9000万元,增长21.6%;财政完成5743万元,增长108.6%。一般预算收入完成15002万元,增长26.9%。一般预算支出71612万元，增长15.2%。其中，教育支出15826万元，增长10.6%；科技支出444万元,下降29.2%;农林水事务支出8242万元,增长14.3%;医疗卫生支出7710万元,增长45.8%;社会保障和就业支出11969万元，增长1.0%。全县金融机构存款余额388891万元,比年初增长10.8%。其中，城乡居民储蓄存款余额313056万元,增长7.4%。金融机构贷款余额170750万元,增长10.8%。累计现金总收入1335118万元，累计现金总支出1357517万元，累计货币净投放22399万元。

【科教文体卫】 截至年末，全县84个文化活动室、132个文化广场、14家农家书屋、100个农村图书室建成并投入使用。“四馆一中心”建设于8月13日启动。举办“海世界杯”青年歌手大赛、“信合杯”篮球比赛、优秀书法家庆“五一”作品展览、“地税杯”河东秧歌大赛等活动。高台花鼓、麻花制作工艺被列为第三批国家非物质文化遗产，对新编《农祖后稷》剧目进行精编，并赴运城参加两会演出。

2010年，全县拥有各类学校220所。其中，职业中学1所，普通中学31所，小学121所，幼儿园67所。在校学生68306人。其中，职业中学在校生1397人，普通中学在校生26117人，小学在校生28237人，在园幼儿12555人。全县专职教师3697人。其中，职业中学专职教师30人，普通中学专职教师1606人，小学专职教师1762人，幼儿专职教师299人。小学五年巩固率达100%，初中三年巩固率达99%。高考全县文理两大类达线人数373人，比上年净增91人，同比增长32.3%。2009~2010学年高中阶段全县在校生18021人，毛入学率达88.7%。全县校安工程设计改造项目学校57所。中央、省校舍安全改造资金共755万元、义务教育经费950万元全部到位。为高中招聘71名新教师。

2010年，全县卫生医疗机构24个。其中，医院12个，卫生院12个，床位数2005张，执业医师(含助理)580人，注册护士472人。全县参加新型农村合作医疗的农民289415人，参合率95.67%。全年门诊受益175975人次，大、慢病受益23316人次，住院受益18602人次。

【社会生活】 2010年，全县城镇单位在岗职工平均工资为21954元，同比增长9.9%。全县城镇居民人均可支配收入12606元，增长16.1%。其中，工薪收入9057元，增长14.2%；财产性收入1247元，增长27.3%；经营性收入1730元，增长21.1%。城镇居民人均消费支出7439元，增长10.7%。全县农村居民人均纯收入4920元，增长14.6%。其中，工资性收入2439元，增长22.5%；家庭经营性收入2130元，增长12.0%；财产性收入95元，下降9.9%；转移性收入255元，下降13.4%。农村居民人均消费支出3341元，增长12.4%。

2010年，全县共审定城市低保对象2692户6142人，发放城市低保金1229万元。农村低保共取消702户2272人，新增2419户4046人，最后审定6305户11935人。全年共发放农村低保金1136万余元，发放各类重点优抚对象抚恤补助款630余万元，发放五保供养金和生活补贴76.6万元，下拨救灾款79万元，救灾面粉274.6吨，麻花7062箱，棉衣1100套，棉被1620套。

2010年，全县企业养老保险征缴基金5118万元，新增388人，参保人数达8672人；城镇基本医疗保险征缴基金1305万元，参保人数达27674人；农村养老保险征缴基金60万元，新增185人，参保人数达21715人；机关事业养老保险征缴基金80万元，参保人数达806人；失业保险征缴基金145万元，新增参保人数395人。城镇新增就业人数3840人。全年共转移农村劳动力6537人，其中省外转移2620人，省内转移3917人。清理拖欠农民工工资4.7万元。

【城市建设】 2010年，全县城市建成区面积8平方千米，人均公共绿地达7.87平方米，城市绿化覆盖率达33%，完成生活污水处理466万立方米，城市污水处理率达85%，“双宜”县城建设取得明显成效。稷王文化广场、人民路、环城路、县城供水改造、民乐园提升、县城防洪等城市基础设施建设工程如期竣工。县城空气质量二级良好天数达353天，天然气入户达7200余家，实现县城集中供热率76.6%，气化率93.1%。全年完成COD减排量1450.6吨，同比下降3%，完成SO_2减排量1119.5吨，下降2%，实现工业废水重复利用率95%，工业固体废物综合利用率100%，保证了汾河稷山段出境断面COD浓度较好地控制在85毫克每升以下。 (程明云)

·新绛县·

中共县委书记	邓雁平
县人大常委会主任	平兴旺
县长	田艺彬
县政协主席	马怀茂

【概述】 新绛县位于北纬35°27′~35°48′，东经111°01′~111°20′。总人口为332900人。

2010年，全县生产总值达481972万元，按可比价格计算，比上年增长15.7%。其中，第一产业增加值115440万元，增长2.9%；第二产业增加值229712万元，增长24.6%；第三产业增加值136820万元，增长12.8%。三次产业对经济增长的贡献率分别为5.5%、73.7%、20.8%。全县人均生产总值14474元。三次产业比例为24.0:47.6:28.4。全县居民消费价格上涨2.2%。商品零售价格上涨5.8%。工业品出厂价格上涨16.31%。

【农业经济】 全年全县农作物总播种面积62221.8公顷，比上年增长1.7%。其中：粮食49051.3公顷，增长12.4%。玉米达19736公顷，增长7.9%。在经济作物中，棉花676.7公顷，下降51.9%；油料530.7公顷，下降19.2%；瓜果24.1公顷，下降3.6%；水果1337.6公顷，下降37.5%。全年全县蔬菜播种面积9999.2公顷，减少3.6%。粮食总产量达208466.7吨，增长18.5%。棉花产量734.9吨，减少62.8%；油料产量756.8吨，减少65.1%；水果产量25500.1吨，减少42.9%；蔬菜产量达490884.9吨，减少5.3%。肉类总产量18061吨，增长9.0%；禽蛋产量12175吨，下降32.9%。全年完成造林面积1253.96公顷，四旁植树90万株。

【工业 建筑业】 全年全县工业完

成增加值20.99亿元,比上年增长38.5%。其中:规模以上工业完成增加值19.13亿元,增长72.94%。产品销售率84.6%,下降8.4%。全年全县规模以上工业主营业务收入58.93亿元,增长73.54%;实现利税19052万元,增长16.8%;实现利润3413万元,增长99.6%;亏损额9101万元,增长67.74%。全年全县能源消费总量117.5万吨标准煤,增长10.6%。2010年末,全县具有资质等级的建筑企业2个,完成总产值22068万元,增长37.3%。

【固定资产投资】 全县固定资产投资完成327231万元,比上年增长17.3%。其中,城镇以上投资312058万元,增长29.3%;农村投资15173万元,下降59.8%。其中:第一产业投资32131万元,增长27.1%;第二产业投资200911万元,增长34.0%;第三产业投资94189万元,下降9.3%。

【国内贸易】 全年全县社会消费品零售总额195593万元,增长18.7%。其中:城镇消费品零售额114534万元,增长18.0%;农村消费品零售额81058.9万元,增长19.5%。在零售总额中,批发业完成88981.6万元,增长25.9%;零售业完成73873.7万元,增长12.0%;住宿餐饮业完成32737.7万元,增长16.0%。

【交通 邮电】 截至2010年底,全县铁路营运里程18.3千米。公路线路里程689千米(含村道)。其中:国道、省道44千米,县道、乡道、村道及专用道645千米。2010年,全县公路客运量98.6万人次,增长4.9%;公路货运量105.3万吨,下降2.9%。公路旅客周转量3398万人千米,增长1.4%;公路货物周转量5156万吨千米,增长3.1%。

邮政业务完成总量1071.27万元,比上年减少15.6%;全年订销报纸286.3万份,下降4.9%;订销杂志6.1万份,增长1.7%;收寄国内函件41.7万件,增长113.8%;收寄国内包件8135件,增长4.6%。

电信业务完成总量9666万元,比上年增长7.1%。年末固定电话用户35485户,增长6.4%;移动电话拥有量为165343部,增长33.9%。宽带接入用户达15988户,增长12.5%。

【财政 金融 保险】 2010年全县财政总收入完成35160万元,比上年增长26.2%。财政总收入占全县生产总值的比重为7.3%。其中:一般预算收入11980万元,增长35.7%。4大税种共完成税收28811万元,占财政总收入的81.9%。一般预算支出53369万元,比上年增长13.6%。金融机构各项存款余额417147万元,比年初增加66329万元。年末金融机构各项贷款余额206336万元,增加11103万元。财险、人寿险两大公司保费收入为10535万元,增长89.0%。其中:财险业务保费收入2962.4万元,增长89.7%;寿险业务保费收入7572.1元,增长88.7%。全年支付各类赔款及给付1554.02万元。

【科教文体卫】 全年专利申请11件,比上年增长22.2%。2010年,年末各类学校在校学生71926人,专任教师4839人。小学在校学生31720人,普通中学在校学生35476人,高等学校4730人。学龄儿童入学率达100%。全县年末共有艺术表演团体5个,文化馆1个,公共图书馆1个。农村电影免费放映率达100%。有博物馆1个,馆藏文物1107件。重点文物保护单位157处,其中:国家重点文物保护单位8处,省级重点文物保护单位8处,市级重点文物保护单位3处,县级重点文物保护单位138处。全县拥有电视台1座,广播人口覆盖率为80%,电视人口覆盖率为98%,有线电视用户达17587户,数字电视用户达824户。截至年末,全县220个行政村中有200个村兴建文体广场和群众文化活动室,农村文化体育事业得到发展。全县共有医疗机构24个,医疗卫生技术人员1363人,病床床位数1275张。县乡村三级医疗卫生机构达标率98%。新型农村合作医疗覆盖率99.1%,参合率为99.1%。

【社会生活】 2010年全县城镇居民人均可支配收入13321元,比上年增长16.3%;城镇占调查户数20%的低收入者收入7998.9元,增长15.4%;农民人均纯收入5258元,增长14.6%;农村占人口20%的低收入者收入2546.5元,增长13.1%。单位从业人员16295人,基本与上年持平。全县在岗职工为15328人,增长3.95%,在岗职工年平均工资20239元,增长10.37%。城乡居民储蓄存款余额308105万元,比年初增长10.9%。人均储蓄存款为9252元。全年全县新增就业岗位2810个,下岗再就业810人,城镇登记失业率1.9%。城市和农村低保人数分别为5251人和9900人。年末全县参加失业保险职工10100人,参加基本医疗保险职工16671人,参加工伤保险职工5010人,参加基本养老保险人数达193848人。(许 隽)

·绛 县·

中共县委书记 张 冠
县人大常委会主任 韩廷海
县 长 梁潞阳
县政协主席 李服役

【概述】 绛县位于北纬35°20′~35°38′,东经110°24′~110°48′,总面积993.49平方千米。

2010年,全县生产总值达39.28亿元,比上年增长19.7%;规模以上工业增加值达15.93亿元,增长58.29%;全社会固定资产投资达29.97亿元,增长5.4%;财政总收入达2.24亿元,增长31.3%;社会消费品零售总额达11.25亿元,增长19%;城镇居民人均可支配收入达12270元，增长17.1%；农民人均纯收入达4518元，增长14.5%。

【农业经济】 新增667公顷标准化生产基地，建设2个高标准万亩规模的小麦无公害生产示范基地，新增1个有机绿色产品。新扩建10个标准化养殖小区。完成动物疫病防治体系建设。完成耕地综合生产能力建设4002公顷，实施节水工程46.69公顷，抓好小浪底引黄济运工程在绛县的过境线路规划设计，新增沼气服务网点35个，完成巩固退耕还林成果炕连灶821户，启动14个新农村重点推进村建设。新增农民专业合作社30个。补贴各类机具1110台，补贴资金510万元。培育科技示范户350户，完成新型农民技术培训800人。

【工业经济】 2010年，汽车配件、精密铸造、焦油化工、冶炼冶金、食品加工、建筑材料六大工业支柱，经受住了全球金融危机的冲击，对县域经济的支撑作用逐步稳固。维之王新厂建成、金绛公司年产625万听牛肉罐头项目落实。扶持新之鑫、佳维等农副产品加工企业发展壮大。大唐安峪热电厂总投资30亿元，装机容量60万千瓦。截至2010年底，19项专项报告和文件审核完成60%以上，并拿到国家发改委批文。

【基础设施建设】 新开通5条城市道路。完成槐泉灌区改造等229处水利工程。改造中低产田2668公顷。新改建9个变电站。完成了数字电视整体平移、3G网建设等8项通讯工程。67个新农村建设推进村和示范村完成“四化四改”和“五个一”工程。全县205个行政村全部实现村通水泥(油)路、通广播电视、农村饮水安全、中小学校舍安全、村村有卫生室、村村有组织活动场所“六个全覆盖”。新建县城污水处理厂。县城空气质量二级以上天数达341天。绿化造林3468.4公顷，通道绿化513千米，建设园林村67个，县城建成区绿化率32.5%。

【民生工程】 2010年，规划投资7990万元，完成中小学校舍安全改造13.3万平方米；消除“零就业家庭”，实现再就业800人。培训农民工600人；新型农村合作医疗参合率达92%以上，县、乡、村三级医疗卫生机构达标率达89%以上。加快乡镇卫生院建设，完成横水、安峪两个乡镇卫生院建设。完成3个乡镇综合文化站建设和36个村的农民体育健身工程。完成村级组织活动场所62个；企业退休人员养老金待遇提高10%。城镇职工和居民医疗保险参保人数达47000人；提高城乡低保标准，城镇最低生活保障标准提高到月人均200元，农村最低生活保障标准提高到年人均1196元。城镇低保纳保人数达5700人，农村低保纳保人数达8100人，808名农村五保户应保尽保。解决893名重点优抚对象医疗难问题。新建1所农村敬老院；实施150名残疾人康复培训救助，完成50户农村贫困残疾人住房改造；完成25千米农村道路改造。再解决3万人的饮水安全。完成村通广播盲村29个；新建20个农家店、10个便民店、26个放心粮油店，规范和完善2个农资配送中心建设；完成经济适用房10000平方米，廉租住房10000平方米，解决农村困难群众住房100套。城区集中供热率达35%，天然气普及率达30%。

【社会事业】 2010年，全县3所高中全部集中到县城，全县高考达线首次突破200人；农村中小学全部完成校舍安全改造、标准化验收和寄宿制学校建设；公开招聘教师340名。实施县医院改扩建工程，改造10个乡镇卫生院，新型农村合作医疗参合率提高96.23%。新建10个乡镇综合文化站，180个村级文化活动室，实施36个农村健身工程。实现就业再就业4000人，为“4050”人员提供岗位2400个，彻底消除了零就业家庭。人口自然增长率控制在4.25‰以内。

（刘　超）

·垣曲县·

中共县委书记	侯伟建
县人大常委会主任	郭儒社
县长	杨彦康
县政协主席	赵恒坚

【概述】 垣曲县位于北纬34°59′~35°26′，东经111°30′~112°05′，总面积1620平方千米，辖5镇6乡188个行政村，总人口23.1万人。

2010年，全县共完成地区生产总值232883万元，按可比价同比增长23.1%。其中，第一产业完成增加值30696万元，增长10.2%；第二产业完成增加值104807万元，增长40.8%；第三产业完成增加值97380万元，增长12.3%。三次产业结构比例为13.2:45.0:41.8。

【农业经济】 全县全年完成农林牧渔业总产值49892.5万元，同比增长7.92%。其中，农业产值完成21791.3万元，增长16.35%；林业产值完成6167.5万元，增长12.29%；牧业产值完成17110.4万元，增长0.37%；渔业产值完成1523.3万元，下降3.5%；农林牧渔服务业完成产值3300万元，与上年持平。

全年农作物总播种面积26834.81公顷，同比下降13.4%。其中粮食作物面积23860.22公顷，下降15.6%。在粮食作物种植面积中，小麦14680.64公顷，下降8.8%，秋粮9179.89公顷，下降24.55%。秋粮中玉米7647.22公顷，下降27.1%；经济作物中，油料373.09公顷，下降22.67%，棉花532.47公顷，增长21.29%，烟叶715.66公顷，增长16.5%，蔬菜1104.15公顷，增长7%。水果469.03公顷，下降33.69%。

全年粮食总产量65966.2吨，比上年增长85.76%。其中夏粮产量38975.3吨，增长68.7%，秋粮产量26990.9吨，增长117.5%。其中，玉米产量24949.3吨，增长134.82%；油料产量373.2吨，增长19.6%；棉花产量418.5吨，增长11%；烟叶产量1309.1吨，增长54.7%；蔬菜产量18565.8吨，增长36.45%，水果产量9920.63吨，增长47.76%。

全年完成造林面积3439公顷，同比增长102.3%。其中：人工造林面积1172公顷，增长52.8%，封山育林2267公顷，增长143%。全年肉类总产量6830吨，其中：猪肉产量4465吨。奶类产量1024吨，禽蛋产量3331吨。年末大牲畜存栏4283头，猪存栏42308头，羊存栏50602只，家禽存栏274970只。水产品产量1295吨。全年农用化肥施用量（折纯）5651吨，下降1.45%；农村用电量3170.7万千瓦时，增长4.3%。

【工业经济】 2010年，全县规模以上工业企业共完成总产值568082.4万元（含侯马二冶），同比增长65.62%；完成工业增加值93085.3万元，增长182.06%；实现销售产值544992.6万元，增长68.01%。工业产品销售率95.94%。全县规模以上工业企业实现主营业务收入561181万元，增长71.05%；实现利润26630.4万元，增长134.3%；实现利税38841万元，增长157.56%。规模以下工业企业完成总产值22527.68万元，增长12%。其中，农村个体企业完成总产值8855.77万元，增长10%；其他工业企业完成总产值13671.91万元，增长13.33%。

【固定资产投资】 2010年，全县固定资产投资完成245519万元（含高速路91279万元），同比增长19.5%。其中，城镇项目投产208691万元，农村非农户投资29398万元，房地产开发7430万元。全县社会消费品零售额完成108624.4万元，增长18.8%。

【交通 邮电 旅游】 全县各种运输方式完成客运量197.9万人次，下降17.95%，货运量177万吨，增长20.49%。全社会旅客周转量10998万人千米，下降12.03%，货物周转量16304万吨千米，增长16.75%。截至2010年底，全县公路通车里程958.6千米，增长8.8%。公路密度58.8千米/百平方千米。

全年全县邮政业务总量完成4664.02万元，增长9.01%。固定电话用户53701户，增长17.0%。年末住宅电话用户31188户，下降12.1%。通电话村数189个。互联网用户达19309户，增长134.5%。

全年全县旅游景区、景点共接待外地游客7.8万人次，增长6.85%，直接收入550余万元，相关产业收入3000余万元。

【财政 金融 保险】 全县全年财政总收入完成25381万元，同比增长25.38%，一般预算收入9200万元，增长26.36%。财政一般预算支出75209万元，增长23.74%。年末全县金融机构各项存款余额达457873万元，增长15.77%。各项贷款余额134391万元，增长25.05%。全年全县金融机构现金收入850149万元，比上年同期增长25.35%；现金支出902310万元，增长23.04%；收支相抵净投放现金52161万元，下降5.35%。全年全县保费收入9670万元，增长12.28%。支付各类赔款及给付3446万元，下降6.69%。

【教育 卫生】 2010年，全县整合教育资源，保留7所初中、47所小学和13个教学点。全县学校共80所，比上年减少48%。在校学生数38936人，减少2.36%，毕业生数9734人，增长3.02%，专职教师数3092人，减少0.39%。年末全县有卫生机构（含村卫生所和个体诊所）338个，每千人拥有医生4.11人，增长7.03%，每千人拥有床位6.3张，增长12.1%。新型农村合作医疗参合率95.79%，增长2.09%。

【社会生活】 全县全年城镇居民人均可支配收入12527.99元，同比增长16.3%；城镇居民人均消费支出6689.81元，增长5.7%；全县农民人均纯收入1631元，增长8.4%。

年末，全县在岗职工人数20671人，增长4.44%；在岗职工年平均工资23576元，增长24.29%。城镇基本社会保障覆盖率达89.6%，增长0.6%；城镇登记失业率2.09%，下降0.41%。年末，全县城乡居民储蓄存款余额334240万元，增长11.84%；城镇居民人均建筑面积29.9平方米，增长3.1%；农村居民人均居住面积26.37平方米，增长4.6%。

【污水处理工程】 3月5日，垣曲县污水处理厂建设项目开工。项目占地总面积3.69公顷，总投资9300万元。建设规模为日处理污水2万~3万立方米，回用水1.2万吨/天。12月30日，污水处理项目通过运城市环保局验收，正式投入运营。同时，中水深度处理及回用水配套工程正在进行中，处理后的回用水初步同中条山集团公司签订供水协议，供水单价1.3元/立方米。

【五龙集团镁合金循环项目开工奠基】 11月10日，全市标志性工业项目——五龙集团有限公司镁合金循环经济项目在垣曲县长直乡开工奠基。项目总投资73亿元。规划分为三期完成：2010~2012年建设年产110万吨焦化、4万吨镁合金项目；2012~2015年建设2×30万千瓦自备热电厂和年产30万吨硅铁项目；2015~2020年兴建20万吨镁合金和25万吨镁合金深加工项目。2010年建设的是一期工程，项目投资12.8亿元，可实现销售收入28亿元，年利税总额8亿元，可提供2600个就业岗位。

（王建民）

·夏　县·

中共县委书记　苏安乐
县人大常委会主任　黄保龙
县　　　长　李晋学
县政协主席　刘永录

【概述】 夏县位于北纬34°55′~35°19′,东经111°02′~111°41′。

2010年，全县地区生产总值完成24.9亿元；固定资产投资20.7亿元；财政收入完成1.31亿元；规模以上工业增加值3.1亿元；社会消费品零售总额12亿元；城镇居民人均可支配收入12358元；农民人均纯收入3589元。

【新农村建设】 2010年，全县粮食总产达22.8万吨，比运城市上下达的任务增产26.7%。新发展设施农业580.29公顷，其中日光温室333.5公顷。县政府发放新型日光温室专项补助190万元。全县的蔬菜种植面积达15274.3公顷，其中设施蔬菜8404.2公顷；优质水果面积7003.5公顷。全县发展蔬菜、优质水果、畜牧养殖等各类专业村192个；农民专业合作社387个，基本实现全覆盖。县政府出资826万元，新发展农村户用沼气935户，改造卫生厕所960户，发展农资连锁店90个、便民连锁店96个，省定的91个试点村和重点推进村都取得成效。

【项目建设】 2010年，总投资9.2亿元的17项重点工程全部开工，其中完工项目10项：投资1100万元的夏南公路泗交至圪马沟段道路翻新改造工程；投资1000万元的西下冯至师冯三级公路改造工程；投资1400万元的新老城区污水管网改造工程；投资1.2亿元的中小学校舍安全改造和义务教育标准化建设工程；投资4233万元的2001公顷国家高标准农田示范区一、二期工程；投资5000万元的金星镁业天然气改造项目；投资4000万元的宇达文化产业园二期工程；投资3800万元的田源果汁公司果丁、梨汁及胡萝卜汁生产项目；投资1300万元的三力科技水泥外加剂项目；投资3000万元的白沙河县城段综合治理一期工程。正在实施的项目有7个：投资3.1亿元的翔天钢铁年产30万吨钢线材和6万吨合金钢项目，通过运城市验收；投资1.4亿元的元泰粗苯精制项目，大部分设备购置到位，正安装；总投资6500万元的夏县经济适用房和廉租房建设工程，廉租房完工，经济适用房有5栋楼封顶；投资3500万元的温峪引水二期工程正在实施；投资1800万元的胡张乡533.6公顷基本农田整理项目，平整土地433.55公顷，打深井10眼，正在铺设输水管道；投资1.4亿元的鹏晋镁业还原炉改造项目，建成还原炉7盘并投产；投资1300万元的县中医院综合楼工程动工建设。

【招商引资】 2010年，全县共引进实施生产项目26个，其中新上项目21个，续建项目5个，总投资达26.9亿元，到位资金8.6亿元。并与山东名嘉集团签订投资53亿元的名嘉广场项目协议。

【旅游产业】 2010年，夏县立足已形成的人文、生态两条旅游线，全力拓展新的旅游项目。完成司马光墓祠堂、碑楼和大洋泰山庙的修缮工程，实施祁家河漂流项目，启动泗交4A级生态景区的整体规划。完成瑶峰镇、尉郭乡、埝掌镇、祁家河乡4个乡镇综合文化站建设工程，在全市率先实现乡镇综合文化站建设全覆盖，在全省各县“公共文化服务体系建设达标率”验收中排名第十一。大力发展文化产业，宇达集团成为国家文化产业示范基地、全国工业旅游示范点、国家文化产业出口重点企业。宇达集团为国家历史博物馆制作安装孔子青铜雕塑，1月11日上午全国人大副委员长蒋树声、全国政协副主席孙家正为孔子铜像揭幕。

【生态建设】 2010年，全县新增荒山造林、干果经济林等2601.3公顷，平原绿化33.35公顷，通道补植补栽83.6千米，完善提高园林村镇绿化30个。县城空气质量二级以上天数达347天。全县饮用水源地水质达标率100%，县城污水处理率达85%以上，建成区绿化覆盖率达36%，工业固废综合利用率达100%。6月，被省政府命名为“全省林业生态县”。

【民生事业】 2010年，选招农村中小学“特岗教师”43名、城区缺编中小学教师18名。制定印发《加强教师队伍管理暂行规定》，每年从财政支出100万元重奖优秀教职工。全年新增就业3400人，帮助困难人员就业812人，转移农村劳动力2.38万人，培训农村剩余劳动力870人，失业率控制在1.4%，被评为“全国农村劳动力转移就业工作示范县”。公开招聘卫生技术人员38名，县、乡、村三级医疗卫生机构达标率达90%以上，新型农村合作医疗参合率达93.09%，享受新农合补助21万人次4434万元。农村低保对象达1.25万人，占农村人口的4.8%；农村“五保”对象585人，全年发放救助金70.3万元；城市低保2631户4117人，占城市总人口的4.1%；城镇居民医疗保险参合率达87%；完成泗交镇敬老院扩建主体工程。投资1500万元完成农村500户困难群众的住房解困工程，为全县49户重点优抚对象每户发放1.1万元危房改造补助。埝掌镇北坡、孟家村和庙前镇龙卧村3个村118户600人的移民建房主体完工，完成大庙、东河头、七泉、架桑4个村的整村推进项目。

全年发放粮食直补和综合补3559万元；免除全县中小学4.4万名学生的学杂费1812万元，为全县2万名贫困寄宿生发放生活补助371万元；全面实行义务教育绩效工资，年增支1392万元；从5月起执行08、09年度普调工资，月增资41万元，从9月起，再次提高公务员和义务教育教职工津贴标准，月增资144.3万元；按时足额发放干部职工的取暖费，人均比上年提高100元，增支104万元；全年发放燃油补助、家电下乡和汽车摩托车下乡补贴981万元；拿出257万元用于城乡低保对象、农村五保户、优抚对象的价格补贴和困难救助；拿出135万元用于城乡困难群众的医疗救助；拿出379万元用于再就业培训、劳务输出及公益性岗位补助。

【安全生产】 2010年,全县共排查整改安全隐患192处。层层签订安全生产承诺书,建立完善各项长效监管机制。全县行业、企业主体公开承诺率和企业监管责任“三落实”率均达100%。全年道路交通事故死亡12人,比上年下降25%,亿元GDP生产安全事故死亡率0.488,下降39.5%。

【社会稳定】 对检查出的4起超标准收取学生生活费行为,责令相关责任人写出书面检查,并公开退赔;全年共上路巡查42次,查处公路三乱案件4起,处理责任人15人;组织开展对全县食品药品市场专项检查,下发卫生监督意见书83份,取缔无证经营药店1家,立查案件2起。全年共接待受理各类信访案292件882人次,比上年减少52件240人次,排查化解重点信访案25件,实现全年赴京零上访。全年破获各类刑事案件191件,查办行政案件952件,抓获网上逃犯22人,打掉恶势力团伙2个,依法对36案63人进行公开处理。出资150万元建立县阳光农廉监管大厅、11个乡镇阳光农廉服务大厅、14个涉农单位和各村阳光农廉查询室。投资460万元,建立夏县廉政警示教育基地、廉政文化一条街、廉政文化广场和20个廉政文化示范单位、100个廉政文化示范村,形成以阳光农廉网络监管为主体、较为完整的廉政教育体系。古装戏《斩公槐》,在全省戏剧汇演中荣获5项大奖。

(孙英杰)

·平陆县·

中共县委书记	姚十保
县人大常委会主任	王再刚
县长	任秀红
县政协主席	赵旭光

【概述】 平陆县位于北纬34°41′~35°00′,东经110°52′~111°37′,总面积1137.5平方千米,辖6镇4乡1区,新增4个移民新村,共232个行政村,4个居民委员会。2010年全县81565户247204人,其中非农业人口34694人,男126742人。

2010年,全县共完成生产总值202344万元,比上年增长12%。分产业看,第一产业增加值62729万元,增长53.1%;第二产业增加值58886万元,增长3.8%;第三产业增加值80729万元,增长7.6%。全年全县城镇居民人均可支配收入11026.47元,增长14.99%;城镇单位在岗职工平均工资19707元,增长2.7%;城镇居民人均消费性支出6377.81元,增长3.63%。全年农村居民人均纯收入3249元,增长12.15%。年末城镇人均住宅建筑面积35平方米,农村人均住宅建筑面积33.8平方米。

【农业生产】 2010年,全县粮食作物播种面积31675公顷,比上年减少1363公顷。产量96634吨,增长21.47%。夏粮播种面积18037公顷,减少857公顷,产量44953吨,增长22.08%;秋粮播种面积13638公顷,减少506公顷,产量51681吨,增长20.94%;棉花种植面积271公顷,增加14公顷,产量207吨,减少7.59%;蔬菜种植面积1158公顷,增加220公顷,产量14925吨,增长24.9%。

全县肉类总产量8821吨,比上年增长57%。其中,猪牛羊肉产量7389吨,增长41%;牛羊奶产量4584吨,增长22.7%;禽蛋产量2872吨,增长28%。年末大牲畜存栏8799头,与上年持平,羊存栏47744只,增长37%,猪存栏84453头,增长20.8%,家禽存栏38.4万只,增长4.6%。

【工业经济】 2010年,全部工业增加值46067万元,比上年下降1.7%。全县国有企业和年产品销售收入500万元及以上非国有工业企业共完成工业增加值39841万元,增长29.1%,其中国有及国有控股企业下降33.3%;集体企业增长4.7%;股份制企业增长22.4%;外商及港澳台商投资企业增长98.8%。

【固定资产投资】 全年全县完成固定资产投资228473万元,比上年增长21.3%。其中,城镇固定资产投资214495万元,增长28.4%;房地产投资7178万元;农村非农户投资6800万元,下降56.8%。

【招商引资】 全年全县外出考察、招商10余人次,邀请外商考察20批次,洽谈引资项目55个。新建项目25个,拟引资26亿,到位8.1亿。续建项目30个,到位4.6亿。全县累计到位外资12.7亿元。

【财政 金融】 2010年,全县财政收入完成16878万元,比上年增长22%,一般预算收入完成5962万元,增长15.2%;一般预算支出执行69771万元,增长18.6%,社会保障和就业支出9797万元,科学技术支出360.8万元,农林水事务支出12934万元,文体、传媒支出1067.5万元,医疗卫生支出9360万元,一般公共服务支出7608万元。

2010年末全县金融机构各项存款余额361455万元,比年初增加59375万元,增长19.66%。其中,企业存款余额63811万元,增长51%,城乡居民储蓄存款余额264006万元,增加39630万元,增长17.7%;金融机构各项贷款金额101400万元,增长32%。其中,短期贷款余额8717万元,增长51%;中长期贷款余额7238万元,增长4.3%。全年全县金融机构现金收入658002万元,现金支出674638万元,收支相抵净投放现金16636万元。

【社会保障】 年末全县有24823人,领取最低生活保障救济金2468万元,其中城镇低保16876人。有9760名职工参加失业保险,有120人领取失业保险金112万元。企业和机关事业单位有14996人参加养老保险,有15030名职工参加基本医疗保险,收缴医疗保险基金853万元,新型农村合作医疗参合率98.63%,新型农村合作医疗基金累计支出总额为3085万元,累计受益30.16万人次。截至2010年底,全县农村养老保险人数达22672人,收缴保费110万元。领取养老金人数1057人,年发放养老金33.32万元,人均每年领取300元。

【城镇化建设】 2010年,结合新农村建设,完成对常乐、张店、洪池等乡镇以及29个示范村的总体规划编制。投资1.91亿元,改扩建、新建茅津路、古虞路、条山大街、黄河大道、新湖大道等市政道路共28.35千米;投资2000万元对傅岩路和青年街等道路进行改造,共涉及改造面积0.56万平方米。城市路灯配套率达到709杆1700盏,总功率达到320千瓦。共完成绿化面积6.61万平方米,城区绿化覆盖率达33%。全县住房建筑面积达171万平方米,人均住房面积达28.5平方米。其中完成经济适用房651套50082平方米,配套建设廉租住房40套2000平方米。投资4800万元,建成污水处理厂,污水回收干管总长24千米,日处理污水能力一期为1万立方米,二期为2万立方米,日中水回用8000立方米。

【护林员荆保山】 1952年6月生,平陆县洪池人。1970年3月应征入伍,1971年7月加入中国共产党。1987年转业回乡,服从组织分配,在中条山南麓云盖寺瞭望台,看护6670公顷山林。他克服困难,守护着山林的繁茂与宁静,他每周巡山一次,每天向林场报告三次护林情况,每隔一小时就爬上山梁用望远镜观察一次,日复一日,风雪无阻,没有因私事请假、旷工一天,四次与死神擦肩而过,却从未漏报一次火情,看护的山林从未发生过乱砍滥伐事件。他舍小家顾大家,不但确保责任区山林安全,还多次在第一时间内发现并上报责任区外火情。他在平凡的岗位上用信念写就了一位共产党员的奉献与忠诚。由此平陆县委、县政府发出向荆保山同志学习的决定,举办荆保山事迹专题报告会。《人民日报》《山西日报》等多家报刊对其事迹进行报道。

(杨卯翠)

·芮城县·

中共县委书记	王正风
县人大常委会主任	周敬安
县长	陈　杰*
	董旭光
县政协主席	李万廷

【概述】 芮城县位于北纬34°35′~34°50′,东经110°14′~110°57′,总面积1178.8平方千米,辖7镇3乡173个行政村714个自然村,总人口394854人。

全年县内生产总值完成49.17亿元,同比增长16.8%;财政总收入完成3.93亿元,增长17.6%;一般预算收入完成12759万元,增长31.1%;规模以上工业增加值完成10.42亿元,增长61.8%;固定资产投资完成24.6亿元,增长39.6%;社会消费品零售总额完成13.72亿元,增长19.1%;城镇居民人均可支配收入完成13952元,增长16.8%;农民人均纯收入完成5222元,增长15.9%。约束性指标,万元GDP综合能耗3.12吨标煤,达到"十一五"目标要求;空气质量二级以上天数363天,其中一级天数238天;综合污染指数1.04,低于年初预期0.32;SO_2排放量2151.5吨、COD排放量1596.4吨,均控制在上级下达的3000吨的总量控制指标范围内。

【工业经济】 2010年,全年狠抓10大工业项目建设。建立县城工业产业聚集区,吸纳亚宝芮城工业园、金丰瑞电子工业园、兆信生物科技工业园、君雅壁纸等一批低碳环保项目入区建设。引进天之润枣业年产3万吨红枣加工项目落地建设。开展洞宾酒业技改与促销行动,全年实现销售收入1300余万元。亚宝药业年产10亿支药用高密度聚乙烯瓶项目进展顺利。大禹兽药、同济药业、宏光医药包装扩产改造项目均投产运行。全年新增同济药业、杨森包装、乐达生化、众和金牛、亚宝兽药、天宇轻化、维尔富兽药等7家规模企业,超额完成运城市上下达的中小企业发展规划任务。全年工业上缴税金2.94亿元,占财政总收入的74.9%。

【"三农"工作】 2010年,全年粮食总产28855万千克,同比增长24.1%,被授予"全国粮食生产先进县";油料总产419万千克,增长29%;财政补助53万元,扶持农民新建蔬菜大棚1032个;汉麻试种亩产麻皮160千克以上。县财政拨付200万元专项资金,扶持苹果产业发展。以间伐、改型、增施有机肥、果实套袋为主的10项新技术得以广泛推广。全年完成密闭果园间伐687.01公顷,建立苹果标准化示范园500.05公顷。完成学张乡中低产田改造513.59公顷。大禹渡灌区更新改造项目,改善灌溉面积6516.59公顷,恢复灌溉面积3801.9公顷。全年争取到农机购置补贴资金1414万元,补贴农机具3056台(套),农业机械化作业水平达86%。新增农民专业合作社91个,全县合作社总数达370个,辐射带动农户4.7万户,带动农民增收4300余万元。新增新农村重点推进村21个。全县93个新农村建设试点村和重点推进村全部完成"四化四改"和"五个一"工程。全年转移农村劳动力12183人。农民人均纯收入比上年净增718元。

【旅游产业】 全年签约三大旅游景区开发项目。圣天湖景区开发项目,总投资1.63亿元;百梯山景区开发项目,总投资2亿元;九峰山纯阳宫建设项目,总投资2亿元。举办第三届中国(芮城)永乐宫国际书画艺术节。参赛作品6480幅。被中国书法家协会授予全省首家"中国书法之乡"。

【交通建设】 2010年,运宝高速公路建设进展顺利。隧道总共掘进2700余米,隧道出口至朱吕村4200米道路的主体工程建设全部完成;运宝黄河公路大桥可行性报告通过评审，预计在2012年底与中条山隧道同时竣工。全年总共投资1.05亿元,实施沿黄干线改造、九峰山旅游公路建设、乡道改造、自然村通4大工程,新修公路46.6千米,改造公路33.3千米,完善县内“四横二十纵”交通格局,道路通行质量得到提升。

【城市建设】2010年,在县城核心区建设上，会展中心总投资3611万元,建筑面积7594平方米;商业步行街、商业中心建设如期开工。市政工程建设实施工业街排水总干渠、已建街道亮化和绿化3大工程,铺设排水管道2320米,安装路灯154盏，栽植乔灌木54286棵，新增绿化面积1.98万平方米。

【生态创建】全年共栽植树木560万株,完成通道绿化90千米、退耕还林补植补栽533.6公顷、天保工程667公顷，发展干果经济林400.2公顷，全县的林木覆盖率达38.79%,提高1.77%。先后荣膺“全市造林绿化先进县”和“全省经济林建设十强县”。10月份,芮城县代表山西省出席全国林业专业合作经济组织建设云南现场会,并在会上作经验介绍。

污水处理工程，总投资8324万元,日处理污水1.6万吨;供气供热工程,总投资7500万元,一期工程共投资2500万元，日供气能力5000立方米，共有用户300余户,供热面积4.5万平方米;垃圾处理工程，省发改委已批准立项,正进行初设。全县共建成省级环境优美乡镇8个,省级生态文明村8个,省市级绿色学校7所,县级生态文明单位(村)159个,申报国家级环境优美乡镇和国家级生态文明村各1个。荣膺全省首家“省级生态县”称号。

【社会事业】争取上级财政资金1800万元,县财政配套500万元,化解农村义务教育“普九”债务;县财政出资960万元,为全县农村中小学配备多媒体和光盘播放设备;新增农村低保对象1311人；县财政出资54万余元，对全县参加新型农村社会养老保险的2.04万人给予补贴，带动农民投保460万元;县财政出资245万元,资助21个自然村完成35千米的村通建设任务;资助全县2.2万城镇居民参加医疗保险;出资1288万元,提高公职人员津贴补贴；出资200万元,将公职人员住房公积金比例提高到3%;出资37.76万元,对年龄在60岁以上贫困老人，每人给予800元补贴;出资88万元,建立县人民医院与各乡镇卫生院的远程专家会诊系统,缓解群众“看病难、看病贵”问题。1057名代课教师中有300名教师入编,改善全县农村教师队伍状况。人口计生工作,通过“省级计划生育优质服务县”验收,受到省委、省政府的表彰奖励。芮城县被省政府命名为“省级依法行政示范县”，并在全省电视电话会议上作经验交流。全年实现重大安全生产零事故。信访维稳工作，实现中央、省、市“两会”和世博会期间“零上访”。全年县财政用于民生方面的支出达6.79亿元，占财政总支出的72%。（卫亚敏）

·永济市·

中共市委书记	冯方汇
市人大常委会主任	杨文宁
市长	陈杰
市政协主席	袁宏轩

【概述】永济市位于北纬34°44′~35°04′,东经110°15′~110°45′,辖7镇3个街道办事处,265个村民委员会,402个自然村。总面积1221.06平方千米，全市人口出生率为8.56‰,自然增长率为4.65‰。

2010年，全市生产总值完成79.86亿元,同比增长15.7%,其中,第一产业增加值完成14.9亿元，增长20.7%；第二产业增加值完成42.3亿元,增长16.5%;第三产业增加值完成22.6亿元,增长10.8%。财政收入完成6.0318亿元,增长20.6%;财政支出达11.48亿元；固定资产投资完成33.2亿元,增长56.2%;实施重点项目103个,总投资近80亿元;城镇居民人均可支配收入14411元，增长15.1%;农民人均现金收入5884元，增长15.6%；金融机构各项存款余额62.2亿元,增长15.4%;各项贷款余额52.7亿元,增长5.7%;社会消费品零售总额27.7亿元,增长19%。

【工业经济】2010年共实施重点工业项目15个，总投资22.05亿元,其中海丰铝业“1511”工程和新时速电机电器公司兆瓦级风力发电进展迅速，其余13个重点工业项目均完成目标进度。全市全年工业总产值181.0亿元,同比增长31.5%,其中规模以上工业企业总产值167.8亿元,增长33.7%;全部工业增加值38.3亿元,增长14.6%,其中规模以上工业增加值35.5亿元,增长23.9%。

【农业建设】2010年,全市农作物种植面积90978.8公顷，比上年增长7.7%。其中粮食69834.9公顷，增长15.1%；棉花15007.5公顷，下降10.7%;蔬菜5135.9公顷,下降9.4%;瓜类600.3公顷,增长55.2%。全年粮食总产量40400万千克，增长32.9%;棉花产量1480万千克,下降18.7%;蔬菜产量5100万千克,增长2%。2010年,全市产业结构调整“一村一品”特色村达55个,新建日光温室405个。农田水利建设,实施城西、卿头、开张、董村农场、虞乡镇风柏峪等村土地建设整理项目,完成开张镇万亩中低产田改造项目,栲栳农田灌溉末级渠系配套工程等。生态林业建设,完成封山育林667公顷,荒山造林1067.2公顷,平原林网667公顷;干果经济林1534.1公顷，通道绿化100余千米,新建园林村40个;高标准实施舜帝山山体绿化、蒲州旅游区绿化提升工程；全市林木覆盖率达31.3%,提高2%。全年投资5000余万元,完成卿头、开张、城东、栲栳、虞乡等5个镇150余千米农村道路翻新改造。全年肉类总产量1003.2万千克,比上年增长83.5%。其中猪牛羊肉产量416.2万千克,下降5.9%;禽肉产量587.0万千克，增长495.3%。禽蛋产量992.3万千克，增长243.4%。年末牛存栏4568头，猪存栏59270头，羊存栏28353只，家禽存栏152.64万只。

【城市建设】 2010年，重点实施中山街非机动车道改造、涑水河滨河公园、中心汽车站、鑫大国际购物广场等城市基础设施建设工程。完成舜帝山森林公园一期工程、蒲园和电机大道西延3大工程。

【旅游产业】 2010年雪花山景区正式对外开放，水峪口景区初具雏形。在北京和西安举办旅游暨招商引资项目推介会，开通运城至永济旅游专线，开辟3条永济一日游线路，举办第十届五老峰登山节、第十三届普救寺情侣月等大型活动。全年共接待游客105万人次，同比增长17%；实现旅游基本收入1750万元，增长26%；旅游总收入11500万元，增长21%。

【人民生活】 2010年，在实现村村通水泥路和村级卫生全覆盖的基础上，完成剩余“四个全覆盖”工程。建设经济适用房1万平方米，廉租房1044平方米。蒲州敬老院主体工程基本完工。2010年全市参加各类保险人数共173288人。其中养老保险45682人，医疗保险69106人，工伤参保20150人，失业保险27550人，生育保险10800人。城镇基本社会保障覆盖率88%。全市享受低保人数19161人，其中城镇8816人，农村10345人，全年共发放社会保障资金和优抚补助资金5500万元。发放粮食直补、良种补贴5000余万元。全市新增就业3252人，城镇登记失业率控制在1.1%。

【社会事业】 2010年，各类考生达二本线1094人，同比增加132人；公开招聘农村小学教师200名。加强医疗卫生事业，市医院住院大楼基本建成，新农合参合率达100%。伍姓湖污水处理厂开始运行，市区清洁能源使用率达84.3%，全年二级以上天数达361天。全年共取缔非法非煤矿山企业15家，取缔非法加油站19家，取缔私挖滥采点13家，强制拆除1家，立案查处3家。严肃查处“4·16”城东街道孙李爆炸案、“5·14”虞乡砖厂事故案，追究有关责任人33人。对3起非法制造爆炸物品案进行公开宣判，追究刑事责任22人。开展土地卫片执法检查整改工作，对31个用地单位的违法占地依法立案查处，没收违法建筑物13宗2万余平方米，拆除违法占地建筑物6宗6000余平方米。社会治安综合治理工作深入推进，2010年，永济市先后被授予全国法治县（市、区）创建活动先进单位、山西省首批“法治县（市、区）创建活动先进集体”称号。农村文体基础设施建设进一步加强，先后完成7个乡镇综合文化站、20个农家书屋和30家农民体育健身器材场地配套工程项目建设。

【舜帝山森林公园一期工程】 舜帝山森林公园位于永济市市区南侧中条山之历山山北洪积扇上。占地总面积100.05公顷，公园共分舜帝山森林公园管理及服务区、休闲颐乐区、朝拜纪念区、舜文化休闲游览区、滨水观览区、经济林游览区、民俗体验游览区、生态山林游览区8个功能区。工程总投资1.5亿元，预计3年完工。公园一期工程总投资4000余万元，占地22.01公顷。至12月底，工程已完成投资3100万元，完成土方回填40万立方米，水稳层4万平方米，铺设各类型号砼排水管3105米，铺设各类型号电缆1.1万米。栽植银杏200余株、胸径22厘米白皮松4株、胸径18厘米油松16株、白玉兰80株、红花杂酱草400余平方米。

（牛玉芳　王军平）

·河津市·

中共市委书记	杨勤荣*
	胡　宝
市人大常委会主任	崔会民
市　　　长	杜中伟
市政协主席	王锡义

【概述】 河津市位于北纬35°28′~35°47′，东经110°32′~110°50′，总面积593平方千米。全市共辖2镇5乡、148个行政村、2个街道办事处，总人口39.3万人。

全年完成GDP186.4亿元，增长165%；财政总收入23.4亿元，增长25.4%；规模以上工业增加值107亿元，增长30.8%；固定资产投资100.3亿元，增长20.6%；社会消费品零售总额59.5亿元，增长19.2%；城镇居民人均可支配收入18132元，增长13%；农民人均纯收入9874元，增长14.5%。

【“三农”工作】 全市全年发放各种惠农资金2875万元。实施农业综合开发项目800.4公顷。新建日光温室161个38.29公顷。加快农业产业化进程，农之龙、通和、隆兴、和平农场等农副产品加工企业获得国家和省级认证。发展农民合作组织，各类农民专业合作社达200家，全市农民人均纯收入达9874元。

【工业经济】 2010年，全市主要产品产能基本恢复，产量增加，其中氧化铝180万吨，增长38%；钢材180万吨，增长49%；焦炭830万吨，增长30%；发电量99亿度，增长8%，工业经济实现较快增长。

【项目建设】 2010年，全年共确定工业重点项目40个，总投资64.1亿元，年底建成投产19个，正在建设12个，华泰5万吨铝棒材、博翔2万吨铝型材、华晟100万吨捣固焦炉一期、太兴20万吨炭黑一期、金龙10万吨减水剂、鑫升炭黑扩建项目、天宇能源10万吨型焦项目、宏达80万吨螺纹钢、富鑫源8万吨螺旋焊管项目、达康铸业10万吨健身器材等建成投产，全市煤矿由36座整合为12座，产能由600万吨提高到1000万吨，总投资50亿元的王家岭煤矿，矿井，电厂和洗煤厂正在建设，中达铝业氧化铝深加工及年产1000万平方米高档抛光砖项目，腾升10万吨钢帘线,杭州飞祥电子2万吨铝镁合金丝和3万吨负钢芯铝绞线,绿拓新能源100万兆瓦太阳能光伏,太工天成7000万立方米车载天然气项目,龙门集团100万吨新干法水泥等项目建设进展顺利。

【重点工程】 全年共确定基础设施重点工程25个,总投资24.5亿元。投资4500万元的108、209国道城市立交桥,投资2100万元的209国道高速路至城区段改造,投资1300万元的龙岗路和莲池西路改造工程等竣工通车。投资1100万元的龙门集中供水二期工程,投资3500万元的第一热源厂改造和集中供热扩网建成使用。投资1500万元的城网改造工程,投资1.5亿元的城南、干涧、老窑头、樊村等变电站建设改造项目已经完工。投资600万元的6座铁路立交桥,3座基本完成,3座正在施工中。投资700万元开工建设图书大楼。投资5000万元开工建设青少年活动中心,城市客运站、垃圾处理场土方工程正在施工。鱼跃龙门观景区已完成前期拆迁工作。河运高速、侯西铁路复线全面铺开。

【招商引资】 2010年,全市规划建设三大工业园区,完善园区基础设施,推进产业集群发展。成立招商引资1办6局,制定出台优惠政策和考核奖励办法,开展专业化、跟踪式定点招商,加强与周边省市对接,博翔铝业与西飞铝业、晋都铝业与西航铝业成功合作。全年对口争资到位2.4亿元,招商引资23.2亿元。

【科教文卫】 全市中考550分以上优生达1675名,高考二本达线人数达926名,比上年增加222人。职教中心顺利通过省上验收。申报国家级技术创新项目1项,省市级9项。全市共44.94万人次受益,补偿金额达4230.9万元。开展文化下乡150余场次,丰富了群众的文化生活。

【民生事业】 2010年,投资6000万元完成南桑峪搬迁二期工程。投资1000万元,完成龙门集中供水下化片区供水工程。扩大城市集中供热覆盖范围,新增供热面积30万平方米。加强市场物价监测,全力保障物价平稳。发展残疾人事业,顺利通过全国残疾人社区康复示范市验收。鼓励高校毕业生到民营企业就业创业,出台《河津籍普通高校毕业生社会保障补贴试行办法》。加强社会保障工作,做好养老保险全国试点工作,16.3万人参加农村养老保险,全年累计发放养老保险金2015万元,发放城乡低保1747万元,基本实现应保尽保。

【生态建设】 2010年,河津市被授予"全国资源综合利用示范市"。加大造林绿化力度,完成三北防护林400.2公顷,汾河护岸林166.75公顷,碳汇造林100.05公顷,全市二级以上天气数达331天。

【安全工作】 全市落实安全生产两个责任,21个行业开展专项整治。加强国土资源管理,推进农村宅基地改革,追加规划建设用地指标144.27公顷。备案可用占补平衡耕地555.61公顷。加强计划生育工作,集中开展党员和国家工作人员违法生育专项查处,被评为全省人口计生服务先进县市。开展扫黑除恶,破获刑事案件43起,打掉恶势力团伙4个。加强信访稳定工作,化解矛盾纠纷156起,保持赴省赴京零上访。 (张丽华)

忻州市

中共市委书记 董洪运
副书记 李平社
郑连生
市人大常委会主任 郭连山*
秦新年
副主任 智俊德 马林凤
樊惠杰 郑红光
徐生年 温建国
李树东
市长 李平社
副市长 秦新年* 王学英
王士桦 杨晋生
谌长瑞 武德
市政协主席 张明成
副主席 王志勇 樊惠杰*
薄宝明 王月娥
王庆荣 刘银栓
高志伟* 李效玲

【概述】 2010年全市地区生产总值435.4亿元,比上年增长18.7%。其中,第一产业增加值47.2亿元,增长4.2%;第二产业增加值195.1亿元,增长28.7%;第三产业增加值193.2亿元,增长13.9%。第三产业中,金融业增加值23.7亿元,增长23.2%;交通运输、仓储邮政业增加值39.2亿元,增长11.8%;批发和零售业增加值25.2亿元,增长22.7%;住宿和餐饮业增加值10.5亿元,增长8.2%。房地产业增加值12.8亿元,增长10.1%。第一、二和三产业增加值占全市生产总值的比重分别为10.8%、44.8%和44.4%,对经济增长的贡献率分别为5.3%、63.1%和31.6%。

【农业经济】 全年全市农作物种植面积47.0万公顷,比上年增长0.9%。其中,粮食2.1万公顷,增长0.9%;油料3.5万公顷,与上年持平。在粮食种植面积中,玉米23.8万公顷,增长3.5%。全年粮食总产量147.9万吨,增长29.5%。其中,玉米116.3万吨,增长14.0%。肉类总产量7.7万吨,增长0.7%。其中,猪肉产量5.1万吨,增长7.2%;牛肉产量0.8万吨,下降9.2%;羊肉产量1.8万吨,下降10.9%。牛奶产量6.8万吨,增长6.5%。禽蛋产量4.1万吨,增长2.5%。水产品产量0.2万吨,与上年持平。

【林业生产】 全年完成造林3.9万公顷,减少24.9%。退耕还林工程完成配套荒山荒地造林面积0.2万公顷。全年完成天然林资源保护工程造林面积0.6万公顷,增长66.6%。全年木材产量0.8万立方米,减少31.5%。年末全市农业机械总动力216.1万千瓦,比上年末增长8.0%。机械耕地面积

2010年规模以上工业增加值及其增长速度

单位:亿元

指　标	增加值	比上年增长%
规模以上工业	165.3	42.0
其中:轻工业	2.6	29.1
重工业	162.7	42.4
其中:国有控股企业	87.2	17.4
其中:集体企业	1.4	1429.3
股份制企业	290.9	85.3
外商及港澳台投资企业	2.6	88.3

27.9万公顷,机械播种面积21.8万公顷,机械收获面积5.1万公顷,分别增长14.0%、12.4%和85.9%。全市农机化经营总收入达78860万元,增长13.3%。

【工业经济】 全年全部工业增加值176亿元,增长30.8%,在第二产业中所占比重为90.2%,增加2%。其中,规模以上工业企业完成工业增加值165.3亿元,增长42.0%。

全年规模以上工业企业原煤产量3207.3万吨,增长13.9%;焦炭产量169.5万吨,增长13.1%。规模以上工业主营业务收入377.9亿元,增长59.3%。其中,五大传统支柱产业实现主营业务收入296.5亿元,增长67.2%,煤炭开采和洗选业、黑色金属矿采选业、有色金属冶炼及压延加工业、通用设备制造业和电力、热力生产供应业分别实现主营业务收入105.9亿元、63.5亿元、33.0亿元、51.6亿元和42.5亿元,分别增长34.6%、360.9%、39.8%、64.7%和41.9%。规模以上工业实现利税74.1亿元,增长68.2%;实现利润45.2亿元,增长92.8%;亏损企业亏损额6.2亿元,下降20.7%。

【建筑业】 全年全市建筑业实现增加值19亿元,比上年增长14.5%。具有建筑业资质等级的总承包和专业承包建筑业企业实现利润总额1.28亿元,增长24.3%;上缴税金1.17亿元,增长9.3%。

【固定资产投资】 全年全社会固定资产投资424.4亿元,比上年增长20.3%。按城乡分,城镇投资417.2亿元,增长20.3%;农村投资7.1亿元,增长24.1%。按产业分,第一产业投资12.6亿元,增长73.7%;第二产业投资236.1亿元,增长22.1%;第三产业投资175.8亿元,增长15.6%。按登记注册类型分,国有投资249.2亿元,增长32.6%;非国有投资175.2亿元,增长6.4%。

城镇固定资产投资建成投产项目1615个,项目建成投产率为64.2%;新增固定资产211.8亿元,固定资产交付使用率为50.8%。全年房地产开发投资18.1亿元,比上年增长25.6%。

【能源建设】 全年全市一次能源生产折标准煤2408.3万吨,比上年增长102.1%;二次能源生产折标准煤652.3万吨,增长1.8%。全年向省外运输煤炭811.4万吨,增长23.8%,外运煤炭占原煤产量的比重为25.3%;向省外运输焦炭137.5万吨,增长89.4%,外运焦炭占焦炭产量的比重为81.1%。城镇投资中,能源工业投资完成133亿元,增长23.4%。其中煤炭工业投资64.7亿元,增长108.7%;焦炭工业投资1.8亿元,下降57.1%;电力工业投资66.5亿元,下降8.4%。

2010年,全市通过煤炭资源整合,矿井总数减少61.1%,平均单井规模增长3倍多,煤炭总产能增加30%,基本实现以大集团经营为主,安全生产有保障的目标。

【贸易】 全年全市海关进出口总额12654万美元,比上年增长24.4%。其中,进口额122万美元,下降55.6%;出口额12532万美元,增长26.6%。全年出口机电产品9673万美元,增长19.6%。全年出口钢材55726吨,比上年增加24.6%,出口金额8598万美元,增幅17.4%;出口粘土及其他耐火矿物21334吨,比上年增长124%,出口金额685万美元,增长121.7%;出口活性炭1056吨,比上年增长23.9%,出口金额49万美元,增长18.1%。全年进口机电产品17万美元,下降70.7%。进口金属加工机床2台,进口金额6万美元。

全年全市新设立外商直接投资企业1家;按全口径统计实际使用外商直接投资金额3万美元;其中纳入商务部口径统计的为3万美元。

【交通　邮电】 全市公路线路年末里程16650万千米。年末全市民用汽车保有量达27.3万辆(包括三轮汽车和低速货车2.6万辆),比上年末增长11.9%,其中私人汽车13.8万辆,增长18.9%。全年新注册汽车3.4万辆,比上年增长41.7%。年末轿车保有量6.1万辆,比上年末增长17.3%,其中私人轿车5.2万辆,增长23.8%。

全年完成邮电业务收入16亿元,比上年增长56.8%。其中,邮政业务收入1.5亿元,增长15.4%;电信业务收入14.5亿元,增长62.9%。固定电话用户年末达59.3万户。新增移动电话用户17.4万户。年末全市固定及移动电话用户总数达242.8万户。全市宽带接入用户达30.1万

2010年分行业城镇固定资产投资及其增长速度

单位:亿元

行　业	投资额	比上年增长%
总　计	417.2	20.3
农、林、牧、渔业	9.5	53.9
采矿业	87.2	1.2倍
制造业	70.1	7.5
电力、燃气及水的生产和供应业	76.3	−12.8
建筑业	0.7	
交通运输、仓储和邮政业	95.7	−6.2
批发和零售业	4.2	34
住宿和餐饮业	3.4	1.6倍
金融业	0.1	−42.6
房地产业	31.1	43.8
科学研究、技术服务和地质勘查业	0.4	3.2倍
水利、环境和公共设施管理业	18.5	23.4
教　育	13.9	4倍
卫生、社会保障和社会福利业	1.8	97.5
文化、体育和娱乐业	2.7	2.8倍
公共管理和社会组织	1.7倍	1.4倍

户,增长10.6%。

【旅游业】 全年全市接待海外游客14.6万人次,接待国内游客1037.5万人次,分别增长19.2%和17.5%;旅游外汇收入5080万美元,国内旅游收入103.0亿元,旅游总收入106.3亿元,分别增长21.2%、23.6%和23.0%。

【财政　金融　保险】 全年全市财政总收入90.2亿元,比上年增长21.3%。一般预算收入42.3亿元,增长26.2%。其中,税收收入26.0亿元,增长22.1%,国内增值税、营业税、企业所得税、个人所得税、资源税和城建税共计完成税收23亿元。一般预算支出执行128.6亿元,增长26.0%。其中农林水事务支出增长62.8%,教育支出增长18.8%,社会保障和就业支出下降1.5%,医疗卫生支出增长17.9%,环境保护支出增长16.9%,文化体育与传媒支出增长27.9%,公共安全支出增长29.3%。

年末全市金融机构本外币各项存款余额964.9亿元,比年初增长19.9%。各项贷款余额352.4亿元,增长19.8%。人民币消费贷款6.1亿元,增长78.8%,其中个人住房贷款3.1亿元,增长54.3%。全年累计现金收入1653.8亿元,累计现金支出1695.0亿元,货币净投放41.2亿元。年末全市农村金融合作机构贷款余额144.0亿元,增长22.2%。

全年保费收入20.5亿元,增长31.4%。其中,寿险业务保费收入13.3亿元,增长23.1%;健康险和意外伤害险业务保费收入0.33亿元,增长10%;财产险业务保费收入7.2亿元,增长50%。支付各类赔款及给付2.9亿元,下降21.6%。其中,寿险业务给付1.3亿元,下降7%;健康险和意外伤害险业务赔款及给付0.18亿元,增长80%;财产险业务赔款0.27亿元,下降87.7%。

【科教文体卫】 全年受理各项专利申请368件,比上年增长36%。受理发明专利申请124件,增长75%。有10个项目列入国家各类科技计划,获得国家资助1560万元。全年取得72项科技成果。省级企业技术中心达9家。截至2010年底,全市累计认定高新技术企业达7家。全年经济技术开发区科工贸总收入33.1亿元,增长27.1%;区内生产总值9.88亿元,增长25.1%;税收收入1.4亿元,增长33%;进出口总额188.8万美元,增长62.8%;引进国内资金56.2亿元,增长8.9倍。全市有省、市、县产品质量监督检验所12个,法定计量技术机构14个,完成强制检定计量器具4.53万台件,监督抽查609家企业8类16种产品和商品。全市有气象台站15个。开展12121电话天气自动答询的台站共计15个。全市气象系统开展人工影响天气业务的单位16个,防雹、增雨受益覆盖面积2.5万平方千米。有天气预报服务Intel网站1个,卫星云图接收站16个。

年末全市高等院校达2所。全市高中阶段毛入学率达86.9%。全市独立设置的成人中等专业学校在校学生56016人。全年扫盲班结业422人。

年末全市共有艺术表演团体16个，群众艺术馆1个，文化馆14个，博物馆12个。广播电台11座，电视台2座，广播电视台1座。有线电视用户18万户。广播人口覆盖率88.2%，电视人口覆盖率91.9%。有公共图书馆14个，档案馆16个。全市报纸出版1302万份，杂志出版1种、3.6万册。

全年全市运动员在国内外重大比赛中获金牌48枚、银牌22枚、铜牌31枚（包括非奥运项目比赛），破省纪录1人1次1项，其中青少年破省纪录1人1次1项。全年销售中国体育彩票2684万元，增长34.2%。

年末全市共有卫生机构(含诊所)1032个，其中妇幼保健院(所、站)15个，共有床位10891张；其中医院床位6093张，卫生院床位3501张。卫生技术人员13659人。全市有14个县(市、区)开展新型农村合作医疗试点工作，213.6万农民参加合作医疗，参合率95%。

【人民生活】 全年城镇居民人均可支配收入为13683元，比上年增长12.2%；城镇居民人均消费性支出8906元，下降2.2%。农村居民人均纯收入3446元，增长13.8%；农村居民人均生活消费支出3042元，增长11.0%。城镇占调查总户数20%的低收入家庭人均可支配收入6503元，增长13.1%；农村占人口20%的低收入者收入1184元，增长15.5%。城镇居民家庭恩格尔系数(居民家庭食品消费支出占家庭消费支出的比重)29.6%，农村居民家庭恩格尔系数43.4%。城镇单位在岗职工平均工资24402元，增长17.3%。

【社会保障】 年末参加城镇基本养老保险的人数为28.9万人；参加农村社会养老保险28.8万人；参加城镇基本医疗保险57.8万人；参加失业保险19.5万人；参加工伤保险14.0万人，其中农民工5万人；参加生育保险18.9万人。全市纳入城市最低生活保障的居民11.2万人，比上年增加3220人，发放城市低保资金21255万元，；纳入农村最低生活保障的居民20.1万人，发放农村低保资金13371.2万元。年末全市福利院床位数262张，收养人数98人。城镇建立各种社区服务设施4个，其中综合性社区服务中心1个。全年销售社会福利彩票7079万元，筹集社会福利资金2700万元，直接接收社会捐赠款871万元。年末全市就业人员135.3万人。下岗再就业人数达1.54万人，其中就业困难对象再就业人数0.56万人。城镇新增就业人员3.48万人，完成全年目标的116%。应届高校毕业就业0.21万人，就业率79%。年末城镇登记失业率3.3%，控制在3.95%的目标范围之内。

【资源环境】 年末全市7座中型水库蓄水总量1710万立方米，农村饮水安全未达标人口52.9万人，当年解决农村饮水安全人口31.8万人。全年城区环境空气质量Ⅱ级以上天数总计达361天。全市河流监测的14个断面中，有93%的受到污染。年末全市城市污水处理率达93.91%，提高0.51%；集中供热普及率达81.05%，提高1.05%。

全年农作物受灾面积15333公顷，下降49%。其中，绝收1500公顷，下降30%。全年发生森林火灾1起，因森林火灾造成受害森林面积0.87公顷。发生安全生产事故429起，下降19.5%；安全生产事故死亡181人，下降3.7%。全年全市煤炭百万吨死亡率0.0514，下降53.3%。（赵　芳）

·忻府区·

中共区委书记	王志刚
区人大常委会主任	高智峰
区长	张志哲
区政协主席	高计元

【概述】 忻府区位于北纬38°13′~38°41′，东经112°17′~112°58′，总面积1972平方千米，播种面积52838.81公顷。辖6镇11乡，394个行政村，3个办事处。全区有118449户532599人，乡村人口数339715人。2010年，全区人口出生率为6.41‰，自然增长率控制在2.00‰以内。

2010年，地区生产总值完成80亿元，同比增长18.5%；财政总收入8.37亿元，增长25.07%；全社会固定资产投资48.05亿元。其中：区本级计划38亿元，完成39.65亿元；工业增加值19亿元，增长65.77%；社会消费品零售总额46.83亿元，增长22.7%；城镇居民人均可支配收入14938元，增长16.13%；农民人均纯收入4482元，增长12.6%。粮食总产2.895亿千克。

【农业经济】 建立玉米丰产方、设施农业、干果种植3大基地。建设万亩玉米丰产方10个，面积6667公顷。把中低产田改造、良种补贴、现代农业建设等与玉米丰产方建设捆绑起来，同步实施，共落实补贴资金3958.6万元。全年建成3.34公顷以上连片生产式移动大棚示范园区11个，3.34公顷以上连片新型下凹式日光节能温室示范园区14个。全年完成建设任务3334公顷，共计120余万株，惠及14个乡镇、108个村的丘陵山区老百姓增收致富。

新建20个标准化养殖小区，成立养殖专业合作社65个，累计发展标准化规模养殖场(小区)60个；扶持农副产品加工企业58个，从业人员1668人，年可实现营业收入19819万元，可实现增加值6540万元，可上缴税金892万元。对25个重点推进村进行新农村建设，街巷硬化、路灯亮化、文化卫生场所建设等全部完成任务。

【工业经济】 总投资3.3亿元的12000吨节能高效煤粉锅炉项目开工建设，累计完成投资1.15亿元；总投资2.8亿元的垃圾焚烧发电项目开工建设，累计完成投资1.8亿元；总投资1.8亿元的铝硅复合材料项目，累计完成投资1.48亿元；总投资5000万元的谷氨酸项目，累计完成投资3600万元；高淳瓷业扩建项目，累计完成投资607万元；总投资近亿元的年产20万吨瑞丰特钢项目建成；总投资7亿元的耀华水泥项目与华润集团签订合同，前期工作正推进；总投资1.2亿元的浙江金圆水泥项目正办理土地手续；总投资8300万元的中石油田村油库项目前期工作基本完成；总投资2700万元的煤化工中试基地项目开工建设。完成禹王园区的电力扩容，解决侨友化工的电力瓶颈，为扩建奠定基础；组织编制金山工业园区规划；组织高层次的煤化工园区发展特色产业高峰论坛，在此基础上由石油和化学工业规划院重新编制禹王循环经济园区规划，并申报山西省循环经济试点企业。拆除金宇铸造公司158立方米炼铁高炉、山西泰尔新型材料有限公司2×12兆瓦火力发电机组、汽轮机组；对忻州禹王粉磨厂2.2×8米水泥磨机实行停产断电，进行强行淘汰；对忻府区造纸厂的1575×2、1092×1、787×1四台纸机进行拆除；关停19家实心黏土砖厂和1家耐火材料厂，土小企业取缔关停率达100%。

【民生事业】 中小学校舍安全工程涉及99所学校，162个工程项目，截至2010年底工程基本完工。坪上引水工程接续及云中水厂建设工程的土地补偿等工作全部完成，工程开工建设。“三农”补贴，完成良种补贴953万元、种粮直补375.7万元、农资综合直补2629.9万元、玉米丰产方秋耕390万元、设施农业补贴422.8万元；完成农机购置补贴1018.83万元；完成核桃林补贴1331万元；完成畜牧补贴910万元；设立区级农业产业化基金；农村劳动力培训，共计培训农村劳动力2.26万人次。城区环境空气质量二级以上天数361天，市区交通干线噪声达标覆盖率达100%，烟尘控制区覆盖率达100%，完成COD减排任务。完成农村安全饮水84处。对440名就业困难人员实施就业援助。建设30家便民店、30个农村放心粮油经营店、5个社区经销店、20个忻府禹皇放心粮油连锁中心店、1个放心粮油配送中心。出生缺陷干预工作发放叶酸增补剂4732人份。国家基本药物制度在30所基层医疗机构全部实行。两所农村敬老院新建、改建工程竣工。完成“村卫生室全覆盖”任务。建立184个村级组织活动场所。完成300户农村住房的解困。

【社会保障】 企业职工参加养老保险人数4.7万人；参加医疗保险人数7.0万人；参加工伤保险人数1.1万人，城镇新增就业人数3780人，城镇登记失业率控制在2.3%以内，下岗失业人员再就业人数为1752人。全区在册保障对象8552户、20367人，纳入农村低保16387户、27014人，全年给低保户发放低保金1600万元，物价临时补贴110万元，生活补贴200万元，共计1920余万元；五保对象2694人，年享受补贴1300元/人(集中供养的1600元/人)；全区有乡镇中心敬老院7所，村办敬老院8所，城区养老服务机构4所。集中供养120人，集中供养率为4.5%；完成残疾人危房改造102户，被命名为全省残疾人社区康复示范区。高中阶段毛入学率85.3%，初中三年保留率99.12%；卫生事业全面发展，县乡村三级医疗机构达标率99.2%。

【重点工程】 南云中河生态治理工程，投资2.0亿元，一期已经蓄水、二期河道主体基本完工，累计完成投资2.0亿元；中小学危房改造工程投资1.52亿元，基本结束。忻州市九龙岗森林公园投资2116万元，绿化93.78公顷，标段植树4.9万株，灌木7.2万株；忻州客运中心项目开工；忻州市人民医院项目累计完成投资4635万元。投资894万元完成东大街道路排水、兴寺街道路排水、城南新街道路改造、草市巷道路改造、北城门楼环广场道路改造工程；投资420万元完成供热管网的完善改造及管道沿线路面的整修恢复；完成龙岗街西拓工程招投标工作；完成古钟公园改造工程的立项工作。CO_2排放量12316.6吨；COD完成量5091吨；城区环境空气质量二级以上天气达361天。基本完成林权制度改革；全年营造合格林面积3535.1公顷，30个村实现园林绿化，共栽植各类树种6万余株。

(张新华)

·定襄县·

中共县委书记　刘婷芳
县人大常委会主任　贾玉文
县　　　长　张德星
县政协主席　兰继升

【概述】 定襄县位于北纬38°19′~38°40′，东经112°39′~113°16′。

2010年，地区生产总值完成34.2亿元；财政总收入3.1亿元；一般预算收入1.2亿元；粮食总产量1.65亿千克；全社会固定资产投资12.8亿元；社会消费品零售总额10.5亿元；城镇居民人均可支配收入14835元；农民人均纯收入5736元，连续五年名列全市第一；城乡人均收入比为2.6，城乡差距小于全国和全省平均水平。社会各项存款余额48.4亿元；贷款余额23.6亿元。

【“三农”工作】 定襄县大力发展设施农业，下凹式日光温室和移动大棚总面积达213.44公顷。积极引导土地合理有序流转，2668公顷土地集中到了种粮大户手中，规模种植水平不断提升。引进推广张杂谷系列品种1334公顷，重点建设蒋村、南王、上零山等5个千亩丰产方，最高亩产达610千克，亩均增产300千克。粮食产量连创历史新高，实现了七年连续丰收。向上争取资金3600万元，成为国家农业综合开发高标准农田建设项目县之一。加大水利基础设施投入，全县机井达700眼，水浇地面积达20010公顷，其中节水面积达12006公顷。加大农机具购置补贴力度，农机总动力达8.9万千瓦，全县保护性耕作面积达8671公顷。全县各类养殖场达150个、规模养殖户达30余户。全县试点村、推进村达91个，占行政村总数的59%，新农村建设形成“城郊综合型、工业产业型、农业高效型、商贸服务型、生态旅游型”5种模式。全县“一村一品”村共72个，农民专业合作社达315个，农村经纪人近千人。定襄县被全国果蔬协会命名为“中国薄皮甜瓜之乡”，被省政府授予“产业结构调整先进县”“土地流转先进县”，连续五年被省委、省政府评为“增加农民收入先进县”。

【民营经济】 截至2010年底，全县

民营企业达2039户，总资产100亿元，从业人员5万余人，形成锻造业、农副产品加工业、机械制造业、建筑建材业、文化旅游业等5大产业。根据制定的《锻造业十年发展规划》，全县企业总数由766户兼并重组为567户，加工能力由50万吨提高到100万吨。众立公司的锚固法兰填补国内空白，冠力、天宝、管家营公司等11户企业产值超亿元，鳌源、金石公司等14户企业拥有全国、全省著名品牌。锻造业成为县域经济的主导产业，2010年被命名为“中国·中西部产业集群50强”。山田园公司收购原电杆模具厂扩大企业生产规模，年加工玉米1亿穗，带动2668公顷土地的合同种植，纪元、润丰源等农产品加工龙头企业的带动作用明显增加，农产品加工业成为新的富民产业。申华电站设备公司成为全国最大的电站直接空冷机组生产企业，是定襄机械制造业的领军企业。

【旅游业】 河边民俗馆晋升为国家二级博物馆，阎锡山故居晋升为AAAA级景区，全面启动包括阎锡山故居、薄一波故居、西河头地道战纪念馆、凤凰山植物园在内的定襄一日游，旅游业总收入明显增长。建设一波生态园，完成投资5000万元，园内道路、机井配套、造林绿化基本完成，将成为新的红色旅游景点。河边文化产业园正在规划建设，金唢呐艺术团在世博会成功演出，成为定襄传统文化的现代品牌。2010年，晟龙木雕公司被省政府授予全市唯一的“山西省文化产业示范基地”。河边游乐业从业人员近万人，遍布全国130多个大中城市，总资产12亿元，年利润达4亿元。

【基础设施建设】 截至2010年底，城区面积达15平方千米。建设金鼎文化会展广场，举办各类消夏文艺活动近100场，放映电影300多场，举行每年一度的焰火晚会、元宵节彩灯展。集中处置招待所、农业局等办公旧址，为政府创造收益6637万元，开发建设世纪花园、城市风景、城南小区等30个住宅小区，引进建设中百联、盛世华联、万众新天地、金鼎大酒店等商贸服务大楼。向上争取到中央扩内需资金4300万元，用于改善城乡基础设施。全县林木覆盖率达22.8%。二级以上天气达364天。

【社会事业】 2010年在全市率先普及高中教育。新型农村合作医疗，农民参合率达99.4%；投资4600万元新建县医院门诊大楼和住院大楼。投资400多万元对乡村卫生院所进行达标建设，村卫生室达标率为96%；县医院和县妇幼院成功晋升为二级乙等医院。投资366万元建设农村便民店、放心粮油店318个，现代流通体系逐步建立健全。建设乡村文化站7个，农家书屋155个，编写出版《定襄文化人物志》等图书56册，拍摄电影《正月里来是新春》和《打铁汉之歌》MTV，定襄人作词作曲的《梦里老家》被评为山西省“五个一”工程奖。定襄县被文化部命名为“中国民间文化艺术之乡”，被省文联授予“三晋文艺第一县”称号。建设农民健身场地155个，建成乒乓球俱乐部15个，单项体育协会8个，承办国家、省、市级摔跤比赛15余次。投资1831万元建设廉租房、经适房等254套15260平方米；建设襄苑小区，三期总占地7.34万平方米，住房1151套13万平方米，为机关干部职工解决了住房问题；县财政累计补贴资金960万元，发放个人住房贷款650万元。城镇职工养老、医疗、失业、工伤等社会保险综合覆盖率达89.7%。城镇居民医疗保险，参保率达92%。开展农村大病救助，累计发放救助金350万元。将符合条件的城乡低收入15749户21940人、五保户896人纳入保障范围，实现应保尽保。工会工作完善基层组织，为困难职工发放生活和大病救助金60万元。计生工作投资120多万元新建杨芳和河边两个计生服务所。投资100多万元在县城建设“天眼工程”；投资700多万元，改善10个基层派出所的办公条件，设立社区警务室52个，有力地维护了全县的社会稳定。（薄振宇）

·五台县·

中共县委书记	李永胜
县人大常委会主任	续向荣
县长	张春
县政协主席	郝玉林

【概述】 五台县位于北纬38°28′~39°04′，东经112°57′~113°50′。2010年，全县完成生产总值24.6亿元，同比增长15%；规模以上工业企业增加值3.8亿元，增长51.1%；全社会固定资产投资15.4亿元，增长6.3%；社会消费品零售总额11.2亿元，增长19.5%；财政总收入3.2亿元，增长18.2%；一般预算收入1.4亿元，增长2%；城镇居民人均可支配收入12720元，增长14.3%；农民人均纯收入2904元，增长11.4%。

【“三农”工作】 新建温室11.21公顷、大棚26.44公顷，推广张杂谷572.82公顷、坝莜1号莜麦204.50公顷、精细水稻200.1公顷、中药材213.44公顷，新发展核桃经济林2001公顷，新建标准化肉牛养殖小区5个、千头肉牛养殖场1个。全县粮食总产9.1万吨。五台山沙棘制品、阳白酒厂、大南头小杂粮加工、清水河玉米加工等企业扩产增效，发展农民专业经济合作社74个，五台山沙棘制品公司实现出口销售收入13万美元，全县农产品加工企业销售收入4780万元。28个重点推进村实施总投资2162.3万元的“四化四改”和“五个一”工程。完成235个村级组织活动场所建设。实施61个村1.85万人的整村推进和2个村500人的移民搬迁扶贫工程，全县贫困人口减少9340人。农村林权制度改革除台怀、金岗库、驼梁外，其余17个乡（镇）、430个村、104092.02公顷的林改工作全部完成。

【工业经济】 云海镁业投资2亿元实施的8万吨镁合金扩产项目正

式投产，南沟矿业投资6000万元实施的20万吨铁矿开采加工项目建成投产,鸿瑞球团厂投资600万元建设的20万吨球团项目正式投产。天和、窑头2个煤矿露天开采项目完成投资6.6亿元。由华能、华电公司投资50亿元开发建设的总装机50万千瓦的峨岭、驼梁等6个风电场项目进展顺利。

【项目建设】 全年实施中央投资项目94个,总投资1.4亿元,已完成89个,其余5个接近扫尾。省市重点项目实施11个，总投资118.65亿元。其中西龙池电站一期工程基本完成,忻州至五台山高速公路正式通车,坪上应急引水工程全部竣工，五台山旅游后勤服务基地19个项目完工13个，云海镁业完成镁合金扩产项目。全年新上骨干项目156个,其中一产项目80个,二产项目30个，三产项目46个,总投资134.1亿元。

【基础设施建设】 般若湖新区开发项目完成投资2.5亿元,新开工建设的37栋高楼已建成20栋,东西环线基本通车,新建4座县门。投资170万元完成泰安路的硬化。投资624万元完成县城新区污水主管道的铺设。完成般若湖环湖公园中心广场基础建设工程、文昌山森林公园台阶步道工程、唐家湾水库1000余米的护坡基础工程、县城体育健身广场体育场、台中路临街门面房建设和街道硬化绿化亮化。新建240套1.17万平方米廉租房、160套1万平方米经济适用住房,完成了300户农村住房困难群众的危旧房改造。垃圾无害化处理厂开工建设。集中供热新增朝阳街、迎宾路供热面积30万平方米，县城供热总面积达到100万平方米。天然气入县工程完成县城新旧城区管网主管道和部分小区入户管线的铺设。投资1921万元完成3条电力线路的改造和28个村的路灯亮化。

【旅游产业】 五台山景区和旅游沿线环境卫生实施综合整治。五台山国际度假酒店正式开工,“祈福宫”项目加快推进,五台山上市工作启动实施,徐向前元帅纪念馆基建工程完工,南茹村八路军总部旧址和晋察冀军区司令部旧址建设工程顺利推进,驼梁景区索道和停车场建成运营,金岗库物流中心、五台山度假村等休闲养生项目加快实施。全年共接待国内外游客341.75万人次,旅游经济收入30多亿元。

【环境保护】 排查整治各类企业224家，实施节能减排降耗措施，全年万元GDP综合能耗下降9.5%,SO_2、COD排放量分别下降5890吨、2050吨,县城和五台山景区空气质量二级以上天数分别达到365天和364天。完成退耕还林补植667公顷,退耕还林配套荒山造林266.8公顷,太行山绿化造林133.4公顷,封山育林200.1公顷。绿化村庄24个。

【教育　文化　卫生】 投资1.277亿元的中小学校舍安全改造工程基本完成。中考全市排名由第三升至第二，高考二本以上达线人数356人，比2009年净增30人,县委、县政府拿出105万元重奖教育功臣。新建10个乡镇文化站并为其中7个站配备了文化器材,新建并装配了61个农家书屋，完成了273个流动图书库的图书配送工作,完成了农村体育场地建设遗留任务及设备配套。完成了49个村、1300户的广播电视全覆盖工程。

完成县一院住院急诊楼主体工程和台怀、耿镇、豆村3所中心卫生院业务用房改造，自筹资金378万元改造和新建了6个乡镇卫生院，新建16个标准化村卫生室,为全县573个村卫生室添置了医疗办公设备。筹集2011年度新农合资金747万元，参合率达到96.42%。

【交通物流】 完成门限石至河北省界旅游公路路基工程和陈家庄至北黑山公路路面工程，完成53个行政村202.4千米的村通水泥(油)路工程、30.8千米的通未连通工程,新建了唐家湾水库码头。新建东冶农副产品批发市场和2个农资配送中心、21个乡镇农资站、35个村级连锁店、20个农家店,组建了粮食局直属库和粮油食品购销中心，新建了59个放心粮油店并通过省市验收。

【民生事业】 公开招考录用15名高中职中教师，公开考录安置了23名转业士官，公益性岗位安置就业困难高校毕业生286人,帮助330名城镇就业困难人员实现就业,新增城镇就业岗位2950个,城镇登记失业率控制在3.06%以内。培训农村劳动力5200人，转移农村劳动力3.1万人。投资280万元、建筑面积1900平方米的豆村敬老院完成主体建设。县城公墓一期工程基本完工，新建墓穴215个。实施白内障复明手术161例,为残疾人捐赠康复训练器材20余件。全年各类安全事故下降到19起,死亡人数下降为24人。实施出生缺陷干预工程，发放叶酸4912人份,实施给予每位农村孕产妇分娩补助300元的“降消”项目。落实长效节育措施，长效节育率达89.53%,人口出生率7.11‰,征收社会抚养费315万元,人口自然增长率控制在3.45‰。　(裴志华)

·代　县·

中共县委书记	霍富荣
县人大常委会主任	籍美田
县　　长	郝江陵
县政协主席	程耀邦

【概述】 代县位于北纬38°50′~39°21′,东经112°44′~113°22′。

2010年全县实现生产总值36.2亿元,同比增长35.6%;规模以上工业增加值18.2亿元，增长232.3%;固定资产投资11.8亿元，增长32.1%;社会消费品零售总额7.6亿元,增长31.2%;财政总收入

6.1亿元，增长23.2%；一般预算收入1.9亿元，增长15.4%；城镇居民人均可支配收入和农民人均纯收入分别达到12685元和2362元，分别增长13.9%和15.3%。8项指标中，生产总值、工业增加值两项指标增幅居全市第一，消费品零售总额增幅居全市第二。

【重点工程】 全县开展“项目建设攻坚年”活动，11项省级重点工程中，配合实施的大西高铁、北同蒲取直、灵河高速、电网建设4项已按要求和进度完成征地拆迁等协调配合任务；独立实施的7项中，农村困难群众危房改造、中低产田改造、中小学危房改造、城市棚户区改造4项全部完成；国有工矿棚户区改造、经济适用房、廉租房建设3个跨年度项目完成2010年进度。4项市重点项目中，雁门关保护开发一期工程基本完工，4.95万千瓦风力发电、667公顷循环农业生态园建设、滹沱河城区段综合治理3个项目全部开工建设。34个县级重点项目，完成16项、正在实施的11项、前期准备的7项，累计完成投资12.5亿元，108、208国道改造项目竣工通车。

【农业经济】 新建一座固定大棚财政补贴1万元、移动大棚补贴2000元、规模养殖小区补贴10万元。全年新建固定大棚167座，移动大棚369座、规模养殖小区11个。完成移民搬迁200人、整村推进36个村；片区开发工程争取投资2000万元，发展核桃2668公顷，累计达3535.1公顷。完成林改确权39353公顷，家庭承包经营率达93%。

【工业经济】 2010年，全县11个企业产值超亿元，规模以上企业共生产铁精矿粉450万吨，增长294%；球团50万吨，增长82%。筹划实施的4大项目顺利推进。雁门关风电一期项目，装机容量4.95万千瓦，总投资5亿元，完成投资1.9亿元，铺开了道路、场区建设等基础工程。5000吨海绵钛建设项目，总投资12亿元，国新能源、太钢等企业有意合作投资，正联系洽谈。200万吨钢铁项目，总投资40亿元，已与上海复星集团进行联系洽谈。150万吨水泥技改扩建项目，总投资3.2亿元，省建材协会同意布点，正办理相关手续。

【旅游产业】 从2009年开始，雁门关旅游开发先后铺开基础设施、服务设施和景点建设类项目36项，复建镇边祠、天险门等景点，新建前腰铺、后腰铺服务区及民俗一条街、边贸一条街等工程，拍摄电影《浴血雁门关》，印刷出版《雁门关志》，36项工程全部竣工，累计完成投标1.85亿元。2010年5月，雁门关被评为国家4A级景区，12月被命名为“山西作家影视文化创作基地”。古城保护开发以历史城垣、历史街区、历史地段、历史民居的保护恢复为重点，对周玳官邸大门、影壁进行修缮，西北城角楼复建工程、钟楼维修工程全面铺开。全县旅游开发迈出步伐，被评为“国际精品文化旅游县”。

【新城建设】 累计投入近3亿元，完成二期征地任务的95%，完成一、二期拆迁总任务的90%，新城建设顺利启动。完成路网、电网、供水、供热、天然气、排水、通信管网建设等工程。投资2500万元的县医院新建项目主体完工，投资1700万元的国道大街东延工程竣工通车，新城首期27.88公顷商业、住宅开发用地成功拍卖，并开始全面建设。作为代县生态景观休闲带的滹沱河城区段综合治理一期工程开工建设，完成投资6500万元，征用土地113.39公顷，垫土方16万立方米，道路基础工程全部完成，公园建设完成总土方任务的40%，人工湖基本成形，栽植、储备各类树木9000余株。

【生态建设】 开展环境综合整治，推进集中供热、污水处理、垃圾无害处理等工程，建立健全企业节能降耗责任制。万元GDP综合能耗下降4.83%，全县COD排放量1192吨，SO_2排放量2667吨，城区二级天数达362天。全年完成营造林15341公顷，森林覆盖率达到17.6%。

【社会事业】 完成五个“全覆盖”，农村新型合作医疗参合率达93%，人口出生率控制在7.3‰以内。县政府10件实事完成投资1.66亿元，全部落实兑现。投资550万元，解决500户农村群众的住房困难问题。投资1800万元，两年建设廉租房300套。投资8900万元，完成校舍安全改造8.76万平方米。投资2236万元，实施整村推进36个村。投资1026万元，解决78个村和5所学校2.1万人的饮水安全问题。新增农村养老保险534人、城镇就业岗位2895个，各类职业技能培训2800余人，转移农村劳动力1.2万余人；创建“全省残疾人社区康复示范县”，7200余名残疾人受益。县财政补贴560万元，总投资1686万元，新建、改扩建供热站3座，新增供热面积19.6万平方米，集中供热率达75%。投资1051万元，建设村级组织活动场所165个1.8万平方米。建立居民健康档案8.7万人份，开展免费健康体检2.3万人。投资548万元，新建、改扩建农村便民连锁店203家，实现中心村镇全覆盖。

（卢培青）

·繁峙县·

中共县委书记	武宪堂
县人大常委会主任	李慧英
县长	曹爱民
县政协主席	赵琦

【概述】 繁峙县位于北纬38°58′~39°27′，东经113°09′~113°58′，辖3镇10乡401个行政村，总面积2368平方千米，年末总人口26.7万人。

2010年GDP完成33.5亿元，

同比增长39.8%;财政总收入完成35338万元,增长31.45%;工业总产值完成36.76亿元,增长230%;固定资产投资总额完成27.3674亿元,增长41.4%;社会消费品零售总额8.43亿元,增长23.55%;城镇居民可支配收入完成13839.7元,增长16.21%;农民人均纯收入完成3236.5元,增长20.5%。

【"三农"工作】 新建6个优质胡麻种植示范园区,玉米及小杂粮丰产方各30个,全县粮食总产达7000万千克,比上年增加22.7%;标准化养殖小区总数达42个,全县畜禽优种覆盖率达80%以上;全县干果经济林建设达2134.4公顷;集中连片发展设施蔬菜种植33.35公顷,全县日光温室总数达356座,移动大棚达132个;培植农机大户49个,新发展种植、养殖、农机等农村合作组织73个,扩大与乌克兰公司的技术合作,引进胡麻油二次压榨技术、谷物清选技术等实用技术,并试制出定型产品。完成总投资1611万元114处农村饮水安全工程,解决3.2万人8043头大畜的安全饮水问题。完成总投资3677.495元48个行政村136.2千米的村村通水泥(油)路全覆盖工程,全县村通客车率达98%。新建和改造93个放心粮油网点。扶贫移民500人,整村推进9乡69村17940人工作全部完成,投入1000万元的"连片开发"试点项目和494万元的280.14公顷中低产田改造工程完成。18个新农村推进村的"四化四改""五个一工程"全部完成。全年完成农村劳动力科学与技能培训1.9万人次,培育农村科技示范户1000户。

【社会生活】 完成投资1.3亿的"五个全覆盖"工程中小学危房改造工程;完成投资2000多万元,新建占地3.74公顷的繁峙二中建设工程和实验小学的整体搬迁。全县撤并30人以下学校67所,新建、扩建寄宿制学校11所。全县新增就业人数完成3400人;全年开发公益性岗位1404个,安置"4050"人员1209名,城镇失业登记率控制在2.7%以内。城镇基本医疗保险参保人数完成30005人;全县城市低保对象4096户6298人,共发放保障金669.785万元;农村低保对象13700户13825人,共发放保障金596万元。全县参加新农合人数达22.4694万人,参合率达96.38%。完成农村住户数20户至49户之间村村通广播电视的目标任务520户;完成4800余场农村公益电影的放映任务,为全县122家"农家书屋"每家发放图书1500余册。

【项目建设】 2010年建设的75个规模以上产业项目总投资77亿元,其中,续建项目8个,新开工项目67个。投资45亿元的金德成信钼矿采选和冶炼项目开工建设。在全市项目观摩评比中,取得全市第三名的成绩,荣获项目建设二等奖。华茂60万吨高速线材的投产,结束了铁矿产业没有终端产品的历史。

【基础设施建设】 县城西北新建的垃圾无害化处理厂,占地面积10.67公顷,年无害化处理垃圾1.5万吨,使用期15年。新修配套公路1.5千米。新建的县城西外环路,全长2498米、宽18米;修建长150米、宽16米、4个匝道的滹沱河二号立交桥;滨河公园二期工程向西延伸1.3千米。修建7座便民市场,200多家摊点全部归市入店。城区新建、改造24座标准水冲式卫生公厕;城中村改造户厕3500多座,新建5个标准化水冲式卫生公厕;繁峙中学等8所学校新建标准化卫生公厕8座。新建繁峙火车站,建筑面积2729平方米,新修21000平方米的站前广场。县第一人民医院新建住院楼,建筑面积8150平方米。新建餐厅建筑面积300平方米。繁峙中学新建标准化餐厅建筑面积1223.5平方米。县委宣传部为城区121条街道命名,并由县民政局设置街巷标识牌372块。108国道两侧栽植树木46946棵,花卉90000多株,建成长5.15千米、宽20米的绿化带。东、西牌楼旁建成4个景观公园,总面积18638平方米。城中村绿化主街道6条9472米,小巷27556米。沿108国道设置景观花池21座,共630平方米。硬化城区40条街巷共21474平方米。硬化城中村62条街巷40多万平方米。

【"创卫"工作】 全县投入3亿元,展开46大项210小项"创卫"工程工作。国家爱卫会12月17日授予繁峙县"国家卫生县城"荣誉称号;12月28日,市委、市政府组织"创卫之声"庆祝"创卫"成功授牌仪式暨颁奖晚会,表彰29名先进个人和21个先进集体。精神文明创建活动中授予85个"文明卫生单位"、11家"文明卫生企业"、18个"文明卫生学校"、330家"文明卫生门店"、7个"文明卫生小区"、1079户"文明卫生户"、3500个"文明卫生家庭"和20名出租车司机"创卫青年文明标兵"称号。

城区721家服务单位卫生全部达标。对全县2029名服务行业从业人员进行体检,核发健康证。对县城42家冷鲜肉、水产品经营户进行查证、检疫。对生活饮水和19户自备水源进行量控检验。全县农民参合率达96.38%,位居全市第一。繁城镇、粮食局等11家单位被命名为"无烟单位"。县城和城郊18所小学校设置校医室,并开展健康教育课程,开课率达100%。适龄儿童单苗、五苗接种率达95%,安全注射率达100%。县城3所医院、8个诊所的医疗废弃物集中收集、清运、焚烧,医源污水排放符合国家要求。清理整顿城区所有诊所和药品经营户,取缔14家无证行医诊所。清理水厂周围300米内的污染源,拆除球团厂和废品收购站各1座,搬迁水厂附近4个养殖场。清理17处废品收购站点。拆除、更换、整治24户洗浴业的燃煤锅炉,对151根不合格烟囱进行拆除、更换或安装脱硫除尘设施。

【社会治安】 开展各专项行动，检查企业483家，查处违法行为176条，整改171条；打击和取缔非法采矿点11处，尾矿库13座；破获案件482起，查处各类治安案件660起。全年投入治超经费368万元，投入执法人员18790人次，检查车辆98.6万辆。2010年，繁峙县被评为“信访工作先进县”；获“全省治超工作优秀县”称号，并获得3000万元的农村公路建设补助奖励资金。 （冯占军）

·宁武县·

中共县委书记	任宁虎
县人大常委会主任	陈润明
县长	边东圣
县政协主席	李应成

【概述】 宁武县位于北纬38°31′~39°08′，东经111°50′~120°40′。

全年地区生产总值完成22.6亿元，同比增长15.1%。财政总收入完成8.1亿元，增长52.8%；一般预算收入完成3亿元，增长119.4%。全社会固定资产投资完成22亿元，比上年翻了一番。社会消费品零售总额完成5.2亿元，增长24.2%。城镇居民人均可支配收入达1.16万元，增长13.9%。农民人均纯收入达2249元，增长18.2%。年度项目总数达189个，涉及强工惠农、民生保障、城镇建设、旅游开发等方面。总投资333亿元，完成投资22亿元，比“十一五”前四年总和还多4个亿。

【农业经济】 新建以G5莜麦、优质玉米、优种胡麻、马铃薯和红芸豆为主的7个农业种植基地，辐射带动全县高产高效种植业发展。全县优种播种面积达14340.5公顷，新技术推广面积达19343公顷。新建863个塑料大棚，设施农业面积达66.7公顷。粮食总产量达2.59万吨，增长56.37%。新建标准化养殖小区6个、发展规模养殖户206户，全县猪、牛、羊存栏数分别达3万只、2.8万头和24.8万只，分别增长32.9%、9%和15.6%。

【工业经济】 全年关闭37座非主体矿井，24座整合矿井全部领到新采矿证，其中5座拿到开工卡。全年共生产原煤678万吨，销售原煤659万吨，同比分别增长45%和59.5%。4×660兆瓦坑口电厂项目和2×300兆瓦煤矸石电厂项目两个煤电项目取得进展。由华能投资10个亿的东马坊风电，一、二期基本建成；由国电山西福光投资5个亿的盘道梁风电，经省发改委核准；由龙源电力集团投资公司投资10个亿的余庄风电，拿到路条；由国电洁能公司投资20个亿的怀道风电正在进行测风等前期工作；由中国光大新能源投资有限公司投资45个亿的赵家山、长房山、唐家山3个风电正做前期工作。宁煤集团投资1个亿建设的煤矸石砖厂，土建工程基本结束，10月建成投产。

【旅游开发】 上马“10大开发工程”，冰洞整体开发、大庙服务区建设、景区标识标牌建设、草原游览木栈道建设4项工程已全部完成，情人谷改造、五星级宾馆、农家乐旅游示范接待点、栈道游步道、景区旅游道路、旅游服务中心6项工程都已开工。芦芽山、冰洞、汾源3个景区荣膺国家4A级景区称号，涔山乡王化沟村入选中国历史文化名村。特别是冰洞国家地质公园的揭碑开园，进一步提升宁武旅游知名度。全年共接待游客38万人次，综合收益6000多万元，同比分别增长23%和29%。

【城镇建设】 聘请上海同济大学规划设计院编制县城建成区控制性规划和东城区建设详规。投资2亿多元，以“一城两镇”为重点，实施集镇建设、街道提升、管线入地、公园建设、恢河治理为主的10大城镇建设工程。

【生态建设】 投资1.2亿元的县城集中供热工程，一期建成运行，集中供热面积达45万平方米。投资3450万元的县城垃圾填埋厂建成试运行，SO_2和COD排放持续下降，县城空气质量二级以上天数达360天。全年造林1780.89公顷、补植补种1934.3公顷、封山育林1534.1公顷，森林覆盖率达31.2%。

【民生事业】 投资7100万元，完成94村263.4千米的村村通水泥（油）路建设，实现“村村通”水泥（油）路全覆盖。投资1.2亿元的校安工程，7所学校的加固任务完成，19所新建学校的主体工程完工。投资1436万元，新建160处饮水安全工程，解决2.7万人的安全饮水问题。投资4534万元，新建50套3200平方米经济适用住房和72套3600平方米廉租住房，完成4万平方米棚户区改造和300户农村危房改造。投资5200万元的县人民医院新建项目，开工建设，基础工程基本结束。供应矿区群众取暖用煤19万吨，价值7000多万元。购买公益性岗位380个，解决200名下岗失业人员的再就业问题和180名困难大学毕业生的就业问题。向潞安集团输送农民合同制工人142人。全年搬迁移民1000人，完成76个村的整村推进任务，培训农民1.2万人，转移农村劳动力6000多人，有6900人摆脱贫困。完善刘家园移民新村和冯家山移民新村等5个新农村的“四化四改”和“五个一工程”，新建89个村级活动场所和18个休闲广场。全年新增城镇就业人数1843人。企业养老保险参保人数达10300人，机关事业养老保险参保人数达8892人，农村社会养老保险参保人数达9900人，失业保险参保人数达1.51万人，医疗保险参保人数达3.95万人，新型农村合作医疗参合率达97.2%。

【安全生产】 全年发生安全事故13起，下降33%，死亡8人，为市下达控制指标的44%，获得全省安全生产标兵县和全市安全生产先进县称号。炸毁非法矿点400多处,消除隐患40多处,没收大型机具10台,拍卖8台,刑事立案5起,起诉2人,行政处罚54起96人,处理公职人员8人。

【"希望之星"全国艺术人才教育成果展总决赛】 8月15日,在北京国际中心举办的"希望之星"全国艺术人才教育成果展总决赛中,宁武县大礼堂幼儿园一舞摘取少年A组舞蹈类金奖桂冠。受邀参加"爱我中华"大型电视晚会,"和谐中国"全国青少年春节联欢晚会,园长葛月莲代表山西省接受大赛组委会颁发的"希望之星"全国艺术人才教育成果展"特殊贡献奖"。

【光大宁武风电项目签约仪式】 12月10日,光大宁武风电项目签约仪式在北京举行。中国光大集团副董事长臧秋涛、光大国际有限公司总经理王天义、副总经理陈涛、县委书记任宁虎、县长边东圣出席签约仪式。县委副书记罗云光等领导及县发改局、大项目办负责人参加签约仪式。分管项目工作的县政府党组成员张永红与光大新能源控股有限公司总经理刘励勤代表双方在合作文件上签字。项目包括赵家山风电场、长房山风电场及唐家山风电场,3个项目的规划容量约为45万千瓦,总投资额约45亿元。 (白瑞萍)

·静乐县·

中共县委书记	杨存虎
县人大常委会主任	李如意
县长	张文斌
县政协主席	李俊秀

【概述】 静乐县位于北纬38°09′~38°41′,东经110°39′~112°02′,总面积2058平方千米,辖4镇10乡381个行政村,450个自然村,1个居民办事处,16.2万人,其中农业人口13.9万人。

全县生产总值完成14亿元,同比增长21.6%,增幅全市第四。财政收入完成2.14亿元,增长73%。固定资产投资达23.4亿元,增长46.2%,社会消费品零售总额达4.8亿元,增长21%。城镇居民人均可支配收入达1.08万元,增长12.5%;农民人均纯收入达2682元,增长12.2%。2010年,市委、市政府考核的39项指标全部完成。取得目标责任制考核社会评价全市第二的成绩,被省委、省政府评为省级卫生县城、全省环境改善突出县,被市委、市政府评为全市社会治安综合治理先进县、治超工作先进县,荣获"全市人口计生工作优胜奖"。开办忻州在线"静乐网",吸引300多家新闻媒体采访报道,推出全国、全省先进典型王元林。

【工业经济】 "1830"项目设备安装基本结束,煤焦化公司成功实现转型,成为晋西北最大的化工企业。晋北煤业、大远煤业新上综合机械化采煤技术,试产阶段生产原煤近100万吨。潞宁煤业等整合矿井建设取得进展,全县煤炭资源整合效益初步显现。华能、国电两个风电项目进展迅速,为构建多元化、新型化能源产业,开辟先河。2×198万吨干法水泥生产项目,获得采矿许可证;2×100万千瓦煤电项目,列入省"十二五"规划;县电厂生物质能发电项目,取得省经信委批文,使电厂在宏观政策挤压下重获生机。

【农业经济】 全县全年发展獭兔22万只,成为全市最大的獭兔养殖新型基地;蔬菜大棚发展到576座;一座大棚收入2万元,一组獭兔收入3000元,广大农民得到实惠,全民创业积极性高涨,两大产业成为农民增收致富的主渠道。全年发展核桃667公顷,在神峪沟、王村、西河沟创建集中连片开发区;种植黄花菜340.17公顷,发展鱼池9.54公顷,全县达到12.0公顷、养鱼35万尾,为发展休闲生态旅游开辟途径;扶贫基金会牵头,完成玫瑰育苗6.67公顷,实现花卉经济零的突破;建设特色小杂粮示范园区13340公顷、高效种植园区5336公顷,种植红芸豆400.2公顷,发展小杂粮加工企业10个,新建标准化养殖小区10个。

【生态建设】 全年造林3468.4公顷,种植风景树1.7万株,新建淤地坝8个,水土流失治理3001.5公顷,新建舍科引水灌溉项目,完成扶头会流域综合治理。新建汾河断面监测站,拆除普鑫电化公司、县电石厂,关闭普能电厂、天力水泥公司,全县万元生产总值综合能耗下降5.7%,COD、SO_2排放量分别下降到1262吨、6353吨,城区空气质量二级以上天数达362天。

【城乡建设】 静乐县以全力兴办20件实事。推进滨河西区综合开发,县城面积扩大到5.02平方千米,容纳人口增加到8万。一期投资3.5亿元,新建怡汾公园,开通滨河西路,落成检察大楼,开工文化广场、文化大楼、体育中心,上马静汾苑小区、汾源国际大酒店、利民大桥、城杜连接线,"五个全覆盖"完成,县医院投入使用,14所农村寄宿制学校标准化建设顺利达标,县城污水处理厂技改项目投入运行,定点屠宰场主体竣工,粮油配送中心开始运营,15个便民店通过验收,完成2200人的移民工程、75个村的整村推进、300户农村住房解困的任务,新建220个村级组织活动场所、4个乡镇文化站,启动天然气入户工程,开工建设廉租房、经济适用房、垃圾处理场。20件事除鹅城路集贸市场因土地置换等原因未开工外,11件顺利完成,8件跨年度工程继续推进。

【民生事业】 全年共发放粮食补贴1288万元、退耕还林补助900万元、家电补贴263万元、农机具补贴90万元,发放农村低保金674万元、五保金240万元,所有资金都通过惠农卡直接兑现。全市农廉工作推进会在静乐县召开。社保体系不断完善,共发放养老保险金5189万元、再就业生活补助金2274万元、城镇低保金975万元,报销城镇医疗保险333万元、新农合资金1553万元,大病救助

238万元，发放救灾救济款519万元、面粉320吨、被褥5700余套，新增就业1655人，帮助下岗人员再就业939人。义务教育经费保障机制改革不断推进，“两免一补”政策全面落实，实施2231万元的危改工程，其中一中占到1104万元；高考首批本科达线160人，中考全市综合排名第三，全面开展“安全生产年”各项活动，安全形势持续向好。严格执行计生国策。人口自然增长率控制在2.06‰以内。兑现公务员津贴、义务教育阶段教师绩效工资、事业人员临时补贴；提高离退休干部的烤火费、医药费；支持公益事业和各项重点工程，补贴供暖670万元、供气125万元，以奖代补特色农业产业800万元，配套重点工程5800万元。

（李青春）

·神池县·

中共县委书记 范波涛
县人大常委会主任 贺新平
县长 李德新
县政协主席 刘国强

【概述】 神池县位于北纬38°56′~39°24′，东经111°42′~112°18′，总面积1472平方千米。其地貌具有山地、丘陵、盆地等多种类型，丘陵面积广阔，约占全县总面积的88%以上，大部分地区海拔在1300~1600米之间。

2010年，全县国内生产总值102430万元，比上年增长21.1%，经济总量首次突破十亿元大关；工业增加值2851万元，增长155%，增幅全市排名第三；固定资产投资11.6亿元，增长28.14%；社会消费品零售总额52344.8万元，增长19.03%；财政总收入20101万元，增长49.73%；一般预算收入9952万元，增长55.91%；城镇居民人均可支配收入11238元，增长16.8%；农民人均纯收入3205元，增长21.26%。

【农业经济】 全县农业总产值达54663万元，比上年增长3.3%；农村经济总收入39324万元，增长5%；粮食总产1.24亿千克；油料总产1100万千克。马铃薯、小杂粮等6大特色种植基地和4大千亩科技园区示范引导带动作用明显。规模养殖户达5200余户，羊发展到51万只，冲刺羔羊肉第一县的目标取得实质性进展。农产品龙头加工企业经济社会效益明显，农业合作社组织、农民经纪人队伍不断壮大。

【生态旅游】 绿化环城山600.3公顷、绿化西海子森林公园73.37公顷；新建太平庄—管涔山、万年冰洞11千米旅游公路，打通西海子公园—小沟儿界环北山12千米旅游通道，为开发旅游经济、促进产业结构优化升级奠定基础。

（杨向东）

·五寨县·

中共县委书记 刘祁杰
县人大常委会主任 张志军
县长 郭泽兵
县政协主席 林步森

【概述】 五寨县位于北纬38°44′~39°17′，东经111°28′~113°00′。2010年全县地区生产总值完成14亿元，财政收入3.2亿元；城镇居民人均可支配收入11755元；农民人均纯收入3201元；金融机构储蓄存款余额达30亿元。

【农业经济】 全县粮食产量达15.35万吨，连续两年受到省委、省政府的表彰奖励。粮食产量、农产品价格、农民人均纯收入三项指标连创历史新高；全县的261座日光温室和移动大棚效益凸显，相继培育出无公害草莓、荷兰国花郁金香等稀有品种。大力推进“千人百村万只羊，千群联营搞改良”的发展计划，全县规模养殖户发展到586户，大畜饲养量达7.7万头，猪8.5万头，羊37万只，其中优种羊发展到26万只，占到全县羊总量的70%。全县的马铃薯精淀粉、粉皮、甜糯玉米、脱水蔬菜、红芸豆、芦芽山野生菇、晋北芪、野生毛尖茶等一大批农副产品以全新的包装打入了国内外市场。绿野牧业、春野牧业、汇丰等6家企业申报的8个农产品通过了国家有机食品认证。佳宇公司的马铃薯系列产品通过北京爱科赛尔国际论证中心有机产品认证，获得进入国际市场的通行证。有4个农产品通过了QS认证。扎实推进“城乡经济走廊”建设，移民搬迁50个村，6000口人，在沿线已经建成和正在建设的有5个4.44万平方米的高标准、成规模的移民小区，扶贫开发取得重大突破，全市的现场会在五寨召开。新建147个村级组织活动场所，改善基层组织办公条件。新增标准体育场地160个，70%的试点村和重点推进村拥有休闲健身场所，文化大院、文化广场蓬勃兴起，村容村貌发生了深刻变化。培训农民5万余人次。新增和补贴农机具1328台，农业机械化综合作业水平达57%以上。组织培育农民经纪人530名、农业科技推广人369名、农业专业合作社186个，全县的农业生产组织化程度得到明显提高。

【项目建设】 全县累计新上项目463个，投资总额达32.5亿元，完成投资17.8亿元。引进万头野猪繁育基地、马铃薯废渣混合饲料开发与废水处理扩建项目、农副产品系列精包装制品生产线、道地中药材种植基地及中药材产业链、脱水蔬菜加工、马铃薯全粉生产、优质红芸豆精加工生产线等8个规模以上项目，走出一条围绕农业办工业的路子。吸纳43家企业从事煤炭发运和加工，发运能力达2100万吨。花岗岩工业园区有5家企业入驻，厂房、办公楼全部建成，石材开发加工走上规范化发展道路。2010年全县规模以上工业总产值首次突破3亿元大关，实现县域经济质的提升和量的突破。

【第三产业】 第三产业增加值由2005年的40%提高到现在的61%。2010年的煤炭运销产业，上缴财政税收2亿余元,占到全县财政总收入的2/3。餐饮服务业闯出五寨品牌,上百家的饭店进入了大中城市。全县共购回各种大型运输车2600多辆,按每辆车年平均收入20万元计算,仅此一项每年增加农民收入5亿余元。以芦芽山、荷叶坪、狩猎场为主的生态旅游逐步升温,2010年召集投资商进行四轮会谈,邀请和组织9批次40多名全国知名专家,对五寨沟旅游资源进行深度考察论证,由上海龙澍集团投资1800万元进行总体设计,投资总额10亿元左右的生态建设和旅游开发项目正在加快推进。

【基础设施建设】 开工建设天然气入户、县城污水处理和垃圾无害化处理等工程。实施生态减排,重点实施通道绿化、环城绿化、园林村绿化、退耕还林、天然林保护等9项工程,栽植各类树木900余万株。五年间全县新增绿化面积14133公顷,林木绿化率达18.27%。大兴水利建设,争取上级投资、政府配套3107万元,完成骨干坝19座、中坝16座、小坝32座;投资1346万元,完成南峰水库、白草庄水库除险加固工程。投资1284万元,对南峰灌区进行渠系配套改造,完成渠道建设1.7万米,改善灌溉面积1334公顷;累计投资2785万元,解决了188个村,6.4万人,1.7万头大畜的安全饮水。

总投资6.8亿元,加强路、水、电、气和上下水管网等城市基础设施建设。开通北环路和南环路。硬化和改造大街小巷。实施集中供热、集中供气和城市管网、电网改造,县城供水、供电、供气、网络通讯能力进一步增强。维修公园、新建学校、改造文体设施,上马污水处理和垃圾处理,同时开发住宅小区、改造棚户区、绿化街道、美化门店等。公路建设五年投资近3亿元,完成国省道、县级公路、通乡油路、农村硬化路新修、改造574.6千米。全县电话用户达83516户,宽带入网户达8387户。县城数字化电视整体平移工程完成,建成有线广播电视光缆干线50千米,县城用户达7000户。完成农村电网改造。

【平安建设】 不断引深“平安五寨”创建活动,破获各类刑事案件589起,查处各类治安案件2893起,制订安全生产8项制度,加强非煤矿山、道路交通、消防、危化品等安全生产领域的专项整治。五年没有发生重大安全责任事故。

【社会事业】 投资8387万元,实施覆盖全县中小学的“校安工程”,落实“两免一补”政策和实施“一颗鸡蛋”工程;兴建和启用少儿活动中心;开通远程教育网络,实施“百名教师培训工程”,师资质量大幅提升,2010年中高考成绩再创新高;全县职业教育招生、升学、就业渠道通畅,职业教育保持良好的发展态势。计划生育工作受到省政府表彰。村级卫生室实现187个空白村全覆盖,新型农村合作医疗累计投资2043万元,全面完成12个县乡医疗机构改造,累计完成通村水泥(油)路247条,通村率达99.2%。企业离退休职工养老金、下岗职工、农村特困户和五保户、城市低保户基本生活费,做到按时足额发放。累计投资5070万元,建成廉租住房1.1万平方米,经济适用住房2.28万平方米。投资385万元,改造农村困难群众住房350户。多方位开发就业岗位,购买公益性岗位,累计新增就业人员超过万人,城镇登记失业率控制在了4%以内。财政供养人员刚性支出五年增加过亿元,干部、教师、离退休人员工资人均比五年前增加10000多元。2010年私家小车保有量突破2000辆。 (郭力逢)

·岢岚县·

中共县委书记	陈义青
县人大常委会主任	任川中
县长	张钰祥
县政协主席	曾桂花

【概述】 2010年全年规划实施项目73项,总投资23.65亿元,完成投资13.7亿元,省市重点项目完成率排名全市第六。地区生产总值10.04亿元,增长21.1%;财政收入2.01亿元,增长48%;一般预算收入6616万元,增长67.4%;固定资产投资总额13.7亿元,增长20.2%;社会消费品零售额4.61亿元,增长72.9%;城镇居民人均可支配收入12661元,增长14.8%;农民人均纯收入2890元,增长21.4%。

【农业经济】 全县粮食总产量3652.8万千克,增产30.4%;农民人均种植业收入1100元;畜牧业总产值1.8亿元,农民人均畜牧业纯收入1400元。完成农田实灌面积800.4公顷,水土流失治理2101.5公顷,生态修复3335公顷;投资413万元的高家湾水库除险加固;投资193万元的7座淤地坝、投资78万元的白草沟坝滩联治及人畜安全饮水全覆盖等工程完工;投资1325万元的坡改梯项目一期工程顺利实施,岢岚县被评为“农建先进县”。

【市政建设】 筹资5000余万元对城区15条街道中的12条进行综合改造,里程达8.7千米、铺油15万平方米;投资4545万元的垃圾无害化处理厂完成基本工程;投资3130万元的污水厂投入运营;投资1465万元完成集中供热二期工程,2000万元的百货商场改造项目,820万元的县法院审判大楼主体完工;投资675万元的县就业和社会保障服务中心完成基本工程。全县运营的21户煤炭运销加工企业,全年上缴税金超过1.4亿元,占财政总收入70%以上。总投资1.2亿元的山西昊东阳坪万吨集运站即将建成。

【造林绿化】 完成三北防护林1133.9公顷、封山育林667公顷;天然林保护667公顷;退耕还林巩固成果补植补种1334公顷;干果经济林333.5公顷;新炭林建设133.4万公顷。投资370万元,绿化南山4个荒石坡32.02公顷、补植补种66.7公顷;完成东川通道绿化200.1公顷。完成村庄绿化10

个，通道绿化补植补种156千米。

【教育 文化 卫生】 完成投资2375万元，改造面积24822平方米的校安工程；实施了投资6000余万元，占地10.01公顷的岢岚中学新建项目；投资510万元，建筑面积3600平方米的春芽幼儿园投入使用；投资50万元的营养工程全面实施，受益学生4018人；投资14.6万元的贫困助学活动启动，受助学生146人。投资40万元对202个村级卫生室进行建设；投资200万元的三井镇、宋家沟两个中心卫生院污水垃圾处理和总投资41万元的8个村级卫生室建设完成；投资360万元的岚漪镇卫生院投入使用；投资1200万元的县医院综合住院楼开工建设。

【民生事业】 县财政安排支农资金500余万元，协调三农信贷资金1.7亿元，筹集新农村建设资金5600余万元，新建户用沼气池140个，吊炕178个，街巷硬化2377平方米。新农村建设住房37套。投资5300余万元的北道坡移民小区完成基本工程；投资580万元的150户国防移民危房改造、投资330万元的农村300户困难群众危房改造完工；投资443万元的86套廉租房和投资180万元的24套公共租赁房完工；投资514万元的84套廉租房全部销售到户。城镇新增就业1295人，下岗失业人员再就业576人，就业困难群体就业284人，新增公益性岗位198个，安置就业困难高校毕业生120人，转移农村劳动力1550人，城镇登记失业率为3.11%。宋长城旅游开发项目完成投资1500万元，一期工程基本完工；温州商人投资2000万元的华联超市成功入驻，对平抑市场物价，推动商贸服务业的健康发展起到积极的引领作用。

（潘明堂）

·河曲县·

中共县委书记	王书东
县人大常委会主任	李志伟
县长	杜永进*
	李旭清(代)
县政协主席	李挨恒

【概述】 河曲县位于北纬38°55′~39°25′，东经111°09′~111°37′，总面积1328平方千米。2010年，辖4镇9乡，340个行政村，总人口（公安年报）145196人，其中农业人口114178人。

2010年，全县生产总值44.5亿元，同比增长15%；财政总收入10.24亿元，增长10.25%；一般预算收入3.94亿元，增长23.3%；全社会固定资产投资完成48.1亿元，增长9.02%；规模以上工业增加值达22.9亿元，增加28%；城镇居民人均可支配收入达13207元，增长11.8%；农村居民人均纯收入达2942元，增长11.5%；社会消费品零售总额7.6亿元，增长25.49%；外贸进出口额316万美元，增长119%。

【农业经济】 2010年，全县发展温室大棚13.34公顷，建成年产400万粒微型薯的科研生产基地一座，推广脱毒马铃薯4002公顷。在脱毒种薯种植上，全县出现土沟村收入30多万元的繁殖专业户，金莲和脱毒薯收入达10万元的一批农户，种薯专业村赵家沟户均收入5万多元。县级财政安排各类“三农”补贴资金重点对脱毒种薯、设施农业、柠条和经济林等进行补贴，53.36公顷微型薯、333.5公顷原种，4002公顷种薯推广面积喜获丰收，建设节能温室大棚13.34公顷，种植核桃3167公顷。投入621万元贷款贴息资金用于扶持产业化龙头项目建设和特色种养加工企业的发展。涌现出一批新农村建设先进典型，被省委、省政府评为“新农村建设先进县”。

【工业经济】 2010年，全县煤炭资源整合引进山煤、省煤运、神达3大整合主体，全县煤矿压减为11座；年设计产能提升到1980万吨；矿井服务平均年限提升到70年以上。促进二次资源循环利用的矸电、新能源开发利用的风电项目相继建成或落户签约。新增建成投产黄河龙口水电42万千瓦装机和基本建成鲁能二期2×66万千瓦脱硫空冷机组。中海油华鹿52万吨大颗粒尿素项目前期工作全部完成，成为省内单套装置容量最大、技术最先进的生产线。同德化工成功上市后，通过资本市场融资完成地面炸药混装站和1.2万吨粉乳炸药项目。引进山水集团120万吨干法水泥项目基本完成主体施工，即将投入试产运行。

【城乡建设】 实施县城供暖扩容改造，新铺管道1千米，新建热力站5处，城区面积扩展到12平方千米。县城实施侯家口至二里半、河偏路东侧供水管道的改造维修，新增农村安全饮水覆盖205村53849口人和3970头大畜，其中新增自来水集中供应46村27699口人。

【交通电力】 准朔铁路建设加快进度，灵河高速公路取得省发改委和省国土厅的路条。建成公路通车里程达1172.44千米；完成73村229.6千米新建水泥(油)路。推进石城万吨列集运(客运)站和县内13千米接轨铁路建设，使其与准朔铁路同步投入营运。新建220千伏变电站1座，110千伏变电站1座，完成城乡电网增容改造，新增电容132兆伏安。

【教育 文化 卫生】 “一颗鸡蛋工程”，让7600多名中小学住校师生受益，县城两所高中2000多名住校师生每人每天增加免费供应二两肉。投资1585.7万元进行29所中小学校舍安全改造；投资1.2亿元，开工建设河曲中学新校区；新改扩建中小学学校舍面积8.7万平方米。省级示范高中河曲中学新校区主体工程基本完工，新建县职教中心，被省政府授予“山西省县级职教中心建设达标县”。全年举办文化活动50多场次。国内首部原生态民歌电视连续剧《西口情歌》拍摄完毕。

2010年全县三级卫生服务体系全面建立,国家基本药物制度工作全面启动实施,新改建县乡村三级医疗机构面积29004平方米;新建乡镇文化站3800平方米。为86名白内障患者实施复明手术。纳入城乡“低保”15639人,新型农村合作医疗参合率、新型农村养老保险参加率分别达92%、93%,8.2万人参加了新型农村养老保险,河曲县成为全国首批试点县。企业养老保险结余1.2亿元。完成209个村卫生室设备装备和村医配备工作,为16名贫困残疾儿童实施康复救助。

【生态环保】 集体林权制度改革基本完成,天保工程、退耕还林补植、三北防护林、通道绿化、经济林种植、城郊森林公园建设等完成任务。注重生态文明建设和可持续发展,重点对国控、省控的鲁能发电、同德化工等7户大型企业加强监督,确保实现稳定达标排放。全年实现二级以上天数352天,SO_2、COD排放量分别为5850吨、1050吨,万元生产总值能耗下降5.0%。（吕文华）

·保德县·

中共县委书记	王继明
县人大常委会主任	张智林
县长	王黎明
县政协主席	高定存

【概述】 保德县位于北纬38°39′~39°06′,东经111°56′~111°19′,辖4镇9乡340个行政村,总面积997.5平方千米,总人口16万人。人口自然增长率控制在12‰以下。2010年完成地区生产总值44.3亿元,同比增长14%;财政总收入14.1亿元,增长1.3%,一般预算收入4.5亿元,增长6.3%;固定资产投资35亿元,增长67.14%;规模以上工业增加值28亿元,增长1.6%;城镇居民人均可支配收入14583元,增长10.9%;农民人均纯收入3130元,增长11.5%;社会消费品零售总额9亿元,增长21.4%;万元地区生产总值能耗下降4.8%。2010年度保德县先后获得“全省农业工作示范县”“全省造林绿化示范县”“全省饮水解困先进县”“全省平安农机示范县”“全省食盐安全示范县”“山西省2010年度‘十佳卫生县城’”“全市项目建设攻坚战先进县(一等奖)”“全市信访工作先进县”等荣誉。

【农业经济】 2010年全县粮食总产量达3.6万吨,农林牧副渔业增加值1.7亿元,农产品龙头企业销售收入0.68亿元,基本农田保护面积23345公顷;营造林合格面积4982.49公顷。新建和改造645座温室大棚、实施优种工程、发展农村户用沼气、建立16个农业科技示范园,让农民增收1亿余元。

【重点项目】 全县省市重点工程完成投资45.8亿元,其中王家岭煤矿、忻保高速等10个省重点项目完成年初计划;晋保煤业扒楼沟煤矿120万吨扩建项目、阳煤世德孙家沟煤矿90万吨扩建项目、吉港冠宇水泥、王家寨煤炭集运站、东局110千伏输变电站、煤层气开发等6个市重点项目进展顺利;百万吨氧化铝项目拿到国家发改委“路条”,进入征地阶段。

【城乡建设】 全年全县共硬化农村小街小巷25村51千米,休闲广场建设、道路美化、绿化、亮化任务超额完成,以户用沼气为主的“一池三改”连续第四年高标准完成。全县实现乡乡镇镇通水泥(油)路,建制村通水泥(油)路“全覆盖”125.8千米,完成投资3396元。沿黄干线公路保德城区段林涛大道全长7.5千米,累计完成投资9850万元,于2010年9月9日竣工通车。新发展数字电视用户6000户,通乡镇光缆工程基本完成。

总投资2.5亿元的农村“五个全覆盖”工程全部完成,涌现出小赵家沟村、岳家里村、新庄子村、见虎焉村等社会主义新农村。林涛大道、府前大街东延工程、玉涛广场基本建成,污水处理、垃圾处理、集中供热三期建成投用。聘请重庆设计院拿出西城区开发的控规与详规设计,规范化成立城建投资公司,加快西城区整体开发步伐。友谊桥巷拆迁改造工程,用1周时间顺利拆迁、4个月时间顺利通车,仅此一项每年可为过往车辆节省费用百万元以上。政府大院拆墙透绿、还绿于民,建成开放式休闲广场。

【教育 文化 卫生】 2010年底,全县共有小学320所,初级中学18所,高级中学1所,职业中学1所。2010年职业中学和东关镇中学搬迁,义务教育标准化建设通过省级验收,投资8000万元实施中小学校安工程,高考和对口升学考试取得突破,中考成绩名列全市第四。设立300万元文化产业专项基金;举办第十三届黄河文化艺术节,获“全国十大著名节庆品牌”的殊荣。总投资8000万元的标准化新县医院一期主体完工。全县共有公立卫生机构29个,其中县级医疗机构4个,县直卫生事业机构5个,乡镇卫生院13个,社区卫生服务所7个,个体诊所33个。2010年新型农村合作医疗参合率达91.09%。

【社会保障】 投资800万元启动新型农村社会养老保险试点工作,给农民带来实惠。为城乡低保、五保、重点优抚对象等发放低保金、取暖补助、临时补贴、生活救济、医疗救助金、优抚金、生活补助等各类资金4000余万元,为公务员及事业人员补发津贴,人均国民待遇达600元以上。发放农村危房改造工程补助资金和廉租住房租赁补贴481万元。筹资6000万元兴建的7500平方米的廉租住房和3万平方米经济适用房工程完成年度任务。县财政投资1300万元将职工住房公积金缴存比例提高到8%。移民搬迁600人,整村推进74个村。实施应急水源建设、农田水利灌溉、农村饮水安全、水土保持淤地坝、城乡节水、水源保护6大工程和地质灾害治理工程。农田灌溉面积1000.5万平方米,水土流失治理3001.5万平方米。投资1500万元解决92个村3万人的饮水困难。

【法治建设】 2010年在全县开展代号“林涛飓风”的“四打四整治”专项行动，共查破各类案件1000多起，打击违法犯罪分子2000多人次，摘掉全省“毒品整治县”的帽子，人民群众安全感和满意度明显上升。开展信访秩序整治专项行动，出台规范信访秩序的22项制度，启用全新的信访接待中心，县级领导定期接访，开通县长信箱，全县进京赴省到市上访化解下降为零，县内化解46件涉及2000多人次。开展机关工作秩序整治专项行动，处理130多名工作人员。

（武延飞）

·偏关县·

中共县委书记	任建华
县人大常委会主任	王文阁
县长	王源
县政协主席	郝涌

【概述】 偏关县位于北纬39°12′~39°39′，东经111°21′~112°00′，辖4镇6乡248个行政村、446个自然村，1个城区居民委员会。2010年底，全县总户数42896户、总人口为112296人，其中男性57271人，占总人口51%。农业人口88568人，占全县总人口78.87%。

2010年全县实现工业总产值16亿元，同比增长14.4%；财政收入2.4亿元，增长8.8%；规模以上工业增加值完成4.1亿元，增长12.8%；固定资产投资7.8亿元，增长38.5%；社会消费品零售额5.7亿元，增长20.6%；城镇居民人均可支配收入10516元，增长7.6%；农民人均纯收入2968元，增长14.6%。2010年固定资产投资和农民人均纯收入两项增幅分别位列全市第五和第八。2010年，全县实施“五大战略”，努力实现“五大目标”，全面铺开7大类133项重点工作，

【交通 邮电】 2010年全县共有交通道路989.138千米，县级以下道路比上年增加230.378千米。其中209国道1条66千米，省道2条79千米，县道10条197.2621千米，乡道60条334.793千米，村道119条312.083千米。行政村道水泥路工程总投资2480万元，硬化15个行政村道路99.2千米。共有营运客车50辆，货车158辆，挂车47辆，营运出租小车73辆，营运公交车43辆；货运总量176.22万吨，货运周转量13464万吨千米；客运量39人次，客运周转量4090万人千米。邮政收入115.83万元。2010年年末全县电话总用户18803户，共有电话51430部，百人拥有电话50部，其中公话282户，住宅电话9446户，移动电话户9075户。电话通信基本覆盖全县所有行政村。全年全县总发电量141959.25万千瓦时，其中，万家寨水电站131656.25万千瓦时，晋电化工有限公司10303万千瓦时。全县总用电13742.82万千瓦时，其中工业用电8088.8万千瓦时，农村用电557.8万千瓦时，其他商业、居民等用电5096.2万千瓦时。完成26条低压电力线路改造，新增15个变电站，受益用户215户。

【农业工作】 2010年，新建日光节能温室30座；投资170万元为4个村83座大棚配备电动卷帘机；全县大棚总数扩大到700座。新建5个标准养殖示范场、3个肉羊示范场、100户示范户，养羊42.7万只。县财政农业科技投入191万元，其中马铃薯优种补贴15万元。“张杂三号”谷子、优质马铃薯、优种玉米3种高产作物占到全县播种面积的56%，粮油总产量达5075万千克，同比增长7.25%。建设15个新农村。完成44个整村推进建设任务，调整优化马家坡移民项目规划设计，全年劳动转移培训572人，减少贫困人口6000人。大力加强林业生态建设，集体林权制度改革，确权到户68234.1公顷；新增高标准鱼鳞坑10万个。窑头乡经济园林示范基地建设，规模达20多公顷，成活率在90%以上。

【城镇建设】 2010年启动21项市政建设工程，总投资1亿元。新建塔梁新街入南口处“三关首御”、入北口处“古武宁邑”古牌楼两处及污水处理厂、县城东大街拓宽、广场仿古大舞台、西山休闲场、北坡景观墙、关河污水口、南河桥修复、小街小巷硬化、聚贤园街线网入地10项工程全面完成；文化广场改造、新城线网入地、居民适用房3项工程完工50%以上；恢复县城西山护城楼、新建二级汽车站两项工程完成基础建设；其余垃圾处理场、关河东端路、塔梁新街亮化、小街小巷亮化、扩大集中供热、二水厂建设6个项目都按计划有序推进，累计完成投资4000多万元。偏关城镇建设“东有文笔塔、西有护城楼、中有大舞台”的格局正在形成。

【旅游产业】 2010年9月20日举办“首届老牛湾·黄河长城旅游文化节”；12月30日举办“迎新年老牛湾长城·黄河国际徒步大会”，由韩国旅行团前来老牛湾参加黄河冰上徒步运动；与首都师范大学签约建立写生基地。新设旅游标识14处；黄河大型旅游码头、观景台、老牛湾电动车充电站完成规划设计。与内蒙古客商签订寺沟沿黄旅游景区开发意向书；长城古堡景区开发列入议程；丫角山旅游公路完成立项和工程设计。

【社会事业】 2010年，偏中高考大学二本以上达线183人，义务教育标准化建设通过省政府评估验收。校安工程总投资4380万元，新建、维修、加固59所学校55801平方米。村通广播电视工程完成261个村全覆盖任务。启动县城数字化电视改造工程，开通县城广播。实施县人民医院住院部工程改造，完成村卫生室建设任务。解决311名城镇困难人员就业问题，城镇新增就业人数1355人；公开招录二本以上大学毕业生79名。新建5个乡文化站，为70个新农村配备体育器材；为基层送戏225场、送电影2000多场。启动护宁寺修复工程，保护文物古迹。落实省农业发行贷款3000万元。人畜饮水工程总投资430万元，解决56个村、3所学校、8264口人和467头大畜的饮水安全问题。

2010年，偏关县被市委、市政府授予“农村工作先进县”，荣获“全省双拥模范县”“全省农田水利基本建

设先进县”“首批全国法治县先进单位”等省部级和国家级荣誉。

（卢银柱）

·原平市·

中共市委书记	梁　洁*
	薛根生
市人大常委会主任	阎前元
市　　长	薛根生*
	杜永进
市政协主席	王成利

【概述】 原平市位于北纬38°35′~39°09′，东经112°17′~113°05′，总面积2560平方千米，辖7镇11乡3个街道办事处，520个行政村。2010年，原平市荣获忻州市级以上荣誉77项，其中国家级7项、省级48项。

全市全年生产总值完成70亿元，同比增长23.8%。财政总收入11.8亿元，增长26.4%，一般预算收入5.8亿元，增长25.4%。固定资产投资68.7亿元，增长20.2%。社会消费品零售总额29.8亿元，增长19.3%。城镇居民人均可支配收入14918元，增长16%。农民人均纯收入4628元，增长17.6%。

【重点项目】 主要实施“5918”项目攻坚工程。五大市场建设项目中，西镇农副产品加工贸易园区积极推进，1.2万立方米油库全面开工，大营温泉汽贸城基本建成，金三角批发市场即将启用，班村建材市场正进行前期工作。9个重点工业项目中，晋北铝基地二期建成投产，同华电厂2×660兆瓦机组投产运行，华能集团段家堡风电项目进展顺利，2×350兆瓦热电联产项目已经签约，4万吨草酸项目积极启动，千万吨洗煤项目开工建设，新型煤化工、钢铁公司退城入郊项目准备入驻园区，盛源化工淀粉深加工项目前期工作基本完成。18项惠民项目中，范亭广场、站前广场、环城北路、大西线客运站、市医院综合楼、轩岗污水处理厂开工建设；人民广场、汽车客运站、四中新校区、西山循环公路大营至西梁段基本完工；市委大院改造、京原南路改造、高速路口整治、垃圾无害化处理、再生水回用以及10条小街小巷改造全部完成；10所城区标准化公厕建成5所；旧政法大院依法拍卖成功。同时，积极筹建新型铝业、循环经济、机械装备制造三大园区，其中循环经济工业园区已开工建设。民营经济快速发展，泰宝公司成为国内最大的替代进口密封件生产基地，并筹备在中小板上市；盛大托辊、高龙电力、天兰锅炉、西美100万吨螺纹钢等一批扩能升级项目建成投产。在各县市项目建设观摩评比中名列忻州市第一，得到省观摩组的一致好评。

【招商引资】 先后组团参加第三届能源博览会和第五届中博会，签约招商项目9个，总投资75.6亿元，引资63亿元；在温州市签约6亿元。出台招商引资优惠政策，引进国电集团签约轩岗风电项目、神达能源集团签约千万吨洗煤项目、大唐集团签约热电联产项目，全市跟踪落实新签约项目开工率66%，超过考核目标36%。制定并实施城郊森林公园、牛卧河公园、流金广场、天涯山旅游风景区等规划，进行道路建设改造、市容市貌整治、绿化美化亮化等工程，城市功能不断完善，城市品位进一步提升。

【“三农”工作】 完成玉米丰产方项目12806公顷，建成10个省级无公害水果标准化示范园。节能温室、移动大棚面积达到130.53公顷。实施河道治理、水库除险加固等工程和小型农田水利重点县建设，综合生产能力进一步提高。粮食产量29.1万吨，再次荣获“全国粮食生产先进县(市)”称号。连续四年被省、忻州市授予“新农村建设先进市”。

积极推进节能减排，完成忻州市下达的总量控制指标。新增燃气供热面积50万平方米，全市集中供热覆盖率达70%以上。全年二级以上天数357天。在全省蓝天碧水考核中名列第六，也是忻州市唯一进入优秀级的县(市)。植树造林3468.4公顷，平地泉森林公园已具雏形，集体林权制度改革名列忻州市第一。

【民生工程】 全年在民生工程方面投入9.5亿元，占一般预算支出的67.6%，增长23.5%。省“10件实事”、忻州市“20件实事”和“五个全覆盖”工程全面完成，全市人民看病、上学、养老、住房、出行的基础条件进一步改善。民间艺术奇葩“原平凤秧歌”获得“第九届中国艺术节暨全国第十五届群星奖”第一名。通过“山西省双拥模范城县(市)”验收，荣获“全省卫生城市”和“全国残疾人社区康复示范县(市)”称号。

（武会文）

临汾市

中共市委书记	谢　海	
副　书　记	罗清宇	郭新民
市人大常委会主任	刘合心	
副　主　任	梁天运	柴高潮
	原胜利	仇振刚
	王醒安	原学义
市　　长	罗清宇	
副　市　长	谢碧玲	白建荣
	郑中夏	
市政协主席	常富顺	
副　主　席	杨玉龙	方　熔
	成继东	赵建国
	杨益民	刘淑芬
	梁若玉	

【概述】 临汾市位于北纬35°23′~36°57′，东经110°22′~112°34′之间，南北最大纵距170多平方千米，东西最大横距约200千米，总面积20275平方千米，占全省13%。2010年，市委、市政府团结带领全市人民，深入贯彻落实科学发展观，紧紧围绕“转型跨越、先行发展”的实践主题，突出“打牢基础、调整结构、转变方式、促进发展、惠及民生”的工作重点，开拓创新，谱写了全市经济社会发展的新篇章。全市生产总值完成892.1亿元，同比增长16.9%；规模以上工业增加值完成465.1亿元，增长30.1%；社会消费品零售总额完成306.5亿元，增长18.7%；海关进出口总额完成6.5亿美元，增长83.3%；财政总收入完成160.3亿元，增长

16.4%；一般预算收入完成75.4亿元，增长19.9%；城镇居民人均可支配收入达13831元，增长12.9%；农民人均纯收入达5287元，增长11.3%。全市人均生产总值首次突破3000美元大关，标志着全市经济社会发展进入了新阶段。

【“三农”工作】 认真落实各项惠农政策，全市财政用于“三农”的支出达13亿元。农业基础设施建设进一步加强。引沁入汾和川取水输水工程全面竣工，五马水库大坝封顶，汾西灌区节水续建配套工程完成年度任务。治理水土流失面积34517.25公顷，新增灌溉面积4428.88公顷。全省节水灌溉、水土保持精品工程建设和扶贫工作现场会先后在临汾市召开。全年粮食总产达20.74亿千克，创历史新高。特色高效农业迈出新步伐。“四个百万亩”基地建设快速推进，涌现出尧王台现代农业，曲沃、浮山设施蔬菜等一批先进典型；“393”龙头企业培育工程加快实施，新增农业产业化龙头企业14户，发展农民专业合作社1353个。“五个全覆盖”任务完成。“四化四改”和“六个一”工程深入推进，临汾市新农村连片推进经验在全省推广。

【项目建设】 启动实施216项市级重点工程，完成固定资产投资545.58亿元，同比增长30.2%，投资总量和增幅居全省三甲。备受社会关注的乔李民航机场复航改造项目获国家审批，机场大道完成路基工程；临大一级公路、沿黄干线、209、309等国省道主干线改造全面完成，改变西山地区交通不畅的状况。晋侯高速全线开通，市区城西一级客运站、临吉高速、祁临高速临汾北环、京昆与青兰高速临汾联络线进展顺利，霍永高速开工。中南部铁路通道、大西高铁客运专线、张台铁路、南同蒲电气化改造、侯西复线扩能等5条铁路加快推进。县乡村三级联网及农村公路完成3114千米，实现村村通油（水泥）路全覆盖。建设500千伏变电站1座，220千伏变电站7座，110千伏变电站16座，形成500千伏纵贯南北、220千伏环网运行、110千伏分区供电的格局。围绕解决资金、土地两大难题，采取“争、贷、引、融”等方法，筹集资金330亿元，支持项目建设。其中，向上级申报项目1137项，争取资金17.59亿元；深化银企合作，全年新增贷款102.9亿元，同比增长23.9%，贷款余额达536亿元；强化融资平台建设，成功发行地方债券20亿元；紧盯大企业大财团，全力承接发达地区产业转移，签订项目68个，签约资金2222.7亿元，到位外来投资172.45亿元，签约资金居全省之首，到位资金占年度项目总投资的1/3。特别是加强与开行合作，争取贷款14.5亿元，支持新高中、新医院等项目建设，达成5年投资500亿元协议，建设“百千米汾河新型工业城镇走廊”。与中煤、保利集团签订协议资金1710亿元，改造提升煤化、焦化产业；与新兴际华集团签订协议资金26亿元，发展精密铸造；与上海云峰集团签订协议资金23亿元，开发广胜寺旅游，有效解决项目融资难的问题。采取“争政策、争指标、严管理”的用地措施，争取国家级复垦整合试点市政策，在全国率先出台《建设用地复垦整合办法》；争取省追加用地指标526.93公顷，全年供应建设用地1920公顷，占全省的31%。

【结构调整】 多元化支柱产业加速生成。坚持以煤为基、多元发展，大力推进产业结构调整。传统产业加速升级。煤炭资源整合和煤矿兼并重组圆满完成。全市煤矿总数压减到129座，经营主体减少到29个，产能提高到1.07亿吨，单井生产能力平均达83.3万吨，提高3.62倍，煤炭行业走上规模化、机械化、清洁化、高效化的轨道。焦化行业两大基地和4个焦化集中区整合重组迈出实质性步伐，新组建同世达煤化集团和三维瑞德焦化公司。洪洞赵城煤焦化深加工园区被确定为国家级新型工业化产业示范基地。翼钢扩建进展顺利，太钢重组中宇、临钢退城搬迁有序推进。曲沃冶金工业园区被确定为省级新型工业化产业示范基地。霍州兆光2×60万千瓦、大唐国际2×30万千瓦一期建成投产，侯马电厂、临汾中电投两个2×30万千瓦以及霍州国电2×60万千瓦发电项目进展顺利，全市新增电力装机容量90万千瓦，总装机容量达330万千瓦。新兴产业异军突起。华翔美的35万吨精密铸件一期、华强钢铁20万吨铸件一期、平阳重工液压支架等一批装备制造业项目顺利建成；塔尔纳米保温材料、浮山满星硅酸钙板、晋盛微晶玻璃等新材料项目竣工投产；尧都光宇LED、洪洞双银电热膜、正和超导暖气片、飞虹微纳米光电等高新技术项目势头强劲。特别是与深圳电子商会合作，致力打造侯马开发区电子信息产业园，部分企业已经入驻。第三产业蓬勃发展，出台《关于加快旅游产业发展的意见》，重点实施22个旅游建设项目，旅游综合收入达97.27亿元，增长22%。方略保税物流中心已有50余家大型企业入驻，达到一级口岸标准。

【城市建设】 《临汾市城市总体规划（2009~2020）》修编经省政府批复，建城区面积由54平方千米扩大到155平方千米。以西南环路桥工程建成为标志，52.6千米的市区一级环路全线贯通。滨河西路北延、车站街、迎春北街、向阳路、五一东路东段等街道改造工程全部完工。古城公园向市民开放。大唐国际和中电投热源厂、土门水源地和饮用水处理工程建成投入运营，集中供热、供气、供水覆盖面不断扩大。市区垃圾中转站、第二污水处理厂、医疗垃圾处理场投入使用，公厕建设荣获“中国人居环境示范奖”，市容环境进一步改善。投资11亿元，完成汾河城区段生态治理修复一期工程，修复治理面积10.6平方千米，人均城市绿地增加

15平方米，市区绿化覆盖率由31.4%增加到42.3%，成为全省面积最大、标准最高的城市生态公园。各县(市、区)污水处理厂全部建成投入使用,垃圾处理场完成年度建设目标。

【生态环境】落实国家节能减排政策,对120户重点耗能企业进行专项监察,推广节能技术20项,完成节能项目112个,取缔汾河沿岸污染企业156家。万元GDP综合能耗3.13吨标煤,比上年下降9.1%;COD净减排1700吨,下降4.86%;SO_2净减排2250吨，下降2.34%。市区二级以上天数达338天,增加4天,其中一级天数达99天,增加31天,综合污染指数为1.71,同比下降0.6%。完成造林绿化42114.38公顷,新增造林面积居全省第一，全市森林覆盖率达28.9%，直接拉动全省森林覆盖率提高1%。

【安全生产】认真落实企业的安全生产主体责任,切实加强重点领域和关键环节的安全监管,对所有煤矿派驻“五人监管”小组,对所有非煤矿山及其他工业企业配备“五大员”。严格落实安全生产十项制度,新出台《安全生产承诺制度》和《一般事故查处挂牌督办办法》。扎实开展隐患排查和专项治理,“春雷”“利剑”“铁腕打非”行动和“安全生产百日大会战”成效明显。亿元GDP生产安全事故死亡率下降68%,工矿商贸十万就业人员事故死亡率下降80%,道路交通万车死亡率下降58%,煤炭百万吨死亡率下降81%，全年未发生一次死亡10人以上安全事故，基本扭转了被动局面，安全生产形势明显好转。

【深化改革】市县乡三级政府机构改革全面完成。事业单位分类改革稳步推进。5户市属国有企业改革完成破产终结。农村中小金融机构股份制改革实现重大突破,山西尧都农村商业银行正式挂牌,成为山西省第一家开业的农村商业银行。医药卫生体制改革取得阶段性成果,11个县(市、区)实施国家基本药物制度。集体林权制度改革全面铺开,完成确权面积594297公顷,超省定任务1.17倍，综合考评和完成率均为全省第一。

【社会生活】把维护群众利益作为政府工作的根本出发点,市、县两级财政用于民生的支出达70亿元,占到一般预算支出的44%。五大社会保险面进一步扩大,城乡低保对象实现应保尽保,新增就业人数51333人,下岗失业人员再就业10788人，城镇登记失业率为3.1%。转移农村劳动力48600人。临汾新高中完成主体工程,562所学校122.48万平方米的中小学危房改造基本完成。小学、初中巩固率和高中毛入学率分别达99.3%、99.4%和86.5%，高考二本以上达线人数9077人,比上年增加1450人。临汾新医院完成主体工程,市第四人民医院和古县人民医院改革试点工作扎实推进,县、乡、村三级卫生机构标准化建设深入实施,新农合参保人数达298.13万人,参合率达93.47%。建设各类保障性住房5269套32.9万平方米。第六次人口普查取得阶段性成果。市政府向人民承诺的十件实事全部兑现。坚持把民主法治和政府自身建设作为做好各项工作的重要保障,自觉接受人大法律监督、工作监督和政协民主监督,认真执行人大决议,坚持重大事项向人大报告和向政协通报制度,办理人大代表建议150件，政协委员提案331件,办复率达100%。（李艳洁）

·尧都区·

中共区委书记	薛愿兵*
	丁文禄
区人大常委会主任	任招振
区长	陈怀生
区政协主席	李燕丰

【概述】尧都区位于北纬35°54′~36°19′，东经111°05′~111°49′,辖16个乡镇,9个(街道)办事处。

2010年，全区地区生产总值完成200亿元；财政总收入完成24.24亿元；全社会固定资产投资完成113亿元;城镇居民人均可支配收入达16140元;农民人均纯收入达6686元。各项主要经济指标继续位居全市第一、全省前列。

【结构调整】狠抓工业项目建设,大唐热电、临汾热电全面竣工,临汾热电2×300兆瓦1号机组整套启动；同世达20万吨甲醇、10万吨二甲醚、临汾电力电缆、和诚建材、汇丰石料、绿环木业、新源华康等8项重点工业项目陆续投产运营,新增产值15亿元。同世达300万吨捣固焦炉技改项目、光宇电源LED续建项目按计划如期推进。帮助企业解决资金困难，协调工行、联社累计为企业融资16.5亿元，为大唐热电、临汾热电引进资金11.2亿元。帮助企业加大产品推介,组团参加能博会、中博会和青岛招商引资推介会，共推介项目11个,对接项目24个,新时代广场、中厚板加工、节能照明灯具3个项目达成合作协议,签约资金达2.5亿元。

【“三农”工作】全力实施新农村建设“158”帮扶工程,17个工作团、158个工作队发挥各自优势,精心组织,总投入资金1.6亿元,其中直接投资8600万元，投物折价7500万元,帮扶158个村。总投资9.3亿元的尧王台现代农业示范区建设取得进展,目前加紧施工。10月23日在全省重点工程观摩检查活动中,尧王台现代农业示范区建设受到省、市领导的肯定。以“四化四改、六通、六个一”和五个全覆盖工程建设为重点,全区培育形成上阳、贾村等20个新农村建设精品示范村。

【安全稳定】开展打击非法违法生产经营“春雷”行动,整治隐患1.3

万余处；严厉打击非法违法采矿行为，构筑“区级主导、乡镇主体、村级联防”三级监管网络；打击私采滥挖，炸毁私开坑口296个、封堵404个；加大涉爆清缴力度，共收缴雷管1.9万余枚、炸药4600余千克。全年未发生一起死亡3人以上重大安全事故。

【社会事业】 投资1.2亿元完成农村公路改造二期工程160千米；投资3.9亿元新建改建“村村通”道路1000千米。投资3.5亿元，完成二中新校区建设并投入使用，成为2010年全省教育单体投资最大的建设项目。投资8122万元，实施涉及47所学校，54个单体工程，6万余平方米的校舍安全工程。投资9000万元启动东城学校工程；投资1.3亿元启动区二院新医院项目建设；投资1139万元完成15个乡镇卫生院门诊、住院楼建设，南街办事处以及车站街办事处社区卫生服务中心项目主体完工。2010年市区空气质量达到国家二级天数338天，其中一级天数99天，市区综合污染指数为1.618，同比下降4.9%。

【干部队伍建设】 实施领导干部培训，组织一批优秀党务工作者赴上海、江苏等地区进行考察学习；强化基层干部培训，共集中培训农村“两委”主干670名。对扩大内需的20个项目和全区152个工程领域项目开展专项治理，查处工程建设领域案件3起。推进煤焦领域反腐败斗争，清缴各类资金1.5亿元。引深农村基层党风廉政建设，健全17个乡镇372个行政村的农村组织监督机制，查处涉农案件13起，阳光农廉网三级网络中心试点工作初步推开。全区纪检监察机关共立、结案105件，处分106人。通过严肃查办案件，查处违纪者，充分发挥查办案件的治本功能，为尧都的和谐发展创造一个风清气正的政治环境。 （张洪亮）

·曲沃县·

中共县委书记	杨治平
县人大常委会主任	李德斌
县长	张三森*
县政协主席	薛经纬

【概述】 曲沃县位于北纬35°33′~35°51′，东经111°24′~111°37′，辖5镇2乡，总人口23.47万。

2010年，全县地区生产总值完成66.5亿元，同比增长21%；规模以上工业增加值完成39亿元，增长30%；财政总收入完成5.26亿元，增长10.38%；农民人均纯收入达6484元，增长13%；城镇居民人均可支配收入达14980元，增长13%。全年受政策性抵、免、退税的影响，中条山公司资源综合利用免税1800余万元；通才、立恒、闽光等企业固定资产投资抵扣增值税近8000余万元；国家资源性增值税率由13%提高到17%，全县钢铁、炼焦企业减少税收1亿余元；全县26家企业被迫关停、关闭，每月减少税收2000余万元。2010年共减少各类税收3亿多元。

【工业经济】 2010年，县委、县政府计划实施的62项重点工程项目全部开工，竣工48项，累计完成投资21亿元。长林公司与韩国派姆斯会社合作的低温纳米陶瓷技术研发应用项目和通才公司与中航工业集团合作的120万吨双高线、与法国法液空公司合作的2.5万立方米制氧项目签约，通才公司与德国巴登钢铁公司在先进技术和管理模式方面的合作进展顺利。中宇与太钢(临钢)兼并重组工作进入债务处置和股权收购阶段。煤电一体化项目前期工作开始，临汾市政府与华电集团签订战略框架协议，完成资源详查方案、可研报告和电厂选址勘查工作，落实33.35公顷的用地规划，取得部分晋电外送指标。中宇大道全面贯通；日处理能力2万立方米的园区污水处理厂奠基开工；220千伏变电站建设工程开展前期准备工作；省级园区区域环评全面完成。全年新上工业项目15个，总投资16.95亿元，其中，立恒2号608立方米高炉、1.2万千瓦煤气发电、20万吨焊管生产线，通才100万吨棒材、2号100万吨特钢等10个项目全面竣工，其余项目正在建设。

【农业经济】 2010年，共兑现粮食、农资等各种补贴3363万元；粮食总产量达1.7亿千克，同比增长32.9%。2010年，整合各类涉农项目资金1.3亿元，突出实施“万亩大棚、百日会战”工程，全县新建大棚682栋，占地面积近266.8公顷，成为全市设施蔬菜发展的典范。全县大棚总数达1500栋、1667.5公顷，仅大棚产业一项就可为农民年创收3.5亿元。全市设施农业推进会在曲沃县召开。大力推进浍河北岸生态农业综合示范园建设，完成区内7千米主干道路基础工程，配套建设砂石路、输变电线路、提灌站等配套设施，园区框架全面拉开。省级现代农业示范县、小型农田水利示范县等16个项目纷纷落户曲沃县，涉及资金1.4亿元。

【城乡建设】 2010年，全县完成城东新区土地收储年度任务、贡院街东扩工程道路基础建设以及吉祥路、如意路、康宁街和新区排水系统的规划设计；城市污水处理厂全面竣工并投入使用，日处理生活污水达3600吨以上；天然气入城工程如期点火，县城入网用气用户达1000余户；开展小产权房和违法建筑的清理整顿，无序开发建设得到遏制；晋国博物馆主体建设基本完工，2011年10月份即可对外开放；完成43千米三级公路联网改造和113千米户户通工程建设。县人民医院住院楼和县中医院综合楼以及曲村、高显中心卫生院竣工并投入使用；青少年活动中心全面竣工，校舍安全改造工程基本完工，新职业中学和新乐昌中学教学楼等主体工程完工；“安康居住”工程建设扎实推进，60套经济适用房完成主体，258套廉租房正在建设。全年共植树200余万株，完成造林667公顷，全县林木覆盖率达23.8%。

【民生事业】2010年,全县全年新增城镇就业人数3795人,转移农村劳动力3950人,安置下岗失业人员就业1091人;养老保险、医疗保险、新农合、城市低保、农村低保等各类社会保障制度健康运行,全年共发放各类保险金1.6亿元,惠及群众3.8万人次。

公开选拔招聘49名中小学教师和20名乡镇卫生院医护人员;全县普通高考二本以上达线686人;“任庄扇鼓傩戏”“曲沃碗碗腔”“曲沃琴书”被列入国家级非遗保护名录;特教中心学生在全国第五届特奥会上取得2金6银的成绩;小戏《人约黄昏后》荣获国家社会群众文化艺术最高奖——“群星奖”。（张淑霞）

·翼城县·

中共县委书记	李朝旗
县人大常委会主任	乔葆声
县长	赵雁峰*
县政协主席	刘国恒

【概述】翼城县位于北纬35°23′~35°52′,111°34′~112°03′,总面积1170平方千米,辖6镇4乡。2010年,全县生产总值完成56亿元,同比增长25.1%;财政总收入完成8.8亿元,增长10.1%;规模以上工业增加值完成29.9亿元,增长49.4%;社会消费品零售总额完成20.5亿元,增长17.8%;固定资产投资完成24亿元,增长34.5%;城镇居民人均可支配收入完成14932元,增长13.2%;农民人均纯收入完成5265元,增长14.5%。

【农村经济】全年新发展优质苹果1427.38公顷,优质核桃1500.75公顷,林果业成为农民增收的新渠道。建成10个精品蔬菜种植园区,发展棚菜206.77公顷。规模养殖场户达到3200户,翼众、长汇两公司成为国家级“畜禽标准化养殖示范场”。农业产业化水平进一步提升,翼众饲料、江源生物、普溶油脂、生银屠宰、舜王面业等列为省政府“513”重点扶持企业,富华、农兴、长汇、隆化垣等公司被命名为“市级龙头企业”,全县29家农副产品加工龙头企业年销售收入突破7亿元。农民合作经济组织不断发展,各类专业合作社达到310家,全县1/3的农户成为入社农户。新农村建设稳步推进,26个村的“四化、四改、六通、五个一”工程基本完成。农村“五个全覆盖”基本实现。

【工业经济】2010年,全县生铁产量204.3万吨,同比增长22%;粗钢产量192.5万吨,增长45%;钢材产量204万吨,增长30%;全县规模以上工业总产值完成135.9亿元,增长52.4%;规模以上工业增加值完成29.9亿元,增长49.4%;工业企业销售产值完成135.2亿元,增长52.1%;规模以上工业企业实现税金3.5亿元,增长23%。

【产业结构调整】钢铁产业方面,翼钢公司整合城东、创新等冶炼企业生铁产能,全年铁、钢、材总产量首次突破500万吨。翼钢公司被列入“山西省工业转型发展百强潜力企业培育工程”名单,成为全省钢铁行业重组整合六大主体之一。煤炭资源整合接近尾声,首旺煤业120万吨坑口选煤、大唐公司安峪2×300兆瓦热电联产、山西国电集团高硫煤清洁高效利用等项目进展顺利。制造产业方面,5家冶炼企业延伸链条,新上铸造(管)项目;晋源公司与浙江环球公司、华尔公司与上海粤特公司、福旺公司与上海铸一公司签订铸造项目合作意向,为加快“百万吨铸造基地县”建设夯实基础。启动山西锻造工业园区建设,制定招商引资优惠政策,打通园区道路,与俄罗斯供货商初步达成设备订购协议,园区规划和项目设计正在进行。双峰公司60万吨矿渣微粉、鑫坤公司保温建材、国喜公司导向双回路无机电锅炉等项目开工建设,为工业转型发展注入活力。

【重点工程】44项重点工程项目有32项完工。上报国、省投资项目17个,争取资金7700多万元。黄河禹门口引水东扩、基本农田整理、中低产田改造、农村饮水安全、农机具购置、水肥一体化等项目全面完成,改善农业生产条件。丹桥路拓宽改造、污水处理、集中供气、廉租房建设等工程竣工,汇丰路、汇丰立交桥、和谐时代购物广场、生活垃圾处理等工程进展顺利。

【社会事业】高考成绩连续四年名列全市同类学校前列。“翼城花鼓”亮相世博,“翼城浑身板”再捧群星最高奖,“翼城琴书”成功申报全国非物质文化遗产保护项目。国家基本药物制度全面实施,城镇居民医疗保险基本实现全覆盖,农村合作医疗补偿比例不断提高。就业、再就业工作进一步加强,社会保障体系不断完善,企业改制遗留问题基本解决。民族宗教工作获全省“民族团结进步模范集体”。残疾人工作被授予省级“残疾人社区康复示范县”。造林绿化、节能减排、环境治理成效明显,“十一五”节能减排任务按期完成,城区空气质量二级以上天数达到335天。（张文会）

·襄汾县·

中共县委书记	张成梁
县人大常委会主任	张拽牛
县长	王国平
县政协主席	李顺有*
	王建中

【概述】襄汾县位于北纬35°40′~36°03′,东经111°06′~111°40′,总面积1034平方千米。辖13个乡镇、348个行政村。总人口495299人。全县全年地区生产总值完成101.54亿元,人均21624元。规模以上工业企业增加值完成60.53亿元,财政收入完成12.52亿元,固定资产投资总额完成35.86亿元,粮食总产37.90万吨,社会消费品零售总额完成21.01亿元。城镇居民人均可支配收入完成14984元,在岗职工年均工资27158元。农民人均

收入完成 6125 元。

【新农村建设】 全年新增开发整理土地 133.33 公顷，实施保护性耕作示范面积 1066.67 公顷，粮食产量达 3.6 亿千克。实施品牌农业战略，扩大襄陵西红柿、景毛黄瓜、赵康三樱椒、南贾生地种植面积，发展无公害农产品 4.67 万公顷，启动“万亩丁村白莲农业示范园区”建设工程。培育农业龙头企业，投资 4000 余万元的三盛合酿造有限公司建成投产，天美食品、金田园粉条等企业健康发展，年销售收入上百万元的农副产品加工企业达 36 个，6 家进入省“513”工程或市级重点龙头企业行列。新建户用沼气池 1100 个、村级沼气服务网点 7 个，“养—沼—菜”“养—沼—麦”模式得到推广；34 个新农村建设省级重点推进村硬化街巷道路 53 万平方米、栽植绿化树木 35 万株，建成初具规模的生态园林村；累计投资 2 亿元，改造道路 64.9 千米，安装有线电视 29885 户，建设村级达标卫生室 332 个，实施涉及 178 个自然村 14.6 万人的安全饮水工程，完成 55 所学校、113 个单体建筑、10 万余平方米的校舍安全改造，“五个全覆盖”工程结束；启动农村公益事业一事一议财政奖补试点工作，受益农民达 28 万人。

【工业经济】 星原、中升、新金山 3 家钢铁企业达成合作意向，巨龙与成功、宏达与腾达等焦化企业分别签订产能置换协议，整合重组工作取得进展。重点调产项目进展顺利，光大 15 万吨甲醇、恒泰制动 40 万件汽车制动盘、中升钢铁工业用水等项目投入运行，星原 120 万吨高速线材、星原 2 号 550 立方米锰铁高炉等项目基本完工。出台《襄汾县招商引资优惠办法》，实现招商引资活动的经常化、规范化、制度化；在第三届中国能源产业博览会上，襄汾与中煤集团、新兴重工签订 526 亿元战略合作协议。

【旅游开发】 丁村文化旅游景区牌楼、土地流转等工作基本完成；概算投资 9.38 亿元的双龙湖生态观光旅游园区开发项目，建设用地流转、130 公顷 40 万株景区绿化工程全部结束；环湖景观大道、温泉渡假村、天然矿物质水厂等项目正在施工。编制赵康普净寺和汾城古建筑群修缮方案和保护规划；完成第三次文物普查实地调查登录工作；配合中国社会科学院开展考古发掘，基本认定陶寺遗址为尧王时都城；成立非物质文化遗产研究会，尉村跑鼓车、晋式家具制造工艺入选国家级保护名录。举办《蒲乡红》戏迷擂台赛、迎“七一”晋南 7 县市书法联展等大型文化活动。

【基础设施建设】 滨河公园箱涵、橡胶坝、污水管道、清淤防渗、人行景观桥等项目完工。廉租房工程，一期 270 套完工，二期 240 套主体封顶。县城污水处理厂推向市场经营，设施设备运转正常；河西集中供热站投入使用，县城新增供热面积 40 万平方米；垃圾处理厂正在施工。

【“蓝天碧水”工程】 严格落实环保法律法规，123 个项目办理环评审批手续，新建项目环境影响评价和“三同时”执行率达 100%。严肃处理 26 起企业环境违法行为，淘汰关闭侯临焦化厂 60 万吨焦炉，54 个建成项目全部取得排污许可证，25 个项目正在按环评批复要求建设，钢铁企业烧结机烟气脱硫治理得到加强。重点实施双龙湖景区、塔儿山植被恢复、汾河生态治理等 8 大工程，投资 5000 万元，植树 390 万株。全年投资 1200 余万元，清理垃圾 112.3 万吨，县城周边、城乡结合部、国省干道沿线和农村大街小巷、公共场所的环境卫生得到彻底整治。全年减排 SO_2 561.14 吨，COD209.85 吨，综合污染指数降至 1.37，截至 12 月 14 日县城环境空气质量二级以上天数达到 324 天。

【安全生产】 全县 4649 家生产经营单位全部落实安全生产监管责任。开展专项整治，查处非法违法行为 1232 条，关闭取缔非法经营单位 394 家，责令停产整顿 142 家。严厉打击非煤矿山私挖滥采，切断私开矿道 60 条，填埋非法采矿坑口 448 个，销毁设备 200 余台(件)。投资 1781.5 万元，进行尾矿库闭矿专项治理，植树 6000 余株，恢复耕地 34 公顷，列入闭库计划的 58 座尾矿库全部通达验收。强化安全教育培训，举办培训班 23 期，培训 8200 人。

【社会事业】 实施县城 5 所学校教学楼改造，完成党政机关幼儿园迁址新建，公开招录 110 名师范院校毕业生充实教师队伍，高考本科达线 726 人，超过清华大学录取分数线 2 人。启动古城、邓庄、襄陵 3 所中心卫生院改扩建工作；建立 25 万农民的健康档案；首次组织医护人员招聘活动，“五大保险”参保人数达 11 万人，全年新增就业 4200 人，为 7400 户 1.6 万余名低保对象足额发放最低生活保障金 1161 万元。全面推进“法治襄汾”建设项目，处理涉爆犯罪人员 15 人，追捕涉爆逃犯 82 人，维护了社会安全稳定。

【一汽丰田 180 万件热冲压项目落户襄汾】 8 月 26 日，县委副书记、县长王国平一行在长春会见第一汽车集团总工程师赵立信、一汽丰田发动机技术部部长高广润，就山西韦浮特汽车零部件制造有限公司 180 万件热冲压项目进行座谈，并就推进项目实施达成一致意见。热冲压项目总投资 2.7 亿元，设计年产 180 万件，年可上交税金 1050 万元。 (王建刚)

·洪洞县·

中共县委书记	陈玉士
县人大常委会主任	张国平
县长	段新
县政协主席	任保家

【概述】 洪洞县位于北纬 36°14′~36°32′，东经 111°22′~111°52′。全县生产总值完成 122.3 亿元，比上年增长 16.8%；限额以上工业增加值完成 69 亿元，增长 27.2%；固定资产投资完成 65 亿元，增长 44.4%；财政收入完成 20 亿元，增长 15.3%；城镇居民人均可支配收

入达 14900 元,增长 12.1%;农民人均纯收入达 5922 元,增长 13%;社会消费品零售总额完成 28.5 亿元,增长 17.6%。

【农业经济】 总投资 2.58 亿元,实施一大批农业基础设施建设工程,建成防渗渠道 850 千米,整修田间道路 480 千米,改善土地面积 23345 万平方米,节水 6000 万立方米,全省农业节水建设现场会在洪洞县召开。粮食生产持续稳定,总产达 32 万吨。巩固发展无公害蔬菜、日光大棚、延秋蔬菜、优质小麦、设施草莓等 10 个高效农业示范园区;发展林下经济 1467.4 万平方米,新建蔬菜大棚 280 座,启动实施传统品牌池栽莲藕种植项目。畜禽存栏牛 4.5 万头,生猪 22.3 万头,羊 11 万只,禽类 226.8 万只。农业龙头企业稳步发展,新博特饮料二期、五谷香小杂粮万吨挂面、西梁林下食用菌、番茄制品加工等项目进展顺利。新发展专业合作社 19 个,农机户达 5 万户。开展科技富民工程,完成农民技术技能培训 12.3 万人,转移农村劳动力 8.1 万人。

【项目建设】 以四个工业园区建设为载体,加快工业项目的引进和建设,园区建设初见雏形,入驻规模以上企业 42 家。洪洞赵城煤焦化深加工园被确定为"国家新型工业化产业示范基地";山西省产业转移示范区、临汾经济开发区(洪洞·甘亭)工业园正式揭牌。华翔美的精密制造一期、豪信化工顺酐一期、塔尔纳米节能材料一期、双银电热膜、鑫华金属焊接网、三维 1.4—丁二醇、山焦硬质炭黑等项目建成投产。山西飞虹 LED、恒美陶瓷城、普泰发泡铝、铭宇化工、宏阁煤矸石制砖、宇欣新型建材、三维聚四亚甲基醚二醇、焦炉煤气解吸返送等项目进展顺利。17 项市重点监测项目,年度计划投资 18.75 亿元,完成投资 22.08 亿元。全年引进签约项目 10 项,总投资达 85.65 亿元。

【城市建设】 完成飞虹中街、虹通北路、涧河南路、轩逸园休闲绿地、小街小巷硬化及五一渠城区段清淤等工程;涧河综合治理一期工程全面完成,建成华北地区最大的音乐喷泉。城市生活垃圾综合处理、广电大楼、玉峰街还迁等工程进展顺利。实施扩绿工程,植树 526 万株,造林 2454.56 万平方米,全县森林覆盖率达 31.5%;城区绿化面积达 561.16 万平方米,人均公共绿地面积达 10.19 平方米,顺利通过"省级园林城市"初评验收。城市污水处理厂正式投入运营,污水处理率达 70%;完成天然气置换煤气工作,天然气入户 1.3 万户,气化率达 60%以上;新增供热面积 42 万平方米,热化率达 82%。完成建筑节能改造 2.4 万平方米;关闭 30 万吨以下的洗煤厂和 21 家水泥粉磨站,涉水企业废水深度处理工程全部完成。全县共减排 $SO_2$3536 吨,COD2275 吨,城区空气质量二级以上天数达 342 天。

【旅游发展】 实施旅游品牌战略,与上海云峰集团合作,启动广胜寺旅游景区拓展改造工程,完成 15.4 万平方米的一期拆迁工程;投资 2.68 亿元的广胜寺旅游公路建成通车。大槐树民俗饭店主体工程完工;举办第二十届大槐树寻根祭祖节。全年共接待游客 118 万人次,旅游总收入达 18.3 亿元,被评为"中国最具民俗文化特色旅游目的地"和"中国低碳旅游示范地"。

【民生事业】 养老、失业、工伤、城镇职工医疗等各类参保人数达 9.4 万人。全面启动城镇居民医疗保险,参保人数达 3.5 万人;新型农村合作医疗参合人数达 63.4 万人。城镇新增就业人数 4150 人,下岗失业人员再就业 985 人,就业困难人员再就业 385 人。为低保户、五保户、特困户、农村高龄老人及流浪乞讨人员,发放各类社会救助金 4288 万元。广胜寺中心敬老院投入使用,殡仪服务中心建设工程进展顺利。完成百村主干街道硬化 95 个村 207 千米;解决 106 个村 7.2 万口人的饮水安全问题;廉租住房欢颜新区及刘家垣岭南、磊上村移民搬迁工程进展顺利;完成棚户区改造 1.92 万平方米;为 3000 名住房保障对象发放补贴资金 180 万元,缓解低收入家庭住房困难的问题。

【安全生产】 煤矿兼并重组工作进展顺利,12 个板块完成名称预核准、采矿证换发工作,"六长"任命全部到位。开展"春雷行动"和"安全生产百日大会战",整改各类安全隐患 2017 条,取缔、关闭 20 家非法违法生产经营单位。

【社会生活】 玉峰山高中主体工程完工,职业高中搬迁工作全面启动,52 所学校完成校舍安全工程;高考二本以上人数达 975 人;"义务教育标准化县"创建工作通过省政府初评验收。拥有 4 项国家级、8 项省级、18 项市级非物质文化遗产保护项目,新建 116 个村级农民健身场所,城乡数字电视整体平移 3.3 万户。启动 9 项国家基本公共卫生服务项目,在 16 个乡镇卫生院实施国家基本药物制度;人民医院迁建工程进展顺利,门诊楼、住院楼、急诊楼主体工程完工。切实稳定低生育水平,人口自然增长率控制在 6‰以内。 (王俊平)

·古 县·

中共县委书记	李 菲
县人大常委会主任	辛普选
县长	加天山
县政协主席	李朱锁

【概述】 古县位于北纬 36°02′~36°35′,东经 111°47′~112°11′,面积 1206 平方千米,辖 4 镇 3 乡,9 万人。全年生产总值完成 48.92 亿元,同比增长 21%;限额以上工业增加值完成 39.6 亿元,增长 23.45%;财政总收入完成 10.566 亿元,增长 5.14%;固定资产投资

完成19.2亿元，增长30.1%；城镇居民人均可支配收入完成15737元，增长14%；农民人均纯收入完成4962元，增长13.2%。

【“三农”工作】 粮食总产量达5.3万吨，比上年增产16%。新栽植核桃90万株，全县核桃总数达780万株。大棚蔬菜基地规模扩大到100棚。新建石壁现代农业观光示范园和森润溢康园农业科技示范园。南垣乡梅花鹿养殖量达3000头；农民专业合作社达298个。桃源生物公司、宏盛达生物有限公司销售收入达3000万元。县财政出资300万元以贷款贴息形式扶持合作社发展，带动支农信贷2000余万元。科技经费投入444万元，扶持农村重点项目40余个。发放农机购置补贴资金近300万元，补贴农民购买农机具951台。投资490万元新建、改建村级组织活动场所43个。新建、完善提升放心粮油配送中心1个、示范点7个、经销网点50个。完成农田灌溉面积666.67公顷，水土流失治理面积400.2公顷，基本农田保护15554.44公顷，实施机械化保护耕作600.3公顷。实施城乡绿化工程，完成天然林保护533.6公顷，退耕还林333.5公顷，补植补造452.23公顷，通道绿化200.1公顷，太行山绿化53.36公顷，环城荒山绿化262.00公顷，核桃经济林1900.95公顷。全年共培训农村实用技术人才2000余人，转移培训800余人，合作社法人培训150余人。新增8个新农村建设重点推进村，投资1400余万元，实施“四化四改”“六通”“六个一”工程，完成22个村的村通广播电视、1.5万平方米的校舍安全改造、36处8000人的饮水安全、30千米的村村通水泥路、111个行政村的村卫生建设。

【工业经济】 协调督促8大主体加快煤矿整合进度，完成省、市下达的整合任务，煤矿协议签订率、证件换办率、接管到位率、资金补偿率均为100%，矿井关闭率达113%。全县煤矿共投入13.86亿元进行改扩建，全县煤矿复产1座，复工整顿2座，专项整顿5座。利达投资2.5亿元的甲醇项目工程进展顺利，森润投资2200万元的余热发电项目即将投入运营。全年原煤产量为353万吨，焦炭产量为269万吨。

【环境治理】 实施蓝天碧水工程，城市绿化面积提高到102万平方米，人均绿化面积提高到32.6平方米，城市绿化覆盖率达48%，全年城区环境空气质量二级以上天数达362天，其中一级天数110天。

【旅游开发】 在牡丹景区建设上，投资3000万元建成景区循环公路，实施张家大院二期修复工程，启动创建AAAA级旅游景区工作，举办第三届牡丹文化旅游节，接待游客23万余人次，旅游综合收入1350万元。期间，举办全国著名画家牡丹园写生、CBA四省市篮球精英邀请赛等活动。由霍泉水业开发的霍山老爷顶景区建设进展顺利，建成霍泉牌矿泉水加工基地和半森园避暑山庄。

【基础设施建设】 投资700余万元，对岳秀街进行拓宽改造。继续实施集中供热、供气工程，新增供热面积12万平方米，城市集中供热面积达47.6万平方米，新增煤气用户1500余户，煤气用户达4600户，县城区域TD网络实现全覆盖，3G网络建设全面完成，城市信息化实现小区全覆盖，并完成20个行政村的光纤覆盖，城市电网改造全部完成。长临高速引线、黎霍高速互通、省道323线拓改、铁路专用线、天然气输配等基础设施建设项目获得批复，各项前期工作均已启动。

【社会事业】 投资1.3亿元，新建古县城镇寄宿制学校，扩建古县一中和职教中心，完成7所学校的校舍安全工程。落实“两免一补”政策，对职中学生的学费、住宿费等5项费用给予减免。公开招聘教师66名，进一步充实教师队伍，高考达本科分数线120人。新建县医院工程顺利开工。全县7个乡镇卫生院和111个村卫生室全部建成。新型农村合作医疗财政补助标准从80元提高到120元，全年发放补偿金580余万元。参合人数达65134人，参合率达98.65%。新招聘大学生村医20人，充实农村医疗人才队伍。投资1800余万元，完善县乡村三级文化服务体系，县图书馆和6个乡镇文化站全部建成投入使用，111个村实现农村文化活动室全覆盖。完成县城数字电视整体平移和22个村的广播电视全覆盖任务。全县人口出生率为9‰，人口自增率为4.81‰，城镇职工基本养老保险新增912人。农村养老保险参保人数达32000人。完成残疾人危房改造50户，帮助白内障患者实施手术18例。发放各项补贴共计980余万元，受益群众达1.2万余人次。新增就业人口2110人，城镇登记失业率控制在0.4%。实施涉及334户居民的煤矿采空区居民安置工程。新建1万余平方米的经济适用房。启动140套7000余平方米的廉租房建设工程。

【安全维稳】 全年没有发生重大安全事故。投资200万元建成煤炭安全生产调度指挥中心，排查各类隐患1430余条，培训煤矿从业人员3000余人次，煤炭百万吨死亡率为0.28%。投资240余万元实施二期“天眼工程”，破获刑事案件71起，查处治安案件321起，社会安全感满意度达86.5%。妥善办理群众的来信来访249件次，案件办理率为100%，办结率达90%以上，群众满意率达98%。

（毛华丽）

·安泽县·

中共县委书记	梁若皓
县人大常委会主任	杨湘萍
县长	郑步电
县政协主席	王孝恩

【概述】 安泽县位于北纬35°53′~36°32′，东经112°05′~112°34′，总面积1967.3平方千米。辖4镇3乡104个行政村，总人口84243人，其中男性43208人。

境内森林覆盖率达67.2%，居全省第一，全年空气质量二级以上天数达350天以上，是“国家级生态示范区”。全县耕地面积12788.66公顷，林地103451.7公顷，乡(镇)人口人均占有耕地0.21公顷。安泽县水资源丰富，天然径流量为3.17亿立方米/年，人均水资源占有量为4300立方米，亩均占有量1876立方米。矿藏资源主要有煤、铁、铝土矿、石灰石、石膏、高岭石、方解石和煤层气等，其中煤炭贮藏面积达1944平方千米，总量达240亿吨。粮食作物以玉米为主，年产量稳定在7万吨左右。野生中药材和菌类品种繁多，有450余种。其中连翘面积达66700公顷，年产量达4000吨，产量占全国总产量的1/4。

全县地区生产总值完成40.56亿元，同比增长17.7%；财政收入完成8.27亿元，增长45.06%；规模以上工业增加值达31.43亿元，增长20.21%；固定资产投资总额达19.99亿元，增长31.6%；社会消费品零售总额完成4.43亿元，增长19.21%；城镇居民可支配收入达13772元，增长14.74%；农民人均纯收入达4508元，增长12.2%；粮食总产量达5.3万吨。

【重点项目】 2010年总投资21.1亿元实施55项重点工程建设项目，全年累计完成投资9.6亿元。启动总投资5亿元的太岳焦化5万吨乙二醇项目。全县4座煤矿除太岳煤矿被阳煤集团整合外，玉和泰煤业、玉华煤业、安鑫煤业改造完成，煤矿生产能力和安全发展水平大幅提升。全县原煤产量达281万吨，焦炭产量129万吨，发电1.61亿度，回收焦油3.71万吨，合成甲醇6.67万吨。

【新农村建设】 全县投资1550万元，完成31个村的建设任务，所有行政村实现首轮新农村建设全覆盖。在全市大督察中，三次夺得全年东北片新农村建设流动红旗。全县种植优质玉米21464.06公顷、蔬菜813.74公顷，新发展优质核桃1200.6公顷、核桃育苗18.34公顷、优质桑园113.39公顷、小杂粮727.03公顷，荣获“全国绿色食品玉米标准化生产基地县”称号。全县各类农民专业合作社达198个，促进产业发展。完成353.51公顷的中低产田改造工程和沁河沿岸万亩自流灌溉工程；实施土地开发整理项目，新增耕地70.37公顷。

【基础建设】 在城市建设上，完成沁河县城段综合治理一期工程、污水处理厂、义唐河县城段治理、安泽迎宾馆等重点工程，城市品位得到提升。在公路建设上，投资1737万元，完成第五至孔村荀子公园段、府东路罩面工程、东湾西沟桥及接线工程；安装候车亭27个、站牌107个，实现所有建制村通客车。在水利建设上，完成水土流失治理867.1公顷，生态修复2868.1公顷；解决60个自然村10014人饮水安全问题。

【旅游产业】 投资100万元完成黄花岭、红叶岭景区配套设施建设；投资360万元完成荀子文化园引水工程。举办第五届中国(山西·安泽)荀子文化节。实施生态建设工程，完成国家太行山绿化工程466.9公顷，退耕还林配套荒山造林600.3公顷，县级干石山绿化工程200.1公顷。公开招录173名队员，在全省率先成立县级森林防护大队。全省森林防火应急预案培训演练暨森林消防队建设现场会在安泽召开。全年二级以上天数达365天，一级天数达181天，连续四年位居全省首位。先后荣膺“全国绿化模范单位”“全国生态文明先进县”等称号。

【社会事业】 投资2.3亿元，完成安泽新一中、和川中学等5所学校续建工程和职业中学等15所中小学校舍安全加固项目。高考二本以上达线85人。投资2000余万元，完成中医院新建工程主体建设和马壁卫生院建设。启动唐城、冀氏卫生院改造工程。新型农村合作医疗参合率达91.7%；全面落实计生家庭奖励政策，发放奖励资金28.2万元，人口自然增长率控制在5.39‰以内。新增就业岗位1015个，转移农村劳动力2850人，城镇登记失业率控制在3.1%以内；全年共发放救助资金1322万元；投资358万元，实施数字电视工程，使县城群众收看到102套画面清晰的电视节目；开展32个村的农村书屋建设工程，为14个村配备了图书。深入开展“三级书记大接访，职能部门大办访”活动，连续三年被省委、省政府评为“全省信访工作先进县”；全省司法工作现场会在安泽县召开，被授予法治县创建先进单位。

【党的建设】 全面推行“四议两公开”工作法，新建、改扩建33个村级组织活动场所，提高农村“两委”主干工资标准，全县170名农村“两委”主干全部按时领到岗位报酬和政府养老保险专项缴费补助。全年培训干部2800余人次，选派35名领导干部参加省、市组织的培训14期；提拔、调整、交流干部108人；公开招录3名研究生和100名本科生，缓解安泽县人才紧缺的现状。全县各级干部累计办实事200余件，解决热点、难点问题326件，结对帮扶贫困户2000余户；整肃工作纪律，处理机关工作人员4人，对8名失职责任人进行问责；全年共处分违纪党员干部

34 人。 （尚晓玲）

·浮山县·

中共县委书记	毛克明
县人大常委会主任	王生荣
县长	张宏志
县政协主席	燕玲

【概述】 浮山县位于北纬 35°49′~36°06′，东经 110°41′~113°13′，辖 2 镇 7 乡，185 个村民委员会和两个社区居民委员会，总面积 938 平方千米。

全县生产总值完成 19.2 亿元，同比增长 17.1%；规模以上工业增加值达 10.36 亿元，同比增长 23.7%；财政总收入完成 2.68 亿元，增长 27.2%；固定资产投资完成 16.31 亿元，同比增长 31.9%；社会消费品零售总额完成 4.37 亿元，增长 17.8%；农民人均纯收入达 4345 元，增长 5.9%，城镇居民人均可支配收入达 14814 元，增长 12.5%。

【“三农”工作】 2010 年，浮山县被山西省列为设施蔬菜基地县。全年用于农业支出达 1.2 亿元，同比增长 2.3 倍，共发放支农贷款 4450 万元。兴建以设施蔬菜、规模种养、加工转化、观光旅游为主的张庄现代农业示范园区。投资 869 万元，建成下凹式新五代日光节能温室 103 座；投资 120 余万元，建成春秋蔬菜大棚 50 座。投资 510 万元，建成年加工黄花菜 2000 余吨的生产线，基地面积 2001.1 公顷；投资 900 万元，栽植中华红叶杨 30 万株，各类苗木 57 万株；投资 1500 万元，规划栽植稀有物种红豆杉 20.01 公顷，完成 6.67 公顷；投资 1300 余万元，完成中宝脱水蔬菜厂房建设和设备购置；投资 120 万元，新栽植核桃 933.8 公顷，核桃基地发展 5669.5 公顷；投资 20 余万元，新增窑洞蘑菇 1.2 万平方米，累计发展 10 万平方米。新增专业合作社 20 个，累计达 120 个，其中民生源、黄花菜、东亲食用菌等 5 个专业合作社注册资金超过百万元。全县粮食总产达 9 万吨，增长 12.7%。全年共发放粮食补贴 1946 万元，农机具购置补贴 180 万元。投资 624 万元，完成 6 个重点推进村的“四化四改”和“六通六个一”任务。投资 100 万元，对辛落村、梁家河村进行重点打造；对梁村、上东村以奖代补 10 万元给予鼓励，推动新农村建设的发展。2010 年浮山县被列为国家级农业综合开发县，全年投资 247 万元，完成西王、范家坡村中低产田改造 166.75 公顷；投资 1220 万元，完成农村饮水安全工程 130 处，解决 22764 口人、3198 头大牲畜的饮水安全问题；投资 550 万元，完成 400 口人的移民搬迁任务；投资 300 余万元，建成 9 个乡镇文化站；投资 553 万元，建成 73 个村级组织活动场所，投资 30 万元，建成 1 个县级粮油批发配送中心，45 个“放心粮油经销店”和 4 个示范经营店；投资 100 万元，完成寨圪塔、槐埝客运站建设，全县通客车率达 97.2%；新增有线电视用户 3500 余户。有 155 个村完成宗地规划和勾图工作，承包到户面积达 24679 公顷，其余 22 个村正在进行。

【项目建设】 2010 年全县共重点实施建设项目 60 余项，完成投资 7 亿余元。其中，十大竣工剪彩工程有：浮山中学教学楼工程、浮山三中综合教学楼工程、永梓学校建设工程、校舍安全改造工程、城乡公路改造工程、县城污水处理厂建设工程、惠馨廉租住房工程、敬老院扩建工程、第二轮村级组织活动场所建设工程和张庄现代农业示范园区设施蔬菜一期工程。五大开工奠基项目有：文化体育活动中心一期建设项目、县城生活垃圾处理建设项目、新职业中学项目、县城集中供气项目工程和山西中南部铁路浮山客运站建设项目。另外，中强公司 3 万吨煤质活性炭，福山 90 万吨煤矿升级改造等重大项目进入实施阶段；春山 120 万吨煤矿正在完善前期工作，兴鹏 450 立方米锰铁合金高炉正在建设；东诚 380 立方米锰铁合金高炉试产；满兴硅酸钙板，明华免烧砖项目先后完工；微晶石、黑刚玉项目相继投投产，健华中药饮片项目建设竣工；百恒粮油、生化饲料加工项目试产，汉中洋核桃乳项目开始投产运营。投资 1000 万元的蛇蚂河桥工程进展顺利；投资 1860 万元的中南铁路浮山客运站工程开工建设；县城至北韩火车站的煤炭集运公路进入设计阶段，长临高速浮山引线工程列入计划；农村公路“通返不通，通未连通”工程全面完工。整合后的福山煤矿，可利用资源储量由 2091 万吨增加到 4743 万吨，产能也将由 51 万吨提高到 90 万吨；共整合保留 33 座铁矿，单独保留的 25 座中有 19 座进行复工整治，6 座正在进行设计批复；整合保留的 8 座，完成划界的有 5 座，3 座正在办理划界手续；全县 55 家选矿企业，有 6 家正常生产，有 3 家采用压滤干排新技术，生产技术水平、安全保障能力和企业效益不断提高。

【城乡建设】 完成 10 个新农村建设规划编制，累计完成 9 个乡镇 36 个新农村的规划编制任务。启动实施 10 项重点工程，完成总投资 1.5 亿元。投资 4565 万元完成县城污水处理厂建设；投资 477 万元完成县城杨家坡路段和南环西路段的改造工程；投资 1252 万元完成惠馨廉租住房建设；投资 2200 万元完成怡馨花园 1 号、2 号楼主体工程；投资 1300 万元启动并建设在全市领先运用分离式、无害化处理技术的生活垃圾集体处理场；投资 4000 万元，县城集中供气工程完成城内主管道铺设，集中供热项目热源厂工程完成招标；投资 34 万元，新增街道路灯 45 盏。对 185 户涉及对象进行分类查处，收缴违法占地罚款、建设罚款及规费 321.67 万元，小城镇化达 31%，比上年增加 2.7%。

【生态建设】 整治环境违法企业18家,依法取缔"土小"企业2家。县城二级以上天数达356天,其中一级天数达196天,综合污染指数下降0.03。全县万元GDP综合能耗2.08吨标准煤,相比下降12.04%;SO_2、COD分别净减排35.38吨和61.76吨。全年完成植树造林3001.5公顷,实施乡村通道绿化13条60千米,城镇新增绿地面积2.97万平方米,全县绿化覆盖率达36.5%,增加1.7%。

【社会事业】 全年投入6291万元改善民生,占财政总支出的14.6%。全县学校由42所整合为35所。2010年高考本科达线83人,同比增加23人。山交八路军路居旧址得到修复;投资200万元,新建尧山森林公园;投资2100万元,完成凤凰山庄硬化、绿化和部分设施的建设。新型农村合作医疗参合98489人,参合率为90.44%;医疗统筹补偿总计983.1万元,9个乡镇全部推行国家基本药物制度,实行零差价销售;85个行政村全部建成村级卫生室,县乡村三级卫生机构达标率达87.7%。全年新增就业人员1120人,下岗失业人员再就业240人,实施困难人群就业援助75人,城镇登记失业率控制在3%以内。全年各项社会保险累计实现参保36774人次,征缴基金6969万元,发放社会救助资金1239万元,向城乡弱势群体发放临时价格补助106万元。开展"新晋商万企联万户感恩行动",有48位企业家与77名老党员、老八路进行结对帮扶、帮扶资金达18万元。投资200万元,对县城中心敬老院和米家垣敬老院进行扩建改造。补助45万元,完成农村残疾人危房改造40户。10204名城乡低保对象和631名五保对象实现应保参保。 (李彤新 张明明)

·吉 县·

中共县委书记 毛益民
县人大常委会主任 孔繁新
县 长 刘奎生
县政协主席 张锦中(女)

【概述】 吉县位于北纬35°53′~36°21′,东经110°27′~111°07′,总面积1777.3平方千米。辖3镇5乡79个村民委员会、567个自然村。总人口10.6万人。

全县地区生产总值完成11.9亿元,同比增长17.2%;固定资产投资完成10.35亿元,增长31.8%;社会消费品零售总额完成3.32亿元,增长17.1%;财政总收入完成1.0176亿元,增长62.1%;城镇居民人均可支配收入达10078元,增长12%;农村居民人均纯收入达2106元,增长10%。一般预算收入6680万元,规模以上工业总产值81573.7万元,工业增加值55992万元,农林牧渔业总产值50770万元,粮食总产量46900吨,社会消费品零售总额33165万元。

【农业经济】 新栽苹果1000.5公顷,全县苹果总面积突破18009公顷。大力推广畜—沼—果生态经济模式,新建标准化示范园区667公顷,新建节水灌溉园区667公顷,新技术推广应用667公顷,培训果农10000人。新建储藏库8个,新增储藏能力3万吨。苹果产量达15万吨,产值超过3亿元。成功开发富硒、富锌、SOD功能保健苹果。

【工业经济】 华晋明珠煤矿90万吨改造和盛平煤业技术改造按时完成。明珠、桑峨两个500万吨煤电、化工工业园区正规划筹建。风力和太阳能发电正进行前期数据测试。煤层气开发利用进展顺利,实现县城供气。

【城乡建设】 实施城市"东扩西改"战略,高起点编制城市发展规划。总投资5.6亿元的新城开发一期工程开工。县城污水处理厂、城市集中供气、清水河治理一期工程、锦屏山公园等建设项目如期完成。完成8个重点推进村建设工程。实施乡村公路改造、农田水利建设、土地开发整理、农村安全饮水、小流域治理、移民搬迁等项目建设。实施农村道路硬化通户工程,农村劳动力转移阳光工程和科技入户培训。实施造林绿化工程,森林覆盖率提高到45.8%。

【旅游开发】 《全县旅游产业发展总体规划》修编完成,通过专家论证。壶口污水处理厂、壶口垃圾处理场、克难坡展览馆、屯里旅游服务区建设工程如期完工。编纂出版《人祖渊源》《壶口之旅》等书籍。成功举办黄河壶口文化旅游节,期间共签约项目21个,总投资达167亿元。

【社会事业】 投资2535万元,完成吉县一中、二中、东关小学等9所学校校舍安全工程。投资6600万元,完成吉州职业技术学院一期工程。总投资8700万元的新建县医院工程基本完工,乡镇卫生院全面达标,村卫生室实现全覆盖,新型农村合作医疗为参合农民报销费用682万元。完成乡镇文化站建设工程,建成县级非物质文化遗产展厅。壶口唢呐在"上海世博会"和"北京农博会"上的演出取得成功。实施有线电视通村工程,新增农村用户2600户。新型农村社会养老保险试点工作全面铺开,全县60岁以上农村居民领到养老金。100套1万平方米棚户区改造全面完工,800户农村危房改造任务落实到户。新建农村安全饮水工程59处。 (杨增奎 强培家)

·乡宁县·

中共县委书记 杨安虎
县人大常委会主任 左云峰
县 长 郝忠祥
县政协主席 张欢虎

【概述】 乡宁县位于北纬35°41′~36°09′,东经110°30′~111°16′,总

面积 2029 平方千米，辖 10 个乡镇、182 个村委、1113 个自然村，全县总人口 23 万人。全年生产总值完成 47.63 亿元，全县生产总值完成 47.63 亿元，同比增长 15.9%；财政总收入完成 21.4 亿元，增长 19.2%；城镇居民人均可支配收入完成 14469.52 元，增长 13.03%；农民人均纯收入完成 4643.72 元，增长 12.5%。

【新农村建设】 10 个新农村建设重点推进村全面完成规划任务，全年涉农资金投入达 1.2 亿元。确立"一个产业主导、若干特色并进"的新思路，出台《大力发展核桃产业的决定》，全年新发展优质核桃 2454.56 公顷。花椒、苹果、葡萄、翅果树等特色产业在稳定面积的同时，走上上档升级、提质增效的发展之路。琪尔康、戎子酒庄、双凤祥等龙头企业带动作用日渐明显，农业产业化迈出关键性步伐。完成 6 个省级重点推进村"四化四改、六个一"建设任务，重点培育 10 个标兵村、4 个示范村和 2 个连片区，农村城镇化取得新进展。完成人畜饮水工程 166 处，解决 195 个自然村、36200 口人、4315 头大牲畜的饮水安全问题。大力开展农民技能培训，培训新型农民 4000 余人次，新发展农民专业合作社 115 个，全年粮食总产达 72469 吨。

【重点项目建设】 坚持"依靠煤、延伸煤、超越煤"和"二产做大做强、三产做精做优"的发展思路，实施"内留外引"战略，转型跨越迈出坚实一步。煤矿企业兼并重组整合工作有序推进，29 个板块基本完成协议签订、证件办理、接管进驻、资金补偿 4 个百分之百，相关改扩建工程的文件批复工作加紧进行。台头煤焦 150 万吨洗煤、胡村接替井 150 万吨、琪尔康翅果油系列化妆品项目顺利推进，戎子酒庄 5000 吨葡萄酒、通洋紫陶 280 万平方米欧式连锁瓦项目建成投产。同时，云丘山、峰岭等旅游开发初具规模，《乡宁县旅游产业发展总体规划》中期成果广受好评，朝阳产业步入加快发展的新阶段。

【基础设施建设】 以"五城联创"为抓手，全力打造宜居宜业新乡宁。成立城乡规划委员会，依法强化规划监督管理。初步完成营里组团和老城区改造等 5 个修建性详细规划和 7 个县城专项规划编制工作。滨河路一期、体育馆主体、北山公园甬道主体、石沙湾道路、宁馨小区还迁房一期续建和二期新建等工程基本完成。迎旭大街东延、明珠休闲广场、营里大桥等重点工程快速推进。投资两个多亿，启动总面积达 20 万平方米的拆迁改造工程，推进城市建设改造步伐。启动建设 3 条干线、7 个村村通工程，全县 182 个行政村全部通油路，积极协调配合临吉高速、张台铁路建设。治超工作获得全省先进，表彰奖励 1000 万元。通讯网络信号基本实现全覆盖，输变电站自动化程度得到提高，城乡基础设施进一步夯实。同时，部署开展违法违章建筑、广告牌匾、交通秩序、环境污染、市容市貌、经营场所环境卫生等 6 大专项整治行动，城市面貌明显好转。

【生态综合治理】 城区污水处理厂按期投运，垃圾处理场建设进展顺利，完成全年节能减排任务。城区环境空气质量二级以上天数达 360 天，大气综合污染指数控制在 1.3 以下。完成三北防护林 1667.5 公顷，退耕还林补植补造 1600.8 公顷。林权制度改革明晰产权面积 50565.27 公顷，家庭承包率达 91%，超额完成年度任务，综合评估位居全市第一。申报实施管头、台头、关王庙等乡镇地质灾害治理工程，城乡生态环境持续好转。

【社会事业】 承诺实施 20 项重点工程，8 项工程全面竣工，12 项跨年工程有序推进，10 件惠民实事全部兑现。投资 4.3 亿元，实施校舍危房改造、布局调整、学校建设等 6 大工程。公开招录教师 121 名，高考达线 269 人，在全市山区县遥遥领先。总投资 2 亿余元的新高中主体工程顺利完工。投资 7000 万元的县医院门诊楼、医技楼工程建成投用，全县新农合参合率达 95%。各项社会保险参保 78834 人次，发放低保补助 833 万元，医疗救助 696 万元，抚恤补助金 239 万元，建成廉租住房 260 套，给群众免费供应取暖用煤 7 万多吨。新建 20 个村级文化活动室，新发展有线电视和卫星电视 28 个村 1232 户，城区网络改造和数字电视整体平移工程基本完成。

（白　斐）

·大宁县·

中共县委书记	张越轶
县人大常委会主任	贺寅生
县长	程明温
县政协主席	姚如意

【概述】 大宁县位于北纬 36°16′~36°36′，东经 110°27′~111°00′，辖 2 镇 4 乡，84 个行政村，309 个自然村，总面积 967 平方千米，总人口 6.8 万人。人口自然增长率控制在 3.58‰。2010 年，全县生产总值完成 4.47 亿元，同比增长 15.5%；规模以上工业增加值完成 1.785 亿元，增长 19%；财政总收入完成 3323 万元，增长 9.7%；一般预算收入达 2033 万元，增长 13%；城镇居民人均可支配收入 9987 元，增长 12%；农民现金收入 1368 元，增长 14.9%；社会消费品零售总额完成 1.684 亿元，增长 16%；固定资产投资完成 3.354 亿元，增长 30%。全县粮食总产量 2600 万千克，增长 42.9%。

【"三农"工作】 6 个新农村建设重点推进村全部完成村庄绿化、街巷硬化、环境净化、路灯亮化，建起文化科技服务中心、卫生所、便民店和休闲广场。全县新增经济林 1200.6 公顷，人工种草 1720.86 公顷，新增羊 2.9 万只，发展瓜菜大棚 500 栋。举办首届桃花节和赛羊大会，对外宣传推介大宁县经济林、种草养羊两大农业主导产业的优势和潜力。实施坝系建设、沿黄提灌和农业综合开发项目工程，新建淤地坝12座，机修梯田53.36公顷，土地平整66.7公顷，水源井10眼，完成支渠1000米、斗渠3000米、防渗渠12500米。实施荒山造林2067.7公顷，育林1600.8公顷，义务植树18万株，绿化公路348千米，育苗200.1公顷。建设户用沼气池600个、村级沼气服务网点12个。引导性培训农民2100人，转移农村劳动力428人。

【工业经济】 山西印象石业公司年产180万平方米岗石、石英石项目一期工程完成投资5500万元，建成北方第一条岗石、石英石生产线。辰康生物科技公司年产100吨麦绿素项目完成投资5500万元，基建工程基本结束。佳源煤业有限责任公司和乡宁焦煤集团的兼并重组整合工作扎实推进，黄河化工有限责任公司和山西同德化工股份有限公司的重组整合工作有序进行，煤层气勘探工作全面展开。

【城市建设】 完成南山公园三期工程，修建5个智能公厕。建成县医院门诊大楼和60套廉租住房。城关小学教学大楼、检察院综合办公大楼、宣传文化活动中心相继投入使用。垃圾处理场和污水处理厂按期完工，新增城市集中供热面积4万平方米。东关通道续建工程完成绿化、护坡石坝、人行道彩砖铺设和路灯安装；滨河路建设工程完成地下管道和路面铺设。昕水河城区段河道治理工程全面启动，疾控中心综合办公大楼、大宁宾馆主体工程全部结束。县城控制性详细规划编制基本完成。

【民生事业】225个自然村安装4344套广播电视接收设备；新建村通水泥(油)路90.6千米；完成饮水安全工程66处，解决10028口人、1901头大牲畜的饮水安全问题；完成84个村级卫生室的建设任务；完成中小学校舍安全改造3.62万平方米。全县中小学由60所撤并为36所，公开招聘特岗教师90名，全县有25名学生达到国家二本以上录取分数线。建成13个村级组织活动场所。新农合参合率达90.39%，为农民报销医药费344.3万元。开发购买公益性岗位80个，新增城镇就业人员825人、城镇职工基本养老保险人员204人、农村养老保险2554人。新建1个县级放心粮油配送中心、2个示范店和25个经销点。兑现粮食综合直补、农机具及家电下乡补贴资金973万元。新建徐家垛乡敬老院。发放城乡低保、城乡医疗救助、五保供养对象和贫困学生补助资金1126.58万元，实现应保尽保。

【中国绿化基金会和宝马集团负责人在大宁考察碳汇造林项目】 3月17日下午，中国绿化基金会和宝马集团有关负责人在大宁考察黄河流域碳汇造林项目。县委副书记、县长程明温，副县长贺建新以及县林业部门负责人陪同。考察团一行在大宁县徐家垛乡马头关等地，了解大宁县沿黄流域的树木生长、环境气候等情况，对大宁县发展碳汇林项目进行详细考察。

【首届桃花节开幕】 5月4日，大宁县首届桃花节在太德乡扶义村开幕。市、县领导及来自临汾市、延安市的书画、摄影等艺术家出席开幕式。开幕式上表彰了10户桃树种植大户。在桃花节，县文联举办书画摄影艺术展，展出讴歌大宁县经济、社会、文化发展的书画作品和摄影作品。

【首届赛羊大会】 10月23日，大宁县首届赛羊大会在曲峨镇道教村举行，大会的主题是"建设山西最大的种羊基地县"。省、市、县领导郭振德等出席大会。中央电视台、中央人民广播电台、经济日报、农民日报、山西电视台和临汾电视台等记者对此次大会的召开给予关注，专程派记者采访报道。大会期间，科技中心、农委、畜牧中心、农机中心、司法局等部门开展了养羊实用技术宣传和普法宣传。

(李宏伟)

·隰　县·

中共县委书记	王天郎
县人大常委会主任	王兰生
县　长	任天顺
县政协主席	张瑞燕

【概述】 隰县位于北纬36°30′~36°55′，东经110°55′~111°15′，总面积1413.1平方千米，辖3镇5乡97个村民委员会，409个村民小组，351个自然村。全县共37752户112362人，人口出生率控制在8.6‰，其中男58058人，非农业人口28044人。

全县2010年生产总值完成75612万元，比上年增长15.46%。社会消费品零售总额47629.3万元，增长17.67%。全县固定资产投资完成65958万元，增长31.30%。一般财政预算收入3589万元，增长7.17%。城镇居民人均收入11881元，农村居民人均收入2496元，分别增长12.03%、5.00%；城镇单位在岗职工平均工资23733万元，增长21.3%。

【农业经济】 全县农作物播种面积21883公顷，其中粮食作物种植面积20860公顷，油料339公顷，蔬菜268公顷，瓜果188.5公顷，烟草161.5公顷。粮食总产量46705.7吨，油料418.5吨，蔬菜3397.5吨，瓜果3044.8吨，烟叶310.7吨。隰县是国家命名的"金梨之乡""酥梨之乡"。实施"梨果富民"工程，2010年全县梨果总面积增加到18342.5公顷，总产量达10万吨，产值2亿元，仅此一项，农民人均收入2000元，占到农民人均纯收入的75%。完成果树大改型667公顷，标准化管理示范园1000.5公顷。全年苹果产量16992.3吨，增长32.60%，梨总量9802.1吨，增长10.97%。果品总产值8224万元，占到农业总产值的43.04%，与谷物作物的8253.8万元同为农业经济收入的两大支柱产业。

全年完成荒山造林7020公顷，环城绿化133.33公顷，通道绿化10公顷，完成209国道的临大线之隰县路段公路绿化和预整地任务，全县森林绿化覆盖率达32.8%。零星植树37.90万株，封山育林2533公顷，幼林抚育面积3600公顷，育苗面积100公顷，新增经济林400公顷。林业产值7272.2万元，占农林牧副总产值22.40%。其中林产品销售收入2714.4万元。大牲畜存栏3024头，同比下降8.80%；羊存栏39161只，下降11.6%；出栏家禽5.57万只。牧业总产值4917.7万元，占农林牧渔业总产值15.16%。

【工业经济】规模以上工业增加值169万元，增长22.7%。原梁家河煤矿由山西焦煤汾西矿业集团兼并重组，生产能力达90万吨；年产120万吨干法水泥项目一期工程建成并投入试生产；午城酒厂改制成功，新产品批量上市；与雨润集团签订年屠宰加工200万头生猪产业化项目投资协议，一期投资3亿元，建设工期一年半，可安排农村劳动力2000多人，年产值15亿元，利税5000万；与浙江盾安集团镁合金循环经济工业园项目正在洽谈之中。

【城市建设】2010年总投资近20个亿。坚持旧城改造与新城开发并举，城区面积扩大到12平方千米。投资2亿全长10千米的滨河路，两年工期8个月竣工，创造临汾公路建设史上的“隰县速度”。全年完成县城四条大街改造，连续两年荣获“山西省十佳卫生县城”称号。滨河西路北段路基成形。滨河小区、鸿安世纪花园等一批市政建设工程竣工。北城新区规划的18个项目中，隰县一中、社会福利中心投入使用，法院审判大楼、护林防火中心主体竣工，文化馆、图书馆、龙泉广场、中医院、北城中学开工建设。重点项目年度目标完成率达95%。

【旅游开发】2010年编制完成《隰县旅游发展总体规划》。晋西革命纪念馆落成开馆成为山西省又一处大型红色旅游景点。小西天景区改扩建项目一期工程竣工，石牌坊落成。毛主席东征路居纪念馆启动建设。以紫荆山景区、休闲农家乐为重点的绿色生态游开始规划实施。西山果品交易市场及万吨果品储藏库投入使用。金利华商务酒店投入运营。位于北城新区的弘圣凯四星级酒店、地下超市动工兴建。山核桃、根雕等工艺品打入世博会、全国文化创意博览会和北京农博会。

【交通　邮政】交通运输、仓储、邮政业完成增加值11064万元，同比增长11.8%；邮政电信业务量1154万元，下降30.3%。全县公路通车里程703千米，实现村村通油（水泥）路。全县民用机动车辆保有量11894辆。市内交换机总容量7000门，市话机5700部，同比减少3642部，减少39%。移动电话3.60万部，增长80.7%。

【财政　金融　保险】全年财政收入完成5500万元，财政一般预算支出57255万元，增长29.2%，其中，研究与试验发展经费支出310万元，占地区生产总值0.41%。

金融业全年收入389260.85万元，支出395154.76万元。各项存款166050万元，其中个人储蓄存款100112万元，占各项存款60.29%，存款同比分别增长57.26%、24.16%。民政各项支出2517.1万元，其中抚恤事业费354.3万元，城市最低生活保障费810.9万元，农村最低生活保障626万元。自然灾害救济290万元，用于城市、农村医疗补助296万元。

全年人保完成保费收入1277万元，理赔268件112.93万元，理赔率8.84%。满期给付156万元。财险完成保费收入54.34万元，赔案830件，赔额328.66万元，赔付率604.82%，未决案156件，未决案金额102.7万元。

【文化　教育　卫生】文化馆、公共图书馆、广播电视台各1座（个）。申报非物质文化遗产4项，列入市级非物质文化遗产保护名录，共列入省级保护名录3项、市级8项。35个新农村文化活动室配备价值51万元的数字化投影仪、图书和书柜。15个新农村“农家书屋”价值50余万元、2万余册图书，1600余张光盘，建立“农村流动书库”36个，配备价值20余万元的图书1万余册。

投资3300万元改造校舍危房3.10万平方米。全县共有普通中学12所。高考二本达线67人。隰县被评为全省城镇中学校舍建设先进县和全市校舍安全工程建设先进县。

全县有卫生机构115个，床位335张，卫生技术人员530人。全县8个乡镇全部开展新型农村合作医疗，参合7.5万人，参合率达98%以上。扩建黄土、午城两所卫生院，启动中医院新址建设，县乡村三级医疗机构达标率85%。

【社会保障】全县参加农村合作医疗农民扩大7.5万人，3000多名70岁以上的农村老人全部纳入低保范围，154名60岁以上的农村老人开始领取养老金。参加低保人数为6311人，参加城市低保人数为3293人。全年各项社会保险基金总收入8579万元，总支出7771万元。参加城镇基本养老保险12038人；城镇医疗保险人数18829人；失业保险人数3331人；工伤保险人数2007人。城镇新增就业人数2000人，失业人数控制在4%以内。完成扶贫项目整村推进15个，移民搬迁1200人口，完成村道油路399千米，100处农村饮水安全工程，培训农业技术1万多人次，转移农村劳动力5500人。

（张克强）

·永和县·

中共县委书记	郭行杰
县人大常委会主任	韩忠秀
县　　长	梁秀娟(女)
县政协主席	郭永平

【概述】 永和县位于北纬36°31′~36°56′，东经110°22′~110°49′。总面积1212平方千米，辖5乡2镇，79个行政村，306个自然村。总人口63644人。2010年，全县主要经济指标均达到两位数的增长：地区生产总值完成4.6亿元，同比增长15.9%；社会固定资产投资完成3.1亿元，增长69.8%；社会消费品零售总额完成2.4亿元，增长16.5%；财政收入完成2313万元，增长44.3%；城镇居民人均可支配收入10899元，增长14.7%；农民人均纯收入达1690元，增长16.2%。万元地区生产总值综合能耗降低3.2%；SO_2、COD分别完成削减任务的124%和113.6%；二级以上天数达364天；城镇登记失业率为3%；人口自然增长率为4.38‰。

【主导产业】 编制完成《永和县经济林三年发展规划》，制定出台《永和县经济林发展实施方案》，成立经济林管理中心，健全县、乡、村、户四级联动管护体系，完成红枣经济林科学管护200余万株，荣获"全省经济林发展十强县"。通过捆绑整合资金建设芝河源头生态精品农业园区，完成白家崖小流域综合治理精品工程。召开全省水土保持精品工程建设现场会，荣获"全省水保工作红旗县"。

【旅游产业】 围绕"打造一馆一湾，建设一关一山"的旅游发展思路，编制完成《永和县旅游发展三年执行计划》，启动"黄河蛇曲地质公园"起步区建设工程，完成"望海寺"文物旅游景点保护性维修。"红军东征永和纪念馆"被列入全国红色旅游经典区名录。长篇小说《大晋商》成功出版，进一步提升永和县旅游文化的知名度和影响力。

【重点工程】 全年实施完成100万元以上的重点工程项目30个，完成投资3亿元。在农业园区建设上，总投资3200万元，完成坡耕地改造800.4公顷，整理开发土地133.4公顷，新增基本农田66.7公顷。在生态建设上，大力开展以经济林建设、通道绿化、荒山绿化、新农村绿化为主要内容的"绿色行动"，栽植各类苗木200余万株，全县林木绿化率达37.6%，特别是通道沿线荒山绿化工程，荣获国家三北局"优质工程奖"。在能源工业培育上，完成煤层气二维地震勘探工作和四口井的钻探任务，煤层气勘探取得实质性进展；引进风力发电项目，与3家投资公司签订项目协议。在交通道路建设上，霍永高速公路永和段工程启动。

【城乡建设】 围绕"生态县城、人文县城、宜居县城"的城市定位，投资7000万元，完成文化广场、污水处理厂、城南路改造、城区巷道硬化、集中供热二期、外立面改造、城区绿化、城市平安等8大城建工程。垃圾处理厂、廉租房、康谐路二期等9项续建工程全部完工。推进新农村建设，完成5个重点推进村的"硬化、绿化"工程，巷道硬化2万平方米，各类苗木栽植10万株。实施农村危房改造工程，解决700户农村居民住房安全问题。实施农村饮水安全工程，解决33个自然村4000口人的饮水安全问题。完成94.8千米的村村通油路建设，全县79个村实现油路全覆盖。

【社会事业】 加快中小学校布局调整，撤并农村小学31所；实施校舍安全工程，投资8000余万元，新建和改造学校15所5万平方米，确保全县规划内校舍无危房，在全市校安工程建设考核中名列第一；永和中学教学楼续建工程完工；教育教学质量明显提高，中、高考均创历史最好成绩；荣获全市"党政一把手教育工程"年终考核综合奖。县中医院门诊住院楼建成投入使用；招聘医务人员27人；新农合参合率达95.8%，实行门诊统筹，为参合农民报销医疗费700余万元；启动实施基本公共卫生服务项目。县城文化广场建成投入使用，完成7个乡镇综合文化站建设任务，农村建"农家书屋"13个。作为永和县非物质文化遗产代表——"晋南土布织造技艺"参加上海世博会展示。开发公益性岗位92个，"4050"人员和"零就业家庭"就业问题得到缓解；发放城乡低保金772万元、自然灾害救济金165万元、城乡医疗救助金190万元；续建完成3000平方米60套廉租住房；兑现各种强农惠农政策，发放粮食综合直补、退耕补助、农机具和家电下乡补贴2315万元；"社会福利中心"投入使用。 （马宏伟）

·蒲　县·

中共县委书记	乔建军
县人大常委会主任	王安保
县　　长	闫建国
县政协主席	殷仲玺

【概述】 蒲县位于北纬36°11′~36°38′，东经110°51′~111°23′，总面积1510.61平方千米，辖4镇5乡，99个行政村，501个村民小组，649个自然村，总人口109873人，其中，农业人口86231人。

2010年，全县实现生产总值(GDP)262259万元，比上年增长48.6%。固定资产投资完成120530万元，增长32.9%；财政总收入完成115127万元，增长18.6%；一般预算收入完成53184万元，增长15.7%；城镇居民人均可支配收入13786元，增长12.1%；农民人均纯收入4228元，增长13.0%；金融机构各项存款余额488680万元，增长9.7%，金融机构各项贷款余额115178万元，增长7.2%。社会消费品零售总额37398万元，增长18.1%。全年全县保费收入4200万元。支付各类赔款及给付590万元。

【新农村建设】 投资5000万元的现代农业综合示范园一期工程启动实施，建成现代化寿光五代蔬菜大棚51个；投资2500万元的省级现代马铃薯产业高新技术示范园开工建设;正茂核桃油精加工项目投产运营;易恒天白酒扩建项目动工实施;全年粮食总产量48338吨,增加27.5%。全年新增巷道硬化面积30万平方米,建成农村文化体育场所19处;新建村级组织活动场所32个。总投资5.2亿元的村通油路、村通电视、村级卫生室、农村安全饮水、校舍安全改造工程圆满完成,“五个全覆盖”全部实现;被省委、省政府评为“新农村建设先进县”。

全年完成造林面积3260公顷,植树42.9万株。垒石坑填土植树累计达59万株,主要河流(河谷地)、干线公路裸岩区绿化治理率达50%,全县森林覆盖率达42.5%。全县共勘界林地面积85067公顷,确权到户75533公顷,完成率达88.8%,综合排名全省第一。

【工业经济】 2010年,规划矿井改造建设有序铺开,开工率54.5%,重组整合效果初步显现。全县完成全部工业增加值187235万元,比上年增长74.2%。其中,规模以上工业增加值185482万元,增长76.3%,产品销售率99.2%。规模以上工业主营业务收入43.94亿元;实现利税16.65亿元;实现利润11.55亿元。建筑业实现增加值7142万元,增长17.5%。主要工业产品产量:原煤产量368.5万吨,增长155.5%;洗精煤产量156.8万吨,增长82.2%;焦炭产量8.7万吨,减少19.7%;水泥产量0.78万吨,减少43.5%;发电量26096万千瓦时,增长1.6%。

【安全生产】 全年煤矿安全生产无事故;持续开展严厉打击非法采矿“风暴”“双严百日”专项行动,抓捕非法开采者139人,规范了矿业秩序。

【城建环保】 县城中心城区规划面积扩大到10平方千米。锦绣大道、嘉运大道全面竣工,为县城西拓南展拉开框架,蒲子文化宫、蒲县人民医院建成投用,第一中学、奥体中心、鹿城小学、全民健康服务中心、城区河道治理、翠屏山森林公园等20项重点工程奠基启动。全年续建廉租住房464套、23200平方米的任务全部完成。全县集中供热面积达80万平方米,集中供热普及率达75%。坚持节能降耗和污染减排同步推进,否决制止10个拟建项目,依法关闭9家高耗企业,如期建成东川河水污染防范工程;垃圾填埋场即将投用;城区空气质量二级以上天数358天。全县COD削减254.8吨;SO_2削减874.3吨。

【交通 邮电】 全年全县交通运输和邮政业增加值11154万元,比上年增长1.4%。公路线路年末里程881.7千米。年末全县民用汽车保有量达9614辆,比上年末增长7.2%,其中汽车2235辆,增长7.5%;摩托车4660辆,增长2.3%。全年全县完成邮电业务总量1327.8元,比上年增长7.5%。固定电话19959部;移动电话73857部;已通电话的行政村达99个。全县宽带接入用户达7601万户。

【科教文卫】 全年全县申请专利4件,完成科技投入699万元,1家企业被认定为山西省高新技术企业。民营科技企业总数达3家。

普通中学12所(含民办);职业中学1所,小学67所(含民办),注册幼儿园2所。小学学龄儿童入学率100%,初中儿童入学率100%。全县普通中学在校生5279人;职业中学在校生339人。高中阶段毛入学率达85.9%,初中三年保留率达98.7%。新招聘149位教师;实施教育振兴10大工程,投资8000余万元,全年校舍安全工程完成3.37万平方米,加固改造23所学校,荣获“全市校舍安全工程先进县”。

共有质量技术监督检验测试所1个,法定计量技术机构1个,气象台1个,121电话天气自动答询台1个,开展人工影响天气业务的单位1个,卫星云图接收站1个。拥有地震仪1台。

有文化馆1个,公共图书馆1个,广播电视台1座,县级文化广场2个。有线电视用户15000户,覆盖率为96%,全县9个乡镇20户以上通电的460个自然村全部通电视。60个自然村开通无线接收设施2200套。全县460个村实现村村通电视。

全县有卫生机构(含诊所)24个,其中医院2所、农村卫生院9所,妇幼保健院(所、站)1个,疾病预防控制中心1个,卫生监督检查机构1个。医院和卫生院床位518张,卫生技术人员463人。全县9个乡(镇)继续开展新型农村合作医疗试点工作,80958人参加合作医疗。

【社会保障】 全年参加城镇基本养老保险人数为10216人,其中企业3178人,机关事业7038人;参加城镇基本医疗保险的人数为11849人;参加失业保险的人数为5100人;参加工伤保险的人数为14620人。

全年全县纳入城市最低生活保障的居民3980人,发放城市低保资金700.5万元;纳入农村最低生活保障的居民5733户5950人,发放农村低保资金636万元。农村大病救助348人,发放资金118.5万元。全年各项社会保障基金总收入23827万元,总支出4782.1万元。年末全县领取失业保险金人数551人,城镇新增就业2050人,城镇登记失业率小十4%。

【人民生活】 全年城镇居民人均可支配收入为13786元,比上年增长12.1%;城镇居民人均消费性支出8994.4元,增长10.1%。农村居民人均纯收入4228元,增长13.0%;农村居民人均生活消费支出3324.3元,增长18.5%。城镇居民家庭恩格尔系数33.7%,农村居民家庭恩格尔系数36.8%。城镇单位在岗职工平均工资23566元,增长

27.7%。

2010年，蒲县共实施安全饮水工程242处，解决242个自然村、23128口人、3727头大牲畜的饮水安全问题。总投资1312.5万元。（曹立华）

·汾西县·

中共县委书记	邓彩彪
县人大常委会主任	樊国俊
县长	毛跟云
县政协主席	郭炎林

【概述】 汾西县位于北纬36°27′~36°48′，东经111°13′~111°40′，辖5镇3乡1社区，120个行政村6个居委会。国土面积870平方千米。全年生产总值完成13.5亿元，比上年增长18.6%；规模以上工业增加值完成2.9亿元，增长89.8%；财政总收入完成10370万元，下降25.68%；社会消费品零售总额完成5.7亿元，增长17.9%；固定资产投资完成10.8亿元，增长34.8%；金融机构各项存款和各项贷款余额分别为168383万元和4716万元，分别增长28.48%、19.6%。各项存款中居民储蓄存款101352万元，增长53%。金融机构累计现金总收入94955万元，累计现金支出118896万元，全年货币净投放23940万元。保险公司实现保费收入3749.4万元，支付各类赔款397.5万元。

【农村工作】 实施核桃经济、优质苦荞、畜牧养殖三大特色农产品基地建设，新建核桃园800.4公顷，发展苦荞种植1400.7公顷，新增养殖专业村8个，规模养殖场20个，养殖基地36个。农村专业合作组织发展了123个。实施独堆河、对竹河、翟家垣等6项坝系农业开发项目，新建中小型淤地坝11座，生产坝128座，新增改善基本农田857.76公顷，完成9个省定新农村重点推进村、10个县定中心村“四化四改”“六通六个一”建设任务。全年农作物播种面积25056.42公顷，粮食总产量达51102吨。投资36万元，完成三北防护林建设533.6公顷，封山育林466.9公顷，天然林保护26680公顷，退耕还林466.9公顷，通道绿化59.5千米。

【交通 邮电】 全县境内省、县、乡、村公路总里程636千米，其中省道一条46千米，县道6条150千米，乡(镇)道35条252千米，村道54条188千米。固定电话交换机容量17670门，小灵通交换机容量4316门。固定电话8497部，小灵通1081部，移动电话57350部，120个行政村和6个居委会已通电话，计算机互联网络注册用户4936户。邮政业务收入1638万元，联通业务收入1168万元。

【环境治理】 取缔小石膏、小耐材、小砖窑、小石灰等五小企业42家，查处违法洗矿厂、洗煤厂7家，非法储煤厂5家，处罚金额35万元。县城空气质量二级以上天数达350天，综合污染指数1.0。

【社会事业】 投资1600万元，完成汾西二中多功能餐厅、学生公寓楼和凤祥小学教学楼工程；投资151万元，为汾西一中配置计算机教室1个，多媒体教室36个；汾西二中舞台灯光音响、多媒体1套、学生公寓高低床200张；汾西三中计算机教室1个。投资187.3万元，为乡镇中小学配置计算机、多媒体等设备。投资550万元，完成142个标准化村卫生所建设，全面推行农村合作医疗，农民参合率达90.37%。对8个高标准乡镇综合文化站、8个乡镇文化广场、80个农家书屋、80个文化信息资源共享村级服务站和80个行政村农民健身场地进行规范管理。264个自然村1945户安装直播卫星接收器。开通120个行政村有线电视，农村用户达7390户。全年城镇居民人均可支配收入12723元，比上年增长16.6%。全县在岗职工平均工资20369元，增长2.74%；全年城镇居民人均消费性支出8500元，增长10.29%，全年农村居民人均纯收入1944元，增长12.96%，农村居民人均生活消费支出1717元，增长19.4%；农村居民人均住房面积22.62平方米，城镇居民人均住房面积20.67平方米。投资362万元，完成13个村涉及13024人的整村推进扶贫项目。机关事业参加基本养老保险人数为4199人，参加城镇基本医疗保险的人数为17378人，参加失业保险的人数为3568人，参加工伤保险的人数为4623人，参加农村养老保险的人数为5858人，为1499名离退休人员发放养老金4446万元。新农合参保人数113073人，全县纳入城镇最低生活保障的居民3893人，发放城镇低保资金787万元，纳入农村最低生活保障的居民5026人，发放农村低保资金377万元。资助城乡低保对象、农村五保对象、农村优抚对象10194人，共支付478272万元。全年城乡医疗救助1100人，救助资金1748529元，实施临时救助1302人，救助资金263180元。（牛记明　赵鸿虎）

·侯马市·

中共市委书记	马彪
市人大常委会主任	李平生
市长	郭宏
市政协主席	陈毅林

【概述】 侯马市位于北纬35°34′~35°52′，东经111°23′~111°41′，辖3乡5个街道办事处、77个行政村、27个社区居民委员会，总人口数为24.54万人，人口自然增长率控制在4.47‰，是山西省唯一同时拥有海关、商检、口岸、保税物流区和经济开发区的县级城市。

2010年，全市地区生产总值完成652739万元，比上年增长8.1%，其中，第一产业增加值32672万元，增长15.9%；第二产业增加值262373万元，下降2.1%；第三产业增加值359574万元，增长

19.6%。财政总收入60578万元，增长0.3%；一般预算收入完成29343万元，增长21.2%；规模以上工业增加值实现20.6亿元；固定资产投资28亿元；社会消费品零售总额完成44.4亿元。全年全市海关进出口总额50446万美元，增长80.1%。城镇居民人均可支配收入14788元，增长12.0%；农民人均纯收入7251元，增长6.3%；城镇居民家庭恩格尔系数31.4%，农村居民家庭恩格尔系数34.5%。25个综合及专业批发市场全年成交额达75亿元。建立领导包扶、企业融资、产品销售、煤电油运供应、企业减负等协调服务机制，深入开展“一对一”帮扶，为17户企业签订贷款授信额度25亿元，34户规模以上企业全部复产，实现工业总产值90亿元，增长9%。申报认定省级高新技术企业3家、科技创新型企业和民营科技企业各1家。

【新农村建设】 落实中央强农惠农政策，财政支持三农资金1.38亿元。10大农村种养殖基地、22户农业产业化龙头企业、136个农民专业合作社蓬勃发展，14个绿色农产品效益比普通农产品提高60%左右。探索农业发展新模式，设施农业面积达206.77公顷；重视扶持龙头企业，22家农产品加工企业销售收入3.08亿元；不断提升农业综合生产能力，完成水土保持治理面积800.4公顷，农机总动力达16.59万千瓦，粮食总产量达7.88万吨。实现农业经济合作组织、全民健身场所等工程全覆盖，完成33个村农家书屋工程，最后10个村全面完成“四化四改”和“六个一”工程，率先在全省实现新农村建设全覆盖。

【项目建设】 全市确定24个重点项目，总投资124.9亿元，全年累计完成投资16.91亿元，其中纳入临汾市重点监测的9个项目全部开工。中电投2×300兆瓦热电联产项目获得国家发改委正式立项，全面开工建设；平阳重工与西安船舶工业总公司签订“十二五”平阳“双百亿”战略合作协议；职业中专异地搬迁改造项目和市人民医院异地扩建项目等开工；华强20万吨铸造、汤荣铁路弹条等项目进展顺利；支持大西铁路客运专线建设，侯马段过境线路率先全线开工；建邦高纯铁、模范50万吨铸造等项目正在进行前期准备。

【民生事业】 总投资9476.63万元的28所中小学校舍安全建设工程进展顺利；公开招聘32名研究生、本科学历教师充实到教学第一线，高考二本达线率和中考优秀生率分别达到26.8%、21.85%；全力推进基本公共卫生服务均等化，基层医疗卫生机构实现基本药物制度全覆盖。全市共有106644农民参加合作医疗，参合率94.64%。成功举办第六届山西侯马·晋国古都文化节，推介项目43个，签约14个，总投资达19.76亿元；开发公益性岗位547个，提供就业岗位13876个，新增就业人数6805人，城镇登记失业率控制在2%；城市大病医疗救助182人次，农村大病医疗救助236人次；新建1.58万平方米的经济适用房和1.8万平方米的廉租房，解决412户困难群众住房难的问题。

【年度获奖】 侯马市实施城市、农村、企业、社会“四位一体”的绿化综合整治，开展“绿色企业”“绿色机关”“绿色社区”“绿色学校”“绿色家庭”的“五绿”创建活动，实施了一系列市容环境综合整治。5月28日，侯马市被国家住房和城乡建设部授予“国家园林城市”称号。

扎实推进城乡发展一体化综合配套改革试验区工作，加快实施“城乡规划一体化、城乡基础设施建设一体化、城乡产业发展一体化、城乡基本公共服务一体化、城乡社会管理一体化”，在“城乡统筹，和谐发展”上取得突出成绩。12月，在第二届中国经济前瞻论坛上，侯马市被评为全国“统筹城乡，科学发展”“十二五”值得关注典范市。

【麒麟舞】 麒麟舞从清代中期流传至今，经侯马市新田乡乔村艺人们口授身传，代代相袭，至今已有两百多年历史。麒麟舞分为云舞、麒麟舞、采宝舞三部分，表演过程约12分钟，表演人数为童男玉女8人、八宝8人、麒麟2人等共20人以上，演出风格粗犷豪放。6月15日，“麒麟采八宝”入围第三批国家级非物质文化遗产名录，被评为第三批国家级非物质文化遗产。

【蝴蝶杯】 1978年，在侯马市上马办隘口村发现“蝴蝶杯”。1997年，周尚明对“蝴蝶杯”产生深厚兴趣，创建尚明陶瓷研究所，潜心研究10年，2006年用天然玉石制作成“蝴蝶杯”。6月19日，周尚明研制成功一套“自动斟酒九龙蝴蝶杯”，包括一个玉制九龙壶和八只蝴蝶杯，只要将蝴蝶杯置于九龙壶的壶嘴下，壶里的酒便会自动流出，斟满酒后，酒杯移开，壶里的酒便停止流出，待酒满后，便有蝴蝶在杯子底部翩翩起舞。“蝴蝶杯”在中外各种工艺品展览会上都获得好评，并取得国家专利，被列入山西省第二批非物质文化遗产名录。

（耿文静　赵香琴）

·霍州市·

中共市委书记　陈　纲
市人大常委会主任　张建军
市　　长　孙京民
市政协主席　段新莲

【概述】 霍州市位于北纬36°34′~36°42′，东经111°43′~112°03′，面积765平方千米，辖3乡4镇5个街道办事处，199个行政村，34个社区居委会。全市常住人口30万人。全市生产总值完成60.04亿元，同比增长18.6%；工业增加值完成38.19亿元，增长22.72%；固定资产投资完成54.86亿元，增长30.3%；社会消费品零售总额完成16.85亿元，增长17.7%；城镇居民人均可支配收入达15215元,增长12.3%;农民人均纯收入达6662元,增长13%;财政总收入完成16.56亿元,增长26.78%。

【农业经济】 特色经济林基地完成优质核桃栽植333.5公顷,无公害蔬菜基地达1734.2公顷,规模养殖基地共发展各类养殖场105个,农产品加工龙头企业销售收入达3000万元以上。认真落实粮食直补、农机具补贴、家电下乡补贴等各项惠农政策,共发放各类补助资金4374万元,农民群众得到实惠。

【工业经济】 2010年实施总投资超百亿元,涉及工业转型、农业增效、城市提质、旅游升级、民生改善等方面的52项重点工程。特别是财政总收入达16.56亿元,增长26.78%,增速排平川县市第一位;绝对额净增3.5亿,排名上升到临汾市第四位。国电霍州发电厂“上大压小”项目截至2010年底已累计完成投资33亿元;化工公司技改项目完成全部投资3.8亿元;什林煤矿改造完成投资1.76亿元。煤炭资源整合完成,全市煤矿由11座整合为4座,生产能力由年产228万吨提升为390万吨。启动焦炉煤气提氢、天然气综合液化示范项目,形成转型跨越发展的重要支撑。

【第三产业】 携手霍煤、临钢两大企业共同开发七里峪、霍州署,完成七里峪景区“两点一线”修建性详规,启动旅游路安保工程,实施霍州署保护修缮一期工程。举办“中镇霍山·华夏州署”第六届旅游节。加快发展商贸服务业,新建白龙商贸城、聚鑫购物中心等一批专业市场,完善东明装饰城、辛置农贸市场的服务功能,规范农资店、便民连锁店的建设运营,商贸服务业整体水平进一步提升。

【城市建设】 实施霍东大道、迎宾大道、108国道改线等主干道建设工程,完成投资2.4亿元,市区面积扩张6.3平方千米。加快廉租住房、江湾御景、开元盛典、霍煤开元小区等城市开发建设工程,推进城镇扩张。中镇文化广场完成投资6700万元,永和公园完成投资2600万元,市区新增绿地5万平方米。垃圾处理场完成投资6246万元,污水处理厂完成投资9100万元,城市垃圾、污水无害化处理率均达100%。启动热电联产项目,实施集中供热、天然气、煤气扩户等工程,市区热化率达50%、气化率达83.8%。深入开展市容环境等专项治理,市环卫公司被省总工会授予“工人先锋号”称号。

【民生事业】 2010年,完成投资7647万元的校舍安全、投资1900万元的市一中新校区配套等工程,撤并学校15所,市一中、三中、实验小学实现有序搬迁。市人民医院医技门诊楼和2个中心卫生院、8个社区卫生服务中心(站)、1个农村卫生服务站建成投入使用,村卫生室覆盖项目达到“五化”标准。新增就业人员5332人,城镇登记失业率控制在4.2%以内。对“四类”困难家庭学生和80岁以上老人实施固定帮扶救助200余万元。新型农村合作医疗共补偿减免医疗费用2037万元,惠及26万人次。完成投资600万元的社会福利中心和6所乡镇敬老院建设,全市五保供养率达70%。廉租房建设工程主体完工,城市棚户区完成改造面积2万平方米。为512户住房困难户发放租房补贴112万元。广电播控中心大楼建成投入使用。全省首家无线数字电视宽带频发系统扩户5000余户。实施100个文化资源共享基层站点配套工程。新建健身场地30块、农家书屋34个,建成乡镇综合文化站6个、村级组织活动场所51个。加强土地监管,共拆除违法建筑9235平方米,保证土地资源的可持续利用。严肃查处各种商业贿赂案件,共结案65件,重处分30人。

【党的建设】 学习新农村建设、《党章》等重要内容,开设“领导干部大讲坛”,开展对领导干部政治理论、适应性知识以及各类新知识的教育培训,培训党员干部8000余人次,促进全市广大党员干部队伍的思想解放和观念更新。开展“创先争优”活动,完成51个村级组织活动场所建设,实现全覆盖;新建新经济党组织14个,新社会党组织5个,为全市经济社会发展提供强有力的组织保证。

(郭秀东)

吕梁市

中共市委书记	聂春玉	
副书记	张九萍	
	丁雪峰	
市人大常委会主任	刘明勇	
副主任	张保福	梁瑞林
	张翠兰	张国彪
	韩明瑞	徐德
市长	张九萍	
副市长	吴志国	张中生
	成锡峰	王盛章
	李润林	
市政协主席	朱锦平	
副主席	师百韧	王侯党
	刘本旺	曹牛梁
	来茂	李俊平

【概述】 吕梁市位于北纬36°43′~38°43′,东经110°22′~112°19′。

2010年,地区生产总值达845.5亿元,同比增长21%,比上年提高18.5%,总量全省排名第四,增速全省排名第一;人均生产总值达22606元。全社会固定资产完成435.8亿元,增长24.1%。城镇固定资产投资完成380.1亿元,增速为23.2%;房地产开发投资完成19.7亿元,增速为51.0%;农村非农户投资为35.9亿元,增速为21.0%。社会消费品零售总额完成222.5亿元,增长18.6%,增幅全省第二。批发业零售额完成8.7亿元,增长22.8%;零售业零售额完成183.6亿元,增长19.5%;住宿业零售额完成6.2亿元,增长15.4%;餐饮业零售额完成24.0亿元,增长12.0%。外贸进出口总额完成7.25亿美元,增长155.5%,增幅全省第三。全市财政总收入完成196.19亿元,增长18.6%;一般预算收入完成72.96亿元,增长22.2%,一般预算收入占比达到37.2%,比上年提高1%。全年第一、第二和第三产业增加值分别增长2.2%、26.5%和11.0%。全年对第一产业完成投资9.9亿元，增长23.75%；第二产业完成投资229.5亿元，增长39.68%；第三产业完成投资196.4亿元。

【"三农"工作】 8月18日，全市新农村建设"百村行动计划"全面启动。即全市每年重点建设100个左右高标准新农村，通过3~5年的努力，全市建成500个高标准新农村。在11月10日开展的山西特色农产品北京展销周上，签订招商引资项目27个，总投资26.09亿元，引资总额11.33亿元。同时，签订贸易成交项目27个，总金额7.44亿元。到10月底，实现农村安全饮水全覆盖。

2010年吕梁市小杂粮面积达200100公顷，面积和产量均居全省第一，新栽植干果经济林25346公顷，总产量达到14.3亿千克，林果收入近8亿元，全市粮食总产量达10.4亿千克，增长17.7%，连续六年实现丰产增收；全年"三农"支出56亿元，同比增长21.7%。粮食直补、良种补贴、农机具购置补贴、退耕还林等强农惠农政策及时落实，全部兑现；继续实施五大扶贫工程。

【工业生产】 全市规模以上工业企业累计完成总产值1365.5亿元，比上年增长57.8%；完成增加值552.3亿元，增加38.1%。总量全省排名第三，增速全省排名第一。煤炭开采和洗选业完成增加值335.4亿元，增长55.8%；黑色金属冶炼及压延加工业完成增加值44.7亿元，增长41.3%。原煤产量9076.8万吨，增长68.1%；焦炭产量为1892.3万吨，增长18.4%；洗煤产量为3789.4万吨，增长39.0%；生铁产量为313.4万吨，增长30.3%；钢材产量为298.5万吨，增长35.7%。

【教育 文化 卫生】 义务教育经费保障机制不断完善，标准化建设和"双百"示范校建设扎实推进；普通高中办学水平整体提升，中职教育稳步发展，吕梁学院挂牌成立。

2月26日，吕梁市首届年俗文化节隆重开幕，历时20天，有民间艺术作品展、迎新春彩灯展、民间歌手大赛、民间舞台艺术展演、部分县市年俗文化观摩和吕梁首届年俗文化暨文化产业发展论坛等6项活动。由吕梁市青年晋剧院创排的大型黄河风情晋剧音乐剧《红肚兜》受邀于7月31日再进京城，荣膺"首届全国戏剧文化奖表演大奖"等11项殊荣。10月18日，长篇重大革命历史题材电视连续剧《红军东征》开机拍摄新闻发布会在北京钓鱼台大酒店隆重举行；12月14日，在石楼县毛泽东路居地正式开机拍摄。

全市医疗卫生机构累计投入14亿多元，公共卫生体系进一步完善，医疗卫生机构达标率达90.4%；新型农村合作医疗深入推进，参合农民267万人，参合率达93.3%以上。

【社会生活】 社会保障和就业支出、教育支出、医疗卫生支出、农林水事务支出增速分别为8.6%、18.1%、17.6%和17.7%。向三农倾斜、向公益事业倾斜、向困难群体倾斜的力度在增强。企业退休人员的养老金水平、最低工资水平继续提高。

新型农村养老保险试点工作扎实开展，"五大保险"综合覆盖率达82%。社会救助工作深入开展，农村和城市低保基本实现应保尽保。确保27.4万名城乡低保对象按时足额领到生活困难救助。国家新增的低保补贴、低保副食补贴及企业离退休人员取暖补助均足额到位。全市城镇居民家庭人均可支配收入为15278元，增速为10.8%。其中，工资性收入为10501元，增长14.4%；转移性收入为4031元，增长0.1%。农民人均纯收入达3890元，比上年增加464元，增速13.6%。

【项目建设】 2010年，吕梁市实施项目牵动战略，"343"项目攻坚战的637个项目已完成立项审批535个、环评审批357个，用地不需审批或已审批办结的项目共372个，开工建设484个，完工151个，累计完成投资753亿元。坚持把省、市两级重点工程作为扩大投资的主要载体，争取和确定省、市两级重点工程56项，全年完成投资314.7亿元，开工率达89.3%。9月16~18日第三届中国能源博览会上，吕梁市共有26个项目成功签约，总投资476615.38万美元，拟引资228211.89万美元。

【基础设施建设】 3月17日，柏叶口水库实现成功截流合龙。11月21日，水库大坝举行封顶仪式。9月3日，全长73.02千米，总投资36亿元的山西太兴铁路吕梁段建设启动会在岚县召开，全路预计2013年底建成通车。10月29日，吕梁公路建设史上又传喜讯——省道340汾阳至柳林段公路改建工程举行建成通车仪式。12月24日，途径吕梁市临县、方山等县市的太佳高速全面通车。

【煤矿企业兼并重组整合】 截至2010年底，全市煤矿企业兼并重组整合方案批复率达97%，整合协议签订率达100%，采矿证换证率达98%，主体企业接管到位率达100%，按协议进度补偿资金到位率达99.9%，矿井关闭、建设改造和接管确认工作有序进行。矿井个数由389座减少为111座，总产能由6991万吨提高到10560万吨，90万吨以上矿井占到78%，30万吨以下煤矿全部淘汰，保留矿井全部实现机械化开采。

（李保生 刘翠翠）

·离石区·

中共区委书记	王彤宇
区人大常委会主任	乔拯民
区长	薄宇新

区政协主席 冯晋平

【概述】 离石区位于北纬37°21′~37°42′,东经110°55′~111°35′。总面积1324平方千米,其中城区12平方千米,总人口26.6万,辖7个街道办、2镇3乡,193个行政村,13个居委会。

2010年全区国内生产总值完成63.8亿元,同比增长48.2%;财政总收入完成19.2亿元,增长6.82%;社会消费品零售总额完成37.7亿元,增长22%;固定资产投资完成35.9亿元,增长39.6%;农民人均纯收入达到2408元,增长24.9%,城镇居民人均收入达到15278元,增长10.7%。

【农业经济】 依托独特的区位优势,大力发展"餐桌农业"。引进大象禽业公司,建设年出栏10万头生猪养殖基地,年产5000头的二元种猪场投入运行;年产10万头保育场生产车间主体基本完成。落实补助资金49万元,让养殖户能有更高的积极性发展养殖,全区50头以上的养猪户达77户,存栏1.2万头;2000只以上的蛋鸡养殖户46户,存栏30万只;5000只以上的肉鸡养殖户3户,存栏5万只,规模养殖达339户。建成占地0.67公顷、一次性优质育苗3000万株的日光节能连栋温室2栋,在吴城、信义、交口、西属巴,铺开667公顷集中连片蔬菜种植区。落实财政资金3500余万元,对不同区域新建的日光温室分别给予3.5万、4万、5.5万元的补助资金。建成墙体594个、安装棚架391棚,进一步丰富了市民的"菜篮子"。全年补植补造经济林2001公顷,创建核桃精品园区57个。确定100千米的绿色走廊,沿线新造林1334公顷,补植补造1334公顷,硬化道路42千米。推进休闲园区建设,马头山栽植核桃林800.4公顷、经济林667公顷,加强王老婆山、垣上两个休闲园区的管护。完成张家庄采摘园区建设,投资700万元,栽植果树1万株,完成造型建筑、硬化道路、凉亭、花架等项目。开展林权改革,勘界确权完成面积37218.6公顷,确权率70%。

【工业经济】 基础工业方面,加快推进安全高效标准化矿井建设,14对矿井采矿许可证、立项手续、地质报告全部办结,环评报告全部编制完成,主体企业接管到位率100%;初设办结5对,安全专篇办结4对,开工报告办结2对,水保方案完成12对。东江煤业90万吨、襄矿环能国鼎60万吨两个机械化升级改造项目建成,相关手续办理后可投产。全年煤炭产量完成750万吨,比上年增长142%。

传统工业方面,大土河新型墙体材料一期6000万块煤矸石烧结砖建成投产,15万立方米加气砼分项进入试运行;200万吨选煤项目全部建成,进行试生产;20万吨甲醇项目土建完成90%,设备安装达70%;亿龙水泥日产4000吨新型干法熟料生产线项目手续全部办结,可开工建设。

新型工业项目方面,千万吨级高硫煤清洁利用项目,列入山西省"十二五"煤化工产业发展规划,前期工作正进行;500万吨级焦化循环经济项目,开展前期准备工作;8万吨煤矿成套设备技改项目一期工程开工建设;500千伏超高压电缆集群项目备案,完成初设,正在办理相关手续;2×350兆瓦燃气热电项目预可研报告经省发改委评审,正在开展前期工作;300兆瓦太阳能电池组件项目土地报批等前期手续正在办理。

【第三产业】 东属巴、信义两个铁路集运站项目建设主体注册成立,近期可开展可研评审前期工作。占地33.35公顷、投资5.6亿元、年吞吐货物能力300万吨的天源物流园区,完成项目规划和可行性研究报告,进入申报审批阶段。泰化物资城完成投资2.5亿元,一期10万平方米的市场主体工程全部建成,正在开展招商工作。聚富汽贸城雪佛兰、丰田、别克等7个4S店新建并投运,4个正在完善附属设施,累计建成投运4S店12个。凤山长安商贸城,环评、土地手续已办理,正在开展前期工作。总投资1.2亿元的莲花底商住宅楼手续全部办结,并开工建设。兑现家电下乡补贴资金619万元,推进"万村千乡"市场工程,完成25个农家店改造和建设,新建放心粮油经销店95个,覆盖全区行政村的80%。

【城市建设】 全面实施"一河两坝三路六桥"等基础设施工程,构筑东城新区的总体架构。"一河两坝"工程全部开工建设,河坝综合整治工程完成投资20275万元;"六桥"工程完成投资8633万元,1至5号桥主体全面完成,6号桥竣工剪彩;"三路"工程完成招投标,准备开工建设。同时,开展大量前期性和铺垫性工作。全年测量房屋及附属物1109户,发放附作物补偿款170万元,调整土地106.72公顷,发放征地补偿款3200余万元,完成拆迁面积9000平方米。争取建设资金,到位贷款5.9亿元。强力推进6类10个行政村的村容村貌、基础设施建设工程。10个村的各项工程全部完工,完成投资5986.14万元,硬化面积12.8万平方米,栽植树木7.8万株,安装路灯578盏,新建垃圾池69个,完成改排水工程1.35万米,完成改厕1396户,修建农村休闲娱乐广场10个,生态公园3个,新建维修科技文化活动室10个,完成整修面积22余万平方米,实现道路、饮水、学校、广电、医疗"五个全覆盖"。开展城乡清洁工程,出资960万元,为86个重点村配备垃圾清运车,落实350名保洁人员每人每月500元的补助,城乡环境得到改善。

关停取缔违法生产和死灰复燃的土小企业,取缔石灰窑12支、铝矾土窑4支、土焦炉1支。城区集中供热面积达800万平方米,实现城区烟尘控制区覆盖率100%,集中供热率74%。利用节能减排的杠杆,淘汰楼桥水泥公司25万吨落后产能，对盘龙、双福、粮裕、焦化进行拆除，福利焦化厂全部关停，空气质量稳定，连续达到国家二级标准。

【教育　文化】总投资2.5亿元、占地17.21公顷的离石江阴高中一期工程完工，完成建筑面积6.7万平方米，二期工程正在建设。投资3亿元，实施3所幼儿园、3所小学、2所中学等一批城区教育基础设施。截至2010年底，七里滩小学、下水西小学、马茂庄幼儿园工程均进入扫尾阶段，区实验幼儿园主体完成，袁家庄初中、小学开工建设，前瓦幼儿园主体正在建设，一中教学楼主体工程完工。全年投资1.67亿元，完成15万平方米、34所校舍安全改扩建工程，学校成为最安全、最放心的地方。政府出资近千万元，选派200名初中老师、400名小学教师赴江阴跟班学习；招聘170名小学教师、30名初中教师、29名音体美教师和30名幼儿教师，解决教师短缺的问题。

建成5个综合文化站。完成31个农家书屋的建设任务，全区农家书屋的建设达58个。举办"文明之春"系列活动、首届"离石风味美食文化节"，成立离石区民间艺术团。整理编著《离石民歌》，摄制《离石春秋》，展现离石三千年的历史变迁。千年旅游资源综合开发项目一期工程开工建设，二期工程进入设计和招标阶段。完成安国寺旅游项目总体规划，实施安国寺主景区场地、道路铺筑等附属工程，廉政教育布展基本完成。

【社会事业】新增城镇就业岗位3150人，城镇登记失业率控制在2.8%。发放城市居民低保金2232万元，农村低保金643万元，基本做到应保尽保。财政投入1740.78万元，用于保障居民消费价格。全年发放救灾救助款273万元，资助各类困难群体。全年用于关爱残疾人的资金达100余万元。实施人畜饮水解困工程57处，解决2.02万人的饮水安全问题，完成村通水泥（油）路34.5千米，完成村通广播电视工程用户13600户。投资3000万元，完成区人民医院门诊楼加层、住院楼改造工程建设。扩建红眼川、滨河、坪头卫生院。投资96.5万元，为193个村卫生所配置医疗设备，选聘193个乡村医生，落实乡村医生每人每月400元补助，乡村两级医疗卫生条件大为改善。落实新型农村合作医疗制度，60269人次参合农民享受补偿金额达1050.6万元。落实计划生育"一票否决"制度，人口出生率控制在6.4‰以内。（孙银爱）

·文水县·

中共县委书记	郭　宝
县人大常委会主任	陈榆生
县　　　长	李晓娥
县政协主席	王志刚

【概述】文水县位于北纬37°15′~37°35′，东经111°29′~112°19′。全县国内生产总值实现466967万元，同比增长18.4%；规模以上工业生产总值完成900447万元，增长51.08%；农业生产总值完成150371万元，增长4.63%；乡镇企业总产值完成1098271万元，增长31.72%；固定资产投资完成227661万元，增长10.25%；社会消费品零售总额完成104948万元，增长14.1%；粮食总产量256543.3吨，增长20.38%；农民人均纯收入4538元，增长12.66%；城镇居民人均可支配收入11291元，增长10.14%；财政总收入55072万元，增长19%。

【"三农"工作】2010年，全县粮食总产量达到2.33亿千克。26个新农村建设点推进村规划完成并通过省市评审。全年共投资2457万元，完成饮水工程19处，解决26个村49113人的饮水安全问题。完成71个村级组织活动场所建设，农民生产生活条件得到明显改善。胡兰农业科技园区和苍儿会生态旅游农业科技园区正在建设，全县规模以上龙头企业达304家，农业产业化水平提升。文水县被国家发改委确定为全国（特色农业）服务业综合改革试点县（国家发改委确定的全国唯一试点县），被省政府确定为全省现代农业示范县、小型农田水利建设重点县。

【项目建设】2010年，文水县列入市"343"重点工程项目规划共49个项目，总投资151.5亿元，开工建设46个，尤其是山西金地煤焦有限公司"煤焦电化建运"循环产业链项目全面开工，其中洗煤等部分项目投产达效，并于10月代表吕梁市接受省委、省政府组织的观摩。海威钢铁有限公司与中阳钢铁有限公司联合重组取得新进展；投资35亿元海威新型钢城项目前期工程基本完工；海华生物酿造有限公司一期年产1万吨生物保健酒系列及保健饮料项目开工建设；潞安集团煤矿兼并重组王家庄煤业180万吨原煤项目进展顺利；光华铸管公司冷模法球墨铸管二期项目年底投产达效；马西乡、孝义镇的部分区域被市政府和省发改委列入杏花村酒业集中发展区，为文水县酿酒业的发展注入活力。益林能源公司引入山西金桃园集团投资3亿元重组扩建，70万吨焦化项目建成投产；陈胜焦化公司与省煤运公司合作，120万吨洗煤和70万吨焦炭项目开工建设。

【城市建设】2010年，则天大街西延、狄青大街西延、307国道城区段改线、凤凰路整治美化"两街两路"重点工程于10月底全部竣工。县城污水处理厂、垃圾处理厂、城市集中供热、新水源地建设等一系列与群众生活密切相关的重点工程相继铺开，其中污水处理厂于5月31日投入运营；垃圾处理厂建设工程完工，即将投入使用；城市集中供热项目铺设供热管道4000米，预计2011年开始供热；新水源地工程正在建设。文峪河城区段整治工程和凤凰森林公园建设初具规模。成立城区综合执法监察大队,继续实施城乡清洁工程,城乡环境脏乱差现象得到遏制。

【社会事业】 投资1.15亿元,完成60所中小学校共10.58万平方米的改造任务;2010年高考达线人数1102人;新文水中学建设工程完成招投标工作,正式开工兴建。全年共组织申报国家级、省级科技项目5项,并完成农家书屋、乡镇文化站所建设任务。启动县医院新建项目,完成村级卫生所全覆盖工作,全年新型农村合作医疗参合人数354018人,参合率达91.53%,农村卫生服务整体水平显著提高。关注帮扶社会弱势群体,全年共发放救灾粮300余吨、救灾衣物1.8万件,发放医疗救助金185.5万元,帮助508户贫困家庭成员解决看病难的问题。扩大低保覆盖面,城市低保施保7669人,农村低保施保26500人,基本实现应保尽保。不断完善劳动和社会保障体系,全县新增城镇就业人员2637人,下岗失业人员再就业713人,转移农村劳动力2727人,城镇登记失业率控制在3.5%以内。实施环保攻坚战役和节能减排工程,全县COD排放总量控制指标为1700吨,SO_2排放总量控制指标为13100吨,全年二级以上天数达313天。 (徐锦笙 郝卫风)

·交城县·

中共县委书记	李志安
县人大常委会主任	石保平
县长	孙善文
县政协主席	孟树光

【概述】 交城县位于北纬37°38′~37°54′,东经111°24′~112°17′。2010年,全年地区生产总值完成53.4亿元,同比增长31%;财政总收入完成10.0061亿元;城镇居民人均可支配收入达11546.65元,农民人均纯收入达4329元,分别增长11.1%、19.9%。

【"三农"工作】 2010年,全县项目建设稳步推进,产业转型迈出坚实步伐。全年共实施"343"等重点项目59个,总投资121.57亿元,已开工57个,完工18个,完成投资49亿元。节能环保力度不断加大,造林绿化工作成效明显。全年共削减COD1987.3吨、SO_2排放量3995吨,完成造林绿化3021.51公顷。以特色农业产业发展为重点,新发展核桃经济林667公顷、日光节能温室13.41公顷、蔬菜食用菌大棚6.80公顷。

【转型创业】 全县企业家积极响应县委、政府号召,主动转型,抢占未来发展制高点,迈上"二次创业"的新征程。特别是一批科技含量高、发展潜力大的新兴产业项目落地生根,如国利天能太阳能聚光热发电反射镜项目、恩泽生物耐高温乳糖酶项目、宏特煤化工炭纤维项目等,开辟了企业发展的新领域。美锦集团捐资近1亿元实施县城集中供热工程,华鑫集团投资7200万元建成146.74公顷的生态湖湿地公园,"五七"煤业集团出资1000万元成立奖学助学基金等。在这些企业家的感召和带动下,众多企业家积极响应,主动承担社会责任,全县上下掀起"民营"办"公益"的热潮。

【重点工程】 2010年,县委、政府在县财政异常艰难的情况下,不畏难、不动摇、不松劲,勒紧腰带推进重点工程建设。经济开发区基础设施工程、307国道改线工程、新开路中段拓宽改造工程相继竣工通车,卦山生态园一期工程圆满完工,柏叶口水库顺利封顶,交城人民祖祖辈辈盼望的龙门渠引水工程正式立项,全县人民的千年夙愿即将成为现实。这些工程的扎实推进,为全县的发展奠定坚实的基础。

【民生事业】 全年共铺开旧城改造、供热、供气、污水处理等城建项目6个,涉及投资9.96亿元。投资18亿元,铺开道路、电力、水利等基础设施重点工程17项。总投资1900万元的职中新校园建设一期工程进展顺利;总投资5500万元的二中改扩建一期工程顺利投用;总投2258万元的中医院门诊住院综合楼工程完成主体工程。全年共发展"五星级党支部"15个,"四星级党支部"22个。2010年,全县没有发生群体性事件和大规模越级集体上访,上访人数同比下降66%,确保了全县大局的和谐稳定。首次实现全年无森林火灾。和谐稳定的社会环境成为交城发展的又一宝贵资源。 (杨丽萍)

·兴 县·

中共县委书记	郭颖
县人大常委会主任	史建春
县长	梁志锋
县政协主席	刘五娥

【概述】 兴县位于北纬38°05′~38°43′,东经111°33′~111°28′,总面积3165.3平方千米,辖7个10乡,总人口28.12万人,其中农业人口22.83万人。

2010年,全县地区生产总值完成36.2亿元,同比增长38.2%;规模以上工业增加值完成23亿元,增长179.8%;社会消费品零售总额达4亿元,增长22%;实现财政收入6.6亿元,增长84.3%;一般预算收入1.8亿元,增长22.3%;城镇居民可支配收入11115元,增长8%;农民人均纯收入2050元,增长17.8%;固定资产投资完成26亿元,增长1.5%;人口自然增长率控制在6‰以内。

【农业工作】 完成17个乡镇农业技术推广站的改革,实现"三权归县";继续实施测土配方施肥项目,推广测土配方施肥面积30015公顷;积极开展标准化示范工程建设,确定示范工程2个,面积17.74公顷;积极实施菜篮子工程,新建日光节能温室105座;大力发展畜牧业，人工种草800.4公顷，改良牧坡1000.5公顷；全年实现粮油总产1.1亿千克。全年完成退耕还林补植补造1400.7公顷；完成三北防护林工程1334公顷；完成交通沿线荒山绿化岢大线康宁至乌蒙两侧景观林200.1公顷；完成村庄绿化23个村，折合面积92.05公顷；新发展核桃经济林2334.5公顷，红枣经济林533.6公顷。

【水利工作】 全年完成农村人畜安全饮水工程219处，新解决198个自然村和21所学校44870口人、2449头大畜的安全饮水问题；新建淤地坝18座，新修河坝5400米，新增水地33.35公顷，新增坝地66.7公顷，新垫滩地120.06公顷，新修梯田46.69公顷；新修防渗渠道4300米，改善灌溉条件340.17公顷；完成水保初治面积4068.7公顷，完成生态修复8004公顷。

【项目建设】 突出抓好基地主导产业培育和"343"重点项目建设。列入"343"工程的20个项目，开工18个，立项办结16个，环评办结14个，土地办结8个。特别是斜沟井田1500万吨矿井及配套选煤厂项目年内顺利投产，形成1500万吨的产能，全年原煤产量达1240万吨。华润联盛关家崖120万吨煤矿、车家庄90万吨煤矿和峁底90万吨煤矿升级改造项目按计划推进，累计完成投资4.82亿元，完成总投资的56.7%。金地煤业90万吨煤矿升级改造项目基本结束。中国铝业80万吨氧化铝项目累计完成投资5.5亿元。瑞兴镁制品公司年产50000吨高品质金属镁合金制品加工生产线建设项目总投资5491万元，累计完成投资4900万元，建成厂房，完成设备安装。华电锦兴公司180万吨甲醇深加工60万吨烯烃项目，配套的肖家洼1000万吨煤矿完成投资5.74亿元。

【城乡建设】 新区开发：全长4.22千米的连城大道路基工程全部完成；总投资3700多万元的地下综合管沟开工建设，累计开挖管沟1876米，完成管沟砼垫层1599米；旧区改造：县城污水处理厂在年内建成并投入使用；全长96米，宽24米的西关大桥拓宽改造工程于11月竣工通车，配套的过街人行天桥完成设计；"对原兴中体育场进行硬化、美化"工程于2010年10月全面竣工。完成中南部通道铁路兴县段勘察与征地拆迁工作；完成瓦神铁路(陕西神木至兴县瓦塘74千米）的可研编制及评审工作；完成太兴铁路勘察设计及征地工作；完成西纵高速兴县段可研编制、论证等工作。完成村村通水泥(油)路735.4千米。

【教育事业】 全面完成中小学校舍安全工程建设任务，改造中小学校舍61700平方米。其中：加固84所，改扩建39所。截至2010年底，占地17.34公顷、20轨制的友兰中学主体工程第一期全部完成。组织2000余名中小学教师参加继续教育培训考试。

【环境建设】 积极推进行政审批制度改革，清理行政审批项目6项，保留审批项目298项。加大违法违纪案件查处力度，共立查违纪违法案件96起，处分干部95人。全县共立查各类刑事496起，破获383起。全面建成县城污水处理厂和山西西山晋兴能源有限公司污水处理厂。全面实施城乡环境卫生清洁工程，营造宜居城镇。对西山晋兴公司6台锅炉全部安装消烟除尘脱硫装置。加强河流水环境综合整治和饮用水源地环境监管，制定饮用水源地污染应急预案。对聚鑫水泥有限公司、昌盛镁业有限公司等企业的废水排放口进行规范化整治。全年城区二级以上天数累计达332天。

【社会保障】 将城市低保救助的平均水平提高到205元；给农村五保户增加生活补贴150元；全年完成职业技能鉴定265人、下岗失业人员再就业培训525人、创业培训90人，农村劳动力技能就业培训867人；城镇新增就业2050人，创业带动就业422人，下岗失业人员再就业512人，帮助就业困难群体就业86人，农村劳动力转移1910人，城镇登记失业率控制在4.2%以内。完成蔡家崖乡卫生院和92个空白村卫生室的建设任务；进一步完善新型农村合作医疗制度，全县农民参合率达96%。（牛小兵）

·临　县·

中共县委书记	刘永平
县人大常委会主任	闫金英(女)
县长	张建国
县政协主席	王向东

【概述】 临县位于北纬37°35′~37°35′，东经110°39′~111°18′，总面积2979平方千米，辖13镇10乡631个行政村，总人口63.17万人，农业人口56.84万人。

2010年全县地区生产总值达29.61亿元，同比增长36.3%；财政总收入达6.56亿元，增长32.5%；一般预算收入完成25万元；社会固定资产投资达19.5亿元；社会消费品零售总额实现2.01亿元；规模以上工业总产值完成25.93亿元；规模以上工业增加值完成13.27亿元；城镇居民人均可支配收入8651元，增长12.4%；农民人均纯收入达2045元，增长17.8%；固定资产投资完成19.5亿元；城乡居民储蓄存款余额为25.52亿元。

【农业经济】 2010年完成红枣栽植1334公顷，品种改良667公顷；新建大型红枣加工园区6个，红枣转化能力达50%；全县红枣产量1.25亿千克，红枣产业产值突破6亿元。全年全县累计投入支农资金11.4亿元，落实粮食直补、农资综合补贴、良种补贴、农机购置补贴资金2.1亿元。实施测土配方、秸秆还田等增产工程;推广20余项农业新技术,改造中低产田733.7公顷。实现农村经济总收入10.25亿元,增幅9.8%;农民人均纯收入2050元,增长17.8%。粮食总产量达1.1亿千克。完成131个新农村的“四化四改”“五个一工程”,培育出玉荐、南庄等典型示范村。全县沼气用户达4600户。完成“三个确保”整村推进工程,使505个贫困村15万低收入群众受益;帮助76个村1.11万人实施移民搬迁工程。劳务输出14.96万人,实现劳务收入5.2亿元,全县减少贫困人口11.4万人。发展农民专业合作组织352个,辐射带动农户1.5万户,培育农产品加工企业48个,全县有4.8万贫困人口实现脱贫。

【重点项目】 2010年共有54个项目列入吕梁市“343”重点工程项目,总投资419亿元,其中投资亿元以上的项目28个。县“355”重点工程项目共66个,总投资564.14亿元,已开工建设63个,开工率95.45%,共完成投资176.14亿元。煤矿企业兼并重组和煤炭资源整合取得重大进展,60万吨以下煤矿全部淘汰,矿井数量减少到11座,整体产能增加到1380万吨,全部实现机械化开采。

【市政建设】 2010年,铺开湫水河城区段综合治理工程、污水处理厂建设工程、城区集中供热工程、城区集中供气工程、西山生态治理项目、垃圾处理工程、振兴南路延伸工程、城北瓜果蔬菜综合市场项目;新修公厕5座;实施城区道路和渠涵维修等其他公用设施维修维护工程。完成热源厂1个;换热站7个;实现供热面积60余万平方米,解决城区3500余户单位和居民取暖问题。全年城区居民供气覆盖20000户。完成村通水泥(油)路工程47项270.5千米,涉及全县10乡(镇)36个行政村。全县行政村通水泥(油)路率达100%。村级组织活动场所涉及160个村,投资3000余万元;中小学抗震加固工程102所,投资8400余万元,所有建设工程全部如期竣工,投入使用。

【电力建设】 2010年完成林家坪二期、新建石白头2个110千伏输变电站工程和碛口、安家庄、兔坂、小甲头4个35千伏输变电站工程初步设计的审查,进行6个工程的设备招标;高家山110千伏输变电工程完成省发改委组织的可研审查。2010年供电量完成37210.36万千瓦时,完成年计划的94%,同比增加26%;售电量完成33871.21万千瓦时,完成年计划的94.23%,增加26.81%;综合线损率完成8.97%,比计划降低0.02%;完成315千伏以上用户32户和6个变电站的智能抄表。

【水利建设】 2010年,完成水土流失治理面积4042.02公顷;地下水位比上年上升0.1米。全年建成饮水安全工程303处,涉及447村,19.67万人,3600头大畜;新建骨干坝4座、中型坝3座、小型淤地坝2座,实施太平沟流域治理工程1处,完善东峪沟坝滩联合整治工程,完成基本农田建设33.35公顷,徐家沟坝滩联合整治1处,新垫滩地19.34公顷;阳坡沟坝地治理工程1处,新增耕地12.91公顷,改善耕地3.90公顷;治理面积12.5平方千米。完成3座水库除险加固和4个流域治理工程;铺开马家湾、高家湾提黄灌溉工程2处,其中,马家湾提黄灌溉工程主体完工,完成总投资2150万元,发展枣树浇灌面积860.43公顷。

【通信资源】 全县拥有交换局77个,总交换机容量59208门,无线市话设有基站113处,覆盖县城周围12平方千米;无线接入网基站4座,容量6336门。有328个村通电话;固定电话用户达46395部,拥有小灵通用户11500户,宽带用户达6864户(其中LAN692户),G网用户12056户。全县电话普及率7部/百人,市话普及率18部/百人。

【文化艺术】 2010年出版《民国六年<临县志>校注》《临县教育志》,创刊《临县史志》。著名文艺工作者樊如林作品集《自编自演一辈子》,张林峰编著《说唱咱临县》等出版面世。道情剧团参加广州“中国九艺节”“全国群星奖”“上海世博会”山西周的演出。全年完成乡镇综合文化站建设工程7个,完成新农村建设投影设备配送项目80个;完成新农村“农家书屋”配送105个;县图书馆新增期刊140余册。临县道情剧团排演的道情小戏《掏鸦窝》、少儿舞蹈《布老虎》荣获第十五届群星奖;道情剧《碛口古镇》荣获山西省“杏花奖”创新剧目奖;临县三弦书10月被公布为市级非物质文化保护遗产。

【教育 卫生】 全县有23个乡镇中心校,618所学校。在校中小学生85317人;职中在校生1366人;幼儿园在校生2100人。有中小学教职工6910人;全县高级职称271人,中级职称2674人,初级职称2994人。全县校舍总面积565860平方米。2010年高考达线348人。全年新建、改扩建和加固项目学校114所;新增装备标准化达标示范校3所,图书馆等级验收学校2所,自制教具3600件;招录特岗教师120人,高中教师31名,农村教育硕士10名;投资600多万元,建成临县一中400米标准化塑胶操场;投资1500多万元,新建3个健身广场,168个村级活动场所。

全县有10个县直医疗卫生单位,20个乡镇卫生院,1所城区社区服务中心,14所乡镇社区卫生服务站和631所村卫生室。共有业务用房总面积5.5万平方米,医疗器械总价值1000多万元,开放病床1928张。在册正式职工1628人,具备执业助理医师和执业护士资格988人。县乡村三级医疗卫生机构达标率达70%以上。全年全县参合农民有523827人，参合率为93.31%。参合农民补偿186292人，受益率达35.56%。参合农民累计补偿6031.1068万元。

【社会保障】 全县城镇新增就业3000人，创业带动就业人数680人，下岗失业人员再就业1500人，就业困难群体就业120人，新增转移农村劳动力7000人。全县城镇登记失业率为2%。全县下岗失业人员再就业培训1400人，创业培训98人，农村劳动力技能就业培训1550人，职业技能鉴定410人。

企业养老保险参保人数达9643人，基金征缴收入3631万元。共为3795名离退休人员和792名供养遗属发放养老金及遗属补助4187万元。机关事业养老保险参保人数达9850人，基金征缴收入3524万元，发放养老金4896万元。医疗保险参保人数达17567人，基金征缴收入654万元。生育保险参保人数达5165人，基金征缴收入完成16万元。失业保险参保人数达13000人，基金征缴收入260万元。发放失业保险金98.9万元，拨付在岗培训补贴3.59万元。工伤保险参保人数(除煤矿企业外)达5213人，基金征缴收入(除煤矿企业外)220万元。农村社会养老保险参保人数达32000人；保险费收入16.8万元；支付养老金28万元，参保农民基础信息数据库录入27637人。全县城镇居民基本医疗保险参保人数达20199人，参保率达63%；征缴个人保险基金104.9万元。截至2010年底，共为96人支付住院医药费64.6万元。 (张海红)

·柳林县·

中共县委书记	王　宁
县人大常委会主任	陈繁昌
县　　　　长	武跃飞
县政协主席	杨登生

【概述】 柳林县位于北纬37°08′~37°37′，东经110°39′~110°05′。

2010年，全县地区生产总值完成185.1亿元，同比增长25.6%；财政总收入完成51.8亿元，增长15.6%；县级一般预算收入完成12.4亿元，增长12.5%；固定资产投资完成62.8亿元，增长47.1%；城镇居民人均可支配收入实现14991.8元，增长18.4%；农民人均纯收入实现4523.2元，增长32.4%。全县原煤产量完成3143.9万吨，增长40.4%；洗精煤完成1147.2万吨，增长74.9%；焦炭生产完成120万吨，减少0.2%。全县规模以上工业企业实现产值303.8亿元，增长55.8%；完成增加值159.1亿元，增长39%；累计实现工业销售产值299.7亿元，增长46.3%；固定资产投资总额达62.8亿元，增长47.1%。全县乡镇和民营企业实现现价产值226.9亿元，增长52.5%；完成增加值123.4亿元，增长66.1%；营业收入222.4亿元，增长52.5%；上缴税金35.6亿元，增长52.1%。全县居民消费价格指数为103.2%，社会消费品零售总额实现39.1亿元，增长133.7%。金融机构各项存款余额105.7亿元，比年初净增16.3亿元；各项贷款余额42.1亿元，净增13.3亿元。

【重点工程】 全县纳入市“5115”重点工程项目5类95个，总投资1078.87亿元。截至2010年底，项目立项、征地、环评手续全部办结38个，完成立项65个，完成环评54个，完成土地审批55个；开工65个，开工率为68%；完成投资140.1亿元，占总投资的13%。其中，项目竣工投产的有11个，进入试产阶段的有3个，进入设备定购及安装阶段的有7个，正在全面建设的有42个。山西东辉西坡400万吨(一期120万吨)矿井建设、柳林煤矿120万吨矿井建设、万达焦煤1.2亿块煤矸石制砖、润山1.2亿块蒸压免烧砖项目竣工投产；福龙360万吨干法水泥生产线、凌志大井沟240万吨洗煤、凌志110千伏变电站等项目进入试产阶段；同德120万吨矿井建设、庄上60万吨矿井建设、大庄180万吨重介洗煤建设、东辉西坡煤业瓦斯发电、磐龙建筑碎石及活性石灰生产线、恒佳6000万块蒸压免烧砖20万立方米粉煤灰加气混凝土砌块、宝宁小区煤炭大厦等项目进入设备定购及安装阶段；宏盛聚德煤业150万吨矿井建设、宏光2×30万千瓦煤矸石发电、森泽煤铝60万吨/年阻燃新材料扩建正在全面建设。

高红循环经济示范园区“十二五”规划完成并通过初评，投资2800万元完善了园区道路硬化、管涵安装等基础设施建设工程。入园项目省重点工程2×30万千瓦煤矸石发电项目基建工程完成70%，10万吨甲醇项目主体和附属工程全部完工，设备完成试车，进入试运营，联山300万吨选煤项目完成设备安装，即将试产，其他项目均按计划顺利推进。积极筹划建设以1422万吨焦炭为基础的山西柳林主焦煤循环开发试验区和400万吨煤矸石提取100万吨氧化铝为基础的综合利用开发示范园区，聘请中科院山西煤化所和东北大学、山西大学、昆明理工大学的有关专家组成高级技术团队，对其进行专题论证，完成初步规划设计。通过试验区和园区建设，形成“煤—焦—化—油、煤—电—建材、煤—铝—铝型材、煤—气—油”四条产业链，着力打造转型跨越发展新的产业支撑。26对重组矿井签订合同率、资金到位率、企业接管率均达100%。

【“三农”工作】 县财政投资3500万元，专项用于农业、农村发展。全年共发放粮食直补、农资综合补贴资金1202万元，发放农机具补贴资金154.6万元，发放家电下乡补贴资金607.1万元，发放退耕还林补贴资金1735万元，支农惠农资金全部足额兑现到户。开展农民培训910场次，培训农民4.3万人次。完成水保初治面积7203.6公顷，实施生态修复面积4735.7公顷，培育发展民营水保水利大户45户，建成淤地坝17座，改制农村饮水工程57处，全部超额完成年度目标任务。实施测土配方施肥项目，共采集土样600个，发放施肥建议卡3万份，建立村级示范方77个，全县农作物播种面积24345.5公顷，实现产量2606万千克。林改确权到户面积38132.39公顷，确权率达99%。在沿黄地带巩固发展红枣林18676公顷,完成东部山区20010公顷核桃林带总体规划，新栽植核桃4802.4公顷。建成农业示范园区10个,发展玉米、谷子、大豆、马铃薯示范展示田480.24公顷。山西联盛生态农业文化园区全面建设。永盛石磨500万千克小杂粮精细加工、山娇2000吨红枣保鲜及1500吨红枣深加工、光明5000头养猪场、定兴万头养猪、红星90万只肉鸡养殖等项目竣工投产。发展猪、鸡、牛、羊4个养殖协会,组建56个养殖专业合作社,入社社员336人,拥有固定资产340万元,全县猪、牛、羊存栏数分别达到25833头、1409头、27424只。

【社会事业】 20轨制新高中、新职中和联盛教育园区主体工程大部分完工，累计完成投资近8.2亿元，预计2011年秋季可投入使用。铺开中小学校舍安全改造项目92所，全部完工并通过验收,工程进度位居全市前列。县人民医院住院大楼进入勘察设计阶段,县中医院建设立项、选址工作完成。乡镇卫生院基础设施建设全部改造完毕，医疗设备全部发放到位,全县所有行政村实现卫生所全覆盖。新农合参合农民240530人,参合率达92.3%，全年发放补偿2936万元。国家级非物质文化遗产项目“柳林盘子会”在“首届中国节庆创新论坛暨2010中国品牌节会颁奖盛典发布会”上被评为“2010年十佳休闲旅游节”。发展农村有线用户8706户、无线数字用户5310户、直播卫星接收用户6390户,完成广播电视“村村通”覆盖任务。新型农村社会养老保险新增参保人数10.66万人，参保总数达14.1万，适龄参保率达91%,完成市下达任务的140.1%。城镇居民医疗保险参保登记23468人,共收缴统筹基金2142360元,参合率达82%。新增劳务输出6537人，共输出劳务55728人,实现收入6.2亿元。城镇新增就业3463人，完成目标任务的105%。农村五保对象实现应保尽保,五保供养标准提高到3228元/人年,农村低保扩面至9585户、15253人,城市低保标准上调到235元/人月,救助大重病患者542名，救助金额264.8万元，下拨救灾救济款225万元。安全生产和治安稳定形势持续好转。全年煤炭百万吨死亡率为0.21亿元GDP死亡率为0.17，均在市控制指标之内。深入开展社会治安综合治理，全年共受理治安案件765起,查处757起1286人；共立刑事案件407起,破获326起,打掉各类刑事犯罪团伙28个131人。全年共办结群众来信92件,办结率达97%。共接待群众来访475批3575人次，调处群众反映问题187宗，结案率达94%。全年人口出生率8.09‰,同比下降1.08%,出生性别比103.65%;自然增长率4.31‰。（张景尧）

·石楼县·

中共县委书记	李少杰
县人大常委会主任	孙卫东
县长	刘应刚
县政协主席	郑连弟

【概述】 石楼县位于北纬36°51′~37°16′,东经110°22′~111°6′。

2010年，全县国内生产总值实现5.3亿元,比上年增长29.7%;其中规模以上工业总产值实现1.9亿元,增长327%;规模以上工业增加值实现7127万元，增长500.42%；全社会固定资产投资完成4.6亿元,增长18%;社会消费品零售总额实现1.3亿元，增长19.8%；全县城乡居民储蓄存款总额达6.8067亿元，增长54.3%。2010年财政收入实现6030万元,增长64.2%。公务员平均每人每月增加津补贴600元,临时性生活补贴300元;事业人员平均每人每月增加生活补贴300元,临时性生活补贴300元。2010年农民人均纯收入实现1406元,增长19.8%。

【项目建设】 全年总投资31.2亿元5类24个项目的“343”工程中，有23个项目全部立项审批、全部开工建设;有16个项目(包括6个农业龙头项目)已经建成或基本建成,完成投资10个亿。特别是石清黄河大桥、黄河高灌等几个项目进展顺利。总投资8000万元的清石黄河大桥项目，有望在2011年9月竣工通车。总投资1200万元的黄河高灌项目顺利开工建设,项目设计年抽水能力为88万吨，建成后可灌溉农田737.04公顷。中南出海铁路通道(石楼段)建设进展顺利,全市10次通报9次排名第一,高家坡2号隧道成为贯穿山西、河南、山东三省全线1260千米中首座竣工的隧道。

【民生事业】 投资1700万元,建成占地面积8400平方米的社会福利中心；投资300万元改造完成12300平方米的县医院,使之成为周边区域唯一的二级乙等医院。2010年在全县范围内实施惠及民生的“五个全覆盖”。完成总投资150多万元的232个自然村村村通广播电视工程；完成涉及20个行政村的总投资4592万元的164千米村村通水泥(油)路;建成30个村的村级卫生室;完成总投资837万元169处安全饮水工程,解决了2.5万人、4000大畜的安全饮水问题；实施总投资4190万元，67509.82平方米的28所学校校舍安全改造工程。同时,投资1125万元，完成10个新农村建设重点村的建设工程。争取资金3380万元扩大社会保障面。全县7.87万人享受到新型农村合作医疗,5309人享受到城镇职工医保,43个企业的1167人享受到企业养老保险,4475人享受到城市低保,7123人享受到农村低保,474人享受“五保”供养,336人享受优抚,初步构建城市、农村、企业三位一体,医疗保险、养老保险、最低生活保障等各层面救助的保障体系。2010年高考达线人数达251人,在全县率先探索出“贫困小县办出大教育”的发展模式。

【城市建设】 重点做了“扩容”“提质”“增效”三篇文章。“扩容”方面,按照“东进”“南扩”扩大城市容量、拉大城市框架的基本构想，2010年，重点实施新建职业中学工程，启动东城区建设；铺开石楼火车站前期工作，拓宽南城区空间。“提质”方面，从方便人民群众日常生活需要做起，加快城市基础设施的改善和提高。完成交通信号指示灯、西河桥休闲娱乐园、政府大院东西窑洞、月亮湾供暖等一系列市政工程，相继竣工了污水处理厂、廉租房等一批重点市政建设工程。“增效”方面，以城乡环境卫生清洁工程为依托，组织开展城区环境综合整治活动，迈出打造黄河岸边、吕梁山上精巧别致、景色宜人的特色山水园林城的坚实步伐。

【生态建设】 采用专业队栽植和全民义务造林相结合的办法，铺开实施以“一城一区两路”绿化为主线的造林绿化工作，完成三北防护林、天然林保护、退耕还林、干鲜果经济林、通道绿化、村镇绿化等各项建设任务的封山禁牧、森林管护以及林权改革等管理任务，全年新完成造林3335公顷，建成9个千亩以上的核桃林基地，建成全市唯一的碳汇林基地。林果业成为全县农民增收的主渠道，尤其是红枣收入比上年有较大增长。

（郑凤斌　辛　玺）

·岚　县·

中共县委书记　阎刚平
县人大常委会主任　丁清泉
县　　　　　长　郭长风
县政协主席　李拴珍

【概述】 岚县位于北纬38°31′~38°58′，东经111°12′~111°52′。

全县地区生产总值完成10.5亿元，财政总收入完成1.7亿元，全社会固定资产投资完成19.9亿元，社会消费品零售总额完成5.6亿元，城镇居民人均可支配收入达10254元，农民人均纯收入达2180元。

【重点项目】 全年总投资215亿元的53个重点项目，全力攻坚，强势推进。25个市“三四三”重点项目开工建设24个，有14个项目建成投运或主体完工；28个县重点项目均开工建设，15个建成投运。特别是历时8年、总投资110亿元的太钢岚县袁家村铁矿项目取得实质性进展，选矿厂房基础建设工程全部完成，钢架结构正在吊装之中；大型铁矿采选设备招投标工作完成；涉及梁家庄乡10个村的3047.39公顷土地征用工作和2个村265户1018人的移民搬迁工作正在推进。岚县在8月召开的“中国山西装备制造业博览会”上，签约额达2.55亿元，占到吕梁市签约总额的37.5%，被省经信委授予“百强潜力”重点扶持企业。焦煤集团岚县正利煤业150万吨矿井建成，煤销集团龙达煤业90万吨矿井开工建设，皖北煤电昌恒煤焦90万吨矿井和同煤集团同安煤业90万吨矿井建设前期准备工作完成。北京金隅集团岚县金隅水泥日产2500吨熟料新型水泥生产线项目建成投产。在9月份吕梁市组织的“三四三”重点项目大观摩大评比中，岚县位列全市第四；在11月份的重点项目考核中排名全市第二。五个一工程岚县在资源型企业中推行“一矿一企拉长一条产业链、一矿一企绿化一山一沟、一矿一企兴办一事一业、一矿一企帮扶一个新农村、一矿一企构建一个安全保障网”为主要内容的“五个一工程”，延伸产业链，兴办公益事业，为岚县经济社会的发展奠定基础。“五个一”工程协议投资总额超过380亿元。太钢集团总投资47亿元的球团项目、还原铁项目、道路建设项目、三产项目、生态绿化项目，中电投、山西焦煤投资171亿元的煤电铝一体化项目，皖北煤电总投资162亿元的煤制天然气项目、“3052”项目和岚县二甲医院建设项目陆续敲定。

【服务“三农”】 全年粮食总产量达0.7亿千克以上。加快以马铃薯为主的农业主导产业建设，全县种薯种植面积稳定在13340公顷，总产量达到2.5亿千克。全年完成农田水利基本建设和水土保持生态建设4689.01公顷，完成98处3.2万人的饮水安全和10个行政村35.5千米村通水泥（油）路全覆盖任务。累计投入资金1040万元在41个贫困村实施以基础设施建设、产业培植等为重点的整村推进项目，完成202户1100人的扶贫移民任务。发展劳务经济，培育劳务品牌，培训农村劳动力1.3万余人次，有组织转移4000余人。

【基础设施建设】 构建岚县“113”（太兴铁路，太佳高速公路，国道209线、省道忻黑线、岚古线三条国、省道）交通网络框架。太佳高速公路于2010年12月24日顺利通车，太兴铁路全面开工建设。太佳高速连接线、忻黑线升级改造及县城至娄岚出口快捷通道也正在进行前期工作。坚持旧城改造和新区拓展同步进行，抓住重点区域，分步梯次开发，完成岚州大道、岚河综合整治、三大市场建设等工程，全面铺开集中供热、供气、供水项目和垃圾处理厂等工程。

【生态建设】 开展植树造林，采取财政补助、项目整合、企业投资、群众自筹及义务植树等多渠道、多形式筹集资金1.2亿元，动员群众投工投劳36万个，全力实施三北造林、通道绿化、环城绿化、经济林覆盖等10大造林绿化工程，完成造林4669公顷，新增经济林1000.5公顷、油松育苗1113.89公顷，超过前四年造林面积的总和。全县已确权集体林地面积47757.2公顷，占省下任务的160%。全年共处理污水115万吨，处理率达到60%。以“两尘”治理为重点，对城区140多个燃煤锅炉和营业性炉灶进行了整治，全年城区空气质量二级以上天数达330天，其中一级天数达153天。

【民生工程】 投入6000余万元，完成中小学校舍安全工程。在农村寄宿制学校实施“一杯牛奶、两颗鸡蛋”营养工程，惠及919名教师和2723名学生。公开选聘中小学校长和县城缺编教师。新建34个标准化村级卫生室，覆盖城乡的卫生服务体系基本建立。新型农村合作医疗稳步推进,实现城乡居民医疗保险全覆盖。启动2010年吕梁市唯一的国家级新型农村养老保险试点县工作,全县1.57万名60周岁以上农民享受到养老保险。计划生育工作荣获省政府“计生优质服务先进”奖。全年共有8138人纳入农村最低生活保障范围,有4167人纳入城市居民最低生活保障范围。在城市建设及教育、公共医疗、交通管理等领域开发一批公益性岗位,促进“4050”人员、下岗失业人员的再就业。筹资80余万元对城乡特困群众和弱势群体进行物价补贴,全面完成120套6000平方米廉租房建设和700户农村危房改造工程。

(郭学民)

·方山县·

中共县委书记 庞鹏峰
县人大常委会主任 刘长喜
县长 闫孝敏
县政协主席 林祥

【概述】 方山县位于东经111°02′~111°34′,北纬37°36′~38°18′,2010年,全县国内生产总值完成20亿元,同比增长16%;财政总收入完成50867万元,增长21.7%;农民人均纯收入2001元,增长17.6%;社会固定资产投资完成12亿元,增长200%,城镇居民人均可支配收入为11144.87元,增长11.3%;社会消费品零售总额完成6.8亿元,增长20.8%。

【工业经济】 全县共有27个项目列入全市“三四三”重点工程项目规划。截至2010年底,27个项目中立项审批完成26个,完成率为92.86%;完成土地审批项目18个,完成率64.29%;完成环评审批23个,完成率82.14%;开工26个,开工率达92.86%;累计完成投资20.83亿元,完成投资率40.66%。累计投资7000万元,进一步完善园区“六通一平”建设工程,初步形成煤焦电、煤焦铁、建材3条产业链。园区110千伏变电站建成并投入运行,220千伏变电站开工建设。招商引资工作取得进展。中盛水泥公司同华润集团、国新能源签约投资15亿元建设年产500万吨水泥熟料项目;新星冶炼公司同山西国际能源集团合作投资40亿元开发煤、电、铸造等项目;总投资5000万元的于成龙故居开发项目开工建设;总投资4.5亿元的年产70万吨宏泰铝业公司铝土矿选矿项目,正在完善相关手续;总投资25亿元的国际电力山西新能源开发公司20万千瓦风力发电项目,正在进行前期测风数据收集和相关报告的编制及报批工作。

【农业经济】 全年稳定粮食播种面积22678公顷。建立起绿色无公害蔬菜基地1867.6公顷、优质马铃薯基地5336公顷、优质小杂粮基地2467.9公顷,发展订单农业红芸豆266.8公顷、胡麻153.41公顷、番茄333.5公顷、甜糯玉米266.8公顷、万寿菊533.6公顷,形成区域性特色农产品基地。开展测土配方施肥、玉米“3414”肥料效应、新品种试验示范等农业技术推广服务,推进传统农业向现代农业转变。全年粮食产量达2795.47万千克,油料20.74万千克。新建移动大棚5.34公顷,温室大棚5.34公顷,全县设施蔬菜达21.01公顷。投资400万元,新栽植核桃经济林完成2万亩,使全县核桃经济林达5269.3公顷。投资3175.8万元,完成38条95.4千米村村通工程,全县村村通达415.4千米,实现道路畅通工程全覆盖。投资341万元,新建吃水工程24处,使全县饮水工程达204处,可解决164个行政村,226个自然村,10.76万口人,2.3万头大畜的安全饮水问题,占全县农业人口的90%,农村安全饮水基本实现全覆盖。投资3010万元,对25所中小学加固改造4.1万平方米,新建5所0.8万平方米,实现校舍安全全覆盖。新建农村卫生室14所,使全县169个行政村都建起卫生室。为全县住户在50户以下的72个自然村发放卫星广播电视地面接收设施2100套,全县所有村庄都能接收到卫星广播电视信号。投资1615万元,启动“一企一矿绿化一山一沟”工程,完成338.97公顷,栽植苗木52.7万株。完成退耕还林、三北防护林、天然林保护工程和补植补造工程2974.82公顷,补栽苗木223万株。开展春季义务植树活动,完成义务植树23.4万余株。完成村庄绿化22个,栽植苗木6.7万株。全年完成农村劳动力就业转移培训1591人,下岗失业人员再就业400人,就业困难人员就业370人,创业培训90人,创业带动就业430人,新增城镇就业岗位1800人,转移农村劳动力1965人,城镇登记失业率控制在4.2%以内。

【第三产业】 投资2000万元,聘请北京绿维创景策划规划设计院展开对方山生态旅游的规划设计。通过招商引资铺开北武当山基础设施、道教文化广场、于成龙故居开发和廉政教育基地建设工程。全年共接待游客26.36万人次,实现旅游综合收入2.2亿元。

【基础设施建设】 铺开10000平方米200套廉租房建设工程。完成二轻局住宅楼75套5000平方米商住楼建设。投资210.7万元,对县城瓦窑河、糜家塔河进行清淤整治及加固,新建垃圾池51个,规划停车位129个。投资300万元,高标准完成赤红沟小流域治理工程,完成土地平整26.7公顷,其中改造旱地15.8公顷,新增耕地10.9公顷。投资260万元,完成退耕还林巩固工程,垫地20公顷,土地平整13公顷,筑防渗渠4000米。投资341万元,完成人畜饮水工程24处,解决24个自然村6873口人1008头大畜安全饮水问题。全县水土保持初治面积达59162.9公顷。投资1900万元,完成开府至南岔四级公路14千米;投资1010万元,完成209线万年饱至石宝庄段路基改建工程3.16千米。新建侯车亭10个，招呼牌6个，新增行政村通客车2个，通达率达94.7%。

【社会事业】 落实义务教育阶段学生"两免一补"、城市低保家庭学生上职业学校享受1500元的助学基金政策。投资3010万元，对30所中小学进行加固改造，改造面积4.9万平方米，实现校舍安全全覆盖。全年接受培训教师达1100余人，占到全县教师总数的50%以上。全县城市低保达6130人，占全县非农业人口的22%，农村低保达9910人，占农业人口的8.2%，"五保"对象601名，全县特困群体生活得到全面保障。全年共发放医疗救助资金142.1万元，优抚对象抚恤金378余万元，救灾资金170余万元。投资1500万元完成马坊、峪口中心卫生院住院病房改造工程。完成14个村农村卫生所改造工程，为169个行政村公开选聘村医169名，每个村卫生室配备5000元的医疗设备。全年新型农村合作医疗参合率达91.23%，享受住院、门诊补偿人数达18608人次，补助金额达852.1万元。全年人口出生率控制在7.52‰以下，自然增长率控制在4.65‰以下。全年共立查各类违纪案件81件，其中大要案件15件，结案79件，2件已调查完毕正在移送审理中。涉及党员干部81人，通过查办案件挽回经济损失530余万元。

【平安建设】 全年共发生刑事案件159起，侦破103起，破案率65%；查处行政案件144起，行政拘留128人。成功抓获网上逃犯45名。开展"民爆物品安全管理专项整治"行动，收缴炸药1928千克，雷管7100枚。对4家涉爆企业存在的严重问题，给予31万元处罚。全年共发生到市以上信访案件48件，办结35案，办理疑难复杂信访积案7件。

【基层组织建设】 全县19个农村党支部被市委命名为"五星级农村党支部"，25个农村党支部被县委命名为"四星级农村党支部"。169个行政村216名现任村"两委"主干的报酬按月发放，按每人每年720元的标准参加养老保险。全县40岁以下农村"两委"成员开展农村经济管理学历教育，共有193人参加培训。对全县4700余名农村党员档案进行集中整理，建立健全收集登记、归档保管、定期清理、调档查阅等制度，形成规范的党员档案管理的长效机制。全县共发展党员210名。 （高海龙）

·中阳县·

中共县委书记	刘广龙
县人大常委会主任	武中平※
	高升平
县长	王建国
县政协主席	郭润宝

【概述】 中阳县位于北纬37°03′~37°27′，东经110°50′~111°29′，总面积1441.4平方千米，辖5镇2乡，100个行政村（居）委。全县居民49984户149868人，其中，农业人口98374人，城镇化率40.63%；人口自然增长率为5.55‰，人口密度为102人/平方千米。

2010年，全县地区生产总值（GDP）完成46.7亿元，同比增长20.1%；规模以上工业企业总产值完成122.2亿元，增长57.9%；财政总收入完成10.5亿元，增长32%；全社会固定资产投资完成16.8亿元；金融机构各项存款余额达555918万元；全年各项贷款余额达299898万元；社会消费品零售总额7.85亿元，增长20.14%；城镇居民人均可支配收入11672元，增长10.3%；农民人均纯收入3159元，增长13.9%；城区二级以上天数达335天。

【农业经济】 2010年，全县农林牧渔业总产值16182.2万元，同比下降9.2%，其中农业产值为7052.2万元，下降13.0%；林业产值4487.5万元，增长14.1%；牧业产值4400.6万元，下降20.5%；渔业产值为72.9万元，增长3.8%；农林牧渔服务业产值169万元，下降6.1%。全县耕地总面积9404.7公顷；粮食作物播种总面积8404.2公顷，总产量达1941.3万千克，其中，油料面积为738.99公顷，产量50.3万千克；马铃薯面积1167.85公顷，产量271万千克；优质核桃面积10005公顷，产量100万千克，产值3000多万元（以30元/公斤计算），核桃收入占到农民收入的1/4；全县畜禽养殖存栏总量达26万头（只）；肉、蛋、奶产品总产量达3500万吨，畜禽总产值达4404.1万元，减少20.5%；建成投资1000万元以上养殖企业5户。全年共造林5202.6公顷，植树40万株，幼林抚育333.5公顷，园林村绿化13个，森林覆盖率达43.7%。全年新增基本农田156.75公顷，新打旱井408眼，完成农村饮水工程29处。

【工业经济】 2010年，全县地区生产总值完成46.7亿元；规模以上工业总产值累计完成1221678.4万元，同比增长57.9%；工业增加值累计完成375672.4万元，增长33.1%；销售产值累计完成1219595.6万元，增长57.7%，工业产品产销率为99.8%。销售收入全年累计完成1263694.7万元，增长73.5%；实现利税全年累计完成297695.6万元，增长379.1%；实现利润全年累计完成223137.9万元，增长946.7。

全年共实施重点工程工业项目29个，其中煤炭提升项目15个，工业转型项目14个。2010年纳入山西省重点节能改造项目推进计划共6项，总投资33384万元。万元GDP综合能耗为4.579吨标准煤/万元，比上年下降7.74%，SO_2减排5600吨，COD减排310吨。2010年，社会消费品零售总额全年累计完成78505.7万元，增长20.1%。对已建成的63家农家店进行规范、整治，截至12月底，投资130万元，新建或改造农家店20

家，配送中心1家，全县农家便利超市累计达83家，在行政村的分布覆盖到54%；全力开展“家电下乡”，取缔销售网点5家，新增家电下乡网点4家，备案网点累计规划20家。家电下乡产品销售11208台(件)，销售金额2434.7万元，发放补贴317万元，兑付率达13%。全年换证年审22座，下发整改通知书3份，取缔非法出油点6个，建立并完善加油站档案28份，进一步规范市场秩序。

【交通　邮电】2010年，全县农村公路总里程达800多千米(不含国省道96千米)；全年运输旅客93万余人次，完成客运周转量9300万人千米。全年邮政业务收入累计完成836.3万元，同比下降12.2%；邮政储蓄年末余额36045万元。联通中阳分公司主营业务收入完成1056万元，固定电话达17000户，宽带用户7500户，3G用户1883户，营业网点21个。移动中阳分公司全年实现运营收入6000万元，现有手机用户9万户，基站点82个，拥有宽带用户700户。

【文化　教育　卫生】全县有综合多功能文化活动中心、中兴广场等11个基层文化站等文化活动场所；设有线电视台、图书馆、文化馆等文化机构；县图书馆馆藏图书达1.5万册；档案馆馆藏档案资料3.8万卷(册)。2010年总投资1900万元的剪纸文化园区已经列入吕梁市“343”重点项目。中阳剪纸列入联合国社科文组织“世界级非物质文化遗产保护名录”；组建中阳县中兴传媒有限公司，完成有线电视数字化整体平移11000户，新建或扩建乡镇文化站7个，建成农家书屋20个，实施文化共享工程30个。2010年自编戏曲《挠痒痒》在全国梅花奖山西赛区获二等奖。

2010年，全县共有中小学、幼儿园75所，其中高中和职业中学各1所、初中11所、小学50所、幼儿园12所。投资3000万元完成校舍安全工程全覆盖；投资2100万元规划装备城域网，充实图书、实验仪器等。中钢公司继每年出资1000万元支持免费普及高中教育、100万元扶持中阳二中发展之后，再次出资300万元设立教师培训基金。2010年全县高考达线307人；高中阶段教育普及率达86%上。

2010年，全县共有卫生机构117个，其中县级4个，乡镇卫生院、社区卫生服务站11个，村卫生所100个，疾病预防控制中心、卫生监督所各1所；共有放射诊疗单位16个，放射从业人员26人；医务人员具有高级职称23人，中级职称188人，初级职称256人。全县参合农民87663人，参合率达92%，全年支付补偿金1076万元；城乡居民健康档案建档率达42.7%。改扩建县医院住院大楼、7个乡镇卫生院、39个村级卫生室，三级卫生医疗机构达标率87.1%。

【基础设施建设】2010年，廉租房一期主体工程完工，滨河西路、华润联盛大道启动建设，一批以街道、桥梁、文化广场等为重点的小城镇配套工程相继建成。城区新增供热面积3万立方米、绿化面积3万立方米，城区空气质量二级以上天数达335天。横泉水库引水工程管网主体基本建成；金罗110千伏变电站、第三批150千米农网改造工程完工；340省道一级公路改造、西山循环公路二期、209国道万年饱至石宝庄二级路拓宽改造工程如期建成通车，340省道县城至道棠段实现路灯亮化。

【社会生活】2010年，城镇居民人均可支配收入11672元，同比增长10.3%；农民人均纯收入3159元，增长13.92%；社会消费品零售总额7.8亿元，增长20.14%；居民消费价格总指数104.1，增长4.1%；城镇基本社会保障覆盖率85.27%，农村合作医疗参合率达92%；城镇居民人均住宅建筑面积26.5平方米，农村居民人均住宅建筑面积29.44平方米，人均公共体育场地面积0.93平方米；农村自来水普及率40.38%，城市集中供热普及率50%。城镇新增就业岗位2300个，下岗失业人员再就业580人，城镇登记失业率1.95%；下岗失业人员再就业580人，农村劳动力转移2800人；下岗失业人员再就业培训500人，农村劳动力技能培训1200人。新增农村低保对象1580人，低保对象占到农村人口的6.7%，基本实现应保尽保；全县农村养老保险参保人数17000人，基金征缴收入382.3万元；全县农保基金积累总额923万元。被征地农民社保基金积累总额1304万元。达到领取年龄的1006名参保农民年发放总额4.1万元，实现足额发放。全县城镇基本医疗保险参保缴费人数37631人，城镇基本医疗保险基金征缴完成1976万元，城镇基本医疗保险基金支出1561万元，城镇职工基本医疗保险基金累计积累2347万元；落实改制企业职工养老金接续资金4600余万元。2010年，县级领导和机关干部结对帮扶困难职工315户，资助困难学生117人。2010年，投入各项维稳资金达3000万元。全年破获各类刑事案件89起，打掉犯罪团伙7个78人，刑事拘留犯罪嫌疑人94人；查处治安案件301起，行政拘留233人。检察院共批准逮捕60案113人，提起公诉80案149人，立案查处贪污贿赂犯罪案件4件6人；法院共受理刑事案件75件141人。（许文彦）

·交口县·

中共县委书记　郑明珠
县人大常委会主任　成文威
县　　长　徐宇平
县政协主席　周来有

【概述】交口县位于北纬36°43′~37°12′，东经111°03′~111°34′。全县国土总面积1257.70平方千米，辖7个乡镇、93个村委、381个自然村，总人口11.59万人。森林覆盖率达33.8%，林木绿化率为56.6%。矿产资源丰富，主要有煤、硫、铁、铝、石灰岩、白云岩、耐火粉土等14种。全县文物古迹众多，拥有云梦山、千佛寺、韩极石牌坊、金代大铁钟、红军东征总指挥部旧址、幸福泉、吴家大院等自然人文景观。

2010年，全县国内生产总值完成16.73亿元，比上年增长38.5%，人均国内生产总值完成任务14431元，增长34.8%；财政总收入完成2.85亿元，增长43.8%；一般预算收入完成1.39亿元，增长18.0%；农林牧渔业总产值完成28453万元，增长76.6%；规模以上工业总产值完成36.18亿元，增长222.4%；社会消费零售总额完成2.71亿元，增长14.4%；城镇居民人均可支配收放实现10456元，增长8.7%；农民人均纯收放实现3382元，增长22.5%。

【工业经济】 交口县41个"三四三"重点工程项目，总投资179亿元。截至2010年底，完成立项审批41个，环评审批36个，土地审批28个，36个项目相继开工建设，16个项目建成投运，累计完成投资58.9亿元，占总投资的33%。在此基础上，交口县大力推进传统产业提升改造，8座兼并重组煤矿顺利推进，批复年产能由原来的330万吨提高到510万吨；抓住国家铸造生铁产业规划的机遇，申报铸造生铁冶炼加工基地，督促冶炼企业完善技术装备；积极应对焦化企业全部建成生化水处理系统、地面除尘系统、煤气发电系统并推进焦化项目产能整合。

积极扩大招商引资。促成山东信发集团接收肥矿集团80万吨氧化铝项目，投资110亿元改扩建一期240万吨氧化铝项目。锦华能源公司与香港必发集团、晶泰铸造公司与天津麦维厨具有限公司、科丰林牧公司与天津华侨融海投资公司达成合作意向，在太原"能博会"上正式签约。积极论证洽谈国际电力投资有限公司10万吨镁合金、阳双地方铁路专用线、省道桃临线一级路改造、引黄提水工程等一批骨干项目。筛选确定58个"5115"重点工程项目，概算总投资646亿元，上报省级重点项目11个，概算总投资405亿元。

【社会事业】 交口县坚持把保障和改善民生作为政府工作的出发点和落脚点，统筹城乡发展。"五个全覆盖"全面完成：投资1570万元实施22条、64.4千米村通水泥工程；投资4480万元实施82所学校、4.53万平方米的校舍安全工程，主体工程全部完成，68所交付使用；新建29个农村卫生所投用并通过验收；266个自然村、7980户的村通广播电视直播卫星接收设备安装到户并通过验收；实施农村安全引水工程46处，解决41个自然村，5所学校，7700口人的安全饮水问题。"十件实事"全部兑现：7个乡镇卫生院全面推行基本药物制度和"零差价"销售；援助就业困难群体再就业167人；实施康城镇敬老院改扩建工程；对81名残疾人实施康复救助；24套经济适用房、108套廉租房交付使用，300户农村危房改造全部落实；新建9个便民店、65个放心粮油店；20个村级组织活动场所改扩建工程全部完工并通过验收；筹资6000余万元实施县城东环路、南环路拓宽改造及4条小街小巷硬化工程。争取资金，重点实施基础设施建设和民生工程。全年争取到上级投资1.05亿元，其中下达中央扩大内需项目5大类13个，总投资2889.5万元，12个项目相继开工，8个项目建成完工。

全年共落实义务教育保障经费1440万元，投入500万元用于教育装备，通过省义务教育标准化验收和市级示范高中验收。城乡低保进一步扩面，农村4064人、城镇2880人纳入最低生活保障。全县新增就业2880人，创业就业416人，下岗失业人员再就业636人，城镇登记失业率控制在2.4%。城镇职工基本养老保险净增284人，各项社会保险的综合覆盖率达90%，县医院创建二级乙等医院通过验收，新型农村合作医疗覆盖率达94.1%。全县人口自然增长率控制在5.17‰，低生育水平保持稳定。积极开展城乡困难群众医疗救助和生活救助。

【农业经济】 大力实施"核桃富民"战略，以孝石线、桃临线、红回线、康石线为重点建设核桃经济林带，全年新栽核桃经济林0.1974万公顷，累计达1.6675万公顷。其中争取"两区"片区扶贫开发项目资金2000万元，在温泉、桃红坡、回龙三个乡镇高标准新栽优质核桃800.4公顷，综合管护533.6公顷；结合退耕还林、"三北"防护林新栽植核桃林1174公顷。积极推进造林绿化工程，坚持"大通道、宽林带、广覆盖"，投资1000余万元，高标准实施国道209线、省道孝石线、桃临线通道绿化工程105千米，植树15.3万株。同时，完成退耕还林补植补造3001.5公顷，"天保"工程封山育林580.29公顷。加强农田水利建设，治理水土流失面积2735公顷，实施生态修复工程5002.5公顷，新建淤地坝23座，新增基本农田160.08公顷。

全县农作物播种面积13006.5公顷，其中粮食作物10738.7公顷，落实直补资金684万元，全县粮食产量实现2790万千克。进一步巩固7个试点村，31个重点推进村的创建成果，重点建设高标准新农村8个，新推开9个村的新农村建设任务，初步形成"一村一品"特色产业格局。坚持"龙头带基地、基地连农户"的发展思路，实施农业龙头企业"513"项目8个，完成投资2.9亿元，实现销售7586.5万元，重点扶持农副产品加工企业，形成9类20余种产品，有力地推动农业产业化进程。实施农村劳动力转移"消零工程"，组织各类农民培训120期2.5万人次，全县企业累计吸纳农民就业7000余人，依托市政、公路、农田基本建设等吸纳临时性用工1.2万人次。

【节能减排和生态建设】 严格执行区域能耗总量控制和新上项目节能总量前置审批，督促7户冶炼企业完成改造配套烧结机和上马铸造项目，9座300平方米以下高炉全部关闭拆除，7户焦化企业全部建成生化水处理地面除尘和煤气发电系统并向煤化工产品延伸，实现达标排放。推进集体林权制度改革，完成林地确权和统计入网14007公顷；继续开展“六大造林绿化工程”，高标准实施通道绿化工程，植树15.3万余株；新增造林绿化面积3201.6公顷，治理水土流失面积2734.7公顷；实施生态修复工程5002.5公顷；新建淤地坝23座，新增基本农田160.08公顷。同时深入开展城乡环境卫生整治和“环境质量提升年”活动，污水处理厂建成投运，城区二级以上天数达331天，环境空气质量达到国家二级标准。

（武允明）

·孝义市·

中共市委书记 张旭光
市人大常委会主任 冯泰贵
市长 郭保平
市政协主席 李安

【概述】 孝义市位于北纬36°56′~37°18′，东经111°21′~111°55′之间。辖7镇、5乡、4个街道办事处，379个行政村、24个居民委员会，辖区总面积945.8平方千米。总户数172252户，总人口472308人。

2010年全市GDP达258.93亿元，财政总收入达50.01亿元，一般预算收入达16.46亿元；规模以上工业总产值达333.47亿元，工业增加值达146.09亿元，社会消费品零售总额达66.81亿元；全社会固定资产投资达130.72亿元；城镇居民人均可支配收入达16642元，农民人均纯收入达7686元，城乡居民储蓄存款余额达192亿元。全市综合经济实力稳居全省县(市)域第一，位列中部百强第4位，中国百强第70位。

【城镇建设】 全年投入6.4亿元，城区道路里程增加到128千米；建成区面积拓展到27平方千米，规划区面积达到57平方千米，控制区面积达到240平方千米；集中供热面积发展到635万平方米；管道燃气用户发展到3.9万户；新铺改造输配水管网11千米，日增供水量5000立方米；污水处理厂二期工程完工，日处理污水能力达到3万立方米。公交客运实现全覆盖，城乡一体大交通格局基本形成。2个乡镇完成中心集镇规划并铺开建设，4个乡镇完成第一轮规划评审，9个社区化农民新区初具规模。城镇人口达到27万，城镇化率达57.8%。

【生态环境】 实施蓝天碧水、节能减排、造林绿化、城乡环境卫生清洁“四大工程”，全年依法取缔涉污企业100余户，削减SO_2排放量33599吨；城区空气质量二级以上天数达354天，一级天数达101天；建成区园林绿地面积、绿化覆盖面积和公园绿地面积分别达到704.9公顷、782.5公顷和202.3公顷，园林绿地率、绿化覆盖率分别达39.13%、43.48%；造林绿化率达35%，森林覆盖率达30.7%；被国家绿委授予“全国绿化模范县(市)”称号。

【城乡生活】 全年投资1700余万元，实施农村寄宿制学校安全设施、寄宿制学校教育技术装备提升、普通高中设施配套、教育城域网“四大”工程，教育装备大幅改善；稳步推进学校布局调整，农村学校由261所减少到138所，城区学校由9所增加到12所，高考本科达线人数突破1800人，中考成绩稳居吕梁第一。投资3亿元完成市、乡、村三级医疗卫生院所标准化建设，城乡居民医疗保障水平提升。参合农民达29万余人，参合率达98.56%。投资近2亿元初步建成覆盖城乡的文化基础设施网络，电影《酸枣坡》获第五届中美电影节“金天使奖”，舞台剧《人偶情》获第九届中国艺术节曲艺类“群星奖”。建立和完善社会保障体系，城乡低保应保尽保，新型农村社会养老保险参保率达到89.4%。公教人员年平均工资达3.1万元。私家轿车增加到3.7万辆；城市人均住房面积达40.56平方米。

【项目建设】 全年实施重点转型项目161项，概算总投资691.51亿元，其中现代农业项目40项，总投资13.63亿元；循环经济型工业项目65项，总投资549.62亿元；现代服务业项目56项，总投资128.26亿元。转型项目中，10亿元以上项目21项，总投资477.21亿元；亿元以上项目73项，总投资195.63亿元；5000万元以上项目13项，总投资9.22亿元。年底完成投资149.30亿，占总投资的21.59%；131个项目开工建设，开工率达81.37%，64个项目实现投产或部分投产，投产率达39.75%；131个项目办理立项手续，41个项目办理环评手续，53个项目办理土地手续。其中，列入吕梁市“三四三”重点工程的41个项目，总投资404.28亿元，完成投资90.47亿元。2010年乐百利特LED大功率照明灯具、离柳合成氨、沃尔玛超市、大象肉鸡屠宰及饲料加工、兴安二期4A沸石等22个亿元以上项目奠基开工，投资额达200亿元。荣获“中国产业发展能力百强县市”“中国最具区域带动力中小城市百强县市”称号。

（张彩琴）

·汾阳市·

中共市委书记 王志强
市人大常委会主任 王双喜
市长 王志强(代)
市政协主席 靳尔兰

【概述】 汾阳市位于北纬37°8′~37°29′，东经111°20′~112°00′。2010年，全区实现地区生产总值84.52亿元，同比增长13.8%；完成财政总收入18.6亿元，增长9.8%，其中完成一般预算收入4.74亿元，增长4.9%；规模以上工业企业总产值实现105.88亿元，增长48.1%；规模以上工业企业增加值41.53亿元，增长25.6%。全社会固定资产投资完成24.91亿元，增长25.1%；社会消费品零售总额完成31亿元，增长16.9%；城镇居民人均可支配收入达12103元，增长7.3%；农民人均纯收入达6271元，增长19.6%。

【“三农”工作】 全市农作物种植面积42187.75公顷，粮食总产量18.2万吨，肉、蛋、奶产量分别达2.39万吨、1.09万吨、0.74万吨。优势农业基地建设稳步推进，栽植“汾州核桃”3335公顷，优质谷子种植面积3668.5公顷，优质酿酒高粱种植3335公顷。农业基础设施建设，投入资金4200万元，加固2条河道、1处水库，铺开733.7公顷基本农田整理项目。实施饮水安全工程解决36个村3.98万人饮水安全问题。农业产业化龙头企业不断壮大，裕源土特产、山宝食用菌等7户企业列入全省农产品加工“513”工程。为28个新农村建设重点推进村编制新农村建设总体规划文本，并付诸实施。

【重点项目】 围绕“一白一黑一绿”“一城一区一带”和基础设施惠民工程，选择“三四三”重点工程项目34个，总投资112.06亿元，开工项目30项，完成投资32亿元。工业园区建设报批山西省杏花村酒业集中发展区和汾阳市废旧轮胎综合加工利用产业园区。杏花村酒业集中发展区拟定21个白酒生产及其相关项目，有11名企业家进入集中发展区，投资25亿元。三泉焦化工业园区上马五麟20万吨甲醇、锦岩3万吨碳砖等15个项目。第三产业实施“万村千乡市场工程”“双三十”农产品市场工程；财政补贴资金966万元用于扩大家电、农机、汽车摩托车下乡；新建市级放心粮油配送中心1个、放心粮油示范店10个。文湖景区动工兴建汾阳王府，完成汾州古城墙、双雁恢复工程。

【城乡建设】 城乡规划展开城市总体规划修编、区域控规和杏花村总规等规划编制工作。市区铺开鼓楼东街、荣盛路、英雄南路的街道改造工程；新建小南关、西门等6个农贸市场和马玲商厦；动工建设汾阳广场、西河广场及南关村广场；完成旧城改造8处工程；铺开汾阳地下人防工程、开元国际大酒店工程。建成城区110千瓦变电站、污水处理厂，医疗废物集中处置中心和自来水水质检验室投入运行。420套廉租住房主体工程完工。新农村建设投入资金1.06亿元。汾平高速公路及连接线建成通车，总投资1750万元的8个村62千米通畅工程全部完工。

【“三城同创”活动】 围绕改善人居环境，开展卫生、园林、文明“三城同创”活动。成立环卫管理中心等3个机构，新增130余名交警协管员、120余名城市协管员、160余名清扫保洁员、24名公厕管理员、20名自行车摩托车管理员。投资6000余万元，新建公厕17处，安装路灯266套，新设红绿灯13处，补栽绿化8条街道1.8万平方米，设置道路交通标识牌256处、公益广告栏7处，对全市街道名称命名。举办“汾阳是我家、文明靠大家”广播电视主题演讲比赛，组织机关干部义务劳动。实施除“四害”工程，开展环境优美乡村创建活动，全市空气质量二级以上天数达353天。修广场、拓街道、建公园，建成一批标志性市政工程。

【社会事业】 科技创新力度加强，申报各类专利52项，组织实施各级科技项目15项。加固和新建、扩建学校134所，面积24万平方米。新建农家书屋51个，农村文化大院49个，乡镇综合文化服务站2个，市图书馆被评为“全国服务农村基层文化工作先进单位”。新建社区卫生服务中心2个，改扩建乡镇卫生院2所。新增城市公益岗位515个，安置下岗失业人员再就业2946人，转移农村劳动力3950人，城镇失业率3%。城镇居民医疗保险参保人数32525人，参保率70%以上，新型农村合作医疗保险参合率91.58%；社会保险综合覆盖率94.86%。1603名农村五保户实现财政供养。助残工作实施白内障复明325例，救助贫困残疾儿童65名。

（陈红艳）

山西省社会和经济发展统计资料

平均每天主要社会经济活动

指　　标	2000	2005	2010
全省每天创造的财富	—	—	—
地区生产总值(万元)	50568	115905	252078
原煤产量(万吨)	68.9	151.9	203.0
焦炭产量(万吨)	13.6	21.9	23.3
发电量(万千瓦小时)	17115	36068	58919
粗钢产量(吨)	12952	45335	83529
钢材产量(吨)	10756	37496	78530
水泥产量 (吨)	39288	63306	100556
布产量(万米)	91.1	99.3	20.2
其他经济活动	—	—	—
全社会固定资产投资额(万元)	17128	50942	174044
城镇固定资产投资额(万元)	15118	46556	159343
图书出版 (万册)	27.68	27.62	36.12
期刊出版(万册)	7.28	16.20	10.96
报纸出版(万份)	161.16	903.32	566.30
函　　件(万件)	31.04	25.46	21.18
人口变动与婚姻	—	—	—
出　　生(人)	1170	1102	1043
死　　亡(人)	509	550	525
结　　婚(对)	451	520	988
离　　婚(对)	21	48	73

社会经济主要指标人均水平

指　　标	2000	2005	2010
一、地区生产总值(元)	5722	12647	26283
二、农林牧渔业总产值(元)	999	1446	2993
三、主要产品产量	—	—	—
原　煤(吨)	7.80	16.57	21.17
焦　炭(吨)	1.54	2.39	2.43
发电量(千瓦小时)	1936.7	3935.6	6143.2
粗　钢(公斤)	146.6	494.7	870.9
钢　材(公斤)	121.7	409.1	818.8
水　泥(公斤)	444.6	690.8	1048.4
布(米)	10	11	2
粮　食(公斤)	265	292	310
棉　花(公斤)	1.4	3.1	2.0
油　料(公斤)	13.9	6.4	5.0
猪牛羊肉(公斤)	18.4	24.2	18.2
四、社会消费品零售额(元)	2240	4217	9478
五、人民生活(元)	—	—	—
职工平均工资	6918	15645	33544
国　有	7249	16027	33119
集　体	4193	10157	21993
城镇居民可支配收入	4724	8914	15648
城镇居民消费性支出	3942	6343	9793
农民家庭纯收入	1906	2891	4736
农民家庭生活费支出	1149	1878	3664
城乡居民储蓄存款年末	5420	12315	26346
余额	—	—	—

国民经济主要比例关系

单位:%

指　　标	2000	2005	2010
一、地区生产总值中三次产业比例	—	—	—
第一产业	9.7	6.2	6.0
第二产业	46.5	55.7	56.9
第三产业	43.8	38.1	37.1
二、工业总产值中轻重工业比例	—	—	—
轻工业	14.4	6.1	5.4
重工业	85.6	93.9	94.6
三、农林牧渔业总产值内部比例	—	—	—
农业产值	67.7	58.2	63.8
林业产值	3.9	3.4	6.2
牧业产值	27.8	30.7	23.9
渔业产值	0.5	0.6	0.6
农林牧渔服务业	0.0	7.1	5.4
四、全社会固定资产投资中城镇、农村投资所占比例	—	—	—
城　　镇	88.3	91.4	91.6
农　　村	11.7	8.6	8.4
五、城镇固定资产投资中三次产业的比例	—	—	—
第一产业	1.3	1.5	2.8
第二产业	47.0	63.0	43.6
第三产业	51.7	35.5	53.6
六、城镇固定资产投资中轻、重、能源工业投资所占比例	—	—	—
#轻工业	3.0	3.2	3.4
重工业	42.9	59.5	39.9
#能　源	30.9	35.5	26.1
七、能源使用比例	—	—	—
第一产业	5.7	3.0	2.4
第二产业	75.0	81.1	75.9
第三产业	7.4	7.6	12.0
人民生活	11.9	8.3	9.6
八、固定资产投资额占地区生产总值的比例	33.9	44.0	69.0
九、文教卫生科学事业费占财政支出的比例	25.0	22.4	24.6

人民物质文化生活提高情况

指　　标	2000	2005	2010
一、城乡居民收入(元)	—	—	—
城镇居民人均可支配收入	4724	8914	15648
农民人均纯收入	1906	2891	4736
职工平均工资	6918	15645	33544
二、平均每人住房面积(平方米)	—	—	—
城镇居民建筑面积	—	25.6	28.0
农村居民住房面积	21.6	24.2	28.7
三、生活、文化、教育、卫生	—	—	—
每百户拥有(抽样)	—	—	—
彩色电视机(台)	—	—	—
城镇居民	107.2	113.7	111.8
农　民	63.5	82.3	109.0
洗衣机(台)	—	—	—
城镇居民	93.4	99.8	100.7
农　民	51.7	69.3	81.0
移动电话(部)	—	—	—
城镇居民	8.1	109.7	146.6
农　民	—	27.5	107.7
每百人每天拥有报纸(份)	5.0	27.0	16.2
每人每年拥有期刊(册)	0.8	1.8	1.1
每万人拥有在校大学生(人)	39.0	121.7	160.8
每千人拥有医院床位数(张)	2.4	2.4	3.1
每千人拥有卫生技术人员(人)	4.2	3.9	5.5
四、储　蓄	—	—	—
城乡居民储蓄存款	1748.4	4119.7	9223.0
年末余额(亿元)	—	—	—
平均每人储蓄存款余额(元)	5420	12315	26346

山西省地区生产总值

按当年价格计算

年份	地区生产总值(万元)	第一产业	第二产业			第三产业	人均地区生产总值(元/人)
				工业	建筑业		
1952	159978	93831	27484	23447	4037	38663	116
1957	291594	115415	93994	71745	22249	82185	186
1962	324083	110666	121848	109126	12722	91569	188
1965	439158	127041	205199	185889	19310	106918	238
1970	576900	151931	302600	279549	23051	122369	277
1975	698101	208009	346700	321978	24722	143392	301
1978	879946	182040	514685	481225	33460	183221	365
1980	1087619	206348	635098	582107	52991	246173	442
1985	2189896	422629	1200573	1021192	179381	566694	838
1990	4292736	808080	2100746	1866110	234636	1383910	1528
1991	4685100	687700	2362800	2108100	254700	1634600	1592
1992	5511200	829400	2702800	2404400	298400	1979000	1862
1993	6804100	972700	3350300	2960100	390200	2481100	2271
1994	8266600	1238400	3965700	3471800	493900	3062500	2729
1995	10760300	1686900	4944500	4385000	559500	4128900	3515
1996	12921100	1982800	6002100	5327300	674800	4936200	4178
1997	14760000	1918400	7075800	6263600	812200	5765800	4724
1998	16110800	2072500	7612500	6585500	1027000	6425800	5104
1999	16671000	1599600	7854700	6845500	1009200	7216700	5230
2000	18457200	1798600	8583700	7486500	1097200	8074900	5722
2001	20295300	1710900	9560100	8324500	1235600	9024300	6226
2002	23248000	1978000	11343100	9914400	1428700	9926900	7082
2003	28552200	2151900	14633800	12919400	1714400	11766500	8641
2004	35713700	2763000	19194000	17113000	2081000	13756700	10741
2005	42305300	2624200	23570400	21176800	2393600	16110700	12647
2006	48786100	2767700	27556600	24850600	2706000	18461800	14497
2007	60244500	3119700	34544900	31418900	3126000	22579900	17805
2008	73154000	3135800	42423600	38685400	3738200	27594600	21506
2009	73583100	4775900	39938000	35188800	4749200	28869200	21522
2010	92008600	5544800	52340000	46579700	5760300	34123800	26283

山西省地区生产总值构成

单位：%

年份	地区生产总值	第一产业	第二产业			第三产业
				工　业	建筑业	
1952	100.0	58.6	17.2	14.6	2.5	24.2
1957	100.0	39.6	32.2	24.6	7.6	28.2
1962	100.0	34.2	37.6	33.7	3.9	28.3
1965	100.0	28.9	46.7	42.3	4.4	24.3
1970	100.0	26.3	52.5	48.4	4.0	21.2
1975	100.0	29.8	49.7	46.1	3.5	20.5
1978	100.0	20.7	58.5	54.7	3.8	20.8
1980	100.0	19.0	58.4	53.5	4.9	22.6
1985	100.0	19.3	54.8	46.6	8.2	25.9
1990	100.0	18.8	48.9	43.5	5.5	32.3
1991	100.0	14.7	50.4	45.0	5.4	34.9
1992	100.0	15.0	49.0	43.6	5.4	35.9
1993	100.0	14.3	49.2	43.5	5.7	36.5
1994	100.0	15.0	48.0	42.0	6.0	37.0
1995	100.0	15.7	46.0	40.8	5.2	38.4
1996	100.0	15.3	46.5	41.2	5.2	38.2
1997	100.0	13.0	47.9	42.4	5.5	39.1
1998	100.0	12.9	47.3	40.9	6.4	39.9
1999	100.0	9.6	47.1	41.1	6.1	43.3
2000	100.0	9.7	46.5	40.6	5.9	43.8
2001	100.0	8.4	47.1	41.0	6.1	44.5
2002	100.0	8.5	48.8	42.6	6.1	42.7
2003	100.0	7.5	51.3	45.2	6.0	41.2
2004	100.0	7.7	53.7	47.9	5.8	38.5
2005	100.0	6.2	55.7	50.1	5.7	38.1
2006	100.0	5.7	56.5	50.9	5.5	37.8
2007	100.0	5.2	57.3	52.2	5.2	37.5
2008	100.0	4.3	58.0	52.9	5.1	37.7
2009	100.0	6.5	54.3	47.8	6.5	39.2
2010	100.0	6.0	56.9	50.6	6.3	37.1

2010年山西省地区生产总值构成项目

单位:万元 (10 000)

指 标	总 计	劳动者报酬	生产税净额	固定资产折旧	营业盈余
地区生产总值	92008600	36383300	15025200	12458600	28141500
第一产业	5544800	3939200	−145500	284100	1467000
农、林、牧、渔业	5544800	3939200	−145500	284100	1467000
第二产业	52340000	18036200	11433600	6905800	15964400
工业	46579700	14959000	10383600	6232200	15004900
建筑业	5760300	3077200	1050000	673600	959500
第三产业	34123800	14407900	3737100	5268700	10710100
交通运输、仓储和邮政业	6540800	2325400	523400	884100	2807900
信息传输、计算机服务和软件业	2038200	352000	120800	783200	782200
批发和零售业	6955100	1872400	2024400	626100	2432200
住宿和餐饮业	2316200	771300	220000	192700	1132200
金融业	4483000	1622300	502200	192600	2165900
房地产业	1920000	138800	148000	1599100	34100
租赁和商务服务业	858200	317800	70300	175100	295000
科学研究、技术服务和地质勘查业	504800	330700	39700	61800	72600
水利、环境和公共设施管理业	241900	175500	6000	60000	400
居民服务和其他服务业	1135200	436100	37300	40300	621500
教育	2076100	1809900	5800	185900	74500
卫生、社会保障和社会福利业	933600	657100	8100	80200	188200
文化、体育和娱乐业	444000	273600	20600	59600	90200
公共管理和社会组织	3676700	3325000	10500	328000	13200

城乡劳动力资源配置情况

单位：万人　　(10 000)

指　标	2009	2010
年末劳动力资源总数	2541.8	2578.3
年末劳动力配置	—	—
一、从业人员	1630.6	1685.9
按经济类型分	—	—
1.国有经济	246.7	237.8
2.集体经济	987.8	1004.2
3.私营经济	121.9	128.8
4.个体经济	158.4	182.3
5.联营经济	0.3	0.4
6.股份制经济	21.3	21.4
7.外商投资经济	4.2	4.4
8.港、澳、台投资经济	5.5	8.6
9.其他经济	84.5	98.0
按国民经济行业分	—	—
1.农、林、牧、渔业	635.0	638.2
2.采掘业	150.3	155.1
3.制造业	158.5	161.7
4.电力、煤气及水的生产和供应业	10.1	10.3
5.建筑业	110.8	115.7
6.交通运输、仓储及邮政业	86.9	88.6
7.信息传输、计算机服务和软件业	11.2	12.7
8.批发和零售业	160.6	169.5
9.住宿和餐饮业	42.9	51.6
10.金融、保险业	14.2	14.4
11.房地产业	4.1	5.2
12.租赁和商业服务业	15.9	12.3
13.科学研究、技术服务和地质勘查业	9.4	8.3
14.水利、环境和公共设施管理业	6.3	6.8
15.居民服务和其他服务业	17.7	32.8
16.教育	48.0	48.7
17.卫生、社会保障和社会福利业	16.1	17.1
18.文化、体育和娱乐业	5.7	6.1
19.公共管理和社会组织	54.9	55.9
20.其他行业	72.0	74.9
按三次产业分	—	—
1.第一产业	635.0	638.2
2.第二产业	429.7	442.8
3.第三产业	565.9	604.9
二、城镇登记失业人员	21.6	20.3
三、16岁以上在校学生	192.7	185.4
四、其他劳动者	696.96	686.8

山西省社会保障基本情况

单位:亿元　　　　　　　　　　　　　　　　　　　　　　　　　　　　(10 000)

年份	参加保险人数(万人)				基金收入			
	养老保险		失业保险	医疗保险	养老保险		失业保险	医疗保险
	企　业	机关事业			企业	机关事业		
1986	—	—	191.16	—	—	—	0.04	—
1987	—	—	193.01	—	—	—	0.16	—
1988	—	—	194.20	—	—	—	0.18	—
1989	—	—	184.20	—	—	—	0.20	—
1990	—	—	196.20	—	—	—	0.23	—
1991	—	—	199.40	—	—	—	0.25	—
1992	—	—	205.40	—	—	—	0.27	—
1993	—	—	231.70	—	—	—	0.31	—
1994	—	—	198.30	—	—	—	0.44	—
1995	—	—	187.00	—	—	—	0.75	—
1996	—	—	192.61	—	—	—	1.12	—
1997	231.13	—	240.70	—	—	—	1.02	—
1998	337.11	—	211.90	—	—	—	1.22	—
1999	362.32	—	254.70	—	—	—	2.01	—
2000	358.81	—	254.80	—	53.87	—	2.43	—
2001	365.57	—	286.10	156.00	58.05	—	2.94	1.32
2002	361.24	—	278.90	217.00	75.91	—	3.42	4.13
2003	364.42	67.13	284.10	272.00	86.27	7.09	3.80	10.19
2004	376.08	68.71	286.50	295.00	109.30	9.04	4.22	17.88
2005	383.43	80.08	288.50	325.00	118.90	11.96	5.53	25.60
2006	404.25	82.58	295.93	354.00	168.93	19.64	6.22	32.22
2007	418.84	87.83	298.97	461.00	203.67	27.89	10.05	44.95
2008	450.62	88.80	312.15	594.00	253.97	35.56	12.75	64.65
2009	471.70	92.40	293.30	879.30	290.30	42.20	11.90	64.80
2010	494.92	96.11	305.05	935.00	357.13	48.24	13.52	86.74

山西省主要年份农户固定资产投资

年 份	竣工房屋面积（万平方米）	#住 宅	本年竣工房屋投资额（万元）	#住 宅	购置生产性固定资产投资（万元）
1985	1327	1165	67840	58794	19547
1990	1214	1192	152724	103171	10971
1995	406	403	85050	84528	97111
2000	793	765	236059	227276	58651
2001	862	826	258909	246602	49381
2002	954	932	304384	298523	91453
2003	1152	1023	332777	320480	131960
2004	1164	1077	377435	362733	158117
2005	1320	1298	456869	448930	158022
2006	1545	1507	596264	577144	205530
2007	1702	1666	783527	769298	176299
2008	1617	1554	869494	824246	357467
2009	1700	1599	960717	904851	413236
2010	1899	1714	1107868	1022321	451000

山西省房地产开发完成情况

项 目	2000	2005	2010
本年完成投资（万元）	394556	1779937	5922376
#商品住宅	272280	1168931	4574340
本年新增固定资产（万元）	298026	1020261	2400863
本年商品房屋销售额（万元）	213052	1522069	4117112
#商品住宅	174809	1163065	3573679
本年销售面积（平方米）	1906378	6887486	11805872
#商品住宅	1773909	6198563	10705378
本年施工房屋面积（平方米）	7895159	22665320	75998460
#商品住宅	6991550	17667959	62544066
#新开工房屋面积（平方米）	2427802	11560090	27820539
商品住宅	2229700	9838964	22705185
本年竣工房屋面积（平方米）	3063739	6672519	12037309
#商品住宅	2774950	5573845	9913062
本年竣工房屋价值（万元）	245472	917262	2081040
#商品住宅	206046	686002	1685507

2010年山西省商品零售价格分类指数

上年=100

指　标	全　省	城　市	农　村
商品零售价格总指数	102.3	102.5	102.0
一、食品类	108.6	108.6	108.5
1.粮食	107.6	107.5	107.7
2.淀粉	108.0	106.5	109.1
3.干豆类及豆制品	110.6	109.9	111.9
4.油脂	103.9	102.8	105.4
5.肉禽及其制品	102.6	101.6	104.1
6.蛋	109.0	108.6	109.3
7.水产品	105.9	104.3	111.0
8.菜	121.6	120.1	124.3
9.调味品	105.4	106.2	104.7
10.糖	108.7	107.0	113.2
11.干鲜瓜果	120.2	121.3	116.5
12.糕点饼干面包	104.4	105.4	101.8
13.液体乳及乳制品	101.5	101.3	102.2
14.在外用膳食品	104.0	105.1	101.6
15.其他	100.2	98.5	103.1
二、饮料、烟酒	102.3	102.5	102.0
1.茶及饮料	101.3	101.4	100.5
2.烟草	101.2	101.4	100.9
3.酒	106.8	107.3	106.1
三、服装、鞋帽类	96.6	96.4	97.1
1.服装	97.0	97.1	96.9
2.鞋袜帽	95.8	94.9	97.3
3.其他	94.0	90.0	100.6
四、纺织品类	100.7	101.3	99.9
1.衣着材料	102.6	101.1	104.5
2.床上用品	99.4	101.4	95.3
五、家用电器及音像器材	93.4	93.1	94.1
1.家庭设备	96.4	96.5	96.2
2.文娱用耐用消费品	89.5	88.4	91.2
3.音像器材类	95.4	95.2	96.7

上年=100　　　　续表

指　　标	全　省	城　市	农　村
六、文化办公用品	97.7	97.7	97.8
七、日用品	99.3	99.3	99.3
1.日用百货	99.3	99.8	98.1
2.日用杂品	100.7	100.2	101.2
3.洗涤用品	98.6	98.1	99.4
4.其他	99.6	99.8	99.4
八、体育娱乐用品	97.6	98.3	96.3
1.体育用品	100.0	100.1	99.8
2.娱乐用品	95.7	96.8	94.0
九、交通、通信用品	92.5	93.4	90.7
1.交通运输机械	96.4	97.5	94.5
2.通讯器材类	84.1	84.9	82.6
十、家具	98.7	99.9	96.6
十一、化妆品类	99.9	99.8	100.0
十二、金银珠宝类	111.6	109.8	115.1
十三、中西药品及医疗保健用品类	103.0	103.6	102.1
1.医疗器具及用品	108.2	109.8	106.5
2.中药材及中成药	111.8	114.4	108.8
3.西药	100.0	100.6	98.7
4.保健器具及用品	101.3	101.6	100.4
十四、书报杂志及电子出版物类	102.8	102.8	102.9
1.教材及参考书	106.3	105.8	107.2
2.书报杂志	100.1	100.1	100.1
3.电子音像制品	98.0	97.8	98.3
十五、燃料类	111.8	112.1	111.1
1.煤炭及制品类	111.1	113.5	107.7
2.石油及制品类	112.2	111.3	114.1
十六、建筑材料及五金电料类	100.9	100.8	101.2
1.建筑装潢材料	101.1	101.0	101.4
2.五金电料类	100.2	100.1	100.3

2010年山西省居民消费价格分类指数

上年=100

指　　标	全　　省	城　　市	农　　村
居民消费价格总指数	103.0	103.1	102.8
一、食　品	108.5	108.6	108.4
1.粮食	107.5	107.7	107.2
2.淀粉	108.2	106.9	109.5
3.干豆类及豆制品	110.9	110.2	112.1
4.油脂	104.0	102.7	105.8
5.肉禽及其制品	102.5	101.7	104.1
(1)食用畜肉及副产品	102.6	101.8	104.3
(2)禽	104.0	103.7	104.4
(3)肉禽加工制品	102.4	101.4	103.8
6.蛋	109.0	109.1	108.9
7.水产品	106.1	104.5	112.0
(1)鱼	106.6	104.3	114.1
(2)其他	104.8	105.0	103.8
8.菜	121.7	120.8	124.4
(1)鲜菜	119.9	119.4	121.9
(2)干菜及菜制品	108.2	107.4	109.2
9.调味品	105.2	106.2	104.1
10.糖	108.4	107.1	112.5
11.茶及饮料	101.3	101.5	100.6
(1)茶叶	100.7	101.4	99.9
(2)饮料	101.4	101.5	100.9
12.干鲜瓜果	120.4	121.0	118.2
(1)鲜果	123.4	123.8	121.5
(2)干(坚)果	110.8	112.2	106.6
13.糕点饼干面包	104.8	105.7	101.9
14.液体乳及乳制品	101.6	101.4	102.4
15.在外用膳食品	104.2	105.0	101.8
(1)主食	104.6	106.2	102.0
(2)炒菜	103.8	104.3	101.4
(3)地方小吃	105.4	107.2	102.4
16.其他食品	99.5	98.3	103.2
二、烟酒及用品	102.8	103.0	102.4
1.烟草	101.0	101.3	100.7
2.酒	107.0	107.2	106.7
3.吸烟饮酒用品	100.2	100.0	100.6
三、衣　着	96.8	96.6	97.2
1.服装	97.0	97.1	96.8
(1)男式服装	95.5	95.3	95.9
(2)女式服装	96.9	97.7	94.5
(3)儿童服装	101.3	100.0	103.2
2.衣着材料	102.6	101.0	104.6
3.鞋袜帽	95.6	95.0	97.0
(1)鞋	94.6	94.2	95.6
(2)袜子	100.1	99.2	102.0
(3)帽子	96.8	95.7	98.9
4.衣着加工服务	102.2	100.6	106.2

上年=100

续表

指　　标	全　　省	城　　市	农　　村
四、家庭设备用品及维修服务	98.5	98.7	98.0
1.耐用消费品	97.0	97.4	95.8
(1)家具	98.2	98.8	96.1
(2)家庭设备	96.2	96.4	95.6
2.室内装饰品	96.6	96.3	99.0
3.床上用品	100.1	102.1	94.7
4.家庭日用杂品	100.2	99.5	101.6
5.家庭服务及加工维修服务	103.1	103.7	101.3
五、医疗保健和个人用品	102.3	102.4	102.2
1.医疗保健	102.2	102.5	101.4
(1)医疗器具及用品	111.3	109.0	116.8
(2)中药材及中成药	112.0	113.8	107.7
(3)西药	100.1	100.6	98.2
(4)保健器具及用品	101.2	101.4	99.9
(5)医疗保健服务	100.8	100.8	100.9
2.个人用品及服务	102.7	102.0	104.1
(1)化妆美容用品	100.3	100.3	100.3
(2)清洁化妆用品	100.1	100.3	99.3
(3)个人饰品	106.9	105.0	109.2
(4)个人服务	103.0	103.0	102.9
六、交通和通信	98.5	98.4	98.9
1.交通	101.0	101.2	100.7
(1)交通工具	97.8	98.1	97.5
(2)车用燃料及零配件	112.1	112.3	111.9
(3)车辆使用及维修	102.6	104.3	101.0
(4)市区公共交通	101.0	100.7	102.5
(5)城市间交通	100.7	100.9	100.2
2.通信	96.4	96.3	96.7
(1)通信工具	78.9	78.8	79.4
(2)通信服务	99.9	99.8	100.2
七、娱乐教育文化用品及服务	100.5	101.0	99.5
1.文娱用耐用消费品及服务	91.9	91.8	92.2
2.教育	102.9	103.9	101.0
(1)教材及参考书	107.2	106.0	110.1
(2)学杂托幼费	102.7	103.8	100.7
3.文化娱乐用品	101.5	101.7	100.8
(1)文化娱乐	98.8	98.8	99.0
(2)书报杂志	100.1	100.1	100.0
(3)文娱费	104.8	105.1	103.6
4.旅游	99.1	99.6	97.9
八、居住	103.8	104.2	103.1
1.建房及装修材料	100.0	99.3	100.7
2.租房	106.0	110.6	100.9
3.自有住房	106.9	107.1	105.7
4.水、电、燃料	103.5	102.6	105.3

山西省房地产价格指数

上年=100

指　　标	2005	2009	2010
房屋销售价格指数	107.4	101.0	103.0
一、新建房	106.9	101.1	102.3
(一)住宅	107.8	101.1	102.8
1.经济适用房	106.7	99.5	100.0
2.商品住宅	—	101.3	103.0
(1)普通住宅	108.4	101.4	103.2
①多层	108.7	100.5	102.8
②高层	106.0	101.8	103.3
③其他	110.3	101.4	104.9
(2)高档住宅	107.2	100.3	101.2
①别墅	98.6	100.4	104.7
②高档公寓	108.9	99.8	99.1
(二)非住宅	104.1	101.1	100.0
1.办公楼	103.3	101.2	102.4
2.商业营业用房	107.3	102.2	98.5
3.其他用房	100.1	92.8	103.2
二、二手房	108.7	100.6	104.8
(一)住宅	110.8	100.7	104.8
1.普通住宅	—	100.5	105.5
(1)多层	107.9	100.0	105.3
(2)高层	112.7	103.2	105.6
(3)其他	113.1	99.9	118.9
2.高档住宅	—	101.9	100.2
(二)非住宅	100.1	100.3	—
房屋租赁价格指数	103.0	100.7	102.4
一、住宅	103.2	100.7	100.9
(一)经济适用房	100.1	102.4	100.0
(二)廉租房	115.2	100.6	100.0
(三)商品住宅	—	100.6	101.0
1.普通住宅	103.5	100.4	101.1
2.高档住宅	103.9	102.7	100.0
(1)别墅	—	—	—
(2)高档公寓	103.9	102.7	100.0
二、非住宅	—	100.7	106.7
(一)办公楼	101.2	100.3	100.1
(二)商业营业用房	103.8	100.7	109.1
(三)其他	105.9	101.4	100.0
土地交易价格指数	109.5	101.8	104.0
一、居住用地	116.3	101.6	104.8
(一)经济适用房用地	—	100.2	100.0
(二)商品住宅用地	—	101.6	104.8
1.普通	107.6	101.8	104.9
2.高档	118.8	100.0	100.0
二、工业用地	106.0	100.7	102.8
三、商业营业用地	105.4	102.3	102.2
四、其他用地	106.1	—	100.0
物业管理价格指数	101.5	101.3	100.9

2010 年山西省地级城市主要经济指标

指　　标	太原市区	大同市区	阳泉市区	长治市区	晋城市区	朔州市区	晋中市	运城市区	忻州市区	临汾市区	吕梁市区
总户数(万户)	76.03	56.02	23.89	21.36	12.70	24.55	19.32	21.26	21.08	37.56	10.69
总人口(万人)	285.01	155.91	69.12	72.71	34.86	65.17	59.52	65.91	52.89	83.58	27.78
# 非农业人口	237.28	124.51	55.87	57.59	28.57	20.64	31.68	23.61	19.94	38.14	15.74
出生人数(人)	32836	25981	6200	9772	4937	11489	6816	9051	7583	13106	3601
死亡人数(人)	16411	11335	3795	3972	1614	4775	4506	8297	7119	9757	1671
年末城镇单位从业人员数(万人)	80.94	36.14	19.02	14.46	13.06	7.03	9.76	7.04	6.61	8.84	4.62
土地面积(平方公里)	1460	2080	652	334	143	4499	1318	1215	1982	1316	1339
地区生产总值(万元)	16222978	5638726	2816178	2371031	1492043	3972294	1445388	1180854	801344	1908712	654533
第一产业	115830	47835	17101	26242	13013	135023	126779	91806	63287	75574	15233
第二产业	7089045	2926068	1607195	1142498	618328	2473857	527024	339706	313851	740536	328974
第三产业	9018103	2664823	1191882	1202291	860702	1363414	791585	749342	424206	1092602	310326
工业经济指标	—	—	—	—	—	—	—	—	—	—	—
工业企业数(个)	375	75	90	80	49	61	146	60	33	62	22
内资企业	351	69	84	78	42	58	133	57	32	56	22
港澳台投资企业	5	—	3	—	—	1	7	—	1	5	—
外商投资企业	19	6	3	2	7	2	6	3	—	1	—
工业总产值(当年价,万元)	17284893	6188236	3742720	3655551	2767230	5312068	1411494	963038	650574	1892548	565745
内资企业	15938628	6027871	3588553	3624114	2443490	5099156	1163429	931206	648877	1764272	565745
港澳台投资企业	54347	—	54423	—	—	83242	167426	—	1697	115128	—
外商投资企业	1291918	160365	99744	31437	323740	129670	80639	31832	—	13148	—
流动资产合计(万元)	11399065	5993251	3868448	2247682	3091999	1752241	944748	920381	353320	723875	823012
固定资产合计(万元)	9436914	5674055	2004288	1939227	3234479	3383922	722718	811229	398399	1003429	534336
主营业务收入(万元)	17922043	6977151	4503353	3488417	4356834	5007762	1537142	917151	655013	1891332	868623
主营业务税金及附加(万元)	206961	84665	86389	14392	42814	128959	9006	3637	1327	33828	11652
本年应交增值税(万元)	617333	490503	341003	116408	276571	486202	43427	14284	12719	68559	74337
利润总额(万元)	704027	241730	296904	158143	857856	865414	-9896	-79686	63319	-814	118053
固定电话用户数(万户)	142.71	30.21	23.35	29.25	18.13	8.57	18.83	18.73	18.59	21.67	5.22
年末移动电话用户数(万户)	462.90	166.25	55.13	62.54	100.43	43.41	55.47	55.08	45.32	91.54	32.70
互联网宽带接入用户数(户)	875947	186195	127819	150720	117623	40166	96693	80355	59208	184030	14800
全社会用电量(万千瓦小时)	2019443	619656	505641	400864	163873	338164	200141	362119	79388	220486	47953
# 工业用电	1504023	459594	425749	328940	127458	269705	132913	247431	46370	145313	29640
城乡居民生活用电	192006	63991	22000	31077	11992	11786	27500	38926	12924	38178	14192
固定资产投资总额(万元)	7949644	4315613	1934264	1352132	1212384	1121003	939335	1432819	696676	1134008	358142
# 房地产开发投资完成额	2369448	852266	371221	220303	264129	165810	183920	193238	103440	187094	22671
# 住宅建设	1815155	674094	301330	174003	224405	160236	103182	118229	94675	157688	20637
商品房屋销售面积(万平方米)	244.20	66.90	82.10	77.31	38.09	49.31	62.43	98.10	42.99	21.62	12.60
商品房屋销售额(万元)	1829419	217032	227025	226833	118584	112600	195558	204880	98042	75313	27408
社会消费品零售总额(万元)	7661168	2374141	1156438	1799353	999017	599657	879056	1134793	465255	1194838	3070881
地方财政收入(万元)	1197551	461208	292943	321108	238330	380948	62852	54085	24526	102782	64884
地方财政支出(万元)	1552679	808032	401921	417057	315127	501545	120108	140591	99921	177631	97581
在校学生数	—	—	—	—	—	—	—	—	—	—	—
高等学校(人)	329712	30629	10355	37218	7964	—	32943	8189	15602	38337	8896
高中阶段(人)	69560	55968	35189	57973	18603	27553	9661	301542	18554	50432	14849
中等职业学校(人)	200955	21069	13873	25658	9266	7062	20305	35888	13820	21269	18143
普通中学(万人)	19.00	10.93	6.80	7.20	4.40	6.43	3.21	7.87	3.21	7.40	3.71
小学(万人)	19.93	14.03	6.40	6.28	4.22	7.88	4.01	6.57	4.87	7.11	3.83
从事科技活动人员数(人)	13340	86497	10139	3573	3250	12354	1035	1209	2500	511	508
医院、卫生院数(个)	195	109	389	55	67	64	38	72	138	77	90
医院、卫生院床位数(张)	22768	8948	4409	4724	2836	3114	3077	6299	3300	4744	1632
医生数(人)	14601	6309	2913	3645	2178	1976	3534	3612	2162	3105	1306
在岗职工平均人数(万人)	77.42	33.45	18.19	14	13	11	9	7	6	9	4
在岗职工工资总额(万元)	3054528	1208806	817753	373525	625267	347431	243916	195818	140924	265334	117169
城乡居民储蓄年末余额(万元)	16891744	7451250	2839030	3671166	3544637	2466387	2450887	1734811	1679745	3352958	1254676

注:工业经济指标统计口径为年主营业务收入 500 万元及以上的工业法人企业;总户数和总人口相关指标为公安年报数。

2010年山西省科学研究机构及人员

项　　目	机构（个）	职工人数（人）	从事科技活动人员（人）	
				#大学本科及以上学历
总　　计	154	10390	8105	5173
一、自然科学	134	9478	7335	4621
中　央	1	558	486	325
地　方	133	8920	6849	4296
在自然科学研究机构中农林牧渔业	49	3340	2623	1653
采矿业	2	126	43	18
制造业	24	1466	900	538
建筑业	1	582	521	469
信息传输、计算机及软件业	1	93	79	58
科学研究、技术服务和地质勘查业	18	1906	1596	906
水利、环境和公共设施管理业	15	539	424	287
卫生、社会保障和社会福利业	18	1235	1013	609
文化、体育和娱乐业	5	162	107	61
公共管理和社会组织	1	29	29	22
二、社会科学	20	912	770	552
管理学	1	14	14	14
艺术学	4	118	93	41
考古学	3	155	133	69
经济学	8	441	354	301
社会学	1	24	24	22
教育学	2	150	142	97
统计学	1	10	10	8
三、情报科学	12	330	305	215

（董晓玲　樊梅洁）

法规选登

山西省人民代表大会代表建议、批评和意见的提出和处理办法

（2010年1月31日山西省第十一届人民代表大会第三次会议通过）

第一章 总则

第一条 为做好省人民代表大会代表（以下简称代表）建议、批评和意见的提出和处理工作，保障代表依法行使提出建议、批评和意见的权利，充分发挥代表作用，根据有关法律，结合本省实际，制定本办法。

第二条 本办法所称代表建议、批评和意见，是指代表在省人民代表大会会议期间和闭会期间分别向省人民代表大会、省人民代表大会常务委员会就本省各方面工作提出的建议、批评和意见。

代表提出建议、批评和意见是法律赋予代表的权利，是执行代表职务，参加管理国家事务、管理经济和文化事业、管理社会事务的一项重要工作。

第三条 办理代表建议、批评和意见是有关机关、组织的法定职责。有关机关、组织应当认真研究处理代表的建议、批评和意见，并负责答复。

第四条 省人民代表大会常务委员会应当为代表提出建议、批评和意见提供必要的条件。省人民代表大会有关专门委员会，省人民代表大会常务委员会有关工作机构、办事机构应当为代表提出建议、批评和意见提供服务。

省人民代表大会会议期间，大会秘书处应当为代表提出建议、批评和意见提供服务，各代表团应当配备工作人员为代表提出建议、批评和意见做好服务工作。

第二章 代表建议、批评和意见的提出

第五条 代表应当与原选举单位和人民群众保持密切联系，通过视察、专题调研、走访、座谈等方式，听取各方面的意见和要求，围绕本省政治、经济、文化、社会生活中的重大问题和人民群众关心的问题，提出建议、批评和意见。

设区的市人民代表大会常务委员会应当加强组织、协调，协助代表做好建议、批评和意见的提出工作。

第六条 代表提出建议、批评和意见应当实事求是，一事一议，事由清楚，内容具体。

代表提出建议、批评和意见应当使用统一印制的代表建议、批评和意见专用纸，由本人填写姓名和代表证号码。特殊情况下，代表可以通过其他方式提出建议、批评和意见。

第七条 代表建议、批评和意见可以由代表一人提出，也可以由代表联名提出或者以代表团名义提出。

联名提出的，应当有一名领衔代表，参加联名的代表在确认所提建议、批评和意见的内容能够真实表达自己的意愿后，签名附议。代表团提出的，须经该代表团半数以上代表同意，并由代表团团长签名。

第八条 下列事项不应当作为代表建议、批评和意见提出：

（一）涉及解决代表本人及其亲属个人问题的；

（二）代转人民群众来信的；

（三）属于学术探讨、产品推介的；

（四）其他不应当作为代表建议、批评和意见的。

第九条 代表要求撤回提出的建议、批评和意见的，应当以书面形式提出。

第三章 代表建议、批评和意见的交办

第十条 代表在省人民代表大会会议期间提出的建议、批评和意见，由大会秘书处受理，并根据其内容和有关单位的职责，确定承办单位。会议结束后，由省人民代表大会常务委员会统一交办。

第十一条 代表在省人民代表大会闭会期间提出的建议、批评和意见，由省人民代表大会常务委员会代表工作机构受理，并根据其内容和有关单位的职责，确定承办单位，及时交办。

第十二条 按照本办法第十条、第十一条的规定，确定代表建议、批评和意见的承办单位时，需要两个以上单位分别办理的，应当明确分办单位；需要两个以上单位共同办理的，应当明确主办单位和协办单位。

第十三条 承办单位认为代表建议、批评和意见不属于本单位职责范围的，应当自收到之日起5日内书面向交办机构说明情况，不得自行转办。交办机构应当在承办单位说明情况之日起10日内重新确定承办单位。

第十四条 省人民代表大会常务委员会代表工作机构应当对代表提出的建议、批评和意见进行调查研究、综合分析，认为需要重点办理的，经省人民代表大会常务委员会主任会议研究同意后，交有关机关、组织重点办理。

第十五条 省人民代表大会常务委员会代表工作机构应当将代表建议、批评和意见的交办情况书面告知代表。

第四章 代表建议、批评和意见的办理

第十六条 承办单位应当建立健全代表建议、批评和意见办理制度，规范办理程序，注重办理质量，提高办理效率。

第十七条 承办单位应当主动加强与代表的联系，通过走访、座

谈等方式,充分听取代表对办理工作的意见和要求。

第十八条　承办单位应当按照下列规定办理代表建议、批评和意见:

(一)有条件解决的,及时解决;

(二)受条件限制暂时不能解决的,可以提出计划,在计划期限内解决;

(三)确因法律、法规、政策规定,或者受条件限制确实不能解决的,应当如实说明原因。

第十九条　对重点办理的代表建议、批评和意见,省人民政府、省高级人民法院或者省人民检察院的负责人应当领办。

第二十条　两个以上单位分别办理同一件代表建议、批评和意见的,承办单位应当根据各自的职责分别办理并答复代表。

两个以上单位共同办理同一件代表建议、批评和意见的,协办单位应当在收到代表建议、批评和意见之日起1个月内将书面意见送交主办单位,由主办单位统一答复代表。

第二十一条　承办单位对代表联名提出的建议、批评和意见,应当分别答复参加联名的每位代表;对代表团提出的建议、批评和意见,应当分别答复该代表团的每位代表。

承办单位对内容相同或者相近的代表建议、批评和意见可以合并办理,但应当分别答复代表。

第二十二条　承办单位应当自代表建议、批评和意见交办之日起3个月内将办理情况答复代表;情况复杂确实不能按时答复代表的,应当向交办机构说明理由,经交办机构同意,可以延长3个月,并向代表说明情况。

第二十三条　承办单位应当书面答复代表建议、批评和意见,并按照规定格式行文,由单位负责人审核签发并加盖公章。

第二十四条　代表对办理结果不满意的,可以向省人民代表大会常务委员会代表工作机构提出书面意见。代表工作机构研究后,认为确需重新办理的,应当督促承办单位重新办理,并向代表说明情况;重新办理的期限不得超过1个月。

第二十五条　承办单位对代表建议、批评和意见的答复,应当抄送省人民代表大会常务委员会代表工作机构;属于省人民政府职权范围内的,还应当抄送省人民政府办公厅。

第五章　代表建议、批评和意见办理工作的监督

第二十六条　省人民代表大会常务委员会应当通过召开督办会议、组织代表视察和检查等方式,对代表建议、批评和意见的办理工作进行监督。

第二十七条　省人民代表大会常务委员会应当建立代表建议、批评和意见办理工作的评价机制,督促承办单位改进办理工作,提高办理实效。

第二十八条　代表可以通过省人民代表大会常务委员会代表工作机构了解建议、批评和意见的办理情况,可以向承办单位提出询问,也可以约见承办单位负责人或者具体承办人;代表要求询问、约见的,省人民代表大会常务委员会代表工作机构可以安排。

第二十九条　对重点办理的代表建议、批评和意见,省人民代表大会常务委员会主任会议负责重点督办。

第三十条　省人民代表大会常务委员会每年第四季度应当听取和审议省人民政府、省高级人民法院和省人民检察院当年代表建议、批评和意见办理情况的报告。报告经省人民代表大会常务委员会会议通过后,印发下一次省人民代表大会会议。

第三十一条　承办单位及其工作人员违反本办法规定,不履行法定职责,对办理代表建议、批评和意见相互推诿、敷衍塞责的,由所在单位或者上级机关给予批评教育并责令改正;情节严重的,对直接负责的主管人员和其他直接责任人员依法给予处分。

第六章　附则

第三十二条　本办法自2010年3月1日起施行。

山西省实施《中华人民共和国各级人民代表大会常务委员会监督法》办法

(2010年5月27日山西省第十一届人民代表大会常务委员会第十六次会议通过)

第一章　总　则

第一条　为实施《中华人民共和国各级人民代表大会常务委员会监督法》(以下简称监督法),结合本省实际,制定本办法。

第二条　县级以上人民代表大会常务委员会依法行使监督职权,健全监督工作机制,明确监督工作重点,综合运用监督方式,增强监督实效。

第三条　常务委员会主任会议处理常务委员会行使监督职权的重要日常工作。

人民代表大会专门委员会、常务委员会工作机构和办事机构按照职责分工,承担常务委员会行使监督职权的具体工作。

第四条　人民政府、人民法院和人民检察院应当接受常务委员会的监督,依法行政,公正司法。

第五条　人民代表大会专门委员会、常务委员会工作机构根据监督法第九条的规定和职责分工,于每年底提出下一年度监督议题的建议。常务委员会办公厅(室)根据建议拟定年度监督工作计划,征求常务委员会组成人员意见,经主任会议研究同意,印发常务委员会组成人员,人民政府、人民法院、人民检察院及相关部门。

主任会议根据需要,对监督工作计划作出适当调整的,重新印

发。

第六条 常务委员会审议专项工作报告，审查决算草案，审议国民经济和社会发展计划、预算的执行情况报告，审议审计工作报告或者执法检查报告时，人民政府及其有关部门、人民法院或者人民检察院的相关负责人应当到会，听取意见，回答询问。

第二章

听取和审议人民政府、人民法院和人民检察院的专项工作报告

第七条 常务委员会应当根据监督工作计划，听取和审议本级人民政府、人民法院和人民检察院的专项工作报告。

常务委员会应当听取和审议本行政区域内负有行政执法和社会管理职能的垂直管理部门的专项工作报告，并将审议意见向其上一级主管部门通报。

第八条 常务委员会听取和审议专项工作报告前，主任会议可以组织常务委员会组成人员和本级人民代表大会代表，对有关工作进行视察或者专题调查研究；人民代表大会有关专门委员会或者常务委员会有关工作机构也可以就有关事项组织调查研究。视察或者调查研究结束后，形成视察报告或者调查研究报告，经主任会议同意，印发常务委员会会议。

第九条 专项工作报告由人民政府、人民法院或者人民检察院负责人向常务委员会报告。人民政府可以委托有关部门主要负责人报告，但涉及全局性、综合性的工作除外。

负有行政执法和社会管理职能的垂直管理部门的专项工作报告，由其主要负责人向常务委员会报告。

常务委员会会议审议专项工作报告时，可以邀请参加视察或者专题调查研究的代表列席会议，提出意见。

第十条 主任会议应当根据年度监督工作计划，将有关专项工作报告提请常务委员会会议进行满意度测评。

满意度测评采用无记名表决方式进行。

常务委员会全体组成人员过半数对专项工作报告不满意的，责成人民政府、人民法院或者人民检察院限期整改，并在常务委员会会议上重新报告。

第三章

审查和批准决算，听取和审议国民经济和社会发展计划、预算的执行情况报告，听取和审议审计工作报告

第十一条 县级以上人民政府应当在每年六月至八月，将上一年度的本级决算草案提请常务委员会审查和批准。

县级以上人民政府应当在每年七月至八月，向常务委员会报告本年度上半年国民经济和社会发展计划、预算的执行情况。

常务委员会审查本级决算草案、审议本年度上半年国民经济和社会发展计划、预算执行情况的报告前，人民政府有关部门应当向常务委员会组成人员提供相关资料。

第十二条 决算草案应当按照本级人民代表大会批准的预算所列科目编制，按预算数、调整数或者变更数以及实际执行数分别列出，并提交决算编制说明和其他相关材料。

常务委员会对决算草案重点审查下列内容：

（一）本级人民代表大会批准的上一年度预算决议的执行情况；

（二）预算收支平衡情况；

（三）预算超收收入的安排和使用情况；

（四）部门预算制度建立和执行情况；

（五）上级财政补助资金安排使用情况和向下级财政转移支付情况；

（六）财政结余资金使用情况；

（七）其他重要事项。

第十三条 人民代表大会财政经济委员会或者常务委员会有关工作机构对上一年度决算草案提出审查报告或者研究意见，由主任会议决定提请常务委员会审议，并根据常务委员会组成人员的审议意见草拟批准决算的决议草案，由主任会议决定提请常务委员会审议、表决。

第十四条 常务委员会审查和批准决算草案的同时，听取和审议本级人民政府提出的审计机关关于上一年度预算执行和其他财政收支的审计工作报告。

审计工作报告应当包括下列内容：

（一）预算执行和其他财政收支的审计情况；

（二）预算执行和其他财政收支的审计评价；

（三）预算执行和其他财政收支中存在的问题；

（四）预算执行和其他财政收支中的改进意见和建议。

第十五条 常务委员会可以选择关系经济社会发展大局和群众切身利益、社会普遍关注的重大建设项目，要求人民政府进行专项审计，并听取和审议关于专项审计的工作报告。

第十六条 常务委员会认为必要时，应当对审计工作报告作出决议。人民政府应当在决议规定的期限内，向常务委员会报告决议的执行情况。

第十七条 常务委员会对国民经济和社会发展计划执行情况的报告重点审查下列内容：

（一）本级人民代表大会批准的计划决议的执行情况；

（二）国民经济和社会发展计划主要指标的完成情况；

（三）国民经济和社会发展计划执行中的主要措施及落实情况；

（四）国民经济和社会发展计划中确定的重大建设项目的进展情况；

（五）其他重要事项。

第十八条 常务委员会对预算执行情况的报告重点审查下列内容：

(一)本级人民代表大会批准的预算决议的执行情况;

(二)预算收支执行情况;

(三)预算执行中的主要措施及落实情况;

(四)重点支出资金的到位、使用情况;

(五)其他重要事项。

第十九条　人民政府需要对预算超收收入作出支出安排的,应当将超收收入使用方案提请本级人民代表大会常务委员会审查、批准。

第二十条　国民经济和社会发展五年规划执行过程中,人民政府应当将规划实施情况的中期评估报告,提请本级人民代表大会常务委员会审议。规划经中期评估需要进行调整的,人民政府应当将调整方案提请常务委员会审查和批准。

第二十一条　常务委员会审查和批准下列草案或者方案的一个月前,本级人民政府有关部门应当将有关草案或者方案和说明送交人民代表大会财政经济委员会进行初步审查,或者送交常务委员会有关工作机构征求意见:

(一)决算草案;

(二)预算调整方案;

(三)农业、教育、科技、文化、卫生、社会保障等资金调减方案;

(四)预算超收收入使用方案;

(五)国民经济和社会发展五年规划调整方案;

(六)国民经济和社会发展计划调整方案;

(七)法律、法规规定的其他草案或者方案。

第四章　法律法规实施情况的检查

第二十二条　常务委员会应当根据监督工作计划对人民政府、人民法院和人民检察院有关法律、法规的实施情况组织执法检查。

常务委员会依法对本行政区域内负有行政执法和社会管理职能的垂直管理部门实施法律、法规的情况进行检查。

第二十三条　执法检查组可以采取听取汇报、召开座谈会、个别走访、抽样调查、实地考察等形式全面了解执法情况。

第二十四条　人民政府、人民法院和人民检察院及相关单位应当向执法检查组如实汇报有关情况,提供相关资料。

第二十五条　省人民代表大会常务委员会根据需要,可以委托设区的市人民代表大会常务委员会对有关法律、法规在本行政区域内的实施情况进行检查。

受委托的设区的市人民代表大会常务委员会应当将检查情况书面报送省人民代表大会常务委员会。

第五章　规范性文件的备案审查

第二十六条　省人民政府,太原市、大同市人民政府的规章的备案、审查和撤销,依照《中华人民共和国立法法》和《山西省地方立法条例》的有关规定办理。

第二十七条　县级以上人民代表大会及其常务委员会作出的决议、决定,应当自公布之日起三十日内报上一级人民代表大会常务委员会备案。

县级以上人民政府发布的在本行政区域内具有普遍约束力的,涉及公民、法人和其他组织权利义务的决定、命令、意见、办法、通知等,应当自发布之日起三十日内报本级人民代表大会常务委员会备案。

第二十八条　报送规范性文件备案,应当附有备案报告和其他相关材料。

第二十九条　报送备案的规范性文件由常务委员会办公厅(室)负责统一登记、建档,交由承担备案审查职责的机构进行初步审查,并征求人民代表大会有关专门委员会或者常务委员会有关工作机构的意见。

经审查发现规范性文件有下列情形之一的,由承担备案审查职责的机构报经主任会议同意后,向制定机关提出书面审查意见。

(一)超越法定权限,限制或者剥夺公民、法人和其他组织的合法权利,或者增加公民、法人和其他组织的义务的;

(二)违反法定职权和程序制定规范性文件的;

(三)同法律、法规规定相抵触的;

(四)同本级或者上级人民代表大会及其常务委员会的决议、决定相抵触的;

(五)有其他不适当的情形的。

第三十条　规范性文件的制定机关自收到常务委员会书面审查意见之日起三十日内,应当向常务委员会办公厅(室)反馈处理意见并说明理由。

制定机关的处理意见不适当并拒绝纠正的,承担备案审查职责的机构应当向主任会议依法提出撤销该规范性文件的建议,由主任会议决定提请常务委员会会议审议。

常务委员会可以决定撤销规范性文件,也可以决定撤销规范性文件的部分内容。

规范性文件的制定机关应当根据常务委员会的决定,向社会公布被撤销的规范性文件或者其部分内容。

第六章　质询,特定问题调查,撤职案的审议和决定

第三十一条　省、设区的市人民代表大会常务委员会组成人员五人以上联名,县级人民代表大会常务委员会组成人员三人以上联名,可以向常务委员会书面提出对本级人民政府及其部门和人民法院、人民检察院的质询案。

质询案应当写明质询对象、质询的问题和内容。质询的内容应当属于受质询机关职责范围内的事项。

第三十二条　常务委员会对属于其职权范围内的事项,需要作出决议、决定,但有关重大事实不清的,可以组织关于特定问题的调

查委员会。

调查委员会的组成人员不少于五人。

第三十三条　主任会议可以向常务委员会提议组织关于特定问题的调查委员会，提请常务委员会审议。

常务委员会组成人员五分之一以上书面联名，可以向常务委员会提议组织关于特定问题的调查委员会，由主任会议决定提请常务委员会审议，或者先交有关的专门委员会审议、提出报告，再决定提请常务委员会会议审议。

第三十四条　调查委员会有权就调查事项听取有关单位负责人的汇报，询问有关人员，查阅有关案卷和材料。

调查委员会应当集体讨论问题，并在调查结束后向常务委员会提出调查报告。

调查报告应当包括调查事由、调查过程、调查结论、处理建议等内容。调查委员会成员对调查结论、处理意见有不同意见的，应当在调查报告中写明。调查委员会成员应当在调查报告上署名。

第三十五条　人民政府、人民法院和人民检察院提出撤职案的，由其负责人在常务委员会会议上作关于撤职案的说明。

主任会议提出撤职案的，由主任会议委托的人员在常务委员会会议上作关于撤职案的说明。

常务委员会组成人员五分之一以上书面联名，可以向常务委员会提出撤职案，由主任会议决定是否提请常务委员会会议审议；或者由主任会议提议，经常务委员会全体会议决定，组织调查委员会，由以后的常务委员会会议根据调查委员会的报告审议决定。

第三十六条　质询、特定问题的调查及撤职案的审议和决定的具体程序，按照监督法等法律、法规的规定执行。

第七章　审议意见的形成和处理

第三十七条　常务委员会组成人员应当围绕监督议题，根据视察或者调查研究的情况，提出审议意见。

第三十八条　常务委员会组成人员提出的审议意见，由人民代表大会有关专门委员会或者常务委员会有关工作机构归纳整理。

归纳整理审议意见应当客观准确、简明扼要。

第三十九条　归纳整理后的常务委员会会议的审议意见，经主任会议讨论通过之日起七日内，由常务委员会办公厅（室）交由本级人民政府、人民法院或者人民检察院研究处理。

第四十条　人民政府、人民法院和人民检察院应当自收到审议意见之日起三个月内，向常务委员会书面报告研究处理情况。

研究处理情况报告应当事先送人民代表大会有关专门委员会或者常务委员会有关工作机构征求意见。

第四十一条　常务委员会应当将研究处理情况报告印发常务委员会组成人员。主任会议认为必要时，可以决定将研究处理情况报告提请常务委员会审议。

第四十二条　常务委员会认为必要时，可以对审议意见的落实情况组织跟踪检查，也可以委托人民代表大会有关专门委员会或者常务委员会有关工作机构组织跟踪检查，跟踪检查的结果应当及时向人民政府、人民法院或者人民检察院反馈，同时印发常务委员会会议。

第八章　监督的公开

第四十三条　常务委员会行使监督权的下列事项，应当向本级人民代表大会代表通报并向社会公布：

（一）常务委员会监督工作计划；

（二）常务委员会听取和审议的专项工作报告、计划执行情况报告、预算执行情况报告、审计工作报告、审计查出问题的整改报告、执法检查报告；

（三）常务委员会会议的审议意见；

（四）对常务委员会审议意见研究处理情况的报告；

（五）常务委员会作出的决议、决定；

（六）对常务委员会决议、决定执行情况的报告；

（七）常务委员会对规范性文件的撤销决定；

（八）其他应当通报或者公布的事项。

第四十四条　常务委员会可以通过下列途径在两个月内向社会公布有关行使监督权的情况：

（一）常务委员会公报；

（二）常务委员会机关的网站；

（三）报刊、广播、电视、网站等媒体；

（四）召开新闻发布会；

（五）其他途径。

第四十五条　常务委员会举行会议时，可以邀请公民旁听，也可以采取实时报道的方式，公开行使监督权的情况。

第九章　附则

第四十六条　县级以上人民代表大会常务委员会应当根据监督法和本办法的规定，结合本地实际，建立和完善开展监督工作的具体制度，保证监督法律、法规在本行政区域内的实施。

第四十七条　本办法自2010年10月1日起施行。

山西省消防条例

（2010年7月16日山西省第十一届人民代表大会常务委员会第十七次会议通过）

第一章　总　则

第一条　根据《中华人民共和国消防法》和其他有关法律、法规，结合本省实际，制定本条例。

第二条　各级人民政府负责

本行政区域内的消防工作，应当将消防工作纳入国民经济和社会发展计划，保障消防工作与本行政区域内的经济社会发展相适应；建立和完善消防工作联席会议制度，及时研究、协调和解决消防工作中的重大问题。

第三条　县级以上人民政府应当按照国家和省确定的消防业务费保障标准，将消防业务费列入本级财政预算，并保障国家和省确定的消防专项配套资金。

第四条　县级以上人民政府公安机关对本行政区域内的消防工作实施监督管理，并由公安机关消防机构和公安派出所依照法定权限负责实施。

县级以上人民政府其他有关部门在各自的职责范围内，依法做好消防工作。

第五条　机关、团体、企业、事业单位应当建立消防安全责任制，健全消防安全管理制度，制定灭火和应急疏散预案，采取多种形式加强消防宣传教育，提高本单位人员的消防安全意识和自防自救能力。

教育行政主管部门和学校应当将消防知识列入教育、教学、培训内容。学校应当每年对全体学生和教职员工至少进行一次应急疏散演练和逃生自救训练。

广播、电视、报刊等有关媒体应当播出和刊登消防公益广告，义务宣传消防知识。

第六条　乡(镇)人民政府、街道办事处应当指导、支持和帮助村民委员会、居民委员会开展群众性的消防工作。

村民委员会、居民委员会应当组织制定防火安全公约，确定消防安全管理人，进行防火安全检查，督促整改火灾隐患，并协助当地人民政府做好消防安全宣传教育工作。

第七条　鼓励、支持社会力量对消防公益事业进行捐赠。捐赠款(物)用于公共消防设施建设、消防公益活动，资助灭火救援中受伤、致残人员和牺牲人员的亲属。

第八条　各级人民政府及其有关部门、各单位对在消防工作中作出突出贡献的单位和个人，应当给予表彰和奖励。

第九条　每年11月为本省消防安全月。

第二章　火灾预防

第十条　各级人民政府应当结合实际，依法编制城乡消防规划，并将其纳入当地城乡规划，保证公共消防设施建设与城乡建设同步实施。

第十一条　县级以上人民政府应当在城市、县级人民政府所在镇、全国重点镇、经济比较发达的乡(镇)、世界文化遗产地、县级以上开发区等区域按照国家标准设立消防站。

第十二条　市政消火栓的建设和维护由城市供水主管部门组织实施。单位自建供水设施的，由建设单位负责供水区域内消火栓的维护。乡(镇)消防水源和消防供水设施的管理和维护由乡(镇)人民政府组织实施。农村消防水源由村民委员会负责建设、管理和维护。

城市消防车通道的管理和维护由市政工程主管部门组织实施。乡(镇)、村消防车通道的建设和维护由乡(镇)人民政府组织实施。单位投资建设消防车通道的，由投资建设的单位或者其委托的单位负责管理、维护。

消防通信线路由电信业务经营单位负责建设、管理、维护。

第十三条　建设、设计、施工、工程监理等单位依法对新建、扩建、改建(含室内装修、用途变更)等建设工程的消防设计、施工质量负责。

建设、设计、施工、工程监理等单位不得违反消防法律、法规和国家工程建设消防技术标准，降低建设工程消防设计、施工质量；不得使用或者安装不合格及国家明令淘汰的消防产品和不符合防火性能要求的建筑材料。

第十四条　设计、施工、工程监理单位不得超越本单位资质等级承揽消防工程；不得允许其他单位或者个人以本单位名义承揽消防工程。

第十五条　消防技术服务机构提供建设工程消防设计审查服务时，对不符合消防技术标准的，不得出具施工图审查合格意见书。

建设工程施工许可审批机构作出施工许可决定后，应当将许可结果抄送公安机关消防机构，并告知被许可单位或者个人依法报公安机关消防机构备案。

第十六条　建设工程施工现场的消防安全工作由施工单位负责，建设单位予以协助。有火灾危险的施工现场应当建设临时消防供水设施、消防车通道，配备必要的灭火器材，保证用火、用电和工棚、宿舍等临时性建筑符合消防安全规定。

第十七条　机关、团体、企业、事业单位和有固定生产经营场所的个体工商户，应当履行下列消防安全职责：

(一)执行消防法律、法规、规章、技术规范和标准；

(二)确定本单位和所属部门、岗位的消防安全责任人，定期检查消除火灾隐患；

(三)发生火灾时，及时报警，并组织员工疏散受困群众，扑救初起火灾，保护火灾现场，协助调查火灾原因；

(四)设有自动消防设施的单位应当保证设施的正常运行；

(五)设有消防控制室的单位，应当执行消防控制室有关管理规定；

(六)符合消防安全重点单位标准的，应当向当地公安机关消防机构申报备案；

(七)消防法律、法规规定的其他职责。

第十八条　同一建筑物有多个产权人的，产权人对其专有部分的消防安全负责，共有部分的消防安全由全体产权人共同负责。

产权人可以委托物业服务企业，对共有部分的消防安全进行管理。

第十九条 产权人将建筑物提供给他人使用管理的,应当明确其与使用人之间的消防安全责任和消防设施、器材的维护保养责任;未明确消防安全责任的,由产权人负责。

产权人提供给他人使用的建筑物应当符合相应的消防安全要求。使用人改变建筑物使用性质的,应当符合相应的消防安全要求。

第二十条 物业服务企业应当履行下列消防安全职责:

(一)建立健全消防安全制度,落实消防安全责任;

(二)开展消防安全宣传教育,普及消防安全常识;

(三)开展防火检查、巡查,消除火灾隐患;

(四)保障疏散通道、安全出口、消防车通道畅通;

(五)确保消防设施、器材及消防安全标志完好有效;

(六)制定灭火和应急疏散预案。

第二十一条 禁止在文物保护单位的保护范围和建设控制地带内生产、经营、储存易燃易爆危险品。

禁止在文物保护单位的保护范围内举办焰火晚会和燃放烟花爆竹。

禁止在文物保护单位的主要建筑内用火;其他建筑内确需用火的,应当有专人看管,并落实防火措施。

第二十二条 用于旅游接待的居民住宅,应当配备必要的消防器材,符合相应的消防安全要求。

第二十三条 建筑构件、建筑材料和室内装修、装饰材料的防火性能应当符合国家标准;没有国家标准的,应当符合行业标准。

人员密集场所的室内外装修、装饰,应当按照消防技术标准和国家有关规定,使用不燃、难燃材料;建设单位应当将建筑装修材料送至具备相应资质的检验单位进行防火性能检验。

第二十四条 禁止在具有火灾、爆炸危险的场所吸烟、使用明火。因施工等特殊情况需要使用明火作业的,应当按照规定经本单位消防安全责任人批准,并采取相应的防护措施。

第二十五条 禁止在公共娱乐场所携带易燃易爆危险品、燃放烟花爆竹或者使用其他产生烟火的制品。

公共娱乐场所营业时不得超过额定人数,不得进行设备检修、电气焊、油漆粉刷等具有火灾危险性的施工、维修作业。

第二十六条 禁止流动加油(气)车在危及公共安全的场所营业。

第三章 消防组织

第二十七条 各级人民政府应当加强消防组织建设,根据当地经济和社会发展的需要,建立公安消防队、专职消防队、志愿消防队等消防组织,培养消防技术人才,增强火灾预防、火灾扑救和应急救援的能力。

第二十八条 政府专职消防队、单位专职消防队的建立应当符合国家有关规定,经当地公安机关消防机构验收,并由当地公安机关消防机构报省公安机关消防机构备案。

第二十九条 政府专职消防队的建立,人员的征招、培训、管理,消防装备配置及所需经费等由当地人民政府负责。具体办法由省人民政府制定。

单位专职消防队的经费由组建单位保障。

第三十条 专职消防队队员职业属于高危特殊工种,应当按照国家和省的有关规定享受相应的待遇。

第四章 灭火救援

第三十一条 县级以上人民政府应当根据当地火灾特点,制订应急预案,并依托公安消防队建立综合性的应急救援队伍和应急联动机制,为火灾扑救和应急救援工作提供保障。

第三十二条 公安消防队、专职消防队接到火警,必须立即赶赴火灾现场,救助遇险人员,排除险情,扑灭火灾。

第三十三条 公安消防队、专职消防队的消防车在执行火灾扑救或者应急救援任务的往返途中,收费公路、桥梁等免收车辆通行费。

第三十四条 公安消防队、专职消防队在前往执行火灾扑救或者应急救援任务时,任何车辆、行人应当让行。对妨碍消防车及时到达现场或者影响作业的障碍物,可以实施清障、破损或者拆除。

第三十五条 公安消防队、专职消防队执行火灾扑救和应急救援任务时,不得向事故单位和个人收取任何费用。

单位专职消防队参加本单位以外的火灾扑救或者应急救援,所损耗的燃料、灭火剂和器材、装备等,由事故发生地的人民政府给予补偿。

第五章 监督检查

第三十六条 各级人民政府应当根据当地消防工作实际,落实和完善消防工作责任制,与本级人民政府有关部门和下一级人民政府签订消防安全工作责任书,对其履行消防安全职责的情况进行监督检查和考核。

第三十七条 公安机关消防机构应当对机关、团体、企业、事业单位遵守消防法律、法规的情况进行监督检查,并对公安派出所开展日常消防监督检查工作进行指导。

公安派出所依法对辖区内村民委员会、居民委员会、居民住宅区的物业服务企业和上级公安机关确定的单位进行日常消防监督检查。

实施消防监督检查时,检查人员不得少于两人,并出示证件。被检查单位或者个人应当如实提供情况和资料,涉及国家秘密和商业秘密的,消防监督检查人员应当予以保密。

第三十八条　公安机关消防机构在监督检查中发现在建工程拟安装不合格或者国家明令淘汰的消防产品时,应当告知不得安装;对已经安装的,应当责令限期改正,逾期不改正的,依法强制拆除,所需费用由违法行为人承担。

对前款规定的情形,公安机关消防机构还应当通报产品质量监督部门、工商行政管理部门。产品质量监督部门、工商行政管理部门应当对生产者、销售者依法查处。

第三十九条　公安机关消防机构可以通过适当方式向社会公告消防监督检查的结果;对检查发现的重大火灾隐患,应当及时公布,对公众予以提示。

第四十条　公安机关消防机构及其工作人员履行职责,应当接受社会和公民的监督。

任何单位和个人有权对公安机关消防机构及其工作人员在执法中的违法行为进行检举、控告。收到检举、控告的机关,应当按照职责及时查处。

第六章　法律责任

第四十一条　有下列行为之一的,由公安机关消防机构责令停止施工或者停止使用,并按建筑面积每平方米二十元处以罚款,最低不得少于三万元,最高不得超过三十万元:

(一)依法应当经公安机关消防机构进行消防设计审核的建设工程,未经依法审核或者审核不合格,擅自施工的;

(二)依法应当进行消防验收的建设工程,未经消防验收或者消防验收不合格,擅自投入使用的。

第四十二条　有下列行为之一的,由公安机关消防机构责令停止施工、停止使用或者停产停业,并按建筑面积每平方米十元处以罚款,最低不得少于三万元,最高不得超过三十万元:

(一)消防设计经公安机关消防机构依法抽查不合格,不停止施工的;

(二)建设工程投入使用后经公安机关消防机构依法抽查不合格,不停止使用的;

(三)公众聚集场所未经消防安全检查或者经检查不符合消防安全要求,擅自投入使用、营业的。

第四十三条　建设单位未依法将消防设计文件报公安机关消防机构备案或者在竣工验收后未依法报公安机关消防机构备案的,由公安机关消防机构责令限期改正,并处五千元以下罚款;逾期不改正的,责令停止施工或者使用。

第四十四条　设计、施工、工程监理单位超越本单位资质等级承揽消防工程或者允许其他单位或者个人以本单位名义承揽消防工程的,依照《建设工程质量管理条例》的有关规定予以处罚。

第四十五条　消防技术服务机构出具虚假文件的,责令改正,处五万元以上十万元以下罚款,并对直接负责的主管人员和其他直接责任人员处一万元以上五万元以下罚款;有违法所得的,并处没收违法所得;给他人造成损失的,依法承担赔偿责任;情节严重的,由原许可机关依法责令停止执业或者吊销相应资质、资格。

第四十六条　有下列行为之一的,由公安机关消防机构责令改正,对单位并处五千元以上五万元以下罚款;对个人处警告或者五百元以下罚款;拒不改正的,由公安机关消防机构组织强制拆除或者清除,所需费用由违法行为人承担:

(一)埋压、圈占、遮挡消防水泵接合器的;

(二)占用、堵塞、封闭消防取水码头、消防水鹤等公共消防设施的。

第四十七条　违反本条例第五条、第六条、第二十条规定,不履行消防安全职责的,由公安机关消防机构责令限期改正;逾期不改正的,对其直接负责的主管人员和其他直接责任人员依法给予处分或者给予警告处罚。

第四十八条　设有自动消防设施的单位未能保证设施正常运行的,由公安机关消防机构责令改正,并处五千元以上五万元以下罚款。

第四十九条　违反本条例第二十一条规定的,由公安机关消防机构责令停止违法行为,并依法予以处罚。

第五十条　违反本条例第二十二条规定的,由公安机关消防机构责令限期改正;逾期不改正的,责令停止旅游接待。

第五十一条　违反本条例第二十六条规定的,由公安机关消防机构责令停止违法行为,并处五千元以上五万元以下罚款。

第五十二条　责令停产停业,对经济和社会生活影响较大的,由公安机关消防机构提出意见,并由公安机关报告本级人民政府。本级人民政府应当在收到报告之日起七个工作日内作出明确决定,并组织公安机关等部门实施。

第五十三条　公安机关消防机构工作人员滥用职权、玩忽职守、徇私舞弊,有下列行为之一的,依法给予处分;构成犯罪的,依法追究刑事责任:

(一)对不符合消防安全要求的消防设计文件、建设工程、场所准予审核合格、消防验收合格、消防安全检查合格的;

(二)无故拖延消防设计审核、消防验收、消防安全检查,不在法定期限内履行职责的;

(三)发现火灾隐患不及时通知有关单位或者个人整改的;

(四)利用职务为用户、建设单位指定或者变相指定消防产品的品牌、销售单位或者消防技术服务机构、消防设施施工单位的;

(五)接到火警,不及时赶赴火灾现场的;

(六)执行灭火和救援任务,向事故单位或者个人收取费用的;

(七)将消防车、消防艇及消防器材、装备和设施用于与消防和应急救援无关的事项的；

（八）其他滥用职权、玩忽职守、徇私舞弊的行为。

建设、产品质量监督、工商行政管理等其他有关行政主管部门的工作人员在消防工作中滥用职权、玩忽职守、徇私舞弊的，依法给予处分；构成犯罪的，依法追究刑事责任。

第七章 附则

第五十四条 本条例自2010年11月1日起施行。1999年9月26日山西省第九届人民代表大会常务委员会第十二次会议通过，2006年8月4日山西省第十届人民代表大会常务委员会第二十五次会议修正的《山西省消防管理条例》同时废止。

山西省残疾人保障条例

（2010年7月16日山西省第十一届人民代表大会常务委员会第十七次会议通过）

第一章 总 则

第一条 为维护残疾人的合法权益，发展残疾人事业，保障残疾人平等、充分参与社会生活，共享社会物质文化成果，根据《中华人民共和国残疾人保障法》等有关法律、行政法规，结合本省实际，制定本条例。

第二条 残疾人的公民权利和人格尊严受法律保护。全社会应当树立“平等、参与、共享”的残疾人观念，理解、尊重、关心、帮助残疾人，支持残疾人事业。鼓励残疾人自尊、自信、自强、自立。

第三条 各级人民政府应当加强对残疾人工作的领导，将残疾人事业纳入国民经济和社会发展规划，制定本行政区域的残疾人事业发展规划和年度计划，研究解决残疾人工作的重大问题。

县级以上人民政府应当将残疾人事业经费列入财政预算，建立与经济社会发展相适应的稳定经费保障机制。

县级以上人民政府应当将销售的福利彩票、体育彩票等公益彩票筹集的本级留成，按照国家和省的规定用于发展残疾人事业。

第四条 县级以上人民政府残疾人工作委员会应当组织、协调、指导、督促有关部门做好残疾人事业的工作，其主要职责是：

（一）宣传有关残疾人保障的法律、法规，并对其实施情况进行监督检查；

（二）建立残疾人工作考核机制，每年对各成员单位履行残疾人工作职责情况进行考核评估；

（三）组织开展涉及残疾人保障重大事项的调查研究，向人民政府或者有关部门提出意见和建议；

（四）督促有关部门查处侵害残疾人合法权益的行为；

（五）做好残疾人保障其他方面的工作。

残疾人工作委员会秘书处设在同级残疾人联合会，负责残疾人工作委员会的日常工作。

第五条 县级以上人民政府残疾人工作委员会成员单位应当做好职责范围内的残疾人工作。

各级人民政府和有关部门在开展与残疾人权益相关的康复医疗、教育培训、劳动就业、文化体育、社会保障、无障碍环境建设等工作的监督、检查时，应当吸收同级残疾人组织参加。

第六条 各级残疾人联合会代表残疾人的共同利益，维护残疾人的合法权益，团结教育残疾人，为残疾人服务，并依照法律、法规、章程或者接受政府委托，开展残疾人工作，动员社会力量，发展残疾人事业。

第七条 县级以上国家机关应当采取措施，依法保障残疾人通过各种途径和形式，参与管理国家事务、经济和文化事业以及社会事务。残疾人参与管理的，有关国家机关应当为其提供盲文、手语翻译等服务。

制定地方性法规、政府规章和公共政策，涉及残疾人权益和残疾人事业重大问题的，应当听取残疾人和残疾人组织的意见和建议。

第八条 《中华人民共和国残疾人证》（以下简称残疾人证）是残疾人享受康复、教育、就业、文化体育等优待扶助的重要凭证。

残疾人证由设区的市残疾人联合会审批，县（市、区）残疾人联合会核发。

县级以上综合医院或者专门医疗机构应当协助残疾人联合会开展残疾评定工作。

第九条 各级人民政府和有关部门应当对在社会主义建设中取得显著成绩的残疾人和发展残疾人事业、为残疾人服务、维护残疾人合法权益方面做出突出贡献的单位和个人，给予表彰、奖励。

各级人民政府和全社会应当广泛开展形式多样的扶残助残活动，并在全国助残日期间开展扶残助残主题活动。

第十条 残疾人的监护人必须履行监护职责，维护残疾人的合法权益。

第十一条 鼓励社会组织和个人为残疾人提供捐助和服务。

鼓励残疾人康复器械、辅助器具、特殊教育工具和信息交流无障碍产品等的开发和应用。

第十二条 广播、电视、报刊、网络等大众传播媒体应当宣传残疾人保障的法律、法规，刊登、播出反映扶残助残的公益广告，报道扶残助残和残疾人先进事迹。

第二章 康 复

第十三条 各级人民政府应当有计划地开展残疾人康复工作，宣传、普及康复知识，建立和完善残疾人康复服务体系，并按计划将残疾人康复经费纳入财政预算。

第十四条 各级人民政府应当建立健全残疾人统计调查制度，开展残疾人状况的统计调查和分析研究，建立残疾报告制度，加强信息收集和动态监测。

第十五条 各级人民政府应

当组织实施重点康复项目,对贫困残疾人康复训练、辅助器具适配等基本康复需求给予补贴,帮助残疾人恢复或者补偿功能,增强其生活、生产能力。

各级人民政府应当建立健全残疾儿童康复救助制度,对贫困家庭的残疾儿童逐步进行免费医疗康复。

第十六条　各级人民政府和有关部门应当有计划地建立残疾人康复机构,在有条件的医疗机构设立康复医学科或者室,在特殊教育学校(班)、社会福利机构以及其他残疾人集中的机构设置康复训练场所,为残疾人提供康复服务。

医学院校和其他有关院校应当有计划地设置相关专业或者开设康复课程,培养各类康复专业人才。

第三章　教　育

第十七条　各级人民政府应当将残疾人教育纳入教育事业发展总体规划,并根据需要设立专项补助款用于发展残疾人教育,保障残疾人享有平等接受教育的权利。

鼓励、扶持社会力量举办各类残疾人教育机构或者为残疾人教育提供捐助。

第十八条　各级人民政府应当建立残疾儿童、少年教育救助制度,对接受义务教育的残疾学生和贫困残疾人家庭的学生提供免费教科书,并给予寄宿生活费等费用补助;对接受义务教育以外其他教育的残疾学生和贫困残疾人家庭的学生,按照国家有关规定采取助学金等多种方式给予资助、减免费用。

第十九条　普通幼儿教育机构、普通小学、初级中等学校必须招收能适应其生活、学习的适龄残疾幼儿、儿童、少年入学,普通高级中等学校、中等职业学校和高等学校必须招收符合国家录取要求的残疾考生入学,不得因其残疾拒绝招收。教育机构拒绝招收的,有关部门应当督促其招收。

能适应学校生活、学习的适龄残疾儿童、少年的监护人应当送其入学接受义务教育,不得使其失学、辍学。

能适应学校生活、学习的适龄残疾儿童、少年失学、辍学的,城乡基层群众性自治组织应当劝导其监护人送其入学。

第二十条　县级以上人民政府应当根据残疾人的数量、分布状况和残疾类别等因素,按照“义务教育以县为主、高级中等教育以市为主、中等及以上职业教育以省为主”的原则,合理设置残疾人特殊教育机构,也可以通过在普通学校附设特殊教育点等形式,对不适应在普通教育机构学习的残疾人实施特殊教育。

县级以上人民政府应当在财政预算中单列一定比例的经费用于残疾人特殊教育,并从教育费附加中安排必要的资金确保发展残疾人特殊教育。对已建特殊教育学校和开办的特殊教育班,应当优先保证其经费,并随着教育事业费的增加逐步增加,改善办学条件。

第二十一条　县级以上人民政府应当将残疾人职业教育纳入职业教育发展总体规划,设立残疾人职业教育培训机构或者在普通职业教育机构设置教育点,对残疾人进行技能培训,提高其就业和创业能力。

第二十二条　从事特殊教育的教师,手语翻译、盲文翻译和经过手语培训并取得合格证的残疾人工作者等人员享受特殊教育津贴待遇。具体办法由省人民政府制定。

第四章　劳动就业

第二十三条　各级人民政府应当对残疾人劳动就业进行统筹规划,建立残疾人就业服务体系,拓宽残疾人就业渠道,发布残疾人就业信息,保障残疾人的劳动权利。

鼓励、扶持残疾人自主择业、自主创业。

第二十四条　国家机关、社会团体、企业事业单位、民办非企业单位应当按照不低于本单位在职职工总数百分之一点五的比例安排残疾人就业。国家机关、人民团体、事业单位和国有企业等单位应当带头安排残疾人就业。

县级以上残疾人联合会对用人单位按比例安排残疾人就业状况进行年度审核。未达到规定比例,残疾人联合会推荐适合就业的残疾人的,用人单位应当按照有关规定优先接收。经残疾人联合会推荐,仍未达到规定比例的用人单位,应当缴纳残疾人就业保障金。

残疾人就业保障金由县级以上财政部门代扣、税务等部门代征,其使用和管理按照国家有关规定执行。

第二十五条　国家机关、社会团体、企业事业单位、民办非企业单位公开考录公务员、招录工作人员,不得歧视残疾人。

用人单位应当为残疾职工提供适合其身体状况的劳动条件和劳动保护,合理确定劳动定额,不得在晋级、职称评定、劳动报酬、生活福利、休息休假、社会保险等方面歧视残疾人。用人单位不得以残疾职工身体残疾、不能胜任工作为由,与其解除、终止劳动合同。

第二十六条　县级以上人民政府应当增加和设置适合残疾人就业的公益性岗位,为乡级残联、村(社区)残协选聘残疾人专职委员,安排条件适宜的残疾人从事农村、社区公共管理和保洁、护林、护路、文化站管理等工作。

乡(镇)、街道、社区、村残疾人专职委员的工作补贴、误工补贴、社会保险补贴等待遇,按照国家和省的有关规定执行。

第二十七条　各级人民政府应当鼓励、扶持兴办残疾人福利企业、盲人按摩机构和其他集中安置残疾人就业的福利性单位,并依照有关规定减免税、费。

各级人民政府应当开展农村

残疾人生产实用技术培训，扶持有劳动能力的残疾人从事种养业、手工业和多种经营，将低收入残疾人和残疾人家庭脱贫列入扶贫开发计划，在项目和资金上优先安排。

第二十八条　各级人民政府对招用就业困难残疾人、签订劳动合同并缴纳社会保险费的用人单位，按规定在相应期限内给予社会保险补贴。就业困难残疾人实现灵活就业的，按规定给予社会保险补贴。

第五章　文化生活

第二十九条　各级人民政府应当加大对残疾人文化体育事业的经费投入，拓展残疾人文化体育活动场所，组织开展残疾人文化体育活动，不断满足残疾人精神文化需求。

第三十条　各级人民政府和社会应当采取下列措施，丰富残疾人的精神文化生活：

（一）培养残疾人文艺体育人才；

（二）组织、扶持残疾人开展群众性文化、体育、娱乐活动；

（三）组织和扶持盲文读物、盲人有声读物和其他残疾人读物的编写和出版，县级以上公共图书馆根据盲人的实际需要设立盲文读物及盲人有声读物图书室；

（四）文化、体育、娱乐和其他公共活动场所，为残疾人提供方便和照顾；

（五）省、市级电视台开办手语节目；

（六）其他措施。

第三十一条　残疾人凭残疾人证免费进入公园、动物园、植物园、博物馆、纪念馆、图书馆、美术馆、展览馆、体育场（馆）、文化活动中心、科技活动中心等公共文化体育场所和旅游景区（点）。公共文化体育设施需要收取使用费用的，应当对残疾人免费或者优惠。

第六章　社会保障

第三十二条　各级人民政府对生活确有困难的残疾人，通过多种渠道给予生活、医疗、教育、住房和其他方面的社会救助。

第三十三条　残疾职工所在单位，应当按照国家和省的有关规定为其缴纳基本养老保险、基本医疗保险、失业保险、工伤保险和生育保险等各项社会保险费。残疾人所在家庭、城乡基层群众性自治组织，应当鼓励、帮助残疾人参加社会保险。

第三十四条　各级人民政府对参加城镇职工基本医疗保险、城镇居民基本医疗保险、新型农村合作医疗的贫困残疾人和重度残疾人，应当按照国家和省的有关规定为其代缴个人缴费部分。其获得城镇职工基本医疗保险、城镇居民基本医疗保险和新型农村合作医疗报销后的个人负担部分，由民政部门按照医疗救助政策给予救助。

各级人民政府对参加新型农村社会养老保险个人缴费困难的农村残疾人，应当为其代缴养老保险费。

第三十五条　各级人民政府应当将残疾人白内障复明手术、精神病入院治疗、残疾儿童医疗康复等项目纳入城镇职工基本医疗保险、城镇居民基本医疗保险和新型农村合作医疗范围；对基本医疗卫生制度尚不能解决的贫困残疾人的基本医疗、康复服务、必要的辅助器具的配置和更换，按照国家和省的有关规定给予救助。

各级人民政府应当通过政府补贴和社会捐助等多渠道筹资、扶持残疾人社区康复站和辅助器具供应服务站（点）建设。

第三十六条　各级人民政府应当将符合城乡居民最低生活保障条件的残疾人全部纳入最低生活保障范围，对享受最低生活保障待遇后生活仍有困难的残疾人和残疾人家庭，采取下列措施保障其基本生活：

（一）对贫困残疾人家庭给予生活救助；

（二）对重度残疾人给予生活救助；

（三）建立残疾人护理补贴等生活补助金制度；

（四）对城镇特困无房残疾人家庭或者人均住房建筑面积低于当地廉租住房标准的贫困残疾人家庭，应当在廉租房或经济适用房整体计划中安排一定比例给予解决；

（五）对住房困难的农村贫困残疾人，优先落实救助措施；

（六）其他措施。

第三十七条　各级人民政府应当对无劳动能力、无扶养人或者扶养人不具有扶养能力、无生活来源的残疾人按照规定予以供养。

各级人民政府应当采取措施，建设残疾人供养、托养服务机构，为智力、精神和重度残疾人以及老年残疾人提供生活照料、康复养护、技能培训、心理咨询等公益性、综合性服务。供养、托养服务办法和标准由省人民政府制定。

鼓励和扶持社会力量开办残疾人供养、托养服务机构。

第三十八条　县级以上人民政府应当将残疾人综合服务设施建设纳入城乡公益性建设项目，并在立项、规划、资金、土地征收、城市基础设施配套费和税费减免等方面，按照规定给予支持。

第三十九条　从事公共服务的企业事业单位和其他社会组织应当开办方便残疾人的优惠服务项目，减免贫困残疾人家庭的基本生活所用水、电、暖、气、物业、卫生、有线电视基本收视维护和固定电话月租费等费用。

盲人读物邮件免费寄递。

第四十条　医疗机构应当对凭残疾人证挂号、缴费、化验、取药、住院等的残疾人予以优先，并按照相关规定减免有关费用。

第四十一条　残疾人凭残疾人证优先购票、优先搭乘各类公共交通工具，免费携带辅助器具和导盲犬。残疾人凭残疾人证免费乘坐市内公共交通工具。

残疾人凭残疾人证免费进入收费公共厕所。

第四十二条　人民法院、人民检察院和公安等有关部门对侵害残疾人合法权益行为的申诉、控告、检举，应当依法受理查处并予以答复，不得推诿、拖延。

对经济困难或者其他原因确需法律援助或者司法救助的残疾人和贫困残疾人家庭，当地法律援助机构应当依法提供法律援助，受理案件的人民法院应当依法给予司法救助。

残疾人联合会和残疾人所在单位，对通过诉讼维护其合法权益需要帮助的残疾人，应当给予支持。

第七章　无障碍环境

第四十三条　各级人民政府应当统筹规划无障碍环境建设，加强无障碍设施的日常维护和管理。

第四十四条　新建、改建和扩建建筑物、道路、交通设施等，应当按照国家有关无障碍设施工程建设标准建设，并实行无障碍设施与主体工程同时设计、同时施工、同时验收。

各级人民政府和有关部门应当按照国家有关规定，加快中心城市无障碍建设和改造，逐步推行小城镇和农村地区无障碍建设和改造，优先改造与残疾人日常工作、生活密切相关的公共服务设施。

各级人民政府和有关部门应当对贫困残疾人家庭住宅无障碍改造提供资助。

第四十五条　各级人民政府和有关部门应当为残疾人信息无障碍交流创造条件，政务信息公开应当采取信息无障碍措施，公共服务机构应当提供语言、文字提示、盲文、手语等无障碍服务，为残疾人获取公共信息提供便利。

各级人民政府和有关部门应当依法为残疾人驾驶机动车提供便利、给予优惠，公共停车场应当为残疾人设置专用停车位。

公共交通工具应当逐步配置无障碍设备，方便残疾人出行。

第八章　法律责任

第四十六条　国家机关及其工作人员未依法履行保护残疾人合法权益的职责，对侵害残疾人合法权益的申诉、控告、检举应当受理而不予受理或者拖延受理，以及受理后不予查处，造成严重后果的，或者对提出申诉、控告、检举的人员打击报复的，对直接负责的主管人员和其他直接责任人员依法给予处分；造成财产损失或者其他损害的，依法承担民事责任；构成犯罪的，依法追究刑事责任。

第四十七条　违反本条例规定，未缴纳或者未足额缴纳残疾人就业保障金的，由财政行政主管部门或者税务等部门责令限期缴纳；逾期不缴纳的，除补缴欠缴数额外，还应当自欠缴之日起，按日加收千分之五的滞纳金。

第四十八条　违反本条例规定有下列行为之一的，由残疾人工作委员会督促有关主管部门责令改正；拒不改正的，由有关主管部门依法处理：

(一)教育机构拒不接收残疾学生入学，或者在国家规定的录取要求以外附加条件限制残疾学生入学的；

(二)用人单位在职工的招用等方面歧视残疾人，拒不按规定安排残疾人就业的；

(三)用人单位违反有关法律、法规解除或者终止与残疾职工签订的劳动合同的；

(四)用人单位虚报安排残疾人就业人数，骗取相关税费减免优惠待遇的；

(五)新建、改建和扩建建筑物、道路、交通设施，不符合国家有关无障碍设施工程建设标准，或者对无障碍设施未及时进行维修和保护的。

第九章 附则

第四十九条　本条例自2010年10月1日起施行。1992年10月15日山西省第七届人民代表大会常务委员会第三十一次会议通过的《山西省实施〈中华人民共和国残疾人保障法〉办法》同时废止。

山西省道路运输条例

(2010年9月29日山西省第十一届人民代表大会常务委员会第十九次会议通过)

第一章　总　则

第一条　为保障道路运输和人民生命财产安全，保护道路运输各方当事人的合法权益，维护道路运输市场秩序，根据《中华人民共和国道路运输条例》和有关法律、法规，结合本省实际，制定本条例。

第二条　在本省行政区域内从事道路运输经营、道路运输相关业务和道路运输管理活动，适用本条例。

本条例所称道路运输经营包括道路旅客运输经营(以下简称客运经营)和道路货物运输经营(以下简称货运经营)。道路运输相关业务包括道路运输站(场)、机动车维修、机动车综合性能检测、机动车驾驶员培训、汽车租赁、物流服务等业务。

第三条　县级以上人民政府应当坚持统筹城乡道路运输一体化原则，发展道路运输事业。

道路运输管理应当坚持依法、公开、公平、公正、高效、便民的原则。

从事道路运输经营和道路运输相关业务的，应当依法经营、诚实信用、公平竞争、安全便捷、环保节能。

第四条　县级以上人民政府应当根据当地经济和社会发展的需要，制定本行政区域道路运输发展规划，并组织实施。

县级以上人民政府应当采取措施，扶持农村客运和物流发展。

第五条　县级以上人民政府交通运输主管部门负责组织领导

本行政区域内的道路运输管理工作。

县级以上道路运输管理机构负责具体实施道路运输管理工作。

县级以上人民政府发展和改革、公安、财政、国土、住房和城乡建设、规划、工商、环保、安监、质监、旅游、价格等部门,应当按照各自的法定职责,做好道路运输管理的相关工作。

第六条 省人民政府应当将道路运输管理经费列入财政预算,统一预算、统一管理、专款专用。

县级以上人民政府应当将超限超载源头治理工作经费列入本级财政预算。

第七条 鼓励道路运输经营者实行规模化、集约化经营。

鼓励发展货物甩挂运输,鼓励采用集装箱、封闭厢式车运输等方式从事道路货物运输。

第二章 道路运输经营

第一节 一般规定

第八条 道路运输经营实行许可制度。

任何单位和个人不得伪造、涂改、转让、出租道路运输经营许可证件。

第九条 设区的市人民政府应当组建道路运输应急保障队伍,执行抢险、救灾、战备等紧急道路运输任务;对承担紧急道路运输任务的道路运输经营者,应当给予合理的经济补偿。

第二节 客运经营

第十条 县级以上道路运输管理机构应当每半年公布一次客运市场供求状况,供求状况有重大变化时应当及时公布。

县级以上道路运输管理机构可以采取干线、支线统筹招标的方式,开行偏远地区农村客运班线。

第十一条 客运经营者自取得经营许可之日起,超过一百八十日不投入运营的,或者运营后连续一百八十日以上停运的,视为自动终止经营,原许可机关应当注销其经营许可。

班线客运经营者取得经营许可后,应当提供连续运输服务,不得擅自暂停、终止或者转让。

第十二条 符合安全运行要求的班线客运,经原许可机关同意,可以实行公交化模式运营,享受与城市公共客运相同的优惠政策。

第十三条 包车客运经营者应当与包车人签订包车合同并随车携带,不得定线定点运营,不得招揽包车合同以外的旅客乘车。

第十四条 旅游客运经营者应当与旅游包车人签订旅游包车合同,并随车携带。

第三节 货运经营

第十五条 货运经营者不得运输法律、行政法规禁止运输的货物。

货运经营者在承接法律、行政法规规定限运、凭证运输的货物时,应当查验并确认有关手续齐全有效后方可运输。

第十六条 货运经营者应当采取有效措施,防止货物脱撒、扬尘、泄漏。

第十七条 货运经营者运输大型物件应当制定道路运输方案,超限运输的,应当按照国家有关规定办理相关手续。

从事大型物件运输的车辆,应当按照规定装置统一的标志和悬挂标志旗;夜间行驶和停车休息时应当设置标志灯。

第十八条 设区的市交通运输主管部门可以委托设区的市道路运输管理机构具体组织从事危险货物运输的驾驶员、装卸管理人员、押运人员的从业资格考试和从业资格证的发放与管理。

第三章 道路运输相关业务

第一节 道路运输站(场)

第十九条 县级以上人民政府应当将道路运输站(场)、物流园区的建设纳入当地城乡规划和土地利用总体规划,并在土地、资金等方面给予支持。

鼓励多元化投资建设道路运输站(场)、物流园区。

第二十条 道路运输站(场)的建设应当与公路、城市道路和城市公共客运以及其他运输方式统筹规划,相互衔接和协调。

新建、改建、扩建县乡公路的,应当将农村客运站、候车亭、招呼站等设施统一规划,同步设计、同步建设、同步验收。

第二十一条 县级以上道路运输管理机构应当根据旅客流向和道路客运站(场)等级、建设规模、停车面积、候车面积等指标,核定道路客运站(场)进站车辆的范围和可容纳车辆(班次)的数量。

第二十二条 道路客运站经营者应当遵守下列规定:

(一)公平、合理地安排发车时间;

(二)在经营场所公示收费项目和标准;

(三)按月与客运经营者结算票款;

(四)建立健全安全生产责任制,保障安全生产经费投入。

第二十三条 道路货运站(场)经营者应当遵守下列规定:

(一)按照货物的性质、保管要求进行分类存放、堆放整齐,保证货物完好无损;

(二)危险货物单独存放;

(三)搬运货物时轻装、轻卸,防止混杂、撒漏、破损;

(四)仓储等经营场所符合消防安全条件,各种消防器材、设施配备齐全有效。

第二节 机动车维修和综合性能检测

第二十四条 鼓励机动车维修企业实行专业化和连锁经营,为社会提供快修、救援等服务。

第二十五条 机动车维修技术负责人员、质量检验人员和机修、电器维修、钣金(车身修复)、涂漆(车身涂装)、车辆技术评估(含检测)人员,应当经过设区的市道路运输管理机构按照国家规定组织实施的从业资格考试,考试合格后上岗。

第二十六条　机动车维修经营者不得有下列行为：

(一)采取非法或者不正当手段招揽业务；

(二)使用送修车辆；

(三)占道或者占用公共场所进行维修作业；

(四)擅自改装、拼装机动车；

(五)承修报废机动车；

(六)非法打刻发动机号或者车架号；

(七)使用报废或者其他质量不符合标准的车辆总成、配件修理车辆。

第二十七条　机动车综合性能检测实行社会化经营。从事机动车综合性能检测经营的，应当到省道路运输管理机构备案。

机动车综合性能检测机构应当按照国家和省规定的程序和标准进行检测，及时出具检测报告，建立车辆检测档案。

机动车综合性能检测机构不得出具虚假车辆检测报告。

第二十八条　机动车维修经营者、机动车综合性能检测机构应当对检测、计量仪器设备进行日常维护和校正，并按照国家和省的规定进行强制周期检定。

第三节　机动车驾驶员培训

第二十九条　机动车驾驶员培训机构应当按照国家规定的培训标准、教学大纲进行培训，如实填写培训记录，保证培训质量。

机动车驾驶员培训机构不得擅自设立分支机构、培训点，不得将学员转入其他培训机构牟取利益。

第三十条　机动车驾驶员培训机构应当在核定的教学场地进行培训；在道路上培训的，应当按照公安机关交通管理部门指定的路线、时间进行。

机动车驾驶员培训机构不得利用非教练车辆从事驾驶培训。

第三十一条　机动车驾驶培训教练员应当按照国家规定取得教练员资格。

机动车驾驶培训教练员变更服务单位后，机动车驾驶员培训机构应当到县级道路运输管理机构进行备案。

第四节　汽车租赁

第三十二条　从事汽车租赁经营的，应当符合下列条件：

(一)有十辆以上符合国家标准，并经检测合格的自有车辆；

(二)有与其经营业务相适应的办公场所、停车场地；

(三)有相应的业务、管理人员；

(四)有健全的安全管理制度；

(五)客运车辆应当为十二座以下小型客车。

第三十三条　从事汽车租赁经营的，应当在取得工商营业执照后，向设区的市道路运输管理机构提出申请。道路运输管理机构应当自受理申请之日起十五日内审查完毕，作出许可或者不予许可的决定。

汽车租赁经营许可证件不得转让。

第三十四条　汽车租赁经营者应当与承租人签订车辆租赁合同，提供检测合格和证件齐全有效的车辆，但不得提供驾驶劳务。

第五节　物流服务

第三十五条　从事搬运装卸、货运代理、货物配载、仓储理货和信息服务等物流服务业务的，应当自取得工商营业执照之日起三十日内到注册登记所在地县级道路运输管理机构备案。

第三十六条　搬运装卸从业人员应当遵守国家规定的安全操作规程，不得造成货物灭失、损坏。

货物托运人不得瞒报、错报货物性质或者在货物中夹带危险品。

第三十七条　道路货物运输代理经营者受理运输危险货物和依法限制运输货物业务的，应当了解运输货物的品名、性质、数量和应急处置方法，并查验有关凭证；与承运人签订货物运输合同时，应当查验其相应资质。

第三十八条　货物配载和信息服务经营者应当为承托双方提供准确的车源、货源信息。

第三十九条　城市人民政府应当采取措施，对从事城市物流配送的车辆在市区道路通行提供便利。

第四章　道路运输安全

第四十条　各级人民政府对本行政区域内道路运输安全监督管理负领导责任。

第四十一条　县级以上人民政府交通运输主管部门负责对道路运输管理机构实施道路运输安全管理工作进行指导监督。

道路运输管理机构负责道路运输市场准入条件的审查，依法实施道路运输站(场)、营运车辆技术状况、营运驾驶员从业资格的安全监督管理。

第四十二条　县级以上公安机关交通管理部门负责道路运输车辆运行安全的管理工作。

县级以上公安机关交通管理部门应当根据道路旅客运输和危险货物运输驾驶员的申请，为其提供三年内无重大以上交通责任事故的证明。

第四十三条　设区的市公安机关交通管理部门应当建立健全机动车驾驶证考试制度，配备与机动车驾驶证考试相适应的考试设施设备，并按照规定及时组织考试。

报考机动车驾驶证的人员，应当接受机动车驾驶员培训机构的培训。公安机关交通管理部门应当根据驾驶员培训机构出具的培训记录受理驾驶证考试申请。

第四十四条　道路运输经营者是道路运输安全的责任主体，其法定代表人是本企业道路运输安全的第一责任人。

第四十五条　道路运输经营者应当建立和完善安全生产责任制度，从业人员安全生产教育、培训和考核上岗制度，安全生产事故隐患排查治理制度，营运车辆安全检查制度。

第四十六条　道路运输经营者应当执行国家行车安全档案和安全生产事故统计报告制度，按照规定向道路运输管理机构报告道路运输安全情况。

第四十七条　客运站经营者应当建立行包安全检查制度，按照规定配备安全检测仪器，对进入客运站的行包进行安全检查。

第四十八条　道路运输经营者应当为客运车辆、危险货物运输车辆安装符合国家标准的卫星定位终端设备，并实时监控，与道路运输监控平台实时连通。

鼓励道路运输经营者为其他营运车辆安装符合国家标准的卫星定位终端设备。

第四十九条　道路运输以及相关业务经营者不得有下列违反安全规定的行为：

（一）使用未经年审或者年审不合格的车辆从事道路运输；

（二）使用未经安全例检或者经安全例检不符合要求的车辆从事道路运输；

（三）使用非法改装的车辆或者报废车辆从事道路运输；

（四）使用未取得从业资格证的人员、与所驾车型不符的从业人员驾驶营运车辆，或者使用未经安全生产培训合格的从业人员上岗作业；

（五）对营运车辆的检测项目缺检、漏检。

第五章　超限超载源头治理

第五十条　县级以上人民政府负责本行政区域的超限超载源头治理工作，其主要负责人是超限超载源头治理工作的第一责任人。

县级人民政府应当向社会公示依法经许可、注册登记的道路货物运输源头单位的名单。

第五十一条　道路货物运输源头单位应当履行下列义务：

（一）明确工作人员职责，建立责任追究制度；

（二）对货物装载、开票、计重等相关人员进行培训；

（三）对装载货物车辆驾驶员出示的车辆营运证和从业资格证进行登记；

（四）建立健全车辆装载、配载的登记、统计制度和档案，并按规定向道路运输管理机构报送相关信息。

第五十二条　道路货物运输源头单位不得有下列行为：

（一）为车辆超标准装载、配载；

（二）为无牌无证、证照不全、非法改装的车辆装载、配载；

（三）为超限超载的车辆提供虚假装载证明。

第五十三条　县级以上道路运输管理机构可以通过进驻、巡查等方式，对政府公示的道路货物运输源头单位超限超载源头治理工作实施监督管理。监督检查中发现违法行为不属于本部门职权范围的，及时移送有关行政机关，有关行政机关应当及时查处。

第六章　监督检查

第五十四条　县级以上人民政府交通运输主管部门应当加强对道路运输管理机构实施道路运输管理工作的监督。

道路运输管理机构应当加强对道路运输经营活动和执法活动的监督检查，公开办事制度，简化工作程序，规范执法行为。

第五十五条　道路运输管理机构执法人员可以在道路运输以及相关业务经营场所、客货集散地、公路路口、高速公路服务区和道路货物运输源头单位进行监督检查，但不得影响道路畅通。

道路运输管理机构执法人员在执行监督检查任务时，应当统一着装，佩带标志，出示合法有效的行政执法证件。

道路运输监督检查专用车辆，应当配备专用的标志和示警灯。

第五十六条　有下列情形之一的，道路运输管理机构可以暂扣运输车辆、维修机具设备或者驾驶培训教学车辆，并责令当事人在十日内到指定的地点接受处理：

（一）无车辆营运证又无法当场提供道路运输管理机构出具的其他营运证明的车辆从事道路运输经营活动的；

（二）未取得经营许可，擅自从事机动车维修经营、机动车驾驶员培训、汽车租赁经营活动的。

对依法暂扣的车辆或者设备应当妥善保管，不得使用、损坏或者遗失，不得收取或者变相收取保管费用。

第五十七条　道路运输管理机构在实施监督检查过程中，对不能当场处理的违法行为，可以暂扣车辆营运证、营运标志牌或者从业资格证，并责令其在十日内接受处理。

暂扣车辆营运证的，应当签发待理证，并通知车籍地道路运输管理机构。

第五十八条　道路运输管理机构对从事道路客货运输、道路运输站（场）、机动车驾驶员培训、机动车维修、综合性能检测、汽车租赁和物流服务的经营者实行质量信誉考核制度。

道路运输管理机构应当定期将经营者的经营行为、服务质量、安全生产等方面的考核结果向社会公布。

第五十九条　道路运输管理机构以及公安、工商、质监、环保、价格等相关部门应当按照各自职责，向社会公布道路运输和相关业务经营者、从业人员的业绩和警示等信息，建立信息共享机制。

第六十条　道路运输管理机构应当建立投诉举报制度，公开投诉举报电话、通信地址和电子信箱，对当事人的投诉举报在受理之日起十五日内作出处理。

第六十一条　道路运输以及相关业务经营者应当按照规定向道路运输管理机构提供道路运输统计资料，接受道路运输管理机构的监督检查。

第七章　法律责任

第六十二条　违反本条例规

定,法律、行政法规有处罚规定的,从其规定。

第六十三条　违反本条例规定,转让或者出租经营许可证、车辆营运证、营运标志牌的,由县级以上道路运输管理机构责令停止违法行为,收缴有关证件;有违法所得的,没收违法所得,并处二千元以上一万元以下罚款。

第六十四条　违反本条例规定,有下列情形之一的,由县级以上道路运输管理机构责令改正;拒不改正的,处五百元以上三千元以下罚款:

(一)客运站经营者未公平、合理地安排发车时间的;

(二)客运站经营者未按月结算票款的;

(三)机动车维修经营者使用送修车辆的;

(四)旅游客运经营者和包车客运经营者未按规定携带包车合同的;

(五)机动车驾驶员培训机构未如实填写培训记录的;

(六)道路运输以及相关业务经营者未按规定报送统计资料和有关情况的。

第六十五条　违反本条例规定,未经许可擅自从事汽车租赁经营的,由县级以上道路运输管理机构责令停止经营;有违法所得的,没收违法所得,并处违法所得二倍以上十倍以下罚款;没有违法所得或者违法所得不足一万元的,处二万元以上五万元以下罚款;构成犯罪的,依法追究刑事责任。

第六十六条　违反本条例规定,机动车综合性能检测、搬运装卸、货运代理、货物配载、仓储理货和信息服务等道路运输相关业务经营者未按规定备案的,由县级以上道路运输管理机构责令限期改正;逾期不改正的,处一千元以上三千元以下罚款。

第六十七条　道路运输经营者发生较大以上行车安全事故并负同等以上责任的,由原许可机关吊销该事故车辆营运证和该车辆驾驶员的从业资格证,并责令该经营者进行整改,整改期间不得新增运力;事故车辆为客运车辆的,还应当吊销其班线客运经营许可。

营运驾驶员因发生较大行车安全事故被依法吊销从业资格证的,自吊销之日起三年内不得重新申请从业资格证;因发生重大以上行车安全事故被依法吊销从业资格证的,终生不得重新申请从业资格证。

第六十八条　违反本条例规定,道路货物运输源头单位不履行义务的,由县级以上道路运输管理机构责令改正;拒不改正的,处一千元罚款。

第六十九条　违反本条例第五十二条规定的,由县级以上道路运输管理机构给予每辆次一万元罚款;情节严重的,由县级以上道路运输管理机构报告本级人民政府,并移送工商、质监等部门,由工商、质监等部门暂扣生产工具,责令限期改正;情节特别严重的,由县级以上道路运输管理机构报告本级人民政府,并移送工商、质监等部门,由工商、质监等部门依法查封经营场所,由相关部门对货物运输源头单位法定代表人依法予以查处。

第七十条　道路运输管理机构对超载车辆应当在违章驾驶人员的从业资格证违章记录栏内记载,六个月内超载记录累计三次的,由原发证机关吊销其从业资格证。

第七十一条　违反本条例规定,有下列情形之一的,由县级以上道路运输管理机构责令改正,并处一千元以上五千元以下罚款;情节严重的,暂扣道路运输经营许可证、车辆营运证或者从业资格证:

(一)班线客运经营者擅自暂停、终止班线运输或者转让经营许可的;

(二)机动车综合性能检测机构对营运车辆的检测项目缺检、漏检的;

(三)机动车驾驶员培训机构在未经核定的教学场地或者利用非教练车辆从事驾驶培训经营活动的;

(四)机动车驾驶员培训机构擅自设立分支机构、培训点或者将学员转入其他培训机构牟取利益的;

(五)汽车租赁经营者使用非自有车辆或者未取得车辆营运证的车辆用于租赁的;

(六)道路运输经营者未按规定安装卫星定位终端设备、未实时监控或者未与道路运输监控平台实时连通的;

(七)道路运输经营者使用未经年审或者年审不合格的车辆从事道路运输的;

(八)道路运输经营者使用未经安全例检或者经安全例检不符合要求的车辆从事道路运输的;

(九)道路运输经营者使用未取得从业资格证的人员或者与所驾车型不符的从业人员驾驶营运车辆的。

第七十二条　违反本条例规定,道路运输管理机构及其他行政机关的工作人员有下列情形之一的,对直接负责的主管人员及其他直接责任人员依法给予处分;构成犯罪的,依法追究刑事责任:

(一)擅自设立检查站拦截、检查正常行驶的道路运输车辆的;

(二)乱收费、乱罚款、乱扣车的;

(三)未按规定如实报告较大以上道路运输事故情况的;

(四)无正当理由对投诉举报超过规定期限未作出处理、答复的;

(五)不按照规定的条件、程序和期限实施行政许可的;

(六)参与或者变相参与道路运输经营以及道路运输相关业务的;

(七)发现违法行为不及时查处或者不履行超限超载源头治理职责的;

(八)违法扣留运输车辆、车辆营运证的;

(九)上路执法造成道路堵塞的;

（十）索取、收受他人财物，或者谋取其他利益的；

（十一）其他滥用职权、玩忽职守、徇私舞弊的。

第八章 附则

第七十三条 道路运输管理机构依照本条例发放道路运输经营许可证、车辆营运证、营运标志牌、从业资格证可以收取工本费。具体收费标准由省财政、价格主管部门会同省交通运输主管部门核定。

第七十四条 城市公共客运和出租汽车客运的经营和管理按照有关规定执行。

第七十五条 本条例自2011年1月1日起施行。1995年7月20日山西省第八届人民代表大会常务委员会第十六次会议通过的《山西省道路运输管理暂行条例》同时废止。

山西省体育设施条例

（2010年11月26日山西省第十一届人民代表大会常务委员会第二十次会议通过）

第一章 总 则

第一条 为了促进体育设施建设，加强体育设施管理和维护，充分发挥体育设施的作用，满足公众开展体育活动的需求，根据《中华人民共和国体育法》等有关法律、行政法规的规定，结合本省实际，制定本条例。

第二条 本条例所称体育设施，是指按照国家规定标准建设，用于开展体育活动的体育场地、建筑物和配套设备。

本条例所称体育设施管理单位，是指负责体育设施维护管理，为公众开展体育活动提供服务的组织。

第三条 本省行政区域内体育设施的规划、建设、服务、运营、管理和监督适用本条例。

第四条 县级以上人民政府应当加强对体育设施建设使用和监督管理工作的领导，将本行政区域公共体育设施建设纳入国民经济和社会发展规划，并将政府举办的公共体育设施建设、维护所需资金列入本级人民政府基本建设投资计划和财政预算。

各级人民政府应当对传统性、标志性体育设施予以保护，对边远贫困地区、革命老区和其他农村地区的公共体育设施的建设、维护予以扶持。

第五条 县级以上人民政府体育行政部门或者人民政府授权管理体育工作的机构（以下简称体育行政部门），负责本行政区域内体育设施的监督管理工作。其他有关部门在各自职责范围内做好体育设施的监督管理工作。

第六条 体育设施管理单位应当充分利用体育设施开展科学、文明、健康的体育活动。任何单位和个人不得利用体育设施从事危害公共利益的活动。

第七条 鼓励社会团体、企业事业单位和个人捐资、赞助、投资建设体育设施，并依法给予国家规定的税费减免等优惠政策。

鼓励国家机关、学校等单位内部的体育设施向公众开放。具体办法由省人民政府制定。

第八条 县级以上人民政府或者有关部门对在体育设施建设、管理等工作中做出突出贡献的单位和个人，应当给予表彰、奖励。

第二章 规划和建设

第九条 体育设施的规划和建设应当统筹安排、合理布局、规范实用、安全美观、方便公众，并适应不同群体的需求。

公共体育设施的规划由县级以上人民政府组织城乡规划和体育行政部门编制。

第十条 县级以上人民政府应当将公共体育设施的建设纳入城乡规划和土地利用总体规划，结合当地国民经济和社会发展水平，利用公园、绿地、山地、丘陵等条件建设特色体育设施。

乡（镇）人民政府应当规划、建设适合农村特点的体育设施，逐步实现每个村庄均有体育健身场地和设备。

第十一条 县级以上人民政府在新区建设和旧城改造时，应当根据城市社区人口规模和体育设施项目控制指标建设公共体育设施，社区公共体育设施的人均室外用地面积和人均室内建筑面积不得低于国家规定的标准。

居民住宅区应当按照国家规定配套建设体育设施，并与主体工程同时设计、同时施工、同时投入使用。

学校应当按照国家规定的标准建设体育设施；低于规定标准的，县级以上人民政府应当采取措施使其达到规定标准。

国家机关、社会团体、企业事业单位和个人因地制宜建设体育设施，并接受体育行政部门的指导。

第十二条 改建公共体育设施不得改变其性质和用途，不得减少其原有面积。

公共体育设施确需改变性质和用途的，须由当地人民政府征得上一级人民政府体育行政部门同意，报上一级人民政府批准，并按照先建后迁和不低于原标准、规模的原则建设补偿；涉及大型公共体育设施的，上一级人民政府在批准前，应当举行听证会，听取公众意见。

第十三条 学校体育设施应当用于体育教学和体育活动。改建学校体育设施不得改变其性质和用途，不得减少其原有面积。

学校体育设施确需改变性质和用途的，须经县级以上人民政府教育和体育行政部门同意，并按照先建后迁的原则建设符合教学标准的体育设施。

第十四条 体育设施管理单位应当在体育设施竣工验收后30日内，将名称、地址、服务项目等内容报所在地体育行政部门备案。

第三章 服务和监督管理

第十五条 县级以上人民政府应当创新体育设施监督管理模式，提高其综合利用率和运营能力，充分发挥体育设施的作用。

体育行政部门应当定期公布向社会开放的体育设施的名称、地址、服务项目等信息，方便公众参加体育健身活动。

第十六条 体育设施管理单位应当建立健全体育设施使用、安全、卫生等管理制度，配备专职或者兼职人员进行管理，并制定突发事件应急预案，报所在地公安、体育等有关行政部门备案。

体育设施管理单位应当公示服务内容和开放时间，并在醒目位置标明设施的使用方法和注意事项。

第十七条 体育设施应当符合国家规定的安全技术标准。体育设施管理单位应当定期保养、维修体育设施，确保其正常使用。

公众应当遵守体育活动场所的秩序，爱护体育设施，不得损坏体育设施。

第十八条 公共体育设施应当向公众开放，每周正常开放时间不得少于35个小时；在国家全民健身日应当免费向公众开放；在国家法定节假日和学校寒暑假期间，应当适当延长开放时间；对学生、老年人、残疾人、现役军人等予以免费或者优惠。

第十九条 有条件的国家机关、社会团体、企业事业单位可以向公众开放内部的体育设施；向公众开放的，应当采取措施避免发生事故。

学校应当在课余时间和节假日向学生开放体育设施，有条件的可以向公众开放；向公众开放的，县级以上人民政府应当依法为其办理有关责任保险。

第二十条 体育设施管理单位提供服务，可以根据维持设施运营的需要收取必要的费用，收费项目和标准应当经县级以上人民政府价格主管部门批准。鼓励体育设施管理单位设置免费或者优惠开放时段。

无偿使用政府投资建设的公共体育设施所取得的经营服务性收入，应当按照国有资产有偿使用的有关规定用于公共体育设施的维护管理，不得挪作他用。

第二十一条 体育行政部门应当会同有关部门依法对向公众开放的体育设施的使用、管理等情况进行监督检查。

第四章 法律责任

第二十二条 违反本条例规定，未经批准改变公共体育设施性质用途或者减少其面积的，由县级以上人民政府责令改正、限期恢复原状并通报批评；情节严重的，对直接负责的主管人员和其他直接责任人员依法给予行政处分。

第二十三条 违反本条例规定，未经批准改变学校体育设施性质用途或者减少面积的，由县级以上人民政府教育和体育行政部门依照各自的职责责令改正，限期恢复原状；情节严重的，对直接负责的主管人员和其他直接责任人员依法给予行政处分。

第二十四条 违反本条例规定，体育设施管理单位有下列行为之一的，由县级以上人民政府体育行政部门责令限期改正；情节严重的，对直接负责的主管人员和其他直接责任人员依法给予行政处分：

（一）未建立、健全体育设施安全管理制度的；

（二）未按规定制定突发事件应急预案的；

（三）未按规定保养、维修、管理体育设施的；

（四）未按规定的最低时限向公众开放的；

（五）未公示服务项目、开放时间等事项的；

（六）未在醒目位置标明设施的使用方法或者注意事项的；

（七）违反安全管理制度导致发生事故的；

（八）未将体育设施的名称、地址、服务项目、突发事件应急预案等内容报体育、公安等行政部门备案的。

违反安全管理制度导致发生事故构成犯罪的，依法追究刑事责任。

第二十五条 违反本条例规定，体育设施未达到国家安全技术标准的，由县级以上人民政府质量技术监督管理部门依法查处。

第二十六条 利用体育设施从事宣扬封建迷信、违背社会公德、扰乱公共秩序、损害公众身心健康行为的，依法给予治安管理处罚；构成犯罪的，依法追究刑事责任。

第二十七条 违反本条例规定，损坏体育设施的，依法承担民事责任；违反治安管理处罚法的，依法给予治安管理处罚；构成犯罪的，依法追究刑事责任。

第二十八条 违反本条例规定，县级以上人民政府及体育、财政、国土资源、公安、城乡规划等有关行政主管部门及其工作人员，不依法履行规划建设、监督管理体育设施职责或者发现违法行为不依法查处的，对直接负责的主管人员和其他直接责任人员，依法给予行政处分；构成犯罪的，依法追究刑事责任。

第五章 附 则

第二十九条 本条例自2011年1月1日起施行。1996年9月23日山西省第八届人民代表大会常务委员会第二十四次会议通过的《山西省体育设施管理条例》同时废止。

山西省人民代表大会常务委员会关于修改部分地方性法规的决定

（2010年11月26日山西省第十一届人民代表大会常务委员会第二十次会议通过）

山西省第十一届人民代表大会常务委员会第二十次会议决定

对部分地方性法规作如下修改：

一、《山西省禁止赌博条例》

1. 将第一条中的“《中华人民共和国治安管理处罚条例》”修改为“《中华人民共和国治安管理处罚法》”。

2. 将第三条第一款修改为：“凡以营利为目的，用麻将、扑克、骰子、牌九、纸牌等做赌具或者用抽签、设彩、摆象棋残局、打台球及利用互联网、游戏机等进行下注计输赢的，均属赌博行为。”

3. 增加一条，作为第四条：“不以营利为目的，进行带有少量财物输赢的娱乐活动，以及提供棋牌室等娱乐场所只收取正常的场所和服务费用的经营行为等，不以赌博论处。”

4. 删去第六条第二款、第十三条、第十七条。

5. 将第八条修改为：“有下列行为之一的，处五日以下拘留，或者处五百元以下罚款：

(一)人均赌资五百元以上不足二千元的，或者每注赌资二十元以上不足五十元的；

……”

6. 将第九条修改为：“有下列行为之一的，处十日以上十五日以下拘留，并处五百元以上三千元以下罚款：

(一)人均赌资二千元以上或者每注赌资五十元以上的；

……”

7. 将第十条修改为：“有下列情形之一的，应当依照本条例第九条、第十条的规定从重处罚：

(一)在工作单位或者公共场所进行赌博的；

(二)用公款进行赌博的；

(三)国家工作人员参与赌博的；

(四)组织公民赴境外赌博的；

(五)组织未成年人参与赌博，或者开设赌场吸引未成年人参与赌博的；

(六)其他应当从重处罚的。”

8. 增加一条，作为第十二条：“公安机关在查处赌博案件时，应当核查参与赌博人员的真实身份，对参与赌博的国家工作人员，经查实身份后，应当及时将有关材料移送、通报有关部门。有关部门应当按照规定进行调查处理。”

9. 将第十四条修改为：“赌资应当依法予以追缴；赌博用具、赌博违法所得以及专门用于赌博的资金、交通工具、通讯工具等，应当依法予以没收。”

二、《山西省农村集体经济承包合同管理条例》

1. 将第一条修改为：“为发展农村社会主义市场经济，加强农村集体经济承包合同的管理，维护合同当事人的合法权益和社会经济秩序，稳定联产承包责任制，壮大集体经济，提高经济效益，引导农民走共同富裕的道路，根据《中华人民共和国农业法》《中华人民共和国农村土地承包法》《中华人民共和国农村土地承包经营纠纷调解仲裁法》和其他法律、法规的有关规定，结合我省实际，制定本条例。”

2. 将第二条修改为：“本条例适用于本省农村土地、水利工程、农业机械、农电设施、村办企业等承包合同的管理。

农村土地是指农民集体所有和国家所有依法由农民集体使用的耕地、林地、草地，以及其他依法用于农业的土地。”

3. 将第七条中的“村社集体经济组织”修改为“村集体经济组织、村民委员会或者村民小组”。

删去第七条第二款。

4. 将第八条修改为：“村集体经济组织发包的项目，应优先由本村集体经济组织的成员承包。本村集体经济组织以外的单位或个人承包项目时，必须有具有偿还能力的单位或个人担保。

以家庭承包方式承包农村土地，承包方是本集体经济组织的农户。

以其他方式承包农村土地，在同等条件下，本集体经济组织成员享有优先承包权。发包方将农村土地发包给本集体经济组织以外的单位或者个人承包，应当事先经本集体经济组织成员的村民会议三分之二以上成员或者三分之二以上村民代表的同意，并报乡(镇)人民政府批准。”

5. 将第十条第二项修改为：“出卖承包的资源和固定资产，出租除承包地以外承包的资源和固定资产；”

6. 将第十二条中的“村、社组织”修改为“村集体经济组织、村民委员会或者村民小组”。

7. 将第十五条第五项修改为：“承包方应上交的承包费或产品数量、质量及应提取的折旧费、应负担的债务；”

8. 将第十六条修改为：“签订承包合同时应通过本集体经济组织的成员或代表对发包的项目进行民主评估，合理确定经济技术指标，实行公开发包，同时严格履行签订手续。”

9. 将第十八条中的“乡、镇、村、社”修改为“乡、镇、村”。

10. 将第二十二条修改为：“在承包期内，承包方将通过家庭承包方式取得的承包地采取转让方式流转的，应当经发包方同意；采取转包方式流转的，应当报发包方备案。

除农村土地以外的农业承包合同的承包人在承包期内死亡的，该承包人的继承人可以继续承包。继承人不愿承包的，发包方与承包方继承人清理合同履行期间的债权债务后，另行发包。

在承包期内，通过家庭承包方式取得承包经营权的承包人死亡，承包人应得的承包收益依照继承法的规定继承。林地承包的承包人死亡，其继承人可以在承包期内继续承包。通过其他方式取得的土地承包经营权的承包人死亡，其继承人可以在承包期内继续承包。”

11. 将第二十七条修改为：“承包方未按合同规定缴纳承包费或产品，发包方有权按照合同规定要求承包方补交并赔偿经济损失，直至收回发包的项目。但承包期内，发包方不得收回通过家庭承包方式取得的承包地。”

12. 将第二十九条修改为:“除农村土地以外的其他承包合同在履行中发生纠纷,双方当事人应协商解决。协商不成时,可申请乡(镇)农村经济经营管理机构调解。调解不成时,再依法仲裁处理或者向人民法院起诉。调解或仲裁,要做到事实清楚、定性准确、公平合理,以维护当事人的合法权益。”

13. 删去第三十条。

14. 增加一条,作为第三十条:“农村土地承包经营纠纷的解决应当依照《中华人民共和国农村土地承包经营纠纷调解仲裁法》。”

三、《山西省农业环境保护条例》

1. 将第一条修改为:“为保护和改善农业环境,防止危害农作物生产和农产品污染,保障农产品质量安全,根据《中华人民共和国农业法》《中华人民共和国环境保护法》和《中华人民共和国农产品质量安全法》等有关法律规定,结合本省实际情况,制定本条例。”

2. 将第二条修改为:“本条例所称农业环境,是指影响农业生物生存和发展的各种天然的和经过人工改造的自然因素总体,包括农业用地、农业用水、大气、生物和农业野生植物资源等。”

3. 将第七条第三款修改为:“县级以上人民政府的国土资源、水利、林业、煤炭等有关行政主管部门,根据有关法律、法规的规定,按照各自的职责对农业环境和资源保护实施监督管理。”

4. 将第十八条修改为:“鼓励综合利用农业废弃物与农副产品的再生能源,综合防治农业面源污染。

县级以上人民政府农业行政主管部门应当加强农业与农村环境保护技术、农村可再生能源技术、农业清洁生产技术的研发、引进及推广。”

5. 删去第二十八条。

四、《山西省个体经营户和私营企业管理条例》

删去第十三条第三项。

五、《山西省城市公共客运管理暂行条例》

1. 将第二条修改为:“本条例所称城市公共客运是指在城市市区和郊区范围内以公共汽车(含中、小型汽车)、电车、三轮车、轮渡、索道、轨道等交通工具和场站设施为公众提供交通服务的活动。”

2. 将第五条修改为:“县级以上人民政府统一领导、组织、协调本行政区域城市公共客运管理工作。

省人民政府交通运输行政主管部门负责指导全省城市公共客运的监督管理工作;设区的市、县(市、区)人民政府交通运输主管部门具体负责本行政区域城市公共客运监督管理工作。”

3. 将第六条修改为:“县级以上人民政府发展和改革、财政、国土资源、住房和城乡建设、公安、工商、物价、税务、质检、安全生产监督管理等部门在各自的职责范围内负责城市公共客运的相关管理工作。”

4. 将第十条、第十二条中的“县级以上人民政府建设行政主管部门”修改为“设区的市、县(市、区)交通运输行政主管部门”。

5. 将第十三条修改为:“设区的市、县(市、区)人民政府可采取指定、招标的方式,确定客运线路的经营者和中、小型公共汽车的经营者。对城市道路、客运线路和场站设施可实行有偿使用。有偿使用的收入,全额用于城市公共交通建设,不得挪作他用。

未获得客运线路使用权的单位和个人,不得在线路上从事客运活动。

确定客运线路、场站使用权以及有偿使用的具体办法,由设区的市、县(市、区)人民政府规定。”

6. 将第二十一条修改为:“城市公共客运管理人员进行检查和监督时,必须出示省统一发放的执法证件;进行处罚时,必须使用省财政部门统一印制的罚没票据。”

7. 将第二十二条修改为:“设区的市、县(市、区)人民政府应当根据城市公共客运交通运输发展规划,制定公共客运车辆、场站、维修保养、交通线路等城市公共客运设施的建设计划,并列入固定资产投资的年度计划。”

8. 将第七条、第十四条、第十五条、第十九条、第二十五条、第二十六条、第二十七条、第二十八条、第二十九条中的“建设行政主管部门”修改为“交通运输行政主管部门”。

9. 删去第三十条、第三十二条。

六、《山西省实施〈中华人民共和国农业技术推广法〉办法》

1. 将第四条修改为:“各级人民政府应组织科技、教育、人力资源和社会保障、发展和改革、财政、税务、工商、供销等有关部门,支持农业技术推广工作。”

2. 将第七条第一款修改为:“农业技术推广体系,包括省、设区的市、县(市、区)、乡(镇)的农业技术推广机构、农业科研单位与有关院校、群众性科技组织、农民技术员和科技示范户。”

七、《山西省泉域水资源保护条例》

1. 将第六条、第九条、第十四条、第十五条、第二十二条中的“地矿”“城建”“计划”“环保”分别修改为“国土资源”“住房和城乡建设”“发展和改革”“环境保护”。

2. 将第八条中的“市(地)”修改为“设区的市”。

3. 第十条增加一款,作为第二款:“前款第(四)项规定的建设项目,属国家、省大型建设项目和重点工程因地形原因无法避让,确实需要经过泉域重点保护区的,应当经省水行政主管部门组织专家充分论证,项目建设在采取严格保护措施后不会对岩溶泉域造成影响的除外。”

4. 将第十二条修改为:“开发、

利用、节约、保护泉域水资源，应当在综合科学考察和调查评价的基础上，制定泉域水资源综合规划和专业规划。

泉域水资源综合规划，由县级以上人民政府水行政主管部门会同有关部门编制，报本级人民政府批准，并报上一级水行政主管部门备案。泉域水资源专业规划由县级以上人民政府有关部门编制，征求相关部门意见后，报同级人民政府批准。

经批准的规划是开发、利用、节约、保护泉域水资源的基本依据。规划的修改，必须按照规划编制程序经原批准机关批准。"

5. 将第十七条修改为："在泉域范围内取水，须依照国务院发布的《取水许可和水资源费征收管理条例》和有关规定，办理取水许可审批手续。"

6. 将第十八条修改为："省级水行政主管部门负责全省泉域水资源的统一配置。泉域取水实行总量控制，不得超过规划确定的可开采总量，并应符合井点总体布局和取水层位的要求。在超采区和禁止取水区，禁止新打水井取用地下水。

在引水工程或者当地地表水源能满足生活、生产和生态环境用水的区域，县级以上人民政府应当采取关井压采等措施，禁止或者限制岩溶水的开采。"

7. 删去第十九条中"经县级以上人民政府批准"的内容。

8. 将第二十一条修改为："县级以上人民政府水行政主管部门应当会同国土资源、环境保护、住房和城乡建设、卫生等有关部门，建立泉域地下水观测网络，开展泉域地下水动态观测和水质监测工作。

取水单位或者个人有责任保护地下水监测设施，配合有关部门开展监测工作。

新建、改建、扩建日取水量一万吨以上的建设项目，须在建设的同时，建立水源水位、水量、水质监测设施。"

9. 删去第二十七条第一款中"报县级以上人民政府批准"的内容。

10. 删去第二十九条。

11. 将第三十条中的"《中华人民共和国治安管理处罚条例》"修改为"《中华人民共和国治安管理处罚法》"。

八、《山西省民兵预备役工作条例》

1. 将第二十一条第一款中的"市(地)"和第三十一条第一款中的"地(市)"修改为"设区的市"。

2. 删去第三十二条。

九、《山西省禁毒条例》

1. 将第一条修改为："为了预防和严厉打击毒品违法犯罪活动，保护公民身心健康，维护社会治安秩序，根据《中华人民共和国禁毒法》及有关法律、法规，结合本省实际，制定本条例。"

2. 将第三条修改为："禁毒工作坚持集中打击与经常性查禁相结合，实行预防为主，综合治理，禁种、禁制、禁贩、禁吸并举的方针。"

3. 将第四条第二款修改为："县级以上人民政府应当加强对禁毒工作的领导，逐级建立和实行禁毒工作责任制，将禁毒工作纳入国民经济和社会发展规划，禁毒宣传、禁吸戒毒、禁种铲毒、打击毒品违法犯罪等禁毒工作所需经费列入本级财政预算。"

4. 将第九条第二款修改为："依法从事研制、生产、经营、运输、储存、使用麻醉药品、精神药品和易制毒化学品的单位和人员不得违反国家规定，向吸食、注射毒品的人员提供国家管制的麻醉药品、精神药品和易制毒化学品。"

5. 将第十一条第二款修改为："娱乐场所、休闲场所的经营者或者从业人员发现吸毒、贩毒等毒品违法犯罪活动的，应当立即向公安机关报告，并且协助公安机关开展调查取证工作。"

6. 将第十三条第二款修改为："对涉嫌吸食、注射毒品的，公安机关可以进行吸毒检测，被检测人应当予以配合；拒绝接受检测的，经县级以上人民政府公安机关或者其派出机构负责人批准，可以强制检测。"

第三款修改为："对吸毒成瘾人员，公安机关可以责令其接受社区戒毒或者直接作出强制隔离戒毒的决定；对于被解除强制隔离戒毒的人员，决定机关可以责令其接受社区康复。"

第四款修改为："社区戒毒、强制隔离戒毒、社区康复，依照《中华人民共和国禁毒法》的有关规定予以实施。"

7. 将第十七条修改为："公安机关建立的强制隔离戒毒场所由公安机关管理；司法行政部门建立的强制隔离戒毒场所由司法行政部门管理；戒毒医疗机构由卫生行政部门建立和管理，并报同级公安机关备案。"

8. 将第十八条中的"计划部门"修改为"发展和改革"。

9. 删去第十九条。

10. 第二十四条增加一款，作为第三款："在销售的食品、饮料等食物中掺加罂粟籽、罂粟壳的，由公安机关处3000元以上1万元以下罚款。"

11. 将第二十七条修改为："向未经批准的单位或者个人供应或者向经过批准的单位或者个人超限量供应麻醉药品、精神药品或者易制毒化学品，尚不构成犯罪的，依照《麻醉药品和精神药品管理条例》《易制毒化学品管理条例》的有关规定处罚。"

12. 将第二十八条修改为："娱乐场所、休闲场所有下列情形之一的，由公安机关没收违法所得，处5000元以上5万元以下罚款，并会同相关部门责令其停业整顿：

(一)一次被查获吸毒人员2人的，整顿期限不少于5日；

(二)一次被查获吸毒人员3人以上9人以下的，整顿期限不少于10日；

(三)一次被查获吸毒人员10人以上19人以下的，整顿期限不

少于20日;

(四)一次被查获吸毒人员20人以上29人以下的，整顿期限为2个月。”

13. 增加一条，作为第二十八条:“娱乐场所、休闲场所有下列情形之一的,由相关部门依法吊销其有关资格证照;构成犯罪的,依法追究刑事责任:

(一)经营者或者从业人员为吸毒人员提供毒品的;

(二)经营者或者从业人员为吸毒、贩毒人员出具假证、伪证的;

(三)经营者或者从业人员为吸毒人员提供场所、吸食工具的;

(四)一次被查获30人以上聚众吸毒、贩毒的;

(五)一年内被查获三次以上吸毒、贩毒的;

(六)被查获未成年人吸毒的。”

十、《山西省盐业管理条例》

1. 将第三条中的“以氯化钠为主”和第十九条中的“以氯化钠为主”修改为“氯化钠含量60%”。

2. 删去第五条和第二十九条中“地区行政公署”的内容。

3. 将第十一条第一款和第十八条中的“国家卫生标准”修改为“食品安全国家标准”。

4. 将第十六条第二款中的“盐业批发企业”修改为“无碘食盐销售网点”。

5. 将第二十八条第一项中的“法规和规章”修改为“法律、法规和规章”。第四项中的“定期对食用盐批发、零售许可证的申领、使用情况进行检查”修改为“定期对盐资源的开发利用、食用盐批发、零售、运输许可证的申领、使用情况进行检查”。

6. 将第三十四条中的“第十三条第一款”修改为“第十三条”。

7. 将第四十条中的“第二十五条第一款”修改为“第二十五条”。

8. 删去第四十四条。

十一、《山西省高新技术产业发展条例》

1. 将第八条修改为:“鼓励、引导和支持企业事业组织和个人加强高新技术的研究开发、成果转化和产业化,提高企业的自主创新能力,建立以企业为主体、市场为导向、产学研相结合的技术创新体系。”

2. 将第十五条修改为:“经认定的高新技术企业减按15%的税率征收企业所得税。”

3. 将第十八条修改为:“鼓励企业、科研机构、高等院校建立或联合建立工程(技术)研究中心、企业技术中心、工程实验室、重点实验室、中间试验基地,形成产学研相结合的技术联盟、产业联盟与标准联盟，共同研究开发新技术、新产品、新工艺。

前款列举的机构可以按照国家和本省的有关规定申请相应专项资金和地方配套资金。”

4. 将第十九条修改为:“企业为开发新技术、新产品、新工艺发生的研究开发费用,未形成无形资产计入当期损益的,在按照规定据实扣除的基础上,按照研究开发费用的50%加计扣除;形成无形资产的，按照无形资产成本的150%摊销。

企业在一个纳税年度内,技术转让所得未超过500万元的部分,免征企业所得税;超过500万元的部分,减半征收企业所得税。

企业的固定资产由于技术进步等原因,确需加速折旧的,可以缩短折旧年限或者采取加速折旧的方法。具体办法执行国家有关企业所得税的规定。”

5. 将第二十条修改为:“以高新技术成果向企业出资的,高新技术成果的作价金额占企业注册资本的比例,由出资各方约定。但法律、行政法规另有规定的除外。”

6. 将第二十二条修改为:“鼓励企业采用高新技术改造和提升传统产业。

采用高新技术的企业,参照本条例第十九条第三款的规定给予扶持。”

7. 删去第二十三条第二款、第三十四条、第六十三条。

8. 将第四十五条修改为:“创业投资企业的注册资本可以依法分期到位。”

9. 将第四十六条修改为:“创业投资企业可以按照其章程规定以资本的全部或部分进行投资。

创业投资企业采取股权投资方式投资于未上市的中小高新技术企业2年以上的,可以按照其投资额的70%,在股权持有满2年的当年抵扣该创业投资企业的应纳税所得额;当年不足抵扣的,可以在以后纳税年度结转抵扣。”

10. 删去第四条中“地区行政公署”、第五条中“和地区行政公署”的内容。

11. 将第六条、第十条、第四十八条中的“发展计划”修改为“发展和改革”;第六条、第四十八条中的“经济贸易”修改为“经济和信息化”;第四十八条中的“人事”和第五十二条中的“劳动和社会保障”修改为“人力资源和社会保障”;第四十三条、第四十四条、第四十七条中的“创业投资机构”修改为“创业投资企业”。

十二、《山西省全民健身促进条例》

1. 将第四条中的“计划”修改为“规划”。

2. 将第五条第二项中的“中长期规划和年度计划”修改为“实施计划”。

3. 将第十条修改为:“每年8月8日为全民健身日。”

4. 将第二十六条、第二十七条第二款中的“治安管理处罚条例”修改为“《中华人民共和国治安管理处罚法》”。

十三、《山西省物业管理条例》

1. 将第十一条第一款修改为:“在一个物业管理区域内，有下列情形之一的,业主、建设单位(或者公有住房出售单位)、物业服务企业均可以向物业所在地社区的市、县(市、区)房地产行政主管部门或者街道办事处、乡(镇)人民政府提出召开首次业主大会会议的报告：

（一）房屋出售并交付使用的建筑面积达到50%以上的；

（二）房屋出售并交付使用的建筑面积不足50%，但自第一个业主入住之日起满2年的。”

第二款修改为：“设区的市、县（市、区）房地产行政主管部门或者街道办事处、乡（镇）人民政府应当自收到报告之日起30日内，指导成立首次业主大会会议筹备组（以下简称筹备组）。”

2. 将第十二条第三项修改为：“登记和确认业主身份；”

3. 将第十三条修改为：“筹备组应当自成立之日起30日内，在物业所在地设区的市、县（市、区）房地产行政主管部门或者街道办事处、乡（镇）人民政府的指导下，组织业主召开首次业主大会会议。”

4. 删去第十四条。

5. 将第十五条修改为：“业主大会会议应当有物业管理区域内专有部分占建筑物总面积过半数的业主且占总人数过半数的业主参加。

业主大会决定筹集、使用专项维修资金和改建、重建建筑物及其附属设施等事项，应当经专有部分占建筑物总面积2/3以上的业主且占总人数2/3以上的业主同意；决定制定和修改业主大会议事规划、制定和修改管理规约、选举业主委员会或者更换业主委员会成员、选聘和解聘物业服务企业、有关共有和共同管理权利的其他重大事项，应当经专有部分占建筑物总面积过半数的业主且占总人数过半数的业主同意。”

6. 将第十六条修改为：“一个物业管理区域内业主在300人以上的，可以以幢、单元、楼层等为单位推举一名业主参加业主大会会议。被推举业主应当于参加业主大会会议7日前，就业主大会会议拟讨论的事项书面征求推举业主的意见。凡需投票表决的事项，应当由推举业主本人签署赞同、反对或者弃权的书面意见，由被推举业主收集并提交业主大会，作为投票时的表决意见。被推举业主因故不能参加业主大会的，推举业主可以另外推举一名业主参加。”

7. 将第十八条修改为：“业主委员会应当自选举产生之日起30日内，持下列资料向物业所在地设区的市、县（市、区）房地产行政主管部门或者街道办事处、乡（镇）人民政府备案：

（一）业主大会成立的情况；

（二）业主大会议事规则；

（三）管理规约；

（四）业主委员会委员的基本情况。

设区的市、县（市、区）房地产行政主管部门或者街道办事处、乡（镇）人民政府应当自收到备案资料之日起7日内，协助业主委员会办理印章刻制等相关手续。业主委员会换届、委员资格终止或者变更，应当重新备案。”

8. 将第二十一条第四款修改为：“业主大会、业主委员会作出的决定违反法律、法规的，物业所在地设区的市、县（市、区）房地产行政主管部门或者街道办事处、乡（镇）人民政府应当责令限期改正或者撤销其决定，并通告全体业主。”

9. 将第二十四条第五项修改为：“法律、法规规定的其他权利。物业管理工作制度涉及约束业主行为的，应当经专有部分占建筑物总面积过半数的业主且占总人数过半数的业主同意。”

10. 将条例中的“物业管理企业”修改为“物业服务企业”，将“业主公约”修改为“管理规约”，将“业主临时公约”修改为“临时管理规约”。

十四、《山西省实施〈中华人民共和国道路交通安全法〉办法》

1. 将第五十二条和第五十三条合并，作为第五十二条：“机动车发生交通事故造成人身伤亡、财产损失的，依照《中华人民共和国道路交通安全法》第七十六条的规定办理。”

2. 删去第七十三条第六项、第八十四条第一项。

3. 增加一条，作为第八十四条：“未取得机动车驾驶证，机动车驾驶证被吊销或者被暂扣期间，驾驶低速载货汽车、三轮汽车、拖拉机或者摩托车的，处以300元罚款，可以并处15日以下拘留；驾驶其他机动车的，处以1000元以上2000元以下罚款，可以并处15日以下拘留。

驾驶证被注销期间驾驶机动车，或者驾驶与准驾车型不符的，参照前款规定从轻处罚。”

本决定自公布之日起施行。

以上法规根据本决定作相应修改并对条款顺序作相应调整后，重新公布。

山西省物业管理条例

（2004年9月25日山西省第十届人民代表大会常务委员会第十三次会议通过，根据2010年11月26日山西省第十一届人民代表大会常务委员会第二十次会议关于修改部分地方性法规的决定修正）

第一章 总 则

第一条 为规范物业管理活动，维护业主和物业管理企业的合法权益，改善居民的生活和工作环境，根据国务院《物业管理条例》和其他有关法律、法规的规定，结合本省实际，制定本条例。

第二条 本条例所称物业，是指房屋及配套的设施设备和相关场地。

本条例所称物业管理，是指业主通过选聘物业管理企业，由业主和物业管理企业按照物业服务合同约定，对房屋及配套的设施设备和相关场地进行维修、养护、管理，维护相关区域内的环境卫生和秩序的活动。

第三条 配套设施齐全的物业推行物业管理；配套设施不齐全的，由物业所在地人民政府、建设单位（或者公有住房出售单位）和公用企(事)业单位完善配套设施。

鼓励机关、企(事)业等单位推行物业管理。

第四条 省人民政府建设行政主管部门负责全省物业管理活动的监督管理工作。

设区的市、县(市、区)人民政府房地产行政主管部门负责本行政区域内物业管理活动的监督管理工作。

县级以上人民政府其他有关部门应当在各自的职责范围内，依法做好物业管理活动的有关工作。

第二章 业主和业主大会

第五条 房屋的所有权人为业主。业主在物业管理活动中的权利和义务按照国务院《物业管理条例》的有关规定执行。

第六条 物业的承租人或者实际使用物业的其他人为物业使用人。

物业使用人在物业管理活动中的权利、义务由业主和物业使用人约定，但约定不得违反法律、法规和业主公约的有关规定。物业使用人违反本条例和业主公约的规定，有关业主应当承担连带责任。

第七条 一个物业管理区域成立一个业主大会。业主大会由物业管理区域内的全体业主组成。

只有一个业主的，由其履行业主大会、业主委员会职责。

业主人数较少且经全体业主一致同意，决定不成立业主大会的，由业主共同履行业主大会、业主委员会职责。

第八条 物业管理区域的划分应当遵循下列原则：

(一)方便居民的生活和工作；

(二)有利于对物业实施统一管理；

(三)有利于社区建设与管理。

第九条 有下列情形之一的，物业所在地设区的市、县(市、区)房地产行政主管部门可以将其确定为一个物业管理区域：

(一)属于独立封闭式小区的；

(二)处于同一街区或者位置相邻的；

(三)配套设施设备可以共享的；

(四)其他可以整治成一个物业管理区域的。根据前款第(二)、(三)、(四) 项确定的物业管理区域，建筑物规模一般不小于3万平方米。

物业管理区域划分后，设区的市、县(市、区)房地产行政主管部门应当在物业管理区域内公告。

第十条 物业所在地设区的市、县(市、区)房地产行政主管部门应当建立物业管理区域档案。档案资料应当载明下列事项：

(一)物业管理区域的范围、占地面积和建筑面积；

(二)共用设施设备情况；

(三)建设单位、产权单位；

(四)业主总户数、居住人口、产权构成比例；

(五)物业管理企业名称、管理时间。

物业管理企业变更的，业主委员会应当及时向物业所在地设区的市、县(市、区)房地产行政主管部门备案。

第十一条 在一个物业管理区域内，有下列情形之一的，业主、建设单位（或者公有住房出售单位）、物业管理企业均可以向物业所在地设区的市、县(市、区)房地产行政主管部门提出召开首次业主大会会议的报告：

(一)房屋出售并交付使用的建筑面积达到50%以上的；

(二)房屋出售并交付使用的建筑面积不足50%，但自第一个业主入住之日起满2年的。

设区的市、县(市、区)房地产行政主管部门应当自收到报告之日起30日内，指导成立首次业主大会会议筹备组（以下简称筹备组）。

筹备组由业主直接推举产生的业主代表和建设单位(或者公有住房出售单位)组成。筹备组组成人员名单确定后，以书面形式在物业管理区域内公告。公告时间不少于7日。

第十二条 筹备组负责下列筹备工作：

(一)确定首次业主大会会议召开的时间、地点、形式和内容；

(二)提出业主大会议事规则和业主公约草案；

(三)登记和确认业主身份，核定业主在首次业主大会会议上的投票权数；

(四)提出业主委员会委员产生办法草案；

(五)其他准备工作。

筹备组应当在首次业主大会会议召开15日前，将前款所列内容以书面形式在物业管理区域内公告。公告时间不少于7日。

第十三条 筹备组应当自成立之日起30日内，在物业所在地设区的市、县(市、区)房地产行政主管部门的指导下，组织业主召开首次业主大会会议。

第十四条 业主大会会议应当有物业管理区域内专有部分占建筑物总面积过半数的业主且占总人数过半数的业主参加。

业主大会决定筹集、使用专项维修资金和改建、重建建筑物及其附属设施等事项，应当以专有部分占建筑物总面积2/3以上的业主且占总人数2/3以上的业主同意；决定制定和修改业主大会议事规则、制定和个性管理规约、选举业主委员会或者更换业主委员会成员、选聘和解聘物业服务企业、有关共有和共同管理权利的其他重大事项，应当经专有部分占建筑物总面积过半数的业主且占总人数过半数的业主同意。

第十五条 一个物业管理区域内业主在300人以上的，可以以幢、单元、楼层等为单位推举一名业主参加业主大会会议。被推举业主应当于参加业主大会会议7日前，就业主大会会议拟讨论的事项书面征求推举业主的意见。凡需投票表决的事项，应当由推举业主本人根据投票权数签署赞同、反对或者弃权的书面意见，由被推举业主收集并提交业主大会，作为投票时的表决意见。被推举业主因故不能参加业主大会的，推举业主可以另外推举一名业主参加。

第十六条　业主委员会由业主大会选举产生，是业主大会的执行机构。

业主委员会委员的人数应当是5至15人的单数，业主委员会任期为3至5年，可以连选连任。

召开业主委员会会议必须有过半数委员出席，所作决定必须经业主委员会全体委员半数以上同意。

第十七条　业主委员会应当自选举产生之日起30日内，持下列资料向物业所在地设区的市、县（市、区）房地产行政主管部门备案：

（一）业主大会成立的情况；

（二）业主大会议事规则；

（三）业主公约；

（四）业主委员会委员的基本情况。

设区的市、县（市、区）房地产行政主管部门应当自收到备案资料之日起7日内，协助业主委员会办理印章刻制等相关手续。业主委员会换届、委员资格终止或者变更，应当重新备案。

第十八条　业主委员会认为有必要，或者有20%以上业主提议，可以变更业主委员会委员；变更业主委员会委员的，应当召开业主大会会议作出决定，并以书面形式在物业管理区域内公告。

第十九条　业主委员会委员有下列情形之一的，经业主大会会议通过，其业主委员会委员资格终止：

（一）因物业转让、灭失等原因不再是本物业管理区域业主的；

（二）连续3次无故缺席业主委员会会议的；

（三）因疾病等原因丧失履行职责能力的；

（四）以书面形式向业主大会提出辞呈的；

（五）拒不履行业主义务的；

（六）因其他原因不宜继续担任业主委员会委员的。

业主委员会委员应当自委员资格终止之日起3日内，将其保管的财务凭证、档案资料、印章及其他属于业主大会所有的财物移交业主委员会。

第二十条　业主大会、业主委员会应当按照国务院《物业管理条例》有关规定履行职责，不得作出与物业管理无关的决定，不得从事与物业管理无关的活动。

业主委员会委员不得在为本物业管理区域提供服务的物业管理企业中任职。

业主大会、业主委员会作出的决定，应当予以公布。业主大会、业主委员会作出的决定对物业管理区域内全体业主和物业使用人具有约束力。

业主大会、业主委员会作出的决定违反法律、法规的，物业所在地设区的市、县（市、区）房地产行政主管部门应当责令限期改正或者撤销其决定，并通告全体业主。

第二十一条　业主大会和业主委员会开展工作的经费由全体业主承担；经费的筹集、管理和使用的具体办法，由业主大会议事规则规定。

业主大会和业主委员会工作经费的使用情况应当定期在物业管理区域内的显著位置公布，并接受业主的监督。

第三章　物业管理企业

第二十二条　物业管理企业应当依法取得物业管理企业资质，并在资质等级许可的范围内从事物业管理活动。从事物业管理的人员，应当依法取得职业资格证书。

物业管理企业应当在经营服务场所公示营业执照、资质证书和从业人员的职业资格证书。

第二十三条　物业管理企业在物业管理活动中享有下列权利：

（一）根据法律、法规的规定和物业服务合同的约定，制定物业管理工作制度；

（二）根据物业服务合同实施物业管理，收取物业服务费用；

（三）选择专业性服务企业承担专项服务业务；

（四）制止损害物业或者其他侵害业主公共利益的行为；

（五）法律、法规规定的其他权利。物业管理工作制度涉及约束业主行为的，应当经业主大会审议通过，或者经持有二分之一以上投票权的业主书面同意后执行。

第二十四条　物业管理企业在物业管理活动中应当履行下列义务：

（一）履行物业服务合同；

（二）接受业主、业主大会和业主委员会的监督；

（三）执行物业管理行业规范、服务标准；

（四）妥善保管物业有关资料；

（五）接受有关行政管理部门的监督管理；

（六）法律、法规规定的其他义务。

第二十五条　物业管理企业被解聘的，应当自收到解聘通知之日起10日内与建设单位或者业主委员会办理物业的交接验收手续，并退出该物业管理区域。

第四章　物业管理招标投标

第二十六条　前期物业管理招标人是在业主、业主大会选聘物业管理企业之前，依法提出招标项目、进行招标的建设单位。

物业管理招标人是依法提出招标项目、进行招标的业主或者业主大会。

物业管理投标人是响应物业管理招标、参加投标竞争的、具有相应物业管理企业资质的企业法人。

第二十七条　新建住宅物业的建设单位应当通过招标投标的方式选聘具有相应资质的物业管理企业；投标人少于3个或者住宅规模小于3万平方米的，经物业所在地设区的市、县（市、区）房地产行政主管部门批准，可以采用协议方式选聘具有相应资质的物业管理企业。

业主、业主大会可以通过招标

投标方式选聘具有相应资质的物业管理企业。

第二十八条　建设单位应当按照下列规定时限完成前期物业管理的招标投标工作：

(一)现售商品房在现售30日前；

(二)预售商品房在取得商品房预售许可证前；

(三)非出售的新建物业在交付使用90日前。业主、业主大会通过招标投标方式选聘物业管理企业的，应当在物业服务合同期满前60日内或者合同解除之日起60日内，完成物业管理招标投标工作。

第二十九条　评标由招标人代表和物业管理方面的专家组成的评标委员会负责。

依法必须进行招标的项目，其评标委员会由招标人的代表和有关物业管理的技术、经济等方面的专家组成，成员人数为5人以上单数，其中专家人数不得少于成员总数的2/3。

第三十条　招标人应当当场宣布中标人，向中标人发送中标通知书，同时将中标结果通知所有未中标的投标人。

招标人应当自确定中标人之日起15日内，向物业所在地设区的市、县(市、区)房地产行政主管部门提交招标投标情况的书面报告。

第三十一条　物业管理招标投标的具体程序按照国家有关规定执行。

第五章　前期物业管理

第三十二条　本条例所称前期物业管理，是指业主、业主大会选聘物业管理企业之前，由建设单位选聘具有相应资质的物业管理企业实施的物业管理。

建设单位选聘物业管理企业，应当与其签订书面的前期物业服务合同。签订合同时，可以参照国家制定的前期物业服务合同示范文本。

第三十三条　前期物业服务合同的内容由建设单位与物业管理企业约定，一般包括下列事项：

(一)双方的权利和义务；

(二)物业的基本情况；

(三)服务事项、质量和费用；

(四)计费方式和收费起始时间；

(五)合同期限和合同解除条件；

(六)违约责任。

前款规定的服务事项一般包括下列内容：

(一)物业共用部位、共用设施设备的日常维护和管理；

(二)环境卫生、绿化管理；

(三)物业管理区域内公共秩序的维护、消防等协助管理事项；

(四)物业装饰装修管理；

(五)物业档案资料管理。

第三十四条　建设单位应当自物业竣工验收备案之日起30日内，与物业管理企业办理物业的交接验收手续。

分期建设的物业，建设单位应当与物业管理企业或者业主、业主委员会，分期办理已竣工验收备案的物业的交接验收手续。

第三十五条　建设单位和物业管理企业办理物业的交接验收手续时，物业管理企业应当对物业共用部位、共用设施设备进行查验；建设单位应当向物业管理企业移交物业管理用房、共用设施设备和下列资料，并办理书面移交手续：

(一)物业(不含业主个人房屋)权属资料；

(二)设施设备的订货合同、产品合格证书、销售凭证，安装、使用和维护保养等技术资料；

(三)规划设计图及批准文件，竣工总平面图，单体建筑、结构、设备竣工图，配套设施、地下管网工程竣工图等竣工验收资料；

(四)物业质量保修文件和物业使用说明文件；

(五)前期物业管理所必需的其他资料。

第三十六条　未经竣工验收或者竣工验收不合格的物业，以及已竣工验收合格但尚未出售或者虽已出售但尚未交给物业买受人的物业，物业服务费用由建设单位承担。

第三十七条　建设单位应当在物业管理区域内配套建设房屋总建筑面积千分之三至千分之五的物业管理用房(包括业主委员会工作用房)。

物业管理用房所有权属于业主，不得买卖或者抵押；未经业主大会同意，任何单位和个人不得占用或者改变其用途。

第六章　物业管理服务

第三十八条　业主委员会应当与业主大会选聘的物业管理企业签订书面的物业服务合同。签订合同时，可以参照国家制定的物业服务合同示范文本。

物业管理企业根据业主的委托提供物业服务合同约定以外的服务项目，服务报酬由双方约定。

第三十九条　业主委员会应当自物业服务合同签订之日起30日内，按照本条例第三十六条的规定，与物业管理企业办理物业的交接验收手续。

第四十条　物业管理企业应当协助做好物业管理区域内的安全防范工作。发生安全事故时，物业管理企业在采取应急措施的同时，应当及时向有关部门报告，协助做好救助工作。

物业管理企业雇请保安人员的，应当遵守国家有关规定。保安人员在维护物业管理区域内的公共秩序时，应当认真履行职责，不得侵害居民的合法权益，不得妨碍国家机关工作人员依法执行公务。

第四十一条　物业管理区域内，供水、供电、供气、供热、通讯、有线电视等单位，应当直接向最终用户收取有关费用。最终用户是指接受供水、供电、供气、供热、通讯、有线电视等服务的最终分户使用人。

前款所列单位不得强制物业

管理企业代收前款规定费用，也不得因物业管理企业拒绝代收前款规定费用而停止提供服务。

物业管理企业接受委托代收第一款规定费用的，可以向委托单位收取手续费，但不得向业主收取手续费等额外费用。

第四十二条 物业服务收费应当遵循合理、公开、费用与服务水平相适应的原则。

物业服务收费应当区别不同物业的性质和特点分别实行政府指导价和市场调节价。物业管理企业应当遵守国家有关价格的法律、法规，实行明码标价，在物业管理区域内的显著位置公示服务内容、服务标准、收费项目、计费方式、收费依据和标准等有关事项。

物业服务收费实行政府指导价的，物业管理企业应当按照国家和省价格主管部门的规定，同时标明基准收费标准、浮动幅度和实际收费标准。

第四十三条 业主与物业管理企业可以采取包干制或者酬金制等形式约定物业服务费用。

物业服务费用实行酬金制的，物业管理企业应当向业主大会或者全体业主公布物业服务资金的年度预决算，并每年不少于一次公布物业服务资金的收支情况。业主或者业主大会对公布的物业服务资金年度预决算和物业服务资金的收支情况提出质疑时，物业管理企业应当及时答复。

第四十四条 物业所在地设区的市、县（市、区）房地产行政主管部门应当及时处理业主、物业使用人、业主委员会和物业管理企业在物业管理活动中的投诉，并将处理结果回复投诉人。

房地产行政主管部门接到投诉后，认为该投诉事项不属于其职责范围的，应当及时告知投诉人向有关部门投诉。

第七章 物业的使用和维护

第四十五条 业主、物业使用人和物业管理企业使用物业应当遵守有关法律、法规、规章的规定，在供水、排水、通风、采光、通行、维修、装饰装修、环境卫生、环境保护等方面，按照有利于物业安全使用、外观整洁以及公平合理、不损害公共利益和他人利益的原则，处理相邻关系。

业主、物业使用人应当按照城市规划行政主管部门批准或者房屋权属证书载明的用途使用房屋，不得擅自改变其使用性质。擅自改变房屋使用性质的，物业管理企业应当制止，并及时向有关行政管理部门报告。

第四十六条 物业管理区域内禁止下列行为：

（一）破坏房屋承重结构和主体结构、损坏房屋外貌；

（二）违法修建建筑物、构筑物；

（三）损坏物业共用部位、共用设施设备及场地，擅自移动、拆改共用设施设备；

（四）擅自设置营业摊点；

（五）占用、损坏绿地、树木和绿化设施；

（六）擅自在物业共用部位、共用设施设备上安装、放置、悬挂、张贴物品或者涂写、刻画；

（七）擅自在城市中的住宅小区内饲养畜禽；

（八）违反有关规定存放易燃、易爆、剧毒、放射性等危险物品，排放有毒、有害气体、液体，堆放、抛撒废弃物，产生超过规定标准的噪音；

（九）利用物业从事损害公共利益和侵害他人合法权益的活动；

（十）法律、法规、规章和业主公约禁止的其他行为。

第四十七条 车辆在物业管理区域内停放、收费和管理等事项，由业主大会决定。业主大会决定对车辆停放收费的，参照价格主管部门的规定确定收费标准。

车主对车辆有保管要求的，由车主和物业管理企业另行签订保管合同。

公安、消防、抢险、救护、环卫等特种车辆执行公务，在物业管理区域内停放的，不得向其收费。

第四十八条 物业管理区域内的机动车停车场（库），应当提供给本物业管理区域内的业主、物业使用人使用；停车位有空余的，可以临时出租给物业管理区域外的单位、个人，但不得转让给物业管理区域外的单位、个人。

第四十九条 物业管理企业利用物业的共用部位、共用设施设备及场地从事经营性活动的，应当经物业管理区域内相关业主和业主委员会书面同意并报有关部门批准。经营性活动的收益，主要用于补贴相关业主的物业服务费用和专项维修资金，具体补贴办法由物业管理企业和相关业主、业主委员会约定。业主委员会应当将有关情况报告业主大会。

第五十条 供水、供电、供气、供热、通讯、有线电视等单位，应当依法承担物业管理区域内的相关管线和设施设备维修、养护的责任和费用。

前款规定的单位因维修、养护等需要临时占用、挖掘道路、场地的，应当及时恢复原状。

第五十一条 住宅物业、住宅小区内的非住宅物业或者与单幢住宅楼结构相连的非住宅物业的业主，应当按照国家有关规定交纳专项维修资金。

本条例实施前，商品住房和公有住房出售后未交纳专项维修资金的，住房购买人和公有住房出售单位应当按照国家有关规定补交专项维修资金。

专项维修资金余额不足时，业主应当按照国家有关规定续交。

省建设行政主管部门和设区的市、县（市、区）房地产行政主管部门会同同级财政部门负责本行政区域内专项维修资金收取、使用、管理的监督工作。

第五十二条 专项维修资金由物业所在地设区的市、县（市、区）房地产行政主管部门或者其委托的单位代收。

未成立业主委员会的，专项维修资金由物业所在地设区的市、县

(市、区)房地产行政主管部门代管;业主委员会成立的,物业所在地设区的市、县(市、区)房地产行政主管部门应当自业主委员会成立之日起30日内,将其代管的专项维修资金本息一并移交业主委员会。

第五十三条 专项维修资金应当在金融机构开设专户储存,按幢建账,按户核算。

专项维修资金的代管单位和业主委员会应当每半年公布一次专项维修资金的收支情况。

专项维修资金的使用,应当按照国家有关规定接受审计监督。

第五十四条 专项维修资金属业主所有,专项用于物业保修期满后物业共用部位、共用设施设备的维修和更新、改造,不得挪作他用。

专项维修资金按照下列规定使用:

(一)一幢住宅只有一个单元的,共用部位、共用设施设备的维修和更新、改造费用,从该幢住宅的专项维修资金中支出;

(二)一幢住宅有两个以上单元的,共用部位、共用设施设备的维修和更新、改造费用,从各单元的专项维修资金中支出;

(三)物业管理区域内共用设施设备的维修和更新、改造费用,按照各幢住宅的建筑面积比例从各幢住宅的专项维修资金中支出。

第五十五条 业主转让物业的,专项维修资金中的剩余部分应当结转受让人。

因拆迁或者其他原因造成物业灭失的,剩余的专项维修资金应当退还业主。

第八章 法律责任

第五十六条 违反本条例规定,法律、法规有处罚规定的,依照有关法律、法规的规定处罚。

第五十七条 违反本条例规定,未取得物业管理企业资质证书从事物业管理活动的,或者超越资质等级从事物业管理活动的,由县级以上人民政府房地产行政主管部门责令改正,没收违法所得,并处5万元以上20万元以下的罚款;给业主造成损失的,依法承担赔偿责任。

第五十八条 违反本条例规定,物业管理企业自接到解聘通知之日起10日内不退出该物业管理区域的,由县级以上人民政府房地产行政主管部门责令退出;拒不退出的,颁发资质证书的部门可以降低其资质等级直至吊销其资质证书,资质证书由国家有关部门颁发的,建议国家有关部门予以处理。

第五十九条 违反本条例规定,擅自改变房屋使用性质的,由县级以上人民政府房地产行政主管部门责令改正,有关行政管理部门依法予以处罚;给业主造成损失的,依法承担赔偿责任。

第六十条 违反本条例规定,破坏房屋承重结构和主体结构的,由县级以上人民政府房地产行政主管部门责令改正,恢复原状;造成损失的,依法承担赔偿责任。

第六十一条 违反本条例规定,县级以上人民政府房地产行政主管部门挪用专项维修资金的,由同级人民政府追回挪用的专项维修资金,没收违法所得,对直接负责的主管人员和其他直接责任人员依法给予行政处分。

物业管理企业挪用专项维修资金的,由县级以上人民政府房地产行政主管部门追回挪用的专项维修资金,给予警告,没收违法所得,可以并处挪用数额2倍以下的罚款;情节严重的,由颁发资质证书的部门吊销其资质证书,资质证书由国家有关部门颁发的,建议吊销其资质证书。

业主委员会的成员及其工作人员、物业管理企业的工作人员挪用专项维修资金的,由县级以上人民政府房地产行政主管部门追回挪用的专项维修资金,给予警告,没收违法所得,可以并处挪用数额2倍以下的罚款。

挪用专项维修资金构成犯罪的,依法追究刑事责任。

第六十二条 违反本条例规定,县级以上人民政府房地产行政主管部门的工作人员或者其他有关行政管理部门的工作人员,利用职务上的便利,收受他人财物或者其他好处,不依法履行监督管理职责,或者发现违法行为不予查处的,依法给予行政处分;构成犯罪的,依法追究刑事责任。

第九章 附则

第六十三条 本条例所称共用部位,是指房屋主体承重结构部位(包括基础、内外承重墙体、柱、梁、楼板、屋顶等)、户外墙面、门厅、楼梯间、走廊通道等。

本条例所称共用设施设备,是指物业管理区域内,建设费用已分摊进入房屋销售价格的共用上下水管道、落水管、水箱、加压水泵、电梯、天线、供电线路、照明、锅炉、暖气线路、消防设施、绿地、道路、路灯、沟渠、池、井、非经营性车场(库)、公益性文体设施和共用设施设备使用的房屋等。

本条例所称包干制,是指业主向物业管理企业支付固定物业服务费用,盈余或者亏损均由物业管理企业享有或者承担的物业服务计费方式。

本条例所称酬金制,是指在预收的物业服务资金中按约定比例或者约定数额提取酬金支付给物业管理企业,其余全部用于物业服务合同约定的支出,结余或者不足均由业主享有或者承担的物业服务计费方式。

第六十四条 本条例自2005年1月1日起施行。 (省人大办公厅)

山西省大型群众性活动安全管理办法

山西省人民政府令 第227号

《山西省大型群众性活动安全管理办法》已经2010年4月28日省人民政府第62次常务会议通

过，现予公布，自2010年7月1日起施行。

省　长　王　君

二○一○年五月八日

第一章　总　则

第一条　为维护社会秩序和保障公共安全，保护公民人身、财产安全和公共财产安全，促进经济和社会和谐发展，根据《大型群众性活动安全管理条例》等规定，结合本省实际，制定本办法。

第二条　本办法适用于在本省行政区域内举办大型群众性活动的安全管理。

前款所称大型群众性活动，是指法人或者其他组织面向社会公众举办的每场次预计参加人数达到1000人以上的下列活动：

(一)体育比赛活动；

(二)演唱会、音乐会等文艺演出活动；

(三)展览、展销等活动；

(四)游园、灯会、庙会、花会、焰火晚会等活动；

(五)人才招聘会、彩票销售等活动；

(六)其他影响公共安全的大型群众性活动。

第三条　大型群众性活动的安全管理遵循安全第一、预防为主、综合治理的方针，坚持承办者负责、政府及其部门监督管理的原则。

第四条　县级以上人民政府领导本行政区域内大型群众性活动安全管理工作，督促公安机关和有关部门依法履行职责，协调、解决大型群众性活动安全管理中的重大问题。

第五条　县级以上人民政府公安机关负责本行政区域内大型群众性活动的安全管理工作，对大型群众性活动的安全保卫进行指导、监督和检查。

县级以上人民政府公安机关应当会同安监、质监、商务、文化、体育、教育、旅游、园林、建设、交通、工商、卫生、城管、文物、气象等有关部门，依法履行对大型群众性活动安全工作的监督管理责任。

第六条　县级以上人民政府有关部门按照有关法律、法规的规定，负责大型群众性活动与其职责有关的安全工作。

第七条　县级以上人民政府及其有关部门应当采取多种形式，宣传大型群众性活动安全的法律、法规和知识，增强公民、法人和其他组织的安全意识和安全防范能力。

第二章　安全责任

第八条　大型群众性活动承办者(以下简称承办者)对其承办活动的安全负责。

大型群众性活动承办者的主要负责人为安全责任人。

大型群众性活动由2个以上承办者共同承办的，承办者应当签订承办安全协议，明确各自的安全责任，并确定主要安全责任人。

第九条　鼓励承办者招募志愿者提供志愿服务，聘请安全保卫、电力、通讯保障等专家从事安全工作。

第十条　承办者履行下列安全责任：

(一)进行安全风险预测，制定并落实大型群众性活动安全工作方案和突发事件应急预案，开展大型群众性活动安全宣传教育；

(二)建立并落实安全责任制度，确定安全责任人，明确安全措施、安全工作人员岗位职责；

(三)配备与大型群众性活动安全工作需要相适应的专业保安人员以及其他安全工作人员；

(四)按照负责许可的公安机关的要求，配备必要的安全检查设备，对参加大型群众性活动的人员、物品进行安全检查，对拒不接受安全检查的，承办者有权拒绝其进入；

(五)组织实施现场安全检查，保障活动场所内临时搭建的设施、建筑物的安全，发现安全隐患及时消除；

(六)按照核准的活动场所容纳人员数量、划定的区域发放或者出售门票；

(七)落实医疗救护、灭火、应急疏散等应急措施并组织演练；

(八)及时劝阻和制止妨碍大型群众性活动安全的行为，发现违法犯罪行为及时向公安机关报告；

(九)为大型群众性活动的安全工作提供物资、经费等必要的保障；

(十)接受公安机关和上级主管单位等有关部门的指导、监督和检查，及时消除安全隐患。

第十一条　场所管理者履行下列安全责任：

(一)保障活动场所、设施符合国家安全标准和安全规定，并向承办者提供场所人员核定容量、供电系统等涉及场所使用安全的资料、证明；

(二)保障疏散通道、安全出口、消防车通道、应急广播、应急照明、疏散指示标志符合法律、法规、技术标准的规定；

(三)保障监控设备和消防设施、器材配置齐全、完好有效；

(四)提供必要的停车场地，并维护安全秩序；

(五)保证场地的安全防范设施与大型群众性活动安全要求相适应；

(六)不得向未取得安全许可的大型群众性活动提供活动场所。临时搭建的设施，场所管理者应当组织安监、质监等有关部门验收合格；超出场所使用范围临时占用的场地、临时增加的辅助设施应当设置明显的警示标志。

第十二条　大型群众性活动的安全工作人员承担下列安全责任：

(一)实施安全工作方案和突发事件应急预案；

(二)启动应急照明、广播和指挥系统；

(三)熟知安全出口和疏散通道位置，熟练使用消防器材。

第十三条　参加大型群众性活动的人员履行下列安全责任：

(一)遵守法律、法规和社会公德，不得妨碍社会治安、危害公共安全、影响社会秩序；

(二)遵守大型群众性活动场所治安、消防等管理制度，不得携带爆炸性、易燃性、放射性、毒害性、腐蚀性等危险物质或者非法携带枪支、弹药、管制器具，不得在场内燃放烟花爆竹及其他妨害公共安全的物品；

(三)遵守大型群众性活动出入场安全管理规定，接受安全检查；

(四)服从安全管理，不得展示侮辱性标语、条幅等物品，不得围攻裁判员、运动员等人员，不得向场内投掷杂物。

第十四条　公安机关履行下列职责：

(一)制定大型群众性活动安全许可和安全监督管理的工作规范；

(二)审核承办者提交的大型群众性活动申请材料，实施安全许可；

(三)制订大型群众性活动安全监督方案和突发事件处置预案；

(四)指导对安全工作人员的教育培训；

(五)在大型群众性活动举办前，对活动场所组织实地安全检查，发现安全隐患及时责令改正；

(六)在大型群众性活动举办过程中，对活动场所及安全工作的落实情况实施指导、监督和检查，发现安全隐患及时责令改正；

(七)依法查处大型群众性活动中的违法犯罪行为，及时处置危害公共安全的突发事件；

(八)建立大型群众性活动不良安全信息记录制度，并向社会公示。

第十五条　县级以上人民政府及其有关部门履行下列职责：

(一)进行大型群众性活动安全宣传教育；

(二)依法在各自的职责范围内对大型群众性活动进行审批、审核；

(三)对大型群众性活动与其职责相关的安全工作的落实情况进行指导、监督、检查，发现安全隐患及时责令改正。

第十六条　每场次预计参加人数不满1000人的群众性活动，承办者应当主动向当地公安机关报告，并依法履行相应安全责任。

第三章　安全许可

第十七条　根据《大型群众性活动安全管理条例》的规定，公安机关对大型群众性活动实行安全许可制度。大型群众性活动每场次预计参加人数在1000人以上5000人以下的，由活动所在地县级人民政府公安机关实施安全许可；每场次预计参加人数超过5000人的，由活动所在地设区的市人民政府公安机关实施安全许可；跨县、市(区)举办大型群众性活动的，由共同的上一级公安机关实施安全许可。

县级以上人民政府举办的大型群众性活动，不实行安全许可制度，举办活动的人民政府承担安全责任，按照有关规定确定安全责任人，制订安全工作方案，并组织实施。

第十八条　承办者应当在大型群众性活动举办日的20日前提出安全许可申请，提交下列材料：

(一)举办大型群众性活动的申请书；

(二)承办者合法成立的证明以及安全责任人的身份证明。2个以上承办者共同承办大型群众性活动的，还应当提交联合承办的协议；

(三)大型群众性活动方案及其说明。活动方案载明活动的承办者，举办的日期、内容、规模、时间、地点、人数、入场券发售办法等；

(四)大型群众性活动安全工作方案以及突发事件应急预案；

(五)场所管理者提供活动场所的场所租赁、借用协议等证明；

(六)按照规定应当经有关部门事先批准的，提交审核、审批的文件；

(七)其他与举办大型群众性活动安全工作的相关材料。

依照法律、行政法规的规定，有关主管部门对大型群众性活动的承办者有资质、资格要求的，还应当提交有关资质、资格证明。

第十九条　承办者制订的大型群众性活动安全工作方案包括下列内容：

(一)活动的时间、地点、人数、规模、内容及组织方式；

(二)安全工作人员情况、数量、任务分配、岗位职责和识别标志；

(三)活动场所建筑安全和消防安全措施；

(四)活动场所可容纳的人员数量以及活动预计参加人数；

(五)治安缓冲区域的设定及其标识；

(六)入场票证管理、查验措施及入场人员的安全检查措施；

(七)车辆停放、疏导措施；

(八)现场秩序维护、人员疏导措施；

(九)安全工作经费预算；

(十)突发事件应急预案；

(十一)其他与安全工作有关的内容。

第二十条　举办大型群众性活动，应当符合消防安全规定。

举办集会、焰火晚会、灯会等具有火灾危险的大型群众性活动，承办者应当提交公安消防机构的《消防安全检查意见书》。

第二十一条　公安机关收到大型群众性活动申请材料之后应当当场或者在5日内依法作出受理或者不予受理的决定。申请材料不齐全或者不符合法定形式的，公安机关应当当场或者在5日内一次书面告知申请人需要补正的内容。逾期不告知的，自收到申请材料之日起即为受理。

公安机关对受理的申请，应当自受理之日起7日内进行审查，对活动场所、设施进行查验，对符合安全条件的，做出许可决定，书面通知申请人；对不符合安全条件的，做出不予许可决定，书面说明理由。

大型群众性活动情况复杂、影响重大，在7日内不能作出决定的，经本级公安机关负责人批准，可以延长5日，并告知申请人。

第二十二条　同一承办者申请年度内预计在相同地点举行相同内容的多场次大型群众性活动的，公安机关可以一次许可。公安机关及有关部门按照规定对各场次活动进行安全监督管理。

第二十三条　公安机关对符合下列条件的予以安全许可：

（一）承办者是依照法定程序成立的法人或者其他组织；

（二）承办者提交安全保卫能力证明；

（三）大型群众性活动的内容不违反宪法、法律、法规的规定，不违反社会公德；

（四）具有符合规定的安全工作方案，安全责任明确、措施有效；

（五）依规定经有关主管部门审批、审核；

（六）活动场所、设施符合安全要求。

第二十四条　承办者变更大型群众性活动地点、内容以及扩大大型群众性活动举办规模的，应当依照规定重新申请安全许可。

承办者变更大型群众性活动举办时间，推迟举办的，应当在原定举办活动举办日期的7日前向做出许可决定的公安机关申请变更；提前举办的，应当在新定举办活动举办日期的7日前向做出许可决定的公安机关申请变更，经公安机关同意方可变更。

承办者取消举办大型群众性活动的，应当在原定举办活动时间之前书面告知作出安全许可决定的公安机关，并交回公安机关颁发的安全许可证件。

第二十五　条作出大型群众性活动安全许可决定所依据的客观情况发生重大变化的，为了公共利益和公共安全的需要，作出许可决定的公安机关可以变更或者撤回已经生效的安全许可，并应当在24小时内书面通知承办者。

承办者以欺骗、贿赂等不正当手段取得大型群众性活动许可的，由公安机关撤销许可，但撤销许可对公共利益可能造成重大损害的，可以不予撤销。

第二十六条　大型群众性活动获得安全许可后，承办者方可进行广告宣传，发放、销售证件、门票。

变更、取消已向社会公布的大型群众性活动的，承办者应当通过报纸、电视、广播等媒体向社会予以公告，并做好善后工作。

第二十七条　公安机关进行大型群众性活动安全许可，对于法律、法规、规章规定应当听证，申请人申请听证的事项，或者公安机关认为需要听证的其他涉及公共安全的重大许可事项，应当向社会公告，并举行听证。

第二十八条　申请人对公安机关作出的安全许可决定不服的，可以依法申请行政复议或者提起行政诉讼。

第四章　安全管理

第二十九条　公安机关作出大型群众性活动安全许可决定后，应当在活动举行前对活动安全工作方案的落实情况进行必要的实地检查，书面记录安全检查的情况和处理结果，由承办者、场所管理者签字。发现安全隐患和需要调整补充安全措施的，提出书面整改意见，责令消除安全隐患，承办者、场所管理者将整改结果书面报告公安机关。经过再次检查合格，方可举办。

公安机关可以会同安监、质监等其他有关部门进行安全检查。

第三十条　承办者应当按照安全许可的时间、地点、规模和内容举办大型群众性活动，不得超过公安机关核准的安全容量印制、发售票证，不得擅自将大型群众性活动转让他人举办。

活动场所有固定座席的，按固定座席的数量核定容量；无固定座席的，以每人不少于1平方米核定参加人数。承办者的门票发售量不得超过核准数量的80%，工作证发放量不得超过核准数量的20%。

第三十一条　承办者应当落实下列安全措施：

（一）在售票处、出入口和主要通道设专人负责疏导和安全工作；

（二）禁止使用易燃易爆等危险物品。未经批准，禁止使用飞行器或者空飘物；

（三）安装必要的安全检查设备；

（四）在主席台、观众席划定必要的治安指挥、执勤席位。不设主席台的，划定相应的治安指挥和执勤区域；

（五）不得随意改变预案，或者擅自发布不利于安全秩序的信息；

（六）其他与安全工作有关的安全措施。

第三十二条　承办者发现进入活动场所的人员达到核准数量时，应当立即停止验票；发现持有划定区域以外的门票，应当拒绝其入场或者劝其退出活动场所；发现持票人员进入观众区域，不按指定区域、指定座位就座的，应当劝其到指定区域、指定座位就座；除有执勤工作证件的工作人员可以进入缓冲区域外，其他人员不得进入。

第三十三条　承办者验票时发现持假票的人员，应当立即向活动现场的公安机关工作人员报告；发现无票人员和持假票的人员已经进入观众区域和缓冲区域的，应当报告公安机关依法处置。

第三十四条　大型群众性活动中发生涉及公共安全的事故、案件的，安全责任人应当立即启动应急预案，并立即报告公安机关和主管部门。

大型群众性活动中出现涉及危害公共安全的事态的，安全责任人应当立即报告公安机关。

第三十五条　公安机关负责

安全管理的工作人员，凭值勤证件进入活动场所，依法履行安全管理职责。

公安机关和其他有关主管部门及其工作人员不得向承办者索取门票。

第三十六条　大型群众性活动举办过程中，公安机关发现有下列情形之一的，可以责令停止活动，立即疏散现场人员：

(一)擅自变更活动的时间、地点、内容或者扩大活动举办规模的；

(二)活动场所存在重大安全隐患，承办者拒不整改或者无法及时整改的；

(三)参加人员超过核准数量，可能发生安全事故的；

(四)现场秩序混乱，对人身安全和财产安全构成严重威胁的；

(五)有可能发生其他危害公共安全的紧急情况的。

第三十七条　公安机关应当对每场次预计参加人数不满1000人的群众性活动进行安全监督管理，发现安全隐患和需要调整补充安全措施的，提出书面整改意见，责令消除安全隐患。

第五章　法律责任

第三十八条　承办者擅自变更大型群众性活动的时间、地点、内容或者擅自扩大大型群众性活动的举办规模的，由公安机关责令停止活动，并处1万元以上2万元以下罚款；有违法所得的，没收违法所得。情节较重的，由公安机关责令停止活动，并处2万元以上5万元以下罚款；有违法所得的，没收违法所得。

第三十九条　未经公安机关安全许可擅自举办大型群众性活动的，由公安机关予以取缔，经营性活动没有违法所得的，对承办者处10万元以上20万元以下罚款，对场地管理者处1万元以上2万元以下罚款；经营性活动有违法所得或者造成严重后果的，对承办者处20万元以上30万元以下罚款，对场地管理者处2万元以上3万元以下罚款，并依法没收非法财物和违法所得。

承办者以欺骗、贿赂等不正当手段取得大型群众性活动许可的，由公安机关对承办者处2万元以上5万元以下罚款，有违法所得的，没收违法所得。

第四十条　承办者将大型群众性活动擅自转让他人举办的，由公安机关责令停止活动，对承办者处1万元以上3万元以下罚款，对受转让承办者，处1万元以上2万元以下罚款；有违法所得的，没收违法所得。

第四十一条　承办者发售门票或者发放工作证超过核定数量影响公共安全、可能发生安全事故的，由公安机关责令改正或者责令停止活动，并处1万元以上3万元以下罚款；有违法所得的，没收违法所得。

第四十二条　承办者或者场所管理者违反本办法规定致使发生重大伤亡事故、治安案件或者造成其他严重后果构成犯罪的，依法追究刑事责任，承办者在2年内不得申请举办同类大型群众性活动；尚不构成犯罪的，对安全责任人和其他直接责任人员依法给予处分、治安管理处罚，对单位处1万元以上5万元以下罚款。

第四十三条　大型群众性活动中发生公共安全事故，安全责任人不立即启动应急预案或者不立即向公安机关报告的，由公安机关对安全责任人和其他直接责任人员处5000元以上5万元以下罚款；构成犯罪的，依法追究刑事责任。

第四十四条　参加大型群众性活动的人员有违反本办法规定行为的，由公安机关给予批评教育；有危害社会治安秩序和公共安全行为的，公安机关可以将其强行带离现场，依法给予治安管理处罚；构成犯罪的，依法追究刑事责任。

第四十五条　有关主管部门的工作人员和直接负责的主管人员在履行大型群众性活动安全管理职责中，有滥用职权、玩忽职守、徇私舞弊行为的，依法给予行政处分；构成犯罪的，依法追究刑事责任。

第六章　附　则

第四十六条　本办法自二〇一〇年七月一日起施行。

山西省农村五保供养办法

山西省人民政府令　第228号

《山西省农村五保供养办法》已经2010年10月20日省人民政府第71次常务会议通过，现予公布，自2011年1月1日起施行。

省长　王君

二〇一〇年十一月八日

第一章　总　则

第一条　为保障农村五保供养对象的正常生活，规范农村五保供养工作，促进农村社会保障事业的发展，根据《农村五保供养工作条例》，结合本省实际，制定本办法。

第二条　本省行政区域内的农村五保供养，适用本办法。

本办法所称农村五保供养，是指在吃、穿、住、医、葬(教)等方面依法给予村民的生活照顾和物质帮助。

第三条　农村五保供养应当遵循以下原则：

(一)保障正常生活；

(二)政府供养为主；

(三)公开、公平、公正。

第四条　县级以上人民政府领导本行政区域内的农村五保供养工作。

县级以上人民政府民政部门主管本行政区域内的农村五保供养工作，负责本行政区域内农村五保供养对象的审批、管理和农村五保供养服务机构的建设、管理、监督工作。

县级以上人民政府发展和改革、教育、司法、财政、人力资源和社会保障、国土资源、住房和建设、农业、卫生、审计、编制、税务、工商、统计等行政主管部门应当按照各自的职责，依法做好农村五保供养工作。

乡(镇)人民政府管理本行政区域内的农村五保供养工作。

村民委员会协助乡(镇)人民政府做好农村五保供养工作。

第五条　鼓励法人、其他社会组织和个人为农村五保供养对象和农村五保供养工作提供资金、物质捐助和无偿服务。

提供捐赠依照国家规定享受相关优惠政策。

第六条　县级以上人民政府及其民政部门对在农村五保供养工作中做出显著成绩的单位和个人，给予表彰和奖励。

第二章　供养对象和供养内容

第七条　农村五保供养对象是指同时符合下列条件的老年、残疾或者未满16周岁的村民：

(一)无劳动能力；

(二)无生活来源；

(三)无法定赡养、抚养、扶养义务人，或者其法定赡养、抚养、扶养义务人无赡养、抚养、扶养能力。

第八条　按照下列程序确认农村五保供养对象：

(一)享受农村五保供养待遇，应当由村民本人向村民委员会提出申请；因年幼或者智力残疾无法表达意愿的，由村民小组或者其他村民代为提出申请。

(二)村民委员会应当自收到申请之日起20日内，经民主评议，对符合本办法第七条规定条件的，在本村范围内公示；无重大异议的，将评议意见和有关材料报送乡(镇)人民政府审核。

(三)乡(镇)人民政府应当自收到评议意见和有关材料之日起20日内，对申请人的家庭状况和经济条件进行调查核实提出审核意见，并将审核意见和有关材料报送县级人民政府民政部门审批。

(四)县级人民政府民政部门应当自收到审核意见和有关材料之日起20日内，对上报材料进行复核并作出审批决定。符合条件的，发给《农村五保供养证》，享受农村五保供养待遇；不符合条件的，应当书面说明理由。

第九条　农村五保供养对象死亡或者不再符合本办法第七条规定的，村民委员会或者农村五保供养服务机构应当在20日内向乡(镇)人民政府报告；乡(镇)人民政府应当自收到报告之日起10日内审核并报县级人民政府民政部门核准，县级人民政府民政部门应当自收到相关材料之日起10日内核准，注销其《农村五保供养证》，停止农村五保供养待遇。

第十条　农村五保供养内容包括：

(一)供给粮油、副食品和生活用燃料；

(二)供给服装、被褥等生活用品和零用钱；

(三)提供符合基本居住条件的住房；

(四)提供疾病治疗；

(五)办理丧葬事宜。

第十一条　农村五保供养对象接受义务教育的，当地人民政府对其寄宿生补助生活费；农村五保供养对象接受非义务教育的，财政、教育行政部门应当将其纳入家庭经济困难学生资助体系予以资助。

已满16周岁仍在接受义务教育、高中、中等职业教育的，应当继续享受农村五保供养待遇。

第十二条　医疗机构应当按照有关规定对农村五保供养对象疾病诊疗实行优惠减免政策。

县级人民政府民政部门应当资助农村五保供养对象参加新型农村合作医疗；农村五保供养对象的疾病治疗费用，按新型农村合作医疗规定报销后，个人承担部分纳入农村医疗救助范围给予重点保障。

年满60周岁的农村五保供养对象应当享受政府提供的基础养老金待遇。

生活不能自理的农村五保供养对象，由乡(镇)人民政府委托村民委员会、农村五保供养服务机构确定专人或者亲属给予照料。

第十三条　农村五保供养对象的丧葬事宜，集中供养的由农村五保供养服务机构负责办理，分散供养的由村民委员会负责办理，丧葬费按其一年供养标准给予补助。

第三章　供养标准和资金保障

第十四条　农村五保供养标准，由设区的市人民政府按照不低于各县(市、区)上年度村民平均生活消费水平分别确定，报省人民政府备案后公布执行。

农村五保供养标准，应当随着国民经济和社会发展及当地村民平均生活消费水平的提高适时调整。

第十五条　县级以上人民政府应当将农村五保供养资金列入本级财政预算给予保障，除省级财政负担的以外，不足供养标准部分由设区的市、县两级人民政府财政负担。

县级以上人民政府民政部门应当在每年年底根据核定的农村五保供养对象人数和供养标准，向同级财政部门提出下一年度的用款计划，财政部门审核并报同级人民政府批准后，应当按季拨付，保证按时发放。集中供养资金直接拨付农村五保供养服务机构，分散供养资金通过银行、信用社、邮政储蓄所直接发放给农村五保供养对象个人。

第十六条　有农村集体经营等收入的地方，应当从农村集体经营等收入中安排资金，用于补助和改善农村五保供养对象的生活。

福利彩票公益金、无明确捐赠意向的社会捐赠资金，应当按照一定比例用于农村五保供养服务机构建设。

农村五保供养对象对其合法的私有财产依法享有占有、使用、收益和处分的权利,任何组织和个人不得侵犯;农村五保供养对象将承包土地流转他人的,其流转收益归五保供养对象所有;农村五保供养对象的遗产,按照《中华人民共和国继承法》的有关规定办理。

第四章 供养形式和供养机构

第十七条 农村五保供养对象实行集中供养或者分散供养。农村五保供养对象可以自行选择供养形式。

集中供养的,由农村五保供养服务机构统一照料和日常管理,乡(镇)人民政府应当与农村五保供养服务机构、农村五保供养对象签订供养服务协议。

分散供养的,可以由村民委员会委托他人照料;也可以由农村五保供养服务机构提供有关供养服务,村民委员会负责日常管理;村民委员会应当与受委托照料人、农村五保供养对象签订供养服务协议。

供养服务协议应当包括当事人的名称、住址、联系人、联系方式,供养标准,当事人的权利义务,协议履行方式、期限、地点,协议解除的条件,违约责任及其他应当约定的事项。

第十八条 农村五保供养服务机构是国家、社会组织或者个人举办的集中供养农村五保供养对象的服务机构。

以政府投入为主、利用国有资产举办的农村五保供养机构,具备事业单位条件的,按照事业单位登记和管理;社会组织和个人利用集体资产、个人资产举办的农村五保供养服务机构,按照民办非企业单位登记和管理。

农村五保供养服务机构应当按照社会福利机构登记管理的规定进行登记和管理。

第十九条 各级人民政府应当把农村五保供养服务机构建设纳入国民经济和社会发展规划。

县、乡(镇)人民政府应当结合城镇化建设,按照当地农业人口和乡(镇)分布等情况,统筹规划,合理布局,对现有农村五保供养服务机构的基础设施进行维修、改造;充分利用乡(镇)闲置基础设施资源进行整合,新建农村五保供养服务机构;有条件的,可以建设具有区域性中心供养服务功能的农村五保供养服务机构。

第二十条 县级以上人民政府应当对分散供养的农村五保供养对象住房适时维修,保障农村五保供养对象的住房安全。

第二十一条 县、乡(镇)人民政府应当将政府举办的农村五保供养服务机构的管理经费列入财政预算,并提供必要的设备。

前款所称农村五保供养服务机构管理经费包括管理服务人员费用、办公费、房屋建设和维修费、取暖费、水电费等相关费用。

第二十二条 县、乡(镇)人民政府应当为政府举办的农村五保供养服务机构配备必要的管理人员。农村五保供养服务机构按照与农村五保供养服务机构供养人数不低于1:10的比例聘用服务人员。

第二十三条 县、乡(镇)人民政府及其有关部门应当对农村五保供养服务机构开展农副业生产给予必要的扶持。

农村五保供养服务机构开展的以改善农村五保供养对象生活条件为目的的农副业生产,生产经营收入归集体所有,用于扩大再生产和改善农村五保供养对象的生活条件。

第二十四条 农村五保供养服务机构应当建立健全内部管理制度,设立院务管理委员会,实行民主管理。院务管理委员会由管理人员、服务人员和农村五保供养对象代表、社会捐助方代表等组成。涉及农村五保供养对象利益的管理事项,应当经院务管理委员会集体讨论。

农村五保供养服务机构应当建立健全档案管理、安全保卫、环境卫生、医疗护理等服务管理制度,实行财务收支等院务公开制度,接受民政、财政、审计等有关部门和社会的监督。

第五章 监督管理

第二十五条 县级以上人民政府应当依法加强对农村五保供养工作的监督管理,乡(镇)人民政府应当制定农村五保供养工作管理制度并组织实施。

第二十六条 县级以上人民政府民政部门应当加强农村五保供养工作的管理,对符合农村五保供养条件的村民登记造册,建立农村五保供养对象管理档案和电子数据库;定期组织农村五保供养服务机构工作人员进行岗位技能培训,提高其服务管理水平;督促农村五保供养资金按时足额发放。

第二十七条 财政部门应当按时足额拨付农村五保供养资金,确保资金到位。财政、审计等部门应当依法加强对农村五保供养资金管理和使用情况的监督检查。

第二十八条 农村五保供养对象的申请、审核、审批程序以及供养标准、资金使用等情况,要向社会公示,接受社会监督。

第二十九条 农村五保供养资金实行专项管理,专款专用,任何组织或者个人不得贪污、挪用、截留或者私分。

农村五保供养服务机构开展的农副业生产经营收入,任何组织或者个人不得侵占、挪用。

第六章 法律责任

第三十条 违反本办法规定,有下列行为之一的,由上级人民政府及其财政、民政等部门按照职责权限责令限期改正;逾期不改正的,给予警告或者通报批评,并对直接负责的主管人员以及其他直接责任人员依法给予行政处分;构成犯罪的，依法追究刑事责任：

（一）不制定农村五保供养标准或者供养标准低于当地村民平均生活消费水平的；

（二）不按时限受理、审核、审批享受农村五保供养申请的；

（三）对符合农村五保供养条件的村民不批准享受农村五保供养待遇的，或者对不符合农村五保供养条件的村民批准享受农村五保供养待遇的；

（四）农村五保供养资金未按相关规定列入财政预算或者拨付、发放不及时的；

（五）农村五保供养对象减少后隐瞒不报，套取农村五保供养经费的；

（六）贪污、挪用、截留、私分农村五保供养款物的。

第三十一条　农村五保供养服务机构工作人员有下列行为之一的，予以辞退；给农村五保供养服务机构或者农村五保供养对象造成损失的，依法承担赔偿责任；构成犯罪的，依法追究刑事责任：

（一）克扣农村五保供养对象应当享受的供养款物的；

（二）虐待、侮辱农村五保供养对象的；

（三）违反安全管理规定造成严重事故的；

（四）其他侵犯农村五保供养对象合法权益行为的。

第三十二条　村民委员会组成人员贪污、挪用、截留农村五保供养款物的，依法予以罢免；构成犯罪的，依法追究刑事责任。

第七章　附　则

第三十三条　辖区内有农业人口的街道办事处依照本办法规定的乡（镇）人民政府的职责开展农村五保供养工作。

第三十四条　《农村五保供养证》由省人民政府民政部门统一印制。

第三十五条　本办法自2011年1月1日起施行。

山西省耕地占用税实施办法

山西省人民政府令　第229号

《山西省耕地占用税实施办法》已经2010年7月21日省人民政府第68次常务会议通过，现予公布，自公布之日起施行。

省　长　王　君

二〇一〇年八月四日

第一条　根据《中华人民共和国耕地占用税暂行条例》（以下简称《条例》）和《中华人民共和国耕地占用税暂行条例实施细则》（以下简称《细则》）的规定，结合本省实际，制定本办法。

第二条　在本省行政区域内，占用耕地建房或者从事非农业建设的单位或者个人，为耕地占用税的纳税人，应当依照《条例》、《细则》和本办法的规定缴纳耕地占用税。

占用园地、林地、牧草地、农田水利用地、养殖水面、渔业水域滩涂等其他农用地建房或者从事非农业建设的，视同占用耕地征收耕地占用税。

本办法所称园地，是指种植以采集果、叶、根、茎、汁等为主的集约经营的多年生木本和草本作物的土地，包括果园、茶园、桑园、花椒园、药材种植园等园地。

第三条　耕地占用税的适用税额，以县级行政区域为单位确定，按照下列标准执行：

（一）人均耕地不超过1亩的地区，每平方米为30元；

（二）人均耕地超过1亩但不超过1.5亩的地区，每平方米为25元；

（三）人均耕地超过1.5亩但不超过2亩的地区，每平方米为20元；

（四）人均耕地超过2亩但不超过2.5亩的地区，每平方米为18元；

（五）人均耕地超过2.5亩但不超过3亩的地区，每平方米为15元；

（六）人均耕地超过3亩的地区，每平方米为12元。

县（市、区）耕地占用税的具体适用税额见本办法所附的《山西省县（市、区）耕地占用税适用税额表》。

第四条　经济技术开发区和经济发达且人均耕地在0.5亩以下地区，适用税额在本办法第三条规定标准的基础上提高50%。

第五条　占用基本农田的，适用税额应当在本办法第三条、第四条规定标准的基础上提高50%。

第六条　除《条例》、《细则》规定的减免耕地占用税优惠外，革命老根据地、少数民族聚居区、边远贫困山区生活困难的农村居民，在规定用地标准以内新建住宅缴纳耕地占用税确有困难的，由纳税人提出申请，经所在地乡（镇）人民政府审核，报经县级人民政府批准后，可以免征耕地占用税，但一户只能享受一次。

生活困难的农村居民以家庭年人均纯收入低于当地人民政府确定的农村最低生活保障标准认定。

革命老根据地、边远贫困山区的范围按照本办法所附的《山西省革命老根据地边远贫困山区名单》执行。

第七条　耕地占用税由地方税务机关负责征收。

第八条　经批准占用耕地的，耕地占用税纳税义务发生时间为纳税人收到土地行政管理部门办理占用耕地手续通知的当天。纳税人应当自收到土地行政管理部门办理占用耕地手续通知之日起30日内缴纳耕地占用税。

未经批准但实际占用耕地的，耕地占用税纳税义务发生时间为纳税人实际占用耕地的当天。纳税人应当自实际占用耕地之日起30日内申报缴纳耕地占用税。

第九条　财政、税务、土地行政管理部门应当加强信息交换与共享。

土地行政管理部门在通知单位或者个人办理占用耕地手续时，应当同时通知耕地所在地同级地方税务机关。土地行政管理部门凭耕地占用税完税凭证或者免税证明和其他有关文件发放建设用地批准书。

税务部门应当将纳税人完税或者免税信息及时告知同级土地行政管理部门。

第十条 依法收回征而未用的耕地,已纳税款的,不予退还。

第十一条 纳税人占用耕地,应当在耕地所在地申报纳税。

纳税人占用耕地跨县(市、区)的,应当分别向所属地地方税务机关申报纳税。

第十二条 省财政行政主管部门和省地方税务机关可以根据人均耕地面积和经济发展情况的变化,在《条例》和《细则》规定的范围内,对县(市、区)耕地占用税适用税额适时提出调整意见,报省人民政府批准后执行。

第十三条 本办法自公布之日起施行。1987年8月5日山西省人民政府发布的《山西省耕地占用税实施办法》([1987]晋政发64号)同时废止。

自2008年1月1日起至本办法公布施行之日期间的耕地占用税,依照《条例》《细则》及本办法规定的税额标准计算缴纳。

附:1.山西省县(市、区)耕地占用税适用税额表

2. 山西省革命老区边远贫困山区名单

1.山西省县(市、区)耕地占用税适用税额表

	一类 30元/平方米	二类 25元/平方米	三类 20元/平方米	四类 18元/平方米	五类 15元/平方米	六类 12元/平方米
太原	小店区, 迎泽区, 杏花岭区, 尖草坪区, 万柏林区, 晋源区	清徐县	古交市		阳曲县, 娄烦县	
大同	南郊区			浑源县	广灵县, 灵丘县	新荣区, 阳高县, 天镇县, 左云县, 大同县
阳泉	郊 区 平定县	盂 县				
长治	城 区 郊 区	长治县, 平顺县, 壶关县, 潞城市	黎城县	长子县, 沁源县, 襄垣县		
晋城	城 区	阳城县, 泽州县, 高平市	沁水县, 陵川县			
朔州			怀仁县	朔城区	山阴县, 应 县	平鲁区, 右玉县
晋中	介休市	榆次区, 左权县, 太谷县, 平遥县, 灵石县	榆社县, 和顺县, 昔阳县, 祁 县			寿阳县

续表

	一类 30元/平方米	二类 25元/平方米	三类 20元/平方米	四类 18元/平方米	五类 15元/平方米	六类 12元/平方米
运城	河津市	盐湖区， 新绛县， 绛　县， 垣曲县	临猗县， 万荣县， 稷山县， 夏　县， 平陆县， 芮城县， 永济市	闻喜县		
忻州			忻府区， 五台县	定襄县， 代　县， 原平市	繁峙县， 保德县	宁武县， 静乐县， 神池县， 五寨县， 岢岚县， 河曲县， 偏关县
临汾	尧都区， 侯马市， 霍州市	曲沃县， 翼城县， 洪洞县	襄汾县	安泽县， 乡宁县， 蒲　县	吉　县， 汾西县	古　县， 浮山县， 大宁县， 隰　县， 永和县
吕梁	交城县	离石区， 文水县， 孝义市	柳林县， 中阳县， 汾阳市	临　县， 方山县		兴　县， 石楼县， 岚　县， 交口县

2.山西省革命老根据地边远贫困山区名单

阳曲县　娄烦县　阳高县　天镇县　广灵县　灵丘县　浑源县　大同县　平顺县　壶关县
武乡县　沁　县　沁源县　陵川县　平鲁区　右玉县　榆社县　左权县　和顺县　昔阳县
万荣县　闻喜县　新绛县　垣曲县　夏　县　平陆县　忻府区　五台县　代　县　繁峙县
宁武县　静乐县　神池县　五寨县　岢岚县　河曲县　保德县　偏关县　原平市　古　县
安泽县　浮山县　吉　县　乡宁县　大宁县　隰　县　永和县　汾西县　离石区　文水县
交城县　兴　县　临　县　柳林县　石楼县　岚　县　方山县　中阳县　交口县

（省政府法制办公室）

2010年山西省废止的地方性法规目录

山西省公路养路费征收管理条例
山西省工业固体废污染防治条例
山西省消防管理条例
山西省实施《中华人民共和国残疾人保障法》办法
山西省道路运输管理暂行条例
山西省体育设施管理条例
山西省劳动监察条例
山西省食品卫生条例
山西省桃河流域水污染防治条例
太原市建设市场管理办法
太原市暂住人口管理办法
太原市摊点食品卫生管理办法
太原市大型群众活动安全活动安全保卫管理规定
太原市保安服务业管理办法

主要缩略语解释

说　明　缩略语，也就是通常所说的简称，是把比较复杂的名称经过压缩和简略之后形成的词或词组。缩略语在日常生活中被大量使用，有简单明了的特点。《山西年鉴(2011)》使用了不少缩略语，为了方便读者使用年鉴，编辑部把《山西年鉴(2011)》内文中依次出现的主要缩略语作了辑录，并按其首字的汉语拼音字母顺序排列(数字开头缩略语另排序)。对于一些大家常用的缩略语不再作注释。

安全生产“两个主体责任”　政府行政首长负责制和企业法定代表人负责制。

八个环节　一要继续深入学习，统一思想。二要讨论确定党员保持先进性具体要求和不合格党员主要表现。三要广泛征求党员群众意见。四要深入开展谈心活动。五要深入进行党性分析。六要高标准、高质量组织好专题生活会。七要实事求是、客观公正地提出评议意见。八要搞好”两通报”，自觉接受党员群众监督。

八项惠农政策　对设施蔬菜种植面积达到一定规模、当年新增2000亩以上的前20个县进行奖补，每县奖补100万元；对新建日光温室农户贷款实行一年期贴息。对生猪养殖达到20万头以上的养殖大县给予奖补，每县奖补100万元。对农机化水平排名靠前的15个县，每县奖补20万元；增加500万元，对大马力拖拉机进行累加补贴，对丘陵山区急需的25马力以下皮带传动小四轮拖拉机、林牧业及设施农业机械等进行补贴；安排600万元资金，用于培训3万名农机手。安排农民专业合作示范社补助1400万元和农机大院建设资金1000万元。对遭受严重冻害的小麦和果树给予救灾补贴3400万元；在年初预算特色果业基地建设资金997万元基础上，新增果业冻害补助资金500万元。对地表水尚未到达、地下水相对丰富区域的深井灌溉实施补贴，补贴总额1亿元，补贴标准按每亩200立方米、每立方米水0.1元计。安排2000万元，对马铃薯良种繁育进行补贴，其中2万亩原种田每亩补助500元，10万亩一级种薯田每亩补助100元。启动种养业、森林保险保费补贴，省财政厅已向财政部提交政策性种植业保险试点申请，待批准后将落实相应保费补助资金6030万元，在30个粮食大县对小麦、玉米开展种植业保险保费补贴工作。

道路交通事故“四项指标”　道路交通事故发生起数、死亡人数、受伤人数、直接经济损失四项统计指标。

改梅助困室　2003年10月24日，在太原火车站候车大厅里，以太原站客运车间史改梅的名字命名的“全国劳模史改梅工作室”正式成立；2009年10月，更名为“全国劳模史改梅助困室”。

国培计划　全称为“中小学教师国家级培训计划”，是教育部、财政部于2010年开始实施的旨在提高中小学教师特别是农村教师队伍整体素质的重要举措。

矿产资源“三项核查”　矿产资源潜力评价、全国矿业权实地核查和全国矿产资源利用现状调查等三项工作。

蓝天碧水工程　(参见《山西年鉴(2010)》)

两高一剩行业　指高污染、高能耗及产能过剩的行业。

两抢一盗　(参见《山西年鉴(2010)》)

两抓一建　抓执行、抓过程、建机制。

六比六看　一是比学习，看谁的政治理论和业务水平高，促进学习型机关的创建；二是比奉献，看谁的敬业精神强，促进机关爱岗敬业风气浓；三是比团结，看谁的协作精神强，促进机关和谐共事氛围浓；四是比服务，看谁的办事效率高，促进机关效能和服务水平的提高；五是比廉洁，看谁的正气浓，促进机关清正廉洁谋发展；六是比创新，看谁的工作思路宽新点子多，促进机关工作开创新局面。

六个环节　一是授权卡和柜员卡，二是印鉴密押，三是空白凭证，四是金库尾箱，五是查询对账，六是轮岗休假。

六个确保　实行教育警示全覆盖，确保党员干部群众了解、熟悉和执行换届工作纪律；实行责任承诺全覆盖，确保党员干部自觉遵守换届工作纪律；实行监督检查全覆盖，确保干部选拔任用工作政策法规和换届纪律得到贯彻执行；实行信息监控全覆盖，确保全面及时掌握换届工作动态；实行查处追究全覆盖,确保有案必查、查实必处、失责必究;实行风气考核全覆盖,确保各级党组织和广大党员干部在换届过程中积极创先争优。

六条警规 一是严禁对群众的报警报案不履行法定职责、不及时出警处置,违者予以纪律处分;造成严重后果的,予以辞退。二是严禁乱收费、乱罚款、收"黑钱",违者予以纪律处分;情节严重的,予以辞退。三是严禁违反规定办证办照,违者予以纪律处分;造成严重后果的,予以辞退。四是严禁参与经营或变相经营娱乐场所和煤焦企业、非煤矿山,违者予以纪律处分;造成恶劣影响的,予以辞退或开除。五是严禁收受当事人和代理人财物或违法违规执法办案,违者予以纪律处分;情节严重的,予以辞退。六是严禁向违法人员通风报信或为违法活动提供保护,违者予以辞退;造成严重后果的,予以开除。

凝聚力工程 在党委的统一领导下,统战部门充分发挥牵头、组织和协调作用,积极争取相关部门的支持和配合,通过有特色、有影响、有实效的载体和活动,最大限度地团结广大统一战线成员,为建设中国特色社会主义和实现中华民族伟大复兴凝聚人心、汇聚力量。

七大强农工程 指山西省实施的现代农业示范区建设工程,片区扶贫开发工程,大同盆地盐碱地改造工程,沿黄地区黄河水利用工程,封山禁牧、发展规模健康养殖工程,新农村现代流通体系建设工程,农产品加工"513"工程。

七个三 "三扩":扩总量、扩份额、扩市场;"三调":调投向、调结构、调机制;"三严":严管理、严考核、严追责;"三建":建渠道、建规则、建体系;"三头":治源头、灭苗头、抓大头;"三风":正党风、扬新风、转作风;"三效":增效率、强效能、重效果。

千人计划 主要是围绕国家发展战略目标,从 2008 年开始,用 5~10 年时间,在国家重点创新项目、重点学科、重点实验室,中央企业和国有商业金融机构,以高新技术产业开发区为主的各类园区等,引进 2000 名左右人才,并有重点地支持一批能够突破关键技术、发展高新产业、带动新兴学科的战略科学家和领军人才回国(来华)创新创业。

三个紧贴 紧贴中心、紧贴基层、紧贴实际。

三个全覆盖 县乡村三级文化体育基础设施全覆盖、文化设施配套项目全覆盖、群众性文体活动全覆盖。

三个确保 指从思想上、政治上、组织上确保军队始终成为党绝对领导下的人民军队,确保国防和军队建设科学发展,确保有效履行新世纪新阶段军队历史使命。

三个优先 调查优先、审查优先、计划优先。

三馆一站 美术馆、公共图书馆、文化馆、乡镇文化站。

三考三承诺 即通过材料审查考察申请人职业记录;通过笔试考察申请人理论知识和专业技能;通过专家面试考察申请人的综合素质和履职责任心。承诺无违法违纪行为和未清偿的个人债务;承诺诚信守规、履职尽责;承诺遵守监管规定并及时报告履职情况,以及对中小商业银行探索风险处置与准入挂钩等。

三老人员 年满 60 岁以上的农村老干部、老党员、老模范。

三思三晋 "三思"即居安思危、履职思成、观念思新以及由此推进的化险思序、管控思效、创意思进;"三晋"即晋级、晋段、晋升。

三项学习教育 开展中国特色社会主义理论体系、马克思主义新闻观、职业精神职业道德。

三有一化 有人管事、有钱办事、有处议事;推进城市基层党建区域化建设。

三指定 指供电企业对用户受电工程指定设计单位、施工单位和设备材料供应单位的不良现象。

四荒 荒山、荒坡、荒丘、荒滩(包括荒地、荒沙、荒草和荒水等)的简称。

三置换三集中 把集体资产所有权、土地承包经营权、宅基地及住房置换成股份合作社股权、城镇保障和住房。推动工业企业向园区集中、农业用地向规模经营集中、农民居住向新型社区集中。

三重一大 重大问题决策、重要干部任免、重大项目投资决策、大额资金使用。

三纵十一横十一环 (参见《山西年鉴(2010)》)

十条底线 一是必须确保本区域内支持粮食收购不出大的问题。二是必须加强贷款投向管理,粮食收购信贷资金必须实行专款专用。三是必须按贷款条件发放贷款。四是必须按权限审批和核准发放贷款,严禁越权审批和核准发放贷款。五是贷款发放必须进入专户,不得从基本存款账户或一般存款账户汇划和支付。六是必须核打码单等粮食收购凭证,根据粮食入库进度审核支付贷款。七是必须严格执行定期查库制度。八是粮食销售必须"钱货两清、收钱出粮",不得违反规定赊销,形成超期结算资金占用。九是粮食销售货款必须及时足额回笼。十是回笼货款必须及时收回贷款本息。

双培双带 通过开展党员干部现代远程教育工作,每个村每年培养、发展3名致富能手入党,培养4名有致富能力的党员成为致富能手,把1名党员致富能手培养成为村级后备干部;每年重点推荐10项实用技术或致富项目,力争全县农村致富能手入党人数、党员致富能手人数和党员致富能手村级后备干部人数分别新增50名以上,联系带动2000余户群众,每户群众年收入增加22500元。

双三十 (参见《山西年鉴(2010)》)

四查四建四落实 即查生产企业,督促建立全过程质量安全制度,落实企业主体责任;查重点产品,建立风险预警和快速反应机制,落实风险防范责任;查重点行业和地区,建立重点区域治理整顿机制,推动地方政府落实领导责任;查自身监管工作,建立协调有序、分工负责的工作机制,落实相应的监管责任。

四大生态屏障 即在晋北、晋西北地区建设以防沙治沙为主要功能的防护屏障;在太行山区建设以涵养水源为主要功能的防护屏障;在黄河流域建设以治理水土流失为主要功能的防护屏障;在六大盆地和通道沿线建设以农田保护、美化城乡为主要功能的防护屏障。

四防 人防、物防、技防、联防。

四个到位 传达学习到位,抓好贯彻落实;查摆反思到位,科学谋划工作;安全攻坚到位,确保现实安全;作用发挥到位,开展党内攻关。

四个二工程 全县人均2亩粮、2亩菜、2亩经济林和200公斤畜产品。

四个规定动作 一要强化国企改革政策宣传,二要尊重国企工人基本权利,三要落实社会稳定风险评估,四要完善突发事件应急处置。

四个强化 强化源头管理,对工程项目实行首次安全监督;强化施工责任,严格文明施工承诺制度;强化检查整治,不断创新安全监管方式;强化安全投入,狠抓安全施工措施费的落实。

四个一 一张明白卡、一条警示语、一本宣传册、一块展示板。

四个一批 是全国宣传文化系统的一项人才工程,在宣传文化系统内选拔的有过硬的思想政治素质、较大的专业成就、本科以上文化程度、年龄在50周岁以下的一批全面掌握邓小平理论和“三个代表”重要思想、学贯中西、联系实际的理论家;一批坚持正确导向、深入反映生活、受到群众喜爱的名记者、名编辑、名主持人;一批熟悉党和国家方针政策、社会责任感强、精通业务知识的出版家;一批紧跟时代步伐、热爱祖国和人民、艺术水平精湛的作家、艺术家。

四好班子建设 以“政治素质好、经营业绩好、团结协作好、作风形象好”为主要内容的领导班子创建活动。

四落实 组织领导落实、学习人员落实、学习时间落实、考勤制度落实。

四强四优 “四强”即四强党组织,包括政治引领力强、推动发展力强、改革创新力强、凝聚保障力强;“四优”即四优共产党员,包括政治素质优、岗位技能优、工作业绩优、群众评价优。

四位一体 指社会主义经济建设、政治建设、文化建设、社会建设四位一体发展,是全面、协调、可持续发展的内在要求。

四严四宽 即促进经济发展从宽,损失浪费从严;改革失误从宽,明知故犯从严;用于生产经营和公益事业从宽,用于个人和小团体消费从严;初次违规从宽,屡查屡犯从严。

四议两公开 即农村所有村级重大事项都必须在村党组织领导下,按照“四议”“两公开”的程序决策实施。“四议”:党支部会提议、“两委”会商议、党员大会审议、村民代表会议或村民会议决议;“两公开”:决议公开、实施结果公开。

退休干部“三个机制” 离休干部离休费保障机制、医药费保障机制、财政支持机制。

万村千乡市场工程 (参见《山西年鉴(2010)》)

五不准 指不准上班时间未履行请假手续擅自离岗;不准上班时间打牌、下棋、打麻将和玩电脑游戏等;不准上班时间到茶社、歌厅、洗浴场所等休闲娱乐场所活动;不准利用工作之便吃拿卡要;不准参与赌博。

五大战略 数字奥运战略、新建筑战略、材料战略、生物医药科技战略、环保科技战略。

五定 定时间、定实事、定目标、定奖惩、定责任人。

五个全覆盖 (参见《山西年鉴(2010)》)

五个确保 确保经济平稳合理增长,确保物价总水平基本稳定,确保转型升级有新成效,确保民生持续改善,确保社会和谐稳定。

五个统一 统一的数字化集成平台,统一的医疗专网,统一的数据中心,统一的居民健康档案,统一的市民就诊卡(社保卡)。

五个严禁 严禁接受案件当事人及相关人员的请客送礼;严禁违反规定与律师进行不正当交往;严禁插手过问他人办理的案件;严禁在委托评估、拍卖等活动中徇私舞弊;严禁泄露审判工作秘密。

五规合一 人口规划、产业规划、

空间规划、土地利用规划和城市文化遗产规划的有效整合。

五缓四减三补　“五缓”指对暂时无力缴纳社会保险费的困难企业，在一定条件下允许缓缴养老、医疗、工伤、失业、生育五项社会保险费；“四减”指阶段性降低除养老保险外的四项保险费费率；“三补”指使用失业保险基金为困难企业稳定岗位支付社会保险补贴和岗位补贴，以及使用就业资金对困难企业开展职工在岗培训给予补贴。

五人联保　每名员工都要有五个人联保才能上岗。联保采取自愿组合，签订《担保协议》，在担保期内互相监督，共担风险，无人联保者则自动下岗。同时，为每位员工建立违规风险金账户。

五条禁令　一是严禁违反枪支管理使用规定，违者予以纪律处分；造成严重后果的，予以辞退或者开除。二是严禁携带枪支饮酒，违者予以辞退；造成严重后果的，予以开除。三是严禁酒后驾驶机动车，违者予以辞退；造成严重后果的，予以开除。四是严禁在工作时间饮酒，违者予以纪律处分；造成严重后果的，予以辞退或者开除。五是严禁参与赌博，违者予以辞退；情节严重的，予以开除。

五小　小食堂、小浴室、小活动室、小宣传栏、小药箱。

新网工程　（参见《山西年鉴(2010)》）

一标五规　一标准是《建筑施工安全检查标准》；五规范是《施工现场临时用电安全技术规范》《建筑施工高处作业安全技术规范》《龙门架及井架物料提升机安全技术规范》《建筑施工扣件式钢管脚手架安全技术规范》《建筑施工门式钢管脚手架安全技术规范》。

村一品　在一定区域范围内，以村为基本单位，按照国内外市场需求，充分发挥本地资源优势、传统优势和区位优势，通过大力推进规模化、标准化、品牌化和市场化建设，使一个村(或几个村)拥有一个(或几个)市场潜力大、区域特色明显、附加值高的主导产品和产业，从而大幅度提升农村经济整体实力和综合竞争力的农村经济发展模式。

一个目标，五项要求　“一个目标”：把山西的公安工作提高到一个新水平，努力使山西公安工作在中西部站排头，在全国争一流。“五项要求”：加强基层基础工作，夯实公安工作根基要走在前列；运用科技手段，打击严重犯罪活动要走在前列；加强执法规范化建设，提高执法水平要走在前列；加强社会管理，推动社会管理创新要走在前列；加强公安队伍建设，构建和谐警民关系要走在前列。

一核一圈三群　“一核”即由太原市区、晋中市区、清徐县城、阳曲县城构成的太原都市区。“一圈”即太原都市圈，是以太原都市区为核心，以太原盆地城镇密集区为主体，包括太原、晋中、吕梁、阳泉、忻州5市的30个县（市、区）。“三群”即以大同盆地为主体，以大同、朔州为核心，包括大同市、朔州市的10个县（区）的晋北中部城镇群，以临汾、运城盆地为主体；以临汾、运城为核心，包括临汾市、运城市的16个县（市、区）的晋南中部城镇群，以长治盆地和晋城中部地区为主体。以长治、晋城为核心，包括长治市、晋城市的12个县（市、区）的晋东南中部城镇群。

一书两证　《建设项目选址意见书》《建设用地规划许可证》《建设工程规划许可证》。

一书一证　“一书”即与从业人员签订餐饮服务食品安全责任书；“一证”即从业人员健康体检培训合格证。

1+6城镇群　长治市城镇规划，中心城区辐射潞城、壶关、长子、屯留、长治、襄垣。

138金融工程　是人民银行太原中心支行在2010年为支持山西民生金融和资源型经济转型发展，启动并实施的一揽子金融系统工程，即一个实施意见、三个指导意见和八个专项推动，主要包括《关于金融支持山西资源型经济转型发展实施意见》《关于金融支持山西农村经济发展的指导意见》《金融支持山西薄弱环节发展指导意见》和《关于金融促进消费需求的信贷指导意见》，推动中小企业发展、农村金融产品和服务方式创新、大学生村官创业、棚户区改造、文化和旅游产业发展、妇女创业与下岗再就业、国家助学贷款和生源地贷款、工业园区和高新技术产业发展。

2+10生态环境治理修复工程　（参见《山西年鉴(2010)》）

513龙头企业　按照省、市、县三级总体规划、分层次推进、重点扶持的原则，在现有农业产业化国家级及省级龙头企业中选择30个企业、在全省资源型企业转产和招商引资企业中选择20个投资额在亿元以上的企业，作为省级梯队重点培育的50个企业；选择100个有一定规模、发展前景好、带动力较强的农产品加工龙头企业，作为市级梯队进行培育和指导；选择300个成长性好的农产品加工龙头企业，作为县级梯队进行培育和指导。

532、461战略品牌　即争取用5年或者更长一段时间，着力培育2个年产量在500万箱、3个300万箱、5个200万箱以上定位清晰、风格特色突出的知名品牌；着力培育12个销售收入超过400亿元的品牌，其中6个超过600亿元、1个超过1000亿元的高价值、高影响力的品牌。

9+10区域旅游合作　指5个环渤海

的省市、4个与北京双边合作的省市，加上全国10个旅游热点城市组成的旅游合作协议。

HACCP 表示危害分析和关键控制点。确保食品在消费的生产、加工、制造、准备和食用等过程中的安全，在危害识别、评价和控制方面是一种科学、合理和系统的方法。

索 引

说 明 (1)本索引以人名、地名、机构名称、活动名称、事件(事物)名称等为主题词进行检索。

(2)本索引按主题词汉语拼音字母顺序排列(数字开头主题词另排序)，主题词后面的数字和字母分别表示所在页码和分栏位置(abc表示本页码左中右三栏)，如《沧桑》112c，表示《沧桑》在第112页c栏。

(3)本索引主题词主要选自本年鉴正文部分，特载、大事记、附录以及图表、照片不在索引范围内。

A

B

C

D

F

G

K

L

M

N

T

W

X

Y

2010年3月14日，山西省人民政府办公厅以晋政办发[2010]14号文件，印发《山西省地方志办公室职能配置内设机构和人员编制方案》。《山西年鉴》全文刊登该文件，旨在明确职责，积极主动开展工作，推动全省地方志事业繁荣发展。

山西省地方志办公室
职能配置内设机构和人员编制方案

根据国务院《地方志工作条例》和《山西省机构编制委员会关于山西省史志研究院分设的通知》（晋编字〔2009〕18号）精神，特制定《山西省地方志办公室职能配置内设机构和人员编制方案》。

山西省地方志办公室是省人民政府直属正厅级建制的事业单位，是省人民政府主管全省地方志业务的工作部门和省级地方志编纂部门。

一、主要职责

（一）组织、协调、指导全省地方志工作，制订全省地方志规划和编纂方案。

（二）组织指导省直有关部委厅局编纂省级志书、省综合年鉴及其他地情书，开发利用地方志资源，为省委、省人民政府决策提供依据，为社会读志用志提供服务。

（三）对省市县三级志书进行业务指导，审查验收市级志书，审核县级志书，组织编辑出版山西年鉴和地方志刊物，指导全省各级综合年鉴和方志刊物的编辑出版工作。

（四）搜集、保存山西省地方志文献和资料，组织整理旧志，编纂出版各类专志，推动地方志理论研究。

（五）汇集省情地情信息，管理方志网站，发挥省情地情中心服务功能。

（六）指导山西省地方志学会、山西省年鉴研究会、山西革命烈士研究会的工作。

（七）承办省人民政府和中国地方志指导小组交办的其他事项。

二、内设处级机构名称、主要职责

山西省地方志办公室设10个内设机构：

（一）综合处：协助室领导综合协调各处工作；制订室工作部署、工作计划等；负责会议及大型活动的组织协调工作；负责室机关文秘事务、内外通联、档案管理、机要保密、财务管理、安全保卫、后勤服务等工作；承办室领导交办的其他事项。

（二）人事处（含机关党委）：负责室机关人事劳资、机构编制、教育培训、社会保障等管理工作；负责室机关和所属单位的党群工作；协同有关部门办理专业技术人员的职称评定工作；负责机关离退休干部管理服务工作。

（三）省志一处：负责山西省志经济部门志书的组织协调、篇目设计、督促指导、编辑审查和出版工作。

（四）省志二处：负责山西省志党政部门、文化部门志书的组织协调、篇目设计、督促指导、编辑审查和出版工作。

（五）市县志处：负责组织指导、督促检查市、县地方志工作；负责审查验收市志、审核县志。

（六）旧志处：负责全省旧志和历史文献的搜集、整理、研究和出版工作。

（七）专志处：负责全省重要行业、重点工程、重点企业、重点院校、著名景区、小康村镇等专志的组织指导、协调督促与编纂出版工作。

（八）开发利用处：负责全省方志资源的开发利用，组织编写综合地情书、方志简本、方志全典、方志类书等，为社会开展读志用志提供服务。

（九）省情信息处：负责征集地方志文献资料，对省情信息进行分析和研究，为省委、省政府和有关部门提供省情、地情信息和咨询。

（十）年鉴期刊处：负责指导省市县地方综合年鉴、专业年鉴和期刊的编纂工作，负责《山西年鉴》和《沧桑》杂志的编辑、出版及年鉴的业务培训、专版宣传工作。

三、人员编制和领导职数

山西省地方志办公室事业编制为51名。

领导职数：主任（正厅级）1名，副主任（副厅级）3名；内设机构处级领导职数10正10副。

山西省地方志办公室各处室电话号码（区号：0351）

处室	电话	处室	电话
综合处	5681789	年鉴期刊处	5681320
人事处	5681639	山西年鉴编辑部	5681326
省志一处	5681309	山西年鉴服务部	5681336
省志二处	5681306	沧桑编辑部	5681321
市县志处	5681318	山西省年鉴研究会	5681327
旧志处	5681307	方志发展中心	5681589
开发利用处	5681322	史志印刷厂	5681580
专志处	5681635	山西地方志网站	5681637
省情信息处	5681316	值班室	5684911

通信地址：太原市平阳路49号　山西省地方志办公楼　邮政编码：030012